ICH SEH DIR IN DIE AUGEN, KLEINES.

Peter Kordt

ICH SEH DIR IN DIE AUGEN, KLEINES.

Das große Buch der Filmzitate
Die besten Zitate aus 2000 Filmen

*»Das ist ein Teil deines Problems.
Du hast zuwenig Filme gesehen.
Alle Rätsel des Lebens
werden da gelöst.«*
STEVE MARTIN IN GRAND CANYON

*»Derek sagt, es ist immer gut, mit einem
Zitat abzuschließen. Wenn ein anderer
es schon am besten formuliert hat
und man es selber nicht besser kann,
stiehlt man es eben von ihm und verschafft sich einen starken Abgang.«*
EDWARD FURLONG IN AMERICAN HISTORY X

WER ZITIERT, GEWINNT!

Vorwort

Worte, Worte, Worte lässt Shakespeare Hamlet antworten, als Polonius ihn fragt, was er da wohl lese. In »Troilus und Cressida« werden daraus »Worte, Worte, nichts als Worte.« Ein Zitat eines Zitats? Und wer weiß schon, dass Shakespeare der Autor ist? Immer wieder haben fleißige Literaturwissenschaftler, Autoren und Herausgeber die Werke der Weltliteratur nach mehr oder weniger geistvollen Quintessenzen durchforstet und diese mittlerweile geflügelten Worte in dicken Büchern versammelt. Deshalb ist es heute relativ einfach, dem Ursprung eines Zitats auf die Spur zu kommen. Schwieriger wird es, wenn es um Zitate geht, die zwar auch jeder schon irgendwann irgendwo gehört hat, die aber nicht aus gedruckten Quellen stammen, sondern aus Filmen. Wer hat nicht seiner Liebsten im Ernst oder aus Spaß ins Ohr geflüstert » Ich seh dir in die Augen, Kleines!«? Sicher, so manche(r) denkt dabei an »Casablanca« und Humphrey Bogart. Aber wer kennt schon die Szene, als »Bogey« alias Rick Blaine seiner Filmpartnerin Ingrid Bergman alias Ilsa Lund Laszlo die berühmten Worte ins hübsche Gesicht spricht?

»Das Große Buch der Filmzitate« ist eine Sammlung von 11000 weiteren mehr oder weniger geläufigen und mehr oder weniger geistvollen Zitaten aus etwa 2200 Filmen. Dazu habe ich mir in etwa vier Jahren über 3000 Filme angesehen und originelle Zitate notiert. Warum? Nun, eigentlich fing alles ganz harmlos an. Als wieder einmal jemand meiner Bekannten den Anfang aus »Spiel mir das Lied vom Tod« zitierte, kam mir der Gedanke, dass man eigentlich mal die unzähligen Westernzitate sammeln müsste. Zu der Zeit besaß ich etwa 200 Western als Videos. Als ich die nach etwa einem Jahr – mit einigen längeren Pausen – durchforstet hatte, war ich wohl zitatensüchtig. Und dachte mir, dass es in Gangster- und Polizeifilmen, im Film Noir usw. doch wohl auch viele schöne Zitate geben müsse. Das waren dann noch mal 700 Filme ...

Bei meinem bisherigen Arbeitstempo wäre das natürlich eine langwierige Sache geworden. Von diesem Zeitpunkt an habe ich meine Recherchen dann wesentlich konsequenter betrieben und war in einem knappen Jahr fertig. Irgendwann im Laufe dieses Jahres habe ich dann beschlossen, die Sache zu Ende zu bringen und jeden meiner Tonfilme in einer Sprache, die ich zitieren konnte, zu sehen. In den nächsten zwei Jahren habe ich dann viele angenehme und eben so viele unangenehme Überraschungen erlebt. Filme, von denen ich mir viele Zitate versprochen hatte, erwiesen sich als Enttäuschung, Filme, von denen ich nichts erwartet hatte, wimmelten nur so von interessanten Zitaten – wobei sich die Anzahl der Zitate selten als Maßstab für die Qualität eines Films erwies.

Natürlich reicht ein Menschenleben nicht aus, um alle Filme dieser Welt zu sehen. Eine Sammlung wie diese kann deshalb immer nur eine kleine Auswahl darstellen. Einen Film, den ich vor langer Zeit gesehen und den ich nie wiedergefunden habe, vermisse ich allerdings sehr. Ich kenne weder den Titel, noch die beteiligten Personen. Zwei Brüder sitzen in einer umzingelten Hütte fest: »Das wär alles nicht so weit gekommen, wenn Vater noch leben würde.« – »Vater würde noch leben, wenn du ihn nicht umgelegt hättest.« Wer kennt den Film? Wer vermisst welches Zitat? Nichts ist so gut, als dass man es nicht noch verbessern, noch vervollständigen könnte. Für Anregungen bin ich immer dankbar – schreiben Sie mir bitte an *filmzitate@schwarzkopf-schwarzkopf.de*

Die Filme sind alphabetisch nach ihren deutschen Verleihtiteln geordnet. Dabei wird Wort für Wort vorgegangen. »An einem Tag wie jeder andere« steht also vor »Anatomie«, um ein Beispiel zu nennen. Bestimmte oder unbestimmte Artikel am Anfang des Titels werden nicht berücksichtigt. Zahlen oder Abkürzungen – z.B. »Dr.« – werden so eingeordnet, als seien sie ausgeschrieben. Einige Serien (»Alien«, »Batman«, »Star Trek«) sind chronologisch geordnet.

Die Zitate erscheinen in der Reihenfolge, in der sie im Film gesprochen werden. Ich habe dabei versucht, die Länge der Zitate so zu wählen, dass auch jemand, der den Film nicht gesehen hat, den Sinn ohne lange Erklärungen verstehen kann. Das funktioniert vielleicht nicht immer. Um etwa »Hasta la vista, Baby!« oder »Sitzen machen!« verstehen zu können, muss man einfach den Film gesehen haben. Sonstige knappe Erklärungen stehen kursiv in Klammern.

Bei etwa 40 Filmen wird aus der englischen Originalfassung zitiert, weil sie entweder nicht synchronisiert wurden oder keine synchronisierte Fassung vorlag. Sie sind entsprechend alphabetisch eingeordnet. Bei einigen Zitaten, wo die Synchronisation meines Erachtens nicht wirklich gelungen ist, habe ich den Originaltext in eckigen Klammern eingefügt. Ich habe dabei möglichst viele Zitatsammlungen zu Rate gezogen, aber häufig ist es leider so, dass drei verschiedene Quellen auch drei verschiedene Versionen liefern. Deshalb habe ich den Text möglichst auf den allen Versionen gemeinsamen Teil beschränkt. In einzelnen Fällen habe ich mich für die wahrscheinlichste Fassung entschieden.

Zu jedem Film sind Herkunftsland, Jahr der Uraufführung, Produktions- und Verleihfirmen, Regisseure, Drehbuchautoren und Autoren eventueller Vorlagen angegeben.

Um die Suche nach bestimmten Zitaten zu erleichtern, verfügt das Buch über drei Register. Im Titelregister sind neben allen Originaltiteln auch zahlreiche alternative Titel aufgeführt, unter denen die genannten Filme gelaufen sind. Das Darstellerregister nennt alle Zitatnummern, an denen der betreffende Schauspieler beteiligt ist, das Regisseur-/Autorenregister gibt jeweils nur die erste Nummer des jeweiligen Films an. Für alle Register gilt das oben beschriebene alphabetische Prinzip, Robert De Niro steht also vor James Dean und vor Danny DeVito.

Ein gedruckt vorliegendes Zitat ist relativ leicht einem Autor zuzuordnen. Bei Filmen sieht das oft ganz anders aus. Mehrere Autoren adaptieren eine literarische Vorlage, andere machen daraus ein Drehbuch, das von wieder anderen mehrmals überarbeitet wird, Regisseure und Schauspieler passen das Ganze ihren Bedürfnissen an. Dann wird der Film synchronisiert ...

Allen Autoren, die genannt oder ungenannt an der Entstehung der aufgeführten Zitate beteiligt waren, ist dieses Buch gewidmet. Allen Lesern wünsche ich viel Vergnügen mit diesem Buch.

Im Oktober 2002

Peter Kordt

ABEND DER GAUKLER (*Gycklarnas afton*)
S 1953, Sandrews (Regie, Buch Ingmar Bergman)

*

Åke Grönberg (Albert Johansson): »Jahraus, jahrein, alles steht still.«
Annika Tretow (Agda): »Das bedeutet für mich Reife.«
Grönberg: »Für mich wär's Leere.« [1]

*

Gunnar Björnstrand (Sjuborg): »Ich brauche Sie nicht darauf aufmerksam zu machen, daß der Gebrauch von Messern *(bei der Schlägerei)* unter Gentlemen verboten ist.« [2]

***

ABENTEUER IM GELBEN MEER (*China Seas*)
USA 1935, MGM (Regie Tay Garnett, Buch Jules Furthman, James Kevin McGuinness, nach dem Roman von Crosbie Garston)

*

Clark Gable (Alan Gaskell): »Schlimm genug, wenn man 'n Schiff hat, das aussieht wie das hier und 'n Captain wie mich hat, aber dazu noch 'n Ersten Offizier wie Sie, das ist zuviel.« [3]

*

Gable: »Wie oft müssen wir uns eigentlich Auf Wiedersehen sagen, bis du's verstehst?« [4]

*

Gable: »Wenn Ihre Zahlen stimmen, Mr. Rockwell *(Kadett)*, befindet sich unser Schiff mitten in der Sahara.« [5]

*

Gable: »Warum halten Sie nicht den Kurs? Wollen Sie Ihren Namen in den Ozean schreiben oder was?« [6]

*

Wallace Beery (Jamesy MacArdle): »Die Liebe zu dir war das einzig Anständige in meinem ganzen Leben. Und selbst das war ein Fehler.« [7]

***

ABENTEUER IN PANAMA (*Across the Pacific*)
USA 1942, Warner (Regie John Huston, Buch Richard Macaulay, nach der *Saturday Evening Post*-Serie ›Aloha Means Goodbye‹ von Robert Carson)

*

Humphrey Bogart (Rick Leland): »Reiner Egoismus meinerseits. Wenn Sie sich eine Lungenentzündung holen, was wird dann aus unserer Romanze?«
Mary Astor (Alberta Marlow): »Was soll daraus werden, wenn Sie sich nicht rasieren.« [8]

*

Astor: »Ich möchte was durchmachen *(rauhe See)*, worüber ich nachher reden kann.«
Bogart: »Vermutlich werden Sie das, aber Sie werden nicht darüber reden wollen.« [9]

*

Bogart: »Mit einem Anzug wie meinem sollte man nicht hingehen und Mädchen küssen.« [10]

*

Bogart: »Sag mal, wird dir schlecht?«
Astor: »Ich weiß nicht. Was tun Mädchen gewöhnlich, wenn du sie küßt?« [11]

*

Astor: »Du machst mich krank, und wenn du nur noch eine Minute hierbleibst, beweise ich's dir.« [12]

*

Astor (Bogart ist's schlecht): »Das ist der glücklichste Augenblick meines Lebens. Meine Gebete wurden erhört.« [13]

*

Astor: »Kann ich irgend etwas tun? Etwas, das dich kränker macht?«
Bogart: »Einfach hierbleiben.« [14]

*

Astor: »Was hast du gegen Medicine Hat, au-

> »Mit einem Anzug wie meinem sollte man nicht hingehen und Mädchen küssen.«
> Abenteuer in Panama

ßer daß es dort heiß im Sommer und kalt im Winter ist und nie was passiert?« [15]

*

Bogart: »Jemand sollte unserm kleinen Freund sagen, daß sich enge Mäntel und Pistolen nicht vertragen.« [16]

*

Bogart: »Geh zurück! Sei kein unbeteiligter Zuschauer! Denen passiert immer was.« [17]

*

Bogart: »Ich geh jetzt in die Koje. Sollte *noch* jemand Schüsse auf Sie abfeuern, Doktor, ducken Sie sich!« [18]

*

Sidney Greenstreet (Dr. Lorenz): »Wenn (...) Sie eine Lebensversicherung abschließen wollten und alle Fakten angeben würden, könnten die Versicherungsstatistiker zu dem Schluß kommen, daß in Ihrer Lage gewisse Risiken bestehen.« [19]

*

Bogart: »Falls Ihre Freunde in Tokio Schwierigkeiten haben, Harakiri zu begehen, die Jungs *(Air Force)* werden ihnen gern dabei helfen.« [20]

***

ABGEKARTETES SPIEL *(Framed)*
USA 1947, Columbia (Regie Richard Wallace, Buch Ben Maddow, nach einer Geschichte von Jack Patrick)

*

Glenn Ford (Mike Lambert): »Das zählt nicht, was ich gestern abend gesagt habe. Alkohol macht mich ...« [21]

*

Ford: »Das ist die erste Chance seit langem, und das macht mir keiner kaputt. Nicht einmal ich selber.« [22]

*

Barry Sullivan (Stephen Price): »Tut mir leid.«
Edgar Buchanan (Jeff Cunningham): »Tut Ihnen nicht leid. Aber (...) es wird Ihnen noch leid tun.« [23]

*

Janis Carter (Paula Craig): »Du bist betrunken!«
Ford: »Ich wünschte, ich wär's!« [24]

*

Carter: »Auf welche Weise auch immer, ein kluges Mädchen findet schon raus, in welchem Schrank das Familienskelett zu suchen ist.« [25]

*

Carter: »Das ist eine lange Geschichte. Bleibst du lang genug, sie anzuhören?« [26]

*

Sullivan: »Nun, ein Gläschen wird das Leben eines Mannes nicht gleich wesentlich verkürzen.« [27]

***

ABGERECHNET WIRD ZUM SCHLUSS
(The Ballad of Cable Hogue)
USA 1970, Feldman, Warner (Regie Sam Peckinpah, Buch John Crawford, Edmund Penney)

*

Jason Robards (Cable Hogue): »Herr, ich habe seit gestern nichts mehr getrunken, jetzt habe ich Durst. Ich wollte es ja auch nur erwähnen, aber so ist es. Amen. ...
Gestern habe ich dir schon gesagt: Ich habe Durst. Ich hatte gehofft, du würdest mir Wasser schicken. Wenn ich gesündigt habe, dann schicke nur ein oder zwei Tropfen, dann mache ich es auch nie wieder, egal was ich auch ausgefressen habe. Ich meine es ehrlich, Herr. ...
Mein Gott, vier Tage ohne Wasser. Wenn du denkst, ich habe noch nicht genug gebüßt, dann versuch du doch mal, wie das ist, wenn man dir nichts zu trinken gibt! Hörst du mich? Hörst du mich? Wenn ich nicht bald Wasser kriege, dann werde ich wohl keine Gelegenheit mehr haben, weiter zu büßen. Sieh dich vor! Wenn mich die Wut packt, wird es furchtbar. Also gut, Herr, du hast es ja so gewollt. Ich bin am Ende. Es ist aus. Amen.« [28]

*

William Mims (Jensen): »Kutscher, es wird dunkel.«
Slim Pickens (Ben): »Das ist leider um diese Zeit

> »Nun, ein Gläschen
> wird das Leben eines
> Mannes nicht gleich
> wesentlich verkürzen.«
> Abgekartetes Spiel

immer so. Ich ärgere mich auch jeden Tag darüber.« [29]

David Warner (Joshua): »Ich bin Reverend Joshua Duncan Sloan, Prediger für ganz Ost-Nevada und einige Gebiete von Nord-Arizona.« [30]

*

Warner: »In dem Kakteenparadies hat sich ja schon eine Tragödie abgespielt.«
Robards: »Och, das war keine Tragödie. Ich habe das Schwein mit seinem eigenen Gewehr erschossen. Er wollte mich umlegen.« [31]

*

Warner: »Ich sehe hier nirgendwo Grenzpfähle. Sicher warst du zu beschäftigt und hattest keine Zeit, deine Ansprüche beim Grundbuchamt anzumelden. Dir ist doch klar, wenn jemand hiervon zufällig ein Wort in Dead Dog oder Lizard fallen läßt, sind bis Sonnenuntergang 47 Kerle hier, in der linken Hand die Grundbucheintragung und in der rechten einen Revolver, um sie durchzusetzen.« [32]

*

Stella Stevens (Hildy): »Du hast ja gestunken! Ein Wunder, daß dein Pferd nicht ohnmächtig geworden ist.« [33]

***

ABRECHNUNG IN ABILENE
(Gunfighters of Abilene)
USA 1959, Vogue, United Artists (Regie Edward L. Cahn, Buch Orville H. Hampton)

*

Judith Ames (Alice): »Soll das heißen, daß du tatsächlich vorhattest, ihn zu lynchen?«
Barton MacLane (Seth Henlein): »Schnelljustiz hat dieses Land aufgebaut und wird auch dafür sorgen, daß es hier so bleibt, wie es ist.« [34]

***

ABSOLUTE POWER
USA 1996, Malpaso, Castle Rock (Regie Clint Eastwood, Buch William Goldman, nach dem Roman von David Baldacci)

*

Mark Margolis (Red): »Wenn du endlich lernen würdest, 'n Videorecorder zu bedienen, könnte vieles für dich einfacher sein.« [35]

*

Scott Glenn (Bill Burton): »Wenn Sie Regeln außer Kraft setzen müssen, tun Sie's!« [36]

*

Richard Jenkins (Michael McCarty): »Meine Tätigkeit *(Killer)* ist nicht besonders kreativ, und ich mache die Arbeit nur, weil ich gern über meine Verhältnisse lebe. Ich kann's mir nicht leisten, nur herumzusitzen.« [37]

*

Jenkins: »Sie sind ein großer Geschäftsmann.«
E. G. Marshall (Walter Sullivan): »Es ist leicht, die Sünde zu verkaufen.« [38]

*

Clint Eastwood (Luther Whitney): »Wollen Sie gleich ein unterschriebenes Geständnis, oder trinken Sie erst noch einen Kaffee mit mir?« [39]

*

Ed Harris (Detective Seth Frank): »Das FBI sagt, es gibt nur wenige, die so raffiniert arbeiten wie bei Sullivan. Ich hab hier eine Liste. Sie stehen drauf.«
Eastwood: »Wenn es doch so wäre! Diese Typen, die (...) kommen doch zur Vordertür rein, und dann seilen sie sich in tiefer Nacht wieder aus einem Fenster ab. Also, wenn ich so etwas noch schaffen könnte, dann wär ich der Star auf meinem AGMR-Treffen.«
Harris: »Das heißt, Amerikanische ...«
Eastwood: »... Gesellschaft für Menschen im Rentenalter.« [40]

*

Eastwood: »Warum habe ich das Gefühl, Sie versuchen, mich herauszulocken?«
Harris: »Ganz einfach, weil ich es versuche.« [41]

*

Harris: »Erzählen Sie mir noch 'n bißchen mehr darüber!«
Eastwood: »Würde ich gern, aber ich muß meinen Schrittmacher checken lassen. Mit Ihnen zu plaudern, war richtig aufregend.« [42]

> »Wollen Sie gleich ein unterschriebenes Geständnis, oder trinken Sie erst noch einen Kaffee mit mir?«
> Absolute Power

Glenn: »Auf jeden Fall hat der Kerl verdammt viel Mut. Wünschte, er wäre auf unserer Seite.«
Judy Davis (Gloria Russell): »Sind Sie fertig mit Ihrem Einstellungsgespräch?« [43]

*

Davis: »Das könnte man doch glatt als, äh, Kritik bezeichnen. Wollen Sie mich wirklich zur Feindin?« [44]

*

Glenn: »Sie müssen eins wissen: Jedesmal wenn ich Sie sehe, Miss Russell, möchte ich Ihnen die Kehle durchschneiden.«
Davis: »... Schön. Den Wettbewerb im Anpissen haben Sie gewonnen.« [45]

*

Laura Linney (Kate Whitney): »Es ist gefährlich da draußen.«
Eastwood: »Das ist es immer.« [46]

*

Gene Hackman (President Alan Richmond): »Das wird ein spannendes Kapitel in meinen Memoiren.« [47]

*

Marshall: »Ich glaube an das Alte Testament. An ›Auge um Auge‹ gibt's nichts auszusetzen, wenn eine schreckliche Tat begangen wurde.« [48]

***

ACCATONE – WER NIE SEIN BROT MIT TRÄNEN ASS *(Accatone)*
I 1961, Arco, Del Duca (Regie, Buch Pier Paolo Pasolini)

*

Silvana Corsini (Maddalena): »He! Schert euch zum Teufel! Singt woanders! Geht dahin kotzen, wo ihr euch besoffen habt!« [49]

*

»Was ist dir für 'ne Laus über die Leber gelaufen?«
Franco Citti (Accatone): »Was geht dich das an? Ich bin'n freier Mensch und kann mich ärgern, wann ich will.« [50]

*

»Nimm dir lieber deinen großen Bruder zum Vorbild! (...) Dein Bruder hat noch nie in seinem Leben 'n Finger krummgemacht. Er hat immer andere für sich arbeiten lassen.« [51]

»Für uns ist das Leben 'n einziger Feiertag. Für dich gibt's nur 'n 1.Mai.« [52]

*

Citti: »Entweder geh ich an der Welt kaputt oder die verdammte Welt an mir.« [53]

*

Citti: »Wie mußt du erst stinken, wenn du gestorben bist.« [54]

***

ACHT MANN UND EIN SKANDAL
(Eight Men Out)
USA 1988, Sanford-Pillsbury, Orion (Regie, Buch John Sayles, nach dem Roman von Eliot Asinof)

*

Clifton James (Charles Comiskey): »Ich stelle meinen Joe Jackson gegen jeden anderen Spieler auf. Der Junge kann schlagen und rennen und werfen.«
Jim Desmond (Smitty): »Wenn er noch lesen könnte, dann wäre er perfekt.« [55]

*

Daniel Rice (Zuschauer): »He, Jackson, buchstabier mal ›Katze‹! (...)«
D. B. Sweeney (›Shoeless‹ Joe Jackson): »He, Mister, buchstabier mal ›Scheiße‹!« [56]

*

Don Harvey (Swede Risberg): »Seht doch mal, wie er auf seinem Stuhl sitzt. So einen Arsch hat doch nur einer, der professionell auf der Reservebank sitzt.« [57]

*

(Frau bei Party): »Ich hab gehört, Sie wären körperlich ein As, Mr. Gandil.«
Michael Rooker (Chick Gandil): »Ja. Und auf dem Spielfeld bin ich auch nicht schlecht.« [58]

*

Michael Lerner (Arnold Rothstein): »Alles in allem werd ich zehnmal mehr mit Wetten an dir verdient haben als du mit Herumprügeln. Und ich hab nie einen Schlag abgekriegt.« [59]

> »Schert euch zum Teufel! Singt woanders! Geht dahin kotzen, wo ihr euch besoffen habt!«
> Accatone – Wer nie sein Brot mit Tränen aß

(Schläger): »Wenn jemand Mr. Rothstein damit in Verbindung bringt, komm ich wieder bei dir vorbei. Das willst du doch bestimmt nicht?« [60]

(Junge): »Sag, daß es nicht wahr ist, Joe! Bitte sag, daß es nicht wahr ist!« [61]

***

8MM
USA/BRD 1999, Hofflund-Polone, Global, Columbia (Regie Joel Schumacher, Buch Andrew Kevin Walker)

Joaquin Phoenix (Max California): »Sir, könnte ich Sie für eine batteriebetriebene Vagina interessieren?«
Nicolas Cage (Tom Welles): »Tja, klingt verlockend, aber nein, danke.«
Phoenix: »Na schön. Wär nur dumm, wenn Sie in einer Situation stecken, die nach einer batteriebetriebenen Vagina schreit, und dann hätten Sie keine.«
Cage: »Das Risiko geh ich ein.« [62]

Phoenix: »Wenn du dich mit dem Teufel einläßt, verändert sich nicht der Teufel, der Teufel verändert dich.« [63]

Phoenix: »Es gibt Dinge, die du sehen wirst, die du nie wieder vergessen kannst. Die sind in deinem Kopf und bleiben da auch.« [64]

Peter Stormare (Dino Velvet): »Also, was könnt ihr für mich tun?« [65]

Cage: »Das ist für dich.«
Phoenix: »Was ist das?«
Cage: »Bargeld. Man benutzt es, um Güter und Dienstleistungen zu kaufen.« [66]

Stormare: »Dürfte ich wohl darum bitten, sich aller Schußwaffen zu entledigen!« [67]

> »Nein, irgend etwas fehlt noch.
> Es muß mehr ...«
> »Mehr was?«
> »Perverser muß es sein.«
> 8½

8 MILLIONEN WEGE ZU STERBEN
(8 Million Ways to Die)
USA 1986, Producers Sales Organization (Regie Hal Ashby, Buch Oliver Stone, David Lee Henry, nach dem Roman von Lawrence Block)

Jeff Bridges (Matthew Scudder): »Machst du Geschäfte mit ihm? Der Kerl ist 'n Drogenhändler.«
Randy Brooks (Chance): »Aha. Die haben ihn noch nie verhaftet.«
Bridges: »Nein, ich sag ja auch nicht, daß er dumm ist.« [68]

Bridges: »Du bist zwar groß, aber bluten tust du wie alle andern.« [69]

Andy Garcia (Angel Maldonado): »Manche Menschen denken, daß man, wenn man jemanden umlegen muß, aus Geschäftsgründen, unbedingt Reklame dafür machen muß, gleichsam als Botschaft, um den Menschen seine Stärke zu zeigen. Vielleicht erspart das weitere Morde. Du verstehst, was ich meine?«
Bridges: »Du bist ein echter Menschenfreund.« [70]

Bridges: »Ich bin verliebt. Was kann ich noch sagen? Es ist ein großartiges Gefühl.« [71]

***

8½ *(Otto e mezzo)*
I 1963, Cineriz (Regie Federico Fellini, Buch Federico Fellini, Tullio Pinelli, Ennio Flaiano, Brunello Rondi, Story Federico Fellini, Ennio Flaiano)

Jean Rougeul (Carini): »Die Story enthüllt von Anfang bis Ende eine solche Armut an dichterischen Einfällen, entschuldigen Sie, aber für mich ist sie einer der eklatantesten und erschütterndsten Beweise dafür, daß der Film im Vergleich zu den anderen Kunstformen um 50 Jahre im Rückstand ist.« [72]

Marcello Mastroianni (Guido Anselmi): »Nein, irgend etwas fehlt noch. Es muß mehr ...«
Sandra Milo (Carla): »Mehr was?«
Mastroianni: »Perverser muß es sein.« [73]

ACHTUNG GRÜN! *(Green for Danger)*
UK 1946, Individual (Regie Sidney Gilliat, Buch Sidney Gilliat, Claude Guerney, nach dem Roman von Christianna Brand)

*

Leo Genn (Mr. Eden): »Selbstkritik gehörte niemals zu meinen Fehlern.« [74]

*

Alistair Sim (Inspector Cockrill): »Jetzt bleiben nur noch vier Verdächtige, 1, 2, 3, 4. Je weniger Verdächtige, desto weniger Arbeit. Mein Ideal ist die 40-Stunden-Woche.« [75]

***

ADEL VERPFLICHTET
(Kind Hearts and Coronets)
USA 1949, Ealing (Regie Robert Hamer, Buch Robert Hamer, John Dighton, nach dem Roman von Roy Horniman)

*

Miles Malleson (Mr. Elliott, der Henker): »Nicht mal mein verstorbener Meister, der große Samuel Barry, hatte je das Glück, einen Herzog zu hängen. Was für eine Krönung einer langjährigen Beamtenlaufbahn!«
Clive Morton (Gefängnisdirektor): »Wieso?«
Malleson: »Ja, ich gehe in Pension. Wer je mit der Seidenschnur gearbeitet hat, wird sich nie wieder mit Hanf zufriedengeben.« [76]

*

Malleson: »Wird er sehr schwierig sein?«
Morton: »Er ist die Ruhe selbst. Sie werden staunen.«
Malleson: »Noblesse oblige, zweifellos. Ein schwieriger Klient kann einem die Arbeit doch sehr verleiden. Besonders die Damen neigen sehr zur Hysterie. Das ist sehr unvernünftig.« [77]

*

Dennis Price (Louis Mazzini, voice-over): »Zwischen mir und der Herzogswürde standen damals noch etwa acht Personen, die aber allesamt außerhalb meiner Reichweite zu sein schienen. Es ist so schwierig, Menschen auf elegante Weise umzubringen, zu denen man keine freundschaftliche Beziehung hat.« [78]

*

Price (voice-over): »Die Folge war, daß ich auf der Stelle entlassen wurde. Ich beschloß, es ihm in gleicher Weise heimzuzahlen und ihn ebenso unverhofft aus dieser Welt zu entlassen.« [79]

Price (voice-over): »Das Mädchen tat mir leid. Aber ich fand Trost in der Überlegung, daß ihr das Wochenende mit dem jungen D'Ascoyne vermutlich schon ein schlimmeres Schicksal beschieden hatte, als es der Tod sein konnte.« [80]

*

Price: »Du bist ein Mensch, der durch das Leben tanzen muß, Sibella. Hoffentlich tritt dir Lionel nicht zu oft auf die Füße.« [81]

*

Price (voice-over): »Meine neue Tätigkeit war auch nicht sehr bedeutend, aber ehe man eine Leiter hinaufsteigt, muß man alle Sprossen ausprobieren.« [82]

*

Price (voice-over): »Die D'Ascoynes stimmten offensichtlich mit der Tradition des Landadels überein, den Dümmsten der Familie Pfarrer werden zu lassen.« [83]

*

Price (voice-over): »Der Reverend Lord Henry gehörte nicht zu jenen neumodischen Pfarrern, die so weit gehen, die Lehren des Neuen Testaments in störender Weise auf ihr Privatleben zu übertragen.« [84]

*

Valerie Hobson (Edith D'Ascoyne): »Es gibt Konventionen, die man den Umständen anpassen muß.« [85]

*

Price: »Es ist wohl nur fair, dich darauf hinzuweisen, daß jedes weitere Wort von dir eine Verschwendung ist.« [86]

*

Joan Greenwood (Sibella): »Darf ich dir noch sagen, daß ich dein Benehmen abscheulich finde?«
Price: »Ist dir schon aufgefallen, Sibella, wie ebenbürtig wir einander sind?« [87]

> »Es ist wohl nur fair, dich darauf hinzuweisen, daß jedes weitere Wort von dir eine Verschwendung ist.«
> Adel verpflichtet

Price (voice-over): »Ich bin nie in einem Gebäude gewesen, das so verschwenderisch mit Mordinstrumenten ausgestattet war. (...) Es fehlte indessen an den diskreteren Mitteln für die Erfordernisse des Totschlags im 20. Jahrhundert. Und der Abend fand meinen Gastgeber immer noch wohlauf und mich selbst immer noch ohne Plan.« [88]

*

Price: »Reizendes Mädchen. Ich habe allerdings den Eindruck, ihrer Unterhaltung fehlt es etwas an Esprit.« [89]

*

Price (wegen Mordes angeklagt): »Ich muß gestehen, daß ich auf das Urteil doch ein wenig gespannt bin.« [90]

***

DIE AFFÄRE DER SUNNY VON B.
(Reversal of Fortune)
USA 1990, Shochiku Fuji, Sovereign (Regie Barbet Schroeder, Buch Nicholas Kazan, nach dem Buch von Alan Dershowitz)

*

Ron Silver (Alan Dershowitz): »Immerhin spricht eines zu Ihren Gunsten: Jedermann haßt Sie.« [91]

*

Annabella Sciorra (Sarah): »Ein guter Anwalt muß ein Psychiater und Detektiv gleichzeitig sein. Ein großer Anwalt ...«
Silver: »... würde sich niemals so einen Fall aufhalsen.« [92]

*

Glenn Close (Martha ›Sunny‹ von Bulow): »Erst heiratest du mich meines Geldes wegen, und jetzt willst du arbeiten. Das ist doch vollkommen pervers. Willst du mit Absicht unsere Familie kaputtmachen?« [93]

> »Immerhin spricht eines zu Ihren Gunsten: Jedermann haßt Sie.«
> Die Affäre der Sunny von B.

Jeremy Irons (Claus von Bulow): »Keine besonders fröhliche Stimmung, aber wir pflegten ohnehin bei den Mahlzeiten nicht zu kichern.« [94]

*

Silver: »Juristisch gesehen war das ein Sieg. Moralisch stehen Sie allein da.« [95]

***

AFFÄRE IN TRINIDAD
(Affair in Trinidad)
USA 1952, Beckworth, Columbia (Regie Vincent Sherman, Buch Oscar Saul, James Gunn, Story Virginia Van Upp, Berne Giller)

*

Torin Thatcher (Inspector Smythe): »Wann haben Sie Ihren Mann zuletzt gesehen?«
Rita Hayworth (Chris Emery): »Heute, beim Frühstück. Warum?«
Thatcher: »Unterhielten Sie sich mit ihm?«
Hayworth: »Natürlich. Ich hab ihn gebeten, mir das Salz zu reichen.« [96]

*

Glenn Ford (Steve Emery): »Habt ihr zwei das Mondlicht aufgebraucht?« [97]

*

Howard Wendell (Anderson): »Mr. Emery, die Fakten *(im Mordfall)* sind alle gründlich untersucht worden.«
Ford: »(...) Bei mir zu Hause werden mehr Fragen gestellt, wenn ein Hund überfahren wird.« [98]

*

John Parlow (Butler): »Es tut mir leid, Sir, Sie werden von Mr. Fabian nicht erwartet.«
Ford: »Es gibt vieles, was Mr. Fabian nicht erwartet.« [99]

***

THE AFRICAN QUEEN
USA 1951, Romulus-Horizon, IFD (Regie John Huston, Buch James Agee, John Huston, nach dem Roman von C. S. Forester)

*

Humphrey Bogart (Charlie Allnut): »Die Belgier werden schimpfen wie die Rohrspatzen, aber das stört mich nicht, weil ich kein Wort verstehe. Und rausschmeißen können sie mich nicht, denn es gibt in ganz Afrika niemanden außer meiner Wenigkeit, der mit der African Queen umgehen kann.« [100]

Katharine Hepburn (Rose Sayer): »Wenn ich mich recht entsinne, nehmen Sie doch Zucker, Mr. Allnut?«
Bogart: »Jawohl, Miss, aber nur ein paar Löffelchen.« [101]

*

Bogart: »Zu essen haben wir genug an Bord, in der Beziehung ist alles in Ordnung. 2000 Zigaretten, zwei Kisten Gin, was brauchen wir mehr?« [102]

*

Bogart: »Nichts ist so schön wie ein richtiger Samstagabend, wo man tanzt und lustig ist und sich betrinkt. Aber dort wird man dafür auch die ganze Woche herumkommandiert. Hier kommandiert mich niemand. Wenigstens bis jetzt.« [103]

*

Hepburn: »Ich hätte mir nicht träumen lassen, daß eine große Gefahr ein so wunderbares Erlebnis sein kann. [I never dreamed that any mere physical experience could be so stimulating.]« [104]

*

Bogart: »›Ist 'ne komische Idee.‹ Gnädigste, wenn ich *eine* komische Idee habe, haben Sie zehn.« [105]

*

Hepburn: »Wir waren uns doch einig.«
Bogart: »Ich aber nie. Ich war nie mit Ihnen einig.« [106]

*

Hepburn: »Sie sind ein Lügner, Mr. Allnut, und was schlimmer ist: Sie sind ein Feigling.« [107]

*

Bogart: »Wenn man allein ist, dann lebt man wie ein Schwein, dann verschiebt man immer alles auf den nächsten Tag.« [108]

*

Bogart: »Warum sind Sie denn so furchtbar böse auf mich? Ein Mann muß mal was trinken. Das ist natürlich. Und menschlich.«
Hepburn: »Irrtum, Mr. Allnut, wir kamen auf die Welt, um diese menschlichen Schwächen zu besiegen.« [109]

*

Hepburn: »Nur keine Angst, Mr. Allnut!«
Bogart: »Oh, ich habe keine Angst mehr. Ich habe mit allem abgeschlossen, bevor wir losgefahren sind.« [110]

*

Hepburn: »Das hätte kein anderer Mann auf der Welt fertigbekommen.«
Bogart: »Das stimmt, Rosie, weil auch kein anderer Mann so eine Frau hat wie dich. Ich werd nie vergessen, wie du aussahst, als wir durch die Fälle fuhren: aufrecht stehend, die Haare im Winde flatternd, das lebende Abbild einer großen Heldin.« [111]

*

Bogart: »Wenn ich ein Tier auf dieser Welt hasse, dann sind es diese widerlichen Blutegel.« [112]

*

Bogart: »Was ist man doch manchmal für ein Jammerlappen!« [113]

***

AGENTEN DER NACHT *(All Through the Night)*
USA 1942, Warner (Regie Vincent Sherman, Buch Leonard Spigelgass, Edwin Gilbert, Story Leonard Q. Ross [=Leo Rosten], Leonard Spigelgass)

*

Phil Silvers (Louis, Kellner): »Zehn Riesen auf O'Brien?«
William Demarest (Sunshine): »Stimmt was nicht mit O'Brien?«
Silvers: »Doch, ich mag ihn. Ich mag auch seine Mutter. Doch die kann auch nicht boxen.« [114]

*

Jane Darwell (Ma Donahue): »Ich kann hierbleiben, solange ich will. Und ich will hierbleiben.« [115]

***

AGUIRRE, DER ZORN GOTTES
BRD 1972, Herzog, Filmverlag der Autoren (Regie, Buch Werner Herzog)

Klaus Kinski (Don Lope de Aguirre): »Ich bin kein Mann, der umkehrt.« [116]

> »Zu essen haben wir genug an Bord, ... 2000 Zigaretten, zwei Kisten Gin, was brauchen wir mehr?«
> The African Queen

Del Negro (Bruder Gaspar de Carvajal): »Für das Wohl unseres Herrn war die Kirche immer auf der Seite der Starken.« [117]

Kinski: »Du solltest drüber nachdenken. Aber nicht zu lange.« [118]

Kinski: »Ich bin der große Verräter. Es darf keinen größeren geben. Wer auch nur wagt, ans Davonlaufen zu denken, wird in 198 Teile zerstückelt. Und auf ihm wird dann so lange herumgetrampelt, bis man die Wände mit ihm streichen kann.« [119]

Kinski: »Ich bin der Zorn Gottes. Die Erde, über die ich gehe, sieht mich und bebt.« [120]

Kinski: »Wir werden Geschichte inszenieren wie andere Stücke auf dem Theater.« [121]

***

AIR FORCE ONE
USA 1997, Beacon, Sony, Radiant, Buena Vista (Regie Wolfgang Petersen, Buch Andrew W. Marlowe)

Paul Guilfoyle (Chief of Staff Lloyd Shepherd): »Der Präsident hat kein Problem, sich mit dem Kongreß anzulegen. Er wird dir nicht wegen jeder Stimme in den Arsch kriechen. Sollen sie uns ruhig überstimmen. Sie werden schon sehen, was sie davon haben.« [122]

Dean Stockwell (Verteidigungsminister Walter Dean): »Das Amt ist wichtig, nicht der Mann.« [123]

***

AKT DER GEWALT
(Act of Violence)
USA 1949, MGM (Regie Fred Zinnemann, Buch Robert L. Richards, nach einer unveröffentlichten Geschichte von Collier Young)

> »Wir werden Geschichte inszenieren wie andere Stücke auf dem Theater.«
> Aguirre, der Zorn Gottes

Janet Leigh (Edith Enley): »Du hast bestimmt deine Gründe dafür gehabt.«
Van Heflin (Frank R. Enley): »Gründe kann man immer finden. Selbst die Nazis hatten Gründe.« [124]

Nicholas Joy (Mr. Gavery): »Er redet mit ihm, sagt ihm, daß er verschwinden soll. Das ist doch wirklich nichts Ungesetzliches. (...) Und vielleicht versteht er den kleinen Hinweis und haut ab. (...) Oder er ist jähzornig, wird sauer und spielt den harten Mann. Na, wenn schon. Johnny hat auch eine Waffe. Und damit ist die Sache vergessen. Das wäre doch 10.000 wert, oder?« [125]

Joy: »Erst mal muß der Kerl weg, später kann es Ihnen leid tun. Es liegt bei Ihnen, er stirbt, oder Sie sterben, entweder er oder Sie.« [126]

Phyllis Thaxter (Ann Sturges): »Sie ist doch noch ein Kind, Joe. Hast du ihnen nicht genug weh getan?«
Robert Ryan (Joe Parkson): »Es gibt zuviel, wofür er bezahlen muß.«
Thaxter: »Hat sie auch etwas getan, wofür sie bezahlen muß?«
Ryan: »Sie wäre besser ohne ihn dran.« [127]

***

DIE AKTE *(The Pelikan Brief)*
USA 1993, Warner (Regie, Buch Alan J. Pakula, nach dem Roman von John Grisham)

Robert Culp (Präsident): »Aber es sollte doch noch eine Möglichkeit geben zu verhindern, daß diese Informationen veröffentlicht werden.«
Tony Goldwyn (Fletcher Coal): »Daran arbeite ich noch.«
Culp: »Und wie soll das vor sich gehen?«
Goldwyn: »Mr. President, das wollen Sie gar nicht wissen.« [128]

***

DIE AKTE JANE *(G.I. Jane)*
USA/UK 1997, Trap-Two-Zero, Hollywood, Scott Free, Largo, First Independent (Regie Ridley Scott, Buch David Twohy, Danielle Alexandra, Story Danielle Alexandra)

Anne Bancroft (Senator Lillian DeHaven): »Wenn Kannibalen mit Messer und Gabel essen, würden Sie das auch als Fortschritt bezeichnen?« [129]

*

»Konzentrieren wir uns auf das Steak und nicht die Erbsen.« [130]

*

Demi Moore (Lieutenant Jordan O'Neil): »Es ist mir klar, daß sie mich vielleicht nicht haben wollen.«
Jason Beghe (Royce): »Vielleicht?«
Moore: »Ja.«
Beghe: »Sie werden Cornflakes aus deinem Schädel essen.« [131]

*

Viggo Mortensen (Master Chief John Urgayle): »Lieutenant, verdienen Sie Ihren Lebensunterhalt woanders!«
Moore: »Lutschen Sie meinen Schwanz!« [132]

*

Bancroft: »Die Schlacht ist erst verloren, wenn Sie's auf CNN sehen.« [133]

*

David Vadim (Cortez): »Weißt du, O'Neil, du gefällst mir besser, wenn du trinkst.«
Moore: »Weißt du, Cortez, du gefällst mir auch besser, wenn ich trinke.« [134]

*

Bancroft: »In Washington gelten für Sie nicht mal die Zehn Gebote, wenn Sie populär sind.« [135]

***

AL CAPONE
USA 1959, Allied Artists (Regie Richard Wilson, Buch Malvin Wald, Henry Greenberg)

Nehemiah Persoff (Johnny Torrio): »Du wirst noch so lange faule Witze machen, bis mal ein Revolver drüber lacht.« [136]

*

Rod Steiger (Al Capone): »Warum bist du so gut zu mir?«
Persoff: »Das will ich dir sagen. Ich halte ungeheuer viel von Lebensversicherungen, und du bist die beste Lebensversicherung, die ich jemals abgeschlossen hab.« [137]

Steiger: »Schöne durstige Stadt. Ich liebe sie.« [138]

***

ALAMO *(The Alamo)*
USA 1960, Batjac, Wayne, United Artists (Regie John Wayne, Buch James Edward Grant)

*

Guinn ›Big Boy‹ Williams (Lieutenant Finn): »He, Jim, warum müssen wir hier diese Drecksarbeit machen? Ich habe mich freiwillig gemeldet, um zu kämpfen, nicht um eine Festung zu bauen. (...)«
Richard Widmark (Colonel James Bowie): »Weil Sam Huston es Travis befohlen hat, Travis hat es mir befohlen, und ich befehle es euch, darum.« [139]

*

John Wayne (Colonel David Crockett): »Du kannst mitkommen, aber halt die Luft an, denn durch deine Fahne verrätst du uns schon meilenweit.« [140]

*

Widmark: »Ich laß nicht gern ein gutes Haar an diesem eingebildeten, geschniegelten Affen, aber wie man einen Krieg anfängt, das scheint er zu wissen.« [141]

*

Widmark: »Also gut, dann trinken wir ein Glas oder zwei oder ein Dutzend, aber glauben Sie nicht, daß Sie mich besoffen machen und umstimmen werden.« [142]

***

ALARM IM WELTALL *(Forbidden Planet)*
USA 1956, MGM (Regie Fred M. Wilcox, Buch Cyril Hume, Story Irving Block, Allen Adler)

Earl Holliman (Koch): »Schon wieder eine von den neuen Welten! Kein Bier, keine Frauen, nicht mal 'ne Kneipe, nichts. Da kann man doch nur noch mit Konservendosen durch die

---

> »Weißt du, O'Neil, du gefällst mir besser, wenn du trinkst.«
> »Weißt du, Cortez, du gefällst mir auch besser, wenn ich trinke.«
> Die Akte Jane

Gegend werfen, und die muß man sich auch noch selber mitbringen.« [143]

*

Anne Francis (Altaira Morbius): »Alles das, was Sie sagen, ist wahrscheinlich sehr geistreich, aber ich versteh es leider nicht.« [144]

*

Walter Pidgeon (Morbius): »Nehmen Sie es nicht so tragisch *(den Intelligenztest)*. Ein kommandierender Offizier braucht ja nicht so viel Verstand. Nur eine laute, kräftige Stimme.« [145]

*

Leslie Nielsen (Commander Adams): »Wir sind alle zum Teil Ungeheuer in unserm Unterbewußtsein. Darum haben wir Gesetze und Religionen.« [146]

***

ALBINO ALLIGATOR
USA/F 1996, UGC, Motion Picture Corporation of America (Regie Kevin Spacey, Buch Christian Forte)

*

Matt Dillon (Dova): »Hab ich dich in deinem letzten Leben plattgetreten, oder was?« [147]

*

Faye Dunaway (Janet Boudreaux): »Wenn Sie nicht beißen können, sollten Sie nicht bellen, kleines Schoßhündchen.« [148]

*

Dillon: »Dein Schweigen zeigt mir, daß du clever bist. Und clevere Leute können manchmal richtig Scheiße bauen. Wenn sie sich einbilden, mutig zu sein. Ich hoffe wirklich, daß du nicht clever *und* mutig sein willst. Sonst hätten wir 'n Problem.« [149]

*

Dillon: »So was ist doch illegal.«
M. Emmet Walsh (Dino): »Wenn man die Polizei nicht schmiert, ja.« [150]

*

William Fichtner (Law): »Es gibt nur einen Outlaw. ... Das ist ein freier Outlaw.« [151]

> »Wenn Sie nicht beißen können, sollten Sie nicht bellen, kleines Schoßhündchen.«
> Albino Alligator

ALEXANDER NEWSKI
UdSSR 1938, Mosfilm (Regie Sergej M. Eisenstein, Buch Sergej M. Eisenstein, Peter Pavlenko)

*

»Wir sollten jetzt nicht Netze flicken, wir sollten lieber die Deutschen verjagen.« [152]

*

Nikolai Cherkassov (Prinz Alexander Yaroslavich Newski): »Was heißt Verteidigung? Dieses Wort gibt's nicht in meiner Sprache. Angreifen werden wir, zuschlagen, daß unserem Feind Hören und Sehen vergeht.« [153]

*

D. N. Orlov (Ignat, Waffenschmied): »Oh, diese Teufel! Ihre Schwerter sind dreimal gehärtet.« [154]

*

Cherkassov: »Auf das Schwert allein kommt's nicht an, Ignat. Es kommt auf den Mann an, der es führt.« [155]

*

Orlov: »Der Spatz ist zwar nicht groß, aber er ist immerhin auch ein Vogel.« [156]

*

Cherkassov: »Jeder Mann kann gern ohne Furcht unser Gast sein. Sollte es jedoch einer wagen, mit dem Schwert zu uns zu kommen, der wird durch das Schwert sterben müssen.« [157]

***

ALEXIS SORBAS *(Zorba the Greek)*
USA/GRE 1964, Cacoyannis, Rockley, Twentieth Century Fox (Regie, Buch Michael Cacoyannis, nach dem Roman von Nikos Kazantzakis)

*

Alan Bates (Basil): »Sie sind Koch?«
Anthony Quinn (Alexis Zorba): »Wenn Sie einen brauchen, dann bin ich.«
Bates: »Nein, ich wollte sagen: Was sind Sie von Beruf?«
Quinn: »Na, hören Sie mal! Ich habe Hände, Füße, Kopf, die tun die Arbeit. Wozu brauch ich da Beruf?« [158]

*

Bates: »Nein, das gerade nicht.«
Quinn: »Was gerade denn?« [159]

*

Quinn: »Boss, wozu hat Gott uns die Hände gegeben? Zum Nehmen. Also: nimm!« [160]

Bates: »Ich will keine Schwierigkeiten.«
Quinn: »Boss, Leben ist Schwierigkeit, nur der Tod ist es nicht. Leben heißt, den Gürtel festschnallen und ausschauen nach Schwierigkeit.« [161]

*

Quinn: »Spiel mal nicht den Wohltäter, sondern benimm dich endlich, wie es sich für einen verdammten Kapitalisten gehört!« [162]

*

Quinn: »Wenn ein Mensch voll von was ist, was soll er machen? Platzen?« [163]

*

Quinn: »Ich mag das nicht, wenn einer so dumm redet.« [164]

*

Quinn: »Du redest wie ein Schullehrer, und du denkst wie ein Schullehrer. Wie kannst du da verstehen?« [165]

*

Quinn: »Jetzt sehe ich einen Mann an, jeden Mann und ich sage, der ist gut oder böse. Was macht es aus, ob Grieche oder Türke?« [166]

*

Quinn: »Du bist so begabt, nur eins hast du nicht mitgekriegt: Wahnsinn. Und ein Mann braucht eine Portion Wahnsinn, weil er sonst ...«
Bates: »Weil er sonst ...?
Quinn: »Weil er sonst nicht Courage hat auszubrechen, um frei zu sein.« [167]

*

Quinn: »Hast du jemals erlebt, daß etwas so bildschön zusammenkracht?« [168]

***

ALICE
USA 1990, Rollins-Joffe, Orion (Regie, Buch Woody Allen)

*

Patience Moore (Lehrerin): »Wenn Sie wollen, können wir uns jetzt auch kurz über einen Kindergarten unterhalten, in dem er die besten Chancen hätte, schließlich auf ein Elitecollege zu kommen.« [169]

*

Mia Farrow (Alice): »Wenn man bedenkt, daß du tot bist, siehst du sogar sehr gut aus.« [170]

*

Alec Baldwin (Eddie): »›Du sollst nicht Ehebrechen!‹, Alice. Das stammt nicht von mir, ich hab's gelesen.« [171]

*

Joe Mantegna (Joe): »Nichts ist so sexy wie eine vom Glauben abgefallene Katholikin.« [172]

*

Mantegna (unsichtbar): »New Yorker Taxifahrer erschüttert aber auch gar nichts.« [173]

***

ALICE LEBT HIER NICHT MEHR
(Alice Doesn't Live Here Anymore)
USA 1974, Warner (Regie Martin Scorsese, Buch Robert Getchell)

*

Ellen Burstyn (Alice Hyatt): »Hab ich ein Glück! Ich meine, ich bin doch so weit in Ordnung. Wie hab ich bloß einen solchen Klugscheißer bekommen?«
Alfred Lutter (Tommy): »Du bist schwanger geworden.« [174]

*

(Supermarktangestellter): »Sie geben aber viel Geld aus fürs Fleisch. Kriegen Sie Besuch?«
Burstyn: »Nein, nein, ich muß meinen Mann gut füttern. Ich will ihn dazu bringen, daß er mich durchs Schlafzimmer jagt.« [175]

*

Lutter: »Und was soll ich die ganze Zeit machen?«
Burstyn: »Geh ins Reservat, und spiel mit den Indianern!« [176]

*

Harvey Keitel (Ben): »Die Nummer werden 'ne Menge Kerle bei Ihnen abziehen, hm?«
Burstyn: »Ja, ja, aber die meisten waren bis jetzt unter zwölf.« [177]

*

Burstyn: »Wir sehen uns später.«
Lutter: »Danke für die Warnung.« [178]

> »Nichts ist so sexy wie eine vom Glauben abgefallene Katholikin.«
> Alice

Kris Kristofferson (David): »Er ist kaum wiederzuerkennen, wenn er mal den Mund zu hat.« [179]

***

ALICE'S RESTAURANT
USA 1969, Florin, United Artists (Regie Arthur Penn, Buch Venable Herndon, Arthur Penn, nach dem Song ›Alice's Restaurant Massacree‹ von Arlo Guthrie)

*

Arlo Guthrie (voice-over): »Neben der Nebenstraße lag schon ein Haufen Müll. Und wir dachten, daß ein großer Haufen Müll besser wäre als zwei kleine. Und leichter, als den schon vorhandenen raufzuholen, war es, unseren runterzuwerfen. Und das taten wir dann auch.« [180]

*

Guthrie: »Ich kann verstehen, warum Sie unsere Brieftaschen wollen: damit wir in der Zelle kein Geld ausgeben. Aber wozu wollen Sie unsere Gürtel?« [181]

***

ALIEN
USA 1979, Brandywine, Shusett (Regie Ridley Scott, Buch Dan O'Bannon, Story Dan O'Bannon, Ronald Shusett)

*

Ian Holm (Ash): »Ich kann Ihnen nichts vormachen, was Ihre Chancen angeht, aber ... Sie haben mein Mitgefühl.« [182]

***

ALIENS – DIE RÜCKKEHR *(Aliens)*
USA 1986, Brandywine, Twentieth Century Fox (Regie, Buch James Cameron, Story James Cameron, David Giler, Walter Hill, nach den Charakteren von Dan O'Bannon, Ronald Shusett)

*

Bill Paxton (Private Hudson): »He, Vasquez, bist du schon mal für 'n Mann gehalten worden?«

»Was brennt da?«
»Wir.«
Alien – Die Wiedergeburt

Jenette Goldstein (Private Vasquez): »Nein. Und du?« [183]

*

Lance Henriksen (Bishop): »Ich bin zwar synthetisch, aber ich bin nicht blöde.« [184]

*

Henriksen: »Für einen Menschen nicht übel.« [185]

***

ALIEN 3
USA 1992, Brandywyne, Twentieth Century Fox (Regie David Fincher, Buch David Giler, Walter Hill, Larry Ferguson, Story Vincent Ward, nach den Charakteren von Dan O'Bannon, Ronald Shusett)

*

Charles S. Dutton (Dillon): »Ihr werdet alle sterben. Die Frage ist nur, wie ihr abtretet. Entweder aufrecht stehend oder um Gnade winselnd, es liegt an euch. Ich bin nicht fürs Winseln.« [186]

***

ALIEN – DIE WIEDERGEBURT
(Alien Resurrection)
USA 1997, Brandywine, Twentieth Century Fox (Regie Jean-Pierre Jeunet, Buch Joss Whedon, nach den Charakteren von Dan O'Bannon, Ronald Shusett)

*

Sigourney Weaver (Ripley): »Du bist ein Roboter? (...) Ich hätt's mir denken können. Kein Mensch ist so menschlich wie du.« [187]

*

Ron Perlman (Johner): »Was brennt da?«
Dominique Pinon (Vriess): »Wir.« [188]

***

ALL THAT MONEY CAN BUY
USA 1941, RKO (Regie William Dieterle, Buch Dan Totheroh, nach der Geschichte ›The Devil and Daniel Webster‹ von Stephen Vincent Benet)

*

James Craig (Jabez Stone): »They say when he speaks, the stars and stripes come right out of the sky.« [189]

*

Walter Huston (Mr. Scratch): »Listen, Black Daniel, you're only wasting your time writing speeches like that. Why worry about the people and their problems? Think of your own!« [190]

*

Craig: »That's enough to make a man sell his

soul to the devil. And I would for about two cents.« [191]

*

Huston: »Do you deny that you called me? I've known people in other states who went back on their word but I ... I didn't expect it in New Hampshire.« [192]

*

Huston: »Why should that worry you? A soul is nothing. Can you see it, smell it, touch it? No. This soul, your soul are nothing against seven years of good luck. You'll have money and all that money can buy.« [193]

*

Huston: »Excellent! A firm, fair signature, one that will last till doomsday.« [194]

*

Craig: »Money is a funny thing, ain't it, Ma?«
Jane Darwell (Ma Stone): »I think ever it depends in my home how you get it and how you spend it.« [195]

*

Craig: »A man could change all that, couldn't he?«
Darwell: »A man can always change things. That's what makes him different from the barnyard critters.« [196]

*

Huston: »What's the matter, Jabez Stone? Your conscience bothering you?« [197]

*

Craig: »Golly! It's fun to scare people and watch 'em run.« [198]

*

Edward Arnold (Daniel Webster): »Mr. Stone is an American citizen. And an American citizen cannot be forced into the service of a foreign prince.«
Huston: »Foreign? Who calls me a foreigner?«
Arnold: »I never heard of the de... I never heard of you claiming American citizenship.«
Huston: »And who has the better right? When the first wrong was done to the first Indian, I was there. When the first slave was put off from the Congo, I stood on the deck. Am I not still spoken of in every church in New England? It's true, the North claims me for a Southerner and the South for a Northerner, but I'm neither. To tell the truth, Mr. Webster, though I don't like to boast of it, my name is older in the country than yours.« [199]

*

Arnold: »If two New Hampshire men aren't a match for the devil, we'd better give the country back to the Indians.« [200]

***

ALLE SAGEN: I LOVE YOU
(Everyone Says I Love You)
USA 1996, Magnolia, Sweetland, Buena Vista (Regie, Buch Woody Allen)

*

Alan Alda (Bob): »Steffi, bring mir mein Testament runter und ein Radiergummi!« [201]

*

Tim Roth (Charles Ferry): »Wie war das?«
Drew Barrymore (Skylar): »Wirklich interessant. Ich bin bisher noch nie von einem Soziopathen geküßt worden.« [202]

***

ALLES ÜBER EVA *(All About Eve)*
USA 1950, Twentieth Century Fox (Regie, Buch Joseph L. Mankiewicz, nach dem Roman ›The Wisdom of Eve‹ von Mary Orr)

*

Bette Davis (Margo Channing): »Es geschehen manchmal im Leben Dinge, Birdie, die haben zwar keinen Platz auf einer Vorstadtbühne, aber selbst eine Schmierenkomödiantin sollte Verständnis und Respekt dafür aufbringen.« [203]

*

Thelma Ritter (Birdie): »Ich bin nicht in der Union (Gewerkschaft). Sklaven nimmt man nicht.« [204]

*

Davis: »Bitte anschnallen, meine Herrschaften! Ich glaube, es wird eine stürmische Nacht.« [205]

*

George Sanders (Addison DeWitt): »Miss Caswell ist eine Kollegin. Sie kommt von der Copacabana Schule für dramatische Kunst.« [206]

> »That's enough to make a man sell his soul to the devil. And I would for about two cents.«
> All That Money Can Buy

Marilyn Monroe (Miss Caswell): »Warum sehen alle Produzenten aus wie arme Häschen? [unhappy rabbits]« [207]

*

Davis: »Bill ist 33 und sieht wie 33 aus. So sah er vor fünf Jahren aus, und so wird er noch in zwanzig Jahren aussehen. Ich hasse die Männer.« [208]

*

Monroe: »Ich wollte keine Belehrung, Mr. DeWitt, sondern einen Whisky.« [209]

*

Gary Merrill (Bill Sampson): »Will jemand ein guter Schauspieler sein oder sonst etwas im Theater, bleibt ihm nichts fürs Leben übrig als einzig und allein dieser Wunsch.« [210]

*

Merrill: »Selbstverständlich werden sich nur Männer und Frauen diesem Beruf verschreiben, die ungewöhnlich sind und die Bedingung akzeptieren, viel zu geben, um wenig zu erhalten.«
Anne Baxter (Eve Harrington): »Wenig? Das nennen Sie wenig? Ich finde, es genügt schon der Applaus. Ich habe hinter der Bühne oft dem Beifall gelauscht. Er ist wie eine Liebeswoge und flutet zärtlich vom Zuschauerraum über die Rampe. Wie schön zu wissen, daß du jeden Abend von Hunderten von Menschen geliebt wirst. Sie freuen sich, ihre Augen leuchten, du bist ihr Traumbild. Sie wollen dich, dich persönlich. Das allein ist jedes Opfer wert.« [211]

*

Davis: »Steh nicht auf! Und behandle mich nicht, als wäre ich die Königinmutter!« (...)
Merrill: »Außer in einem Bienenkorb empfände man dein Benehmen weder als königlich noch als mütterlich.« [212]

*

Hugh Marlowe (Lloyd Richards): »Wie wär's mit Heimgehen?«

> »Ich wollte keine Belehrung, Mr. DeWitt, sondern einen Whisky.«
> Alles über Eva

Davis: »Und so was will ein Dramatiker sein! Eine Situation voll atemberaubender Möglichkeiten, und du Trottel schickst sämtliche Akteure in die Klappe.« [213]

*

Celeste Holm (Karen Richards): »Es wird langsam Zeit, daß Margo einsieht, daß das, was im Theater wirkt, nicht unbedingt im Leben wirken muß.« [214]

*

Sanders: »Zu dumm! Den dritten Akt werden wir nicht sehen, den spielen sie hinter der Bühne.« [215]

*

Davis: »Wenn du zuhörst, als ob dein Stück von jemand anderem geschrieben wäre, an wen denkst du da? An Arthur Miller? An Sherwood? Oder gleich an Shakespeare?« (...)
Marlowe: »Glaubst du vielleicht, daß sich Sherwood oder Miller das von dir bieten ließen, was du mir zumutest? Dann halte dich lieber an Shakespeare! Der ist bereits 300 Jahre tot.«
Davis: »Alle Bühnenautoren sollten bereits 300 Jahre tot sein.«
Marlowe: »Damit wären ihre Probleme nicht gelöst, weil die Schauspielerinnen nicht sterben. Die Stars sterben nicht, und sie ändern sich nicht.« [216]

*

Marlowe: »Ich werde nie begreifen, wieso jemand, der über eine Stimme verfügt, sich deswegen einbildet, auch Verstand zu haben. Aber wann denkt eigentlich eine Schauspielerin, daß es ihre Worte sind, die sie sagt und ihre Gedanken, die sie vorbringt?«
Davis: »Genau von dem Augenblick an, wo sie schöpferisch denken und gestalten muß, um die Zuschauer am Verlassen des Theaters zu hindern.«
Marlowe: »Es wäre Zeit, dem Piano zu erklären, daß die Klavierkonzerte nicht von ihm sind.« [217]

*

Davis: »Merkwürdige Sache, die Karriere einer Frau. So viele Dinge wirft man über Bord, um vorwärtszukommen und vergißt, daß sie einem fehlen werden, wenn man wieder eine Frau sein will.« [218]

Merrill: »Wenn ich irgend etwas haben will, lauf ich ihm nach. Ich will nicht, daß es mir nachläuft.« [219]

*

Holm: »Eve würde Abbott bitten, ihr Costello zu leihen.« [220]

*

Holm: »Und was wirst du anziehen?«
Davis: »Etwas Einfaches, einen Pelzmantel über dem Nachthemd.« [221]

*

Davis: »Gib mir die leere Flasche! Vielleicht brauch ich sie.« [222]

*

Davis: »Ich zerspringe vor Neugier zu erfahren, was in diesem überspannten kleinen Kopf vor sich geht.« [223]

*

Holm: »Nur über meine Leiche.«
Baxter: »Ihre Leiche werden wir dabei nicht brauchen.« [224]

*

Sanders: »Du bist zu klein für diese Geste. Außerdem ist sie seit der Duse nicht mehr modern.« [225]

*

Sanders: »Sie wollte etwas herausfinden, aber wie alle Frauen hat sie dabei mehr erzählt als erfahren.« [226]

*

Sanders: »Daß ich dich haben will, obgleich ich dich kenne, erscheint mir plötzlich als der Gipfel der Unwahrscheinlichkeit. Aber gerade das ist vermutlich der Grund. Du bist eine unglaubliche Person, Eve, genau wie ich. Das haben wir gemeinsam. Außerdem verachten wir das Menschliche, sind unfähig zu lieben und uns lieben zu lassen, sind krankhaft ehrgeizig und talentiert. Wir verdienen einander.« [227]

***

ALLES UNHEIL KOMMT VON OBEN
(The Commandments)
USA 1997, Grammercy, Universal (Regie, Buch Daniel Taplitz)

*

Anthony LaPaglia (Harry Luce, voice-over): »Er bekam einen Verfolgungswahn, wie man ihn sonst nur bei Postbeamten findet. Deshalb war es eigentlich keine Überraschung, daß er nun im Krankenhaus gelandet war. Aber man hätte meinen sollen, daß der Blitz ihm eine Lehre gewesen wär. (...) Irrtum. Er war ein armer Irrer. Schlimmer noch: ein armer Irrer mit einem Plan.« [228]

***

ALLES, WAS SIE SCHON IMMER ÜBER SEX WISSEN WOLLTEN
(Everything You Always Wanted to Know About Sex, But Were Afraid to Ask)
USA 1972, Rollins-Joffe, Brodsky-Gould, United Artists (Regie, Buch Woody Allen)

*

Anthony Quayle (König): »Ich halte das keine Sekunde länger aus. Das ist überhaupt nicht komisch. Ich habe schon Leute für weniger schlechte Witze vierteilen lassen.« [229]

*

Woody Allen (Fabrizio): »Piccolo?? Come pane francesa!« [230]

***

ALS JIM DOLAN KAM *(Rough Night in Jericho)*
USA 1967, Rackin, Universal (Regie Arnold Laven, Buch Sydney Boehm, Marvin H. Albert, nach dem Roman ›The Man in Black‹ von Marvin H. Albert)

*

Dean Martin (Alex Flood): »Ich werd mich nie mit Ihrer Existenz abfinden, Jim Dolan. Haben wir uns verstanden?« [231]

***

AM ABGRUND *(Quicksand – No Escape)*
USA 1991, Finnegan-Pinchuk, MTE (Regie Michael Pressman, Buch Peter Baloff, Dave Wollert)

*

Jay Acovone (Joanna Reinhardt): »Ich weiß nicht, wie ich Ihnen danken soll.«
Donald Sutherland (Murdoch): »Ein paar größere Scheine, und für mich scheint die Sonne.« [232]

*

Sutherland (Erpresser): »Ich werde Ihnen

> »Ich werd mich nie mit Ihrer Existenz abfinden, Jim Dolan. Haben wir uns verstanden?«
> Als Jim Dolan kam

10.000 Dollar von Ihrer Schuld erlassen, um Ihnen zu zeigen, wie gut Menschen sein können.« [233]

*

Sutherland: »Wir beide wissen, wenn Sie nur ein wenig Mumm hätten, hätten Sie noch Ihre 25 Riesen, und ich wär tot.« [234]

*

Sutherland: »Haben Sie Hunger? Das nennt sich Croissant, eine Art angeschwulter Doughnut.« [235]

***

AM RANDE DER NACHT *(Tchao Pantin)*
F 1983, Renn, Concorde (Regie Claude Berri, Buch Claude Berri, Alain Page, nach dem Roman von Alain Page)

*

Coluche (Lambert): »Also gut, ich hör auf, wenn's dir auf die Nerven geht. Sind bald fünf Jahre, daß ich mit keinem mehr rede. Kann auch weiter so bleiben.« [236]

*

Coluche: »Hast doch bisher nicht nur mit Nutten gebumst, oder?«
Richard Anconina (Youssif Bensoussan): »Nein. Nein, aber oft. Und mit wem bumst du?«
Coluche: »Selbst ist der Mann.« [237]

*

Mahmoud Zemmouri (Rachid): »Wir kriegen dich schon. Bevor der Mann krepiert ist, hat er uns deinen Namen gesagt, Lambert.«
Coluche: »Na und? Ist mir doch so was von egal. Wird sowieso Zeit, daß ich abkratze.« [238]

*

Agnès Soral (Lola): »Sag mal, ist dir nicht klar, daß die dich umbringen, hä? Sag mal, ist dir das eigentlich klar?«
Coluche: »Ich bin schon tot.« [239]

> »... Ich hol mir unter der Dusche einen runter. Das wird der Höhepunkt meines Tages sein. Von jetzt an geht's nur noch bergab.«
> American Beauty

AMADEUS
USA 1984, Zaentz, Orion (Regie Milos Forman, Buch Peter Shaffer, nach seinem Stück)

*

F. Murray Abraham (Antonio Salieri): »Alle mochten mich. Und ich mochte mich auch. Bis er auftauchte.« [240]

***

AMERICAN BEAUTY
USA 1999, Jinks-Cohen, DreamWorks (Regie Sam Mendes, Buch Alan Ball)

*

Thora Birch (Jane Burnham): »Ich brauche einen Vater, der ein Vorbild ist, nicht so einen geilen Bock, der jedesmal in seine Shorts abspritzt, wenn ich 'ne Schulfreundin mit nach Hause bringe. Ein Versager! Jemand sollte ihn von seinem Elend erlösen.« [241]

*

Kevin Spacey (Lester Burnham, voice-over): »Mein Name ist Lester Burnham. Das ist mein Stadtviertel. Das ist meine Straße. Das ist mein Leben. Ich bin 42 Jahre alt, in weniger als einem Jahr bin ich tot. Natürlich weiß ich das jetzt noch nicht. In gewisser Weise bin ich bereits tot.« [242]

*

Spacey (voice-over): »Sehen Sie mich an! Ich hol mir unter der Dusche einen runter. Das wird der Höhepunkt meines Tages sein. Von jetzt an geht's nur noch bergab.« [243]

*

Spacey (voice-over): »Das ist meine Frau, Carolyn. Sehen Sie, wie der Griff der Baumschere farblich zu ihren Gartencloggs paßt? Das ist kein Zufall.« [244]

*

Spacey (voice-over): »Janey ist ein ziemlich typischer Teenager, zornig, unsicher, verwirrt. Wie gern würde ich ihr sagen, daß das alles vorbeigeht. Aber ich will sie nicht belügen.« [245]

*

Spacey (voice-over): »Beide, meine Frau und meine Tochter, halten mich für einen totalen Verlierer. Und sie haben recht. Ich habe etwas verloren. Ich bin mir nicht ganz sicher, was es ist, aber ich weiß, ich habe mich nicht immer so gefühlt, so betäubt. Aber wissen Sie was? Es ist niemals zu spät, es sich zurückzuholen.« [246]

Birch (zu Spacey): »Was erwartest du? Du kannst nicht auf einmal mein bester Freund sein, bloß weil du 'n miesen Tag hattest.« [247]

*

Mena Suvari (Angela Hayes): »Er ist irgendwie so selbstbewußt. Das kann nicht echt sein.« [248]

*

Annette Bening (Carolyn Burnham): »Ich würde wahnsinnig gern mit Ihnen zusammensitzen und in Ihren Gehirnwindungen rumpuhlen.« [249]

*

Spacey (voice-over): »Es ist was ganz Tolles, wenn man erkennt, daß man immer noch die Fähigkeit besitzt, sich selbst zu überraschen. Da fragt man sich doch, ob man sonst noch was draufhat, was man vergessen hat.« [250]

*

Wes Bentley (Ricky Fitts): »Mein Dad denkt, ich bestreite das alles mit Catering-Jobs. Man sollte nie die Macht der Verdrängung unterschätzen.« [251]

*

Barry Del Sherman (Brad): »Sie sind ein beschissener Fiesling!«
Spacey: »Nein, Brad, ich bin nur ein ganz gewöhnlicher Kerl, der nichts zu verlieren hat.« [252]

*

Marissa Jaret Winokur (Janine): »Es gibt keine Jobs für Manager, nur für den Schalter *(im Hamburgerrestaurant)*.«
Spacey: »Gut. Ich bin nämlich auf der Suche nach dem geringstmöglichen Maß an Verantwortung.« [253]

*

Bening: »Ich hab noch nie eine Waffe abgefeuert.«
Peter Gallagher (Buddy Kane): »Dann probier's mal aus! Nichts verschafft dir so sehr ein Gefühl von Macht.« [254]

*

Spacey: »Janey, heute habe ich gekündigt. Und dann hab ich zu meinem Boss gesagt, er soll sich ins Knie ficken und ihn um fast 60.000 Dollar erpreßt.«
Bening: »Dein Vater scheint zu glauben, daß man auf solch ein Verhalten unheimlich stolz sein kann.«

Spacey: »Deine Mutter findet es besser, wenn ich durchs Leben gehe wie ein scheiß Gefangener, während sie meinen Schwanz in einem Einmachglas unter der Spüle aufbewahrt.« [255]

*

Spacey: »Herrgott, Carolyn, wann bist du nur so freudlos geworden!« [256]

*

Spacey (voice-over): »Eigentlich könnte ich ja ziemlich sauer darüber sein, was mir widerfahren ist. Aber es fällt schwer, wütend zu bleiben, wenn es so viel Schönheit auf der Welt gibt. Manchmal hab ich das Gefühl, all die Schönheit auf einmal zu sehen, doch das ist einfach zuviel. Mein Herz fühlt sich dann an wie ein Ballon, der kurz davor ist zu platzen. Und dann geht mir durch den Kopf, ich sollte mich entspannen und aufhören zu versuchen, die Schönheit festzuhalten. Dann durchfließt sie mich wie Regen. Und ich kann nichts empfinden außer Dankbarkeit für jeden einzelnen Moment meines dummen kleinen Lebens. Ich bin sicher, Sie haben keine Ahnung, wovon ich rede. Aber, keine Angst, eines Tages verstehen Sie's.« [257]

***

AMERICAN GRAFFITI
USA 1973, Lucas, Coppola, Universal (Regie George Lucas, Buch George Lucas, Gloria Katz, Willard Huyck)

*

Richard Dreyfuss (Curt): »Ich hatte eine Vision *(Frau im Auto)*. Eine Göttin ist erschienen.« [258]

*

Mackenzie Phillips (Carol): »Du, was du grad mit mir machst, ist das Petting?« [259]

*

Charles Dorsett (älterer Autofahrer): »Entschuldigen Sie, aber ich glaube, wir hatten einen Zusammenstoß.« [260]

---

*»Ich hatte eine Vision
(Frau im Auto).
Eine Göttin ist erschienen.«*
American Graffiti

Paul LeMat (John Milner): »Ich kann diese Surfing-Kacke nicht ausstehen. Buddy Holly ist tot, und seitdem ist Feierabend mit Rock'n' Roll.« [261]

*

Bo Hopkins (Joe): »Rom brannte man auch nicht in einer Nacht nieder.« [262]

*

Cindy Williams (Laurie): »Wenn du keinen Ton von dir gibst, kommen wir glänzend miteinander aus.« [263]

***

AMERICAN HISTORY X
USA 1998, Turman-Morrissey, New Line (Regie Tony Kaye, Buch David McKenna)

*

Edward Furlong (Danny Vinyard, voice-over): »Derek sagt, es ist immer gut, mit einem Zitat abzuschließen. Wenn ein anderer es schon am besten formuliert hat und man es selber nicht besser kann, stiehlt man eben von ihm und verschafft sich einen starken Abgang.« [264]

***

AN AMERICAN WEREWOLF IN PARIS
USA/Luxemburg/F/UK 1997, Stonewood, Hollywood, Aurora, Delux, Président, Propaganda, J&M, Cometstone (Regie Anthony Waller, Buch Tim Burns, Tom Sterne, Anthony Waller, nach Charakteren von John Landis)

*

Charles Maquignon (Türsteher): »Hier dürfen nur Mitglieder wieder raus.« [265]

***

AMERICA'S MOST WANTED *(Most Wanted)*
USA 1997, Ivory Way, New Line (Regie David Glenn Hogan, Buch Keenen Ivory Wayans)

*

Jill Hennessy (Dr. Victoria Constantini): »Ein abscheulicher Ort! Gibt's hier vielleicht auch Ratten?«
Keenen Ivory Wayans (Sergeant James Dunn): »Das wollen wir hoffen. Wir werden noch Hunger bekommen.« [266]

Wayans: »Der Schlag auf Ihren Kopf tut mir leid, Braddock. Mit der Schwellung können Sie dem General nicht mehr in den Arsch kriechen.« [267]

*

John Voight (General Adam Woodward): »Du hättest mich eben rechtzeitig töten müssen, Dunn. Beschissene Planung, mein Junge, beschissen.«
Wayans: »Wissen Sie, ich bin ein Marine. Wir planen nicht, wir improvisieren.« [268]

*

Paul Sorvino (Ken Rackmill): »Lassen Sie das! Das ganze Leben ruinieren für einmal Cowboy spielen?« [269]

*

Voight: »Improvisier doch mal, Arschloch! Rache macht Spaß, oder?« [270]

***

EIN AMERIKANER IN PARIS
(An American in Paris)
USA 1951, MGM (Regie Vincente Minnelli, Buch Alan Jay Lerner)

*

Gene Kelly (Jerry Mulligan, voice-over): »Ich bin Maler. Mein ganzes Leben hab ich davon geträumt, einer zu werden. Und studieren kann man nur hier, Einfälle hat man nur hier, und man kann auch nur hier leben. Für einen Maler das herrlichste Fleckchen Erde, das es gibt: Paris. Sehen Sie sich diese Stadt an! Ist es ein Wunder, daß so viele Künstler herkommen und sie Heimat nennen? Wer hier in Paris nicht malen kann, der soll es lieber aufgeben und die Tochter seines Chefs heiraten.« [271]

*

Kelly (voice-over): »In meiner Heimat sagt jeder, ich hätte überhaupt kein Talent. Hier sagen sie manchmal dasselbe, aber, wissen Sie, auf Französisch klingt es besser.« [272]

*

Oscar Levant (Adam Cook, voice-over): »Einmal hatte ich gerade kein Stipendium gewonnen. Was sollte ich machen? Ich mußte arbeiten, um zu leben, hörte aber sofort wieder damit auf, weil ich entdeckte, daß mir das Spaß

> »Ein abscheulicher Ort! Gibt's hier vielleicht auch Ratten?«
> »Das wollen wir hoffen. Wir werden noch Hunger bekommen.«
> America's Most Wanted

macht, und ich wollte kein Sklave dieser Gewohnheit werden.« [273]

*

Levant (über sich, voice-over): »Ja, vielleicht haben Sie recht, es ist kein hübsches Gesicht, aber unter seiner wabbeligen Oberfläche verbirgt sich ein enormer Mangel an Charakter.« [274]

*

Kelly: »Soll das ein Kleid sein, was Sie da anhaben? [That's quite a dress you almost have on.]« [275]

*

Hayden Rorke (Tommy Baldwin): »Milo, ich hab das Gefühl, mit dem wirst du Ärger kriegen.«
Nina Foch (Milo Roberts): »Ach nein, das glaub ich nicht. Er muß nur dressiert werden, das ist alles.« [276]

*

Leslie Caron (Lise Bourvier): »Ich möchte zurück zu meinen Freunden.«
Kelly: »Ich dachte, Sie langweilen sich mit denen. Sie sahen jedenfalls ganz so aus.«
Caron: »Sie sollten mich jetzt sehen.« [277]

*

Caron: »Gestern nacht waren Sie nur ein kleines Übel, aber heute sind Sie bereits eine Riesenbelästigung.« [278]

*

Caron: »Es ist ein Jammer, daß Ihre Hartnäckigkeit Ihren Charme bei weitem in den Schatten stellt.« [279]

*

Georges Guetary (Henri Baurel): »Bei jeder Frau wird ein unaufrichtiges Geständnis, das du ihr sagst, weit mehr Erfolg haben als zehn aufrichtige, wenn du sie verschweigst.« [280]

***

DER AMERIKANISCHE FREUND
BRD/F 1977, Road Movies, Losange, Wenders, WDR (Regie, Buch Wim Wenders, nach dem Roman ›Ripley's Game‹ von Patricia Highsmith)

*

Dennis Hopper (Tom Ripley): »Ich hab eben ein Auge für so was.«
Samuel Fuller (der Amerikaner): »Paß gut drauf auf! Augen kann man nicht kaufen.« [281]

Fuller: »In sechs Monaten kann ich gut fünf Bilder malen. Kannst du nicht fünf verkaufen?«
Hopper: »Nur zwei. Du bist zu fleißig für einen toten Maler.« [282]

***

DIE AMERIKANISCHE NACHT
(La Nuit Américaine)
F/I 1973, Carrosse, PECF, PIC (Regie François Truffaut, Buch François Truffaut, Jean-Louis Richard, Suzanne Schiffman)

*

François Truffaut (Ferrand, der Regisseur, voice-over): »Einen Film drehen, das ist wie eine Kutschenfahrt durch den Wilden Westen. Zu Beginn hofft man auf eine schöne Reise, und sehr bald fragt man sich dann nur noch, ob man wohl am Ziel ankommen wird.« [283]

***

EIN AMERIKANISCHER QUILT
(How to Make an American Quilt)
USA 1995, Amblin, Universal (Regie Jocelyn Moorhouse, Buch Jane Anderson, nach dem Roman von Whitney Otto)

*

Lois Smith (Sophia): »Wär es nicht besser, du arbeitest mit einem Computer?«
Winona Ryder (Finn Dodd): »Nein, ich trau Computern nicht, die verlieren dauernd was.« [284]

*

Ryder: »Hast du Onkel Arthur je verziehen?«
Anne Bancroft (Glady Joe): »Ja, ich hab ihm verziehen. Das macht man so, wenn jemand stirbt.« [285]

*

Tim Guinee (Young Dean): »Es *(Seitensprung)* war ein rein physisches Vergehen. (...) Ich bin Künstler, deshalb bin ich egoistisch und lebenshungrig.« [286]

»Gestern nacht waren Sie nur ein kleines Übel, aber heute sind Sie bereits eine Riesenbelästigung.«
Ein Amerikaner in Paris

Guinee: »Du darfst mich nicht verlassen. Bleib bei mir! Ich *(...)* male *(statt Frauenakten)* alte Männer, fette, voller Warzen, glatzköpfige Männer. Und vollkommen angezogen.« [287]

*

Maya Angelou (Anna): »Ich konnte den Vollmond nie leiden. Er dient den Leuten immer nur als Vorwand, Dummheiten zu machen.«
Ryder: »Ich bin jung, da darf man Dummheiten machen.«
Angelou: »Um dann dein ganzes Leben lang dafür zu büßen?«
Ryder: »Na ja, das ist besser, als mein ganzes Leben lang daran zu denken, was ich verpaßt hab.« [288]

***

AMOK JAGD
(Wolf Lake)
USA 1979, Simon, Aztec, Hool (Regie, Buch Burt Kennedy)

*

David Huffman (David): »Ein Mann, der immer nur von seinen Problemen redet, hat keine.« [289]

***

AMOS & ANDREW
USA 1993, New Line, Castle Rock (Regie, Buch E. Max Frye)

*

Michael Lerner (Phil Gillman): »Ich bin wirklich kein Rassist, ehrlich. Aber wissen Sie, wenn man auf dieser Insel einen Schwarzen sieht mit einer kompletten Stereoanlage in der Hand, dann muß man sich ja wohl nicht fragen, was er tut.« [290]

*

Samuel L. Jackson (Andrew Sterling): »Und wohin geht die Reise jetzt, Magellan?« [291]

***

AN EINEM TAG WIE JEDER ANDERE
(The Desperate Hours)

> »*Glaubst du, irgend 'n Mann kriegt noch einen hoch, wenn er weiß, daß mein IQ mehr als 50 Punkte über seinem liegt?*«
> Anatomie

USA 1955, Paramount (Regie William Wyler, Buch, Roman, Stück Joseph Hayes [=Jay Dratler])
Martha Scott (Eleanor Hilliard): »Wie oft soll ich Ihnen noch sagen ...«
Humphrey Bogart (Glenn Griffin): »So oft, wie ich Sie danach frage.« [292]

*

Bogart: »Also haben Sie auch wirklich nichts vergessen? Einen niedlichen kleinen Revolver vielleicht, den der Junge nicht finden soll? Wollen Sie, daß Robish oben rumstöbert und ihn findet? Wenn der ein Schießeisen in den Pfoten hat, jucken ihm die Finger. Robish hat doch keinen Funken Verstand. Ich will vermeiden, daß was passiert. Aber wenn Sie es so wollen ...« [293]

*

Bogart: »Nicht auf 'n Kopf gefallen, hä? Sieh mal an! Klicketiklicketiklick, ich hör wie's arbeitet.« [294]

***

ANATOMIE
BRD 2000, Claussen-Wöbke, Columbia (Regie, Buch Stefan Ruzowitzky)

*

Rüdiger Vogler (Dr. Henning): »Geld und Ruhm dem Arzt zu verschaffen, ist der Sinn menschlichen Leidens.« [295]

*

Sebastian Blomberg (Caspar): »Privat bin ich ein reizender Mensch. Ich liebe den Gesang der Vögel und kann viele Blumen beim Namen nennen.« [296]

*

Anna Loos (Gretchen): »Glaubst du, irgend 'n Mann kriegt noch einen hoch, wenn er weiß, daß mein IQ mehr als 50 Punkte über seinem liegt?« [297]

*

Loos: »Daß die Dinger *(Penisse)* aber auch so sensibel sind. Ich find, aufgeschnitten sehen die so unkompliziert aus.« [298]

*

Loos: »Ihr seid ein ekliger Männerverein, und ich bin Gottes Rache.« [299]

*

Traugott Buhre (Professor Grombek): »Glauben Sie, man kann in der Forschung noch etwas leisten, wenn man sich an ethische Grundsätze hält?« [300]

***

ANATOMIE EINES MORDES
(Anatomy of a Murder)
USA 1959, Carlyle, Preminger, Columbia (Regie Otto Preminger, Buch Wendell Mayes, nach dem Roman von Robert Traver [=Richter John D. Voelker])

*

James Stewart (Paul Biegler): »Das ungeschriebene Gesetz ist ein Märchen, Lieutenant. So etwas gibt es nicht. Und wer einen Mord begeht und sich dabei auf ein ungeschriebenes Gesetz verläßt, hat sich im Zuchthaus ein Zimmer mit Pension bestellt.« [301]

*

Stewart: »Alter Freund, wenn ich nicht genau wüßte, wie gut du es mit mir meinst, dann müßte ich dich jetzt in die Schnauze hauen.« [302]

*

Joseph N. Welch (Richter Weaver): »Wenn es hier bei Ihnen üblich ist, einen wegen Mordes angeklagten Mann herumspazieren zu lassen, wie er will, dann steht es wohl einem Gast nicht zu, darauf hinzuweisen, daß derartige Zwanglosigkeiten im Gesetz nicht vorgesehen sind.« [303]

*

Ben Gazzara (Lieutenant Frederick Manion): »Der Arzt, der mich untersucht hat, heißt Smith.«
Arthur O'Connell (Parnell McCarthy): »Smith? Hoffentlich wenigstens Anatol Leo Smith oder Ludwig van Smith. Sonst macht er keinen Eindruck auf die Geschworenen.« [304]

*

Welch: »Antworten Sie bitte nur auf die Fragen, Mr. Paquette! Die geistvollen Scherze liefern uns die Herren Anwälte.« [305]

***

EINE ANDERE FRAU *(Another Woman)*
USA 1988, Rollins-Joffe, Orion (Regie, Buch Woody Allen)

*

Gena Rowlands (Marion Post, voice-over): »Ich ziehe es vor, nicht allzutief in mich zu gehen. Nicht, daß ich Angst gehabt hätte, irgendwelche dunklen Seiten meines Charakters zu entdecken, aber ich sage mir immer, wenn etwas zu funktionieren scheint, sollte man nicht daran rühren.« [306]

*

Rowlands (voice-over): »Mein Mann ist ein ausgezeichneter Arzt, ein Herzspezialist, der vor einigen Jahren meins untersucht hat. Es gefiel ihm, und er machte mir einen Heiratsantrag.« [307]

*

Rowlands (voice-over): »Ich frage mich, ob eine Erinnerung etwas ist, das man besitzt oder das man verloren hat.« [308]

***

ANGEKLAGT *(The Accused)*
USA 1988, Jaffe-Lansing, Paramount (Regie Jonathan Kaplan, Buch Tom Topor)

*

Jodie Foster (Sarah Tobias): »Und dann hab ich gehört, wie jemand geschrien hat. Und das war ich.« [309]

*

(Reporter): »Wie sehen jetzt Ihre Pläne aus, Miss Tobias?«
Foster: »Also, ich möchte jetzt nach Hause und mit meinem Hund spielen.« [310]

***

ANGEL HEART
USA 1987, Kassar-Vajna, Carolco (Regie, Buch Alan Parker, nach dem Roman ›Falling Angel‹ von William Hjortsberg)

*

Robert De Niro (Louis Cyphre): »Sie wissen ja, was man über Schnecken sagt?«
Mickey Rourke (Harry Angel): »Nein. Was sagt man denn über Schnecken?«
De Niro: »Daß sie immer eine Schleimspur hinterlassen.« [311]

*

Rourke: »Ich hab nie was mit Mordfällen zu tun gehabt. Ich bin nie näher an Leichen he-

> »Antworten Sie bitte nur auf die Fragen, Mr. Paquette! Die geistvollen Scherze liefern uns die Herren Anwälte.«
> Anatomie eines Mordes

rangekommen als am Ende der zweiten Avenue, wo die Leichenwagen vorbeifahren. Näher nicht, denn ich mag keine Leichen.« [312]

*

Rourke: »5000?«
De Niro: »5000!«
Rourke: »Sie müssen auf diesen Johnny ziemlich scharf sein.«
De Niro: »Ich mag keine unbezahlten Rechnungen.« [313]

*

Rourke: »Nur Polypen und schlechte Nachrichten klopfen nicht an.« [314]

*

De Niro: »Die Zukunft ist nicht mehr, was sie war, Mr. Angel.« [315]

*

De Niro: »Johnny Favourite ist mir was schuldig geblieben, Mr. Angel. Ich habe altmodische Vorstellungen von Ehre. Sie wissen schon, Auge um Auge und dergleichen.« [316]

*

Rourke: »Louis Cyphre ... Luzifer. Sogar Ihr Name ist ein Ramschladenscherz.«
De Niro: »Mephistopheles klingt so übertrieben in Manhattan, Johnny.« [317]

*

De Niro: »Winesap? Der ist tot. Er hatte einen scheußlichen Unfall. Keine Bange, ein Anwalt mehr oder weniger, was hat das schon zu bedeuten.« [318]

***

ANGELAS RACHE
(Elles n'oublient jamais)
F 1994, Fildebroc, TF1, Capac, Canal+ (Regie Christopher Frank, Buch Christopher Frank, Jean Nachbaur, Story Jean-Marc Roberts)

*

Nadia Fares (Angela Galli): »Weil jeder Typ, den du fragst, was ihm an 'ner Tussi gefällt, dir sagt, die Augen. Ist doch das letzte.« [319]

> »Weil jeder Typ, den du fragst,
> was ihm an 'ner Tussi gefällt,
> dir sagt, die Augen.
> Ist doch das letzte.«
> Angelas Rache

Thierry Lhermitte (Julien Bernier): »Was gefällt dir an einem Typen am besten?«
Fares: »Seine Eier. Hast du die Eier von 'nem Mann in der Hand, hast du auch den Mann in der Hand. Du kannst ihn zum Orgasmus bringen oder ihm so wehtun, daß er nach seiner Mama schreit.« [320]

*

Fares: »Du hast keine Ahnung von Frauen, genauso wie dein Schwanz. Für 'ne Frau ist es nie vorbei, selbst wenn es das ist. Wenn sie mal das Vertrauen verloren hat, ist sie nie wieder dieselbe.« [321]

***

ANGIE
USA 1994, Caravan, Morra-Brezner-Steinberg-Tenenbaum, Scapa Via, Hollywood (Regie Martha Coolidge, Buch Todd Graff, nach dem Roman ›Angie, I says‹ von Avra Wing)

*

Geena Davis (Angie): »Also, diese vier Nonnen wollen in den Himmel. Und da fragt Petrus die erste Nonne: ›Schwester, eine Frage noch, bevor du rein darfst: Hast du jemals 'n Penis angefaßt?‹ (...) Da antwortet sie: ›Ja, Petrus, einmal im meinem Leben hab ich einen Penis mit der Fingerspitze berührt.‹ Darauf er: ›Okay, Schwester, wasch deine Fingerspitzen in Weihwasser und tritt ein!‹ (...) Also, die zweite kommt, er stellt ihr dieselbe Frage, und sie sagt: ›Nun ja, einmal, in einem Auto, auf dem Rücksitz, da hat meine Hand einen Penis berührt.‹ Und Petrus: ›Okay, Schwester, wasch deine Hand in Weihwasser, und tritt ein!‹ Dann kommt die dritte Nonne, wird aber sofort von der vierten weggeschubst, die sagt: ›Hör zu, Junge, wenn du glaubst, daß ich damit gurgle, nachdem die ihren Arsch reingesteckt hat, dann hast du dich aber gewaltig verrechnet.‹« [322]

*

Stephen Rea (Noel): »Geht's Ihnen nicht gut?«
Davis: »Doch, (...) mir geht's prima. Wenn Sie verschwinden.« [323]

*

Rea: »Hör endlich auf, wegen deiner geplatzten Fruchtblase rumzujammern! Ich hab diese Karten seit sechs Monaten, und wir bleiben jetzt hier. Verstanden?« [324]

ANGST IN DER NACHT *(Fear in the Night)*
USA 1947, Pine-Thomas, Paramount (Regie, Buch Maxwell Shane, nach der Geschichte ›Nightmare‹ von Cornell Woolrich)

*

Paul Kelly (Cliff Herlihy): »Ich habe Respekt vor jedem, der ein Verbrechen begeht und das ehrlich zugibt, und ich verstehe auch, wenn er es zunächst leugnet.« [325]

*

DeForest Kelley (Vince Grayson): »Ich hab schreckliche Angst, Cliff.«
Kelly: »Die haben Mörder immer. Hinterher.« [326]

***

ANKLAGE: MORD *(The High Wall)*
USA 1947, MGM (Regie Curtis Bernhardt, Buch Sydney Boehm, Lester Cole, nach dem Roman und dem Stück von Alan R. Clark, Bradbury Foote)

*

Vince Barnett (Henry Cronner): »Ich bin ein Mann, der vieles weiß, nicht nur das, was die Zeitungen schreiben, auch das, was nicht drinsteht. Aber außerdem bin ich auch ein Mann, der sagt, eine Hand wäscht die andere. Und da dachte ich, ich erzähle Ihnen, daß mein Arzt mir empfohlen hat, nach Florida zu gehen.« [325]

***

ANNA UND DER KÖNIG *(Anna and the King)*
USA 1999, Bender Twentieth Century Fox (Regie Andy Tennant, Buch Steve Meerson, Peter Krikes, nach den Tagebüchern von Anna Leonowens)

*

Mano Maniam (Moonshee): »Wenn man nicht der Leitelefant ist, ändert sich die Aussicht nie.« [327]

*

Chow Yun-Fat (King Mongkut): »Sie sehen nicht aus, als wären Sie alt genug für wissenschaftlichen Unterricht. Wieviele Jahre haben Sie?«
Jodie Foster (Anna Leonowens): »Genug, um zu wissen, daß Alter und Weisheit nicht unbedingt Hand in Hand gehen, Eurer Majestät.«
Chow Yun-Fat: »Ich bezweifle, daß Sie das auch sagen würden über Dreistigkeit und Engländerin sein.«
Foster: »Das ist schwerlich zu trennen, fürchte ich.« [329]

Chow Yun-Fat: »Wenn eine Frau, die viel zu sagen hat, gar nichts sagt, kann ihr Schweigen ohrenbetäubend sein.« [330]

***

ANNIES MÄNNER *(Bull Durham)*
USA 1988, Mount, Orion (Regie, Buch Ron Shelton)

*

Susan Sarandon (Annie Savoy, voice-over): »Baseball ist meine Religion. Ich hab alle großen Religionen durchprobiert. Und auch die meisten von den kleinen. Ich habe Buddha angebetet, Allah, Brama, Vishnu, Shiva, Mohammed, Pilze und Isadora Duncan. Ich kenn mich also echt aus. Ein Rosenkranz hat zum Beispiel 108 Perlen, und ein Baseball hat 108 Stiche. Als ich das gelernt habe, da gab ich Jesus eine Chance. Aber wir beide sind nicht miteinander klargekommen. Der Herr hat mir zuviel Schuld aufgebürdet. Mir ist Metaphysik lieber als Theologie. Und sehen Sie, beim Baseball gibt es keine Schuldgefühle, und es ist auch niemals langweilig. Und darin hat es Ähnlichkeit mit Sex. Jeder Spieler, der mit mir im Bett war, hatte das beste Jahr seiner Karriere. Es ist wie ein Schlag im Baseball, man muß sich einfach nur entspannen und konzentrieren. Und überhaupt, ich hab nie mit 'm Spieler geschlafen, der unter 250 Durchschnitt lag, außer, er hatte eine Menge guter Läufe oder war ein guter Spieler im Mittelfeld. Wissen Sie, ich gebe den Jungs eine gewisse Lebensweisheit mit auf den Weg. Ich erweitere sozusagen ihren Horizont. Manchmal, wenn ich einen Spieler ganz für mich allein habe, dann lese ich ihm was von Emily Dickinson oder Walt Whitman vor. Und die Jungs sind richtig süß, sie bleiben da und hören brav zu. Na klar, jeder Mann wird sich alles anhören, wenn er glaubt, daß die Sache im Bett endet. Ich gebe ihnen Selbstvertrauen, und sie geben mir Geborgenheit. Und das Ge-

---

> »Wenn eine Frau,
> die viel zu sagen hat, gar nichts
> sagt, kann ihr Schweigen
> ohrenbetäubend sein.«
> Anna und der König

fühl, schön zu sein. Natürlich, was ich ihnen gebe, ist fürs ganze Leben, was sie mir geben, hält nur für 142 Spiele. Manchmal erscheint es wie ein schlechter Tausch, aber ein schlechter Tausch gehört auch zum Baseball. Wer wird jemals das Tauschgeschäft von Frank Robinson gegen Milt Pappas vergessen. Das war vielleicht 'n Ding. Die Saison ist immer sehr lang, und man muß Vertrauen in sie haben. Ich habe sie alle durchprobiert, ganz ehrlich. Und die einzige Religion, die für die Seele gut ist, das ist nun mal die Religion Baseball.« [331]

*

Jenny Robertson (Millie): »Mein Daddy hat die Anzeigetafel gestiftet, und wenn du mich aus dem Stadion verbannst, dann nimmt er sie euch bestimmt wieder weg.«
Trey Wilson (Joe ›Skip‹ Riggins): »Na und? Wir haben das ganze Jahr noch nicht einmal vorn gelegen. Wozu brauchen wir also 'ne Anzeigetafel?« [332]

*

Robertson: »Ich wurde verführt.«
Sarandon: »Du wurdest nicht verführt, Frauen werden nie verführt, sie sind viel zu stark und mächtig dafür. Also sag es: ›Ich wurde nicht verführt, und ich übernehme die volle Verantwortung für alles, was ich tue.‹« [333]

*

Kevin Costner (Crash Davis): »Ich bin echt zu alt für diese Scheiße. Warum, zum Teufel, bin ich überhaupt hier?« [334]

*

Robert Wuhl (Larry Hockett): »Sein Arm ist Gold wert, aber sein Hirn kannst du vergessen.« [335]

*

Max Patkin (er selbst): »Er ist ganz anders, glaub mir. Er ist einer, der sogar ein Buch liest, in dem nicht nur Bilder sind.« [336]

»Also, geht hier jetzt
jemand mit jemandem
ins Bett, oder was?«
Annies Männer

Sarandon: »Also im Grunde genommen sucht man sich nie wirklich jemanden aus auf diesem Planeten. Es ist alles eine Frage von Quantenlehre, Anziehungskraft und Timing. Es gibt Gesetze, die wir nicht verstehen. Die bringen uns zusammen und reißen uns wieder auseinander.« [337]

*

Tim Robbins (Ebby Calvin ›Nuke‹ LaLoosh): »Also, geht hier jetzt jemand mit jemandem ins Bett, oder was?« [338]

*

Sarandon: »He, wo willst du denn hin?«
Costner: »Nach 12 Jahren als Profi gebe ich keine Vorstellungen. Außerdem halte ich nichts von Quantenlehre in Herzensangelegenheiten.«
Sarandon: »Woran glaubst du denn dann?«
Costner: »Ich glaube an eine Seele, einen Schwanz, eine Muschi, den verlängerten Teil des weiblichen Rückens, an linke Curveballs, Aufbaustoffe und guten Scotch. Außerdem glaube ich, daß die Bücher von Susan Sontag dümmliche Selbstbeweihräucherungen sind und daß Lee Harvey Oswald eine Einmannverschwörung war. Und ich glaube an die Notwendigkeit eines Bundesgesetzes, das Kunstrasen und designierte Hitter verbietet. Ich glaube an heitere, natürliche Pornographie und daran, daß man seine Weihnachtsgeschenke morgens und nicht abends auspacken sollte. Und ich glaube an nie enden wollende sanfte feuchte Küsse, die drei Tage lang dauern. Gute Nacht!« [339]

*

Robbins: »Meine Socken? Es ist kalt hier drin.«
Sarandon: »Denkst du etwa, Dwight Gooden behält seine Socken an?« [340]

*

Robbins: »Es lief ganz anders, Larry. Sie hat mir die ganze Nacht irgendwas vorgelesen. Das schlaucht mehr als Bumsen.« [341]

*

Robbins: »Crash, bedeutet das, was ich glaube, das, was es bedeutet?« [342]

*

Costner: »An deinen Badelatschen klebt Pilz, und mit Pilz an deinen Badelatschen schaffst du es nie bis ganz nach oben. Eins ist nur wichtig: Du mußt Klasse kriegen. Wenn du da oben erst mal 20 gewonnen hast, dann kann der Pilz da ruhig kleben bleiben, das stört dann niemanden mehr, die Presse hält dich dann für extravagant. Aber solange du da oben noch nicht angelangt bist, hält dich jeder für ein Dreckschwein.« [343]

*

Sarandon: »Trotz meiner Haltung, die die jüdisch-christlichen Ideen der Ethik ablehnt, bin ich innerhalb der Baseballsaison ganz monogam.« [344]

*

Robbins: »Du hast ›Crash‹ gesagt.«
Sarandon: »Süßer, hättest du lieber, daß ich mit ihm im Bett liege und deinen Namen rufe oder umgekehrt?« [345]

*

Costner: »Versuch doch mal was anderes als 'n Strikeout! Strikeouts sind verdammt langweilig und außerdem faschistisch. Wirf 'n paar Groundballs! Die sind demokratischer.« [346]

*

Robbins: »Was versteht der schon unter Spaß! Ich bin jung, ich versteh was davon. Aber er ist 'n alter Mann, der hat doch keine Ahnung mehr, was Spaß ist.« [347]

*

Wilson: »Das ist ein ganz simples Spiel: Ihr werft den Ball, ihr schlagt den Ball, ihr fangt den Ball. KAPIERT??« [348]

*

Costner: »Ich hasse es, wenn Leute nicht singen können und dann noch die Worte durcheinanderbringen.« [349]

*

Robbins: »Warum kannst du mich eigentlich nicht leiden?«
Costner: »Weil du keine Selbstachtung hast. Aber das ist dein Problem. Und weil du keine Achtung vor dem Spiel hast. Das ist mein Problem.« [350]

*

Antoinette Forsyth (Ansager): »Man muß sich wirklich die Frage stellen: ›Woran denken die Jungs eigentlich?‹ Baseball kann es ja wohl nicht sein.« [351]

*

Robbins: »Annie hat gesagt, daß das (Strapse unter der Baseballuniform) die eine Gehirnhälfte in Schach hält. Wenn ich kurz vor dem Wurf bin, sind meine Gedanken nicht mehr ganz im Gleichgewicht, und das sollte bei Künstlern und Pitchern so sein.« [352]

*

Robbins: »Darf ich mich mal 'n Moment darüber freuen, hä?«
Costner: »Der Moment ist vorbei.« [353]

*

Robbins: »Ich will dazulernen. Bring mir was bei!«
Costner: »Na gut. Hast du was zum Schreiben da? Wir müssen nämlich anfangen, an deinen Interviews zu arbeiten.«
Robbins: »An Interviews? Was soll ich dafür tun?«
Costner: »Du mußt die Klischees auswendig lernen. Die müssen felsenfest sitzen, jedes Wort und jedes Komma. Ohne das geht gar nichts.« [354]

*

Costner: »Wie geht's eigentlich Annie?«
Robbins: »Sie ist ziemlich auf 100, weil ich immer noch meine sexuelle Energie umkanalisiere. Ich muß wohl doch mal mit ihr schlafen, damit sie sich wieder beruhigt.« (...)
Costner: »Wenn du jetzt nachgibst, dann fängst du vielleicht an zu verlieren. Nie bumsen, wenn du 'ne Glückssträhne hast!« [355]

*

Robertson: »He, Jimmy, willst du mitfahren?«
William O'Leary (Jimmy): »Akzeptierst du Jesus Christus als deinen persönlichen Heiland?«
Robertson: »Nein.«
O'Leary: »Kann ich dir meine Erleuchtung näherbringen?«
Robertson: »Du kannst alles tun, was du willst.« [356]

*

Robbins: »Du spielst mit meinen Gefühlen.«

> »Du hast ›Crash‹ gesagt.«
> »Süßer, hättest du lieber, daß ich mit ihm im Bett liege und deinen Namen rufe oder umgekehrt?«
> Annies Männer

Sarandon: »Ich versuche, mit deinem Körper zu spielen.«
Robbins: »Ich wußte es, du willst mich nur verführen.«
Sarandon: »Aber natürlich will ich das. Ich schein mich ja ziemlich dumm dabei anzustellen.« *357*

*

Sarandon: »Bin ich etwa nicht hübsch?«
Robbins: »Doch doch, ich finde dich sehr süß.«
Sarandon: »Was, süß? Meerschweinchen sind süß. Ich hasse süß! Verdammt, ich möchte exotisch sein und geheimnisvoll.« *358*

*

Costner: »Eine Unterhaltung mit dir ist, wie soll ich sagen, als ob ein (...) Marsmensch mit einem Pilz spricht.« *359*

*

Sarandon: »Bloß weil du manchmal klüger bist und ein hübsches Lächeln hast, heißt das noch lange nicht, daß du nicht Scheiße redest.« *360*

*

Sarandon (voice-over): »Das Gute daran war, daß jetzt bald ein Mann an meine Tür klopfen würde. Das Schlechte daran war, daß es der falsche Mann sein würde.« *361*

*

Costner: »Ich hab den Ruf, gelegentlich den Mond anzujaulen.« *362*

*

Costner: »Laß dir nichts anmerken! Sei selbstsicher und arrogant, auch wenn du geschlagen wirst! Das ist das Geheimnis.« *363*

*

Sarandon (voice-over): »Eine Frau sollte so stark und gelassen sein, daß ihr solche Dinge nichts ausmachen. Ich mein, es war nicht das erste Mal, daß ich mit einem Typen ins Bett ging und mit einem Zettel aufwachte.« *364*

*

Sarandon (voice-over): »Irgendwie wußte ich, daß ihn niemand aufhalten könne. Die Welt ist einfach für Menschen gemacht, die nicht mit Selbsterkenntnis belastet sind.« *365*

***

ANOTHER FINE MESS
USA 1930, Roach, MGM (Regie James Parrott)

*

Oliver Hardy: »Eine schöne Suppe hast du mir da wieder eingebrockt.« *366*

***

DER ANWALT VON MANHATTAN
(Counsellor at Law)
USA 1933, Universal (Regie William Wyler, Buch Elmer Rice)

*

John Barrymore (George Simon): »Wenn die Vereinbarung unterzeichnet ist, schicken Sie ihr 'ne Rechnung über 5000. Ich möchte, daß sie sie bekommt, solange sie dankbar ist.« *367*

*

Mayo Methot (Mrs. Zadorah Chapman): »George, nach all den wunderbaren Dingen, die Sie den Geschworenen über mich gesagt haben, hab ich das Gefühl, daß Sie der einzige Mensch sind, der mich wirklich jemals verstanden hat.«
Barrymore: »Na ja, jedenfalls verstehe ich Geschworene.« *368*

***

DAS APPARTEMENT *(The Apartment)*
USA 1960, Mirisch, United Artists (Regie Billy Wilder, Buch Billy Wilder, I. A. L. Diamond)

*

Jack Kruschen (Dr. Dreyfuss): »Dürfte ich Sie um eine Gefälligkeit bitten? (...) Wenn Sie Ihr Testament machen – und bei Ihrer Lebensweise sollten Sie das tun – würden Sie Ihren Körper der Universität vermachen?« *369*

*

David Lewis (Mr. Kirkeby): »Prämienmäßig und rechnungsmäßig liegen wir um 18 % besser als im vorigen Jahr, oktobermäßig.« *370*

*

Fred MacMurray (Jeff D. Sheldrake): »Man trifft 'n Mädchen 'n paarmal in der Woche rein zum Spaß, und gleich denkt sie, daß man sich von seiner Frau scheiden lassen wird. Jetzt frage ich Sie: Ist das fair?«
Jack Lemmon (C. C. Baxter): »Nein, Sir, das ist

> »Eine Unterhaltung mit dir ist, wie soll ich sagen, als ob ein (...) Marsmensch mit einem Pilz spricht.«
> Annies Männer

sehr unfair, besonders gegenüber Ihrer Frau.« [371]

*

Lemmon: »Sie haben das einzig Anständige getan.«
Shirley MacLaine (Fran Kubelik): »Na, ich wär da nicht so sicher. Wenn ich auch 'ne Uniform trage, so bin ich noch lange nicht bei der Heilsarmee.« [372]

*

Lemmon: »Miss Kubelik, man wird in diesem Hause nicht zum zweiten Verwaltungsassistenten gemacht, wenn man nicht ein ziemlich guter Menschenkenner ist.« [373]

*

Edie Adams (Miss Olsen): »Und am Ende steht man da mit 'ner Beule im Gemüt.« [374]

*

Lemmon: »Der Spiegel hat einen Sprung.«
MacLaine: »Ja, ich weiß. Er paßt zu mir, weil er mich so zeigt, wie ich mich fühle.« [375]

*

MacLaine: »Ich hätte es wissen müssen. Wenn man einen verheirateten Mann liebt, soll man sich nicht die Wimpern tuschen.« [376]

*

MacLaine: »Oh, mein Kopf! Er fühlt sich an wie ein Klumpen Kaugummi.« [377]

*

MacLaine: »Warum kann ich mich nicht in so was Nettes wie Sie verlieben!« [378]

*

MacLaine: »Halt den Mund und gib!« [379]

***

APOCALYPSE NOW
USA 1979, Omni-Zoetrope (Regie Francis Ford Coppola, Buch John Milius, Francis Ford Coppola, nach dem Roman ›Heart of Darkness‹ von Joseph Conrad)

*

Martin Sheen (Captain Benjamin L. Willard) (voice-over): »Jeder bekommt, was ihm zukommt. Ich möchte einen Auftrag, und meiner Vergehen wegen erteilten sie mir einen, servierten ihn mir wie etwas, das ich bestellt hatte.« [380]

*

Sheen: »Sir, ich habe keinerlei Kenntnisse von derartigen Einsätzen oder Unternehmungen. Außerdem würde ich davon dispensiert sein, über solche Einsätze zu sprechen, falls sie doch stattgefunden hätten.« [381]

*

Harrison Ford (Colonel Lucas, off): »Sie verstehen, Captain, daß dieser Auftrag weder existiert, noch jemals existieren wird.« [382]

*

Sheen (voice-over): »Scheiße! Einen Mann auf solchem Gebiet wegen Mordes zu belangen, ist wie eine gebührenpflichtige Verwarnung wegen überhöhter Geschwindigkeit beim Autorennen.« [383]

*

Sheen (voice-over): »Ich nahm den Auftrag an. Was, zum Teufel, hätte ich sonst tun sollen?« [384]

*

Sheen (voice-over): »Er war einer von diesen Burschen, die eine unerklärliche Aura um sich verbreiten. Man spürte einfach, er würde hier nicht mal einen Kratzer abkriegen.« [385]

*

Robert Duvall (Lieutenant Colonel Bill Kilgore): »Ich liebe den Geruch von Napalm am Morgen.« [386]

*

Marlon Brando (Colonel Walter E. Kurtz, off): »Ich hab das Grauen gesehen, das Grauen, das auch Sie gesehen haben. Aber Sie haben kein Recht, mich einen Mörder zu nennen. Sie haben das Recht, mich zu töten. Sie haben ein Recht, das zu tun. Aber Sie haben kein Recht, über mich ein Urteil zu fällen.« [387]

*

Brando: »Es gibt nichts, was ich mehr verabscheue als den Gestank von Lügen.« [388]

***

APOLLO 13
USA 1995, Imagine, Universal (Regie Ron Howard, Buch William Broyles, J. R. Reinert, Al Reinert, nach dem Buch

> *»Der Spiegel hat einen Sprung.«*
> *»Ja, ich weiß. Er paßt zu mir,*
> *weil er mich so zeigt,*
> *wie ich mich fühle.«*
> Das Appartement

›Lost Moon‹ von Jim Lovell, Jeffrey Kluger)

*

Tom Hanks (Jim Lovell): »Houston, wir haben ein Problem.« [389]

*

Ed Harris (Gene Kranz): »Es ist mir egal, wozu etwas konstruiert wurde. Ich will wissen, was es kann.« [390]

*

Harris: »Wir haben noch nie einen Amerikaner im All verloren. Solange ich hier verantwortlich bin, bleibt keiner da oben. Ein Fehlschlag ist nicht akzeptabel.« [391]

*

Hanks (schaltet Strom ab): »Und das war's. Wir haben gerade Sir Isaac Newton ans Steuer gesetzt.« [392]

*

Hanks (vor dem Wiedereintritt in die Erdatmosphäre): »Gentlemen, es war mir eine Ehre, mit Ihnen zu fliegen.« [393]

***

ARABESKE *(Arabesque)*
USA/UK 1966, Donen, Universal (Regie Stanley Donen, Buch Julian Mitchell, Stanley Price, Pierre Marton, nach dem Roman ›The Cypher‹ von Alex Gordon)

*

Carl Duering (Jena): »Ich bitte um Verzeihung für diese etwas ungewöhnliche Methode, Sie anzusprechen.«
Gregory Peck (David Pollock): »Oh, ich bitte Sie! Wenn es weiter nichts ist, Premierminister. So 'ne entzückende kleine Entführung ab und zu ist für den Kreislauf äußerst anregend.« [394]

*

Duering: »Ein Menschenleben bedeutet ihm nichts, bis auf *sein* Leben.« [395]

*

Alan Badel (Beshraavi): »Yasmin hat so viele Talente, daß sie praktisch keine Zeit zum Lesen hat.« [396]

*

Badel: »Mr. Pollock, es gibt Beduinen, die pflegen zu ihren Gästen zu sagen: ›Alles, was ich besitze, gehört Ihnen.‹ Ich bin nicht von diesem Stamm.« [397]

*

Ernest Clark (Beauchamp): »Er ist wirklich sonderlich, selbst für einen Amerikaner.« [398]

*

Peck: »Eine Frage, Miss Azir: Würden Sie mir mal verraten, was das alles zu bedeuten hat?«
Sophia Loren (Yasmin Azir): »Sagen Sie zu mir Yasmin! Wenigstens solange Sie in meinem Badezimmer sind.« [399]

*

Badel: »Müssen Sie eigentlich immer alles falsch machen?« [400]

*

Kieron Moore (Yussef): »Der Bursche fällt mir allmählich auf den Wecker. Ich würde sagen: Weg mit ihm!« [401]

*

Peck: »Woran liegt es bloß, daß es so schwer ist, Ihnen zu glauben?«
Loren: »Vielleicht kommt es daher, daß ich immer so schrecklich viel lüge.« [402]

***

ARCHIE UND HARRY – SIE KÖNNEN'S NICHT LASSEN *(Tough Guys)*
USA 1986, Silver Screen Partners II, Touchstone (Regie Jeff Kanew, Buch James Orr, Jim Cruickshank)

*

Eli Wallach (Leon B. Little): »Verzeihen Sie, Gentlemen, sind Sie Harry Doyle und Archie Long?«
Kirk Douglas (Archie Long): »Wir haben einen Fanclub, Harry.«
Burt Lancaster (Harry Doyle): »Ja, das sind wir, mein Freund. Darf ich erfahren, wer Sie sind?«
Wallach: »Das dürfen Sie. Ich bin der Mann, der seit dreißig Jahren auf Sie gewartet hat, um Sie umzunieten.« [403]

*

Ruth De Sosa (Bankangestellte): »Weswegen hat man Sie eingesperrt?«
Douglas: »Bin bei Rot über die Ampel gegangen.«

> »Houston,
> wir haben ein Problem.«
> Apollo 13

De Sosa: »Sie mußten dreißig Jahre ins Gefängnis wegen einer roten Ampel?«
Douglas: »Na ja, ich kam gerade aus einer Bank und hatte es eilig.« [404]

Lancaster: »Wo soll's denn hingehen, Freund?«
Wallach: »Wir gehen in eine abgeschiedene Nebenstraße, Freunde.«
Douglas: »Was geschieht dann?«
Wallach: »Dann werd ich wieder zurückgehen. Allein.« [405]

*

Corkey Ford (Gang Leader): »Okay, ihr beiden Opis. Ich weiß zwar nicht, wieviel Jahre ihr auf dem Buckel habt, aber mehr werden es auf keinen Fall.« [406]

*

Lancaster: »Du bist nicht mehr im Showgeschäft?«
Alexis Smith (Belle): »Es besteht keine große Nachfrage nach 60jährigen Showgirls.« [407]

*

(der New Yorker): »Ihr seid ja so bescheuert, daß es gar kein Verbrechen ist, euch umzubringen.« [408]

*

Smith: »Ich warne Sie, Mister, ich kann Karate.«
Wallach: »Ich warne Sie, ich kann Winchester.« [409]

*

Wallach: »Ich werde mindestens 100 Bullen umlegen.«
Lancaster: »Es sind aber nur 50 draußen.«
Wallach: »So? Dann, äh, werde ich jeden zweimal erschießen.« [410]

*

Charles Durning (Deke Yablonski): »Die Gleise führen nicht nach Mexiko.«
Dana Carvey (Richie Evans): »Er hat recht. Sie enden direkt hier.«
Lancaster: »Wir lassen uns doch nicht von einer technischen Unzulänglichkeit aufhalten.« [411]

***

ARDENNEN 1944 *(Attack!)*
USA 1956, Aldrich, United Artists (Regie Robert Aldrich, Buch James Poe, nach dem Stück ›Fragile Fox‹ von Norman Brooks)

Buddy Ebsen (Sergeant Tolliver): »Wenn die Deutschen wirklich da drin sind, werden sie uns ganz schön 'n Arsch aufreißen.«
Jack Palance (Lieutenant Costa): »Ja. Was sollen die anders machen? Für die ist genauso Krieg wie für uns.« [412]

*

William Smithers (Lieutenant Woodruff): »Ich habe Costa mein Wort gegeben.«
Eddie Albert (Captain Cooney): »Na und? Sind Sie Pfadfinder? Oder vielleicht ein Gralsritter?« [413]

***

ÄRGER IM PARADIES *(Trouble in Paradise)*
USA 1932, Paramount (Regie Ernst Lubitsch, Buch Samson Raphaelson, nach dem Stück ›A Besculetes Megfalalo‹ von László Aladár)

*

Herbert Marshall (Gaston Monescu/LuValle): »Selbstverständlich muß das Souper superb sein. Wir werden es vielleicht nicht essen, aber superb muß es sein.«
George Humbert (Zimmerkellner): »Ja, Herr Baron.«
Marshall: »Noch etwas.«
Humbert: »Herr Baron?«
Marshall: »Sehen Sie den Mond?«
Humbert: »Ja, Herr Baron.«
Marshall: »Ich wünsche zu sehen, daß er sich im Champagner spiegelt.«
Humbert: »Ja, Herr Baron. Mond im Champagner.«
Marshall: »Ich würde ferner gern sehen, äh ...«
Humbert: »Ja, Herr Baron.«
Marshall: »Und was Sie anbelangt ...«
Humbert: »Ja, Herr Baron?«
Marshall: »Ihre Person wünsche ich nicht zu sehen.«
Humbert: »Nein, Herr Baron.« [414]

> »Ihr seid ja so bescheuert,
> daß es gar kein Verbrechen ist,
> euch umzubringen.«
>
> Archie und Harry –
> Sie können's nicht lassen

Miriam Hopkins (Lily/Mlle. Votier): »Wie ich heute abend im Mondlicht in der Gondel zu Ihnen glitt, da freute ich mich auf einen Flirt mit Ihnen, eine Affäre. Aber etwas hat sich verändert, und daran ist nicht der Champagner schuld. Wie unbekannt und neu das alles für mich ist. Es will mir nicht über die Lippen und doch, es muß heraus: Baron, Sie sind ein Gauner. Sie beklauen den Gentleman von 253, fünf, sieben und neun. Würden Sie mir das Salz reichen?«
Marshall: »Bitte sehr.«
Hopkins: »Danke sehr.«
Marshall: »Den Pfeffer auch?«
Hopkins: »Nein, vielen Dank.«
Marshall: »Was für ein Abend! Comtesse, bitte glauben Sie mir, ich hatte mir vorgenommen, Ihnen ein Geständnis abzulegen. Die Stunde der Wahrheit schlägt. Ich sage es mit Liebe im Herzen: Comtesse, Sie sind eine Diebin. Die Brieftasche des Gentleman von 253, fünf, sieben und neun tragen Sie am Herzen. Ich spürte Ihre Finger, wie sie in meine Tasche griffen. Es kitzelte mich angenehm. Wie wundervoll ist es, von Ihnen beraubt zu werden.« 415

*

Hopkins: »Baron, ich mag Sie.«
Marshall: »Und ich bin verrückt nach Ihnen. Bevor ich es vergesse: Ihre Brosche.«
Hopkins: »Ich danke Ihnen.«
Marshall: »Gern geschehen. Einer von den Steinen ist sogar echt.«
Hopkins: »Wie spät haben wir's? ... Sie ging fünf Minuten nach, aber ich habe sie bereits gestellt.«
Marshall: »Ich hoffe, ich darf Ihr Strumpfband behalten.« 416

*

Kay Francis (Mariette Colet, zu Horton): »Zu heiraten ist der bezauberndste Fehler, den zwei Menschen begehen können. Aber mit Ihnen würde der Fehler das Bezaubernde vermissen lassen.« 417

*

Edward Everett Horton (François Filiba): »Ich weiß, ich mißfalle Ihnen, Major. Und um der Wahrheit willen, Sie sind mir auch zuwider. Zutiefst. Aber wenn wir nun schon mal diesen Abend gemeinsam verleben müssen, können wir auch Konversation treiben.« 418

*

Leonid Kinskey (Russe): »Ihnen ist also die Handtasche abhanden gekommen?«
Francis: »Ja.«
Kinskey: »Und hinten drauf waren Diamanten?«
Francis: »Ja.«
Kinskey: »Und vorne drauf auch noch welche?«
Francis: »Ja.«
Kinskey: »Also gepflastert vorne und hinten?«
Francis: »Haben Sie sie gefunden?«
Kinskey: »Nein, Bourgeoiskapitalistin. Du schmeißt ein Vermögen zum Fenster raus, während das Proletariat hungert. Pfui, pfui und pfui!« 419

*

Marshall: »Für mich gibt es nur die Pflicht, Madame. Es ist mir ein tiefes Bedürfnis, mich um Ihr Geld zu kümmern.« 420

*

Marshall: »Kein Schmuck! Hände weg vom Schmuck! Wenn man in tiefer Not steckt, nimmt man sich mal ein Diamantcollier. Wenn jedoch die Geschäfte in bar abgewickelt werden können, wozu sich mit Schmuck rumschleppen.« 421

*

Horton: »Ich erinnere mich an Menschen, die mir gefallen haben, aber die mir mißfallen, vergesse ich nie im Leben.« 422

*

Marshall: »Ich durchschaue alle Ihre Tricks.«
Francis: »Kann sein, aber Sie fallen auf alle rein.«
Marshall: »Und Sie denken, Sie könnten mich haben?«
Francis: »Jederzeit, wenn ich es wünsche.«
Marshall: »Sie sind sehr eitel.«
Francis: »Aber attraktiv.« 423

> »Für mich gibt es nur die Pflicht, Madame. Es ist mir ein tiefes Bedürfnis, mich um Ihr Geld zu kümmern.«
> Ärger im Paradies

Hopkins: »Ich fall nie wieder auf einen Mann rein, auch nicht auf den größten Gauner der Welt.« [424]

*

Marshall: »Typisch! Wenn einer zur guten Gesellschaft gehört, passiert ihm nichts. Aber wenn ein Mann ganz unten anfängt, sich hocharbeitet, ein Selfmadegauner, dann ruft ihr: ›Hilfe, Polizei! Sperrt den Mann ein!‹« [425]

***

ARI & SAM *(Pyrates)*
USA 1990, Act II, Mixedbreed, Rank (Regie, Buch Noah Stern)

*

Kevin Bacon (Ari): »Hi! Würdest du gern ...«
Kyra Sedgwick (Sam): »Ficken?« [426]

*

Sedgwick: »Sie mögen verschwinden, hinfort zu ihren erbärmlich armseligen, unerfüllten Existenzen, was immer es sein mag, worauf Männer herabsinken, wenn sie erkennen, wie furchtbar schlecht sie mich behandelt haben. Aber ich behalte immer ein Stück von ihnen, ein Souvenir. Plus die Basis für schwarze Magie und Voodoo.« [427]

*

Bacon: »Ich liebe es mehr, mit dir zusammenzusein, als Gummibärchen, übersinnliche Wahrnehmungen und die ersten beiden LPs von R.E.M. Mit dir zusammenzusein reicht für mich aus, um mich für längere Zeit von der gesamten Welt zurückzuziehen.« [428]

*

Bacon: »Okay, Doc, kennen Sie diese ruhigen, intimen Momente, ganz allein, wenn (...) man sich liebt, ganz sanft und Geständnisse flüstert und dadurch innerlich aneinanderrückt, ein Paar wird?«
Buckley Norris (Dr. Weiss): »Ja.«
Bacon: »Diese Momente haben wir nie.« [429]

*

Bacon: »Wir haben Manhattan für – wieviel? – 24 Dollar und ein paar Zerquetschte gestohlen. Chicago war ein Tauschhandelsposten, ein Paradies, in dem es vor Büffeln und Hirschen nur so wimmelte und indianischen Bräuten, bevor wir es versaut haben und die Cubs hier spielen ließen.« [430]

Sedgwick: »Ich wollt's nur wissen *(was er liest)*, damit wir verbunden sind, damit wir dieselben Träume träumen können.«
Bacon: »Süß von dir, aber du willst meine Träume nicht, sie sind krank.«
Sedgwick: »Wie krank?«
Bacon: »Regie führt David Lynch.« [431]

*

Bacon: »Das ist meine erste Ausstellung. In Ordnung, vielleicht ist es meine letzte. Soll ich ohne einen Penny sterben? Und soll irgendein Mandy Patinkin mich in einem Musical über mein Leben spielen?« [432]

*

Bacon: »Liam dagegen besteht darauf, wenn wir einen guten Monty Python gesehen haben und er genug Guinness drin hat, er würde abstammen von einer langen Ahnenreihe von Piraten, verwegene, herzhafte, seefahrende Männer, bekannt für ihre starken Begierden und schwachen Leistungen bei Collegeaufnahmeprüfungen.« [433]

*

Deborah Falconer (Rivkah): »Hast du auf meinen Arsch geglotzt?«
Bacon: »... Ja.«
Falconer: »Dann sind wir quitt.« [434]

*

Falconer: »Das mit der Säure ... Also du tust das für die Fotografie, was Stonewashing für Jeans getan hat.«
Bacon: »Du meinst, ich treibe die Preise in die Höhe?« [435]

*

Sedgwick: »Ich halte dich für Yuppie-Abschaum, selbstsüchtig, materialistisch, widerlich, ein neokonservatives Arschloch, das für alles steht, was ich hasse und das meine Generation in Verruf bringt. Ich denke, du bist ein toller Musiker, aber ein ganz elender Schwanz. Und wenn du nicht damit aufhörst, deine fet-

---

> »Hi!
> Würdest du gern ...«
> »Ficken?«
> Ari & Sam

tigen Finger über meine Oberschenkel glitschen zu lassen, dann werde ich sie dir brechen. Und zwar einen nach dem anderen, wie Brezeln, und sie dir so tief in deinen verfluchten Yuppiearsch stecken, daß du dir an deinem kleinen Gehirn kitzeln und in der Nase popeln kannst. Von innen.« [436]

*

Bacon: »Ich weiß nicht mehr, was zwischen 1985 und 1988 war. (...) Ich streiche die Jahre, in denen die Cubs versagen, aus meinem Gedächtnis. Dadurch liegt der größte Teil meiner Kindheit ziemlich im Dunkeln.« [437]

*

Kristin Dattilo (Pia): »Ich hab sie nie verstanden. Alles, was sie jemals taten, war sich streiten. Dann vertrugen sie sich wieder unter gleichermaßen heroischen Anfällen von übernatürlichem, wortwörtlich entzündlichem Sex.«
Bruce Martyn Payne (Liam): »Ja, ich weiß. Also wo lag ihr Problem?« [438]

ARIANE – LIEBE AM NACHMITTAG
(Love in the Afternoon)
USA 1957, Allied Artists (Regie Billy Wilder, Buch Billy Wilder, I. A. L. Diamond, nach dem Roman ›Ariane‹ von Claude Anet)

*

Maurice Chevalier (Claude Chavasse): »Sie müssen noch ein paar Minuten warten. Der Beweis ist noch nicht ganz trocken.« [439]

*

Chevalier: »Ist das (Foto) Ihre Frau?«
John McGiver (Monsieur X): »Es scheint so.«
Chevalier: »Dann muß ich Ihnen zu meinem Bedauern sagen, daß die Sache schlecht aussieht.«
McGiver: »Ist es ein anderer Mann?«
Chevalier: »Allerdings. Und ich muß zu meinem Bedauern sagen, daß er gut aussieht.« [440]

> »Sie müssen noch ein paar Minuten warten. Der Beweis ist noch nicht ganz trocken.«
> Ariane – Liebe am Nachmittag

ARIEL
SF 1988, Villealfa (Regie, Buch Aki Kaurismäki)

*

»Eins steht jedenfalls fest: Hier gibt's nichts mehr zu verdienen, keinen Penni mehr. Es ist sinnlos hierzubleiben, da kann man nur noch Däumchen drehen und in die Ecken pinkeln.« [441]

***

ARIZONA JUNIOR
(Raising Arizona)
USA 1987, Pedas-Barenholtz, Circle, Twentieth Century Fox (Regie Joel Coen, Buch Ethan Coen, Joel Coen)

*

Nicolas Cage (H. I. ›Hi‹ Donnough): »Mein Name ist H. I. McDonnough. Nennt mich einfach Hi!« [442]

*

(Doc Schwartz): »Die meisten Männer in Ihrem Alter heiraten und gründen eine Familie, Hi. (...) Sie würden das Gefängnis nicht als Ersatz akzeptieren. Möchte einer von euch etwas dazu sagen?«
John Goodman (Gale): »Na ja, manchmal hat die Karriere eben Vorrang vor der Familie.« [443]

*

Cage (voice-over): »Ja, der Knast ist 'n einsamer Ort, wenn die Zelle verriegelt und das Licht aus ist, wenn auch der letzte der Knackis vom Sandmännchen weggetragen wird. Aber ich mußte immer daran denken, daß eine strahlende Zukunft vor mir liegt, eine Zukunft, die nur acht bis vierzehn Monate weit weglag.« [444]

*

Henry Kendrick (FBI-Agent): »Haben Sie irgendwelche unzufriedenen Angestellten?«
Trey Wilson (Nathan Arizona): »Ach, zum Teufel, sie sind alle unzufrieden. Ich leite doch keine Blumenfarm.« [445]

*

Cage: »Ich hab heut meinen Job verloren.«
William Forsythe (Evelle): »Ach, Hi, du bist jung, du bist gesund. Was willst du denn mit einem Job?« [446]

*

Randall ›Tex‹ Cobb (Leonard Smalls): »Smalls, Leonard Smalls. Meine Freunde nennen mich Lenny. Aber ich habe keine Freunde.« [447]

Cobb: »Die Bullen werden den Jungen nicht finden. 'n Bulle würde nicht mal seinen Arsch finden, wenn 'ne Glocke dranhängt. Wenn du einen Gangster suchst, dann wendest du dich an einen Gangster. Wenn du 'n Doughnut suchst, dann wendest du dich an einen Bullen.« [448]

*

Forsythe: »Luftballons! He, nehmen die auch so komische Formen an?«
Charles ›Lew‹ Smith (Verkäufer): »Nein, es sei denn, rund ist komisch.« [449]

***

ARMAGEDDON – DAS JÜNGSTE GERICHT
(Armageddon)
USA 1998, Bruckheimer, Valhalla, Touchstone (Regie Michael Bay, Buch Jonathan Hensleigh, J. J. Abrams, Story Robert Roy Pool, Jonathan Hensleigh)

*

Jason Isaacs (Ronald Quincy): »Ich kenne den Chef des Beraterstabes, wir waren zusammen am MIT. Und in so einer Situation würde ich mich nicht auf jemanden verlassen, der nur 'ne 3 – in Astrophysik hatte.« [450]

***

ARMEE IM SCHATTEN *(L'Armée des ombres)*
F/I 1969, Corona, Fono (Regie, Buch Jean-Pierre Melville, nach dem Roman von Joseph Kessel)

*

Paul Meurisse (Luc Jardie): »Für die Franzosen wird der Krieg zu Ende sein, wenn sie diesen wundervollen Film sehen können, *Vom Winde verweht*.« [451]

***

ARRIVEDERCI, BABY! *(Drop Dead, Darling)*
UK 1967, Seven Arts (Regie, Buch Ken Hughes, nach der Geschichte ›The Careful Man‹ von Richard Deming)

*

Tony Curtis (Nick Johnson): »Hast du die rote Ampel eben nicht gesehen?«
Nancy Kwan (Baby): »Ach, eine rote Ampel sieht doch aus wie die andere.« [452]

***

ARSEN UND SPITZENHÄUBCHEN
(Arsenic and Old Lace)
USA 1944, Warner (Regie Frank Capra, Buch Julius J. Epstein, Philip G. Epstein, nach dem Stück von Joseph Kesselring)

Priscilla Lane (Elaine Harper): »Aber Mortimer, du liebst doch hoffentlich auch meine Seele.«
Cary Grant (Mortimer Brewster): »Alles zu seiner Zeit.« [453]

*

Grant: »Woran ist er gestorben?«
Josephine Hull (Abby Brewster): »Aber Mortimer, warum bist du bloß so neugierig? Gestorben ist der Herr, weil er ein Gläschen von unserem Wein getrunken hat, mit einer Prise Arsen.«
Grant: »Aber wie kommt denn das Arsen in den Wein?«
Jean Adair (Martha Brewster): »Weißt du, wir tun es lieber in den Wein, weil es da nicht so auffällt. Wenn man es in den Tee tut, hat es einen scheußlichen Geruch.« [454]

*

Grant: »Ihr habt gewußt, was ihr tut und wolltet nicht, daß Pastor Harper die Leiche bei euch sieht?«
Hull: »Beim Tee doch nicht. Aber Jungchen, so was gehört sich nicht.« [455]

*

Hull: »So, Mortimer, jetzt weißt du über alles Bescheid. Und nun sprich nicht mehr davon! Mortimer, Tante Martha und ich haben auch unsere kleinen Geheimnisse. Die solltest du uns gönnen.« [456]

*

Adair: »Auf zwei Liter Holunderbeerwein da nehme ich einen Teelöffel voll Arsen und einen halben Teelöffel voll Strychnin und eine klitzekleine Prise Zyankali dazu.« [457]

*

Peter Lorre (Dr. Einstein): »Sein Gesicht sollte ganz anders werden. Ich hatte auch diesen Film *(Frankenstein)* gesehen, kurz bevor ich ihn operierte. Und ich war nicht ganz nüchtern.« [458]

> *»Aber Mortimer, du liebst doch hoffentlich auch meine Seele.«*
> *»Alles zu seiner Zeit.«*
> Arsen und Spitzenhäubchen

Raymond Massey (Jonathan Brewster): »Muß ich dich daran erinnern, daß ich schon als Kind sehr unangenehm werden konnte? Es würde für beide Teile sehr unerquicklich, aber ... Ich glaube, ich brauche wohl nicht deutlicher zu werden, wie?« [459]

***

ARTHUR – KEIN KIND VON TRAURIGKEIT
(Arthur)
USA 1981, Rollins-Joffe-Morra-Brezner, Orion (Regie, Buch Steve Gordon)

*

Anne De Salvo (Gloria): »Was machst du beruflich, hä?«
Dudley Moore (Arthur Bach): »Ich fahre Rennautos, ich spiele Tennis, verwöhne Frauen. Aber an den Wochenenden habe ich frei, da bin ich mein eigener Boss.« [460]

*

Dillon Evans (Plaza Maître d'): »Mr. Bach, wie schön, Sie zu sehen!«
Moore: »Wenn das doch mal einer meiner Bekannten sagen würde!« [461]

*

Evans: »Wir haben wieder Ihren gewöhnlichen Tisch, Mr. Bach.«
Moore: »Daß Sie ihn haben, weiß ich. Ob jemand dran sitzt, ist die Frage.« [462]

*

Moore: »Ich wünschte, ich hätte einen Dollar für jeden Dollar, den ich habe.« [463]

*

Moore: »Kellner sind was Wunderbares. Man bittet sie um etwas, und sie bringen es einem.« [464]

*

Moore: »Wir werden uns amüsieren. Heute ist Sylvester. Das dritte Mal in dieser Woche.« [465]

*

John Gielgud (Hobson): »Ich habe mir die Freiheit genommen, Ihren Zustand vorauszusehen und habe Ihnen daher Orangensaft, Kaffee und Aspirin mitgebracht. Oder wünschen Sie, sich zu übergeben?« [466]

*

De Salvo: »Hi!«
Gielgud: »Sie neigen offensichtlich zu einer wohltuend ökonomischen Verwendung der Worte, Gloria. Ich sehe Ihrer nächsten Silbe mit überaus großer Erwartung entgegen.« [467]

*

Moore: »Hobson?«
Gielgud: »Ja?«
Moore: »Weißt du, was ich tun werde?«
Gielgud: »Nein, weiß ich nicht.«
Moore: »Ich werde ein Bad nehmen.«
Gielgud: »Ich werde die Presse darüber informieren.« [468]

*

Moore: »Würdest du bitte das Bad vorbereiten!«
Gielgud: »Das ist das, wofür ich lebe.« [469]

*

Moore: »Um ehrlich zu sein, Vater, ich würde lieber verhungern, und das werd ich auch. Ich werd heiraten, wenn ich mich in jemanden verliebt habe.«
Thomas Barbour (Stanford Bach): »Gut. Ich bewundere deine moralische Festigkeit. Du hast soeben 750 Millionen Dollar verloren.«
Moore: »Also, so besehen ist Susan wirklich sehr nett.« [470]

*

Moore: »Sie hat die Krawatte geklaut. Das perfekte Verbrechen, da Mädchen keine Krawatten tragen.« [471]

*

Liza Minnelli (Linda Marolla): »Warum lächeln Sie mich so an? Ich seh schon, Sie sind nicht ganz dicht. Aber süß.« [472]

*

Gielgud (zu Minnelli): »Normalerweise begegnet man Frauen Ihrer Statur in einem Bowlingcenter.« [473]

*

Geraldine Fitzgerald (Martha Bach): »Arthur, mach keinen Fehler, ich bitte dich. Glaub mir, du bist zu alt, um arm zu sein.« [474]

*

Stephen Elliot (Burt Johnson): »Ich trinke

> »Warum lächeln Sie mich so an? Ich seh schon, Sie sind nicht ganz dicht. Aber süß.«
> Arthur – Kein Kind von Traurigkeit

nicht, weil Alkoholkonsum die Entscheidungskraft lähmt.«
Moore: »Sie könnten damit recht haben. Ich kann es nicht entscheiden.« [475]

*

Moore (über Kopf an der Wand): »Wo ist der Rest von diesem Elch?« [476]

*

Moore: »Warten Sie, Kellner! Ich krieg noch mal dasselbe *(Whisky).* Willst du auch noch einen Fisch?« [477]

*

Moore: »Ich bin nun mal so und nicht anders. Menschen, die trinken, sind keine Poeten. Und manche von uns trinken, weil sie keine Poeten sind.« [478]

*

Jill Eikenberry (Susan Johnson): »Eine wirkliche Frau würde dich davon abbringen zu trinken.«
Moore: »Müßte aber 'ne sehr kräftige Frau sein.« [479]

*

Moore: »Soll ich Ihnen sagen, was das Schlimmste ist? Ich meine, das Schlimmste an mir?«
Gielgud: »Nun, wie ich annehme, ihr Atem.« [480]

*

Moore: »Was, bitte, tust du hier? Und wieso redest du all diesen Unsinn?« [481]

ARZT UND DÄMON (*Dr. Jekyll and Mr. Hyde*)
USA 1941, MGM (Regie Victor Fleming, Buch John Lee Mahin, nach dem Roman von Robert Louis Stevenson)

*

Spencer Tracy (Mr. Hyde): »Schämen? Wofür? Ich fühle keine Scham. Ich fühle nichts vom Übel. Das ist alles Verleumdung. Das Böse ist etwas Schönes. Das Böse ist eine feine Sache.« [482]

*

Tracy (Hyde): »Sie haben so andere Ansichten als ich. Bestimmt, es wird Ihnen Freude machen, die meinen anzunehmen.« [483]

***

ASPHALT COWBOY (*Midnight Cowboy*)
USA 1969, Hellman-Schlesinger, United Artists (Regie John Schlesinger, Buch Waldo Salt, nach dem Roman von James Leo Herlihy)

*

George Epperson (Ralph): »Was willst du denn an der Ostküste machen?«
Jon Voight (Joe Buck): »Da gibt's jede Menge reicher Weiber zu stemmen. Die haben's nötig, die bezahlen sogar dafür. (...) Die Männer da sind alle Schlappschwänze.« [484]

*

Voight: »Ich lebe von meinem Beruf. Ich bin Mietrammler.« [485]

*

Dustin Hoffman (Ratso Rizzo): »Offen gestanden, du fängst an zu riechen. In deinem Beruf ist das hier in New York ein Handicap.« [486]

***

ASPHALT DSCHUNGEL (*The Asphalt Jungle*)
USA 1950, MGM (Regie John Huston, Buch Ben Maddow, John Huston, nach dem Roman von W. R. Burnett)

*

John McIntire (Commissioner Hardy): »Was soll ich mit Ihnen machen? Da gibt es jetzt drei Möglichkeiten: Ich kann Sie wieder zur Wachmannschaft versetzen und auf Patrouille schicken. Ich kann ein amtliches Verfahren wegen Unfähigkeit gegen Sie beantragen. Und ich kann Ihnen noch eine Chance geben, die Scharte wieder auszuwetzen. Das Letztere scheint mir die wirksamste Strafe zu sein.« [487]

*

Marc Lawrence (Cobby): »Was zu trinken?«
Sam Jaffe (Doc Riedenschneider): »Nein, danke. Das hab ich mir im Zuchthaus abgewöhnt. Das ist alles nur Gewohnheit.«
Lawrence: »Oh, sagen Sie nichts gegen das Saufen! Das Saufen ist mir von allen Angewohnheiten noch die liebste.« [488]

---

*»Ich lebe von meinem Beruf.
Ich bin Mietrammler.«*
Asphalt Cowboy

Lawrence: »Ein Mann wie er hat mehr als einen Platz, wo er seinen Hut aufhängt.« [489]

*

James Whitmore (Gus Minissi): »Schlaues Tier. Arbeiten tut sie überhaupt nicht, nachts geht sie aus und schläft den ganzen Tag.«
Fred Graham (Lastwagenfahrer): »Was hat so 'ne dreckige Katze in 'nem Lokal zu suchen? Jede Katze, die mir übern Weg läuft, überfahr ich. Die Leute füttern Katzen, und manches Kind hat nicht genug zu fressen.« [490]

*

Sterling Hayden (Dix Handley): »Wenn man rauchen will, steckt man auch Streichhölzer ein, mein Kind.« [491]

*

Louis Calhern (Alonzo D. Emmerich): »Wenn man euch reden hört, ist es bloß eine Art Kinderspiel, aber als Anwalt verdiene ich mein Geld damit, euch aus dem Kittchen zu holen.« [492]

*

Lawrence: »Wegen dem können Sie unbesorgt sein. Der ist geschmiert und praktisch ein Partner. Wir beide stehen so.«
Jaffe: »Ach, was heißt das? Ich mißtraue jedem Polypen. Gerade wenn man glaubt, er ist in Ordnung, wird er ehrlich.« [493]

*

Jaffe: »Das ist der beste Coup, der je da war. Ich bin gespannt auf unsere Presse.« [494]

*

Calhern: »Ich würde an deiner Stelle nicht so viel trinken.«
Brad Dexter (Bob Brannon): »Halb betrunken hab ich mehr Verstand als die meisten ... und bessere Nerven.« [495]

*

Dorothy Tree (May Emmerich): »Wenn ich mir vorstelle, mit was für Menschen du umgehen mußt, mit lauter Verbrechern, dann habe ich Angst.«
Calhern: »Oh, die sind gar nicht so verschieden von uns. Verbrechen ist nur eine besondere Form des Lebenskampfes.« [496]

*

John Maxwell (Dr. Swanson): »Der kommt nicht weit, der Mann, das steht fest. Von dem Blut, das der noch im Leib hat, kann nicht mal 'ne Katze leben.« [497]

***

ASPHALTRENNEN (*Two Lane Blacktop*)
USA 1971, Laughlin, Universal (Regie Monte Hellman, Buch Rudy Wurlitzer, Will Corry, Story Will Corry)

*

Dennis Wilson (der Mechaniker): »Sich mit 'm Porsche nur so zum Spaß anzulegen, lohnt sich nicht. Auf 'ne Viertelmeile würden wir den schaffen, aber auf lange Distanz würde er uns wahrscheinlich abhängen.« [498]

*

(Sie): »Ich will eine Antwort von dir. Weich mir ja nicht wieder aus, wie du mir immer ausweichst, wenn ich dich wirklich mal brauche.«
(Er): »Du brauchst mich überhaupt nicht, du brauchst 'n Laternenpfahl draußen auf der Straße.« [499]

*

Warren Oates (GTO): »Und dann wurde ich Testpilot für Jets. Na ja, nach 'ner Weile fand ich, daß ich auch auf der Erde 'n bißchen mehr Action brauchte. Ich meine, man kann doch nicht immer vom selben Stoff high sein.« [500]

*

Oates: »Ich hab keine Zeit für Ablenkungen.« [501]

*

James Taylor (der Fahrer): »In diesem Teil des Landes werde ich immer nervös.« [502]

***

ASSAULT – ANSCHLAG BEI NACHT
(*Assault on Precinct 13*)
USA 1976, CKK (Regie, Buch John Carpenter)

*

(Captain Collins, off, Funk): »Wollen Sie gleich in der ersten Dienstnacht den Helden spielen, Lieutenant?«
Austin Stoker (Lieutenant Bishop): »Ja, Sir.«

> »Wenn man rauchen will, steckt man auch Streichhölzer ein, mein Kind.«
> Asphalt Dschungel

(Captain Collins, off, Funk): »Es gibt keine Helden mehr, Bishop, nur noch Männer, die Befehle ausführen.« [503]

*

John J. Fox (Gefängnisdirektor, schlägt Joston nieder): »Er ist vom Stuhl gekippt.«
Darwin Joston (Napoleon Wilson): »Ja, ich sitz halt nicht mehr so sicher wie früher.« [504]

*

Joston (auf dem Weg zur Todeszelle): »Hast du was zu rauchen?«
Tony Burton (Wells): »Ja, aber ich werde dir nichts geben.«
Joston: »Wieso nicht?«
Burton: »Ist nicht gut für dich. Du weißt, Rauchen ist schädlich.« [505]

*

Nancy Loomis (Julie): »Warum sollte denn jemand auf ein Polizeirevier schießen?« [506]

*

Burton: »Es *(das Zeichen)* bedeutet, daß denen alles egal ist. Die (...) sind bereit zu sterben, jeder von ihnen. Die machen uns alle fertig, egal um welchen Preis. Es bedeutet, bis zum Tod.« [507]

*

Laurie Zimmer (Leigh): »Da brech ich mir fast was ab, und das Ding ist nicht mal geladen.«
Burton: »Blöde Schalldämpfer! Da ballere ich die ganze Zeit mit nichts rum und hab's nicht mal gemerkt.« [508]

*

Joston: »Das war wirklich haarscharf. Sie sind gut.«
Zimmer: »Manchmal.« [509]

*

Burton: »Wer geht?«
Stoker: »Ich muß gestehen, ich kann kein Auto kurzschließen. ... Ich bin Polizist!« [510]

*

Joston: »Was ist? Wir haben doch noch gar keine Münze geworfen.«
Burton: »Ich verliere sowieso.«
Joston: »Du hast die falsche Einstellung, Wells.« [511]

*

Burton: »Will mir denn niemand Glück wünschen?«
Stoker/Zimmer: »Viel Glück!«

Burton: »Hast du das gehört? Zwei Bullen wünschen mir Glück. Das muß schiefgehen.« [512]

*

Zimmer: »Noch zwei Schuß. Soll ich die für uns lassen?«
Joston: »Damit bedienen Sie die ersten zwei Ärsche, die den Flur langkommen! (...)«
Zimmer: »Und was mach ich mit denen, die nach den beiden kommen?«
Joston: »Denken Sie sich was aus!« [513]

*

Zimmer: »Wieso sind Sie nicht in den Schacht geklettert und haben versucht, in die andere Richtung zu flüchten?«
Joston: »Es gibt zwei Dinge, vor denen ein Mann nicht weglaufen sollte und wenn es sein Leben kostet. Punkt eins ist, wenn jemand nicht mitlaufen kann, weil er hilflos ist.«
Zimmer: »Und was ist das andere?«
Joston: »...« [514]

*

Zimmer: »Die Zeit, die verrinnt, ist unser geringstes Problem.« [515]

*

Joston: »Die Geschichte ist immer dieselbe. Ich bin zur falschen Zeit geboren.« [516]

*

Joston: »Es lohnt nicht, mit Optimisten zu streiten.« [517]

*

Stoker: »Es wäre mir eine Ehre, wenn Sie mit mir zusammen rausgehen würden.«
Joston: »Das dachte ich mir.«
Stoker: »Du hast wirklich Stil, Wilson.«
Joston: »Jeder wird mal schwach.« [518]

***

ATEMLOS NACH FLORIDA
(The Palm Beach Story)
USA 1942, Paramount (Regie, Buch Preston Sturges)

> »Die Geschichte ist immer dieselbe. Ich bin zur falschen Zeit geboren.«
> Assault – Anschlag bei Nacht

(Insert): »and they lived happily ever after – or did they?« [519]

*

Robert Dudley (Weenie King): »›Kalt sind die Hände der Zeit, die alles befingern und langsam aber mitleidlos zerstören, was gestern noch jung war. Allein unsere Erinnerung hält dieser Auflösung stand, und sie wird schöner im Lauf der Jahre.‹ ... Das ist schwer zu zitieren mit falschen Zähnen.« [520]

*

Joel McCrea (Tom Jeffers): »Er hat dir 700 Dollar gegeben. Einfach so.«
Claudette Colbert: »Ja, einfach so.«
McCrea: »Ich meine, Sex hatte wohl nichts damit zu tun?«
Colbert: »Aber natürlich, Liebling. Ich glaube nicht, daß er's mir gegeben hätte, wenn ich Haare wie Stroh und kurze Beine wie ein Alligator hätte. Sex hat immer was damit zu tun, Liebling.« [521]

*

McCrea: »Jeder Mann ist ein Versager, bis er Erfolg hat.« [522]

*

Colbert: »Männer werden nicht gescheiter, wenn sie älter werden. Sie verlieren nur ihre Haare.« [523]

*

Colbert: »Du hast wirklich keine Ahnung, was ein langbeiniges Mädchen tun kann, ohne das Geringste zu tun.« [524]

*

McCrea: »Ich weigere mich, noch länger anzuhören, was du da redest. [I refuse to understand what you're talking about.]« [525]

*

McCrea: »Könntest du vielleicht etwas weniger hinreißend aussehen, während du mir das alles sagst?« [526]

»Die Ritterlichkeit ist nicht nur tot, sie ist bereits verwest.«
Atemlos nach Florida

Dudley: »Drohen Sie mir nicht, Sie Pavian! Ich bin doppelt so alt und nur halb so groß wie Sie, aber wenn's sein muß, kann ich sehr gut umgehen mit so einem Eichenknüppel.« [527]

*

Rudy Vallee (J. D. Hackensacker III): »Ich muß sagen, es macht mir großen Spaß. Ich habe noch nie etwas für ein Mädchen eingekauft. Ich meine, in solchen Quantitäten.«
Odette Myrtil (Verkäuferin): »Dann haben Sie sich bisher eine der elementaren Freuden des Lebens versagt.« [528]

*

Vallee: »Die Ritterlichkeit ist nicht nur tot, sie ist bereits verwest.« [529]

*

Vallee: »Es ist eine der Tragödien dieses Lebens, daß die Männer, die mal eine Abreibung verdient hätten, immer enorm groß sind.« [530]

*

Colbert: »Ist das der Prinz?«
Vallee: »Nein, der Prinz ist abserviert. Das ist eine Neuerwerbung.«
Colbert: »Vielleicht ist das ein Herzog.«
Vallee: »Könnte aber ebensogut ihr Schneider sein. Sie ist nicht wählerisch.« [531]

*

Mary Astor (Prinzessin Cèntimillia): »Wir können zusammen nach neuen Ehemännern suchen. Ich denke an einen Amerikaner im Moment. Das ist patriotischer.« [532]

*

Astor: »Seine Kenntnisse unserer Sprache sind etwas elementar.« [533]

*

Astor: »Toto, das ist Captain McGloo. Von jetzt ab werde ich ihn mehr und dich weniger sehen.« [534]

*

Astor: »Es ist nun mal nichts von Dauer auf dieser Welt. Außer Roosevelt.« [535]

*

Colbert: »Wenn ich nur sicher sein könnte, daß ihr beide euch nicht die Köpfe einschlagt, dann würde ich euch jetzt lieber allein lassen. Ich komme mir vor wie ein Knochen zwischen zwei Hunden.« [536]

Astor: »Aber Sie werden mich mögen. Ich hänge mich fest. Wie Moos.« [537]

*

Colbert: »Ich hoffe, dir ist klar, daß uns das Millionen kostet.« [538]

***
ATLANTIC CITY, U.S.A. *(Atlantic City)*
CAN/F 1980, Ciné-Neighbor, Selta (Regie Louis Malle, Buch John Guare)

*

Burt Lancaster (Lou): »Ja, war schon 'ne schöne Zeit, damals: Prostitution, Gangster, Schießereien.« [539]

*

Susan Sarandon (Sally): »Bringen Sie mir was bei?«
Lancaster: »Zum Beispiel?«
Sarandon: »Was Sie wissen.«
Lancaster: »Wollen Sie Informationen oder Weisheit?« [540]

***
DIE ATTACKE DER LEICHTEN BRIGADE
(The Charge of the Light Brigade)
USA 1936, Warner (Regie Michael Curtiz, Buch Michel Jacoby, Rowland Leigh, Story Michel Jacoby)

*

Errol Flynn (Major Geoffrey Vickers): »Es heißt, die ersten vierzig Jahre wären die schwierigsten, hier oben an der Grenze. Dann gewöhnt man sich daran.« [541]

*

Spring Byington (Octavia Warrenton): »Was für Eigenschaften bewundern Sie an weiblichen Wesen am meisten?«
Donald Crisp (Colonel Campbell): »Die Kunst des Schweigens.« [542]

***
DAS ATTENTAT *(Ghosts from the Past)*
USA 1996, Zollo, Castle Rock (Regie Rob Reiner, Buch Lewis Colick)

*

Lucas Black (Burt DeLaughter): »Wann werden die Leute endlich begreifen, daß die 60er vorbei sind! Die 1860er und die 1960er.« [543]

*

Alec Baldwin (Bobby DeLaughter): »Ich liebe unser Delta. Es ist der beste Ort auf Erden.«
William H. Macy (Charlie Crisco): »Ja, wenn du 'n Moskito bist.« [544]

*

Baldwin: »Ich ruf Sie nächsten Freitag an.«
Whoopie Goldberg (Myrlie Evers): »Ich sitz bis dahin auf glühenden Kohlen.« [545]

*

Susanna Thompson (Peggy Lloyd): »Es stehen mehr Leute auf Ihrer Seite, als Sie denken.«
Baldwin: »Sie sagen das nicht nur, weil ich Ihnen einen Limonenpudding spendiert habe?« [546]

***
AUCH EIN SHERIFF BRAUCHT MAL HILFE
(Support Your Local Sheriff)
USA 1969, Cherokee, United Artists (Regie Burt Kennedy, Buch William Bowers)

*

Henry Jones (Henry Jackson): »Wir haben uns hier versammelt, um die sterblichen Überreste von Miller Frymore beizusetzen, oder wie der Mann nun auch immer hieß. Ich kann leider nicht sehr viel über diesen Mann namens Frymore sagen, weil er erst vor zwei Tagen hier auftauchte, und niemand weiß, woher er kam und er sofort an dieser Krankheit starb und niemand so recht weiß, was für eine Krankheit das im Grunde war. Nun, wie auch immer, liebe Freunde, uns bleibt nur die Hoffnung, daß sich niemand von uns angesteckt hat, und mit dem Gedanken wollen wir unsere Häupter neigen zu einem demütigen Gebet.« [547]

*

James Garner (Jason McCullough): »Das ist doch ein uralter Trick, und Sie haben es recht nett gemacht, zwar nicht sehr gut, aber doch ganz begabt. Sie haben die linke Schulter vorgeschoben, um einen Angriff vorzutäuschen und haben gleichzeitig mit der rechten Hand nach Ihrem Revolver gegriffen. Ein alter Arizona-Trick, aber weiter nördlich habe ich es auch schon mal gesehen, sogar schon mal in Montana.« [548]

> *»Was für Eigenschaften bewundern Sie an weiblichen Wesen am meisten?«*
> *»Die Kunst des Schweigens.«*
> Die Attacke der leichten Brigade

Bruce Dern (Joe Danby): »Wie heißen Sie?«
Garner: »Jason McCullough. Und wie heißen Sie?«
Dern: »Joe Danby, und den Namen merken Sie sich mal lieber.«
Garner: »Den merke ich mir bestimmt, Joe. Ich werde bis an mein Lebensende nichts weiter tun, als rumlaufen und mir deinen Namen merken.« [549]

*

Harry Morgan (Mayor Olly Perkins): »Haben Sie Interesse, den Posten zu übernehmen?«
Garner: »Ja, vielleicht. Was kann man da verdienen?«
»Bisher hat bei uns noch kein Sheriff den Tag der Gehaltszahlung erlebt.« [550]

*

Morgan: »Keine Sorge, was der Mann da eben gesagt hat, das stimmt natürlich nicht. Wir haben in den letzten zwei Monaten drei Sheriffs gehabt, aber nur zwei von ihnen wurden erschossen.« [551]

*

Willis Bouchey (Thomas Devery): »Was wollen Sie in Australien, Mister?«
Garner: »Nun, Australien ist das letzte Fleckchen Neuland, ich möchte ein bißchen Pionierarbeit leisten.«
Walter Burke (Fred Johnson): »Ich dachte immer, das hier wäre Neuland, und wir wären Pioniere.« [552]

*

Garner: »Ah, der Stern muß seinem Besitzer mal das Leben gerettet haben, was?«
Morgan: »Ja, das hätte er bestimmt, wenn die Kugeln in dem Moment nicht aus allen Richtungen gekommen wären.« [553]

*

Garner: »Also, Jake, ich möchte, daß Sie gleich mal in den Mint Saloon rübergehen. Da drinnen sitzt ein Bursche namens Joe Danby. Sagen Sie ihm, daß ich mir seinen Namen gemerkt habe. Er ist verhaftet wegen Mordes. Ich werde in zwanzig Minuten kommen und ihn abholen.« [554]

*

Jack Elam (Jake): »Sie verlangen von mir, ich soll Joe Danby sagen, daß er wegen Mordes verhaftet ist? Was wollen Sie denn machen, wenn er mich umbringt?«
Garner: »Dann verhafte ich ihn wegen Doppelmordes.« [555]

*

Garner: »Es ist schon schlimm genug, wenn man einen Mann erschießen muß, auf das dumme Gequatsche vorher würde ich gern verzichten.« [556]

*

Garner: »Das sind ja schöne Zustände hier bei euch. Gefällt euch das? Wollt ihr so ein Leben führen? Bis jetzt haben wir schon drei Tote in einem einzigen Saloon und das noch vor Sonnenuntergang. Jetzt ist aber Schluß! Wenn es noch mal zu 'ner Schießerei kommt, mache ich den Laden zu.« (...)
Dick Haynes (Barmann): »Ihr habt den Sheriff gehört, keine Schießerei mehr vor Sonnenuntergang!«
»Hat er das gesagt?«
Haynes: »Ja, so ungefähr, mein Freund.« [557]

*

Garner: »So, da wären wir, Joe. Das da rechts ist deine Zelle. Wir haben allerdings im Moment noch keine Gitter.«
Dern: »Das soll wohl ein Witz sein?«
Garner: »Das habe ich auch gesagt, aber wir werden einfach so tun, als ob die Gitter da wären. Verstehst du mich? Ich meine, wenn du drinbleibst und nicht über den Strich trittst, dann klappt doch alles wunderbar.«
Dern: »Was?«
Garner: »Solange wir keine Gitter haben, nehmen wir diesen Strich, und du bleibst schön auf der anderen Seite.«
Dern: »Ja, glauben Sie, ich bleibe in Ihrer blöden Zelle, wenn da nur so ein ... Was sind denn das da für rote Flecken auf dem Fußboden?«
Garner: »Ach die, ja, die stammen von dem armen Kerl, der heute früh versucht hat, über den Strich zu treten.« [558]

»Es ist schon schlimm ..., wenn man einen Mann erschießen muß, auf das dumme Gequatsche vorher würde ich gern verzichten.«
Auch ein Sheriff braucht mal Hilfe

Morgan: »Das Leben war hier bisher sehr einfach und unkompliziert, es hat verdammt viel Spaß gemacht, ich meine, alles war offen und klar, und niemand hat einen schief angesehen, wenn man ab und zu mal jemanden erschießen mußte, und keiner hat seine Nase in die Angelegenheiten anderer Leute gesteckt, weil jeder wußte, daß man sie ihm abschießen würde, ohne langen Prozeß zu machen.« [559]

*

Morgan: »Ich fürchte, wenn wir erst Gesetz und Ordnung haben, dann wird die Kirche angerückt kommen.«
Garner: »Ja, so ist das gewöhnlich. Das wird nicht ausbleiben.«
Morgan: »Und dann fangen die Weiber an mit ihren Komitees und Wohltätigkeitsveranstaltungen. Und dann werden sie die Mädchen von Madam Orr verjagen oder sie unter die Haube bringen, falls ihnen nicht noch was Schlimmeres einfällt. Aber was soll's, wie Sie schon gesagt haben, Gesetz ist Gesetz, und wir alle müssen uns nun mal damit abfinden.«
Garner: »Wann habe ich denn das gesagt?« [560]

*

Dern: »Du hast doch immer gesagt, man könnte kein Gefängnis bauen, das fest genug wäre für einen Danby.«
Walter Brennan (Pa Danby): »Jetzt haben sie aber so ein Gefängnis gebaut.« [561]

*

Gene Evans (Tom Danby): »Was kann er gegen uns drei schon machen?«
Brennan: »Er kann zwei von uns umlegen.« [562]

*

Elam: »Machen Sie sich darüber keine Gedanken, daß Joe Danby vielleicht meilenweit weg ist, wenn wir wiederkommen?«
Garner: »Er kann nicht weg, es sei denn, er würde den Ofen mitschleppen, an den ich ihn gefesselt habe.« [563]

*

Garner: »Ach, warum müssen diese Rabauken immer dann antanzen, wenn wir unser Mittagessen bekommen?« [564]

*

Joan Hackett (Prudy Perkins): »Werden Sie noch einen Mann erschießen?«
Garner: »Wir wollen doch alle hoffen, daß nicht der umgekehrte Fall eintritt, nicht? ... Ach, sagt, was ihr wollt, ich finde, es ist ein alberner Beruf für einen erwachsenen Mann.« [565]

***

AUF DER FLUCHT *(The Fugitive)*
USA 1993, Barish-Kopelson, Warner (Regie Andrew Davis, Buch Jeb Stuart, David Twohy, Story David Twohy, nach den Charakteren von Roy Huggins)

*

Tommy Lee Jones (Samuel Gerard): »Manno mannomannomann, was für 'ne Sauerei!« [566]

*

Jones: »Wir sind immer begeistert, wenn wir Fußfesseln ohne Füße darin finden.« [567]

*

Jones: »Alle mal herhören! Ladies und Gentlemen, wir suchen einen Mann, der seit neunzig Minuten auf der Flucht ist. Unverletzt kann er in schwierigem Gelände vier Meilen pro Stunde schaffen. Daraus ergibt sich ein Radius von sechs Meilen. Ich verlange von jedem, daß er jede Tankstelle, jedes Haus, jedes Lagerhaus, jeden Bauernhof, jeden Hühnerstall, jeden Schuppen und jede Hundehütte in dieser Gegend gründlich durchsucht. Alle fünfzehn Meilen werden Kontrollpunkte eingerichtet. Der Name des Flüchtigen ist Dr. Richard Kimble. Schnappt ihn euch!« [568]

*

Jones: »Newman?«
Tom Wood (Newman): »Ja, Sir?«
Jones: »Was machst du da?«
Wood: »Ich denke nach.«
Jones: »Denk doch mal schnell nach, wie du mir eine Tasse Kaffee und einen Schokoladendoughnut mit Streuseln drauf besorgen kannst.« [569]

*

Harrison Ford (Dr. Richard Kimble): »Ich sage Ihnen, ich hab meine Frau nicht umgebracht.«
Jones: »Es ist mir scheißegal.« [570]

»Was kann er gegen uns
drei schon machen?«
»Er kann zwei von uns umlegen.«
Auch ein Sheriff braucht mal Hilfe

AUF DER JAGD
(U.S. Marshals)
USA 1998, Kopelson-Barish, Warner (Regie Stuart Baird, Buch John Pogue, nach den Charakteren von Roy Huggins)

*

Kate Nelligan (U.S. Marshal Walsh): »27 Stiche, und du sagst ›na und‹?«
Tommy Lee Jones (Chief Deputy U.S. Marshal Samuel Gerard): »Der Kerl hat die Kopfnuß verdient, ich hab dafür gesorgt, daß er sie bekommt. Also, was soll's?« *571*

*

Jones: »Das hier macht mir keinen Spaß. Und ihr wißt, wie giftig ich werde, wenn's mir keinen Spaß macht.« *572*

*

Robert Downey jr. (John Royce): »Du kennst doch die Regeln, wir kommen aus demselben Stall. Bedrohungen werden beseitigt, und du bist eine Bedrohung.« *573*

***

AUF DER JAGD NACH DEM GRÜNEN DIAMANTEN *(Romancing the Stone)*
USA 1984, El Corazon, Twentieth Century Fox (Regie Robert Zemeckis, Buch Diane Thomas)

*

Michael Douglas (Jack Colton): »Mein absoluter Freundschaftspreis, eine verzweifelte Frau zu einem Telefon zu bringen, ist 400 Dollar.« *574*

*

Kathleen Turner (Joan Wilder): »Ich habe einen Knopf verloren, einen Knopf.«
Douglas: »Ich wette, Sie werden mehr verlieren als das.« *575*

*

Turner: »Das waren italienische (Schuhe, von denen Douglas die Absätze entfernt hat).«
Douglas: »Jetzt sind es praktische.« *576*

> »Jeder Mensch muß seine Rechnung begleichen. Das kann einem keiner abnehmen.«
> Auf der Kugel stand kein Name

Danny DeVito (Ralph): »Ich bin ein Schleicher, meinst du? Na, wenigstens bin ich ehrlich. Ich klaue diesen Stein, ich versuche nicht, ihn unter ihrem Hintern wegzuflirten.« *577*

***

AUF DER KUGEL STAND KEIN NAME
(No Name on the Bullet)
USA 1959, Universal (Regie Jack Arnold, Buch Gene L. Coon, Story Howard Amacker)

*

Willis Bouchey (Buck Hastings): »Er *(Murphy)* provoziert seine Opfer. Er weiß sehr gut, daß jeder Mann zum Revolver greift, wenn man ihn reizt.« *578*

*

R. G. Armstrong (Asa Canfield): »Den Ruf kenn ich schon, aber den Mann selbst kenn ich nicht.« *579*

*

Bouchey: »Es gibt wenig Männer, die sich niemals Feinde geschaffen haben.« *580*

*

Armstrong: »Jeder Mensch muß seine Rechnung begleichen. Das kann einem keiner abnehmen.« *581*

*

Bouchey: »Gant ist eine Seuche, gegen die wir noch kein Mittel haben. Nur den Revolver. Und damit versteht er besser umzugehen als wir alle zusammen.« *582*

*

Charles Drake (Luke Canfield): »Soll ich abwarten, bis aus einem einfachen Schnupfen eine Lungenentzündung wird?«
Armstrong: »Wieso nicht? Eine Lungenentzündung kannst du manchmal heilen, einen Schnupfen aber nie.« *583*

*

Bouchey: »Warum haben Sie mich nicht umgebracht?«
Audie Murphy (John Gant): »Dafür werde ich nicht bezahlt.« *584*

*

Murphy: »Ich schieße, wenn man mich bezahlt. Umsonst arbeite ich nicht gern. Aber wenn Sie mich weiter belästigen, muß ich von diesem Grundsatz abgehen.« *585*

AUF DIE HARTE TOUR *(The Hard Way)*
USA 1991, Badham-Cohen, Sackheim, Universal (Regie John Badham, Buch Daniel Pyne, Lem Dobbs, Story Lem Dobbs, Michael Kozoll)

*

Luis Guzman (Pooley): »Was willst du eigentlich dem Captain erzählen? ›Ich wollte die 40 Leute nicht überfahren, aber ich war einfach geil‹?« *586*

*

Annabella Sciorra (Susan): »Ja, also, ich wollte nur mal sehen, wie's dir so geht und was du machst.«
James Woods (John Moss): »Fabelhaft, mir geht's toll.«
Sciorra: »Also, nicht daß ich etwa ausgehen will...«
Woods: »Ah, verstehe.«
Sciorra: »Heute abend.«
Woods: »Alles klar.«
Sciorra: »So gegen acht.« *587*

*

Michael J. Fox (Nick Lang): »Kinder sind toll, sie sind wie kleine Menschen.« *588*

***

AUF DIE STÜRMISCHE ART *(Forces of Nature)*
USA 1999, Roth-Arnold, DreamWorks (Regie Bronwen Hughes, Buch Marc Lawrence)

*

Ben Affleck (Ben): »Bis auf die Verhaftung und das Flugzeugunglück hat es Spaß gemacht.« *589*

*

Sandra Bullock (Sarah): »Ich hab keine Aversion gegen die Ehe, ich hab nur eine Aversion gegen meinen Mann.« *590*

Affleck: »Ich glaube nicht, daß ich es schaffe, mich aus der Sache rauszutexten.« *591*

***

AUF EIGENE FAUST *(Ride Lonesome)*
USA 1959, Columbia (Regie Budd Boetticher, Buch Burt Kennedy)

*

Randolph Scott (Ben Brigade): »Und wo sind die anderen?«
James Best (Billy John): »Oh, die sind weitergeritten. Ich habe ihnen gesagt, ich komme nach, sobald ich dich beerdigt habe.« *592*

*

Scott: »Du bist weit weg von zu Hause.«
Pernell Roberts (Sam Boone): »Nicht weiter als du.«
Scott: »Ich kann wieder hin.« *593*

*

Roberts: »Ich wollte nur, daß du weißt, wie die Sache aussieht, wie ich es sehe. Es stirbt sich leichter, wenn man weiß, warum man stirbt.« *594*

*

Karen Steele (Carrie Lane): »Mr. Brigade, Sie kommen nicht mit nach Santa Cruz?«
Scott: »Nein, Mrs. Lane.«
Steele: »Ich glaube, ich verstehe Sie.«
Scott: »Das habe ich gewußt, Mrs. Lane.«
Steele: »Auf Wiedersehen, Mr. Brigade.«
Scott: »Mrs. Lane.« *595*

***

AUF GLÜHENDEM PFLASTER
(Walk on the Wild Side)
USA 1962, Columbia (Regie Edward Dmytryk, Buch John Fante, Edmund Morris, nach dem Roman von Nelson Algren)

*

Laurence Harvey (Dove Linkhorn): »Wie man einen Menschen bestehlen kann, der so hilfsbereit und freundlich ...«
Jane Fonda (Kitty Twist): »Ja, sie war so anständig. Solche Typen kann man am leichtesten reinlegen. Hilfsbereite Leute sind damit beschäftigt, sich wunderbar zu finden und deshalb merken sie nicht, wenn man sie betrügt.« *596*

***

AUF KURZE DISTANZ *(At Close Range)*
USA 1985, Hemdale, Orion (Regie James Foley, Buch Nicholas Kazan, Story Elliott Lewitt, Nicholas Kazan)

*

Christopher Walken (Brad Whitewood sr.): »Die meisten Leute, die hier durchdüsen, sehen nur

---

> »Ich wollte nur, daß du weißt, wie die Sache aussieht, wie ich es sehe. Es stirbt sich leichter, wenn man weiß, warum man stirbt.«
>
> Auf eigene Faust

die Farmen, Häuser, Felder, was weiß ich für 'n Scheiß. Ich sehe überall Geld. Wo ich auch langfahre, ich sehe überall Geld. Und ich sehe überall bewegliche Dinge. Da steht überall mein Name drauf: ›Brad Whitewood. Bitte stehenlassen! Wird von ihm abgeholt.‹« [597]

***

AUF LEISEN SOHLEN KOMMT DER TOD *(Fuzz)*
USA 1972, Filmways, Javelin, United Artists (Regie Richard A. Colla, Buch Evan Hunter, nach dem Roman von Ed McBain [=Evan Hunter])

*

Yul Brynner (der Taube): »Man nennt die Polizisten Bullen, weil sie über die Gewalt von Bullen verfügen, aber auch, weil sie so stur sind. Sie kennen nur Dienstvorschriften, Beamtentrott und weiter nichts. Während die aktiven und vitalen Kräfte unseres Volkes schon längst den Mond erobert haben, wühlt unsere Polizei immer noch in ihrem altgewohnten Mist, wie die lieben Schweine.« [598]

***

AUF LIEBE UND TOD *(Vivement Dimanche)*
F 1983, Carosse, A2, Sopro (Regie François Truffaut, Buch François Truffaut, Suzanne Schiffman, Jean Aurel, nach dem Roman ›The Long Saturday Night‹ von Charles Williams)

*

Jean-Louis Trintignant (Julien Vercel): »Ich kann einfach nicht wütend sein. Ich kann mich nicht streiten. Wenn mich jemand enttäuscht, laß ich den Vorhang runter, das ist alles.« [599]

*

Jean-Pierre Kalfon (Jacques Massoulier): »Ist ja logisch, wo Sie doch Grundstücke verkaufen.«
Fanny Ardant (Barbara Becker): »Oder sehen Sie hier irgendwo Gemüse rumliegen?« [600]

*

Trintignant: »Wenn ich das richtig verstanden habe, wird jetzt mein Anwalt einen guten Anwalt nötig haben.« [601]

> »Letztes Rennen für uns, da wird noch mal gepflastert.«
> Aufforderung zum Tanz

AUF WIEDERSEHEN, KINDER
(Au revoir les enfants)
F/BRD 1987, Nouvelles Editions, MK2, Karmitz, Stella, NEF, CNC, Sofica, Images (Regie, Buch Louis Malle)

*

Irène Jacob (Mlle. Davenne, Klavierlehrerin): »Du solltest mal Violine versuchen.« [602]

***

AUF WIEDERSEHEN, MR. CHIPS
(Goodbye, Mr. Chips)
UK 1939, MGM (Regie Sam Wood, Buch R. C. Sheriff, Claudine West, Eric Maschwitz, nach dem Roman von James Hilton)

*

Greer Garson (Katherine Ellis): »Wollen Sie sich nicht setzen? Es ist ziemlich bequem ... für einen Felsen.« [603]

***

AUFFORDERUNG ZUM TANZ
BRD 1977, WDR (Regie Peter F. Bringmann, Buch Matthias Seelig)

*

Marius Müller-Westernhagen (Theo Gromberg): »Enno, wie oft muß ich dir noch sagen, daß man keine Angst um sein Geld haben darf. Sonst kommt man nie raus aus'm Brand.« [604]

*

Müller-Westernhagen: »Letztes Rennen für uns, da wird noch mal gepflastert.« [605]

*

Müller-Westernhagen: »Der Abendwind ist schön gelaufen, da kann man gar nichts sagen. War 'n tolles Rennen, dafür zahl ich auch gerne mal was.« [606]

*

Müller-Westernhagen: »Wer so schwache Nerven hat, sollte sowieso lieber Tretroller fahren. Ich an seiner Stelle hätte nicht mal den Fuß vom Gas genommen.« [607]

*

Riad Cholmié (Jussuf): »Dieses Spiel *(Poker)* mußt du, glaube ich, erst noch lernen. Ich schau mir das mal an.« [608]

*

Müller-Westernhagen: »Guck doch mal, wie schön doch die Sonne scheint! Was braucht man da Geld?« [609]

Müller-Westernhagen: »Das war 'n Profi. Der Türke hat gespielt wie 'n Weltmeister.«
Guido Gagliardi (Enno Goldini): »Alles?«
Müller-Westernhagen: »Natürlich, du kennst mich doch. Sekt oder Selters.« [610]

*

Müller-Westernhagen: »Was sind 50 Mark im Leben eines Zockers, Manni? Ich hab in zwei Tagen 5000 verrudert.« [611]

*

(Manni, will Theo seinen Wagen nicht leihen): »Ne ne, datte den Wagen auch noch ins Schaufenster setzt, bevor er bezahlt is.«
Müller-Westernhagen: »Du hasses nötig! Ich hab noch keinen Schülerlotsen umgenagelt.« [612]

*

Karl-Heinz Walther (Schneider): »Ihre Mutter hat mir gesagt ...«
Müller-Westernhagen: »Was?«
Walther: »Ihre Mutter hat gesagt ...«
Müller-Westernhagen: »Meine Mutter ist schon lange tot.«
Walther: »Also gut. Die Dame an der Ecke hat mir gesagt, wo Sie wohnen.« [613]

*

Walther: »Ja, dann noch etwas: Die Arbeit auf dem Güterbahnhof ist körperlich äußerst anstrengend. Meinen Sie, Sie schaffen das?«
Müller-Westernhagen: »Bin ich Student?« [614]

*

Müller-Westernhagen: »Ich bin für so eine Arbeit nun mal nicht geschaffen.«
Gagliardi: »Du willst am vorletzten Tag also noch einfach in den Sack hauen?«
Müller-Westernhagen: »Einfach! So ehrlich gegen sich selbst zu sein, ist viel schwerer, als wie ein Büffel weiterzuarbeiten. Glaub mir!« [615]

*

Müller-Westernhagen: »Dieser Knecht hier aus dem Bayrischen Wald will nur mal vorführen, wie er mich untern Tisch säuft. Wer zuerst umfällt, zahlt die Zeche.« [616]

*

Gagliardi: »Was hat dir der Bayer getan?«
Müller-Westernhagen: »Enno, wenn einer eine so große Schnauze hat, dann muß ihm mal einer zeigen, wo seine Grenzen sind. Das ist nun mal so.« [617]

Müller-Westernhagen: »Jetzt hol ich die Sense raus. Und von dir will ich nur eins wissen: Bist du dabei, ja oder nein?« [618]

*

Müller-Westernhagen: »Keine Sorge! Ich hab die Sache völlig im Griff.« [619]

*

Gagliardi: »Du sollst es *(Kellerfenster)* nicht reparieren, sondern knacken.« [620]

*

Alexander Malachowsky (SL): »Setz dich!«
Müller-Westernhagen: »Nein, danke. Ich spring lieber im Stehen über die Klinge.« [621]

*

Malachowsky: »2000 Mark! So was geb ich als Trinkgeld, wenn ich einen guten Tag habe. Und wenn ich einen schlechten Tag habe, putz ich mir damit den Arsch ab.« [622]

*

Malachowsky: »Die Frage ist offensichtlich die, wie man mit Seiltänzern wie ihm fertig wird. Ist kein Problem. Man stopft ihnen das Maul, oder man engagiert sie. Ich habe mich immer an letzteres gehalten und bin dabei ganz gut gefahren. Für vernünftige Geschäfte braucht man Leute mit Phantasie. Ein paar wenigstens.« [623]

*

Müller-Westernhagen: »Ich weiß nicht. ... Nein. Tut mir leid, aber ich bin einfach nicht der Mann, im gestreiften Anzug und mit einem Dreikaräter am kleinen Finger rumzulaufen, mir morgens die Hände und abends die Füße maniküren zu lassen. So was stört mich nun mal, denn auch dadurch wird, wie man sieht, aus einem Kuhschwanz noch lange keine Krawatte.« [624]

***

AUFRUHR DER GESETZLOSEN
(The Desperadoes)
USA 1943, Columbia (Regie Charles Vidor, Buch

> »Jetzt hol ich die Sense raus.
> Und von dir will ich nur
> eins wissen: Bist du dabei,
> ja oder nein?«
> Aufforderung zum Tanz

Robert Carson, nach einer Geschichte von Max Brand)

*

Guinn ›Big Boy‹ Williams (Nitro Rankin): »Sie machen sich zuviele Gedanken. Burschen, die mit einer Kanone umgehen können wie er, sollten sie auch benutzen.« [625]

*

Williams: »Worauf wartest du eigentlich noch? Leg ihn doch um, und wir verschwinden von hier.«
Bernard Nedell (Jack Lester): »Cheyenne, das ist doch nicht Ihr Ernst. Sie machen Spaß. Mich zu töten ist doch sinnlos.«
Williams: »Das ist immer so für den, der dran ist.« [626]

*

»Glaubst du, daß sie kommen?«
»Wenn sie kommen, werden sie glauben, sie seien in General Custers letzte Schlacht geraten.« [627]

***

AUFSTAND IN SIDI HAKIM *(Gunga Din)*
USA 1939, RKO (Regie George Stevens, Buch Joel Sayre, Fred Guiol, Story Ben Hecht, Charles MacArthur, nach dem Poem von Rudyard Kipling)

*

Abner Biberman (Chota): »Ihr geht nicht mehr hier fort. Man schaufelt eure Gräber schon aus. Bei Einbruch der Nacht wird die Göttin Rake (Kali) lächeln.« [628]

*

Victor McLaglen (Sergeant McChesney): »Hm. Du traust mir nicht?«
Douglas Fairbanks jr. (Sergeant Thomas Ballantine): »Sehr wenig.«
McLaglen: »Hast recht.« [629]

***

DAS AUGE *(Mortelle randonnée)*
F 1982, Téléma, Levallois, TF1 (Regie Claude Miller, Buch Michel Audiard, Jacques Audiard, nach dem Roman von Marc Behm)

*

Genevieve Page (Madame Schmitt-Boulanger): »Ich warne Sie, Auge, nach dem nächsten verpfuschten Auftrag werden Sie bis zum Pensionsalter Aschenbecher leeren.« [630]

*

Page: »Und wie haben Sie das in Erfahrung gebracht? Haben Sie eine Wanze versteckt?«
Michel Serrault (Das Auge): »Aber nicht doch, meine Liebe! Man hat mich nicht immer ›Das Auge‹ genannt, früher nannte man mich ›Das Ohr‹.« [631]

*

Isabelle Adjani (Catherine): »Ich weiß nicht, warum, aber ich habe keine Lust, dich umzulegen.« [632]

***

AUGEN OHNE GESICHT
(Les Yeux sans visage)
F/I 1959, Champs Elysees, Lux (Regie Georges Franju, Buch Pierre Boileau, Thomas Narcejac, Jean Redon, Claude Sautet, Georges Franju, Pierre Gascar, nach dem Roman von Jean Redon)

*

»Was für eine Zukunft Sie uns damit eröffnen!«
Pierre Brasseur (Professor Génessier): »Um seine Zukunft, Madame, muß man sich schon etwas früher bemühen.« [633]

***

DER AUGENZEUGE *(Eyewitness)*
USA 1981, Twentieth Century Fox (Regie Peter Yates, Buch Steve Tesich)

*

Sigourney Weaver (Tony Sokolow): »Sie können gut mit Pferden umgehen.«
William Hurt (Daryll Deever): »Tiere und Kinder lieben mich. Nur leider der Rest der Welt nicht.« [634]

*

Weaver: »Vielleicht sollte er zur Polizei gehen.«
Hurt: »Das kann er nicht. Er ist verdammt stolz drauf, daß man ihn für den Schuldigen hält, daß er vielleicht sogar sagen würde, er hätt's getan. Er hat irrsinnige Angst vor Asiaten, aber er lebt in Chinatown, nur um mir seinen Mut zu beweisen.« [635]

> »Hm. Du traust mir nicht?«
> »Sehr wenig.«
> »Hast recht.«
> Aufstand in Sidi Hakim

AUS DER MITTE ENTSPRINGT EIN FLUSS
(A River Runs Through It)
USA 1992, Allied Film Makers, Columbia (Regie Robert Redford, Buch Richard Friedenberg, nach der Geschichte von Norman MacLean)

*

MacIntyre Dixon (Polizeisergeant): »Es ist nicht gesund, bei diesen Leuten Schulden zu haben.« [636]

***

AUS NÄCHSTER NÄHE *(Up Close & Personal)*
USA 1996, Cinergi, Touchstone (Regie Jon Avnet, Buch Joan Didion, John Gregory Dunne, nach dem Buch ›Golden Girl‹ von Alanna Nash)

*

Michelle Pfeiffer (Tally Atwater): »Macht es Ihnen immer noch Spaß, mich zu demütigen?«
Robert Redford (Warren Justice): »Wegen des Spaßes bin ich nicht hier.« [637]

*

Pfeiffer: »Wir hatten nicht genug Zeit.«
Redford: »Jeder Tag, den wir haben, ist einer mehr, als wir verdienen.« [638]

*

Redford (am Telefon): »Irgendwie bin ich froh, daß ich dich nicht sehen kann. Die Phantasie kann wundervoll unanständig sein.« [639]

***

EIN AUSGEFUCHSTER GAUNER
(High Pressure)
USA 1932, Warner (Regie Mervyn LeRoy, Buch Joseph Jackson, S. J. Peters, nach dem Stück ›Hot Money‹ von Aben Kandel)

*

George Sidney (Ginsberg): »Ich hab nicht gern mit Betrunkenen zu tun.«
Frank McHugh (Mike Donoghey): »Der ist nicht betrunken, er bewegt sich noch.« [640]

*

McHugh: »Aber es ist gut für die Figur, Mr Ginsberg.«
Sidney: »Sagen Sie, was ich bin? Etwa ein Mannequin? Wozu brauche ich Figur?« [641]

*

William Powell (Gar Evans): »Würden Sie gerne in unserem Vorstand sitzen?«
Harold Waldridge (Vanderbilt): »Nicht, wenn es zu weit vorne ist.« [642]

*

Evelyn Brent (Francine): »Weiß du, du bist so ziemlich der netteste unzuverlässige, nichtsnutzige, windige Trunkenbold, dem ich jemals begegnet bin.« [643]

*

Powell: »Die Streifen werden Ihnen gut stehen, Sie werden größer wirken.« [644]

***

AUSGELÖSCHT *(Extreme Prejudice)*
USA 1987, Carolco, Tri-Star (Regie Walter Hill, Buch Deric Washburn, Harry Kleiner, Story John Milius, Fred Rexer)

*

Nick Nolte (Jack Benteen, Sheriff): »Du kannst mich vielleicht kaufen, Cash, gut, das konntest du immer. Aber du kannst den Stern nicht kaufen, und das eine nutzt dir ohne das andere nichts, Bailey.« [645]

*

Powers Boothe (Cash Bailey): »Was, verdammt noch mal, sollen wir denn tun, Mann? Uns gegenseitig abknallen?« [646]

*

Boothe: »Weißt du, Jack, ich hab das Gefühl, wenn wir uns das nächste Mal treffen, wird einer von uns beiden draufgehen. ... Ist nur so ein Gefühl.« [647]

*

Rip Torn (Sheriff Pearson): »Morgen!«
Nolte: »Was ist gut daran?«
Torn: »Meine Güte, ich hab ›Morgen!‹ gesagt, ich hab nicht ›Guten Morgen!‹ gesagt. Heute scheinst du besonders gute Laune zu haben.«
Nolte: »Ja, ich bin erst seit zwanzig Minuten hier und habe diesen verdammten Tag schon abgehakt.«
Torn: »Darf man Einzelheiten erfahren?«
Nolte: »Nein.« [648]

> »Irgendwie bin ich froh,
> daß ich dich nicht sehen kann.
> Die Phantasie kann wundervoll
> unanständig sein.«
> Aus nächster Nähe

Torn: »Gesetzgeber! Scheiße, Jack! Der einzige Mensch, der noch schlimmer ist als ein Politiker, ist ein Kinderschänder.« [649]

*

Michael Ironside (Major Hackett): »Sie trinken keinen Whisky?«
Nolte: »Doch, aber ich suche mir aus, mit wem ich trinke.«
Ironside: »Das glaube ich Ihnen nicht, Benteen. Sie sind einfach von Natur aus auf Stunk eingestellt.« [650]

*

Boothe: »Jetzt geht's los, hä? Ja, es ist ein guter Tag, um jemand zu töten.« [651]

***
AUSGESTOSSEN (Odd Man Out)
UK 1946, GFD, Two Cities (Regie Carol Reed, Buch F. L. Green, R. C. Sheriff, nach dem Roman von F. L. Green)

*

W. G. Fay (Father Tom): »Sie werden nicht leer ausgehen. Verlassen Sie sich drauf! Von *(den versprochenen)* 1000 £ kann natürlich nicht die Rede sein. So viel Geld wär ja auch nur 'ne Last für Sie.« [652]

***
DER AUSLANDSKORRESPONDENT
(Foreign Correspondent)
USA 1940, Wanger, United Artists (Regie Alfred Hitchcock, Buch Charles Bennett, Joan Harrison, James Hilton, Robert Benchley)

*

Harry Davenport (Mr. Powers): »Auslandskorrespondenten! Ich erfahre mehr über Europa, wenn ich 'ne Kristallkugel befrage.« [653]

*

»Es dauert bestimmt nicht länger als 'ne halbe Stunde, Sir, und wir sprechen alle Ihre Sprache.«
Joel McCrea (John Jones/Huntley Haverstock): »Sie sprechen alle meine Sprache? Das ist ja hervorragend! Das kann man nicht mal von allen meinen Landsleuten sagen.« [654]

*

McCrea: »Ich fühle mich wie neugeboren.«
Laraine Day (Carol Fisher): »Hoffentlich verändert dich das nicht so sehr. Ich hab 'ne Weile gebraucht, um mich an dich zu gewöhnen, so wie du warst.« [655]

***
DIE AUSREISSERIN (The Runaround)
USA 1946, Universal (Regie Charles Lamont, Buch Arthur T. Horman, Sam Hellman)

*

Broderick Crawford (Louis Prentiss): »Gestohlene Sachen zurückzukaufen, ist illegal. (...) Diese Agentur hat ethische Grundsätze.«
Rod Cameron (Eddie Kildane): »Und wo fangen die an? Genau über den hundert, die Sie bezahlen wollen?« [656]

*

Cameron: »Unterschätzen Sie bitte Prentiss nicht! Der heuert seine Mutter an und schickt sie auf 'ne Walfangreise, wenn er genug Geld dafür kriegt.« [657]

*

Ella Raines (Penelope Hampton): »Eine Dame so zu behandeln, Sie Rohling!«
Cameron: »Vielleicht sind Sie 'ne Dame im Almanach der High Society. Aber für mich sind Sie nur 'n Eilpaket mit 'm 15.000-Dollar-Preisschild dran.« [658]

*

Crawford: »Na, wenigstens *ein* Mitarbeiter, der ohne Blindenhund auskommt.« [659]

*

George Cleveland (Feenan): »Na, wie fühlen Sie sich?«
Cameron: »Als hätte man mich mit 'ner Motorsäge auseinandergenommen und mit Stacheldraht zusammengeflickt.« [660]

*

Raines: »Was ist? Haben Sie all Ihre Tricks vergessen?« [661]

*

Cameron: »Die Burschen wollten wissen, wo Sie sind und da ...«
Raines: »Da haben Sie sich verprügeln lassen.«
Cameron: »Das mußte ich. Sonst hätten die mir nicht geglaubt, als ich sie anlog.« [662]

> »Gesetzgeber! Scheiße, Jack! Der einzige Mensch, der noch schlimmer ist als ein Politiker, ist ein Kinderschänder.«
> Ausgelöscht

AUSSER ATEM
(A bout de souffle)
F 1960, S.N.C. (Regie, Buch Jean-Luc Godard, Story François Truffaut)

*

Jean-Paul Belmondo (Michel Poiccard/Laszlo Kovacs): (betrachtet Damenunterwäscheanzeige): »Eigentlich bin ich ja ein Schwein. Aber was hilft's? Es muß sein. Es *muß* sein.« [663]

*

Belmondo: »Ich liebe Frankreich! *(zur Kamera:)* Wie bitte? Sie lieben das Meer nicht? Sie machen sich auch aus dem Gebirge nichts? Für Städte haben Sie auch nichts übrig? Da kann ich nur sagen: Sie können mich.« [664]

*

Jean Seberg (Patricia Franchini): »Was machen Sie hier? Ich denke, Sie hassen Paris.«
Belmondo: »Ich habe gesagt, daß ich in Paris viele Feinde habe, nicht, daß ich es hasse.« [665]

*

Richard Balducci (Tolmatchoff): »Ich bleib hier nicht lange, hier verrostet man ja.«
Belmondo: »Besser hier verrosten, als woanders Tüten kleben.« [666]

*

Belmondo (vor einem Filmplakat): »Bogey!« [667]

*

(Soldat): »Pardon, geben Sie mir bitte Feuer!«
Belmondo: »Hier, mein Junge, hast du fünf Francs. Kauf dir 'ne ganze Schachtel Streichhölzer!« [668]

*

Belmondo: »Ich kann nicht ohne dich auskommen.«
Seberg: »Das kannst du sehr gut, Michel.«
Belmondo: »Ja. Aber ich will nicht.« [669]

*

Seberg: »Nach was Sie streben in Ihre Leben am meisten?«
Jean-Pierre Melville (Parvulesco, Schriftsteller): »Nach Unsterblichkeit. Unsterblich werden und dann sterben.« [670]

*

Seberg: »Denunzieren, ich finde das sehr gemein.«
Belmondo: »Oh, das ist ganz normal. Denunzianten denunzieren, Einbrecher brechen ein, Mörder morden, Liebende lieben sich.« [671]

*

Belmondo: »Wir haben geredet und geredet, ich von mir und du von dir. (...) Und eigentlich hättest du von mir und ich von dir sprechen müssen.« [672]

*

Belmondo (sterbend): »Du bist wirklich zum Kotzen.«
Seberg: »Was hat er gesagt?«
Daniel Boulanger (Inspektor Vidal): »Er hat gesagt, Sie wären wirklich zum Kotzen.«
Seberg: »Was ist das, kotzen?« [673]

***

AUSSER KONTROLLE *(Chain Reaction)*
USA 1996, Zanuck, Chicago Pacific, Schmidt, Twentieth Century Fox (Regie Andrew Davis, Buch J. F. Lawton, Michael Bortman, Story Arne L. Schmidt, Rick Seaman, Josh Friedman)

*

Morgan Freeman (Paul Shannon): »Ich hab so das Gefühl, daß die Lösung von ganz allein kommt.«
Rachel Weisz (Lily Sinclair): »Das bezweifle ich.«
Brian Cox (Lyman Earl Collier): »Das verstehe ich, denn sonst haben wir keine Verwendung mehr für Sie.« [674]

*

Freeman: »Ich wäre Ihnen sehr dankbar, wenn Sie meinen Wissenschaftlern nicht drohen würden, sie umzubringen. Das würde meine Arbeit erleichtern.« [675]

***

AVALON
USA 1990, Baltimore, TriStar (Regie, Buch Barry Levinson)

*

Armin Müller-Stahl (Sam Krichinsky): »Wenn man mit dem Erinnern aufhört, vergißt man auch.« [676]

> *»Nach was Sie streben in Ihre Leben am meisten?«*
> *»Nach Unsterblichkeit. Unsterblich werden und dann sterben.«*
> Außer Atem

AVANTI, AVANTI!
(Avanti!)
USA 1972, Mirisch, Phalanx, Jalem, United Artists (Regie Billy Wilder, Buch Billy Wilder, I. A. L. Diamond, nach dem Stück von Samuel Taylor)

*

Juliet Mills (Pamela Piggott): »Ich weiß nicht, ob Sie's bemerkt haben, aber ich habe Probleme mit meiner Figur.«
Jack Lemmon (Wendell Armbruster): »Ja, das hab ich bemerkt. ... Mehr oder weniger.« [677]

*

Clive Revill (Carlo Carlucci): »Mr. Armbruster, Sie können nicht einfach in ein fremdes Land reisen, auf eine Leiche zeigen und sagen: ›Das ist mein Vater.‹ Und sie mit nach Hause nehmen.« [678]

*

Lemmon: »Verschonen Sie mich mit Details, erledigen Sie das!« [679]

*

Lemmon: »Fragen Sie den Fettarsch *(Mills)*, ob sie mitfahren will!« [680]

*

Lemmon: »Na schön. Und nun die gute Nachricht!«
Revill: »Das war die gute Nachricht.« [681]

*

Lemmon: »Wann werdet ihr Italiener lernen, Kaffee zu machen, den man trinken kann?« [682]

*

Lemmon: »Umbringen sollte man den Dreckskerl!«
Revill: »Nicht nötig, Sir, ist bereits erledigt.« [683]

*

Lemmon: »Carlucci, was würde ich wohl ohne Sie anfangen?«
Revill: »Ja, das habe ich mich auch schon gefragt.« [684]

*

Mills: »Man nimmt nicht einfach den Telefonhörer zur Hand und sagt: ›Würden Sie mir bitte die Biene aus 126 aufs Zimmer legen!‹ Wenn ich mit jemand ein Verhältnis haben soll, dann möchte ich's als erste wissen und nicht durch den Portier davon in Kenntnis gesetzt werden.« [685]

> »Wann werdet ihr Italiener lernen, Kaffee zu machen, den man trinken kann?«
> Avanti, Avanti!

B

THE BABE
USA 1992, Waterhorse, Finnegan-Pinchuk, Universal (Regie Arthur Hiller, Buch John Fusco)

*

Andy Voils (Babe Ruth, 7, nachdem er einen Baseball in ein weit entferntes Kirchenfenster geschlagen hat): »Tut mir leid.«
James Cromwell (Bruder Mathias): »Mir nicht. Ich habe 30 Jahre lang darauf gewartet, daß mir der heilige Franziskus ein Wunder beschert. Und jetzt ist es wohl soweit.« [686]

*

J. C. Quinn (Jack Dunn): »Gott der Allmächtige! Drei Homeruns in einem Spiel?«
Cromwell: »Haben Sie Geduld, Mr. Dunn! Wir sind erst im siebenten Inning.« [687]

*

»Das soll Nachwuchs sein? Der sieht doch aus wie 'n Veteran.«
»Wie drei oder vier Veteranen.« [688]

*

Bruce Boxleitner (Joe Dugan): »Gestern abend hast du meine Zahnbürste benutzt.«
John Goodman (Babe Ruth): »Na und? Du kannst meine auch jederzeit benutzen, Jim.« [689]

*

Goodman: »Ich schlage gern Homeruns.« [690]

*

Boxleitner: »Homeruns sind die Ausnahme, nicht die Regel. Wir spielen unsere Bälle ins Feld, dahin, wo kein Gegner steht. Das ist die Regel.«
Goodman: »Hinterm Zaun steht auch keiner. Also schlag ich sie dahin.« [691]

*

Boxleitner: »Die hat mehr Kurven als 'ne Modelleisenbahn. So was nennt man Dame.« [692]

(Boston Fan) »Erledigen Sie die Yankees! Sie sollen leiden.« [693]

*

Kelly McGillis (Claire [Ruth]): »Wie ich neulich gelesen habe, machen Sie mehr Geld als der Präsident.«
Goodman: »Wieso nicht? Ich hatte 'n besseres Jahr als der Mann.« [694]

*

Goodman: »Ich liebe das Spiel.«
McGillis: »Ja, aber dieses Spiel liebt dich nicht mehr.« [695]

***

BABY DOLL
USA 1956, Warner (Regie Elia Kazan, Buch Tennessee Williams, nach seinem Stück)

*

Eli Wallach (Silva Vacarro): »Ich komme aus einem Land, wo aus alter Überlieferung ein jeder sein eigener Richter ist.« [696]

*

Wallach: »Und an Ihrer Stelle, glaube ich, würde ich mir keine zu großen Sorgen wegen der Bruchrechnungen machen. Schließlich wissen Sie, daß zwei und zwei vier ist, und mehr sollte man wirklich von einer jungen Dame nicht verlangen.« [697]

*

Wallach: »Die städtische Müllabfuhr scheint hier nicht sehr oft vorbeizukommen.« [698]

*

Carroll Baker (Baby Doll): »Bitte fassen Sie mich nicht an! Ich hab's nicht gern, wenn man mich anfaßt.« [699]

*

Karl Malden (Archie): »Dieses Grinsen wird bald von Ihrem schmierigen Gesicht verschwinden.« [700]

»Die hat mehr Kurven
als 'ne Modelleisenbahn.
So was nennt man Dame.«
The Babe

BABY IT'S YOU
USA 1982, Double Play, Paramount (Regie, Buch John Sayles, Story Amy Robinson)

*

Vincent Spano (Sheik Capadilupo): »Für mich haben nur drei Menschen auf der Welt eine Bedeutung: Jesus Christus, Frank Sinatra und ich selbst.« [701]

***

BAD BOYS NEVER DIE
USA 1994, Arkoff-Hill-Kutner, Spelling (Regie Robert Rodriguez, Buch Robert Rodriguez, Tommy Nix)

*

William Sadler (Sarge): »Das ist meine Stadt. Niemand stellt eigene Regeln auf in meiner Stadt.« [702]

*

Sadler: »Hier geht's ums Geschäft, Junge. Und wenn du's nicht ordentlich führst, bist du schneller draußen, als du ›Gesundheitsbehörde‹ buchstabieren kannst.« [703]

*

O'Neal Compton (J. T.): »Essen machen ist mein Geschäft, Sarge. Für Ruhe und Ordnung zu sorgen, ist dein Geschäft. Also kümmert sich wohl jeder besser um seins. Meinst du nicht auch?« [704]

*

David Arquette (Dude): »Steig ins Boot, wenn die Flut kommt!« [705]

*

Salma Hayek (Donna): »Und was wird jetzt aus mir?«
Arquette: »Ein kleiner werdendes Bild in meinem Rückspiegel.« [706]

***

BAD COMPANY
USA 1995, Touchstone (Regie Damian Harris, Buch Ross Thomas)

> »Und was wird jetzt aus mir?«
> »Ein kleiner werdendes Bild in meinem Rückspiegel.«
> Bad Boys Never Die

Laurence Fishburne (Nelson Crowe, voice-over): »Wenn bei der CIA Stellen abgebaut werden und man selbst davon betroffen ist und gekippt wird, dann hat man's nicht gerade leicht, einen neuen Job zu finden. Wenn dich dein angehender Arbeitgeber nach deinen besonderen Fähigkeiten fragt, kannst du ihm ja wohl kaum mit Erpressung kommen, Bestechung oder sogar Kidnapping. Aber es gibt ja noch die feineren Branchen, die genau so einen suchen wie dich.« [707]

*

Daniel Hugh Kelly (Les Goodwin): »Ich lebe vom Kartenspielen, und wenn die Leute mitkriegen, daß ich dir was stunde, könnten sie auf die Idee kommen, daß ich verweichliche.« [708]

*

Frank Langella (Vic Grimes): »Ich bin allein in unserm Landhaus am Wochenende.«
Ellen Barkin (Margaret Welles): »Oh, würde es Sie freuen, wenn ich mitkomme?«
Langella: »Ja. Ich hab gehofft, daß Sie nichts vorhaben. Und wer weiß, vielleicht kann ich Ihnen diesmal etwas übers Fischen beibringen.«
Barkin: »Ich will nicht fischen, ich will ficken.«
Langella: »Tja, äh, in dieser Hinsicht kann ich Ihnen sicher nichts beibringen.« [709]

*

Barkin: »Weißt du, weswegen ich Grimes so hasse?«
Fishburne: »Weil du ihm so viel schuldest, vermutlich. Du hast die Wahl zwischen Haß und Dankbarkeit. Und wer ist schon gerne dankbar?« [710]

*

Fishburne: »Ich habe eine Bedingung: Das hier ist für die Ewigkeit, und wann die Ewigkeit vorbei ist, entscheide ich.« [711]

*

Kelly: »Es ist eine Halbautomatik. Die Patronenhülsen fallen an der Seite raus. Deswegen rate ich dir, die Hülsen aufzusammeln, wenn du geschossen hast. Sauberkeit ist das A und O, denn die Polizei legt größten Wert auf Patronenhülsen.« [712]

Fishburne: »Gut sehen Sie aus, Julie. Steht Ihnen, die Million.« [713]

***

BAD GIRLS
USA 1994, Morgan, Twentieth Century Fox (Regie Jonathan Kaplan, Buch Ken Friedman, Yolande Finch, Story Albert S. Ruddy, Charles Finch, Gray Frederickson)

Robert Loggia (Frank Jarrett): »Eine tolle Gegend, dieses Oregon. Ich habe da mal ein paar Jahre gelebt. Viel Regen, viele Gesetze, ich mag beides nicht.« [714]

*

Dermot Mulroney (Josh McCoy): »Es hat sich nichts geändert. Du bist tot. Ich habe dich nur noch nicht erschossen.« [715]

*

Chuck Bennett (Planwagenfahrer): »Nein, tut mir leid, Junge, das einzige weibliche Wesen, das ich letzten Monat gesehen habe, ist die Stute da vorn. Und langsam finde ich sie richtig gut.« [716]

***

BAD LIEUTENANT
USA 1992, Pressman, Guild (Regie Abel Ferrara, Buch Zoe Lund, Abel Ferrara)

*

»Das wird dich umhauen, Mann.«
Harvey Keitel (Lieutenant): »Was bist du? Drogenberater oder Drogendealer? Wenn du so Geschäfte machst, kommst du nicht weit.« [717]

***

BADLANDS – ZERSCHOSSENE TRÄUME
(Badlands)
USA 1973, Pressman-Williams, Warner (Regie, Buch Terrence Malick)

*

Sissy Spacek (Holly, voice-over): »Kit litt darunter, daß er diese Männer hinterrücks erschossen hatte. Aber er sagte, daß sie ein mieses Spiel getrieben hätten. Er hätte sie belauscht und gehört, daß sie nur die Belohnung kassieren wollten. Mit Polizisten wäre das was anderes gewesen. Die wären hinter ihm her, weil es ihr Job ist. Denen hätte er eine Chance gegeben. Aber nicht den Kopfjägern.« [718]

Spacek (voice-over): »Er behauptete, wenn man ums Überleben kämpft und dabei die Polizei auf den Fersen hat, kann es ihm niemand übelnehmen, wenn er wild um sich schießt. Man müßte sich allerdings über die Konsequenzen im klaren sein und später nicht darüber jammern.« [719]

*

Spacek (voice-over): »Zu diesem Zeitpunkt empfand ich weder Scham noch Furcht, nur eine unendliche Leere, so wie jemand, der in der Badewanne sitzt, aus der man das Wasser abgelassen hat.« [720]

*

Spacek (voice-over): »Man brachte Kit und mich nach South Dakota zurück. Ihn steckte man in eine Einzelzelle, damit er mit den andern Insassen keinen Kontakt aufnehmen konnte, obwohl er überzeugt war, daß ihn alle mögen würden. Besonders die Mörder.« [721]

***

BALLFIEBER *(Fever Pitch)*
UK 1996, Wildgaze, Film Four (Regie David Evans, Buch Nick Hornby, nach seinem Roman)

*

Holly Aird (Jo): »Den Film kenn ich. Er endet immer nackt auf dem Teppich.« [722]

*

Mark Strong (Steve): »Na, wie ist sie denn so?«
Colin Firth (Paul Ashworth): »Sie ist eine von den Frauen, die jeden, der Fußball mag, für 'n Idioten hält.«
Strong: »Gute Figur?«
Firth: »Mit der Bemerkung entsprichst du genau ihren Vorurteilen.«
Strong: »Was? ... Was? ... Was hast du denn? Ich hab dir doch bloß 'ne vollkommen vernünftige Frage gestellt.«
Firth: »Ich meine, sie ist nicht unattraktiv. Nur, was soll's, hä? A: haßt sie mich, B: hasse ich sie

> »Den Film kenn ich.
> Er endet immer nackt
> auf dem Teppich.«
> Ballfieber

und C: darüber nachzudenken, ist bloß Zeitverschwendung. Also, was soll's?«
Strong: »Hört sich vielversprechend an.« [723]

*

Ruth Gemmell (Sarah Hughes): »Es muß doch fürchterlich sein, dauernd so schlechte Laune zu haben, irgendwo zu sitzen und so zu tun, als ob es nichts als Fußballresultate gäbe.« [724]

*

Strong: »Stanley Matthews hat in der ersten Liga gespielt, bis er 50 war.«
Firth: »Du spielst mit 50 nirgendwo mehr Fußball, da wette ich mit dir.«
Strong: »Ja, das liegt am Rauchen, weißt du.«
Firth: »Es liegt an deiner Stümperei, Steve, und nicht am Rauchen.« [725]

*

Firth (voice-over): »Die Anthropologen taten sich mit dem Problem Fußball schon immer schwer. Sie sehen nur von außen auf das, was sich abspielt. Aber Fußball hat auch eine Seele, ob sie's nun glauben oder nicht. Wir alle haben unsere Gründe dafür, warum wir Dinge so lieben, wie wir sie lieben.« [726]

*

Neil Pearson (Pauls Vater): »Wenn du Fußballfan werden willst, mußt du dich für eine Mannschaft entscheiden.« [727]

*

Firth: »Darf ich rauchen?«
Gemmell: »Nein. Aber Sie können hier schlafen, wenn du willst.« [728]

*

Aird: »Ich bin keine Psychologin. Mir scheint nur, daß jemand, der schwanger ist und anfängt zu qualmen, eine gewisse Ambivalenz gegenüber seiner Schwangerschaft erkennen läßt.« [729]

***

BANANAS
USA 1971, Rollins-Joffe, United Artists (Regie Woody Allen, Buch Woody Allen, Mickey Rose)

> »Ab und zu mach ich junge hübsche Mädchen gerne nervös. Nur so zur Hebung meines Selbstbewußtseins.«
> Barfuß im Park

Woody Allen (Fielding Mellish): »Ich sollte mir einen Job suchen, zu dem ich wenigstens begabt bin, zum Beispiel als Zuchtbulle in einem künstlichen Befruchtungslabor.« [730]

***

THE BANK DICK
USA 1940, Universal (Regie Edward Cline, Buch Mahatma Kane Jeeves [=W. C. Fields])

*

W. C. Fields (Egbert Sousé): »What seems to be the trouble?« [731]

*

Fields: »Was I in here last night and did I spend a twenty dollar bill?«
Shemp Howard (Joe Guelpe, Barmann): »Yeah.«
Fields: »Oh boy! What a load that is off my mind. I thought I'd lost it.« [732]

*

Fields: »I'm very fond of children ... girl children ... round 18 or twenty.« [733]

***

BARFLY
USA 1987, Golan-Globus, Zoetrope, Cannon (Regie Barbet Schroeder, Buch Charles Bukowski)

*

Frank Stallone (Eddie): »Du möchte ich nicht sein, wenn ich ich wäre.« [734]

***

BARFUSS IM PARK
(Barefoot in the Park)
USA 1967, Paramount (Regie Gene Saks, Buch Neil Simon, nach seinem Stück)

*

Charles Boyer (Victor Velasco): »Ab und zu mach ich junge hübsche Mädchen gerne nervös. Nur so zur Hebung meines Selbstbewußtseins.« [735]

***

DIE BARFÜSSIGE GRÄFIN
(The Barefoot Contesta)
USA 1954, Figaro, United Artists (Regie, Buch Joseph L. Mankiewicz)

*

Humphrey Bogart (Harry Dawes, voice-over): »Das Leben benimmt sich manchmal so, als ob es zu viele schlechte Filme gesehen hätte.« [736]

*

Bogart (voice-over): »Er ist Propagandaagent,

ein Beruf, der verschiedene Tätigkeiten umfaßt. Einige davon sind strafbar.« [737]

*

Bogart (voice-over): »Das Mädchen war made in Hollywood und hieß Myrna. Von Beruf war sie blond.« [738]

*

Bogart (voice-over): »Alles Schöpferische war ihr so fremd wie mir die Relativitätstheorie.« [739]

*

Warren Stevens (Kirk Edwards): »Manche Menschen werden langweilig, wenn sie das Trinken aufgeben.« [740]

*

Bogart: »Die Tatsache, daß Sie Abstinenzler sind, Kirk, ist das beste Argument für die Trunksucht.« [741]

*

Ava Gardner (Maria Vargas): »Werden Sie aus mir eine Schauspielerin machen können?«
Bogart: »Wenn Sie eine sind, dann helfe ich Ihnen und wenn nicht, kann niemand Ihnen helfen.« [742]

*

Gardner: »Sie sprechen Spanisch, Señor?«
Edmond O'Brien (Oscar Muldoon): »Nur ein paar Worte.«
Gardner: »Nicht einmal das, ein Wort war Italienisch. Sprechen Sie doch in Ihrer Sprache, bitte!« [743]

*

Stevens: »Es ist ein ganz spezieller Fehler von Ihnen, Harry, nie zu wissen, wo Ihr Filmmanuskript endet und das Leben beginnt.« [744]

*

Gardner: »Ich kann Mr. Edwards nicht leiden.«
Bogart: »Damit stehen Sie am Ende einer langen, langen Reihe.« [745]

*

Gardner: »Irgendwie kommt er mir nicht gesund vor, er muß sehr krank sein. Und ich mag kranken Leuten nicht beim Kranksein zusehen.« [746]

*

Elizabeth Sellars (Jerry): »Was Maria hat, ist Ihnen unerreichbar. Und was Sie haben, gibt's an jeder Ecke zu kaufen.« [747]

BARTON FINK
USA 1991, Pedas-Durkin-Barenholtz, Circle (Regie Joel Coen, Buch Ethan Coen, Joel Coen)

*

Michael Lerner (Jack Lipnick): »Uns interessiert nur eine Sache: Können Sie eine Geschichte erzählen, Bart? Bringen Sie uns zum Lachen? Bringen Sie uns zum Weinen? Bringen Sie es fertig, uns in Freudengesänge ausbrechen zu lassen?« [748]

*

Lerner: »Wir wollen beim ersten Versuch nichts Weltbewegendes. Wichtig ist nur, daß der Film das Barton-Fink-Gefühl ausstrahlt. Ich glaube, dieses Gefühl ist in uns allen. Und da Sie ja Barton Fink sind, haben Sie's im Blut.« [749]

*

Richard Portnow (Detective Mastrionotti): »Also, normalerweise sagen wir den Leuten immer, daß alles, was sie sagen, ganz hilfreich sein kann. Aber ich will ehrlich sein, Fink: Was du da sagst, ist nicht hilfreich.« [750]

*

Portnow: »Ruf mich an, falls du ihn sehen solltest oder falls dir was einfallen sollte, was nicht total idiotisch ist.« [751]

*

Lerner: »Wenn ich an Ihrer Meinung interessiert wäre, dann würde ich zurücktreten und Ihnen die Studios überlassen.« [752]

***

BASIC INSTINCT
USA 1992, Canal+, Carolco (Regie Paul Verhoeven, Buch Joe Eszterhas)

*

Michael Douglas (Nick Curran): »Tut es Ihnen leid, daß er tot ist?«
Sharon Stone (Catherine Tramell): »Ja. Er konnte phantastisch ficken.« [753]

*

Stone: »Lesen Sie mir meine Rechte vor, und

> »Tut es Ihnen leid,
> daß er tot ist?« »Ja. Er konnte
> phantastisch ficken.«
> Basic Instinct

verhaften Sie mich, dann folge ich Ihrer Einladung. ... Ansonsten verpißt euch nach Hause! ... Bitte!« [754]

*

Wayne Knight (John Corrrelli): »In diesem Gebäude ist Rauchen verboten, Miss Tramell.«
Stone: »Was werden Sie jetzt tun? Mich wegen Rauchens einsperren?« [755]

*

George Dzundza (Gus): »Es kommen sowieso viel zu viele verdammte Touristen hierher. Es gibt doch jede Menge verdammte Touristen, da, wo die hergekommen sind.« [756]

*

Dzundza: »Das ist ihre Pussy, die da aus deinem Gehirn spricht.« [757]

*

Stone: »Wie geht's jetzt weiter, Nick?«
Douglas: »Wir rammeln wie die Steinesel, setzen Quälgeister in die Welt und leben glücklich bis ans Ende unserer Tage.«
Stone: »Ich hasse Quälgeister.«
Douglas: »Rammeln wie die Steinesel, setzen keine Quälgeister in die Welt und leben glücklich bis ans Ende unserer Tage.« [758]

***

BATMAN
USA 1989, Guber-Peters, PolyGram, Warner (Regie Tim Burton, Buch Sam Hamm, Warren Skaaren, Story Sam Hamm, nach den Charakteren von Bob Kane)

*

Jerry Hall (Alicia): »Du siehst gut aus.«
Jack Nicholson (Jack Napier): »Wer hat dich gefragt?« [759]

*

Nicholson (zu Batman): »Nette Aufmachung!« [760]

*

Nicholson (ab jetzt Joker): »Kann mir jemand verraten, in was für einer Welt wir heutzutage leben? Wo ein Mann, der herumläuft wie 'ne Fledermaus, die ganze Presse auf sich lenkt.« [761]

*

Nicholson: »Ich hätte mal wieder Lust, ein bißchen zu bumsen.« [762]

*

Kim Basinger (Vicki Vale): »Das kann doch bloß ein Scherz sein.«
Nicholson: »Seh ich so aus, als würde ich scherzen?« [763]

*

Basinger (zu Batman): »Machen wir uns nichts vor. Sie sind auch nicht gerade das, was man normal nennt. Oder?« [764]

*

Nicholson: »Ich habe meinem Schmerz einen Namen gegeben. Er heißt Batman.« [765]

*

Michael Keaton (Bruce Wayne): »Ich möchte Ihnen eine Geschichte über jemanden erzählen, der Jack heißt, ein fieser Kerl, von Grund auf schlecht.«
Nicholson: »Ich hab ihn jetzt schon gern.« [766]

*

Nicholson: »Da wäre noch eine Frage, mein Freund: Haben Sie je bei blassem Mondlicht mit dem Teufel getanzt?«
Keaton: »Was?«
Nicholson: »Das pflege ich meine Beute immer zu fragen. Ich finde, das klingt so nett.« [767]

*

Nicholson (zu Basinger): »Es ist, als ob wir füreinander geschaffen wären, der Schöne und das Biest.« [768]

*

Nicholson: »He, Batman, ich war doch noch 'n Kind, als ich deine Eltern umgebracht hab.« [769]

***

BATMANS RÜCKKEHR *(Batman Returns)*
USA 1992, Warner (Regie Tim Burton, Buch Daniel Waters, Story Daniel Waters, Sam Hamm, nach den Charakteren von Bob Kane)

*

Michelle Pfeiffer (Catwoman): »Wie ich schon sagte, ich bin eine Frau, und ich bin unberechenbar. Das Leben ist launisch, und ich bin es auch.« [770]

> »Wie ich schon sagte, ich bin eine Frau, und ich bin unberechenbar. Das Leben ist launisch, und ich bin es auch.«
> Batmans Rückkehr

Michael Keaton (Bruce Wayne): »Sie verbergen doch ganz sicher etwas, oder?«
Pfeiffer (Selina Kyle): »Ich schätze, nicht mehr als Sie, Bruce.« [771]

*

Pfeiffer (Kyle): »Sogenannte normale Männer sind immer eine Enttäuschung. Vor Irren fürchte ich mich nicht. Die haben Phantasie.« [772]

*

Pfeiffer (Catwoman, zu Batman): »Für ein Mädchen wie mich bist du Katzenminze.« [773]

*

Pfeiffer (Catwoman): »Du wolltest der Eisprinzessin doch nur Angst machen, oder?«
Danny DeVito (Pinguin): »Sie sah auch ganz schön ängstlich aus in meinen Augen *(als sie vom Dach gefallen ist)*.« [774]

*

DeVito (zu Batman): »Du bist nur eifersüchtig, weil ich ein echtes Monster bin und du eine Maske tragen mußt.« [775]

***

BATMAN FOREVER
USA 1995, Burton, Warner (Regie Joel Schumacher, Buch Lee Batchler, Janet Scott Batchler, Akiva Goldsman, Story Lee Batchler, Janet Scott Batchler, nach den Charakteren von Bob Kane)

*

Nicole Kidman (Dr. Chase Meridian, Psychiaterin): »Eine Frau kann nicht allein von Psychosen leben.« [776]

*

Kidman: »Nichts gegen ein gesundes Maß an Gewalt, aber das war eindeutig übertrieben.« [777]

***

BATMAN & ROBIN
USA 1997, Warner (Regie Joel Schumacher, Buch Akiva Goldsman, nach den Charakteren von Bob Kane)

*

Chris O'Donnell (Robin/Dick Grayson): »Ich will außen bleiben *(auf der Kühlerhaube des Batmobils)*. Die Bräute finden so was toll.«
George Clooney (Batman Bruce Wayne): »Jetzt weiß ich, warum Superman allein unterwegs ist.« [778]

*

John Fink (Museumswächter): »Bitte haben Sie doch Mitleid!«
Arnold Schwarzenegger (Mr. Freeze/Dr. Victor Fries): »Mitleid? Ich muß dich enttäuschen, in meiner Verfassung läßt mich dein Winseln um Gnade absolut kalt.« [779]

*

Schwarzenegger: »Bleib cool, kleiner Flattermann!« [780]

*

Uma Thurman (Poison Ivy/Dr. Pamela Isley): »Wenn ich mit Ihnen fertig bin, wird man Sie nicht mal mehr an einer mittelmäßigen Highschool als Chemielehrer einstellen.« [781]

*

John Glover (Dr. Jason Woodrue): »Okay, ich kann Ihre Meinung respektieren. Allerdings tue ich mich mit Zurückweisungen sehr schwer. Leider müssen Sie diese Welt verlassen.« [782]

*

Schwarzenegger: »Ich hasse es, wenn mir Leute in den Film reinquatschen.« [783]

*

O'Donnell: »Ich begreif das nicht.«
Clooney: »Ich weiß.« [784]

*

Thurman: »Männer! Die mit Abstand absurdesten Kreaturen Gottes.« [785]

*

Clooney: »Nicht alle Helden tragen Masken.« [786]

*

Schwarzenegger: »Ich hasse ungeladene Gäste.« [787]

*

Thurman: »Es wird niemand bestreiten wollen, daß so ein perfekter, hauteng sitzender Gummianzug etwas an sich hat, das einem die Lippen vor Verlangen brennen läßt.«
Clooney: »Wieso sind die aufregendsten Frau-

> »Männer! Die mit Abstand absurdesten Kreaturen Gottes.«
> Batman & Robin

en alle psychopathische Killer? Liegt es an mir?« [788]

*

Thurman: »Sie umzubringen, ist ja in Ordnung, aber wir wollen's doch dabei nicht belassen. Wieso sollten nur Batman und Robin dafür bezahlen, während die Gesellschaft, die sie hervorgerufen hat, ungestraft weitermachen darf?« [789]

*

Schwarzenegger: »Zuerst Gotham, dann die ganze Welt.«
Thurman: »So etwas in der Art hatte ich mir vorgestellt. Nichts Lebendiges mehr auf der Erde außer uns, eine Chance für Mutter Natur, neu anzufangen.« [790]

*

Thurman: »Wir beiden werden die einzig verbleibenden Menschen auf der Welt sein.«
Schwarzenegger: »Ja, Adam und Efeu.« [791]

*

Michael Paul Chan (Observatorium-Wissenschaftler): »Wer ist dieser verkleidete Spinner?« [792]

***

THE BEACH
USA/UK 2000, Figment, Twentieth Century Fox (Regie Danny Boyle, Buch John Hodge, nach dem Roman von Alex Garland)

*

Leonardo DiCaprio (Richard, voice-over): »Mein Name ist Richard. Tja, was müssen Sie sonst noch wissen?« [793]

*

DiCaprio (voice-over): »Schlag niemals eine Einladung aus! Sei offen für alles, was du nicht kennst! Sei immer schön höflich! (...) Und bleibe nie länger als nötig! Sei für alles aufgeschlossen, und suche die Erfahrung! Und wenn sie weh tut, dann ist sie's wahrscheinlich wert.« [794]

> »Was haben Sie denn für eine Funktion? Das muß ich wissen, damit ich Sie feuern kann.«
> Beetle Juice

DiCaprio: »Nichts für ungut, aber du hast doch 'n Schuß weg, oder?« [795]

*

DiCaprio (voice-over): »Es wär viel leichter gewesen, unser Verhalten *(stöhnenden Verletzten allein in den Wald zu schaffen)* zu verurteilen, wenn es nicht so effektiv gewesen wäre. Aber aus den Augen und tatsächlich aus dem Sinn.« [796]

***

BEAUTIFUL GIRLS
USA 1996, Woods, Miramax (Regie Ted Demme, Buch Scott Rosenberg)

*

Michael Rapaport (Paul Kirkwood): »Models. Wir brauchen Models. Die sehen super aus, die sind reich, die reisen viel, also man braucht nicht viel Zeit mit denen zu verbringen. Die Typen, die was mit Models haben, sind fein raus.« [797]

***

BEETLE JUICE
USA 1988, Geffen, Warner (Regie Tim Burton, Buch Michael McDowell, Warren Skaaren, Story Michael McDowell, Larry Wilson)

*

Catherine O'Hara (Delia Deetz): »Was haben Sie denn für eine Funktion? Das muß ich wissen, damit ich Sie feuern kann.« [798]

*

Geena Davis (Barbara Maitland): »Wir sind echt unglücklich, wissen Sie.«
Sylvia Sidney (Juno): »Was habt ihr denn erwartet? Ihr seid tot.« [799]

***

BEGEGNUNG (*Brief Encounter*)
UK 1945, Eagle-Lion, Cineguild (Regie David Lean, Buch David Lean, Ronald Neame, Anthony Havelock-Allan, nach dem Stück ›Still Life‹ von Noël Coward)

*

Trevor Howard (Dr. Alec Harvey): »Man müßte eine Gesellschaft gründen gegen Grausamkeiten an Musikinstrumenten.« [800]

*

Howard: »Es ist längst zu spät, um vernünftig zu sein. Es ist zu spät, um etwas zu vergessen. Ob wir's gesagt haben oder nicht, was macht das aus? Wir wissen es.« [801]

Celia Johnson (Laura Jesson, voice-over): »Es ist so schrecklich einfach zu lügen, wenn einem bedenkenlos vertraut wird. Es ist so leicht und so entwürdigend.« [802]

***

BEGEGNUNG AM VORMITTAG *(Breezy)*
USA 1973, Malpaso, Universal (Regie Clint Eastwood, Buch Jo Heims)

*

Kay Lenz (Breezy): »Sind Sie verheiratet?«
William Holden (Frank Harmon): »Nein. Nein, heutzutage sind alte, klapprige Raucher, schon mit einem Bein im Grab, nicht mehr gefragt.« [803]

*

Holden: »Ich glaube, der Gedanke, dich zu verlieren, gefällt mir nicht.«
Marj Dusay (Betty Tobin): »Nein, der Gedanke, überhaupt zu verlieren, gefällt dir nicht, das ist alles.« [804]

*

Lenz: »Ist sie eigentlich immer da?«
Holden: »Was?«
Lenz: »Die schwarze Wolke vor deiner Stirn.« [805]

*

Lenz: »Wäre es dir sehr unangenehm, wenn ich dich lieben würde?« [806]

*

Lenz: »Ich dachte, er hätte ein Mädchen.«
Johnnie Collins (Norm): »Na ja, ich hab ihn endlich davon überzeugt, daß diese Mischehen auf die Dauer nicht gutgehen.« [807]

*

Roger C. Carmel (Bob Henderson): »Ich kenne meine Grenzen.«
Shelley Morrison (Nancy Henderson): »Sicher kennst du sie, Schätzchen, du hast sie ja oft genug überschritten.« [808]

*

Carmel: »Ich habe deine Exfrau letzte Woche getroffen.«
Holden: »Ich hoffe, du warst in deinem Wagen und fuhrst schnell genug.« [809]

***

BEGEGNUNG DES SCHICKSALS
(Random Hearts)
USA 1999, Rastar, Mirage, Columbia (Regie Sydney Pollack, Buch Kurt Luedtke, nach dem Roman von Warren Adler)

*

Harrison Ford (Sergeant Dutch Van Den Broeck): »Sie wissen's sowieso. Früher oder später wissen sowieso alle alles.« [810]

*

Ford: »Ich war mir nicht sicher, ob du kommst.«
Kristin Scott Thomas (Kay Chandler): »Ein Junge wie du, ein Mädchen wie ich, welchen Grund könnte es da geben, nicht zu kommen?« [811]

*

Thomas: »Ich hab keine Lust auf Höflichkeitsgeplänkel. Ich möchte nicht, daß sich zwischen uns Müll ansammelt.« [812]

*

Thomas: »Niemand weiß mehr, wer ich bin.« [813]

*

Thomas: »Ich traue der Sache *(Beziehung)* kein bißchen mehr als du. Aber du bist das einzig Reale.« [814]

***

DAS BEGRÄBNIS *(The Funeral)*
USA 1996, MDP, A C & P, October (Regie Abel Ferrara, Buch Nicholas St. John)

*

Vincent Gallo (Johnny Tempio): »Findest du nicht auch, daß das Leben ziemlich sinnlos wäre ohne das Kino?« [815]

*

Benicio Del Toro (Gaspare Spoglia): »Du hast genau den richtigen Namen: Ghouly. Hier heißt das soviel wie schreckliches Monster, und das stimmt genau. Und in Italien bedeutet es Arschloch, was ja auch nicht falsch ist.« [816]

*

Christopher Walken (Ray Tempio): »So gut wie jeder katholische Gelehrte sagt, alles, was wir tun, tun wir aus freien Stücken. Aber in dem-

---

> »Ich kenne meine Grenzen.«
> »Sicher kennst du sie, Schätzchen, du hast sie ja oft genug überschritten.«
> Begegnung am Vormittag

selben Augenblick sagen sie, wir brauchen die Gnade Gottes für den rechten Weg. Überleg dir das, Jeany, wenn ich etwas Falsches tue, dann weil Gott mir nicht die Gnade erwiesen hat, das Richtige zu tun. Ja, nichts passiert ohne seine Erlaubnis. Also wenn diese Welt Scheiße ist, ist das seine Schuld. Ich benutze nur das, was mir gegeben ist.«
Annabella Sciorra (Jeanette): »So gesehen sind die Menschen, die man mit 'ner Kugel im Kopf findet, Gottes Schuld? Sag mal, schämst du dich nicht?«
Walken: »Ich schäme mich überhaupt nicht. Ich hab die Welt nicht gemacht.« [817]

*

Del Toro: »Jetzt wär's mir fast lieber, ich hätte es getan. Dann hätte ich wenigstens die Genugtuung, das hier nicht ohne Grund durchzumachen.« [818]

*

Walken: »Du hast einen Grund *(zur Rache)*. Siehst du, du wirst mir das hier niemals verzeihen. Und das läßt mir keine Wahl.« [819]

*

Del Toro: »Wenn ich irgend jemand umbringen muß, dann meine Frau.«
Walken: »Tja, wenn du meinst. Es ist deine Frau.« [820]

***

BEGRABT DIE WÖLFE IN DER SCHLUCHT
(Billy Two Hats)
USA 1973, Algonquin, United Artists (Regie Ted Kotcheff, Buch Alan Sharp)

*

John Pearce (Spencer): »Wenn sie sich aufregt, kriegt sie kaum ein Wort heraus. Dann muß ich ihr eine runterhauen. Das bringt sie wieder auf Vordermann.« [821]

*

Pearce: »Woher wissen Sie, daß es vier sind?«

> »Wenn ich irgend jemand umbringen muß, dann meine Frau.«
> »Tja, wenn du meinst.
> Es ist deine Frau.«
> Das Begräbnis

Gregory Peck (Deans): »Ich hab die Füße gezählt und durch zwei geteilt.« [822]

*

Pearce: »Indianer kämpfen nicht in der Dunkelheit. Das ist gegen ihren Glauben.«
Peck: »Sehr gläubig haben die mir nicht ausgesehen.« [823]

***

BEI MIR LIEGST DU RICHTIG
(For Pete's Sake)
USA 1974, Rastar, Persky-Bright-Barclay, Columbia (Regie Peter Yates, Buch Stanley Shapiro, Martin Richlin)

*

Herd Armstrong (Versicherungsvertreter): »Wir werden zahlen, wenn Sie darauf bestehen. Aber dann sehen wir uns zur Kündigung Ihrer Police gezwungen.«
Barbra Streisand (Henry): »Kündigung, weil wir einen Anspruch geltend machen?«
Armstrong: »Überlegen Sie! Man könnte Sie noch mal berauben, und dann haben Sie keine Versicherung mehr.«
Streisand: »Was nützt einem eine Versicherung, wenn man nichts von ihr kriegt?«
Armstrong: »Und das beruhigende Gefühl?« [824]

*

Richard Ward (Bernie): »Wenn die uns umlegen, kriegen die sowieso nie ihr Geld.«
Streisand: »Na, sehen Sie, wer zuletzt lacht, lacht am besten.« [825]

***

BEIM STERBEN IST JEDER DER ERSTE
(Deliverance)
USA 1972, Elmer, Warner (Regie John Boorman, Buch James Dickey, nach seinem Roman)

*

Burt Reynolds (Lewis): »Ich war in meinem ganzen Leben noch nie versichert. Ich glaub nicht an Versicherungen. Ich brauch das Risiko.« [826]

*

Seamon Glass (Griner): »Kanufahrt? Warum wollen Sie denn auf diesem blöden Fluß rumpaddeln?«
Reynolds: »Weil er da ist.« [827]

*

Reynolds: »Manchmal muß man sich erst verirren, um etwas zu finden.« [828]

BEING JOHN MALKOVICH
USA 1999, Gramercy, Propaganda, Single Cell, PolyGram, Universal (Regie Spike Jonze, Buch Charlie Kaufman)

*

John Cusack (Craig Schwartz): »Du weißt gar nicht, was du für ein Glück hast, ein Affe zu sein. Ein Bewußtsein ist ein furchtbarer Fluch. Ich denke, ich fühle, ich leide.« [829]

*

Catherine Keener (Maxine): »Wenn Sie mich kriegen würden, hätten Sie keinen Schimmer, was Sie mit mir anfangen sollten.« [830]

*

Cusack: »Ich mag Sie. Sie haben irgend etwas an sich, ich weiß nicht ...«
Keener: »Meine Titten?« [831]

*

Keener: »Erzählen Sie mir etwas von sich! Ich meine, wenn Sie Ihre schmutzigen Gedanken so lange im Zaum halten können.« [832]

*

John Malkovich (John Horatio Malkovich): »Ich muß die Wahrheit erfahren, Charlie.«
Charlie Sheen (Charlie): »Die Wahrheit ist was für Idioten, Johnnyboy.« [833]

***

BELLE DE JOUR – SCHÖNE DES TAGES
(Belle de jour)
F/I 1967, Paris, Five (Regie Luis Buñuel, Buch Luis Buñuel, Jean-Claude Carrière, nach dem Roman von Joseph Kessel)

*

Catherine Deneuve (Séverine Sérizy): »Sind Sie verrückt? Was fällt Ihnen ein?«
Michel Piccoli (Henri Husson): »Aber es ist doch nichts. Nur eine Zwangshandlung, weiter ist es nichts. Eine völlig unbewußte Triebhandlung.« [834]

*

Piccoli: »Ich bewundere Ihren Mann sehr, aber wenn er nicht da wäre, wäre es mir auch lieb.« [835]

***

BEN-HUR
USA 1959, MGM (Regie William Wyler, Buch Karl Tunberg, nach dem Roman von Lew Wallace)

*

Stephen Boyd (Messala): »Entweder hilfst du mir, oder du bekämpfst mich. Eine andere Wahl gibt es nicht. Entweder bist du für mich, oder du bist gegen mich.« [836]

*

Boyd: »Ich wollte deine Hilfe. Jetzt hast du sie mir gegeben. Deine Verurteilung wird für alle Aufrührer eine Warnung sein. Wenn ich einen alten Freund ohne zu zögern auf die Galeeren schicke, wird man mich fürchten.« [837]

*

Charlton Heston (Judah Ben-Hur): »Möge Gott mir beistehen, daß ich mich rächen kann. Ich werde beten, Messala, daß du noch lebst bei meiner Rückkehr.« [838]

*

Boyd: »Diesen Mann behalten wir hier, bis wir Zeit haben, ihn zu verhören.« [839]

*

Jack Hawkins (Quintus Arrius): »Deine Augen sind voll von Haß, 41. Das ist gut. Haß hält einen Menschen am Leben. Er gibt ihm Kraft.« [840]

*

Hawkins: »Ihr alle habt euer Leben verwirkt. Wir aber lassen euch weiterleben, im Dienste dieses Schiffes. Also rudert gut! ... Und lebt.« [841]

*

Hawkins: »Was für ein merkwürdiger, was für ein überheblicher Glaube zu meinen, ein Dasein wie deins habe einen Zweck.« [842]

*

Hugh Griffith (Scheich Ilderim): »Eine Frau? Einen Gott, das kann ich verstehen. Aber *eine* Frau, das ist eines Mannes nicht würdig.« [843]

*

Boyd: »Heute ist der Tag, Judah, heute wird sich alles entscheiden.« [844]

> »Ich mag Sie. Sie haben irgend etwas an sich, ich weiß nicht ...«
> »Meine Titten?«
> Being John Malkovich

BERÜCHTIGT *(Notorious)*
USA 1946, RKO (Regie Alfred Hitchcock, Buch Ben Hecht)

*

Cary Grant (Devlin): »Brauchen Sie keinen Mantel?«
Ingrid Bergman (Alicia Huberman): »Sie genügen mir.« [845]

*

Bergman: »Sie glauben nicht, daß sich eine Frau ändern könnte?«
Grant: »Abwechslung macht Spaß. Für ein Weilchen.« [846]

*

Grant: »Sie sind also seit einer Woche nüchtern. Soviel ich weiß, haben Sie auch keine neuen Eroberungen gemacht.«
Bergman: »Das ist doch schon etwas.«
Grant: »Acht ganze Tage. So gut wie neuwertig.« [847]

*

Bergman: »Das ist eine merkwürdige Liebesgeschichte.«
Grant: »Und warum?«
Bergman: »Zum Beispiel ist merkwürdig, daß du mich nicht liebst.« [848]

*

Grant: »Sie hat keinerlei Erfahrung.«
Louis Calhern (Paul Prescott): »Ach, hören Sie auf! Welche Art von Erfahrung fehlt ihr noch?« [849]

*

Claude Rains (Alexander Sebastian): »Für uns alle sind viele Dinge gestorben. Aber unser Geist darf nicht mit ihnen sterben.« [850]

*

Rains: »Du könntest sie mal anlächeln.«
Madame Konstantin (Madame Sebastian): »Wäre es nicht ein bißchen zuviel, wenn wir sie beide wie Idioten angrinsen?« [851]

»Brauchen Sie keinen Mantel?«
»Sie genügen mir.«
Berüchtigt

Bergman: »Eine Kleinigkeit, aber vielleicht brauchst du sie für deinen Bericht. (...) Du kannst den Namen Sebastian in die Liste meiner Liebhaber eintragen.« [852]

*

Grant: »Baby, die Tränen passen nicht zu deiner Rolle. Wir haben einen harten Job übernommen, also bleib auf der Erde.« [853]

*

Konstantin: »Seine Kritik an deinen Fähigkeiten geht nicht so weit, daß er annimmt, du seist mit einer amerikanischen Agentin verheiratet. Die Ungeheuerlichkeit deiner Dummheit wird uns noch eine Weile schützen.« [854]

*

Konstantin: »Und dann wird sie verschwinden. Es muß alles ganz langsam gehen. Sie wird eine Krankheit bekommen, und diese Krankheit wird sich verschlimmern, bis ...« [855]

***

DER BESESSENE
(One-Eyed Jacks)
USA 1961, Pennebaker, Paramount (Regie Marlon Brando, Buch Guy Trosper, Calder Willingham, nach dem Roman ›The Authentic Death of Hendry Jones‹ von Charles Neider)

*

Larry Dugan (Modesto): »Was ist, wenn er tot ist?«
Marlon Brando (Rio): »Dann werde ich ihn trotzdem finden.«
Dugan: »Hast du vor, dein ganzes Leben lang nach ihm zu suchen?«
Brando: »Wenn es nötig ist.« [856]

*

Ben Johnson (Bob Amory): »Zwei Mann sind nicht genug.«
Brando: »Ich kenne keine Bank, für die zwei Mann nicht genügen.« [857]

*

Karl Malden (Dad Longworth): »Sagst du wirklich die Wahrheit, Junge?«
Brando: »Würde ich sonst bei dir sitzen? Wenn es nicht so gewesen wäre, wären wir da draußen und würden uns gegenseitig Löcher in den Bauch schießen.« [858]

*

Brando: »Ich gebe zu, ich hatte erst eine Sauwut auf dich, aber es war vor fünf Jahren, und man kann doch nicht fünf Jahre lang wütend sein. Oder?« [859]

*

Malden (Sheriff): »Das mußte ja eines Tages passieren. Wärst du es nicht gewesen (der ihn erschossen hat), dann hätte es bestimmt jemand anderes getan.« [860]

***

BESSER GEHT'S NICHT (As Good As It Gets)
USA 1997, Gracie, TriStar (Regie James L. Brooks, Buch Mark Andrews, James L. Brooks, Story Mark Andrews)

*

Jack Nicholson (Melvin Udall, zum Hund, den er in den Müllschlucker wirft): »Das ist New York. Wenn du's hier schaffst, schaffst du's überall.« [861]

*

Nicholson: »Wär's das jetzt mit unserer Nachbarschaft?« [862]

*

Nicholson: »Ist Ihnen klar, daß ich zu Hause arbeite? (...) Werden Sie gerne unterbrochen, wenn Sie in Ihrem kleinen Gärtchen herumtucken?« [863]

*

Nicholson: »Klopfen Sie nicht! Nicht an diese Tür! Egal ... egal, was auch passiert!« [864]

*

Nicholson: »Hast du mich verstanden, Schätzchen?«
Greg Kinnear (Simon Bishop): »Ja. Sie drücken sich nicht gerade sehr subtil aus.« [865]

*

Cuba Gooding, jr. (Frank Sachs): »Sie meinen, Sie können die ganze Welt mit Ihrem schlechten Benehmen einschüchtern? Mich schüchtern Sie nicht ein. Ich bin in der Hölle aufgewachsen, Baby. Meine Großmutter war fieser als Sie.« [866]

*

Nicholson: »Ich finde, Leute, die in Metaphern sprechen, können mir den Schritt shampoonieren.« [867]

*

Nicholson (zu Pärchen an seinem Stammtisch): »Wie lange wollt ihr eigentlich noch fressen? Euer Appetit ist wohl nicht so groß wie eure Nasen, hä?« [868]

Helen Hunt (Carol Connelly): »Bei der Ernährung sterben Sie bald, das wissen Sie.«
Nicholson: »Ach, wir sterben alle bald. Ich werde, Sie werden und nach dem, was ich höre, wird's Ihren Sohn auch erwischen.« [869]

*

Randall Batinkoff (Carols Verabredung): »Ist mir einfach 'n bißchen zuviel Realität für Samstagabend.« [870]

*

Nicholson: »Sie (Kellnerin) ignoriert mich. ... Da kommt sie, um mich wieder zu ignorieren.« [871]

*

Nicholson (zum Hund, siehe oben): »Wo bleibt dein Vertrauen?« [872]

*

Nicholson: »Wie alt sind Sie? (...) Wenn ich Sie nach Ihren Augen schätzen müßte, würde ich sagen, 50.«
Hunt: »Wenn ich nach Ihren Augen ginge, würde ich sagen, Sie sind nett. Also, so viel zum Thema Augen.« [873]

*

Lawrence Kasdan (Dr. Green): »Vereinbaren Sie einen Termin!«
Nicholson: »Dr. Green, wie können Sie bei jemand eine Zwangsneurose diagnostizieren und dann so tun, als hätte ich eine Wahl, ob ich irgendwo reinplatze oder nicht?« [874]

*

Nicholson (zur Kellnerin): »Hör zu, Elefantenmädchen, geh! Gehen Sie und holen Sie Carol, tun Sie was!« [875]

*

Nicholson: »Ich versuche, Gefühle aus der Sache rauszuhalten, obwohl das ein ausgesprochen heikles Thema für mich ist und mir der Vorfall wirklich sehr zu schaffen macht.« [876]

> »Ich finde, Leute, die in Metaphern sprechen, können mir den Schritt shampoonieren.«
> Besser geht's nicht

Julie Benz (Sekretärin): »Wie können Sie nur so gut über Frauen schreiben?«
Nicholson: »Ich stell mir einfach einen Mann vor und subtrahiere Verstand und Zurechnungsfähigkeit.« [877]

*

Kinnear: »Verrotten Sie in der Hölle, Melvin!«
Nicholson: »Oho, und ich dachte immer, Sie wären eine Lady. Aber keine Sorge, Sie sind bald wieder fit genug, um sich zu bücken.« [878]

*

Nicholson: »Warten Sie darauf, daß ich etwas sage?« [879]

*

Nicholson: »Dann bis morgen. Wir wollen das hier nicht unnötig in die Länge ziehen. So gut verstehen wir uns auch wieder nicht.« [880]

*

Gooding jr.: »Falls es eine Hilfsorganisation für Geisteskranke gibt, die Spenden für Leute wie Sie sammelt, lassen Sie's mich wissen.« [881]

*

Nicholson: »Zeigt das, was ich für Sie getan habe, schon Wirkung?« [882]

*

Hunt: »Bin ich Ihnen etwa verpflichtet, weil ich Ihre Hilfe angenommen habe?«
Nicholson: »Kann man das auch anders sehen?« [883]

*

Nicholson (stellt vor): »Carol, die Kellnerin – Simon, die Tunte.« [884]

*

Nicholson: »Was das Ganze so schlimm macht, ist nicht, daß man es selbst so schwer hatte, sondern daß man sauer ist, daß es so viel andere gut hatten.« [885]

*

Nicholson: »Ich verstehe den Laden (Restaurant) nicht. Mich zwingt man dazu, mich neu einzukleiden, und Sie läßt man in einem Hauskleid rein.« [886]

*

Nicholson: »Ich hab ein ganz tolles Kompliment für Sie, und es ist ehrlich gemeint.«
Hunt: »Ich hab schreckliche Angst, Sie sagen etwas Furchtbares.«
Nicholson: »Warum so pessimistisch? Das paßt nicht zu Ihnen.« [887]

*

Nicholson: »Ihretwegen möchte ich ein besserer Mensch sein.« [888]

*

Hunt: »Als du zum ersten Mal ins Restaurant gekommen bist, um zu frühstücken, dachte ich: ›Was für ein gutaussehender Typ!‹ Dann hast du leider den Mund aufgemacht.« [889]

*

Nicholson (zum Barman): »Ich hab Mist gebaut, hab das Falsche gesagt. Hätte ich das nicht getan, dann könnte ich jetzt mit einer Frau im Bett liegen, die, wenn du sie zum Lachen bringst, dir das Leben lebenswert macht. Statt dessen hocke ich hier bei Ihnen –nichts für ungut –, einem Hohlkopf, der mit der letzten legalen Droge handelt.« [890]

*

Nicholson: »Und ihr Typen wollt angeblich so sensibel und scharfsinnig sein?« [891]

*

Nicholson: »Ich häng fest. Ich kann nicht mehr zurück in mein altes Leben. Sie ... sie hat mich aus meinem Leben vertrieben.« [892]

*

Nicholson: »Ich bin sehr intelligent. Wenn du mir Hoffnung machen willst, mußt du das schon geschickter anstellen.« [893]

*

Kinnear: »Auf mir rumzuhacken hilft auch nicht weiter.«
Nicholson: »Wenn das stimmt, steck ich wirklich in der Tinte.« [894]

*

Hunt: »Komm rein und versuch, nicht alles zu versauen, indem du bist, wie du bist.« [895]

***

DIE BESTEN JAHRE UNSERES LEBENS
(The Best Years of Our Lives)
USA 1946, Goldwyn (Regie William Wyler, Buch

> »Komm rein und versuch,
> nicht alles zu versauen,
> indem du bist, wie du bist.«
> Besser geht's nicht

Robert E. Sherwood, nach dem Roman von MacKinlay Kantor)

*

Victor Cutler (Woody): »Warum verliebst du dich nicht in mich? Ich bin doch sehr anziehend.«
Teresa Wright (Peggy Stephenson): »Das bist du, Woody, du bist unwiderstehlich.«
Cutler: »Warum widerstehst du mir dann?« [896]

***

DIE BESTIE MIT DEN FÜNF FINGERN
(The Beast with Five Fingers)
USA 1946, Warner (Regie Robert Florey, Buch Curt Siodmak, Story William Fryer Harvey)

*

Ray Walker (Mr. Miller): »Nettes kleines Land, die Schweiz.«
Robert Alda (Bruce Conrad): »Ja, die Schweiz wär gar nicht so klein, wenn man sie nur glattwalzen könnte.« [897]

*

J. Carrol Naish (Ovidio Castanio): »So bedauerlich es für unseren Seelenfrieden auch sein mag, aber wir können nicht alles, was auf dieser Welt geschieht, logisch erklären.« [898]

***

BESTSELLER
(Best Seller)
USA 1987, Hemdale, Orion (Regie John Flynn, Buch Larry Cohen)

*

Brian Dennehy (Dennis Meechum): »Sie sind irre.«
James Woods (Cleve): »Ja. Aber es ist ja auch eine irre Welt.« [899]

*

Woods: »Ich verstehe das. Sie ist der saubere Teil in Ihrem Leben und ich der schmutzige, der Verbrecher. Aber Sie und ich wissen ein paar Dinge, die andere nicht wissen, Dennis. Hm? Zum Beispiel, wie es ist, jemanden umzulegen. Bulle und Killer. Die Sache hat immer zwei Seiten. Wir sind beide aus demselben Holz geschnitzt.« [900]

*

Woods: »Willenskraft ist das, was einen Profi von einem Amateur unterscheidet.« [901]

*

Mary Carver (Cleves Mutter): »Schießen ist so gut oder so schlecht, wie der Mann, der es tut.« [902]

*

Woods: »Wieviele seid ihr?«
(Wächter): »Fünf.«
Woods: »Nein, vier.« *(erschießt ihn)* [903]

***

BETROGEN *(The Beguiled)*
USA 1971, Malpaso, Universal (Regie Don Siegel, Buch John M. Berry, Grimes Grice (=Albert Maltz), nach dem Roman von Thomas Cullinan)

*

Geraldine Page (Martha): »Das Abnehmen der Verbände wird schmerzhaft sein. Möchten Sie etwas Laudanum?«
Clint Eastwood (John McBurney): »Nein, danke, Schwester Martha, ein Bein ist schon weg, und wenn ich einschlafe, fehlt vielleicht nachher das andere auch noch.« [904]

***

BETTY BLUE *(37°2 le matin)*
F 1986, Constellation, Cargo, CNC (Regie, Buch Jean-Jacques Beineix, nach dem Roman von Philippe Dijan)

*

Béatrice Dalle (Betty): »Das ist hier 'ne Gegend, wo fürs Sterben trainiert wird, sonst nichts.« [905]

*

Jean-Hugues Anglade (Zorg): »Weißt du, die Welt ist nicht gerade maßgeschneidert für mich.« [906]

*

Vincent Lindon (Richard): »Familienväter sind die letzten Abenteurer der modernen Zeit.« [907]

***

BETTY UND IHRE SCHWESTERN
(Little Women)
USA 1994, DiNovi, Columbia (Regie Gillian Armstrong, Buch Robin Swicord, nach dem Roman von Louisa May Alcott)

> *»Familienväter sind die letzten Abenteurer der modernen Zeit.«*
> Betty Blue

Kirsten Dunst (Amy March): »Mr. Davis sagt, es wäre ebenso sinnvoll, einer Frau eine Ausbildung zu ermöglichen wie einer Kuh.« [908]

*

Christian Bale (Laurie): »Was machen die Mädchen da drüben den ganzen Tag?«
Eric Stoltz (John Brooke): »Über den Mysterien weiblichen Schaffens hängt ein Schleier, den man besser nicht zu lüften versucht.« [909]

*

John C. Shaw (Charles Botts): »Eine Frau braucht kein Wahlrecht, solange sie einen Mann hat.« [910]

***

BEVERLY HILLS COP
USA 1984, Simpson-Bruckheimer, Murphy, Paramount (Regie Martin Brest, Buch Daniel Petrie jr., Story Daniel Petrie jr., Danilo Bach)

*

James Russo (Mike Tandino): »So 'n Schloß mach ich mit 'm Zahnstocher auf, aber mit 'm abgebrochenen.«
Eddie Murphy (Axel Foley): »Ich brauch kein besseres. Ich hab meine Kanone.« [911]

*

Murphy (laut): »Okay, ich bin zwar kein großes Tier, ich bin nur 'n kleiner mieser Reporter vom *Rolling Stone Magazine*, der hier ist, um ein Exklusivinterview mit Michael Jackson zu machen, das von jeder großen Zeitschrift im Land übernommen wird. Und der Artikel läuft unter der Schlagzeile ›Michael Jackson sitzt auf der obersten Wolke‹. Aber jetzt läuft er eben unter der Schlagzeile ›Michael Jackson kann auf der obersten Wolke sitzen, solange er ja nicht im Beverly Palm Hotel sitzt, denn da haben Nigger keinen Zutritt‹.«
Michael Gregory (Hotel Manager): »Entschuldigen Sie, Sir, ich glaube, wir haben da in letzter Minute eine Absage hereingekriegt. Es ist ein Zimmer verfügbar.« [912]

> »Würden Sie uns bitte Frühstück bestellen!« (...) »Ich kann unmöglich was auf leeren Magen essen.«
> Bewegliche Ziele

Steven Berkoff (Victor Maitland): »Jetzt hör mal gut zu, mein harter kleiner Freund! Ich weiß nicht, unter welchem Stein du hervorgekrochen bist oder woher du diese lächerlichen Geschichten über mich hast, aber es scheint mir auf schmerzhafte Weise offensichtlich, daß du nicht die geringste Vorstellung hast, mit wem du es hier zu tun hast.« [913]

*

Judge Reinhold (Detective Billy Rosewood): »Polizei. Sie sind alle verhaftet.« [914]

***

BEWEGLICHE ZIELE *(Targets)*
USA 1968, Saticoy, Paramount (Regie, Buch Peter Bogdanovich)

*

Peter Bogdanovich (Sammy Michaels): »Was heißt hier Verfolgungswahn? Ich hab ihm gestern mein Drehbuch geschickt, und heute zieht er sich aus dem Filmgeschäft zurück. Was soll ich davon halten?« [915]

*

Arthur Peterson (Ed Loughlin): »Na gut. Ich glaub, ich geh jetzt und betrink mich.« [916]

*

Boris Karloff (Byron Orlok): »Meine Art von Schrecken ist heute nicht mehr schrecklich.« [917]

*

Karloff: »Würden Sie uns bitte Frühstück bestellen!« (...)
Bogdanovich: »Ich kann unmöglich was auf leeren Magen essen.« [918]

***

BIG BROWN EYES
USA 1936, Wanger, Paramount (Regie Raoul Walsh, Buch Raoul Walsh, Bert Hanlon, nach den Geschichten ›Hahsit Babe‹ und ›Big Brown Eyes‹ von James Edward Grant)

*

Eddie Conrad (Joe): »What do you think about it?«
Walter Pidgeon (Richard Morey): »I never concern myself with anything that doesn't concern me.« [919]

***

THE BIG LEBOWSKI
USA 1998, Working Title, PolyGram (Regie Joel Coen, Buch Ethan Coen, Joel Coen)

Philip Moon (Schläger): »Was ist das *(Bowlingkugel)* denn?«
Jeff Bridges (der Dude): »Offensichtlich spielst du kein Golf.« [920]

*

John Goodman (Walter Sobchak): »Smokey, wir sind hier nicht in Vietnam, wir sind beim Bowling. Da gibt es Regeln.« [921]

*

Goodman: »Smokey, mein Freund, du begibst dich in die Welt des Schmerzes.« [922]

*

Bridges: »So was *(jemanden beim Bowling mit dem Revolver bedrohen)* kannst du nicht bringen. Die Typen sind Pazifisten so wie ich. Smokey hat den Kriegsdienst verweigert.«
Goodman: »Weißt du, ich hab selbst mal damit geliebäugelt, Pazifist zu werden. Natürlich nicht, als ich in Vietnam war.«
Bridges: »Und außerdem hat er riesige emotionale Probleme.«
Goodman: »Du meinst, abgesehen vom Pazifismus?«
Bridges: »Er ist zart besaitet, ganz zart besaitet.«
Goodman: »Ah. Konnte ich ja nicht wissen. Was soll's, jetzt ist es gelaufen.« [923]

*

Goodman: »Lieg ich da falsch?«
Bridges: »Du liegst nicht falsch, Walter, du bist nur 'n Arschloch.« [924]

*

David Huddleston (The Big Lebowski): »Ist es, darauf vorbereitet zu sein, das Richtige zu tun? Egal, was es kostet? Ist es nicht das, was einen Mann ausmacht?«
Bridges: »Klar, das und zwei Eier in der Hose.« [925]

*

Goodman: »Du kannst doch im Leben nicht einfach 'ne Stoptaste drücken, so wie es dir gefällt.« [926]

*

Goodman: »Also, wir müssen nichts weiter tun, als sie zu befreien. Dann hat niemand Grund, sich zu beschweren, und wir behalten das Bakschisch.«
Bridges: »Umwerfend, Walter! Sag mir nur, wie wir sie befreien. Wir wissen nicht mal, wo sie ist.«
Goodman: »Ist doch ganz simpel, Dude: Bei der Geldübergabe schnapp ich mir einen von denen und prügel es aus ihm raus.« [927]

*

Goodman: »Ach vergiß es, Dude! Gehen wir bowlen!« [928]

*

Julianne Moore (Maude Lebowski): »Verursachen weibliche Formen bei Ihnen ein Gefühl der Unsicherheit, Mr. Lebowski?« [929]

*

Bridges: »Meine einzige Hoffnung ist, daß mich der Große Lebowski umbringt, bevor mir die Deutschen den Schwanz abschneiden.« [930]

*

Goodman: »Ja, die bekackten Deutschen! Nichts hat sich geändert. Bekackte Nazis!«
Steve Buscemi (Donny): »Das waren Nazis, Dude?«
Goodman: »Komm schon, Donny! Die haben mit Kastration gedroht. Willst du Haare spalten, oder was?« [931]

*

Bridges: »Mann, das sind Nihilisten. Die haben gesagt, daß sie an nichts glauben.«
Goodman: »Nihilisten? Kackmist! Also ehrlich, Mann, man kann über den Nationalsozialismus sagen, was man will, an Grundsätzen fehlt es nicht.« [932]

*

Goodman: »Unsere bekackten Sorgen haben ein Ende, Dude.« [933]

*

Bridges: »Hast du nicht 'n anderen Sender?«
Ajgie Kirkland (Taxifahrer): »Fick dich ins Knie, Mann! Wenn dir meine Musik nicht paßt, dann kauf dir doch 'n eigenes Taxi!« [934]

»Lieg ich da falsch?«
»Du liegst nicht falsch, Walter,
du bist nur 'n Arschloch.«
The Big Lebowski

Bridges: »Meine Karriere ist in letzter Zeit etwas stagniert.« [935]

Goodman: »Ohne Geiseln gibt es auch kein Lösegeld. Kapiert? Darum geht es beim Lösegeld. So sind die bekannten Regeln.« [936]

***

BIG NIGHT – NACHT DER GENÜSSE
(Big Night)
USA 1995, Rysher, Timpano, Electric (Regie Stanley Tucci, Campbell Scott, Buch Stanley Tucci, Joseph Tropiano)

*

Tony Shalhoub (Primo Pilagi, Koch): »Wie kann sie so was *(Spaghetti zum Risotto)* wollen? Zweimal was mit Stärke. Was meinst du, soll ich auf die andere Seite noch Kartoffelpüree legen? (...) Sie ist eine Kriminelle. Ich will mit ihr reden.« [937]

*

Ian Holm (Pascal): »Schlag deine Zähne in den Arsch des Lebens, und zieh ihn zu dir heran!« [938]

*

Shalhoub: »Schwere Zeiten, hä?«
Allison Janney (Ann): »Na ja, für irgend jemanden sind die Zeiten immer schwer.« [939]

*

Minnie Driver (Phyllis): »Es sieht wirklich so aus, als müßtest du mal 'ne Weile allein sein.« [940]

***

THE BIG RED ONE
USA 1980, Lorimar (Regie, Buch Samuel Fuller)

*

Robert Carradine (Zab, voice-over): »Wissen Sie, wie man ein Dorf nach Heckenschützen absucht? Man schickt einen Mann raus ins Freie und paßt auf, ob er abgeknallt wird.« [941]

*

Carradine (voice-over): »Bevor ich diesen armen Irren abknallte, dachte ich ein paar Augenblicke lang, daß er recht haben könnte.« [942]

***

BIG TROUBLE IN LITTLE CHINA
USA 1986, Taft-Barish-Monash, Twentieth Century Fox (Regie John Carpenter, Buch Gary Goldman, David Z. Weinstein, W. D. Richter)

*

Victor Wong (Egg Shen): »Das ist es, wie die Dinge immer anfangen: klein und bescheiden.« [943]

*

Kurt Russell (Jack Burton): »Ich fahr immer nur so schnell, wie ich gerade noch was sehen kann. Aber eigentlich ist alles nur 'ne Frage der Reflexe.« [944]

*

Donald Li (Eddie Lee): »Das Wichtigste ist, daß wir die Wachen ablenken.«
Russell: »Ich versuch's.«
Dennis Dun (Wang Chi): »Und möglichst dumm aussehen.«
Kim Cattrall (Gracie Law): »Das kann er.« [945]

*

Russell: »Was wir hier brauchen, ist haarscharfes Timing, Mann.«
Dun: »Totale Konzentration. Fertig, Jack?«
Russell: »Ich bin fertig geboren worden.« [946]

*

Wong: »Wir wissen, die Chinesen vermischen alles miteinander. Seht nur, womit sie sich abgeben: Buddhismus, Konfuzianismus, taoistische Alchimie und Hexerei. Wir nehmen, was wir brauchen und lassen den Rest liegen. Wie bei einer Salatbar.« [947]

*

Dun: »Alle chinesischen Kinder hören diese Dinge. Und wenn wir dann erwachsen sind, tun wir so, als würden wir sie nicht glauben.« [948]

*

Carter Wong (Thunder): »Bleib ein kluges Mädchen! Dann kannst du von deinem Leben erzählen.« [949]

*

Dun: »Ein richtiger Mann liebt die Berührung der Natur auf seinem Gesicht.«
V. Wong: »Ja, und ein weiser Mann ist so klug, während es regnet, ins Haus zu gehen.« [950]

> »Schlag deine Zähne in
> den Arsch des Lebens,
> und zieh ihn zu dir heran!«
> Big Night – Nacht der Genüsse

V. Wong: »Sind Sie bereit für ein paar schlechte Nachrichten?« [951]

*

V. Wong: »Nur ein Traum kann einen Traum töten.« [952]

*

Russell: »Na ja, man weiß es nie, wenn man's nicht versucht.« [953]

*

Russell: »Früher oder später verderb ich jedem die gute Laune.« [954]

***

DAS BILDNIS DES DORIAN GRAY
(The Picture of Dorian Gray)
USA 1945, MGM (Regie, Buch Albert Lewin, nach dem Roman von Oscar Wilde)

*

George Sanders (Lord Henry Wotton): »Du hast eben zuviel Geist, Basil, und der Geist zerstört nun mal die Schönheit in jedem Gesicht.« [955]

*

Sanders: »Ich wähle meine Freunde nach ihrem Aussehen und meine Feinde nach ihrem Verstand. Man kann nicht vorsichtig genug sein in der Wahl seiner Feinde.« [956]

*

Lowell Gilmore (Basil Hallword): »Henry, ich verabscheue fast alle deine Grundsätze, aber ich bewundere ihre Form.« [957]

*

Sanders: »Ich schätze Menschen mehr als Grundsätze, und Menschen ohne Grundsätze schätze ich über alles in der Welt.« [958]

*

Hurd Hatfield (Dorian Gray): »Üben Sie wirklich einen schlechten Einfluß aus, Lord Henry?«
Sanders: »Es gibt überhaupt keinen guten Einfluß, Mr. Gray. Jeder Einfluß wirkt unmoralisch.«
Hatfield: »Warum?«
Sanders: »Weil sich jedes Wesen frei entwickeln muß, damit seine wahre Natur sich entfalten kann. Deswegen leben wir. Der Mensch sollte sich ausleben, hemmungslos, jedem Gefühl Ausdruck verleihen, auf jeden Einfall eingehen, Wünschen und Träumen nachgeben. Fast jeder Impuls, den wir unterdrücken, hinterläßt seine Spuren und vergiftet uns. Es gibt nur ein Mittel, eine Versuchung zu überwinden, das ist, ihr nachzugeben. Unterdrückt sie, und Ihr werdet krank vor Verlangen nach dem, was Ihr Euch selbst verboten habt. Nur durch die Sinne kann eine Seele wieder gesunden, genauso wie durch die Seele allein die Sinne wieder gesunden.« [959]

*

Mary Forbes (Lady Agatha): »Pünktlichkeit stiehlt einem die Zeit.« [960]

*

Sanders: »Die meisten Menschen sterben an ihrer Vernunft und bemerken erst zu spät, daß es keinen Sinn hat, ihre eigenen Fehler zu bereuen.« [961]

*

Sanders: »Kein kultivierter Mensch bereut je ein Vergnügen, und ein unkultivierter Mensch weiß gar nicht, was ein Vergnügen ist.« [962]

*

Sanders: »Oh, verzeihen Sie die Intelligenz meiner Bemerkung! Ich hatte vergessen, daß Sie mal Mitglied im Parlament waren.« [963]

*

Gilmore: »Ich habe immer gedacht, deine Schlechtigkeit ist Pose. Ich habe mich geirrt. Du bist absolut schlecht.« [964]

*

Morton Lowry (Adrian Singleton): »Ja, die Gerechtigkeit braucht nicht immer Perücke und Talar.« [965]

*

Sanders: »Um mich zu verjüngen, würde ich alles tun, nur nicht früh aufstehen, Sport treiben oder vernünftig leben.« [966]

***

BILLY BATHGATE
USA 1991, Touchwood Pacific Partners I, Touchstone (Regie Robert Benton, Buch Tom Stoppard, nach dem Roman von E. L. Doctorow)

»Pünktlichkeit stiehlt einem die Zeit.«
Das Bildnis des Dorian Gray

Steven Hill (Otto Berman): »Du gehörst zur kommenden Generation. Für dich wird sich alles ändern. Du brauchst andere Talente als die andern Jungs. Es wird rationeller zugehen, nicht mehr so viele Schießereien geben. Und wenn das eintrifft, und wenn du Glück hast, brauchst du vielleicht niemanden mehr umzubringen. Und das bedeutet, niemand muß dich umbringen.« [967]

*

Hill: »Wenn du in dem Kriminellengeschäft bleiben willst, Kleiner, dann mußt du aufhören, solche Fragen zu stellen.« [968]

*

Dustin Hoffman (Dutch Schultz): »Es geht hier nicht um 'ne Stickerei, das muß nicht adrett sein. Wenn du 'n sauberen Mord brauchst und genug Zeit hast, dann schickst du Irving. Aber wenn du richtig in der Bredouille steckst, dann brauchst du Lulu an deiner Seite. Bumbumbumbumbum, und alles ist vorbei, in 'n paar Sekunden.« [969]

*

Hoffman: »Wenn mir was gefällt, dann sag ich's dir, und wenn mir was nicht gefällt, dann sag ich's dir auch. Wenn du mir in die Quere kommst, dann leg ich dich um, und alles ist klar.« [970]

*

Hoffman: »Mir ist es egal, wie viele Staatsanwälte hinter mir her sind. Was zu tun ist, werde ich tun.« [971]

***

BINGO LONG
(The Bingo Long Travelling All-Stars and Motor Kings)
USA 1976, Motown, Pan Arts, Universal (Regie John Badham, Buch Hal Barwood, Matthew Robbins, nach dem Roman von William Brashler)

> »Ich fürchte, für uns beide ist kein Platz hier.«
> »Wann wollen Sie also gehen?«
> Bis auf die Haut

»Der trifft nicht mal den Boden, wenn er aus 'm Bett fällt.« [972]

*

Billy Dee Williams (Bingo Long): »Ich wollte doch nur mal meine Meinung sagen.«
Ted Ross (Sallison Porter): »Außer mir hat hier keiner eine Meinung.« [973]

***

BIRD
USA 1988, Malpaso, Warner (Regie Clint Eastwood, Buch Joel Oliansky)

*

Diane Venora (Chan Richardson): »Wo wollen wir hin?«
Forest Whitaker (Charlie ›Yardbird‹ Parker): »Wie hieß noch die Kleine, die Valentino keine Fragen gestellt hat?« [974]

*

Whitaker: »Ich hab was dazugelernt: Sie können es *(Heroin)* aus dem Blut kriegen. (...) Aber niemals aus deinem Kopf.« [975]

*

Jason Bernard (Benny Tate): »Du wirst nicht reich davon, aber du kannst davon leben. Und sie behandeln dich wie einen Mann.« [976]

*

Venora: »Verdammt! Du hast doch viele Platten verkauft.«
Whitaker: »Ich hab sie gemacht. Jemand anderes hat sie verkauft.« [977]

*

Samuel E. Wright (Dizzy Gillespie): »Mein Geheimnis ist: Wenn sie mich umbringen, dann nicht, weil ich ihnen dabei geholfen hab.« [978]

***

BIS AUF DIE HAUT *(The Skin Game)*
UK 1931, British International (Regie Alfred Hitchcock, Buch Alma Reville, Alfred Hitchcock, nach dem Stück von John Galsworthy)

*

Edmund Gwenn (Mr. Hornblower): »Ich fürchte, für uns beide ist kein Platz hier.«
Helen Haye (Mrs. Hillcrist): »Wann wollen Sie also gehen?« [979]

*

Gwenn: »Ihresgleichen ist mir einfach im Weg, und wer mir im Weg ist, der bleibt auch nicht lange. Und wenn er es tut, dann tut er es zu meinen Bedingungen.« [980]

Gwenn: »Ich hab absolut nichts gegen Sie persönlich. Sie sind für mich eines dieser armen Geschöpfe, die dazu verpflichtet sind, mit ihrer Würde und Ihrer Gicht zurechtzukommen. Aber sie können einem viel Unannehmlichkeiten machen, bevor sie abtreten.« [981]

*

Jill Esmond (Jill Hillcrist): »Ich bin bisher für Sie eingetreten, aber jetzt nicht mehr.«
Gwenn: »Gottogott, was soll aus mir werden!« [982]

*

C. V. France (Mr. Hillcrist): »Als dieser Streit begann, hatten wir saubere Hände. Sind sie jetzt noch sauber? Was ist der Anstand wert, wenn er nicht die Feuerprobe besteht?« [983]

***

BIS ZUM BITTEREN ENDE *(Cutter and Bone)*
USA 1981, Gurian, United Artists (Regie Ivan Passer, Buch Jeffrey Alan Fiskin, nach dem Roman von Newton Thornburg)

*

John Heard (Alex Cutter): »Ich möchte nichts trinken. Weißt du, der Alltagstrott treibt mich zum Trinken. Tragödien nehm ich nüchtern.« [984]

***

BIS ZUM LETZTEN MANN *(Fort Apache)*
USA 1948, Argosy, RKO (Regie John Ford, Buch Frank S. Nugent, nach der Geschichte ›Massacre‹ von James Warner Bellah)

*

Pedro Armendariz (Sergeant Beaufort): »Vier Flaschen Bier, bitte.«
Victor McLaglen (Sergeant Mulcahy): »Für mich auch vier und vier Whiskey dazu.« [985]

*

John Wayne (Captain Kirby York): »Wenn das Regiment ausrückt, Herr Oberst, wird Cochise denken, ich hätte ihn betrogen.«
Henry Fonda (Lieutenant Colonel Owen Thursday): »Sehr richtig.« [986]

*

Fonda: »Es gibt keine Frage von Ehre zwischen einem Armeeoffizier und Cochise.« [987]

*

Wayne: »Auf einen Mann von uns kommen vier. Wollen wir kämpfen oder sprechen?«
Fonda: »Sie werden wohl leicht von Zahlen beeindruckt, Hauptmann. Aber ich achte ihr Wort an Cochise, verhandeln wir vorher.« [988]

*

Fonda: »Ich bin kein Duellant, Hauptmann. Ich werde entscheiden, ob ich Ihnen die Antwort mit Pistolen oder in einem Kriegsgerichtsverfahren geben werde.« [989]

***

BIS ZUR LETZTEN STUNDE
(Kiss the Blood Off My Hands)
USA 1948, Universal (Regie Norman Foster, Buch Leonardo Bercovici, nach dem Roman von Gerald Butler)

*

Robert Newton (Harry Carter): »Es gibt zum Beispiel 'ne Menge Leute, die gern am weißen Pulver riechen, um sich zu stärken.« [990]

*

Newton: »Ich werde ein paar von meinen Jungs mitbringen. *(für den fingierten Überfall)* Du wirst aussehen, als wenn dich einer mit 'ner Dampfwalze geplättet hat. Ist aber ungefährlich für dich. Die haben eine Geschicklichkeit, von der ich selber immer wieder überrascht bin.« [991]

***

BITTER MOON *(Bitter Moon/Lune de fiel)*
UK/F 1992, R.P., Burrill, Sarde, Canal+ (Regie Roman Polanski, Buch Roman Polanski, Gérard Brach, John Brownjohn, Jeff Gross, nach dem Roman von Pascal Bruckner)

*

Hugh Grant (Nigel Dobson): »Indien hat dem Westen so viel voraus.«
Victor Bannerjee (Mr. Singh): »Ach wirklich, ja? Was denn zum Beispiel?«
Grant: »Na ja, so eine Art innerer Ausgeglichenheit.«
Bannerjee: »Das Karma-Nirvana-Syndrom. Ein weit verbreiteter Irrtum. Nein, Indien besteht aus Fliegen, Schmutz, Bettlern und Ge-

---

> »Es gibt zum Beispiel 'ne Menge Leute, die gern am weißen Pulver riechen, um sich zu stärken.«
> Bis zur letzten Stunde

stank. Und es ist der unausgeglichenste Fleck dieser Erde.« [992]

*

Emmanuelle Seigner (Mimi): »Alles Gute! Ich überlaß dich deiner magnetisch anziehenden, unwiderstehlichen Persönlichkeit.« [993]

*

Peter Coyote (Oscar, voice-over): »Meine Nervenenden klingelten wie Glöckchen.« [994]

*

Coyote: »Jeder hat irgendwo eine sadistische Ader, und nichts bringt sie besser zum Klingeln als die Erkenntnis, daß ein anderer ihm ausgeliefert ist.« [995]

*

Coyote: »Keine emotionalen Verwicklungen mehr. Ich wälzte mich im Frauenfleisch wie ein Schwein im Klee.« [996]

***

BITTER WAR DER SIEG (Bitter Victory)
USA 1957, Transcontinental, Laffont, Columbia (Regie Nicholas Ray, Buch René Hardy, Nicholas Ray, Gavin Lambert, nach dem Roman von René Hardy)

*

Ruth Roman (Jane Brand): »David ist nicht davongelaufen. Er ist nicht feige.«
Richard Burton (Captain Leith): »Alle Männer sind feige. Irgendwann.« [997]

***

BITTERER HONIG (A Taste of Honey)
UK 1961, Woodfall (Regie Tony Richardson, Buch Shelagh Delaney, Tony Richardson, nach dem Stück von Shelagh Delaney)

*

Dora Bryan (Helen): »Ich hab ja gar nicht geahnt, daß meine Tochter so 'n Talent hat.«
Rita Tushingham (Jo): »Ich hab nicht nur Talent, ich bin 'n Genie.« [998]

*

Tushingham: »Wenn ich so alt bin wie du, bin ich hoffentlich schon längst 'ne Leiche. Stell dir mal vor, du lebst jetzt schon 40 Jahre!«
Bryan: »Ja, ich weiß, ich bin wahrscheinlich ein biologisches Wunder.« [999]

*

Bryan: »Oh, Jo, wieso hast du nicht aus meinen Fehlern gelernt! Aus eigenen Fehlern zu lernen, ist viel zu kompliziert.« [1000]

*

Bryan: »Was für eine Rolle spielen Sie denn überhaupt in diesem rührseligen Drama?« [1001]

***

BITTERER REIS
(Riso amaro)
I 1949, Lux (Regie Giuseppe de Santis, Buch Carlo Lizzani, Carlo Musso, Gianni Puccini, Corrado Alvaro, Ivo Perillo, Giuseppe de Santis)

*

(Aufseher): »Den Mund zu und den Rücken krumm! Los, los, arbeiten!« [1002]

***

BLACK AND WHITE
USA 1998, Kushner-Locke, Tapestry, Double Image (Regie Yuri Zeltser, Buch Yuri Zeltser, Leon Zeltser)

*

Gina Gershon (Nora Hugosian): »Rede nur mit mir, und falls du ein Problem haben solltest, komm zu mir!«
Rory Cochrane (Chris O'Brian): »Und wohin geh ich, wenn du mein Problem bist?«
Gershon: »Wenn ich dein Problem bin, fahr zur Hölle!« [1003]

*

Cochrane: »Warum bist du zur Polizei gegangen?«
Gershon: »Ich? Ich bin gern bewaffnet und gefährlich.« [1004]

*

Gershon: »Dann wollen wir doch mal dein Rhythmusgefühl testen. Los, zieh dich aus! (...) Da wir viel Zeit miteinander verbringen werden, will ich nicht, daß wir uns fragen, wie der andere so ist. Da baut sich zuviel Spannung auf.« [1005]

*

Cochrane: »Hast du auch Familie?«
Gershon: »Nein. Nicht viele Menschen würden zugeben, mit mir verwandt zu sein.« [1006]

> »Keine emotionalen Verwicklungen mehr. Ich wälzte mich im Frauenfleisch wie ein Schwein im Klee.«
> Bitter Moon

Gershon: »Ist da jemand im Raum, der mich nicht ficken will?« [1007]

THE BLACK CAT
USA 1934, Universal (Regie Edgar G. Ulmer, Buch Peter Ruric, Story Edgar G. Ulmer, Peter Ruric, nach der Geschichte von Edgar Allan Poe)

*

Bela Lugosi (Dr. Vitus Werdegast): »Many men have gone there, few have returned.« [1008]

*

Boris Karloff (Hjalmar Poelzig): »Are we men or are we children? Of what use are all these melodramatic gestures?« [1009]

*

Lugosi: »Do you know what I'm going to do to you now? ... No? Did you ever see an animal skinned, Hjalmar? That's what I'm going to do to you now. Peel the skin from your body. Slowly. Bit by bit.« [1010]

***

BLACK MOON
(Black Moon Rising)
USA 1985, New World (Regie Harley Cokliss, Buch John Carpenter, Desmond Nakano, William Gray)

*

Bubba Smith (Johnson, FBI): »Pack ihn ein! Ich kann nichts Trauriges sehen.« [1011]

*

Smith: »Bau keine Scheiße mit der Regierung!« [1012]

*

Robert Vaughn (Ryland): »Sehr beeindruckend! Und jetzt? Sollen wir hier rumstehen und uns anstarren? Es ist vorbei. Das Spiel ist aus.« [1013]

*

Tommy Lee Jones (Quint): »Ein Gewinnertyp bist du nicht.« [1014]

***

BLACK RAIN
USA 1989, Jaffe-Lansing, Douglas, Paramount (Regie Ridley Scott, Buch Craig Bolotin, Warren Lewis)

*

Michael Douglas (Nick Conklin): »Manchmal muß man seinen Kopf vergessen, und dann sagen einem die Eier wo's langgeht.« [1015]

***

BLACK SNAKE
USA 1972, Trident (Regie Russ Meyer, Buch Russ Meyer, Len Neubauer, Story Anthony James Ryan, Russ Meyer)

*

Milton McCollin (Joshua): »Dein Gott ist nicht mein Gott, alter Mann. Mein Gott hat nämlich Eier.« [1017]

***

BLADE
USA 1998, Amen Ra, Imaginary Forces, New Line (Regie Stephen Norrington, Buch David S. Goyer, nach den Comics von Marv Wolfman, Gene Colan)

*

Stephen Dorff (Deacon Frost, Vampir): »Wir sollten die Menschen beherrschen und nicht irgendwelche Geheimabkommen mit ihnen abschließen. Verdammt noch mal, wir brauchen sie als Nahrung, nicht als Verbündete.« [1018]

*

Wesley Snipes (Blade): »Sie müssen sich etwas klarmachen: Die Welt, in der Sie leben, ist der Zuckerguß an der Oberfläche, und es gibt noch eine andere Welt darunter, die reale Welt. Und wenn Sie in der überleben wollen, dann lernen Sie abzudrücken, ohne zu zögern.« [1019]

*

Snipes: »Wenn man die Natur einer Sache durchschaut hat, werden die Dinge berechenbar.« [1020]

***

BLADE RUNNER
USA 1982, Blade Runner Partnership, Sir Run Run Shaw, Ladd, Warner (Regie Ridley Scott, Buch Hampton Fancher, David Peoples, nach dem Roman ›Do Androids Dream of Electric Sheep‹ von Philip K. Dick)

*

M. Emmett Walsh (Captain Bryant): »Niemand wird jemals erfahren, daß sie hier unten sind. Weil du sie nämlich finden und ausknipsen wirst.« [1021]

> »Manchmal muß man seinen Kopf vergessen, und dann sagen einem die Eier wo's langgeht.«
> Black Rain

Walsh: »Du weißt doch, wie die Sache läuft. Wenn du nicht unser Spiel spielst, spielst du keins.« [1022]

*

Walsh: »Es ist aus mit dir, wenn du nicht mitmachst.«
Harrison Ford (Rick Deckard): »Keine Wahl, hä?«
Walsh: »Keine Wahl, Freund.« [1023]

*

Ford (voice-over): »Replikanten sollten keine Gefühle haben. Und auch Blade Runner wie ich sollten keine haben. Was, zum Teufel, war mit mir los?« [1024]

*

Brion James (Leon): »Wach auf! Zeit zu sterben.« [1025]

*

Rutger Hauer (Roy Batty): »Du bist zu selbstsicher, kleiner Mann.« [1026]

*

Hauer: »Laß es noch einmal vorüberziehen, denn ich muß dich jetzt töten.« [1027]

*

Hauer: »Eine beachtliche Erfahrung, in Furcht leben zu müssen, nicht wahr? So ist es, wenn man ein Sklave ist.« [1028]

*

Ford (voice-over): »Alles, was er wollte, waren die Antworten, die wir alle wollen: ›Woher komme ich?‹ ›Wohin gehe ich?‹ ›Wieviel Zeit bleibt mir?‹ Alles, was ich tun konnte, war dasitzen und zusehen, wie er starb.« [1029]

*

Ford (voice-over): »Ich wußte nicht, wieviel Zeit uns zusammen bleiben würde. Aber wer weiß das schon?« [1030]

***

BLAUBARTS ACHTE FRAU
(Bluebeard's Eighth Wife)
USA 1938, Paramount (Regie Ernst Lubitsch, Buch Charles Brackett, Billy Wilder, nach dem Stück ›La huitième femme de Barbe-bleu‹ von Alfred Savoir)

*

Rolfe Sedan (Verkäufer): »Schenken Sie bitte Ihre Aufmerksamkeit unserem Herrenparfum. In Zeiten fortschreitender Gleichberechtigung der Geschlechter darf Parfum nicht allein den Damen vorbehalten sein. Unsere Direktion stellt daher die Devise auf: ›Dem Mann, der duftet, gehört die Zukunft.‹«
Gary Cooper (Michael Brandon): »Man riecht Ihnen diese Devise an.« [1031]

Sedan: »Monsieur, der Verkauf einer Pyjamajacke ohne Hosen schafft nach Meinung der Direktion einen Präzedenzfall, dessen Auswirkungen verheerende Folgen haben können. Da wir an einer Zunahme der Schwierigkeiten in Europa nicht interessiert sind, erlauben wir uns, Ihr Interesse von Pyjamas auf Strohhüte zu richten.« [1032]

*

Franklin Pangborn (Hotelmanager): »Ich muß Sie darauf aufmerksam machen, Ihre Rechnung ist seit zwei Monaten nicht bezahlt.«
Edward Everett Horton (Marquis De Loiselle): »Und muß ich Sie darauf aufmerksam machen, daß ich mit der Küche dieses Hotels unzufrieden bin?« [1033]

*

Horton: »Ich erlaube keinem Hotelangestellten Kritik an meinem Benehmen. Sie vergessen sich, Monsieur.« [1034]

*

Horton: »Er brachte das Geld ein und ich die Erfahrung.«
Cooper: »Und als die Rennen gelaufen waren, hatten Sie das Geld und er die Erfahrung.« [1035]

*

David Niven (Albert De Regnier): »Wer ist das?«
Claudette Colbert (Nicole De Loiselle): »Ich weiß von ihm eigentlich nur, daß er ohne Pyjamahosen schläft.« [1036]

*

Colbert: »Werden Sie hier lange aufgehalten?«
Cooper: »Das ist noch nicht so genau raus. Mir gefällt's von Tag zu Tag besser an der Riviera.«
Colbert: »Oh ja, es ist wundervoll hier, bezaubernd. Aber schade, das Niveau der Menschen,

> »Wer ist das?«
> »Ich weiß von ihm eigentlich nur, daß er ohne Pyjamahosen schläft.«
> Blaubarts achte Frau

die herkommen, sinkt von Jahr zu Jahr ab. Und dieses Jahr scheinen wir schon den Tiefpunkt des kommenden Jahres vorwegzunehmen. Es war ein Erlebnis, Sie kennenzulernen, Mr. Brandon.« [1037]

*

Elizabeth Patterson (Tante Hedwige): »In solche Abgründe von Verworfenheit hab ich bisher nie geschaut.« [1038]

*

Niven: »Ich wünsche dir jedenfalls Glück.«
Colbert: »Das mußt du ihm wünschen, aber nicht mir. Er hat sieben Frauen gehabt, aber die achte wird ihm mehr zu schaffen machen als alle sieben zusammen.« [1039]

*

Cooper: »Ich will ein paar Bücher, sagen wir, so rund in halbes Dutzend.«
Wolfgang Zilzer (Buchhändler): »Und was dürfte es da sein? Belletristik? Oder Abenteuerromane? Kriminalromane?«
Cooper: »Nein, nein, da sind Sie auf'm falschen Dampfer. Ich brauch was Beruhigendes, Bücher, bei denen man einschläft.«
Zilzer: »Bücher, bei denen man einschläft. Oh, was Sie wollen, sind Klassiker.«
Colbert: »Ja, aber ein Gedichtband muß dabei sein, falls du mal ein Nickerchen einschiebst. Es geht nichts über Blankverse nach dem Mittagessen.« [1040]

*

Lawrence Grant (Professor Urganzeff): »Das ist nun alles vorbei.«
Lionel Pape (Monsieur Potin): »Ja, und dank Ihres wunderbaren Systems der Selbstsuggestion.« [1041]

*

Cooper: »Ich fühl mich gut, war ein schöner Tag gestern, und morgen ist auch ein schöner Tag. Ich fühl mich gut. Ich fühl mich gut. Ich fühl mich sehr gut.« [1042]

*

Cooper: »Das hab ich noch nie zu einer Frau gesagt und werde es auch jetzt nicht tun. Ich fühl mich gut. Ich fühl mich gut. Ich fühl mich sehr gut.« [1043]

DIE BLAUE DAHLIE *(The Blue Dahlia)*
USA 1946, Paramount (Regie George Marshall, Buch Raymond Chandler)

Howard da Silva (Eddie Harwood): »Das hätte sie mir auch selbst sagen können.«
Don Costello (Leo): »Vielleicht dachte sie, es klingt unangenehmer, wenn ich es dir sage.« [1044]

*

Costello: »Diese Frau ist Gift für dich. Sie werden früher oder später alle lästig. Mit einigen Ausnahmen. [They're all poison sooner or later. Almost all.]« [1045]

*

Costello: »Dieser Beruf hat seine Moral wie jeder andere.« [1046]

*

Alan Ladd (Johnny Morrison): »Und Sie haben sie trotzdem umgebracht?«
da Silva: »In einem Hotelzimmer? Mit einer 45er? Ich hätte mehr Überlegung gehabt.« [1047]

***

DER BLAUE ENGEL
D 1930, Ufa (Regie Josef von Sternberg, Buch Carl Zuckmayer, Karl Vollmöller, Robert Liebmann, nach dem Roman ›Professor Unrat‹ von Heinrich Mann)

Hans Albers (Mazeppa): »Gestatten Sie, daß ich mich bekannt mache? Mein Name ist Mazeppa, Hans Albert Mazeppa, Kraftakt.« [1048]

***

DIE BLAUE ESKADRON *(A Distant Trumpet)*
USA 1964, Warner (Regie Raoul Walsh, Buch John Twist, nach dem Roman von Paul Horgan)

(Mexikanerin): »Que hombre! Muy macho.« [1049]

*

Claude Akins (Seeley Jones): »Da draußen ist alles, was Leib und Seele zusammenhält. Und

---

> »Dieser Beruf hat seine Moral wie jeder andere.«
> Die blaue Dahlie

darauf wollt ihr verzichten? Hübsche Mädchen und genügend Whiskey und falls Sie ein Kostverächter sind, wie wär's dann mit dem Würfelbecher? Oder sind Sie vielleicht ein Heiliger? Dann lese ich Ihnen gerne aus der Bibel vor. Nennen Sie mir nur Ihre Wünsche, und Sie werden sehen, Sie werden köstlich bedient werden.« [1050]

***

BLIND DATE – VERABREDUNG MIT EINER UNBEKANNTEN (Blind Date)
USA 1987, Delphi, TriStar (Regie Blake Edwards, Buch Dale Launer)

*

Jeannie Elias (Walters Sekretärin): »Sie sehen aus, als hätten Sie gerade einen Flugzeugabsturz überlebt.« [1051]

*

Bruce Willis (Walter Davis): »Ted, kann ich mir deine Frau ausleihen?«
Phil Hartman (Ted Davis): »Klar. 50 Dollar.« [1052]

*

Willis: »Du hast schon mehrfach versucht, für mich die richtige Traumfrau zu finden, und du hast immer vergessen, ein entscheidendes Detail zu erwähnen. Zum Beispiel, daß sie rauschgiftsüchtig ist oder lesbisch oder eine tote Katze im Tiefkühlfach hat.« [1053]

*

Stephanie Faracy (Susie Davis): »Mach sie nicht betrunken! Sie verliert sonst die Kontrolle. Komplett.« (...)
Willis: »Meinst du damit, sie verliert nur ihre Hemmungen, oder pinkelt sie gleich auf den Fußboden?« [1054]

*

Kim Basinger (Nadia Gates): »Ich hab ihm *(dem Kellner)* nur gesagt, daß sein Champagner wie Pferdepisse schmeckt, wie abgestandene Pferdepisse. Und er meinte, ich müsse es ja wissen.« [1055]

*

George Coe (Harry Gruen): »Muß ich es erst aussprechen?«
Willis: »Ich bin entlassen.«
Coe: »Entlassen! Ich wünschte nur, wir wären bei der Armee. Dann könnte ich Sie erschießen lassen.« [1056]

*

Seth Isler (Paketbote): »Warum ist er denn so glücklich?«
Diana Bellamy (Hausmädchen): »Schwer zu sagen. Als er sich das letzte Mal so benahm, hatte er gerade die Katze überfahren.« [1057]

***

BLINDE WUT (Fury)
USA 1936, MGM (Regie Fritz Lang, Buch Bartlett Cormack, nach der Geschichte ›Mob Rule‹ von Norman Krasna)

*

Raymond Hatton (Hector, Friseur): »Können Sie sich vorstellen, daß ich in den zwanzig Jahren, die ich dieses Rasiermesser hier an so viele Hälse gesetzt habe, daß ich so manches Mal die Anwandlung gehabt habe, mit dem Messer die Adamsäpfel mitten durchzuschneiden? Einfach aus Spaß. (...) Eine Anwandlung ist eine Anwandlung. Wenn es einen juckt, muß man sich kratzen.« [1058]

*

Edward Ellis (Sheriff): »Ich habe keinen Beweis, daß er ein Kidnapper ist und Sie auch nicht.«
Bruce Cabot (Bubbles Dawson): »Was soll das Theater, Sheriff? Wollen Sie dieses Schwein in Schutz nehmen?« [1059]

*

Spencer Tracy (Joe Wheeler): »Wißt ihr, wo ich den ganzen Tag war? In einem Kino. Ich habe mir eine Wochenschau angesehen, in der sie mich verbrannt haben. Und das nicht nur einmal, zwanzigmal vielleicht. Immer wieder hab ich mir das Schauspiel angesehen. Es war gerammelt voll. Die Leute haben ihre helle Freude daran, wenn sie sehen, wie jemand verbrannt wird.« [1060]

*

Tracy: »Was? Festnehmen lassen wegen Erre-

> »Ted, kann ich mir deine Frau ausleihen?«
> »Klar. 50 Dollar.«
> Blind Date – Verabredung mit einer Unbekannten

gung öffentlichen Ärgernisses oder vielleicht wegen Brandstiftung? Oh nein, das genügt mir nicht. Ich bin von einer Meute wilder Tiere verbrannt worden. Für das Gesetz bin ich tot, und sie sind meine Mörder. Daß ich noch lebe, dafür können sie nichts.« [1061]

*

Sylvia Sidney (Catherine Grant): »Für etwas, was sie nicht getan haben, willst du 22 Menschen an den Galgen bringen?«
Tracy: »Nein, ich bringe 22 Ratten an den Galgen, für etwas, was sie sehr wohl getan haben.« [1062]

***

DIE BLONDE VERSUCHUNG
(The Marrying Man)
USA 1991, Silver Screen Partners IV, Hollywood
(Regie Jerry Rees, Buch Neil Simon)

*

Peter Dobson (Tony Madden): »Die beiden waren das unglücklichste Paar, das ich kannte. Das glücklichste aber auch.« [1063]

*

Robert Loggia (Lew Horner): »Ist es wahr, Charley, daß Sie weder rauchen noch trinken?«
Alec Baldwin (Charley Pearl): »Mein Vater hat mich gelehrt, daß die Zähne davon verfärbt werden.« (...)
Loggia: »Haben Sie überhaupt keine Laster, Charley?«
Baldwin: »Oh doch. Alles, was nicht die Zähne verfärbt.« [1064]

*

Loggia: »Ist der Besitz von 30 Millionen Dollar der Grund dafür, daß Sie so arrogant sind?« [1065]

*

Loggia: »Es gibt zwei Dinge auf der Welt, die mir wichtig sind: meine Tochter und mein Studio. Wenn Sie meinem Studio schaden, bring ich Sie um. Wenn Sie meiner Tochter schaden, werden Sie darum beten, daß ich Sie umbringe.« [1066]

*

Dobson: »Das ist mein Song, den hast du mir versprochen.«
Fisher Stevens (Sammy): »Jetzt hab ich ihn MGM versprochen. Seit wann geht Freundschaft über Karriere?« [1067]

*

Baldwin: »Was ist verderblich dran, wenn wir sie auf 'n Drink einladen?«
Stevens: »Gar nichts. Außer daß sie uns fünf in einer Kiste beisetzen.« [1068]

*

Kim Basinger (Vicki Anderson): »Nicht anfassen, Charley! Die Burschen wissen, wie man aus Frauen Witwen macht.« [1069]

*

Baldwin: »Sehen Sie irgend 'ne Chance, daß wir uns heute nacht noch wiedersehen?«
Basinger: »Sicher. Wenn es Sie nicht stört, unterhalb der Grasnarbe zu leben.« [1070]

*

Paul Reiser (Phil, voice-over): »Nun, Charleys Gehirn wußte wohl, daß das, was er tat, dumm und gefährlich war. Das Problem war nur, daß sein Gehirn nicht mehr Herr der Lage war.« [1071]

*

Armand Assante (Bugsy Siegel): »Was, meinen Sie, würde Ihr alter Herr für Sie zahlen, Charley?«
Baldwin: »Für mich zahlen? Ein Lösegeld, meinen Sie?«
Assante: »Nein, kein Lösegeld. Wir haben Sie ja nicht gekidnappt. Das hier ist eher ein Zement-Job.« [1072]

*

Loggia: »Sie sollten sich damit vertraut machen, zu Hause zu essen, denn man wird Sie in kein Restaurant der Stadt mehr reinlassen.« [1073]

*

Reiser: »Wißt ihr, wie die Chancen stehen, daß so was passiert? Unmöglich zu eins.« [1074]

*

Baldwin: »Wie heißt Ihr Schneider, Gus? Ich finde, der Anzug könnte das Futter für 'n besseren Anzug sein.« [1075]

»Wißt ihr, wie die Chancen stehen, daß so was passiert? Unmöglich zu eins.«
Die blonde Versuchung

Baldwin: »Komm zurück! Du schuldest mir noch dein restliches Leben.« [1076]

***

BLONDES EIS
(Blonde Ice)
USA 1948, Mooney, Film Classics (Regie Jack Bernard, Buch Kenneth Gamet, nach dem Roman ›Once Too Often‹ von Whitman Chambers)

*

Leslie Brooks (Claire Cummings): »Ich dachte, ich könnte Ihnen vertrauen.«
Russ Vincent (Blackie Tallon): »Na klar. Klar können Sie mir vertrauen. Aber es ist schwer, einen Mord zu vergessen, wenn man dafür nur hundert Dollar kriegt.« [1077]

***

BLONDES GIFT *(Flaxy Martin)*
USA 1948, Warner (Regie Richard Bare, Buch David Lang)

*

Douglas Kennedy (Hep): »Ein cleverer Bursche. Vielleicht etwas zu clever.« [1078]

*

Kennedy: »Walt nützt mir jetzt nichts mehr, Flaxy, und ich möchte nicht, daß er jemand anderem nützt.« [1079]

*

Elisha Cook jr. (Roper): »Ich tue es nicht gern, Rechtsverdreher. Du bist so ein cleveres Kerlchen.« [1080]

*

Zachary Scott (Walter Colby): »40.000 Dollar. Es ist Hep Ritchies Geld, aber er braucht es nicht mehr.« [1081]

***

BLONDINEN BEVORZUGT
(Gentlemen Prefer Blondes)
USA 1953, Twentieth Century Fox (Regie Howard Hawks, Buch Charles Lederer, nach dem Musical von Anita Loos, Joseph Fields)

Jane Russell (Dorothy): »Ich glaube, du bist die einzige Frau auf der Welt, die sogar von der Bühne aus ein Schmuckstück in der Hosentasche eines Mannes im Zuschauerraum entdecken kann.« [1082]

*

Russell (über Monroes Diamantring): »Da hat er sich aber sehr in Unkosten gestürzt. [Looks like it ought to have a highball around it.]« [1083]

*

Marilyn Monroe (Lorelei Lee): »Wenn eine Frau ihre Zeit damit verbringt, sich um Geld zu sorgen, das sie nicht hat, wie soll sie dann noch Zeit für die Liebe aufbringen können?« [1084]

*

Monroe: »Wunderbar, daß man auf dem Kopf auch Diamanten tragen kann! [I just love finding new places to wear diamonds.]« [1085]

*

Monroe: »Ein Handkuß von Ihnen ist bestimmt etwas sehr Schönes, aber ein Diamantendiadem hat Ewigkeitswert.« [1086]

*

Monroe: »Wollt ihr das Gespräch fortsetzen, oder wird er hoffentlich bald gehen.« [1087]

*

Monroe: »Er sieht mir meine Wünsche von den Augen ab, und er hat sogar Geld, sie zu verwirklichen. Ich kann mir nicht helfen, aber ich liebe Männer wie ihn.« [1088]

*

Taylor Holmes (Esmond sr.): »Sie können mich nicht einen Augenblick täuschen.«
Monroe: »Ich hab auch gar nicht die Absicht. Aber wenn ich's wollte, könnte ich es doch.« [1089]

*

Holmes: »Man hat mir doch erzählt, Sie sollen dumm sein. Wie ich sehe, haben Sie sogar Verstand.«
Monroe: »Ja, aber nur wenn es brenzlig ist, benutze ich ihn. Die meisten Männer mögen es nicht.« [1090]

*

Russell: »Vergiß nicht, Lorelei, daß du am Hochzeitstag nicht nein sagen darfst. [Remember, honey, on your wedding day it's alright to say yes.]« [1091]

> *»Komm zurück!*
> *Du schuldest mir noch*
> *dein restliches Leben.«*
> Die blonde Versuchung

BLOOD AND WINE
USA/UK 1996, Recorded Picture, Majestic, Fox Searchlicht (Regie Bob Rafelson, Buch Nick Villiers, Alison Cross, Story Nick Villiers, Bob Rafelson)

*

Jack Nicholson (Alex Gates): »Was soll denn das werden?«
Michael Caine (Victor Spansky): »Ein Foto von der Ware. Hilft Meinungsverschiedenheiten beim Verkauf vorzubeugen.«
Nicholson: »Ich bin auch mit drauf.«
Caine: »Ach ja?«
Nicholson: »Gib mir sofort das Foto!«
Caine: »Wir zerreißen es, wenn wir das Geld haben.« [1092]

*

Caine: »So etwas wie Ganovenehre gibt es nicht. Das ist ein Mythos.« [1093]

*

Nicholson: »Was hältst du davon, dich jetzt still in eine Ecke zu setzen und alles aufzuschreiben, was dir nicht paßt? Und wenn ich wieder zurück bin, streiten wir uns so richtig schön ausgiebig, wie du das so gern tust.« [1094]

*

Judy Davis (Suzanne Gates): »Ist er tot?«
Stephen Dorff (Jason): »Nicht genug.« [1095]

*

Caine: »Ich hab deinen Optimismus nie verstanden. Er entbehrt jeder Grundlage.« [1096]

*

Nicholson: »Wir müssen Hilfe holen.«
Caine: »Die ist schon unterwegs, fürchte ich.« [1097]

*

Nicholson: »Das sind gefährliche Leute. Verstehst du? Und gefährliche Leute bestiehlt man nicht.« [1098]

***

BLOOD IN BLOOD OUT
USA 1992, Touchwood Pacific Partners I, Hollywood (Regie Taylor Hackford, Buch Jimmy Santiago Baca, Jeremy Iacone, Floyd Mutrux, Story Ross Thomas)

*

Geoffrey Rivas (Carlos): »Der Markt ist da. Kokain ist Amerikas Tasse Kaffee.« [1099]

*

Teddy Wilson (Wallace): »Du kannst jetzt zu deinem Schöpfer gehen. Alles, was am Boden liegt, gehört ihm.« [1100]

***

BLOOD SIMPLE
USA 1983, River Road, Palace (Regie Joel Coen, Buch Joel Coen, Ethan Coen)

*

Dan Hedaya (Julian Marty): »Lassen Sie sich hier in der Gegend nicht mehr blicken! Wenn ich Sie brauche, weiß ich schon, unter welchem Stein ich Sie finde.« [1101]

*

Hedaya: »Ich hab 'nen Job für Sie.«
M. Emmet Walsh (Visser): »Bitte, wenn Sie bezahlen, und es ist nichts Ungesetzliches, tue ich es.«
Hedaya: »Es ist nicht ganz gesetzlich.«
Walsh: »Na ja, bezahlen Sie mich anständig, und ich tue es.« [1102]

*

Walsh (übergibt Hedaya Überwachungsfotos seiner Frau): »Ich weiß, wo Sie Rahmen dafür bekommen.« [1103]

*

Walsh: »Die Nachricht ist doch gar nicht so schlecht. Immerhin hatten Sie befürchtet, es wär 'n Farbiger.« [1104]

*

Hedaya: »Wenn du noch einmal herkommst, muß ich dich leider umlegen.« [1105]

***

BLOODY MAMA
USA 1970, AIP (Regie Roger Corman, Buch Robert Thom)

*

Don Stroud (Herman Barker): »Schon der Gedanke, jede Woche zu baden, ist widerlich. Die Turners brauchen den ganzen Winter nicht zu baden.«
Robert De Niro (Lloyd Barker): »Ja, bis zum Juli nicht.« [1106]

»*Ist er tot?*«
»*Nicht genug.*«
Blood and Wine

Stroud (beim Juwelier): »Ich hab mir 'n Finger aufgeschnitten an deinem verfluchten Glas. Sollte noch was aus Glas sein, das wir hier mitnehmen, dann komm ich zurück und jag dir 'n paar Splitter in deinen Schädel.« [1107]

*

Shelley Winters (Kate ›Ma‹ Barker): »John Wilkes Booth ist eingesperrt worden, Jesus Christus ist auch eingesperrt worden. (...) Ich bin aber nicht Maria, die Mutter Gottes. Ich werde sie da wieder rausholen.« [1108]

*

Winters: »Ich muß Geld auftreiben. Das ist erst mal die Hauptsache. Und damit kauf ich mir dann den besten und gerissensten Anwalt. Das war nämlich das Dumme an der Geschichte mit Jesus Christus, daß unser Herr kein Geld und keinen gerissenen Anwalt hatte. Das war sein Pech.« [1109]

*

Winters: »Also, meine Herrschaften, nehmt jetzt mal alle schön die Hände hoch! Das ist 'ne gute Gymnastik.« [1110]

*

Winters: »So, und jetzt spielen wir ein Spiel, das ihr bestimmt alle kennt. Es heißt kurz und schlicht ›Simon sagt‹. Und das kleine Ding hier *(Maschinenpistole)* ist Simon.« [1111]

*

Winters (voice-over): »Die Sterne standen gut für uns. Das Schicksal hat gewollt, daß wir das Geld bekommen. Sonst wär's ja nicht auf der Bank gewesen.« [1112]

***

BLOODY MARIE *(Innocent Blood)*
USA 1992, Landis-Belzberg, Warner (Regie John Landis, Buch Michael Wolk)

*

Anne Parillaud (Marie, Vampir, voice-over): »Meine erste Regel lautet: Spiele niemals mit dem Essen!« [1113]

> »Also, meine Herrschaften, nehmt jetzt mal alle schön die Hände hoch! Das ist 'ne gute Gymnastik.«
> Bloody Mama

Parillaud (voice-over): »Regel Nummer zwei lautet: Nach dem Essen schön aufräumen! Das bedeutet: Eliminierung aller Bißspuren und Abkopplung des zentralen Nervensystems.« [1114]

*

Parillaud (voice-over): »Ich hätte einfach weggehen sollen, aber er ärgerte mich.« [1115]

*

(Gangster): »Du hast mir meinen Lieblingszahn ausgeschlagen.« [1116]

***

BLUE IN THE FACE
USA 1995, Newman, Interal, NFD, Euro Space, Miramax (Regie, Buch Wayne Wang, Paul Auster)

*

Lou Reed: »Das war vermutlich das einzige Kindheitstrauma, das ich hatte, abgesehen davon, daß die Dodgers aus Brooklyn weg sind, was, wenn man darüber nachdenkt, wohl der Grund ist, wieso einige von uns so schrecklich zynisch wurden. Von dem Schock haben wir uns nie wieder erholt. Natürlich ist man kein Mets-Fan, ja, und man kann unmöglich ein Yankees-Fan sein. Also ist Baseball ganz aus deinem Leben verschwunden und nur, weil du in Brooklyn geboren bist.« [1117]

***

BLUE STEEL
USA 1990, Lightning, Precision, Mack-Taylor, Vestron (Regie Kathryn Bigelow, Buch Kathryn Bigelow, Eric Red)

*

Matt Craven (Howard): »Sie sind wirklich 'ne attraktive Frau. Ehrlich gesagt, Sie sind hübsch. Wieso (...) sind Sie Polizist geworden? Das versteh ich nicht.«
Jamie Lee Curtis (Megan Turner): »Es ist sehr reizvoll, auf Leute mit dem Gummiknüppel einzuschlagen.« [1118]

*

Curtis: »Ich lauf gern im Regen rum, paßt zu meiner Stimmung.« [1119]

*

Ron Silver (Eugene Hunt): »Sieh mich an! Du sollst mich ansehen! ... Ich will es sehen. Ich will, daß du siehst, wie die Kugel kommt. In deinem Gesicht will ich es sehen. Du mußt es verehren, das Licht, das Ende.« [1120]

BLUE VELVET
USA 1986, De Laurentiis (Regie, Buch David Lynch)

*

Kyle MacLachlan (Jeffrey Beaumont): »Es ist eine fremde, seltsame Welt, was?« 1121

*

MacLachlan: »Es gibt manchmal die Chance im Leben, wirklich was zu lernen und zu erfahren. Und manchmal muß man dafür was riskieren.« 1122

*

Laura Dern (Sandy Williams): »Ich weiß nicht, ob du nur neugierig bist oder pervers.«
MacLachlan: »Auch wenn ich's wüßte, ich würd's dir nicht verraten.« 1123

*

Dennis Hopper (Frank Booth): »Tu es für Van Gogh!« *(ihr entführter, inzwischen einohriger Ehemann)* 1124

***

THE BLUES BROTHERS
USA 1980, Universal (Regie John Landis, Buch Dan Aykroyd, John Landis)

*

Cab Calloway (Curtis): »Jungs, ihr müßt lernen, mit Nonnen auf andere Weise zu sprechen.« 1125

*

Dan Aykroyd (Elwood Blues): »Scheiße!«
John Belushi (Jake Blues): »Was?«
Aykroyd: »'ne Streife.«
Belushi: »Nein.«
Aykroyd: »Doch.«
Belushi: »Scheiße!« 1126

*

Aykroyd: »Die werden uns nicht kriegen, wir sind im Auftrag des Herrn unterwegs.« 1127

*

Belushi: »Dann nehm ich vier gebratene Brathähne und 'ne Cola.«
Aretha Franklin (Soul Food Café-Besitzerin): »Was willst du haben, die Keulen oder die Flügel?«
Belushi: »Ich will vollständige Tiere. Und 'ne Cola.« 1128

*

Aykroyd: »Was für 'ne Art Musik haben Sie normalerweise hier?«

Sheilah Wells (Claire): »Oh, wir haben beide Sorten. Wir haben Country *und* Western.« 1129

*

Ralph Foody (Police Dispatcher): »Hier noch ein Hinweis: Die Anwendung unnötiger Gewalt bei der Festnahme der besagten Blues Brothers ist genehmigt worden.« 1130

***

BLUTIGE HÄNDE *(The Killer Is Loose)*
USA 1956, Crown, United Artists (Regie Budd Boetticher, Buch Harold Medford, nach der *Saturday Evening Post*-Geschichte von Ward Hawkins)

*

John Larch (Otto Flanders): »In der Verfassung kannst du es doch nicht mit der Polizei aufnehmen. Du wirst zusammengeschossen, bevor du nur drei Straßen weit gekommen bist. Das mußt du mir doch zugeben. Junge, siehst du denn nicht, was dir bevorsteht? Hast du vergessen, wie miserabel du schießt?« 1131

***

BLUTIGE SPUR *(Tell Them Willie Boy Is Here)*
USA 1969, Lang, Universal (Regie und Buch Abraham Polonsky, nach ›Willie Boy, a Desert Manhunt‹ von Harry Lawton)

*

Robert Blake (Willie Boy): »Du wartest hier! ... Wenn ich sage, warte, warte!«
Katharine Ross (Lola): »Was können wir denn jetzt tun?«
Blake: »Was ich gesagt habe, warten.« 1132

*

(Reporter): »Wo liegen die Ruby Mountains?«
Robert Redford (Christopher Cooper): »Wo sie immer lagen.« 1133

*

Eric Holland (Digger): »Sie sieht nicht aus, als ob sie tot wäre.«
Redford: »Das kommt noch.« 1134

*

Redford: »Ich gab ihm eine Chance. Er wollte

> »Die werden uns nicht kriegen, wir sind im Auftrag des Herrn unterwegs.«
> The Blues Brothers

sie nicht. Er hatte sein Gewehr nicht geladen.« [1135]

***

BLUTRACHE
(The Corsican Brothers)
USA 1942, Small, United Artists (Regie Gregory Ratoff, Buch George Bruce, nach dem Roman ›Les frères Corses‹ von Alexandre Dumas, père)

*

Akim Tamiroff (Baron Colonna): »Ich hab es allmählich satt, jedem die Kehle einzeln aufzuschlitzen. Auf diese Gelegenheit hab ich lange gewartet, die Gelegenheit, sie auszurotten, mit Stumpf und Stiel.« [1136]

*

J. Carrol Naish (Lorenzo): »Ich hab mich gerade entschlossen, nie Vater zu werden. Es ist einfach zu anstrengend für einen Mann.« [1137]

*

Tamiroff: »Eigentlich bin ich im Grunde meines Herzens ein sehr gefühlvoller Mensch. Meine Blumen waren doch bei weitem die schönsten auf Gravinis Beerdigung.« [1138]

*

Tamiroff: »Das ist doch unmöglich!«
John Emery (Tomasso): »Alles, was er tut, ist unmöglich. Aber er tut es.« [1139]

***

BLUTRACHE IN NEW YORK
(The Black Hand)
USA 1950, MGM (Regie Richard Thorpe, Buch Luther Davis, Story Leo Townsend)

*

J. Carroll Naish (Louis Lorelli): »Mit so einem Mord ist es eine komische Sache. Die meisten Leute denken nicht daran, daß es dabei Leichen gibt.« [1140]

*

Mario Siletti (Nino Danetta): »Die gewinnen. Die gewinnen, Johnny, immer gewinnen die.« [1141]

> »Ein Mensch, der kein Geld annehmen will, ist gefährlich. Schweres Problem.«
> Blutsfeindschaft

BLUTSFEINDSCHAFT
(House of Strangers)
USA 1949, Twentieth Century Fox (Regie Joseph L. Mankiewicz, Buch Philip Yordan, nach dem Roman ›I'll Never Go There Again‹ von Jerome Weidman)

*

Paul Valentine (Pietro Monetti): »Ich bring den Kerl um.«
Ephrem Zimbalist jr. (Tony Monetti): »Der will nur Blut.«
Luther Adler (Joe Monetti): »Das kann er haben. Mehr als er denkt.« [1142]

*

Adler: »Ein Mensch, der kein Geld annehmen will, ist gefährlich. Schweres Problem.« [1143]

*

Richard Conte (Max Monetti): »Die Rache ist ein seltener Wein, ein göttlicher Wein, sagen die Araber, und ich werde ihn trinken.«
Susan Hayward (Irene Bennett): »Wo hast du das aufgeschnappt? Hast du hinter Gittern Philosophie studiert?« [1144]

*

Hope Emerson (Helena Domenico): »Mein Mann war mit mir glücklich, bis er starb.«
Edward G. Robinson (Gino Monetti): »Als dein Mann starb, war er glücklich. So ist die Sache gewesen.« [1145]

*

Adler: »Eins hat der Alte mir beigebracht: Gib niemand eine Chance! Wenn du ihn am Boden hast, dann mußt du ihn völlig erledigen. Du ersparst dir damit den zweiten Kampf.« [1146]

***

BODIES, REST & MOTION
USA 1993, Fine Line, August, Electric (Regie Michael Steinberg, Buch Roger Hedden)

*

Eric Stoltz (Sid): »Mein Vater sagt: ›Wenn man lange genug an einem Ort bleibt, weiß das Glück, wo's einen findet.‹« [1147]

***

BOILING POINT
USA 1993, Hexagon, Warner (Regie, Buch James B. Harris, nach dem Roman ›Money Men‹ von Gerald Petievich)

*

Dennis Hopper (Red Diamond): »Man hat dir beschissene Blüten untergejubelt.« (...)

Viggo Mortensen (Ronnie): »Ich kann es nicht glauben! Da bin ich doch wirklich froh, daß ich den Typen umgepustet hab.« [1148]

*

Hopper: »Scheiß drauf! Man kann nicht immer gewinnen.« [1149]

***

BONNIE AND CLYDE
USA 1967, Tatira-Hiller, Warner (Regie Arthur Penn, Buch David Newman, Robert Benton)

*

Faye Dunaway (Bonnie Parker): »Du bist gut.«
Warren Beatty (Clyde Barrow): »Nicht nur gut, ich bin der Beste.«
Dunaway: »Und der Bescheidenste.« [1150]

*

Dunaway: »Ich bin Miss Bonnie Parker, und das ist Mr. Clyde Barrow. Wir rauben Banken aus.« [1151]

***

BOOGIE NIGHTS
USA 1997, Ghoulardi, New Line (Regie, Buch Paul Thomas Anderson)

*

Philip Baker Hall (Floyd Gondolli): »Ich bin kein komplizierter Mensch. Ich liebe Filme. Und ich steh vor allem auf Filme, in denen Menschen vögeln.« [1152]

***

BORN TO DANCE
USA 1936, MGM (Regie Roy Del Ruth, Buch Jack McGowan, Sid Silvers, Story Jack McGowan, Sid Silvers, B. G. DaSylva)

*

Una Merkel (Jenny Saks): »Ihr Name, bitte! ... Wie ist der Name?«
Eleanor Powell (Nora Paige): »Sie meinen, meiner?«
Merkel: »Außer uns beiden ist keiner hier, und ich kenne meinen.« [1153]

***

BORN TO WIN
USA 1971, Tokafsky-Langner, United Artists (Regie Ivan Passer, Buch David Scott Milton)

*

George Segal (Jay Jay): »Was hat vier Beine und ist hinter Katz her?«
Karen Black (Parm): »Keine Ahnung.«
Segal: »Mrs. Katz und ihr Anwalt.« [1154]

*

Robert De Niro (Johnny, Cop): »Du hast uns also nichts über ihn zu berichten?«
Segal: »Wenn ich was hätte, würde ich es sagen. Singen und frei sein ist mein Motto, Jungs.« [1155]

***

BORSALINO
F/I 1970, Adel, Marianne, Mars (Regie Jacques Deray, Buch Jean-Claude Carrière, Claude Sautet, Jacques Deray, Jean Cau, nach dem Roman ›Bandits à Marseille‹ von Eugéne Saccomare)

*

Alain Delon (Siffredi): »Wir haben diesen Ton nicht besonders gern, Tänzer.« [1156]

*

Jean Aron (Buchhalter): »Im Geschäftsleben ist es genau wie in der Liebe. Es gibt da Dinge, die schreibt man besser nicht auf.« [1157]

*

Daniel Ivernel (Inspektor): »Und über Marellos Tod, da wissen Sie auch nichts?«
Delon: »Bedaure.«
Jean-Paul Belmondo (Capella): »Ich nehme an, er ist nur versehentlich in sein Briefmesser gefallen.«
(Ivernels Assistent): »Es gibt ja die seltsamsten Todesfälle.« [1158]

*

Ivernel: »Ihr seid von nun an die ungekrönten Könige, niemand neben euch, niemand über euch. Das ist der Augenblick, in dem man aufpassen muß.« [1159]

***

DER BOSS HAT SICH WAS AUSGEDACHT
(Échappement libre)
F/I/E 1964, Sud Pacifique, Capitole, Peroja, Transmonde (Regie Jean Becker, Buch Daniel Boulanger, Claude Sautet, Maurice Fabre, Didier Goulard, Jean Becker, nach dem Roman von Clet Coroner)

*

Jean-Pierre Marielle (Van Honde): »Ich liebe Er-

> »Du bist gut.«
> »Nicht nur gut,
> ich bin der Beste.«
> »Und der Bescheidenste.«
> Bonnie and Clyde

pressernaturen. Diese Leute sind voller Phantasie.« [1160]

*

Jean Seberg (Olga Célan): »Ein Mann findet nie alleine seinen Weg. Er braucht immer eine Frau, um ihn zu entdecken.« [1161]

***

BOTSCHAFTER DER ANGST
(The Manchurian Candidate)
USA 1962, M.C., Essex, United Artists (Regie John Frankenheimer, Buch George Axelrod, John Frankenheimer, nach dem Roman von Richard Condon)

*

Harry Holcomb (General): »Na, wie fühlen Sie sich?«
Laurence Harvey (Raymond Shaw): »Wie eine Schießbudenfigur, aus der langsam das Sägemehl ausläuft.« [1162]

***

BOULEVARD DER DÄMMERUNG
(Sunset Boulevard)
USA 1950, Paramount (Regie Billy Wilder, Buch Charles Brackett, Billy Wilder, D. M. Marshman jr.)

*

William Holden (Joe Gillis, voice-over): »Der arme Phantast! Er hatte sich immer ein Schwimmbassin gewünscht, und als er es endlich bekam, mußte er einen hohen Preis bezahlen.« [1163]

*

Nancy Olsen (Betty Schaefer): »Sie waren ein kommender Mann.«
Holden: »Vergangenes Jahr schon. Heut schreib ich, um zu leben.« [1164]

*

Holden: »Ich bin zu Witzen nicht aufgelegt. Es geht um meinen Wagen. Wenn ich ihn einbüße, ist es, als würde ich die Beine verlieren.« [1165]

*

Gloria Swanson (Norma Desmond): »Wir hatten Gesichter, wir brauchten keine Worte.« *(über Stummfilme)* [1166]

*

Holden (voice-over): »Da bin ich also, zurückgekehrt in das Schwimmbassin, das ich mir so gewünscht hatte. Es ist dämmrig, und man hat mich mindestens tausendmal photographiert. Dann holten nette Menschen ein paar Stangen und fischten mich heraus. Wie höflich doch die Leute mit einem umgehen, wenn man tot ist.« [1167]

***

BOUND – GEFESSELT *(Bound)*
USA 1996, De Laurentiis, Newmarket, Summit (Regie, Buch Andy und Larry Wachowski)

*

Joe Pantoliano (Caesar): »Ich mach mir ungern Sorgen. Ich hab Magengeschwüre.« [1168]

*

Gina Gershon (Corky): »Du mußt dich nicht entschuldigen. Ich kann eins nicht ausstehen: Frauen, die sich dafür entschuldigen, daß sie Sex wollen.« [1169]

*

John P. Ryan (Mickey Malnato): »Shelley, ich frag dich jetzt zehnmal. Hast du verstanden? Zehnmal. ... Eins: Wo ist unser Geld? ... *(schneidet ihm mit Geflügelschere einen Finger ab)*« [1170]

*

Gershon: »Du willst, daß ich dir helfe, die Mafia zu bescheißen. (...) Die sind viel schlimmer als jeder Cop. Die haben Geld und keine Regeln. Wenn du sie bescheißen willst, dann mußt du gut sein.« [1171]

*

Gershon: »Für mich war Stehlen schon immer so was wie Sex.« [1172]

*

Jennifer Tilly (Violet): »Wenn du so verdammt schlau bist, wieso haben sie dich dann erwischt?« [1173]

*

Gershon: »Drück jetzt endlich ab, oder nimm das verdammte Ding aus meinem Gesicht!« [1174]

*

Gershon: »Weißt du, worin wir uns unterscheiden, Violet?«
Tilly: »Nein.«

> »Für mich war Stehlen schon immer so was wie Sex.«
> Bound – Gefesselt

Gershon: »Ich auch nicht.« [1175]

*

DIE BOUNTY *(The Bounty)*
UK 1984, De Laurentiis (Regie Roger Donaldson, Buch Robert Bolt, nach dem Buch ›Captain Bligh und Mr. Christian‹ von Richard Hough)

*

Mel Gibson (Fletcher Christian): »Ich glaube, wir werden uns alle noch sehr eng kennenlernen.«

Philip Davis (Young): »Ich bin gespannt, was wir dabei rausfinden.« [1176]

***

BOXCAR BERTHA – DIE FAUST DES REBELLEN
(Boxcar Bertha)
USA 1972, AIP (Regie Martin Scorsese, Buch Joyce H. Corrington, John William Corrington, nach der Autobiographie ›Sister of the Road‹ von Bertha Thompson, geschrieben von Ben L. Reitman)

*

Barbara Hershey (Bertha): »Ja, also Sie irren sich nicht. Das ist ein Überfall. Wir wollen von Ihnen Geld und Juwelen. Also wenn Sie sich bitte an der Wand aufstellen, dann müssen Bill, Rake und Von Sie nicht erschießen.« [1177]

*

Victor Argo (McIvers): »Gewehr weg, Billy Boy! Oder ich mach, was mir am liebsten wäre.« [1178]

***

THE BOXER
Irland/UK/USA 1997, Hell's Kitchen, Irish Film Board, Universal (Regie Jim Sheridan, Buch Jim Sheridan, Terry George)

*

»Ihr Mann hat fünf Jahre Gefängnis gekriegt. Wenn du dich noch mal an seine Frau ranschleichst, schieß ich dir beide Kniescheiben durch.« [1179]

*

Gerard McSorley (Harry): »Du bist raus.«
Daniel Day-Lewis (Danny Flynn): »Wegen guter Führung.«
McSorley: »Das hat man dir früher nie vorgeworfen.« [1180]

*

McSorley: »Du bist 'n merkwürdiger Kerl, Danny. Es hätte doch wirklich gereicht, wenn du nur über den Gefängnisflur gegangen wärst und deine alten Freunde von der IRA begrüßt hättest. Menschen zu schneiden ist nicht nett. Aber du hast niemals Namen genannt und deshalb bist du noch ein gesunder Mann. Verstehst du?« [1181]

*

McSorley: »Ich hatte keine Schuld, daß man dich geschnappt hat. Du hättest weglaufen sollen.« [1182]

*

Eleanor Methven (Patsy): »Warum ist er wieder hier? (...) Wegen Maggie?«
McSorley: »Nein. Er will doch seine Eier behalten.« [1183]

*

Ken Stott (Ike): »Du hast ihm 'n Gefallen getan. Das wird er dir niemals verzeihen.« [1184]

*

Mickey Tohill (Billy Patterson): »Nicht hinsehen! Hinter euch steht ein Auto. Und der letzte Katholik ist in dem Wagen nicht friedlich gestorben.« [1185]

*

Brian Cox (Joe Hammill): »Wer hat gestern abend auf Danny Flynn geschossen, Harry?«
McSorley: »Keine Ahnung. Meine Leute schießen, um zu töten.« [1186]

***

BOY MEETS GIRL
F 1984, Abilène, Forum (Regie, Buch Léos Carax)

*

Denis Lavant (Alex): »Ich begleite dich.«
Mireille Perrier (Mireille): »Ich geh gern allein spazieren.«
Lavant: »Ach. Ich auch. Also können wir zusammen gehen.« [1187]

***

BRASSED OFF – MIT PAUKEN UND TROMPETEN *(Brassed Off)*
UK 1996, Prominent, Abbott-Herman, Miramax, Channel Four (Regie, Buch Mark Herman)

»Ich begleite dich.«
»Ich geh gern allein spazieren.«
»Ach. Ich auch. Also können wir zusammen gehen.«
Boy Meets Girl

Tara Fitzgerald (Gloria): »Du stimmst dafür, daß sie *(die Zeche)* bleibt?«
Ewan McGregor (Andy): »Klar, verdammt noch mal!«
Fitzgerald: »Also hast du noch Hoffnung.«
McGregor: »Keine Hoffnung. Nur Prinzipien.« [1188]

*

Fitzgerald: »Willst du noch mit raufkommen auf 'n Kaffee?«
McGregor: »Ich trinke keinen Kaffee.«
Fitzgerald: »Ich hab auch keinen da.« [1189]

*

Stephen Tompkinson (Phil): »Laß ihn in Ruhe, Jim! Er sagt, er hat's nicht gewußt. Ich meine, wenn dir eine solche Beine um den Hals wickelt, fragst du sie nicht erst nach dem Lebenslauf.« [1190]

*

»Das *(Zaubern)* machen Sie nicht hauptberuflich, oder?«
Tompkinson: »Ich bin Bergmann.«
»Bergmann?«
Tompkinson: »Sie wissen doch, was das ist, oder? Dinosaurier, Mammuts, Bergleute ...« [1191]

*

Peter Postlethwaite (Danny): »Der rennt ja wie Kacke von der Schaufel.« [1192]

***

DIE BRAUT, DIE SICH NICHT TRAUT
(Runaway Bride)
USA 1999, Interscope, Lakeshore, Touchstone, Paramount (Regie Garry Marshall, Buch Josann McGibbon, Sara Parriott)

*

Richard Gere (Howard Eisenhower ›Ike‹ Graham): »Ich bin Kolumnist. Ich tue, was man von Kolumnisten erwartet, und das gefällt dir. Wir übertreiben, wir manipulieren Stories, riskieren unseren Kopf. Aber das macht mich eben gut.«
Rita Wilson (Ellie): »Nein, es macht dich nur arbeitslos.« [1194]

*

Gere: »Zeitsprung. Ich glaube, ich bin bei den Waltons.« [1195]

*

Julia Roberts (Maggie Carpenter, zu Gere): »Ich würd Ihnen gern weiter zuhören, aber *ich* hab noch meinen Job.« [1196]

*

Roberts (im Beichtstuhl): »Ich habe eine rein technische Frage. Ich hab zur Zeit ein paar üble Gedanken, richtig böse Gedanken.«
Donal Logue (Brian Norris, Priester): »Sind sie von unreiner Art?«
Roberts: »Nein, nein. Ich will den Ruin eines Mannes. Ich will seine Karriere und sein Leben aus Rache vernichten. Wie schlimm ist das, auf einer Sündenskala von 1 bis 10? Kann ich durch ein paar Ave Marias die Absolution kriegen?« [1197]

*

Joan Cusack (Peggy Flemming): »Manchmal explodierst du förmlich vor Charme und verbreitest eine erotische Energie, die sich auf alles stürzt, was männlich ist und sich bewegt.«
Roberts: »Alles, was männlich ist und sich bewegt? Im Gegensatz zu allem, was männlich ist und sich nicht bewegt?«
Cusack: »Na ja, wie gewisse Arten von Korallen.« [1198]

*

(Harve): »He, Ike, hat deine Freundin 'ne Schwester?«
Gere: »Warte auf das Original, das ist in 'ner Woche wieder lieferbar.« [1199]

***

DIE BRAUT KAM PER NACHNAHME
(The Bride Came C.O.D.)
USA 1941, Warner (Regie William Keighley, Buch Julius J. Epstein, Philip G. Epstein, Story Kenneth Earl, M. M. Musselman)

*

Stuart Erwin (Tommy Keenan): »Wenn der Mann schon dreimal einen Hund gebissen hat, ist das für niemanden mehr eine Neuigkeit.« [1200]

> »He, Ike, hat deine Freundin 'ne Schwester?«
> »Warte auf das Original, das ist in 'ner Woche wieder lieferbar.«
> Die Braut, die sich nicht traut

Eugene Pallette (Lucius K. Winfield): »Wissen Sie, es macht mir nichts aus, einen Mitgiftjäger in der Familie zu haben, aber nie im Leben werde ich mich mit einem Klavierspieler abfinden.« [1201]

*

Bette Davis (Joan Winfield): »Nicht im Traum würde mein Vater darauf kommen, etwas so Abscheuliches zu tun.«
James Cagney (Steve Collins): »Er ist nicht darauf gekommen. Ich war's.« [1202]

*

Davis: »Entschuldigen Sie, aber wenn mir im Augenblick überhaupt jemand leid tut, dann nur ich selbst.« [1203]

*

Cagney: »Gesellschaftsziegen! Der schlimmste Engpaß im Fortschritt der Menschheit.« [1204]

*

Davis: »Fühlen Sie sich nicht sehr einsam, hier so allein?«
Harry Davenport (Pop Tolliver): »Oh nein. Ich habe Menschen gern. Aber wenn ich nicht so viele sehe, habe ich sie besonders gern.« [1205]

*

Davenport: »Es ist besser, die Kabbeleien hinter sich zu haben, *bevor* man heiratet. Hat mich drei Frauen gekostet, das zu lernen.« [1206]

*

Davis: »Aber Sie werden ihn doch nicht etwa abknallen, oder?«
Davenport: »Nur wenn's unbedingt sein muß. Hoffentlich muß es sein.« [1207]

*

Davis: »Wieso müssen Sie ausgerechnet jetzt die Vergangenheit aufrühren?«
Cagney: »Weil unsere Zukunft es nicht wert ist, daß man über sie spricht.« [1208]

*

Cagney: »Wollen wir die kleine Meinungsverschiedenheit vielleicht mit den Fäusten regeln?« [1209]

*

William Frawley (Sheriff McGee): »Bevor ihr anfangt *(mit der Schlägerei)*, blast es lieber ab. Einer heiratet, und einer wandert ins Gefängnis. Da habt ihr doch viel Gemeinsames.« [1210]

*

Frawley: »Wenn Sie jetzt gegeneinander kämpfen, dürfen Sie sich nicht mit allzuvielen Spitzfindigkeiten abgeben, wie ›Das ist ja unfair‹ und so. Nein, wir wollen einen netten dreckigen und gemeinen Kampf.« [1211]

*

Jack Carson (Allen Brice, nach der Schlägerei): »Noch jemand hier, der glaubt, daß ich falsch singe?« [1212]

***

DIE BRAUT TRUG SCHWARZ
(La Mariée était en noir)
F/I 1968, Carosse, Artistes Associés, De Laurentiis (Regie François Truffaut, Buch François Truffaut, Jean-Louis Richard, nach dem Roman ›The Bride Wore Black‹ von William Irish [=Cornell Woolrich])

*

Jean-Claude Brialy (Corey): »Ich bleibe meinem Grundsatz treu: Ich laufe keiner nach, aber ich laß auch nichts anbrennen.« [1213]

*

Claude Rich (Bliss): »Es wäre wirklich an der Zeit, daß du mal ein bißchen ruhiger wirst. Wenn man eine kennt, kennt man alle. Das ist meine Erfahrung.«
Brialy: »Trotzdem möchte ich nun mal alle haben.« [1214]

*

Rich: »Ach, Frauen, Frauen! Das ist alles ganz schön und gut, aber irgendwann hört das sowieso auf.« [1215]

*

Jeanne Moreau (Julie Kohler): »Ein Genie hat mal gesagt: ›Es gibt weder Optimisten, noch Pessimisten. Es gibt nur heitere Dummköpfe und traurige Dummköpfe.‹« [1216]

*

Michel Bouquet (Coral): »Ich kann Sie kaum noch erkennen. Flackert das Licht?«
Moreau: »Nein, Ihr Lebenslicht flackert. Es geht aus.« [1217]

> *»Es ist besser, die Kabbeleien hinter sich zu haben, bevor man heiratet. Hat mich drei Frauen gekostet, das zu lernen.«*
> Die Braut kam per Nachnahme

Bouquet: »Es brennt wie Feuer in mir. Rufen Sie einen Arzt!«
Moreau: »Der kann Ihnen auch nicht mehr helfen. Es ist gleich vorbei.« [1218]

Van Doude (Inspektor Fabri): »Sagen Sie mal, wer sagt uns, daß das alle sind? Das nächste Opfer hätte er sein können.«
Moreau: »Durchaus. Er ist mir widerlich, weil er alle Frauen haben muß, aber ich hätte ihn deswegen nicht ermordet.« [1219]

***

BRAVADOS
(The Bravados)
USA 1958, Twentieth Century Fox (Regie Henry King, Buch Philip Yordan, nach dem Roman von Frank O'Rourke)

*

Lee Van Cleef (Alfonso Parral): »Wir müssen ihn umbringen, ohne ihn sind die anderen hilflos.«
Stephen Boyd (Bill Zachary): »Ja, du hast recht. Knall ihn ab!« (...)
Van Cleef: »Warum denn gerade ich?«
Albert Salmi (Ed Taylor): »War doch deine Idee.« [1220]

***

THE BRAVE
USA 1997, Thomas, Acappella, Majestic (Regie Johnny Depp, Buch D. P. Depp, Johnny Depp, Paul McCudden, nach dem Roman von Gregory McDonald)

*

»Ich werde sie finden. Und dann bring ich sie um. Und dann will ich sie vögeln. Und dann will ich sie essen.« [1221]

***

BRAVEHEART
USA 1995, Icon, Ladd, Twentieth Century Fox (Regie Mel Gibson, Buch Randall Wallace)

*

Mel Gibson (William Wallace): »Ist doch gutes schottisches Wetter. Der Regen fällt fast lotrecht, nur leicht zur Seite geneigt.« [1222]

*

Brendan Gleeson (Hamish): »Wo willst du denn hin?«
Gibson: »Ich such mir ein bißchen Streit.«
Gleeson: »Na ja, wozu haben wir uns sonst rausgeputzt.« [1223]

***

BRAZIL
UK 1985, Brazil, Twentieth Century Fox (Regie Terry Gilliam, Buch Terry Gilliam, Tom Stoppard, Christopher Newman, Terence Finch, Kevin Westley)

*

Barbara Hicks (Mrs. Terrain): »Wirklich, Sam, warum tust du nicht endlich mal was gegen diese Terroristen?«
Jonathan Pryce (Sam Lowry): »Ich hab jetzt Mittagspause.« [1224]

*

Pryce: »Nun, mit einer gewissen Menge Schreibarbeit muß man immer rechnen.« [1225]

*

Pryce: »Entschuldigen Sie, ich bin ein bißchen pedantisch, was Formulare angeht. Wo würden wir denn hinkommen, wenn wir uns nicht an die korrekten Verfahren hielten!« [1226]

*

Jim Broadbent (Dr. Jaffe): »Meine (*Schönheitsoperationspatientinnen*) sehen jedenfalls nicht so aus, als seien sie gerade überfahren worden.« [1227]

***

THE BREAKFAST CLUB
USA 1984, A&M, Channel, Universal (Regie, Buch John Hughes)

*

Judd Nelson (John Bender): »Ich will ganz einfach so sein wie du *(Estevez, Ringer)*. Das einzige, was ich dazu brauche, ist 'ne Gehirnamputation [lobotomy] und 'n Tricot [tights].« [1228]

*

Emilio Estevez (Andrew Clark): »Warum mußt du andauernd jemanden beleidigen?«
Nelson: »Ich bin bloß ehrlich, Arschloch.« [1229]

*

Nelson: »Was ist das denn?«
Molly Ringwald (Claire Standish): »Sushi.«

> »Ich werde sie finden.
> Und dann bring ich sie um.
> Und dann will ich sie vögeln.
> Und dann will ich sie essen.«
> The Brave

Nelson: »Sushi?«
Ringwald: »Reis, roher Fisch und Seetang.«
Nelson: »Du willst nicht die Zunge von 'nem Jungen in deinem Mund haben, und dann ißt du so was?« [1230]

***

BREAKFAST OF CHAMPIONS – FRÜHSTÜCK FÜR HELDEN (*Breakfast of Champions*)
USA 1999, Sugar Creek, Hollywood, Summit, Flying Heart (Regie, Buch Alan Rudolph, nach dem Roman von Kurt Vonnegut jr.)

*

Albert Finney (Kilgore Trout): »Ich war auch mal Umweltschützer. Hab geheult und gejammert, als ich hörte, daß sie Weißkopfseeadler vom Hubschrauber aus abknallen. Aber ich hab damit aufgehört. Jetzt lach ich darüber. Ich sage: Scheiß was drauf! Der Mensch braucht sein Gas.« [1231]

***

DER BRENNENDE PFEIL
(*The Charge at Feather River*)
USA 1953, Warner (Regie Gordon Douglas, Buch James R. Webb)

*

Frank Lovejoy (Sergeant Baker): »Jonesy!«
(Jonesy): »Ja, Sir.«
Lovejoy: »Bringen Sie das Pferd weg!«
(Jonesy): »Ja, Sir. Wohin, Sir?«
Lovejoy: »Da drüben steht doch ein Haus, nicht wahr?«
(Jonesy): »Ja, Sir.«
Lovejoy: »Das ist doch ein Stall?«
(Jonesy): »Ja, Sir.«
Lovejoy: »Meinen Sie nicht, das wäre ein guter Platz, ein Pferd unterzustellen?«
(Jonesy): »Ja, Sir.«
Lovejoy: »Und?«
(Jonesy): »Oh ja, verstehe, Sir.«
Lovejoy: »›Ja, Sir.‹ ›Ja, Sir.‹ Seit Beginn des Krieges schicken sie mir ununterbrochen Rekruten.« [1232]

*

Lovejoy: »Das Grinsen wird Ihnen bald vergehen. Ich werde mich Ihretwegen nicht hängen lassen, aber ich glaube nicht, daß Sie diesen Ausflug überleben.« [1233]

*

Steve Brodie (Ryan): »Die ganze konföderierte Armee hat auf mich geschossen, da schreckt mich doch kein Ehemann mehr.« [1234]

*

Guy Madison (Miles Archer): »Indianer kämpfen nicht gerne nachts.«
Onslow Stevens (Grover Johnson): »Wieso nicht?«
Madison: »Sie haben Angst, daß Ihre Seele ewig durch die Nacht irrt, wenn Sie bei Dunkelheit getötet werden.« [1235]

*

Henry Kulky: »Wenn ein Mann schon durch ein schweres Schicksal gezwungen wird, Wasser zu trinken, könntest du wenigstens so viel Anstand haben wegzusehen.« [1236]

***

BRENNENDES INDIEN (*Northwest Frontier*)
UK 1959, Hellman, Rank (Regie J. Lee-Thompson, Buch Robin Estridge)

*

Kenneth More (Captain Scott): »Sind Sie auch eine von diesen emanzipierten Frauen, mit denen wir in England so viel Ärger haben?« [1237]

*

More: »Ich möchte Ihnen am liebsten eins auf die Nase geben, damit sie sie nicht mehr überall hineinstecken.« [1238]

***

BRENNPUNKT BROOKLYN
(*The French Connection*)
USA 1971, Twentieth Century Fox (Regie William Friedkin, Buch Ernest Tidyman, nach dem Buch von Robin Moore)

*

Gene Hackman (James R. ›Popeye‹ Doyle): »Hört zu! Der Weihnachtsmann ist da. Nehmt die Hände übern Kopf! Geht von der Bar weg und da an die Wand!« [1239]

*

Tony Lo Bianco (Sal Boca): »Ich bin verdammt vorsichtig gewesen, das weißt du.«

> »Die ganze konföderierte Armee hat auf mich geschossen, da schreckt mich doch kein Ehemann mehr.«
> Der brennende Pfeil

Harold Gary (Joel Weinstock): »Ja, deshalb ist auch dein Telefon angezapft, und die Spitzel sitzen auf dir rum wie Fliegen.« [1240]

*

Fernando Rey (Alain Charnier): »Boca hat Furcht, ist nervös und ängstlich und sieht überall Polizei.«
Marcel Bozzuffi (Pierre Nicoli): »Er hat ja recht.« [1241]

*

Rey: »Der eine ist ganz gefährlich und zwar der aus der U-Bahn *(Hackman)*.«
Bozzuffi: »Nicht mehr lange.«
Rey: »Das ist auch keine Lösung.«
Bozzuffi: »Na, was ist schon dabei? Freitag sind wir weg.« [1242]

***

BRENNPUNKT L.A. *(Lethal Weapon 2)*
USA 1989, Silver, Warner (Regie Richard Donner, Buch Jeffrey Boam, Story Shane Black, Warren Murphy)

*

»Wie, um Himmels willen, hast du das *(aus Zwangsjacke befreien)* gemacht, Mann?«
Mel Gibson (Martin Riggs): »Wißt ihr, irgendwann hab ich mir mal eine Schulter ausgerenkt, und seit der Zeit hab ich die Nummer drauf.«
»Tut das nicht ungeheuer weh?«
Gibson: »Doch, und wie, aber nicht so weh, wie es beim Wiedereinrenken tut.« [1244]

*

»Wieso, in aller Welt, tun Sie sich so etwas nur an, Riggs?«
Gibson: »Wem könnte ich es sonst antun?« [1245]

*

Derrick O'Connor (Pieter Vorstedt): »Sie geben dem Wort ›Abdeckplane‹ *(als Unterlage für Mord)* eine ganz neue Bedeutung, Mr. Rudd.« [1246]

*

O'Connor: »Wir warnen sie. Aus Erfahrung weiß ich: Ein ängstlicher Polizist ist nützlicher als ein toter.«
Joss Ackland (Arjen Rudd): »Eine Warnung? Ist das nicht etwas zahm?«
O'Connor: »Es kommt darauf an, wie.« [1247]

***

BRENNPUNKT L.A. – DIE PROFIS SIND ZURÜCK
(Lethal Weapon 3)
USA 1992, Silver, Warner (Regie Richard Donner, Buch Jeffrey Boam, Robert Mark Kamen, Story Jeffrey Boam, nach den Charakteren von Shane Black)

*

Mel Gibson (Martin Riggs): »Oh Mann! Da *(in der Bombe)* ist ja mehr Plastik drin als in Cher.« [1248]

*

Danny Glover (Roger Murtaugh): »Du kannst doch nicht immer alles mit deinen Fäusten regeln!«
Gibson: »Ich konnte doch bei den vielen Leuten nicht meine Knarre ziehen.« [1249]

*

Glover: »Wenn mein Dienst zu Ende ist, hoffe ich, dein nächster Partner wird genauso wie du.«
Gibson: »Oh, das wird nicht passieren, weil es Gewinner und Verlierer gibt. Gott macht so was nicht mit mir.«
Glover: »Bei mir hat er's gemacht.«
Gibson: »Ich weiß. Siehst du, was ich meine?« [1250]

***

BRIDE OF THE MONSTER
USA 1955, Rolling M, Banner (Regie Edward D. Wood jr., Buch Edward D. Wood jr., Alex Gordon)

*

Bela Lugosi (Dr. Eric Vornoff): »You're not welcome in my house. Go away now! Go! Go! Go!« [1251]

*

(Lafe McCrea): »What're you doing to me?«
Lugosi: »You'll be soon as big as a giant. With the strength of twenty men. Or like all the others: dead.« [1252]

*

Harvey Dunne (Captain Robbins): »At times the police can be quite useful.« [1253]

> »Oh Mann!
> Da (in der Bombe) ist ja
> mehr Plastik drin als in Cher.«
> Brennpunkt L.A. – Die Profis sind zurück

Lugosi: »Don't be afraid of Lobo. He's as gentle as a kitten.« *1254*

*

Lugosi: »My dear Professor Strowski, twenty years ago I was banned from my home land, parted from my wife and son never to see them again. Why? Because I suggested the atom elements for producing super beings, beings of unthinkable strength and size. I was classed as a madman, a charlatan, outlawed in the world of science which previously honored me as a genius. Now here in this forsaken jungle hell I have proven that I am allright.« *1255*

*

Lugosi: »One is always considered mad if one discovers something that others can not grasp.« *1256*

*

George Becwar (Professor Strowski): »My government ordered me to bring you back.«
Lugosi: »I'm afraid you will find it rather difficult.« *1257*

*

Ann Wilner (Tillie): »What can I do for you, sir?«
Dunne: »Captain Robbins, homicide.«
Wilner: »Why, captain, I haven't murdered anyone in a month.« *1258*

*

Lugosi: »As soon as my experiments are completed noone can ever touch me. I will make the law.« *1259*

***

BRIEF AN BRESCHNIEW
(A Letter to Brezhnev)
UK 1985, Yeardream, Film Four, Palace (Regie Chris Bernard, Buch Frank Clarke)

Tracy Lea (Tracy): »Seh ich okay aus? Ist meine Wimperntusche verschmiert? Sind meine Haare durch 'n Wind?«
Alexandra Pigg (Elaine Spencer): »Du hast 'n ganzen Lackkübel draufgeschüttet, Tracy. Es müßte schon 'n Monsun kommen, um die Fassade zu bewegen.« *1260*

*

Jeannette Votel (Mädchen im Bus): »Also, ich glaube, da hat sich gerade jemand vor 'n Bus geworfen. (...) So was passiert schon mal. Die kratzen die Leiche einfach weg, und dann geht's weiter. Ist nicht so schlimm.« *1261*

***

BRIEF EINER UNBEKANNTEN
(Letter from an Unknown Woman)
USA 1948, Universal (Regie Max Ophüls, Buch Howard Koch, nach dem Roman ›Brief einer Unbekannten‹ von Stefan Zweig)

*

Louis Jourdan (Stefan Brand): »Keine Sorge, Johann, ich habe nicht die Absicht, mich mit dem Kerl zu duellieren. Ehre ist ein Luxus, den man sich leisten können muß.« *1262*

*

Jourdan: »Von Anfang an war mir der Erfolg treu. Vielleicht war es zu leicht. Manchmal ist es leichter, anderen Menschen zu gefallen als sich selbst.« *1263*

*

Jourdan (off): »Champagner schmeckt am besten nach Mitternacht.« *1264*

*

Jourdan (off): »Ich komme gerade aus Amerika zurück. Ein faszinierendes Land! Die Männer lieben das Geld, die Frauen die Europäer.« *1265*

***

BRING MIR DEN KOPF VON ALFREDO GARCIA
(Bring Me the Head of Alfredo Garcia)
USA 1974, Optimus, Churubusco, United Artists (Regie Sam Peckinpah, Buch Gordon Dawson, Sam Peckinpah, Story Frank Kowalski, Sam Peckinpah)

*

Emilio Fernandez (El Jefe): »Eine Million für den, der mir den Kopf von Alfredo Garcia bringt. Bringt mir den Kopf von Alfredo Garcia! Bringt ihn mir!« *1266*

*

Warren Oates (Bennie): »Wenn er noch lebt, bring ich Ihnen Garcia. Darauf können Sie Gift nehmen.«

> »Ich komme gerade aus Amerika zurück. Ein faszinierendes Land! Die Männer lieben das Geld, die Frauen die Europäer.«
> Brief einer Unbekannten

Robert Webber (Sappensly): »Daß er noch lebt, ist gar nicht das, worauf es ankommt.«
Oates: »Na ja, dann sagen wir eben tot oder lebendig, wenn Ihnen das besser gefällt.«
Gig Young (Quill): »Tot. Nur tot.« [1267]

*

Webber: »Ich hab recht gehabt. Das Ding ist hier. Machen wir ein bißchen Feuerwerk!« [1268]

*

Oates (zum Kopf): »Alfredo, weiter geht's.« [1269]

***

BRITANNIA HOSPITAL

UK 1982, Film & General, NFFC, EMI (Regie Lindsay Anderson, Buch David Sherwin)

*

»Wieder einer für den Abdecker.«
»Fußball spielt der jedenfalls nicht mehr.« [1270]

***

BROADWAY DANNY ROSE

USA 1984, Rollins-Joffe, Orion (Regie, Buch Woody Allen)

*

Woody Allen (Danny Rose): »Meine Tante Rose, zum Beispiel, keine hübsche Frau, bestimmt nicht, sie sah aus wie etwas, das du als lebenden Köder kaufst, aber sie war eine kluge Frau, und sie pflegte immer zu sagen: ›Du kannst nicht zwei Pferde mit einem Hintern reiten.‹« [1271]

*

Allen: »Das ist Ihre Lebensphilosophie? Das (...) hört sich eher an wie das Drehbuch für einen Gangsterfilm.« [1272]

***

BROKEN ARROW

USA 1996, Gordon, WCG, Twentieth Century Fox (Regie John Woo, Buch Graham Yost)

*

Frank Whaley (Giles Prentice): »Ich denke, daß wir mit der Wahrheit besser fahren.«

> »Das ist Ihre Lebensphilosophie? Das (...) hört sich eher an wie das Drehbuch für einen Gangsterfilm.«
> Broadway Danny Rose

»Mit der Wahrheit? Wie haben Sie diesen Job bekommen?« [1273]

*

John Travolta (Vic Deakins): »Würdest du bitte nicht direkt auf die thermonuklearen Waffen schießen!« [1274]

*

Travolta: »Komm schon, Kumpel, antworte endlich!«
Christian Slater (Riley Hale): »Kumpel, hä? Du Schweinehund wolltest mich umbringen. Unsere Freundschaft ist zu Ende.«
Travolta: »Das heißt doch nicht, daß ich dich nicht gut leiden kann.« [1275]

*

Travolta: »Oh Mann, jetzt bin ich total am Arsch! Es sei denn, natürlich, ich hätte das vorausgesehen.« [1276]

***

BRONCO BILLY

USA 1980, Second Street, Warner (Regie Clint Eastwood, Buch Dennis Hackin)

*

Clint Eastwood (›Bronco Billy‹ McCoy): »Verschwindet aus meinen Wagen, ihr geldgierigen Geier!« (...)
Bill McKinney (Lefty LeBow): »Warum ist er denn so schlecht gelaunt? Was ist denn passiert?«
Scatman Crothers (›Doc‹ Lynch): »Ich hab ihm gerade gesagt, daß wir alle aussteigen, wenn er uns nicht bezahlt.«
Sam Bottoms (Leonard James): »Das mußt du ihm jetzt sagen, wo's regnet!« [1277]

*

Sondra Locke (Antoinette Lily): »Nimm gefälligst deine nasse Zunge aus meinem Ohr!«
Geoffrey Lewis (John Arlington): »Ich bin dein Mann.«
Locke: »Das gibt dir kein Recht, mich zu mißhandeln.« [1278]

*

McKinney: »Was geht Sie das an?«
Locke: »Ich wollte nur mal so fragen. Damit die Zeit schneller rumgeht.«
McKinney: »Und warum, zum Teufel, soll die Zeit schneller rumgehen?« [1279]

*

Sierra Pecheur (Lorraine Running Water): »Der

Boss ist ein komischer Kerl. Er ist wie alle Männer. Im Grunde ist er ein großes Kind.« [1280]

*

Pecheur: »Wissen Sie denn nicht, was den Reiz in Billys Wildwest Show ausmacht? Da kann man alles sein, was man will. Man geht einfach hinaus und wird es.« [1281]

*

Locke: »Und was soll ich jetzt tun?«
Pecheur: »Das kann ich Ihnen nicht sagen. Ich weiß nur, daß Sie vor sich selber weglaufen. Und solange Sie nicht wissen, wer Sie sein möchten, werden Sie nie sehr weit kommen.« [1282]

*

Locke: »Sei unbesorgt, ich werde dich nicht auf die Straße setzen, wo du hingehörst.« [1283]

***

BROWN'S REQUIEM
USA 1998, Savvy Lad, J & T (Regie, Buch Jason Freeland, nach dem Roman von James Ellroy)

*

Michael Rooker (Fritz Brown, voice-over): »Ich kann mich nicht mehr daran erinnern, ob ich meinen ersten Drink auf mein Glück getrunken habe oder auf den Verlust, den ich hinnehmen mußte. Wenn ich noch eine Weile hier sitze, wird es mir sicher wieder einfallen. Aber eins weiß ich jetzt ganz genau: wie sich jemand fühlt, der alles verloren hat.« [1284]

*

Harold Gould (Sally K): »Was wollen Sie, Fritz?«
Rooker: »Vielleicht möchte ich mich rächen. Bin ich deswegen ein schlechter Mensch?« [1285]

***

DIE BRÜCKE AM KWAI
(The Bridge on the River Kwai)
USA 1957, Spiegel-Lean, Horizon, Columbia (Regie David Lean, Buch Pierre Boulle, nach seinem Roman)

*

Alec Guinness (Colonel Nicholson): »Ohne Gesetze, Commander, gäbe es keine Zivilisation.«
William Holden (Shears): »Das ist ganz meine Meinung. Und hier gibt es keine Zivilisation.«
Guinness: »Dann haben wir jetzt die Gelegenheit, sie hier einzuführen.« [1286]

*

Sessue Hayakawa (Colonel Saito): »Wissen Sie, was mich erwartet, wenn die Brücke bis zum 12. Mai nicht fertig wird?«
Guinness: »Wie soll ich das wissen?«
Hayakawa: »Ich muß Selbstmord begehen. Was würden Sie machen, wenn Sie an meiner Stelle wären?«
Guinness: »Ich glaube, wenn ich an Ihrer Stelle wäre, würde ich mich auch töten müssen. Prost!« [1287]

*

Hayakawa: »Ich hasse euch Engländer. Ihr seid besiegt, aber ihr schämt euch nicht. Ihr seid dickköpfig, aber ihr habt keinen Stolz. Ihr haltet viel aus, aber Mut habt ihr nicht. Ich hasse euch Engländer.« [1288]

*

Jack Hawkins (Major Warden): »Es ist ganz harmlos ... bis es explodiert.« [1289]

*

Hawkins: »Soll ich Ihnen sagen, wie das auf Siamesisch heißt?«
Holden: »Das macht es nur kaputt. Zuviel reden macht immer alles kaputt.« [1290]

*

Holden: »Sie machen mich krank mit Ihrem Heldengetue. Sie stinken förmlich nach Tod. Sie tragen ihn im Tornister wie die Pest.« [1291]

*

Holden: »Für Sie gibt's nur das eine oder das andere, eine Brücke zerstören oder sich selbst zerstören.« [1292]

*

Holden: »Sie und Colonel Nicholson sind aus dem gleichen Holz, besoffen vor Tapferkeit. Wofür? ›Wie stirbt man als Gentleman?‹ ›Wie stirbt man nach Vorschrift?‹ Dabei ist doch das einzig Wichtige: Wie lebt man wie ein menschliches Wesen?« [1293]

*

Guinness: »Es gibt so Momente, da wird einem

> »Sie machen mich krank mit Ihrem Heldengetue. Sie stinken förmlich nach Tod. Sie tragen ihn im Tornister wie die Pest.«
> Die Brücke am Kwai

plötzlich klar, daß einem das Ende näher ist als der Anfang. Und dann fragt man, fragt man sich selber: ›Wie sieht am Ende die Bilanz deines Lebens aus?‹ Ob das Dasein irgendwann für irgendwen eine Bedeutung gehabt hat oder überhaupt keine Bedeutung hatte, besonders im Vergleich zur Laufbahn anderer. Ich weiß nicht, ob diese Art zu denken sehr zuträglich [healthy] ist, aber ich muß zugeben, mir kommen solche Gedanken von Zeit zu Zeit.« [1294]

***

DIE BRÜCKEN AM FLUSS
(The Bridges of Madison County)
USA 1995, Malpaso, Amblin, Warner (Regie Clint Eastwood, Buch Richard LaGravenese, nach dem Roman von James Waller)

*

Victor Slezak (Michael Johnson): »Glaubst du, sie hatte Sex mit ihm?«
Annie Corley (Carolyn Johnson): »Oh, mein Gott, Michael! Es muß wirklich reizend sein, mit dem Osterhasen und Peter Pan in deinem Kopf zu wohnen.« [1295]

*

Clint Eastwood (Robert Kincaid): »Ich hab das sichere Gefühl, ich hab mich verirrt.«
Meryl Streep (Francesca Johnson): »Wo wollten Sie jetzt sein? In Iowa?«
Eastwood: »Ja.«
Streep: »Dann haben Sie sich nicht sehr verirrt.« [1296]

*

Eastwood: »Die alten Träume waren gute Träume. Sie gingen nicht in Erfüllung, aber ich war froh, sie zu haben.« [1297]

*

Streep: »Ich habe es nicht so gemeint, wie es sich anhört. (...)«
Eastwood: »Das ist schon gut. Wir werten es einfach als Kompliment und machen weiter.« [1298]

> »Die alten Träume waren gute Träume. Sie gingen nicht in Erfüllung, aber ich war froh, sie zu haben.«
> Die Brücken am Fluß

Eastwood: »Wenn Sie glauben, daß ein Mann es sattkriegen kann, über sich selbst zu reden, dann haben Sie noch nicht viele Männer getroffen.« [1299]

*

Corley: »Er erinnert mich irgendwie an Steve, weißt du. Steve ist schwach, unmoralisch und ein Lügner, aber trotzdem ein richtig netter Kerl. Er sollte bloß nicht verheiratet sein. Tja, jedenfalls nicht mit mir.« [1300]

*

Eastwood: »Wenn du willst, daß ich aufhöre, dann sag's mir jetzt!« [1301]

*

Eastwood: »Ich will dich nicht brauchen.«
Streep: »Wieso nicht?«
Eastwood: »Weil ich dich nicht haben kann.« [1302]

***

BRÜDER WIDER WILLEN
(A Family Thing)
USA 1996, Black-Haines, Butchers Run, United Artists (Regie Richard Pearce, Buch Billy Bob Thornton, Tom Epperson)

*

James Harrell (Earl sr., in der Autowerkstatt): »Was sagten Sie? Woher kommen Sie?«
»Wisconsin.«
Harrell: »Da haben wir's, Junior. Ich hab noch nie 'n verdammten Yankee gesehen, der mehr als 'ne Schubkarre fahren kann.« [1303]

***

EL BRUTO, DER STARKE *(El Bruto)*
MEX 1953, Internacional (Regie Luis Buñuel, Buch Luis Buñuel, Luis Alcoriza)

*

Pedro Armendariz (El Bruto): »Was für aufsässige Bettler! Sie denken nur an ihren Vorteil.«
Andrés Soler (Andrés Cabrera): »Ja, mein Junge, das ist der Dank für all meine Gefälligkeiten. Wie oft hab ich ihnen Geld geliehen und dafür kaum Zinsen genommen. Aber so sind sie nun mal.« [1304]

*

Armendariz: »Ich hab gedacht, ich gefalle Ihnen.«
Katy Jurado (Paloma Cabrera): »Möglich, aber für das, wozu du mich willst, dafür fehlt das Wichtigste: daß ich dich will.« [1305]

BUBE, DAME, KÖNIG, GRAS
(Lock, Stock and Two Smoking Barrels)
UK 1998, Tisch, Ska, Summit, PolyGram (Regie, Buch Guy Ritchie)

*

Jason Statham (Bacon): »Wenn ihr über den Preis verhandeln wollt, dann seid ihr nicht zum Kaufen hier, sondern zum Klauen.« [1306]

*

Dexter Fletcher (Soap): »In deinem Obst waren mehr kleine haarige Viecher drin als Obst. Du solltest 'ne Zoohandlung aufmachen und keinen Lebensmittelladen.« [1307]

*

(voice-over): »Barry sorgt dafür, daß die administrative Seite des Geschäfts harmonisch verläuft.« [1308]

*

Lenny McLean (Barry the Baptist): »Ich gebe euch eine Woche, um die Schulden zu bezahlen. Andernfalls hack ich jedem von euch einen Finger ab für jeden Tag, den ihr mit der Zahlung überfällig seid. Und wenn dann alle Finger weg sind, kümmern wir uns um die Bar von deinem Vater. Danach muß man weitersehen.« [1309]

*

Vas Blackwood (Rory Breaker): »Es soll zu einem Manifest der Vergeltung werden. Ich will, daß die grauen Wolken von London hell aufleuchten und das Haus in rote Farbe getaucht wird.« [1310]

*

Jason Flemyng (Tom): »Tja, die *(antiken Gewehre)* sehen wirklich schön aus, da hast du recht. Aber es fehlt die kriminelle Glaubwürdigkeit. Damit werd ich von allen ausgelacht.« [1311]

*

Vinnie Jones (Big Chris): »Das Wort, das euch gerade nicht einfällt, heißt ›danke‹.« [1312]

***

BUDDY BUDDY
USA 1981, Bernheim-Weston, MGM (Regie Billy Wilder, Buch Billy Wilder, I. A. L. Diamond, nach dem Film ›L'Emerdeur‹, F/I 1973, Regie Edouard Molinaro, Buch Francis Veber nach seinem Stück)

*

Jack Lemmon (Victor Clooney): »Ich verspreche Ihnen, nach dieser Geschichte hier werde ich Ihnen niemals mehr Ärger machen.«
Walter Matthau (Trabucco): »Da bin ich auch ganz sicher.« [1313]

*

Lemmon: »Was tun denn all die Polizisten da drüben auf dem Platz?«
Matthau: »Vergeuden die Steuern achtbarer Bürger.«
Lemmon: »Hm?«
Matthau: »Sie sollen einen von diesen verlausten Denunzianten beschützen.« [1314]

*

Lemmon: »Trabucco, was ist denn das für ein Name?«
Matthau: »Meine Mutter war Türkin, und mein Vater war Brasilianer. Geboren bin ich in Detroit.«
Lemmon: »Ist es wahr.«
Matthau: »So ziemlich.« [1315]

*

Lemmon: »Sind Sie jemals verheiratet gewesen, Mr. Trabucco?«
Matthau: »Nur einmal. Ich hab sie abgeschafft. Leasing ist günstiger.« [1316]

*

Lemmon: »In welcher Branche sind Sie eigentlich?«
Matthau: »Parasitenvernichtung.«
Lemmon: »Aha. Kakerlaken, Ameisen, Termiten ...«
Matthau: »Ungeziefer jeder Art. Ich bringe es mit Gift, Dynamit und Gewehren um.«
Lemmon: »Sie erschießen die Termiten?«
Matthau: »Kojoten. Ich erschieße Kojoten und Stinktiere und Ratten.«
Lemmon: »Naja, einer muß ja so etwas tun.« [1317]

***

THE BUDDY HOLLY STORY
USA 1978, Innovisions, ELA, Columbia (Regie Ste-

> *»Sind Sie jemals verheiratet gewesen, Mr. Trabucco?«*
> *»Nur einmal. Ich hab sie abgeschafft. Leasing ist günstiger.«*
> Buddy Buddy

ve Rash, Buch Robert Gittler, nach der Biographie von John Coldrosen)

*

Gary Busey (Buddy Holly): »Die nehmen auch schon Eintritt.« *(als in der Kirche der Klingelbeutel rumgeht)* [1318]

*

Busey: »Ich laß mir meine Songs nicht mit einem falschen Sound versauen. Lieber würde ich in Lubbock Scheiße schaufeln.« [1319]

*

Joe Berry (Sam, Produzent): »Woher weißt du denn was von Overdubbing?«
Busey: »Genau wie du, von Les Paul.« [1320]

***

BUGSY
USA 1991, Mulholland, Baltimore, TriStar (Regie Barry Levinson, Buch James Toback, nach dem Buch ›We Only Kill Each Other: The Life and Bad Times of Bugsy Siegel‹ von Dean Jennings)

*

Warren Beatty (Benjamin ›Bugsy‹ Siegel, Sprechübung): »Zwanzig Zwerge zeigen Handstand, zehn am Sandstrand, zehn im Wandschrank.« [1321]

*

Ben Kingsley (Meyer Lansky): »Was willst du? Soll ich dir erklären, wie sein Gehirn funktioniert? Ich würde es so ausdrücken: Ben hat nur ein großes Problem, dasselbe, das er schon als Kind hatte, als wir den Würfelspielern im Viertel das Geld geklaut haben. Er hat keinen Respekt vor Geld.« [1322]

*

Beatty: »Gestatten Sie?«
Annette Bening (Virginia Hill): »Wenn Sie ein klares Ja oder Nein wollen, müßte ich schon die ganze Frage hören.« [1323]

*

Beatty: »Darf ich Ihnen Feuer geben?«
Bening: »Natürlich. So wie Sie mich angestarrt haben, dachte ich, Sie würden mich was Aufregenderes fragen.« [1324]

*

Bening: »Eigentlich gehören Sie nur zu den gutaussehenden, glattzüngigen, charmetriefenden Bumsmeistern, die nichts weiter auf der Pfanne haben als Dialoge. Und Dialoge sind in Hollywood nicht viel wert. Wieso gehen Sie nicht vor die Tür und schleudern sich einen, äh, Milchshake?« [1325]

*

Joe Mantegna (George Raft): »Oh Gott, Ben, so wie du das Geld verpulverst, wird bald nichts mehr übrig sein.«
Beatty: »Dann beschaff ich mir eben mehr. Ist nur schmutziges Papier.« [1326]

*

Beatty: »Was für Mehrausgaben? Hat einer Michelangelo gefragt, was es kostet, die Sixtinische Kapelle zu bemalen? Oder Shakespeare, was es kostet, Macbeth zu schreiben? Wenn es etwas teurer wird, dann wird es eben etwas teurer.« [1327]

***

BUFFALO BILL, DER WEISSE INDIANER
(Buffalo Bill)
USA 1944, Twentieth Century Fox (Regie William A. Wellman, Buch Aeneas MacKenzie, Clements Ripley, Cecile Kramer, nach einer Geschichte von Frank Winch)

*

Thomas Mitchell (Ned Buntline): »Ich bin ein Mann, der sich Enthaltsamkeit zum Prinzip gemacht hat, Mr. Cody. Gründer der Nationalen Gesellschaft für gemäßigte Abstinenzler. Aber es gibt Momente, wo man seine Prinzipien wichtigeren Dingen unterordnet. Auf Ihr Wohl!« [1328]

*

Mitchell: »Weißt du, Bill, am liebsten würde ich von deinen Taten welche ausbeuten, aber ich sehe nun, du eignest dich doch nicht zur Romanfigur. (...) Du siehst aus wie ein Held, handelst wie ein Held, befreist die Heldin, aber es wird nie ein Happy End.« [1329]

*

Maureen O'Hara (Louise Frederici): »Du magst mich wohl, Brauner Falke, hm?«
Joel McCrea (Buffalo Bill): »Jedes Pferd würde

»Gestatten Sie?«
»Wenn Sie ein klares Ja oder Nein wollen, müßte ich schon die ganze Frage hören.«
Bugsy

Sie mögen. Sie sind leicht zu tragen und sitzen gut. (...) Ja, mein Brauner Falke ist ein Pferd mit Verstand, Madam. Seine Gefühle sind auch die meinen, wen er mag, den mag ich auch.« [1330]

***
BUFFALO BILL UND DIE INDIANER
(Buffalo Bill and the Indians)
USA 1976, De Laurentiis, EMI (Regie Robert Altman, Buch Alan Rudolph, Robert Altman, nach dem Stück ›Indians‹ von Arthur Kopit)

*

Burt Lancaster (Ned Buntline): »Also, eines Morgens wandere ich durch das Lager und sehe dieses magere kleine Kerlchen unter einem Wagen liegen, und ich greife ihn mir, ich werfe einen Blick auf ihn, und mir ist klar, den mache ich zum Star. Ich frage ihn: ›Wie ist der Name?‹, er sagt: ›Cody, Bill Cody.‹ Ich sage: ›Was treibst du?‹, er sagt: ›Ich bin Scout und Büffeljäger.‹ Also, ich muß sowieso über jemanden schreiben, weil ich einen Haufen aufregender Geschichten habe, vielleicht für Hickok, aber auf den bin ich sauer. Also sage ich zu ihm: ›Ab sofort heißt du Buffalo Bill, und in sechs Monaten spricht das ganze verdammte Land nur noch von dir.‹« [1331]

*

Harvey Keitel (Ed): »Sitting Bull. Ich habe nicht gewußt, daß er interessiert ist am Showbusiness.«
»Wäre er nicht interessiert am Showbusiness, dann wäre er doch nicht Häuptling geworden, Ed.« [1332]

*

Paul Newman (Buffalo Bill): »Hätten Sie denn nicht Lust, noch ein paar Tage hierzubleiben? Und ich zeige Ihnen, wie wild der Westen wirklich ist.« [1333]

***
DER BULLE UND DER SCHNÜFFLER
(City Heat)
USA 1984, Malpaso, Deliverance, Warner (Regie Richard Benjamin, Buch Sam O. Brown [=Blake Edwards], Joseph C. Stinson, Story Sam O. Brown)

*

Clint Eastwood (Lieutenant Speer): »Auf der Straße rumliegen ist bei uns verboten.«

Jude Farese (Dub Slack): »So was würde ich nie wagen.«
Eastwood: »Tust du, wenn dich der Lastwagen überfährt.«
Farese: »Welcher Lastwagen?«
Eastwood: »Der nächste, der vorbeirauscht.« [1334]

*

Rip Torn (Primo Pitt): »Ich weiß nicht, wie Sie reingekommen sind, aber so leicht rauskommen werden Sie nicht.« [1335]

*

Burt Reynolds (Mike Murphy): »Wenn du nichts von mir hörst bis morgen früh, dann sag deinem Freund, dem Bullen, er soll den Fluß absuchen. Mit einem Magneten.« [1336]

*

Torn: »Wie spät ist es?«
Reynolds: »Das dürfte für dich nicht mehr wichtig sein.« [1337]

*

Jane Alexander (Addy): »Wollen Sie ihm nicht helfen?«
Eastwood: »Ich hasse Gewalt.« [1338]

***
DER BULLE VON PARIS *(Police)*
F 1985, TF1, Gaumont (Regie Maurice Pialat, Buch Catherine Breillat, Sylvie Danton, Jacques Fieschi, Maurice Pialat, Story Catherine Breillat)

*

Gérard Depardieu (Mangin): »Hab ich mir gedacht, daß Sie freikommen. Die Richter verurteilen nicht gerne Frauen. Ihr seid für die mehr oder weniger unzurechnungsfähig und deshalb nicht schuldig.« [1339]

***
BULLETS OVER BROADWAY
USA 1994, Magnolia, Sweetland (Regie Woody Allen, Buch Woody Allen, Douglas McGrath)

> »Wollen Sie ihm nicht helfen?«
> »Ich hasse Gewalt.«
> Der Bulle und der Schnüffler

Joe Viterelli (Nick Valenti): »Wir haben 'n paar Probleme mit der Firma.«
John Cusack (David Shayne): »Ah ja? Was für eine Firma ist das, Nick?«
Viterelli: »Das ist so eine Steck-deine-Nase-nicht-in-den-Kram-anderer-Leute-sonst-wird-sie-dir-gebrochen-Firma.« [1340]

*

Chazz Palminteri (Cheech): »Ich hab nie einen umgelegt, der es nicht verdient hat.« [1341]

*

Cusack: »Und was ist das für 'n Gefühl, wenn man (...) einen umbringt?«
Palminteri: »Das ist schon okay.« [1342]

*

Tracey Ullman (Eden Brent): »Ist dir aufgefallen, wie das Publikum bei deinem Abgang applaudiert hat? Und das nächste Mal wird's noch besser. Wenn du durch die Tür gehst und nicht durch die Kulisse.« [1343]

*

Rob Reiner (Sheldon Flender): »Schuldgefühle sind kleinbürgerlicher Quatsch. Ein Künstler erschafft sich sein eigenes moralisches Universum.« [1344]

*

Cusack: »Vielleicht hat Olive Lampenfieber. Vielleicht taucht sie gar nicht auf.«
Jack Warden (Julian Marx): »Doch nicht Olive. Das Weib hat keinen Nervenstrang im Körper. Wahrscheinlich ist ihre Wirbelsäule gar nicht mit ihrem Hirn verbunden.« [1345]

***

BULLITT
USA 1968, Solar, Warner (Regie Peter Yates, Buch Alan R. Trustman, Harry Kleiner, nach dem Roman ›Mute Witness‹ von Robert L. Pike)

*

Robert Vaughn (Walter Chalmers): »Ach, kommen Sie! Seien Sie bloß nicht so naiv, Lieutenant! Wir beide wissen doch, wie man Karriere macht. Integrität ist etwas, das man der Öffentlichkeit verkauft.«
Steve McQueen (Frank Bullitt): »Sie können verkaufen, was Sie wollen, aber nicht hier und nicht heute.« [1346]

***

BUMERANG
(Boomerang)
USA 1947, Twentieth Century Fox (Regie Elia Kazan, Buch Richard Murphy, nach dem *Reader's Digest*-Artikel von Anthony Abbott)

*

Sam Levene (Woods): »Es ist doch immer das gleiche. Wenn man sich nur gründlich genug umschaut, findet man immer jemanden, der seine Finger in der Ladenkasse hat.« [1347]

***

BUS STOP
USA 1956, Twentieth Century Fox (Regie Joshua Logan, Buch George Axelrod, nach dem Stück von William Inge)

*

Don Murray (Bo): »Ich hab beschlossen, ich suche mir einen Engel.« [1348]

*

Murray: »Der Stier heute morgen wollte auch nicht geschmissen werden, oder? Aber ich habe ihn geschmissen. Oder ein Wildpferd, das will auch nicht, daß du es zähmst, oder? Aber du läßt dich doch von seinem Willen nicht abhalten. Warum soll's dann mit Mädchen anders sein, hm?« [1349]

*

Arthur O'Connell (Virgil): »Den sollten Sie gar nicht beachten, Ma'am. Sie sind erst der zwölfte Mensch, den er dieses Jahr getroffen hat. Er redet immer so.« [1350]

*

Murray: »Schon möglich, daß sie ein Engel ist, aber nicht *mein* Engel.« [1351]

*

Murray: »Ich weiß, daß sie mein Engel ist, mehr brauch ich nicht zu wissen.«
O'Connell: »Was dein Engel ist, hat mich mit Drinks beschissen, 60 Cents für einen. Und dann bin ich ihr draufgekommen, daß sie überhaupt keinen Whiskey trinkt, sondern Tee.«
Murray: »Klar hat sie das gemacht, Virg. Engel trinken nun mal keinen Schnaps.« [1352]

> »Schuldgefühle sind kleinbürgerlicher Quatsch. Ein Künstler erschafft sich sein eigenes moralisches Universum.«
> Bullets Over Broadway

BUTCH & SUNDANCE – DIE FRÜHEN JAHRE
(Butch & Sundance: The Early Years)
USA 1979, Twentieth Century Fox (Regie Richard Lester, Buch Allan Burns, nach den Charakteren von William Goldman)

*

Tom Berenger (Robert Leroy Parker, ›Butch Cassidy‹): »Ich bin hier, um dir 'n Gefallen zu tun.«
William Katt (Harry Alonzo Longbaum, ›Sundance Kid‹): »Im Augenblick tue ich dir 'n Gefallen.«
Berenger: »Wieso?«
Katt: »Weil ich nicht abdrücke.« [1353]

*

Berenger: »Du hast von mir nichts zu befürchten.«
Katt: »Das ist dir auch schon aufgefallen?« [1354]

***

BUTCH CASSIDY UND SUNDANCE KID
(Butch Cassidy and the Sundance Kid)
USA 1969, Campanile, Twentieth Century Fox (Regie George Roy Hill, Buch William Goldman)

*

Paul Bryar (Kartenspieler): »Als ich das vorhin sagte, wußte ich nicht, daß Sie Sundance Kid sind. Wenn ich ziehe, legen Sie mich um.«
Robert Redford (The Sundance Kid): »Ja, das wäre möglich.« [1355]

*

Paul Newman (Butch Cassidy): »Ach, Banken sind schon Scheiße, aber immer noch besser als Züge. Die muß man nicht anhalten. Die stehen da, und da weiß man, da ist Geld drin.« [1356]

*

Newman: »Als ich wegging, hatte ich hier zu entscheiden.«
Ted Cassidy (Harvey Logan): »Die Zeiten ändern sich, Butch.« [1357]

*

Newman: »Ich bin ja nicht nachtragend, aber falls er mich wirklich erledigt, leg ihn um!« [1358]

*

Newman: »Nein, nein, nein, noch nicht. Erst mal muß ich mich mit Harvey über die Regeln einigen.«
Cassidy: »Regeln? In einem Messerduell? Es gibt keine Regeln.« *(Newman tritt ihn in die Eier.)* [1359]

Katharine Ross (Etta Place): »Wie kommt es, daß du immer blank bist?«
Newman: »Ja, das möchte ich auch wissen, Etta. Da schuftet man tagaus, tagein sein Leben lang und hat keinen Penny in der Tasche.«
Ross: »Sundance sagt, du wärst viel zu großzügig, und du würdest immer alle Leute freihalten, und was du nicht zum Fenster rauswirfst, würdest du verspielen.«
Newman: »Damit könnte es vielleicht zusammenhängen.« [1360]

*

Newman: »Willst du dich schon wieder in die Luft sprengen lassen?«
George Furth (Woodcock): »Butch, also wenn es mein Geld wäre, dann wüßte ich niemand, von dem ich es mir lieber stehlen lassen würde als von Ihnen, aber das Geld gehört mir ja nicht. Ich betreue es nur für Mr. Harriman von der Union Pacific Railroad.« [1361]

*

Newman (auf der Flucht): »Verteilt euch! *(viel später, nach allerlei raffinierten Tricks:)* Wieviel Mann sind hinter uns her?«
Redford: »Alle.« [1362]

*

Cloris Leachman (Agnes): »Oh, Butch, weißt du, daß du ganz große Klasse bist?«
Newman: »Das ahnte ich.« [1363]

*

Newman: »Wie lange liegen wir hier nun schon auf der Lauer?«
Redford: »'ne ganze Weile.«
Newman: »Und wann bist du überzeugt, daß sie nicht mehr hinter uns her sind?«
Redford: »Noch lange nicht.«
Newman: »Du bist ja heute so gesprächig.«
Redford: »Na ja, ich quatsche eben gern.« [1364]

*

Newman: »Sind das Fackeln?«

> »Verteilt euch! *(viel später, nach allerlei raffinierten Tricks:)* Wieviel Mann sind hinter uns her?« »Alle.«
> Butch Cassidy und Sundance Kid

Redford: »Ja, möglich, können auch Laternen sein.«
Newman: »Die folgen unserer Spur.«
Redford: »Ja, haargenau.«
Newman: »Also, ich könnte das nicht. Könntest du das? Wieso können die das? Was sind das für Kerle?« [1365]

*

Jeff Corey (Sheriff Bledsoe): »Daß wir mal befreundet waren, gibt dir noch lange nicht das Recht, hier einfach einzubrechen. Was meinst du wohl, was mir blüht, wenn man mich mit dir sieht? Ich bin viel zu alt, um heute noch umzusatteln. Du könntest wenigstens soviel Anstand haben, mich mit dem Revolver zu bedrohen.« [1366]

*

Newman: »Niemand kann auf Felsen Spuren verfolgen.«
Redford: »Das habe ich auch geglaubt.«
Newman: »Die fangen an, mir auf die Nerven zu gehen. Was sind das für Kerle?« [1367]

*

Newman: »Kid, wer ist der beste Polizist?«
Redford: »Der beste? Na ja, meinst du, der gerissenste oder der bestechlichste?« [1368]

*

Ross: »Mr. E. H. Harryman von der Union Pacific Railroad, es hat ihm nicht gepaßt, wie ihr ihm zugesetzt habt, deshalb hat er besondere Leute engagiert, um euch das Handwerk zu legen. (...)«
Newman: »So was kostet ihn ja mehr, als wir jemals gestohlen haben.«
Ross: »Aber er kann es sich offenbar leisten.«
Newman: »Was ist das für ein Geschäftsmann? Dabei geht er doch pleite. Was meinst du, wie lange ich durchhalten würde, wenn ich bei jedem Raubüberfall zusetze?« [1369]

> »Kid, wer ist der beste Polizist?«
> »Der beste? Na ja, meinst du, der gerissenste oder der bestechlichste?«
> Butch Cassidy und Sundance Kid

(*Newman, Redford und Ross kommen in einem vollkommen trostlosen Nest in Bolivien an.*)
Newman: »Tja, na könnte schlimmer sein. Dafür kriegt man hier mehr für sein Geld, das habe ich ausgerechnet.«
Redford: »Was gibt es denn hier schon, was man eventuell kaufen möchte?«
Newman: »In ganz Bolivien kann es doch nicht so aussehen.«
Redford: »Woher willst du das wissen? Das hier ist vielleicht das Paradies des ganzen Landes. Wer weiß, ob die Bevölkerung nicht Hunderte von Meilen hierher reist, um diesen Anblick zu genießen, und was für uns Atlantic City ist, ist für die Bolivianer dies hier.« (...)
Newman: »Ach, wenn der erst mal ein paar Banken ausgeraubt hat, hat er wieder bessere Laune.« [1370]

*

Newman: »Ach, das ist doch auch bloß eine Bank wie jede andere. Wir müssen erst mal reingehen und uns alles genau ansehen. Ich würde sagen, wir machen es so wie ...«
Redford: »Du brauchst mich nicht zu belehren. Ich weiß, wie man eine Bank ausräumt.« [1371]

*

Ross: »Dies ist ein Raubüberfall. Esto es un robo.«
Newman: »Esto es un robo.«
Ross: »He, wir wollten es doch eigentlich im Sprechchor üben.«
Redford: »Das sehe ich gar nicht ein. Wieso denn? Er hat doch behauptet, er kennt die verdammte Sprache.«
Ross: »Wir haben das doch schon mal besprochen. Seine Art zu arbeiten erfordert eben ein besonderes Vokabular. (...) Hände hoch!«
Newman: »Los manos arriba!«
Ross: »Hoch damit!«
Newman: »Arriba!« [1372]

*

Newman: »Was nun, Kid?«
Redford: »Ziemlich mies. Kannst du die zwei ganz rechts nehmen?«
Newman: »Kid, ich muß dir was gestehen. Ich habe noch nie jemanden umgelegt.«
Redford: »Ausgerechnet jetzt mußt du mir das sagen.« [1373]

Newman: »Wenn wir nicht ans Maultier kommen, um Nachschub zu holen, sind wir aufgeschmissen.«
Redford: »Ich gehe.«
Newman: »Ist jetzt keine Zeit zum Heldenspielen. Geh ruhig! ... Ach, Scheiße, es hilft ja nichts, ich muß ja doch gehen.«
Redford: »Wieso?«
Newman: »Na, ich kann dir nicht viel Deckung geben, aber du mir.«
Redford: »Geh du!«
Newman: »Ach, wäre ich doch bloß nicht immer so verdammt schlau!« [1374]

*

Newman: »Nennst du das etwa Deckung geben?«
Redford: »Nennst du das etwa rennen? Hätte ich gewußt, daß du so bummelst, dann ...«
Newman: »Du kannst eben nicht schießen, das hast du überhaupt nie gekonnt.«
Redford: »Und du hast nur immer eine große Schnauze.« [1375]

> *»Kid, ich muß ... gestehen.*
> *Ich habe noch nie jemanden*
> *umgelegt.«* *»Ausgerechnet jetzt*
> *mußt du mir das sagen.«*
> Butch Cassidy und Sundance Kid

C

CABAL – DIE BRUT DER NACHT (Nightbreed)
USA 1990, J&M, Morgan Creek (Regie, Buch Clive Barker, nach seinem Roman ›Cabal‹)

*

David Cronenberg (Dr. Decker): »Mord ist wirklich, nur zu wirklich. Im Geist ist es zunächst nur ein Spiel. Aber dann sehnt es sich nach Fleisch und Blut.« [1376]

*

Cronenberg: »Jeder Mensch hat ein zweites Gesicht.« [1377]

*

Debora Weston (Sheryl Ann): »Wo fehlt's denn? Mann oder Bargeld? Wenn ich heule, bin ich entweder ohne Mann oder pleite.« [1378]

*

Doug Bradley (Lylesberg): »Wer das Dunkel liebt, spielt nicht mit Licht.« [1379]

***

CABARET
USA 1972, Allied Artists, ABC (Regie Bob Fosse, Buch Jay Presson Allen, nach dem Roman ›Goodbye to Berlin‹ von Christopher Isherwood)

*

Liza Minnelli (Sally Bowles): »Meier legt Kost mal wieder die Karten. Das tut sie jeden Morgen. Und sie sagt ihr immer dasselbe: ›Du lernst einen großen dunklen Mann kennen.‹ Das haut natürlich bei ihrem Beruf immer hin.« [1380]

> »Wer das Dunkel liebt,
> spielt nicht mit Licht.«
> Cabal – Die Brut der Nacht

Minnelli: »Sag mal, wirst du nicht wahnsinnig, wenn du meinen Luxuskörper siehst?« [1381]

*

Michael York (Brian Roberts): »Sally, solche Fragen stellt man nicht.«
Minnelli: »Ich schon.« [1382]

*

Minnelli: »Ich hab neulich einen Film gesehen über Syphilis. Oh, das war so ekelhaft. Ich konnte mich tagelang von keinem Mann begrapschen lassen.« [1383]

*

Helmut Griem (Maximilian von Heune): »Die Nazis sind einfach eine Bande dummer Rowdies. Aber sie haben auch ihr Gutes: Sie werden uns von den Kommunisten befreien. Später werden wir sie unter Kontrolle bringen.« [1384]

*

Ralf Wolter (Herr Ludwig): »Das ist eine erwiesene Tatsache, Herr Roberts, das sage ich Ihnen, daß ein sehr wohlorganisiertes internationales Komplott besteht zwischen jüdischen Bankiers und den Kommunisten.«
York: »Es ist auch eine erwiesene Tatsache, Herr Ludwig, daß noch eine andere wohlorganisierte Gruppe existiert, bei der Sie offensichtlich Mitglied sind: das internationale Komplott der vereinigten Arschlöcher.« [1385]

***

CADILLAC MAN
USA 1990, Donaldson, Roven-Cavallo, Orion (Regie Roger Donaldson, Buch Ken Friedman)

*

Robin Williams (Joey O'Brien, off): »Sie könnte jetzt wirklich 'ne Aufmunterung vertragen. Und den meisten Menschen bereitet ein neues Auto viel Freude. Ja, sie muß ja schließlich weiterleben. Sollte ich das? Nein, das kann man doch nicht machen. Man kann doch 'ner Witwe bei der Beerdigung ihres Mannes kein Auto verkaufen. Ich meine, die Leute würden das doch für gefühllos halten. Aber was soll's? Die meisten Leute halten Autoverkäufer ja sowieso für den letzten Dreck.« [1385]

*

Judith Hoag (Molly): »Weißt du, was dein Problem ist, Joey? Du bist ein Ferkel, und du bist

ein Chauvinist und hast keine Ahnung von Frauen.«
Williams: »Ähm, damit sind wohl Dinner und eine schnelle Nummer gestorben?« [1386]

***

DIE CAINE WAR IHR SCHICKSAL
(The Caine Mutiny)
USA 1954, Columbia (Regie Edward Dmytryk, Buch Stanley Roberts, nach dem Roman von Herman Wouk)

*

Lee Marvin (Meatball): »Ich möchte bloß wissen, warum hier so geschrubbt wird. Der Dreck ist doch das einzige, was diesen Kasten zusammenhält.« [1387]

*

Fred MacMurray (Lieutenant Tom Keefer): »Die besondere Eigenart von so einem Schiff ist, daß es von Genies konstruiert wird, damit Idioten darauf fahren können.« [1388]

*

MacMurray: »Wenn der Captain einen Rundgang befiehlt, meint er von unten bis oben. Und der Mast ist oben.« [1389]

*

Humphrey Bogart (Captain Queeg): »Bei mir wird die Dienstordnung buchstabengetreu durchgeführt. Wenn Sie davon abweichen, müssen Sie schon sehr triftige Gründe haben. Und dann ist noch die Frage, ob ich sie akzeptiere.« [1390]

*

Bogart: »Ich allein bestimme an Bord meines Schiffes. Das ist der Vorteil, wenn man Kapitän ist, meine Herren.« [1391]

*

Robert Francis (Ensign Willie Keith): »Ich verstehe es nicht. Er wird schon einen Grund dafür haben *(Landungsboote im Stich zu lassen).*«
MacMurray: »Ja. Und ich weiß auch, welchen.« [1392]

*

MacMurray: »Das ist die berühmte Ballade von dem Mann, dessen Mangel an Charme nur noch übertroffen wird von seinem Mangel an Tapferkeit.« [1393]

*

Van Johnson (Lieutenant Steve Maryk): »Übernehmen Sie die Verteidigung?«
José Ferrer (Lieutenant Barney Greenwald): »Ich würde viel lieber die Anklage vertreten.« [1394]

***

CALAHAN *(Magnum Force)*
USA 1973, Malpaso, Warner (Regie Ted Post, Buch John Milius, Michael Cimino, Story John Milius)

*

Clint Eastwood (Lieutenant Harry Calahan): »Sie sind ein guter Mann, Lieutenant. Ein guter Mann kennt immer seine Grenzen.« [1395]

*

Felton Perry (Early Smith): »Die halten zusammen wie Pech und Schwefel. Wir haben gedacht, die hätten was miteinander.«
Eastwood: »Ich will Ihnen mal was sagen: Wenn der Rest von euch so gut schießen könnte wie die vier Burschen, dann könnte von mir aus die ganze Abteilung schwul sein.« [1396]

*

Eastwood: »Wenn die richtigen Leute getroffen werden, ist gegen den Gebrauch der Waffe nichts zu sagen.« [1397]

*

Eastwood: »Ich hasse dieses dumme System, aber solange bis irgend jemand mit Veränderungen kommt, die vernünftig sind, halte ich mich daran.« [1398]

***

CAPONE
USA 1975, Santa Fe, Twentieth Century Fox (Regie Steve Carver, Buch Howard Browne)

*

Susan Blakely (Iris): »Bill und ich sind hin und wieder hier rausgefahren. Ein wundervoller Platz für 'n kleines Stößchen.« [1399]

*

Ben Gazzara (Al Capone): »Okay, ich werde diesem Spielchen ein Ende machen. Schluß mit der alten Tötest-du-einen-von-meinen-töte-ich-einen-von-deinen-Scheiße. Jetzt werden

> »Bill und ich sind hin und wieder hier rausgefahren. Ein wundervoller Platz für 'n kleines Stößchen.«
> Capone

sie alle umgelegt, in einem Abwasch und an einem Ort.« [1400]

*

Gazzara: »Da versucht man, ein kleines Geschäft aufzubauen, ein bißchen Bier zu verkaufen. Und wie nennen sie mich zum Dank? ›Staatsfeind Nr. 1‹. Ist das in Ordnung?« [1401]

*

Johnny Martino (Tony Amatto): »Ich hätte den großen Mann wirklich gern in den alten Zeiten gekannt. Er soll 'n verdammt ausgebuffter Junge gewesen sein.«

Sylvester Stallone (Frank Nitti): »Ausgebufft? Capone? Quatsch! Er war dumm und anmaßend. Er kannte nichts weiter als Kanonen, und damit ballerte er sich nach oben und dachte, die Gewalt hielt ihn auch oben. Dieser Idiot war so verbissen damit beschäftigt, auf den Burschen an der anderen Ecke der Straße zu schießen, daß er eins vergaß, dasselbe, was Johnny Torrio vergaß, nämlich daß der Penner, auf den du wirklich aufpassen mußt, gar nicht der ist, der auf der andern Seite der Straße steht, es ist vielmehr der Kerl, der auf derselben Seite der Straße steht wie du. Und zwar hinter dir.« [1402]

***

CARLITO'S WAY
USA 1993, Epic, Bregman-Baer, Universal (Regie Brian De Palma, Buch David Koepp, nach den Romanen ›Carlito's Way‹ und ›After Hours‹ von Edwin Torres)

*

Al Pacino (Carlito Brigante, voice-over): »Bringt mich bitte nicht ins Krankenhaus! Es ist noch nie jemand in der Notaufnahme gerettet worden. Die Mistkerle knallen dich immer um Mitternacht ab, wenn niemand da ist, außer einem chinesischen Assistenzarzt mit 'nem stumpfen Löffel.« [1403]

> »Ich weiß nicht, warum du dich ihm gegenüber so verhältst. Der Kerl ist wie du vor zwanzig Jahren.«
> Carlito's Way

Luis Guzman (Pachanga): »Carlito, mein Freund, das hier ist Death Valley. Mira, du kennst mich, ich nehm's hier auf der Straße mit jedem der Burschen auf. Aber weißt du, Carlito, die Kiddies heutzutage haben keine Achtung vor einem Menschen wie mir. Die knallen dich einfach übern Haufen, nur um dich durch die Luft fliegen zu sehen. Da bist du im Knast sicherer aufgehoben.« [1404]

*

Jorge Porcel (Saso): »Ich weiß nicht, warum du dich ihm gegenüber so verhältst. Der Kerl ist wie du vor zwanzig Jahren.« [1405]

*

Pacino (voice-over): »Ich weiß, was jetzt passieren sollte. Benny sollte eigentlich ins Gras beißen. Und wenn ich nicht dafür sorge, werden sie sagen: ›Carlito ist weich geworden. Abgeschlafft. War früher mal 'n harter Kerl. Der Knast hat Carlito geschafft.‹ Und die Straße beobachtet dich, die ganze Zeit über läßt sie dich nicht aus den Augen.« [1406]

*

Sean Penn (David Kleinfeld): »Diese Mafiosi halten sich für harte Jungs.« [1407]

*

Pacino (voice-over): »Es gibt eine Grenze. Wenn du die einmal überschritten hast, gibt es kein Zurück. Dave hatte sie überschritten. Und ich war dabei. Das bedeutet, ich gehe mit auf Fahrt, die ganze Strecke, bis zum Ende, wo immer das auch sein mag.« [1408]

*

Pacino (voice-over): »Wenn du alt genug bist, findest du bei jedem einen Grund, warum er dich umbringen könnte. Du glaubst keinem. Aber du willst allen glauben, auch wenn du weißt, daß einer lügen muß. Wenn du den Überblick verlierst, steckst du in der Klemme. Dann steckst du in der Klemme.« [1409]

***

CARNAL KNOWLEDGE – DIE KUNST ZU LIEBEN
(Carnal Knowledge)
USA 1971, Icarus, Avco Embassy (Regie Mike Nichols, Buch Jules Pfeiffer)

*

Candice Bergen (Susan): »Ich gehe mit Ihrem besten Freund.«

Jack Nicholson (Jonathan): »Das stört ihn bestimmt nicht.«
Bergen: »Woher wissen Sie das?«
Nicholson: »Ich werd's ihm nicht sagen.« [1410]

*

Nicholson: »Mein Gott! Ficken ist schöner als Weihnachten, stimmt's?« [1411]

***

CARNIVAL OF SOULS
USA 1962, Harcourt, Herts-Lion (Regie Herk Harvey, Buch John Clifford)

*

Candace Hilligoss (Mary Henry): »I have no desire for the close company of other people.« [1412]

***

CASABLANCA
USA 1943, Warner (Regie Michael Curtiz, Buch Julius J. Epstein, Philip G. Epstein, nach dem Stück ›Everybody Comes to Rick's‹ von Murray Bennett, Joan Alison)

*

Peter Lorre (Ugarte): »Zu schade um die beiden deutschen Kuriere.«
Humphrey Bogart (Rick Blaine): »Die haben doch ein Mordsglück. Gestern waren sie noch zwei unbekannte deutsche Beamte, heute sind sie tote Helden.« [1413]

*

Lorre: »Sie verachten mich, nicht wahr?«
Bogart: »Wenn ich einen Gedanken an Sie verschwenden würde, wahrscheinlich.« [1414]

*

Lorre: »Aber denken Sie mal an all die armen Teufel, die Renaults Preis nicht bezahlen können! Ich besorge es ihnen für die Hälfte. Bin ich deswegen ein Parasit?«
Bogart: »Ich habe nichts gegen Parasiten, sondern gegen die, die die Preise verderben.« [1415]

*

Claude Rains (Captain Louis Renault): »Wie extravagant, Frauen einfach wegzuwerfen. Sie werden ein Tages vielleicht knapp.« [1416]

*

Rains: »Was hat Sie, in Gottes Namen, nach Casablanca gebracht?«
Bogart: »Meine Gesundheit. Ich kam nach Casablanca wegen der Quellen.«
Rains: »Quellen? Was für Quellen? Wir sind in der Wüste.«
Bogart: »Man hat mich falsch informiert.« [1417]

*

Bogart: »Ich halte für niemanden den Kopf hin.« [1418]

*

Rains: »Rick, in diesem Café werden viele Ausreisevisa verkauft, aber wir wissen, daß Sie nie eins verkauft haben. Deshalb haben wir Ihnen auch erlaubt, Ihr Lokal weiterzuführen.«
Bogart: »Ich dachte, es sei, weil ich Sie beim Roulette gewinnen lasse.«
Rains: »Na ja, das ist auch ein Grund.« [1419]

*

Rains: »Rick, ich glaube, das ist das erste Mal, daß ich Sie so beeindruckt sehe.«
Bogart: »Er hat es fertiggebracht, die halbe Welt zu beeindrucken.«
Rains: »Und ich habe dafür zu sorgen, daß er nicht die andere Hälfte beeindruckt.« [1420]

*

Rains: »Sagen wir zehn (-tausend Francs), ich bin nur ein armer korrupter Beamter.« [1421]

*

Rains: »Carl, sorg dafür, daß Major Strasser einen guten Tisch bekommt, in der Nähe der Damen!«
S. Z. Sakall (Carl): »Ich hab ihm bereits den besten gegeben, da ich weiß, daß er Deutscher ist und sich ihn sowieso genommen hätte.« [1422]

*

Conrad Veidt (Major Strasser): »Welche Nationalität haben Sie?«
Bogart: »Ich bin Trinker.«
Rains: »Und damit ist Rick Weltbürger.« [1423]

*

Richard Ryen (Heinze): »Können Sie sich uns in London vorstellen?«
Bogart: »Fragen Sie mich, wenn Sie hinkommen!« (...)

> »Welche Nationalität haben Sie?«
> *»Ich bin Trinker.«*
> *»Und damit ist Rick Weltbürger.«*
> Casablanca

Veidt: »Und in New York?«
Bogart: »Na ja, es gibt gewisse Viertel in New York, Herr Major, da würde ich Ihnen nicht empfehlen einzumarschieren.« [1424]

*

Rains: »Mademoiselle, er ist der Typ Mann, in den, wenn ich eine Frau wäre und es mich nicht gäbe, ich mich verlieben würde.« [1425]

*

John Qualen (Berger): »Wir haben fünfmal gelesen, daß man Sie umgebracht hat, an fünf verschiedenen Orten.«
Paul Henreid (Victor Laszlo): »Wie Sie sehen, hat es jedesmal gestimmt.« [1426]

*

Ingrid Bergman (Ilsa Lund Laszlo): »Spiel es Sam! Spiel *As Time Goes By*!« [1427]

*

Bogart: »Ich erinnere mich an jede Einzelheit. Die deutschen Truppen trugen grau, und du trugst blau.« [1428]

*

Bogart: »Nicht zu fassen, von allen Kaschemmen der ganzen Welt kommt sie ausgerechnet in meine.« [1429]

*

Bogart: »Du hast es für sie gespielt, dann kannst du es auch für mich spielen.«
Dooley Wilson (Sam): »Mir fällt die Melodie nicht mehr ein.«
Bogart: »Wenn sie es ertragen kann, kann ich es auch. Spiel es!« [1430]

*

Bogart: »Ich seh dir in die Augen, Kleines. [Here's looking at you, kid.]« [1431]

*

Henreid: »Kann ich jetzt mit ihm sprechen?«
Veidt: »Ich fürchte, Sie würden die Unterhaltung etwas einseitig finden. Senor Ugarte ist tot.«
Rains: »Ich schreibe eben den Bericht. Wir haben noch nicht entschieden, ob er Selbstmord verübt hat oder ob er bei einem Fluchtversuch ums Leben kam.« [1432]

*

Veidt: »Kapitän, sind Sie ganz sicher, auf welcher Seite Sie stehen?«
Rains: »Ich habe keine Überzeugung, wenn Sie das meinen. Ich drehe mich nach dem Wind. Und der vorherrschende Wind weht nun mal aus Vichy.« [1433]

*

Ludwig Stossel (Mr. Leuchtag): »Liebchen, äh, Sweetheart, what watch?«
Ilka Gruning (Mrs. Leuchtag): »Ten watch.«
Stossel: »Such much?«
Sakall: »Sie kommen bestimmt wunderbar in Amerika zurecht.« [1434]

*

Bogart: »Politik interessiert mich nicht. Die Probleme dieser Welt gehören nicht zu meinem Ressort. Ich bin Besitzer eines Nachtclubs.« [1435]

*

Bergman: »Ach, ich weiß nicht mehr, was richtig ist. Du wirst für uns beide denken müssen.« [1436]

*

Rains: »Rick, ich werde Sie vermissen. Offensichtlich sind Sie der einzige in Casablanca, der noch weniger Skrupel hat als ich.« [1437]

*

Bergman: »Und was wird aus uns?«
Bogart: »Uns bleibt immer Paris.« [1438]

*

Bogart: »Ich passe nicht in eine noble Rolle. Aber zu der Erkenntnis, daß die Probleme dreier Menschen in dieser verrückten Welt völlig ohne Belang sind, gehört nicht viel. Eines Tages wirst du das verstehen.« [1439]

*

Rains: »Major Strasser ist erschossen worden. ... Verhaften Sie die üblichen Verdächtigen!« [1440]

*

Bogart: »Louis, ich glaube, dies ist der Beginn einer wunderbaren Freundschaft.« [1441]

***

> »Ich seh dir in die Augen, Kleines. [Here's looking at you, kid.]«
> Casablanca

CASINO

USA 1995, Syalis D.A., Legende, DeFina-Cappa, Universal (Regie Martin Scorsese, Buch Nicholas Pileggi, Martin Scorsese, nach dem Roman von Nicholas Pileggi)

*

Robert De Niro (Sam ›Ace‹ Rothstein, voice-over): »Wenn du jemanden liebst, mußt du ihm vertrauen. Anders geht's nicht. Du mußt ihm den Schlüssel geben zu allem, was dir gehört und dich betrifft. Alles andere ist sinnlos. 'ne Zeitlang glaubte ich, jemanden zu haben, der diese Liebe rechtfertigte.« [1442]

*

De Niro (voice-over): »Nachts beim Spiel sieht man die Wüste nicht, die Las Vegas umgibt, aber es ist die Wüste, in der viele Probleme der Stadt gelöst werden.«
Joe Pesci (Nick Santoro, voice-over): »Es gibt 'ne Menge Löcher in der Wüste, und 'ne Menge Probleme liegen in den Löchern begraben. Man muß es nur richtig machen. Ich meine, das Loch muß schon gegraben sein, wenn man mit 'm Paket im Kofferraum aufkreuzt, sonst muß man 'ne halbe bis dreiviertel Stunde fürs Buddeln dazugeben. Und wer weiß, wer in dieser Zeit alles vorbeikommt. Eh man sich's versieht, muß man noch 'n paar Löcher graben und verbringt die ganze scheiß Nacht damit.« [1443]

*

De Niro (voice-over): »Für Typen wie mich wäscht Las Vegas alle Sünden ab. Es ist wie eine moralische Autowäsche. Vegas ist für uns das, was Lourdes für Bucklige und Krüppel ist.« [1444]

*

Pesci (voice-over): »Ace machte (mit Wetten) an einem Wochenende mehr Geld, als ich mit Überfällen den ganzen Monat.« [1445]

*

De Niro (voice-over): »Ganz egal, wie groß so ein Bursche ist, Nicky verbeißt sich in ihn wie ein Terrier. Hat jemand einen härteren Schlag als Nicky, kommt er mit einem Knüppel wieder. Verjagt ihn der andere mit einem Messer, kommt er mit 'ner Kanone. Und sollte einer schneller ziehen als Nick, dann sollte er ihn besser umlegen, denn er würde immer und immer wiederkommen, bis einer von beiden tot ist.« [1446]

*

De Niro (voice-over): »Ein Mann in meiner Position muß jederzeit über eine Menge Bargeld verfügen können. Korrupte Bullen und Kidnapper nehmen keine Schecks.« [1447]

*

Pesci: »Wieso dauert das so lange?«
Frank Vincent (Frank Marino): »Der Schrank ist verdammt schwer.«
Pesci: »Ihr müßt lernen, die Dinger aufzumachen, dann braucht ihr sie nicht durch die Gegend zu schleppen.« [1448]

*

De Niro (voice-over): »Für Nicky war Las Vegas eine Neuauflage des Wilden Westens.«
Pesci (voice-over): »Was, zum Teufel, haben die von mir erwartet? Ich mußte schließlich Geld verdienen.« [1449]

*

De Niro: »Drei verdammte Jackpots in zwanzig Minuten? (...) Sie hätten doch sehen müssen, daß Sie beschissen werden.«
John Bloom (Don Ward): »Es gibt keine Methode, so was zu erkennen.«
De Niro: »Doch, eine unfehlbare: Die haben gewonnen.« [1450]

*

De Niro: »Wenn Sie nicht wußten, daß Sie beschissen wurden, sind Sie zu dumm für diesen Job. Wenn Sie es wußten, waren Sie beteiligt. So oder so, Sie sind draußen.« [1451]

*

L. Q. Jones (Pat Webb): »Damit haben Sie absolut recht. Der gute Don ist so nutzlos wie Titten an einem Bullen. Aber er ist nun mal mein Schwager, und ich würde es als großen persönlichen Gefallen empfinden, wenn Sie ihm seine Stelle wiedergeben würden.« [1452]

*

Alan King (Andy Stone): »Der alte Mann hat gesagt, daß es vielleicht besser sei aufzuhören, und wenn der alte Mann sagt ›vielleicht‹, ist

> »Ace machte (mit Wetten) an einem Wochenende mehr Geld, als ich mit Überfällen den ganzen Monat.«
> Casino

das wie eine päpstliche Bulle. Sie sollten nicht nur aufhören, Sie sollten weglaufen.« [1453]

*

De Niro (voice-over): »Normalerweise standen meine Chancen, lebend von einem Treffen mit Nicky zurückzukommen, 99 zu eins, aber als ich ihn diesmal sagen hörte: ›Brauchst ja bloß 'n paar hundert Meter rauszufahren.‹, gab ich mir fifty-fifty.« [1454]

*

De Niro (voice-over): »Die Stadt wird nie wieder so sein wie damals. Nach der Sache mit dem Tangiers übernehmen die großen Konzerne die Casinos. Heute sieht es aus wie Disneyland.« [1455]

***

CASSIDY DER REBELL *(Young Cassidy)*
USA/UK 1965, Sextant, MGM (Regie Jack Cardiff, John Ford, Buch John Whiting, nach dem Roman ›Mirror in My House‹ von Sean O'Casey)

*

Philip O'Flynn (Mick Mullen): »So wie du dich dabei anstellst, machst du dich bald fertig. Das geht so: Runter die Schüppe, bedächtig bücken, ruhig anheben und mit einem leichten Schwung beider Arme werfen.« [1456]

*

Rod Taylor (John Cassidy): »Wir sind zu arm, um stolz zu sein.« [1457]

*

Flora Robson (Mrs. Cassidy): »Wird es jetzt Frieden geben, John?«
Taylor: »Ja. ... Für die Toten.« [1458]

*

O'Flynn: »Morgen, Johnny, morgen werden wir ihr Grab besuchen und ein paar Blumen mitnehmen.«
Taylor: »Ich werde morgen kein Grab besuchen. Auf dem Friedhof gibt's nichts, was noch am Leben ist. Nicht einen Blick werde ich noch einmal auf dieses Grab werfen.« [1459]

> »Es ist würdelos,
> aber trotzdem sag ich es:
> Ich, ich liebe dich, Johnny.«
> Cassidy der Rebell

Maggie Smith (Nora): »Es ist würdelos, aber trotzdem sag ich es: Ich, ich liebe dich, Johnny.« [1460]

*

Michael Redgrave (W. B. Yeats): »Eine Tatsache, mit der ich mich wahrscheinlich erst aussöhnen werde, wenn ich ein sehr alter Mann bin.« [1461]

***

CAT BALLOU – HÄNGEN SOLLST DU IN WYOMING *(Cat Ballou)*
USA 1965, Columbia (Regie Elliot Silverstein, Buch Walter Newman, Frank R. Pierson, nach dem Roman von Roy Chanslor)

*

Jane Fonda (Cat Ballou): »Wenn die Menschen nie was Neues versuchen würden, gäbe es ja auf der Welt keinen Fortschritt.«
Michael Callan (Clay Boone): »Cat, da überschätzt du uns bei weitem. Wir sind ehrliche Viehdiebe, aber keine Eisenbahnräuber.« [1462]

*

Tom Nardini (Jackson Two-Bears): »Ausgerechnet heute mußt du schwach werden und wieder so viel Feuerwasser trinken. Sieh dir bloß deine Augen an!«
Lee Marvin (Kid Shelleen): »Was ist denn mit meinen Augen?«
Nardini: »Na, feuerrot sind sie, blutunterlaufen.«
Marvin: »Die müßtest du mal aus meiner Richtung sehen.« [1463]

***

CATCH-22
USA 1970, Filmways, Paramount (Regie Mike Nichols, Buch Buck Henry, nach dem Roman von Joseph Heller)

*

Alan Arkin (Captain Yossarian): »Na schön, ich will mal sehen, ob ich das kapiert hab. Wenn ich fluguntauglich werden will, muß ich verrückt sein, und wenn ich weiterfliege, muß ich auch verrückt sein. Aber wenn ich darum bitte, mich untauglich zu schreiben, bin ich nicht mehr verrückt, und dann muß ich weiterfliegen.«
Jack Gilford (Doc Danecka): »Sie haben's erfaßt. Das ist Trick 22.« [1464]

CATLOW – LEBEN UMS VERRECKEN *(Catlow)*
UK 1971, MGM (Regie Sam Wanamaker, Buch Scot Finch, J. J. Griffith, nach dem Roman von Louis L'Amour)

*

Yul Brynner (Catlow): »Hast du je erlebt, daß ich einem Mann etwas gestohlen habe?«
Richard Crenna (Ben Cowan): »Ja, die Frau, in mehreren Fällen. Allerdings hast du sie immer zurückgegeben.« [1465]

***

CELEBRITY
USA 1998, Doumanian, Magnolia, Sweetland (Regie, Buch Woody Allen)

*

Melanie Griffith (Nicole Oliver): »Ich könnte niemals Verkehr haben mit einem anderen als Phil. (...) Mein Körper gehört meinem Mann. (...) Aber was ich vom Hals an aufwärts mache, ist eine andere Geschichte.« [1466]

*

Joe Mantegna (Tony Gardella): »Das ist Papadakis, der Regisseur des Films. Ach, er läßt ständig den Künstler raushängen, ist affektiert. Eins von den Arschlöchern, die ständig ihre Filme in Schwarzweiß drehen.« [1467]

*

Mantegna: »Da aus dem Fahrstuhl kommt gerade ein berühmter Kritiker. (...) Er hat früher jeden Film gehaßt. Dann hat er 'ne junge Frau mit Riesenbrüsten geheiratet, und jetzt liebt er jeden Film.« [1468]

*

Famke Janssen (Bonnie): »Wo warst du, als wir miteinander geschlafen haben?« [1469]

***

CHARADE
USA 1963, Donen, Universal (Regie Stanley Donen, Buch Peter Stone, nach der Geschichte ›The Unsuspecting Wife‹ von Peter Stone, Marc Behm)

*

Cary Grant (Peter Joshua): »Kennen wir uns?«
Audrey Hepburn (Regina ›Reggie‹ Lampert): »Wieso? Sollten wir uns kennenlernen?« [1470]

*

Hepburn: »Ich muß Ihnen sagen, ich kenn bereits furchtbar viel Leute, und bevor nicht einer von Ihnen stirbt, hab ich wenig Bedarf für neue.« [1471]

*

Hepburn: »Ich lasse mich scheiden.«
Grant: »Aber ich bitte Sie, doch nicht meinetwegen.« [1472]

*

Grant: »So was hat Shakespeare niemals gesagt.«
Hepburn: »Woher wissen Sie das?«
Grant: »Weil es schlecht ist. Das haben Sie gerade selbst erfunden.« [1473]

*

Hepburn: »Mr. Bartholomew, falls Sie es darauf anlegen, mir Angst zu machen, ... dann haben Sie das großartig geschafft.« [1474]

*

Hepburn (34): »Auch auf die Gefahr hin, Ihre Vorstellungskraft zu strapazieren, könnten Sie nicht einen Augenblick so tun, als ob ich eine Frau wäre und Sie ein ...«
Grant (59): »Hören Sie mal! Ich mache mich ja schon strafbar, wenn ich eine Minderjährige vor der Hoteltür absetze.« [1475]

*

Hepburn: »Wissen Sie, was ich bei Ihnen vermisse?«
Grant: »Nein. Was denn?«
Hepburn: »Gar nichts.« [1476]

*

James Coburn (Tex Penthollow): »Wenn Sie das Geld wirklich finden, dann werden Sie doch nicht vergessen, uns Bescheid zu sagen, was?«
Grant: »Machen Sie sich keine Sorgen!«
Coburn: »Ach, nein, ich mach mir keine Sorgen. Aber sehen Sie sich unsern Gartenzwerg *(Ned Glass)* an! Er ist der Schlimmste von uns allen. Und er macht sich Sorgen.« [1477]

*

Grant: »Und was nun?«
George Kennedy (Herman Scobie): »Wir warten. Aber wir reden nicht.« [1478]

*

Kennedy: »Treten Sie ein bißchen zurück!«

»Wissen Sie, was ich bei
Ihnen vermisse?«
»Nein. Was denn?«
»Gar nichts.«
Charade

Grant (an Dachkante): »Wohin zurück?«
Kennedy: »Das ist ja gerade der Witz.« [1479]

*

Hepburn: »Ich muß sofort Sylvie anrufen.«
Ned Glass (Leopold Gideon): »Damit warten wir noch, Mrs. Lampert.«
Hepburn: »Aber das ist seine Mutter.«
Glass: »Wenn Sie uns nicht ein paar Fragen beantworten, ist sie längste Zeit Mutter gewesen.« [1480]

*

Coburn: »Sollen wir Herman herholen?«
Glass: »Warum denn? Wenn es *(das Geld)* nicht hier ist, warum sollen wir ihn stören?«
Coburn: »Und wenn es doch hier ist?«
Glass: »Warum sollen wir ihn stören?« [1481]

*

Grant: »In diesen Zeiten des Spezialistentums hat man keine große Wahl, wenn man nichts gelernt hat. Ich sah mich also nach Leuten um, die mehr Geld hatten, als sie brauchten und nach solchen, die es kaum vermissen würden.«
Hepburn: »Willst du damit sagen, daß du ein Dieb bist?«
Grant: »So direkt würde ich es nicht unbedingt formulieren, aber es trifft ungefähr den Kern der Sache.« [1482]

*

Hepburn: »Ach, ich könnte ein ganzes Pferd aufessen.«
Grant: »Hast du ja wohl auch bestellt.« [1483]

*

Coburn: »Wenn Sie mich finden wollen, dann brauchen Sie sich nur umzugucken. Von jetzt ab laß ich sie keinen Augenblick mehr aus den Augen.« [1484]

*

Hepburn: »Aber Adam, das Geld gehört uns sowieso nicht. Wir machen uns strafbar, wenn wir es behalten.«
Grant: »Unsinn, wir haben es ja nicht gestohlen. Es gibt kein Gesetz gegen das Stehlen von gestohlenem Geld.«
Hepburn: »Aber natürlich gibt es das.«
Grant: »Das gibt es?«
Hepburn: »Ja.«
Grant: »Die machen auch die blödsinnigsten Gesetze.« [1485]

***

CHASING AMY
USA 1996, View Askew, Miramax (Regie, Buch Kevin Smith)

*

Ben Affleck (Holden McNeill): »Wie schaffst du es immer wieder, damit durchzukommen? Ich meine, müßten dir die Bullen jetzt nicht dafür den Schädel einhauen?« [1486]

*

Dwight Ewell (Hooper): »Diese ausgeflippte Hormonstörung ist Alyssa Jones.« [1487]

*

Joey Lauren Adams (Alyssa Jones): »Hat er so was öfter?«
Affleck: »Ja, immer, ja. Ja, schon seit der dritten Klasse. So eine (...) Nonne hat uns die Heilige Dreifaltigkeit erklärt, du weißt schon, die Nummer mit den drei Wesen in einem Gott und so, Vater, Sohn und der Heilige Geist. Da ist Banky total ausgerastet. Die haben sich tierisch gestritten.«
Adams: »Ein achtjähriger Junge? So schlimm kann's nicht gewesen sein.«
Affleck: »Na ja, wenn eine Nonne zu einem kleinen Jungen verfluchter Wichser sagt ... War ziemlich ernst.« [1488]

*

Ewell: »Schaff das aus der Welt, bevor es zu groß wird, um damit umzugehen!« [1489]

*

Jason Mewes (Jay): »Jetzt glotz doch nicht so entgeistert, Mann! Der Fettsack hier hat nur diese Nummer drauf. Er denkt, bloß weil er nie was sagt, macht's 'n Rieseneindruck, wenn er sein Fischmaul doch mal aufreißt.« [1490]

***

CHATO'S LAND
USA 1972, Scimitar, United Artists (Regie Michael Winner, Buch Gerald Wilson)

> »Schaff das aus der Welt,
> bevor es zu groß wird,
> um damit umzugehen!«
> Chasing Amy

Charles Bronson (Chato): »Verschwinde, Sheriff!« [1491]

*

Richard Basehart (Nye Buell): »Nur ein Becher voll *(vom Selbstgebrannten)*, Harve, und du erblindest auf der Stelle. Und trinkst du den zweiten, bist du froh, blind zu sein.« [1492]

*

William Watson (Harvey Lansing): »Wenn wir den Apachen haben, hängen wir ihn nicht, wir lassen ihn das Zeug hier saufen.«
Ralph Waite (Elias Hooker): »He, seit wann bist du so grausam?« [1493]

*

Bronson: »Der Mexikaner! Ausgezeichnet, ausgezeichnet.« *(Bronsons gesamter nichtindianischer Text, s.o.)* [1494]

*

Simon Oakland (Jubal Hooker): »Heb deine Mordlust für das auf, was wir vorhaben!« [1495]

*

Jack Palance (Quincey Whitmore): »Na ja, Chato hat uns angegriffen, weil er uns zum Umkehren zwingen will. Ein Indianer jagt seinen Feind nur so lange, bis die Jagd ihn zuviel kostet, dann hört er auf. Das nimmt er auch von uns an. Jetzt glaubt er vielleicht, wir werden ihn nicht mehr verfolgen. Er wird jetzt sicher unvorsichtig.« [1496]

*

Oakland: »Jetzt hättest du Prügel verdient.«
Waite: »Das wirst du schön bleiben lassen, weil ich dir sonst ein Loch in die Eingeweide schieße.« [1497]

*

Waite: »Fängst du jetzt auch schon an, Angst zu haben? Ist doch *ein* lausiger Indianer.«
Palance: »Halbapache.«
Waite: »Wir sind zehn Mann.«
Palance: »Heute früh waren wir noch elf.« [1498]

***

DER CHEF *(Un Flic)*
F/I 1972, Corona, Oceania (Regie, Buch Jean-Pierre Melville)

*

(Insert): »Zweierlei Empfindungen ruft der Mensch in einem Polizeibeamten wach: tiefstes Mißtrauen und Verachtung.« [1499]

Paul Crauchet (Morand): »Haben Sie nicht doch etwas zu schnell geschossen?«
Alain Delon (Edouard Coleman): »Ich hatte den Eindruck, er wollte sich umbringen.« [1500]

***

CHEFINSPEKTOR GIDEON
(Gideon of Scotland Yard)
UK 1959, Ford, Columbia (Regie John Ford, Buch T. E. B. Clarke, nach dem Roman ›Gideon's Day‹ von J. J. Marric [=John Creasey])

*

Jack Hawkins (Chiefinspector George Gideon): »Nein, das darfst du nicht sagen, Sally. Dieser jugendliche Vertreter des Gesetzes tut nur seine Pflicht, auch wenn er damit nur die Zeit von vielbeschäftigten Menschen vergeudet.« [1501]

*

Hawkins: »Besonders glücklich sehen Sie hinter dem Revolver nicht aus.« [1502]

***

CHEYENNE *(Cheyenne Autumn)*
USA 1964, Ford-Smith, Warner (Regie John Ford, Buch James R. Webb nach dem Roman von Mari Sandoz)

*

Arthur Kennedy (Doc Holliday): »Bei meiner Seele, 51!«
James Stewart (Wyatt Earp): »Also, Blair, Sie waren der letzte, der das Spiel gemischt hat. Wo ist die Karte?«
John Carradine (Major Jeff Blair): »Ich habe keine Ahnung, wo die Karte geblieben ist.«
Stewart: »Blair, wo ist die Karte?«
Kennedy: »Wyatt, wenn wir ihn erschießen, haben wir niemand mehr, mit dem wir Poker spielen können.« (...)
Stewart: »Ein gutes Argument. Einen neuen Satz Karten!« [1503]

*

Stewart: »Also, Bürgermeister, gehen Sie lieber wieder in Ihre Amtsstube zurück, und beruhi-

---

> »Haben Sie nicht doch
> etwas zu schnell geschossen?«
> »Ich hatte den Eindruck,
> er wollte sich umbringen.«
> Der Chef

gen Sie dort erst mal Ihre Nerven. Sorgen Sie dafür, daß Ihre kostbare Haut nicht von einem Fremdkörper durchbohrt wird.« [1504]

***

CHICAGO *(Angels With Dirty Faces)*
USA 1938, Warner (Regie Michael Curtiz, Buch John Wexley, Warren Duff, Story Rowland Brown)

*

James Cagney (Rocky Sullivan): »Hör zu! Als Anwalt bist du sehr clever. Du haust jeden übers Ohr. Nur versuch das bitte nicht mit mir!« [1505]

*

Cagney: »Ist auch immer so eine Sache, Briefe in den Knast zu schicken. Die gesamte Wachmannschaft schnüffelt drin rum. Und wenn ich drin war, gab es sowieso nichts Neues, und wenn ich wieder raus war, dann waren alle Zeitungen voll davon.« [1506]

*

Cagney: »Übrigens, du siehst prima aus als Priester.«
Pat O'Brien (Jerry Connolly): »Danke.«
Cagney: »Jerry, deine Mutter wollte das ja schon immer gerne, aber was gab denn den Ausschlag?«
O'Brien: »Na, ich fuhr eines Tages so oben auf dem Bus, guckte so runter, fuhr an der Kathedrale vorbei ...«
Cagney: »Und da kam dir die Idee, hä?«
O'Brien: »Hm.«
Cagney: »Komisch, ich hatte auch mal im Bus 'ne Idee. Die brachte mir sechs Jahre ein.« [1507]

*

O'Brien: »Kommst du zur Messe, Sonntag?«
Cagney: »Ehrensache. Ich helf dir bei der Kollekte.« [1508]

*

O'Brien: »Ich bearbeite die schon über 'n Jahr und komm nicht zurecht mit den Banditen. Du redest nur 'n Augenblick mit ihnen, und schon machen sie, was du willst.«

> »Hör zu! Als Anwalt bist du sehr clever. Du haust jeden übers Ohr. Nur versuch das bitte nicht mit mir!«
> Chicago

Cagney: »Vielleicht, weil ich den Kragen richtig rum trage.« [1509]

*

Edward Pawley (Edwards): »Was soll das, die Bullen da mit reinzuziehen?«
George Bancroft (Mac Kiefer): »Ich bin eben 'ne Nummer besser. Ich bin eben gerissen. Ihr geht gleich mit 'ner Kanone ran. Wozu, wenn man es auch legal erledigen kann?« [1510]

*

Billy Halop (Soapy): »Ach, keine Angst! Von den Jungs redet keiner. Wir hatten früher mal einen drunter, aber ... na ja, nun hat er nicht mehr viel Zähne.« [1511]

*

Cagney: »Sie haben 'ne falsche Einstellung. Sie hatten mal Pech vor einigen Jahren, und jetzt glauben Sie, es müßte immer so ausgehen. Sie lesen zuviel Quatsch über Verbrechen, das sich nicht lohnt. Seien Sie doch nicht so naiv! Das trifft vielleicht für Taschendiebe zu und kleine Ganoven, aber nicht für uns.« [1512]

*

Cagney: »Sie können einen Priester doch nicht einfach umlegen. Das ist doch nicht irgendeiner von Ihren Gorillas.«
Bancroft: »Ein Priester ist auch nur ein Mensch. Das wirst du ja sehen, wenn er morgen den Fluß runtertreibt.« [1513]

*

O'Brien: »Captain, ich bin Pater Connolly, ein alter Freund von Rocky. Er kommt raus, wenn ich es ihm sage.«
John Hamilton (Polizeicaptain): »Dies ist Aufgabe der Polizei. Den Priester braucht er nachher.« [1514]

*

Cagney: »Steck deine Nase nicht in meine Schießerei! Ich hätte dich für klüger gehalten.« [1515]

***

CHICAGO 12 UHR MITTERNACHT
(The City That Never Sleeps)
USA 1953, Republic (Regie John H. Auer, Buch Steve Fisher)

*

Edward Arnold (Penrod Biddel): »Also, dann bleibt wohl nichts mehr zu sagen. Ausgenommen, ich *(...)* werde euch beiden dieses Abschiedsgeschenk überreichen.« *(zieht Revolver)* [1516]

*

Marie Windsor (Lydia Biddel): »Warum mußtest du ihn erschießen, Hayes? Du brauchtest ihm nur die Pistole abzunehmen. Er war ein alter Mann. Wovor hast du Angst gehabt?« [1517]

*

William Talman (Hayes Stewart): »Ich kannte einen Zaubertrick, ein Mädchen verschwinden zu lassen. Das macht man so, ganz einfach so.« *(schießt)* [1518]

***

CHICAGO-MASSAKER
(The St. Valentine's Day Massacre)
USA 1967, Corman, Los Altos, Twentieth Century Fox (Regie Roger Corman, Buch Howard Browne)

*

Paul Frees (voice-over): »Peter Gusenberg, geboren in Chicago am 22. September 1889, Zuchthäusler, Totschläger und Posträuber. Als er im Alter von dreizehn Jahren aus der Schule nach Hause kommt und seine Mutter tot auffindet, ist sein erster Gedanke, ihr den Ehering vom Finger zu ziehen und ihn zu versetzen.« [1519]

*

Bruce Dern (May): »Aber ich bin eigentlich kein Scharfschütze. Ich hab ja noch nicht einmal einen Revolver. Wenn ich da schießen sollte, da würde ich ja ...«
Kurt Kreuger (James Clark): »Ich sagte doch, in drei Teufels Namen, damit haben Sie nichts zu tun. Oder glauben Sie, wir lassen uns die Tour von einem Amateur vermasseln? Sie würde ich doch nicht mal meine Schwiegermutter umlegen lassen.« [1520]

***

CHINA BLUE BEI TAG UND NACHT
(Crimes of Passion)
USA 1984, New World (Regie Ken Russell, Buch Barry Sandler)

*

John G. Scanlon (Carl): »Kann ich dich wiedersehen?«
Kathleen Turner (Joanna Crane / China Blue): »Ich geh auf 'n Strich. Halt die Augen offen!« [1521]

Anthony Perkins (Reverend Peter Shayne): »Erkennst du mich nicht, mein Kind?«
Turner: »Verzeihung! Ich vergesse nie ein Gesicht. Besonders nicht, wenn ich drauf gesessen hab.« [1522]

*

Perkins: »Rette deine Seele, Hure!«
Turner: »Rette deine Moneten, Arschloch!« [1523]

*

»Wie tief kann man eigentlich sinken!«
Turner: »So tief, wie du es dir leisten kannst.« [1524]

*

Annie Potts (Amy Grady): »Hat dir deine Mutter nicht beigebracht, dir die Hände zu waschen, nachdem du auf der Toilette warst?«
John Laughlin (Bobby Grady): »Nein, sie hat mir beigebracht, mir nicht auf die Finger zu pinkeln.« [1525]

***

CHINA MOON
USA 1991, Tig, Orion (Regie John Bailey, Buch Roy Carlson)

*

Ed Harris (Kyle Bodine): »Man fühlt sich so lebendig neben 'ner Leiche.« [1526]

*

»Leg niemanden in Brayton um! Kyle Bodine hat dich in zehn Minuten.«
Harris: »Dazu braucht man keinen großen Verstand. Mörder sind dämliche Idioten. Früher oder später machen sie alle Fehler.« [1527]

***

CHINATOWN
USA 1974, Paramount (Regie Roman Polanski, Buch Robert Towne)

*

Joe Mantell (Walsh): »Du hast mir gesagt, ich soll photographieren, also photographiere ich.«

»Wie tief kann man eigentlich sinken!«
»So tief, wie du es dir leisten kannst.«
China Blue bei Tag und Nacht

Jack Nicholson (J. J. ›Jake‹ Gittes): »Du hast mich da vielleicht nicht ganz richtig verstanden. Dieses Gewerbe erfordert sozusagen gewisse Finesse.« [1528]

*

Faye Dunaway (Evelyn Mulwray): »Sie legen Wert auf Publicity, Mr. Gittes. Sie werden sie kriegen.«
Nicholson: »Einen Augenblick bitte, Mrs. Mulwray! Hier muß ein Mißverständnis vorliegen. Sie brauchen nicht unangenehm mit mir zu werden, dafür gibt es überhaupt ...«
Dunaway: »Ich werde mit niemandem unangenehm, Mr. Gittes, mein Anwalt nur.« [1529]

*

Nicholson: »Mulvihill, was machst du denn hier?«
Roy Jenson (Mulvihill): »Sie haben mir das Wasser abgestellt. Was geht dich das an?«
Nicholson: »Wie bist du drauf gekommen? Du trinkst kein Wasser, du wäschst dich nicht. Ach, sie haben dir einen Brief geschrieben. Aber da müßtest du lesen können.« [1530]

*

Roman Polanski (Mann mit Messer): »Leute, die überall ihre Nase reinstecken, weißt du, was mit denen passiert? Möchtest du es wissen? Na? Nein? Na schön, sie verlieren ihre Nase. ... Das nächste Mal verlierst du sie ganz. Da schneide ich sie dir ab und füttere mit ihr die Goldfische.« [1531]

*

Diane Ladd (Ida Sessions, off, am Telefon): »Sind Sie allein?«
Nicholson: »Ist das nicht jeder?« [1532]

*

John Hillerman (Yelburton): »So was muß doch weh tun.«
Nicholson: »Nur wenn ich atme.« [1533]

*

John Huston (Noah Cross): »Ihr Ruf ist, gelinde gesagt, miserabel, Mr. Gittes. Ich mag das.« [1534]

*

Huston: »Ich finde, man muß sie *(Fische)* mit Kopf servieren.«
Nicholson: »Aber ja. Solange Sie nicht Hühner auf die Art servieren.« [1535]

*

Huston: »Politiker, alte Häuser und Huren haben alle einen guten Leumund, wenn sie es lange genug durchstehen.« [1536]

*

Nicholson: »Kann ich mir einen von diesen Bänden mitnehmen?«
Allan Warnick (Angestellter): »Sir, dieses Haus ist ein Katasteramt und keine Leihbücherei.« [1537]

*

Nicholson: »Warum tun Sie so was? Wieviel besser können Sie noch essen? Was gibt es für Sie noch zu kaufen, was Sie nicht schon besitzen?« [1538]

*

Huston: »Die meisten Menschen sind nicht mal imstande, sich so was vorzustellen. Und doch sind sie alle zum rechten Zeitpunkt und unter ganz bestimmten Bedingungen zu allem fähig.« [1539]

*

Mantell: »Vergiß es, Jake! Wir sind in Chinatown.« [1540]

***

CHISUM
USA 1970, Batjac, Warner (Regie Andrew V. McLaglen, Buch Andrew J. Fenady)

Lloyd Battista (Neemo): »Hast du vielleicht 'n bißchen Gold bei dir?«
John Wayne (John Chisum): »Nein.«
Battista: »Silber?«
Wayne: »Blei, sonst nichts.« [1541]

*

Forrest Tucker (Lawrence Murphy): »Das hört sich ja fast wie eine Drohung an.«
Wayne: »Es ist mehr: eine Warnung.« [1542]

***

CHOOSE ME – SAG JA *(Choose Me)*
USA 1984, Island Alive, Tartan (Regie, Buch Alan Rudolph)

> »Politiker, alte Häuser und Huren haben alle einen guten Leumund, wenn sie es lange genug durchstehen.«
> Chinatown

Genevieve Bujold (Nancy): »Der Wein ist dran schuld.«
Keith Carradine (Mickey Bolton): »Es ist das Blut, nicht der Wein.« [1543]

Patrick Bauchau (Zack Antoine, mit Waffe bedroht): »Lieber würde ich jetzt einen Schuß hören, als mir diese Scheiße anzuhören.« [1544]

***

CHRISTINE
USA 1983, Polar, Columbia (Regie John Carpenter, Buch Bill Phillips, nach dem Roman von Stephen King)

*

Harry Dean Stanton (Junkins): »Wie ich gehört habe, hat einer von den Burschen seinen Darm im Kofferraum entleert. Ich dachte, du wärst viel wütender. Ich dachte, du würdest ihn anzeigen.«
Keith Gordon (Arnie Cunningham): »Scheiße kann man entfernen.«
Stanton: »Moochie Welsh ist auch entfernt worden. (...) Der Junge war total zerquetscht. Sie mußten seinen Körper mit 'ner Schaufel aufsammeln.«
Gordon: »Soviel ich weiß, macht man das auch mit Scheiße, aufsammeln mit einer Schaufel.« [1545]

*

Alexandra Paul (Leigh): »Ich hasse Rock 'n' Roll!« [1546]

***

CIMARRON
USA 1961, MGM (Regie Anthony Mann, Buch Arnold Schulman, nach dem Roman von Edna Ferber)

*

Anne Baxter (Dixie Lee): »Ich brauche einen Rechtsanwalt. Arbeitest du noch als Anwalt?«
Glenn Ford (Yancey Cravat): »Na ja, ab und zu, eigentlich kaum noch. Hier werden ja alle Geschäfte mit einem Schnaps begossen.« [1547]

*

(Butler): »Hors d'œvre, Madame?«
Mercedes McCambridge (Sarah Wyatt): »Was soll denn der Quatsch? Sieht ja geradezu armselig aus. (...) Früher, als wir noch kein Geld hatten, habe ich Brote gemacht, die so dick waren. Na, und sieh dir das hier an! Als ob man am Brot sparen müsse. Da machen die sechs oder sieben Dinger aus einer mickrigen Scheibe.« [1548]

***

CINCINNATI KID UND DER POKERKÖNIG
(The Cincinnati Kid)
USA 1965, Filmways, Solar, MGM (Regie Norman Jewison, Buch Ring Lardner, jr., Terry Southern, nach dem Roman von Richard Jessup)

*

Edward G. Robinson (Lancey Howard): »Je riskanter, um so amüsanter.« [1549]

*

Karl Malden (Shooter): »Er wird alle bekannten Tricks anwenden und ein paar unbekannte, um dich zu erledigen.«
Steve McQueen (The Cincinnati Kid): »Ich will keinen Unterricht von ihm, Shooter, ich will alles, was er hat.« [1550]

*

Rip Torn (Slade): »Wie haben Sie wissen können, daß ich nicht den König oder das As hatte.«
Robinson: »Ich erinnere mich an einen jungen Mann, der dieselbe Frage dem Scharfen Eddie stellte. ›Mein Sohn‹, sagte Eddie zu ihm, ›was du bezahlt hast, war der Zuschauerpreis. Unterricht kostet extra.‹« [1551]

*

McQueen: »Das habe ich mit keinem Wort gesagt.«
Tuesday Weld (Christian): »Du hast noch nie ein Wort gesagt, über uns.« [1552]

*

McQueen: »Nach diesem Spiel werde ich der erste sein. Ich werde der Meister sein. Die Leute werden sich mit mir an den Spieltisch setzen, nur damit sie hinterher erzählen können, sie haben mit dem Meister gespielt.« [1553]

*

Robinson: »Ich freue mich, jemandem zu begegnen, der weiß, daß für den wahren Spieler

> »Je riskanter,
> um so amüsanter.«
> Cincinnati Kid und der Pokerkönig

das Geld nicht Selbstzweck ist, sondern nur ein Mittel, das dem Zweck dient, wie etwa die Sprache dem Gedanken.« [1554]

*

Jack Weston (Pig): »Reg dich nicht auf, Kid! Meine hat mich auch verlassen.«
Ann-Margret (Melba): »Solchen Mann verlassen!« [1555]

*

Ann-Margret: »Weißt du, du erinnerst mich mehr und mehr an meinen ersten Mann. Der war auch ein Verlierer.« [1556]

*

McQueen: »Das nennen Sie ein Argument?«
Torn: »Nein, das ist für mich eine Tatsache. Das Argument lehnt drüben am Türriegel und heißt Felix.« [1557]

*

Robinson: »Darauf läuft doch alles bei diesem Geschäft hinaus, Lady: das Falsche zu machen, aber im richtigen Augenblick.« [1558]

***

CINEMA PARADISO
(Nuovo Cinema Paradiso)
I/F 1988, Cristaldi, Ariane, RAI, TRE, TF1, Forum (Regie Giuseppe Tornatore, Buch Giuseppe Tornatore, Vanna Paoli)

*

Philippe Noiret (Alfredo): »Ich such mir meine Freunde nach ihrem Aussehen aus und meine Feinde nach ihrer Intelligenz.« [1559]

*

Noiret: »Der Fortschritt kommt immer zu spät.« [1560]

*

Mario Leonardi (Salvatore Di Vitta): »Man sagt, daß du nicht mehr ausgehst und mit niemandem redest. Was soll das?«
Noiret: »Ach, weißt du, früher oder später kommt im Leben eine Zeit, da wird es unwichtig, ob man redet oder schweigt. Es macht keinen Unterschied. Also ist es besser, still zu sein.« [1561]

***

CISCO PIKE
USA 1972, Acrobat, Columbia (Regie, Buch Bill L. Norton)

*

Kris Kristofferson (Cisco Pike): »Beim drittenmal kriegt man fünf Jahre. 'ne lange Zeit zwischen zwei Drinks.« [1562]

*

Roscoe Lee Browne (Musikladenbesitzer): »Erinnerst du dich, was der berühmte amerikanische Philosoph Satchel Paige gesagt hat? ›Blick nicht zurück! Irgendwas könnte dich einholen.‹« [1563]

***

CITIZEN KANE
USA 1941, Mercury, RKO (Regie Orson Welles, Buch Herman J. Mankiewicz, Orson Welles)

*

Orson Welles (Charles Foster Kane): »Rosebud.« [1564]

*

Welles: »Ich weiß nicht, wie man eine Zeitung macht, Mr. Thatcher, ich experimentiere noch.« [1565]

*

George Coulouris (Walter Parks Thatcher): »Weißt du, daß der *Inquirer* dich im Jahr eine Million Dollar kostet?«
Welles: »Sie haben recht, Mr. Thatcher. Er hat mich im letzten Jahr eine Million gekostet, und er kostet mich in dem wieder eine. Und ich rechne mit einer weiteren Million im nächsten. Wissen Sie, wenn ich jedes weitere Jahr genausoviel verliere, dann muß ich den Laden zumachen ... in sechzig Jahren.« [1566]

*

Welles: »Diese Silberlöffel haben mich die ganzen Jahre gehandicapt. Ja, Mr. Bernstein, wenn ich nicht so verflucht reich gewesen wäre, wäre ich vielleicht wirklich ein großer Mann geworden.«
Coulouris: »Bist du das denn nicht?«
Welles: »Unter den gegebenen Umständen war ich ganz gut.« [1567]

*

Coulouris: »Was möchtest du sein?«

> »Ich such mir meine Freunde nach ihrem Aussehen aus und meine Feinde nach ihrer Intelligenz.«
> Cinema Paradiso

Welles: »Alles, was Sie hassen.« [1568]

*

Everett Sloane (Bernstein): »Es ist keine Kunst, viel Geld zu machen, wenn Sie keine anderen Wünsche haben, als viel Geld zu machen.« [1569]

*

Erskine Sanford (Herbert Carter): »Ich kannte Ihre Pläne nicht, sonst hätten wir ...«
Welles: »Ich kenne meine Pläne selber noch nicht, wissen Sie. (...) Um die Wahrheit zu sagen, ich habe gar keine. Ich will bloß eine Zeitung herausbringen.« [1570]

*

Welles: »Der *Chronicle* hatte eine drei Spalten breite Schlagzeile. Warum haben wir nicht auch eine drei Spalten breite Schlagzeile in unserem Inquirer?«
Sanford: »Weil die Nachricht nicht groß genug war.«
Welles: »Mr. Carter, eine größere Schlagzeile macht auch die Nachricht größer.« [1571]

*

Welles: »Ich muß etwas mehr in diese Zeitung hineinbringen als Photographien und Druckerschwärze.« [1572]

*

Sloane: »Die Welt geht weiter. Heute erzählt man mir nichts mehr.« [1573]

*

Sloane: »Das Alter, tja, das Alter. Das ist die einzige Krankheit, Mr. Thomson, gegen die man im Leben nicht rechtzeitig vorbeugt. [Just old age. It's the only disease, Mr. Thompson, that you don't look forward to being cured of.]« [1574]

*

Joseph Cotten (Jedediah Leland): »Ich kann mich effektiv noch an alle Einzelheiten erinnern, junger Mann. Der größte Fluch, mit dem die Menschheit meiner Ansicht nach jemals belastet wurde, ist ja das Erinnerungsvermögen.« [1575]

*

Cotten: »Ich war sein ältester Freund, soweit ich das feststellen kann, aber er hat sich wie ein Schwein benommen. Nicht etwa, daß er brutal gewesen wäre, aber er hat brutal gehandelt. Vielleicht war ich gar nicht sein Freund, aber dann hat er nie einen gehabt.« [1576]

*

Cotten: »Selbstverständlich hatte er eine gewisse persönliche Größe, aber die hat er für sich behalten. Er hat alles für sich behalten. Er hat immer alles für sich behalten. Den andern hat er bloß ein Trinkgeld gegeben.« [1577]

*

Dorothy Comingore (Susan Alexander): »Ich kenne kaum jemand.«
Welles: »Und ich kenne zuviele Leute. Ich glaube, wir sind beide allein.« [1578]

*

Welles: »Ich habe gar nicht gewußt, daß du ein Faible fürs Melodrama hast, Emily.« [1579]

*

Welles: »Für den Fall, daß du nicht weißt, daß dieser Gentleman hier ...«
Ray Collins (James W. Gettys): »Ich bin kein Gentleman. Ihr Gatte macht sich einen Witz daraus, mich so zu nennen. Ich weiß nicht, was ein Gentleman ist.« [1580]

*

Welles: »Sie billiger Schmutzfink! Sie intriganter Schieber!«
Collins: »Im Augenblick reden wir über das, was Sie sind.« [1581]

*

Welles: »Prost, Jedediah! Auf die Liebe, wie ich sie sehe! Es hat ja jeder nur eine Liebe: seine.« [1582]

*

Cotton: »Wie heißt es noch? Shangri-La? El Dorado? Oder Sloppy Joe's? Wie heißt das gleich, wo er wohnte? ... Natürlich: Xanadu.« [1583]

*

William Alland (Thompson, voice-over): »Mr. Kane war einer von denen, die alles bekommen haben, was sie wollten und die alles verloren. Entweder ist ›Rosebud‹ etwas, was er nicht bekommen hat oder was er verloren hat. Aber ich glaube nicht, daß das alles erklären

---

> »Es ist keine Kunst,
> viel Geld zu machen, wenn Sie
> keine anderen Wünsche haben,
> als viel Geld zu machen.«
> Citizen Kane

würde. Ich bin nicht der Meinung, daß ein Wort ein ganzes Leben erklären kann. Ich glaube, ›Rosebud‹ ist bloß ein Stein aus einem Puzzlespiel, ein verlorengegangener Stein.« [1584]

*

»Ins Feuer mit dem Plunder!« [1585]

***

CITY HALL
USA 1996, Pressman-Lipper, Castle Rock (Regie Harold Becker, Buch Ken Lipper, Paul Schrader, Nicholas Pileggi, Bo Goldman)

*

Al Pacino (Bürgermeister John Pappas): »Wie heißt es doch? ›Die Größe eines Mannes wird an der Zahl seiner Feinde gemessen, nicht seiner Freunde.‹« [1586]

*

Bridget Fonda (Marybeth Cogan): »Wie kann man nur so ein Schwein sein!«
John Cusack (Kevin Calhoun): »Wo ich herkomme, ist das 'n Kompliment.« [1587]

*

Cusack: »Sie sehen gut aus.«
Pacino: »Ich bin ja auch der Bürgermeister.« [1588]

*

Pacino: »Hier geht es um Menschkeit, die Sache zwischen Männern, das, was einfach da ist, weil es da ist, in den Tausenden Telefonaten, den Buketts und den Schuldzuweisungen. Der Raum zwischen einem Händedruck. Sie wissen schon, die Dinge, die Sie mitnehmen in Ihr Grab.« [1589]

*

Pacino: »Ich werd's Ihnen in Farben erklären. Da ist Schwarz und da ist Weiß, und dazwischen ist hauptsächlich Grau. Das sind wir. Eine schwierige Farbe, weil sie nicht so einfach zu beschreiben ist wie Schwarz und Weiß und für die Medien ganz sicher nicht so interessant. Aber so sind wir.« [1590]

> »Ed, ist dir aufgefallen, je älter du wirst, desto jünger werden deine Freundinnen? Irgendwann verabredest du dich mit Sperma.«
> City Slickers

Pacino: »Ich bin nur ein Politiker, der immer weitergerannt ist, so lange, bis er auf eine Steinmauer traf. Sie waren diese Mauer. Und auf einmal wurde mir klar, in meiner Jugend war ich genauso wie Sie: jung, ambitioniert, hartnäckig, aber fair. Hin und wieder mal ein Handel, aber immer für die gerechte Sache, natürlich. Und Sie kommen voran. Sie machen keinen Versuch, sich zu bereichern, sondern Sie behaupten nur Ihre Position, Ihre Macht. Denn was könnten Sie sonst für die Menschen tun? Aber tief in Ihrem Innern – Sie wissen schon – ist eine Grenze, die können Sie nicht überschreiten. Und nach dem tausendsten Kompromiß, einem Kompromiß zuviel, hat sich die Grenze einfach aufgelöst.« [1591]

***

CITY OF INDUSTRY
USA 1996, Largo, JVC (Regie John Irvin, Buch Ken Solarz)

*

Harvey Keitel (Roy Egan): »Wenn ich einen Dollar für jedes Ding bekommen hätte, das mir jemand als sicheren Treffer genannt hat, dann wär ich jetzt reich.« [1592]

***

CITY SLICKERS
USA 1991, Nelson, Face, Castle Rock (Regie Ron Underwood, Buch Lowell Ganz, Babaloo Mandel)

*

Billy Crystal (Mitch Robbins) (mit Hornverletzung am Hintern, zum Arzt): »Bitte nichts zunähen, was von Natur aus offenbleiben soll!« [1593]

*

Crystal: »Ed, ist dir aufgefallen, je älter du wirst, desto jünger werden deine Freundinnen? Irgendwann verabredest du dich mit Sperma.« [1594]

*

Crystal: »Hast du jemals einen Punkt erreicht, wo (...) du dir sagst: ›Also, besser werde ich nie aussehen, und besser werd ich mich niemals fühlen, und besser wird es mir niemals gehen‹, und eigentlich ist alles zum Kotzen?« [1595]

*

Daniel Stern (Phil Berquist): »Die haben mich tierisch an den Bällchen. Sie hält das eine fest und *(ihr)* Daddy das andere.« [1596]

Stern: »Wenn Haß Sand wäre, dann wäre ich wie die Wüste.« [1597]

*

Patricia Wettig (Barbara Robbins): »Du hast diese zwei Wochen für dich. Das ist mein Geschenk. Geh und finde dein Lächeln wieder!« [1598]

*

Stern: »Als ich noch am Leben war, hätte ich sie attraktiv gefunden.« [1599]

*

Tracey Walter (Cookie): »Mein Essen ist braun, heiß und was drin ist, geht keinen was an.« [1600]

*

Crystal: »Frauen brauchen einen guten Grund zum Sex und Männer nur 'n ruhiges Plätzchen.« [1601]

*

Jack Palance (Curly): »Ich scheiß größere Haufen als du.« [1602]

*

Bruno Kirby (Ed Furillo): »Du bist wirklich 15 Jahre lang mit ein und derselben Frau zusammen? Nur mit der einen?«
Crystal: »Ja, ich bin verheiratet, und damit ist meine Fangquote erfüllt.« [1603]

*

Palance: »Weißt du, was das Geheimnis des Lebens ist? (...) Es gibt nur eine Sache, die im Leben zählt. Hältst du dich daran, dann ist alles andere absolut scheißegal.«
Crystal: »Schön und gut, aber was ist denn nun diese eine Sache?«
Palance: »Das mußt du alleine rausfinden.« [1604]

*

Walter (bei der Beerdigung): »Herr, wir geben dir Curly. Und geh ihm nicht auf 'n Keks! [Try not to piss him off.]« [1605]

***

CITY WOLF
(A Better Tomorrow/Yinghung bunsik)
Hongkong 1985, Cinema City, Golden Princess (Regie, Buch John Woo)

*

»Unseren Freunden immer die Treue zu halten, ist ein ungeschriebenes Gesetz bei uns. Und mit denen, die uns verraten, müssen wir abrechnen.« [1606]

Ti Lung (Ho): »Glaubst du, es gibt einen Gott?«
Chow Yun-Fat (Marc): »Sicher. Ich bin ein Gott. Wir sind Götter. Ein Mensch ist ein Gott, wenn er über sein Los bestimmt.« [1607]

*

CITY WOLF II – ABRECHNUNG AUF RATEN
(A Better Tomorrow II/Yinghung bunsik II)
Hongkong 1987, Film Workshop (Regie, Buch John Woo, Story Tsui Hark)

*

Leslie Cheung (Kit): »Wenn ihr mir nicht glaubt, legt mich um!«
Kwan Shan (Ko): »Erfülle ihm seinen Wunsch!« [1608]

*

Kwan Shan: »Du nimmst immer alles zu ernst. Du glaubst wohl auch noch, daß ein guter Mensch ein gutes Ende hat?« [1609]

***

DER CITY-HAI *(Raw Deal)*
USA 1986, De Laurentiis (Regie John Irvin, Buch Gary M. De Vore, Norman Wexler, Story Luciano Vincenzoni, Sergio Donati)

*

Kathryn Harold (Monique): »Verlieren verbessert den Charakter.«
Arnold Schwarzenegger (Mark Kaminski): »Gewinnen verbessert die Garderobe.« [1610]

*

Sam Wanamaker (Luigi Patrovita): »Wenn wir anfangen zu denken, daß es etwas gibt, was wir nicht können, daß ein Geschäft vielleicht zu groß oder zu schwierig erscheint, dann sollten wir aussteigen.« [1611]

*

Wanamaker: »Das ist genau wie beim Catchen, das Resultat steht fest: Die Bullen werden immer verlieren. Und das wissen sie auch.« [1612]

*

Wanamaker: »Ich mag kluge Jungs. Aber keine Klugscheißer.« [1613]

> *»Frauen brauchen einen guten Grund zum Sex und Männer nur 'n ruhiges Plätzchen.«*
> City Slickers

Harold: »Wenn wir beide vom Auto überfahren werden, besteht vielleicht die Möglichkeit, daß du neben mir liegst.« [1614]

***

CLAY PIGEONS
USA 1998, Free, Intermedia (Regie David Dobkin, Buch Matt Healy, David Dobkin)

*

Scott Wilson (Sheriff Mooney): »Versprich mir, daß du aufhörst, Tote zu finden, wenn's geht.« [1615]

*

Vince Vaughn (Lester Long): »Es ist 'ne ganz einfache Geschichte: Es gibt nun mal Menschen auf der Welt, die schreien, schreien nach einem Mord.« [1616]

***

CLERKS
USA 1994, View Askew (Regie, Buch Kevin Smith)

*

Brian O'Halloran (Dante Hicks): »You just have to be there. (...) Making a man climax isn't at all challenging. Insert somewhere close, preferably moist, thrust, repeat.« [1617]

*

O'Halloran: »You said you had sex with three different guys. You never mentioned him.«
Marilyn Ghigliotti (Veronica): »Because I never had sex with him.«
O'Halloran: »You sucked his dick! (...) How many?«
Ghigliotti: »Something like ... 36.« [1618]

*

Jeff Anderson (Randal): »I'm a firm believer in the philosophy of the ruling class. Especially since I rule.« [1619]

***

CLOCKERS
USA 1995, 40 Acres and a Mule, Universal (Regie Spike Lee, Buch Richard Price, Spike Lee, nach dem Roman von Richard Price)

> »Falls Gott je noch was Besseres geschaffen hat als Crack, Kokain, muß er's für sich selbst behalten haben.«
> Clockers

Delroy Lindo (Rodney): »Falls Gott je noch was Besseres geschaffen hat als Crack, Kokain, muß er's für sich selbst behalten haben.« [1620]

*

Lindo: »Das Zeug ist 'n Wahrheitsserum. Wenn du es nimmst, kannst du nichts mehr verbergen. Nimm mal an, du bist ein mieser, abgefuckter, elender Drecksker, der sein Neugeborenes verkaufen würde, für 'n Zug aus der Glaspfeife. Crack bringt ans Licht, wer du bist.« [1621]

*

Paul Calderon (Jesus): »Ich greif zu meinem treuen Roberto Clemente Louisville-Schläger hier und will ein paar Schädel einschlagen, ein paar Arme brechen, aber Victor, Victor sagte ...« [1622]

*

John Turturro (Larry Mazilli): »Verrat's uns nicht vorher, Mann! Wir kriegen so was lieber selber raus. Sonst machen die Ermittlungen gar keinen Spaß mehr.« [1623]

***

CLOCKWISE – IN LETZTER SEKUNDE
(Clockwise)
UK 1985, Moment, Thorn-EMI (Regie Christopher Morahan, Buch Michael Frayn)

*

John Cleese (Brian Stimpson): »Es ist nicht die Verzweiflung, Laura, die könnte ich ertragen. Aber die verlorene Hoffnung!« [1624]

***

DER CLOU *(The Sting)*
USA 1973, Zanuck-Brown, Universal (Regie George Roy Hill, Buch David S. Ward)

*

Robert Earl Jones (Luther Coleman). »Ach, Junge, ich war nie im großen Geschäft. Ich hab nur am Rande rumgewimmelt und 'n paar Sachen aufgerissen. Kein reicher Mann traut einem hungrigen Nigger so weit, daß der ihn bescheißen kann.« [1625]

*

Harold Gould (Kid Twist): »Duke, glaub mir, wenn dieser Plan danebengeht, dann ist das FBI das geringste unserer Probleme.« [1626]

*

Robert Shaw (Doyle Lonnegan): »Ihr Boss ist ein selten guter Kartenspieler, Kelly. Wie macht er das?«

Robert Redford (Johnny Hooker): »Er bescheißt.« [1627]

*

Shaw: »Was glaubst du eigentlich, mit wem du sprichst, du Laufbursche? Mich legt niemand rein. Bring ihn in den Gepäckwagen und blas ihm eine ins Ohr!« [1628]

DER CLUB DER TEUFELINNEN
(The First Wives Club)
USA 1996, Paramount (Regie Hugh Wilson, Buch Robert Harling, nach dem Roman von Olivia Goldsmith)

*

Rob Reiner (Dr. Morris Packman): »Elise, spritz ich dir noch mehr Collagen, sehen deine Lippen aus, als wär zuviel Luft auf den Reifen.« [1629]

*

Reiner: »Möchtest du nicht Rollen spielen, die deinem Alter entsprechen?«
Goldie Hawn (Elise Elliot Atchison): »Meinem Alter? Nein, nein, du verstehst das nicht. In Hollywood gibt es für Frauen nur drei Altersstufen: Babe, die Staatsanwältin und Miss Daisy und ihr Chauffeur. Und jetzt gerade will ich jung aussehen. Jung. Science-Fiction-jung.« [1630]

*

Eileen Heckart (Catherine MacDuggan): »Annie, du bist verheiratet, hast eine Tochter, du bist glücklich. Wozu Selbstwertgefühl?« [1631]

*

Bronson Pinchot (Duarto Feliz): »Sie sieht überwältigend aus. Hat Sie irgend etwas machen lassen?«
Bette Midler (Brenda Morelli Cushman): »Teile von ihr werden 50.« [1632]

*

Midler: »Darf man das abgesaugte Fett hinterher als Erinnerung behalten?« [1633]

*

Hawn: »Brenda, ich bitte dich, wir leben in den Neunzigern und nicht im Mittelalter. Ich will damit sagen, plastische Chirurgie ist wie Körperpflege, wie Zähneputzen.« [1634]

*

Midler: »Na ja, so knochig, wie die ist, ist sie billig zu halten.« [1635]

*

Jennifer Dundas (Chris Paradise): »Ihr wollt Daddy drankriegen und die zwei andern auch?«
Diane Keaton (Annie MacDuggan Paradise): »Nicht drankriegen, ich meine, wir haben vor, ihnen ... ihnen zu helfen, indem wir ihnen eine Lehre erteilen.«
Dundas: »Wollt ihr sie zermalmen?«
Keaton: »Ja, genau das.« [1636]

DER CLUB DER TOTEN DICHTER
(Dead Poets Society)
USA 1989, Silver Screen Partners IV, Haft, Witt-Thomas, Touchstone (Regie Peter Weir, Buch Tom Schulman)

*

Robin Williams (John Keating): »Wir sind keine Klempner, wir haben es hier mit Lyrik zu tun. Man kann doch nicht Gedichte bemessen wie amerikanische Charts. ›Oh, ich finde Byron echt toll. Ich geb im 42 Punkte, wenn man auch nicht danach tanzen kann.‹« [1637]

*

Williams: »Die Sprache ist nur zu einem Zweck entwickelt worden. Und der ist?« (...)
Robert Sean Leonard (Neil Perry): »Um zu kommunizieren?«
Williams: »Nein, um Frauen zu umwerben.« [1638]

*

Williams: »Gerade wenn man glaubt, etwas zu wissen, muß man es aus einer anderen Perspektive betrachten, selbst wenn es einem albern vorkommt oder unnötig erscheint.« [1639]

CLUNY BROWN AUF FREIERSFÜSSEN
(Cluny Brown)
USA 1946, Twentieth Century Fox (Regie Ernst Lubitsch, Buch Samuel Hoffenstein, Elizabeth Reinhardt, nach dem Roman von Margery Sharp)

> »Darf man das abgesaugte Fett hinterher als Erinnerung behalten?«
> Der Club der Teufelinnen

Charles Boyer (Adam Belinski): »Mein lieber Freund Ames, wo ist das Zigeunerblut in Ihnen? Wo ist der Sinn für Abenteuer? Sind Sie der Typ Mann, der erst seine Hose anzieht, bevor er den Telefonhörer abnimmt?« [1640]

*

Boyer: »Ich bin ein Stadtmensch. Ich liebe Menschen, Lärm und Lichter und Rauch in meinen Lungen. Und was hab ich hier? 'ne ewig jubilierende Nachtigall direkt unter meinem Fenster.« [1641]

*

Richard Haydn (Wilson): »Mutter verschwendet keine Worte mit Schmeicheleien. Sie redet nur, wenn sie etwas zu beanstanden hat.« [1642]

*

Boyer: »Miss Cream, Sie werfen so charmant mit Komplimenten um sich, als ob es Mauersteine wären. Ich mag Sie. Und Sie sitzen verdammt gut zu Pferd.« [1643]

*

Reginald Owen (Sir Henry Carmel): »Sagen Sie, Adam, dieses Gerede vom Krieg ist doch völliger Blödsinn, nicht?«
Boyer: »Nein, Sir Henry, ich kenne Hitler.«
Owen: »Er hat 'n Buch geschrieben, nicht?«
Boyer: »Ja.«
Owen: »Ist 'n großer Erfolg?«
Boyer: »Kann man wohl sagen.«
Owen: »Warum gibt er sich nicht zufrieden damit und stiftet überall Unruhe?« [1644]

***

COCKTAIL FÜR EINE LEICHE *(Rope)*
USA 1948, Transatlantic (Regie Alfred Hitchcock, Buch Arthur Laurents, Hume Cronyn, nach dem Stück von Patrick Hamilton)

*

John Dall (Brandon): »Gute Amerikaner werden gewöhnlich alt und sterben im Bett. Aber die David Kentleys dieser Welt sind absolut überflüssig, und deshalb war er das perfekte Opfer für den perfekten Mord. Außerdem besuchte er natürlich die Universität Harvard und nicht Princeton. Damit wäre dieser Mord vollends gerechtfertigt.« [1645]

***

COLD COMFORT FARM
UK 1995, BBC, Thames TV, Feature Film (Regie John Schlesinger, Buch Malcolm Bradbury, nach dem Roman von Stella Gibbons)

*

Ian McKellen (Amos Starkadder): »Eine gottlose Sitte, am hellichten Werktag in den Federn zu liegen. Auf jene, die das tun, warten die stinkenden Schwefelfeuer schon.« [1646]

*

Kate Beckinsale (Flora Poste): »Dürfte ich, während ich hier bin, ein paar Kleinigkeiten verändern? Das Zimmer, in dem ich untergebracht bin, ist entzückend, aber vielleicht könnte ich die Vorhänge waschen lassen. Ich vermute, sie sind rot, aber ich würde es gern genauer wissen.« [1647]

*

Eileen Atkins (Judith Starkadder): »Was soll denn aus uns werden?«
McKellen: »Der Herr wird für euch sorgen. Oder auch nicht, ganz nach seinem Gutdünken.« [1648]

***

COLOR OF NIGHT
USA 1994, Cinergi, Hollywood (Regie Richard Rush, Buch Matthew Chapman, Billy Ray)

*

Bruce Willis (Bill Capa): »Halt dich an die Klischees, und du wirst selten enttäuscht.« [1649]

*

Willis (zum Detective): »Ich wette, Sie haben jede Folge Columbo gesehen, hm?« [1650]

***

COLORADO CITY *(The Sheepman)*
USA 1958, MGM (Regie George Marshall, Buch William Bowers, Story James Edward Grant)

*

Glenn Ford (Jason Sweet): »Na, na, na, Fräulein, man muß schon ein bißchen mehr im Kopf haben als so ein Pferd, wenn man mit ihm fertig werden will.« [1651]

*

Ford: »Ich habe nämlich eine Wette mit mir ab-

»Halt dich an
die Klischees, und du
wirst selten enttäuscht.«
Color of Night

geschlossen, daß ich in den ersten zehn Minuten, nachdem ich hier angekommen bin, Ihnen begegne.«
Edgar Buchanan (Milt Masters): »Mir?«
Ford: »Ja, Ihnen. Sie sind doch hier der Dorftrottel?« [1652]

*

Shirley MacLaine (Dell Payton): »Milt, wer ist dieser Mann?«
Buchanan: »Ich weiß nicht, wer er ist, aber ich glaube, er hat ganz bestimmt nicht vor, hier bei uns einen Wettbewerb in Beliebtheit zu gewinnen.« [1653]

*

Ford: »Ich suche jemanden hier im Ort, vielleicht können Sie mir seinen Namen sagen.«
»Was macht er?«
Ford: »Im Grunde läuft er nur herum und versucht, Prügeleien anzufangen, weil er ein bißchen bösartiger und stärker ist als die meisten.«
»Klingt nach Jumbo.« [1654]

*

Mickey Shaughnessy (Jumbo McCall): »Was wollen die bloß alle hier?«
Ford: »Die warten, daß die Prügelei anfängt.«
Shaughnessy: »Welche?«
Ford: »Die zwischen Ihnen und mir.« [1655]

*

»Hören Sie zu! Dies hier ist Rinderland, es kommt überhaupt nicht in Frage, daß Sie Schafe hierherbringen.«
Ford: »Nein? Wer von euch sollte mir das verbieten? Sie? Oder der stärkste Mann *(Shaughnessy, den er gerade verprügelt hat)*, mit dem ihr hier aufwarten könnt?« [1656]

*

MacLaine: »Glauben Sie wirklich, Sie haben es jetzt geschafft, weil Sie gerade einen Mann niedergeschlagen haben?«
Ford: »Man muß ja irgendwo anfangen.« [1657]

*

MacLaine: »Dann wollen Sie also Ihren Plan wirklich durchführen und die Schafe herbringen?«
Ford: »Ja, ich habe keine Minute geschwankt, Fräulein Payton.«
MacLaine: »Dann sind Sie in spätestens 48 Stunden tot.«
Ford: »Ja, das ist gut möglich, aber Sie können sich darauf verlassen, wenn ich in 48 Stunden tot bin, dann bin ich nicht allein tot.« [1658]

*

Leslie Nielsen (Johnny Bledsoe): »Ich habe seit Jahren keine Waffe mehr angerührt. (...) Früher habe ich ein paar Stunden am Tag trainiert.«
Ford: »Also, vielleicht darf ich dir dann einen kleinen Rat geben, Johnny, entweder du bringst deinen Rindern bei, mit den Schafen auszukommen, oder du mußt eben wieder anfangen zu trainieren.«
Nielsen: »Das werde ich.«
Ford: »Was wirst du?«
Nielsen: »Wieder anfangen zu trainieren.« [1659]

*

Ford: »Sind Sie der Sheriff?«
Slim Pickens (Marshal): »Was meinen Sie wohl, was das *(Stern)* ist? Eine Tätowierung?« [1660]

*

Pedro Gonzalez Gonzalez (Angelo): »Chef, wie sind Sie gekommen auf Schafzucht?«
Ford: »Das kann ich dir ganz genau sagen, Angelo, ich hatte einfach keine Lust mehr, Kühe treten zu müssen, du weißt, wie dumm sie sind.«
Gonzalez Gonzalez: »Und Sie glauben, Schafe sind klüger?«
Ford: »Oh nein, nein, nein, nein, sie sind dümmer. Es ist nur leichter, sie zu treten, wolliger.« [1661]

*

MacLaine: »Warum sind Sie so nett zu mir?«
Ford: »Nun, ich glaube, ich bin Ihnen sehr ähnlich, Fräulein Helen, immer wenn ich am nettesten bin, muß man am meisten auf mich aufpassen.« [1662]

*

Nielsen: »Natürlich bist du leider etwas im Nachteil von jetzt an. Ja, sieh mal, ich gehe jetzt da rüber, steige auf mein Pferd und reite nach Hause, und ich brauche mir nicht mal die Mü-

---

»*Sind Sie der Sheriff?*«
»*Was meinen Sie wohl, was das (Stern) ist? Eine Tätowierung?*«
Colorado City

he zu machen, mich umzudrehen, weil ich weiß, daß du mir nicht in den Rücken schießen wirst. Andererseits kannst du dich bei mir überhaupt nicht darauf verlassen.« [1663]

*

MacLaine: »Sie kannten ihn von früher, nicht?«
Ford: »Ja.«
MacLaine: »War er sehr gefährlich?«
Ford: »Er war jedenfalls nicht in Gefahr, Kopfschmerzen zu bekommen von dem Gewicht eines Heiligenscheins, denn den hatte er nicht.« [1664]

*

Ford: »Der Oberst ist tot. Kämpft ihr weiter?«
»Woher wissen wir, daß er tot ist?«
Ford: »Weil ich am Leben bin.« [1665]

***

DIE COMANCHEROS *(The Comancheros)*
USA 1961, Twentieth Century Fox (Regie Michael Curtiz, Buch James Edward Grant, Clair Huffaker, nach dem Roman von Paul I. Wellman)

*

John Wayne (Jake Cutter): »Ihr Schneider wird eine ganz hübsche Wut auf Sie haben, wenn er sein Geld nicht bekommt. Allerdings eine gute Reklame für ihn, wenn Sie in seinem 300-Dollar-Anzug am Galgen hängen.« [1666]

*

Stuart Whitman (Paul Regret): »Ich persönlich finde an der Ehe keinen Geschmack. Kaum habe ich ein Mädchen gefunden, bin ich schon gespannt, ob mir die nächste nicht noch besser gefallen wird.« [1667]

*

Wayne: »Mein Gewissen ist entlastet. Ich habe für Sie getan, was ich konnte, um Sie vor dem Galgen zu retten.«
Whitman: »Großartig. Bevor sich der Strick um meinen Hals zusammenzieht, wird mein letzter Gedanke sein: Der gute Jake hat für mich alles getan, was er konnte.« [1668]

> »Der Oberst ist tot. Kämpft ihr weiter?« »Woher wissen wir, daß er tot ist?« »Weil ich am Leben bin.«
> Colorado City

Edgar Buchanan (Judge Bean): »Ich bin Taddäus Jackson Greene, Kreisrichter von Texas, und überall in Texas behauptet man von mir, ich besäße den schärfsten juristischen Verstand. Haben Sie also Vertrauen zu mir, mein Sohn! Wieviel Geld besitzen Sie?«
Whitman: »Ich besitze nicht einen Penny.«
Buchanan: »Dann sehe ich kaum eine Chance für Sie.«
Bruce Cabot (Major Henry): »In diesem Fall appelliere ich an Ihren Großmut.«
Buchanan: »Major, jedes Handwerk ist eines Lohnes wert.« [1669]

*

Cabot: »Angenommen, es spräche sich herum, daß ein gewisser Richter bei einer Razzia in einem gewissen Viertel in einem gewissen Haus vorgefunden worden ist ...«
Buchanan: »Ich mußte dort eine Untersuchung anstellen.«
Wayne: »Die betreffende Person war blond und hübsch, und scheinbar machte ihr die Untersuchung viel Spaß.« [1670]

*

Buchanan: »Eine legale *und* anständige Lösung gibt es nicht. Aber da wir alle vernünftige Texaner sind, wählen wir eine illegale und unanständige Lösung. Alle Männer hier haben zugestimmt, einen von mir vorbereiteten Schriftsatz zu unterzeichnen. Sie leisten damit einen Meineid. Meineid ist der juristische Ausdruck für eine faustdicke Lüge. Jeder Mann in diesem Zimmer wird schwören, daß Sie zu den Texas Rangern gehören und seit Jahren zu ihnen gehört haben, also können Sie zu der angegebenen Zeit in Louisiana keinen erschossen haben. Selbst Präsident Huston würde niemals das Wort von zwölf Rangern bezweifeln. Ab jetzt, mein Sohn, sind Sie Mitglied der schlechtbezahltesten Organisation der Welt.« [1671]

***

THE COMMITMENTS
USA 1991, Beacon, First, Dirty Hands, Twentieth Century Fox (Regie Alan Parker, Buch Dick Clement, Ian La Frenais, Roddy Doyle, nach dem Roman von Roddy Doyle)

*

Robert Arkins (Jimmy Rabbitte): »Ihr seid doch Arbeiter, oder?«

Glen Hansard (Outspan Foster): »Das wären wir, wenn wir Arbeit hätten.« [1672]

*

Arkins: »Die Musik sollte ausdrücken, wo ihr herkommt und für die Leute sein, wo ihr herkommt. Es sollte die Sprache der Straße sein. Sie sollte handeln von Maloche und Sex, und ich meine keine schwülstigen Liebessongs wie ›Ich halte deine Hand und liebe dich in Ewigkeit‹. Ich rede von Vögeln, Bumsen, Blasen, Schwänzen, Büchsen, das bringt's.«
Hansard: »Radikal! Und welcher Sound bringt das rüber?«
Arkins: »Soul! (...) Wir spielen einfach Dublin Soul.« [1673]

*

Félim Gormley (Dean Fay): »Wir sind vielleicht ein bißchen zu weiß für solche Sachen.«
Arkins: »Kapiert ihr das nicht, Jungs? Die Iren sind die Schwarzen von Europa, und die Dubliners sind die Schwarzen von Irland, und die Northsiders sind die Schwarzen von Dublin. Also sagt es deutlich und sagt es laut: ›Ich bin stolz auf meine schwarze Haut!‹« [1674]

*

Arkins (interviewt sich selbst vor dem Spiegel): »Wenn du so zurückblickst, Jimmy, was hast du, deiner Meinung nach, aus der Erfahrung mit den Commitments gelernt?«
»Weißt du, das ist 'ne schwierige Frage, Terry, aber wie ich immer sage: ›We skip the light fandango, turn cartwheels cross the floor, I was feeling kind of seasick, but the crowd called out for more.‹«
»Das ist sehr tiefsinnig, Jimmy. Was bedeutet das?«
»Ich hab keinen blassen Schimmer, Terry.« [1675]

***

COMMON LAW CABIN
USA 1967, Eve (Regie Russ Meyer, Buch John E. Moran, Russ Meyer)

*

John Furlong (Dr. Martin Ross): »Das ist das fauligste Wasser, das ich je getrunken hab.«
Jack Moran (Dewey Hoople): »Wir trinken in dieser Gegend nicht sehr viel Wasser.« [1676]

*

Alaina Capri (Shelia): »Was meinen Sie, würde ein kleiner Schuß Wasser im Drink ihm guttun?«

Ken Swofford (Barney Rickert): »Ein Schuß, egal wohin, würde ihm guttun.« [1677]

*

Furlong: »Ich würde mich glücklich schätzen, Ihr Hengst sein zu dürfen.« [1678]

***

CON AIR
USA 1997, Bruckheimer, Touchstone (Regie Simon West, Buch Scott Rosenberg)

*

Ned Bellamy (Pilot): »Ohne mich haben Sie niemanden, der die Maschine fliegen kann.«
John Malkovich (Cyrus 'The Virus' Grissom): »So weit denke ich niemals voraus.« [1679]

*

Nick Chinlund (Billy Bedlam): »Bist du völlig verrückt geworden?«
Malkovich: »Wenn ich meiner letzten psychischen Untersuchung glauben soll, ja.« [1680]

*

Nicolas Cage (Cameron Poe): »Du bist in einer Situation, die du nicht kontrollieren kannst.« [1681]

*

Cage: »Die waren alle krank.«
Steve Buscemi (Garland Greene): »Alles eine Frage der Definition. Wenn ich dir nun sage, krank ist, 50 Jahre lang 50 Stunden die Woche in einem Büro zu hocken und zum Schluß den Arschtritt zu kriegen und dann in irgendeinem Rentnerdorf zu landen, in der Hoffnung, daß du stirbst, bevor du nicht mehr rechtzeitig aufs Klo kommst. Würdest du das nicht viel eher als krank ansehen?«
Cage: »Dreißig Menschen zu ermorden, Definition hin oder her, ist krank.« [1682]

*

Malkovich: »Den letzten, der mir gesagt hat, ich soll Geduld haben, den hab ich abgefackelt und seine Asche eingetütet.« [1683]

> »Bist du völlig verrückt geworden?«
> »Wenn ich meiner ... psychischen Untersuchung glauben soll, ja.«
> Con Air

John Cusack (Vince Cameron): »Können wir das nicht lassen?«
Cage: »Meinetwegen.«
Cusack: »Nehmen Sie Ihre auch runter?«
Cage: »Geht nicht, Boss. Es gibt nur zwei Männer, denen ich vertraue. Der eine bin ich, und der andere sind nicht Sie.« [1683]

***

CONAN DER BARBAR *(Conan the Barbarian)*
USA 1981, Pressman, De Laurentiis, Twentieth Century Fox (Regie John Milius, Buch John Milius, Oliver Stone, nach den Charakteren von Robert E. Howard)

*

William Smith (Conans Vater): »Du darfst niemandem, niemandem auf dieser Welt dein Vertrauen schenken. Du darfst weder Männern noch Frauen noch Tieren vertrauen. Nur dem Schwert kannst du vertrauen.« [1684]

*

»Was ist für einen Mann das Schönste im Leben?« (...)
Arnold Schwarzenegger (Conan): »Zu kämpfen mit dem Feind, ihn zu verfolgen und zu vernichten und sich zu erfreuen an dem Geschrei der Weiber.« [1685]

*

Mako (Wizard): »Warum weinst du?«
Gerry Lopez (Subotai): »Es ist Conan. Er weint nicht. Er kann nicht weinen. Darum weine ich für ihn.« [1686]

***

CONVOY
USA 1978, EMI, United Artists (Regie Sam Peckinpah, Buch B. W. L. Norton, nach dem Song von C. W. McCall)

*

Donald R. ›Donnie‹ Fritts (Reverend Sloane): »Ich kenne keine Stelle in der Heiligen Schrift, wo es heißt: ›Du sollst nicht voll aufs Gas treten.‹« [1687]

> »Warum weinst du?«
> »Es ist Conan. Er weint nicht.
> Er kann nicht weinen.
> Darum weine ich für ihn.«
> Conan der Barbar

Kris Kristofferson (Martin 'Rubber Duck' Penwald): »Ich fahr nur für mich selbst.«
Ali MacGraw (Melissa): »Aber alle andern folgen dir.«
Kristofferson: »Nein, tun sie nicht. Ich bin nur zufällig vorne.« [1688]

***

COOGANS GROSSER BLUFF *(Coogan's Bluff)*
USA 1968, Malpaso, Universal (Regie Don Siegel, Buch Herman Miller, Dean Riesner, Howard Rodman, Story Herman Miller)

*

Melodie Johnson (Millie): »Wer ist denn das?«
Clint Eastwood (Walt Coogan): »'n Gefangener.«
Johnson: »Und was hat er ausgefressen?«
Eastwood: »Hat 'ne Frau umgebracht. ... War nicht so schlimm, war seine eigene.« [1689]

*

(Mann im Hubschrauber): »Texas?«
Eastwood: »Arizona.« [1690]

*

Lee J. Cobb (Lieutenant McElroy): »Rufen Sie uns nicht an! Wir rufen Sie an.« [1691]

*

Eastwood: »Was wollen Sie denn?«
Susan Clark (Julie Roth): »Zahlen.«
Eastwood: »Sie sind doch 'ne Frau, oder?«
Clark: »Es gibt einige Merkmale, die dafür sprechen.«
Eastwood: »Na, also. Dann verhalten Sie sich auch entsprechend!«
Clark: »Wie denn?«
Eastwood: »Nehmen Sie alles mit, was Sie kriegen können!«
Clark: »Ist das bei den Frauen in Arizona so üblich?«
Eastwood: »Das ist überall so üblich, nicht nur bei Frauen.«
Clark: »Auch bei Ihnen?«
Eastwood: »Bei mir ganz besonders.« [1692]

*

Clark: »Ich nehme meine Handtasche.«
Eastwood: »Ist schon gut, die trage ich.«
Clark: »Aber ich muß jetzt gehen.«
Eastwood: »Fein. Wohin?«
Clark: »Nein, nein, Sie verstehen mich nicht richtig. Ich hab noch tausenderlei zu tun.«
Eastwood: »Na schön, ich helfe Ihnen.«

Clark: »Aber das kann lange dauern, bis spät in die Nacht.«
Eastwood: »Ich hab jede Menge Zeit.« [1693]

*

Cobb: »Steht ihr immer so früh auf in Texas?«
Eastwood: »In Arizona.« [1694]

*

Cobb: »Freund, Sie gehen mir auf die Nerven. Sag mal, woran liegt das eigentlich bei euch? Kriegt ihr zuviel Sonne? Um es kurz zu machen: Verschwinden Sie aus meinem Büro, und kommen Sie erst wieder, wenn ich Sie rufe!« [1695]

*

Cobb: »Also, Coogan, gestern hatten wir es noch mit einem Gefangenen zu tun, heute mit einem Ausbrecher, der mit Ihrer Kanone in der Tasche in New York rumrennt.« [1696]

*

Eastwood: »Das ist jetzt 'ne persönliche Sache.«
Cobb: »Ja, was sich ein Mann vorgenommen hat, kann man einem Mann nicht ausreden.« [1697]

*

Cobb: »Das können Sie zu Hause tun, aber nicht hier. Ist das klar? Und das ist nicht nur meine Ansicht, sondern ebenfalls die Ansicht der hiesigen Staatsanwaltschaft.« [1698]

*

Eastwood: »Ich trage noch immer den Stern.«
Cobb: »In Texas sind Sie Deputy Sheriff, hier sind Sie Privatmann wie jeder andere. Nur leicht beschädigt.«
Eastwood: »Arizona.« [1699]

*

Cobb: »Sagen Sie mal, was denken Sie sich eigentlich dabei? Sie sind doch hier nicht in Texas auf der Weide. Sie sind in einer Großstadt, in New York. Wir haben unsere eigenen Methoden, keine besonderen, aber wir sind bisher immer zurechtgekommen.« [1700]

*

»Verlaufen, hä? Sie hätten bei Ihrem Pferd bleiben sollen.« [1701]
Cobb: »Und viele Grüße an Tex... Arizona.« [1702]

***

COOKIE
USA 1989, Lorimar, Warner (Regie Susan Seidelman, Buch Nora Ephron, Alice Arlen)

Peter Falk (Dominick ›Dino‹ Capisco): »An dem Tag, an dem Carmine Taratino dich ›Partner‹ nennt, da brauchst du auch hinten Augen, wenn du überleben willst.« [1703]

*

Michael V. Gazzo (Carmine Taratino): »Du hast schlechte Nerven, Dino, man merkt, du wirst alt. Einer wird frech, und du haust ihm eine rein. Auf der Straße ist das okay, aber wenn du in ein Büro kommst, dann mußt du dich an die Spielregeln halten.« [1704]

*

»Es ist nichts Persönliches. Hier geht es nur um die Sache. Nicht wahr, Ritchie?«
Bob Gunton (Richard Segretto): »Ich nehme jede Sache persönlich.« [1705]

*

Gazzo: »Wird Zeit, daß wir uns in den Schatten unter die Olivenbäume setzen und zusehen, wie das junge Volk tanzt.« [1706]

***

DER COP *(Cop)*
USA 1987, Harris-Woods, Atlantic (Regie, Buch James B. Harris, nach dem Roman ›Blood on the Moon‹ von James Ellroy)

*

Jimmy Woodward (Einbrecher, off, am Telefon): »Ja, ich wollte in 'n Haus in Hollywood einsteigen. Aber als ich das gesehen habe, ist mir der Appetit vergangen. Da hat sich 'ne Riesenschweinerei abgespielt, Mann. Es sah aus wie in 'nem Peckinpah-Film. Schicken Sie lieber sofort 'n paar Bullen rüber!« [1707]

*

James Woods (Lloyd Hopkins): »Wieso können Frauen nicht fliegen? Wieso können sie nicht fliegen wie wir?«
Charles Durning (Dutch Pelz): »Sie haben keine Flügel, Junge. Ist ein Konstruktionsfehler. Nichts, was sie allein tun, macht ihnen wirklich Spaß.« [1708]

> »Es ist nichts Persönliches.
> Hier geht es nur um die Sache.
> Nicht wahr, Ritchie?« »Ich nehme
> jede Sache persönlich.«
> Cookie

Durning: »Verstehst du jetzt meine Theorie von den großen Titten?« [1709]

*

Woods: »Komm schon, Dutch! Wenn man den Freund von 'ner Biene wegpustet, kann man sie wenigstens nach Hause bringen.« [1710]

*

Randi Brooks (Joannie Pratt, off, am Telefon): »Haben Sie schon gefrühstückt?«
Woods: »Ich war noch nicht mal im Bett.«
Brooks: »Oh, wenn Sie herkommen, können Sie von beidem was kriegen.«
Woods: »Ich (...) dachte, Sie reden nicht gerne mit Bullen.«
Brooks: »Wer hat was von reden gesagt?« [1711]

*

Raymond J. Barry (Fred Gaffney): »Herr Hopkins, ich gehe jeden Sonntag in die Kirche und dreimal in der Woche zu Gebetsversammlungen, aber wenn ich mir einen Halfter umschnalle, dann schlage ich mir Gott aus dem Sinn.« [1712]

*

Lesley Ann Warren (Kathleen McCarthy): »Du wirst ihn umbringen.«
Woods: »Ich weiß nicht. Vielleicht wirst du ihm diesmal die Blumen schicken.« [1713]

*

Woods: »Laß es! Schon der Versuch wäre tödlich.« [1714]

*

Steven Lambert (Bobby Franco): »Willst du mir nicht meine Rechte vorlesen, mich fesseln und ins Gefängnis stecken?«
Woods: »Wieso? Damit du dir's in der Zelle bequem machen kannst und 'n trickreicher Anwalt auf Unzurechnungsfähigkeit plädiert? Hm?«
Lambert: »Was geht dich das an, Hopkins? Du bist 'n Bulle und mußt mich verhaften.«
Woods: »Nun die Sache hat 'ne positive und 'ne negative Seite. Du hast recht, ich bin Bulle und müßte dich verhaften, das könnte man positiv sehen. Aber dein Pech ist, daß ich suspendiert worden bin und mich einen Teufel drum schere.« [1715]

***

COPKILLER *(Order of Death)*
I 1983, Vigo, RAI, Virgin (Regie Roberto Faenza, Buch Ennio de Concini, Hugh Fleetwood, Roberto Faenza, nach dem Roman von Hugh Fleetwood)

*

Harvey Keitel (Lieutenant Fred O'Connor): »Er konnte das Einfachste nicht begreifen. Er wußte nicht, was Korruption ist, wo sie anfängt, wo sie aufhört. Nichts zu tun, das (...) ist korrupt. Nichts zu tun, allein das ist korrupt.« [1716]

*

Keitel: »Was willst du dazu sagen? ›Okay, du bist drogenabhängig. Okay, versteh ich. So, hier ist 'ne Kanone. Geh hin, und leg jemanden um! Knall 'ne alte Frau ab! Bring 'nen alten Rentner um! Nimm dir das Geld! Wir wissen, du brauchst es.‹ Ist das wirklich richtig?« [1717]

***

COPLAND
USA 1997, Woods, Sundance Institute, Buena Vista (Regie, Buch James Mangold)

*

Ray Liotta (Gary Figgis): »Es gibt zwei Sorten von Menschen auf dieser Welt, Flippertypen und Videotypen. Du, Freddy, gehörst zu den Flippertypen.« [1718]

*

Robert De Niro (Moe Tilden): »Ich wußte gar nicht, daß in Jersey klassische Musik erlaubt ist.« [1719]

*

Harvey Keitel (Ray Donlan): »Dein Plan ist leider bodenlos naiv. Den hast du auf der Rückseite von 'nem Streichholzbrief entworfen. Ohne nachzudenken. Ohne einen Blick in deine Karten zu werfen.« [1720]

*

Liotta: »Im Recht zu sein ist noch lange keine kugelsichere Weste, Freddy.« [1721]

***

COPYKILL *(Copycat)*
USA 1995, New Regency, Monarchy, Warner (Regie Jon Amiel, Buch Ann Biderman, David Madsen)

> »Komm schon, Dutch!
> Wenn man den Freund von 'ner
> Biene wegpustet, kann man sie
> wenigstens nach Hause bringen.«
> Der Cop

Sigourney Weaver (Helen Hudson): »Die Schreie des Opfers mildern seine Qual. Der Akt des Tötens verschafft ihm ein intensives Lebensgefühl. Und danach empfindet er keine Schuld, sondern Enttäuschung. Es war nicht so wundervoll, wie er gehofft hatte. Nächstes Mal ist es dann vielleicht perfekt.« [1722]

Weaver: »Einen Serienmörder erregt die Qual des Todeskampfes eines anderen Menschen.« [1723]

*

Weaver: »Serienmörder sind keine Erfindung des 20. Jahrhunderts, aber unsere Gesellschaft bringt sie in immer größerer Zahl hervor.« [1724]

*

Holly Hunter (M. J. Moran): »Haben Sie was angefaßt, Mike? Ich möchte mich nicht über 'n Haufen Fingerabdrücke freuen und dann feststellen, daß das Ihre sind.« [1725]

*

J. E. Freeman (Lieutenant Quinn): »Gott! Manchmal sind Sie ganz schön penetrant, M. J.«
Hunter: »Das faß ich als Kompliment auf, Sir.« [1726]

*

Will Patton (Nicoletti): »He, Ruben, was haben Sie da um den Hals?«
Dermot Mulroney (Ruben Goetz): »Oh, ich würde mir ja gerne eine *(Krawatte)* wie Ihre kaufen, aber in meiner Nähe ist leider kein Wühltisch.« [1727]

*

Hunter: »Er hat nicht mir geschrieben, sondern Ihnen. Warum?«
Weaver: »Weil ich das Pin-up-Girl der Serienmörder bin.« [1728]

*

Freeman: »Sie haben eine Entscheidung getroffen, und es war die richtige. Sie haben nur das falsche Resultat erzielt, das ist alles.« [1729]

*

Hunter (mit kugelsicherer Weste): »Irgendwie wird der Zweck meines Wonderbra zunichte gemacht. Aber wer guckt schon hin?« [1730]

***

THE COTTON CLUB
USA 1984, Zoetrope, Orion (Regie Francis Ford Coppola, Buch William Kennedy, Francis Ford Coppola, Story William Kennedy, Francis Ford Coppola, Mario Puzo)

*

Richard Gere (Dixie Dwyer): »Wie heißt du?«
Julian Beck (Sol Weinstein): »Ich heiße überhaupt nicht.«
Gere: »Wie nennt dich deine Mutter?«
Beck: »Ich hatte nie eine Mutter. Mich hat jemand im Mülleimer gefunden.« [1731]

*

James Remar (Dutch Schultz): »Ich wette nur, wenn ich was dran drehen kann. Wie bei Pferden. Oder bei Politikern.« [1732]

*

Remar: »Die Leute sollen mich nicht wegen der beiden Gorillas erkennen, sondern an meinem Anzug.« (...)
Lisa Jane Persky (Frances Flegenheimer): »Bekleckere dich mit Soße wie immer, dann erkennen sie dich am Anzug.« [1733]

*

Damien Leake (Bub Jewett): »Gegen Pistolen helfen nur Pistolen, und Gott sei Dank hab ich genug Pistolen.« [1734]

*

Novella Nelson (Madame St. Clair): »Mr. Jewett, offenbar können wir Ihr Angebot nicht annehmen. Wir sind noch nicht bereit für einen Krieg dieser Art.«
Leake: »Dann haben Sie nicht erkannt, daß Sie den Krieg schon verloren haben.« [1735]

*

Fred Gwynne (Frenchy Demange): »Ich seh, was ich seh, und ich hör, was ich hör. Und dann denk ich drüber nach, was es bedeutet.« [1736]

*

Gwynne: »Mr. Luciano, ich würde ihn aber nicht unterschätzen.«
Joe Dallesandro (Charles ›Lucky‹ Luciano): »Kugelsicher war noch niemand.« [1737]

> *»Ich wette nur, wenn ich was dran drehen kann. Wie bei Pferden. Oder bei Politikern.«*
> The Cotton Club

COUNTY HOSPITAL
USA 1932, Roach, MGM (Regie James Parrott)

*

Stan Laurel (beim Krankenbesuch): »Ich habe dir ein paar Nüsse und ein paar hartgekochte Eier gebracht.« [1738]

***

COUSINE BETTE
USA/UK 1997, Radclyffe, Twentieth Century Fox (Regie Des McAnuff, Buch Lynn Siefert, Susan Tarr, nach dem Roman von Honoré de Balzac)

*

Kelly MacDonald (Hortense Hulot): »Bitte schauen Sie nicht so griesgrämig drein!«
Hugh Laurie (Baron Hector Hulot): »Bei diesem Wetter und dieser Umgebung?« [1739]

*

Aden Young (Wenceslas Steinbach): »Wenn echte Kunstwerke wie Nägel hergestellt werden könnten, würden sie von Schmieden gemacht werden.« [1740]

*

Jessica Lange (Bette Fisher): »Ich will sie sehen. Sie alle zusammen. In den Staub fallend, niedriger als ich es bin.« [1741]

*

Lange: »Sei du die Axt, und ich werde die Hand sein, die sie schwingt.« [1742]

*

MacDonald: »Ich verdanke Ihnen mein ganzes Glück.«
Lange: »Sie sollen alles Glück erhalten, das Sie verdienen.« [1743]

*

Bob Hoskins (Mayor Cesar Crevel): »Wie kommt es, Baron, daß von zehn schönen Frauen mindestens sieben absolut verdorben sind.« [1744]

*

Hoskins: »Ich wundere mich, was tut ein Mann nicht alles, um die Liebe einer Frau zu erringen. Ich vermute, es ist lächerlich für Männer wie Sie und für mich, geliebt zu werden. Wir werden nicht mehr als toleriert. Frauen sind unerklärliche Geschöpfe.« [1745]

*

MacDonald: »Wie konnte er nur!«
Lange: »Um ihrer Fleischeslust willen begehen Männer immer wieder die allerschlimmsten Verbrechen. Es liegt in ihrer Natur, scheint es.« [1746]

***

COWBOY
USA 1958, Phoenix, Columbia (Regie Delmer Daves, Buch Frank Harris, nach seinem Buch ›My Reminiscences as a Cowboy‹)

*

Glenn Ford (Tom Reece): »Wie kommen Sie auf den Gedanken, daß Ihnen Viehtreiben Spaß machen könnte?«
Jack Lemmon (Frank Harris): »Ja, wissen Sie, ich habe mein Leben lang vom Viehgeschäft geträumt, vom Viehtreiben. Ich möchte raus auf den Treck, und ich hasse die Stadt und will in der freien Natur leben. Sie wissen schon, was ich meine.«
Ford: »Oh ja, ich weiß, was Sie meinen. Sie möchten draußen unterm Sternenhimmel liegen und den Liedern lauschen, die die Männer am Lagerfeuer singen, hm?«
Lemmon: »Ja.«
Ford: »Und an Ihrer Seite steht Ihr treues altes Pferd und grast friedlich im grünen Gras.«
Lemmon: »Hm.«
Ford: »Reiten Sie viel?«
Lemmon: »Ich? Es würde mir nichts ausmachen, einen ganzen Tag und eine ganze Nacht auf dem Pferd zu sitzen.«
Ford: »Was Sie nicht sagen. Sie haben Pferde bestimmt gern?«
Lemmon: »Oh ja, Sir, sehr sogar.«
Ford: »So sehen Sie auch aus. Sie sind ein Idiot, ein verträumter Idiot, und das sind die schlimmsten. Wissen Sie, wie so ein Viehtreck in Wirklichkeit aussieht? Staubstürme den ganzen Tag über, Wolkenbrüche in der Nacht. Nur ein Wahnsinniger kann sich so ein Leben wünschen. Und dieses Gefasel über Pferde, wenn ich so was nur höre. Die Treue eines Pferdes, die Intelligenz eines Pferdes. Wissen Sie, daß

> »Wie kommt es, Baron, daß von zehn schönen Frauen mindestens sieben absolut verdorben sind.«
> Cousine Bette

das Gehirn eines Pferdes nicht größer ist als eine Walnuß? Pferde sind bösartig, heimtückisch und dumm. Es ist noch kein Pferd auf die Welt gekommen, das klug genug ist, vor einem Feuer davonzulaufen. Kein vernünftiger Mensch liebt das Pferd, er duldet das blöde Tier nur, weil Reiten angenehmer ist als Laufen.« [1747]

*

Victor Manuel Mendoza (Mendoza): »Er hat recht.«
Ford: »Woher willst du das wissen?«
Mendoza: »Wenn er nicht recht hätte, hättest du ihn schon längst umgelegt.« [1748]

*

Dick York (Charlie): »Mensch, da würde ich mich nie reintrauen, selbst wenn mir jemand eine Flasche Whiskey und ein rothaariges Mädchen dafür bieten würde.« [1749]

*

Ford: »Für den Versuch, Geld zu verdienen, kann man sein Leben aufs Spiel setzen, aber es ist Blödsinn, das für eine Frau zu tun.« [1750]

*

Lemmon: »Doc, Doc, hören Sie, Sie müssen mir helfen! Charley hat Schwierigkeiten in einer Kneipe. Da warten vier Männer auf ihn, die wollen ihn auseinandernehmen.«
Brian Donlevy (Doc Bender): »Vier Männer? (...) Das kann ins Auge gehen.« [1751]

*

Ford: »Wenn irgend etwas in Ihnen stecken würde, das wert wäre, gerettet zu werden, würde ich Sie jetzt zusammenschlagen, bis Sie sich nicht mehr rühren könnten. Aber es lohnt nicht, denn Sie werden nie begreifen.« [1752]

*

Mendoza: »Es ist wirklich zum Lachen. Erst hast du den Jungen hart gemacht, und jetzt gefällt es dir nicht mehr. Weißt du, was ich glaube? Das wäre ein ganz prima Junge, wenn dieses Mädchen nicht wäre.« [1753]

*

Mendoza: »Mit dem Vieh umzugehen, hat er ja gelernt, wer weiß, vielleicht lernt er auch, mit Frauen umzugehen.« [1754]

***

DIE COWBOYS *(The Cowboys)*
USA 1972, Sanford, Warner (Regie Mark Rydell, Buch Irving Ravetch, Harriet Frank, jr., William Dale Jennings, nach dem Roman von William Dale Jennings)

John Wayne (Wil Andersen): »Ein Viehtreck ist ganz was anderes als ein Ausflug mit der Sonntagsschule. Ihr müßt euch vorstellen, daß ihr es mit der widerspenstigsten und dümmsten Kreatur auf Gottes grüner Erde zu tun habt. Ein Rind ist nichts als ein Haufen Ärger, wie er nur unter einer Kuhhaut Platz hat, und ein Pferd ist nicht viel besser.« [1755]

*

Bruce Dern (Long Hair): »Wollen Sie damit sagen, Sie sind wie alle anderen? Sie wollen uns keine Chance geben, um uns wieder ehrlich zu machen?«
Wayne: »Wissen Sie, das Gefängnis stört mich nicht, aber ich mag keine Lügner.«
Dern: »Sie sind aber sehr hart, Mr. Andersen.«
Wayne: »So hart wie das Leben.« [1756]

*

Roscoe Lee Browne (Jebediah Nightlinger): »Am Sonntag hat er sich betrunken und am Montag verheiratet. Ich komme als Ersatz.« [1757]

*

Wayne: »Mr. Nightlinger soll das Kommando übernehmen.«
A. Martinez (Cimarron): »Warum geben Sie es mir nicht?«
Wayne: »Ein großes Maul macht noch keinen großen Mann.« [1758]

*

Browne: »Wenn ihr mich hängen wollt, laßt mich erst Frieden mit meinem Schöpfer machen.«
Dern: »Du hast eine Minute. Sag deinen Spruch!«
Browne: »Aber wo anfangen? Ich bereue, mit verheirateten Frauen angebandelt zu haben. Ich schäme mich, beim Kartenspiel gemogelt zu haben. Ich bejammere, es mit der Wahrheit nicht immer genau genommen zu haben. Vergib mir, denn ich habe deinen Namen mißbraucht! Am Sonnabend war ich betrunken, am

> »Mit dem Vieh umzugehen, hat er ja gelernt, wer weiß, vielleicht lernt er auch, mit Frauen umzugehen.«
> Cowboy

Sonntag faul. Vor allem, Herr, vergib mir die Männer, die ich im Zorn getötet habe und auch die, die ich jetzt töten werde!« [1759]

***

CRACKERS
USA 1983, Universal (Regie Louis Malle, Buch Jeffrey Fiskin, nach dem Film ›I Soliti ignoti‹ (Diebe haben's schwer), 1958, Regie Mario Monicelli, Buch Age & Scarpelli, Suso Cecchi d'Amico, Mario Monicelli)

*

Anna Maria Horsford (Slam Dunk): »Mach nur so weiter! Dann werden dir bald die Maulwürfe die Post bringen.« [1760]

*

Donald Sutherland (Westlake): »Wir müssen das Ganze genauso wie eine militärische Übung angehen: Zeitplan, Präzision, Koordination, Teamwork, Geschicklichkeit und Mut.« [1761]

*

Sutherland: »Okay, Alibis? Ramon?«
Trinidad Silva (Ramon): »Also, ich brauche keins. Ich dürfte überhaupt nicht im Lande sein.«
Larry Riley (Boardwalk): »Als Schwarzer brauch ich auch kein Alibi. Vor Gericht glaubt uns sowieso niemand.« [1762]

*

Sutherland: »Maxine, ich werde es wiedergutmachen. Das versprech ich dir.«
Christine Baranski (Maxine): »Man kann einen verlorenen Samstagabend nicht wiedergutmachen.« [1763]

*

Sutherland: »Wir liegen vier Stunden und siebzehn Minuten hinter unserm Zeitplan zurück.« [1764]

***

CROSSROADS
USA 1986, Delphi IV, Columbia (Regie Walter Hill, Buch John Fusco)

> *Ich hab dich als Frau irgendwie gemocht.« »Das ist doch ein Anfang.« ... »Die Sache ist nur, du bist keine Frau.«*
> The Crying Game

Joe Seneca (Willie Brown): »Wenn du so viel Zeit mit den Fingern an den Saiten verbringen würdest wie an dem Arsch der Kleinen, dann könnte vielleicht was aus dir werden.« [1765]

*

Ralph Macchio (Eugene Marlowe): »Sie wird mir fehlen, sie wird mir wirklich fehlen.«
Seneca: »Also, ein kluger Mann hat mal gesagt, Blues ist nichts anderes, als wenn ein Mann sich nach der Frau, mit der er mal zusammen war, sehnt.« [1766]

***

CRUISING
USA 1980, Lorimar (Regie, Buch William Friedkin, nach dem Roman von Gerald Walker)

*

Barton Heyman (Dr. Rifkin): »Für euch ist das bloß noch ein Zahlenspiel. Wieviel Leichen? Mehr interessiert euch nicht. Ihr leitet doch bloß noch 'n Ermittlungsverfahren wegen Mordverdacht ein, wenn der Täter bei euch im Präsidium sitzt und sein Geständnis unterschreibt.« [1767]

*

Paul Sorvino (Captain Edelson): »Weißt du, wie viele Typen schon verhaftet wurden, weil sie sich als Polizisten ausgaben? Von den Typen gibt's heutzutage mehr als echte Polizeibeamte.« [1768]

*

CRY-BABY
USA 1989, Imagine, Universal (Regie, Buch John Waters)

*

Robert Walsh (Richter): »Ist das denn legal?« [1769]

***

THE CRYING GAME
UK 1992, Palace, Channel Four, Eurotrustees, Nippon, British Screen, Mayfair (Regie, Buch Neil Jordan)

*

Stephen Rea (Fergus): »Haben Sie schon mal Ihre Zähne mit gebrochenen Fingern aufgehoben?« [1770]

*

Rea: »Ich hab dich als Frau irgendwie gemocht.«
Jaye Davidson (Dil): »Das ist doch ein Anfang.« [1771]

Rea: »Wissen die's?
Davidson: »Was denn, Süßer?«
Rea »Na, das, was ich nicht gewußt hab. Und nenn mich nicht so!«
Davidson: »Ich kann nicht anders. Eine Frau hat ihre Gefühle.«
Rea: »Die Sache ist nur, du bist keine Frau.«
Davidson: »Streiten wir nicht über kleine Details!« [1772]

*

Davidson: »Tust du jetzt so, als ob?«
Rea: »Ich arbeite dran.« [1773]

*

Davidson: »Ich zähle schon die Tage *(bis Rea aus dem Knast kommt):* noch 2334.«
Rea: »35.« [1774]

***

CUSACK DER SCHWEIGSAME *(Code of Silence)*
USA 1985, Orion (Regie Andrew Davis, Buch Michael Butler, Dennis Shryack, Mike Gray, Story Michael Butler, Dennis Shryack)

*

Henry Silva (Luis Comacho): »Eines Tages würde ich Ihnen sehr gerne ein Geschenk machen, und zwar eine kolumbianische Krawatte. Was ganz Besonderes. Man schlitzt den Hals auf und reißt die Zunge raus. Und an Ihnen wird es ganz besonders gut aussehen.« [1775]

*

Nathan Davis (Felix Scalese): »Sie kleiner, billiger Schnüffler! Mich hat noch nie jemand bedroht.«
Chuck Norris (Eddie Cusack): »Das war auch keine Drohung, Mr. Scalese. Das ist eine Voraussage.« [1776]

*

Norris: »Wenn ich deine Meinung hören will, prügel ich sie aus dir heraus.« [1777]

CUTTHROAT ISLAND – DIE PIRATENBRAUT
(CutThroat Island)
USA 1995, Forge, Carolco (Regie Renny Harlin, Buch Robert King, Marc Norman, Story Michael Frost Beckner, James Gorman, Bruce A. Evans, Raynold Gideon)

*

Matthew Modine (William Shaw): »Schwer vorstellbar, in welchem Teil Eures Lebens meine Lateinkenntnisse vonnöten sein sollten.« [1778]

*

(Pirat): »Wir können noch nicht ablegen, Captain, wir haben noch nicht genug Proviant an Bord.«
Frank Langella (Captain Dawg Brown): »Dann brauchen wir weniger Mäuler.« *(erschießt ihn)* [1779]

***

CYPHER
(Double Tap)
USA 1997, Kushner-Locke, Dypher, Decade (Regie Greg Yaitanes, Buch Alfred Gough, Miles Millar, Eric Saltzgaber)

*

Peter Greene (Nash): »Ich hoffe, wir kommen irgendwann wieder ins Geschäft.«
Stephen Rea (Cypher): »Nur wenn mich jemand engagiert, um Sie zu töten.« [1780]

*

»Wenn du die Geschichte schon kennst, wieso läßt du sie mich erzählen?«
Robert La Sardo (Rodriguez): »Weil du dich dann immer so gut fühlst.« [1781]

*

Greene: »Wieso sind Sie so ein Klugscheißer? Ist das unbedingt notwendig?« [1782]

»Ich hoffe, wir kommen irgendwann wieder ins Geschäft.«
»Nur wenn mich jemand engagiert, um Sie zu töten.«
Cypher

D

D.O.A.
USA 1950, Popkin, United Artists (Regie Rudolph Maté, Buch Russell Rouse, Clarence Green)

*

Edmond O'Brien (Frank Bigelow): »I wanna report a murder.«
Roy Engel (Captain): »Sit down. Where was this murder committed?«
O'Brien: »San Francisco last night.«
Engel: »Who was murdered?«
O'Brien: »I was.« [1783]

*

Douglas Adams (Eddie, Vertreter): »The way this guy holds on to a dollar, you'd think they weren't printing them any more.« [1784]

*

O'Brien (zu Arzt): »Do you realize what you're saying? You're telling me that I'm dead. Do you think you can explain my life away in just a few words?« [1785]

***

D.O.A. – BEI ANKUNFT MORD (D.O.A.)
USA 1988, Silver Screen Partners III, Touchstone (Regie Rocky Morton, Annabel Jankel, Buch Charls Edward Pogue, Story Charles Edward Pogue, Russell Rouse, Clarence Green, siehe oben)

*

Dennis Quaid (Dexter Cornell): »Ich muß Brockton sprechen oder Ulmer.«

> »Ihre Manieren gefallen mir nicht.«
> »Ich will sie Ihnen ja auch nicht verkaufen.«
> Die Dame im See

William Johnson (Desk Sergeant): »Ach, und warum?«
Quaid: »Mord.«
Johnson: »Ah ja. Und wer ist das Opfer?«
Quaid: »Ich bin es.« [1786]

*

Quaid: »Das ist die letzte Gelegenheit, um vor Weihnachten noch den richtigen Leuten den Arsch zu lecken.« [1787]
Quaid: »Gestern platzt du in mein Leben rein, und heute hab ich keins mehr.« [1788]

*

Meg Ryan (Sydney Fuller): »Aus wem prügeln wir jetzt ein Geständnis raus?« [1789]

*

Ryan: »Ich hab die Schnauze endgültig voll von deiner Rambo-Scheiße. Ich wollte mit dir die Nacht verbringen, aber nicht die Ewigkeit.« [1790]

*

Quaid: »Im Grunde bin ich schon seit vier Jahren tot. Da hatte Gail recht. Das hätte ich ohne das bißchen Gift bloß nicht gemerkt.«
Ryan: »Du bist lebendiger als all die Typen, die ich getroffen hab.« [1791]

*

Quaid: »Ich weiß nicht, was die Polizei Ihnen gesagt hat, aber ich hab Cookie nicht umgebracht. Bernard war's, aber nicht absichtlich. Wo Bernard ist, sterben die Leute eben manchmal ganz plötzlich.« [1792]

*

Quaid: »Alles für ein bißchen Erfolg. Ist der so wichtig?« [1793]

***

DIE DAME IM SEE
(Lady in the Lake)
USA 1947, MGM (Regie Robert Montgomery, Buch Steve Fisher, nach dem Roman von Raymond Chandler)

*

Audrey Totter (Adrienne Fromsett): »Ihre Manieren gefallen mir nicht.«
Robert Montgomery (Philip Marlowe): »Ich will sie Ihnen ja auch nicht verkaufen.« [1794]

*

Totter: »Ich überlege gerade, ob wir das nicht bei ein paar Eiswürfeln besprechen könnten.« [1795]

Totter: »Wie sind Sie ohne Anmeldung hier hereingekommen?«
Montgomery: »Ich hab dem Mädchen draußen gesagt, es handelt sich um einen Notfall.«
Totter: »Sie sehen auch wie ein Notfall aus.« [1796]

*

Montgomery: »Der ist aalglatt, der hat seinen Beruf verfehlt.«
Totter: »Aber Sie hat er nicht verfehlt.« [1797]

*

Montgomery: »Ganz hübsch ... in dem Licht.« [1798]

*

Montgomery: »Warum begnügen Sie sich nicht einfach damit, hübsch auszusehen und hören auf, sich Gedanken zu machen über Pistolen, über verschwundene Frauen und über die Million Dollar, die Sie heiraten wollen.« [1799]

*

Totter: »Erzählen Sie mal, Marlowe! Verlieben Sie sich eigentlich in alle Ihre Klienten?«
Montgomery: »Nur in die, die Röcke tragen.« [1800]

*

Leon Ames (Derace Kingsby): »Sie wollen doch Tatsachen wissen, oder?«
Montgomery: »Wenn es um eine Frau geht, wen interessieren denn da Tatsachen?« [1801]

*

Montgomery: »Einen Toten zu finden, ist doch kein Verbrechen.«
Tom Tully (Captain Kane): »In unserer Stadt, ja.« [1802]

*

Totter: »Ich dachte, Sie sind raus aus dem Fall.«
Montgomery: »Oh nein, Marlowe schläft nie, bevor die Welt wieder in Ordnung ist.« [1803]

*

Montgomery: »Bißchen nachlässig mit Geld, was? Paßt eigentlich nicht zu einem Mädchen, das so gewissenhaft beim Morden ist.« [1804]

*

Montgomery: »Erst decken Sie eine Mörderin, dann bringen Sie sie um. Gibt das einen Sinn?« [1805]

***

DIE DAME UND DER KILLER
(Heller in Pink Tights)
USA 1960, Paramount (Regie George Cukor, Buch Dudley Nichols, Walter Bernstein nach dem Roman ›Heller with a Gun‹ von Louis L'Amour)

*

»Die *(beiden Leichen)* sind aber ganz schön schwer.«
»Da ist auch eine Menge Blei drin.« [1806]

*

George Mathews (Sam Pierce): »Das brauchen Sie nicht zu lesen, denselben Vertrag mache ich mit allen anderen auch.« *(...)*
Anthony Quinn (Tom Healy): »Mr. Pierce, meines Wissens wollten wir doch siebzig zu dreißig teilen, aber hier steht dreißig zu siebzig.«
Mathews: »Die Zahlen sind dieselben.«
Quinn: »Aber die Reihenfolge ist anders.«
Mathews: »Ja, dann werde ich es eben später ändern.« [1807]

*

Ramon Novarro (De Leon): »Du wirst niemals ein Geschäftsmann, Goober, man wirft doch sein Geld nicht zum Fenster raus. Daß man Schulden hat, bedeutet nicht, daß man sie auch bezahlt.« [1808]

***

EINE DAME VERSCHWINDET
(The Lady Vanishes)
UK 1938, Gainsborough (Regie Alfred Hitchcock, Buch Sidney Gilliat, Frank Launder, nach dem Roman ›The Wheel Spins‹ von Ethel Lina White)

*

Basil Radford (Charters): »Wenn wir doch nur nicht den Zug in Budapest verpaßt hätten!«
Naunton Wayne (Caldicott): »Ich möcht's nicht immer wieder aufwärmen, aber wenn Sie nicht darauf bestanden hätten stehenzubleiben, bis die ihre Nationalhymne beendet ...«
Radford: »Man muß dem Respekt erweisen, Caldicott. Hätte ich allerdings gewußt, daß sie zwanzig Minuten dauert ...«
Wayne: »Eigentlich war ich schon immer der

> »Die (beiden Leichen) sind aber ganz schön schwer.«
> »Da ist auch eine Menge Blei drin.«
> Die Dame und der Killer

Überzeugung, daß die Ungarische Rhapsodie nicht ihre Nationalhymne ist. Jedenfalls waren wir als einzige stehengeblieben.« [1809]

*

Margaret Lockwood (Iris Henderson, 22): »Ich bin überall gewesen und hab alles erlebt. Ich habe Kaviar gegessen in Cannes und Würstchen in Wien, ich habe Bakkarat gespielt in Biaritz und Schach mit dem Landgeistlichen. Was also bleibt mir noch als die Ehe?« [1810]

*

Radford: »Baseball! Baseball! Nichts als Baseball! Wir nannten es Drittenabschlagen. Als Kinder haben wir es mit einem Gummiball und einem Stock gespielt. Kein Wort über Cricket. Die Amerikaner sind eben ewige Kinder.« [1811]

*

Lockwood: »Sie sind wirklich der widerlichste Mensch, der mir je in meinem Leben begegnet ist.«
Michael Redgrave (Gilbert): »Ganz im Vertrauen gesagt, ich finde, daß Sie auch ein ziemliches Stinktier sind.« [1812]

*

Redgrave: »Was hatte sie an?«
Lockwood: »Ein Tweedkostüm, beige, hafermehlfarben, Jacke dreiviertellang mit aufgesetzten Taschen, ein Schal, Filzhut, braune Schuhe, helle Bluse und ein kleines braunes Tuch in der Brusttasche. An mehr erinnere ich mich nicht.«
Redgrave: »Sie müssen eben besser aufpassen.« [1813]

*

Lockwood: »Ich glaube, das ist gar keine Nonne. Nonnen tragen keine hochhackigen Schuhe.« [1814]

***

DÄMON *(Fallen)*
USA 1998, Atlas, Turner, Warner (Regie Gregory Hoblit, Buch Nicholas Kazan)

> »Liebe, Sehnsucht, Streben, Treue, ohne das alles ist das Leben sehr viel einfacher.«
> Die Dämonischen

Denzel Washington (John Hobbes, voice-over): »Ich dachte, jetzt hab ich ihn. Aber genau das gleiche dachte er von mir.« [1816]

DIE DÄMONISCHEN
(Invasion of the Body Snatchers)
USA 1956, Allied Artists (Regie Don Siegel, Buch Daniel Mainwaring, (Sam Peckinpah, ungenannt), nach dem Roman von Jack Finney)

*

Larry Gates (Dr. Dan Kaufman): »Sie haben keinen Grund zur Furcht. Es tut nicht weh. Wenn Sie es hinter sich haben, werden Sie uns dankbar sein.« [1817]

*

King Donovan (Jack Velichec): »Wehr dich nicht, Peter! Es ist sinnlos. Über kurz oder lang werdet ihr doch einschlafen.« [1818]

*

Kevin McCarthy (Dr. Miles Bennell): »Wir sind nicht die letzten Lebewesen. Ihr werdet vernichtet.«
Gates: »Morgen wünschen Sie das nicht mehr. Morgen gehören Sie zu uns.« [1819]

*

Gates: »Liebe, Sehnsucht, Streben, Treue, ohne das alles ist das Leben sehr viel einfacher.« [1820]

*

»Weiter! Wir haben ihn gleich.«
»Ach, wozu denn? Es wird ihm doch keiner glauben.« [1821]

***

DAS WAR DER WILDE WESTEN
(How the West Was Won)
USA 1963, Cinerama, MGM (Regie Henry Hathaway: ›The Rivers‹, ›The Plains‹, ›The Outlaws‹, John Ford: ›The Civil War‹, George Marshall: ›The Railroad‹, Buch James R. Webb, nach einer *LIFE*-Artikelserie)

*

Agnes Moorehead (Rebecca Prescott): »Sie haben ja nur vier Teller gegessen, ich dachte schon, es schmeckt Ihnen nicht.« [1822]

*

Robert Preston (Roger Morgan): »Ich hatte Ihnen gesagt, wenn ein Wagen entzweigeht, brauche ich Männer, die ihn wieder ganzmachen können, nicht die wetten, wie lange es dauert.« [1823]

George Peppard (Zeb Rawlings): »Er sprach oft von Ihnen. (...) Bei Shiloh ist er gefallen. (...)«
Henry Fonda (Jethro Stuart): »Ach, besser so sterben als hinter dem Pflug. Ich kann mitreden. Ich habe mich einmal für ein Jahr niedergelassen. Es hat mich zehn Jahre meines Lebens gekostet.« [1824]

*

Peppard: »Trotzdem werde ich wieder weiterziehen. Das Gras ist immer grüner hinter dem nächsten Berg.«
Fonda: »Nein, nicht mehr. Nicht mehr, seit diese verfluchte Eisenbahn kommt. Das Gras wird eingezäunt werden, und an die Tore kommen Schlösser.«
Peppard: »Gut, dann werde ich immer höher hinaufsteigen in die Berge. Wollen Sie nicht mit mir kommen?«
Fonda: »Ich bin doch nicht verrückt. Die Indianer sagen: ›Diese Bäume und Felsen verspüren keinen Drang weiterzuziehen, warum sollte ich?‹« [1825]

***

DAS WAR MORD, MR. DOYLE
(Crime of Passion)
USA 1957, Goldstein, United Artists (Regie Gerd Oswald, Buch Jo Eisinger)

*

Barbara Stanwyck (Kathy Ferguson): »Selbstverständlich tut sie mir leid. Alle Menschen tun mir leid, die sich selbst zum Narren machen.«
Sterling Hayden (Lieutenant Bill Doyle): »In den eigenen Mann drei Kugeln schießen, wenn er gerade mal wegguckt, ist etwas mehr, als sich zum Narren machen.« [1826]

*

Raymond Burr (Inspector Tony Pope): »Das Spiel ist aus. Ich finde, du hast genug dabei gewonnen. Nimm deine Chips und geh nach Hause!« [1827]

***

DAS WAR ROY BEAN
(The Life and Times of Judge Roy Bean)
USA 1972, National General, First Artists (Regie John Huston, Buch John Milius)

*

Paul Newman (Roy Bean): »Also gut, diese Bude da wird mein Gerichtsgebäude, von da aus werde ich Recht sprechen, und da wird auch erschossen, beziehungsweise aufgehängt, je nach Laune.« [1828]

*

Jim Burk (Bart Jackson): »Wir haben versucht, einen kleinen Zug zu überfallen, war aber ein Schuß in den Ofen. Die Fahrgäste haben sich einen Sport daraus gemacht, aus dem Fenster auf uns zu knallen. Es wird immer schwerer, an die Kohlen der anderen ranzukommen.« [1829]

*

Newman: »Eigentlich sollte ich euch mit reinnehmen ins Gericht, euch verurteilen und hängen, aber wenn ihr Geld für Whiskey habt, können wir auf das Verfahren verzichten, würde ich sagen.« [1830]

*

Burk: »Hat es überhaupt einen Sinn, Richter in einer Gegend zu sein, wo kein Mensch lebt?«
Newman: »Ihr irrt euch, es gab eine Menge, aber ich arbeite mit eigenem Friedhof.« [1831]

*

Newman: »Hast du was zu deiner Verteidigung zu sagen, bevor wir dich schuldig sprechen?« [1832]

*

Tab Hunter (Sam Dodd): »Ich bestreite nichts. Meiner Meinung nach steht aber nichts in dem Buch über das Umlegen von Chinesen. Ich habe noch nie von einem Gesetz gehört, das das Umlegen von Mexikanern und Indianers verbietet.«
Newman: »Zunächst mal heißt es Indianer und nicht Indianers, und vor dem Gesetz sind alle Menschen gleich, und wer einen Menschen umbringt, der wird dafür gehängt. Meine Ansichten sind zwar sehr modern, aber trotzdem ...« [1833]

*

Newman: »Paß mal auf, du Sittenstrolch, versteh das als Warnung! Wenn du nicht in fünf Minuten aus der Stadt verschwunden bist, mache ich dir den Prozeß.«

> *»Hast du was zu deiner Verteidigung zu sagen, bevor wir dich schuldig sprechen?«*
> Das war Roy Bean

Jack Colvin (Zuhälter): »Aber wie, Sir? Ich habe kein Pferd.«
Newman: »Dann klau eins, aber nimm ein schnelles! Pferdediebe werden bei uns gehängt.« [1834]

*

Burk: »Das Leben hat mir ein schlechtes Blatt nach dem anderen verpaßt, seit Sie weg sind, Richter.« [1835]

*

Ava Gardner (Lily Langtry): »Was ist aus ihm geworden?«
Ned Beatty (Tector Crites): »Der Richter hat ihn umgelegt, ich meine, er hat ihn alle gemacht mit dem Revolver, und dann haben wir ihn noch aufgehängt.« [1836]

***

DAVE
USA 1993, Northern Light, Donner/Shuler-Donner, Warner (Regie Ivan Reitman, Buch Gary Ross)

*

»Wir haben versucht, das abzuwürgen, zweimal.«
Kevin Kline (Präsident Bill Mitchell): »Das sehe ich nicht so, Howard. Hätten wir es abgewürgt, wär es tot. Wenn ich etwas abwürge, dann stirbt es immer.« [1837]

*

Frank Langella (Bob Alexander): »Ich werd ihn umbringen.«
Kevin Dunn (Alan Reed): »Sie können keinen Präsidenten umbringen.«
Langella: »Er ist kein Präsident. Er ist ein ganz gewöhnlicher Mensch. Einen gewöhnlichen Menschen kann ich umbringen. Ich kann hundert gewöhnliche Menschen umbringen.« [1838]

***

DAVID COPPERFIELD
USA 1935, MGM (Regie George Cukor, Buch Howard Estabrook, Hugh Walpole, nach dem Roman von Charles Dickens)

> »Ich weiß, daß ich sehr viele Fehler habe. Es ist sehr lieb, daß du mich darauf aufmerksam machst.« »Ja, schon gut.«
> David Copperfield

Violet Kemble-Cooper (Jane Murdstone): »Ich habe für Kinder nicht viel übrig.« [1839]

*

Elizabeth Allan (Mrs. Clara Copperfield): »Ich weiß, daß ich sehr viele Fehler habe. Es ist sehr lieb, daß du mich darauf aufmerksam machst.«
Basil Rathbone (Mr. Murdstone): »Ja, schon gut.« [1840]

*

W. C. Fields (Wilkins Micawber): »Ich wäre Ihnen sehr verbunden, wenn Sie mich von Ihrem unerfreulichen Anblick und Ihrer Gegenwart befreien würden.« [1841]

*

Fields: »Wer nicht bereit ist, etwas zu wagen, der kann auch niemals das geringste gewinnen.« [1842]

*

Fields: »Leben Sie immer nach folgendem Grundsatz: Bei einem Jahreseinkommen von 20 £ dürfen Sie nie mehr ausgeben als 19 £. Und Sie werden sehen, dann klappt alles. Geben Sie aber von den 20 £, die Sie im Jahr verdienen, 21 £ aus, dann geht's todsicher abwärts.« [1843]

*

Roland Young (Uriah Heep): »Ich habe mich nicht verändert, Miss Trotwood.«
Edna May Oliver (Tante Betsy Trotwood): »Ja, ich bestätige Ihnen gerne, daß Sie immer derselbe geblieben sind, wenn das in Ihren Augen ein Kompliment ist.« [1844]

***

DAY OF THE DEAD
USA 1985, Laurel, United (Regie, Buch George A. Romero)

*

Lori Cardille (Sarah): »You're incapable of exciting me, Steele, except as an antropological curiosity.« [1845]

*

Joseph Pilato (Captain Rhodes): »Anyone else (außer dem gerade Erschossenen) have any questions about the way things are gonna run around here from now on?« [1846]

***

THE DEAD
USA/UK 1987, Liffey, Zenith, Vestron, Channel 4, Delta (Regie John Huston, Buch Tony Huston, nach der Geschichte von James Joyce)

Helena Carroll (Tante Kate Morkan): »Laut ist er, das muß man ihm lassen.«
Anjelica Huston (Gretta Conroy): »Er ist nun mal ein Mann, wie du weißt.« [1847]

***

DEAD MAN
USA/BRD 1995, 12-Gauge, Pandora, FFA, JVC, Newmarket (Regie, Buch Jim Jarmusch)

*

Gary Farmer (Nobody): »Du wirst verfolgt, William Blake.«
Johnny Depp (William Blake): »(...) Woher weißt du das?«
Farmer: »Oft zieht der üble Gestank des weißen Mannes ihm voraus.« [1848]

*

Farmer: »Du hälst doch die Wolken nicht auf, indem du ein Schiff baust.«
Depp: »Was? Was hast du gesagt? Dein Indianergebrabbel hab ich schon lange bis hier, und ich hab noch nicht ein Wort verstanden, seit wir uns kennen, noch nicht mal ein einziges Wort.« [1849]

*

Depp: »Manchem winkt die ewige Nacht.« [1850]

*

Alfred Molina (Händler): »Gott verdamme deine Seele ins tiefste Feuer der Hölle!«
Depp: »Hat er schon getan.« *(erschießt ihn)* [1851]

***

DEAD MEN DON'T WEAR PLAID
USA 1982, Aspen, McEuen-Picker, Universal (Regie Carl Reiner, Buch Carl Reiner, George Gipe, Steve Martin)

*

Rachel Ward (Juliet Forrest): »What does FOC mean?«
Steve Martin (Rigby Reardon): »It's a slang word. It's when a man and a woman are in love, the man puts his ...« [1852]

*

Martin: »Cleaning woman!!« [1853]

*

Ward: »If you need me just call. You know how to dial, don't you? You just put your finger in the hole and make tiny little circles.« [1854]

*

Martin (voice-over): »The first name on my list was Monica Stillpond, a bombshell, who once told me she would do anything for anybody anywhere at any time.« [1855]

***

DEATH WATCH – DER GEKAUFTE TOD
(La Mort en direct)
F 1979, TV 13, Selta (Regie Bertrand Tavernier, Buch Bertrand Tavernier, David Rayfiel, nach dem Roman ›The Continuous Katherine Mortenhoe‹ von David Compton)

*

Romy Schneider (Katherine Mortenhoe): »Hier *(beim Fernsehsender)* ist alles interessant, aber nichts ist wichtig.« [1856]

*

Eva Maria Meineke (Dr. Klausen): »Haben Sie ihm nicht gesagt, daß Sie ihn nicht die ganze Zeit auf dem Monitor beobachten?«
Harry Dean Stanton (Vincent Ferriman): »Ja schon, aber er wußte, ich würde es trotzdem tun.« [1857]

***

DEEP IMPACT
USA 1998, Zanuck-Brown, Paramount, Dream Works (Regie Mimi Leder, Buch Michael Tolkin, Bruce Joel Rubin)

*

Robert Duvall (Spurgeon Tanner): »Ich glaube, ich würde mich bei dieser Sache wohler fühlen, wenn ich wüßte, daß die *(seine Crew)* genau so viel Angst haben wie ich.« [1858]

*

»Die haben keine Angst vor dem Tod, sondern vor einem schlechten Abschneiden im Fernsehen.« [1859]

***

DEIN SCHICKSAL IN MEINER HAND
(Sweet Smell of Success)
USA 1957, Hecht-Hill-Lancaster, United Artists (Regie Alexander Mackendrick, Buch Clifford Odets, nach der Geschichte ›Tell Me About It Tomorrow‹ von Ernest Lehman)

> »*The first name on my list was Monica Stillpond, a bombshell, who once told me she would do anything for anybody anywhere at any time.*«
> Dead Men Don't Wear Plaid

Burt Lancaster (J. J. Hunsecker): »Oft wünsch ich mir, taub zu sein und ein Hörgerät zu tragen. Mit einem Fingerdruck könnte ich dann das dumme Geschwätz dieser armseligen Pinscher abschalten.« [1860]

*

Lancaster: »Welches sind eigentlich die unsichtbaren Qualitäten dieser hübschen jungen Dame, die Sie managen?« [1861]

*

David White (Otis Elwell): »Ich sehe keinen vernünftigen Grund, warum ich etwas bringen sollte, das von Ihnen stammt. Ich sehe dafür nicht mal einen unvernünftigen Grund.« [1862]

*

Tony Curtis (Sidney Falco): »Für meinen Privatbedarf hab ich gar nichts gegen Frauen mit einem reichen Gefühlsleben. Entspricht ihrer Natur. Genau wie es die Natur des Mannes ist, sich rumzuschlagen und sich das zu nehmen, was er haben will.« [1863]

***

DELICATESSEN
F 1990, Constellation, UCG, Hachette, Gan (Regie, Buch Jean-Pierre Jeunet, Marc Caro)

*

Chick Ortega (Postbote): »Wartet, ihr gemüsefressenden Schwuchteln *(Vegetarier)*, ihr werdet euer Fett schon wegkriegen.« [1864]

*

Marie-Laure Dougnac (Julie): »Weil ich alles kaputtmache, hab ich alles doppelt.« [1865]

***

DENEN IST NICHTS HEILIG *(Nothing Sacred)*
USA 1937, Selznick, United Artists (Regie William A. Wellman, Buch Ben Hecht, nach der Geschichte ›Letter to the Editor‹ von James H. Street)

Carole Lombard (Hazel Flagg): »Es ist irgendwie erschreckend, wenn einem zum zweitenmal das Leben geschenkt wird *(Diagnose hat sich als falsch herausgestellt)* und wiederum in Warsaw.« [1866]

*

Lombard: »Ich hoffe nur, er ist so nett wie Sie.«
Fredric March (Wally Cook): »Nun, wie soll ich sagen, sein Charme ist anderer Natur. Man könnte von einer Kreuzung sprechen zwischen Pfau und Werwolf. Er hat auch liebenswerte Seiten, die aber nur mit Mühe auszumachen sind.« [1867]

*

Lombard: »Ich nehme an, daß Reporter in der Regel nicht heiraten.«
March: »Nicht, wenn sie über 14, 15 sind. Das ist das gefährliche Alter für Journalisten. Da ihre Ideale noch keine Gestalt angenommen haben, werden sie zur leichten Beute für ältliche Kellnerinnen.« [1868]

*

Charles Winninger (Dr. Enoch Downer): »Du hast das, was in der Medizin ein Kater genannt wird.«
Lombard: »Ich hab was viel Schrecklicheres: ein Gewissen.« [1869]

*

Walter Connolly (Oliver Stone): »Ich überlege sehr intensiv, Mr. Cook, wie ich den Auswirkungen des schwärzesten Verrats – und so wurde kein Mann seit den Tagen des Judas verraten – ihre schreckliche Bedrohung nehmen kann.« [1870]

*

Connolly: »Sie sehen mich hier sitzen, Mr. Cook, ernsthaft mit dem Gedanken spielend, Ihr Herz entfernen zu lassen und wie eine Olive zu füllen.« [1871]

DENEN MAN NICHT VERGIBT
(The Unforgiven)
USA 1960, James, Hecht-Hill-Lancaster, United Artists (Regie John Huston, Buch Ben Maddow, nach dem Roman von Alan LeMay)

*

Burt Lancaster (Ben Zachary): »Wenn einer von euch sie auch nur anrührt, bekommt er eine Kugel von mir in seinen gottesfürchtigen Schädel.« [1872]

*

Lancaster: »Wenn sie so nah rangekommen

> »Wartet, ihr gemüsefressenden Schwuchteln *(Vegetarier)*, ihr werdet euer Fett schon wegkriegen.«
> Delicatessen

sind, daß du schreien möchtest, dann schrei nicht, sondern schieß!« [1873]

*

Audie Murphy (Cash Zachary): »Er würde nicht mal den kleinen Finger von der Bibel nehmen, um einem Zachary zu helfen.« [1874]

***

... DENN SIE WISSEN NICHT, WAS SIE TUN
(Rebel Without a Cause)
USA 1955, Warner (Regie Nicholas Ray, Buch Stewart Stern, Story Nicholas Ray)

*

James Dean (Jim Stark): »Wie kann aus einem was Vernünftiges werden, wenn man in so einem Zirkus lebt?«
Edward C. Platt (Ray, Inspector): »Ich weiß nicht, Jim, man muß es versuchen.« [1875]

*

Dean: »Mein Gott, ich (...) möchte einen Tag mal erleben, an dem ich nicht ganz durcheinander bin, einen Tag, an dem ich nicht das Gefühl habe, daß ich mich schämen muß. Einmal möchte ich wissen, wo ich zu Hause bin.« [1876]

*

Sal Mineo (Plato): »Er spricht nicht viel, aber was er sagt, das meint er auch.« [1877]

*

Corey Allen (Buzz): »Weißt du was? Du gefällst mir. Glaubst du das?«
Dean: »Warum machen wir das dann?«
Allen: »Irgendwas muß man doch machen.« [1878]

***

DESPERADO
USA 1995, Los Hooligans, Columbia (Regie, Buch Robert Rodriguez)

*

Cheech Marin (Barmann): »Was wollen Sie?«
Steve Buscemi (Buscemi): »'n Bier.«
Marin: »Ich hab nur pißwarmes Chango.«
Buscemi: »Genau meine Marke.« [1879]

*

Antonio Banderas (El Mariachi): »Wo geh ich hin?«
Buscemi: »Ich würde in der Tarrasco Bar ansetzen. Aber richte nicht wieder so 'n scheiß Blutbad an, wenn's geht! Nicht so wie letztes Mal.«

Banderas: »Das war nicht meine Schuld.«
Buscemi: »Natürlich nicht.«
Banderas: »Die haben angefangen.« [1880]

*

Joaquim De Almeida (Bucho): »Wenn du jemanden siehst, den du nicht kennst, knall ihn ab! Ich kann kein Risiko mehr eingehen.« [1881]

***

DESPERATE MEASURES
USA 1998, Eaglepoint-Schroeder-Hoffman, Mandalay (Regie Barbet Schroeder, Buch David Klass)

*

Michael Keaton (Peter J. McCabe): »Versuchen Sie nicht, in meinen Kopf einzudringen. Ich schicke Ihnen 'ne Einladung, wenn ich Sie da haben will.« [1882]

*

Keaton: »Schön, wenn man der Größte ist.« [1883]

*

Andy Garcia (Frank Connor): »Hören Sie zu! Mein Sohn braucht sofort medizinische Hilfe.«
Keaton: »Ja, und ich brauch jetzt einen geblasen und einen Martini. Aber wir müssen wohl beide noch etwas warten.« [1884]

*

Keaton: »Wollen Sie rausfinden, wo Ihre Grenze aufhört und meine anfängt?« [1885]

***

DÉTECTIVE
F 1985, Sara, JLG (Regie Jean-Luc Godard, Buch Jean-Luc Godard, Anne-Marie Miéville)

*

Johnny Hallyday (Jim Fox Warner, voice-over): »Nur weil man sterben wird, muß man's noch nicht eilig haben.« [1886]

*

Emmanuelle Seigner (Princess of Bahamas): »Ich stehle, ich prostituiere mich. Es wird Ihnen an nichts fehlen.« [1887]

> »Ich stehle,
> ich prostituiere mich.
> Es wird Ihnen an
> nichts fehlen.«
> Détective

DIE DETEKTIVIN *(Pas très catholique)*
F 1993, AB, 3ème Etage, M6, Bymages 2, Canal+ (Regie, Buch Tonie Marshall)

*

»Wie der Name schon sagt, eine Scheinfirma möchte von Leuten wie dir verschont bleiben.« [1888]

*

Bernard Verley (Vaxelaire): »Ich habe mich oft gefragt: Bist du geheimnisvoll oder einfach nur beschränkt?« [1889]

***

DETOUR
USA 1945, PRC (Regie Edgar G. Ulmer, Buch Martin Goldsmith)

*

Tom Neal (Al Roberts, voice-over): »Did you ever wanna forget anything? Did you ever wanna cut away a piece of your memory or blight out? You can't, you know. No matter how hard you try. You can change the scenery. But sooner or later you'll get a whip of perfume or somebody will say a certain phrase or maybe hum something.« [1889]

*

Neal (voice-over): »I was an ordinary healthy guy and she was an ordinary healthy girl and when you add those two together you get an ordinary healthy romance. Wich is the old story, sure, but somehow the most wonderful thing in the world.« [1890]

*

Neal (voice-over): »Money. You know what that is. It's the stuff you never have enough of. Little green things with George Washington's picture that men slay for, commit crimes for, die for. It's the stuff that has caused more trouble in the world than anything else we ever invented. Simply because there's too little of it. At least I had too little of it.« [1891]

»Ein hübsches kleines Nichts, das Sie da beinahe anhaben.«
Diamantenfieber

Ann Savage (Vera): »You don't like me, do you, Robert?«
Neal: »Like you? I love you. My favourite sport is being kept prisoner.« [1892]

*

Savage: »Even if you did tell the cops I was in honour with you. What can they do to me? The might give me the same medicine they gave you, a rope. But I'm on my way anyhow. All they'd be doing will be rushing it.« [1893]

*

Neal (voice-over): »I know someday a car will stop to pick me up that I never thumbed. Yes, fate or some mysterious force can put the finger on you and me for no good reason at all.« [1894]

***

DIAMANTENFIEBER *(Diamonds Are Forever)*
UK 1971, Eon, Danjaq, United Artists (Regie Guy Hamilton, Buch Richard Maibaum, Tom Mankiewicz, nach dem Roman von Ian Fleming)

*

Sean Connery (James Bond): »Ein hübsches kleines Nichts, das Sie da beinahe anhaben.« [1895]

*

Connery: »Den Hund hat's mit eingeklemmtem Schwanz zerrissen.« [1896]

***

DICK TRACY
USA 1990, Silver Screen Partners IV, Touchstone (Regie Warren Beatty, Buch Jim Cash, Jack Epps jr., nach den Comics von Chester Gould)

*

Warren Beatty (Dick Tracy): »Tess, mich hinter einen Schreibtisch zu kriegen, ist ungefähr so wahrscheinlich, wie daß ich mir eine neue Freundin suche.« [1897]

*

Al Pacino (Big Boy Caprice): »In meiner Umgebung trägt eine Frau entweder einen Nerz, oder sie trägt gar nichts.«
Madonna (Breathless Mahoney): »Ach, weißt du, ich seh in beiden gut aus.« [1898]

*

Beatty: »Keine Trauer um Weichlippe?«
Madonna: »Ich hab schwarze Unterwäsche an.« [1899]

*

Beatty: »Sie wissen, daß es rechtmäßig wäre,

Sie aufs Revier mitzunehmen und unter der Lampe schwitzen zu lassen.«
Madonna: »Ich schwitze viel besser im Dunkeln.« [1900]

*

Madonna: »Ich weiß, was in Ihnen vorgeht. Sie wissen nicht, ob Sie mich schlagen oder küssen möchten. Eine ganz alte Geschichte.« [1901]

*

Madonna: »Danke für den Anruf! Ich hab mich schon gefragt, was ein Mädchen alles machen muß, um verhaftet zu werden.« [1902]

*

Pacino: »Was ist denn mit euch? Habt ihr Schwachköpfe verlernt, wie man Leute umlegt? Eure Arbeit bedeutet euch wohl gar nichts mehr? Habt ihr gar kein Berufsethos mehr? Keine Arbeitsfreude? Und vor allem kein Pflichtgefühl?« [1903]

*

Pacino: »Manchmal frag ich mich wirklich, warum ich versuche, die Welt zu verbessern.« [1904]

***

DICK UND DOOF IN DER FREMDENLEGION
(The Flying Deuces)
USA 1939, Morros, RKO (Regie A. Edward Sutherland, Buch Ralph Spence, Charles Rogers, Alfred Schiller, Harry Langdon)

*

Jean Parker (Georgette): »Ich möchte Ihnen danken für Ihre Photographie.«
Oliver Hardy: »Oh, bitte sehr.«
Parker: »Und für die märchenhaften Rosen.«
Hardy: »Aber ich bitte Sie, nur eine kleine Geste.«
Parker: »Und für die ganz köstliche Schokolade.«
Hardy: »Ach, ich dachte, Sie mögen bestimmt etwas zum Knabbern, Verehrteste, während Sie an den Blumen riechen.« [1905]

*

Stan Laurel: »Also, das war's. Warum noch über vergossene Milch jammern?« [1906]

***

DIE DURCH DIE HÖLLE GEHEN
(The Deer Hunter)
USA 1978, Universal, EMI (Regie Michael Cimino, Buch Deric Washburn, Story Michael Cimino, Deric Washburn, Louis Garfinkle, Quinn K. Redeker)

Christopher Walken (Nick): »Versuchst du, wie 'n Prinz auszusehen?«
Robert De Niro (Michael Vronsky): »Was heißt, ich versuche?« [1907]

*

De Niro: »Ich will doch nur mit dem Mann reden. Was soll denn das für Ärger geben?« [1908]

*

John Cazale (Stan ›Stosh‹): »Weißt du, was dein Problem ist? Bei dir weiß nie jemand, wovon du redest.« [1909]

*

Walken: »Das schaff ich nicht, Mike.«
De Niro: »Du hast keine andere Wahl.« [1910]

***

DIE IST NICHT VON GESTERN (Born Yesterday)
USA 1950, Columbia (Regie George Cukor, Buch Albert Mannheimer, nach dem Stück von Garson Kanin)

Judy Holliday (Billie Dawn): »Würdest du mir einen Gefallen tun, Harry?«
Broderick Crawford (Harry Brock): »Was?«
Holliday: »Tot umfallen.« [1911]

*

Holliday: »Sie lieben nicht mich, Sie lieben nur mein Gehirn.« [1912]

*

Crawford: »Was heißt hier ›nein‹, wenn ich ›ja‹ sage?« [1913]

***

EIN DIEB MIT KLASSE (Jewel Robbery)
USA 1932, Warner (Regie William Dieterle, Buch Erwin Gelsey, nach dem Stück ›Ekszerrablás a Váciuccában‹ von László Fodor)

*

Kay Francis (Baroness Teri): »Gerade als ich meinen Finger für den Excelsior-Diamanten vorbereitete, hatte ich die Vision, daß er von einer Bande Krimineller geraubt wurde.« [1914]

»Ich weiß, was in Ihnen vorgeht. Sie wissen nicht, ob Sie mich schlagen oder küssen möchten. Eine ganz alte Geschichte.«
Dick Tracy

Henry Kolker (Franz): »Man setzt jeweils verschiedene Waffen ein, um Geld zu machen, gegen einen reichen Mann einen Revolver, gegen einen armen seine Armut.« [1915]

*

William Powell (der Räuber): »Ich schieße heutzutage sehr selten. Sie müssen wissen, ich bin ein Gegner der amerikanischen Schule des Überfalls. Ich studierte in Paris. Das hieß härtere Arbeit, aber man eignet sich eine gewisse Finesse an, die die Hände-hoch-und-knall-sie-ab-Schule vermissen läßt. Und Sie sehen ja: keine Unordnung, keine Verwirrung. Sie können morgen neue Ware kommen lassen.«
Kolker: »Kein Konkursverwalter würde ein Geschäft gründlicher auflösen.« [1916]

*

Francis: »Ich versichere Ihnen, ich möchte nicht, daß Sie verhaftet werden.«
Powell: »Der Mann in mir würde Ihnen gerne glauben, der Räuber ist da zynischer.« [1917]

*

Powell: »Ich hätte mir für diesen Überfall mehr Zeit genommen, wenn ich gewußt hätte, ich treffe Sie.« [1918]

*

Powell: »Die Nacht liegt vor uns, und wenn Sie es wünschen, haben wir bei Tagesanbruch ein Geheimnis.« [1919]

***

DER DIEB VON BAGDAD (*The Thief of Bagdad*)
UK 1940, Korda, United Artists (Regie Ludwig Berger, Michael Powell, Tim Whelan, Buch Miles Malleson, Lajos Biro)

*

Conrad Veidt (Jaffar): »Nennst du das Spiel zweier törichter Kinder Liebe? Liebe ist das Tor des Lebens. Und nur ich werde es ihr öffnen.« [1920]

*

Veidt: »Es gibt nur drei Herrscher, die die Menschen respektieren: die Geißel, die sie schlägt, das Joch, das sie beugt, das Schwert, das sie tötet. Nur mit Gewalt, mit Verachtung und Schrecken wirst du der Herr der Erde.« [1921]

*

Sabu (Abu): »Ich bin Abu der Dieb, Sohn von Abu, dem Dieb und Enkel von Abu dem Dieb.« [1922]

*

»Ihr Meister der tausend Flöhe, Allah sei mit euch! Aber er wird sich hüten.« [1923]

*

Rex Ingram (Dschinn): »Vor 2000 Jahren hat König Salomo, der Gebieter aller Geister, mich in diese Flasche eingesperrt. Für mich ist dies der erste Atemzug eines neuen Lebens, für dich, für dich schlägt jetzt die letzte Stunde deines Lebens.« [1924]

*

Ingram: »Undankbar? Sklaven sind nicht dankbar. Nicht für ihre Freiheit.« [1925]

*

Sabu (zu Ingram): »Siehst du, jedes Großmaul lernt einmal Manieren.« [1926]

*

Ingram: »Wir sind über dem Dach der Welt.«
Sabu: »Hat die Welt denn ein Dach?«
Ingram: »Ein Dach, von sieben Säulen getragen, und die Säulen lasten auf den Schultern eines Dschinnis, tausendmal größer als ich, und der Dschinni steht auf einem Adler, der Adler auf einer Kugel, die Kugel auf einem Fisch, der Fisch aber schwimmt in dem Meer der Ewigkeit.« [1927]

*

John Justin (Ahmad): »Wissen ist schlimmer als nicht wissen, wenn du machtlos bist.« [1928]

*

Ingram: »Ihr Menschen seid schwach und zerbrechlich. Wenn euer Magen spricht, dann vergeßt ihr euer Hirn, und wenn euer Hirn spricht, dann vergeßt ihr euer Herz, und wenn euer Herz spricht (...), dann vergeßt ihr alles.« [1929]

*

Morton Selten (alter König): »Dies ist das Land der Legenden, wo alle Märchen zur Wirklichkeit werden, wenn man sie mit den Augen des Kindes erschaut. Und wir sind die letzten des goldenen Zeitalters, in dem *aus* Gold alles und *das* Gold nichts war.« [1930]

»Wissen ist schlimmer
als nicht wissen,
wenn du machtlos bist.«
Der Dieb von Bagdad

Sabu: »Du hast jetzt, was du wolltest, und ich geh mir jetzt holen, was ich möchte.«
Justin: »Und das ist?«
Sabu: »Ein neues Abenteuer.« [1931]

***

DER DIEB VON PARIS (*Le Voleur*)
F/I 1967, NEF, Montoro, United Artists (Regie Louis Malle, Buch Louis Malle, Jean-Claude Carrière, nach dem Roman von Georges Darien)

*

Jean-Paul Belmondo (Georges Randal, voice-over): »Es gibt Diebe, die erst umständliche Maßnahmen treffen, um die Möbel nicht zu beschädigen. Ich nicht. Es gibt auch andere, die nach ihrem Besuch alles wieder ordentlich an seinen Platz stellen. Ich nie. Ich übe ein schmutziges Gewerbe aus, aber etwas entschuldigt mich: Ich übe es auf schmutzige Weise aus. Ich vergeude keine Zeit. Für ein Haus wie dieses braucht man eine ganze Nacht, um alles zu sehen, zu taxieren und seine Wahl zu treffen. Manchmal ist selbst eine Nacht zu kurz. Ich weiß, wovon ich spreche. Einbrechen ist mein Leben. Das Schicksal hat es so gewollt. Ich beklage mich nicht.« [1932]

*

Belmondo: »Raus mit der Sprache! Wer sind Sie?«
Julien Guiomar (›Abbé‹ La Margelle): »Das fragen Sie mich, Monsieur? Mit dem Schmuck der Madame de Monteireux in Ihrem Koffer? Wir haben uns nichts vorzuwerfen. Ruhig Blut! Sie sind ein Dieb, ich bin es auch.« [1933]

*

Belmondo (voice-over): »An jenem Tag führte mich der Abbé im Hotel König Salomo ein. Kein Dieb von Rang und Würde steigt in Brüssel woanders ab. Auch wir haben so unsere Gewohnheiten.« [1934]

*

Guiomar: »Wissen Sie, Georges, Stehlen ist kein Kinderspiel. Es ist ein Beruf, den man lernen muß. Ihr erster Fischzug war von einer fast naiven Dreistigkeit. Sie hatten Glück, aber darauf dürfen Sie sich nicht verlassen.« [1935]

*

Guiomar: »Ich möchte Ihnen raten, das Gefängnis zu meiden. Man macht dort üble Bekanntschaften. Außerdem ist das Essen schlecht.« [1936]

*

Belmondo: »Ich hab den Schmuck genommen, ohne nachzudenken, eine ganz klare Sache.«
Guiomar: »Es war einfach stärker als Sie. Ja, ich kenne diesen unbezwingbaren Trieb. Und ob ich ihn kenne. Alles wird unwichtig, Zeit, Illusionen, Freuden und Mühen. Und am Ende gereicht es uns weder zum Nutzen noch zur Schande.« [1937]

*

Belmondo: »Wissen Sie, gemeine Gedanken sind mir fremd.«
Guiomar: »Sie sind eben kein Bürger, sondern ein Dieb, ein Wesen außerhalb jeder Konvention, eine Laune der Natur. Von den Mittelmäßigen werden Sie nie verstanden werden. Sie sind ihr verbotenes Ich. Was wollen Sie? Die Leute suchen nach einer Gewißheit. Da klammern sie sich an den äußeren Schein. Aber Sie, Georges, durchbrechen die Mauer.«
Paul Le Person (Roger-la-honte): »Na, Abbé, beim Philosophieren?« [1938]

*

Guiomar: »Noch etwas: keine Gewalttätigkeit! Das ist schmutzig, roh und anachronistisch. Einen Kapitalisten schmerzt ein ausgeräumter Geldschrank mehr als ein Messer im Bauch.« [1939]

*

Le Person: »Was sagt Margelle immer? ›Geh los bei Nacht, wenn der Mond nicht lacht!‹« [1940]

*

Françoise Fabian (Ida): »Sie sind zu galant, Georges. Seien Sie vorsichtig! Frauen werden Dieben oft zum Verhängnis.« [1941]

*

Belmondo (voice-over): »Es war ein schönes Leben. An Arbeit mangelte es uns nicht. Wenn es die Situation erforderte, arbeiteten wir zu mehreren. Die Bürger bleiben im Winter in der Stadt und fahren im Sommer aufs Land. Wir machten es umgekehrt.« [1942]

---

*»Was sagt Margelle immer?
›Geh los bei Nacht, wenn
der Mond nicht lacht!‹«*
Der Dieb von Paris

DIEBE WIE WIR
(Thieves Like Us)
USA 1974, Bick-Litto, United Artists (Regie Robert Altman, Buch Calder Willingham, Joan Tewkesbury, Robert Altman, nach dem Roman von Edward Anderson)

*

Bert Remsen (T-Dub Masefield): »Als Kind hat man keine Ahnung. Ich hätte Arzt werden sollen oder Rechtsanwalt oder Beamter. Ich hätte die Leute mit dem Grips ausplündern sollen anstatt mit dem Revolver.« [1943]

***

DIE DIEBISCHE ELSTER *(Burglar)*
USA 1987, Nelvana, Warner (Regie Hugh Wilson, Buch Joseph Loeb III, Matthew Weisman, Hugh Wilson, nach dem Roman von Lawrence Block)

*

James Handy (Carson Verrill): »Du hast mit Christopher geschlafen?«
Whoopi Goldberg (Bernice Rhodenbarr): »Mit ihm geschlafen? Die Braut hat ihn durch die Matratze geballert.« [1944]

*

Goldberg: »Du hast mein Leben ruiniert, meine Frisur und mein Barry Manilow-Band.« [1945]

***

DIESES OBSKURE OBJEKT DER BEGIERDE
(Cet obscur objet du désir)
F 1977, Greenwich (Regie Luis Buñuel, Buch Luis Buñuel, Jean-Claude Carrière, nach dem Roman ›La Femme et le pantin‹ von Pierre Louys)

*

Fernando Rey (Mathieu): »Diese Frau war die schlechteste aller Frauen, die schlechteste der Welt. Mein einziger Trost ist der Gedanke, daß, wenn sie stirbt, Gott ihr bestimmt nicht vergeben wird.« [1946]

*

Rey: »Gehen Sie denn niemals aus?«
Carole Bouquet (Conchita): »Es ist idiotisch, ohne Grund auf den Straßen rumzulaufen.« [1947]

*

André Weber (Martin): »Man sollte beim ersten ernsthaften Rendezvous mit einer Frau niemals warten.«
Rey: »Warum nicht?«
Weber: »Weil sie ja doch nicht kommt.« [1948]

***

DIFFERENT MINDS – FEINDLICHE BRÜDER
(Steal Big, Steal Little)
USA 1995, Chicago Pacific, Twentieth Century Fox (Regie Andrew Davis, Buch Andrew Davis, Lee Blessing, Jeanne Blake, Terry Kahn, Story Andrew Davis, Theresa Tucker-Davies, Frank Ray Perilli)

*

Mike Nussbaum (Sam Barlow): »Sein Gewissen sagte ihm, es sei moralisch nicht vertretbar, Monas Vertrauen zu mißbrauchen.«
Kevin McCarthy (Reed Tyler): »Du beschäftigst Anwälte, die die Worte Gewissen und Moral im gleichen Satz verwenden?« [1949]

*

»Wir haben Rechte, Otis.«
»Ja, zum Beispiel das Recht zu schweigen.«
Charles Rocket (Sheriff Otis): »Ich habe nichts dagegen, wenn Sie dieses Recht in Anspruch nehmen.« [1950]

*

Alan Arkin (Lou Perilli): »Vertraue nie deinen Freunden! Denn wenn sie dich verraten, bricht es dir das Herz.« [1951]

*

Andy Garcia (Ruben Martinez): »Bring ihn noch nicht um, Lou!«
Arkin: »Wieso nicht?«
Garcia: »Er blutet nur alles voll.« (...)
Arkin: »Ich hab 'ne Badewanne mit 'ner Menge Düsen gefunden. Ich laß sie vollaufen und such 'ne Heckenschere.« [1952]

***

DINER
USA 1982, MGM/SLM (Regie, Buch Barry Levinson)

*

Paul Reiser (Modell): »Weißt du, welches Wort mir unangenehm ist? Nuance. Das ist kein richtiges Wort, wie Geste. Geste ist ein gutes Wort. Da weißt du wenigstens, wo du dran bist, mit

---

> *»Vertraue nie deinen Freunden! Denn wenn sie dich verraten, bricht es dir das Herz.«*
> Different Minds – Feindliche Brüder

Geste. Aber Nuance? Ich weiß nicht. Vielleicht hab ich Unrecht.« ¹⁹⁵³

*

Michael Tucker (Bagel): »Niemand will heute noch ehrlich sein Geld verdienen.«
Alan Kaplan (Bagels Kollege, off): »Ich hab gehört, er studiert Jura.«
Tucker: »Na, das hab ich doch gemeint. Nennst du das ehrliches Geld?« ¹⁹⁵⁴

*

Steve Guttenberg (Edward ›Eddie‹ Simmons): »Wenn du reden willst, hast du immer noch die Jungs im Diner. Dazu hast du doch kein Mädchen nötig.« ¹⁹⁵⁵

***

DAS DING AUS EINER ANDEREN WELT
(The Thing)
USA 1951, RKO (Regie Christian Nyby [und Howard Hawks, ungenannt], Buch Charles Lederer, nach der Geschichte ›Who Goes There?‹ von J. W. Campbell, jr.)

*

Kenneth Tobey (Captain Patrick Hendry): »Ich will's mal glauben, weil Sie's so nett vortragen. Aber, Doktor, 20.000 Tonnen, ist das nicht reichlich übertrieben für ein Flugzeug?«
Robert Cornthwaite (Dr. Carington): »Nur für die Art Flugzeuge, die wir kennen, Captain.« ¹⁹⁵⁶

*

Tobey: »Hören Sie, Scott, keine Privatmeldungen!«
Douglas Spencer (Ned Scott, Reporter): »Was heißt privat? Ich melde es der ganzen Welt.« ¹⁹⁵⁷

*

Spencer: »Sagen Sie, Sergeant, wie wirkt das Thermit denn nun?«
William Self (Sergeant Barnes): »Es hält sich an die Dienstvorschrift 140 A zur Beseitigung von Eis. (...) Es taut das Eis auf.« ¹⁹⁵⁸

*

Cornthwaite: »In zwei Minuten besitzen wir vielleicht den Schlüssel zu den Sternen.« ¹⁹⁵⁹

*

Tobey: »Nehmen Sie im Notfall die Feueraxt! Schießen ist nutzlos.«
Nicholas Byron (Tex Richards): »Seit wann denn?« ¹⁹⁶⁰

*

Spencer: »Na, mir kann's ja egal sein. Was interessiert mich ein Weltuntergang, wenn ich nicht darüber berichten kann.« ¹⁹⁶¹

*

Cornthwaite: »Dieses Wesen ist mächtiger und intelligenter als wir, und es betrachtet uns bloß als ein notwendiges Nahrungsmittel. Es hat dieselbe Einstellung zu uns wie wir Menschen zu einem Kornfeld.« ¹⁹⁶²

*

Cornthwaite: »Die Zerstörung dieser Objekte wäre Barbarei.«
Tobey: »Es mag ein Verlust für die Wissenschaft sein, aber die Menschheit wird ruhiger schlafen.« ¹⁹⁶³

*

Cornthwaite: »Die Menschheit braucht Triumphe dieser Art. Sie muß zugrunde gehen, wenn sie aufhört zu streben, zu forschen und zu lernen.«
Spencer: »Hier ist für uns nur eins zu lernen: 'ne neue Art zu verrecken.« ¹⁹⁶⁴

*

Cornthwaite: »Es ist nicht wichtig, was mit uns geschieht. Das Leben ist nichts, die Erkenntnis alles. Wir erforschen die Geheimnisse der Natur, wir zertrümmern Atome und ...«
Byron: »Ja, und das hat die Welt so glücklich gemacht.« ¹⁹⁶⁵

***

DINNER UM ACHT
(Dinner at Eight)
USA 1934, MGM (Regie George Cukor, Buch Frances Marion, Herman J. Mankiewicz, Donald Ogden Stewart, nach dem Stück von George S. Kaufman, Edna Ferber)

*

Marie Dressler (Carlotta Vance): »Ich gönne meinem Doppelkinn sein Privatleben.« ¹⁹⁶⁶

*

Dressler: »Ich hab mich nicht schlecht gemacht,

> »Na, mir kann's ja egal sein. Was interessiert mich ein Weltuntergang, wenn ich nicht darüber berichten kann.«
> Das Ding aus einer anderen Welt

als kleines Ding aus Quincy, Illinois. Nicht, Herzchen?« [1967]

*

(Sekretärin): »Ich habe Sie in *Trelawny* gesehen. Oh, Sie waren wunderbar!«
Dressler: »Ja, das war mein letztes Stück hier.«
(Sekretärin): »Ja, ich erinnere mich noch so gut daran, als wäre es gestern gewesen. Obwohl ich damals noch ein kleines Mädchen war.«
Dressler: »Ach, was Sie nicht sagen. (...) Wissen Sie, wir müssen irgendwann mal über den Bürgerkrieg plaudern.« [1968]

*

Lionel Barrymore (Oliver Jordan): »Ich fürchte, du würdest nicht den tatsächlichen Wert erhalten, wenn du jetzt verkaufst.«
Dressler: »Oh, ich rechne schon damit, etwas zu verlieren. Aber es ist so: Ladies müssen leben.« [1969]

*

Wallace Beery (Dan Packard): »Tja, morgen kann sich Oliver Jordan *(Reeder)* ein Ruderboot kaufen gehen und wieder ganz von vorn anfangen.« [1970]

*

Dressler: »Das ist das Entsetzliche am Tod: Er ist so endgültig.« [1971]

*

Jean Harlow (Kitty Packard): »Ich habe neulich ein Buch gelesen ...«
Dressler: »... Ein Buch gelesen??«
Harlow: »Ja, da geht's um Zivilisation oder so was, ein ganz verrücktes Buch. Und zwar meint dieser Kerl, daß Maschinen jeden Arbeitsplatz in allen Berufen übernehmen werden.«
Dressler: »Ach, meine Gute, darüber brauchen *Sie* sich keine Sorgen zu machen.« [1972]

***

DIRTY HARRY
USA 1971, Malpaso, Warner (Regie Don Siegel, Buch Julian Fink, Rita M. Fink, Dean Riesner)

> »Was ist denn in dem Täschchen, Bruder?«
> »Für jeden ein Tritt in den Arsch.«
> Dirty Harry

John Vernon (Bürgermeister): »Was haben Sie unternommen?«
Clint Eastwood (Harry Callahan): »Oh, seit 45 Minuten nichts. Ich saß auf dem Hintern und wartete, daß ich zu Ihnen reingerufen werde, Sir.« [1973]

*

Vernon: »Ich wünsche keinesfalls mehr solchen Ärger wie letztes Jahr im Fillmore District. Verstanden? Das ist meine Politik.«
Eastwood: »Ja, aber wenn ein geiles Schwein hinter einer hilflosen Frau her ist und sie dann vergewaltigen will, schieße ich sofort. Das ist meine Politik.«
Vernon: »Interessant. Und woran erkennt man das?«
Eastwood: »Wenn ein nackter Mann eine schreiende Frau durch die Straßen jagt, Messer in der Linken, Penis in der Rechten, glaube ich nicht, daß er sie in den Schlaf singen will.« ...
Vernon: »Er hat seine Standpunkte.« [1974]

*

Eastwood: »Ja, jetzt überlegst du, ob da nun sechs Schüsse raus sind oder nur fünf. Wenn ich ehrlich sein soll, ich hab in der Aufregung selbst nicht mitgezählt. Weißt du, das ist 'ne 44er Magnum. Der Ballermann ist außerordentlich gefährlich. Ich brauch bloß zu drücken, und er reißt dir den Arsch ab. Nun frag dich doch mal, ob du 'n Glückskind bist! Ist noch 'ne Kugel drin? Was denkst du, Bruder?« [1975]

*

Eastwood: »Ich wollte schon immer mal 'n Studenten.«
Reni Santoni (Chico Gonzalez): »Bis jetzt haben Sie noch nichts an mir entdeckt, was Ihnen zusagt, hm?«
Eastwood: »Der Tag ist noch lang. Haben Sie 'n Examen?«
Santoni: »Soziologie.«
Eastwood: »Oh, Soziologie! Wenn Sie am Leben bleiben, sehr nützlich für Sie.« [1976]

*

Santoni: »Kann ich Sie was fragen, Inspector Callahan? Wieso nennt man Sie Dirty Harry?«
John Mitchum (DeGeorgio): »Weil er 'n schlimmer Finger ist. Weil er sich nur im Dreck wohl-

fühlt. Harry haßt alles auf der Welt, das Leben, den Tod, Ausländer, Neger, Schwule, Kellnerinnen, Verbrecher und sich selbst.«
Santoni: »Haßt er vielleicht auch Mexikaner?«
Mitchum: »Fragen Sie ihn doch!«
Eastwood: »Besonders Mexikaner.« [1977]

*

Eastwood: »So, nun wissen Sie, warum man mich Dirty Harry nennt. Immer wenn's 'ne dreckige Arbeit gibt, bin ich dran.« [1978]

*

(Straßenräuber): »Was ist denn in dem Täschchen, Bruder?«
Eastwood: »Für jeden ein Tritt in den Arsch.« [1979]

***

DIRTY HARRY KOMMT ZURÜCK
(Sudden Impact)
USA 1983, Malpaso, Warner (Regie Clint Eastwood, Buch Joseph C. Stinson, Story Earl E. Smith, Charles B. Pearce)

*

Kevin Major Howard (Ed Hawkins, nach seinem Freispruch): »Hi, Callahan. Das ging in die Hose, tut mir leid. Aber man soll nie aufgeben.«
Clint Eastwood (Harry Callahan): »Hör zu du Würstchen! Für mich bist du bloß Hundescheiße. Hast du gehört? Und mit Hundescheiße kann 'ne Menge passieren. Man kann sie mit der Schaufel vom Boden abkratzen oder trocknen, um sie in den Wind zu pusten, oder man tritt drauf und zerquetscht sie. Denk an meine Worte, wenn du 'n Hundehaufen siehst!« [1980]

*

Eastwood: »Ach, und noch etwas: Werft die Kanonen hin!«
(Räuber): »Äh, bitte?«
Eastwood: »Wir werden euch sonst nicht hier rausspazieren lassen.«
(Räuber): »Wer ist ›wir‹, Drecksack?«
Eastwood: »Smith & Wesson und ich, mein Junge.« [1981]

*

Eastwood: »Na los doch! [Go ahead.] Make my day!« [1982]

*

Eastwood: »Nein, dieser Scheißdreck stört mich nicht, diese Schießereien, Messerstechereien oder Prügeleien, alte Damen, die man (...) wegen ihres Rentenschecks überfällt, Lehrer, die man aus dem Fenster wirft, nur weil sie keine guten Noten geben. Das alles stört mich nicht im Geringsten.«
Joe Bellan (Detective): »Komm, Harry, reg dich nicht auf!«
Eastwood: »Oder dieser Job, bei dem man durch den Abschaum der Stadt waten muß, ständig in Gefahr, von immer größer werdenden Wellen von Korruption und Apathie hinweggeschwemmt zu werden. Nein, das stört mich überhaupt nicht. Aber weißt du, was mich stört?«
Bellan: »Was?«
Eastwood: »Was mir wirklich den Magen umdreht?«
Bellan: »Was?«
Eastwood: »Wenn ich mit ansehen muß, wie du dir die Hot Dogs in die Schnauze schiebst. Kein Mensch, kein normaler Mensch schmiert Ketchup auf 'n Hot Dog.« [1983]

*

Bradford Dillman (Captain Briggs): »Sie sind ein Neandertaler, Callahan. Ihre Ideen sind veraltet.« [1984]

*

Michael Currie (Lieutenant Donnelly): »Die lassen nicht locker, die verfolgen Sie rund um die Uhr.«
Eastwood: »Gut. Dann wissen wir immer, wo sie sind.« [1985]

***

DER DISKRETE CHARME DER BOURGEOISIE
(Le Charme discret de la bourgeoisie)
F/E/I 1972, Greenwich, Jet, Dear (Regie Luis Buñuel, Buch Luis Buñuel, Jean-Claude Carrière)

*

Fernando Rey (Rafaele Costa): »Gott, wissen Sie, wir haben im Grunde nichts gegen Studenten, im Gegenteil. Aber was macht man, wenn

> »Die lassen nicht locker, die verfolgen Sie rund um die Uhr.«
> »Gut. Dann wissen wir immer, wo sie sind.«
> Dirty Harry kommt zurück

einem zu Hause die Schmeißfliegen um die Ohren brummen? Man nimmt eine Fliegenklatsche und patsch, patsch.« [1986]

***

DIVA
F 1981, Galaxie, Greenwich, Antenne 2, Palace (Regie Jean-Jacques Beineix, Buch Jean-Jacques Beineix, Jean Van Hamme, nach dem Roman von Delacorta)

*

Roland Bertin (Simon Weinstadt): »Sie haben das Recht, mit Ihren Widersprüchen zu leben. Aber leben Sie damit allein!« [1987]

***

DJANGO
I/E 1966, B.R.C., Tecisa (Regie Sergio Corbucci, Buch Franco Rossetti, José Maesso, Piero Vivarelli)

*

Franco Nero (Django): »Du brauchst keine Angst zu haben. Ich bin Django, und wenn du bei mir bleibst, wird dir kein Mensch etwas tun.« [1988]

*

Eduardo Fajardo (Major Jackson): »Ich weiß genau, daß einen Feiglinge niemals betrügen, besonders dann, wenn sie dafür bezahlen, daß sie beschützt werden.« [1989]

*

Fajardo: »Ich muß sagen, dazu gehört eine ziemliche Portion Mut, wenn man so mit Ringo redet. Man muß entweder eiskalt sein oder nicht wissen, wen man vor sich hat.« [1990]

*

Fajardo: »Das ist eine großartige Idee, mit einem eigenen Sarg zu reisen. Da hat man wenigstens alles bei sich, Selbstbedienung. Särge brauchen wir eigentlich nie. Die Geier wollen ja auch was zu fressen haben.« [1991]

*

Nero: »Bring nächstes Mal alle 40 mit, wenn du wieder anrückst, dann ist das ein Abmachen.

> »*Gegen Armut hilft nur eins, man muß versuchen, reich zu werden.*«
> Django

Wann ist egal. Ich bin immer hier. Ich warte auf dich.« [1992]

*

Nero: »Wenn du hier aufräumen willst, das eine sage ich dir, du, mein Sarg wird nicht benutzt.« [1993]

*

Angel Alvarez (Nataniele): »Ich bezahle dafür, daß ich überhaupt leben darf, genau wie die armen Kerle, von denen er sagt, daß sie minderwertig sind, nur weil sie ein bißchen dunklere Haut haben.«
Nero: »Solche gibt es bei uns auch, das kommt hier im Süden von der Sonne.« [1994]

*

Nero: »Gegen Armut hilft nur eins, man muß versuchen, reich zu werden.« [1995]

DR. JEKYLL & MR. HYDE
USA 1932, Paramount (Regie Rouben Mamoulian, Buch Samuel Hoffenstein, Percy Heath, nach dem Roman ›The Strange Case of Dr. Jekyll and Mr. Hyde‹ von Robert Louis Stevenson)

*

Holmes Herbert (Dr. Lanyon): »Wenn ich Sie richtig verstehe, dann sagen Sie beinahe etwas Unanständiges.« [1996]

*

Edgar Norton (Poole): »London bietet viele Möglichkeiten des Amüsements für einen Gentleman wie Sie, Sir.«
Fredric March (Dr. Jekyll): »Ja, aber ein Gentleman wie ich darf keinen Gebrauch davon machen.« [1997]

*

Miriam Hopkins (Ivy Pierson): »Das hätten Sie doch nicht wirklich getan?«
March (Mr. Hyde): »So? Hätte ich nicht? Wieso nicht? Seine Visage war geradezu dafür geschaffen.« [1998]

*

March (Mr. Hyde): »Freude ist in dieser Welt nur von kurzer Dauer, mein Vögelchen. Und ob du dich wirklich darüber freuen kannst, ist noch höchst ungewiß.« [1999]

*

March (Mr. Hyde): »Wenn du irgend etwas tust, was mir mißfällt, während ich weg bin und wenn es noch so unbedeutend ist, wohlgemerkt, werd ich dir beibringen, was Entsetzen bedeutet.« *2000*

***

DR. SCHIWAGO
(Dr. Zhivago)
USA 1965, Ponti, MGM (Regie David Lean, Buch Robert Bolt, nach dem Roman von Boris Pasternak)

*

Rod Steiger (Victor Komarovsky): »Es gibt nur zwei Arten von Männern, hörst du, nur zwei. Und dieser junge Mann ist ein typischer Fall. Er ist edelmütig und schwärmerisch. Er gehört zu den Idealisten, die die Welt angeblich verehrt und die sie in Wirklichkeit verachtet. Er gehört zu jener Art von Männern, die uns Menschen nur Unglück bescheren und besonders den Frauen, die sie lieben. Verstehst du mich?«
Julie Christie (Lara): »Nein.«
Steiger: »Ich glaube doch. Und dann die andere Sorte, die ist nicht edelmütig und romantisch, aber voller Leben. Ich verstehe sehr gut, daß du dich im Augenblick mehr zur Jugend hingezogen fühlst, das ist ganz normal. Aber es wäre eine Katastrophe, wenn du diesen Burschen heiratest, denn es gibt zwei Arten von Frauen, und du gehörst, wie wir beide sehr wohl wissen, nicht zur ersten Sorte.« *2001*

*

Steiger: »Aber trotzdem muß ich die Bolschewiki als Menschen bewundern. Soll ich Ihnen verraten, warum?«
Omar Sharif (Yuri Zhivago): »Ja.«
Steiger: »Weil sie's vielleicht schaffen.« *2002*

*

Alec Guinness (Yevgraf Zhivago, voice-over): »Und schließlich taten sie das, wovon alle Armeen träumten. Sie warfen die Waffen weg und zogen nach Hause.« *2003*

*

Guinness (voice-over): »Es war auch nicht die Bewunderung für einen Mann, der besser war als ich. Ich bewunderte ihn zwar, aber ich hielt ihn nicht für besser. Außerdem hatte ich viele Männer, die besser waren als ich, mit einer kleinen Pistole liquidiert.« *2004*

*

Sharif: »Ich hasse alles, was Sie sagen, aber nicht genug, um Sie deshalb umzubringen.« *2005*

DR. SELTSAM ODER WIE ICH LERNTE DIE BOMBE ZU LIEBEN
(Dr. Strangelove or: How I Learned to Stop Worrying and Love the Bomb)
UK 1964, Hawk, Columbia (Regie Stanley Kubrick, Buch Stanley Kubrick, Terry Southern, Peter George, nach dem Roman ›Red Alert‹ von Peter George)

*

Slim Pickens (Major T. J. ›King‹ Kong): »Na, Kumpels, dann also ran! Kleiner atomarer Nahkampf mit den Russkies.« *2006*

*

George C. Scott (General ›Buck‹ Turgidson): »Ich glaube, ich guck mal auf 'n Sprung ins Kriegsministerium. Mal sehen, was sich da tut.« *2007*

*

Sterling Hayden (General Jack D. Ripper): »Im Zweifelsfalle erst schießen und nachher fragen! Ich nehme lieber ein paar Verluste in Kauf, die aus Versehen entstehen, als daß ich den Stützpunkt und meine ganzen Leute durch Leichtsinn verlieren möchte.« *2008*

*

Peter Sellers (Captain Lionel Mandrake): »Schließlich (...) wollen wir doch wohl keinen Atomkrieg anfangen, wenn es nicht unbedingt notwendig ist.« *2009*

*

Hayden: »Ich kann nicht länger hier herumsitzen und zusehen, wie die kommunistische Infiltration, kommunistische Indoktrination, kommunistische Subversion und die internationale kommunistische Konspiration uns unserer Lebenssäfte beraubt oder sie zumindest anzapft oder verunreinigt.« *2010*

*

Sellers (President Muffley): »General Turgidson, es fällt mir etwas schwer, das zu verstehen. Ich war der Meinung, ich als Präsident wäre der einzige, der zum Einsatz der nuklearen Waffen autorisiert sei.«

> »Und schließlich taten sie das, wovon alle Armeen träumten. Sie warfen die Waffen weg und zogen nach Hause.«
> Dr. Schiwago

Scott: »Das stimmt, Sir, Sie sind der einzige, der dazu autorisiert ist. Und obwohl ich ungern urteile, bevor ich alle Fakten kenne, sieht es fast so aus, als habe General Ripper seine Befugnisse überschritten.« [2011]

*

Sellers (Muffley): »Als Sie die sogenannten Zuverlässigkeitstests einführten, versicherten Sie mir, es sei völlig unmöglich, daß so etwas jemals eintreten könne.«
Scott: »Ich muß sagen, daß ich es nicht sehr gerecht finde, ein ganzes Programm zu verdammen, wegen eines kleinen Versehens.« [2012]

*

Scott: »Erstens: Unsere Hoffnung, die 843. Bomberstaffel zurückzurufen, wird von Minute zu Minute geringer, und gäbe es für unmöglich einen Komparativ, so würde ich sagen ›unmöglicher‹. Zweitens: In weniger als fünfzehn Minuten haben die Russkies unsere Maschinen auf ihren Radarschirmen. Drittens: Wenn das geschehen ist, dann werden sie so auf der Palme sein, daß sie mit allem zurückschlagen, was sie haben. Viertens: Wenn wir, falls es dazu kommt, von uns aus nichts weiter unternommen haben, um ihren Vergeltungsschlag zu unterbinden, werden wir kurz darauf praktisch liquidiert sein. Aber, fünftens: ... Wenn ... wir ... andererseits ... sofort mit allen verfügbaren Kräften nachstoßen und einen konzentrierten Angriff auf alle ihre Flugplätze und Abschußbasen loslassen, dann müßte es mit dem Teufel zugehen, wenn wir sie nicht schnappen, bevor sie die Hosen hochhaben.« [2013]

*

Sellers (Muffley): »General, es ist die erklärte Politik unseres Landes, niemals als erste nukleare Waffen zu verwenden.«
Scott: »Tja, Mr. President, ich würde (...) sagen, die Politik ist durch Ripper schon ad absurdum geführt.« [2014]

> »Aber meine Herren,
> Sie können doch hier nicht Krieg
> spielen im Kriegsministerium.«
> Dr. Seltsam oder
> Wie ich lernte die Bombe zu lieben

Scott: »Mr. President, wir nähern uns rapide dem Moment, wo nur die Wahrheit gilt, sowohl in bezug auf uns als Menschen als auch auf das Leben unserer Nation. Die Wahrheit ist zwar nicht immer sehr angenehm, aber sie ist nötig und zwar jetzt, um eine Wahl zu treffen, eine Wahl zwischen zwei zugegeben bedauerlichen, aber nichts desto weniger gut unterscheidbaren Nachkriegsumwelten. Und zwar die eine mit 25 Millionen Toten und die andere mit 150 Millionen Toten.« [2015]

*

Scott: »Mr. President, ich will nicht sagen, daß wir dabei keine Haare lassen müssen, aber das sage ich: nicht mehr als runde 25 Millionen Tote im Höchstfall.« [2016]

*

Sellers (Muffley): »Ich will nicht in die Geschichte eingehen als größter Massenmörder seit Adolf Hitler.«
Scott: »Es wär vielleicht besser, Mr. President, wenn Sie sich mehr Gedanken um das amerikanische Volk machten als um Ihr Bild in den Geschichtsbüchern.« [2017]

*

Sellers (Muffley): »Aber meine Herren, Sie können doch hier nicht Krieg spielen im Kriegsministerium. [Gentlemen, you can't fight here. This is the war room.]« [2018]

*

Scott: »Ach, ich wollte, wir hätten so 'n Weltvernichtungsmaschinchen!« [2019]

*

Pickens: »Sie können uns vielleicht mit dem Lasso einfangen, aber auf ihren Radarschirmen kriegen die unsere angekratzte Mühle bestimmt nicht.« [2020]

*

Sellers (Muffley, am Telefon): »Dimitri, es tut mir leid, daß sie eurem Radar entwischen und so tief fliegen, aber das haben sie so gelernt, das (...) tun sie aus eigener Initiative.« [2021]

*

Sellers (Muffley): »Ich meine, es ist doch weder Ihnen noch mir damit gedient, wenn (...) die Weltvernichtungsmaschine explodiert. Oder?« [2022]

DER DON IST TOT *(The Don Is Dead)*
USA 1973, Wallis, Universal (Regie Richard Fleischer, Buch Marvin H. Albert, nach seinem Roman)

*

Frederic Forrest (Tony Fargo): »Das Geschäft ist mir zu dreckig.«
Robert Forster (Frank Regalbuto): »Na und? Du kannst doch hinterher duschen.« [2023]

*

»In zwanzig Jahren hab ich Don Angelo noch niemals so ausdauernd schweigen gesehen.«
Anthony Quinn (Don Angelo Dimorra): »Nun, es sind ehrenwerte Männer, ihre Ansichten interessieren mich.« [2024]

*

Anne Meredith (Marie): »Du Bastard! Ich blute.«
Charles Cioffi (Luigi Orlando): »Wer hart spielt, kann sich verletzen.« [2025]

*

Forster: »Jemand hat dich für diesen Verrat geschmiert, Spada. Ich will seinen Namen. Mach es dir doch leichter!« [2026]

*

Forster: »Der Name des Verräters ist Mariano Longobardo. (...) Nicht zu fassen! Er war wie ein Onkel zu mir.«
Quinn: »Ah, die besten Männer machen mal Fehler. Alles, was wir tun können, ist, sie zu korrigieren.« [2027]

Quinn: »Hör zu, Frank, ich kenne diese Geschichten. Ich hab sie auch hinter mir. Weißt du, ich hatte seinerzeit auch so eine ... Mädchen, das nicht aus unserm Stall war und damit eine Menge Probleme. Eines Tages sitzt du auf meinem Platz, dann hast du schon deine eigene Familie. Doch deine Frau, Frank, sollte besser eine von unsern Frauen sein. Ich meine, unsere Frauen verstehen, sie stellen keine Fragen, sie sehen ein, daß bei uns die Geschäfte vorgehen.« [2028]

*

Forrest: »Ich werde dir jetzt den Tag verraten, an dem ich heirate. Es ist der Tag, an dem ich morgens sicher weiß, daß ich eine fünfzigprozentige Chance habe, abends noch zu leben.« [2029]

Quinn: »Ich wünsche, Frank nie wieder lebend zu sehen. Ist das klar?« [2030]

*

Al Lettieri (Vince Fargo): »Jetzt hör mal zu, Tony! Ich setze mich selbst ganz nüchtern ein. Ich kann 'n paar Dinge ganz gut und 'n paar nicht. Ich meine, wenn du mich in den Ring stellst, helf ich mir selbst. Nur einen Schlachtplan kann ich nicht ausarbeiten, da fehlt's hier oben. Du kannst es aber. Deinen Grips brauch ich.« [2031]

*

Louis Zorich (Mitch): »Wir hörten, daß du hier bist, Frank.«
Forster: »Ihr habt große Ohren. ... Na ja, besser als 'n großes Maul.« [2032]

*

Zorich: »Für Kidnapping sitzt du zwanzig Jahre ab.«
Forrest: »Du kannst ja gerne mal schnell das FBI anrufen.« [2033]

*

»Geh da rein *(Restauranttoilette)*! Wenn ich du wäre, würde ich nicht vor morgen rauskommen.« [2034]

*

Forster: »Wie steh ich denn jetzt da. Allein. Ohne Familie.« [2035]

*

(Ruggiero Nancini): »Frank, ich liebe dich fast wie 'n eigenen Sohn. Aber man geht Verpflichtungen ein und macht Schulden. Früher oder später muß man sie bezahlen.«
Forster: »Und deine Verpflichtungen gegenüber meinem Vater?«
(Ruggiero Nancini): »Gott hat ihn zu sich genommen. Er ist tot. Meine Verpflichtungen bestehen gegenüber den Lebenden, Luigi Orlando zum Beispiel. Ich habe keine andere Wahl. Und darum bitte ich dich, wenn du gleich vor Gott hintrittst, dann tue es nicht mit einem Fluch auf den Lippen.« [2036]

»Das Geschäft ist mir zu dreckig.«
»Na und? Du kannst doch hinterher duschen.«
Der Don ist tot

J. Duke Russo (Don Bernardo): »Wenn ich mich recht erinnere, hat dir nie viel an den Geschäften gelegen. Zieh also deine Hörner ein! Dann lebst du nächste Woche noch.«
Forrest: »Du warst lange fort. Die Dinge haben sich verändert. Die Frage, um die es hier wirklich geht, ist, ob ich dich noch in der Stadt dulde.«
Russo: »Das sind riskante Töne, Kleiner. Glaubst du, du kannst dir erlauben, ein so freches Maul zu haben?«
Forrest: »Ich kann.« [2037]

***

DON JUAN DEMARCO *(Don Juan DeMarco)*
USA 1995, Zoetrope, Coppola, New Line (Regie, Buch Jeremy Leven, Figur des Don Juan nach ›Don Juan‹ von Lord Byron)

*

Johnny Depp (Don Juan DeMarco, voice-over): »Mein Name ist Don Juan DeMarco. Ich bin der Sohn des großen Fechters Antonio Garribaldi DeMarco, der auf tragische Weise ums Leben kam, als er die Ehre meiner Mutter verteidigte, der schönen Doña Inèz Santiago y San Martine. Ich bin der größte Liebhaber der Welt. Ich habe mehr als 1000 Frauen geliebt. Letzten Dienstag wurde ich 21.« [2038]

*

Marita Geraghty (Frau im Restaurant): »Und natürlich verführen Sie Frauen?«
Depp: »Nein, ich würde niemals einer Frau mein Verlangen aufzwingen. Ich bereite Frauen Vergnügen, wenn Sie den Wunsch danach hegen.« [2039]

*

Depp (voice-over): »Jede Frau ist ein Geheimnis, das nach Lösung drängt. Aber ihrem wahren Liebhaber verheimlicht sie nichts.« [2040]

*

Depp: »Haben Sie nie im Leben eine Frau getroffen, die Sie inspiriert hat zu lieben, so daß

> »Sie erweckte meine Männlichkeit zum Leben und brachte sie zum Singen.«
> »Er kann singen?«
> Don Juan DeMarco

jeder Ihrer Sinne erfüllt von ihr war? Man atmet sie, man schmeckt sie, man sieht seine ungeborenen Kinder in ihren Augen, und man weiß, daß sein Herz ein Zuhause gefunden hat. Das Leben beginnt mit ihr und ohne sie muß es gewißlich enden.« [2041]

*

Marlon Brando (Jack Mickler): »Ich zweifle nicht daran, daß der Verlust einer Liebe wie dieser einen großen Schmerz bereitet. Aber warum zugleich die Hoffnung und das Leben verlieren? Warum alles auf einmal?« [2042]

*

Brando: »Warum muß immer ich der Bösewicht sein?« [2043]

*

Depp: »Sicher, es teilen selbstverständlich nicht alle Menschen meine Wahrnehmung, das trifft zu. Wenn ich sage, daß alle meine Frauen durch ihre Schönheit blenden, widersprechen sie. So hat die eine vielleicht eine zu große Nase, die (...) Hüften einer anderen sind vielleicht zu breit, möglicherweise hat eine wieder andere zu kleine Brüste. Aber ich sehe diese Frauen so, wie sie wirklich sind: glanzvoll, strahlend, überwältigend und vollkommen. Und zwar, weil ich mich durch meine Augen nicht einschränken lasse.« [2044]

*

Depp (zu Brando): »Sie sind ein so großer Liebhaber wie ich selbst, auch wenn Sie Ihren Weg verloren haben und Ihren Akzent.« [2045]

*

Depp: »Es gibt im Leben nur vier Fragen von Bedeutung, Don Octavio: Was ist heilig? Woraus besteht der Geist? Wofür lohnt es sich zu leben? Und wofür lohnt es sich zu sterben? Die Antwort ist stets die gleiche: nur die Liebe.« [2046]

*

Tresa Hughes (Großmutter DeMarco): »Tony hätte es nicht geschafft, einem Ertrinkenden ein Boot zu verkaufen.« [2047]

*

Depp: »Sie erweckte meine Männlichkeit zum Leben und brachte sie zum Singen.«
Jo Champa (Sultana Gulbeyaz): »Er kann singen?« [2048]

*

Depp (voice-over): »Ich war bereit, mein Leben

zu opfern, eher als meine Liebe zu entweihen. Wie könnte ich ihr je untreu sein, meiner teuren Doña Julia, die fast ihr Leben gegeben hätte, um mich zu lieben? Wie könnte ich mit einer anderen Frau schlafen, nachdem ich mich mit Körper und Seele der lieblichen Doña Julia hingegeben hatte? Wie könnte ich die Reinheit der Liebe zu meiner Blume Doña Julia beflecken? ... Ehrlich gesagt war ich überrascht, wie schnell man die Vergangenheit überwinden kann.« [2049]

*

Depp (voice-over): »Dies wäre ein hervorragender Zeitpunkt zum Lügen gewesen, doch Aufrichtigkeit ist eine schlimme Angewohnheit.« [2050]

*

Brando: »Ich möchte gern wissen, was für Hoffnungen und für Träume du hattest, ehe sie uns unterwegs verlorengingen, weil ich mit den Gedanken nur noch bei mir selbst war.« (...)
Faye Dunaway (Marilyn Mickler): »Ich dachte schon, du fragst das nie.« [2051]

***

DONNIE BRASCO
USA 1997, Baltimore, Johnson, Mandalay (Regie Mike Newell, Buch Paul Attanasio, nach dem Buch von Joseph D. Pistone, Richard Woodley)

*

Al Pacino (Lefty Ruggiero): »Du pinkelst an die falsche Laterne, mein Freund.« [2052]

*

Pacino: »Bist du 'n Bulle? Stell mir nicht so viele Fragen!« [2053]

*

Pacino: »Ich hab 26 Kratzer auf dem Kerbholz, aber vor dir hat er Angst.« [2054]

*

Johnny Depp (Joe Pistone / Donnie Brasco): »Ja, du hast recht.«
Pacino: »Ich hab immer recht. Ein Mann der Familie hat immer recht. Selbst wenn er Unrecht hat, hat er recht.« [2055]

*

Pacino: »Ist der Kerl sauber?«
Madison Arnold (Jilly): »Ich hab gesagt, ich kenn ihn, Left, ich hab nicht gesagt, ich hab mit ihm gevögelt.« [2056]

Pacino: »Wenn ich dich jemandem vorstelle, sage ich, du bist ein Freund von mir. Das bedeutet, du hast Kontakt zur Familie. Wenn ich aber sage, du bist ein Freund von uns, dann heißt das, du bist Mitglied der Familie. Capisce?« [2057]

*

Pacino: »Was soll das? Was machst du denn da? Ein Mitglied der Familie hat sein Geld nicht in der Brieftasche. Die haben ihr Geld in 'ner Rolle, etwa so, den größten Schein nach außen.« [2058]

*

Pacino: »Du mußt dir den Schnurrbart abrasieren. Ist gegen die Vorschriften.« [2059]

*

Pacino: »Kauf dir 'n paar Hosen, die nach was aussehen! Wir sind hier nicht beim Rodeo.« [2060]

*

Bruno Kirby (Nicky): »Wozu müssen wir den ganzen Tag in der verdammten Kälte stehen?«
Michael Madsen (Sonny Black): »Um Flagge zu zeigen.«
Kirby: »Die Flagge der verdammten Antarktis?« [2061]

*

Pacino: »Warte, bis du den Zaubervogel gekostet hast. Ah, zergeht dir im Mund wie die Hostie bei der Kommunion.« [2062]

*

Pacino: »Ich wurde vorgeladen. Wenn man in unserer Branche vorgeladen wird, geht man lebend rein und kommt tot wieder raus, und es ist meist dein bester Freund, der das erledigt.« [2063]

*

Madsen: »Dieser Sonny Red macht 'ne Million Dollar im Monat mit seinem Fuhrpark in Jersey. Und was bringt ihr mir an? Steakmesser und Parkuhren.« [2064]

*

James Russo (Paulie): »Unser Problem ist, hier

> »Warte, bis du den Zaubervogel gekostet hast. Ah, zergeht dir im Mund wie die Hostie bei der Kommunion.«
> Donnie Brasco

gibt's 3000 Familienmitglieder, die alle hinter demselben Dollar her sind.« [2065]

*

Kirby: »Na, komm schon, Donnie, hilf mir, das fette Schwein zu filettieren!« [2066]

***

DER DOPPELADLER
(*L'Aigle à deux têtes*)
F 1947, Ariane, Sirius (Regie, Buch Jean Cocteau)

*

Edwige Feuillère (die Königin): »Ich rufe meinen Namen nicht gern ins Echo. Ich habe immer Angst, daß mir ein anderer antworten könnte.« [2067]

*

Jean Debucourt (Félix de Willenstein): »Was muß ich tun, um Ihrem Sarkasmus zu entgehen?« [2068]

*

Jean Marais (Stanislas): »Mein Gott, laß es mich verstehen!« [2069]

***

EIN DOPPELLEBEN (*A Double Life*)
USA 1948, Universal (Regie George Cukor, Buch Ruth Gordon, Garson Kanin)

*

Shelley Winters (Pat Kroll): »Was ist denn dabei komisch?«
Ronald Colman (Anthony John): »Oh, nichts, bloß ein Spaß zwischen mir und mir.« [2070]

***

DAS DOPPELLEBEN DES DR. CLITTERHOUSE
(*The Amazing Dr. Clitterhouse*)
USA 1938, Warner (Regie Anatole Litvak, Buch John Wexley, John Huston, nach dem Stück von Barre Lyndon)

*

Gale Page (Schwester Randolph): »Sollten diese Juwelen nicht an einem sicheren Ort aufbewahrt werden?«
Edward G. Robinson (Dr. Clitterhouse): »Sie waren an einem sicheren Ort, bis ich sie herausgenommen habe.« [2071]

*

Robinson: »Sie werden es nicht ganz verstehen, aber heute nacht, während des ganzen Unternehmens, fing ich an, Gefallen am Verbrechen zu finden, am Verbrechen an sich, wissen Sie. Es hat so was wie die Wirkung von Champagner. Es löst ein Hochgefühl aus, eine höchst merkwürdige Heiterkeit.« [2072]

*

Claire Trevor (Jo Keller): »Rocks, du hast etwas angefangen, das du nie beenden kannst.« [2073]

*

Donald Crisp (Inspector Lane, über den ertrunkenen Bogart): »Normalerweise beenden MG-Salven eine solche Karriere. Komisch! Sehr komisch!« [2074]

*

Robinson: »Aber er ist nicht verrückt, Grant.«
Thurston Hall (Grant): »Er wird vielleicht nicht mit Stroh im Haar rumlaufen, aber er ist nicht gesund und deshalb nicht verantwortlich.« [2075]

*

Henry O'Neill (Richter): »Wie lautet Ihr Urteil?«
Lloyd Bacon (Geschworenensprecher): »Nicht schuldig wegen Geisteskrankheit.«
O'Neill: »Wie, um alles in der Welt, kommen Sie zu einem solchen Urteil?«
Bacon: »Nun, die einzige Hoffnung für den Angeklagten wäre zu beweisen, daß er unzurechnungsfähig war, als er das Verbrechen beging, weil sein Leben davon abhängt. Aber er sitzt da und tut alles, um zu beweisen, daß er gesund ist, damals wie heute. Nur ein geisteskranker Mann würde das tun.« [2076]

***

DAS DOPPELLEBEN DES WALTER MITTY
(*The Secret Life of Walter Mitty*)
USA 1947, Goldwyn, United Artists (Regie Norman Z. McLeod, Buch Ken Englund, Everett Freeman, nach der Geschichte von James Thurber)

*

Gordon Jones (Tubby Wadsworth): »Sinn für Kartenspielen ist das gleiche wie Sinn für Geschäfte. Wer den einen nicht hat, hat auch den andern nicht.« [2077]

> »Sinn für Kartenspielen ist das gleiche wie Sinn für Geschäfte. Wer den einen nicht hat, hat auch den andern nicht.«
> Das Doppelleben des Walter Mitty

DOWN BY LAW
USA 1986, Black Snake, Grokenberger, Island (Regie, Buch Jim Jarmusch)

*

Billie Neal (Bobbie): »You know, Jack, we could get some money together. Except you're always blowing it. You know, gambling, getting high, showing off.«
John Lurie (Jack Romano): »I have to have fun, you know, baby.« [2078]

*

Neal: »My mama used to say that America is a big melting pot. Because she used to say if you bring it to a boil all the scum rises to the top. So maybe there is hope for you yet, Jack.« [2079]

*

Neal: »You don't understand any kind of people. Maybe that's your problem. You shure don't understand women at all. And a pimp is at least supposed to understand women.« [2080]

*

Tom Waits (Zack): »Just leave me alone, Preston, I'm in a bad mood.« [2081]

*

Waits: »Why don't you do it yourself?«
Vernel Bagneris (Preston): »I'm offering you a grand so I don't have to answer stupid questions like that.« [2082]

***

DOWNTOWN
USA 1990, Hurd, Twentieth Century Fox (Regie Richard Benjamin, Buch Nat Mauldin)

*

David Clennon (Jerome Sweet): »Mein Vater ist ohne jede Gewaltanwendung im Schlaf gestorben, Mr. White. Und er wurde sehr alt. Ich kann Ihnen ja irgendwann mal erklären, was das bedeutet, da Ihnen der Begriff des ›natürlichen Todes‹ fremd zu sein scheint.« [2083]

*

Anthony Edwards (Alex Kearney): »Ich glaub, du hast mir die Nase gebrochen.«
Forest Whitaker (Dennis Curren): »Gut! Dann wird sie bald aufhören zu bluten.« [2084]

***

DRAGONHEART
USA 1996, Universal (Regie Rob Cohen, Buch Charles Edward Pogue, Story Patrick Read Johnson, Charles Edward Pogue)

*

Sean Connery (Stimme von Draco): »Warum müßt ihr Ritter, die ihr unbedingt zu Ruhm gelangen wollt, euch immer uns Drachen aussuchen?« [2085]

*

Connery: »Bäh! Ihr seid einer, der Drachen für Geld tötet?«
Dennis Quaid (Bowen): »Das ist eine ehrliche Arbeit. Man muß schließlich leben.« [2086]

*

Quaid: »Ihr versucht, eure schuppige Haut mit faulen Tricks zu retten.« [2087]

*

Quaid: »Lästige Viecher, diese Drachen, wie fette Ratten. Irgendwie wird man sie nie los.« [2088]

*

Connery: »Wenn Ihr den Adel kneift, dann spüren die Bauern den Schmerz.« [2089]

*

Quaid: »Das kümmert mich nicht. Wieso sollte ich meinen Hals für Menschen riskieren, die sich fürchten, das für sich selber zu tun?« [2090]

*

Quaid: »Ihr solltet einen klugen Plan nicht mit Moral verderben.« [2091]

*

Quaid: »Wenn ich Gewissensbisse gewollt hätte, dann wäre ich bei dem Priester geblieben.« [2092]

*

Connery: »Ihr klingt wie jemand, der es versucht hat.«
Quaid: »Und versagt hat. Und darum versuche ich nicht mehr, die Welt zu verändern, Drachen, sondern nur noch, in ihr zurecht zukommen.« [2093]

*

Dina Meyer (Kara): »In Eurem Königreich gibt es schlimmere Schicksale als den Tod.«

> *»Träume sind hartnäckig.*
> *Man hält noch an ihnen fest,*
> *wenn sie schon längst*
> *zu Staub zerfallen sind.«*
> Dragonheart

David Thewlis (Einon): »Ich werd mir eins für Euch ausdenken.« [2094]

*

Quaid: »Träume sind hartnäckig. Man hält noch an ihnen fest, wenn sie schon längst zu Staub zerfallen sind.« [2095]

***

DER DRAUFGÄNGER
(Boom Town)
USA 1940, MGM (Regie Jack Conway, Buch John Lee Mahin, nach der Geschichte ›A Lady Comes to Burkburnett‹ von James Edward Grant)

*

Spencer Tracy (Square John Sand): »Ich will meine Vorzüge gar nicht weiter herausstreichen. Ich schnarche nicht und weiß auch, wann eine Frau Prügel braucht, als Zeichen, daß man sie liebt. Außerdem hab ich ganz achtbare Ölquellen und auch das nötige Kleingeld. Ich wär der richtige Mann für Sie.« [2096]

*

Hedy Lamarr (Karen Vanmeer): »Muß wohl furchtbar uninteressant sein, einer Frau zuzuhören, die weiß, was sie will.« [2097]

***

DRAUSSEN WARTET DER TOD
(The Last Frontier)
USA 1955, Columbia (Regie Anthony Mann, Buch Philip Yordan, Russell S. Hughes, nach dem Roman ›The Gilded Rooster‹ von Richard E. Roberts)

*

James Whitmore (Gus): »Ich komm lieber mit. Du brauchst doch jemanden, der für dich denkt.«
Victor Mature (Jed Cooper): »Na schön. Denken kannst du ja. Aber reden werde ich.« [2098]

*

Robert Preston (Colonel Marston): »Du bist eine Frau. Du weißt nicht, was es heißt, einen Sieg zu erringen.« [2099]

> »Muß wohl furchtbar uninteressant sein, einer Frau zuzuhören, die weiß, was sie will.«
> Der Draufgänger

DAS DRECKIGE DUTZEND *(The Dirty Dozen)*
USA/UK 1967, Hyman, MGM (Regie Robert Aldrich, Buch Nunnally Johnson, Lukas Heller, nach dem Roman von E. M. Nathanson)

*

Lee Marvin (Major Reisman): »Ich möchte nicht übertrieben vorsichtig erscheinen, aber wenn mein Überleben davon abhängig gemacht werden soll, wie sich zwölf Todeskandidaten verhalten, ist es mein Wunsch, genau zu wissen, wofür ich sie auszubilden haben werde.« [2100]

*

George Kennedy (Major Max Armbruster): »Der Gedanke ist einfach der, daß die Männer mit Fallschirmen abgesetzt werden, in das Schloß eindringen und in der zur Verfügung stehenden Zeit so viele Offiziere umlegen, wie es ihnen möglich ist.« [2101]

*

Ernest Borgnine (General Worden): »Und wenn ja?«
Marvin: »Es würde mich nicht fröhlich stimmen, Sir.« [2102]

*

Robert Webber (General Denton): »Er (Marvin) ist der unhöflichste, undisziplinierteste Offizier, dem zu begegnen ich je das Mißvergnügen hatte.« [2103]

*

Jim Brown (Robert Jefferson): »Das ist euer Krieg, Mister, nicht meiner. Wenn euch die Deutschen nicht gefallen, kämpft gegen sie! Ich such mir meine Feinde selbst aus.« [2104]

*

Marvin: »Sie alle haben sich freiwillig für eine Aufgabe gemeldet, die Ihnen drei Möglichkeiten bietet: Sie können während der Ausbildung krumme Touren versuchen und werden sofort zur Urteilsvollstreckung zurückgeschickt. Oder Sie können das während des Kampfeinsatzes versuchen. In diesem Falle werd ich Ihnen persönlich eine Kugel in den Schädel jagen. Oder Sie tun Ihre Pflicht und kommen vielleicht durch.« [2105]

*

Marvin (erklärt die wüste Schlägerei): »Ist alles in Ordnung, Sergeant. Ein Gentleman aus dem Süden hat nur mal nach den Gepflogenheiten beim gemeinsamen Speisen gefragt. Er und seine Kollegen unterhalten sich nun noch 'n bißchen über die Sitzordnung.« [2106]

*

Ralph Meeker (Captain Stuart Kinder, Psychiater): »Ich habe gar nichts davon, Major, aber Sie haben was von diesen Ergebnissen, nämlich die Gewißheit, daß Ihr Haufen die schlimmste Sammlung von asozialen Psychopathen ist, die ich je erlebt habe. Und der Schlimmste, der Gefährlichste in Ihrem Verein ist Maggott, klarer Fall von religiösem Wahnsinn, außerdem ein gefährlich Entwicklungsgehemmter, zwei, die auch nicht alle Tassen im Schrank haben. Und über den Rest will ich mir gar nicht erst den Kopf zerbrechen.«
Marvin: »Also genau die Truppe, mit der man einen Krieg gewinnt.« [2107]

*

Richard Jaeckel (Sergeant Bowren): »Ich konnte nur acht *(Frauen)* auftreiben, Sir. Ist wie mit der Polizei, wenn man sie wirklich mal braucht, findet man sie nicht.« [2108]

*

Charles Bronson (Joseph Wladislaw): »Generale umlegen könnte mir zur lieben Gewohnheit werden.« [2109]

***

DRECKIGE HUNDE *(Dog Soldiers)*
USA 1978, Katzka, Jaffe, United Artists (Regie Karel Reisz, Buch Judith Rascoe, Robert Stone)

*

Michael Moriarty (John Converse): »Ich verlange danach, Gott zu dienen und reich zu werden, wie alle Menschen.« [2110]

*

Richard Masur (Danskin): »Lern lieber, wie man Schach spielt! (...) Wozu hast du dein blödes Schachbuch, wenn du nie reinguckst? Ich hasse es, wenn einer Schach spielt wie 'n Knastbruder. Zum Kotzen! Die sehen immer bloß, was sie selber vorhaben.« [2111]

*

Ray Sharkey (Smitty): »Andere Kerls, die hauen dir eine rein, wenn sie verlieren. Das Schwein von Danskin haut dir eine rein, wenn er gewinnt.« [2112]

*

Nick Nolte (Ray Hicks): »Eddie wollte mich aufs Kreuz legen, aber ich laß mich von Quallen nicht aufs Kreuz legen.« [2113]

***

DAS DRECKIGE SPIEL *(True Believer)*
USA 1989, Lasker-Parkes, Columbia (Regie Joseph Ruben, Buch Wesley Strick)

*

James Woods (Eddie Dodd): »Der letzte Kampf für die verfassungsmäßigen Rechte wird über die Drogen ausgetragen. Und wir, Roger, wir stehen im Ring. Wir kämpfen gegen das gesamte System.« [2114]

*

Woods: »Möchtest du Strafverteidiger werden? Dann solltest du eines wissen: Jeder ist schuldig. Absolut jeder.« [2115]

*

Robert Downey jr. (Roger Baron): »Vor zehn Jahren hätten Sie das nicht gesagt.«
Woods: »Zehn Jahre sind eine lange Zeit.« [2116]

*

Downey jr.: »Was ist, wenn der Kerl wirklich schuldig ist?«
Woods: »Nur Gott und Shu Kai Kim wissen das. Und keiner von beiden redet.« [2117]

*

Woods: »Je mehr Schuld er hat, desto mehr braucht er uns.« [2118]

*

Woods: »Könnt ihr nicht endlich damit aufhören, mir Hiobsbotschaften zu überbringen? Jedesmal, wenn ich euch etwas frage, bekomme ich eine Antwort. Aber die falsche. Entweder ihr macht mit, oder ihr macht nicht mit. Dann mach ich eben den Mist alleine.« [2119]

*

Woods: »Hör bloß mit diesem Yuppieblödsinn über einen ›guten Kampf‹ auf. Wir sind hier nicht in Yale. Ein guter Kampf ist, wenn man gewinnt.« [2120]

> *»Ich verlange danach, Gott zu dienen und reich zu werden, wie alle Menschen.«*
> Dreckige Hunde

Kurtwood Smith (Robert Reynard, DA): »Sie sind ein gefährlicher Mann, Mr. Dodd.«
Woods: »Das hoffe ich, Mr. Reynard.« 2121

***

DREI FARBEN: ROT *(Trois couleurs: Rouge)*
F/CH/Polen 1994, MK2, France3, CAB, TOR, Canal+, TSR (Regie Krzysztof Kieslowski, Buch Krzysztof Piesiewicz, Krzysztof Kieslowski)

*

Irène Jacob (Valentine Dussaut): »Hören Sie damit auf!«
Jean-Louis Trintignant (Richter Joseph Kern): »Ich habe das mein Leben lang getan.«
Jacob: »Was sind Sie gewesen? Bulle?«
Trintignant: »Noch schlimmer: Richter.« 2122

***

DREI FARBEN: WEISS *(Trois couleurs: Blanc)*
F/Polen 1993, MK2, France3, CAB, TOR, Canal+ (Regie Krzysztof Kieslowski, Buch Krzysztof Piesiewicz, Krzysztof Kieslowski)

*

Zbigniew Zamachowski (Karol Karol): »Sagen Sie mal, wie dick sollte die Mauer sein, Herr Ingenieur?«
(Architekt): »Laut Plan 50 Zentimeter.«
Zamachowski: »Messen Sie doch mal nach, Herr Jacek!«
(Jacek): »Genau 46.«
Zamachowski: »Dann lassen wir sie um vier Zentimeter dicker machen.«
(Architekt): »Nur, dann müssen wir alles wieder abreißen.«
Zamachowski: »Tja, das müssen wir wohl. Salut!« 2123

***

DREI FRAUEN *(Three Women)*
USA 1977, Lion's Gate, Twentieth Century Fox (Regie, Buch Robert Altman)

*

Robert Fortier (Edgar Hart): »Tausend wahnsinnig gewordene Wilde wären mir als Gegner immer noch lieber als eine Frau, die schießen kann.« 2124

***

DREI MÄNNER IM PARADIES
(Paradise for Three)
USA 1938, MGM (Regie Edward Buzzell, Buch George Oppenheimer, Harry Ruskin, nach dem Roman ›Drei Männer im Schnee‹ von Erich Kästner)

*

Robert Young (Fritz Hagedorn): »Ich hatte nur versucht, meine Skier ins Abteil zu bekommen.«
Florence Rice (Hilde Tobler): »Ich bin froh, daß Sie mir das sagen. Ich dachte, Sie wollten mir das Bein brechen.« 2125

*

Frank Morgan (Rudolph Tobler): »Ich verlange Ergebnisse, keine Ausreden. Heute ist Montag, morgen ist Dienstag, übermorgen Mittwoch. Die Woche ist fast vorbei, und nichts wurde erreicht.« 2126

*

Morgan: »Geben Sie *mir* den Brandy! Ich kann es nicht sehen, wenn eine Frau ohnmächtig ist.« 2127

***

DIE DREI MUSKETIERE *(The Three Musketeers)*
USA 1948, MGM (Regie George Sidney, Buch Robert Ardrey, nach dem Roman von Alexandre Dumas)

*

Robert Warwick (D'Artagnan sr.): »Denk immer daran, daß du ein D'Artagnan bist! Die Ehre ist dein höchstes Gut. Dulde von niemand ein Unrecht! Fechten hast du ja gelernt. Die kleinste Kränkung, ein schiefer Blick …« 2128

*

Gene Kelly (D'Artagnan): »Ihr findet mich komisch? Ihr findet vielleicht drei Fuß Stahl ebenfalls komisch.« 2129

*

Kelly: »Wär's wohl möglich, daß wir anfangen (mit dem Duell)? Seht Ihr, ich hab nämlich noch 'ne Verabredung in einer Stunde, das heißt, wenn ich diese überlebe.«
Van Heflin (Athos): »Schön, ganz wie Ihr wollt. Aber seid ohne Sorge, Ihr überlebt es nicht.« 2130

*

Heflin: »Er spricht so klug und stirbt so jung.« 2131

> »Geben Sie mir den Brandy!
> Ich kann es nicht sehen, wenn
> eine Frau ohnmächtig ist.«
> Drei Männer im Paradies

Robert Coote (Aramis): »Ist das der Bauer, den du mit der linken Hand erledigen wolltest?« [2132]

*

Vincent Price (Richelieu): »Es heißt, der gute Mensch verhütet Katastrophen, Mylady, der große Mensch bedient sich ihrer.« [2133]

*

Kelly: »Wir haben einen großen Vorteil: Richelieu weiß nicht, wo wir hingehen.«
Heflin: »Mein Freund, mein Freund, mein lieber junger Freund, was wißt Ihr schon von Paris! Merkt Euch: Richelieu kennt ohne jede Frage ganz genau die Farbe Eurer Unterhosen.« [2134]

*

Heflin: »Mit seinen Freunden sterben. Kann ein Mann mehr verlangen? Welt, ich muß dich verlassen. Keiner kann leben, bis die letzten Flaschen leer sind.« [2135]

*

Heflin: »Alle für einen, D'Artagnan, und einer für alle!« [2136]

*

Ian Keith (Rochefort): »Er ist tot.«
Price: »Ausgezeichnet!«
Lana Turner (Gräfin DeWinter): »Warum freut Ihr Euch nicht darüber?«
Keith: »Fünf von meinen Leuten wollen D'Artagnan getötet haben. An fünf verschiedenen Plätzen.« [2137]

*

Price: »Junger Mann, ich kann es mir nicht leisten, daß Ihr mein Feind seid.« [2138]

*

Kelly: »Jetzt ist keine Zeit für schwache Nerven.« [2139]

*

Kelly: »Wenn's auch manchmal nicht so aussieht, es fällt mir schwer zu töten.« [2140]

*

Price: »Wir spielen Schach mit den Göttern und nicht Blinde Kuh.« [2141]

*

Heflin: »Bei dir, meine liebe Frau, ist eine Ohnmacht weder kleidsam noch glaubwürdig.« [2142]

*

Price: »Ich bin der Staat, Majestät. Stellen wir das unter uns fest, damit wir in der Öffentlichkeit nicht darüber zu streiten brauchen.« [2143]

DREI RIVALEN *(The Tall Men)*
USA 1955, Twentieth Century Fox (Regie Raoul Walsh, Buch Sydney Boehm, Frank S. Nugent, nach dem Roman von Clay Fisher)

*

Jane Russell (Nella Turner): »Sie sollten Ihrem großen Bruder mal ein bißchen beim Ausnehmen des Maultieres helfen, ich habe nämlich Hunger.«
Cameron Mitchell (Clint Allison): »Na schön, für so'ne hübsche Frau nehme ich alles auseinander.« [2144]

*

Russell: »Montana, gehört Ihnen das ganze Land?«
Robert Ryan (Nathan Stark): »Noch nicht, aber bald.« [2145]

*

Clark Gable (Ben Allison): »Wenn eine Frau nach dem Aufstehen schon hübsch ist, dann ist sie wirklich hübsch.« [2146]

*

Russell: »Hm, klingt ja fast wie ein Kompliment.«
Gable: »Sollte auch so was Ähnliches sein.« [2147]

*

Ryan: »Leider war ich so naiv zu glauben, daß Sie mir trauen würden.« (...)
Gable: »Ich traue nie einem Menschen, besonders, wenn er so gut rechnen kann wie Sie.« [2148]

***

DIE DREI TAGE DES CONDOR
(Three Days of the Condor)
USA 1975, De Laurentiis, Wildwood, Paramount (Regie Sydney Pollack, Buch Lorenzo Semple jr., David Rayfiel, nach dem Roman ›Six Days of the Condor‹ von James Grady)

*

Tina Chen (Janis): »Ich werde ganz bestimmt nicht schreien.«

> »Wenn eine Frau nach dem Aufstehen schon hübsch ist, dann ist sie wirklich hübsch.«
> Drei Rivalen

Max Von Sydow (Joubert): »Ja, ich weiß.« *(erschießt sie)* [2149]

*

Von Sydow: »Condor ist ein Amateur. Er ist ängstlich, unberechenbar, möglicherweise sentimental. So einer kann sogar einen Profi täuschen. Nicht bewußt, aber gerade deshalb, weil er ängstlich ist und nicht weiß, was er tun soll.« [2150]

*

Faye Dunaway (Kathy): »Hören Sie! Ihre geladene Pistole gibt Ihnen allenfalls das Recht, mich zu mißhandeln, aber nicht das Recht, mir persönliche Fragen zu stellen.« [2151]

*

Dunaway: »Ich weiß nicht, ob ich Sie kennenlernen möchte, denn ich denke, Sie haben nicht mehr lange zu leben.«
Robert Redford (Turner): »Vielleicht werde ich Sie überraschen.« [2152]

*

Redford: »Du brauchst mir nicht zu helfen, Kathy.«
Dunaway: »Nein, nein, ich helf dir. Komm! Es ist Verlaß auf mich. Ich kann mehr als ficken.« [2153]

*

Redford: »Wieso?«
Von Sydow: »Ich interessiere mich nicht für das ›wieso‹. Ich denke mehr in Begriffen wie ›wann‹, manchmal ›wo‹ und immer ›wieviel‹.« [2154]

*

Von Sydow: »Ich würde sagen, daß das, was ich tue, gar kein übler Beruf ist. Irgend jemand ist immer bereit zu zahlen.«
Redford: »Ich würde es sehr ermüdend finden.«
Von Sydow: »Oh nein, ich muß sagen, ganz im Gegenteil. Es ist beinahe geruhsam. Niemand verlangt, daß Sie an etwas glauben, an eine Idee oder so. Es gibt keine gerechte Sache. Es gibt nur Sie selbst. Der einzige Glaube ist der an die Präzision der eigenen Arbeit.« [2155]

*

Redford: »Mann, was seid ihr bloß für Menschen! Ihr glaubt wohl, bei einer Lüge nicht erwischt zu werden, sei dasselbe, wie die Wahrheit sagen.« [2156]

*

Cliff Robertson (Higgins): »Sie werden bald ein sehr einsamer Mensch sein.« [2157]

***

DREI UHR NACHTS (*Bob le flambeur*)
F 1956, O.G.C., Studios Jenner, Play Art, de la Cyme (Regie Jean-Pierre Melville, Buch Jean-Pierre Melville, Auguste Lebreton)

*

Roger Duchesne (Bob Montagné): »Du weißt genau, daß ich jedem helfen würde, aber niemals einem Zuhälter.« [2158]

*

André Garret (Roger): »Er ist Gutsbesitzer geworden. Er liebt die Natur. Man kann es ihm nicht übelnehmen. Er hat die Hälfte seines Lebens hinter Gittern verbracht. Er wird schon nervös, wenn er 'ne Bahnschranke sieht.« [2159]

***

DIE DREI VON DER TANKSTELLE
D 1930, Ufa (Regie Wilhelm Thiele, Buch Franz Schulz, Paul Franck)

*

Olga Tschechowa (Edith von Turoff): »Einen Mann kann man belügen, man muß sogar, aber drei Männer zusammen sind immerhin so gescheit wie eine Frau.« [2160]

*

Willy Fritsch (Willy): »Charakterathleten!« [2161]

***

DER 13. KRIEGER (*The 13th Warrior*)
USA 1999, Crichton-McTiernan (Regie John McTiernan, Buch William Wisher, Warren Lewis, nach dem Roman ›Eaters of the Dead‹ von Michael Crichton)

*

Antonio Banderas (Ahmed Ibn Fahdlan): »Haben wir etwas, das man als Plan bezeichnen kann?« [2162]

***

DER DRITTE IM HINTERHALT (*Marlowe*)
USA 1969, Katzka-Berne, Cherokee, Beckerman,

> »Einen Mann kann man belügen, man muß sogar, aber drei Männer zusammen sind immerhin so gescheit wie eine Frau.«
> Die Drei von der Tankstelle

MGM (Regie Paul Bogart, Buch Stirling Silliphant, nach dem Roman ›The Little Sister‹ von Raymond Chandler)

*

Gayle Hunnicutt (Mavis Wald): »Womit kann ich Sie kaufen?«
James Garner (Philip Marlowe): »Geld hilft immer.«
Hunnicutt: »Wieviel?«
Garner: »Sagen wir hundert für den Anfang?«
Hunnicutt: »Sind hundert Dollar für Sie Geld?«
Garner: »Sagen Sie zweihundert, und ich setze mich zur Ruhe.« [2163]

*

Garner: »Für einen Mann mit beschränktem Wortschatz machen Sie sich gut verständlich.« [2164]

*

Bruce Lee (Winslow Wong): »Darf ich in meine Tasche fassen?«
Garner (mit Revolver): »Es wäre mir eine aufrichtige Freude, wenn Sie eine Dummheit machen würden.« [2165]

*

Garner: »Er ist so reich, daß es für ihn überhaupt keine Steuerklasse gibt.« [2166]

***

DER DRITTE MANN (The Third Man)

UK 1949, British Lion (Regie Carol Reed, Buch Graham Greene)

*

Paul Hörbiger (Hausmeister): »Verlassen Sie diese Wohnung, bitte! Sonst vergesse ich meinen wienerischen Charme.« [2167]

*

Alida Valli (Anna Schmidt): »Es sind Privatbriefe.«
Bernard Lee (Sergeant Paine): »Seien Sie unbesorgt, wir lesen sie wie ein Arzt.« [2168]

*

Trevor Howard (Major Calloway): »Überlassen Sie das den Fachleuten. Hinter allem lauert der Tod.« [2169]

*

Wilfrid Hide-White (Crabbit): »Ihr Vortrag steigt also morgen.«
Joseph Cotten (Holly Martins): »Worüber soll ich sprechen?«
Hide-White: »Wir diskutieren über die Literatur der Gegenwart, und Sie vertreten den Existentialismus.«
Cotten: »Was ist das?« [2170]

*

Cotten: »Ich bin, weiß Gott, nicht kleinlich. Aber Sie reden so, als hätte er nur mal Fisch mit einem Messer gegessen.« [2171]

*

Valli: »Ein Mensch verändert sich nicht, nur weil ich mehr von ihm weiß.« [2172]

*

Cotten: »Das ist das erste Mal, daß Sie gelacht haben. Tun Sie es noch mal!«
Valli: »Für zweimal reicht es nicht.« [2173]

*

Howard: »Wir müssen tiefer schaufeln als ein Grab ist.« [2174]

*

Valli: »›Befehl ist Befehl‹, das kommt mir bekannt vor.« [2175]

*

Orson Welles (Harry Lime): »Hör mal! Das mit der Polizei war nicht richtig. Das nehme ich dir sehr übel.«
Cotten: »Hast du schon mal eins von deinen unschuldigen Opfern gesehen?«
Welles: »Zugegeben, das Ganze ist nicht sehr schön. (...) Aber ›Opfer‹? Was für ein Wort! Sieh mal da hinunter! Würde es dir leid tun, wenn einer von diesen, äh, diesen Punkten da für immer aufhören würde, sich zu bewegen? Wenn ich dir 20.000 Pfund für jeden krepierten Punkt bieten würde, würdest du mein Geld zurückweisen? Oder würdest du ja sagen, vorausgesetzt, daß keine Gefahr dabei ist?« [2176]

*

Welles: »Wo gibt's denn Menschlichkeit und Mitleid auf dieser Welt? Sieh dir das Treiben der Herren an, die die Welt regieren, und du wirst mir zugestehen, daß ich dagegen noch ein

> »Ich bin, weiß Gott, nicht kleinlich. Aber Sie reden so, als hätte er nur mal Fisch mit einem Messer gegessen.«
> Der dritte Mann

Waisenknabe bin. Die haben ihren Fünfjahresplan, und ich habe meinen.« [2177]

*

Welles: »In den dreißig Jahren unter den Borgias hat es nur Krieg gegeben, Terror, Mord und Blut. Aber dafür gab es Michelangelo, Leonardo da Vinci und die Renaissance. In der Schweiz herrschte brüderliche Liebe, fünfhundert Jahre Demokratie und Frieden. Und was haben wir davon? Die Kuckucksuhr.« [2178]

***

DRUGSTORE COWBOY
USA 1989, Avenue (Regie Gus Van Sant, Buch Gus Van Sant, Daniel Yost, nach dem Roman von James Fogle)

*

Matt Dillon (Bob Hughes): »Oh, ich mag Bullen. Wenn wir solche miesen Bullen wie (...) Gentry nicht hätten, dann wär doch die Konkurrenz so groß, daß man gar nichts mehr klauen könnte.« [2179]

***

DRUNTER UND DRÜBER
(It's a Wonderful World)
USA 1939, MGM (Regie W. S. Van Dyke, Buch Ben Hecht, Story Herman J. Mankiewicz)

James Stewart (Guy Johnson): »Ich hab noch nie 'ne Frau kennengelernt, die nicht beschränkt und hysterisch war.« [2180]

*

Stewart: »Ich kannte mal einen Boxer, der war genau wie Sie. Bugsy McCoy.«
Claudette Colbert (Edwina Corday): »Ach, wirklich?«
Stewart: »Ja, der war komplett verblödet.« [2181]

***

DSCHUNGEL IM STURM (Red Dust)
USA 1932, MGM (Regie Richard Fleming, Buch John [Lee] Mahin, nach dem Stück von Wilson Collison)

> »Von mir wird er alles lernen, was ich weiß.«
> »Gut. Das kann ja nicht lange dauern.«
> Das Dschungelbuch

Mary Astor (Barbara Willis): »Da hat schon mal jemand so einen Scherz gemacht. Er wurde von einem Lastwagen überfahren.« [2182]

***

DAS DSCHUNGELBUCH
(The Jungle Book)
USA 1967, Disney, Buena Vista (Regie Wolfgang Reitherman, Buch Larry Clemmons, Ralph Wright, Ken Anderson, Vance Gerry, nach Geschichten von Rudyard Kipling)

*

(Baloo): »Von mir wird er alles lernen, was ich weiß.«
(Bagheera): »Gut. Das kann ja nicht lange dauern.« [2183]

***

DU GEHÖRST ZU MIR (You Belong to Me)
USA 1941, Columbia (Regie Wesley Ruggles, Buch Claude Binyon, Story Dalton Trumbo)

*

Barbara Stanwyck (Dr. Helen Hunt): »Ich glaube, ein Arzt sollte sich nicht über eingebildete Leiden beschweren. Sie bestreiten die Hälfte seines Einkommens.« [2184]

*

Henry Fonda (Peter Kirk): »Sagen Sie, gibt es viele Ärztinnen?«
Stanwyck: »Einige schon.«
Fonda: »So schön wie Sie?«
Stanwyck: »Mindestens.«
Fonda: »Die Zeit, die ich mit Gesundheit vergeudet hab!« [2185]

*

Stanwyck: »Hast du für dein heutiges Benehmen irgendeine Erklärung, die man außerhalb eines Irrenhauses hinnehmen könnte?« [2186]

***

DU SOLLST MEIN GLÜCKSSTERN SEIN
(Singin' in the Rain)
USA 1952, MGM (Regie Stanley Donen, Gene Kelly, Buch Adolph Green, Betty Comden)

*

Gene Kelly (Don Lockwood): »Mein Vater gab mir einen Wahlspruch mit auf den Lebensweg: ›Würde, alles mit Würde.‹« [2187]

*

Douglas Fowley (Roscoe Dexter): »Ich warne Sie, Lockwood, ist ein schweres Brot, der Kinematograph.« [2188]

Jean Hagen (Lina Lamont): »Rede ich etwa so doof oder wie? [What do you think I am, dumb or something?]« [2189]

*

Hagen: »Don, du stehst dabei und hörst dir das mit an, wie man deine Verlobte beleidigt?«
Kelly: »Meine Ver... Hä? Lina, du hast wieder mal zuviel Filmmagazine gelesen.« [2190]

*

Kelly: »Es ist nicht das geringste zwischen uns, Lina. Es ist auch nicht das geringste zwischen uns gewesen. Nichts als Luft.« [2191]

*

Donald O'Connor (Cosmo Brown): »Der Preis des Ruhmes. Du bist nun einmal ein Star, da mußt du die Zähne zusammenbeißen. Schau mal mich an! Ich bin kein Star, bin nicht berühmt, hab keine Villa, bin ewig pleite, aber ich bin ... Was bin ich, hä?« [2192]

*

Debbie Reynolds (Kathy Selden): »Nein, ich seh mir nicht viel Filme an. Wenn man einen kennt, kennt man sie bald alle.« [2193]

*

King Donovan (Rod): »Ob das 'ne Zukunft hat, Simpson?«
Millard Mitchell (R. F. Simpson): »Ach, Unsinn! Warner Brothers drehen einen Großfilm nach dem Verfahren, *Der Jazzsänger*. Wird 'n schöner Reinfall.« [2194]

*

Reynolds: »Aber eins hab ich mir doch abgeguckt im Kino.« *(wirft Torte)* [2195]

*

O'Connor: »Gut, werd ich darben und meine Oper schreiben.« [2196]

*

Reynolds: »Der berühmte kalifornische Tau fällt heute morgen etwas dichter als sonst.« [2197]

*

Mitchell: »So was macht man einfach nicht.«
Hagen: »Macht ›man‹? Ich bin nicht ›man‹ Ich bin ... ›ein zauberhaft leuchtender Stern, der den Filmhimmel beherrscht‹. Da steht's.« [2198]

*

O'Connor: »Chef, ich hab Ihnen mal 'ne Zigarre geschenkt. Könnte ich die wiederhaben?« [2199]

DU WIRST NOCH AN MICH DENKEN
(Remember My Name)
USA 1978, Lion's Gate, Columbia (Regie, Buch Alan Rudolph)

*

Moses Gunn (Pike): »Die Frau muß erreichen, daß der Mann aus sich rausgeht. Aber dazu muß sie besser sein als er.« [2200]

***

DUELL AM MISSOURI
(The Missouri Breaks)
USA 1976, Kastner, United Artists (Regie Arthur Penn, Buch Thomas McGuane)

*

Jack Nicholson (Tom Logan): »Ich muß Ihnen gestehen, daß Ihre abweisende Haltung 'n bißchen kränkend für mich ist. Denn wenn es in dieser Gegend jemanden gibt, der das Recht hat, sich als angenehmen Gesellschafter zu bezeichnen, dann bin ich das.« [2201]

*

Nicholson: »Weißt du, warum du aufgewacht bist? Dir ist eben die Kehle durchgeschnitten worden.« [2202]

***

DUELL IM MORGENGRAUEN *(Gunman's Walk)*
USA 1958, Columbia (Regie Phil Karlson, Buch Frank Nugent, Story Ric Hardman)

*

James Darren (Davey Hackett): »Meinen Bruder dürfen Sie nicht ernstnehmen. Der hat das nur gesagt, um Sie wütend zu machen. Oft bin ich selbst so böse auf ihn, daß ich ihn schlagen könnte.«
Kathryn Grant (Clee): »Das wäre vielleicht ganz heilsam für ihn.«
Darren: »Versucht habe ich es, aber das Pech ist, daß der Bursche zurückschlägt und härter als ich.« [2203]

*

Van Heflin (Lee Hackett): »Eins habe ich ge-

> »Eins habe ich gelernt: Ich streite mich nie mit einer Frau, einem Esel oder einem Koch.«
> Duell im Morgengrauen

lernt: Ich streite mich nie mit einer Frau, einem Esel oder einem Koch.« [2204]

*

»Einen Revolver hat er auch, dabei ist das doch gesetzlich verboten.«
»Ja, aber die Hacketts waren schon hier, bevor es Gesetze gab.« [2205]

*

Robert F. Simon (Harry Brill): »Hier. Lies mal, was er ausgefressen hat: Trunkenheit, nächtliche Ruhestörung und Beleidigung, gewaltsames Eindringen und der Versuch ..., nein, nein, das hat sie zurückgenommen ..., Randalieren und tätlicher Widerstand bei der Verhaftung.«
Heflin: »Ich weiß gar nicht, was du willst, für Abwechslung hat er doch wenigstens gesorgt.« [2206]

*

Tab Hunter (Ed Hackett): »Lee, gib die Waffe her und zwar sofort!«
Heflin: »Es gibt nur einen Weg, um die zu bekommen.«
Hunter: »Einverstanden. Auf diesen Augenblick habe ich gewartet.« [2207]

***

DUELL IM SATTEL (The Brass Legend)
USA 1956, United Artists (Regie Gerd Oswald, Buch Don Martin, Story George Zuckerman, Jes Arnold)

*

Hugh O'Brian (Sheriff Wade Adams): »Clay, sprich mit ihm wie mit einem Menschen!«
Donald MacDonald (Clay): »Mit dem Pferd?«
O'Brian: »Ja, wenn du mal einen langen Ritt vor dir hast und allein bist, wirst du froh sein, wenn du dich mit ihm unterhalten kannst.« [2208]

*

Nancy Gates (Linda): »Du hast ihm beigebracht, wie man reitet und wie man schießt ...«
O'Brian: »Na und? Ein Junge kann das nicht früh genug lernen, um so eher wird er ein Mann.« [2209]

> »Ich weiß, was in seinem Kopf jetzt vorgeht, und seine Gedanken gefallen mir nicht.«
> Duell in Socorro

O'Brian: »Ich möchte morgen früh hier kein fremdes Gesicht mehr sehen.« [2210]

*

Raymond Burr (Tris Hatten): »Getroffen?«
O'Brian: »Ja, du hast mich getroffen ... aber schlecht.«
Burr: »Ich habe recht behalten, ich werde doch nicht aufgehängt.« (stirbt) [2211]

***

DUELL IN SOCORRO (Dawn at Socorro)
USA 1954, Universal (Regie George Sherman, Buch George Zuckerman)

*

Roy Roberts (Arzt): »Das ist doch keine Art, wie Sie mit Ihrer Gesundheit umgehen, immer nur saufen und pokern. Das ist ein Spiel mit dem Leben.«
Rory Calhoun (Brett Wade): »Ich erwarte nichts mehr vom Leben und fühle mich beim Spiel sehr wohl.«
Roberts: »Wenn Sie so weitermachen, werden Sie sich nicht mehr sehr lange wohlfühlen.«
Calhoun: »Endlich ein Arzt, der Humor hat.« [2212]

*

Alex Nicol (Jim Rapp): »Ich weiß, was in seinem Kopf jetzt vorgeht, und seine Gedanken gefallen mir nicht.« [2213]

*

David Brian (Dick Braden): »Schüchtern?«
Piper Laurie (Fanny Hayes): »Ich brauche Zeit, um mich daran zu gewöhnen.«
Brian: »Das hat nichts mit Zeit zu tun, sondern mit der Einstellung.«
Laurie: »Mit meiner oder Ihrer?« [2214]

*

(Croupier): »Die Bank hat 50.000 verloren, davon hat Wade 30.000, den Rest die anderen, die mit ihm setzen.«
Brian: »Ändern Sie das!«
(Croupier): »Das haben wir schon versucht, aber er hat jedesmal neue Würfel verlangt.« [2215]

***

THE DUELLISTS (Die Duellisten)
UK 1977, Free, NFFC, Puttnam (Regie Ridley Scott, Buch Gerald Vaughan-Hughes, nach der Geschichte ›The Duel‹ von Joseph Conrad)

*

Keith Carradine (D'Hubert): »Ist diese Art der

Heiratsvermittlung nicht ein wenig aus der Mode gekommen?«
»Dinge der Vernunft werden nie aus der Mode kommen.« [2216]

***

DER DUFT DER FRAUEN (Scent of a Woman)
USA 1992, City Light, Universal (Regie Martin Brest, Buch Bo Goldman)

*

Sally Murphy (Mrs. Rossi): »Er (Pacino) ist völlig harmlos. Im Grunde ist er ein Mann aus Zucker.« [2217]

*

Al Pacino (Lieutenant Colonel Frank Slate): »Ich weiß genau, wo du dich befindest, nur wo du deinen Verstand gelassen hast, das weiß ich nicht.« [2218]

*

Pacino: »Zuck nicht mit den Achseln! Ich bin blind. Spar dir deine Körpersprache für die Flittchen!« [2219]

*

Pacino: »Nie bei den Pfadfindern gewesen, Schlappschwanz?« [2220]

*

Pacino: »Wo wir hinfahren? An die Stätte des Lasters.«
Chris O'Donnell (Charlie Simms): »Und wo ist das?«
Pacino: »New York City.« [2221]

*

Pacino: »Ich erwarte keine Ansprache. Ein einfaches Ja würde mir genügen.« [2222]

*

Pacino (zum Kater): »Und denk immer daran: Wenn dir langweilig ist, geh ficken!« [2223]

*

Pacino: »Bist *du* blind?«
O'Donnell: »Natürlich nicht.«
Pacino: »Und was hast du dann, verdammt noch mal, meinen Arm anzufassen? *Ich* nehme *deinen* Arm.« [2224]

*

O'Donnell: »Tut mir leid.«
Pacino: »Das muß dir nicht leid tun, konntest du ja nicht wissen. Hast ja dein Leben lang nur MTV gesehen.« [2225]

*

Pacino: »Frauen. Wer hat sie erschaffen, diese herrlichen Wesen? Gott muß ein verdammtes Genie sein.« [2226]

*

Pacino: »Ihre Haare. Die Haare sind das Wichtigste, weißt du. Hast du jemals deine Nase in ein Meer von Locken getaucht? Es ist, als würdest du ewig darin schlafen wollen. Oder ihre Lippen. Ja! Wenn du sie zum erstenmal auf deinen fühlst, ist das so wie der erste Schluck Wein nach einem langen Gang durch die Wüste. Titten, huahh! Manche sind groß, andere klein. Brustwarzen, die dich unentwegt anstarren, als wären sie kleine Scheinwerfer. Und die Beine. Mir ist es egal, ob sie so schön sind wie bei einer griechischen Statue oder so dick wie Kartoffelstampfer, denn dazwischen liegt der Weg ins Paradies.« [2227]

*

O'Donnell: »Sie mögen Frauen wohl sehr?«
Pacino: »Ah! Über alles auf der ganzen Welt. Und weißt du, was mit großem Abstand an nächster Stelle steht? Ein roter Ferrari.« [2228]

*

Pacino: »Ich werd dir sagen, wo wir sind. Am kultiviertesten Ort dieses Planeten: das Waldorf-Astoria.« [2229]

*

Pacino: »Ruf den Zimmerservice und sag, daß ich nur noch John Daniels vorzufinden wünsche!«
O'Donnell: »Sie meinen doch sicher, Jack Daniels.«
Pacino: »Du magst ihn vielleicht Jack nennen, aber wenn du ihn so lange kennst wie ich ...« [2230]

*

O'Donnell: »Darf ich Sie fragen, wie Sie das hier alles zahlen wollen?«
Pacino: »Mit frisch gedruckten Dollarnoten.« [2231]

> »Und denk immer daran:
> Wenn dir langweilig ist,
> geh ficken!«
> Der Duft der Frauen

Pacino: »Genaugenommen ist es eigentlich kein richtiger Plan, es ist mehr wie eine Tour, eine Vergnügungstour, wenn du es so sehen willst. Eine Suite in einem Luxushotel, ein exquisites Abendessen, dazu ein gutes Glas Wein, dann meinen großen Bruder besuchen – es geht nichts über die Familie – und anschließend will ich mit einer hinreißenden Frau schlafen. Später dann (...) werde ich zurück ins Hotel fahren, mich auf mein zauberhaftes Bett legen und mir anschließend eine Kugel durch den Kopf jagen.« [2232]

*

Pacino: »Merk dir: Dieses Radar *(deutet auf seinen Kopf)* ist wachsamer als das der Nautilus. Treib es mit mir nicht zu weit!« [2233]

*

Pacino: »Es gibt zwei Sorten von Menschen auf der Welt, die einen, die sich aufbäumen und den Helden spielen und die andern, die in Deckung gehen. Deckung ist besser.« [2234]

*

Pacino: »Wir wollen ihn überraschen, auf daß sein fettes Herz einen Infarkt kriege.« [2235]

*

Bradley Whitford (Randy): »Er war auch vorher schon ein Arschloch. (...) Heute ist er eben ein blindes Arschloch.« [2236]

*

Pacino: »Ich bin ein alter Gaul, der den ganzen Tag müde ist. Wieso sollte ich ein Dasein als überflüssiger Parasit fristen?« [2237]

*

Pacino: »An dem Tag, wo wir aufhören hinzusehen, sterben wir, Charlie.« [2238]

*

Pacino: »Wenn man Tango tanzt, gibt es keine Fehler, nicht wie im Leben, ganz simpel. Das macht den Tango ja so reizvoll. Macht man einen Fehler, tanzt man weiter, als ob nichts geschehen wäre.« [2239]

> »Ich darf keine Angst haben!
> Die Angst tötet den Geist.«
> Dune – Der Wüstenplanet

Pacino: »Ich weiß nicht, soll ich dich erschießen oder adoptieren.« [2240]

*

Pacino: »Nichts, gar nichts ist trostloser als der Anblick eines amputierten Geistes. Der kann durch keine Prothese ersetzt werden.« [2241]

***

DUNE – DER WÜSTENPLANET
(Dune)
USA 1984, De Laurentiis, Universal (Regie, Buch David Lynch, nach dem Roman von Frank Herbert)

*

Kyle MacLachlan (Paul Atreides): »Tut mir leid.«
Patrick Stewart (Gurney Halleck): »Nicht leid genug.« [2242]

*

Jürgen Prochnow (Duke Leto Atreides): »Ein Mensch braucht neue Erfahrungen. Sie erschüttern etwas tief in uns und lassen uns reifen. Trotz allen Wissens schläft etwas in uns, das nur selten erwacht. Das Schlafende muß erwachen!« [2243]

*

MacLachlan: »Ich darf keine Angst haben! Die Angst tötet den Geist.« [2244]

*

MacLachlan: »Jetzt ist der Zeitpunkt gekommen, wo uns alle nach dem Leben trachten.« [2245]

***

DER DÜNNE MANN
(The Thin Man)
USA 1934, MGM (Regie W. S. Van Dyke, Buch Albert Hackett, Frances Goodrich, nach dem Roman von Dashiell Hammett)

*

William Powell (Nick Charles): »Das Allerwichtigste beim Mixen ist der Rhythmus. Auf den müssen Sie unbedingt achten. Ein Manhattan wird selbstverständlich im Foxrhythmus gemixt und ein Bronx im Two-Step-Rhythmus und ein Dry Martini im langsamen Walzertempo.« [2246]

*

Myrna Loy (Nora Charles): »Wieviel Martinis hast du eigentlich schon gekippt?«
Powell: »Och, kaum der Rede wert. Das ist erst mein sechster.«
Loy: »Na gut, dann bringen Sie mir auch noch

fünf Martinis, und stellen Sie sie alle hier nebeneinander hin!« [2247]

*

Loy: »Ich finde, du solltest diesen Mordfall übernehmen. Er ist sehr interessant.«
Powell: »Dazu hab ich keine Zeit. Ich muß aufpassen, daß du dein Geld nicht verlierst. Deswegen hab ich dich doch geheiratet.« [2248]

*

Edward Brophy (Morelli): »So, Mr. Charles, wir beide werden jetzt erst mal ein paar Takte miteinander reden.«
Powell: »Gern, aber vielleicht legen Sie die Waffe dabei weg. Meiner Frau macht es nichts aus, aber ich bin etwas furchtsam, wissen Sie. (...) Also, schießen Sie los! Nein, nein! Ich meine: Was haben Sie auf dem Herzen?« [2249]

*

Thomas Jackson (Reporter): »Können Sie uns gar nichts über diesen Fall sagen?«
Powell: »Doch, dieser Fall hält mich dauernd vom Trinken ab.« [2250]

*

Powell: »Meine Güte, was bist du für ein Weib! Ich liefere dir drei Morde, und du bist immer noch nicht zufrieden.« [2251]

***

DER DÜNNE MANN KEHRT HEIM
(The Thin Man Goes Home)
USA 1945, MGM (Regie Richard Thorpe, Buch Robert Riskin, Dwight Taylor, Story Robert Riskin, Harry Kurnitz)

*

Lucille Watson (Mrs. Charles): »Wenn du in Sycamore Springs ein Verbrechen finden willst, mußt du's selbst begehen.« [2252]

DÜSENJÄGER *(Jet Pilot)*
USA 1957 (fertig 1950), Hughes, RKO (Regie Josef von Sternberg, Buch Jules Furthman)

*

John Wayne (Colonel Shannon): »Es war eine wundervolle Freundschaft, die sich mit der Zeit zu einer totalen Antipathie entwickelte.« [2253]

***

DUST DEVIL
UK 1992, Palace, Film Four, British Screen, Miramax (Regie, Buch Richard Stanley)

*

Robert Burke (Dust Devil): »An irgendwas müssen Sie doch glauben, an Gott, den Teufel oder wenigstens an die Seele.«
Chelsea Field (Wendy Robinson): »So ein Quatsch! An all das glaub ich genausowenig wie an Magie oder Peter Pan.«
Burke: »Aber irgendeine übergeordnete Kraft muß Ihr Leben lenken.«
Field: »Ich scheiß auf übergeordnete Kräfte. Wenn man tot ist, ist man tot, mehr nicht.« [2254]

*

Field: »Sag nichts! Verdirb's nicht!« [2255]

*

Zakes Mokae (Ben Mukurob): »Du hast zuviele Horrorfilme gesehen.« [2256]

*

John Matshikiza (Joe Niemand): »Du mußt aufhören, wie ein Weißer zu denken. Fang an, wie ein Mann zu denken, sonst wirst du große Schwierigkeiten bekommen.« [2257]

*

Burke: »Sie haben es so gewollt. Sie kamen zu mir. Ich weiß, wann die Zeit eines Menschen abgelaufen ist.« [2258]

> »Meine Güte, was bist du für ein Weib! Ich liefere dir drei Morde, und du bist immer noch nicht zufrieden.«
> Der dünne Mann

E

E.T.
USA 1982, Universal (Regie Stephen Spielberg, Buch Melissa Mathison)

*

Henry Thomas (Elliott): »Okay, er ist ein Mann aus dem Weltall, versteht ihr, und wir bringen ihn zu seinem Raumschiff.«
K. C. Martel (Greg): »Kann er nicht einfach hochgebeamt werden?«
Thomas: »Das hier ist die Realität, Greg.« [2259]

*

(E.T.): »Nach Haus!« [2260]

***

EASY RIDER
USA 1969, Raybert, Pando, Columbia (Regie Dennis Hopper, Buch Peter Fonda, Dennis Hopper, Terry Southern)

*

Jack Nicholson (George Hanson): »Vermutlich hab ich wieder ordentlich eingetankt heute nacht. Ich muß viel Spaß gehabt haben. Wär schön, wenn ich mich dran erinnern könnte.« [2261]

*

Nicholson: »Ihr beide seht nicht aus, als ob ihr aus dieser Gegend wärt.« [2262]

*

Peter Fonda (Wyatt/Captain America): »Morgens ein Joint, und der Tag ist 'n Freund.« [2263]

»Morgens ein Joint,
und der Tag ist 'n Freund.«
Easy Rider

Nicholson: »Das ist das, was man so unter ländlichem Humor versteht.« [2264]

*

Hayward Robillard (Cat Man): »Würd mich wundern, wenn die heil bis zur Gemeindegrenze kämen.« [2265]

***

ECHT BLOND *(The Real Blonde)*
USA 1997, Lakeshore, Viscidi, Paramount (Regie, Buch Tom DiCillo)

*

Catherine Keener (Mary): »Ich hätte nie gedacht, wie befreiend es ist, jemanden zu schlagen.« [2266]

***

ED WOOD
USA 1994, Burton-DiNovi, Touchstone (Regie Tim Burton, Buch Scott Alexander, Larry Karaszewski, nach dem Buch ›Nightmare of Extasy‹ von Rudolph Grey)

*

Martin Landau (Bela Lugosi): »Um ein Mädchen rumzukriegen, gibt es nichts Besseres, als es ins Kino einzuladen und sich *Dracula* anzusehen.« [2267]

*

Johnny Depp (Ed Wood): »Ich bin im Filmgeschäft. Ich bin Schauspieler, Autor, Regisseur und Produzent.«
Patricia Arquette (Kathy O'Hara): »Ach, kommen Sie! Das macht keiner alles zugleich.«
Depp: »Richtig, das tut kaum jemand außer Orson Welles und mir.« [2268]

*

G. D. Spradlin (Reverend Lemon): »Der Grabstein da hinten ist umgefallen. Der ganze Friedhof ist eine Attrappe, und man sieht es.«
Depp: »Keinen Menschen wird das interessieren. Bei Filmen geht es nicht um kleinliche Details, sondern um die gesamte Geschichte.« [2269]

*

Vincent D'Onofrio (Orson Welles): »Wenn man eine Vision hat, muß man dafür kämpfen. Wer will schon sein Leben lang die Träume anderer verwirklichen?« [2270]

***

EHEKRIEG *(Adam's Rib)*
USA 1949, MGM (Regie George Cukor, Buch Garson Kanin, Ruth Gordon)

Katharine Hepburn (Amanda Bonner): »Der Mann hat sie betrogen, und da hat sie ihm 'n paar in die Rippen gepfeffert, als sie die beiden ertappte. (...) Geschieht ihm recht, dem kleinen Wüstling.«
Spencer Tracy (Adam Bonner): »Hier steht, der Mann ist 1,78m.«
Hepburn: »Ich rechne nicht nach Metern, ich meine das innere Format.« [2271]

*

Tracy: »Ich kann das jedenfalls nicht billigen, daß die Leute mit geladenen Revolvern rumlaufen.«
Hepburn: »Kommt ganz drauf an, wer hinter wem herläuft.« [2272]

*

John Fell (Adam Bonners Assistent): »Du, weißt du, ich werde vielleicht das Rauchen aufgeben. (...) Aber ich sage mir: Wenn ich gern rauche, warum soll ich nicht rauchen?« [2273]

*

Hepburn: »Und nachdem Sie geschossen hatten, wie fühlten Sie sich da?«
Judy Holliday (Doris Attinger): »Hungrig.« [2274]

***

Tracy: »Es fällt mir tatsächlich schwer, hier weiterzureden, ohne in wildes Gelächter auszubrechen.« [2275]

***

DIE EHRE DER PRIZZIS *(Prizzi's Honor)*
USA 1985, ABC, Foreman (Regie John Huston, Buch Richard Condon, Janet Roach, nach dem Roman von Richard Condon)

*

Jack Nicholson (Charley Partanna): »Wer war es?«
John Rudolph (Angelo ›Pop‹ Partanna): »Ein Talent von außerhalb.« [2276]

*

Joseph Ruskin (Maxie Heller): »Du hast mir das Handgelenk gebrochen.«
Nicholson: »Das brauchst du nicht mehr. Komm jetzt!« [2277]

*

Nicholson: »Ich muß das regeln.«
Anjelica Huston (Maerose Prizzi): »Dann tu es!«
Nicholson: »Aber was? Bring ich sie nun um oder heirate ich sie?« [2278]

*

Huston: »Heirate sie, Charley! Nur weil sie klaut und ein Killer ist, muß sie auf allen anderen Gebieten nicht gleich eine üble Frau sein.« [2279]

*

Huston: »Wäre sie irgendein x-beliebiges Mannequin, würde es keine dreißig Tage dauern. Ihr beide arbeitet in der gleichen Branche, da könnt ihr doch von Glück sagen, daß ihr euch gefunden habt.« [2280]

*

Huston: »Sie ist Amerikanerin. Sie hatte die Chance, ein paar Dollar zu machen und hat sie ergriffen.« [2281]

*

Rudolph: »Der Don will dich zu einem großen Treffen hier haben.«
Nicholson: »Du lieber Himmel, Pop! Und was wird aus meinen Flitterwochen?«
Rudolph: »Ihr verlebt sie in Brooklyn.« [2282]

*

Kathleen Turner (Irene Walker): »Oh Mann, daß ich mal einen Sizilianer heirate! Ich hör ihn richtig schimpfen. Weißt du, er sagte immer: ›Die Juden in diesem Geschäft sind weiß Gott schlimm genug. Aber die Sizilianer, die fressen eher ihre Kinder, als daß sie sich vom Geld trennen. Und die mögen ihre Kinder wirklich sehr.‹« [2283]

*

Nicholson: »Wenn Maxie Heller so verflucht schlau war, wieso ist er dann jetzt so verflucht tot?« [2284]

*

William Hickey (Don Corrado Prizzi): »Robert Finlays wahrer Name ist Rosario Filargi. Also, jemand, der seinen Namen ändert von Filargi in Finlay, der ist sicher auch dumm genug zu glauben, wir seien nicht wachsam bei unseren 25 %.« [2285]

»*Heirate sie, Charley! Nur weil sie klaut und ein Killer ist, muß sie auf allen anderen Gebieten nicht gleich eine üble Frau sein.*«
Die Ehre der Prizzis

Nicholson: »Ich sage dir, die Hölle wird deswegen losbrechen, Irene. Die Bullen mögen es nicht sehr, wenn man eine von ihren Frauen flachmacht.« [2286]

*

Hickey: »Du bist genau wie ich. Wir vergeben nichts.« [2287]

*

Hickey: »Wenn ich tun würde, was du da verlangst, dann würde ich Charley großen Schmerz bereiten.«
Huston: »Was ist das schon, gemessen an der Ehre der Prizzis?« [2288]

*

Lee Richardson (Dominic Prizzi): »Was glaubst du, mit wem du redest? Ich bin Dominic Prizzi. Als die meisten von euch noch mit durchgescheuerten Hosen am Arsch rumgelaufen sind und Tankstellen überfallen haben, da waren wir schon die mächtigste Familie im ganzen Land. Und jetzt, wo ihr gelernt habt, wie man Straßennutten abkocht, sind wir immer noch die Mächtigsten.« [2289]

*

Turner: »Ich hab in den letzten Jahren im Durchschnitt drei, vier Hits gemacht. (...)«
Nicholson: »So viele?«
Turner: »Aber das ist doch minimal, wenn du die Bevölkerungsdichte bedenkst.« [2290]

***

EINER FLOG ÜBER DAS KUCKUCKSNEST
(One Flew Over the Cuckoo's Nest)
USA 1975, Fantasy, United Artists (Regie Milos Forman, Buch Laurence Hauben, Bo Goldman, nach dem Roman von Ken Kesey)

*

Dean R. Brooks (Dr. Spivey): »Das sind mindestens fünf Verurteilungen wegen Gewalttätigkeit. (...) Was sagen Sie dazu?«
Jack Nicholson (R. P. McMurphy): »Fünf Kämpfe, hm? Rocky Marciano hat vierzig hinter sich, und der ist Millionär.« [2291]

*

Nicholson: »Ich hätte mir praktisch die Hose zunähen müssen, um mich zurückzuhalten.« [2292]

*

Brooks: »Glauben Sie, daß mit Ihrem Verstand irgend etwas nicht in Ordnung ist?«
Nicholson: »Da ist alles in Ordnung, Doktor. Ich bin ein gottverdammtes Opfer der modernen Wissenschaft.« [2293]

*

Nicholson: »Ich bin hier, um mit Ihnen zusammenzuarbeiten, hundertprozentig. Hundertprozentig. Ich bleib auf der von Ihnen vorgeschriebenen Linie und Sie beobachten. Ich mein, es liegt mir selbst daran, daß wir herausfinden, was wirklich los ist mit R. P. McMurphy.« [2294]

*

Nicholson: »Verdammte Scheiße! Wollt ihr Idioten Karten spielen oder Musik hören und rumwichsen?« [2295]

*

Mimi Sarkisian (Schwester Pilbow): »Es ist eine Medizin, ist gut für Sie.«
Nicholson: »Ja, aber mir gefällt der Gedanke nicht, etwas einnehmen zu müssen, von dem ich nicht weiß, was es ist.« [2296]

*

Louise Fletcher (Schwester Ratched): »Ist schon gut, Miss Pilbow. Wenn Mr. McMurphy seine Medizin nicht oral einzunehmen wünscht, werden wir dafür sorgen müssen, daß er sie auf eine andere Weise kriegt.« [2297]

*

Nicholson: »Geh mir aus dem Weg! Du verbrauchst meinen Sauerstoff.« [2298]

*

Nicholson: »Verdammt noch mal! Begreift denn nicht wenigstens einer von Ihren scheiß Irren, wovon ich rede?« [2299]

*

Brooks: »Miss Ratched ist eine ausgezeichnete Kraft, eine der besten unserer Anstalt.«
Nicholson: »Ich will hier keinen (...) großen Wirbel machen, aber sie ist schon 'n Mistvieh. Nicht wahr, Doktor?« [2300]

> »Geh mir aus dem Weg!
> Du verbrauchst
> meinen Sauerstoff.«
> Einer flog über das Kuckucksnest

Nicholson: »Jetzt werden wir diesen Scheißkerlen mal zeigen, wer hier irre ist.« [2301]

***

EINER GIBT NICHT AUF *(Comanche Station)*
USA 1960, Columbia (Regie Budd Boetticher, Buch Burt Kennedy)

*

Randolph Scott (Jefferson Cody): »Auf dem Weg nach Casaverde hörte ich, daß die Comanchen eine weiße Frau gefangenhielten, um sie gegen Waren auszutauschen.«
Nancy Gates (Mrs. Lowe): »Und da haben Sie mich ausgetauscht.«
Scott: »Ja, so ist es.«
Gates: »Und warum?«
Scott: »Schien mir kein schlechter Gedanke zu sein.« [2302]

*

Skip Homeier (Frank): »Wir könnten ihn ja umlegen.«
Richard Dust (Dobie): »Wenn wir das tun, haben wir vielleicht die Frau als Zeugin gegen uns. Meinst du nicht auch, Ben?«
Claude Akins (Ben Lane): »Falls sie noch am Leben ist.« [2303]

*

Akins: »Ich habe gehört, daß er die Belohnung auch dann zahlt, wenn ihm jemand seine Frau tot zurückbringt.«
Dust: »Warum sollte er wohl so was Blödsinniges tun?«
Akins: »Wenn wir sie ihm selbst tot bringen, weiß er wenigstens, daß sie nicht mehr in den Händen der Comanchen ist.« [2304]

*

Akins: »Na ja, ich gebe ja zu, viel Glück habe ich nie gehabt bei Frauen. Hier und da mal eine, aber was richtig Ernstes war das nie, außer vielleicht bei der Kleinen aus Sonora. Die hat mich so geliebt, daß sie mich heiraten wollte. Das hat sie allen Leuten erzählt, allen Leuten, nur ihrem Mann nicht. Und, was soll ich dir sagen, eines Tages kreuzte der auf und wollte mich abknallen. Aber das sollte mir eine Lehre sein: Sieh dir immer erst das Brandzeichen an, um sicherzugehen, daß du nicht auf fremden Weiden grast.« [2305]

*

Gates: »Sie haben mir das Leben gerettet.«
Scott: »Was ist schon dabei? Irgend jemand hätte es sowieso getan.« [2306]

*

Gates: »Lane hat mir erzählt, daß Sie mehr Weiße aus dem Comanchengebiet herausgeholt haben als irgend jemand anderer. Warum, Mr. Cody?«
Scott: »Ich habe Sie gegen Waren im Wert von fünf Dollar und eine Flinte eingetauscht, Mrs. Lowe, machen Sie sich selbst einen Vers daraus.« [2307]

*

Dust: »Trotzdem gefällt mir die Sache nicht. Mir wurde beigebracht, daß man Frauen gegenüber höflich ist, so mit ›Ja, Madam‹, ›Nein, Madam‹, man hält ihnen die Tür auf, bietet ihnen einen Stuhl an. Von Umbringen war da nie die Rede.« [2308]

*

Homeier: »Hast du vielleicht vor zu arbeiten? (...) Auf ehrliche Art und Weise Geld zu verdienen?«
Dust: »Oh nein, das kann ich, glaube ich, gar nicht. Ich könnte höchstens Cowboy werden.«
Homeier: »Na, und was hättest du davon? Du würdest dich für andere totschuften, und um dich begraben zu können, müßte man eine Sammlung veranstalten.« [2309]

*

Dust: »Ich bin froh, daß es so gekommen ist, daß wir es nicht zu Ende führen brauchten. Was hätten wir überhaupt mit dem vielen Geld anfangen sollen? Anders wäre es schon, wenn wir es für einen bestimmten Zweck benötigten, wenn wir zum Beispiel schon was Eigenes hätten, etwas, zu dem wir was zukaufen könnten, Land, Vieh oder irgendwas Ähnliches.« [2310]

Scott: »Wirf das Gewehr weg!«
Akins: »Wenn ich das tue, habe ich keine Chance mehr, Cody.«

> *»Jetzt werden wir diesen Scheißkerlen mal zeigen, wer hier irre ist.«*
> Einer flog über das Kuckucksnest

Scott: »Genausowenig wie Dobie.«
Akins: »Das war Notwehr.«
Scott: »Er wurde hinterrücks erschossen.«
Akins: »Er war ein Idiot.« [2311]

***

EINER MIT HERZ
(One from the Heart)
USA 1982, Zoetrope (Regie Francis Ford Coppola, Buch Armyan Bernstein, Francis Ford Coppola, Story Armyan Bernstein)

*

Lainie Kazan (Maggie): »Ach, ich hasse Wochenenden. Kennst du das Gefühl, wenn man unbedingt möchte, daß was passiert?« [2312]

*

Frederic Forrest (Hank): »Mein Haar lichtet sich gewaltig. Ach, keine Panik! Ist doch männlich, wenn man 'ne Platte hat. Kojak hat ja auch eine.« [2313]

*

Teri Garr (Frannie): »Leben muß doch mehr sein als das. Weißt du, wenn das alles ist, dann reicht mir das nicht.« [2314]

*

Forrest: »Was verlangst du von mir? Ich bin doch hier nicht der Vergnügungsdirektor. Ich bin nicht hier, um dich zu unterhalten.« [2315]

*

Forrest: »Warum hast'n nichts gesagt?«
Garr: »Weil du, offen gesagt, sowieso nicht zuhörst, wenn ich was sage.«
Forrest: »Doch nur, weil du nichts zu sagen hast.« [2316]

*

Garr: »Weißt du, worin du gut bist?«
Forrest: »Nein, und ich kann's kaum erwarten, es zu hören.«
Garr: »Im Langweilen. Du bist bloß langweilig. Du hast vergessen, wie man lebt. Ich verschwinde lieber, bevor ich genauso werde wie du.« [2317]

> »Es gibt keine Geheimnisse mehr. Es ist alles nur Schein, alles nur Glamour, irgendwelche unechte Scheiße.«
> Einer mit Herz

Garr: »Du redest ständig vom Paradies *(Bora Bora)*. Aber wenn du da angekommen bist, wirst du immer noch du sein und mit deiner ganzen Scheiße am Strand lang wandern.«
Forrest: »Oh nein, nicht mit meiner ganzen Scheiße, denn du bist ja nicht dabei.« [2318]

*

Forrest: »Na schön, du hast es so gewollt. Dann sollst du es auch so haben.« [2319]

*

Forrest: »Was bedeutet das denn schon, wenn man mal Streit hat, Moe? Ich weiß, daß meine Alten sich öfter gestritten haben. Aber dennoch haben sie sich nicht getrennt. Heutzutage verschwindet man, fühlt sich zu nichts verpflichtet, will sich immer nur amüsieren.« [2320]

*

Forrest: »Es gibt keine Geheimnisse mehr. Es ist alles nur Schein, alles nur Glamour, irgendwelche unechte Scheiße.« [2321]

***

EINS, ZWEI, DREI *(One, Two, Three)*
USA 1961, Mirisch, Pyramid, United Artists (Regie Billy Wilder, Buch Billy Wilder, I. A. L. Diamond, nach dem Stück ›Egy, kettő, három‹ von Ferenc Molnár)

*

James Cagney (C. R. MacNamara): »Sitzen machen!« [2322]

*

Hanns Lothar (Schlemmer): »Er will auf keinen Fall einen Coca-Cola-Automaten im Senat aufstellen lassen.«
Cagney: »Manchmal weiß man wirklich nicht, wer den Krieg gewonnen hat.« [2323]

*

Lothar: »Die Herren Kommunisten sind eingetroffen.« [2324]

*

Cagney: »Okay, dann schießt ihr also den ersten Mann auf den Mond. Aber wenn er unterwegs ein Coca Cola trinken will, dann muß er zu uns kommen.« [2325]

*

Cagney: »Und das Rußlandgeschäft? Napoleon hat versagt, Hitler hat versagt, aber Coca Cola wird's machen.« [2326]

*

Howard St. John (Hazeltine): »Sie fliegt mit der

PANAM. Das Flugzeug landet um 4 Uhr 30, falls diese Dreckskommunisten es nicht abschießen.« [2327]

*

Cagney: »Kündigung? Was soll denn das heißen?«
Lilo Pulver (Ingeborg): »Sie machen keine Überstunden mehr mit mir, Sie nutzen mich übers Wochenende nicht mehr aus, Sie haben jegliches Interesse verloren am Umlaut. Also ist es offensichtlich, daß ich hier nicht mehr gebraucht werde.« [2328]

*

Pulver: »Danke schön.«
Cagney: »Gerne schön.« [2329]

*

Cagney: »Schlemmer, Sie sind 'n tüchtiger Mann.«
Lothar: »Vielen Dank, Sir.«
Cagney: »Wie hoch ist Ihr Gehalt jetzt?«
Lothar: »200 Mark, die Woche.«
Cagney: »Mal sehen, das sind circa 50 Dollar.«
Lothar: »Jawohl, Sir.«
Cagney: »Das ist genug.« [2330]

*

Lothar: »Was Schlimmes?«
Cagney: »Ich wünschte, ich wäre tot und auch schon begraben.« [2331]

*

Pamela Tiffin (Scarlett Hazeltine): »Und da war eben der Junge. Er war in der Parade, und er sagte, man solle Mitleid mit mir haben, anstatt mich verhaften zu lassen, weil ich eine typisch bourgeoise Schmarotzerin sei, die verfaulte Frucht einer korrupten Zivilisation. Natürlich hab ich mich gleich in ihn verliebt.«
Cagney: »Natürlich.« [2332]

*

Cagney: »Ich wünsche nicht, daß dieses Stinktier mein Büro verpestet. Er soll lieber nach Hause gehen und seinen Käfig lüften.« [2333]

*

Tiffin: »Er ist kein Kommunist, er ist Republikaner. Er kommt aus der Ostdeutschen Republik.« [2334]

*

Cagney: »Seine Haare müssen geschnitten werden. Wenn es ginge, würde ich sie selber schneiden. Und zwar mit Hammer und Sichel.« [2335]

Horst Buchholz (Otto Ludwig Piffl): »Ich spucke auf Ihre Millionen! Ich spucke auf Fort Knox! Ich spucke auf Wall Street!«
Cagney: »Was für 'n hygienischer kleiner Krakeeler!« [2336]

*

Buchholz: »Kapitalismus ist wie ein toter Hering im Mondenschein. Er glänzt, aber er stinkt.« [2337]

*

Cagney: »Zum Teufel mit der Revolution und zum Teufel mit Chrustschow!«
Buchholz: »Zum Teufel mit Frank Sinatra!« [2338]

*

Tiffin: »Was meinst du, soll ich beide Nerzmäntel mitnehmen?«
Buchholz: »Schätzchen, keine Frau auf der Welt sollte zwei Nerzmäntel haben, solange es noch eine Frau auf der Welt gibt, die keinen Nerzmantel hat.« [2339]

*

Cagney: »Das nennt man Dankbarkeit! Nach allem, was ich getan habe, um dich aus dem Gefängnis zu holen.«
Buchholz: »Durch Sie bin ich erst reingekommen.«
Cagney: »Dann sind wir quitt.« [2340]

*

Buchholz: »Ich bin seit drei Stunden Kapitalist und hab schon über 10.000 Dollar Schulden.« [2341]

*

St. John: »So einer ist das, ein Handküsser.« [2342]

*

St. John: »Absolut der richtige Mann für den Posten. ... Und das sag ich nicht nur, weil er mein Schwiegersohn ist.« [2343]

***

EINSAM – ZWEISAM – DREISAM (Threesome)
USA 1994, Motion Picture Corporation of America, TriStar (Regie, Buch Andrew Fleming)

> »Zum Teufel mit der
> Revolution und zum Teufel
> mit Chrustschow!«
> »Zum Teufel mit Frank Sinatra!«
> Eins, zwei, drei

Stephen Baldwin (Stuart): »Für mich ist Sex so wie Pizza: Selbst wenn er schlecht ist, ist er immer noch ziemlich gut.« [2344]

***

DER EINSAME *(The Lonely Man)*
USA 1957, Paramount (Regie Henry Levin, Buch Harry Essex, Robert Smith)

Lee Van Cleef (Faro): »Wie lange willst du eigentlich noch an dieser verrückten Kugel rumfeilen?«
Neville Brand (King Fisher): »Würdest du es vergessen? Was würdest du machen, wenn dir das einer zwischen die Rippen jagt? Ich gebe das Stück Blei dem Absender wieder zurück.« [2345]

*

Claude Akins (Blackburn): »Wir brauchen Pferde, Jacob. (...) Bei unseren lahmen Krücken holt uns jeder Sheriff sogar zu Fuß ein.« [2346]

*

Jack Palance (Jacob Wade): »Holt eure Toten und geht! Und begrabt sie nicht auf unserem Boden!« [2347]

*

Robert Middleton (Ben Ryerson): »Ich dachte, du wärst tot, King.«
Brand: »Dann dachtest du falsch.«
Adam Williams (Lon): »Wenn man die falsche Karte zieht, hat man verloren.« [2348]

*

Palance: »Ich bin es gewesen, der den Sheriff erschossen hat. Er ist nicht der letzte geblieben.« [2349]

***

DIE EINSAMKEIT DES LANGSTRECKENLÄUFERS
(The Loneliness of the Long Distance Runner)
UK 1962, Woodfall, Bryanston, British Lion (Regie Tony Richardson, Buch Alan Sillitoe nach seinem Roman)

> »Für mich ist Sex so wie Pizza:
> Selbst wenn er schlecht ist,
> ist er immer noch ziemlich gut.«
> Einsam – Zweisam – Dreisam

Tom Courtenay (Colin Smith, voice-over): »Laufen war schon immer eine große Sache in unserer Familie, vor allem das Weglaufen vor der Polizei. Es ist schwer zu verstehen, aber ich glaube, man muß immer laufen, das ganze Leben lang. Und ob dabei das Ende das Ziel ist oder das Ziel das Ende, wer weiß das? Die Masse schreit, bis sie nicht mehr kann. Und da beginnt die Einsamkeit eines Langstreckenläufers.« [2350]

*

Michael Redgrave (Direktor): »Wie heißt du?«
(Elliott): »Elliott, Sir.«
Redgrave: »Und du?«
Courtenay: »Smith.«
Arthur Mullard (Oberaufseher): »Sir, wenn du mit dem Direktor redest!«
Courtenay: »Sir Smith.« [2351]

*

Topsy Jane (Audrey): »Warum suchst du dir nicht was zu arbeiten, Col?«
Courtenay: »Du stellst sehr unangenehme Fragen heute.« [2352]

***

DER EINZELGÄNGER *(Man with the Gun)*
USA 1955, Goldwyn jr., United Artists (Regie Richard Wilson, Buch N.B. Stone jr., Richard Wilson)

Henry Hull (Marshal Sims): »Hör zu! Wenn du erst älter bist, wirst du feststellen, daß es eine Reihe von Dingen gibt, um die man sich am besten gar nicht kümmert, weil sie sich mit der Zeit sowieso von selbst erledigen.« [2353]

*

Robert Mitchum (Clint Tollinger): »Allein arbeitet man am sichersten und am schnellsten.« [2354]

*

Karen Sharpe (Stella Atkins): »Mr. Tollinger, bitte seien Sie mir nicht böse, aber Sie sehen gar nicht aus, als ob Sie ein Revolverheld wären.«
Mitchum: »Ich bin ja auch Friedensstifter von Beruf.« [2355]

***

DER EINZELGÄNGER *(Thief)*
USA 1981, Mann-Caan, United Artists (Regie, Buch Michael Mann, nach dem Roman ›The Home Invaders‹ von Frank Hohimer)

James Caan (Frank): »Wenn ich Leute kennenlernen will, dann werd ich Mitglied von so 'nem scheiß Countryclub.« [2356]

*

Willie Nelson (Okla): »Lüg keinen an! Wenn dir jemand nahesteht, kann eine Lüge alles zerstören. Wenn dir jemand fremd ist, warum solltest du ihn anlügen?« [2357]

*

»Ich werd verrückt! Da unten wechseln fünf Zentimeter Geld den Besitzer.« [2358]

*

Caan: »Ich arbeite mit einem Partner.«
Robert Prosky (Leo): »Nur du zählst für uns. Ein Partner ist deine Privatsache. Legt er dich rein, ist das dein Problem. Legt er uns rein, ist das auch dein Problem.« [2359]

*

Caan: »Und was ist jetzt mit ihm?« *(...)*
Tuesday Weld (Jessie): »Er ist tot.«
Caan: »Das ist gut. Er war nämlich ein Arschloch.«
Weld: »Es war sehr viel Liebe am Anfang.«
Caan: »Der Kerl war ein Arschloch.«
Weld: »Am Anfang war es Liebe.«
Caan: »Ein fürchterliches Arschloch.« [2360]

*

Prosky: »Du hast ein Heim, ein Auto, Geschäfte, eine Familie. Aber ich hab die Mehrheit der Aktien deiner beschissenen Existenz.« [2361]

***

DER EINZIGE ZEUGE (Witness)
USA 1985, Paramount (Regie Peter Weir, Buch Earl W. Wallace, William Kelley, Story William Kelley, Pamela Wallace, Earl W. Wallace)

*

Kelly McGillis (Rachel Lapp): »Sie verstehen das sicher nicht, aber wir *(Amish)* haben mit Ihren Gesetzen nichts zu tun.«
Harrison Ford (John Book): »Tja, das überrascht mich nicht. Das haben schon 'ne Menge Leute gesagt, die ich kennengelernt habe.« [2362]

*

McGillis: »Sie denkt, daß Sie nur deswegen gerne Policeofficer geworden sind, weil Sie glauben, daß Sie immer in allem Recht haben und daß Sie der einzige wären, der irgendwas richtigmachen kann.« [2363]

McGillis: »Sie sagten doch, daß wir sicher wären in Philadelphia.«
Ford: »Ich hab mich eben geirrt.« [2364]

*

Jan Rubes (Eli Lapp, zu Ford, der sich beim Melken dumm anstellt): »Haben Sie Ihre Hand noch nie an einer Titte gehabt?«
Ford: »Noch nie an einer so großen.« [2365]

*

Joseph Sommer (Deputy Commissioner Schaeffer): »Wir *(Polizisten)* sind ähnlich wie die Amish-Leute. Wir sind auch so eine Art Sekte. Oder sagen wir, eine Art Club. Mit unseren eigenen Regeln. Nur John hat sie gebrochen, diese Regeln. So wie Sie sie jetzt brechen.« [2366]

*

Sommer: »Es ist alles in Ordnung, wir sind von der Polizei.« [2367]

***

DER EISKALTE ENGEL (Le Samourai)
F/I 1967, Filmel, CICC, Borderie, Fida (Regie, Buch Jean-Pierre Melville, nach dem Roman ›The Ronin‹ von Joan McLoad)

*

(Insert): »Es gibt keine größere Einsamkeit als die des Samurai, es sei denn, die eines Tigers im Dschungel.« [2368]

*

(Spieler): »Bring Geld mit, für den Fall, daß du verlierst!«
Alain Delon (Joseph ›Jeff‹ Costello): »Ich verliere niemals. Niemals wirklich.« [2369]

*

(Polizist): »Er ist mir entwischt und in Richtung Vincennes weitergefahren. Was soll ich tun?«
François Périer (Kommissar): »So wie üblich. Sie kommen hierher zurück.« [2370]

*

Périer: »Die *(Polizisten bei der Hausdurchsuchung)* sind furchtbar. Unmöglich, ihnen die-

---

> »Haben Sie Ihre Hand noch
> nie an einer Titte gehabt?«
> »Noch nie an einer so großen.«
> Der einzige Zeuge

sen Übereifer abzugewöhnen. Man muß es verstehen. Bei der Polizei spielt die Beförderung eine große Rolle. Ich war genauso übereifrig in meiner Jugend.« [2371]

*

Périer: »Er hat seine Waffe vorher entladen. Er hat uns herausgefordert, eiskalt, weil seine Rechnung nicht mehr aufging. Er war mit sich selbst am Ende, so allein, wie der Tiger im Dschungel.« [2372]

***

EISKALTE RACHE
(Sudden Fear)
USA 1952, RKO (Regie David Miller, Buch Lenore Coffee, Robert Smith, nach dem Roman von Edna Sherry)

*

Joan Crawford (Myra Hudson): »Denk dran, was Nitzsche gesagt hat! ›Lebe gefährlich!‹«
Jack Palance (Lester Blaine): »Du weißt, was mit Nitzsche passiert ist?«
Crawford: »Was?«
Palance: »Er ist tot.« [2373]

*

Palance: »Wenn du es tust, brauchst du ein neues Gesicht. Vergiß das nicht!« [2374]

*

Gloria Grahame (Irene Neves): »Du tust mir weh.«
Palance: »Ich habe noch gar nicht damit angefangen, aber ich werde es, wenn du mir keine ehrliche Antwort gibst.« [2375]

*

Palance: »Ich bin so verrückt nach dir, ich könnte dir alle Knochen brechen.« [2376]

***

EKEL
(Repulsion)
UK 1965, Compton, Tekli, Royal (Regie Roman Polanski, Buch Roman Polanski, Gérard Brach, David Stone)

»Wenn du es tust, brauchst
du ein neues Gesicht.
Vergiß das nicht!«
Eiskalte Rache

Hugh Futcher (Reggie): »Hätte ich für mein Leben gern gesehen.«
James Villiers (John): »Die einen hätten gern, und die andern haben.« [2377]

***

EL DORADO
USA 1967, Laurel, Paramount (Regie Howard Hawks, Buch Leigh Brackett, nach dem Roman ›The Stars in their Courses‹ von Harry Brown)

*

Robert Mitchum (J. P. Harrah): »...und du sollst mich ausschalten, nehme ich an.«
John Wayne (Cole Thornton): »Na ja, nicht, daß ich so was nicht könnte, Harrah, aber das gefällt mir ganz und gar nicht.«
Mitchum: »Freut mich, daß du das sagst. Nicht, daß ich mit dir nicht fertig würde, aber gern würde ich das nicht tun.« [2379]

*

Edward Asner (Bart Jason): »Tja, wissen Sie, vielleicht betrachtet das Gesetz die Sache nicht ganz mit meinen Augen. Seit wann sind Leute wie Sie denn so wählerisch?« [2380]

*

Christopher George (Nelse McLeod): »Es gibt nur drei Männer in Texas, die so schnell sind wie er. Der eine ist tot, der andere bin ich, und der dritte ist Cole Thornton.«
Wayne: »Ich kenne noch einen vierten.«
George: »Und welcher sind Sie?«
Wayne: »Ich bin Thornton.« [2381]

*

George: »Mit dem Messer bist du ganz gut. Kannst du auch schießen?«
James Caan (Alan Bourdillon Traherne, aka Mississippi): »Mister, wenn ich das könnte, würde ich es wahrscheinlich tun.« [2382]

*

George: »Aber vielleicht ist es besser so. Wenn zwei wie Sie und ich an einem Strang ziehen, müßten wir doch noch eines Tages herausfinden, wer von uns der Bessere ist.« [2383]

*

Wayne: »Ich bin auf der Suche nach einem Schießeisen für einen, der gar nicht schießen kann. Hast du was für uns?« (...)
Olaf Wieghorst (Suede Larson): »Ja, ich glaube, ich habe genau das Richtige für euch.«
Wayne: »Meine Güte, wie weit streut denn der

Schießprügel, ich meine, in welchem Umkreis?«
Wieghorst: »Das kann ich nicht genau sagen. Der Mann, der die Flinte vorher hatte, konnte kaum was sehen. Er schoß einfach in die Richtung, wo er jemand reden hörte.«
Caan: »Was wurde aus ihm?«
Wieghorst: »Tja, er hatte nämlich im Saloon einen kleinen Streit, aber der Klavierspieler machte soviel Krach, daß er die Stimme des anderen überhörte, und da hat er aus Versehen den Klavierspieler erschossen. Dafür hängten sie ihn auf.« [2384]

*

Caan: »Den *(Hut)* hab ich von einem alten indianischen Medizinmann. Er hat mir erzählt, solange ich ihn aufhabe, würde mir niemand dumme Fragen stellen.« [2385]

*

Arthur Hunnicutt (Bull Harris): »Heben Sie die rechte Hand! Den Wortlaut habe ich vergessen, aber Sie müssen sagen: ›Ich schwöre.‹« [2386]

*

George: ›Thornton, Sie haben mir nicht die geringste Chance gelassen.«
Wayne: »Nein, allerdings nicht. Sie sind zu schnell, um Ihnen eine Chance zu lassen.« [2387]

***

EL PERDIDO *(The Last Sunset)*
USA 1961, Universal (Regie Robert Aldrich, Buch Dalton Trumbo, nach dem Roman ›Sundown at Crazy Horse‹ von Howard Rigsby)

*

Carol Lynley (Missy Breckenridge): »Ich habe noch niemals einen amerikanischen Cowboy getroffen.«
Kirk Douglas (Brendon O'Malley): »Sie würden bestimmt enttäuscht sein. (...) Wissen Sie, Cowboys sind gewöhnlich etwas blöde, meistens auch pleite und fast nie nüchtern.« [2388]

*

Lynley: »Warum tragen Sie den Revolver im Gürtel?«
Douglas: »Dann weiß ich doch wenigstens immer, daß er da ist. Wenn er da im Gürtel steckt, dann spüre ich doch dauernd den Druck in meiner Hüfte.« [2389]

*

Lynley: »Papa sagt, der Derringer hat keine Reichweite, er bevorzugt darum den 45er Colt.« *(...)*
Douglas: »Keine Handfeuerwaffe schießt über acht Meter noch genau, und keine ist so schnell schußbereit wie der Derringer.« [2390]

*

Joseph Cotten (John Breckenridge): »Sagen Sie Ihre Bedingungen, wir werden schon zusammenkommen, Mr. O'Malley.«
Douglas: »Ich stelle zwei: Erstens verlange ich ein Fünftel Ihrer Herde.«
Cotten: »Das ist ja Wahnsinn!«
Douglas: »Ich kümmere mich doch mehr um die Herde, wenn ich Mitbesitzer bin.«
Cotten: »Ihre Forderung ist haarsträubend.«
Douglas: »Sie können sich's überlegen.«
Cotten : »... Meinetwegen, gut, Sie bekommen Ihr Fünftel.«
Douglas: »In Ordnung.«
Cotten: »Sie sagten doch, Sie stellen zwei Bedingungen, also was noch?«
Douglas: »Ach ja, richtig, die zweite: Ich will Ihre Frau haben.« [2391]

*

Douglas: »Legen Sie das Ding weg! Wenn ich Sie umlege, werden Sie eine ehrliche Chance haben, sich zu verteidigen.« [2392]

*

Douglas: »Finger weg, Kuhtreiber! Sie gehört mir.«
Rock Hudson (Dana Stribling): »Ich würde sehr traurig darüber sein, wenn ich nicht wüßte, daß Sie bald sterben.« [2393]

***

DER ELEFANTENMENSCH
(The Elephant Man)
USA 1980, Brooks, EMI (Regie David Lynch, Buch Christopher de Vore, Eric Bergren, David Lynch, nach ›The Elephant Man and Other Reminiscences‹ von Sir Frederick Treves, ›The Elephant Man: A Study in Human Dignity‹ von Ashley Montagu)

»Heben Sie die rechte Hand!
Den Wortlaut habe ich vergessen,
aber Sie müssen sagen:
›Ich schwöre.‹«
El Dorado

Anne Hiller (Mrs. Mothershead): »Was macht ihr denn für Gesichter? Wer sich freiwillig gemeldet hat, sollte fröhlicher aussehen.« [2394]

***
THE ELEMENT OF CRIME
DK 1984, Holst, Danske Filminstitut (Regie Lars von Trier, Buch Lars von Trier, Niels Vörsel)

*

Me Me Lai (Kim): »Do you like Halberstadt?«
Michael Elphick (Fisher): »I'd rather live in a hole in the ground.« [2395]

*

Elphick: »I'm gonna fuck you back to the stone age.« [2396]

***
ELIZABETH
UK 1998, Working Title, Channel Four, PolyGram (Regie Shekhar Kapur, Buch Michael Hirst)

*

Cate Blanchett (Elizabeth I): »Ich mag keine Kriege. Man weiß nie, wie sie ausgehen.« [2397]

***
E-M@IL FÜR DICH
(You've Got Mail)
USA 1998, Donner, Warner (Regie Nora Ephron, Buch Delia Ephron, nach dem Film ›The Shop Around the Corner‹, USA 1940, Regie Ernst Lubitsch, Buch Samson Raphaelson, nach dem Stück ›Illatszertar‹ von Nikolaus Laszlo)

*

Steve Zahn (George Pappas): »Was mich betrifft, ist das Internet nichts als eine weitere Möglichkeit, von einer Frau abgewiesen zu werden.« [2398]

*

Tom Hanks (Joe Fox, voice-over): »Ich muß dich allerdings warnen. Wenn du dir endlich den Spaß gönnst, das zu sagen, was du sagen willst, in dem Moment, in dem du es sagen willst, folgt fast zwangsläufig unmittelbar darauf ein Gefühl der Reue.« [2399]

> »I'm gonna fuck you back to the stone age.«
> The Element of Crime

Meg Ryan (Kathleen Kelly, voice-over): »Was haben die Männer nur mit diesem *Paten*?«
Hanks (voice-over): »(...) *Der Pate* ist das I Ging. *Der Pate* ist die Summe aller Weisheiten. *Der Pate* bietet die Antwort auf alle Fragen.« [2400]

*

Hanks: »Ich finde, Sie sind richtig begabt dafür. Das war die perfekte Mischung aus Poesie und Gemeinheit.« [2401]

*

Ryan: »Der Mann, den ich erwarte, ist das glatte Gegenteil von Ihnen. Der Mann, den ich erwarte, ist lustig und freundlich, er hat einen wundervollen Sinn für Humor.«
Hanks: »Aber: Er ist nicht da.« [2402]

*

Hanks: »Ich würde gern Ihr Freund sein. (...) Ich weiß, daß es so gut wie unmöglich ist. Was soll ich dazu sagen? Manchmal will man eben das Unmögliche.« [2403]

***
EMMA
USA 1996, Matchmaker, Haft, Miramax (Regie, Buch Douglas McGrath, nach dem Roman von Jane Austen)

*

Jeremy Northam (Mr. Knightley): »Glauben Sie mir ruhig: Wie gefühlvoll er auch immer daherreden mag, muß er handeln, dann wird er vernünftig.« [2404]

***
END OF DAYS
USA 1999, Beacon, Buena Vista (Regie Peter Hyams, Buch Andrew W. Marlowe)

*

Arnold Schwarzenegger (Jericho Cane): »Ich hätte diesen Mistkerl einfach abknallen sollen. Ist weniger Papierkram.« [2405]

*

Schwarzenegger: »Ganz ruhig! Wir sind die Guten.« [2406]

*

Gabriel Byrne (The Man): »Es war ein so einfacher Auftrag. Und nicht einmal den konntest du ausführen.« [2407]

*

Rod Steiger (Father Kovak): »Satans größter Trick war, der Menschheit weiszumachen, daß er nicht existiert.« [2408]

Byrne: »Ich glaube, du mußt daran erinnert werden, wie schmerzhaft die Realität ist.« [2409]

*

Byrne: »Ich erzähl dir mal was über *ihn*. Er ist der unglaublichste Hochstapler aller Zeiten, glaub mir das. Allerdings macht er 'n gutes Marketing: Passiert irgend etwas Gutes, ist es sein Wille, doch passiert irgend etwas Schlechtes, sind seine Wege unergründlich.« [2410]

*

Schwarzenegger: »Und was ist mit der ›Nacht ohne Morgen‹?«
Byrne: »Betrachte es als einen neuen Anfang, einen Wechsel im Management.« [2411]

*

Michael O'Hagan (Kardinal): »Wir haben keine Angst vor dem Tod.«
Schwarzenegger: »Schön. Ich habe nämlich auch keine Angst, Sie umzulegen.« [2412]

***

ENDLOS IST DIE PRÄRIE *(The Sea of Grass)*
USA 1947, MGM (Regie Elia Kazan, Buch Marguerite Roberts, Vincent Lawrence, nach dem Roman von Conrad Richter)

*

Katharine Hepburn (Lutie Cameron): »Weißt du, was die beiden längsten Dinge in St. Louis sind? Dein Gesicht und der Mississippi.« [2413]

*

Hepburn: »Alles, was Sie mir da gesagt haben, ist wahr. Und ich will jetzt den Tatsachen ins Auge sehen, auch wenn mir dann nichts mehr bleibt.« [2414]

***

ENGEL *(Angel)*
USA 1937, Paramount (Regie Ernst Lubitsch, Buch Samson Raphaelson, nach dem Stück ›Angyal‹ von Melchior Lengyel)

*

Melvyn Douglas (Anthony Halton): »Ich muß mal was sehr Verdienstvolles im Leben getan haben, daß ich so belohnt werde.« [2415]

*

Douglas: »Die Ägypterin ist nicht zu vergleichen mit dem Engel von Paris. Die römische Geschichte wäre anders verlaufen, wenn Caesar und der Engel von Paris sich begegnet wären.«
Herbert Marshall (Sir Frederick Barker): »Rom wäre 200 Jahre früher untergegangen.«
Douglas: »Was sind schon 200 Jahre in der Geschichte? 25 Seiten. Aber eine Stunde mit dem Engel ...«
Marshall: »60 Minuten.«
Douglas: »3600 Sekunden.« [2416]

*

Laura Hope Crews (Großfürstin Anna Dmitrievna): »Sie müssen jetzt die Ruhe bewahren. Sie dürfen eine Dame, mit der Sie um fünf verabredet sind, niemals vor sechs erwarten, denn die Frauen, die pünktlich auf die Minute kommen, sind es meistens nicht wert, daß man auf sie gewartet hat.« [2417]

***

ENGEL DER GEJAGTEN
(Rancho Notorious)
USA 1951, Fidelity, RKO (Regie Fritz Lang, Buch Daniel Taradash)

*

(Sheriff): »Na, was hat er, Doktor?«
(Arzt): »Mehrere Muskelrisse, Quetschungen und Sehnenzerrungen, die Halsschlagader ist an zwei Stellen verletzt, auch habe ich mehrere gebrochene Rippen und einen doppelten Schädelbruch festgestellt. Um es kurz zu machen: Der Mann ist tot.« [2418]

*

Marlene Dietrich (Altar Keane): »Frenchy Fermont. Man hält Sie für den besten Schützen im Westen.«
Mel Ferrer (Frenchy Fermont): »Die größten Fähigkeiten bestehen oft darin, daß man sie nicht zeigt.« [2419]

*

(Politiker):
»Sheriff, Sie haben kein Recht, uns hier einzusperren.«
»Sie müssen uns beschützen.«
»Wenn die Ordnungspartei gewinnt, hängen sie uns, das ist ihr Wahlprogramm.« [2420]

> »Weißt du, was die beiden
> längsten Dinge in St. Louis sind?
> Dein Gesicht und
> der Mississippi.«
> Endlos ist die Prärie

Dietrich: »Und das ist Comanchen-Paul, zur Hälfte Indianer, die ehrliche Hälfte.« [2421]

*

Dietrich: »Und wenn er noch so schnell und gut schießen kann, es wird immer noch einen Besseren geben.«
Ferrer: »Das ist wahr. Mich.« [2422]

***

ENGEL DER VERLORENEN *(Yoidore tenshi)*
JAP 1948, Toho (Regie Akira Kurosawa, Buch Keinosuke Uegusa, Akira Kurosawa)

*

Michiyo Kogure (Nanae): »Es ist ja nur vorübergehend, aber ich muß dich eine Zeitlang allein lassen. Du hast im Augenblick eine Pechsträhne, alles geht schief, du kannst anfassen, was du willst.« [2423]

*

Reisaburo Yamamoto (Okada): »Wie dumm, wegen einer Frau das Leben aufs Spiel zu setzen.« [2424]

*

Takashi Shimura (Sanada, Arzt): »Spiel dich hier nicht als kaltblütigen Mörder auf. Ich hab wahrscheinlich mehr Menschen umgebracht als du.« [2425]

***

DER ENGEL MIT DER TROMPETE
(The Horn Blows at Midnight)
USA 1945, Warner (Regie Raoul Walsh, Buch Sam Hellman, James V. Kern, Story Aubrey Wisberg)

*

Guy Kibbee: »Jetzt einigt euch mal da draußen! Regt euch nicht künstlich auf! In drei Minuten ist Sendung. Wir haben einen sehr anspruchsvollen Auftraggeber. Er wünscht, daß jeder im Orchester dieselbe Melodie spielt.« [2426]

Kibbee: »Dieser Auftrag erfordert keine besondere Intelligenz. Ich glaube, Sie werden es schaffen.« [2427]

> *»So ein lustiges Huhn wie Sie wird sich doch noch nicht um diese Zeit auf die Stange setzen wollen.«*
> Der Engel mit der Trompete

Reginald Gardiner (Archie Dexter): »So ein lustiges Huhn wie Sie wird sich doch noch nicht um diese Zeit auf die Stange setzen wollen.« [2428]

***

ENGELSGESICHT *(Angel Face)*
USA 1953, RKO (Regie Otto Preminger, Buch Frank Nugent, Oscar Millard, nach einer unveröffentlichten Geschichte von Chester Erskine)

*

Robert Mitchum (Frank Jessup): »Ich hab mal gelesen, so was *(Ohrfeige)* wäre gut gegen Hysterie, aber vom Zurückschlagen war nichts erwähnt.« [2429]

*

Morgan Brown (Harry): »Was hältst du von Blitz im dritten Rennen?«
Mitchum: »Der ist noch unterwegs, wenn das vierte beginnt.« [2430]

*

Jean Simmons (Diane Tremayne): »Nun ja, dann ist also mein Plan mißglückt.«
Mona Freeman (Mary): »Das möchte ich nicht sagen. Sie sind hergekommen, weil Sie mein Vertrauen zu Frank erschüttern wollten. Das haben Sie. Und Sie wollten mal sehen, wie schlau oder wie blöd ich bin. Ich glaube, das haben Sie auch. Ich wüßte also nicht, was Ihnen mißglückt sein sollte.« [2431]

*

Mitchum: »Ich verdächtige keinen Menschen. Aber wenn ich Detektiv wäre und nicht mal einer von der besten Sorte, könnte ich dir sagen, daß deine Geschichte so billig ist wie ein Dreigroschenroman.« [2432]

*

Mitchum: »Ich will nicht behaupten, daß ich weiß, was hinter deiner hübschen Stirn vorgeht, und ich will es auch gar nicht wissen. Aber eins hab ich im Leben gelernt, niemals der harmlose Dritte zu sein, denn der kriegt immer eins aufs Dach. Wenn du mit dem Feuer spielen willst, dann tu es! Aber spiel nicht mit dem Leben anderer! Das ist nicht nur gefährlich, das ist auch dumm. So, und jetzt gehst du zurück ins Haus, legst dich schön ins Bett und denkst über all das mal nach!« [2433]

*

Mitchum: »Muß schon sagen, du hast sehr vernünftige Ansichten ... für eine Frau.« [2434]

DER ENGLÄNDER, DER AUF EINEN HÜGEL STIEG UND VON EINEM BERG HERUNTERKAM *(The Englishman Who Went Up a Hill, But Came Down a Mountain)*
UK 1995, Parallax, Miramax (Regie, Buch Christopher Monger, Story Ivor David Monger)

*

Colm Meaney (Morgan the Goat): »Das ist doch kein Grund, sich gleich wie 'n Engländer aufzuführen.« [2435]

***

DER ENGLISCHE PATIENT *(The English Patient)*
USA 1996, Tiger Moth, Miramax (Regie, Buch Anthony Minghella, nach dem Roman von Michael Ondaatje)

*

Kristin Scott Thomas (Katharine Clifton): »Ich wollte unbedingt den Mann kennenlernen, der mit so wenig Adjektiven so viel darlegen kann.«
Ralph Fiennes (Count Laszlo Almásy): »Na ja, eine Sache ist eine Sache, vollkommen egal, was man davorsetzt.« [2436]

*

Colin Firth (Geoffrey Clifton): »Wieso habt ihr Typen immer solche Angst vor einer Frau?« [2437]

*

Thomas: »Verdammt noch mal! Du kannst so viele Sprachen, aber sprechen willst du nie.« [2438]

***

ENTHÜLLUNG UM MITTERNACHT *(Midnight)*
USA 1939, Paramount (Regie Mitchell Leisen, Buch Charles Brackett, Billy Wilder, Story Edwin Justus Mayer, Frank Schulz)

*

Claudette Colbert (Eve Peabody): »Wie schön! Das wäre also das, was sich Paris nennt, ja?«
(Schaffner): »Ja, Madame.«
Colbert: »Von hier aus *(Bahnhof)* sieht es nicht viel anders aus als eine verregnete Nacht in Kokomo, Indiana.« [2439]

*

(Schaffner): »Soll ich Ihr Gepäck holen?«
Colbert: »Ja, wäre reizend.«
(Schaffner): »Wo ist es?«
Colbert: »Im städtischen Leihhaus in Monte Carlo.« [2440]

*

Don Ameche (Tibor Czerny): »Taxi, Madame?«
Colbert: »Nein.«

*

Ameche: »Madame hat Regen gern, was?« [2441]

*

Ameche: »Reisen Sie immer im Abendkleid?«
Colbert: »Nein, ich trug das hier in Monte Carlo, als sich ein schlimmes Unglück ereignete.«
Ameche: »Brach ein Brand aus?«
Colbert: »Nein. Mein Roulettesystem brach unter mir zusammen. Ich verließ das Casino mit dem, was ich auf dem Leibe hatte.« [2442]

*

Ameche: »Sind Sie durch und durch naß?«
Colbert: »Wie weit, denken Sie, geht durch und durch bei einer Frau von heute?« [2443]

*

Ameche: »Ich spendiere Ihnen ein billiges Abendessen.«
Colbert: »Wenn Sie schon aufs falsche Pferd gesetzt haben, müssen Sie's nicht auch noch füttern.« [2444]

*

Colbert: »Was ist da los?«
Ameche: »Die verprügeln den, der ›Taxi!‹ gerufen hat.«
Colbert: »Wieso?«
Ameche: »Er wollte kein Taxi.«
Colbert: »Wieso rief er dann nach einem?«
Ameche: »Weil ich ihm fünf Francs gezahlt hab.« [2445]

*

Ameche: »Ich bin ein reicher Mann.«
Colbert: »Sie?«
Ameche: »Sicher. Ich brauche 40 Francs am Tag, und ich verdiene 40.« [2446]

*

Colbert: »Ich hatte mir schon einen Lord geangelt. Beinahe.«
Ameche: »Beinahe?«
Colbert: »Seine Familie stellte sich zwischen uns. Seine Mutter kam in mein Hotel und bot mir eine Bestechungssumme an.«

»Soll ich Ihr Gepäck holen?«
»Ja, wäre reizend.« »Wo ist es?«
»Im städtischen Leihhaus in Monte Carlo.«
Enthüllung um Mitternacht

Ameche: »Sie haben sie hoffentlich hinausgeworfen?«
Colbert: »Wie sollte ich, wo ich doch die Hände voll Geld hatte?« [2447]

*

Colbert: »Wir passen nicht zusammen, Captain. Wir haben nicht das gleiche Ziel.«
Ameche: »Das glauben Sie.« [2448]

*

Rex O'Malley (Marcel Renard): »Du kannst nicht passen, wenn dein Partner zwei Pik angesagt hat. (...) Das heißt, sie hat ein grandioses Blatt. Jetzt könnt ihr es nicht ausnutzen.«
Colbert: »Jetzt ist mir klar, warum Sie ihn gefährlich nannten.«
O'Malley: »Soll ich Ihnen einen Revolver bringen, Madame Czerny?« [2449]

*

Colbert: »›Wie heißen Sie?‹ Eve Peabody. ›Und wo wohnen Sie?‹ Zur Zeit nirgendwo. ›Wie alt sind Sie?‹ Geht Sie überhaupt nichts an. ... Bei mir scheint alles in Ordnung zu sein.« [2450]

*

Colbert: »Hören Sie, Sie sollten, wenn Rotkäppchen die langen grauen Barthaare entdeckt, nicht länger darauf bestehen, daß Sie die Großmutter sind.« [2451]

*

Colbert: »Warum geben Sie ihm nicht eins auf die Nase?«
John Barrymore (Georges Flammarion): »Hm, verlockend, aber kaum durchführbar. Er ist nämlich einmal die Nummer eins der Boxmannschaft der Universität Brüssel gewesen.« [2452]

*

Barrymore: »Jacques' Familie bezieht außerordentlich hohe Einkünfte durch außerordentlich minderwertigen Champagner. Es gibt schlechtere Partien.« [2453]

»Wir dürfen das nicht verstecken und bis morgen damit warten. Komm, sorgen wir für einen wunderschönen Skandal!«
Enthüllung um Mitternacht

Colbert: »Oh, er steht Ihnen traumhaft. Wissen Sie, Ihr Gesicht gewinnt durch den Hut. Sie zeigen mehr Kinn.« [2454]

*

Hedda Hopper (Stephanie): »Ach, großer Gott! Wenn je eine Frau einen neuen Hut gebraucht hat, dann ich.« [2455]

*

O'Malley: »Wir dürfen das nicht verstecken und bis morgen damit warten. Komm, sorgen wir für einen wunderschönen Skandal!« [2456]

*

Barrymore: »Die Erde hat sich eben unter unseren Füßen aufgetan.« (...)
Colbert: »Tja, wo ich gerade dabei war, ins Butterfaß hineinzuspringen.«
Barrymore: »Wir sind ohne Zweifel in etwas gelandet. Aber es ist keine Butter.« [2457]

*

Ameche: »Ich warne Sie, wir Ungarn sind sehr eifersüchtige Ehemänner. Liebling, erinnerst du dich an unsere Flitterwochen in Kopenhagen? An den dänischen Offizier?«
Colbert: »Oh, Olaf. Ich hatte ihm keinen Blick zugeworfen.«
Ameche: »Armer Bursche! Jetzt ist er tot. Himmel, verzeih mir!«
Mary Astor (Helene Flammarion): »Ach, Sie sind diese Art Mann. Wie wundervoll!« [2458]

*

Monty Woolley (Richter): »Junger Mann, sind Sie wahnsinnig?«
Ameche: »Oh, ich werde sehr ärgerlich, wenn mir die Leute das sagen.« [2459]

*

Colbert: »Du darfst niemals heiraten. Es wäre unfair so vielen Frauen gegenüber.« [2460]

***

ENTSCHEIDUNG IN DER SIERRA (High Sierra)
USA 1941, Warner (Regie Raoul Walsh, Buch John Huston, W. R. Burnett, nach dem Roman von W. R. Burnett)

*

Donald MacBride (Big Mac): »Ich hatte es in letzter Zeit mit so viel Spinnern zu tun, Grünschnäbeln, Handlangern und Hosenscheißern. Es ist schon 'ne Erholung, mit jemandem wie dir nur zu reden. Tja, alle die Klassejungs sind weg, tot oder in Alcatraz.« [2461]

Henry Hull (Doc Banton): »Geht's miserabel, dem alten Mac, 'n schwaches Herz, Nieren nicht in Ordnung, 'n kranker Magen, wie ein Kinderspielzeug, das kaputtgeht. Ich verbiete ihm das Trinken, aber er läßt sich nicht davon abhalten. Tja, vielleicht hat er recht.« [2462]

*

Humphrey Bogart (Roy Earle): »Ich gebe euch 'ne Chance, abzuhauen. Wenn ihr bleibt, erschieß ich den ersten, der nicht tut, was ich ihm sage.« [2463]

*

Ida Lupino (Marie): »Ich glaube, ich habe nie Männer gekannt, bei denen alles gestimmt hatte. Daher hatte ich keinen Vergleich, bis ich Sie traf.« [2464]

*

Bogart: »Ich will dir nichts vormachen. Ich habe Pläne, weißt du, in denen ist kein Platz für dich. Du könntest mir nie etwas bedeuten, nichts Besonderes jedenfalls.« [2465]

*

Arthur Kennedy (Red): »Ach, das waren kleine Ganoven, nicht wie wir.«
Alan Curtis (Babe): »Wir waren bisher auch nicht groß.«
Kennedy: »Ich fühl mich nicht groß. Nur Roy hat Klasse, und darauf kommt es an.« [2466]

*

Bogart: »Die Bullen fahren jetzt zu dem brennenden Wagen.«
Lupino: »Oh, Roy, die armen Jungen!«
Bogart: »Schmalspurgangster für Schmalspurjobs. Die haben den Kopf verloren. Das Ding war einfach zu groß für sie.« [2467]

*

Barton MacLane (Jake Kranmer): »Her mit dem Karton, Earle! Wenn Sie Ärger machen, pump ich Sie mit Blei voll. Sie würden mich wieder einstellen und mir 'nen Orden verleihen.«
Bogart: »Ich hab's dem armen Mac oft gesagt: Ein Bulle bleibt immer ein Bulle.« [2468]

*

Bogart: »Du glaubst, ich nehm dich mit und laß dich erschießen? Mann, wenn die einen wegen Mordes suchen, dann schießen sie zuerst und reden erst hinterher, das weiß ich. Der ›tollwütige‹ Earle (›Mad Dog‹ Earle), wie findest du das?« [2469]

Bogart: »Wenn sie mich erwischen, hab ich keine Chance. Aber sie kriegen mich nicht. Das hab ich hinter mir. Jetzt nie mehr.« [2470]

*

Lupino: »Mir ist eingefallen, ich muß wieder zurück. Fährt bald ein anderer Bus zurück?«
Eddie Acuff (Busfahrer): »Ja, in ungefähr zehn Minuten fährt einer ab. Frauen sind alle gleich, sie wissen nicht, ob sie kommen oder gehen sollen.« [2471]

*

Wade Boteler (Sheriff): »Earle, kommen Sie runter! Es ist Ihre letzte Chance.«
Bogart: »Komm doch rauf, Bulle, und versuch mich zu holen!«
Boteler: »Ich hab gesagt, das ist die letzte Chance.«
Bogart: »Ja, das behauptest du, Bulle.« [2472]

*

Jerome Cowan (Healy): »Der große Earle. Ja, ja. Da liegt er nun. Nicht mehr viel dran, was?« [2473]

***

ERASER
USA 1996, Warner (Regie Charles Russell, Buch Tony Puryear, Walon Green, Story Tony Puryear, Walon Green, Michael S. Chernuchin)

*

»Wer war das denn?«
»Ich könnt's dir sagen, aber dann müßte ich dich erschießen.« [2474]

*

James Caan (Robert Deguerin): »Wenn Gott so gütig wär wie unser (Zeugen-) Schutzprogramm, wär in der Hölle überhaupt nichts mehr los.« [2475]

***

ERBARMUNGSLOS (Unforgiven)
USA 1992, Malpaso, Warner (Regie Clint Eastwood, Buch David Webb Peoples)

> »Wenn Gott so gütig wär wie unser (Zeugen-)Schutzprogramm, wär in der Hölle überhaupt nichts mehr los.«
> Eraser

Frances Fisher (Strawberry Alice): »Für das, was sie getan haben, kriegt Skinny 'n paar Gäule, und das ist alles? Das ist nicht fair, Little Bill. Das ist nicht fair.«
Gene Hackman (›Little Bill‹ Daggett): »Alice, hast du für einen Abend nicht genug Blut gesehen?« [2476]

*

Fisher: »Wir erlauben diesen stinkenden Burschen, uns wie Pferde zu reiten. Deswegen dürfen sie uns aber noch lange nicht ihre Brandzeichen aufdrücken.« [2477]

*

Jaimz Woolvett (The Schofield Kid, zu Eastwood): »Sie sehen gar nicht aus wie 'n hundsgemeiner kaltblütiger Killer.« [2478]

*

Woolvett: »Onkel Pete sagte, du wärst der Gemeinste und Gefährlichste im ganzen Westen, und wenn ich jemals einen Partner für eine Schießerei suche, wärst du der Schlimmste. Er meint, der Beste. Er sagt, daß du kalt wie Schnee wärst, keine Nerven hättest und nicht mal den Teufel fürchtest.« [2479]

*

Woolvett: »Ich bin selber ein verdammter Killer, aber ich habe noch nicht so viele umgelegt wie du. Ich bin noch jung.« [2480]

*

Morgan Freeman (Ned Logan): »Will, wir sind keine wilden Männer mehr. Jetzt sind wir Farmer.« [2481]

*

Clint Eastwood (William Munny): »Es müßte leicht sein, sie abzuknallen, wenn sie nicht vorher runter nach Texas flüchten.« (...)
Freeman: »Leicht, hä? Nein, leicht ist es nie gewesen, auch damals nicht.« [2482]

*

Eastwood: »Wir haben auch früher schon für Geld getötet.« [2483]

> »Ich sehe, du hast deinen
> Schnauzbart abrasiert.«
> »Der Geschmack von der Suppe
> blieb zu lange drin hängen.«
> Erbarmungslos

Eastwood: »Ned, ich habe mich geändert. Claudia hat mich auf den rechten Weg gebracht, mir das Saufen abgewöhnt und so. Und daß wir diese Kerle erschießen gehen, bedeutet nicht, ich bin immer noch derselbe wie früher. Ich tu es, weil ich Geld brauche. Es soll ein Anfang für meine Kinder sein.« [2484]

*

Eastwood: »Erinnerst du dich? Ich habe einen Viehtreiber mal in den Mund geschossen, seine Zähne kamen zum Hinterkopf raus. (...) Ich denke ab und zu an ihn. Ich habe gar keinen Grund gehabt, ihn zu erschießen. Als ich wieder nüchtern wurde, fiel mir jedenfalls keiner ein.« [2485]

*

Richard Harris (English Bob): »Ich will ja niemandem zu nahe treten, aber die Franzosen sind dafür bekannt, eine Rasse von Attentätern zu sein, obwohl ihre Schießkünste nichts wert sind. Eventuell mitreisende Franzosen sind natürlich ausgenommen.« [2486]

*

Harris: »Ich denke, dieses Land sollte sich einen König leisten oder noch besser eine Königin anstatt eines Präsidenten. Niemand schießt so leicht auf einen König oder eine Königin.« [2487]

*

Harris: »Ich darf Ihnen versichern, junger Mann, daß weder mein Begleiter noch ich irgendwelche Feuerwaffen bei uns tragen. Wir vertrauen auf den guten Willen unserer Mitmenschen und auf unseren Blick für gefährliche Reptilien.« [2488]

*

Jefferson Mappin (Fatty Rossiter): »Meine Güte, Clyde, du hast drei Pistolen und nur einen Arm, Mann.«
Ron White (Clyde Ledbetter): »Ich will nicht erschossen werden, weil ich zu wenig habe, um zurückzuschießen.« [2489]

*

Harris: »Andererseits, ein Präsident, nun ja, ich meine, was spricht dagegen, einen Präsidenten zu erschießen?« [2490]

*

Harris: »Ich sehe, du hast deinen Schnauzbart abrasiert.«

Hackman: »Der Geschmack von der Suppe blieb zu lange drin hängen.« [2491]

*

Hackman: »Ich selbst dachte, ich wäre tot, bis ich rausfand, ich war nur in Nebraska.« [2492]

*

Hackman: »Hören Sie, ein guter Schütze zu sein, ich meine, flink mit der Pistole, ist immer von Vorteil, aber überhaupt nichts wert, wenn man keinen kühlen Kopf bewahren kann. Ein Mann, der die Ruhe bewahrt und im Feuer nicht die Nerven verliert, wird seinen Gegner töten.«
Saul Rubinek (W. W. Beauchamp): »Aber wenn der andere schneller zieht und seine Waffe früher abfeuert ...«
Hackman: »... wird er in der Aufregung vorbeischießen. Sehen Sie her. So schnell ungefähr kann ich ziehen, zielen, feuern und treffen, wenn das Ziel nicht mehr als zehn Fuß entfernt ist, außer es ist eine Scheune.«
Rubinek: »Aber wenn nun der andere nicht vorbeischießt?«
Hackman: »Dann sind Sie tot. Deswegen laufen sowenig gefährliche Männer rum wie der alte Bob und ich. Es ist sowieso nicht leicht, einen Mann zu erschießen, ganz besonders nicht, wenn der Mann zurückschießt, ich meine, dann haben die meisten schnell die Hose voll.« [2493]

*

Anna Thomson (Delilah Fitzgerald): »Ich hätte nicht gedacht, daß sie's wirklich tun.«
Fisher: »Hast du geglaubt, sie machen den weiten Weg von Kansas nur zum Ficken?« [2494]

*

Hackman: »Wenn ihre Lügen nicht dieselben sind wie deine ... Tja, weißt du, ich kann Frauen nicht weh tun. Aber dir werde ich weh tun.« [2495]

*

Eastwood: »Tja, jemanden zu töten ist schlimm. Alles, was er war, ist ausgelöscht und alles, was er je sein würde.« [2496]

*

Eastwood: »Wer ist der Besitzer dieses Drecklochs?« [2497]

*

Eastwood: »Das ist wahr, ich hab Frauen und Kinder getötet und einen Haufen andere, die mir zur unrechten Zeit vor den Lauf gekommen sind. Heut bring ich Sie um, Little Bill, für den Tod von Ned.« [2498]

*

Eastwood: »Wer zum Sterben noch keine Lust hat, der macht, daß er hier rauskommt.« [2499]

*

Hackman: »Sie sind der größte Feigling, der mir je begegnet ist. Dieser Mann war unbewaffnet.«
Eastwood: »Er hätte sich eben bewaffnen sollen, bevor er seinen Saloon mit meinem Freund schmückt.« [2500]

*

Hackman: »Das habe ich nicht verdient, so einen Tod. Ich baue mir gerade ein Haus.«
Eastwood: »Was Sie verdienen, hat nichts damit zu tun.« [2501]

*

Hackman: »Ich sehe dich in der Hölle, William Munny.«
Eastwood: »Ja.« [2502]

*

Eastwood: »Hört alle her! Ich komme jetzt raus. Jeden Mann, den ich draußen sehe, werde ich umbringen. Und wenn es einer von euch wagt, auf mich zu schießen, dann bringe ich zuerst ihn um, dann seine Frau und dann seine Freunde. Ich brenne sein verdammtes Haus nieder. Überlegt es euch, bevor ihr schießt!« [2503]

***

ERBE DES HENKERS (Moonrise)
USA 1949, Republic (Regie Frank Borzage, Buch Charles Haas, nach dem Roman von Theodore Strauss)

*

Allyn Joslyn (Clem Otis): »Ich habe einmal einen Mann gekannt, der seiner Frau jeden Tag Untreue vorwarf. Nachdem sie sich das zwölf Jahre angehört hatte, war sie untreu.«

> »Ich selbst dachte,
> ich wäre tot, bis ich rausfand,
> ich war nur in Nebraska.«
> Erbarmungslos

Clem Bevans (Jake): »Der Mann hat also recht gehabt. Er war nur etwas voreilig, das ist alles.« [2504]

***
DIE ERDE BEBT
(La terra trema)
I 1948, Universalia (Regie, Buch Luchino Visconti, nach dem Roman ›I Mala voglia‹ von Giovanni Verga)

*

»Man merkt doch gleich, wenn einer mal auf dem Festland war und die Welt gesehen hat.« [2505]

***
ERIN BROCKOVICH
USA 2000, Jersey, Columbia, Universal (Regie Steven Soderbergh, Buch Susannah Grant)

*

Albert Finney (Ed Masry): »Jetzt, wo Sie bei uns arbeiten, wär es unter Umständen angebracht, daß Sie Ihre Garderobe überdenken.« (...)
Julia Roberts (Erin Brockovich): »Zufällig gefall ich mir so, wie ich aussehe. Und solange ich meinen Arsch noch nicht verstecken muß, trage ich weiterhin, was ich will. Falls Sie nichts dagegen haben.« [2506]

*

Aaron Eckhart (George): »Hast du so viel Freunde in der Welt, daß du keinen neuen mehr brauchst?« [2507]

*

Roberts: »Wirst du auch eine von den Erfahrungen sein, die ich überleben muß?« [2508]

*

Finney: »Wie kommen Sie auf die Idee, daß Sie da einfach reinschneien und Akten mitnehmen können?«
Roberts: »Ed, wozu hab ich Titten?« [2509]

*

Finney: »Die wollen uns einschüchtern. Das Spiel beginnt.« [2510]

> »Wie kommen Sie auf die Idee,
> daß Sie da einfach reinschneien
> und Akten mitnehmen können?«
> »Ed, wozu hab ich Titten?«
> Erin Brockovich

Roberts: »Wissen Sie, warum Anwälte als geldgeile Blutsauger und Kotzbrocken verschrien sind? Weil es stimmt.« [2511]

***
DER EROBERER *(The Conqueror)*
USA 1956, RKO (Regie Dick Powell, Buch Oscar Millard)

*

John Wayne (Temujin): »Manchmal muß man weise sein, Jamuga, und dann höre ich gern auf dich. Aber manchmal muß man handeln, und dann höre ich auf mein Blut. Ich spüre, daß dies Tartarenweib für mich da ist, und mein Blut sagt: ›Hol sie dir!‹« [2512]

*

Wayne (zu Susan Hayward): »Du bist wunderbar in deinem Zorn.« [2513]

***
DIE ERSTE KUGEL TRIFFT
(The Fastest Gun Alive)
USA 1956, MGM (Regie Russell Rouse, Buch Frank D. Gilroy, Russell Rouse, nach dem Fernsehfilm ›The Last Notch‹ von Frank D. Gilroy)

*

Walter Coy (Fallon): »Wo sind wir uns bisher begegnet?«
Broderick Crawford (Vinnie Harold): »Nirgends.«
Coy: »Wieso haben wir also Streit?«
Crawford: »Streit haben wir keinen. Sie sollen nur schneller treffen als ich, habe ich gehört.«
Coy: »Sonst nichts?«
Crawford: »Sonst nichts.«
Coy: »Und Sie wollen bloß rauskriegen, ob das wahr ist?«
Crawford: »Ganz recht.« [2514]

*

Walter Baldwin (blinder Mann): »Ganz egal, wie schnell man ist, es gibt immer einen, der noch schneller ist.« [2515]

*

Crawford: »Zieh! Wenn ich auf die Straße gehe, will ich dich nicht allein in meinem Rücken haben.« [2516]

***
DER ERSTE RITTER *(First Knight)*
USA 1995, Zucker, Columbia (Regie Jerry Zucker, Buch William Nicholson, Story Lorne Cameron, David Hoselton, William Nicholson)

Sean Connery (King Arthur): »Wir hier halten jedes Leben für kostbar, selbst das von Fremden.« [2517]

*

Connery: »Ich nehm das Gute mit dem Bösen, beides zusammen. Ich kann einen Menschen doch nicht in Scheiben lieben.« [2518]

*

Connery: »Möge Gott uns die Weisheit schenken, das Recht zu erkennen, den Willen, es zu wählen und die Stärke, es durchzusetzen!« [2519]

***

ERWACHEN IN DER DÄMMERUNG
(Hold Back the Dawn)
USA 1941, Paramount (Regie Mitchell Leisen, Buch Charles Brackett, Billy Wilder)

*

Walter Abel (Inspector Hammond): »Wenn ich mal fertig bin mit diesem Job, dann kauf ich mir 'nen goldenen Ohrlöffel, um mir all diesen Quatsch, den ich mir hab anhören müssen, aus den Ohren zu holen.« [2520]

***

ES GESCHAH IN EINER NACHT
(It Happened One Night)
USA 1934, Columbia (Regie Frank Capra, Buch Robert Riskin, nach der Geschichte ›Night Bus‹ von Samuel Hopkins Adams)

*

Clark Gable (Peter Warne): »Wenn Sie mich freundlich darum bitten, würde ich Ihnen *vielleicht* Ihren Koffer da raufbugsieren.« [2521]

*

Gable: »Erinnern Sie sich? Ich bin der Mann, auf dem Sie letzte Nacht geschlafen haben.« [2522]

*

Roscoe Karns (Oscar Shapeley): »Was ist Schwester? Sie sagen nicht gerade viel.«
Claudette Colbert (Ellie Andrews): »Mir scheint, daß Sie darauf gar nicht angewiesen sind.« [2523]

*

Colbert: »Ihr Ego muß ja geradezu kolossal sein.«
Gable: »Ja. Ja, es ist nicht schlecht. Und Ihr's?« [2524]

*

Gable (spannt Decke quer durchs Zimmer): »Sehet die Mauern von Jericho! Ah, vielleicht ist sie nicht ganz so dick wie die, die Joshua mit der Trompete zum Einsturz brachte, aber dafür viel sicherer. Sie sehen, ich hab keine Trompete.« [2525]

*

Gable: »Vielleicht interessieren Sie sich dafür, wie ein Mann sich auszieht. Wissen Sie, das ist eine merkwürdige Sache, eine Studie in Psychologie. Jeder Mann zieht sich anders aus.« [2526]

*

Colbert: »Sagen Sie mal! Sie wollen mir doch nicht etwa das Eintunken verbieten?«
Gable: »Am liebsten schon. Sie wissen nicht, wie's gemacht wird. Eintunken ist eine Kunst. Lassen Sie's nicht so lange weichen! Ein kurzer Stipp und rein in den Mund. Wenn Sie's so lange reinhalten, wird es zu weich und bricht ab. Eine Frage des Abpassens. Ich sollte ein Buch darüber schreiben.« [2527]

*

Gable: »Ich hab gerad darüber nachgedacht, warum Mädchen wie Sie so spinnen müssen.« [2528]

*

Colbert: »Nun, ich hab ein für alle Mal bewiesen, daß *(beim Trampen)* das Bein mächtiger ist als der Daumen.«
Gable: »Warum haben Sie sich nicht ganz ausgezogen? Dann hätten gleich 40 Autos gehalten.« [2529]

***

ES WAR EINMAL IN AMERIKA
(Once Upon a Time in America)
USA 1984, Embassy, Ladd, PSO, Warner (Regie Sergio Leone, Buch Leonardo Benvenuti, Piero de Bernadi, Enrico Medioli, Franco Arcalli, Franco Ferrini, Sergio Leone, nach dem Roman ›The Hoods‹ von Harry Grey)

*

Larry Rapp (Fat Moe): »Und was hat das zu bedeuten?«

> *»Erinnern Sie sich? Ich bin der Mann, auf dem Sie letzte Nacht geschlafen haben.«*
> Es geschah in einer Nacht

Robert De Niro (Noodles): »Es bedeutet: ›Lieber Noodles, auch wenn du dich am Ende der Welt versteckst, wir haben dich gefunden, wir wissen, wo du bist.‹ Es bedeutet: ›Halt dich bereit!‹«
Rapp: »Wofür?«
De Niro: »Das haben sie nicht geschrieben.« 2530

*

Rapp: »Die ist 'n großer Star geworden.«
De Niro: »Das war vorauszusehen. Am Start kann man den Sieger erkennen. Und nicht nur den Sieger, sondern auch den Verlierer. Auf dich hatte keiner gesetzt.«
Rapp: »Ich hätte alles auf dich gesetzt, was ich besaß.«
De Niro: »Dann hättest du alles verloren.« 2531

*

Rapp: »Was hast du gemacht in all den Jahren?«
De Niro: »Ich bin früh schlafen gegangen.« 2532

*

Richard Bright (Chicken Joe): »Das ist das letzte Angebot von unserer Seite. Willst du es unterzeichnen, oder willst du nicht?«
Treat Williams (Jimmy O'Donnell): »Sag deinen Bossen, sie können sich damit den Arsch wischen!«
Bright: ›Tank die dumme Sau voll!« 2533

*

Danny Aiello (Polizeichef): »Die Aktion ist friedlich durchgeführt worden.«
(Reporter): »Aber sie verstößt gegen das Gesetz und das Recht der Streikenden.«
Aiello: »Ich bin Polizeichef und nicht Rechtsanwalt.« 2534

*

William Forsythe (›Cockeye‹): »Jimmy Sauberhändchen und Geschäfte mit uns?«
Robert Harper (Sharkey): »Seine Hände bleiben nicht sauber bei dem dauernden Händeschütteln. Ihr braucht ihm nur Zeit zu lassen.« 2535

> »Was hast du gemacht
> in all den Jahren?«
> »Ich bin früh schlafen gegangen.«
> Es war einmal in Amerika

James Woods (Max): »Du wirst den Gestank der Straße nicht los. Das ist dein Problem.«
De Niro: »Ich mag den Gestank der Straße. Ich rieche ihn gern. Wenn ich ihn einatme, fühl ich mich wohler. Er steht mir auch gut.« 2536

*

De Niro: »Willst du gar nichts sagen?«
Elizabeth McGovern (Deborah): »Was kann man sich schon sagen nach mehr als 30 Jahren.« 2537

*

McGovern: »Das Alter kann mir etwas anhaben, Noodles. Wir sind beide alt geworden. Und nur ein paar Erinnerungen sind übriggeblieben. Wenn du zu dieser Party gehst, Noodles, dann wirst du auch die nicht mehr haben.« 2538

*

Woods: »Ich habe dir dein Leben geraubt. Ich habe an deiner Stelle gelebt. Ich habe dir alles weggenommen. Ich habe dein Geld genommen. Ich habe deine Frau genommen. Und 35 Jahre Gewissensbisse habe ich dir gelassen wegen meines Todes. Also, warum schießt du nicht?« 2539

*

Woods: »Ist das deine Art, dich zu rächen?«
De Niro: »Nein, das ist die Art, wie ich die Dinge sehe.« 2540

*

Woods: »Wenn du von einem Freund betrogen wirst, schlägst du zurück.« 2541

*

De Niro: »Gute Nacht, Mr. Bailey. Ich hoffe, daß die Untersuchung sich in nichts auflöst. Es wär schade, wenn Ihr Lebenswerk umsonst gewesen wär.« 2542

***

ESCAPE FROM L.A.
USA 1996, Hill, Rysher, Paramount (Regie John Carpenter, Buch John Carpenter, Debra Hill, Kurt Russell, nach den Charakteren von John Carpenter, Nick Castle)

*

Kurt Russell (Snake Plissken): »Fang lieber an zu beten, daß ihr mich nicht wiederseht. Es würde euch nicht gefallen.« 2543

***

DIE EULE UND DAS KÄTZCHEN
(The Owl and the Pussycat)

USA 1970, Stark-Ross, Rasfar, Columbia (Regie Herbert Ross, Buch Buck Henry, nach dem Stück von Bill Manhoff)

*

Barbra Streisand (Doris): »Wissen Sie, daß ich Ihnen jetzt eine knallen würde, wenn ich nicht 'ne Dame wäre?« [2544]

*

Streisand: »Vielleicht bin ich 'ne Prostituierte, aber wahllos bin ich nicht.« [2545]

*

George Segal (Felix Sherman): »Sie sind ein Musterbeispiel für gesunden Kapitalismus. Sie greifen auf die natürlichen Hilfsquellen zurück, schlagen den Arbeitslohn drauf und verkaufen das Ganze mit einem vertretbaren Profit.« [2546]

*

Streisand: »Das hab ich zwar nicht ganz kapiert, aber es hörte sich nach 'ner Beleidigung an.« [2547]

*

Segal: »Wir haben euch doch nicht geweckt, oder?«
Robert Klein (Barney): »Oh, nein, nein. Nein, nein, keineswegs. Wir wollen nur runtergehen und den Männern von der Müllabfuhr bei der Arbeit zusehen.« [2548]

*

Streisand: »Schließ die Augen und stell dir vor, ich wär 'n Mann mit 'ner etwas seltsamen Figur!« [2549]

*

Stan Gottlieb (Pornokinogarderobier): »Mantel, der Herr?«
Segal: »Ich hab keinen.«
Gottlieb: »Wollen Sie einen leihen?« [2550]

*

Segal: »Du bist ein sexuelles Wunderland.« [2551]

*

Segal: »Bitte hör auf, mir zu folgen!«
Streisand: »Ich folge dir nicht. Ich geh zufällig in dieselbe Richtung wie du, nur du gehst schneller als ich.« [2552]

***

EVA UND DER PRIESTER *(Léon Morin, prêtre)*
F/I 1961, Rome-Paris, Champion (Regie, Buch Jean-Pierre Melville, nach dem Roman von Béatrice Beck)

*

Emmanuelle Riva (Barny Aronowitsch, voice-over): »Ich liebte Sabine Lévy, die Direktionssekretärin. Bei ihrem Anblick verlor ich das Gefühl für Zeit und Raum. Ich meinte, daß diesem schönen Wesen alle Macht gebührte.« [2553]

*

Jean-Paul Belmondo (Léon Morin): »Wenn ich als Kind dummes Zeug schwatzte, sagte man zu mir: ›Geh ins Nebenzimmer, und unterhalte dich mit den Wänden!‹« [2554]

***

EVERY DAY'S A HOLIDAY
USA 1938, Major, Paramount (Regie A. Edward Sutherland, Buch Mae West, Story Jo Swerling, Mae West)

*

Lloyd Nolan (John Quade): »This thing reflects on my honesty.«
Edmund Lowe (Jim McCarey): »Honesty?«
Nolan: »Yes, Have you ever heard it questioned?«
Lowe: »I never even heard it mentioned.« [2555]

*

Mae West (Peaches O'Day): »With one more brain you'd be a genius.« [2556]

*

Charles Butterworth (Larmadou Graves): »You ought to get out of that wet clothes and into a dry Martini.« [2557]

***

EXCALIBUR
USA 1981, Orion (Regie John Boorman, Buch Rospo Pallenberg, John Boorman, nach dem Roman ›Le Morte d'Arthur‹ von Thomas Malory)

*

Gabriel Byrne (Uther Pendragon): »Worte! Worte taugen für Liebende, Merlin. Ich brauche das Schwert, um als König zu herrschen.« [2558]

*

Nicol Williamson (Merlin): »Seht es euch an! Das Schwert der Macht, Excalibur, (...) ge-

---

> »Du bist ein sexuelles Wunderland.«
> Die Eule und das Kätzchen

schmiedet, als die Welt noch jung war, als Vogel, Tier und Blume eins waren mit dem Menschen und der Tod nur ein Traum war.« 2559

*

Williamson: »Die Zukunft wurzelt in der Gegenwart. Die Saat ist gesät.« 2560

*

Williamson: »Wer das Schwert aus dem Stein zu ziehen vermag, soll König sein.« 2561

*

Clive Swift (Ector): »Ich kann mich noch an mein erstes Turnier erinnern. Es sieht viel schlimmer aus, als es in Wirklichkeit ist.« 2562

*

Williamson: »Mit diesem Backwerk sieht es wie mit deiner Zukunft aus. Ehe du nicht davon gekostet hast, weißt du nicht, was wirklich darin steckt. Doch hast du davon gekostet, ist es zu spät.« 2563

*

Williamson: »Behaltet sie immer in Erinnerung diese Nacht, diesen großen Sieg, auf daß ihr in den Jahren, die vor euch liegen, sagen könnt: ›Ich war in jener Nacht dabei, bei Arthur, unserem König.‹ Es ist des Menschen Verhängnis, daß er vergißt.« 2564

*

Nigel Terry (König Arthur): »Sag mir, Merlin, haben wir das Böse besiegt, wie es den Anschein hat?«
Williamson: »Das Gute und das Böse, niemals wird es das eine ohne das andere geben.«
Terry: »Und wo verbirgt sich das Böse in meinem Königreich?«
Williamson: »Immer dort, wo du es niemals vermutest, immer dort.« 2565

***

EXKLUSIV (Exclusive)
USA 1937, Paramount (Regie Alexander Hall, Buch John C. Moffitt, Sidney Salkow, Rian James, nach dem Stück ›The Roaring Girl‹ von John C. Moffitt

> »Nichts beruhigt die Nerven mehr, als so 'ne kleine Bombe auseinanderzunehmen.«
> Experten aus dem Hinterzimmer

Harlan Briggs (Springer): »Die lassen sich aber Zeit im Gillette-Prozeß.«
Fred MacMurray (Ralph Houston): »Das tut 'n bestochenes Gericht immer.« 2566

*

Briggs: »Nicht mal bestochene Geschworene können *die* Beweise ignorieren.« 2567

*

MacMurray: »Mein Gefühl sagt mir, daß zwölf brave Männer morgen in zwölf neuen, chromglänzenden Wagen rumkutschieren werden.« 2568

*

Lloyd Nolan (Charles Gillette): »Es ist ein reiner Freundschaftsbesuch. Ich wollte nur meine Aufwartung machen, weiter nichts. Wäre ich allerdings der Mann, für den Sie mich halten, könnte ich schon ein bißchen böse sein über die Art, wie Sie versucht haben, mich ins Gefängnis zu bringen.« 2569

***

DER EXORZIST (The Exorcist)
USA 1973, Hoya, Warner (Regie William Friedkin, Buch William Peter Blatty, nach seinem Roman)

*

Linda Blair (Regan, zu Astronaut): »Du wirst sterben da oben.« 2570

*

Blair: »Exzellenter Tag für einen Exorzismus!« 2571

***

DIE EXPERTEN (The Experts)
USA 1989, Paramount (Regie Dave Thomas, Buch Nick Thiel, Steven Greene, Eric Alter)

*

John Travolta (Travis): »Hast du Erfahrung als Barmixer?«
Tony Edwards (Nathaniel Cole): »Nein, nein, aber ich habe mein Examen in Chemie gemacht, deshalb weiß ich, wie man Dinge durcheinanderbringt.« 2572

***

EXPERTEN AUS DEM HINTERZIMMER
(The Small Back Room)
UK 1949, The Archers, London (Regie, Buch Michael Powell, Emeric Pressburger, nach dem Roman von Nigel Balchin)

*

David Farrar (Sammy Rice): »Nichts beruhigt die Nerven mehr, als so 'ne kleine Bombe auseinanderzunehmen.« 2573

Leslie Banks (Colonel Holland): »Der Himmel möge mir Geduld geben!« [2574]

***

EXPLOSION DES SCHWEIGENS
(Blast of Silence)
USA 1961, Crown-Enright, Universal (Regie Allen Baron, Buch Allen Baron, Mel Davenport)

*

Lionel Stander (Erzähler, voice-over): »Du haßt Städte. Ganz besonders, wenn sie sich schmücken, wenn sie sich auf ein sogenanntes Fest vorbereiten. Es brauchen bloß ein paar Glocken zu läuten, und schon werden alle weich und vergessen, daß es so etwas wie Mord gibt, daß man sich einen Feind vom Hals schaffen kann mit Hilfe eines geschickten Burschen, der sich auf dieses härteste aller Geschäfte spezialisiert hat. Du kennst dein Metier wie keiner, Frankie Bono, Fachmann aus Cleveland.« [2575]

*

Stander(voice-over): »Um mit jemandem zu leben, brauchst du ihn nicht besonders gut zu kennen. Wenn du ihn aber unter die Erde bringen willst, mußt du ihn so gut kennen wie deinen eigenen Bruder.« [2576]

*

Allen Baron (Frank Bono): »Bist du noch im Geschäft?«
Larry Tucker (Big Ralph): »Was soll ich denn befingern?«
Baron: »Ich brauche harten Pfeffer.«
Tucker: »Könnte ich deichseln, Frankie.«
Baron: »38er mit Schalldämpfer.« [2577]

*

Baron: »Wieviel?« (...)
Tucker: »500 Dollar.«
Baron: »200 sind üblich.«
Tucker: »Nicht doch! Üblich ist das, was Krach macht. 200 für eine so leise Sache!« [2578]

*

Stander (voice-over): »Entspann dich, Frankie! Gleich wirst du sie in den Händen halten, diese Maschine, die kleine Löcher bohrt.« [2579]

***

EXPLOSIV – BLOWN AWAY *(Blown Away)*
USA 1994, Trilogy, MGM (Regie Stephen Hopkins, Buch Joe Batteer, John Rice, Story John Rice, Joe Batteer, M. Jay Roach)

Jeff Bridges (Jimmy Dove): »Ich hab ihr die Wahrheit gesagt. Hätte ich schon viel früher machen sollen.«
Lloyd Bridges (Max): »Bist du verrückt? Wieso denn das? Kate ist deine Frau, Jimmy, und nicht dein Beichtvater.« [2580]

***

EXTRABLATT
(The Front Page)
USA 1974, Universal (Regie Billy Wilder, Buch Billy Wilder, I. A. L. Diamond, nach dem Stück von Ben Hecht, Charles MacArthur)

*

Jack Lemmon (Hildy Johnson): »Tja, entweder kriegst du dafür den Pulitzer-Preis oder anderthalb Jahre Knast.« [2581]

*

Walter Matthau (Walter Burns): »Und was ist aus ihm *(dem Reporter, der nach Hollywood gegangen ist)* geworden? Da sitzt er nun unter seinen gottverdammten Palmen und schreibt Dialoge für Rin Tin Tin.« [2582]

***

EYES WIDE SHUT
USA/UK 1999, Pole Star, Hobby, Warner (Regie Stanley Kubrick, Buch Stanley Kubrick, Frederic Raphael, nach ›Traumnovelle‹ von Arthur Schnitzler)

*

Tom Cruise (Dr. William Harford): »Wenn ich nur wüßte, worüber wir uns eigentlich streiten!«
Nicole Kidman (Alice Harford): »Ich hab gar nicht vor zu streiten. Nein, ich ... ich versuch bloß rauszukriegen, was in deinem Kopf vorgeht.« [2583]

*

Kidman: »Ach ja, und es gibt etwas sehr Wichtiges, das wir äußerst dringend machen müssen.«
Cruise: »Was denn?«
Kidman: »Ficken.« [2584]

»Ach ja, und es gibt etwas sehr Wichtiges, das wir äußerst dringend machen müssen.« »Was denn?« »Ficken.«
Eyes Wide Shut

F

DER FBI-AGENT *(G-Men)*
USA 1935, First National, Warner (Regie William Keighley, Buch Seton I. Miller, nach dem Roman ›Public Enemy No. 1‹ von Gregory Rogers)

*

Barton MacLane (Brad Collins): »Licht aus! ... Gewehr her!«
»Was ist'n los?«
MacLane: »Bulle!« [2585]

*

Addison Richards (Bruce J. Gregory): »Ich brauche Sie hier zur Ausbildung der neuen Männer.«
Robert Armstrong (Jeff McCord): »Wieder welche mit juristischem Studium?«
Richards: »Ja.«
Armstrong: »Ach, haben Sie ein Herz, Chef! Geben Sie diesen Kummerhaufen jemand anders.« [2586]

*

Armstrong: »Hier müssen sie sich irgendwo aufhalten.«
James Cagney (James ›Brick‹ Davis): »Hm, sind nur sechs Staaten. Wir haben sie in die Enge getrieben.« [2587]

***

F WIE FÄLSCHUNG
(F for Fake/Vérités et mensonges)

> »Wie sitzen meine Haare?«
> »Ehrfurcht einflößend.«
> Die fabelhaften Baker Boys

F/Iran 1973, Saci, Astophore (Regie, Buch Orson Welles)

*

Orson Welles: »Nahezu alle Geschichten sind nahezu mit Sicherheit Lügen.« [2588]

***

DIE FABELHAFTEN BAKER BOYS
(The Fabulous Baker Boys)
USA 1989, Gladden, Mirage (Regie, Buch Steve Kloves)

*

Beau Bridges (Frank Baker): »Wie sitzen meine Haare?«
Jeff Bridges (Jack Baker): »Ehrfurcht einflößend.« [2589]

*

B. Bridges: »Ihr Kleid für heute abend, wo ist es?«
Michelle Pfeiffer (Susie Diamond): »Lauf ich hier nackt rum oder was?«
B. Bridges: »Was denn, damit? Sind Sie wahnsinnig? Was, glauben Sie, findet hier statt? Halloween?« [2590]

*

Beege Barkette (Kellnerin): »Da draußen sitzt 'n ziemlich übler Haufen. Die lassen sogar die Käsebällchen zurückgehen.« [2591]

*

Pfeiffer: »Du kannst was, nicht wahr?«
J. Bridges: »Ich find die richtigen Tasten.« [2592]

*

Pfeiffer: »He, ich hab nicht erwartet, daß du heute morgen *(nach der gemeinsamen Nacht)* das Aufgebot bestellst. Okay? Keine Angst, ich laß dich schon in Ruhe.« [2593]

*

B. Bridges: »Ich weiß, was er davon hält: Das sind fünf Tage *(Arbeit)*, die Dollars sind grün, wir machen es.« [2594]

*

B. Bridges: »Wär gar nicht schlecht, wenn du den Text von *Feelings* mal wieder auffrischen würdest. Bei unserem letzten Auftritt hast du die erste Strophe zweimal gesungen.«
Pfeiffer: »Tatsächlich? Das muß der Grund sein, warum das Publikum so gekeucht hat.« [2595]

*

B. Bridges: »Was hast du gegen *Feelings*?«
Pfeiffer: »Gar nichts. ... Aber wozu soll das gut

sein? Ich meine, muß wirklich noch jemand *Feelings* in seinem Leben hören? Das ist wie Petersilie, wenn man sie wegläßt, merkt trotzdem keiner den Unterschied.« [2596]

*

B. Bridges: »Wir lassen uns nicht von einem Hauch Parfum 15 Jahre wegpusten.« [2597]

*

J. Bridges: »Jetzt hör mal zu, Prinzessin! Wir haben zweimal gevögelt, mehr war nicht. Sobald der Schweiß getrocknet ist, kennst du mich doch gar nicht mehr.« [2598]

*

Pfeiffer: »Als ich dich das erstemal sah, hielt ich dich für 'n Versager. Aber ich hab mich geirrt, es ist schlimmer: Du bist ein Feigling.« [2599]

*

J. Bridges: »Was ist los mit dir? Leckst du schon so lange Ärsche, daß es anfängt, dir zu gefallen?« [2600]

*

J. Bridges: »Das hat sich erledigt mit uns beiden, ich kann das nicht mehr.« [2601]

*

Pfeiffer: »Der Wagen, auf dem du hockst, gehört einem Schwergewichtler mit schlechten Manieren.« [2602]

***

FAHR ZUR HÖLLE, LIEBLING
(Farewell, My Lovely)
USA 1975, Kastner, ITC, Avco Embassy (Regie Dick Richards, Buch David Zelag Goodman, nach dem Roman von Raymond Chandler)

*

Robert Mitchum (Philip Marlowe): »Ja?«
John Ireland (Lieutenant Nulty): »Schneewittchen.«
Mitchum: »Mit oder ohne Zwerge?«
Ireland: »Ohne.«
Mitchum: »Kommen Sie rein!« [2603]

*

Mitchum (voice-over): »Eins war mir klar: Wenn jemand sagt, man braucht keine Waffe, dann nimmt man besser eine mit und zwar eine, die todsicher funktioniert.« [2604]

*

Mitchum (voice-over): »Das Haus war ein bescheidener Klinkerbau, etwas kleiner als der Buckingham Palace, und es hatte wahrscheinlich auch weniger Fenster als das Chrysler-Gebäude.« [2605]

*

Mitchum (voice-over): »Das Telefon klingelte ununterbrochen. Es machte mich verrückt. Ich betete darum, daß jemand rangeht, bis mir klar wurde, daß das Klingeln in meinem Kopf war.« [2606]

*

Kate Murtagh (Frances Amthor): »Ich glaube, Sie sind ein sehr dummer Mann. Sie sehen dumm aus, haben einen dummen Beruf, und Sie arbeiten an einem sehr dummen Fall.« [2607]

*

Mitchum (voice-over): »›Okay, Marlowe‹, sagte ich mir, ›du bist 'n harter Bursche, ein Meter neunzig, ein Mann aus Eisen. Du wiegst ausgezogen und wenn du dir das Gesicht gewaschen hast 190 Pfund. Du hast harte Muskeln und kein Glaskinn. Du bist gut im Nehmen. Trotzdem wärst du fast zweimal hopsgegangen. Man hat dich mit Drogen vollgespritzt, bis du so verrückt warst wie zwei Tanzmäuse zusammen. Und was war das im Grunde alles? Routine. Jetzt zeig mal, ob du wirklich was kannst! Aufstehen zum Beispiel.‹« [2608]

*

Mitchum (voice-over): »Ich kroch auf dem Boden entlang und dachte: 'Wie, zum Teufel, komm ich unter der Tür durch?'« [2609]

*

Mitchum: »Sehen Sie? Das ist 'ne Kanone. Wenn man 'ne Kanone in der Hand hat, tun die Leute gewöhnlich das, was man sagt.«
Murtagh: »Nicht wenn einer wie Sie kurz vorm Kollaps ist.« [2610]

*

Jimmy Archer (Georgie): »Sie sehen aus, als hätten Sie zehn Runden mit Joe Louis hinter sich.« [2611]

»*Was ist los mit dir? Leckst du schon so lange Ärsche, daß es anfängt, dir zu gefallen?*«
Die fabelhaften Baker Boys

Mitchum: »Wo haben Sie sich versteckt?«
Jack O'Halloran (Moose Malloy): »Wo mich niemand finden kann.«
Mitchum: »Das sind die besten Verstecke.« [2612]

*

Mitchum: »Können Sie uns rüberbringen zur Lido?«
(Bootsbesitzer): »Die haben doch Wassertaxis, die rüberfahren.«
Mitchum: »Und wenn ich Taxis nicht leiden kann?«
(Bootsbesitzer): »Dann müssen Sie aber schon sehr gute Gründe haben.«
Mitchum: »Wieviel kosten die Gründe?«
(Bootsbesitzer): »50 Dollar, zehn Dollar extra, wenn Sie mein Boot vollbluten. ... 25?« [2613]

*

Ireland: »Komm schon, Hank, schalt die Sirene ein! Dies ist ein Polizeiwagen.« [2614]

***

FAHRENHEIT 451
UK 1966, Vineyard, Anglo-Enterprise, Universal (Regie François Truffaut, Buch François Truffaut, Jean-Louis Richard, nach dem Roman von Ray Bradbury)

*

Cyril Cusack (der Captain): »Übrigens, was macht Montag an seinem dienstfreien Tag?«
Oskar Werner (Montag): »Nicht sehr viel, Sir. Ich mähe den Rasen.«
Cusack: »Und wenn es gesetzlich verboten ist?«
Werner: »Sehe ich zu, wie er wächst.« [2615]

*

Julie Christie (Clarisse/Linda): »Was ist das für 'ne Nummer, die Sie alle tragen? Was bedeutet das?« (...)
Werner: »Bei 451 Grad Fahrenheit fängt Bücherpapier Feuer und fängt zu brennen an.« [2616]

*

Christie: »Ist es wahr, daß früher, vor langer Zeit, Feuerwehrmänner Brände gelöscht haben, anstatt wie heute Brände zu legen?« [2617]

> »Bücher beunruhigen die Menschen, sie machen sie asozial.«
> Fahrenheit 451

Christie: »Warum verbrennen Sie eigentlich alle Bücher?«
Werner: »(...) Es ist ein schöner Beruf wie jeder andere, ein schöner Beruf mit viel Abwechslung. Wir verbrennen Montag Molière, Dienstag Dostojewski, Mittwoch Thomas Mann, Freitag Faulkner, Samstag und Sonntag Schopenhauer und Sartre.« [2618]

*

Christie: »Sie mögen also Bücher nicht?«
Werner: »Mögen Sie Regen?« [2619]

*

Werner: »Bücher beunruhigen die Menschen, sie machen sie asozial.« [2620]

*

Cusack: »Die Menschen, die dieses Zeug lesen, zerfallen mit sich und der Welt. Sie möchten ein Leben führen, das mit der Wirklichkeit nicht übereinstimmt.« [2621]

*

Cusack: »Es gibt nur eine Möglichkeit, glücklich zu sein: daß wir alle gleich sind. Und darum müssen die Bücher brennen, Montag.« [2622]

***

FAHRKARTE INS JENSEITS
(Decision at Sundown)
USA 1957, Columbia (Regie Budd Boetticher, Buch Charles Lang, Story Vernon L. Fluharty)

Randolph Scott (Bart Allison): »Das ist schön, daß es ihm so gut geht. Wenn jemand auf so hohem Roß sitzt, dann spürt er es besser, wenn er wieder runterfällt.« [2623]

*

Scott: »Sogar eine Klapperschlange gibt eine Warnung.«
Noah Beery jr. (Sam): »Ja, wenn alle Klapperschlangen vorher so deutlich warnen würden, wie du Kimbrough gewarnt hast, wären sie alle ausgestorben wie die Dinosaurier.« [2624]

*

John Carroll (Tate Kimbrough): »Ich möchte dich nicht kränken, mein Kind, aber *du* wolltest *mich* heiraten.«
Karen Steele (Lucy Summerton): »Es ist nicht nett von dir, mich daran zu erinnern. Im Grunde bin ich dir auch nicht mehr wert als Ruby.«
Carroll: »Das bist du aber, denn Ruby habe ich nie heiraten wollen.«

Steele: »Und wie ist es mit Mary gewesen?«
Carroll: »Die genausowenig. Es gibt Frauen, die man sehr gut kennenlernen kann, ohne sie viel bitten zu müssen.«
Steele: »Und wie gut hast du Mary gekannt?«
Carroll: »Immerhin gut genug, um sie nicht zu heiraten. Lucy ich habe nie behauptet, ich wäre ein Heiliger, genausowenig wie du mir vorgespielt hast, ein Unschuldsengel zu sein. Du hast über Ruby und mich Bescheid gewußt.«
Steele: »Tate, sage mir nur: Warum will der Mann dich erschießen?«
Carroll: »Wahrscheinlich, weil er von Frauen nicht soviel versteht wie ich.« 2625

*

John Archer (Dr. Storrow): »Es gibt auch Dinge, die ändert man nicht mit Kugeln.«
Scott: »Als Arzt erweisen Sie mir einen großen Dienst, wollen Sie das alles wieder durch Ihre Philosophie verderben?« 2626

***

FAHRSTUHL ZUM SCHAFOTT
(Ascenseur pour l'echafaut)
F 1957, NEF (Regie Louis Malle, Buch Louis Malle, Roger Nimier, nach dem Roman von Noël Calef)

*

Charles Denner (Inspektor Chériers Assistent): »Es gibt so viele Alibis, Hunderte: Straßenmädchen, Kellner, Taxichauffeure, Jugendfreunde, betrogene Ehemänner. Bloß keine Fahrstühle. Diese Ausrede ist einfach idiotisch.« 2627

***

DER FALL CICERO
(Five Fingers)
USA 1952, Twentieth Century Fox (Regie Joseph L. Mankiewicz, Buch Michael Wilson, nach dem Roman ›Operation Cicero‹ von L. C. Mayzisch)

*

James Mason (Cicero): »Und bitte lassen Sie mich nicht verfolgen! Ihr Deutschen habt kein Talent dafür. Eure Methoden sind etwas zu plump für uns.« 2628

*

Roger Plowden (Macfadden): »Unsere sämtlichen Angestellten sind vorher in London auf Herz und Nieren geprüft worden.«
Michael Rennie (George Travers): »Jeder Spion, der etwas auf sich hält, ist vorher auf Herz und Nieren geprüft worden.« 2629

Herbert Berghof (Colonel von Richter): »Ein eigenartiges, seltsames und plötzliches Zusammentreffen. Zu eigenartig, zu seltsam und zu plötzlich.« 2630

*

Mason: »Es gehen viel mehr Leute ins deutsche Konsulat, als wieder herauskommen. Es muß irgendeine Attraktion geben, die sie dort zurückhält.« 2631

*

Mason: »Wenn ich ein Gentleman wäre, würde ich annehmen, daß das Geld stimmt. Ich werde aber leider erst ein Gentleman, wenn ich merke, daß es wirklich stimmt.« 2632

***

EIN FALL FÜR DEN MÖRDER
(A Case of Murder)
USA 1993, Universal (Regie Duncan Gibbins, Buch Pablo F. Fenjves, Duncan Gibbins, Story Pablo F. Fenjves)

*

Eugene Roche (Alan Nugent): »Unser Klient ist euphorisch. Wir müssen sein Grinsen wohl operativ entfernen lassen.« 2633

***

EIN FALL FÜR HARPER
(Harper)
USA 1966, Warner (Regie Jack Smight, Buch William Goldman, nach dem Roman ›The Moving Target‹ von Ross MacDonald)

*

Lauren Bacall (Mrs. Sampson): »Einen Drink, Mr. Harper?«
Paul Newman (Lew Harper): »Nein, danke, ich hab noch nicht gefrühstückt.«
Bacall: »Ich denke, Detektive können immer trinken.«
Newman: »Nur im Roman.« 2634

*

Robert Wagner (Alan Taggert): »He, Harper, alles in Ordnung?«

> »Unser Klient ist euphorisch.
> Wir müssen sein Grinsen wohl
> operativ entfernen lassen.«
> Ein Fall für den Mörder

Newman: »Ich hab's allmählich satt, diese Frage zu beantworten.« [2635]

*

Newman: »Mein lieber Freund, anständige Menschen werden immer verkannt. Nur Angeber und Schweinehunde haben Erfolg.« [2636]

*

Pamela Tiffin (Miranda Sampson): »Warum so schnell, Harper? Wollen Sie mir imponieren?«
Newman: »Die Konversation mit Ihnen ist immer schon zu Ende, ehe sie angefangen hat.«
Tiffin: »Aus welchem Grund läßt sich Ihre Frau von Ihnen scheiden?«
Newman: »Die Konversation mit Ihnen ist immer schon zu Ende, ehe sie angefangen hat.« [2637]

***

DER FALL PARADIN *(The Paradine Case)*
USA 1947, Selznick, Vanguard (Regie Alfred Hitchcock, Buch David O. Selznick, Alma Reville, nach dem Roman von Robert Hichens)

*

Charles Laughton (Richter Horfield): »Ich möchte nicht gerne unterbrochen werden, wenn ich jemanden anpöbel.« [2638]

***

FALLING DOWN
USA 1992, Canal+, Regency, Alcor, Warner (Regie Joel Schumacher, Buch Ebbe Roe Smith)

*

Michael Douglas (D-Fens): »Siehst du? So macht man das. Richtig zielen, dann trifft man auch.« [2639]

*

Douglas: »Kann mir jemand sagen, was an dem Bild nicht stimmt?« [2640]

*

Robert Duvall (Prendergast): »Sandra, sei nicht böse auf mich!«
Rachel Ticotin (Sandra): »Ich hasse dich zwar, aber ich bin nicht böse auf dich.« [2641]

> »Ich möchte nicht gerne unterbrochen werden, wenn ich jemanden anpöbel.«
> Der Fall Paradin

Barbara Hershey (Beth): »Du willst mir nur Angst einjagen.«
Douglas: »Und? War ich erfolgreich?« [2642]

***

DER FALSCHE MANN *(The Wrong Man)*
USA 1956, Warner (Regie Alfred Hitchcock, Buch Maxwell Anderson, Angus MacPhail, nach ›The True Story of Christopher Emmanuel Balestero‹ von Maxwell Anderson)

*

Harold J. Stone (Lieutenant Bowers): »Ein unschuldiger Mann hat von der Polizei nichts zu befürchten.« [2643]

***

FALSCHES SPIEL MIT ROGER RABBIT *(Who Framed Roger Rabbit)*
USA 1988, Amblin, Touchstone (Regie Robert Zemeckis, Buch Jeffrey Price, Peter S. Seaman, nach dem Roman 'Who Censored Roger Rabbit?' von Gary K. Wolf)

*

»He, Mister, haben Sie denn kein Auto?«
Bob Hoskins (Eddie Valiant): »Wer braucht denn in Los Angeles 'n Auto? Wir haben doch hier das beste öffentliche Transportsystem der Welt.« [2644]

*

(Jessica Rabbit): »Sie wissen ja nicht, wie schwer es ist, eine Frau zu sein, die so aussieht wie ich.«
Hoskins: »Ja also, Sie wissen auch nicht, wie schwer es ist, ein Mann zu sein, der eine Frau ansieht, die so aussieht wie Sie.« [2645]

*

(Jessica Rabbit): »Ich bin nicht schlecht. Ich bin nur so gezeichnet worden.« [2646]

***

DIE FALSCHSPIELERIN *(The Lady Eve)*
USA 1941, Paramount (Regie, Buch Preston Sturges, Story Monckton Hoffe)

*

Barbara Stanwyck (Jean): »Ich hoffe, daß er reich ist und sich für einen guten Kartenspieler hält.«
Charles Coburn (›Colonel‹ Harrington): »Dein Wort in Gottes Ohr!«
Stanwyck: »Und ich hoffe, er hat eine große dicke Frau, damit ich nicht im Mondschein mit ihm tanzen muß. Ich weiß auch nicht, warum

das so ist, aber ein Trottel tritt einem immer auf die Füße.«
Coburn: »Ein Trottel ist auf jedem Gebiet ein Trottel.« [2647]

*

Coburn: »Sei nicht vulgär, Jean! Wir sind zwar Betrüger, aber nie ordinär.« [2648]

*

(Slogan): »Pike's Pale, das Ale, das gewonnen hat für Yale.« [2649]

*

Stanwyck: »Mal sehen, ob ich ihn damit auf den Kopf treffe.« [2650]

*

Stanwyck: »Aber wir spielen immer um Geld. Sonst ist es ja, als würde man in einem leeren Swimmingpool schwimmen.« [2651]

*

Henry Fonda (Charles): »Mir schien er etwas unausgeglichen.«
Stanwyck: »Er ist manchmal mehr und manchmal weniger unausgeglichen.«
Fonda: »Das macht ihn eben unausgeglichen.«[2652]

*

Fonda: »Sie brauchen sich nicht zu fürchten, sie *(die Schlange)* ist verspielt wie ein junges Kätzchen.« [2653]

*

Fonda: »Es ist nicht anzunehmen, daß Ihr *(gerade beschriebener)* Ideal *(-Mann)* so schwer zu finden ist.«
Stanwyck: »Ganz sicher nicht. Darum ist es ja auch mein Ideal. Was nützt es, eins zu haben, wenn man es nicht finden kann? Meins ist ein praktisches Ideal. Zwei oder drei davon sind eigentlich bei jedem Friseur zu finden.« [2654]

*

Melville Cooper (Gerald): »Möchten Sie eine Tasse Tee?«
William Demarest (›Mugsy‹/Ambrose Murgatroyd): »Ich habe schon gefrühstückt. Wo ich herkomme, steht man morgens auf.«
Cooper: »So, und wohin hat Sie das gebracht, wenn ich fragen darf?« [2655]

*

Coburn: »Warum sollte er dir nicht gefallen? Er ist eines der vollkommensten Exemplare der Trottel sapiens, das mir je begegnet ist: ein Mann, der Kartentricks macht.« [2656]

*

Coburn: »Diesen Jungen könnte ich mit einem Stoß Visitenkarten übertölpeln.« [2657]

*

Coburn: »Das ist die Tragödie der Reichen: Sie brauchen nichts.« [2658]

*

Fonda: »Ich zahle lieber 32.000 Dollar, als eine wirklich große Summe zu verlieren.« [2659]

*

Stanwyck: »Man sagt, ein Deck im Mondschein ist der Geschäftsraum einer Frau.« [2660]

*

Stanwyck: »Du verstehst nicht sehr viel von Mädchen. Die besten sind nicht so gut, wie du vermutlich denkst, und die bösen sind meistens gar nicht so böse.« [2661]

*

Eric Blore (Sir Alfred McGlennan Keith): »Und die junge Dame! Hübsch wie ein Päckchen Asse.« [2662]

*

Stanwyck: »Ich will diesen Kerl wiedersehen. Da ist noch etwas unerledigt zwischen uns. Ich brauche ihn wie die Axt den Truthahn.« [2663]

*

Eugene Pallette (Mr. Pike, zu Fonda, der zum zweitenmal seinen Smoking bekleckert hat): »Warum ziehst du nicht gleich einen Badeanzug an?« [2664]

***

FAMILIENFESTE UND ANDERE SCHWIERIGKEITEN (Home for the Holidays)
USA 1995, Egg, PolyGram (Regie Jodie Foster, Buch W. D. Richter, nach der Geschichte von Chris Radant)

*

Holly Hunter (Claudia Larson): »Keiner meint, was er an Thanksgiving sagt, das weißt du doch. Es geht doch an dem Tag um was ganz anderes, nicht? Um Quälerei.«
Anne Bancroft (Adele Larson): »Ja. Und um den

> »Das ist die Tragödie
> der Reichen:
> Sie brauchen nichts.«
> Die Falschspielerin

Dank, daß wir das erst wieder in einem Jahr durchmachen müssen. So ist es bloß nicht, weil die Mistkerle noch Weihnachten dazwischengesetzt haben.« [2665]

***

FAMILY BUSINESS
USA 1989, Milchan, Gordon, TriStar (Regie Sidney Lumet, Buch Vincent Patrick, nach seinem Roman)

*

Matthew Broderick (Adam McMullen): »Netter Kerl.«
Sean Connery (Jessie McMullen): »Adam, du mußt lernen, Menschen besser zu beurteilen.« [2666]

*

Dustin Hoffman (Vito McMullen): »Frag mal deinen Opa, wo das Geld jetzt ist.«
Connery: »Ach, genau da, wo es hingehörte, hat mir nicht an den Fingern geklebt. Denk immer daran, es ist nur 100 % teurer, 1. Klasse zu fahren.« [2667]

*

Connery: »Jeder, dem es peinlich ist, daß er gesessen hat, ist 'n verdammter Snob. Du sitzt schön deine Zeit ab, verpfeifst keinen draußen, läßt dir nichts in den Arsch schieben. Was soll denn daran peinlich sein?« [2668]

*

Connery: »Vito, irgendwann haben sich deine Werte verdreht. Wann hast du dir in den Kopf gesetzt, daß es so furchtbar ist, ein Dieb zu sein?« [2669]

*

Connery: »Aufrechte Diebe, Zigeuner, die haben keinen einzigen heuchlerischen Knochen im Leib.« [2670]

*

Connery: »Also dann, meine Glückspilze, wollen wir mal sehen, wie wir die Familie ins Geschäft bringen.«
Hoffman: »Ja. Es geht doch nichts über einen guten Raub, um eine Familie zusammenzubringen.« [2671]

*

Connery: »Kommt, laßt uns der trauernden Witwe unser Beileid aussprechen, bevor sie der Länge nach betrunken hinfällt.« [2672]

*

»Wenn ich an Ihrer Stelle wäre, würde ich hoffen, daß Gott keinen Sinn für Humor hat.« [2673]

*

Victoria Jackson (Christine): »Was spielt das für eine Rolle, wer den Profit macht?«
Connery: »Der Unterschied ist der, daß Sie sich im Elend von anderen Menschen rumsuhlen. Wenn Sie jemanden berauben, ganz legal, ohne Risiko, ohne Ihren Hals zu riskieren, ist es unmoralisch.« [2674]

*

Connery: »Wie die meisten verwechselst du das, was moralisch ist, mit dem, was legal ist.« [2675]

*

Connery (zum gefesselten Wachmann): »Okay, deine Silhouette ist mit 'm Stück Kreide auf 'n Boden gemalt, und wenn wir zurückkommen, wird jeder Teil von dir, der sich außerhalb dieser Linie befindet, weggeschossen.« [2676]

*

Connery (zum Richter, nach dem Urteil): »He, du kahlköpfiger Schlappschwanz, laß dich nicht beim Kassieren erwischen! Denn wenn du mal in einen Knast kommst, in dem ich bin, gehst du mit den Füßen zuerst wieder raus.« [2677]

***

FANDANGO
USA 1984, Amblin, Warner (Regie, Buch Kevin Reynolds)

*

Kevin Costner (Gardner Barnes): »Wenn man Frauen ernst nimmt, ist man verraten und verkauft.« [2678]

***

DIE FARBE DES GELDES (The Color of Money)
USA 1986, Silver Screen Partners II, Touchstone (Regie Martin Scorsese, Buch Richard Price, nach dem Roman von Walter Tevis)

*

Mary Elizabeth Mastrantonio (Carmen): »Ist das Ihr Ernst?«

> »Kommt, laßt uns der trauernden Witwe unser Beileid aussprechen, bevor sie der Länge nach betrunken hinfällt.«
> Family Business

Paul Newman (›Fast‹ Eddie Felson): »Ich mache nie Witze über Geld.« [2679]

*

Tom Cruise (Vincent Lauria): »Ist doch nur 'n Spiel, Mann, 'n paar Kugeln und 'n Stock.« [2680]

*

Newman: »Okay, okay, ich hab Unrecht. Aber laß es mich auf meine Art machen!« [2681]

*

Helen Shaver (Janelle): »Wenn du irgendwas aus meinem Apartment brauchst, dann findest du's im Koffer vor der Tür.« [2682]

*

Newman: »Ach, ich hab genug, die Luft ist raus. Das ist ein Spiel für junge Männer. Und heute gibt's die Drogen. Die Jungen nehmen Koks, Aufputschmittel. Ich weiß nicht. Als ich jünger war, hatten wir Schnaps, und irgendwie war das humaner.«
Cruise: »Schnaps?«
Newman: »Ja, Schnaps, Wein. Der geht auf die Bibel zurück. In der Bibel steht nichts von Amphetaminen.« [2683]

*

Mastrantonio: »Wenn du zu alt bist, den Senf zu vertragen, kannst du immer noch am Glas lecken.« [2684]

*

Newman: »Wir reden nur um den Brei rum. Es geht nicht um Pool, es geht nicht um Sex, es geht nicht um Liebe. Es geht um Geld. Ich mein, der Beste ist der, der das meiste hat, das ist die ganze Show. Der Beste ist der, der das meiste hat, in allen Lebenslagen.« [2685]

*

Newman: »Wieviel hast du Moselle abgeknöpft? Ich hab gehört, 100.«
Cruise: »150.«
Newman: »150!«
Cruise: »Ja, 150.«
Newman: »Wenn du mit 150 Dollar in 'n Schuhgeschäft gehst, kommst du mit einem Schuh wieder raus. Wir haben an 5000 gearbeitet.« [2686]

*

Newman: »Entweder unterrichte ich dich nicht richtig, oder du hörst nicht zu. Oder du hörst zu und verstehst nichts.« [2687]

Newman: »Du erinnerst mich daran, daß (...) gewonnenes Geld zweimal so süß ist wie verdientes.« [2688]

*

Newman: »Zwei Dinge gehören zum Gewinnen: Du mußt ein Gehirn haben, und du mußt Mumm haben. Vom einen hast du zuviel, vom andern zuwenig.« [2689]

*

Cruise: »Ich seh die andern, die betrügen *und* gewinnen. Wie kommt's, daß ich immer den Trottel spielen soll? Können wir nicht 'n Schwindel machen, bei dem ich mal gewinne?« [2690]

*

Mastrantonio: »Wenn du noch ein Spiel gewinnst, kannst du's dir für ganz lange Zeit mit der Hand machen.« [2691]

*

Newman: »Es läuft bestens. Ich bin schon richtig nervös, weil's mir so gut geht. (...) Ich hab überhaupt keinen Kummer. Komm doch rüber und mach mir welchen!« [2692]

*

Newman: »Wir sind quitt, aber es ist nicht entschieden. Laß es uns entscheiden!« [2693]

***

FARGO

USA 1995, Working Title, PolyGram (Regie Joel Coen, Buch Ethan Coen, Joel Coen)

Steve Buscemi (Carl Showalter, im Auto, redet längere Zeit): »Warst du schon mal in Minneapolis?«
Peter Stormare (Gaear Grimsrud): »Nope.«
Buscemi: »Würdest du vielleicht endlich mal was sagen?«
Stormare: »Hab ich doch.« [2694]

*

Frances McDormand (Marge Gunderson): »Ich bin nicht sicher, ob ich hundertprozentig mit

> »Wenn du zu alt bist,
> den Senf zu vertragen,
> kannst du immer noch
> am Glas lecken.«
> Die Farbe des Geldes

deinen Schlußfolgerungen einverstanden bin.«²⁶⁹⁵

*

Buscemi: »Was is'n mit der *(toten Geisel)* los?«
Stormare: »Sie hat angefangen rumzukreischen.« ²⁶⁹⁶

***
FASHIONS OF 1934
USA 1934, First National, Warner (Regie William Dieterle, Buch F. Hugh Herbert, Carl Erickson, Story Harry Collins, Warren Duff)

*

William Powell (Sherwood Nash): »Ich möchte vorsichtig darauf hinweisen, daß ich sowohl für Sie als auch gegen Sie arbeiten könnte. Das heißt, ich muß ja nicht unbedingt das Haar in Ihrer Suppe sein. Sie könnten in mir auch das Markklößchen sehen.« ²⁶⁹⁷

***
FAST WIE IN ALTEN ZEITEN
(Seems Like Old Times)
USA 1980, Rastar, Columbia (Regie Jay Sandrich, Buch Neil Simon)

*

Goldie Hawn (Glenda Parks): »Du weißt ja wohl, daß du eben an einem Stopschild vorbeigefahren bist?«
T. K. Carter (Chester): »Ich kann nichts dafür, wenn ich fahre, les ich nicht gern.« ²⁶⁹⁸

*

Hawn: »Du bist wirklich in Schwierigkeiten, Nick. Also benimm dich auch so!« ²⁶⁹⁹

*

Charles Grodin (Ira Parks): »Wenn es dir nicht gelingt, dich von der Vergangenheit zu lösen, dann mußt du dich von der Gegenwart lösen.« ²⁷⁰⁰

*

George Grizzard (Governor): »Fällt es Ihnen eventuell auf, wie ruhig ich bleibe? Ich tue das, weil ich der Gouverneur bin.« ²⁷⁰¹

»Es gibt Frauen,
die lieben dich so, wie du bist.
Aber das hält nicht lange.«
Fat City

FAT CITY
USA 1972, Huston-Stark, Rastar, Columbia (Regie John Huston, Buch Leonard Gardner, nach seinem Roman)

*

Stacy Keach (Tully): »Es gibt Frauen, die lieben dich so, wie du bist. Aber das hält nicht lange.« ²⁷⁰²

***
DIE FAUST IM NACKEN *(On the Waterfront)*
USA 1954, Columbia (Regie Elia Kazan, Buch Budd Schulberg, nach Artikeln von Malcolm Johnson)

*

Tami Mauriello (Tillio): »Scheint jemand vom Dach gefallen zu sein. Hm? ... Der Junge kann uns jetzt nicht mehr verpfeifen.« ²⁷⁰³

*

Marlon Brando (Terry Malloy): »Jedenfalls war er kein schlechter Kerl.«
Tony Galento (Truck): »Er sang zuviel.«
Mauriello: »Ja, singen konnte er, aber fliegen konnte er nicht.« ²⁷⁰⁴

*

James Westerfield (Big Mac): »Er hat seine Mathematik vom Ringrichter. Da hat er nur bis zehn zählen gelernt.« ²⁷⁰⁵

*

John Hamilton (Pop Doyle): »Wer woanders borgt, kriegt keine Arbeit.«
Barry Macollum (Morgan): »Sag mal ehrlich, findest du zehn Prozent wöchentlich wirklich zuviel?«
Pat Henning (Kayo Dugan): »Ne, wir haben nur eine Sorge, daß ihr dabei nicht zurechtkommt.« ²⁷⁰⁶

*

Eva Marie Saint (Edie Doyle): »Auf welcher Seite stehen Sie denn eigentlich?«
Brando: »Darüber hab ich noch nicht nachgedacht. Vielleicht auf meiner.« ²⁷⁰⁷

*

Saint: »Was soll ich noch mit Schulbüchern anfangen, Vater, jetzt, wo ich das Leben kenne?« ²⁷⁰⁸

*

Don Blackman (Luke): »Wenn Sie in 'ner Versammlung 'n Antrag stellen, der den Brüdern nicht paßt, geht das Licht im Saal aus und Ihr Licht auch.« ²⁷⁰⁹

Brando: »Wollen Sie jetzt mal meine Lebensregel wissen? Zuschlagen, bevor der andere zuschlägt.« [2710]

*

Brando: »Wenn ich auspacke, ist mein Leben keinen Pfifferling mehr wert.«
Karl Malden (Father Barry): »So, und wieviel ist deine Seele wert, wenn du es nicht tust?« [2711]

*

Lee J. Cobb (Johnny Friendly): »Sein Gemütszustand ist mir schnurz. Ich will wissen, singt er oder singt er nicht.« [2712]

*

Brando: »Es dreht sich doch um mehr, als ich dachte. Leider um sehr viel mehr sogar, Charley.« [2713]

*

Brando: »Ich hätte was werden können. Zumindest 'n Klasseboxer. Und was bin ich geworden? 'n gemeiner Lump.« [2714]

*

Rod Steiger (Charley Malloy): »Da Kleiner. *(gibt Brando Revolver)* Du wirst ihn brauchen.« [2715]

*

(Staatsanwalt): »Finden Sie es nicht etwas seltsam, daß in Ihren sämtlichen fünf Geschäftsstellen gleichzeitig eingebrochen wurde und daß das einzige, was jedesmal gestohlen wurde, ausgerechnet die Bücher waren?«
James Westerfield (Big Mac): »Was is'n daran seltsam? Man kann doch keinem vorschreiben, was er klauen soll.« [2716]

***

FEDORA
BRD 1978, Bavaria (Regie Billy Wilder, Buch Billy Wilder, I. A. L. Diamond, nach der Geschichte von Thomas Tyron)

*

Marthe Keller (Fedora): »Erzählen Sie mir nicht, Sie wären normal. Kein normaler Mann würde gähnen, wenn er mich nackt sieht.«
William Holden (Barry Detweiler): »Hab ich gegähnt? Es tut mir leid, aber die letzte Nacht war ziemlich hart.«
Keller: »Was haben Sie gemacht? Matrosen aufgegabelt an 'ner Bushaltestelle?« [2717]

*

Holden: »Sie haben einen sehr hübschen Körper.«
Keller: »Hab ich nicht.«
Holden: »Nicht?«
Keller: »Ich habe einen aufregenden Körper.« [2718]

*

Hildegard Knef (Gräfin Sobryanski): »Setzen Sie sich! ... Nein, nicht da! Da sitzt die Katze.« [2719]

***

FEGEFEUER DER EITELKEITEN
(The Bonfire of the Vanities)
USA 1990, Guber-Peters, Warner (Regie Brian De Palma, Buch Michael Christopher, nach dem Roman von Tom Wolfe)

*

Bruce Willis (Peter Fallow, voice-over): »Warum konnte er es ihr nicht einfach sagen: ›Hör zu, Judy, ich liebe dich noch immer. Ich liebe noch immer unsere Tochter, unser Heim, unser Leben. Aber ich bin ein Meister des Universums, mir steht mehr zu.‹« [2720]

*

Tom Hanks (Sherman McCoy): »Übertreiben wir die Aufregung nicht (...): gesammelt, ruhig und kühl. Verlieren wir unsere Gelassenheit nicht wegen ein paar hundert Millionen Dollar.« [2721]

*

Hanks: »Vergiß niemals, Raleigh: Ein aufgeregter Verkäufer ist ein toter Verkäufer.« [2722]

*

Willis (voice-over): »Er war angekommen. An der Spitze. Unempfindlich. Unberührbar. Isoliert durch Reichtum und Macht. Ein Meister des Universums. Eine sehr große Höhe, um von da aus den Rest der Welt zu betrachten. Eine zu große Höhe, um zu stürzen.« [2723]

*

Kim Cattrall (Judy McCoy): »Könntest du nicht *einmal* versuchen, ein kleines bißchen interessant zu sein?« [2724]

> *»Sie haben einen sehr hübschen Körper.« »Hab ich nicht.« »Nicht?« »Ich habe einen aufregenden Körper.«*
> Fedora

EIN FEINER HERR *(Jimmy the Gent)*
USA 1934, Warner (Regie Michael Curtiz, Buch Bertram Milhauser, Story Laird Doyle, Ray Nazarro)

*

James Cagney (Jimmy Corrigan): »Überall in den Banken im Land liegt 'ne Menge Geld rum, Millionen von Dollar, die Erben hinterlassen wurden, die unauffindbar sind. Diese Erben finde ich, und für eine kleine Provision – ich nehme nie mehr als fünfzig Prozent – stelle ich den Kontakt her.« 2725

*

Cagney: »Mike, du gehst gleich zum städtischen Krankenhaus. Dort wurde ein alter Junggeselle eingeliefert.«
Joseph Sauers (=Joe Sawyer, Mike): »Ist er tot?«
Cagney: »Nein, noch nicht, aber bald. Der Arzt, von dem ich den Tip habe, operiert ihn gerade.« 2726

*

Cagney: »Tritt ihn ans Schienbein, wenn du merkst, daß er 'n Fehler machen will! Wenn er ihn trotzdem macht, ziehst du ihm 'n Sack übern Kopf und schmeißt ihn in den See!« 2727

*

Cagney: »Weißt du, daß ich an dich gedacht habe?«
Bette Davis (Joan Martin). »Es wäre mir lieber, du würdest es nicht tun. (...) Von dem, was in deinem Kopf vorgeht, kann man ja was abkriegen.« 2728

*

Alan Dinehart (Charles Wallingham): »Trinken Sie eine Tasse Tee mit uns?«
Cagney: »Ja, gern, ich bin sehr durstig.«
Davis: »Sahne oder Zitrone, Jimmy?«
Cagney: »Ach weißt du, ein bißchen von beidem.« 2729

*

Cagney: »Haben Sie wirklich diesen Berg umgelegt?«

»Sahne oder Zitrone, Jimmy?«
»Ach weißt du, ein bißchen von beidem.«
Ein feiner Herr

Arthur Hohl (Joe Rector): »Der Blödmann zieht seine Pistole und ballert damit los, darauf verpasse ich ihm sechs mit dem alten Gleichmacher, und am nächsten Tag begraben sie ihn. Ziehen Sie selbst Ihren Schluß daraus!« 2730

*

Davis: »Wir können ja auf die Provision verzichten. Es wäre doch sehr nett, wenn wir das täten.«
Dinehart: »Oh nein, wir müssen diese Provision annehmen, ganz gleich, wie geschmacklos das auch sein mag. Es ist einfach unsere Pflicht, die, die uns etwas schuldig sind, auch bezahlen zu lassen, zum Wohle ihrer eigenen moralischen Haltung.« 2731

*

Cagney: »Daß ich mal ein Gentleman werde, hättest du wohl nie gedacht. Da, sieh dir das mal an! Siehst du? Da steht die gesamte Bildung.«
Davis: »Was ist das?«
Cagney: »Der Fünfzehn-Meter-Bücherschrank von Doc Elliott.«
Davis: »Ach, du armer Idiot! Das sind doch keine fünfzehn Meter, das sind höchstens fünf.«
Cagney: »Die andern Leute begnügen sich damit, aber ich hab drei gekauft. Ethik, verstehst du? Ethik im ganz großen Stil.« 2732

*

Davis: »Du kannst tiefer runtersteigen, dich länger im Dreck wälzen und schmutziger wieder auftauchen als jeder andere Mann, den ich je gekannt habe.« 2733

*

Cagney: »Warum hast du das sagen müssen?«
Davis: »Weil ich weiß, daß du zu den Männern gehörst, die sogar zwei linke Schuhe stehlen würden.« 2734

***

FELD DER TRÄUME *(Field of Dreams)*
USA 1989, Gordon, Carolco, Universal (Regie, Buch Phil Alden Robinson, nach dem Roman ›Shoeless Joe‹ von W. P. Kinsella)

*

(Stimme): »Wenn du es baust, kommt er zurück.« 2735

*

Kevin Costner (Ray Kinsella): »Hältst du mich jetzt für verrückt?«

Amy Madigan (Annie Kinsella): »Ja. Aber ich meine auch, wenn du wirklich das Gefühl hast, du solltest es tun, dann solltest du es tun.« [2736]

*

Ray Liotta (Joe Jackson): »He, ist das der Himmel?«
Costner: »Nein, das ist Iowa.« [2737]

*

Madigan: »Ray, das ist wenig informativ, was du da draußen hörst, und langsam geht es mir auf die Nerven.« [2738]

*

Lee Garlington (Beulah): »Ich hab sie erlebt, eure 60er.«
Madigan: »Nein, ich denke, Sie hatten die 50er zweimal und gerieten direkt in die 70er.« [2739]

*

Costner: »Unglaublich!«
James Earl Jones (Terence Mann): »Es ist mehr als das. Es ist perfekt.« [2740]

*

Jones: »Das einzig Konstante all die Jahre hindurch, Ray, war das Baseball. Amerika ist wie von einem Heer von Dampfwalzen überrollt worden, ausgelöscht wie die Schrift auf einer Tafel, wieder gebaut und wieder ausgelöscht. Aber Baseball hat die Zeit überdauert. Dieses Feld, dieses Spiel ist ein Teil unseres Erbes, Ray, ist ein Symbol für alles, was gut gewesen ist und es wieder sein könnte.« [2741]

***

FELLINIS SATYRICON *(Fellini Satyricon)*
I/F 1969, PEA, Artistes Associés, Regie Federico Fellini, Buch Federico Fellini, Bernardino Zapponi, Brunello Rondi, nach Petronius Arbiter)

*

Hiram Keller (Ascyltus): »Auf Freundschaft ist immer Verlaß. Man darf sie bloß nicht auf die Probe stellen.« [2742]

***

FEMALE PERVERSIONS
USA/BRD 1996, Affrime, Kinowelt, Degeto, ARD, MAP, Transatlantic (Regie Susan Streitfeld, Buch Julie Herbert, Susan Streitfeld, nach dem Buch ›Female Perversions: The Temptation of Emma Bovary‹ von Louise J. Kaplan)

*

Tilda Swinton (Evelyn ›Eve‹ Stephens): »Nein, ich träume nie.«

Karen Sillas (Renee): »Alle Menschen träumen. Sogar Juristen.« [2743]

***

DAS FENSTER ZUM HOF *(Rear Window)*
USA 1954, Paramount (Regie Alfred Hitchcock, Buch John Michael Hayes, nach der Geschichte von Cornell Woolrich)

*

James Stewart (L. B. Jeffries): »Gunnarson, wie konnten Sie je ein so großer Chefredakteur werden, bei so einem schwachen Gedächtnis?«
(Gunnarson, off, am Telefon): »Durch Disziplin, Fleiß, harte Arbeit und dadurch, daß ich den Verleger mit der Sekretärin erwischt habe.« [2744]

*

Thelma Ritter (Stella): »In alten Zeiten, da wurden einem *(Spanner)* die Augen ausgestochen mit rotglühenden Feuerhaken. Ist denn eine von diesen Bikinibomben da, die Sie immer beobachten, einen glühenden Feuerhaken wert?« [2745]

*

Ritter: »Wir sind doch ein Volk von Spannern geworden. Die Leute sollten mal, statt bei anderen ihre Nase reinzustecken, vor ihrer eigenen Haustür kehren. Na, Sir, was halten Sie von dieser hausgemachten Philosophie?«
Stewart: »Reader's Digest, April 1939.« [2746]

*

Stewart: »Gerade jetzt wäre mir etwas Ärger schon ganz recht.« [2747]

*

Ritter: »Wenn ein Mann und eine Frau sich mögen, sollte es einen Zusammenstoß geben, peng, wie zwei Taxis auf dem Broadway. Und nicht herumsitzen und sich gegenseitig analysieren wie zwei Laborobjekte in der Retorte.« [2748]

*

Grace Kelly (Lisa Fremont): »Die schwerste Ar-

»Nein, ich träume nie.«
»Alle Menschen träumen.
Sogar Juristen.«
Female Perversions

beit, die es gibt für eine Frau *(...)*: mit Wölfen jonglieren.« [2749]

*

Kelly: »Du bist so stur, man kann mit dir nicht diskutieren.«
Stewart: »Ich bin nicht stur, ich bin nur wahrheitsliebend.« [2750]

*

Ritter: »Man hätte doch gedacht, der Regen bringt endlich Abkühlung. Dabei hat er nur die Hitze nassgemacht.« [2751]

*

Wendell Corey (Tom Doyle): »Hören Sie, Miss Fremont, dieser Weibliche-Intuitions-Quatsch verkauft sich gut in Magazinen, aber im wirklichen Leben ist es immer noch ein Märchen. Ich weiß nicht, wieviele Jahre ich damit verschwendet habe, Hinweisen nachzugehen, die auf weiblichen Intuitionen beruhen.« [2752]

*

Stewart: »Was brauchst du, bevor du untersuchen kannst? Sag mir, was brauchst du? Blutige Fußstapfen, die bis vor die Tür führen?« [2753]

*

Corey: »Du hast mich um Hilfe gebeten, und jetzt benimmst du dich wie ein Steuerzahler.« [2754]

*

Ritter: »Sie sind wohl bisher noch nicht auf Friedhöfen gewesen, nicht wahr? Mr. Thorwald hätte die Leiche seiner Frau wohl kaum in ein Stück Erde dieser Größe hineingekriegt. Es sei denn, er hat sie senkrecht begraben. Dann hätte er aber kein Messer und keine Säge gebraucht. Nein, meiner Meinung nach ist sie über die ganze Stadt verstreut, ein Bein im East River, eins ...« [2755]

*

Ritter: »Darf ich mal durch das tragbare Schlüsselloch *(Teleobjektiv)* gucken?« [2756]

> »Cameron ist so verkrampft, wenn du dem einen Klumpen Kohle in den Arsch drückst, hast du nach zwei Wochen einen Diamanten.«
> Ferris macht blau

FERRIS MACHT BLAU
(Ferris Bueller's Day Off)
USA 1986, Paramount (Regie, Buch John Hughes)

*

Matthew Broderick (Ferris Bueller): »Wie kann man von mir verlangen, daß ich an einem solchen Tag in die Schule gehe?« [2757]

*

Broderick: »Das Leben geht ziemlich schnell vorbei. Wenn ihr nicht ab und zu anhaltet und euch umseht, könnt ihr es verpassen.« [2758]

*

Broderick: »Cameron ist so verkrampft, wenn du dem einen Klumpen Kohle in den Arsch drückst, hast du nach zwei Wochen einen Diamanten.« [2759]

*

Jeffrey Jones (Ed Rooney): »Ich habe es in meinem Leben nicht zu dieser Position gebracht, weil ich mir von rotznäsigen Punks auf der Nase rumtanzen lasse.« [2760]

*

Richard Edson (Garage Attendant): »Ihr braucht euch keine Sorgen zu machen. Ich bin ein Profi.«
Alan Ruck (Cameron Frye): »Profi in was?« [2761]

*

Broderick: »Da siehst du, was ein Silberling alles bewirken kann.« [2762]

*

Jonathan Schmock (Chez Lui Maître d'): »Ich danke Ihnen für Ihr Verständnis.«
Broderick: »Denken Sie nicht mehr dran! Es ist dieses Verständnis, das es Leuten wie uns möglich macht, jemanden zu tolerieren wie Sie.« [2763]

***

FESSLE MICH! *(Atame!)*
E 1989, El Deseo, Ministerio de Cultura (Regie, Buch Pedro Almodóvar)

*

Francisco Rabal (Maximo Espejol): »Auch wenn mir dein Gesicht nicht besonders gefällt, erkenn ich die Qualitäten deines Arsches doch sehr wohl an.« [2764]

*

Rabal: »Meine Pflicht als Regisseur ist es, dir mitzuteilen, daß dieser Film noch keinen Schluß hat.«

Alberto Fernández (Produzent): »Mir reicht als Schluß das Wort ›Ende‹.« [2765]

***

EIN FEST FÜR EINEN KILLER
(Naked City – A Killer Christmas)
USA 1998, Magnum, Paramount (Regie Peter Bogdanovich, Buch Jeff Freilich, Christopher Trumbo)

*

Juan Chiorian (Sierra Blanca): »Wir eröffnen eine Ausstellung und dekorieren keine Pizza.« [2766]

*

Scott Glenn (Daniel Muldoon): »Wie geht es ihr, Doktor?«
Brian Paul (Dr. Sommers): »So was macht bei uns der Pförtner.« [2767]

*

Al Waxman (Burt): »Du bist hier nicht in der Provinz. Das hier ist Big Apple. Entweder du schwimmst oben, oder du gehst unter.« [2768]

***

FEUER AM HORIZONT
(Canyon Passage)
USA 1946, Universal (Regie Jacques Tourneur, Buch Ernest Pascal, nach der *Saturday-Evening-Post* Geschichte von Ernest Haycox)

*

Brian Donlevy (George Camrose): »Sie haben sonderbare Freunde, Jack.«
Onslow Stevens (Jack Lestrade): »Ich habe nicht gesagt, daß ich ihn mag oder ihm vertraue.«
Donlevy: »Was stellen Sie sich denn unter einem Freund vor?«
Stevens: »Sagen wir mal, jemanden, der wie ich glaubt, daß man die ganze Menschheit ausrotten sollte.« [2769]

*

Ward Bond (Honey Bragg): »Trinken wir einen?«
Dana Andrews (Logan Stuart): »Zu früh.«
Bond: »Ich bin morgens auch durstig.« [2770]

*

Bond: »Was siehst du mich so an?«
Andrews: »Ich stelle mir gerade den Baum vor, an dem du einmal hängen wirst.« [2771]

*

Andrews: »Er hat auch viele gute Seiten gehabt.«

Lloyd Bridges (Johnny Steele): »Ja, aber er hat sie nicht immer gezeigt.« [2772]

***

FEUERBALL *(Thunderball)*
UK 1965, Eon, Danjaq, United Artists (Regie Terence Young, Buch Richard Maibaum, John Hopkins, nach dem Roman von Ian Fleming)

*

Sean Connery (James Bond): »Mein lieber Colonel Bouvard, Sie sollten keine Pfennigabsätze tragen bei Ihren Plattfüßen.« [2773]

*

Connery: »Hast du alles gesehen, was du sehen wolltest? Dann geh zu deinen Freunden und berichte ihnen! Sag ihnen, daß ich kleine Fische ins Wasser zurückwerfe!« [2774]

*

Connery: »Mein liebes Kind, was ich heute abend getan habe, hab ich für König und Vaterland getan. Sie glauben doch nicht etwa, es hat mir Spaß gemacht?« [2775]

*

Connery: »Darf ich mal meine Freundin hierhersetzen? Sie belästigt Sie nicht. Sie ist nämlich tot.« [2776]

***

FEUERKOPF *(Red Headed Woman)*
USA 1932, MGM (Regie Jack Conway, Buch Anita Loos, nach dem Roman von Katherine Brush)

*

Jean Harlow (Lil ›Red‹ Andrews): »Ist das Kleid durchsichtig?«
»Leider ja, Miss, aber ...«
Harlow: »Dann nehme ich es.« [2777]

*

Harlow: »Ich hab mir schon vor langer Zeit vorgenommen, daß ich nicht mein ganzes Leben auf der falschen Seite vom Bahndamm verbringen werde.« [2778]

*

Harlow: »Ich kann's mir nicht mehr leisten, im

»*Auch wenn mir dein Gesicht nicht besonders gefällt, erkenn ich die Qualitäten deines Arsches doch sehr wohl an.*«
Fessle mich!

Bett nicht korrekt gekleidet zu sein. Was wär, wenn ein Feuer ausbricht?« [2779]

*

Chester Morris (Bill Legendre jr.): »Du hast nur einen schmutzigen Gedanken hinter deinem verkommenen Make-up.«
Harlow: »Ach, tatsächlich? Auch wenn ich den habe, mach dir nicht vor, daß du nicht denselben hast.« [2780]

***

DAS FIEBER STEIGT IN EL PAO
(La Fièvre monte à El Pao)
F/MEX 1960, Cité, Indus, Terra, Cormoran, Filmex (Regie Luis Buñuel, Buch Luis Buñuel, Luis Alcoriza, Louis Sapin, Charles Dorat, nach dem Roman von Henri Castillou)

*

Miguel Angel Ferriz (Gouverneur Vargas): »Amüsiert euch ruhig. Ihr werdet euch nicht mehr lange amüsieren. Sobald ich den Beweis hab, den ich suche, dann bin ich es, der sich über euch amüsiert.« [2781]

*

Gérard Philippe (Ramon Vasquez): »Eine Sekunde Mut kann unmöglich Jahre der Feigheit ausgleichen.« [2782]

*

Jean Servais (Alejandro Gual): »Ich hab's mir überlegt. Ziehen Sie sich wieder an! Sie waren bereit, sich zu verkaufen, nicht wahr? Glauben Sie etwa, daß mir das genügt? Daß ich fünf Jahre gewartet habe, um mich mit ein paar schäbigen Minuten zu begnügen? Glauben Sie, ich habe so wenig Stolz wie Sie? Ja, ich weiß, ich habe nicht so viel Charme wie der junge Vasquez, aber dafür bin ich imstande, Ihren Stolz und Ihren Willen zu brechen.« [2783]

***

FIGHT CLUB
USA/BRD 1999, Regency, Monarchy, Linson, Taurus, Twentieth Century Fox (Regie David Fincher, Buch Jim Uhls, nach dem Roman von Chuck Palahniuk)

*

Edward Norton (Erzähler): »Wenn ich einen Tumor hätte, würde ich ihn Marla nennen.« [2784]

*

Norton: »Wenn du dir Möbel kaufst, sagst du dir: ›Erledigt. Ein anderes Sofa werde ich nie mehr brauchen. Das Sofaproblem wäre abgehakt.‹ Ich hatte alles, eine sehr anständige Stereoanlage, eine Garderobe, die sich mittlerweile wirklich sehen lassen konnte. Ich war so kurz davor, mich vollständig zu fühlen.« [2785]

*

Brad Pitt (Tyler Durden): »Ist das unentbehrlich für unser Überleben, jäger- und sammlertechnisch gesehen?« [2786]

*

Pitt: »Was weißt du über dich, wenn du dich nie geprügelt hast? Ich will nicht ohne Narben sterben.« [2787]

*

Norton (voice-over): »Nach einem Kampf ist alles andere im Leben leiser gedreht. (...) Man wird mit allem fertig.« [2788]

*

Pitt: »Das ist keine Liebe, das ist Sportficken.« [2789]

*

Pitt: »Wenn das Fett ausgelassen wird, sammelt sich an der Oberfläche Talg, wie bei pubertierenden Pfadfindern.« [2790]

*

Pitt: »Halt dir vor Augen, daß es möglich wäre, daß Gott dich nie leiden konnte, daß er dich nie gewollt hat. Bei realistischer Betrachtungsweise haßt er dich sogar. Aber das ist keine Katastrophe. (...) Wir sind nicht auf ihn angewiesen. (...) Scheiß auf Verdammnis und Wiederauferstehung! Wir sind Gottes ungewollte Kinder? So möge es sein!« [2791]

*

Pitt: »Erst nachdem wir alles verloren haben, haben wir die Freiheit, alles zu tun.« [2792]

*

Pitt: »Du bist nicht dein Job, du bist nicht das Geld auf deinem Konto, nicht das Auto, das du fährst, nicht der Inhalt deiner Brieftasche und

---

> »Was weißt du über dich, wenn du dich nie geprügelt hast? Ich will nicht ohne Narben sterben.«
> Fight Club

nicht deine blöde Cargohose. Du bist der singende, tanzende Abschaum der Welt.« [2793]

*

Norton: »Ich mußte einfach etwas Schönes kaputtmachen.« [2794]

*

Helena Bonham Carter (Marla Singer): »Was ist das für 'ne bescheuerte Frage!«
Norton: »Ist sie bescheuert, weil die Antwort ›ja‹ oder weil die Antwort ›nein‹ ist?« [2795]

*

Pitt: »Sie weiß zuviel. Wir müssen klären, inwiefern das die Ziele, die wir haben, gefährden könnte.« [2796]

*

Norton (voice-over): »Ich rannte. Ich rannte, bis meine Muskeln brannten und durch meine Venen Batteriesäure schoß.« [2797]

***

DIE FINDELMUTTER
(Bachelor Mother)
USA 1939, RKO (Regie Garson Kanin, Buch Norman Krasna, Story Felix Jackson)

*

David Niven (David Merlin): »Ein Polizist, der sich erlauben kann, ein Bestechungsgeld in Höhe von 100 Dollar abzulehnen, muß doch korrupt sein.« [2798]

*

Ginger Rogers (Polly Parrish): »Ich weiß nicht, worüber ich mit diesen Leuten sprechen soll.«
Niven: »Ach, sagen Sie nur immer ›nein‹ zu den Männern, die Frauen werden sowieso nicht mit Ihnen sprechen.« [2799]

***

DIE FIRMA *(The Firm)*
USA 1993, Davis-Rudin-Mirage, Paramount (Regie Sydney Pollack, Buch David Rabe, Robert Towne, David Rayfiel, nach dem Roman von John Grisham)

*

Gene Hackman (Avery Tolar): »Denken Sie, daß ich das Gesetz brechen will?«
Tom Cruise (Mitch McDeere): »Nein, ich überlege mir nur, wie weit ich es für Sie beugen soll.«
Hackman: »So weit Sie können, ohne es zu brechen.« [2800]

*

Cruise: »Für jemanden, der reich ist, ist es leicht, darüber zu reden, arm zu sein, so, als ob das eine lästige Fliege ist, die man einfach verscheucht.« [2801]

*

David Strathairn (Ray McDeere): »Wie hast du überhaupt diesen Job gekriegt mit einem Bruder im Knast? ... Ist schon okay. Ich hätte sicher dasselbe gemacht. (...) Denkst du etwa, ich habe denen hier je erzählt, ich hätte 'n Bruder in Harvard?« [2802]

*

Tobin Bell (nordischer Mann): »Das hier wird schlimm für Sie ausgehen. Aber gestalten wir es doch relativ schmerzlos.« [2803]

*

Bell: »Wieso stellen Sie Fragen über tote Anwälte?« [2804]

*

Cruise: »Soll das heißen, mein Leben ist in Gefahr?«
Steven Hill (F. Denton Voyles): »Das soll heißen, daß Ihr Leben, wie Sie es kennen, vorbei ist.« [2805]

*

Cruise: »Also, die Sache sieht so aus: Ich stehle dort Akten in der Firma und übergebe sie dem FBI. Dann sage ich gegen meine Kollegen aus und schicke sie ins Gefängnis. (...) Ich gebe vertrauliche Informationen weiter, verstoße gegen die Schweigepflicht eines Anwalts, verliere meine Zulassung und sage in einer öffentlichen Verhandlung gegen die Mafia aus. (...) Darf ich mal was fragen? Sind Sie denn vollkommen bescheuert?« [2806]

*

Hackman: »Es gibt gar keinen Grund für Ihr Mißtrauen.«
Wilford Brimley (William Devasher): »Ich werde dafür bezahlt, mißtrauisch zu sein, wenn es gar keinen Grund gibt, mißtrauisch zu sein.« [2807]

> »Ich rannte. Ich rannte,
> bis meine Muskeln brannten
> und durch meine Venen
> Batteriesäure schoß.«
> Fight Club

Jeanne Tripplehorn (Abby McDeere): »Was werden die jetzt mit Ihnen machen?«
Hackman: »Was es auch sein wird, eigentlich haben sie's schon vor langer Zeit getan.« [2808]

*

Cruise: »Sie wollen die Mafia? Schnappen Sie sich die Anwälte! Ohne die Firma können die Moroltos ihr Geld nur noch in der Waschmaschine waschen.« [2809]

*

Ed Harris (Wayne Tarrance): »Sie sind ja so naiv! Es gibt noch tausend andere Bendini, Lamberts, die sich 'n Bein ausreißen, ab morgen das Geld zu waschen. Wie wollen Sie die alle drankriegen?«
Cruise: »Einen nach dem anderen. Ich bin Anwalt und hab meine Leute gekriegt. Sie sind der Bulle, Tarrance. Kassieren Sie die anderen!« [2810]

***

EIN FISCH NAMENS WANDA
(A Fish Called Wanda)
UK 1988, Prominent, MGM (Regie Charles Crichton, Buch John Cleese, Story John Cleese, Charles Crichton)

*

Kevin Kline (Otto): »He, es läßt sich nicht überhören, daß du ganz schön stotterst, Ken.« [2811]

*

Kline: »Hat Spaß gemacht. Ich liebe es, Engländer auszurauben. Sie sind so höflich.« [2812]

*

Jamie Lee Curtis (Wanda Gerschwitz): »Otto, was machst du denn da?«
Kline: »Eine buddhistische Meditationstechnik. Sie verstärkt deine Aggressionen. Die Mönche haben das gemacht, bevor sie in die Schlacht zogen.«
Curtis: »Was für 'ne Art Buddhismus ist das, Otto?« [2813]

»Ich möchte mit dir schlafen, Wanda. Ich bin ein guter Liebhaber. Na ja, ich war es jedenfalls mal im frühen 14. Jahrhundert.«
Ein Fisch namens Wanda

Kline: »Nennen Sie mich nicht dämlich!« [2814]

*

Kline: »Oh, ihr Engländer! Ihr fühlt euch ja so überlegen, nicht wahr? Darf ich Ihnen jetzt mal sagen, wo ihr wärt ohne uns, ohne die alten USA, die euch beschützen? Ich sage es Ihnen: die kleinste, popligste Provinz im russischen Imperium.« [2815]

*

Curtis: »Bist du völlig irre geworden?«
Kline: »He, ich habe deinen Arsch gerettet.«
Curtis: »Ich hatte ihn genau da, wo ich ihn haben wollte.« [2816]

*

John Cleese (Archie Leach): »Wanda, hast du überhaupt eine Vorstellung davon, was es bedeutet, Engländer zu sein? In allem mußt du so furchtbar korrekt sein, so (...) steif, in der ständigen Angst, das (...) Falsche zu tun. Jemanden zu fragen: ›Sind Sie verheiratet?‹ und zu hören: ›Meine Frau hat mich heute morgen verlassen.‹ Oder du fragst: ›Haben Sie Kinder?‹ Und man antwortet dir: ›Die sind am Mittwoch nachmittag alle verbrannt.‹ Verstehst du, Wanda, wir alle fürchten peinliche Momente wie die Pest. Darum sind wir so tot.« [2817]

*

Cleese: »Ich möchte mit dir schlafen, Wanda. Ich bin ein guter Liebhaber. Na ja, ich war es jedenfalls mal im frühen 14. Jahrhundert.« [2818]

*

Curtis: »Sex ist etwas sehr, sehr Schwieriges für mich, wenn man dem andern nicht vollkommen vertrauen kann.« [2819]

*

Curtis: »Er ist so dämlich (...), er glaubt, Watergate ist die Wildwasserbahn in Disneyland.« [2820]

*

Cleese (an den Beinen aus dem Fenster gehalten): »Schon gut, schon gut, ich entschuldige mich.«
Kline: »Es tut dir wirklich leid?«
Cleese: »Es tut mir wirklich, wirklich leid, und ich entschuldige mich vorbehaltlos.«
Kline: »Du nimmst es zurück?«
Cleese: »Das tue ich. Ich biete einen kompletten und völligen Widerruf an. Den Beschuldigungen fehlte jede faktische Basis, und somit

hat es sich in keinster Weise um einen fairen Kommentar gehandelt und entsprang somit aus purer Bösartigkeit. Und aufs tiefste bedauere ich das Unglück, welches meine Kommentare bei Ihnen verursacht haben könnten, oder bei Ihrer Familie. Und hiermit versichere ich, daß ich niemals wieder einen derartigen Fehltritt begehen werde, weder jetzt noch in Zukunft.«
Kline: »Okay.« [2821]

*

Curtis: »Ich weiß von Schafen, die dich locker austricksen würden. Ich hab schon Pullover mit einem höheren IQ gehabt. Aber du denkst, du bist ein Intellektueller. Nicht wahr, du Affe?«
Kline: »Affen lesen nicht Philosophiebücher.«
Curtis: »Doch, das tun sie, Otto, sie verstehen sie bloß nicht.« [2822]

*

Curtis: »Ich darf dich da in ein paar Dingen berichtigen. Okay? Aristoteles war kein Belgier. Und die Hauptbotschaft des Buddhismus lautet nicht: ›Jeder kämpft für sich selbst.‹ Und die Londoner Untergrundbahn [Underground] ist keine politische Bewegung. Das alles waren Fehler von dir, Otto. Ich hab's nachgeprüft.« [2823]

*

Curtis: »Also, du hast es fertiggebracht, Otto, den Mann zu beleidigen, der dich vor dem Gefängnis bewahren und reich machen kann. Was wirst du also in der Sache unternehmen, hä? Was würde ein Intellektueller tun? Was würde Plato tun?« [2824]

*

Cleese (Verteidiger): »Wenn Sie sagen fünf vor sieben, Miss Gerschwitz, wie können Sie da bloß so sicher sein?«
Curtis (Alibi): »Nun ich hab auf die Uhr gesehen, weil ich ... ich hab mich irgendwie gefragt: ›Wo könnte er wohl hinwollen, um fünf vor sieben, mit einer abgesägten Schrotflinte.‹« [2825]

*

Maria Aitken (Wendy Leach): »Noch niemals in meinem ganzen Leben bin ich so gedemütigt worden. Unsere Ehe schieb dir in den Hintern und zwar ein für alle Mal! Wir sehen uns vor Gericht.« [2826]

*

Cleese: »Nimm sie sofort hoch!«

Kline: »Ich mach dir 'n Vorschlag: Ich nehm eine hoch, ja?« [2827]

*

Kline: »Ich werde dich jetzt erschießen müssen, Archie, aber, äh, ich habe noch etwas Zeit, bevor meine Maschine geht, und ich sehne mich danach, dich zu demütigen.« [2828]

*

Kline: »Weißt du, was dein Problem ist? Du kannst Gewinner nicht leiden.« (...)
Cleese: »Gewinner? Wie Nordvietnam?« [2829]

***

FIVE EASY PIECES
USA 1970, BBS, Columbia (Regie Bob Rafelson, Buch Adrien Joyce, Story Bob Rafelson)

*

Jack Nicholson (Robert Eroica Dupea): »Weißt du, wenn du den Mund nicht aufmachen würdest, dann wär ja alles ganz in Ordnung.« [2830]

***

DIE FLAMMEN MEINER LIEBE
(Waga koi wa moenu)
JAP 1949, Shochiku (Regie Kenji Mizoguchi, Buch Yoshikata Yoda, Kaneto Shindo)

*

(Eikos Vater): »Ihr Weiber könnt die Welt einfach nicht verstehen.« [2831]

***

FLASH GORDON
UK 1980, Starling, Famous, Twentieth Century Fox (Regie Michael Hodges, Buch Lorenzo Semple jr., nach den Charakteren von Alex Raymond)

*

Max von Sydow (Emperor Ming, off): »Ich spiele gern ein bißchen mit den Dingen herum, bevor ich sie endgültig vernichte.« [2832]

***

FLASHBACK
USA 1989, Paramount (Regie Franco Amurri, Buch David Loughery)

»*Weißt du, wenn du den Mund nicht aufmachen würdest, dann wär ja alles ganz in Ordnung.*«
Five Easy Pieces

Kiefer Sutherland (John Buckner): »Glauben Sie, wir können die Anklage aufrechterhalten? Immerhin war das vor 20 Jahren.«
Paul Dooley (Stark): »Der grobe Unfug ist natürlich unhaltbar, aber die Flucht aus dem Untersuchungsgefängnis bringt ihm 15 Jahre bis lebenslänglich.« [2833]

*

(Gefängniswärter): »Hier ist FBI-Agent Buckner, er bringt dich nach Spokane.«
Dennis Hopper (Huey Walker): »Kommt wieder, wenn ihr's ernst meint! Der Kleine ist nicht mal alt genug, um heil über die Straße zu kommen.« [2834]

*

Hopper: »Hier *(im Gefängnis)* sieht's aus wie in 'ner Waschküche. Versteht ihr, ein Pflänzchen hier, ein Poster dort, und schon (...) lockt ihr die Kriminellen der gehobenen Klasse an. Und wenn ich noch eine Sache anführen darf: Die Kundschaft ist immer so gut oder schlecht wie der Zimmerservice.« [2835]

*

Hopper: »Ich halte die verdammte Scheiße nicht mehr aus. Mir reicht's. Ich bin in meinem ganzen verdammten Leben noch nie so verdammt ruhig gewesen. Ich brauche Frauen, ich brauche Drogen, ich brauche Drinks, ich brauche irgendwas.« [2836]

*

Hopper: »Wie kann man nur eine Stunde am Stück schweigen!« [2837]

*

Hopper: »Wußtest du, daß Kondome Seriennummern drauf haben?«
Sutherland: »Nein, wußte ich nicht.«
Hopper: »Wahrscheinlich, weil du sie nie so weit runterrollen mußtest.« [2838]

*

Sutherland: »Sie haben den Beruf verfehlt, Huey. Sie hätten Showmaster werden sollen.« [2839]

»Was ist mit dir los?
Hat dir 'n Hippie als Baby
den Schnuller geklaut?«
Flashback

Hopper: »26 und schon im mittleren Alter. Scheiße, Kleiner! Woher weißt du, was du willst, wenn du dich nie umgesehen hast? Mit 26 hatte ich das Leben noch vor mir.« [2840]

*

Hopper: »Amerika war damals noch was, ich meine, bevor die Highways kamen und seine Persönlichkeit töteten.« [2841]

*

Sutherland: »Die 60er sind vorbei, Huey. Die Zeiten haben sich geändert, aber Sie merken's nicht. Wir können doch nicht für den Rest unseres Lebens Blumenkinder sein, oder?« [2842]

*

Hopper: »Weißt du, was dein Problem ist?«
Sutherland: »Was?«
Hopper: »Du magst mich, aber du gibst es nicht zu.« [2843]

*

Hopper: »Wenn ich eine Fliege wär, würdest du mir die Flügel ausreißen.« [2844]

*

Hopper: »Was ist mit dir los? Hat dir 'n Hippie als Baby den Schnuller geklaut?« [2845]

*

Cliff De Young (Sheriff Hightower): »Was ist mit ihm passiert?«
Hopper: »Na, sagen wir, er ist hingefallen.«
De Young: »Ich hatte auch schon welche, die hingefallen sind.« [2846]

*

Hopper: »Es gehört schon mehr dazu, als euch in eurem Videoshop *Easy Rider* auszuleihen, um ein echter Rebell zu sein.« [2847]

*

Hopper: »Du hast damit gedroht, daß du ihm die Eier abschneiden wirst. Was hast du erwartet? Daß er dir das Messer gibt?« [2848]

*

Hopper: »Mit einem Kerl wie Hightower schließt du einen Handel, und zunächst hältst du dich daran. Und erst, wenn alles gelaufen ist, bescheißt du ihn. Aber du sagst nie zu ihm: ›Ich werde Sie zur Verantwortung ziehen‹.« [2849]

***

FLATLINERS
USA 1990, Stonebridge, Columbia (Regie Joel Schumacher, Buch Peter Filardi)

Oliver Platt (Randy Steckle): »Ich bin nicht Mediziner geworden, um meine Kollegen umzubringen, so schwachsinnig sie auch sein mögen.« [2850]

***

FLESH AND BONE
USA 1993, Mirage, Spring Creek, Paramount (Regie, Buch Steve Kloves)

*

Meg Ryan (Kay Davies): »Früher oder später hätte er mir auch 'n Preisschild auf 'n Hintern geklebt.« [2851]

***

FLETCHERS VISIONEN
(Conspiracy Theory)
USA 1997, Silver, Shuler-Donner/Donner, Warner (Regie Richard Donner, Buch Brian Helgeland)

*

Mel Gibson (Jerry Fletcher): »Alice!«
Patrick Stewart (Dr. James): »Sehen Sie lieber nicht hin, Jerry, es ist ein Moment ohne Hoffnung.« [2852]

*

Julia Roberts (Alice Sutton): »Wozu gehören Sie?«
Cylk Cozart (Agent Lowry): »Wäre die Welt der Geheimdienste eine Familie, dann wären wir der Onkel, über den nie jemand spricht.« [2853]

***

DIE FLIEGE *(The Fly)*
USA 1958, Twentieth Century Fox (Regie Kurt Neumann, Buch James Clavell, nach der Geschichte von George Langelaan)

*

Herbert Marshall (Inspector Charas): »Ich bin nur Polizist, ich habe nicht viel übrig für Science Fiction. Ich glaube jedenfalls nicht, was sie sagt.« [2854]

***

DIE FLIEGE *(The Fly)*
USA 1986, Brook, Twentieth Century Fox (Regie David Cronenberg, Buch Charles Edward Pogue, David Cronenberg, nach der Geschichte von George Langelaan)

*

Geena Davis (Veronica Quaile): »Da sind immer noch ein paar Überreste aus einem anderen Leben. Ich muß mir die Schuhe abtreten und es ein für alle Mal loswerden.« [2855]

*

Davis: »Du bist widerlich. Wie immer.«
John Getz (Stathis Borans): »Ich wollte dich nicht enttäuschen.« [2856]

*

Joy Boushel (Tawny): »Bist du 'n Bodybuilder oder so was?«
Jeff Goldblum (Seth Brundle): »Ja, so was in der Richtung. Ich nehm Körper auseinander und setz sie wieder zusammen.« [2857]

***

FLIRTING WITH DISASTER
USA 1996, Miramax (Regie, Buch David O. Russell)

*

Téa Leoni (Tina Kalb): »Genau das hat mein Exmann auch immer gesagt, wenn er versucht hat, sich einzureden, er sei mir überlegen.« [2858]

***

FLUCH DER VERLORENEN *(Horizons West)*
USA 1952, Universal (Regie Budd Boetticher, Buch Louis Stevens)

*

James Arness (Tiny): »Wißt ihr, so wie ich das sehe, liegt die Zukunft von Texas in seinen Menschen, und ich geh jetzt zurück, um am ständigen Wachstum der Bevölkerung meines geliebten Staates mitzuwirken.« [2859]

*

Robert Ryan (Dan Hammond): »Diesmal habe ich nur 15.000 Stück verkauft, Ihre Provision ist 9000 Dollar.« ...
Rodolfo Acosta (General Escobar): »Señor Hammond, waren es nicht 15.202 Stück? Das wäre für mich, meine Kommission, 9121 Dollares und 40 Centavos.«
Ryan: »Oh, verzeihen Sie, General, ich wollte Ihnen nicht mit kleinen Beträgen zur Last fallen.« [2860]

***

FLUCH DES BLUTES *(The Devil's Doorway)*
USA 1950, MGM (Regie Anthony Mann, Buch, Story Guy Trosper)

> »Du bist widerlich. Wie immer.«
> »Ich wollte dich nicht enttäuschen.«
> Die Fliege, 1986

Robert Taylor (Broken Lance Poole): »Sie kommen wahrscheinlich gegen Abend her und schlagen nachts zu. Indianer kämpfen bei Nacht nicht, denken sie.« [2861]

***

FLUCHT INS UNGEWISSE (Running on Empty)
USA 1988, Lorimar, Double Play, Warner (Regie Sidney Lumet, Buch Naomi Fisher)

*

(John Connell): »Wenn es dir nicht gefällt, warum spielst du dann?«
River Phoenix (Danny Pope): »Baseball ist mein Leben.« [2862]

***

FLUCHT NACH NEVADA (Four Faces West)
USA 1948, Enterprise (Regie Alfred E. Green, Buch Graham Baker, Teddi Sherman, nach dem Roman ›Paso por aqui‹ von Eugene Manlove Rhodes)

*

Charles Bickford (Pat Garrett): »Eine so hohe Belohnung verleitet immer leicht zu blindem Eifer, das wißt ihr doch. Ich halte nicht viel von unnötigen Schießereien, und ich möchte euch dringend warnen: Ist es notwendig, den Mann zu erschießen, dann wünsche ich nicht, daß er eine Kugel im Rücken hat.« [2863]

*

John Parrish (Frenger): »Ihr müßt den Burschen fangen! Und vergeßt nicht, daß ihr Pistolen habt!« [2864]

***

FLUCHT OHNE AUSWEG (Raw Deal)
USA 1948, Eagle-Lion (Regie Anthony Mann, Buch Leopold Atlas, John C. Higgins, nach der Geschichte von Arnold B. Armstrong, Audrey Ashley)

*

Dennis O'Keefe (Joe Sullivan): »Sie glauben, wenn ich mir nichts zuschulden kommen lasse und mir die Zähne putze, daß Sie mich in zwei Jahren auf Bewährung aus dieser Mausefalle rauskriegen?« [2865]

> »Du findest immer jemand,
> der für dich abdrückt. Stimmt's?«
> »Warum nicht? Das ist legal.«
> Flucht ohne Ausweg

Raymond Burr (Rick Coyle): »Vielleicht erklärst du es ihm, Fantail.«
John Ireland (Fantail): »Ich verstehe es auch nicht, nur stell ich keine Fragen.« [2866]

*

Ireland: »Du findest immer jemand, der für dich abdrückt. Stimmt's?«
Burr: »Warum nicht? Das ist legal.« [2867]

*

Ireland: »Ja, so ist das eben. Ein paar Jungs gewinnen, ein paar verlieren. Macht es dir was aus, die Hände etwas höher zu halten?« [2868]

***

DIE FLUCHT VON ALCATRAZ
(Escape from Alcatraz)
USA 1979, Malpaso, Paramount (Regie Don Siegel, Buch Richard Tuggle, nach dem Buch von J. Campbell Bruce)

*

Patrick McGoohan (Gefängnisdirektor): »Wenn man die Regeln der Gesellschaft mißachtet, kommt man ins Gefängnis, und wer die Regeln im Gefängnis nicht beachtet, der kommt zu uns.« [2869]

*

McGoohan: »Wir machen hier aus keinem einen guten Bürger, aber aus jedem einen guten Gefangenen.« [2870]

*

McGoohan: »Alcatraz wurde gebaut, damit alle faulen Eier in einem Nest bleiben. Und man hat bewußt mich ausgewählt, um sicherzugehen, daß der Gestank aus diesem Nest nicht einfach entweicht.« [2871]

*

McGoohan: »Niemand ist bisher die Flucht von Alcatraz gelungen, und es wird nie einer schaffen.«
Clint Eastwood (Frank Morris): »...« [2872]

*

Bruce M. Fischer (Wolf): »Ich bin auf der Suche nach 'ner neuen Braut.«
Eastwood: »Viel Glück.«
Fischer: »Du hast mich nicht verstanden. Ich hab sie schon gefunden.«
Eastwood: »Und warum zeigst du ihr nicht, was du mit ihr machen willst?« [2873]

*

Paul Benjamin (English): »Der Felsen wirkt sich

ganz unterschiedlich aus. Entweder bringt er deine Stärke hier erst zum Vorschein, oder er zerbricht dich.« [2874]

*

Benjamin: »Es war vor zehn Jahren, da war ich in so 'ner Bar in Alabama, und da haben mich auf einmal zwei Typen angemacht. Das war ihr erster Fehler. Sie haben ihre Messer gezogen. Das war ihr zweiter Fehler. Sie konnten mit den Dingern nicht umgehen. Das war der letzte Fehler, den sie jemals gemacht haben.« [2875]

*

Robert Blossom (Chester ›Doc‹ Dalton): »Hast du Angst vorm Sterben?«
Eastwood: »Eigentlich nicht.«
Blossom: »Solltest du aber. Du hast Wolf was getan, und Wolf wird dir was tun.« [2876]

*

(Wärter): »Ich hab dich für eine feste Arbeit eingeteilt, in der Tischlerei. Die Arbeit wird bezahlt.«
Eastwood: »Wie hoch?«
(Wärter): »15 Cent die Stunde.«
Eastwood: »Ich hab schon immer gesagt, daß sich Verbrechen bezahlt macht.« [2877]

*

Jack Thibeau (Clarence Anglin): »Was gibt's denn diese Woche für 'n Film?«
Eastwood: »Ach, irgend so 'ne Cowboyscheiße.«
Fred Ward (John Anglin): »He, also die könnten uns wenigstens 'n Gangsterfilm zeigen.« [2878]

*

Eastwood: »Ich brauch das als Wäscheklammer.«
(Wärter): »Und was soll das Metall hier an der Seite?«
Eastwood: »Damit kann man die Wäsche leichter abnehmen.«
(Wärter): »Das glaube ich dir nicht.«
Eastwood: »Hören Sie mal, ich hab gar nicht versucht, sie zu verstecken. Wieso sollte ich Metall durch den Metalldetektor bringen?«
(Wärter): »Weil du blöd bist.« [2879]

*

McGoohan: »Einige Männer sind dazu bestimmt, Alcatraz nie zu verlassen. ... Ich meine lebend.« [2880]

FLUCHT VOR DEM TODE *(The Cimarron Kid)*
USA 1952, Universal (Regie Budd Boetticher, Buch Louis Stevens)

*

Hugh O'Brian (Red Buck): »Was soll das? Hört endlich auf damit! Ich habe mich entschuldigt, damit ist die Sache für mich erledigt.« [2881]

*

Noah Beery, jr. (Bob Kingston): »Die Sache in Coffeeville machst du nicht mit.«
O'Brian: »Seit wann?«
Beery, jr.: »Seit jetzt.«
O'Brian: »Warum?«
Beery, jr.: »Weil du zu langsam denkst. Ich habe dir ja schon gesagt, Red, du hast Mut, aber du denkst nicht schnell genug.«
O'Brian: »Sonst noch was?«
Beery, jr.: »Ja, du schießt auch nicht gut.« [2882]

***

FLUCHTWEG UNBEKANNT
(They Met in Bombay)
USA 1941, MGM (Regie Clarence Brown, Buch Edwin Justus Mayer, Anita Loos, Leon Gordon, Story John Kafka)

*

Clark Gable (Gerald Meldrick): »Wundervoll! Das ist die beste Imitation, die du je gemacht hast. Ich hab gewußt, daß du ein richtiger Künstler bist.«
Jay Novello (Bolo): »Das sagt die Polizei auch.«
Gable: »Das beste Lob für dich. Und wirklich, was will denn der Künstler? Doch nichts als die Anerkennung des Kritikers. Ich weiß es. Scotland Yard hat über meine letzte Arbeit ein paar reizende Berichte geschrieben.« [2883]

*

Gable: »Du weißt doch ganz genau, daß wir keine gewöhnlichen Diebe sind. Wäre es möglich gewesen, Michelangelo davon abzuhalten, die Decke der Sixtinischen Kapelle zu bemalen, nur weil er von der Leiter hätte fallen kön-

---

> »Niemand ist bisher die Flucht von Alcatraz gelungen, und es wird nie einer schaffen.«
> Die Flucht von Alcatraz

nen? Nein, natürlich nicht. Diese Aufgabe ist das Risiko wert.« [2884]

*

Gable: »Ich gefalle Ihnen ganz gut, was?« [2885]

*

Gable: »Ist es nötig, einen netten Menschen wie mich derartig zu brüskieren?« [2886]

***

FLUGHÖHE: NULL *(Ceiling Zero)*
USA 1936, Warner (Regie Howard Hawks, Buch Frank Wead, nach seinem Stück)

*

Isabell Jewell (Lou Clark): »Man würde mich hängen für das, was ich Dizzy Davis antun möchte.« [2887]

*

June Travis (Tommy Thomas, nach dem ersten Alleinflug): »Ich wette, wenn ich jetzt hüpfen und mit den Armen schlagen würde, könnte ich fliegen wie ein Vogel.« [2888]

*

Pat O'Brien (Jake Lee): »Versuchen Sie nicht, der kühnste Flieger zu werden, werden Sie lieber der älteste!« [2889]

*

O'Brien: »Ja, ja, der Himmel ist 'ne einsame Gegend, wenn's neblig wird.« [2890]

*

O'Brien: »Es gibt Zeiten, da würde ich am liebsten den ganzen Schreibtischkram hinschmeißen.«
Edward Gargan (Doc Wilson): »Ich auch.«
O'Brien: »Haben Sie nichts anderes zu tun, als hier rumzustehen und zu jammern?« [2891]

*

Craig Reynolds (Joe Allen): »Halten Sie sich an die Vorschriften, wenn Sie in der Gegend fliegen wollen!«
James Cagney (Dizzy Davis): »Vorschriften haben mir noch nie besonderen Spaß gemacht, aber ich werd's versuchen.« [2892]

> »Aber paß auf, daß du unterwegs keinen Tropfen verschüttest! Bier ist flüssiges Gold.«
> Fluß ohne Wiederkehr

Travis: »Sie haben plötzlich so attraktiv ausgesehen. Sie wissen ja, wie schummriges Licht jemandem schmeichelt, der schon 35 ist.«
Cagney: »34.«
Travis: »Na gut, 34. Seien Sie nicht so überempfindlich! Lernen Sie, in Würde alt zu werden.« [2893]

*

Richard Purcell (Smiley Johnson): »Co-Pilot? Nein, bevor ich neben einem anderen mitfliege, gehe ich lieber betteln.« [2894]

***

FLUSS OHNE WIEDERKEHR
(River of No Return)
USA 1954, Twentieth Century Fox (Regie Otto Preminger, Buch Frank Fenton, Story Louis Lantz)

*

Ralph Sanford (Barmann): »Aber paß auf, daß du unterwegs keinen Tropfen verschüttest! Bier ist flüssiges Gold.« [2895]

*

Tommy Rettig (Mark Calder): »Werden wir auch mal so reich wie die Leute, die Gold finden?«
Robert Mitchum (Matt Calder): »Nein, aber reicher als die Leute, die keins finden.« [2896]

*

Mitchum: »Worauf kommt es an?«
Rettig: »Das Ziel zu treffen.«
Mitchum: »Wann?«
Rettig: »Beim ersten Schuß.«
Mitchum: »Weshalb?«
Rettig: »Weil ich vielleicht keinen zweiten mehr habe.« [2897]

*

Marilyn Monroe (Kay): »Ringsherum wimmelt es von Indianern, und sie wollen fischen gehen?«
Mitchum: »Sterben müssen wir alle einmal, aber ich sehe nicht ein, warum wir ausgerechnet verhungern sollen.« [2898]

*

Monroe: »Haben Sie geglaubt, daß wir es schaffen würden?«
Mitchum: »Manchmal nicht.«
Monroe: »Ich habe es immer gewußt. Wenn ein Mann so leidenschaftlich haßt wie Sie, dann ist er zu allem fähig.« [2899]

Rory Calhoun (Harry Weston): »Aber wie du willst, ich rede mit ihm.« *(prüft seinen Revolver)*
Monroe: »Was machst du da?«
Calhoun: »Falls er schwerhörig ist.« [2900]

***

THE FOG – NEBEL DES GRAUENS *(The Fog)*
USA 1979, Avco Embassy (Regie John Carpenter, Buch John Carpenter, Debra Hill)

*

Nancy Loomis (Sandy Fadel): »Ja, Madam.«
Janet Leigh (Kathy Williams): »Sie sind der einzige Mensch, bei dem sich ›Ja, Madam‹ anhört wie ›Sie können mich mal‹.«
Loomis: »Ja, Madam.« [2901]

***

DIE FOLTERKAMMER DES HEXENJÄGERS
(The Haunted Palace)
USA 1963, Alta Vista, AIP (Regie Roger Corman, Buch Charles Beaumont, nach der Geschichte von Edgar Allan Poe)

*

Vincent Price (Joseph Curwen/Charles Dexter Ward): »Jeder von euch und eure Kinder und eure Kindeskinder werden durch das, was mir in dieser Nacht angetan wird, furchtbares Leid ertragen müssen. Ihr werdet von dieser Nacht an bereuen. Auf ewig soll mein Fluch auf euch lasten!« [2902]

*

Price: »Können Sie uns vielleicht sagen, wo das Haus liegt?«
Leo Gordon (Edgar Weeden): »Ich kann, aber ich will nicht.« [2903]

*

Price: »Das empfehlen Sie mir, ja?«
Gordon: »Es ist mehr als eine Empfehlung.« [2904]

*

Frank Maxwell (Dr. Marinus Willet): »Ich rate Ihnen zu fliehen, wie Sie es vor einem Wahnsinnigen mit einem Messer tun würden.« [2905]

*

Price: »Muß ich dir meine Gründe mitteilen? Wie ein dummer Schuljunge?«
Debra Paget (Ann Ward): »Nein, natürlich nicht.«
Price: »Dann kümmere dich gefälligst um deine Angelegenheiten!« [2906]

Price: »Ich ruhe nicht, bevor ich nicht meine Aufgabe erfüllt habe. Ich werde meine Rache nicht beenden, bevor dieses Dorf nicht ein Friedhof ist. Sie alle sollen fühlen, genau wie ich, wie das Feuer tief bis in ihren Körper dringt. Jeder von ihnen. Habt Geduld, meine Freunde! Ich habe nach den vielen Jahren, die verstrichen sind, bestimmt ein Anrecht auf ein bißchen Amüsement.« [2907]

***

A FOREIGN AFFAIR
USA 1948, Paramount (Regie Billy Wilder, Buch Charles Brackett, Billy Wilder, Richard Breen, Story David Shaw)

*

(Senator): »If you give a hungry man a loaf of bread, it's democracy. If you leave the wrapper on, it's imperialism.« [2908]

*

Millard Mitchell (Colonel Rufus John Plummer): »This time it's not just VIPs, this time we're getting VIPIs, very important persons indeed.« [2909]

*

Mitchell: »Seems back home they got an idea this here is one great big picknick, that all we do is swinging hammocks with blonde fräuleins, swap cigarettes for castles on the Rhine, and soak our feet in sparkling Moselle.« [2910]

*

Mitchell: »Some of you do go over board once in a while. Maybe some of you are working too hard to enlighten the civilian population. And maybe some of you PX-millionaires have found out that you can parley a pack of cigarettes into something more than twenty smokes.« [2911]

*

Mitchell: »After all this is no boy scout camp. We've got a tough job on our hands and by and large I think we handle it darn well.« [2912]

> »Ich rate Ihnen zu fliehen, wie Sie es vor einem Wahnsinnigen mit einem Messer tun würden.«
> Die Folterkammer des Hexenjägers

Mitchell: »What they've got to realize is, you can't pin sergeant's stripes on an archangel.« [2913]

*

John Lund (Captain John Pringle): »Now that we won the war, we mustn't lose the peace.« [2914]

*

Mitchell: »One family around here has already christened their kid DiMaggio Schulz. That's when I started believing we really won the war.« [2915]

*

Jean Arthur (Phoebe Frost): »There's something funny going on around here and I'm not in the mood for laughs.« [2916]

*

Arthur: »Wonder what holds that *(Dietrichs)* dress.«
Lund: »Must be that German willpower.« [2917]

*

Lund: »How much of a nazi where you anyway?«
Marlene Dietrich (Erika von Schlütow): »Oh, Johnny, what does it matter, woman's politics? Women pick up whatever is in fashion and change it like a spring hat.« [2918]

*

Dietrich: »That funny little woman with a face like a scrubbed kitchen floor.« [2919]

*

Lund: »Okay, I'm going. Oh, I think I'll have that coffee first. Never mind the cup. Just give me a spoonful of the powder.« [2920]

*

Dietrich: »Let's go up to my apartment. It's only a few ruins away from here.« [2921]

***

FORGET PARIS
USA 1995, Face, Castle Rock (Regie Billy Crystal, Buch Billy Crystal, Lowell Ganz, Babaloo Mandel)

> *»That funny little woman with a face like a scrubbed kitchen floor.«*
> A Foreign Affair

Andre Rosey Brown (Bodyguard, zu Basketballschiedsrichter Crystal, der gerade den entscheidenden Korb nicht gegeben hat): »Ich bin Ihr Beschützer und hasse meinen Job.« [2922]

*

Billy Crystal (Mickey Gordon): »Sie haben meinen Vater verloren?«
Bert Copello (Flughafenangestellter): »Oui.«
Crystal: »Wir reden hier nicht über irgendein Gepäckstück, wir reden über einen ehemaligen Menschen in einem schlecht sitzenden Anzug, säuberlich verpackt in einer Holzkiste. Und alles, was Sie dazu sagen, ist ›oui‹?« [2923]

*

Crystal: »Mir ist es noch nie im Leben besser gegangen. Ich bin zufrieden wie eine Quietschente.« [2924]

*

Debra Winger (Ellen Andrews): »Jedenfalls haben sie Ihren Vater aus gesundheitlichen Gründen in Quarantäne gesteckt.«
Crystal: »›Gesundheitlichen Gründen‹? Er ist tot. Er hat keine Gesundheit.« [2925]

*

Winger: »Wollten Sie immer Schiedsrichter werden?«
Crystal: »Nein, ich hab als Spieler angefangen.«
Winger: »Ach so.«
Crystal: »Ja. Was sehen Sie mich so an?«
Winger: »Ach, ich wollte nur sehen, ob ...«
Crystal: »Was? Sehen, ob ich eine vertikale Herausforderung bin?« [2926]

*

Crystal: »Sie fliegen raus, Kareem!«
Kareem Abdul-Jabbar: »Sind Sie verrückt, Gordon? Das ist mein Abschiedsspiel.«
Crystal: »Ich bin gerne der erste, der sich von Ihnen verabschiedet. Auf Wiedersehen!« [2927]

*

Crystal: »So was tut man niemandem an. Verstehst du? Man läuft nicht rum und ist umwerfend und weiß, man ist nicht zu haben.« [2928]

*

Crystal: »Ist eine Frau nicht dazu da, einen anzuhimmeln, mit einem zu schlafen und sich nicht ins Leben einzumischen?« [2929]

*

John Spencer (Jack, am Grill): »He, geht schon! Macht das Frauenessen, macht den Salat!« [2930]

Spencer: »Wir haben uns dann auf einen Kompromiß geeinigt: Ich bin weiter arbeiten gegangen, und sie hat sich von mir scheiden lassen.« 2931

*

Spencer: »Wenn du mit 'ner Frau zusammen bist, die dich nicht versteht, die nicht versteht, was für ein Mensch du bist, was dir wichtig ist, mußt du weiterziehen.« 2932

*

Winger: »Zweimal. Zweimal wolltest du mit mir schlafen und ich nicht.«
Crystal: »Nein. 50 Mal wollte ich mit dir schlafen und du nicht. Zweimal hab ich dich nur gefragt.« 2933

*

Joe Mantegna (Andy): »Eine Ehe funktioniert nicht, wenn der eine glücklich ist und der andere unzufrieden. Meiner Meinung nach funktioniert eine Ehe nur, wenn beide unzufrieden sind.« 2934

*

Richard Masur (Craig): »He, ganz ruhig, keine Angst! Das ist nur das voreheliche Muffensausen.« 2935

*

Julie Kavner (Lucy): »Du solltest dir keine Ellen-und-Mickey-Geschichten anhören, bevor du heiratest. Das ist Blödsinn. Das ist, wie sich einen Horrorfilm anzusehen, wenn man nicht einschlafen kann.« 2936

*

Kavner: »Die Ehe von den beiden wurde von einem Problem überschattet: daß er ein Mann war und sie eine Frau.« 2937

***

FORMICULA
(Them!)
USA 1954, Warner (Regie Gordon Douglas, Buch Ted Sherdemann, Story George Worthington Yates)

*

James Arness (Robert Graham): »Es ist spät geworden, Doktor.«
Edmund Gwenn (Dr. Harold Medford): »Später als Sie ahnen.« 2938

*

Arness: »Wenn es hier noch mehr *(Riesenameisen)* gibt, Wissenschaft hin, Wissenschaft her, mein Engel, dann nichts wie raus!« 2939

Gwenn: »Nein, wir haben nicht ihr Ende erlebt. Im Gegenteil, wir haben den Anfang von dem erlebt, was für uns das Ende sein kann.« 2940

***

FORREST GUMP
USA 1994, Tisch-Finerman, Paramount (Regie Robert Zemeckis, Buch Eric Roth, nach dem Roman von Winston Groom)

*

Tom Hanks (Forrest Gump): »Hallo, mein Name ist Forrest, Forrest Gump. Möchten Sie eine Praline?« 2941

*

Hanks: »Meine Mama hat immer gesagt, das Leben ist wie eine Schachtel Pralinen, man weiß nie, was man kriegt.« 2942

*

Mykelty Williamson (Bubba Blue): »Getauft bin ich auf Benjamin Buford Blue. Aber alle nennen mich Bubba. (...)«
Hanks: »Mein Name ist Forrest Gump. Mich nennen alle Forrest Gump.« 2943

*

Hanks (voice-over): »Das Gute an Vietnam war, daß man immer irgendwas vorhatte.« 2944

*

Hanks: »Tut mir leid, ich wollte eure Black Panther Party nicht stören.« 2945

***

FRA DIAVOLO
(The Devil's Brother)
USA 1933, Roach, MGM (Regie Hal Roach, Charles Rogers, Buch Jeanie MacPherson, nach der Oper ›Frau Diavolo, ou L'Hôtellerie de Terracine‹ von Daniel François Auber, Libretto Eugène Scribe)

*

Stan Laurel (Stanlio): »Wenn es mit dir aus ist, möchtest du dann begraben werden, oder soll ich dich lieber ausstopfen lassen?« 2946

> »Meine Mama hat immer gesagt, das Leben ist wie eine Schachtel Pralinen, man weiß nie, was man kriegt.«
> Forrest Gump

Oliver Hardy (Ollio): »Warum hast du ihn *(den Krug)* ausgetrunken?«
Laurel: »Was ich im Bauch hab, kann ich nicht verschütten.« [2947]

***

EINE FRAGE DER EHRE
(A Few Good Men)
USA 1992, Castle Rock, Columbia (Regie Rob Reiner, Buch Aaron Sorkin, nach seinem Stück)

*

John M. Jackson (Captain West): »Ich möchte, daß Sie den Raum verlassen, damit wir hinter Ihrem Rücken über Sie reden können.« [2948]

*

Xander Berkeley (Captain Whitaker): »Da Sie sicher keine gute Entschuldigung wissen, zwing ich Sie auch nicht, uns eine alberne zu erzählen.« [2949]

*

Tom Cruise (Lieutenant Daniel Kaffee): »Wenn die Sache vor Gericht geht, brauchen die keinen Anwalt, sondern einen Pfarrer.« [2950]

*

Jack Nicholson (Colonel Nathan P. Jessup): »Verhalte dich gütig und hab ein Panzerbataillon dabei, sag ich immer.« [2951]

*

Demi Moore (Lieutenant Commander Jo Anne Galloway): »Wären Sie sehr beleidigt, wenn ich Ihrem Vorgesetzten empfehlen würde, einen anderen Anwalt einzusetzen?«
Cruise: »Weshalb denn?«
Moore: »Weil ich nicht glaube, daß Sie zu dieser Verteidigung fähig sind.«
Cruise: »Sie kennen mich doch gar nicht. Sonst dauert es oft Stunden, bis die Leute feststellen, daß ich gar nicht dazu fähig bin.« [2952]

*

Cruise (seit längerer Zeit Anwalt): »Also so sieht dann ein Gerichtssaal aus.« [2953]

> »Ich möchte, daß Sie den Raum verlassen, damit wir hinter Ihrem Rücken über Sie reden können.«
> Eine Frage der Ehre

FRANCES
USA 1982, Brooks, EMI (Regie Graeme Clifford, Buch Eric Bergren, Christopher De Vore, Nicholas Kazan)

*

Sam Shepard (Harry York): »Du bist doch jetzt ein Filmstar. Wenn du ihnen gibst, was sie wollen, kriegst du alles, was du willst.«
Jessica Lange (Frances Farmer): »Harry, was die verlangen, hab ich nicht. Ich hab das einfach nicht.« [2954]

*

Lange: »Was willst du? Seinen Namen?« [2955]

*

Allan Rich (Mr. Bebe): »Ich weiß nicht, wer sie gefickt hat, daß sie diese großen Bögen spuckt. Ich war's jedenfalls nicht.« [2956]

*

Rich: »Es wird Zeit, daß wir die Samthandschuhe ausziehen.« [2957]

*

Lange: »Sie sind doch ein intelligenter junger Mann. Und da finden Sie keinen Weg, Ihr Geld weniger würdelos zu verdienen?« [2958]

*

Shepard: »Sei lieber 'n bißchen vorsichtiger, wenn du zuhaust! Schlag nur die, die wichtig sind!« [2959]

*

Shepard: »Sonst machen die kurzen Prozeß mit dir. Die klatschen dich einfach an die Wand.« [2960]

*

Lange: »Ich fang an, mich zu fragen, ob mit mir irgendwas nicht stimmt. Ich kann so allmählich die ganze Welt nicht mehr verstehen.« [2961]

*

Lange: »Ich kann doch nicht immer nur weglaufen. Irgendwann werd ich nach Hause müssen.« [2962]

*

Lange: »Kein Mensch kann seinem Partner das Leben so schwer machen, wie ich das kann. Verstehst du, was ich meine?«
Shepard: »Nein, aber bis ich's verstehe, tue ich, was ich tue.« [2963]

*

Lange: »Nicht böse sein, Harry. Es ist besser, wenn manche Dinge nicht geschehen.« [2964]

FRANKENSTEIN

USA 1931, Universal (Regie James Whale, Buch Garrett Ford, Francis Edwards Faragoh, Robert Florey, nach dem Roman ›Frankenstein, or The Modern Prometheus‹ von Mary Wollstonecraft Shelley)

*

Colin Clive (Henry Frankenstein): »Fritz, das Gehirn, das du gestohlen hast, das Gehirn eines Toten, wird jetzt wieder lebendig in diesem Körper, den ich selbst geschaffen habe, mit meinen eigenen Händen. Mit meinen eigenen Händen.« [2965]

*

Clive: »Daß aber auch jetzt jemand kommen muß! Ausgerechnet jetzt!« [2966]

*

Clive: »So, wahnsinnig bin ich. Überzeugt euch doch, ob ich wahnsinnig bin oder nicht!« [2967]

*

Clive: »Eine großartige Szene, nicht? Hier steht ein Mann, der wahnsinnig ist und dort drei überaus normale Zuschauer. So hab ich es mir gewünscht.« [2968]

*

Clive: »Haben Sie niemals den Wunsch gehabt, etwas Gefährliches zu tun? Wie wär's um unser Leben bestellt, wenn der Forschungsdrang die Menschen nicht erfüllte! Haben Sie nie wissen wollen, was hinter den Wolken ist? Hinter den Sternen? Und welche Kraft es ist, die die Pflanzen wachsen läßt? Und wie aus der Dunkelheit das Licht entsteht? Hm, aber wenn ein Mensch so redet, dann behauptet die Welt, er wäre verrückt. Wenn ich die Möglichkeit hätte, eines von diesen Dingen zu erforschen, nur ein einziges, was die Ewigkeit ist, zum Beispiel, würde ich es ruhig hinnehmen, vor den Augen der Welt als verrückt zu gelten.« [2969]

*

Edward Van Sloan (Dr. Waldman): »Sie sind jung, mein Freund, berauscht durch Ihren großen Erfolg. Wachen Sie auf, und betrachten Sie die Dinge, wie sie sind!« [2970]

*

Frederick Kerr (Baron Frankenstein): »Es ist erstaunlich, wie fröhlich man die Leute machen kann, wenn man sie ein Fäßchen Bier trinken läßt.« [2971]

FRANKENSTEINS BRAUT
(Bride of Frankenstein)

USA 1935, Universal (Regie James Whale, Buch William Hurlbut, John Balderston, nach dem Roman ›Frankenstein, or The Modern Prometheus‹ von Mary Wollstonecraft Shelley)

*

Colin Clive (Henry Frankenstein): »Das ist Professor Pretorius. Er hat früher an unserer Universität Philosophie gelehrt, aber ...«
Ernest Thesiger (Dr. Pretorius): »... aber man setzte mich vor die Tür. Man gab mir einen Fußtritt, lieber Baron, weil ich zuviel wußte.« [2972]

*

Thesiger: »Ich hoffe, Sie mögen Gin. Es ist meine einzige Schwäche.« [2973]

*

Thesiger: »Auf eine neue Welt, die durch unsere Kreaturen beherrscht sein soll!« [2974]

*

Thesiger: »In Nummer vier gelang mir, den Teufel nachzubilden. Ich finde das Bürschchen recht seltsam. Stellen Sie nicht auch fest, daß er mir nicht ganz unähnlich ist? Oder schmeichle ich mir da selbst? Ich habe mich dieser Figur sehr sorgfältig gewidmet, wahrscheinlich aus einem liebgewordenen Gedanken heraus, daß das Leben sehr viel amüsanter wäre, wenn wir alle Teufel wären. Wozu dieser ganze Unsinn mit den Engeln und daß man gut sein muß?« [2975]

*

Thesiger: »Im Namen der Wissenschaft ist unsere Zusammenarbeit erforderlich. Sie und ich verändern die Welt.« [2976]

*

Thesiger: »Sie haben nur die Hälfte dieses Traums erfüllt, Frankenstein. Auf sich allein gestellt, schufen Sie nur einen Mann. Vereinigen

> »Es ist erstaunlich, wie fröhlich man die Leute machen kann, wenn man sie ein Fäßchen Bier trinken läßt.«
> Frankenstein

wir unsere Kenntnisse und schaffen für ihn eine Frau!« [2977]

*

Boris Karloff (das Monster): »Rauchen! Rauchen! Gut!« [2978]

*

Karloff: »Allein schlecht, Freund gut.« [2979]

*

Thesiger: »Ich werde noch ein wenig hierbleiben. Die Gruft sagt mir irgendwie zu.« [2980]

*

Dwight Frye (Karl): »Wenn er noch mehr solche Aufträge hat, stell ich mich lieber und laß mich hängen.«
»Ja, lieber aufgeknüpft werden. Ist doch keine Arbeit für Mörder.« [2981]

*

Karloff: »Nicht mehr allein! Ja, ich will Frau, so wie ich.« [2982]

*

Thesiger: »Nützlich, daß ich in dir einen Verbündeten hab. Deine Kraft ist unter Umständen ein besseres Argument als meine Worte.« [2983]

*

Karloff: »Er hat mich aus Toten gemacht. Ich liebe die Toten, hasse Lebende.« [2984]

*

Karloff: »Geht, beide! Ihr müßt leben. Geht! ... Du wirst nicht gehen! Wir werden alle tot sein.« [2985]

***

FRANKENSTEINS SOHN (Son of Frankenstein)
USA 1939, Universal (Regie Rowland V. Lee, Buch Willis Cooper, angeregt vom Roman ›Frankenstein, or The Modern Prometheus‹ von Mary Wollstonecraft Shelley)

*

Basil Rathbone (Baron Wolf von Frankenstein): »Aus ethischen Motiven müßte ich ihn zerstören. Aber ich tue es nicht. Als Wissenschaftler werde ich alles versuchen, um ihn wieder zum Leben zu erwecken.« [2986]

*

Bela Lugosi (Ygor): »Acht Männer sagten einst: ›Ygor soll hängen‹. Und jetzt sind sie mausetot. Alle acht.« [2987]

***

FRANKIE & JOHNNY
USA 1991, Paramount (Regie Garry Marshall, Buch Terrence McNally, nach seinem Stück ›Frankie and Johnny in the Clair de Lune‹)

*

Nathan Lane (Tim): »Es gibt eine ganze Welt da draußen, und es hat keinen Sinn sich abzuschotten, nur weil man uns wehgetan hat oder wegen einem blöden Virus.« [2988]

*

Michelle Pfeiffer (Frankie): »Ich will jetzt einen Videorecorder.«
Lane: »(...) Soll das ein Leben sein?«
Pfeiffer: »Ja klar, ich laß mir 'ne Pizza kommen und leih mir 'n Video aus. Das ist Kino und ein Abendessen. Und ich muß mich nicht mit einem Idioten abgeben, der an meinem Ohr rumlutscht.« [2989]

*

Kate Nelligan (Cora): »Und so leise. Wie eine Maus. Ich glaube, Marcel Marceau kommt lauter als dieser Kerl.« [2990]

*

Fernando Lopez (Jorge): »Man braucht nur zwei Wörter, um es in dieser Stadt zu schaffen: ›leck‹ und ›mich‹.« [2991]

*

Al Pacino (Johnny): »Ich bin 42.«
Pfeiffer: »Ich bin 32.«
Pacino: »Wirklich?«
Pfeiffer: »Hm.«
Pacino: »Sieht man dir nicht an. ... Ich bin 44.«
Pfeiffer: »Ehrlich?«
Pacino: »Ich werd dieses Jahr 46.«
Pfeiffer: »Was wünschst du dir zum Geburtstag?«
Pacino: »Daß wir mit dem Quatsch aufhören, über so was wie mein Alter zu reden.« [2992]

***

FRANKIE THE FLY
(The Last Days of Frankie the Fly)
USA 1996, Samaha, Blueline, Phonician, NuImage (Regie Peter Markle, Buch Dayton Callie)

> »Nicht mehr allein!
> Ja, ich will Frau,
> so wie ich.«
> Frankensteins Braut

Dennis Hopper (Frankie): »Er hat 'ne merkwürdige Art, seine Macht zu zeigen.«
Kiefer Sutherland (Joey): »Fly, die Eier seiner Feinde in einem Schrank in Gläsern aufzubewahren, hat nichts mit Macht zu tun.« *2993*

*

Hopper: »Du bist zu sensibel.«
Sutherland: »Ich muß nun mal scheißsensibel sein, weil ich Regisseur bin.« *2994*

*

Michael Madsen (Sal): »'ne Menge Geld, Fly.«
Hopper: »Ich weiß.«
Madsen: »Verdammt, Mickey hat seine Eier für viel weniger verloren.«
Hopper: »Ich hab nicht vor, meine Eier zu verlieren, Sal. Ich hoffe, du verstehst das.« (...)
Madsen: »Tja, Mickey wollte das auch nicht. Du hättest sein Gesicht sehen sollen.« *2995*

*

Madsen: »Hast du noch was zu sagen, solange du noch deine Eier hast?« *2996*

***

FRANTIC
USA 1988, Mount, Warner (Regie Roman Polanski, Buch Roman Polanski, Gérard Brach)

Harrison Ford (Richard Walker): »Keine Leiche stinkt so fürchterlich nach nur zwölf Stunden, nicht einmal Dédé.« *2997*

*

Ford: »Du hast seine Brieftasche geklaut?«
Emmanuelle Seigner (Michelle): »War das verboten? Er braucht sie doch nicht mehr.« *2998*

***

DIE FRAU AM STRAND
(The Woman on the Beach)
USA 1947, RKO (Regie Jean Renoir, Buch Frank Davis, Jean Renoir, Michael Hogan, nach dem Roman ›None So Blind‹ von Mitchell Wilson)

Charles Bickford (Todd): »Ich kann zwar nicht sehen, aber fühlen, hören und riechen. Ich rieche sogar deinen Haß. Ich genieße es. Er unterscheidet sich kaum von deiner Liebe.« *2999*

*

Joan Bennett (Peggy): »Es ist Liebe.«
Bickford: »Ja, ist es das? Und zu wem?« *3000*

*

Bickford: »Glaubst du, ich fühle nicht, daß du mich loswerden willst, du mörderische kleine Schlange?« *3001*

***

DIE FRAU DES PROFIS
(The Slugger's Wife)
USA 1985, Rastar, Delphi, Columbia (Regie Hal Ashby, Buch Neil Simon)

Martin Ritt (Burly DeVito): »Ja, der Junge hat Charakter. Ich hasse Spieler mit Charakter. Die tun nie, was ich sage.« *3002*

*

Ritt: »Weißt du, was man tun muß, damit Champagner schmeckt? Gewinnen.« *3003*

***

EINE FRAU, DIE ALLES WEISS
(Desk Set)
USA 1957, Twentieth Century Fox (Regie Walter Lang, Buch Phoebe Ephron, Henry Ephron, nach dem Stück von William Marchant)

*

Merry Anders (Cathy): »Ich hab nicht rausgekriegt, wer er ist. Ich glaube, irgend so ein Irrer oder irgend jemand, der sehr wichtig ist. (...) Vielleicht beides.« *3004*

*

Joan Blondell (Peg Costello): »Du bist wie ein alter Mantel, der in seinem Schrank hängt. Er braucht bloß reinzulangen, du hängst da. Sei mal nicht da, Bunny!« *3005*

*

Gig Young (Mike Cutler): »Sich so zivilisiert zu betragen, ist doch einfach lächerlich. Ich meine, die Situation ist doch vollkommen eindeutig für mich.« *3006*

*

Spencer Tracy (Richard Sumner): »Seh ich so aus, als ob ich mich für Damenmoden interessiere, was?«
Katharine Hepburn (Bunny Watson): »Nicht mal für Herrenmoden.« *3007*

»Man braucht nur zwei Wörter,
um es in dieser Stadt zu schaffen:
›leck‹ und ›mich‹.«
Frankie & Johnny

DIE FRAU GEHÖRT MIR *(Union Pacific)*
USA 1939, DeMille, Paramount (Regie Cecil B. DeMille, Buch Walter DeLeon, C. Gardner Sullivan, Jesse Lask, jr., nach der Geschichte von Ernest Haycox)

*

Joel McCrea (Jeff Butler): »Ich habe nur noch eine Frage, General. Wo sind meine Grenzen?«
Francis McDonald (Grenville M. Dodge): »Nirgends. Wir sind eine Stadt auf Rädern und haben keine bürgerliche Justiz. Das Gesetz sind Sie, und Sie haben die Vollmacht, alles zu zerschlagen, was sich uns entgegenstellt.« *3008*

*

Lynne Overman (Leach Overmile): »Ich halte unseren neuen Boss für einen anständigen, netten Burschen. Hoffentlich lebt er lange genug, daß wir uns näher kennenlernen.« *3009*

*

Brian Donlevy (Sid Campeau): »Was heißt schon ein Indianer mehr oder weniger? Die Armee bringt sie seit Jahren haufenweise um.« *3010*

*

Robert Preston (Dick Allen): »Ich glaube, er macht sich unbeliebt.«
Barbara Stanwyck (Mollie Monahan): »Nicht bei mir, ganz und gar nicht.« *3011*

*

Preston: »Sag mal, hast du hinten im Kopf auch Augen?«
McCrea: »Gib dem einen aus, der den Spiegel putzt!« *3012*

*

Stanwyck: »Was ist denn mit meinen Fingern?«
Preston: »Ganz ohne Ringe, Sie werden sich erkälten.« *3013*

*

Donlevy: »Hast du etwa Hemmungen, dieses verfluchte Stinktier abzuknallen?«
Preston: »Jeff und ich spielen in diesem Spiel nicht zusammen, ich lege ihn genauso um, wie er mich umlegen würde, aber ich lasse ihn nicht beschimpfen.« *3014*

*

Stanwyck: »Hallo Jeff, wo kommen Sie denn her?«
McCrea: »Aus Laramie.«
Stanwyck: »Wie sieht es da aus?«
McCrea: »Noch gar nicht, aber morgen wird da eine Stadt sein.«
Stanwyck: »Sie packen Cheyenne gerade ein und verladen es in den Zug.« *3015*

*

Overman: »Falls Sie sich zufällig was versprechen, was noch in der Zukunft liegt, dann ist das etwas voreilig.« *3016*

*

McCrea: »Könnt ihr ihre Spur finden?«
Akim Tamiroff (Fiesta): »Ja, ich würde sagen, sie sind nach Osten geritten.«
Overman: »Vielleicht geben die Indianer ein Gartenfest mit Kaffee und Kuchen.«
McCrea: »Die Lohngelder!«
Overman: »Das wollte ich damit sagen.« *3017*

*

McCrea: »Opa O'Shaughnessy trinkt schon seit fünfzig Jahren nichts anderes als Whiskey pur.«
Stanwyck: »Außer wenn er sein Rheuma im Bein hat, dann trinkt er immer einen Teil Tee mit sieben Teilen Whiskey.« *3018*

***

DIE FRAU IM HERMELIN
(That Lady in Hermine)
USA 1948, Twentieth Century Fox (Regie Ernst Lubitsch [und Otto Preminger], Buch Samson Raphaelson, nach der Operette ›Die Frau im Hermelin‹ von Rudolf Schanzer, Ernst Welisch)

Douglas Fairbanks jr. (Oberst Ladislaus/Karoly Teglash): »Die Frau ist inkonsequent.« (...)
Harry Davenport (Luigi): »Welche Frau ist konsequent? Wollen wir denn, daß sie konsequent sind?« *3019*

***

FRAU IN NOTWEHR *(The Accused)*
USA 1949, Paramount (Regie William Dieterle, Buch Ketti Frings und ungenannt Leonard Spigelgass, Jonathan Latimer, Allen Rivkin, Charles Schnee, nach dem Roman ›Be Still, My Love‹ von June Truesdell)

Wendell Corey (Lieutenant Ted Dorgan): »Ich

> »Was ist denn mit meinen Fingern?«
> »Ganz ohne Ringe, Sie werden sich erkälten.«
> Die Frau gehört mir

könnte diesen Beruf fast verfluchen. Ich habe ein friedliches Gemüt, und dieser Beruf zwingt mich manchmal, grausam zu sein. Im nächsten Leben werde ich bestimmt Pfarrer, dann brauche ich wenigstens nur auf dem Teufel herumzuhacken.« [3020]

***

EINE FRAU IST EINE FRAU
(Une Femme est une femme)
F/I 1961, Rome-Paris, Unidex, Euro International (Regie, Buch Jean-Luc Godard, Story Geneviève Cluny)

*

Jean-Paul Belmondo (Alfred Lubitsch): »Soll das eine Tragödie oder eine Komödie sein?«
Jean-Claude Brialy (Emile Récamier): »Bei Frauen weiß man das nie.« [3021]

***

DIE FRAU MEINES FREUNDES
(Other Men's Women)
USA 1931, Warner (Regie William A. Wellman, Buch Maude Fulton)

*

Grant Withers (Bill): »Ist das 'ne Operation oder 'n Haarschnitt?« [3022]

***

DIE FRAU MIT DEN ZWEI GESICHTERN
(Two-Faced Woman)
USA 1941, MGM (Regie George Cukor, Buch Sidney H. Behrman, Salka Viertel, George Oppenheimer, nach dem Stück von Ludwig Fulda)

*

Melvyn Douglas (Larry Blake): »Könnten wir uns nicht woandershin verziehen, wo man sich gemütlich unterhalten kann?«
Greta Garbo (Karin): »Ich schätze derartige Unterhaltungen nicht.« [3023]

Douglas: »Was ist denn das Leben schon? Ein Kompromiß.«
Garbo: »Nicht mein Leben.« [3024]

*

Garbo: »Verzeihung, aber ich kann nicht warten, bis Sie das richtige Wort gefunden haben.« [3025]

*

Douglas: »Wie kannst du nur nach New York kommen, ohne mich zu verständigen!«
Roland Young (O. O. Miller): »Och, 'ne Menge Leute kommen täglich nach New York, ohne dich zu verständigen.« [3026]

*

Young: »Nimm uns nicht die Gemütlichkeit, Larry! Geh weg oder setz dich! Mir wär lieber, wenn du gehst.« [3027]

*

Garbo: »Ich schätze ältere Männer. Sie sind so dankbar.« [3028]

***

FRAU OHNE GEWISSEN *(Double Indemnity)*
USA 1944, Paramount (Regie Billy Wilder, Buch Raymond Chandler, Billy Wilder, nach dem Roman von James M. Cain)

*

Fred MacMurray (Walter Neff, voice-over): »Es ging um viel Geld. Und eine Frau. Ich verlor beides.« [3029]

*

MacMurray: »Werden Sie auch hier sein?«
Barbara Stanwyck (Phyllis Dietrichson): »Ich glaube schon, Mr. Neff.«
MacMurray: »Mit demselben Parfum und dem Reifen am Fuß?« [3030]

*

MacMurray (voice-over): »Es war ein heißer Nachmittag, und ich erinnere mich heute noch an den Jasminduft, der über den Gärten lag. Wie sollte ich ahnen, daß Mord zuweilen wie Jasmin duftet. Du, Keyes, würdest es sicher in dem Augenblick gewußt haben, als sie nach der Unfallversicherung fragte. Ich kam nicht darauf.« [3031]

*

Stanwyck: »Ich hoffe, Sie werden mir nicht böse sein, daß ich Sie heute hierhergebeten habe. Gestern war es leider nicht möglich.«
MacMurray: »Das macht nichts. Ich habe ja meine Briefmarkensammlung.« [3032]

*

MacMurray (voice-over): »Es ging um 50.000

> »Die Frau ist inkonsequent.« (...)
> »Welche Frau ist konsequent?
> Wollen wir denn, daß sie
> konsequent sind?«
> Die Frau im Hermelin

Dollar und um das Leben eines Mannes, eines Mannes, der mir völlig gleichgültig war, der nur den Fehler gemacht hatte, gerade die Frau zu heiraten, die mir so anziehend erschien.« *3033*

*

MacMurray (voice-over): »Mit dieser Unterschrift *(Unfallversicherung)* hatte er sein Todesurteil unterschrieben. Die Vollstreckung war nur noch eine Frage der Zeit.« *3034*

*

MacMurray: »Ein Freund von mir hat eine feine Theorie. Er sagt, wenn zwei einen Mord begehen, fahren sie in der gleichen Richtung und können nicht anhalten, keiner kann vor der Endstation abspringen. Sie müssen gemeinsam fahren, und ihre Endstation ist der elektrische Stuhl.« *3035*

***

DIE FRAU, VON DER MAN SPRICHT
(The Woman of the Year)
USA 1942, MGM (Regie George Stevens, Buch Ring Lardner jr., Michael Kanin)

*

Roscoe Karns (Phil Whittaker): »Wir Männer machen uns selber das Leben schwer, es ist unsere eigene Schuld. Frauen müssen ungebildet gehalten werden und sauber. Wie Kanarienvögel.« *3036*

*

Katharine Hepburn (Tess Harding): »Ich hatte gleich den Eindruck, daß das Schicksal irgendwas mit dir und mir vorhat.« *3037*

***

DIE FRAUEN *(The Women)*
USA 1939, MGM (Regie George Cukor, Buch Anita Loos, Jane Murfin, nach dem Stück von Clare Boothe Luce)

*

»Aber was hat die denn gemeinsam mit einem Jockey?«
»Gewichtsprobleme.« *3038*

> »Wir Männer machen uns selber das Leben schwer, … . Frauen müssen ungebildet gehalten werden und sauber. Wie Kanarienvögel.«
> Die Frau, von der man spricht

Norma Shearer (Mary Haines): »Ich wußte, daß solche Dinge bei anderen Leuten vorkommen, aber ich hätte mir nicht träumen lassen, daß es uns passiert.« *3039*

*

Mary Cecil (Maggie): »Weißt du, der erste Mann, der eine gute Begründung dafür abgeben kann, daß er seine Frau liebt, aber auch seine Freundin, der gewinnt bestimmt diesen Preis, der immer in Schweden verliehen wird.« *3040*

***

DER FRAUENHELD *(Lady Killer)*
USA 1933, Warner (Regie Roy Del Ruth, Buch Ben Markson, Lillie Hayward, Story Rosalind Keating Shaffer, Mark Canfield)

*

James Cagney (Dan Quigley): »Wenn Sie noch einmal Lois Underwood öffentlich beleidigen, schneide ich Ihnen die Ohren ab und schicke sie Ihrer Familie.« *3041*

***

FREEJACK
USA 1992, Robinson-Shusett, Morgan Creek (Regie Geoff Murphy, Buch Steven Pressfield, Ronald Shusett, Dan Gilroy, Story Steven Pressfield, Ronald Shusett, nach dem Roman ›Immortality‹ von Robert Sheckley)

*

David Johansen (Brad): »Jede sorgfältige Zukunftsplanung kommt ohne 'n bißchen Arschkriecherei nicht aus.« *3042*

*

Emilio Estevez (Alex Furlong): »Ich bin am Ende.«
Frankie Faison (Eagle Man): »Dann behalt's für dich, wenn du nicht willst, daß dir jemand den Rest gibt.« *3043*

*

Amanda Plummer (Nonne): »Jesus Christus hat uns gelehrt: ›Halte deine andere Wange hin!‹ *(tritt Jonathan Banks in die Eier)* Nur, da wußte er noch nichts von solchen Wichsern, wie Sie einer sind.« *3044*

***

DIE FREIBEUTERIN *(The Spoilers)*
USA 1942, Universal (Regie Ray Enright, Buch Lawrence Hatard, Tom Reed, nach dem Roman von Rex Beach und dem Stück von Rex Beach und James Mac Arthur)

Marlene Dietrich (Cherry Malotte): »Hier gibt es kein Herumprügeln, Namara, außer wenn es um mich geht.« [3045]

*

John Wayne (Roy Glennister): »Ich komme zu der Verhandlung in die Stadt, Richter, aber bevor Sie schwierige Entscheidungen treffen, bitte ich Sie um eines: Überlegen Sie, was Sie tun!« [3046]

*

Randolph Scott (Alex McNamara): »Stört Sie's, wenn Miss Malotte und ich uns unterhalten, als ob Sie gar nicht da wären?« [3047]

*

Scott: »Sie wollen mir doch wohl nicht erzählen, daß er den ganzen Abend hier war?«
Dietrich: »Wieso nicht? Er braucht ja wohl ein Alibi.« [3048]

***

FREITAG DER 13. *(Friday the 13th)*
USA 1980, Georgetown (Regie Sean S. Cunningham, Buch Victor Miller)

*

Hacry Crosby (Bill): »Hab keine Angst! Höchstwahrscheinlich gibt's irgend 'ne dumme Erklärung für alles.«
Jeannine Taylor (Marcie): »Und welche?«
Crosby: »Morgen werden wir darüber lachen, du wirst sehen.« [3049]

*

Crosby: »Ich bin gleich wieder da.« [3050]

***

DER FREMDE IM ZUG
(Strangers on a Train)
USA 1951, Warner (Regie Alfred Hitchcock, Buch Raymond Chandler, Czenzi Ormonde, nach dem Roman von Patricia Highsmith)

*

Farley Granger (Guy Haines): »Ich bin vielleicht etwas altmodisch, aber ich dachte, Mord ist gegen das Gesetz.« [3051]

*

Robert Walker (Bruno Antony): »Was bedeutet schon ein Leben oder zwei? Für manche wäre es besser, wenn sie tot wären, zum Beispiel Ihre Frau oder mein Vater.« [3052]

*

Granger: »Es ist so einfach. Zwei Männer treffen sich zufällig. So wie wir. Es bestehen keine Beziehungen zwischen ihnen, sie haben sich vorher nie gesehen. Jeder von ihnen hat nun jemand, den er loswerden will. Also tauschen sie ihre Morde aus.« [3053]

*

John Brown (Professor Collins): »Was halten Sie davon?«
Granger: »Sie haben eine gute Stimme fürs Ballett.« [3054]

*

Leo G. Carroll (Senator Morton): »Hören Sie auf einen erfahrenen Mann! Machen Sie sich keine schlaflosen Nächte wegen einer Anschuldigung! Außer natürlich, man kann sie beweisen.« [3055]

*

Walker: »Ich habe einen Mord begangen, aber es ist nicht mein Mord, Herr Haines, es ist Ihrer. Und weil Sie alle Vorteile dadurch haben, sollten Sie meiner Meinung nach auch dafür büßen.« [3056]

*

Marion Lorne (Mrs. Antony): »Aber Fräulein Morton, ich weiß, Bruno hat schon viele dumme Sachen angestellt, aber nicht so etwas Lächerliches wie einen Mord.« [3057]

***

EIN FREMDER AUF DER FLUCHT
(Stranger on the Run)
USA 1967, Universal (Regie Don Siegel, Buch Dean Riesner, Story Reginald Rose)

*

Henry Fonda (Ben Chamberlin): »Verdammt heiß heute.«
Walter Burke (Berk): »Schneestürme haben wir um die Jahreszeit ziemlich selten.« [3058]

*

Fonda: »Wie kann man zu einem Schluck von dem Zeug da kommen?«
Burke: »Kann man kaufen ... oder abarbeiten. Ich bezahle zwanzig Cents die Stunde.«

> *»Ich bin vielleicht etwas altmodisch, aber ich dachte, Mord ist gegen das Gesetz.«*
> Der Fremde im Zug

Fonda: »Sagen Sie mir Bescheid, wenn ein Doppelter verdient ist!« [3059]

*

Fonda: »Ich war halbtot vor Angst.«
Bernie Hamilton (Dickory): »Wenn man etwas ohne Angst tut, ist es kein Verdienst, jedoch halbtot vor Angst sein und es trotzdem wagen, das allein zählt.« [3060]

***

EIN FREMDER OHNE NAMEN
(High Plains Drifter)
USA 1973, Malpaso, Universal (Regie Clint Eastwood, Buch Ernest Tidyman)

Clint Eastwood (Der Fremde): »Ein Bier ... und eine Flasche Whiskey!«
(Barmann): »Ist nicht besonders gut, dafür aber wenigstens warm. Möchten Sie sonst noch etwas?«
Eastwood: »Ja, ich möchte meine Ruhe beim Trinken.« [3061]

*

Eastwood: »Nur ihre Füße, Madam, sind noch größer als ihr Mund.« [3062]

*

Walter Barnes (Sheriff Walter Barnes): »Ich wollte mit Ihnen über Billy Borders reden.«
Eastwood: »Kenne ich nicht.«
Barnes: »Doch, flüchtig, würde ich sagen, denn Sie haben ihn ja erschossen, ihn und Ike Short und Fred Morris.« [3063]

*

Barnes: »Kein Mensch mochte die drei, sie waren hier im Ort sehr unbeliebt. Mit Recht.«
Eastwood: »Das heißt also, es wird keine Anklage erhoben. Ist das richtig?«
Barnes: »Wozu eine Anklage? Vergeben und vergessen, das ist unser Motto.« [3064]

*

Eastwood: »Ziehen Sie's ruhig raus, das Messer, wenn Sie's in den Arsch haben wollen.« [3065]

> »Nur ihre Füße, Madam,
> sind noch größer
> als ihr Mund.«
> Ein Fremder ohne Namen

Stefan Gierasch (Mayor Jason Hobart): »Wären Sie, sagen wir mal, empfänglich für eine kleine Sonderprämie?«
Eastwood: »Wie klein?«
Gierasch: »500 pro Kopf?«
Eastwood: »500 pro Ohr.«
Gierasch: »Gut, in Ordnung.« [3066]

*

Verna Bloom (Sarah Belding): »Ich wußte, daß Sie grausam sind, aber wie, das konnte ich nicht ahnen.«
Eastwood: »Das ahnen Sie immer noch nicht.« [3067]

*

Bloom: »Ich wollte dich warnen, obwohl das eigentlich ein bißchen absurd ist.«
Eastwood: »Was soll absurd sein?«
Bloom: »Das fragst du mich, nachdem du hier in zwei Tagen sieben Männer erschossen und ein Hotel in die Luft gejagt hast?« [3068]

*

Eastwood: »Alles, was ich bei meiner Ankunft wollte, war eine Flasche Whiskey und ein heißes Bad.« [3069]

*

Bloom: »Bitte sei vorsichtig! Du bist ein Mann, vor dem man sich fürchtet. Das ist gefährlich.« [3070]

*

Geoffrey Lewis (Stacy Bridges): »Zwei Stäbe Dynamit sind auch 'ne sehr gute Kombination. Die hat bisher noch jeden Safe geöffnet.« [3071]

***

FRENCH CANCAN
F 1955, Franco-London (Regie, Buch Jean Renoir, Story André-Paul Antoine)

Maria Félix): »General Boulanger ist ein guter Freund von mir. Ich werde mich an Sie erinnern, falls er Präsident wird.« [3072]

*

Jean Gabin (Danglard): »Wenn du einen Liebhaber brauchst, nimm dir dafür Alexander, und du hast den besten, den du dir wünschen kannst. Willst du einen Ehemann, nimm Paolo. Eins von beiden, auf der einen Seite verwöhnt werden, Reichtum, ein großes Leben, auf der andern Seite Sicherheit und ein glückliches Alter hinterm Backofen. Alles schön und in Ehren, aber ich kann es dir nicht geben, tut mir leid. Schau mich an! Seh ich aus wie dein Prinz oder Bäcker, hä? Für mich hat nur Bedeutung und Wert, was ich schaffe. Und das Theater. Alles andere hängt damit zusammen. Das bist du mal, und das ist sie oder sie. Früher waren es andere, und später werden es auch wieder andere sein. Was du willst oder was ich will, meinst du, das ist wichtig? Da kümmert sich die Welt einen Dreck darum. Nur das eine zählt, das, was die da unten wollen, denn wir sind nur für das Publikum da.« [3073]

***

FRENCH CONNECTION II
USA 1975, Twentieth Century Fox (Regie John Frankenheimer, Buch Alexander Jacobs, Robert Dillon, Lauri Dillon)

*

Gene Hackman (James R. ›Popeye‹ Doyle): »He, Henry, es geht einfach nichts über 'ne freundliche Atmosphäre. Dagegen is'n Obdachlosenasyl bei uns 'n Prunkbau.«
Bernard Fresson (Henri Barthelemy): »Ah, armer Popeye, schon am ersten Tag Heimweh. Ich lasse gleich 'ne Büchse Spinat kommen.« [3074]

*

Hackman: »Ich wär lieber bei der Heilsarmee in New York als Präsident von Frankreich, aber ich bin hier, um einen Auftrag zu erledigen und das ist, Charnier zu fangen, und genau das werde ich tun. Ich werde ihn erwischen und dahin bringen, wo er hingehört, auch wenn es Ihnen nicht passen sollte.«
Fresson: »Na bravo! Nun wird alles gut. Heute sind endlich die Amerikaner in Marseille gelandet.« [3075]

*

Hackman: »Ich arbeite streng nach Vorschrift. Sie haben doch meine Akte gelesen.«
Fresson: »Deshalb frag ich ja.« [3076]

*

Hackman: »Ich bin nur hier, um zuzusehen, wie Profis so was machen.« [3077]

*

Fresson: »Warum gehen Sie nicht nach New York zurück und erschießen Polizisten? Das ist das, was Sie am besten können.« [3078]

*

Fernando Rey (Alain Charnier): »Die Luft in New York ist leider zu ungesund, außerordentlich bleihaltig. Aber es ist eine amüsante Stadt.« [3079]

*

Ed Lauter (Bill): »Wieso hast du hier nie Schwierigkeiten?«
Rey: »Och, der Grund dafür ist ganz einfach und einleuchtend. 83 Polizeibeamte suchten um ein Gespräch mit mir nach, 52 zogen es vor, sich statt dessen mit meinem Geld zu amüsieren. Ich liebe Städte, in denen man immer weiß, wo einer steht.« [3080]

*

Rey: »Ich muß sagen, Mr. Doyle, daß Sie genau die Person sind, die ich nicht wiederzusehen wünschte.« [3081]

*

Rey: »Meine kostspielige New Yorker Erfahrung lautet folgendermaßen: Sie sind ein guter Polizist und ehrlich. Ziemlich borniert, aber ehrlich.« [3082]

*

Fresson: »Wo steckst du, Popeye?«
Hackman: »Vor Charniers Absteige, ich hab mich plötzlich daran erinnert. (...)«
Fresson: »Rühr dich nicht vom Fleck!«
Hackman: »Ja, ja, kapiert. Und Henry, bring (...) Wasser mit! Viel Wasser!« *(nimmt Benzinkanister und geht los)* [3083]

***

FRENCH KISS
USA 1995, Working Title, Prufrock, PolyGram (Regie Lawrence Kasdan, Buch Adam Brooks)

*

Timothy Hutton (Charlie): »Wie kannst du nur nicht nach Paris wollen! Du bist Geschichtslehrerin.«
Meg Ryan (Kate): »Charlie, das sind Franzosen. Du weißt doch, die hassen uns, sie rauchen, sie sind verrückt nach Molkereiprodukten, die ich überhaupt nicht kapiere.« [3084]

»Warum gehen Sie nicht nach New York zurück und erschießen Polizisten? Das ist das, was Sie am besten können.«
French Connection II

Ryan: »Die Saucen da *müssen* incroyabel sein, damit man das Pferdefleisch nicht durchschmeckt.« *3085*

*

Ryan (zu ihrer Flugangst): »Ich bewege mich so fort, wie es die Natur vorgesehen hat, in einem Auto.« *3086*

*

Kevin Kline (Luc, übersetzt Durchsage für Ryan): »Der Pilot sagt, daß (...) eine Düse einen Riß hat, aber keine Sorge, sie würden trotzdem starten.« *3087*

*

Ryan: »Ich weiß nicht, wie man euch in Frankreich erzieht, aber unverschämt und interessant ist nicht dasselbe.« *3088*

*

Ryan: »Die Antwort auf französische Kellner: Bist du nett zu ihnen, behandeln sie dich wie Scheiße, behandelst du sie wie Scheiße, lieben sie dich.« *3089*

***

FRENZY
UK 1972, Universal (Regie Alfred Hitchcock, Buch Anthony Shaffer, nach dem Roman ›Goodbye Picadilly, Farewell Leicester Square‹ von Arthur La Bern)

*

Noel Johnson (Mr. Usher): »Wir sprechen gerade über den Krawattenmörder, Maysie. Nehmen Sie sich ja in acht!«
June Ellis (Maysie): »Er vergewaltigt sie vorher, nicht?«
Johnson: »Ja, ich hab so was läuten hören.«
Gerald Sim (Doctor): »Es ist doch immerhin beruhigend zu wissen, daß selbst das Schlimmste noch sein Gutes hat.« *3090*

*

Sim: »Ich meine, wir hatten seit Christie keine schöne saftige Serie von Sexualmorden in London. Und die sind für den Tourismus ideal. Die Fremden erwarten von London, daß es nebelumwoben ist und daß das holprige Kopfsteinpflaster von aufgeschlitzten Huren übersät ist.« *3091*

*

Jean Marsh (Monica Barling): »Erwartet Mrs. Blaney Sie?«
Jon Finch (Richard Blaney): »Das nehme ich fest an. Jeder wartet doch, daß 'n falscher Fuffziger irgendwann wieder aufkreuzt.« *3092*

*

Michael Bates (Sergeant Spearman): »Scheint Ihnen zu munden, Sir.«
Alec McCowen (Chiefinspector Oxford): »Sergeant, meine Frau nimmt offensichtlich an einem Kursus über die französische Feinschmeckerküche teil. Offenbar haben die noch nichts von der Notwendigkeit gehört, daß man in unserem Lande kräftig frühstücken muß und zwar dreimal täglich. Ein echt englisches Frühstück natürlich, nicht dieses komische café complét.«
Bates: »Äh, wie bitte, Sir?«
McCowen: »Halb Kaffee und halb gekochte Milch, worin die Haut rumschwimmt und ein süßes Brötchen, das aus Luft besteht. (...) Das hab ich heute morgen gegessen.« *3093*

*

Anna Massey (Babs Milligan): »Ohne Hintergedanken?«
Barry Foster (Bob Rusk): »Na, seh ich vielleicht wie so 'n Typ aus?«
Massey: »Alle Typen sind solche Typen, auch wenn sie anders aussehen.« *3094*

*

Vivien Merchant (Mrs. Oxford): »Er hat sich offenbar gar nicht bemüht, diskret zu sein.«
McCowen: »Nein. Diskretion und Zurückhaltung ist nicht gerade die stärkste Seite der Psychopathen, Schatz.« *3095*

*

McCowen: »Mr. Rusk, Sie haben ja Ihre Krawatte nicht um.« *3096*

***

FRESHMAN *(The Freshman)*
USA 1990, Lobel-Bergman, TriStar (Regie, Buch Andrew Bergman)

*

Matthew Broderick (Clark Kellogg, voice-over): »Ich war seit genau neunzehn Minuten und elf Sekunden in New York, und ich war schon ruiniert.« *3097*

> »Ich weiß nicht, wie man euch in Frankreich erzieht, aber unverschämt und interessant ist nicht dasselbe.«
> French Kiss

Marlon Brando (Carmine Sabatini): »Das ist keine komplizierte Arbeit, aber sie muß *richtig* gemacht werden, genau wie alles andere.« [3098]

*

Penelope Ann Miller (Tina Sabatini): »Natürlich ist er *(Brando)* Importeur, ja. Ein außergewöhnlich einflußreicher Importeur. So was gibt's.« [3099]

*

Maximilian Schell (Larry London): »Carmine sagt, es kommt bloß einer, und ihr seid zwei.« [3100]

*

Brando (am Telefon): »Ich hab's dir schon mal gesagt, ich mag das nicht, wenn die Kurse fallen. Weißt du, ich hatte früher einen anderen Broker, der kaufte Aktien für mich, und die fielen auch. Und dann wurde es unerfreulich, Charley, sehr unerfreulich.« [3101]

*

Broderick: »Es geht um diese Tiere, diese Reptilien *(Komodowaran)*. (...) Die sind gefährdet.«
Brando: »Jetzt nicht mehr. In New Jersey geht's ihnen bestens.« [3102]

*

Brando: »Ich versteh dich, ich versteh dich gut. In diesem Leben sind oft unsere Gefühle zu groß für Worte. Viel zu groß.« [3103]

*

Broderick (voice-over): »Es liegt eine gewisse Freiheit darin, bis zum Hals in der Scheiße zu stecken. Man weiß, daß es nur besser kommen kann.« [3104]

*

Broderick: »Versprochen?«
Brando »Jedes Wort, das ich sage, ist automatisch ein Versprechen.« [3105]

*

Broderick: »Sir, wir müssen miteinander reden.«
Brando: »Ja, (...) das weiß ich schon. Das wolltest du gestern abend auch, aber du konntest nicht. So was dauert etwa einen Tag.« [3106]

*

Broderick: »Sie haben gesagt, sie wollen mich für zwei Jahre ins Gefängnis schicken, wenn ich die beiden nicht zum Gourmet-Club führe.«
Brando: »Nein, nein, das tun die nicht. Die schicken dich nicht ins Gefängnis.«
Broderick: »Wirklich nicht?«
Brando: »Nein, die (...) werden dich übern Haufen schießen.« [3107]

*

Broderick: »Also, diese Kerle sollen Sie für die Bonellis umlegen, und ich werd dazu benutzt. Und wenn die Sie kriegen?«
Brando: »Dann legen sie dich um.«
Broderick: »Oh mein Gott, das ist ja furchtbar!«
Brando: »Aber das macht man so, weißt du.« [3108]

*

Kenneth Welsh (Dwight Armstrong): »Was, zum Teufel, hat er damit *(Revolver)* vor?«
Jon Polito (Chuck Greenwald): »Unsere Abteilung beschäftigt leider keine Sozialarbeiter, Mr. Armstrong.« [3109]

*

Brando: »Das ist ein häßliches Wort, Schwindel. Das ist ein Geschäft. Und wenn man Geschäfte machen will, macht man das so.« [3110]

***

EIN FRESSEN FÜR DIE GEIER
(Two Mules for Sister Sara)
USA 1970, Malpaso, Universal (Regie Don Siegel, Buch Albert Maltz, nach der Geschichte ›Two Guns for Sister Sara‹ von Budd Boetticher)

Shirley MacLaine (Sara): »Bitte seien Sie so gut, und begraben Sie die Toten, um meiner Seele willen, wenn schon nicht um Ihrer.«
Clint Eastwood (Hogan): »Die Leute umzulegen, Schwester, macht mir nichts aus, aber der Teufel soll mich holen, wenn ich ihretwegen schwitze.« [3111]

*

Eastwood: »Hier, wollen Sie nicht ein paar Bohnen mitessen? Die Burschen haben zwar schlecht geschossen, aber einer von ihnen war ein guter Koch.« [3112]

> »Ich versteh dich, ich versteh dich gut. In diesem Leben sind oft unsere Gefühle zu groß für Worte. Viel zu groß.«
> Freshman

Eastwood: »Alle Frauen sind von Natur aus Lügnerinnen, von Nonnen wußte ich das bisher noch nicht.« [3113]

*

Eastwood: »Den haben Sie verdient, den haben Sie sich redlich verdient, aber ich habe noch nie einen Menschen gesehen, der sich so schnell an Schnaps gewöhnt hat.« [3114]

*

MacLaine: »Heilige Maria, Mutter Gottes, hilf, daß dieser schlechte Mensch gut schießt!« [3115]

*

Manolo Fabregas (Colonel Beltran): »Besser so, als sich gegenseitig umzubringen.«
Eastwood: »Oh, es fände sowieso nur eine Beerdigung statt, eine katholische.«
Fabregas: »Ich hatte keine Ahnung, daß Sie katholisch sind.« [3116]

*

Eastwood: »Für mich bitte nicht soviel Schnaps wie für die Schwester. Ich bin nur ein einfacher Mensch.«
Alberto Morin: »Keiner kann es mit Sara aufnehmen, weder im Trinken noch im Lieben. Auf Ihre Tugenden und insbesondere auf Ihre Laster, Sara! Ein Jammer, daß wir beide begraben müssen!« [3117]

***

DIE FREUNDE VON EDDIE COYLE
(The Friends of Eddie Coyle)
USA 1973, Paramount (Regie Peter Yates, Buch Paul Monash, nach dem Roman von George W. Higgins)

*

Robert Mitchum (Eddie Coyle): »Zähl soviel du willst, soviel du auch hast *(Fingerknöchel)*. Ich hab vier mehr. Weißt du, wo ich sie herhabe? Ich hab 'nem Mann, den ich kannte, etwas Zeug abgekauft. Das Zeug wurde identifiziert. Der Kerl, für den ich's gekauft hatte, der kam in die Strafanstalt Walpole für 15 bis 25 Jahre, sitzt immer noch. Aber er hatte ein paar Freunde, und ich bekam einen Satz Extraknöchel. Die legen einem die Hand in eine Schublade. Dann knallt jemand die Schublade zu.« [3118]

*

Mitchum (auch Eddie Fingers genannt): »Es tat auch noch besonders weh, weil man genau wußte, was passieren würde. Weißt du, da sitzt du da, die tauchen auf und sagen: ›Hör zu! Jemand hat eine Wut auf dich. Du hast einen großen Fehler gemacht, dafür sitzt jetzt jemand im Knast. Es ist nicht persönlich gemeint, verstehst du? Aber es muß einfach erledigt werden.‹« [3119]

*

Steven Keats (Waffenhändler): »Das Leben ist hart, Mann, aber es ist noch härter, wenn man bekloppt ist.« [3120]

*

Peter Boyle (Dillon): »Wenn ich jemanden umlege, mache ich es nach Maß, nicht wie irgendein Lausebengel, der sein Mädchen mit 'nem anderen beim Bumsen erwischt hat.« [3121]

*

Boyle: »Er weiß, für mich kommt nur Bargeld in Frage. Im voraus. Keine Moneten, keine Leiche. Und keine Kreditkarten!« [3122]

*

Boyle: »Er hat mich schon ein paarmal gebeten, ein paar kitzlige Sachen für ihn zu erledigen, und ich habe sie erledigt. Niemand ist zu Schaden gekommen, außer dem, der zu Schaden kommen sollte.« [3123]

***

FROM DUSK TILL DAWN
USA 1995, Los Hooligans, A Band Apart, Buena Vista (Regie Robert Rodriguez, Buch Quentin Tarantino, Story Robert Kurtzman)

*

George Clooney (Seth Gecko): »Ich werde diese Hütte in eine Geisterbude verwandeln, wenn du versuchen solltest, mich zu verarschen.« [3124]

*

Clooney: »... oder du kannst diesen Laden umbenennen in ›Bennys Welt des Blutes‹.« [3125]

*

Clooney: »Nicht auffallen! Verstehst du die Bedeutung der Worte ›nicht auffallen‹? (...) Ich kann dir erklären, was es bedeutet, nicht aufzufallen. Das bedeutet vor allem, das bedeutet,

---

»Alle Frauen sind von Natur aus Lügnerinnen, von Nonnen wußte ich das bisher noch nicht.«
Ein Fressen für die Geier

keine Mädchen als Geiseln zu nehmen, das bedeutet, keine Bullen abzuknallen, das bedeutet, kein Haus in Brand zu stecken.«
Quentin Tarantino (Richard Gecko): »Du kannst immer nur meckern, meckern, meckern.« [3126]

*

Clooney: »Regel Nummer eins: kein Gezeter, keine Fragen! Wenn du Gezeter machst, macht Mr. 44er auch Gezeter. Wenn du eine Frage stellst, wird Mr. 44er sie beantworten.« [3127]

*

Clooney: »Komm nie auf die unendlich dumme Idee wegzulaufen, denn ich hab sechs kleine Freunde, die alle schneller laufen können als du.« [3128]

*

Juliette Lewis (Kate Fuller): »Was ist denn hier los?«
Tarantino: »Wir veranstalten gerade einen Bikiniwettbewerb, und du hast gewonnen.« [3129]

*

Clooney: »Alles klar, Säufer? Saufen wir! Ich bezahle.« [3130]

*

Clooney: »Ich hab nie gesagt: ›Tut, was ich tue!‹, sondern: ›Tut, was ich sage!‹« [3131]

*

Cheech Marin (Carlos): »Waren das da drin Irre, oder ...«
Clooney: »Sahen die aus wie Irre? Haben die etwa so ausgesehen? Das waren Vampire. Irre explodieren nicht, wenn das Sonnenlicht sie trifft, ganz egal wie irre sie sind.« [3132]

***

FRÜCHTE DES ZORNS (*The Grapes of Wrath*)
USA 1940, Twentieth Century Fox (Regie John Ford, Buch Nunnally Johnson, nach dem Roman von John Steinbeck)

*

John Carradine (Casy): »Der Geist weht nicht mehr. Ist nichts mehr in mir, wovon ich predigen könnte, hab immer mehr gezweifelt.« [3133]

*

Carradine: »Ich habe die Mädchen immer so lange *Glory halleluja* singen lassen, bis sie ohnmächtig umgefallen sind. Dann hab ich mich ihrer angenommen.« [3134]

*

Carradine: »Vielleicht gibt es die Sünde gar nicht und auch nicht die Tugend. Es gibt nur das, was Menschen tun.« [3135]

*

Carradine: »Manche Dinge, die Menschen tun, sind gut und manche sind weniger gut. Aber das hat jeder mit sich selbst auszumachen.« [3136]

*

John Qualen (Muley): »Die Sandstürme sind schuld. (...) So hat's jedenfalls angefangen. So blasen sie schon Jahr für Jahr, blasen das Land fort, blasen die Ernte fort, blasen jetzt uns fort.« [3137]

*

Henry Fonda (Tom Joad): »Bist du verrückt?«
Qualen: »Manche meinen, ich wär's.« [3138]

*

Qualen: »Ich soll von meinem eigenen Land weg?«
Selmer Jackson (Inspection Officer): »Was fragen Sie mich? Es ist nicht meine Schuld.«
Hollis Jewell (Muleys Sohn): »Wessen Schuld dann?«
Jackson: »Ihr wißt doch, wem das Land gehört, der Shawney Land & Cattle Company.«
Qualen: »Und wer ist die Shawney Land & Cattle Company?«
Jackson: »Das ist niemand, das ist eine Gesellschaft.«
Jewell: »Die haben doch einen Präsidenten, oder? Die haben doch sicher jemanden, der weiß, wozu ein Gewehr gut ist, oder?«
Jackson: »Junge, es ist nicht seine Schuld, wenn die Bank ihm sagt, was er zu tun hat.«
Jewell: »Na gut. Wo ist die Bank?«
Jackson: »In Tulsa. Aber was hat es für einen Sinn, auf den Bankdirektor loszugehen? Der ist selbst schon halb verrückt, kriegt seine Anweisungen von der Ostküste.«
Qualen: »Wen müssen wir dann erschießen?«
Jackson: »Ich weiß es nicht, Mann. Wenn ich's wüßte, würde ich's Ihnen sagen.« [3139]

> *»Ich hab nie gesagt:*
> *›Tut, was ich tue!‹, sondern:*
> *›Tut, was ich sage!‹«*
> From Dusk Till Dawn

O. Z. Whitehead (Al): »So kenn ich dich gar nicht.«
Jane Darwell (Ma Joad): »Ich bin ja auch noch nie aus meinem Haus gejagt worden. Meine Familie hat noch nie auf der Straße gesessen. Hab noch nie alles verloren, alles, was mein Leben war.« 3140

*

Russell Simpson (Pa Joad): »Er wird sich nicht so allein fühlen, wenn sein Name da steht. Ein einsamer alter Mann unter der Erde, das soll er nicht sein.« 3141

*

Simpson: »Was ist, wenn der Mann die Wahrheit gesagt hat?«
Carradine: »Er hat die Wahrheit gesagt, seine Wahrheit. Er hat uns nichts vorgemacht.«
Simpson: »Und was ist unsere Wahrheit?«
Carradine: »Ich weiß es nicht.« 3142

*

Ben Hall (Tankwart): »Ich hätte nicht den Mumm.«
Fonda: »Was heißt Mumm, wenn einem nichts anderes übrigbleibt?« 3143

*

»Mann, was eine 45er so anrichten kann!« 3144

*

Carradine: »Das ist der Grund, warum ich nicht mehr Prediger sein kann. Ein Prediger muß wissen, und ich weiß nicht. Ich kann nur fragen.« 3145

*

Darwell: »Ich wünschte, du hättest es nicht getan, aber du hast getan, was du tun mußtest, und ich kann nicht mal sagen, es war falsch.« 3146

*

Fonda: »Im Verborgenen werde ich dasein. Ich werde überall sein, wohin du auch blickst. Wo immer hungernde Menschen um ihr täglich Brot kämpfen, ich werde dasein. Wo immer ein Polizist einen Mann schlägt, ich werde dasein. Wo immer einer aufschreit in seinem Zorn, ich werde dasein. Und ich werde in der Freude der Kinder sein, die Hunger haben und satt werden. Ich werde dasein. Wenn die Menschen ernten, was sie gesät haben, wenn sie in den Häusern leben, die sie gebaut haben, ich werde dasein.« 3147

*

Darwell: »Weißt du, Pa, eine Frau ändert sich viel leichter als ein Mann. Der klammert sich irgendwie an ein Ereignis, einen Lebensabschnitt. Ein Baby wird geboren, irgendeiner stirbt. Er kauft eine Farm oder verliert sie. Wieder ein Abschnitt. Bei einer Frau bleibt alles im Fluß, es ist wie ein Strom. Da gibt's Strudel oder auch Wasserfälle, aber der Strom fließt weiter. Frauen sehen die Dinge irgendwie anders.« 3148

*

Simpson: »Wir sind geschlagen worden.«
Darwell: »Aber sicher. Und gerade das macht uns stark. Die Reichen, weißt du, die kommen und gehen. Sie sterben, ihre Kinder taugen nichts, und Schluß und aus. Aber wir sind nicht totzukriegen, wir sind Menschen, die leben. Sie können uns nicht wegfegen, nicht auslöschen. Uns wird es immer geben, Pa, denn wir sind das Volk.« 3149

***

FRÜHLING FÜR HITLER *(The Producers)*
USA 1967, Embassy, Glazier, Springtime, Crossbow (Regie, Buch Mel Brooks)

*

Shimen Ruskin (Vermieter): »Wer wo wohnen will, muß Miete zahlen. Das verlangt die Ordnung.« 3150

*

Zero Mostel (Max Bialystock): »Wie kann ein Produzent mehr Geld mit einem Reinfall machen als mit einem Hit?«
Gene Wilder (Leo Blum): »Nun, das ist eine Sache kreativer Buchführung.« 3151

*

Mostel: »Und was, wenn es ein Knüller geworden wäre?«
Wilder: »Dann säßen Sie im Gefängnis. Wenn das Stück ein Erfolg ist, müssen Sie alle Kreditgeber auszahlen. Wenn es aber ein Reinfall wird, können Sie nichts rausrücken.« 3152

> *»Vielleicht gibt es die Sünde gar nicht und auch nicht die Tugend. Es gibt nur das, was Menschen tun.«*
> Früchte des Zorns

Kenneth Mars (Franz Liebkind): »Eine Gelegenheit wie diese schreit nach einem Schnaps.« [3153]

*

Wilder: »Gestern war ich noch ein unbedeutender kleiner Buchhalter und heute der Produzent von einem Broadwayreinfall.« [3154]

*

Mars: »Nicht viele Leute wußten, daß der Führer ein hervorragender Tänzer war.« [3155]

*

Mostel: »Wieviel Prozent kann ein Stück überhaupt Gewinn bringen?«
Wilder: »Max, du kannst von jeder Sache höchstens 100 Prozent verkaufen.«
Mostel: »Und wieviel Prozent haben wir von ›Frühling für Hitler‹ verkauft?«
Wilder: »25.000 Prozent.« [3156]

*

Mostel: »Er ist der einzige Regisseur, dessen Stücke schon nach der ersten Probe abgesetzt werden.« [3157]

*

Christopher Hewett (Roger De Bris): »Nach meiner Meinung ist es ein sehr wichtiges Stück. Weißt du, ich hatte gar nicht mitgekriegt, daß das Dritte Reich in Deutschland stattfand und so vollgepfropft war mit lustigen historischen Ereignissen.« [3158]

***

FRÜHSTÜCK BEI IHR
(White Palace)
USA 1990, Mirage, Double Play, Universal (Regie Luis Mandoki, Buch Ted Tally, Alvin Sargent, nach dem Roman von Glenn Savan)

*

Susan Sarandon (Nora Baker): »Ich bin mal Katholikin gewesen. Aber die Beichte hat mich nervös gemacht.« [3159]

*

Sarandon: »Werd ich dich wiedersehen?«
James Spader (Max Baron): »Nein.«
Sarandon: »Soll ich dir was sagen? Ich hab tatsächlich einen Augenblick lang gedacht, du würdest mich überraschen.« [3160]

*

Rachel Levin (Rachel): »Würden Sie mich entschuldigen? Ich muß mal in die Küche. Ich hab ein Preiselbeerproblem.« [3161]

FRÜHSTÜCK BEI TIFFANY
(Breakfast at Tiffany's)
USA 1961, Jurow-Shepherd, Paramount (Regie Blake Edwards, Buch George Axelrod, nach dem Roman von Truman Capote)

*

Mickey Rooney (Mr. Yunioshi): »Miss Golightly, ich plotestiele!« [3162]

*

Rooney: »Seit vierzehn Tagen geht das nun schon. Sie können doch nicht jede Nacht immerzu bei mir läuten. Sie (...) stören mich. Sie müssen sich einen neuen Schlüssel besorgen.«
Audrey Hepburn (Holly Golightly): »Das wär zwecklos, ich verlier sie ja doch alle.« [3163]

*

Claude Stroud (Sid Arbuck): »Du hast mich doch gern. Jeder hat mich gern. Du kannst mich doch nicht einfach so abschieben.« [3164]

*

Hepburn: »Kennen Sie das auch, wenn einem alles zum Hals raushängt?«
George Peppard (Paul Varjak): »Wie meinen Sie das? Wenn man Weltschmerz hat?«
Hepburn: »Nein. Den hat man, weil man zu dick wird oder weil es zu lange regnet. Man ist krank, das ist alles. Was ich meine, ist viel schlimmer. Man hat plötzlich Angst und weiß nicht wovor. Kennen Sie das Gefühl?«
Peppard: »Sicher.«
Hepburn: »Wenn ich das Gefühl kriege, dann hilft nur eins: in ein Taxi springen und zu Tiffany fahren. Das beruhigt mich sofort. Es ist wie eine einsame Insel, da kann einem gar nichts Schlimmes passieren. Wenn ich irgendwo ein Fleckchen finde, wo ich dasselbe Gefühl habe wie bei Tiffany, dann (...) kauf ich mir 'ne Einrichtung und geb der Katze einen Namen.« [3165]

*

Hepburn: »Furchtbar, wie ich wieder ausseh!

> »Eine Gelegenheit
> wie diese schreit nach
> einem Schnaps.«
> Frühling für Hitler

Man kann doch nicht ins Sing Sing gehen, wenn man so käsig aussieht.« [3166]

*

Peppard: »Sing Sing?«
Hepburn: »Ja, ich find den Namen auch ulkig fürs Gefängnis. (...) Es hört sich mehr nach 'm Opernhaus an oder so.« [3167]

*

Hepburn: »Was ein Mann wirklich von einer Frau hält, erkennt man an den Ohrringen, die er ihr schenkt.« [3168]

*

Peppard: »Ich halte Sie nicht für verrückter als andere auch.«
Hepburn: »Das tun Sie wohl, aber das ist mir egal. Es ist ganz nützlich, wenn man überall für verrückt gehalten wird.« [3169]

*

Martin Balsam (O. J. Berman, zum Papagei): »Siehst du, jetzt bist du ausgestopft, mein Liebling. Ja, das kommt davon, wenn man zuviel quatscht.« [3170]

*

Hepburn: »Versprich mir aber, daß du mich erst nach Hause bringst, wenn ich betrunken bin! Erst, wenn ich wirklich genug hab.« [3171]

*

Hepburn: »Entdecke ich eine gelinde Mißbilligung in deinen Augen?« [3172]

*

Hepburn: »Ich persönlich finde es scheußlich, Brillanten zu tragen, bevor ich vierzig bin.« [3173]

*

Hepburn: »Haben Sie etwas für zehn Dollar?«
John McGiver (Tiffany-Verkäufer): »Ja, offen gesagt, Madam, ist in dieser Preislage unser Angebot an Waren ziemlich beschränkt.« [3174]

*

McGiver: »Ach, das kenne ich noch aus meiner Jugend. Und das gibt's auch heute noch? (...) Das ist schön. Das ist für mich ein beruhigender Gedanke, daß man die Gepflogenheiten der Vergangenheit heute noch fortsetzt.« [3175]

*

Hepburn: »Gibst du mir bitte meine Tasche, Schätzchen! So was kann eine Frau ja unmöglich lesen ohne (...) Make-up.« [3176]

*

Peppard: »Ich liebe dich, und du gehörst zu mir.«
Hepburn: »Nein. Kein Mensch gehört einem Menschen.«
Peppard: »Da irrst du dich, Holly.«
Hepburn: »Ich werde mich von keinem einsperren lassen.«
Peppard: »Einsperren will ich dich nicht, ich will dich lieben.«
Hepburn: »Das ist dasselbe.« [3177]

*

Hepburn: »Ich weiß nicht, wer ich bin. Ich bin wie der Kater. Wir sind einfach Niemande. Wir gehören zu niemandem, und niemand gehört zu uns. Und eigentlich gehören wir nicht mal zusammen.« [3178]

***

DAS FRÜHSTÜCK IM GRÜNEN
(Le Déjeuner sur l'herbe)
F 1959, Renoir (Regie, Buch Jean Renoir)

*

Jean-Pierre Granval (Ritou): »Du hast mich aufgeweckt. Jetzt muß ich einen heben, damit ich wieder müde werde.« [3179]

*

Paul Meurisse (Professor Etienne Alexis): »Vermutlich hat sie Verständnis, wenn es mir gelingt, überzeugende Argumente vorzubringen. ... Die müssen mir aber erst einfallen.« [3180]

***

FULL METAL JACKET
UK 1987, Kubrick, Warner (Regie Stanley Kubrick, Buch Stanley Kubrick, Michael Herr, Gustav Hasford, nach dem Roman ›The Short-Timers‹ von Gustav Hasford)

*

Lee Ermey (Gunnery Sergeant Hartman): »Wenn ihr Ladies meine Insel verlaßt, wenn ihr meine Ausbildung überleben solltet, seid ihr eine Waffe, seid ihr Priester des Todes und betet um Krieg. Aber bis zu diesem Tag seid ihr Dreck, seid ihr die niedrigste Lebensform auf

---

> »Versprich mir aber, daß du mich erst nach Hause bringst, wenn ich betrunken bin! Erst, wenn ich wirklich genug hab.«
> Frühstück bei Tiffany

Erden, seid ihr noch nicht mal annähernd so was wie Menschen, seid ihr nichts anderes als ein unorganisierter Haufen amphibischer Urscheiße.« [3181]

*

Ermey: »Ich bin hart, aber ich bin fair. Rassistische Bigotterie gibt's hier nicht. Ich kenne keine Vorurteile gegen Nigger, Jidden, Spaghettis, Latinos. Hier seid ihr alle zusammen gleich wertlos.« [3182]

*

Ermey: »Gott gab es schon vor dem Marine Corps. Also schenkt eure Herzen ruhig Jesus. Aber euer Arsch gehört dem Marine Corps.« [3183]

*

Tim Colceri (Doorgunner): »Jeder, der davonrennt, ist ein Vietkong. Jeder, der stehenbleibt, ist ein disziplinierter Vietkong.« [3184]

*

Matthew Modine (Private Joker): »Du kannst doch nicht Frauen und Kinder erschießen!«
Colceri: »Das ist leicht, du darfst nur nicht zu weit vorhalten.« [3185]

*

Dorian Harewood (Eightball): »Ihr werdet's nicht glauben, aber unter Feuer ist Animal Mother einer der feinsten und besten Menschen auf der Welt. Das heißt, er braucht jemanden, der sein Leben lang Handgranaten nach ihm wirft.« [3186]

*

Keiron Jecchinis (Crazy Earl): »Die Leute, die wir hier heute umgebracht haben, sind das Beste an Menschen, was wir je kennenlernen werden. Wenn wir zurückkehren in die Welt, werden wir merken, daß niemand mehr da ist, auf den es wert wäre zu schießen.« [3187]

*

Modine: »Ich wollte das exotische Vietnam sehen, das (...) Kleinod von Südostasien. Ich hab mir gedacht, ich treff interessante, anregende Menschen aus einer alten Kultur. Und kill sie.« [3188]

***

DIE FÜNF GEÄCHTETEN (Hour of the Gun)
USA 1967, Mirish, Kappa, United Artists (Regie John Sturges, Buch Edward Anhalt)

*

James Garner (Wyatt Earp): »Sie haben hier in Tombstone keinerlei Polizeigewalt, und einen Haftbefehl haben Sie auch nicht.«
Robert Phillips (Frank Stillwell): »Wir sind aber genug Männer, da brauchen wir keinen.« [3189]

*

»Warum haben Sie Ihren Beruf als Zahnarzt aufgegeben und angefangen zu spielen?« (...)
Jason Robards (Doc Holliday): »Ich habe festgestellt, daß die Leute mehr Gold in den Taschen haben als in den Mäulern.« [3190]

*

Robards: »Den ersten Mann für dein Aufgebot hast du schon.«
Garner: »Doc, es springt aber keine Belohnung dabei raus.«
Robards: »Die Handelskammer wollte doch 20.000 Dollar aussetzen, soviel ich weiß.«
Garner: »Wenn er gefaßt ist und verurteilt, nicht tot oder lebend. Das ist nicht dein Stil, Doc.«
Robards: »Für so einen Haufen Geld bin ich genauso legal wie du.« [3191]

***

FÜNF GRÄBER BIS KAIRO
(Five Graves to Cairo)
USA 1943, Paramount (Regie Billy Wilder, Buch Billy Wilder, Charles Brackett, nach dem Stück ›Hotel Imperial‹ von Melchior Lengyel)

*

Akim Tamiroff (Farid): »Informiert über alles.«
Peter Van Eyck (Leutnant Schwegler): »Wir wissen gern, wo der Schalter ist, vor Betreten eines dunklen Raums.« [3192]

*

Fortunio Bonanova (General Sebastian): »Ich frage Sie: Kann eine Nation, die rülpst, eine Nation verstehen, die singt?« [3193]

*

Erich von Stroheim (Feldmarschall Erwin Rommel): »Ich mag morgens keine Frauen.« [3194]

> »Du kannst doch nicht Frauen und Kinder erschießen!«
> »Das ist leicht, du darfst nur nicht zu weit vorhalten.«
> Full Metal Jacket

von Stroheim: »Sie, meine Herren, haben einen sechsten Sinn. Wir haben nur fünf, aber wir gebrauchen sie.« *3195*

***

FÜNF PERLEN *(O. Henry's Full House)*
USA 1952, Twentieth Century Fox (Regie Henry Koster, Henry Hathaway, Jean Negulesco, Howard Hawks, Henry King, Buch Lamar Trotti, Richard Breen, Ivan Goff, Ben Roberts, Nunnally Johnson, nach Geschichten von O. Henry)

*

»Dein Anwalt ist draußen mit der Kaution.«
»Sag ihm, ich bin nicht da!« *3196*

*

David Wayne (Horace): »Gefängnisse sind heute nicht mehr das, was sie mal waren. Sie lassen sie furchtbar runterkommen. Jeder X-Beliebige kommt heute rein, wenn's ihm einfällt.« *3197*

*

Charles Laughton (Soapy): »Man muß für jede Wohltat *(von der Heilsarmee)* zahlen, wenn nicht mit barer Münze, so doch moralisch, mein Junge, das heißt, mit tiefer seelischer Demütigung. Für jedes Bett zahlt man als Zoll ein Bad.« *3198*

*

Steven Geray (Boris Radolf): »Vielleicht sind Sie Ihrer Zeit voraus. Vielleicht wird man es *(das Bild)* irgendwann einmal als das erkennen, was es ist. Was immer es auch sein mag.« *3199*

*

Oscar Levant (Bill): »Und du bist überzeugt, daß Kidnapping die einzige Lösung ist?«
Fred Allen (Sam): »Also, wenn du mich so fragst, für mich ist es die sicherste Kapitalanlage mit dem schnellsten Gewinn. Ich gebe ihm sogar, offen gesagt, bei weitem den Vorzug vor dem Abkassieren bei Waisen und Witwen.« *3200*

*

Allen: »Kinder haben das zu tun, was Erwachsene ihnen sagen. Da gibt's überhaupt keine Probleme. Wir sind nämlich größer als sie.« *3201*

*

Levant: »Irgendwie hab ich das Gefühl, unser Triumph ist nur vorübergehend.« *3202*

*

Lee Aaker (J. B.): »Ich hab meine Meinung über dich geändert, William.«
Levant: »Ja? Das ist aber nett.«
Aaker: »Ich mag dich immer noch nicht, aber jetzt glaub ich, du bist dumm.« *3203*

***

DAS FÜNFTE ELEMENT *(Le Cinquième élément)*
F 1997, Gaumont (Regie Luc Besson, Buch Luc Besson, Robert Mark Kamen, Story Luc Besson)

*

Brion James (General Munro): »Das nennen Sie einen Überlebenden?«
Christopher Fairbank (Prof. Mactilburgh): »Ein paar Zellen sind noch am Leben, mehr benötige ich nicht.« *3204*

*

Gary Oldman (Zorg): »Ich mag Krieger nicht. Sie sind so borniert und noch schlimmer, wenn sie für eine aussichtslose Sache kämpfen. Ehre! Die Ehre hat Millionen umgebracht und nicht einen gerettet. Ich sag dir, was ich ehrlich mag: einen Killer, einen richtig professionellen Killer, der kaltblütig, sauber und methodisch vorgeht.« *3205*

*

(Polizist): »Legen Sie bitte Ihre Hände in die gelben Kreise!«
Richard Leaf (Nachbar): »Ich mach euch alle!«
Bruce Willis (Korben Dallas, in der Nebenwohnung): »Die Antwort war falsch.« *3206*

*

Oldman: »Ich bin enttäuscht, das muß ich schon sagen. Wenn es etwas gibt, das ich nicht ausstehen kann, dann ist das, von anderen enttäuscht zu werden.«
»Tut mir leid, Sir, das kommt auch nie wieder vor.«
Oldman: »Ich weiß.« *3207*

*

Oldman (zu sich): »Wenn du willst, daß etwas erledigt wird, dann mach es selbst, ja!« *3208*

*

Willis: »Hat noch jemand *(außer dem gerade Erschossenen)* Interesse zu verhandeln?« *3209*

> »Wenn du willst, daß etwas erledigt wird, dann mach es selbst, ja!«
> Das fünfte Element

DIE FÜNFTE KOLONNE *(Foreign Intrigue)*
USA 1956, Reynolds, United Artists (Regie, Buch Sheldon Reynolds)

*

Robert Mitchum (Bishop): »Trinken wir einen Cognac!«
Georges Hubert (Dr. Thibault): »Das ist eine gute Idee.«
Mitchum: »Das ist immer eine gute Idee.« *3210*

*

Frederick O'Brady (Spring): »Was darf ich Ihnen anbieten?«
Mitchum: »Die Wahrheit.«
O'Brady: »Ich sehe, es wird sehr schwierig sein, sich mit Ihnen zu unterhalten, Mr. Bishop.«
Mitchum: »Praktisch unmöglich, Mr. Spring. Falls Sie wirklich so heißen.« *3211*

*

O'Brady: »Bei meinem Beruf ist es angebracht, eine Waffe bei sich zu haben. Leider ist die Welt heutzutage ein Dschungel.« *3212*

*

Mitchum: »Ich finde Sie nur erfrischend natürlich in dieser etwas abgestandenen Welt, in der man immer und immer wieder dieselben Phrasen hört. Und wenn man sie bis zum Überdruß gehört und selbst oft genug benutzt hat, gilt man als erfahrener Mann.« *3213*

*

O'Brady: »Warum waren Sie so grob?«
Mitchum: »Warum? Weil Sie eine Pistole auf mich angelegt haben.«
O'Brady: »Deswegen muß man einem Menschen doch nicht gleich einen Kinnhaken versetzen.« *3214*

*

Mitchum: »Und warum gerade da?«
O'Brady: »Wenn ich die Absicht habe, mich allein mit einem Mann zu treffen, will ich auch sehen, daß er allein ist.« *3215*

***

FÜR EIN PAAR DOLLAR MEHR
(Per qualche dollaro in più)
I/E/BRD 1965, Constantin, PEA, Gonzáles (Regie Sergio Leone, Buch Sergio Leone, Luciano Vincenzoni)

*

Gian Maria Volonté (Indio): »Für 5000 Dollar! 5000 Dollar für einen Schuß in meinen Rücken. Verräter! Du hättest mich besser kaltgemacht. ... Nun zeig mal, ob du von vorne besser schießt als von hinten.« *3216*

*

Volonté: »Wenn die Musik zu Ende ist, schieß! Wenn es dir gelingt.« *3217*

*

Lee Van Cleef (Colonel Mortimer): »Eigenartig. Da läuft einer mit einem Colt rum, und wenn er ihn wirklich mal gebrauchen kann, dann tut er's nicht.« *3218*

*

Clint Eastwood (Monco): »Vielleicht ist die Frage indiskret.«
Van Cleef: »Nein. Fragen, die sind nie indiskret. Die Antworten sind es. Manchmal.« *3219*

*

(Telegraphist, der Banküberfall melden soll): »Aber ich habe doch nicht einen einzigen Schuß gehört.«
Eastwood: »Wenn du es unbedingt knallen hören möchtest ...« *3220*

*

Eastwood: »Wohin?«
Volonté: »Nach Norden.«
Eastwood: »Nach Norden. Zum Canyon des Rio Bravo?«
Volonté: »Na und?«
Eastwood: »Gerade richtig für einen, der in der Falle sitzen möchte.«
Volonté: »Kennst du (...) einen besseren Weg?«
Eastwood: »Ja, den nach Süden.«
Volonté: »Den zur Grenze hin?«
Eastwood: »Wer denkt schon, daß du jetzt über die Grenze gehst, jetzt, wo alles alarmiert ist.«
Volonté: »Ja, also reiten wir nach Osten.« *3221*

*

Van Cleef: »Ich kann warten, ein Monat vergeht schnell. In Geldsachen bin ich immer sehr genau. Ich habe viel Zeit, aber am Ende kriege ich, was ich haben will.« *3222*

»Trinken wir einen Cognac!«
»Das ist eine gute Idee.«
»Das ist immer eine gute Idee.«
Die fünfte Kolonne

FÜR EINE HANDVOLL DOLLAR
(Per un pugno di dollari)
I/E/BRD 1964, Constantin, Ocean, Jolly (Regie Sergio Leone, Buch Sergio Leone, Duccio Tessari, Victor A. Catena, A. Schock nach dem Film ›Yojimbo‹, JAP 1961, Regie Akira Kurosawa, Buch Akira Kurosawa, Ryuzo Kikushima)

*

Clint Eastwood (Joe): »Ach so, zwei Banden. Also daraus könnte man doch was machen.« 3223

*

Eastwood: »Wenn ich sensibler wäre, würden mir jetzt die Tränen der Rührung in die Augen treten.« 3224

*

Gian Maria Volonté (Ramon Roja): »Wenn einer so auftritt wie der, dann muß man zweierlei voraussetzen: daß er mit dem Colt umgehen kann und daß er sehr intelligent ist.« 3225

*

José ›Pepe‹ Calvo (Silvanito): »Wenn man dich so mit den Särgen hantieren sieht, könnte man glauben, du hättest nie in deinem Leben was anderes gemacht.«
Eastwood: »Indirekt stimmt das, nur habe ich in erster Linie für die Füllung gesorgt.« 3226

*

Wolfgang Lukschy (John Baxter): »Das ist typisch Frau. Wenn die Dinge mal einfach liegen, fangt ihr an, sie zu komplizieren.« 3227

*

Volonté: »Wenn sich zwei Männer duellieren, und der eine hat einen Colt und der andere ein Gewehr, ist der mit dem Colt ein toter Mann. Das ist eine alte mexikanische Weisheit.« 3228

*

Eastwood: »Halt mal an! Wie die sich gegenseitig abschlachten, das möchte ich genießen.« 3229

*

Eastwood: »Wenn sich zwei Männer duellieren, und der eine hat einen Colt und der andere ein Gewehr, ist der mit dem Colt ein toter Mann. Das war doch irgend so eine Weisheit. Mal sehen, ob es stimmt.« 3230

***

F/X *(F/X – Tödliche Tricks)*
USA 1985, Fayed-Wiener, Orion (Regie Robert Mandel, Buch Robert T. Megginson, Gregory Fleeman)

*

Diane Venora (Ellen): »Keiner interessiert sich mehr dafür, Filme über Menschen zu machen. Alles, was sie interessiert, sind Spezialeffekte.« 3231

*

Mason Adams (Colonel Mason): »Ich meine, wenn alles im Leben fair zuginge, brauchten wir kein Justizministerium.« 3232

*

Brian Dennehy (Leo McCarthy): »Jetzt sind wir schon mal hier drin. Komm, wir sehen uns mal um! Und wenn wir was finden, besorgen wir uns 'n Durchsuchungsbefehl.« 3233

> »Wenn ich sensibler wäre, würden mir jetzt die Tränen der Rührung in die Augen treten.«
> Für eine Handvoll Dollar

G

DER GALGENSTRICK *(Goin' South)*
USA 1978, Paramount (Regie Jack Nicholson, Buch John Herman Shane, Al Ramus, Charles Shyer, Alan Mandel)

*

Jack Nicholson (Henry Moon): »Meine Hände sind weich wie ein Kinderarsch.«
Mary Steenburgen (Julia Tate): »Besser ein paar Schwielen an der Hand als Schwielen am Hals.« 3234

*

Nicholson: »Ich will gern tun, was ich tun kann, aber irgendwie bin ich nicht zur Arbeit geboren.« 3235

*

Christopher Lloyd (Towfield): »Der Sheriff hat mir aber nichts davon erzählt.«
Don McGovern (Norvell, Barmann): »Du erzählst ihm nichts, also erzählt er dir auch nichts.« 3236

*

Nicholson: »Soll ich dir mal was sagen? Irgendwann wird dich mal einer an die Schweine verfüttern.« 3237

***

GALLIPOLI
AUS 1981, Stigwood-Murdoch, R&R (Regie Peter Weir, Buch David Williamson, Story Peter Weir, angeregt von ›The Broken Years‹ von Bill Gammage und Kriegsgeschichten von C. E. W. Bean)

*

Harold Hopkins (Les McCann): »Mädchen laufen. Männer boxen.« 3238

*

Ian Govett (Armeearzt): »Ihre Zähne sind aber nicht sehr gut.«
David Argue (Snowy): »Soll man denn den Gegner beißen? Ich denke, man schießt auf ihn.« 3239

*

Bill Hunter (Major Barton): »Trinken Sie ein, zwei Glas, bevor Sie gehen!« 3240

***

THE GAME
USA 1997, Propaganda, PolyGram (Regie David Fincher, Buch John Brancato, Michael Ferris)

*

Elizabeth Dennehy (Maria): »Wieso frag ich überhaupt *(ob Douglas Einladungen annimmt)*?«
Michael Douglas (Nicholas Van Orten): »Wenn man nicht über die Gesellschaft Bescheid weiß, dann hat man auch nicht die Befriedigung, sich ihr zu entziehen.« 3241

*

Sean Penn (Conrad Van Orten): »Die bringen Spaß in deinen Alltag. (...) Du weißt doch, was das ist. Du hast das doch schon bei andern Menschen gesehen.« 3242

*

James Rebhorn (Jim Feingold): »Das ist ein Spiel (...), für jeden Teilnehmer speziell zugeschnitten. Es ist, als wären Sie in den Ferien. Nur müssen Sie da nicht hinfahren, die Ferien kommen zu Ihnen.« 3243

*

Douglas: »Da verabschieden sich tausend Dollar.«
Deborah Kara Unger (Christine): »Die Schuhe haben tausend Dollar gekostet?«
Douglas: »Der eine, ja.« 3244

*

Douglas: »Hast du ernsthaft geglaubt, nur weil du Kinderbücher herausgibst, würde sich jemand für meinen Ruf interessieren? Und wenn du Fotos von mir hättest, auf denen ich Ringe in den Brustwarzen trage und Captain Cangaroo in den Arsch ficke, das einzige, was die in-

> »Ich will gern tun, was ich tun kann, aber irgendwie bin ich nicht zur Arbeit geboren.«
> Der Galgenstrick

teressiert, sind die Aktien. Und zwar, ob die Aktien steigen oder fallen.« *3245*

***

GANDHI
UK 1982, Indo British, IFI, Goldcrest, NFDCI (Regie Richard Attenborough, Buch John Briley)

*

Athol Fugard (General Smuts): »Wir westlichen Zivilisierten haben eine Schwäche für diese geistlichen Männer Indiens. Aber als alter Anwalt warne ich Sie: Mr. Gandhi ist gerissen wie kein anderer, glauben Sie mir, wie überirdisch er auch erscheinen mag.« *3246*

*

Martin Sheen (Walker): »Sie sind eine zu kleine Minderheit, um es gegen die südafrikanische Regierung aufzunehmen, ganz zu schweigen vom britischen Empire.«
Ben Kingsley (Mahatma Gandhi): »Selbst wenn man nur noch allein dasteht, Wahrheit bleibt Wahrheit.« *3247*

*

Kingsley: »Für diese Sache bin auch ich bereit zu sterben. Aber, mein Freund, es gibt keine Sache, für die ich bereit bin zu töten.« *3248*

*

Kingsley: »Sie können, wenn sie wollen, meinen Körper foltern, mir meine Knochen brechen, mich sogar umbringen. Dann, dann haben sie zwar meinen Leichnam, aber keineswegs meinen Gehorsam.« *3249*

*

Kingsley: »Wir meinen, daß es an der Zeit ist zu erkennen, daß Sie Herren in einem fremden Haus sind. (...) Es wird Zeit für Sie zu gehen.« *3250*

*

(englischer General): »Sie denken doch nicht, daß wir so einfach aus Indien weggehen?«
Kingsley: »Doch. Irgendwann werden Sie bestimmt gehen. Verstehen Sie, 100.000 Engländer werden nicht die Kontrolle über 350 Millionen Inder ausüben können, wenn diese sich weigern, mit ihnen zusammenzuarbeiten.« *3251*

*

Kingsley: »'Auge um Auge' führt nur dazu, daß die ganze Welt erblindet.« *3252*

*

Roshan Seth (Pandit Nehru): »Ich glaub's einfach nicht! So dumm können selbst die Briten nicht sein.« *3253*

*

John Gielgud (Lord Irwin): »Mr. Gandhi wird erfahren, daß wesentlich mehr dazu gehört als eine Prise Salz, um das Britische Empire zu stürzen.« *3254*

*

Kingsley: »Die Aufgabe eines Bürgerrechtlers besteht darin zu provozieren. Und wir werden so lange provozieren, bis sie irgendwann reagieren oder das Gesetz ändern. Nicht sie kontrollieren uns, sondern wir sie. Darin liegt die Stärke des unbewaffneten Widerstandes.« *3255*

***

GANGSTER IN KEY LARGO (Key Largo)
USA 1948, Warner (Regie John Huston, Buch Richard Brooks, John Huston, nach dem Stück von Maxwell Anderson)

*

John Rodney (Deputy Sawyer): »Ich wollte fliehen, aber ehe ich zur Tür kam, gingen die Lichter wieder aus.«
Harry Lewis (Toots): »Und ich war der Elektriker.« *3256*

*

Edward G. Robinson (Johnny Rocco): »Wieso ist es hier bei Nacht heißer als am Tag, und warum kühlt es nicht ab, wenn es regnet? Weißt du das, Klugscheißer?«
Humphrey Bogart (Frank McCloud): »Leider nicht.«
Robinson: »Wieso nicht? Du hast doch sonst 'ne Antwort auf alles. Tust, als hättest du die Weisheit mit Löffeln gefressen.« *3257*

*

Robinson: »Was findest du denn so komisch?«
Lewis: »Nichts.«
Robinson: »Was lachst du denn so blöd?«
Lewis: »Ich weiß nicht, Boss.«
Robinson: »Armleuchter! Was ist widerlicher,

> »Für diese Sache bin auch ich bereit zu sterben. Aber, mein Freund, es gibt keine Sache, für die ich bereit bin zu töten.«
> Gandhi

Curley, ein Blödian oder ein Klugscheißer?«
Thomas Gomez (Curley): »Ich würde sagen, ein Klugscheißer.« [3258]

*

Robinson: »Sind Sie Millionär?«
Bogart: »Nein.«
Robinson: »Was besitzen Sie?«
Bogart: »Nichts.«
Robinson: »Und was hilft Ihnen dann Ihre Klugheit?«
Bogart: »Ja, ich hab eben vieles gelernt, was wenig einbringt. Bei Ihnen ist es genau umgekehrt.« [3259]

*

Bogart: »Für einen Rocco mehr oder weniger sein Leben zu riskieren, wäre eine Dummheit.« [3260]

*

Robinson: »Wenn ich etwas nicht ausstehen kann, dann sind es betrunkene Frauen. Ihr Anblick dreht mir den Magen um. Sie sind sich selbst und andern nur im Wege. ... Jetzt fängt sie wieder an zu zittern. Um das loszuwerden, braucht sie wieder einen Whiskey. Da er so gut schmeckt, trinkt sie gleich noch einen, und ehe man sich's versieht, ist sie wieder blau wie ein Veilchen.«
Claire Trevor (Gaye Dawn): »Den ersten Whiskey meines Lebens hab ich von dir gekriegt.«
Robinson: »Und jetzt bin ich dran schuld, daß du nicht mehr aufhören kannst? Jeder Mensch trinkt irgendwann seinen ersten Whiskey. Deshalb muß man noch kein Säufer werden.« [3261]

*

Trevor: »Wenn ich gewußt hätte, wie du mich behandelst, wäre ich nicht gekommen.«
Robinson: »Wenn ich gewußt hätte, was aus dir geworden ist, hätte ich dich nicht kommen lassen.« [3262]

*

Lauren Bacall (Nora Temple): »An Ihren Handlungen erkennt man Sie besser als an dem, was Sie sagen. Sicher haben Sie damit recht, wenn Sie diese Welt für verkommen halten, aber eine Sache ist nicht verloren, solange noch jemand dafür zu kämpfen bereit ist.«
Bogart: »Aber ich bin dieser jemand nicht.« [3263]

*

Lionel Barrymore (James Temple): »Wollen Sie es auf einen Kampf ankommen lassen?«
Bogart: »Das muß ich. Nicht, weil ich etwa glaube, daß diese Welt durch einen Rocco weniger besser würde. Meine Ansicht darüber hat sich seit vorhin nicht geändert. Ich will auch nicht den Helden spielen. Ich hab nur das Gefühl, daß ich es mir schuldig bin.« [3264]

***

EINE GANZ NORMALE FAMILIE
(Ordinary People)
USA 1980, Wildwood, Paramount (Regie Robert Redford, Buch Alvin Sargent, nach dem Roman von Judith Guest)

*

Judd Hirsch (Dr. Tyrone Berger): »Das ist ein echtes Problem. Und ein echtes Problem hat eine echte Lösung.« [3265]

***

GANZ ODER GAR NICHT *(The Full Monty)*
USA/UK 1997 Red Wave, Twentieth Century Fox (Regie Peter Cattaneo, Buch Simon Beaufoy)

*

Mark Addy (Dave): »Na und? Wie geht dein großer Plan jetzt weiter?« [3266]

*

Tom Wilkinson (Gerald): »Tänzer haben Koordination, Technik, Timing, Fitness und Grazie. Du solltest vorher mal 'n Blick in deinen Spiegel werfen.« [3267]

*

Addy: »Du wolltest tatsächlich, daß ich im Supermarkt so 'n Frauenhandwerkervideo klaue?«
Robert Carlyle (Gaz): »Das ist *Flashdance*, Dave. Sie ist Schweißerin im Film.«
Addy: »Schweißerin? Hoffentlich tanzt sie besser, als sie schweißt. Guck dir das mal an! Das Gemisch ist völlig falsch.« [3268]

*

Addy: »Du kannst dir gar nicht vorstellen, wie müde man wird, wenn man den ganzen Tag nichts tut.« [3269]

»Tänzer haben Koordination, Technik, Timing, Fitness und Grazie. Du solltest vorher mal 'n Blick in deinen Spiegel werfen.«
Ganz oder gar nicht

GARDENIA – EINE FRAU WILL VERGESSEN
(The Blue Gardenia)
USA 1953, Warner (Regie Fritz Lang, Buch Charles Hoffman, nach der Geschichte ›Gardenia‹ von Vera Caspary)

*

Anne Baxter (Norah Larkin): »Das ist das Unglück mit den Männern heutzutage. Sie können keinen Alkohol vertragen.« 3270

*

George Reeves (Captain Haynes): »Warum haben Sie die Fingerabdrücke vom Feuerhaken gewischt?«
(Putzfrau): »Ich hab keine Fingerabdrücke gesehen. Ich hab ihn aufgehoben und wieder an Ort und Stelle getan, wie sich's gehört.«
Reeves: »Ach so. Und die Kaffeetasse haben Sie abgewaschen.«
(Putzfrau): »Dafür werde ich bezahlt und nicht dafür, daß ich Leichen finde.« 3271

***

GARP UND WIE ER DIE WELT SAH
(The World According to Garp)
USA 1982, Pan Arts, Warner (Regie George Roy Hill, Buch Steve Tesich, nach dem Roman von John Irving)

*

Glenn Close (Jenny Fields): »Er lag im Sterben, und ich wollte ein Kind. Es schien mir ein guter Weg, eins zu bekommen, ohne einen Ehemann, der ständig um einen rum ist und legale Rechte auf meinen Körper hat.« 3272

*

Robin Williams (T. S. Garp): »Hat sie das Gelübde des finsteren Blicks abgelegt?« 3273

*

John Lithgow (Roberta): »Das Einzige, was du von deiner Mutter geerbt hast, ist deine natürliche Gabe, Menschen auf dich wütend zu machen.« 3274

> »Das ist das Unglück mit den Männern heutzutage. Sie können keinen Alkohol vertragen.«
> Gardenia – Eine Frau will vergessen

Mary Beth Hurt (Helen Holm): »Du kannst doch nicht nur in der Vergangenheit leben.«
Williams: »Mach ich auch nicht. Aber ich kann in der Gegenwart leben und über die Vergangenheit nachdenken.« 3275

***

DER GARTEN ALLAHS *(The Garden of Allah)*
USA 1936, Selznick, United Artists (Regie Richard Boleslawski, Buch W. P. Lipscomb, Lynn Riggs, nach dem Roman von Robert Hichens)

*

Marlene Dietrich (Domini Enfilden): »Eins weiß ich genau: Niemand, der liebt, kann schlecht sein.« 3276

***

GARTEN DES BÖSEN *(Garden of Evil)*
USA 1954, Twentieth Century Fox (Regie Henry Hathaway, Buch Frank Fenton, Story Fred Freiberger, William Tunberg)

*

Richard Widmark (Fiske): »Eigentlich bin ich so was wie ein Poet. Alle Arten von Menschen interessieren mich. (...) Ich kriege gerne was aus ihnen heraus, entweder ihr Geld oder ihren Charakter, möglichst beides.« 3277

*

Widmark (nachdem er sich vom ersten Schluck Meskal erholt hat): »Schönes erfrischendes Getränk, dabei bleiben wir.« 3278

*

Widmark: »Es gibt ein berühmtes Zitat: 'Glaube nie einer Frau, was sie sagt, aber glaube ihr alles, was sie singt!'«
Gary Cooper (Hooker): »Von wem ist denn das?«
Widmark: »Von mir.« 3279

*

Cooper: »Jeder wird in der Gefahr seinem Mitmenschen helfen. Besonders, wenn er in einer Goldmine steckt.« 3280

*

Widmark. »Warum erledigen die *(Apachen)* uns nicht gleich? Worauf warten die noch?«
Cooper: »Weil es ihnen so mehr Spaß macht, immer langsam, aber dafür mit Genuß.« 3281

***

GAS FOOD LODGING
USA 1991, Cineville (Regie, Buch Allison Anders, nach dem Roman ›Don't Look and It Won't Hurt‹ von Richard Peck)

Ione Skye (Trudi): »Ich würd dir gern in die Eier treten. Wenn du welche hättest.« *3282*

*

Skye: »Du mußt nur entscheiden, ob du ihn haben willst. Das ist alles. Und dann kann dich nichts mehr aufhalten.« *3283*

***

GASLICHT *(Gaslight)*
UK 1939, British International (Regie Thorold Dickinson, Buch A. R. Rawlinson, Bridget Boland, nach dem Stück von Patrick Hamilton)

*

Frank Pettingell (Rough): »Ich mag diese gewaltsamen Methoden nicht. Da komm ich mir vor wie ein Zahnarzt.« *3284*

***

GASLICHT UND SCHATTEN *(Fanny by Gaslight)*
UK 1944, GFD, Gainsborough (Regie Anthony Asquith, Buch Doreen Montgomery, Aimée Stuart, nach dem Roman von Michael Sadleir)

*

Wilfrid Lawson (Chunks, im Treppenhaus): »Wie hoch geht's denn noch?«
Amy Veness (Mrs. Heavyside): »So nah zum Himmel, wie du bestimmt nie wieder kommst.« *3285*

*

Phyllis Calvert (Fanny): »Ich bin sehr dumm, nicht?«
Stuart Lindsell (Clive Seymore): »Schach ist ein Zeitvertreib für alte Männer. Du warst sehr gut für einen Anfänger.« *3286*

*

Cathleen Nesbitt (Kate Somerford): »Das würde ganz sicher das Ende seiner Karriere bedeuten, für die Verbindungen zur Gesellschaft die Voraussetzung sind.«
Calvert: »Nicht seine Fähigkeiten?«
Nesbitt: »Mein Bruder ist Politiker, Miss Hooper, kein Handwerker.« *3287*

***

DER GAUNER *(The Reivers)*
USA 1969, Cinema Center, Duo, Solar (Regie Mark Rydell, Buch Irving Ravetch, Harriet Frank jr., nach dem Roman von William Faulkner)

*

Mitch Vogel (Lucius): »Guten Tag! Wie geht's?«
Lindy Davis (Otis): »Danke, ganz ausgezeichnet, wenn man mich in Ruhe läßt.« *3288*

Michael Constantine (Mr Binford): »Lady, Sie sollten Ihren Mund um die Zeit nur zum Essen benutzen.« *3289*

*

Rupert Crosse (Ned): »Wenn ein Pferd Verstand hätte, würde es selbst im Sattel sitzen und nicht wir.« *3290*

***

DIE GEBROCHENE LANZE *(Broken Lance)*
USA 1954, Twentieth Century Fox (Regie Edward Dmytryk, Buch Michael Murphy, Story Philip Yordan)

*

Hugh O'Brian (Mike Devereaux): »Der beruhigt sich schon, und dann wird er zurückkommen und unseren Vorschlag annehmen. Meinst du nicht, Ben?«
Richard Widmark (Ben Devereaux): »Hoffentlich. Aber wenn jemand 10.000 Dollar in den Spucknapf wirft, bin ich skeptisch.« *3291*

***

DER GEBROCHENE PFEIL *(Broken Arrow)*
USA 1950, Twentieth Century Fox (Regie Delmer Daves, Buch Michael Blankfort, nach dem Roman ›Blood Brother‹ von Elliott Arnold)

*

Jeff Chandler (Cochise): »Du solltest nach dem Essen deine Hände an den Armen abwischen, das fettet sie gut ein.«
James Stewart (Tom Jeffords): »Wir Weißen waschen uns die Hände nach (?!) dem Essen.« *3292*

***

DER GEBUCHTE MANN *(Picture Perfect)*
USA 1997, A3, Twentieth Century Fox (Regie Glenn Gordon Caron, Buch Arleen Sorkin, Paul Slansky, Max Quigley)

*

Grey Grunberg (Date 1): »Ich hab das Gefühl, daß ich dich kenne. Ich hab das Gefühl, daß ich ehrlich zu dir sein kann.«

»Wenn ein Pferd Verstand hätte, würde es selbst im Sattel sitzen und nicht wir.«
Der Gauner

Jennifer Aniston (Kate Mosley): »Du solltest sie wirklich ignorieren, all die Gefühle.« *3293*

*

Grunberg: »Ist das ein echtes Nein oder ...?«
Aniston: »Nein, das ist wirklich ein knallhartes Nein.« *3294*

*

Kevin Bacon (Sam Mayfair): »Ich kann nicht mit dir essen gehen, Kate. Das weißt du.«
Aniston: »Weiß ich das?«
Bacon: »Ja, du weißt das.«
Aniston: »Weiß ich, wieso?« *3295*

*

Aniston: »Ich kann ein böses Mädchen sein, Sam.«
Bacon: »Nicht böse genug für mich, Kate.« *3296*

*

Olympia Dukakis (Rita Mosley): »Siehst du die da drüben an Libbys Platz? Sie heiratet einen Fußpfleger. Gott ist kein Dummkopf, der hat ihr aus gutem Grund schlechte Füße gegeben.« *3297*

*

Kevin Dunn (Mr. Alan Mercer): »Im Geschäftsleben ziehen wir uns für den Job an, den wir wollen, nicht für den, den wir haben. Möchten Sie wirklich Hausmeister werden?« *3298*

*

Aniston: »Irgendwas ist zwischen dem Geschäft und hier passiert. Wirklich, ich hatte *mehr* Kleid.« *3299*

*

Jay Mohr (Nick): »Hast du 'n Steak? (...) Ich glaube kaum, daß dein Iß-dich-schlank-Zeug damit *(blaues Auge)* fertig wird.« *3300*

***

GEFAHR IM VERZUG *(Péril en la demeure)*
F 1985, Gaumont, Elé, TF1 (Regie Michel Deville, Buch Michel Deville, Rosalinde Damamme)

Nicole Garcia (Julia Tombsthay): »Wissen Sie, warum Sie gerade so besonders verführerisch wirken?«
Christophe Malavoy (David Aurphet): »Nein.«
Garcia: »Weil Sie nicht das Geringste dazu tun.« *3301*

*

Richard Bohringer (Daniel Forest): »Gestern abend hab ich mir zufällig eine Waffe eingesteckt. Wenn du willst, lasse ich sie dir hier. Sie ist klein, bösartig, wirksam und sehr leise. Immer noch besser, als wenn du ein Küchenmesser mit dir rumträgst. Sie ist geladen.« *3302*

***

EINE GEFÄHRLICHE AFFÄRE – REVENGE
(Revenge)
USA 1989, Rastar, Columbia, New World (Regie Tony Scott, Buch Jim Harrison, Jeffrey Fiskin, nach dem Roman von Jim Harrison)

*

Anthony Quinn (Tiburon Mendez): »Ihr Amerikaner! Ihr verzeiht immer so schnell.« *3303*

*

Jesse Corti (Medero): »Wenn man hier die Frau von einem bumst, geht man in eine Gruppentherapie. Aber da unten *(in Mexiko)* ist das ein dicker Hund, die pusten dich weg.« *3304*

*

Quinn (nachdem er seine Frau mit Kevin Costner erwischt hat): »Du willst einen Mann? Du wirst 50 Männer am Tag haben.« *3305*

***

GEFÄHRLICHE BEGEGNUNG
(The Woman in the Window)
USA 1945, RKO (Regie Fritz Lang, Buch Nunnally Johnson, nach dem Roman ›Once Off Guard‹ von J. H. Wallis)

*

Edward G. Robinson (Richard Wanley): »Ich weiß, ich müßte nein sagen, aber ich habe nicht die geringste Lust dazu.« *3306*

*

Dan Duryea (Heidt): »Ich will doch keinem Menschen Schwierigkeiten machen. Ich könnte es zwar, aber ich will es nicht.« *3307*

*

Robinson: »Es gibt drei Wege, um mit ihm *(Erpresser)* fertig zu werden. Man kann bezahlen, bezahlen, bezahlen, bis man am Ende ist. Oder man stellt sich der Polizei und gibt sein Geheimnis preis. Oder man tötet ihn eben.« *3308*

> »Ihr Amerikaner!
> Ihr verzeiht
> immer so schnell.«
> Eine gefährliche Affäre – Revenge

GEFÄHRLICHE BRANDUNG (Point Break)
USA 1991, Levy-Abrams-Guerrin, Largo, Twentieth Century Fox (Regie Kathryn Bigelow, Buch W. Peter Iliff, Story Rick King, W. Peter Iliff)

*

Patrick Swayze (Bodhi): »Wenn du alles haben willst, mußt du auch bereit sein, dafür alles zu geben.« *3309*

*

Swayze: »Warum soll man Gesetze befolgen, wenn man Gesetze machen kann?« *3310*

***

GEFÄHRLICHE FREUNDIN (Something Wild)
USA 1986, Religioso Primitiva, Orion (Regie Jonathan Demme, Buch E. Max Frye)

*

Melanie Griffith (Audrey ›Lulu‹ Hankel): »Was ist, Schätzchen? Probleme?« *3311*

*

Jeff Daniels (Charles Driggs): »An 'ner gebrochenen Nase ist noch keiner draufgegangen.« *3312*

*

Ray Liotta (Ray Sinclair): »Das wirst du bereuen.«
Daniels: »Man muß manches im Leben bereuen.« *3313*

*

Daniels: »Ein lebender Hund hat's besser als ein toter Löwe.« *3314*

***

GEFÄHRLICHE FREUNDSCHAFT (Manpower)
USA 1941, Warner (Regie Raoul Walsh, Buch Richard Macaulay, Jerry Wald)

*

Edward G. Robinson (Hank McHenry): »Das Tanzen liegt mir im Blut.«
»Dann stimmt irgendwas nicht mit deinem Kreislauf. Es kommt nämlich nichts davon bei deinen Füßen an.« *3315*

*

»Jede Wette, ich könnte auf den (Hochspannungs-) Mast raufsteigen.«
George Raft (Johnny Marshall): »Das kann auch 'n Affe. Aber was macht er, wenn er oben ist?« *3316*

*

Marlene Dietrich (Fay Duval): »Ich sehe bestimmt aus wie jemand, den die Flut angeschwemmt hat.« *3317*

Robinson: »Also, dann sagen Sie mir, um welche Zeit Sie hier Schluß machen.«
Dietrich: »Meistens um fünf Uhr morgens.«
Robinson: »Um fünf? Ihr Damen scheint 'ne ziemlich lausige Gewerkschaft zu haben.« *3318*

*

Brenda Fowler (Verkäuferin): »Gefallen Ihnen die längeren Kleider, wie sie dieses Jahr Mode sind?«
Robinson: »Also, mir ist das doch egal. Alles nur Verpackung.« *3319*

*

Raft: »Bei mir zieht das nicht, Schwester. Ich bin ziemlich viel rumgekommen, aber du bist mindestens ebensolange im Umlauf.« *3320*

*

Dietrich: »Hau ab und kauf dir erst mal Manieren!«
Raft: »Wofür? Um sie an dich zu verschwenden?« *3321*

*

Robinson: »Mir geht's fabelhaft. Der Arzt weiß endlich, wo die Teile alle hingehören.« *3322*

*

Raft: »Ich bin's leid, ewig so 'n langweiligen Job zu machen. Ich hab's noch nie so lange an 'nem Ort ausgehalten, seit ich mir selbst das Hemd zuknöpfen konnte.« *3323*

*

Robinson: »Falls du mit ihm irgendwo hingehen wolltest, schlag's dir aus dem Kopf. Er wird nämlich nicht mehr in der Lage sein, irgendwo hinzugehen.« *3324*

***

GEFÄHRLICHE LEIDENSCHAFT
(Gun Crazy)
USA 1950, King Brothers, United Artists (Regie Joseph H. Lewis, Buch MacKinlay Kantor, Millard Kaufman, nach der *Saturday Evening Post*-Geschichte von MacKinlay Kantor)

> »Wenn du alles haben willst, mußt du auch bereit sein, dafür alles zu geben.«
> Gefährliche Brandung

Trevor Bardette (Sheriff Boston): »Ich kannte unseren Übeltäter von schätzungsweise einem Meter an. Da war er vielleicht vier. Er dachte schon immer ans Schießen, wo andere noch in die Hose machten. Daß der sich bei anderthalb Metern 'ne Pistole besorgt, war klar« [3325]

Morris Carnovsky (Richter Willoughby): »Ja, gibt es denn gar nichts anderes, was dich interessiert?«
Rusty Tamblyn (Bart Tare, mit 14): »Nein, ich finde Schießen am schönsten. Wunderbar! Ich treffe ja auch immer, wie ich will. Und wenn ich groß bin, dann werde ich so was, wo man schießen kann.« [3326]

*

Stanley Prager (Bluey-Bluey, Clown): »Manche haben eben einen Blick für Frauen, und manche haben ihn nicht, so wie du. Da kann man nichts machen.«
John Dall (Bart Tare): »Und manche sind geborene Clowns.« [3327]

*

Dall: »I didn't think, we'd had it figured out that way.«
Peggy Cummins (Annie Laurie Starr): »Well, so I've changed my mind. I told you, I was no good. I didn't kid you, did I?« [3328]

*

Cummins: »I've been kicked around all my life, and from now on I gonna start kicking back.« [3329]

*

Cummins: »Bart, I want things, a lot of things, big things. I don't wanna be afraid of life or anything else. I want a guy with spirit and guts. A guy, who can laugh at anything, who will do anything. A guy who can kick over the traces and win the world for me.« [3330]

> »Manche haben eben einen Blick für Frauen, und manche haben ihn nicht, so wie du. Da kann man nichts machen.«
> Gefährliche Leidenschaft

GEFÄHRLICHE LIEBSCHAFTEN
(Dangerous Liaisons)
USA 1988, Lorimar, NFH, Warner (Regie Stephen Frears, Buch Christopher Hampton, nach seinem Stück, nach dem Roman ›Les Liaisons dangereuses‹ von Choderlos de Laclos)

Swoosie Kurtz (Madame de Volanges): »*(Valmont)* öffnet niemals seinen Mund, ohne vorher in Betracht zu ziehen, welchen Schaden er anrichten kann.« [3331]

*

Glenn Close (Marquise de Merteuil): »Liebe und Rache, Ihre Lieblingsbeschäftigungen.« [3332]

*

John Malkovich (Viscont de Valmont): »Nein, wirklich, ich kann nicht.«
Close: »Wieso nicht?«
Malkovich: »Es ist zu leicht. (...) Ein junges Mädchen, das nichts gesehen hat, das nichts weiß, das vor Neugier brennt. Die Kleine würde auf dem Rücken liegen, bevor man noch das erste Blumenbukett ausgewickelt hätte. Jedem Hergelaufenen würde das ebensogut gelingen wie mir. Sie verstehen, daß ich an meinen Ruf zu denken habe.« [3333]

*

Malkovich: »Eine Frau zu verführen, die für ihre strenge Moral, für ihre religiöse Inbrunst und für ihre glückliche Ehe weithin berühmt ist. Gibt es irgend etwas, das mehr Prestige bringen würde?« [3334]

*

Close: »Ich finde, es hat etwas Degradierendes, einen Ehemann zum Rivalen zu haben. Es ist eine Blamage, falls man scheitert, und alltäglich, falls man Erfolg hat.« [3335]

*

Malkovich: »Ihr Lieblingswort, dachte ich, wäre Verrat.«
Close: »Nein, nein, Grausamkeit. Ich habe immer gefunden, es klingt irgendwie edler.« [3336]

*

Malkovich: »Belroche ist Ihrer vollkommen unwürdig.«
Close: »Ich dachte, er wäre einer Ihrer engsten Freunde.«
Malkovich: »Das ist er auch. Darum weiß ich ja, wovon ich spreche.« [3337]

Malkovich: »Ich werde wohl gezwungen sein, ganz überraschend bei euch hereinzuplatzen. Mal sehen, ob Erpressung erfolgreicher sein wird als Bestechung.« [3338]

*

Close: »Ich dachte mir, wenn ihm jemand helfen könnte ...«
Malkovich: »Helfen? Er braucht keine Hilfe, er braucht Hindernisse. (...) Wenn er über genug von ihnen klettern muß, könnte er versehentlich von oben auf sie rauffallen.« [3339]

*

Malkovich: »Ich nehme an, er hat bisher nicht viel Erfolg gehabt.«
Close: »Ach, er war katastrophal. Wie die meisten Intellektuellen geht er geradezu stupide vor.« [3340]

*

Malkovich: »Ich habe mich schon oft gefragt, wie Sie es wohl geschafft haben mögen, sich selbst zu erfinden.«
Close: »Oh, es blieb mir nichts anderes übrig, ich bin eine Frau. Frauen sind nur einmal gezwungen, mehr Geschicklichkeit aufzuweisen als Männer, weil man unsern Ruf und unser Leben mit ein paar wohlgesetzten Worten zu ruinieren vermag. Ich mußte nicht nur mich selbst erfinden, ich mußte vielmehr auf Fluchtwege kommen, an die noch keiner je zuvor gedacht hatte. Und ich hab alles erreicht, weil ich immer gewußt habe, daß ich dazu geboren war, über Ihr Geschlecht zu herrschen und mein eigenes zu rächen.« [3341]

*

Malkovich: »Sie sind die Boshaftigkeit in Person. (...) Sie sind unwiderstehlich.« [3342]

*

Close: »Sie werden feststellen, daß es mit der Scham wie mit dem Schmerz ist. Beides fühlt man nur beim ersten Mal.« [3343]

*

Close: »Wenn es um das Heiraten geht, ist ein Mann so gut wie der andere. Und selbst der denkbar unbequemste stört weniger als eine Mutter.« [3344]

*

Uma Thurman (Cécile de Volanges): »Soll das heißen, daß ich mit drei verschiedenen Männern DAS werde tun müssen?«

Close: »Ich will (...), Dummerchen, damit sagen, daß – vorausgesetzt, Sie treffen ein paar elementare Vorsichtsmaßregeln – Sie es tun können oder auch nicht. Und zwar mit so vielen Männern, wie Sie wollen, so oft, wie Sie wollen und auf so viele verschiedene Arten, wie Sie wollen. Unser Geschlecht besitzt nicht allzuviele Vorteile, aber aus den wenigen, die wir haben, dürfen wir auch das Beste machen.« [3345]

*

Mildred Natwick (Madame de Rosemonde): »Zu hoffen, von der Liebe glücklich gemacht zu werden, ist ein sicherer Quell des Kummers.« [3346]

*

Malkovich: »Sind Sie überhaupt sicher, daß Sie nicht doch lieber noch ein paar neue Bedingungen stellen möchten, bevor Sie zu der bindenden Verpflichtung, die Sie eingegangen sind, stehen?« [3347]

*

Malkovich: »Also, ja oder nein? (...) Ich will mich bloß auf die Anmerkung beschränken, daß ein ablehnendes Nein von mir als unmißverständliche Kriegserklärung betrachtet werden wird. Ein einziges Wort wird Klarheit schaffen.«
Close: »Ja, gut. ... Krieg!« [3348]

***

GEFÄHRLICHES BLUT (*The Lawless Breed*)
USA 1952, Universal (Regie Raoul Walsh, Buch Bernard Gordon, Story William Alland)

*

Rock Hudson (John Wesley Hardin): »Ihr seid alle Zeugen: Er hat zuerst gezogen.«
Julia Adams (Rosie): »Mach, daß du wegkommst! Er hat drei Brüder, die fragen nicht, wer zuerst gezogen hat.« [3349]

»Wenn es um das Heiraten geht,
ist ein Mann so gut wie der andere.
Und selbst der ... unbequemste
stört weniger als eine Mutter.«
Gefährliche Liebschaften

Hudson: »Ich habe Gus Hanley erschossen.«
(...)
John McIntire (John Clements): »Wenn du dich mit der Familie anlegst, dann laß keinen am Leben!« *3350*

*

Hudson: »Ich habe wahrscheinlich auch ein paar Yankees umgelegt.«
McIntire: »Yankees. Das ist allerdings schlimm, Junge. Willst du denn wieder Krieg anfangen?« *3351*

***
GEFÄHRTEN DES TODES
(The Deadly Companions)
USA 1961, Pathé, Warner (Regie Sam Peckinpah, Buch A. S. Fleischman, nach seinem Roman)

*

Brian Keith (Yellowleg): »In Gila City ist die Bank ebenso neu, wie der Sheriff alt ist.« *3352*

*

Steve Cochran (Billy): »Ich kann ihn irgendwie gut leiden, aber bei einem Yankee weiß man ja nie, woran man ist.« *3353*

*

Cochran: »Na, ich hoffe nur, es gibt in dieser Stadt ein paar hübsche Mädchen.«
Keith: »So weit draußen im Westen kommen sie einem alle hübsch vor.« *3354*

*

Keith: »Sie kennen mich viel zu wenig, um mich so zu hassen. Haß ist nämlich etwas, wovon ich allerhand verstehe. Es ist ein gefährliches Gefühl, Sie müssen aufpassen. Ich kenne jemanden, der hat fünf Jahre lang nach einem Mann gesucht, den er haßt wie den Tod. Nur der Wille, sich einmal an ihm zu rächen, hat ihn am Leben erhalten. Die ganzen Jahre hat er die Spur des Mannes verfolgt. Als er ihn gefunden hatte, war das der schlimmste Tag seines Lebens. Endlich durfte er Rache nehmen, aber sein Leben hatte für ihn jeden Sinn verloren.« *3355*

*

Cochran: »Ein Schuß nach dem anderen und keiner trifft.« *3356*

*

Keith: »Verschwinde, Billy! Es liegt mir nichts daran, dich umzulegen.«
Cochran: »Es gibt hier weit und breit nur zwei Pferde. Auf dem einen wird einer von uns reiten und auf dem anderen die Kleine mit den roten Haaren.« *3357*

***
DER GEFALLEN, DIE UHR UND EIN SEHR GROSSER FISCH
(The Favour, the Watch and the Very Big Fish / Rue Saint-Sulpice)
UK/F 1991, Ariane, Fildebroc, Umbrella, Sovereign (Regie, Buch Ben Lewin, nach der Geschichte ›Rue Saint-Sulpice‹ von Marcel Aymé)

*

Natasha Richardson (Sybil): »Es ist eine jener Nächte gewesen, die dich dazu bringt, entweder an Gott zu glauben oder den Glauben an ihn zu verlieren.« *3358*

***
GEFANGEN *(Caught)*
USA 1949, MGM-Enterprise (Regie Max Ophüls, Buch Arthur Laurents, nach dem Roman ›Wild Calendar‹ von Libbie Block)

*

Robert Ryan (Smith Ohlrig): »Du weißt, daß ich Niederlagen nicht ertrage. Das können nur die sogenannten anständigen Menschen.« *3359*

***
DER GEFANGENE DER HAIFISCHINSEL
(The Prisoner of Shark Island)
USA 1936, Twentieth Century Fox (Regie John Ford, Buch Nunnally Johnson, nach der Lebensgeschichte von Dr. Samuel A. Mudd)

*

Arthur Byron (Mr. Erickson): »Sie dürfen in diesem Falle nicht zulassen, daß Ihr klares Urteilsvermögen durch unwichtige Fragen des Gesetzes getrübt wird und auch nicht durch die pedantische Beachtung der sonst üblichen Regeln der Beweisführung. Zweitens, und das ist viel wichtiger: Lassen Sie sich keinesfalls durch etwas beeinflussen, das eine tadelnswerte Ausge-

---

»Du weißt, daß ich Niederlagen nicht ertrage. Das können nur die sogenannten anständigen Menschen.«
Gefangen

burt legalen Unsinns ist, durch den begründeten Zweifel!« [3360]

*

Claude Gillingwater (Colonel Dyer): »Sieh mal! Ist der *(Degen)* nicht schön? Stonewall Jackson hat mir den gegeben. Toledostahl. Und wenn man dafür nicht mindestens 150 Dollar bekommt, dann werde ich damit das Herz dieses Schweins durchbohren, das es wagt, weniger zu bieten.« [3361]

***

GEFANGENE DES DSCHUNGELS
(East of Sumatra)
USA 1953, Universal (Regie Budd Boetticher, Buch Frank Gill jr., Story Jack Natteford, Louis L'Amour)

*

Jeff Chandler (Duke Mullane): »Jetzt wieder nüchtern?«
Charles Horvath (Corcoran): »Ja, ich bin vollkommen klar.«
Chandler: »Das ist gut. Ich verprügele nicht gern Betrunkene.« [3362]

*

Chandler: »Ist genug Munition da?«
Peter Graves (Cowboy): »Kommt drauf an, wie gut wir schießen.« [3363]

***

DER GEFANGENE VON ALCATRAZ
(Birdman of Alcatraz)
USA 1962, Norma, United Artists (Regie John Frankenheimer, Buch Guy Trosper, nach dem Buch ›Birdman of Alcatraz, The Story of Robert Stroud‹ von Thomas E. Gaddis)

*

Graham Denton (Kramer): »Viel Vergünstigungen gibt's nicht, aber für Sie werden's immer weniger.« [3364]

*

Karl Malden (Harvey Shoemaker): »Sehen Sie sich um, Stroud! Diese Zelle ist jetzt Ihre Wohnstatt und zwar solange, wie Sie leben.« [3365]

***

DER GEFANGENE VON ZENDA
(The Prisoner of Zenda)
USA 1937, Selznick, United Artists (Regie John Cromwell, Buch John L. Balderston, Wells Root, Donald Ogden Stewart, nach dem Roman von Anthony Hope und dem Stück von Eduard E. Rose)

Raymond Massey (Black Michael): »Es dürfte einmal die Zeit kommen, Hentzau, in der Ihre Dienste Ihre Impertinenz nicht mehr entschuldigen.« [3366]

*

Douglas Fairbanks jr. (Rupert von Hentzau): »Ach, übrigens, königliches Blut ist nicht blau, wie die meisten Menschen denken, es ist rot. Ich weiß es, ich mußte etwas vergießen.« [3367]

*

Ronald Colman (Major Rudolf Rassendyll): »Ich habe gehört, Sie können ausgezeichnet mit dem Säbel umgehen. Warum erledigen Sie mich nicht auf sportlichere Weise?«
Fairbanks jr.: »Machen wir uns doch nichts vor, Rassendyll. Ich bin kein Gentleman.« [3368]

*

Fairbanks jr.: »Ihrer goldhaarigen Gattin wird Schwarz gut stehen, Rassendyll. Ich werde sie für Sie trösten.« [3369]

***

DIE GEFÜRCHTETEN VIER
(The Professionals)
USA 1966, Pax, Columbia (Regie, Buch Richard Brooks, nach dem Roman ›A Mule for Marquesa‹ von Frank O'Rourke)

*

Lee Marvin (Henry Rico Fardan): »Was wir noch brauchen, ist ein Knallfrosch.«
Ralph Bellamy (J. W. Grant): »Ein was?«
Marvin: »Einen Dynamitexperten, jemand, der Ihnen den Stuhl unterm Hintern wegsprengt, ohne daß Sie einen Splitter in den Arsch kriegen.« [3370]

*

Burt Lancaster (Bill Dolworth): »Da haben wir eine Menge guter Freunde begraben.«
Marvin: »Ja, aber auch eine Menge guter Feinde.« [3371]

> *»Jetzt wieder nüchtern?«*
> *»Ja, ich bin vollkommen klar.«*
> *»Das ist gut. Ich verprügele nicht gern Betrunkene.«*
> Gefangene des Dschungels

»Nimm das Ding runter!«
Marvin: »Wenn ich das tue, wer garantiert mir, daß du dann noch so freundlich bist?« *3372*

*

Woody Strode (Jacob Sharp): »Ich frage mich dauernd, was einen Casanova wie dich ins Dynamitgeschäft gebracht hat.«
Lancaster: »Das werde ich dir sagen. Ich habe von Geburt an eine schöpferische Ader. Ich kann zwar nicht dichten und nicht malen und keine Lieder machen ...«
Robert Ryan (Hans Ehrengard): »... deswegen bringst du was zum Explodieren.«
Lancaster: »Auf diese Weise ist die Welt entstanden. Es war die größte Explosion aller Zeiten.« *3373*

*

Lancaster: »Beruhige dich! Was du in der Hand hast, ist ungefährlich. Wenn sie Perlen treiben, sind sie gefährlich. Es ist die Hitze, sie bringt sie zum schwitzen: Nitro. Wenn sie kühl und trocken sind, dann sind sie brav wie Kinder. Alle, die Schwitzen, lassen wir hier zurück. Wenn sie kühl sind und trocken, dann benehmen sie sich vielleicht.«
Strode: »Hoffentlich tun sie das. Ich weiß nicht, wer mehr schwitzt, ich oder das Dynamit.« *3374*

*

Lancaster: »Diese Chiquita! Die schafft ein ganzes Regiment, aber tanzen kann sie nicht.« *3375*

*

Marvin: »Was hast du sonst noch im Kopf außer hundertprozentigen Weibern, neunzigprozentigem Whiskey und vierzehnkarätigem Gold?« *3376*

*

Jack Palance (Captain Jesus Raza): »Amigo, du weißt, einer von uns muß sterben, vielleicht wir beide. Wer für Geld stirbt, ist verrückt.«
Lancaster: »Wer für eine Frau stirbt, ist noch verrückter, egal für welche, auch für sie.« *3377*

»Da haben wir eine Menge guter Freunde begraben.«
»Ja, aber auch eine Menge guter Feinde.«
Die gefürchteten Vier

Bellamy: »Du Bastard!«
Marvin: »Ja, Sir. In meinem Fall ist es nur ein Geburtsfehler, aber in Ihrem Fall ist es ein Charakterfehler.« *3378*

***

GEGEN ALLE FLAGGEN *(Against All Flags)*
USA 1952, Universal (Regie George Sherman, Buch Aeneas MacKenzie, Joseph Hoffman, Story Aeneas MacKenzie)

*

Maureen O'Hara (Spitfire Stevens): »Wir haben noch nichts bewiesen, wir begehen vielleicht einen Irrtum.«
Anthony Quinn (Captain Roc Brasiliano): »Wenn wir einen Irrtum begehen, dann lieber zu unseren Gunsten als zu seinen.« *3379*

***

GEGEN ALLE GEWALTEN
(I Died a Thousand Times)
USA 1955, Warner (Regie Stuart Heisler, Buch W. R. Burnett, nach seinem Roman ›High Sierra‹)

*

Howard St. John (Doc Banton): »Dieses Land ist ein wahres Paradies für uns Ärzte. Jede Frau in Kalifornien denkt, sie ist entweder zu dick oder zu dünn, oder sie hat irgendeine Modekrankheit.« *3380*

*

Joseph Millikin (Kranmer): »Gib den Karton her, Earle! Wenn du Schwierigkeiten machst, schieß ich dich über den Haufen. Die Polizei stellt mich wieder ein, und ich bekomm noch eine Belohnung.«
Jack Palance (Roy Earle): »Ich hab's Mac gleich gesagt: Ein Polyp bleibt ein Polyp.« *3381*

*

Paul Brinazar (Busfahrer): »Frauen sind doch alle gleich. Sie wissen nie, was sie wollen.« *3382*

***

GEGEN DIE ZEIT *(Nick of Time)*
USA 1995, Paramount (Regie John Badham, Buch Patrick Sheane Duncan)

*

Johnny Depp (Gene Watson): »Wer sind Sie?«
Christopher Walken (Mr. Smith): »Ich bin der Kerl, der Ihre Tochter tötet, wenn Sie nicht mitmachen.« *3383*

*

Roma Maffia (Miss Jones): »Was wir beide jetzt

hier haben, nennt man eine Pattsituation der klassischen Art. Sie sollten sich also jetzt die Frage stellen: ›Was befindet sich hinter der Lehne?‹ Also, eine 22er macht zwar Krach, aber selbst ein Knopf würde eine 22er ablenken. Es besteht also eine gute Möglichkeit, daß sie unterwegs irgendwo abprallt und ihr Ziel verfehlt. Hm? Was ist mit einer 38er? Wahrlich, eine 38er bohrt sich ziemlich direkt da durch, es sei denn, sie trifft auf Metall. Das würde sie zerbröseln, in Abermillionen kleine Stücke, die dann weiterfliegen, aber natürlich etwas langsamer. Wie wäre das bei einer 357er? Also, die geht durch den Sitz, durch sie, durch die Armaturen-Scheiße. Sie geht erst durch die ganze Karosserie, bevor sie merkt, daß da irgendein Hindernis war. Sie bleibt erst in irgendeinem Fußgänger drei Blocks weiter stecken. Was sagen Sie? Hä? Was hab ich hier in meiner Hand?« [3384]

*

G. D. Spradlin (Mystery Man): »Sie haben ihn beinahe umgebracht, Sie Idiot.«
Walken: »Beinahe zählt nicht.« [3385]

*

Marsha Mason (Governor Eleanor Grant): »Ist alles in Ordnung?«
Miguel Najera (Franco, Bodyguard): »Es ginge mir besser, wenn diese kugelsicheren Westen Ärmel hätten.« [3386]

***
GEGEN JEDE CHANCE *(Against All Odds)*
USA 1984, New Visions, Columbia (Regie Taylor Hackford, Buch Eric Hughes, nach dem Film ›Out of the Past‹, USA 1947, Regie Jacques Tourneur, Buch Geoffrey Holmes, nach seinem Roman ›Build My Gallows High‹)

*

James Woods (Jake Wise): »Terry, ich hab von dem, was ich von dir weiß, nie Gebrauch gemacht. Ich könnte meine Meinung ändern. Ich möchte es nicht. Du?« [3387]

***
GEGENSPIONAGE *(Springfield Rifle)*
USA 1952, Warner (Regie André De Toth, Buch Charles Marquis Warren, Frank Davis, Story Sloan Nibley)

*

David Brian (Austin McCool): »Leute, das ist der Major, den man aus der Nordarmee ausgestoßen hat, weil er angeblich mit dem Süden sympathisiert, aber sie konnten es ihm nicht beweisen. Jetzt wird er es ihnen beweisen.« [3388]

*

Brian: »Sie sind gewöhnt, Befehle zu geben, wie?«
Gary Cooper (Major Alex Kearney): »Noch schlimmer, ich bin gewöhnt, daß man ihnen gehorcht.« [3389]

***
DER GEHEIMAGENT *(Secret Agent)*
UK 1936, Gaumont British (Regie Alfred Hitchcock, Buch Charles Bennett, Ian Hay, Jesse Lasky jr., nach dem Stück von Campbell Dixon, nach dem Roman ›Ashenden‹ von W. Somerset Maugham)

*

Robert Young (Marvin): »Jetzt ist es wohl angebracht, wenn sich ein Winkel des Dreiecks aus dem Staub macht. Er entfernt sich schweigend.« [3390]

*

Peter Lorre (der General): »Machen Sie im Augenblick die morgendlichen Mann-und-Frau-Übungen?« [3391]

***
GEHEIMBUND ›SCHWARZE LEGION‹ *(Black Legion)*
USA 1937, Warner (Regie Archie L. Mayo, Buch Abem Finkel, William Wister Haines, Story Robert Lord)

*

Ann Sheridan (Betty Grogan): »Die Männer hier sind sehr verwöhnt.«
Dorothy Vaughan (Mrs. Grogan): »Dein Vater aber nicht. Er ißt alles, was ihm vorgesetzt wird. Ich hab ihn so erzogen. Man muß einen Mann genauso erziehen wie einen Hund.« [3392]

*

Sheridan: »Ich muß doch warten, bis er mir einen Antrag macht.«

> *»Sie haben ihn beinahe umgebracht, Sie Idiot.«*
> *»Beinahe zählt nicht.«*
> Gegen alle Gewalten

Erin O'Brien-Moore (Ruth Taylor): »Du bist aber naiv. Kein Mann macht einen Heiratsantrag, wenn man ihn nicht dazu bringt.« [3393]

Vaughan: »Du mußt für Ed die Initiative ergreifen, genau wie ich damals bei deinem Vater. Männer sind dazu unfähig, sie sind viel zu dumm.« [3394]

Robert Barrat (Brown): »Wenn Sie Ihren Freunden schon die Treue nicht halten wollen, so sollten Sie doch an Ihre Frau und an Ihren Sohn denken. (...) Sie möchten doch sicher nicht, daß den beiden irgend etwas zustößt, nur weil Sie dickköpfig sind.« [3395]

GEHEIME WEGE *(The Secret Ways)*
USA 1961, Heath, Universal (Regie Phil Karlson, Buch Jean Hazlewood, nach dem Roman von Alistair MacLean)

Senta Berger (Elsa): »Sind Sie geschäftlich hier in Wien?«
Richard Widmark (Michael Reynolds): »Hm.«
Berger: »Was für Geschäfte?«
Widmark: »Überall, wo gemischt wird, misch ich mit.« [3396]

DAS GEHEIMNIS DER DAME IN SCHWARZ *(Portrait in Black)*
USA 1960, Universal (Regie Michael Gordon, Buch Ivan Goff, Ben Roberts, nach ihrem Stück)

Lana Turner (Sheila Cabot): »Wozu brauchen Sie denn das Geld, Cob?«
Ray Walston (Cob O'Brien): »Frauen, Pferdesport, Champagner. Seien Sie unbesorgt, Madam, es wird bestens angelegt.« [3397]

Walston: »Es ist empörend, wieviel todsichere Pferde in letzter Zeit versagt haben.« [3398]

> »Wozu brauchen Sie denn das Geld, Cob?« »Frauen, Pferdesport, Champagner. Seien Sie unbesorgt, Madam, es wird bestens angelegt.«
> Das Geheimnis der Dame in Schwarz

DAS GEHEIMNIS DER FALSCHEN BRAUT *(La Sirène du Mississippi)*
F/I 1969, Carosse, Artistes Associés, Delphos (Regie, Buch François Truffaut, nach dem Roman ›Waltz into Darkness‹ von William Irish [=Cornell Woolrich])

Jean-Paul Belmondo (Louis Mahé): »Ich hab gehört, die wollen eine Zigarettenfabrik in Grenoble aufmachen. Ich könnte da Arbeit finden.«
Catherine Deneuve (Julie Roussel/Marion): »Arbeit! Arbeit hat noch nie zu was geführt. Männer, die arbeiten, kann ich nicht ausstehen.« [3399]

Belmondo: »In diesem Moment bist du voller Haß. Du denkst jetzt: ›Was tue ich mit dem Kerl ohne Geld, der nicht mal fähig ist, einer alten Dame auf der Straße die Handtasche zu klauen?‹« [3400]

DAS GEHEIMNIS DER FÜNF GRÄBER *(Backlash)*
USA 1956, Universal (Regie John Sturges, Buch Borden Chase, nach dem Roman von Frank Gruber)

Edward C. Platt (Sheriff): »Wenn Sie die Sache mit der Pistole austragen wollen, verlieren Sie.«
Richard Widmark (Jim Slater): »Schon möglich.«
Platt: »Selbst wenn Sie gewinnen, ziehen Sie den kürzeren. Ich werde den Überlebenden nämlich hängen. Wir schätzen hier bei uns keine Schießereien.« [3401]

(Sergeant): »Ich habe gedacht, Sie wären ein guter Soldat. Da habe ich mich geirrt. Ein guter Soldat tut nichts freiwillig.« [3402]

DAS GEHEIMNIS DES VERBORGENEN TEMPELS *(Young Sherlock Holmes)*
USA 1985, Winkler-Birnbaum, Amblin, Paramount (Regie Barry Levinson, Buch Chris Columbus, nach den Charakteren von Arthur Conan Doyle)

Michael Rowe (Sherlock Holmes): »Feigling!«
Alan Cox (John Watson): »Ich bin kein Feigling. Ich bin praktisch.«

Rowe: »Feiglinge *sind* praktisch.« [3403]

***

DAS GEHEIMNIS DES WACHSFIGUREN-KABINETTS *(Mystery of the Wax Museum)*
USA 1933, Warner (Regie Michael Curtiz, Buch Don Mullally, Carl Erickson, Story Charles S. Belden)

*

(im Leichenschauhaus): »Silvester ist auch nicht mehr, was es mal war. Das ist erst die zweite Leiche heute nacht.« [3404]

*

Glenda Farrell (Florence Dempsey): »Hallo, Licht meines Lebens.«
Frank McHugh (Redakteur): »Na, mein Lieblingsgift, was führst du im Schilde?« [3405]

***

GEHEIMNIS HINTER DER TÜR
(Secret Beyond the Door)
USA 1948, Diana, Universal (Regie Fritz Lang, Buch Sylvia Richards, nach der Geschichte ›Museum Piece No. 13‹ von Rufus King)

*

Joan Bennett (Celia Lamphere, voice-over): »Eine Woche später feierten wir unseren Einstand. Es war eine sehr gelungene Party. Jeder sprach, und niemand hörte zu. Und jeder verspritzte soviel Gift, wie er in sich hatte.« [3406]

***

DAS GEHEIMNIS VON MALAMPUR
(The Letter)
USA 1940, Warner (Regie William Wyler, Buch Howard Koch, nach der Geschichte von W. Somerset Maugham)

*

Bette Davis (Leslie Crosbie): »Wissen Sie, es gibt Männer, die es für ihre Pflicht halten, Frauen den Hof zu machen. Ich glaube, sie meinen, Frauen erwarten das einfach.« [3407]

*

James Stephenson (Howard Joyce): »Hätten Sie sich vorstellen können, daß er so etwas tut?«
Bruce Lester (John Withers): »Wie kann man wissen, zu was ein Mensch fähig ist, wenn er betrunken ist.« [3408]

*

Sen Yung (Ong Chi Seng): »Meiner Meinung nach läßt sich daraus schließen, daß vielleicht Mrs. Crosbies Aussage nicht unbedingt in jeder Beziehung genau ist.« [3409]

*

Stephenson: »Ich will dir nicht sagen, was ich persönlich dachte, als ich den Brief las. Es ist die Pflicht des Anwalts, seinen Klienten zu verteidigen, nicht, ihn zu verurteilen, nicht einmal in Gedanken. Ich will von dir nicht mehr hören als das, was nötig ist, um deinen Kopf zu retten.« [3410]

*

Stephenson: »Geschworene können manchmal sehr verbohrt sein, und man sollte sie möglichst nicht mit mehr Beweismaterial konfrontieren, als sie verkraften können.« [3411]

***

GEHEIMNISVOLLE ERBSCHAFT
(Great Expectations)
UK 1946, Cineguild, Rank (Regie David Lean, Buch David Lean, Ronald Neame, Anthony Havelock-Allan, Kay Walsh, Cecil McGivern, nach dem Roman von Charles Dickens)

*

Finlay Currie (Magwitch): »Und bei wem lebst du jetzt? Ich meine, wenn ich dich überhaupt am Leben lasse.« [3412]

*

Freda Jackson (Mrs. Joe Gargery): »Die Verbrecher, die darauf eingesperrt werden, sind Mörder und manchmal Betrüger und Räuber, die alle was Schlimmes angestellt haben. Jetzt weißt du's. Und bei allen hat es zuerst damit angefangen, daß sie viel zuviel gefragt haben.« [3413]

*

Ivor Barnard (Wemmick): »Er *(Anwalt)* ist sicher bald wieder da. Wissen Sie, seine Zeit ist so kostbar, er vertrödelt sie nicht lange bei Gericht.« [3414]

*

John Mills (›Pip‹, voice-over): »Die schlimmsten Lügner auf der Welt sind die, die sich selbst belügen.« [3415]

> »Die schlimmsten Lügner
> auf der Welt sind die,
> die sich selbst belügen.«
> Geheimnisvolle Erbschaft

Currie: »Gibt es irgendwo eine Frau mit strahlenden Augen? Gibt es eine Frau mit strahlenden Augen, die du liebst? Sie gehört dir, mein Junge, wenn man sie mit Geld kaufen kann.« [3416]

***

GEHEIMPROTOKOLL *(Hidden Agenda)*
UK 1990, Initial, Hemdale (Buch Ken Loach, Buch Jim Allen)

*

Brian Cox (Kerrigan): »Dann gab es also eine Verschwörung?«
Bernard Archard (Sir Robert Neil): »Mein lieber Freund, Politik *ist* Verschwörung.« [3417]

*

Archard: »Irland wäre ein wunderbares Land, wenn da nicht die Iren wären.« [3418]

*

Jim Norton (Brodie): »Sie wollen diese Sache beerdigt wissen. Und wenn es notwendig ist, begraben sie dich gleich daneben.« [3419]

***

GEHEIMRING 99 *(The Big Combo)*
USA 1955, Allied Artists (Regie Joseph H. Lewis, Buch Philip Yordan)

*

Richard Conte (Mr. Brown): »Merkwürdig, nicht? Die anderen haben dir etwas voraus, etwas, was du nicht hast. Sie haben es und benutzen es. Ich habe es, er hat es nicht. Und was ist das? Was unterscheidet uns? Haß! Hasse deinen Gegner, und du wirst siegen« [3420]

*

Cornel Wilde (Lieutenant Leonard Diamond): »Ich nehme Sie, wenn Sie wollen, in Schutzhaft.«
John Hoyt (Dreyer): »Angenommen, ich würde mitkommen. Der Mann in der Nebenzelle besitzt einen Revolver. Bum, ein toter Schwede. Danke vielmals, sehr freundlich. Ich stelle mich lieber dumm.« [3421]

»Dann gab es also eine Verschwörung?« »Mein lieber Freund, Politik ist Verschwörung.«
Geheimprotokoll

Brian Donlevy (McClure): »Er hat mich mit dem Revolver bedroht. Was sollte ich tun?«
Conte: »Bei deinem bißchen Verstand konntest du nicht anders handeln.« [3422]

*

Conte: »Warum hast du das getan?«
Donlevy: »Vielleicht bin ich für solche Aufträge schon zu alt.«
Conte: »Ja, vielleicht bist du überhaupt zu alt, Joe.« [3423]

*

Conte: »Es tut mir leid um dich, Joe. Aber ich tue dir noch einen letzten Gefallen. Ich weiß, du mochtest nie Kugeln pfeifen hören.« *(zieht ihm Hörgerät aus dem Ohr)* [3424]

*

Wilde: »Erst Dreyer, dann Rita, McClure. Es gibt kein Alibi, das für drei Morde ausreicht.« [3425]

***

GEHETZT *(You Only Live Once)*
USA 1937, United Artists (Regie Fritz Lang, Buch Gene Town, Graham Baker)

*

Henry Fonda (Eddie Taylor): »Ich habe überall versucht, einen Job zu kriegen. Die einzigen, die mir einen geben würden, sind meine alten Kumpane. Ich könnte schnell Geld verdienen, Mr. Williams, narrensichere Bankgeschäfte.« [3426]

*

Fred Warren (Gefängniskoch): »Eine schöne Welt ist das! Erst tötet man ein Huhn, Taylor ißt das Huhn, dann tötet man Taylor.«
Warren Hymer (Buggsy): »Ich müßte verrückt sein, mir über so was Gedanken zu machen.« [3427]

*

Jerome Cowan (Dr. Hill): »Sie haben ihm das Leben gerettet, Rogers.« *(hat ihm Blut gespendet)*
Guinn ›Big Boy‹ Williams (Rogers): »Gibt es noch was, was ich für Sie tun kann?«
Fonda: »Sie können auf meinem Schoß sitzen, wenn der Strom eingeschaltet wird.« [3428]

***

DER GEIST UND DIE DUNKELHEIT
(The Ghost and the Darkness)
USA 1996, Douglas-Reuther, Constellation, Para-

mount (Regie Stephen Hopkins, Buch William Goldman)

*

Val Kilmer (Captain John Henry Patterson, voice-over): »Gott hat den Alkohol erfunden, damit die Welt nicht von Iren beherrscht wird.« [3429]

*

Michael Douglas (Charles Remington): »Ich antworte nicht auf Ihre Frage. Denn wenn Sie mich fragen, dann heißt es, Sie glauben, ich wüßte nicht, was ich tue. Wenn es hier jemanden gibt, der mich für einen Dummkopf hält, soll er's mir bitte sagen.« [3430]

***

GEISTERKOMÖDIE (Blithe Spirit)
UK 1945, Two Cities, Cineguild (Regie David Lean, Buch Noël Coward, nach seinem Stück)

*

Constance Cummings (Ruth Condomine): »Sie (die Verstorbene) war sogar sehr erdverbunden.«
Rex Harrison (Charles Condomine): »Ja, jedenfalls ist sie's jetzt.« [3431]

*

Cummings: »Deine Erkenntnisse über Frauen sind bestenfalls theoretisch. Daß du immer von ihnen dominiert wurdest, bedeutet noch lange nicht, daß du irgend etwas über sie weißt.« [3432]

***

DAS GELD (L'Argent)
F/CH 1983, EOS Marion's, FR 3 (Regie, Buch Robert Bresson, nach der Geschichte ›Der gefälschte Kupon‹ von Leo Tolstoi)

*

»Hör auf! Du machst deine Faust kaputt, aber nicht die Tür. Wenn ich du wäre, würde ich mich nicht vor einer simplen Tür demütigen.« [3433]

***

DAS GELD ANDERER LEUTE
(Other People's Money)
USA 1991, Yorktown, Warner (Regie Norman Jewison, Buch Alvin Sargent, nach dem Stück von Jerry Sterner)

*

Danny DeVito (Lawrence Garfield, zur Kamera): »Ich liebe Geld. Ich liebe Geld mehr als alles, was man dafür kaufen kann. Sind Sie etwas überrascht? Dem Geld ist es egal, ob ich ehrlich bin oder nicht. Es ist ihm gleich, ob ich schnarche oder nicht. Ihm ist es egal, welchen Gott ich preise. Ich kenne nur drei Dinge auf der Welt, von denen man so bedingungslos akzeptiert wird: Hunde, Doughnuts und Moneten. Nur Moneten sind besser. Wissen Sie, wieso? Weil Sie davon nicht zunehmen und weil es auch nicht auf den Teppichboden kacken kann. Es gibt nur eines, was ich noch lieber hätte: das Geld anderer Leute.« [3434]

*

DeVito: »Das heißt nichts Gutes. Anwälte, die nur reden wollen, machen nur Ärger.« [3435]

*

DeVito: »Ich hab noch nie gehört, daß man für 'n Doughnut Hunger haben muß. Warum auch? Die schmecken dann nicht besser.« [3436]

*

DeVito: »Ich einige mich nur, wenn ich schlechte Karten hab.« [3437]

*

DeVito: »Das beste Spiel auf der Welt. Ich erklär's Ihnen, ist ganz leicht: Sie verdienen so viel Sie können, solange Sie es können.«
Penelope Ann Miller (Kate Sullivan): »Und dann kommt was?«
DeVito: »›Und dann kommt was?‹ Der am meisten hat, wenn er tot ist, hat gewonnen. Sehen Sie, das ist das amerikanische System. Ich tue meinen Job, ich bin Kapitalist.« [3438]

*

DeVito: »Was passiert, wenn wir den Kapitalismus versauen? Die Kommunisten kommen zurück, sie kriechen aus den Büschen. Denken Sie nicht, daß ich scherze! Sie lauern überall. Aber vielleicht ist das gar nicht so schlecht. Denn wissen Sie, was die Linken machen, wenn sie an die Macht kommen? Als erstes erschießen sie alle Anwälte. Und sollten sie ein paar von euch nicht treffen, dann tue ich es selbst.« [3439]

> *»Gott hat den Alkohol*
> *erfunden, damit die Welt*
> *nicht von Iren beherrscht wird.«*
> Der Geist und die Dunkelheit

Miller: »Das ist doch nicht ungesetzlich.«
DeVito: »Aber unmoralisch. Eine Unterscheidung, die Anwälte natürlich nicht interessiert.« [3440]

*

Miller: »Für jemanden, der Anwälte auf den Tod nicht ausstehen kann, beschäftigen Sie aber eine Menge davon.«
DeVito: »Sie sind wie die Atomraketen. Sie werden gebraucht, um ein Ziel zu erreichen. Setzen Sie sie dann aber ein, vernichten Sie alles.« [3441]

*

DeVito: »Sie sind doch 'ne emanzipierte Frau. Lernen Sie zu verlieren!« [3442]

*

DeVito: »Denken Sie ein bißchen an mich?«
Miller: »Nein.«
DeVito: »Wie schaffen Sie das nur?«
Miller: »Mit Pillen, Whisky und Selbsthilfekassetten.« [3443]

*

Miller: »Mögen Sie die Japaner?«
DeVito: »Sony hätte ich gern.« [3444]

*

DeVito: »Sie haben in ein Geschäft investiert, und dieses Geschäft ist tot. Seien wir doch so intelligent und vor allem so anständig, ihm den Totenschein auszustellen, die Kollekte zu kassieren und in etwas mit Zukunft zu investieren. (...) Das geht nicht, sagen Gebete, das geht nicht, weil wir ja Verantwortung tragen, Verantwortung unseren Beschäftigten gegenüber, unserer Gemeinde gegenüber. Was wird aus ihnen? Ich habe nur zwei Worte dafür: Wen juckt's?« [3445]

***

GELIEBTE APHRODITE
(Mighty Aphrodite)
USA 1995, Magnolia, Sweetland, Miramax (Regie, Buch Woody Allen)

> »Sie sind doch 'ne
> emanzipierte Frau.
> Lernen Sie zu verlieren!«
> Das Geld anderer Leute

Woody Allen (Lenny Weintraub): »Bei meinen Genen Adoption?« [3446]

*

Allen: »Aus demselben Grund, warum wir keinen Wagen leasen. Okay? Aus reinem Besitzerstolz. Ich möchte kein Kind adoptieren.« [3447]

*

Helena Bonham Carter (Amanda Weinrib): »Warum adoptieren wir kein Mädchen?«
Steven Randazzo (Bud): »Laß ihn doch einen Quarterback oder einen Pitcher haben.« [3448]

*

Allen: »Ich bin der Boss. Klar? Mami (...) ist nur die, die die Entscheidungen trifft.« [3449]

*

Allen: »Mami sagt uns, was wir tun, und ich kontrolliere die Fernbedienung.« [3450]

*

F. Murray Abraham (Greek Chorus Leader): »Die Neugierde bringt uns um. Nicht Straßenräuber oder der ganze Quatsch über die Ozonschicht. Nur unsere Herzen und Gedanken.« [3451]

*

Mira Sorvino (Linda Ash): »Was ist mit dir? Bist du 'n Schlaganfallopfer oder so was? Ich hab dir schon dreimal gesagt, ich bin Linda Ash.« [3452]

*

Sorvino: »Du bist verheiratet, nicht?«
Allen: »Wie (...) kommst du denn darauf?«
Sorvino: »Durch dein Aussehen.«
Allen: »Aussehen? Was denn für 'n Aussehen?«
Sorvino: »Das Aussehen, als hättest du schon lange nicht mehr schön einen geblasen bekommen.« [3453]

*

Sorvino: »Willst du wissen, warum ich dich von Anfang an nett fand? (...) Weil ich mich immer von Verlierern angezogen fühle. (...) Du hast kein Selbstvertrauen. Das ist süß. Das gefällt mir bei einem Mann.« [3454]

*

Allen: »Glaub mir, du beeindruckst mich. Du (...) bist gescheit, du (...) hast sehr viel Energie, du bist sicher eine Fünf-Sterne-Fellatistin ...« [3455]

*

Sorvino: »Ich schulde dir noch einen tollen Fick.« [3456]

Allen: »Achilles hatte nur eine Achillesferse, ich hab einen ganzen Achilleskörper.« [3457]

Michael Rapaport (Kevin): »Ich hatte 16 Kämpfe und hab alle gewonnen, bis auf 12.« [3458]

DIE GELIEBTE DES FRANZÖSISCHEN LEUTNANTS
(The French Lieutenant's Woman)
UK 1981, Juniper, United Artists (Regie Karel Reisz, Buch Harold Pinter, nach dem Roman von John Fowles)

Peter Vaughan (Mr. Freeman): »Wenn Sie auch ein Mann des Müßiggangs sind, Smithson, pünktlich sind Sie jedenfalls.« [3459]

GELIEBTE SPIONIN *(My Favourite Blonde)*
USA 1942, Paramount (Regie Sidney Lanfield, Buch Don Hartman, Frank Butler, Story Melvin Frank, Norman Panama)

Bob Hope (Larry Haines): »Ist das Ihr eigenes Haar, oder haben Sie einen Engel skalpiert?« [3460]

Madeleine Carroll (Karen Bentley): »Bitte keine Fragen jetzt! Ich werde von zwei Männern in Schwarz verfolgt.«
Hope: »Müßten das nicht eher Männer in Weiß sein?« [3461]

Hope: »Was wollen Sie hier?«
Carroll: »Sie sind ein Mann, und ich bin eine Frau. Ist das nicht genug?« [3462]

Fred Kelsey (Sam, Polizist): »Ein Mann sollte das weibliche Geschlecht respektieren, besonders die Frauen.« [3463]

DER GENERAL STARB IM MORGENGRAUEN
(The General Died at Dawn)
USA 1936, Paramount (Regie Lewis Milestone, Buch Clifford Odets, nach dem Roman von Charles G. Booth)

Porter Hall (Peter Perrie): »Tut mir leid, was Ihnen da zustößt. Furchtbar! Aber geben Sie nicht mir die Schuld!«

Gary Cooper (O'Hara): »Gut, dann brauch ich mir wenigstens nicht Ihr Gesicht zu merken.« [3464]

Akim Tamiroff (General Yang): »Kein Kolibri kann kämpfen gegen 15 Wölfe, Mr. O'Hara.« [3465]

Cooper: »Das Schwein, aus dem dieser Koffer gemacht worden ist, hatte mehr Glück, als Sie haben werden.« [3466]

Cooper: »Man kann sich nicht auf so etwas einlassen und dann in Ruhe im Bett sterben.« [3467]

Cooper: »Ich mag die Menschen und schieß nicht gerne auf sie, aber das Leben ist eben hart.« [3468]

Cooper: »Jetzt steh ich hier wie einer, der die Uhr auseinandergenommen hat und sie nicht wieder zusammensetzen kann.« [3469]

GENTLEMAN JIM – DER FRECHE KAVALIER
(Gentleman Jim)
USA 1942, Warner (Regie Raoul Walsh, Buch Vincent Lawrence, Horace McCoy, nach dem Leben von James J. Corbett und seiner Autobiographie ›The Roar of the Crowd‹)

Jack Carson (Walter Lowrie): »Und was ist mit mir? Ich war auch da.«
Errol Flynn (James J. Corbett): »Ach, du hast den Mund nicht aufgemacht. Merk dir eins fürs ganze Leben: Wer bescheiden im Hintergrund bleibt, wird von niemand bemerkt.« [3470]

Carson: »Was wird die Bank ohne Kassierer machen?«
Flynn: »Was werden die Kassierer ohne die Bank machen?« [3471]

> »Ich bin der Boss. Klar?
> Mami (...) ist nur die,
> die die Entscheidungen trifft.«
> Geliebte Aphrodite

William Frawley (Billy Delaney): »Jetzt reden Sie endlich wie ein Mann.« [3472]

*

Flynn: »Ich bin Ihnen in San Francisco auf der Straße begegnet, konnte Sie aber nur aus der Ferne bewundern.«
Ward Bond (John L. Sullivan): »Mir auf der Straße zu begegnen, ist eine sehr gute Sache, junger Mann. Sie haben doch nicht die lächerliche Idee, daß Sie mir im Ring begegnen wollen?« [3473]

*

Minor Watson (Bruce Ware): »Wenn ihr euch nicht leiden könnt, warum macht ihr so viel Lärm, statt euch aus dem Wege zu gehen?« [3474]

*

Bond: »Es ist schwer, mit Würde zu verlieren, aber noch schwerer ist es, mit Würde zu gewinnen.« [3475]

***

GERAUBTES GOLD *(The Badlanders)*
USA 1958, Arcola, MGM (Regie Delmer Daves, Buch Richard Collins, nach dem Roman ›The Asphalt Jungle‹ von W. R. Burnett)

*

Alan Ladd (Peter Van Hoek): »Dieses Stück Land gehörte mal einem Mann mit Namen McBain. Ein gewisser Bascombe betrog ihn um seinen Besitz.«
(Frau in Postkutsche): »Und was hat McBain gemacht, als Bascombe ihn betrogen hatte?«
Ladd: »Er brachte Bascombe um, was sonst?« [3476]

***

GERONIMO
USA 1993, Hill-Canton, Columbia TriStar (Regie Walter Hill, Buch John Milius, Larry Gross, Story John Milius)

*

Jason Patric (Lieutenant Charles Gatewood): »Wie ist das Leben als Farmer?«

> »Ich finde, daß Sie ein ganz trauriger Fall sind. Sie lieben nicht das, wofür Sie kämpfen, und Sie hassen nicht das, wogegen Sie kämpfen.«
> Geronimo

Wes Studi (Geronimo): »Ein paar Apachen sind gute Farmer, andere vermissen das alte Leben. Ich bin kein guter Farmer, Gatewood.« [3477]

*

Studi: »Es gibt viele. Einige haben die Kraft. Die übrigen reden nur.« [3478]

*

Robert Duvall (Al Sieber): »Ich finde, daß Sie ein ganz trauriger Fall sind. Sie lieben nicht das, wofür Sie kämpfen, und Sie hassen nicht das, wogegen Sie kämpfen.« [3479]

*

Duvall: »Wissen Sie, ein Apache reitet ein Pferd zu Tode und ißt es auf, dann stiehlt er ein anderes. Ein Pferd ist für ihn nur beweglicher Proviant. Ich habe sie gejagt, und sie machten manchmal 50 Meilen am Tag zu Pferd und zu Fuß. Ich sage Ihnen, die können von Kakteen leben und brauchen 48 Stunden kein Wasser. Das brächte einen Soldaten in einer Woche um.« [3480]

*

Duvall: »Ich habe lange gegen sie gekämpft, General, und ich glaube, wenn ich einer von ihnen wäre, wäre mein Platz an der Seite von Geronimo, und ich würde auf Blauröcke schießen. Aber Gott hat aus mir einen Weißen gemacht, und wenn Sie mich fragen, sie oder wir, bin ich für uns.« [3481]

*

Duvall: »Ich verstehe nicht, wie ein Mensch so tief sinken kann. Es mögen Texaner gewesen sein, die niedrigste Form von weißen Menschen, die ich kenne.« [3482]

***

EIN GESCHENK FÜR DEN BOSS *(Surprise Package)*
UK 1959, Donen, Columbia (Regie Stanley Donen, Buch Harry Kurnitz, nach dem Roman von Art Buchwald)

*

Yul Brynner (Nico March): »Daß Sie mein Anwalt sind, berechtigt Sie noch nicht, mir Ratschläge zu geben und sich in meine Angelegenheiten zu mischen.« [3483]

*

Noël Coward (König Pavel): »Ach ja! Man ist ja nur sechs- oder siebenmal jung.« [3484]

Brynner: »Ich kenn Mädchen, die so dumm sind, daß sie auf ›Hallo‹ keine Antwort wissen. Sie können aber erklären, warum wilder Nerz besser und wertvoller ist.« [3485]

*

Mitzi Gaynor (Gabby Rogers): »Was du hier siehst, sind die Ruinen von einem Tempel. (...)«
Brynner: »Der Mann, der ihn ruiniert hat, hat gute Arbeit geleistet.« [3486]

*

Brynner (vor einem Diskuswerfer): »Hübsch gemacht! Die Statue eines Jungen, der Radkappen klaut.« [3487]

*

Gaynor: »Du weißt doch nicht mal mehr, was der Unterschied zwischen Gut und Böse ist.«
Brynner: »Oh doch! Böse ist, wenn man erwischt wird.« [3488]

*

Brynner: »He, die sind nicht für dich. Wozu brauchst du Blumen? Du bist ja nicht krank.« [3489]

***

DIE GESCHWORENE (Trial by Jury)
USA 1994, Morgan Creek (Regie Heywood Gold, Buch Jordan Katz, Heywood Gold)

*

Armand Assante (Rusty Pirone): »Er gehört zur Familie, Tommy. Wieso? Wieso sollte er mich verraten?«
William Hurt (Tommy Vesey): »Jedermann weiß doch, daß Mafiosi schon immer Ratten von der übelsten Sorte waren.« [3490]

*

Joan Whalley-Kilmer (Valerie): »Wie sind Sie hier reingekommen?«
Assante: »Ich gehe, wohin ich will.« [3491]

*

Assante: »Ich töte jeden, der mir in die Quere kommt.«
Whalley-Kilmer: »Sie geben es zu?«
Assante: »In Ihrer Welt gehen Menschen bankrott, Valerie, in meiner gehen sie schlafen.« [3492]

*

Gabriel Byrne (Daniel Graham): »Ich hab keine Angst vor dir, Pirone. Ich bin mit Abschaum wie dir aufgewachsen.«
Assante: »Nein. Wären Sie mit mir aufgewachsen, wären Sie nie aufgewachsen.« [3493]

*

»Sollen wir es nach einem Sexualverbrechen aussehen lassen, Phillie?«
Beau Starr (Phillie): »Von mir aus kann's auch wie 'n beschissenes Drüsenfieber aussehen. Ist mir egal.« [3494]

*

Ed Lauter (John Boyle): »Jetzt sind nicht mal mehr die Bösen im Central Park sicher.« [3495]

***

DAS GESETZ DER BEGIERDE
(La Ley del deseo)
E 1987, El Deseo, Lauren (Regie, Buch Pedro Almodóvar)

*

Fernando Guillén (Inspector): »Wenn du ein guter Bulle werden willst, genügt es nicht, skrupellos zu sein. Du brauchst vor allem auch eine gehörige Portion Humor.« [3496]

***

EIN GESICHT IN DER MENGE
(A Face in the Crowd)
USA 1957, Warner (Regie Elia Kazan, Buch Budd Schulberg, nach seiner Geschichte ›Your Arkansas Traveler‹)

*

Andy Griffith (Lonesome Rhodes): »Ist meine Süße nicht schön? Meine Gitarre ist mir lieber als jedes Weibsbild. Noch nie hab ich mich auf eine Frau so verlassen können wie auf meine brave Gitarre. Ich liebe meine Gitarre. Sie wartet geduldig, bis ich sie in den Arm nehme, sie fragt nie nach Geld und betrügt mich nicht mit andern. Und wenn sie mal verstimmt ist, dann kitzel ich sie etwas, so wie jetzt, und gleich sind wir ein Herz und eine Seele.« [3497]

*

Griffith (zur Kellnerin): »So ist es richtig, Mädchen. Immer wenn du siehst, daß es hier auf unserm Balkon zu trocken wird, kommst du mit der Gießkanne.« [3498]

»Was du hier siehst, sind die Ruinen von einem Tempel.«
»Der Mann, der ihn ruiniert hat, hat gute Arbeit geleistet.«
Ein Geschenk für den Boss

Patricia Neal (Marcia Jeffries): »Haben Sie immer so viel getrunken?«
Griffith: »Nein, nicht immer. Bei uns in Riddle waren sie sehr streng. Haben uns keinen Alkohol gegeben, bevor wir nicht elf Jahre alt waren.« [3499]

*

»Er hat Sie gekränkt, aber als Leiter der Verkaufsabteilung muß ich sagen, eine Umsatzsteigerung von 50% hilft über vieles hinweg.« [3500]

*

Neal: »Für einen sanften Mann sind Sie recht zynisch.«
Walter Matthau (Mel Miller): »Wundert Sie das? Alle sanften Männer sind zynisch. Sie hassen sich selbst, weil sie sanft sind, und sie hassen die windigen Schaumschläger, die eine seltsame Anziehungskraft auch auf solche Frauen ausüben, die eigentlich klüger sein sollten.« [3501]

*

Matthau: »Man muß schon ein Heiliger sein, um die Macht nicht zu mißbrauchen, die der Kasten da *(Fernseher)* gibt.« [3502]

*

Matthau: »Wenn ich ein feiner Mann wäre, würde ich ihm jetzt viel Glück wünschen. Aber ich bin kein feiner Mann und hoffe, daß er an einer Vitajex-Pille erstickt.« [3503]

***

EIN GESPENST AUF FREIERSFÜSSEN
(The Ghost and Mrs. Muir)
USA 1947, Twentieth Century Fox (Regie Joseph L. Mankiewicz, Buch Philip Dunne, nach dem Roman von R. A. Dick)

*

Gene Tierney (Lucy): »Es spukt. Das ist ja wahnsinnig faszinierend!« [3504]

Tierney: »Warum spukt er so herum? Wurde er ermordet?«
Robert Coote (Coombe): »Nein, er zog Selbstmord vor.«
Tierney: »Ich wüßte gern, warum.«
Coote: »Um jemand die Mühe zu ersparen, ihn umzubringen.« [3505]

*

Rex Harrison (der Geist von Captain Daniel Gregg): »Verflucht, Madam, meine Ausdrucksweise ist verdammt beherrscht.
Und was mein Benehmen betrifft: Ich habe das Leben eines Mannes gelebt und schäme mich dessen nicht. Aber ich schwöre Ihnen, daß keine Frau sich zu beklagen hatte, mich zu kennen. Ich möchte gern wissen, wieviel schleimige Moralisten dasselbe von sich sagen können.« [3506]

*

Harrison: »Wahrscheinlich mach ich wieder einen Fehler. Ich war immer ein Trottel gegenüber hilflosen Frauen.« [3507]

*

Edna Best (Martha): »Das Leben ist schon schwarz genug, da muß man nicht auch noch Schwarz tragen.« [3508]

*

Tierney: »Mir wäre lieber, Sie würden nicht so fluchen. Es ist so häßlich.«
Harrison: »Wenn Sie das schon als häßlich empfinden, dann haben Sie Glück, daß Sie meine Gedanken nicht lesen können.« [3509]

*

Harrison: »Verdammte Weiber! Bringen immer Ärger, sobald man nur eine an Bord läßt.« [3510]

*

Harrison: »Und die Art, wie er Sie angegrinst hat: wie eine Katze beim Fischhändler.« [3511]

***

DAS GESPENST DER FREIHEIT
(Le Fantôme de la liberté)
F 1974, Greenwich (Regie Luis Buñuel, Buch Luis Buñuel, Jean-Claude Carrière)

*

(Pater Joseph, über Masochisten): »Er will Schläge? Die kann er gerne haben.« [3512]

***

EIN GESPENST GEHT NACH AMERIKA
(The Ghost Goes West)
UK 1935, London, United Artists (Regie René Clair, Buch Robert Sherwood, Geoffrey Kerr, René Clair,

---

> *»Wahrscheinlich mach ich wieder einen Fehler. Ich war immer ein Trottel gegenüber hilflosen Frauen.«*
> Ein Gespenst auf Freiersfüßen

Lajos Biro, nach der Geschichte ›Sir Tristram Goes West‹ von Eric Keown)

*

Elliot Mason (Mrs. MacNiff): »Ihr werdet ihn hier nicht suchen und ihr werdet ihn auch nicht finden. Also zieht los, daß mir von euren Gesichtern die Milch nicht sauer wird.« *3513*

*

Robert Donat (Murdoch Glourie): »Wer ist dieser etwas dickliche, reichlich unkriegerische Herr?« *3514*

***

GESTOHLENE HERZEN
(Stolen Hearts)
USA 1996, Morgan Creek, Warner (Regie Bill Bennett, Buch Dennis Leary, Mike Armstrong, Story Denis Leary, Mike Armstrong, Ann Lembeck)

*

Dennis Leary (Frank): »Übrigens, dein Haar gefällt mir.«
Sandra Bullock (Roz): »Nein, tut es nicht.«
Leary: »Doch, ehrlich, sieht gut aus.«
Bullock: »Danke.«
Leary: »Ich finde bloß, für 150 Dollar hätten sie's auch in einer Farbe färben können.« *3515*

*

Bullock: »Haben wir *Batmans Rückkehr* elf- oder zwölfmal gesehen?«
Leary: »Schatzi, nein, nein, nein, nein. Wir waren in drei verschiedenen Batman-Filmen, viermal jeweils.« *3516*

*

Leary: »Hör mal zu! Ich fahr doch nicht vier Stunden nach New York und wieder zurück, um einen Haufen Tunten in Strumpfhosen und Schnurrbärtchen als Katzen rumturnen zu sehen.« *3517*

*

Leary: »Wir haben es nicht mit Collegeabsolventen zu tun. Das (...) sind Bullen. Das (...) sind bessere Müllmänner mit Kanonen.« *3518*

*

Bullock: »Sind die nicht süß?«
Leary: »Liebling, junge Hunde sind süß. Das hier sind Cheeseburger auf Beinen.« *3519*

*

Wayne Robson (Beano): »Hat deine Mutter während der Schwangerschaft getrunken?« *3520*

GEWAGTES ALIBI *(Criss Cross)*
USA 1949, Universal (Regie Robert Siodmak, Buch Daniel Fuchs, nach dem Roman von Don Tracy)

*

Burt Lancaster (Steve Thompson): »Du weißt überhaupt nie, was du tust. Aber leider weißt du immer, was du willst.« *3521*

*

Lancaster: »Sie ist nicht schlecht, sie ist nur jung.«
Edna M. Holland (Mrs. Thompson): »Ach, gewisse Dinge kennt sie besser als Einstein.« *3522*

*

Lancaster: »Du willst fort? Jetzt verläßt du mich? Hier?«
Yvonne De Carlo (Anna): »Wie weit käme ich denn mit dir? Was hätten wir schon für eine Chance? Du kannst dich nicht rühren. Du würdest keinen Tag durchhalten. Siehst du nicht ein, daß du ärztliche Hilfe nötig hast? Du schaffst es doch nie. Was verlangst du von mir? Soll es uns beide erwischen? Würde dich das etwa glücklich machen? Findest du das vielleicht vernünftig?«
Lancaster: »Nein, jetzt nicht mehr.« *3523*

*

De Carlo: »Wenn es auch mal weh tut, ich kann nichts dafür. Ist es vielleicht meine Schuld, wenn manche Leute sich nicht selbst helfen können? Tut mir leid, ich bin nun mal nicht so wie du. Ich bin anders. Ich bin, wie ich bin.« *3524*

***

GEWAGTES SPIEL *(Consenting Adults)*
USA 1992, Hollywood (Regie Alan J. Pakula, Buch Matthew Chapman)

*

Mary Elizabeth Mastrantonio (Priscilla Parker): »Ich trinke nicht!«
Kevin Kline (Richard Parker): »Was? Seit wann?«

> *»Sind die nicht süß?«*
> *»Liebling, junge Hunde sind süß. Das hier sind Cheeseburger auf Beinen.«*
> Gestohlene Herzen

Mastrantonio: »Seit ich Angst habe zuzunehmen. ... Du hast es nicht bemerkt.«
Kline: »Was denn? Daß du fett geworden bist oder nicht mehr trinkst?« [3525]

***

GEWALT UND LEIDENSCHAFT
(Gruppo di famiglia in un interno)
I/F 1974, Rusconi, Cinetel, Gaumont (Regie Luchino Visconti, Buch Suso Cecchi D'Amico, Luchino Visconti, Enrico Medioli)

*

Claudia Marsani (Lietta): »Okay, wir haben uns eben geirrt, aber Sie machen so einen verständnisvollen Eindruck.«
Burt Lancaster (der Professor): »Sie irren sich schon wieder.« [3526]

*

Lancaster: »Es ist, als redeten wir in zwei verschiedenen Sprachen. Es gibt keine Verständigungsmöglichkeit zwischen uns.« [3527]

*

Silvana Mangano (Bianca): »Warum haben Sie sich entschlossen, ein solches Leben zu führen?«
Lancaster: »Nun, wenn man unter Menschen lebt, (...) ist man gezwungen, sich mit den Menschen zu beschäftigen, man denkt mehr an sie als an ihre Werke. Man leidet mit ihnen, nimmt Anteil an ihrem Leben. Wissen Sie, ich hab mal irgendwo gelesen: ›Die Raben fliegen in Schwärmen, der Adler fliegt allein.‹« [3528]

*

Lancaster: »Für mich wäre das die einzig mögliche Rechtfertigung gewesen. Wir haben uns nichts weiter zu sagen.« [3529]

*

Lancaster: »Die Alten sind eine merkwürdige Art von Menschen. Wußten Sie das nicht? Sie sind störrisch, intolerant. Manchmal sind sie über die Einsamkeit, die sie selbst haben wollten, erschrocken, und dann wieder verteidigen sie sie, wenn sie bedroht ist.« [3530]

> »Es ist, als redeten wir in zwei verschiedenen Sprachen. Es gibt keine Verständigungsmöglichkeit zwischen uns.«
> Gewalt und Leidenschaft

DIE GEWALTIGEN *(The War Wagon)*
USA 1967, Batjac, Universal (Regie Burt Kennedy, Buch Clair Huffaker, nach dem Roman ›Badman‹ von Clair Huffaker)

*

Bruce Cabot (Frank Pierce): »Ich zahle ihm 10.000 Dollar.«
Bruce Dern (Hammond): »Wir zwei würden für die Kleinigkeit jeder nur einen Tausender verlangen.«
Cabot: »Das wäre rausgeschmissenes Geld. Ich will Lomax. Nur er kann mit ihm fertig werden. Haut ab!« [3531]

*

Kirk Douglas (Lomax): »Ich habe auf Sie geschossen, und Sie leben noch, als ewiger Zeuge dafür, daß ich auch mal vorbeischieße.«
John Wayne (Taw Jackson): »Vielleicht gibt es Ihnen etwas, daß ich mich ganze sieben Monate mit Ihrer Kugel im Krankenhaus rumgequält habe.« [3532]

*

Douglas: »Sie sollten mal einen Blick auf den heimatlichen Friedhof werfen. Da werden Sie eine Menge Holzkreuze bewundern können und zwar drängen sie sich alle in einer trostlosen Ecke zusammen. Da bringt man immer die Trottel hin, die versucht haben, den Goldtransport zu knacken.« [3533]

*

Douglas: »Meiner lag zuerst flach.«
Wayne: »Dafür war meiner länger.« [3534]

*

(Mexikanerin): »Wo ist das Grübchen da her?«
Douglas: »Ich schlaf immer auf dem Ring, ja, dann wird er mir nicht gestohlen.« [3535]

***

GHOST – NACHRICHTEN VON SAM *(Ghost)*
USA 1990, Koch, Paramount (Regie Jerry Zucker, Buch Bruce Joel Rubin)

*

Patrick Swayze (Sam Wheat): »Oda Mae, wir stecken in Schwierigkeiten. Sie müssen mir helfen.«
Whoopi Goldberg (Oda Mae Brown): »Wir? Wer ist wir? Sie sind doch schon tot.« [3536]
Goldberg: »Warum suchen Sie sich nicht ein schönes Haus, wo Sie mit den Ketten rasseln und rumspuken können?« [3537]

Goldberg: »Sie werden doch wohl nicht ernsthaft glauben, daß ich die vier Millionen einer Horde hergelaufener Nonnen schenke.« [3538]

*

Goldberg: »Verstehen Sie doch! Ich bin keine Betrügerin. Nicht in diesem Fall.« [3539]

***
GHOST DOG – THE WAY OF THE SAMURAI
USA/JAP/F/BRD 1999, JVC, Canal+, BAC, Pandora, ARD, Degeto, Plywood (Regie, Buch Jim Jarmusch)

*

John Tormey (Louie Bonacelli): »No, I don't think he's getting any older.« [3540]

*

Tormey: »Nothing makes any sense anymore.« [3541]

*

Cliff Gorman (Sonny Valerio): »It says: 'If the samurai's head were to be suddenly cut off he should still be able to perform one more action with certainty.' What the fuck is that supposed to mean?«
Henry Silva (Ray Vargo): »It's poetry, the poetry of war.« [3542]

*

Tormey: »Jesus, Vin, you just iced a woman. You know that?«
Victor Argo (Vinny): »You know what you are, Louie? You're a fucking male chauvinist pig.«
Tormey: »What do you mean I'm a male chauvinist pig? You just shot a broad.«
Argo: »A cop. I just shot a cop. They wanna be equal. I made 'em equal.« [3543]

***
GHOSTBUSTERS
USA 1984, Black Rhino, Brillstein, Columbia (Regie Ivan Reitman, Buch Dan Aykroyd, Harold Ramis)

*

Bill Murray (Dr. Peter Venkman): »Laßt uns dieser prähistorischen Biene zeigen, wie die Dinge in unserer Stadt laufen!« [3544]

*

Ernie Hudson (Winston Zeddmore): »Wir hatten das Werkzeug, und wir hatten das Talent.« [3545]

*

Harold Ramis (Dr. Egon Spengler): »Ich bin weit über die Fähigkeiten rationalen Denkens hinaus entsetzt.« [3546]

*

Ramis: »Da ist ohne Zweifel eine klitzekleine Chance, daß wir überleben.« [3547]

***
GIGANTEN
(Giant)
USA 1956, Warner (Regie George Stevens, Buch Fred Guiol, Ivan Moffat, nach dem Roman von Edna Ferber)

*

Mary Ann Edwards (Adarene Cline): »Jeder hier weiß, daß dir dein Vieh wichtiger ist als die Liebe.«
Mercedes McCambridge (Luz Benedict): »Mit dem Vieh hat man auch weniger Sorgen. Dem brennt man einfach sein Zeichen ein, und dann weiß man, daß es einem gehört.« [3548]

*

Rock Hudson (Bick Benedict): »Du benimmst dich wie 'ne Frauenrechtlerin, predigst über Dinge, von denen du nichts verstehst und möchtest die Welt verbessern. Warum gehst du nicht zur Heilsarmee?« [3549]

*

Chill Wills (Uncle Bawley): »Bick, den Kerl hättest du längst erschießen sollen. Jetzt ist er zu reich dazu.« [3550]

*

Hudson: »Reata ist eine Ranch und kein Ölfeld. Und dabei bleibt es.«
Wills: »Das war das teuerste Telefongespräch, das du je geführt hast, Bick. Kostet dich 'n paar Milliarden für die nächsten zwanzig Jahre.« [3551]

*

Carroll Baker (Luz Benedict II): »Könnten wir nicht wenigstens 'ne kleine Ölquelle haben? Dann bekäme ich endlich mein eigenes Telefon.« [3552]

> »Meiner lag zuerst flach.«
> »Dafür war meiner länger.«
> Die Gewaltigen

Hudson: »Und wenn ich so alt werde wie Methusalem, aus dir werd ich mein Leben lang nicht schlau.« ³⁵⁵³

***

GILDA
USA 1946, Columbia (Regie Charles Vidor, Buch Marion Parsonnet, Story E. A. Ellington)

*

Glenn Ford (Johnny Farrell, voice-over): »Für mich war ein Dollar ein Dollar in jeder Sprache. Es war mein erster Abend in Argentinien, und ich wußte nicht viel über die hiesigen Bürger. Aber ich wußte genug über amerikanische Matrosen, und ich wußte, daß es besser war, hier zu verschwinden.« ³⁵⁵⁴

*

Ford: »So ein Stock *(mit ausfahrbarer Klinge)* kann einem sehr gelegen kommen.«
George Macready (Ballin Mundson): »Er ist der treueste und gehorsamste Freund. Er ist still, wenn ich wünsche, daß er still ist, und er redet, wenn ich will, daß er redet.«
Ford: »So stellen Sie sich einen Freund vor?«
Macready: »So stelle ich mir einen Freund vor.« ³⁵⁵⁵

*

Ford: »Irgendwann tue ich das auch mal für Sie.«
Macready: »Mir das Leben retten?«
Ford: »Ihnen eine Zigarette geben.« ³⁵⁵⁶

*

Ford (voice-over): »Wie üblich bestimmte ich mein Glück selbst, und ich wußte genau, wann ich aufhören mußte, ihm seinen Lauf zu lassen.« ³⁵⁵⁷

*

Macready: »Ich muß Gewißheit haben, daß es keine Frau in Ihrem Leben gibt.«
Ford: »Es gibt keine Frau.«
Macready: »Glücksspiel und Frauen passen nicht zusammen.«

> *»Ich muß Gewißheit haben, daß es keine Frau in Ihrem Leben gibt.«*
> *»Es gibt keine Frau.«*
> *»Glücksspiel und Frauen passen nicht zusammen.«* Gilda

Ford: »Das sind genau die Worte, die ich benutzt habe. Wollen wir jetzt nicht davon aufhören?«
Macready: »Dann gab es also mal eine?«
Ford: »Hören Sie, Mr. Mundson, ich wurde geboren, als wir uns gestern abend begegnet sind, also habe ich keine Vergangenheit, nur eine Zukunft.« ³⁵⁵⁸

*

Macready: »Sie sind auf Draht, Johnny, beinahe so wie mein anderer kleiner Freund, aber nicht ganz so gehorsam.«
Ford: »Nein?«
Macready: »Mein anderer kleiner Freund würde für mich töten.«
Ford: »Dafür sind Freunde ja da.« ³⁵⁵⁹

*

Rita Hayworth (Gilda): »War nett, Sie kennenzulernen, Mr. Farrell.«
Macready: »Er heißt Johnny, Gilda.«
Hayworth: »Oh, tut mir leid. Johnny ist ein Name, den man sich so schwer merken kann und den man so leicht vergißt.« ³⁵⁶⁰

*

Macready: »Ich möchte, daß du ihn magst.«
Hayworth: »Bist du dir da wirklich sicher?« ³⁵⁶¹

*

Hayworth: »Falls du dir wegen Johnny Farrell Sorgen machst, das brauchst du nicht. Ich hasse ihn.«
Macready: »Und er haßt dich, das ist offensichtlich. Aber Haß kann ein sehr erregendes Gefühl sein.« ³⁵⁶²

*

Steven Geray (Uncle Pio): »Jetzt werden wir ja sehen.«
Ford: »Was sehen?«
Geray: »Ob Sie ein Gentleman sind, wie Sie sagen oder ein Bauer, wie ich sage.« ³⁵⁶³

*

Hayworth: »Wenn ich eine Ranch wäre, würde ich Schrankenlose Freiheit [Bar Nothing] heißen.« ³⁵⁶⁴

*

Hayworth: »Na, bitte. Da hörst du es. Johnny hielte es nicht für eine Tragödie, wenn du mich verlierst.«
Ford: »Laut Statistik gibt es auf der Welt mehr Frauen als alles andere, ausgenommen Insekten.« ³⁵⁶⁵

Hayworth: »Johnny, das ist aber nicht anständig.«
Ford: »Wie war noch mal das Wort, Gilda?«
Hayworth: »Anständig, ich sagte, anständig.«
Ford: »Dachte ich mir doch, daß es das war. Es klang komisch aus deinem Mund, Gilda.« *3566*

*

Ford (voice-over): »Sie wußte noch nicht, was ihr geschah. Sie wußte noch nicht, daß das, was sie hörte, die Tür ihres Käfigs war, die sich hinter ihr schloß. Sie war ihm nicht treu gewesen, als er lebte, aber sie würde ihm treu sein, jetzt, nach seinem Tod.« *3567*

*

Joseph Calleia (Obregon): »Ich kann länger als Sie warten, Mr. Farrell. Ich habe das Gesetz auf meiner Seite. Es ist ein sehr angenehmes Gefühl. Irgendwann sollten Sie das auch mal ausprobieren.« *3568*

*

Calleia: »Wie dumm kann ein Mann bloß sein! Tun Sie mir den Gefallen, und verschwinden Sie hier, bevor Sie merken, was für ein Schuft Sie waren, Mr. Farrell! Ich könnte es nicht mit ansehen, wenn Sie zusammenbrechen und wie ein Mensch empfinden. Ich bin ein sehr sensibler Mann, für einen Polizisten.« *3569*

***

GIRL 6
USA 1996, 40 Acres and a Mule, Twetieth Century Fox (Regie Spike Lee, Buch Suzan-Lori Parks)

*

Arthur Nascarella (Boss 2): »Waren Sie mal verheiratet?«
Theresa Randle (Girl 6): »Ja, aber das ist vorbei.«
Nascarella: »Oh, das tut mir wirklich leid.«
Randle: »Oh, nein, nein, das muß Ihnen nicht leid tun. Er war Kleptomane und obendrein noch bescheuert.« *3570*

***

GIRL'S NIGHT
UK/USA 1997, Showtime, Granada (Regie Nick Hurran, Buch Kay Mellor)

*

Julie Walters (Jackie Simpson): »Du kennst mich überhaupt nicht. Du kennst nur das bißchen, was ich dir zeige.« *3571*

***

GLADIATOR
USA 2000, Wick, Free, Universal, DreamWorks (Regie Ridley Scott, Buch David Franzoni, John Logan, William Nicholson, Story David Franzoni)

*

Joaquin Phoenix (Commodus): »Hab ich sie verpaßt? Hab ich die Schlacht verpaßt?«
Richard Harris (Marcus Aurelius): »Du hast den Krieg verpaßt.« *3572*

*

Phoenix: »Ich bin nicht so sicher in Geschichte, Cassius. Aber sollten die Barbaren nicht die *(im Colosseum nachgestellte)* Schlacht von Karthago verlieren?« *3573*

*

Russell Crowe (Maximus): »Mein Name ist Maximus Decimus Meridius, Kommandeur der Truppen des Nordens, Tribun der spanischen Legion, treuer Diener des wahren Imperators Marcus Aurelius, Vater eines ermordeten Sohnes, Ehemann einer ermordeten Frau. Und ich werde mich dafür rächen, in diesem Leben oder im nächsten.« *3574*

*

Djimon Hounsou (Juba): »Du hast einen großen Namen. Erst muß er deinen Namen töten, bevor er dich töten kann.« *3575*

***

DER GLANZ DES HAUSES AMBERSON
(The Magnificent Ambersons)
USA 1942, Mercury, RKO (Regie, Buch Orson Welles, nach dem Roman von Booth Tarkington)

*

Tim Holt (George): »Die Familie hat es immer gern gehabt, wenn einer im Kongress ist. Es kann ganz nützlich sein, wissen Sie.« *3576*

*

Holt: »Jeder, der wirklich jemand ist, sollte doch in seiner Stadt so handeln können, wie er es für richtig hält, denke ich.« *3577*

*

Joseph Cotten (Eugene): »Alte Zeiten? Was heißt das? Es gibt keine alten Zeiten. Wenn Zei-

---

> *»Hab ich sie verpaßt?*
> *Hab ich die Schlacht verpaßt?«*
> *»Du hast den Krieg verpaßt.«*
> Gladiator

ten vorbei sind, sind sie nicht alt, sie sind tot. Es gibt nur eine Zeit, die neue Zeit.« [3578]

*

Holt: »Ich habe nicht vor, in meinem Leben einen Beruf zu haben. (...) Sehen Sie sich doch um! Wozu bringen sie es denn, diese Männer? Anwälte, Bankiers, Politiker. Was verstehen sie überhaupt? Das möchte ich wissen. Was wissen sie vom wirklichen Leben? Was kommt dabei raus?«
Anne Baxter (Lucy): »Und was wollen Sie mal machen?«
Holt: »Segeln gehen.« [3579]

*

Erskine Sanford (Benson): »Wilbur Minafer. Ein stiller Mann. Wird man kaum merken, daß er fehlt.« [3580]

*

Cotten (voice-over): »George wird seine Meinung nicht so schnell ändern. Mit 21 oder 22 erscheint einem vieles feststehend, dauerhaft und anderes schrecklich, unmöglich. Erst mit 40 weiß man, daß das alles nicht so ist. Aber die 40jährigen können das den 20jährigen nicht sagen. Sie müssen selber 40 werden, um das zu verstehen.« [3581]

*

Cotten (voice-over): »Laß nicht ein zweites Mal alles zusammenbrechen, meine Liebe. Diesmal hab ich es nicht verdient.« [3582]

*

Ray Collins (Jack): »Leben und Geld, beides ist so wie (...) Quecksilber, das auf den Boden fällt. Wenn sie mal weg sind, weiß man nicht wohin, was man damit gemacht hat.« [3583]

***

DER GLÄSERNE SCHLÜSSEL
(The Glass Key)
USA 1942, Paramount (Regie Stuart Heisler, Buch Jonathan Latimer, nach dem Roman von Dashiell Hammett)

> »Wilbur Minafer. Ein stiller Mann. Wird man kaum merken, daß er fehlt.«
> Der Glanz des Hauses Amberson

(Reporter): »Und was ist mit Ralph Henry und seiner Reformpartei?«
Brian Donlevy (Paul Madvig): »Wenn Ralph Henry unbedingt jemanden reformieren will, warum fängt er dann nicht bei seinem Sohn an? Der sitzt öfter in der Tinte als die Dead End Kids.« [3584]

*

Donlevy: »Ach ja, Ed, seine Tochter hat Geburtstag. Was könnte ich ihr wohl mitbringen?«
Alan Ladd (Ed Beaumont): »Um Eindruck zu machen?«
Donlevy: »Natürlich.«
Ladd: »Nichts.«
Donlevy: »Weshalb?«
Ladd: »Weil es dir nicht zukommt, Menschen etwas zu schenken, wenn du nicht weißt, ob sie es auch haben wollen.«
Donlevy: »Hm. Mag sein. Aber so eine Gelegenheit kann man sich doch einfach nicht entgehen lassen. Das wäre doch idiotisch.«
Ladd: »Also gut, kauf ihr ein Cabriolet oder eine Handvoll Diamanten.« [3585]

*

Donlevy: »Glaubst du, er spielt nach der Wahl noch mit?«
Ladd: »Er wird es. Das weiß ich.«
Donlevy: »Den Schlüssel zu seinem Haus habe ich ja praktisch schon in der Tasche.«
Ladd: »Ja, einen gläsernen.«
Donlevy: »Hä?«
Ladd: »Sieh dich nur vor, daß er nicht zerbricht!« [3586]

*

Veronica Lake (Janet Henry): »Sie haben gesagt, daß Sie beim *Observer* waren, aber Sie haben nicht gesagt als was.«
Donlevy: »Wie soll ich das ausdrücken? Sehen Sie, ich war in der Vertriebskontrolle, wenn man das so nennen will. Sehen Sie, da bin ich zu den Zeitungsständen gegangen und hab nach 'ner Zeitung gefragt. Hat er mir den *Observer* hingelegt, war es okay. Hat er mir die *Post* hingelegt, hat er eine gefangen, damit er was dazulernt. Verstehen Sie?«
Lake: »Oh, dann waren Sie so was wie ein *Observer*-Missionar?«
Donlevy: »Nicht doch! Denn kurz darauf hab ich dasselbe für die *Post* gemacht.«

Moroni Olsen (Senator Henry): »Aber wie konnten Sie beiden Zeitungen dienen, Paul?«
Donlevy: »Sehen Sie, wenn der Kerl mir den *Observer* gab, kriegte er eins im Namen der *Post*. Gab er mir die *Post*, kriegte er eins für den *Observer*. Dran war er immer.« 3587

Lake: »Ich finde es schade, daß Sie schon gehen, Mr. Beaumont, denn sicher hätten Sie doch auch einiges zu erzählen.«
Ladd: »Ich glaube, Sie haben für heute genug Gelächter aus dem falschen Stadtteil gehabt.« 3588

*

Lake: »Ich verstehe. Sie haben Angst. Sie fürchten, Paul könnte das mißverstehen. Sie sind ja Freunde.«
Ladd: »Wie kommen Sie denn auf solche Ideen? Wenn ich Ihnen helfen wollte, oder wenn ich Sie haben wollte, würde ich nicht fragen, wessen Freund ich bin.« 3589

*

Ladd: »Sie sind gut gebaut, haben ein hübsches Lärvchen, gute Manieren, aber trauen würde ich Ihnen nicht bis zur Tür dieses Zimmers. Sie sind selbstgefällig, und damit kann ich nichts anfangen. Sie halten sich für zu gut für mich, und dabei sieht es eher so aus, Schwester, als sei ich zu gut für Sie.« 3590

*

Eddie Marr (Rusty): »Jess, sei lieb zu ihm! Sonst zerbrichst du ihn am Ende noch.«
William Bendix (Jeff): »Ach, den kriegst du nicht krumm. Das ist 'n harter Bursche. Der hat das gern. Nicht wahr, Baby? ... Der Kerl hat 'n Dickkopf. Immer, wenn er zu sich kommt, versucht er, sich sofort an die Tür zu hobeln.« 3591

*

Arthur Loft (Clyde Matthews): »Äh, können die vielen Schläge nicht lebensgefährlich werden?«
Joseph Calleia (Nick Varna): »Nicht, solange wir es nicht wollen.« 3592

*

Bendix: »Wo hast denn du kochen gelernt?«
Marr: »Meine erste Frau war zweiter Koch in einer drittrangigen Kneipe in der vierten Straße.« 3593

Marr: »Was kaust du so rum? Magst du dein Steak nicht medium?«
Bendix: »Nein, wenn ich in ein Steak beiße, möchte ich, daß es mich wieder beißt.« 3594

*

Joseph King (Fisher): »Aber Paul, ich kann doch meine Jungs nicht für die Reformpartei stimmen lassen.«
Donlevy: »Wieso? Die müssen doch als erste reformiert werden. Das sind doch Knastbrüder.« 3595

*

Bendix: »He, Leute, das ist der aufgeblasenste Kerl, dem ich je das Kinn poliert hab.« 3596

*

Bendix: »Ich weiß hier ein Plätzchen für mich und für dich, ein Kämmerchen, das so klein ist, daß du darin nicht mal umfallen kannst. Da wirst du einfach von der Wand abprallen. Das spart Kraft, wenn ich dich nicht jedesmal wieder vom Fußboden aufpflücken muß. Entschuldigt uns, Kollegen! Aber wir gehen rauf und spielen 'ne Runde Kopfball.« 3597

*

Ladd: »Es hat bis jetzt nur einen gegeben, der versucht hat, Paul in die Quere zu kommen, McCloskey. Wissen Sie das noch? Und der ist lieber aus dem 18. Stock gesprungen, als zu warten, bis Paul ihn sich vornimmt.« 3598

***

GLENGARRY GLEN ROSS
USA 1992, Zupnik, New Line (Regie James Foley, Buch David Mamet, nach seinem Stück)

*

Al Pacino (Ricky Roma): »Es heißt, es wär heute unten in der Stadt so heiß gewesen, daß erwachsene Männer auf der Straße zu den Cops gelaufen sind mit der Bitte, sie zu erschießen.« 3599

*

Alec Baldwin (Blake): »Wir erweitern diesmal

> »Was kaust du so rum? Magst du dein Steak nicht medium?« »Nein, wenn ich in ein Steak beiße, möchte ich, daß es mich wieder beißt.«
> Der gläserne Schlüssel

unseren monatlichen Verkaufswettstreit. Wie Sie wissen, der erste Preis ist ein Cadillac Eldorado. Interessiert jemanden der zweite Preis? Sechs Steakmesser für den zweiten auf der Liste. Dritter Preis: Ihre Entlassung.« *3600*

*

Baldwin: »In diesem Leben gibt es nur eine Sache, die zählt: die Unterschrift der Kunden unter den Verträgen.« *3601*

*

Pacino: »Du hast deinen Job, ich hab meinen. Dein Job ist, ein Arschloch zu sein.« *3602*

*

Pacino: »Wenn du 'n Vertrag hast, stinkt's hier 'ne ganze Woche nach deinen Fürzen, abhängig von seiner Größe.« *3603*

*

Pacino: »Arschloch! Er findet die Couch im eigenen Wohnzimmer nicht.« *3604*

*

Pacino: »Ich sag's dir, das ist keine Welt von Männern mehr. Das ist keine Welt von Männern, Maschine. Eine Welt von Korinthenkackern, Bürokraten, Sesselfurzern, wie man sieht. Eine beschissene Welt, keine Abenteuer drin, aussterbende Rasse. Ja, so ist es, wir gehören zu einer aussterbenden Rasse.« *3605*

***

THE GLENN MILLER STORY
USA 1954, Universal (Regie Anthony Mann, Buch Valentine Davies)

*

Sig Ruman (Kranz): »Warum schreiben Sie mal 'ne Weile keine Arrangements und spielen endlich nur noch Posaune?«
James Stewart (Glenn Miller): »Eine berechtigte Frage, Mr. Kranz, ich wünschte, ich wüßte die Antwort.« *3606*

***

DER GLÖCKNER VON NOTRE DAME
(The Hunchback of Notre Dame)

> »In diesem Leben gibt es
> nur eine Sache, die zählt:
> die Unterschrift der Kunden
> unter den Verträgen.«
> Glengarry Glen Ross

USA 1939, RKO (Regie William Dieterle, Buch Sonya Levien, nach dem Roman ›Notre Dame de Paris‹ von Victor Hugo)

*

»Wir müssen noch mehr Gefängnisse bauen.«
Cedric Hardwicke (Frollo): »Wir brauchen nicht mehr Gefängnisse, sondern mehr Hinrichtungen. Wir sind zu tolerant.« *3607*

*

Thomas Mitchell (Clopin): »Traue nie einem Mann mit schmalen Nasenlöchern und dünner Lippe!« *3608*

*

Etienne Girardot (Arzt): »Ich müßte nicht so reiben, wenn Euer Majestät mehr Bäder nehmen würden.«
Harry Davenport (Louis XI): »Und wie viele würdet Ihr raten?«
Girardot: »Zwei im Jahr.« *3609*

*

Hardwicke: »Du hast in mir geweckt, was besser hätte schlafen sollen. Ich wünschte mir nichts als Ruhe und hatte sie. Da erschienst du. Seitdem hab ich meinen Willen verloren. Ich komme nicht mehr los von dir. In jedem Buch, das ich lese, sehe ich dein Gesicht, in jedem Geräusch meine ich deine Stimme zu hören oder das Klingeln deines Tamburins. Ich hab in den vergangenen Nächten mein Gewissen gefragt, doch die Verwirrung ist nur größer geworden.« *3610*

*

Hardwicke: »Ich will nicht, daß du vor diesen Männern tanzt. Du mußt mir allein gehören. Wenn ich das nicht haben kann, wird es mein Ende sein. ... Und deins.« *3611*

*

Edmond O'Brien (Gringoire): »Ihr vernichtet die Form *(Druckerpresse)*, aber der Geist lebt weiter.« *3612*

*

Charles Laughton (Quasimodo): »Gutes Blei! Schönes Blei! Heißes Blei!« *3613*

*

Laughton (zu Domfigur): »Warum bin ich nicht von Stein wie du?« *3614*

***

GLORIA
USA 1980, Columbia (Regie, Buch John Cassavetes)

Julie Carmen (Jeri Dawn): »Rette du die Kinder, Gloria!«
Gena Rowlands (Gloria Swenson): »Nein, Jeri. Du weißt, ich würde alles für euch tun, aber ich kann Kinder nicht ausstehen. Ich hasse Kinder und eure ganz besonders.« [3615]

*

Juan Adames (Philip Dawn): »Du hast den Vater meines Freundes erschossen.«
Rowlands: »Ich werd jeden umbringen, der versucht, mich zu töten.«
Adames: »Das kann ich verstehen.« [3616]

*

Basilio Franchina (Tony Tanzini): »Du kannst nicht durch die Gegend rennen und unsere Männer einfach abknallen. Jedesmal wenn wir versuchen, mit dir ins Gespräch zu kommen, ziehst du 'ne Waffe.« [3617]

***

DIE GLORREICHEN SIEBEN
(The Magnificent Seven)
USA 1960, Mirish-Alpha, United Artists (Regie John Sturges, Buch William Roberts, Walter Newman, nach dem Film ›Shichinin no Samurai‹ (Die sieben Samurai), Japan 1954, Regie Akira Kurosawa, Buch Shinobu Hashimoto, Hideo Oguni, Akira Kurosawa)

*

Eli Wallach (Calvera): »Es ist zum Heulen, wenn man sieht, wie gottlos die Menschen geworden sind. Letzten Monat waren wir in San Juan, reiche Stadt, reiche Leute, prunkvolle Häuser, große Kirche, nicht so eine armselige, wo nur zweimal im Jahr der Pfarrer hinkommt, mächtiger Bau. Man sollte meinen, da gäbe es goldene Leuchter und Klingelbeutel, die prall gefüllt sind. Aber was haben wir gefunden? Messingleuchter hatten die, und in den Beuteln ist kaum was drin gewesen.«
»Aber das haben wir genommen.«
Wallach: »Natürlich haben wir das genommen. Ich wollte ihm damit nur zeigen, wie wenig Religion die Leute heutzutage noch haben.« [3618]

*

Wallach: »Keine Ahnung habt ihr von meinen Sorgen. Es ist verdammt schwer, immer was zu beschaffen, um die hungrigen Mäuler der Männer zu stopfen. Gewehre brauchen sie auch und Munition. Weißt du, wieviel Geld so was kostet, ja, du Idiot? Keine Ahnung hast du. Die guten Zeiten sind längst vorbei. Damals gab es noch Pferde und Rinder und Gold in rauhen Mengen, aber heute nicht mehr. Heute muß ich jagen und werde selbst dabei gejagt, mein Kopf ist wertvoll.« [3619]

*

Yul Brynner (Chris): »Ich habe einen Job für sechs Mann, Waffenhilfe für ein Dorf kurz vor der Grenze.«
Charles Bronson (O'Reilly): »Wieviel Mann haben die anderen?«
Brynner: »Etwa dreißig.«
Bronson: »Zwischen Tapferkeit und Größenwahn gibt es noch einen Unterschied.« [3620]

*

Horst Buchholz (Chico): »Das war der beste Schuß, den ich je gesehen habe.«
James Coburn (Britt): »Der schlechteste, ich hatte aufs Pferd gezielt.« [3621]

*

Vladimir Sokoloff (Alter Mann): »Sie sind doch alle nur Farmer, und Farmer reden von nichts anderem als von Dünger und von Frauen. Ihre überschwengliche Begeisterung für Dünger ist nie nach meinem Geschmack gewesen, und was die Frauen betrifft, dafür hat man auch kein rechtes Interesse mehr mit 83.« [3622]

*

Wallach: »Mit guten Ratschlägen ist mir verdammt wenig geholfen.«
Brynner: »Um dir zu helfen, sind wir auch nicht hier.« [3623]

*

Steve McQueen (Vin): »Wir sind Reisende in Blei.« [3624]

*

Wallach: »Großzügigkeit ist immer schon mein Fehler gewesen. Da laß ich dem Bauernpack was übrig, dann holen sie diese Burschen, die mir Schwierigkeiten machen. Das zeigt nur,

---

> »Das war der beste Schuß,
> den ich je gesehen habe.«
> »Der schlechteste, ich hatte
> aufs Pferd gezielt.«
> Die glorreichen Sieben

daß man für jede gute Tat früher oder später bezahlen muß.« [3625]

*

McQueen: »Im Lauf der Jahre nennst du die Besitzer von allen Spielhöllen und Spelunken beim Vornamen, mindestens 200. In 500 Hotelzimmern hast du gehaust, und ein paar tausend Mahlzeiten hast du in Wirtshäusern runtergewürgt. Aber ein Zuhause mit Frau und Kind hast du nicht. Beruf hast du auch keinen. Habe ich noch was vergessen?«
Brynner: »Ja, einen Platz, wo du gern gesehen bist, gibt es nicht und Menschen, die an dir hängen, auch nicht, Menschen, die dir was bedeuten: keine.«
Robert Vaughn (Lee): »Aber beleidigt wirst du nicht, und Feinde hast du nicht.«
Brynner: »Keine Feinde?«
Vaughn: »Keine, die noch leben.« [3626]

*

Wallach: »Eure Freunde haben nicht mehr sehr viel für euch übrig. Sie müssen sich bei dir zu oft entscheiden. Bei mir müssen sie nur eins tun: das, was ich sage.« [3627]

*

Wallach: »Wissen möchte ich nur, warum ein Mann wie du so etwas überhaupt gemacht hat. Warum?« (...)
McQueen: »Ich kannte mal einen Burschen in El Paso. Eines Tages zog er sich die Sachen aus und sprang splitternackt in einen Kaktusstrauch. Dem habe ich dieselbe Frage gestellt.«
Wallach: »Und?«
McQueen: »Er hat es damals für eine glänzende Idee gehalten.« [3628]

*

Brynner: »Geh ruhig, du tust keinem damit weh.«
Vaughn: »Ja, mit Ausnahme von mir selbst.« [3629]

*

Brynner: »Der alte Mann hatte recht. Nur die Farmer konnten gewinnen. Wir haben verloren. Wir verlieren immer.« [3630]

***

DER GLÜCKSPILZ (The Fortune Cookie)
USA 1966, Phalanx, Jalem, Mirisch, United Artists (Regie Billy Wilder, Buch Billy Wilder, I. A. L. Diamond)

*

Walter Matthau (Willie Gingrich): »Halt's Maul, Mama!« [3631]

*

Matthau: »Sind Sie sicher, Doktor?«
Harry Davis (Dr. Krugman): »Warum trage ich wohl den weißen Kittel? Glauben Sie, ich bin Friseur?« [3632]

*

Matthau: »So 'n Pech, daß es (der Ausrutscher auf der Bananenschale) nicht vor dem Haus der May-Gesellschaft passiert ist. Da hätten wir absahnen können. Wenn Sie klug gewesen wären, hätten Sie sich die paar Meter weitergeschleppt.« [3633]

*

Matthau: »Lincoln? Genialer Präsident, lausiger Anwalt.« [3634]

*

Sig Ruman (Professor Winterhalter): »Früher hat man solche Fälle anders gelöst und viel besser. Wenn jemand behauptete, gelähmt zu sein, hat man ihn in eine Schlangengrube geschmissen. Und wenn er wieder herauskletterte, wußte man, daß er lügt.«
»Und wenn er drinblieb?«
Ruman: »Dann hatte man zwar einen Patienten verloren, aber eine ehrliche Seele gefunden.« [3635]

*

Matthau: »Also, Mr. O'Brien, ich bin schließlich kein Unmensch. Sie sagen 2000, ich sage 500.000. Also, treffen wir uns auf dem Mittelweg.« [3636]

*

Cliff Osmond (Mr. Purkey): »Ich hasse es, wenn jemand Geschichten erzählt und die Pointe vermasselt.« [3637]

*

Noam Pitlik (Max): »Hätte ich nur auf meine Mutter gehört und wär Buchmacher geworden!« [3638]

»Du kennst doch Willie.
Der findet noch ein Hintertürchen in den Zehn Geboten.«
Der Glückspilz

Judi West (Sandy): »Du kennst doch Willie. Der findet noch ein Hintertürchen in den Zehn Geboten.« [3639]

*

West: »Versuche, einmal im Leben praktisch zu denken! Sei einmal gescheit! Ich liebe dich, Harry, aber ich möchte nicht jemanden lieben, der dumm ist.« [3640]

***

DIE GLÜCKSRITTER (Trading Places)
USA 1983, Landis-Folsey, Paramount (Regie John Landis, Buch Timothy Harris, Hershel Weingrod)

*

Ralph Bellamy (Randolph Duke): »Geld ist nun mal nicht alles, Mortimer.«
Don Ameche (Mortimer Duke): »Ach, werd erwachsen!« [3641]

*

Bellamy: »Mutter hat immer gesagt, du bist zu gierig.«
Ameche: »Das war von ihr als Kompliment gemeint.« [3642]

*

Ameche: »Anscheinend zahlen wir einigen unserer Angestellten enorme Summen.«
Dan Aykroyd (Louis Winthorpe III): »Um die Mindestlöhne kommt man einfach nicht herum, Mortimer.« [3643]

*

Eddie Murphy (Billy Ray Valentine): »Karatekämpfer bluten nur nach innen, sie zeigen ihre Schwächen nie.« [3644]

*

Ron Taylor (Big Black Guy): »Wo sind denn deine Mädchen? Für dich läuft nicht mal ein Hund über die Straße.« [3645]

*

Taylor: »Es ist nicht gut für 'n Truthahn, wenn er sich kurz vor Weihnachten so aufplustert.« [3646]

*

Murphy: »Ich hab mein Rohr schon öfter verlegt, als du gepinkelt hast.« [3647]

*

Denholm Elliott (Coleman): »Was soll ich machen mit diesen Sachen, Sir?«
Ameche: »Schicken Sie sie in die Wäscherei! Er muß ja was zum Anziehen haben, wenn er wieder ins Ghetto geht.« [3648]

*

Elliott: »War ein nettes kleines Fest. Ihre Freunde scheinen sich köstlich amüsiert zu haben. Es war ein großer Erfolg, finde ich.«
Murphy: »Das waren keine Freunde von mir, das war ein Haufen von Schnorrern, die sich in meinem Haus aufgeführt haben wie in einem Zoo.« [3649]

*

Elliott: »Seien Sie einfach, wie Sie sind, Sir. Was immer auch geschieht, das wird man Ihnen nicht nehmen können.« [3650]

*

»Ist deine Muschi gut besucht?« [3651]

*

Jamie Lee Curtis (Ophelia): »Das einzige, was mich weiterbringen kann in dieser großen weiten Welt, ist dieser Körper, diese Visage und das, was ich im Köpfchen hab.« [3652]

*

Curtis: »Ich schätze, wenn ich noch drei Jahre meine Muschi miauen lasse, kann ich mich in Ruhe zurückziehen.« [3653]

*

Curtis: »Damit du es weißt: Miete und Essen sind hier nicht das einzige, was etwas kostet. Du schläfst auf der Couch.« [3654]

*

Murphy: »Die beste Art, um reiche Leute zu treffen, ist, sie in arme zu verwandeln.« [3655]

***

GNADENLOS (No Mercy)
USA 1986, TriStar, Delphi (Regie Richard Pearce, Buch Jim Carabatsos)

*

Jeroen Krabbe (Losado): »Es ist vorbei.«
Gary Basaraba (Joe Collins): »Was ist vorbei?«
Krabbe: »Das Leben, mein Freund.« [3656]

*

George Dzundza (Captain Stemkowski): »Da unten ist alles anders. Sie kennen New Orleans nicht. Die reden nicht mal so wie wir.«

> *»Ich schätze, wenn ich noch drei Jahre meine Muschi miauen lasse, kann ich mich in Ruhe zurückziehen.«*
> Die Glücksritter

Richard Gere (Eddie Jillette): »Jede Wette, daß sie mich verstehen.« [3657]

*

Bruce McGill (Lieutenant Hall): »Kommen Sie mir noch einmal in die Quere, und ich schiebe persönlich die Karre an, die Sie in die Scheiße fährt.« [3658]

***

GOING BYE-BYE
USA 1935, Roach, MGM (Regie Charles Rogers)

*

Oliver Hardy: »Gratuliere, Stanley! Diese Idee könnte ebensogut von mir stammen.« [3659]

*

Hardy (am Telefon): »Entschuldigen Sie mich bitte einen Moment, ich hab leider etwas Milch im Ohr.« [3660]

***

DAS GOLD DER SIEBEN BERGE
(Gold of the Seven Saints)
USA 1961, Warner (Regie Gordon Douglas, Buch Leigh Brackett, Leonard Freeman, nach dem Roman ›Desert Guns‹ von Steve Frazee)

*

Roger Moore (Shaun Garrett): »Ich muß sagen, meine Gefühle für die Herren werden immer bösartiger.« [3661]

*

Clint Walker (Jim Rainbolt): »Glaubst du, du dummer Kerl, ich würde unsere Freundschaft aufs Spiel setzen wegen läppischer 250 Pfund Gold?« [3662]

*

Robert Middleton (Gondora): »Gesetz! Was heißt Gesetz? Wenn ich sage, ich will es, dann geht es.« [3663]

***

DIE GOLDENE KAROSSE
(La Carrozza d'oro)
I/F 1953, Panaria, Hoche (Regie Jean Renoir, Buch Jean Renoir, Renzo Avanzo, Giulio Macchi, Jack Kirkland, Ginette Doynel, nach dem Stück ›La Carrosse du Saint-Sacrament‹ von Prosper Mérimée)

*

William Tubbs (Wirt): »Und wie gefällt Euch die Neue Welt?«
Odoardo Spadaro (Don Antonio): »Sie wird sehr nett sein, wenn sie fertig ist.« [3664]

*

John Pasetti (Hauptmann der Wache): »Bei einer politischen Krise oder einer Niederlage im Krieg oder einer Palastrevolution, da heißt es aufpassen: Farbe wechseln, dann ist man immer gut angeschrieben.« [3665]

***

GOLDENES GIFT
(Out of the Past)
USA 1947, RKO (Regie Jacques Tourneur, Buch Geoffrey Holmes (= Daniel Mainwaring), nach seinem Roman ›Build My Gallows High‹)

*

Mary Field (Marny): »Zwei Dinge rieche ich auf hundert Meter, angebrannte Zwiebeln und Liebe.« [3666]

*

Field: »Kein Mensch will hören, wenn man ihm aus purer Nächstenliebe die Wahrheit sagt.« [3667]

*

Paul Valentine (Joe): »Müssen denn die Schmierfinken ihre neugierigen Nasen überall dazwischen haben? Kann man denn nicht einmal in der eigenen Wohnung von der Freundin erschossen werden, ohne daß die ganze Stadt das Maul aufreißt?« [3668]

*

Steve Brodie (Fisher): ›Tja, eine Frau mit einem Revolver ist wie ein Mann mit einer Stricknadel.« [3669]

*

Kirk Douglas (Whit Sterling): »Und Sie sitzen da und starren die Decke an. Sie warten wohl, bis ich was sage? (...)«
Robert Mitchum (Jeff Bailey/Markham): »Ich komme weiter, wenn ich die andern reden lasse.« [3670]

*

Mitchum: »Und warum gerade ich?«
Douglas: »Wissen Sie, es gibt eine Menge ausgekochte, aber wenige ehrliche Jungs.« [3671]

> »Gratuliere, Stanley! Diese Idee könnte ebensogut von mir stammen.«
> Going Bye-Bye

Mitchum: »Und dann sah ich sie. Sie kam aus der Sonne auf mich zu, und ich verstand, warum Fred sie wiederhaben wollte.« [3672]

*

Jane Greer (Kathie Moffett): »Wollen Sie mich begleiten?«
Mitchum: »Sie glauben nicht, wie leicht Sie mich dazu überreden können.« [3673]

*

Mitchum: »So dürfen Sie nicht spielen.«
Greer: »Warum nicht?«
Mitchum: »Weil Sie dann nicht gewinnen.«
Greer: »Kann man denn anders gewinnen?«
Mitchum: »Nein, aber eventuell langsamer verlieren.« [3674]

*

Greer: »Wollen Sie nicht *(Roulette)* spielen?«
Mitchum: »Nicht gegen ein Rad.« [3675]

*

Mitchum: »Jeder vergißt mal.«
Greer: »Fred (=Whit) nicht.«
Mitchum: »Dann schicken wir ihm jede Weihnachten 'ne Postkarte.« [3676]

*

Mitchum: »Allmählich wird es langweilig, immer der Dumme zu sein.« [3677]

*

Douglas: »Ich schmeiße zwar Leute raus, aber bei mir kündigt man nicht. Sie haben das angefangen und bringen es zu Ende!« [3678]

*

Mitchum (voice-over): »Er war ein guter Spürhund. Das war auch das einzige Gute an ihm.« [3679]

*

Mitchum: »Warum bezahlen Sie Ihre Steuern nicht? Das ist doch ganz einfach.«
Douglas: »Oh, das wäre gegen meine Prinzipien.«
Mitchum: »Es war nur ein Vorschlag.« [3680]

*

Douglas: »Wir sind uns also einig.«
Mitchum: »Glauben Sie?« [3681]

*

Greer: »Jeff, ich kann doch nichts dafür. Ich mußte zu ihm zurück.«
Mitchum: »Du kannst wohl nie etwas dafür. Du bist wie ein Blatt, das von einer Gosse in die andere geweht wird.« [3682]

*

Rhonda Fleming (Meta Carson): »Wollen Sie einen Gin mit Zitrone?«
Mitchum: »Gern. Das wäre nett.«
Fleming: »Sie können aber auch Whiskey haben.«
Mitchum: »Das wäre noch netter.« [3683]

*

Fleming: »Sie plaudern zwar sehr charmant, aber ich verstehe Sie nicht.«
Mitchum: »Also Schluß mit dem Tanzstundengeplapper, damit wir endlich zur Sache kommen können.« [3684]

*

Fleming: »Hinterlassen Sie immer Ihre Fingerabdrücke auf den Schultern von Mädchen?« [3685]

*

Ken Niles (Leonard Eels): »Alle Frauen sind Wunder, weil sie so leicht den Männern die Köpfe verdrehen.«
Fleming: »Wie die Martinis.« [3686]

*

Fleming: »Für einen Mann, der gerissen sein will, haben Sie sich benommen wie ein Idiot.«
Mitchum: »Das ist ja gerade das Gerissene. So zu tun.« [3687]

*

Greer: »Nicht, Jeff!«
Mitchum: »Was nicht?«
Greer: »Ich will nicht sterben.«
Mitchum: »Ich auch nicht. Aber wenn ich's schon muß, dann bestimmt als letzter.« [3688]

*

Greer: »Er hat mich erpreßt. Was sollte ich denn tun? Aber deshalb brauchen *wir* doch keine Feinde zu sein.«
Mitchum: »Meinst du?« [3689]

*

Greer: »Oh, Jeff, für das, was ich getan habe, hättest du mich umbringen können.«
Mitchum: »Das kann ich immer noch.« [3690]

> *»Tja, eine Frau mit einem Revolver ist wie ein Mann mit einer Stricknadel.«*
> Goldenes Gift

Mitchum: »Ihr müßt jetzt in aller Ruhe zuhören und nachdenken. Ich habe das Material, das in der Mappe gewesen ist, und ich kenne auch die Adresse der Steuerfahndung. Der Witz ist doch nun der: Die belastenden Papiere dürfen nicht in die Hände der Steuer fallen, sonst geht Fred für ein paar Jahre ins Gefängnis. (...) Natürlich kann es sein, daß der Staat Fred auf die Schulter klopft und sagt: ›Vielen Dank! Gehen Sie ruhig nach Hause! Wir verzichten auf Ihre Million Dollar.‹ Aber wollen Sie sich darauf verlassen?« [3691]

*

Mitchum: »Ich rufe Sie in etwa einer Stunde an. Bis dahin muß die Angelegenheit erledigt sein. Da haben Sie sogar noch Zeit übrig zu überlegen, wie Sie mich reinlegen können.« [3692]

*

Douglas: »Du wirst alles genau machen, was ich dir sage, sonst drehe ich dir den Hals um. Aber ich verspreche dir, ich werde mich damit nicht beeilen. Du wirst alles abbüßen. Du wirst bei jedem Laut zusammenschrecken und immer denken: ›Das ist das Ende.‹ Und wenn es soweit ist, dann wird es kein angenehmer Tod sein. Du kennst mich ja.« [3693]

*

Mitchum: »Man wird uns überall suchen. Man wird uns jagen, bis wir tot sind.«
Greer: »Das ist mir egal. Dann kann uns nichts mehr trennen. Wenn du an eine andere denkst, vergiß sie! Es hat keinen Sinn. Ich bin die einzige, zu der du noch paßt. Ich bin schlecht, und du bist es auch. Deshalb gehören wir zusammen.« [3694]

*

Mitchum: »Wir verdienen einander.« [3695]

***

GOLDENEYE
UK/USA 1995, Eon, Danjaq, United Artists (Regie Martin Campbell, Buch Jeffrey Caine, Bruce Feirstein, Story Michael France)

*

Pierce Brosnan (James Bond): »Wodka Martini, geschüttelt, nicht gerührt!« *(Und nicht umgekehrt, verdammt noch mal!)* [3696]

*

Samantha Bond (Moneypenny): »Irgendwann will ich mal sehen, was hinter diesen Sprüchen steckt.« [3697]

*

Judi Dench (M): »Wenn ich Ironie will, Mr. Tanner, sprech ich mit meinen Kindern.« [3698]

*

Brosnan: »Sind das Originalaufnahmen?«
Dench: »Im Gegensatz zu den Amerikanern ziehen wir es vor, unsere Nachrichten nicht von CNN zu bekommen.« [3699]

*

Dench (zu Brosnan): »Ich halte Sie für einen sexistischen, frauenfeindlichen Dinosaurier, ein Relikt des kalten Krieges.« [3700]

*

Desmond Llewellyn (Q): »Ich muß Sie doch nicht daran erinnern, 007, daß Sie die Lizenz haben zu töten und nicht, um gegen die Verkehrsregeln zu verstoßen?« [3701]

*

Joe Don Baker (Jack Wade): »Der letzte Typ, der da uneingeladen auftauchte, ging per Luftfracht nach Hause. Und das in ziemlich kleinen Kisten.« [3702]

*

Robbie Coltrane (Valentin Zukovsky): »Walther PPK, 7,65mm. Ich kenne nur drei Männer, die eine solche Kanone tragen. Ich glaube, zwei von denen habe ich getötet.« [3703]

*

Brosnan: »Soll ich mich jetzt dafür entschuldigen?«
Sean Bean (Alec Trevelyan): »Nein. Du sollst nur dafür sterben.« [3704]

*

Tcheky Karyo (Dimitri Mishkin): »Also, wie sollen wir Sie exekutieren, Commander Bond?«
Brosnan: »Was, kein Smalltalk? Keine Plauderstunde? Tja, das ist das Problem von heute, keiner will sich mehr Zeit für ein richtig finsteres Verhör nehmen, eine verlorengegangene Kunst.« [3705]

> »Sind das Originalaufnahmen?«
> »Im Gegensatz zu den Amerikanern ziehen wir es vor, unsere Nachrichten nicht von CNN zu bekommen.«
> Golden Eye

Brosnan: »Drücken Sie möglichst nicht auf irgendwelche Knöpfe!« [3706]

***

DIE GOLDFALLE
(The Money Trap)
USA 1966, MGM (Regie Burt Kennedy, Buch Walter Bernstein, nach dem Roman von Lionel White)

*

Glenn Ford (Joe Baron): »Ich hab nicht gesagt, wir sind reich, ich sagte, wir leben reich.« [3707]

*

Argentina Brunetti (Tante): »Es wäre schön, wenn Sie mich jetzt in Ruhe lassen. Diese Wohnung stinkt schon mehr als genug, auch ohne Polizisten.« [3708]

*

Rita Hayworth (Rosalie Kenny). »Er hatte sehr viel Angst vor ihm. Er hätte lieber noch mehr Angst haben sollen, dann wäre er noch am Leben.« [3709]

*

Ricardo Montalban (Pete Delanos): »Joe, ich vertraue dir.«
Ford: »Es wird dir auch kaum was anderes übrig bleiben.« [3710]

*

Montalban: »Ich bin ein reicher Mann.«
Ford: »Wenn du dich nicht hinlegst, wirst du bald der reichste Mann auf dem Friedhof sein.« [3711]

*

Joseph Cotten (Dr. Horace Van Tilden): »Es ist zu Ende mit ihm. Er ist tot. Er weiß es nur noch nicht.« [3712]

*

Ford: »Lisa, bitte! Machen wir uns nichts vor! Wir hatten es, und wir haben es verloren. Punktum. Ende.«
Elke Sommer (Lisa Baron): »Weil wir kein Geld hatten.«
Ford: »Es liegt nicht am Geld, das ist niemals schuld. Es sind wir Menschen. Die Dinge, die wir haben wollen und die Dinge, die wir tun, um sie zu kriegen, die Zeit, die man verschwendet, um das zu erkennen.« [3713]

*

Ford: »Für einen so guten Detektiv war ich ein miserabler Dieb.« [3714]

GOLDFINGER
UK 1964, Eon, Danjaq, United Artists (Regie Guy Hamilton, Buch Richard Maibaum, Paul Dehn, nach dem Roman von Ian Fleming)

*

Sean Connery (James Bond): »Mein liebes Kind, es gibt Dinge, die man einfach nicht tut. Man trinkt zum Beispiel nie einen 53er Dom Perignan, wenn er eine Temperatur von über 8° hat. Das wär genauso, als ob man den Beatles ohne Ohrenschützer zuhören würde.« [3715]

*

Bernard Lee (M): »Was wissen Sie über Gold, ich meine, über Goldbarren?«
Connery: »Ich erkenne sie, wenn ich sie sehe.« [3716]

*

Richard Vernon (Smithers): »Trinken Sie noch einen Schluck? Von diesem enttäuschenden Cognac?« [3717]

*

Connery (im Dienst, angesichts einer Frau): »Disziplin, 007, Disziplin!« [3718]

*

Gert Fröbe (Goldfinger): »Das ist Gold, Mr. Bond. Schon mein ganzes Leben lang hab ich seine Farbe geliebt, seinen Glanz, seine göttliche Schwere.« [3719]

*

Fröbe: »Überlegen Sie sich Ihre nächste geistreiche Bemerkung sorgfältig, Mr. Bond, es wird vielleicht Ihre letzte sein.« [3720]

*

Connery: »Erwarten Sie von mir, daß ich rede?«
Fröbe: »Nein, Mr. Bond, ich erwarte von Ihnen, daß Sie sterben. Es gibt nichts, was Sie mir erzählen könnten, das ich nicht schon wüßte.« [3721]

*

Fröbe: »Der Mensch hat den Mount Everest bezwungen, hat den Grund des Ozeans er-

---

> »Was wissen Sie über Gold,
> ich meine, über Goldbarren?«
> »Ich erkenne sie, wenn
> ich sie sehe.«
> Goldfinger

forscht, er hat Raketen auf den Mond geschossen, Atome gespalten. Er hat Wunder vollbracht auf allen Gebieten menschlichen Strebens, nur nicht in der Kriminalität.« [3722]

*

Connery: »Sie werden 60.000 Menschen sinnlos umbringen.«
Fröbe: »Ach! Autofahrer bringen im Lauf von zwei Jahren genausoviel um.« [3723]

*

Connery: »Es ist gefährlich, im Flugzeug Revolver abzufeuern. Davor hab ich Pussy schon gewarnt.« [3724]

*

Honor Blackman (Pussy Galore): »Wo ist Goldfinger?«
Connery: »Er spielt auf einer goldenen Harfe.« [3725]

***

EIN GOLDFISCH AN DER LEINE
(Man's Favorite Sport?)
USA 1964, Laurel, Gibraltar, Universal (Regie Howard Hawks, Buch John Fenton Murray, Steve McNeil, nach der Geschichte ›The Girl Who Almost Got Away‹ von Pat Frank)

*

Rock Hudson (Roger Willoughby): »Haben Sie einen besonderen Kursus in Erpressung absolviert, oder sind Sie nur ein Naturtalent?«
Paula Prentiss (Abigail Page): »Sarkasmus hilft leider weder Ihnen noch mir weiter, Roger.« [3726]

*

Hudson: »Dienstag, Mittwoch, Donnerstag, Freitag, Samstag, Sonntag ... sechs Tage ... aber danach dreh ich ihr den Hals um.« [3727]

*

Norman Alden (John Screaming Eagle, angesichts Hudsons Campingausrüstung): »Sechs Tage? Die braucht er ja zum Auspacken.« [3728]

»Konfuzius sagt: ›Frauen, die ihre Nase in anderer Leute Martinis stecken, sollen sich nicht wundern, wenn sie eins draufkriegen.‹«
Ein Goldfisch an der Leine

Prentiss: »Sie wissen doch, daß es vergebens ist, sich zu sträuben. Warum geben Sie's nicht auf?« [3729]

*

Prentiss: »Möchten Sie ein Brötchen?«
Hudson: »Nein.«
Prentiss: »Wirklich kein Brötchen?«
Hudson: »Nein, danke.«
Prentiss: »Na, ich geb Ihnen trotzdem eins.« [3730]

*

Hudson: »... an ein nettes einsames Plätzchen, wo ein Mord nicht so auffällt.« [3731]

*

Prentiss: »Ihr wievielter ist das schon, Roger?«
Hudson: »Konfuzius sagt: ›Frauen, die ihre Nase in anderer Leute Martinis stecken, sollen sich nicht wundern, wenn sie eins draufkriegen.‹« [3732]

*

Hudson: »Herrschsüchtige Weiber sind mir ein Greuel.« [3733]

***

DIE GOLDGRÄBER VON 1933
(Gold Diggers of 1933)
USA 1933, Warner (Regie Mervyn LeRoy, Buch Erwin Gelsey, James Seymour, David Boehm, Ben Markson, nach dem Stück ›Gold Diggers of Broadway‹ von Avery Hopwood)

*

Joan Blondell (Carol King): »Innerhalb von zwei Monaten bin ich in vier Revuen aufgetreten, die alle kurz nach der Eröffnung schließen mußten.«
Aline MacMahon (Trixie Lorraine): »Die hier schließen schon vor der Eröffnung.«
Ginger Rogers (Fay Fortune): »Das ist die Wirtschaftskrise, Kindchen.« [3734]

*

Blondell: »Und jetzt klauen wir Milch.«
MacMahon: »Na und? Die Molkerei hat sie von einer Kuh geklaut.« [3735]

*

MacMahon: »Glaube, Liebe, Hoffnung. Du hast die Liebe, Barney den Glauben, und uns bleibt nur die Hoffnung.« [3736]

*

MacMahon: »Genau der Mann, den ich schon lange suche: viel Geld und kein Widerstand.« [3737]

GOLDHELM *(Casque d'or)*
F 1952, Paris, Pallas (Regie Jacques Becker, Buch Jacques Becker, Jacques Compañéez)

*

Claude Dauphin (Felix Leca): »Du darfst nie versuchen, die Frauen zu verstehen!« [3738]

***

GOOD MORNING, VIETNAM
USA 1987, Silver Screen Partners III, Rollins-Morra-Brezner, Touchstone (Regie Barry Levinson, Buch Mitch Markowitz)

*

J. T. Walsh (Sergeant-Major Dickerson): »Gehen Sie lieber auf Tauchstation! Und mischen Sie sich in nichts mehr ein! Sie laufen am besten so weit weg, wie Sie können, wenn irgendwo was passiert. Oder Ihr Arsch ist Gras, und ich bin ein Rasenmäher. Hab ich mich halbwegs deutlich ausgedrückt?« [3739]

*

Robin Williams (Airman Adrian Cronauer): »Das Lexikon zeigt unter ›Arschloch‹ sein Bild.« [3740]

*

Walsh: »Ich führe den Sender streng nach den Richtlinien der Military Intelligence.«
Noble Willingham (General Taylor): »Military Intelligence? Das ist ein Widerspruch in sich, glaube ich.« [3741]

*

Juney Smith (Phil McPherson): »Ist er in Ordnung?«
Forest Whitaker (Private Edward Garlick): »Nein, Phil, er ist gar nicht in Ordnung. Ein Mann, der behauptet, Pat Boone wäre ein mißverstandenes Genie, kann nicht in Ordnung sein.« [3742]

*

Williams: »Da oben ist aber die Kacke ganz schön am Dampfen. Das ist gefährlicher als Brooklyn nach Sonnenuntergang.« [3743]

*

Williams: »Aus Chicago, Mann? Na, dann wird Vietnam keine große Abwechslung für dich sein.« [3744]

*

Williams: »Die (Kondome) gibt's sogar in verschiedenen Größen: groß, mittel und für Weiße.« [3745]

Williams: »Es hat noch nie einen Mann gegeben, der es so dringend nötig hatte, einen geblasen zu bekommen, wie Sie.« [3746]

***

GOODFELLAS – DREI JAHRZEHNTE IN DER MAFIA *(GoodFellas)*
USA 1990, Warner (Regie Martin Scorsese, Buch Nicholas Pileggi, Martin Scorsese, nach dem Buch ›Wiseguy‹ von Nicholas Pileggi)

*

Ray Liotta (Henry Hill, voice-over): »Solange ich denken kann, wollte ich schon immer Gangster werden. Für mich hatte es wesentlich mehr Anreiz, Gangster zu sein als Präsident der Vereinigten Staaten. Schon bevor ich, noch während meiner Schulzeit, den ersten Job am Taxistand angenommen hatte, wußte ich, daß ich zu ihnen gehören wollte. Da war mein Platz. Das wußte ich. Für mich bedeutete das, jemand zu sein in einer Gegend voller Niemande. Die waren nicht wie alle anderen, ich meine, die machten, was sie wollten, die parkten in Zweierreihen vor Hydranten, und nie verpaßte ihnen jemand einen Strafzettel.« [3747]

*

Liotta (voice-over): »Wissen Sie, Jimmie war einer der meistgefürchteten Burschen in der Stadt. Mit elf landete er das erste Mal hinter Gittern, und als er Killer für Gangsterbosse wurde, da war er sechzehn. Töten machte Jimmy nie etwas aus, das war Geschäft. Aber was Jimmy ausgesprochen gern machte, was Jimmy wirklich ausgesprochen gern machte, war Stehlen. Ich meine, er hatte wirklich Spaß daran. Jimmy gehörte zu der Sorte von Leuten, die im Kino für die Bösen waren.« [3748]

*

Liotta (voice-over): »Was sie von Paulie bekamen, war Schutz vor anderen Kerlen, die versuchten, sie übers Ohr zu hauen. Das war alles, sonst nichts. Aber das konnte das FBI nie

> »Aus Chicago, Mann? Na, dann wird Vietnam keine große Abwechslung für dich sein.«
> Good Morning, Vietnam

verstehen. Nämlich, daß Paulie und seine Organisation Leuten, die nicht zur Polizei gehen können, lediglich Schutz anbietet. Das ist alles. Sie sind so was ähnliches wie ein Spezialpolizeikommando für Gangster.« [3749]

*

Liotta (voice-over): »Immer wenn wir Geld brauchten, raubten wir den Flughafen aus. Für uns war das besser als die Citibank.« [3750]

*

Liotta (voice-over): »Für die meisten Jungs gehörte das Töten zum Alltag. Mord war der einzige Weg, der alles in Ordnung hielt. Wer sich nicht an die Regeln hielt, wurde umgenietet. Jeder kannte die Regeln. Aber manchmal wurden die Leute auch umgenietet, wenn sie die Regeln nicht mißachtet hatten. Ich meine, das Töten wurde für einige der Jungs zur Angewohnheit. Bei den Jungs kam es für nichts und wieder nichts zu Auseinandersetzungen, und eh man sich's versah, war einer von ihnen tot. Die ganze Zeit über erschossen sie sich gegenseitig. Leute zu erschießen war für sie eine normale Sache. Das war nichts Besonderes.« [3751]

*

Liotta: »Er ist tot!«
Joe Pesci (Tommy DeVito): »Guter Schuß. Was hast du mir vorzuwerfen? Guter Schuß. (...) Gibt's an dem, was ich getan habe, was auszusetzen? (...) War sowieso 'n verdammter Angeber, seine ganze Familie, alles Ratten. Er wär auch 'ne Ratte geworden.« [3752]

*

Liotta (voice-over): »Der Richter gab Jimmy und mir zehn Jahre, als würde er Bonbons verteilen.« [3753]

*

Liotta (voice-over): »Einen Augenblick lang dachte ich, ich wäre tot. Aber als ich all den Radau hörte, wußte ich, das waren Bullen. Nur Bullen reden so. Wären das Mafiosi gewesen, hätte ich keinen Mucks gehört. Ich wäre tot.« [3754]

*

Liotta (voice-over): »Wenn man zu einer Bande gehört, sagt einem niemals jemand, daß man dich umbringen will. So läuft das nicht. Es gibt keine großen Auseinandersetzungen oder Flüche wie im Film. Deine Mörder kommen mit einem Lächeln. Sie kommen als deine Freunde, als Leute, die sich dein ganzes Leben lang um dich gekümmert haben. Und sie kommen immer dann, wenn man ganz unten ist und ihre Hilfe am nötigsten braucht.« [3755]

*

Liotta (voice-over): »Es war leicht für uns alle zu verschwinden. Unser Haus lief sowieso auf den Namen meiner Schwiegermutter, meine Wagen waren auf meine Frau zugelassen, meine Sozialversicherungsnachweise und Führerscheine waren Fälschungen, ich bin nie zur Wahl gegangen, habe niemals Steuern gezahlt. Meine Geburtsurkunde und mein Haftbefehl waren die einzigen Hinweise auf meine Existenz.« [3756]

*

Liotta (voice-over): »Das ist der schwerste Teil. Heute ist alles anders. Kein Trubel mehr. Ich muß immer bloß warten wie jeder andere, bekomme nicht mal anständiges Essen. Gleich nach meiner Ankunft hier bestellte ich Spaghetti mit Marinarasauce, und ich bekam Eiernudeln mit Ketchup. Ich bin ein durchschnittlicher Niemand. Ich werde den Rest meines Lebens wie irgendein Trottel verbringen.« [3757]

***

GORILLAS IM NEBEL
(Gorillas in the Mist)
USA 1988, Guber-Peters, Warner, Universal (Regie Michael Apted, Buch Anna Hamilton Phelan, Story Anna Hamilton Phelan, Tab Murphy, nach dem Buch von Dian Fossey und einem Artikel von Harold T. P. Hayes)

*

John Omirah Miluwi (Sembagare): »Mukara meint auch, Sie hätten letzte Woche auf Touristen geschossen.«
Sigourney Weaver (Dian Fossey): »Nein, das ist nicht wahr. ... Ich habe drüberweg gezielt.« [3758]

> »Immer wenn wir Geld brauchten, raubten wir den Flughafen aus. Für uns war das besser als die Citibank.«
> GoodFellas – Drei Jahrzehnte in der Mafia

DIE GÖTTER MÜSSEN VERRÜCKT SEIN
(The Gods Must Be Crazy)
Südafrika 1980, Mimosa, CAT (Regie, Buch Jamie Uys)

*

Marius Weyers (Andrew Steyn): »Ich bin furchtbar ungeschickt mit Frauen.«
Jamie Uys (Missionar): »Sind wir das nicht alle?« [3759]

*

Weyers: »Wenn ich einer Frau so gegenüberstehe, schaltet sich mein Hirn aus, schießt Koppheister. Ich werde zum kompletten Idioten.« [3760]

*

Weyers: »Seit wann bist du denn 'n Experte für Frauenfragen?«
Michael Thys (Mpudi): »Ich hab sieben Frauen gehabt. Wieviel hast du?«
Weyers: »Warum bist du dann nicht zu Hause bei deinen sieben Frauen?«
Thys: »Ich weiß, wie man sie zur Frau nimmt, aber niemand weiß, wie man mit ihnen lebt.« [3761]

***

GOTTES WERK UND TEUFELS BEITRAG
(The Cider House Rules)
USA 1999, Film Colony, Miramax (Regie Lasse Hallström, Buch John Irving, nach seinem Roman)

*

Delroy Lindo (Arthur Rose): »Das ist Vernon. Dem gehst du lieber so lange aus dem Weg, bis er dich besser kennt. Und dann gehst du ihm besser erst recht aus dem Weg.« [3762]

***

DIE GRÄFIN VON HONGKONG
(A Countess from Hong Kong)
USA 1967, Universal (Regie, Buch Charles Chaplin)

*

Sydney Chaplin (Harvey Crothers): »Weißt du, das gefällt mir an den Armen nicht: Sie haben keinen Stil. Sie sielen sich im Unrat, sie wohnen immer in den häßlichsten Vierteln, essen den fürchterlichsten Fraß, und wie sie sich kleiden, ist das letzte.« [3763]

*

Marlon Brando (Ogden Mears): »Tja, tut mir leid, aber wenn ich mein Mitgefühl nicht unterdrücke, hab ich die ganze Welt am Hals.« [3764]

Sophia Loren (Natascha): »Aber Mr. Mears! Der Pyjama ist fast durchsichtig.«
Brando: »Wie Ihr Benehmen.« [3765]

***

GRAND CANYON
USA 1991, Twentieth Century Fox (Regie Lawrence Kasdan, Buch Lawrence Kasdan, Meg Kasdan)

*

(Straßenräuber): »Ist deine Bitte an mich ein Zeichen des Respekts, oder bittest du mich um 'n Gefallen wegen der Kanone?« (...)
Danny Glover (Simon): »Wenn du die Knarre nicht hättest, würden wir dieses Gespräch nicht führen.«
(Straßenräuber): »Das hab ich mir gedacht, keine Knarre, kein Respekt. Genau deswegen trag ich ständig 'ne Knarre.« [3766]

*

Mary Louise Parker (Dee): »Hattest du schon mal das Gefühl, du wärst nur so 'n bißchen davon entfernt, vollkommen hysterisch zu werden und zwar 24 Stunden, den ganzen Tag?«
Alfre Woodard (Jane): »Die Hälfte der Leute fühlt sich so. Den Glücklichen geht es so wie dir. Denn der Rest der Menschen *ist* hysterisch und zwar 24 Stunden am Tag.« [3767]

*

Steve Martin (Davis): »Außerdem ist mir Geld völlig egal. Ich habe in diesem Jahr mehr Geld verdient als mein Vater in seinem ganzen Leben. Bei meinem jetzigen Lebensstil wird mir das Geld erst in, na sagen wir, 18 ... Monaten ausgehen.« [3768]

*

Martin: »Das ist ein Teil deines Problems. Du hast zuwenig Filme gesehen. Alle Rätsel des Lebens werden da gelöst.« [3769]

***

DER GRAUENVOLLE MR. X
(Tales of Terror)
USA 1962, Alta Vista, AIP (Regie Roger Corman,

> »Das ist ein Teil deines Problems.
> Du hast zuwenig Filme gesehen.
> Alle Rätsel des Lebens
> werden da gelöst.«
> Grand Canyon

Buch Richard Matheson, nach Geschichten von Edgar Allan Poe)

*

Maggie Pierce (Lenora): »Lebst du ganz allein hier?«
Vincent Price (Locke): »Ja, allerdings. Bis du kamst.« *3770*

*

Pierce: »Vater, ich bin gekommen, um dich zu sehen.«
Price: »Jetzt hast du mich gesehen. Bist du nun zufrieden?« *3771*

*

Joyce Jameson (Annabel): »Das (Geld) brauchen wir fürs Essen.«
Peter Lorre (Montresor): »Fürs Essen. Genau dafür will ich es ja auch haben. Ich trinke mein Essen.« *3772*

*

Price (Fortunato Moncresi): »Sir, wenn es nicht nur Ihre Absicht war, wirr daherzureden, haben Sie soeben eine schwere und ernste Anklage ausgesprochen.« *3773*

*

Lorre: »Ich glaube, ich werde in Zukunft etwas weniger trinken.« *3774*

*

Debra Paget (Helene): »Er verlangt nichts.«
David Frankham (Dr. Elliot James): »Vielleicht verlangt er nichts, weil er alles will, Sie eingeschlossen.« *3775*

***

THE GREAT GATSBY
USA 1949, Paramount (Regie Elliott Nugent, Buch Cyril Hume, Richard Maibaum, nach dem Roman von F. Scott Fitzgerald und dem Stück von Owen Davis)

*

MacDonald Carey (Nick Carraway): »He had size, a big dream, and big drive. I liked him for what he might have been.« *3776*

> »Sie wird ihn heiraten,
> ihn zwei Meter unter die
> Erde bumsen und dann
> alles abkassieren.«
> Greedy

Alan Ladd (Jay Gatsby): »Every man has his price, Mr. Carraway. What's yours?« *3777*

***

GREEDY
USA 1993, Imagine, Universal (Regie Jonathan Lynn, Buch Lowell Ganz, Babaloo Mandel)

*

Jere Burns (Glen): »Sie wird ihn heiraten, ihn zwei Meter unter die Erde bumsen und dann alles abkassieren.« *3778*

*

Kirk Douglas (Onkel Joe): »Film? Mir hat kein Film mehr gefallen seit dem Tod von DeMille.« *3779*

*

Nancy Travis (Robin): »Wenn sie mit ihm fertig ist, bleibt von ihm nur eine alte Mütze übrig und ein Lächeln.« *3780*

***

GREEN CARD
USA/AUS/F 1990, Touchstone, Buena Vista, Australian Film Finance, Warner (Regie, Buch Peter Weir)

*

Andie MacDowell (Brontë Parrish): »Die meisten Männer, die ich kenne, sind langweiliger als meine Pflanzen oder zu vulgär.« *3781*

*

Bebe Neuwirth (Lauren Adler): »Wechsel doch mal den Typ! (...) Du bist nett, du suchst dasselbe in einem Mann und was rauskommt, ist nette Langeweile.« *3782*

***

GREMLINS
USA 1984, Amblin, Warner (Regie Joe Dante, Buch Chris Columbus)

*

John Louie (Chinesischer Junge): »Es gibt drei Grundregeln, die Sie befolgen müssen (...): Nicht dem Licht aussetzen! Er haßt grelles Licht, besonders Sonnenlicht. Es bringt ihn um. Nicht mit Wasser in Berührung bringen! Er darf nie naß werden! Und die wichtigste Regel, die Regel, die Sie nie vergessen dürfen, ist: Wie sehr er auch weint, wie sehr er auch bettelt, füttern Sie ihn niemals, niemals nach Mitternacht!« *3783*

*

Belinda Balaski (Mrs. Harris): »Können Sie Mr. Corben nicht bitten, uns einen kleinen Zeitaufschub zu geben?«

Polly Holliday (Mrs. Deagle): »Die Bank und ich haben dasselbe Ziel, nämlich Geld zu machen. Wir finanzieren keine Habenichtse.«
Balaski: »Mrs. Deagle, es ist Weihnachten.«
Holliday: »Nun, dann wissen Sie ja jetzt, worum Sie den Weihnachtsmann bitten können.« 3784

***

THE GRIFTERS
USA 1990, Cineplex Odeon, Palace (Regie Stephen Frears, Buch Donald Westlake, nach dem Roman von Jim Thompson)

*

Eddie Jones (Mints): »Keine Partner! Das ist die erste Regel. Das halbiert die Einnahmen und ist überflüssig. Wenn du dir 'n Partner nimmst, kannst du dir gleich 'n Apfel auf 'n Kopf legen und übergibst dem andern 'ne Schrotflinte.« 3785

*

Jones: »Zocker haben ein unwiderstehliches Verlangen, Typen zu schlagen, die clever sind. Trottel kann jeder übers Ohr hauen, Trottel sind dazu da, abgezockt zu werden.« 3786

*

Annette Bening (Myra Langtree): »Zahl ich dir nicht immer meine Rechnungen? Auf die eine oder andere Weise?« 3787

*

Bening: »Das kann ich nicht machen, Joe. Alle Passagiere müssen bezahlen, wenn sie einsteigen, keine Freikarten oder Rabatte. Das ist die oberste Regel im öffentlichen Verkehr.« 3788

*

Bening: »Ich lasse jedem Kunden die Wahl: die Lady oder die Kohle. Was darf's denn sein?« 3789

*

Pat Hingle (Bobo Justus): »Nur eine Frage: Bleibst du bei der Geschichte? Du willst doch deine Zähne behalten.« 3790

***

DER GROSSE BLUFF
(Destry Rides Again)
USA 1939, Universal (Regie George Marshall, Buch Felix Jackson, Henry Meyers, Gertrude Purcell, nach dem Roman von Max Brand)

*

Marlene Dietrich (Frenchy): »Wir sind reich!«

Allen Jenkins (Gyp Watson): »Ich laß meiner Süßen Goldzähne machen. Dann muß sie mich von morgens bis abends anlachen.« 3791

*

Charles Winninger (Wash Dimsdale): »Du bist Destry?«
James Stewart (Tom Destry): »Das werd ich immer wieder gefragt.« 3792

*

Mischa Auer (Boris Callahan): »Das wußte ich. Wieso konnte ich denn nicht auf mich hören!« 3793

*

Brian Donlevy (Kent): »Ich sammle Revolver von Hilfssheriffs, Mr. Destry. Immer, wenn ich einen neuen Hilfssheriff treffe, bitte ich ihn um sein Schießeisen. In netter Form natürlich.« 3794

*

Dietrich: »Jetzt weiß ich, wie Sie Tombstone saubergemacht haben. Sie können hier gleich weitermachen. Aber die Ecken nicht vergessen.« 3795

*

Winninger: »Das ist dein Stern. Laß ihn niemanden sehen, wenn du keine Waffe dabei hast!« 3796

*

Stewart: »Wissen Sie, was ich glaube? Sie sind nicht halb so schlimm, wie Sie gern wären. (...) Ich wette, Sie haben ein hübsches Gesicht unter all der Schminke. Warum wischen Sie die nicht ab und sehen einfach gut aus?« 3797

*

Winninger: »Wieso konnte ich nicht an der Theke liegenbleiben, wo mir's so gut ging?« 3798

*

Dietrich: »Er hat sich bei mir entschuldigt.«
Donlevy: »Ist das alles?«
Dietrich: »Für mehr hatte er gar keine Zeit. Er mußte schnell wieder fort. Genau wie du. Jetzt.« 3799

»Jetzt weiß ich, wie Sie Tombstone saubergemacht haben. Sie können hier gleich weitermachen. Aber die Ecken nicht vergessen.«
Der große Bluff

Donlevy: »Wenn ich jemals merke, daß du mich hintergehst, drehe ich persönlich das Licht aus, damit ich dich nicht erkenne, wenn die Knallerei losgeht.« *3800*

***

DER GROSSE CARUSO *(The Great Caruso)*
USA 1951, MGM (Regie Richard Thorpe, Buch Sonia Levien, William Ludwig, nach der Biographie von Dorothy Caruso)

*

Jarmila Novotna (Maria Selka): »Wissen Sie vielleicht, wie lange ich schon warte?«
Ian Wolfe (Hutchins): »Etwa 2½ Minuten, denke ich.«
Novotna: »Darauf kommt's nicht an, sondern nur darauf, daß man mich warten läßt.« *3801*

*

Novotna: »Jetzt wird mir klar, warum man die Rolle des Narren mit Ihnen besetzt hat.« *3802*

*

Novotna: »Tenor ist keine Stimme, Tenor ist ein Defekt.« *3803*

*

Wolfe: »Nach der Vorstellung haben Sie meine Erlaubnis, sie *(Novotna)* zu töten.« *3804*

***

DER GROSSE COUP *(Charley Varrick)*
USA 1972, Universal (Regie Don Siegel, Buch Dean Riesner, Howard Rodman, nach dem Roman ›The Looters‹ von John Reese)

*

Walther Matthau (Charley Varrick): »Überrasch mich doch einmal damit, daß du tust, was ich dir sage!« *3805*

*

Andy Robinson (Harman Sullivan): »Beantworte mir eine Frage! Erst war das Geld in der Bank?«
Matthau: »Ja.«
Robinson: »Und jetzt ist es hier?«
Matthau: »Ja.«

> »Überrasch mich doch
> einmal damit, daß du tust,
> was ich dir sage!«
> Der große Coup

Robinson: »Und was schmeckt dir daran nicht?« *3806*

*

Matthau: »Das Geld gehört mit Sicherheit der Mafia. Es ist Geld vom Spieltisch oder meinetwegen aus dem Hurenhaus oder vom Rauschgifthandel.«
Robinson: »Wo ist da der Witz?«
Matthau: »Der Witz ist, daß die Mafia dich tötet und zwar ohne Gerichtsverhandlung. Du bist im Grunde jetzt schon ein toter Mann. Ich hätte lieber zehn Leute vom FBI auf den Fersen. Eine Mafia-Bank! Alles was ich wollte, waren ein paar Tausender, aber nicht so ein dickes Ding mit ein paar Hunderttausend.« *3807*

*

Matthau: »Würde nichts nützen, es zurückzugeben. Niemand klaut der Mafia ungestraft eine so gewaltige Summe. Die müssen uns so oder so umlegen.« *3808*

*

Robinson: »Auf den Treffer hab ich mein ganzes Leben lang gewartet, und das ist genug. Jetzt will ich nicht mehr. Ich habe die Absicht zu leben. Und damit meine ich Frauen, Autos, Anzüge, eine Loge beim Pferderennen und dreimal täglich ein Steak. Und kein feiger, armseliger, nichtsnutziger Scheißer, der sich in die Hosen macht, bringt mich von diesem Plan ab.«
...
Matthau: »Okay. Ist die Show zu Ende?« *3809*

*

Robinson: »Charley, du machst dir zu viele Sorgen.«
Matthau: »Kein normaler Mensch kann sich genug Sorgen machen, wenn der Sheriff und die Mafia gleichzeitig hinter ihm her sind.« *3810*

*

Robinson: »Hast du eine Ahnung, wie lange es dauern kann, bis die Burschen es satt haben, uns zu suchen?«
Matthau: »Der Sheriff gibt bald auf. Die andern hören niemals auf, dich zu suchen, es sei denn, sie denken, du wärst tot.« *3811*

*

Tom Tully (Tom, Waffenhändler): »Wissen Sie, was ich da habe, ist eine ganz besondere Information. Hat mich eine ganze Menge Geld gekostet. Ich will was dran verdienen.«

Joe Don Baker (Molly): »Verdienen Sie sich unseren guten Willen.« ³⁸¹²

*

John Vernon (Maynard Boyle): »Ich würde jetzt liebend gerne mit einer dieser Kühe dort tauschen. (...) Sehen sie nicht zufrieden aus? Was ist (...) denn das Schlimmste, was denen überhaupt passieren kann? Ein Kurzschluß in der elektrischen Melkanlage. Im Vergleich zu dem, was mir bevorsteht, wäre das ein Kinderspiel.« ³⁸¹³

*

Woodrow Parfrey (Harold Young): »Sie können dich doch nicht im Verdacht haben.«
Vernon: »Ich stehe auf der Liste, Harold, und es ist eine sehr kurze Liste. Wir beiden waren die einzigen, die gewußt haben, wo das Geld sich befindet.« ³⁸¹⁴

*

Parfrey: »Aber wie können sie denn überzeugt sein, daß es kein Zufall war?«
Vernon: »Weil sie es ablehnen, an Zufälle zu glauben.« ³⁸¹⁵

*

Vernon: »Du hast keine andere Wahl, Harold. Sie werden von dir wissen wollen, wo das Geld ist. Und ich nehme an, du kennst ihre Methoden. Sie werden dich nackt ausziehen und mit Zangen und Schweißgeräten nach der Wahrheit suchen.« ³⁸¹⁶

*

Baker: »Früher oder später sagst du mir doch, was ich wissen will. Erspar dir also eine Menge Schmerzen! Sag's mir gleich!« ³⁸¹⁷

*

Matthau: »Tut mir leid, ich wollte Sie nicht erschrecken, was nicht bedeutet, daß ich Sie nicht, falls notwendig, aus dem Fenster werfe.« ³⁸¹⁸

***

DER GROSSE DIKTATOR *(The Great Dictator)*
USA 1940, Chaplin, United Artists (Regie, Buch Charles Chaplin)

*

Charles Chaplin (Adenoid Hynkel): »Wieviel, sagten Sie, wollen streiken?«
(B 76): »Die gesamte Belegschaft, 3000 Mann.«
Chaplin: »Sofort erschießen! Ich wünsche keine unzufriedenen Arbeiter.« ³⁸¹⁹

Chaplin: »Ich lehne es ab, Milde walten zu lassen.« ³⁸²⁰

*

Chaplin: »Schulz, Sie müssen mal ausspannen. Sie sind überanstrengt. Frische Luft würde Ihnen sehr gut tun. Ich stelle Sie in ein Konzentrationslager ab. Wache! Kommandeur Schulz sofort abführen!« ³⁸²¹

*

Chaplin: »Ich könnte meinen Untertanen nicht mehr in die blauen Augen gucken ...« ³⁸²²

***

DER GROSSE EDISON *(Edison the Man)*
USA 1940, MGM (Regie Clarence Brown, Buch Talbot Jennings, Bradbury Foote, Story Dore Schary, Hugo Butler)

*

Spencer Tracy (Thomas Alva Edison): »Ich wollte schon immer nach New York, und jetzt bin ich hier und bleibe hier.« ³⁸²³

*

Lynne Overman (Bunt Cavatt): »Man kann damit Whiskey um Jahre altern lassen.«
Tracy: »Du redest von Whiskey? Es riecht, als ließest du Eier um Jahre altern.« ³⁸²⁴

*

Tracy: »Sie sollten nicht versuchen, zwei Dinge auf einmal zu tun. Entweder Sie schlafen, oder, wenn Sie sich Sorgen machen wollen, bleiben Sie wach, machen Sie sich Sorgen!« ³⁸²⁵

*

Henry Travers (Ben Els): »Haben Sie denn immer noch nicht begriffen, daß Sie Mr. Taggart nicht sprechen können?«
Tracy: »Man kann jeden Menschen sprechen, wenn man's nur lange genug versucht.« ³⁸²⁶

*

Tracy: »Hieran, da kann man sich die Zähne ausbeißen.«
Arthur Aylesworth (Bigelow): »Je schwieriger, desto besser.« ³⁸²⁷

> »Ich könnte meinen
> Untertanen nicht mehr in
> die blauen Augen gucken ...«
> Der große Diktator

Tracy: »Irgend jemand kommt der Wissenschaft immer in die Quere.« [3828]

Gene Lockhart (Mr. Taggart): »Einen Moment noch! Freuen Sie sich nicht zu früh, junger Mann! Es wird Sie bestimmt interessieren, daß wir bereit waren, bis zu 60.000 Dollar *(statt 40.000)* für Ihre Erfindung zu zahlen.«
Tracy: »Ist das wahr?«
Lockhart: »Ja, wirklich.«
Tracy: »Es wird Sie bestimmt interessieren, daß ich dazu bereit war, sie für 2000 zu verkaufen.« [3829]

Overman: »Ohne ein geistiges Getränk läßt sich diesen juristischen Spitzfindigkeiten nicht beikommen.« [3830]

Overman: »Eigentlich bin ich ja ein sehr zurückhaltender Mensch, aber er hat mich auf die Palme gebracht.« [3831]

Rita Johnson (Mary Stilwell): »Man müßte ihn so schütteln, daß sein Gehirn mal durchblutet wird.« [3832]

Tracy: »Das ist das Gute an Fehlern: Man muß sie nicht wiederholen.« [3833]

GROSSE ERWARTUNGEN
(Great Expectations)
USA 1997, Linson, Twentieth Century Fox (Regie Alfonso Cuarón, Buch Mitch Glazer, nach dem Roman von Charles Dickens)

Robert De Niro (Arthur Lustig): »Wenn du was erzählst, ist das letzte, was du hörst, dein eigener Schrei.« [3834]

Gwyneth Paltrow (Estella): »Du solltest nach New York gehen. (...) Das ist das Zentrum der Kunst. Wenn du hierbleibst, bemalst du irgendwann Kokosnüsse für Touristen.« [3835]

DAS GROSSE FRESSEN *(La Grande bouffe)*
F/I 1973, Mara, Capitolina (Regie Marco Ferreri, Buch Marco Ferreri, Rafael Azcona)

Ugo Tognazzi (Ugo): »Die haben ja schon richtig Kunst gemacht damals, mit dem Licht und so.« [3836]

Michel Piccoli (Michel): »Also wenn man sich bei Tisch wie ein Tier benimmt, das finde ich nicht nur geschmacklos, sondern auch unnötig.«
Marcello Mastroianni (Marcello): »Na ja, man sollte eben nie Italiener einladen.« [3837]

Tognazzi: »Ein erstaunlich großer Ficker, dieser Marcello.« [3838]

Tognazzi: »Ich erhebe mein Glas auf unsere lieben kalten Freunde.« [3839]

DER GROSSE FRUST *(The Big Chill)*
USA 1983, Carson, Columbia (Regie Lawrence Kasdan, Buch Lawrence Kasdan, Barbara Benedek)

Jeff Goldblum (Michael): »'n merkwürdiger Brauch ist das *(Beerdigungen)*. Sie veranstalten 'ne große Party für dich und wissen, du kannst gar nicht kommen.« [3840]

Goldblum: »Sag mal, hast du keine andere Musik *(als 60er)*? Ich meine, aus diesem Jahrhundert?«
Kevin Kline (Harold Cooper): »Es gibt keine andere Musik, jedenfalls nicht bei mir [not in my house].« [3841]

Goldblum: »Da, wo ich arbeite, gibt's eigentlich nur eine journalistische Regel: Es ist nicht gestattet, längere Artikel zu schreiben, als du durchschnittlich auf dem Klo verkraften kannst.« [3842]

Tom Berenger (Sam): »Ich weiß nicht, was die Leute über mich denken. Ich weiß nicht, warum sie mich mögen oder ob sie mich überhaupt mögen.«

> »Man müßte ihn so schütteln,
> daß sein Gehirn mal
> durchblutet wird.«
> Der große Edison

Kline: »Das Problem gibt's hier nicht. Ich kann dich nicht ausstehen.« *3843*

*

William Hurt (Nick): »Früher war ich nicht darauf erpicht, Frauen zu befriedigen. Und jetzt, wo ich will, funktioniert's nicht mehr.« *3844*

*

Hurt: »Er ist mit 'nem richtigen Knall abgetreten und nicht mit 'nem Winseln.« *3845*

*

Mary Kay Place (Meg): »Entweder sind sie verheiratet oder schwul. Sind sie nicht schwul, dann haben sie sich gerade von der wundervollsten Frau, die es gibt, getrennt. Oder sie haben sich von 'ner Gewitterziege getrennt, die genauso aussah wie ich. Oder sie sind gerade aus 'ner Beziehung raus, befinden sich in 'ner Übergangsphase und brauchen mehr Freiheit. Oder sie sind frei und denken nicht dran, sich zu binden. Oder sie wollen sich binden, aber es muß nicht gleich intim sein. Und die, die gleich aufs Ganze gehen, auf die kann ich gern verzichten.«
Glenn Close (Sarah Cooper): »So negativ kannst du nicht sein.«
Place: »Du hast ja keine Ahnung. Ich bin vorsichtig geworden. Seit 20 Jahren kenne ich die Männer jetzt. Und jetzt kann ich dir mit Sicherheit schon nach 15 Sekunden sagen, woran ich bin.« *3846*

*

Place: »Willst du sagen, du entspannst dich bei Videospielen in deinem Campingwagen? (...) Oh Gott! Kaum läßt man euch Typen mal einen kurzen Augenblick aus den Augen und schon entwickelt ihr einen Haufen schwachsinniger Interessen.« *3847*

*

Place: »Wird denn *alles*, was man hier sagt, veröffentlicht?« *3848*

*

Place: »Möglicherweise ist das ein Wink Gottes, daß ich's mir noch mal überlege. Leider bin ich Atheistin.« *3849*

***

DER GROSSE GANGSTER
(The Big Shot)
USA 1930, MGM (Regie George Hill, Buch Frances Marion)

Lewis Stone (Direktor): »Und merken Sie sich: Das Gefängnis macht einen Menschen nicht schlecht, aber wenn er eine solche Veranlagung hat, wird sie geweckt.« *3850*

*

Wallace Beery (Butch): »Mein Name ist Schmidt, aber in der ganzen Welt bin ich bekannt als Maschinengewehr-Butch. Du hast doch von mir gehört? Hast du doch sicher? Du hast nicht gehört, wie die Delancy-Bande weggeputzt wurde? Also, ich war der Wegputzer. Für 500 Mäuse hab ich drei Mann umgelegt. Das ist nicht viel. Das ist billig.« *3851*

*

Beery: »Ich hab schon Typen umgelegt, die so was gesagt haben.«
Chester Morris (Morgan): »Ach ja? Und wohin hat dich das gebracht?« *3852*

*

Morris: »Weißt du, vom Hals an runter bist du ein ganz anständiger Bursche.« *3853*

*

Beery: »Er hat mir versprochen, daß er niemanden umlegt.«
Morris: »Er hat seine Mutter abgemurkst.«
Beery: »Ja, das hat er, hat ihr die Kehle durchgeschnitten. Aber er hat es furchtbar bereut. Der ist schon ganz in Ordnung.« *3854*

*

Stone: »Es sind 3000 untätige Männer, die nichts zu tun haben, als Pläne zu schmieden. Die kann man nicht alle in Einzelhaft stecken.« *3855*

***

DER GROSSE GATSBY *(The Great Gatsby)*
USA 1974, Newdon, Merrick, Paramount (Regie Jack Clayton, Buch Francis Ford Coppola, nach dem Roman von F. Scott Fitzgerald)

Mia Farrow (Daisy Buchanan): »Was seh ich? Was seh ich? Was seh ich? Daß sie ein so un-

---

»*Früher war ich nicht darauf erpicht, Frauen zu befriedigen. Und jetzt, wo ich will, funktioniert's nicht mehr.*«
Der große Frust

moralisches Mädchen ist, hätte ich nie und nimmer von ihr gedacht.« [3856]

*

Farrow: »Mach doch noch ein Fenster auf!«
Lois Chiles (Jordan Baker): »Hier ist nur ein Fenster.«
Farrow: »Na, dann bestell beim Zimmerkellner wenigstens eine Axt!« [3857]

*

Sam Waterston (Nick Carraway, voice-over): »Ich war sicher, daß er zum Begräbnis kommen würde, aber er sagte nur, wir sollten lernen, unsere Freundschaft zu einem Menschen zu seinen Lebzeiten zu zeigen und nicht, nachdem er tot ist.« [3858]

*

Waterston (voice-over): »Ich dachte daran, was Gatsby empfunden hatte, als er zum erstenmal das grüne Licht am Ende von Daisys Bootssteg ausmachte. Es war für ihn ein weiter Weg gewesen bis hierher, und sein Traum muß ihm so nahe erschienen sein, daß er's kaum verfehlen konnte, ihn zu ergreifen. Er wußte nur nicht, daß er bereits hinter ihm lag.« [3859]

***

DIE GROSSE ILLUSION (La Grande illusion)
F 1937, R.A.C. (Regie Jean Renoir, Buch Charles Spaak, Jean Renoir)

*

Pierre Fresnay (de Boeldieu): »Für mich ist das überhaupt keine Frage. Ein (...) Golfplatz ist zum Golfspielen da, ein Tennisplatz zum Tennisspielen, ein Gefangenenlager, um daraus zu entfliehen.« [3860]

*

Jean Gabin (Marechal): »Weißt du auch ganz genau, daß das da drüben die Schweiz ist?«
Marcel Dalio (Rosenthal): »Aber das ist doch gar keine Frage.«
Gabin: »Sieht aber eins wie das andere aus.«
Dalio: »Ist auch eins wie das andere. Grenzen kann man nicht sehen. Sie sind eine Erfindung der Menschen.« [3861]

***

DER GROSSE LEICHTSINN (The Big Easy)
USA 1986, King's Road, Columbia (Regie Jim McBride, Buch Daniel Petrie jr., Jack Baran)

*

Dennis Quaid (Remy McSwain): »Hat man nicht getanzt, wo Sie herkommen?«
Ellen Barkin (Anne Osborne): »Wir haben kaum gesprochen.«
Quaid: »Das hier ist New Orleans, The Big Easy, Tanzen gehört hier zum Way of Life.« [3862]

***

DIE GROSSE LIEBE MEINES LEBENS
(An Affair to Remember)
USA 1957, Twentieth Century Fox (Regie Leo Mc Carey, Buch Delmer Daves, Leo McCarey)

*

Cathleen Nesbitt (Großmutter): »Es fällt ihm alles zu leicht. Er sehnt sich immer nach der Kunst, die er im Augenblick nicht ausübt, nach dem Ort, wo er nicht ist, der Frau, die er noch nicht kennt.« [3863]

*

Nesbitt: »Manchmal hab ich sogar Angst.«
Deborah Kerr (Terry McKay): »Wovor?«
Nesbitt: »Daß ihm das Leben einmal die Rechnung vorlegen wird und es ihm dann schwerfällt zu bezahlen.« [3864]

*

Kerr: »Was macht denn dieses Leben nur so schwierig?«
Cary Grant (Nickie Ferrante): »Die Menschen?« [3865]

*

Kerr: »Der Winter muß sehr kalt sein, wenn keine Erinnerungen das Herz erwärmen.« [3866]

***

DER GROSSE McGINTY (The Great McGinty)
USA 1940, Paramount (Regie, Buch Preston Sturges)

*

(Insert): »Dies ist die Geschichte von zwei Männern, die sich in einer Bananenrepublik begegneten. Der eine war sein ganzes Leben lang ehrlich gewesen, bis auf eine verrückte Minute. Der andere war sein ganzes Leben lang unehrlich gewesen, bis auf eine verrückte Minute. Beide mußten aus ihrem Land fliehen.« [3867]

> *»Was macht denn dieses Leben nur so schwierig?«*
> *»Die Menschen?«*
> Die große Liebe meines Lebens

Brian Donlevy (Dan McGinty): »Hab 'n neuen Anzug.«
Akim Tamiroff (Der Boss): »Es sieht mir eher danach aus, als hätte der Anzug dich.« ³⁸⁶⁸

*

Tamiroff: »Daß du noch lebst und herumläufst in dieser karierten Pferdedecke, liegt nicht etwa daran, daß ich dich so gern habe. Verstehst du? Sondern, weil ich in meinem Geschäft Mumm brauche. Nicht Mumm hinter 'ner Kanone, das kann jeder, du verstehst, sondern mit der nackten Faust.« ³⁸⁶⁹

*

Tamiroff: »Ich habe hier ein Geschäft, und ein Geschäft muß geschäftsmäßig geführt werden. Wenn ein Kunde im Rückstand ist, und ein Kerl wie Louis soll ihn sich vorknöpfen, dann ist er die längste Zeit ein Kunde gewesen.« ³⁸⁷⁰

*

Donlevy: »Der Boss schickt mich her. Er sagt, Sie sind im Rückstand.«
Dewey Robinson (Benny Felgman): »Hat er was gegen dich?«
Donlevy: »Nein, er gibt mir nur die leichte Arbeit.« ³⁸⁷¹

*

Tamiroff: »Ich freue mich, daß du mich nicht enttäuscht hast. Für einen Moment hab ich befürchtet, du würdest danke sagen.« ³⁸⁷²

*

Tamiroff: »Wenn ich vor 500 Jahren gelebt hätte, wäre ich wahrscheinlich ein Ritter gewesen. Ein Raubritter natürlich. Ich säße auf einer Burg und würde die Stadt zu meinen Füßen schröpfen, und jeder würde mich Baron nennen. Jetzt lebe ich in einem Penthouse, und jeder nennt mich Boss, jedermann, mit Ausnahme von dir.« ³⁸⁷³

*

Tamiroff: »Wenn du glaubst, ich wäre nicht der Boss, versuche nur mal, mir in die Quere zu kommen!«
Donlevy: »Du bringst mich richtig zum Zittern. Ich wette, du hast eine Todesangst vor dir selbst.« ³⁸⁷⁴

*

William Demarest (Eben Frost): »Sie reden immer von Schmiergeldern, aber eins vergessen Sie. Wenn man nicht mit Schmiergeldern arbeiten würde, gäbe es nur sehr laue Leute in der Politik, Männer, die keinen Ehrgeiz haben, die reinsten Quallen.« ³⁸⁷⁵

*

Muriel Angelus (Catherine McGinty): »Außerdem kann man das Volk sowieso nicht berauben.«
Demarest: »Sicher. ... Wie war das?«
Angelus: »Was man raubt, gibt man aus, und was man ausgibt, kommt wieder unter die Leute. Also, wo ist der Raub? Ich hab das in einem der Bücher meines Vaters gelesen.«
Demarest: »Dieses Buch sollte es in jedem Haus geben.« ³⁸⁷⁶

*

Donlevy: »Was hast du mit der Reformpartei zu tun?«
Tamiroff: »Ich bin die Reformpartei. Was denkst du denn?«
Donlevy: »Seit wann?«
Tamiroff: »Schon immer. In dieser Stadt bin ich alle Parteien. Glaubst du, ich hab Lust, jedesmal zu verhungern, wenn im Rathaus die Mannschaft wechselt?« ³⁸⁷⁷

*

Tamiroff: »Welch wunderbare Möglichkeiten! Dieser Staat braucht so ziemlich alles. Wir hatten hier so viele ehrliche Gouverneure, da ist alles vernachlässigt.«
Donlevy (Gouverneur McGinty): »Tatsächlich?«
Tamiroff: »Es ist geradezu lächerlich. Die Straßen, zum Beispiel, sind in einem schrecklichen Zustand. Im Kriegsfall wären wir geliefert. Wir brauchen ein neues Schnellstraßensystem.«
Donlevy: »Wie sollte ein Feind wohl hierherkommen?«
Tamiroff: »Was weiß ich. Bin ich General? Dann werden wir neue Wasserwerke brauchen, einen großen Kanal und, dafür wirst du mich gleich umarmen, einen neuen Staudamm.«

»Ich freue mich, daß du mich nicht enttäuscht hast. Für einen Moment hab ich befürchtet, du würdest danke sagen.«
Der große McGinty

Donlevy: »Brauchen wir, hm?«
Tamiroff: »Ich sehe an deinem Gesichtsausdruck, daß du nicht weißt, was das bedeutet. Du denkst, in einen Staudamm tut man eine Menge Wasser rein, hä? In einen Staudamm tut man vor allem eine Menge Beton rein, und es spielt keine Rolle, wieviel man da reinsteckt, es ist immer noch Platz für mehr. Und jedesmal, wenn man befürchtet, er sei fertig, findet man einen Riß, und das erfordert dann noch mehr Beton. Es ist wunderbar!«
Donlevy: »Was ist denn mit dem alten Staudamm?«
Tamiroff: »Der hat einen Riß.« *3878*

*

Tamiroff: »Wer hat dir denn das eingeflüstert? Du faselst wie eine Frau. ... Deine Frau! Dieses süßlächelnde Ding! (...) Weißt du denn überhaupt nichts? Weißt du denn nicht, daß mit einer Rippe der ganze Ärger angefangen hat? Hast du niemals was von Samson und Delilah gehört? Oder von Sodom und Gomorrha?« *3879*

***

GROSSSTADTSKLAVEN (Slaves of New York)
USA 1989, Hendler, Merchant Ivory (Regie James Ivory, Buch Tama Janowitz, nach ihren Geschichten)

*

Nick Corri (Marley Mantello): »In der Antike gab es noch wahre Helden, die für ihre großen Leistungen berühmt waren. Aber was wir heutzutage an Berühmtheiten haben, sind Typen, die für ihre Berühmtheit berühmt sind.« *3880*

*

Bernadette Peters (Eleanor): »Ach, weißt du, es macht schon Spaß, aber auf mich wirkt Spaß eher traumatisierend. In gewisser Weise macht es mir mehr Spaß, keinen Spaß zu haben.« *3881*

***

GRUND ZUR AUFREGUNG (Cause for Alarm)
USA 1951, MGM (Regie Tay Garnett, Buch Mel Dinelli, Tom Lewis, nach einer unveröffentlichten Geschichte von Larry Marcus)

*

Barry Sullivan (George Z. Jones): »Und nun hab ich Hunger. (...) Ich bin ein schlechter Liebhaber, wenn ich einen leeren Magen habe.« *3882*

***

DIE GRÜNE HÖLLE (Green Hell)
USA 1940, Universal (Regie James Whale, Buch Frances Marion)

*

John Howard (Hal Scott): »Komischer Kerl, dieser Richardson, er hält sich immer so abseits. Weißt du was Näheres über ihn?«
Douglas Fairbanks, jr. (Keith Brandon): »Nein, nichts. Und ich finde, das ist das Beste, was man von jemandem wissen kann.« *3883*

*

George Sanders (Forrester): »Sie ist gefährlich hübsch.«
Alan Hale (Dr. Loren): »Und das ist hübsch gefährlich.« *3884*

***

DIE GRÜNE MINNA (Two-Way Stretch)
UK 1960, British Lion (Regie Robert Day, Buch John Warren, Len Heath)

*

Irene Handl (Mrs. Price): »Ach, ich versteh dich einfach nicht, mein Junge. Dein Vater und ich, wir haben uns so viel Mühe mit dir gegeben. Ich weiß nicht, die Ehre der Familie, die scheint dir überhaupt nichts zu bedeuten.«
Bernard Cribbins (Lennie Price): »Aber Mami ...«
Handl: »Du bist doch ein wirklicher Taugenichts geworden. Drei Jahre hockst du jetzt schon hier drin, und nicht ein einziges Mal hast du versucht zu türmen.« *3885*

*

Thorley Walters (Colonel Arkwright): »Ich möchte Sie nicht länger aufhalten, Inspektor. Zweifellos finden Sie in der Nähe eine Menge Parksünder. Würden Sie jetzt hier bitte aus dem Weg gehen! Ja?« *3886*

***

GRÜNE TOMATEN
(Fried Green Tomatoes at the Whistle Stop Café)
USA 1991, Fried Green Tomatoes, Act III, Electric

»Einen Menschen, der die Lust
am Leben verloren hat,
kann niemand heilen.«
Das grüne Zimmer

Shadow, Rank (Regie Jon Avnet, Buch Fannie Flagg, Carol Sobieski, nach dem Roman von Fannie Flagg)

*

Kathy Bates (Evelyn Couch): »Ich bin zu jung, um alt zu sein und zu alt, um jung zu sein.« [3887]

Catherine Larson (junge Autofahrerin, die Bates die Parklücke stiehlt): »Sehen Sie's ein, Lady, wir sind jünger und schneller.«
Bates (nachdem sie den Wagen demoliert hat): »Seht es ein, Kinder, ich bin älter und viel besser versichert.« [3888]

*

Jessica Tandy (Ninny Threadgoode): »Wieviele Hormone haben Sie geschluckt, Schätzchen?« [3889]

*

Gailard Sartain (Ed Couch): »Weißt du, Schätzchen, was ich nicht verstehe, ist, wie, zum Teufel, du jemanden versehentlich sechsmal anfahren kannst.« [3890]

*

Mary Stuart Masterson (Idgie Threadgoode): »Ich kann es nicht glauben! Er hat tatsächlich auf die Bibel geschworen.«
Mary Louise Parker (Ruth): »(...) Hätte der Richter genau hingesehen, hätte er erkannt, daß es eigentlich eine Ausgabe von *Moby Dick* war.« [3891]

*

Tandy: »Der Tod ist nichts, wovor man sich fürchten muß. Sehen Sie mich an! Ich bin wirklich auf dem Absprung und habe kein bißchen Angst davor.« [3892]

***

DAS GRÜNE ZIMMER *(La Chambre verte)*
F 1978, Carrosse, Artistes Associés (Regie François Truffaut, Buch François Truffaut, Jean Gruault, nach den Geschichten ›The Altar of the Dead‹, ›Friends of Friends‹, ›The Beast in the Jungle‹ von Henry James)

*

Jean Dasté (Bernard Humbert): »Ich hatte bei ihm schon immer den Eindruck, daß er um alles, was an diesem Leben schön ist, einen großen Bogen macht.« [3893]

*

François Truffaut (Julien Davenne): »Sie sind jung, aber Sie werden sehen, daß man von einem gewissen Zeitpunkt an mehr tote als lebende Menschen kennt.« [3894]

Truffaut: »Ich hätte nicht hierherkommen sollen. Als ich durch diese Tür kam, hab ich alles zerstört.« [3895]

*

Marcel Berbert (Dr. Jardine): »Einen Menschen, der die Lust am Leben verloren hat, kann niemand heilen.« [3896]

*

Dasté: »Er belügt sich nur selbst, wenn er behauptet, mit seiner Einsamkeit fertigzuwerden. Niemand, hören Sie, niemand will wirklich einsam sein. Sagen Sie ihm, was Sie für ihn empfinden! Tun Sie etwas! Handeln Sie! Sorgen Sie dafür, daß sich das Mißverständnis zwischen Ihnen nicht festsetzt!« [3897]

***

GRÜSSE AUS HOLLYWOOD *(Postcards from the Edge)*
USA 1990, Columbia (Regie Mike Nichols, Buch Carrie Fisher, nach ihrem Roman)

*

C. C. H. Pounder (Julie Marsden): »Ich will, daß Sie sich mit Ihren Gefühlen befassen, bevor die sich mit Ihnen befassen.« [3898]

*

Meryl Streep (Suzanne Vale): »Reden Sie immer wie 'n Autoaufkleber?« [3899]

*

Shirley MacLaine (Dorie Mann): »Ich bin eine Frau mittleren Alters.«
Streep: »Ich bitte dich! Wieviel 120 Jahre alte Frauen kennst du denn?« [3900]

*

Dennis Quaid (Jack Falkner): »Diese komplizierte Seite an dir gefällt mir nicht.« [3901]

*

Streep: »Gott sei Dank bin ich clean! So bin ich in der Lage, diese Kette von Demütigungen so richtig bewußt wahrzunehmen.« [3902]

»Ich bin eine Frau mittleren Alters.«
»Ich bitte dich! Wieviel 120 Jahre alte Frauen kennst du denn?«
Grüße aus Hollywood

GUMSHOE
UK 1971, Memorial, Columbia (Regie Stephen Frears, Buch Neville Smith)

*

Billie Whitelaw (Ellen Ginley): »Warum warst du nicht bei unserer Hochzeit?«
Albert Finney (Eddie Ginley): »Hab gedacht, daß sie nicht stattfindet.«
Whitelaw: »Sie hat aber stattgefunden.«
Finney: »Ihr hattet ja das Telegramm.«
Whitelaw: »›An William. Der Bessere hat verloren. Gratuliere, Schmock. Eddie‹« [3903]

*

Finney: »In London wollte mich einer umlegen.«
Frank Finlay (William Ginley): »Der muß sich dann aber hinten anstellen.« [3904]

***

GUNG HO
USA 1986, Paramount (Regie Ron Howard, Buch Lowell Ganz, Babaloo Mandel, Story Edwin Blum, Lowell Ganz, Babaloo Mandel)

*

Michael Keaton (Hunt Stevenson): »Zur Abwechslung wär's ganz schön, wenn ich eine Freundin hätte, die mich in allem ein bißchen unterstützt.« (...)
Mimi Rogers (Audry): »Du sprichst von einem Ding, das da sitzt und zu allem ›ja‹ sagt, was du tust, einem Papagei mit Titten.« [3905]

*

Keaton: »Warum nimmst du beide Hände, um dich am Hintern zu kratzen? Nimm nur eine! Mit der andern kannst du arbeiten.« [3906]

***

GUNMAN (Blood on the Moon)
USA 1948, RKO (Regie Robert Wise, Buch Lillie Hayward, nach dem Roman von Luke Short)

*

Robert Preston (Tate Riling): »Dein Anteil beträgt etwa 10.000 Dollar.«
Robert Mitchum (Jimmy Garry): »Was erwartest du dafür?«
Preston: »Larsen ist schlau, und meine Leute sind es nicht. Du mußt mir helfen.« [3907]

*

Mitchum: »Ich kenne Hunde, die dich, wenn du ihr Sohn wärst, verleugneten.« [3908]

*

Preston: »Du bist doch immer noch der Alte, wenn es knallt, dann bist du da. Wir beide hätten es geschafft, aber dir, dir hat doch stets das Gewissen im Wege gestanden.« [3909]

***

GUNPOWER
(The Immortals)
USA 1995, Phoenician, NuImage (Regie Brian Grant, Buch Kevin Bernhardt, Elie Samaha)

*

Eric Roberts (Jack): »Du hast jetzt keine verdammte Zeit für irgendwelche verdammte Scheiße, außer mir zuzuhören, als würde ich auf irgendeinem Berg stehen mit einer Steintafel in meiner Hand.« [3910]

***

DER GURU
(Holy Man)
USA 1998, Birnbaum, Caravan, Touchstone (Regie Stephen Herek, Buch Tom Schulman)

*

Jeff Goldblum (Ricky Hayman): »Das ist nicht abscheulich. (Verletzten auf der Straße liegen lassen und Hilfe holen fahren) Ich hab eben Ideen.« [3911]

*

Goldblum: »Guten Morgen! Äh, aber ich möchte nicht irgendwas Schönes übers Leben hören. Okay? Es ist zu früh.« [3912]

***

DIE GUTE ERDE
(The Good Earth)
USA 1937, MGM (Regie Sidney Franklin, Victor Fleming, Buch Talbot Jennings, Tess Slesinger, Claudine West, nach dem Roman von Pearl S. Buck)

*

Paul Muni (Wang Lung): »Heute ist der Tag!« [3913]

*

Charley Grapewin (Old Father): »Ich bin zu alt, um aufs Essen zu warten.« [3914]

> »Du sprichst von einem Ding, das da sitzt und zu allem ›ja‹ sagt, was du tust, einem Papagei mit Titten.«
> Gung Ho

H

HABEN UND NICHTHABEN
(To Have and Have Not)
USA 1945, Warner (Regie Howard Hawks, Buch Jules Furthman, William Faulkner, nach dem Roman von Ernest Hemingway)

*

Lauren Bacall (Marie): »Hat hier jemand ein Streichholz?« [3915]

*

Paul Marion (Beauclerc): »Sie haben ein gutes Gedächtnis für einen Säufer.«
Walter Brennan (Eddie): »Meinem Gedächtnis bekommt jede Menge. Ich würde sonst nicht trinken. Unmöglich. Das kann ich nicht. Ich würde sonst vergessen, wie gut es mir geschmeckt hat und wieder nur Wasser saufen.« [3916]

*

Bacall: »Geh raus! Tu mir den Gefallen, bevor ich mich komplett zum Narren mache.« [3917]

*

Humphrey Bogart (Harry Morgan): »Würdest du zurückgehen, wenn du könntest?«
Bacall: »Zu Fuß. Wenn nicht so viel Wasser dazwischen wäre.« [3918]

*

Bacall: »Wer war das Mädchen, Chief?«
Bogart: »Was? Welches Mädchen?«
Bacall: »Die, der du deine hohe Meinung über Frauen verdankst. Es muß 'ne beachtliche Dame gewesen sein.« [3919]

*

(Bacall küßt Bogart)
Bogart: »Wie kommst du denn plötzlich dazu?«
Bacall: »Ich wollte mal sehen, wie es mir gefällt.«
Bogart: »Und das Resultat?«
Bacall: »Das weiß ich noch nicht. ... Mit deiner Hilfe geht es sogar besser.« [3920]

*

Bacall: »Du weißt, du brauchst mir nichts vorzuspielen, Chief. Du brauchst nichts zu sagen, und du brauchst nichts zu tun. Absolut nichts. Nur pfeifen. Wie wär das? Du kannst doch hoffentlich pfeifen, Chief? Du brauchst nur die Lippen zu spitzen und pusten.« [3921]

*

Marion: »Woher der plötzliche Umschwung?«
Bogart: »Heute brauche ich Geld, gestern noch nicht.« [3922]

*

Marion: »Ich bin froh, daß Sie auf unserer Seite sind.«
Bogart: »Bin ich nicht, ich mach's für Geld.« [3923]

*

Brennan: »Das sind doch wirklich dämliche Fragen. ›Kannst du mit 'ner Kanone umgehen?‹« [3924]

*

Bogart: »Sie retten Frankreich, ich rette mein Boot.« [3925]

*

Bacall: »Das mag ich. Bloß (...) die Bartstoppeln nicht. Warum rasierst du dich nicht erst? Dann versuchen wir es noch mal.« [3926]

***

Bacall: »Gefällt es dir *(das Kleid für den Auftritt)*?«
Bogart: »Viel zu singen brauchst du damit nicht.« [3927]

*

Walter Molnar (Paul De Bursac): »Ein Mann ist bereit zu sehr vielen Dingen. Aber Verrat für Geld, das ist nicht Ihre Sache.« [3928]

*

Bacall: »Ich bin schwer rumzukriegen, Chief. Aber *du* brauchst nur zu bitten.« [3929]

> *»Ich bin schwer rumzukriegen, Chief. Aber du brauchst nur zu bitten.«*
> Haben und Nichthaben

Bogart: »Sehen Sie sich das an *(zitternde Hand mit Revolver).* Ist es nicht verrückt? So nah dran wart ihr noch nie.« [3930]

*

Bogart: »Ihr bekommt so lange Prügel, bis einer von euch das Telefon benutzt. Also wird einer umsonst geprügelt. Es ist mir gleich, welcher es ist. Ich fang mal hier an.« [3931]

***

DIE HAFENKNEIPE VON TAHITI
(Donovan's Reef)
USA 1963, Ford, Paramount (Regie John Ford, Buch Frank S. Nugent, James Edward Grant, Story Edmund Beloin)

*

Lee Marvin (Aloysius Gilhooley): »Der Laden ist geschlossen. Macht, daß ihr rauskommt, ihr Süßwassermatrosen!« [3932]

*

Cliff Lyons (Australischer Offizier, nach der Schlägerei): »Tut mir leid, daß der Flügel ein bißchen gelitten hat.« [3933]

***

HAI *(Shark!)*
USA/MEX 1969, Heritage, Calderón, Excelsior (Regie Samuel Fuller, Rafael Portillo, Buch Samuel Fuller, John Kingsbridge, nach dem Roman ›His Bones Are Coral‹ von Victor Canning)

*

Silvia Pinal (Anna): »Wir sind von der gleichen Sorte, Caine, nur daß ich jetzt reich bin.« [3934]

***

HAIE DER GROSSSTADT *(The Hustler)*
USA 1961, Rossen, TCF (Regie Robert Rossen, Buch Sidney Carroll, Robert Rossen, nach dem Roman von Walter S. Trevis)

*

Paul Newman (Eddie Felson): »Mann, ist der großartig, dieser fette alte Knabe! Sieh dir das mal an, er bewegt sich wie ein Tänzer. (...) Er hat Finger wie ein Metzger, flink und beweglich, als ob er Violine spielt. Unglaublich!« [3935]

*

George C. Scott (Bert Gordon): »Nicht aufhören! Er ist ein Verlierer.« [3936]

*

Piper Laurie (Sarah Packard): »Ich habe Probleme, und du hast, glaube ich, auch Probleme. Wir wollen uns lieber nicht darüber unterhalten. Das ist besser.« [3937]

*

Myron McCormick (Charlie Burns): »Ich werde alt.«
Newman: »Dann leg dich hin und stirb meinetwegen, aber ohne mich.« [3938]

*

Scott: »Wenn man beim Spiel Whiskey trinkt, hat man immer eine Entschuldigung, wenn man verliert. Aber ein Mann wie ich hat keine Entschuldigung nötig.« [3939]

*

Scott: »Gewinnen, das ist genauso gefährlich, das vertragen die wenigsten. Die meisten ruhen nicht eher, bis sie wieder unten sind, und dann sitzen sie da und haben Mitleid mit sich selbst. 'ne prima Sache, Mitleid mit sich selbst zu haben, das sag ich Ihnen, das kann man nur empfehlen. Besonders den geborenen Verlieren.« [3940]

*

Clifford Pellow (Turk): »Jeder kriegt hier, was er verdient. Wenn wir verloren haben, dann zahlen wir auch. Aber für Haifische haben wir hier leider keine Verwendung.« [3941]

*

Newman: »Ich hätte es denen zeigen sollen. Ich hätte ihnen zeigen sollen, was für ein wunderbares, großartiges Spiel das ist, wenn es nur richtig gespielt wird. Du weißt doch, daß sehr vieles im Leben wunderbar sein kann. Steineklopfen kann zum Beispiel großartig sein. Doch, bestimmt. Ich muß nur wissen, warum ich Steine klopfe, dann ist auf einmal alles wie verwandelt. Wenn ich spiele, dann ... dann komm ich derartig in Schwung, das ist so wie ... wie bei einem Jockey, wenn er im Sattel sitzt und die Kraft und die Schnelligkeit des Pferdes unter sich spürt. Es wird immer schneller, und der Endspurt fängt an, und er fühlt genau,

---

> »Ich werde alt.«
> »Dann leg dich hin und stirb meinetwegen, aber ohne mich.«
> Haie der Großstadt

wann es soweit ist, daß Pferd und Reiter gewinnen. Dann kann ihm keiner mehr gefährlich werden. Der Sieg ist ihm sicher. Das ist schon was Wunderbares, Sarah, man kann es überhaupt nicht beschreiben, dieses Gefühl. Man hat es richtig gemacht. Alles konzentriert sich hier in meinem Arm, und das Queue ist fast wie eine Hand. Du fühlst, wie es auf einmal anfängt zu denken und selber spielt, als wär's lebendig. Du hörst das Klicken der Bälle, und du weißt schon vorher, daß du gewinnen wirst. Ja, du machst einen Stoß, der noch keinem bisher gelungen ist. Du spielst, als wärst du in Trance. Du brauchst beinahe gar nicht mehr hinzusehen.« [3942]

*

Newman: »Es ist besser, 25 % von etwas zu haben als 100 % von gar nichts.« [3943]

*

Scott: »Glauben Sie, Sie werden ihn schlagen?«
Murray Hamilton (Findlay): »Natürlich glaubt er, daß er mich schlagen kann, sonst würde er nicht gegen mich spielen. Stimmt's, Felson?«
Scott: »Ich hab nicht gefragt, ob er Sie schlagen kann, denn das weiß ich. Ich fragte, ob er es wird. Man muß da bei ihm unterscheiden.« [3944]

*

Newman: »Es reicht noch lange nicht aus, wenn jemand Talent hat, man muß auch Charakter haben.« [3945]

*

Newman: »Fattie, Sie sind ein großartiger Spieler.«
James Gleason (Minnesota Fats): »Danke. Sie aber auch, Eddie.« [3946]

***

HAIL THE CONQUERING HERO
USA 1944, Paramount (Regie, Buch Preston Sturges)

*

William Demarest (Sergeant Julius Heffelfinger): »A marine never hides. That's what 'semper fidelis' means. It means face the music.« [3947]

*

Demarest: »Everything is perfect. Except for a couple of details.« [3948]

*

Demarest: »He's a hero. He's got a statue in the park and the birds sit on him. Except that I ain't got no birds on me I'm in the same boat.« [3949]

*

Elizabeth Patterson (Libbys Tante): »Well, that's the war for you. It's always hard on women. Either they take your men away and never send them back at all, or they send them back unexpectedly just to embarrass you. No consideration at all.« [3950]

*

Demarest: »Anyway those ain't lies. Those are campaign promises. They expect them.« [3951]

*

Ella Raines (Libby): »I guess you have to start being grown up sometime. It might as well be now.« [3952]

*

Raymond Walburn (Mr. Noble): »In a few years, if the war goes on –heaven forbid- you won't be able to swing a cat without knocking out a couple of heroes.« [3953]

*

Walburn: »There you see one of the fallacies (...) of the democratic principle: They can vote for anybody they like.« [3954]

***

HALLOWEEN III
(Halloween III: Season of the Witch)
USA 1983, De Laurentiis (Regie, Buch Tommy Lee Wallace)

*

Stacey Nelkin (Ellie Grimbridge): »Die gucken wie Goldfische.«
Tom Atkins (Dr. Daniel Challis): »Sind nicht an Fremde gewöhnt.« [3955]

***

DEN HALS IN DER SCHLINGE
(Along the Great Divide)
USA 1951, Warner (Regie Raoul Walsh, Buch Walter Doniger, Lewis Meltzer, Story Walter Doniger)

> »Es ist besser, 25 %
> von etwas zu haben
> als 100 % von gar nichts.«
> Haie der Großstadt

James Anderson (Dan Rodan): »Sie sind anscheinend neu hier.«
Kirk Douglas (Len Merrick): »Das Gesetz anscheinend auch.«
Anderson: »Wir sind das Gesetz.« ³⁹⁵⁶

*

Walter Brennan (Pop Keith): »Gewissenhafter Mensch, versteht keinen Spaß.«
John Agar (Billy Shear): »Nicht wenn er im Dienst ist, und außer Dienst haben wir ihn noch nie erlebt.« ³⁹⁵⁷

***

HALS ÜBER KOPF *(Head Over Heals)*
USA 1979, Triple Play (Regie, Buch Joan Micklin Silver, nach dem Roman ›Chilly Scenes of Winter‹ von Ann Beattie)

*

John Heard (Charles Richardson, voice-over): »Wegen meiner Verabredung mit Laura war ich so in Hochstimmung, daß ich's ihm durchgehen ließ. Sie kriegen dich immer dann ran, wenn du bei guter Laune bist.« ³⁹⁵⁸

*

Peter Riegert (Sam Maguire): »Was kannst du von einem Kind in ihrem Alter schon erwarten! Sie war nicht mal in Woodstock.«
Heard: »Da waren wir auch nicht.«
Riegert: »Hätte aber sein können.« ³⁹⁵⁹

*

Heard: »Wie fühlst du dich?«
Gloria Grahame (Clara): »Ich bin nicht tot.« ³⁹⁶⁰

*

Heard (voice-over): »Es ist nicht so, daß es nicht mehr schmerzt. Aber man gewöhnt sich dran.« ³⁹⁶¹

***

DIE HALTLOSEN
(The Beat Generation)
USA 1959, MGM (Regie Charles Haas, Buch Richard Matheson, Lewis Meltzer)

> »Er behandelte mich, wie man einen Nierenstein behandelt. Er ließ keine Möglichkeit aus, bis alles in die richtige Richtung lief.«
> Der Halunke

Steve Cochran (Dave Culloran): »Du bist doch Experte.«
Jackie Coogan (Jake Baron): »Aber ich bin vorsichtig, und ich hab auch keinen Grund, *allen* Frauen zu mißtrauen.«
Cochran: »Dann kannst du glücklich sein.« ³⁹⁶²

*

Coogan: »Du bist zu mißtrauisch.«
Cochran: »Danke für den Rat. Du hast recht. Alle Frauen sind Engel, kommen direkt aus dem Himmel.« ³⁹⁶³

***

DER HALUNKE *(Docteur Popaul)*
F/I 1972, Boëtie, Cerito, Rizzoli (Regie Claude Chabrol, Buch Paul Gégauff, nach dem Roman ›Meurtre à loisir‹ von Hubert Monteilhet)

*

Jean-Paul Belmondo (Dr. Paul Simay, voice-over): »Er behandelte mich, wie man einen Nierenstein behandelt. Er ließ keine Möglichkeit aus, bis alles in die richtige Richtung lief.« ³⁹⁶⁴

*

Daniel Lecourtois (Dupont): »Lassen Sie die Schwachköpfe reden! Das Geld ist noch nie der Liebe hinderlich gewesen.« ³⁹⁶⁵

*

Belmondo: »Entzückt, Sie kennenzulernen. Ich hatte schon immer eine Schwäche für Runkelrüben.« ³⁹⁶⁶

*

Belmondo (voice-over): »Ich machte mich daran, ihn heimtückisch anzuschwärzen, indem ich kunstvoll wohlwollende Kritik und vergiftete Lobhudeleien mischte.« ³⁹⁶⁷

***

HAMMETT
USA 1982, Zoetrope, Orion (Regie Wim Wenders, Buch Ross Thomas, Dennis O'Flaherty, nach dem Roman von Joe Gores)

*

Peter Boyle (Jimmy Ryan): »Mit der Kanone kannst du nicht mal 'ne Katze erschrecken.«
Marilu Henner (Kit Conger/Sue Alabama): »Die schafft sogar 'nen Elefanten, wenn du auf die richtige Stelle zielst.« ³⁹⁶⁸

*

Henner: »Gib mir zwei Stunden!«
Boyle: »Warum?«
Henner: »Wir waren doch mal Freunde.«

Boyle: »Ich geb dir eine.«
Henner: »Okay, eine.«
Boyle (voice-over): »Die Stunde hab ich ihr natürlich nicht gegeben. Ich hab ihr fünfzehn Minuten gegeben. An der Union Station hat man sie geschnappt. In ihrer Handtasche war eine Fahrkarte nach Chicago. Es hat mir fast leid getan, daß sie es nicht geschafft hat.« *3969*

*

Elmer L. Kline (Doc Fallon): »Tja, wie gesagt, ein ziemlich interessanter Fall. Das Opfer schlug sich selber den Schädel ein mit einem stumpfen Gegenstand und schoß sich dann eine 38er Kugel ins Herz. Aber vielleicht war's auch umgekehrt. Selbstmord ist oft faszinierend.« *3970*

*

Michael Chow (Fong Wie Tau): »Physischer Heroismus paßt nicht zu einem Schriftsteller, mein Freund. Es ist besser, Sie verraten mir, wo Chrystal ist. Sie ersparen sich dadurch exquisite Qualen.« *3971*

*

Roy Kinnear (English Eddie Hagedorn): »Das werden Sie nicht tun. Ihr scharfer Verstand und Ihre Lebensfreude werden Sie davon abhalten.« *3972*

***

DIE HAND AN DER WIEGE
(The Hand That Rocks the Cradle)
USA 1992, Interscope, Babcock-Brown, Hollywood (Regie Curtis Hanson, Buch Amanda Silver)

*

Julianne Moore (Marlene Craven): »Man fühlt sich als Frau unheimlich schnell als Null, wenn man nicht wenigstens fünfzigtausend im Jahr verdient.« *3973*

*

Moore: »Die Hand an der Wiege ist die Hand, die die Welt regiert.« *3974*

*

Moore: »Ich muß sofort weg. Alle Termine streichen!«
Tom Francis (Marlenes Assistent): »Und was soll ich Lambert sagen?«
Moore: »Lassen Sie sich was einfallen! Sie haben doch studiert.« *3975*

*

Rebecca De Mornay (Peyton Flanders): »Du bist so armselig. Immer wenn's ein bißchen aufregend wird, kannst du nicht mal mehr atmen.« *3976*

***

HÄNGT IHN HÖHER *(Hang 'Em High)*
USA 1968, Malpaso, Freeman, United Artists (Regie Ted Post, Buch Leonard Freeman, Mel Goldberg)

*

Russell Thorson (Maddow): »Du hättest ihm das Geld nicht anbieten sollen.«
Ed Begley (Captain Wilson): »Na schön, jetzt haben wir also drei Fehler gemacht, den mit dem Geld, dann haben wir einen unschuldigen Mann gehängt, und wir haben keine ganze Arbeit gemacht. An den ersten beiden Fehlern können wir nichts mehr ändern, aber den letzten, den können wir noch gutmachen.« *3977*

***

HANNAH UND IHRE SCHWESTERN
(Hannah and Her Sisters)
USA 1986, Rollins-Joffe, Orion (Regie, Buch Woody Allen)

*

Barbara Hershey (Lee): »Warum bist du heute abend nicht mitgekommen? Wir haben uns alle prächtig amüsiert. Es hätte dir bestimmt auch gefallen.«
Max von Sydow (Frederick): »Ich mache gerade eine Phase in meinem Leben durch, in der ich einfach keine anderen Menschen vertrage. Und ich will niemanden mit meinem Benehmen verletzen.« *3978*

*

Woody Allen (Mickey Sachs): »Was meinst du damit, sie werden uns den Sketch nicht spielen lassen?«
»Frag die Selbstkontrolle! Die finden ihn zu unanständig.«
Allen: »Sie haben ihn doch bei der Probe gesehen. Haben sie inzwischen herausgefunden, was die Wörter bedeuten?« *3979*

»Die Hand an der Wiege ist die Hand, die die Welt regiert.«
Die Hand an der Wiege

Allen: »Er ist 'n lieber Kerl. Ich mag ihn. (...) Weil er 'n Versager ist. Er ist genauso linkisch und unbeholfen wie ich. Das gefällt mir. Ich mag Menschen, die wenig Selbstvertrauen haben.« *3980*

*

Allen (zu Samenbanken): »Du willst ein aufgetautes Kind?« *3981*

*

Allen: »Wenn die mir gesagt hätten, ich hab einen Tumor, hätte ich mich umgebracht. Nur eins hätte mich vielleicht davon abgehalten. (...) Es wäre für meine Eltern ein schwerer Schlag gewesen, ich hätte sie auch erschießen müssen. Und dann meine Tante und mein Onkel ... Es wäre ein Blutbad geworden.« *3982*

*

von Sydow: »Der Grund, warum sie die Frage nicht beantworten können, ›Wie konnte so was (Auschwitz) je passieren?‹, ist, daß die Frage falsch ist. Nach dem, wie die Menschen sind, müßte die Frage lauten: ›Warum passiert so was nicht öfter?‹« *3983*

*

Allen: »Ich hab furchtbare Angst, wenn die (Punkband) aufhören zu singen, werden sie Geiseln nehmen.« *3984*

*

Dianne Wiest (Holly): »Ich kann einfach nicht mit dir kommunizieren. Daß du so ein Lahmarsch bist, hab ich gar nicht gewußt.« *3985*

*

Allen: »Hast du keine Angst vor dem Tod?«
Lee Postrel (Mickeys Vater): »Warum sollte ich Angst haben?«
Allen: »Weil du dann nicht mehr existierst.«
Postrel: »Na und?«
Allen: »Erschreckt dich der Gedanke nicht?«
Postrel: »Wer denkt schon an so einen Unsinn? Jetzt lebe ich, wenn ich tot bin, bin ich tot.« *3986*

»Woher soll ich wissen,
warum es Nazis gab?
Ich weiß ja nicht mal, wie der
Dosenöffner funktioniert.«
Hannah und ihre Schwestern

Postrel: »Wer weiß, was sein wird *(nach dem Tod)*. Entweder bin ich bewußtlos oder nicht. Wenn nicht, werd ich mich dann damit beschäftigen.« *3987*

*

Postrel: »Woher soll ich wissen, warum es Nazis gab? Ich weiß ja nicht mal, wie der Dosenöffner funktioniert.« *3988*

***

HARLEY DAVIDSON & THE MARLBORO MAN
USA 1991, MGM (Regie Simon Wincer, Buch Don Michael Paul)

*

Mickey Rourke (Harley Davidson): »Weißt du, wenn ich fünf Cent hätte für jedesmal, wenn ein Stück Scheiße eine Waffe auf mich gerichtet hat, wäre ich ein reicher Mann.« *3989*

*

Rourke: »Nur für den Fall, daß es dir nicht aufgefallen ist: Du bist der einzige Cowboy in diesem Laden hier.« *3990*

*

Don Johnson (Robert Lee Anderson, Marlboro Man): »Wenn du um Scheiße schießen würdest, bekämst du nicht mal 'n Furz.« *3991*

*

Johnson: »Du mußt den Abzug langsam ziehen, Harley. Und reiß nicht dran! Es ist nicht dein Schwanz.« *3992*

*

Big John Studd (Jack Daniels): »Wie konntest du mir das antun!«
Rourke: »He, auf mich war noch nie Verlaß, wenn irgend 'ne scharfe Braut im Zimmer ist.« *3993*

*

Johnson: »Pistolen sind zum Schießen da, Harley, nicht zum Werfen.« *3994*

*

(Geldtransportfahrer, nach der Explosion): »Für mich seht ihr wie ein paar billige Schmalspurgangster aus.«
Rourke: »Sieht das wie die Arbeit von ein paar billigen Schmalspurgangstern aus?«
(Geldtransportfahrer): »Ja. Profis hätten meinen Schlüssel benutzt.«
Rourke: »Ja, weißt du, er sprengt eben gern Sachen in die Luft.« *3995*

Rourke (nach dem Überfall): »War nett, mit euch Geschäfte zu machen, Jungs.« [3996]

*

Rourke: »Nun, was immer die *(schwerbewaffneten Verfolger)* zu sagen haben, ich möchte es nicht hören.« [3997]

*

Studd: »Also schön, es ist getan, und es ist gut getan. Also kippen wir uns einen hinter die Binde!« [3998]

*

Rourke: »He, wo willst du hin?«
Theresa San-Nicholas (Anhalterin): »Ich hab kein bestimmtes Ziel.«
Rourke: »Komm mit! Da bring ich dich hin.« [3999]

***

HAROLD AND MAUDE
USA 1971, Lewis, Higgins, Paramount (Regie Hal Ashby, Buch Colin Higgins)

*

G. Wood (Psychiater): »Sag mal, Harold, was macht dir wirklich Spaß? Welche Betätigung vermittelt dir ein Vergnügen, das du bei anderen Betätigungen nicht empfindest? Was findest du befriedigend? Was gibt dir eine besondere Befriedigung?«
Bud Cort (Harold): »Ich gehe zu Beerdigungen.« [4000]

*

Ruth Gordon (Maude): »Probiere jeden Tag etwas Neues aus! Schließlich wurde uns das Leben gegeben, um es zu entdecken, und ewig dauert's nun mal nicht.« [4001]

*

Gordon: »Es ist besser, wenn man nicht zu moralisch ist. Dabei entgeht einem zuviel im Leben.« [4002]

***

HARRY AUSSER SICH *(Deconstructing Harry)*
USA 1997, Magnolia, Sweetland, Fine Line (Regie, Buch Woody Allen)

*

Judy Davis (Lucy): »Erzähl mir keinen Scheiß, du mieser Drecksack! Was denkst du, mit wem du redest? Mit so 'nem zurückgebliebenen Talkshowgastgeber?« [4003]

*

Davis: »Du bist so beschissen wortgewandt. Wer hätte mich sonst überreden können, ihm bei der Beerdigung meines Vaters einen zu blasen.« [4004]

*

Woody Allen (Harry Block): »Ich werd (...) hier nicht oben auf dem scheiß Dach rumstehen mit einer (...) 3-Sterne meschuggenen Fotze und winsel um mein Leben. Wenn du mich erschießen willst, erschieß mich!« [4005]

*

Allen: »Frauen sind Gott.«
Eric Lloyd (Hilly Block): »Gott ist eine Frau?«
Allen: »Nein, ich sag nicht, daß Gott eine Frau ist. (...) Laß es mich so sagen: Frauen gibt es. Wir wissen nicht, ob es einen Gott gibt, aber es gibt Frauen, weißt du, nicht in irgendeinem Phantasiehimmel, sondern hier direkt auf Erden.« [4006]

*

Allen: »An der Wissenschaft ist nichts auszusetzen. Wenn ich die Wahl hätte zwischen 'ner Klimaanlage und dem Papst, würde ich die Klimaanlage nehmen.« [4007]

*

Allen: »Weißt du (...), daß das Universum auseinanderfällt? Weißt du was darüber? Weißt du, was ein schwarzes Loch ist?«
Hazelle Goodman (Cookie): »Ja, damit verdien ich meine Mäuse.« [4008]

*

Allen: »Ich bin viel zu alt für Sie, es ist lächerlich. Aber wegen meiner Unreife hab ich etwas Jugendliches an mir.« [4009]

*

Allen: »Die 51er Giants waren das einzige wahre Wunder meiner ganzen Lebensspanne. Das ist so toll! Als er *(Bobby Thomson)* den Homerun *(3.10. im Entscheidungsspiel gegen Dodgers im 9. Inning, ›The Shot Heard Round the World‹)* schlug, war das der einzige Hinweis, den ich je hatte, daß es vielleicht einen Gott gibt.« [4010]

»Also schön, es ist getan, und es ist gut getan. Also kippen wir uns einen hinter die Binde!«
Harley Davidson & the Marlboro Man

Allen: »Cookie ist das Kindermädchen.«
Caroline Aaron (Doris): »Das Mädchen? Hast du sie von einer Agentur oder aus einem Massagesalon?« [4011]

*

Aaron: »Es ist Tradition.«
Allen: »Tradition ist die Illusion der Permanenz.« [4012]

*

Aaron: »Du hast keine Werte. Dein ganzes Leben ist nur Nihilismus, es ist Zynismus, es ist Sarkasmus und Orgasmus.« [4013]

*

Allen: »Kirchen sind Clubs, sie sind ausgrenzend und zwar alle. Sie (...) halten das Konzept von den ›Anderen‹ wach, also, damit jeder genau weiß, wen er zu hassen hat.« [4014]

*

Aaron: »Du bist ein dich selbst hassender Jude.«
Allen: »Ich hasse mich vielleicht, aber nicht, weil ich Jude bin.« [4015]

*

Allen: »Ich glaub, du bist das Gegenteil von paranoid. Du läufst eher in dem verrückten Wahn herum, daß die Menschen dich leiden können.« [4016]

*

Allen: »Ich bin genauso Opfer wie du. Denkst (...) du etwa, von einer (...) 26jährigen Großbusigen einen geblasen zu bekommen, wäre vielleicht ein Vergnügen für mich?« [4017]

*

Allen: »Möge Gott mich erschlagen, wenn ich lüge!«
Kirstie Alley (Joan): »Du bist Atheist, Harry.« [4018]

*

Alley: »Mit meiner Patientin? Das ist ein heiliges Vertrauensverhältnis. Meine Patientin!«
Allen: »Was willst du? Wen soll ich denn sonst treffen? Ich bin hier, ich arbeite in dem Zimmer, wir haben ein Baby, du bist immer da und praktizierst, wir gehen niemals aus.«
Alley: »Jetzt willst du mir die Schuld geben, weil ich nicht oft genug mit dir irgendwo hingehe, wo du Fremde zum Ficken kennenlernst?« [4019]

*

Allen: »Meine Ehe plätschert so dahin.«
Demi Moore (Helen): »Na, was du ›dahinplätschern‹ nennst, nennen die meisten ›funktionieren‹.«
Allen: »Wenn das ›funktionieren‹ heißt, ist die Ehe nicht meine Sache.« [4020]

*

Philip Bosco (Professor Clark): »Gutes Lesen ist ein kreativer Akt.« [4021]

*

Allen: »Man kann mit der Phantasie viele alte Rechnungen begleichen.« [4022]

***

HARRY UND SALLY
(When Harry Met Sally)
USA 1989, Nelson, Castle Rock (Regie Rob Reiner, Buch Nora Ephron)

*

Meg Ryan (Sally Albright): »Amanda hat die Abgründe deines Charakters erwähnt.«
Billy Crystal (Harry Burns): »Sie steht drauf.« [4023]

*

Ryan: »Ich hab genausoviel Abgründiges wie jeder andere Mensch.« [4024]

*

Crystal: »Wenn ich mir ein neues Buch kaufe, lese ich die letzte Seite zuerst. Falls ich sterbe, bevor ich fertig bin, kenne ich wenigstens das Ende.« [4025]

*

Ryan: »Im Grunde genommen bin ich ein fröhlicher Mensch.«
Crystal: »Ich auch.«
Ryan: »Und ich weiß nicht, was daran falsch sein soll.«
Crystal: »Nichts. Du bist nur zu beschäftigt, fröhlich zu sein.« [4026]

*

Crystal: »Es ist (...) keine Ansichtssache. Empirisch gesehen bist du attraktiv.« [4027]

> »Ich glaub, du bist das Gegenteil von paranoid. Du läufst eher in dem verrückten Wahn herum, daß die Menschen dich leiden können.«
> Harry außer sich

Crystal: »Männer und Frauen können nie Freunde sein. Der Sex kommt ihnen immer wieder dazwischen.« [4028]

*

Ryan: »Ich wünsch dir ein schönes Leben.« [4029]

*

Ryan: »Du wirst es nicht glauben, Harry, aber ich hab es nicht als Opfer betrachtet, niemals mit dir geschlafen zu haben.« [4030]

*

Ryan: »Das ist wirklich erstaunlich. Du siehst aus wie ein ganz normaler Mensch, aber tatsächlich bist du ein Engel des Todes.« [4031]

*

Crystal: »Weißt du, woran ich danach sofort denken muß? Wie lange muß ich noch hier liegen und sie in den Armen halten, bis ich nach Hause gehen kann? Sind 30 Sekunden lang genug.«
Ryan: »Denkst du das wirklich? Ist das wahr?«
Crystal: »Ja klar. Alle Männer denken das. Wie lange möchtest du danach umarmt werden? Die ganze Nacht, richtig? Und das ist das Problem. Irgendwo zwischen 30 Sekunden und der ganzen Nacht liegt ein Problem.« [4032]

*

Bruno Kirby (Jess): »Die meisten Ehen zerbrechen nicht an Untreue. Sie ist nur ein Symptom, daß irgend etwas nicht in Ordnung ist.«
Crystal: »Was du nicht sagst! Dieses Symptom vögelt gerade meine Frau.« [4033]

*

Crystal: » Es gibt zwei Sorten von Frauen, die anstrengenden und die weniger anstrengenden.«
Ryan: »Und was bin ich?«
Crystal: »Von der schlimmsten Sorte: Du hältst dich für nicht anstrengend, bist aber furchtbar anstrengend.« [4034]

*

Estelle Reiner (Frau im Restaurant, nachdem Ryan Orgasmus gespielt hat): »Ich will genau das, was sie hatte.« [4035]

*

Crystal: »Wein dich aus. Es ist nicht mein Lieblingshemd.« [4036]

*

Crystal: »Wenn man begriffen hat, daß man den Rest des Lebens zusammen verbringen will, dann will man, daß der Rest des Lebens so schnell wie möglich beginnt.« [4037]

*

Ryan (off): »Er hat gesagt: ›Pack drei Koffer!‹ Also hab ich das getan. Er hat einen genommen, und wir sind losgefahren.« [4038]

***

HART AUF SENDUNG
(Pump Up the Volume)
USA 1990, New Line (Regie, Buch Allan Moyle)

*

Christian Slater (Mark Hunter): »Eines Tages wachte ich auf und wußte, daß ich niemals normal sein würde. Also sagte ich: ›Scheiß drauf!‹ Ich sagte: ›So sei es!‹« [4039]

*

Slater: »Jetzt ist es außer Kontrolle.«
Samantha Mathis (Nora Diniro): »Ja!!« [4040]

***

HARTE MÄNNER TANZEN NICHT
(Tough Guys Don't Dance)
USA 1987, Golan-Globus, Zoetrope, Cannon (Regie, Buch Norman Mailer, nach seinem Roman)

*

Ryan O'Neal (Tim Madden): »Vielleicht wäscht er sich die Hände, wenn er mit 'ner Frau geschlafen hat, aber ich würde nicht sagen, daß er schwul ist.« [4041]

*

Wings Hauser (Police Chief Alvin Luther Regency): »Ich könnte sie erschlagen, diese Homos!«
O'Neal: »Eine schöne Aufgabe für echte Männer in Uniform.« [4042]

*

John Bedford Lloyd (Meeks Wardley Hilby III): »Die Leute glauben, mein Geld wäre nur dazu da, um es aus mir herauszupressen. Aber Geld ist ein wichtiger Teil von mir, ein kostbares Organ.« [4043]

*

Lawrence Tierney (Dougy Madden): »Er (der

> *»Männer und Frauen können nie Freunde sein. Der Sex kommt ihnen immer wieder dazwischen.«*
> Harry und Sally

gerade erschossene Hauser) wußte das nicht: Nenn eine Italienerin nie ›graue Maus‹!« [4044]

***

HARTE ZIELE
(Hard Target)
USA 1993, Alphaville, Renaissance, Universal (Regie John Woo, Buch Chuck Pfarrer)

*

Yancy Butler (Natasha Binder): »Gibt's hier Krokodile? Müssen wir da nicht aufpassen?«
Jean-Claude Van Damme (Chance Boudreaux): »Wenn du dich dann besser fühlst: ja.« [4045]

*

Lance Henriksen (Fouchon): »Wenn er mich erschießt, erschießt er Sie gleich mit. Für die Feinarbeit hat er das falsche Werkzeug dabei.« [4046]

***

HASS
(La Haine)
F 1995, Lazennec, Canal+, Kaso, Sofica, Cofimage 6, Images (Regie, Buch Mathieu Kassovitz)

*

Saïd Taghmaoui (Said): »Ich weiß nur, daß ich nicht schneller bin als 'ne Kugel.« [4047]

*

Hubert Kounde (Hubert): »Und du denkst, 'n Bullen zu killen, bringt dir Respekt ein?«
Vincent Cassel (Vinz): »Respekt? Da bin ich mir nicht sicher. Aber es gleicht die Bilanz wieder aus.« [4048]

***

HAT JEMAND MEINE BRAUT GESEHEN?
(Has Anybody Seen My Gal?)
USA 1952, Universal (Regie Douglas Sirk, Buch Samuel Hoffman, Story Eleanor H. Porter)

*

Larry Gates (Charles Blaisdell): »Es ist keine Schande, arm zu sein. Bitte vergiß das nicht!«
Charles Coburn (Samuel Fulton): »Das ist vermutlich das einzig Gute, was man darüber sagen kann.« [4049]

> »Sie haben wohl
> etwas getrunken, hm?«
> »Nein, Madam.
> Ich habe schwer gesoffen.«
> Hatari!

Gigi Perreau (Roberta): »Verlobt! Das ist ja fast so gut wie verheiratet.«
Coburn: »Das ist häufig sogar besser.« [4050]

***

HATARI!
USA 1962, Malabar, Paramount (Regie Howard Hawks, Buch Leigh Brackett, Story Harry Kurnitz)

*

Red Buttons (Pockets): »Wenn das (Nashorn) mal kein Weibchen ist. Die kann sich ja überhaupt nicht entscheiden, wo sie hin will.« [4051]

*

Buttons: »Geduld, mein Freund, Geduld, das ist eine edle Tugend. Ich wollte, ich hätte mehr davon.« [4052]

*

John Wayne (Sean Mercer): »Schluß jetzt! Aufhören, hab ich gesagt. Sie können uns ja nicht alle verprügeln.«
Gérard Blain (Chip Maurey): »Ich kann's ja versuchen.« [4053]

*

Eduard Franz (Dr. Sanderson): »Wer ist das eigentlich?«
Wayne: »Keine Ahnung. Hauptsache, daß er da ist.« [4054]

*

Elsa Martinelli (Anna Maria ›Dallas‹ d'Allesandro): »Sie haben wohl etwas getrunken, hm?«
Wayne: »Nein, Madam. Ich habe schwer gesoffen.« [4055]

*

Wayne: »Bitte, verschon uns heute morgen! Verschwinde oder halt's Maul!«
Hardy Krüger (Kurt Stahl): »Am besten beides.«
Valentin De Vargas (Luis): »Dieser Unmensch säuft wie ein Loch, und morgens hat er nicht mal 'n Kater.« [4056]

*

Wayne: »Das war 'ne nette Ansprache vorhin, aber ich glaube nicht, daß Sie sich noch mal so rausreden können.« [4057]

*

Buttons: »Wenn sich ein Mann in eine Frau verliebt und sich dabei die Finger verbrennt, und er will nicht, daß es sich wiederholt, was tut er dann?«
Martinelli: »Keine Ahnung. Sagen Sie's mir!«
Buttons: »Wenn er sie nicht gern hat, kann er

ruhig nett sein, dann interessiert's ihn ja nicht. Aber wenn er sie gern hat, dann befürchtet er, sein Herz zu verlieren, und dann ist er betont unfreundlich. Also, je lieber er Sie hat, desto unfreundlicher ist er.« [4058]

Krüger: »Lieber mit wenigen arbeiten als mit 'n Falschen, finde ich.« [4059]

*

Blain: »Ohne Gewehr kann ich Ihnen doch kaum von Nutzen sein.«
Wayne: »Fragt sich nur, ob Sie's mit Gewehr sind.« [4060]

*

Martinelli: »Wenn Sie ihn *(den jungen Elefanten)* erschießen, müssen Sie mich mit erschießen.«
Wayne: »Führen Sie mich nicht in Versuchung!« [4061]

*

Wayne: »Pockets, sag mal, was soll denn das werden?«
Buttons: »Na, ich will die Ziege melken.«
Wayne: »An dieser Ziege kannst du lange melken, das ist 'n Ziegenbock.« [4062]

*

Martinelli: »Man müßte auf einem Bahnhof sein. Da stören die vielen Leute überhaupt nicht.« [4063]

*

Wayne: »Pockets!«
Buttons: »Ja, Bwana.« [4064]

*

Buttons: »Na, der hast du's aber wieder gegeben, Bwana.« [4065]

*

Krüger: »Willst du meine Meinung hören?«
Wayne: »Die krieg ich ja sowieso zu hören, ob ich will oder nicht.« [4066]

*

Wayne: »Bin ich wirklich so schlimm?«
Krüger: »Das weißt du doch selbst.« [4067]

*

Wayne: »Was, zum Teufel, hab ich jetzt wieder gesagt.« [4068]

***

DER HAUCH DES TODES *(The Living Daylights)*
UK 1987, Eon, United Artists (Regie John Glen, Buch Richard Maibaum, Michael G. Wilson)

*

Timothy Dalton (James Bond): »Er braucht ungefähr zehn Sekunden, um uns zu erreichen. Genügend Zeit für einen Scharfschützen, Erdbeermarmelade aus ihm zu machen.« [4069]

*

Joe Don Baker (Brad Whitaker): »Das ist wirklich schade, Bond. Sie könnten reich und lebendig sein statt arm und tot.« [4070]

*

Baker: »Also gut, Sie hatten Ihre acht Schuß. Jetzt kommen meine achtzig.« [4071]

*

John Rhys-Davies (General Leonid Pushkin): »Schickt ihn mit dem nächsten Flugzeug nach Moskau!«
Jeroen Krabbé (General Georgi Koskov): »Oh, vielen Dank, General! Vielen herzlichen Dank!«
Rhys-Davies: »Als Diplomatenasche.« [4072]

***

DAS HAUS AM FLUSS *(House by the River)*
USA 1950, Fidelity, Republic (Regie Fritz Lang, Buch Mel Dinelli, nach dem Roman von A. P. Herbert)

*

Lee Bowman (John Byrne): »Diesen Mord an der unschuldigen Emily, den hast du doch längst verdrängt. Eiskalt hast du ihn auf mich abgewälzt.«
Louis Hayward (Stephen Byrne): »Ehrlich? John, wen von uns würde die Welt mehr vermissen, gesetzt den Fall, es gäbe diese Wahl zwischen uns beiden?« [4073]

***

HAUS DER SPIELE *(House of Games)*
USA 1987, Filmhaus, Orion (Regie, Buch David Mamet, Story Jonathan Katz, David Mamet)

*

Ricky Jay (George): »Ich hab dir ja gesagt, mit einer Wasserpistole haut das nicht hin.«
Joe Mantegna (Mike): »Es hätte aber hingehauen, wenn du sie nicht gefüllt hättest.«

»Willst du meine Meinung hören?«
»Die krieg ich ja sowieso zu hören, ob ich will oder nicht.«
Hatari!

Jay: »Hätte ich mit einer leeren Pistole drohen sollen?« [4074]

*

Lindsay Crouse (Margaret Ford): »Jede Sekunde wird ein Dummer geboren.«
Mantegna: »Und zwei, die ihn ausnehmen. Seien Sie immer auf der Hut!« [4075]

Mantegna: »Wollen Sie mit mir schlafen?«
Crouse: »Bitte?«
Mantegna: »Weil Sie plötzlich rot werden. Das ist auch ein Zeichen. Die Dinge, an die wir denken, die wir wollen, wir können sie tun oder lassen, aber wir können sie nicht verbergen.« [4076]

*

Crouse: »Ich hab dir mein Vertrauen geschenkt.«
Mantegna: »Aber sicher hast du mir dein Vertrauen geschenkt. Davon leb ich ja schließlich. Das ist mein Beruf, das Vertrauen anderer Leute auszunutzen.« [4077]

***

HAUSBESUCHE *(House Calls)*
USA 1978, Lang, Universal (Regie Howard Zieff, Buch Max Schulman, Julius J. Epstein, Alan Mandel, Charles Shyer)

*

Walter Matthau (Dr. Charley Nichols): »Ich kenn sie nur oberflächlich, ich hab ihr letztes Jahr eine Warze entfernt.«
Glenda Jackson (Anne Atkinson): »Woher wußten Sie, wo Sie aufhören müssen?« [4078]

***

HAUSBOOT *(Houseboat)*
USA 1958, Scribe, Paramount (Regie Melville Shavelson, Buch Melville Shavelson, Jack Rose)

*

Martha Hyer (Caroline Gibson): »Es (Hausboot) ist entzückend geworden, Tom.«
Cary Grant (Tom Tinston): »Ja, da sieht man mal, was man mit billiger Kinderarbeit alles machen kann.« [4079]

***

HAVANA
USA 1990, Mirage, Universal (Regie Sydney Pollack, Buch Judith Rascoe, David Rayfiel, Story Judith Rascoe)

*

Robert Redford (Jack Weil): »Es wäre gegen meine Prinzipien. Wenn ich welche hätte.« [4080]

*

Redford: »Verbindliche Typen kennen Sie doch sicher genug, da komm ich nicht viel weiter. Aber wieviele ungehobelte Kerle kennen Sie?« [4081]

*

Redford: »Ich weiß über viele Dinge kaum was. Die Dinge, über die ich was weiß, weiß ich genau. Dem Zeug, das ich nicht verstehe, versuch ich aus dem Weg zu gehen. Meistens.« [4082]

***

HEARTBREAK RIDGE
USA 1986, Malpaso, Warner (Regie Clint Eastwood, Buch James Carabatsos)

*

Clint Eastwood (Sergeant Thomas Highway): »Paß auf! Ich bin hinterhältig, unausgeschlafen und fies, ich fresse grundsätzlich nur Stacheldraht und pisse Napalm, und ich kann 'ner Fliege aus 200 Metern Entfernung 'n Loch innen Hintern schießen. Also verschwinde lieber und wichs 'n andern an, Schwabbel, bevor ich dich umlege.« [4083]

*

Eastwood: »Halt das hier mal, Junge! Ich glaub, mir ist gerade der Krieg erklärt worden.« [4084]

*

Eastwood: »Bleib da unten liegen und blute ab, bevor ich dir zeige, was wirkliche Schmerzen sind.« [4085]

*

John Eames (Richter Zane): »Nur weil wir uns gerade nicht im Krieg befinden, gibt Ihnen das noch lange nicht das Recht, jedesmal, wenn Sie betrunken sind, einen anzufangen.« [4086]

*

Peter Jason (Major Devin): »Seien Sie in Zukunft vorsichtiger mit Ihren Wünschen! Die könnten in Erfüllung gehen.« [4087]

> »Jede Sekunde wird
> ein Dummer geboren.«
> »Und zwei, die ihn ausnehmen.
> Seien Sie immer auf der Hut!«
> Haus der Spiele

Everett McGill (Major Powers): »Sie gehören in einen Käfig gesperrt, auf dem steht: 'Erst öffnen, wenn der Krieg ausbricht!'« [4088]

*

Dean Snyder (Master Sergeant Choozoo): »Danach vernichten wir ein paar Gehirnzellen, und du erzählst mir, was du gemacht hast.« [4089]

*

Eastwood: »He, du erinnerst dich immer noch an die Marke.«
Marsha Mason (Aggie): »Miesen Whiskey, miesen Sex, miese Männer vergesse ich nie.« [4090]

*

Eastwood: »Ohne Not aus einem Flugzeug zu springen, ist keine natürliche Sache.« [4091]

*

McGill: »Alter Mann, wird Zeit, daß dir jemand deinen Platz zuweist.« [4092]

*

Eastwood: »Bringen wir einen Toast aus auf J. J. und sämtliche Teile von ihm, die wir nicht mehr finden konnten.« [4093]

***

HEAT
USA 1995, Regency, Forward Pass, Warner (Regie, Buch Michael Mann)

Robert De Niro (Neil McCauley): »Wenn du's auf der Straße zu was bringen willst, dann bind dich auf keinen Fall an jemand, häng dich an nichts, was du nicht problemlos in dreißig Sekunden wieder vergessen kannst, wenn du merkst, daß dir der Boden zu heiß wird.« [4094]

*

De Niro: »Ich spreche mit jemandem, den's gar nicht mehr gibt.«
William Fichtner (Van Zant): »Das versteh ich nicht.«
De Niro: »Ist doch klar: An Ihrem Ende der Leitung spricht 'ne Leiche.« [4095]

*

John Voight (Nate): »Dreimal verheiratet, was glaubst du, was das bedeutet? Daß er gern zu Haus rumsitzt? Das bedeutet, der Typ ist einer, der nie schläft, schnüffelt immer rum, die ganze Nacht, läßt nie locker. Wo der ist, ist der Boden heiß. Du solltest verschwinden.« [4096]

De Niro: »Ich geh im Leben nicht mehr in 'n Bau.«
Al Pacino (Vincent Hanna): »Dann hören Sie auf, Dinger zu drehen!«
De Niro: »Ich tue das, was ich am besten kann: Ich drehe Dinger. Sie tun das, was Sie am besten können: Leute wie mich davon abhalten.« [4097]

*

Pacino: »'n ziemlich ödes Leben, oder?«
De Niro: »Es ist nun mal, wie es ist. Entweder so, oder wir müssen uns nach was anderem umsehen.«
Pacino: »Ich hab nichts anderes gelernt.«
De Niro: »Ich auch nicht.«
Pacino: »Ich glaub, ich will auch nichts anderes.«
De Niro: »Ich auch nicht.« [4098]

*

Fichtner: »Weshalb hör ich nichts mehr von ihm?«
Kevin Gage (Waingro): »Wahrscheinlich hat er im Moment 'ne Menge zu tun. Aber er ist sehr gründlich. Er würde Sie im Leben nicht vergessen.«
Fichtner: »Da kann ich ja ganz beruhigt sein.« [4099]

*

Pacino: »Ich sage, was ich denke, und ich tue, was ich sage.« [4100]

*

Diane Venora (Justine): »Und jetzt muß ich mich mit so was wie Ralph *(der daneben sitzt)* erniedrigen, um von dir loszukommen.« [4101]

***

HEAVENLY CREATURES
NZL 1994, Wingnut, Fontana, New Zealand Film Commission (Regie Peter Jackson, Buch Frances Walsh, Peter Jackson)

*

Simon O'Connor (Herbert Rieper): »Ist das

> »He, du erinnerst dich immer noch an die Marke.«
> »Miesen Whiskey, miesen Sex, miese Männer vergesse ich nie.«
> Heartbreak Ridge

nicht dieser irische Volkssänger Murray O'Lanza?« [4102]

***

HEIRAT NICHT AUSGESCHLOSSEN
(The Matchmaker)
UK/USA 1997, Working Title, PolyGram (Regie Mark Joffe, Buch Karen Janszen, Louis Nowra, Graham Linehan)

*

Janeane Garofalo (Marcy Tizard): »Wie könnte das ein Privatgespräch sein? Ich habe kein Privatleben.« [4103]

*

Jay O. Sanders (Senator John McClory): »Wollten Sie schon mal nach Irland?«
Garofalo: »Nein.«
Denis Leary (Nick): »Die Antwort war falsch. Das Wort, das man hier hören möchte, ist ›ja‹.«
Garofalo: »Ja. Warum?« [4104]

*

Maria Doyle Kennedy (Sarah): »Die sind einfach nur Brüder, das ist alles, einfach Brüder. Jeder für sich allein ist toll, aber zusammen haben sie das Hirn eines einzigen Zwölfjährigen.« [4105]

*

Garofalo: »Wenn man ein Idiot ist, ist das dann so, als ob man ständig high ist?«
David O'Hara (Sean Kelly): »Oh nein, das ist so, als ob man ständig recht hat.« [4106]

*

Garofalo: »Wir hätten gern zwei Whisky, so groß, wie Sie sie noch nie ausgeschenkt haben.« [4107]

*

(Michael): »Laß mich! Ich will sterben.«
O'Hara: »Warum?«
(Michael): »Wegen einer Frau. (...)«
O'Hara: »Kein Mann bringt sich wegen einer Frau um. Den Gefallen tut man ihnen nicht.« [4108]

»*Er ist wie Kaugummi in den Haaren, irgendwann ist er wieder raus.*«
Heirat nicht ausgeschlossen

Sanders: »Ich dachte immer, daß Sie was von Ihrem Job verstehen. Aber Sie sind ja ein richtiges Arschloch, oder?«
Leary: »Das läßt sich nicht voneinander trennen.« [4109]

*

Saffron Burrows (Moira): »Er ist wie Kaugummi in den Haaren, irgendwann ist er wieder raus.« [4110]

*

Leary: »Wenn er nüchtern ist, ist er langweilig, wenn er voll ist, ist er langweilig und ein Arschloch.« [4111]

***

DIE HEIRATSVERMITTLERIN *(The Matchmaker)*
USA 1958, Paramount (Regie Joseph Anthony, Buch John Michael Hayes, nach dem Stück von Thornton Wilder)

*

Shirley Booth (Alma Duval): »Ich finde, es ist eine gräßliche Vorstellung, daß das schöne Geld in dicken Bündeln in der Bank liegt, ich meine, so unnütz und untätig. Ich finde, das Geld muß immer in Bewegung sein, wie ein Perpetuum mobile.« [4112]

*

Wallace Ford (Malachi Stack): »Ich habe große Erfahrung auf allen Gebieten.« [4113]

*

Paul Ford (Horace Vandergelder): »›Vorwiegend war der oben Genannte ehrlich sowie zuverlässig, gelegentlich auch willig und fleißig.‹« [4114]

*

P. Ford: »99 % der gesamten Menschheit sind Dummköpfe. Und für den Rest besteht akute Ansteckungsgefahr.« [4115]

*

W. Ford: »Du mußt immer ein kleines Laster an deinem Busen pflegen. Hege es wie eine junge Pflanze, damit deine Tugenden drumherum sprießen können.« [4116]

*

W. Ford: »Sie dürfen zwei Schwächen nie zur selben Zeit haben. Es ist die Addierung zweier Sünden, die das Laster entwürdigt und ihm den guten Ruf bei den Menschen nimmt.« [4117]

*

W. Ford: »Ich brauche ein unbeschwertes Gewissen, um mich so auf den Whiskey zu konzentrieren, wie er es verdient.« [4118]

***

HEISSBLÜTIG – KALTBLÜTIG
(Body Heat)
USA 1981, Ladd, Warner (Regie, Buch Lawrence Kasdan)

*

Kathleen Turner (Matty Walker): »Sie sind nicht allzu intelligent, hm? Ich liebe das an Männern!« [4119]

*

Turner: »Sagen Sie, kommt so 'n Gequatsche eigentlich bei den meisten Frauen an?«
William Hurt (Ned Racine): »Bei manchen, wenn sie noch nicht viel rumgekommen sind.« [4120]

*

Hurt: »Ich weiß, daß die Scheiße manchmal so dick auf einen runterkommt, daß man das Gefühl hat, man müßte einen Hut aufsetzen.« [4121]

*

Hurt: »Du siehst ja furchtbar aus. Schläfst du zuwenig?«
Ted Danson (Peter Lowenstein): »Ich hatte letzte Nacht einen Traum, der war so langweilig, daß ich aufgewacht bin und Angst hatte, wieder einzuschlafen.« [4122]

*

J. A. Preston (Oscar Grace): »Kommt immer auf Touren bei so einem Wetter. Wenn es heiß wird, versuchen die Leute, sich gegenseitig umzubringen.« [4123]

*

Hurt: »He, Lady, wollen wir ficken?«
Kim Zimmer (Mary Ann Simpson, dreht sich um): »Ja, ich weiß nicht. Vielleicht. Ist ja wirklich eine freundliche Stadt.«
Hurt: »Tut mir leid.«
Zimmer: »Ach, wirklich? Soll das heißen, Ihr Angebot gilt nicht?«
Hurt: »Was bin ich doch für ein Dreckskerl!«
Zimmer: »Vielleicht sollten Sie es eine Tür weiter wiederholen. Sie suchen bestimmt die Dame des Hauses.«
Turner: »Ned, das ist Mary Ann.«
Zimmer: »Wir haben uns gerade bekanntgemacht. Ned hat mir das Gefühl gegeben, sehr willkommen zu sein.« [4124]

Richard Crenna (Edmund Walker): »Er ist wie viele, denen man heute begegnet. Sie wollen reich werden, ganz auf die Schnelle. Sie wollen mit einem Schuß ins Schwarze treffen, aber sind nicht bereit zu tun, was notwendig ist.« (...)
Hurt: »Sie meinen, die Kleinarbeit zu machen, es sich verdienen?«
Crenna: »Nein. Nein, ich meine zu tun, was nötig ist. Was auch immer nötig ist.« [4125]

*

Mickey Rourke (Teddy Lewis): »Du hast jedesmal, wenn du ein anständiges Verbrechen planst, 50 Möglichkeiten, irgendwas zu vermasseln. Wenn du an 25 davon denkst, bist du ein Genie. Und du bist sicher kein Genie.« [4126]

*

Danson: »Ned, dein Schwanz wird dich eines Tages noch in einen Riesenschlamassel reinreißen.« [4127]

*

Preston: »Du hast schon mal Scheiße gebaut, du wirst es wieder tun. Es ist deine Natur.« [4128]

*

Danson: »Also, was mich angeht, es ist mir egal, wer ihn umgebracht hat. Es ist mir auch egal, wer dadurch reich wird. Aber Oscar, Oscar ist da ganz anders. Ich meine, sein ganzes Leben basiert darauf, immer das Richtige zu tun. Er ist der einzige Mensch, den ich kenne, der so ist. Manchmal ist das ausgesprochen lästig. Selbst für ihn.« [4129]

***

HEISSE GRENZE *(The Wonderful Country)*
USA 1959, DRM, United Artists (Regie Robert Parrish, Buch Robert Ardrey, nach dem Roman von Tom Lea)

*

»Die Gringos nennen den Fluß Rio Grande. Was für ein großer Name für so ein kleines Gewässer.« [4130]

> *»Ich brauche ein unbeschwertes Gewissen, um mich so auf den Whiskey zu konzentrieren, wie er es verdient.«*
> Die Heiratsvermittlerin

Charles MacGraw (Doc Stovall): »Wissen Sie was, Brady, ihr gebrochenes Bein ist nur halb so schlimm wie der Dreck drauf. Wie lange waren Sie denn unterwegs, um so auszusehen?«
Robert Mitchum (Martin Brady): »26 Tage.«
MacGraw: »Ich hab gedacht, ein ganzes Jahr, aber ich hab ja auch nicht gleich gemerkt, daß Sie kein Mexikaner sind.« [4131]

*

Mitchum: »Entschuldigen Sie, ich bin ein schlechter Unterhalter. Ich rede sonst gewöhnlich nur mit meinem Pferd.« [4132]

*

Pedro Armendariz (Cipriano Castro): »Wissen Sie, was das Leben so schwer macht, Brady? Daß wir immer gezwungen werden, Entscheidungen zu treffen, denn wenn wir nicht bereit sind, sie zu treffen, kommt man uns zuvor. Ich habe nicht den Wunsch, Marcos *(seinen Bruder)* zu töten, aber man muß den Tatsachen ins Auge sehen, mein Pflichtgefühl zwingt mich dazu.« [4133]

*

Armendariz: »Ich kann Ihre Rücksichtnahme verstehen, ich finde sie sogar rührend, aber Sie fühlen zu unrealistisch, wie ein Gringo, Brady.« [4134]

*

Mitchum: »Wissen Sie, wo sie *(die Apachen)* jetzt sind?«
Satchel Paige (Tobe Sutton): »Woher soll ich das wissen, Mr. Brady? Ich weiß ja nicht mal, wo ich bin.«
Mitchum: »Wer hat jetzt das Kommando?«
Paige: »Ich fürchte ich. Der Major ist verwundet, ich glaube, er wird es nicht mehr lange machen.« [4135]

*

Mitchum: »Ich mache mich am besten gleich aus dem Staub.«

»Das ist ein tolles
Parfüm, Debby.«
»Ist was Neues, zieht Mücken
an und vertreibt Männer.«
Heißes Eisen

(Captain): »Ich kann Sie nicht gehen lassen, das ist eine Frage der Ehre.«
Mitchum: »Sie kümmern sich um Ihre Ehre, Captain, und ich kümmere mich um meine Haut. Das habe ich immer so gemacht.« [4136]

***

HEISSE WARE *(Hot Stuff)*
USA 1979, Rastar-Engelberg, Columbia (Regie Dom DeLuise, Buch Michael Kane, Donald E. Westlake)

*

Dom DeLuise (Ernie Fortunato): »In zwei Tagen hab ich alles überstanden *(Pension)*.«
Marc Lawrence (Carmine): »In zwei Sekunden hast du alles überstanden.« [4137]

***

HEISSES EISEN
(The Big Heat)
USA 1953, Columbia (Regie Fritz Lang, Buch Sydney Boehm, nach dem Roman von William P. McGivern)

*

Robert Burton (Gus Burke): »Niemand kann ganz allein sein, Dave. Auch Sie können nicht gegen die ganze Welt ankämpfen.« [4138]

*

Lee Marvin (Vince Stone): »Das ist ein tolles Parfüm, Debby.«
Gloria Grahame (Debby Marsh): »Ist was Neues, zieht Mücken an und vertreibt Männer.« [4139]

*

Adam Williams (Larry Gordon): »Wie sollte ich denn wissen, daß ausgerechnet sie in den Wagen steigt?«
Alexander Scourby (Mike Lagana): »Idioten kapieren immer schwer, warum sie ins Zuchthaus kommen. Leute, die aus Dummheit Fehler machen, kann ich nicht gebrauchen.« [4140]

*

Scourby: »Ich will nicht in Al Capones alter Zelle landen.« [4141]

*

Glenn Ford (Dave Bannion): »Ist Slim Farrow hier?«
Dan Seymour (Atkins): »Nein, nicht mehr.«
Ford: »Wo kann ich ihn treffen?«
Seymour: »Am besten auf dem Friedhof, zwei Meter unter der Erde, seit drei Tagen, schwaches Herz. Hat er Schulden bei Ihnen?«

Ford: »Nein, ich wollte ein paar Auskünfte von ihm.«
Seymour: »Dann macht das ja weiter nichts. Slim hätte seinem Beichtvater nicht die Wahrheit gesagt, falls er gebeichtet hat.« [4142]

*

Grahame: »Es macht Ihnen wohl Freude, alle Menschen zu beleidigen?«
Ford: »Sie sind doch die Freundin von Stone?«
Grahame: »So wie Sie das sagen, klingt das wie ein Schimpfwort.«
Ford: »Ganz recht, das sollte es auch.« [4143]

*

Ford: »Lohnt sich denn so ein Leben?«
Grahame: »Kleider und Pelze und wunderbarer Schmuck, was ist daran schlecht?«
Ford: »Nichts, wenn es Ihnen nichts ausmacht, woher das Geld kommt.«
Grahame: »Wichtig ist nur, daß man welches hat. Ich war reich, und ich war arm. Glauben Sie mir, reich ist besser.« [4144]

*

Grahame: »Sie sind wirklich so romantisch wie ein paar Handschellen.« [4145]

*

Grahame: »Wollen Sie wirklich, daß ich gehe?«
Ford: »Was Vince Stone gehört, würde ich nicht mit einer Feuerzange anfassen.« [4146]

*

Marvin: »Woher weißt du das?«
Grahame: »Ich war zufällig dabei. Ich bin die Kleine, die neben dir saß« [4147]

*

Marvin: »Wir haben Larry kurz vor dem Flugplatz erwischt. Er hatte es so eilig, daß ich ein paarmal schießen mußte.« [4148]

*

Grahame: »Wir sollten uns beim Vornamen nennen, Bertha. Wir sind doch Schwestern im Nerz.« [4149]

***

HEISSES PFLASTER (Rogue Cop)
USA 1954, MGM (Regie Roy Rowland, Buch Sydney Boehm, nach dem Roman von William P. McGivern)

*

Robert Taylor (Christopher Kelvaney): »Du wirst nicht reich, wenn du mitten im Spiel die Regeln änderst.«

»Wodurch hast du denn dein Geld gemacht? Etwa beim Befolgen der Regeln?« [4150]

*

Peter Brocco (Wrinkles Fallon): »Auf Anraten des Anwalts weiß ich nicht einmal, was für ein Tag heute ist. Das nennt sich Strafprozeßordnung.« [4151]

*

Robert F. Simon (Ackerman): »Er hat es doch nicht so schlimm gemeint. Es war nur eine Redensart.«
Taylor: »Ich hasse Redensarten.« [4152]

***

HELD DER PRÄRIE (The Plainsman)
USA 1936, DeMille, Paramount (Regie Cecil B. DeMille, Buch Waldemar Young, Harold Lamb, Lynn Riggs, nach den Geschichten ›Wild Bill Hichok‹ von Frank J. Wilstach und ›The Prince of Pistoleers‹ von Courtney Ryley Cooper, Grover Jones)

*

Helen Burgess (Louisa Cody): »Aber morgen ist Sonntag. Fahren wir auch sonntags?«
Gary Cooper (Wild Bill Hickok): »Es gibt keinen Sonntag westlich von Junction City, kein Gesetz westlich von Hays City und keinen Gott westlich von Carson City.« [4153]

*

James Ellison (Buffalo Bill Cody): »Ein guter Reiter. Wir müssen versuchen, ihn freizubekommen ... Dieser Bursche hat wohl neun Leben.«
(Sergeant): »Beim Geier, die wird er gut brauchen können.« [4154]

*

Burgess: »Was hat General Custer mit Bill vor?«
(Sergeant): »Wissen Sie, Madam, General Custer vertraut mir nicht alle seine Gedanken an.« [4155]

*

Cooper: »Allmählich beginne ich Mrs. Cody zu verstehen. Wie komme ich dazu, über Tod und Leben zu entscheiden?«

»Sie sind wirklich
so romantisch wie ein
paar Handschellen.«
Heißes Eisen

Jean Arthur (Calamity Jane): »Du bist doch nicht krank, Bill?« [4156]

*

Cooper: »Nehmt die Hände von den Kanonen! Sonst gibt es hier bald mehr tote Männer als diese Stadt an Begräbnisplätzen hat.« [4157]

*

Cooper: »Ich nehme den ohne Armlehne. Und behaltet die Hände auf dem Tisch! Das gilt für alle.« [4158]

*

Fred Kohler (Jack): »Charley wäre ein berühmter Mann, wenn er Sie gekriegt hätte, Hickok. Indianer haben einen Sinn für Ruhm. Du wirst berühmt, wenn du einen großen Mann umlegst. Sie abzuschießen, ist eine große Ehre, auf die so mancher wartet.«
Cooper: »Sie auch, Jake?«
Kohler: »Und wie, Bill? Von vorn doch nicht. Jemanden wie dich abzuschießen, geht nur von rückwärts.« [4159]

***

HELDEN AUS DER HÖLLE *(Three Godfathers)*
USA 1936, MGM (Regie Richard Boleslawski, Buch Edward E. Paramore jr., Manuel Seff, nach der Geschichte ›The Three Godfathers‹ von Peter B. Kyne)

*

Roger Imhof (Sheriff): »Also, da haben Sie sich die beste Gegend ausgesucht. Arizona ist für sein gutes Klima bekannt. Viele Lungenkranke kommen aus dem Osten hierher und werden gesund.«
Lewis Stone (James ›Doc‹ Underwood): »Wer sagt, ich sei lungenkrank?«
Imhof: »Wieso, sind Sie es nicht? Dieser Husten ...«
Stone: »Nein, nein. Nein, ich rauche nur zu viele Zigaretten.« [4160]

*

Irene Hervey (Molly): »Gib die Uhr der Mutter zurück, der du sie gestohlen hast!«

> »Keine Tränen, bitte!
> Das ist eine Verschwendung
> kostbaren Leidens.«
> Hellraiser – Das Tor zur Hölle

Chester Morris (Bob Sangster): »Komisch, ich weiß nicht mal, ob sie Mutter gewesen ist oder nicht. Es interessiert sie jedenfalls nicht mehr, wie spät es ist.« [4161]

*

Morris (nachdem er seinen verkleideten Bruder erschossen hat): »Es gibt keinen Weihnachtsmann.« [4162]

*

Stone: »Es heißt *Macbeth* von Shakespeare.«
Walter Brennan (Sam Bartow, aka Gus): »Was für Bücher hat Shakespeare geschrieben? Rote Bücher oder grüne Bücher?« [4163]

***

HELLRAISER – DAS TOR ZUR HÖLLE
(Hellraiser)
UK 1987, Film Futures, New World (Regie, Buch Clive Barker, nach seiner Geschichte ›The Hellbound Heart‹)

*

Oliver Smith (Frank Cotton als Monster): »Jeder Tropfen Blut, den du mir zuführst, bringt mehr Fleisch auf meine Knochen. Und das wollen wir doch beide, oder?« [4164]

*

Ashley Laurence (Kirsty): »Wer seid ihr?«
Doug Bradley (Lead Cenobite): »Forschungsreisende in die weit entfernten Regionen der menschlichen Erfahrung, für manche Dämonen, Engel für andere.« [4165]

*

Bradley: »Keine Tränen, bitte! Das ist eine Verschwendung kostbaren Leidens.« [4166]

***

HELSINKI-NAPOLI – ALL NIGHT LONG
BRD/SF 1987, Salinas, Villealfa, von Büren (Regie Mika Kaurismäki, Buch Richard Reitlinger, Mika Kaurismäki, Story Mika Kaurismäki, Christian Zertz)

*

Jean-Pierre Castaldi (Igor): »Mara, machen wir Zwillinge, Drillinge, Vierlinge!«
Margi Clarke (Mara): »Die meisten Männer wollen mich für eine Stunde, und du willst gleich 'ne neue Rasse züchten.« [4167]

*

Kari Väänänen (Alex): »Heute ist man nicht mal als Loddel vor dem Feminismus sicher.« [4168]

Roberta Manfredi (Stella): »Was haben Sie gegen Babys?«
Samuel Fuller (Boss): »Aus Babys werden Bullen.« [4169]

*

Fuller: »Eine originelle Idee mit dem Zement.« [4170]

***

HEMMUNGSLOSE LIEBE
(Possessed)
USA 1947, Warner (Regie Curtis Bernhardt, Buch Sylvia Richards, Ranald MacDougall, nach dem *Cosmopolitan*-Kurzroman ›One Man's Secret‹ von Rita Weiman)

*

Joan Crawford (Louise Howell Graham): »Ich verstehe nicht, warum ich dich nicht hasse.«
Van Heflin (David Sutton): »Du versuchst es zuwenig. Du mußt dich dazu zwingen.«
Crawford: »Du wirst dich bald nicht mehr über mich lustig machen.« [4171]

*

Geraldine Brooks (Carol Graham): »Was sagt deine Leber dazu?«
Heflin: »Meine Leber ist überglücklich, daß sie so viel zu tun hat.« [4172]

*

Brooks: »Wie gefällt dir mein Kleid?«
Heflin: »Bauingenieure lehnen es grundsätzlich ab, sich zu Damenkleidern zu äußern.« [4173]

*

Heflin: »Nun, ich denke, für eine Weile wird es schon gutgehen. Zumindest so lange, daß sich die Ausgaben für den Pfarrer gelohnt haben.« [4174]

*

Crawford: »Ich mußte dich sehen. Ich muß mit dir über uns sprechen.«
Heflin: »Das ist nicht mein Lieblingsthema. Schlag ein anderes vor!« [4175]

*

Heflin: »Meinst du nicht, wir sollten uns erst mal ganz ruhig hinsetzen und uns einen besseren Grund einfallen lassen, warum du mich umbringen willst?« [4176]

*

Heflin: »Ich finde es dumm von dir, daß du mich töten willst, Louise. Mich erwarten in meinem Leben noch eine Menge Schmerzen und Unannehmlichkeiten. Du willst doch sicherlich nicht, daß mir das alles entgeht.« [4177]

***

DER HENKER
(The Hangman)
USA 1959, Paramount (Regie Michael Curtiz, Buch Dudley Nichols, nach einer Geschichte von Luke Short)

*

Tina Louise (Selah Jennison): »Sie denken, für Geld bekommen Sie alles?«
Robert Taylor (MacKenzie Bovard): »Ja, ich bin nicht sentimental. Glauben Sie mir, ich kenne das Leben.« [4178]

*

Taylor: »Haben Sie schon mal einen Menschen getroffen, der sich nicht kaufen ließ?«
Fess Parker (Buck Weston): »Ich denke schon. Ja.«
Taylor: »Dann war die Summe nicht hoch genug. Jeder Mensch hat seinen Preis, Sie und ich ebenfalls.« [4179]

*

Louise: »Sie sind herzlos.«
Taylor: »Ich bin nicht herzlos, das Schicksal ist es.« [4180]

*

Taylor: »Die Zeit ist wie eine unüberwindbare Mauer. Wenn Menschen durch zuviele Jahre voneinander getrennt sind, finden sie nicht zusammen.« [4181]

*

Taylor: »Dann merkte er, daß es einfacher ist, ein Amt zu bekommen, als es wieder loszuwerden.« [4182]

*

Taylor: »Ein Mann, der für das Gute kämpft, wird immer einsam bleiben.« [4183]

*

Louise: »Buck, er ist nicht halb so nett wie du, aber ich liebe ihn.«

> »Was sagt deine Leber dazu?«
> »Meine Leber ist überglücklich, daß sie so viel zu tun hat.«
> Hemmungslose Liebe

Taylor: »Sie hätte einen Besseren verdient als mich.« [4184]

***

HENRY *(Henry: Portrait of a Serial Killer)*
USA 1989 (fertig 1986), Maljack (Regie John Mc Naughton, Buch Richard Fire, John McNaughton)

Tom Towles (Otis): »Ich hätte Lust, irgend jemand umzubringen.«
Michael Rooker (Henry): »Dann laß uns 'ne Spritztour machen, Otis!« [4185]

*

Rooker: »Wenn du jeden, den du umbringst, mit 'ner 45er erledigst, wird das so was wie 'n Fingerabdruck von dir. Verstehst du? Aber wenn du einen erdrosselst und einen erstichst, und einen zerstückelst du, den anderen nicht, sind die Bullen ratlos. Die halten dich dann für vier verschiedene Personen, was sie mögen, weil es ihnen die Arbeit einfacher macht. Man nennt das Modus operandi. Das ist Latein. Ich wette, du kannst kein Latein, hm?« [4186]

*

Rooker: »Das Wichtigste ist, daß du ständig in Bewegung bist. Dann kommen sie dir nie auf die Spur.« [4187]

*

Waleed B. Ali (store clerk): »He, was sagst du zu den Bears?«
Rooker: »Ich scheiß auf Baseball.« [4188]

***

HENRYS LIEBESLEBEN
(The World of Henry Orient)
USA 1964, Pan Arts, United Artists (Regie George Roy Hill, Buch Nora Johnson, Nunnally Johnson, nach dem Roman von Nora Johnson)

*

John Fiedler (Sidney): »Wenn ich denen immerzu vorschwindle, daß du beim Zahnarzt bist, dann werden sie deine Zähne zählen wollen.« [4189]

»Ich hätte Lust,
irgend jemand umzubringen.«
»Dann laß uns 'ne Spritztour
machen, Otis!«
Henry

DIE HERBERGE ZUM ROTEN PFERD
(Frontier Gal)
USA 1945, Universal (Regie Charles Lamont, Buch Michael Fessier, Ernest Pagano)

*

»Hör mal, Freundchen, hier kann nicht jeder Landstreicher unsere Damen beleidigen.«
Rod Cameron (Johnny Hart): »Welche Damen?« [4190]

*

»Ich glaube, es wird Zeit, daß ich dir beibringe, wer hier Herr im Hause ist. Verstehst du?«
Cameron (drei Schläge später): »Ich glaube, jetzt bin ich der Herr im Haus.« [4191]

*

Clara Blandick (Abigail): »Wenn du für Männlichkeit schwärmst, kannst du ihn ruhig nehmen, Lily. Denn ich habe noch nie ein bornierteres Exemplar von männlicher Arroganz gesehen.« [4192]

***

HERING AUF DER HOSE
(The Revenger's Comedies)
UK/F 1997, J&M, BBC, British Arts Council, France2, Canal+, Sofica, Artisan, Ima (Regie, Buch Malcolm Mowbray, nach dem Stück von Alan Ayckbourn)

*

Sam Neill (Henry Bell): »Du hast ihn umgebracht! Du hast Bruce Tick ermordet?«
Helena Bonham Carter (Karen Knightly): »Nein, ich hab ihm nur einen kleinen Schubs in Richtung Tod gegeben, weiter nichts. Er war sowieso schon auf diesem Weg.« [4193]

***

HERR DER GEZEITEN
(The Prince of Tides)
USA 1991, Barwood-Longfellow, Columbia (Regie Barbra Streisand, Buch Pat Conroy, Becky Johnston, nach dem Roman von Pat Conroy)

*

Nick Nolte (Tom Wingo, voice-over): »All das war vor langer Zeit, bevor ich mich entschloß, kein Gedächtnis mehr zu haben.« [4194]

*

Brandlyn Whitaker (Chandler Wingo): »Daddy, wenn du nicht aufhörst zu rauchen, wirst du sterben. Das haben sie mir in der Schule erzählt.«

Nolte: »Du gehst mir nicht mehr zur Schule!« [4195]

*

Nolte (voice-over): »Nur meine Schwester konnte mich dazu bringen, in diese abgrundtief gräßliche Stadt *(New York)* zu kommen, diese Stadt, die sich mit ihrem Getöse auf einen stürzt.« [4196]

*

Nolte: »Wenn das deine ganze Verführungskunst ist, wundert's mich nicht, daß du allein bist.« [4197]

*

Nolte: »Sie sind mir heute wirklich auf den Geist gegangen. Aber Sie haben mich zum Nachdenken gebracht.«
Barbra Streisand (Susan Lowenstein, Psychiaterin): »Das darf nicht zur Gewohnheit werden, sonst muß ich Ihnen was berechnen.« [4198]

*

Streisand: »Machen Sie immer Witze, statt sich zu unterhalten?« [4199]

*

Nolte: »Ach, das *(Eisbeutel)* brauch ich nicht. Ich benehm mich lieber wie ein Mann und verblute.« [4200]

*

Nolte: »Mein Gott, nichts ist so sexy wie eine schöne Frau, die auf Französisch Essen bestellt.« [4201]

*

Nolte: »Lowenstein, ich glaube, Ehebruch gefällt mir.« [4202]

*

Nolte: »Weißt du, in meinem nächsten Leben möchte ich du sein, Lowenstein. Ich will einen Haufen Geld mit Verrückten verdienen und ein sagenhaftes Penthouse in der Stadt haben, ein herrliches Landhaus und einen Mann wie mich.« [4203]

***

HERR DER SIEBEN MEERE *(The Sea Hawk)*
USA 1940, Warner (Regie Michael Curtiz, Buch Howard Koch, Seton I. Miller)

*

Robert Warwick (Captain Frobisher): »Wenn Majestät über ihn unwillig sind, so bitte ich, diesen Unwillen auch auf meine Person übertragen zu wollen.« [4204]

*

Flora Robson (Queen Elizabeth): »Tja, man muß sich entscheiden zwischen einen Mann lieben oder ihn beherrschen. Ich bin für beherrschen.« [4205]

***

DER HERR DER SILBERMINEN *(Silver River)*
USA 1948, Warner (Regie Raoul Walsh, Buch Stephen Longstreet, Harriet Frank jr., nach dem Roman von Stephen Longstreet)

*

Errol Flynn (Mike McComb): »Ich dachte nur, hier im Westen würde einer dem andern helfen.«
Ann Sheridan (Georgia Moore): »Hier gilt auch die Devise: ›Was mein ist, ist mein.‹« [4206]

*

Flynn: »Was für eine Art Mensch ist Ihr Mann?«
Sheridan: »Er ist ein Gentleman.«
Flynn: »Och, Sie Ärmste!« [4207]

*

Sheridan: »Er liebt Ärger. Vor allem, wenn *er* ihn macht.« [4208]

***

HERR DES WILDEN WESTENS *(Dodge City)*
USA 1939, Warner (Regie Michael Curtiz, Buch Robert Buckner)

*

Alan Hale (Rusty Hart): »Glückliches Vieh, nichts zu tun als zu fressen und zu schlafen.«
Guinn 'Big Boy' Williams (Tex Baird): »Damit hast du recht, Dickschädel. Zwischen dir und denen gibt es nur einen Unterschied: Die haben Hörner.« [4209]

*

Errol Flynn (Wade Hatton): »Wir sind auf dem Rückweg nach Texas. Wir werden die Herden bis zu Ihrer Eisenbahn treiben. Außerdem werden mir diese beiden Halunken, wenn sie sich noch lange in der Stadt herumtreiben, zu zivilisiert.«
Williams: »Wir verschwinden lieber, bevor die-

> »Mein Gott, nichts ist so sexy wie eine schöne Frau, die auf Französisch Essen bestellt.«
> Herr der Gezeiten

ser alte Quatschkopf anfängt, mit Messer und Gabel zu essen.« [4210]

*

Hale: »Sie können Wade hier nicht festhalten, Colonel, das ist der reiselustigste Mensch, den ich je gesehen habe. Erst war er bei der englischen Kolonialarmee in Indien, dann kämpfte er an der Seite irgendwelcher Hurra-Revolutionäre in Kuba, schließlich fing er an, in Texas Rinderherden zu treiben. Das war natürlich, bevor der Krieg anfing. Sie sehen also, entweder ist er der reiselustigste Mensch, den es gibt, oder er ist der abgefeimteste Lügner.« [4211]

*

Hale: »Sieh mal einer an, das ist also Dodge City. Hier riecht es so wie in Fort Worth. Stimmt's?«
Flynn: »Das ist nicht die Stadt, die so riecht, das bist du.« [4212]

*

Flynn: »William Shakespeare.«
Hale: »Von dem habe ich noch nicht gehört. Aus welcher Gegend von Texas ist der?«
Flynn: »Stratford on Avon.« [4213]

*

Henry Travers (Dr. Irving): »Sie sollten das nicht allzuernst nehmen, mein Junge, weibliche Logik und frauliches Empfinden sind oft verwirrend.« [4214]

*

Williams: »Aber das kannst du doch nicht tun, nachdem wir soviel gemeinsam erlebt haben. Wir waren im Krieg zusammen, haben zusammen die Eisenbahn gebaut, haben zusammen gegessen, getrunken, geschlafen, gelebt und sind fast gemeinsam gestorben.«
Flynn: »Und zusammen sind wir jetzt im Gefängnis, du da drin und ich da draußen.« [4215]

*

Flynn: »Wie ist der Streit zwischen Jim Kendall und dem Indianer verlaufen?«

»Sie sollten das nicht allzuernst nehmen, mein Junge, weibliche Logik und frauliches Empfinden sind oft verwirrend.«
Herr des wilden Westens

Hale: »Das habe ich gerade gründlich untersucht, Wade, das war kein richtiger Streit. Sie haben sich Schimpfworte an den Kopf geworfen, der Indianer hat sein Messer nach Kendall geschleudert, Kendall hat ein paar Schüsse abgefeuert. Keine Verletzten.« [4216]

*

Williams: »Ruhe ist etwas für Frauen und Kinder. (...) Ich passe nicht in eine so lahme Stadt wie Dodge City. (...) Wißt ihr, wenn ich noch länger hier in Dodge City bleiben würde, ritte ich am Ende noch im Damensattel.« [4217]

***

HERR SATAN PERSÖNLICH *(Mr. Arkadin)*
E 1955, Mercury (Regie, Buch, Roman Orson Welles)

*

Akim Tamiroff (Jacob Zouk): »Warum hat sich dieser Bracco gerade Sie dafür ausgesucht? Er kannte Sie doch gar nicht.«
Robert Arden (Guy Van Stratten): »Er lag im Sterben. Vielleicht war ich ihm irgendwie sympathisch.«
Tamiroff: »Ich liege auch im Sterben, aber darum sind Sie mir noch lange nicht sympathisch.«
Arden: »Das beruht auf Gegenseitigkeit, aber trotzdem muß ich Ihr Leben retten.« [4218]

*

Patricia Medina (Mily): »Vielleicht kannst du mir verraten, was du an dem Mädchen so besonderes findest, außer daß sie 200 Millionen Dollar hat.« [4219]

*

Orson Welles (Gregory Arkadin): »Ein Skorpion wollte einen Fluß überqueren, darum bat er einen Frosch, ihn hinüberzutragen. ›Nein‹, sagte der Frosch, ›nein, danke. Wenn ich dich auf meinen Rücken nehme, könntest du mich stechen, und dein Stich ist tödlich.‹ ›Nun sage mir‹, erwiderte der Skorpion, ›wo ist da die Logik?‹ Denn Skorpione versuchen immer, logisch zu sein. ›Wenn ich dich steche, mußt du sterben, und dann ertrinke auch ich.‹ Das überzeugte den Frosch, und er nahm ihn mit. Aber genau in der Mitte des Flusses fühlte er einen durchdringenden Schmerz, und es wurde ihm klar, daß der Skorpion ihn doch gestochen hatte. ›Logik!‹, schrie der sterbende Frosch, als er anfing, langsam mit dem Skorpion unterzugehen. ›Darin sehe ich keine Logik.‹ ›Du hast recht,‹ sagte der Skorpion, ›aber ich kann dir nicht helfen. Das ist nun mal mein Charakter.‹« [4220]

*

Mischa Auer (Der Professor): »Haben Sie sich nie gefragt, warum Polizisten für ihre Dummheit berühmt sind? Sehr einfach. Weil sie gar nicht klug zu sein brauchen. Die Gauner sind nicht die Schlimmsten, sie sind nur noch dümmer. Sie lassen sich fangen wie die Flöhe.«
Arden: »Und die Mörder?«
Auer: »Mein Freund, 20.000 Jahre Erfahrung haben bewiesen, daß die meisten Mörder Amateure sind.« [4221]

*

Tamiroff: »Die Welt ist groß.«
Arden: »Sie ist ein Dorf, wenn ein Arkadin hinter einem her ist.« [4222]

***

HERRIN DER TOTEN STADT (Yellow Sky)
USA 1948, Twentieth Century Fox (Regie William A. Wellman, Buch Lamar Trotti, nach dem Roman von W. R. Burnett)

*

Gregory Peck (Stretch): »Ein Pferd ist ein sehr brauchbares Tier. Warum soll es darunter leiden, daß es zufällig einem Idioten gehört?« [4223]

*

Peck: »Sagen Sie mal, warum zielen Sie eigentlich dauernd auf mich? Frauen sollte man solche Dinger gar nicht in die Hand drücken. Sie schießen einen tot, und hinterher tut es ihnen leid.« [4224]

*

Richard Widmark (Dude): »Ich habe bereits eine Pistolenkugel im Bauch, genau hier. Die hat mir einer beim Pokern reingejagt. Der schrie wie ein abgestochenes Schwein, weil er ein paar Hunderter verloren hatte. Er glaubte, daß ich ihn betrogen hätte. Habe ich auch, aber das tut hier gar nichts zur Sache.« [4225]

*

Widmark: »Stretch, hörst du mich? Es ist uns klar, daß ein paar von uns dran glauben müssen, wenn wir dich hochgehen lassen. Auf der anderen Seite, wenn wir mit dem Gold abhauen und dich nicht vorher umlegen, wissen wir, daß du so lange hinter uns her bist, bis du uns findest. Deshalb wollen wir lieber tun, was du wolltest.« [4226]

*

Charles Kemper (Walrus): »Wir dachten, du wärst tot.«
Peck: »Wenn ihr schon denkt.« [4227]

***

EIN HERZ UND EINE KANONE (Gun Shy)
USA 2000, Fortis (Regie, Buch Eric Blakeney)

*

Andy Lauer (Jason Cane): »Also ich bin modern ausgerichtet. Was klassische Dinge betrifft, sind die Leute ja viel zu sentimental. Warum sollten die Sachen von heute nicht genausogut sein wie die vor 200 Jahren?« [4228]

***

EIN HERZ UND EINE KRONE (Roman Holiday)
USA 1953, Paramount (Regie William Wyler, Buch Ian McLellan Hunter, John Dighton, Story Ian McLellan Hunter)

*

Audrey Hepburn (Prinzessin Anne, zu Peck): »Würden Sie mir beim Auskleiden helfen, bitte?« [4229]

*

Hepburn: »Dann habe ich also die Nacht hier mit Ihnen verbracht?«
Gregory Peck (Joe Bradley): »Oh, so würde ich es nicht gerade nennen, aber in gewisser Weise, ja.« [4230]

*

Hepburn: »Tun Sie das gern?«
Peck: »Wird man im Leben gefragt, was man gern tut?« [4231]

*

Hepburn: »Ich muß dich jetzt verlassen. Ich muß dort in diese Straße gehen, und du, du bleibst im Wagen und fährst weg. Versprich mir bitte, daß du mir nicht folgen wirst! Du fährst und verläßt mich, wie ich dich verlasse.« [4232]

> *»Die Welt ist groß.«*
> *»Sie ist ein Dorf, wenn ein Arkadin hinter einem her ist.«*
> Herr Satan persönlich

DIE HERZENSBRECHER *(Heartbreakers)*
USA 1984, Jethro, Orion (Regie, Buch Bobby Roth)

*

Harry Sanders (Reuben): »Was ist denn mit dem heute los?«
Peter Coyote (Arthur Blue): »Ihm fehlt der Sinn im Leben.« *4233*

*

Jamie Rose (Libby): »Ich glaube nicht an den Orgasmus. (...) Ich glaube, Sex sollte mehr ein Austausch von Energie sein.«
Nick Mancuso (Eli Kahn): »Heißt das, du kommst nicht?«
Rose: »Ich will doch keine Energie verlieren.«
Mancuso: »Du hast doch nichts dagegen, wenn ich ein bißchen davon verliere?« *4234*

*

Coyote: »Sie will mehr Sicherheit.«
Mancuso: »Und da hast du deinen Job hingeschmissen.«
Coyote: »Ich muß jetzt endlich was für meine Karriere tun.«
Mancuso: »Karriere ist, wenn du 'ne Menge Geld machst.« *4235*

*

Rose: »Du gehst mit Typen aus, und dann passiert nichts anderes, als daß sie dir erzählen, wer sie sind. Langweilig. Dann am Ende des Abends, da entscheidest du dich, ob er wenigstens für 'n Fick gut ist, oder ob's 'n Totalverlust war.« *4236*

*

Coyote: »Ich bin Blue.«
Rose: »Dann sei fröhlich!« *4237*

*

Coyote: »Dieses Zeug *(Kings Bilder)* kannst du überall aufhängen. Das nimmt ohne weiteres den Charakter jeder Umgebung an.« *4238*

*

Coyote: »Wo nimmst du eigentlich die Zeit her?«

> »Wer glaubst du eigentlich, wer du bist, Mann? Du kannst weder malen noch ficken.«
> Die Herzensbrecher

Max Gail (King): »Was meinst du, Blue?«
Coyote: »Die Zeit für all diese bunten kleinen Linien und die, auch noch meine Frau zu ficken?« *4139*

*

Coyote: »Vielleicht könntest du ja was anderes malen als diese Gebrauchsscheiße, wenn du nicht so viel Zeit dafür verschwenden würdest, andern in den Arsch zu kriechen.« *4240*

*

Gail: »Wer glaubst du eigentlich, wer du bist, Mann? Du kannst weder malen noch ficken.« *4241*

*

Gail: »Ich bin beeindruckt, wie souverän du das sagst. Ich dachte, du wärst eher so 'n, so 'n ...«
Coyote: »Arschloch.«
Gail: »Ja.« *4242*

***

HERZFLIMMERN
(Le souffle au cœur)
F/I/BRD 1971, Nouvelles Editions, Marianne, Vides, Seitz (Regie, Buch Louis Malle)

Henri Poirier (Onkel Leonce): »Und unsere Jugend? Wie denkt die Jugend über dieses Problem?«
Marc Winocourt (Marc): »Die Jugend, lieber Onkel Leonce, die scheißt darauf.« *4243*

*

Benoît Ferreux (Laurent): »Du quatschst doch zu dämlich. Sogar für 'n Faschisten.« *4244*

*

François Werner (Hubert): »Ich würde Ihnen gerne Genugtuung geben, aber ich kann mich ja nicht mit jedem Penner schlagen.« *4245*

***

DIE HEXEN VON EASTWICK
(The Witches of Eastwick)
USA 1987, Guber-Peters, Miller, Warner (Regie George Miller, Buch Michael Christofer, nach dem Roman von John Updike)

*

Cher (Alexandra Medford): »Hoffentlich ist sein Schwanz größer als sein IQ.« *4246*

*

Cher: »Ich find nicht, daß Männer die Lösung für alles sind.« *4247*

Jack Nicholson (Daryl Van Horn): »Sie haben hier nirgendwo irgendwelche Silberreiher gesehen, oder?«
Cher: »Nein.«
Nicholson: »Ich auch nicht. Ich würde einen Silberreiher nicht mal erkennen, wenn ich auf ihn pisse. Wollen Sie Mittagessen?«
Cher: »Das ist wohl jetzt nicht die richtige Jahreszeit.«
Nicholson: »Zum Mittagessen?«
Cher: »Nein, um auf Vögel zu pissen.« [4248]

*

Cher: »Wofür halten Sie das, was Sie da tun?«
Nicholson: »Ich bin absolut aufrichtig zu Ihnen. Ich dachte, damit mach ich Ihnen eine kleine Freude. Und außerdem schieb ich nach dem Essen gern ein kleines Nümmerchen. Na, wie wär's, hm?«
Cher: »Soll das heißen, Sie wollen mich verführen?«
Nicholson: »Ich würde nicht im Traum daran denken, Sie zu verführen, Alexandra. Ich würde doch Ihre Intelligenz nicht beleidigen mit so etwas Trivialem wie Verführung. Aber ich würde Sie wahnsinnig gern ficken.« [4249]

*

Cher: »Ich glaube ... nein, ich (...) bin sicher, daß Sie bestimmt der unattraktivste Mann sind, der mir je begegnet ist. In der kurzen Zeit, die wir zusammen waren, haben Sie sämtliche widerlichen Charaktereigenschaften des Mannes bewiesen. Mir sind sogar noch ein paar neue aufgefallen. Sie sind physisch abstoßend, intellektuell zurückgeblieben, Sie sind moralisch verkommen, vulgär, unsensibel, selbstsüchtig, dumm, Sie haben keinen Geschmack, einen schrecklichen Humor, und Sie riechen. Sie sind so uninteressant, daß mir nicht mal übel wird.«
Nicholson: »Machen Sie's lieber unten oder lieber oben?« [4250]

*

Nicholson: »Sagt man nicht, daß eine Frau ein Brunnen ist? All die Sinnlosigkeit dieser Welt schüttet man in sie hinein.« [4251]

*

Nicholson: »Ich halte nichts von diesem Gesundheitsbewußtseinsscheiß. Ich meine, was zum Teufel, soll der Unsinn? 60–70jährige Männer reißen sich den Arsch auf, weil sie fit sein wollen. Aber wozu? Wenn ich sterbe, dann möchte ich krank sein, nicht gesund.« [4252]

*

Nicholson: »Ich dachte, falls du mich wirklich vermissen solltest und es dir peinlich ist, mich anzurufen, ruf ich dich lieber an. Dann kannst du dich weiter überlegen fühlen, aber trotzdem herkommen.« [4253]

*

Nicholson: »Glauben Sie, Gott hat gewußt, was er tat, bei der Erschaffung der Frauen? (...) Oder glauben Sie, das war auch nur einer seiner kleinen Fehler, wie Flutwellen, Erdbeben und Sintfluten?« [4254]

***

HEXENKESSEL MIAMI *(Cat Chaser)*
USA 1988, Davis-Panzer, Vestron (Regie Abel Ferrara, Buch James Borelli, Alan Sharp, Elmore Leonard (ungenannt), nach dem Roman von Elmore Leonard)

*

(voice-over): »Manchmal sieht man jemanden einen Weg gehen, den man selbst hätte gehen können. Manchmal läßt man ihn weiterlaufen, und manchmal spendiert man ihm ein Bier.« [4255]

*

(voice-over): »Jetzt kam es darauf an, einen klaren Kopf zu bewahren, um glauben zu können, daß er und Mary es schaffen könnten, wozu es sicher einiger Selbsttäuschung bedurft hätte.« [4256]

*

(voice-over): »Es gibt kein besseres Mittel, um das Gefühl, einen klaren Kopf zu haben, zu beseitigen, als tagsüber Ehebruch in Hotelzimmern zu begehen.« [4257]

*

Charles Durning (Jiggs Scully): »Was ich so gehört habe, waren Sie in früheren Jahren ein Experte darin, Leute dazu zu bringen, Ihnen Dinge zu sagen, die sie eigentlich nicht sagen wollten.« [4258]

> »Sagt man nicht, daß eine Frau ein Brunnen ist? All die Sinnlosigkeit dieser Welt schüttet man in sie hinein.«
> Die Hexen von Eastwick

Tomas Milian (Andres DeBoya): »Wenn Sie in einem Verhör von jemandem etwas erfahren wollen, ist der beste Trick, ihm keine Fragen zu stellen. (...) Lassen Sie den Betreffenden nur seine Kleider ablegen. Das wirkt Wunder. Wenn er völlig nackt vor Ihnen steht, reicht das manchmal schon. Und wenn nicht, dann lassen Sie der Person etwas Unangenehmes widerfahren, steigern Sie das nach und nach, und nach einer Weile wird er liebend gerne mit Ihnen kooperieren, wenn Sie nur das Unangenehme einstellen.« [4259]

*

(voice-over): »George verstand Jiggs besser, jetzt, da er ihn getötet hatte. Es war gar nicht so schwierig, nicht, wenn man den Abzug in seinem Kopf gedrückt hatte. Es würde ihm sicher nie so leicht fallen wie Jiggs, aber er würde auch nie mehr George Moran sein.« [4260]

*

Kelly McGillis (Mary De Boya): »George! George, bist du okay?«
(voice-over): »Natürlich ist er okay. Er hat gerade den Traum Wirklichkeit werden lassen. Er hat jemanden getötet, den er nicht kannte, der aber versucht hatte, ihn zu töten. Und er hat Angst und weiß nicht, was zum Teufel vorgeht. Aber sie haben ja einander. Und zwei Millionen Dollar. Was soll da nicht in Ordnung sein?« [4261]

***

HIER IST JOHN DOE
(Meet John Doe)
USA 1941, Warner (Regie Frank Capra, Buch Robert Riskin, Story Richard Connell, Robert Presnell)

*

Barbara Stanwyck (Ann Mitchell): »Und Sie wollen clever sein? Selbst wenn's 100-Dollar-Scheine regnen würde, würden Sie nur nach 'nem verlorenen Penny suchen.« [4262]

> »Die Geschichte fängt an, mir zu gefallen.«
> Hier ist John Doe

James Gleason (Henry Connell): »Die Geschichte fängt an, mir zu gefallen.« [4263]

*

Walter Brennan (der Colonel): »Die Welt verbessern zu wollen, indem man vom Rathaus springt! Selbst wenn das Rathaus auf dich springen würde, könntest du nichts verbessern.« [4264]

*

Brennan: »Diese Geschichte taugt nichts. Du wirst dich an 'ne Menge Dinge gewöhnen, die dich fertigmachen. Zum Beispiel die 50 Dollar in deiner Tasche merkt man dir schon an.« [4265]

*

Brennan: »Ich lese diese Drecksblätter nicht, und Radio hör ich auch keins. Ich weiß, daß die die Tatsachen auf den Kopf stellen. Wozu soll ich dann lesen?« [4266]

*

Brennan: »Du wärst nicht der erste Kerl, den sie umgedreht haben. Es fängt damit an, daß du keine Sorgen mehr hast. Dann sehen sie das viele Geld und werden ganz komisch. (...) Als nächstes fällt dir wahrscheinlich ein, daß du in schicke Restaurants gehen willst. Du willst an einem Tisch sitzen und Salat essen und Cremetorten und Tee trinken. Na, du glaubst ja gar nicht, wie schlecht das für die Gesundheit ist. Als nächstes willst du Trottel dann ein Zimmer. Ja, ein Zimmer mit eingebauter Heizung, mit Gardinen und Teppichen, und im Handumdrehen bist du verweichlicht und kannst nicht mehr schlafen, wenn du kein Bett hast.« [4267]

*

Gary Cooper (Long John Willoughby/John Doe): »Keine Sorge, Colonel, 50 Mäuse machen keinen neuen Menschen aus mir.«
Brennan: »Ich hab viele Typen gesehen, die mit 50 Mäusen anfingen, und zum Schluß hatten sie 'n Bankkonto.«
Irving Bacon (Beany): »Was ist denn auf einmal an einem Bankkonto so schlimm?«
Brennan: »Eins kann ich dir verraten, Long John, wenn du mal einer von den Typen mit 'nem Bankkonto wirst, dann haben sie dich, jawohl, dann haben sie dich.« [4268]

*

Brennan: »Sie spazieren durch die Gegend, keinen Cent in der Tasche, frei wie der Wind, niemand will was von Ihnen. Um Sie herum Hunderte von Menschen, die Ihnen was verkaufen wollen, Schuhe, Hüte, Autos, Radios, Möbel, einfach alles. Sind alles nette und liebenswerte Menschen. Sie lassen Sie in Ruhe. Ich hab doch recht, oder? Und dann kriegt man Geld in die Finger. Und was passiert? All diese netten, liebenswerten Menschen werden zu Mistkerlen, nicht wiederzuerkennen. Die kommen dann an Sie rangeschlichen, versuchen Ihnen was zu verkaufen. Sie haben lange Klauen, und sie kriegen Sie in den Würgegriff. Und Sie winden sich, Sie ducken sich, Sie schreien. Sie versuchen sie wegzuschubsen, aber Sie haben keine Chance, sind ausgeliefert. Und auf einmal gehört Ihnen etwas, ein Auto zum Beispiel. Jetzt wird Ihr Leben ganz schnell auf den Kopf gestellt. Ein Führerschein muß her und Nummernschilder. Denken Sie ans Tanken, ans Öl und Steuern und Versicherung und Kraftfahrzeugscheine und Rechnungen, an Reparaturen und Reifenpannen und Bußgelder und Polizisten auf Motorrädern und Gerichtssäle und Rechtsanwälte und Geldstrafen und noch 'ne Million anderer Sachen. Und was passiert? Sie sind nicht mehr der freie und glückliche Mensch, der Sie mal waren. Denn dann brauchen Sie Geld, um für all das bezahlen zu können, und Sie fangen an, anderen Leuten Geld aus der Tasche zu ziehen. Schon ist es passiert. Sie sind selbst ein Stinker.« [4269]

*

Brennan: »Ich weiß, was dich hier hält. Du bist in die Kleine verknallt. Das ist das Schlimmste für einen Kerl, wenn er an einen Weiberrock gefesselt ist.« [4270]

*

Gleason: »Ich bleibe immer bei zwei mal zwei hängen, es wird einfach nicht vier daraus. Was haben Sie davon?« [4271]

*

Gleason: »Ich sollte eigentlich Milch trinken. Dieses Zeug ist Gift für mich. He, Tommy! (...) Das gleiche noch mal!« [4272]

*

Cooper: »Ich bin nur ein Trottel, das weiß ich. Aber ich fang langsam an, eine Menge zu begreifen. Typen wie Sie sind so alt wie die Welt. Wenn Sie eine anständige Idee nicht in Ihre Finger kriegen können, um sie zu verdrehen, auszuquetschen, in Ihren Geldbeutel stopfen können, machen Sie sie fertig. Wie Hunde. Wenn sie was nicht fressen, vergraben sie es.« [4273]

*

Gleason: »Tja, Leute, wieder ein Punkt für die Pontius Pilatus dieser Welt.« [4274]

*

Stanwyck: »Ich hätte dabei sein sollen. Ich hätte ihm helfen können. Er war so allein.« [4275]

*

Stanwyck: »Wenn es sich lohnt, dafür zu sterben, lohnt es sich auch, dafür zu leben.« [4276]

***

HIGH FIDELITY

USA/UK 2000, Working Title, Dogstar, New Crime, Touchstone (Regie Stephen Frears, Buch D. V. DeVincentis, Steve Pink, John Cusack, Scott Rosenberg, nach dem Roman von Nick Hornby)

*

John Cusack (Rob Gordon): »Was war zuerst da, der Kummer oder die Musik? Alle machen sich Sorgen um Kinder, die mit Waffen spielen oder sich brutale Videos ansehen, daß eine Kultur der Gewalt die Macht über sie gewinnt. Niemand kümmert sich um die Kinder, die jeden Tag Tausende, wirklich Tausende von Songs hören, die von unerfüllter Liebe, Zurückweisung, Schmerz, Verlust und Elend handeln. Hab ich damals Popmusik gehört, weil ich mies drauf war? Oder war ich mies drauf, weil ich damals Popmusik gehört hab?« [4277]

*

Cusack: »Vor einer Weile haben Dick, Barry und ich mal festgestellt, daß es vor allem darauf ankommt, was jemand gern hat und nicht, was jemand darstellt. Bücher, Platten, Filme, darauf kommt's an.« [4278]

*

Lisa Bonet (Marie De Salle): »Auch wenn's einem scheiße geht, kann man doch gleichzei-

---

> »Tja, Leute, wieder
> ein Punkt für die
> Pontius Pilatus dieser Welt.«
> Hier ist John Doe

tig geil sein. Ich mein, warum sollten wir unseren Grundrechten entsagen, bloß weil wir unsere Beziehungen in den Sand gesetzt haben?« [4279]

*

Iben Hjejle (Laura): »Redest du jetzt mit mir, oder soll ich mir was zum Lesen holen?« [4280]

***

HIGH SPIRITS
USA 1988, Vision, Palace (Regie, Buch Neil Jordan)

*

Beverly D'Angelo (Sharon): »Ich bin nicht tot?«
Steve Guttenberg (Jack): »Nein, aber wenn ich du wäre, würde ich keine langfristigen Pläne mehr machen.« [4281]

***

HIGHLANDER
UK 1986, Davis-Panzer, Thorne/EMI (Regie Russell Mulcahy, Buch Gregory Widen, Peter Bellwood, Larry Ferguson, Story Gregory Widen)

*

Anthony Fusco (Barmann): »Das Übliche?«
Roxanne Hart (Brenda Wyatt): »Ja, aber 'ne Menge davon.« [4282]

*

Clancy Brown (Kurgan): »Es kann nur einen geben.« [4283]

*

Sean Connery (Ramirez): »Manchmal ist die schärfste Klinge nicht scharf genug, MacLeod.« [4284]

*

Christopher Lambert (Conner MacLeod): »Ich kann Boote nicht ausstehen. Ich kann Wasser nicht ausstehen. Ich bin ein Mann, kein Fisch.« [4285]

*

Connery: »Wenn nur noch wenige von uns übrig sind, werden uns unwiderstehliche Kräfte in ein fernes Land führen. Dort kämpfen wir um den Preis.« [4286]

> »Ich kann Boote nicht ausstehen.
> Ich kann Wasser nicht ausstehen.
> Ich bin ein Mann, kein Fisch.«
> Highlander

Connery: »Du darfst niemals in Zorn geraten! Wenn dein Kopf nicht mehr auf den Schultern sitzt, ist es vorbei.« [4287]

*

Connery: »Kurgan ist der stärkste aller Unsterblichen. Er ist der perfekte Krieger. Wenn er den Preis gewinnt, müssen die sterblichen Menschen ein Reich der Dunkelheit ertragen.«
Lambert: »Wie kann man so einen Wilden besiegen?«
Connery: »Mit dem Herzen, dem Glauben und dem Stahl. Letzten Endes wird es nur einen geben.« [4288]

*

Brown: »Wer ist diese Frau?«
Connery: »Sie gehört mir.«
Brown: »Aber nicht mehr für lange.« [4289]

*

Hart: »Was können Sie mir über einen wahnsinnigen Hünen von zwei Meter Größe erzählen, der mit einem Breitschwert um ein Uhr früh im New York von 1985 herumfuhrwerkt?« [4290]

*

Lambert: »Beweg dich!«
(Nazioffizier): »Nein, erst mußt du mich erschießen.«
Lambert: »Was immer du sagst, Krautfresser. Ihr seid doch die Herrenrasse.« [4291]

*

Hart: »Nur dieses Samuraischwert will ich sehen.«
Lambert: »Wieso?«
Hart: »Ich habe es Ihnen gesagt: Weil es gar nicht existieren dürfte. Ich habe Stücke der Klinge auf 600 vor Christus datiert. Das Metall wurde 200mal gefaltet, und die Japaner haben erst im Mittelalter angefangen, solche Schwerter herzustellen. Also wo, zum Teufel, ist dieses Schwert hergekommen? Wenn ich die Existenz einer solchen Waffe beweisen könnte, wäre das wie die Entdeckung eines Jumbo-Jets, der 1000 Jahre vor den Gebrüdern Wright geflogen ist.« [4292]

*

Hart: »Warten Sie einen Moment, Nash! Ich will einige Antworten von Ihnen.«
Lambert: »Ach, wollen Sie? Denken Sie niemals an etwas anderes als an das, was Sie wollen?« [4293]

Hugh Quarshie (Sunda Kastagir): »Tut gut, Euch wiederzusehen. Ich hab das Gefühl, als wären hundert Jahre vergangen.«
Lambert: »Es sind hundert Jahre vergangen.« [4294]

*

Quarshie: »Das hier läßt Büschel aus Euren Ohren wachsen.«
Lambert: »Was ist das?«
Quarshie: »Bum-Bum. Ein großer starker Kerl wie Ihr sollte sich nicht vor einem Schluck Bum-Bum fürchten.« [4295]

*

Alan North (Lieutenant Frank Moran): »Na, wie geht's denn so, alter Junge?«
Christopher Malcolm (Kirk Metunas): »Ganz gut, schätze ich, für einen, dem man drei Fuß Stahl durch die Gedärme getrieben hat.« [4296]

*

Brown: »Nonnen! Kein Sinn für Humor.« [4297]

*

Brown: »Ramirez war ein vertrottelter Snob. Er hauchte sein Leben auf seinen Knien aus. Ich nahm seinen Kopf, und ich nahm mir seine Frau, noch bevor sein Blut kalt war.« [4298]

*

Lambert: »Ich lebe seit 4½ Jahrhunderten, und ich kann nicht sterben.«
Hart: »Na ja, wir haben alle unsere Probleme.« [4299]

***

HIGHWAY 61
CAN 1991, Shadows Shows, Telefilm Canada, Ontario Film Developement, Film Four (Regie Bruce McDonald, Buch Don McKellar, Story Bruce McDonald, Don McKellar, Alan Magee)

*

»Ich sagte, meine Frau weilt nicht mehr unter uns hier. Sie ist nicht tot. Unglücklicherweise.« [4300]

***

HILFE, ICH BIN MILLIONÄR
(Brewster's Millions)
USA 1945, Small (Regie Allan Dwan, Buch Sig Herzig, Charles Rogers, nach dem Roman von George Barr McCutcheon)

*

Dennis O'Keefe (Morty Brewster): »Wie ich hörte, waren Sie bei der Marine.«
Eddie ›Rochester‹ Anderson (Jackson): »Das hörten die Japse auch. Und als die das hörten, gab's mehr Harakiri und Kehle durchschneiden als auf 'ner Party in Harlem.« [4301]

*

Nana Bryant (Mrs. Gray): »Es ist vielleicht seine, äh, Kopfverletzung, die ihm zu schaffen macht.« [4302]

***

THE HI-LO COUNTRY
UK/USA 1998, Working Title, Cappa-DeFina, PolyGram (Regie Stephen Frears, Buch Walon Green, nach dem Roman von Max Evans)

*

Sam Elliott (Jim Ed Love): »Die Burschen, die vom Krieg heimkommen, müssen nach irgendwas stinken, das die Weiber anzieht wie die Fliegen.« [4303]

*

Woody Harrelson (Big Boy Matson): »Ein Glück, daß ich zurück bin. Noch 'n paar Tage allein, und du würdest dich hinsetzen zum Pinkeln.« [4304]

*

Jacob Vargas (Delfino Mondragon): »Wir überfallen 'ne Bank, jagen die Hosenpisser alle aus der Stadt, brennen die Kirche ab, kaufen 'nen Saloon und trinken ihn leer.«
Harrelson: »Ich lad nur noch meine Pistole.« [4305]

*

Harrelson (beim Anblick des Schnapsregals im Saloon): »He, da stehen ja 'n Haufen gute Ideen da oben, Nick.« [4306]

*

Harrelson: »Es ist nicht das Fell, aber irgendwas von 'nem Hasen hat er.« [4307]

***

EIN HIMMLISCHER SÜNDER
(Heaven Can Wait)
USA 1943, Twentieth Century Fox (Regie Ernst Lu-

»Die Burschen, die vom Krieg heimkommen, müssen nach irgendwas stinken, das die Weiber anzieht wie die Fliegen.«
The Hi-Lo Country

bitsch, Buch Samson Raphaelson, nach dem Stück ›Birthday‹ von Lazlo Bus-Fekete)

*

Laird Cregar (His Excellency): »Sie nehmen es mir hoffentlich nicht übel, daß ich Sie so lange warten ließ. Manchmal glaubt man, die ganze Welt kommt in die Hölle.« [4308]

*

Don Ameche (Henry Van Cleve): »Als ich aufwachte, standen meine sämtlichen Verwandten um mein Bett. Sie sprachen sehr leise und sagten nur reizende Dinge über mich. Da wußte ich, daß ich tot war.« [4309]

*

Nino Pipitone jr. (Jack als Kind): »Es tut mir leid.«
Ameche: »Ich habe es dir schon ein Dutzend Mal gesagt.«
Pipitone jr.: »Es tut mir ja auch jedesmal leid.« [4310]

***

HINTER DEM RAMPENLICHT *(All That Jazz)*
USA 1979, Columbia, Twentieth Century Fox (Regie Bob Fosse, Buch Robert Alan Aurthur, Bob Fosse)

*

Roy Scheider (Joe Gideon, jeden Morgen vor dem Spiegel): »It's showtime, folks.« [4311]

*

Scheider (off): »Auf dem Drahtseil zu laufen, ist Leben. Der Rest ist Warten.« [4312]

*

Cliff Gorman (Davis Newman): »Wenn ich Gott wäre ..., na ja, manchmal denke ich, ich bin's, ich würde sagen, das hängt davon ab, welchen Stoff man gerade raucht.« [4313]

*

Scheider (zur Freundin): »Wie kannst du es wagen, mein Telefon zu benutzen, mein Telefon, um jemanden anzurufen, der nicht schwul ist!« [4314]

> »Auf dem Drahtseil zu laufen, ist Leben. Der Rest ist Warten.«
> Hinter dem Rampenlicht

HINTER DEN MAUERN DES GRAUENS *(The Strange Door)*
USA 1951, Universal (Regie Joseph Pevney, Buch Jerry Sackheim, nach dem Roman ›The Sire de Maltroit's Door‹ von Robert Louis Stevenson)

*

Charles Laughton (Sire Alan de Maltroit): »Ich hatte meinen Spaß daran, daß ihr dachtet, ihr könntet entwischen. Ich hoffe, ihr habt beide bemerkt, daß ich sehr viel Sinn für Humor habe.« [4315]

*

Laughton: »Bereuen? Haltet Ihr mich für einen Schwächling? Ich kenne kein quälendes Gewissen. Mein Weg ist klar.« [4316]

***

EINE HOCHZEIT *(A Wedding)*
USA 1978, Lion's Gate, Twentieth Century Fox (Regie Robert Altman, Buch John Considine, Patricia Resnick, Allan Nicholls, Robert Altman, Story Robert Altman, John Considine)

*

Howard Duff (Dr. Jules Meecham): »Sie meinen, Sie trinken nicht?«
Gerald Busby (David Rutledge): »Nein.«
Duff: »Mit anderen Worten: So wie Sie morgens aufwachen, fühlen Sie sich den ganzen Tag?« [4317]

***

DIE HOCHZEIT MEINES BESTEN FREUNDES *(My Best Friend's Wedding)*
USA 1997, Zucker, Predawn, TriStar (Regie P. J. Hogan, Buch Ronald Bass)

*

Julia Roberts (Julianne Potter): »Ich hab'n Haufen zu tun. Ich hab genau vier Tage Zeit, um die Hochzeit platzen zu lassen, der Braut den Kerl auszuspannen.« [4318]

*

Cameron Diaz (Kimmy Wallace): »Nachdem ich seine ganzen Fehler zwei Wochen lang katalogisiert hatte, habe ich eine endgültige Entscheidung getroffen, die mein Leben verändert hat: Ich hab die Liste weggeworfen.« [4319]

*

Diaz: »Du gewinnst.«
Roberts: »Da hab ich jetzt was verpaßt.«
Diaz: »Dich hat er auf einen Sockel gestellt. Mich hat er in seinen Armen.« [4320]

Roberts: »Hier geht es um mein Lebensglück. Ich muß erbarmungslos sein.« [4321]

*

Roberts: »Ja, es stimmt, ich breche ihr das Herz. Kurzfristig. Aber in Wirklichkeit, in Wirklichkeit tue ich ihr einen Riesengefallen.« [4322]

*

Roberts: »Ich soll ihm die ganze Wahrheit sagen?«
Rupert Everett (Georges Downes): »Na ja, vielleicht nicht die ganze Wahrheit. Die Highlights.« [4323]

*

Roberts: »Er muß sofort wieder nach New York. Er ist nur für ein paar Stunden gekommen, um, äh, um mich zu vögeln.« [4324]

***

HOCHZEIT WIDER WILLEN
(The Doctor Takes a Wife)
USA 1940, Columbia (Regie Alexander Hall, Buch George Seaton, Ken Englund, Story Aleen Leslie)

*

Reginald Gardiner (John Pierce): »Jetzt können wir das Buch nur noch als Türstopper verkaufen.« [4325]

*

Ray Milland (Dr. Timothy Sterling): »Sie könnten mich nicht mal aus einem brennenden Haus locken.« [4326]

***

DER HOCHZEITSTAG
(Faithful)
USA 1996, Tribeca, Price Savoy, Miramax (Regie Paul Mazursky, Buch Chazz Palminteri, nach seiner Story)

*

Paul Mazursky (Dr. Susskind): »Das menschliche Gehirn ist wie eine große Kloschüssel. Es füllt sich ständig mit dieser Scheiße an. Und wenn Sie nicht spülen, läuft es über, es kommt jeden Tag mehr und mehr Scheiße dazu.« [4327]

*

Ryan O'Neal (Jack O'Donnell): »Was ist denn in dich gefahren?«
Cher (Maggie O'Donnell): »Gar nichts, in den letzten vier Monaten.« [4328]

*

O'Neal: »Was glauben Sie eigentlich, wer Sie sind?«
Chazz Palminteri (Tony): »Ich bin der Mann mit der Knarre. Und der mit der Knarre bestimmt die Regeln.« [4329]

***

EIN HOFFNUNGSVOLLER NACHWUCHSKILLER
(Angel's Dance)
USA 1998, Videal, Promark (Regie, Buch David L. Corley)

*

Kyle Chandler (Tony): »Sie hat doch gar nichts getan.«
James Belushi (Rossellini): »Genau darum geht es. Schaffst du es, einen Unschuldigen abzuknallen, schaffst du es bei jedem.« [4330]

*

Belushi: »Du darfst nicht zulassen, daß dir die Gesellschaft ihre Moral aufzwingt.« [4331]

*

Belushi: »Ich glaube an die Reinkarnation. (...) Der Tod ist nicht das Ende, er ist nur ein Abschnitt, ein Abschnitt auf dem Weg zur Erleuchtung. Die Leute, die ich erledige, erlangen in diesem Leben sowieso nicht die Erleuchtung. Also helfe ich ihnen ganz einfach auf die nächste Ebene.« [4332]

*

Belushi: »Diese Frau hat viele Seelen.« [4333]

*

Mac Davis (Norman): »Bist du etwa beim Friseur eingeschlafen?« [4334]

*

Sheryl Lee (Angelica Chaste): »Aber wenn Sie wissen, daß er ein Killer ist, wieso haben Sie ihn dann noch nicht festgenommen?«
Ned Bellamy (Police Detective): »Bisher hat kein Mensch so lange gelebt, daß er eine Aussage hätte machen können.« [4335]

*

Frank John Hughes (Nick): »Wenn Tony es nicht rechtzeitig schafft, Onkel Vinnies aussagewilligen Buchhalter umzulegen, werden 'ne Men-

---

> »Was ist denn in dich gefahren?«
> »Gar nichts, in den letzten vier Monaten.«
> Der Hochzeitstag

ge Leichen im Lake Michigan schwimmen.« [4336]

*

Belushi: »Ich hab Scheiße gebaut? Du hast Scheiße gebaut.«
Hughes: »Das kann ich überhaupt nicht. Ich bin Mitglied der Familie.«
Belushi: »Ach ja? Und dann lassen sie dich nie fallen? Und der Name Fredo sagt dir überhaupt nichts, Nicky?« [4337]

***

HÖHENKOLLER *(High Anxiety)*
USA 1977, Crosshow, Twentieth Century Fox (Regie Mel Brooks, Buch Mel Brooks, Ron Clark, Rudy De Luca, Barry Levinson)

*

Klinikschild: »The Psycho Neurotic Institute for the Very, Very Nervous« [4338]

*

Mel Brooks (Richard H. Thorndyke): »Einen Zusammenbruch geistiger Art? Brophys IQ ist nicht hoch genug für einen Zusammenbruch geistiger Art.« [4339]

***

DIE HÖLLE IST IN MIR
(Somebody Up There Likes Me)
USA 1956, MGM (Regie Robert Wise, Buch Ernest Lehman, nach der Autobiographie von Rocky Graziano, mit Rowland Barber)

*

Harold J. Stone (Nick Barbella): »Ich sehe dir ins Gesicht, und ich sehe den Teufel.« [4340]

*

(Wärter): »Ich weiß nicht, warum gerade dich jemand sehen will, Barbella, aber du hast Besuch.« [4341]

*

Judson Pratt (Johnny Hyland): »Ich glaube nicht, daß du jemals so einen guten Stil boxen wirst wie manche von meinen Leuten, aber wahrscheinlich schlägst du sie alle. Du schlägst sie alle, weil du etwas in dir hast, was allen anderen Boxern fehlt, was sie einfach nicht haben, was man ihnen auch nicht beibringen kann. Haß. Ich weiß nicht, woher du das hast. Ich weiß nur, wenn dich einer schlägt, dann muß er ziemlich schnell in Deckung gehen, weil dieser Haß nämlich in deine rechte Faust strömt und sie zu einer Ladung (...) Dynamit macht. Was ist das für eine Verschwendung von so viel Haß! Dein ganzes Leben hat er dir Ärger eingebracht. Warum versuchst du nicht mal, ihn zu deinem Vorteil zu verwenden?« [4342]

*

Eileen Heckart (Ma Barbella): »Er ist nicht so geworden, weil er Boxer war. Er ist so geworden, weil er es nicht geschafft hat, ein Boxer zu werden.« [4343]

*

Heckart: »Ich bin das einzige in seinem Leben gewesen, das nicht böse und dreckig war und ihn mit schweißigen Handschuhen ins Gesicht schlug.« [4344]

*

Joseph Buloff (Benny): »Alle Menschen, die jung sind, sind vielversprechend. Aber kaum sind sie ein bißchen älter geworden, da haben sie ihre Versprechen gebrochen.« [4345]

*

Paul Newman (Rocky Graziano): »Was ist denn nun besser? Sag doch, soll ich stehlen, soll ich verhungern oder boxen?« [4346]

***

DIE HÖLLENKATZE
(The Bonnie Parker Story)
USA 1958, AIP (Regie William Whitney, Buch Stanley Shpetner)

*

Jack Hogan (Guy Darrow): »Blond bis zu den Zehenspitzen ist die.« [4347]

*

Ken Lynch (Restaurant Manager): »Bonnie, du bist doch 'n hübsches Mädchen. Warum hängst du dich nicht an irgendeinen Kerl und läßt den für dich arbeiten?« [4348]

*

Dorothy Provine (Bonnie Parker): »Das sieht mir aber doch so aus, als ob ich ein bißchen zu heiß für Sie wäre.« [4349]

> *»Einen Zusammenbruch geistiger Art? Brophys IQ ist nicht hoch genug für einen Zusammenbruch geistiger Art.«*
> Höhenkoller

Hogan: »Hast du gedacht, du wirst mich mit 'm bißchen heißem Fett los?«
Provine: »Wie wär's dann mit einem bißchen heißem Blei?« [4350]

*

Hogan: »Tu dich mit mir zusammen, und du bist für immer aus dem Schneider. Du weißt genausogut wie ich, daß du sonst irgendwann auf der Straße endest. Und bestimmt nicht als Zeitungsverkäuferin.« [4351]

*

Hogan: »Heiliger Strohsack! Die Nationalgarde hält heute ihr Manöver auf unserm Hühnerhof ab.« [4352]

*

Provine: »'n bißchen sehr spät, um jetzt übers Risiko nachzudenken.« [4353]

*

Provine: »Wir haben eben bloß 'ne einfache Fahrkarte, und wenn du da mal eingestiegen bist, kannst du nur bis zur Endstation fahren.« [4354]

*

Provine: »Okay, Ende der Gratisvorstellung. Raus!« [4355]

*

Hogan: »Was ist da drin? Was glaubst du?«
Provine: »Reichlich. Die Piepen von fünf Banken. Wenn's hinhaut, werden wir wohl bald einen Finanzberater entführen müssen.« [4356]

*

Douglas Kennedy (Tom Steel): »Jetzt hört mal! Die beiden schrecken vor nichts zurück. Egal wie tot sie aussehen, hört nicht auf zu schießen, ehe ich es sage!« [4357]

***

HOLLOW TRIUMPH
USA 1948, Eagle-Lion (Regie Steve Sekely, Buch Daniel Fuchs, nach dem Roman von Murray Forbes)

*

Paul Henreid (John Muller / Dr. Bartok): »What happened to you? You two gone soft?« [4358]

*

Tom Henry (Rocky Stansyck): »Get 'em! If it takes twenty years, get 'em!« [4359]

*

Joan Bennett (Evelyn Nash): »Something's going on in that head of yours. I can read it in your eyes.« [4360]

*

Henreid: »Listen, I'm just a guy after a girl on a sunday afternoon, working on her in a nice, normal way, trying to get acquainted.« [4361]

*

Henreid: »Why do I like you?«
Bennett: »My baby blue eyes.« [4362]

*

Henreid: »You don't want me to get all wet and take you to the door, do you? You can make it by yourself.« [4363]

*

Henreid: »I was fired on a fight.«
Sid Tomack (Artell manager): »A fist fight?«
Henreid: »Yes.«
Tomack: »Is that all? That's clean trouble. Don't worry!« [4364]

*

Bennett: »You can't go back and start it again. The older you get, the worse things get.« [4365]

***

HOLLYWOOD STORY (The Big Knife)
USA 1955, Aldrich, United Artists (Regie Robert Aldrich, Buch James Poe, nach dem Stück von Clifford Odets)

*

Everett Sloane (Nat Danziger): »Du hast doch zugestimmt zu unterschreiben.«
Jack Palance (Charlie Castle): »Zuhören hat mit Zustimmen nichts zu tun.« [4366]

*

Palance: »Was würde er tun?«
Sloane: »Ich habe keine Lust, es mir genau vorzustellen. Unterschätze niemals einen Menschen, nur weil du ihn nicht magst! Ich kenne Stanley noch aus einer Zeit, wo er noch nicht mit manikürten Fingernägeln rumgelaufen ist. Ich weiß, was er tun würde.« [4367]

*

Rod Steiger (Stanley Hoff): »Nicht diesen Ton, Charlie! Den höre ich nicht gern. Ich bin überhaupt von deinem Benehmen merkwürdig be-

---

> »Jetzt hört mal! Die beiden schrecken vor nichts zurück. Egal wie tot sie aussehen, hört nicht auf zu schießen, ehe ich es sage!«
> Die Höllenkatze

rührt. Ich biete dir die Hand, und du spuckst mir ins Gesicht.« [4368]

*

Steiger: »Ich kann dich nicht zur Unterschrift zwingen. Oder vielleicht doch?« [4369]

*

Palance: »Du hättest Schauspieler werden sollen.«
Wendell Corey (Smiley Coy): »Das Leben verlangt auch gute Schauspieler.« [4370]

*

Palance: »Was weiß Stanley von der Sache?«
Corey: »Nur soviel er wissen will. Ich bekomme ja nicht umsonst 75.000 Dollar im Jahr.« [4371]

*

Corey: »Idealen nachhängen? Heutzutage? Das ist doch nur Zeitverschwendung. Du wirst die Welt nicht verbessern. Nimm sie, wie sie ist!« [4372]

*

Palance: »Das solltest du eigentlich selbst wissen. Aber ich bin gern bereit, es dir noch einmal zu erklären.« [4373]

***

HOME MOVIES – WIE DU MIR, SO ICH DIR
(Home Movies)
USA 1980, SLC (Regie Brian De Palma, Buch Robert Harders, Gloria Norris, Kim Ambler, Dana Edelman, Stephen Lemay, Charles Lowenthal, Story Brian De Palma)

*

Gerrit Graham (James Byrd): »Ich möchte euch gerne eröffnen, daß Kristina und ich zu einem Übereinkommen gelangt sind, einen sozio-romantischen Vertrag zu unterzeichnen. ... Das heißt, wir werden heiraten.« [4374]

*

Graham: »Also, Jungs, Mädchen sind nichts, wovor man Angst haben muß. Ich meine, wir wollen vor allem niemals vergessen, daß sie schwächer und auch bei weitem dümmer sind als wir.« [4375]

***

HOMERUN *(Cobb)*
USA 1994, Regency, Alcor, Warner (Regie, Buch Ron Shelton, nach ›Cobb: A Biography‹ von Al Stump)

*

Tommy Lee Jones (Ty Cobb): »Das Leben ist zu kurz, um diplomatisch zu sein. Unseren Freunden ist es egal, was wir sagen oder tun. Und die, die nicht unsere Freunde sind: Zum Teufel mit denen!« [4376]

*

Jones: »In aller Bescheidenheit, ich bin der größte Baseballspieler aller Zeiten. Niemand kommt da ran.« [4377]

*

Jones (voice-over): »Man hat mir immer vorgeworfen, ich würde meine Spikes spitz feilen. (...) Aber ich frage Sie: Tut man einem Mann mehr weh, indem man ihn mit stumpfem, rostigem Stahl aufschlitzt oder mit einer feingeschliffenen, rasiermesserscharfen Schneide? Wenn Sie mich fragen, ich hab mich als Menschenfreund verstanden.« [4378]

*

Jones (voice-over): »Damals hielt man nicht Händchen mit den Spielern der gegnerischen Mannschaft. Der Gegner war der Feind, und den bekämpfte man.« [4379]

*

Jones: »Sie verstehen nicht das geringste von wahrer Größe, junger Mann.« [4380]

*

Lolita Davidovich (Ramona): »Wenn Sie mich fürs Vögeln bezahlen wollen, werd ich's nicht tun.«
Robert Wuhl (Al Stump): »Dann werd ich's nicht tun.«
Davidovich: »Bezahlen oder vögeln?« [4381]

*

Davidovich: »Wollen Sie die Scheidung, oder wollen Sie sie nicht? Sie wollen Ehetips von einer Frau, die Sie ins Bett kriegen wollen. Das ist krank, also wirklich!« [4382]

*

Wuhl: »Es ist dieses Buch. (...) Soll ich der Welt etwa erzählen, daß dieses Monster ein Fürst ist? Soll ich einfach lügen?«

> *»Du hättest Schauspieler werden sollen.«*
> *»Das Leben verlangt auch gute Schauspieler.«*
> Hollywood Story

Davidovich: »Werden Sie dafür bezahlt?«
Wuhl: »Ziemlich gut sogar.«
Davidovich: »Dann ist es keine Lüge, sondern ein Job.« [4383]

*

Jones: »Es juckt mich nicht, daß sie Babe Ruth liebten und bejubelten und vergötterten. Mich störte nur, daß sie ihn respektierten.« [4384]

*

Wuhl: »Ich bitte Sie, Ty, gibt's nichts Gutes über diesen Mann *(Ruth)* zu sagen?«
Jones: »Dafür, daß er so fett war, konnte er ziemlich schnell rennen.« [4385]

*

Jones: »Ich mußte mein Leben lang kämpfen, und alle waren gegen mich. Aber ich schlug die Besten von ihnen, und ich ließ sie im Graben liegen.« [4386]

*

(Schwester): »Verzeihen Sie, ich muß Ihnen noch mehr Blut abnehmen.«
Jones: »Bringen Sie mir 'n Eimer, dann huste ich Ihnen 'n halben Liter da rein.« [4387]

*

Wuhl (voice-over): »Am 17. Juli 1961 starb Ty Cobb friedlich im Schlaf. Ich glaube nicht, daß sein Tod friedlich war, nichts, was er je getan hatte, war friedlich. Aber so hat es der Reporter in seiner Würdigung beschrieben, und, wie wir alle wissen, Reporter lügen nie.« [4388]

***

HOMICIDE
USA 1991, Pressman, Cinehaus, J&M (Regie, Buch David Mamet)

*

William H. Macy (Tim Sullivan): »Er war nur 'n kleiner, mieser Dealer, bis das FBI gekommen ist und aus ihm einen Nachwuchshitler gemacht hat.« [4389]

*

J. J. Johnston (Jilly Curran): »Das FBI setzt dich nicht mal auf die Liste der zehn meistgesuchten Verbrecher, solange sie nicht wissen, wo du bist und wie lange du dich dort aufhältst.« [4390]

*

Colin Stinton (Walter B. Wells): »Wollen Sie nicht wissen, wie man die Macht des Bösen bricht?«

Joe Mantegna (Bob Gold): »Nein, nein. Wenn ich das weiß, werd ich ja arbeitslos.« [4391]

*

Mantegna: »Der Job hat sich verändert, ist nicht mehr wie früher.«
Macy: »Der Job ist immer gleich.«
Mantegna: »Ja?«
Macy: »Die Leute sterben, weil andere sie umbringen.« [4392]

***

HONEYMOON IN VEGAS
USA 1992, Castle Rock, New Line (Regie, Buch Andrew Bergman)

*

Johnny Williams (Johnny Sandwich): »Ihr New Yorker seid ganz schön todesmutig.«
Nicolas Cage (Jack Singer): »Das ist kein Mut, sondern Realismus.« [4393]

*

Cage: »›Uns?‹ Ich dachte, wir sind ›uns‹.« [4394]

*

James Caan (Tommy Corman): »Du hältst ihn irgendwie auf, wenigstens für einen Tag, eher länger.«
Williams: »Äh, ein Unfall mit Fahrerflucht?«
Caan: »Nein, keine Gewalt! Aber im Notfall kannst du den Kerl einfach umlegen.« [4395]

*

Cage: »Auch wenn ich das nicht ganz verstehe, steckt bestimmt ein guter Gedanke dahinter.« [4396]

***

HONEYMOON KILLERS
(The Honeymoon Killers)
USA 1970, Roxanne, Cinerama (Regie, Buch Leonard Kastle)

*

Tony Lo Bianco (Ray Fernandez, über Reihenhäuser): »Ein kleines Gefängnis hinter dem andern, mit drei Metern Gras dazwischen.« [4397]

> »Er war nur 'n kleiner, mieser Dealer, bis das FBI gekommen ist und aus ihm einen Nachwuchshitler gemacht hat.«
> Homicide

HONIGMOND 67
(The Family Way)
UK 1966, Boulting Brothers (Regie Roy Boulting, Buch Bill Naughton, nach seinem Roman ›All in Good Time‹)

*

John Mills (Ezra Fitton): »Er sitzt immer und liest und denkt. Das ist nicht natürlich.« [4398]

***

HONKYTONK MAN
USA 1982, Malpaso, Warner (Regie Clint Eastwood, Buch Clancy Carlile, nach seinem Roman)

*

Matt Clark (Virgil): »Und ich dachte, deine Taschen wären leer.«
Clint Eastwood (Red Stovall): »Machst du Witze? Ich hab mehr, als ein Bulle in einem Jahr verfressen kann.« [4399]

*

Eastwood: »Wo wir gerade mal hier sind, Ma'am: Mein Sohn hier, er ist 16, und er hat bisher noch nie mit 'ner Frau geschlafen. Ich mach mir Sorgen um ihn. Könnten wir das hinkriegen? Ich meine, bevor er Pickel bekommt?« [4400]

*

Eastwood: »Sie war eine feine, anständige, treue Frau. Dann lernte sie mich kennen.« [4401]

***

HOOK
USA 1991, Amblin, TriStar (Regie Steven Spielberg, Buch Jim V. Hart, Malia Scotch Marmo, nach dem Stück ›Peter Pan‹ und der Geschichte von J. M. Barrie)

*

Robin Williams (Peter Banning): »Ich las kürzlich, daß man jetzt Anwälte statt Ratten bei wissenschaftlichen Experimenten verwendet. Man tut dies aus zwei Gründen. Erstens: Die Wissenschaftler empfinden weniger Mitleid mit den Anwälten. Und zweitens: Es gibt ein paar Dinge, die nicht mal Ratten tun würden.« [4402]

*

Bob Hoskins (Smee): »Ein Mann von solcher Bosheit, daß er sogar schlecht schläft.« [4403]

***

HOPE AND GLORY
UK 1987, Nelson, Goldcrest, Columbia (Regie, Buch John Boorman)

*

Ian Bannen (Großvater George): »Ich habe keine Freunde, ich habe nur Beziehungen.« [4404]

*

Sarah Miles (Grace Rohan): »Sie hat Wehen.«
David Hayman (Clive Rohan): »Heißes Wasser! Viel heißes Wasser!«
»Wozu denn?«
Hayman: »Ich weiß nicht. Sie sagen das doch immer im Kino.« [4405]

*

(Schüler vor der zerbombten Schule): »Es war ein Volltreffer. Dank dir, Adolf!« [4406]

***

DER HORROR-ALLIGATOR *(Alligator)*
USA 1980, Alligator, Group1, Alpha (Regie Lewis Teague, Buch John Sayles, Story John Sayles, Frank Ray Perilli)

*

Tom Kindle (Ansager): »Tja, also das war der versprochene Ringkampf mit dem Alligator. Und der hat heute ausnahmsweise gewonnen.« [4407]

*

Robert Forster (Detective David Madison): »Ich wollte mich bei dir entschuldigen.«
Robin Riker (Marisa Kendall): »Wofür?«
Forster: »Du sagst es mir, und ich entschuldige mich dafür.« [4408]

***

HOTEL DER VERLORENEN
(Guilty Bystander)
USA 1950, Film Classics (Regie Joseph Lerner, Buch Don Ettlinger, nach dem Roman von Wade Miller)

*

Mary Boland (Smitty): »Was hat denn die Kleine mit dir angestellt, daß du schon wieder auf den Beinen bist? Nach deinem Rausch hab ich dich erst in zwei Tagen wieder hier unten erwartet.« [4409]

> »Sie war eine feine, anständige, treue Frau. Dann lernte sie mich kennen.«
> Honkytonk Man

Zachary Scott (Max Thursday): »Nein, ich möchte heute nichts trinken.«
Boland: »Hör zu, Max! Die Gäste meines noblen Rattennests können nüchterne Hausdetektive nicht ausstehen. Also trink 'nen Schluck!« *4410*

*

Scott: »Weißt du was über einen gewissen Elder, Doc Elder?«
Boland: »Ich weiß, was ich weiß, weil ich nicht drüber rede.« *4411*

*

Scott: »Was tue ich eigentlich hier drin?«
Scott Landers (Shaughnessy): »Ein Streifenwagen hat dich gestern abend gegen zehn Uhr aufgelesen. Du hast im Straßengraben im Regen gelegen.«
Scott: »Richtig, es hat geregnet.« *4412*

*

Sam Levene (Captain Tonetti): »Das ist ein schlimmer Beruf, Max. Ich hätte doch lieber Priester werden sollen.«
Scott: »Wieso? Wird hier nicht genug gebeichtet?« *4413*

*

Scott: »Frag Georgia, wie Polizisten zu Hause sind! Sie kommandieren gern Leute herum, sind brutal zu ihren Kindern, vernachlässigen ihre Frauen und tragen selbst zu Hause eine Waffe.« *4414*

*

Levene: »Ich kann euer Alibi jederzeit platzen lassen, und das weißt du. Aber vorläufig belaß ich es mal dabei.« *4415*

*

Scott: »Na schön, ich hab getrunken. Was soll ich jetzt tun? Soll ich mich vielleicht in die Ecke stellen und hundertmal schreiben, daß ich nie wieder trinke? Willst du das?« *4416*

*

Boland: »Hast du aus Elder irgendwas rausgebracht?«
Scott: »Nein, er hat mir 'ne Flasche vor die Nase gehalten.« *4417*

*

Scott: »Erzähl mir was von Varkas!«
Boland: »Das ist eine Schlange. Behauptet, er wäre im Importgeschäft. Er importiert schon, aber nur dann, wenn die Zollbeamten ihr Bier trinken gehen.« *4418*

*

Boland: »Bei Leuten wie ihm steht nicht ›Willkommen‹ auf der Türmatte.« *4419*

*

J. Edward Bromberg (Varkas): »Was immer Sie zu sagen haben, sagen Sie es leise, und verschwinden Sie! Ich vertrage keine Aufregungen.« *4420*

*

Bromberg: »Ich bin immer ruhig, egal was kommt. Aufregung ist meiner Gesundheit nicht zuträglich.« *4421*

*

Scott: »Genügt Ihnen meine Gesellschaft nicht?«
Bromberg: »Bert nimmt mir alles ab, was mich aufregen könnte.« *4422*

*

Bromberg: »Es gibt Leute, die bringen sich gerne selbst in Schwierigkeiten.« *4423*

*

Kay Medford (Angel): »Was starrst du mich so an, Herzchen?«
Scott: »Ich schnuppere nur dein Parfum, Herzchen.«
Medford: »Mein Name ist Angel.«
Scott: »Das brauchst du mir nicht zu beweisen.« *4424*

*

Harry Landers (Bert): »Sportsfreund, willst du nicht schnell zu meinen Gunsten eine hohe Lebensversicherung abschließen?« *4425*

*

Landers: »An deiner Stelle würde ich ab jetzt jede Minute meines Lebens auskosten.« *4426*

*

Jesse White (Masher): »Kennst du diesen Typen?«
Medford: »Ja, natürlich.«

> *»Ich wollte mich bei dir entschuldigen.« »Wofür?« »Du sagst es mir, und ich entschuldige mich dafür.«*
> Der Horror-Alligator

White: »Willst du, daß er verschwindet?«
Medford: »Nein, ich will, daß du verschwindest. Du gibst mir das Gefühl, als hätte ich Laufmaschen in den Strümpfen.« [4427]

*

Medford: »Ich muß den Verstand verloren haben. Ich muß verrückt geworden sein. (...) Männer haben mich mein Leben lang nur belogen. Warum solltest du eine Ausnahme sein?« [4428]

*

Medford: »Oh, Mann, ich hab ein solches Verlangen nach dir, daß es mir richtig wehtut.«
Scott: »Du mußt den Schmerz noch aushalten. Erst kommt die Arbeit, dann das Vergnügen.« [4429]

*

Medford: »Du solltest mich mal in einem dieser Riviera-Badeanzüge sehen, wo das Mittelstück fehlt.« [4430]

*

Scott: »Ich will meine Ruhe.«
Faye Emerson (Georgia): »Nein. Nein, du machst weiter!«
Scott: »Was willst du denn mit einem Kerl, dem die Hände zittern? Ich bin so weit gegangen, wie ich kann.«
Emerson: »Wenn du tot bist, kannst du so was vielleicht sagen.« [4431]

*

Boland: »Ich hab ihn nie besonders leiden können. Gut gemacht! Einer weniger zum Teilen.« [4432]

***

DAS HOTEL NEW HAMPSHIRE
(*The Hotel New Hampshire*)
USA 1984, Woodfall, Orion (Regie, Buch Tony Richardson, nach dem Roman von John Irving)

*

Wallace Shawn (Freud): »Jede Gelegenheit, die man euch bietet in dieser Welt, müßt ihr beim Schopf packen, selbst wenn ihr zu viele Gelegenheiten haben solltet, denn sowieso hören eines schönen Tages sämtliche Gelegenheiten auf.« [4433]

*

Wilford Brimley (›Iowa Bob‹ Berry): »Das macht mehr Arbeit als zu versuchen, ein Nashorn zu vergewaltigen.« [4434]

*

Matthew Modine (Ernst): »Ich bin Pornograph, weil ich der Revolution diene. Denn alles, was dekadent ist, beschleunigt die Revolution. Heute, in dieser Phase ist es notwendig, Ekel zu erzeugen.«
Rob Lowe (John Berry): »Das gelingt dir ganz vorzüglich.« [4435]

*

Lowe (voice-over): »Es bleibt einem immer nur übrig, nach der Devise zu handeln: ›Bleibt weg von offenen Fenstern!‹« [4436]

***

HOTELGEFLÜSTER
(*Plaza Suite*)
USA 1971, Paramount, Regie Arthur Hiller, Buch Neil Simon, nach seinem Stück)

*

Walter Matthau (Sam Nash): »Streiten wir uns doch nicht!«
Maureen Stapleton (Karen Nash): »Ganz meiner Meinung, Sam.«
Matthau: »Seien wir doch nett zueinander!«
Stapleton: »Okay. Wer fängt an?« [4437]

*

Matthau: »Wenn du es sehen willst, dann geh allein *(ins Kino)*.«
Stapleton: »Und wenn mich nun jemand anspricht?«
Matthau: »Ruf mich an, dann warte ich nicht auf dich.« [4438]

*

Stapleton: »Oder möchtest du lieber nach Hause und zugucken, wie die Farbe trocknet?« [4439]

*

Matthau: »Das ist eben der Unterschied zwischen uns. Ich ignoriere es einfach. Ich ignoriere eben meine 51 Jahre. Ich werde einfach nicht älter.«
Stapleton: »Ein dreifach Hoch! Du bist eines Tages noch der Jüngste auf dem Friedhof.« [4440]

> »*Das macht mehr Arbeit als zu versuchen, ein Nashorn zu vergewaltigen.*«
> Das Hotel New Hampshire

Matthau: »Ich möchte alles noch mal machen, das ganze verdammte Leben müßte noch mal von vorne beginnen.« *4441*

*

Matthau: »Mußt du denn immer die ernstesten Diskussionen unseres Lebens beginnen, wenn ich schon halb draußen bin?« *4442*

*

Stapleton: »Du warst zu Tränen gerührt vor Selbstmitleid.« *4443*

*

Matthau: »Und wenn ich noch 23 Jahre mit dir leben würde, ich glaube, ich würde dich nie verstehen.« *4444*

*

Matthau (Jesse Kiplinger): »Ein Jockey! Weißt du, wie so was den männlichen Stolz verletzt, wenn man seine Frau mit einem so mickrigen Zwerg bei ehelichen Freiübungen auf der Matratze erwischt?« *4445*

*

Matthau: »Erwischt habe ich sie zwar nie, aber ich wußte es. Keine Frau kann in einem Jahr 28.000 Dollar für Spanischunterricht verbraten.« *4446*

*

Matthau: »Ich glaube fast, du hast zu schnell getrunken.«
Barbara Harris (Muriel Tate): »(...) Kann ich noch einen haben? Den trinke ich dann langsamer.« *4447*

*

Lee Grant (Norma Hubley): »Es ist nicht deine Schuld, Roy. Mach dir doch keine Vorwürfe!«
Matthau (Roy Hubley): »Ich mach mir keine Vorwürfe. Daß ich mein Bestes getan habe, das weiß ich.«
Grant: »Was willst du damit sagen?«
Matthau: »Damit will ich nur sagen, daß wir nicht vollkommen sind. Wir alle machen Fehler, wir sind auch nur Menschen. *Ich* habe mein Bestes getan, und *wir* haben versagt.« *4448*

*

Grant: »Na und? Wir schreien uns vielleicht mal an. Schön, wir meckern und zanken und beleidigen uns gegenseitig. Schön, du wirfst mir vor, ich wär eine schlechte Mutter. Ich werf dir vor, du wärst ein saumäßiger Ehemann. Das heißt aber doch nicht, daß wir nicht glücklich sind, oder? Oder?« *4449*

***

HUDSUCKER *(The Hudsucker Proxy)*
USA 1994, Silver, Working Title, PolyGram, Warner (Regie Joel Coen, Buch Ethan Coen, Joel Coen, Sam Raimi)

*

Paul Newman (Sidney J. Mussburger): »Hoffentlich ist es wichtig. Ich bin ziemlich schlecht gelaunt.« *4450*

***

DER HUND VON BASKERVILLE
(The Hound of the Baskervilles)
UK 1959, Hammer, United Artists (Regie Terence Fisher, Buch Peter Bryan, nach dem Roman von Sir Arthur Conan Doyle)

*

Peter Cushing (Sherlock Holmes): »Es hat jetzt keinen Zweck zu jammern. Jetzt muß gehandelt werden.« *4451*

*

Andre Morell (Dr. John H. Watson): »Ein Meisterstück! Wirklich unglaublich!«
Cushing: »Wenn man gewohnt ist, logisch zu denken, mein Lieber, ist das nur eine Lappalie.« *4452*

***

DIE 120 TAGE VON SODOM
(Salò o le 120 giornate di Sodoma)
I/F 1975, Europee Associate, Artistes Associés (Regie, Buch Pier Paolo Pasolini, nach dem Roman von Marquis de Sade)

*

Giorgio Cataldi (Der Bischof): »Alles, was maßlos ist, ist gut.« *4453*

***

HUNDSTAGE
(Dog Day Afternoon)
USA 1975, AEC, Warner (Regie Sidney Lumet, Buch Frank Pierson, nach dem Artikel von P. F. Kluge)

»Ich glaube fast,
du hast zu schnell getrunken.«
»(...) Kann ich noch einen haben?
Den trinke ich dann langsamer.«
Hotelgeflüster

Al Pacino (Sonny): »Gibt es ein Land, in das du besonders gern *(nach dem Banküberfall mit Geiselnahme aus-)* fliegen würdest?«
John Cazale (Sal): »Wyoming.« [4454]

*

Pacino: »Sie würden mich gern umbringen, nicht? Aber das ist nicht so einfach.«
James Broderick (FBI Agent Sheldon): »Ich möchte Sie nicht gern töten, aber wenn es sein muß, tue ich es.«
Pacino: »Es ist Ihr Job, nicht wahr? Ich hoffe, daß der Kerl, der mich irgendwann mal umbringt, mich tötet, weil er mich haßt und nicht, weil es sein Job ist.« [4455]

***

THE HUNT *(Cold Around the Heart)*
USA 1996, Baumgarten-Prophet, Illusion, Twentieth Century Fox (Regie, Buch John Ridley)

*

David Caruso (Ned Tash): »Jude ist fit, zäh, gut im Bett ... toll im Bett und gut mit 'm Revolver. So 'ne Frau wie sie ist einfach perfekt.« [4456]

*

Caruso: »Wie schlimm ist es?«
Richard Kind (Habbish): »Bewaffneter Raubüberfall, dreifacher Mord, tja, auf dem Highway rausgeworfen zu werden, ist auch verboten. Sie erwartet die Todesstrafe. Sie haben noch etwa acht Jahre zu leben. Aber wir können ja in Berufung gehen.« [4457]

*

Kind: »Ich weiß nicht, wen Sie anrufen wollen, aber wenn es nicht Gott ist, würde ich kein Geld verschwenden.« [4458]

*

Pruitt Taylor Vince (Johnny 'Coke Bottles' Costello): »Sie haben Ihrem Freund nicht viel Halt geboten *(hat Caruso auf der Flucht aus dem fahrenden Wagen geworfen).* (...) Wenn er dem Gesetz durch die Maschen schlüpft, vermute ich, genau wie Sie, wird seine erste Handlung sein, Sie umzubringen. Und ich glaube, Sie vermuten richtig.« [4459]

*

Vince: »Das ist der Sohn meiner Schwester, Evert, dumm wie ein Schuhkarton. Aber zwei Dinge kann er gut: Möbel transportieren und Leute umbringen.« [4460]

*

Stacey Dash (Bec Rosenberg): »Ich dachte, niemand tut einer Schwangeren was.«
Caruso: »Ich kenne Männer, die würden dich vergewaltigen, *weil* du schwanger bist. Blind und in der Kirche wäre noch besser.« [4461]

*

John Spencer (Uncle Mike): »Was meinst du wohl, was passiert ist? Sie wollten einen Doughnut-Shop ausrauben. Sie hatten mehr Cops am Hals als ein Schwarzer in Birmingham.« [4462]

*

Spencer: »Jude ist eine von der allerschlimmsten Sorte. Ich würde ihr erst den Rücken zukehren, wenn sie zwei Tage tot ist.« [4463]

*

Chris Noth (T): »Ich hab noch nie einen Menschen getötet.«
Kelly Lynch (Jude Law): »Einen Menschen zu töten, ist nicht etwas, worauf man hinarbeitet. Man tut es einfach.« [4464]

*

Dash: »Er mag dich.«
Lynch: »Wie kommst du darauf? War es die Art, wie er mich durchs Zimmer geschmissen hat oder die Kanone?« [4465]

*

Lynch: »Einer zog 'n Revolver und hätte Ned kaltgemacht, wenn ich nicht geschossen hätte.«
Dash: »Und was war mit den andern beiden?«
Lynch: »Wenn's zu hektisch wird, kannst du keine kleinen Brötchen backen.« [4466]

*

Lynch: »Es ist ewig Krieg zwischen Männern und Frauen, und sie haben alle Vorteile. Es ist ihre Welt. Die einzige Waffe einer Frau ist ihr Sex. Mit dem Arsch wackeln, lächeln, lächeln, das zwingt einen Mann in die Knie. Aber wenn du es so machst, nennen sie dich Schlampe und Hure. Alles, was wir versuchen, ist zu überle-

---

> »Jude ist fit, zäh, gut im Bett ...
> toll im Bett und gut mit 'm
> Revolver. So 'ne Frau wie
> sie ist einfach perfekt.«
> The Hunt

ben in dieser Welt, damit das Ergebnis nicht ganz so schlimm ausfällt.« [4467]

*

Lynch: »Kennst du den Unterschied zwischen einer Nutte und einer Schlampe? Eine Nutte ist eine Frau, die mit jedem Mann schläft. Eine Schlampe ist eine Frau, die mit jedem schläft außer mit dir.« [4468]

***

HYÄNEN DER STRASSE
(The Brothers Rico)
USA 1957, Columbia (Regie Phil Karlson, Buch Lewis Meltzer, Ben Perry, nach dem Roman ›Les Frères Rico‹ von Georges Simenon)

*

Richard Bakalyan (Vic Tucci): »Ich bleibe in New York. Jede andere Stadt ist für mich feindliches Ausland.« [4469]

*

James Darren (Johnny Rico): »Vielleicht sterbe ich jetzt, Eddie. Aber du wirst am Leben bleiben, und das wird schlimmer sein.« [4470]

*

Richard Conte (Eddie Rico): »Wir sitzen da und sprechen über Johnny, als ob er nur ein Stück Vieh wäre. Es geht doch um einen Menschen.«
Harry Bellaver (Mike Lamotta): »Um einen, der uns hochgehen lassen kann. Sie inklusive.«
Conte: »Er ist mein Bruder.«
Bellaver: »Was ist schon ein Bruder? Wenn man will, sind wir alle Brüder. Darauf hat noch nie jemand Rücksicht genommen.« [4471]

»Vielleicht sterbe ich jetzt, Eddie.
Aber du wirst am Leben bleiben,
und das wird schlimmer sein.«
Hyänen der Straße

I

I LOVE TROUBLE – NICHTS ALS ÄRGER
(I Love Trouble)
USA 1994, Caravan, Touchstone (Regie Charles Shyer, Buch Nancy Meyers, Charles Shyer)

*

Julia Roberts (Sabrina Peterson): »Ach, vielen Dank für den kleinen Vierbeiner. Wir sind schon richtig gut befreundet.«
Nick Nolte (Peter Brackett): »Gern geschehen. Sie haben ihn hoffentlich nach mir genannt?«
Roberts: »Klar doch. Er hat auch 'ne große Schnauze und einen kleinen Schwanz.« [4472]

*

Nolte: »Sie haben was an sich, Peterson, das ...«
Roberts: »Sie reizt, wollen Sie sagen?«
Nolte: »Ja. In Ihrer Nähe, da juckt bei mir alles.«
Roberts: »Leider finde ich Chicago ausgesprochen schön. Da bleibt Ihnen also nur der Gang zum Hautarzt.« [4473]

*

Nolte: »Du bist nämlich leider nicht mein Typ.«
Roberts: »Wirklich? Alle Achtung! Du hast einen Typ?«
Nolte: »Oh ja, das Gegenteil von dir.«
Roberts: »Groß, blond und blöd?« [4474]

*

Roberts: »Wir müssen versuchen, auch die gute Seite zu sehen: Jetzt weiß niemand, wo wir sind.«

> »Ich komme gleich zu dir, Pete.
> Ich bring nur noch
> schnell deine Frau um.«
> I Love Trouble – Nichts als Ärger

Nolte: »Einschließlich uns.« [4475]

*

Nolte: »Um ebenso ehrlich zu sein, wann immer du sagst ›um ehrlich zu sein‹, halte ich das nur sehr bedingt für wahr.« [4476]

*

Saul Rubinek (Sam Smotherman): »Ich komme gleich zu dir, Pete. Ich bring nur noch schnell deine Frau um.« [4477]

***

I.Q.
USA 1994, Sandollar, Paramount (Regie Fred Schepisi, Buch Andy Breckman, Michael Leeson, Story Andy Breckman)

*

Tim Robbins (Ed Walters, zu Meg Ryan): »Wenn ich Ihren Verstand hätte, würde ich ununterbrochen reden.« [4478]

*

Lou Jacobi (Kurt Gödel): »Aber wenn sie den Fehler in unserer Theorie findet?«
Walter Matthau (Albert Einstein): »Dann untergraben wir ihr Selbstbewußtsein.« [4479]

*

Matthau: »Es ist zu ihrem Besten. Wenn wir ein bißchen Druck aufs Gehirn machen, schaffen wir mehr Platz fürs Herz.« [4480]

*

Matthau: »Wenn ich mir den Himmel vorstelle, dann immer nur als riesige Bibliothek. Allerdings lassen sie dich keine Bücher mitnehmen.« [4481]

***

I WANT TO GO HOME
F 1989, MK2, A2, La Sept, Investimage, Sofinergie, Sofima (Regie Alain Resnais, Buch Jules Feiffer)

*

Micheline Presle (Isabelle Gauthier): »Was ich am meisten an dir bewundere, Lionel: Du brauchst nicht mal zuzuhören, um anderer Meinung zu sein.« [4482]

***

ICH, DER RICHTER *(I, the Jury)*
USA 1982, American Cinema, Twentieth Century Fox (Regie Richard T. Heffron, Buch Larry Cohen, nach dem Roman von Mickey Spillane)

*

Geoffrey Lewis (Joe): »Mike, die schießen auf uns.«

Armand Assante (Mike Hammer): »Auf wen denn sonst? Es sind ja nur wir da.« [4483]

*

Assante: »Schönen Gruß vom Genossen Molotow!« [4484]

*

Lewis: »Was soll's *(explodierter Wagen)*? Hätt sowieso 'n neuen gebraucht. Der Aschenbecher war voll.« [4485]

*

Paul Sorvino (Captain Pat Chambers): »Jetzt kann ich ihn, selbst wenn ich wollte, nicht mehr stoppen.«
»Das hab ich bemerkt. Mr. Hammers Einstellung ist so erfrischend biblisch.« [4486]

*

Barbara Carrera (Dr. Charlotte Bennett, Hammers Verlobte, gerade von ihm in den Bauch geschossen worden): »Wie konntest du das ...«
Assante: »Es war ganz einfach.« [4487]

***

ICH ERSCHOSS JESSE JAMES
(I Shot Jesse James)
USA 1949, Lippert, Screen Guild (Regie, Buch Samuel Fuller, nach einem *American Weekly*-Artikel von Homer Croy)

*

John Ireland (Bob Ford) »Wir beide lieben sie, Sie auf Ihre Weise und ich, ich auf meine. Manche bringen sich um wegen einer Frau, manche nicht. Sie tun es nicht, weil sie sie nicht genug lieben.« [4488]

***

ICH FOLGTE EINEM ZOMBIE
(I Walked with a Zombie)
USA 1943, RKO (Regie Jacques Tourneur, Buch Curt Siodmak, Ardel Wray, Story Inez Wallace)

*

Tom Conway (Paul Holland): »Ihnen scheint alles schön, weil Sie es nicht verstehen. Die fliegenden Fische, die springen nicht vor Freude, sondern vor Schrecken. Die größeren Fische wollen sie fressen. Und das schimmernde Wasser verdankt seinen Glanz Millionen kleiner toter Lebewesen, das Glitzern der Fäulnis. Hier gibt es keine Schönheit, nur Tod und Verfall.« [4489]

*

Conway: »Es war die Gallionsfigur eines Sklavenschiffes. Von diesen Sklaven stammen unsere Leute ab, aus dem Elend und dem Schmerz der Sklaverei. Für viele Generationen war ihnen das Leben nur eine Last. Deshalb weinen Sie immer noch bei Geburten und sind fröhlich bei Beerdigungen.« [4490]

*

Conway: »Ich hab Ihnen gesagt, Miss Connell, dies ist ein trauriger Ort.« [4491]

*

Teresa Harris (Alma): »Miss Jessica sagte immer: ›Nur so kann eine Dame ihr Frühstück einnehmen: im Bett, mit dem Kopf auf einem Spitzenkissen‹.« [4492]

*

Sir Lancelot (Calypso Sänger): »Ich werde mich sofort entschuldigen. Ich werde mich einschmeicheln und mich an seinem Herzen wärmen.« [4493]

*

James Ellison (Wesley Rand): »Das ist Pauls große Waffe: Worte. Er kann sie benutzen wie andere Männer ihre Fäuste.« [4494]

***

ICH KÄMPFE UM DICH *(Spellbound)*
USA 1945, Selznick (Regie Alfred Hitchcock, Buch Ben Hecht, Angus MacPhail, nach dem Roman ›The House of Dr. Edwards‹ von Francis Beeding)

*

Leo G. Carroll (Dr. Murchison): »Ich verstehe. Sie sind eine gute Analytikerin, Dr. Peterson, aber eine ziemlich dumme Frau. Was dachten Sie, was ich tun würde, wenn Sie mir das erzählen? Ihnen gratulieren? Sie vergessen in Ihrer törichten Hingabe an den Patienten, daß die Strafe für zwei Morde dieselbe ist wie für einen.« [4495]

***

ICH LIEBE DICH ZU TODE *(I Love You to Death)*
USA 1990, Chestnut Hill, Columbia TriStar (Regie Lawrence Kasdan, Buch John Kostmayer)

»Was soll's *(explodierter Wagen)*?
Hätt sowieso 'n neuen gebraucht.
Der Aschenbecher war voll.«
Ich, der Richter

Kevin Kline (Joey Boca): »Amerika ist von einem Italiener entdeckt worden und heißt wie ein anderer Italiener.«
Victoria Jackson (Lacey): »Und was beweist das?«
Kline: »Das beweist, daß Amerika uritalienischer Boden ist.« [4496]

*

Joan Plowright (Nadja): »Ich kenne jemanden, der Geld braucht. Er würde es machen. Ein guter Junge, er ist sehr nett.«
Tracey Ullman (Rosalie Boca): »Mama, woher kennst du denn Menschen, die so was tun?«
Plowright: »Ich habe viele Freunde, das weißt du.«
Ullman: »Killer?«
Plowright: »Nein, keine richtigen Killer. Nein. Nein, die machen das nur für Geld.« [4497]

*

Ullman: »Und was ist, wenn wir erwischt werden?«
Plowright: »Rosalitschka, bitte! In Amerika bringen sich die Leute bei jeder Gelegenheit um. Das ist ein richtiger Volkssport hier. Und niemand wird erwischt.« [4498]

*

River Phoenix (Devo): »Na ja, im allgemeinen wird das als keine besonders gute Idee angesehen, ein Taxi zum Tatort zu nehmen.« [4499]

***

ICH WAR EINE MÄNNLICHE KRIEGSBRAUT
(I Was a Male War Bride)
USA 1949, Twentieth Century Fox (Regie Howard Hawks, Buch Charles Lederer, Leonard Spigelgass, Hagar Wilde, Story Henri Rochard)

*

Ann Sheridan (Lieutenant Catherine Gates): »Du bist ein Idiot. Aber sonst würdest du mich wohl auch nicht heiraten.«
Cary Grant (Henri Rochard): »Sicher nicht.«

»Sag mir: ›Ich liebe dich.‹
Und dann sag mir,
was es bedeutet, lieben.«
Identifikation einer Frau

Sheridan: »Und es ist gut, wenn ein Mann seiner Frau geistig unterlegen ist.« [4500]

*

William Neff (Captain Jack Rumsey): »Ihr Frauen habt scheinbar an diesen französischen Händchenküssern einen Narren gefressen.« [4501]

*

Grant: »Ich weiß, das klingt etwas verworren, aber wenn wir die Nerven behalten, werden wir schon klarkommen.« [4502]

***

IDENTIFIKATION EINER FRAU
(Identificazione di una donna)
I/F 1982, Iter, Gaumont, RAI TV 2 (Regie Michelangelo Antonioni, Buch Michelangelo Antonioni, Gérard Brach, Tonino Guerra, Story Michelangelo Antonioni)

*

Tomas Milian Niccolo Farra): »Bei dir weiß man nie, wann du die Wahrheit sagst.«
Daniela Silverio (Mavi): »Ist das denn nötig? In bestimmten Augenblicken muß man doch auch ein bißchen heucheln können.« [4503]

*

Milian: »Wenn wir noch länger zusammenbleiben wollen, dann müssen wir uns auch alles anhören, was wir einander zu sagen haben, auch wenn's uns nicht gefällt. Und im Laufe der Zeit werden es immer mehr Dinge sein, die uns nicht gefallen.« [4504]

*

Silverio: »Sag mir: ›Ich liebe dich.‹ Und dann sag mir, was es bedeutet, lieben.« [4505]

***

IHR GRÖSSTER COUP *(Diggstown)*
USA 1992, Electric, MGM (Regie Michael Ritchie, Buch Steven McKay, nach dem Roman ›The Diggstown Ringers‹ von Leonard Wise)

*

James Woods (Gabriel Caine): »Das Duschen wird ohne dich keinen Spaß mehr machen.« [4506]

*

Woods: »Der kleine Gauner muß flitzen so schnell er kann. Aber ein guter Betrüger verläßt den Tatort, wann er will.« [4507]

*

Woods: »Die *(Richter)* geben einem heutzutage nur noch die Hälfte, wenn man keine Waffe benutzt. Gott schütze die Liberalen!« [4508]

*

Orestes Matacena (Victor Corsini): »Zwingen Sie mich nicht, Sie umzubringen, Gabe! Sie wissen doch, wie ungern ich meine Freunde umbringe.« [4509]

*

Bruce Dern (John Gillen): »Über zwei Dinge machen wir hier in Diggstown niemals Witze, Mr Caine, das ist das Boxen und das Wetten.« [4510]

*

Dern: »Erinnern Sie mich Sonntag früh in der Kirche daran, Gott dafür zu danken, daß er die Narren erschaffen hat!« [4511]

*

Woods: »Na, wie sieht's aus?«
Louis Gossett jr. (›Honey‹ Roy Palmer): »Der Junge ist fertig.«
Woods: »Das wollte ich hören.«
Gossett jr.: »Es sei denn, er hat Glück. Mit Glück ist hier alles drin.«
Woods: »Das hör ich aber weniger gern.«
Gossett jr.: »Ich weiß, aber wenn ich hier für dich die Prügel beziehe, denke ich, daß du dir wenigstens Sorgen machen kannst.« [4512]

*

Gossett jr.: »Ich weiß nicht, was schlimmer ist, der Kampf oder dein dummes Gequatsche.«
Woods: »Man nennt das Motivation. Okay?« [4513]

*

Woods: »Okay, hör zu! Er ist größer, schneller, kräftiger und jünger als du, und er hat heute noch keine 22 Runden geboxt. Aber denk dran: Du bist schwarz.«
Gossett jr.: »Was heißt das? Was meinst du?«
Woods: »Ich weiß nicht, ich versuch, dich zu inspirieren. Ich meine, denk an deine afrikanischen Ahnen! Nennen wir es einen Motivationsschub.«
Gossett jr.: »Du bist 'ne Niete im Motivieren.« [4514]

***

IHRE MAJESTÄT MRS. BROWN *(Mrs. Brown)*
UK/USA/Irland 1997, Ecosse, BBC, WGBH, British Screen, Mobil Masterpiece (Regie John Madden, Buch Jeremy Brock, Story George Rosie)

Judi Dench (Queen Victoria): »Du ißt nicht genug. Man darf der Eitelkeit nicht den Vorrang vor dem Appetit geben.« [4515]

*

Gerard Butler (Archie Brown): »Und? Was hat Ponsonby gemacht, als sie zu schreien anfing?«
Billy Connolly (John Brown): »Ich hatte Angst, es sprengt ihm das Bruchband.« [4516]

*

Geoffrey Palmer (Henry Ponsonby): »Sie melden sich nur dann zum Dienst, wenn die Königin dies verlangt. Das wissen Sie sehr wohl.«
Connolly: »Ich habe nicht den weiten Weg gemacht, um auf meinem Arsch rumzuhocken.« [4517]

***

IM ANGESICHT DES TODES *(A View to a Kill)*
UK 1985, Eon, MGM/UA (Regie John Glen, Buch Richard Maibaum, Michael G. Wilson)

*

Robert Brown (M): »Ich war der Meinung, Sie hätten es liebend gern gesehen, wenn Silicon Valley zerstört worden wäre.«
Walter Gotell (General Gogol): »Oh, im Gegenteil, Admiral. Wo wäre die russische Wissenschaft ohne Silicon Valley?« [4518]

***

IM AUFTRAG DES DRACHEN
(The Eiger Sanction)
USA 1975, Malpaso, Universal (Regie Clint Eastwood, Buch Warren B. Murphy, Hal Dresner, Rod Whitaker, nach dem Roman von Trevanian)

*

Clint Eastwood (Jonathan Hemlock): »Typen wie du kotzen mich an, die machen mir angst, und ich hab nicht gerne Angst.« [4519]

*

Eastwood: »Sie wissen, daß ein Rückzug in Ihrer Route unmöglich ist, falls wir weiter oben blockiert werden?«
Reiner Schöne (Freytag): »Wissen Sie, ich halte

> »*Zwingen Sie mich nicht,*
> *Sie umzubringen, Gabe!*
> *Sie wissen doch, wie ungern*
> *ich meine Freunde umbringe.*«
> Ihr größter Coup

es für Defätismus, jetzt schon den Rückzug zu planen.«
Eastwood: »Und ich halte es für Dummheit, es nicht zu tun.«
Schöne: »Okay, übernehmen Sie die Planung für den Rückzug, Dr. Hemlock. Sie haben ja schließlich mehr Erfahrung im Rückzug als ich.« [4520]

*

Gregory Walcott (Pope): »Hat er dir verraten, wer es *(der Verräter)* ist?«
Eastwood: »Er hat es angeboten, aber sein Preis war mir zu hoch.«
Walcott: »Was hat er denn verlangt?«
Eastwood: »Sein Leben.« [4521]

***

IM AUFTRAG DES TEUFELS
(The Devil's Advocate)
USA 1997, Regency, Kopelson, Warner (Regie Taylor Hackford, Buch Jonathan Lemkin)

*

Al Pacino (John Milton): »Das ist unser Geheimnis: Erschlage sie mit Nettigkeit!« [4522]

*

Charlize Theron (Mary Ann Lomax): »Ich dachte, du hast gesagt, es wär unmöglich.«
Keanu Reeves (Kevin Lomax): »Ich dachte, du hast gesagt, es wär wichtig.« [4523]

*

Pamela Gray (Diana Barzoon): »Ich sag immer: ›Gib alles aus!‹ Wenn du schon deinen Mann nie zu sehen kriegst, kannst du genausogut ein Verhältnis mit seinem Geld anfangen.« [4524]

*

Pacino: »Ich kümmere mich nicht um jede Kleinigkeit. Erst findest du Talente, dann delegierst du.« [4525]

***

IM BANNE VON SHANGHAI
(The Shanghai Gesture)
USA 1941, Pressburger, United Artists (Regie Josef von Sternberg, Buch Josef von Sternberg, Jules Furthman, nach dem Stück von John Colton)

*

Victor Mature (Dr. Omar): »Allah sei gepriesen! Immer wieder schickt er uns neue Frauen.« [4526]

*

Mature: »Teilen wir uns die Arbeit wie Brüder: Sie verhandeln mit den unbestechlichen Gesetzeshütern und ich mit der Kleinen.« [4527]

*

Michael Delmatoff (Barmann): »Ich habe kein Heimatland. Und je mehr Länder ich kennenlerne, um so besser finde ich das.« [4528]

*

Clyde Fillmore (Montgomery Howe): »Die schönsten Nüsse fallen immer den Zahnlosen zu.« [4529]

*

Fillmore: »Ich gehe aus der internationalen Kolonie nicht weg, das wissen Sie. Nicht alle Chinesen sind wie ich, einige haben Ehre im Leib. Mich mit meinen dunklen Geschäften, mich verkaufen sie glatt als Schweinefleisch.« [4530]

*

Rex Evans (Jackson): »Wie man hört, wird schon in der nächsten Woche ein Gesetz die Unterhaltung solcher Casinos verbieten.«
Ona Munson (Mother Gin Sling): »Ich lebe nach meinen eigenen Gesetzen, bereits viele Jahre lang. Andere Gesetze ignoriere ich auch in Zukunft.« [4531]

*

Mature: »Sie sind eine wunderschöne Frau, Poppy. Sie brauchen diesen Schmuck nicht, Sie strahlen ohne ihn.« [4532]

***

IM DUNKEL VON ALGIER
(Pépé le Moko)
F 1937, Pallas (Regie, Buch Julien Duvivier, nach dem Roman von Roger d'Ashelbe)

*

Lucas Girdoux (Slimane): »Er hat immer eine offene Hand für seine Freunde und ein offenes Messer für seine Feinde.« [4533]

*

Saturnin Fabre (Großvater): »Sie wissen, wie ich diese vulgären Ausdrücke verabscheue. Also nehmen Sie sich in meiner Gegenwart etwas zusammen!« [4534]

> »Allah sei gepriesen!
> Immer wieder schickt
> er uns neue Frauen.«
> Im Banne von Shanghai

Jean Gabin (Pépé le Moko): »Du bist ein mieses Subjekt.«
Gabriel Gabrio (Carlos): »Was bin ich? Sag das noch mal!«
Gabin: »Ein mieses Subjekt.«
Fabre: »Das bedeutet, daß Sie ihm unsympathisch sind.« [4535]

*

Gabin: »Weißt du, ich bin früher mal Handwerker gewesen und hab Achtung vor anderer Leute Arbeit. Ich könnte nie mutwillig etwas zerstören. Ich nehme es mit, weiter nichts. Schließlich gibt es so was wie Berufsehre.« [4536]

*

Gabin: »Ich lege ja keinen um. Ich ziele nur auf die Beine, dann klappen sie zusammen wie die Taschenmesser. Ich hab schon drei oder vier.«
Fabre: »Taschenmesser?«
Gabin. »Ach wo, Bullen.« [4537]

*

Gabin: »Du trägst deinen Polizeiausweis auf der Visage. Wenn man dermaßen wie ein falscher Hund aussieht, ist das schon wieder aufrichtig.« [4538]

*

Gabin: »Kriegst du keine Kopfschmerzen, wenn du mir so dämliche Fragen stellst?« [4539]

*

Fabre: »Betrachten Sie sich als unerwünscht in unserm Kreis!« [4540]

*

Gabin: »Du kotzt mich an.«
Gabrio: »Was tue ich? Ach, sag das noch mal!«
Gabin: »Du kotzt mich an.«
Fabre: »Das bedeutet, daß Sie ihm unsympathisch sind.«
Gabrio: »Das ist was anderes.« [4541]

*

Gabin: »Warum lachst du?«
Mireille Balin (Gaby): »Oh, nur so.«
Gabin: »Schade.«
Balin: »Wieso schade?«
Gabin: »Schade, daß wir uns nicht besser kennen.«
Balin: »Und warum?«
Gabin: »Dann bekämen Sie jetzt von mir eine Ohrfeige. Ich hab nicht gern, wenn man lacht und weiß nicht, warum.« [4542]

IM GEHEIMDIENST IHRER MAJESTÄT
(On Her Majesty's Secret Service)
UK 1969, Eon, Danjaq, United Artists (Regie Peter Hunt, Buch Richard Maibaum, nach dem Roman von Ian Fleming)

*

George Lazenby (James Bond, nachdem ihm Diana Rigg weggefahren ist): »Das wär dem andern nie passiert.« [4543]

*

Gabriele Ferzetti (Marc Ange Draco): »Entschuldigen Sie, daß ich Sie auf so ungewöhnliche Art hergebeten habe! (...) Ich wußte ja nicht, ob Sie eine formelle Einladung annehmen würden.«
Lazenby: »Eine Pistole auf der Brust ist ja nicht weniger formell.« [4544]

*

Telly Savalas (Ernst Stavro Blofeld): »Seien Sie bloß nicht so überheblich! Die Geschäfte Ihres Vaters werden auch nicht nach dem Bürgerlichen Gesetzbuch abgewickelt.« [4545]

***

IM JAHR DES DRACHEN
(Year of the Dragon)
USA 1985, De Laurentiis, MGM/UA (Regie Michael Cimino, Buch Oliver Stone, Michael Cimino, nach dem Roman von Robert Daley)

*

Mickey Rourke (Captain Stanley White): »Also, ich werde mich ganz kurz fassen: Es gibt 'n neuen Marshal in Chinatown. Mich. Neuer Marshal bedeutet, es gelten neue Regeln.« [4546]

*

Rourke: »Du weiß ja noch nicht mal, wovon du sprichst. Das Mafiakonzept stammt nicht von den Italienern, nein, von den Chinesen.« [4547]

*

Rourke: »Ich möchte nur wissen, warum du in letzter Zeit immer so sauer bist.«
Caroline Kava (Connie White): »Das werd ich

> »Kriegst du keine Kopfschmerzen, wenn du mir so dämliche Fragen stellst?«
> Im Dunkel von Algier

dir sagen, Stanley. Weil du dich vollkommen verändert hast. Du bist ein herablassender, selbstgefälliger, arroganter, egoistischer Scheißkerl geworden.«
Rourke: »Aber du mußt doch zugeben, Connie, daß ich allen Grund habe, arrogant zu sein.« [4548]

*

John Lone (Go Joey Tai): »Und zuletzt teilen sich die Wolken, um den wahren Himmel zu zeigen.« [4549]

*

Rourke: »Wissen Sie, die meisten Drogendealer sind bescheuert, Joey, aber das muß ich Ihnen lassen: Sie sind wirklich 'n aalglatter Scheißkerl.« [4550]

*

Rourke: »Sie sind 'n gerissener Kerl, Go Joey, aber Ihnen ist ein schwerer Fehler unterlaufen. Ich bin kein Italiener, ich bin Polacke. Man kann mich nicht kaufen. Ich werd Sie fertigmachen, mein Junge. Ich werde Sie und Ihre dreckige Wäsche auf die Straße schleifen. Und ich werde Sie demütigen.« [4551]

*

Lone: »Sie sind ziemlich dumm, wirklich. Und Sie werden sich nicht lange halten.«
Rourke: »Ich halte mich lange genug, um auf Ihr Grab zu pissen.« [4552]

*

Rourke: »Wollen Sie wissen, was dieses Land hier zerstört? Es ist nicht der Schnaps, es sind nicht die Drogen. Es ist das Fernsehen, die Medien, solche Leute wie Sie, Vampire. Ich hasse die Art, wie Sie (...) Ihren Lebensunterhalt verdienen, indem Sie den Leuten Mikrofone unter die Nase halten. Ich hasse die Art, wie Sie jeden Abend um acht Lügen verbreiten. Ich hasse die Art, wie Sie wahre Gefühle abwürgen. Ich hasse einfach alles, was Sie repräsentieren. Und am allermeisten hasse ich die Kinder reicher Eltern. Und ich hasse diese Wohnung. Und deshalb versteh ich nicht, wieso ich so geil drauf bin, Sie zu ficken. Vielleicht haben Sie recht, ich habe vielleicht keine ethischen Grundsätze.« [4553]

*

Ariane (Tracy Tzu): »Er war in Princeton, sein Name ist Roger, und er ist Anwalt.«
Rourke: »Na bestens, ich hasse Anwälte. Und ich würde sowieso nicht mit einer Frau schlafen wollen, die gerade erst von einem Anwalt gevögelt wurde.« [4554]

*

Paul Scaglione (Teddy Tedesco): »Als Geschäftspartner nehme ich lieber einen (...) cleveren Dieb als einen (...) ehrlichen Mann, der dumm ist. Und glaub mir, ein dummer Mann ist gefährlicher wie eine defekte Zeitbombe. Du weißt nie, wann sie mit dir in die Luft fliegt. Wenn es ein Dieb ist, weißt du, was er dir wegnimmt. Du kontrollierst ihn einfach.« [4555]

***

IM KÖRPER DES FEINDES
(Face/Off)
USA 1997, Douglas-Reuther, WCG, Permut, Paramount, Touchstone (Regie John Woo, Buch Mike Webb, Michael Colleary)

*

Nicolas Cage (Castor Troy): »Ich denke, ich bezahle euch, damit ihr ihn vor allem beschützt. Das heißt, auch vor sich selbst.« [4556]

*

Cage: »Ich würde dir eventuell gestatten, an meiner Zunge herumzulutschen.« [4557]

***

IM KREUZFEUER
(Crossfire)
USA 1947, RKO (Regie Edward Dmytryk, Buch John Paxton, nach dem Roman ›The Brick Foxhole‹ von Richard Brooks)

*

Gloria Grahame (Ginny): »Ich kann Bullen nicht leiden.«
Robert Young (Detective Finlay): »Niemand kann Bullen leiden.« [4558]

*

William Phipps (Leroy): »Ist er tot?«
Young: »Ja, aber er war schon lange tot. Er hat es nur nicht gewußt.« [4559]

> *»Ich würde dir eventuell gestatten, an meiner Zunge herumzulutschen.«*
> Im Körper des Feindes

IM LANDE DER COMANCHEN
(Comanche Territory)
USA 1950, Universal (Regie George Sherman, Buch Oscar Brodney, Story Lewis Meltzer)

*

MacDonald Carey (James Bowie): »Hören Sie, Mister, wenn die Dame mich mit einer Kanone bedrohen will, ist das völlig in Ordnung. Damen dürfen so etwas. Aber Ihre Kanone kann ich nicht leiden.« [4560]

*

Carey: »Etwas sollte ich vielleicht noch erwähnen: Ich kann es nicht leiden, wenn man hinter meinem Rücken eine Pistole spannt.« [4561]

***

IM LAUF DER ZEIT
BRD 1976, Wenders, Filmverlag der Autoren (Regie, Buch Wim Wenders)

*

Rüdiger Vogler (Bruno Winter): »Das hab ich dich nicht gefragt. Du brauchst mir nicht deine Geschichte zu erzählen.«
Hanns Zischler (Robert Lander): »Was willst du denn wissen?«
Vogler: »Wer du bist.«
Zischler: »Ich bin meine Geschichte.« [4562]

***

I'M NO ANGEL
USA 1933, Paramount (Regie Wesley Ruggles, Buch Mae West)

*

Mae West (Tira): »What did you do? Get a haircut or have your ears moved down?« [4563]

*

Ralf Harolde (Slick Wiley): »I'll see you later.«
West: »The later, the better.« [4564]

*

West: »Always remember, honey, a good motto is: take all you can get and give as little as possible.« [4565]

*

West: »Never let one man worry your mind. Find 'em, fool 'em, and forget 'em.« [4566]

*

Gertrude Michael (Alicia Hatton): »You haven't a streak of decency in you.«
West: »I don't show my good points to strangers.« [4567]

West: »Oh, Beulah.«
Gertrude Howard (Beulah): »Yes, Ma'am?«
West: »Peel me a grape!« [4568]

*

West: »When I'm good I'm very good but when I'm bad I'm better.« [4569]

*

Cary Grant (Jack Clayton): »If I could only trust you.«
West: »Oh, you can. Hundreds have.« [4570]

*

West: »It's not the men in your life that count, it's the life in your men.« [4571]

*

West: »Come up and see me some time!« [4572]

***

IM SCHATTEN DER NACHT *(They Live By Night)*
USA 1949, RKO (Regie Nicholas Ray, Buch Charles Schnee, nach dem Roman ›Thieves Like Us‹ von Edward Anderson)

*

Howard Da Silva (Chickamaw): »Er hat ein weiches Herz, aber auch eine weiche Birne.« [4573]

*

Da Silva: »Wer das kürzere Streichholz zieht, wartet inzwischen im Wagen.
Jay C. Flippen (T-Dub): »Die meisten halten das für den leichteren Job, aber der kriegt als erster den Dampf in die Nase.« [4574]

*

Will Wright (Mobley): »Donnerwetter! Das ist noch mehr, als ich von der Versicherung für mein angezündetes Haus kassiert habe.« [4575]

*

Farley Granger (Bowie): »Ich brauche das Geld *(aus dem Banküberfall)* für was anderes und zwar für meinen Anwalt. Er soll mich vor Gericht raushauen *(aus einer alten Sache)*. Dann kann mir niemand auf der Welt etwas anhaben. Niemand.« [4576]

> »Never let one man worry your mind. Find 'em, fool 'em, and forget 'em.«
> I'm No Angel

Cathie O'Donnell (Keechie): »Eine Frau liebt nur einmal. Sie ist auf ihre Art treu wie ein Hund. Ein schlechter Hund nimmt von jedem Futter an, aber ein guter Hund ist anders. Wenn sein Herr stirbt, nimmt er von niemandem Futter, und er beißt jeden, der versucht, ihn zu streicheln.« [4577]

*

Da Silva: »Es wird Zeit, wieder an die Arbeit zu gehen. (...) Beim Pokern habe ich immer Pech gehabt, aber bei den leichten Mädchen Glück. Und jetzt bin ich blank.« [4578]

*

Da Silva: »Die Bank ist vollgepumpt mit Scheinchen.«
Granger: »Ich sage dir: ohne mich.«
Da Silva: »Die Kleine hat einen schlechten Einfluß auf dich.« [4579]

*

Ian Wolfe (Hawkins): »Jeder muß zuerst an sich selbst denken, wie die Geier. So ist es auf der Welt.« [4580]

*

Wolfe: »Man sollte Menschen immer helfen, wenn sie sich was wünschen. Falls sie es bezahlen können.« [4581]

*

Wolfe: »Ich bin in gewisser Hinsicht genauso ein Dieb wie Sie, aber Ihnen verkaufe ich keine Hoffnung. Es gibt für Sie keine.« [4582]

***

IM SCHATTEN DES GALGEN (Run for Cover)
USA 1955, Paramount (Regie Nicholas Ray, Buch William C. Thomas, Story Harriet Frank jr., Irving Ravetch)

*

John Derek (Davey Bishop): »Woher soll ich denn wissen, daß Sie mich nicht von hinten abknallen und verschwinden?«
James Cagney (Matt Dow): »Einer von uns muß schon das Risiko eingehen.« [4583]

»Jeder muß zuerst an sich
selbst denken, wie die Geier.
So ist es auf der Welt.«
Im Schatten der Nacht

(Cagney schiebt zusammengerollte Geldscheine in eine Revolverkammer)
Derek: »Was soll das denn bedeuten?«
Cagney: »Das ist für meinen Sarg. In meiner Heimat trägt man als Sheriff das Geld für sein Begräbnis bei sich, das ist so üblich.« [4584]

*

Cagney: »Wenn ich mein Ziel mit fünf Kugeln nicht getroffen habe, ist es sowieso zu spät, dann brauche ich nur noch einen massiven Sarg und ein ruhiges Plätzchen.« [4585]

*

(Richter): »Schließlich wollte ich nicht gleich so streng mit ihnen *(den zu fünf Dollar Strafe verurteilten Teilnehmern am Lynchen)* sein. Das ist wie bei einem Trinker, dem können Sie seinen Whiskey auch nicht auf einmal entziehen. Das steht zwar nicht im Gesetzbuch, aber hier im Westen kann man sich auch nicht so genau daran halten.« [4586]

***

IM SCHATTEN DES ZWEIFELS (Shadow of a Doubt)
USA 1943, Universal (Regie Alfred Hitchcock, Buch Thornton Wilder, Sally Benson, Alma Reville, nach einer Geschichte von Gordon McDonnell)

*

Teresa Wright (Charlie Newton): »Mrs. Henderson, glauben Sie an Telepathie?«
Minerva Urecal (Mrs. Henderson, Telegraphistin): »Na, das ist ja schließlich mein Beruf.« [4587]

*

Wright: »Ich hab das Gefühl, daß ganz tief in deinem Innern etwas verborgen ist, von dem keiner etwas weiß.« [4588]

*

Wright: »Ich werde es schon rauskriegen.«
Joseph Cotten (Onkel Charlie): »Es ist nicht immer gut, zuviel rauszukriegen.« [4589]

*

Cotten: »Ich muß es tun, Charlie. Solange du lebst, bin ich nicht sicher.« [4590]

*

Wright: »In seinen Augen war die Welt eine Hölle. Er ist, glaube ich, niemals glücklich gewesen. (...) Er traute keinem Menschen. Er haßte sie alle. Er hat die ganze Welt gehaßt. Weißt du, er sagte, daß Menschen wie du und ich keine Ahnung hätten, wie die Welt wirklich aussieht.« [4591]

IM SUMPF DES VERBRECHENS *(Just Cause)*
USA 1995, Rich Fountainbridge, Warner (Regie Arne Glimcher, Buch Jeb Stuart, Peter Stone, nach dem Roman von John Katzenbach)

*

Christopher Murray (Wilcox): »Autovermieter hassen lange Geschichten über ihre demolierten Leihwagen.« [4592]

***

IM TAL DES VERDERBENS
(War Paint)
USA 1953, Schenck, United Artists (Regie Lesley Selander, Buch Richard Alan Simmons, Martin Buckley, Story Fred Freiberger, William Tunberg)

*

Douglas Kennedy (Clancy): »Ein Mann kann bei einer Frau, die er liebt, nur zwei Fehler begehen: sie entweder zu früh fragen, so daß sie ja sagt oder sie zu spät fragen, so daß sie nein sagt. Verstehst du, der ganze Witz ist, den richtigen Moment zu erwischen und in der Mitte zu landen.« [4593]

***

IM TAUMEL DER WELTSTADT
(City for Conquest)
USA 1940, Warner (Regie Anatole Litvak, Buch John Wexley, nach dem Roman von Aben Kandel)

*

James Cagney (Danny Kenny): »Sie fordern es raus, Burns.«
Anthony Quinn (Murray Burns): »Kommen Sie, kommen Sie! Schlagen Sie mich! Für mehr reicht's in Ihrem Kopf doch nicht.« [4594]

*

Elia Kazan (Googie): »Laß dir das 'ne Lehre sein, Cobb: Wenn du 'ne Knarre links im Jackett trägst, so wie er, solltest du rechts neben dem Kerl sitzen, den du umlegen willst, so wie ich's getan hab.« [4595]

*

Arthur Kennedy (Eddie Kenny): »Mein Bruder hat Musik mit seinen Fäusten gemacht, damit ich sanftere Musik machen konnte.« [4596]

***

IM TIEFEN TAL DER SUPERHEXEN
(Beneath the Valley of the Ultravixens)
USA 1979, RM (Regie, Buch Russ Meyer)

*

June Mack (Junkyard Sal): »Ich kann Männer nicht ausstehen, die einem guten Fick nicht ins Auge sehen wollen.« [4597]

*

Stuart Lancaster (Erzähler): »Wir haben es hier mit einem Mann zu tun, der einen Intelligenzquotienten von unter 37 hat. (...) Nun, es gibt viele Möglichkeiten, Aufmerksamkeit zu erwecken, selbst bei einem Mann, der nicht über ein komplettes Kartenspiel verfügt.« [4598]

***

IM WESTEN NICHTS NEUES
(All Quiet on the Western Front)
USA 1930, Universal (Regie Lewis Milestone, Buch Del Andrews, Maxwell Anderson, George Abbott, nach dem Roman ›Im Westen nichts Neues‹ von Erich Maria Remarque)

*

Louis Wolheim (Katczinsky): »Immer, wenn ein großer Krieg ausbrechen will, sollten die Völker ein großes Feld errichten. (...) Und gleich am ersten Tag sollte man alle Könige und Kaiser nehmen und alle ihre Minister und alle ihre Generäle, sie bis auf die Unterhosen ausziehen, in die Mitte stellen und mit Keulen den Krieg auskämpfen lassen. Und gewonnen hat, wer übrigbleibt.« [4599]

***

IM ZEICHEN DES BÖSEN *(Touch of Evil)*
USA 1958, Universal (Regie, Buch Orson Welles, nach dem Roman ›Badge of Evil‹ von Whit Masterson)

*

Charlton Heston (Ramon Miguel ›Mike‹ Vargas): »Captain, Sie werden mit mir keine Schwierigkeiten haben.«
Orson Welles (Hank Quinlan): »Darauf können Sie Gift nehmen.« [4600]

*

Akim Tamiroff (Uncle Joe Grandi): »Meinen Revolver! Ist nur ein Scherz. Verstehen Sie?«
Janet Leigh (Susan Vargas): »Ich kann eigent-

> »Ich kann Männer nicht ausstehen, die einem guten Fick nicht ins Auge sehen wollen.«
> Im tiefen Tal der Superhexen

lich nicht finden, daß es das Witzigste ist, was ich je sah.«
Tamiroff: »Er ist ja auch nicht *nur* zum Scherzen da.« [4601]

*

Leigh: »Wissen Sie, was mit Ihnen los ist, Mr. Grandi? Ich glaube, Sie haben viel zu viele Gangsterfilme gesehen.« [4602]

*

Welles: »Ich bin Hank Quinlan.«
Marlene Dietrich (Tanya): »Ich hab dich nicht erkannt. Du solltest nicht so viel Schokolade essen!«
Welles: »Entweder ist es das oder der Schnaps. Es wäre mir lieber, wenn ich von deinem Essen fett geworden wäre.« [4603]

*

Welles: »Du siehst noch aus wie früher.«
Dietrich: »Junge, du bist alt geworden.« [4604]

*

Victor Millan (Manolo Sanchez): »Unerfreulich? Wie meinen Sie das? Mir wird immer wieder gesagt, daß ich ein sehr gewinnendes Wesen habe.« [4605]

*

Welles: »Nur weil er sich jetzt ein bißchen effektvoll gebärdet, ist er noch lange nicht unschuldig.« [4606]

*

Welles: »Unser Freund Vargas hat ungewöhnliche Ansichten über das Vorgehen der Polizei. Er meint anscheinend, es tut nichts zur Sache, ob ein Mörder gehängt wird oder nicht. Die Hauptsache, wir befolgen alle Buchstaben des Gesetzbuchs.« [4607]

*

Heston: »Ein Polizist sollte nicht arbeiten wie ein Hundefänger, wenn es darauf ankommt, einen Verbrecher hinter schwedische Gardinen zu bringen. In jedem freien Land hat der Polizist die Aufgabe, das Recht durchzusetzen. Das Gesetz schützt die Schuldigen ebenso wie die Unschuldigen.«
Welles: »Ach, unser Beruf ist schon hart genug.«
Heston: »Das ist selbstverständlich. Er muß hart sein. Die Arbeit eines Polizisten ist nur leicht in einem Polizeistaat. Das ist der springende Punkt, Captain. Was ist wichtiger, der Polizist oder das Gesetz?« [4608]

*

Welles: »Komm, sag mir die Zukunft voraus!«
Dietrich: »Du hast keine.«
Welles: »Was bedeutet das?
Dietrich: »Es gibt keine Zukunft mehr für dich. Du hast sie dir selbst genommen.«
[Your fortune is all used up.] [4609]

*

Welles: »Ich brauche noch was zu trinken.«
Joseph Calleia (Pete Menzies): »Du hast genug.«
Welles: »Das sagt Tanya auch immer. Aber was ist schon genug?« [4610]

*

Welles: »Das Ding, was du da an dir hast, steht dir übrigens gar nicht schlecht, Pete. Wie nennt man das? Das Ding, was du da trägst?«
Calleia: »Was meinst du?«
Welles: »Das da. Den Heiligenschein.« [4611]

*

Heston: »Hier können Sie mich nicht verhaften. Das ist mein Land.«
Welles: »Und hier werden Sie auch sterben.« [4612]

*

Mort Mills (Schwartz): »Sie haben ihn gern gehabt, nicht wahr?«
Dietrich: »Der Polizist, der ihn getötet hat, hatte ihn gern.« [4613]

*

Mills: »Er ist ein großartiger Kriminalist gewesen.«
Dietrich: »Und ein schlechter Polizist.«
Mills: »Ist das alles, was Sie über ihn zu sagen haben?«
Dietrich: »Er war schon ein seltsamer Mann. Aber was hat es für einen Zweck, über Menschen zu sprechen?« [4614]

***

> »Ich brauche noch was zu trinken.« »Du hast genug.«
> »Das sagt Tanya auch immer. Aber was ist schon genug?«
> Im Zeichen des Bösen

IM ZEICHEN DES ZORRO (*The Mark of Zorro*) USA 1940, Twentieth Century Fox (Regie Rouben Mamoulian, Buch John Taintor Foote, nach dem Roman ›The Curse of Capistrano‹ von Johnston McCulley)

*

Tyrone Power (Diego Vega): »Auf Kalifornien! Wo einem Mann nichts anderes bleibt, als sich zu verheiraten und seinen Wein zu bauen.« [4615]

*

Basil Rathbone (Captain Esteban Pasquale): »Ein Steckenpferd von mir. Andere Männer spielen mit Handschuhen, Monokel oder mit Schnupftabakdosen, jeder, wie's ihm gerade beliebt. Ich spiele mit dem Degen. Lieben Sie diese Waffe?«
Power: »Oh, ich ... ich versteh fast überhaupt nichts davon. Degenfechten ist so gewalttätig.« [4616]

*

J. Edward Bromberg (Don Luis Quintero): »Dieser kleine Affe wird uns ja wohl keine Schwierigkeiten machen.« [4617]

*

Power: »In Spanien sind Ehemänner schöner Frauen nichts weiter als Dekorationen.« [4618]

*

Power: »Verzeiht mir, daß ich nicht eher kam! Schuld ist mein Badewasser. Es war nicht genügend temperiert. Es mußte erst wieder ganz neu erwärmt werden. Das Leben ist schwer, nicht wahr?« [4619]

*

Power: »Das Herumstechen mit Degen ist längst aus der Mode.« [4620]

*

Linda Darnell (Lolita Quintero): »Ich hätte nie geglaubt, daß Tanzen so wundervoll ist.«
Power: »Ich fand es ungewöhnlich anstrengend.« [4621]

*

Rathbone: »Ruhig, du Puppenschreck! Ich habe keinen Grund, etwa dich am Leben zu lassen.«
Power: »Kapitän, wie interessant! Ich finde, daß ihr genauso über mich denkt, wie ich über Euch.«
Rathbone: »Ihr würdet nicht zögern, dieses Gefühl in die Tat umzuwandeln?«
Power: »Nein, mit dem größten Vergnügen. Wenn ich eine Waffe hätte.«
Rathbone: »Sofort, Señor.« [4622]

IM ZWIELICHT *(Twilight)*
USA 1998, Cinehaus, Paramount (Regie Robert Benton, Buch Robert Benton, Richard Russo)

*

Paul Newman (Harry Ross, voice-over): »Mein Name ist Harry Ross, und dies ist die Geschichte meines Lebens. Zuerst war ich Polizist und Privatdetektiv. Und dann Trinker. Irgendwann war ich auch mal Ehemann und Vater. Man sollte meinen, bei alldem sollte die Welt ihre Macht verlieren, einen zu verführen. Aber das ist ein Irrtum.« [4623]

*

Gene Hackman (Jack Ames): »Harry, meine Frau wird sowieso nie mit dir schlafen, also kannst du ebensogut mit mir Karten spielen.« [4624]

*

Newman: »Ich hoffe, es gibt keine Probleme. Ich hab nämlich meine Kanone ausrangiert.«
Hackman: »Nein, es wird keine Probleme geben. Spiel hier nicht den Waschlappen!« [4625]

*

Newman (voice-over): »Auf eines kann man sich verlassen, wenn man Privatdetektiv ist. Immer dann, wenn ein Kunde sagt, ›Sie brauchen keine Waffe mitzunehmen‹, sollte man besser zwei mitnehmen.« [4626]

*

James Garner (Raymond Hope): »Natürlich haben sie ihm zur selben Zeit auch 'ne Menge Geld beim Spielen abgenommen. Na ja, wenn man 'ne Frau wie Catherine und sehr viel Geld in ein und derselben Woche verliert, dann kann man schon anfangen, sich selber leidzutun.« [4627]

*

Garner: »Ich habe lange gedacht, Jack Ames sei der glücklichste Mann, der in Hollywood rumläuft. Jetzt sieht's so aus, als ob seine Glückssträhne zu Ende ist. Er hat Krebs, wie ich hör-

> »Harry, meine Frau wird sowieso nie mit dir schlafen, also kannst du ebensogut mit mir Karten spielen.«
> Im Zwielicht

te. Ich schätze, am Ende verläßt uns alle das Glück.« [4628]

*

Garner: »Sag Verna, wenn sie je das Verlangen haben sollte, mit einem alten Mann zu bumsen, dann soll sie mit mir bumsen. Ich steh im Telefonbuch. Unter ›Bumsen‹.« [4629]

*

Newman: »Ganz allein?«
Susan Sarandon (Catherine Ames): »Mit meinen Gedanken. Sind aber 'ne beschissene Gesellschaft.« [4630]

*

Newman: »Woran kann ich ich Sie erkennen?«
Margo Martindale (Gloria Lamar, off, am Telefon): »Blond, groß, mucho Haare, mucho Titten.« [4631]

*

Newman: »Ich war drüben in der Palmetto Street und wollte zu einer Gloria Lamar. Statt dessen fand ich einen Kerl namens Lester Ivar, frisch gefüllt mit vielen Kugeln.« [4632]

*

Martindale: »Dies ist eine gewalttätige Welt. Wenn Sie mir nicht glauben, dann zappen Sie sich mal durchs Fernsehen.« [4633]

*

Martindale: »Das ist gegen die Spielregeln.«
Newman: »Es gelten neue Spielregeln.« [4634]

*

Giancarlo Esposito (Reuben): »Wir waren ein tolles Team.«
Newman: »Reuben, wir waren niemals ein Team. Ich meine, ab und zu hab ich dir 'n kleinen Auftrag gegeben, den du normalerweise versaut hast. Das macht aus uns kein Team.« [4635]

*

Newman (voice-over): »Der einzige Mensch, der mich vielleicht halten konnte, war Raymond Hope. Außerdem war er mir noch etwas

> »Du bist ein fleißiger Biber gewesen, hm? Spielst den Detektiv, vögelst meine Frau.«
> Im Zwielicht

schuldig. Oder ich ihm. Ich wußte nicht mehr, wie oder was es war. Jedenfalls war es Raymond, der mich von dem Barhocker zog, auf dem ich vor zwei Jahren lebte.« [4636]

*

Garner: »Meine Güte! Was hast du denn da (am Kopf)?«
Newman: »Jemand hat mir die Meinung gesagt. Aber von hinten.« [4637]

*

Newman: »Ich trink Ginger Ale, wenn du hast.«
Garner: »Seh ich aus wie jemand, der Ginger Ale im Haus hat?« [4638]

*

Hackman: »Du bist ein fleißiger Biber gewesen, hm? Spielst den Detektiv, vögelst meine Frau.« [4639]

*

Hackman: »Du bist gefeuert, Harry.«
Newman: »Da bin ich aber neugierig. Wie willst du jemanden feuern, den du nie bezahlt hast?«
Hackman: »Ich finde einen Weg.« [4640]

*

Reese Witherspoon (Mel Ames): »Harry, du warst Cop. Woher weiß man, wem man vertrauen kann?«
Newman: »Weiß keiner. Nicht mal ein Cop. Man lernt, wem man nicht vertrauen kann. Das Leben ist schwierig.« [4641]

*

Newman: »Und, Reuben, ›Verstärkung‹ bedeutet, wenn man gebraucht wird, auch zur Stelle zu sein. Ich mein, es geht nicht an, daß ich unter dem Pier den Arsch versohlt kriege, und du stehst oben und überwachst das.« [4642]

*

Martindale: »Wie kommt's, daß ich nicht überrascht bin?«
Newman: »Hi, Mucho, Ihr Freund hier sollte es mal mit was anderem versuchen als mit Erpressung. Er hat den Dreh nicht raus.« [4643]

*

Stockard Channing (Verna): »Hörst du das (Toilettenspülung)? Das war meine Karriere, wenn ich dich jetzt laufen lasse.« [4644]

*

Witherspoon: »Was du an Jack und Catherine

einfach nicht kapierst, Harry: Sie leben füreinander, so als seien sie Hauptdarsteller in der Verfilmung ihres Lebens. Du hast nur eine Nebenrolle. Wie ich. Es ist ihre Lovestory, nicht deine. Du kannst sie in der Schlußszene nicht küssen. Sie ist die Frau eines anderen.« [4645]

*

Garner: »Sie haben dich kleingekriegt, hä? Ich kann's ja verstehen, ich meine, Catherine wickelt doch jeden Männerschwanz um den kleinen Finger, das entschuldigt dich. Und Jack ist ein charmanter Junge. Aber laß dich jetzt etwas fragen: Hast du nicht auch manchmal die Schnauze voll von den Reichen? Kommt es dir nicht blöd vor, daß die Jacks und Catherines dieser Welt tun können, was ihnen gefällt, weil es immer Leute gibt, die hinter ihnen aufräumen? Jack Ames kann mit einer Waschmaschine und einem Kilo Waschpulver kein Blut aus einer Socke rauswaschen. Aber ich, ich kriege das Blut aus der Socke raus, und das mach ich. Ja, ich beseitige jeden Mist für Geld.« [4646]

*

Garner: »Weißt du eigentlich, wie oft ich dich in den vergangenen Tagen nicht umgebracht habe?« [4647]

*

Newman: »Du weißt, daß ich dich im Glas genau sehen kann.«
Garner: »Komisch eigentlich, was man alles nicht bedenkt, wenn man sich ein Haus kauft.« [4648]

*

Newman: »Na los! Los, gib schon, ehe du die Farben rausgemischt hast.« [4649]

*

Channing: »So, dann kommt Catherine Ames also ungestraft davon.«
Newman: »Nicht wirklich.«
Channing: »Irgend jemand sollte ungestraft davonkommen.« [4650]

***

IMMER ÄRGER MIT HARRY
(The Trouble with Harry)
USA 1955, Hitchcock, Paramount (Regie Alfred Hitchcock, Buch John Michael Hayes, nach dem Roman von John Trevor Story)

*

Jerry Mathers (Arnie): »Wacht er wieder auf?«
Shirley MacLaine (Jennifer Rogers): »Das wollen wir doch nicht hoffen.« [4651]

*

John Forsythe (Sam Marlowe): »Ist das Ihre Leiche, guter Mann?«
Edmund Gwenn (Captain Wiles): »Bitte keine Verdächtigungen! Das war ein Unfall, ein ganz normaler, alltäglicher Unfall.« [4652]

***

DAS IMPERIUM SCHLÄGT ZURÜCK
(The Empire Strikes Back)
USA 1980, Lucas, Twentieth Century Fox (Regie Irvin Kershner, Buch Leigh Brackett, Lawrence Kasdan, Story George Lucas)

*

Anthony Daniels (C-3PO): »R2 sagt, die Überlebenschancen stehen 725:1. ... Allerdings muß ich sagen, daß auch R2 zuweilen Fehler zu machen pflegt. ... Ab und zu jedenfalls. ... Oje, oje!« [4653]

*

Daniels: »Mach dir keine Sorgen über Master Luke! Ich bin sicher, es wird ihm nichts weiter zugestoßen sein. Er ist ziemlich gescheit, weißt du. Ich meine, für einen Menschen.« [4654]

*

Carrie Fisher (Prinzessin Leia Organa, als Ford sein Raumschiff nicht in Gang kriegt): »Würde es etwas nützen, wenn ich aussteige und schiebe?« [4655]

*

Frank Oz (Yoda): »Ach, unmöglich ist immer alles für dich. Meine Worte, hörst du sie nicht?«
Mark Hamill (Luke Skywalker): »Also gut, ich werd's versuchen.«
Oz: »Nein, nicht versuchen! Tue es, oder tue es nicht! Es gibt kein Versuchen.« [4656]

*

Fisher: »Manchmal sind Sie unglaublich, zwar nicht sehr oft, aber wenigstens ab und zu.« [4657]

> »Wacht er wieder auf?«
> »Das wollen wir
> doch nicht hoffen.«
> Immer Ärger mit Harry

Fisher: »Ich traue Lando Calrissian nicht.«
Harrison Ford (Han Solo): »Genaugenommen traue ich ihm auch nicht. Aber er ist mein Freund.« [4658]

*

David Prowse (Lord Darth Vader): »Eine kleine Änderung unserer Abmachung. Und beten Sie, daß ich nicht noch weitere Änderungen vornehme!« [4659]

***

THE IMPORTANCE OF BEING ERNEST
UK 1952, Rank, Javelin, Two Cities (Regie, Buch Anthony Asquith, nach dem Stück von Oscar Wilde)

*

Edith Evans (Lady Bracknell): »Do you smoke?«
Michael Redgrave (Ernest Worthing): »Well, yes, I must admit I smoke.«
Evans: »I'm glad to hear that. A man should have an occupation of some kind.« [4660]

*

Evans: »Are your parents living?«
Redgrave: »I have lost both of my parents.«
Evans: »To lose one parent, Worthing, may be regarded as a misfortune, to lose both looks like carelessness.« [4661]

*

Michael Denison (Algernon Moncrieft): »This world is good enough for me, Cousin Cecily.«
Dorothy Tutin (Cecily Cardew): »Yes. But are you good enough for it?« [4662]

*

Denison: »I never saw a man take so long to dress with such little result.« [4663]

*

Evans: »A woman should never be really accurate about her age. It looks so calculating.« [4664]

***

IN 80 TAGEN UM DIE WELT
(Around the World in 80 Days)
USA 1956, Todd, United Artists (Regie Michael Anderson, Buch S. J. Perelman, nach dem Roman von Jules Verne)

*

Trevor Howard (Fallentin): »Meine Herren, ich finde, dieser Scherz geht entschieden zu weit.«
David Niven (Phileas Fogg): »Ein Engländer betrachtet eine Wette niemals als Scherz.« [4665]

*

Niven: »Vielleicht finden wir ihn durch Kombinieren. Das ist eine neue Methode, die von der britischen Polizei angewandt wird.« [4666]

*

Niven: »Alles, was über mich hereingebrochen ist, ist das Resultat meiner eigenen Dummheit. Ich nehme das sachlich zur Kenntnis. Selbstbemitleidung und Wehleidigkeit sind mir zuwider.« [4667]

***

IN AND OUT
USA 1997, Spelling, Rudin, Paramount (Regie Frank Oz, Buch Paul Rudnick)

*

Gregory Jbara (Walter Brackett): »Er wird rausgeworfen *(aus der Armee)*. Das ist nicht fair. Ich meine, er hat Leute umgebracht.« [4668]

*

Tom Selleck (Peter Malloy): »Manchmal stellt sich die schlimmste Sache, die man sich vorstellen kann, als die beste heraus.« [4669]

*

Joan Cusack (Emily Montgomery, im Brautkleid): »Sind denn hier alle schwul? Ist das die Twilight Zone?« [4670]

***

IN BRUTALEN HÄNDEN
(Cry Terror)
USA 1958, MGM (Regie, Buch Andrew Stone)

*

Neville Brand (Steve): »Frauen reden viel zuviel. Manchmal sagen sie Sachen, die sie lieber nicht sagen sollten.« [4671]

*

Jack Klugman (Victor): »Wie soll denn das aussehen, was Sie milder nennen? Daß sie mir ein weiches Kissen drauflegen auf den elektrischen Stuhl?« [4672]

***

IN DEN STRASSEN DER BRONX *(A Bronx Tale)*
USA 1993, Cecchi Gori, Berlusconi, Price, Tribeca,

> »Manchmal stellt sich die schlimmste Sache, die man sich vorstellen kann, als die beste heraus.«
> In and Out

Penta (Regie Robert De Niro, Buch Chazz Palminteri, nach seinem Stück)

*

Lillo Brancato (Calogero Anello, voice-over): »Man sagte ihm nach, daß alles, was er anfaßte, sich in Scheiße verwandelte. Wenn er zum Rennen ging, gaben ihm die Buchmacher seine Wettscheine immer schon fertig zerrissen.« [4673]

*

Francis Capra (Calogero mit 9): »Vergib mir, Herr, denn ich habe gesündigt. Meine letzte heilige Beichte war vor einem Monat. Und das sind meine Sünden: Ich war zweimal sonntags nicht in der Messe, ich habe einmal wegen einem Mord falsch ausgesagt, ich habe einmal am Freitag Fleisch gegessen ...«
Richard De Domenico (Priester): »Augenblick mal! Kannst du bitte wiederholen, was du eben gesagt hast!«
Capra: »Ich habe einmal freitags Fleisch gegessen.«
De Domenico: »Nein, noch eine davor. Was hast du davor gebeichtet?«
Capra: »Daß ich falsch ausgesagt hab wegen 'nem Mord?«
De Domenico: »Ja, genau das mein ich. Ist dir klar, was du da sagst?«
Capra: »Aber das war bloß einmal, Vater.«
De Domenico: »Weißt du, was im Fünften steht?«
Capra: »Ja, Vater, ich weiß, was im Fünften steht: ›Ich verweigere die Antwort, weil ich hierdurch Gefahr laufe, mich selbst ...‹«
De Domenico: »Das Gebot, nicht der Verfassungszusatz.«
Capra: »Du sollst nicht töten!«
De Domenico: »Das stimmt genau. Und ich möchte von dir jetzt erfahren, was genau passiert ist.«
Capra: »Nein, Vater, darüber erzähl ich keinem ein Wort.«
De Domenico: »Du darfst dich nicht fürchten, mein Sohn, niemand ist mächtiger als Gott, der Herr.«
Capra: »Da wär ich mir nicht so sicher, Vater. Ihrer hat da oben sicher mehr zu sagen als meiner, aber meiner hat hier im Viertel mehr zu sagen als Ihrer.«

De Domenico: »Hm. Da ist was dran. Fünf *Vaterunser* und fünf *Gegrüßet Seist Du Maria* als Buße.«
Capra: »Weil ich 'n Mord gedeckt hab? Da kann ich nicht meckern, Vater.« [4674]

*

Brancato (voice-over): »Es war toll, katholisch zu sein und zur Beichte zu gehen. Man konnte jede Woche von vorne anfangen.« [4675]

*

Chazz Palminteri (Sonny): »Ein Mann kriegt nur drei tolle Frauen in seinem Leben. Die tauchen auf wie ganz tolle Boxer, vielleicht einmal in zehn Jahren, Rocky Marciano, Sugar Ray Robinson, Joe Louis, und manchmal alle drei auf einmal, wie bei mir. Ich hätte meine drei Frauen mit sechzehn. Kann auch passieren. Was will man machen?« [4676]

***

IN DEN STRASSEN VON BROOKLYN
(A Brooklyn State of Mind)
CAN 1997, Norstar, Storm (Regie Frank Rainone, Buch Frank Rainone, Frederick Stroppel)

*

Maria Grazia Cacinotta (Gabriella): »Sind Sie taub, oder was ist?«
Vincent Spano (Al): »Ich hab doch geklopft.«
Cacinotta: »Hab ich ›herein‹ gesagt?« [4677]

*

Tony Danza (Louie Crisci): »Ihre Titten, sind die groß oder was?«
Spano: »Weiß ich nicht.«
Danza: »Wenn sich ein Kerl die Titten einer Frau nicht merkt, hat sie auch keine richtigen.« [4678]

*

Spano: »Das war vor zwanzig Jahren, Mann.«
Ricky Vetrino (Nicky): »Ich hab ein fotografisches Gedächtnis.«
Spano: »Eher ein pornographisches.« [4679]

»*Sind denn hier alle schwul?*
Ist das die Twilight Zone?«
In and Out

Danny Aiello (Frank Parente): »Wann wirst du endlich schlau, Nicky? Ich brauch keinen Clown in meinem Geschäft, der mit einer Pappnase wie ein verblödeter Weihnachtsmann rumläuft. Das ist nicht in meinem Interesse. Verstehst du?« [4680]

*

Vetrino: »Ich habe nichts getan.«
Aiello: »Du weißt also nicht, warum ich dreißig Pelzmäntel voller Schußlöcher hab, was? Die taugen jetzt nur noch als supersanftes Toilettenpapier.« [4681]

*

Spano: »Aber er ist treu.«
Aiello: »Stimmt. Er ist hart, und er weiß, wie's auf der Straße läuft. Aber er ist einfach zu blöd. Er ist Fußvolk, und das bleibt er auch.« [4682]

*

Aiello: »Zufällig hab ich eine große Schwäche für attraktive Frauen. Für die tue ich fast alles, und deswegen werde ich auch etwas für Sie tun. Ich gebe Ihnen einen guten Rat: Wenn Sie überleben wollen, schwimmen Sie nicht mit den großen Fischen.« [4683]

*

Aiello: »Zu spät. Man muß immer zuerst schießen. Reden ist immer Scheiße, wie du merkst.« [4684]

***

IN DEN WIND GESCHRIEBEN
(Written on the Wind)
USA 1956, Universal (Regie Douglas Sirk, Buch George Zuckerman, nach dem Roman von Robert Wilder)

*

Lauren Bacall (Lucy Moore Hadley): »Passiert mir nichts in der Kiste?«
Rock Hudson (Mitch Wayne): »Ich glaube kaum. Die Tanks sind voll und der Pilot zur Abwechslung mal nicht.« [4685]

> »Ich liebe Linda und sie mich.«
> »Ja. Abgesehen davon,
> daß sie meinen Freund bürstet,
> seid ihr das perfekte Paar.«
> In Sachen Liebe

Robert J. Wilke (Dan Willis): »Bist du verrückt geworden, Roy? Wenn ihr Vater dahinterkommt, schickt er dich so weit in die Wüste, daß 'n Telegramm zehn Jahre braucht, bis es bei dir ist.« [4686]

*

John Larch (Roy Carter): »Du möchtest wohl gern, daß deine Bude hier eines Nachts in Flammen aufgeht, hä?« [4687]

*

Dorothy Malone (Marylee Hadley): »Kaum zu glauben, bereits ein Jahr verheiratet und immer noch nüchtern. Und immer noch treu. Es kann nicht mehr lange dauern.« [4688]

*

Harry Shannon (Hoak Wayne): »Fliegst du die ganze Strecke bis zum Iran?«
Hudson: »Nein, ich nehme einen Tanker ab Baltimore. Mit dem Flugzeug kommt es mir nicht weit genug vor.« [4689]

***

IN SACHEN LIEBE (Addicted to Love)
USA 1997, Outlaw, Miramax, Warner (Regie Griffin Dunne, Buch Robert Gordon)

*

Matthew Broderick (Sam): »Ich liebe Linda und sie mich.«
Meg Ryan (Maggie): »Ja. Abgesehen davon, daß sie meinen Freund bürstet, seid ihr das perfekte Paar.« [4690]

*

Broderick: »Und? Wie soll's weitergehen? Was willst du ihm antun?«
Ryan: »Ich will ihn total erniedrigen, sonst nichts. Er soll sein Geld verlieren, seine Hoffnung, seine Liebe, einfach alles. Es muß ihm schlecht gehen, sehr, sehr schlecht.«
Broderick: »Ich wüßte gern, wie schlecht.«
Ryan: »Ich meine damit nicht, er muß sterben. Andererseits sterben so viele Leute. Stimmt's? Warum sollte es ihm besser gehen? (...) Ich muß ja nicht sofort über seinen Tod entscheiden. Ich werd sehen, wie's mir geht, wenn seine Würde erst den Bach runter ist.« [4691]

*

Broderick: »Du tust nur so tough, Maggie. Ich weiß, so tough bist du gar nicht. Aber in der Glückwunschkartenbranche wärst du trotzdem 'ne Niete.« [4692]

Tcheky Karyo (Anton Depeaux): »Warum sollte ich Sex mit einem Hamburger haben, wenn ich mit einem Steak schlafen kann?« [4693]

***

IN SCHLECHTER GESELLSCHAFT
(Bad Company)
USA 1972, Jaffilms, Paramount (Regie Robert Benton, Buch David Newman, Robert Benton)

*

Barry Brown (Drew Dixon): »Ich hab gelernt, daß man eine Frau respektiert. Verstehst du das?«
Jeff Bridges (Jake Rumsey): »Ne.« [4694]

*

David Huddleston (Big Joe): »So, nachdem wir nun alle gelacht haben, wie wär's jetzt mit der Arbeit?« [4695]

*

Huddleston: »Wenn du einen Revolver gegen jemanden ziehst, was ja ab und zu in dieser Gegend vorkommen soll, dann mußt du ihn auch 'ne halbe Sekunde später abfeuern, denn die meisten Männer haben nicht so 'ne Lammsgeduld wie ich.« [4696]

*

Huddleston: »Goodbye, Boys! Denkt an uns wie an einen bösen Alptraum, der kam und ging. Morgen habt ihr schon vergessen, daß wir jemals hier waren.« [4697]

*

Brown: »Gott hat sie dafür bestraft, daß sie uns bestohlen haben. Aber warum hätte sie jemand töten sollen? Außer uns, meine ich.« [4698]

*

Bridges: »Tja, begraben müssen wir diese Hundesöhne wohl, wenn's auch schade um die Zeit ist.« [4699]

*

Jim Davis (Marshal): »Solange ich für die Kugeln bezahle, wünsche ich bei jedem Schuß einen Mann umfallen zu sehen.« [4700]

***

IN THE LINE OF FIRE – DIE ZWEITE CHANCE
(In the Line of Fire)
USA 1993, Columbia, Castle Rock (Regie Wolfgang Petersen, Buch Jeff Maguire)

*

Clint Eastwood (Frank Horrigan): »Die Sekretärinnen werden hier von Tag zu Tag hübscher.«
Rene Russo (Lilly Raines): »Hm. Und die Sicherheitsbeamten von Tag zu Tag älter.« [4701]

*

Eastwood: »Glauben Sie mir, Bill, es gab eine Zeit, da war ich fast (...) genauso arrogant wie Sie.« [4702]

*

Eastwood: »Kann es sein, daß er mich für ein ausgebranntes Wrack hält, mit fraglichen gesellschaftlichen Fähigkeiten?« [4703]

*

Russo: »Wenn ich hier als Lockvogel für die weiblichen Wähler diene, welche Bevölkerungsgruppe vertreten Sie dann?«
Eastwood: »Ja, weiße, klavierspielende Heterosexuelle über fünfzig. Davon gibt es nicht viele, aber wir haben 'ne verdammt starke Lobby.« [4704]

*

Eastwood (zu sich): »Wenn sie sich umdreht, bedeutet das, sie ist interessiert.« [4705]

*

John Mahoney (Sam Campagna): »Sieh es doch endlich ein, Frank: Du bist zu alt für so 'ne Scheiße.« [4706]

*

John Malkovich (Mitch Leary): »Hast du denn noch nicht das psychologische Profil von mir?«
Eastwood: »Ich kann mit so was nichts anfangen.«
Malkovich: »Geht mir genauso. Weißt du, die Handlungen eines Menschen sind nicht gleich die Summe seiner Psyche. So einfach läuft das nicht.« [4707]

*

Malkovich: »Gott bestraft nicht die Bösen und belohnt die Guten. Jeder muß sterben. Manche sterben, weil sie es verdient haben, andere, weil sie einfach nur aus Minneapolis kommen. Es ist willkürlich und bedeutungslos.« [4708]

»Ich hab gelernt, daß man eine Frau respektiert. Verstehst du das?« »Ne.«
In schlechter Gesellschaft

Malkovich: »Ich hab ein Rendezvous mit dem Tod, oh, genau wie der Präsident und du auch, Frank, solltest du mir zu nahe kommen.« [4709]

*

Malkovich: »Unter derselben Regierung hab ich gelernt zu töten und du zu beschützen. Und jetzt willst du mich töten, obwohl ich dich da oben auf dem Dach beschützt hab. Die werden Bücher über uns schreiben, Frank.« [4710]

*

Malkovich: »Du hättest mich töten können, aber du hast dich entschieden, deinen Arsch zu retten. Also, hör auf zu jammern! Okay? Jedenfalls muß ich mir jetzt Gedanken wegen Dallas machen. Hast du wirklich alles getan, was du tun konntest? Oder hast du auch da eine Entscheidung treffen müssen? Hm? Hast du wirklich den Mut, eine Kugel abzukriegen, Frank?«
Eastwood: »Ich werd mal in Ruhe darüber nachdenken, während ich auf Ihr Grab pisse.« [4711]

*

Eastwood: »Ich bin eine Legende, der einzige noch aktive Agent, der jemals einen Präsidenten verloren hat.« [4712]

*

Eastwood: »Nimm meine Hand! Du stirbst, wenn du es nicht tust.«
Malkovich: »Willst du mich retten, Frank?«
Eastwood: »Um offen und ehrlich zu sein: nein. Aber es ist mein Job.« [4713]

*

Mahoney: »Der Präsident stellt dir seine Limousine zur Verfügung.« (...)
Eastwood: »Ich liebe öffentliche Verkehrsmittel.« [4714]

***

IN THE SOUP – ALLES KINO
(In the Soup)
USA 1992, Alliance, Pandora, Why Not, Odessa, Alta, Mikado, Cacous (Regie Alexandre Rockwell, Buch Alexandre Rockwell, Tim Kissell)

> »Ich habe Prinzipien, weißt du.«
> »Davor mußt du dich hüten. Prinzipien und Frauen, irgendwann erwischen sie dich immer.«
> In the Soup – Alles Kino

Steve Buscemi (Adolfo Rollo, voice-over): »Es könnte schlimmer sein, ich könnte 'ne Ratte in 'nem Laborversuch sein.« [4715]

*

Buscemi: »Jetzt?«
Seymour Cassel (Joe): »Ich habe nichts von morgen gesagt, oder?« [4716]

*

Will Patton (Skippy): »Er wollte Priester werden. Er hat ein sehr großes Herz. Aber ich hab kein Herz. Wenn du meinen Bruder bescheißt, reiß ich dir die Augenlider ab und kleb sie dir ans Arschloch. Ist das klar?« [4717]

*

Cassel: »Mach dir wegen Skippy keine Sorgen! Es ist schwer, an ihn ranzukommen, aber wenn man ihn erst mal kennt, vergißt man ihn nie mehr.« [4718]

*

Buscemi: »Ich habe Prinzipien, weißt du.«
Cassel: »Davor mußt du dich hüten. Prinzipien und Frauen, irgendwann erwischen sie dich immer.« [4719]

***

IN TÖDLICHER MISSION *(For Your Eyes Only)*
UK 1981, Eon, United Artists (Regie John Glen, Buch Richard Maibaum, Michael G. Wilson)

Roger Moore (James Bond): »Wer Sie auch sind, Sie haben sich gut eingeführt.« *(nachdem Carol Bouquet einen Verfolger erschossen hat)* [4720]

*

Moore (auf der Flucht in einer Ente): »Unsere Pferde sind nicht stark genug, fürchte ich.« [4721]

*

Moore: »Ein chinesisches Sprichwort sagt: ›Bevor du dich anschickst, zur Rache zu schreien, schaufele lieber zwei Gräber!‹« [4722]

***

INDEPENDENCE DAY
USA 1996, Centropolis, Twentieth Century Fox (Regie Roland Emmerich, Buch Dean Devlin, Roland Emmerich)

*

»Haben Sie der Einsatzbesprechung etwas hinzuzufügen, Captain Hiller?«
Will Smith (Captain Steven Hiller): »Nein, Sir. Ich kann's nur nicht erwarten, E.T. endlich in den Arsch zu treten.« [4723]

Bill Pullman (President Thomas Whitmore): »Sir, ungeachtet dessen, was Sie vielleicht in der Boulevardpresse gelesen haben, es hat niemals irgendein Raumschiff gegeben, das von unserer Regierung geborgen wurde. Und glauben Sie mir, es gibt keine Aerea 51. Es gibt kein notgelandetes Raumschiff.«
James Rebhorn (Verteidigungsminister Albert Nimziki): »Entschuldigen Sie, Mr. President, das ist so *nicht ganz* korrekt.« ⁴⁷²⁴

*

Pullman: »Ich weiß, daß es viele Dinge gibt, die wir voneinander lernen können, wenn es uns gelingt, einen Waffenstillstand auszuhandeln. Kann es nicht Frieden zwischen uns geben?«
(Alien durch) Brent Spiner (Dr. Brakish Okun): »Frieden? Kein Frieden!«
Pullman: »Und was sollen wir jetzt tun?«
Spiner: »Sterben.« ⁴⁷²⁵

*

Rebhorn: »Das kann er nicht tun!«
Margaret Colin (Constance Spano): »Ja, wie's aussieht, kann er's doch.« ⁴⁷²⁶

*

Randy Quaid (Russell Casse): »Ich hab mir 'n Scheißtag ausgesucht, um mit dem Saufen aufzuhören.« ⁴⁷²⁷

***

INDIANA JONES UND DER LETZTE KREUZZUG
(Indiana Jones and the Last Crusade)
USA 1989, Lucas, Paramount (Regie Steven Spielberg, Buch Jeffrey Boam, Story George Lucas, Menno Meyjes, nach den Charakteren von George Lucas, Philip Kaufman)

*

Alison Doody (Dr. Elsa Schneider): »Was hast du denn vor?«
Harrison Ford (Indiana Jones): »Keine Ahnung. Mir wird schon was einfallen.« ⁴⁷²⁸

*

Ford: »Hör auf, mich Junior zu nennen!« ⁴⁷²⁹

*

Sean Connery (Dr. Henry Jones): »Bei diesem Rennen gibt es keine Silbermedaille für den zweiten Platz.« ⁴⁷³⁰

*

Michael Byrne (Vogel): »Was sagt Ihnen dieses Tagebuch, was es uns nicht sagt?«
Connery: »Es sagt mir, daß im Stechschritt marschierende Idioten wie Sie die Bücher lieber lesen sollten, statt sie zu verbrennen.« ⁴⁷³¹

***

INDIANA JONES UND DER TEMPEL DES TODES
(Indiana Jones and the Temple of Doom)
USA 1984, Lucas, Paramount (Regie Steven Spielberg, Buch Willard Huyck, Gloria Katz, Story George Lucas)

*

Harrison Ford (Indiana Jones): »Versuchen Sie, irgendeine Art merkwürdigen Humor zu entwickeln, oder hör ich schlecht?« ⁴⁷³²

*

Kate Capshaw (Willie Scott): »Was ist das?«
Roy Chiao (Loa Che): »Ein Gegengift.«
Ford: »Gegen was?«
Chiao: »Gegen das Gift, das Sie gerade getrunken haben.« ⁴⁷³³

*

Capshaw: »Wir sind hier völlig umzingelt. Es wimmelt hier nur so von fürchterlichen Viechern.«
Ford: »Deswegen nennt man das auch Dschungel, meine Süße.« ⁴⁷³⁴

*

Roshan Seth (Chattar Lal): »Sie machen auf mich den Eindruck, als ob Sie sich verlaufen haben. Aber vielleicht gehören Sie zu den Menschen, die überall fehl am Platz wirken.« ⁴⁷³⁵

***

DIE INDIANER VON CLEVELAND
(Major League)
USA 1989, Braveworld, Twentieth Century Fox (Regie, Buch David S. Ward)

*

Margaret Whitton (Rachel Phelps): »Hier ist eine Liste der Spieler, die ich mir ausgesucht habe.« »Ungefähr die Hälfte von denen kenne ich nicht. Und die anderen haben den Höhepunkt ihrer Karriere weit überschritten.«
Charles Cyphers (Charlie Donovan): »Ihre Karriere hatte keine Höhepunkte.« ⁴⁷³⁶

> »Ich hab mir 'n Scheißtag ausgesucht, um mit dem Saufen aufzuhören.«
> Independence Day

»Den hätten wir vor zwei Jahren gebraucht.«
Cyphers: »Da hatten wir ihn ja.«
»Dann eben vor vier Jahren.« [4737]

*

Cyphers: »Er ist aus Kuba geflitzt. Religionsflüchtling.«
James Gammon (Lou Brown): »Was hat er denn für 'ne Religion?«
Cyphers: »Voodoo.« [4738]

*

Dennis Haysbert (Pedro Cerrano): »Golfsombrero, muy bien. (...) Damit er's *(Schläger)* schön warm hat.« [4739]

*

Chelcie Ross (Eddie Harris): »Du solltest mal überlegen, ob du dich nicht lieber an Jesus Christus wendest, statt diesen Hokuspokus da zu veranstalten.«
Haysbert: »Dein Jesús ist ein sehr netter Mann, aber hilft nicht mit Curveball.«
Ross: »Willst du damit sagen, Jesus Christus trifft keinen Curveball?!?« [4740]

*

Charlie Sheen (Ricky Vaughn): »Was ist denn mit der Braut?«
Tom Berenger (Jake Taylor): »Das ist meine Frau.«
Wesley Snipes (Willie Mays Hayes): »Weiß Sie das auch?« [4741]

*

Peter Vuckovich (Haywood): »Wie geht's deiner Frau und meinen Kindern?« [4742]

*

Bob Uecker (Harry Doyle, Stadionsprecher): »Das folgende Unterhaltungsprogramm wird gesponsert von ... Ich kann den Zettel nirgends finden. Irgend 'ne Zigarette.« [4743]

*

Berenger: »Was findest du an dem Kerl?«
René Russo (Lynn Wells): »Er ist gebildet, zuverlässig, und ich hab ihn nie mit einer Stewardeß im Bett erwischt.«

> »Wie geht's deiner Frau und meinen Kindern?«
> Die Indianer von Cleveland

Berenger: »Weil keine Stewardeß ihn haben will. Willst du nicht lieber 'n Mann, der 'n Mann ist?« [4744]

*

Russo: »Ich hab deine Nacht in Detroit mit der Stewardeß nicht vergessen.«
Berenger: »Sie hat mit mir um 50 Dollar gewettet, daß sie eine bessere Figur hat als du. Ich mußte deine Ehre verteidigen.« [4745]

*

Uecker: »Dukes Erfolgsbilanz als Pitcher liest sich furchterregend. Dieser Mann ist ein Alptraum, gnadenlos, selbst wenn er gegen das Kindergartenteam seines Sohnes spielt.« [4746]

***

DIE INDIANER VON CLEVELAND II
(Major League II)
USA 1994, Morgan Creek, Warner (Regie David S. Ward, Buch R. J. Stewart, Story R. J. Stewart, Tom S. Parker, Jim Jennewein)

*

Michelle Burke (Nikki Reese): »In 'nem andern Stadion wär der Ball dringeblieben.«
Charlie Sheen (Rick Vaughn, Pitcher): »Verrat mir eins!«
Burke: »... Grand Canyon?« [4747]

***

DAS INDISCHE GRABMAL
BRD 1959, CCC, Critérion, Rizzoli (Regie Fritz Lang, Buch Fritz Lang, Werner Jörg Lüddecke, nach dem Roman von Thea von Harbou)

*

Claus Holm (Dr. Walter Rhode): »Ich werde noch heute abreisen.«
Walter Reyer (Chandra): »Man reist nicht weg aus Eschnapur ohne die Erlaubnis und ohne den Schutz des regierenden Fürsten.« [4748]

*

Reyer: »Ich suche die Wahrheit.«
(Guru): »Nein, du suchst nicht die Wahrheit. Du suchst nach einem, der sie mit dir verrät, damit du nicht so allein bist auf deinem Weg ins Dunkle.« [4749]

INDISKRET *(Indiscreet)*
USA 1958, Warner (Regie Stanley Donen, Buch Norman Krasna, nach seinem Stück ›Kind Sir‹)

*

Phyllis Calvert (Margaret Munson): »Was er-

wartest du eigentlich von Männern? So entsetzlich geistreich sind sie alle nicht.«
Ingrid Bergman (Ann Kalman): »Aber sprechen müssen sie doch wenigstens können. In einfachen Sätzen.«
Calvert: »Du warst begeistert, wie fabelhaft er aussieht und wie wunderbar er tanzt. Was kann eine Frau mehr verlangen? Du kannst ja ab und zu 'n gutes Buch lesen.« [4750]

*

Calvert: »Es ist vielleicht besser, wenn ich mit Anna hierbleibe. Sie ist so witzig, ein sicheres Zeichen, daß sie Kummer hat.« [4751]

*

Cary Grant (Philip Adams): »Wir sind in San Francisco nicht so abgeschnitten, wie Sie annehmen. Die Postkutsche verkehrt jetzt ziemlich regelmäßig.« [4752]

*

Cecil Parker (Alfred Munson): »Es gibt nichts Aufrichtigeres als eine Frau, die lügt.« [4753]

*

Bergman: »Das zahl ich ihm heim. Mit Zinsen. Mit zwei- oder dreitausend Prozent Zinsen.« [4754]

*

Grant: »Nichts bringt einen Mann mehr aus der Fassung, als wenn er sentimental ist und die Frau nicht.« [4755]

*

Grant: »Ein Abend, der so schön angefangen hat, ist durch deine Schuld zum schrecklichsten Abend meines ganzen Lebens geworden.«
Bergman: »Dein Leben ist noch nicht zu Ende.« [4756]

*

Grant: »Ihr Frauen seid weiß Gott nicht das feinfühlige Geschlecht, wie die Dichter sagen. Wir Männer sind in Wahrheit die Romantiker.« [4757]

***

INFERNO (Hell and High Water)
USA 1954, Twentieth Century Fox (Regie Samuel Fuller, Buch Jesse L. Lasky jr., Samuel Fuller, Story David Hempstead)

*

Richard Widmark (Adam Jones): »Jeder Mensch hat seine Auffassung vom Leben und muß wissen, wofür er es einsetzt.« [4758]

THE INSIDER
USA 1999, Mann-Roth, Forward Pass, Touchstone (Regie Michael Mann, Buch Eric Roth, Michael Mann, nach dem *Vanity Fair*-Artikel ›The Man Who Knew Too Much‹ von Marie Brenner)

*

Al Pacino (Lowell Bergman): »Freie Presse! Die Presse ist für den frei, dem sie gehört.« [4759]

*

Philip Baker Hall (Don Hewitt): »Das renkt sich wieder ein. Solche Sachen haben 'ne Halbwertszeit von 15 Minuten.«
Christopher Plummer (Mike Wallace): »(...) Ruhm hat eine Halbwertszeit von 15 Minuten. Schande lebt etwas länger. Wir sind auf 'm Arsch gelandet.« [4760]

***

INTERNAL AFFAIRS – TRAU KEINEM COP
(Internal Affairs)
USA 1990, Paramount (Regie Mike Figgis, Buch Henry Bean)

*

John Kapelos (Steven Arrocas): »Kann ich Ihnen vertrauen?«
Richard Gere (Dennis Peck): »Aber selbstverständlich können Sie das. Ich bin ein Cop.« [4761]

***

INTERVIEW MIT EINEM VAMPIR
(Interview with the Vampire)
USA 1994, Geffen (Regie Neil Jordan, Buch Anne Rice, nach ihrem Roman)

*

Tom Cruise (Lestat): »Dein Körper stirbt jetzt. Beachte es gar nicht! Das passiert uns allen.« [4762]

*

Cruise: »Es ist so einfach, daß sie einem fast leid tun.« [4763]

*

Cruise: »Schlechte Menschen kriegt man leichter. Und sie schmecken besser.« [4764]

»Ihr Frauen seid weiß Gott nicht das feinfühlige Geschlecht, wie die Dichter sagen. Wir Männer sind in Wahrheit die Romantiker.«
Indiskret

Cruise: »Das Böse ist Ansichtssache. Gott tötete ganz willkürlich. Das sollten wir auch tun, denn kein Wesen auf Gottes weiten Fluren ist so wie wir, kein Wesen ist ihm so ähnlich wie wir.« [4765]

***

DIE INTRIGANTEN *(Executive Suite)*
USA 1954, MGM (Regie Robert Wise, Buch Ernest Lehman, nach dem Roman von Cameron Hawley)

*

Walter Pidgeon (Frederick Y. Alderson): »Sie werden sich doch durch so eine einfache Sache wie Dankbarkeit nicht aufhalten lassen, hä?« [4766]

***

IRRTUM IM JENSEITS
(A Matter of Life and Death)
UK 1946, The Archers, Rank (Regie, Buch Michael Powell, Emeric Pressburger)

*

Kim Hunter (June): »Ich weiß nicht. Ich hab noch nie darüber nachgedacht. Und Sie?«
Roger Livesey (Dr. Frank Reeves): »Ich weiß es auch nicht. Ich hab zuviel darüber nachgedacht.« [4767]

***

IST DAS LEBEN NICHT SCHÖN
(It's a Wonderful Life)
USA 1946, Liberty, RKO (Regie Frank Capra, Buch Frances Goodrich, Albert Hackett, Frank Capra, nach der Geschichte ›The Greatest Gift‹ von Philip Van Doren Stern)

*

Lionel Barrymore (Mr. Potter): »Er ruhe in Frieden, denn er war ein Mann von höheren Idealen, wie man so sagt. Aber Ideale ohne Geschäftssinn können großen Schaden anrichten.« [4768]

*

Sheldon Leonard (Nick): »Hören Sie zu! Wir schenken hier nur harte Sachen aus für Leute, die schnell betrunken werden wollen. Und wir brauchen auch keine Komiker, um für Stimmung zu sorgen.« [4769]

*

Henry Travers (Clarence): »Immer, wenn du irgendwo eine Glocke läuten hörst, bekommt ein Engel gerade seine Flügel.« [4770]

***

IT'S A GIFT
USA 1934, Paramount (Regie Norman McLeod, Buch Jack Cunningham, Story Charles Bogle [=W. C. Fields], nach dem Stück ›The Comic Supplement (of American Life)‹ von J. P. McEvoy)

*

»You're drunk.«
W. C. Fields (Harold Bissonette): »Yeah, and you're crazy. I'll be sober tomorrow and you'll be crazy for the rest of your life.« [4771]

***

IT'S NOT JUST YOU, MURRAY!
USA 1964, New York University (Regie Martin Scorsese, Buch Martin Scorsese, Mardik Martin)

*

Ira Rubin (Murray, voice-over): »In a course of business there occured, ah, this event of misunderstanding in which due to circumstances which I had no control I was, ah, unfortunately I was misunderstood. And due to, ah, this misunderstanding in which I was, ah, misunderstood I didn't have exactly a great amount of free time to go many places for a while.« [4772]

***

**IVANHOE –
DER SCHWARZE RITTER**
(Ivanhoe)
USA 1952, MGM (Regie Richard Thorpe, Buch Noel Langley, Aeneas MacKenzie, nach dem Roman von Sir Walter Scott)

*

Robert Taylor (Ivanhoe): »Ich bin in Eurer Schuld, Bois-Guilbert.«
George Sanders (Bois-Guilbert): »Ihr sollt Sie auch bezahlen, Ivanhoe.« [4773]

*

»Das ist unser Ende.«
Sanders: »Noch nicht, wir haben noch eine Chance. Sie ist nicht fair, aber es ist unsere letzte.« [4774]

> »Schlechte Menschen
> kriegt man leichter.
> Und sie schmecken besser.«
> Interview mit einem Vampir

Francis DeWolff (Font De Bœuf): »Ich glaube, Ihr habt den Spaten, mit dem Ihr Richard nun doch begraben könnt.« [4775]

***

IWAN DER SCHRECKLICHE
(Iwan Grosny)
UdSSR 1944/46, Alma Ata, Mosfilm (Regie, Buch Sergei M. Eisenstein)

Nikolai Cherkassov (Zar Iwan IV.): »Ich warne dich. Widersetze dich nicht der Macht des Zaren! Sonst wird es geschehen, daß dich der Zorn des Zaren heimsucht.« [4776]

*

Cherkassov: »Nun gut, ab heute werde ich sein, wie ihr mich nennt: Iwan der Schreckliche.« [4777]

>*»Nun gut, ab heute werde ich sein, wie ihr mich nennt: Iwan der Schreckliche.«*
>Iwan der Schreckliche

J

J. D. DER KILLER
(The Rise and Fall of Legs Diamond)
USA 1960, United States, Warner (Regie Budd Boetticher, Buch Joseph Landon)

*

Ray Danton (Jack ›Legs‹ Diamond): »Im Gefängnis gibt es nur zwei Möglichkeiten, nachdenken oder verrückt werden. Ich hab nachgedacht.« [4778]

*

Danton: »Er kann mich nicht umbringen. Ich bin immer der erste, der schießt.«
Elaine Stewart (Monica Drake): »Es ist trotzdem sehr riskant.«
Danton: »Für wen?« [4779]

*

Stewart: »Ich bin zu teuer für Sie, Mr. Diamond.«
Danton: »Ich will Sie ja nicht kaufen.« [4780]

*

Robert Lowery (Arnold Rothstein): »Bei mir werden keine Bücher geführt.« [4781]

*

Jesse White (Leo Bremer): »Hast du Arnold umgebracht?«
Danton: »Der Richter sagt nein.« [4782]

*

Judson Pratt (Fats Walsh): »Frag mich doch mal, warum ich gern für dich arbeite!«
Danton: »Warum?«
Pratt: »Weil es auf die Dauer sehr ungesund ist, es nicht zu tun.« [4783]

*

Joseph Ruskin (Matt Moren): »Wach auf, Eddie! Ich will, daß du mich genau ansiehst. Und merk dir meinen Namen! Matt Moren. Vergiß es nicht! Und erzähle deinem Bruder, daß ich es war, der dir beide Beine zerschossen hat!« [4784]

*

Frank De Kova (Vorsitzender): »Mr. Diamond, Sie hatten eine gute Idee, Diebe zu bestehlen. Aber das ist überholt. Es macht zuviel Schwierigkeiten. Alle diese Morde, Leichen auf den Straßen, Schlagzeilen in den Zeitungen. Das ist peinlich auf die Dauer. Die Welt hat sich geändert, Mr. Diamond. Sie müssen sich damit abfinden.« [4785]

*

De Kova: »Mr. Diamond, glauben Sie, Sie könnten uns alle umbringen?«
Danton: »Warum nicht?« [4786]

*

Danton: »Ich mache euch darauf aufmerksam, daß ich jeden von euch wiedererkenne.« [4787]

***

JACKIE BROWN
USA 1997, A Band Apart, Miramax (Regie, Buch Quentin Tarantino, nach dem Roman 'Rum Punch' von Elmore Leonard)

*

Samuel L. Jackson (Ordell Robbie): »Steht tatsächlich in dem Heftchen, das die mitliefern: ›Die beliebteste Kanone, seit Verbrechen begangen werden‹. Die sind auch noch stolz auf die Scheiße.« [4788]

*

Jackson: »Zeig diese Wumme einmal im Kino, und jedes Arschloch will eine haben.« [4789]

*

Jackson: »AK 47, eindeutig das Beste, was zu kriegen ist. Wenn du 100 Pro sicher sein willst, daß du jedes Arschloch, das dir auf die Nerven geht, umlegst, dann gibt's keine Alternative.« [4790]

*

Robert Forster (Max Cherry): »Ich wette, Sie können mit 29 nicht hübscher gewesen sein, als Sie es heute sind.«

> »Zeig diese Wumme einmal im Kino, und jedes Arschloch will eine haben.«
> Jackie Brown

Pam Grier (Jackie Brown): »Ja, mein Hintern ist nicht mehr der gleiche.«
Forster: »Dicker geworden?«
Grier: »Ja.«
Forster: »Was kann daran falsch sein?« [4791]

*

Bridget Fonda (Melanie): »Und ihr habt tatsächlich 'ne Bank ausgeraubt? He, als ihr die Bank ausgeraubt habt, habt ihr da auch anschließend euren Wagen gesucht? Kein Wunder, daß ihr im Knast gelandet seid.« [4792]

*

Robert De Niro (Louis Gara): »Ich hab sie erschossen.«
Jackson: »Du hast auf Mel geschossen?«
De Niro: »Zweimal. Auf 'm Parkplatz.«
Jackson: »Hättest du nicht mit ihr reden können?«
De Niro: »Na ja, wie willst du mit ihr reden? Du kennst sie doch.«
Jackson: »Konntest du ihr nicht eine langen?«
De Niro: »Schon möglich. Aber in dem Moment ... Ich weiß nicht.« [4793]

*

Jackson: »Wenn es sein mußte, dann mußte es sein. Okay? Schließlich wollen wir nicht, daß so 'ne Schlampe uns überlebt. Jeder, bloß nicht diese Schlampe.« [4794]

*

Jackson: »Es war Jackie Brown.«
De Niro: »Aber wenn sie das Geld genommen hat, warum hat sie dann nicht alles genommen?«
Jackson: »Das werde ich sie sicher fragen, bevor ich ihr das Hirn rauspuste.« [4795]

***

JADE
(USA 1995, Paramount (Regie William Friedkin, Buch Joe Eszterhas)

*

Richard Crenna (Governor Lou Edwards): »Ich habe vor Bill keine Geheimnisse. Er weiß nicht nur, wo meine Leichen im Keller liegen, er schafft sie sogar runter.« [4796]

***

JAGD AUF EINEN UNSICHTBAREN
(*Memoirs of an Invisible Man*)
USA 1992, Cornelius, Canal+, Regency, Alcor, Warner (Regie John Carpenter, Buch Robert Collector, Dana Olsen, William Goldman, nach dem Roman von H. F. Saint)

*

Sam Neill (David Jenkins): »Mit solchen Leuten hat man es niemals leicht: keine persönlichen Bindungen, keine politische Überzeugung, keine besonderen Interessen. Wenn man diese Fakten mal zusammenzählt: Der Mann wäre ein perfekter Mitarbeiter für uns. Er war schon unsichtbar, bevor er unsichtbar wurde.« [4797]

*

Pat Skipper (Morrissey): »Er ist kein Profi. Er ist allein, er ist verzweifelt. Wir kriegen ihn.« [4798]

*

Skipper: »Wer kein Kreuz hat, muß seinen Arsch am Bindfaden tragen.« [4799]

*

Neill: »Ich habe das Gefühl, es wird Zeit, daß wir ein paar Mißverständnisse klären. Ich bin der Mann, der Leute umbringt, Warren, nicht du.« [4800]

*

Neill: »Wehe, du kommst mir in die Quere. Dann werd ich dir persönlich die Nase abschneiden, sie braten, und Morrissey hier wird sie mit Vergnügen essen.« [4801]

*

Chevy Chase (Nick Halloway): »Du erwartest von mir, daß ich einem Politiker traue?« [4802]

***

JAGD AUF JAMES A.
(*I Am a Fugitive From a Chain Gang*)
USA 1932, Warner (Regie Mervyn Le Roy, Buch Howard J. Greene, Brown Holmes, nach der Autobiographie ›I Am a Fugitive From a Georgia Chain Gang‹ von Robert E. Burns)

Paul Muni (James Allen): »Wollt ihr wissen, was

> »Wer kein Kreuz hat,
> muß seinen Arsch
> am Bindfaden tragen.«
> Jagd auf einen Unsichtbaren

ich tue? Ich werde Brücken und Straßen bauen.« [4803]

*

John Wray (Nordine): »Ich hab gehört, daß einer herkommt, der vier umgelegt hat.«
Edward Ellis (Bomber Wells): »Nordine macht sich nämlich immer Sorgen, daß er seinen Ruf als Killer Nummer eins verliert. Er hat nur drei umgelegt, (...) seine Schwägerin, seine Frau und ihre Mutter. Er hat sie mit 'ner Axt umgebracht. Er wollte seine Nachbarn nicht aufwecken.« [4804]

*

William Pawley: »Ich führe genau Buch, damit sie mich auch nicht um einen Tag bescheißen.«
Muni: »Wann ist denn deine Zeit um?«
Pawley: »Hab's schon genau ausgerechnet: vier Tage, zwei Wochen, sieben Monate und zwölf Jahre.« [4805]

*

Helen Vinson (Helen): »Wovon lebst du?«
Muni: »Ich stehle.« [4806]

***

JAGD NACH MILLIONEN
(Body and Soul)
USA 1947, Enterprise, United Artists (Regie Robert Rossen, Buch Abraham Polonsky)

*

Lloyd Goff (Roberts): »Du wirst mit diesem Jungen über fünfzehn Runden boxen, wie wir es ausgemacht haben. Niemand wird verletzt, niemand geht k.o., du wirst nach Punkten verlieren. Du kriegst deine Börse, und zwischen uns ist alles okay. Du weißt, wie die Spielregeln sind, Charlie. Die Wetten sind drin, alles andere ist Addition und Subtraktion. Der Rest ist Unterhaltung.« [4807]

*

John Garfield (Charlie Davis): »Wenn ich wollte, könnte ich diesen Marlowe in der zweiten Runde k.o. schlagen.«

> »Dr. Jones, da zeigt sich wieder ganz klar, daß Sie nichts besitzen können, was ich Ihnen nicht wegnehmen kann.«
> Jäger des verlorenen Schatzes

Goff: »Mit den Fäusten vielleicht, aber deine Brieftasche steht dagegen.« [4808]

*

Garfield: »Nimm das Geld, Ben! Es ist nicht wie die Menschen. Geld weiß von nichts und denkt nichts.« [4809]

*

Hazel Brooks (Alice): »Der Junge wird sich 'ne goldene Nase verdienen.«
William Conrad (Quinn): »Mit deiner Hilfe wird er in einem Jahr blank sein.«
Brooks: »Immerhin ein Jahr, Quinn. Und was wird mit dir?«
Conrad: »Ich finde wieder 'nen anderen Dummen. Die kommen und verschwinden. Ich bleibe.« [4810]

*

Garfield: »Sie können sich 'nen neuen Dummen suchen. Ich steige aus.«
Goff: »So einfach, wie du denkst, ist das nicht, mein Junge.«
Garfield: »Was wollen Sie tun? Mich umbringen? Jeder muß sterben.« [4811]

***

JÄGER DES VERLORENEN SCHATZES
(Raiders of the Lost Arc)
USA 1981, Lucas, Paramount (Regie Steven Spielberg, Buch Lawrence Kasdan, Story George Lucas, Philip Kaufman)

*

Alfred Molina (Satipo): »Lassen Sie schnell machen, hier kann nichts mehr passieren.«
Harrison Ford (Indiana Jones): »Das ist es, was mir angst macht.« [4812]

*

Paul Freeman (Belloq): »Dr. Jones, da zeigt sich wieder ganz klar, daß Sie nichts besitzen können, was ich Ihnen nicht wegnehmen kann.« [4813]

*

Ford: »Ich hab getan, was ich getan habe. Ich verlange nicht, daß du darüber glücklich bist, aber vielleicht können wir einander jetzt helfen.« [4814]

*

Ford: »3000 Dollar.«
Karen Allen (Marion Ravenwood): »Sicher, damit würde ich zurückkommen. Aber nicht mit Stil.« [4815]

Allen (nach der Schießerei, vor ihrer brennenden Kneipe): »Weißt du, Jones, du verstehst es wirklich, einer Lady eine schöne Zeit zu bereiten.« [4816]

*

Allen: »Solange ich nicht meine 5000 Dollar habe, wirst du mehr bekommen, als du kaufen wolltest: Ich bin dein verdammter Partner.« [4817]

*

Freeman: »Sie und ich, wir sind uns beide sehr ähnlich. Archäologie ist unsere Religion. Dennoch sind wir beide vom reinen Glauben abgefallen. Unsere Methoden haben sich nie so unterschieden, wie sie vorgeben. Ich bin ein schattiges Spiegelbild von Ihnen, und es würde ein kleiner Ruck genügen, um Sie so wie mich zu machen und Sie herauszustoßen aus dem Licht.« [4818]

*

Ford: »Schlangen! Warum ausgerechnet müssen es Schlangen sein!« [4819]

*

Ford: »Wartet dort auf mich! Ich will hinter dem Lastwagen her.«
John Rhys-Davies (Sallah): »Wie?«
Ford: »Keine Ahnung. Das werd ich mir unterwegs überlegen.« [4820]

*

Allen: »Du bist nicht der Mann, den ich vor zehn Jahren kennengelernt hab.«
Ford: »Das sind nicht die Jahre, Schätzchen, das ist Materialverschleiß.« [4821]

***

EIN JAHR IN DER HÖLLE
(The Year of Living Dangerously)
AUS 1982, McElroy&McElroy, Fields, MGM (Regie Peter Weir, Buch David Williamson, Peter Weir, C. J. Koch, nach dem Roman von C. J. Koch)

*

Mel Gibson (Guy Hamilton): »Wenn ich als Journalist so was nicht verfolge, dann kann ich ebensogut Wassermelonen anbauen.« [4822]

***

JAHR 2022 ... DIE ÜBERLEBEN WOLLEN
(Soylent Green)
USA 1973, MGM (Regie Richard Fleischer, Buch Stanley R. Greenberg, nach dem Roman ›Make Room! Make Room!‹ von Harry Harrison)

Charlton Heston (Detective Thorn): »Deine Erinnerungen, die kenn ich. Als du jung warst, da waren die Menschen besser.«
Edward G. Robinson (Sol Roth): »Ach, Quatsch! Die Menschen waren immer schlecht, nur die Welt war wunderschön.« [4823]

***

JAMES BOND 007 JAGT DR. NO
(Dr. No)
UK 1963, Eon, United Artists (Regie Terence Young, Buch Richard Maibaum, Johanna Harwood, Berkely Mather, nach dem Roman von Ian Fleming)

*

Sean Connery (James Bond): »Bond, James Bond.« [4824]

*

Bernard Lee (M): »Wann schlafen Sie eigentlich, 007?«
Connery: »Jedenfalls nie im Dienst [never on the crown's time], Sir.« [4825]

*

Lee: »Ihre Doppelnullnummer bedeutet, Sie dürfen notfalls einen Gegner erschießen, nicht er Sie.« [4826]

*

Peter Burton (Major Boothroyd): »Walther PPK, eine 765er, mit einer Durchschlagskraft wie ein Ziegelstein durch eine Fensterscheibe.« [4827]

*

Joseph Wiseman (Dr. No, off): »Ich gab Befehl, ihn zu beseitigen. Warum lebt er noch?«
Anthony Dawson (Professor Dent): »Unsere Versuche sind fehlgeschlagen.«
Wiseman (off): »Ihre Versuche. Fehlschläge schätze ich nicht.« [4828]

*

Connery: »Keine Sorge, Quarrel, es läuft alles wie am Schnürchen.«
John Kitzmiller (Quarrel): »Das sagen Sie, Captain. Mein Bauch und alles, was in meinem Bauch ist, sagt mir was anderes.« [4829]

> *»Bond, James Bond.«*
> James Bond 007 jagt Dr. No

Wiseman: »Ich bin kein Narr, also bitte behandeln Sie mich nicht wie einen Narren.« [4830]

Wiseman: »Bedauerlicherweise habe ich Sie falsch eingeschätzt, Bond. Sie sind nur ein dummer Polizist.« [4831]

THE JAZZ SINGER
USA 1927, Warner (Regie Alan Crosland, Buch Al Cohn, nach dem Stück von Samson Raphaelson)

Al Jolson (Jakie Rabinowitz): »Wait a minute! Wait a minute! You ain't heard nothing yet.« *(die ersten gesprochenen Worte im Film)* [4832]

JEDE FRAU BRAUCHT EINEN ENGEL
(The Bishop's Wife)
USA 1947, Goldwyn (Regie Henry Koster, Buch Robert E. Sherwood, Leonardo Bercovici, nach dem Roman von Robert Nathan)

Loretta Young (Julia Brougham): »Ich weiß nie, woran ich bei Ihnen bin, ob Sie's ernst meinen oder ob Sie scherzen.«
Cary Grant (Dudley): »Ich bin am ernstesten, wenn ich scherze.« [4833]

JEDE WOCHE NEU
(It Happens Every Thursday)
USA 1953, Universal (Regie Joseph Pevney, Buch Dane Lussier, nach dem Roman von Jane S. McIlvaine)

Edgar Buchanan (Jake): »Wasserlatz!«
Jimmy Conlin (Matthews): »Wasserlatz?«
Buchanan: »Windel!« [4834]

John Forsythe (Bob MacAvoy): »18 Dollar. Und 32 Cent.«
Loretta Young (Jane MacAvoy): »Was machen wir damit? Die Lebensmittelrechnung bezahlen?«

> »Er hatte 'n Händedruck wie 'n schlaffer Pimmel.«
> Jennifer 8

Forsythe: »Ich weiß nicht. Es ist so ein ungerader Betrag, er paßt eigentlich zu keiner unserer offenen Rechnungen.« [4835]

Young: »Ich hasse es, in so einem Augenblick glücklich zu sein, aber ich kann nichts dagegen machen.« [4836]

Young: »Für Bob gibt es keine Fremden, nur Menschen, die er noch nicht kennt.« [4837]

JENNIE – DAS PORTRAIT EINER LIEBE
(Portrait of Jennie)
USA 1948, Selznick (Regie William Dieterle, Buch Paul Osborn, Peter Berneis, nach dem Roman von Robert Nathan)

Cecil Kellaway (Mr. Matthews): »Verzeihung, wie war doch bitte Ihr Name?«
Joseph Cotten (Eben Adams): »Ich habe noch keinen Namen. Aber ich heiße Eben Adams.« [4838]

Felix Bressart (der alte Portier): »Ich habe ein wunderbares Gedächtnis. Ja, nur manchmal weiß ich was, und es fällt mir nicht mehr ein.« [4839]

JENNIFER 8 *(Jennifer Eight)*
USA 1992, Paramount (Regie, Buch Bruce Robinson)

Lance Henriksen (Freddy Ross): »Er hatte 'n Händedruck wie 'n schlaffer Pimmel.« [4840]

JENSEITS DER WEISSEN LINIE *(Deep Cover)*
USA 1992, David-Bean, New Line (Regie Bill Duke, Buch Henry Bean, Michael Tolkin, Story Michael Tolkin)

Lawrence Fishburne (John Q. Hull, voice-over): »Ich wollte mich nicht darauf einlassen. Während des ganzen Gespräches hatte ich dagesessen und gedacht: 'Wenn ich das tue, ist das der größte Fehler meines Lebens.' Und ich hatte recht.« [4841]

Jeff Goldblum (David Jason): »John ist verhaftet worden, aber er hat den Mund gehalten.

Und, äh, ich glaub, nicht jeder hier kann das von sich sagen.« [4842]

*

Gregory Sierra (Felix Barbosa): »Ich finde, irgendwann solltest du mal einen Mann töten, David. Es ist so befreiend.« [4843]

*

Arthur Mendoza (Gallegos): »Felix schuldete mir 18.000.000 Dollar. Als ihr ihn getötet habt, habt ihr leider seine Schulden übernommen.« [4844]

*

Fishburne (voice-over): »Wir hatten elf Millionen Dollar Drogengeld aus dem Transporter genommen. Das Geld weiß nicht, wo's herkommt, aber ich. Behalt ich es, bin ich ein Krimineller. Geb ich's dem Staat, bin ich ein Narr. Versuch ich, Gutes damit zu tun, macht das vielleicht alles nur noch schlimmer. In jedem Fall handel ich mir am Ende nur noch mehr Ärger ein. Eine unmögliche Wahl. Aber in gewisser Weise müssen wir sie alle treffen. Was würdet ihr tun?« [4845]

***

JENSEITS VON AFRIKA (Out of Africa)
USA 1995, Mirage, Universal (Regie Sydney Pollack, Buch Kurt Luedtke, nach ›Out of Africa‹, ›Shadows on the Grass‹, ›Letters from Africa‹ von Isak Dinesen [=Karen Blixen])

*

Meryl Streep (Karen Blixen): »Er hat mich belogen.«
Klaus Maria Brandauer (Bror von Blixen-Fineckel): »Natürlich. Wärst du sonst mit ihm ins Bett gegangen? Mein Bruder ist nur langweilig, dumm ist er nicht.« [4846]

*

Robert Redford (Denys Finch Hatton): »War bei Ihrer Ausrüstung kein Gewehr?«
Streep: »Ja, doch. Es ist an meinem Sattel.«
Redford: »Behalten Sie es lieber bei sich. Ihr Pferd ist kein guter Schütze.« [4847]

*

Redford: »Man kann schon etwas riskieren. Wenn man der einzige ist, der dafür bezahlt.« [4848]

*

Streep: »Habe ich dazu vielleicht auch etwas zu sagen?«

Michael Kitchen (Berkeley Cole): »Eigentlich nicht, aber sprechen Sie sich ruhig aus.« [4849]

*

Streep (voice-over): »Später ging mir auf, daß wir unterschiedliche Standpunkte hatten. Vielleicht wußte er, was ich nicht bedachte, daß die Erde rund ist, so daß wir den Weg vor uns nicht weit genug erkennen können.« [4850]

*

Streep: »Wird es irgendwie anders sein, für Geld zu jagen?«
Redford: »Nicht für die Tiere. ... Na ja, vielleicht auch für die Tiere.« [4851]

*

Streep: »Wenn du jetzt irgend etwas sagst, ich werde es glauben.« [4852]

*

Streep: »Ich muß wissen, was ich davon halten soll.«
Redford: »Warum?« [4853]

*

Streep: »Wenn die Götter einen strafen wollen, erhören sie seine Gebete.« [4854]

*

Streep (beim Start): »Wann hast du Fliegen gelernt?«
Redford: »Gestern.« [4855]

*

Brandauer: »Du hättest fragen können, Denys.«
Redford: »Das hab ich. ... Sie hat ›ja‹ gesagt.« [4856]

*

Redford: »Ich bin mit dir zusammen, weil ich mit dir zusammen sein wollte. Ich möchte mein Leben nicht nach den Vorstellungen eines anderen leben. Verlang es nicht von mir! Ich will nicht eines Tages feststellen, daß ich am Ende des Lebens eines anderen stehe.« [4857]

*

Redford: »Du hast es mir verdorben, weißt du.«

> »Er hat mich belogen.«
> »Natürlich. Wärst du sonst mit ihm ins Bett gegangen? Mein Bruder ist nur langweilig, dumm ist er nicht.«
> Jenseits von Afrika

Streep: »Was verdorben?«
Redford: »Das Alleinsein.« [4858]

***

JEREMIAH JOHNSON
USA 1972, Warner (Regie Sydney Pollack, Buch John Milius, Edward Anhalt, nach dem Roman ›Mountain Man‹ von Vardis Fisher und der Geschichte ›Crow Killer‹ von Raymond W. Thorp und Robert Bunker)

*

Robert Redford (Jeremiah Johnson): »Der Wind steht gut, aber er wird weglaufen, sobald wir hinter den Bäumen hervorkommen.«
Will Geer (Bear Claw): »Da gibt es einen Trick: Geh zusammen mit deinem Pferd raus, an dieser Seite.«
Redford: »Was ist, wenn er unsere Beine sieht?«
Geer: »Elche wissen nicht, wieviele Beine ein Pferd hat.« [4859]

***

JEREMY RODACK – MEIN WILLE IST GESETZ
(Tribute to a Bad Man)
USA 1956, MGM (Regie Robert Wise, Buch Michael Blankfort, nach der Geschichte von Jack Schaefer)

*

»Diese Wohnhütten sind leider ein beliebter Aufenthaltsort für Texasschildkröten.«
Don Dubbins (Steve Miller): »Texasschildkröten?«
»Na, Wanzen.« [4860]

*

Tony Hughes (1.Käufer): »Wissen Sie, Herr Rodack, es sieht so aus, als ob Pferde bald unmodern würden.«
James Cagney (Jeremy Rodock): »Das ist alles nur dummes Geschwätz.«
Hughes: »Ja, aber überall werden schon Eisenbahnen gebaut, Herr Rodack.«
Cagney: »Die Eisenbahn wird nie durch Städte fahren können.«

»Das ist der Unterschied zwischen uns. Du findest, daß wir uns streiten, und ich finde, daß wir endlich miteinander reden.«

Jerry Maguire – Spiel des Lebens

Roy Engel (2. Käufer): »Das war schon immer meine Rede. Was sollen große Städte wie New York oder Chicago ohne Pferde anfangen?« [4861]

***

JERRY MAGUIRE – SPIEL DES LEBENS
(Jerry Maguire)
USA 1996, Gracie, Columbia TriStar (Regie, Buch Cameron Crowe)

*

Tom Cruise (Jerry Maguire, voice-over): »Genies gibt es überall, aber bis sie Profis werden, ist es wie beim Popcorn in der Pfanne: manche knallen, manche nicht.« [4862]

*

Cruise (voice-over): »Ich bin der, den Sie normalerweise nicht sehen. Ich bin der Mann hinter den Kulissen. Ich bin Sportagent.« [4863]

*

Kelly Preston (Avery Bishop): »Einige Leute haben so eine Sensibilitätsmasche drauf, ich nun mal nicht. Ich weine nicht in Filmen, ich schwärme nicht für Babys, ich fange nicht schon fünf Monate früher an, Weihnachten zu feiern.« [4864]

*

Cruise: »Ich hatte zwei miese Stücke Pizza zum Essen, bin schlafen gegangen, und mir ist ein Gewissen gewachsen.« [4865]

*

Bonnie Hunt (Laurel Boyd): »Er würde im Augenblick ein Gartengerät abschleppen, wenn es ihm zuhören würde.« [4866]

*

Renee Zellweger (Dorothy Boyd): »Ich hatte drei Liebhaber in vier Jahren (...), keiner auch nur annähernd so interessant wie ein gutes Buch und ein warmes Bad.« [4867]

*

Cuba Gooding jr. (Rod Tidwell): »Das ist der Unterschied zwischen uns. Du findest, daß wir uns streiten, und ich finde, daß wir endlich miteinander reden.« [4868]

*

Cruise: »Dir ist doch wohl klar, daß das hier alles verändert?«
Zellweger: »Versprochen?« [4869]

*

Hunt: »Ich habe Angst davor, daß du dein volles Vertrauen in einen Kerl investierst, der aufgrund der Umstände emotional vielleicht nicht sämtliche Tassen im Schrank hat.« [4870]

*

Hunt: »Männer sind einfach andere Menschen, wenn sie am Boden sind.« [4871]

***

JESSE JAMES – MANN OHNE GESETZ
(Jesse James)
USA 1939, Twentieth Century Fox (Regie Henry King, Buch Nunnally Johnson)

*

Henry Hull (Major Rufus Cobb): »Es hat doch keinen Sinn, sie ist tot. Ich fürchte nur, es wird ein schlimmes Ende nehmen, wenn die Söhne davon erfahren.«
Brian Donlevy (Barshee): »Das habe ich nicht gewollt.«
Hull: »Sie brauchen sich keine Sorgen zu machen, Sir, nun nicht mehr. Sie sind bereits so gut wie tot.« [4872]

*

(McKenzie, Barmann): »Trinkt aus! Nichts macht mehr Spaß, als zuzusehen, wie der Säufernachwuchs heranwächst.« [4873]

*

Hull: »Also, ich kann dich verstehen, mein Sohn. Du bist noch einer von denen, die lieben und hassen können. Von denen gab es früher viele. Die beleidigte Kreatur hat nicht nur das Recht, sondern auch die Pflicht, sich zu rächen. Aber ein Mann darf ja heute nichts mehr selbst tun, das wollen die verdammten Anwälte übernehmen. Vor zehn Jahren gab es hier noch keine Rechtsverdreher. Da war die Sache für jeden klipp und klar: Ein Mann schoß auf einen zweiten, ein dritter auf den ersten, und der Marshal legte sie alle um, und damit hatte sich's. Aber was ist heute? Kein ehrlicher Schuß fällt mehr, ohne daß sich Hunderte, Tausende Anwälte einmischen. Die Menschheit darf sich nicht mehr ausleben.« [4874]

***

JEZEBEL
USA 1938, Warner (Regie William Wyler, Buch Clements Ripley, Abem Finkel, John Huston, nach dem Stück von Owen Davis sr.)

*

George Renavent (De Lautrec): »Mein Freund, wollen Sie mir Manieren beibringen?«
George Brent (Buck Cantrell): »Das würde mir nicht im Traum einfallen. Doch irgendwie gefällt mir Ihr Hut nicht, oder Ihre Ohren, oder irgendwas dazwischen. Klar genug?« [4875]

*

Fay Bainter (Tante Belle): »Du weißt, du kannst zum Olympus-Ball nicht Rot tragen.«
Bette Davis (Julie Marsden): »Kann ich nicht, aber ich werde es. Wir haben 1852, Dickerchen, 1852, nicht das Mittelalter. Mädchen müssen nicht in Weiß rumhocken, weil sie nicht verheiratet sind.« [4876]

*

Henry Fonda (Preston Dillard): »Ich glaube, es war Voltaire, der sagte: ›Ich finde alles falsch, was Sie sagen, aber ich werde bis zuletzt Ihr Recht verteidigen, es zu sagen.‹« [4877]

*

Brent: »Meine Überzeugung soll unverfälscht sein, genauso wie mein Bourbon.« [4878]

*

Davis: »Pres, warum hast du das getan? Warum, Pres?«
Fonda: »Weil ich sie liebe.«
Davis: »Aber du hattest meine Liebe.«
Fonda: »Und verlor sie.«
Davis: »War die Erinnerung nicht wirklicher als alles, was sie dir geben konnte?« [4879]

*

Davis: »Soll ich weinen um dich? Keiner hat mich je zum Weinen gebracht, nur du. Und das auch nur zwei Mal.« [4880]

*

Davis: »Du mußtest nach Hause kommen, nicht? Du mußtest in das Land zurück, zu den Dingen, die du kennst, weil du hierher gehörst. Nichts kann das ändern. Pres, hörst du? Hörst du sie? Die Töne der Nacht? Die Spottdrossel auf der Magnolie? Siehst du das Moos am Mondlicht hängen? Man schmeckt die Nacht richtig, nicht? Du gehörst dazu, Pres, und es

---

> »*Trinkt aus! Nichts macht mehr Spaß, als zuzusehen, wie der Säufernachwuchs heranwächst.*«
> Jesse James – Mann ohne Gesetz

gehört zu dir. Wie ich. Du kannst dich von uns nicht befreien, Pres, wir sind beide in deinem Blut.« [4881]

*

Davis: »Sie lernen eben andere Dinge, die Mädchen im Norden. Sie weiß wohl, was Kalkül ist.« [4882]

*

Davis: »Pres war nicht wohl nach dem Brandy.«
Brent: »Meine Güte! Hat er im Norden auch seine Fähigkeit verloren zu trinken wie ein Gentleman?« [4883]

*

Davis: »Natürlich ist es schade, daß Pres jetzt weg muß, aber ich nehme an, seine Bank geht vor.«
Margaret Lindsay (Amy Bradford Dillard): »Finden Sie das nicht bewundernswert, Miss Marsden?«
Davis: »Sehr bewundernswert, nehme ich an. Es scheint mir nur, daß andere Dinge interessanter sind.« [4884]

*

Brent: »Ich gehe nie in eine Bank, wenn es nicht sein muß. Die scheinen immer darüber nachzudenken, wie sie irgendeinem was wegnehmen können.« [4885]

*

Brent: »Wie meinen Sie das? Ich versteh nicht, was das heißen soll. Jedenfalls klingt es nicht freundlich.« [4886]

*

Bainter: »Wir Frauen können die Männer anstiften, sich zu streiten, doch dann können wir sie nicht mehr zurückhalten.« [4887]

*

Gordon Oliver (Dick Allen): »Sie hätten sich nicht mit ihm einlassen sollen, ein junger Kerl, der nie in etwas verwickelt war.«

»Wir Frauen können die Männer anstiften, sich zu streiten, doch dann können wir sie nicht mehr zurückhalten.«
Jezebel

Brent: »(...) Wenn er redet wie ein Mann, muß er auch handeln wie ein Mann.« [4888]

*

Davis: »Wo sind die Gentlemen?«
Lindsay: »Sie wissen sehr gut, wo sie sind.«
Davis: »Oh ja, ein Ehrenhandel. Ein dummer Brauch, aber er gehört zur Ritterlichkeit bei uns Südstaatlern. Manchmal beneide ich die Männer: Den vor sich haben, den man haßt, töten oder getötet werden, etwas regeln. Wir können das nicht, wir Frauen.« [4889]

*

Stymie Beard (Ti Bat): »Die Leute vom Sheriff spaßen nicht. Die schießen erst, und dann fragen sie.« [4890]

***

JIMMY HOFFA *(Hoffa)*
USA 1992, Jersey, Twentieth Century Fox (Regie Danny DeVito, Buch David Mamet)

*

Jack Nicholson (James R. Hoffa): »Siehst du? Leben ist Verhandlungssache, gegenseitiges Geben und Nehmen.« [4891]

*

Robert Prosky (Billy Flynn): »Los, gib mir das scheiß Messer! Wenn du Eindruck machen willst, kauf dir 'ne Knarre!« [4892]

*

Nicholson: »Jeder Konflikt fordert Opfer. Die Frage ist nur: Was haben wir dadurch verloren, und was haben wir gewonnen?« [4893]

*

Armand Assante (Carol D'Allessandro): »›Sonst was‹? Schwingt da ein ›sonst was‹ mit?« [4894]

***

JIMMY HOLLYWOOD
USA 1994, Baltimore, Paramount (Regie, Buch Barry Levinson)

*

Victoria Abril (Lorraine de la Pena): »Du hast mein Geld geklaut?«
Joe Pesci (Jimmy Alto): »Geklaut ist das völlig falsche Wort, Engelchen. Ich hab es für uns investiert.« [4895]

*

Pesci: »Nicht Auto knacken, Auto krallen. Man drückt jemand 'ne Knarre unter die Nase und sagt: ›Gib mir dein Auto!‹ Und dann sind die Leute so freundlich und geben einem das Auto. Und wir sind dabei nicht mal echte Diebe.« ⁴⁸⁹⁶

*

Abril: »Wieso ist dieser Kerl in meiner Badewanne geknebelt und gefesselt?«
Pesci: »Woher sollte ich wissen, wann du wieder auftauchst?«
Abril: »Das erklärt alles. Eine Antwort, die man sich wünscht.« ⁴⁸⁹⁷

*

Abril: »Wenn man bedenkt, daß ein Engagement in einer drittklassigen Seifenoper das hätte verhindern können.« ⁴⁸⁹⁸

***

JOHNNY GUITAR
USA 1954, Republic (Regie Nicholas Ray, Buch Philip Yordan, nach dem Roman von Roy Chanslor)

*

Joan Crawford (Vienna): »Ich hab keinem von euch je etwas getan. Zwingt mich jetzt nicht dazu!« ⁴⁸⁹⁹

*

Crawford: »Das war freies Land, als ich herkam, und ich gebe keinen Fußbreit davon auf.«
Mercedes McCambridge (Emma Small): »Du kannst nicht gut hören: Wir wollen dich hier nicht.«
Crawford: »Die Erde gehört nicht dir, dieses Stück davon nicht.«
Ward Bond (John McIvers): »Und wenn Sie bleiben, behalten Sie nur soviel davon, um darin begraben zu werden.« ⁴⁹⁰⁰

*

McCambridge: »Ein großes Maul und eine kleine Pistole. Du kannst uns nicht alle erschießen.«
Crawford: »Zwei von euch würden genügen.« ⁴⁹⁰¹

*

Crawford: »Da unten gibt's Whiskey zu trinken, hier oben gibt's für euch Blei zu schlucken. Ihr habt die Wahl.« ⁴⁹⁰²

*

McCambridge: »Ich werde dich töten.«
Crawford: »Ich weiß, wenn ich dich nicht zuerst töte.« ⁴⁹⁰³

*

Sterling Hayden (Johnny Guitar): »Es geht doch nichts über 'n bißchen Tabak und 'ne Tasse Kaffee. Sehen Sie, manche Leute sind auf Gold und Silber verrückt, andere brauchen zu ihrem Glück Land und Viehherden. Dann sind da welche, die haben 'ne Schwäche für Whiskey und für Weiber. Aber wenn man das ausschaltet, was braucht man wirklich? Was zu rauchen und 'ne Tasse Kaffee.« ⁴⁹⁰⁴

*

Frank Ferguson (Marshal Williams): »Und wer sind Sie?«
Hayden: »Mein Name, Sir, ist Johnny Guitar.«
Scott Brady (Dancin' Kid): »Das ist kein Name.«
Hayden: »Hat jemand Lust, ihn zu ändern?« ⁴⁹⁰⁵

*

Crawford: »Ziemlich freche Reden für einen Mann, der keine Pistole trägt.« ⁴⁹⁰⁶

*

Brady: »24 Stunden hat der Mann gesagt. Soll ich dir packen helfen?«
Crawford: »Ich habe meinen Koffer weggeworfen, als ich herkam.« ⁴⁹⁰⁷

*

Brady: »Also plötzlich mag ich Sie gar nicht mehr leiden.«
Hayden: »Oh, das macht mich aber richtig traurig. Ich verliere nur ungern einen Freund.« ⁴⁹⁰⁸

*

Brady: »Sich mit einer fremden Frau einlassen, kann einem Mann viel Kummer bereiten.«
Hayden: »Sind Sie eine fremde Frau?«
Crawford: »Eigentlich nur für Fremde.«
Brady: »Was geht zwischen euch beiden vor?«
Hayden: »Nur, was Sie sehen, mein Freund.« ⁴⁹⁰⁹

*

Brady: »Ich habe, scheint's, etwas von meinem Charme eingebüßt.«
Crawford: »Ich fürchte, den ganzen.« ⁴⁹¹⁰

> »Ziemlich freche Reden für einen Mann, der keine Pistole trägt.«
> Johnny Guitar

Crawford: »Wenn du klug bist, reitest du weit weg von hier und kommst nie mehr zurück.«
Brady: »Stimmt, das sollte ich wohl tun, aber ich habe noch nie getan, was ich sollte.« [4911]

*

Crawford: »Ist das etwa ein Antrag?«
Hayden: »Ein Mann muß ja mal irgendwo zur Ruhe kommen, und dieser Platz ist so gut wie jeder andere.«
Crawford: »Das ist die zärtlichste Liebesbeteuerung, die eine Frau jemals gehört hat. Ich bin einfach überwältigt.« [4912]

*

Crawford: »Wenn ein Feuer sich selbst verzehrt hat, ist nur noch Asche da.« [4913]

*

Hayden: »Wieviel Männer hast du vergessen?«
Crawford: »Genau soviele, wie du Frauen nicht vergessen hast.« [4914]

*

Hayden: »Es werden dieselben Menschen sein wie gestern abend und doch wieder nicht die selben. In der Masse gibt es keine Menschen. Ich bin mit ihnen geritten, ich bin gegen sie geritten. Die Masse ist wie ein Tier, sie bewegt sich wie ein Tier und denkt wie ein Tier.« [4915]

*

McCambridge: »Worauf wollt ihr noch warten? Ihr habt gehört, was sie gesagt hat, daß die Eisenbahn hier durchlaufen würde. Dann kommen Tausende von Menschen vom Osten hierher, Farmer, stinkende Farmer, Tagelöhner. Die verdrängen uns alle. Wollt ihr vielleicht darauf warten? Ihr tut so, als sei sie eine Dame in euren Augen und glaubt, ihr müßt euch ihr gegenüber als feine Herren benehmen. Aber sie ist keine Dame, und ihr seid keine Herren. Wacht lieber auf! Oder ihr werdet euch, eure Frauen und eure Kinder zwischen Stacheldraht und Zaunpfählen wie Vieh eingepfercht sehen. Ich frage: Wollt ihr darauf warten? Ich bestimmt nicht.« [4916]

*

McCambridge: »Es war Viennas Idee, nicht wahr? Gestehe! Hab keine Angst, sprich! Wir beschützen dich.«
Ben Cooper (Turkey Ralston): »Ich habe einen Strick um meinen Hals, wie wollen Sie mich da beschützen?«
Bond: »Sag die Wahrheit, wenn du vor Gericht willst!« [4917]

*

Hayden: »Du in dem Kleid auf der Flucht, da können wir ebensogut eine Laterne tragen.« [4918]

*

Ernest Borgnine (Bart Lanergan): »Vienna schießt gut, sie kommt gerade recht, wenn die Schießerei losgeht. Und wozu ist der gut?«
Hayden: »Ich will hier keine Schwierigkeiten machen, Mr. Lonergan.«
Borgnine: »Bart ist mein Name. Alle meine Freunde nennen mich Bart.«
Hayden: »Vielen Dank, Mr. Lonergan.« [4919]

*

Borgnine: »Warum hast du den Fremden reingelassen?«
Royal Dano (Corey): »Ich konnte nicht schießen, das hätte man hören können. Außerdem, wenn Vienna ihn mitbringt, muß er in Ordnung sein.«
Borgnine: »Er ist für mich nicht in Ordnung.«
Dano: »Wer wäre das schon?« [4920]

*

Hayden: »Ich gebe einem Linkshänder nicht die Hand.«
Brady: »Gewitzter Bursche!«
Hayden: »Das ist der Grund, warum ich noch lebe.« [4921]

*

Hayden: »Sie würden doch einen Mann nicht in den Rücken schießen?«
Brady: »In Gegenwart von Vienna? Aber so schlechte Manieren würde sie niemals verzeihen.« [4922]

*

Crawford: »Bis jetzt haben wir ganz schön gelebt. Das Problem ist nur, wie wir das Leben ein bißchen verlängern können.« [4923]

»Ich habe, scheint's, etwas von meinem Charme eingebüßt.«
»Ich fürchte, den ganzen.«
Johnny Guitar

Borgnine: »Manche Menschen wollen einfach nicht hören.« [4924]

***
JOHNNY HANDSOME
USA 1989, Guber-Peters, Roven, Carolco (Regie Walter Hill, Buch Ken Friedman, nach dem Roman ›The Three Worlds of Johnny Handsome‹ von John Godey)

*

Ellen Barkin (Sunny Boyd): »Du solltest nicht anfangen zu denken, Cowboy, du bist kein Denker.« [4925]

*

Lance Henriksen (Rafe Garrett): »Du hast jetzt wirklich 'ne hübsche Fresse, Johnny, aber irgendwie hast du mir früher besser gefallen.« [4926]

***
JOHNNY ZIEHT IN DEN KRIEG
(Johnny Got His Gun)
USA 1971, World Entertainment (Regie, Buch Dalton Trumbo, nach seinem Roman)

*

Jason Robards (Joes Vater): »Du wirst die Welt reif für die Demokratie machen.«
Kerry MacLane (Joe mit 10): »Was ist denn Demokratie?«
Robards: »Das ist mir selbst eigentlich nie recht klar gewesen. Wie auch andere Regierungsformen hat sie wohl damit zu tun, daß sich junge Leute gegenseitig umbringen.«
MacLane: »Warum bringen sich nicht alte Männer gegenseitig um?«
Robards: »Die alten Männer wachen darüber, daß das Feuer im Haus nicht erlischt.«
MacLane: »Könnten die jungen nicht genauso gut drauf aufpassen?«
Robards: »Junge Männer haben kein eigenes Heim, darum müssen sie hinausgehen und einander töten.«
MacLane: »Wenn ich mal an der Reihe bin, würdest du wollen, daß ich gehe?«
Robards: »Für die Demokratie würde jeder Mann seinen Sohn hergeben.« [4927]

***
JUDGE DREDD
USA 1995, Vajna, Pressman, Cinergi, Hollywood (Regie Danny Cannon, Buch William Wisher, Steven E. de Souza, Story Michael De Luca, William Wisher, nach den Comics von John Wagner, Carlos Ezquerra)

*

Sylvester Stallone (Judge Dredd): »Ich bin das Gesetz. Werft eure Waffen weg! Dieser *(Häuser-)* Block ist vorläufig festgenommen. Dies ist eure letzte Warnung.« [4928]

*

Rob Schneider (Fergie): »Das ist Judge Dredd, Mann!«
»Wenn du unbedingt Angst haben willst, dann hab Angst vor mir!« [4929]

*

»He, Dredd, komm rauf und hol uns!«
Stallone: »Ich wußte, daß er das sagen würde.« [4930]

*

Schneider: »Ich hatte keine Wahl, die haben sich gegenseitig abgeknallt.«
Stallone: »Du konntest zum Fenster raus.«
Schneider: »Vierzig Stockwerke! Das wäre Selbstmord gewesen.«
Stallone: »Gut möglich. Aber wenigstens legal.« [4931]

***
JULES UND JIM
(Jules et Jim)
F 1961, Carrosse, SEDIF (Regie François Truffaut, Jean Gruault, nach dem Roman von Henri-Pierre Roché)

*

Henri Serre (Jim): »In ein paar Minuten wird es Tag.«
Vanna Urbino (Gilberte): »Jim, warum gehst du? Einmal könntest du doch bei mir bleiben.«
Serre: »Nein, Gilberte, dann müßte ich auch morgen bleiben, sonst hätte ich das Gefühl, dich zu verlassen. Und wenn ich morgen bleiben würde, wären wir ein Gespann und quasi verheiratet. Und das wieder wäre gegen unsere Abmachungen.« [4932]

> »Du hast jetzt wirklich 'ne hübsche Fresse, Johnny, aber irgendwie hast du mir früher besser gefallen.«
> Johnny Handsome

Oskar Werner (Jules): »Sie behauptet, die Welt wäre reich, und man müßte sie manchmal ein wenig betrügen. Dann bittet sie Gott im voraus um Verzeihung für das, was sie tun will.« [4933]

Werner: »Ich bin nicht der Mensch, den sie braucht und sie nicht die Frau, die mir das verzeiht.« [4934]

Serre: »Ich verstehe Sie, Catherine.«
Jeanne Moreau (Catherine): »Ich will nicht, daß man mich versteht.« [4935]

(voice-over): »Es blieb alles im Dunkeln. Catherine enthüllte ihre Ziele immer erst, wenn sie erreicht waren.« [4936]

(voice-over): »Sie hatten sich versprochen, nie zu telefonieren, weil sie fürchteten, ihre Stimmen zu hören, ohne sich berühren zu können. Sie schrieben sich also Briefe, die andere Probleme brachten.« [4937]

Werner: »Sie steht auf dem Standpunkt, in einem Liebesverhältnis soll wenigstens einer von beiden treu sein. Der andere.« [4938]

***

JULIA UND DIE GEISTER
(Giulietta degli spiriti)
I/F/BRD, Federiz, Francoriz, Rizzoli, Eichberg (Regie Federico Fellini, Buch Federico Fellini, Tullio Pinelli, Ennio Flaiano, Brunello Rondi, Story Federico Fellini, Tullio Pinelli)

Giulietta Masina (Giulietta): »Ist denn das (Stierkampf) nicht gefährlich?«
José-Luis de Villalonga (José): »Nein, Signora, es ist eine Frage des Stils und der Poesie. Und die Poesie ist niemals gefährlich.« [4939]

de Villalonga: »Was bliebe einem auf der Welt, wenn man die Harmonie eines solchen Abends zerstören würde? Ich bin in Ihrer Schuld für einen Augenblick des Glücks.« [4940]

Masina: »Haben Sie etwa Angst?«
(Rafaella, off, am Telefon): »Angst? Nein. Ich weide mich nur nicht gern an der Niederlage anderer.« [4941]

***

JUMPIN' JACK FLASH
USA 1986, Gordon-Silver, Twentieth Century Fox (Regie Penny Marshall, Buch David H. Franzoni, J. W. Melville, Patricia Irving, Christopher Thompson, Story David H. Franzoni)

Whoopi Goldberg (Terry Doolittle): »Soll ich dir nun helfen oder nicht? Ich mein, ich hab auch noch andere Sachen zu tun, als deinen Hintern vom Grill zu ziehen, Kumpel.« [4942]

Julia Payne (Empfangsdame bei Elizabeth Arden): »Hat zufällig eine der Damen einen Taschenrevolver?« [4943]

***

DAS JUNGE MÄDCHEN
(The Young One/La joven)
USA/MEX 1960, Olmeca (Regie Luis Buñuel, Buch Luis Buñuel, H. B. Addis [=Hugo Butler], nach der Geschichte ›Travellin' Man‹ von Peter Matthiessen)

Zachary Scott (Miller): »Weißt du, daß man das Alter bei Pferden an den Zähnen erkennt? Aber bei Schweinen und Frauen, da erkennt man's am Fleisch und Gewicht.« [4944]

Scott: »Sag das nie wieder! Ob du 'n Gewehr hast oder nicht.« [4945]

***

DER JUNGE MR. LINCOLN (Young Mr. Lincoln)
USA 1939, Twentieth Century Fox (Regie John Ford, Buch Lamar Trotti)

Pauline Moore (Ann Rutledge): »Haben Sie nicht Angst, sich die Augen zu verderben mit diesem Lesen so im Liegen?«
Henry Fonda (Abraham Lincoln): »Ach, wissen Sie, Ann, wenn ich stehe, dann liegt mein Verstand, aber wenn ich liege, dann steht mein Verstand auf.« [4946]

> »Ich bin nicht der Mensch, den sie braucht und sie nicht die Frau, die mir das verzeiht.«
> Jules und Jim

Moore: »Ich glaube, Sie machen sich über alles sehr viele Gedanken. Stimmt's?«
Fonda: »Von Zeit zu Zeit juckt mich mein Gehirn, und dann muß ich es kratzen.« [4947]

*

»Er war bösartig und ein Geizkragen, aber irgendwie hab ich ihn gemocht.« [4948]

*

Fonda: »In solchen Augenblicken scheinen wir unseren Kopf zu verlieren. Zusammen tun wir Dinge, die jeder für sich allein niemals tun würde.« [4949]

*

»Und wenn ein Mandant kommt, was sollen wir sagen, wo Sie sind?«
Fonda: »In meinem Büro, natürlich.«
»Und wo ist Ihr Büro?«
Fonda: »Unter meinem Hut.« [4950]

*

Donald Meek (John Felder, Staatsanwalt): »Wenn mein geschätzter Kollege, Mr. Lincoln, mehr juristische Kenntnisse hätte ...«
Fonda: »Ich besitze vielleicht nicht so viele juristische Kenntnisse, aber ich weiß, was Recht ist und was Unrecht.« [4951]

*

»Gehen Sie nicht zurück, Abe?«
Fonda: »Nein, ich glaub, ich geh noch ein Stück weiter. Vielleicht geh ich auf den Berg rauf.« [4952]

***

DER JUNGE MIT DEN GRÜNEN HAAREN
(The Boy with Green Hair)
USA 1948, RKO (Regie Joseph Losey, Buch Ben Barzman, Alfred Lewis Levitt, nach der Geschichte von Betsy Beaton)

*

Pat O'Brien (Gramp): »In der Dunkelheit gibt es nichts, was nicht schon da war, als das Licht an war.« [4953]

***

JUNGGESELLE IM PARADIES
(Bachelor in Paradise)
USA 1961, Richmond, MGM (Regie Jack Arnold, Buch Valentine Davies, Hal Kanter, Story Vera Caspary)

*

Bob Hope (Adam J. Niles): »Eine bezaubernde Einrichtung! Wie nennt man diesen Stil? Frühes Disneyland?« [4954]

Janis Paige (Dolores Jynson): »Können Sie was Besseres vorschlagen?«
Hope: »In alphabetischer Reihenfolge?« [4955]

*

Hope: »Wenn ich solche Kinder hätte ... Jeden Tag wär ich betrunken.« [4956]

***

JUNGLE FEVER
USA 1991, 40 Acres and a Mule, Universal (Regie, Buch Spike Lee)

*

Ossi Davis (The Good Reverend Dr. Purify): »Hat dich der süße Nektar eines anderen Weibes in Versuchung geführt, mein Sohn?« [4957]

*

John Turturro (Paulie Carbone): »Ich hasse dich nicht. Ich würd dich gern umbringen, aber ich hasse dich nicht.« [4958]

***

JUNIOR BONNER
USA 1972, Wizan-Gardner, Solar, ABC (Regie Sam Peckinpah, Buch Jeb Rosebrook)

*

Steve McQueen (Junior Bonner): »Ich will meinen eigenen Weg gehen.«
Joe Don Baker (Curly Bonner): »Welchen Weg? Ich arbeite an meiner ersten Million, du noch immer an deinen acht Sekunden *(beim Rodeo)*.« [4959]

***

JURASSIC PARK
USA 1993, Amblin, Universal (Regie Steven Spielberg, Buch Michael Crichton, David Koepp, nach dem Roman von Michael Crichton)

*

Sam Neill (Dr. Alan Grant): »Ich hasse Computer!«
Laura Dern (Dr. Ellie Sattler): »Das beruht auf Gegenseitigkeit.« [4960]

*

Whit Hertford (Junge bei Ausgrabung): »Der

> »Hat dich der süße Nektar eines anderen Weibes in Versuchung geführt, mein Sohn?«
> Jungle Fever

(Velociraptor) sieht aber gar nicht bösartig aus, mehr wie 'n zwei Meter großer Truthahn.« [4961]

*

Richard Attenborough (John Hammond): »Sie werden sich an Dr. Malcolm gewöhnen müssen. Er leidet an einem entsetzlichen Übermaß an Persönlichkeit.« [4962]

*

Jeff Goldblum (Ian Malcolm): »Das Leben findet einen Weg.« [4963]

*

Goldblum: »Gott helfe uns! Jetzt sind wir den Technikern ausgeliefert.« [4964]

*

Goldblum: »Gott erschafft Dinosaurier. Gott vernichtet Dinosaurier. Gott erschafft Adam. Adam vernichtet Gott. Adam erschafft Dinosaurier.«
Dern: »Dinosaurier fressen Adam, und Eva besitzt die Erde.« [4965]

*

Neill: »Sind Sie verheiratet?«
Goldblum: »Gelegentlich.« [4966]

*

Goldblum: »Oh Mann, wie ich es hasse, immer recht zu behalten!« [4967]

*

Goldblum: »Ich bin einigermaßen beunruhigt.« [4968]

Attenborough: »Das ist nur eine Verzögerung, nichts weiter. Alle großen Freizeitparks hatten Verzögerungen. Als man Disneyland 1956 eröffnete, hat überhaupt nichts funktioniert.«
Goldblum: »Ja, aber wenn die Piraten aus der Karibik kaputtgehen, dann fressen die nicht gleich die Touristen auf.« [4969]

*

Neill: »Mr. Hammond, nach reiflicher Überlegung hab ich mich dazu durchgerungen, Ihren Park nicht zu befürworten.« [4970]

***

DIE JURY
(A Time to Kill)
USA 1996, Monarchy, Regency, Warner (Regie Joel Schumacher, Buch Akiva Goldsman, nach dem Roman von John Grisham)

*

Sandra Bullock (Ellen Roark): »Also aus irgendeinem Grund dachte ich, Sie (...) wären ein Liberaler.«
Matthew McConaughey (Jake Brigance): »Ich bin ein Liberaler, Roark, aber ich bin kein realitätsferner Radikalbürgerrechtler. Ich glaube weder an Vergebung noch an Rehabilitation. Ich glaube an Sicherheit, ich glaube an Gerechtigkeit.« [4971]

»Ich hasse Computer!«
»Das beruht auf Gegenseitigkeit.«
Jurassic Park

K

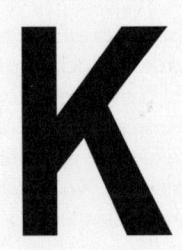

KAFFEE, MILCH UND ZUCKER
(Boys on the Side)
USA 1995, Regency, Alcor, Canal+, Warner (Regie Herbert Ross, Buch Don Roos)

*

Mary Louise Parker (Robin Nickerson): »Ich hoffe, das macht Ihnen nichts aus, aber im Wagen wird nicht geraucht.«
Whoopi Goldberg (Jane DeLuca): »Wie meinen Sie das, da wird nicht geraucht?«
Parker: »Ich meine, im Wagen wird nicht geraucht.«
Goldberg: »Überhaupt nicht??« ⁴⁹⁷²

*

Goldberg: »Sie sind 'ne nette Lady, und ich bin sicher, es gibt 'ne Menge Dinge, für die Sie überhaupt nichts können, aber so, wie ich das sehe, paßt bei uns gar nichts. Bestimmt gibt's da draußen jemanden, der gern mit Ihnen quer durchs Land gondelt, mit der weißesten Frau der Erde, die Songs von den Carpenters singt und Kindheitserinnerungen durchlebt, aber das ist nicht mein Ding.« ⁴⁹⁷³

*

Goldberg: »Manchmal, wenn man überhaupt nicht weiß, wo man hingehen soll, ist es am besten, wenn man da bleibt, wo man ist.« ⁴⁹⁷⁴

*

Matthew McConaughey (Abraham Lincoln): »Du weißt, das *(Rauchen)* ist nicht gut für das Baby.«
Drew Barrymore (Holly): »Tja, es durch das winzige Loch zur Welt zu bringen, ist auch nicht gut für mich. Also sind wir quitt.« ⁴⁹⁷⁵

*

Dennis Boutsikaris (Massarelli, Staatsanwalt): »Sind Sie lesbisch?«
Goldberg: »Ja, das bin ich. Ich bin sicher, Sie kriegen das andauernd von Frauen zu hören, aber bei mir ist es zufällig die Wahrheit.« ⁴⁹⁷⁶

***

KAGEMUSHA – DER SCHATTEN DES KRIEGERS
(Kagemusha)
JAP 1980, Kurosawa, Toho (Regie Akira Kurosawa, Buch Akira Kurosawa, Masato Ide)

*

Hideji Otaki (Masakage Yamagata): »53 Sommer und Winter habt Ihr erlebt, also benehmt Euch nicht wie ein fünfjähriges verstocktes Kind! Die Welt ist so: erst Streit, dann Versöhnung, heute Feind, morgen Freund. Ihr wißt, daß Selbstsucht und Habgier die Menschen einmal nach rechts und einmal nach links gehen lassen. Wenn Euch das noch immer erschreckt und erzürnt und Ihr darüber uns vergeßt, was soll man dann dazu sagen? Dies ist Eurer nicht würdig. Wie wollt Ihr, wenn Ihr Euch mit Nichtigkeiten wie diesen abgebt, unserem Land Frieden geben, Eure Banner in der Hauptstadt aufpflanzen? Wenn es so ist, dann solltet Ihr Eure Truppen sammeln und in Eure Berge zurückkehren. Dann seid Ihr schließlich nichts weiter als ein Bergaffe. Ja, Herr, so gehet hin und sammelt Nüsse in den Bergen von Kai!« ⁴⁹⁷⁷

***

KAIN UND MABEL *(Cain and Mabel)*
USA 1936, Warner (Regie Lloyd Bacon, Buch Laird Doyle, Story H. C. Witwer)

*

Roscoe Karns (Aloysius K. Reilly): »Hier gibt's keine Zeitung, die mich noch beschäftigen würde. Ich bin einfach ein zu guter Reporter. Ich kann über jeden Schwelbrand so berichten, daß er sich wie ein Großfeuer in Chicago anhört. Aber glauben Sie, es gibt jemanden, der das zu würdigen weiß? Nein, sie nennen mich nur den Lügner Reilly.« ⁴⁹⁷⁸

> »Manchmal, wenn man überhaupt nicht weiß, wo man hingehen soll, ist es am besten, wenn man da bleibt, wo man ist.«
> Kaffee, Milch und Zucker

Hobart Cavanaugh (Milo, Choreograph): »Stop! Stop! Stop! Ich erwarte ja schon nicht mehr, daß ihr euch wie Tänzer bewegen könnt. Ich erwarte ja nur, daß ihr den rechten Fuß vom linken unterscheiden könnt.« *4979*

*

Pert Kelton (Toddy Williams): »Ich erinnere mich noch an meine Zeit als Revuegirl.«
David Carlyle (Ronny Cauldwell): »Genau wie die Hälfte der männlichen Bevölkerung von New York.« *4980*

*

Walter Catlett (Jake Sherman): »So schlechte Zuschauerzahlen haben wir ewig nicht gehabt. Es ist schon so weit, daß die Platzanweiser kündigen, weil sie nicht allein im Dunkeln sitzen wollen.« *4981*

*

Clark Gable (Larry Cain): »Diese billige, publicitysüchtige Gans wird sich entschuldigen müssen, oder ich dreh ihr so lange den Hals um, bis keiner mehr ohne Korkenzieher ein Wort aus ihr rauskriegt.« *4982*

*

Catlett: »Bevor Sie so viel Publicity hatten, ist die Show so miserabel gelaufen, daß der arme Mann an der Kasse, um sich irgendwie die Zeit zu vertreiben, mit den Karten Patiencen gelegt hat. Aber gestern lief das Geschäft schon viel besser. Wir hatten schon halb so viele Zuschauer wie Schauspieler.« *4983*

*

Carlyle: »Sie sind anders als andere Tänzerinnen.«
Gable: »Ja, die meisten anderen können tanzen.« *4984*

*

Gable: »Wenn ich den Kampf gewinne, hör ich sowieso auf.«
William Collier sr. (Pop Walters): »Du bist verrückt.«

»Mögen Sie eigentlich Kinder?«
»Ja, gut durchgebraten.«
Die Kaktusblüte

Gable: »Vielleicht, aber mein Kopf funktioniert noch. Wenn ich ne Glocke höre, ist es noch nicht soweit, daß ich gegen imaginäre Gegner kämpfe. Und ich möchte, daß das so bleibt. Und noch was: Mein Gesicht ist bestimmt nicht das, was man schön nennt. Noch kann ich aber auf die Straße gehen, ohne daß man mich mit Erdnüssen füttert.« *4985*

***

KAISERWALZER *(The Emperor Waltz)*
USA 1948, Paramount (Regie Billy Wilder, Buch Charles Brackett, Billy Wilder)

*

Joan Fontaine (Johanna Augusta Franziska): »Den kenn ich aus Budapest. Ich mag ihn nicht besonders.«
Roland Culver (Baron Holenia): »Unsinn! Inzwischen hat er halb Buda geerbt und einen guten Teil von Pest.« *4986*

*

Culver: »Ich hätt nicht einmal von Abfall gedacht, daß er so dreckig ist.« *4987*

***

DIE KAKTUSBLÜTE
(Cactus Flower)
USA 1969, Frankovich, Columbia (Regie Gene Saks, Buch I. A. L. Diamond, nach dem Stück ›Fleur de Cactus‹ von Pierre Barillet, Jean-Pierre Gredy, und dem Stück ›Cactus Flower‹ von Abe Burrows)

*

Jack Weston (Harvey Greenfield): »Wollen wir tanzen?«
Ingrid Bergman (Stephanie Dickinson): »Lieber lauf ich auf glühenden Kohlen.« *4988*

*

Bergman: »Ich wußte gar nicht, daß sie in Idaho Champagner herstellen.« *4989*

*

Weston: »Trinken Sie, dann finden Sie mich sympathischer.«
Bergman: »Soviel Alkohol gibt's gar nicht auf der Welt.« *4990*

*

Goldie Hawn (Toni Simmons): »Mögen Sie eigentlich Kinder?«
Weston: »Ja, gut durchgebraten.« *4991*

***

KALIFORNIA
USA 1993, PolyGram, Viacom, Propaganda (Regie

Dominic Sena, Buch Tim Metcalfe, Story Stephen Levy, Tim Metcalfe)

*

Juliette Lewis (Adele Corners): »Weißt du, ich hab auch geraucht, bevor ich Early kennenlernte. Aber er hat's mir abgewöhnt.«
Michelle Forbes (Carrie Laughlin): »Dir abgewöhnt?«
Lewis: »Ja, weil Early, ähm, er meint nämlich, daß Frauen nicht rauchen sollten, nicht trinken und nicht fluchen.« [4992]

*

Forbes: »Prügelt er dich?«
Lewis: »Nein. Nein, nein, nur wenn ich's verdient hab.« [4993]

*

Brad Pitt (Early Grayce): »Das ist gut. Gute Denke, Mann.« [4994]

***

KALTE MILCH UND HEISSE FÄUSTE
(The Milky Way)
USA 1936, Paramount (Regie Leo McCarey, Buch Grover Jones, Richard Connell, Frank Butler, nach dem Stück von Lynn Root, Harry Clork)

*

Helen Mack (Mae Sullivan): »Würden Sie aufhören, an meiner Tür zu klingeln! Hat Ihnen jemand erzählt, es ist Halloween?« [4995]

***

KAMPF AM FLIESSBAND
(Blue Collar)
USA 1978, T.A.T., Universal (Regie Paul Schrader, Buch Paul Schrader, Leonard Schrader)

*

Harvey Keitel (Jerry Bartowski): »Brauchen wir was, Smokey? Irgendwas, womit wir uns verkleiden?«
Yaphet Kotto (Smokey): »Ja, vielleicht, man kann nie wissen.«
Keitel: »Halstücher, oder?«
Richard Pryor (Zeke Brown): »Halstücher? Du spinnst doch. Wenn die mich schon hopsnehmen, da will ich doch nicht wie 'n bescheuerter Cowboy auf 'm Revier rumrennen.« [4996]

*

Pryor: »Smoke, vielleicht hast du recht. Du warst im Knast. Du blickst da durch.« [4997]

*

Pryor: »Wieviel Macht werde ich haben?«
Harry Bellaver (Eddie Johnson): »Wieviel bewältigen Sie?« [4998]

***

KAMPF DER HYÄNEN
(Girls in Prison)
USA 1956, Golden State (Regie Edward L. Cahn, Buch Lou Rusoff)

*

Jane Darwell (Matron Jamieson): »Wenn man sie nicht auf frischer Tat ertappt, behaupten sie immer, sie seien unschuldig.« [4999]

*

Lance Fuller (Paul Anderson). »Ich hab so viel über Sie und Ihre Tochter in der Zeitung gelesen, daß ich meine, ich kenne Sie schon mein Leben lang.«
Raymond Hatton (Pop Carson): »Dann sind Sie wohl vorbeigekommen, um sich ein Autogramm zu holen, was?«
Fuller: »Sie haben ja richtig Humor, Mann. Sicher haben Sie die ganze Zeit gelacht, während Sie im Knast in Vermont saßen, hä?« [5000]

*

Helen Gilbert (Melanee): »In meinem Horoskop steht, ich soll in den nächsten Wochen auf neue Erfahrungen gefaßt sein.«
Adele Jergens (Jenny): »Na, das will was heißen, du und neue Erfahrungen.« [5001]

***

KAMPF UM LEBEN UND TOD
(The Last of the Fast Guns)
USA 1958, Universal (Regie George Sherman, Buch David P. Harmon)

*

Jock Mahoney (Brad Ellison): »Haben Sie zugesehen?«
Richard H. Cutting (Sheriff): »Vom Fenster aus.«
Mahoney: »Ist es fair zugegangen?«
Cutting: »Mancher wird es Mord nennen, das Gesetz nennt es Notwehr.« [5002]

> »Prügelt er dich?«
> »Nein. Nein, nein, nur wenn ich's verdient hab.«
> Kalifornia

Cutting: »Sie sollten Ihren Pistolen etwas Ruhe gönnen.«
Mahoney. »Später vielleicht.« [5003]

*

Carl Benton Reid (John Forbes): »Wie alt sind Sie?«
Mahoney: »In ein paar Monaten werde ich dreißig.«
Reid: »Ich bin 67.«
Mahoney: »Leute wie ich kommen selten über dreißig.« [5004]

*

(Mexikanischer Bandit): »Warum so aufgeregt, Amigo? Ihr Pferd, Ihre Stiefel und alle Dollar, die Sie zufällig bei sich haben!«
Mahoney: »Ein Mann ist hier so gut wie tot ohne sein Pferd und seine Stiefel.«
(Mexikanischer Bandit): »Ich bin von Natur aus ein barmherziger Mensch, Señor, und ich würde Ihnen einen qualvollen Tod ersparen, wenn Sie mich darum bitten.«
Mahoney: »Ich versuche lieber, mich durchzuschlagen.« *(..., erschießt sie)* [5005]

*

Linda Cristal (Maria O'Reilly): »Mein Vater hat mich vor Männern, die Pistolen tragen, gewarnt. Sie sprechen nur sehr wenig, und lachen können sie gar nicht.«
Mahoney: »Es gibt auch nichts zu lachen für uns.« [5006]

*

Cristal: »Sicher sind Sie weit von zu Hause fort?«
Mahoney: »Ein Mann, der kein Zuhause hat, ist immer weit fort.« [5007]

*

Mahoney: »Wenn man das Geld, das man mit der Pistole verdient, nicht schnell ausgibt, bringt es Unglück.« [5008]

*

Mahoney: »Wie lange leben Sie hier?«

> »König Salomon hätte nicht weiser entscheiden können, Euer Ehren.«
> Kap der Angst

(alter Mexikaner): »Ich habe alle meine Feinde überlebt.« [5009]

***

KANSAS CITY
USA/F 1995, Sandcastle 5, CiBy 2000 (Regie Robert Altman, Buch Robert Altman, Frank Barhydt)

*

Harry Belafonte (Seldom Seen): »Früher oder später muß jeder dran glauben. Manche früher als andere. Wer kann schon sagen, wann das ist? In deinem Fall kann ich es.« [5010]

***

KAP DER ANGST *(Cape Fear)*
USA 1991, Amblin, Cappa, Tribeca, Universal (Regie Martin Scorsese, Buch Wesley Strick, nach dem Film, siehe oben)

*

Robert De Niro (Max Cady): »Sie lernen noch, was Verlust heißt.« [5011]

*

De Niro: »Ich kann Ihnen nur eins raten: Sie sollten mich nicht so dämlich anquatschen. Ich könnte mich aufregen, und dann geraten die Dinge außer Kontrolle. Und dann, in Notwehr, könnte ich vielleicht was tun, was Ihnen überhaupt nicht gefallen würde. Und zwar hier.« [5012]

*

Gregory Peck (Lee Heller): »König Salomon hätte nicht weiser entscheiden können, Euer Ehren.« [5013]

***

KARAWANE DER FRAUEN
(Westward the Women)
USA 1951, MGM (Regie William A. Wellman, Buch Charles Schnee, Story Frank Capra)

*

Robert Taylor (Buck): »Du glaubst wirklich, es gibt 150 Frauen, die mit uns durch die Hölle kommen, um dieses Pack zu heiraten?« [5014]

*

Taylor: »Sag mir nicht, ich habe unrecht, wenn es auch stimmt!« [5015]

***

KAREN MCCOY – DIE KATZE *(The Real McCoy)*
USA 1993, Bregman-Baer, Capella (Regie Russell Mulcahy, Buch William Davies, William Osborne)

*

Val Kilmer (J. T. Barker): »Ist es wahr, daß Sie

nie was dabeihatten?«
Kim Basinger (Karen McCoy): »Wie bitte?«
Kilmer: »Na, 'n Rohr, 'ne Harke, 'ne Wumme, Friedensstifter, na, 'ne Kanone.«
Basinger: »Nein, so was hatte ich nie nötig. Ich hab Banken ausgeraubt, wenn niemand drin war.« [5016]

*

Terence Stamp (Jack Schmidt): »Seltsam. Es gibt immer wieder Menschen, die nur funktionieren, wenn man ein kleines bißchen Druck auf sie ausübt.« [5017]

***

KARRIERE GIRLS *(Career Girls)*
UK 1997, Channel Four, Thin Man, Matrix (Regie, Buch Mike Leigh)

*

Joe Tucker (Adrian Spinks): »Das ist doch alles Blödsinn, die ganze Scheiße.«
Lynda Steadman (Annie): »Was?«
Tucker: »Sich zu binden. Vagina, nettes Plätzchen, aber nicht zum Wohnen.« [5018]

***

DAS KARTELL *(Clear and Present Danger)*
USA 1994, Paramount (Regie Phillip Noyce, Buch Donald Stewart, Steven Zaillian, John Milius, nach dem Roman von Tom Clancy)

*

Harrison Ford (Jack Ryan): »Ich liebe Geheimnisse.« [5019]

*

Harris Yulin (James Cutter): »Schlagen Sie irgendwelche Maßnahmen vor, Sir?«
Donald Moffat (President Bennett): »Die Maßnahmen, die ich vorschlagen würde, sind die Maßnahmen, die ich nicht vorschlagen darf.« [5020]

*

Henry Czerny (Robert Ritter): »Ryan? Das faß ich einfach nicht!«
Yulin: »Er ist nicht gerade ein Teamspieler. Wollten Sie das damit sagen?«
Czerny: »Kein Teamspieler? Er is 'n Pfadfinder, ein gottverdammter Pfadfinder. Glaubt an Loyalität, Sauberkeit und Krawattenknoten.« [5021]

*

Czerny: »Entweder ich erhalte umgehend eine schriftliche Ermächtigung, oder diese Sache ist vorbei, bevor sie angefangen hat, weil ich bestimmt nicht der einzige sein will, der ohne Stuhl dasteht, wenn die Musik aufhört zu spielen.« [5022]

*

Hope Lange (Senator Mayo): »Sie sagten, diese Bemühungen seien unsererseits absolut gewaltlos.«
Ford: »Der Antrag besagt eindeutig, daß sich unsere Unterstützung nur auf Versorgung und Beratung beschränkt.«
Lange: »Ich weiß, das hab ich gelesen. Ich habe ebenfalls einen Antrag gelesen, der vor 35 Jahren geschrieben wurde, bezüglich eines unbedeutenden Dschungelstreifens in Südostasien.« [5023]

*

Ford: »Ich habe Angst davor, noch tiefer zu graben, denn keiner wird mögen, was ich finde.« [5024]

*

Czerny: »Sie sehen alles in Schwarzweiß.«
Ford: »Nein, nein, nein. Nicht schwarz und weiß, Ritter, richtig und falsch.« [5025]

*

Ford: »Wenn ich abstürze, gehen Sie mit.«
Czerny: »Wieder falsch. Ich habe eine unterschriebene Gehen-Sie-aus-dem-Gefängnis-Karte.« [5026]

*

Czerny: »Grau. Die Welt ist grau, Jack.« [5027]

***

DIE KATZE KENNT DEN MÖRDER
(The Late Show)
USA 1977, Warner (Regie, Buch Robert Benton)

*

Art Carney (Ira Wells): »Mann, mußt du wieder gesoffen haben. Ich schätze, bei Jack Daniels werden sie 'ne Extraschicht einlegen müssen, um mit dir Schritt zu halten.« [5028]

> *»Grau.*
> *Die Welt ist grau, Jack.«*
> Das Kartell

Carney: »Verdammt noch mal, Harry! Wie konntest du dir so 'n Ding verpassen lassen! Aus nächster Nähe. Niemand kann eine 45er versteckt halten. Herrgott! Du hast weniger Verstand als 'n Straßenköter. Tut mir leid, daß du abkratzt, Junge.« [5029]

*

Carney: »Es gibt für jedes Spiel viele Regeln. Ich spiele am liebsten nach meinen eigenen.« [5030]

*

Carney: »Hören Sie, Süße! Lassen Sie uns eines klarstellen: Ich bin 'n Einzelgänger. Ich war 'n Einzelgänger, als ich 'n Kind war und als ich verheiratet war. Vermutlich haben wir uns deshalb auch getrennt. Und ich lebe jetzt allein, weil es mir so gefällt. Nehmen Sie es nicht persönlich, aber ich rede höchst ungern. (...) In dieser Welt wird sowieso schon viel zuviel geredet.« [5031]

*

Carney: »Soll ich dir mal was sagen, du Penner? Du bist dumm geboren, und du wirst dumm sterben.« [5032]

***

KATZENMENSCHEN
(Cat People)
USA 1943, RKO (Regie Jacques Tourneur, Buch DeWitt Bodeen)

*

Kent Smith (Oliver Reed): »Miss Dubrovna, Sie machen das Leben einfach.« [5033]

*

Simone Simon (Irena Dubrovna): »Die Dunkelheit ist schön. Sie ist mir vertraut.« [5034]

*

Smith: »Wer zum Tee kommt, kann kein Abendessen erwarten.« [5035]

*

(Tierhändlerin): »Man kann jeden irreführen, nur Katzen kann man nichts vormachen, wissen Sie. Die fühlen, bei wem etwas nicht stimmt.« [5036]

*

Tom Conway (Dr. Judd): »Diese Dinge sind für einen Psychiater kein Problem.« [5037]

*

Simon: »Bei manchen Dingen möchte eine Frau nicht, daß eine andere sie versteht.« [5038]

***

KATZENMENSCHEN *(Cat People)*
USA 1982, RKO, Universal (Regie Paul Schrader, Buch Alan Ormsby, nach dem Film, s.o.)

*

Nastassja Kinski (Irena Gallier): »Female, wer bin ich? Was bin ich?«
Ruby Dee (Female): »Fragen Sie nicht nach einer Antwort, die Sie genau kennen!« [5039]

*

Dee: »Verhalten Sie sich immer so, als wär die Welt, wie die Menschen glauben!« [5040]

*

Kinski: »Sie dürfen mich nicht so zurücklassen. Ich weiß nicht mal, wohin ich soll.«
Dee: »Es ist vollkommen egal, wohin Sie gehen. Es wird nichts ändern.« [5041]

***

KEINE GNADE FÜR ULZANA *(Ulzana's Raid)*
USA 1972, de Haven, Aldrich, Universal (Regie Robert Aldrich, Buch Alan Sharp)

*

Richard Jaeckel (Sergeant, beim Baseball): »Ich streite mich ja am Sonntag ungern mit Offizieren, aber der Ball war so sauber wie meine Füße.« [5042]

*

Douglass Watson (Major Wainwright): »Wissen Sie, was General Sheridan über dieses Land gesagt hat, Lieutenant?«
Bruce Davison (Lieutenant Garnett DeBuin): »Nein, Sir.«
Watson: »Er sagte, wenn ihm die Hölle und Arizona gehören würden, dann würde er lieber in der Hölle wohnen und Arizona vermieten.«
Davison: »Ich dachte, das hat er über Texas gesagt.«
Watson: »Mag sein, aber gemeint hat er Arizona.« [5043]

*

Burt Lancaster (McIntosh): »Ein Pferd läuft in

> »Wer zum Tee kommt,
> kann kein Abendessen
> erwarten.«
> Katzenmenschen

einem bestimmten Tempo nur eine gewisse Zeit und Strecke, dann legt es sich einfach hin. Legt sich das Pferd eines Apachen hin, macht er ein Feuer unter seinem Bauch, damit es wieder aufsteht. Stirbt das Tier, schneidet er sich eine Portion davon ab und stiehlt ein neues. Da können wir nicht mithalten.« [5044]

*

Davison: »Hassen Sie die Apachen, Mr. McIntosh?«
Lancaster: »Nein.«
Davison: »Aber ich jetzt.«
Lancaster: »Ihr Haß wird Sie kaum glücklicher machen, aber einsamer sicher auch nicht. Die meisten Weißen hier im Lande denken so wie Sie.«
Davison: »Warum denken Sie nicht ebenso?«
Lancaster: »Das hieße, die Wüste zu hassen, nur weil sie ohne Wasser ist. Mir reicht es, daß ich vor beiden verdammte Angst habe.« [5045]

*

Davison: »Wo kämpft er gegen uns?«
Lancaster: »Er hat überhaupt nicht vor, gegen uns zu kämpfen. Er hat nur vor, uns zu töten.« [5046]

*

Lancaster: »So ein Pferdeapfel trocknet mit der Zeit immer mehr aus. Er ist schon ziemlich fest. Ke-ni-tay schätzt etwa vier bis fünf Stunden.«
Davison: »Und was schätzen Sie?«
Lancaster: »Ich werde doch nicht mit einem Apachen über Pferdescheiße streiten. Er ist der Experte.« [5047]

*

Davison: »Wer soll mit Ihnen reiten? Besondere Wünsche?«
Lancaster: »Nein, Hauptsache er redet nicht zuviel.« [5048]

*

Jaeckel: »Die Armee hat etwas gegen Soldaten, die ihre Pferde erschießen.«
Lancaster: »Begreiflich, aber sie hat es sicherlich auch nicht gerne, wenn sieben Apachen damit davontraben.« [5049]

*

Lancaster: »Das Drehen von Zigaretten gehört wohl nicht zu Ihren Fertigkeiten?«
Davison: »Nein, leider.«
Lancaster: »Macht nichts, Sie werden es schon noch lernen.« [5050]

Lancaster: »Ich lege sehr viel Wert darauf, auf meine Art zu sterben, also, verdammt noch mal, lassen Sie mich hier sitzen!«
Davison: »Das ist nicht christlich.«
Lancaster: »Nein, christlich wär's wohl nicht, sicher nicht.« [5051]

***

KEINE HALBEN SACHEN
(The Whole Nine Yards)
USA 2000, Rational Packaging, Lansdown, Franchise, Morgan Creek (Regie Jonathan Lynn, Buch Mitchell Kapner)

*

Matthew Perry (Nicholas ›Oz‹ Oberansky): »Sie kann nichts dafür. Ihre Mutter – Na, wie kann man das nett umschreiben? – na ja, sie ist der Antichrist.« [5052]

*

Amanda Peet (Jill): »Wissen Sie, Sie würden der Welt einen Gefallen tun, wenn Sie sie umlegen lassen.«
Perry: »Und Sie kennen auch jemanden, der das tun würde?«
Peet: »Anwesende sind ausgeschlossen?« [5053]

*

Peet: »Reden wir jetzt rein hypothetisch *(über den Mord)*, oder wollen Sie von mir einen Preis wissen?« [5054]

*

Bruce Willis (Jimmy ›The Tulip‹ Tudeski): »Lebst du gern hier in Kanada?«
Perry: »Nein, ich *(...)* lebe hier mit meiner Frau.« [5055]

*

Perry (Zahnarzt): »Ich versuche, das Ganze so schmerzlos wie möglich zu machen.«
Willis (Killer): »Hm. Ich auch.« [5056]

*

Rosanna Arquette (Sophie): »Und wem glaubst du, einem Auftragskiller oder deiner Frau?«
Perry: »Muß ich darauf antworten?« [5057]

»Lebst du gern hier in Kanada?«
»Nein, ich (...) lebe
hier mit meiner Frau.«
Keine halben Sachen

Natasha Henstridge (Cynthia): »Wie gesagt hat er was gegen Scheidungen.«
Perry: »Aber gegen Mord hat er wohl nichts?«
Henstridge: »Das ist sein Beruf.« [5058]

*

Willis: »Es ist nicht wichtig, wieviele Menschen ich umgebracht habe. Es ist nur wichtig, wie ich mit denen zurechtkomme, die noch am Leben sind.« [5059]

*

Kevin Pollak (Janni Gogolak): »Nimm ihre Tasche! Der *(Linien-)* Flieger wartet, ich aber nicht.« [5060]

*

Willis: »Ich hab einen sehr guten Grund, meine Frau umzubringen. Etwa 10 Millionen sehr gute Gründe, meine Frau umzubringen.« [5061]

*

Willis: »Die Gogolaks halten nichts davon, Zeugen frei rumlaufen zu lassen.« [5062]

*

Michael Clarke Duncan (Frankie Figs): »Weißt du, ich kann mir nichts Schöneres vorstellen als 'ne nackte junge Frau mit 'ner Knarre in der Hand.« [5063]

*

Perry: »Ich hab mir alles bis aufs I-Tüpfelchen genau überlegt.«
Henstridge: »Na ja, Jimmy hat seine eigenen Rechtschreibregeln.« [5064]

*

Perry: »Wieso haben Sie ihn umgebracht?«
Willis: »Einen von euch mußte ich töten.«
Perry: »Dann war das auf jeden Fall die richtige Entscheidung.« [5065]

*

Willis: »Vielleicht werde ich ja weich. Früher hätte ich dich bestimmt umgelegt.«
Perry: »Ach, Sie sollten nicht so streng mit sich sein.« [5066]

> »Fall du jemals 'n Freund brauchst, kauf dir 'ne Kanalratte!«
> Kesse Bienen auf der Matte

KEINE ZEIT FÜR HELDENTUM *(Mister Roberts)*
USA 1955, Warner (Regie John Ford, Mervyn LeRoy, Buch Frank Nugent, Joshua Logan, nach dem Roman von Thomas Heggen und dem Stück von Thomas Heggen, Joshua Logan)

*

Henry Fonda (Lieutenant Doug Roberts): »Ich weiß, im Krieg kratzt man das Letzte zusammen, aber wo man Sie ausgegraben hat, das möchte ich wissen.« [5067]

*

James Cagney (Der Captain): »Sie sind ein gescheiter Bursche, Roberts. Aber ihr gescheiten Burschen hängt mir zum Halse raus.« [5068]

***

KEINER KILLT SO SCHLECHT WIE ICH
(A New Leaf)
USA 1970, Aries, Elkins, Paramount (Regie, Buch Elaine May, nach der Geschichte ›The Green Heart‹ von Jack Ritchie)

*

Walter Matthau (Henry Graham): »Ich habe keine Kenntnisse, keine Fähigkeiten, und Ehrgeiz hab ich auch nicht. Alles, was ich bin oder war, ist reich. Und mehr wollte ich auch nie sein.« [5069]

***

KESSE BIENEN AUF DER MATTE
(All the Marbles)
USA 1981, Aldrich, MGM (Regie Robert Aldrich, Buch Mel Frohman)

*

Peter Falk (Harry Sears): »Fall du jemals 'n Freund brauchst, kauf dir 'ne Kanalratte!« [5070]

*

Laurene Landon (Molly): »Können wir nicht einmal in einem Lokal essen, wo es Tischdecken auf 'm Tisch gibt?«
Falk: »Ich hab doch nichts gegen Tischdecken, aber für den Lappen kostet alles gleich mehr.« [5071]

*

Falk: »20 Dollar sind 'ne Menge Geld für meine Mädchen. Für dich ist das 'n Dreck, gerad das Bananengeld für deinen Gorilla hier.« [5072]

*

Falk: »Was kann man schon von einem Tag erwarten, der morgens mit 'm Aufstehen anfängt.« [5073]

Landon: »Warum erschießt du den Wagen nicht und machst seinem elenden Dasein ein Ende?« *5074*

*

Landon: »Kein Mensch hat gesagt, daß du kein guter Manager bist, Harry. Charakterlich hast du's irgendwie nicht drauf.« *5075*

*

Landon: »Fünf große Scheine?«
Falk: »Fünf! Bei meinen drei Eiern.« *5076*

*

Vicki Frederick (Iris): »Du wirst dich niemals ändern.«
Falk: »(...) Warum soll man etwas, das perfekt ist, ändern?« *5077*

*

Falk: »Vertrau mir, Kindchen, ich folge meinem Instinkt.«
Landon: »Ich hab mal irgendwo gelesen, daß alle niederen Lebensformen so überlebt haben.« *5078*

*

Landon: »Der Typ redet, als wäre alles so groß an ihm wie sein Ego.« *5079*

John Hancock (Big John Stanley): »Ich sehe es, aber ich glaube es nicht.« *5080*

***

KEVIN – ALLEIN ZU HAUS
(Home Alone)
USA 1990, Hughes, Twentieth Century Fox (Regie Chris Columbus, Buch John Hughes)

*

Davin Ratray (Buzz): »Ich würde nicht mit dir in einem Zimmer schlafen, wenn du eine Warze an meinem Arsch wärst.« *5081*

*

Ratray: »Der kleine Scheißer wird ein paar Tage Realität schon verkraften.« *5082*

*

Macauley Culkin (Kevin): »Das ist mein Haus, und ich werde es verteidigen.« *5083*

*

Daniel Stern (Marv): »Er ist ein Kind, und Kinder sind dumm.« *5084*

*

Culkin: »Bitte segne diese nahrhaften Mikrowellenmakkaroni mit Käse und die, die sie mir so billig verkauft haben. Amen.« *5085*

KID GLOVE KILLER
USA 1942, MGM (Regie Fred Zinnemann, Buch Allen Rivkin, John C. Higgins)

*

Cliff Clark (Captain Lynch): »Nummer drei und vier sind ein Verrückter und ein Spinner.«
Lee Bowman (Gerald I. Ladimer): »Gibt es da einen Unterschied?«
Clark: »Einen großen sogar. Der Verrückte hat eine Manie, die sich bloß auf eines bezieht, einem Spinner fällt zu allem was Verrücktes ein.« *5086*

*

Marsha Hunt (Jane Mitchell): »Alles, was Sie von mir haben können, ist ein definitives Vielleicht.« *5087*

***

KIDS
USA 1995, Independent, Guys Upstairs (Regie Larry Clark, Buch Harmony Korine)

*

Leo Fitzpatrick (Telly, voice-over): »Wenn du jung bist, gibt's nicht viel, das zählt. Und wenn du was findest, das zählt, ist es alles, was du hast. Wenn du abends schlafen gehst, träumst du von Muschis, wenn du morgens aufwachst, ist es dasselbe. Es ist immer da, kannst nicht davor weglaufen. Wenn du jung bist, kannst du dich manchmal nur nach innen verziehen, so ist es eben. Ficken ist das, was ich liebe. Wenn du mir das wegnimmst, hab ich gar nichts.« *5088*

***

KILL ME AGAIN
USA 1989, Propaganda, PolyGram, MGM (Regie John Dahl, Buch John Dahl, David W. Warfield)

*

Michael Madsen (Vince Miller): »Tu mir 'n Gefallen und halt die Schnauze! Deine scheiß Ideen interessieren mich nicht, ich hab andere Sorgen.« *5089*

»Was kann man schon von einem Tag erwarten, der morgens mit 'm Aufstehen anfängt.«
Kesse Bienen auf der Matte

Joanne Whalley-Kilmer (Fay Forrester): »Weißt du, als ich dein Büro gesehen hab, dachte ich, du bist 'n typischer Verlierer.«
Val Kilmer (Jack Andrews): »Wieso hast du mir den Auftrag dann gegeben?«
Whalley-Kilmer: »Wieso hast du ihn angenommen? ... Aber ich muß sagen, du bist kein Verlierer, du bist ein erstklassiger Mörder.« 5090

*

Madsen: »Zum letzten Mal: Wo sind sie?« ... (verbrennt Gries mit Zigarette)
Jonathan Gries (Alan Swayzie): »Du verdammter Scheißkerl!«
Madsen: »Ich hab hier 'ne ganze Schachtel. Die rauchen wir zusammen.« 5091

*

Madsen: »Vielleicht erlebst du noch den Abend, wenn du mir sagst, wo das Geld ist.« 5092

DER KILLER UND DAS MÄDCHEN
(Cible émouvant)
F 1993, Pelléas, Loco, France 2, M 6 (Regie, Buch Pierre Salvadori)

*

Jean Rochefort (Victor Meynard, mit Sprachkurskassette): »My name is Victor Meynard. I am 55. And I work as a professional killer.« 5093

*

Rochefort: »Sie halten das Messer ganz falsch. Wenn man es jemandem so in den Bauch sticht, verletzt man sich selber dabei.« 5094

*

Rochefort: »Das Praktikum, das ich Ihnen anbieten möchte, geht über sechs Wochen und umfaßt verschiedene Fächer. Zunächst einmal Schießausbildung, dann die blanke Waffe, fachgerechter Umgang mit Sprengstoff, die 17 Methoden der Strangulation und die nicht nachweisbaren Gifte. Sie kommen zwar während dieses Kurses nicht (...) in den Genuß von Sozialversicherungsleistungen, aber Sie bekommen Kost, Logis, saubere Wäsche und obendrein eine Monatskarte für den öffentlichen Nahverkehr, für drei Zonen. Wenn Sie mich mit Ihren Leistungen überzeugen, führen Sie nach Ablauf des Praktikums Ihren ersten Auftrag aus, unter meiner Aufsicht. Und wenn die Prüfung zu meiner Zufriedenheit ausfällt, nehme ich Sie unter Vertrag, für die Dauer von 14 Jahren. Und wenn die zu Ende sind, überlasse ich Ihnen als meinem Nachfolger mein Handwerkszeug und meinen Kundenstamm.« 5095

*

Patachou (Madame Meynard): »Ich hab gelesen, daß Männer, die zu lange bei ihren Müttern leben, zu einem gewissen Prozentsatz homosexuell werden. Victor, du bist doch nicht zu einem gewissen Prozentsatz homosexuell geworden?« 5096

*

Vladimir Yordanoff (der korsische Mafioso): »Mademoiselle, ich bin kein Gangster. Doch ich war über zehn Jahre im Immobiliengeschäft. Ich schrecke vor nichts zurück.« 5097

*

Rochefort: »Sie werden sehen, wenn der Schuß gut gezielt ist, zerplatzt der Kopf nicht.«
Guillaume Depardieu (Antoine): »Hat man was davon, wenn der Kopf nicht zerplatzt?« 5098

*

Rochefort: »Wenn es morgen nicht klappt, knalle ich Sie ab. Nur um zu sehen, ob Sie mir wirklich Unglück bringen.« 5099

*

Depardieu: »Ich kann nicht.«
Rochefort: »Am Anfang zielt man nicht auf den Menschen an sich, sondern auf irgendeinen Punkt, zum Beispiel bei einem Zuhälter auf das bunte Ziertüchlein über dem Herzen.« 5100

*

Rochefort: »Vergessen Sie bitte, was hier passiert ist! Wir werden alle umlegen und noch mal richtig von vorne anfangen.« 5101

*

Marie Trintignant (Renée): »Für so was können die mich doch nicht umbringen, das war doch nicht so schlimm. Die Leute sind immer so furchtbar empfindlich.« 5102

>»Vergessen Sie bitte, was hier passiert ist! Wir werden alle umlegen und noch mal richtig von vorne anfangen.«
>Der Killer und das Mädchen

Trintignant: »Sie haben so 'ne beruhigende Ausstrahlung, wie 'ne Trauerweide.« [5103]

*

Rochefort: »Ich bewundere Ihr diskretes Auftreten.«
Trintignant: »Was ist denn jetzt wieder los?«
Rochefort: »Drei Erwachsene im selben Zimmer, in einem Palast, wo auch der ärmste Bengel einen nervösen Hautausschlag kriegt, wenn er weniger als 300 m² für seine Bauklötze hat. Bravo!« [5104]

*

Trintignant: »Ich kenn Sie erst knapp drei Stunden, aber ich brauchte Tage, um aufzuzählen, was mir an Ihnen stinkt.« [5105]

*

Charlie Nelson (Dremyan): »In unserem Metier sind wir beide – wie soll man sagen? – ... Wir sind die zwei Teuersten.«
Yordanoff: »Oh nein, er ist ein ganz kleines bißchen kostspieliger.«
Nelson: »Dann werden wir ja bald erfahren, ob zu Recht.« [5106]

*

Serge Riaboukine (Manu) »Da vorne, der Kinderwagen!«
Yordanoff: »Draufhalten! Wir sind der Stärkere.« [5107]

*

Rochefort: »Ich bin als Leibwächter engagiert, nicht als Gepäckträger.« [5108]

*

Rochefort: »Bin ich denn in diesem Haus der einzige, der nicht spinnt?« [5109]

*

Philippe Girard (Tony): »Der Name des Fälschers und zwar plötzlich! Oder ich mache etwas aus deiner Fresse, das aussieht wie 'n Picasso.« [5110]

*

Nelson: »Wenn Sie nicht sprechen wollen, schneide ich meinem Assistenten einen Finger ab und zwinge Sie, ihn zu verschlucken. Und danach lasse ich Sie mit ihm allein.« [5111]

*

Rochefort: »Haben die Sie gefoltert?«
Trintignant: »Nein, nein, kein Grund zur Besorgnis. Ich hab Ihre Adresse gleich rausgerückt.« [5112]

DIE KILLER-ELITE
(The Killer Elite)
USA 1975, Exeter, Persky-Bright, United Artists (Regie Sam Peckinpah, Buch Marc Norman, Stirling Silliphant, nach dem Roman ›Monkey in the Middle‹ von Robert Rostand [=Robert Hopkins])

James Caan (Mike Locken): »Wenn ein Mensch heute nicht mal seinen besten Freund in die Luft jagen darf, wo bleibt dann die Moral, Cap?« [5113]

*

Caan: »Ich bleibe Hansen auf den Fersen.«
Arthur Hill (Cap Collis): »Und wenn Sie ihn dann finden und fertigmachen, würde das denn Weyburns Sinn ändern? Oder gäbe es Ihnen Ihre heilen Knochen wieder?«
Caan: »Natürlich nicht, aber den Knochen wäre danach sicher viel wohler zumute.« [5114]

*

Tom Clancy (O'Leary): »Hast du dir schon mal überlegt, mein lieber Cap, wieviel Kraft und Energie du für dein freundliches Lächeln während deiner 47 Lebensjahre verschwenden mußtest?« [5115]

*

Caan: »Wieso haben wir den noch nie benutzt?«
Burt Young (Mac): »Hat sich 'n Gewerkschaftsboss zusammenbasteln lassen. Der wollte unbedingt 'n kugelsicheres Auto haben, und dann haben Sie ihn im Bett gekillt. Hab ihn von der Witwe billig abgestaubt.« [5116]

*

Robert Duvall (George Hansen): »Ich hab das Motto von Comteg nicht berücksichtigt: ›Denk immer daran, daß du auch morgen noch leben möchtest! Perfekte Planung spart deiner Lebensversicherung Unkosten.‹« [5117]

*

Caan: »Wie Sie meinen. Ist ja Ihr Problem, ob

> »Da vorne, der Kinderwagen!«
> »Draufhalten!
> Wir sind der Stärkere.«
> Der Killer und das Mädchen

er auf dem Heldenfriedhof oder im Altersheim landet.« [5118]

*

Young: »Du bist so damit beschäftigt, denen die Drecksarbeit zu machen, daß du gar keine Zeit mehr hast, darüber nachzudenken, wer wirklich ein Schwein ist.«
Caan: »Keine Angst, das weiß ich genau. Jeder ist ein Schwein, der es auf mich abgesehen hat.« [5119]

*

Mako (Yuen Chung): »Es gibt Dinge, die klärt man nicht mit Worten. Man muß dafür kämpfen. Es gibt viele wie ihn, die man nicht anders überzeugen kann.« [5120]

*

Mako: »Wenn ich den Kampf nicht überlebe, bin ich nicht der Mann, der gebraucht wird.« [5121]

***

KILLING FIELDS – SCHREIENDES LAND
(The Killing Fields)
UK 1984, Goldcrest, Enigma, Warner (Regie Roland Joffé, Buch Bruce Robinson)

*

John Malkovich (Al Rockoff): »Alles, was ich esse, muß absolut tot sein. Deshalb könnte ich auch nie Austern essen.« [5122]

*

Spaulding Gray (US Consul): »Wenn ich mir überlege, was die Roten Khmer alles durchgemacht haben, glaube ich kaum, daß sie uns besonders liebevoll behandeln werden.« [5123]

*

Gray: »Das Ganze reduziert sich auf eine einfache Frage: Wollen wir hierbleiben oder überleben?« [5124]

*

Sam Waterston (Sydney Schanberg): »Wir haben einen Fehler gemacht. Möglicherweise haben wir den Wahnsinn unterschätzt, den Bombenangriffe im Werte von 7 Milliarden Dollar hervorzurufen imstande sind.« [5125]

***

DIE KINDER DES OLYMP
(Les Enfants du paradis)
F 1945, Pathé (Regie Marcel Carné, Buch Jacques Prévert)

*

Marcel Herrand (Lacenaire): »Ja, es ist wahr, sie *(die Menschen)* sind wirklich zu häßlich. Am liebsten möchte ich so viele wie möglich beseitigen.«
Arletty (Garance): »Immer nur grausam, Pierre-François?«
Herrand: »Ich bin nicht grausam, ich bin nur logisch. Ich habe der Gesellschaft schon vor langer Zeit den Krieg erklärt.« [5126]

*

Herrand: »Schon als Kind hab ich klarer gesehen, war ich intelligenter als die anderen. Das haben sie mir nie verziehen. Ich sollte sein wie sie, dasselbe sagen wie sie. ›Heb deinen Kopf, Pierre-François! Sieh mich an! Schlag die Augen nieder!‹ Gewaltsam haben sie mir den Kopf vollgepfropft, mit Büchern, mit alten Büchern. Sie haben Staub in den Kopf eines Kindes gehäuft. Eine schöne Jugend, wirklich! Meine würdige Mutter zog mir meinen Dummkopf von Bruder vor. Mein Beichtvater predigte immer wieder: ›Du bist viel zu stolz, Pierre-François. Du mußt in dich gehen!‹ So bin ich in mich gegangen. Nur hab ich nie wieder aus mir herausgekonnt. Wie unvorsichtig, mich mir selbst zu überlassen, denn schlechten Umgang hatten sie mir verboten. Welche Inkonsequenz! Aber was für ein wunderbares Schicksal: niemand zu lieben, allein zu sein, von niemandem geliebt zu werden, frei zu sein!« [5127]

*

Herrand: »Sie nehmen mich nicht ernst. Wenn ich eitel wäre, wäre ich bis ins Mark verletzt. Aber ich bin nicht eitel, ich bin nur stolz. Und ich bin meiner selbst sicher, absolut sicher. Ein kleiner Diebstahl aus Not, ein Mörder aus Passion, mein Weg ist vorgezeichnet, ein gerader Weg. Ich gehe ihn erhobenen Hauptes. Bis es in den Korb rollt, selbstverständlich.« [5128]

*

Marcel Pérès (Direktor der Funambules): »Romeo kenn ich nicht.«

> »Alles, was ich esse, muß absolut tot sein. Deshalb könnte ich auch nie Austern essen.«
> Killing Fields – Schreiendes Land

Pierre Brasseur (Fréderic Lemaître): »Ah ja. Leider kennen und schätzen nur wenige Leute Shakespeare.« [5129]

*

Jean-Louis Barrault (Baptiste Debureau): »Wir haben sie zu mehreren betrachtet. Ich habe sie als einziger gesehen.« [5130]

*

Gaston Modot (Fil de Soie): »Das ist ein hübscher Name für ein Lokal, ›Rotkehlchen‹. Daß heißt so wegen des früheren Wirts. Eines Abends haben sie ihm hinter der Theke den Hals durchgeschnitten.« [5131]

*

Arletty: »Sie haben mir einen zu heißen Kopf, Pierre-François, und ein zu kaltes Herz. Ich habe Angst vor Zugluft. Ich hänge an meiner Gesundheit und an meinem Frohsinn.« [5132]

*

Barrault: »Wenn ich unglücklich war, hab ich geschlafen oder geträumt. Aber die Menschen wollen nicht, daß man träumt, also stoßen sie einen, um einen wieder aufzuwecken. Glücklicherweise hatte ich einen sehr guten Schlaf, besser als ihre Prügel. So konnte ich ihnen im Schlaf entweichen.« [5133]

*

Arletty: »Sie reden wie ein Kind. Es wird in den Büchern geliebt, in den Träumen. Aber im Leben?«
Barrault: »Die Träume, das Leben, das ist doch dasselbe. Oder es lohnt sich nicht zu leben. Was interessiert mich das Leben? Ich liebe ja nicht das Leben, ich liebe Sie.« [5134]

*

Arletty: »Ich bin nicht, was Sie sich erträumen. Ich bin simpel, sehr simpel. Ich bin, wie ich bin. Wer mir gefällt, dem möchte ich gefallen, und wenn ich Lust habe, ›ja‹ zu sagen, dann kann ich nicht ›nein‹ sagen.« [5135]

*

Maria Casarès (Nathalie): »Sie leben ja zusammen.«
Barrault: »Was beweist das? Nichts! Wenn alle Menschen, die zusammenleben, sich lieben würden, würde die Erde strahlen wie die Sonne.« [5136]

*

Louis Salou (Edouard de Montray): »Vergeben Sie mir, Mademoiselle, es geschieht mir sonst nie, daß ich so bewegt, daß ich so verwirrt bin. Daß ich mich sehr unglücklich ausdrücke, ist mir völlig klar. Ich rede Platitüden daher, Banalitäten. Was ich sage, ist ohnehin nicht von Bedeutung. Was zählt, das ist das, was Sie mir antworten werden.« [5137]

*

Salou: »Das kann nicht sein. Sie sind viel zu schön, als daß man Sie wirklich lieben könnte. Die Schönheit ist eine Ausnahme. Sie beleidigt die Welt, die häßlich ist. Wie selten lieben die Männer die Schönheit. Sie jagen ihr nur nach, sie reden nur davon, um sie zu zerstören, um sie zu vergessen.« [5138]

*

Barrault: »Ach, machen Sie doch nicht so ein Gesicht! Im Grunde ist eine Beerdigung gar nicht so traurig. Es braucht nur die Sonne ein bißchen zu scheinen, und alle sind sie zufrieden.« [5139]

*

Casarès: »Ich weiß, daß alle Liebe, die es auf dieser Welt für Baptiste geben kann, in mir und nur in mir ist. Es bleibt nichts mehr für andere.« [5140]

*

Paul Frankeur (Kommissar): »Ich mache Sie darauf aufmerksam, Mademoiselle, alles was Sie sagen, kann gegen Sie verwendet werden.«
Arletty: »Ich bin nicht geschwätzig.«
Frankeur: »Das werden wir ja sehen.« [5141]

*

Frankeur: »Wie rufen Sie sich?«
Arletty: »Ich? Ich rufe mich nie. Ich bin ja immer da, weshalb sollte ich mich rufen? Die andern rufen mich Garance, wenn Sie das interessiert.« [5142]

*

Arletty (zu Polizist, der sie mitnehmen will): »Vorsicht! Zerbrechlich. Kunstgegenstand. Etwas mehr Takt, wenn ich bitten darf!« [5143]

> *»Ich weiß, daß alle Liebe, die es auf dieser Welt für Baptiste geben kann, in mir und nur in mir ist. Es bleibt nichts mehr für andere.«*
> Die Kinder des Olymp

Arletty: »Seien Sie doch bitte so freundlich, und informieren Sie diese Person, daß ich das Opfer eines Justizirrtums bin!« [5144]

*

Herrand: »Sie wollen sich duellieren? Mit wem?«
Brasseur: »Mit so einem Dummkopf.«
Herrand: »Ich will hoffen, Sie werden ihn töten.«
Brasseur: »Wenn man alle Dummköpfe gleich töten wollte ...«
Herrand: »Allerdings. Dabei würde das so vieles vereinfachen.« [5145]

*

Brasseur: »Ich glaube, ich bin eifersüchtig. Nein, ich weiß nicht. Ich habe so etwas noch nie erlebt. Das kriecht – ah, es ist widerlich –, das kriecht einem ins Herz. Der Kopf will sich wehren, und hopp, schon ist es auch im Kopf.« [5146]

*

Pierre Renoir (Jéricho): »Vielleicht bin ich betrunken, was mich aber nicht daran hindert, noch etwas zu besitzen, nämlich Moral.« [5147]

*

Herrand: »Ich bin ein berühmter Mann geworden. Ja, mir sind ein paar Missetaten geglückt, durch die der Name Lacenaire bei den Richtern einen guten Klang bekommen hat.« [5148]

*

Salou: »Ich hoffe, es wird Sie nicht überraschen, wenn ich mir die Bemerkung erlaube, daß mir Ihr Benehmen auf das äußerste mißfällt.« [5149]

*

Herrand: »Finden Sie es nicht töricht, die Leute zu fragen, wer sie sind?«
Salou: »Wie bitte?«
Herrand: »Deshalb antworten sie ja auch alle an der Frage vorbei. Ja ja, sie machen sich's leicht: Name, Vorname, Titel. Aber das, was sie wirklich sind, ich meine, wirklich, auf dem Grunde ihrer selbst, das verschweigen sie, das verstecken sie.«
Salou: »Ich nehme an, Sie sprechen von sich.«
Herrand: »Nein, ich spreche von allen, also auch von Ihnen. Ich finde Ihr Benehmen tatsächlich äußerst indiskret. Sie kennen mich nicht, und Sie erlauben sich trotzdem, mich zu fragen, wer ich bin. Das ist unglaublich!« [5150]

*

Herrand: »Ich töte nur, wenn ich ganz sicher bin und wenn es mir Spaß macht.« [5151]

*

Herrand: »Ich mache Sie darauf aufmerksam, ich bin nicht der Mann, der sich hinauswerfen läßt. Es wäre mir sehr unangenehm, wenn ich einen Domestiken töten müßte.« [5152]

*

Arletty: »Wenn Sie das *(Duell)* tun, Edouard, sehen Sie mich nie wieder.«
Salou: »Und er sieht Sie auch nicht wieder.« [5153]

*

Herrand: »Monsieur, ich habe einen Augenblick seltenen Genusses gehabt: Ihr Pech.« [5154]

***

KING GEORGE – EIN KÖNIGREICH FÜR MEHR VERSTAND *(The Madness of King George)*
UK 1995, Channel Four, Close Call, Goldwyn (Regie Nicholas Hytner, Buch Alan Bennett, nach seinem Stück ›The Madness of George III‹)

*

Nigel Hawthorne (George III): »Sechs Stunden Schlaf sind genug für einen Mann, sieben für eine Frau und acht für einen Narren.« [5155]

*

Ian Holm (Willis): »Einige meiner Irren halten sich für Könige. Er *ist* der König. Wohin soll seine Phantasie sich flüchten?« [5156]

***

KING KONG UND DIE WEISSE FRAU *(King Kong)*
USA 1933, RKO (Regie Merian C. Cooper, Ernest B. Schoedsack, Buch James Ashmore Creelman, Ruth Rose, Story Merian C. Cooper, Edgar Wallace)

*

Robert Armstrong (Carl Denham): »Was sagt er?«
Frank Reicher (Captain Englehorn): »»Seht diese goldene Frau da!««

> »Monsieur, ich habe
> einen Augenblick seltenen
> Genusses gehabt: Ihr Pech.«
> Die Kinder des Olymp

Armstrong: »Ja, Blondinen sind selten hierzulande.« *5157*

*

»Was ist es denn eigentlich?«
»Es soll so eine Art Affe sein.«
»Gibt's hier in New York nicht schon Affen genug?« *5158*

*

»Die Flieger haben ihn geschafft.«
Armstrong: »Nein, nein, das waren nicht die Flieger. Er hat das Mädel zu sehr geliebt.« *5159*

***

THE KING OF COMEDY
USA 1982, Embassy, Twentieth Century Fox (Regie Martin Scorsese, Buch Paul D. Zimmerman)

*

Jerry Lewis (Jerry Langford): »Ich weiß, es ist eine Redensart, alt und abgedroschen, aber sie entspricht der Wahrheit: Jeder muß von unten anfangen.«
Robert De Niro (Rupert Pupkin): »Ich weiß. Das ist genau der Punkt, wo ich bin.«
Lewis: »Das ist der perfekte Ausgangspunkt.« *5160*

*

De Niro: »Ich glaube, ich sollte jetzt zum Make-up.«
Thomas M. Tolan (Inspector Gerrity): »Er braucht ein Make-up. Bringen Sie etwas Farbe in sein Gesicht!«
Ray Dittrich (Agent Giardello): »Ich würde gerne etwas Farbe in Ihr Gesicht bringen.«
Tolan: »Das kann er gut.« *5161*

*

De Niro: »Besser ein König für eine Nacht als ein Bettler fürs Leben.« *5162*

***

KING OF NEW YORK
USA 1989, King of New York, Reteitalia, Scena (Regie Abel Ferrara, Buch Nicholas St. John)

*

Lawrence Fishburne (Jimmy Jump): »Hältst du mich für 'n bescheuerten Anfänger, oder was? Vertrauen ist nicht gerade eine meiner stärksten Seiten.« *5163*

*

Fishburne: »Er ist 'n aufgemotzter Lackaffe. Man sollte ihn ansprayen, durchvögeln, plattwalzen und schlachten.« *5164*

Christopher Walken (Frank White): »Jump, warum hast du mich eigentlich niemals besucht?«
Fishburne: »Wer will dich schon im Käfig sehen, Mann?« *5165*

*

Joey Chin (Larry Wong): »Wenn ich so was wie 'ne soziale Ader hätte, wär ich in der Volksrepublik geblieben. Ich will Bares für meine Ware.« *5166*

*

Fishburne: »Hier. Kauf 'n paar Blumen für den Zeugen!« *5167*

*

David Caruso (Dennis Gilley): »Es könnte nach einer rivalisierenden Bande aussehen, wenn du dich dabei wohler fühlst.«
Victor Argo (Lieutenant Bishop): »Willst du jeden erschießen, den du nicht überführen kannst?« *5168*

*

Walken: »Sag mir nur, warum!«
Paul Calderon (Joey Dalesio): »Weißt du, das (...) verdammte Geld. Es war wegen dem Geld, verstehst du? (...) Sie haben mir soviel Geld geboten, wie ich in meinem Leben noch nie gesehen hab. Ich hätte neue Papiere bekommen. Ich hätte aussteigen können. Ich wär frei gewesen. Das verstehst du doch.«
Walken: »Wo ist das Geld jetzt?«
Giancarlo Esposito (Lance): »Wir haben es. Er hat's mit sich rumgeschleppt.«
Walken: »Begrabt es mit ihm!« *5169*

*

Walken: »Ein Mann, auf den ein Kopfgeld ausgesetzt ist, sollte nicht mit der U-Bahn fahren.« *5170*

***

KISMET
USA 1944, MGM (Regie William Dieterle, Buch John Meehan, nach dem Stück von Edward Knoblock)

> »Er ist 'n aufgemotzter Lackaffe.
> Man sollte ihn ansprayen,
> durchvögeln, plattwalzen
> und schlachten.«
> King of New York

Ronald Colman (Hafiz): »Für den Kalifen mag ich ein Strolch sein, aber für die Strolche bin ich ein Kalif.« [5171]

***

KISS OF DEATH
USA 1994, Twentieth Century Fox (Regie Barbet Schroeder, Buch Richard Price, Story Eleazar Lipsky, nach dem Film, siehe oben)

*

David Caruso (Jimmy Kilmartin): »Wir können ihn doch nicht einfach hierlassen. In der Gegend schneiden sie ihm die Kehle durch.«
Michael Rapaport (Ronnie Gannon): »Na und? Gut! Weißt du, was dein Problem ist? Du bist 'n Liberaler.« [5172]

***

DIE KLAPPERSCHLANGE
(Escape From New York)
USA 1981, Avco Embassy, International Film Investors, Goldcrest (Regie John Carpenter, Buch John Carpenter, Nick Castle)

*

(voice-over): »Innerhalb des Gefängnisses gibt es keine Wächter, sondern nur Gefangene und eine Welt, die sie sich selbst geschaffen haben. Die Regeln sind einfach: Wer erst mal drin ist, kommt nicht wieder raus.« [5173]

*

Donald Pleasence (Präsident): »Gott rette mich und beschütze Sie alle!« [5174]

*

Lee Van Cleef (Bob Hauk): »Ich bin nicht blöd, Plissken.« *(Handschellen)*
Kurt Russell (Snake Plissken): »Nennen Sie mich Snake!« [5175]

*

Ernest Borgnine (Cabbie): »He, du bist Snake Plissken. Hab ich recht?«
Russell: »Was willst du?«
Borgnine: »Nichts. Ich dachte, du wärst tot.« [5176]

»Töten Sie mich jetzt, Snake?«
»Ich bin zu müde, Hauk,
vielleicht später.«
Die Klapperschlange

Isaac Hayes (Duke): »Das ist der beste Mann, den sie haben. Und wir werden morgen die 69. Straße runterfahren auf dem Weg in die Freiheit, und ihr bester Kopf wird uns anführen. ... Allerdings nur sein Kopf. ... Auf dem Kühler meines Autos.« [5177]

*

Van Cleef: »Töten Sie mich jetzt, Snake?«
Russell: »Ich bin zu müde, Hauk, vielleicht später.« [5178]

*

Van Cleef: »Ich möchte Ihnen einen Job anbieten. Wir zwei wären ein tolles Team, Snake.«
Russell: »Mein Name ist Plissken.« [5179]

***

EINE KLASSE FÜR SICH
(A League of Their Own)
USA 1992, Parkway, Columbia (Regie Penny Marshall, Buch Lowell Ganz, Babaloo Mandel, nach der Geschichte von Kim Wilson, Kelly Candaele)

*

Lori Petty (Kit Keller): »Wie stellt uns Dad immer vor? ›Das ist unsere Tochter Dottie. Und das ist unsere andere Tochter, Dotties Schwester.‹ Die hätten mich vergessen und statt dessen 'nen Hund kaufen sollen.« [5180]

*

Geena Davis (Dottie Hinson): »Mitch Swaley steht auf dich.«
Petty: »Mitch steht nur eine Stufe höher als ein Warzenschwein.«
Davis: »Aber immerhin eine wichtige Stufe.« [5181]

*

Jon Lovitz (Ernie Capadino, Stadtmensch): »Laßt diese blöden Viecher *(Hühner)* hier nicht rumlaufen! Habt ihr nie was von 'ner Leine gehört?« [5182]

*

David Strathairn (Ira Lowenstein): »Hervorragende Strategie, Jimmy! Am besten warst du allerdings im fünften Durchgang. Da hast du dir eine Stunde lang *(auf der Trainerbank)* die Eier gekratzt.«
Tom Hanks (Jimmy Dugan): »Alles, was man macht, soll man richtig machen.« [5183]

*

Tracy Rainer (Betty Horn): »Doris, ist das dein Freund *(auf dem Foto)*?«

Rosie O'Donnell (Doris Murphy): »Ja.«
Rainer: »Ist irgendwie unscharf.«
O'Donnell: »Nein, genauso sieht er aus.«
Rainer: »Das Aussehen ist nicht so wichtig.«
O'Donnell: »Genau. Das Wichtigste ist, er ist dämlich, hat keine Arbeit und behandelt mich schlecht.« [5184]

*

Hanks: »He, wer ist hier der verdammte Trainer? Ich dachte, das bin ich.«
Davis: »Dann führ dich gefälligst auch so auf, du Säufer!« [5185]

*

Hanks: »Spiel endlich mal mit deinem Kopf! Das ist die komische Kugel, 'n halben Meter über deinem Arsch.« [5186]

*

Hanks: »Hier wird nicht geheult. Heulen gibt's nicht beim Baseball.« [5187]

*

Hanks: »Wie konnte ich nur so schnell so nutzlos werden!« [5188]

*

Davis: »Es ist alles so hart geworden.«
Hanks: »Ja, so muß es auch sein. Wenn es nicht so wäre, könnte es ja jeder. Die Härte ist es, die es großartig macht.« [5189]

***

DER KLEINE CAESAR (Little Caesar)
USA 1931, Warner (Regie Mervyn LeRoy, Buch Francis Faragoh, nach dem Roman von W. R. Burnett)

*

Edward G. Robinson (Little Caesar/Rico/Enrico Cesare Bandello): »Wovor sollte ich Angst haben? Wenn mal was schiefgeht, schießt man sich den Weg frei. Gar keine langen Zicken, nur raus mit der Kanone und drauflosgeballert. Hart und kaltblütig mußt du sein, dann schaffst du es.« [5190]

*

Douglas Fairbanks, jr. (Joe Massaro): »Für diese Art von Leben bin ich sowieso nicht geschaffen. Ich muß tanzen und schöne Frauen um mich haben.«
Robinson: »Tanzen! Weiber! Was bringt das schon ein? Ich tanze nicht für andere, ich sorge lieber dafür, daß die andern für mich tanzen.« [5191]

Robinson: »Geld ist wichtig, aber für mich nicht das wichtigste. Ich möchte jemand sein, einer, dem gehorcht wird, wenn er seine Leute nur scharf ansieht, ein Mann, der seinen Willen durchsetzt. Dafür lebe ich.« [5192]

*

Stanley Fields (Sam Vittori): »Ich nehme an, du bist mit der Kanone schnell zur Hand?«
Robinson: »Und ich treffe auch, wenn ich schieße.« [5193]

*

Fields: »Auf Schießereien stehen wir hier nicht. Die Zeiten sind längst vorbei.« [5194]

*

Robinson: »Ich brauche keine Kanone, um mit Würstchen wie Ihnen fertig zu werden, Mr. Lorch.« [5195]

*

Fields: »Ausgerechnet McClure! Eine Million Leute sind in dieser Stadt, und wen legt dieser Idiot um? Den Chef der Kriminalkommission.« [5196]

*

Maurice Black (Little Arnie Lorch): »Zwei von meinen Jungs sind auf der Suche nach Rico, und sie haben zwei frischgeölte Maschinenpistolen bei sich.« [5197]

*

Robinson: »Schon mal darüber nachgedacht, wie Sie mit einer weißen Lilie in der Hand aussehen?« [5198]

*

Robinson: »Hoffentlich erschrecken meine Jungs nicht, wenn ihr geht. Die haben so nervöse Zeigefinger.« [5199]

*

Robinson: »Arnie, du tust mir leid. Ich dachte, du hättest viel bessere Leute zur Verfügung. Aber die können ja nicht mal richtig schießen.« [5200]

> »Spiel endlich mal mit deinem Kopf! Das ist die komische Kugel, 'n halben Meter über deinem Arsch.«
> Eine Klasse für sich

Robinson: »Siehst du, Otero, es führt zu nichts, wenn man sich vor den Großen klein macht und kuscht. Je weiter oben sie stehen, desto tiefer fallen sie.« *5201*

*

Robinson: »Tja, eigentlich bin ich in dem Geschäft bis jetzt ganz gut vorangekommen.« *5202*

*

Robinson: »Ich hab für deine sentimentalen Weibergeschichten kein Verständnis. Du wirst deine Süße zum Teufel jagen! Sie ist daran schuld, daß du nicht mehr spurst.«
Fairbanks jr.: »Laß Olga aus dem Spiel, Rico!«
Robinson: »Oh nein, ich kämpfe mit ihr um dich. Sie wird noch bereuen, daß sie mich herausgefordert hat. Ich habe Damen gegenüber keine Hemmungen.« *5203*

*

Fairbanks jr.: »Ich liebe sie, und sie liebt mich. Bedeutet dir das gar nichts?«
Robinson: »Nein, noch weniger als nichts. Liebe! Kindergeschwätz! Ich sehe es doch an dir, man taugt nichts mehr, wenn man sich drauf einläßt.« *5204*

*

George E. Stone (Otero): »Du hättest das Schwein umlegen sollen.«
Robinson: »Ja, und zwar mitsamt seiner Herzdame. (...) Es ist ein Fehler, wenn man jemanden zu gern hat. Das hat man davon.« *5205*

*

Robinson: »Hier ist Rico Bandello. Rico, R-I-C-O, Rico, genannt Little Caesar. Du reißt das Maul sehr weit auf, seit du befördert worden bist. Ich bin also für dich ein Feigling, hä? Bin nicht mehr fähig, zu kassieren und zu bezahlen. Hör zu, dreckiger, plattfüßiger Bulle! Meine Nerven und mein Gehirn funktionieren noch, und das werde ich dir beweisen.« *5206*

*

»Ist er wirklich so eitel?«

> »Wenn man nicht für jemanden alles tut, hat man gar nichts getan.«
> Die kleine Diebin

Thomas Jackson (Sergeant Flaherty): »Ja, sie werden ihm eine Spezialschlinge anfertigen müssen, damit sein geschwollener Kopf durchgeht.« *5207*

*

Robinson: »Heilige Mutter Maria, ist das (...) das Ende von Rico?« *5208*

***

DIE KLEINE DIEBIN (*La Petite voleuse*)
F 1988, Orly, Renn, Ciné Cinq, Carrosse, Sedif, Pathé (Regie Claude Miller, Buch François Truffaut, Claude de Givray)

*

Chantal Banlier (Tante Lea): »Das ist ja ganz ähnlich.«
Raoul Billerey (André Rouleau): »Natürlich ist das ähnlich. Sonst brauch ich das nicht zu machen. Ich bin nicht Picasso, ich mach Sachen, die man erkennen kann.« *5209*

*

Didier Bezace (Michel Davenne): »Wenn man nicht für jemanden alles tut, hat man gar nichts getan.« *5210*

***

DIE KLEINEN FÜCHSE (*The Little Foxes*)
USA 1941, Goldwyn (Regie William Wyler, Buch Lillian Hellman, nach ihrem Stück)

*

Bette Davis (Regina Hubbard Giddens): »Ich liebe keine Konversation auf leeren Magen.« *5211*

*

Teresa Wright (Alexandra Giddens): »Ob mich jetzt auch noch jemand hübsch findet?«
Jessica Grayson (Addie): »Ach, irgendein Dummkopf von Mann wird schon kommen, der dir so was erzählt. Es ist wohl ein altes Gesetz, daß es immer jemand für jemanden gibt.« *5212*

*

Russell Hicks (William Marshall): »Meine Absichten sind die: Ich will Geld verdienen, und ich will viel Geld durch Sie verdienen. Wenn Sie edlere Motive haben, bitte. Ich lache Sie deswegen nicht aus.« *5213*

*

Carl Benton Reid (Oscar Hubbard): »Von der Sitte hatte ich noch nichts gehört.«
Charles Dingle (Ben Hubbard): »Kein Mensch

hat etwas davon gehört, aber der Herr vergibt denen, die erfinden, was sie brauchen.« [5214]

*

Dingle: »Es gibt Männer, bei denen ein Wort bei einem Glase mehr gilt als Verträge. Es schadet jedenfalls nicht, wenn wir beides haben.« [5215]

*

Dingle: »Das ist zwar zynisch, aber Zynismus ist nun mal die unangenehme Art, die Wahrheit zu sagen.« [5216]

*

Reid: »Du nimmst heute den Mund reichlich voll.«
Davis: »Findest du? Oscar, du solltest mich inzwischen gut genug kennen, um zu wissen, daß ich nur verlange, was ich letzten Endes auch kriege.« [5217]

*

Dingle: »Meine Güte, was krieg ich heute alles zu hören! Es steht zwar in der Bibel, daß der Starke nicht protzen soll mit seiner Stärke, aber wenn du mich dazu zwingst, würd ich es machen.« [5218]

*

Reid: »Ich finde, ihr seid alle reichlich lustig für mein Geld.« [5219]

*

Richard Carlson (David Hewitt): »Entschuldige bitte, Julia! Es ist nicht allein ihre Schuld. Sie stammt aus einer Familie mit schlechten Manieren.« [5220]

*

Dingle: »Dann müssen wir eben fremdes Geld aufnehmen und würden es auch bekommen.«
Reid: »Aber die Geld geben, wollen auch Geld haben. Wer reich genug ist zu geben, ist auch schlau genug zu nehmen.« [5221]

*

Dingle: »Wie oft hat dir Mutter gesagt: ›Eine Frau setzt ihren Charme ein und nicht ihre Streitsucht.‹« [5222]

*

Davis: »Habt ihr zwei nicht bemerkt, daß die Party zu Ende ist?« [5223]

*

John Marriott (Cal): »Dieser Mr. Leo ist so liebenswürdig, daß ihm beinahe die Butter im Eisschrank schmilzt.« [5224]

Davis: »Ich schätze, das gibt einen schönen kleinen Skandal.«
Herbert Marshall (Horace Giddens): »Kann sein.«
Davis: »Einen feinen kleinen Skandal, mit dem man was anfangen kann.« [5225]

*

Davis: »Wie kann nur ein Mann seine Frau so hassen!«
Marshall: »Ich hasse dich nicht, schon deshalb nicht, weil ich dich einmal sehr geliebt habe.«
Davis: »Ich hasse dich auch nicht. Ich habe für dich nur eine tiefe Verachtung. Die hab ich schon immer gehabt.« [5226]

*

Davis: »Der gute Leo leistet jeden Eid, Horace und dich an den Galgen zu liefern. (...) Du brauchst dich nicht aufzuregen. Ich sorg schon dafür, daß er mithängt.« [5227]

*

Davis: »Kein Gericht wird euch glauben. Im ganzen Staat findet ihr keine zwölf Männer, die ihr nicht betrogen habt und die euch nicht dafür hassen.« [5228]

***

DAS KLOSTER ZUM HEILIGEN WAHNSINN
(Entre Tinieblas)
E 1983, Calvo, Tesauro (Regie, Buch Pedro Almodóvar)

*

Marisa Tejada (Lola): »Roter Libanese.«
Julieta Serrano (Mutter Oberin): »Nein. Du weißt, daß ich weiche Drogen nicht ausstehen kann.« [5229]

***

DIE KLOTZKÖPFE *(Block-Heads)*
USA 1938, Roach, MGM (Regie John G. Blystone, Buch Charles Rogers, Felix Adler, James Parrott, Harry Langdon, Arnold Belgard)

> »Ich finde,
> ihr seid alle reichlich
> lustig für mein Geld.«
> Die kleinen Füchse

Oliver Hardy: »Wieso hast du mir das nicht gleich gesagt?«
Stan Laurel: »Du hast mich ja nicht danach gefragt.« [5230]

*

Laurel: »Gleich gibt's 'ne Prügelei.« [5231]

***

KLUTE
USA 1971, Warner (Regie Alan J. Pakula, Buch Andy Lewis, Dave Lewis)

*

Vivian Nathan (Psychiaterin): »Dachten Sie, ich hätte irgendeinen magischen Zaubertrank? Dachten Sie, Sie kommen hierher, beichten mir Ihre Probleme, und ich nehm sie Ihnen ab?« [5232]

Jane Fonda (Bree Daniels): »Weil man als Callgirl die ganze Sache lenken kann, deswegen. (...) Irgendwer will einen haben. (...) Und dann komm ich dahin in das Hotel oder wo sie wohnen (...), und etwa eine Stunde lang, für eine Stunde bin ich die beste Schauspielerin der Welt.« [5233]

*

Fonda: »Man führt sie an einem Ring in der Nase in die Richtung, die sie zu bestimmen glauben.« [5234]

*

Fonda (off, zu Nathan): »Ich weiß gar nicht, was ich hier soll. Es ist geradezu albern zu glauben, daß irgend jemand einem anderen helfen kann.« [5235]

*

Fonda: »Diese jungen Männer sind meistens zu albern.« [5236]

*

Fonda: »Manche blättern 200 Dollar für mich hin. Und Sie wollen mich nicht mal umsonst? Dafür gibt's schon 'ne prima Geschirrspülmaschine.« [5237]

> »Mach dir nichts draus, daß du deine Unschuld verloren hast. Ich hatte schon so 'ne Ahnung. Einmal muß jeder dran glauben.«
> Klute

Fonda: »Mach dir nichts draus, daß du deine Unschuld verloren hast. Ich hatte schon so 'ne Ahnung. Einmal muß jeder dran glauben.« [5238]

*

Charles Cioffi (Peter Cable): »Ich habe schreckliche Dinge getan. Ich habe drei Menschen umgebracht. Aber ich halte mich deshalb absolut nicht für ein Ungeheuer. Ich bin nicht anders als viele andere.« [5239]

*

Cioffi (zu Fonda): »Ich glaube kaum, daß du sehr überrascht bist, wenn ich sage, daß in jedem Menschen etwas steckt, woran man lieber nicht rühren sollte, Eigenarten, Schwächen, die man (...) nie aufdecken sollte. Aber gerade diese Schwächen sind ja euer Betriebskapital.« [5240]

***

DER KOCH, DER DIEB, SEINE FRAU UND IHR LIEBHABER
(The Cook, the Thief, His Wife and Her Lover)
UK/F 1989, Allarts, Erato, Elsevier Vendex (Regie, Buch Peter Greenaway)

*

Michael Gambon (Albert Spica): »Das ist meine Frau Georgina Spica. Sie hat ein Herz aus Gold und den entsprechenden Körper. Ich bin Albert Spica. Auch ich habe ein Herz aus Gold und die entsprechende Menge Kohle. Du bist Roy, der absolut gar nichts hat, außer Schulden bei mir.« [5241]

***

EIN KÖDER FÜR DIE BESTIE
(Cape Fear)
USA 1962, Melville-Talbot, Universal (Regie J. Lee-Thompson, Buch James R. Webb, nach dem Roman ›The Executioners‹ von John D. MacDonald)

*

Robert Mitchum (Max Cady): »Sie haben mich offenbar nicht gleich wiedererkannt. Ich hab mich sicher ein bißchen verändert. Wo ich war *(Gefängnis)*, da ist man sehr enttäuscht, wenn man sich nicht verändert hat.« [5242]

*

Mitchum: »Lassen Sie sich bitte durch mich nicht stören. Ich seh mir nur Ihre nette Familie an.« [5243]

*

Martin Balsam (Mark Dutton): »Kennen Sie ein Gesetz, das ein Verbrechen verhütet, Sam? Ich kann leider erst eingreifen, wenn die Tat geschehen ist.« [5244]

*

Balsam: »Entweder haben wir zuviel Gesetze oder zu wenig.« [5245]

*

Barrie Chase (Diane Taylor): »Weißt du, was ich an dir besonders mag? Du bist so schön verkommen. Ob du das verstehst oder nicht, das ist egal. Aber es ist für eine Frau sehr tröstlich zu wissen, daß sie unmöglich noch weiter sinken kann.« [5246]

*

Mitchum: »Das war Ihre Runde. Ich schlage später zurück.« [5247]

*

Mitchum: »Sie müssen schon entschuldigen! Ich bin vor dem ersten Glas immer schwer von Begriff.« [5248]

*

Mitchum: »Wissen Sie, das rührt mich zutiefst. Ein armer Zuchthäusler kommt in die Stadt, um neu anzufangen, und einer von den angesehensten Bürgern bietet ihm sofort finanzielle Hilfe an. Das könnte einem glatt den Glauben an die Menschheit wiedergeben.« [5249]

*

Gregory Peck (Sam Bowden): »Also kein Geld?«
Mitchum: »So langsam fällt der Groschen. Während der Zeit im Knast, da hab ich mir immer wieder ausgemalt, wie ich eines Tages einen umbringe. Ich wollte ihn erwürgen, mit meinen bloßen Händen, ganz langsam. Nacht für Nacht, sieben Jahre lang hab ich diesen Kerl erwürgt. Aber im achten Jahr sagte ich mir, oh nein, das geht zu schnell, das ist zu milde. Haben Sie schon von dieser feinen chinesischen Art gehört? Erst schneidet man die kleine Zehe ab, und dann kommt ein Finger, kommt ein Ohr, die Nase. Ah, das ist schon viel besser.«
Peck: »Unter der kleinen Zehe verstehen Sie ein Kind. Das ist es doch, nicht?«
Mitchum: »Das ist Ihre schmutzige Phantasie, nicht meine.« [5250]

*

Peck: »Sie sind ja ein kräftiger Kerl. Sie haben noch ein langes Leben vor sich. Hinter Gittern. Da werden Sie schmoren. Dafür sorge ich. Und diesmal bis ans Lebensende. Sie werden mit dem Kopf gegen die Wand rennen. Sie werden die Jahre zählen, die Monate, die Stunden, und der Tod ist Ihre einzige Hoffnung [until the day you rot.].« [5251]

***

KOKAIN (*Johnny Stool Pidgeon*)
USA 1949, Universal (Regie William Castle, Buch Robert L. Richards, Story Henry Jordan)

*

Shelley Winters (Terry): »Halten Sie das *(Glas)* doch für mich, ja! Damit das Eis nicht schmilzt.« [5252]

*

Dan Duryea (Johnny Evans): »Ist das erste Mal seit drei Jahren, daß ich mit 'ner Frau tanze.«
Winters: »Was ist los? Haben Sie was gegen Frauen?«
Duryea: »Wo ich war, da gab es keine Frauen.« [5253]

*

Winters: »Ich komme nämlich aus Tucson, Arizona. Wär ich bloß nie weggegangen! Ich bin in diesem Schuppen schon zwei Jahre. Das einzige Mal warm war es mir hier, als ich mit 'ner Zigarette eingeschlafen bin und das Bett gebrannt hat.« [5254]

*

Howard Duff (George Morton): »Was ist? Können Sie nicht reden?«
Gar Moore (Sam Harrison): »Er ist stumm. Er hat es nie gelernt. Er hat so gut wie gar nichts gelernt. Nur schießen, das kann er.« [5255]

*

Duff: »Sie kriegen dich, Johnny. Wer einen Bundespolizisten umlegt, kann sich gleich sein Grab schaufeln.«
Duryea: »Halt die Klappe!«
Duff: »Die kriegen dich. Die kriegen dich und wenn es Jahrzehnte dauert. Die kriegen dich. Und am Ende wirst du braten.« [5256]

*

Duryea: »Das war's dann, Bulle.« [5257]

> »Halten Sie das (Glas)
> doch für mich, ja!
> Damit das Eis nicht schmilzt.«
> Kokain

DER KOMMANDEUR *(Twelve O'Clock High)*
USA 1949, Twentieth Century Fox (Regie Henry King, Buch Sy Bartlett, Beirne Lay jr., nach ihrem Roman)

*

Gregory Peck (General Savage): »Bitte machen Sie keine Pläne für die Zukunft, und denken Sie nicht ununterbrochen daran, wie Sie unversehrt nach Hause kommen! Betrachten Sie sich schon als tot! Dann ist es nicht mehr so schwer für Sie.« [5258]

*

Peck: »Könnte das nicht Schwierigkeiten geben?«
Dean Jagger (Major Stovall): »Das ist kaum zu befürchten, Sir. Das Gericht pflegt den Anwalt nie zu verurteilen.« [5259]

***

EINE KOMÖDIE IM MAI *(Milou en mai)*
F/I 1989, Nouvelles Editions, TF1, Ellepi (Regie Louis Malle, Buch Louis Malle, Jean-Claude Carrière)

Bruno Carette (Grimaldi): »Das Problem mit den Frauen heute ist, daß sie 'n Orgasmus haben wollen. Und früher haben sie noch nicht mal gewußt, daß so was existiert. Da ging's ganz von allein.« [5260]

***

DAS KOMPLOTT GEGEN HARRY *(The Plot Against Harry)*
USA 1970, King Screen, Electric, Contempory (Regie, Buch Michael Roemer)

Martin Priest (Harry Plotnick): »Tony, sie haben mich vorgeladen.«
Nicholas Ponzini (Tony Natale): »Wenn du nichts weißt, sagst du auch nichts, wenn du was weißt, verweigere die Aussage!« [5261]

*

Henry Nemo (Max): »Harry, die Bücher sind total in Ordnung. Glaub mir!« (...)

> »Na ja, selbstmordverdächtige Paranoiker reden jeden Scheiß für 'n guten Fick.«
> König der Fischer

Ben Lang (Leo Perlmutter): »Harry, er hat alles notiert, jede Schmiergeldzahlung an jeden einzelnen Polizisten in den letzten zwölf Jahren.« [5262]

*

Nemo: »Harry?«
Priest: »Verzieh dich!«
Nemo: »Harry!«
Priest: »Also, stell dir 'n Scheck über 200 aus, und dann verschwinde aus meinem Leben!« [5263]

***

KÖNIG DER FISCHER *(The Fisher King)*
USA 1991, Hill-Obst, TriStar (Regie Terry Gilliam, Buch Richard LaGravenese)

*

Mercedes Ruehl (Anne Napolitano): »Kannst du mir das nicht mal erklären? Weil ich nämlich diese Stimmungen von dir wirklich nicht verstehe, Jack.«
Jeff Bridges (Jack Lucas): »Anne, es sind meine Stimmungen. Wenn du Stimmungen verstehen willst, dann hab selber welche.« [5264]

*

Bridges: »Nachdenken ist wichtig, Anne. Das unterscheidet uns von den Wanzen. Und von Menschen, die Bücher wie *Das Lied der Liebe* lesen.« [5265]

*

Ruehl: »Früher hast du gesagt, daß dir genau das an mir gefällt. Du hast gesagt, daß es dir gefällt, daß wir nicht andauernd denken müssen, daß wir einfach nur zusammen sind, ohne zu denken.«
Bridges: »Na ja, selbstmordverdächtige Paranoiker reden jeden Scheiß für 'n guten Fick.« [5266]

*

Robin Williams (Parry): »Wißt ihr, Jungs, es gibt drei Dinge, die man im Leben braucht: Respekt vor jeder Art von Leben, einen regelmäßigen Stuhlgang und einen Navy Blazer.« [5267]

*

Williams: »Manchmal ist es schon ein ungeheurer Vorteil, wenn man einem Arschloch in die Fresse haut.« [5268]

***

KÖNIG DER KÖNIGE *(King of Kings)*
USA 1961, Bronston, MGM (Regie Nicholas Ray, Buch Philip Yordan, Ray Bradbury)

Harry Guardino (Barabbas): »Wir brauchen mehr Kämpfer und weniger Propheten.« [5269]

***

KÖNIG DER PIRATEN
(Raiders of the Seven Seas)
USA 1953, Global, United Artists (Regie Sidney Salkow, Buch John O'Dea, Sidney Salkow)

*

Lon Chaney jr. (Peg Leg): »Wir hoffen, Kapitän, Ihr seid mit der Piraterie genauso zufrieden, wie mit Eurem letzten Posten.«
John Payne (Barbarossa): »Das Leben besteht aus einer Reihe von Posten, die man von Zeit zu Zeit wechseln muß« [5270]

*

Payne: »Ich hoffe, Ihr habt seine Fechtkunst ebenso falsch beurteilt wie seine Zahlungsmoral.« [5271]

*

Payne: »Von jetzt ab werden die Spanier nicht mehr nach mir suchen müssen. Ich werde sie suchen.« [5272]

*

Payne: »Wenn Ihr lügt, mach ich aus Havanna ein Epitaph auf die Dummheit aller Männer, die je den Worten einer Frau geglaubt haben.« [5273]

***

EIN KÖNIG IN NEW YORK *(A King in New York)*
UK 1957, Attica-Archway (Regie, Buch Charles Chaplin)

*

Charles Chaplin (König Shadov): »Sind Sie öfter das Opfer solcher Anfälle?« [5274]

***

KÖNIGIN CHRISTINA *(Queen Christina)*
USA 1934, MGM (Regie Rouben Mamoulian, Buch H. M. Harwood, Salka Viertel, Story Salka Viertel, Margaret P. Levino)

*

David Torrence (Erzbischof): »Es geht in diesem Krieg nicht um Macht und Eroberungen, sondern um unseren Glauben, um unseren Gott.«
Greta Garbo (Christina): »Gottes Name wird aber in vielen Ländern der Erde genannt, Eminenz. Der Feind kämpft auch für Gott.«
Torrence: »Wenn der Feind Gott anruft, dann ist das Blasphemie.« [5275]

Garbo: »Ich hab so wenig Zeit, lieber Aage. Wie kann ich sie da mit Schlafen verschwenden?« [5276]

*

Garbo: »Jede Lüge findet Glauben, wenn sie nur laut genug verkündet wird.« [5277]

*

John Gilbert (Don Antonio de la Prada): »Ich bin bereit zu reden, ich bin bereit zu schweigen, ganz wie's gewünscht wird.« [5278]

*

Garbo: »Fragen über Fragen! Warum fragst du so viel?«
Ian Keith (Graf Magnus): »Ich werde dich nicht mehr fragen, wenn ich eine Antwort erhalte.« [5279]

***

KÖNIGIN VICTORIA *(Victoria the Great)*
UK 1937, Imperator (Regie Herbert Wilcox, Buch Miles Malleson, Charles de Grandcourt)

*

Charles Carson (Sir Robert Peel): »Ich kann Euer Majestät wie der ganzen Nation versichern, daß die Einführung dieser Steuer auf das Einkommen eine reine Notmaßnahme ist und zeitlich begrenzt sein wird.« [5280]

***

DES KÖNIGS ADMIRAL
(Captain Horatio Hornblower R.N.)
UK 1951, Warner (Regie Raoul Walsh, Buch Ivan Goff, Ben Roberts, Aeneas MacKenzie, nach dem Roman von C. S. Forester)

*

Robert Beatty (Lieutenant William Bush): »Er wird überrascht sein, wenn er eine 23-Schuß-Breitseite als Salut kriegt.« [5281]

*

Gregory Peck (Captain Horatio Hornblower): »Mr. Bush, Sie und ich sollen als Piraten nach Paris gebracht werden.«
Beatty: »Ich habe damit gerechnet, daß mir das

> *»Jede Lüge findet Glauben, wenn sie nur laut genug verkündet wird.«*
> Königin Christina

Bein abgeschnitten wird, Sir, aber nicht direkt unterm Kopf.« *5282*

***

KONTERBANDE *(South of St.Louis)*
USA 1948, Sperling, Warner (Regie Ray Enright, Buch Zachary Gold, James R. Webb)

*

Monte Blue (Captain Jeffrey): »Sie haben einen Drink verdient, Mister, und ich spendiere Ihnen einen.«
Joel McCrea (Kip Davis): »Mit Yankees trinke ich nicht.« *5283*

*

Douglas Kennedy (Lee Price): »Ich werde mich verpflichten.«
Zachary Scott (Charley Burns): »Du als Soldat? So mit Streifen, ›Ja, Sir‹, ›Nein, Sir‹ und die Hand an der Mütze?«
McCrea: »Bist du sicher, daß du das tun willst?«
Kennedy: »Ja, ich bin sicher.«
Scott: »Ich sage ja nichts gegen das Schießen, aber deswegen die Kleidung zu wechseln.« *5284*

*

Alexis Smith (Rouge de Lisle): »Es ist nur Rouge.«
McCrea: »Haben Sie daher Ihren Namen?«
Smith: »Nein, ich komme aus Baton Rouge in Louisiana. Sie würden eine Frau doch nicht Bat nennen?« *5285*

*

McCrea: »Ich habe dich nicht um deinen Rat gebeten, Cottrell. Ich hab's dir schon mal gesagt, du darfst als erster ziehen, wann immer du willst.« *5286*

*

(Einstellungsgespräch:)
McCrea: »Sie, wie heißen Sie?«
(Tim Moran): »Tim Moran.«
McCrea: »Können Sie mit einer Waffe umgehen?«
(Tim Moran): »Klar.«

> *Bist du alles, was sie schicken?*
> *Nur ein Ranger?«*
> *»Es ist ja auch nur eine Stadt.«*
> Konterbande

McCrea: »Irgendwelche Bedenken, sie im Ernstfall zu benutzen?«
(Tim Moran): »Wozu habe ich sie denn?« *5287*

*

Scott: »Dieser Krieg ist noch nicht vorbei, und solange er weitergeht, ist mit Waffen viel mehr Geld zu verdienen als mit Kühen, und besser riechen tun sie auch.« *5288*

*

Scott: »Bist du alles, was sie schicken? Nur ein Ranger?«
Kennedy: »Es ist ja auch nur eine Stadt.« *5289*

*

Scott: »Du hast doch nicht vor, nach all den Jahren noch herauszufinden, wer von uns schneller ziehen kann, oder?« *5290*

***

DER KONTRAKT DES ZEICHNERS
(The Draughtman's Contract)
UK 1982, BFI, Channel 4 (Regie, Buch Peter Greenaway)

*

Janet Suzman (Mrs. Herbert): »Wieviel würde es kosten?«
Anthony Higgins (Mr. Neville): »Mehr als Ihr Euch leisten könnt, Madam. Aber ich muß gestehen, mein Hauptmotiv ist Unlust. Ich erhöhe meinen Preis im umgekehrten Verhältnis zum erwarteten Vergnügen. Hier erwarte ich mir kein großes Vergnügen, Madam.« *5291*

***

KOPF ÜBER WASSER *(Head Above Water)*
USA/UK 1996, Head Above Water, Firmjewel, InterMedia, Tig, Majestic, Warner (Regie Jim Wilson, Buch Theresa Marie, nach dem Drehbuch von Geir Eriksen, Eirik Isdahl)

*

Harvey Keitel (George): »Sag, kommst du auch wirklich *(alleine)* klar?«
Cameron Diaz (Nathalie): »Alles bestens. Ich kann ja an deinen Hemden schnüffeln.« *5292*

*

Keitel: »Ich bin sehr froh über diese Freundschaft zwischen euch. Ja, ich könnte eifersüchtig sein. Bin ich aber nicht.«
Craig Sheffer (Lance): »Und was war mit Kent Draper, dem du Brennspiritus übergeschüttet hast?«
Keitel: »Nun, das war was anderes. Oder nicht?

Sein Einfluß auf sie mußte gebrochen werden, also hab ich ihn gebrochen.«
Sheffer: »Ja, das hast du geschafft. Aber Spiritus? Das gehört sich nicht für 'n Richter, hä?«
Keitel: »Ja. Ich hab ihn nicht angezündet.« *5293*

*

Billy Zane (Kent): »Wodka ist mein letztes Laster. Bedenkt man, wieviele ich mal hatte, ist das gar nicht so schlecht.« *5294*

***

KOPFGELD
(Ransom)
USA 1996, Grazer-Rudin, Touchstone (Regie Ron Howard, Buch Richard Price, Alexander Ignon, Story Cyril Hume, Richard Maibaum)

*

Mel Gibson (Tom Mullen, im Fernsehen): »Hier vor mir liegt das, was auf den Entführer wartet, Ihr Lösegeld, zwei Millionen in unmarkierten Scheinen, wie Sie's wollten. Aber näher kommen Sie an das Geld niemals ran. Nicht einen Dollar werden Sie davon kriegen, weil ich für meinen Sohn nämlich kein Lösegeld bezahlen werde, nicht einen einzigen Penny. Statt dessen setze ich die zwei Millionen als Kopfgeld auf Sie aus. Tot oder lebendig. Gratuliere! Damit sind Sie jetzt ein wandelnder Lottoschein über zwei Millionen Dollar. Nur daß die Gewinnchance hierbei viel besser ist. Oder kennen Sie etwa einen, der Sie für zwei Millionen nicht verraten würde?« *5295*

*

Gibson: »Du bist immer auf der Flucht. Entweder du kommst jetzt mit zur Bank und bist mit vier Millionen Dollar auf der Flucht, oder du drückst endlich ab und machst dich mit dem auf die Flucht, was du in der Tasche hast.« *5296*

***

KOPFÜBER IN DIE NACHT
(Into the Night)
USA 1985, Universal (Regie John Landis, Buch Ron Koslow)

*

Jeff Goldblum (Ed Okin): »Ich hab rausgefunden, daß meine Frau mich betrügt.«
Michelle Pfeiffer (Diana): »Oh, deine Frau hat eine Affäre?«
Goldblum: »So klingt's richtig romantisch.«
Pfeiffer: »Möglicherweise ist es so.« *5297*

*

Roger Vadim (Monsieur Melville): »Also, wenn Sie jetzt bitte mit uns kommen!«
Goldblum: »Haben wir eine Wahl?«
Vadim: »Sehr amüsant! Sie sind ein Komiker. Allez!« *5298*

*

Goldblum: »Da ist noch jemand, der uns töten will.«
Richard Farnsworth (Jack Caper): »Schön, wer immer das auch ist, er kann unmöglich so gefährlich sein wie Shaheen.« *5299*

*

Goldblum: »Sind wir verhaftet oder was?«
Clu Gulager (FBI-Agent): »Ich würde sagen, es fällt unter die Kategorie ›oder was‹.« *5300*

***

DER KÖRPER MEINES FEINDES
(Le Corps de mon ennemi)
F 1976, Cerito (Regie Henri Verneuil, Buch Henri Verneuil, Michel Audiard, Felicien Marceau, nach dem Roman von Felicien Marceau)

*

Charles Gérard (Taxifahrer, über Bayern München-Spiel): »Man unterschätze niemals die Deutschen! Nicht auf ihrem eigenen Boden.«
Jean-Paul Belmondo (François Leclercq): »Zuweilen auch nicht auf unserem.« *5301*

*

»Jeden Tag entsteht was Neues. Und wenn ich dir sage, daß sich die Bevölkerung fast verdoppelt hat ...«
Belmondo (voice-over): »Doppelt so viele Arschlöcher. Entsetzliche Vorstellung! Aber trotzdem ändert das gar nichts, weil sich nie etwas ändert in dieser Stadt.« *5302*

*

Marie-France Pisier (Gilberte Liegard): »Was wollen Sie eigentlich von mir? Soll ich Sie zum Tee einladen?«
Belmondo: »Wenn Sie mir nichts anderes bieten können.« *5303*

> »Wodka ist mein letztes Laster. Bedenkt man, wieviele ich mal hatte, ist das gar nicht so schlecht.«
> Kopf über Wasser

(Richter): »Ist Karine Lechard Ihre Geliebte gewesen? Ja oder nein?«
Belmondo (voice-over): »Meine Geliebte? Natürlich haben wir ein paarmal zusammen geschlafen. Aber was ist das für eine Welt, in der man eine Frau ›Geliebte‹ nennt, weil man mit ihr einige gemeinsame Bewegungen gemacht hat.« *5304*

*

François Perrot (Raphael DiMassa): »Wer sagt mir, daß Sie mich nachher nicht doch umlegen?«
Belmondo: »Ist dir lieber vorher?« *5305*

*

(Insert):
Am Morgen sah ich mit Freuden
den Körper meines Feindes
bewegungslos unter dem Baum.
William Blake *5306*

***

DER KORPORAL IN DER SCHLINGE
(Le Caporal épinglé)
F 1962, Cyclope, Pathé (Regie Jean Renoir, Buch Jean Renoir, Guy Lefranc, nach dem Roman von Jacques Perret)

*

Jean-Pierre Cassel (der Corporal): »Hüte dich vor Bildungslücken! Löcher in der Bildung sind schlimmer als Löcher in der Decke bei Regen.« *5307*

***

DIE KRÄHE
(The Crow)
USA 1994, Pressman, Most, Crow Vision, Paramount (Regie Alex Proyas, Buch David J. Schow, John Shirley, nach den Comics von James O'Barr)

*

Brandon Lee (Eric Draven, mit Feuerzeug, in Laden): »Kann es sein, daß es hier nach Benzin riecht?« *5308*

---

*Am Morgen sah ich mit Freuden
den Körper meines Feindes
bewegungslos unter dem Baum.*
WILLIAM BLAKE
Der Körper meines Feindes

Lee: »Heute scheint kein guter Tag für Schweine wie dich zu sein.« *5309*

***

DIE KRAYS (The Krays)
UK 1990, Fugitive, Parkfield (Regie Peter Medak, Buch Philip Ridley)

*

Avis Bunnage (Helen): »Männer werden als Kinder geboren, und das bleiben sie auch.« *5310*

*

Steven Berkoff (George Cornell): »Ich hab euern Namen gehört: Kray. Da hab ich zu mir gesagt: ›George‹, hab ich gesagt, ›diese beiden sind etwas ganz Besonderes. Diese beiden gehören zur neuen Generation.‹ Ihr habt Talent. Das ist klar. Ich kann es deutlich sehen. Ihr müßt nur lernen, richtig damit umzugehen. Es gibt Menschen draußen, viele Menschen, die haben es nicht gern, wenn man sie verletzt oder sich an ihrem Besitz vergreift. Und diese Menschen, die nicht wollen, daß sie verletzt werden, die zahlen 'ne Menge Geld dafür, daß ihnen kein Haar gekrümmt wird.« *5311*

*

Michael Tezcan (italienischer Gangster): »Soll das ein Scherz sein?«
Gary Kemp (Ronald Kray): »Siehst du mich etwa lachen?« *5312*

*

Kemp: »Du hast über mich gelacht, hä? Ich werde dafür sorgen, daß du für den Rest deines Lebens über mich lachst.« *(verbreitert seinen Mund mit einem Säbel)* *5313*

*

Jimmy Flint (Perry). »Sein Gesicht ist völlig hinüber.«
Kemp: »Es ist noch genug davon übrig, um es wieder zusammenzuflicken.« *5314*

***

KREUZVERHÖR (The Tattered Dress)
USA 1957, Universal (Regie Jack Arnold, Buch George Zuckerman)

*

Philip Reed (Michael Reston): »Und wenn ich hier mal einen Coctail vergieße, ist mein Butler da und wischt es auf.«
Jeff Chandler: »Und wenn Sie Blut vergießen, erwarten Sie von Ihrem Anwalt dasselbe?«
Reed: »Sehr richtig.« *5315*

Edward Andrews (Lester Rawlings): »Es gibt einen Punkt, den wir noch nicht besprochen haben: die Möglichkeit einer Niederlage.« (...)
Chandler: »Ich lasse mir für alle Fälle einen quergestreiften Anzug machen.« [5316]

*

Jack Carson (Sheriff Nick Hoak): »Der einzige, der von hier weggeht, ist dieser New Yorker Rechtsanwalt. Entweder geht er in Handfesseln oder im Leichenwagen.« [5317]

*

Carson: »Wenn Sie einen Schuß hören, dann ist das Spiel erst zu Ende.« [5318]

***

KRIEG DER STERNE *(Star Wars)*
USA 1977, Lucas, Twentieth Century Fox (Regie, Buch George Lucas)

*

Alec Guinness (Ben ›Obi-Wan‹ Kenobi): »Das Laserschwert deines Vaters, die Waffe eines Jedi-Ritters, nicht so plump und so ungenau wie Feuerwaffen, eine elegante Waffe aus zivilisierten Tagen.« [5319]

*

Guinness: »Die Macht ist es, die dem Jedi seine Stärke gibt. Es ist ein Energiefeld, das alle lebenden Dinge erzeugen. Es umgibt uns, es durchdringt uns, es hält die Galaxis zusammen.« [5320]

*

Guinness: »Moss Isley Raumhafen. Nirgendwo wirst du mehr Abschaum und Verkommenheit versammelt finden als hier.« [5321]

*

Guinness: »Die Macht kann einen großen Einfluß haben auf die geistig Schwachen.« [5322]

*

Harrison Ford (Han Solo): »So im Weltraum zu fliegen ist was anderes als über Rübenfelder, Junge.« [5323]

*

Carrie Fisher (Prinzessin Leia Organa): »Gouverneur Tarkin! Ich hätte darauf kommen müssen, daß Vader nach Eurer Pfeife tanzt. Ich habe Euren fauligen Gestank schon erkannt, als ich an Bord gebracht wurde.«
Peter Cushing (Grand Moff Tarkin): »Charmant bis zuletzt! Wenn Sie wüßten, wie ungern ich Ihr Todesurteil unterzeichnet habe.« [5324]

Guinness: »Nach meiner Erfahrung gibt es so etwas wie Glück nicht.« [5325]

*

Ford: »Die sollen nur kommen. Ein offener Kampf ist mir lieber als dieses heimliche Getue.« [5326]

*

Guinness: »Vergiß nicht: Die Macht wird mit dir sein. Immer.« [5327]

*

Fisher: »Eine fabelhafte Rettung! Haben Sie nicht vorher überlegt, wie Sie wieder rauskommen?« [5328]

*

Fisher: »Es könnte schlimmer sein ...«
Ford: »Es ist schlimmer.« [5329]

*

Ford: »Ohne weitere weibliche Ratschläge müßten wir es jetzt eigentlich schaffen, hier wieder lebend rauszukommen.« [5330]

*

Mark Hamill (Luke Skywalker): »Was hältst du von ihr, Han?«
Ford: »Ich versuch gerade, nichts von ihr zu halten.« [5331]

***

KRIEG IN CHINATOWN *(China Girl)*
USA 1987, Great American, Street Life, Vestron (Regie Abel Ferrara, Buch Nicholas St. John)

*

James Hong (Gung-Tu): »Es ist jetzt zwanzig Jahre her, da gehörten den Italienern vierzig Blocks nördlich von Chinatown. Jetzt sind es noch drei. Und in etwa fünf Jahren fahren die Leute für eine Pizza nach Brooklyn.« [5332]

***

EIN KROKODIL ZUM KÜSSEN
(Crocodile Dundee)
AUS 1986, Rimfire, Twentieth Century Fox (Regie Peter Faiman, Buch Paul Hogan, Ken Shadie, John Cornell, Story Paul Hogan)

> *»Vergiß nicht:*
> *Die Macht wird mit dir sein.*
> *Immer.«*
> Krieg der Sterne

Linda Kozlowski (Sue Charlton): »Nick, geben Sie ihm Ihre Brieftasche!«
Paul Hogan (Michael J. ›Crocodile‹ Dundee): »Aber wieso denn?«
Kozlowski: »Sehen Sie denn nicht? Er hat ein Messer.«
Hogan: »(lacht) Das ist doch kein Messer. ... Das ist ein Messer.« *5333*

*

Michael Lombard (Sam Charlton): »Ich stehe tief in Ihrer Schuld, daß Sie das Leben meiner Tochter gerettet haben.«
Hogan: »Na ja, kaufen Sie mir 'n kaltes Bier, dann sind wir quitt.« *5334*

*

Hogan: »Nette Hütte haben Sie hier.«
Lombard: »Ja, hält den Regen ab.« *5335*

*

Clarie Hague (Dorothy Wainwright): »Und wie finden Sie New York?«
Hogan: »Ist 'n bißchen wie ein Asyl für Wahnsinnige. Deshalb mag ich es, da paß ich genau rein.« *5336*

***

KUNDUN
USA 1997, Cappa-DeFina, Touchstone (Regie Martin Scorsese, Buch Melissa Mathison)

*

Tenzin Thuthob Tsarong (Dalai Lama): »Sie haben uns die Stille gestohlen.« *5337*

Gyatso Lukhang (Haushofmeister): »Gewaltlosigkeit ist miteinander verhandeln, wenn es geht und Widerstand, wenn es nicht geht.« *5338*

***

KÜSS MICH, DUMMKOPF
(Kiss Me, Stupid)
USA 1964, Phalanx, Mirisch, Claude, Lopert (Regie Billy Wilder, Buch Billy Wilder, I. A. L. Diamond, nach dem Stück ›L'Ora della fantasia‹ von Anna Bonacci)

*

Dean Martin (Dino): »Heute nacht hat sie eine Dreiviertelstunde lang mit den Fäusten an meine Tür gebumst. Aber ich hab sie nicht rausgelassen.« *5339*

*

Felicia Farr (Zelda Spooner): »Wenn ihn das nicht umbringt, dann tue ich es.« *5340*

*

Kim Novak (Polly the Pistol): »Sie haben einen wunderbaren Mann.«
Farr: »Das weiß ich. Aber er wird noch viel besser werden, wenn ich mit ihm abgerechnet habe.« *5341*

*

Martin: »Wenn man das hat, was gebraucht wird, kommt früher oder später einer, der das braucht, was man hat.« *5342*

> »Und wie finden Sie New York?«
> »Ist 'n bißchen wie ein Asyl für Wahnsinnige. Deshalb mag ich es, da paß ich genau rein.«
> Ein Krokodil zum Küssen

L

L.A. CONFIDENTIAL
USA 1997, Monarchy, Regency, Warner (Regie Curtis Hanson, Buch Brian Helgeland, Curtis Hanson, nach dem Roman von James Ellroy)

*

Russell Crowe (Bud White): »Faß Sie ja nicht mehr an! Sonst hast du 'ne Klage wegen Kindesmißbrauch an der Backe. Du weißt doch, was Kinderfickern in Quentin passiert?« [5343]

*

Guy Pearce (Edmund ›Ed‹ Exley): »Ich will zur Mordkommission.«
James Cromwell (Captain Dudley Smith): »Edmund, Sie besitzen politischen Instinkt. Sie durchschauen menschliche Schwächen, können aber damit nicht umgehen.«
Pearce: »Sie irren sich, Sir.«
Cromwell: »Würden Sie einem Verdächtigen, von dessen Schuld Sie überzeugt sind, belastendes Material unterschieben, damit es zur Anklageerhebung kommt?«
Pearce: »Das hatten wir doch alles schon.«
Cromwell: »Ja oder nein, Edmund?«
Pearce: »Nein.«
Cromwell: »Würden Sie ein Geständnis aus jemandem rausprügeln, wenn Sie glauben, daß er schuldig ist?«
Pearce: »Nein.«
Cromwell: »Würden Sie einen Schwerverbrecher von hinten erschießen, um zu verhindern, daß es einem windigen Anwalt doch noch gelingt ...«
Pearce: »Nein.«
Cromwell: »Dann werden Sie meinetwegen alles, nur bitte kein Detective! Suchen Sie sich ein Arbeitsfeld, wo Sie solche Entscheidungen nicht treffen müssen!« [5344]

*

Crowe: »Fröhliche Weihnachten!«
Kim Basinger (Lynn Bracken): »Das wünsch ich Ihnen auch, Officer.«
Crowe: »Sieht man gleich, hm?«
Basinger: »Man kann es förmlich auf Ihrer Stirn lesen.« [5345]

*

Pearce: »Ich werde selbstverständlich aussagen, im Interesse der Gerechtigkeit.«
John Mahon (Polizeichef): »Ich freu mich, daß Sie das so sehen, Edmund, anders als die meisten.«
Pearce: »Das kommt, weil sie Stillschweigen und Integrität für dasselbe halten.« [5346]

*

Pearce: »White ist ein unbeherrschter Schläger.«
Cromwell: »Nein, Edmund, er ist nur jemand, der solche Fragen, wie ich sie Ihnen gelegentlich stelle, mit ›ja‹ beantwortet.« [5347]

*

Cromwell: »Das hilft vielleicht Ihrer Karriere auf die Sprünge. Aber sind Sie auch auf die Verachtung Ihrer Kollegen vorbereitet?« [5348]

*

Cromwell: »Sehen Sie, Ihre Weigerung auszusagen hat mir sehr imponiert, auch daß Sie zu Ihrem Partner stehen. Ihre Berufsauffassung gefällt mir, besonders, daß Sie, wenn die Situation es erfordert, vor Gewaltanwendung nicht zurückschrecken.« [5349]

*

Cromwell: »Exley wußte genau, was er wollte, und er hat es bekommen. Im Taktieren ist er sogar noch besser als ich. Die Polizei ist auf so kluge Männer angewiesen. Und auf handfeste, wie Sie es sind.« [5350]

*

Jim Metzler (Stadtrat): »Wollen Sie mir drohen? Da kommen Sie nicht weit.«
Crowe: »Polizei, du Großmaul. Verpiß dich,

> »*Das hilft vielleicht Ihrer Karriere auf die Sprünge. Aber sind Sie auch auf die Verachtung Ihrer Kollegen vorbereitet?*«
> L.A. Confidential

sonst sorg ich dafür, daß deine Frau dich hier abholt.« *5351*

*

Crowe (zu Pearce): »Warum gehst du nicht mal Kriminellen auf den Sack statt deinen Kollegen?« *5352*

*

Cromwell: »Wenn jemand auf 180 ist, muß man ihn nicht noch reizen.«
Pearce: »Dann dürfte ich ihm nie widersprechen.« *5353*

*

Cromwell: »Geh wieder zurück nach Jersey, Junge! Hier ist nämlich die Stadt der Engel, und du hast leider keine Flügel.« *5354*

*

Kevin Spacey (Jack Vincennes): »Wenn du mir hilfst, dann helf ich dir. Deal?«
Pearce: »Deal!« *5355*

*

Paolo Seganti (Johnny Stompanato): »Das war mein letztes Wort. Steck dir den Zwanziger sonstwohin!«
Crowe: »Und was gibst du mir für deine Eier *(die er quetscht)*?« *5356*

*

Crowe: »Wahrscheinlich liegt er deswegen unter einem Haus im Elysian Park und riecht schlecht.« *5357*

*

Pearce: »'ne Nutte ist 'ne Nutte, auch wenn sie aussieht wie Lana Turner. (...) Guter Chirurg, sieht aus wie Lana Turner.«
Spacey: »Das ist Lana Turner.« *5358*

*

Pearce: »Wir wollen 'ne Antwort, Patchett.«
David Strathairn (Pierce Patchett): »Oh, irgendwas wollen wir alle.« *5359*

*

Spacey: »Na großartig! Für dich das Mädchen, für mich die Leiche.« *5360*

> »Wir sind eigentlich fertig, es sei denn, Sie wollen mir den Arsch wischen.«
> L.A. Confidential

Basinger: »Er hat gesagt, Sie wären schlau. Dann hat er gesagt, Sie sind feige und ficken sich aus Karrieregeilheit selbst ins Knie.«
Pearce: »Reden wir erst mal von meiner Schlauheit.« *5361*

*

Cromwell: »Versuchen Sie nicht, plötzlich moralisch zu werden! Dazu fehlt Ihnen die Übung.« *5362*

*

Cromwell (zu Spacey, nachdem er ihn in die Brust geschossen hat): »Wie wär's mit einem Schlußwort, mein Junge?« *5363*

*

Cromwell: »Ich habe es gern, wenn man mich vorbehaltlos unterstützt.« *5364*

*

Cromwell: »Jetzt würde ich nicht mit Edmund Exley tauschen und wenn ich den Whisky von ganz Irland dafür kriegte.« *5365*

*

Pearce: »Diese Geschichte können wir höchstens gemeinsam lösen.«
Crowe: »Warum versuchst du das? Seit Nightowl bist du groß. Willst du das alles kaputtmachen?«
Pearce: »Wenn du mir dabei hilfst, sogar mit 'ner Abrißbirne.« *5366*

*

Ron Rifkin (DA Ellis Loew): »Haben Sie Beweise?«
Pearce: »Einen Beweis mit durchgeschnittener Kehle.« *5367*

*

Rifkin: »Wir sind eigentlich fertig, es sei denn, Sie wollen mir den Arsch wischen.« *5368*

*

Rifkin: »Vor mir müssen Sie nicht die Masche ›guter Cop – böser Cop‹ abziehen. Die Nummer hab ich erfunden.« *5369*

*

Pearce (später, zum sehr kleinlauten Rifkin): »Hat Ihnen die Nummer ›guter Cop – böser Cop‹ gefallen?« *5370*

*

Pearce: »Mein ganzes Leben hab ich versucht, genausogut zu sein wie mein Vater.«
Crowe: »Jetzt kannst du's ja. Er ist doch im Dienst gestorben, oder?« *5371*

Basinger: »Du konntest also nicht widerstehen?«
Pearce: »Die benutzen mich, also benutze ich sie auch erst mal.« *5372*

*

Basinger: »Manche kriegen die Welt geschenkt, andere kriegen Ex-Nutten und einen Ausflug nach Arizona.« *5373*

***

L.A. STORY
USA 1991, Melnick-Interprod-L.A., Carolco, Tri-Star (Regie Mick Jackson, Buch Steve Martin)

*

Steve Martin (Harris K. Telemacher) (voice-over): »Mein Name ist Harris K. Telemacher. Ich lebe in Los Angeles, und ich hatte bisher sieben Herzinfarkte. Allesamt eingebildet. Ich will damit sagen, ich war zutiefst unglücklich, aber das wußte ich nicht, weil ich die ganze Zeit so furchtbar glücklich war.« *5374*

*

»London? Da müssen Sie ja furchtbar müde sein.«
Victoria Tennant (Sara McDowell): »Ja, ein wenig. Aber ein Auge voll Schlaf und ein guter Fick bringen das schon wieder hin, wie meine Schwester immer sagt.« *5375*

*

Martin: »Das Leuchtzeichen hat mit mir gesprochen.«
Marilu Henner (Trudi): »Aha.«
Martin: »Es sagte, ich wäre in Schwierigkeiten.«
Henner: »Wenn du mit Leuchtzeichen sprichst, bist du auch in Schwierigkeiten.« *5376*

*

Martin: »Ich bin froh, daß ich keine Frau bin. Ich würde bloß immer dasitzen und mit meinen Brüsten spielen.« *5377*

*

Martin: »Schmeckt, als hätte ich einen alten Flokati abgeleckt.« *5378*

*

Martin: »Da hatte ich gedacht, ich zeig Ihnen die Stadt so ein bißchen, so ein paar so ausgefallene Sachen, so wie 'ne kleine Los Angeles-Kulturtour.«
Tennant: »Das wären etwa 15 Minuten. Und weiter?« *5379*

Martin: »Architektur. Ein paar Gebäude hier sind schon über 20 Jahre alt.« *5380*

*

Martin: »Ich bin eigentlich nicht gerne mit interessanten Menschen zusammen, weil ich dann gezwungen bin, mich auch interessant zu machen.« *5381*

*

Martin: »Wenn wir beide zusammen sind, fang ich an anzugeben, wie es Idioten tun, wenn sie interessant sein wollen.« *5382*

*

»Hältst du das für vernünftig, den Wetterbericht im voraus zu machen?«
Martin: »Am Wochenende hab ich immer viel vor, da schaff ich es beim besten Willen nicht in den Sender. Wir sind doch in Los Angeles. Was soll sich groß ändern?« *5383*

*

Martin: »Ich muß zugeben, wenn ich ein Bild wie dieses ansehe, kriege ich eine emotionale Erektion.« *5384*

*

Martin: »Ich finde es interessant, daß man eine Beziehung haben kann, die (...) eher (...) freundschaftlich als sexuell ist.« *5385*

*

Martin: »Laß deinen Verstand fallen, und dein Körper wird folgen.« *5386*

*

Martin: »Dein Busen fühlt sich merkwürdig an.«
Sarah Jessica Parker (SanDeE): »Das ist nur, weil er echt ist.« *5387*

*

Martin (voice-over): »Warum erkennen wir nicht immer den Augenblick, in dem Liebe beginnt? Aber wir wissen immer, wann sie endet.« *5388*

»Ich bin froh, daß ich keine Frau bin. Ich würde bloß immer dasitzen und mit meinen Brüsten spielen.«
L.A. Story

DAS LÄCHELN EINER SOMMERNACHT
(Sommarnattens leende)
S 1955, Svensk Filmindustri (Regie, Buch Ingmar Bergman)

*

Eva Dahlbeck (Desirée Armfeldt): »Alt? Wie kommst du darauf, daß ich alt bin? Ich bin seit drei Jahren 29. Für eine Frau in meinem Alter ist das doch kein Alter.« *5389*

*

Dahlbeck: »Diesmal war ich wirklich ganz unschuldig.«
Naima Wifstrand (Frau Armfeldt): »Dann muß es aber noch sehr früh am Abend gewesen sein.« *5390*

*

Dahlbeck: »Manchmal bewundere ich deinen verwirrten Scharfblick.« *5391*

*

Wifstrand: »Desirée, du machst mir wirklich Kummer. Weißt du, du hast viel zuviel Charakter.« *5392*

*

Dahlbeck: »Die Männer verstehen einfach nicht, was das Beste für sie ist. Wir müssen ihnen eben ein bißchen unter die Arme greifen.« *5393*

*

Margit Carlquist (Charlotte Malcolm): »Ich warne immer vorher. Ich bin eine ehrliche kleine Schlange.« *5394*

***

LACHENDE ERBEN
D 1932, Ufa (Regie Max Ophüls, Buch Felix Joachimson, Max Ophüls, Story Trude Herka)

*

Julius Falkenstein (Notar Dr. Weinhöppel): »Mariechen, bringen Sie mir 'ne Pulle Cognac! Ich kann nicht so viel Wasser sehen.« *5395*

> »Ich habe auch gehört,
> es bringt Unglück,
> abergläubisch zu sein.«
> Lady für einen Tag

Falkenstein: »Alkohol! Endlich ein bißchen Alkohol!« *5396*

***

EINE LADY FÜR DEN GANGSTER
(Nobody Lives Forever)
USA 1946, Warner (Regie Jean Negulesco, Buch W. R. Burnett)

*

George Tobias (Al Doyle): »Hör zu, Nick! Wenn du nie wieder ein Ding drehen willst, schön, in Ordnung. Wir haben genug Kohle. Im Moment. Es ist nur ein Jammer, wenn man sieht, wie ein Spitzenmann wie du sein Talent vergeudet.« *5397*

*

John Garfield (Nick Blake): »Ich bin es nicht gewohnt, mit einem Haufen billiger Ganoven zu arbeiten, die in eine Schlägerbande gehören. Große Sachen brauchen Zeit.« *5398*

*

George Couloruis (Doc Ganson): »Vertrauen hab ich mir schon abgewöhnt, als ich sechs Jahre alt war.« *5399*

*

Coulouris: »Tu, was ich dir sage, und versuch nicht immer zu denken!« *5400*

*

Garfield: »Nun, ich schätze, seine Zeit war um. Niemand lebt ewig. Das war jedenfalls seine Auffassung.«
Geraldine Fitzgerald (Gladys Halvorsen): »Wer war er?«
Garfield: »Nur ein alter Knabe, den das Glück verlassen hatte.« *5401*

***

LADY FÜR EINEN TAG *(Lady for a Day)*
USA 1933, Columbia (Regie Frank Capra, Buch Robert Riskin, nach der Geschichte ›Madame La Gimp‹ von Damon Runyon)

*

Nat Pendleton (Shakespeare): »Ich habe auch gehört, es bringt Unglück, abergläubisch zu sein.« *5402*

*

Halliwell Hobbes (John, der Butler): »Wenn ich bei einem Duell die Wahl der Waffen hätte, Sir, ich wählte die Grammatik.« *5403*

*

Guy Kibbee (Richter Henry D. Blake aka Rich-

ter E. Worthington Manville):* »Niemals in meiner ganzen fragwürdigen Karriere haben meine Augen einen solchen Liebreiz erblickt.« [5404]

***

LADY ROTKOPF *(The Golden Hawk)*
USA 1952, Columbia (Regie Sidney Salkow, Buch Robert E. Kent, nach dem Roman von Frank Yerby)

*

Paul Cavanagh (Jeremy Smithers): »Die gefährlichste Frau diesseits des Hades.« [5405]

***

DIE LADY VON SHANGHAI
(The Lady from Shanghai)
USA 1948, Columbia (Regie, Buch Orson Welles, nach dem Roman ›Before I Die‹ von Sherwood King)

*

Orson Welles (Michael O'Hara, voice-over): »Wenn ich mich einmal in eine unsinnige Idee verrannt habe, gibt es kaum etwas, was mich wieder davon abbringen kann. Aber ich habe nicht gewußt, wohin dies führen wird, sonst hätte ich es wohl nie dazu kommen lassen. Ich hätte meinen Verstand gebrauchen sollen, aber nachdem ich sie einmal gesehen hatte, ein einziges Mal, war ich für lange Zeit nicht mehr in der Lage, vernünftig zu denken.« [5406]

*

Rita Hayworth (Elsa Bannister): »Sie haben wohl etwas gegen die Polizei, Michael?«
Welles: »Jedenfalls bin ich ihnen nicht gerne behilflich bei ihrem Handwerk.« [5407]

*

Welles: »Einen Revolver kann man gut gebrauchen bei einsamen Spaziergängen im Park.« [5408]

*

Everett Sloane (Arthur Bannister): »Trinken Sie?«
Welles: »Was mir in die Finger fällt, nur kann es vorkommen, daß es mir nicht stark genug ist.« [5409]

*

Sloane: »Sind Sie Gewohnheitstrinker?«
Welles: »Darf ich fragen, ob das eine Einladung bedeuten soll?« [5410]

*

Hayworth: »Sagen Sie, Michael, was wissen Sie von der Welt?«
Welles: »Durch Sie werde ich mein Wissen vervollständigen.« [5411]

*

Glenn Anders (George Grisby): »Fünftausend Dollar! Eine schöne Summe! Für nichts weiter als einen kleinen Mord.«
Welles: »An wem, Mr. Grisby? Ich bin in solchen Dingen sehr wählerisch.« [5412]

*

Welles (voice-over): »Ich war wieder frei. Bannisters Brief an den Staatsanwalt mußte beweisen, daß ich unschuldig war. Ein großes Wort: unschuldig. Dumm würde besser passen. Die einzige Möglichkeit, die Unvernunft zu überwinden, ist, alt zu werden. Darauf werde ich mich in Zukunft beschränken. Vielleicht werde ich so lange leben, daß ich sie einmal vergesse. Vielleicht werde ich aber auch über diesen Versuch sterben.« [5413]

***

LADYBIRD LADYBIRD
UK 1994, Parallax, Film Four (Regie Ken Loach, Buch Rona Munro)

*

Crissy Rock (Maggie): »Vier verschiedene Kinder von vier verschiedenen Vätern. (...) Sie sagt, ich zieh das Unglück an und geh mit ihm ins Bett.« [5414]

***

LADYKILLERS *(The Ladykillers)*
UK 1955, Rank (Regie Alexander Mackendrick, Buch William Rose)

*

Cecil Parker (Der Major): »Was treibt eigentlich dieser blöde Mensch da noch?« [5415]

*

Peter Sellers (Harry): »Wie willst du die denn alle entführen? Mit 'm Omnibus vielleicht?« [5416]

*

Alec Guinness (Der Professor): »Aber der Plan war gut, das müssen Sie sagen. Ich habe schon viele Pläne gemacht, und sie waren alle gut, aber dies war der beste. ... Mit Ausnahme des menschlichen Faktors.« [5417]

»Sind Sie Gewohnheitstrinker?«
»Darf ich fragen, ob das eine
Einladung bedeuten soll?«
Die Lady von Shanghai

LAND DER BANDITEN
(Badman's Territory)
USA 1946, RKO (Regie Tim Whelan, Buch Jack Natteford, Luci Ward)

*

Ann Richards (Henryette Alcott): »Ihren Stern stecken Sie besser ein. Ein Sheriff kann in Quinto nämlich kaum damit rechnen, besonders alt zu werden.« [5418]

*

Richard Hale (Ben Wade): »Wir verzichten auf die Anwesenheit eines Polizeispitzels und geben Ihnen fünf Minuten Zeit, um die Stadt zu verlassen.« [5419]

*

Randolph Scott (Mark Rowley): »Sie haben meinen Begleiter aus dem Hinterhalt erschossen und mein Pferd gestohlen.«
John Halloran (Hank McGee): »Na und?«
Scott: »Wo ist das Pferd?« [5420]

*

»Kommt schnell rüber zu den Ställen! McGee will den Sheriff aus Texas abknallen.«
(Mutter mit störrischem Sohn): »Mach schnell, Johnny, wer weiß, ob du jemals wieder einen lebenden Sheriff zu sehen bekommst.« [5421]

*

Isabell Jewell (Belle Starr): »Sie reden so elegant, wie Sie schießen. Ich würde mich hüten, Ihnen in die Quere zu kommen.« [5422]

*

Sherman Sanders (Croupier): »Willst du auch wetten, Frank?«
Tom Tyler (Frank James): »Fünfzig auf den Sieger. Verstanden?« [5423]

*

Scott: »Soviel ich weiß, gab es auch einen Sheriff in der Familie Dalton.«
Emory Parnell (Bitter Creek): »Das ist eine besondere Ausnahme, der ist noch rechtzeitig ein anständiger Kerl geworden.« [5424]

> »Deine Güte und Großherzigkeit erfreut ihre Herzen.«
> »Sieh zu, daß deine Arbeit mein Herz erfreut!«
> Land der Pharaonen

LAND DER PHARAONEN
(Land of the Pharaos)
USA 1955, Continental, Warner (Regie Howard Hawks, Buch Harry Kurnitz, William Faulkner, Harold Jack Bloom)

*

Jack Hawkins (Pharao): »Was hat es für einen Sinn, eine Pyramide um ein Grabmal zu bauen, wenn es trotzdem beraubt werden kann? Es wäre besser, die Schätze offen hinzulegen. Dann lassen die Diebe wenigstens meinen Leichnam in Frieden.« [5425]

*

Hawkins: »Nicht einer von diesen Plänen hat es bisher vermocht, die Königsgräber vor Grabschändern zu bewahren.«
Alexis Minotis (Hamar): »Es gibt sehr viele Diebe, aber wenig Pharaonen.« [5426]

*

James Robertson Justice (Vashtar): »Wer da hinein will, muß die Pyramide abtragen.« [5427]

*

Hawkins: »Führt beide ab und bringt dem Sklaven mit der Peitsche Benehmen bei!«
Joan Collins (Prinzessin Nellifer): »Warte, hoher Herr! Bestrafst du einen Sklaven, weil er gehorsam ist? Er tat es auf mein Geheiß.«
Hawkins: »Gut. Dann peitscht beide aus!« [5428]

*

Hawkins: »Ihre Zungen hat man herausgeschnitten, so daß sie nicht einmal im Schlaf ihr Geheimnis preisgeben können.« [5429]

*

Justice: »Deine Güte und Großherzigkeit erfreut ihre Herzen.«
Hawkins: »Sieh zu, daß deine Arbeit *mein* Herz erfreut!« [5430]

***

LANDUNG IN SALERNO
(A Walk in the Sun)
USA 1946, Twentieth Century Fox (Regie Lewis Milestone, Buch Robert Rossen, nach dem Roman von Harry Brown)

*

Richard Conte (Rivera): »Soll ich dir mal ein Geheimnis verraten?«
George Tyne (Friedman): »Du hast keins. Du bist wie 'n offenes Buch. Du bist zu dämlich für Geheimnisse.« [5431]

DAS LANGE ELEND
(The Tall Guy)
UK 1989, LWT, Working Title (Regie Mel Smith, Buch Richard Curtis)

*

Jeff Goldblum (Dexter King): »Was für ein Leben! Blind und allergisch gegen den Blindenhund.« [5432]

*

Geraldine James (Carmen): »Du mußt dich immer wie ein Schwein benehmen! Es gibt zwei Kategorien von Männern: lahme Waschlappen und Schweine. Die Schweine kriegen immer die Mädchen.« [5433]

*

Goldblum: »Ich mein, alles, was ich tun muß, ist doch nur ›Möchtest du mit mir essen gehen?‹ fragen.«
James: »Haargenau. Und dann vögel sie, bis ihr die Ohren abfallen.« [5434]

*

Goldblum: »Ich hoffe, daß all Ihre Kinder ganz kleine Pimmel kriegen. Und das gilt auch für die Mädchen.« [5435]

***

LARRY FLYNT – DIE NACKTE WAHRHEIT
(The People Vs. Larry Flynt)
USA 1996, Ixtlan, Phoenix, Columbia (Regie Milos Forman, Buch Scott Alexander, Larry Karaszewski)

*

Courtney Love (Althea Leasure): »Das ist das Problem mit euch Männern, weißt du, eure Batterien werden leer, ganz anders als bei uns Frauen. Unsere Batterien werden nie leer, unsere laufen und laufen.«
Woody Harrelson (Larry Flynt): »Dann geh doch und fick mit 'ner Frau!« [5436]

*

Harrelson: »Sieben Millionen Typen kaufen das Ding, und niemand liest es. Gentlemen, der *Playboy* verspottet euch.« [5437]

*

Larry Flynt (Richter Morrissey): »Möchten Sie noch etwas sagen, bevor ich das Strafmaß verkünde?«
Harrelson: »Euer Ehren, Sie haben wirklich nicht eine intelligente Entscheidung im Verlauf des Verfahrens gefällt, und jetzt erwarte ich auch keine. Tun Sie doch, was Sie wollen!« [5438]

*

Harrelson: »Verflucht! Wozu brauch ich den Scheiß *(Drogen)*? Ich will meinen Verstand wiederhaben.« [5439]

*

Harrelson: »Alan, sei nicht so melodramatisch! Du (...) willst gar nicht aussteigen. Ich bin dein (...) Traummandant. Ich mach am meisten Spaß, ich bin reich, und ich hab immer Ärger am Hals.« [5440]

***

LAST ACTION HERO
USA 1993, Columbia (Regie John McTiernan, Buch Shane Black, David Arnott)

*

Arnold Schwarzenegger (Hamlet): »Sein oder Nichtsein ... Nichtsein. Wetten?« [5441]

*

Mercedes Ruehl (Mom): »Ergötze mich mit deiner Lebensgeschichte, beginnend heute morgen, halb neun, erste Stunde, amerikanische Geschichte! Und wehe, ich finde sie nicht toll. Ich meine, es sollte so etwas sein wie: ›Ich habe geschwänzt, weil ich eine Niere spenden wollte.‹« [5442]

*

Austin O'Brien (Danny): »Ich dachte, ich würde sterben.«
Schwarzenegger (Jack Slater): »So ein Jammer! Aber ich muß dich enttäuschen. Du wirst weiterleben und all die köstlichen Früchte des Lebens genießen: Pickel, Rasieren, vorzeitige Ejakulation und deine erste Scheidung.« [5443]

***

THE LAST BOY SCOUT
USA 1991, Geffen, Silver, Warner (Regie Tony Scott, Buch Shane Black, Story Shane Black, Greg Hicks)

*

Bruce McGill (Mike Matthews): »Sie ist heiß, Joe. Sie kriegt 'ne Drei auf meiner Fingerskala. Das heißt, ich würde mir drei Finger abschneiden, wenn ich sie bumsen könnte.« [5444]

> »Ich hoffe, daß all Ihre Kinder
> ganz kleine Pimmel kriegen.
> Und das gilt auch
> für die Mädchen.«
> Das lange Elend

Bruce Willis (Joe Hallenbeck, zum Spiegel): »Niemand mag dich. Alle hassen dich. Du bist 'n Verlierer. Komm, lächel, du Null!« [5445]

*

McGill: »Es ist einfach passiert, Joe, ich ...«
Willis: »Ja natürlich, ich weiß. Es ist einfach passiert. Es könnte jedem passieren. Es war ein Unfall, richtig? Du bist ausgerutscht, auf den Boden gefallen, und dabei landete zufällig dein Schwanz in meiner Frau. ›Hoppla! Tut mir wirklich leid, Mrs. Hallenbeck. Ich schätze, das ist nicht mein Tag.‹« [5446]

*

Willis: »Kopf *(? unverständlich)* oder Bauch, Mike?«
McGill: »Joe, wie lange waren wir Freunde?«
Willis: »Ich würde sagen, bis du angefangen hast, meine Frau zu vögeln. Also, wohin?«
McGill: »Nicht auf die Nase.« [5447]

*

Willis: »Frauen haben Geheimnisse. Das Wasser ist naß, der Himmel ist blau, Frauen haben Geheimnisse. Was ist schon dabei?« [5448]

*

Joe Santos (Bessalo): »In jeder Lüge stecken 80 % Wahrheit.« [5449]

*

Damon Wayans (Jimmy Dix): »Hast du mal Football gespielt? Du bist gut gebaut.«
Willis: »Bist du schwul?«
Wayans: »Nein, ich versuch, das Eis zu brechen. Klar?«
Willis: »Ich steh auf Eis.« [5450]

*

Wayans: »Du glaubst nicht an die Liebe.«
Willis: »Doch, ich glaub an die Liebe. Ich glaub auch an Krebs.« [5451]

*

Willis: »Besser, wir geben auf, Jimmy. Ich fürchte, wir haben's hier mit Genies zu tun.« [5452]

> »Du glaubst nicht an die Liebe.«
> »Doch, ich glaub an die Liebe.
> Ich glaub auch an Krebs.«
> The Last Boy Scout

Willis: »Also drückt ab, nur zu! Worauf wartet ihr? Aber wundern Sie sich nicht, wenn Sie morgen früh neben einem Pferdekopf aufwachen.« [5453]

*

Chelsea Field (Sarah Hallenbeck): »Was kommt als nächstes auf uns zu?«
Willis: »Ein neuer Tag, schätze ich. Immer ein Schritt nach dem anderen.« [5454]

***

LAST MAN STANDING
USA 1986, Lone Wolf, Sarkassian, New Line (Regie, Buch Walter Hill, nach dem Film ›Yojimbo‹, Japan 1961, Regie Akira Kurosawa, Buch Ryuzo Kikushima, Akira Kurosawa)

*

Bruce Willis (John Smith, voice-over): »Es ist schon 'ne komische Sache, egal, wie tief man sinkt, es gibt trotzdem noch Recht und Unrecht. Und letztendlich muß man sich stets entscheiden. Entweder man geht den Weg, damit man vor sich selbst bestehen kann, oder man wählt den anderen und läuft immer noch herum, obwohl man schon tot ist, ohne es zu merken.« [5455]

*

Willis (voice-over): »Ich bin eher 'n Großstadtmensch. Ich mag Asphalt unter meinen Füßen und strahlende Lichter, wenn die Sonne untergeht.« [5456]

*

R. D. Call (Jack McCool): »Hier im Freien rumzuhocken, ist vielleicht keine so gute Idee für jemanden, der so viele Feinde wie Sie hat.«
Willis: »Ich dachte, jeder mag mich. Ich bin doch so 'n netter Kerl.« [5457]

*

Willis: »In der ganzen Stadt hab ich schon von Ihnen gehört. Die Waisenhausgeschichte gefällt mir besonders.«
Christopher Walken (Hickey): »Hat er auch was von den kleinen Kindern erzählt, die abfackelten wie die Kerzen?«
Willis: »Meine Lieblingsstelle.« [5458]

*

Walken: »Er war Doyles bester Schütze.«
Willis: »Sind Sie nicht der beste?«
Walken: »Nein, nur der bestaussehende.« [5459]

Karina Lombard (Felina): »Mein Fluch ist meine Angst. Was ist Ihr Fluch?«
Willis: »Ich bin ohne Gewissen auf die Welt gekommen.« [5460]

*

Ken Jenkins (Captain Tom Pickett): »Ich komme in zehn Tagen hier wieder vorbei, und ich werde ungefähr zwanzig Ranger mitbringen. Ich werde eine Gang hier dulden, weil das ganz natürlich ist. Ein gewisser Grad an Korruption ist unvermeidlich. Aber sollte ich zwei Gangs hier vorfinden, wenn ich zurückkomme, dann gibt es sicher in ein paar Stunden gar keine Gang mehr.« [5461]

*

Willis (voice-over): »Meistens hab ich im Leben meine eigenen Regeln aufgestellt: ›Tu niemandem einen Gefallen und bitte auch niemanden um einen!‹ ›Sieh zu, daß du einen guten Schnitt machst!‹ Aber man kann die Regeln kennen und trotzdem das Falsche tun.« [5462]

*

Willis (voice-over): »Ist schon komisch, wie die Dinge sich entwickeln. Für eine Sekunde denkt man, daß man die Sache mit heiler Haut übersteht. Aber letzten Endes bezahlt man immer seinen Preis. Ohne Ausnahme. Jeder zahlt seinen Preis. Sogar so ein Scheißkerl wie ich.« [5463]

*

Willis (voice-over): »Nach 'ner Weile kriegt man nicht mehr mit, wie einem die eigenen Knochen brechen, wie dir die Zähne klappern. Man konzentriert sich nur noch darauf, das kleine Ding im Innern, das man Seele nennt, festzuhalten. Der Rest ist einem egal. Den Rest nehmen sie einem sowieso.« [5464]

*

Willis (voice-over): »Es ist schon eine komische Sache mit den Menschen. Einer von Hundert ist dann doch mal besser, als man es erwartet hat.« [5465]

*

Willis (voice-over): »Ich habe es immer gehaßt, wenn ich jemandem etwas schuldete. Aber manchmal muß man eben mit einem schlechten Blatt spielen.« [5466]

*

Willis (voice-over): »Als alles anfing, wollte ich nur 'n bißchen schnelles Geld machen. Und irgendwann wurde es dann zu einer persönlichen Angelegenheit.« [5467]

*

William Sanderson (Joe Monday): »Wissen Sie, für einen Kerl ohne Prinzipien verhalten Sie sich ziemlich merkwürdig.«
Willis: »Du wirst doch jetzt nicht rührselig, Joe?«
Sanderson: »Das war nur 'n Versuch, danke zu sagen.«
Willis: »Wenn sich jemand bei mir bedankt, lauf ich normalerweise davon.« [5468]

*

Walken: »Ich will nicht in Texas draufgehen, in Chicago, mag sein. Wir treffen uns dort, wenn Sie wollen. Und vielleicht töten Sie mich da.« [5469]

*

Walken: »Vielleicht gehören Sie ja zu der Sorte, die einem Unbewaffneten in den Rücken ballern?«
Willis: »Ich hab schon Schlimmeres getan.« [5470]

*

Willis (voice-over): »Ich kann nicht behaupten, daß alles haargenau so gelaufen war, wie ich es geplant hatte. Aber in einem Punkt hatte ich recht: Tot waren sie alle besser dran.« [5471]

*

Willis (voice-over): »Und das war's dann. Es endete ungefähr dort, wo es angefangen hatte, draußen in der Wüste, auf dem Weg nach Mexiko. Und ich war genauso pleite wie bei meiner Ankunft. Aber irgendwas würde sich schon ergeben. So war es doch immer.« [5472]

***

THE LAST OUTLAW
USA 1994, HBO (Regie Geoff Murphy, Buch Eric Red)

*

Dermot Mulroney (Eustis): »Ich weiß nicht, was ich Ihnen anbieten soll. Das Geld haben Sie ja bereits.«

> »Es ist schon eine komische Sache mit den Menschen. Einer von Hundert ist dann doch mal besser, als man es erwartet hat.«
> Last Man Standing

Mickey Rourke (Graff): »Du schuldest mir mehr als Geld, mein Junge, viel mehr.« [5473]

*

Rourke: »Du hast auf mich geschossen, Eustis. Du dachtest, ich sei tot. Jetzt wirst du für diesen Irrtum bezahlen. Eins sollst du noch wissen: Dich lege ich als letzten um, also mach das Beste draus!« [5474]

***

LATIGO *(Support Your Local Gunfighter)*
USA 1971, Cherokee, Brigade, United Artists (Regie Burt Kennedy, Buch James Edward Grant)

*

James Garner (Latigo Smith): »Ich halte nichts vom Arbeiten. Macht mich müde.« [5475]

*

Garner: »Ich habe dir gesagt, ich reite nicht. Ich benutze die Eisenbahn oder eine Kutsche. Wenn man reitet, riecht man immer so nach Pferd. Das mögen die Damen nicht. Die stehen eben nicht auf Pferde.«
Jack Elam (Jug May): »Das ist ja wie ein Verrat am Wilden Westen.« [5476]

*

Garner: »Wenn Sie so wild darauf sind *(auf die Schießerei)*, gehen Sie auf die Straße. Ich zähle bis zehn und komme dann nach.« ...
Elam: »Den hast du ja von hinten zusammengeschlagen.«
Garner: »Ja. Und so hart ich nur konnte.« [5477]

*

Elam: »Du, guck mal, wo der Bursche seinen Revolver trägt! Ich wette, der ist Linkshänder. Du hast ihm den verkehrten Finger gebrochen.« [5478]

*

Ben Cooper (Colorado, mit zwei verbundenen Zeigefingern): »Hören Sie, Mr. Barton, ich kann gar nichts dafür, ich hab ...«
Harry Morgan (Taylor Barton): »Spiel dich nicht so auf! Wir wissen doch alle, daß du außerhalb dieser Stadt noch keinen umgelegt hast. Du bist doch tiefste Provinz, während man Swifty Morgan von Kanada bis runter nach Mexiko kennt.« [5479]

*

Ellen Corby (Abigail): »Wie kommst du dazu, Taylors Arbeiter auszusperren?«
John Dehner (Colonel Ames): »Weil ich sonst unmöglich als erster an die Hauptader rankommen kann. Sein Schacht liegt mitten in der Stadt. Ich muß doppelt so weit graben wie der.«
Corby: »Das gibt dir noch lange kein Recht ...«
Dehner: »Hier geht es nicht um Recht, hier geht es um Gold, an das ich vor ihm rankommen muß.« [5480]

***

LAURA
USA 1944, Twentieth Century Fox (Regie Otto Preminger, Buch Jay Dratler, Samuel Hoffenstein, Betty Reinhardt, nach dem Roman von Vera Caspary)

*

Dana Andrews (Mark McPherson): »Warum haben Sie das aufgeschrieben? Hatten Sie Angst, es zu vergessen?«
Clifton Webb (Waldo Lydecker): »Es gibt niemand in Amerika, der so oft falsch zitiert wird wie ich. Wenn meine Freunde das tun, nehme ich es übel, von den Sergeants McCavety und Schultz würde ich es unerträglich finden.« [5481]

*

Webb: »Unterliegen die Hervorbringungen eines schöpferischen Geistes jetzt der Kontrolle der Polizei?« [5482]

*

Webb: »Mord ist mein Lieblingsverbrechen. Ich schreibe regelmäßig darüber.« [5483]

*

Webb: »Laura hielt mich für den gescheitesten, witzigsten und interessantesten Mann, den sie je kannte. In diesem Punkt war ich absolut ihrer Meinung. Sie hielt mich außerdem für den gütigsten, freundlichsten, für den sympathischsten Mann der Welt.«
Andrews: »Waren Sie in diesem Punkt auch ihrer Meinung?«
Webb: »McPherson, Sie werden das nicht verstehen, aber ich habe versucht, der gütigste, freundlichste, der sympathischste Mann der Welt zu werden.«

»Ich halte nichts
vom Arbeiten.
Macht mich müde.«
Latigo

Andrews: »Hatten Sie Erfolg?«
Webb: »Lassen Sie es mich so ausdrücken: Es würde mir ehrlich leid tun, wenn die Kinder meines Nachbarn von Wölfen gefressen würden.« [5484]

*

Webb: »Waren Sie schon mal verliebt?«
Andrews: »Einer Puppe in Washington Heights hab ich mal 'n Fuchspelz spendiert. [A doll in Washington Heights once got a fox fur out of me.]« [5485]

*

Webb: »Hören Sie, junge Frau! Entweder haben Sie Ihre Erziehung in unglaublich rustikaler Gesellschaft genossen, wo gute Manieren unbekannt sind, oder Sie leiden an der üblichen Selbsttäuschung, daß die bloße Tatsache, eine Frau zu sein, Sie von den Regeln zivilisierten Verhaltens entbindet.« [5486]

*

Webb: »Ich benutze keinen Füller. Ich schreibe mit einem Gänsekiel, in Gift getaucht.« [5487]

*

Webb: »Sie scheinen etwas wesentlich Wichtigeres als Ihre Karriere völlig außer acht zu lassen.«
Gene Tierney (Laura Hunt): »Was?«
Webb: »Mein Essen.« [5488]

*

Tierney: »So was Egoistisches hab ich noch nie gehört.«
Webb: »In meinem Fall ist Egozentrik absolut gerechtfertigt. Ich habe noch keinen Gegenstand entdeckt, der meiner Aufmerksamkeit würdiger wäre.« [5489]

*

Tierney: »Sie schreiben über Menschen mit so viel Verständnis für sie und Mitgefühl. Deswegen ist Ihre Kolumne so gut.«
Webb: »Mitgefühl fällt einem leicht bei fünfzig Cent pro Wort.« [5490]

*

Tierney: »Es tut Ihnen leid, wie Sie sich verhalten haben. Nicht wahr?«
Webb: »Schweifen wir nicht in die Psychiatrie ab.« [5491]

*

Tierney: »Das ist wirklich sehr nett von Ihnen.«
Webb: »Ich bin nicht nett, ich bin bösartig, das Geheimnis meines Charmes. Aber wenn Sie mich trotzdem für nett halten, werde ich Sie um sechs Uhr abholen. Einverstanden?« [5492]

*

Andrews: »Weiber müssen einen immer reinlegen.« [5493]

*

Andrews: »Sie sind ein ziemlich vager Typ, was, Carpenter?«
Vincent Price (Shelby Carpenter): »Ich habe wenig Zeit darauf verwendet, meinen Charakter zu analysieren, Mr. McPherson.« [5494]

*

Judith Anderson (Ann Treadwell): »Jedenfalls ist er besser für dich als Shelby. Jeder Mann ist es. Shelby ist besser für mich.«
Tierney: »Wieso?«
Anderson: »Weil ich ihn mir leisten kann und ihn verstehe. Er taugt nichts, aber ich will ihn einfach. Ich bin kein angenehmer Mensch, Laura, und er auch nicht. Er weiß, daß ich weiß, daß er, ... nun, eben ist, was er ist, und er weiß auch, daß es mir egal ist. Wir gehören zusammen, weil wir beide schwach sind und es nicht ändern können. Deswegen würde ich ihm einen Mord zutrauen. Er ist wie ich.« [5495]

*

Andrews: »Ich muß sagen, daß du dich für ein charmantes, intelligentes Mädchen mit einer bemerkenswerten Ansammlung von Trotteln umgeben hast.« [5496]

***

**THE LAUREL AND
HARDY MURDER CASE**
USA 1930, Roach, MGM (Regie James Parrott)

Stan Laurel: »Er ist durch eine Falltür gefallen und brach sich das Genick.«
Oliver Hardy: »Als er sein Haus gebaut hat?«
Laurel: »Nein, als man ihn gehängt hat.« [5497]

> »Es tut Ihnen leid, wie Sie sich
> verhalten haben. Nicht wahr?«
> »Schweifen wir nicht in
> die Psychiatrie ab.«
> Laura

LAWMAN
USA 1971, Scimitar, United Artists (Regie Michael Winner, Buch Gerald Wilson)

*

Richard Jordan (Crowe Wheelwright): »Denken Sie, ich hab Angst vor ihm?«
Robert Ryan (Cotton Ryan): »Die würdest du haben, wenn du nur 'n Funken Verstand hättest.«
Jordan: »Ich glaube, daß ich schneller bin als er.«
Ryan: »(...) Überall, wo Maddox war, gibt's Gräber vieler Leute, die schneller waren als er.« 5498

*

Burt Lancaster (Jered Maddox): »Du sagst, er hatte keine Chance. Er hat zuerst zu ziehen versucht. Wer das tut, verbraucht sämtliche Chancen.« 5499

*

Lancaster: »Willst du wissen, wer schneller ist, oder ob ich dich jederzeit umlegen kann, wenn ich will? Falls es das zweite ist, sage ich ja.« 5500

*

Ryan: »Du bist ein Großmaul, Harris, ein Arschloch und ein Schwätzer. Und wenn du nicht bald verschwindest, passiert was.« 5501

***

LAWRENCE VON ARABIEN
(*Lawrence of Arabia*)
UK 1962, Horizon, Columbia (Regie David Lean, Buch Robert Bolt, Michael Wilson, nach dem Leben von T. E. Lawrence)

*

Arthur Kennedy (Jackson Bentley): »Lawrence war ein Dichter, ein Gelehrter und ein bedeutender Feldherr. (...) Außerdem bin ich nie einem Menschen begegnet, der so penetrant von sich überzeugt war.« 5502

> »Über eins bin mir nicht im klaren: Sind Sie nur sagenhaft schlecht erzogen, oder sind Sie einfach blöd?«
> Lawrence von Arabien

Harry Fowler (William Potter): »Tut ja verflucht weh.«
Peter O'Toole (T. E. Lawrence): »Natürlich tut es weh.«
Fowler: »Was ist denn der Trick dabei *(ein Streichholz zwischen den Fingern abbrennen zu lassen)*?«
O'Toole: »Der Trick, William Potter, ist, sich nichts daraus zu machen, daß es weh tut.« 5503

*

Donald Wolfit (General Murray): »Über eins bin mir nicht im klaren: Sind Sie nur sagenhaft schlecht erzogen, oder sind Sie einfach blöd?« 5504

*

O'Toole: »Natürlich bin ich der Richtige für den Posten. Was ist das übrigens für 'n Posten?« 5505

*

O'Toole: »Das wird ein Spaß.«
Claude Rains (Mr. Dryden): »Lawrence, nur zwei Arten von Wesen macht die Wüste Spaß, Beduinen und Göttern, und Sie sind beides nicht.« 5506

*

Zia Mohyeddin (Tafas): »Ist das *(England)* auch ein Wüstenland?«
O'Toole: »Nein, ein fettes Land, mit fetten Menschen.«
Mohyeddin: »Du bist nicht fett.«
O'Toole: »Nein, ich bin anders.« 5507

*

Omar Sharif (Sherif Ali ibn el Kharish): »Wie ist dein Name?«
O'Toole: »Mein Name ist für meine Freunde da.« 5508

*

Alec Guinness (Prinz Feisal): »Sie sind Engländer. Halten Sie England nicht die Treue?«
O'Toole: »Oh doch, England und auch andern Dingen.« 5509

*

Guinness: »Ich glaube, Sie sind auch einer von den Engländern, die die Wüste lieben. (...) Kein Araber liebt die Wüste. Wir lieben Wasser und grüne Bäume. In der Wüste ist gar nichts, und kein Mensch braucht gar nichts.« 5510

*

Sharif: »Wenn die Kamele sterben, sterben wir

auch, und in zwanzig Tagen werden die ersten sterben.«

O'Toole: »Dann haben wir keine Zeit zu verlieren. Nicht wahr?« [5511]

*

»Gasims Zeit ist gekommen. (...) Es steht geschrieben.«
O'Toole: »Nichts steht geschrieben.« [5512]

*

Sharif: »Wahrlich, für gewisse Männer steht nichts geschrieben, solange sie es nicht schreiben.« [5513]

*

Guinness: »Bei Major Lawrence ist Mitleid eine Leidenschaft. Bei mir ist es das Resultat meiner Erziehung. Beurteilen Sie, welcher Beweggrund der zuverlässigere ist.« [5514]

*

Kennedy: »Was reizt Sie eigentlich persönlich an der Wüste?«
O'Toole: »Sie ist sauber.« [5515]

*

Anthony Quinn (Auda Abu Tayi): »Sei deinem Gott dankbar, daß er dir das passende Gesicht zu deiner Dummheit gegeben hat.« [5516]

*

Quinn: »Ich muß gehen, Awrence, bevor ich mich mit dem Blut eines Dummkopfs besudele.« [5517]

*

Rains: »Ein Mann, der ganz lügt, so wie ich, der verbirgt nur die Wahrheit. Aber ein Mann, der halb lügt, der weiß nicht mehr, was wahr ist.« [5518]

*

O'Toole: »Ich bete, daß ich die Wüste niemals wiedersehe.« [5519]

*

Sharif: »Wenn ich mich vor ihm fürchte, der ich ihn liebe, wie muß er, der sich haßt, sich vor sich selbst fürchten.« [5520]

*

Guinness: »Hier gibt es nichts mehr zu tun für einen Krieger. Wir schachern nun Verträge aus, die Arbeit alter Männer. Junge Männer führen Kriege, und die Tugenden des Krieges sind die Tugenden der Jugend: Heldentum und die Hoffnung auf die Zukunft. Dann schließen alte Männer den Frieden, und die Laster des Friedens sind die Laster alter Männer: Mißtrauen und Vorsicht.« [5521]

*

O'Toole: »Im großen und ganzen wünschte ich, ich hätte den Krieg zu Hause verbracht.« [5522]

***

LEAVING LAS VEGAS
USA 1995, Lumiere (Regie, Buch Mike Figgis, nach dem Roman von John O'Brien)

*

Elisabeth Shue (Sera): »Sie sind betrunken.«
Nicolas Cage (Ben): »Nicht wirklich.« [5523]

*

Shue: »Was führt dich nach Las Vegas? Was Geschäftliches?«
Cage: »Nein. Ich bin hier, um mich totzusaufen.« [5524]

*

Shue: »Nettes Gespräch, trink ruhig weiter. Zwischen deinen unzähligen Atemzügen und der Alkoholfahne rutschen dir zwischendurch in all deinem Gelalle ganz interessante Worte raus.« [5525]

***

LEBE LIEBER UNGEWÖHNLICH
(A Life Less Ordinary)
UK 1997, Figment, Channel Four, PolyGram (Regie Danny Boyle, Buch John Hodge)

*

Holly Hunter (O'Reilly): »Wir können es mit Gewalt machen oder auch ohne. Liegt ganz bei Ihnen. Der Kunde bezahlt unsere Arztrechnungen, aber nicht Ihre. Also?« [5526]

*

Ewan McGregor (Robert): »Sie wollen mich erschießen?«
Delroy Lindo (Jackson): »Ja.«
McGregor: »Was für 'n Grund hab ich denn dann noch zu graben?«
Lindo: »Wenn du gräbst, dann versprech ich dir 'nen sauberen Kopfschuß, wenn's soweit ist.

»Gasims Zeit ist gekommen. (...)
Es steht geschrieben.«
»Nichts steht geschrieben.«
Lawrence von Arabien

Wenn dir das nicht gefällt, dann kann ich dir auch jetzt in die Hoden schießen und selber graben, während du verblutest.« [5527]

*

McGregor: »Ich dachte, Sie narkotisieren mich.«
Stanley Tucci (Elliot): »Wenn der Schmerz schlimmer wird, werden Sie sowieso gleich ohnmächtig.« [5528]

*

Tony Shalhoub (Al): »Ich würde sagen, die Frage ›Ist sie oder ist sie nicht dein Typ‹ ist eine Frage, die zu stellen du dir in diesem Leben wohl kaum erlauben kannst.« [5529]

*

Ian Holm (Naville): »Mayhew, nicht mit der Axt!« [5530]

***

LEBEN! *(Huozhe)*
Hongkong 1994, ERA, Shanghai Film Studios, Century (Regie Zhang Yimou, Buch Lu Wie, nach dem Roman ›Lifetimes‹ von Yu Hua)

*

Niu Ben (Ortsvorsteher Niu): »Tagelang hat es lichterloh gebrannt. Es war wirklich aus gutem Holz, euer Haus.« [5531]

***

DAS LEBEN DER BOHÈME *(La Vie de bohème)*
SF/F 1992, Sputnik, Pyramide, A2, Swedish Film Institute, Pandora, Canal+ (Regie, Buch Aki Kaurismäki, nach dem Roman ›Scènes de la vie de bohème‹ von Henri Murger)

*

André Wilms (Marcel Marx): »Für die Vision eines Trinkers sind diese Gläser zu klein.« [5532]

***

DAS LEBEN DER MRS. SKEFFINGTON
(Mr. Skeffington)
USA 1944, Warner (Regie Vincent Sherman, Buch Philip G. Epstein, Julius J. Epstein, nach der Geschichte von ›Elizabeth‹)

> »Für die Vision eines Trinkers sind diese Gläser zu klein.«
> Das Leben der Bohème

Jerome Cowan (Edward Morrison): »Sag mal, wovon sprechen eigentlich deine Leute da unten in Maryland?«
John Alexander (Jim Conderley): »Von Pferden. Und von Hunden.«
Cowan: »Aber ihr müßt euch doch über irgendetwas Gedanken machen.«
Alexander: »Machen wir ja auch, und wie. Über Pferde und Hunde.« [5533]

*

Bette Davis (Fanny Trellis Skeffington): »George, ich liebe dich über alles, aber bitte sei vorsichtig und zerdrücke nicht die ganze Frisur!« [5534]

*

Walter Abel (George Trellis): »Ach, tausend Dollar würden nicht viel helfen. Da bleiben wir lieber ehrlich.« [5535]

***

DAS LEBEN NACH DEM TOD IN DENVER
(Things to Do in Denver When You're Dead)
USA 1995 (Miramax, Regie Gary Fleder, Buch Scott Rosenberg)

*

Jack Warden (Joe Heff): »Oh, und wenn du damals 'ne schnelle Nummer wolltest, dann hast du genau gewußt, wo du hingehen mußt. Du hast deine Frau zu Hause gelassen und bist um die Häuser gezogen. Du hast dich an irgendeinen Typen angehängt, einer von denen, auf den die Weiber fliegen, und ehe du noch ›steifer Willi‹ sagen konntest, hattest du schon so 'ne geile Puppe am Arm hängen, Süßstoff für dein Leben. Und heute hast du dieses scheiß AIDS, das neue feministische Denken, was immer das bedeuten soll, aber auch diese ganzen Bewegungen, eine Bewegung für dies, eine für das. Viel zuviel Bewegung für meinen Geschmack. Es reicht mir völlig, wenn sich im Darm was bewegt.« [5536]

*

Warden: »Die sollten ihn kastrieren, diesen blöden Wichser.«
Andy Garcia (Jimmy ›The Saint‹ Tosnia): »Bernards Fehlschaltung ist im Kopf, nicht im Schwanz.«
Warden: »Ach, ich bitte dich, Jimmy, wenn ein Mann Probleme hat, hängt sein Schwanz mit drin.« [5537]

Warden: »Der heilige Jimmy aus Flatbush. War auf dem Priesterseminar, aber ist dann vom rechten Pfad abgekommen. Aber zu seiner Zeit: mit allen Wassern gewaschen.« [5538]

*

Bill Bolender (Stevies Vater, auf Video): »Schnauze einen Hund an, und er läuft davon. Aber Frauen mögen das. So hab ich's bei deiner Mutter gemacht, und sie hat sich mir an den Hals geworfen. Zwei Monate später waren wir verheiratet. Also behandle sie wie Dreck, und sie laufen dir nach.« [5539]

*

Garcia: »Sämtliche Schwuchteln der Welt erledigen das *(Anzeigengestaltung)* mit links. Nur ich erwische den einzigen Spießer der Szene.« [5540]

*

Garcia: »Sind Sie im Augenblick verliebt?«
Gabrielle Anwar (Dagney): »Wieso?«
Garcia: »Wenn Sie es sind, werd ich Sie nicht weiter belästigen. Ich bin nicht der Typ Mann, der dem Glück eines anderen im Weg stehen will. Andernfalls, sollten Sie nicht verliebt sein, werd ich meinen eingeschlagenen Kurs beibehalten.« [5541]

*

Anwar: »Es gibt da schon jemanden. (...) Wir sehen uns. Seine Telefonnummer kenn ich auswendig, aber seine Zahnbürste würde ich nicht benutzen. Wir sind auf halbem Weg.« [5542]

*

Garcia: »Die meisten Frauen trampeln einfach vor sich hin, aber bei Ihnen ist das ein Schweben.« [5543]

*

Garcia: »Frauen, die schweben, verdienen Männer, die sie fiebern machen.« [5544]

*

Don Stark (Gus): »Er will mit dir reden, Jimmy.«
Garcia: »Ach, komm! Wozu denn?«
Stark: »Du weißt doch, wie das ist. Er sagt: ›Gus, ich will den Heiligen Jimmy sprechen.‹ Ich sage: ›Boss, der Heilige Jimmy ist nicht mehr im Geschäft.‹ Und er sagt: ›Gus, ich will den Heiligen Jimmy sprechen.‹ So läuft das. Die Debatte mit ihm war von vornherein müßig, ja.«

Harry Laskawy (Ellie): »Gus hat angefangen, Wörterbücher zu lesen.« [5545]

*

Christopher Walken (Der Mann mit dem Plan): »Ich will, daß er eher eine Friteuse fickt, als Meg einen Heiratsantrag zu machen.« [5546]

*

Treat Williams (Critical Bill): »Ich bin, wie ich bin. Meine Uhr tickt anders. Klar? War schon immer so, meine Uhr tickt anders.« [5547]

*

Warden: »Sein Spitzname ist Critical Bill, ist bisher noch für jeden kritisch geworden, der sich mit ihm angelegt hat. Aber zu seiner Zeit gab es keinen besseren Ausputzer, wenn die Kacke am Dampfen war. Der Typ ist eine Kreuzung aus Bullterrier, Barracuda und Bombe mit brennender Zündschnur, die jede Sekunde hochgehen kann.« [5548]

*

Anwar: »Möchtest du noch mit reinkommen?«
Garcia: »Mehr als ich mir wünsche, daß Halstücher wieder in Mode kommen, aber nicht heute.« [5549]

*

Christopher Lloyd (Pieces): »Und kein Wort von dir, klar? Kein Wort!«
Williams: »Meine Lippen sind verschlossen. Der Schlüssel liegt im Fluß.« [5550]

*

Wiley Harker (Boris Carlotti): »Sie wissen, wie das funktioniert? Die eigentliche Leiche legen wir hier auf die Kissen, und Ihre Schätzchen verstauen wir da unten. Die trauernde Familie hat keine Ahnung, daß ihr geliebter Angehöriger die Ewigkeit mit ein paar Mordopfern verbringt.« [5551]

*

Walken: »Eine kleine Aktion, keine große Sache. Das habe ich doch gesagt. Habe ich das nicht gesagt?« [5552]

> »Ich will, daß er eher eine Friteuse fickt, als Meg einen Heiratsantrag zu machen.«
> Das Leben nach dem Tod in Denver

Garcia: »Dürfte ich das vielleicht erläutern?«
Walken: »Nicht so förmlich, Jim! ... Willst du betteln? Dann runter auf die Knie in deinem feinen Anzug! Kriech zu Kreuze! Fleh mich an!« [5553]

*

Walken: »Wir beide haben viel zusammen erlebt. Du hast damals bei unseren Unternehmungen für einen gewissen Stil gesorgt und deshalb, die Milch der Menschenliebe, ich gebe dir eine Chance. Du hast 48 Stunden. Lös dich in Luft auf! Hau ab aus Denver! Fahr nach Rom! Besuch den Vatikan! Bete zu dem Gott, dem du in Brooklyn den Rücken gekehrt hast, aber lös dich, verdammt noch mal, in Luft auf, Jim! Denn sonst muß ich dich auch erledigen.« [5554]

*

Garcia: »Und was ist mit den anderen?«
Walken: »Buckwheats!«
Garcia: »Sie können nichts dafür. Sie haben meine Befehle befolgt. Ich übernehme die Verantwortung.«
Walken: »Hinreißend! Du bist kein Mensch mehr, du bist ein Weiser. Buckwheats, Jim, für deine erbärmliche Bande von Versagern. Buckwheats, verdammt noch mal, Buckwheats!« [5555]

*

Warden: »Buckwheats. Das ist schon 'ne Sache für sich. Wenn einer einen Buckwheats-Mord bestellt, dann heißt es nicht nur ›Leg den Kerl um!‹, sondern ›Leg den Kerl auf die denkbar qualvollste Art um!‹ Das heißt, das Opfer soll leiden. Typisch dafür wäre, wenn du ihm 'ne Kugel das Arschloch hochjagst. Ja, babäng. Mit 'ner Kugel im Hintern bist du nämlich nicht sofort tot, du quälst dich noch 'ne Viertelstunde, und dann ist es aus. Ich stell mir das so vor, als ob du glühende Rasierklingen kackst.« [5556]

*

Bill Nunn (Easy Wind): »Verdammt! Wenn deine Schutzengel erst mal aussehen wie diese Brüder, dann weißt du, daß du einmal zu oft in die Scheiße getreten bist.« [5557]

*

Steve Buscemi (Mister Shhh): »Entscheide dich! Sag mir, wo Earl Danton ist, oder erzähl es den Würmern!« [5558]

*

Williams: »Ich wollte mich bei dir entschuldigen, Jimmy, wegen dem ... na ja, was da auf dem Highway los war. Weißt du, da ist mir ... da hat's bei mir irgendwo 'ne Sicherung rausgehauen. Aber, verdammt, Jimmy, es war auch irgendwie unverantwortlich von dir, daß du mir überhaupt so 'nen Job gegeben hast. Verstehst du? Überleg doch mal! Es war eigentlich deine Schuld. Ich meine, das weiß doch jeder, ich hab nun mal 'nen Knall.« [5559]

*

Garcia: »Die Frau hat nichts damit zu tun. Hörst du? Sie hat nichts damit zu tun. Ich bin sowieso erledigt, aber wenn ich dich noch einmal in der Nähe des Mädchens sehe, wenn du ihr zu nahe kommst, wenn sie sich nur den Zeh verstaucht und du zu der Zeit im gleichen Stadtviertel bist, dann komme ich und mach dich fertig, dann legen sie die Flagge über deinen Sarg. Kapiert?« [5560]

*

Garcia: »Du hast mir wegen Franchise dein Wort gegeben.«
Walken: »Mein Wort? Tatsächlich? Na so was! Aber Jimmy, du weißt doch, ich bin ein Verbrecher. Mein Wort zählt nicht.« [5561]

*

Walken: »Du wirst nie wissen, wie ich mich entscheide. Bis du deine Gedärme anstarrst. An der Wand.« [5562]

*

Williams: »Was du hier ablieferst, wird deinem Ruf gar nicht gerecht, Möchtegernprofi.« [5563]

*

Warden: »Wenn die Zeit gekommen ist, fließt Blut.« [5564]

> »Entscheide dich!
> Sag mir, wo Earl Danton ist,
> oder erzähl es den Würmern!«
> Das Leben nach dem Tod in Denver

***

LEBEN UND STERBEN DES COLONEL BLIMP
(The Life and Death of Colonel Blimp)
UK 1943, The Archers, Rank (Regie, Buch Michael Powell, Emeric Pressburger)

Anton Walbrook (Theo Kretschmar-Schuldorff): »Wenn du ihnen die Regeln des Spiels predigst, während sie jedes Foul, jeden dreckigen Trick gegen dich benutzen, dann lachen sie dich nur aus.« ⁵⁵⁶⁵

*

Walbrook: »Das hier ist kein Krieg für Gentlemen.« ⁵⁵⁶⁶

*

Roger Livesey (Clive Wynne Candy): »Als junger Mann war ich nur ein Draufgänger, ohne irgendwelche nützlichen Erfahrungen. Jetzt hab ich massenhaft Erfahrungen, aber niemand glaubt, daß ich noch zu was zu gebrauchen bin.« ⁵⁵⁶⁷

***

LEBEN UND STERBEN IN L.A.
(To Live and Die in L.A.)
USA 1985, New Century, SLM, MGM/UA (Regie William Friedkin, Buch William Friedkin, Gerald Petievich, nach dem Roman von Gerald Petievich)

*

William L. Petersen (Richard Chance): »Der Staat ist an deinen Spesen nicht interessiert. Wenn du Kohle brauchst, mußt du mit dem Kohlenhändler pennen.« ⁵⁵⁶⁸

*

John Turturro (Carl Cody): »Das bedeutet noch lange nicht, daß ich für Sie 'n Spitzel spiele. Wenn Sie auf Singdrosseln stehen, gehen Sie in 'n Park!« ⁵⁵⁶⁹

***

LEBEN UND STERBEN LASSEN
(Live and Let Die)
UK 1973, Eon, United Artists (Regie Guy Hamilton, Buch Tom Mankiewicz, nach dem Roman von Ian Fleming)

*

Robert Dix (Hamilton): »Wessen Begräbnis ist das?«
Thomas Valentine (Mörder beim Begräbnis): »Deins.« ⁵⁵⁷⁰

*

Roger Moore (James Bond): »Mein Name ist ...«
Yaphet Kotto (Mr. Big): »Namen sind was für Grabsteine, Baby.« ⁵⁵⁷¹

*

Gloria Hendry (Rosie): »Das tut mir sehr leid, ich hätte fast auf Sie geschossen.«

Roy Steward (Quarrel): »Sie hätten mich sogar töten können, wenn Sie die Waffe entsichert hätten.« ⁵⁵⁷²

*

Clifton James (Sheriff Pepper): »Was sind Sie für einer? Vollstreckungsbeamter vom Jüngsten Gericht?« ⁵⁵⁷³

***

LEBENDIG BEGRABEN
(Premature Burial)
USA 1962, Santa Clara, AIP (Regie Roger Corman, Buch Charles Beaumont, Ray Russell, nach der Geschichte von Edgar Allan Poe)

*

Ray Milland (Guy Carrell): »Alles das hat eine ganz persönliche Bedeutung für mich, Emily, denn schon seit Jahren lebe ich in der ständigen Furcht, lebendig begraben zu werden. Hast du so viel Einbildungskraft, dir das vorzustellen? Dieser unerträgliche Druck auf den Lungen, die Feuchtigkeit der Erde mit ihren erstickenden Dämpfen, die starre Umarmung des Sarges, der mich erdrückt, die Schwärze der absoluten Finsternis und Nacht und die Totenstille, in der man wie in einem Meer ertrinkt. Und dann, unsichtbar zwar in der Dunkelheit, aber doch allen Sinnen deutlich bewußt aufs Unerträglichste, und man kann sich nicht gegen ihn wehren, gegen den Wurm.« ⁵⁵⁷⁴

*

Milland: »Jedes Mitglied meiner Familie starb eines unnatürlichen und gewaltsamen Todes, und als nächster bin ich nun dran.« ⁵⁵⁷⁵

*

Milland: »Hat dieser Besuch einen besonderen Grund außer dem, daß er mich in der Arbeit unterbricht?« ⁵⁵⁷⁶

*

Hazel Court (Emily Gault): »Na, Vater, amüsierst du dich?«
Alan Napier (Dr. Gideon Gault): »Ich amüsie-

> »Was sind Sie für einer? Vollstreckungsbeamter vom Jüngsten Gericht?«
> Leben und sterben lassen

re mich nie, mein Kind. Ich kenne nur Stadien größter und weniger großer Langeweile.« *5577*

*

Court: »Du mußt mich anhören! Bitte!«
Milland: »Was denn nun noch? Noch mehr Lügen? Noch mehr Täuschung? Noch mehr Verrat?« *5578*

*

Milland: »Du hast das sehr geschickt gemacht, wirklich ganz erstaunlich. Irgendwie tut es mir sogar leid, deine Pläne zu durchkreuzen.« *5579*

***

LEBENSGIER
(Human Desire)
USA 1954, Columbia (Regie Fritz Lang, Buch Alfred Hayes, nach dem Roman ›La Bête humaine‹ von Emile Zola)

*

Glenn Ford (Jeff Warren): »Jeder Mensch macht Fehler, der eine im Beruf, der andere beim Heiraten.« *5580*

***

LEBENSKÜNSTLER
(You Can't Take It with You)
USA 1938, Columbia (Regie Frank Capra, Buch Robert Riskin, nach dem Stück von George S. Kaufman, Moss Hart)

*

James Stewart (Tony Kirby): »Weißt du, wenn du ein bißchen zwischen den Zeilen liest, würdest du auf so etwas wie einen Heiratsantrag stoßen.« *5581*

*

Charles Lane (Wilbur G. Henderson): »Mr. Vanderhof, aus unseren Unterlagen geht hervor, daß Sie nie Einkommensteuer bezahlt haben.«
Lionel Barrymore (Martin Vanderhof): »Ja, das stimmt.«
Lane: »Warum nicht?«
Barrymore: »Ich halte nichts davon.« *5582*

»Jeder Mensch macht Fehler, der eine im Beruf, der andere beim Heiraten.«
Lebendig begraben

Stewart: »Das ist vermutlich das erste, was du an mir bemerkt hast, meinen (...) kolossalen Verstand.«
Jean Arthur (Alice Sycamore): »Nein. Nein, das erste, was ich von dir bemerkt habe, war dein Hinterkopf.« (...)
Stewart: »Und was geschah, als ich mich umdrehte?«
Arthur: »Weißt du, ich dachte, daran werde ich mich schon gewöhnen.« *5583*

*

Mischa Auer (Boris Kolenkhov): »Ich fühle mich wunderbar. Das Leben turnt in mir herum wie ein Eichhörnchen.« *5584*

*

(Reporter): »Was ist denn los hier drin?«
»Aschenbrödel hat ihrem Prinzen gesagt, er soll die Kurve kratzen.« *5585*

***

LEICHEN PFLASTERN SEINEN WEG
(Il Grande silenzio)
I / F 1968, Summa, Adelphia, Corona (Regie Sergio Corbucci, Buch Sergio Corbucci, Mario Amendola, Vittoriani Petrilli, Bruno Corbucci, Story Sergio Corbucci)

*

Frank Wolff (Sheriff): »Hören Sie, Mister, ich möchte nicht, daß Sie die Leichen auf der Straße liegen lassen. Begraben Sie sie, oder nehmen Sie sie mit nach Hause!« *5586*

*

Vonetta McGee (Pauline): »Ich brauche Ihre Hilfe. Sie sollen meinen Mann rächen. Was wollen Sie dafür haben?« *5587*

***

DER LEICHENDIEB
(The Body Snatcher)
USA 1945, RKO (Regie Robert Wise, Buch Philip MacDonald, Carlos Keith [= Val Lewton], nach der Geschichte von Robert Louis Stevenson)

*

Boris Karloff (John Gray): »Der Herr ist mein Freund, der berühmte Dr. MacFarlane. Es beliebt ihm, sich hin und wieder unter das gemeine Volk zu mischen.« *5588*

*

Russell Wade (Fettes): »Aber Gray ist doch nur ein Leichendieb, der Gräber ausraubt, um sich etwas zu verdienen.« *5589*

Henry Daniell (Dr. MacFarlane): »Ich habe jetzt genug. Sie sind wie ein unheimliches, bösartiges Krebsgeschwür in meinem Leben.«
Karloff: »Und was willst du dagegen machen, Toddy?« *5590*

*

Daniell: »Ich bin ihn für immer los. Er wird nicht mehr hier auftauchen und mich herumkommandieren. Jetzt dient er nur noch einem guten Zweck. Und morgen, wenn das letzte Stück von seiner Leiche seziert ist, existiert er nur noch in den Kollegheften und kann uns nicht mehr stören.« *5591*

*

Daniell: »Die Dummheit der Menschen und ihrer Gesetze halten mich nicht auf. (...) Ich helfe mir selbst, und wenn Sie wollen, kommen Sie mit.« *5592*

***

LEMMY CAUTION GEGEN ALPHA 60
(Alphaville)
F/I 1965, Chaumiane, Filmstudio (Regie, Buch Jean-Luc Godard)

*

(Béatrice): »Mir geht es ausgezeichnet, danke, bitte.« *5593*

*

Eddie Constantine (Lemmy Caution, voice-over): »Es ist immer so, man versteht nie etwas. Eines Abends endet es damit, daß man daran stirbt.« *5594*

*

Constantine (voice-over): »Ihr sonderbares Lächeln erinnerte mich ein wenig an die alten Vampirfilme, die früher in den Cineramamuseen gezeigt wurden.« *5595*

*

Constantine: »Welcher Verbrechen haben sie sich schuldig gemacht?«
»Sie haben der Logik zuwidergehandelt.«
Anna Karina (Natacha von Braun): »Ist das dort, wo Sie herkommen, etwa kein Verbrechen?« *5596*

*

(Alpha 60, voice-over): »Wodurch wird die Nacht in Helligkeit verwandelt?«
Constantine: »Durch die Poesie.« *5597*

*

Constantine: »Was heißt das?«

Jean-André Fieschi (Professor Heckell): »Es gibt hier kein ›Was heißt das?‹, es gibt nur ›Das heißt das.‹, falls Sie verstehen. Alles ist nur logische Folgerung.« *5598*

*

Constantine (voice-over): »Professor Jeckell fragte, warum ich eigentlich sofort auf den Mann in meinem Badezimmer geschossen hätte, es wäre doch nur ein Psychotest gewesen. Ich antwortete: ›Weil ich zu alt bin, um über alles nachzudenken, deshalb schieße ich.‹« *5599*

*

Constantine: »Rühren Sie sich nicht vom Fleck!«
(Polizist): »Ja, gut.«
Constantine (erschießt ihn): »So bin ich wenigstens sicher, daß Sie Wort halten werden.« *5600*

***

LÉOLO
CAN 1992, Verseau, Canal+, National Film Board of Canada (Regie, Buch Jean-Claude Lauzon)

*

Gilbert Sicotte (voice-over): »Angesichts der Aufregung meiner Mutter hatte der Arzt nicht den Mut, ihr zu sagen, daß sie von einer verseuchten Tomate schwanger war.« *5601*

***

LEON – DER PROFI *(Leon)*
F 1994, Dauphin, Gaumont (Regie, Buch Luc Besson)

*

Danny Aiello (Tony): »Dieser fette Schweinehund versucht, sich in Maurizios Gebiet breitzumachen. Und du weißt, Maurizio ist ein vernünftiger Mann. Er will nur ein kleines Gespräch. Aber dieser Kerl will einfach nicht hören. Vielleicht hört er ja auf dich.« *5602*

*

Nathalie Portman (Mathilda): »Ist das Leben immer so hart oder nur, wenn man Kind ist?«
Jean Reno (Leon): »Es wird immer so sein.« *5603*

> »Ich fühle mich wunderbar. Das Leben turnt in mir herum wie ein Eichhörnchen.«
> Lebenskünstler

Portman: »Die Entscheidung ist gefallen. Ich ändere mein Leben. Ich werde Cleaner.«
Reno: »Du wirst Cleaner? Hier. Nimm das! Ein Abschiedsgeschenk. Geh und töte! Aber nicht mit mir. Ich arbeite allein. Verstehst du?«
Portman: »Bei Bonnie und Clyde hat's funktioniert, bei Thelma und Louise hat's funktioniert. Und die waren die Besten.« 5604

*

Reno: »Ich arbeite nicht so. Das ist nicht professionell. Es gibt Regeln.« 5605

*

Reno: »Das Gewehr ist die erste Waffe, mit der du schießen lernst. So kannst du Abstand zu deinem Kunden halten. Wirst du sicherer als Profi, darfst du näher an deinen Kunden ran. Wie du ein Messer benutzt, ist das letzte, was du lernst.« 5606

*

Aiello: »Es ist dein Geld. Ich heb's nur für dich auf, so ähnlich wie 'ne Bank. Genaugenommen bin ich viel besser als 'ne Bank, denn Banken werden immer wieder ausgeräumt. Niemand räumt den alten Tony aus.« 5607

*

Reno: »Es ist nichts mehr so wie früher, wenn man so was gemacht hat. Dein Leben hat sich für immer verändert, und du mußt den Rest deines Lebens mit einem offenen Auge schlafen.« 5608

*

Reno: »Der erste Schuß muß ihn außer Gefecht setzen, und der zweite macht ihn fertig. Und nie ins Gesicht! Wenn sie nämlich das Opfer nicht erkennen, werden sie nicht bezahlen, denn du könntest irgend jemanden umlegen und sagen, der Job wär erledigt.« 5609

*

Reno: »Mathilda, es ist vieles anders geworden, seit wir uns kennen. Ich brauche nur etwas Zeit für mich allein, und du brauchst Zeit, um erwachsen zu werden.«
Portman: »Ich bin schon längst erwachsen, ich werde nur noch älter.«
Reno: »Bei mir ist es umgekehrt, ich bin alt genug, doch ich muß noch erwachsen werden.« 5610

*

Gary Oldman (Stansfield): »Liebst du das Leben, mein Engel?«
Portman: »Ja.«
Oldman: »Sehr gut. Es ist nämlich so: Ein Leben zu beenden, ist keine richtige Freude für mich, wenn es dem Betreffenden egal ist, ob er lebt oder nicht.« 5611

*

Aiello: »Mein Gefühl sagt mir, daß ich dabei bin, meine berühmte Freundlichkeit zu verlieren.« 5612

***

DER LEOPARD
(Il Gattopardo)
I/F 1963, Titanus, SNPC, SGC (Regie Luchino Visconti, Buch Suso Cecchi D'Amico, Pasquale Festa Campanile, Enrico Medioli, Massimo Franciosa, Luchino Visconti, nach dem Roman von Giuseppe Tomasi di Lampedusa)

*

(Don Pietro): »Diese Mistkerle stinken sogar noch, wenn sie tot sind.« 5613

*

Burt Lancaster (Don Fabrizio Salina): »Feuer und Flamme für ein Jahr, Asche für dreißig. Oh ja, ich weiß, was Liebe ist.« 5614

*

Paolo Stoppa (Don Calogero Sedara): »Bei solch feierlichen Gelegenheiten sind die Weibsleute immer ein bißchen saumselig.« 5615

*

Lancaster: »Ich gehöre einer unglücklichen Generation an, die zwischen der alten und der neuen Welt steht und sich in keiner zurechtfindet.« 5616

*

Lancaster: »Was würde der Senat anfangen mit mir, einem Gesetzgeber meiner Art, der die Fähigkeit zur Selbsttäuschung nicht besitzt, diese wesentlichste Eigenschaft, wenn man andere führen will?« 5617

> *»Diese Mistkerle stinken sogar noch, wenn sie tot sind.«*
> Der Leopard

LEOPARDEN KÜSST MAN NICHT
(Bringing Up Baby)
USA 1938, RKO (Regie Howard Hawks, Buch Dudley Nichols, Hagar Wilde, nach der Geschichte von Hagar Wilde)

*

Virginia Walker (Alice Swallow): »Das da *(Saurierskelett)* wird unser Kind sein. Ja, David, ich betrachte unsere Ehe als reine Hingabe an dein Werk.« 5618

*

Cary Grant (Dr. David Huxley): »Sie haben mich in eine höchst peinliche Situation gebracht.«
Katharine Hepburn (Susan Vance): »Ach, das tut mir aber leid.«
Grant: »Dort drüben auf dem ersten Lauf wartet nämlich der bekannteste Rechtsanwalt von New York auf mich.«
Hepburn: »Dann versteh ich nicht, was Sie hier auf dem 18. zu suchen haben.« 5619

*

Hepburn: »Ihr Golfball! Ihr Wagen! Gibt's zufällig irgend was auf der Welt, was Ihnen nicht gehört?«
Grant: »Gott sei's gedankt: Sie!«
Hepburn: »Verlieren Sie nicht die Nerven!« 5620

*

Hepburn: »Oh, hallo! Sie sitzen auf Ihrem Zylinder.« 5621

*

Grant: »Im Grunde wundert's mich ja nicht, daß Sie hier sind. Ich hatte schon so 'n Gefühl, als ich auf dem Boden gelandet war.« 5622

*

Hepburn: »Sie sind immer noch böse auf mich. Was kann ich nur dagegen tun?«
Grant: »Weggehen.« 5623

*

Hepburn: »Ich hab ihn heut zum ersten Mal gesehen. Nein, er läuft mir nur überallhin nach und streitet sich mit mir.«
Fritz Feld (Dr. Fritz Lehman): »Wissen Sie, die Liebesimpulse eines Mannes äußern sich sehr häufig in Form von Konflikten.« 5624

*

Hepburn: »Sie werden doch nicht denken, daß ich das absichtlich getan habe?«
Grant: »Wenn ich denken würde, wäre ich weggelaufen, sobald ich Sie sah.« 5625

*

Grant: »Spielen wir ein Spiel, ja?«
Hepburn: »Ja. Welches?«
Grant: »Also, ich bedecke jetzt mit meiner Hand meine Augen, und Sie gehen einfach weg. (...) Ich zähle jetzt bis zehn, und wenn ich meine Hand runternehme, sind Sie weg.« 5626

*

Grant: »Meine zukünftige Frau hat mich immer als einen Mann mit Würde betrachtet.« 5627

*

Grant: »Nicht daß ich Sie etwa nicht mag, Susan. In gewissen ruhigen Augenblicken fühlte ich mich sogar seltsamerweise zu Ihnen hingezogen, aber ruhige Augenblicke gab's ja überhaupt nicht.« 5628

*

Grant: »Bevor wir heute nachmittag heiraten, muß eins zwischen uns völlig klar sein: Ich wünsche nicht, daß irgendeine Frau sich in meine Angelegenheiten mischt.« 5629

*

Hepburn: »›Meine Liebe, ich schicke dir Baby,‹ – Das ist Baby.- ›einen Leoparden, den ich gefangen habe. Er ist drei Jahre alt, sanft wie ein Kätzchen, er mag Hunde ...‹ Ob er damit meint, er frißt gerne Hunde, oder heißt das, er liebt sie?« 5630

*

Grant: »Susan, wenn Sie eine Abkürzung wissen, würden Sie sie bitte nehmen!« 5631

*

Hepburn: »Wenn Sie auf mich gehört hätten, und wir wären abgehauen, hätten wir überhaupt nichts bezahlt.«
Grant: »Ach, Susan, ein Mann, der bis zu den Knien im Wasser steht und mit einem Leopar-

> *»Das da (Saurierskelett) wird unser Kind sein. Ja, David, ich betrachte unsere Ehe als reine Hingabe an dein Werk.«*
> Leoparden küsst man nicht

den kämpft, hat keine Möglichkeit abzuhauen.« ⁵⁶³²

*

Grant: »Können Sie das in Ihrem kleinen Köpfchen behalten?«
Hepburn: »Ja, David.«
Grant: »Sind Sie sicher?«
Hepburn: »Ja, David. Ohne Brille sehen Sie wirklich phantastisch aus.« ⁵⁶³³

*

Hepburn: »Na, hören Sie mal! Wie käme ich dazu, einen Knochen rumzutragen?«
Grant: »Ich (...) würde nie wagen, ein Motiv zu suchen für irgendwas, was Sie tun.« ⁵⁶³⁴

*

Grant: »Es hat fünf Jahre und drei Expeditionen gekostet, um ihn *(Saurierknochen)* zu finden.«
Hepburn: »Jetzt, wo die wissen, wo man so was findet, können Sie sich doch bestimmt einen neuen besorgen lassen.« ⁵⁶³⁵

*

Charlie Ruggles (Major Horace Applegate): »Ein merkwürdiger junger Mann. Finden Sie nicht? Leidet er an irgend etwas?«
May Robson (Tante Elizabeth): »Er hatte einen Nervenzusammenbruch.«
Ruggles: »Hatte oder hat?«
Robson: »Hat. Davon bleibt doch immer was zurück. Sie wissen schon.« ⁵⁶³⁶

*

Hepburn: »Sind wir auf der anderen Seite *(vom Bach)*?«
Grant: »Nein, Susan, wir sind noch genau da, wo wir gestartet sind. Wir sind nur ein bißchen naß.« ⁵⁶³⁷

*

Walker: »David, was hast du nur getan!«
Grant: »Denk dir irgendwas aus, ich nehm es auf mich.« ⁵⁶³⁸

»Nun, da du tot bist,
was wirst du mit
deinem Leben anfangen?«
Lethal Attraction

Walker: »Ich habe nichts weiter zu sagen, es sei denn, daß ich froh darüber bin, daß du mir noch vor der Hochzeit dein wahres Gesicht offenbart hast. David, du bist ein Schmetterling.« ⁵⁶³⁹

***

LETHAL ATTRACTION *(Heathers)*
USA 1988, Cinemarque, New World (Regie Michael Lehmann, Buch Daniel Waters)

*

Winona Ryder (Veronica Sawyer): »Ich hab meine beste Freundin umgebracht.«
Christian Slater (Jason Dean): »Und deine schlimmste Feindin.«
Ryder: »Das ist doch dasselbe.« ⁵⁶⁴⁰

*

Penelope Milford (Pauline Fleming): »Wir müssen uns unterhalten. Sich umzubringen oder nicht, ist eine der wichtigsten Entscheidungen, die ein Teenager fällen kann.« ⁵⁶⁴¹

*

Ryder: »Weißt du, was ich will?«
Slater: »Was?«
Ryder (schießt auf ihn): »Wahnsinnige wie dich aus meinem Leben entfernen.« ⁵⁶⁴²

*

Slater: »Nun, da du tot bist, was wirst du mit deinem Leben anfangen?« ⁵⁶⁴³

***

**LETHAL WEAPON 4 –
ZWEI PROFIS RÄUMEN AUF** *(Lethal Weapon 4)*
USA 1998, Silver, Doshudo, Warner (Regie Richard Donner, Buch Channing Gibson, Story Jonathan Lemkin, Alfred Gough, Miles Millar, nach den Charakteren von Shane Black)

*

Rene Russo (Lorna Cole): »Dir scheint das Pech förmlich nachzulaufen.«
Mel Gibson (Martin Riggs): »Nein, es scheint immer zu wissen, wo ich bin und wartet da.« ⁵⁶⁴⁴

*

Gibson: »Ich hab die Schnauze voll von diesen Irren. Wir sollten sie suchen und abschießen.« ⁵⁶⁴⁵

***

DER LETZTE ANGRIFF
(Fixed Bayonets!)
USA 1951, Twentieth Century Fox (Regie, Buch

Samuel Fuller, nach dem Roman ›The Immortal Sergeant‹ von John Brophy)

*

»Ich verstehe nicht, warum wir hier auf Patrouille sind. Ich weiß doch, daß der Feind hier ist. Ich brauch keine Bestätigung. Ich bin doch nicht aus Missouri.« [5646]

*

Gene Evans (Sergeant Rock): »Bei der Infanterie müßt ihr euch nur um drei Dinge kümmern: ums Gewehr und die zwei Füße.« [5647]

*

Evans: »Das ist etwas, worüber ich schon selbst seit langer Zeit nachgrüble. Warum bleibt man in der Armee hängen? Ich wüßte selber gern, warum. Manche bleiben, weil sie dämlich sind, manche, weil sie arm sind, manche, weil sie faul sind, manche, weil sie 'n bißchen eitel sind. Verstehst du das?«
Richard Basehart (Corporal Denno): »Ja.«
Evans: »Alte Profis wie wir bleiben dabei, obwohl sie wissen, daß nach einem Krieg viele von uns nur noch dahinvegetieren und in Krankenhäusern verfaulen werden. Obwohl wir das wissen, bleiben wir, wie ... Ach, das ist schwer zu erklären. Vielleicht ist das nur etwas, was einem passiert. Vielleicht ist es nur wegen der Pension. Ich wüßte selbst gern, warum.« [5648]

*

Evans: »Denk immer daran, Denno: Töten ist ein Job. Nach dem ersten Mal ist's so einfach wie Ausspucken.« [5649]

*

Basehart (voice-over): »Niemand ist besonders scharf auf Verantwortung. Manchmal hast du sie einfach, ob du willst oder nicht.« [5650]

***

DER LETZTE BANDIT
(Billy the Kid)
USA 1941, MGM (Regie David Miller, Buch Gene Fowler, nach dem Roman ›The Saga of Billy the Kid‹ von Walter Noble Burns)

*

Ian Hunter (Eric Keating): »Mich beschützt ein Moralgesetz, nicht meines, eures.«
Robert Taylor (Billy Bonney): »Moral? Bei uns?«
Hunter: »Natürlich. Sie erschießen keinen Wehrlosen, aus dem Hinterhalt schon gar nicht. Das ist eben die Moral der Morallosen.« [5651]

*

Hunter: »Sie haben ein Pferd, und der Westen ist weit.« [5652]

*

Lon Chaney jr. (Spike Hudson): »Du spuckst ja große Bogen, Kid, seitdem du bei Keating untergekrochen bist.«
Taylor: »Jeder spuckt, so weit er kann.« [5653]

*

Taylor: »Ich werde den Gerichtszauber mitmachen, solange er sich als wirksam erweist.«
Brian Donlevy (Sheriff Jim Sherwood): »Wir wollen doch beide dasselbe.«
Taylor: »Mal sehen.« [5654]

***

DER LETZTE BEFEHL
(The Horse Soldiers)
USA 1959, Mirish, United Artists (Regie John Ford, Buch John Lee Mahin, Martin Rackin nach dem Roman von Harold Sinclair)

*

John Wayne (Colonel Marlowe): »Arzt sind Sie. Erst nehmen sie uns unsere Artillerie weg und unsere Proviantwagen, nur damit wir schneller vorwärtskommen, und jetzt sollen wir auch noch diesen Tablettenaugust mitschleppen, vielleicht auch noch ein paar Sanitäter.« [5655]

*

Constance Towers (Hannah): »Sie Ärmsten müssen auf der feuchten, kalten Erde schlafen. Das ist ja nicht auszudenken. Wann wird dieser entsetzliche sinnlose Krieg zu Ende sein!« [5656]

*

William Holden (Major Kendall): »Ich versuche wie immer, die harten Lebensbedingungen etwas zu verbessern. Und Colonel Secord kann offenbar nicht einsehen, daß der Kaffee besser schmeckt, wenn die Latrinen nicht flußauf-

---

> »Du spuckst ja große Bogen, Kid,
> seitdem du bei Keating
> untergekrochen bist.«
> »Jeder spuckt, so weit er kann.«
> Der letzte Bandit

wärts liegen, sondern flußabwärts. Wie trinken Sie den Kaffee? Mit oder ohne?« [5657]

*

Judson Pratt (Sgt. Major Kirby): »Wir haben in der Armee strenge Vorschriften. Keiner von den höheren Offizieren darf aus einer Flasche trinken, die nicht beschriftet ist. Und in so einem Fall muß vorher gekostet werden.«
Althea Gibson (Lukey): »Und so was müssen Sie tun? Kosten?«
Pratt: »Ja, leider. Hier, deshalb habe ich ja die Streifen auf dem Ärmel. Ich bin staatlich geprüfter Vorkoster für alle Stabsoffiziere.« [5658]

*

Gibson: »Hier ist Ihr Brandy, Sir.«
Holden: »Danke, mein Kind.«
Gibson: »Er ist schon vorgekostet.«
Holden: »Vorgekostet?«
Gibson: »Von dem Soldaten da unten mit den Vorkosterstreifen für alle Stabsoffiziere.«
Holden: »Ah ja, ich weiß schon, Sergeant Kirby. Aha, er hat wohl sehr gewissenhaft geprüft.« [5659]

*

Strother Martin (Virgil): »Au! Aufhören! Sind Sie wahnsinnig? Wollen Sie mir das Ding durch den Schädel stechen?«
O. Z. Whitehead (Sanitäter Hoppy Hopkins): »Ich habe nicht den Eindruck, daß es darin auf nennenswerten Widerstand stoßen würde.« [5660]

***

DER LETZTE EINSATZ
(Cloudburst)
UK 1951, Hammer (Regie Francis Searle, Buch Leo Marks, Francis Searle, Story Leo Marks)

*

Edward Lexy (Cardew): »Ich tue einfach mal so, als verstünde ich, was Sie hier treiben.«
Robert Preston: »Geht uns genauso.« [5661]

> *»Ich hatte Lust,*
> *dich mal wiederzusehen.«*
> *»Hast du kein Foto von mir?«*
> Der letzte Einsatz

Lexy: »Sagen Sie mal, was tun Sie eigentlich als erstes, um einen Code zu dechiffrieren?«
Preston: »Als erstes bringen wir jeden um, der zu viele dumme Fragen stellt.« [5662]

*

Lexy: »Ist Ihnen eigentlich klar, daß der Minister Ergebnisse sehen will?«
Preston: »Welcher Minister will das nicht?« [5663]

*

Elizabeth Sellars (Carol Graham): »Ich hatte Lust, dich mal wiederzusehen.«
Preston: »Hast du kein Foto von mir?« [5664]

*

Sellars: »Ich würde sie so lange jagen, bis sie wie gehetzte Hunde um Gnade winseln. Ich könnte überhaupt nicht anders. Mein Haß würde mich überschwemmen wie ein Wolkenbruch.« [5665]

*

Preston: »Sie haben einen perfekten Mörder aus mir gemacht, denn Sie haben mir alles genommen, wofür es sich zu leben lohnt.« [5666]

***

DAS LETZTE HURRA *(The Last Hurrah)*
USA 1958, Columbia (Regie John Ford, Buch Frank S. Nugent, nach dem Roman von Edwin O'Connor)

*

Spencer Tracy (Frank Skeffington): »Ich will nicht gerade sagen, daß ich ihm das Leben absichtlich schwer mache, nein, das nicht. Aber ich bin nie ein Engel gewesen. Und wenn sich mal die Gelegenheit ergibt, ihm einen kleinen Knüppel zwischen die Beine zu werfen, kann ich's mir nicht verkneifen.« [5667]

*

Edward Brophy (Ditto Boland): »Jedenfalls kann keiner sagen, daß wir dem alten Jackie nicht ein schönes Geleit gegeben hätten. Es muß ein erhebendes Gefühl für ihn gewesen sein, als er vorhin auf uns herabgeschaut hat.«
Tracy: »Herabgeschaut? Bis jetzt ist die Hölle immer noch unten gewesen.« [5668]

*

(am Sterbebett): »Von einem jedenfalls bin ich überzeugt: Wenn er noch einmal anfangen, ganz von vorne beginnen dürfte, dann würde er alles, alles ganz anders machen. Das weiß ich.«
Tracy: »Den Teufel würde ich tun.« [5669]

DIE LETZTE JAGD *(The Last Hunt)*
USA 1956, MGM (Regie und Buch Richard Brooks, nach dem Roman von Milton Lott)

*

Russ Tamblyn (Jimmy): »Frage: Dieser Charley haßt die Indianer, nicht wahr?«
Lloyd Nolan (Woodfoot): »Ja, wieso nicht? Siehst du, die Indianer essen niemals mit der Gabel ganz genau wie Charley, die Indianer haben ihre eigene Weise, Frauen zu behandeln wie Charley auch, und die Indianer benutzen ihre Finger zum Schneuzen wie Charley. Na, ist doch klar: Charley kann sich selbst nicht leiden, deshalb hat er keinen Grund, die Indianer zu lieben.« 5670

*

Robert Taylor (Charles Gilson): »Da hol mich doch der Teufel!«
Nolan: »Keine Angst, das wird er.« 5671

***

DAS LETZTE KOMMANDO
(The Last Detail)
USA 1973, Acrobat, Persky-Bright, Columbia (Regie Hal Ashby, Buch Robert Towne, nach dem Roman von Darryl Ponicsan)

*

Jack Nicholson (Buddusky): »Der Junge gehört zu der Sorte, die in den Bau geht und insgeheim darüber vermutlich froh ist. Draußen, da können ihm zu viele Dinge zustoßen, weißt du, schlechte zumeist. Auf die Art ist für ihn das Schlimmste also schon passiert. Vermutlich ist er glücklich.« 5672

*

Nicholson: »Ich hab nur daran gedacht, dem Jungen noch eine schöne Zeit zu machen. Kapierst du das nicht?«
Otis Young (Mulhall): »Er kann keine schöne Zeit haben. Das steckt nicht in ihm.« 5673

*

Nicholson: »Für jede Schnepfe, die du auf dieser Welt kriegst, mußt du bezahlen, auf die eine oder die andere Art.« 5674

***

DIE LETZTE KRIEGERIN *(Once Were Warriors)*
Neuseeland 1994, Communicado, New Zealand Film Commission, Avalon, New Zealand On Air (Regie Lee Tamahori, Buch Riwia Brown, nach dem Roman von Alan Duff)

Robert Pollock (Polizist): »Der junge Mann umgibt sich mit den falschen Leuten.«
Rena Owen (Beth Heke): »War das bevor oder nachdem Sie ihn geschnappt haben?« 5675

*

Temuera Morrison (Jake Heke): »Ich sag dir, was dein beschissenes Problem ist, Frau: Du reißt dein verdammtes Maul zu weit auf, du bist zu schlau, du bist ein schlechtes Vorbild für das scheiß Kind.« 5676

*

Morrison: »Fahr doch zur scheiß Hölle! Denk nicht, daß du was von mir kriegst.«
Owen: »Du hast auch nichts, was ich möchte.« 5677

***

DIE LETZTE METRO *(Le Dernier Métro)*
F 1980, Carrosse, Andrea, SEDIF, SFP, TF1 (Regie François Truffaut, Buch François Truffaut, Suzanne Schiffman, Jean-Claude Grumberg)

*

Gérard Depardieu (Bernard Granger): »Stimmt, sie ist schön. Aber sie ist nicht echt, diese Frau, sie hat irgend etwas Unechtes.« 5678

*

Depardieu: »Es stecken zwei Frauen in Ihnen.«
Andrea Ferréol (Arlette Guillaume): »Ja. Aber zu Ihrem Pech hat keine davon Lust, mit Ihnen zu schlafen.« 5679

*

(voice-over): »Es ist einer dieser seltsamen Tage, wo von Dach zu Dach geschossen wird, ohne daß man wüßte, wer auf wen zielt.« 5680

***

DER LETZTE MILLIARDÄR
(Le Dernier milliardaire)
F 1934, Pathé (Regie, Buch René Clair)

*

Max Dearly (Banco): »Meine Herren, ich habe die Ehre, Sie zu fragen, ob Sie all die gerechten Repressalien, die ich beschlossen habe, aus

---

> »Es stecken zwei Frauen in Ihnen.« »Ja. Aber zu Ihrem Pech hat keine davon Lust, mit Ihnen zu schlafen.«
> Die letzte Metro

frohem Herzen bejahen. Antworten Sie mir! Haben Sie kleinliche Einwände?« [5681]

***

DER LETZTE MOHIKANER
(The Last of the Mohicans)
USA 1936, Small, United Artists (Regie George B. Seitz, Buch Philip Dunne, John Balderston, Paul Perez, Daniel Moore, nach dem Roman von James Fenimore Cooper)

*

Randolph Scott (Hawkeye): »Ich fürchte, wir beide werden eines Tages noch mal eine Auseinandersetzung haben.« [5682]

*

Scott: »Ich Sie abknallen? (...) Nein, Herr Major, ich gehe sehr selten auf die Jagd und wenn, dann schieße ich keine Schafe.« [5683]

***

DER LETZTE MOHIKANER
(The Last of the Mohicans)
USA 1992, Morgan Creek, Warner (Regie Michael Mann, Buch Michael Mann, Christopher Crowe, nach dem Roman von James Fenimore Cooper und dem Drehbuch von Philip Dunne)

*

Daniel Day-Lewis (Hawkeye): »Tun Sie, was Sie wollen, mit Ihrem eigenen Skalp, aber sagen Sie uns nicht, was wir mit unserem tun sollen!« [5684]

*

(Lieutenant): »Und Sie nennen sich Patriot, einen treuen Untertan der Krone?«
Day-Lewis: »Ich nenne mich nicht Untertan von irgend etwas.« [5685]

*

Steven Waddington (Major Duncan Heyward): »Wir haben Krieg, wie können Sie da nach Westen ziehen?«
Day-Lewis: »Ich würde sagen, wir gehen erst mal nach Norden und biegen dann ganz plötzlich nach links ab.« [5686]

> *»Ich Sie abknallen? (...)*
> *Nein, Herr Major, ich gehe sehr*
> *selten auf die Jagd und wenn,*
> *dann schieße ich keine Schafe.«*
> Der letzte Mohikaner

Wes Studi (Magua): »Die Kinder Grauhaars (Colonel Munro) waren unter Maguas Messer. Sie sind entkommen. Das Messer wird sie finden.« [5687]

*

Studi: »Wenn Grauhaar tot ist, wird Magua sein Herz essen, doch bevor er tot ist, wird Magua seinen beiden Töchtern die Klinge an die Kehle setzen, so daß Grauhaar weiß, daß seine Saat für immer ausgelöscht ist.« [5688]

*

Edward Blatchford (Jack Winthrop): »Du willst nicht mit uns kommen?«
Day-Lewis: »Ich habe einen Grund zu bleiben.«
Blatchford: »Trägt dieser Grund einen gestreiften Rock und arbeitet im Lazarett?« [5689]

***

DIE LETZTE NACHT DES BORIS GRUSCHENKO
(Love and Death)
USA 1975, Rollins-Joffe, United Artists (Regie, Buch Woody Allen)

*

Woody Allen (Boris Gruschenko, voice-over): »Einfach unglaublich! Für ein Verbrechen hingerichtet zu werden, das ich nie begangen habe. Aber sitzt nicht die gesamte Menschheit im selben Boot? Wird nicht letztlich die ganze Menschheit hingerichtet für ein Verbrechen, das sie nie begangen hat? Der Unterschied ist nur, daß alle Menschen letztlich gehen müssen, ich aber morgen früh um sechs.« [5690]

*

Diane Keaton (Sonja Volonska): »Ist es ernst?«
George Birt (Arzt): »Bei guter ärztlicher Behandlung hätte er noch zehn Minuten.« [5691]

*

Olga Georges-Picot (Gräfin Alexandrovna): »Du bist der größte Liebhaber, den ich je hatte.«
Allen: »Ja, weißt du, ich übe auch viel, wenn ich allein bin.« [5692]

*

Keaton: »Es ist die Antwort auf all unsere Probleme.«
Allen: »Es ist nicht *die* Antwort, es ist *eine* Antwort, und es ist die falsche.« [5693]

*

Allen: »Man darf sich den Tod nicht als Ende vorstellen. Man muß ihn betrachten als eine wirksame Möglichkeit, weniger Geld auszugeben.« [5694]

***

DER LETZTE SCHARFSCHÜTZE
(The Shootist)
USA 1976, Frankovich-Self, Paramount (Regie Don Siegel, Buch Miles Hood Swarthout, Scott Hale, nach dem Roman von Glendon Swarthout)

*

John Wayne (John Bernard Books): »Können Sie das nicht rausschneiden, Doc?«
James Stewart (Dr. Hostetler): »Da müßte ich Sie ausweiden wie einen Fisch.«
Wayne: »Und was können Sie tun?«
Stewart: »Tja, da (...) gibt es leider sehr wenig, was man tun kann, eigentlich gar nichts. (...) Wenn die Schmerzen zu stark werden, dann kann ich Ihnen was geben.«
Wayne: »Was Sie damit sagen wollen, ist, daß ich ...?«
Stewart: »Ja.«
Wayne: »Verdammt!«
Stewart: »Tut mir leid, Books.«
Wayne: »Und Sie sagen, ich habe die Konstitution von einem Ochsen.«
Stewart: »Na ja, aber auch Ochsen sterben.« [5695]

*

Gregg Palmer (Straßenräuber): »Mann, Sie haben mich umgebracht!«
Wayne: »Noch nicht, nur den Winter über wirst du 'n bißchen Bauchschmerzen haben, du Flasche. Nun gib die Brieftasche wieder her.« [5696]

*

Wayne (zu Palmer): »Wenn ich dir noch 'n guten Tip geben darf: Such dir 'n andern Beruf! Für den hier bist du zu langsam und 'n Happen zu dämlich.« [5697]

*

Wayne: »Wer in meinem Job zu vertrauensvoll ist, der feiert recht wenige Geburtstage. Und ich lebe nun mal sehr gern.« [5698]

*

Lauren Bacall (Bond Rogers): »Ehrlich gesagt, ich bin froh, daß Sie nicht lange bleiben, Mr. Hickok. Ich bin nicht sicher, ob ich Sie mag.« [5699]

*

Hugh O'Brian (Pulford): »Du hast genau zwei Möglichkeiten, den Laden hier zu verlassen, mein Freund: entweder sofort oder tot.« [5700]

*

Wayne: »Ich glaube, ich hab noch nie einen Mann erschossen, der es nicht verdient hat.« [5701]

*

Harry Morgan (Marshal Thibido): »Und wie ist sonst das Wohlbefinden? Geht's nicht jeden Tag ein bißchen schlechter?« [5702]

*

Wayne: »Sie sollten jeden Tag fünf Stunden aus Dankbarkeit beten, daß ich nicht noch zehn Jahre jünger bin, denn sonst wären Sie nämlich längst schon ein Loch in der Natur.« [5703]

*

Morgan: »Wenn ich merken würde, daß meine Zeit gekommen ist, dann würde ich sie nicht noch künstlich in die Länge ziehen.« [5704]

*

Morgan: »Sie würden nie einen Polizeioffizier abknallen.«
Wayne: »Und warum sollte ich das nicht machen? Aus Angst vorm Tod?« [5705]

*

Wayne: »Die meiste Zeit meines Lebens habe ich in einer wilden Gegend verbracht, und da gibt es bestimmte Gesetze, um zu überleben: (...) Unrecht mir gegenüber dulde ich nicht. Ich laß mich nicht beleidigen, und wer mir zu nahe kommt, der wird zur Hölle geschickt. Ich bin anderen gegenüber gerecht, also fordere ich auch von anderen Gerechtigkeit.« [5706]

*

Wayne: »Ich bin früh dahintergekommen, daß die meisten Menschen im Augenblick der Entscheidung gar nicht wollen oder können. Sie können sich nicht entscheiden. Sie blinzeln mit dem Auge, halten den Atem an, pumpen sich auf, bevor sie abdrücken. Habe ich nie gemacht.« [5707]

»Du bist der größte Liebhaber, den ich je hatte.«
»Ja, weißt du, ich übe auch viel, wenn ich allein bin.«
Die letzte Nacht des Boris Gruschenko

Wayne: »Das war eben kein Profi, das war immer ein Arschloch. Wenn der geschossen hat, waren ihm seine Finger im Weg. Der trifft nicht mal mit einer Kanone das Euter einer Kuh. Bat Masterson hatte in seinem Kopf nie was anderes als Sülze und Sprüche.« [5708]

*

Wayne: »Wer mit so einem Flachmann Freundschaft schließt, der sollte nie was mit einem Schießeisen zu tun haben.« [5709]

*

Wayne: »Ich habe immer noch etwas Stolz. Ein Mann kann alles verlieren, aber nicht seine Würde.« [5710]

*

Wayne: »Vielleicht bin ich viel besser, als Sie denken. Vielleicht bin ich viel besser als all die andern hier oder als Ihr Reverend, der hier das gute Lämmchen abgibt.« [5711]

*

Wayne: »Ich bin ein sterbender Mann, der vor der Dunkelheit Angst hat.« [5712]

*

John Carradine (Beckum): »Ich bin Hesekiah Beckum, der Leichenbestatter, Sir.«
Wayne: »Freut mich.«
Carradine: »Hoffentlich denken Sie nicht, daß mein zufälliger Besuch hier absichtlich ist.«
Wayne: »Nein, im Gegenteil, ich bewundere Leute, die Unternehmungsgeist haben.«
Carradine: »Wie heißt das Sprichwort in unserem Beruf so schön: ›Der erste Wurm bekommt den Vogel.‹ Ja, ich gebe allerdings zu, daß ich ein paar Dinge gehört habe, nach denen es mit Ihrer Gesundheit nicht gerade zum Besten steht.« [5713]

***

DAS LETZTE SPIEL (Bang the Drum Slowly)
USA 1974, Rosenfield, BTDS, Paramount (Regie John Hancock, Buch Mark Harris, nach seinem Roman)

»Diese Umgebung
ist so trostlos.«
»Ja, aber dafür bin ich ja hier.«
Der letzte Tango von Paris

Vincent Gardenia (Dutch Schnell): »Ich habe das Gefühl, irgendwie stimmt alles, was du sagst. Aber hinter allem zusammen steckt eine einzige große Lüge.« [5714]

***

DER LETZTE TANGO VON PARIS
(L'Ultimo tango a Parigi)
I/F 1972, PEA, Artistes Associés (Regie Bernardo Bertolucci, Buch Bernardo Bertolucci, Franco Arcalli, Story Bernardo Bertolucci)

*

Maria Schneider (Jeanne): »Es ist schön, wenn man nichts voneinander weiß.« [5715]

*

Marlon Brando (Paul): »Was soll's, viel Staat ist mit mir sowieso nicht mehr zu machen. Ich hab mir '48 in Kuba den Syph geholt, und, na ja, heut ist meine Prostata so groß wie 'ne Kartoffel. Aber bumsen kann ich immer noch ganz gut, wenn ich auch keine Kinder mehr machen kann.« [5716]

*

Schneider: »Diese Umgebung ist so trostlos.«
Brando: »Ja, aber dafür bin ich ja hier.« [5717]

***

DER LETZTE TYCOON (The Last Tycoon)
USA 1976, Academy, Spiegel (Regie Elia Kazan, Buch Harold Pinter, nach dem unvollendeten Roman von F. Scott Fitzgerald)

*

Jack Nicholson (Brimmer, nachdem er Robert De Niro niedergeschlagen hat): »Ich wollte schon immer zehn Millionen Dollar in die Fresse hauen.« [5718]

***

DIE LETZTE VERFÜHRUNG
(The Last Seduction)
USA 1993, ITC (Regie John Dahl, Buch Steve Barancik)

*

Peter Berg (Mike Swale): »Wie lange dauert es, bis einem neue Eier wachsen?« [5719]

*

Linda Fiorentino (Bridget Gregory): »Wem muß eine Frau hier einen runterholen, damit sie 'n Drink kriegt?« [5720]

*

Fiorentino: »Ach, so läuft das in diesem Laden. Man muß ›bitte‹ sagen.« [5721]

Berg: »Geben Sie mir 'ne Chance!«
Fiorentino: »Hör zu! Such dir lieber ein nettes kleines Cowgirl, mach mit ihr ein paar nette kleine Kälbchen, und laß mich in Ruhe!« [5722]

*

Fiorentino: »Hast du 'ne Wohnung?«
Berg: »Ja.«
Fiorentino: »'n Schweinestall?«
Berg: »Nein, sie ist sauber.«
Fiorentino: »Ist ein Innenklo vorhanden?«
Berg: »Ja, es ist ein Innenklo vorhanden. Ich habe Strom, und ich habe sogar einen Namen.«
Fiorentino: »Keine Namen, bitte! Wir treffen uns draußen.« [5723]

*

Fiorentino: »Ich werde dir den Fall schildern: Die Frau und ihr Mann ziehen ein Drogengeschäft durch. Das Ganze dient einem guten Zweck.«
J. T. Walsh (Frank Griffith): »Die Kinder sollen 'ne gute Ausbildung erhalten?«
Fiorentino: »Nein, die Frau will 'ne schönere Bude. Alles klappt wie am Schnürchen. Nur meint die Frau jetzt, daß es ihr in dem neuen Haus ohne Ehemann besser gefällt.«
Walsh: »Teilen war noch nie ihre Stärke.«
Fiorentino: »Sie hat nur Angst, das Geld zu verschwenden.«
Walsh: »Also, ich sage dir nur meine Meinung, da du mich nicht dafür bezahlst. Aber der Ehemann hat Anspruch auf die Hälfte von allem, was du mit dem Geld kaufst. Sobald du es in ein legales Objekt investierst, eine Wohnung, ein Haus oder es auf ein Bankkonto einzahlst, kann er Anspruch darauf erheben.«
Fiorentino: »Was heißt das?«
Walsh: »Ich hab doch nicht etwa zu schnell gesprochen?«
Fiorentino: »Nein, aber worauf willst du hinaus?«
Walsh: »Das liegt doch auf der Hand. Du mußt das Bargeld behalten. Er wird sich hüten, die Hälfte gerichtlich einzuklagen, außer er ist scharf darauf, daß ihm ein paar Knastbrüder zum warmen Hintern verhelfen.«
Fiorentino: »Also, wie lange soll ich es bei mir tragen?«
Walsh: »Ich würde sagen, am besten so lange, bis (...) die Scheidung durch ist.«
Fiorentino: »Und wie lange dauert das?«
Walsh: »Er wird Einspruch einlegen. Zwei Jahre. Weniger, wenn du Glück hast.«
Fiorentino: »Großer Gott, Frank!«
Walsh: »Tut mir leid, daß das Gesetz es dir nicht leichter macht, mit Drogen zu dealen und Geld zu klauen, Bridget.« [5724]

*

Walsh: »Kann er sich einen guten Anwalt leisten?«
Fiorentino: »Jetzt nicht mehr.« [5725]

*

Berg: »Was bedeute ich dir?«
Fiorentino: »Dich habe ich als meinen Stecher auserkoren.«
Berg: »Als Stecher auserkoren? Ich weiß nicht, ob mir das reicht. Was wäre, wenn (...) ich mehr als nur dein Stecher sein möchte?«
Fiorentino: »Dann wird ein anderer als Stecher auserkoren.« [5726]

*

Fiorentino: »Vögeln ist für mich eben nichts weiter als Vögeln.« [5727]

*

Fiorentino: »Eine Frau verliert 50 % ihrer Autorität, wenn die Leute rauskriegen, mit wem sie schläft.« [5728]

*

Fiorentino: »Der gemeinsame Nenner fehlt. Wir mögen nicht dieselbe Art von Spaß.«
Berg: »Das nennst du Spaß?«
Fiorentino: »Ja, die Regeln verletzen, jemanden zum Wahnsinn treiben.« [5729]

*

Bill Nunn (Harlan): »Gibt's hier nur Baumschulen, oder warum kommen die mir alle so bescheuert vor?« [5730]

*

Nunn: »Eine Frage: Wie ist es möglich, dieses Stadium unserer Beziehung endlich zu beenden?« [5731]

> *»Wem muß eine Frau*
> *hier einen runterholen,*
> *damit sie 'n Drink kriegt?«*
> Die letzte Verführung

Bill Pullman (Clay Gregory): »Ich habe mir von einem Mann, dessen Vor- und Nachnamen sehr italienisch klingen, hundert Riesen geliehen, und Woche für Woche kommen noch mal 10.000 Dollar Zinsen hinzu. Und wenn ich nur ein bißchen in Rückstand gerate, dann wird er wieder mit diesem komischen Daumenspiel anfangen. Ich hab 'n privaten Schnüffler engagiert, der hat fünfzig Prozent verlangt. Aber nun, da ich weiß, wo du bist, ist es mir wirklich scheißegal, wenn ich das ganze Geld investieren muß, um einen Psychopathen zu engagieren, der es dir abnimmt. Und der dir den Hals durchschneidet. Nur so zum Spaß.« *5732*

*

Fiorentino: »Keine Angst, hier ist nur der Anrufbeantworter.« *5733*

*

Fiorentino: »Ich erwarte, daß ich ohne Einschränkung von meinem Liebhaber unterstützt werde.« *5734*

*

Berg: »Was willst du?«
Fiorentino: »Nichts, was du mir bieten kannst.« *5735*

*

Berg: »Ich liebe dich, und das meine ich ernst. Und ich bin sicher, daß du genauso empfindest. Ich bin sicher, du liebst dich auch.« *5736*

*

Pullman: »Sie sind in sie verknallt, hä? Klar, bei euch auf dem Land gibt's wohl kaum Weiber, die so vögeln können wie sie.« *5737*

***

DIE LETZTE VORSTELLUNG
(The Last Picture Show)
USA 1971, LPS, BBS, Columbia (Regie Peter Bogdanovich, Buch Peter Bogdanovich, Larry McMurtry, nach dem Roman von Larry McMurtry)

*

John Hillerman (Lehrer): »Na ja, vielleicht gelingt es mir heut morgen, euch für den bedeutenden Dichter John Keats zu interessieren.«
Jeff Bridges (Duane Jackson): »Wohl kaum.« *5738*

*

Timothy Bottoms (Sonny Crawford): »Was würde er tun, wenn er uns hier findet?«
Cloris Leachman (Ruth Popper): »Schießen, wahrscheinlich. Er sucht nur nach Gelegenheiten, seine Flinte zu benutzen.« *5739*

*

Cybill Shepherd (Jacy Farrow): »Gott sei Dank steh ich nicht auf dich. Mir wär schon alles vergangen, bis du 'n Knopf aufkriegst.« *5740*

*

Gary Brockette (Bobby Sheen): »Bist du noch Jungfrau?«
Shepherd: »Ja, warum?«
Brockette: »Sehr bedauerlich.«
Shepherd: »Ich leg aber keinen Wert darauf.«
Brockette: »Sehr verständlich. Wenn du keine mehr bist, laß dich sehen!« *5741*

*

Shepherd: »Na, was bewegt dein Spatzengehirn?« *5742*

***

DER LETZTE WAGEN *(The Last Wagon)*
USA 1956, Twentieth Century Fox (Regie Delmer Daves, Buch James Edward Grant, Gwen Bagni Gielgud, Delmer Daves, Story Gwen Bagni Gielgud)

*

George Mathews (Bull Harper): »Er rennt ohne Gewehr direkt ins Apachegebiet. Das ist sein dritter Tag ohne Essen und Trinken. Ich werde jedem erzählen, daß Comanchen-Todd der tapferste Mann war, den ich je gehängt habe.« *5743*

*

Douglas Kennedy (Colonel Normand): »Wenn Sie versuchen zu fliehen, sind wir bereit, Sie zu erschießen. Haben Sie das verstanden?«
Richard Widmark (Todd): »Das leuchtet mir ein.« *5744*

*

Ray Stricklyn (Clint): »Ich habe Wache.«
Widmark: »Geh schon, wenn es einen Grund zum Alarm gibt, schlage ich Krach.«
Stricklyn: »Das scheint mir aber nicht richtig zu sein, einen Gefangenen Wache halten zu lassen.« *5745*

> »Sie sind in sie verknallt, hä?
> Klar, bei euch auf dem Land
> gibt's wohl kaum Weiber,
> die so vögeln können wie sie.«
> Die letzte Verführung

Felicia Farr (Jenny): »Ihre Frau, war sie Comanchin?«
Widmark: »Hm.«
Farr: »Jung?«
Widmark: »15, als sie zu mir kam.«
Farr: »Das scheint mir sehr jung zu sein.«
Widmark: »Ja, Mädchen und Pferde, das ist dasselbe, je jünger man sie zähmt, desto besser.« *5746*

*

Widmark: »Also, als wir uns auf den Weg gemacht haben, habe ich nichts versprochen. Jetzt sieht es so aus, als hätte ich damit schon zuviel versprochen. Wir können weder umkehren noch weiterziehen, und wir haben drei Kugeln gegen 300 Apachen.« *5747*

***

DAS LETZTE WOCHENENDE
(And Then There Were None)
USA 1945, Twentieth Century Fox (Regie René Clair, Buch Dudley Nichols, nach dem Roman ›Ten Little Niggers‹ von Agatha Christie)

*

Barry Fitzgerald (Richter Quincannon): »Und glauben Sie nicht an die Medizin, Doktor?«
Walter Huston (Dr. Armstrong): »Glauben Sie an die Gerechtigkeit, Richter?« *(Beide lachen.)* *5748*

*

Fitzgerald: »Kennen Sie nicht das alte Sprichwort, Doktor? ›Trau nie einem Mann, der nicht trinkt!‹« *5749*

*

Judith Anderson (Emily Brent): »Zu dumm, den einzigen Diener im Haus umzubringen. Jetzt wissen wir nicht mal, wo die Marmelade ist.« *5750*

***

DER LETZTE ZUG *(Experiment in Terror)*
USA 1962, Geoffrey-Kate, Columbia (Regie Blake Edwards, Buch Mildred Gordon, Gordon Gordon, nach ihrem Roman ›Operation Terror‹)

*

(FBI-Agent): »Das mußte ja mal passieren. Bei dieser Art von Geschäften kann man nicht ewig leben.« *5751*

***

DER LETZE ZUG VON GUNHILL
(Last Train from Gunhill)
USA 1958, Paramount (Regie John Sturges, Buch James Poe)

*

Carolyn Jones (Linda): »Ich hätte an Ihrer Stelle den Revolver zu Hause gelassen. Ich weiß zwar nicht, wer Sie sind, aber ich kenne den Mann, dem der Sattel gehört.« *5752*

*

Kirk Douglas (Matt Morgan): »Wie du willst, Craig, der letzte Zug geht um neun Uhr, mit dem fahre ich. Aber zwei Männer werden mich begleiten, und auf der Backe des einen ist eine Narbe.« *5753*

*

Walter Sande (Sheriff Bartlett): »Als Ordnungshüter muß man etwas weiter denken. Von mir aus dürfen Sie selbstverständlich rausgehen und sich totschießen lassen, wenn es Ihnen Spaß macht. Aber wissen Sie was? In vierzig Jahren wächst der Weizen auf meinem Grab genauso schön wie auf Ihrem, und kein Mensch denkt mehr daran, daß ich feige war, oder daß Sie an einer Dummheit gestorben sind.« *5754*

*

Earl Holliman (Rick Belden): »Wir haben sie nicht umgebracht, Pa, sie hat sich den Kopf verletzt, als sie auf einen Stein gefallen ist.« *5755*

*

Holliman: »Und was wird aus Lee?«
Anthony Quinn (Craig Belden): »Der ist in einer Stunde besoffen, und wenn Matt ihn findet, ist er in zwei Stunden tot. Hoffentlich beruhigt sich Matt dann.« *5756*

*

»Sie haben sich wohl in der Stadt geirrt.«
Douglas: »Wieso? Ich bin in der richtigen Stadt. Es sind wohl die falschen Leute, mit denen ich spreche.«
»Eine andere Sorte gibt es hier nicht.«
Douglas: »Wenn ich wieder abreise, sind es zwei weniger.« *5757*

> *»Kennen Sie nicht das alte Sprichwort, Doktor? ›Trau nie einem Mann, der nicht trinkt!‹«*
> Das letzte Wochenende

Douglas: »Gibt es denn niemanden in der Stadt, der keine Angst vor Craig Belden hat?«
Val Avery (Barmann): »Doch, auf dem Friedhof liegen ein paar.« [5758]

***

DIE LETZTEN AMERIKANER *(Southern Comfort)*
USA 1981, Phoenix, Cinema Group Venture, EMI (Regie Walter Hill, Buch Michael Kane, Walter Hill, David Giler)

*

Brion James (Trapper): »Wenn ich an deiner Stelle wäre, dann würde ich lieber aufhören zu fragen und schnell abhauen. Meine Freunde sind nämlich nicht so nett wie ich.« [5759]

***

DEN LETZTEN BEISSEN DIE HUNDE
(Thunderbolt and Lightfoot)
USA 1974, Malpaso, United Artists (Regie, Buch Michael Cimino)

*

Clint Eastwood (John ›Thunderbolt‹ Doherty): »Hast du was für Geld übrig, Bruder?«
Jeff Bridges (Lightfoot): »Wenn ich was kriegen kann, schon.«
Eastwood: »Ist es dir egal, wie du es kriegst?«
Bridges: »Ja, wenn es mich nicht zuviel Mühe kostet.« [5760]

*

June Fairchild (Gloria): »Hört mal zu, Jungs! Ich bin extra aus 'm Bett gestiegen, um hierherzukommen, und ich hab nicht die geringste Lust, gleich wieder in eins zu steigen. Ist das klar?«
Bridges: »Das habe ich vergessen, dir zu sagen: Gloria ist deine.« [5761]

*

George Kennedy (Red Leary): »Wenn ihr Dummheiten macht, puste ich euch die Wolle aus dem Schädel.« [5762]

*

Kennedy: »Woher sollen wir das Geld für so was kriegen?«

Geoffrey Lewis (Goody): »Wir könnten zum Beispiel mal 'n bißchen arbeiten für 'ne Weile.«
Kennedy: »Eins muß ich dir sagen: Du bist mir immer noch lieber, wenn du fragst, als wenn du antwortest.« [5763]

***

LEWIS & CLARK & GEORGE
USA 1997, Dark Matter, Davis, Harris (Regie, Buch Rod McCall)

*

Salvator Xuereb (Lewis): »Knarren, Mann, fühlen sich gut an, sind Kumpel, die immer da sind, wenn du sie brauchst. Einfach entsichern, am Drücker ziehen und bamm, sie spucken den Tod.« [5764]

*

Xuereb: »Ich kenn nicht einen, der mal am richtigen Ort war, zur richtigen Zeit, mit der richtigen Puppe, der dafür nicht töten würde.« [5765]

*

Xuereb: »Glaub mir, wenn ich sage, sie hat uns gefickt. Und wir haben ihr auch noch die Vaseline dafür gegeben.« [5766]

***

LIEBE AM NACHMITTAG
(L'Amour, l'après-midi)
F 1972, Losange (Regie, Buch Eric Rohmer)

*

Bernard Verley (Frédéric, voice-over): »Ich lese gern mehrere Bücher nebeneinander, jedes zu seiner Zeit und an seinem Ort.« [5767]

*

Verley (voice-over): »Seit ich verheiratet bin, finde ich alle Frauen hübsch.« [5768]

***

LIEBE BIS ZUM TOD
(Somebody to Love)
USA 1994, Initial, Lumiere (Regie Alexandre Rockwell, Buch Sergei Bodrov, Alexandre Rockwell)

*

Quentin Tarantino (Barmann): »Euer größtes Problem mit dem anderen Geschlecht ist die Tatsache, daß ihr glaubt, lustig sein würde euch weiterbringen. Aber mit lustig sein kriegt ihr euren Dödel nirgendwo rein.« [5769]

***

DIE LIEBE EINES DETEKTIVS *(Love at Large)*
USA 1990, Rank, Orion (Regie, Buch Alan Rudolph)

»*Eins muß ich dir sagen: Du bist mir immer noch lieber, wenn du fragst, als wenn du antwortest.*«
Den Letzten beißen die Hunde

Anne Archer (Miss Dolan): »Ich weiß, daß man Ihnen vertrauen kann.«
Tom Berenger (Harry Dobbs): »Das haben Sie gehört?«
Archer: »Das steht im Telefonbuch. Ihre Annonce.« [5770]

*

Elizabeth Perkins (Stella Wynkowski): »Sie sind kein Gentleman.«
Berenger: »Wenn ich ein Gentleman wäre, würden wir nicht miteinander reden.« [5771]

*

Perkins: »Harry, wenn Sie mal was am Kopf hatten, dann muß das jetzt ein Rückfall sein.« [5772]

***

LIEBE HAT ZWEI GESICHTER
(The Mirror Has Two Faces)
USA 1996, Phoenix, Milchan-Barwood, TriStar (Regie Barbra Streisand, Buch Richard LaGravenese, nach dem Film ›Le Miroir à deux faces‹ von André Cayatte)

*

(Studentinnen):
»Er ist süß. Meinst du, der ist hetero?«
»Oh ja, der ist zu langweilig für 'ne Tunte.« [5773]

*

Jeff Bridges (Gregory Larkin): »Oh Gott, was hab ich gesagt!«
George Segal (Henry Fine): »Das war okay. Du solltest vielleicht nicht unbedingt bei der Hotline für Selbstmordgefährdete arbeiten, aber du hast dich doch gut gehalten, bis Candice reinkam.« [5774]

*

Bridges: »Gott sei Dank hat Candy mich verlassen, sonst hätte ich das Buch nie fertiggekriegt.«
Segal: »Und Gott sei Dank hat Rebecca dich verlassen und Cathryn und Alison. Du bist der einzige Typ, der nicht gleichzeitig vögeln und Kaugummi kauen kann.« [5775]

*

Bridges: »Daß sich bei dir alles um Sex dreht!«
Segal: »Weil sich nun mal alles um Sex dreht.« [5776]

*

Bridges: »Wenn ich mit jemand zusammen bin und wir Probleme haben, dann neige ich dazu, etwas abgelenkt zu sein. Das ist alles.«
Segal: »Greg, du nennst 14 Jahre, um ein Buch zu schreiben, ›etwas abgelenkt‹ sein?« [5777]

*

Elle Macpherson (Candy): »Wenn wir ehrlich sind, wir hatten nichts gemeinsam außer Sex. Und der Tatsache, daß du mich vergöttert hast.« [5778]

*

Macpherson: »Mir liegt wirklich etwas an dir. Wirklich. Aber das mit dir kann's nicht gewesen sein.« [5779]

*

Barbra Streisand (Rose Morgan): »Es zwickt überall, es ist viel zu eng. (...) Warum hast du nicht was Weiteres ausgesucht, in meiner Farbe.«
Mimi Rogers (Claire Rogers): »Weil Brautjungfern nun mal nicht Schwarz tragen.« [5780]

*

Rogers: »Warum läßt du dir keine Dauerwelle machen?«
Streisand: »Hab ich schon mal probiert. Ich sah aus wie Shirley Temple auf Crack.« [5781]

*

Rogers: »Was, zum Teufel, hast du da an? (...) Du bist die Mutter der Braut, nicht der Eröffnungsvorhang.« [5782]

*

Rogers: »Wir sind schon spät dran. Der Priester schwitzt bereits.«
Lauren Bacall (Hannah Morgan): »Alle, die im Zölibat leben, schwitzen. Sonst würden sie explodieren.« [5783]

*

Rogers: »Ich will, daß du da reingehst und daran denkst, daß das heute mein Tag ist. Und wenn du dich nicht benimmst, vergrößere ich deine Geburtsurkunde und verschicke sie als Weihnachtskarte.«
Bacall: »Ich hätte dich nie ermutigen sollen zu sprechen.« [5784]

»Seit ich verheiratet bin, finde ich alle Frauen hübsch.«
Liebe am Nachmittag

Streisand: »Ich hab immer gedacht, ich wär nicht gut genug für dich.«
Pierce Brosnan (Alex Rogers): »Aber du bist gut genug für mich, Rose. Ich schwör's, ich schwör's.«
Streisand: »Ich weiß, ich weiß. Aber, Alex, ... du bist nicht gut genug für mich.« [5785]

***

LIEBE IM HANDUMDREHEN
(Hands Across the Table)
USA 1935, Paramount (Regie Mitchell Leisen, Buch Norman Krasna, Vincent Lawrence, Herbert Fields, Story Viña Delmar)

*

Marie Prevost (Nona): »Heute ist dein Glückstag.«
Carole Lombard (Regi Allen): »Wieso? Hast du ein Hufeisen in der U-Bahn gefunden?« [5786]

*

Ralph Bellamy (Allen Macklyn): »Manche spielen Golf, um sich die Zeit zu vertreiben, manche werden begeisterte Steptänzer, manche vernichten Tontauben. Ich lasse mich maniküren.« [5787]

*

Bellamy: »Maniküren dauert 40 Minuten. Damit ist der Tag nur noch 23 Stunden und 20 Minuten lang.« [5788]

*

Lombard: »Der Tag hat gerade erst begonnen.«
Bellamy: »Welch ein erfrischender Standpunkt! Für mich ist die Nacht gerade erst beendet.« [5789]

*

Lombard: »Ist er reich?«
Ruth Donnelly (Laura): »Nicht nur reich, auch jung und sieht glänzend aus.«
Lombard: »Worüber würde man sich mit so einem Burschen unterhalten? Was mag er?«
Donnelly: »Blondinen, vermutlich.« [5790]

»Heute ist dein Glückstag.«
»Wieso? Hast du ein Hufeisen in der U-Bahn gefunden?«
Liebe im Handumdrehen

Fred MacMurray (Theodore Drew III): »Das ist nicht zufällig Ihre erste Maniküre, oder?«
Lombard: »Nein, keineswegs.«
MacMurray: »Falls Sie denken, ich müßte eine Narkose bekommen, haben Sie keine Angst, es zu sagen.« [5791]

*

Lombard: »Sie müssen doch Freunde haben, die Ihnen Arbeit geben könnten.«
MacMurray: »Das wär ein schöner Freund, der einem Arbeit gibt.« [5792]

***

EINE LIEBE IN MONTREAL
(Joshua Then and Now)
CAN 1985, RSL (Regie Ted Kotcheff, Buch Mordecai Richler, nach seinem Roman)

*

Alan Arkin (Reuben Shapiro): »Das ist eins der Zehn Gebote. Du mußt es als Test sehen. Wenn du acht von zehn richtig hast, bist du einer der Besten in deiner Klasse.« [5793]

***

LIEBE IST STÄRKER *(Viaggio in Italia)*
I/F 1953, Halia, Junior, Sveve, Ariane, Francinex, SGC, Titanus (Regie Roberto Rossellini, Buch Vitaliano Brancati, Roberto Rossellini)

*

George Sanders (Alexander Joyce): »Freiwillig würde ich nie hierherfahren. Ich weiß nicht, warum alle Leute so für Italien schwärmen.« [5794]

*

»Wir sind es nämlich gewöhnt, daß man unser dolce far niente, das göttliche Nichtstun, für reine Faulheit hält.« [5795]

*

»Schöne Frauen haben immer recht, ganz gleich, was sie sagen.« [5796]

*

Sanders: »Wer Schuld hat, muß nachgeben, und Schuld hast du.« [5797]

*

Sanders: »Ich hatte damals angenommen, daß deine romantische Versponnenheit nur eine Übergangserscheinung sei.« [5798]

*

Maria Mauban (Marie): »Plötzlich stellt man fest, daß einem die gewisse Unordnung fehlt, wie sie nur ein Mann um sich verbreitet.« [5799]

(Barmann): »Das Programm in diesem Monat soll nicht ganz so schlecht sein wie sonst.« *5800*

***

LIEBE UNTER SCHWARZEN SEGELN
(Fortunes of Captain Blood)
USA 1950, Columbia (Regie Gordon Douglas, Buch Michael Hogan, Robert Libott, Frank Burt, nach dem Roman von Rafael Sabatini)

*

Curt Bois (König Charles III): »Hm, ein Arzt. Sind die Engländer so gesund, daß ihre Ärzte gezwungen sind, als Seeräuber ihr Brot zu verdienen?« *5801*

***

LIEBEN KANN MAN NUR ZU ZWEIT
(Only Two Can Play)
UK 1962, Vale, British Lion (Regie Sidney Gilliat, Buch Bryan Forbes, nach dem Roman ›That Uncertain Feeling‹ von Kingsley Amis)

*

Peter Sellers (John Lewis): »Neulich hab ich mal wieder deinen Roman durchgeackert. ›Grasgrün ist das Gras‹ Oder heißt es, ›Grasgrün ist das Gras‹? Wir haben eine Erstausgabe, die unsigniert ist. Ich glaube, so was hat heute Seltenheitswert, oder?« *5802*

*

Sellers: »Nach meiner Meinung ist er nur ein maßlos überschätzter, aufgeblasener Gartenzwerg.« *5803*

***

DIE LIEBESABENTEUER DES DON JUAN
(The Adventures of Don Juan)
USA 1949, Warner (Regie Vincent Sherman, Buch George Oppenheimer, Harry Kurnitz, Story Herbert Dalmas)

*

Mary Stuart (Catherine): »Ach, wenn ich Euch glauben könnte! Ihr habt so viele Frauen vor mir geliebt.«
Errol Flynn (Don Juan de Marana): »Oh, Katharina, ein Maler malt oft 1000 Gemälde, und erst dann glückt ihm ein Kunstwerk. Es geht nichts über eine gewisse Praxis.« *5804*

*

Stuart: »Und Ihr liebt mich für immer?«
Flynn: »Liebe mißt man nicht nach Zeit, nur nach Stunden, wo die Zeit stillsteht.« *5805*

Alan Hale (Leporello): »Es müßte für einen Mann doch noch etwas Wichtigeres im Leben geben als Frauen.«
Flynn: »Ja, es müßte wohl. Aber was?« *5806*

*

Robert Warwick (Graf Polan): »Diese Verbindung wäre ein entscheidender Schritt vorwärts *(zum Frieden)* gewesen.«
Flynn: »Ich habe nie geglaubt, Heirat wäre ein Schritt zum Frieden.« *5807*

***

LIEBESGRÜSSE AUS MOSKAU
(From Russia with Love)
UK 1963, Eon, Danjaq, United Artists (Regie Terence Young, Buch Richard Maibaum, nach dem Roman von Ian Fleming)

*

Sean Connery (James Bond): »Ein Engländer trinkt nie roten Wein zum Fisch. Das hätte mir eine Warnung sein müssen.« *5808*

***

LIEBLING, ICH WERDE JÜNGER
(Monkey Business)
USA 1952, Twentieth Century Fox (Regie Howard Hawks, Buch Ben Hecht, Charles Lederer, I. A. L. Diamond, Story Harry Segall)

*

Henri Letondal (Dr. Kitzel): »Experimente an sich selbst, finde ich, verstoßen gegen alle Regeln der Forschung.«
Cary Grant (Professor Barnaby Fulton): »Jerome, die Geschichte der medizinischen Forschung ist die Geschichte von Menschen, die gegen die Regeln verstoßen.« *5809*

*

Grant: »Ich bitte dich, die ist doch noch ein halbes Kind.«
Ginger Rogers (Edwina Fulton): »Aber nicht die sichtbare Hälfte.« *5810*

> *»Schöne Frauen haben immer recht, ganz gleich, was sie sagen.«*
> Liebe ist stärker

LIEBLING ZUM DIKTAT *(Take a Letter, Darling)*
USA 1942, Paramount (Regie Mitchell Leisen, Buch Claude Binyon, Story George Beck)

*

Rosalind Russell (A. M. McGregor): »Überlassen Sie das Reden denen, die nichts zu sagen haben!« [5811]

*

MacDonald Carey (Jonathan Caldwell): »Mr. Varney, ich muß Sie warnen, daß allen Anzeichen nach meine katzenhaft sanfte Schwester auf Beute lauert.« [5812]

*

Russell: »Ich soll mir in New York den Kopf zermartern, damit Sie sie davon überzeugen können, daß Sie eine Enzyklopädie mit Muskeln sind.« [5813]

*

Robert Benchley (G. B. Atwater): »Ist so viel Aufmerksamkeit von einem Frauenfeind nicht beleidigend?« [5814]

*

Russell: »Es gibt ein paar Dinge, die ich nicht ausstehen kann. Dazu gehört der Anblick eines ausgewachsenen Mannes, der in sein Lätzchen sabbert.« [5815]

*

Fred MacMurray (Tom Varney): »Was eine Meinung wert ist, zeigt sich daran, wer sie hat.« [5816]

***

DAS LIED VOM DÜNNEN MANN
(Song of the Thin Man)
USA 1947, MGM (Regie Edward Buzzell, Buch Steve Fisher, Nat Perrin, Story Stanley Roberts)

*

Myrna Loy (Nora Charles): »Ich mag sie. Sie sind perfekte Gentlemen, vom Scheitel bis zu den Fingerabdrücken.« [5817]

*

William Powell (Nick Charles, über Loys verständnislosen Blick): »Mrs. Charles trägt zu diesem Kleid den Mund immer offen.« [5818]

*

Powell: »Manchmal verblüffe ich mich sogar selbst.« [5819]

*

Powell: »Das ist wirklich nicht meine Stärke. Aber ich muß einmal mein Tanzbein schwingen, um die Konzession *(bei Loy)* zu behalten.« [5820]

***

LIGHT SLEEPER
USA 1991, Grain of Sand, Guild (Regie, Buch Paul Schrader)

*

David Clennon (Robert): »Kosmetik. So will sie ihre Firma nennen.«
Willem Dafoe (John LeTour): »Kapier ich nicht. Wieso soll man Geld dafür hinblättern, um sich Unkraut aufs Gesicht zu schmieren?«
Clennon: »Warum blättern sie Geld hin, um es sich in die Nase zu stecken?«
Dafoe: »Robert, der Punkt geht an dich.« [5821]

*

Dafoe (voice-over): »Jeder will sich ausquatschen. Es ist wie ein Zwang. Meine Philosophie lautet: ›Wenn du nichts zu sagen hast, sag auch nichts!‹« [5822]

*

Dafoe: »Ich hab noch nie so 'n Ding benutzt. Wie macht man das?«
René Rivera (Manuel): »Ganz einfach: Du steckst die Patronen rein, zielst auf die bösen Jungs, ziehst am Abzug, und dann fallen sie um.« [5823]

***

THE LIMEY
USA 1999, Artisan (Regie Steven Soderbergh, Buch Lem Dobbs)

*

William Lucking (Warenhausaufseher): »Du bist nur noch nicht tot, weil ich, verdammt noch mal, wissen will, wer du bist.« [5824]

*

Barry Newman (Jim Avery): »Hast du Lust, jemanden für mich umzulegen?« [5825]

*

Newman: »Tja, einem erfolgreichen Mann wie mir sind gewisse Grenzen gesetzt. Ich habe den

---

> »Was eine Meinung wert ist, zeigt sich daran, wer sie hat.«
> Liebling zum Diktat

Kontakt zur Straße verloren, also muß ich einen intelligenten, cleveren Jungen wie dich engagieren, der mit den Feinheiten besser vertraut ist als ich.« 5826

*

»Wissen Sie, Gauner sind schneller als das System. Und wenn wir die Gegend säubern wollen, dann bleibt leider keine Zeit für Durchsuchungsbefehle und Prozesse.« 5827

***

LITTLE BIG MAN
USA 1970, Stockbridge, Hiller, Cinema Center (Regie Arthur Penn, Buch Calder Willingham, nach dem Roman von Thomas Berger)

*

Chief Dan George (Old Lodge Skins): »Mein Herz steigt wie ein Falke in die Lüfte.« 5828

*

Dustin Hoffman (Jack Crabb): »Natürlich bin ich ein Weißer. Habe ich nicht deutlich gesagt, ›Gott schütze George Washington! Gott segne meine Mutter!‹? So was Blödes würde ein Indianer doch niemals sagen.« 5829

*

Martin Balsam (Allardyce T. Merriweather): »Du machst Fortschritte, Jack, nur ist da immer noch so ein letzter Rest Ehrlichkeit in dir. Dich haben diese verdammten Indianer versaut.« 5830

*

Balsam: »Bleib du schön bei Allardyce Merriweather, dann wirst du Seide tragen.«
Hoffman: »Ich weiß aber gar nicht, ob ich Seide tragen möchte.«
Balsam: »Mein lieber Jack, was kann ein Mann von außergewöhnlichen Fähigkeiten anderes tragen als Seide?«
Carol Androsky (Caroline): »Teer und Federn schätze ich. Rührt euch nicht von der Stelle! Keine Bewegung! Oder der Mond scheint auf eure Eingeweide.« 5831

*

Balsam: »Man hat uns erwischt, Jack, das ist alles. Leben ohne Risiko gibt es nicht.«
Hoffman: »Mr. Merriweather, Sie verkennen die Lage. Wir sind erledigt.«
Balsam: »Erledigt? Ich bin nicht erledigt. Ich bin geteert und gefedert, mehr nicht.« 5832

Hoffman: »Ach, Caroline, weißt du, ich mach mir nichts aus Pistolen. Ich habe noch nie eine bei mir getragen.«
Androsky: »Ach du meine Güte! Was haben diese verdammten Indianer bloß aus dir gemacht? Hast du noch nie eine Pistole bei dir gehabt? Die Pistole ist das Wichtigste an einem Mann.« 5833

*

Hoffman: »Der Mann ist ja richtig tot!«
Jeff Corey (Wild Bill Hickok): »Ich schieße nicht mit Platzpatronen.« 5834

*

Richard Mulligan (General George A. Custer): »Meine gute Frau, Sie haben vor den Indianern nichts zu befürchten. Ich gebe Ihnen meine persönliche Garantie.« 5835

*

Steve Snehmayne (Burns Red in the Sky): »Das ist eine Sache, die ich nicht verstehe. Ich fühle Schmerz zwischen meinen Ohren.« 5836

*

Hoffman: »Großvater, ich habe eine weiße Frau.«
George: »Tatsächlich? Das ist interessant. Kann sie kochen? Und arbeitet sie auch fleißig?«
Hoffman: »Oh ja, Großvater.«
George: »Das überrascht mich aber. Zeigt sie freudige Begeisterung, wenn du sie besteigst?«
Hoffman: »Ja, natürlich, Großvater.«
George: »Das überrascht mich fast noch mehr. Ich habe mal eine ausprobiert, die hat überhaupt keine Begeisterung gezeigt.« 5837

*

Hoffman (voice-over): »Es war einfach zum Verzweifeln. Die Indianer wollten mich umbringen, weil ich ein Weißer war und die Weißen, weil ich ein Indianer war.« 5838

*

Cal Bellini (Younger Bear): »Ich bin ein bedeutender Mann, viel bedeutender als du. Ich habe eine Frau und vier Ponys.«

»Das ist eine Sache,
die ich nicht verstehe.
Ich fühle Schmerz
zwischen meinen Ohren.«
Little Big Man

Hoffman: »Ich habe ein Pony und vier Frauen.« ⁵⁸³⁹

*

Hoffman: »Also, wer will die erste sein?« ⁵⁸⁴⁰

*

Hoffman: »Sie lassen mich nicht aufhängen?«
Mulligan: »Dein erbärmliches Leben ist es nicht wert, daß ein Custer seine Entscheidung zurücknimmt.« ⁵⁸⁴¹

*

George: »Heute ist ein guter Tag zum Sterben.« ⁵⁸⁴²

*

Mulligan: »Männer der siebenten Kavallerie, die Stunde des Sieges ist gekommen. Vorwärts zum Little Big Horn, dem Ruhm entgegen!« ⁵⁸⁴³

*

George: »Ich werde jetzt sterben, es sei denn, der Tod will erst kämpfen.« ⁵⁸⁴⁴

*

George: »Bin ich noch in dieser Welt?«
Hoffman: »Ja, Großvater.«
George: »Das hatte ich befürchtet. Merkwürdig, manchmal wirkt der Zauber, manchmal aber auch nicht.« ⁵⁸⁴⁵

***

LITTLE VOICE
UK/USA 1998, Scala, Miramax (Regie Mark Herman, Buch Mark Herman, Jim Cartwright, nach dem Stück ›The Rise and Fall of Little Voice‹ von Jim Cartwright)

*

Brenda Blethyn (Mari Hoff): »Ich wackel runter ins Café. Kann den Tag nicht ohne 'n bißchen triefendes Fett beginnen, oder?« ⁵⁸⁴⁶

Blethyn (voice-over): »Und außerdem spürst du das dicke Polster seiner Brieftasche zur Beruhigung auf deiner Titte.« ⁵⁸⁴⁷

> »Heute ist ein
> guter Tag zum Sterben.«
> Little Big Man

Ewan McGregor (Billy): »Und? Wie war sie?«
Philip Jackson (George): »Na ja, wenn man auf der Suche nach der Achterbahn zügelloser Ausschweifung ist, dann ist man hier oben *(Telefonmast)* wahrscheinlich besser dran.« ⁵⁸⁴⁸

*

Blethyn: »Vielleicht tritt uns dieses eine Mal das scheiß Schicksal nicht in den Arsch.« ⁵⁸⁴⁹

*

Blethyn: »Gib mir deine Lippen und verdopple meinen Pulsschlag, du mein Prinz!« ⁵⁸⁵⁰

***

LIZENZ ZUM TÖTEN
(Licence to Kill)
USA 1989, Danjaq, United Artists (Regie John Glen, Buch Michael G. Wilson, Richard Maibaum)

*

Robert Davi (Franz Sanchez): »Was hat er dir versprochen? Sein Herz? ... Gib ihr sein Herz!« ⁵⁸⁵¹

*

Timothy Dalton (James Bond): »Für eine Frau mit Messer tue ich alles.« ⁵⁸⁵²

*

David Hedison (Felix Leiter): »Da unten gibt es nur ein Gesetz, das Gesetz von Sanchez: Plomo o placa.«
Dalton: »Blei oder Silber.« ⁵⁸⁵³

*

Carey Lowell (Pam Bouvier, zu Dalton): »Wenn die anfangen zu schießen, werfen Sie sich hin und bleiben liegen!« ⁵⁸⁵⁴

*

Dalton: »In meinem Geschäft muß man auf alles gefaßt sein.«
Davi: »Und was für ein Geschäft ist das?«
Dalton: »Ich helfe Menschen, die Probleme haben.«
Davi: »Ein Problemlöser.«
Dalton: »Ich würde sagen, mehr ein Problembeseitiger.« ⁵⁸⁵⁵

*

Benicio del Toro (Dario): »Gleich sind Sie tot.«
Lowell: »Sie nehmen mir die Worte direkt aus dem Mund.« ⁵⁸⁵⁶

***

LOCAL HERO
UK 1983, Enigma, Goldcrest, Twentieth Century Fox (Regie, Buch Bill Forsyth)

Peter Capaldi (Danny Oldsen): »Woran dachten Sie eben?«
Peter Riegert (MacIntyre): »An junge Dinger, nackte junge Dinger.« [5857]

*

Capaldi: »Sollen wir es *(das Kaninchen)* von seinem Elend erlösen?«
Riegert: »Was meinen Sie?«
Capaldi: »Abmurksen, es mit irgendwas Schwerem erschlagen.«
Riegert: »Das haben Sie bereits mit zwei Tonnen Automobil getan.« [5858]

*

Riegert: »Komm mit einem 42 Jahre alten Whisky rüber, Roddy!«
Tam Dean Burn (Roddy): »Oh, heute abend haben wir keinen, Mr. Mac.«
Riegert: »Dann gib mir vier achtjährige und einen zehnjährigen.« [5859]

***

DER LOCKVOGEL (*L'Appât*)
F 1995, Hachette, Little Bear, France 2, M6, Canal+ (Regie Bertrand Tavernier, Buch Colo Tavernier O'Hagan, Bertrand Tavernier, nach dem Roman von Morgan Sportès)

*

Bruno Putzulu (Bruno): »Ich weiß nicht, die 7.65er hättest du vielleicht doch nicht mit 'm Scheck bezahlen sollen.«
Olivier Sitruk (Eric): »Ach, der platzt sowieso.« [5860]

***

LODERNDE FLAMMEN (*The Forest Rangers*)
USA 1942, Paramount (Regie George Marshall, Buch Harold Shumate, Story Thelma Strabel)

*

Susan Hayward (Tana Mason): »Wieso glauben Sie, daß zwei Drinks und ein Trauschein Ihnen irgendwelche Vorrechte einräumen?« [5861]

***

LOHN DER ANGST (*La Salaire de la peur*)
F/I 1953, CICC, Vera (Regie, Buch Henri-Georges Clouzot, nach dem Roman von Georges Arnaud)

*

Charles Vanel (Jo): »Ein Mann in meiner Position prügelt sich nicht, er schießt.« [5862]

*

Peter van Eyck (Bimba): »'ne Uniform macht sich immer gut, wenn man ins Gras beißt.« [5863]

Yves Montand (Mario): »Das war zwar nicht fair, aber ich bin sowieso stärker und habe Zeit gewonnen. Steh auf!« [5864]

***

LOLA MONTEZ (*Lola Montès*)
F/BRD 1955 Union, Gamma, Florida (Regie Max Ophüls, Buch Max Ophüls, Annette Wademant, Franz Geiger, nach dem Roman ›La Vie extraordinaire de Lola Montès‹ von Cécil Saint-Laurent)

*

Peter Ustinov (Stallmeister): »Ich will einen Vertrag mit Ihnen machen. Ich war gestern im Theater.«
Martine Carole (Lola Montez): »Oh, es hat Ihnen also gefallen, wie ich tanze?«
Ustinov: »Überhaupt nicht. Sie können gar nicht tanzen. Aber Sie können Skandale provozieren. Das ist Ihre wahre Begabung.« [5865]

*

Carole: »Ich tue immer nur, was ich will.«
Ustinov: »Ja, das war mit 'm Elefanten genauso, aber schließlich hat er doch gelernt, Klavier zu spielen, und jetzt macht's ihm sogar Vergnügen.« [5866]

***

LONG RIDERS
(*The Long Riders*)
USA 1980, Huka, United Artists (Regie Walter Hill, Buch Bill Bryden, Steven Smith, Stacy Keach, James Keach)

*

David Carradine (Cole Younger): »Erst fängt er sich 'ne Kugel und dann 'n Frauenzimmer ein. Beschissene Aussichten!« [5867]

*

Keith Carradine (Jim Younger): »Entschuldigen Sie, aber haben Sie nichts Besseres als den gefunden?« [5868]

*

Christopher Guest (Charlie Ford): »Es gibt kein Ziel, das wir nicht treffen, kein Pferd, das wir

---

> »Wieso glauben Sie, daß zwei Drinks und ein Trauschein Ihnen irgendwelche Vorrechte einräumen?«
>
> Lodernde Flammen

nicht reiten und keine Bank, die wir nicht ausnehmen.« *5869*

*

(Pinkerton Mann): »Ich bitte Sie, Mister, es war bloß eine Rauchbombe. Wir wollten euch zwingen, das Haus zu verlassen.«
James Keach (Jesse James): »Unser kleiner Bruder war fünfzehn Jahre alt. Denkt mal darüber nach auf eurem Weg in die Hölle!« *5870*

***

LORNA – ZUVIEL FÜR EINEN MANN
(Lorna)
USA 1964, Eve (Regie Russ Meyer, Buch James Griffith, Story R. Albion Meyer)

*

Mark Bradley (Flüchtling): »Ich gefall dir. Was, Baby?« *5871*

***

LOST HIGHWAY
USA 1996, CiBy 2000, Asymetrical (Regie David Lynch, Buch David Lynch, Barry Gifford)

*

Robert Loggia (Mr. Eddy): »Das eben tut mir leid, Pete. Aber zu dicht auffahren ist 'ne Sache, die kann ich nicht tolerieren.«
Balthazar Getty (Pete Raymond Dayton): »Ja, das hab ich gemerkt.« *5872*

*

Carl Sundstrom (Hank): »Der Kerl sieht mehr Muschis als 'ne Klobrille.« *5873*

*

Robert Blake (Mystery Man): »Im Osten, im Fernen Osten wird ein Mann, wenn er zum Tode verurteilt ist, an einen Ort geschickt, wo es kein Entkommen gibt. Er weiß nie, wann der Henker hinter ihn tritt und ihm eine Kugel in den Hinterkopf feuert.« *5874*

***

LOST HORIZON
USA 1937, Columbia (Regie Frank Capra, Buch Robert Riskin, nach dem Roman von James Hilton)

»*Der Kerl sieht mehr Muschis als 'ne Klobrille.*«
Lost Highway

»What do you think of his talk about Shangri-La? Do you believe it?«
Hugh Buckler (Lord Gainsford): »Yes. Yes, I believe it. I believe it, because I want to believe it. Gentlemen, I give you a toast. Here is my hope that Robert Conway will find his Shangri-La. Here is my hope that we all find our Shangri-La.« *5875*

***

LOVE STORY
USA 1970, Paramount (Regie Arthur Hiller, Buch Erich Segal, nach seinem Roman)

*

Ali MacGraw (Jenny Cavilleri): »Liebe bedeutet, niemals um Verzeihung bitten müssen.« *5876*

***

DER LÖWE ZEIGT DIE KRALLEN
(Rough Cut)
USA 1980, Merrick, Paramount (Regie Don Siegel, Buch Francis Burns, nach dem Roman ›Touch the Lion's Paw‹ von Derek Lambert)

*

Lesley-Anne Down (Gillian Bromley): »Es könnte auch schiefgehen.«
David Niven (Chief Inspector Cyril Willis): »Ich weigere mich, diese Möglichkeit in Erwägung zu ziehen.« *5877*

*

Andrew Ray (Pilbrow): »Wir haben heute morgen etwas mehr aus Dr. Chivers rausgekriegt. Äh, er hat uns fast alles erzählt. Das einzige ist, wir wissen nicht, wo er das linke Bein seiner Frau vergraben hat.«
Niven: »Bleiben Sie dran! Es wäre eine große Hilfe, wenn wir Mrs. Chivers vor dem Prozeß wieder zusammensetzen könnten.« *5878*

*

Wolf Kahler (De Gooyer): »Brauchen Sie sonst noch was? Zum Beispiel Leute verschwinden lassen? Entweder vorübergehend oder auf Dauer, ich kann beide Tricks.« *5879*

*

Kahler: »Sind Sie hergekommen, um mich zu beleidigen?«
Burt Reynolds (Jack Rhodes): »Nein, es hat sich nur so ergeben.« *5880*

***

LUDWIG II. *(Ludwig)*
I/BRD/F 1973, Mega, Cinetel, Geissler, Divina (Re-

gie Luchino Visconti, Buch Luchino Visconti, Enrico Medioli, Suso Cecchi D'Amico)

Romy Schneider (Elisabeth von Österreich): »Eine Veränderung, welcher Art auch immer, ist eine Täuschung.« [5881]

*

Trevor Howard (Richard Wagner): »Für mich ist alles Mittelmäßige unerträglich. Ich muß das Beste haben, wenn ich arbeite. Und außerdem brauche ich Sicherheit. Eine unsichere Zukunft ruiniert meine Nerven, ich werde krank, ich kann keine einzige Note schreiben. Was nützt es, davon zu träumen, daß meine Werke zu Ehren kommen, wenn ich tot bin? Meine Musik soll jetzt gespielt werden, wann ich es will und wie ich es will.« [5882]

*

Schneider: »Was wollen Sie eigentlich? In die Geschichte eingehen mit Hilfe Richard Wagners? Wie meine Schwiegermutter mit ihren lächerlichen Malern? Wenn Ihr Richard Wagner wirklich so großartig ist, dann braucht er Sie nicht. Ihre pathetische Freundschaft gibt Ihnen nur die Illusion, etwas Schöpferisches geleistet zu haben.« [5883]

*

Schneider: »Herrscher wie wir können keine Geschichte mehr machen. Wir sind nichts als Pomp. Die Geschichte vergißt uns, es sei denn, jemand gibt uns Bedeutung, indem er uns ermordet.« [5884]

*

Helmut Griem (Graf Dürckheim): »Sicher braucht man Großmut, um Mittelmaß zu ertragen, besonders wenn man Ideale verfolgt, die nicht zu dieser Welt gehören. Ich weiß es. Aber das ist die einzige Hoffnung, um der Einsamkeit in diesem Leben zu entfliehen.« [5885]

*

Helmut Berger (Ludwig II.): »Armer Dr. Gudden! Ihre einzige Aufgabe ist, mich zu ergründen, von morgens bis abends. Aber ich bin ein Rätsel für Sie, und ich möchte ein Rätsel bleiben, für immer, für die anderen und auch für mich selbst.« [5886]

***

LÜGEN HABEN LANGE BEINE
(The Truth About Cats & Dogs)
USA 1996, Noon Attack, Twentieth Century Fox (Regie Michael Lehmann, Buch Audrey Wells)

Janeane Garofalo (Abby): »Ich will mir diese Enttäuschung ersparen.«
Uma Thurman (Noelle): »Enttäuschung bringt einen nicht um.«
Garofalo: »Stimmt. Enttäuschung verstümmelt nur, Ablehnung bringt einen um.« [5887]

*

Jamie Foxx (Ed): »Weißt du, was dein Problem ist? Du denkst zu sehr mit dem Kopf.« [5888]

*

Garofalo: »Diese Nacht war so perfekt. Warten wir auf die nächste, um alles kaputtzumachen!« [5889]

*

Garofalo: »Ich lehne beide Kategorien kategorisch ab. Wie lautet die zweite Idee?«
Thurman: »Wir gehen hin, schütten uns voll und sehen, was passiert.« [5890]

***

LULU ON THE BRIDGE
USA 1998, Redeemable, Capitol (Regie, Buch Paul Auster)

Peggy Gormley (Dr. Fisher, Psychologin): »Das Leben ist etwas sehr Schönes, Mr. Maurer.«
Harvey Keitel (Izzy Maurer): »Nein, das ist es nicht. Das Leben ist, wie es ist. Und es ist nur dann etwas Schönes, wenn man es schön macht.« [5891]

*

Keitel (Saxophonist): »Ich hätte lieber beide Beine oder beide Augen verloren als meine linke Lunge. Die Lunge steht für Atem, der Atem steht für die Musik, die Musik steht für das Leben. Und ohne Musik hab ich kein Leben mehr.« [5892]

> »Weißt du, was dein Problem ist? Du denkst zu sehr mit dem Kopf.«
> Lügen haben lange Beine

Keitel: »Mein Job ist es, mit dir zusammen zu sein. Du bist jetzt meine Arbeit.« [5893]

*

Mira Sorvino (Cecilia Burns): »Existierst du wirklich, oder habe ich dich erfunden.« [5894]

***
LUST AUF FLEISCH *(Jamón, Jamón)*
E 1992, Lola, Ovideo TV, Delta (Regie Bigas Luna, Buch Cuca Canals, Bigas Luna)

*

Javier Bardem (Raúl): »Eins ist klar, wir beide werden keine Freunde werden. Wir beide können nur das eine: vögeln.« [5895]

***
DIE LUSTIGE WITWE *(The Merry Widow)*
USA 1934, MGM (Regie Ernst Lubitsch, Buch Ernest Vajda, Samson Raphaelson, nach der Operette ›Die lustige Witwe‹ von Franz Lehár)

*

Maurice Chevalier (Graf Danilo): »Ich wollte ein wenig Mondschein in Ihr Leben bringen, aber Sie lassen den Vorhang herunter. Wie Sie wollen. Vergessen Sie mich, wenn Sie können. Langweilen Sie sich zu Tode! Ziehen Sie Ihr schönstes Negligé an, und wünschen Sie sich selbst Gute Nacht! Und bitte: Unterstehen Sie sich, von mir zu träumen!« [5896]

*

Chevalier: »Ist die Frau schön?«
Edward Everett Horton (Botschafter Popoff): »Ihr gehören 52 % von Marshovia, also ist die Frau schön.« [5897]

*

Chevalier: »Ich bin schuldig. Schuldig des Verrats, der Pflichtverletzung und was Sie sonst wollen. Aber vor allem: Ich bin schuldig, ein Narr gewesen zu sein. Einmal in meinem Leben verlor ich beides, mein Herz und meinen Verstand. Dafür habe ich Strafe verdient, ohne jeden Pardon. Lassen Sie meine Bestrafung eine Warnung sein für alle Männer. Jeder Mann, der durchs Leben tanzen könnte mit Hunderten von Frauen und es vorzieht, mit einer durchs Leben zu wandern, den sollte man hängen.« [5898]

»Eins ist klar, wir beide werden keine Freunde werden. Wir beide können nur das eine: vögeln.«
Lust auf Fleisch

M

M
D 1929, Nero (Regie Fritz Lang, Buch Thea von Harbou, Fritz Lang)

*

Theo Lingen (Bauernfänger): »Die Bullen wimmeln heute wieder in den Straßen rum wie die Wanzen.«
Friedrich Gnass (Einbrecher): »Wo du hinspuckst, da triffst du auf 'n Grünen.« *5899*

*

Gustaf Gründgens (Schränker): »Meine Herren, unsere Mitglieder müssen wieder in Ruhe ihren Geschäften nachgehen können, ohne durch die überhand nehmende Nervosität der Kriminalpolizei andauernd gestört zu werden.« *5900*

*

Rudolf Blümner (Verteidiger): »Ich habe das zweifelhafte Vergnügen, hier als Ihr Verteidiger zu fungieren. Aber ich fürchte, daß es Ihnen nicht viel nützen wird.« *5901*

***

McCABE & MRS. MILLER
USA 1971, Warner (Regie Robert Altman, Buch Robert Altman, Brian McKay, nach dem Roman ›McCabe‹ von Edmund Naughton)

*

»Ich kann mir nicht vorstellen, daß einer 25 Cents für ein verdammtes Bad bezahlt.«
»So schlimm ist das gar nicht. Das billigste Bad in Bearpaw kostet 35 Cents.«
»Ich würde keins nehmen und wenn es umsonst ist.« *5902*

*

Julie Christie (Constance Miller): »Na, wenn Sie so verdammt schlau sind, dann müßten Sie kapieren, daß wir doppelt soviel mit dem Bordell einnehmen, wenn wir endlich Fenster und Türen einbauen. Oder haben Sie etwa Lust zu vögeln, wenn Ihnen der kalte Wind in den Hintern bläst?« *5903*

***

MACHORKA-MUFF
BRD 1963, Staub-Huillet, atlas, Cineropa (Regie Jean-Marie Straub, Buch Jean-Marie Straub, Danièle Huillet, nach der Geschichte von Heinrich Böll)

*

(Erich von Machorka-Muff): »Ich versprach, ihn zu besuchen. Vielleicht bahnt sich ein kleines Abenteuer mit seiner Frau an. Hin und wieder hab ich Appetit auf die derbe Erotik der niederen Klassen.« *5904*

*

(Erich von Machorka-Muff): »Opposition? Was ist das? Haben wir die Mehrheit, oder haben wir sie nicht?« *5905*

***

DIE MÄCHTE DES WAHNSINNS
(In the Mouth of Madness)
USA 1994, New Line (Regie John Carpenter, Buch Michael De Luca)

*

»Ein guter Rat: Sie sollten abhauen. Das hier ist keine Stadt für Touristen.« *5906*

***

McKENNA'S GOLD
USA 1969, Highroad, Columbia (Regie J. Lee-Thompson, Buch Carl Foreman, nach dem Roman von Will Henry)

*

Omar Sharif (Colorado): »Sir, Sie waren sehr nett zu uns. Wir danken Ihnen dafür. Wenn Sie nun noch so gastfreundlich wären, uns ein paar Pferde und ein paar Maulesel zu leihen und Verpflegung für unterwegs. Außerdem nehmen wir Ihre Frau mit. Sie könnte uns von Nutzen sein, falls wir mit der Kavallerie Schwierigkeiten bekommen. Sollte uns der Weg noch mal

---

> *»Opposition? Was ist das?*
> *Haben wir die Mehrheit,*
> *oder haben wir sie nicht?«*
> Machorka-Muff

hierherführen, dürfen Sie die Frau zurückkaufen. Das verspreche ich Ihnen.« *5907*

*

Sharif: »Wir machen das Grab für den alten Mann. Wir graben es ein wenig länger und ein wenig breiter, dann reicht es für euch beide.« *5908*

*

Sharif: »Durch diese Gegend ohne Revolver zu reiten, grenzt an Selbstmord.« *5909*

***
MACH'S NOCH EINMAL, SAM!
(Play It Again, Sam)
USA 1972, APJAC, Rollins-Joffe, Paramount (Regie, Buch Woody Allen, nach seinem Stück)

*

Woody Allen (Allan Felix): »Wenn ich bloß wüßte, wo mein Psychiater Urlaub macht! Wo fahren die bloß jeden August hin? Einfach abzuhauen! Im Sommer wimmelt's doch in der Stadt von Leuten, die sie nicht alle auf 'm Senkel haben. Aber was würde es schon ändern, wenn er da wäre! Er macht doch aus allem, was ich ihm sage, 'n sexuelles Problem. Er sollte zum Psychiater gehen. Es kann überhaupt kein sexuelles Problem sein, wir hatten ja gar nichts miteinander.« *5910*

*

Susan Anspach (Nancy): »Dir genügen eben Filme, weil du im Leben nur Zuschauer bist. Ich bin da anders, ich bin ein Akteur. Ich will leben, ich will immer dabeisein.« *5911*

*

Allen: »Wenn ich meinem Charme dauernd die Sporen gäbe, hätte ich schon längst einen Herzinfarkt.« *5912*

*

Jerry Lacy (Bogey): »Ich geb dir mal 'n guten Rat, Kleiner: Du mußt den Blödsinn vergessen, von wegen Beziehungen und so. Die Welt ist doch voller Weiber. Brauchst nichts zu tun, als zu pfeifen.« *5913*

*

Allen: »Wenn ich in 'ner halben Stunde noch oben bin, könnt ihr meine Wohnung vermieten.« *5914*

*

Allen: »Ist nicht eine in deiner Gruppe, die zu mir paßt? Die meisten, die irgendwo seelisch 'n Knacks haben, sind interessant. Vielleicht 'ne nette Perverse oder was.« *5915*

*

Allen: »Ein paar Kerle wollten Julie belästigen, und (...) da hab ich sie verrollt. (...) Ich hab dem einen mein Kinn gegen die Faust geknallt und dem andern mit der Nase gegens Knie.« *5916*

*

Diane Keaton (Linda Christie): »Oh, Allan, das hast du wunderbar gesagt!«
Allen: »Das ist aus Casablanca. Ich hab mein Lebtag drauf gewartet, es zu sagen.« *5917*

***
DIE MACHT UND IHR PREIS
(Cadaveri eccellenti)
I/F 1976, Europee Associate, Artistes Associés (Regie Francesco Rosi, Buch Francesco Rosi, Tonino Guerra, Lino Januzzi, nach dem Roman ›Il Contesto‹ von Leonardo Sciascia)

*

Lino Ventura (Inspektor Rogas): »Na, wie geht's?«
Marcel Bozzuffi (entlassener Sträfling): »Überhaupt nicht.«
Ventura: »Was geht überhaupt nicht?«
Bozzuffi: »Alles.«
Ventura: »Und früher?«
Bozzuffi: »Was denn, früher?«
Ventura: »Na, ob's früher besser ging?«
Bozzuffi: »Nein.«
Ventura: »Und weiter?«
Bozzuffi: »Jetzt bin ich da, wo ich bin.« *5918*

***
MAD MAX 2 – DER VOLLSTRECKER
(Mad Max 2)
AUS 1981, Miller, Warner (Regie George Miller, Buch Terry Hayes, George Miller, Brian Hannant)

*

Mel Gibson (Max Rockatansky): »Ich bin die beste Chance, die ihr je hattet.« *5919*

> »Wenn ich meinem Charme dauernd die Sporen gäbe, hätte ich schon längst einen Herzinfarkt.«
> Mach's noch einmal, Sam!

MADAME CURIE
USA 1943, MGM (Regie Mervyn LeRoy, Buch Paul Osborn, Paul H. Rameau, nach dem Buch von Eve Curie)

*

Walter Pidgeon (Pierre Curie): »Die Welt ist bisher auch ohne Radium ausgekommen. Was spielt es für eine Rolle, wenn es noch weitere hundert Jahre nicht isoliert wird?« [5920]

*

Pidgeon: »Die wirklich großen Männer sind immer einfach und gut.« [5921]

***

MADAME DE ...
F/I 1953, Franco-London, Indus, Rizzoli, Gaumont (Regie Max Ophüls, Buch Marcel Achard, Max Ophüls, Annette Wademant, nach dem Roman von Louise de Vilmorin)

*

Charles Boyer (der General): »Jeder für sich allein ist schon langweilig, aber wenn sie in Massen auftreten, sind sie unerträglich.« [5922]

*

»Sie finden anscheinend Gefallen daran, mich zu quälen?«
Danielle Darrieux (die Gräfin Louise): »Wie könnte ich an etwas Gefallen finden, das mir so leichtfällt.« [5923]

*

Boyer: »Ich wäre dir sehr dankbar, wenn du deine Ohnmachtsanfälle etwas weniger lang ausdehnen würdest. Bisher hast du die drei Minuten, die man einer Frau von Geschmack zugesteht, nie überschritten.« [5924]

*

Boyer: »Willst du, daß wir uns mal ernsthaft unterhalten? Ich weiß, wir sind es nicht gewöhnt, weder du noch ich, aber ich hoffe, es wird uns trotzdem gelingen.« [5925]

*

Darrieux: »Anscheinend schweigt man, wenn man sich zuviel zu sagen hat.« [5926]

*

Darrieux: »Ich finde alle Menschen überflüssig. Für mich brauchte es nur noch Sie auf der Welt zu geben.« [5927]

*

Boyer: »Ich finde keinen besonderen Gefallen an der Figur, die du aus mir gemacht hast. Ich habe mich bemüht, diese Rolle zu spielen, um dir nicht zu mißfallen. Ich hab's mir nicht ausgesucht.« [5928]

*

Boyer: »Doch, er ist schuld. So blöd darf ein Mann nicht sein.« [5929]

*

Boyer: »Gut, wie Sie wollen, dann werden diese Herren meine Sekundanten sein. Wollen Sie ihnen mitteilen, wann und wo sie die Ihren treffen können! ... Wenn Sie glauben, ich sei überflüssig, beweisen Sie's!« [5930]

***

DAS MÄDCHEN AM ENDE DER STRASSE
(The Little Girl Who Lives Down the Lane)
USA/CAN/F 1976, Braun, ICL, Filmel (Regie Nicolas Gessner, Buch Laird Koenig, nach seinem Roman)

*

Jodie Foster (Rynn Jacobs): »Mein Vater hat mir eine kleine Flasche mit weißem Pulver zurückgelassen. Er sagte, wenn sie *(die Tote)* mal auftauchen sollte, müßte ich es ihr in den Tee tun. Sie wäre dann weniger aggressiv.«
Scott Jacoby (Mario Podesta): »Tja, das kann man wohl sagen.« [5931]

***

DAS MÄDCHEN AUS DER UNTERWELT
(Party Girl)
USA 1958, Euterpe, MGM (Regie Nicholas Ray, Buch George Wells, nach einer unveröffentlichten Geschichte von Leo Katcher)

*

Myrna Hansen (Joy Hampton): »Nur ein Mann! Ja, du hast gut reden, Vicki.«
Cyd Charisse (Vicki Gaye): »Ja, weil ich auf die Männer längst nicht mehr hereinfalle. Laß dich von dem Pack doch nicht zum Narren halten! Halt sie dir immer drei Schritt vom Leibe! Nach einer Weile gehen sie dann weiter.« [5932]

> »Anscheinend schweigt man, wenn man sich zuviel zu sagen hat.«
> Madame de ...

Robert Taylor (Thomas Farrell): »Wenn jemand Krebs hat, dann wird er sehen, daß er einen Arzt bekommt, der ihm helfen kann. Nicht wahr? Und wenn einem der elektrische Stuhl droht, dann holt er sich den besten Anwalt. Ja, ich bin einer der besten. Der Chirurg bekommt sein Honorar und ich das meine.« [5933]

*

Taylor: »Ich bin Anwalt. Ich bin der Fürsprecher der Gangsterwelt. Ich bin der Schutzengel der Verbrecher, der Halsabschneider.« [5934]

*

Charisse: »Wenn Sie weiter nichts brauchen als Mitleid, dann kann ich Ihnen sagen: Mein Mitleid haben Sie.« [5935]

*

Taylor: »Er ist ein Irrer, Rico, verrückt, hochgradig verrückt.«
Lee J. Cobb (Rico Angelo): »Wieso? Weil er ein paar Ratten erschlagen hat, die ihm in die Quere kamen? Vielleicht habe ich das auch schon getan. Bin ich deshalb verrückt?«
Taylor: »Du bist berechenbar, Rico, aber der nicht. Er tötet nicht beruflich, er tötet, weil es ihm Freude macht.« [5936]

*

Cobb: »Du kennst mein Unternehmen durch und durch. Die finanziellen Manipulationen, du kennst meine Freunde und meine Feinde, die lebendigen und die toten. Ich habe dir immer alles offen erzählt, Tommy, wie einem Beichtvater.« [5937]

*

Cobb: »Weißt du, was ich gar nicht ausstehen kann, das ist ein bekehrter Trinker. Ein bekehrter Gauner ist für mich dieselbe Preisklasse.« [5938]

*

(Polizist): »Es sieht so aus, als *wollte* er sich umbringen lassen, Herr Stewart. Fehlt nur noch, daß er ein Inserat aufgibt.« [5939]

> »Wenn Sie weiter nichts brauchen als Mitleid, dann kann ich Ihnen sagen: Mein Mitleid haben Sie.«
> Das Mädchen aus der Unterwelt

Cobb: »Es war nicht schwer, dich zu finden, mein Junge.«
Taylor: »Ach, ich wollte dir keine Ungelegenheiten bereiten. Ich wußte doch, daß du mich früher oder später kriegen würdest.« [5940]

*

Cobb: »Wir hatten schon mehrmals die Gelegenheit, dich bildschön zu erledigen.«
Taylor: »Davor hatte ich keine Angst. Ich kenne dich doch genau, Rico. Die besseren Sachen erledigst du doch persönlich.« [5941]

***

DAS MÄDCHEN IRMA LA DOUCE
(Irma La Douce)
USA 1963, Mirish, Phalanx, Alperson, United Artists (Regie Billy Wilder, Buch Billy Wilder, I. A. L. Diamond, nach dem Stück von Alexandre Breffort)

*

(voice-over): »Das ist die Geschichte von Irma La Douce, eine Geschichte voll Leidenschaft, Blutvergießen, Sehnsucht und Tod, kurz alles, was das Leben lebenswert macht.« [5942]

*

(voice-over): »Als er das Lokal kaufte, hieß es *Chez Moustache.* Und es war natürlich viel billiger, sich einen Schnurrbart wachsen zu lassen, als ein neues Schild anzufertigen.« [5943]

*

Diki Lerner (Jojo): »Aber das war doch nur Spaß, Hippolyte.«
Bruce Yarnell (Hippolyte): »Ein Spaß? Dann wundere ich mich, daß keiner darüber lacht.« [5944]

*

Jack Lemmon (Nestor): »Diese Mädchen da. Ich habe das dunkle Gefühl, daß das Straßenmädchen sind.«
Shirley MacLaine (Irma La Douce): »Nein!« [5945]

*

Lemmon: »Und dann hab ich mir auch immer ein paar alte Zeitungen unter die Uniform gesteckt, um mir die Brust warmzuhalten.«
MacLaine: »Das kann ich mir leider in meinem Beruf nicht leisten.« [5946]

*

Lemmon: »Na ja, Sie haben einen Vorteil. Zwischendurch kommen Sie mal ins Warme und können die Beine ausstrecken.« [5947]

MacLaine: »Die Männer haben schon viel verrücktes Zeug von mir verlangt, aber noch nie, daß ich das Rauchen aufgeben soll.« *5948*

*

MacLaine: »Was werden die von mir denken, wenn du arbeiten gehst? Sie werden alle denken, daß ich meinen Mann nicht mehr ernähren kann.« *5949*

*

Lemmon: »Gib mir was zu trinken!«
Lou Jacobi (Moustache): »Cognac? Pernod? Calvados?«
Lemmon: »Genau in der Reihenfolge.« *5950*

*

Jacobi: »Du bist nun mal ihr Manager. Die Pavlova hatte auch einen, aber der verlangte nicht, daß sie nur für ihn tanzte. Das ist bei großen Talenten so. Sie gehören nicht einem allein, sondern der Öffentlichkeit.« *5951*

*

Lemmon: »Warum können wir ihnen denn nicht einfach die Wahrheit sagen?«
Jacobi: »Die Wahrheit, die kauft uns doch keiner ab.«
Lemmon: »Aber ich bin unschuldig.«
Jacobi: »Die Gefängnisse sind voll von unschuldigen Menschen, die die Wahrheit gesagt haben.« *5952*

*

Jacobi (Trauzeuge): »Mach dir keine Sorgen. Wenn alle Stricke reißen, heiraten eben wir beide.« *5953*

*

Jacobi: »Das ist eine andere Geschichte.« *5954*

***

MADE IN U.S.A.
F 1966, Rome-Paris, Anouchka, SEPIC (Regie, Buch Jean-Luc Godard, nach dem Roman ›The Jugger‹ von Richard Stark)

*

Anna Karina (Paula Nelson): »Und schon siegt die Fiktion über die Realität, schon gibt es Blut und Rätsel. Schon hab ich das Gefühl, mich in einem Walt-Disney-Film zu befinden, aber in einem, in dem Humphrey Bogart mitspielt, das heißt, in einem politischen Film.« *5955*

*

Karina: »Ich kann mit Worten nicht ausdrücken, wie abgrundtief ich die Polizei hasse.« *5956*

MADELEINE
UK 1950, Cineguild, Rank (Regie David Lean, Buch Nicholas Phipps, Stanley Haynes, nach dem Fall von Madeleine Hamilton Smith)

*

Leslie Banks (Mr. Smith): »Es hat etwas Würdevolles. Schmutzig, aber würdevoll.« *5957*

*

Ann Todd (Madeleine Smith): »Ihr habt heute zu laut gelacht, als dein Freund hier war.«
Elizabeth Sellars (Christina): »Er ist voller Schelmereien, Miss.« *5958*

*

Ivan Desny (Emile l'Angelier): »Nein. So stell ich mir das nicht vor. Wenn wir heiraten, dann in dein Leben und nicht in meins.« *5959*

*

Todd: »Ich habe solche Angst, Willy.«
Norman Woland (William Minnoch): »Hab hier Angst, wo deine Freunde sind! Alleine Angst zu haben, ist eine schreckliche Sache.« *5960*

***

DIE MAFIOSIBRAUT *(Married to the Mob)*
USA 1988, Mysterious Arts, Demme, Orion (Regie Jonathan Demme, Buch Barry Strugatz, Mark R. Burns)

*

Matthew Modine (Mike Downey): »Vielleicht hat Frank mitgemischt. Die nannten ihn nicht umsonst ›Die Gurke‹.« *5961*

*

Mercedes Ruehl (Connie Russo): »Wir sind deine Freunde, Angela, ob's dir gefällt oder nicht.« *5962*

*

Steve Vignari (›Stevarino‹): »Das ist 'ne ganz schlimme Gegend. Da würde ich nicht mal 'n Hund aussetzen.« *5963*

*

Michelle Pfeiffer (Angela De Marco): »Ich kann

> »Die Männer haben schon viel verrücktes Zeug von mir verlangt, aber noch nie, daß ich das Rauchen aufgeben soll.«
> Das Mädchen Irma La Douce

mich nicht erinnern, wann mich zum letzten Mal ein Mann so weit unten angefaßt hat.« ⁵⁹⁶⁴

***

MAGIC MURDER
(Witch Hunt)
USA 1996, Pacific Western, HBO (Regie Paul Schrader, Buch Joseph Dougherty)

*

Sheryl Lee Ralph (Hypolita Kropotkin): »Er ist klein. Man muß vorsichtig sein bei kleinen Männern. Deren Aura ist verdichtet.« ⁵⁹⁶⁵

*

Dennis Hopper (H. Philip Lovecraft): »Was ist das für ein Zeug?«
Ralph: »Das wollen Sie nicht wirklich wissen.« ⁵⁹⁶⁶

*

Julian Sands (Finn Macha): »Wenn das nicht Phil Lovecraft ist! Wie behandelt Sie die Welt, Arschgesicht?« ⁵⁹⁶⁷

*

Sands: »Ich arbeite als Sicherheitsberater. Und beschleunige die Dinge, füge lose Enden zusammen.«
Hopper: »Ich glaube, nach ein paar von den Leuten, die Sie beschleunigt haben, wird noch gesucht.« ⁵⁹⁶⁸

***

LE MAGNIFIQUE
F/I 1973, Ariane, Mondex, Oceaia (Regie Philippe de Broca, Buch Francis Veber, Vittorio Caprioli, Philippe de Broca)

*

Jean-Paul Belmondo (Bob St.Clair): »Man sieht mir das nicht an, aber im Grunde bin ich ein Mann mit sehr viel Gefühl.« ⁵⁹⁶⁹

*

Jacqueline Bisset (Christine): »Ich liebe nur Sensibilität und Zartgefühl.«
Belmondo (François Merlin): »Männer wie mich also.« ⁵⁹⁷⁰

> »Ich kann mich nicht erinnern, wann mich zum letzten Mal ein Mann so weit unten angefaßt hat.«
> Die Mafiosibraut

MAGNOLIEN AUS STAHL
(Steel Magnolias)
USA 1989, Rastar, TriStar (Regie Herbert Ross, Buch Robert Harling, nach seinem Stück)

*

Sally Field (M'Lynn Eatenton): »Wenn er mich in den Wahnsinn treiben will, ist es zu spät.« ⁵⁹⁷¹

*

Olympia Dukakis (Clairee Belcher): »Die ist doch nicht älter als 18. Die hatte noch keine Zeit für 'ne Vergangenheit.«
Dolly Parton (Truvy Jones): »Sei nicht so altmodisch, Clairee! Das sind die 80er Jahre. Wenn man die Pubertät geschafft hat, hat man schon 'ne Vergangenheit.« ⁵⁹⁷²

*

Tom Skerritt (Drum Eatenton): »Whitey Black ist ein Idiot. Ich bin nicht mal sicher, ob er gegenüberstehende Daumen hat.« ⁵⁹⁷³

*

Shirley MacLaine (Ouiser Boudreaux): »Er ist ein Geschwür am Gesäß der Menschheit.« ⁵⁹⁷⁴

*

MacLaine: »Er ist ein wahrer Gentleman. Ich wette, er nimmt die Teller aus dem Spülbecken, bevor er reinpinkelt.« ⁵⁹⁷⁵

*

Field: »Sie kann so gut mit gestörten Kindern umgehen.«
Parton: »Hätte ich doch Louie dahingebracht, als er klein war und ihn zurechtrücken lassen! Ich hätte wissen müssen, daß er Probleme hat, als nicht mal seine ausgedachten Spielkameraden mit ihm spielen wollten.« ⁵⁹⁷⁶

*

Parton: »Das Netteste, was ich über sie sagen kann, ist: Alle Tätowierungen sind richtig geschrieben.« ⁵⁹⁷⁷

*

MacLaine: »Ich bin nicht verrückt, M'Lynn. Ich bin nur seit 40 Jahren verdammt schlecht gelaunt.« ⁵⁹⁷⁸

*

Parton: »Er sagte, er könnte mit 'nem anderen Mann in ihrem Leben fertig werden, aber er hat Schwierigkeiten mit dem Vater, dem Sohn und dem Heiligen Geist.« ⁵⁹⁷⁹

Dukakis: »Sehr gut, Annelle! Wie ein richtiger Klugscheißer gesprochen.« *5980*

***

MALCOLM X
USA 1992, 40 Acres and a Mule, Largo (Regie Spike Lee, Buch Arnold Perl, Spike Lee, nach ›The Autobiography of Malcolm X as told to Alex Haley‹)

*

Denzel Washington (Malcolm X): »Wir landeten nicht am Plymouth Rock *(wie die Mayflower)*, Plymouth Rock landete auf uns.« *5981*

*

Washington: »Ich mag Integration nur auf eine Weise: in meinem Kaffee.« *5982*

*

»Was kann ein Weißer so wie ich, der keinerlei Vorurteile hat, was kann ich tun, um Ihnen zu helfen und um Ihrer Sache dienlich zu sein?«
Washington: »Gar nichts.« *5983*

*

Washington: »Ich vertraue darauf, daß Allah mich beschützt.«
Jean LaMarre (Benjamin 2X): »Nun, an Allah zu glauben ist eine Sache. Aber bewaffnet zu sein, festigt auch den Glauben.« *5984*

*

Washington: »Jetzt kommt die Zeit der Märtyrer.« *5985*

***

MAN LEBT NUR ZWEIMAL
(You Only Live Twice)
UK 1967, Eon, Danjaq, United Artists (Regie Lewis Gilbert, Buch Roald Dahl, nach dem Roman von Ian Fleming)

*

Tetsuro Tamba (Tiger Tanaka): »Regel Nummer eins: Tu niemals etwas selber, wenn ein anderer es für dich tun kann! Regel Nummer zwei: In Japan kommen die Männer immer zuerst, die Frauen als zweites.«
Sean Connery (James Bond): »Hier werde ich mich später mal zur Ruhe setzen.« *5986*

*

Akiko Wakabayashi (Aki): »Ich glaube, es wird mir ein großes Vergnügen sein, unter Ihnen zu arbeiten.« *5987*

Tamba: »Mit Ihrer Schwäche für das zarte Geschlecht werden Sie noch einmal ein schlimmes Ende nehmen, Bond.« *5988*

*

»Wollen Sie uns erpressen?«
Donald Pleasence (Ernst Stavro Blofeld): »Erpressen ist mein Geschäft.« *5989*

*

Pleasence: »Angeblich sollen Sie in Hongkong ermordet worden sein.«
Connery: »Ja, das ist mein zweites Leben.«
Pleasence: »Sie leben auch nur zweimal.« *5990*

*

Pleasence: »Sie sehen, ich bin gerade dabei, einen kleinen Weltkrieg zu inszenieren.« *5991*

*

Pleasence: »Gut, geben Sie ihm seine Zigaretten! An Nikotin werden Sie auf keinen Fall sterben.« *5992*

***

MAN NANNTE IHN HOMBRE *(Hombre)*
USA 1967, Hombre, Twentieth Century Fox (Regie Martin Ritt, Buch Irving Ravetch, Harriet Frank jr., nach dem Roman von Elmore Leonard)

*

Diane Cilento (Jessie Brown): »Es dauert wohl eine Zeitlang bei Ihnen, bis Sie in Fahrt kommen, hm?«
Paul Newman (John Russell): »Wenn die Lady nichts dagegen hat, ich bin heute nicht in Stimmung, mich zu opfern. Nicht mal Ihnen zuliebe würde ich das machen.« *5993*

*

Newman: »Wenn er abhauen will, erschieß ihn einmal, nimmt er das Geld mit, erschieß ihn zweimal, nimmt er aber das Wasser mit, schieß das Magazin leer!« *5994*

*

Newman: »Und denken Sie nicht so viel nach, sonst vergessen Sie nachher noch das Schießen.« *5995*

> *»Ich mag Integration*
> *nur auf eine Weise:*
> *in meinem Kaffee.«*
> Malcolm X

Frank Silvera (Mexikanischer Bandit): »Entweder du rückst mit dem Geld raus, oder wir erschießen die Frau.«
Newman: »Na gut, erschießt sie.«
Silvera: »Diese nette, entzückende Frau sollen wir erschießen?« [5996]

*

Silvera: »Und was ist mit den anderen? Was werden die dazu sagen?«
Newman: »Die sagen, was sie wollen, ich sage, was ich will.« [5997]

*

Cilento: »Können Sie mir denn verraten, warum Sie sich noch weiter mit uns abgeben?«
Newman: »Weil ich hier rauskann und Sie nicht.« [5998]

*

Richard Boone (Cicero Grimes): »Ich bin Ihnen noch was schuldig. Sie haben zwei Löcher in mich geschossen.«
Newman: »Das genügt gewöhnlich für die meisten.« [5999]

***

MAN WITH A GUN
USA 1994, October, Northwood, NuImage (Regie David Wyles, Buch Laurie Finstad-Knizhnik, nach dem Roman ›The Shroud Society‹ von Hugh C. Rae)

*

Michael Madsen (John Hardin, voice-over): »Egal, was du getan hast, du bekommst immer genau das, was du verdient hast. Die Guten sterben jung, aber die Miesen sterben einen häßlichen Tod.« [6000]

*

Robert Loggia (Philip Marquand): »Du hättest sie schwängern sollen. Dann wär sie beschäftigt und käm nicht auf dumme Gedanken.« [6001]

*

Madsen: »Eine Frau hab ich noch nie umgebracht.«

> »Na ja, irgendeiner muß
> sich ja über das Leben
> Gedanken machen.«
> Man with a Gun

Gary Busey (Jack Rushton): »Heißt das etwa, daß du weich wirst?«
Madsen: »Nein, ich hab's nur noch nie gemacht.«
Busey: »Wenn du eine Schlange töten kannst, kannst du auch meine Frau umlegen.« [6002]

*

Loggia: »Vor vielen Jahren wurde ich damit beauftragt, eine ziemlich unappetitliche Aufgabe zu erledigen. Wir hatten einen Mann in der Organisation, der zu einer Belastung geworden war. Die Ehre, diesen Mann zu beseitigen, war mir übertragen worden. Und zum Beweis, daß ich die Tat ausgeführt hatte, sollte ich seine Uhr überbringen. Zu jener Zeit war das mit vielen Ritualen verbunden.«
Ian Tracey (Roy Burchill): »Ich habe *Der Pate* gesehen.« [6003]

*

Madsen: »Hier wird einer auf die alte Art tranchiert, und du bist offensichtlich der Truthahn.« [6004]

*

Madsen (voice-over): »Na ja, irgendeiner muß sich ja über das Leben Gedanken machen.« [6005]

***

MANCHE MÖGEN'S HEISS (Some Like It Hot)
USA 1959, Ashton, Mirish, United Artists (Regie Billy Wilder, Buch Billy Wilder, I. A. L. Diamond, nach einer Geschichte von Robert Thoeren, Michael Logan)

*

Tony Curtis (Joe/Josephine): »Wir haben nichts gesehen, nicht wahr?«
Jack Lemmon (Jerry/Daphne): »Nein, gar nichts, gar nichts. Außerdem geht es uns ja nichts an, wenn sich die Herren gegenseitig umlegen.« [6006]

*

George Raft (›Spats‹ Colombo): »Ihr kommt nirgendwo mehr hin.«
Lemmon: »Warum nicht?«
Raft: »Weil ich nicht gern Zeugen habe.« [6007]

*

Lemmon: »Von uns hört keiner ein Wort.«
Raft: »Euch wird man überhaupt nicht mehr hören. Nicht mal mehr atmen.« [6008]

*

Lemmon: »Halt! Joe, wohin rennst du?«

Curtis: »So weit weg wie möglich.«
Lemmon: »Das ist nicht weit genug.« [6009]

*

Marilyn Monroe (Sugar Kane Kumulchek): »Ich stamme aus einer Künstlerfamilie. Meine Mutter ist Klavierlehrerin und mein Vater Arrangeur.«
Curtis: »Was arrangiert er denn?«
Monroe: »Die Güterzüge auf dem Abstellgleis.« [6010]

*

Monroe: »Warten Sie schon lange?«
Curtis: »Es kommt nicht darauf an, wie lange man wartet, sondern auf wen man wartet.« [6011]

*

Pat O'Brien (Mulligan): »Keine Sorge, Gamasche, ich werde die beiden Zeugen eines Tages schon noch ausbuddeln.«
Raft: »Das werden Sie wohl auch tun müssen, sie ausbuddeln.« [6012]

*

Raft: »Sie möchten in Chicago nicht begraben sein. Also werden wir sie hier erledigen.« [6013]

*

Nehimiah Persoff (Little Bonaparte): »Danke. Ich danke euch, Freunde der Italienischen Oper. Zehn Jahre ist es her, daß ich mich zum Präsidenten dieser Organisation gewählt habe, und ich muß selbst sagen, ihr habt die richtige Wahl getroffen. Sehen wir uns den Jahresbericht an. Im letzten Steuerjahr betrug der zu versteuernde Gewinn 112 Millionen Dollar. Allerdings, wir bezahlen keine Steuern. Natürlich gab es bei uns, wie in jedem Unternehmen, kleine Meinungsverschiedenheiten. Wir wollen uns jetzt erheben zu einer stillen Gedenkminute für sieben unserer Mitglieder aus Chicago, nördlicher Abschnitt, denen es nicht möglich ist, heute bei uns zu sein, weil sie ausradiert wurden.« [6014]

*

Raft: »Geburtstag? Ich hab erst in vier Monaten Geburtstag.«
Persoff: »Na, wenn schon. Was sind denn vier Monate unter Freunden?« [6015]

*

O'Brien: »Was ist denn hier los?«
Persoff: »In dem Kuchen war was drin, was ihnen nicht bekommen ist (Maschinenpistolenschütze).«

O'Brien: »Mein Kompliment dem Küchenchef. Niemand verläßt den Raum, bis ich das Rezept habe.« [6016]

*

Lemmon: »Verstehst du denn nicht, Osgood? Ich bin ein Mann.«
Joe E. Brown (Osgood Fielding III): »Na und? Niemand ist vollkommen.« [6017]

***

MANHATTAN
USA 1979, Rollins-Joffe, United Artists (Regie Woody Allen, Buch Woody Allen, Marshall Brickman)

*

Woody Allen (Isaac Davis): »Du bist ein Kind, ja, und ich möchte nicht, daß du das vergißt. Weißt du, du wirst im Laufe deines Lebens noch eine Menge großartiger Männer kennenlernen ... ich meine, du solltest mich schon genießen, meinen (...) überaus trockenen Humor und meine erstaunliche Liebestechnik. Aber vergiß bitte nicht, daß du dein ganzes Leben noch vor dir hast.« [6018]

*

Allen: »Ich bin altmodisch, ich glaube nicht an außereheliche Beziehungen. Die Menschen sollten sich fürs ganze Leben paaren, so (...) wie Tauben oder Katholiken.« [6019]

*

Allen: »Was bedeutet Geld? Meins reicht noch für 'n Jahr, (...) wenn ich so lebe wie Mahatma Gandhi.« [6020]

*

(Partygast): »Eine sehr beißende Satire stand neulich in der *Times* über diese Burschen *(Neonazis)*, unheimlich böse, sag ich dir.«
Allen: »Ja, eine Satire in der *Times* ist gut, aber Knüppel und Baseballschläger sind eindeutig besser.« [6021]

*

(Frau bei Party): »Ich hatte neulich mal einen

»*Verstehst du denn nicht, Osgood? Ich bin ein Mann.*«
»*Na und? Niemand ist vollkommen.*«
Manche mögen's heiß

Orgasmus, aber mein Arzt sagt, es wär nicht der richtige.« [6022]

*

Allen: »Wissen Sie, Mary, manchmal sind Sie eine ziemlich negative Persönlichkeit.«
Diane Keaton (Mary Wilke): »Ich bin nur ehrlich. Was wollen Sie? Ich sag immer, was ich denke. Wenn es Ihnen nicht gefällt, dann hauen Sie doch ab!«
Allen: »Nein, nein, mir gefällt Ihre Ausdrucksweise: kurz, bündig und degeneriert.« [6023]

*

Allen: »Was haben Sie für einen Hund?«
Keaton: »Die schlimmste Rasse, einen Dachshund. Wissen Sie, er ist so eine Art Penisersatz für mich.«
Allen: »In Ihrem Fall hätte ich eher auf eine Dogge getippt.« [6024]

*

Allen: »Wenn ich nicht mindestens 16 Stunden schlafe, bin ich ein klinischer Fall.« [6025]

*

Keaton: »Ich hab immer das Gefühl, die Leute fühlen sich nicht wohl in meiner Gesellschaft.« [6026]

*

Allen: »Mein Analytiker hatte mich gewarnt, aber du warst so schön, daß ich sofort zu einem andern ging.« [6027]

*

Allen: »Du bist die Antwort Gottes auf Hiob. Also, mit dir hätte der Streit aufgehört zwischen den beiden. Ich meine, er hätte auf dich gedeutet und gesagt: ›Ich hab viel Schreckliches getan, aber ich kann auch so etwas schaffen.‹ Weißt du, und dann hätte Hiob vielleicht gesagt: ›Okay, du hast gewonnen.‹« [6028]

*

Keaton: »Bitte keine Psychoanalyse! Dafür bezahl ich nämlich einen Arzt.« [6029]

> »Du brauchst keinen Analytiker. Alles, was dir fehlt, kann man mit einer Großpackung Valium und einem Poloschläger heilen.«
> Manhattan Murder Mystery

Michael Murphy (Yale): »Erschreckend, deine Selbstgerechtigkeit! Ich meine, wir sind Menschen mit all unsern Fehlern, und du, du denkst, du bist Gott.«
Allen: »Irgend jemand muß ich mir ja zum Vorbild nehmen.« [6030]

*

Allen: »Warum ist das Leben lebenswert? Eine sehr gute Frage. Weil es gewisse Dinge gibt, die es lebenswert machen, meine ich. Was, zum Beispiel? Also, für mich, da würde ich sagen, vielleicht Groucho Marx, um nur eins zu nennen. Und Willie Mays und der zweite Satz der *Jupitersymphonie* und Louis Armstrongs Aufnahme des *Potato Head Blues*, schwedische Filme natürlich, *Lehrjahre des Gefühls* von Flaubert, Marlon Brando, Frank Sinatra und die unglaublichen Äpfel und Birnen von Cézanne, die Krebsschwänze bei Sam Woo, Tracys Gesicht ...« [6031]

***

MANHATTAN MURDER MYSTERY
USA 1993, Rollins-Joffe, TriStar (Regie Woody Allen, Buch Woody Allen, Marshall Brickman)

*

Diane Keaton (Carol Lipton): »Wir hatten abgemacht, ich halte das Eishockeyspiel durch, und du siehst dir die ganze Oper an.«
Woody Allen (Larry Lipton): »Ich kann mir soviel Wagner nicht anhören. Ich spüre dann den Drang, in Polen einzumarschieren.« [6032]

*

Allen: »Sie hält mich für Ausschuß, einen Blindgänger, eine Schmeißfliege, eine Ratte ... Unterbrich mich ruhig, falls du mich verteidigen willst.«
Keaton: »Ich warte, bis du was sagst, womit ich nicht übereinstimme.« [6033]

*

Allen: »Du brauchst keinen Analytiker. Alles, was dir fehlt, kann man mit einer Großpackung Valium und einem Poloschläger heilen.« [6034]

***

MANHATTAN, ZWEI UHR NACHTS *(Fear City)*
USA 1985, Zupnik-Curtis (Regie Abel Ferrara, Buch Nicholas St. John)

*

Rossano Brazzi (Carmine): »Ein Mann mit Verstand versucht, von seinen Feinden zu lernen.

Er studiert ihn und erkennt so seine Schwächen. Und was hast du gelernt? Nichts. Du weißt nicht das Geringste über deinen Gegner. Lern den Mann kennen! Respektiere ihn! Capisce? Schließlich ist er dein Feind.« [6035]

***

EIN MANN A LA CARTE *(Making Mr. Right)*
USA 1987, Barry&Enright, Orion (Regie Susan Seidelman, Buch Floyd Byars, Laurie Frank)

*

Robert Trebor (Verkäufer): »Ist es ansteckend, oder ist es angeboren?«
Ann Magnuson (Frankie Stone): »Drogen.« [6036]

*

John Malkovich (Ulysses, nackt): »Ist irgendwas falsch?«
Trebor: »Nichts, was ein Rabbi nicht hinkriegen könnte.« [6037]

*

Magnuson: »Der Mann ist das Brillanteste, was ich kenne, auf diesem Planeten.«
Ben Masters (Steve Marcus): »Weil du mich nicht richtig kennst.« [6038]

***

DER MANN AUS DEM SÜDEN *(The Southerner)*
USA 1945, United Artists (Regie, Buch Jean Renoir, nach dem Roman ›Hold Autumn in Your Hand‹ von George Sessions Perry)

*

Zachary Scott (Sam Tucker): »Fragen und arbeiten hat noch keinem Menschen geschadet.« [6039]

*

Scott: »Wenn's einem schmeckt, dann kann's einem doch nicht schaden.« [6040]

***

DER MANN AUS DEM WESTEN
(Man of the West)
USA 1958, Ashton, United Artists (Regie Anthony Mann, Buch Reginald Rose nach dem Roman von Will C. Brown)

*

Lee J. Cobb (Doc Tobin): »Das ist Alcott, er hat heute morgen ein Ding abgekriegt, macht nicht mehr lange. Na ja, er war sowieso nicht viel wert.« [6041]

*

Cobb: »Warum ausgerechnet du?«
Gary Cooper (Link Jones): »Na, wer denn sonst? Trout etwa? Der kann doch nicht sprechen. Ponch? Der kann nicht denken. Wenn du den schickst, können wir uns gleich beim Sheriff melden.« [6042]

***

DER MANN AUS LARAMIE
(The Man from Laramie)
USA 1955, Columbia (Regie Anthony Mann, Buch Philip Yordan, Frank Burt, Story Thomas T. Flynn)

*

Alex Nicol (Dave Waggoman): »Wir sind von der Barb-Ranch, und ihr habt unser Salz gestohlen.«
James Stewart (Will Lockhart): »Das Salz hier ist frei, hat man mir gesagt.«
Nicol: »Ja, aber nicht für Fremde. (...) Los, steckt die Wagen an! (...) Deine neue Flinte werde ich an deinen Maultieren ausprobieren, ohne Wagen brauchst du auch keine Maultiere.« [6043]

*

Stewart: »Na, wollen wir uns prügeln oder unterhalten?«
Arthur Kennedy (Vic Hansbro): »Bevor ich nicht weiß, ob ich verloren oder gewonnen habe, ist der Kampf für mich noch nicht zu Ende.« [6044]

***

DER MANN AUS MARSEILLE *(La Scoumoune)*
F/I 1972, Lira, Praesidens (Regie, Buch José Giovanni, nach seinem Roman)

*

»Er erinnert mich an eine Ratte.«
Michel Peyrelon (Charlot, der Elegante): »Ja, eine Ratte, die sich an unserm Teller mästet.«
»Man kann auch an einem verdorbenen Magen sterben.« [6045]

*

»Du kapitulierst vor ihm? Statt ihn umzulegen, kriegst du kalte Füße.«
(Cipriano): »So ist es. Ich bin nicht lebensmü-

> »Ist es ansteckend,
> oder ist es angeboren?«
> »Drogen.«
> Ein Mann a la carte

de. Sein Gehirn funktioniert einfach besser als deins und besser als meins.« ⁶⁰⁴⁶

*

Jean-Paul Belmondo (Roberto): »Ich hab für Xavier ein hübsches Plätzchen gefunden, an der Küste Brasiliens. Sie machen dort Langustenkonserven. Er wird die Aktien erwerben und hat ausgesorgt. Seine einzige Arbeit ist, die Post zu unterschreiben. Und selbst das macht er noch mit einem Stempel.« ⁶⁰⁴⁷

*

Michel Constantin (Xavier Zaratoff): »Ich bin unschuldig. Ich darf gar nicht dran denken. Mit 'ner Leiche im Auto geschnappt zu werden! Ich hatte doch gar keinen Grund, ihn umzulegen.« *Belmondo:* »Da würde ich an die denken, die du mit Grund umgelegt hast. Das ist ja wohl die Mehrzahl, was?« ⁶⁰⁴⁸

*

(Polizist): »Die zehn Personen, die ihn zur Tatzeit 200 km von Paris entfernt gesehen haben, kann kein Richter weguntersuchen.« ⁶⁰⁴⁹

***

MANN BEISST HUND
(C'est arrivé près de chez vous)
Belgien 1992, Artistes Anonymes (Regie Rémy Belvaux, André Bonzel, Benoît Poelvoorde, Buch Rémy Belvaux, André Bonzel, Benoît Poelvoorde, Vincent Tavier, Idee Rémy Belvaux)

*

Benoît Poelvoerde (Ben Patard): »Also, dies hier ist ein besonderer Fall. Als ich reinkam, ist mir das sofort aufgefallen, die Schachtel Sedocal. Ich weiß nicht, ob du das kennst, aber es handelt sich dabei um ein Medikament für Leute mit Herzkrankheiten. Deshalb habe ich ihr einen Riesenschreck eingejagt. Auf diese Weise habe ich eine Kugel gespart. Verstehst du? Und für die Nachbarn, für mich und auch für sie ist alles sehr viel einfacher. Ich versuch immer, neue Techniken anzuwenden.« ⁶⁰⁵⁰

> *»Es ist unmöglich, von morgens bis abends miteinander zu schlafen. Deshalb hat man die Arbeit erfunden.«*
> Der Mann, der die Frauen liebte

EIN MANN BESIEGT DIE ANGST
(Edge of the City)
USA 1957, Jonathan, MGM (Regie Martin Ritt, Buch Robert Alan Aurthur, nach seinem Fernsehdrehbuch ›A Man Is Ten Feet Tall‹)

*

Sidney Poitier (Tommy Tyler): »Charlie, obwohl du äußerlich furchtbar unsympathisch bist, steckt unter deiner rauhen Schale doch etwas ganz Besonderes: die schwärzeste Seele der Stadt.« ⁶⁰⁵¹

***

DER MANN, DER DIE FRAUEN LIEBTE
(L'Homme qui amait les femmes)
F 1977, Carrosse, Artistes Associés (Regie François Truffaut, Buch François Truffaut, Michel Fermaud, Suzanne Schiffman)

*

Charles Denner (Bertrand Morane, voice-over): »Die Beine der Frauen sind wie Zirkel, die den Erdball in allen Himmelsrichtungen ausmessen und ihm sein Gleichgewicht und seine Harmonie geben.« ⁶⁰⁵²

*

Denner (voice-over): »Es gibt Frauen, bei denen man sich fragt, ob sie die Liebe interessiert. Anderen dagegen steht sie im Gesicht geschrieben. Eines Tages wird sich zwischen dieser Frau und mir etwas abspielen.« ⁶⁰⁵³

*

(Philippe): »Er kommt nicht mit, das war mir klar. Sie werden es nicht erleben, daß dieser Typ nach sechs Uhr abends noch Männergesellschaft ertragen kann.« ⁶⁰⁵⁴

*

Denner (voice-over): »Es gibt für mich keinen schöneren Anblick als eine Frau, die geht, sofern sie ein Kleid oder einen Rock trägt, die sich im Rhythmus ihres Ganges bewegen.« ⁶⁰⁵⁵

*

Denner (voice-over): »Wieder andere sind von hinten so schön, daß ich den Augenblick hinauszögere, wo ich mit ihnen auf gleicher Höhe bin, um nicht enttäuscht zu sein. Ehrlich gesagt, ich bin nie enttäuscht, denn die, die von hinten schön und von vorne häßlich sind, geben mir ein Gefühl der Erleichterung. Denn leider kann man nicht alle haben.« ⁶⁰⁵⁶

Denner (voice-over): »Ist ihr Herz frei, so ist ihr Körper zum Nehmen da, und es will mir scheinen, daß ich nicht das Recht habe, die Gelegenheit verstreichen zu lassen.« [6057]

*

Denner (voice-over): »Wie gewisse Tierarten gehen auch die Frauen in den Winterschlaf. Vier Monate lang sind sie verschwunden, man sieht sie nicht mehr. Doch mit dem ersten Strahl der Märzsonne tauchen sie dutzendweise mit leichten Kleidern und hohen Absätzen in den Straßen auf, so, als hätten sie sich ein Geheimwort zugeflüstert oder als wollten sie mobilmachen. Dann beginnt das Leben.« [6058]

*

Denner: »Du bist frei. Ich bin frei. Jeder Mensch ist frei.« [6059]

*

Jean Dasté (Dr. Bicard): »Es ist unmöglich, von morgens bis abends miteinander zu schlafen. Deshalb hat man die Arbeit erfunden.« [6060]

*

Brigitte Fossey (Geneviève Bigey, voice-over): »Warum müssen wir bei so vielen Menschen das suchen, wovon unsere gesamte Erziehung behauptet, daß man es in einer Person finden kann?« [6061]

*

Fossey (voice-over): »Von all den Frauen, die ihm in seinem Leben begegnet sind, wird dennoch etwas zurückbleiben, eine Spur, ein Selbstzeugnis, ein rechteckiges Objekt, ein Gegenstand von 320 Seiten, das, was man ein Buch nennt.« [6062]

***

DER MANN DER FRISEUSE
(Le Mari de la coiffeuse)
F 1990, Lambart, TF1, Investimage, Sofica (Regie, Buch Patrice Leconte)

*

Jean Rochefort (Antoine): »Man sollte öfter rauchen. Es ist idiotisch, auf etwas zu verzichten.« [6063]

***

DER MANN, DER HERRSCHEN WOLLTE
(All the King's Men)
USA 1949, Columbia (Regie, Buch Robert Rossen, nach dem Roman von Robert Penn Warren)

John Ireland (Jack Burden): »Bringen Sie die Leute zum Weinen, zum Lachen! Machen Sie sie verrückt, verrückt nach Ihnen! Dann kommen sie wieder und wollen mehr hören. Aber versuchen Sie ja nicht, ihnen Verstand beizubringen!« [6064]

*

Ireland (voice-over): »Seine Methoden? Politik ist ein schmutziges Geschäft, und er handhabte sie rauh und schmutzig.« [6065]

*

Mercedes McCambridge (Sadie Burke): »Die ist zu dumm für ihn. Wenn's nach ihrem Kopf ging, säße er noch immer in Kenoma und würd Schweine hüten.« [6066]

*

Broderick Crawford (Willie Stark): »Du bist bald sechzig Jahre alt, magenkrank und hattest nie einen Cent in der Tasche. Wenn der Allmächtige Reichtum für dich vorgesehen hätte, wärst du wohl 'n reicher Mann. Daß du reich werden wolltest, ist also absolute Blasphemie.« [6067]

*

Crawford: »Daß ich dich eigentlich aufhängen müßte, siehst du doch hoffentlich ein?« [6068]

*

Crawford: »Sie reden, als wäre Pillsbury ein ... ein Mensch. Er ist ein Gegenstand. Stellt man einen alten Stuhl vor Gericht, weil er kaputt ist? Sie vielleicht, ich werd ihn leimen.« [6069]

*

Sheppard Strudwick (Adam Stanton): »Etwas gibt es, das man nicht kaufen kann. Nicht einmal Sie.« [6070]

*

Joanne Dru (Anne Stanton): »Er fühlt sich verantwortlich dafür, nicht wahr?«
Ireland: »Er wird die Verantwortung bald auf jemand anderen schieben.« [6071]

»*Man sollte öfter rauchen.
Es ist idiotisch, auf etwas
zu verzichten.*«
Der Mann der Friseuse

Ireland: »Willie hat einmal gesagt, der Mensch sei nur zu Lüge und Korruption geboren.« [6072]

*

Ireland (voice-over): »Willie sprach nicht mehr, er brüllte. Er wußte, wenn man lang und laut genug schreit, fängt das Volk an zu glauben.« [6073]

*

Ireland (voice-over): »Willie wandte jeden Trick an, den er kannte. Und er erfand neue dazu.« [6074]

*

Crawford: »Schmutz ist 'ne komische Sache. Etwas davon bleibt immer an einem hängen.« [6075]

***

DER MANN, DER LIBERTY VALANCE ERSCHOSS
(The Man who Shot Liberty Valance)
USA 1962, Ford, Paramount (Regie John Ford, Buch James Warner Bellah, Willis Goldbeck)

*

Lee Marvin (Liberty Valance): »Rechtsanwalt, hä? Hier bei uns herrschen andere Gesetze, Westgesetze.« [6076]

*

John Wayne (Tom Doniphon): »Ich weiß, Sie halten viel von Ihren Gesetzbüchern, aber die gelten hier nicht. Hier draußen muß jeder seine Probleme selbst regeln.« [6077]

*

Wayne: »Hallie, Sie sehen wirklich bezaubernd aus, wenn Sie wütend sind.« [6078]

*

Wayne: »Ich möchte Ihnen übrigens doch abraten, sich einen Colt zu kaufen. Das überleben Sie nicht. Liberty Valance ist der gefährlichste Mann südlich des Picket Wire-Flusses ... nach mir.« [6079]

*

James Stewart (Ransom Stoddard): »Aber ich wollte sie doch nicht beleidigen.«

> »Hallie, Sie sehen wirklich bezaubernd aus, wenn Sie wütend sind.«
> Der Mann, der Liberty Valance erschoß

Jeanette Nolan (Nora): »Ach, sie kommt schon drüber hinweg. Ein Mädchen muß ja nicht unbedingt lesen und schreiben können. Aber das wird eine wunderbare Ehefrau, wenn die mal heiratet.« [6080]

*

Denver Pyle (Amos Carruthers): »Sie wohnen doch nicht südlich vom Picket Wire, Valance. Sie dürfen nicht wählen.«
Marvin: »Quatsch, ich wohne da, wo mein Hut hängt.« [6081]

*

Ken Murray (Dr. Willoughby, wird nach einer Schießerei gerufen): »Whiskey her, schnell! (trinkt einen kräftigen Schluck und dreht dann den am Boden Liegenden mit dem Fuß um) Tot!« [6082]

*

Stewart: »Aber Tom, warum haben Sie es getan? Ich verstehe es einfach nicht.«
Wayne: »Es war glatter Mord, aber ich kann trotzdem schlafen.« [6083]

*

Stewart: »Sie wollen die Geschichte nicht drucken, Mr. Scott?«
Carleton Young (Maxwell Scott): »Nein, Sir. Hier ist der Westen, Sir. Unsere Legenden wollen wir bewahren. Sie sind für uns wahr geworden. [When the legend becomes fact, print the legend.]« [6084]

***

DER MANN, DER NIEMALS AUFGIBT
(The Gauntlet)
USA 1977, Malpaso, Warner (Regie Clint Eastwood, Buch Michael Butler, Dennis Shryack)

*

Sondra Locke (Gus Mally): »Wundervoll! Mein Leben steht auf dem Spiel, und die schicken mir so 'n Blödmann *(Eastwood)*.« [6085]

*

Clint Eastwood (Ben Shockley): »Es gibt so 'ne Art Problem zwischen uns beiden. Wir können uns nicht leiden, aber wir müssen doch zusammen verreisen. Das können wir friedlich abwickeln, ich kann Ihnen aber auch Feuer unterm Arsch machen. Wenn Sie Schwierigkeiten machen, lege ich Ihnen Handschellen an, ich knebele Sie, wenn Sie schreien, und wenn Sie flitzen wollen, schieße ich.« [6086]

Eastwood: »Bei einer Skala von eins bis zehn würde ich ihr *(Locke)* 'ne zwei geben. Und das auch nur, weil ich noch nie 'ne eins gesehen hab.« [6087]

*

Locke: »Sie Drecksbulle. Selbst wenn wir nach Phoenix kommen, glauben Sie nicht, daß ich in diesem lausigen Prozeß aussage.«
Eastwood: »Das ist Ihr Problem. Mein Job ist es, Sie dort hinzubringen.«
Locke: »Ihr Job! Sie riskieren Ihr Leben für solchen Blödsinn. Was ist das für ein beschissener Job?«
Eastwood: »Ich tue, was man mir sagt.«
Locke: »Ja, das tun alle Dummköpfe.« [6088]

*

Eastwood: »Ich hab mir den Arsch versengt, weitere Beweise brauch ich nicht. Ich steh hier mitten im Nirgendwo mit einer Zeugin, von der Sie gesagt haben, sie sei völlig unwichtig, und jeder in dieser gottverdammten Stadt schießt auf mich. Das beunruhigt mich etwas.« [6089]

*

Bill McKinney (Streifenpolizist): »Na los, antworte schon! Ich möchte wissen, wie es ist, eine Hure zu sein.«
Locke: »Eigentlich sind Sie genau so, wie ich mir 'n Bullen immer vorgestellt habe.«
McKinney: »Tatsächlich?« *(lacht)*
Locke: »Ja. Wenn ihr eure Razzien in zwei Dutzend Bars in der Vorstadt von Vegas veranstaltet, wenn ihr von Politikern Schweigegeld nehmt, wenn ihre Kinder den Cadillac an einen Telefonmast gefahren haben und wenn ihr Mexikaner schwer bewaffnet durch die nächtlichen Straßen jagt, wenn ihr Kinder schlagt, weil sie haschen und wenn ihr dann von Heroindealern Schmiergelder nehmt oder wenn ihr einen Pusher gelegentlich verhaftet und ihr den Stoff, den er bei sich hat, beschlagnahmt und an drogensüchtige Kollegen weiterverkauft.«
McKinney (lacht): »Sie kennt tatsächlich alle unsere Tricks.«
Locke: »Wie ich die Sache sehe, ist der einzige Unterschied zwischen Ihnen und mir der: Wenn ich aufhöre zu arbeiten, steige ich in ein herrliches heißes Bad, und schon bin ich wieder wie neu geboren. Aber ein Bulle, besonders so ein Idiot wie Sie, der rennt, wenn der Sheriff pfeift. Und das läßt das Gehirn verrotten, und alles Wasser der Welt kann es nicht wieder abwaschen.«
McKinney: »Sie hören sich das alles an und bleiben stumm.«
Eastwood: »Sie wollten sich doch mit ihr unterhalten.«
Locke: »Ich weiß, Sie mögen Frauen wie mich nicht. Wir sind etwas zu aggressiv. Wir jagen euch Angst ein. Aber nur, weil ihr kein Hirn, sondern Dreck im Schädel habt. Und ich fürchte, den werdet ihr nur rauskriegen, wenn ihr euch eine Kugel durch den Kopf jagt. Für mich sind Sie ein impotenter Schwachkopf.« [6090]

*

Locke: »Ich habe noch nie einen Bullen gesehen, der sich selbst bemitleidet. Darf ich dabei zusehen?« [6091]

*

Locke (nachdem sie Eastwood in die Eier getreten hat): »Entschuldigen Sie! Ich wollte nur Ihren Gedankengang unterbrechen.« [6092]

*

Locke: »Sie sind ein echter Versager, Shockley. Ich hau jetzt ab. ... Sie werden doch einer Frau nicht in den Rücken schießen? Wie würde das in Ihrer Personalakte aussehen?« [6093]

*

Eastwood: »Allein würden Sie hier in der Wüste nicht weit kommen.«
Locke: »Mit einem Gehirnakrobaten, wie Sie es sind, hätte ich keine Chance, aber auf mich allein gestellt schon.« [6094]

*

Michael Cavanaugh (Feyderspiel): »Schiefgehen könnte nur etwas, wenn sich Ihre blitzblanken Jungs dafür entscheiden würden, keinen ihrer Kameraden umzulegen.«
William Prince (Blakelock): »Unsinn! Das sind

»Bei einer Skala von eins bis zehn würde ich ihr (Locke) 'ne zwei geben. Und das auch nur, weil ich noch nie 'ne eins gesehen hab.«
Der Mann, der niemals aufgibt

doch Bullen. Die bezahlen wir fürs Schießen und nicht fürs Nachdenken.« ⁶⁰⁹⁵

***

DER MANN, DER SEIN GEHIRN AUSTAUSCHTE
(The Man Who Changed His Mind)
UK 1936, Gainsborough (Regie Robert Stevenson, Buch L. du Garde Peach, Sidney Gilliat, John L. Balderston)

*

John Loder (Dick Haslewood): »Das ist mir zu hoch, fürchte ich.«
Boris Karloff (Dr. Laurience): »Ja, ich fürchte, das ist es.« ⁶⁰⁹⁶

*

Loder: »Ich kann mir einfach nie vorstellen, wie jemand auf solche Ideen kommt.«
Karloff: »Wenn man ein Ziel vor Augen hat, dann macht das allen Unterschied der Welt.« ⁶⁰⁹⁷

***

EIN MANN DER TAT *(San Antonio)*
USA 1945, Warner (Regie David Butler (und ungenannt Raoul Walsh), Buch Alan LeMay, W. R. Burnett)

*

Errol Flynn (Clay Hardin): »Nein, nein, Roy, laß stecken! Ich werde es dir schon sagen, wenn die Schießerei losgeht.« ⁶⁰⁹⁸

*

Victor Francen (Legare): »Im Moment bist du möglicherweise der gefürchtetste Mann von ganz Texas, bestimmt aber der reichste. Du wirst immer noch reich genug sein, mein Freund, wenn du mit mir geteilt hast.« ⁶⁰⁹⁹

*

Paul Kelly (Roy Stewart): »Kannst du mir vielleicht sagen, weshalb ich dich nicht erledige?«
Francen: »Ja, das kann ich. Du ahnst nicht, wo das Rechnungsbuch ist oder wer es sich nimmt, wenn ich tot sein sollte. Du kannst mich gar nicht umbringen, Roy, du mußt mein Leben schützen, als wäre es dein eigenes.« ⁶¹⁰⁰

> »Wir haben schon alle möglichen Schneckenvertilgungsmittel ausprobiert, aber noch keinen Franzosen.«
> Der Mann, der zuviel wußte

Florence Bates (Henrietta): »Wenn sie diesen Mann nicht aufgeben kann, dann hat es auch keinen Zweck, sie woanders hinzubringen, denn sie würde doch nur wiederkommen. Das weiß ich von mir.« ⁶¹⁰¹

*

S. Z. Sakall (Sacha Bozic): »Jeanne, wenn Sie nicht wollen, dann werden wir nicht abreisen. Wir können ja noch hierbleiben, bis wir alle tot sind.« ⁶¹⁰²

***

DER MANN, DER VOM HIMMEL FIEL
(The Man Who Fell to Earth)
UK 1976, British Lion (Regie Nicholas Roeg, Buch Paul Mayersberg, nach dem Roman von Walter Tevis)

*

David Bowie (Jerome Thomas Newton): »Ich möchte die Gesamtsumme bis morgen, möglichst genau. Bis auf die letzten 50 Millionen Dollar.« ⁶¹⁰³

*

Bowie: »Mein Leben ist kein Geheimnis, Mr. Farnsworth, aber es bleibt privat.« ⁶¹⁰⁴

***

DER MANN, DER ZUVIEL WUSSTE
(The Man Who Knew Too Much)
USA 1956, FilWite, Paramount (Regie Alfred Hitchcock, Buch John Michael Hayes, Story Charles Bennett, D. B. Wyndham-Lewis)

*

Christopher Olsen (Hank McKenna): »Wir haben schon alle möglichen Schneckenvertilgungsmittel ausprobiert, aber noch keinen Franzosen.« ⁶¹⁰⁵

*

Bernard Miles (Mr. Drayton): »Es tut mir leid, daß ich Sie zur Hintertür hinauslassen muß, aber wir müssen unsere ehrwürdige Fassade wahren.« ⁶¹⁰⁶

***

EIN MANN – EIN MORD *(Grosse Point Blanke)*
USA 1997, Caravan, New Crime, Hollywood (Regie George Armitage, Buch Tom Mankiewicz, D. V. DeVincentis, Steve Pink, John Cusack)

*

Alan Arkin (Dr. Oatman, Psychiater): »Das war aber gar nicht nett. Das haben Sie nicht gesagt, um mich froh zu stimmen. Das war ein nicht sehr subtiler Einschüchterungsversuch, und ich spüre, daß eine gewisse Beklemmung in mir aufsteigt.« [6107]

*

Arkin: »Hören Sie, Martin, ich möchte Ihnen nichts einreden, das Sie noch mehr belastet, aber könnten Sie eventuell, nur eventuell, die Möglichkeit in Betracht ziehen, daß ein Teil Ihres Problems, ein Teil Ihres Unwohlseins damit zusammenhängt, daß es Ihnen widerstrebt, so viele Leute umzubringen? Das sollten Sie vielleicht mal im Hinterkopf behalten.« [6108]

*

Belita Moreno (Mrs. Kinetta): »Du konntest schon immer gut Komplimente machen, ohne dabei wie ein Schleimer zu klingen.« [6109]

*

Hank Azaria (Steven Lardner): »Du willst den Guten umbringen, aber nicht der Böse sein. Aber so läuft das nicht. Du mußt warten, bis der Böse den Guten umgelegt hat. Und wenn du dann den Bösen umlegst, dann bist du der Gute.« [6110]

*

Dan Aykroyd (Mr. Grocer): »Kleiner, könnten wir nicht mal kurz klären, in welcher Beziehung wir zueinander stehen?« [6111]

*

Mitchell Ryan (Bert Newberry): »Ich hatte eine vage Erinnerung an dich als einen dieser schlaffen, flanelltragenden Kaffeehausschwätzer, von denen man im Feuilleton liest.«
John Cusack (Martin Q. Blank): »Nein, nein, nein, ich hab mich auf die andere Seite geschlagen: sechsstelliges Einkommen, Geschäfte mit Totschlägermentalität, käufliche Moralvorstellungen.« [6112]

*

Cusack: »Ich bin damals zur Army gegangen, und im Einstufungstest wies mein psychologisches Profil eine gewisse moralische Flexibilität auf.« [6113]

*

Cusack: »Nein, nein, nein. Ein Psychopath tötet grundlos, ich hab's für Geld gemacht.« [6114]

*

Minnie Driver (Debi Newberry, voice-over): »Manche Leute sagen, man soll vergeben und vergessen. Ich weiß nicht. Ich sage, vergiß zu vergeben, und nimm's so, wie es ist, und sieh zu, daß du aus der Stadt verschwindest.« [6115]

***

EIN MANN FÜR GEWISSE STUNDEN
(American Gigolo)
USA 1979, Paramount (Regie, Buch Paul Schrader)

*

Bill Duke (Leon Jaimes): »Es spielt nicht die geringste Rolle, wieviel, Julian. Die andere Seite bezahlt immer mehr.« [6116]

***

DER MANN IHRER TRÄUME
(The Butcher's Wife)
USA 1991, Nicita-Lloyd, Paramount (Regie Terry Hughes, Buch Ezra Litwik, Marjorie Schwartz)

*

George Dzundza (Leo): »Warum hast du Robyn all dieses *(private)* Zeug erzählt?«
Demi Moore (Marina): »Weil ich dachte, daß sie's gern wüßte.« [6117]

*

Moore: »Was ich sage und was die Menschen verstehen, ist oft nicht dasselbe.« [6118]

*

Jeff Daniels (Dr. Alex Tremor, Psychiater): »Ich glaube an weibliche Intuition, bis zu einem gewissen Grad jedenfalls. Es ist eine von vielen Äußerungen des kollektiven Unbewußten. Aber ich meine, man darf als vernunftbegabtes Wesen nicht sein Leben oder das Leben eines anderen darauf aufbauen.« [6119]

*

Moore: »So viel, wie der redet, müßte er 'n Knoten in der Zunge haben.« [6120]

*

Dzundza: »Das Beste ist, ich geh einen trinken. Hat noch nie geschadet.« [6121]

*

Daniels: »Es interessiert mich einfach, wenn meine Freunde verblüffend starke Anzeichen von frühem Wahnsinn zeigen.« [6122]

> »Was ich sage und was die Menschen verstehen, ist oft nicht dasselbe.«
> Der Mann ihrer Träume

Dzundza: »Ich bin in Brooklyn aufgewachsen, ich weiß, was Voodoo ist.« [6123]

*

(Barmann): »Champagner? Was glaubst du eigentlich, wo du hier bist? Hier gibt's Budweiser vom Faß.« [6124]

*

Dzundza: »Es gibt nicht viele, die den Blues lieben. Wir müssen zusammenhalten.« [6125]

*

Daniels (zum Spiegel): »Herr Doktor, ich gebe Ihnen einen Rat: Opfern Sie Ihre Karriere nicht einem süßen Hintern! Du wirst deinen Assistenten schön in der Hose und dein Es unter Kontrolle behalten!« [6126]

Daniels: »Die Welt ist verwirrend. Ich würde lügen, wenn ich dir was anderes sagen würde. Wo genau liegt das Problem? Zehn Worte oder weniger!« [6127]

***

MANN IM SATTEL *(Man in the Saddle)*
USA 1951, Columbia (Regie André de Toth, Buch Kenneth Gamet, nach dem Roman von Ernest Haycox)

*

Richard Rober (Dutcher): »Wie ich so höre, kannst du niemanden leiden, und niemand kann dich leiden. Du bist den Schuß Pulver nicht wert, den man auf dich abfeuert, und niemand im Umkreis von 500 Meilen würde sich die Mühe machen, dich zu verscharren. Aber vielleicht hätte ich trotzdem mal was zu tun für einen einsamen Wolf wie dich, falls ich mal keine Zeit haben sollte, es selbst in die Hand zu nehmen.« [6128]

***

DER MANN IM WEISSEN ANZUG
(The Man in the White Suit)
UK 1951, Electric, Ealing (Regie Alexander Mackendrick, Buch Roger MacDougall, John Dighton, Alexander Mackendrick, nach dem Stück von Roger MacDougall)

*

»Es muß doch für diesen Fall eine ganz normale Erklärung geben.«
»Natürlich gibt es die, nur weiß sie niemand.« [6129]

***

EIN MANN LIEBT GEFÄHRLICH
(Many Rivers to Cross)
USA 1955, MGM (Regie Roy Rowlands, Buch Harry Brown, Guy Trosper, nach der Geschichte von Steve Frazee)

*

Robert Taylor (›Büffelhaut‹ Gent): »Mary, ich habe kein Sitzfleisch, das Stadtleben ist nichts für mich.«
Eleanor Parker (Mary Stuart Cherne): »Hier ist doch keine Stadt.«
Taylor: »Überall, wo man den Schuß eines Nachbarn hören kann, da ist eine Stadt.« [6130]

*

James Arness (Esau Hamilton): »Büffelhaut, du bist größer, als du aussiehst.« [6131]

***

DER MANN MIT DEM GOLDENEN COLT
(The Man with the Golden Gun)
UK 1974, Eon, United Artists (Regie Guy Hamilton, Buch Richard Maibaum, Tom Mankiewicz, nach dem Roman von Ian Fleming)

*

Marne Maitland (Lazar): »Es ist nicht die Kugel, die tötet, sondern der Finger am Abzug.« [6132]

*

Christopher Lee (Scaramanga): »Ich dachte immer, mein größtes Glück sei meine Liebe zu Tieren, aber dann entdeckte ich ein noch größeres Glück: Menschen zu erschießen.« [6133]

*

Roger Moore (James Bond): »Der ist über seine eigene Schlauheit gestolpert.« [6134]

*

Herve Villechaize (Schnick-Schnack): »Das wird Ihnen noch leid tun. Ich bin zwar klein, aber ich vergesse nie etwas.« [6135]

***

DER MANN MIT DEN TAUSEND GESICHTERN
(Man of a Thousand Faces)
USA 1957, Universal (Regie Joseph Pevney, Buch R.

> »Das Beste ist,
> ich geh einen trinken.
> Hat noch nie geschadet.«
> Der Mann ihrer Träume

Wright Campbell, Ivan Goff, Ben Roberts, Story Ralph Wheelwright)

*

Jim Backus (Clarence Logan): »Versuch's beim Film!«
James Cagney (Lon Chaney): »Was hat denn das mit Schauspielerei zu tun?«
Backus: »Das ist gerade was für dich, alles Pantomime. Ich weiß zwar nicht, ob sich das lange halten wird, aber 'ne Zeitlang kannst du davon leben.« [6136]

*

Backus: »Du bist der Mann mit den tausend Gesichtern, aber dieses Gesicht hab ich noch nie an dir gesehen.« [6137]

***

DER MANN MIT DEN ZWEI GEHIRNEN
(The Man with Two Brains)
USA 1983, Aspen, Warner (Regie Carl Reiner, Buch Carl Reiner, Steve Martin, George Gipe)

*

Frank McCarthy (Olsen): »Ich bin Ihnen sehr dankbar, daß Sie mir gestattet haben, bei der Gehirnoperation dabei zu sein.«
Steve Martin (Dr. Michael Hfuhruhurr): »Es hätte bestimmt Komplikationen gegeben, wenn sie notwendig gewesen wäre, aber Sie wollten ja nur meine Methode kennenlernen.« [6138]

*

McCarthy: »Doktor, waren Sie schon als Kind an wissenschaftlicher Arbeit interessiert?«
Martin: »Ich glaube, die Wissenschaft interessierte mich nicht so sehr. Es war wohl vielmehr der Schleim, wie bei Fröschen und Schlangen, der mich reizte. Wissen Sie, als ich sah, wie schleimig das menschliche Gehirn war, wußte ich, daß ich damit den Rest meines Lebens verbringen würde.« [6139]

*

Kathleen Turner (Dolores Benedict): »Es macht mich so geil, wenn du so wütend bist. Dann fühl ich mich der Testamentseröffnung gleich viel näher.« [6140]

*

Peter Hobbs (Dr. Brandon): »Kein Chirurg sollte einen Patienten operieren, den er selbst verletzt hat.« [6141]

Martin: »Der einzige, der fähig wäre, eine solche Operation durchzuführen, ist Beckerman.«
Hobbs: »Dr. Beckerman wurde in Europa ermordet, das wissen Sie doch.«
Martin: »Sie sagen es. Er ist nicht nur tot, er ist auch 9500 km weit weg.« [6142]

*

Martin: »Überall schwirren diese Katzen rum.« [6143]

*

Warwick Sims (Polizist): »Steigen Sie aus! Strecken Sie Ihre Arme aus und berühren Sie mit dem Finger Ihre Nasenspitze! Gehen Sie die weiße Linie entlang! Halt! Und wieder zurück! Nein, auf den Händen! Auf einer Hand! Jetzt machen Sie 'ne Rolle vorwärts! Oder besser noch 'n Flick-Flack! Das reicht. Und jetzt jonglieren Sie damit, machen 'n Steptanz und singen dazu das Katharina-Magdalena-Lupensteiner-Wallerbeiner-Lied!«
Martin: »Mann, habt ihr schwierige Alkoholtests!« [6144]

***

DER MANN MIT DER KAMERA
(The Picture Snatcher)
USA 1933, Warner (Regie Lloyd Bacon, Buch Allen Rivkin, P. J. Wolfson, Ben Markson, Story Danny Ahearn)

*

Ralf Harolde (Jerry): »Denk auch an die linke Achselhöhle!«
(Schneider): »Willst du mir etwa meinen Beruf erklären?« [6145]

*

Robert Emmett O'Connor (Lieutenant Casey Nolan): »Ich werde mich etwas umsehen. Es gibt was in dieser Stadt, auf das ich drauftreten möchte.« [6146]

James Cagney (Danny Kean): »Entschuldige, Mac!«

> »Es macht mich so geil, wenn du so wütend bist. Dann fühl ich mich der Testamentseröffnung gleich viel näher.«
> Der Mann mit den zwei Gehirnen

Ralph Bellamy (McLean): »Schon gut, eine Ratte bleibt eine Ratte.« ⁶¹⁴⁷

*

Harolde: »Die wollten 'ne Schießerei, also kriegen sie auch eine.« ⁶¹⁴⁸

***

MANN MIT EHRE *(Man of Respect)*
USA 1990, Central City, Goldblatt, Grandview Avenue, Columbia TriStar (Regie, Buch William Reilly, nach dem Stück ›Macbeth‹ von William Shakespeare)

*

Rod Steiger (Charlie D'Amico): »Wir sind eine Bruderschaft mit großer Ehre. Und wir nehmen nur Männer auf mit Rückgrat, Mut und Loyalität, Männer mit Ehre. Unsere Sache kommt vor jeder anderen im Leben, vor Gott, vor dem Vaterland, vor der Familie. Du hast einen Eid geschworen, und wir haben dich geküßt. Du hast unsere Gesetze befolgt, ohne zu fragen. Du hast das Geheimnis unserer Sache bewahrt. Du hast mir erwiesen Respekt und Loyalität, genau wie ein Sohn. Du bist die Ernte unseres Unternehmens. Und du hast dir damit eine besondere Belohnung für unsere Sache verdient.« ⁶¹⁴⁹

*

Dennis Farina (Bankie Como): »Sei vorsichtig, amico mio! Scheiße passiert, und man kann sehr tief darin versinken.« ⁶¹⁵⁰

*

John Turturro (Mike Battaglia): »Beeil dich gefälligst, denn es ist kein Fest, wenn du nicht da bist.« ⁶¹⁵¹

*

Turturro: »Früher hat man einem Kerl in den Kopf geschossen, und er war tot. Und damit war es zu Ende. Jetzt kommt es auf einen zurück.« ⁶¹⁵²

*

Robert Modica (Rossi): »Ich werde nicht ruhen, bis hier nicht alle auf das Grab des Mörders deines Vaters gespuckt haben.« ⁶¹⁵³

***

EIN MANN MIT PHANTASIE
(A Dispatch from Reuters)
USA 1940, Warner (Regie William Dieterle, Buch Milton Krims, Story Valentine Williams, Wolfgang Wilhelm)

*

Edward G. Robinson (Julius Reuter): »Zu groß ist die Welt. Vielleicht kann ich sie kleiner machen.« ⁶¹⁵⁴

***

MANN OHNE FURCHT *(Jubal)*
USA 1955, Columbia (Regie Delmer Daves, Buch Russell S. Hughes, Delmer Daves, nach dem Roman ›Jubal Troop‹ von Paul I. Wellman)

*

Charles Bronson (Reb Haislipp): »Ich wollte auch mal lernen, Zigaretten zu drehen, aber mit meinen Wurstfingern geht das nicht.« ⁶¹⁵⁵

***

DER MANN VOM ALAMO
(The Man from the Alamo)
USA 1953, Universal (Regie Budd Boetticher, Buch Steve Fisher, D. D. Beauchamp)

*

Neville Brand (Dawes): »Du also hast den Alamo im Stich gelassen. Das war auch das Vernünftigste, was du tun konntest. Verrückt, wenn einer schlechte Karten hat und weiterspielt.«
Glenn Ford (John Stroud): »Ich habe viele gekannt, die haben anders darüber gedacht.«
Brand: »Dafür leben sie jetzt auch nicht mehr.« ⁶¹⁵⁶

*

Victor Jory (Wade): »Dawes ist also im Gefängnis.«
John Day: »In die Kirche werden sie ihn wohl kaum gebracht haben.« ⁶¹⁵⁷

*

Jory: »Wenn ich euch das nächste Mal in die Stadt schicke, besauft euch nicht.«
Day: »Wir haben nur ein paar getrunken.«
Jory: »Ja, ein paar Flaschen.« ⁶¹⁵⁸

***

DER MANN VON DEL RIO
(The Man from Del Rio)

> »Ich wollte auch mal lernen,
> Zigaretten zu drehen,
> aber mit meinen
> Wurstfingern geht das nicht.«
> Mann ohne Furcht

USA 1956, Jacks, United Artists (Regie Harry Horner, Buch Richard Carr)

*

Anthony Quinn (Dave Robles): »Mein Name ist Robles, David Robles. Schon mal gehört den Namen?«
Barry Atwater (Dan Ritchy): »Das ist nicht ausgeschlossen. Alle Jahre tauchen so ein paar Großmäuler auf, denen der Colt zu locker im Gurt sitzt. Man hört ihre Namen, aber die meisten sind schon krepiert, ehe man sie trifft. Hauen Sie ab nach Aylesworth, Robles! Ich bin heute nicht in Stimmung, einen auszupusten.« [6159]

*

Peter Whitney (Ed Bannister): »Sie waren schneller als Ritchy? Das kann ich einfach nicht glauben.«
Quinn: »Soll ich Sie hinterherschicken? Dann können Sie ihn ja mal in der Hölle fragen.« [6160]

*

Katy Jurado (Estella): »Erst einen anderen umbringen und hinterher gleich an Liebe denken, das ist typisch Mann.«
Quinn: »Das haben Sie aber schön gesagt.«
Jurado: »Eine Frau könnte immer nur eines tun, töten oder lieben.« [6161]

*

Quinn: »Weißt du, deinen Whiskey habe ich ganz gern, aber ich weiß nicht, ob ich dich gern habe.« [6162]

*

Jurado: »Sie wollen also unsere Stadt säubern? Haben Sie schon mal ein Haus von Ratten befreit?«
Quinn: »Wie kommen Sie darauf?«
Jurado: »Man tut eine Schlange hinein und schließt Türen und Fenster. Aber wenn die Ratten tot sind, treibt man die Schlange so schnell wie möglich aus dem Haus.« [6163]

*

Quinn: »Vielleicht hast du recht, Ed, es macht mehr Spaß mit den Fäusten.« [6164]

***

EIN MANN WIE SPRENGSTOFF
(The Fountainhead)
USA 1948, Warner (Regie King Vidor, Buch Ayn Rand, nach ihrem Roman)

*

Paul Stanton (der Dekan): »Originalität hat in der Architektur nichts zu suchen. Niemand kann die Baukunst der Vergangenheit verbessern. Man kann nur lernen, sie zu kopieren.« [6165]

*

Moroni Olsen (Vorsitzender): »So wird es jedermann gefallen, der goldene Mittelweg. Warum etwas riskieren, wenn man es allen recht machen kann.« [6166]

*

Roy Gordon (Vizepräsident): »Wollen Sie gegen die ganze Welt ankämpfen?«
Gary Cooper (Howard Roark): »Wenn es nötig ist.« [6167]

*

Cooper: »Ich baue nicht, um Auftraggeber zu haben, ich habe Auftraggeber, um bauen zu können.« [6168]

*

Raymond Massey (Gail Wynand): »Warum sollte ich Ihre Meinung berücksichtigen, Mr. Toohey?«
Robert Douglas (Ellsworth Toohey): »Nun, Mr. Wynant, ich bin der Architekturkritiker des *Banner*.«
Massey: »Mein lieber Toohey, verwechseln Sie mich nicht mit meinen Lesern!« [6169]

*

Douglas: »Haben Sie solche Bauwerke schon einmal gesehen?«
Massey: »Ja, vor 2000 Jahren waren sie großartig, als sie zum erstenmal gebaut wurden.« [6170]

*

Douglas: »Die Größe der Arbeiten von Peter Keating liegt gerade darin, daß sie von keinerlei persönlicher Note geprägt sind.«
Massey: »Wie wahr!«
Douglas: »So wird in seinen Bauten nicht er selbst verkörpert, sondern die Vielfalt der gesamten Menschheit. (...) Es gelingt mir wohl nicht, Sie von Keating zu überzeugen.«

> »Weißt du, deinen Whiskey habe ich ganz gern, aber ich weiß nicht, ob ich dich gern habe.«
> Der Mann von Del Rio

Massey: »Doch, doch, Sie haben mich überzeugt. Ihr Keating taugt nichts, also ist er für diesen Bau der richtige Mann. Er wird den allgemeinen Geschmack treffen.« [6171]

*

Massey: »Mr. Toohey, eines Tages werden Sie mich langweilen.« [6172]

*

Massey: »Ich leugne nicht, daß ich ziemlich unhöflich bin. Es ist grausam, wenn jemand ehrlich ist.« [6173]

*

Massey: »Ich wollte Ihnen nur zeigen, daß alle Menschen korrupt sind, daß jeder käuflich ist und daß Ihre Verachtung für mich grundfalsch ist. Es ist unmöglich, ehrlich mit Menschen umzugehen. Wir haben nur die Wahl zu herrschen oder uns zu unterwerfen. Ich ziehe es vor zu herrschen.« [6174]

*

Patricia Neal (Dominique Francon): »Sollte ich je die Absicht haben, mich für eine furchtbare Schuld zu bestrafen, werde ich Sie *(Massey)* heiraten.« [6175]

*

Massey: »Was suchen Sie eigentlich wirklich?«
Neal: »Ich suche die Freiheit. Die Freiheit, von nichts abhängig zu sein, nichts zu wollen und nichts zu hoffen.« [6176]

*

Jerome Cowan (Alvah Scarret): »Was soll ich tun? Ich gebe auf. Ich bin mit meiner Weisheit wirklich am Ende.«
Douglas: »Die hält sich auch sehr in Grenzen, Alvah.« [6177]

*

Ray Collins (Enright): »Nein, ich habe nichts über das Haus zu sagen, Madam. Gott hat Ihnen Augen und einen Verstand gegeben. Wenn Sie die nicht gebrauchen, ist das Ihr Pech, nicht meines.«

> *»Sollte ich je die Absicht haben, mich für eine furchtbare Schuld zu bestrafen, werde ich Sie (Massey) heiraten.«*
> Ein Mann wie Sprengstoff

(Partygast): »Aber wollen Sie mich denn nicht überzeugen?«
Collins: »Warum sollte ich daran wohl interessiert sein?« [6178]

*

Neal: »Die Leute hassen Sie, weil Sie Großes vollbringen. Sie hassen Sie wegen Ihrer Integrität. Sie hassen Sie, weil Sie sich nicht korrumpieren oder beherrschen lassen. Man wird Sie nicht leben lassen. Man wird Sie vernichten.« [6179]

*

Cooper: »Ich habe dich vom ersten Moment an geliebt, und das wußtest du. Du hast versucht, davor zu fliehen. Ich ließ dich gehen, damit du lernst, es zu akzeptieren.« [6180]

*

Cooper: »Du mußt lernen, die Welt nicht zu beachten, keine Angst vor ihr zu haben. Ich muß warten, bis du's gelernt hast. Wenn es soweit ist, kommst du zu mir zurück.« [6181]

*

Massey: »Ich fühle mich richtig jung, wie damals, als ich gerade anfing und überzeugt war, der Weg vor mir sei sauber, und Ehrlichkeit sei möglich.« [6182]

*

Kent Smith (Peter Keating): »Ich war ganz oben. Wieso bin ich so tief gefallen, ohne jeglichen Grund?«
Douglas: »Sie wären weniger erstaunt, wenn Sie sich fragen würden, ob es je einen Grund für Ihren Erfolg gab.« [6183]

*

Cooper: »Jemand, der ohne Lohn für andere arbeitet, ist ein Sklave. Ich halte Sklaven absolut nicht für edel, in keiner Form und ungeachtet dessen, was ihr Zweck sein mag.« [6184]

*

Cooper: »Bevor du etwas für die Menschen tun kannst, mußt du in der Lage sein, Dinge zu realisieren. Aber: Um Dinge zu realisieren, mußt du die Tätigkeit lieben und nicht die Menschen. Deine Arbeit mußt du lieben und nicht eventuelle Nutznießer deiner Wohltätigkeit. Ich freu mich, wenn sich Menschen in einem von mir gebauten Haus wohl fühlen und gern dort wohnen. Doch das ist nicht das Motiv meiner Arbeit, ich beziehe daraus nicht meine Befriedigung. Meine Befriedigung, mein Lebenszweck, mein Antrieb ist die Arbeit selbst, meine Arbeit, so wie ich sie tun will. Nichts sonst ist wichtig für mich.« [6185]

*

Massey: »Wir haben nie zu begreifen gelernt, was die Größe eines Menschen ausmacht. Selbstaufopferung, so schwelgen wir, ist die höchste Tugend. Denken wir einmal nach: Kann ein Mensch seine Integrität opfern? Seine Rechte, seine Überzeugungen, seine Freiheit, die Ehrlichkeit seiner Gefühle, die Unabhängigkeit seiner Gedanken? Dies sind die höchsten Güter, die ein Mensch besitzt. Wofür soll er sie opfern? Und wem? Selbstaufopferung? Aber es ist eben dieses Selbst, das auf keinen Fall aufgeopfert werden kann und darf. Im Selbst des Menschen lebt sein Geist. Es ist das nicht aufgeopferte Selbst, das wir in einem Menschen vor allem achten müssen. Und wo finden wir es? In einem Mann wie Howard Roark.« [6186]

*

Douglas: »Was meinen Sie, was Macht ist? Waffen? Geld? Peitschen? Wer Menschen versklaven will, muß ihre Persönlichkeit brechen, ihre Fähigkeit, selbständig zu denken, abtöten, sie einpferchen, ihnen beibringen, wie man sich anpaßt, wie man ›ja‹ sagt und gehorcht. Dann haben wir einen Hals für eine Leine.« [6187]

***

EIN MANN ZU JEDER JAHRESZEIT
(A Man for All Seasons)
UK 1966, Highland, Columbia (Regie Fred Zinnemann, Buch Robert Bolt, nach seinem Stück)

*

Orson Welles (Kardinal Wolsey): »Heute morgen im Kronrat haben Sie mir widersprochen, Thomas.«
Paul Scofield (Thomas More): »Ja, Euer Eminenz.«
Welles: »Sie waren der einzige.«
Scofield: »Ja, Euer Eminenz.«
Welles: »Sie sind ein Narr.«
Scofield: »Danken wir Gott, daß nicht mehr Narren im Kronrat sitzen.«
Welles: »Warum dieser Widerstand, Thomas?«
Scofield: »Ich glaubte, Sie waren im Unrecht.«
[6188]

Welles: »Respektieren Sie die Wirklichkeit, bestehen Sie nicht immer so dickköpfig auf der Moral, Thomas! Ein klein wenig gesunder Menschenverstand, und was wären Sie für ein Staatsmann geworden.« [6189]

*

Welles: »Es genügt nicht, nur zu beten. Man muß sich auch selbst bemühen.« [6190]

*

Scofield: »Ich denke, wenn Staatsmänner ihr eigenes privates Gewissen um des öffentlichen Wohles willen verleugnen, dann führen sie ihr Land schnell und auf dem sichersten Weg ins Chaos. Am Ende kämen wir dann doch auf meine Gebete zurück.« [6191]

*

Welles: »Sie hätten Priester werden sollen.«
Scofield: »So wie Sie, Euer Eminenz?« [6192]

*

Scofield: »Ein Mann sollte der Versuchung aus dem Wege gehen.« [6193]

*

Scofield: »Warum denn nicht Lehrer werden? Du würdest ein guter Lehrer sein, Richard, und vielleicht eines Tages ein großer.«
John Hurt (Richard Rich): »Und wenn schon. Wer würde es denn erfahren?«
Scofield: »Du, deine Schüler, deine Freunde, Gott. Nicht das schlechteste Publikum.« [6194]

*

Scofield: »Vor zwei Jahren noch waren Sie ein ergebener Sohn der Kirche. Heute sind Sie ein leidenschaftlicher Lutheraner. Wir werden auch alle dafür beten, daß Ihr Kopf an der richtigen Stelle sitzt, wenn Sie mal aufgehört haben, sich zu orientieren.« [6195]

*

Nigel Davenport (Duke of Norfolk): »Er wartet auf eine Antwort.«
Susannah York (Margaret More): »Aber die hat er doch schon lange.«

> *»Ein Mann sollte der Versuchung aus dem Wege gehen.«*
> Ein Mann zu jeder Jahreszeit

Davenport: »Er wünscht eine andere.« [6196]

*

Robert Shaw (King Henry VIII): »Glaubt man vielleicht, weil ich einfach bin, geradeheraus, offen und ehrlich gegen jedermann, der genauso ist wie ich, glaubt man deshalb vielleicht, daß man mich deswegen schon für einen Dummkopf halten kann?« [6197]

*

Shaw: »Es gibt Leute, wie Norfolk, die folgen mir nur, weil ich die Krone trage, andere, wie Master Cromwell, folgen mir, weil sie Schakale mit scharfen Zähnen sind, und ich bin ihr Tiger. Und die Masse folgt mir, weil sie hinter allem herläuft, was sich bewegt.« [6198]

*

Scofield: »Es macht mich krank zu denken, wie sehr ich Euer Majestät mißfallen muß.«
Shaw: »Nein, Thomas, ich respektiere Eure Aufrichtigkeit. Aber Respekt, Mann, vergeht wie Wasser in der Wüste.« [6199]

*

Scofield: »Was durch Lächeln zu erreichen ist, das erreiche ich.« [6200]

*

Scofield: »Du kannst wirklich beruhigt sein. Das *(deutet auf sich)* ist nicht der Stoff, aus dem man Märtyrer macht.« [6201]

*

Hurt: »Ich wäre Ihnen treu, Thomas.«
Scofield: »Richard, auch wenn du nur dir selbst treu sein müßtest, du könntest es nicht einen Tag.« [6202]

*

Scofield: »Dagegen gibt es kein Gesetz.«
Corin Redgrave (William Roper): »Doch, das Gesetz Gottes.«
Scofield: »Dann kann Gott ihn ja verhaften.« [6203]

> »Hab ich mich
> undeutlich genug
> ausgedrückt?«
> Ein Mann zu jeder Jahreszeit

Scofield: »Wenn er der Teufel selber wäre, er ist frei, solange er die Gesetze hält.«
Redgrave: »So darf der Teufel schon Vorteile aus den Gesetzen ziehen?«
Scofield: »Oh ja. Was würden Sie denn tun? Die Gesetze mißachten, nur weil Sie hinter dem Teufel her sind?«
Redgrave: »Ja, jedes Gesetz würde ich niederreißen, wenn es darum ginge.«
Scofield: »So. Und wenn das letzte Gesetz gefallen wäre, und der Teufel wendet sich gegen Sie, wo nehmen Sie dann Zuflucht, wenn es keine Gesetze mehr gibt? Dieses Land ist geschützt von Gesetzen wie von einem Wall, Menschengesetzen, keinen göttlichen. Und wenn Sie den niederreißen – und Sie sind ganz der Mann, der so was tut – glauben Sie denn, Sie könnten dann aufrecht stehenbleiben in den Stürmen, die dann losbrechen werden? Ja, ich verwehre dem Teufel den Schutz der Gesetze nicht, um meiner eigenen Sicherheit willen.« [6204]

*

Scofield: »Hab ich mich undeutlich genug ausgedrückt?« [6205]

*

Wendy Hiller (Alice More): »Ja, jetzt bist du also am Ende. Was hast du vor? Am Kamin sitzen und mit dem Schürhaken Figuren in die Asche malen?« [6206]

*

Scofield: »Ich habe eine Abschrift. Sie ist beglaubigt.«
Leo McKern (Cromwell): »Sie waren sehr vorsichtig.«
Scofield: »Ich bin ein großer Freund von Korrektheit.« [6207]

*

Davenport: »Ich bin dein Freund. Ich wollte, ich wär's nicht, aber ich bin's.« [6208]

*

Scofield: »Die englische Hocharistokratie, Mylord, hätte die ganze Bergpredigt durchgeschnarcht, doch wenn es um den Stammbaum eurer Köter geht, dann stellt ihr euch an wie die Gelehrten.« [6209]

*

Scofield: »Wie ist der Wortlaut?«

York: »Was heißt da noch Wortlaut? Wir wissen, was das bedeutet.«
Scofield: »Nur, was die Worte sagen. Ein Eid besteht aus Wörtern. Möglicherweise kann man ihn schwören.« 6210

*

Scofield: »Um seiner Herrlichkeit willen schuf Gott die himmlischen Heerscharen, und er schuf die Tiere um ihrer Unschuld willen und die Pflanzen um ihrer Einfalt willen. Aber den Menschen schuf er, damit wir ihm dienen, Margaret, mit aller Findigkeit unseres Geistes. Und wenn er unsere Lage so verzweifelt werden läßt, daß es keinen Ausweg gibt, dann dürfen wir auch unsern guten Kampf bis zum Ende austragen, dann lassen wir unseren Schlachtruf ertönen wie die geborenen Kämpfer, wenn wir noch die Kraft dazu haben. Aber Gott allein bleibt es überlassen, nicht den Menschen, uns in diese Lage zu bringen. Unsere natürliche Aufgabe liegt darin zu entkommen.« 6211

*

Scofield: »Es gibt Menschen, die halten die Erde für rund, andere halten sie für flach. Darüber gibt es zweierlei Meinungen. Aber angenommen, sie ist flach, wird dann die Erde durch den Befehl des Königs rund? Angenommen, sie ist rund, wird sie durch des Königs Befehl zur Scheibe?« 6212

*

Scofield: »Wenn wir in einem Staat leben würden, in dem Tugend sich auszahlt, dann würde schon der gesunde Menschenverstand Heilige aus uns machen. Aber solange wir mit ansehen müssen, daß Bosheit, Stolz, Zorn und Dummheit sich weit eher bezahlt machen als Nächstenliebe, Bescheidenheit, Geduld, Gerechtigkeit und Weisheit, solange sollten wir vielleicht doch ein wenig standhaft bleiben, selbst auf die Gefahr hin, daß wir zu Helden werden.« 6213

*

McKern: »Sir Richard ist seit kurzem Generalstaatsanwalt von Wales.«
Scofield: »Ach, von Wales. Aber Richard! ›Was hülfe es dem Menschen, wenn er die ganze Welt gewönne und nähme doch Schaden an seiner Seele?‹ Aber für Wales?« 6214

Scofield (zum Henker): »Du brauchst dich nicht zu scheuen, dein Amt zu verrichten. Du schickst mich zu Gott.« 6215

***

DIE MÄNNER (The Men)
USA 1950, Kramer, United Artists (Regie Fred Zinnemann, Buch Carl Foreman)

*

Marlon Brando (Ken, voice-over): »Erst hatte ich Angst, daß ich sterben müßte, und jetzt hab ich Angst, daß ich leben muß.« 6216

*

Brando (voice-over): »Soldaten, sprecht mir nach: Der Krieg ist vorbei, und ich bin froh, daß ich nur halbtot bin.« 6217

*

Everett Sloane (Dr. Brock): »Sehen Sie mich nicht so überlegen an! So klug sind Sie auch wieder nicht.« 6218

***

MÄNNER DES GESETZES (Posse)
USA/UK 1975, Rank, PolyGram, Working Title (Regie Kirk Douglas, Buch William Roberts, Christopher Knopf, Story Christopher Knopf)

*

Bruce Dern (Jack Strawhorn): »Jeder Tag über der Erde statt unter ihr ist ein guter Tag.« 6219

*

»Oh Mann, das wird sein, als ob man Heringe in ihrem Faß abknallt.« 6220

*

Kirk Douglas (Marshal Howard Nightingale): »Die Hütten sind zwar außer Reichweite, aber husten wir mal rüber.« 6221

*

Dern (im Knast): »Könnte ich auch Feuer haben? Ich habe keine Streichhölzer.«
Luke Askew (Krag, Deputy): »Dann iß sie!« 6222

*

James Stacy (Hellman): »Mein Kommandeur war ein sehr ehrgeiziger Mann. Er wurde Ge-

---

> »Soldaten, sprecht mir nach: Der Krieg ist vorbei, und ich bin froh, daß ich nur halbtot bin.«
> Die Männer

neral, ich wurde Krüppel. Sie sind auch zu ehrgeizig, Marshal.« [6223]

*

Dern: »Dein Boss hätte das nicht gern, ich schätze, daß er mich lebend braucht.«
Askew: »Wenn du noch eine Bewegung machst, werde ich Ärger mit ihm haben.« [6224]

***

DER MARATHON-MANN *(Marathon Man)*
USA 1976, Paramount (Regie John Schlesinger, Buch William Goldman, nach seinem Roman)

*

Fritz Weaver (Professor Biesenthal): »Es gibt eine Verminderung der natürlichen Ressourcen, einen Fehlbestand an atembarer Luft, sogar einen an genießbarem Rotwein, aber es gibt keinen Rückgang an Historikern. Wir stoßen sie aus, wie eine Kette von Würstchen.« [6225]

*

Roy Scheider (Doc Levy): »Jeder muß selbst entscheiden, wie er dem anderen das Fell über die Ohren zieht.« [6226]

*

Scheider: »Für einen liberalen Pazifisten hast du sehr viel Sinn für Rache.« [6227]

*

Laurence Olivier (Szell): »Die Entscheidung ist manchmal ganz simpel: Wohlbefinden oder Schmerzen. Welchen von beiden ich Ihnen demnächst verordne, liegt ganz in Ihrer Hand. Also, nutzen Sie die Zeit, und sagen Sie es mir: Sind sie außer Gefahr?« [6228]

*

Olivier: »Beruhigen Sie sich, bitte! Ich bohre nicht an der alten Stelle weiter. Der Nerv dieses Zahnes stirbt bereits. Ein lebendiger, gesunder, frischer Nerv ist sehr viel empfindsamer. Also werde ich einfach in einen gesunden Zahn hineinbohren, bis ich den Nerv treffe.« [6229]

*

Olivier: »Ich finde Sie ziemlich abscheulich. Ich darf das hoffentlich sagen, ohne Ihre Gefühle zu verletzen.«
William Devane (Peter Janeway): »Bitte, keine Schmeicheleien!« [6230]

***

EL MARIACHI
USA 1992, Los Hooligans, Columbia (Regie, Buch Robert Rodriguez)

*

Reinol Martinez (Azul): »Hör zu! Du gibst mir mein Geld, und es muß niemand mehr sterben. Selbst dich werde ich verschonen.«
Peter Marquardt (Mauricio/Moco): »Nein, glaub mir, dafür ist es zu spät. Wir müssen da jetzt durch, bis zum Ende.« [6231]

***

MARINE GEGEN LIEBESKUMMER
(Follow the Fleet)
USA 1936, RKO (Regie Mark Sandrich, Buch Dwight Taylor, Allan Scott, nach dem Stück ›Shore Leave‹ von Hubert Osborne)

*

Fred Astaire (›Bake‹ Baker): »Müßt ihr mich immer dran erinnern, daß ich mal Steptänzer war?« [6232]

*

Ginger Rogers (Sherry Martin): »Weißt du, die Männer ziehen nicht Blonde vor. Es ist nur, weil wir fader [dumber] aussehen.« [6233]

*

Rogers: »Ich sehe auch keine Admiralsstreifen.«
Astaire: »Ja, ich bleibe gern inkognito, wenn ich mit den Jungs einen heben gehe, weißt du.« [6234]

*

Astaire: »Ich werde mich schon um alles kümmern.«
Rogers: »Siehst du, das genau beunruhigt mich.« [6235]

*

Harriet Hilliard (Connie Martin): »Wieviel verdient ein Oberbootsmann?«
Rogers: »Egal, was er dir gesagt hat, teil das einfach durch zwei.« [6236]

*

Astaire: »Ich brauch mich eigentlich niemals zu entschuldigen, weil ich keine Fehler mache.« [6237]

> »Ich werde mich schon
> um alles kümmern.«
> »Siehst du, das genau
> beunruhigt mich.«
> Marine gegen Liebeskummer

(Matrose): »Hallo! Wie war's im Himmel, als du ihn verlassen hast?«
Lucille Ball (Kitty): »Sag mal, mein Kleiner, gehört zu diesem Aufzug eine Pfeife oder ein Baseballschläger?« [6238]

***

MARNIE
USA 1964, Stanley, Universal (Regie Alfred Hitchcock, Buch Jay Presson Allen, nach dem Roman von Winston Graham)

*

S. John Launer (Sam Ward): »Ich verstehe das nicht.«
Sean Connery (Mark Rutland): »Das verlangt von Ihnen auch keiner.« [6139]

*

Tippi Hedren (Marnie Edgar): »Anständig! Oh, Mama! Wenn das dein Ziel war, dann hast du es wirklich erreicht. Anständig bin ich weiß Gott. Ich bin zwar eine Betrügerin und eine Lügnerin und eine Diebin, aber ich bin anständig.« [6240]

***

MAROKKO
(Morocco)
USA 1930, Paramount (Regie Josef von Sternberg, Buch Jules Furthman, nach der Geschichte ›Amy Jolly‹ von Benno Vigny)

*

Francis McDonald (Sergeant): »Die Fremdenlegionäre! Jeder Mann ein Held, hä? Die Welt ist ein großes Faß voll Schnaps, und obendrauf schwimmen die Weiber.« [6241]

***

DER MARSHAL
(True Grit)
USA 1969, Wallis, Paramount (Regie Henry Hathaway, Buch Marguerite Roberts, nach dem Roman von Charles Portis)

*

Kim Darby (Mattie Ross): »Wer ist hier der beste Marshal?«
John Doucette (Sheriff): »Bill Walters ist der beste Spürhund. Der schärfste ist Rooster Cogburn, mitleidlos, durchtrieben, und Furcht gibt es nicht für ihn. Elkie Quinn, er ist der ehrlichste. Auf ihn kann man sich unbedingt verlassen.«
Darby: »Und wo finde ich Rooster?« [6242]

Edith Atwater (Mrs. Floyd): »Dieser Mr. La Boeuf ist ein gutaussehender Mann, nicht?«
Darby: »Er sollte mal baden und sich rasieren.«
Atwater: »Na ja, er ist aus Texas.« [6243]

*

John Wayne (Rooster Cogburn): »Wenn du das tust, lege ich dich um.«
Glen Campbell (La Boeuf): »Bei einem Fremden wäre ich nicht so sicher, daß ich ihn so einfach umlegen könnte.«
Wayne: »Mein Junge, ich bin bisher noch mit jedem fertiggeworden. Verlaß dich drauf!« [6244]

*

Wayne: »Meine Güte, die erinnert mich an mich.« [6245]

*

Campbell: »Ich gehöre der Episkopalkirche an.«
Darby: »Auf den Knien rutschen paßt zu Ihnen.« [6246]

*

Campbell: »Wir haben Glück, daß wir hier Wasser haben. Ich habe schon erlebt, daß ich aus Hufspuren Wasser trinken mußte, und ich war froh darüber.«
Wayne: »Wenn ich doch bloß einmal einen von euch jungen Texanern treffen würde, der noch nicht aus einer Hufspur Wasser getrunken hat.« [6247]

*

Campbell: »Willst du ohne Warnung schießen?«
Wayne: »Wieso nicht? Sie sollen sofort wissen, daß wir keinen Spaß verstehen. ... Na gut, also nach dem ersten Schuß werde ich runterrufen, vielleicht ergibt sich einer freiwillig.« [6248]

*

Wayne: »Sag mal, La Boeuf, seit wann schießt man auf Pferde?«
Campbell: »Ich habe auf Ned Pepper gezielt.«

> *»Die Fremdenlegionäre! Jeder Mann ein Held, hä? Die Welt ist ein großes Faß voll Schnaps, und obendrauf schwimmen die Weiber.«*
> Marokko

Wayne: »Dann ziel nächstes Mal aufs Pferd, dann triffst du vielleicht Pepper.« [6249]

*

Wayne: »Boots, ich habe Hayes und einen, den ich nicht kenne und Moon und Quincy draußen. Bring die bald unter die Erde für mich. Ich hab's eilig.«
Ron Soble (Boots Finch): »Sind die tot?«
Wayne: »Sonst würde ich wohl kaum von dir verlangen, daß du sie begraben sollst.« [6250]

*

Soble: »Ist das der Mann, der Pepper das Pferd unterm Hintern weggeschossen hat?«
Wayne: »Ja, hier siehst du den berühmtesten Pferdetöter von El Paso. Er möchte, daß alle Menschen zu Fuß gehen, und darum schießt er ihnen die Pferde unterm Hintern weg.« [6251]

*

Campbell: »Sollte nicht lieber einer mit ihr gehen? Ist vielleicht gefährlich für die Kleine.«
Wayne: »Wenn sie sich unbedingt waschen muß, soll sie auch das Risiko tragen.« [6252]

*

Robert Duvall (Ned Pepper): »Ich glaube, du nimmst dein Maul ziemlich voll für einen alten einäugigen Mann.« [6253]

*

Wayne: »Verdammter Texaner! Wenn er gebraucht wird, ist er tot.« [6254]

*

Darby: »Ich freue mich, daß Sie wieder so ein schönes Pferd haben.«
Wayne: »Ja, ich auch. Er ist nicht so temperamentvoll wie Bow, aber Stonehill behauptet, daß er über die höchsten Zäune springt.«
Darby: »Sie sind doch zu alt und zu schwer, um zu springen.«
Wayne: »Na ja, vielleicht besuchst du irgendwann mal den alten schweren Mann. [Come see a fat old man some time.]« [6255]

»*Verdammter Texaner!
Wenn er gebraucht
wird, ist er tot.*«
Der Marshal

MARTHA TRIFFT FRANK, DANIEL UND LAURENCE
(Martha – Meet Frank, Daniel and Laurence)
UK 1998, Banshee, Channel Four (Regie Nick Hamm, Buch Peter Morgan)

*

Steven O'Donnell (Flughafeninformation): »Ich tue das im Namen aller sportinteressierten, romantisch veranlagten Männer, einer mit Schmutz beworfenen, mißverstandenen Minderheit.« [6256]

***

MARTIN
USA 1978, Laurel (Regie, Buch George A. Romero)

*

John Amplas (Martin, voice-over): »Man muß wirklich ruhig bleiben, wenn das passiert. Man darf nie vergessen, daß die, die hinter einem her sind, niemals ruhig sind. Menschen sind niemals ruhig, wenn sie sich ärgern.« [6257]

***

MARTY
USA 1955, Hecht-Hill-Lancaster, United Artists (Regie Delbert Mann, Buch Paddy Chayevsky, nach seinem Stück)

*

Ernest Borgnine (Marty Pilletti): »Früher oder später muß jeder von uns lernen, sich mit bestimmten Tatsachen abzufinden. Und eine davon ist, daß ich eben nicht das habe, was auf Frauen anziehend wirkt.« [6258]

*

Borgnine: »Was für andere selbstverständlich ist, ist für mich ein Problem.« [6259]

*

Esther Minciotti (Mrs. Pilletti): »Als ich heut nacht von euch nach Hause kam, war Marty mit einem Mädchen hier.« (...)
Augusta Ciolli (Catherine): »War das Licht an?«
Minciotti: »Natürlich! Sie hat auf der Universität studiert.«
Ciolli: »Ach, das sind die Schlimmsten. Studentinnen stehen immer mit einem Bein in der Gosse.« [6260]

***

DIE MARX BROTHERS AUF SEE
(Monkey Business)
USA 1931, Paramount (Regie Norman McLeod, Buch S. J. Perelman, Will B. Johnstone, Arthur Sheekman)

Ben Taggart (Captain Corcoran): »Blinde Passagiere? Woher wissen Sie, daß es vier sind?«
Tom Kennedy (Gibson, 1. Offizier): »Sie haben ein vierstimmiges Lied gesungen.« [6261]

*

Groucho Marx: »Würdest du bitte von dem Papier aufstehen, damit die Fliegen ihre Notdurft verrichten können!« [6262]

*

Groucho: »Wir haben aus Liebe geheiratet, aus Liebe zum Geld.« [6263]

*

Groucho: »Mrs. Briggs, ich bewundere und verehre Ihren lieben Mann seit vielen Jahren. Was gut genug für ihn war, ist für mich auch gut genug.« [6264]

*

Groucho: »Mein Herr, wollen Sie mich etwa bestechen? Wieviel?« [6265]

***

DIE MARX BROTHERS IM KAUFHAUS
(The Big Store)
USA 1941, MGM (Regie Charles Reisner, Buch Sid Kuller, Hal Flimberg, Ray Golden)

*

Margaret Dumont (Martha Phelps): »Wo haben Sie nur gelernt, so wundervoll poetische Verse zu schmieden?«
Groucho Marx (Wolf J. Flywheel): »Ich war fünf Jahre bei 'ner Werbeagentur.« [6266]

*

Douglas Dumbrille (Grover): »Wenn Sie Detektiv sind, bin ich der Onkel eines Affen.« [6267]

***

DIE MARX BROTHERS IM KRIEG *(Duck Soup)*
USA 1933, Paramount (Regie Leo McCarey, Buch Bert Kalmar, Harry Ruby, Arthur Sheekman, Nat Perrin)

*

Groucho Marx (Rufus T. Firefly): »Ziehen Sie 'ne Karte!«
Margaret Dumont (Mrs. Gloria Teasdale): »Eine Karte? Was soll ich mit einer Karte?«
Groucho: »Ich gebe sie gern, ich hab noch 51.« [6268]

*

Groucho: »Wollen Sie mich heiraten? Wieviel haben Sie? *Die* Frage bitte zuerst beantworten!« [6269]

Groucho: »Sie dürfen die Ehre dieser Dame verteidigen, was sie vermutlich nie getan hat.« [6270]

***

DIE MARX BROTHERS IM WILDEN WESTEN
(Go West)
USA 1940, MGM (Regie Edward Buzzell, Buch Irving Brecher)

*

Groucho Marx (S. Quentin Quayle): »Der Kerl ist so voll, wenn man dem einen Docht in den Mund steckt, brennt er drei Tage.« [6271]

***

DIE MARX BROTHERS IM ZIRKUS
(At the Circus)
USA 1939, MGM (Regie Edward Buzzell, Buch Irving Brecher)

*

Kenny Baker (Jeff Wilson): »Ist sie nicht fabelhaft?«
Eve Arden (Peerless Pauline): »Ja, gar nicht schlecht. Aber vielleicht könnte besser das Pferd singen bei der Nummer.« [6272]

*

Chico Marx (Antonio): »Wenn man im Geschäft Probleme hat, dann muß man sich einen Anwalt nehmen. Dann hat man ein Problem mehr, aber man hat auch einen Anwalt.« [6273]

*

Florence Rice (Julie Randall): »Ein junger Mann, der so verbohrt ist wie du, braucht eine Lektion. Und in diesem Fall werde ich dafür sorgen. Also, wann wollen wir heiraten.« [6274]

*

Groucho Marx (J. Cheever Loophole): »Ich suche Talente. Für Sing Sing oder Alcatraz.« [6275]

*

Groucho: »Jeder, der Sie anschaut, kann sehen, daß Sie nichts zu verbergen haben.« [6276]

> »Der Kerl ist so voll, wenn man dem einen Docht in den Mund steckt, brennt er drei Tage.«
> Die Marx Brothers im wilden Westen

Arden: »Ich kann sehr unterhaltsam sein, wenn ich das möchte.« [6277]

***

DIE MARX BROTHERS IN DER OPER
(A Night at the Opera)
USA 1935, MGM (Regie Sam Wood, Buch George S. Kaufman, Morrie Ryskind, Story James Kevin McGuinness)

*

Groucho Marx (Otis B. Driftwood): »Sind Trinkgelder an Bord erlaubt?«
(Steward): »Gewiß, Signore.«
Groucho: »Haben Sie zehn Dollar?«
(Steward): »Ja, Signore.«
Groucho: »Dann haben Sie die zehn Cents nicht nötig, die ich Ihnen geben wollte.« [6278]

*

Sig Ruman (Herman Gottlieb, zu Margaret Dumont): »Ganz New York wird Ihnen zu Füßen liegen.«
Groucho: »Platz genug ist ja da.« [6279]

***

MARY UND DER MILLIONÄR
(The Devil and Miss Jones)
USA 1941, Ross-Krasna, RKO (Regie Sam Wood, Buch Norman Krasna)

*

Charles Coburn (John P. Merrick): »Ich kann mich beim besten Willen nicht erinnern, daß mir ein Mensch so zuwider war wie er. Und ich hab in meinem Leben 'ne ganze Menge auf der Abschußliste gehabt.« [6280]

*

Coburn: »Ich seh in mir so 'ne Art göttliche Gerechtigkeit. Andere Menschen müssen in ihrem Leben Dinge vergessen. Das hab ich nicht nötig.« [6281]

***

MASCHINENPISTOLEN
(White Heat)
USA 1949, Warner (Regie Raoul Walsh, Buch Ivan Goff, Ben Roberts, nach der Geschichte von Virginia Kellogg)

*

(beim Zugüberfall)
Fred Coby (Happy Taylor): »Die haben Ärger, Cody.«
James Cagney (Cody Jarrett): »Gib ihm doch gleich meine Adresse, du Idiot!«
Murray Leonard (Zugführer): »Damit kommst du nicht weit, Cody.«
Cagney: »Cody, hä? ... Du hast ein gutes Namensgedächtnis, mein Alter. Dein Pech.« [6282]

*

Cagney: »Big Ed! Der große Big Ed! Weißt du, warum man ihn so nennt? Weil er große Rosinen im Kopf hat. Eines Tages hat er noch eine ganz große Rosine, die mich betrifft. Und das wird seine letzte sein.« [6283]

*

Cagney: »Anfangs wollte ich hier in aller Ruhe ganz gemütlich meine Zeit absitzen. Besserer Urlaub, verstehst du? Zugleich wollte ich wegen einer anderen Sache verschwinden. Aber manchmal macht man Pläne, und manchmal gehen die Pläne schief. Und dann heißt es, was tun und zwar schnell. Verstehst du? Also, ich hab draußen was Dringendes zu erledigen.« [6284]

*

Ralph Volkie (Anwalt): »Ich hab eine Idee, wie ich deine Sache noch mal aufrollen kann. (...) Diesmal gehe ich zum Obersten Gericht, um dich rauszuholen. (...)«
G. Pat Collins (the Reader): »Jerry, Sie kriegen mich nicht mal hier raus, wenn ich begnadigt würde.« [6285]

*

Cagney: »Ein Bulle! Also ein Bulle! Was sagt ihr dazu, Jungs? Ein echter Bulle! Und sein richtiger Name ist Fallon. Wir sind drauf reingefallen. Ich fall drauf rein. Ich hab ihn behandelt wie einen Bruder. Und ich wollte halbe-halbe mit ihm machen. Mit einem Bullen!« [6286]

*

Cagney: »Hier ist dein Anteil, Polizistenschwein.« [6287]

*

Cagney: »Die denken, jetzt hätten sie Cody Jar-

> »Ich seh in mir so 'ne Art göttliche Gerechtigkeit. Andere Menschen müssen in ihrem Leben Dinge vergessen. Das hab ich nicht nötig.«
> Mary und der Millionär

rett. Die haben Cody Jarrett noch lange nicht.« ^6288

*

Cagney: »Ich hab's geschafft, Ma, jetzt bin ich ganz oben.« [Made it, Ma, top of the world!] ^6289

*

Edmond O'Brien (Hank Fallon/Vic Pardo): »Jetzt, wo er endlich ganz oben ist, da zerreißt es ihn in tausend Stücke.« [He finally got to the top of the world, and it blew right up in his face.] ^6290

***

M*A*S*H
USA 1970, Aspen, Twentieth Century Fox (Regie Robert Altman, Buch Ring Lardner jr., nach dem Roman von Richard Hooker)

*

Donald Sutherland (Hawkeye Pierce): »Duke, hast du diese Symptome *(betender Duvall)* schon mal erlebt?«
Tom Skerritt (Duke Forrest): »Ne, bei Jungs über acht Jahren jedenfalls noch nicht.« ^6291

*

»Meine Operation ist prima verlaufen, aber die Kopfwunde hat ihm den Rest gegeben.« ^6292

*

Sutherland: »Gewisse Konzessionen an den Krieg müssen wir schon machen. Wir sind drei Meilen von der Front weg und ...«
Elliott Gould (Trapper John McIntyre): »Na gut, aber *(...)* man kann doch unmöglich Martini ohne Olive trinken, finde ich. Ich meine, das wär doch ein glatter Kulturbolschewismus.« ^6293

*

Skerritt: »Weiß jemand, ob das 'n Offizier oder 'n einfacher GI ist?«
Sutherland: »'n einfacher GI.«
Skerritt: »Dann mach große Stiche!« ^6294

*

Gould: »Sind Sie fertig für heute?«
Robert Duvall (Major Frank Burns): »Ja. Wieso?«
Gould: »Sehr gut! Ich wollte mich nur vergewissern, ob Sie Zeit haben, sich davon *(schlägt ihn nieder)* zu erholen.« ^6295

*

Sally Kellerman (Major ›Hot Lips‹ O'Houlihan): »Wie kann ein so entarteter Mensch nur eine so verantwortungsvolle Position im US Army Medical Corps bekleiden!«
Rene Auberjonois (Dago Red): »Sie haben ihn eingezogen.« ^6296

*

Skerritt: »Na, noch so heiße Lippen?« ^6297

*

Auberjonois: »Ich kann dir schildern, wie *(...)* ernst es ist. Er hat mit *(...)* 'n paar Kameraden gepokert, und einer von den Jungs wandte sich an ihn und hat ihn gefragt, ob er noch weiter gehen wollte. Und Walt sagte, er sagte: ›Ist doch vollkommen Wurscht. Es ist ja nur ein Spiel.‹«
Sutherland: »Was hat er gesagt? Es wäre vollkommen Wurscht, es wäre nur ein Spiel? Poker ist nur ein Spiel??« ^6298

*

Gould: »Ich hab 'n Oklahoma.«
»Was hat der? Was is'n das?«
Gould: »Oklahoma, das ist 'n Paar Achten, eine Pik Zehn, eine Zwei und 'ne Fünf.« ^6299

***

DIE MASKE DES DIMITRIOS
(The Mask of Dimitrios)
USA 1944, Warner (Regie Jean Negulesco, Buch Frank Gruber, nach dem Roman ›A Coffin for Dimitrios‹ von Eric Ambler)

*

Kurt Katch (Colonel Haki): »Wer der Mörder war, werden wir nie erfahren. Aber wer immer es war, er tat uns einen Gefallen.« ^6300

*

Katch: »Für mich bleibt das Wichtigste zu wissen, nicht wer den Schuß abgegeben, sondern wer die Kugel bezahlt hat.« ^6301

*

Peter Lorre (Cornelius Latimer Leyden): »Absolut skrupellos, vollkommen unmoralisch, aber faszinierend.« ^6302

»Weiß jemand, ob das 'n Offizier
oder 'n einfacher GI ist?«
»'n einfacher GI.«
»Dann mach große Stiche!«
M*A*S*H

Sidney Greenstreet (Mr. Peters): »Ein Buch ist eine wunderbare Sache, ein Garten voller schöner Blumen, ein Zauberteppich, auf dem man davonfliegen kann zu unbekannten Gefilden.« [6303]

*

Lorre: »Ich kann Ihnen versichern, ich ...«
Victor Francen (Wladislaw Grodek): »Ich bin überzeugt, daß Sie das können. Aber, verzeihen Sie, was sind Ihre Beteuerungen wert?« [6304]

*

Francen: »Er jagte sich eine Kugel durch den Kopf.«
Lorre: »Oh, wie schrecklich!«
Francen: »Mein lieber Leyden, Bulic war ein Verräter. Man sollte nicht sentimental werden wegen Verrätern.« [6305]

*

Lorre: »Ich bin kein gewalttätiger Mensch, Mr. Peters. In der Tat, ich hasse Gewalt. Aber es gibt Situationen, wo auch der friedliebendste Mensch Gewalt anwendet. Und jetzt könnte es soweit sein.« [6306]

*

Greenstreet: »Wir wollen Geld.«
Zachary Scott (Dimitrios): »Was haben Sie mir als Gegenwert zu bieten?«
Greenstreet: »Schweigen, Dimitrios. Sehr teuer.« [6307]

*

Scott: »Petersen war immer zu raffiniert. Aber Raffinesse ist kein Ersatz für Intelligenz.« [6308]

***

DIE MASKE DES FU-MANCHU
(The Mask of Fu Manchu)
USA 1932, Cosmopolitan, MGM (Regie Charles Brabin [ungenannt Charles Vidor], Buch Irene Kuhn, Edgar Allan Woolf, John Williard, nach dem Roman von Sax Rohmer)

*

Karen Morley (Sheila Barton): »Denken Sie, er bringt ihn zum Reden? Das schafft er nicht. Ich kenn ihn besser als Sie.« (...)
Lewis Stone (Nayland Smith): »Das hoffe ich. Sie haben Methoden im Osten, die selbst den stärksten Willen brechen.« [6309]

*

Boris Karloff (Dr. Fu-Manchu): »Ich halte es nicht für klug, wenn man seinen Gastgeber beleidigt, Sir Nayland. Wenn mir das nicht zu primitiv wäre, würde ich Sie jetzt gleich töten.« [6310]

*

Karloff: »Sorgt dafür, daß Sir Nayland sich wohlfühlt! Vorläufig jedenfalls.« [6311]

*

Karloff: »Sie haben die Ehre, als erste Ihr Leben zu beschließen durch die Hand des neuen Dschingis Khan. Ich gratuliere Ihnen.« [6312]

*

Morley: »Erlauben Sie mir, noch mal meine Freunde zu sehen?«
Karloff: »Ich fürchte, was Sie dann sehen, könnte Ihr Mißfallen erregen.« [6313]

*

Karloff: »Mir scheint fast, meine Tochter entwickelt ein romantisches Interesse an diesem jungen Mann. Um ihm noch mehr von diesem interessanten Serum injizieren zu lassen, hat sie ihn ins Laboratorium gebracht. Und wie Sie bemerkt haben dürften, macht das den Mann zu ihrem mehr als willigen Sklaven. Natürlich nur so lange, bis er ihr lästig wird.« [6314]

***

MASSAI – DER GROSSE APACHE (Apache)
USA 1954, Hecht-Lancaster, United Artists (Regie Robert Aldrich, Buch James R. Webb, nach dem Roman ›Bronco Apache‹ von Paul I. Wellman)

*

John McIntire (Al Sieber): »Ich habe Geronimo und Cochise gekannt, als sie so alt waren wie der, und der ist aus demselben Holz, ein stolzer Apache, der sich niemals unterwirft.« [6315]

*

Burt Lancaster (Massai): »Du hast eine Frau, und du holst das Wasser selbst?«
Morris Ankrum (Dawson): »Die Weißen haben manchmal rauhe Sitten.« [6316]

*

McIntire: »Er haßt alle weißen Männer, und

> »Du hast eine Frau, und
> du holst das Wasser selbst?«
> »Die Weißen haben
> manchmal rauhe Sitten.«
> Massai – Der große Apache

wenn ein Apache haßt, dann haßt er so lange, bis sein Gegner erledigt ist.« [6317]

***

MASSAKER IM MORGENGRAUEN
(A Thunder of Drums)
USA 1961, MGM (Regie Joseph Newman, Buch James Warner Bellah)

*

Richard Boone (Captain Steven Maddocks): »Comanchen fallen nur über ihre eigenen Frauen her, das nennen sie, ihnen den Hof machen. Aus unseren Frauen machen sie sich nichts.« [6318]

***

MASSENMORD IN SAN FRANCISCO
(The Laughing Policeman)
USA 1973, Twentieth Century Fox (Regie Stuart Rosenberg, Buch Thomas Rickman, nach dem Roman von Maj Sjöwall, Per Wahlöö)

*

Bruce Dern (Leo Larsen, zum einsilbigen Walter Matthau): »Hast du mal dran gedacht, Kurse für Dauerredner zu geben?« [6319]

***

MATA HARI
USA 1931, MGM (Regie George Fitzmaurice, Buch Benjamin Glazer, Leo Birinski)

*

»Tja, die einen sterben, die andern tanzen.« [6320]

*

Lionel Barrymore (General Shubin): »Ich bin schon ein toter Mann. Diese Kugel, die mir bestimmt ist, die brauch ich nicht mehr.« [6321]

*

Ramon Novarro (Lieutenant Alexis Rosanoff): »Ich liebe dich so, wie man heilige Dinge verehrt.«
Greta Garbo (Mata Hari): »Welche heiligen Dinge?«
Novarro: »Gott, Vaterland, Ehre, dich.«
Garbo: »Ich komme zuletzt?« [6322]

*

Barrymore: »Das wußte ich schon beim Aufwachen, daß es heute nichts als Unglück geben würde.« [6323]

*

C. Henry Gordon (Dubois): »Wir älteren Herren sind gerade gut genug, den Sekt und die Blumen zu bezahlen, also das Vorspiel. Dann kommt die Jugend. Und wir, wir verbringen den Abend mit einem Buch.« [6324]

*

Barrymore: »Dein Leben lang hast du die Männer nur betrogen. Aber es gibt zwölf Männer, die du nicht betrügen kannst, das Hinrichtungskommando.« [6325]

***

MATEWAN
USA 1987, Red Dog, Cinecom, Film Gallery, Goldcrest, United Artists (Regie Buch John Sayles)

*

Mary McDonnell (Elma Radnor): »Ich hab nur noch ein Zimmer frei.«
Kevin Tighe (Hickey): »Na ja, dann muß eben jemand ausziehen.« [6326]

*

Chris Cooper (Joe Kenehan): »Manchmal muß man sich halt biegen, um nicht zu brechen.« [6327]

*

David Strathairn (Sid Hatfield): »Auf den würde ich nicht mal pinkeln, wenn sein Hemd in Flammen stünde.« [6328]

*

Tighe: »Meine Männer hier haben letzte Nacht wenig geschlafen und sind etwas nervös. Außerdem haben wir das Recht auf unserer Seite.«
Jace Alexander (Hillard Elkins): »Ihr habt kein Recht, ihr umgeht allenfalls das Gesetz. Ihr habt nur Waffen, sonst nichts. Ihr seid Schlägertypen.«
Tighe (bricht ihm die Nase): »Ja, vielleicht hast du recht, Kleiner. Wir haben die Waffen.« [6329]

*

Bob Gunton (C. E. Lively): »Manchmal muß man eben ein kleines bißchen lügen, damit die Wahrheit ans Licht kommt.« [6330]

»*Manchmal muß man sich halt biegen, um nicht zu brechen.*«
Matewan

MATRIX
(The Matrix)
USA/AUS 1999, Groucho II, Silver, Village Roadshow, Warner (Regie, Buch Larry und Andy Wachowski)

*

Keanu Reeves (Thomas Anderson, ›Neo‹): »Kennst du das Gefühl, wenn du nicht weißt, ob du wach bist oder noch träumst?«
Marc Gray (Choi): »Hm, kenn ich gut, nennt sich Meskalin.« [6331]

*

Carrie-Anne Moss (Trinity): »Die Antwort ist irgendwo da draußen, Neo. Sie ist auf der Suche nach dir. Und sie wird dich finden, wenn du es willst.« [6332]

*

Laurence Fishburne (Murphy): »Glaubst du an das Schicksal, Neo?«
Reeves: »Nein.«
Fishburne: »Warum nicht?«
Reeves: »Mir mißfällt der Gedanke, mein Leben nicht unter Kontrolle zu haben.« [6333]

*

Fishburne: »Dies ist deine letzte Chance, danach gibt es kein Zurück. Schluckst du die blaue Kapsel, ist alles aus, du wachst in deinem Bett auf und glaubst an das, was du glauben willst. Schluckst du die rote Kapsel, bleibst du im Wunderland, und ich führe dich in die tiefsten Tiefen des Kaninchenbaus.« [6334]

*

Fishburne: »Bedenke: Alles, was ich dir anbiete, ist die Wahrheit, nicht mehr.« [6335]

*

Fishburne: »Was ist die Wirklichkeit? Wie definiert man das, Realität? Wenn du darunter verstehst, was du fühlst, was du riechen, schmecken oder sehen kannst, ist die Wirklichkeit nichts anderes als elektrische Signale, interpretiert von deinem Verstand.« [6336]

> »Komm schon!
> Hör auf, es zu versuchen,
> mach es!«
> Matrix

Fishburne: »Das hier ist die Welt, die du kennst, die Welt am Ende des 20. Jahrhunderts. Sie existiert inzwischen nur noch als Teil einer neuro-interaktiven Simulation, die wir als Matrix bezeichnen.« [6337]

*

Fishburne: »Komm schon! Hör auf, es zu versuchen, mach es!« [6338]

*

Fishburne: »Ich will deinen Geist befreien, Neo. Aber ich kann dir nur die Tür zeigen, durchgehen mußt du ganz allein.« [6339]

*

Joe Pantoliano (Cypher): »Geiles Zeug, hä? Hat Dozer gebraut. Ist für zwei Dinge gut: Motoren putzen und Hirnzellen abtöten.« [6340]

*

Matt Doran (Mouse): »Wenn du die Augen zumachst, schmeckt es *(das Frühstück)* fast wie rohe Eier.« [6341]

*

Hugo Weaving (Agent Smith): »Ihr seid im eigentlichen Sinne keine richtigen Säugetiere. Jedwede Art von Säuger auf diesem Planeten entwickelt instinktiv ein natürliches Gleichgewicht mit ihrer Umgebung, ihr Menschen aber tut dies nicht. Ihr zieht in ein bestimmtes Gebiet und vermehrt euch und vermehrt euch, bis alle natürlichen Ressourcen erschöpft sind, und der einzige Weg zu überleben ist die Ausbreitung auf ein anderes Gebiet. Es gibt noch einen Organismus auf diesem Planeten, der genauso verfährt. Wissen Sie welcher? Das Virus. Der Mensch ist eine Krankheit, das Geschwür dieses Planeten. Ihr seid wie die Pest. Und wir sind die Heilung.« [6342]

*

Moss: »Noch niemand hat so etwas je versucht.«
Reeves: »Darum wird's auch funktionieren.« [6343]

*

Fishburne: »Genau wie ich wirst du irgendwann einsehen, daß es ein Unterschied ist, ob man den Weg nur kennt oder ob man ihn beschreitet.« [6344]

*

Weaving: »Wird mir ein Vergnügen sein, Sie tot zu sehen, Mr. Anderson.« [6345]

DIE MAUS, DIE BRÜLLTE
(The Mouse That Roared)
UK 1959, Open Road, Columbia (Regie Jack Arnold, Buch Roger McDougall, Stanley Mann, nach dem Roman ›The Wrath of the Grapes‹ von Leonard Wibberley)

*

(voice-over): »Die auffallende Ähnlichkeit mancher Fenwicker untereinander ist wohl auf den Einfluß des Gründers zurückzuführen, der, in des Wortes verwegenster Bedeutung, der Vater seiner Landeskinder war.« [6346]

*

Leo McKern (Benter): »Wenn die so weitermachen, sind wir bankrott.«
Peter Sellers (Premierminister Montjoy): »Mein Freund, das sind wir bereits. Jedenfalls leben wir seit heute aus der Portokasse.« [6347]

*

Sellers (Montjoy): »Die Amerikaner sind ein merkwürdiges Volk. Während gewisse Länder dazu neigen, nichts zu verzeihen, so verzeihen sie einfach alles. Es gibt für kein Land der Welt ein gewinnbringenderes Unternehmen, als den Vereinigten Staaten den Krieg zu erklären und dann besiegt zu werden.« [6348]

*

Sellers (Feldmarschall Tully Bascombe): »Euer Hoheit, wir sind wieder daheim. Allerdings hat sich eine kleine Änderung unseres Programms ergeben. (...) Wir haben sozusagen gewonnen.« [6349]

*

MacDonald Parke (General Snippet): »Ich warne Sie, Madam, ich habe die Genfer Konvention auswendig gelernt.«
Sellers (Großherzogin Gloriana): »Oh, wie reizend! Die müssen Sie mir dann mal abends aufsagen. Ich spiele ganz gut Cembalo.« [6350]

***

MAVERICK
USA 1994, Icon, Shuler-Donner, Warner (Regie Richard Donner, Buch William Goldman, nach der Fernsehserie von Roy Huggins)

Mel Gibson (Bret Maverick, voice-over): »Es ist nun mal eine durch und durch beschissene Woche für mich gewesen.« [6351]

*

Gibson (voice-over): »Diese Partie wollte ich mir um nichts auf der Welt entgehen lassen. Nicht nur, weil ein Pott in Höhe einer halben Million Dollar zu gewinnen war, obwohl so viel Geld gewiß nicht zu verachten ist, sondern weil ich einfach wissen mußte, wie gut ich wirklich bin. Ein für alle Mal.« [6352]

*

Gibson (zu Foster, die versucht hat, seine Brieftasche zu stehlen): »Jetzt sind Sie auch noch böse auf mich. Ich kann nichts dafür, daß Sie eine lausige Diebin sind.« [6353]

*

Jodie Foster (Annabelle Bransford, zu Gibson): »Ich denke, wenn (...) wir uns unter anderen Umständen begegnet wären, ... hätten wir uns einfach gehaßt.« [6354]

*

Gibson: »Und jetzt werden Sie mir eine kleine Gefälligkeit erweisen.«
Foster: »Och, was unterstehen Sie sich! Ich bin eine Lady. Nicht in einer Million Jahren, nicht, wenn Sie hundert Jahre ...«
Gibson: »Schon gut, ja, ist ja schon gut. Jetzt halten Sie endlich die Klappe! Ich will nicht mit Ihnen ins Bett, Lady.«
Foster: »Wieso nicht?« [6355]

*

Danny Glover (Bankräuber): »Ich bin zu alt für diesen Mist.« [6356]

*

Gibson: »Wenn ihr mich umlegt, werdet ihr auch nicht reicher.«
»Doch sicher fühl ich mich dann besser.« [6357]

*

Gibson: »Tapferkeit ist eine tolle Sache, nur wird sie überbewertet, finde ich. Nichts für meinen Geschmack.« [6358]

*

James Garner (Zane Cooper): »Sie haben kein Rückgrat.«

> *»Tapferkeit ist eine tolle Sache, nur wird sie überbewertet, finde ich. Nichts für meinen Geschmack.«*
> Maverick

Gibson: »Ganz recht. Das erhält mich schon lange am Leben.« [6359]

*

Foster: »Was haben Sie mit Ihren Indianern denn immer?«
Gibson: »Ach, gar nichts. Ich versuche jeden Tag, einen zu erschießen, möglichst vor zwölf. (...) Ich finde, die sind auch selbst schuld, haben sich hier breitgemacht, bevor wir da waren.« [6360]

*

Gibson: »Hinter euch steht Annie Bransford, die Häßliche. Sie wurde mit dem Hintern voraus geboren, und keiner hat den Unterschied gesehen. Als Kind war sie so häßlich, daß ihre Eltern ihr 'ne Wurst um den Hals hängen mußten, damit wenigstens der Hund mit ihr spielt.« [6361]

*

Garner: »Ich wünschte, Sie wären damit glücklich, aber ich habe das viele Geld gesehen, und ich muß es mir einfach unter den Nagel reißen. (...) Ich werde sicher Momente der Reue erleben, aber ich werde das Geld trotzdem mitnehmen.« [6362]

***
MEERJUNGFRAUEN KÜSSEN BESSER (Mermaids)
USA 1990, Nikita-Lloyd-Palmer, Orion (Regie Richard Benjamin, Buch June Roberts, nach dem Roman von Patty Dann)

*

Cher (Mrs. Flax): »Ich finde, du bist jetzt alt genug für einen Freund.«
Winona Ryder (Charlotte Flax): »Wenn ich alt genug bin, bist du vielleicht zu alt.«
Cher: »Mach dich nicht lächerlich! Eine wirkliche Frau ist niemals zu alt.« [6363]

*

Ryder (voice-over): »Bitte, lieber Gott, laß nicht

> »Bitte, lieber Gott, laß nicht zu,
> daß ich mich verliebe und
> widerliche Dinge tue!«
> Meerjungfrauen küssen besser

zu, daß ich mich verliebe und widerliche Dinge tue!« [6364]

*

Bob Hoskins (Lou Landsky): »Ich lasse nicht gern eine Frau in mein Leben treten, wenn gerade die Weltmeisterschaften anfangen, aber bei Ihnen, da mache ich eine Ausnahme.« [6365]

*

Cher: »Wenn ein Mann sich verspätet, ist es am besten, du läßt ihn sausen.« [6366]

*

Cher: »Ich weiß, du planst, im Zölibat zu leben. Aber hast du nur die Hälfte meiner Chromosomen geerbt, wird's brenzlig.« [6367]

***
MEIN FREUND HARVEY (Harvey)
USA 1950, Universal (Regie Henry Koster, Buch Mary C. Chase, Oscar Brodney, nach dem Stück von Mary C. Chase)

*

Don Brodie (Postbote): »Wundervoller Tag!«
James Stewart (Elwood P. Dowd): »Ich finde, daß jeder Tag wundervoll ist.« [6368]

*

Josephine Hull (Vita Louise Simmons): »Es ist doch ein wundervolles Gefühl zu wissen, daß die Verwandtschaft aus dem Hause ist, wenn man Besuch erwartet.« [6369]

*

Victoria Horne (Myrtle Mae): »So viele Menschen werden täglich von Autos angefahren. Warum passiert Onkel Elwood nicht mal so was?« [6370]

*

Hull: »Ach, Myrtle, rede doch nicht so ein kluges Zeug! Einem jungen Mädchen steht so etwas nicht, und Männer vertragen das ganz und gar nicht.« [6371]

*

Charles Drake (Dr. Sanderson): »Ich bin nicht in der Verfassung, mit Ihnen jetzt die Balkonszene aus *Romeo und Julia* zu spielen.« [6372]

*

Stewart: »Ich habe mich mit der Wirklichkeit vierzig Jahre abgeplagt, Doktor, und ich bin glücklich, sie jetzt endlich überwunden zu haben.« [6373]

*

Cecil Kellaway (Dr. Chumley): »Fliegenschmutz! ... Fliegenschmutz! ... Ich verbringe mein Leben zwischen Fliegenschmutz, während die Wunder irgendwo an Laternenpfählen lehnen und ich nichts davon weiß.« [6374]

*

Stewart: »Ich glaube, es ist falsch, daß Sie der Frau nicht erlauben wollen zu reden, denn, äh, ich finde es viel interessanter, einer Frau zuzuhören, als selbst zu reden, und es strengt weniger an. Ich glaube auch, Sie machen einen Fehler mit dem Bier und nie Whisky, aber es sind Ihre zwei Wochen *(Traumurlaub)*, nicht meine.« [6375]

*

Stewart: »In dieser Welt mußt du entweder sehr schlau sein, Elwood, oder sehr freundlich. Früher bin ich nur schlau gewesen, jetzt bin ich freundlich. Und ich bin dabei glücklich.« [6376]

*

Hull: »Myrtle Mae, du mußt noch sehr viel lernen, aber ich hoffe, du wirst es nie lernen.« [6377]

*

Wallace Ford (Lofgren): »Nachher *(nach der Behandlung)* wird er wieder ein ganz normaler Mensch sein, wie alle andern. Und Sie wissen ja, was das für ein Gesindel ist.« [6378]

***

MEIN GROSSER FREUND SHANE (Shane)
USA 1953, Paramount (Regie George Stevens, Buch A. B. Guthrie jr., nach dem Roman von Jack Schaefer)

*

Brandon De Wilde (Joey Starrett): »Da kommt jemand, Pa.«
Van Heflin (Joe Starrett): »Na ja, laß ihn kommen, Joey.« [6379]

*

De Wilde: »Du kannst bestimmt gut schießen. Nicht wahr?«
Alan Ladd (Shane): »Ja, ein bißchen.« [6380]

*

Heflin: »Darf man fragen, wohin Sie wollen?«
Ladd: »Das weiß ich selbst noch nicht. Irgendwohin, wo ich noch nicht war.« [6381]

*

Heflin: »Mich kriegen sie nur in einer Holzkiste von meinem Hof.« [6382]

*

De Wilde: »Warum trägst du denn nie deine Pistole, Shane?«
Ladd: »Weil (...) es nicht so viel Leute gibt, die man totschießen muß.« [6383]

*

Ladd: »Der Gürtel sitzt zu tief, er muß immer in Hüfthöhe sitzen. Zeig mal her! So, die Höhe ist richtig. Der Griff sitzt genau zwischen dem Handgelenk und dem Ellenbogen. Wenn du jetzt die Pistole ziehst, hast du sie gleich in der richtigen Höhe. (...) Zum Beispiel kannst du die Pistole auch hier tragen oder vorne am Gürtel. Das macht jeder, wie er will. Manchmal trägt man auch zwei Pistolen, aber wenn man damit umgehen kann, genügt eine. Mit zweien schießt man nur auf große Ziele, aber auf fünfzehn Schritte Entfernung ist es zu unsicher.« [6384]

*

Jean Arthur (Mrs. Starrett): »Ich will nicht, daß Sie aus Joey einen Revolverhelden machen.«
De Wilde: »Warum muß sie mir denn immer allen Spaß verderben!« [6385]

*

Ladd: »Eine Pistole ist ein Werkzeug, nicht besser und nicht schlechter als andere, eine Axt oder eine Schaufel. Eine Pistole ist genauso viel oder sowenig wert wie der Mann, der sie trägt.« [6386]

*

Arthur: »Wir wären ohne Pistolen glücklicher, viel glücklicher. Auch ohne Ihre.« [6387]

*

Paul McVey (Grafton): »Du kannst heutzutage nicht einfach jeden über den Haufen schießen.«
Emile Meyer (Ryker): »Ich habe mich ja schon der neuen Zeit angepaßt und die Hände von der Pistole gelassen.« [6388]

*

Meyer: »Joe Starrett muß weg. Ich hab ihn zweimal gewarnt, aber er will nicht hören. Dann muß er eben die Folgen tragen.« [6389]

»Myrtle Mae, du mußt noch sehr viel lernen, aber ich hoffe, du wirst es nie lernen.«
Mein Freund Harvey

Ladd: »Du bist zu alt geworden, Ryker, du paßt nicht mehr in unsere Zeit.«
Meyer: »So? Leute wie du auch nicht.«
Ladd: »Das weiß ich selbst.«
Meyer: »Großartig, dann können wir ja beide unsere Pistolen wegwerfen und Kartoffeln pflanzen.« [6390]

*

Ladd: »Ich habe von dir gehört.«
Jack Palance (Wilson): »Von mir? Was denn?«
Ladd: »Daß du dich nur an Leuten vergreifst, die dir nicht gewachsen sind.«
Palance: »Versuch es doch!« [6391]

*

De Wilde: »War er das? War das Wilson?«
Ladd: »Ja, das war er, das war Wilson. Heute war er nicht schnell genug. Um ihn ist es nicht schade.« [6392]

***

MEIN LEBEN IN LUXUS (*Easy Living*)
USA 1937, Paramount (Regie Mitchell Leisen, Buch Preston Sturges, Story Vera Caspary)

*

Edward Arnold (J. B. Ball): »Sagen Sie dem Koch, daß die Welt nicht aus Butter gemacht ist!« [6393]

*

Leonid Snegoff (Koch): »Sie verlangen, daß ich in Schweineschmalz brate?«
Arnold: »Was haben Sie dagegen?«
Snegoff: »Gehen Sie und braten Sie sich selbst in Schweineschmalz, Sie dreckiger Kapitalist!« [6394]

*

Carole Lombard (Mary Smith): »Was ist mit dem (Pelzmantel) los? Ist der heiß?«
Arnold: »Keine Ahnung, ich hab noch nie einen angehabt.« [6395]

*

Arnold: »Versuchen Sie gar nicht erst, alles zu begreifen! Nicht auf alle Fragen gibt's eine Antwort. So manches Schöne geschieht einem ganz einfach.« [6396]

*

Luis Alberni (Mr. Louis Louis): »Sie gehören in diese Umgebung. Ein junges, hübsches Mädchen wie Sie muß den richtigen Hintergrund haben. Das hier ist das, was man Hintergrund nennt. (...) Ganz gleich, wo Sie suchen, nie werden Sie einen Hintergrund finden, der so weit nach hinten reicht.« [6397]

***

MEIN LEBEN IST DER RHYTHMUS
(*King Creole*)
USA 1959, Paramount (Regie Michael Curtiz, Buch Michael V. Gazzo, Herbert Baker, nach dem Roman ›A Stone for Danny Fisher‹ von Harold Robbins)

*

Paul Stewart (Charlie LeGrand): »Wir sind zusammen aufgewachsen. Der erste zusammenhängende Satz, den er sprechen konnte, hieß: ›Hände hoch!‹« [6398]

***

MEIN MANN, DER COWBOY
(*The Cowboy and the Lady*)
USA 1938, Goldwyn, United Artists (Regie H. C. Potter, Buch S. N. Behrman, Sonya Levien, Story Leo McCarey, Frank R. Adams)

*

Fuzzy Knight (Buzz): »Was hast du eigentlich gegen Mädchen?«
Gary Cooper (Stretch Willoughby): »Sie reden einem die Ohren voll.« [6399]

*

Cooper: »Weißt du, ich geh nicht oft aus mit Mädchen, hauptsächlich, weil ich nicht mag, wie sie denken.« [6400]

*

Merle Oberon (Mary Smith): »So was hab ich noch nie gehört, daß jemand Menschen mit Pferden vergleicht.«
Cooper: »Weißt du, gute Pferde sind nette Menschen.« [6401]

*

Oberon: »Ich liebe den Nebel. Er läßt alles andere verschwinden.« [6402]

***

MEIN MANN GODFREY
(*My Man Godfrey*)
USA 1936, Universal (Regie Gregory La Cava, Buch

> »Sagen Sie dem Koch,
> daß die Welt nicht aus
> Butter gemacht ist!«
> Mein Leben in Luxus

Morrie Ryskind, Eric Hatch, nach dem Roman von Eric Hatch)

*

William Powell (Godfrey Parke): »Meinen Sie, Sie wären in der Lage, eine vernünftige Unterhaltung zu führen, nur für 'n Moment?«
Carole Lombard (Irene Bullock): »Ich versuch's.« [6403]

*

Selmer Jackson (Blake): »Es kommt mir hier alles ein wenig vor, als ob ich in einer Irrenanstalt wäre.«
Eugene Pallette (Alexander Bullock): »Sicher, ein entsprechend großer leerer Raum, dazu die richtigen Leute, und fertig ist die Klapsmühle.« [6404]

*

Franklin Pangborn (Master of ceremonies): »Eine Frage noch: Werden Sie von der Polizei gesucht?«
Powell: »Das ist ja gerade das Schlimme: Niemand sucht mich.« [6405]

*

Powell: »Daß ich in diesem denkwürdigen Augenblick hier vor Ihnen stehe, hat zwei Gründe. Zum einen wollte ich dieser jungen Dame hier eine Gefälligkeit erweisen, zum anderen war ich ausgesprochen neugierig, wie ein Haufen hohlköpfiger Kretins seine Abende verbringt. Meine Neugier ist restlos befriedigt. Ich versichere Ihnen, daß ich mich jetzt mit aufrichtiger Freude wieder in die Gemeinschaft wirklich bedeutender Menschen (zur Müllkippe) zurückbegeben werde.« [6406]

*

Powell: »Sind Sie denn aus Enthusiasmus noch hier?«
Jean Dixon (Molly): »Ich bin einfach kampferprobt, an mir prallt vieles ab.« [6407]

*

Powell: »Wohnt man als Butler hier im Haus, oder muß ich mir eine Unterkunft suchen?«
Dixon: »Mit der Frage würde ich mich gar nicht belasten. Hängen Sie nur Ihren Hut so hin, daß Sie ihn nicht vergessen können, wenn Sie weglaufen.« [6408]

*

Gail Patrick (Cornelia Bullock): »Ich könnte Sie natürlich einfach rauswerfen lassen, aber ich möchte Sie doch zu gern ein wenig zappeln sehen.« [6409]

*

Patrick: »Wenn ich mit Ihnen fertig bin, dann werden Sie allen Göttern dafür danken, daß Sie wieder zurück auf Ihren Müllplatz dürfen.« [6410]

*

Patrick: »Wenn Vater was davon erfährt, würde ich mich wohl auch zu ein wenig Gewalt hinreißen lassen.« [6411]

*

Patrick: »So, für einen gleichaltrigen Wolf hat Rotkäppchens Charme wohl nicht gereicht, und deshalb hat sie sich in den Butler verliebt.« [6412]

*

Mischa Auer (Carlo): »Darf ich reinkommen?«
Patrick: »Das fragt man an sich von draußen.« [6413]

*

Pallette: »Ich hab nichts dagegen, dem Staat 60 % von dem zu geben, was ich verdiene. Nur ist das unmöglich, wenn meine Familie 50 % davon ausgibt.« [6414]

*

Alice Brady (Angelica Bullock): »Wieso soll denn der Staat mehr Geld von dir bekommen als dein eigen Fleisch und Blut?«
Pallette: »Tja, das hat sich nun mal eben so eingebürgert über die Jahre.« [6415]

*

Brady: »Wenn Sie unbedingt so grob sein müssen, dann nehmen Sie wenigstens Ihren Hut ab.«
Edward Gargan (Detective): »Wenn wir einem Verbrechen gegenüberstehen, Teuerste, haben wir gern beide Hände frei.« [6416]

*

Lombard: »Sie haben einen herrlichen Sinn für Humor. Ich wäre froh, wenn ich den auch hätte, aber ich weiß immer erst, was ich hätte sagen müssen, wenn niemand mehr da ist.« [6417]

»Ich liebe den Nebel.
Er läßt alles andere
verschwinden.«
Mein Mann, der Cowboy

MEIN SOHN ENTDECKT DIE LIEBE
(The Happy Time)
USA 1952, Kramer, Columbia (Regie Richard Fleischer, Buch Earl Fenton, nach dem Stück von Samuel A. Taylor)

*

Marsha Hunt (Susan Bonnard): »Shakespeare.«
Marcel Dalio (Großvater): »Ah, das war ein Mann mit reger Drüsentätigkeit.« [6418]

*

Jeanette Nolan (Felice Bonnard): »Du redest von Arbeit, als ob du wüßtest, was das bedeutet.« [6419]

*

Kurt Kasznar (Louis Bonnard): »Warum müssen Menschen ununterbrochen arbeiten?« [6420]

*

Nolan: »Ich bin nervös wie ein Fisch am Freitag.« [6421]

***

MEINE FRAU, DIE HEXE
(I Married a Witch)
USA 1942, Clair, Cinema Guild, United Artists (Regie René Clair, Buch Robert Pirosh, Marc Connelly, nach dem Roman von Thorne Smith, Norman Matson)

*

Robert Warwick (J. R. Masterson): »Sei bitte etwas liebenswürdiger! Jedenfalls bis nach der Hochzeit.« [6422]

*

Veronica Lake (Jennifer): »Da steht ja auch ein neues Haus. Es sieht aus, als ob es inwendig brennt *(elektrisches Licht)*. Brennt es?«
Cecil Kellaway (Daniel): »Noch nicht.« [6423]

*

Lake: »Ich möchte so gern auch wieder Lippen haben, Lippen, um holde Lügen zu flüstern, Lippen, um einen Mann zu küssen und ihn dann leiden zu sehen.« [6424]

> »Leb wohl, Vater!«
> »Leb wohl, Jennifer!
> Sei ein böses Kind!«
> Meine Frau, die Hexe

Kellaway: »Jennifer, was war das für ein Fluch, von dem du gerade sprachst?«
Lake: »Jeder Nachfahre von Wooley muß die falsche Frau heiraten.«
Kellaway: »Äh, auch ein Fluch! Jeder Mann, der heiratet, heiratet die falsche Frau.« [6425]

*

Lake: »Leb wohl, Vater!«
Kellaway: »Leb wohl, Jennifer! Sei ein böses Kind!« [6426]

*

Fredric March (Wallace Wooley): »Wer ist Ihr Vater?«
Lake: »Dem sind Sie noch nie begegnet.«
March: »Aber er wünscht nicht, daß dieser Staat gut verwaltet wird?«
Lake: »Er will, daß kein Staat gut verwaltet wird.« [6427]

***

MEN AT WORK
USA 1990, Sarlui-Diamant, Epic-Elwes-Euphoria (Regie, Buch Emilio Estevez)

*

John Getz (Maxwell Potterdam III): »Es wird die Zeit kommen, wo wir wissen, was wir zu tun haben, Gentlemen.« [6428]

***

MEN IN BLACK
USA 1997, Amblin, Columbia (Regie Barry Sonnenfeld, Buch Ed Solomon, nach dem Malibu Comic von Lowell Cunningham)

*

Tommy Lee Jones (K): »Fahren Sie mir nicht dazwischen, junger Mann! Sie haben keine Ahnung, mit wem Sie es hier zu tun haben.« [6429]

*

Jones: »Sie scheinen ein bißchen was an Gedärmen abgekriegt zu haben.« [6430]

*

Jones: »Die Situation ist unter Kontrolle. Keine Panik, bitte! Schenken Sie mir kurz Ihre Aufmerksamkeit, dann erklär ich Ihnen gern, was passiert ist.« [6431]

*

Jones: »Was für ein leichtgläubiger Menschenschlag!« [6432]

*

(Alien, off): »Projektilwaffe auf Boden legen!«
Vincent D'Onofrio (Edgar): »Wenn du mein Ge-

wehr willst, mußt du es dir schon aus meinen kalten toten Fingern holen.«
(Alien, off): »Ihr Vorschlag ist akzeptabel.« [6433]

*

Jones: »Gut, das Zeug wird konfisziert, und du verschwindest mit dem nächsten Transport von dieser Kugel. Oder ich schieß dir dahin, wo nichts mehr nachwächst.« [6434]

*

Will Smith (J): »Aber warum so 'n Geheimnis? Menschen sind intelligent, die verkraften so was.«
Jones: »*Ein* Mensch ist intelligent, aber ein Haufen Menschen sind dumme, hysterische, gefährliche Tiere.« [6435]

*

Jones: »Vor 1500 Jahren hat jeder Mensch gewußt, daß die Erde der Mittelpunkt des Universums ist. Vor 500 Jahren hat jeder Mensch gewußt, daß die Erde flach ist. Und vor 15 Minuten haben Sie gewußt, daß die Menschen auf diesem Planeten unter sich sind. Stellen Sie sich nur einmal vor, was Sie noch alles wissen. Morgen.« [6436]

*

Jones: »Erst mal muß man ihr Zeit geben, den falschen Eindruck zu bekommen, dann läuft es viel leichter.« [6437]

*

Siobhan Fallon (Beatrice): »Sie wollen sich auch nur über mich lustig machen.«
Jones: »Nein, Ma'am, wir vom FBI haben keinerlei Humor, von dem wir wüßten.« [6438]

*

Smith: »Geht hier eigentlich nie jemand schlafen?«
Rip Torn (Zed): »Die Zwillinge haben hier die Zentaurus-Zeit eingeführt, das ist ein 37-Stunden-Tag. In ein paar Monaten hat man sich daran gewöhnt. Oder man bekommt Wahnvorstellungen.« [6439]

*

Jones: »Wir feuern unsere Waffen nicht in aller Öffentlichkeit ab.«
Smith: »Mann, wir haben jetzt keine Zeit für so 'ne verdeckte Scheiße.« [6440]

MENACE II SOCIETY
USA 1993, New Line (Regie Hughes Brothers, Buch Tyger Williams)

*

Tyrin Turner (Caine Lawson, voice-over): »Als wir in den Laden gingen, wollten wir nur Bier kaufen. Als wir rauskamen, war ich Mittäter an einem bewaffneten Raubmord. Es lief manchmal schon ziemlich komisch bei uns. Man wußte nie, was passieren würde, oder wann. Aber danach wußte ich, daß es 'n langer Sommer wird.« [6441]

*

Turner (voice-over): »A-Wax war der Älteste von uns. Er war das, was wir 'n echten Gangsta nennen, immer und überall mittendrin, dauernd am Aufhetzen, Rumstreiten und Ärger machen. Wir fanden ihn komisch. Ich meine, er war schon so lange mitten im Geschäft, daß es ihm schon Spaß machte, nur zuzusehen, wenn andere Leute Scheiße bauten. Und O-Dog war der verrückteste Nigger, der rumlief, der Alptraum Amerikas, jung, schwarz, der einfach auf alles scheißt.« [6442]

***

MENSCHEN IM HOTEL *(Grand Hotel)*
USA 1932, MGM (Regie Edmund Goulding, Buch William A. Drake, nach dem Roman ›Menschen im Hotel‹ von Vicky Baum)

*

Lewis Stone (Dr. Otternschlag): »Grand Hotel. Die Menschen kommen und gehen, und nie geschieht etwas.« [6443]

*

Greta Garbo (Grusinskaya): »Ich möchte allein sein.« [6444]

*

Stone: »Glauben Sie mir, Kringelein, ein Mann, der keine Frau hat, ist ein toter Mann.« [6445]

> »Erst mal muß man ihr Zeit geben, den falschen Eindruck zu bekommen, dann läuft es viel leichter.«
> Men in Black

Morgan Wallace (Chauffeur): »Was ist mit dem Geld?«
John Barrymore (der Baron): »Das beschaffe ich.«
Wallace: »Wie denn?«
Barrymore: »Ich hab ein anderes Projekt im Kopf.«
Wallace: »Sie werden bald ein Projektil im Kopf haben.« [6446]

***

MENSCHENSCHMUGGEL *(The Breaking Point)*
USA 1950, Warner (Regie Michael Curtiz, Buch Ranald MacDougall, nach dem Roman ›To Have and Have Not‹ von Ernest Hemingway)

*

Patricia Neal (Leona Charles): »Sie gefallen mir.«
John Garfield (Harry Morgan): »Macht wahrscheinlich meine Frisur.« [6447]

*

Neal: »Das ist das erste Mal, daß Sie nett zu mir sind. Es kommt überraschend. Hier in Mexiko ist alles so freundlich, romantisch. Außer Ihnen.« [6448]

*

Garfield: »Kannst du damit umgehen?«
Juano Hernandez (Wesley Park): »Man drückt auf den Hebel, und es geht los.«
Garfield: »Ja. Aber schieß keine Löcher in die Schiffswand!« [6449]

***

MERCENARIO – DER GEFÜRCHTETE
(Il Mercenario)
I 1968, PEA, Profilms 21 (Regie Sergio Corbucci, Buch Luciano Vincenzoni, Sergio Spina, Adriano Bolzoni, Georgio Alorio, Sergio Corbucci)

*

(Würfler): »Kowalski, diesmal hast du es zu weit getrieben. Du weißt genau, wer mit dem Feuer spielt, verbrennt sich die Finger.«
Franco Nero (Kowalski): »Ich trage Handschuhe.«

> »Das ist das erste Mal, daß Sie nett zu mir sind. Es kommt überraschend. Hier in Mexiko ist alles so freundlich, ... Außer Ihnen.«
> Menschenschmuggel

(Würfler): »Ich sehe keine, wo sind sie? Wo sind sie denn, Pole?«
Nero: »Ich habe sie ausgezogen, denn ohne Handschuhe schieße ich besser.« [6450]

*

(General): »Warum haben Sie die Notbremse gezogen?«
Nero: »Wegen der Rebellen.«
(General): »Wo sind welche?«
Nero: »Hier. Wir sind nur zwei, General, aber wenn sich einer von Ihren Leuten bewegt, dann laß ich sie als heldenhaftes Opfer soldatischer Pflichterfüllung in die Geschichte eingehen.« [6451]

*

Tony Musante (Paco): »Was versteht man unter Revolution?«
Nero: »Das ist nicht leicht zu erklären. Stell dir vor, der Kopf, das sind die Reichen, die herrschende Klasse. Sie lassen alle anderen für sich schuften. Der Hintern dagegen, das sind die Armen, die Klasse der Besitzlosen. Wenn die Armen nun eine, sagen wir eine Revolution machen, dann wollen sie mit Gewalt erreichen, daß der Hintern neben dem Kopf ist.«
Musante: »Ja, das wäre natürlich schön, aber wie bringt man den Kopf und den Hintern zusammen?«
Nero: »So eine glückliche Kombination gibt es normalerweise nicht, weil nämlich der Rücken, der sogenannte Mittelstand, dazwischenliegt und die Harmonie stört.«
Musante: »Ah, verstehe, die Reichen sind also nie am Arsch.« [6452]

***

DIE MERKWÜRDIGEN ABENTEUER DES MR. TOPPER *(Topper Returns)*
USA 1941, Roach, United Artists (Regie Roy Del Ruth, Buch Jonathan Latimer, Gordon Douglas)

*

Rafaela Ottiano (Lillian): »Das sind die Wellen, die wütenden Wellen. Tag für Tag, Nacht für Nacht peitschen sie mit dämonischer Gewalt die schwarzen Felsen dort unten. Seit zwanzig Jahren schreien sie, schreien nach einem Opfer, das ihnen verweigert wird.« [6453]

*

Ottiano: »Gute Nacht, Miss Richards. Und ruhen Sie in Frieden.« [6454]

Joan Blondell (Gail Richards): »Mit mir trink ich am liebsten.« [6455]

*

Roland Young (Cosmo Topper): »Mit euch Gespenstern hab ich genug Ärger gehabt. Sie können nicht hierbleiben.« [6456]

*

Eddie ›Rochester‹ Anderson (Edward, Chauffeur): »Natürlich geh ich mit, aber ich werde sehr zurückhaltend sein, denn ich hab das Gefühl, daß hier etwas schiefgehen wird.« [6457]

*

Billie Burke (Mrs. Topper): »Edward, suchen Sie bitte da hinten!«
Anderson: »Hm. Ziemlich dunkel da hinten.«
Burke: »Die Dunkelheit hat noch keinen gebissen.«
Anderson: »Die Dunkelheit nicht, aber das, was drin ist.« [6458]

*

Burke: »Es gibt keinen Unterschied zwischen Licht und Dunkelheit, außer daß im Dunkeln das Licht aus ist.« [6459]

*

Young: »Konnten Sie denn nicht so bleiben, wie Sie waren?«
Blondell: »Ein Negligé ist wohl kaum das Richtige für eine Verbrecherjagd.« [6460]

***

MESSAGE IN A BOTTLE
USA 1999, Bel-Air, Tig, DiNovi, Warner (Regie Luis Mandoki, Buch Gerald DiPege, nach dem Roman von Nicholas Sparks)

*

Paul Newman (Dodge Blake): »Viel wird er Ihnen nicht erzählen. Der Mann redet kaum mehr als ein Fisch.« [6461]

***

MESSER AN DER KEHLE *(Westbound)*
USA 1959, Warner (Regie Budd Boetticher, Buch Berne Giler, Albert Shelby LeVino)

*

Andrew Duggan (Clay Putnam): »Die Kutsche beraubt, die toten Passagiere geplündert. Ihr Aasgeier!«
Michael Pate (Mace): »Jeder sieht, wie er zurechtkommt.« [6462]

*

Pate: »Das Unglück mit dir ist, daß du reich genug bist, um anständig sein zu können. Ich kann es mir nicht leisten.« [6463]

***

METALUNA IV ANTWORTET NICHT
(This Island Earth)
USA 1955, Universal (Regie Joseph Newman, Buch Franklin Coen, Edward G. O'Callaghan, nach dem Roman von Raymond F. Jones)

*

Rex Reason (Cal Meacham): »Das sind 2486 Teile. In dem Plan ist jedes einzelne Teil irgendwo aufgeführt. So schwer kann das gar nicht sein.« [6464]

*

Jeff Morrow (Exeter): »Ich habe es nicht vermeiden können.«
Reason: »Was Sie gemacht haben, war Massenmord.«
Morrow: »Wir handeln manchmal gegen unsere Überzeugung.«
Reason: »Das ist nichts weiter als eine Phrase aus Ihrem Mund.«
Morrow: »Ich hab sie auf der Erde gelernt.« [6465]

*

Douglas Spencer (Monitor): »Es ist wirklich typisch, daß ihr Erdenwesen euch beharrlich weigert, an die Überlegenheit irgendeiner anderen Welt zu glauben. Ihr glaubt nur an euch. Ihr seid Kinder, die durch ein Vergrößerungsglas sehen und meint, das Bild, das sich euch zeigt, sei das Bild eurer wahren Größe.« [6466]

***

MEUTEREI AM SCHLANGENFLUSS
(Bend of the River)
USA 1952, Universal (Regie Anthony Mann, Buch Borden Chase, nach dem Roman ›Bend of the Snake‹ von Bull Gulick)

*

James Stewart (Glyn McLyntock): »Was ist denn bloß mit dieser Stadt los?«
Chubby Johnson (Captain Mello): »Gold, das

> »Mit mir trink
> ich am liebsten.«
> Die merkwürdigen Abenteuer des Mr. Topper

ist alles. Irgendein Idiot hat in den Bergen Gold gefunden, und seitdem ist die ganze Stadt vollkommen verrückt geworden.« *6467*

*

Stewart: »Die haben ja allerhand Respekt vor Ihnen.«
Arthur Kennedy (Cole Garrett): »Einige meinen, ich wäre schon fast so schnell wie dieser Bandit vom Missouri. Wie hieß er doch gleich? McLyntock.« *6468*

*

Jack Lambert (Red): »Und wenn wir nein sagen?« *(peng)*
Royal Dano (Long Tom): »Meine Pfeife ist kaputt. *(peng)* An beiden Enden.« *6469*

*

Stewart: »Du wirst es noch bereuen, daß du Red gehindert hast zu schießen.«
Kennedy: »Ich glaube, wir sind jetzt quitt, vielleicht habe ich noch was bei dir gut. Also, Wiedersehen, Glyn.«
Stewart: »Ja, du wirst mich wiedersehen, du wirst mich wiedersehen. Wenn du abends zu Bett gehst, wirst du Angst haben müssen, daß ich irgendwo in der Nähe auf dich lauere. Ich werde dich überall finden, wo du auch bist.« *6470*

***

MEUTEREI AUF DER BOUNTY
(Mutiny on the Bounty)
USA 1935, MGM (Regie Frank Lloyd, Buch Talbot Jennings, Jules Furthman, Carey Wilson, nach dem Roman von Charles Nordhoff, James Norman Hall)

*

Charles Laughton (Captain William Bligh): »Danke, ich brauche Ihre Ratschläge nicht. Ich habe mein eigenes Rezept. Es gibt nur ein Mittel, und das ist die Peitsche.« *6471*

*

»Sehen Sie, durchgescheuert vom Sand *(Knie)*. Ich wollte Wasser zum Waschen.«

> »Milch! Es ist Milch! (Kokosnuß) Thompson, die haben Kühe hier, die Eier legen.«
> Meuterei auf der Bounty

Laughton: »Ich geb dir Wasser. ... Herr Morrison, kielholen den Mann!« *6472*

*

Laughton: »Doktor, Sie wären ein glänzender Historiker. Sie haben eine tiefe Verachtung für Tatsachen.« *6473*

*

Dudley Digges (Bacchus): »Ich verachte Tatsachen nicht, ich nehme sie gar nicht zur Kenntnis.« *6474*

*

Laughton: »Sie wollen mich vor ein Untersuchungsgericht bringen, hä? Aber bis England ist ein langer Weg, Herr Christian, und was alles passieren kann, bis wir da sind, das wird sogar Sie noch wundern.« *6475*

*

Stanley Fields (William Muspratt): »Milch! Es ist Milch! *(Kokosnuß)* Thompson, die haben Kühe hier, die Eier legen.« *6476*

*

Clark Gable (Fletcher Christian): »Roger, es tut mir leid, daß ich Sie schlagen mußte.«
Franchot Tone (Roger Byam): »Das tat nicht weh. Was wehtut ist, daß wir nie mehr Freunde sein können.« *6477*

*

Gable: »Von nun an trägt Meuterei meinen Namen. Das bedauere ich, aber nicht, was ich getan habe.« *6478*

*

Gable: »Da ist Sonne und Erde und Wasser genug, und wir können daraus eine Hölle oder eine Heimat machen, wie wir wollen.« *6479*

***

MEYER LANSKY – AMERIKANISCHES ROULETTE
(Lansky)
USA 1999, Zollo, HBO (Regie John McNaughton, Buch David Mamet, nach dem Buch ›Meyer Lansky: Mogul of the Mob‹ von Uri Dan, Dennis Eisenberg, Eli Landau)

*

Anthony Medwetz (Benny Siegel mit 11): »Leg dich voll rein, und kämpfe niemals fair! Das ist mein Rat. Alles andere mußt du selbst herausfinden.« *6480*

*

Richard Dreyfuss (Meyer Lansky): »Frage nie:

›Was kostet es?‹, sondern: ›Was bringt es ein?‹!« [6481]

***

MIAMI BLUES
USA 1990, Tristes Tropiques, Orion (Regie, Buch George Armitage, nach dem Roman von Charles Willeford)

*

Alec Baldwin (Frederick J. Frenger jr.): »Bleib stehen, oder ich schieße!«
Steve Geng (Räuber): »Du hast schon geschossen, Mann.«
Baldwin: »Ich hab einen Warnschuß abgefeuert und getroffen.« [6482]

***

MICKI & MAUDE
USA 1984, BEE, Delphi III, Columbia (Regie Blake Edwards, Buch Jonathan Reynolds)

*

Dudley Moore (Rob Salinger): »Gibt's dabei ein Sprachproblem?«
Amy Irving (Maude Guillory): »Nein. Ich verstehe nichts, wenn sie etwas sagen, und sie verstehen nicht, wenn ich etwas sage. Kein Problem.« [6483]

*

Richard Mulligan (Leo Brody): »Soll ich dich hinfahren?«
Moore: »Nein, danke.«
Mulligan: »Soll ich dich vielleicht abholen?«
Moore: »Ich glaub kaum, daß von mir noch allzuviel abzuholen sein wird.« [6484]

***

MIDNIGHT RUN – FÜNF TAGE BIS MITTERNACHT (Midnight Run)
USA 1988, City Light, Universal (Regie Martin Brest, Buch George Gallo)

*

Robert De Niro (Jack Walsh): »Hat dir deine Mutter nicht beigebracht, daß man zu Fremden nett sein soll? Daß man nie auf sie schießt?« [6485]

*

Matt Jennings (Jason): »Ihr seht gar nicht aus wie richtige Verbrecher.«
Charles Grodin (Jonathan ›Duke‹ Mardukas): »Ich bin Wirtschaftsverbrecher.« [6486]

*

De Niro: »Könnte es dir mal in den Sinn kommen, daß ich Profi bin und vielleicht meine Gründe habe?« [6487]

*

Richard Foronjy (Tony Darvo): »Wir hatten von Anfang an 'ne Pechsträhne, und Walsh ist 'n ausgeschlafener Junge.«
Dennis Farina (Jimmy Serrano): »Wenn er so gut ist, vielleicht sollte ich *ihn* engagieren, um *euch* zu beseitigen.« [6488]

*

Farina: »Jetzt hört ihr beiden mal gut zu! Ich habe kein Interesse daran, einen von euch lebend wiederzusehen, bis ihr den Buchhalter habt. Ist das klar?« [6489]

*

De Niro: »Ich kann mich nicht mal mit dir streiten, weil ich gar nicht weiß, worüber du redest.« [6490]

*

John Ashton (Marvin Dorfler): »Ich staune über mich selbst. Ich bin ganz ausgeschlafen.« [6491]

*

Farina (zum ziemlich abgerissenen De Niro): »Ich sehe, du gibst immer noch dein ganzes Geld für Garderobe aus.« [6492]

***

DER MIETER (Le Locataire)
F 1976, Marianne (Regie Roman Polanski, Buch Gérard Brach, Roman Polanski, nach dem Roman ›Le Locataire chimérique‹ von Roland Topor)

*

Bernard Fresson (Scope): »Ach Ihre Frau ist krank. Na so was! Und was meinen Sie, was ich da machen soll? Aufhören zu leben wegen ihrer schönen Augen? Wenn sie krank ist, warum haben Sie sie dann nicht ins Krankenhaus geschickt? Ich spiele meine Platten, wann ich will und so oft ich will und so laut, wie ich will. Ich höre ein bißchen schwer. Ich bin schwerhörig. Verstehen Sie? Das ist ja wohl noch kein Grund, keine Musik mehr zu hören.« [6493]

»Ich kann mich nicht mal
mit dir streiten, weil ich gar
nicht weiß, worüber du redest.«
Midnight Run – Fünf Tage bis Mitternacht

Gerard Pereira (Betrunkener): »So, die Runde geht jetzt auf meine Rechnung, verdammt noch mal. Zu trinken für alle, die da sind! ... Für alle außer ihn.« [6494]

***

MILLER'S CROSSING
USA 1990, Circle, Pedas-Barenholtz-Durkin, Twentieth Century Fox (Regie Joel Coen, Buch Ethan Coen, Joel Coen)

*

Sol Polito (Johnny Caspar): »Ich rede von Freundschaft. Ich rede von Charakter. Ich rede von, verdammt, Leo, ich schäme mich nicht, dieses Wort zu benutzen, ich rede von Ethik.« [6495]

*

Polito: »Du weißt, ich bin ein fairer Mann. Hin und wieder wette ich auch mal. Aber man kann Fairneß auch übertreiben. Wenn ich einen Kampf schiebe, sagen wir, ich schmiere einen 3:1-Favoriten, damit er verliert, dann kann ich doch wohl auch mit Recht erwarten, daß die Quote bei 3:1 bleibt.« [6496]

*

Polito: »So, damit sind wir wieder am Ausgangspunkt: Freundschaft, Charakter, Ethik. Ist dir klar, wovon ich rede?«
Albert Finney (Leo): »Von Schmutz.« [6497]

*

Polito: »Als Geschäftsmann muß man sich doch drauf verlassen können, daß man mit 'nem getürkten Kampf was verdient. Und wenn dein eigener Buchmacher dich verlädt, wem willst du dann noch vertrauen?« [6498]

*

Finney: »Und jetzt willst du ihn töten?«
Polito: »So als Auftakt.« [6499]

*

Finney: »Du zahlst deine Schutzgebühren wie alle anderen auch. Alles, was ich über diese Stadt weiß, und was ich nicht weiß, lohnt sich nicht, ist, daß die Bullen noch nie deine Spelunken geschlossen haben und der Staatsanwalt über deine Schiebungen hinwegsieht. Aber, soviel ich weiß, hast du auch keine Lizenz gekauft, um Buchmacher umzulegen, und dir verkauf ich auch keine.« [6500]

*

Gabriel Byrne (Tom Reagan): »Denk drüber nach, was es uns einbringt, Bernie zu schützen, und denk drüber nach, was es uns kostet, Caspar zu beleidigen!«
Finney: »Hör auf, Tommy! Du weißt, ich will nicht denken.«
Byrne: »Ja. Denk drüber nach, ob du es nicht doch solltest!« [6501]

*

Byrne: »Sie betrügt dich, genau wie ihr Bruder. Sicher hat sie Betrügereltern und Betrügergroßeltern, und wenn sie irgendwann mal brütet, bekommt sie Betrügerkinder.«
Finney: »Hör auf! Ich will nicht, daß meine Freunde beschimpft werden, auch nicht von anderen Freunden.«
Byrne: »Freundschaft hat nichts damit zu tun.«
Finney: »Das stimmt nicht. Du hilfst deinen Freunden auch, und deine Feinde vernichtest du.« [6502]

*

Byrne: »Früher hat meine Meinung hier mal gezählt.« [6503]

*

Polito: »Und dann sind wir alle wieder Freunde, du, ich, Leo, Dane.«
J. E. Freeman (Eddie Dane): »Wir können ja dann mal gemeinsam ein Kaffeekränzchen machen.«
Polito: »Laß das, Eddie! Freundschaft ist ein Bewußtseinszustand.« [6504]

*

Polito: »Wenn's dir beim Denken hilft, solltest du wissen, falls du auf meinen Vorschlag nicht eingehst, verläßt du diesen Ort in einer schlechten Verfassung.«
Byrne: »Meinst du meinen Körper oder meinen Bewußtseinszustand.« [6505]

*

Byrne: »Aber im großen und ganzen war er nicht so schlecht, wenn man Aussehen, Verstand und Persönlichkeit nicht mitzählt.« [6506]

> » ... : *Freundschaft, Charakter, Ethik. Ist dir klar, wovon ich rede?«*
> *»Von Schmutz.«*
> Miller's Crossing

Marcia Gay Harden (Verna): »Deshalb bist du nicht hier.«
Byrne: »Weshalb bin ich dann hier?«
Harden: »Aus dem ältesten Grund, den es gibt.«
Byrne: »Es gibt nettere Orte, um zu trinken.« [6507]

*

Harden: »Gib endlich zu, daß du ein Herz hast, selbst wenn es vielleicht noch so schwach und klein ist, und du nicht weißt, wann du es zuletzt benutzt hast.« [6508]

*

Harden: »Vielleicht mag ich dich deshalb, Tom. Ich hab noch nie jemanden gekannt, der so stolz darauf ist, ein Schweinehund zu sein.« [6509]

*

Lanny Flaherty (Terry): »Der alte Herr ist immer noch ein Künstler mit der Thompson.« [6510]

*

Harden: »Ich glaube, daß wir Leo beide betrogen haben, jeder auf seine Weise. Vielleicht ist es gut, daß er uns los ist. Wir passen gut zusammen, so schlecht, wie wir sind.« [6511]

*

Polito: »Das ist eine Frage der Ethik. Es muß mit rechten Dingen zugehen, damit jeder weiß, wer ein Freund ist und wer ein Feind ist.« [6512]

*

»Wenn ich's dir sage, läßt du mich dann laufen?«
Freeman: »Wenn du es mir sagst, und ich erschieße dich, und du hast gelogen, dann kann ich dich ja dann nicht mehr erschießen.« [6513]

*

Freeman: »Dir ist doch hoffentlich klar, wenn wir keine Leiche finden, lassen wir eine frische da.« [6514]

*

Byrne: »Ich würde mir weniger Sorgen machen, wenn ich wüßte, daß du dir genug machst.« [6515]

*

Byrne: »Tausend Dollar wären ein angemessener Preis, aber ich will zwei.« [6516]

*

John Turturro (Bernie Bernbaum): »Du kannst mich doch nicht einfach (...) so abknallen. (...) Ich versteh dich nicht. Wo ist denn da der Sinn? (...) Hör auf dein Herz!«

Byrne: »Welches Herz?« *(erschießt ihn)* [6517]

***

MISFITS – NICHT GESELLSCHAFTSFÄHIG
(The Misfits)
USA 1961, Seven Arts, United Artists (Regie John Huston, Buch Arthur Miller, nach seiner Geschichte)

*

Thelma Ritter (Isabelle Steers): »Zum Jahrestag meiner Scheidung schickt mir mein Verflossener jedesmal eine prachtvolle, eingetopfte gelbe Rose. Und im Juli werden es 19 Jahre. Natürlich hat er noch nie 'n Pfennig Unterhalt für mich bezahlt, aber ich würde auch nichts von einem Mann annehmen, wenn sein Herz nicht dabei ist.« [6518]

*

Marilyn Monroe (Roslyn Taber): »Ich kann den Quatsch nicht behalten. Es ist doch überhaupt nicht so gewesen.«
Ritter: »Rede es einfach runter! Es braucht nicht wahr zu sein. Es ist ja keine Quizveranstaltung, sondern eine Gerichtsverhandlung.« [6519]

*

Monroe: »Ich war ja nicht mal auf der höheren Schule.«
Clark Gable (Gay Langland): »Oh, das finde ich ja großartig! So was hört man gerne.«
Monroe: »Haben Sie was gegen gebildete Frauen?«
Gable: »Oh nein, nicht direkt. Sie wollen nur immer wissen, was man denkt, und das stört.«
Monroe: »Vielleicht wollen sie die Männer besser kennenlernen.«
Gable: »Haben Sie schon mal einen Mann besser kennengelernt durch Ausfragen?« [6520]

*

Monroe: »Was machen Sie eigentlich den ganzen Tag?«
Gable: »Oh, ich lebe.«
Monroe: »Und wie machen Sie das?«

»Aber im großen und ganzen war er nicht so schlecht, wenn man Aussehen, Verstand und Persönlichkeit nicht mitzählt.«
Miller's Crossing

Gable: »Oh, man fängt damit an, daß man schlafen geht, wann man will und aufsteht, wann man Lust hat. Man kratzt sich ausgiebig, man brät sich ein paar Eier, und dann sieht man nach, was für Wetter ist, man wirft Steine nach 'ner Blechbüchse, man pfeift, na ja ...« [6521]

*

Monroe: »Hast du mal daran gedacht, wieder zu heiraten?«
Gable: »Ja, das hab ich. Ich hab schon oft daran gedacht, aber nie bei Tageslicht.« [6522]

*

Gable: »Sterben ist so natürlich wie leben, und wer Angst hat zu sterben, der hat auch Angst zu leben.« [6523]

*

Monroe: »Ich wollte dich nicht kränken, Gay.«
Gable: »Ich bin nicht gekränkt. Ich frag mich nur, mit wem du dich, deiner Meinung nach, unterhalten hast, seit wir zusammen sind.« [6524]

*

Monroe: »Sie haben noch nie in Ihrem Leben irgendwas für einen andern empfunden. Sie verstehen nur, traurige Worte zu sagen. Sie könnten die Welt in die Luft sprengen, und alles, was Sie empfinden würden, wäre Mitleid mit sich selbst.« [6525]

*

Eli Wallach (Guido): »Sie ist ja verrückt. Sie sind alle verrückt. Man versucht immer, es nicht zu glauben, weil man sie braucht. Sie ist verrückt. Man kämpft für sie, man baut auf, man tut alles. Man krempelt sich für sie vollkommen um, aber es ist ihnen nie genug.« [6526]

***

MISHIMA
(Mishima: A Life in Four Chapters)
USA/JAP 1985, Zoetrope, Lucas, Filmlink, M (Regie Paul Schrader, Buch Paul Schrader, Leonard Schrader, Chieko Schrader, nach Romanen von Yukio Mishima)

> »Hast du mal daran gedacht,
> wieder zu heiraten?«
> »... Ich hab schon oft daran
> gedacht, aber nie bei Tageslicht.«
> Misfits – Nicht gesellschaftsfähig

Ken Ogata (Yukio Mishima): »Wenn ein Mann die 40 erreicht, hat er keine Chance mehr, in Schönheit zu sterben. Wie sehr er sich auch bemüht, er wird durch Verfall sterben. Er muß sich zum Leben zwingen.« [6527]

***

MISSION: IMPOSSIBLE II
USA/BRD 2000, Cruise-Wagner, MFP, Paramount (Regie John Woo, Buch Robert Towne, Story Ronald D. Moore, Brannon Braga, nach der TV Serie von Bruce Geller)

*

Tom Cruise (Ethan Hunt): »Nein. Sie ist auf so was *(Undercover)* gar nicht trainiert.«
Anthony Hopkins (Swanbeck): »Mit einem Mann ins Bett zu gehen und ihn zu belügen? Sie ist eine Frau. Das braucht sie gar nicht zu trainieren.« [6528]

***

MISSISSIPPI
USA 1935, Paramount (Regie A. Edward Sutherland, Buch Francis Martin, Jack Cunningham, nach dem Stück ›Magnolia‹ von Booth Tarkington)

*

W. C. Fields (Commodore Orlando Jackson): »Women are like elephants to me. I like to look at 'em, but I wouldn't wanna own one.« [6529]

*

Fred Kohler (Captain Blackie): »Every breath you take from now on will be a personal present from me.« [6530]

***

MISSISSIPPI BURNING
USA 1988, Rank, Orion (Regie Alan Parker, Buch Chris Gerolmo)

*

R. Lee Ermey (Bürgermeister Tilman): »Wir mögen hier keine Fremden, die uns sagen wollen, wie wir uns zu verhalten haben.« [6531]

*

Ermey: »Eins steht doch fest, Anderson, wir haben hier im Süden zwei Kulturen, eine weiße Kultur und 'ne schwarze Kultur. So ist es hier immer gewesen, und so wird es immer bleiben.«
Gene Hackman (Agent Rupert Anderson): »Der Rest von Amerika sieht das anders, Herr Bürgermeister.«
Ermey: »Der Rest von Amerika kümmert uns

'n Scheißdreck. Sie sind hier in Mississippi.« ⁶⁵³²

*

Ermey: »Mögen Sie Baseball, Mr. Anderson?«
Hackman: »Ja, sehr. Wissen Sie, das ist die einzige Möglichkeit für 'n Schwarzen, einem Weißen mit 'm Knüppel vor der Nase rumzufuchteln, ohne 'n Aufruhr zu verursachen.« ⁶⁵³³

*

Hackman: »Lassen Sie das, Mr. Ward! Sie fangen sonst 'n Krieg an.«
Willem Dafoe (Agent Alan Ward): »Es war schon Krieg, bevor wir hierherkamen.« ⁶⁵³⁴

*

Darius McCrary (Aaron Williams): »Ich kann Ihnen sagen, warum keiner mit Ihnen sprechen will. Weil sie alle Angst haben, es kommt dem Gesetz zu Ohren.«
Dafoe: »Wir sind das Gesetz.«
Lou Walker (Vertis Williams): »Aber nicht hier bei uns.« ⁶⁵³⁵

*

Dafoe: »Wir sind keine Killer. Das ist der Unterschied zwischen denen und uns.«
Hackman: »Das ist der Unterschied zwischen denen und Ihnen.« ⁶⁵³⁶

*

Dafoe: »Sie verändern die Welt auch.«
Hackman: »Ja, und ich werde jetzt gleich mal 'n paar Veränderungen vornehmen.« ⁶⁵³⁷

*

Dafoe: »Wir beide holen sie uns gemeinsam. Alle.«
Hackman: »Sie haben doch keine Ahnung.«
Dafoe: »Sie werden's mir beibringen.«
Hackman: »Dafür fehlt Ihnen doch der Nerv.«
Dafoe: »Ich hab nicht nur den Nerv dafür, ich hab auch die Autorität.«
Hackman: »Was wollen Sie denn damit sagen?«
Dafoe: »Neue Regeln: Wir nageln sie auf jede mögliche Weise, sogar auf Ihre.« ⁶⁵³⁸

*

Hackman: »Hätte er *(Dafoe)* mich abgeknallt?«
Kevin Dunn (Agent Bird): »Na klar. Sicher.« ⁶⁵³⁹

***

MISSOURI
(Wild Rovers)
USA 1951, Geoffrey, MGM (Regie und Buch Blake Edwards)

Victor French (Sheriff): »Da, seht euch das Blatt an! Den ganzen verdammten Abend wartet man auf ein solches Blatt, und dann fängt so ein verdammter Hundesohn an, diese verdammte Stadt zusammenzuschießen.« ⁶⁵⁴⁰

*

Ryan O'Neal (Frank Post): »Sag mal, habt ihr da eine Abschiedsfeier gemacht oder was?«
William Holden (Ross Bodine): »Ach, ich habe ihm nur etwas Geld dagelassen, damit sie uns nicht vergessen.«
O'Neal: »Bankräuber werden leider sowieso nicht vergessen.« ⁶⁵⁴¹

*

O'Neal: »Wer hat was von Kaufen gesagt?«
Holden: »Im Allgemeinen ist es nicht meine Art, mich mit den Widrigkeiten des Lebens zu befassen, aber wenn sie uns erwischen, werden sie uns nach meiner Schätzung für den Bankraub etwa fünf Jahre aufbrummen. Meinst du nicht auch?«
O'Neal: »Vielleicht, vielleicht auch mehr.«
Holden: »Ja, aber bei Pferdediebstahl gibt es kein Vielleicht, sie hängen dich auf der Stelle.« ⁶⁵⁴²

*

Holden: »Hör mal, Frank, du solltest froh sein, daß du hier zurückbleiben mußt, während es mir zufällt, den Versuchungen der Stadt zu widerstehen.« ⁶⁵⁴³

*

O'Neal: »Das war eine Pokerpartie!«
Holden: »Wie steht es mit dir?«
O'Neal: »Halb so schlimm, ich blute nur sehr.« ⁶⁵⁴⁴

***

MR. DEEDS GEHT IN DIE STADT
(Mr. Deeds Goes to Town)
USA 1936, Columbia (Regie Frank Capra, Buch Robert Riskin, nach der Geschichte ›Opera Hat‹ von Clarence Budington Kelland)

> »Women are like elephants to me. I like to look at 'em, but I wouldn't wanna own one.«
> Mississippi

Gary Cooper (Longfellow Deeds): »Sogar seine Hände sind ölig.« [6545]

*

Lionel Stander (Cornelius Cobb): »Also, was bevorzugen Sie? Dunkel oder blond? Groß oder klein? Dick oder dünn? Kräftig oder zierlich? Nennen Sie mir Ihr Gift, und ich werde es Ihnen besorgen.« [6546]

*

Cooper: »Was is'n das?«
Raymond Walburn (Walter): »Eine Prärieauster, Sir. (...) Danach wird der Kopf wieder sehr viel kleiner.« [6547]

*

H. B. Warner (Richter May): »Nach Auffassung des Gerichts sind Sie nicht nur geistig gesund, sondern vielmehr der geistig gesündeste Mann, der je diesen Gerichtssaal betreten hat. Die Klage ist abgewiesen.« [6548]

***

MR. DESTINY
USA 1990, Silver Screen Partners IV, Touchstone (Regie James Orr, Buch James Orr, Jim Cruickshank)

*

James Belushi (Larry Burrows, voice-over): »Wenn du etwas Wunderbares vollbringst, bist du in neun von zehn Fällen allein. Aber wenn du etwas Großes vermasselst, schaut dir die ganze Welt dabei zu.« [6549]

*

Belushi (voice-over): »Ich hatte mich schon den ganzen Morgen wie ein Idiot aufgeführt. Warum sollte ich jetzt damit aufhören?« [6550]

***

MR. DODD GEHT NACH HOLLYWOOD
(Stand-In)
USA 1937, Wanger, United Artists (Regie Tay Garnett, Buch Gene Towne, Graham Baker, nach der Geschichte von Clarence Budington Kelland)

*

Tully Marshall (Fowler Pettypacker): »Sie sind

> »Ich hatte mich schon den ganzen Morgen wie ein Idiot aufgeführt. Warum sollte ich jetzt damit aufhören?«
> Mr. Destiny

schlau, aber noch ziemlich jung. Ich bin zwar alt, aber noch ziemlich schlau.« [6551]

*

Leslie Howard (Atterbury Dodd): »Zwei und zwei macht vier, Mr. Pettypacker, völlig egal ob Fische, Äpfel oder menschliche Wesen.« [6552]

*

C. Henry Gordon (Ivor Nassau): »Ich erklär's mal so einfach, wie ich kann. Vielleicht kapiert ihr's, kann ja sein.« [6553]

*

Howard: »Ich mag keine Partys. Ich weiß nicht, was ich mit den Leuten reden soll. Ich sitze nur da und wünschte, ich wäre zu Hause.« [6554]

*

Pat Flaherty (Türsteher): »Sie kommen hier nicht mehr rein.«
Humphrey Bogart (Douglas Quintain): »Zur Seite, mein Freund! Ich poche auf die mir gesetzlich garantierten Rechte.«
Flaherty: »Verschwinden Sie! Sonst poche ich nämlich auf Sie.« [6555]

***

MR. SMITH GEHT NACH WASHINGTON
(Mr. Smith Goes to Washington)
USA 1939, Columbia (Regie Frank Capra, Buch Sidney Buchman, Story Lewis R. Foster)

*

Guy Kibbee (Governor Hubert Hopper): »Ich bin jetzt nicht in der Stimmung, euer Kindergeplapper anzuhören.« [6556]

*

James Stewart (Jefferson Smith): »Dad sagte immer: ›Das einzige, wofür es sich lohnt zu kämpfen, sind die verlorenen Fälle.‹« [6557]

*

Stewart: »Wenn sich ein einzelner kleiner Mann gegen eine so mächtige Organisation auflehnt, dann (...) kann er doch letzten Endes nicht weit kommen, oder wie ist das?« [6558]

*

Jean Arthur (Clarissa Saunders): »Als ich damals hierhergekommen bin, waren meine Augen große blaue Fragezeichen, jetzt sind sie große grüne Dollarzeichen.« [6559]

*

Claude Rains (Senator Joseph Paine): »Ich weiß, die Fakten sind schockierend und hart, aber, wie ich schon sagte, das ist eine Männerwelt,

Jeff, und wir müssen unsere Ideale von Zeit zu Zeit überprüfen.« ⁶⁵⁶⁰

*

Edward Arnold (Jim Taylor): »Entweder sind wir draußen oder größer als jemals zuvor.« ⁶⁵⁶¹

***

MR. & MRS. SMITH
USA 1941, RKO (Regie Alfred Hitchcock, Buch Norman Krasna)

*

Carole Lombard (Ann): »Wir dürfen von dieser Regel niemals abgehen.«
Robert Montgomery (David): »Nie im Leben.«
Lombard: »Wenn alle Ehepaare sie einführen würden, gäb's keine Scheidung. Die Standesämter müßten darauf bestehen. Nach einem Streit verbleibt das Paar im Schlafzimmer bis zur Versöhnung. Da finden alle irgendwann wieder zusammen.« ⁶⁵⁶²

*

Lombard: »Erstaunlich, daß ein Kleid, das lediglich im Schrank hängt, so einlaufen kann.« ⁶⁵⁶³

*

Ralph Dunn (Polizist): »Ich weiß nicht, was Sie verkaufen wollen, aber haben Sie 'ne Lizenz für 'n Volksauflauf?«
Montgomery: »Reden Sie mich nicht von der Seite an! Fangen Sie Verbrecher!« ⁶⁵⁶⁴

*

Lombard: »Gute Nacht, Schatz. Deine Nase blutet.« ⁶⁵⁶⁵

*

Montgomery: »Wenn ein Mann drei Jahre lang mit derselben Frau am Frühstückstisch sitzt und sie dann immer noch heiraten will, dann muß sie was zu versenden haben.« ⁶⁵⁶⁶

*

Gene Raymond (Jeff Custer): »Weißt du, euch Frauen läuft das Gefühl oft dem Verstand davon, und darum lieben wir Männer euch so.« ⁶⁵⁶⁷

***

MRS. PARKER UND IHR LASTERHAFTER KREIS
(Mrs. Parker and the Vicious Circle)
USA 1994, Fine Line, Miramax (Regie Alan Rudolph, Buch Alan Rudolph, Randy Sue Coburn)

Jennifer Jason Leigh (Dorothy Parker): »Gott! Der Mann kann ein solcher Kriecher sein.« ⁶⁵⁶⁸

Campbell Scott (Robert Benchley): »Donny muß mal ausspannen von seinen Ligas und Vereinen und Sowjets.«
Leigh: »›Gewerkschaft‹ ist kein schmutziges Wort, Mr. Benchley.« ⁶⁵⁶⁹

*

(Walt): »Die 20er müssen eine schillernde Zeit gewesen sein.«
Leigh: »Tatsächlich? Ich kann mich nicht erinnern.« ⁶⁵⁷⁰

*

Leigh: »Mischen Sie sich in das Sexualleben aller Ihrer Freunde, nur weil die eins haben?« ⁶⁵⁷¹

*

Matthew Broderick (Charles MacArthur): »Ich hab gelogen, als ich sagte, Sie wären meine Lieblingsschriftstellerin.«
Leigh: »Und ich habe gelogen, als ich lächelte.« ⁶⁵⁷²

*

»Sie versteht es wirklich zu leiden. Sie ist die größte kleine Miesmacherin der Welt.« ⁶⁵⁷³

*

Leigh: »Wenigstens auf eins ist im Leben Verlaß: auf Klischees. Alles ist immer noch schrecklicher, als man es sich gedacht hatte.« ⁶⁵⁷⁴

***

MIT ALLER MACHT (Primary Colors)
USA 1998, Icarus, Mutual, Universal (Regie Mike Nichols, Buch Elaine May, nach dem Roman von Anonymus [=Joe Klein])

*

Ben Jones (Arlen Sporken): »Süße, können Sie mir 'n Sandwich holen, ja?«
Maura Tierney (Daisy): »Nur wenn Sie mich in die Wange kneifen und Häschen zu mir sagen.« ⁶⁵⁷⁵

*

Caroline Aaron (Lucille Kaufman): »Ach, kommen Sie nicht schon wieder mit dieser Ein-

---

> »Gute Nacht, Schatz.
> Deine Nase blutet.«
> Mr. & Mrs. Smith

Mann-kackt-in-den-Wald-Metapher! Sagen Sie uns einfach, was Sie meinen!« [6576]

*

Billy Bob Thornton (Richard Jemmons): »Schande, verdammt! Das wird pimmelhart.« [6577]

*

Tierney: »Wir könnten ihr 200.000 anbieten, wenn sie die Story vergißt.«
Thornton: »Und sie abmurksen, um sicherzugehen.« [6578]

*

Kathy Bates (Libby Holden): »Weißt du, ich bin erst 20 Sekunden hier, und ich bin schon am Ende meiner Geduld.« [6579]

*

Adrian Lester (Henry Burton): »Verdammt, Richard, warum bist du dauernd in *meinem* Zimmer?«
Thornton: »Weil's ordentlicher ist.« [6580]

*

Lester: »Vielleicht meint es dieser Picker tatsächlich ehrlich.«
Thornton: »Weißt du, was dein Problem ist, Harvard? Du leidest an galoppierender TB.«
Lester: »Du meinst doch nicht etwa Tuberkulose?«
Thornton: »Nein, Totale Blauäugigkeit.« [6581]

*

John Travolta (Governor Jack Stanton): »Das mit den Williams Boys, diese einfache Musik von Hank und diese lyrische Sprache von Tennessee, das ist der Süden.« [6582]

*

Travolta: »Denkst du etwa, Abraham Lincoln war keine Hure, bevor er Präsident wurde?« [6583]

*

Lester: »Ich vergleiche nicht die Spieler. Das Spiel ist mir zuwider.« [6584]

»Für mich persönlich ist eine Frau wie die andere, sie unterscheiden sich lediglich durch die Haarfarbe.«
Mit der Waffe in der Hand

MIT DER WAFFE IN DER HAND *(Gun Fury)*
USA 1953, Columbia (Regie Raoul Walsh, Buch Roy Huggins, Irving Wallace, nach dem Roman ›Ten Against Caesar‹ von Kathleen B. Roberts)

*

Phil Carey (Frank Slater): »Eine tolle Frau, was?«
Leo Gordon (Jess Burgess): »Für mich persönlich ist eine Frau wie die andere, sie unterscheiden sich lediglich durch die Haarfarbe.« [6585]

*

Rock Hudson (Ben Warren): »Dieser Krieg hätte vermieden werden können.«
Carey: »Wie denn?«
Hudson: »Durch geschicktes Verhandeln, durch Kompromisse auf beiden Seiten.«
Carey: »Wenn Sie hier bleiben, Mr. Warren, dann werden Sie feststellen, daß Sie mit Verhandeln nicht weiterkommen. Hier müssen Sie sich nämlich wehren.« [6586]

*

Hudson: »Eins habe ich gelernt. Kugeln sind sehr demokratisch, sie töten die Guten wie die Bösen.« [6587]

*

Hudson: »Fünf Jahre habe ich für die Interessen der anderen gekämpft, jetzt geht es um meine Sorgen.«
Carey: »Aber ganz ohne Schießereien geht es hierzulande nicht.« [6588]

*

Donna Reed (Jennifer Ballard): »Sie sind ein gemeiner Mörder.«
Carey: »Würden Sie den Mann, den Sie heiraten wollen, auch Mörder nennen? Er hat im Krieg genug umgebracht. Sein Krieg ist vorbei, meiner nicht.« [6589]

*

Lee Marvin (Blinky): »Das scheint Stella zu sein.«
Carey: »Ich will nicht, daß sie mitkommt.«
Marvin: »Was soll ich denn machen? Soll ich sie erschießen oder nur ihr Pferd?«
Carey: »Mach, was du willst.« [6590]

***

MIT DYNAMIT UND FROMMEN SPRÜCHEN *(Rooster Cogburn)*
USA 1975, Universal (Regie Stuart Millar, Buch Martin Julien, nach den Charakteren von Charles Portis)

John McIntire (Richter Parker): »Rooster, wenn ein Marshal innerhalb von acht Jahren 64 verdächtige Personen erschießt, dann bricht er das Gesetz, anstatt ihm zu dienen.« 6591

*

McIntire: »Der Westen ändert sich, aber Sie ändern sich nicht mit ihm.« 6592

*

John Wayne (Rooster Cogburn): »Da draußen im Land kennt kein Mensch all diese neumodischen Gesetze. Wir kennen sie, aber die leider nicht. Die schießen noch immer in dieselbe Richtung: auf mich.« 6593

*

McIntire: »Sie gehen aus den Nähten, Rooster, aus allen Nähten.« 6594

*

Wayne: »Gerechtigkeit gibt es doch im Westen nicht mehr. Männer mit Sand in den Eingeweiden und Eisen in den Knochen werden verdrängt von aufgeputzten Yankee-Anwälten, die mal 'n Rechtschreibungswettbewerb gewonnen haben.« 6595

*

Wayne: »Na bitte, da siehst du wieder mal, zu wem sie kommen, wenn's um einen harten Job geht.« 6596

*

Richard Jordan (Hawk): »Ich schieße auch auf Prediger und ältliche Ladys. Ich kenne da keine Rücksicht. Also provoziert mich nicht!« 6597

*

Katharine Hepburn (Eula Goodnight): »Er hat neun Männer bei sich. Wie wollen Sie ihn da bekommen?«
Wayne: »Wissen Sie, Ma'am, ich hab meinen Navy-Colt an der Seite und eine Winchester-Flinte an meinem Sattel und 'ne Packtasche voll Munition.« 6598

*

Hepburn: »Sie meinen, Sie wären bereit, notfalls brutale Gewalt anzuwenden?«
Wayne: »Das ist ganz genau das, was ich meine.« 6599

*

Hepburn: »Ich hab das Gefühl, daß Sie ärgerlich über mich sind.«
Wayne: »Ma'am, Sie sind einer Heimsuchung sehr ähnlich.« 6600

*

Wayne: »Und nun machen Sie Ihre Häkelarbeiten oder Ihre Fingernägel oder was Frauen sonst so tun, aber mir gehen Sie von jetzt an aus dem Weg!« 6601

*

Wayne: »Hier in dieser Gegend, Ma'am, wird die sichere Hand einer Lady mehr geschätzt als ihr Charme.« 6602

*

Hepburn: »Sie meinen, daß die Männer im Westen nichts dagegen haben, Marshal, wenn ihre Frauen besser schießen als sie und vielleicht auch noch besser denken?« 6603

*

Wayne: »Hier schätzen wir eine feurige Frau beinahe ebensohoch ein wie ein feuriges Pferd.« 6604

*

Wayne: »Besonders gastfreundlich sind Sie aber nicht.«
Strother Martin (McCoy): »Ich habe nicht einen Funken guten Willen in mir, Marshal. Ich hasse jedermann. Ich bin ein giftiger alter Bursche, und ich weiß es. Ich liebe mich selbst mehr als jeden, dem ich bisher begegnet bin. Deshalb habe ich auch diesen Job *(Fährmann)* angenommen. Um allein mit mir selbst zu sein.« 6605

*

Wayne: »Wollen Sie Ärger mit mir haben?«
Martin: »Nicht, solange Sie mit dem Ding auf mich zielen.« 6606

*

Wayne: »Wenn er *(Gott)* Ihnen einen Gefallen schuldig ist, dann ist der Augenblick gekommen, ihn daran zu erinnern.« 6607

*

Wayne: »Der alte Rooster Cogburn pflegt Sachen wie diese stehend zu beenden.« 6608

»*Eins habe ich gelernt.
Kugeln sind sehr demokratisch,
sie töten die Guten
wie die Bösen.*«
Mit der Waffe in der Hand

MIT EISERNEN FÄUSTEN *(The Scalphunters)*
USA 1968, Bristol, Norlan United Artists (Regie Sydney Pollack, Buch William Norton)

*

Ossie Davis (Joseph Winfield Lee): »Warum sind Sie denn so wild darauf versessen, diese Mörder zu verfolgen? Haben Sie denn nichts Besseres zu tun?«
Burt Lancaster (Joe Bass): »Ein Mann meines Schlages führt aus, was er sich vorgenommen hat.« 6609

*

Davis: »Ich habe Hunger, ich muß was zu essen haben.«
Lancaster: »Du hast gestern erst gegessen.«
Davis: »Mr. Bass, es ist mir zur vertrauten Gewohnheit geworden, an jedem Tag zu speisen.« 6610

*

Telly Savalas (Jim Howie): »Zieh dir mal was Richtiges an! Du reizt mir sonst alle Männer auf.«
Shelley Winters (Kate): »Quatsch bloß nicht wie ein Baptistenpfarrer! Wenn ich nur die Hälfte der Stiefel hätte, die schon unter meinem Bett standen, könnte ich ein ganzes Regiment versorgen.« 6611

*

Winters: »Hör auf, diesen widerlichen Tabak zu kauen! Hast du schon mal jemanden geküßt, der Tabak kaut?«
Savalas: »Ist sie nicht ein Schatz?« 6612

*

Lancaster: »Ausgezogen bin ich als wohlhabender freier Trapper, und, bei Gott, jetzt habe ich nicht mal mehr meinen Sklaven.« 6613

*

Savalas: »Jim Howies Männer sind also am Ende. Wir haben fünf US Marshals fertiggemacht, wir haben die Hälfte aller Banken in Kansas geplündert, wir haben eine ganze Stadt in die Knie gezwungen und mehr Indianer erledigt als die ganze US Kavallerie. Und nun wollen Jim Howies Männer aufgeben. Wegen eines Mannes. Eines einzigen Mannes.« 6614

*

Lancaster: »Joseph Lee, wenn Gott je etwas Besseres geschaffen hat als hübsche Frauen und Whiskey, dann kenne ich es nicht.« 6615

***

MIT HARTEN FÄUSTEN
(Kid Galahad)
USA 1937, Warner (Regie Michael Curtiz, Buch Seton I. Miller, nach dem Roman von Francis Wallace)

*

Edward G. Robinson (Nick Donati): »Ja, es ist immer dasselbe. Da bemüht man sich, so 'n Burschen *(Boxer)* über sein Niveau zu heben, dann will er selber handeln und wird plattgeschlagen wie Blattgold.« 6616

*

Robinson: »Für Gefühle ist in diesem Sport kein Platz. Ein Boxer ist eine Kampfmaschine und kein Geigenspieler.« 6617

*

Robinson: »Wieviel haben wir heute abend verloren?«
Bette Davis (Fluff/Louise Phillips): »17.300.«
Robinson: »Wieviel haben wir noch?«
Davis: »1800.«
Robinson: »Prima, dann geben wir 'ne Riesenparty und fangen von vorne an.« 6618

*

Robinson: »Worüber hast du dir Sorgen gemacht, bevor du mich kanntest?« 6619

*

Robinson: »Ich kenn dich bei solchen Gelegenheiten nur mit 'ner MP. Die Erbsenknarre da *(Revolver)* ist doch 'n Witz.« 6620

*

Robinson: »Du hättest doch die MP nehmen sollen.« 6621

***

MIT LEIB UND SEELE *(The Long Gray Line)*
USA 1955, Columbia (Regie John Ford, Buch Edward Hope, nach dem Buch ›Bringing Up the Brass‹ von Marty Maher, Nardi Reeder Campin)

*

Tyrone Power (Martin Maher): »Für arme Schlucker ist das Leben auf der ganzen Welt

---

> »Joseph Lee, wenn Gott je etwas Besseres geschaffen hat als hübsche Frauen und Whiskey, dann kenne ich es nicht.«
> Mit eisernen Fäusten

schlecht, Mary, nur für den nicht, der eine Kneipe in einer durstigen Gegend besitzt.« [6622]

***

MIT STAHLHARTER FAUST
(Man Without a Star)
USA 1954, Universal (Regie King Vidor, Borden Chase, D. D. Beauchamp nach dem Roman von Dee Linford)

*

Kirk Douglas (Dempsey Rae): »Selbst schuld. Wenn du dich mit jemandem prügelst, darfst du dich nicht umdrehen.« [6623]

*

Douglas: »Eine Flasche und saubere Gläser!«
Jim Hayward (Barmann): »Müssen die sauber sein?«
Claire Trevor (Idonee): »Laß alles beim alten, und versuch nichts Unmögliches! Bring uns nur den Whiskey!«
Hayward: »Ja Ma'am.« [6624]

*

Jay C. Flippen (Strap Davis): »Weißt du, was wir da einbauen? Ein Badezimmer, direkt im Haus.«
Douglas: »*In* dem Haus?«
Trevor: »Im Haus direkt? So was ist doch unanständig. Darauf kann auch nur einer aus dem Osten kommen.«
Douglas: »Aber sehr praktisch bei Regen.« [6625]

*

Douglas: »Hier, trink das! Wenn du nie Whiskey trinkst, brauchst du es am nächsten Morgen nie zu bereuen. Das ist eine Lebensweisheit.« [6626]

*

William Campbell (Jeff Jimson): »Ich bin auch aus Texas.«
Flippen: »Aus welcher Gegend?«
Campbell: »Da, wo Texas anfängt.« [6627]

*

Campbell: »Wenn du nie Whiskey trinkst, brauchst du es am nächsten Morgen nicht zu bereuen. Mir hat mal einer gesagt, das wäre eine Lebensweisheit.«
Douglas: »Sei nicht so vorwitzig, Kleiner! Das kommt vom Selterwasser.« [6628]

*

Jeanne Crain (Reed Bowman): »Sie und Ihre Männer haben drei Tage Zeit, sich zu betrinken und wieder nüchtern zu werden, dann beginnt die Arbeit.« [6629]

*

Mark Hanna (Concho): »Sieh mal einer an: Cassidy. Ich glaube, wir legen ihn lieber um.« [6630]

*

Douglas: »Was tust du denn?«
Campbell: »Dasselbe, was du tust.«
Douglas: »Lernst du es denn niemals? Du sollst nur tun, was ich dir *sage*. Oder noch besser, tu was sie sagt. Also, mach's gut!« [6631]

***

MIT VOLLGAS NACH SAN FERNANDO
(Any Which Way You Can)
USA 1980, Malpaso, Warner (Regie Buddy Van Horn, Buch Stanford Sherman, nach den Charakteren von Jeremy Joe Kronsberg)

*

Bill McKinney (Dallas): »Wessen Arsch nageln wir ans Tor zur Hölle?«
(Rocker im Chor): »Philo Beddoe.« [6632]

*

McKinney: »Warum ich, oh Herr? Ich meine, du hast so viele Männer aus Erde gemacht, warum meine aus Scheiße?« [6633]

*

Sondra Locke (Lynn Halsey-Taylor): »Ich habe nicht so viele Freunde, daß ich mir leisten könnte, einen zu verlieren.« [6634]

*

Ruth Gordon (Ma Boggs): »Hast du außer deiner Hupe noch was Schönes zu Weihnachten gekriegt?« [6635]

*

(Polizist): »Junge, so wie du aussiehst, brauchst du keinen Strafzettel mehr. Du bist gestraft genug.« [6636]

*

Al Ruscio (Tony Paoli sr.): »Da sagte ich mir: ›Big Tony, wenn die Zeit gekommen ist, gehst

---

> *»Junge, so wie du aussiehst, brauchst du keinen Strafzettel mehr. Du bist gestraft genug.«*
> Mit Vollgas nach San Fernando

du hin und machst eine kleine Wette mit dem großen Spieler Beekman, der so fabelhafte Ideen hat.«* (hebt einen Finger)*
Harry Guardino (James Beekman): »100.000?«
Ruscio: »Mr. Beekman, Sie und ich sind keine Männer, die mit fünf Nullen Geschäfte machen.« [6637]

***

MITTERNACHT IM GARTEN VON GUT UND BÖSE
(Midnight in the Garden of Good and Evil)
USA 1997, Malpaso, Silver, Warner (Regie Clint Eastwood, Buch John Lee Hancock, nach dem Roman von John Berendt)

*

Alison Eastwood (Mandy Nichols): »Wenn Sie Durst haben, hilft ein Drink. Und wenn nicht, wirkt ein Drink vorbeugend. Und Vorbeugen ist besser als Heilen.« [6638]

*

Irma P. Hall (Minerva): »Du hast ein Loch in deinem Innern, zuviele Fragen. Du weißt nicht, ob du so sein sollst oder so, wenn du keine Antworten hast. Aber: *Es gibt keine Antworten.*« [6639]

*

Eastwood: »Falls Sie sich das gerade fragen: Es wäre der perfekte Moment für einen Kuß.« [6640]

*

Kevin Spacey (Jim Williams): »Mein Freund, die Wahrheit wie die Kunst liegt im Auge des Betrachters. Sie dürfen glauben, was Sie wollen, und ich glaube, was ich weiß.« [6641]

***

MO' BETTER BLUES
USA 1990, 40 Acres and a Mule, Universal (Regie, Buch Spike Lee)

*

Cynda Williams (Clarke Betancourt): »Bei dir läuft immer alles nach Plan. (...) Versuch mal, deinen Arsch zu lockern!« [6642]

»Bei dir läuft immer alles nach Plan. (...) Versuch mal, deinen Arsch zu lockern!«
Mo' Better Blues

MOBY DICK
USA 1956, Moulin, Warner (Regie John Huston, Buch Ray Bradbury, John Huston, nach dem Roman von Herman Melville)

*

Mervyn Johns (Captain Peleg): »Wenn ich nicht Quäker wäre und ein Mann des Friedens, dann würde ich dir eine hinter die Löffel geben, mein Junge, für alle Fälle.« [6643]

*

Gregory Peck (Captain Ahab): »Wollen Sie sich mir widersetzen, Mr. Starbuck? Merken Sie sich eins: Es gibt nur einen Gott, der die Welt regiert und nur einen Kapitän, der hier an Bord befiehlt.« [6644]

*

Peck: »Ich gebe Befehle, Mr. Stubb, keine Erklärungen.« [6645]

*

»Ein Captain verstößt nicht gegen das Gesetz, er ist das Gesetz.« [6646]

*

Peck: »Diesen Wind hat uns der Himmel geschickt.«
Leo Genn (Starbuck): »Das stimmt, Captain. Um uns alle zu vernichten.« [6647]

***

MODERN ROMANCE – MUSS DENN LIEBE ALPTRAUM SEIN? *(Modern Romance)*
USA 1981, Columbia (Regie Albert Brooks, Buch Albert Brooks, Monica Johnson)

*

Albert Brooks (Robert Cole): »Immer hatten wir Streit. Oder wir hatten tollen Sex. Nie konnten wir richtig reden.« [6648]

***

MONA LISA
UK 1986, Handmade, Palace (Regie Neil Jordan, Buch Neil Jordan, David Leland)

*

Bob Hoskins (George): »Wieso haßt sie mich, Thomas?«
Robbie Coltrane (Thomas): »Ist gar nicht wahr.«
Hoskins: »Doch, das seh ich.«
Coltrane: »Das weiß man bei Frauen nie. Sie sind anders als wir. Sie tragen Röcke, und sie pudern sich gern die Nase, und wenn sie in den Himmel kommen, kriegen sie Flügel.«

Hoskins: »Wie Engel.«
Coltrane: »Ja, wie Engel.«
Hoskins: »Aber Engel sind männlich, Thomas.«
Coltrane: »Männlich?«
Hoskins: »Ja.«
Coltrane: »Das wußte ich nicht.«
Hoskins: »Ist aber so. Engel sind männlich.« 6649

***

MONDSÜCHTIG *(Moonstruck)*
USA 1987, Palmer-Jewison, MGM (Regie Norman Jewison, Buch John Patrick Shanley)

*

John Mahoney (Perry): »Herr Ober, würden Sie ihr Gedeck abräumen und alles, was mich an sie erinnert. Und bringen Sie mir ein großes Glas Wodka!« 6650

*

Danny Aiello (Johnny Cammareri): »Ein Mann, der seine Frau nicht im Griff hat, ist komisch.« 6651

*

Cher (Loretta Castorini): »Ich finde, wenn ein Mann einer Frau einen Heiratsantrag macht, sollte er niederknien.« 6652

*

Cher: »Ich werde heiraten.«
Vincent Gardenia (Cosmo Castorini): »Schon wieder?« 6653

*

Gardenia: »Deine Mutter und ich sind 52 Jahre verheiratet, keiner ist tot. Du warst zwei Jahre verheiratet, und er ist tot. Heirate nicht wieder, Loretta! Es geht nicht gut aus für dich.« 6654

*

Gardenia: »Ich mag sein Gesicht nicht. Seine Lippen auch nicht. Wenn er lächelt, seh ich seine Zähne nicht. Was verbirgt er?« 6655

*

Olympia Dukakis (Rose Castorini): »Liebst du ihn?«
Cher: »Nein.«
Dukakis: »Gut. Wenn man sie liebt, treiben sie einen in den Wahnsinn, weil sie wissen, daß sie's können.« 6656

*

Dukakis: »Früher ist er nicht geizig gewesen. Er denkt, wenn er sich ans Geld klammert, wird er niemals sterben.« 6657

*

Cher: »Aber das ist nicht Johnnys Schuld.«
Nicolas Cage (Ronny Cammareri): »Das ist mir doch egal. Ich bin kein verkrüppeltes Denkmal für die Gerechtigkeit. Ich habe meine Hand verloren, ich habe meine Braut verloren. Johnny hat seine Hand, Johnny hat seine Braut. Wollen Sie, daß ich mein Unglück einfach wegwerfe, daß ich es einfach vergesse?« 6658

*

Cage: »Unrecht kann nie wiedergutgemacht werden.« 6659

*

Cage: »Vergangenheit und Zukunft kommen mir jetzt wie ein Witz vor. Ich sehe, daß sie unwichtig sind, ich sehe, daß sie gar nicht existieren. Das Einzige, was existiert, bist du und ich.« 6660

*

Cage: »Ich liebe dich. So (...) wie man dir's gesagt hat, ist die Liebe nicht. Ich hab das auch nicht gewußt. Die Liebe macht nicht alles schöner, sie ruiniert einfach alles, sie bricht dir das Herz, sie bringt alles durcheinander. Wir (...) sind nicht hier, um vollkommen zu sein.« 6661

***

MONOLOG FÜR ZWEI
(Charlotte et son Jules)
F 1961, Pleiade (Regie, Buch Jean-Luc Godard)

*

Jean-Paul Belmondo (Jean): »Ich habe neulich einen berühmten Mann gesehen, einen großen Dichter. Weißt du, was der gesagt hat? ›Nichts ist wichtig auf dieser Welt, meine Damen und Herren, nicht die Liebe und auch nicht der Krieg, das Glück nicht und auch nicht das Geld, die Frauen am allerwenigsten. Nein, worauf es ankommt im Leben, ist nur eins: die Nuance.‹ Der Mann hatte recht. Begreifen wirst du das nie, aber richte dich danach!« 6662

> »*Immer hatten wir Streit. Oder wir hatten tollen Sex. Nie konnten wir richtig reden.*«
> Modern Romance – Muß denn Liebe Alptraum sein?

Belmondo: »Warum hast du dir denn nicht gleich sein Bild auf den Bauch tätowieren lassen?« [6663]

*

Belmondo: »Unterbrich mich nicht andauernd! Sei froh, daß ich dir die Augen öffne.« [6664]

*

Belmondo: »Denkst du, es ist ein Vergnügen, mit euch rumzuhopsen und zu schwitzen wie in 'ner finnischen Sauna? Arme Irre! Da wird der Rhythmus probiert. Darum wird getanzt.« [6665]

***

MONSIEUR VERDOUX
USA 1947, Chaplin, United Artists (Regie, Buch Charles Chaplin)

*

Charles Chaplin (Henri Verdoux, voice-over): »Gestatten Sie, daß ich mich vorstelle? Mein richtiger Name ist, oder genauer gesagt, war Henri Verdoux. Wie gesagt, mein richtiger, denn nebenher hatte ich noch notgedrungen ein paar andere, doch davon später. Fünfundzwanzig Jahre lang war ich ein unbescholtener Bankbeamter, aber dann kam 1929 die Wirtschaftskrise, ich wurde entlassen und war arbeitslos. Ich mußte also etwas Ausgefallenes anfangen und verlegte mich auf die Liquidierung von Angehörigen des anderen Geschlechts. Ich betrieb dieses Geschäft so ernsthaft, wie man es betreiben muß, wenn man damit wie ich eine Familie zu ernähren hat.« [6666]

*

Vera Marshe (Vicki): »Du hast immer Glück. Du kannst mit 'm verstauchten Hals auf 'ner Bananenschale ausrutschen, du wirst ihn dir wieder einrenken.« [6667]

*

Herb Vigran (Reporter): »Sehen Sie ein, daß jedes Verbrechen zu einem schlimmen Ende führt?«

»Warum hast du dir denn nicht gleich sein Bild auf den Bauch tätowieren lassen?«
Monolog für zwei

Chaplin (in Todeszelle): »Nur wenn man es im Kleinen betreibt.« [6668]

*

Vigran: »Wollen Sie mit einem solchen Zynismus scheiden?«
Chaplin: »Wäre es nicht etwas zuviel verlangt, in diesem Augenblick ein Idealist zu sein?« [6669]

*

Chaplin: »Ah, Hochwürden. Nun, was kann ich für Sie tun?«
Fritz Leiber (Priester): »Nichts, mein Sohn. Ich möchte etwas für Sie tun. Vielleicht haben Sie noch den Wunsch, mit Gott in Frieden zu sein.«
Chaplin: »Das bin ich, Hochwürden, ich bin nur in Konflikt mit den Menschen.« [6670]

*

Leiber: »Haben Sie Ihre Sünden bereut, mein Sohn?«
Chaplin: »Was ist Sünde? Gott läßt seine Sonne scheinen über Gerechte und Ungerechte. Er allein wird wissen, wozu er die Sünde gemacht hat. Und außerdem, ohne Sünder, wovon wollten Sie leben?« [6671]

*

Leiber: »Möge der Herr deiner armen Seele gnädig sein!«
Chaplin: »Warum nicht? Letzten Endes gehört sie ihm.« [6672]

*

Chaplin: »Doch den Rum. Man soll alles mal probieren im Leben.« [6673]

***

MONTE CARLO
USA 1930, Paramount (Regie Ernst Lubitsch, Buch Ernest Vajda, Vincent Lawrence)

*

Billy Bevan (Schaffner): »Pardon me, Madame. May I take the liberty of asking where you are going?«
Jeanette MacDonald (Countess Helene Mara): »I don't know. I haven't the slightest idea. Can't you make a suggestion?« [6674]

***

MONTE WALSH
USA 1970, Landers-Roberts, National General (Regie William A. Fraker, Buch Lukas Heller, David Zelag Goodman, nach dem Roman von Jack Schaefer)

*

Jim Davis (Cal Brennan): »Wenn ihr euch 'n

bißchen umseht, werdet ihr merken, wie schwer es ist, Arbeit zu finden.«
Lee Marvin (Monte Walsh): »Sollte ganz verboten werden.« [6675]

*

Marvin: »Ich tue nur das, was sich vom Pferd aus machen läßt.« [6676]

*

Marvin: »Reiten wir lieber 'n bißchen langsamer. Sonst glaubt Brennan noch, wir wären scharf auf den Job.« [6677]

*

Jack Palance (Chet Rollins): »Du wirst dir noch mal 'n Bein brechen.«
Marvin: »Ich hab ja zwei.« [6678]

*

Marvin: »Nimm's *(das Geld)*, Shorty! Wir brauchen's bestimmt nicht. Wir haben unsere drei Mahlzeiten am Tag.« [6679]

*

Marvin: »Wenn ich's brauche, kann ich's dir beim Pokern jederzeit wieder abnehmen.« [6680]

*

Palance: »Niemand kann für immer und ewig Cowboy bleiben.« [6681]

*

Marvin: »Ich hab mich im ganzen Leben nicht an so viel gewöhnen müssen wie neuerdings.« [6682]

*

Marvin: »Cowboys sind keine Ehemänner. Oder sie sind keine Cowboys mehr.« [6683]

***

MOONRAKER – STRENG GEHEIM
(Moonraker)
UK 1979, Eon, United Artists (Regie Lewis Gilbert, Buch Christopher Wood, nach dem Roman von Ian Fleming)

*

Roger Moore (James Bond): »Ganz schön, was der hat!«
Corinne Clery (Corinne Dufour): »Das stimmt. Er hat nur das nicht, was er nicht will.« [6684]

*

Moore: »Daß er den Eiffelturm nicht gekauft hat, wundert mich.«
Clery: »Das hat er. Aber die französische Regierung hat die Ausfuhrgenehmigung verweigert.« [6685]

Moore: »Ich suche Dr. Goodhead.«
Lois Chiles (Holly Goodhead): »Sie haben sie gefunden.«
Moore: »Eine Frau demnach.«
Chiles: »Ihre Beobachtungsgabe spricht für Sie, Mr. Bond.« [6686]

*

Chiles: »Halt dich fest, James!«
Moore (an einer Seilbahn hängend): »Der Gedanke ist mir auch gerade gekommen.« [6687]

*

Chiles: »Irgendwas gebrochen?
Moore: »Nur das Herz meines Schneiders.« [6688]

***

MORD AM ZWIEBELFELD *(The Onion Field)*
USA 1979, Black Marble (Regie Harold Becker, Buch Joseph Wambaugh, nach seinem Roman)

*

James Woods (Gregory Powell): »Wie groß bist du?«
Ted Danson (Ian Campbell): »Dienstgrad oder Zentimeter?« [6689]

***

MORD IM NACHTCLUB *(Marked Woman)*
USA 1937, Warner (Regie Lloyd Bacon, Buch Robert Rossen, Abem Finkel, Seton I. Miller)

*

Eduardo Ciannelli (Johnny Vanning): »Ich übernehme dieses Etablissement. Ab heute arbeitet ihr für mich. Kapiert? Wir meisten sind lange genug im Geschäft und wissen, wie ich arbeite. Wenn nicht, lest die Zeitung, dann wißt ihr's.« [6690]

*

Ciannelli: »Nur müßt ihr mir einen Teil eurer Einnahmen wieder zurückgeben. Ich brauche das Geld für euren Schutz, Bestechungsgelder, Anwälte, Kautionen und so weiter, falls ihr irgendwann mal mit dem Gesetz in Konflikt kommt. Wer bei mir arbeitet, braucht sich keine Sorgen zu machen.« [6691]

> »Möge der Herr deiner
> armen Seele gnädig sein!«
> »Warum nicht? Letzten
> Endes gehört sie ihm.«
> Monsieur Verdoux

Bette Davis (Mary Dwight Strauber): »Außerdem hätte ich doch etwas Angst, Ihre Freunde kennenzulernen.«
Ciannelli: »Angst?«
Davis: »Ja, ich *(...)* würde vielleicht zuviel über sie erfahren, wie Audrey Fleming. *(...)* Erinnern Sie sich noch? Wenn ich Lust hätte, mein Leben im Fluß zu beenden, dann wäre ich schon vor fünf Jahren von der Brooklyn Bridge gesprungen.« 6692

*

Ciannelli: »Cleveres Mädchen.«
Ben Weldon (Charlie Delaney): »Vielleicht zu clever.« 6693

*

Mayo Methot (Estelle Porter): »Es gibt noch andere Möglichkeiten, Geld zu verdienen.«
Davis: »Sag mir 'ne bessere!«
Methot: »Vielleicht kann ich wieder zum Varieté zurück.«
Davis: »Ach, hör auf, dir was vorzumachen, Estelle! Du kriegst doch die Beine nicht mehr hoch. Und damit du mit deinen Senkfüßen nicht umkippst, mußt du Einlagen tragen.«
Methot: »Dann such ich mir eben einen Job in einer Fabrik, hinterm Ladentisch oder sonstwas.«
Davis: »Was? Für zwölfeinhalb die Woche?«
Methot: »Das reicht mir.«
Davis: »Für Zigaretten?« 6694

*

Davis: »Du bist ja eine entzückende kleine Hyäne.« 6695

*

Davis: »Ein paar von uns werden den kürzeren ziehen, aber ich bestimmt nicht.« 6696

*

Lola Lane (Gabby Marvin): »Wie wünschst du's, Schatz? Sanft und behutsam oder laut und hart?« 6697

> »Wie wünschst du's, Schatz?
> Sanft und behutsam
> oder laut und hart?«
> Mord im Nachtclub

Davis: »Ich weiß nicht warum, aber so ein Dummkopf wie du rührt mich einfach. Ich glaube, das ist wohl der Mutterinstinkt in mir.« 6698

*

Allen Jenkins (Louie): »Hört, Kinder! Wenn ihr mir wenigstens etwas bezahlt, dann zeige ich euch ein paar traumhaft schöne Fummel, und ich garantiere euch, daß sie aus dem besten Laden der Stadt gestohlen worden sind.« 6699

*

John Litel (Gordon): »Den *(Bogart)* kann man nicht kaufen. Ist das klar genug?«
Ciannelli: »Ja, zu klar. Jeder, der kein Geld annimmt, ist verrückt, und Verrückte sind gefährlich.« 6700

*

Humphrey Bogart (David Graham): »Einen Moment lang hatte ich geglaubt, ich könnte Ihnen vertrauen. Ich dachte, daß Sie anders wären. Mein Fehler. Danke für die Belehrung.«
Davis: »Wenn ich es nicht so eilig hätte, würde ich zusammenbrechen und weinen. Bis dann, mein Bester.« 6701

*

Weldon: »Sieht schlimm aus. Sie atmet kaum noch. Soll ich einen Krankenwagen rufen?«
Ciannelli: »Damit sie redet? Seien Sie kein Idiot!« 6702

***

MORD IM WEISSEN HAUS
(Murder at 1600)
USA 1997, Regency, Monarchy, Warner (Regie Dwight Little, Buch Wayne Beach, David Hodgin)

*

Daniel Benzalin (Nick Spikings): »Sie waren im Olympia-Team. Dann müßten Sie doch Teamgeist haben.«
Diane Lane (Nina Chance): »Schießen ist doch kein Mannschaftssport.«
Benzali: »Na ja, hier schon.« 6703

***

MORD IN DER HOCHZEITSNACHT
(Fallen Angel)
USA 1946, Twentieth Century Fox (Regie Otto Preminger, Buch Harry Kleiner, nach dem Roman von Marty Holland)

*

Linda Darnell (Stella): »Ich hätte gern meine

Zukunft gewußt. Ob er mir wahrsagt, wenn Sie ihn bitten?«
Dana Andrews (Eric Stanton): »Ihre Zukunft kenne ich besser als er.«
Darnell: »Wo gehen wir hin?«
Andrews: »Nach oben, in Ihre Zukunft.« [6704]

*

Alice Faye (June Mills): »Du bist doch unschuldig, hast nichts zu befürchten.«
Andrews: »Mädchen, das funktioniert in deinen Büchern, aber ich wurde schon als Kind immer für Dinge geprügelt, die ich nie getan habe. Seitdem renne ich lieber weg, ehe es zu spät ist.« [6705]

***

MORD, MEIN LIEBLING (Murder My Sweet)

USA 1944, RKO (Regie Edward Dmytryk, Buch John Paxton, nach dem Roman ›Farewell, My Lovely‹ von Raymond Chandler)

*

Don Douglas (Lieutenant Randall): »Sie sollten lieber auspacken. Ich muß es gegen Sie verwenden, aber Sie sollten lieber auspacken.« [6706]

*

Dick Powell (Philip Marlowe, voice-over): »Meine Füße taten weh. Ich fühlte mich wie das Taschentuch eines Klempners.« [6707]

*

Powell (voice-over): »Der Schuppen sah nach Ärger aus, aber das störte mich nicht. Die beiden Zwanzig-Dollar-Scheine schmiegten sich weich und zärtlich an meinen Blinddarm.« [6708]

*

Mike Mazurki (Moose Malloy). »Es gibt Leute, die wissen nicht, wann sie komisch sein dürfen.« [6709]

*

Powell (voice-over): »Sie war eine charmante Dame mittleren Alters mit einem Gesicht wie ein Putzeimer.« [6710]

*

Powell (voice-over): »Auf einmal war sie gar nicht mehr betrunken. Ihre Hand war ruhig, und sie wirkte ganz gelassen, wie jemand, der ein Begräbnis arrangiert, für einen Mord, der noch nicht begangen worden ist.« [6711]

*

Powell (voice-over): »Der Totschläger hatte mich direkt hinter dem Ohr erwischt. Ein schwarzes Loch öffnete sich zu meinen Füßen. Ich tauchte hinein. Es hatte keinen Boden. Ich fühlte mich ganz gut. Wie ein amputiertes Bein.« [6712]

*

Powell: »Ich hab Ihnen alles gesagt, was ich weiß. Viermal! Es hört sich verrückt an. Also gut, es ist auch verrückt. Manchmal bin ich eben nicht clever. Mehr weiß ich nicht.« [6713]

*

Douglas: »Ich finde Ihren Anblick auch nicht erfreulich. Ich würde auch lieber im Bett liegen. Ich würde lieber Eierschalen aus Mülltonnen raussuchen als versuchen, von Ihnen Informationen zu bekommen.« [6714]

*

Claire Trevor (Velma/Mrs. Grayle): »Ich hätte nicht geglaubt, daß es heutzutage genug Morde gibt, um das Detektivspiel für einen jungen Mann so attraktiv zu machen.« [6715]

*

John Indrisano (Chauffeur): »Her damit!«
Powell: »Hm? Ach so. Das ist 'n Bestandteil meiner Kleidung. Ich erschieße selten jemanden damit.« [6716]

*

Otto Kruger (Amthor): »Ich bin wirklich enttäuscht von Ihnen. Sie denken so ungeordnet, wie die meisten Leute das heutzutage tun. Sie deprimieren mich.« [6717]

*

Kruger: »Sie würden das nicht raten?«
Powell: »Nur wenn Sie Ihr Gesicht eine Zeitlang rückwärts tragen wollen.« [6718]

*

Kruger: »Ein dreckiger dummer Mann in einer dreckigen dummen Welt. Auch wenn Sie eine Spur von Intelligenz hätten, wären Sie das noch.« [6719]

*

Powell (voice-over): »In den Fingern hatte ich

> »Meine Füße taten weh.
> Ich fühlte mich wie das
> Taschentuch eines Klempners.«
> Mord, mein Liebling

überhaupt kein Gefühl. Sie waren nur ein Bündel Bananen, das wie Finger aussah.« [6720]

*

Powell (voice-over): »Okay, Marlowe, sagte ich zu mir. Du bist ein harter Bursche. Du wurdest zweimal mit dem Totschläger bearbeitet, gewürgt, mit einem Revolvergriff geschlagen und in den Arm gespritzt, bis du so verrückt warst wie ein paar Walzer tanzende Mäuse. Laß mal sehen, ob du etwas wirklich Schweres fertigbringst, wie deine Hosen anzuziehen.« [6721]

*

Powell (voice-over): »Ich ging. Ich weiß nicht, wie lange. Ich hatte keine Uhr. Für diese Art von Zeit gibt's sowieso keine Uhren.« [6722]

*

Powell: »Wenn man eine Kanone hat, tun die Menschen gewöhnlich das, was man sagt.« [6723]

*

Anne Shirley (Ann): »Gehen Sie nach Hause!«
Powell: »Ich hab doch gesagt, ich kann nicht. Auf meiner Türschwelle hockt ein kleines Bündel namens Nulty und tut so, als wäre er nicht von der Polizei. Ein furchtbarer Anblick.« [6724]

*

Shirley: »Woher konnte der etwas über mich wissen?«
Powell: »Keine Ahnung. Das kommt davon, wenn man Polizisten aufs College schickt. Sie werden zu schlau.« [6725]

*

Powell: »Sie haben eine niedliche Nase, auch wenn sie etwas krumm ist.« [6726]

*

Trevor: »Wissen Sie, das ist eine lange Geschichte und keine sehr schöne.«
Powell: »Ich hab viel Zeit und bin nicht empfindlich.« [6727]

*

Powell: »Es war, als hätte man einen Dynamitstab gezündet und ihm gesagt, er soll nicht explodieren.« [6728]

*

Powell: »Sie hat 'ne gute Figur, hm?«
Paul Phillips (Detective Nulty): »Ist mir nicht aufgefallen.«
Powell: »Du scheinst 'n paar Vitamine zu brauchen.« [6729]

***

MORD MIT SYSTEM *(A Shock to the System)*
USA 1990, Corsair (Regie Jan Egleson, Buch Andrew Klavan, nach dem Roman von Simon Brett)

*

Elizabeth McGovern (Stella Anderson): »Ich bin's langsam leid, der einzige vernünftige Mensch zu sein, den ich kenne.« [6730]

***

MORD UM MACHT *(Barocco)*
F 1975, La Boétie, Sara (Regie André Téchiné, Buch André Téchiné, Marilyn Goldin)

*

»Das wird niemals fertig für die erste Ausgabe.«
»Finden Sie einen Ausweg, oder wechseln Sie den Beruf!« [6731]

***

MÖRDER OHNE MASKE
(Second Chance)
USA 1953, RKO (Regie Rudolph Maté, Buch Oscar Millard, Sydney Boehm, nach der Geschichte von D. M. Marshman jr.)

*

Jack Palance (Cappy): »Du bist Persona non grata, mein Lieber. So nennen es jedenfalls die Diplomaten. Für Victor Sparlato bist du gestorben.« [6732]

***

MÖRDERSPINNEN
(Kingdom of the Spiders)
USA 1977, Arachnid, Dimension (Regie John ›Bud‹ Cardos, Buch Richard Robinson, Alan Caillou, Story Jeffrey M. Sneller, Stephen Lodge)

*

Tiffany Bolling (Diane Ashley): »Es gibt viele Theorien darüber, wie der Mensch abschneidet, falls es mal zum Kampf zwischen Menschen und Insekten kommen sollte. Aber in keiner dieser Theorien gehen die Menschen als Sieger hervor.« [6733]

> *»Es war, als hätte man einen Dynamitstab gezündet und ihm gesagt, er soll nicht explodieren.«*
> Mord, mein Liebling

DER MORDPROZESS O'HARA
(The People Against O'Hara)
USA 1951, MGM (Regie John Sturges, Buch John Monks jr., nach dem Roman von Eleazar Lipsky)

*

James Arness (Johnny O'Hara): »Was glaubst du, macht er mit dir, wenn er das über uns rauskriegt? Nun, er schlitzt dich auf, demoliert dein Gesicht, macht dich zum Krüppel. Ich denke, du kennst diesen Kerl. Glaub mir, ich kenne ihn. Die ganze Zeit bin ich krank vor Angst um uns.«
Yvette Duguay (Mrs. Lanzetta): »Aber Johnny, wenn du mich liebst, gibt es einen Weg.«
Arness: »Sicher gibt es einen Weg. Du bleibst in Jersey, und ich mach mich auf den Weg nach Manhattan.« [6734]

*

Spencer Tracy (James Curtayne): »Man kann ihn nicht gut bitten, diesen Fall zu übernehmen, ohne entsprechenden Honorarvorschuß.« [6735]

*

Eduardo Ciannelli (Knuckles Lanzetta): »Ich bin ein verheirateter Mann. Ich lebe ruhig in Lambeth, New Jersey. Ich habe dieses Fischgeschäft.« [6736]

*

Tracy: »Hat Sheffield Gold geschmuggelt?«
Ciannelli: »Goldschmuggel, darüber wüßte ich Bescheid.«
Tracy: »Bandenmord?«
Ciannelli: »Bandenmord, darüber wüßte ich Bescheid.«
Tracy: »Vielleicht glauben sie deshalb, daß Sie Ihre Hand im Spiel haben, Knuckles.« [6737]

*

Arness: »Könnte ich den eigenen Anwalt belügen?«
Tracy: »Die Gefängnisse sind voll von Leuten, die das versuchten.« [6738]

*

John Sheehan (Postbeamter): »Hören Sie, Sie können nur mit einem Schlüssel für das Postfach an die Post heran.«
Tracy: »Aber ich hab keinen Schlüssel.«
Sheehan: »Dann benötigen Sie einen Gerichtsbeschluß.«
Tracy: »Aber verstehen Sie denn nicht? Dieses Postfach gehört meinem Mandanten.«
Sheehan: »Ah, Sie sind ein Anwalt?«
Tracy: »Ja.«
Sheehan: »Dann sollten Sie das mit dem Gerichtsbeschluß wissen.« [6739]

*

John Hodiak (Louis Barra): »Doktor, es gibt da etwas, das ich ihm sagen möchte.«
Jeff Richards (Notarzt): »Tut mir leid. Hoffentlich war es nichts Wichtiges.« *(deckt die Leiche zu)* [6740]

***

MORGEN SOLLST DU STERBEN
(Noose for a Gunman)
USA 1960, Premium, United Artists (Regie Edward L. Cahn, Buch James B. Gordon, Story Steve Fisher)

*

Leo Gordon (Link Roy): »Glauben Sie, Sie schießen gut genug, um so mit mir zu reden?« [6741]

*

Ted de Corsia (Jack Cantrell): »Na, dann haben wir wohl beide 'n Fehler gemacht. Hm? Aber ich kann mir mal 'n Fehler leisten und du nicht.« [6742]

*

de Corsia: »Na ja, er wird sowieso langsam zu alt. Und wegschicken kann ich ihn auch nicht. Er weiß zuviel.« [6743]

*

Bill Tannen (Willetts): »He, Jack, meinst du nicht, daß sie langsam mit dem Geld aufkreuzen könnten?«
de Corsia: »Ich dachte, ich gebe ihm noch eine Flaschenlänge Zeit, und dann gehe ich rüber.« [6744]

*

Jim Davis (Case Britton): »Du bist aufgeschmissen, Jack. Von heute an kriegst du nicht mal

---

> *»Ich bin's langsam leid,
> der einzige vernünftige Mensch
> zu sein, den ich kenne.«*
> Mord mit System

mehr genug Leute, um ein Altersheim zu überfallen.« ⁶⁷⁴⁵

*

Harry Carey jr. (Jim Ferguson): »Ich hätte keinen Pfifferling für dich gegeben, Case.«
Davis: »Ich glaube, Roy war der Schnellere, aber das werden wir wohl nie mehr feststellen können.« ⁶⁷⁴⁶

***

DER MORGEN STIRBT NIE
(Tomorrow Never Dies)
UK/USA 1997, Eon, Danjaq, United Artists (Regie Roger Spottiswoode, Buch Bruce Feirstein, nach Charakteren von Ian Fleming)

*

»Das sieht ja aus wie 'n Flohmarkt für Terroristen.« ⁶⁷⁴⁷

*

Geoffrey Palmer (Admiral Roebuck): »Was tut dieser Verrückte *(Brosnan)* da?«
Judi Dench (M): »Seinen Job.« ⁶⁷⁴⁸

*

Palmer: »Bei allem Respekt, M, ich glaube, Ihnen fehlt das, was ein Mann hat, für diesen Job.«
Dench: »Schon möglich, aber dafür muß ich nicht dauernd mit dem, was mir fehlt, denken.« ⁶⁷⁴⁹

*

Teri Hatcher (Paris Carver): »Wenn ich zwischen dir und Elliot wählen müßte: Ich habe mein Bett gemacht. Und du schläfst nicht mehr darin.« ⁶⁷⁵⁰

*

Ricky Jay (Henry Gupta): »Ich nenne das Guptas Gesetz der kreativen Anomalien: Was zu gut klingt, um wahr zu sein, kann nicht wahr sein.« ⁶⁷⁵¹

*

Pierce Brosnan (James Bond): »Es wird nicht wie Selbstmord aussehen, wenn Sie mich von da drüben erschießen.«

> »Ich nenne das Guptas Gesetz
> der kreativen Anomalien:
> Was zu gut klingt, um wahr
> zu sein, kann nicht wahr sein.«
> Der Morgen stirbt nie

Vincent Schiavelli (Dr. Kaufman): »Ich bin Professor für forensische Medizin. Glauben Sie mir, Mr. Bond, ich könnte Sie von Stuttgart aus erschießen, und ich würde trotzdem die richtige Wirkung erzielen.« ⁶⁷⁵²

*

Schiavelli: »Ich bin nur ein Profi, der seine Arbeit erledigt.«
Brosnan: »Ich ebenfalls.« *(erschießt ihn)* ⁶⁷⁵³

*

Joe Don Baker (Ward): »Wir haben kein Interesse an einem III. Weltkrieg, es sei denn, wir fangen ihn an.« ⁶⁷⁵⁴

*

Baker: »Soviel Stress, nur um die Welt zu retten, Jimbo?«
Brosnan: »Ich hab leider keine Wahl, Wade.« ⁶⁷⁵⁵

*

Brosnan: »Jetzt sind Sie wirklich wahnsinnig.«
Jonathan Pryce (Elliot Carver): »Der Unterschied zwischen Wahnsinn und Genie definiert sich lediglich aus dem Erfolg.« ⁶⁷⁵⁶

***

DEN MORGEN WIRST DU NICHT ERLEBEN
(Kiss Tomorrow Goodbye)
USA 1950, Warner (Regie Gordon Douglas, Buch Harry Brown, nach dem Roman von Horace McCoy)

*

William Frawley (Byers): »Ja, Gefangene, wie wir sie vor zehn, fünfzehn Jahren hatten, kriegen wir nicht mehr rein. Das waren stramme, zähe Burschen damals. Man könnte genausogut in einem Mädchenpensionat Wache schieben, wenn man sieht, wieviel Arbeit hier geschafft wird.« ⁶⁷⁵⁷

*

Steve Brodie (Jinx Raynor): »Wieviel Aufseher hast du erwischt *(beim Ausbruch)*?«
James Cagney (Ralph Cotter): »Hab nicht gezählt. Willst du noch mal hinfahren?« ⁶⁷⁵⁸

*

Barbara Payton (Holiday Carleton): »Heute habe ich zum ersten Mal etwas Kriminelles getan.«
Cagney: »Einmal reicht völlig, wissen Sie. (...) Wie steht's, würde ein flüchtiger Verbrecher vielleicht einem anderen flüchtigen Verbrecher ein Sandwich machen?« ⁶⁷⁵⁹

Payton: »Ich bin so allein. Allein. Ich bin ganz allein.«
Cagney: »Jetzt nicht mehr, Baby.« 6760

*

Cagney: »Würdest du jetzt endlich den Revolver wegschmeißen! Ich traue den Dingern nicht. Die sind leer, wenn du sie am dringendsten brauchst. 'ne Automatik ist das einzig Wahre.« 6761

*

Ward Bond (Inspector Weber): »Laß das sein, John! Ich will nicht, daß der Leichenbeschauer Schrammen an diesen Galgenvögeln findet. (...) Auch wenn ich mich morgen früh dafür hassen werde.« 6762

*

Luther Adler (Cherokee Mandon, zu Bond): »Sie sind hier, Charley, weil wir Ihnen sagen wollten, daß wir Sie in unsere Fußballmannschaft aufgenommen haben. Und um sicher zu gehen, daß Sie auch richtig mitspielen, haben wir Kopien dieser Aufnahme an sehr zuverlässige Freunde verschickt.« 6763

*

Adler: »Sie müssen übergeschnappt sein, 'ne Kanone in die Höhle des Löwen mitzubringen. Was ist, wenn einer von den Polizisten ...«
Cagney: »Ich lauf hier lieber ohne meine Ohren rum als ohne meine Automatik.« 6764

*

Brodie: »Wir beschatten sie jetzt schon seit zwei Stunden. Wenn wir noch lange hinterhergondeln, riechen die bestimmt Lunte.«
Cagney: »Na, die treiben das schon so lange, die sind fett, stur und nachlässig. Die würden es nicht merken, wenn wir auf dem Dach von ihrem Wagen säßen.« 6765

*

Payton: »Was ist das?«
Cagney: »Champagner, das traditionelle Getränk des Siegers.« 6766

*

Cagney: »Ich hab gerade an die drei toten Männer im Steinbruch gedacht. Wenn sie einen vierten Mann hätten, könnten sie Bridge spielen. Spielst du Bridge, Jinx?« 6767

*

Payton: »Du hast in deinem ganzen Leben nur einmal die Wahrheit gesagt. Und zwar, als du gesagt hast, daß du heute abend weggehst. Und du wirst weggehen, drei Meilen aus der Stadt und sechs Fuß unter die Erde. Ganz allein. Mit niemandem, den du anlügen kannst. Du kannst sicher sein, den Morgen wirst du nicht mehr erleben.« 6768

***

MORGENRÖTE *(Cela s'appelle l'aurore)*
F/I 1956, Marceau, Laetitia (Regie Luis Buñuel, Buch Luis Buñuel, Jean Ferry, nach dem Roman von Emmanuel Roblès)

*

(Schwester): »Tut mir leid, Herr Doktor, ich habe eben noch keine Erfahrung.«
Georges Marchal (Dr. Valerio): »Wenn Sie so weitermachen, werden Sie auch keine bekommen.« 6769

*

Jean-Jacques Delbo (Gorzone): »Ich habe nicht die Absicht, jemanden zu bezahlen, der nichts tut. Deine Frau ist krank. Das ist bedauerlich, aber nicht meine Schuld. Wenn du Arbeit haben willst, dann arbeite! Verstanden?« 6770

*

Henri Nassiet (Angélas Vater): »Es stimmt, in Geschäften hat er keinen Spaß verstanden, aber insgesamt war er kein schlechter Kerl.« 6771

***

MOSKAU IN NEW YORK
(Moscow on the Hudson)
USA 1984, Delphi, Columbia (Regie Paul Mazursky, Buch Paul Mazursky, Leon Capetanos)

*

Robin Williams (Vladimir Ivanoff): »Sie wollen (...) uns fangen mit Dekadenz. Sieh mal! Sieh mal!«
Elya Baskin (Anatoly): »Und jetzt sie haben es geschafft.« 6772

*

Cleavant Derricks (Lionel Witherspoon): »Schwuchteln! Überall Schwuchteln!« 6773

»Was ist das?«
»Champagner, das traditionelle Getränk des Siegers.«
Den Morgen wirst du nicht erleben

Derricks: »Ich weiß genau, wie dem Bruder zumute ist. Ich bin ja selbst Flüchtling. Ich komme aus Alabama.« 6774

*

Derricks: »Während der Sklaverei war wenigstens dein Arbeitsplatz sicher.« 6775

***

THE MOSQUITO COAST
USA 1986, Zaentz (Regie Peter Weir, Buch Paul Schrader, nach dem Roman von Paul Theroux)

*

Harrison Ford (Allie Fox): »Schaffst du das?«
River Phoenix (Charlie Fox): »Ich (...) denke schon.«
Ford: »Du solltest dir lieber ganz sicher sein, du könntest uns alle umbringen.« 6776

*

Ford: »Ich habe ihnen jede Chance gegeben zu verschwinden. Wenn sie sich jetzt *(im Kühlhaus)* hinlegen, ist alles viel leichter. In wenigen Augenblicken sind sie steifgefroren.« 6777

*

Conrad Roberts (Mr. Haddy): »Aber es wird euch gefallen, da, wo ich her bin. Nur die Küste runter. Da ist meine Familie.«
Ford: »Nein, Haddy, nichts für mich, wenn es auf einer Landkarte ist.« 6778

*

Ford: »Kein Bedarf.«
Roberts: »Wieso nicht?«
Ford: »Wohltätigkeit ist eine Sache, die ich nicht ertrage.« 6779

*

Helen Mirren (Mutter): »Wir können flußabwärts zu Haddy fahren.«
Ford: »Nein. Tote Dinge schwimmen flußabwärts, Mutter. Das Leben ist flußaufwärts.« 6780

*

Ford: »Ist keine Schande, der letzte Mann zu sein. Es beweist nur, daß ich recht hab.« 6781

> »Ich hab Sprit geholt.
> Ich hab offenbar ein
> bißchen verschüttet.«
> The Mosquito Coast

Ford (mit brennender Kirche im Hintergrund): »Ich hab Sprit geholt. Ich hab offenbar ein bißchen verschüttet.« 6782

***

THE MOST DANGEROUS GAME
USA 1932, RKO (Regie Ernest B Schoedsack, Irving Pichel, Buch James Ashmore Creelman, nach der Geschichte von Richard Connell)

*

Joel McCrea (Robert Rainsford): »The world's divided into two kinds of people, the hunter and the hunted. Luckyly I'm a hunter, and nothing can ever change that.« 6783

*

Leslie Banks (Count Zaroff): »Hunt first the enemy, then the woman!« 6784

***

MOTORCYCLE GANG
USA 1994, Arkoff-Hill-Kutner, Spelling (Regie John Milius, Buch Kent Anderson, Laurie McQuillan, Story Kent Anderson)

*

Pete Antico (Road Pig): »Es gibt drei Wege, wie sich die Menschheit erlösen kann: durch Selbstmord, Atombomben und Heroin.« 6785

***

MOVIE MOVIE
USA 1978, ITC, Warner (Regie Stanley Donen, Buch Larry Gelbart, Sheldon Keller)

*

Barry Bostwick (Johnny Danko): »Ihr Taxi ist da, Mr. Malloy.«
George C. Scott (Gloves Malloy): »Ich hab kein Taxi bestellt.«
Bostwick: »Hätten Sie lieber 'n Krankenwagen?« 6786

*

Eli Wallach (Vince Marlowe): »Es muß ja was sehr Wichtiges sein. Es ist zwei Uhr morgens.«
Harry Hamlin (Joey Popchick): »Ich bin nicht hier, um nach der Uhrzeit zu fragen.« 6787

*

Art Carney (Dr. Bowers): »Spats, Sie haben nur noch sechs Monate zu leben.«
Scott (Spats Baxter): »Sechs Monate von jetzt an?«
Carney: »Von Ihrem letzten Besuch an. Das war vor fünf Monaten.«
Scott: »Also noch vier Wochen. 30 Tage.«

Carney: »Jetzt ist Februar, Spats.« 6788

***

DIE MUMIE *(The Mummy)*
USA 1999, Alphaville, Universal (Regie, Buch Stephen Sommers, Story Stephen Sommers, Lloyd Fonvielle, Kevin Jarre)

*

Rachel Weisz (Evelyn): »Es tut mir unglaublich leid, es war ein Versehen.«
Erick Avari (Curator): »Meine Liebe, als Ramses Syrien zerstörte, das war ein Versehen. Sie sind eine Katastrophe.« 6789

*

Brendan Fraser (Rick O'Connell): »Ich spiele nur mit meinem Leben, nie mit meinem Geld.« 6790

*

Weisz: »Oh, und wissen Sie, wie man das Gehirn *(bei der Mumifizierung)* rausgenommen hat? *(...)* Man nahm einen spitzen, glühend heißen Feuerhaken, schob ihn durch die Nase, verquirlte alles ein bißchen, und dann riß man das Gehirn durch die Nasenlöcher raus.« 6791

*

Kevin J. O'Connor (Beni): »Es ist besser, die rechte Hand des Teufels zu sein, als ihm im Weg zu stehen.« 6792

*

Odet Fehr (Ardeth Bay): »Heute leben, morgen kämpfen.« 6793

***

MÜNCHHAUSEN
D 1943, Ufa (Regie Josef von Baky, Buch Berthold Bürger [=Erich Kästner])

*

Hans Albers (Baron Münchhausen): »Du wirst jetzt da hinaufgeschickt und denkst dir in deinem kleinen Elfenbeingehirn, dort sei dein Ziel. Irrtum, mein Bester. Du wirst nur hinaufgeschickt, damit du auf diesem Umweg endlich die Kugel triffst, der du zu Anfang schon so nahe warst. Soviel über den Sinn des Lebens und nun glückliche Reise!« 6794

*

Albers: »Die Erde war ihm zu klein, wie konnte ihm Braunschweig groß genug sein?« 6795

*

Albers: »In einem werden wir zwei uns nie verstehen, in der Hauptsache: Sie wollen herrschen, ich will leben. Abenteuer, Krieg, fremde Länder, schöne Frauen: Ich brauche das alles, Sie aber mißbrauchen das.« 6796

*

Brigitte Horney (Katharina II.): »Unsere Umgebung soll fröhlich sein, weil wir es dann selbst nicht sein müssen.« 6797

*

Albers: »Na, dann erst mal 'n paar Vorspeisen und dann was zu essen.« 6798

*

Leo Slezak (Sultan Abd-ul-Hamid): »Meine Religion ist die bessere.«
Albers: »Wer will entscheiden, was besser ist, wo kaum einer weiß, was gut ist? Wer aus Bodenwerder stammt, kann kein Türke werden.« 6799

*

Slezak: »Wasser ist ein sehr schmackhaftes Getränk.«
Albers: »Das kann ich leider nicht beurteilen.« 6800

*

Albers: »Man soll den Kopf nie verlieren, bevor er ab ist.« 6801

*

Albers: »Ich bin eigentlich hergekommen, um ein Duell auszutragen und nicht, um Ihnen Fechtunterricht zu erteilen. Bindet ihm doch gefälligst die Klinge am Händchen fest!« 6802

***

DIE MÜNDUNG VOR AUGEN
(Under the Gun)
USA 1950, Universal (Regie Ted Tetzlaff, Buch George Zuckerman, Story Daniel B. Ullman)

*

Richard Conte (Burt Galvin): »Ich hab immer gedacht, du wärst taubstumm. Bis heute morgen.«
Sam Jaffe (Sam Gower): »Wenn ich nichts zu sagen habe, sage ich auch nichts.« 6803

> *»Es ist besser, die rechte Hand des Teufels zu sein, als ihm im Weg zu stehen.«*
> Die Mumie

Conte: »Ich hab zwanzig Jahre.«
Jaffe: »Nimm sie locker hin!«
Conte: »Ich nehme nichts hin, was ich nicht will.« 6804

*

Jaffe: »Das ist eine Frage der Einstellung. Du mußt einfach die Namen der Tage vergessen, die Namen der Monate. Vergiß den ganzen Kalender!« 6805

*

Conte: »Gangster gibt es wie Sand am Meer. Aber ein Mann mit Köpfchen schreibt sich bei mir selbst die Schecks aus. Bist du interessiert?« 6806

*

John McIntire (Sheriff Langley, off): »Der Tod ist ein kleiner Mann. Er geht von Tür zu Tür.« 6807

***

MURIEL, ODER DIE ZEIT DER WIEDERKEHR
(Muriel, ou le temps d'un retour)
F/I 1963, Argos, Alpha, Eclair, Pleïade, Dear (Regie Alain Resnais, Buch Jean Cayrol)

*

Philippe Laudenbach (Robert): »Wenn du so weitermachst, werden wir dir noch mal Orangen ins Kittchen bringen müssen.« 6808

***

MURPHYS GESETZ *(Murphy's Law)*
USA 1986, Golan-Globus, Cannon, Warner (Regie J. Lee-Thompson, Buch Gail Morgan Hickman)

*

Richard Romanus (Frank Vincenzo): »Murphy, sagen Sie, haben Sie schon mal was von Murphy's Law gehört? Alles, was möglicherweise schiefgehen kann, geht auch schief. Ihnen könnte jede Menge passieren. Ein LKW könnte Sie überfahren, der Gasboiler in Ihrer Wohnung könnte explodieren, oder Sie verlieren bei 80 Meilen auf dem Freeway ein Rad. Passen Sie bloß auf!«

> »Lies das Kleingedruckte! Das Geld kriegst du nur so lange, bis du ausgesagt hast. Danach erwarten die im Ernst, daß du arbeitest.«
> My Blue Heaven

Charles Bronson (Jack Murphy): »Das einzige Gesetz, das ich kenne, ist Jack Murphy's Gesetz. Es ist ungeheuer einfach: Leg dich lieber nicht mit Jack Murphy an!« 6809

*

Kathleen Wilhoite (Arabella McGee, zu Bronson): »Wow! Also wenn das nicht Sergeant Erbsenhirn ist!« 6810

***

MY BLUE HEAVEN
USA 1990, Hawn-Sylbert, Warner (Regie Herbert Ross, Buch Nora Ephron)

*

Rick Moranis (Barney Coopersmith): »Wenn Sie mal Karten für 'n Baseballspiel haben wollen, rufen Sie an. (...) Die Padres spielen öfter mal gegen die New York Mets. Sie beide sind bestimmt mehr Yankee-Fans, so wie die meisten Menschen, die im organisierten Verbrechen arbeiten.« 6811

*

Moranis: »Ich werde für meine Arbeit doch bezahlt. Dem FBI gibt man kein Trinkgeld.« 6812

*

William Hickey (Billy Sparrow): »Lies das Kleingedruckte! Das Geld kriegst du nur so lange, bis du ausgesagt hast. Danach erwarten die im Ernst, daß du arbeitest.« 6813

*

Steve Martin (Vinnie Antonelli): »Wenn wir wieder ins Geschäft gehen, reichen wir paar Leute doch schon für 'ne ganze Verbrechenswelle.« 6814

*

Martin: »Sie hatte nicht mal 'n begründeten Verdacht. Nicht mal 'n begründeten Verdacht! Thomas Jefferson hat das in die Verfassung eingesetzt.«
Joan Cusack (Hannah Stubbs): »Sie hat er damit aber nicht gemeint.« 6815

*

Martin: »Trinkgeld gebe ich jedem. Das ist meine Philosophie. Das heißt, eigentlich ist Trinkgeld geben dabei nicht das Wichtigste, sondern zuviel Trinkgeld geben.« 6816

***

MY FAIR LADY
USA 1964, Warner (Regie George Cukor, Buch Alan Jay Lerner, nach dem Stück 'Pygmalion' von George

Bernard Shaw und dem Musical 'My Fair Lady' von Alan Jay Lerner, Frederick Loewe)

*

Audrey Hepburn (Eliza Doolittle): »I'm a good girl, I am.« [6817]

*

Hepburn: »My aunt died of influenca, so they said. But it's my believe they've done the old woman in.« [6818]

*

Hepburn: »Have I said anything I oughtn't?« [6819]

*

Rex Harrison (Henry Higgins): »There is not an idea in your head or a word in your mouth that I haven't put there.« [6820]

***

MY LITTLE CHICKADEE
USA 1940, Universal (Regie Edward F. Cline, Buch Mae West, W. C. Fields)

*

W. C. Fields (Cuthbert J. Twillie): »Who is that vision of loveliness up there?« [6821]

*

Fields: »Sleep, the most beautiful experience in life. Except drink.« [6822]

*

Mae West (Flower Belle Lee): »Anytime you got nothing to do and lots o' time to do it, come up!« [6823]

***

MY NAME IS JOE
UK/BRD/F/I/E 1998, Parallax, Road Movies Vierte, Scottish Arts Council, Glasgow Film Fund, Filmstiftung NRW, Channel Four, WDR, Arte, La Sept Cinema, ARD, Degeto, BIM, Diaphana, Tornasol, Alta (Regie Ken Loach, Buch Paul Laverty)

*

Peter Mullan (Joe Kavanagh): »Es tut mir wirklich sehr leid, aber wir leben nicht alle in deiner kleinen sauberen Welt. Weißt du, manche können nicht einfach zur Polizei gehen. Manche können nicht einfach zur Bank gehen und sich 'n Kredit holen. Manche können nicht umziehen und sind dann alle Probleme los. Manche haben keine andere Wahl. Ich hatte keine andere Wahl.« [6824]

»Sleep, the most beautiful experience in life. Except drink.«
My Little Chickadee

N

NACH DEM DÜNNEN MANN
(After the Thin Man)
USA 1936, MGM (Regie W. S. Van Dyke, Buch Frances Goodrich, Albert Hackett, Story Dashiell Hammett)

*

Sam Levene (Lieutenant Abrams): »Wo wohnt dieser Bruder von Ihnen, der niemanden umgebracht hat?« [6825]

*

William Powell (Nick Charles): »Dancer, wie schreibt man professionell?«
Joseph Calleia (Dancer): »Ruf unsern Anwalt an!« [6826]

*

Dorothy McNulty (Polly Byrnes): »Analphabet? Sie, hören Sie mal! Mein Vater und meine Mutter waren verheiratet und sehr anständige Leute. Verstanden?« [6827]

***

NACH EIGENEN REGELN
(Mulholland Falls)
USA 1995, Largo, Zanuck, MGM (Regie Lee Tamahori, Buch Pete Dexter, Story Pete Dexter, Floyd Mutrux)

*

Nick Nolte (Max Hoover): »Nun, Jack, wir haben kein organisiertes Verbrechen in L. A. und, offen gesagt, wollen wir auch kein organisiertes Verbrechen. Also, tu mir bitte einen Gefallen! Ich möchte, daß du dich umsiehst und es dir gut einprägst. Hier wirst du nämlich immer deinen Heimflug nach Chicago antreten, die Mulholland-Fälle *(Abhang).*« [6828]

Chazz Palminteri (Ellery Coolidge): »Verdammt noch mal! Ich krieg meinen Finger nicht da rein. Er ist zu dick.«
Louise Fletcher (Esther): »Nimm deinen Schwanz!« [6829]

*

Nolte: »Sieh her! Das da ist Bundeseigentum. Das hier nicht. Das ist L. A., das ist meine Stadt. Hier draußen hast du nichts zu melden. Hier draußen kann ich dich festnehmen, deinen Bruder anstecken, deine Frau ficken und deinen Hund erschießen. Und das einzige, was mich daran hindern könnte, ist, wenn ich dich nicht finden kann. Doch ich hab dich schon gefunden.« [6830]

*

Palminteri: »Entführung, Körperverletzung, dazu kommt Mordversuch.«
Nolte: »Wenn ich versucht hätte, McCafferty zu ermorden, dann wäre er tot.« [6831]

*

Nolte: »Weißt du, Hall hat vollkommen recht, was diesen Psychiater angeht. Der verwandelt dich noch mal in einen Klavierlehrer.« [6832]

***

NACHRICHTENFIEBER
(Broadcast News)
USA 1987, Gracie, Twentieth Century Fox (Regie, Buch James L. Brooks)

*

Holly Hunter (Jane Craig): »Sie haben recht, Sie sind nicht qualifiziert. Also qualifizieren Sie sich!« [6833]

*

William Hurt (Tom Grunick): »Ich hasse die Art, in der Sie eben mit mir geredet haben. Und nicht bloß, weil Sie mit allem recht hatten.« [6834]

*

Albert Brooks (Aaron Altman): »Ich spüre, ich rutsche ab. Aber die Frage bleibt, ob Leute, die tatsächlich abrutschen, das spüren, oder sind es immer nur die wirklich guten Leute auf dem Weg nach oben, die permanent glauben, sie rut-

---

> »Verdammt noch mal!
> Ich krieg meinen Finger
> nicht da rein. Er ist zu dick.«
> »Nimm deinen Schwanz!«
> Nach dem dünnen Mann

schen ab, weil ihr Niveau, ihr Standard so hoch ist?« [6835]

Brooks: »Wäre das nicht eine tolle Welt, wenn Unsicherheit und Verzweiflung uns attraktiver machen würden?« [6836]

*

Peter Hackes (Paul Moore): »Es muß ein erhebendes Gefühl sein, immer zu denken, daß man alles besser weiß und immer zu glauben, daß man die klügste Person im Raum ist.«
Hunter: »Nein, ein furchtbares.« [6837]

*

Brooks: »Alles in der Welt würde ich darum geben, wenn du aus zwei Personen bestehen würdest. Dann würde ich die eine, die meine Freundin ist, anrufen und ihr von der anderen erzählen, die ich so wahnsinnig gern habe.« [6838]

*

Hurt: »Weißt du, ich bin kein besonders guter Gesellschafter heute.«
Hunter: »Das laß mich mal beurteilen.« [6839]

*

Hurt: »Jetzt fühlen Sie sich wohl, was?«
Brooks (hat Hurt gerade vorgeführt): »Ich fange an, allerdings.« [6840]

*

Hunter: »Also magst du mich, hä?«
Hurt: »Ich mag dich so sehr, wie es mir möglich ist, jemanden zu mögen, der mich für einen Blödmann hält.« [6841]

*

Brooks: »Könntest du nicht wenigstens so tun, als ob es eine peinliche Situation für dich wäre?« [6842]

*

(Techniker): »Nicht einmal Nixon hat je so geschwitzt.« [6843]

*

Brooks: »Ich bin mir im klaren darüber, daß du ihn magst. Ich hab dich noch nie so mit jemandem erlebt. Also, bitte versteh mich nicht falsch, wenn ich dir ins Gesicht sage: Tom ist zwar ein netter Kerl, aber er ist der Teufel.« [6844]

*

Hunter: »Aber es (Schwitzen beim Nachrichtenlesen) war doch nicht so schlimm, wie er glaubt, nicht? Es war doch nicht eine Sache wie ›noch nie dagewesen‹, oder?«

Hurt: »Nein, wenn man *Singing in the Rain* mitzählt, nicht.« [6845]

*

Hunter: »Du wirst es nicht fertigbringen, mir ewig böse zu sein, oder?«
Brooks: »Ich hoffe doch.« [6846]

***

DIE NACHT DES JÄGERS
(The Night of the Hunter)
USA 1955, Gregory, United Artists (Regie Charles Laughton, Buch James Agee, nach dem Roman von Davis Grubb)

*

Robert Mitchum (Prediger Harry Powell): »Oh Herr, du weißt, was du von mir willst. Du hast mich wie immer im rechten Augenblick auf den rechten Weg gebracht, zu einem Mann mit 10.000 Dollar, die er irgendwo versteckt hat und dessen Frau jetzt Witwe wird.« [6847]

*

Mitchum: »Na, Kleiner, du wunderst dich wohl über meine Finger *(Tätowierung)*? Soll ich dir einmal von der rechten und der linken Hand erzählen, mein Junge, die Geschichte von Gut und Böse? H-A-S-S. Es war die Linke, mit der der fluchbeladene Kain seinen Bruder Abel zu Boden schlug. L-I-E-B-E *(Rein rechnerisch funktioniert das im Original irgendwie besser.)* Ihr seht die Finger der Rechten. Diese Finger haben Adern. Sie führen zur Seele des Menschen. Die rechte Hand, Freunde, die Hand der Liebe.« [6848]

***

DIE NACHT HAT VIELE AUGEN *(Stakeout)*
USA 1987, Silver Screen Partners II, Touchstone (Regie John Badham, Buch Jim Kouf)

*

Madeleine Stowe (Maria Guadelupe McGuire): »Stehen Sie auf scharfe Sachen?«
Richard Dreyfuss (Chris Lecce): »Ich liebe scharfe Sachen.«

»Könntest du nicht wenigstens so tun, als ob es eine peinliche Situation für dich wäre?«
Nachrichtenfieber

Stowe: »Gut, dann werden Sie mich nach *dem* Essen sicher heiraten wollen.« [6849]

*

Aidan Quinn (Richard ›Stick‹ Montgomery): »Das einzige, was ich sagen kann, ist, daß die Berichte über meinen Tod maßlos übertrieben sind.« [6850]

*

Quinn: »Ich hoffe, du glaubst an Wiedergeburt, du Wichser.« [6851]

***

DIE NACHT HAT TAUSEND AUGEN
(Night Has a Thousand Eyes)
USA 1948, Paramount (Regie John Farrow, Buch Barré Lyndon, Jonathan Latimer, nach dem Roman von Cornell Woolrich)

*

Edward G. Robinson (John Triton, voice-over): »Ich sagte schon, daß der Stadtteil, in dem ich wohnte, nicht zu den exklusiven gehörte, aber er gefiel mir. Es war ein Bezirk, in dem keine Fragen gestellt wurden.« [6852]

***

EINE NACHT IN PARIS *(Wonder Bar)*
USA 1934, Warner, First National (Regie Lloyd Bacon, Buch Earl Baldwin, nach dem Stück ›Die Wunderbar‹ von Geza Herczeg, Karl Farkas)

*

Eddie Kane (Frank): »Meine Frau hat eben ihr fünftes Kind geboren, und ich hab mir geschworen, ich erschieß mich, wenn sie noch 'n Kind zur Welt bringt.«
Al Jolson (Al Wonder): »Also, das würde ich an Ihrer Stelle nicht tun. Vielleicht erschießen Sie dann einen Unschuldigen.« [6853]

*

Jolson: »Vor wenigen Minuten hab ich dich eine Ratte genannt, Harry. Ich möchte mich entschuldigen.«
Ricardo Cortez (Harry): »Na, wie schön!«
Jolson: »Bei den Ratten.« [6854]

> *»Der Witz ist, gleich abzuwaschen, bevor man zu faul wird.«*
> Die Nacht kennt keine Schatten

Hugh Herbert (Corey Pratt): »Darling, der Wein macht dich wunderschön.«
Louise Fazenda (Mrs. Pansy Pratt): »Ach, ich hab doch den ganzen Abend noch nichts getrunken.«
Herbert: »Weiß ich. Aber ich.« [6855]

***

DIE NACHT IST JUNG
(Mauvais sang)
F 1986, Plain-Chant, Sopro, FR 3, Unité 3, CNC, Sofima (Regie, Buch Léos Carax)

*

Hugo Pratt (Boris): »Warum hätten wir das machen sollen? Leichen bezahlen ihre Schulden nicht.« [6856]

*

Carroll Brook (Die Amerikanerin): »Ja, ja, ich weiß. Alle verschwinden sie, Michael, Jean. Du hast wirklich Pech. Du bist der einzige, der noch da ist. Also wirst du zahlen.« [6857]

*

Hans Meyer (Hans): »Aber das ist unmöglich. (...)«
Michel Piccoli (Marc): »Uns bleibt nur das Unmögliche.« [6858]

*

Pratt: »Die Amerikanerin wird alt, weich und sentimental. Bei mir ist es genau umgekehrt. Je älter ich werde, desto mehr Spaß hab ich daran, meine Knarre in der Hand zu halten, abzudrücken und zu hören, wie die Kugeln durch die Luft sausen.« [6859]

***

DIE NACHT KENNT KEINE SCHATTEN
(Fear Strikes Out)
USA 1957, Paramount (Regie Robert Mulligan, Buch Ted Berkman, Raphael Blau, nach der Autobiographie von James A. Piersall, mit Albert S. Hirschberg)

*

Norma Moore (Mary Tecvan): »Es macht Spaß, Ihnen beim Baseball zuzusehen. Jetzt müßte nur noch einer von uns kochen können.« [6860]

*

Anthony Perkins (Jimmy Piersall): »Der Witz ist, gleich abzuwaschen, bevor man zu faul wird.« [6861]

***

DIE NACHT MIT DEM TEUFEL
(Les Visiteurs du soir)

F 1942, Discina (Regie Marcel Carné, Buch Jacques Prévert, Pierre Laroche)

*

Arletty (Dominique): »Warum hast du das getan?«
Alain Cuny (Gilles): »Es macht mir Spaß, von Zeit zu Zeit Gutes zu tun.« [6862]

*

Arletty: »Die Männer haben mich geliebt, wie sie mir mit schönen Worten sagten. Ist es meine Schuld, daß sie weinten und alles für mich im Stich ließen, selbst ihr Leben?« [6863]

*

Pierre Labry (le gros seigneur): »Es ist ein Jammer für einen Christenmenschen, um diese Zeit aus dem Bett gejagt zu werden.« [6864]

*

Maria Déa (Anne): »Er hat mir auch gesagt: ›Ich liebe Euch, Anne‹, mit demselben harten Blick und derselben Stimme, wie wenn er sagt: ›Ich liebe meine Hunde. Ich liebe die Jagd. Ich liebe den Kampf. Ich liebe es zu töten. Auch Euch liebe ich, Anne. Ihr werdet für immer mir gehören.‹ Was heißt das? Ist es wirklich möglich, Gilles, daß ein Mensch einen anderen ganz und gar besitzen kann?«
Cuny: »Manche glauben, das sei Liebe.«
Déa: »Also verfällt man der Liebe wie dem Tod. Man ist verloren, alles ist zu Ende. Furchtbar! Oh, Gilles, wenn Ihr mich liebt, laßt mich nicht leiden, erstickt nicht meine Gefühle! Laßt uns beide leben! Liebt mich so, wie ich Euch liebe: einfach Liebe!« [6865]

*

Cuny: »Warum sollte ich glücklich sein? Weil ich in Eurer Gesellschaft bin? Weil ich Euch in den Armen gehalten habe?«
Déa: »Aber das macht mich unsagbar glücklich.«
Cuny: »Macht es Euch glücklich? Wie langweilig! Es ist nicht zu begreifen: nur eine Idee in so einem hübschen Kopf, eine einzige Idee und immer dieselbe: immer das Glück. Das ist doch völlig absurd und traurig, monoton.« [6866]

*

Cuny: »Begreift es endlich: Niemand liebt wirklich. Alle tun sie nur so. Alle Welt belauert sich, stellt sich Fallen. Und das Glück, da Ihr nun einmal daran glaubt, besteht für Euch vielleicht gerade in der Möglichkeit, der Falle zu entkommen.« [6867]

*

Marcel Herrand (Renaud): »Glaubt mir, meine Freundin, der Tod im Zweikampf ist eine einfache und schnelle Sache. Man hat kaum Zeit zu leiden und gewiß keine Zeit, darüber nachzudenken.« [6868]

*

Arletty: »Ich bewundere Euch, daß Ihr mit solcher Geringschätzung vom Tode sprecht.«
Herrand: »Aber es handelt sich ja nicht um meinen Tod.« [6869]

*

Déa: »Ja, es ist wahr, Ihr seid das Böse in Person. Aber glücklicherweise gibt es Dinge, mit denen Ihr nicht fertigwerdet.«
Jules Berry (der Teufel): »Dinge, mit denen ich nicht fertigwerde? Mein armes, einfältiges Kind! Ich werde mit allem und jedem fertig. Niemand kann mir entkommen, Ihr ebensowenig wie die andern. Ihr habt keine Vorstellung von meiner Macht. Ich greife dem Schicksal der Welt mit diesen Händen in die Speichen. Glaubt mir, Regen, Unwetter, Hagel, Wind, Schiffbrüche, das bin ich. Alle Übel, der Krieg mit seinen vielen Freuden, die Pest, alle Plagen, Eifersucht und Mord, Haß und Verderben, das steht bei mir in meiner Macht. Und der Tod, schließlich, das bin ich auch.«
Déa: »Ich könnte mir denken, daß eine so schreckliche Macht Euch nicht (...) froh machen kann.«
Berry: »Hä? Nicht froh machen kann? Mich? Wo ein Nichts genügt, mir Freude zu bereiten? Ich bin doch so leicht zu befriedigen. Das kleinste, geringste Unglück auf der Welt wärmt mir das Herz, macht mich lachen. Es macht mich lachen. Aber ich hasse es, allein zu lachen.« [6870]

»*Es ist ein Jammer für einen Christenmenschen, um diese Zeit aus dem Bett gejagt zu werden.*«
Die Nacht mit dem Teufel

Déa: »Und weil ich ihn liebe, wünsche ich mir nur eins: nah bei ihm zu sein und sein Schicksal zu teilen, im Guten und im Bösen.«
Berry: »›... und im Bösen.‹ Was das betrifft, zählt nur auf mich, mein liebes Kind!« 6871

*

Berry: »Er hat sein Brot gegessen. Seine Zeit ist um. Er muß sich auf den Weg machen.« 6872

*

Déa: »Warum habt Ihr all das Unglück über uns gebracht?«
Berry: »Was soll ich machen, da mich niemand liebt? Um der Hölle willen, irgend etwas muß ich doch tun.« 6873

***

DIE NACHT MIT MEINEM TRAUMMANN
(The Night We Never Met)
USA 1993, Kimmel, Tribeca, Miramax (Regie, Buch Warren Leight)

*

Annabella Sciorra (Ellen Holder): »Könntest du mich vielleicht in den Arm nehmen oder so was?«
Kevin Anderson (Brian McVeigh): »Waren wir nicht fertig?« 6874

***

NACHT ÜBER MANHATTAN
(Night Falls on Manhattan)
USA 1996, Spelling, Mount-Kramer, First Independent (Regie, Buch Sidney Lumet, nach dem Roman ›Tainted Evidence‹ von Robert Daley)

*

Paul Guilfoyle (McGovern): »Mein Name ist McGovern. Mr. McGovern für Sie. Ich bin der Assistent des Assistant Deputy Administrative Assistant des Staatsanwaltes von New York County. Sie befinden sich in der Ausbildung zu stellvertretenden Staatsanwälten von New York County, und mein Stellvertretertitel ist um einiges höher als Ihrer. Also nehmen Sie sich in acht, sonst fliegen Sie hier raus!« 6875

> »Könntest du mich vielleicht in den Arm nehmen oder so was?«
> »Waren wir nicht fertig?«
> Die Nacht mit meinem Traummann

Ron Leibman (DA Morgenstern): »Innerhalb von 72 Stunden werden wir diesen Mistkerl schnappen, oder 'ne Menge von Ihnen werden sich einen neuen Job suchen müssen.« 6876

*

Leibman: »Und legen Sie die scheiß Vorschriften großzügig aus! Ich will keine lächerlichen Spitzfindigkeiten über Bürgerrechte hören. Wir kaufen uns diesen Polizistenmörder, und um die Menschenrechtsliga kümmer ich mich später.« 6877

*

Leibman: »Da gibt es keinerlei Probleme. Selbst mein Sohn könnte diesen Fall gewinnen, und der hat noch nicht die Highschool hinter sich. Und er ist dumm.« 6878

*

Colm Feore (Elihu Harrison): »Ist das Ihr Ernst?«
Leibman: »Wenn ich einen Witz mache, hört man das. Ich bin der, der am lautesten lacht.« 6879

*

Leibman: »Denken Sie, ich übertrag Ihnen einen Fall, der Ihre Karriere fördert, damit Sie mich kaputtmachen können? Ich bin doch kein Idiot.« 6880

*

Andy Garcia (Sean Casey): »Heißt das, es ist nichts weiter als ein großes Tauschgeschäft?«
Leibman: »Nein, Hunderte oder Tausende kleiner. Ein Deal wird den nächsten jagen und so weiter und so fort.«
Garcia: »Dafür bin ich nicht Anwalt geworden.«
Leibman: »Wen interessiert es, wofür Sie Anwalt geworden sind? Nur Sie selbst, allen anderen ist es scheißegal. Wenn Sie sauber dastehen wollen, dann müssen Sie Priester werden.« 6881

***

DIE NACHT VON SAN LORENZO
(La Notte di San Lorenzo)
I 1981, RAI, Ager (Regie Paolo und Vittorio Taviani, Buch Paolo und Vittorio Taviani, Giuliani, Tonino Guerra)

*

Omero Antunutti (Galvano Galvani): »Weißt du eigentlich, daß ich als junger Mann sehr in dich verliebt war? Wußtest du das? Ich glaube, du hast es gewußt. Liebe und Husten kann man nicht verbergen.« *6882*

DIE NACHT VOR DEM GALGEN
(Count the Hours)
USA 1953, RKO (Regie Don Siegel, Buch Doane R. Hoag, Karen DeWolf, Story Doane R. Hoag)

*

John Harmon (Jeff Beatty): »Ich suche einen Anwalt, einen, der nicht so viel fragt. Vielleicht können Sie das machen?« *6883*

*

MacDonald Carey (Douglas Madison): »Sie wollen doch nicht, daß ein Unschuldiger dafür gehängt wird.«
Adele Mara (Gracie Verne): »Er ist ein Mann, also ist er nicht unschuldig. Man sollte alle hängen.« *6884*

***

DIE NACHT VOR DER HOCHZEIT
(The Philadelphia Story)
USA 1940, MGM (Regie George Cukor, Buch Donald Ogden Stewart, nach dem Stück von Philip Barry)

*

Mary Nash (Margaret Lord): »Sag nicht ›tierisch‹ [stinks], Herzchen. Wenn's absolut nötig ist, sag ›penetrant‹ [smells]. Aber nur, wenn's absolut nötig ist.« *6885*

*

Nash: »Dexter ist noch sehr lebendig.«
Virginia Weidler (Dinah Lord): »Das wäre er bestimmt nicht mehr, wenn's nach Tracy ginge.« *6886*

*

Nash: »Ich habe wirklich alles getan, was du verlangt hast.«
Katherine Hepburn (Tracy Lord): »Ich hab's nicht verlangt, sondern deine Selbstachtung, deine Würde als Frau.«
Nash: »Ja, ja, ich weiß. Jetzt hab ich zwar meine Selbstachtung, aber keinen Mann.« *6887*

*

Nash: »Wir werden ganz natürlich sein. Wir werden uns benehmen wie immer.«
Weidler: »Aber wir wollen doch 'n guten Eindruck machen, oder nicht?« *6888*

*

Cary Grant (C. K. Dexter Haven): »Ich dachte, Schriftsteller trinken von früh bis spät und prügeln ihre Frauen. 'ne Zeitlang hab ich mir sehr gewünscht, Schriftsteller zu sein.« *6889*

*

Hepburn: »Du brauchst eine Frau mit viel Humor.« *6890*

*

Grant: »Tracy, du bist eine wunderbare Frau, aber es ist etwas in dir, was ich hasse, wovon du nichts weißt oder nichts wissen willst: dein sogenannter Charakter, dein Vorurteil gegen Schwächen, deine maßlose Intoleranz.« *6891*

*

Grant: »Ein solches Maß von Tugend kann niemand ertragen.« *6892*

*

Hepburn: »Du meinst also auch, ich halt mich für was Besonderes, für so 'ne Art Göttin. Stimmt's?«
John Halliday (Seth Lord): »Wenn du's so bezeichnen willst, ja. Ich hab's allerdings weniger schmeichelhaft gemeint.« *6893*

*

Nash: »Hinten bauscht das Kleid ein bißchen.«
Weidler: »Ach wo, das bin ich.« *6894*

*

James Stewart (Macaulay ›Mike‹ Connor): »Das klingt nicht übel. Wann hab ich das gesagt?« *6895*

*

Stewart: »Wie gern sieht es doch der einfache Mann, wenn (...) die oberen Zehntausend ihre Privilegien genießen. [The prettiest sight in this fine pretty world is the privileged class enjoying ist privileges.]« *6896*

*

Stewart: »Du bist wie ein Licht, ein Licht, das von innen her leuchtet.« *6897*

*

Roland Young (Onkel Willie): »Heute ist so 'n

»Hinten bauscht das
Kleid ein bißchen.«
»Ach wo, das bin ich.«
Die Nacht vor der Hochzeit

Tag, den man am besten im Bett verbringt, mit 'm aufgespannten Regenschirm.« [6898]

***

NACHTASYL *(Donzoko)*
JAP 1957, Toho (Regie Akira Kurosawa, Buch Hideo Oguni, Akira Kurosawa, nach dem Stück von Maxim Gorki)

*

»Die Welt ist voll von Menschen, die mit dem Leben nicht fertig werden und Lügen brauchen.« [6899]

***

DIE NÄCHTE DER CABIRIA
(Le notti di Cabiria)
F/I 1957, De Laurentiis, Marceau (Regie Federico Fellini, Buch Federico Fellini, Ennio Flaiano, Tullio Pinelli, Pier Paolo Pasolini, Story Federico Fellini)

*

François Périer (Oscar D'Onofrio): »Allein sein ist schwer. Aber ehe ich mich mit dummen und langweiligen Menschen abgebe, bin ich doch lieber allein.« [6900]

***

NACKT *(Naked)*
UK 1993, Thin Man, Film Four, British Screen (Regie, Buch Mike Leigh)

*

David Thewlis (Johnny): »Bist du dir eigentlich über die Wirkung bewußt, die du auf das durchschnittliche, zu den Säugetieren gehörende, aus Manchester stammende, xy-chomosomierte, sabbernde, gierige männliche Mitglied dieser Gattung hast?« [6901]

*

Lesley Sharp (Louise): »Keine Ahnung, ob ich irgendwann mal heiraten will, aber gegen 'ne richtige Beziehung hätte ich nichts einzuwenden.«
Thewlis: »Was soll denn das sein, ›ne richtige Beziehung‹?«
Sharp: »Mit jemandem zusammenzuleben, der mit dir redet, nachdem er dich gebumst hat.« [6902]

***

NACKTE GEWALT
(The Naked Spur)
USA 1953, MGM (Regie Anthony Mann, Buch Sam Rolfe, Harold Jack Bloom)

*

Millard Mitchell (Jesse Tate): »Wenn Sie sich mit mir unterhalten wollen, wäre es schon besser, Sie steckten das Ding da weg. Sie könnten von einer Biene gestochen werden, aber deshalb wäre ich genauso tot.« [6903]

*

Robert Ryan (Ben Vandergroat): »Ich nehme an, mit Ihren Jahren wissen Sie besser Bescheid als wir alle. Haben Sie schon mal geheiratet?«
Mitchell: »Hatte ich nie nötig bei meinem Aussehen.« [6904]

*

James Stewart (Howard Kemp): »Ziemlich weit südlich für Schwarzfüße.«
Mitchell: »Wahrscheinlich sind sie auf der Jagd.«
Stewart: »Ja, ja, aber wonach?« [6905]

*

Janet Leigh (Lina Patch): »Vieh züchten wollte Ben, er versteht sehr viel von Vieh.«
Stewart: »Ja, vom Vieh der anderen.« [6906]

***

DIE NACKTE KANONE 2½
(The Naked Gun 2½: The Smell of Fear)
USA 1991, Zucker-Abrahams-Zucker, Paramount (Regie David Zucker, Buch David Zucker, Pat Proft, nach der TV-Serie ›Police Squad!‹ von Jim Abrahams, David Zucker, Jerry Zucker)

*

Leslie Nielsen (Lieutenant Frank Drabin, voice-over): »Sie war eine dieser Frauen, bei denen du auf die Knie fallen möchtest, um Gott zu danken, daß du ein Mann bist.« [6907]

*

Nielsen: »Ich bin ein Single. Ich liebe es, ein Single zu sein. Ich hab nicht mehr so viel Sex gehabt, seit ich Pfadfinderführer war.« [6908]

***

DER NACKTE KUSS *(The Naked Kiss)*
USA 1964, Fromkess-Firks, Allied Artists (Regie, Buch Samuel Fuller)

> »Ich bin ein Single. Ich liebe es, ein Single zu sein. Ich hab nicht mehr so viel Sex gehabt, seit ich Pfadfinderführer war.«
> Die nackte Kanone 2½

Virginia Grey (Candy): »Geh und mach dich nützlich! Zähl die Erbsen!« [6909]

***

DIE NACKTE STADT *(The Naked City)*
USA 1948, Universal (Regie Jules Dassin, Buch Albert Maltz, Malvin Wald, nach einer unveröffentlichten Geschichte von Malvin Wald)

*

Ted de Corsia (Garzah): »Du besäufst dich nicht mehr, mein Junge. Wer säuft, der redet zuviel. Du wirst mir nicht mehr gefährlich. Du nicht.« [6910]

*

Barry Fitzgerald (Lieutenant Dan Muldoon): »Jimmy, in solchen Fällen wartet man auf den medizinischen Sachverständigen. Er ist ein studierter Mann und von den Stadtvätern ausersehen, Todesfälle mysteriöser Art zu klären. Laß den guten Mann sein Geld verdienen.« [6911]

***

NACKTE STRASSEN *(The Naked Street)*
USA 1955, Small, United Artists (Regie Maxwell Shane, Buch Maxwell Shane, Leo Katcher, Story Leo Katcher)

*

Anthony Quinn (Phil Regal): »Wenn du es in dieser Branche zu etwas bringen willst, mußt du alles Persönliche beiseite lassen.« [6912]

***

NACKTES ALIBI *(Naked Alibi)*
USA 1954, Universal (Regie Jerry Hopper, Buch Lawrence Roman, nach der Geschichte ›Cry Copper‹ von Robert Breen, Gladys Atwater)

*

Gene Barry (Al Willis): »Ihr stinkenden Bullen! Niemand verprügelt mich so ungestraft. Niemand. Ich revanchiere mich. Das mache ich immer.« [6913]

*

Barry: »Ein Alibi? Wozu brauche ich ein Alibi? Ich habe nichts getan.« [6914]

*

Sterling Hayden (Detective Chief Joseph E. Conroy): »Wer weiß schon, was in einem Menschen vorgeht? Ich nicht. Aber ich weiß über Willis Bescheid. Er ist ein Psychopath.« [6915]

***

NAKED LUNCH
UK/CAN 1991, First Independent (Regie, Buch David Cronenberg, nach dem Roman von William S. Burroughs)

*

Robert Silverman (Hans): »Du weißt doch, wie die Amerikaner sind, Kiki. Sie verreisen für ihr Leben gern. Und dann wollen sie nur andere Amerikaner kennenlernen und mit ihnen darüber reden, wie hart es ist, einen anständigen Hamburger zu kriegen.« [6916]

***

DER NAME DER ROSE
BRD/I/F 1986, Neue Constantin, Cristaldi, Ariane, ZDF (Regie Jean-Jacques Annaud, Buch Andrew Birkin, Gérard Brach, Howard Franklin, Alain Godard, nach dem Roman ›Il nome della rosa‹ von Umberto Eco)

*

Feodor Chaliapin jr. (Jorge de Burgos): »Das Lachen ist ein teuflischer Wind, der die Gesichtszüge aufs unnatürlichste verzerrt und die Menschen wie wilde Affen aussehen läßt.« [6917]

*

Sean Connery (William of Baskerville): »Wie friedlich wäre doch das Leben ohne die Liebe, Adson, wie sicher, wie ruhig wäre es. Und wie öde.« [6918]

*

Connery: »Wenn ich immer auf alles eine Antwort hätte, würde ich Theologie lehren.« [6919]

***

NAPOLEON VOM BROADWAY *(Twentieth Century)*
USA 1934, Columbia (Regie Howard Hawks, Buch Ben Hecht, Charles MacArthur, nach dem nicht produzierten Stück ›Napoleon of Broadway‹ von Charles Bruce Millholland)

*

Carole Lombard (Lily Garland, bei der Probe): »Hier muß ich schreien.«
Charles Levison (Max Jacobs): »Ach, hier wird

> »Wie friedlich wäre doch das Leben ohne die Liebe, Adson, wie sicher, wie ruhig wäre es. Und wie öde.«
> Der Name der Rose

gleich sehr viel geschrien werden, meine Verehrteste. Aber nicht von Ihnen.« [6920]

*

Walter Connolly (Oliver Webb): »Also, dieses Provinzaschenputtel da, das geht nicht. Das reicht meiner Meinung nach höchstens für eine stumme Rolle bei der Laienbühne.«
Levison: »Wem erzählst du das? Ein hoffnungsloser Fall! Das Schlimme ist nur, Mr. Jaffe wird mir die Schuld geben, daß aus einem Modell für Unterwäsche keine Sarah Bernhardt geworden ist.« [6921]

*

Roscoe Karns (Owen O'Malley): »Sie behauptet, Sie heiße Mildred Plotka.«
John Barrymore (Oscar Jaffe): »Das ist sie. Das hab ich vergessen, dir zu sagen, bei allem, was mir im Kopf umhergeht. Ihr alter Name erschien mir nicht passend. Sie heißt jetzt Lily Garland.« [6922]

*

Barrymore: »Ich habe mich schon seit langer Zeit auf diesen Augenblick gefreut. Nichts auf der Welt ist so aufregend, als ein neues Stück zu erarbeiten, zu beobachten, wie es nach und nach Leben gewinnt, zu sehen, wie sich lebendige Wesen entwickeln wie Geister aus der Flasche. Nun, bevor wir beginnen, möchte ich, daß Sie sich eines einprägen: Was immer ich auch sagen werde, was immer ich auch tun werde auf dieser Bühne, während unserer Arbeit, ich liebe euch alle. Und wer mit mir schon einmal eine Schlacht geschlagen hat, wird mir bereitwillig bestätigen, daß ich nichts auf der Welt mehr liebe als das Theater und die wunderbaren Menschen des Theaters.« [6923]

*

Connolly: »Ich habe Francine überreden können, die Rolle zu übernehmen.«
Barrymore: »So, hast du das? (...) Das hast du also hinter meinem Rücken gemacht. (...) Du hast mich wieder einmal unterminiert. (...) Francine Anderson, dieses Wrack, dieses menschliche Treibgut in meinem Stück! (...) Was verstehst du von Talent? Was verstehst du vom Theater? Was verstehst du von Genie? Was verstehst du überhaupt von irgendwas? Du Buchhalter!« [6924]

*

Barrymore: »Jetzt hab ich genug von deinen Bubenstücken. Raus! Zwischen dir und mir ist der eiserne Vorhang gefallen.« [6925]

*

Barrymore: »Verlaß mein Theater, du graue Ratte! (...) Und schick nicht wieder deine dicke Frau zu mir, für dich um Gnade zu betteln!« [6926]

*

Barrymore: »Halt, einen Moment! So würde der Eismann das Haus betreten, nicht Mary-Jo. Schüchtern, bitte! Versuchen Sie's noch mal! ... Klingelingelingelingeling.«
Lombard: »Daddy.«
Barrymore: »Oh, warten Sie, mein Kind! Sie sind in Amerika, und Sie müssen wissen, daß man im alten Süden nicht jodelt.« [6927]

*

Barrymore: »Bleiben Sie auf der Markierung!«
Karns: »Wir sollten Schienen für sie anbringen.« [6928]

*

Connolly: »Entschuldigen Sie bitte, Mr. Jaffe. Das ist die Kombination für den Safe. Ich hab sie Ihnen aufgeschrieben.«
Barrymore: »Wozu belästigst du mich mit solchen Lappalien? Wozu hab ich dich engagiert?«
Connolly: »Aber du hast mich doch vorhin ... vorhin hast du mich ...«
Barrymore: »Du Hitzkopf! Du Hitzkopf! Geh und setz dich irgendwohin, aber bleib mir bitte, bitte aus dem Weg!« [6929]

*

Barrymore: »Na, hast du die Kreide besorgt?«
Karns: »Ich bitte dich, O. J., wo soll man um Mitternacht Kreide herbekommen?«
Barrymore: »Vielleicht versuchst du's mal in den Schulen. Borg dir welche von einem Lehrer!«
Karns: »Die Schulen haben um diese Zeit vermutlich schon geschlossen, Sire.«

> »Verlaß mein Theater, du graue Ratte! (...) Und schick nicht wieder deine dicke Frau zu mir, für dich um Gnade zu betteln!«
> Napoleon vom Broadway

Barrymore: »Auf niemanden kann man sich mehr verlassen. Immer dasselbe. Alles muß man allein machen.« [6930]

*

Barrymore: »Was war das?«
Lombard: »Was?«
Barrymore: »Dieses Quieken.«
Lombard: »Aber, Mr. Jaffe ...«
Barrymore: »Ich werde dieses Theater nicht verlassen, bis Miss Garland gelernt hat, wie man schreit.« [6931]

*

Connolly: »Für wann soll ich morgen die Probe ansetzen?«
Barrymore: »Morgen? Hm. Lebt wohl, Jungs!« [6932]

*

Barrymore: »Unsere kleine Komödie geht zu Ende. Es ist genauso, wie ich es immer vorausgeahnt habe. Erinnerst du dich an den Abend, an dem du dir die ersten Sporen verdient hattest und wir einen goldenen Stern an deiner Garderobentür anbrachten und ich dir sagte, daß kein Mann den Anspruch erheben darf, dich für sich allein zu besitzen? Geh nur, Lily! Geh und tanze in deinem zauberhaften Kleid in diesem scheußlichen Club! Laß sie besudeln die Schönheit und den Glanz, der einst mein! Für einen kurzen Augenblick.« [6933]

*

Lombard: »Was hat du vor?«
Barrymore: »Nichts, solange du hier bist.« [6934]

*

Connolly: »Wo hast du Jaffe zurückgelassen?«
Karns: »Im Morrison Hotel, unter dem Namen Hemingway, den er sich in seinem Gram zugelegt hat.« [6935]

*

Karns: »Er wird sich nicht umbringen. Da würden sich zu viele Leute freuen.« [6936]

*

Barrymore: »Owen, nimm diese Kreatur, die als Laufbursche zu mir kam, als Max Mandelbaum, und die sich jetzt Max Jacobs nennt aus irgendeinem mysteriösen Grund, und wirf sie auf die Straße!« [6937]

*

Karns: »Chicago! Was für eine Stadt! Man hätte sie den Indianern nie wegnehmen sollen.« [6938]

*

Connolly: »Jeanne d'Arc! Es gab absolut keinen Grund für ihn, das Stück zu spielen. Ich hab's ihm ja gesagt.«
Karns: »Er wird noch im Armenhaus enden, wenn er nicht einsieht, daß diese dämlichen Pferdeopern, in denen ein Haufen Leute in verrostetem Eisenblech rumstolpern, nicht gerade unterhaltsam sind.« [6939]

*

Karns: »Auf irgendeine wahnwitzige Weise war es doch wahre Liebe.« [6940]

*

Barrymore: »Ich hätte nie gedacht, daß ich so tief sinken und Schauspieler werden würde.« [6941]

*

Barrymore: »Geh und bestell das Mittagessen! *(im vollen Zug)* Sag ihnen, ich wünsche an einem großen Tisch allein zu speisen!« [6942]

*

Karns: »Wenn du allein sein willst, warum reist du dann nicht in einem Ballon?« [6943]

*

Connolly: »Ich hab da ein paar sehr unerfreuliche Zahlen.«
Barrymore: »Weißt du, was mir so durch den Sinn ging, Oliver, auf dem Weg zum Zug?«
Connolly: »Nichts, was Geld kostet, hoffe ich.« [6944]

*

Connolly: »Wir stehen mit 74.000 Dollar und ein paar Penny in der Kreide. Willst du einen Blick darauf werfen?«
Barrymore: »Welch grandioser Mißerfolg! Wenn ich ein Genie bin, Oliver, dann bin ich's wegen meiner Mißerfolge.« [6945]

*

Connolly: »Ich spreche nicht mehr mit seiner Hoheit, höchstens um ihm noch einen Vorschlag zu machen. Wie er eine Million Dollar verdienen kann. Eine Million, wenn Jaffe und

---

> *»Auf irgendeine wahnwitzige Weise war es doch wahre Liebe.«*
> Napoleon vom Broadway

das Mädchen wieder zusammenkommen könnten.«
Karns: »Ja, Rußland und Japan könnten auch wieder zusammenkommen.« [6946]

*

Connolly: »Vielleicht hast du das nicht so mitgekriegt, aber ich hatte immer einen großen Einfluß auf sie.«
Karns: »Ich auch. Ich hab sie tatsächlich einmal veranlaßt, mir zuzustimmen, daß es nach Regen aussieht.« [6947]

*

Connolly: »Ich arbeite nicht mehr für Jaffe. Frag doch Owen! So, wie mir jetzt zumute ist, würde ich, wenn dieser Egozentriker tot in seinem Sarge läge, mit ihm von Jahrmarkt zu Jahrmarkt ziehen und ihn dort ausstellen.« [6948]

*

Karns: »Wie hieß noch schnell dieser Minnesänger, der diesen Spruch losgelassen hat: ›Es ist immer am dunkelsten, bevor der Morgen dämmert.‹?«
Barrymore: »Ich weiß nicht, aber er war ein Esel.« [6949]

*

Barrymore: »Ich würde diese Frau nicht zurücknehmen, wenn sie und ich die letzten Menschen auf der Welt wären und die Zukunft der menschlichen Rasse davon abhinge. Außerdem ist sie 2000 Meilen weit weg.« [6950]

*

Barrymore: »Wo ist Oliver?«
Karns: »Du hast ihn gefeuert.«
Barrymore: »So, und er macht fleißig Gebrauch davon, wie?« [6951]

*

Barrymore: »Wer ist das?«
Karns: »Wer?«
Barrymore: »Der Bursche, der sie küßt. Das ist die äußerste Ironie, mit Jungs herumzuschmusen nach einem Oscar Jaffe. Ich wußte es. Sie hat einen Hang zur Gosse.« [6952]

*

Etienne Girardot (Matthew J. Clark): »Ich habe schon des öfteren erwogen, mich dem Theater zu widmen. Was meinen Sie, wär das etwas für mich?«
Connolly: »Oh ja, Sie würden dort vermutlich eine schmerzlich empfundene Lücke ausfüllen.« [6953]

*

Lombard: »Geh und kriech wieder unter deinen Stein oder wo du sonst hervorgekommen bist!« [6954]

*

Lombard: »All die Operntenöre, Akrobaten, der italienische Radrennfahrer, von dem ich dir erzählt habe: alles Lüge. Der einzige Mann in meinem Leben war dieser Kavalier da drin, Oscar Jaffe.« [6955]

*

Lombard: »Ich war ihm absolut treu.«
Ralph Forbes (Georges Smith): »Treu?«
Lombard: »Natürlich. Er hat mich bewacht mit Argusaugen.« [6956]

*

Forbes: »Und du verlangst von mir Respekt?«
Lombard: »Wen interessiert dein Respekt? Ein Star wie ich ist darüber erhaben. Die Männer, die ich kannte, haben das verstanden.« [6957]

*

Lombard: »Er wird dir sagen, was ich bin: ein 1.-Klasse-Passagier mit Anspruch auf Privilegien.« [6958]

*

Lombard: »Was willst du, du Skorpion?«
Barrymore: »Wenn es dich glücklich macht, mich mit Schimpfnamen zu bedenken, nur zu!«
Lombard: »Oscar, für dich gibt's keine. Du bist die übelste Ausrede für eine menschliche Existenz, die je herumgelaufen ist.« [6959]

*

Lombard: »Ihre Philosophie über die Liebe interessiert mich nicht, Mr. Jaffe.«
Barrymore: »Ich wünschte, ich könnte das alles so abtun, aber ich kann es nicht. In der Liebe zu einer Frau bin ich ein Orientale. Niemals verlöscht sie, niemals endet sie.« [6960]

»Wo ist Oliver?«
»Du hast ihn gefeuert.«
»So, und er macht fleißig Gebrauch davon, wie?«
Napoleon vom Broadway

Barrymore: »Du hast vollkommen recht.«
Lombard: »Was?«
Barrymore: »Ich habe die Größe, es zuzugeben.« [6961]

*

Barrymore: »Es war verabscheuungswürdig. Ich könnte mir die Kehle durchschneiden.«
Lombard: »Dir würde doch nur Schminke aus den Adern laufen. ... Das ist es eben, Oscar, bei uns beiden. Wir sind keine Menschen, wir spielen nur Rollen. Wir wissen von der Liebe nur das, was im Text steht und was geprobt ist. Wirklich existent sind wir nur auf der Bühne.« [6962]

*

Barrymore: »Das kommt durch die Filme, die du gedreht hast. Ein Sakrileg, dich an solche Nichtigkeiten wegzuwerfen. Als ich aus dem Kino kam, empfand ich dich als schimmernde Perle in stumpfes, schwärzliches Blei gefaßt. Das hat dich um zehn Jahre zurückgeworfen.« [6963]

*

Barrymore: »Ich biete dir die letzte Chance, unsterblich zu werden.«
Lombard: »Danke, ich bleibe lieber sterblich bei einem zurechnungsfähigen Produzenten.« [6964]

*

Barrymore: »Max Jacobs! Dieser Gauner! Dieser Hilfsschüler! Er kann kaum seinen eigenen Namen schreiben.«
Lombard: »Auf Schecks schreibt er ihn sehr schön, Schecks mit fetten, runden Summen.« [6965]

*

Barrymore: »So wahr es im Himmel Gerechtigkeit gibt, Mildred Plotka, wirst du da enden, wo du hingehörst, im Tingeltangel.« [6966]

*

Barrymore: »Ich denke daran, dich zu befördern, Oliver. Du bekommst eine Sekretärin, eine niedliche kleine dicke, die du ganz allein herumkommandieren kannst.« [6967]

*

Barrymore: »Ich hatte die Waffe auf mich gerichtet. Er entriß sie mir und schoß auf mich. Das ist die äußerste Ironie, getötet von einem Irren.« [6968]

Barrymore: »Sie liebt mich. Ich hörte das an ihrem Geschrei. Ich muß ihr diese Liebe irgendwie zum Bewußtsein bringen.« [6969]

*

Barrymore: »Du kommst zu spät, Max Mandelbaum.« [6970]

*

Barrymore: »Du bist Betty Ann, das kleine Dingelchen, das sich im Baumwollfeld verirrt hatte.«
Lombard: »Ja, Oscar.«
Barrymore: »Und Colonel Merryweather nimmt dich mit in sein prächtiges Herrenhaus.«
Lombard: »Ja, ich weiß, Oscar.«
Barrymore: »Keine Widerrede!« [6971]

***

DIE NARBENHAND (This Gun For Hire)
USA 1942, Paramount (Regie Frank Tuttle, Buch Albert Maltz, W. R. Burnett, nach dem Roman von Graham Greene)

*

Laird Cregar (Willard Gates): »Trauen Sie mir nicht?«
Alan Ladd (Phillip Raven): »Wer traut schon irgend jemand?« [6972]

*

Cregar: »Ihr Problem verstehe ich selbstverständlich. Wenn die Scheine wirklich nicht sauber wären, könnten Sie deswegen kaum zur Polizei laufen.«
Ladd: »Ich bin meine eigene Polizei.« [6973]

*

Emmett Vogan (Polizei-Sergeant): »5000 Dollar! Ich könnte mir meine eigene Farm kaufen, dazu ein paar kleine Hühnchen und meine eigenen Eier legen.«
Robert Preston (Michael Crane): »Das ist ein netter Trick, wenn man das kann.« [6974]

*

Pamela Blake (Annie): »Was ist mit dir los? Du

»Sie liebt mich. Ich hörte das an ihrem Geschrei. Ich muß ihr diese Liebe irgendwie zum Bewußtsein bringen.«
Napoleon vom Broadway

siehst aus, als wärst du mit Dracula im Heuwagen gefahren.« 6975

*

Veronica Lake (Ellen Graham): »Warum hören Sie nicht mal eine Minute auf, über sich selbst nachzudenken?«
Ladd: »Wer denkt denn sonst über mich nach?« 6976

***

NASHVILLE LADY
(Coalminer's Daughter)
USA 1980, Universal (Regie Michael Apted, Buch Tom Rickman, nach der Autobiographie von Loretta Lynn, mit George Vecsey)

*

William Sanderson (Lee Dollarhide): »Wenn man in den Bergen geboren wird, hat man drei Möglichkeiten: Whiskey brennen, unter Tage ackern oder abhauen und zwar 'ne ganze Ecke.« 6977

*

Sissy Spacek (Loretta Lynn): »Ich weiß nicht, wer du bist, aber ich weiß, was du bist.« 6978

***

NATURAL BORN KILLERS
USA 1994, Regency, Alcor, JD, New Regency, Warner (Regie Oliver Stone, Buch David Veloz, Richard Rutowski, Oliver Stone, Story Quentin Tarantino)

*

Woody Harrelson (Mickey Knox): »Es gibt keinen Grund, daß du dich einmischt, nur weil meine Frau mit deinem Kumpel den Boden wischt.« 6979

*

Steven Wright (Dr. Emil Reingold): »Mickey und Mallory kennen den Unterschied zwischen Recht und Unrecht ganz genau. Sie scheißen eben nur einfach drauf.« 6980

***

NEBEL ÜBER FRISCO *(Fog Over Frisco)*
USA 1934, First National, Warner (Regie William Dieterle, Buch Robert N. Lee, nach dem Roman ›The Five Fragments‹ von George Dyer)

*

Bette Davis (Arlene Bradford): »Du kannst dir nicht vorstellen, wie aufregend es ist, direkt vor den Augen der Polizei herumzuspazieren und Beute im Wert von Hunderttausenden von Dollar mit sich rumzuschleppen.« 6981

***

NELLY & MONSIEUR ARNAUD
F 1995, Sarde, TF1, Cecchi Gori, Prokino, Canal+ (Regie Claude Sautet, Buch Claude Sautet, Jacques Fieschi, Yves Ulmann)

*

Emmanuelle Béart (Nelly): »Ich hab mich miserabel benommen. Ich hab mich sprechen gehört und konnte trotzdem nicht anders.« 6982

*

Michel Serrault (Monsieur Arnaud): »Man wünscht sich Liebe, aber wenn sie sich zeigt, bremst man, dann hat man Angst vor ihr.« 6983

***

NETWORK
USA 1976, MGM/UA (Regie Sidney Lumet, Buch Paddy Chayevsky)

*

Peter Finch (Howard Beale): »Ladies and Gentlemen, ich muß Sie darauf aufmerksam machen, daß ich mich in zwei Wochen von diesem Programm verabschieden werde. Aufgrund schwacher Einschaltquoten. Und da diese Sendung das einzige ist, was ich im Leben habe, hab ich beschlossen, mich umzubringen. Ich werde mir während der Sendung eine Kugel in den Kopf jagen und zwar heute in acht Tagen. Also schalten Sie nächsten Dienstag ein.« 6984

*

Wesley Addy (Nelson Chaney): »Ich kann nur sagen, das verstößt gegen alle Regeln seriöser Programmgestaltung.«
Robert Duvall (Frank Hackett): »Wir machen kein seriöses Programm. Wir sind ein Nutten-Sender und müssen nehmen, was wir kriegen.« 6985

*

Duvall: »Das spricht unbedingt für dich, Nelson, aber jetzt setz dich hin! Deine Entrüstung ist ordnungsgemäß zur Kenntnis genommen

---

> »Es gibt keinen Grund, daß du dich einmischt, nur weil meine Frau mit deinem Kumpel den Boden wischt.«
> Natural Born Killers

worden. Morgen kannst du jederzeit zurücktreten.« [6986]

*

Finch: »Was spricht gegen einen zornigen Propheten, der die Verlogenheit unserer Zeit anprangert? Was meinst du, Max?«
William Holden (Max Schumacher): »Hast du das Verlangen, ein zorniger Prophet zu sein, der die Verlogenheit unserer Zeit anprangert?«
Finch: »Ich lechze danach, ein zorniger Prophet zu sein, der die Verlogenheit unserer Zeit anprangert.« [6987]

*

Faye Dunaway (Diana Christensen): »Wir wollen einen Propheten und keinen Miesmacher. Er sollte mehr Apokalypse versprühen. Wir sollten ein paar Autoren nehmen, die ihm die Klagelieder schreiben.« [6988]

*

Dunaway: »Wenn Sie sich prostituieren, dann aber richtig.« [6989]

*

Dunaway: »Ich hasse Kompetenzstreitigkeiten. Ich hatte gehofft, wir beide machen das unter uns aus. Deshalb bin ich doch hier.«
Holden: »Und ich hatte gehofft, Sie wären auf der Suche nach einer gefühlsmäßigen Bindung zu einem kantigen Mann mittleren Alters.« [6990]

*

Holden: »Ich bin nicht sicher, ob sie fähig ist, ein echtes Gefühl zu empfinden. Sie ist die Fernsehgeneration, sie hat das Leben von Bugs Bunny gelernt.« [6991]

*

Duvall: »Ich erwiderte ihm, das Fernsehen sei eine sehr unbeständige Industrie, in der Erfolg und Mißerfolg jede Woche neu bestimmt würden. Mr. Jensen sagte, er möge keine unbeständigen Industrien, und er deutete mit einer gewissen, äh, sanften Bosheit an, geschäftliche Unbeständigkeit reflektiere gewöhnlich schlechtes Management.« [6992]

*

Duvall: »Ich würde seine Einstellung in dieser Sache als nicht sehr flexibel bezeichnen.« [6993]

*

Lee Richardson (voice-over): »Das war die Geschichte von Howard Beale, der erste bekanntgewordene Fall eines Mannes, der erschossen wurde, weil seine Einschaltquote zu niedrig war.« [6994]

***

DAS NETZ
(The Web)
USA 1947, Universal (Regie Michael Gordon, Buch William Bowers, Bertram Millhauser)

*

Edmond O'Brien (Nob Regan): »Wieviele Sekretärinnen muß man eigentlich überwinden, bis man den Kerl zu Gesicht bekommt?« [6995]

*

Ella Raines (Noel Faraday): »Kann ich etwas für Sie tun?«
O'Brien: »'ne Menge, aber bedauerlicherweise bin ich geschäftlich hier.« [6996]

*

O'Brien: »Nun, das zeigt mal wieder, wie weit ein Mädchen kommen kann, wenn es die Strumpfnaht geradehält.« [6997]

*

Vincent Price (Andrew Colby): »So etwas ist sehr selten heutzutage, Loyalität.«
O'Brien: »Sie können sie in jeder Tierhandlung kaufen.« [6998]

*

William Bendix (Lieutenant Damico): »Als allererstes lernen die Kerle in meiner Abteilung, daß man mit einer Waffe nur zielt, wenn man auch schießen will.« [6999]

*

Tito Vuolo (Emilio Conepa): »Es wäre wohl sehr bedauerlich für Sie, wenn die Polizei auf einmal herausfinden würde, wo ich bin.«
Price: »Ja, allerdings.«
Vuolo: »Für 10.000 Dollar findet sie es nicht heraus.«
Price: »10.000? Das ist sehr viel.«
Vuolo: »Ich habe auch sehr viel zu sagen.« [7000]

*

John (Charles Murdock): »Wie ist er gestorben?«

»Wenn Sie sich prostituieren,
dann aber richtig.«
Network

Price: »In Beteuerung seiner Unschuld.« ⁷⁰⁰¹

*

O'Brien: »Keine Sorge, wenn Colby Beweise schneidert, passen die wie ein Badeanzug.« ⁷⁰⁰²

***

DAS NETZ *(The Net)*
USA 1995, Columbia (Regie Irwin Winkler, Buch John Brancato, Michael Ferris)

*

Jeremy Northam (Jack Devlin): »Jeder Mensch hat seinen wunden Punkt. (...) Man muß Menschen nur gut genug kennen, um zu wissen, wo's am meisten wehtut.« ⁷⁰⁰³

***

EIN NEUER STERN AM BROADWAY *(42nd Street)*
USA 1933, Warner (Regie Lloyd Bacon, Buch Rian James, James Seymour, nach dem Roman von Bradford Ropes)

*

Una Merkel (Lorraine ›Lolly‹ Fleming): »Erinnerst du dich an Ann Lowell?«
George E. Stone (Andy Lee): »Die ImmerbereiteAnnie (Anytime Annie)? Wer könnte sie vergessen? Sie hat nur einmal nein gesagt, aber da hat sie die Frage nicht verstanden.« ⁷⁰⁰⁴

*

Warner Baxter (Julian Marsh): »Morgen früh beginnen wir mit der Arbeit an einer Show. Wir werden fünf Wochen proben und zum festgelegten Termin fertig sein, und an diesem Termin ist nicht zu rütteln. Sie werden arbeiten, schwitzen und noch mehr arbeiten. Sie werden am Tag arbeiten. Sie werden nachts arbeiten und auch in der Zwischenzeit, wenn es nicht klappt. Sie werden tanzen, bis Ihnen die Füße abfallen und Sie nicht mehr auf den Beinen stehen können. Aber in fünf Wochen ab heute haben wir eine wunderbare Show.« ⁷⁰⁰⁵

*

Robert McWade (Jones): »Macht es Ihnen Spaß (bei Proben zuzusehen)?«

> »Woher wußtest du, daß ich
> mich auf dich einlassen würde?«
> »Ich hab mich selbst
> in dir gesehen.«
> 9½ Wochen

Guy Kibbee (Abner Dillon): »Nach diesen drei Wochen ist ein Bein für mich nichts anderes als etwas, worauf man steht.« ⁷⁰⁰⁶

*

Ruby Keeler (Peggy Sawyer): »Wenn er gehen muß, dann gehe ich auch.«
(Vermieterin): »Ich werde wohl in der Lage sein, auch diesen Schlag zu verkraften.« ⁷⁰⁰⁷

*

Baxter: »Das ist fast einigermaßen gut.« ⁷⁰⁰⁸

***

DIE NEUN PFORTEN
(The Ninth Gate)
F/E/USA 1999, Artisan, RP, TF1, BAC, Canal+, Kino Visión, Origen, Via Digital (Regie Roman Polanski, Buch John Brownjohn, Enrique Urbizu, Roman Polanski, nach dem Roman ›El Club Dumas‹ von Arturo Pérez-Reverte)

*

Frank Langella (Boris Balkan): »Es gibt nichts Zuverlässigeres als einen Mann, dessen Loyalität man mit barer Münze kaufen kann.« ⁷⁰⁰⁹

*

James Russo (Bernie): »Ich würde dich niemals übers Ohr hauen. Außer es gibt einen Grund dafür. Frauen, Geschäfte, Geld, mal abgesehen davon hast du nichts zu befürchten.« ⁷⁰¹⁰

*

Lena Olin (Lizna Telfer): »Mach sie nicht hier kalt! Das macht nur Dreck.« ⁷⁰¹¹

***

9½ WOCHEN *(9½ Weeks)*
USA 1985, Barish, Jones, Galactic, Triple Ajaxxx (Regie Adrian Lyne, Buch Patricia Knop, Zalman King, Sarah Kernochan, nach dem Roman von Elizabeth McNeill)

*

Kim Basinger (Elizabeth): »Woher wußtest du, daß ich mich auf dich einlassen würde?«
Mickey Rourke (John): »Ich hab mich selbst in dir gesehen.« ⁷⁰¹²

***

DIE 39 STUFEN *(The 39 Steps)*
UK 1935, Gaumont British (Regie Alfred Hitchcock, Buch Charles Bennett, Ian Hay, nach dem Roman von John Buchan)

*

»Warum haben Sie die Notbremse gezogen?«
»Um den Zug anzuhalten, Sie Trottel.« ⁷⁰¹³

NEVADA SMITH
USA 1966, Paramount (Regie Henry Hathaway, Buch John Michael Hayes, nach einem Charakter aus dem Roman ›The Carpetbaggers‹ von Harold Robbins)

*

Steve McQueen (Max Sand/Nevada Smith): »Die Sonne hat mich geblendet. Damit hab ich nicht gerechnet.«
Brian Keith (Jonas Cord): »Glaubst du, daß die Brüder, hinter denen du her bist, abwarten, bis du die Sonne im Rücken hast und dich vorher anrufen, damit du gut zielen kannst?« [7014]

*

Keith: »Was denkst du denn, hinter wem du her bist? Du bist hinter drei Männern her, die rauben, weil sie zu faul sind zu arbeiten, und die töten, weil sie Freude daran haben. Glaubst du, du triffst sie vielleicht im Büro des Sheriffs oder beim Gottesdienst in der Kirche? Die Kerle leben wie Ratten im Loch. Wenn du sie erwischen willst, kannst du sie nur dort suchen. Du mußt trinken wie sie, leben wie sie, bis du denkst und handelst und stinkst wie sie.« [7015]

*

Keith (trifft Flasche dreimal in der Luft): »Erst wenn du genausoschnell treffen kannst, in jeder Situation, halbbetrunken oder verschlafen, in dunklen Zimmern oder auf einem galoppierenden Pferd, erst dann kannst du dein Ziel erreichen. Vielleicht erreichen.« [7016]

*

McQueen: »Bringen Sie mir das bei?«
Keith: »Ich verkaufe Waffen, ich gebe keinen Unterricht im Töten.« [7017]

*

Stanley Adams (Ladenbesitzer, zu McQueen, der ein Buch kaufen will): »Die meisten Menschen haben das Hungergefühl im Magen und nicht im Kopf.« [7018]

*

Paul Fix (Sheriff Bonnell): »Dieses Ding hier ist ein 45er Revolver. Er kann Leute nicht ausstehen, die nicht hören wollen. Da wird er ganz wild. Möchten Sie mit ihm Bekanntschaft machen?« [7019]

*

McQueen: »Ich will jetzt weg, und deshalb bring ich die Bibel zurück.«
Raf Vallone (Father Zaccardi): »Ich wollte sie dir zum Geschenk machen. Du darfst sie behalten.«
McQueen: »Vielen Dank! Aber was ich brauche, habe ich mir schon gemerkt: ›Auge um Auge.‹« [7020]

***

DER NEVADA-MANN *(The Nevadan)*
USA 1950, Brown, Columbia (Regie Gordon Douglas, Buch George W. George, George F. Slavin)

*

Frank Faylen (Jeff): »Moment mal! Ich kann ihn genausowenig leiden wie du, aber er ist mein Bruder. Sag nie wieder Lump!« [7021]

*

Forrest Tucker (Tom Tanner): »Geben Sie mir die Waffe, Barclay! (...) Ich weiß, Sie würden mir immer eine Chance geben, das ist also kein Mißtrauen, aber ich muß mich um zuviele andere Dinge kümmern.« [7022]

*

Kate Drain Lawson (Mama Lito, Hotelbesitzerin, zu Randolph Scott, der sich ins Gästebuch eintragen will): »Bitte, Sie kennen meinen Namen nicht, wieso soll ich Ihren kennen?« [7023]

*

Charles Kemper (Sheriff): »Die Stadt wird immer größer. Das ist schon der dritte Fremde innerhalb von zwei Wochen.« [7024]

*

Faylen: »Jetzt nicht, Bart. Du weißt doch, daß Galt wünscht, daß seine Tochter glaubt, jeder stirbt hier an Altersschwäche.« [7025]

***

NEW YORK CITY GIRL *(Smithereens)*
USA 1982, Domestic, Miracle (Regie Susan Seidelman, Buch Ron Nyswaner, Peter Askin, Story Susan Seidelman)

*

Brad Rinn (Paul): »Ist der Kerl nicht ein bißchen merkwürdig?«

»Warum haben Sie die Notbremse gezogen?«
»Um den Zug anzuhalten, Sie Trottel.«
Die 39 Stufen

Susan Berman (Wren): »Wer ist heutzutage nicht merkwürdig? Das ist normal.« [7026]

*

Berman: »Tut ziemlich weh, wenn man seinen besten Freund verliert. Ganz besonders, wenn man feststellt, daß er der einzige war.« [7027]

*

Nada Despotovich (Cecile): »Irgend jemand muß ja in Ohio leben.« [7028]

*

Berman: »Wirst du's nicht leid, alle zu fragen, ob sie mit dir 'ne Nummer schieben, um dann 'ne Abfuhr zu kriegen?«
Roger Jett (Billy): »Es sagen ja nicht alle ›nein‹.« [7029]

*

Sara Sassin (Tough Woman in Café): »Eric und ich sind geschäftlich hier.«
Berman: »Ich glaubte, dein Zuhälter würde das für dich erledigen.« [7030]

*

Berman: »Solltest du unglücklicherweise mal in New Jersey landen, und du siehst mich dort, erschieß mich!« [7031]

*

Berman: »Ich möchte nur den ganzen Tag im Swimmingpool liegen, Tacos essen und Autogramme geben. Das ist alles.« [7032]

*

Berman: »Paul, ich kann nicht anders *(als in New York bleiben)*. Ich meine, New Hampshire! Ich kann Bäume nicht ausstehen.« [7033]

***

NEW YORK, NEW YORK
USA 1977, Chartoff-Winkler, United Artists (Regie Martin Scorsese, Buch Earl Mac Rauch, Mardik Martin, Story Earl Mac Rauch)

Liza Minnelli (Francine Evans): »Sogar 'ne Klette würde jetzt verschwinden.« [7034]

> »Warum sagen Sie mir nicht Ihre Telefonnummer? Was kann ich schon damit anstellen?«
> »Mich anrufen.«
> New York, New York

Robert De Niro (Jimmy Doyle): »Warum sagen Sie mir nicht Ihre Telefonnummer? Was kann ich schon damit anstellen?«
Minnelli: »Mich anrufen.« [7035]

*

Minnelli: »Haben Sie noch 'n Kaugummi?«
De Niro: »Aber natürlich.«
Minnelli: »Dann viel Spaß noch.« [7036]

*

Minnelli: »Es ist manchmal wirklich nicht leicht, dich zu verstehen.« [7037]

***

NIAGARA
USA 1953, Twentieth Century Fox (Regie Henry Hathaway, Buch Charles Brackett, Walter Reisch, Richard Breen)

*

Casey Adams (Ray Cutler): »Warum trägst du niemals so ein Kleid?«
Jean Peters (Polly Cutler): »Schätzchen, man müßte ja mit dreizehn Jahren anfangen zu üben, um so ein Kleid tragen zu können.« [7038]

*

(Joseph Cotten erscheint bei der Party, zerbricht die laufende Schallplatte und geht wortlos wieder.)
Adams: »Ihr Mann macht sich wohl nichts aus Musik?« [7039]

*

Adams: »Wenn Sie wieder eine Leiche auf Lager haben, so beerdigen Sie sie gefälligst selber. Wir haben keine Zeit.« [7040]

***

NICHT VERSÖHNT ODER ES HILFT NUR GEWALT, WO GEWALT HERRSCHT
BRD 1965, Straub-Huillet, Regie Jean-Marie Straub, Buch Jean-Marie Straub, Danièle Huillet, nach dem Roman ›Billard um halbzehn‹ von Heinrich Böll)

*

»Wenn der eine Hoffnung ist, möchte ich wissen, was eine Verzweiflung sein könnte.« [7041]

*

»Weißt du noch, wie lustig Vater war, als er noch sprengen durfte?« [7042]

***

NICHTS ALS ÄRGER MIT DEM TYP
(Outrageous Fortune)
USA 1986, SSPII, Interscope, Touchstone (Regie Arthur Hiller, Buch Leslie Dixon)

Shelley Long (Lauren Ames): »Wo sind wir? Wir fahren schon meilenweit, und ich habe noch keine einzige weiße Person auf der Straße gesehen.«
Bette Midler (Sandy Brozinski): »Da ist einer. ... Hups, jetzt haben sie ihn.« [7043]

*

George Carlin (Frank): »Oje, was ist nur mit meinem Kopf los?«
Midler: »Bist du okay?«
Carlin: »Nein, ich glaube, ich werde nüchtern.« [7044]

*

Carlin: »In den 60er Jahren hast du ganz schön Drogen eingepfiffen, was?«
Long: »Frank, das stimmt alles. Denk doch mal zurück an die 60er! Die Menschen haben noch Dinge füreinander getan.«
Carlin: »Weil sie high waren, zugeknallt.« [7045]

***

NICKELODEON
USA/UK 1976, Chartoff-Winkler, EMI, Columbia (Regie Peter Bogdanovich, Buch W. D. Richter, Peter Bogdanovich)

*

Brian Keith (H. H. Cobb): »Unser Genie hat offenbar einen Gedankenblitz. Er läuft schon blau an.« [7046]

*

Burt Reynolds (Buck Greenway): »Ich habe Alligatorenkämpfe in Sopchoppy veranstaltet.«
Jane Hitchcock (Kathleen Cooke): »Sie haben mit Alligatoren gekämpft?«
Reynolds: »Heiliger Strohsack! Nicht persönlich. Ich habe Alligatoren auf Indianer gehetzt und bin dann verschwunden.« [7047]

***

NIGHT AND THE CITY
USA 1992, Penta, Tribeca (Regie Irwin Winkler, Buch Richard Price, nach dem Film von Jules Dassin, Buch Jo Eisinger, nach dem Roman von Gerald Kersh)

*

Peter Bucossi (Angreifer): »Was bist du nur für 'n scheiß Anwalt!«
Robert De Niro (Harry Fabian): »Die einzige Sorte, die du dir leisten kannst, du miese Ratte.« [7048]

Margo Winkler (Richterin): »Fabian, verpissen Sie sich aus meinem Gerichtssaal!« [7049]

*

De Niro (zum Mandanten, nach dem Prozeß): »Manchmal gewinnt man, manchmal verliert man.« [7050]

*

De Niro: »Bei Zivilrechtklagen packt man den Gegner bei den Eiern, er muß zahlen, du verpißt dich. Eierpacken, abkassieren, wegtauchen, wie an 'ner Maschine.« [7051]

***

A NIGHT IN CASABLANCA
USA 1946, Loew (Regie Archie Mayo, Buch Joseph Fields, Roland Kibbee, Frank Tashlin)

*

Groucho Marx (Kornblow): »This is like living in Pittsburgh. If you can call that living.« [7052]

*

Lisette Verea (Beatrice Reiner): »I am Beatrice Reiner. I stop at the hotel.«
Groucho: »I'm Ronald Kornblow. I stop at nothing.« [7053]

*

Groucho: »You know, I think you're the most beautiful woman in the whole world.«
Verea: »Do you really?«
Groucho: »No, but I don't mind lieing if it'll get me somewhere.« [7054]

*

Verea: »You don't say no to a lady.«
Groucho: »I don't know why not. They always say no to me.« [7055]

***

NIGHT OF THE DEMON
UK 1957, Sabre, Columbia (Regie Jacques Tourneur, Buch Charles Bennett, Hal E. Chester, nach der Geschichte 'Casting the Runes' von M. R. James)

*

Niall MacGinnis (Dr. Julian Karswell): »He's a very obstinate young man. I'd tell him not to

---

> *»You don't say no to a lady.«*
> *»I don't know why not.*
> *They always say no to me.«*
> A Night in Casablanca

go through the woods. He just wouldn't listen.« [7056]

*

Dana Andrews (Dr. John Holden): »You're right. Maybe it's better not to know.« [7057]

***
NIGHT OF THE LIVING DEAD
USA 1968, Image Ten, Continental (Regie George A. Romero, Buch John A. Russo, George A. Romero)

*

Russell Streiner (Johnny): »They're coming to get you, Barbara.« [7058]

*

Marilyn Eastman (Helen Cooper): »We may not enjoy living together. But dying together isn't going to solve anything.« [7059]

*

(Fernsehansager): »Kill the brain and you'll kill the ghoul.« [7060]

***
NIGHT VISIONS
USA 1992, MGM (Regie Wes Craven, Buch Wes Craven, Thomas Baum)

*

James Remar (Sergeant Tom Mackey): »Du kennst sicher das Märchen von dem guten und dem bösen Bullen. Vergiß es ganz schnell! Hier gibt's keine guten Bullen. Er ist böse, aber gegen mich wirkt er wie Mutter Theresa am Sonntagnachmittag.« [7061]

*

Remar: »Gott, ich hasse Jogger! Sie haben nichts ausgefressen und doch rennen sie.« [7062]

***
NIGHTMARE – MÖRDERISCHE TRÄUE
(A Nightmare on Elm Street)
USA 1984, Shaye, Elm Street, Smart Egg, Media, New Line (Regie, Buch Wes Craven)

*

Nick Corri (Rod Lane): »Als ich aufwachte, hatte ich 'n Ständer wie 'n Ofenrohr, und, Tina, dein Name war draufgeschrieben.«
Amanda Wyss (Tina Gray): »Mein Name hat vier Buchstaben. Ich möchte wissen, wie die auf deinem Mauseschwänzchen Platz haben sollten.« [7063]

*

Heather Langenkamp (Nancy Thompson): »Eins und zwei, Freddy kommt vorbei, und drei und vier, verschließ bloß deine Tür, fünf und sechs, nimm dein Kruzifix, und sieben und acht, schlaf nicht in der Nacht, neun und zehn, du wirst den Tag nicht (...) sehn.« [7064]

*

Langenkamp: »Oh Gott! Ich seh heute wieder aus wie zwanzig.« [7065]

*

John Saxon (Lieutenant Thompson): »Was sagt der Leichenbeschauer dazu?«
Joseph Whipp (Sergeant Parker): »Er ist da drin am Kotzen, seit er das gesehen hat.« [7066]

***
NIKITA
F/I 1990, Cecchi Gori, Tiger, Gaumont (Regie, Buch Luc Besson)

*

Renos Mandis (Schießlehrer): »Haben Sie vorher schon mal geschossen?«
Anne Parillaud (Nikita): »Auf Pappe noch nie, aber auf Menschen.« [7067]

*

Jeanne Moreau (Amande): »Man sollte lächeln, wenn man etwas nicht weiß. Dadurch wirken Sie kaum intelligenter, aber angenehm für die andern.« [7068]

***
NINOTCHKA
USA 1939, MGM (Regie Ernst Lubitsch, Buch Charles Brackett, Billy Wilder, Walter Reisch, Story Melchior Lengyel)

*

Melvyn Douglas (Graf Leon d'Algout): »Du hast einen bezaubernden Vorzug: Du erwartest niemals, daß man dir auf deine Fragen auch eine Antwort gibt.« [7069]

*

Greta Garbo (Ninotchka [Nina Ivanova Yakushova]): »Mein Geschlecht ist ganz nebensäch-

---

> »Gott, ich hasse Jogger!
> Sie haben nichts ausgefressen
> und doch rennen sie.«
> Night Visions

lich. [Don't make an issue of my womanhood.]« ⁷⁰⁷⁰

*

Garbo: »Warum willst du denn das Gepäck tragen?«
George Davis (Gepäckträger): »Aber das ist doch mein Beruf, Madame.«
Garbo: »Das ist kein Beruf, das ist soziale Ungerechtigkeit.«
Davis: »Das hängt vom Trinkgeld ab.« ⁷⁰⁷¹

*

Garbo: »Die letzten Massenhinrichtungen [mass trials] waren ein großer Erfolg. Es gibt wieder weniger, aber bessere Russen.« ⁷⁰⁷²

*

Garbo: »Was für eine Zivilisation, wo die Frauen mit solchen Dingern auf dem Kopf herumrennen.« ⁷⁰⁷³

*

Garbo: »Mich interessiert der Eiffelturm nur vom technischen Standpunkt.«
Douglas: ›Technisch? Na, da werde ich Ihnen nicht viel helfen können. Ein Pariser geht auf den Eiffelturm nur aus Verzweiflung, um herunterzuspringen.« ⁷⁰⁷⁴

*

Garbo: »Ist Ihr Annäherungsversuch besonders typisch für die hiesige Moral?«
Douglas: »Mademoiselle, sie hat Paris zu dem gemacht, was es ist.« ⁷⁰⁷⁵

*

Garbo: »Ihr Typ wird bald ausgerottet sein.« ⁷⁰⁷⁶

*

Garbo: »Als Mann sind Sie vielleicht von guter Grundsubstanz, aber Sie sind das unglückliche Produkt einer untergehenden Kultur.« ⁷⁰⁷⁷

*

Garbo: »Sie sind ein Typ, den wir nicht haben in Rußland.«
Douglas: »Danke schön!«
Garbo: »Das veranlaßt mich auch, an die Zukunft unseres Landes zu glauben.« ⁷⁰⁷⁸

*

Douglas: »Ist es denkbar, daß ich mich verliebt habe in Sie?«
Garbo: »Sie führen ganz falsche Werte ein. Liebe ist eine romantische Umschreibung für einen ganz gewöhnlichen biologischen, oder sagen wir, chemischen Vorgang. Ein Haufen Unsinn ist darüber geschrieben worden.«
Douglas: »Sicherlich. Und womit ersetzen Sie's?«
Garbo: »Ich glaube an die Existenz eines natürlichen Impulses bei allen lebenden Geschöpfen.«
Douglas: »Was könnte ich bloß tun, um in Ihnen diesen Impuls zu wecken?«
Garbo: »Das ist gar nicht notwendig. Chemisch gesehen, streben wir bereits nach einer Verbindung.« ⁷⁰⁷⁹

*

Garbo: »Zu Hause war ich immer traurig, daß die Schwalben jedes Jahr im Winter in die kapitalistischen Länder ziehen. Ich kann es verstehen. Wir haben die Ideale, und sie haben das Klima.« ⁷⁰⁸⁰

*

Ina Claire (Großfürstin Swana): »Ich kann mir denken, wie Ihnen zumute ist, meine Liebe. Der Morgen sieht immer trübe aus, wenn man noch das Kleid vom vorigen Abend anhat.« ⁷⁰⁸¹

*

Tamara Shayne (Anna): »Stimmt wieder mal die kollektivistische Theorie: Wenn einer allein ist, dann bekommt er ein Ei, schließt er sich aber mit anderen zu einem Kollektiv zusammen, dann bekommt er ein Omelette.« ⁷⁰⁸²

***

NIX ZU VERLIEREN
(Nothing to Lose)
USA 1997, Touchstone (Regie, Buch Steve Oedekerk)

*

Tim Robbins (Nick Beam): »Mann, du überfällst den falschen Kerl am falschen Tag.« ⁷⁰⁸³

*

Robbins: »Das ist absolut breithirnig.« ⁷⁰⁸⁴

»Mein Geschlecht ist ganz nebensächlich. [Don't make an issue of my womanhood.]«
Ninotchka

John C. McGinley (Davis ›Rig‹ Lanlow): »Kasse leermachen und 'n Schokodrink!« [7085]

*

Martin Lawrence (T. Paul): »Wie soll ich sie denn *(sonst)* nennen? Monogamietechnisch ungeeignet?« [7086]

*

McGinley: »Vielleicht wißt ihr noch, daß mein Partner und ich die alleinigen Rechte für sämtliche Gewaltverbrechen auf diesem Abschnitt des Highways besitzen. Und kriminelle Aktivitäten von Seiten Unbefugter schätzen wir gar nicht.« [7087]

*

McGinley (zu Robbins): »Ich bin ganz sicher, damals bei den Pfadfinderinnen warst du im Gummitwist die allerbeste. Hm?« [7088]

*

Robbins: »Du kannst nicht sagen: ›Tut mir leid‹, wenn du auf jemanden schießt. Das kannst du sagen, wenn (...) du jemand auf die Zehen trittst oder wenn du aus Versehen seine neue Brille in Stücke haust oder furzt, wenn alle essen. Nur du kannst es nicht sagen, wenn du auf jemand schießt.« [7089]

*

Rebecca Gayheart (Danielle): »Nick, das drückt 'n bißchen auf die Stimmung, was du da tust.« [7090]

*

Robbins: »Wir müssen's wieder hinbringen.«
Lawrence: »Nick, möglicherweise bist du dir nicht ganz darüber im klaren, worin der Sinn eines Einbruchs liegt.« [7091]

***

NO PANIC – GUTE GEISELN SIND SELTEN
(The Ref)
USA 1994, Simpson-Bruckheimer, Touchstone (Regie Ted Demme, Buch Richard LaGravenese, Marie Weiss, Story Marie Weiss)

> »Kasse leermachen
> und 'n Schokodrink!«
> Nix zu verlieren

Denis Leary (Gus): »Wenn hier einer rumschreit, dann bin ich das. Wieso? Weil ich es bin, der eine Knarre hat. Okay? Wenn man eine Knarre hat, kann man tun, was man will. Ehepaare jedoch, ohne Knarre, wie zum Beispiel Sie, haben das Maul zu halten. Und wieso? Keine Knarre – kein Geschrei. Klar? Simple Dreisatzrechnung.« [7092]

*

Leary: »Bewerb ich mich hier um einen Job?«
Kevin Spacey (Lloyd Chasseur): »Nein.«
Leary: »Dann hören Sie auf, mir scheiß Fragen zu stellen!« [7093]

***

NOBODY'S FOOL
USA 1994, Capella, Rudin, Cinehaus, Paramount (Regie, Buch Robert Benton, nach dem Roman von Richard Russo)

*

Pruitt Taylor Vince (Rub Squeers): »Kannst du mir zehn Dollar leihen?«
Paul Newman (Donald ›Sully‹ Sullivan): »Rub, ich wüßte ein paar Frauen in dieser Stadt, die mich billiger kämen als du.« [7094]

*

Newman: »Ich hätte mich von vornherein nicht auf 'n einbeinigen Anwalt verlassen sollen.« [7095]

*

Melanie Griffith (Toby Roebuck): »›Halt die Ohren steif!‹ Ist das alles? Ist das deine ganze Weisheit zu dem Thema?«
Newman: »Das ist meine ganze Weisheit zu fast allen Themen.« [7096]

*

Griffith: »Wieso tut er das nur!«
Newman: »(...) Ich weiß die meiste Zeit schon nicht, wieso ich irgendwas tue. Wie soll ich da deinen blöden Mann verstehen?« [7097]

*

Griffith: »Du schaffst das jedesmal, mich aufzuheitern. Vielleicht, weil ich außer dir keinen Menschen kenne, dem es dreckiger geht als mir.« [7098]

*

Griffith: »Du bist ein Mann, wie's keine mehr gibt, Sully.«
Newman: »Vielen Dank auch!«

Griffith: »Das war nicht als Kompliment gemeint.« [7099]

*

Newman: »›Schneller‹ ist ein Wort, das mir nicht besonders liegt.« [7100]

*

Vince: »Warum bist du so nett zu ihm? Der (...) mag dich doch gar nicht.«
Newman: »Noch nicht. Aber, weißt du, auf Dauer bin ich unwiderstehlich.« [7101]

*

Philip Bosco (Richter Platt): »Trifft es zu, daß Sie Ihre Dienstwaffe abgefeuert hatten?«
Philip Seymour Hoffman (Officer Raymer): »Euer Ehren, das war ein Warnschuß.«
Bosco: »Hm. Und wen haben Sie gewarnt? Eine nette ältere Dame, die zwei Straßen entfernt auf ihrem Nachttopf saß.« [7102]

*

Bosco (zu Raymers Vorgesetztem): »Ollie, Sie wissen doch, was ich davon halte, Schwachsinnige zu bewaffnen. Wenn man einen bewaffnet, muß man alle bewaffnen, sonst wäre es unsportlich.« [7103]

***

NOCH EINMAL MIT GEFÜHL
(Once More with Feeling)
UK 1960, Donen, Columbia (Regie Stanley Donen, Buch Harry Kurnitz, nach seinem Stück)

*

Gregory Ratoff (Maxwell Archer, Manager): »Er *(Yul Brynner, Dirigent)* verbraucht Symphonieorchester wie ich Taschentücher.« [7104]

*

Ratoff: »Dieser Mann verzehrt sein Herz. Aber dabei bleibt es nicht, zum Nachtisch frißt er auch noch meins.« [7105]

*

Ratoff: »Ich wünschte, ich hätte so viel Geld, wie das Londoner Symphonieorchester Abneigung gegen Victor Fabian hat.« [7106]

*

Ratoff: »Ich bewundere Ihre strengen künstlerischen Maßstäbe. (...) Der einzige Nachteil dabei ist, daß uns langsam die Orchester ausgehen.« [7107]

*

Yul Brynner (Victor Fabian): »Haben Sie keinen Stolz?«
Ratoff: »Stolz? Ein Manager mit Stolz?« [7108]

*

Ratoff: »Ich will das Ensemble einer Wagneroper managen und sämtliche Schwäne und Walküren auf eigene Kosten füttern, wenn ich nicht die Wahrheit sage.« [7109]

*

Brynner: »Ich bin wieder da, Liebling, dein Elend hat ein Ende.« [7110]

*

Ratoff: »Ich will vergessen, die Callas vom Flughafen abzuholen und sie zwei Stunden in Sturm und Regen warten lassen, wenn ich nicht die Wahrheit sage.« [7111]

*

Ratoff: »Wann?«
Brynner: »Sie ist eine Frau mit der ganzen bezaubernden Unberechenbarkeit ihres Geschlechts.« [7112]

*

Ratoff: »Na, wie geht's den verliebten Hühnchen?«
Kay Kendall (Dolly Fabian): »Mir geht's gut, aber ich glaube, der Gockel verliert die Federn.« [7113]

*

Brynner: »Ich mach dir keine Vorwürfe, Dolly. Wie sagt doch Shakespeare so schön: ›Richtet nicht, auf das ihr nicht gerichtet werdet!‹«
Kendall: »Das sagte nicht Shakespeare, das sagt die Bibel.«
Brynner: »Bitte, wir wollen nicht die Religion in diese trübe Geschichte zerren.« [7114]

*

Kendall: »Victor, du hast dich nicht die Spur verändert, und das ist das Schlimmste, was man von dir sagen kann.« [7115]

*

Ratoff: »Victor, das ist unfair.«
Brynner: »Glücklicherweise stehe ich über derartigen Erwägungen.« [7116]

»Na, wie geht's den verliebten Hühnchen?«
»Mir geht's gut, aber ich glaube, der Gockel verliert die Federn.«
Noch einmal mit Gefühl, 1960

Brynner: »Darling, möchtest du nicht in etwas Bequemes schlüpfen?«
Kendall: »Ja, in ein Taxi.« [7117]

*

Kendall: »Ich versteh dich durchaus, Victor, aber gerade deswegen verachte ich dich.« [7118]

***

NOCH EINMAL MIT GEFÜHL *(That Old Feeling)*
USA 1997, Bubble Factory, Universal (Regie Carl Reiner, Buch Leslie Dixon)

*

Paula Marshall (Molly De Mora): »Du weißt, daß es Eltern gibt, die sich schrecklich hassen. So wie deine. Aber sie machen das sehr kultiviert. Sie bleiben zusammen, lächeln, wahren den Schein. Aber meine beiden Eltern hassen sich mit der Kraft einer Atombombe.« [7119]

*

Bette Midler (Lilly Leonard): »Daß der das immer wieder schafft, dieser halbfertig geklonte Sherlock Holmes.« [7120]

*

Midler: »Alan, sie hat mir seinerzeit den Mann gestohlen. Ich muß aussehen wie eine Göttin. ... Ja, ich weiß, es hat sich alles zum Guten gewendet.« [7121]

*

Midler: »Alan, ich bin nicht neurotisch, ich bin bloß gemein. Ich möchte nur, daß meine Ex-Rivalin alt und häßlich ist. Das ist doch wohl normal.« [7122]

*

Gail O'Grady (Rowena): »Sie ist so fett, daß sie platzt. Man kann gar nicht erkennen, welches ihr eigentliches Kinn ist.« [7123]

*

Midler: »Rowena, haben sie dir nicht nur das Fett abgesaugt, sondern auch das Gehirn?« [7124]

*

David Rasche (Alan): »Freunde lassen einen nicht fallen, nur weil man ein Single ist.«

»Darling, möchtest du nicht in
etwas bequemes schlüpfen?«
»Ja, in ein Taxi.«
Noch einmal mit Gefühl, 1960

O'Grady: »Sag mir mal, von welchem Planeten du stammst.« [7125]

*

Rasche: »Meine Ehe geht gerade zu Ende. Ich bin eine landesweite Autorität in Ehefragen. Wie sieht das dann wohl aus, wenn meine eigene Ehe in die Brüche geht?«
O'Grady: »Nimm doch wieder Drogen.« [7126]

*

Danny Nucci (Joey Donna): »Ich möchte, daß Sie mich ihr vorstellen.«
Marshall: »So als Mensch?« [7127]

*

Jamie Denton (Keith Marks, morgens): »Oh Gott! Was machst du denn hier?«
O'Grady: »Erzähl mir bitte nicht, daß du das nicht mehr weißt.«
Denton: »Jedenfalls wünschte ich, ich wüßte es nicht mehr.« [7128]

*

Marshal: »Ich annulliere dich, du Arschloch.« [7129]

***

NOCH HEUTE SOLLST DU HÄNGEN
(Star in the Dust)
USA 1956, Universal (Regie Charles Haas, Buch Oscar Brodney, nach dem Roman ›Law Man‹ von Lee Leighton)

*

»Orval, ich bin der Meinung, wir könnten uns die ganze Arbeit sparen. Früher hat man nicht extra einen Galgen gebaut, um jemanden aufzuhängen.«
James Gleason (Orval Jones): »Heute ist auch nicht früher. Seit Bill Jordan hier Sheriff ist, geht alles nach Vorschrift, selbst das Hängen.« [7130]

*

Leif Erickson (George Ballard): »Wir hängen Rinder- und Pferdediebe, warum sollten wir nicht Männer erschießen, die unsere Weiden stehlen?« [7131]

*

Richard Boone (Sam Hall): »MacNamara, das Gewehr weg! Los, aufmachen!«
Paul Fix (Mike MacNamara): »Und wenn ich es nicht tue? Die Schlüssel sind noch immer draußen.«
Boone: »Ich kann nur einmal hängen.« [7132]

NORDWEST-PASSAGE
(Northwest Passage)
USA 1940, MGM (Regie King Vidor, Buch Laurence Stallings, Talbot Jennings, nach dem Roman von Kenneth Roberts)

*

Walter Brennan (›Hunk‹ Marriner): »Danach lasse ich mich mit einem Panther ein.«
Spencer Tracy (Major Robert Rogers): »Nur zwei, drei Glas davon, und Sie brauchen auf den Panther nicht zu schießen. Man geht einfach hin zu ihm, küßt ihn und steckt ihn in den Schnappsack. Ohne lange zu fackeln.« [7133]

*

Robert Young (Langdon Towne): »Dich stechen die Moskitos wohl gar nicht?«
Brennan: »Nein.«
Young: »Reibst du dich mit irgend etwas dagegen ein, Hunk?«
Brennan: »Mit ranzigem Bärenfett, den Gestank haßt die Bande noch mehr als ich.«
Young: »Danke, ich bleibe bei den Moskitos.« [7134]

*

Hugh Southern (Jesse Beacham): »Wie weit ist das, Herr Major?«
Tracy: »Och, das erreichen wir wahrscheinlich mit Leichtigkeit in acht Tagen, und während der ganzen Zeit können Sie Ihre Mägen ausruhen.« [7135]

*

Tracy: »Schwer verletzt?«
Young: »Seit Tagen das erste, was ich in den Magen bekommen habe.« [7136]

***

NORMA RAE – EINE FRAU STEHT IHREN MANN
(Norma Rae)
USA 1979, Twentieth Century Fox (Regie Martin Ritt, Buch Irving Ravetch, Harriet Frank jr.)

*

Sally Field (Norma Rae): »So, den Topf laß ich erst mal einweichen.«
Pat Hingle (Vernon): »Da steht aber schon einer vom Frühstück rum.«
Field: »Dann hat er jetzt 'n Kumpel.« [7137]

*

Field: »Wer sich mit einem Köter einläßt, kriegt Flöhe.« [7138]

NORMAL LIFE
USA 1995, Spelling, Fine Line (Regie John Mc Naughton, Buch Peg Haller, Bob Schneider)

*

Ashley Judd (Pam Seaver Anderson): »Magst du keinen Hund, der dir die Pantoffeln holt und dir die Füße leckt?«
Luke Perry (Chris Anderson): »Ich dachte eigentlich, daß ich dich dafür hätte.« [7139]

*

Judd: »Wenn ich am Leben bin, will ich mich auch so fühlen, ich will richtig leben. Und wenn ich tot bin, will ich's auch sein.« [7140]

***

DIE NORMANNEN KOMMEN
(The War Lord)
USA 1965, Court, Universal (Regie Franklin J. Schaffner, Buch John Collier, Millard Kaufman, nach dem Stück ›The Lovers‹ von Leslie Stevens)

*

Guy Stockwell (Draco): »Wie schwer hat es doch so ein tugendhafter Mensch! Aber die seltsamste aller Tugenden ist wohl die Keuschheit.« [7141]

***

NORTH
USA 1994, New Line, Castle Rock, Columbia (Regie Rob Reiner, Buch Alan Zweibel, Andrew Scheinman, nach dem Roman von Alan Zweibel)

*

Bruce Willis (Erzähler): »Ich selbst habe in den 80ern nur 12½mal geduscht.« [7142]

***

NOSTALGHIA
I 1983, RAI, Opera, Sovin (Regie, Buch Andrej Tarkowskij)

*

Oleg Jankovsky (Andrei Gorchakov): »Wirf das *(Übersetzung russischer Gedichte)* weg! Sofort! (...) Poesie ist unmöglich zu übersetzen, wie alle Kunst.« [7143]

> »Wer sich mit einem Köter
> einläßt, kriegt Flöhe.«
> Norma Rae – Eine Frau steht ihren Mann

Domiziana Giordano (Eugenia): »Weißt du, was ein langweiliger Mensch ist? (...) Das ist einer, mit dem du lieber ins Bett gehst, statt ihm zu erklären, warum du keine Lust hast.« [7144]

***

NOTTING HILL
USA/UK 1999, Working Title, Notting Hill, PolyGram, Universal (Regie Roger Michell, Buch Richard Curtis)

*

Hugh Grant (William Thacker): »Also, es war schön, Sie kennenzulernen. Surreal, aber sehr schön.« [7145]

*

Grant: »Oh, mein Gott! Mein Mitbewohner. Tut mir leid, es (...) gibt keine Entschuldigung für ihn.« [7146]

*

Rhys Ifans (Spike): »Ich hol mir nur schnell was zu essen, und dann werd ich dir eine Geschichte erzählen, bei der schrumpfen dir die Eier auf die Größe von Rosinen.« [7147]

*

Ifans (über Roberts-Film): »Stell dir mal vor, irgendwo auf der Welt gibt es einen Mann, der sie küssen darf.« [7148]

*

Ifans: »Keine sauberen Sachen.«
Grant: »Die wirst du auch nie haben, wenn du nicht anfängst, die dreckigen zu waschen.« [7149]

*

Grant: »Denken Sie mal an den dümmsten Menschen, der Ihnen je untergekommen ist. Tun Sie das?«
Henry Goodman (Ritz Concierge): »Ja, Sir, ich kann ihn mir bildlich vorstellen.«
Grant: »Und dann halbieren Sie seinen IQ. Das ist dann der, äh, wie soll ich sagen, der Trottel, der hier bei mir wohnt.« [7150]

> »Weißt du, was ein langweiliger Mensch ist? (...) einer, mit dem du lieber ins Bett gehst, statt ihm zu erklären, warum du keine Lust hast.«
> Nostalghia

Tim McInnerny (Max): »Du hast aber nicht mit ihr geschlafen?«
Grant: »Das ist eine schäbige Frage, und die Antwort lautet: ›Kein Kommentar‹.«
McInnerny: »›Kein Kommentar‹ heißt ja.«
Grant: »Nein, heißt es nicht.«
McInnerny: »Hast du schon mal masturbiert?«
Grant: »Wieder kein Kommentar.«
McInnerny: »Na bitte, es heißt ja.« [7151]

*

Julia Roberts (Anna Scott): »Hast du Lust, noch mit raufzukommen?«
Grant: »Es gibt, glaube ich, viele Gründe, warum ich das lieber nicht tun sollte.«
Roberts: »Sehr viele Gründe. Hast du Lust, noch mit raufzukommen?«
Grant: »Ja.« [7152]

*

Grant: »Natürlich, eiskaltes Wasser.«
Alec Baldwin (Annas Freund): »Vorausgesetzt, in England ist es nicht verboten, Getränke unterhalb der Raumtemperatur zu servieren.« [7153]

*

Ifans: »In der Schule hatten wir auch eine, die Pandora hieß. Aber ich konnte noch nicht mal bis zu ihrer Büchse vorstoßen.« [7154]

*

McInnerny: »Anna ist eine Göttin. Und du weißt, was passiert, wenn sich Sterbliche mit Göttern einlassen.« [7155]

*

Grant: »Mein ganzes Leben ist ruiniert, weil ich keine Klatschblätter lese.« [7156]

*

McInnerny: »Ihr Name ist Tessa. Sie arbeitet in der Rechtsabteilung. Ihre Haare sind, zugegeben, ein wild wucherndes Gewächs, aber Sie hat was im Kopf und küßt wie eine Nymphomanin kurz vor der Hinrichtung.« [7157]

*

Grant: »Was ist ein Frutarier, Keziah?«
Emma Bernard (Keziah): »Na ja, wir glauben, Gemüse und Früchte besitzen eine Seele. Und deshalb halten wir Kochen für grausam. Wir essen nur Dinge, die von allein von den Sträuchern und Bäumen runterfallen, weil nur die richtig tot sind.« [7158]

*

Grant: »Ob ich einer Stehlampe genausoviel

bezahlen müßte, wenn ich sie an deiner Stelle hier beschäftigen würde?« [7159]

*

Roberts: »Der ganze Ruhm ist nichts wirklich Echtes, weißt du. Vergiß nicht, ich bin auch nur ein Mädchen, das vor einem Jungen steht und ihn bittet, es zu lieben.« [7160]

***

NUR 48 STUNDEN *(48 Hours)*
USA 1982, Gordon, Paramount (Regie Walter Hill, Buch Roger Spottiswoode, Walter Hill, Larry Gross, Steven E. De Souza)

*

Eddie Murphy (Reggie Hammond, in Hillbilly Bar): »Ich hab noch nie soviel bescheuerte Landeier auf einem Haufen gesehen. Allein von dem Gestank kriegt man ja die Krätze.« [7161]

*

Murphy: »Okay, hört zu! Ich kann Weiße auf 'n Tod nicht leiden. Und ich hasse Rassisten. Ihr vom Land seid alle Rassisten, deshalb macht mir das hier soviel Spaß.« [7162]

*

Murphy: »Weißt du, was ich bin? Ich bin der schlimmste Alptraum, den du je gehabt hast. Ich bin ein Nigger mit Polizeiausweis.« [7163]

*

Murphy: »Hör zu, Hoss! Du wirst deinen Laden hier in Zukunft gewissenhafter führen, damit ich dich nicht Nacht für Nacht kontrollieren muß. Du verstehst, was ich meine? ... Und all die andern Cowboys können sich das auch merken: Es ist ein neuer Sheriff in der Stadt.« [7164]

***

NUR MEINER FRAU ZULIEBE
(Mr. Blandings Builds His Dream House)
USA 1948, RKO (Regie H. C. Potter, Buch Norman Panama, Melvin Frank, nach dem Roman von Eric Hodgins)

*

Reginald Denny (Henry Simms, Architekt): »Ich befürchte nämlich bloß, daß das obere Stockwerk zweimal so groß wird wie das untere.« [7165]

*

Denny: »Vielleicht bauen Sie sich lieber nicht *ein* Haus, sondern eine Reihe kleiner Blockhäuser.« [7166]

Denny: »Da Sie Anwalt sind, hab ich angenommen ...«
Melvyn Douglas (Bill Cole): »Bei Narren, wie er einer ist, darf man das nicht.« [7167]

*

Douglas: »Jim, tu mir bitte einen Gefallen: Sollte jetzt wieder etwas zu entscheiden, zu zahlen oder festzulegen sein, dann überleg's dir vorher sorgfältig, und wenn du denkst, es ist richtig, dann vergiß die ganze Sache!« [7168]

***

NUR NOCH 72 STUNDEN *(Madigan)*
USA 1968, Universal (Regie Don Siegel, Buch Henri Simoun, Abraham Polonsky, nach dem Roman ›The Commissioner‹ von Richard Dougherty)

*

Harry Guardino (Detective Rocco Bonaro): »Du hast doch wohl nicht die Absicht, hier zu warten, bis wir höflich reingebeten werden, oder?« [7169]

*

Ed Crowley (Mann im Polizeirevier): »Wozu brauch ich 'n Anwalt? Ich war's ja.« [7170]

*

Richard Widmark (Detective Daniel Madigan): »Raubmord? In der Suchmeldung stand bloß, daß Benesch verhört werden sollte.«
Frank Marth (Lieutenant James Price): »Und da habt ihr euch gesagt: ›Ah, ist bloß ein kleiner Fisch.‹?«
Widmark: »Wir wollten Brooklyn nur einen Gefallen tun, weil wir wußten, wo er sich aufhält.«
Marth: »Ihr kamt rein, gabt ihm die Revolver und seid weggegangen?« [7171]

*

Widmark: »Benesch ist absonderlich sexuell veranlagt, um es mal zurückhaltend auszudrücken.« [7172]

*

Henry Fonda (Commissioner Anthony X. Russell): »Ich bin nicht ganz überzeugt, daß Madi-

---

> »Wozu brauch ich 'n Anwalt?
> Ich war's ja.«
> Nur noch 72 Stunden

gan einer unserer besten Männer ist. Ich hab immer den Verdacht, daß er sich irgendwo in den Straßen rumtreibt und etwas tut, was ich lieber nicht wissen möchte.« [7173]

*

Widmark: »Du mußt zurückkommen, Midge. Hier bist du zu weit weg vom Schuß.«
Michael Dunn (Midget Castiglione): »Ach, ich hab sowieso genug von der frischen Luft. Du bist mein Freund, ich stehe in deiner Schuld. Doch sorg wenigstens dann für ein anständiges und schönes Begräbnis, falls er mich erwischt, bevor du ihn erwischst!« [7174]

*

Guardino: »Dieser Freund von dir muß 'n ziemlicher Säufer sein. Hockt morgens schon in der Kneipe.«
Widmark: »Wir können uns unsere Freunde leider nicht aussuchen.« [7175]

*

Susan Clark (Tricia Bentley): »Ich glaube, du bist zu hart gegen andere und gegen dich selbst.«
Fonda: »Ich gehe nicht von meinem Weg ab.«
Clark: »Jetzt redest du wie ein Polizist.«
Fonda: »Ich bin ja auch Polizist.«
Clark: »Nein, du bist der Polizeipräsident.« [7176]

*

»Ja, was ist los?«
Widmark: »'tschuldigung, Nachbar! Ich dachte, Sie wären 'n Freund aus Cincinnati.«
»Wollen Sie etwa stänkern?«
Widmark: »Ich hab mich doch entschuldigt.«
»Ich laß mir von niemandem sagen, daß ich aussehe, als wäre ich aus Cincinnati.« [7177]

*

Guardino: »Was macht er denn um die Zeit im Kino?«
Dunn: »Ihm ist es zu hell hier draußen.« [7178]

»Benesch ist absonderlich sexuell veranlagt, um es mal zurückhaltend auszudrücken.«
Nur noch 72 Stunden

O

OCTOPUSSY
UK 1983, Eon, Danjaq, United Artists (Regie John Glen, Buch George MacDonald Fraser, Richard Maibaum, Michael G. Wilson)

*

»Sind Sie auch Tourist?«
Roger Moore (James Bond): »Nein, ich bin zum Vergnügen hier, Madam.« [7179]

***

DER ÖFFENTLICHE FEIND *(Public Enemy)*
USA 1931, Warner (Regie William A. Wellman, Buch Kubec Glasmon, John Bright)

*

James Cagney (Tom Powers): »Warum spielen Sie den Gönner? Wir haben doch noch nie was für Sie getan.«
Robert O'Connor (Paddy Ryan): »Bis jetzt noch nicht, aber vielleicht brauch ich selbst mal einen Freund. Ich bin ein bißchen älter als ihr und hab gelernt, daß man immer irgendwie auf andere angewiesen ist. Denkt dran, Jungs! Man braucht echte Freunde.« [7180]

*

O'Connor: »Für mich, Paddy Ryan, gibt es nur zwei Sorten Menschen, echte und falsche. Aber ich glaube, ihr seid echt, und ihr werdet sehen, daß ich es auch bin, wenn ihr nicht versucht, mich aufs Kreuz zu legen.« [7181]

*

Cagney: »He, du Dummkopf, der hat Gänge. Das ist kein Ford.« [7182]

*

Leslie Fenton (Nails Nathan): »Das bedeutet, Sie kaufen unser Bier oder gar kein Bier. Klar?« [7183]

*

Cagney: »Kommst heute noch mal so davon, aber eins sag ich dir zum letzten Mal: Wenn du Dutch nicht abnimmst, was er liefert, bist du dran. Und sofort den Zaster auf den Tisch! Und wenn nicht, kommt jemand vorbei und schlägt dir die Zähne einzeln aus. Verstanden?«
Edward Woods (Matt Doyle): »Ich glaube, du brauchst jetzt gleich was. Wieviel soll es denn sein?«
Lee Phelps (Steve): »Äh, zwei Fässer.«
Cagney: »Hast du gehört, Dutch? Bring fünf Fässer rein!« [7184]

*

Donald Cook (Mike Powers): »Ihr Mörder! Es ist nicht nur Bier in dem Faß, Bier und Blut, Blut von Menschen.« [7185]

*

Cagney: »Und deine Hände sind auch nicht so sauber. Du hast getötet und es hat dir gefallen. Die Orden hast du nicht bekommen, weil du mit den Deutschen Händchen gehalten hast.« [7186]

*

Fenton: »Ich will sofort die Kohlen, die Kohlen oder sein Herz. Wenn du das eine nicht bringen kannst, bring das andere!«
Cagney: »Ich bring dir beides.« [7187]

*

Cagney: »Hast du nichts zu trinken im Haus?«
Mae Clarke (Kitty): »Doch nicht vor dem Frühstück, Schatz.«
Cagney: »Riskier jetzt nicht 'ne große Lippe! Gib mir lieber was zu trinken!«
Clarke: »Ich hab's doch nicht so gemeint. Ich wünschte mir bloß ...«
Cagney: »Komm mir jetzt nicht wieder mit deiner Wünscherei! Ich wünschte, hier wäre ein tiefer Brunnen. Dann würde ich dir einen Eimer anbinden und dich runterlassen.« [7188]

*

Jean Harlow (Gwen Allen): »Bis jetzt war ich es nicht gewohnt, mit Fremden zu fahren.«

> *»Das bedeutet,
> Sie kaufen unser Bier
> oder gar kein Bier. Klar?«*
> Der öffentliche Feind

Cagney: »Wir werden nicht lange Fremde bleiben, Süße.« [7189]

*

Harlow: »Die Männer, die ich kannte, und glaube mir, es waren mehr als ein Dutzend, die waren alle so schrecklich nett, so höflich, so furchtbar rücksichtsvoll. Die meisten Frauen lieben diesen Typ. Wahrscheinlich haben sie Angst vor den anderen.« [7190]

*

Cagney: »Jetzt haben sie mich doch noch geschafft.« [7191]

***

EIN OFFIZIER UND GENTLEMAN
(An Officer and Gentleman)
USA 1981, Elfand, Lorimar, Paramount (Regie Taylor Hackford, Buch Douglas Day Stewart)

*

Louis Gossett jr. (Sergeant Emil Foley): »Oklahoma ist bekannt für zwei Dinge, Stiere und Schwule. Und was bist du, Mann? Ich sehe keine Hörner.« [7192]

*

Richard Gere (Zack Mayo): »Das *(Schlägerei)* hätte ich nicht tun dürfen, ich hätte ihn einfach stehen lassen sollen.«
Debra Winger (Paula Pokrifki): »Zack, er hat dir keine andere Wahl gelassen.«
Gere: »Ich hatte die Wahl. Ein Mann hat immer die Wahl.« [7193]

*

Winger: »Ich versuche, ein bißchen nett zu dir zu sein. Ich versuche, dein Freund zu sein, Zack.«
Gere: »Dann benimm dich wie ein Freund und scher dich raus!« [7194]

*

Winger: »Reizwäsche?«
Gere: »Wahnsinnig sexy, was?«
Winger: »Ohne bist du mir lieber.«
Gere: »Benimm dich, Baby!« [7195]

»Reizwäsche?«
»Wahnsinnig sexy, was?«
»Ohne bist du mir lieber.«
»Benimm dich, Baby!«
Ein Offizier und Gentleman

Winger: »Zack, ich bin deine Traumfrau. (...) Keine Angst, ich werde es nicht mit dir ernst nehmen. Und du wirst dich nicht in mich verlieben. Aber wie willst du mir widerstehen? Ich bin wie Süßigkeiten.« [7196]

*

Gossett jr.: »Man weiß nie genau, wo man seine Schwachstellen hat, bis man drauf gestoßen wird. Unter Streß zeigt sich auch der kleinste Makel im Charakter.« [7197]

***

OHNE ERBARMEN *(Ruthless)*
USA 1948, Eagle-Lion (Regie Edgar G. Ulmer, Buch S. K. Lauren, Gordon Kahn, nach dem Roman ›Prelude to Night‹ von Dayton Stoddart)

*

Zachary Scott (Horace Woodruff/Vendig): »Christa, appellierst du an meinen Sinn für Humor?« [7198]

*

Scott: »Vic, ich brauche dich.«
Louis Hayward (Vic Lambdin): »Du brauchst niemanden.«
Scott: »Du bist mein einziger Freund.«
Hayward: »Und ich hasse deinen Charakter.« [7199]

***

OHNE GEWISSEN
(This World, Then the Fireworks)
USA 1996, Muse, Balzac's Shirt, Wyman, Largo (Regie Michael Oblowitz, Buch Larry Gross, nach der Geschichte von Jim Thompson)

*

Billy Zane (Marty Lakewood, voice-over): »Man kann in diesem Leben 'ne Menge Ärger bekommen, aber auf keinen Fall will man, daß schießwütige Bullen versuchen, einem das Licht auszupusten.« [7200]

Zane (voice-over): »In dem Augenblick, wo jemand meint, er hätte mich und weiß, was mich antreibt, muß ich ihn eines Besseren belehren. Keiner kennt mich. Ich tue, was ich will und damit hat sich's.« [7201]

*

Zane: »Dein Körper steht dir wirklich gut.« [7202]

*

Zane: »Um eine Welt zu bilden, sind die verschiedensten Menschen nötig.« [7203]

OHNE SKRUPEL *(Shakedown)*
USA 1950, Universal (Regie Joseph Pevney, Buch Alfred Lewis Levitt, Martin Goldsmith, Story Nat Dallinger, Don Martin)

*

Anne Vernon (Nita Palmer): »Ich glaube nicht, daß wir uns kennen.«
Howard Duff (Jack Early): »Das läßt sich einfach ändern. Jack Early vom *Daily Record*.«
Vernon: »Glauben Sie ja nicht, daß ich jetzt glücklich bin.« [7204]

*

Lawrence Tierney (Coulton): »Gib es ihm Roy! ... Das Geld mein ich, das Geld.« [7205]

*

Tierney: »Jeder, der mich verpfeift, lebt nur noch von geborgter Zeit.« [7206]

***

THE OKLAHOMA KID *(Oklahoma Kid)*
USA 1939, Warner (Regie Lloyd Bacon, Buch Warren Duff, Robert Buckner, Edward E. Paramore)

*

James Cagney (Jim Kincaid): »Ich bringe ihn zurück. Ich bin ganz geschickt im Kutschenanhalten.« [7207]

***

THE OLD FASHIONED WAY
USA 1934, Paramount (Regie William Beaudine, Buch Garnett Weston, Jack Cunningham, Story Charles Bogle [=W. C. Fields])

*

W. C. Fields (The Great McGonigle): »Our unimpeachable integrity has never even been slightly questioned.« [7208]

*

Fields: »The soup sounds good.« [7209]

***

OLD GRINGO
USA 1989, Fonda, Columbia (Regie Luis Puenzo, Buch Aida Bortnik, Luis Puenzo, nach dem Roman 'Gringo Viejo' von Carlos Fuentes)

*

Jane Fonda (Harriet Winslow): »Sie können nicht schlafen?«
Gregory Peck (Ambrose Bierce): »Als ich jung war, hab ich genug geschlafen.« [7210]

***

OLIVER TWIST
UK 1948, Cineguild, Rank, Eagle-Lion (Regie David Lean, Buch David Lean, Stanley Haynes, nach dem Roman von Charles Dickens)

*

Kenneth Downy (Workhouse Master): »Meine Herren, ich bin der Ansicht, daß unsere Mildtätigkeit und Großmut mißbraucht wird. (...) Dieses Arbeitshaus ist, wie mir scheint, zu einem gesuchten Vergnügungsplatz für arme Leute geworden.« [7211]

***

ONE TOUGH COP
USA 1998, Patriot (Regie Bruno Barreto, Buch Jeremy Iacone, nach dem Buch von Bo Dietl, Ken Gross)

*

Edmonte Salvato jr. (Big Jelly, beim Pokern): »Tja, Duke, manchmal ist das Leben wie 'n Tritt in den Arsch.« [7212]

***

ORPHÉE
F 1950, Paulvé, Palais-Royal (Regie, Buch Jean Cocteau)

*

Jean Marais (Orphée): »Das Publikum liebt mich.«
Henri Crémieux (Mann im Café): »Sonst aber keiner.« [7213]

*

Marais: »Ist mein Fall eigentlich hoffnungslos?«
Crémieux: »Nein, wenn er das wäre, würde man Sie nicht hassen.« [7214]

*

François Périer (Heurtebise): »Die Spiegel sind die Pforten, durch die der Tod kommt und geht. Wenn Sie Ihr ganzes Leben wie in einem Spiegel betrachten, so werden Sie den Tod bei der Arbeit sehen, wie eine Biene in einem Bienenkorb aus Glas.« [7215]

*

Périer: »Wie gut, daß ich nicht mehr zu den Lebenden gehöre!« [7216]

> »Tja, Duke, manchmal
> ist das Leben wie 'n
> Tritt in den Arsch.«
> One Tough Cop

Périer: »Ihre Frau leidet genauso wie Sie.«
Marais: »Ach, glauben Sie bloß das nicht! Frauen lieben Verwicklungen aller Art.« [7217]

***

ORT DER WAHRHEIT
(Truth or Consequences, NM)
USA 1997, Higgins-Messick-Wayne, Triumph (Regie Kiefer Sutherland, Buch Brad Mirman)

*

John C. McGinley (Eddie Grillo): »Es gibt keinen Platz auf der Erde, wo du dich vor uns verstecken kannst.« [7218]

*

Kiefer Sutherland (Curtis Freyley): »Der Wagen gehörte meinem Daddy. Er hat ihn mir geschenkt, als ich 16 wurde. Das ist 'n 5,7 Liter, aufgemotzt auf 6,3, mit 'nem 85er Doppelvergaser.«
Mykelti Williamson (Marcus Weans): »Na wenn schon! Selbst wenn er Titten hätte, wir müssen den Wagen loswerden.« [7219]

*

Sutherland: »Versteh gar nicht, warum ihr mich so anschreit. Ich meine, ist doch alles ziemlich gut gelaufen.« [7220]

*

Williamson: »Scheiße, Mann! Wie lange dauert das hier noch?«
Vincent Gallo (Raymond Lembecke): »Das dauert noch genausolange, bis ich sage, wir gehen.« [7221]

*

Kim Dickens (Addy Monroe): »›Abhauen, so schnell wie möglich‹ ist nicht gerade 'n Plan.« [7222]

*

Dickens (gibt zwei Warnschüsse ab): »Okay, Gentlemen, und jetzt tief durchatmen! Laßt die Eier ein bißchen abkühlen, und pumpt das Blut wieder in den Kopf zurück!« [7223]

> »Okay, Gentlemen, ... tief durchatmen! Laßt die Eier ein bißchen abkühlen, und pumpt das Blut wieder in den Kopf zurück!«
> Ort der Wahrheit

Sutherland: »Das ist 'n Riesenspiel hier draußen, und jeder, der in dem Spiel mitspielt, der kennt auch die Regeln. Ich kenn die Regeln jedenfalls genau, der Cop, der kennt die Regeln auch. Er ist der Gute, ich bin der Böse. Sein Job ist es, mich zu schnappen, und mein Job ist es, daß er das nicht schafft. Ich werd alles tun, um das Spiel zu gewinnen.« [7224]

*

Kevin Pollak (Gordon Jacobson): »Sie ist so was, wie 'ne Klugscheißerin. Meine Kleine.« [7225]

*

Williamson: »Es gibt da eine unsichtbare Linie zwischen dieser Welt und deiner, Gordon. Aber die sieht man nicht, bis man sie mal überschritten hat. Und wenn du das tust, dann gibt's kein Zurück mehr.« [7226]

*

Sutherland: »Ihr seid vielleicht 'n paar Gangster! Wenn 's ernst wird, scheißt ihr euch ein. Ich glaube, du solltest dir noch mal überlegen, ob du wirklich in der richtigen Branche bist.« [7227]

*

Gallo: »He, ich brauch jetzt keine guten Ratschläge. Okay? Scheiß Ratschläge helfen mir jetzt auch nicht weiter. Ich brauch deine Hilfe.« [7228]

*

Gallo: »Es bleibt bei dem Preis, den ich genannt hab. Wir sind hier nicht auf 'm Flohmarkt.« [7229]

*

Gallo: »Nein, das war nicht Notwehr. Nein, Notwehr ist, ich hau dir eine rein, du haust mir eine rein, nicht, ich hau dir eine rein, du bringst mich um.« [7230]

*

Martin Sheen (Sir): »Ich liebe diesen Blick. Ich mach das schon 'ne ganze Weile, aber ich kann mich immer wieder für diesen Blick begeistern, diesen Ich-bin-bis-zum-Hals-in-der-Scheiße-Blick.« [7231]

*

Sheen: »Weißt du, meine Devise ist: ›Gib jedem Mann eine faire Chance!‹ Das heißt gewöhnlich, drei falsche Antworten. Wenn man gleich von vornherein jemanden zwingt, einem das zu sagen, was man wissen will, dann beraubt man ihn seiner Würde. Er bekommt das Gefühl, daß er nicht mal versuchen konnte, Rückgrat zu beweisen.« [7232]

*

Sheen: »Du hast mir gar nichts gesagt, Wayne. Du fängst an, mich zu verdrießen. Aber du wirst mir noch sagen, was ich wissen will, glaub mir. Ich hab das nur erwähnt, weil jeder mir das sagt, was ich wissen will. Irgendwann.« [7233]

***

OSSESSIONE – VON LIEBE BESESSEN
(Ossessione)
I 1943, ICI (Regie Luchino Visconti, Buch Luchino Visconti, Mario Alicata, Giuseppe De Santis, Antonio Pietrangeli, Gianni Puccini, nach dem Roman ›The Postman Always Rings Twice‹ von James M. Cain)

*

Massimo Girotti (Gino): »Hast du irgendwas mit dem Fettwanst da draußen zu tun?«
Clara Calamai (Giovanna): »Das ist mein Mann.« [7234]

*

Elio Marcuzzo (Spaniolo): »Weißt du, Gino, das Geld hat Beine und darum muß es laufen. Wenn es in den Taschen bleibt, setzt es nur Schimmel an.« [7235]

*

Calamai: »Nachdem du dich in so vielen Berufen rumgetrieben hast, kannst du auch den lernen.«
Girotti: »Es ist kein Beruf, wenn man im Haus eines Toten dessen Rolle spielt.« [7236]

***

DAS OSTERMAN WEEKEND
(The Osterman Weekend)
USA 1983, Davis-Panzer, Twentieth Century Fox (Regie Sam Peckinpah, Buch Alan Sharp, nach dem Roman von Robert Ludlum)

*

John Hurt (Lawrence Fassett): »Es wird nicht lange dauern. Ich geh nur weg, damit ich wiederkommen kann.« [7237]

*

Craig T. Nelson (Bernard Osterman): »Ich denke, dieses System braucht radikale Veränderungen.«
Jan Triska (Mikalovich): »Wie radikal ist ›radikal‹?«
Nelson: »Hm, extrem: gewaltsam, chaotisch, apokalyptisch. So in der Art, Sie wissen schon.« [7238]

*

Nelson: »Ich bin kein Revolutionär, sondern ein ausgebrannter Anarchist, der quasi von Erinnerungen lebt.« [7239]

*

Triska: »Wenn ich Sie recht verstanden habe, würde Geld Ihnen dazu verhelfen, zu einem Entschluß zu kommen?«
Nelson: »Ja. Ja, das hat immer gute Wirkung getan.« [7240]

*

Burt Lancaster (Maxwell Danforth): »Angenommen, ich würde Ihnen sagen, daß unsere Feinde in der Lage sind, rationales Denken zu beeinträchtigen, unsern Willen zur Selbstverteidigung abzubauen, eine ganze Gesellschaft ihrer Wertsysteme zu entfremden.«
Rutger Hauer (John Tanner): »Sie meinen, die haben auch das Fernsehen?« [7241]

*

Lancaster: »Sie müssen sich mit dem Gedanken trösten, daß Sie nie eine Wahl hatten. Ist immer so. Leider.« [7242]

*

Hurt: »In der Welt, die Sie gerade betreten haben, sind die Dinge selten so, wie sie zu sein scheinen.« [7243]

*

Nelson: »Es gibt ein Prinzip, nach dem ich zumeist lebe: Die Wahrheit ist eine nicht aufgedeckte Lüge.« [7244]

***

OUT OF SIGHT
USA 1998, Jersey, Universal (Regie Steven Soderbergh, Buch Scott Frank, nach dem Roman von Elmore Leonard)

*

George Clooney (Jack Foley): »Sag Buddy, wenn Glenn Michael wieder diese Sonnenbril-

---

> »Hast du irgendwas mit dem Fettwanst da draußen zu tun?«
> »Das ist mein Mann.«
> Ossessione – Von Liebe besessen

le aufhat, trete ich drauf. Ohne sie ihm vorher abzunehmen.« [7245]

*

Clooney: »Komm ich wieder rein, muß ich volle dreißig Jahre absitzen. Kannst du dir so was vorstellen?«
Jennifer Lopez (Karen Sisco): »Das muß ich nicht, ich überfalle keine Banken.« [7246]

*

Steve Zahn (Glenn Michaels): »Wenn ich nicht high wäre, hätten Sie mich niemals zu der Sache hier überreden können.« [7247]

*

Catherine Keener (Adele): »Eins muß man Jack lassen, er ist sehr rücksichtsvoll, Licht an oder aus.« [7248]

*

Clooney: »Wenn wir in Detroit sind, suchen wir uns als erstes Glenn und dann ein Fenster, um ihn rauszuwerfen.« [7249]

*

Lopez: »Verstehst du eigentlich das Ganze?«
Clooney: »Das muß ich nicht. So was passiert einfach.« [7250]

*

Lopez: »Du hast meinen Oberschenkel angefaßt.«
Clooney: »Aber auf nette Art.« [7251]

*

Lopez: »Glaubst du, ich würde dich erschießen?«
Clooney: »Wenn du es nicht machst, macht's 'n anderer.« [7252]

***

OUTLAND
UK 1981, Ladd, Warner (Regie, Buch Peter Hyams)

*

James B. Sikking (Montone): »Lassen Sie sich mit dem lieber nicht ein!«
Sean Connery (O'Niel): »Er ist ein Arschloch.«

> »Wenn wir in Detroit sind, suchen wir uns als erstes Glenn und dann ein Fenster, um ihn rauszuwerfen.«
> Out of Sight

Sikking: »Er ist aber ein sehr mächtiges Arschloch.« [7253]

*

Connery: »Klingt wundervoll.«
Peter Boyle (Sheppard): »Nichts ist hier wundervoll. Es funktioniert, das genügt.« [7254]

*

Frances Sternhagen (Dr. Lazarus): »Haben Sie Lust, sich zu besaufen?«
Connery: »Ja.«
Sternhagen: »Wenigstens ist *etwas* Vernunft übriggeblieben.« [7255]

*

Connery: »Danke sehr!«
Sternhagen: »Kommen Sie bloß nicht auf falsche Gedanken. Ich mache hier nicht auf guten Charakter, das ist nur vorübergehender Wahnsinn.« [7256]

***

THE OUTLAW
USA 1943, RKO (Regie Howard Hughes [und Howard Hawks], Buch Jules Furthman)

*

Walter Huston (Doc Holliday): »How about you and me having a little talk?«
Jack Buetel (Billy the Kid): »I don't believe in talk, unless the other fellow holds all the cards.« [7257]

*

Huston: »They're all alike *(Frauen)*. There isn't anything they wouldn't do for you ... or to you.« [7258]

*

Huston: »So long, Pat. Don't take any wooden nickles!« [7259]

***

OUTSIDE OZONA
USA 1998, Sandstorm, Millennium, NuImage (Regie, Buch J. S. Cardone)

*

Robert Forster (Odell Parks): »Das Leben ist nicht viel wert, wenn du's nicht mit einem andern Menschen teilen kannst.« [7260]

*

David Paymer (Alan Defaux): »Alles, was ich über die Arbeiterklasse weiß, ist, daß ich nicht dazugehören möchte.« [7261]

Penelope Ann Miller (Earlene Demers): »Okay, eins wollen wir doch mal klarstellen, Mr. Wit Roy: Mein Arsch gehört nicht dir. Der gehört mir. Und wenn ich dir gestatte, dich manchmal mit ihm zu befassen, dann nur wegen der Freundlichkeit meines Herzens.« [7262]

Jack Leal (Agent Caloca): »Mein Gott, wie kann man so etwas tun!«
Lucy Webb (Special Agent Ellen Deene): »Morden ist leicht. Damit zu leben, ist das Problem. Aber damit kommt er wohl gut zurecht.« [7263]

> *»Alles, was ich über die Arbeiterklasse weiß, ist, daß ich nicht dazugehören möchte.«*
> Outside Ozona

P

EIN PAAR WIE KATZ UND HUND
(After Office Hours)
USA 1935, MGM (Regie Robert Z. Leonard, Buch Herman J. Mankiewicz, Story Laurence Stallings, Dale Van Every)

*

Clark Gable (Jim Branch): »Eine Zeitung sollte jede Nachricht drucken, die sie finden, stehlen oder kaufen kann.« 7264

*

Charles Richman (Jordan, Verleger): »Es wäre mir gar nicht lieb, ohne Sie auskommen zu müssen.« 7265

*

Stuart Erwin (Hank Parr): »Sie sind ja noch klüger als Einstein, Boss.«
Gable: »Danke.«
Erwin: »Ich meine Max Einstein, den Wirt von der Imbißstube in der Vesey Street.« 7266

***

PADRE PADRONE
I 1977, Radio Italiano (Regie, Buch Paolo und Vittorio Taviani, nach dem Roman von Gavino Ledda)

*

Omero Antonutti (Gavinos Vater, voice-over): »Er raucht mit der Glut im Mund, damit er in der Nacht keine Zielscheibe abgibt, denn auf seinem Kopf lasten alte Racheschwüre.« 7267

»›Das Maß der Liebe ist, was man für sie bereit ist aufzugeben.‹ Wer hat das gesagt?«
Pandora und der fliegende Holländer

PALE RIDER – DER NAMENLOSE REITER
(Pale Rider)
USA 1985, Malpaso, Warner (Regie Clint Eastwood, Buch Michael Butler, Dennis Shryack)

*

Michael Moriarty (Hull Barret): »Ich bin nicht gekommen, um zu kämpfen.«
Charles Hallahan (McGill): »Dann wärst du besser gar nicht gekommen.« 7268

*

Clint Eastwood (Prediger): »Es geht doch nichts über ein schönes Stück Hickoryholz.« *(nachdem er vier Mann mit einem Hackenstiel verprügelt hat)* 7269

*

Eastwood: »Wenn man darauf warten will, bis eine Frau sich entscheidet, muß man sehr lange warten.« 7270

*

Eastwood: »Es gibt fast nichts, was man nicht mit Schweiß und harter Arbeit schaffen kann.« 7271

*

Eastwood: »Weißt du überhaupt, auf welcher Seite von dem Ding die Kugel rauskommt?« 7272

***

PANDORA UND DER FLIEGENDE HOLLÄNDER
(Pandora and the Flying Dutchman)
UK 1950, Dorkay, Romulus (Regie, Buch Albert Lewin)

*

Harold Warrender (Geoffrey Fielding): »›Das Maß der Liebe ist, was man für sie bereit ist aufzugeben.‹ Wer hat das gesagt?« 7273

*

Ava Gardner (Pandora Reynolds): »Bewahren Sie sich Ihren Mut für Stiere! Das Gesetz ist gegen Mord.« 7274

***

PANIK IN NEW YORK
(The Beast from 20,000 Fathoms)
USA 1953, Warner (Regie Eugène Lourié, Buch Lou Morheim, Fred Freiberger, nach der Geschichte ›The Foghorn‹ von Ray Bradbury)

*

Ross Elliott (George Ritchie): »Jedesmal, wenn eins von diesen Dingern *(Atombomben)* losgeht, hab ich das Gefühl, wir schreiben das ers-

te Kapitel einer neuen Schöpfungsgeschichte.«
Paul Christian [Hubschmid] (Professor Tom Nesbit): »Wir wollen nur hoffen, Ritchie, daß wir nicht das letzte Kapitel der alten schreiben.« [7275]

*

Cecil Kellaway (Professor Elson): »Wenn alles Seemannsgarn, das über Ungeheuer berichtet, zusammengeknüpft würde, könnte man an dem Tau bis zum Mond klettern.« [7276]

*

Christian: »Man hat mich schon das erste Mal für verrückt gehalten. Glauben Sie mir, das hat mir vollkommen genügt.«
Paula Raymond (Lee Hunter): »Spricht so ein Mann mit unbezähmbarem Wissensdurst? Haben Sie Angst, sich lächerlich zu machen.« [7277]

*

Kenneth Tobey (Colonel Jack Evans): »Fang nicht wieder davon an! (...) Ich seh mich direkt, wie ich vor dem General stehe und ihn um Erlaubnis bitte, nach einem vorsintflutlichen Ungeheuer zu suchen. An der Zwangsjacke werde ich meine Rangabzeichen nicht tragen dürfen.« [7278]

***

PAPER MOON
USA 1973, Saticoy, Paramount (Regie Peter Bogdanovich, Buch Alvin Sargent, nach dem Roman ›Addie Pray‹ von David Brown)

*

Ryan O'Neal (Moses Pray, am offenen Grab): »Amen, Essie-Mae. Ich möchte wetten, daß dein Hintern noch warm ist.« [7279]

*

R. O'Neal: »Ich hab auch Skrupel, verstanden? Weißt du, was das sind, Skrupel?«
Tatum O'Neal (Addie Loggins): »Keine Ahnung, aber wenn du sie hast, dann kann man 'ne Wette drauf abschließen, daß sie jemand anderm gehören.« [7280]

***

PAPILLON
USA 1973, Corona, General (Regie Franklin J. Schaffner, Buch Dalton Trumbo, Lorenzo Semple jr., nach dem Roman von Henri Charriere)

*

Dustin Hoffman (Louis Dega): »Ich glaub schon, daß es durchaus im Bereich des Möglichen wäre, daß ich, so lange, bis wir in einem anständigen Gefängnis mit bestechlichen Wärtern landen, vielleicht sogar Bedarf hätte, sagen wir, an persönlichem Schutz.« [7281]

*

Richard Farnsworth (Kopfgeldjäger): »Damit wir uns gleich verstehen: Tot bist du ebensoviel wert wie lebendig. Also entscheide dich!« [7282]

*

Hoffman: »Und du meinst, es *(Fluchtplan)* wird gehen?«
Steve McQueen (Papillon): »Ist das so wichtig?« [7283]

***

PARADE IM RAMPENLICHT
(Footlight Parade)
USA 1933, Warner (Regie Lloyd Bacon, Buch Manuel Seff, James Seymour, Story Robert Lord, Peter Milne)

*

Joan Blondell (Nan Prescott): »Solange es Bürgersteige gibt, findest du auch Arbeit.« [7284]

***

PARASITEN-MÖRDER *(The Parasite Murders)*
CAN 1976, DAL, CFDC (Regie, Buch David Cronenberg)

*

Sylvie Debois (Brenda Sviben): »Braucht man hier eine Waffe?«
Wally Martin (Portier): »Den Colt? Nein, den hab ich noch nie da rausgeholt. Ich muß ihn nur umhängen, weil die Konkurrenz damit angefangen hat.« [7285]

***

DAS PARFUM VON YVONNE
(Le Parfum d'Yvonne)
F 1994, Lambart, Zoulou, Rhône-Alpes, M6, Cofimage, Canal+, SNC (Regie, Buch Patrice Leconte, nach dem Roman ›Villa Triste‹ von Patrick Modiano)

> *»Solange es Bürgersteige gibt, findest du auch Arbeit.«*
> Parade im Rampenlicht

Hippolyte Girardot (Victor Chmara): »Ich bin ein wenig enttäuscht, daß du das fragst. Wenn du wirklich den Kopf verloren hättest, dann würdest du mich nicht nach der Uhrzeit fragen, sondern nach dem Tag.« [7286]

***

DER PARFÜMIERTE KILLER *(Railroaded)*
USA 1947, Producers Releasing Company (Regie Anthony Mann, Buch John C. Higgins, nach einer Geschichte von Gertrude Walker)

*

Jane Randolph (Clara Calhoun). »Glauben Sie, daß ich von ein paar Eisenstäben zu halten bin?«
Charles D. Brown (Captain MacTaggart): »Im allgemeinen hat es ganz gut funktioniert.« [7287]

*

Hermine Sterler (Mrs. Ryan): »Wer ist dieser Mr. Martin?«
Hugh Beaumont (Mickey Ferguson): »Einer von denen, für die man Gefängnisse baut.« [7288]

*

John Ireland (Duke Martin): »Habe ich Ihnen je von dem Kerl erzählt, den ich in Detroit umgelegt hab?«
Roy Gordon (Ainsworth): »Nein.«
Ireland: »Hab für ihn gearbeitet. Hat mich schlecht behandelt. Wir haben uns genauso unterhalten. Genau wie wir beide jetzt. Genau so.« [7289]

***

PASSION
F/CH 1982, Sara, Sonimage, A2, Film et Vidéeo, SSR (Regie, Buch Jean-Luc Godard)

*

Jerzy Radziwilowicz (Jerzy): »Man muß die Geschichten selbst erleben, bevor man sie erfindet.« [7290]

***

DIE PASSION DER BEATRICE
(La Passion Béatrice)
F 1987, Clea, AMLF, TF1, de la Tour, Little Bear, Scena, CNC, Sofica (Regie Bertrand Tavernier, Buch Colo Tavernier O'Hagan)

*

Bernard Pierre Donnadieu (François de Cortemare): »Der bloße Anblick Eurer Person raubt mir das bißchen Lebensfreude, das mir geblieben ist.« [7291]

*

Donnadieu: »Morgen gehen wir zur Jagd. Und das Wild wirst du sein.« [7292]

***

PASSION FISH
USA 1993, Atchafalaya, Mayfair (Regie, Buch John Sayles)

*

Marianne Mullerleile (Drushka): »Buchweizengrütze, ist gut für Stuhl.«
Mary McDonnell (May-Alice): »Ja, man sieht sofort, daß es was damit zu tun hat.« [7293]

McDonnell: »Hatten Sie mal die Aufsicht in einem Strafgefangenenlager?« [7294]

***

PAT GARRETT JAGT BILLY THE KID
(Pat Garrett and Billy the Kid)
USA 1973, MGM (Regie Sam Peckinpah, Buch Rudy Wurlitzer)

*

Kris Kristofferson (Billy the Kid): »Der alte Pat. Sheriff Pat Garrett. Hat sich an Santa Fe verkauft. Wie fühlt man sich dabei?«
James Coburn (Pat Garrett): »Tja, wie man sich fühlt, wenn sich die Zeiten geändert haben.«
Kristofferson: »Die Zeiten haben sich geändert, aber ich nicht.« [7295]

*

Kristofferson: »Ich habe gehört, er ist schnell. Aber ich müßte ihm erst mal gegenüberstehen, bevor ich das glaube.« [7296]

***

PAT & MIKE
USA 1952, MGM (Regie George Cukor, Buch Ruth Gordon, Garson Kanin)

*

Phyllis Povah (Mrs. Beminger): »Eins kann Mr. Beminger einfach nicht vertragen, nämlich zu verlieren. Es geht ihm dabei nicht ums Prinzip, sondern ums Geld.« [7297]

> »Der bloße Anblick Eurer Person raubt mir das bißchen Lebensfreude, das mir geblieben ist.«
> Die Passion der Beatrice

Katharine Hepburn (Pat Pemberton): »Mrs. Beminger, wenn Sie vielleicht mal die Nadel von der Langspielplatte nehmen würden, die Sie im Gesicht haben, wäre ich Ihnen sehr dankbar.« [7298]

*

Jim Backus (Charles Barry): »Was möchten Sie trinken?«
Hepburn: »'ne Menge.« [7299]

*

Spencer Tracy (Mike Conovan): »Sie sind ein wunderbarer Anblick. Wenn Sie *(Tennis)* spielen.« [7300]

*

Tracy: »Wieviel Ehrliche, meinst du, findet man unter hundert?«
Sammy White (Barney Grau): »Zwei, im Durchschnitt.«
Tracy: »Ich sage: drei.«
White: »Also gut, drei.«
Tracy: »Zu dumm, daß sie zu den Dreien gehört und nicht zu den 97. (...) Was für wunderschönes Geld hätten wir mit ihr machen können!« [7301]

*

Tracy: »Hast du ihr Gesicht gesehen?«
White: »Ja.«
Tracy: »Ein richtig ehrliches Gesicht.«
White: »Ja.«
Tracy: »Das ist an ihr das einzig Abstoßende.« [7302]

*

Tracy: »Gut gebaut, die Kleine.«
White: »Ja, das ist sie.«
Tracy: »Nicht viel dran, aber was sie hat, ist erstklassig.« [7303]

*

Tracy: »Ich glaube, es wird Zeit, dir die drei Fragen zu stellen, nicht wahr. Bist du bereit?«
Aldo Ray (Davie Hucko): »Hm.«
Tracy: »Wer hat dich gemacht, Hucko?«
Ray: »Du, Mike.«
Tracy: »Wem gehört das meiste von dir?«
Ray: »Dir, Mike.«
Tracy: »Was passiert, wenn ich dich fallen lasse?«
Ray: »Ich lande in der Gosse, Mike.«
Tracy: »Und?«
Ray: »Und bleibe da.« [7304]

*

Tracy: »Nun, was Sie brauchen, ist natürlich A: ein Manager, B: ein Promoter. Und das bin ich. A und B.« [7305]

*

Tracy: »Das genügt, Schätzchen, das genügt, sagen Sie nichts mehr. Es könnte natürlich immer noch sein, daß Sie aus einer Klapsmühle entsprungen sind. Aber wenn etwas an dem dran ist, was ... wenn an dem, was Sie sagen, nur das geringste dran ist, mache ich etwas aus Ihnen und zwar den König der Welt. Die Königin, mein ich.« [7306]

*

Tracy: »Tun Sie mir einen Gefallen, machen Sie's mir nicht so schwer! Es wird schwer genug, wenn Sie's mir leicht machen.« [7307]

*

Tracy: »So 'ne Mann-Frau-Geschichte, das muß 50 zu 50 sein, fifty-fifty.«
Hepburn: »Find ich auch.«
Tracy: »Er will 75 behalten. Sie wären nie fifty-fifty mit ihm. Warum wollen Sie sich denn an einen Kerl hängen, der Sie unterbuttert?« [7308]

*

Ray: »Ich hab keine Lust mehr, allein dahin zu gehen, wie in letzter Zeit.«
Tracy: »Was verlangst du von uns? Daß wir alle mit dir gehen? Prima! Wir drei könnten's dem andern Kerl schon zeigen, aber du bist jetzt ein großer Junge und mußt lernen, allein in den Ring zu gehen.« [7309]

*

Charles Buchinsky [=Bronson] (Hank Tasling): »Uns ist es egal, wie der Wettkampf ausgeht. Das einzige ist, wir wollen es vorher wissen.« [7310]

*

Bronson: »Was für 'ne scheiß Wette, ein Sieg, der einem nicht sicher ist. Zu verlieren, das ist 'ne Versicherung.« [7311]

»*Was möchten Sie trinken?*«
»*'ne Menge.*«
Pat & Mike

George Mathews (Spec Cauley): »Findest du es fair uns allen gegenüber, daß du auf einmal ehrlich wirst?«

Bronson: »Wie konntest du nur in so eine Klemme geraten?«

Tracy: »Seht euch die Bücher an! Ich wußte nicht, daß man auf ehrliche Weise so viel Geld machen kann.« [7312]

*

Hepburn: »Wenn es irgendwelchen Ärger gibt, will ich meinen Teil davon abhaben.« [7313]

Tracy: »Ich bin nicht sicher, ob ich Sie fertigmachen könnte oder Sie mich fertigmachen könnten, aber eins weiß ich genau.«
Hepburn: »Was?«
Tracy: »Gemeinsam machen wir sie alle fertig.« [7314]

***

DER PATE
(The Godfather)
USA 1972, Paramount (Regie Francis Ford Coppola, Buch Mario Puzo, Francis Ford Coppola, nach dem Roman von Mario Puzo)

*

Salvatore Corsitto (Bonasera): »Ich glaube an Amerika.« [7315]

*

Marlon Brando (Don Vito Corleone): »Warum gehst du zur Polizei? Warum kommst du nicht gleich zu mir?« [7316]

*

Al Pacino (Michael Corleone): »Mein Vater machte ihm ein Angebot, das er nicht ablehnen konnte.«
Diane Keaton (Kay Adams): »Was war das für eins?«
Pacino: »Luca Brasi hielt ihm einen Revolver hinters Ohr, und mein Vater versicherte ihm, entweder käme seine Unterschrift oder sein Gehirn auf den Vertrag.« [7317]

> »Wenn es irgendwelchen Ärger gibt, will ich meinen Teil davon abhaben.«
> Pat & Mike

Pacino: »So ist meine Familie, Kay, so bin ich nicht.« [7318]

*

John Marley (Jack Woltz): »Ich kenne so ungefähr jeden bedeutenden Anwalt in New York. Wer zum Teufel sind Sie?«
Robert Duvall (Tom Hagen): »Ich habe eine Spezialpraxis und nur einen Mandanten.« [7319]

*

Duvall: »Er bittet kein zweites Mal um einen Gefallen, wenn man ihm den ersten verweigert.« [7320]

*

Duvall: »Corleone ist Johnnys Patenonkel. Für einen Italiener hat das eine sehr tiefe, eine fast heilige Bedeutung.« [7321]

*

Duvall: »Vielleicht kann Ihr Chauffeur mich zum Flughafen bringen. Mr. Corleone besteht darauf, schlechte Nachrichten unverzüglich zu erfahren.« [7322]

*

Duvall: »Sollozzo ist bekannt als ›Der Türke‹. Angeblich ist er sehr geschickt mit dem Messer, aber nur wenn es ums Geschäft geht und nie ohne eine gewisse Berechtigung.« [7323]

*

Duvall: »Im Rauschgift liegen größere Gewinnmöglichkeiten als in jedem anderen Geschäft, und wenn wir nicht einsteigen, tut es jemand anders. Vielleicht eine der fünf Familien, möglicherweise alle fünf. Mit dem Geld, das sie dabei verdienen, können sie Polizei und immer mehr politische Macht kaufen. Und dann fallen sie über uns her. Schön, wir haben die Gewerkschaften, und wir haben das Glücksspiel. Etwas Besseres kann man im Augenblick nicht haben, doch Rauschgift ist das Geschäft der Zukunft, und wer sich daran nicht beteiligt, riskiert seine Position auf allen andern Gebieten, jetzt nicht, aber in zehn Jahren bestimmt.« [7324]

*

Brando: »Ich habe eine sentimentale Schwäche für meine Kinder, und ich habe sie verwöhnt, wie sie sehen. Sie reden, wenn sie zuhören sollten.« [7325]

*

Brando: »Du darfst nie einen Menschen, der

nicht zur Familie gehört, merken lassen, was du denkst.« 7326

*

Al Lettieri (Sollozzo): »Ich mag Gewalttätigkeit nicht, Tom. Ich bin Geschäftsmann. Blut ist mir zu kostspielig.« 7327

*

James Caan (Sonny Corleone, öffnet ein Paket mit Luca Brasis kugelsicherer Weste und zwei Fischen): »Was soll das, zum Teufel?«
Abe Vigoda (Tessio): »Das ist eine sizilianische Nachricht. Sie bedeutet, daß Luca Brasi bei den Fischen liegt.« 7328

*

Caan: »Tu du mir nur einen Gefallen, Tom: Keinen guten Rat mehr, wie man die Sache friedlich lösen kann! Hilf mir gewinnen!« 7329

*

Pacino: »Wo steht eigentlich geschrieben, daß du keinen Polizisten umbringen kannst?« 7330

*

Pacino: »Das dröhnt ja ganz schön.«
Richard Castellano (Clemenza): »Ja, ja, es ist immer günstiger, wenn sie ordentlich Krach macht. So kannst du am schnellsten aufdringliche Zuschauer loswerden.« 7331

*

Castellano »Gut, jetzt nimm mal an, du hast sie beide erwischt. Was machst du dann?«
Pacino: »Ich setze mich hin und speise weiter.«
Castellano: »Komm, Kleiner, keine Dummheiten! Du nimmst die Hand ganz unauffällig runter, und den Revolver läßt du fallen. Dann glaubt jeder, daß du ihn noch hast. Sie werden dir alle ins Gesicht starren, Mike. Du mußt so schnell wie möglich raus aus dem Lokal, aber du darfst nicht rennen. Du darfst niemand direkt ansehen, aber du darfst auch nicht wegsehen.« 7332

*

Castellano: »Dir kann überhaupt nichts passieren. Für dich ist damit alles gelaufen. Du nimmst einen längeren Urlaub, keiner weiß wo, und bei uns ist die Hölle los.« 7333

*

Pacino: »Meinst du, es wird schlimm für euch?«
Castellano: »Viel schlimmer als schlimm. Wahrscheinlich verbünden sich die andern Familien gegen uns. Aber das ist ganz in Ordnung,

so was muß alle fünf Jahre passieren oder alle zehn Jahre. So wird man böses Blut los. Vor zehn Jahren war es das letzte Mal. Schlecht ist, wenn es zu spät geschieht. Denk nur an Hitler damals in München! Sie hätten ihm das niemals durchgehen lassen dürfen. Das hat ihn noch mehr herausgefordert.« 7334

*

Talia Shire (Connie Rizzi): »Was hast du denn heute, Carlo?«
Gianni Russo (Carlo Rizzi): »Halt's Maul und deck den Tisch!« 7335

*

Richard Conte (Barzini): »Wenn Don Corleone alle Richter und alle Politiker in der Tasche hat, sollte er seine Freunde teilhaben lassen daran. Er muß auch andere Wasser aus seinem Brunnen schöpfen lassen. Natürlich kann er uns dafür eine entsprechende Rechnung präsentieren. Schließlich sind wir ja keine Kommunisten.« 7336

*

Pacino: »Mein Vater ist genauso wie jeder andere mächtige Mann, wie jeder Mann, der Verantwortung trägt für andere Menschen, wie ein Senator oder Präsident.«
Keaton: »Weißt du eigentlich, wie naiv du bist?«
Pacino: »Wieso?«
Keaton: »Senatoren oder Präsidenten lassen keine Menschen erschießen.«
Pacino: »Aha. Wer von uns ist naiv?« 7337

*

Pacino: »Meines Vaters Methode, seine Geschäfte zu handhaben, ist aus der Mode. Das weiß er selbst auch. Ich will damit sagen, daß die Corleone-Familie in fünf Jahren vollkommen legal leben wird.« 7338

*

John Cazale (Fredo Corleone): »Sag mal, glaubst du wirklich, er wird verkaufen? Moe

---

»*Was hast du denn heute, Carlo?*«
»*Halt's Maul und
deck den Tisch!*«
Der Pate

liebt dieses Geschäft. Er hat nie ein Wort über Verkauf zu mir gesagt.«
Pacino: »Ich werde ihm ein Angebot machen, das er nicht ablehnen kann.« [7339]

*

Alex Rocco (Moe Greene): »Weißt du, wer ich bin? Mein Name ist Moe Greene. Ich hab schon den ersten umgebracht, als du noch in den Windeln lagst.« [7340]

*

Vigoda: »Sag Mike, es war rein geschäftlich. Ich habe ihn gern gehabt.« [7341]

***

DER PATE II
(The Godfather Part II)
USA 1974, Coppola, Paramount (Regie Francis Ford Coppola, Buch Francis Ford Coppola, Mario Puzo, nach dem Roman von Mario Puzo)

*

G. D. Spradlin (Senator Pat Geary): »Ich habe für Leute wie Sie nicht viel übrig. Es gefällt mir nicht, daß Sie herkommen in dieses schöne saubere Land mit Ihren öligen Haaren, herausgeputzt in Ihren Seidenanzügen und daß Sie sich hier aufspielen, als wären Sie normale anständige Amerikaner. Ich werde mit Ihnen Geschäfte machen. Aber wenn es Sie interessiert, ich verabscheue Ihre Maskerade, die ganze Art Ihres Auftretens, das ganze verlogene Gehabe. Und das gilt für Ihre ganze beschissene Familie.« [7342]

*

Michael V. Gazzo (Frankie Pentangeli): »Und du maßt dir ein Urteil an, wie ich meine Familie zu führen habe?«
Al Pacino (Michael Corleone): »Deine Familie? Der Name deiner Familie ist noch immer Corleone.« [7343]

*

Pacino: »Sie sind Geschäftsleute, und das Geschäft ist ihnen wichtig. Ihre Treue beruht auch darauf. Das hab ich gelernt von meinem Vater, so denken zu können, wie die Leute in meiner Umgebung denken. Und du weißt sehr bald, daß es nichts Unmögliches gibt.« [7344]

*

Lee Strasberg (Hyman Roth): »Ich seh mir die Spiele immer wieder an, seitdem Rothstein die Weltmeisterschaftssieger von 1919 festgelegt hatte.« [7345]

*

Pacino: »Ich komme zu Ihnen, weil wieder Blut fließen wird. Ich möchte, daß Sie vorher Bescheid wissen, damit sich daraus nicht ein neuer Krieg entwickelt.«
Strasberg: »Niemand will einen neuen Krieg.« [7346]

*

Pacino: »Hier hat er zu mir gesagt: ›Deine Freunde müssen sich sicher bei dir fühlen, aber deine Feinde noch mehr.‹« [7347]

*

Danny Aiello (Killer): »Michael Corleone läßt schön grüßen.« [7348]

*

Strasberg: »Diese Burschen *(Fidel Castro und seine Jungs)* sind verrückt. Aber das weiß jeder hier.«
Pacino: »Mag schon sein, aber ich mußte daran denken, daß Soldaten fürs Kämpfen bezahlt werden, Rebellen aber nicht.«
Strasberg: »Was schließen Sie daraus?«
Pacino: »Sie könnten siegen.« [7349]

*

Strasberg: »Wenn ich nur das noch erleben könnte! Was würde ich dafür geben! Was ich dafür geben würde! Ich brauchte noch zwanzig Jahre. Von der Regierung protegiert, ungehindert, Geschäfte machen, mit wem man will, ohne die blödsinnige Aufsicht der Justizbehörden und der Spione des FBI. Neunzig Meilen entfernt als Berater, Geschäftspartner und Freunde dieser vernünftigen Regierung. Neunzig Meilen von Amerika. Ein Katzensprung. Dann den Mann zu finden, der gern Präsident der Vereinigten Staaten werden möchte, bringt für uns keine Schwierigkeiten mehr, denn das Geld, um ihm das zu ermöglichen, treiben wir auf. Michael, wir sind mächtiger als US Steel.« [7350]

> »Sag Mike, es war rein geschäftlich. Ich habe ihn gern gehabt.«
> Der Pate

Pacino: »Er bekommt von mir die Antwort.«
John Cazale (Fredo Corleone): »Welche Antwort?«
Pacino: »Hyman Roth wird das neue Jahr nicht erleben.« [7351]

*

Strasberg: »Jemand schoß ihm eine Kugel durchs Auge, und wer das angeordnet hat, weiß niemand. Ich kannte Moe und wußte, wie eigensinnig er war, daß er laut werden konnte und dummes Zeug redete. Ich nahm seinen Tod hin und rührte keine Hand. Und ich sagte zu mir selbst: ›Das ist eins der Mittel, die zu unserm Geschäft gehören.‹ Wer es angeordnet hatte, danach hab ich nicht gefragt, weil es nichts zu tun hat mit unseren Geschäftsbeziehungen.« [7352]

*

Strasberg: »Ich werde mich jetzt schlafen legen. Wenn ich aufwache, und das Geld liegt auf dem Tisch, dann weiß ich, daß ich einen Partner habe. Wenn es nicht da ist, dann habe ich keinen.« [7353]

*

Bruno Kirby (der junge Clemenza): »Glaubst du tatsächlich, daß er sich mit dem zufriedengeben wird, was du ihm bringst?«
Robert De Niro (Vito Corleone): »Du kannst dich darauf verlassen. Ich mach ihm den Vorschlag so, daß er ihn nicht ablehnen kann.« [7354]

*

Morgana King (Mama Corleone): »Von seiner Familie trennen? Niemals kann ein Mann das, niemals.« [7355]

*

Pacino: »Fredo, du bist nichts wert. Du bist weder ein Bruder noch ein Freund. Du existierst nicht mehr für mich.« [7356]

*

Pacino: »Hör zu! Es gibt Dinge zwischen Mann und Frau, die sind so, wie sie sind und werden sich niemals ändern. Jedenfalls nicht bei uns.« [7357]

*

Robert Duvall (Tom Hagen): »Mike, das ist undurchführbar. Die Polizei wird ihn hüten wie ein rohes Ei, das halbe FBI wird um ihn herumsein.«

Pacino: »Es ist nicht undurchführbar. Nichts ist undurchführbar.«
Duvall: »Genausowenig kannst du den Präsidenten umbringen. Es wird niemand an ihn rankommen.«
Pacino: »Tom, was ist denn auf einmal mit dir? Wenn etwas sicher ist in diesem Leben, und das hat die Geschichte uns gelehrt: Du kannst jeden ermorden.« [7358]

*

Duvall: »Willst du sie alle vernichten?«
Pacino: »Davon ist nicht die Rede, daß ich alle vernichten will. Nur meine Feinde, keinen andern.« [7359]

***

DER PATE – TEIL III *(The Godfather Part III)*
USA 1990, Zoetrope, Paramount (Regie Francis Ford Coppola, Buch Mario Puzo, Francis Ford Coppola)

*

Donal Donnelly (Erzbischof Gilday): »Das war eine ganz große Tat für Sizilien *(100-Millionen-Dollar Spende)*.«
Al Pacino (Michael Corleone): »Lassen Sie ins nur hoffen, daß die, die es brauchen, das Geld auch bekommen.«
Donnelly: »Amen.« [7360]

*

Diane Keaton (Kay Adams): »Seitdem du so ein bedeutender Ehrenmann bist, kommst du mir noch gefährlicher vor, als du früher warst. So, wie ich dich kenne, warst du mir noch lieber, als gewöhnlicher Mafiagangster.« [7361]

*

Pacino: »Ich habe getan, was ich konnte, nur um euch, euch alle vor den Schrecken dieser Welt zu schützen.«
Keaton: »Und so wurdest du mein Schrecken.« [7362]

*

Andy Garcia (Vincent Mancini): »Sein Name ist

> »Hör zu! Es gibt Dinge zwischen Mann und Frau, die sind so, wie sie sind und werden sich niemals ändern. Jedenfalls nicht bei uns.«
> Der Pate II

Anthony Scolliaro. Er wäscht seine Kugeln in Ameisensäure. Deshalb wird er ›die Ameise‹ genannt.« [7363]

*

George Hamilton (B. J. Harrison): »Ich mach mir lieber zuviel Sorgen.« (...)
Donnelly: »Dazu besteht kein Grund. Wir haben eine Vereinbarung.«
Hamilton: »So ist es. Aber woher hab ich wohl graue Haare?« [7364]

*

Joe Mantegna (Joey Zasa): »Mich drückt ein Stein in meinem Schuh, Mr. Corleone, ein kleiner Ganove, der für mich arbeitet. Dieser Ganove meint, daß er mit Ihnen verwandt ist.« [7365]

*

Mantegna: »Ich habe ein Problem. Und nun möchte ich gern wissen, ist dieses Problem mein Problem oder Ihr Problem.« [7366]

*

Pacino: »Was erwartet ihr von mir? Bin ich ein Gangster?« [7367]

*

Mantegna: »Mr. Corleone, jeder kleine Bastard lügt. Shakespeare hat das in seinen Gedichten geschrieben.« [7368]

*

Garcia: »Ich will für den Kerl nicht mehr arbeiten. Ich will für dich arbeiten.«
Pacino: »Für mich?«
Garcia: »Ja.«
Pacino: »Als was? Als Schläger? Ich brauche keine Schläger. Was ich brauche, sind Rechtsanwälte.« [7369]

*

Pacino: »Da es zwischen uns keinen Konflikt gibt, keine Schulden, danke ich für Ihre Respektsbezeugung. Ich wünsche Ihnen alles Gute.« [7370]

»Ich habe ein Problem.
Und nun möchte ich gern wissen,
ist dieses Problem mein
Problem oder Ihr Problem.«
Der Pate – Teil III

Donnelly: »Ich habe guten Freunden vertraut.«
Pacino: »Freundschaft und Geld, das ist wie Öl und Wasser.« [7371]

*

Eli Wallach (Don Altobello): »Michael, dein Vater war ein vernünftiger Mann. Lerne von ihm!« [7372]

*

Pacino: »Hüte dich, deine Feinde zu hassen! Es trübt dein Urteilsvermögen.« [7373]

*

Pacino: »Gerade wo ich denke, ich bin draußen, ziehen die mich wieder rein.« [7374]

*

Garcia: »Sie sind ein Mann der Finanzen und der Politik, Don Lucchesi. Das sind Dinge, von denen ich nichts verstehe.«
Enzo Robutti (Licio Lucchesi): »Sie verstehen etwas von Waffen, und Geld ist eine Waffe. Politik, das heißt zu wissen, wann man abzudrücken hat.« [7375]

*

Pacino: »Ich habe mein ganzes Leben lang nur versucht, nach oben zu kommen in der Gesellschaft, wo alles legal und ehrlich zugeht. Aber je höher ich aufsteige, um so verlogener und schlimmer wird alles.« [7376]

*

Pacino (zu Garcia): »Neffe, von diesem Augenblick an trägst du den Namen Corleone.« [7377]

*

Pacino: »Er sollte vorsichtig sein. Ehrliche Leute leben gefährlich.« [7378]

***

PATTY
(Patty Hearst)
USA/UK 1988, Atlantic, Zenith, Entertainment (Regie Paul Schrader, Buch Nicholas Kazan, nach dem Buch ›Every Secret Thing‹ von Patricia Campbell Hearst, mit Alvin Moscow)

Natasha Richardson (Patricia Campbell Hearst, voice-over): »Untersuche niemals deine Gefühle! Prüfe sie nicht! Denn sie sind keine Hilfe.« [7379]

*

Richardson: »Sie hassen mich.«
Frances Fisher (Yolanda): »Ja. Aber sie lieben es, dich zu hassen.« [7380]

PAUL EHRLICH – EIN LEBEN FÜR DIE FORSCHUNG (Dr. Ehrlich's Magic Bullet)
USA 1940, Warner (Regie William Dieterle, Buch John Huston, Heinz Herald, Norman Burnside, Story Norman Burnside)

*

Ruth Gordon (Hedy Ehrlich): »Du tust alles, was in deiner Macht steht.«
Edward G. Robinson (Dr. Paul Ehrlich): »Das tröstet mich wenig, denn es ist nichts.« 7381

*

Robinson: »Wenn ich keine Zigarre im Mund hab, kann ich nicht überlegen. Der Tabak regt mich an.« 7382

*

Maria Ouspenskaya (Franziska Speyer): »Dürfen wir darüber Näheres erfahren?«
Robinson: »Vorsicht, Frau Speyer! Sonst halte ich einen langen Vortrag.« 7383

***

PAULINE AM STRAND
(Pauline à la plage)
F 1982, Losange, Ariane (Regie, Buch Eric Rohmer)

*

Amanda Langlet (Pauline): »Das klingt aber ziemlich anmaßend. Du hältst dich nicht zufällig für den Mittelpunkt der Welt?« 7384

***

PAYBACK – ZAHLTAG (Payback)
USA 1998, Icon, Warner (Regie Brian Helgeland, Buch Brian Helgeland, Terry Hayes, nach dem Roman ›The Hunter‹ von Richard Stark [=Donald E. Westlake])

*

Mel Gibson (Porter, voice-over): »Schußwaffenverletzungen. Sie müssen von Ärzten und Krankenhäusern der Polizei gemeldet werden. Das macht es für Männer in meiner Situation schwer, das zu bekommen, was ich gute ärztliche Versorgung nenne.« 7385

*

Gibson (voice-over): »Nicht viele Männer wissen, was ihr Leben wert ist. Ich weiß es. 70 Riesen. Die hatte man mir abgenommen, und die wollte ich mir zurückholen.« 7386

*

Gibson (voice-over): »Ein altes Sprichwort sagt: ›Die Zeit heilt alle Wunden.‹ Man könnte meinen, nachdem ich fünf Monate lang auf der Schnauze gelegen habe, hätte ich jeden Gedanken an Rache aufgegeben, ich wäre weiterhin der Gute und würde die Sache auf sich beruhen lassen. Die Guten sind was Feines. Man braucht schließlich jemanden, den man ausnutzen kann. Aber die Guten sind immer die Verlierer.« 7387

*

Gregg Henry (Val Resnick, zum hinterrücks angeschossenen Gibson): »Ich möchte wetten, du versuchst jetzt 'n paar Rätsel zu lösen, hä?« 7388

*

David Paymer (Stegman): »Ich bin heilfroh, daß er nicht hinter mir her ist. Ich kann mir vorstellen, wie du dich fühlen mußt.« 7389

*

Henry: »Wer bin ich? Ein Niemand? (...) Ich hab Freunde. Ich zeige nur auf ihn, das reicht. Ich nehme ein Telefon, sag seinen Namen, und er krepiert. Und dieses Mal ist er endgültig tot.« 7390

*

Gibson: »Ich hab gehört, Sie können einem was besorgen, wenn man 'ne horizontale Erfrischung braucht.« 7391

*

Maria Bello (Rosie): »Wie stark bist du, Porter? Ich persönlich halte dich für den stärksten und härtesten Mann, dem ich je begegnet bin. Aber ich frage mich, ob das wohl reicht.« 7392

*

Bello: »Wie ich dich kenne, willst du diesem Resnick etwas antun, das ihm nicht gefällt.«
Gibson: »Ja, ich bring ihn um.« 7393

*

William Devane (Mr. Carter): »Es gibt drei Möglichkeiten, darauf zu reagieren. Erstens: Wir könnten Ihnen helfen. Zweitens: Wir könnten Ihnen erlauben, sich selbst zu helfen. Und drittens: Wir könnten Sie durch jemand anderen ersetzen.« 7394

»Wenn ich keine Zigarre im Mund hab, kann ich nicht überlegen. Der Tabak regt mich an.«

Paul Ehrlich – Ein Leben für die Forschung

Devane: »Eines seiner Prinzipien war schon immer: ›Wenn du etwas nicht verstehen kannst, dann beseitige es!‹« [7395]

Bill Duke (Detective Hicks): »Wir wollen keinen Ärger haben. Und du siehst nach 'ner Menge Ärger aus.« [7396]

Gibson (voice-over): »Kriminelle Cops! Gibt's überhaupt andere? Wenn ich ein bißchen dümmer wäre, hätte ich selber einer werden können.« [7397]

Bello: »Ich denke, daß die Gerüchte über deinen gewaltsamen Tod wahr sind. Du bist nur zu stur, es zuzugeben.« [7398]

Henry: »Sie würden mich umbringen.«
Gibson: »Du solltest erst mal dran denken, was *ich* mit dir mache.« [7399]

Gibson: »Hast du Feuer?«
Henry: »Nein.«
Gibson: »Wozu brauch ich dich dann noch?« *(erschießt ihn)* [7400]

Gibson: »He, Jungs, tut ihr mir einen Gefallen?«
Duke: »Helfen ist unser Beruf.« [7401]

Gibson: »Ich kam zurück und hatte absolut nichts, keine Zukunft, keine Hoffnung. Du warst das einzig Gute in meinem Leben, das sie mir nicht weggenommen hatten. Und ich konnte nicht widerstehen. Ich mußte dich wiedersehen, um zu wissen, ich bin nicht in der Hölle.« [7402]

Gibson: »Sie hatten völlig recht, mir nicht zu vertrauen.« [7403]

Gibson (voice-over): »Wir fuhren zum Frühstücken nach Kanada. Und wir trafen eine Abmachung: Wenn sie nicht mehr auf den Strich geht, höre ich auf, Leute umzubringen. ... Vielleicht haben wir uns zuviel vorgenommen.« [7404]

***
PEE-WEES GROSSES ABENTEUER
(Pee-Wee's Big Adventure)
USA 1985, Mainline, Aspen, Shapiro, Warner (Regie Tim Burton, Buch Phil Hartman, Paul Reubens, Michael Varhol)

Diane Salinger (Simone): »Er ist in der Schule in Französisch durchgefallen. Seitdem glaubt er, daß die Franzosen ganz wild darauf sind, Jungs wie ihn blöd dastehen zu lassen.« [7405]

***
PEGGY SUE HAT GEHEIRATET
(Peggy Sue Got Married)
USA 1986, Delphi IV, Rastar, Gurian, Zoetrope, TriStar (Regie Francis Ford Coppola, Buch Jerry Leichtling, Arlene Sarner)

Lisa Jane Persky (Delores Dodge): »Wie ist es, bei der Sexuellen Revolution nicht dabeigewesen zu sein?« [7406]

Catherine Hicks (Carol Heath): »Du mußt die Männer wie Häuser betrachten, dich jedesmal verbessern.« [7407]

Nicolas Cage (Charlie Bodell, zu sich): »Geh und hol sie dir, Tiger!« [7408]

***
A PERFECT WORLD
USA 1993, Malpaso, Warner (Regie Clint Eastwood, Buch John Lee Hancock)

Clint Eastwood (Red Garnett): »Es geht hier nicht um eine Gefängnisflucht, sondern um eine Großfahndung. Und durch verworrenes Gerede wird das nicht erledigt.«
Laura Dern (Sally Gerber): »Und wodurch dann?«
Eastwood: »Man muß 'ne Nase wie 'n Spürhund haben und sich auf seinen Riecher verlassen können. Und man braucht viel Kaffee.« [7409]

Kevin Costner (Butch Haynes): »Du warst gerade dabei, mir zu drohen.«

> »Du mußt die Männer wie Häuser betrachten, dich jedesmal verbessern.«
> Peggy Sue hat geheiratet

Keith Szarabajka (Terry Pugh): »Ist keine Drohung *(zeigt Revolver),* ist 'ne Tatsache.«
Costner: »Hier, Kleiner, nimm mal das Lenkrad. In zwei Sekunden brech ich dir die Nase. Das ist 'ne Drohung. *(gibt im eins auf die Nase)* Und das ist 'ne Tatsache.«
Szarabajka: »Dafür werd ich dich umbringen.«
Costner: »Das ist wieder 'ne Drohung. Verstehst du jetzt den Unterschied?« [7410]

*

Szarabajka: »Du bist total bescheuert, Mann!«
Costner: »Und das ist 'ne Tatsache. Ich glaub, langsam kriegst du's raus.« [7411]

*

Eastwood: »Wenn Sie mich ein wenig besser kennen, werden Sie rauskriegen, daß Sie's mit 'nem strammen Hintern und Sinn für Humor weit bringen können.« [7412]

*

Dern: »Auf keinen Fall will ich für Sie den Deppen abgeben, damit Sie den Helden für einen Haufen Vollidioten spielen können, die Sie für eine Art Hillbilly Sherlock Holmes halten.« [7413]

*

Eastwood: »Wenn ich einem mal auf die Zehen trete oder seinen Stolz verletze, dann geb ich hinterher einen aus. Aber jetzt gibt's wichtigere Dinge, über die ich nachdenken muß.« [7414]

*

Costner: »So wahnsinnig nett grinsende Verkäuferinnen hab ich ja noch nie gesehen.« [7415]

*

Costner: »Daß wir uns richtig verstehen: Stehlen ist nicht gut. Okay? Aber wenn du was ganz nötig brauchst, und du hast keine Mäuse, dann ist das okay, wenn man sich was ausleiht. So was nennt man die Ausnahme von der Regel.« [7416]

*

Bradley Whitford (Bobby Lee): »Also ich glaube, Beruf und Vergnügen gehören ganz natürlich zusammen. Finden Sie nicht? Ich, zum Beispiel, ich liebe meine Arbeit.«
Dern: »Das tat Hitler auch.« [7417]

*

Eastwood: »Wie möchten Sie Ihr Steak, Sally?«
Dern: »Blutig.«
Eastwood: »Gut, ich wisch ihm den Arsch ab, treib ihn hierher, dann können Sie sich 'ne Scheibe abschneiden.« [7418]

Costner: »Nein, ich bin kein guter Mensch. Und auch kein schlechter. Einfach 'ne Klasse für sich.« [7419]

***

EIN PERFEKTER MORD *(A Perfect Murder)*
USA 1998, Kopelson, Warner (Regie Andrew Davis, Buch Patrick Smith Kelly, nach dem Stück ›Dial M for Murder‹ von Frederick Knott)

*

Michael Douglas (Steven Taylor): »Na, wie war dein Tag? Irgendwelche Fortschritte bei der Rettung der Welt?« [7420]

*

Douglas: »Eine halbe Million Dollar, steuerfrei.«
Viggo Mortensen (David Shaw): »Nur damit ich Emily verlasse?«
Douglas: »Ich hab gesagt, steuerfrei, nicht umsonst.« [7421]

*

Mortensen: »Wieso?«
Douglas: »Ich finde es sehr nett von Ihnen, daß Sie neugierig sind, aber meine Gründe gehen Sie nichts an.« [7422]

*

Douglas: »Sie sollten mir dankbar sein *(für das Messer in den Bauch).* Künstler sind wesentlich gefragter, wenn sie tot sind.« [7423]

***

PERLEN ZUM GLÜCK *(Desire)*
USA 1936, Paramount (Regie Frank Borzage, Buch Edwin Justus Mayer, Waldemar Young, Samuel Hoffenstein, nach dem Stück ›Die schönen Tage von Aranjuez‹ von Hans Székely, Robert A. Stemmle)

*

John Halliday (Carlos Margoli): »Wer war dieser Mann?«
Marlene Dietrich (Madeleine de Beaupré): »Ein Amerikaner.«
Halliday: »Nun, das macht die Sache einfach. Kein Problem, ihn rauszufinden aus rund hun-

> »So wahnsinnig nett grinsende Verkäuferinnen hab ich ja noch nie gesehen.«
> A Perfect World

dert Millionen Amerikanern. Wie heißt der Mann?«
Dietrich: »Ich weiß nicht.«
Halliday: »Gut, dann sind wir in unserer Suche ja durch rein gar nichts belastet.« [7424]

*

Halliday: »Ich denke, ich führe mich stets als Gentleman auf.«
Dietrich: »Und ich hoffe, das tust du auch weiter.«
Halliday: »Auch Manieren haben Grenzen.« [7425]

*

Halliday: »Hübsch ruhig bleiben! Sonst bleiben wir fünf Jahre lang ruhig.« [7426]

*

Dietrich: »Wissen Sie, Mr. Bradley, ich hätte nie gedacht, daß ich Sie mag.«
Gary Cooper (Tom Bradley): »Ich wußte es. Ich wachse jedem ans Herz.« [7427]

*

Zeffie Tilbury (Tante Olga): »Hör zu, Madeleine! Du kennst Carlos ebensogut wie ich. Er hat eine so sehr sanfte Seele. Aber nach seinen Akten zu urteilen, da muß er auch unangenehme Züge haben und kann verdammt schwierig werden.« [7428]

*

Dietrich: »Was würdest du sagen, wenn ich gelogen habe? Wenn du erfährst, daß ich keine Gräfin bin?«
Cooper: »Hör zu! Ich würde dich auch heiraten als Prinzessin oder Königin. Ich bin kein Snob.« [7429]

*

Cooper: »Sagen Sie, Eure Hoheit, Sie sind doch ein Mann von großer Erfahrung. Sie wissen genau, wie die Dinge so laufen. Schätzen Sie, es wird Krieg geben?«
Halliday: »Ich hoffe nicht. Ich war immer ein Mann des Friedens. Aber wie die Situation im Moment aussieht, wo sich niemand mehr um die eigene Sache kümmert, da kann man nicht sagen, was passieren wird.«
Dietrich: »Sag mal, Tom, wie würde sich wohl Amerika verhalten, wenn es wirklich zu einer Krise käme?«
Tilbury: »Wenn Amerika klug ist, wird es sich nicht in europäische Fragen einmischen.«
Cooper: »Aber manchmal werden wir da reingezogen, und dann, natürlich, muß man damit fertig werden.«
Halliday: »Man darf Amerika aber nie unterschätzen. Das wäre dumm und naiv. Es ist ein großes Land.«
Cooper: »Ein Meter neunzig, Sir.« [7430]

*

Cooper: »Verschwunden. Wo ist es? In meinem Magen? Mm. Das denken Sie nur. Ist es aber nicht. Es ist in der Innentasche Ihres Jacketts, und es ist kein Huhn mehr, sondern es hat sich gewandelt in eine Perlenkette.«
Halliday: »Geradezu unglaublich. Sehen wir nach, ob Sie recht haben. Sie haben recht. Es ist in meiner Innentasche. Aber es verwandelte sich nicht in ein Perlencollier, es verwandelte sich darin *(Revolver)*.« [7431]

*

Cooper: »Pedro! (...) Diese Platte in die Küche und das Frikassee entwaffnen!« [7432]

***

PERMANENT VACATION
USA 1980, Cinethesia (Regie, Buch Jim Jarmusch)

*

Chris Parker (Allie): »Sometimes I think I should just live fast and die young and go in a three piece white suit like Charlie Parker.« [7433]

*

Leila Gastil (Leila): »I'm tired of being alone.«
Parker: »Everyone is alone. That's why I just drift, you know. People think it's crazy. But it's better to think you're not alone, you know, when you're drifting, even though you are, instead of just you know you're alone all the time. Some people, you know, they, they can distract themselves with ambitions and motivation to work, you know, but it's not for me.« [7434]

*

Parker: »I guess you can say it's wreckless but it's the only way for me.« [7435]

> »Hübsch ruhig bleiben!
> Sonst bleiben wir
> fünf Jahre lang ruhig.«
> Perlen zum Glück

Parker: »I know that when I get the feeling, you know, the drift is gonna take me.« [7436]

***

PETER GUNN
USA 1989, New World TV (Regie, Buch Blake Edwards)

*

Charles Cioffi (Tony Amatti): »Wenn ich Julius hätte töten können, ohne einen Krieg damit anzuzetteln, wäre er schon seit Jahren tot. Ich weiß nicht, ob er dasselbe empfunden hat. Wir mochten einander nicht, aber wir sind Geschäftsleute. Zuerst kommt das Geschäft.« [7437]

*

Peter Strauss (Peter Gunn): »Das bleibt vertraulich.«
Peter Jurasik (Lieutenant Jacobi): »Seit wann legen Schnüffler den hippokratischen Eid ab?« [7438]

*

Jurasik: »Was hältst du davon, wenn du morgen mal vorbeikommst?«
Strauss: »Um welche Zeit?«
Jurasik: »Wenn du aufgestanden bist, so um Mittag.« [7439]

*

Strauss: »Nehmen Sie es nicht persönlich, aber ich möchte den Auftrag lieber nicht haben.«
Cioffi: »Wären Sie vielleicht lieber tot?«
Strauss: »Habe ich die Wahl?«
Cioffi: »Nein.«
Strauss: »Sie verstehen es zu verhandeln, ... Boss.« [7440]

*

Strauss: »Denkst du, ich würde so etwas erfinden?«
Barbara Williams (Edie Hart): »Ja, ich denke, du würdest so etwas erfinden, damit du sagen kannst: ›Denkst du, ich würde so etwas erfinden?‹« [7441]

*

Strauss: »Vielleicht kannst du mir dann mal erklären, warum ich überhaupt hier stehe und dich zu überzeugen versuche.«
Williams: »Sicher. Du verschwendest gern Zeit.« [7442]

*

(Türsteher, bringt Strauss mit Schirm zum Cabrio): »Wieso haben Sie kein Verdeck?«
Strauss: »Das habe ich.«
(Türsteher): »Wo ist es?«
Strauss: »In meiner Garage. Da bleibt es trocken.« [7443]

*

Debra Sandlund (Sheila Shaw): »Wenn Tony es (Seitensprung) erfährt, wird er mich vermutlich umbringen.«
Strauss: »Sie haben vermutlich etwa zur Hälfte recht.« [7444]

*

Strauss: »Beim Reinkommen vorhin roch es im Flur nach Kordit.«
Sandlund: »Kordit?«
Strauss: »Schießpulver. Hatten Sie Ärger mit dem Milchmann, oder hat die Waffensammler- und Sportschützen-Vereinigung ein neues Parfum auf den Markt geworfen?« [7445]

***

PETER IBBETSON
USA 1935, Paramount (Regie Henry Hathaway, Buch Vincent Lawrence, Waldemar Young, nach dem Roman von George du Maurier und dem Stück von John Nathaniel Raphael)

*

Anne Harding (Mary, Duchess of Towers): »Du brauchst keine Angst zu haben, Peter. Die seltsamsten Dinge sind wahr, und die wahrsten Dinge sind oft seltsam.« [7446]

***

PETER'S FRIENDS
UK 1992, Renaissance, Goldwyn, Channel Four (Regie Kenneth Branagh, Buch Martin Bergman, Rita Rudner)

*

Stephen Fry (Peter, bei der überschwenglichen Begrüßung): »Maggie, wir haben nur drei Tage. Es wär doch schön, wenn wir einen Teil davon im Haus verbringen könnten.« [7447]

*

Kenneth Branagh (Andrew): »Falls es 'n Gott

> »I know that when I get the feeling, you know, the drift is gonna take me.«
> Permanent Vacation

gibt, macht er verdammt oft Mittagspause.« [7448]

DER PFERDEFLÜSTERER
(The Horse Whisperer)
USA 1998, Wildwood, Touchstone (Regie Robert Redford, Buch Eric Roth, Richard LaGravenese, nach dem Roman von Nicholas Evans)

*

Kristin Scott Thomas (Annie MacLean): »Ich habe diesen Artikel gelesen, in dem stand, daß Sie Menschen mit Pferdeproblemen helfen können.«
Robert Redford (Tom Booker): »Eigentlich helfe ich eher Pferden mit Menschenproblemen.« [7449]

*

Thomas: »Es ist mir auch egal, ob man mich für verrückt hält, denn bisher hatte keiner 'ne bessere Idee.« [7450]

*

Scarlett Johansson (Grace MacLean): »Warum trägst du eigentlich immer diesen Hut?«
Ty Hillman (Joe Booker): »Weil er auf meinen Kopf paßt.« [7451]

*

Thomas: »Im nachhinein ist immer alles einfach: Wir passen nicht zueinander, hätten wir es nur damals geahnt.«
Redford: »Ich liebte sie nicht, weil wir zueinander paßten, ich liebte sie einfach.« [7452]

***

PHANTOM IM PARADIES
(Phantom of the Paradise)
USA 1974, Pressman-Williams, Twentieth Century Fox (Regie, Buch Brian de Palma)

*

Paul Williams (Swan): »Nichts ist harmloser als Tinte, Winslow. Unterschreib!« [7453]

*

Williams: »Sie ist groß, sie ist perfekt, aber du

»Warum trägst du eigentlich
immer diesen Hut?«
»Weil er auf meinen Kopf paßt.«
Der Pferdeflüsterer

---

weißt, daß ich es hasse, wenn außer mir jemand perfekt ist.« [7454]

***

PHILADELPHIA
USA 1993, Clinica Estetico (Regie Jonathan Demme, Buch Ron Nyswaner)

*

Denzel Washington (Joe Miller): »Sie erklären mir das jetzt, als ob ich sechs Jahre alt wäre. Klar?« [7455]

*

Washington: »Die ganze Straße ist frei, bis auf diesen einen kleinen Bereich, wo gebaut wird. Da ist ein großes Loch, das ist deutlich markiert und abgesperrt. Ja?«
Warren Miller (Mr. Finley): »Ja.«
Washington: »Sie entschließen sich, an dieser Stelle die Straße zu überqueren, genau da. Sie fallen in das Loch, und jetzt wollen Sie die Stadt wegen Fahrlässigkeit verklagen. Ja?«
Miller: »Ja. Reicht das für eine Klage?«
Washington: »Ja. Ja, natürlich reicht das für eine Klage.« [7456]

*

Tom Hanks (Andrew Beckett): »Entschuldigen Sie bitte! Werde ich soeben entlassen?« [7457]

***

THE PIANO
(Das Piano)
AUS 1993, Chapman, Ciby 2000 (Regie, Buch Jane Campion)

*

Holly Hunter (Ada McGrath, voice-over): »Die Stimme, die Sie hören, ist nicht meine wirkliche Stimme, sondern die Stimme in meinem Innern. Ich habe seit meinem sechsten Lebensjahr nicht mehr gesprochen. Niemand weiß, warum. Nicht einmal ich selbst.« [7458]

*

Hunter (voice-over): »Das Schweigen quält letztendlich jeden. Das Merkwürdige ist, ich empfinde mich selbst gar nicht als schweigsam.« [7459]

*

Sam Neill (Stewart): »Immerhin hat das Schweigen etwas für sich. (...) Und im Laufe der Zeit wird sie bestimmt zutraulicher.« [7460]

*

Harvey Keitel (George Baines): »Wenn du gekommen bist ohne Gefühl für mich, dann geh!« 7461

***

PICKNICK AM VALENTINSTAG
(Picnic at Hanging Rock)
AUS 1975, Atlantic (Regie Peter Weir, Buch Cliff Green, nach dem Roman von Joan Lindsay)

*

(Gärtner): »Auf einige Fragen gibt es Antworten und auf andere nicht.« 7462

***

PINGUINE IN DER BRONX *(Five Corners)*
USA 1987, Handmade (Regie Tony Bill, Buch John Patrick Shanley)

*

Kathleen Chalfant (Mrs. Fitzgerald): »Genauso stur wie dein gottverdammter Vater. Gott sei seiner dämlichen Heldenseele gnädig!« 7463

*

John Seitz (Sullivan): »Schön, damit kann ich leben. Aber laß mich, wenn's geht, bitte nicht zuviel darüber nachdenken!« 7464

***

PINK CADILLAC
USA 1989, Malpaso, Warner (Regie Buddy Van Horn, Buch John Eskow)

*

Clint Eastwood (Tommy Nowak): »Jetzt will ich, daß du mir sehr gut zuhörst. Ich will, daß du die rhythmischen Bewegungen meiner Lippen verfolgst, wenn ich dir sage: Ich nehme diesen Auftrag nicht an.« 7465

*

Bernadette Peters (Lou Ann McGuinn): »Sie könnten mir ruhig helfen.«
Eastwood (zu sich): »Das werd ich so bereuen.« 7466

*

Eastwood: »Viel zuviel Männlichkeit für Sie, hä, Baby? Das versteh ich. Wenn mein Leben ein Film wäre, würde im Vorspann stehen: ›Achtung! Dieser Film ist für Jugendliche nicht geeignet.‹« 7467

*

(Exhibitionist): »Was sagen Sie dazu?«
Peters: »Sieht aus wie 'n Penis, nur viel kleiner.« 7468

*

Eastwood: »Hat man Ihnen nicht gesagt, daß man mit den Heiligtümern eines Mannes nicht spielt?« 7469

*

Frances Fisher (Dinah): »Ist es nicht gefährlich, das Kokain vom Messer zu nehmen?«
John Dennis Johnston (Waycross): »Kokain? Koks ist was für Schwule mit goldenen Kreditkarten. Das ist Amphetamin. Und das nimmt man entweder vom Jagdmesser oder gar nicht.« 7470

*

Johnston: »Ich kann diese Bälger nicht ausstehen. Das sind nur Unfälle, die einem passieren.« 7471

*

Eastwood: »Diese Jungs sind irre.«
Geoffrey Lewis (Ricky Zee): »Ach was, hör auf, Mann! Das sind nur 'n paar schräge Vögel, die mit Knarren rumspielen.«
Eastwood: »Wir wissen beide, daß es nichts Gefährlicheres gibt als 'n schrägen Vogel mit 'ner 44er.« 7472

*

Eastwood: »Nun, wenn diese Leute hier weiter ihre Waffen auf uns anlegen, muß ich dich leider fragen, ob du Organspender bist, Alex.« 7473

***

PIRATEN IM KARIBISCHEN MEER
(Reap the Wild Wind)
USA 1942, Paramount (Regie Cecil B. DeMille, Buch Alan LeMay, Charles Bennett, Jesse Lasky jr.)

*

Raymond Massey (King Cutler): »Was wäre denn aus den vielen gestrandeten Schiffen geworden ohne mich?«
Paulette Goddard (Loxi Claiborne): »Vielleicht wären sie noch flott.« 7474

*

Lynne Overman (Captain Phillip Philpott): »Er ist imstande, seine eigene Großmutter zu versenken, um ihre Goldzähne zu bergen.« 7475

> *»Hat man Ihnen nicht gesagt, daß man mit den Heiligtümern eines Mannes nicht spielt?«*
> Pink Cadillac

John Wayne (Captain Jack Stuart): »Du glitzerst und funkelst ja wie die Sonne auf dem Wasser.« [7476]

***

DIE PIRATENBRAUT
(Buccaneer's Girl)
USA 1950, Universal (Regie Frederick de Cordova, Buch Harold Shumate, Joseph Hoffman, Story Joe May, Samuel R. Golding)

*

Philip Friend (Frederic Baptiste/Captain Kingston): »Noch ein paar Tage, und das Mädchen hat sie soweit, daß sie Spitzenhemden tragen.«
Jay C. Flippen (Jarred Hawkins): »Ja. Verdammtes Weib! Und wir waren einmal die wildeste und schmutzigste Mannschaft im ganzen Mexikanischen Golf.« [7477]

*

(Priester): »Sie sagt, sie habe Sie nicht verraten, und ich glaube ihr.«
Friend: »Pater, es ist ja auch schließlich Ihr Beruf zu glauben.« [7478]

***

DIE PIRATENKÖNIGIN
(Anne of the Indies)
USA 1951, Twentieth Century Fox (Regie Jacques Tourneur, Buch Phillip Dunne, Arthur Caesar, Story Herbert Ravenel Sass)

*

Jean Peters (Captain Anne Providence): »Ihr trinkt, wie Eure Nase verrät, sonst Wein auf das Wohl Eures Königs. Nun, diesmal ist es Salzwasser.« [7479]

*

Thomas Gomez (Blackbeard/Captain Teach): »Die See ist weit, Anne. Behalte die Weite immer zwischen uns!« [7480]

*

»Sie sind treu wie Gold, und sie tun alles für Gold.« [7481]

> »Die See ist weit, Anne.
> Behalte die Weite
> immer zwischen uns!«
> Die Piratenkönigin

EINE PISTOLE FÜR RINGO
(Una pistola per Ringo)
I / E 1965, P.C.M., Balcazar (Regie und Buch Ducio Tessari)

*

Giuliano Gemma (Ringo): »Ich glaube aber, daß die Sache damals anders gelaufen wäre, ganz anders, wenn die Jünger des Herrn Waffen gehabt hätten, sich zu verteidigen.«
Hally Hammond (Ruby): »Sie waren nicht ohne Waffen. Die Waffen der Christen sind Güte und Verstehen. (...)«
Gemma: »Waffen, die nichts nützen. Ein paar gute Colts hätten ihnen mehr genützt.« [7482]

*

Gemma: »Es gibt ein altes Sprichwort in Texas: ›Von Geburt sind alle Menschen gleich, nur der Colt, der macht sie verschieden.‹« [7483]

*

Gemma: »Das begreift dieser Kerl nicht. Und wenn einer nichts begreift, sollte man ihn lieber gleich umlegen, bevor er Schaden anrichtet.« [7484]

***

PLAN 9 FROM OUTER SPACE
USA 1959, Williams (Regie, Buch Edward D. Wood jr.)

*

Criswell: »We are all interested in the future for that is where you and I are going to spend the rest of our lives.« [7485]

*

Criswell: »Can your hearts stand the shocking facts about grave robbers from outer space?« [7486]

*

Duke Moore (Lieutenant Harper): »One thing's shure: Inspector Cay is dead, murdered, and somebody is responsible.« [7487]

*

Mona MacKinnon (Paula Trent): »The saucers are up there, and the cemetary is out there, but I'll be locked up in there.« [7488]

*

Tom Keene (Colonel Tom Edwards): »How could I hope to hold down my command if I didnt believe in what I saw and shot at?« [7489]

*

(Alienstimme vom Band): »You didnt actually think you were the only inhabited planet in the universe? How can any race be so stupid!« [7490]

(Alienstimme vom Band): »With your ancient juvenile minds you have developed explosives to fast for your minds to concieve what you were doing.« [7491]

*

Keene: »That's the most phantastic story I have ever heard.«
Gregory Walcott (Jeff Trent): »And every word of it is true, too.«
Keene: »That's the phantastic part of it.« [7492]

*

Criswell: »God help us in the future.« [7493]

***

PLATOON
USA 1986, Hemdale, Orion, Twentieth Century Fox (Regie, Buch Oliver Stone)

*

Willem Dafoe (Sergeant Elias): »Halt die Luft an, ja! Du mußt ja nicht in jedem Augenblick deines Lebens 'n Scheißkerl sein.« [7494]

***

THE PLAYER
USA 1992, Avenue, Brown-Addis-Wechsler (Regie Robert Altman, Buch Michael Tolkin, nach seinem Roman)

*

Tim Robbins (Griffin Mill): »Ich verstehe *(die Filmidee)*. Also eine Art parapsychologisch angehauchte politische Thrillerkomödie mit Herz.« [7495]

*

Greta Scacchi (Jane Gudmundsdottir): »Ich geh nicht ins Kino.«
Robbins: »Ach nein? Warum nicht?«
Scacchi: »Das Leben ist zu kurz.« [7496]

***

PLEASANTVILLE
USA 1998, Larger Than Life, New Line (Regie, Buch Gary Ross)

*

Reese Witherspoon (Jennifer/›Mary Sue Parker‹): »Das mußte ja so kommen bei dir. Bei einem Typ, der so was von daneben ist wie du, ist es doch nur eine Frage der Zeit, wann die Folgen sichtbar werden.« [7497]

*

Tobey Maguire (David/›Bud Parker‹): »Menschen verändern sich.«

William H. Macy (George Parker): »Kann man sich zurückändern?« [7498]

***

POINT BLANK
USA 1967, MGM (Regie John Boorman, Buch Alexander Jacobs, David Newhouse, Rafe Newhouse, nach dem Roman ›The Hunter‹ von Richard Stark [=Donald E. Westlake])

*

Lloyd Bochner (Frederick Carter): »Sie sind abgehauen mit Walkers Anteil und mit seiner Frau. Ist sie noch mit Ihnen zusammen?«
John Vernon (Mal Reese): »Er hat sie getötet.«
Bochner: »Sie hätten ihn nicht am Leben lassen dürfen.« [7499]

*

Vernon: »Na, Prinzessin, ich habe schon gedacht, das Krönchen würde mir ewig vorenthalten.«
Angie Dickinson (Chris): »Aber jetzt bin ich hier.«
Vernon: »Wie kam dein Sinneswechsel zustande?«
Dickinson: »Das ist ein Vorrecht der Frauen. Die größten Überraschungen bereiten sie den Wartenden.« [7500]

*

Bochner: »Weißt du, was ich mit Walker machen werde?«
Michael Strong (Stegman): »Ja, du wirst ihn fertigmachen.«
Bochner: »Falsch.«
Strong: »Falsch?«
Bochner: »Seine Beseitigung ist nicht gewinnbringend für uns.«
Strong: »Wo bleiben unsere Prinzipien?«
Bochner: »Gewinn ist das einzige Prinzip.« [7501]

*

Dickinson: »Du verlangst von ihm das Geld. Er lehnt ab. Du bringst ihn um.«

»Halt die Luft an, ja! Du mußt ja nicht in jedem Augenblick deines Lebens 'n Scheißkerl sein.«
Platoon

Lee Marvin (Walker): »So ungefähr wird sich's abspielen.« [7502]

*

James B. Sikking (Johnny): »Wartest du auf Arbeit?«
(Bill): »Neuer Tag, neue Dollar.« [7503]

*

Sikking: »Sie nehmen es nicht tragisch, hä?«
Carroll O'Connor (Brewster): »Nein, ich finde es wundervoll, aber Ihnen wird es wehtun. Sie haben nämlich den Mann umgelegt, der Sie bezahlen sollte.« [7504]

***

POLAR
F 1983, Films Noir, FR3 (Regie Jacques Bral, Buch Jacques Bral, Jean-Paul Leca, Julien Levi, nach dem Roman ›Morgue Pleine‹ von Jean-Patrick Manchette)

*

Jean-François Balmer (Eugène Tarpon, voice-over): »Ich hätte gern einen Fernseher gehabt, um ihn anzumachen und zu glotzen und zu glotzen wie die andern alle, bis ich nach und nach völlig verblöde. Ich begnügte mich damit, aus dem Fenster zu sehen und das großartige Schauspiel der Welt zu betrachten.« [7505]

*

Balmer (voice-over): »Die *(Polizisten)* sahen alle so nett und ehrlich aus, daß ich einen Augenblick dachte: ›Gleich kriegst du eins in die Fresse.‹« [7506]

*

Roland Dubillard (Jean-Baptiste Heymann): »Trotzdem. Ich mußte sie *(Polizei)* einfach abhängen. Aus Prinzip.« [7507]

*

Balmer: »Haben Sie 'n Waffenschein für das Ding da?«
Gérard Loussine (César): »Das ist keine Waffe, das ist mein Werkzeug.« [7508]

> *»Ich mißtraue Typen,
> die was gegen das
> Saufen haben.«*
> Polar

Balmer (voice-over): »In der Geschichte gab's zuviel Wahnsinnige pro m².« [7509]

*

Pierre Santini (Inspector Coccioli): »Versuchen Sie nicht, mich zu verarschen, Tarpon! Der Job, den ich hab, macht hart.« [7510]

*

Dubillard: »Ich mißtraue Typen, die was gegen das Saufen haben.« [7511]

*

Balmer: »Hat man euch beim Schießtraining eigentlich nicht beigebracht, daß man auf die Beine zielt?«
Santini: »Wir sind ja schließlich nicht beim Training.« [7512]

***

POLIZEI GREIFT EIN *(Pickup on South Street)*
USA 1953, Twentieth Century Fox (Regie, Buch Samuel Fuller, nach einer unveröffentlichten Geschichte von Dwight Taylor)

*

Murvyn Vye (Captain Dan Tiger): »Skip McCoy. Nachdem er schon dreimal gesessen hat und erst vorige Woche herausgekommen ist, soll er schon wieder was ausgefressen haben?«
Thelma Ritter (Moe): »Er muß ja schließlich auch leben, nicht?« [7513]

*

Vye: »Du bist und bleibst ein Langfinger. Wenn man dich mal tot im Rinnstein aufliest, hast du unter Garantie deine Hand in der Tasche eines Betrunkenen.« [7514]

*

Jean Peters (Candy): »Sie haben Hände wie ein Künstler, so schlank und geschmeidig.«
Richard Widmark (Skip McCoy): »Ich brauche sie ja auch zum Beruf. Nur wenn sie leer sind, werden sie nervös. Nun rück mal raus mit dem Geld!« [7515]

*

»Sie hätten das selbst erledigen müssen.«
Richard Kiley (Joey): »Das Risiko war zu groß.«
»Dafür bezahlen wir Sie.« [7516]

*

Ritter: »Er ist zwar ein Windhund, aber ich hab ihn gern.«
Peters: »Und dann verkaufen Sie ihn für fünfzig Dollar?«

Ritter: »Ach Gott, einige handeln mit Äpfeln, andere mit Strümpfen, und ich handle eben mit Informationen.« [7517]

*

Ritter: »Ich kannte dich schon, als du ein kleiner Junge warst. Du warst immer ein ehrlicher Taschendieb. Und jetzt machst du solche Sachen.« [7518]

***

POLIZEIREVIER 21
(Detective Story)
USA 1951, Paramount (Regie William Wyler, Buch Philip Yordan, Robert Wyler, nach dem Stück von Sidney Kingsley)

*

Kirk Douglas (Jim McLeod): »Fahr diesem Wagen nach!«
Donald Kerr (Taxifahrer): »Das ist doch Dakis' Wagen. Der hat noch Dienst, der fährt jetzt nicht.«
Douglas: »Du läßt den Wagen nicht aus dem Auge!« *(steigt mit seiner Frau ein)* [7519]

*

Douglas: »Bleib schön hier, und versuch nicht wegzulaufen! Weiter als bis zum Pförtner draußen ist sowieso noch niemand gekommen. Wir schießen schneller, als du laufen kannst.« [7520]

*

Horace McMahon (Lieutenant McMahon): »Chandler ist bereit, sich auf Ihren Haftbefehl zu stellen.«
Douglas: »Fein! Dann bringen Sie ihn!«
Warner Anderson (Sims): »Bevor ich das tue, möchte ich Ihnen einige Photographien zeigen. Diese Aufnahmen sind vor einer Stunde gemacht worden.«
McMahon: »Aktfotos? Na, schön ist er nicht.«
Anderson: »Nein, er ist kein Apoll.«
McMahon: »Nein, das ist er nicht, ganz und gar nicht.«
Anderson: »Sie sehen, daß sein Körper weder irgendwelche Wunden noch Schrammen aufweist. So übergebe ich Ihnen meinen Mandanten, und genau so möchte ich ihn zurückhaben.« [7521]

*

McMahon: »Sprechen Sie das ›ja‹ so aus, daß ich annehmen kann, Sie befolgen diese Richtlinien!« [7522]

Douglas: »Ich hasse Verbrecher und verwöhne sie daher nicht gern.« [7523]

*

Douglas: »Ich möchte ihn auf den elektrischen Stuhl bringen, wo er hingehört und selbst den Strom einschalten.« [7524]

*

Douglas: »Warum hörst du auch nicht auf deinen Anwalt und hältst dein Maul?« [7525]

***

POLIZEIREVIER LOS ANGELES OST
(The New Centurions)
USA 1972, Chartoff-Winkler, Columbia (Regie Richard Fleischer, Stirling Silliphant, nach dem Roman von Joseph Wambaugh)

*

George C. Scott (Sergeant Andy Kilvinsky): »Kilvinskys goldene Regel heißt: ›Behandle alle Menschen gleich, weiß, schwarz, braun! Sei zu jedem höflich, aber nicht zu liebenswürdig!‹« [7526]

*

Scott: »Die Leute hier haben weder vor unserem Dienstabzeichen noch vor unserer Kanone Angst. Im Gegenteil, aus reinem Übermut werden sie versuchen, dir deine Plakette in den Hintern zu stecken.« [7527]

*

Scott: »Man erwartet von uns, daß wir mit gleichen Waffen kämpfen. (...) Und damit kommen wir schon zu einer andern Kilvinsky-Regel: Nimmt der andere die Fäuste, nimmst du den Knüppel. Nimmt der das Messer, nimmst du die Kanone und machst ihn gleich an Ort und Stelle fertig. Und wenn das alles nichts nützt, nimm 'n Ziegelstein, oder was du gerade in die Finger kriegst, und schlag ihn nieder!« [7528]

***

POSSE – DIE RACHE DES JESSIE LEE *(Posse)*
USA 1993, Working Title, PolyGram (Regie Mario Van Peebles, Buch Sy Richardson, Dario Scardopane)

»Warum hörst du auch nicht auf deinen Anwalt und hältst dein Maul?«
Polizeirevier 21

Woody Strode (Old Man): »Colt, Kaliber .45, Einzelschuß. Er mußte für jeden Schuß extra gespannt werden, wurde Peacemaker genannt, aber von Frieden habe ich nicht viel gespürt.« [7529]

Mario Van Peebles (Jessie Lee): »Wenn du schießen willst, schieß! Wenn du bluffen willst, bleib bei deinen Karten!« [7530]

Richard Jordan (Sheriff Bates): »Junge, du bist gerade dabei, eine sehr lehrreiche Erfahrung zu machen.« [7531]

Charles Lane (Weezie): »Du hast mir das Leben gerettet.«
Big Daddy Kane (Father Time): »Ich wäre besser weitergeritten und hätte meins gerettet. Das Glück ist heute nicht auf meiner Seite.« [7532]

Jordan: »Komm schon, zeig dich. Wir werden alle in der Hölle landen, irgendwann.«
Van Peebles: »Wenn du den Teufel siehst, sag ihm, Jessie Lee hat dich geschickt!« [7533]

***

POSTMAN *(The Postman)*
USA 1997, Tig, Warner (Regie Kevin Costner, Buch Eric Roth, Brian Helgeland, nach dem Roman von David Brin)

Will Patton (Bethlehem): »Du hast recht, du bist kein Kämpfer. Aber du wirst einer werden.« [7534]

Kevin Costner (The Postman): »Ist das eine Fangfrage?«
Olivia Williams (Abby): »Nein, ist es nicht. Ich frage nur, weil ich von Ihnen ein Kind bekommen möchte.« [7535]

Patton: »Das, Gentlemen, ist ein erstklassiges Stück Arsch. Sagt bitte dem Sheriff, daß ich ihr vorgestellt werden möchte.« [7536]

> »Ist das eine Fangfrage?«
> »Nein, ist es nicht. Ich frage nur, weil ich von Ihnen ein Kind bekommen möchte.«
> Postman

***

THE POWER OF LOVE
(Something to Talk About)
USA 1995, Spring Creek, Warner (Regie Lasse Hallström, Buch Callie Khouri)

Kyra Sedgwick (Emma Rae): »Na gut, ich geh mich mal um irgendwas kümmern.« [7537]

Sedgwick: »Ich hol sie. ... Grace, das verlogene, scheinheilige Arschloch ist hier.« [7538]

Julia Roberts (Grace): »Oh mein Gott, Emma Rae, was hast du getan!«
Sedgwick: »Wolltest du nicht, daß ich ihn beschäftige? Er ist beschäftigt, seine Eier festzuhalten.« [7539]

Sedgwick: »Redest du mit mir?«
Dennis Quaid (Eddie): »Ja.«
Sedgwick: »Hör zu, Arschloch! Schreib's auf, und schick's an irgend jemanden, der sich dafür interessiert.« [7540]

Roberts: »Ich hab Orgasmen, soviele ich will und zwar täglich. Ich hab sie allerdings nicht in deiner Gegenwart.« [7541]

Muse Watson (Hank Corrigan): »Ihr Frauen aus dem Süden seid verdammt leicht zufriedenzustellen.«
Roberts: »Das kommt daher, daß wir schon immer dazu erzogen wurden, unsere Erwartungen niedrig zu halten.« [7542]

***

PREDATOR
USA 1987, Amercent, American Entertainment Partners, Twentieth Century Fox (Regie John McTiernan, Buch Jim Thomas, John Thomas)

Jesse Ventura (Blain): »Ich hab keine Zeit zum Bluten.« [7543]

Arnold Schwarzenegger (Major Allen ›Dutch‹ Schaeffer): »Wenn es *(Alien)* blutet, können wir es töten.« [7544]

PRÊT-A-PORTER
USA 1994, Miramax (Regie Robert Altman, Buch Robert Altman, Barbara Shulgasser)

*

Sophia Loren (Isabella de la Fontaine, bei der Identifizierung der Leiche ihres Mannes): »Er hat noch nie besser ausgesehen.« *7545*

***

PRETTY BABY
USA 1978, Paramount (Regie Louis Malle, Buch Polly Platt, Story Louis Malle, Polly Platt, nach dem Buch ›Storyville, New Orleans‹ von Al Rose)

*

Frances Faye (Madame Nell Livingston): »Ich führe ein gutes, altmodisches Hurenhaus, Monsieur, und Sie kommen mir etwas merkwürdig vor.« *7546*

*

Brooke Shields (Violet): »Sie hassen mich!«
Keith Carradine (E. J. Bellocq): »Ich hab keine Zeit für Haß oder Liebe.« *7547*

*

Faye: »Es gibt nur zwei Dinge, die man an Regentagen machen kann. Und Karten spiel ich nun mal nicht gern.« *7548*

***

PRETTY WOMAN
USA 1990, Silver Screen Partners IV, Touchstone (Regie Garry Marshall, Buch J. F. Lawton)

Richard Gere (Edward Lewis): »Sie können doch dafür *(Weg zeigen)* kein Geld verlangen.«
Julia Roberts (Vivian Ward): »Ich kann tun, was ich will, Baby. Ich kenn ja den Weg.« *7549*

*

Gere: »Haben Sie einen Namen?«
Roberts: »Wie würden Sie mich nennen?« *7550*

*

Gere: »Bitte ziehen Sie das *(Regenmantel)* an.«
Roberts: »Wieso denn?«
Gere: »Weil das Hotel nicht zu den Etablissements gehört, in dem die Zimmer stundenweise vermietet werden.« *7551*

*

Gere (zu älterem Ehepaar, über Roberts): »Sie fährt zum erstenmal in einem Fahrstuhl.« *7552*

*

Gere: »Meine Exfrau ist gerade in Long Island in meinem Exhaus mit meinem Exhund.« *7553*

*

Gere: »Es gibt nicht sehr viele Menschen, die mich noch überraschen können.«
Roberts: »Bei mir ist es genau umgekehrt, die meisten Menschen erschrecken mich.« *7554*

*

Roberts: »Aber du bist doch ein gutaussehender reicher Mann. Du kannst alle Frauen umsonst haben.«
Gere: »Ich weiß Profis zu schätzen. Mit Amateuren hab ich in letzter Zeit nur Schwierigkeiten.« *7555*

*

Roberts: »Baby, ich werde so nett zu dir sein, daß du nicht willst, daß ich jemals wieder gehe.«
Gere: »3000 für sechs Tage. Und, Vivian, ich werde dich gehen lassen.« *7556*

*

Hector Elizondo (Bernard Thompson, Hotelmanager): »Mr. Lewis ist ein besonderer Gast, und wir legen größten Wert darauf, besondere Gäste als Freunde zu behandeln. Als unser Gast erwarten wir von Mr. Lewis, daß er zusätzliche Gäste anmeldet. Aber da er unser Freund ist, tragen wir es ihm nicht nach.« *7557*

*

Roberts (beim Schneckenessen): »Schlüpfrige Scheißerchen!« *7558*

*

Roberts: »Machen die Leute immer alles, was du von ihnen verlangst?« *7559*

*

Roberts: »In den Läden wird man schlecht behandelt. Ich kann das nicht leiden.«
Gere: »Läden sind nicht nett zu Menschen, Läden sind nur nett zu Kreditkarten.« *7560*

*

Gere: »Ich möchte bei Ihnen auf nette Art ein Vermögen loswerden. Dafür erwarte ich aber auch, daß man uns außerordentlich gut behandelt, wenn Sie verstehen, was ich meine.« *7561*

> *»Ich führe ein gutes, altmodisches Hurenhaus, Monsieur, und Sie kommen mir etwas merkwürdig vor.«*
> Pretty Baby

Larry Miller (Mr. Hollister): »Verzeihen Sie, Sir, eine Frage: Wie hoch genau ist das Vermögen, das Sie gedenken, bei uns auszugeben? Ein kleines, ein mittleres oder ein richtiges Vermögen?«
Gere: »Ein richtiges, das hab ich doch gesagt.«
Miller: »Dieser Mann gefällt mir.« [7562]

*

Gere: »Sie hat meine Kreditkarte.«
Miller: »Und wir zeigen ihr, was sie damit machen kann.« [7563]

*

Roberts: »Wenn man mir häßliche Sachen sagt, fällt es mir leichter, die zu glauben.« [7564]

*

Gere: »Leute, die zum erstenmal in der Oper sind, reagieren oft sehr überraschend. Entweder mögen sie die Oper, oder sie hassen sie. Wenn sie die Oper lieben, dann ist es für immer. Die andern tun mir leid, denn die Musik wird nie Teil ihrer Seele werden.« [7565]

*

Amzie Strickland (Opernzuschauerin): »Hat Ihnen diese herrliche Oper gefallen, Schätzchen?«
Roberts: »Ja, einfach toll! Ich hab mir fast in die Hosen gepinkelt.«
Gere: »Sie meint, es hat ihr besser gefallen als *Die lustigen Weiber von Windsor*.« [7566]

*

Roberts: »Genauso hab ich es oft geträumt. Und ich kann mich nicht erinnern, daß der Ritter gesagt hat: ›Hör mal, Baby, ich hab 'ne schicke Wohnung und ein Auto für dich.‹« [7567]

*

Gere: »Ich kann dich verstehen. Aber zu mehr hab ich einfach nicht den Mut. Es wär ein zu großer Schritt für mich.« [7568]

*

Roberts: »Woher wißt ihr Kerle immer so genau, wie man einer Frau ins Gesicht schlägt? (...) Wie läuft das? Nimmt man euch auf der Highschool zur Seite und zeigt euch, wie das geht?« [7569]

*

Gere: »Ich hab ein besonderes Talent: Ich gerate immer in komplizierte Beziehungen ohne Zukunft.« [7570]

***

THE PRIDE OF THE YANKEES
USA 1942, Goldwyn (Regie Sam Wood, Buch Jo Swerling, Herman J. Mankiewicz, Story Paul Gallico)

*

Gary Cooper (Lou Gehrig): »Go ahead, Doc. A man likes to know his batting average.« [7571]

*

Cooper: »Is it three strikes, Doc?«
Edward Fielding (Arzt): »You want it straight?«
Cooper: »Sure I do, straight.«
Fielding: »It's three strikes.«
Cooper: »Doc, I've learned one thing. All the argument in the world can't change the decision of the umpire. How much time have I got?« [7572]

*

Cooper: »People always say that I had a bad break, but today, today I consider myself the luckiest man on the face of the earth.« [7573]

***

PRINCE OF THE CITY
USA 1981, Orion, Warner (Regie Sidney Lumet, Buch Jay Presson Allen, nach dem Buch von Robert Daley)

*

Treat Williams (Daniel Ciello): »Hören Sie, wir handeln nicht mit Drogen. Das machen nur Dealer. Wir sind aber keine Dealer, wir sind Cops.« [7574]

*

Williams: »Als erstes lernt jeder Cop: ›Traue nie einem Menschen außer deinem Partner!‹« [7575]

*

Norman Parker (Rick Cappalino): »Soll das etwa eine Drohung sein?«
Williams: »Absolut.« [7576]

*

Tony Di Benedetto (Carl Alagrett): »Ich sag zu ihm: ›Wir halten ihn für 'ne Ratte, und wir sollten ihn umlegen.‹ Er sagt zu mir: ›Wenn ihr das glaubt, legt ihn um! Doch wenn ihr ihn um-

---

> »Wenn man mir häßliche Sachen sagt, fällt es mir leichter, die zu glauben.«
> Pretty Woman

legt, kann ich nur hoffen, er ist wirklich 'ne Ratte, denn die Menschen, die ihn mögen, sind schwer in Ordnung.‹« [7577]

*

Tony Munato (Rocky Gazzo): »Ich hab da allerlei gehört, Danny. Tust du auf einmal Dinge, die man nicht tut?« [7578]

***

DER PRINZ UND DIE TÄNZERIN
(The Prince and the Showgirl)
UK 1957, Warner (Regie Laurence Olivier, Buch Terence Rattigan, nach seinem Stück)

*

Marilyn Monroe (Elsie Marina): »Wissen Sie, wie man bei uns so einen Menschen nennt? Bestimmt nicht ›Ministerialdirigent für Angelegenheiten des Fernen Ostens.‹« [7579]

*

Monroe: »Wer garantiert mir, daß ein Herzog nicht genausoschnell laufen kann wie ein gewöhnlicher Sterblicher?« [7580]

*

Laurence Olivier (der Regent): »Oh nein, nein, nein! Nicht daran nippen! Wodka trinkt man nicht so. Sie bekommen sonst bestimmt einen, äh, Schwips. In einen Zug runter, dann trinkt es sich wie Wasser.« [7581]

*

Olivier: »Aber was Edward am meisten beunruhigt, ist, daß die Amerikaner einen Protest eingelegt haben, der alte Unsinn wie politische Freiheit und demokratisches Recht. Na ja, Sie wissen ja, was für Kinder die Amerikaner in solchen Angelegenheiten sind.« [7582]

*

Olivier: »Würden Sie mich entschuldigen, ich muß noch einmal telefonieren.«
Monroe: »Aber selbstverständlich. Ich fühle mich in meiner Gesellschaft sehr wohl.« [7583]

*

Olivier: »Ich habe nur einen Abend in London, einen einzigen Abend, an dem ich mir eine kleine Entspannung gönnen kann. Und was geschieht? In dieser Riesenstadt, in der es von schönen und intelligenten Frauen nur so wimmelt, ach was, wimmelt ist gar kein Ausdruck, da muß ich mir das aussuchen: einen kleinen amerikanischen Unschuldspinsel.« [7584]

*

Olivier: »Das Tollste ist, mein lieber Northbrook, daß sie von einem Quantum Wodka, das man bei uns zu Hause einem vierjährigen Kind in die Milch als Stärkungsmittel gießt, vollkommen die Kontrolle über sich verlor und besinnungslos zusammenbrach.« [7585]

*

Sybil Thorndike (die Königinwitwe): »Ich werde eine Zigarette rauchen, das beruhigt die Nerven vor einer Strapaze.« [7586]

*

Thorndike: »Gott sei Dank waren keine Toten zu beklagen, außer unter den Zuschauern. Aber es hat einen sehr schlechten Eindruck hinterlassen.« [7587]

*

Olivier: »Sie sind sehr hübsch, meine Liebe, aber Sie täten gut daran, es sich zu überlegen, bevor Sie die politische Arena betreten. Ich jedenfalls glaube, daß die Rolle einer Pompadour etwas über Ihren Horizont geht, und Ihr Horizont ist gerade das Charmante an Ihnen.« [7588]

***

EINE PRINZESSIN FÜR AMERIKA
(Princess Comes Across)
USA 1936, Paramount (Regie William K. Howard, Buch Walter DeLeon, Francis Martin, Don Hartman, Frank Butler, nach dem Roman ›A Halálkabin‹ von Louis Lucien Rogger)

*

Alison Skipworth (Lady Gertrude): »Es macht mir nichts aus, wenn mir jemand auf die Füße tritt, aber ich habe etwas dagegen, wenn er sich's dort bequem macht.« [7589]

*

George Barbier (Captain Nicholls): »Meine Herren, wie stellen Sie sich das vor? Sie können die Prinzessin doch nicht verhören.«
Lumsden Hare (Cragg): »Aber ich bitte Sie! Wir meinen doch keinen dritten Grad.« [7590]

»Hören Sie, wir handeln nicht mit Drogen. Das machen nur Dealer. Wir sind aber keine Dealer, wir sind Cops.«
Prince of the City

Carole Lombard (Prinzessin Olga/Wanda Nash): »Sie werden herausfinden, wer ich bin. Wanda Nash, verwickelt in eine Ladung Mordfälle. Hervorragend!« [7591]

Douglas Dumbrille (Paul Musko/Lorel): »Sie sind sehr klug, mein Freund. Manchmal ist das sehr dumm.« [7592]

***

PRIVATLEBEN *(La Vie privée)*
F/I 1961, ProGeFi, CIPRA, Bar, CCM (Regie Louis Malle, Buch Jean-Paul Rappeneau, Louis Malle)

*

(voice-over): »Es geht etwas vor zwischen diesem Gesicht und dem Apparat. Ein erstaunlicher Kontakt ist da, auf den niemand gefaßt war, ein geheimnisvolles Zusammenspiel. Und so wird aus Jill, ohne daß sie viel dazutut, eine Filmschauspielerin, ein Phänomen, eine Sensation.« [7593]

*

Gregor von Rezzori (Gricha): »Das ist nicht so tiefsinnig, wie Sie glauben.« [7594]

***

DAS PRIVATLEBEN DES SHERLOCK HOLMES *(The Private Life of Sherlock Holmes)*
USA/UK 1970, Phalanx, Mirish, Nigel, United Artists (Regie Billy Wilder, Buch Billy Wilder, I. A. L. Diamond, nach den Figuren von Arthur Conan Doyle)

*

Colin Blakely (Dr. John H. Watson, voice-over): »Es war im August 1887, als wir aus Georgia zurückkehrten, wo Holmes kurz zuvor den verzwickten Mord an Admiral Abanetti aufgeklärt hatte. Sie erinnern sich vielleicht daran, daß er das Alibi des Mörders dadurch zunichte gemacht hatte, daß er die Tiefe maß, bis zu der die Petersilie an einem heißen Tag in die Butter eingesunken war.« [7595]

> »Sie sind sehr klug, mein Freund. Manchmal ist das sehr dumm.«
> Eine Prinzessin für Amerika

Robert Stephens (Sherlock Holmes): »Überdies haben Sie den Lesern den Eindruck vermittelt, ich wäre ein Frauenfeind. Eigentlich hab ich gar nichts gegen Frauen. Ich mißtraue ihnen nur. Denn wenn sie lächeln, ist das Arsen schon in der Suppe.« [7596]

*

Stephens: »Große Verbrecher gibt's nicht mehr, Watson. Die Verbrecher haben ihren Unternehmungsgeist und ihre Originalität verloren. Bestenfalls begehen sie irgendeine stümperhafte Schurkerei, deren Motiv so durchsichtig ist, daß selbst ein Scotland Yard-Beamter durchblicken muß.« [7597]

*

Stephens: »Watson, das ist eine reichlich kleine Wohnung. Wir sollten sie nicht mit Frauen vollstopfen.« [7598]

***

DIE PROFESSIONALS *(Prime Cut)*
USA 1972, Cinema Center (Regie Michael Ritchie, Buch Robert Dillon)

*

Angel Thompkins (Clarabelle): »Du hast dich überhaupt nicht verändert.«
Lee Marvin (Nick Sevlin): »Niemand verändert sich. Nicht da, wo's zählt.« [7599]

***

PROJEKT: PEACEMAKER *(The Peacemaker)*
USA 1997, Dream Works (Regie Mimi Leder, Buch Michael Schiffer, nach einem Artikel von Leslie Cockburn, Andrew Cockburn)

*

Alexander Baluev (Alexander Kodoroff): »Zwing mich nicht, mir zu überlegen, ob ich dich noch brauche!« [7600]

*

George Clooney (Colonel Thomas Devoe): »Er ist ein Arschloch. Er würde für Geld alles tun. Was die gute Nachricht ist, denn das macht ihn ziemlich berechenbar.« [7601]

***

PSYCHO
USA 1960, Shamley, Paramount (Regie Alfred Hitchcock, Buch Joseph Stefano, nach dem Roman von Robert Bloch)

*

Janet Leigh (Marion Crane): »Wenn du bloß das Wort ›solide‹ sagst, klingt das schon unsolide.« [7602]

Anthony Perkins (Norman Bates): »Der beste Freund für einen Mann ist seine Mutter.« [7603]

***

PULP FICTION
USA 1994, A Band Apart, Jersey, Miramax (Regie, Buch Quentin Tarantino, Stories Quentin Tarantino, Roger Avary)

*

Tim Roth (Pumpkin): »Was ist daran verkehrt? Restaurants werden so gut wie nie überfallen. Wieso nicht?« [7604]

*

John Travolta (Vincent Vega): »Aber weißt du, was das Abgefahrenste an Europa ist?«
Samuel L. Jackson (Jules Winnfield): »Was?«
Travolta: »Das sind die kleinen Unterschiede. Ich mein, die haben den gleichen Scheiß, der hier läuft, aber da, da läuft's 'ne Spur anders.«
Jackson: »Zum Beispiel?«
Travolta: »Zum Beispiel, wenn du in Amsterdam ins Kino gehst, kaufst du dir 'n Bier. Und ich meine, nicht so 'nen billigen Pappbecher, ich rede von einem Glas Bier. Und in Paris kannst du dir bei McDonald's 'n Bier kaufen. Und weißt du, wie die einen Quarterpounder mit Käse in Paris nennen?«
Jackson: »Die nennen ihn nicht einen Quarterpounder mit Käse?«
Travolta: »Nein, Mann, die haben das metrische System, die wissen gar nicht, was 'n Viertelpfünder ist.«
Jackson: »Wie nennen die ihn?«
Travolta: »Die nennen ihn Royal mit Käse.«
Jackson. »Royal mit Käse?«
Travolta: »So ist es.«
Jackson: »Wie nennen die einen Big Mac?«
Travolta: »Ein Big Mac ist ein Big Mac, aber die nennen ihn Le Big Mac.«
Jackson: »Le Big Mac. Wie nennen die einen Whopper?«
Travolta: »Keine Ahnung, im Burger King war ich nicht. Weißt du, was die in Holland anstatt Ketchup auf die Pommes tun?«
Jackson: »Was?«
Travolta: »Mayonnaise.«
Jackson: »Ih, ist das eklig.«
Travolta: »Hab ich selbst gesehen, Mann. Die ersäufen die in der Tunke.« [7605]

Jackson: »Du kennst doch diese Serien im Fernsehen.«
Travolta: »Ich sehe nie fern.«
Jackson: »Ja, aber dir ist schon klar, daß es eine Erfindung namens Fernsehen gegeben hat und daß sie in dieser Erfindung Serien zeigen?« [7606]

*

Jackson: »Liest du die Bibel, Brett?«
Frank Whaley (Brett): »Ja.«
Jackson: »Also, da gibt's eine Passage, die ich halb auswendig kann, die paßt irgendwie zu diesem Anlaß. Ich glaube, Hesekiel 25, 17: ›Der Pfad der Gerechten ist auf beiden Seiten gesäumt mit Freveleien der Selbstsüchtigen und der Tyrannei böser Männer. Gesegnet sei der, der im Namen der Barmherzigkeit und des guten Willens die Schwachen durch das Tal der Dunkelheit geleitet, denn er ist der wahre Hüter seines Bruders und der Retter der verlorenen Kinder.‹ Und da steht weiter: ›Ich will große Rachetaten an denen vollführen, die da versuchen, meine Brüder zu vergiften und zu vernichten, und mit Grimm werde ich sie strafen, daß sie erfahren sollen, ich sei der Herr, wenn ich meine Rache vollstreckt habe.‹« [7607]

*

Ving Rhames (Marsellus Wallace): »Bist du mein Nigger?«
Bruce Willis (Butch Coolidge): »Sieht jedenfalls ganz so aus.«
Rhames: »In der Nacht des Kampfes wirst du vielleicht einen leichten Stich spüren. Das ist der Stolz, der dich hier oben ärgert. Scheiß auf den Stolz! Stolz tut nur weh, aber er hilft nie.« [7608]

*

Willis: »Was glotzt du denn so, Freundchen?«
Travolta: »Ich bin nicht dein Freund, Penner.« [7609]

> *»Der beste Freund für einen Mann ist seine Mutter.«*
> Psycho

Eric Stoltz (Lance): »Koks ist toter als tot. Heroin kommt zurück und zwar im ganz großen Stil.« [7610]

*

Travolta: »Wer ist Trudi? Die mit dem ganzen Blech im Gesicht?« [7611]

*

Travolta: »Was gibt's Feigeres, als sich am Auto eines Mannes zu rächen? Ich meine, der Wagen eines anderen Mannes hat tabu zu sein.« [7612]

*

Uma Thurman (Mia Wallace): »Man weiß immer, daß man jemand ganz Besonderen gefunden hat, wenn man einfach mal für 'n Augenblick die Schnauze halten und zusammen schweigen kann.« [7613]

*

Thurman: »Gut kombiniert.«
Travolta: »Ja, ich hab meine hellen Momente.« [7614]

*

Thurman: »Wenn ihr kleinen Gangster euch trefft, ist das schlimmer als 'n Nähkränzchen.« [7615]

*

Travolta: »Ich geh jetzt mal pinkeln.«
Thurman: »Das ist ein bißchen mehr Information, als ich mir gewünscht hätte, Vince. Aber gehen Sie ruhig!« [7616]

*

Willis: »Mexikanisch ist leicht: ¿Donde esta la zapataria?«
Maria de Medeiros (Fabienne): »Was soll das heißen?«
Willis: »Wo ist das Schuhgeschäft?« [7617]

*

Willis: »Alles okay?«

»Koks ist toter als tot.
Heroin kommt zurück und
zwar im ganz großen Stil.«
Pulp Fiction

Rhames: »Nein, Mann. Nein, Mann, hier ist überhaupt nichts okay.« [7618]

*

Rhames: »Was jetzt? Ich sag dir, was jetzt ansteht: Ich werde 'n paar eisenharte, durchgeknallte Cracknigger herschicken, die unsern Freund hier mit 'ner Kneifzange und 'nem Lötkolben bearbeiten werden.« [7619]

*

Rhames: »Erzähl niemandem von dieser Nummer! Diese Scheiße bleibt zwischen dir, mir und Mister-der-bald-den-Rest-seines-kurzen-Scheißlebens-in-unerträglichen-Schmerzen-verbringen-wird-Vergewaltiger.« [7620]

*

Rhames: »Du verläßt noch heute die Stadt! Sofort! Und wenn du weg bist, bleibst du weg, oder du bist weg.« [7621]

*

Jackson: »Wir müssen diesen Wagen von der Straße schaffen. Weißt du, die Bullen werden mißtrauisch, wenn du in einem Auto fährst, das vor Blut trieft.« [7622]

*

Jackson: »Wir müssen uns darüber im klaren sein, was für ein explosives Element diese Bonnie-Situation ist. Wenn sie von 'nem harten Arbeitstag nach Hause kommt und 'n Haufen Gangster in ihrer Küche findet, die 'n Haufen Gangstersachen tun, da weiß niemand, wozu die fähig ist.« [7623]

*

Harvey Keitel (The Wolf): »Die sind dreißig Minuten entfernt. Ich bin in zehn da.« [7624]

*

Keitel: »Ich bin Mr. Wolf. Ich löse Probleme.« [7625]

*

Travolta: »Ein ›bitte‹ wäre nett.«
Keitel: »Wie war das?«
Travolta: »Ich sagte: Ein ›bitte‹ wäre nett.«
Keitel: »Verstehen Sie mich richtig, Mann. Ich bin nicht hier, um ›bitte‹ zu sagen, ich bin hier, um Ihnen zu sagen, was Sie tun. Und wenn Selbsterhaltung zu Ihren Trieben zählt, dann machen Sie sich an die Arbeit, und das schnell!« [7626]

Keitel: »Ich bin kurz angebunden, weil die Zeit knapp ist. Ich denke schnell, ich rede schnell, und Sie müssen schnell handeln, wenn ich Sie da rausholen soll.« [7627]

*

Travolta: »Jules, hast du mal von der Philosophie gehört: Wenn ein Mann zugibt, daß er sich geirrt hat, müssen ihm sofort alle seine Fehler vergeben werden? Hast du je davon gehört?«
Jackson: »Laß mich bitte mit diesem Schwachsinn in Ruhe! Wer das gesagt hat, mußte nie winzigkleine Schädelsplitter zusammensuchen, nur weil du so 'n blöder Arsch bist.« [7628]

*

Keitel: »Fangen wir noch nicht an, uns gegenseitig die Eier zu schaukeln!« [7629]

*

Keitel: »Ausziehen!«
Travolta: »Alles?«
Keitel: »Bis auf den blanken Arsch!« [7630]

*

Keitel: »Monster Joe und seine Tochter Raquel stehen unserem Dilemma mitfühlend gegenüber.« [7631]

*

Keitel: »Sieht mein Wagen nachher anders aus, als Sie ihn bekommen haben, wird Monster Joe zwei Leichen beseitigen müssen.« [7632]

*

Travolta: »Willst du 'n bißchen Speck?«
Jackson: »Nein, Mann, ich esse kein Schwein.«
Travolta: »Bist du Jude?«
Jackson: »Nein, ich bin kein Jude. Ich steh nur nicht auf Schwein. Das ist alles.«
Travolta: »Wieso nicht?«
Jackson: »Schweine sind dreckige Viecher. Ich eß keine dreckigen Viecher.«
Travolta: »Ja, aber Speck ist was Feines. Kotelett ist auch was Feines.«
Jackson: »He, Kanalratte schmeckt vielleicht wie Kürbiskuchen, aber ich werd's nie erfahren. Ich freß die dreckigen Viecher nicht.« [7633]

*

Amanda Plummer (Honey Bunny): »Was ist denn da hinten los?«
Roth: »Sieht aus, als hätten wir eine Kämpfernatur in unserer Mitte.«

Plummer: »Schieß ihm ins Gesicht!« [7634]

*

Jackson: »Auch wenn es dein Ego erschüttert, aber das ist nicht das erste Mal, daß ich 'ne Kanone auf der Nase habe.«
Roth: »Wenn du nicht deine Hand von dem Koffer nimmst, war es das letzte Mal.« [7635]

*

Roth: »Also, ich werde jetzt bis drei zählen. Wenn du bis dahin den Koffer nicht öffnest, bleiben von deinem Gesicht bloß noch die Ohren übrig.« [7636]

*

Jackson: »Also, wenn du mich anschreist, macht mich das nervös. Und wenn ich nervös werde, bekomme ich Angst. Und wenn Angsthasen nervös werden, dann fangen Angsthasen ganz schnell an zu schießen.«
Plummer: »Du sollst nur eins wissen: Wenn du ihm wehtust, bist du tot.«
Jackson: »Tja, so ist nun mal die Situation. Aber ich will das nicht. Und du willst das auch nicht. Und Ringo hier will das ganz bestimmt auch nicht. Also mal sehen, was wir tun können.« [7637]

***

THE PURPLE ROSE OF CAIRO
USA 1985, Rollins-Joffe, Orion (Regie, Buch Woody Allen)

*

Jeff Daniels (Gil Shepherd): »Man kann nicht lernen, real zu sein. Man kann auch nicht lernen, ein Zwerg zu sein. So was kann man nicht lernen. Manche sind real, manche nicht.« [7638]

*

Alexander Cohen (Raoul Hirsh): »Wenn jemand nach mir fragt: Ich bin im Badezimmer. Auf dem Fußboden. Und weine.« [7639]

> »Ausziehen!«
> »Alles?«
> »Bis auf den blanken Arsch!«
> Pulp Fiction

Daniels (Tom Baxter): »Das Leben ist zu kurz, um drüber nachzudenken, was das Leben ist. Laß es uns einfach leben!« [7640]

***

PURSUED
USA 1947, Warner (Regie Raoul Walsh, Buch Niven Busch)

*

Judith Anderson (Mrs. Medora Callum): »Well, as the boy told me, somebody tried to kill him, I knew it was you. Being a lawyer hasn't done your shooting any good, Grant.« [7641]

> *»Das Leben ist zu kurz,
> um drüber nachzudenken,
> was das Leben ist.
> Laß es uns einfach leben!«*
> The Purple Rose of Cairo

Q

QUICKSILVER
USA 1986, IndieProd, Columbia (Regie, Buch Tom Donnelly)

*

Jamie Gertz (Terri): »Was ist mit dem Geld?«
Kevin Bacon (Jack Casey): »Gar nichts. Die Mäuse sind immer noch da, nur nicht mehr auf *meinem* Konto. Das ist alles.« [7642]

***

QUIZ SHOW
USA 1994, Wildwood, Baltimore, Hollywood (Regie Robert Redford, Buch Paul Attanasio, nach dem Buch ›Remembering America: A Voice From the Sixties‹ von Richard N. Goodwin)

*

(über Turturro): »Das ist 'n Gesicht fürs Radio.« [7643]

*

»Stempel ist ein Verlierertyp. Die Leute stehen auf so was. Typisch für New York.«
Martin Scorsese (Martin Rittenholm): »Queens ist nicht New York.« [7644]

*

David Paymer (Dan Enright): »Also gut, was soll ich tun, Mr. Kintner?«
Allan Rich (Robert Kintner): »Sie sind der Produzent, Dan. Also produzieren Sie!« [7645]

*

John Turturro (Herbie Stempel): »Der Fernseher da ist mit Sicherheit die größte Erfindung seit Gutenbergs Buchdruckkunst. Und bei denen bin ich jetzt der Größte.« [7646]

*

George Martin (Chairman Harris): »Das ist 'n gewagtes Spiel, Junge. In Unterhosen jagt man da nicht.« [7647]

*

Ralph Fiennes (Charles Van Doren): »Dad kann Washington nicht leiden.«

*

Paul Scofield (Mark Van Doren): »Ein Sumpf, in dem Malaria gegen die Politik ausgetauscht wurde.« [7648]

*

Rob Morrow (Dick Goodwin): »Was ist das für 'n Gefühl, mit einem Bein im Fangeisen zu stecken.« [7649]

*

Fiennes: »Jeder, der meint, Geld spielt keine Rolle, kann nicht viel davon haben.« [7650]

*

Morrow: »Wenn Sie mich beleidigen wollen, na schön. Aber Sie können mich nicht gleichzeitig beneiden.« [7651]

*

Scorsese: »Die bloße Vermutung, ich wüßte vielleicht nicht, was sich während der Show abgespielt haben könnte, ist schon beleidigend, muß ich sagen.«
Morrow: »Also wußten Sie's?«
Scorsese: »Das ist noch beleidigender.«
Morrow: »Dann müssen Sie davon gewußt haben.«
Scorsese: »Hier geht's nicht darum, was ich weiß, sondern was Sie wissen.« [7652]

*

Scorsese: »Sie sind clever, haben 'ne große Zukunft vor sich. Sie sollten sich vorsehen.« [7653]

*

Scofield: »Schummeln in der Quizshow, das ist, als würde man einen Comicstrip plagiieren wollen.« [7654]

*

Morrow: »Ich dachte, wir könnten das Fernsehen drankriegen. Statt dessen wird das Fernsehen uns drankriegen.« [7655]

*

Paymer (off): »Der Sponsor kassiert, der Sender kassiert, die Kandidaten sehen so viel Geld, wie sie sonst ihr Leben lang nicht gesehen hätten, und das Publikum wird unterhalten. Also, wem haben wir wehgetan?« [7656]

»Sie sind clever, haben 'ne große Zukunft vor sich. Sie sollten sich vorsehen.«
Quiz Show

R

DER RABE *(The Raven)*
USA 1935, Universal (Regie Louis Friedlander, Buch David Boehm, nach dem Gedicht von Edgar Allen Poe)

*

Bela Lugosi (Dr. Richard Vollin): »Ja, ich hab ein paar gebaut, wissen Sie, von diesen Folter- und Schreckensapparaturen, wie sie Poe beschreibt.« (...)
Arthur Hoyt (Chapman): »Ein ziemlich merkwürdiges Hobby.«
Lugosi: »Es ist mehr als ein Hobby.« [7657]

*

Lugosi: »Warum erzählen Sie mir das? Ich bin nicht interessiert an Ihrer Lebensgeschichte.« [7658]

*

Lugosi: »Es ist herrlich, andere zu foltern.« [7659]

***

DER RABE *(Le Corbeau)*
F 1943, Continental (Regie Henri-Georges Clouzot, Buch Louis Chavance)

*

Héléna Manson (Marie, Krankenschwester): »Hören Sie endlich mit dem Gejammer auf!«
Roger Blin (François): »Ich kann mich nicht aufrichten.«
Manson: »Dann bleiben Sie eben liegen!« [7660]

> »Es ist herrlich,
> andere zu foltern.«
> Der Rabe, 1935

Antoine Balpêtré (Dr. Delonge): »Ich zeige Ihnen einen exzellenten Wundbrand. Das Schienbein ragt zehn Zentimeter aus dem Bein raus. Es sieht wie ein schlechter Witz aus. (...) Sie werden sehen, mein Lieber, es ist zum Totlachen.« [7661]

*

Bernard Lancret (Landrat): »Ich weiß gar nicht, warum ich mich in diesem Loch vergraben habe.«
Robert Clermont (DeMarquet): »Wohl, weil es ein Loch in einem fetten Käse war.«
Lancret: »Was wollen Sie damit sagen?«
Clermont: »Daß mich der Rabe über Ihre merkwürdigen Verwaltungsmethoden informiert hat.« [7662]

*

Pierre Fresnay (Dr. Germain): »... aber wo die Polizei gescheitert ist ...«
Pierre Larquey (Dr. Vorzet): »Die konnte nur scheitern, lieber Freund. Die Dummköpfe suchen immer nach einem Schuldigen mit einem logischen Motiv. Das ist doch völlig idiotisch. Ein anonymer Briefschreiber gehorcht Beweggründen, die viel geheimnisvollerer Natur sind. Die geben schon einem Durchschnittsmenschen eine schwere Nuß zu knacken. Wie sollte ein Durchschnittspolizist diese Beweggründe verstehen?« [7663]

*

Larquey: »Die Auswahl der Laster ist groß.« [7664]

***

DER RABE – DUELL DER ZAUBERER
(The Raven)
USA 1963, Alta Vista, AIP (Regie Roger Corman, Buch Richard Matheson, nach der Geschichte von Edgar Allan Poe)

*

Vincent Price (Dr. Erasmus Craven): »Die Magie nur mit den Gesten der Hände ist wirklich die erstaunlichste Hexerei.« [7665]

*

Peter Lorre (Dr. Adolphus Bedlo): »Wenn ich nüchtern gewesen wäre, was, zugegeben, nicht oft der Fall ist, aber dann hätte die Geschichte völlig anders ausgesehen. Völlig anders. Und ich werde mich in jedem Fall noch an ihm rächen. Sie werden es sehen.« [7666]

Price: »Sie brauchen etwas, das Sie vor der Kälte schützt. ... Nein, ich meine Kleidung.« [7667]

*

Boris Karloff (Dr. Scarabus): »Angst, meine Teure? Hier gibt es nichts, vor dem Sie Angst haben müssen.« [7668]

*

Karloff: »Ich bin immer wieder fasziniert davon, daß du überhaupt keine Skrupel hast.« [7669]

*

Karloff: »Es macht Ihnen gar nichts aus, was mit Ihren Freunden geschieht?«
Lorre: »Nein. Warum sollte es?«
Karloff: »Diese Vollkommenheit des Verrats erfüllt mich mit tiefer Bewunderung.« [7670]

*

Lorre: »Ich bin einfach zu freundlich und zu sanftmütig. Das ist mein Problem.« [7671]

***

DIE RACHE DES JOHNNY COOL (Johnny Cool)
USA 1963, Chrislaw, United Artists (Regie William Asher, Buch Joseph Landon, nach dem Roman ›The Kingdom of Johnny Cool‹ von John McPartland)

*

Elizabeth Montgomery (Dare Guinness): »Alle Männer sehen aus wie Männer, aber die wenigsten sind es.« [7672]

***

DIE RACHE DES TOTEN (The Walking Dead)
USA 1936, Warner (Regie Michael Curtiz, Buch Ewart Adamson, Peter Milne, Robert Andrews, Lillie Hayward, Story Ewart Adamson, Joseph Fields)

*

Barton MacLane (Loder): »Entweder er oder wir. Aber wir sind es bestimmt nicht.« [7673]

***

DIE RACHE DES UNGEHEUERS
(Revenge of the Creature)
USA 1955, Universal (Regie Jack Arnold, Buch Martin Berkeley, Story William Alland)

*

»Clete! Clete, hier steht etwas Umwerfendes. Der sensationellste Fund seit dem Pekingmenschen.«
John Agar (Professor Clete Ferguson): »Hat vielleicht jemand ein Mädchen mit echten blonden Haaren entdeckt?« [7674]

*

Agar: »Ich glaube sogar eher, daß wir überspezialisiert sind. Warten Sie noch ein paar Jahre, und wir haben Spezialisten für die untere Hälfte des Nasenbeins der Pantoffeltierchen.« [7675]

*

Lori Nelson (Helen Dobson): »Ich dachte, Sie wären beruflich hier.«
Agar: »Ja, aber ich halte nichts von Männern, die Beruf und Vergnügen nicht unter einen Hut bringen können.« [7676]

***

RACHE FÜR JESSE JAMES
(The Return of Frank James)
USA 1940, Twentieth Century Fox (Regie Fritz Lang, Buch Sam Hellman)

*

Henry Fonda (Frank James): »He, Fremder, wieviel ist Ihrer Meinung das Gespann da wert?«
Irving Bacon: »Ich schätze etwa 500 bis 600 Dollar.«
Fonda: »Da sind 600, unsere Pferde kriegen Sie als Zugabe. Los komm, Clem! *(steigen ein und fahren los)* Stimmt was nicht?«
Bacon: »Doch, außer der Tatsache, daß mir dieses Gespann nicht gehört.« [7677]

*

Russell Hicks (Ankläger): »Es geht hier nicht nur um den Überfall auf das Bahnbüro. Wir werden auch beweisen, und der Beweis wird über jeden Zweifel erhaben sein, daß der Angeklagte Frank James, im Zuge seiner langen Laufbahn als Mörder ...«
Henry Hull (Major Rufus Todd): »Einspruch, Euer Ehren. Der Angeklagte steht ebensowenig wegen einer langen Mörderlaufbahn vor Gericht, wie der Ankläger hier beschuldigt werden soll, von der St. Louis-Eisenbahngesellschaft Geld zu bekommen.« [7678]

*

Hull: »Sie behaupten, Frank James hätte zugegeben, das Bahnbüro ausgeraubt zu haben?«

> »Alle Männer sehen
> aus wie Männer, aber die
> wenigsten sind es.«
> Die Rache des Johnny Cool

Frank Shannon (Sheriff Daniels): »Ja, das tat er und zwar vor Zeugen.«
Hull: »Ich habe Sie nicht gefragt, vor wem. Beantworten Sie nur meine Frage! Damit wird Ihre ungeheure Intelligenz schon genügend strapaziert.« [7679]

*

Hicks: »Sie behaupten also, Sie hätten den Wachmann Wilson nicht getötet?«
Fonda: »Dazu hatte ich gar keinen Grund.«
Hicks: »Brauchen Sie immer einen Grund zum Töten?«
Fonda: »Sie vielleicht nicht?« [7680]

*

Hicks: »Sagen Sie mal, wo genau hat sich Wilson befunden, als ihn der Schuß traf?«
Fonda: »Warten Sie, ich denke ...«
Hicks: »Uns interessiert nicht, was Sie denken. Wo war er?«
Fonda: »Verzeihen Sie, ich muß zuerst denken, bevor ich spreche. Ich bin ja auch kein Anwalt.« [7681]

***

RACHE IST SÜSS *(Design for Scandal)*
USA 1941, MGM (Regie Norman Taurog, Buch Lionel Houser)

*

Edward Arnold (Judson M. Blair): »Ich sitze fest. Fest! So hilflos wie eine über kleiner Flamme bratende Gans am Spieß.« [7682]

***

RÄCHER DER UNTERWELT *(The Killers)*
USA 1946, Hellinger, Universal (Regie Robert Siodmak, Buch Anthony Veiller, nach der Geschichte von Ernest Hemingway)

*

Harry Hayden (George): »Weswegen wollen Sie ihn umbringen? Was hat Pete Lund getan?«
William Conrad (Max): »Uns beiden hat der Schwede nichts getan. Er hat uns noch nie gesehen.«

> »Wenn es dir nicht paßt,
> dann dreh doch
> den Gashahn auf.«
> Radio Days

Charles McGraw (Al): »Er sieht uns auch nur einmal.« [7683]

*

Phil Brown (Nick): »Sie hätten dich erschossen, wenn du gekommen wärst. Ich bin schnell hergelaufen, um dich zu warnen.«
Burt Lancaster (Swede): »Ich kann nichts dagegen tun.«
Brown: »Soll ich sie dir beschreiben?«
Lancaster: »Nein, ich will es nicht wissen. Danke, Nick.«
Brown: »Ich lauf am besten zur Polizei.«
Lancaster: »Nein, das würde nichts nützen.«
Brown: »Aber wir müssen doch was tun.«
Lancaster: »Dagegen kann man nichts tun.«
Brown: »Verschwinde doch von hier!«
Lancaster: »Nein, ich habe diese Rumjagerei satt.« [7684]

*

Albert Dekker (Colfax): »Ich habe ihn umbringen lassen, denn sonst hätte er vielleicht zu denken begonnen.« [7685]

***

RADIO DAYS
USA 1987, Rollins-Joffe, Orion (Regie, Buch Woody Allen)

*

Josh Mostel (Onkel Abe): »Wenn es dir nicht paßt, dann dreh doch den Gashahn auf.« [7686]

*

Dianne Wiest (Tante Bea): »Soll ich im Urlaub lieber 'ne Kreuzfahrt machen oder ins Gebirge fahren? Ich meine, auf Kreuzfahrt sind die Männer reicher, aber im Gebirge gibt es einfach mehr. Was meinst du, Tess?«
Julie Kavner (Mutter): »Ich hab meinen Mann in den Bergen kennengelernt, also würde ich dir zu 'ner Kreuzfahrt raten.« [7687]

*

Kavner: »Kümmer dich lieber mehr um deine Hausaufgaben, und laß das Radiohören sein!«
Seth Green (Little Joe): »Du hörst ja auch immer Radio.«
Kavner: »Das ist was anderes. Unser Leben ist schon ruiniert, aber aus dir könnte ja noch mal was werden.« [7688]

*

Mia Farrow (Sally White): »Junge, das ging aber

schnell! Wahrscheinlich hat's geholfen, daß ich 'n Schluckauf hatte.« [7689]

*

Danny Aiello (Rocco): »Es ist nichts Persönliches. Dein Pech, daß du Zeuge warst.« [7690]

*

Kavner: »Was für eine Welt! Sie könnte so herrlich sein, wenn es manche Leute nicht gäbe.« [7691]

*

(voice-over): »Viele Monate übte Sally jeden Tag voller Hingabe. Ihre gewöhnliche Sprache war ein schwer zu überwindendes Hindernis. Aber trotzdem: Aufgrund ihres Fleißes, ihrer Hartnäckigkeit und ihrer intimen Kenntnisse über viele Broadway-Persönlichkeiten war es nur eine Frage der Zeit, bis sie zu einem voll entwickelten Star wurde.« [7692]

*

Renee Lippin (Tante Ceil): »Möchtest du nicht auch mal in einem Nachtclub Champagner aus meinem Stöckelschuh trinken?«
Mostel: »So viel Flüssigkeit vertrag ich nicht.« [7693]

***

RAGTIME

USA 1981, Ragtime, Sunley (Regie Milos Forman, Buch Michael Weller, nach dem Roman von E. L. Doctorow)

*

Don Plumley (Inspector McNeill): »Die Idee ist wirklich brillant, Willie. Aber, sehen Sie, wir hatten einen noch brillanteren Plan erwogen.«
Kenneth McMillan (Willie Conklin): »Welchen denn?«
Plumley: »Ihm anzubieten, Sie auszuliefern.« [7694]

*

James Cagney (Commissioner Rheinlander Waldo): »Mr. Elliott, solange diese Kerle da drin sind, sind Sie der Kurator von überhaupt nichts.« [7695]

*

Howard E. Rollins (Coalhouse Walker jr.): »Sie reden mit Engelszungen, Mr. Washington. Ein Jammer, daß wir hier leben, auf der Erde!« [7696]

***

RAIN MAN

USA 1988, Guber-Peters, United Artists (Regie Barry Levinson, Buch Ronald Bass, Barry Morrow, Story Barry Morrow)

*

Tom Cruise (Charlie Babbitt): »Die ganze Welt erstickt am Smog, und die wollen die Situation verbessern, indem sie meine vier Autos von der Straße fernhalten.« [7697]

*

Cruise: »Und mit Schmiergeld? Wieviel kann einer von diesen Umweltschutztypen schon pro Woche verdienen?« [7698]

*

Valeria Golino (Susanna): »Hör mal, ich möchte ja nicht zuviel verlangen, aber glaubst du, du könntest vielleicht, ich weiß nicht, zehn oder zwölf Wörter über die Lippen bringen, bevor wir ins Hotel gehen? Hm? Betrachte es als Vorspiel.« [7699]

***

RAMBO

(First Blood)
USA 1982, Anabasis, Carolco (Regie Ted Kotcheff, Buch Michael Kozoll, William Sackheim, Sylvester Stallone, nach dem Roman von David Morrell)

*

Sylvester Stallone (John Rambo): »Ist hier irgendwo 'n Lokal, wo ich was essen kann?«
Brian Dennehy (Sheriff Will Teasle): »Sicherlich, circa 30 Meilen entfernt.«
Stallone: »Gibt es ein Gesetz dagegen, hier zu essen?«
Dennehy: »Ja, mich.« [7700]

*

Chris Mulkey (Ward): »Dauert nicht lange, dann haben wir ihn ausgestopft an der Wand hängen.« [7701]

*

Dennehy: »Was ist eigentlich mit euch los? Er ist nur *ein* Mann und verwundet.« [7702]

*

»Wir jagen ihn, nicht wahr?«

> *»Dauert nicht lange,*
> *dann haben wir ihn ausgestopft*
> *an der Wand hängen.«*
> Rambo

Mulkey: »Nein, wir jagen ihn nicht. Er jagt uns.« [7703]

*

Stallone: »Ich hätte alle töten können. Ich könnte auch dich töten. In der Stadt hast du die Macht, nicht hier. Geh nicht weiter! Hör auf, oder du hast einen Krieg, den du nie begreifen wirst.« [7704]

*

Dennehy: »Möchte wissen, was sich Gott dabei gedacht hat, als er einen Mann wie Rambo schuf.«
Richard Crenna (Colonel Trautman): »Gott hat Rambo nicht erschaffen. Ich hab ihn geschaffen.« [7705]

*

Crenna: »Sie haben mich nicht verstanden. Ich soll nicht Rambo vor Ihnen schützen, ich komme her, um Sie vor ihm zu schützen.« [7706]

*

Crenna: »Bei den Sondereinheiten lernen die Leute zu überleben. Das ist ihre erste Pflicht.« [7707]

*

Crenna: »Wollen Sie einen Krieg, den Sie nicht gewinnen können?«
Dennehy: »Wollen Sie im Ernst sagen, daß wir mit 200 Leuten gegen diesen Wahnsinnigen nichts ausrichten können?«
Crenna: »Bei so vielen Leuten sollten Sie eins nicht vergessen.«
Dennehy: »Was?«
Crenna: »Leichentücher. Einen großen Vorrat.« [7708]

*

Dennehy: »Wenn wir ihn anpeilen, würden wir seine Position herauskriegen. Wenn Sie nichts dagegen haben, Colonel.«
Crenna: »Ihn reinlegen? Das wäre so, wie Mäuse zu einer Katze bringen.« [7709]

> *»Von mir aus kann lügen, wer will. Hauptsache, die Geschichte ist gut.«*
> Rashomon

Stallone: »Die haben das erste Blut vergossen, nicht ich.« [7710]

*

Crenna: »Ich weiß es wirklich nicht, ich kann Ihnen das nicht beantworten.«
Dennehy: »Genauso ist es. Wir sollten froh sein, daß wir keine Chance hatten, das rauszufinden.« [7711]

***

RAMPENLICHT
(Limelight)
USA 1952, Chaplin, United Artists (Regie, Buch Charles Chaplin)

*

Charles Chaplin (Calvero): »Hier bin ich zu Haus, hier.«
Claire Bloom (Terry): »Du konntest das Theater doch nicht mehr ertragen.«
Chaplin: »Du hast recht. Ich kann auch den Anblick von Blut nicht ertragen, aber es fließt in meinen Adern.« [7712]

***

RANCHO RIVER *(The Rare Breed)*
USA 1966, Universal (Regie Andrew v. McLaglen, Buch Ric Hardman)

*

Maureen O'Hara (Martha Price): »Ich sehe die Dinge immer so, wie sie sind. Illusionen mach ich mir nicht gern.« [7713]

***

RASHOMON
JAP 1950, Daiei (Regie Akira Kurosawa, Buch Shinobu Hashimoto, Akira Kurosawa, nach zwei Geschichten von Ryunosuke Akutagawa)

*

Toshiro Mifune (Tajomaru): »Hätte ich sie gekriegt, ohne ihren Mann umbringen zu müssen, ich wäre zufrieden gewesen. Aber was sollte ich machen?« [7714]

*

Kichijiro Ueda (the commoner): »Von mir aus kann lügen, wer will. Hauptsache, die Geschichte ist gut.« [7715]

*

Machiko Kyo (Masago): »Ihr vergeßt, daß eine Frau nur dem gehört, der bereit ist, für sie zu kämpfen. Nur mit dem Schwert in der Hand kann eine Frau erobert werden. Also kämpfe um mich!« [7716]

RATTENNEST *(Kiss Me Deadly)*
USA 1955, Parklane, United Artists (Regie Robert Aldrich, Buch A. I. Bezzerides, nach dem Roman von Mickey Spillane)

*

Ralph Meeker (Mike Hammer): »Wieviel haben sie dir geboten? Ich biete mehr.«
Juano Hernandez (Eddie Yeager): »Das kannst du nicht, mein Junge. Sie haben versprochen, daß sie mich am Leben lassen.« 7717

*

Meeker: »Ich bin eben ein anpassungsfähiger Mensch. Ich kann hinkommen, wo ich will, ich finde gleich Kontakt.«
Paul Stewart (Carl Evello): »Dann werden wir uns ja verstehen.«
Meeker: »Wie die Kontakte an Sprengkörpern.« 7718

*

Meeker: »Gestern habe ich noch nach einem Faden gesucht, heute suche ich bereits einen Strick.«
Stewart: »Und morgen werden Sie etwas finden, Mr. Hammer, aber etwas, was Sie bestimmt nicht suchen.«
Meeker: »Was denn?«
Stewart: »Ärger, und zwar ganz gewaltigen Ärger, Mr. Hammer.« 7719

*

Meeker: »Für zwei ausgekochte Gangster seid ihr aber verdammt höflich.«
Jack Lambert (Sugar): »Das sind wir immer. Das gehört zu unserm Geschäftsprinzip.« 7720

***

RAZZIA AUF CALLGIRLS *(Vice Raid)*
USA 1959, Imperial, United Artists (Regie Edward L. Cahn, Buch Charles Ellis)

*

Brad Dexter (Vince Malone): »Ich gebe ein Vermögen für Bestechungsgelder aus, damit wir jeden Ärger mit der Behörde vermeiden. Und was passiert? So ein kleiner, schäbiger Schnüffler, der kaum die paar Kröten für die Butter aufs Butterbrot verdient, versucht mich reinzulegen.« 7721

*

Barry Atwater (Phil Evans): »Los, einsteigen! Ich möchte nicht gerne Kugeln an Sie verschwenden.« 7722

*

Richard Coogan (Whitey Brandon): »Ich habe Sie wirklich für schlauer gehalten, Malone. Es wird nicht so schwer sein, Sie fertigzumachen, wie ich dachte.« 7723

*

Dexter: »Tut mir leid. Zu kluge Kinder werden nicht alt, mein Junge.« 7724

***

REBECCA
USA 1940, Selznick, United Artists (Regie Alfred Hitchcock, Buch Robert E. Sherwood, Joan Harrison, nach dem Roman von Daphne Du Maurier)

*

Joan Fontaine (Mrs. de Winter, voice-over): »Gestern nacht träumte ich, ich wäre wieder in Manderley.« 7725

*

Laurence Olivier (Maxim de Winter): »Das Angebot ist zwar sehr verlockend, aber ich halte mich an das Sprichwort: ›Wer allein reist, reist am besten.‹« 7726

*

Fontaine: »Ach, ich wollte, ich wäre eine Frau von vierzig mit einem schwarzen Kleid und einer Perlenkette.«
Olivier: »Dann wären Sie wohl kaum bei mir im Wagen.« 7727

*

Judith Anderson (Mrs. Danvers): »Was wollen Sie noch hier? Was haben Sie noch zu erwarten? Sie stören hier nur. Er will wieder mit ihr allein sein. Sie haben ihm Rebecca nicht wegnehmen können. Sie haben ihn verloren. Sie haben nichts, wofür Sie leben können. Schauen Sie hinunter! Es ist doch ganz einfach. Es tut gar nicht weh. Warum springen Sie nicht hinunter? Sie brauchen sich nicht zu fürchten. Es geht ganz schnell. Kommen Sie! Tun Sie's! Springen Sie hinunter!« 7728

»Für zwei ausgekochte Gangster seid ihr aber verdammt höflich.«
»Das sind wir immer. Das gehört zu unserm Geschäftsprinzip.«
Rattennest

REBELLEN DER STEPPE
(Calamity Jane and Sam Bass)
USA 1949, Universal (Regie George Sherman, Buch Maurice Geraghty, Melvin Levy, Story George Sherman)

*

Yvonne De Carlo (Calamity Jane): »Niemand lacht hier über Sie, Mr. Bass. Die da würde nie 'n Kunden verärgern, und mich erheitert selten was außer gelynchten Sheriffs.« [7729]

*

»Was macht der Kaffee, Dakota? Ist er stark genug?«
Houseley Stevenson (Dakota): »Schmeiß 'n Stein rein. Wenn er nicht sinkt, ist er stark genug.« [7730]

*

John Rodney (Morgan): »Wenn sich rausstellt, daß du sauber bist, hätten wir dich gerne bei uns. Wenn sich rausstellt, daß du stinkst, dann hätten wir dich erst recht gerne bei uns.« [7731]

***

DIE RECHNUNG GING NICHT AUF *(The Killing)*
USA 1956, Harris-Kubrick, United Artists (Regie, Buch Stanley Kubrick, zusätzlicher Dialog Jim Thompson, nach dem Roman ›The Clean Break‹ von Lionel White)

*

Sterling Hayden (Johnny Clay): »Na, mein Goldkind, du hast ja ein verdammt hübsches Köpfchen. Willst du es weiter auf den Schultern behalten, oder lieber unterm Arm tragen?«
Marie Windsor (Sherry Peatty): »Schließen wir einen Kompromiß. Ich behalte es auf den Schultern und verrate Ihnen, was drin ist.« [7732]

*

Kola Kwarian (Maurice Oboukhoff): »Du hast noch nicht gelernt, daß man nur dann ungeschoren durchkommt, wenn man sich anzupassen versteht. Johnny, du bist nicht besser und auch nicht schlechter als die anderen. Menschen wie du sind Stiefkinder des Schicksals. Eigenwilligkeit und Originalität sollte man schon in der Wiege erdrosseln, sie schaffen nur Verdruß.« [7733]

*

Kwarian: »Weißt du, früher hab ich mal gedacht, daß Künstler und Gangster in den Augen der Masse dasselbe sind. Sie werden verehrt und bewundert. Aber es gibt immer ein paar Leute, die das Glück der anderen nicht mit ansehen können und sie deshalb ans Messer liefern wollen.« [7734]

*

Kwarian: »Ich bringe mich ziemlich ehrlich über die Runden. Wenn ich Geld brauche, arbeite ich als Catcher. Na, und sonst hocke ich hier rum und verbringe meine Zeit mit Schachspielen.« [7735]

*

Hayden: »Fünfhundert Dollar gibt es für den Job und zweitausend dafür, daß du keine Fragen stellst.« [7736]

*

Windsor: »Nun wird ja alles wunderschön. Wir werden Geld haben und alles kaufen können. Und dann muß ich nicht immer bloß den ganzen Tag an mich denken. Deine Probleme werden auch meine sein.« [7737]

*

Hayden: »Paß auf! Heute abend kommt ein Bekannter von mir, ein Polizist und gibt hier einen Postsack ab.«
Tito Vuolo (Joe Piano): »Was, ein Polizist?«
Hayden: »Ja, er fährt einen Streifenwagen.«
Vuolo: »Komische Bekannte hast du, das muß man schon sagen.«
Hayden: »Er ist auch ein komischer Polizist.« [7738]

*

Colleen Gray (Fay): »Johnny, du mußt fliehen!«
Hayden: »Nein, das hat keinen Sinn mehr.« [7739]

***

DIE RECHNUNG OHNE DEN WIRT
(The Postman Always Rings Twice)
USA 1946, MGM (Regie Tay Garnett, Buch Harry Ruskin, Niven Busch, nach dem Roman von James M. Cain)

*

John Garfield (Frank Chambers, voice-over):

> »Was macht der Kaffee, Dakota?
> Ist er stark genug?«
> »Schmeiß 'n Stein rein. Wenn er
> nicht sinkt, ist er stark genug.«
> Rebellen der Steppe

»Genau zu dieser Zeit hätte ich das Haus verlassen sollen, aber ich brachte nicht die Kraft dazu auf. Sie konnte mit mir machen, was sie wollte, und sie wußte es.« [7740]

*

Garfield: »Er war aber immer anständig zu mir.«
Lana Turner (Cora Smith): »Aber kannst du dir nicht vorstellen, Liebling, wie glücklich wir beide hier wären ... ohne ihn?« [7741]

*

Hume Cronyn (Arthur Keats): »Ich brauche Ihre 10.000 nicht. Im übrigen, ich hab selbst 10.000.« [7742]

*

Cronyn: »Ich kann mir ein Dutzend Gründe vorstellen, warum ihr beide niemals glücklich werden könnt.« [7743]

***

RED HEAT
USA 1988, Carolco, Lone Wolf, Oak, Columbia Tri-Star (Regie Walter Hill, Buch Harry Kleiner, Walter Hill, Troy Kennedy Martin, Story Walter Hill)

*

Peter Boyle (Lou Donnelly): »Streßbewältigung. Man beobachtet die Fische, man gießt die Pflanzen, spezielle Atemübungen, man mißt seinen Blutdruck, läßt sich von angenehmer Musik berieseln und relaxt. Ich persönlich glaube, daß das alles Scheiße ist. Aber wenn einem der Bypass droht, stellt man keine Fragen mehr. Hören Sie, aus reiner Neugier und da vermutlich alle Bullen auf der Welt gleich sind: Wie werdet ihr Sowjets mit dem ganzen Druck und Streß fertig?«
Arnold Schwarzenegger (Captain Ivan Danko): »Wodka.« [7744]

*

James Belushi (Detective Sergeant Art Ridzik): »Warum muß ich immer die Drecksarbeit machen?«
Laurence Fishburne (Lieutenant Stobbs): »Weil's zu dir paßt.« [7745]

*

Belushi: »Ich besorg uns was zu essen. Keine Angst, Sie kriegen was Gesundes. Von allen Grundnahrungsmitteln etwas: Hamburger, Chips, Kaffee und 'n Eis.« [7746]

Ed O'Ross (Viktor Rostavili): »Die Menschen haben viele Bedürfnisse. Eins davon ist Recht und Ordnung, ein anderes Entertainment.« [7747]

*

O'Ross: »Wir beide respektieren Mut. Wir mißachten sogar unser eigenes Leben.«
Schwarzenegger: »Du mißachtest alles Leben.« [7748]

*

Boyle: »Unter diesen Umständen muß ich Sie um Ihre Waffe bitten.«
Schwarzenegger: »Und ich sage nein.«
Boyle: »Ich sehe, Ridzik bringt Ihnen Sinn für Humor bei. Ihre Waffe, Captain! Sofort! Ich habe keinen Humor.« [7749]

*

Belushi: »Für Weihnachtsgeschenke brauchen wir beide nicht viel auszugeben, hä?« [7750]

*

Belushi: »Ich geb's auf. Das ist mir 'ne Nummer zu russisch.« [7751]

***

RED RIVER
USA 1948, Monterey, United Artists (Regie Howard Hawks, Buch Borden Chase, Charles Schnee, nach dem Roman ›The Chisholm Trail‹ von Borden Chase)

*

Lane Chandler (Colonel Nemble): »Hören Sie mal zu, Dunson, ich laß Sie nicht so einfach abhauen. Sie sind ein viel zu guter Schütze.«
John Wayne (Tom Dunson): »Dann würde ich mich mit einem so guten Schützen nicht rumstreiten.« [7752]

*

Walter Brennan (Groot): »An Ihrer Stelle, Colonel, würde ich ihn in Ruhe lassen. Er ist 'n sturer Bock. Wenn er sich was in den Kopf gesetzt hat, können Sie auch nichts dran ändern.« [7753]

>»Ich kann mir ein Dutzend Gründe vorstellen, warum ihr beide niemals glücklich werden könnt.«
>Die Rechnung ohne den Wirt

Wayne: »Ich hab mich nun mal so entschieden.«
Colleen Gray (Fen): »Dann ändere deinen Entschluß, Tom, nur das eine Mal in deinem Leben.«
Wayne: »Ich laß dich holen. Wirst du kommen?«
Gray: »Natürlich werde ich kommen. Aber es ist nicht richtig.« 7754

*

Gray: »Mir ist, als stieße man mir ein Messer in meine Kniekehlen.« 7755

*

Brennan: »Zu groß für 'n Rauchzeichen, hm?«
Wayne: »Ja.«
Brennan: »Ist ungefähr da, wo die Wagen jetzt sein müssen. Warum stecken die Indianer die guten Wagen immer in Brand?«
Wayne: »Würde Stunden dauern, bis wir da wären.«
Brennan: »Ja. Sie hätten sie mitnehmen sollen.« 7756

*

Mickey Kuhn (Matthew Garth als Junge): »Ich sehe kein M auf dem Brandeisen.«
Wayne: »Ich mache das M drauf, wenn du's dir verdient hast.« 7757

*

Brennan: »Ich hab noch nie gern 'n Fremden kommen sehen, weil mir 'n Fremder noch nie 'ne gute Nachricht gebracht hat.« 7758

*

Joe Dominguez (Mexikaner): »Aber es ist sein Land.«
Wayne: »Von wem hat er es?«
Dominguez: »Oh, vor vielen Jahren hat er's überschrieben bekommen vom König von Spanien.«
Wayne: »Sie meinen, er hat's denen weggenommen, die vorher hier waren, den Indianern nämlich.«
Dominguez: »Das mag sein.«

> *»Ich sehe kein M auf dem Brandeisen.«*
> *»Ich mache das M drauf, wenn du's dir verdient hast.«*
> Red River

Wayne: »Nun, und ich nehme es ihm weg.«
Dominguez: »Es haben schon andere so gedacht wie Sie, Señor und haben es versucht.«
Wayne: »Und Sie haben es jedesmal verhindert, hm?«
Dominguez: »Amigo, dafür werde ich bezahlt.«
Wayne: »Eine sehr ungesunde Aufgabe. Aus dem Weg, Matt!« 7759

*

Kuhn: »Woher wußten Sie, daß er ziehen würde?«
Wayne: »Ich hab's an seinen Augen gesehen. Merk dir das für später!« 7760

*

Wayne: »Hol 'ne Schaufel und meine Bibel! Ich werde daraus vorlesen. ... ›Denn wir haben nichts mitgebracht auf diese Welt, und können nichts mitnehmen von dieser Welt. Der Herr hat es gegeben, der Herr hat es genommen. Gelobt sei der Name des Herrn! Amen.‹« 7761

*

Kuhn: »Sie *(die Rinder)* werden weglaufen.«
Wayne: »Wohin sie auch laufen, sie werden auf meinem Land sein.« 7762

*

Montgomery Clift (Matthew Garth): »Es kommt noch so weit, daß du's jedem Leib in Texas einbrennst. Bis auf meinen.«
Wayne: »Gib mir das Eisen, Teeler!« 7763

*

Wayne: »Wer sind Sie?«
John Ireland (Cherry Valance): »Die einen nennen mich so, die anderen wieder so.«
Wayne: »Und wie nennt man Sie meistens?«
Ireland: »Bei meinem Namen, Cherry Valance.« 7764

*

Wayne: »Man sagt, Sie könnten gut schießen. Wie gut?«
Ireland: »Es gelingt mir, am Leben zu bleiben.« 7765

*

Ireland: »Es gibt nur zwei Dinge auf der Welt, die noch schöner sind als eine gute Waffe: eine Schweizer Uhr und eine Frau, die man sich anlacht. Hatten Sie schon mal eine Schweizer Uhr?« 7766

*

Brennan: »Wenn ich was hasse, dann zufriedene Indianer, grinst wie 'n Honigkuchenpferd. Woher sollen anständige Menschen wissen, ob 'n Indianer blufft?« [7767]

*

Wayne: »Also, morgen brechen wir auf. Wir gehen nach Missouri mit 10.000 Stück Vieh. (...) Ich möchte, daß ihr alle wißt, was vor euch liegt. Vielleicht wißt ihr es schon, aber ich möchte ganz sicher gehen. Es liegen 1000 Meilen vor uns. Zehn Meilen am Tag wären schon gut, fünfzehn ein großes Glück. Wir werden durch dürres Gebiet kommen, ohne Wasser. Es wird Stürme geben und Regen. Wir werden mit Indianern zu tun kriegen. Wie es ausgeht, weiß ich nicht. An der Grenze nach Missouri mit Banditen. Den ganzen Weg werden wir kämpfen müssen, aber wir werden es schaffen. Niemand wird gezwungen mitzugehen. Ihr werdet trotzdem eure Arbeit bei mir behalten. Aber über eins seid euch klar: Jeder, der sich zum Viehtrieb einschreibt, bleibt dabei bis zum Schluß. Unterwegs gibt es keine Kündigungen, weder durch mich noch durch euch. Ich nehme's niemandem übel, wenn er nicht mitgeht, aber dann sagt es mir lieber gleich.« [7768]

*

Ireland: »Ich glaube, wenn ich mich mit ihm *(Wayne)* mal anlege, hätte ich auch Sie am Hals.«
Clift: »Sie hätten schon mit ihm allein alle Hände voll zu tun.« [7769]

*

Hank Worden (Sims): »Das gefällt mir nicht. Es geht alles zu glatt.«
Noah Beery jr. (Buster Magee): »Du mußt auch immer jammern.«
Worden: »Ich seh's halt nicht gerne, wenn die Dinge zu gut oder zu schlecht gehen. Ich hab lieber den Mittelweg.« [7770]

*

Brennan: »Ich wette, zehn Pfund *(Staub)* hab ich geschluckt in den letzten 14 Tagen. Wenn der Ausflug hier vorbei ist, melde ich mich als eigenen Staat an, soviel Land hab ich geschluckt, als Staat Groot.« [7771]

*

Brennan (voice-over): »Er *(Wayne)* hatte sich verändert. Er war schon immer ein harter Bursche gewesen. Jetzt war er noch härter geworden.« [7772]

*

Clift: »Du hättest ihn mitten in die Stirn geschossen.«
Wayne: »So sicher wie du dastehst. Na ja, du hast geschossen, jetzt sorge auch für ihn.« [7773]

*

Wayne: »Na, nun sag es schon!«
Brennan: »Das war falsch, Mr. Dunson.« [7774]

*

Ireland: »Sie sind schnell mit der Waffe, furchtbar schnell, aber Sie haben ein weiches Herz. Das könnte Sie eines Tages in Schwierigkeiten bringen.«
Clift: »Schon möglich, aber ich würde nicht damit rechnen.« [7775]

*

Brennan: »Meinst du, mir macht das Spaß?«
Ray Hyke (Walt Jurgens): »Mir auch nicht.«
Brennan: »Warum reißt du denn das Maul auf?«
Hyke: »Ich hab nichts anderes gesagt als du.«
Brennan: »Werd erst mal trocken hinter den Ohren, bevor du so mit mir sprichst!« [7776]

*

Wayne: »Ich hasse Leute, die aufgeben. Ich mag Leute nicht, die nicht zu Ende führen, was sie einmal angefangen haben.« [7777]

*

Worden: »Begraben und aus der Bibel lesen, begraben und aus der Bibel lesen! Pump einen Mann voll Blei, dann bring ihn unter die Erde, und dann lies aus der Bibel. Warum müssen sie, wenn sie einen umlegen, auch noch den lieben Gott mit in die Sache reinziehen und dann aus der Bibel lesen?« [7778]

*

Brennan: »9000 in weniger als vier Stunden durch den Fluß getrieben. Das ist wirklich allerhand. Die Jungs haben sich mächtig angestrengt.«

»*Ich hasse Leute, die aufgeben. Ich mag Leute nicht, die nicht zu Ende führen, was sie einmal angefangen haben.*«
Red River

Wayne: »Ja, ja.«
Brennan: »Warum sagen Sie ihnen nicht irgendwas?«
Wayne: »Es ist ja ihre Aufgabe.« [7779]

*

Brennan: »Sie sind völlig erledigt.«
Wayne: »Dann brauchen wir morgen früh wenigstens nicht nachzuzählen.« [7780]

*

Brennan: »Sie müssen schlafen, Tom. Unbedingt.«
Wayne: »Vor einigen Nächten haben wir drei Männer verloren. Seitdem ich nicht mehr geschlafen habe, haben wir keine mehr verloren, und wir werden heute keine verlieren und in den kommenden Nächten auch nicht.« [7781]

*

Wayne: »Runter von den Pferden! Ich schau nicht gern auf zu Kerlen, wie ihr welche seid.« [7782]

*

Wayne: »Cherry, ich hab dich hinter drei Männern hergeschickt. Ich seh nur zwei.«
Ireland: »Bill Kelsey hat sich mit mir angelegt. Hat nicht mal 'ne schlechte Figur gemacht.« [7783]

*

Wayne: »Cherry hatte recht, du bist zu weich. Du hättest Teeler nicht daran hindern sollen, mich umzubringen, denn jetzt werde ich dich umbringen. Ich weiß zwar nicht wann, aber ich kriege dich schon. Jedesmal, wenn du dich umdrehst, sei darauf gefaßt, daß ich hinter dir bin, denn eines Tages wirst du dich umdrehen, und ich werde hinter dir sein und dich töten, Matt« [7784]

*

Beery jr. (kommt von Erkundungsritt zurück): »Weiber! Weiber und Kaffee, sag ich euch! Ich hab sie selbst gesehen. Nein, nein, es ist wahr. Ich hab Kuchen bekommen und Plätzchen und gebackene Bohnen und Kaffee und eine Flasche Whiskey.« [7785]

*

Clift: »Wo ist Cherry?«
Beery, jr.: »Oh, der dachte, es ist nicht nötig, daß wir beide zurückreiten. Da war nämlich so eine Kleine ...«
Clift: »Ist sie hübsch?«
Beery jr.: »Erinnerst du dich noch an die kleine Stute, die ich einmal hatte?«
Clift: »So habe ich sie mir vorgestellt.« [7786]

*

Joanne Dru (Tess Millay): »Was würden Sie an meiner Stelle tun, Groot?«
Brennan: »An Ihrer Stelle? So was kann auch nur 'ne Frau fragen. Ich bin nicht wie Sie. Wie weit würden Sie wohl kommen mit 'm Gesicht wie meinem?« [7787]

*

Clift: »Es dauert bei mir immer 'ne Zeit, bis ich mir über was klar bin.«
Dru: »Ich werd Ihnen dabei helfen.« [7788]

*

Beery jr.: »Jetzt fang ich bald an zu glauben, daß es Abilene gar nicht gibt.«
Worden: »Wahrscheinlich sind wir schon längst dran vorbeigeritten und auf 'm direkten Weg nach Kanada. Wir werden die Herde noch die Eisberge rauf und runter treiben.« [7789]

*

Harry Carey (Melville): »Dreimal hat ein Mann im Leben das Recht zu feiern, nämlich wenn er heiratet, wenn die Kinder kommen (...) und wenn er eine völlig verrückte Sache zu Ende gebracht hat.« [7790]

*

Carey: »Sie wissen, daß der junge Mann seinen Revolver nicht gebrauchen wird?«
Ireland: »Ja. Aber ich denke anders in dieser Hinsicht.« [7791]

***

RED ROCK WEST
USA 1992, Red Rock, Propaganda (Regie John Dahl, Buch John Dahl, Rick Dahl)

*

Nicolas Cage (Michael Williams): »Ich weiß nicht, wie ich's Ihnen sagen soll, aber Ihr Mann, Wayne, er (...) will Sie ermorden lassen.« [7792]

> »Es dauert bei mir immer 'ne Zeit, bis ich mir über was klar bin.«
> »Ich werd Ihnen dabei helfen.«
> Red River

Lara Flynn Boyle (Suzanne Brown): »Was werden Sie tun?«
Cage: »Das weiß ich nicht. Ich hasse es, unschuldigen Frauen wehzutun, aber hier geht's um ganz schön viel Geld.« 7793

*

Boyle: »Waren Sie schon mal verheiratet, Lyle? Es verändert die Leute. Sie werden seltsam.« 7794

*

Boyle: »Was soll ich jetzt machen?«
Cage: »Wenn ich Sie wäre, würde ich mich scheiden lassen.« 7795

*

Boyle: »Wo wollen Sie hin?«
Cage: »Ich möchte nicht hier sein, wenn Lyle aus Dallas *(den er gerade hinterrücks niedergeschlagen hat)* aufwacht. Sie vielleicht?« 7796

*

Cage: »Komm ich denn aus der Scheiße gar nicht mehr raus!« 7797

*

Boyle: »Sie sind sehr nett. Stimmt's, Michael?«
Cage: »Ich versuche es.« 7798

*

J. T. Walsh (Wayne Brown): »Sie dürfen sie nicht entkommen lassen.«
Dennis Hopper (Lyle, off, am Telefon): »He, ich bin nicht den ganzen Weg hierhergedüst, um Verstecken zu spielen.« 7799

*

Boyle: »Gefall ich dir etwa nicht?«
Cage: »Doch, du gefällst mir.«
Boyle: »Worauf wartest du dann?«
Cage: »Ich versuche nur, mich von verheirateten Frauen fernzuhalten.«
Boyle: »Wieso? Gefühle sind an keinen Vertrag gebunden.«
Cage: »In Texas schon.«
Boyle: »Wir sind nicht in Texas.« 7800

*

Walsh: »Es gibt keinen Grund, sie umzubringen. Oder?«
Hopper: »Na, ich weiß nicht. Ich steh nicht auf halbe Sachen.« 7801

*

Cage: »Wayne, Sie machen einen Fehler. Sie glauben doch nicht wirklich, daß er Ihnen die Hälfte von dem Geld überläßt?«

Hopper: »Mike, das hat mich verletzt.« 7802

*

Boyle: »Irgendwie mag ich dich. Zwing mich nicht, auf dich zu schießen!« 7803

***

DER REGENMACHER *(The Rainmaker)*
USA/BRD 1997, Douglas-Reuther, Zoetrope, Constellation (Regie Francis Ford Coppola, Buch Francis Ford Coppola, Michael Herr, nach dem Roman von John Grisham)

*

Danny DeVito (Deck Schifflet): »Nichts ist spannender, als eine Versicherungsgesellschaft am Arsch zu kriegen.« 7804

*

Matt Damon (Rudy Baylor, voice-over): »Woran erkennt man, daß ein Anwalt lügt? Seine Lippen bewegen sich.« 7805

***

DIE REIFEPRÜFUNG *(The Graduate)*
USA 1967, Turman, Embassy (Regie Mike Nichols, Buch Calder Willingham, Buck Henry, nach dem Roman von Charles Webb)

*

Walter Brooke (Mr. McGuire): »Ich möchte dir nur ein Wort sagen. Nur ein Wort.«
Dustin Hoffman (Benjamin Braddock): »Ja, Sir?«
Brooke: »Hörst du auch zu?«
Hoffman: »Ja, Sir, ich höre.«
Brooke: »Plastik!« 7806

*

Hoffman: »Mrs. Robinson, Sie versuchen, mich zu verführen. ... Oder nicht?« 7807

*

Hoffman: »Mrs. Robinson, meinen Sie nicht, es wäre an der Zeit, daß wir diesmal wenigstens ein paar Worte vorher miteinander reden?« 7808

*

Hoffman: »Es kommt mir vor, als spielte ich

> »Mrs. Robinson, Sie versuchen, mich zu verführen. ... Oder nicht?«
> Die Reifeprüfung

irgendein *(...)* Spiel, dessen Regeln ich nicht verstehe.« [7809]

*

Anne Bancroft (Mrs. Robinson): »Elaine, es ist zu spät.«
Katharine Ross (Elaine Robinson): »Nicht für mich.« [7810]

***

REINE NERVENSACHE *(Analyze This)*
USA 1999, Baltimore, Spring Creek, Face, Tribeca, NPV, Village Roadshow, Warner (Regie Harold Ramis, Buch Peter Tolan, Harold Ramis, Kenneth Lonergan, Story Kenneth Lonergan, Peter Tolan)

*

Robert De Niro (Paul Vitti): »Das gefällt mir nicht. Was brauchen wir 'ne Versammlung? Ich finde, jeder soll sich um seinen Kram kümmern.«
Joe Rigano (Dominic Manetta): »Paul, bei der Versammlung 57 ging es darum, wie wir das Land aufteilen. Diesmal geht's darum, wie wir überleben. Es gibt in unseren Reihen Kerle, die für die Bundesbullen spionieren, Bosse, die hinter Schloß und Riegel sitzen, Männer legen ohne Erlaubnis Leute um. Das ist aber noch nicht alles. Diese Chinesen und die durchgedrehten Russen haben wir auch noch am Hals. Alles verändert sich. Wir müssen uns der heutigen Zeit anpassen.«
De Niro: »Sollen wir uns 'ne scheiß Website zulegen?« [7811]

*

Molly Shannon (Caroline): »Es will mir einfach nicht in den Kopf, daß es zwischen mir und Steve aus ist. Vielleicht besteht ja noch Hoffnung.«
Billy Crystal (Ben Sobel, Psychiater): »Er hat gegen Sie eine einstweilige Verfügung erwirkt, und das ist, um ehrlich zu sein, für gewöhnlich kein gutes Zeichen.« [7812]

*

De Niro (zu Crystal): »Wenn wir uns unterhalten und Sie 'ne Schwuchtel aus mir machen, mach ich Sie kalt. Ist das klar?« [7813]

*

Chazz Palminteri (Primo Sindone): »Vitti gehört zu den Knallharten. Aber von denen haben schon viele vor New Jersey als Fischfutter geendet.« [7814]

*

Crystal: »Du erzählst keinem Menschen, daß er *(De Niro)* hier war! Hast du verstanden?«
Kyle Sabihy (Michael Sobel): »Soll ich's aus dem Internet löschen?« [7815]

*

De Niro: »Ich hab ihn gestern abend nicht hochgekriegt.«
Crystal: »Sie meinen, sexuell?«
De Niro: »Nein, ich meine, meinen Fuß beim Tarantellatanzen. Natürlich sexuell! Was ist los mit Ihnen?« [7816]

*

Crystal: »Nur damit ich das richtig verstehe: Sie fliegen 1500 Meilen weit her, zerren mich um zwei Uhr morgens aus dem Bett, nur weil Sie keine Erektion kriegen konnten?«
De Niro: »Ich bin eben sehr motiviert.« [7817]

*

Crystal: »Es gibt Pillen gegen so was.«
De Niro: »Das ist Schummeln. *(...)* Man fängt mit Pillen an, und irgendwann baut man sich 'ne Hydraulik ein. Einen Ständer kriegt man entweder rechtmäßig, oder man kriegt ihn gar nicht.« [7818]

*

Crystal: »In nur zwei Wochen kann ich nichts tun. Selbst wenn ich das könnte, was ist meine Motivation? Daß Sie ein unbelasteter, glücklicher Gangster werden?« [7819]

*

De Niro: »Vor einigen Tagen habe ich im Fernsehen eine Werbung gesehen, wo ein Junge mit ein paar Welpen spielt und habe eine ¾ Stunde geflennt. Verpassen Sie mir 'n paar Titten, und ich bin eine Frau.« [7820]

*

De Niro: »Ich fühl jetzt schon, wie mir der Saft wieder in die Eier schießt.« [7821]

*

Crystal: »Die haben mich ins Haifischbecken geworfen. Ins Haifischbecken!«

> »Wenn wir uns unterhalten und Sie 'ne Schwuchtel aus mir machen, mach ich Sie kalt. Ist das klar?«
> Reine Nervensache

De Niro: »Ja, die wollten ihren Standpunkt klarmachen.« [7822]

*

De Niro: »Auf dem Dach sitzt das FBI und starrt.«
Crystal: »Woher wissen Sie das?«
De Niro: »Ich bin Verbrecher, das ist mein Job.« [7823]

*

Crystal: »Wieso unterbrechen Sie meine Party?«
De Niro: »Junge, Sie sind ziemlich unflexibel, was manche Sachen angeht.« [7824]

*

De Niro: »Sagen Sie, was das *(der Traum)* bedeutet! Und kommen Sie mir nicht mit Schweinereien über meine Mutter!« [7825]

*

De Niro: »Vertrauen Sie mir! In diesem Fall sind wir die Guten.« [7826]

*

De Niro: »Sie sind aufgeregt und fangen an, mich aufzuregen.« [7827]

*

Palminteri: »Nicht zu fassen! Ich will einen Film sehen, aber es läuft rein gar nichts, nur dieser Schieß-mich-tot-Action-Brutalo-Schrott. Das seh ich während der Arbeit genug.« [7828]

*

De Niro: »Keine Sorge, ich wollte Sie nicht umlegen.«
Crystal: »Paul!«
De Niro: »Also bitte, vielleicht wollte ich Sie umlegen, aber ich war *(...)* in einem schweren Konflikt deswegen. Ich mache Fortschritte.« [7829]

*

Joe Viterelli (Jelly): »Doc, wenn Sie was sagen sollen, dann schwafeln Sie ein bißchen. Kriegen Sie das hin?«
Crystal: »Ich bin Psychiater. Wenn ich etwas kann, dann schwafeln.« [7830]

***

REISE AUS DER VERGANGENHEIT
(Now, Voyager)
USA 1942, Warner (Regie Irving Rapper, Buch Casey Robinson, nach dem Roman von Olive Higgins Prouty)

*

Gladys Cooper (Mrs. Vale): »Wir sollten immer daran denken, daß wir keine Pauschalreisenden sind. Schlimm genug, daß man mit diesen Touristen schon an Bord zusammen ist. Man muß nicht mit ihnen auch noch an Land gehen.« [7831]

*

Bette Davis (Charlotte Vale): »Jerry, warum sollten wir nach dem Mond greifen? Wir haben die Sterne.« [7832]

***

DIE REISE INS ICH *(Innerspace)*
USA 1987, Guber-Peters, Amblin, Warner (Regie Joe Dante, Buch Jeffrey Boam, Chip Prober, Story Chip Prober)

*

Kevin McCarthy (Victor Scrimshaw): »Brauchen wir ihn lebend?« [7833]

***

DIE REISE INS UNGEWISSE *(No Highway)*
UK 1951, Twentieth Century Fox (Regie Henry Koster, Buch R. C. Sheriff, Oscar Millard, Alec Coppel, nach dem Roman von Nevil Shute)

*

James Stewart (Mr. Honey): »Es kommt mir fast so vor, als ob hier eine gewisse Unordnung herrscht.« [7834]

*

Ronald Squire (Sir John): »Wir weniger Humorbegabten wären außerordentlich dankbar dafür, wenn Sie uns erklären könnten, was es in einer solchen Situation eigentlich zu lachen gibt.« [7835]

***

DIE REISE NACH TOKIO *(Tokyo monogatari)*
JAP 1953, Shochiku (Regie Yasujiro Ozu, Buch Kogo Noda, Yasujiro Ozu)

*

Nobuo Nakamura (Kurzao Kaneko): »Gönn Ihnen doch mal was Besonderes!«
Haruko Sugimura (Shige Kaneko): »Wieso? Sie sind nichts Besonderes gewöhnt.« [7836]

»Sagen Sie, was das (der Traum)
bedeutet! Und kommen Sie mir
nicht mit Schweinereien über
meine Mutter!«
Reine Nervensache

DIE REISEN DES MR. LEARY
(The Accidental Tourist)
USA 1988, Warner (Regie Lawrence Kasdan, Buch Frank Galati, Lawrence Kasdan, nach dem Roman von Anne Tyler)

*

William Hurt (Macon Leary, voice-over): »Nehmen Sie immer ein Buch mit *(auf die Reise)* zum Schutz gegen Fremde! Zeitschriften halten nicht lange vor, und auswärtige Tageszeitungen erinnern nur daran, daß man fern der Heimat ist.« [7837]

*

Hurt (voice-over): »Auf Reisen, wie überhaupt im Leben, ist weniger ohne Zweifel mehr.« [7838]

*

Bradley Mott (Mr. Loomis): »Reisen mit Ihrem Reiseführer ist Reisen wie in einem Kokon. (...) Ich bin so oft nach Oregon geflogen und hatte nie das Gefühl, daß ich aus Baltimore weg war.« [7839]

*

Kathleen Turner (Sarah Leary): »Macon, du weißt, ich liebe dich. Aber ich kann nicht mehr mit dir zusammenleben.« [7840]

Turner: »Es gab Augenblicke, da war ich mir nicht sicher, da war ich mir nicht sicher, ob ich in so einer Zeit weiterleben könnte.« [7841]

*

Turner: »Du warst immer der Meinung, daß sie *(die Menschen)* schlecht sind. Und ich habe das ganze letzte Jahr immer gefühlt, daß ich mich zurückziehen muß von den Menschen, so wie du, Macon. Ich fühlte, daß ich beinahe selbst eine Leary wurde.«
Hurt: »Na ja, ich schätze, es gibt Schlimmeres im Leben als das.«
Turner: »Nicht für mich.« [7842]

*

Turner: »Als wir ihn *(ihren Sohn)* verloren hat-

> »Abnehmen, wählen und reden.
> Haben Sie nie das Verlangen,
> das zu tun?«
> »Eigentlich nicht.«
> Die Reisen des Mr. Leary

ten, da warst du nicht da. Wer sonst hätte mir Trost geben können? Ich brauchte dich als Mensch, der du niemals gewesen bist. Es ist nicht fair, das von dir zu verlangen, und deshalb muß ich gehen.« [7843]

*

Hurt (voice-over): »London gehört zu den besseren ausländischen Zielorten in der wichtigen Kategorie der Hotelinstallationsanlagen.« [7844]

*

Hurt (voice-over): »Die Briten haben nur bescheidene Erfolge bei der Annäherung an die amerikanische Küche. Aber der ausdauernde Geschäftsreisende wird in der Lage sein, in London ein Essen ausfindig zu machen, das sich nicht wesentlich von einer Mahlzeit in Cleveland unterscheidet.« [7845]

*

Geena Davis (Muriel Pritchett): »Abnehmen, wählen und reden. Haben Sie nie das Verlangen, das zu tun?«
Hurt: »Eigentlich nicht.« [7846]

*

Bill Pullman (Julian Edge): »Während Sesselreisende von fernen Orten träumen, träumen Reisesessel davon, zu Hause zu bleiben.« [7847]

*

Amy Wright (Rose Leary): »Da wären noch ein paar *(Kapitel)* mehr, die ich Ihnen eigentlich schicken müßte, aber ich muß mir erst mal die passenden Umschläge besorgen. Ich hab nur noch welche, die zu groß sind, und ich find's furchtbar, wenn irgendwas nicht genau paßt.« [7848]

*

Davis: »Wenn ich irgendwohin könnte, würde ich nach Paris fliegen. Das klingt so romantisch.«
Hurt: »Paris? Grauenvoll! Alle sind unfreundlich.« [7849]

*

Hurt: »Wir werden sehen.«
Pullman: »Immer wenn mein Vater das gesagt hat, bedeutete es nein.« [7850]

*

Hurt (voice-over): »Es ist ein unglücklicher Umstand, daß nicht einmal der gewissenhafteste Reisende auf jedes Zusammentreffen vorbereitet sein kann. In solchen Momenten sollte man ruhig bleiben und sich auf seinen angeborenen gesunden Menschenverstand verlassen.« [7851]

*

Pullman: »Was machen Sie beruflich, Charles?«
Ed Begley jr. (Charles Leary): »Ich mache Flaschenverschlüsse.«
Pullman: »Flaschenverschlüsse? Ist das wahr?«
Begley jr.: »Na ja, es ist halb so aufregend, wie es sich anhört, wirklich.« [7852]

*

Hurt: »Eigentlich mach ich mir nichts aus Filmen. (...) Irgendwie scheint da alles in Großaufnahme abzulaufen.« [7853]

Hurt: »Es geht nicht immer nur um Liebe. Da sind noch sehr viele andere wichtige Dinge.« [7854]

*

Hurt: »Jetzt hab ich mich von allen entfernt. Ich habe keine Freunde mehr. Und alle Menschen sehen trivial und belanglos aus, ohne jede Beziehung zu mir.« [7855]

*

David Ogden Stiers (Porter Leary): »Kannst du mir eine einzige besondere Sache an ihr nennen? Ich meine, eine wirklich besondere Qualität, Macon, nicht irgendwas Dümmliches wie ›Sie weiß, was in mir vorgeht.‹?«
Hurt: »Ich bin ja selbst nicht so ein Knüller, falls dir das entgangen sein sollte. Jemand sollte sie vor mir warnen, wenn du mal richtig darüber nachdenkst.« [7856]

*

Hurt: »Ich glaube nicht, daß die Ehe etwas Alltägliches sein sollte. Ich bin der festen Überzeugung, daß sie die Ausnahme von der Regel sein sollte. Die vollkommenen Paare könnten möglicherweise heiraten. Wer ist ein vollkommenes Paar?« [7857]

*

Hurt: »Warum unterziehen wir das Bett nicht einem Probelauf?« [7858]

*

Hurt: »Okay, sagen wir mal, das ist richtig. Sagen wir mal, daß du wirklich weißt, was das Problem mit mir ist, daß nichts, was ich fühle, dich überraschen könnte und daß der Grund, warum ich davon nichts hören will, einfach der ist, daß ich es nicht schaffe, mich zu öffnen. Und wenn wir nun darin übereinstimmen, können wir dann nicht aufhören *(darüber zu reden)*?« [7859]

*

Hurt: »Ich fange langsam an zu glauben, daß es gar nicht darum geht, wie sehr man jemanden liebt, es kommt vielleicht darauf an, wer man ist, wenn man mit jemandem zusammenlebt.« [7860]

*

Hurt: »Diese Frau, diese eigenartige Frau hat mir geholfen. Sie hat mir eine neue Chance gegeben herauszufinden, wer ich bin, auszubrechen aus meinem Trott und draußen zu bleiben.« [7861]

***

REITER AUF VERBRANNTER ERDE
(The Jack Bull)
USA 1999, New Crime, River One, HBO (Regie John Badham, Buch Dick Cusack, nach der Novelle ›Michael Kohlhaas‹ von Heinrich von Kleist)

*

John Cusack (Myrl Redding): »Sagen Sie ihnen, das Gesetz wird Ballard treffen. Sollte sich die Justiz nicht um Ballard kümmern, dann werde ich es tun. So oder so, es wird Gerechtigkeit geschehen.« [7862]

***

EIN REIZENDER FRATZ *(Little Miss Marker)*
USA 1980, Universal (Regie, Buch Walter Bernstein, Story Damon Runyon)

*

Julie Andrews (Amanda): »Blackie sagt, daß Sie nie lachen und daß Ihnen nichts gefällt.«
Walter Matthau (Sorrowful Jones): »Lachen ist Zeitverschwendung. Und was soll mir auf dieser gammligen Welt schon gefallen?« [7863]

*

Matthau: »Sie ist kein Mensch, sie ist ein Kind.« [7864]

> »Warum unterziehen wir das Bett nicht einem Probelauf?«
> Die Reisen des Mr. Leary

Matthau: »Die schleppen mich auf der Stelle vor Gericht, Mann. Wenn ich 'n teuren Anwalt bezahle, kann ich Glück haben und krieg lebenslänglich.« 7865

*

Matthau: »Die meisten Menschen sind nicht so wie ich. Sie haben nicht gern kleine Kinder, die durch die Gegend sausen und dumme Fragen stellen.« 7866

*

Sara Stimson (das Mädchen): »Ist er nicht wundervoll?«
Matthau: »Wer? Das Pferd? Na ja, wenn er gewinnt, ist er wundervoll, aber so lange ist er bloß 'n Pferd.« 7867

*

Matthau: »Wenn ich kapiert hab, was das bedeutet, denk ich darüber nach.« 7868

***

DAS RELIKT *(The Relic)*
USA 1996, Cloud Nine, PolyGram, Toho & Towa, Tele München, Marubeni, Pacific Western, Paramount (Regie Peter Hyams, Buch Amy Holden Jones, John Raffo, Rick Jaffa, Amanda Silver, nach dem Roman von Douglas Preston, Lincoln Child)

*

Lewis Van Bergen (John Whitney): »Großer Gott, der Kothoga!« 7869

*

Tom Sizemore (Lieutenant Vincent D'Acosta): »Ist irgendwas an dem Satz unklar: ›Ich möchte nicht darüber reden.‹?« 7870

***

RENDEZVOUS IN PARIS
(Les Rendez-vous de Paris)
F 1995, Rohmer, Canal+ (Regie, Buch Eric Rohmer)

*

Michaël Kraft (der Maler): »Alles in allem hab ich den Tag nicht ganz vergeudet.« 7871

> »Sie wissen doch, wieviel ich auf Ihr Urteil gebe. Und was tun Sie? Sie widersprechen mir.«
> Rendezvous nach Ladenschluß

RENDEZVOUS MIT JOE BLACK
(Meet Joe Black)
USA 1998, City Light, Universal (Regie Martin Brest, Buch Ron Osborn, Jeff Reno, Kevin Wade, Bo Goldman, nach dem Stück ›Death Takes a Holiday‹ von Alberto Caella, und dem Drehbuch von Maxwell Anderson, Gladys Lehman)

*

Jake Weber (Drew): »Bondecue will eine schnelle Antwort.«
Anthony Hopkins (William Parrish): »Die Antwort ist nein. War das schnell genug?« 7872

*

Hopkins: »Hör auf, mir Zucker in den Arsch zu blasen! Das verfälscht meine Autopsie.« 7873

***

RENDEZVOUS NACH LADENSCHLUSS
(The Shop Around the Corner)
USA 1940, MGM (Regie Ernst Lubitsch, Buch Samson Raphaelson, nach dem Stück ›Illatszertar‹ von Nikolaus Laszlo)

*

Frank Morgan (Hugo Matuschek): »Lassen Sie sich nicht von mir beeinflussen! Nur Ihre ehrliche Meinung möchte ich hören. Ihre ehrliche Meinung, das ist alles, was ich will.« 7874

*

Morgan: »Sie wissen doch, wieviel ich auf Ihr Urteil gebe. Und was tun Sie? Sie widersprechen mir.« 7875

*

James Stewart (Alfred Kralik): »Sagen wir, ein Mann hat eine Wohnung mit drei Räumen, Eßzimmer, Schlaf- und Wohnzimmer.«
Felix Bressart (Pirovitch): »Drei Zimmer? Wozu denn so viel? Sie haben doch 'n Schlafzimmer.«
Stewart: »Und essen?«
Bressart: »In der Küche. Dafür hat man sie doch.«
Stewart: »Und wenn Sie Gäste haben?«
Bressart: »Gäste haben? Was sind Sie? 'n Botschafter?« 7876

*

Bressart: »'n richtiger Freund kommt nach 'm Essen.« 7877

*

Joseph Schildkraut (Ferencz Vadas): »Ich seh an dem Ausdruck eurer unterbezahlten Gesichter, daß ihr euch wundert, woher ich das Geld hab.« [7878]

*

William Tracy (Pepi Katona): »Nun, Doktor, es ist ein Nervenzusammenbruch. Was sagen Sie?«
Edwin Maxwell (Arzt): »Ich möchte behaupten, eine epileptische Manifestation seiner phantomischen Melancholie mit einer Indikation zur Herzneurastenie.«
Tracy: »Ist das teurer als 'n Nervenzusammenbruch?« [7879]

*

Maxwell: »Bitte, Mr. Katona, welche Stellung nehmen Sie eigentlich ein bei Matuschek und Compagnie?«
Tracy: »Nun, ich würde sagen, ich bin eine Art Kontaktmann. Ich halte Kontakt zwischen Matuschek und Compagnie und der Kundschaft. Auf 'm Fahrrad.«
Maxwell: »Ein Botenjunge, meinen Sie?«
Tracy: »Doktor, nannte ich Sie einen Pillendreher?« [7880]

*

Margaret Sullavan (Klara Novak): »Mr. Kralik, wohl sind wir im gleichen Raum, aber nicht auf dem gleichen Planeten.« [7881]

*

Bressart: »Ich dachte daran, sie meinem Onkel zu schenken.«
Sullavan: »Es tut mir leid, daß keine mehr da ist.«
Bressart: »Hm, das ist nicht so tragisch. Ich kenn ihn ja kaum, und hassen tue ich ihn außerdem. Und doch muß ich ihm was geben. So dachte ich, wenn ich ihm was geben muß, dann geb ich ihm was, was ihn nicht freut. Die Büchse kostet 2,90. Das ist nicht billig. Aber ich hätte es angelegt, bloß um meinem Onkel Weihnachten zu verderben.« [7882]

***

THE REPLACEMENT KILLERS
USA 1998, Brillstein-Grey, WCG, Columbia (Regie Antoine Fuqua, Buch Ken Sanzel)

*

Jürgen Prochnow (Michael Kogan): »Detective, in Ihrer Position dürfen Sie sich zwar arrogant aufführen, aber niemals sicher fühlen.« [7883]

Mira Sorvino (Meg Coburn): »Liegt es an meinem Parfum, oder was? Sie sind schon der zweite Mann heute, der glaubt, daß ich Hilfe brauche, haben will oder quittieren würde. Aber Sie irren sich.« [7884]

*

Sorvino: »Na schön, wenn Sie unbedingt drauf bestehen. Aber wenn *ich* die Kanone in die Finger kriege, werden wir das Gespräch noch mal führen.« [7885]

***

DER REPORTER *(The Public Eye)*
USA 1992, Universal (Regie, Buch Howard Franklin)

*

Joe Pesci (Leon Bernstein): »Sein Hut ist runtergefallen. Setz ihn wieder auf! Die Leute sehen Tote gern mit Hut auf dem Kopf.« [7886]

***

REPORTER DES SATANS
(The Big Carnival)
USA 1951, Paramount (Regie Billy Wilder, Buch Billy Wilder, Lesser Samuels, Walter Newman)

*

Kirk Douglas (Charles Tatum): »Ich erwarte hier weiß Gott nicht eine *New York Times*, aber selbst für Albuquerque ist das reichlich Albuquerque.« [7887]

*

Porter Hall (Jacob Q. Boots): »Also wie ist das, womit kann ich mir 200 Dollar verdienen die Woche?« (...)
Douglas: »Mr. Boot, ich habe immer 250 Dollar die Woche bekommen. Sie können mich für 50 haben.« [7888]

*

Douglas: »Überall war ich der bestbezahlte Reporter. Elf Zeitungen haben mich rausgeschmissen, mit einer Gesamtauflage von dreizehn Millionen. Die Gründe würden Sie bloß langweilen.«

> *»Sein Hut ist runtergefallen. Setz ihn wieder auf! Die Leute sehen Tote gern mit Hut auf dem Kopf.«*
> Der Reporter

Hall: »Macht nichts. Langweilen Sie mich!« ⁷⁸⁸⁹

*

Douglas: »Ich hab Männer mit Hosenträgern belogen und Männer mit Gürteln um den Bauch. Aber ich war nie so dumm, jemanden anzulügen, der beides trägt, Gürtel und Hosenträger.« ⁷⁸⁹⁰

*

Hall: »Trinken Sie oft?«
Douglas: »Nein, nicht oft, aber viel.« ⁷⁸⁹¹

*

Douglas: »Ein ganz sicherer Wahlsieg. Ach, was sag ich, Ihre Gegenkandidaten stimmen noch für Sie.« ⁷⁸⁹²

*

Jan Sterling (Lorraine): »Ich hab schon viel ausgekochte Jungens erlebt, aber Sie, Sie übertreffen alle. [I've met a lot of hard-boiled eggs in my time, but you – you're twenty minutes.]«⁷⁸⁹³

*

Sterling: »Ich gehe nie in die Kirche. Knien beult meine Nylons aus.« ⁷⁸⁹⁴

*

Ken Christy (Jessop): »Laß doch den Quatsch! Wir sind Kameraden und alle im selben Boot.«
Douglas: »Ich bin im Boot, ihr im Wasser.« ⁷⁸⁹⁵

***

RESERVOIR DOGS – WILDE HUNDE
(Reservoir Dogs)
USA 1991, Live America, Dog Eat Dog (Regie, Buch Quentin Tarantino)

*

Quentin Tarantino (Mr. Brown, off): »Ich sag euch, worum's in *Like a Virgin* geht. Dieser Song handelt von einem Mädchen, das auf 'n Kerl mit 'm großen Schwanz scharf ist. Das Ganze ist eine Metapher über große Schwänze.«
Michael Madsen (Mr. Blonde/Vic Vega): »Es ist doch alles Unsinn. Es geht um ein sehr verwundbares Mädchen, das auf 'n paar Kerle reingefallen ist und einen sehr sensiblen Typen kennenlernt.«
Steve Buscemi (Mr. Pink): »Na, das ist ja nun die Version für Kerle, die sich die Hose mit der Kneifzange anziehen.« ⁷⁸⁹⁶

*

Chris Penn (Nice Guy Eddie): »Also wenn ich dich richtig verstehe, hast du noch nie Trinkgeld gegeben?«
Buscemi: »Ich gebe nichts, bloß weil die Gesellschaft es vorschreibt. Na schön, ich gebe was, wenn es jemand verdient hat, weil er sich wirklich Mühe gegeben hat. Dann gebe ich mal ein Trinkgeld. Aber diese automatischen Trinkgelder sind doch völliger Blödsinn.« ⁷⁸⁹⁷

*

Buscemi: »Sie (Kellnerin) war ganz in Ordnung, aber sie war auch nichts Besonderes.«
Eddie Bunker (Mr. Blue): »Was soll sie tun? Dir einen runterholen?«
Penn: »Das wäre mir sogar sehr viel Trinkgeld wert.« ⁷⁸⁹⁸

*

Buscemi: »Ich hab ein paar Bullen erwischt. Hast du jemanden getötet?«
Harvey Keitel (Mr. White/Larry): »Auch 'n paar Bullen.«
Buscemi: »Keine richtigen Menschen?«
Keitel: »Nur Bullen.« ⁷⁸⁹⁹

*

Buscemi: »Ich will niemanden umbringen. Aber wenn sich mir jemand in den Weg stellt, dann räum ich ihn eben beiseite.«
Keitel: »So in etwa seh ich das auch. Bevor ich zehn Jahre in den Knast geh, lege ich das Arschloch lieber um. Da denk ich gar nicht erst lange nach.« ⁷⁹⁰⁰

*

Buscemi: »Jeder kann mal in Panik geraten, einfach jeder. Wenn etwas schiefläuft, gerät man eben in Panik, ganz egal, wer man ist und wo man herkommt. Die Panik darf aber nur in deinem Kopf stattfinden und nur da, verstehst du? Aber innerhalb der nächsten paar Sekunden bekommst du die Situation langsam wieder in den Griff. Du setzt dich damit auseinander, doch du kommst doch nicht auf die Idee, die Leute (Geiseln) umzubringen.« ⁷⁹⁰¹

»Trinken Sie oft?«
»Nein, nicht oft, aber viel.«
Reporter des Satans

Keitel: »Du versuchst natürlich immer, dich wie 'n Profi zu verhalten. Psychopathen sind keine Profis. Ich kann nicht mit Psychopathen arbeiten. Du weißt doch nie, was diese kranken Arschlöcher als nächstes tun.« [7902]

*

Buscemi: »Er hatte einen Raubüberfall geplant, und jetzt hat er ein Blutbad am Hals mit toten Bullen, toten Gangstern und toten Zivilisten. Ich kann mir nicht vorstellen, daß er für unsere Lage sehr viel Mitleid aufbringen wird.« [7903]

*

Madsen: »Ihr solltet nicht so harte Spielchen spielen, sonst fängt noch jemand an zu weinen.« [7904]

*

Madsen: »Willst du noch weiterbellen, kleines Hündchen, oder willst du beißen?« [7905]

*

Madsen: »Hör zu, Kleiner! Ich will dir gar nicht erst was vormachen. Okay? Es ist mir eigentlich völlig egal, was du weißt und nicht weißt, weil ich dich in jedem Fall foltern werde, ganz unabhängig davon, was du mir erzählst oder nicht. Es ist amüsant für mich, einen Bullen zu foltern.« [7906]

*

Tim Roth (Mr. Orange/Freddy): »Mach jetzt bloß nicht schlapp, Marvin! Wir werden hier still vor uns hinbluten, bis Joe Cabot seinen fetten Arsch durch die Tür schwingt.« [7907]

*

Lawrence Tierney (Joe Cabot): »Außer Eddie und mir werden wir während dieser Arbeit Decknamen verwenden. (...) Hier sind eure Namen: Mr. Brown, Mr. White, Mr. Blonde, Mr. Blue und Mr. Pink.«
Buscemi: »Warum bin ich Mr. Pink?«
Tierney: »Weil du 'ne Schwuchtel bist. Ist das klar?«
Buscemi: »Wieso dürfen wir die Farben nicht aussuchen?«
Tierney: »Auf gar keinen Fall! Ich hab's versucht, es funktioniert nicht. Dann hast du vier Kerle, die sich darum streiten, wer Mr. Black sein darf.« [7908]

*

Keitel: »Das ist dein Beweis?«
Tierney: »Ich brauch keinen Beweis. Ich hab dafür 'ne Nase.« [7909]

***

REVOLTE IN DER UNTERWELT (The Outfit)
USA 1973, MGM (Regie, Buch John Flynn, nach dem Roman von Richard Stark [=Donald E. Westlake])

*

Robert Duvall (Earl Macklin): »Dreh dich um, Al!«
Roy Jenson (Al): »Mach's auf der linken Seite, rechts hab ich 'n schlimmes Ohr.« [7910]

*

»Wer bist du eigentlich?«
Duvall: »Macklin.«
Timothy Carey (Jake Menner): »Wir hörten, Macklin sei tot.«
Duvall: »Ihr habt falsch gehört.« [7911]

*

Bern Hoffman (Sinclair): »Macklin wird mir keinen Ärger machen. Warum auch?«
Duvall: »Vielleicht hat er sich über den Killer nicht gerade gefreut.«
Hoffman: »So darf man die Sache nicht sehen. Es ist doch nichts Persönliches.« [7912]

*

Hoffman: »Hier ist kein Safe. Das Geld liegt im Schrank.«
Duvall: »Gib mir den Schlüssel!«
Hoffman: »Er ist offen.«
Duvall: »(...) Ihr werdet wohl nicht allzuoft beklaut, hä?«
Hoffman: »Weil niemand weit damit kommt.« [7913]

*

Sheree North (Bucks Frau): »Willst du wirklich nicht? Wir haben Zeit.«
Joe Don Baker (Cody): »Nein, danke, Ma'am.«
North: »Wo liegt denn dein Problem?«
Baker: »Ach, so mit der Zeit lernt man dies und jenes. Daß manche Frauen Ärger machen.« [7914]

> *»Willst du noch weiterbellen,*
> *kleines Hündchen,*
> *oder willst du beißen?«*
> Reservoir Dogs – Wilde Hunde

Duvall: »Zieh die Schuhe aus! Jedesmal, wenn ich sage, ›Mach den Safe auf!‹ und du sagst ›nein‹, schieß ich dir eine Zehe ab. Eine schuldest du mir schon.« [7915]

*

Duvall: »Haben wir eine Chance?«
Baker: »Rein werden wir schon kommen. Nur wieder rauszukommen wird nicht leicht sein.« [7916]

*

Duvall: »Ist 'ne Privatsache, die ganze Geschichte. Du kannst aussteigen, ich mach das allein.«
Baker: »Nein, ich will auch den Schluß mitbekommen.« [7917]

*

Robert Ryan (Mailer): »Können wir einen Handel machen?«
Duvall: »Nein, nicht mehr.« *(erschießt ihn)* [7918]

*

Duvall: »Haltet euch raus! Er ist tot. Ihr seid arbeitslos.« [7919]

*

Duvall: »Cody, hast du nicht gesagt, es wäre schwer, das Haus zu verlassen, hä?«
Baker: »Ja, richtig. Aber ich will dir was sagen, Earl: Die guten Jungs verlieren nie.« [7920]

***

RHYTHMUS HINTER GITTERN *(Jailhouse Rock)*
USA 1957, MGM (Regie Richard Thorpe, Buch Guy Trosper)

*

Judy Tyler (Peggy Van Alden): »He, Sie haben etwas vergessen.«
Elvis Presley (Vince Everett): »Was?«
Tyler: »Mich.« [7921]

*

Mickey Shaughnessy (Hunk Houghton): »Das ist, als ob Engel über die Zungenspitze Polka tanzen. Es ist fast ein Jammer, den hinter die Binde zu kippen.« [7922]

»He, Sie haben etwas vergessen.«
»Was?«
»Mich.«
Rhythmus hinter Gittern

DER RICHTER UND DER MÖRDER
(Le Juge et l'assassin)
F 1975, Lira (Regie Bertrand Tavernier, Buch Bertrand Tavernier, Jean Aurenche, Pierre Bost)

*

Philippe Noiret (der Richter): »Aber Sie haben Ihre Opfer vorher doch alle grausam gequält, Bouvier.«
Michel Galabru (Bouvier): »Nein, nein. Die können sich nicht beklagen. Keines von ihnen hat länger leiden müssen als höchstens zehn Minuten.« [7923]

***

DER RICHTER VON COLORADO
(The Man from Colorado)
USA 1948, Columbia (Regie Henry Levin, Buch Robert Andrews, Ben Maddow, nach einer Geschichte von Borden Chase)

*

William Holden (Del Stewart): »Johnny, bei dem Überfall letzte Nacht wurde ein Mann getötet.«
Jerome Courtland (Johnny Howard): »Das ist sein Problem.« [7924]

*

Holden: »Sie waren schwer zu finden, Jericho.«
James Millican (Jericho Howard): »Dann scheinen Sie sich ja angestrengt zu haben. Fragt sich nur, wie Sie jetzt von hier wieder wegkommen wollen.«
Holden: »Das hängt von Ihnen ab.«
Millican: »Da haben Sie recht.« [7925]

***

RIDICULE
F 1996, Epithète, Cinéa, France 3 (Regie Patrice Leconte, Buch Remi Waterhouse, Michel Fessler, Eric Vicaut)

*

Jean Rochefort (Marquis de Bellegarde): »Oh, Milletail, sind Sie zurück aus Amerika?«
Carlo Brandt (Chevalier de Milletail): »Mir hat die vergiftete Luft von Versaille gefehlt, Monsieur de Bellegarde.« [7926]

*

Rochefort: »Aber was führt Sie an sein Totenbett?«
Brandt: »Ich hätte ihn lieber lebendig als tot begraben, aber der Mensch denkt und Gott lenkt.« [7927]

Bernard Giraudeau (L'Abbé de Vilecourt): »Seien Sie versichert, Monsieur, wenn das Evangelium hier in Versailles von Nutzen sein könnte, es wäre mir zu Ohren gekommen.« [7928]

*

Charles Berling (Ponceludon de Malavoy): »Die Silberschnallen an meinen Schuhen sind mein ganzes Kapital. Aber Sie können sich von ihrem Wert überzeugen. Mit einem Bückling.« [7929]

*

»So dumm, wie er aussieht, ist er gar nicht.«
Berling: »Darin unterscheiden wir uns, Monsieur.« [7930]

*

Philippe Magnan (Baron de Malenval): »Wunderliche Leute *(die Engländer)*. Man kultiviert dort eine Art der Konversation, die man ›humour‹ nennt. Man soll auch darüber lachen können.« [7931]

*

Magnan: »Im Moment ist das (...) das einzige Beispiel, das mir in den Sinn kommt.«
Berling: »Doch wohl nur über die Lippen.« [7932]

*

Rochefort: »Der ganze Hof hätte darüber gelacht.«
Berling: »Zu spät. Um zwei Stunden. (...) Schlagfertigkeit ist nicht immer pünktlich. So geht es uns allen.« [7933]

*

Albert Delpy (Baron de Guéret): »Wenn Sie unseren Großvater betrachten *(auf dem Reiterbild)*, bemerken Sie nicht die Ähnlichkeit?«
Brandt: »*Unseren* Großvater?«
Berling: »Der Ihrige hat zweifellos den seinen gesattelt, Monsigneur.« [7934]

*

Berling: »Es gibt Boote und Brücken. Wozu dann schwimmen?« [7935]

*

»Man beurteilt einen Menschen danach, mit wem er umgeht.«
Berling: »Man tut Unrecht daran. Judas hatte exzellenten Umgang.« [7936]

***

RIFFPIRATEN *(Jamaica Inn)*
UK 1939, Pommer-Laughton, Mayflower (Regie Alfred Hitchcock, Buch Sidney Gilliat, Joan Harrison, nach dem Roman von Daphne Du Maurier)

Leslie Banks (Joss Merlyn): »Heut nacht war's aber wirklich wie im Schlachthaus, so viele mußten wir erledigen.«
Charles Laughton (Sir Humphrey Pengallan): »Was haben sie schon vom Leben, die armen Schlucker. Es war ganz richtig von dir, sie von dem Elend zu befreien.« [7937]

*

Banks: »Es bringt zu wenig, sagen sie, und sie wollen mehr.«
Laughton: »Wozu? Sollen sie sich noch schneller an deinem Schnaps zu Tode saufen? Nein, Merlyn, *ich* muß mehr haben. Ich weiß nämlich genau, wie man mit Geld umgeht, wenn man es hat, und darum muß ich es haben.« [7938]

*

Emlyn Williams (Harry): »Haben wir auch genügend Spielraum? Wenn man schon einen aufhängen will, muß er auch pendeln können, sag ich immer.« [7939]

*

(Birdkin): »Das Gesetz ist auf meiner Seite.«
Laughton: »Das ist es nicht. Ich bin doch sein Vertreter hier, und mich hast du nicht auf deiner Seite, weil du diesen Ton anschlägst. Nächstens wirst du noch ›du‹ zu mir sagen.« [7940]

*

(Birdkin): »Ich bin ein Mensch, genau wie Ihr.«
Laughton: »So was schlag dir aus dem Kopf, mein Freund, sonst landest du hinter Mauern. Du bist nicht wie ich und wirst es niemals werden. Die Natur war schon vor der Geburt dagegen, und dabei ist sie nachher auch geblieben.« [7941]

***

RIFF-RAFF
UK 1990, Parallax, Channel Four, BFI (Regie Ken Loach, Buch Bill Jesse)

*

Jimmy Coleman (Shem): »Was hast du für Ansichten in punkto der Ozonschicht?«

> *»Haben wir auch genügend Spielraum? Wenn man schon einen aufhängen will, muß er auch pendeln können, sag ich ...«*
> Riffpiraten

Willie Ross (Gus Siddon, Vorarbeiter): »Darüber seh ich großzügig hinweg, solange es sich nicht auf die Arbeit auswirkt.« [7942]

*

»Ist 'n Vorschuß drin?«
Ross: »Vorschuß! Da siehst du eher 'ne einbeinige Katze, die versucht, ihre Scheiße auf 'm zugefrorenen Teich zu verscharren.« [7943]

*

Emer McCourt (Susan): »Hast du nie Depressionen?«
Robert Carlyle (Stevie): »Nein. Depressionen sind was für die Mittelschicht. Wir anderen müssen morgens zu früh aufstehen.« [7944]

***

RIFIFI AM KARFREITAG
(The Long Good Friday)
UK 1980, Calendar, Black Lion, Handmade (Regie John Mackenzie, Buch Barrie Keefe)

*

Helen Mirren (Victoria): »Vielleicht hätten wir ihn vom Flughafen abholen sollen.«
Bob Hoskins (Harold Shand): »Machen wir's lieber auf die coole. Wenn der Boss vom Coca-Cola-Konzern landet, stürzt die Queen auch nicht zum Heathrow Airport, um ihn abzuholen.« [7945]

*

Hoskins: »Die stehen doch auf Snobismus, die Yankees. Die glauben doch immer erst, daß sie in London gelandet sind, wenn die Oberklasse sie wie Dreck behandelt.«
Mirren: »Das gibt ihnen ein Gefühl für Geschichte.« [7946]

*

Derek Thompson (Jeff Hughes): »Sieht ja köstlich aus! Diese tuntigen Franzosen verstehen ihr Handwerk, was?« [7947]

*

Eddie Constantine (Charlie): »Wir sind nicht beim Pferderennen, Harold. Hetz mich bitte nicht! (...) Ich hasse es, wenn ein Termin den andern jagt. Ich erledige auch so, was gemacht werden muß. Aber ich entscheide das selbst.« [7948]

*

Hoskins: »Das ist das Werk eines Wahnsinnigen. Bis Mitternacht darf kein Tropfen Blut mehr in ihm sein.« [7949]

*

Brian Hayes (Bademeister): »Harold, um die Sache geheimzuhalten, werde ich die Leiche in einem Speiseeiswagen abholen lassen.«
Hoskins: »Sehr würdevoll, muß ich schon sagen! Als Himbeereis abzutreten.« [7950]

*

Hoskins: »Weißt du, wer mich auslöschen will? ... Fällt dir vielleicht jemand ein, der noch mit mir 'ne alte Rechnung zu begleichen hat?«
P. H. Moriarty (Razors): »Wer ist so mächtig, daß er's mit dir aufnehmen kann?«
Hoskins: »Da waren schon einige.«
Moriarty: »Zum Beispiel?«
Hoskins: »... Ja, es sind alle tot.« [7951]

*

Hoskins: »Ich will den Namen von deinem Hauptinformanten.«
Dave King (Parky): »Daraus wird nichts, Harold.«
Hoskins: »Ich quetsch mehr aus ihm raus als du.« (...)
King: »Er vertraut mir, Harold.«
Hoskins: »Ich dir auch.«
King: »Ich kenne ihn seit vielen Jahren.«
Hoskins: »Dann hast du auch bestimmt seinen Namen nicht vergessen.« [7952]

*

Hoskins: »Ich mag's nicht, wenn mir Leute in die Nasenlöcher gucken, wenn ich mit ihnen spreche.« [7953]

*

Hoskins: »So wie die Dinge heute gelaufen sind, krieg ich beim Beerdigungsinstitut Rabatt.« [7954]

*

Paul Barber (Erroll): »Harold, sag ihm, ich mag keine Kanone im Ohr!« [7955]

*

Brian Hall (Alan): »'n paar Drinks, und er redet.«

> »Sieht ja köstlich aus! Diese tuntigen Franzosen verstehen ihr Handwerk, was?«
> Rififi am Karfreitag

Hoskins: »Versuch's damit, ist billiger. Ach, und der Waffenschein kommt mit der Post.«
Hall: »Ich benutz ihn ja sowieso nur, um die Tauben nachts vom Dach zu scheuchen.« [7956]

*

Hoskins: »Wieso kannst du so cool bei der Sache sein?«
Thompson: »Weil ich auf der Siegerseite stehe.« [7957]

*

Hoskins: »Ihr zwei könnt's gar nicht erwarten, hier rauszukommen, hä?«
Constantine: »Das ist meine übliche Art, auf hochgehende Bomben und Massenmord zu reagieren. Ist 'ne Manie von mir.«
Hoskins: »Was soll eigentlich werden, wenn die Mafia so 'n kleines Problem nicht allein bewältigt?«
Constantine: »Ein kleines Problem? Tony, hast du das gehört? Ein kleines Problem! Harold, das ist wie 'ne ganz miese Nacht in Vietnam.« [7958]

*

Hoskins: »Ich sag was: Ich bin froh, noch rechtzeitig erfahren zu haben, auf was für Wichser von Partnern ich mich eingelassen hätte. Stille Teilhaber sind ja wirklich was Gutes, aber ihr liegt ja schon im Koma. Kein Wunder, daß ihr bei euch überm Teich 'ne Energiekrise habt. Aber wir Briten, wir zeigen ein bißchen mehr Vitalität, sind einfallsreicher. Das ist der Geist von Dünnkirchen. Versteht ihr, was ich meine? Die Tage, wo ihr Jungs nur übern Teich zu kommen brauchtet, um die Nelsonsäule zu kaufen, einen Harley-Street-Chirurgen oder ein paar Revuegirls, sind endgültig vorbei.«
Stephen Davies (Tony): »Sekunde!«
Hoskins: »Halt's Maul, du nichtssagender Pisser! Wißt ihr, wonach ich suche? Ich suche jemand, der einen Beitrag leistet zu dem, was England der Welt gegeben hat: Kultur, Welterfahrenheit, Genialität. Das ist 'n bißchen mehr als 'n Hot Dog. War das deutlich? Wir sind in der europäischen Gemeinschaft, und meine Geschäfte mach ich mit Europa. Und ich werde mit einer deutschen Gesellschaft einen Vertrag eingehen. Ja, mit den Deutschen. Die haben wenigstens Ehrgeiz, Know-how. Die schmeißen auch nicht gleich das Handtuch.

Seht euch doch an! Die Mafia! *(lacht)* Auf die scheiß ich.« [7959]

***

DER RING DER VERSCHWORENEN
(The Conspirators)
USA 1944, Warner (Regie Jean Negulesco, Buch Vladimir Pozner, Leo Rosten, nach dem Roman von Frederic Prokosch)

*

Kurt Katch (Lutzke): »Ich versuchte, ihn in ein Gespräch zu verwickeln, aber er ließ mich abblitzen, hat mich sogar beleidigt.«
Steven Geray (Dr. Schmitt): »Sie beleidigt? Na ja, Lutzke, Sie fordern das wohl mit Ihrem Gesicht und Ihrem Benehmen heraus.« [7960]

*

Paul Henreid (Vincent van der Lyn): »Kennen Sie eine gute Pfandleihe?«
Peter Lorre (Jan Bernazsky): »Die gibt es nicht. Eine Pfandleihe ist der Friedhof toter Hoffnungen.« *(Parole)* [7961]

***

RING FREI FÜR STOKER THOMPSON
(The Set-Up)
USA 1949, RKO (Regie Robert Wise, Buch Art Cohn, nach dem Poem von Joseph Moncure March)

*

Robert Ryan (Stoker Thompson): »Daran ist nun mal nicht zu ändern. Wenn man Boxer ist, muß man boxen.« [7962]

*

Percy Helton (Red): »Du mußt ihm reinen Wein einschenken, Tiny!«
George Tobias (Tiny): »Jetzt hör schon endlich auf damit, Red! Wozu? Was er nicht weiß, macht ihn nicht heiß.«
Helton: »Aber was ist, wenn er aus Versehen gewinnt?« [7963]

***

RINGO *(Stagecoach)*
USA 1939, Wanger, United Artists (Regie John Ford,

> *»So wie die Dinge heute gelaufen sind, krieg ich beim Beerdigungsinstitut Rabatt.«*
> Rififi am Karfreitag

Buch Dudley Nichols, nach der Geschichte ›Stage to Lordsburg‹ von Ernest Haycox)

*

John Carradine (Hatfield): »Ein kleiner Engel in der Hölle, in einer trostlosen Hölle.«
»Spiel lieber aus, und halte keine Selbstgespräche!«
Carradine: »Du hast keine Ahnung, wovon ich rede. Aber das ist auch nicht nötig, du wirst es nie begreifen. So eine Frau hast du nie kennengelernt.« [7964]

*

Claire Trevor (Dallas, angesichts der Damen von der Law and Order League): »Ich kenne Schlimmeres, als den Apachen in die Hände zu fallen.« [7965]

*

Carradine: »Ein Gentleman raucht nicht in Gegenwart einer Dame.«
Thomas Mitchell (Dr. Josiah Boone): »Vor drei Wochen habe ich einem Mann eine Kugel rausoperiert, der hatte mit einem Gentleman Streit bekommen. Das Biest steckte in seinem Rücken.« [7966]

*

Mitchell: »Ich bin sowohl Philosoph als auch Fatalist. Ich weiß genau, irgendwo und irgendwann wartet die richtige Kugel oder die falsche Schnapsflasche auf Josiah Boone. Ich laß mich vom Schicksal überraschen. (...) Ein Mann, der diese Erkenntnis gewonnen hat, ist jeder Situation gewachsen.« [7967]

*

Berton Churchill (Henry Gatewood): »Die Regierung wird schon sehen, wohin sie mit dieser Taktik kommt. Anstatt uns Geschäftsleute zu unterstützen, steckt sie ihre Nase in Sachen, die sie gar nichts angeht. Als neuestes setzen sie jetzt überall Bankprüfer ein. Ja, sollen wir Bankiers uns auch noch vom Staate beschnüffeln lassen? Da bekomme ich doch wirklich einen Brief von so einer aufgeblasenen Behörde, daß man meine Bücher prüfen müßte. Na, die sollen nur kommen, denen werde ich meinen Wahlspruch zeigen, den können sie sich hinter die Ohren schreiben. Freie Wirtschaft über alles! Laßt die Geschäftsleute schalten und walten! Runter mit den Steuern! Die Regierung wird doch ihre Schulden allein begleichen können, wir müssen auch mit unserem Etat auskommen. Unser Land braucht keinen Politiker als Präsidenten, sondern einen Geschäftsmann.« [7968]

*

Churchill: »Sie sind betrunken!«
Mitchell: »Ja. Aber glücklich.« [7969]

*

Mitchell: »Kaffee! Ich will Kaffee! Schwarzen Kaffee, einen Eimer voll!« [7970]

*

George Bancroft (Sheriff Curly Wilcox): »Du brüllst, daß ich dachte, die Apachen sind da. Du findest schon wieder eine Frau.«
Chris-Pin Martin (Chris): »Ja, sicher finde ich neue Frau, aber sie hat Gewehre mitgenommen und mein Pferd, beste Stute von Arizona. Sie wurde nie müde, hat mich ganzen Tag getragen.«
Mitchell: »Was, deine Frau?«
Martin: »Nein, meine Stute. Ich kann finden viel Weiber und schöne, aber nie wieder so eine Stute.« [7971]

*

John Wayne (The Ringo Kid): »Sehen Sie mal da drüben!«
Bancroft: »Die Apachen.«
Wayne: »Jetzt geht's los!« [7972]

***

RIO BRAVO
USA 1959, Armada, Warner (Regie Howard Hawks, Buch Leigh Brackett, Jules Furthman, Story B. H. McCampbell (=Barbara Hawks)

*

Ward Bond (Pat Wheeler): »Ein alter Invalide und ein Säufer, mehr haben Sie nicht?« [7973]

*

Bond: »Ich habe ihm erzählt, was du für ein guter Schütze bist.«
Ricky Nelson (Colorado): »Ich will Ihnen erzählen, was ich noch besser kann, Mr. Wheeler, weiter Karten spielen.« [7974]

»Sie sind betrunken!«
»Ja. Aber glücklich.«
Ringo

John Wayne (John T. Chance): »Der Junge ist nicht dumm. Den würde ich nehmen.« [7975]

*

Angie Dickinson (Feathers): »Das ist nicht das erste Mal, daß dieser Steckbrief mich verfolgt. Ich möchte wissen, wie ich mich dagegen schützen kann.«
Wayne: »Nun, keine Federboa tragen und keine Karten spielen.«
Dickinson: »(...) Das würde ich tun, wenn ich das wäre, wofür Sie mich halten.« [7976]

*

Dean Martin (Dude): »Es hat wohl keinen Zweck, wenn ich Ihnen sage, Sie sollten sich erst mal beruhigen?«
Wayne: »Nein, gar keinen.«
Martin: »Das dachte ich mir.« [7977]

*

»Hier hat sich niemand hergeflüchtet.«
Wayne: »Wir merken uns, daß du das gesagt hast.« [7978]

*

Wayne: »Wenn du den Revolver willst, heb ihn auf! Ich warte nur drauf.« [7979]

*

Wayne: »Sag ihm, wenn er wieder jemand herschickt, dann soll er ihn besser bezahlen für diese Drecksarbeit.« [7980]

*

Wayne (zu Martin, nach seinem überzeugenden Auftritt im Saloon): »Ich glaube, jetzt lassen sie dich durch die Vordertür rein.« [7981]

*

Wayne: »Du hast sie überrumpelt. Aber das nächste Mal, da sind sie darauf vorbereitet. Da schießen sie erst und lachen dann. Also werd nicht übermütig!« [7982]

*

Martin: »Möchte wissen, ob er so gut ist, wie Wheeler dachte.«
Wayne: »Ich glaube schon. Denn er hält es nicht mal für nötig, es uns zu beweisen.« [7983]

*

Wayne: »Du hältst dich raus! Ich will nicht, daß mir noch jemand hilft.« [7984]

*

John Russell (Nathan Burdette): »Du schießt gut, wenn du nüchtern bist.« [7985]

*

Russell: »Amüsier dich nur! Jeder Mensch sollte mal das Gefühl von Macht kennenlernen, bevor er ins Gras beißt.« [7986]

*

Dickinson: »Ich lasse Sie vollkommen in Ruhe. Ich will nur hierbleiben. Das ist wirklich alles. Sie brauchen sich gar nicht um mich zu kümmern, und wenn Sie wollen, daß ich gehe, werde ich sofort gehen. Sie werden es mir nicht mal zu sagen brauchen. Ich merke es ganz von selbst und gehe. Ist Ihnen das recht, John? Sie brauchen mir jetzt nicht zu antworten, wenn Sie nicht wollen. Aber sagen Sie etwas!« [7987]

*

Nelson: »Hören Sie die Musik? Er läßt das Lied spielen.«
Wayne: »Was soll das?«
Nelson: »Es heißt *El Deguella*, das Todeslied. Die Mexikaner spielten es, als sie unsere Jungs bei Alamo eingeschlossen hatten. Sie spielten es, bis alles vorüber war.« [7988]

*

Martin: »Komisch, das ist das erste Mal, daß ich darüber lachen kann. Vielleicht ist bei mir noch nicht alle Hoffnung verloren.«
Wayne: »Vielleicht. Aber ich bezweifle es.«
Martin: »Was mir an Ihnen so gefällt, Sheriff, Sie verstehen es, einem Mut zu machen.« [7989]

*

Dickinson: »Sollten Sie Ihre Meinung ändern, ich lasse meine Tür offen. schlafen Sie recht gut!«
Wayne: »Sie tragen nicht viel dazu bei.« [7990]

*

Nelson: »Haben Sie immer den Hahn gespannt?«
Wayne: »Nur wenn ich es trage.«
Nelson: »Warum benutzen Sie überhaupt ein Gewehr?«
Wayne: »Weil es Leute gibt, die mit dem Revolver schneller sind als ich.« [7991]

> *»Amüsier dich nur!*
> *Jeder Mensch sollte mal das*
> *Gefühl von Macht kennenlernen,*
> *bevor er ins Gras beißt.«*
> Rio Bravo

Wayne: »Ich freue mich, daß Sie geblieben sind.«
Dickinson: »Warum müssen Sie das jetzt sagen? Kaum haben wir eine Sache geklärt, kommen Sie mit einer anderen. Was Sie sagen, hat alles überhaupt keinen Sinn ... und was ich sage, auch nicht.« [7992]

*

Walter Brennan (Stumpy): »Ein Säufer muß man sein, damit sich jemand um einen kümmert. Also schön, dann werde ich eben auch einer.« [7993]

*

Brennan: »Spaß beiseite. Ist der Sheriff wirklich verliebt?«
Wayne: »Ich glaube ja, aber er weiß es noch nicht.« [7994]

*

Dickinson: »Ach, ich dachte schon, du würdest es mir nie sagen.«
Wayne: »Was denn?«
Dickinson: »Daß du mich liebst.«
Wayne: »Ich sagte, daß ich dich verhafte.«
Dickinson: »Das ist genau dasselbe, das weißt du doch, du willst es nur nicht aussprechen. Ach, wir sind so verschieden. Ich werde mich daran gewöhnen müssen. Mir liegt das Herz auf der Zunge.« [7995]

*

Brennan: »Glaubst du, ich werde es jemals zum Sheriff bringen?«
Martin: »Nur, wenn du dich um deinen eigenen Kram kümmerst.« [7996]

***

RIO GRANDE
USA 1950, Argosy, Republic (Regie John Ford, Buch James Kevin McGuinness, nach der Geschichte ›Mission with No Record‹ von James Warner Bellah)

*

Steve Pendleton (Captain Prescott): »Es tut mir leid, aber auf ausdrücklichen Befehl darf niemand das Lager ohne Erlaubnis betreten.«
Maureen O'Hara (Kathleen York): »Ich komme schon herein, verlassen Sie sich darauf. Ich bin die Mutter des Reiters Jefferson York.«
Pendleton: »Wir sind hier nicht auf Besuch eingerichtet, darum fehlen uns einstweilen noch Quartiere für die Mütter unserer Soldaten.« [7997]

*

O'Hara: »Ich glaube, wir können zwischen uns am schnellsten eine Unterhaltung in Gang bringen, wenn du folgende Frage stellst: Welchem Grund verdanke ich die Ehre deines Besuches?« [7998]

***

RIO LOBO
USA 1970, Cinema Center (Regie Howard Hawks, Buch Leigh Brackett, Burton Wohl, Story Burton Wohl)

*

John Wayne (Cord McNally): »... und Lieutenant, sollten Sie die Burschen erwischen, dann bringen Sie einen mit! Der muß aber noch sprechen können.« [7999]

*

(Frau an Rezeption): »Er hat gesagt, daß er jeden umbringt, der ihn aufweckt, falls nicht zufällig das Haus brennt. Er gab mir zwei Dollar. Dafür soll ich aufpassen, daß niemand Feuer legt.« [8000]

*

Jorge Rivero (Pierre Cordona): »Ach, übrigens, können Sie eigentlich reiten?«
Jennifer O'Neill (Shasta): »Wenn Sie mir zeigen, wo vorn ist.« [8001]

*

Rivero: »Du sprichst mich dauernd mit Frenchie an. Ich bin halb Franzose und halb Mexikaner.«
Wayne: »Ja. Und welche Hälfte hat denn auf den Knien gelegen, und welche Hälfte hat ihr die Hand geküßt?« [8002]

*

Victor French (Ketchum): »Mein Gott, McNally, ich brenne, ich brenne! Ihr könnt mich doch nicht verbrennen lassen.«
Wayne: »Laß ihn brennen!«
Jack Elam (Phillips): »Nein, McNally, dann

> »Ein Säufer muß man sein, damit sich jemand um einen kümmert. Also schön, dann werde ich eben auch einer.«
> Rio Bravo

kann er ja nicht mehr die Papiere unterschreiben.«
Wayne: »Bist du bereit zu unterschreiben?«
French: »Bitte, ich tue ja alles, was ihr wollt, alles, was ihr wollt.«
Wayne: »Jetzt darfst du *(löschen)*, Frenchie.« [8003]

*

Elam: »Ketchum, ich habe eine neue Erfindung. Ich habe den Abzug *(der Schrotflinte)* mit Draht festgebunden. Sieh mal, was passiert, wenn mein Daumen abrutscht. Und meine Daumen sind auch nicht mehr so kräftig wie früher.« [8004]

*

Wayne: »Sag mal, Phillips, kennst du nicht noch eine andere Melodie?«
Elam: »Ich kenne viele, aber keine ist so hübsch wie die.« [8005]

*

Wayne: »Ketchum, wir haben versprochen, dich auszutauschen, aber wir haben nichts über den Zustand gesagt, in dem du ausgetauscht wirst.« [8006]

*

Wayne: »Eine Schrotflinte nutzt gar nichts *(auf die Entfernung)*.«
Elam: »Das weiß ich selber, aber Ballern macht Spaß.« [8007]

***

RITT IM WIRBELWIND *(Ride in the Whirlwind)*
USA 1966, Harris, Proteus (Regie Monte Hellman, Buch Jack Nicholson)

*

Jack Nicholson (Wes): »Ich kann nicht mehr lange laufen, Verne.« (...)
Cameron Mitchell (Verne): »Wir müssen zusehen, daß wir unseren Vorsprung halten. Lieber ein paar Blasen als Genickschmerzen.« [8008]

***

RITT ZUM OX-BOW *(The Ox-Bow Incident)*
USA 1943, Twentieth Century Fox (Regie William A. Wellman, Buch Lamar Trotti, nach dem Roman von Walter Van Tilburg Clark)

*

Henry Fonda (Gil Carter): »Was soll man in diesem verdammten Nest jetzt anfangen?«
Victor Kilian (Darby): »Wenn ihr nicht um Drews Tochter anhalten wollt ...«

Harry Morgan (Art Croft): »Nein, danke.«
Kilian: »... gibt es hier noch eine unverheiratete Frau. Sie ist 82, blind und Jungfrau. Was euch dann noch bleibt, ist essen, schlafen, trinken, Poker spielen oder schießen.« [8009]

*

Morgan: »Er brauchte nur etwas Bewegung. Immer, wenn er einen Katzenjammer hat oder etwas durcheinander ist, hilft ihm nichts so sehr wie eine Schlägerei. Ganz egal, ob er gewinnt oder nicht, hinterher ist er wieder ganz okay.« [8010]

*

Fonda: »Nun, so ein Schluck Whiskey wird meiner Seele nicht schaden.« [8011]

*

Marc Lawrence (Jeff Farnley): »Schmeiß das weg oder ich schieße!«
Fonda: »Für jedes Loch, das du schießt, schieß ich zwei.« [8012]

***

RIVALEN OHNE GNADE *(Three Violent People)*
USA 1957, Paramount (Regie Rudolph Maté, Buch James Edward Grant, Story Leonard Praskins, Barney Slater)

*

Tom Tryon (Stitch): »Mir fiel auf, daß er ihn sehr tief trug. Eine ulkige Sache. Alle diese Angeber, die sich für Revolverhelden halten, tragen ihren Revolver so.« [8013]

*

Tryon: »Vergeßt nicht, daß ihr eine große Familie seid, Amigos! Es wär doch traurig, wenn ihr einen davon beweinen müßtet oder zwei oder drei, die eine falsche Bewegung machen.« [8014]

*

Gilbert Roland (Innocencio): »Muy hombre! Die Saunders haben nicht immer sehr gut gelebt, aber sie sind immer gut gestorben.« [8015]

> *»Eine Schrotflinte nutzt gar nichts (auf die Entfernung).«*
> *»Das weiß ich selber, aber Ballern macht Spaß.«*
> Rio Lobo

RIVALEN UNTER ROTER SONNE
(Soleil rouge)
F/I 1971, Corona, Oceania, Columbia (Regie Terence Young, Buch Denne Bart Petitclerc, William Roberts, Lawrence Roman, Gerald Devries, nach dem Roman von Laird Koenig)

*

Charles Bronson (Link): »Essen tust du wohl nie, was?«
Toshiro Mifune (Kuroda): »Hunger zu empfinden, betrachtet ein Mann meines Standes als Schande.« [8016]

***

ROB ROY
USA 1995, Talisman, United Artists (Regie Michael Caton-Jones, Buch Alan Sharp)

*

»Vor der Dunkelheit schaffen wir es nicht mehr.«
Liam Neeson (Rob Roy MacGregor): »Nicht, wenn wir hier rumstehen.« [8017]

*

Neeson: »Wenn sie so kämpfen würden wie sie riechen, hätten wir es schwer.« [8018]

*

John Hurt (Montrose): »Ihr habt die letzte Nacht friedlich geschlafen, MacGregor, Ihr und die Euren.« [8019]

*

Hurt: »Man sollte niemals die heilenden Kräfte des Hasses unterschätzen.« [8020]

***

ROBIN HOOD – KÖNIG DER DIEBE
(Robin Hood: Prince of Thieves)
USA 1991, Morgan Creek (Regie Kevin Reynolds, Buch Peter Densham, John Watson, Story Peter Densham)

*

Morgan Freeman (Azeem): »Du hast mein Leben gerettet, Christ. Ich werde bei dir bleiben, bis ich meine Schuld bezahlt habe.« [8021]

> »Jetzt ist es genug! Streicht die Küchenabfälle für die Aussätzigen und Waisen! Keine Gnade mehr bei Hinrichtungen! Und sagt Weihnachten ab!«
> Robin Hood – König der Diebe

Freeman: »Kein Mensch bestimmt mein Schicksal. Besonders keiner, der mit dem Wind angreift und nach Knoblauch riecht.« [8022]

*

Kevin Costner (Robin of Locksley): »Hier. Misteln. Siehst du? So manches Mädchen wurde in meinen Armen schwach, dank dieser Pflanze.«
Freeman: »Bei uns überreden wir die Frauen mit Gedichten und betäuben sie nicht mit Pflanzen.« [8023]

*

Costner: »Du reist 10.000 Meilen, um mir das Leben zu retten und dann läßt du es zu, daß sie mich abschlachten?«
Freeman: »Ich erfülle mein Gelöbnis, wann ich es will.« [8024]

*

Alan Rickman (Sheriff von Nottingham): »Ich hoffe, Ihr rechtfertigt Euer Eindringen mit wahrhaft wichtigen Neuigkeiten.« [8025]

*

Freeman: »Die Gastfreundschaft in diesem Land ist so warm wie das Wetter.« [8026]

*

Freeman: »Wie konntet ihr nur mit so wenig Bildung Jerusalem erobern!« [8027]

*

Rickman: »Jetzt ist es genug! Streicht die Küchenabfälle für die Aussätzigen und Waisen! Keine Gnade mehr bei Hinrichtungen! Und sagt Weihnachten ab!« [8028]

*

Rickman: »Du, in mein Zimmer, heute abend um halb elf! Du, viertel vor elf! Und bring eine Freundin mit!« [8029]

*

Costner: »Wieviele?«
Freeman (mit Fernrohr): »20.«
Costner: »20?«
Daniel Peacock (Bull): »Wieviele?«
Costner: »5.«
Freeman: »??«
Costner: »Sie können sowieso nicht zählen. Warum ihnen Angst machen?« [8030]

*

Costner: »Adel ist kein Geburtsrecht. Er wird allein durch Taten erworben.« [8031]

Rickman: »Was für ein wunderschönes Kind. So jung. So lebendig. So wenig wissend, wie gefährlich das Leben sein kann. (...) Marian, unsere Ehe würde diesen Kindern gestatten, als meine Verbündeten aufzuwachsen. Ihr versteht, ich kann sie doch nicht als meine Feinde aufwachsen lassen.« [8032]

*

Freeman: »Ich habe einmal einen weisen Mann sagen hören, Sahib, daß es auf dieser Welt keine perfekten Menschen gibt. Nur perfekte Absichten.« [8033]

***

ROBIN HOOD – KÖNIG DER VAGABUNDEN
(The Adventures of Robin Hood)
USA 1938, Warner (Regie Michael Curtiz, William Keighley, Buch Norman Reilly Raine, Seton I. Miller)

*

Erroll Flynn (Robin Hood): »Mach Platz, du Zwerg!«
Alan Hale (Little John): »Nur für einen besseren Mann als mich.«
Flynn: »Den habt Ihr vor Euch.« [8034]

*

Flynn: »Er ist ein guter Freund.«
Patric Knowles (Will Scarlett): »Er sieht aus wie drei gute Freunde.« [8035]

*

Flynn: »Das Unrecht hasse ich, nicht die Normannen.« [8036]

*

Basil Rathbone (Sir Guy of Gisbourne): »Ihr seid zwar charmant, aber nicht sehr gewitzt.« [8037]

*

Claude Rains (Prince John): »Das werdet Ihr noch bereuen.«
Olivia de Havilland (Maid Marian): »Niemals! Und wenn Ihr mich dafür töten würdet.«
Rains: »Gut prophezeit, Mylady! Genau das ist meine Absicht.« [8038]

*

Ian Hunter (Richard Löwenherz): »Ich bin in großer Eile.«
Flynn: »So? Aber vielleicht geht's mit leerem Geldbeutel rascher. Ich helfe euch gerne.« [8039]

Rathbone: »Ihr wart heute zum letzten Mal in Nottingham.«
Flynn: »Wenn dies hier vorbei ist, brauch ich nicht mehr zu kommen.« [8040]

***

ROBIN & MARIAN
USA 1976, Stark-Shepherd, Rastar, Columbia (Regie Richard Lester, Buch James Goldman)

*

Sean Connery (Robin Hood): »Damals in Sherwood, wir beraubten Abteien und gaben auch was den Armen.« [8041]

*

Connery: »Wie kannst du jetzt essen!«
Nicol Williamson (Little John): »Ich hab Hunger.« [8042]

*

Connery: »Es heißt, mit 40 hat man sein Leben so gut wie gelebt. Wir sind beide älter, und sieh uns an!« [8043]

*

Richard Harris (King Richard): »Mein Vater verfluchte mich, als er im Sterben lag. Ich hatte ihn umgebracht, und das nahm er mir übel.« [8044]

***

ROBINSON CRUSOE
MEX/USA 1954, Ultramar, United Artists (Regie Luis Buñuel, Buch Luis Buñuel, Phillip Ansel Roll, nach dem Roman von Daniel Defoe)

*

Dan O'Herlihy (Robinson Crusoe): »Wenn du dich weiterhin brav verhältst, werde ich dir das Rauchen beibringen.« [8045]

***

ROBOCOP
USA 1987, Orion (Regie Paul Verhoeven, Buch Edward Neumeier, Michael Miner)

*

Peter Weller (Murphy): »Na los, versuch es! Tot oder lebend, du kommst mit mir.« [8046]

»Wie kannst du jetzt essen!«
»Ich hab Hunger.«
Robin & Marian

Kurtwood Smith (Clarence Boddicker): »Weißt du, ich habe ein Problem: Cops stehen nicht auf mich, und ich steh nicht auf Cops.« [8047]

*

Ronny Cox (Dick Jones, vom Videoband): »Hallo, mein Freund, hier ist Dick Jones. Ich schätze, du liegst inzwischen auf deinen Knien und flehst um dein Leben. Wie armselig! Jetzt sitzt du nicht mehr auf dem hohen Roß, nicht wahr? (...) Weißt du, was das Tragische an der Sache ist, Bob? Wir hätten Freunde werden können. Aber du hast dich nicht an die Spielregeln gehalten. (...) Du hast mich übergangen. Das tut weh. Aber das Leben geht weiter, die alte Geschichte, der Kampf um Ruhm und Ehre. Es wird dir helfen, wenn du es als Spiel betrachtest. In jedem Spiel gibt es einen Gewinner und einen Verlierer. ... Und der Verlierer zahlt alles, Bob.« [8048]

*

Smith: »Wir werden mehr Feuerkraft brauchen. An Waffen vom Militär kommen Sie ja wohl nicht ran?«
Cox: »Das Militär hat nichts, was wir nicht auch haben.« [8049]

***

THE ROCK
USA 1996, Simpson-Bruckheimer, Hollywood (Regie Michael Bay, Buch David Weisberg, Douglas S. Cook, Mark Rosner)

*

Nicholas Cage (Stanley Goodspeed): »Mein Magen dreht sich im Kreis um meinen Arsch.« [8050]

*

Ed Harris (General Francis X. Hummel): »Erzählen Sie mir nichts von Problemen, sondern von Lösungen!« [8051]

*

Sean Connery (John Patrick Mason): »Schaffen Sie das auch wirklich?«

> *»Mein Magen dreht sich im Kreis um meinen Arsch.«*
> The Rock

Cage: »Ich werde mein Bestes tun.«
Connery: »Ihr Bestes? Versager jammern immer, von wegen ihr Bestes, aber Sieger gehen nach Hause und vögeln die Ballkönigin.« [8052]

*

Connery: »Ich bin's langsam leid, Sie andauernd zu retten. Erstaunlich, daß Sie über die Pubertät hinausgekommen sind.« [8053]

***

ROCKY
USA 1976, Chartoff-Winkler, United Artists (Regie John G. Avildsen, Buch Sylvester Stallone)

*

Sylvester Stallone (Rocky Balboa, zu seinen Schildkröten): »Wenn ihr singen oder tanzen könntet, brauchte ich mir nicht die Jacke vollhauen zu lassen.« [8054]

*

(Buddy): »Hast du dir die Nummer notiert?«
Stallone: »Wovon?«
(Buddy): »Von dem Wagen, der über dein Gesicht gefahren ist.« [8055]

*

Talia Shire (Adrienne): »Warum bist du eigentlich Boxer?«
Stallone: »Weil ich nicht singen oder tanzen kann.« [8056]

*

Stallone: »Das Schlimmste an einem Boxkampf ist der Morgen danach.« [8057]

***

ROLLERBALL
USA 1975, Jewison, United Artists (Regie Norman Jewison, Buch William Harrison, nach seiner Geschichte)

*

John Houseman (Bartholomew): »Ihr wart phantastisch heute abend, ihr alle, gemein und skrupellos. Gratuliere!« [8058]

*

Rick Le Parmentier (Bartholomews Assistent): »Brutales Spiel gestern.«
James Caan (Jonathan E): »Danke.« [8059]

*

Houseman: »Es ist wichtig, einen Platz zu haben, an dem man Dinge zu Ende denken kann.« [8060]

ROMEO IS BLEEDING
USA 1992, Working Title, PolyGram (Regie Peter Medak, Buch Hilary Henkin)

*

Gary Oldman (Jack Grimaldi, voice-over): »Jack war ein Romantiker. Er hatte große Träume. Das Problem war nur, daß immer ein Licht der Realität zwischen seinen Träumen und seiner Brieftasche aufleuchtete.« [8061]

*

Roy Scheider (Don Falcone): »Also: Sie erledigen diesen Job und leben Ihr Leben. Sie wissen, was richtig oder falsch ist, aber es ist Ihnen egal. Und das ist auch die natürlichste Sache der Welt. Ich könnte Sie erschießen und zerfetzen lassen, Ihre Frau verunstalten, Ihr Haus niederbrennen und Ihrer Freundin die Eingeweide rausreißen lassen. Ab Mittwoch könnte ich das anordnen. Nicht Sie machen hier die Regeln, Jack, ich mach hier die Regeln. Sie steigen erst aus, wenn ich es Ihnen erlaube.« [8062]

*

Annabella Sciorra (Natalie Grimaldi): »Ich weiß nicht, was du tust, Jack. Aber was es auch ist, bring es nicht mit nach Hause!« [8063]

Oldman (voice-over): »Die, auf die du schießt, kannst du ebensogut heiraten, denn man ist ihnen sein Leben lang verbunden, bis zum Ende ihres Lebens oder bis zum Ende des eigenen.« [8064]

*

Oldman: »Mona, bitte verlang das nicht von mir!«
Lena Olin (Mona Demarkov): »Ich will doch nicht, daß du ihn umbringst, ich will nur, daß du ihn begräbst. Wenn er dabei stirbt, ist das sein Problem.« [8065]

*

Olin: »Jack, du bist 'n kleiner Drecksack. Ich hab dich nie gemocht. Nicht mal, als ich dich gevögelt hab, du dummer, armseliger Penner. Mir war ganz schlecht dabei. (...) Du bist 'n trockener Fick, Jack. Mehr fällt mir zu dir nicht ein.« [8066]

***

ROMY UND MICHELE
(Romy and Michele's High School Reunion)
USA 1997, Mark, Bungalow 78, Touchstone (Regie David Mirkin, Buch Robin Schiff)

*

Lisa Kudrow (Michele): »Hast du abgenommen?«
Mira Sorvino (Romy): »Ja, ich hab diese Fettfrei-Diät ausprobiert, die ich erfunden hab. Ich hab die letzten sechs Tage nur Zuckerperlen, Gummibärchen und Geleefrüchte gegessen.«
Kudrow: »Gott, ich wünschte, ich hätte deine Disziplin!« [8067]

*

Sorvino: »Ich kann's gar nicht fassen, wie gut ich aussehe.«
Kudrow: »Das stimmt. Weißt du was? Es sieht so aus, als ob wir so gut aussehen wie noch nie.«
Sorvino: »Genau. Besser geht's wirklich nicht. Ist es nicht schön, daß wir uns das gegenseitig sagen können und genau wissen, daß wir nicht eingebildet sind?«
Kudrow: »Ja. Wir sind eben einfach nur ehrlich.« [8068]

*

Sorvino: »Ich schwör dir, manchmal wünsch ich mir, ich wäre lesbisch.«
Kudrow: »Willst du mit mir ins Bett gehen, um das rauszufinden?«
Sorvino: »Was? Ja sicher, Michele. Schon der Gedanke an Sex mit einer Frau turnt mich ab. ... Aber wenn wir mit dreißig immer noch nicht verheiratet sind, kannst du mich ja noch mal fragen.« [8069]

***

RONIN
USA 1998, FGM, United Artists (Regie John Frankenheimer, Buch J. D. Zeik, Richard Weisz [=David Mamet], Story J. D. Zeik)

*

Natascha McElhone (Deirdre): »Was haben Sie hier hinten gemacht?«
Robert De Niro (Sam): »Lady, wenn ich irgend-

> »Ich weiß nicht, was du tust, Jack. Aber was es auch ist, bring es nicht mit nach Hause!«
> Romeo Is Bleeding

wo reingehe, will ich auch sicher wieder rauskommen.« *8070*

*

Sean Bean (Spence): »Waffen lösen manches Problem. Welche bevorzugen Sie?«
De Niro: »Ah, für mich sind das nur Werkzeuge. Ich schnappe mir das Werkzeug, das ich für den Job brauche, das ist alles.« *8071*

*

De Niro: »Ich versuche nur, eine Vorstellung vom Gegner zu bekommen. Wir werden 'ne Menge Feindseligkeiten hervorrufen, und ich möchte gern wissen, wieviel uns hinterher jagen werden.« *8072*

*

Bean: »Sie haben Angst um Ihre eigene Haut, hä?«
De Niro: »Ja, sie bedeckt meinen Körper.« *8073*

*

McElhone: »Das dürfte Ihre Ausgaben abdecken. Danke für Ihre Mühe. Sie dürfen gehen, sobald wir weg sind. Ich muß Ihnen nicht erklären, daß Sie uns vergessen. Denn wir vergessen nie.« *8074*

*

De Niro: »Entweder ist man ein Teil des Problems oder ein Teil der Lösung oder nur ein Teil der Landschaft.« *8075*

*

De Niro: »In der Theorie sind Sie immer klasse. Nur die Reflexe sind nicht so gut ausgebildet. Sie bekommen feuchte Hosen, wenn's zur Sache geht.« *8076*

*

McElhone: »Wieso hast du Larry getötet?«
Jonathan Pryce (Seamus): »Ach, der hieß Larry.« *8077*

*

Jean Reno (Vincent): »Woher hat du gewußt, daß es ein Hinterhalt war?«
De Niro: »Wenn du dir nicht ganz sicher bist, dann ist es sicher. Das hab ich als erstes gelernt.«
Reno: »Und wo hast du das gelernt?«
De Niro: »Das hab ich vergessen, denn das bringen sie dir als zweites bei.« *8078*

*

Reno (voice-over): »Keine Fragen, keine Antworten. Das ist das Gesetz unserer Branche. Man akzeptiert es und macht weiter. Vielleicht ist das Lektion Nummer drei.« *8079*

***

ROOKIE – DER ANFÄNGER
(The Rookie)
USA 1990, Malpaso, Warner (Regie Clint Eastwood, Buch Boaz Yakin, Scott Spiegel)

Pepe Serna (Lieutenant Ray Garcia): »Ärgern Sie sich nicht über Pulovski. Er ist ein Arschloch, aber Sie werden sich bestimmt an ihn gewöhnen.«
Clint Eastwood (Nick Pulovski): »Schmeicheleien bringen dich nicht weiter.« *8080*

*

Eastwood: »Europäisches Bier ist unverwechselbar. Es hinterläßt einen schalen Geschmack.« *8081*

*

Charlie Sheen (David Ackerman): »Oh Gott, was für 'ne Bruchbude!« *8082*

*

Eastwood: »Du hast heute was abgekriegt. Das wird öfter passieren. Aber irgendwann bist du darauf vorbereitet.« *8083*

*

Sheen: »Wer ist das? Ihre Frau?«
Eastwood: »Exfrau.«
Sheen: »Ah, ich versteh schon. Sie hat Autorennen gehaßt.«
Eastwood: »Sie war vernarrt in Autorennen. Mich hat sie gehaßt.« *8084*

*

Tom Skerritt (Eugene Ackerman): »Können Sie mir Davids Leben garantieren?«
Eastwood: »Mr. Ackerman, wenn Sie 'ne Garantie wollen, kaufen Sie sich einen Toaster!« *8085*

*

Tony Plasna (Moralles): »Was soll das?«

> »Entweder ist man ein
> Teil des Problems oder ein
> Teil der Lösung oder nur ein
> Teil der Landschaft.«
> Ronin

Raul Julia (Strom): »Du Dreckskerl hast mich verraten. Hast du denn gedacht, du kommst damit durch? Ciao, Kleiner!« [8086]

*

Eastwood: »Ich mache diesen Mistkerl fertig. Der fährt schon längst auf Reserve.« [8087]

*

Eastwood: »Du hast die Wahl: Entweder du gibst mir Deckung, oder du gehst mir aus dem Weg.« [8088]

*

Sheen: »Es wird Zeit für mich, daß ich aufhöre, Angst zu haben. Ab heute zittern die andern.« [8089]

*

Lara Flynn Boyle (Sarah): »Das ist eine ganz neue Seite an dir.«
Sheen: »An die wirst du dich gewöhnen müssen.« [8090]

*

Julia: »Nun, mein Lieber, Sie wollten mich unbedingt verhaften, und jetzt dürfen Sie mit mir sogar hier die letzten Stunden Ihres Lebens verbringen.«
Eastwood: »Da wird mir ja richtig warm ums Herz.« [8091]

*

»Sieht so aus, als ob 'n Bulle auch nur ein Leben hat. Nicht wahr, Mr. Pulovski?« [8092]

*

Sheen: »Gehen Sie bitte raus! Die Party ist vorbei. ... Soll ich jetzt hier jedem ein Fax schicken? Auf die Füße!« [8093]

*

Sonia Braga (Liesl): »Ich mag keine Dinge, die nutzlos sind. Und Männer müssen funktionieren, sonst sind sie überflüssig. So einfach ist das.« [8094]

*

Eastwood: »Was hast du denn hier zu suchen? Ich hab gedacht, du bist tot.«
Sheen: »Sind Sie sehr enttäuscht?« [8095]

*

Julia: »Ich bin froh. Gleich ist diese schöne Welt einen Stinksack los.« [8096]

*

»Ich dachte, ihr seid tot.«
Eastwood: »Willkommen in der Hölle, Drecksack!« [8097]

*

Eastwood: »Es sprechen sicher hundert Gründe dafür, dich nicht wegzublasen. Mir will nur gerade keiner einfallen.« [8098]

*

Eastwood (Lieutenant, hinterm Schreibtisch, Zigarre anzündend): »Was ist? Wollt ihr zwei den ganzen Tag dastehen und zusehen, wie ich mich abschufte? Los, verhaftet irgend jemanden!« [8099]

***

ROSANNAS LETZTER WILLE
(Roseanna's Grave)
USA/UK 1996, Spelling, Hungry Eye, Trijbits-Worrell, Remil, Fine Line, PolyGram (Regie Paul Weiland, Buch Saul Turteltaub)

*

Renato Scarpa (Dr. Benvenuto): »Ich kann leider nichts mehr für ihn tun.«
Jean Reno (Marcello Beatto): »Dann ruf einen Spezialisten!«
Scarpa: »Der einzige Spezialist, den der braucht, ist ein Steinmetz.« [8100]

*

Reno: »Geh über den Hof und hol dir ein paar Eier!«
Scarpa: »Du schuldest mir 10.000 Eier.«
Reno: »Nimm dir das Huhn mit, und bring's zurück, wenn wir quitt sind!« [8101]

*

Trevor Peacock (Iacopponi): »Ihr seid alle Diebe!«
Mario Donatone (alter Wächter): »Aber wir sind keine miesen Kidnapper, die den Leuten die Ohren abschneiden.«
Peacock: »Ein Ohr. Der Kerl hat's wiedergekriegt.« [8102]

*

Reno: »Ich möchte dir danken, Cecilia. Es fällt mir keine andere Frau ein, die das tun würde.«
Polly Walker (Cecilia): »Ich finde es schön, wenn man zu zweit eine Leiche auftaut.« [8103]

»Ich dachte, ihr seid tot.«
»Willkommen in der Hölle, Drecksack!«
Rookie – Der Anfänger

DER ROSAROTE PANTHER *(The Pink Panther)*
USA 1964, Mirish, G&E, United Artists (Regie Blake Edwards, Buch Maurice Richlin, Blake Edwards)

*

David Niven (Sir Charles Lytton): »Sie trinken nichts?«
Claudia Cardinale (Prinzessin Dala): »Ich mache mir nichts draus.«
Niven: »Och, niemals?«
Cardinale: »Ich habe nicht nötig, der Wirklichkeit zu entfliehen. Ich bin mit ihr ganz zufrieden.«
Niven: »Ich bin mit der Wirklichkeit auch ganz zufrieden, aber meine Wirklichkeit umschließt glücklicherweise ab und zu einmal einen handfesten Rausch.« [8104]

*

Colin Gordon (Tucker): »Sie kennt mich. Warum stellen Sie mich vor?«
Peter Sellers (Inspektor Jacques Clouseau): »Ich glaube kaum, daß sie sich an Sie erinnert.« [8105]

***

ROSEMARY'S BABY
USA 1968, Castle, Paramount (Regie, Buch Roman Polanski, nach dem Roman von Ira Levin)

*

John Cassavetes (Guy Woodhouse): »Ich muß gehen und was für meine Berühmtheit tun.« [8106]

***

DER ROSENKRIEG *(The War of the Roses)*
USA 1989, Gracie, Twentieth Century Fox (Regie Danny DeVito, Buch Michael Leeson, nach dem Roman von Warren Adler)

*

Danny DeVito (Gavin D'Amato): »Hören Sie sich die Story an, es könnte wichtig für Sie sein. Ich werde für die Geschichte nichts verlangen. Mein Honorar beträgt 450 Dollar die Stunde. Wenn ein Mann, der 450 Dollar die Stunde verlangt, etwas umsonst erzählen möchte, dann sollten Sie zuhören.« [8107]

»Was hat man, wenn 500 Anwälte auf dem Meeresboden liegen? ... 'ne gute Ausgangsposition.«
Der Rosenkrieg

Kathleen Turner (Barbara Rose): »Bist du glücklich?«
Michael Douglas (Oliver Rose): »Und ob ich das bin. Ich bin mehr als glücklich, ich bin verheiratet.« [8108]

*

DeVito (voice-over): »Wenn man so hart an etwas arbeitet, dann ist alles irgendwann einmal getan, und man steht vor der schrecklichen Frage: ›Was mache ich jetzt?‹« [8109]

*

Turner (nach Grund für Scheidungswunsch gefragt): »Wenn ich sehe, wie du ißt, wenn ich sehe, wie du schläfst, wenn ich dich in letzter Zeit ansehe, dann möchte ich dir am liebsten ins Gesicht schlagen.« [8110]

*

Douglas: »Na mach doch, schlag mir ins Gesicht! Worauf wartest du? Du wolltest mir doch ins ... Das nächste Mal schlage ich zurück. Und dann wirst du einen verdammt guten Anwalt brauchen.«
Turner: »Den besten, den man für dein Geld bekommt.« [8111]

*

DeVito: »Was hat man, wenn 500 Anwälte auf dem Meeresboden liegen? ... 'ne gute Ausgangsposition.« [8112]

*

DeVito: »Mein Vater hat immer gesagt, daß kein Mann einer Frau das Wasser reichen kann, wenn es um Liebe oder um Rache geht.« [8113]

*

DeVito: »Bei der Sache kann keiner gewinnen. Es geht nur darum, wieviel man verliert.« [8114]

*

Douglas (nachdem er Kitty Kitty überfahren hat): »Von wegen, eine Katze hat neun Leben.« [8115]

*

DeVito: »Mit 15 interessierte ich mich für die Evolution, und damit wurde mir einiges klar. Wir entstammen dem Dreck. Und nach 3,8 Milliarden Jahren Evolution sind wir im Grunde immer noch Dreck. Keiner kann Scheidungsanwalt sein und das bezweifeln.« [8116]

*

Douglas (bei Dinner-Party): »So, und jetzt geh ich in die Küche und pinkel auf den Fisch.« [8117]

Turner: »Ich würde dich nie auf diese Art und Weise bloßstellen.«
Douglas (pinkelt auf Fisch): »Dazu fehlt dir auch 'ne Kleinigkeit.« [8118]

*

Douglas: »Okay, die Messer sind gewetzt.« [8119]

*

Douglas: »Niemand, der eine so gute Paté machen kann, kann im Grunde schlecht sein.«
Turner: »Es kommt drauf an, woraus die Paté gemacht ist. ... Wuff!«
Douglas: »Benny?«
Turner: »Ein guter Hund, bis zum letzten Bissen.« [8120]

***

DER ROTE KORSAR (*The Crimson Pirate*)
USA 1952, Warner (Regie Robert Siodmak, Buch Roland Kibbee)

*

Burt Lancaster (Vallo): »Kommt näher, meine Freunde, kommt näher! Ihr seid zur letzten Reise des roten Korsaren geshanghait worden. Er hat sie vor langer Zeit im Karibischen Meer gemacht. Vergeßt nicht: Auf einem Piratenschiff, in Piratengewässern, in einer Piratenwelt stellt keine Fragen, glaubt nur, was ihr seht! ... Nein, glaubt nicht einmal die Hälfte davon!« [8121]

*

Leslie Bradley (Baron Gruda): »Seid nur nicht zu keck, Captain Vallo! Wir haben 200 Matrosen an Bord dieses Schiffes.«
Lancaster: »Und wir sind zwanzig Piraten. Dadurch habe ich einen kleinen Vorteil.« [8122]

*

(Slymie): »Waffenhandel?«
Torin Thatcher (Humble Bellows): »Das ist nicht Piratentum, Captain, das ist Geschäft. Ihr wollt, daß wir an Land arbeiten?« [8123]

*

Lancaster: »Was sagt Ihr nun, mein Herr Besserwisser?«
Thatcher: »Euer gehorsamer Diener wird's glauben, wenn es Euer gehorsamer Diener sieht.« [8124]

*

Lancaster: »Meine Leute wollen nicht umladen. *(und bleiben deshalb auf dem gekaperten Schiff)* Es riecht zu sehr nach ehrlicher Arbeit.« [8125]

»Wer sind die?«
Noel Purcell (Pablo Murphy): »Gott weiß. Der hier kann nicht sprechen, und der da kann den Mund nicht halten.« [8126]

*

»Und Ihr habt den Baron umgebracht?«
Lancaster: »Wenn ich ihn getötet hätte, würdet Ihr nicht die Waffen brauchen, die ich Euch verkaufen will.« [8127]

*

Eva Bartok (Consuela): »Ich bewundere Euren Mut, nicht Euren Plan.« [8128]

*

»Küstenbatterie will, daß wir ihnen eine Breitseite feuern, Mr. Bellows.«
Thatcher: »Worauf wartest du, du Dummkopf? Gebt ihnen ihre Breitseite!« [8129]

*

Lancaster: »Warum habt Ihr Eure Kajütentür heut nacht verriegelt?«
Bartok: »Da Ihr wißt, daß sie verriegelt war, wolltet Ihr sie öffnen. Und da Ihr sie öffnen wolltet, wißt Ihr auch, warum ich sie verriegelt hab.« [8130]

*

(Slymie): »Mr. Bellows, aber die Haifische!«
Thatcher: »Ach, die greifen einen Menschen nur an, wenn sie zuerst angegriffen werden.« [8131]

*

Lancaster: »Du hast mich verkauft, Bellows, an einen königlichen Speichellecker.«
Thatcher: »Ja. Es ist meine bescheidene Ansicht, daß sich niemand ein Pirat nennen darf, der nicht bereit wäre, seinen Freund, sein Weib oder seine Mutter zu verkaufen.« [8132]

*

James Hayter (Professor Elie Prudence): »Fall damit *(Nitroglyzerin)* nicht hin! Auch wenn sie dich erschießen.« [8133]

---

*»Von wegen,
eine Katze hat neun Leben.«*
Der Rosenkrieg

DIE ROTE SCHLINGE
(The Big Steal)
USA 1949, RKO (Regie Don Siegel, Buch Geoffrey Holmes, Gerald Drayson Adams, nach der Geschichte ›The Road to Carmichael's‹ von Richard Wormser)

*

Robert Mitchum (Duke Haliday): »Ich habe Sehnsucht nach dem Gewehr. Es wird bald dunkel, und ich verbringe ungern eine Nacht mit leerem Revolver.« [8134]

***

ROTE SONNE
BRD 1970, Independent (Regie Rudolf Thome, Buch Max Zielmann)

*

Marquard Bohm (Thomas): »Tu mir bitte Marmelade drauf!«
Uschi Obermeier (Peggy): »Auf den Schinken?«
Bohm: »Wir müssen mit den Traditionen brechen.« [8135]

*

Bohm: »Ich kann nicht jeden Job annehmen. Arbeit, die dem eigenen Lebensrhythmus widerspricht, kann verheerende Folgen für den gesamten Organismus haben.« [8136]

*

Bohm: »Dieser Planet geht mir auf die Nerven. Man genießt hier jeden schönen Tag mit dem Bewußtsein, daß es morgen regnen kann.« [8137]

***

DIE ROTE TAPFERKEITSMEDAILLE
(The Red Badge of Courage)
USA 1951, MGM (Regie, Buch John Huston, nach dem Roman von Stephen Crane)

*

Arthur Hunnicutt (Bill Porter): »Was ist das denn für eine Schlacht, wo sich die Männer hinlegen, um zu kämpfen! Ich werde aufrecht stehend kämpfen, oder ich kämpfe überhaupt nicht.« [8138]

> »Dieser Planet geht mir auf die Nerven. Man genießt ... jeden schönen Tag mit dem Bewußtsein, daß es morgen regnen kann.«
> Rote Sonne

(voice-over): »Er wünschte, daß auch er eine Wunde, eine rote Tapferkeitsmedaille hätte.« [8139]

*

Hunnicutt: »Ich hab Löcher in meiner Mütze, Löcher in meiner Hose, aber keine Löcher im Körper, außer denen, die immer da waren.« [8140]

***

DIE ROTEN SCHUHE *(The Red Shoes)*
UK 1948, The Archers, Eagle-Lion (Regie, Buch Michael Powell, Emeric Pressburger)

*

Anton Walbrook (Boris Lermontov): »Ich mag keine Dilettanten.« [8141]

*

Irene Browne (Lady Neston): »Sind Sie auf eine Überraschung gefaßt?«
Walbrook: »Meinen Sie wirklich eine Überraschung, Lady Neston, oder Schock?« [8142]

*

Walbrook: »Warum wollen Sie tanzen?«
Moira Shearer (Victoria Page): »Warum wollen Sie leben?«
Walbrook: »Ich weiß nicht genau, aber ... ich muß.«
Shearer: »Das ist auch meine Antwort.« [8143]

*

Shearer: »Ich denke nicht daran, mich mit Ihnen zu unterhalten.«
Walbrook: »Das brauchen Sie auch nicht. Ich führe die Unterhaltung.« [8144]

*

Walbrook: »Man kann nun mal nicht beides haben. Eine Tänzerin, die sich den zweifelhaften Annehmlichkeiten bürgerlicher Liebe hingibt, wird niemals eine große Tänzerin werden.« [8145]

*

Robert Helpmann (Ivan Boleslawsky): »Sie können die menschliche Natur nicht ändern.«
Walbrook: »Nein. Ich denke, man kann etwas viel Besseres tun: Man kann sie ignorieren.« [8146]

*

Marius Goring (Julian Craster): »Was das wohl für ein Gefühl sein mag, wenn man eines Morgens aufwacht und berühmt ist.«
Shearer: »Das werden Sie wohl kaum kennenlernen, wenn Sie noch länger hierbleiben und reden.« [8147]

Esmond Knight (Livy): »Sie sind ein Zauberer, Boris. In drei Wochen haben Sie das aus dem Nichts geschaffen.«
Walbrook: »Selbst der beste Zauberer der Welt kann kein Kaninchen aus dem Hut hervorzaubern, wenn er nicht schon ein Kaninchen drin hat im Hut.« [8148]

***

ROTER DRACHE *(Manhunter)*
USA 1986, Red Dragon, De Laurentiis (Regie, Buch Michael Mann, nach dem Roman ›Red Dragon‹ von Thomas Harris)

*

Brian Cox (Dr. Hannibal Lecktor): »Haben Sie schon mal Blut im Mondschein gesehen, Graham? Es sieht beinahe schwarz aus. Und wenn man nackt dabei ist, ist es besser, wenn man in diesem Augenblick allein ist.« [8149]

*

Cox: »Ich will dir doch nur helfen. Es würde dir wesentlich besser gehen, wenn du innerlich entspannt wärst. Wir erfinden unsere Naturen nicht, sie werden uns zugeteilt, genau wie unsere Lungen und Bauchspeicheldrüsen. Warum soll man dagegen ankämpfen?« [8150]

*

Cox: »Es war nicht die Tat, die dich deprimierte. War dir nicht deswegen so übel zumute, weil es ein so gutes Gefühl war, ihn zu töten? Warum sollte es kein gutes Gefühl sein? Es muß für Gott auch ein herrliches Gefühl sein. Er macht es schließlich jeden Tag. Gott ist fabelhaft. Er hat am letzten Mittwoch ein Kirchendach auf 34 seiner lieben Schäfchen stürzen lassen, als sie gerade ›Lobet und preiset den Herrn‹ sangen. Glaubst du nicht, daß das ein gutes Gefühl war?«
William Petersen (Will Graham): »Wieso ist es ein gutes Gefühl?«
Cox: »Es ist deswegen ein gutes Gefühl, weil Gott über Macht verfügt. Und wenn man das tut, was Gott tut, mehrere Male, dann wird man wie Gott. Gott ist der Meister. Er ist uns immer einen Schritt voraus.« [8151]

***

ROXANNE
USA 1987, Melnick, Indieprod, LA, Columbia (Regie Fred Schepisi, Buch Steve Martin, nach dem Stück ›Cyrano de Bergerac‹ von Edmond Rostand)

Shelley Duvall (Dixie): »Der hat wirklich einen tollen Arsch.«
Daryl Hannah (Roxanne Kowalski): »Dummerweise hat er ihn auf den Schultern sitzen.« [8152]

*

Steve Martin (C. D. Bales): »Also, wann wissen Sie Genaueres über dieses Ding *(Komet)*?«
Hannah: »Am 14. Juli, um 22 Uhr, 8 Minuten, 31 Sekunden. Plus/minus zehn Tage.« [8153]

***

DIE RÜCKKEHR DER JEDI-RITTER
(Return of the Jedi)
USA 1983, Lucas, Twentieth Century Fox (Regie Richard Marquand, Buch Lawrence Kasdan, George Lucas, Story George Lucas)

*

Alec Guinness (Ben Obi-Wan Kenobi): »Ich habe dir also die Wahrheit gesagt. Von einem gewissen Standpunkt aus.« [8154]

*

Mark Hamill (Luke Skywalker): »Mich bekehrst du nicht. Du wirst mich töten müssen.« [8155]

*

Billy Dee Williams (Lando Calrissian): »Brauchst dir keine Sorgen zu machen. Meine Freunde sind da unten. Die haben den Schutzschild rechtzeitig deaktiviert. ... Oder das wird die kürzeste Offensive aller Zeiten.« [8156]

*

Ian McDiarmid (Emperor Palpatine): »Willkommen, junger Skywalker. Ich habe dich erwartet.« [8157]

*

McDiarmid: »Ich freue mich schon darauf, deine Ausbildung abzuschließen. Schon bald nennst du auch mich Meister.« [8158]

*

McDiarmid: »Oh nein, mein junger Jedi, du bist derjenige, der sich irrt. Das wirst du bald

---

»Der hat wirklich
einen tollen Arsch.«
»Dummerweise hat er ihn
auf den Schultern sitzen.«
Roxanne

herausfinden. Und zwar über sehr viele Dinge.« [8159]

*

Hamill: »Ihr irrt Euch sehr. Ich sterbe bald. Und Ihr mit mir.« [8160]

*

Hamill: »Eure Überheblichkeit ist Eure Schwäche.«
McDiarmid: »Und dein Vertrauen in deine Freunde ist die deine.« [8161]

*

McDiarmid: »Alles, was sich bis jetzt zugetragen hat, ist stets nur nach meinem Plan geschehen.« [8162]

*

McDiarmid: »Ergib dich ganz deinem Haß! Mit jedem Augenblick, den du vergehen läßt, wirst du mehr zu meinem Diener. (...) So ist es dir bestimmt. Es ist dein Schicksal. Auch du, genau wie dein Vater, gehörst jetzt mir.« [8163]

*

Anthony Daniels (C3-PO): »Das ist nicht der richtige Augenblick für Heldentaten.« [8164]

*

McDiarmid: »Du junger Narr! Erst jetzt, da dein Ende naht, hast du die Dinge erkannt.« [8165]

***

RUHE SANFT GMBH *(The Comedy of Terrors)*
USA 1963, Alta Vista, AIP (Regie Jacques Tourneur, Buch Richard Matheson)

*

Joyce Jameson (Amaryllis Trumbull): »Nur ein Mann, der trinkt, kann derartige Dinge sagen.«

Vincent Price (Waldo Trumbull): »Man versucht nichts weiter, als die einem auferlegte Prüfung zu mildern, Madam.« [8166]

*

Basil Rathbone (John F. Black): »Und so leid es mir auch tun mag, Sie zu mahnen und zu drängen, Sir, ist es unglücklicherweise unvermeidbar, daß ich als Eigentümer dieser Häuser Ihre bedauerliche Geldverlegenheit als, sagen wir, als meinen Interessen zuwiderlaufend betrachten muß.« [8167]

*

Peter Lorre (Felix Gillie): »Warum bin ich bloß aus dem Gefängnis geflohen! Es war so friedlich da.« [8168]

*

Lorre: »Ich glaube, Mr. Black ist noch nicht tot genug, um ihn zu begraben.« [8169]

***

RYANS TOCHTER *(Ryan's Daughter)*
UK 1970, Faraway, MGM (Regie David Lean, Buch Robert Bolt)

*

Trevor Howard (Father Collins): »Sie verziehen das Kind. Es wird Zeit, daß sie einen Mann bekommt, ein eigenes Heim, um Fußböden zu schrubben.« [8170]

*

Gerald Sim (Captain): »Er gibt mächtig an, hat 'ne offene Hand und immer leere Taschen, na ja, eben der typische Wirt, nicht wahr. Aber er ist schon 'n feiner Kerl.« [8171]

> *»Du junger Narr! Erst jetzt, da dein Ende naht, hast du die Dinge erkannt.«*
> Die Rückkehr der Jedi-Ritter

S

S.F.W. – SO FUCKING WHAT
(S.F.W.)
USA 1994, A&M, Propaganda, PolyGram (Regie Jefery Levy, Buch Danny Rubin, Jefery Levy, nach dem Roman von Andrew Wellman)

*

Pamela Gidley (Janet Streeter): »Du möchtest doch eines Tages dein Leben zurückkriegen, wie ich annehme. Und dazu mußt du ein paar Leute verklagen.«
Stephen Dorff (Cliff Spab): »Die können sich von mir aus alle ins Knie ficken.«
Gidley: »Tja, das wär ganz schön, Spab, aber die Erfahrung zeigt uns, daß sich die Leute eben nicht ins Knie ficken. Sie warten, bis es ihnen jemand besorgt. Aus diesem Grund gibt es Anwälte. Wie mich.« [8172]

***

S.O.S. – FEUER AN BORD
(Only Angels Have Wings)
USA 1939, Columbia (Regie Howard Hawks, Buch Jules Furthman, Story Howard Hawks)

*

Cary Grant (Geoff Carter): »Hör zu, Dutchy! Joe war Flieger. Er ist als Flieger gestorben. Er war nur nicht gut genug, darum hat's ihn erwischt.« [8173]

*

Jean Arthur (Bonnie Lee): »Denken Sie wirklich, es war mein Fehler, was mit Joe geschehen ist?«
Grant: »Natürlich war es Ihr Fehler. Sie wollten essen gehen mit ihm, Joe war angestellt bei Dutchy, ich hab ihn fliegen lassen, der Nebel kam zurück, und die Sicht war schlecht. Alles Ihr Fehler. Vergessen Sie's! Oder nicht. Wie Sie wollen.« [8174]

Arthur: »Ach, ich kann euch alle nicht verstehen. Der arme Kerl ist tot.«
Grant: »Ja, er ist tot.«
Arthur: »Ja, er ist tot.«
Grant: »Ganz richtig, ungefähr seit zwanzig Minuten. Und alles Jammern und Weinen in der Welt wird ihn auch nicht wieder lebendig machen. Was glauben Sie, Miss Lee, wie uns zumute ist?«
Arthur: »Ja, bitte entschuldigen Sie!«
Grant: »Kommen Sie, gehen Sie raus, und bleiben Sie so lange draußen, bis Sie alles verstanden haben!« [8175]

*

Arthur: »Dabei habe ich immer Beerdigungen gehaßt. Das Weinen macht keinen Toten wieder lebendig. So viele beweinen sich selbst, nicht den Toten. Und wenn ich einmal Menschen treffe, so wie die da drin, dann verliere ich ausgerechnet die Nerven.« [8176]

*

Arthur: »Wie man sich täuschen kann, wenn man voreingenommen ist.« [8177]

*

Grant: »Haben Sie Feuer?«
Arthur: »Streichhölzer haben Sie wohl nie?«
Grant: »Nein, ich bin kein Mensch, der sich Vorräte anlegt.« [8178]

*

Grant: »Alle Frauen wollen immer nur Pläne machen. Frauen wollen immer alles ordnen, die Zukunft sichern. Na ja, von mir aus sollen sie.« [8179]

*

Arthur: »Vielleicht war sie anders.«
Grant: »Hm, das sagen sie alle. Jede Frau denkt, sie ist anders, aber sie ist es nicht. Kaum bist du in der Luft, da sitzen sie schon da und jammern.« [8180]

*

Grant: »Sie hat gesagt, es wäre besser, ich wä-

> »Alle Frauen wollen immer nur Pläne machen. Frauen wollen immer alles ordnen, die Zukunft sichern. Na ja, von mir aus sollen sie.«
> S.O.S. – Feuer an Bord

re abgestürzt, und sie hätte es hinter sich. Ich müßte das Fliegen aufgeben oder sie.«
Arthur: »Was haben Sie getan?«
Grant: »Ich fliege immer noch.« [8181]

*

Arthur: »Geschieht hier immer so viel in einer Nacht?« [8182]

*

Arthur: »Ist es sehr gefährlich?«
Thomas Mitchell (Kid Dabb): »Was wollen Sie tun? Vielleicht 'n Netz aufspannen?« [8183]

*

Grant: »Daß Sie hier sind, ist Ihre Schuld. Ich hab Sie nicht darum gebeten.«
Arthur: »Ich weiß. Sie würden nie eine Frau bitten.«
Grant: »Genau das. Aber noch etwas würde ich nie tun.«
Arthur: »Was?«
Grant: »Mir zweimal die Finger verbrennen.« [8184]

*

Grant: »Ich kann nicht riskieren, mit 'ner Maschine da zu landen. Da oben ist so wenig Platz, daß sie im Stehen schlafen.« [8185]

*

John Carroll (Gent Shelton): »Na und wenn schon. Er wäre nicht der erste Mann hier unten mit zwei Namen.«
Allyn Joslyn (Les Peters): »Nein, aber er ist der erste Pilot, der aus einer brennenden Maschine abgesprungen ist und seinen Mechaniker im Stich ließ.« [8186]

*

Richard Barthelmess (Bat MacPherson): »Nicht so wählerisch, hä?«
Grant: »Nein, nicht mal Sie können mir 'n Schnaps verekeln.« [8187]

*

Grant: »Tut mit leid. Entschuldigen Sie! Ich wußte nicht, daß Menschen wie Sie empfindlich sind.« [8188]

*

Grant: »Wie Sie wollen, MacPherson. Es ist Ihre Beerdigung.« [8189]

*

Mitchell: »Ich bin ganz ruhig. Voriges Jahr hätte ich dich noch umgelegt. Geh mir aus dem Weg, sonst mach ich's jetzt noch.« [8190]

*

Victor Kilian (Sparks): »Er sagte: ›Ein Mann stirbt nur einmal. Wir schulden Gott einen Tod. Bezahlen wir ihn heute, so wird er morgen nicht gefordert.‹« [8191]

*

Grant: »Schön siehst du aus *(nach der Schlägerei)*!«
Carroll: »Danke.«
Grant: »Warum sucht ihr euch nicht jemanden aus, mit dem ihr fertigwerdet?« [8192]

*

Arthur: »Männer müssen wohl so sein.« [8193]

*

Sig Ruman (Dutchy): »Du kannst dem Jungen keinen Vorwurf machen, Jeff.«
Grant: »Ich mach ihm keine Vorwürfe, ich schmeiß ihn raus.« [8194]

*

Grant: »Ich hab mich oft gefragt, ob ich im Recht war, als wir Schluß gemacht haben. Heute weiß ich, wie recht ich gehabt habe.« [8195]

*

Arthur: »Ich will nur eins, Jeff, daß du mir sagst, ich soll bleiben. [I'm hard to get, Geoff. All you have to do is ask me.]« [8196]

***

DIE SAAT DER GEWALT *(Blackboard Jungle)*
USA 1955, MGM (Regie, Buch Richard Brooks, nach dem Roman von Evan Hunter)

Richard Kiley (Joshua Edwards): »Können Sie 'm blutigen Anfänger nicht 'n Tip geben?«
Louis Calhern (Jim Murdock): »Sogar zwei: Spielen Sie nie den Helden! Und dann: Drehen Sie Ihrer Klasse niemals den Rücken zu!« [8197]

***

SABOTAGE
UK 1936, Gaumont British (Regie Alfred Hitchcock, Buch Charles Bennett, Alma Reville, Ian Hay, He-

---

> »Nicht so wählerisch, hä?«
> »Nein, nicht mal Sie können mir 'n Schnaps verekeln.«
> S.O.S. – Feuer an Bord

len Simpson, nach dem Roman ›The Secret Agent‹ von Joseph Conrad)

*

Sylvia Sidney (Mrs. Verloc): »Danke für Ihre Bemühungen. Ich nehme an, daß Sie es gut gemeint haben.«
John Loder (Ted): »Keine Ursache. Ich liebe Schwierigkeiten.« [8198]

*

Desmond Tester (Stevie): »Ich hab mal in einem Film gesehen, wie ein Mann mit einem Ruck das Tischtuch vom Tisch gerissen hat, und alles blieb auf dem Tisch stehen.«
Loder: »Das mußt du zu Hause mal ausprobieren.«
Sidney: »Hat er schon.« [8199]

***

SABOTEURE (Saboteur)
USA 1942, Lloyd, Universal (Regie Alfred Hitchcock, Buch Peter Viertel, Joan Harrison, Dorothy Parker, Story Alfred Hitchcock)

*

Hans Conried (Edward): »Ich werde mein Bestes tun, Mrs. Sutton.«
Alma Kruger (Mrs. Sutton): »Ihr Bestes. Was soll dabei schon rauskommen?« [8200]

***

SABRINA
USA 1954, Paramount (Regie Billy Wilder, Buch Billy Wilder, Samuel Taylor, Ernest Lehman, nach dem Stück ›Sabrina Fair‹ von Samuel Taylor)

*

Audrey Hepburn (Sabrina Fairchild, voice-over): »Das Leben bei den Larrabees ist sehr angenehm. Es ist beinahe der Himmel auf Erden. Wenigstens wie man sich ihn auf Long Island vorzustellen vermag.« [8201]

*

John Williams (Thomas Fairchild): »Man darf nicht nach den Sternen greifen.« [8202]

*

Marcel Hillaire (der Professor): »Gestern wir haben gelernt, wie man korrekt bereitet kochend Wasser. Heute wir werden lernen, wie man korrekt aufschlägt ein Ei. Voilà, ein Ei. Ein Ei ist nicht aus Holz, es ist nicht gemacht aus Beton, es ist ein lebend Ding, es hat ein Seel. Wenn wir ihn aufschlagen, wir dürfen ihn nicht quälen. Wir müssen mitleiden. Wir müssen es machen mit Gefühl, wie mit der Guillotine.« [8203]

*

William Holden (David Larrabee): »Moment mal! Hängt vielleicht die Erteilung des Familiensegens damit zusammen, daß Elizabeths Vater der größte Zuckerrohrplantagenbesitzer ist?«
Humphrey Bogart (Linus Larrabee): »Der zweitgrößte, der größte hat keine Tochter.« [8204]

*

Bogart: »Wenn's mir ums Geld ginge, würde sich's kaum lohnen zu arbeiten. Geld ist nur ein Nebenprodukt.« [8205]

*

Holden: »So blöd bin ich mir lange nicht vorgekommen.«
Hepburn: »Es wird gleich noch schlimmer werden.« [8206]

*

Holden: »Sabrina, Sabrina, wo bist du mein Leben lang gewesen?«
Hepburn: »Direkt über der Garage.« [8207]

*

Bogart: »Wir sind im 20. Jahrhundert.«
Walter Hampden (Oliver Larrabee): »Wirf alle Jahrhunderte in einen Topf, und ich werde mit verbundenen Augen ein besseres rausgreifen.« [8208]

*

Bogart: »Ich weiß nicht, was Sie mit ihm angestellt haben, aber er ist in der gleichen Verfassung wie damals, als ihm sein Polopony auf 'n Kopf getreten war.« [8209]

*

Hepburn: »Ich kann mir nicht vorstellen, daß es in Ihrem Leben eine Frau gegeben hat. Ich dachte, Sie wollten allein sein.«
Bogart: »Kein Mann ist freiwillig allein, Sabrina.« [8210]

»*Sabrina, Sabrina, wo bist du mein Leben lang gewesen?*«
»*Direkt über der Garage.*«
Sabrina

Hepburn: »Waren Sie schon mal da *(in Paris)*?«
Bogart: »Oh ja, einmal schon. 35 Minuten lang.« [8211]

*

Holden: »'n bißchen langweilig ist er ja, aber man muß ihn gern haben.« [8212]

*

Hepburn: »Ja, ich bin darüber hinweg. Aber wie komm ich über das hinweg, wodurch ich darüber weggekommen bin.« [8213]

***

SABRINA
USA 1995, Constellation, Mirage-Rudin-Sandollar, Paramount (Regie Sydney Pollack, Buch Barbara Benedek, David Rayfiel, nach dem Film von 1954, Regie Billy Wilder, Buch Billy Wilder, Samuel Taylor, Ernest Lehman, nach dem Stück von Samuel Taylor)

*

Julia Ormond (Sabrina Fairchild): »Und wenn er mich vergißt, während ich weg bin?«
John Wood (Fairchild): »Wie soll er jemanden vergessen, von dem er nicht mal weiß, daß er existiert?« [8214]

*

Fanny Ardant (Irene): »Keine Sorge machen um Martine! Ich durfte sie früher quälen, jetzt darf sie dich quälen. Wenn du Erfolg hast, kriegst du auch jemanden, den du quälen darfst.« [8215]

*

Wood: »Aber du bist doch erst seit zwei Wochen da. Ich bezweifle, daß dich jeder einzelne in Paris für eine Idiotin hält.«
Ormond: »Aber nur, weil ich noch nicht alle persönlich kenne.« [8216]

*

Harrison Ford (Linus Larrabee): »Nein, er verklagt doch nicht seine eigene Mutter. Schließlich ist er nicht wie ich.« [8217]

*

Ford: »Was sagen die Leute denn so?« (...)

> »Du glaubst wohl,
> ich bin dämlich?«
> »Ja, so dämlich, daß du
> auf Eis noch stinkst.«
> Sackgasse

Ormond: »Sie wären der einzige Herzspender auf der Welt, der noch lebt.«
Ford: »Ach so. Das.«
Ormond: »Und wie war das noch mal? ›Er hält Ethik für eine Stofffärbetechnik aus Bali und Skrupel für eine Währungseinheit in Rußland.‹« [8218]

*

Ormond: »Ich hörte, Sie haben keinen Fehler mehr gemacht, seit Sie drei waren.« [8219]

*

Ormond: »Wie war Linus eigentlich als Kind?«
Wood: »Er war kleiner.« [8220]

***

EINE SACHLICHE ROMANZE
(An Awfully Big Adventure)
UK 1995, Portman, British Screen, BBC, Wolfhound (Regie Mike Newell, Buch Charles Wood, nach dem Roman von Beryl Bainbridge)

*

Georgina Cates (Stella): »Ich glaub, ich krieg das Vögeln in 'n Griff. (...) Es ist gar nicht mal so viel anders, als wenn man Ukulele spielen lernt. Fleißig üben, das ist alles.« [8221]

***

SACKGASSE *(Dead End)*
USA 1937, Goldwyn, United Artists (Regie William Wyler, Buch Lillian Hellman, nach dem Stück von Sidney Kingsley)

*

Joel McCrea (Dave Connell): »Hast du nie Angst?«
Humphrey Bogart (›Baby Face‹ Martin): »Wieso? Wovor denn? Ich weiß, daß ich nicht ewig lebe.« [8222]

*

Bogart: »Manchmal hab ich echt Lust, ein ruhiges Leben zu führen.«
McCrea: »Aber das kannst du nicht, wegen der acht Leichen.«
Bogart: »Wenn du nicht gleich von den acht aufhörst, bist du die Nummer neun.« [8223]

*

Bernard Punsly (Milty): »Du glaubst wohl, ich bin dämlich?«
Leo Gorcey (Spit): »Ja, so dämlich, daß du auf Eis noch stinkst.« [8224]

*

Allen Jenkins (Hunk): »Wir alle machen mal 'n

Fehler, Boss. Darum gibt's Bleistifte, die am andern Ende 'n Gummi haben.« [8225]

***

SACRAMENTO (Ride the High Country)
USA 1962, MGM (Regie Sam Peckinpah, Buch N. B. Stone jr. und ungenannt William S. Roberts, Sam Peckinpah)

*

Warren Oates (Henry Hammond): »Billy ist ganz schön albern geworden wegen der Puppe.«
L. Q. Jones (Sylvus Hammond): »Sie hat ihm den Kopf verdreht.«
John Anderson (Elder Hammond): »Er wird wieder zu sich kommen, wenn er ein paar gesoffen hat. Alkohol hat schon immer einen sehr guten Einfluß gehabt auf Billy.« [8226]

*

(Luther Samson): »Ich muß gestehen, Mr. Judd, ich hatte einen viel, viel jüngeren Herrn erwartet.«
Joel McCrea (Steve Judd): »Ich war früher mal jünger.« [8227]

*

Randolph Scott (Gil Westrum): »Ihr Blick gibt einem das Gefühl, man hätte etwas sehr Wichtiges gesagt.« [8228]

***

SADISTICO (Play Misty For Me)
USA 1971, Malpaso, Universal (Regie Clint Eastwood, Buch Jo Heims, Dean Riesner, Story Jo Heims)

*

Jessica Walter (Evelyn Draper): »Also was willst du eigentlich? Soll ich hierbleiben, oder soll ich gehen?«
Clint Eastwood (Dave Garver): »Ich meine, es gibt ein Telefon, und damit rufe ich dich an, du meldest dich, und ich sage: ›He, was machst du?‹«
Walter: »Und ich sage: ›Ich komme sofort.‹«
Eastwood: »Vielleicht sollten wir es das nächste Mal genauso machen.« [8229]

*

Eastwood: »Jay Jay, warum gehst du nicht und suchst dir ein paar Matrosen?« [8230]

*

Donna Mills (Tobie Williams): »Hast du getrunken?«
Eastwood: »Nein, aber das ist eine prima Idee.« [8231]

*

Walter: »Ich hoffe, du wirst David gefallen, denn wenn er kommt, wird er diesen Anblick als seinen letzten zur Hölle mitnehmen.« [8232]

***

SADOR – HERRSCHER IM WELTRAUM
(Battle Beyond the Stars)
USA 1980, New World (Regie Jimmy T. Murakami, Buch John Sayles, Story John Sayles, Anne Dyer)

*

Jeff Corey (Zed): »Um gewalttätige Kreaturen zu bekämpfen, sollte man sich gewalttätiger Kreaturen bedienen.«
»Sollen wir Söldner anwerben?«
»Wir haben nichts, um sie zu bezahlen.«
Corey: »Der Gewalttätige kämpft aus vielen Gründen.« [8233]

*

Robert Reed (Kalo): »Für Fluchtversuche haben wir keine Anweisungen.«
Lanny Boyles (Tembo): »Das heißt?«
Reed: »Das heißt, wir schießen sie ab.« [8234]

*

Morgan Woodward (Cayman): »Ich kenne einen Markt, wo für eine weibliche Form wie du viel bezahlt wird.«
Darlanne Fluegel (Nanelia): »Das könntest du wirklich tun? Mich verkaufen?«
Woodward: »Aber natürlich. Wieso denn nicht? Lebendig oder als Protein, je nachdem, was am meisten einbringt.« [8235]

*

Richard Thomas (Shad): »Du tötest auf Bestellung, für Geld?«
Robert Vaughn (Gelt): »Ich habe kein Heim, keine Familie, keine Prinzipien. Wofür sollte ich sonst töten?« [8236]

*

Lynn Carlin (Nell): »Er scheint der Meinung

> »Hast du getrunken?«
> »Nein, aber das ist
> eine prima Idee.«
> Sadistico

zu sein, das diese Galaxie nicht groß genug für euch beide ist.« [8237]

*

Carlin: »Vergiß, was weder von Schaden, noch von Nutzen für dich ist!« [8238]

*

George Peppard (Space Cowboy): »Wunderschön! Ich mag es, wenn sie explodieren.« [8139]

*

Vaughn: »Was für ein Ort, um zu sterben! Ein mickriger Planet in einer drittklassigen Galaxie.« [8240]

***

SAG NIEMALS NIE
(Never Say Never Again)
UK 1983, Woodcote, Talia, Warner (Regie Irvin Kershner, Buch Lorenzo Semple jr., Story Kevin Mc Clory, Jack Whittingham, Ian Fleming)

*

Edward Fox (M): »Ich rede von den vielen Giften, die Ihren Körper und Ihren Verstand zerstören. Sie essen zuviel rohes Fleisch, zuviel Weißbrot, und Sie trinken zuviel trockene Martinis.«
Sean Connery (James Bond): »Dann werde ich das Weißbrot weglassen, Sir.« [8241]

*

Lucy Hornak (Schwester): »Mr. Bond, ich brauche eine Urinprobe von Ihnen. Könnten Sie mir diesen Becher hier vollmachen?«
Connery: »Von hier aus?« [8242]

*

Barbara Carrera (Fatima Blush): »Wie ungeschickt von mir, ich hab Sie ganz naß gemacht.«
Connery: »Aber mein Martini ist trocken geblieben.« [8243]

*

Klaus Maria Brandauer (Largo): »Verlieren Sie genauso elegant, wie Sie gewinnen?«
Connery: »Das weiß ich nicht. Ich habe noch nie verloren.« [8244]

»Leute schlafen zusammen aus soviel verrückten Gründen. Warum nicht auch für das verrückte Geld, hä?«
Saint Jack

THE SAGA OF ANATAHAN
JAP 1953, Daiwa (Regie, Buch Josef von Sternberg, nach der Geschichte ›Anatahan‹ von Michiro Maruyama)

*

(voice-over): »Some men are drunk on wine, some are drunk on power.« [8245]

*

(voice-over): »A long journey begins with one step.« [8246]

*

(voice-over): »They had guns now to take the place of thinking.« [8247]

*

(voice-over): »We were back in Japan, heroes to all but ourselves.« [8248]

***

SAINT JACK
USA 1979, New World, Shoals Creek, Playboy, Copa de Oro (Regie Peter Bogdanovich, Buch Peter Bogdanovich, Howard Sackler, Paul Theroux, nach dem Roman von Paul Theroux)

*

Denholm Elliott (William Leigh): »Sie sind nicht zufällig selber Squash-Spieler? Oder vielleicht doch?«
Ben Gazzara (Jack Flowers): »Nein, Bill, ich saufe.« [8249]

*

Gazzara: »Leute schlafen zusammen aus soviel verrückten Gründen. Warum nicht auch für das verrückte Geld, hä?« [8250]

*

Gazzara: »Die Chinesen lieben die Australierinnen, grobknochig. Die Deutschen stehen auf exotische Tanten. Den Engländern ist es scheißegal, wenn sie nur jung sind und Jungs. Stimmt's, Colonel?« [8251]

*

Judy Lim (Judy): »Wie groß sind Sie, Mr. Frogget?«
James Villiers (Frogget): »Oh, ungefähr einsfünfundachtzig, meine Liebe.«
Lim: »Oh, groß genug, um den Elefanten die Eier zu küssen.« [8252]

*

Gazzara: »Erinnert mich an den Mann mit dem Ausschlag am Arm. Er geht zu einem Hautarzt, und der versucht alles. Cremes, Salben, Injektionen, nichts geht. Endlich kommt er zu einem Spezialisten in Kopenhagen. Der fragt ihn, womit er sein Leben verdient, und der Mann sagt: ›Ich arbeite im Zirkus, ich gebe den Elefanten Klistiere. Und die Sache ist die: Man muß dem Elefanten dabei den ganzen Arm in den Arsch schieben.‹ ›Das ist es.‹, sagt der Doktor. ›Wechseln Sie Ihren Job, dann geht der Ausschlag weg.‹ Da sagt der Mann: ›Dafür soll ich das Show Business aufgeben?‹« [8253]

*

Gazzara: »Manche Leute denken an Selbstmord, wenn sie verzweifelt sind. Ich denke anders. Ich denke an Mord.« [8254]

***

DIE SAMMLERIN
(La Collectionneuse)
F 1967, Losange, Rome Paris (Regie Eric Rohmer, Buch Eric Rohmer, Haydée Politoff, Patrick Bauchau, Daniel Pommereulle)

*

Daniel Pommereulle (Daniel): »In einer Zeitspanne von 24 bis 48 Stunden ist sie sogar bemerkenswert treu.« [8255]

*

Patrick Bauchau (Adrien, voice-over): »Leider hab ich ein schlechtes Personengedächtnis. Aber wozu auch, bei dem Tempo, das sie vorlegte? Ich war nicht geneigt, in gutem Einverständnis mit ihr zu leben.« [8256]

*

Bauchau: »Mein schlimmster Fehler ist, meine ersten Eindrücke auf ihre Wahrheit zu prüfen.« [8257]

*

Bauchau: »Du solltest lieber Daniel aufs Korn nehmen. Natürlich ist er dir haushoch überlegen, aber seine Moralbegriffe sind dehnbarer als meine.« [8258]

*

Bauchau (voice-over): »Dieses kleine Versteckspiel, das nicht dazu angetan war, die mir liebgewonnene Leere meiner Existenz zu wahren, brachte einen Anflug von Dramatik in mein Leben.« [8259]

*

Pommereulle: »Ein Sammler ist ein armer Kerl, der wirklich nur das Addieren im Kopf hat. Er wird sich nie mit einem einzigen Objekt zufriedengeben. Er wird immer auf der Suche sein nach dem Exzeptionellen in einer Serie. Er braucht immer eine Gesamtheit. Das ist weit weg von der Reinheit. Was wichtig ist, ist das Eliminieren und das Ausradieren. Der Gedanke des Sammelns ist gegen den der Reinheit.« [8260]

*

Bauchau (voice-over): »Dieses Mädchen, das ich zunächst abgelehnt und dann als eine dekorative Randfigur akzeptiert hatte, wurde nun Hauptfigur.« [8261]

*

Haydée Politoff (Haydée): »Wir sind uns gleichgültig, und das ist gut. Nichts hindert uns mehr daran zusammenzuleben.« [8262]

*

Bauchau: »Nichts tun und denken, ohne etwas zu tun, ist ermüdend. Es stimmt schon, die Arbeit ist viel leichter. Man hat ein Ziel vor Augen. Die Arbeit hat ihre bequeme Seite. Arbeit ist eine Flucht nach vorn, eine Art von gutem Gewissen, das man sich kauft.« [8263]

*

Bauchau: »Die meisten Leute, die heute arbeiten, tun überflüssige Arbeit. Dreiviertel der Beschäftigungen sind bereits parasitäre Beschäftigungen. Aber ich bin kein Parasit, das sind die Bürokraten und sogar die Techniker.« [8264]

*

Bauchau: »Es gibt Leute, die arbeiten vierzig Jahre, um sich auszuruhen. Und wenn sie dann endlich ihre Ruhe haben, können sie nichts damit anfangen und sterben.« [8265]

***

SAMMY UND ROSIE TUN ES
(Sammy and Rosie Get Laid)
UK 1987, Working Title, Film Four, Cinecom, British Screen (Regie Stephen Frears, Buch Hanif Kureishi)

> *»In einer Zeitspanne von 24 bis 48 Stunden ist sie sogar bemerkenswert treu.«*
> Die Sammlerin

Wendy Gazelle (Anna): »Hat er auch Kinder mit seiner zweiten Frau?«
Ayub Khan Dim (Sammy): »Nicht der Rede wert, nur ein paar Töchter.« [8266]

*

Shashi Kapoor (Rafi Rahman): »Ein Mann, der nicht getötet hat, ist wie eine Jungfrau, und er weiß nicht, warum die Liebe so wichtig ist.« [8267]

*

Suzetta Llewellyn (Vivia): »Sie reden über Sex.«
Meera Syal (Rani): »Ja, aber nur über diesen lästigen Heterosex. Du weißt schon, das ist das, wo die Frau sich immer nur bemüht zu kommen, aber es nicht schafft und der Mann immer nur damit beschäftigt ist, auf keinen Fall zu kommen, aber es nicht schafft.« [8268]

*

Gazelle: »Ich mag Männer, die mir imponieren wollen. Da hab ich was zu lachen.« [8269]

*

Roland Gift (Danny): »›Was für 'ne super Frau‹, hab ich mir gedacht. Aber dann: ›Victoria, die ist 'ne Nummer zu groß für dich.‹ Da hab ich noch nicht gewußt, daß du nach unten hin offen bist.« [8270]

***

SAN FRANCISCO IM GOLDFIEBER
(Barbary Coast)
USA 1935, Goldwyn, United Artists (Regie Howard Hawks, Buch Ben Hecht, Charles MacArthur)

*

Walter Brennan (Old Atrocity): »Auf meinen Kopf ist ein Preis ausgesetzt, in jedem Staat der Union, außer in Kalifornien, und das nur, weil hier noch keine Gesetze gelten.« [8271]

*

Rollo Lloyd (Wigham): »Ich fürchte, er war ein schlechter Verlierer, Miss. San Francisco ist nicht der Ort für einen schlechten Verlierer.

> *»Weiber sind wie Frösche. Man weiß nie, in welche Richtung sie springen.«*
> San Francisco im Goldfieber

Besonders wenn er nicht so schnell beim Ziehen ist.« [8272]

*

Edward G. Robinson (Louis Chamalis): »Na, Miss, wie gefällt Ihnen San Francisco?«
Miriam Hopkins (Mary Rutledge, ›Swan‹): »Ich glaube, es wird mir sehr gut gefallen.«
Robinson: »Na, fein! Es gehört mir.« [8273]

*

Robinson: »Weiber sind wie Frösche. Man weiß nie, in welche Richtung sie springen.« [8274]

*

Robinson: »Gesetz und Ordnung! Ich geb denen gleich Gesetz und Ordnung.« [8275]

***

SANDRA *(Vaghe stelle dell'orsa)*
I 1965, Vides, Royal (Regie Luchino Visconti, Buch Suso Cecchi D'Amico, Luchino Visconti, Enrico Medioli)

*

Michael Craig (Andrew): »Sandra hat mir gesagt, daß du sehr vielseitige Interessen hast.«
Jean Sorel (Gianni): »Und das ist gleichbedeutend mit Nichtstuer.« [8276]

*

Claudia Cardinale (Sandra): »Ich will kein Verzeihen, weil ich auch niemandem verzeihe.« [8277]

***

DIE SANFTE
(Une Femme douce)
F 1969, Parc, Marianne (Regie, Buch Robert Bresson, nach der Geschichte ›Krotkaja‹ von F. M. Dostojewski)

*

Guy Frangin (Er): »Sagen Sie ›ja‹, und Ihr Glück wird meine Aufgabe sein.« [8278]

***

SANJURO *(Tsubaki Sanjuro)*
JAP 1962, Toho (Regie Akira Kurosawa, Buch Ryuzo Kikushima, Hideo Oguni, Akira Kurosawa, nach einer Geschichte von Shugoro Yamamoto)

*

»Wie sollen wir dir nur danken?«
Toshiro Mifune (Sanjuro): »Ich brauche keinen Dank, aber etwas Geld.« [8279]

*

Mifune: »Dumme Freunde sind gefährlicher als Feinde.« [8280]

Mifune: »Er ist allein, aber er ist ein Tiger.« [8281]

*

Takako Irie (Frau des Kammerherrn): »Ihr glänzt so hell, Ihr strahlt so wie ein gezücktes Schwert.« [8282]

*

Mifune: »Männer, eines muß man euch schon lassen: Ihr habt meinen Plan sehr geschickt vereitelt.« [8283]

*

Irie: »Was für eine wunderbare Idee das ist! Entzückend, wie du dir das ausgedacht hast!« [8284]

*

Mifune: »Seid vorsichtig! Ich bin in schlechter Stimmung.« [8285]

***

SARATOGA
USA 1937, MGM (Regie Jack Conway, Buch Anita Loos, Robert Hopkins)

*

Jonathan Hale (Frank Clayton): »Mir fehlt nichts, was nicht eine gewonnene Wette kurieren kann.« [8286]

*

Cliff Edwards (Tip O'Brien): »Na, zum Abendessen wird er wohl zu Hause sein.«
Clark Gable (Duke Bradley): »Immerhin waren acht Pferde nötig, um ihn zu schlagen.« [8287]

*

Una Merkel (Fritzi Kiffmeyer): »Wir Frauen können einem Mann, den wir lieben, Dinge antun, die würde ein Mann nicht mal einer Klapperschlange antun.« [8288]

***

DER SATAN UND DIE LADY (Satan Met a Lady)
USA 1936, Warner (Regie William Dieterle, Buch Brown Holmes, nach dem Roman ›The Maltese Falcon‹ von Dashiell Hammett)

*

Bette Davis (Valerie Purvis): »Würden Sie wohl in Anwesenheit einer bewaffneten Dame Ihren Hut abnehmen, und würden Sie so freundlich sein, ihn über den Kopf zu halten, mit beiden Händen!« [8289]

*

Alison Skipworth (Madame Barabbas): »Er geht wirklich geschickt mit dem Revolver um, wissen Sie.«
Warren William (Ted Shane): »Ja, ich weiß. Jetzt muß er nur noch eines lernen und zwar, wie man seinen Revolver behält.« [8290]

***

SATANAS – DAS SCHLOSS DER BLUTIGEN BESTIE
(The Masque of the Red Death)
USA/UK 1964, Alta Vista, Anglo Amalgamated, AIP (Regie Roger Corman, Buch Charles Beaumont, R. Wright Campbell, nach den Geschichten ›The Masque of the Red Death‹, ›Hop-frog, or The Eight Chained Orang-outangs‹ von Edgar Allan Poe)

*

Vincent Price (Prinz Prospero): »Sie haben Ihr Leben verwirkt. Wenn der Hund, dem ich die Hand reiche, beißt, die Ehre nicht zu würdigen weiß, mich beleidigt, soll er da vielleicht ungestraft bleiben?« [8291]

*

Patrick Magee (Alfredo): »Können solche Augen (Jane Ashers) die Verwerflichkeit kennen?«
Price: »Sie werden, Alfredo, sie werden.« [8292]

*

Magee: »Es macht Euch Vergnügen, sie zu verderben, nicht wahr?«
Price: »Nein, ich verderbe sie nicht, Alfredo, ich unterweise sie.« [8293]

*

David Weston (Gino): »Ihr seid wahnsinnig!«
Price: »Und doch werde ich leben, und du wirst sterben.« [8294]

***

EIN SATANSWEIB
(His Kind of Woman)
USA 1951, RKO (Regie John Farrow, Buch Frank Fenton, Jack Leonard, nach einer unveröffentlichten Geschichte ›Star Sapphire‹ von Gerald Drayson Adams)

*

Jim Backus (Myron Winton): »In solchen Dingen dürfen Sie ihn nicht um seine Meinung fragen. Ein Intellektueller.« [8295]

»Männer, eines muß man euch schon lassen: Ihr habt meinen Plan sehr geschickt vereitelt.«
Sanjuro

Robert Mitchum (Dan Milner): »Alte Gewohnheit. Immer, wenn ich nichts zu tun habe und mich langweile, plätte ich mein Geld.«
Jane Russell (Lenore Brent): »Und wenn Sie pleite sind?«
Mitchum: »Dann muß ich meine Hosen plätten.« [8296]

*

Russell: »Noch nie in meinem Leben war es so langweilig. Am liebsten würde ich nach Hause gehen und mein Geld auch plätten.« [8297]

*

Raymond Burr (Nick Ferraro): »Kämpft ein Mann fair mit mir wie ein Polizist, dann hab ich Respekt vor ihm. Anders ist es, wenn jemand einen Vertrag mit mir macht, Geld von mir erhält und mich dann übers Ohr hauen will, so wie du es machst. Ich hasse Betrüger. In Chicago hab ich jeden fair behandelt, solange er auch mit mir fair gewesen ist. Mit Betrügern muß man anders verfahren.«
Carleton Young (Hobson): »Ja, Chef, alle hatten gute Beerdigungen, bis auf den, den Sie gehaßt haben.« [8298]

***

DIE SATANSWEIBER VON TITTFIELD
(Faster Pussycat! Kill! Kill!)
USA 1966, Eve (Regie Russ Meyer, Buch Jack Moran, Story Russ Meyer)

*

Stuart Lancaster (der Alte): »Man läßt sie *(Frauen)* wählen, man läßt sie rauchen, man läßt sie Auto fahren, sogar in Hosen rumlaufen dürfen sie. Und was kommt dabei heraus? Ein Demokrat als Präsident.« [8299]

*

Tura Satana (Varla): »Alle Menschen wollen etwas, so gut wie alle. Das nennt man Leben. Dein Vater will seine Rache, du willst mich.«
Paul Trinka (Kirk): »Und du? Was willst du?«

> »Vielleicht finde ich einen Richter, der eine Schwäche für Blondinen hat.«
> Die Satansweiber von Tittfield

Satana: »Ich will alles, zumindest alles, was ich kriegen kann.« [8300]

*

Lori Williams (Billie): »Vielleicht finde ich einen Richter, der eine Schwäche für Blondinen hat.« [8301]

***

DER SAUSTALL *(Coup de torchon)*
F 1981, Tour, A2, Little Bear (Regie Bertrand Tavernier, Buch Jean Aurenche, Bertrand Tavernier, nach dem Roman ›Pop. 1280‹ von Jim Thompson)

*

Daniel Langlet (Paulo): »Es geht ums Prinzip. Wenn ein Typ dir übel mitspielt, mußt du zweimal so mies zu ihm sein.«
Guy Marchand (Chavasson): »Sonst ist das wie 'n Unentschieden. Verstehst du?« [8302]

*

Victor Garrivier (Mercaillou): »Was treibst du dich denn hier rum, du Nichtstuer? ... Finger weg von meinem Gewehr!«
Philippe Noiret (Lucien Cordier): »Du brauchst dein Gewehr nicht mehr.«
Garrivier: »Ich ... ich hab eine Jagderlaubnis.«
Noiret: »Deine Jagderlaubnis brauchst du jetzt auch nicht mehr. Und wenn ich hier vorbeikomme, dann, weil ich auf dem Weg zu deiner Frau bin. Gleich gehen wir nämlich miteinander ins Bett, und da krieg ich von ihr, was sie dir nie gegeben hat, du alter Arsch. Beweg dich nicht! Die Afrikaner sollen Angst haben vor einem langweiligen Tod, wird gesagt, vor einem Tod im Krankenhaus beispielsweise, mit den Kurpfuschern und den Nonnen und dem Pfarrer. Du hast's gut, Mercaillou, du wirst keinen langweiligen Tod sterben. *(schießt)* ... Ich weiß, es ist nicht sehr fein, einen Sterbenden zu treten, aber erstens hatte ich Lust darauf und zweitens: Ich riskiere ja nichts dabei. Oh, weißt du, ich leide mehr als du, Mercaillou.« [8303]

*

Isabelle Huppert (Rose Mercaillou): »Ist er wirklich tot?«
Noiret: »Na ja, wenn nicht, ist er der erste Kerl, den man ein Dutzend Mal in die Eier treten kann, ohne daß er einen Mucks von sich gibt.« [8304]

*

Noiret: »Ist es nicht ihr Regiment gewesen, das

den Aufstand der Erdnußpflücker in Lumba niedergeschlagen hat?«
Jean-Pierre Marielle (Le Pérons Bruder): »Ja, ja, das waren wir.«
Noiret: »Das muß schlimm gewesen sein für euch. Alle diese Neger mit ihren Knüppeln und Spießen, und ihr hattet zu eurer Verteidigung nur automatische Gewehre und Hodgkins MGs.« [8305]

*

Noiret: »Hier saßen sie, tagelang.«
Marielle: »Was haben sie denn da gemacht?«
Noiret: »Nichts. Wie jeder, wenn man ihn läßt.« [8306]

*

Marielle: »Ich bin kaputt. Gehen allein macht schon müde, aber gehen und denken zugleich ...« [8307]

*

Huppert: »Cordier, man sagt, es gibt nur eine Art, tot zu sein, aber hundert Arten zu sterben. Ich wünsche dir die schlimmste.« [8308]

***

SCANNERS
CAN 1981, Filmplan, CFDC (Regie, Buch David Cronenberg)

*

Robert Silverman (Benjamin Pierce): »Wer mir das gesagt hat? Ich hab Freunde. Ich mag sie zwar nicht, aber ich hab sie nun mal.« [8309]

***

SCARFACE – DAS NARBENGESICHT *(Scarface)*
USA 1932, Caddo, United Artists (Regie Howard Hawks, Buch Ben Hecht, Seton I. Miller, John Lee Mahin, W. R. Burnett, nach dem Roman von Armitage Trail)

*

Harry J. Vejar (Big Louie Costillo): »War doch 'ne ganz nette Party, nicht? Nächste Woche, da werde ich eine Party geben, wie sie meine Jungs noch nie erlebt haben. Da werden wir noch viel mehr Musik haben und noch viel mehr Mädchen, von allem viel mehr. Alle werden sagen: ›Ah, Big Louie, der ist ganz oben.‹, werden sie sagen.« [8310]

*

Paul Muni (Tony Camonte): »Was ist das für eine Verordnung, mit der Sie mich rausgeholt haben?«

Bert Starkey (Epstein): »Habeas Corpus. Danach muß man Sie freilassen, wenn kein ordnungsgemäßer Haftbefehl vorliegt.«
Muni: »Eine fabelhafte Erfindung. Sagen Sie Flemming, die werde ich oft in Anspruch nehmen.« [8311]

*

Muni: »Netter kleiner Typ. Er kam mit der komischen Hokuspokus-Akte an.« [8312]

*

Osgood Perkins (Johnny Lovo): »Costillo war einfach zu langsam geworden.«
Muni: »Ja, und nun ist er ja endgültig zur Ruhe gekommen.« [8313]

*

Muni: »Sehr fleißiges Mädchen. Aber teuer, was?« [8314]

*

Muni: »Es gibt nur ein Gesetz in diesem Geschäft, das man befolgen muß, um keinen Ärger zu bekommen: Tu es zuerst! Tu es selbst! Und hör nicht auf, es zu tun!« [8315]

*

Perkins: »Wenn nichts zu haben ist, wird die Stadt durstiger sein als je zuvor. Der Biervertrieb ist kein Spiel um Pennies mehr. Es ist ein Geschäft, und ich führ's wie ein Geschäft.« [8316]

*

Karen Morley (Poppy): »Warum schaffen Sie sich nicht 'ne Freundin an, Tony?«
Muni: »Also das versuch ich ja gerade.« [8317]

*

»Wenn Sie versuchen, in einem dieser Lokale Bier zu verkaufen, wird Meehan die ganze Gegend in einen Schießstand verwandeln.«
Perkins: »Soll er. Alles, was er anfängt, werden wir beenden.« [8318]

*

Muni: »Na, was sagen Sie zu der Wohnung?«
Morley: »Reichlich protzig, oder?«

> *»Warum schaffen Sie sich*
> *nicht 'ne Freundin an, Tony?«*
> *»Also das versuch ich ja gerade.«*
> Scarface – Das Narbengesicht

Muni: »Ja, und wie, nicht? Freut mich, daß sie Ihnen gefällt.« [8319]

*

Muni: »Sehen Sie da oben die Werbung von Cook? Gefällt mir, ›Die Welt gehört dir‹.« [8320]

*

Muni: »Hübsche kleine Schreibmaschine *(MP)*, hä? Damit schreib ich in großen Buchstaben meinen Namen über die ganze Stadt.« [8321]

*

Edwin Maxwell (Detective Chief): »Farbenprächtig? Was ist farbenprächtig an einer kriechenden Laus? Hören Sie, das ist die Einstellung von zu vielen Schwachköpfen in diesem Land. Die halten diese großen Banditen für so was wie Halbgötter. Was tun sie mit einem Kerl wie Camonte? Sie sehen ihn sentimental, romantisch und reißen über ihn Witze. Sie haben immer einen Grund gefunden, unsere alten Wildwesthelden zu bewundern. Die stellten sich noch auf offener Straße, am hellen Tag und warteten, wer zuerst zog. Aber die tauchen hinterrücks auf, erschießen einen Kerl von hinten und laufen weg. (...) Farbenprächtig!« [8322]

***

SCARFACE

USA 1983, Universal (Regie Brian De Palma, Buch Oliver Stone, nach dem Film ›Scarface‹, USA 1932, Regie Howard Hawks, Buch Ben Hecht, Seton I. Miller, John Lee Mahin, W. R. Burnett, nach dem Roman von Armitage Trail)

*

Al Pacino (Tony Montana): »Ich bin kein mieser Krimineller. Ich bin kein Punta, kein Dieb. Ich bin Tony Montana, ein politischer Gefangener, aus Kuba. Und ich will hier meine scheiß Menschenrechte (...), so wie das euer Präsident Jimmy Carter erzählt.« [8323]

*

Pacino: »Weißt du, du Froschfresse, du hast dir grad selbst in die Eier getreten.« [8324]

> »Weißt du, du Froschfresse, du hast dir grad selbst in die Eier getreten.«
> Scarface

Robert Loggia (Frank Lopez): »Weißt du was, ich brauch 'n Kerl, der Eier aus Stahl hat, Tony. (...) So 'n Typ wie dich.« [8325]

*

Loggia: »Wo haben sie dich denn erwischt? Direkt an der Seite?«
Steven Bauer (Manny Ribera): »Vergiß es, Mann! Glatter Durchschuß. Die Wand hat er getroffen.« [8326]

*

Loggia: »Lektion Nummer eins: Du solltest nie unterschätzen, wie gierig dein Partner ist!«
Michelle Pfeiffer (Elvira Hancock): »Lektion Nummer zwei: Werd niemals high von deinem eigenen Zeug!« [8327]

*

Loggia: »Was hältst du denn von ihm?«
F. Murray Abraham (Omar): »Ich finde, er ist 'n beschissener Prolo.«
Loggia: »Ja, aber wenn ich so einen auf meiner Seite habe, reißt er sich 'n Arsch für mich auf.« [8328]

*

Pfeiffer: »Gehörst du nicht zur kubanischen Verbrecherswelle?«
Pacino: »Was redest du denn da für 'n Stuß, sag mal? Ich bin als politischer Flüchtling hier. Okay? So ist das. Also red keinen Unsinn!«
Pfeiffer: »'tschuldigung. Ich wußte nicht, daß du so empfindlich bist mit deinem diplomatischen Status.« [8329]

*

Pacino: »Der Kerl ist doch total soft. Guck ihm ins Gesicht! Der Schnaps und diese Torte sagen ihm, was er tun soll.« [8330]

*

Bauer: »Sei doch froh darüber, was du hast!«
Pacino: »Freu du dich drüber! Mich interessiert nur, was ich noch bekommen kann.«
Bauer: »Aber was kannst du bekommen?«
Pacino: »Die Welt, Chico, und alles, was drin ist.« [8331]

*

Pacino: »Alles, was ich hab in dieser Welt, ist mein Boss und mein Wort. Und das brech ich nicht. Für niemand.« [8332]

*

Loggia: »Ich befehl es dir jetzt: Verschwinde!«
Pacino: »Was ist? Du gibst mir 'n Befehl? Ami-

go, also die einzigen in dieser Welt, die mir Befehle geben, sind meine Eier. Hast du welche? Hast du Eier?« [8333]

*

Bauer (nach Streit zwischen Pacino und Pfeiffer): »Ich glaub, manchmal ist das Eheleben auch nicht das, was es sein sollte. Nicht?« [8334]

*

Pacino (betrunken, im Nobelrestaurant): »Was glotzt ihr denn? Ihr seid doch nur 'n Haufen abgefuckter Arschlöcher. Wollt ihr wissen, wieso? Ihr habt doch nicht mal den Mut dazu, das zu tun, was ihr wollt. Ihr braucht doch Typen wie mich. Ihr braucht Typen wie mich, damit ihr mit eurem vollgeschissenen Finger auf mich zeigt und sagt: ›Das ist der Bösewicht.‹ Und? Was seid ihr denn dadurch? Gut? Ihr seid nicht gut. Ihr wißt nur, wie ihr euch versteckt und wie ihr leben könnt. Aber ich hab so 'ne Probleme nicht. Denn ich sag immer die Wahrheit, sogar wenn ich lüge.« [8335]

*

Pacino (bei der Schießerei): »Na, hat euch das Spaß gemacht? Hä?« [8336]

***

SCARLET STREET
USA 1945, Universal (Regie Fritz Lang, Buch Dudley Nichols, nach dem Roman und dem Stück von Georges de la Fouchardiere, Mouezy-Eon)

*

Joan Bennett (Kitty March): »He gets on my nerves. I've been out for dinner with him three times this week. And now he's talking about breakfast. He's getting that look in his eye.«
Dan Duryea (Johnny Prince): »All you gotta do is keep it there.« [8337]

***

DER SCHAKAL (The Jackal)
USA 1997, Alphaville, Mutual, Universal (Regie Michael Caton-Jones, Buch Chuck Pfarrer, Kenneth Ross, nach dem Roman von Frederick Forsyth)

*

David Hayman (Terek Murad): »Ich habe diesen Mann geliebt, wie einen Bruder, er war ein lieber Freund und Partner für mich. Denkt nicht, daß ich das (hat ihn gerade mit einem Beil erschlagen) genossen hätte. Aber dennoch hab ich es getan, obwohl ich ihn liebe. Also, was werde ich dem antun, den ich hasse?« [8338]

Hayman: »Na schön, das amerikanische FBI will uns den Krieg erklären. ... Dann haben sie ihn jetzt.« [8339]

*

Sidney Poitier (Carter Preston, FBI Deputy Director): »Ich glaube, ich möchte gar nicht wissen, was das bedeutet.« [8340]

*

Bruce Willis (Der Schakal): »Pressen Sie hier drauf, ja. Das wird die Blutung verlangsamen. ... Oh, das sieht übel aus. Ihr Blut ist fast schwarz, demnach steckt die Kugel in der Leber. Sie leben noch etwa zwanzig Minuten. Wenn die Schmerzen zu stark werden, nehmen Sie die Hand weg. Dann sind Sie schon in fünf Minuten tot.« [8341]

*

Poitier: »Ich frage mich, ob wir jemals erfahren werden, wer, zum Teufel, er eigentlich war.«
Richard Gere (Declan Mulqueen): »Wir wissen, was wir wissen müssen: Er war böse. Er ist tot. Und er ist weg. Alles andere ist unwichtig.« [8342]

***

SCHARFE TÄUSCHUNG (Liar)
USA 1997, MDP (Regie, Buch Jonathan Pate, Josh Pate)

*

Tim Roth (Wayland): »Ich wär an Ihrer Stelle vorsichtig. Wer sucht, dem wird vielleicht nicht gefallen, was er findet.« [8343]

***

SCHARFSCHÜTZE JIMMY RINGO
(The Gunfighter)
USA 1950, Twentieth Century Fox (Regie Henry King, Buch William Bowers, William Sellers, Story William Bowers, Andre de Toth)

*

Gregory Peck (Jimmy Ringo): »Hast du das gesehen?«
»Ja, er hat zuerst gezogen.«

> *»Ich glaub, manchmal ist das Eheleben auch nicht das, was es sein sollte. Nicht?«*
> Scarface

Peck: »Habt ihr es gesehen?«
»Ja, es war so.«
»Ja, es stimmt, trotzdem würde ich an Ihrer Stelle so schnell wie möglich aus der Stadt verschwinden.«
Peck: »Und warum?«
»Weil er drei Brüder hat, die nicht danach fragen, wer zuerst gezogen hat.« [8344]

***

DER SCHARLACHROTE PIRAT
(Swashbuckler)
USA 1976, Kastner, Universal (Regie James Goldstone, Buch Jeffrey Bloom, Story Paul Wheeler)

*

Tom Fitzsimmons (Corporal): »›Ich, James Durant, ordne in meiner Eigenschaft als amtierender Gouverneur und als amtierender Lordoberrichter an, daß morgen gegen Tagesanbruch ...‹ Wir sind zu spät dran, Sir.«
Beau Bridges (Major Folly): »Macht nichts, Corporal, kommen Sie zum Wesentlichen, bevor das Urteil seine Rechtskraft verliert!« [8345]

*

Peter Boyle (Lord James Durant): »In Ihrer Lage können Sie niemandem mehr drohen, Sir James.« [8346]

*

Kip Niven (Willard Culverwell): »Es gibt nur wenig, was er nicht für Geld oder eine schöne Frau tun würde.« [8347]

*

Robert Shaw (Ned Lynch): »Sie scheinen einen wichtigen Grundsatz nicht zu kennen: Es ist besser, einige Sekunden lang feige zu sein als ein Leben lang tot.« [8348]

***

DAS SCHARLACHROTE SIEGEL
(The Scarlet Pimpernel)
UK 1935, London, United Artists (Regie Harold Young, Buch Lajos Biro, Sam Berman, Robert Sherwood, Arthur Wimperis, Baroness Emmuska Orczy, nach dem Stück von Baroness Emmuska Orczy, Montagu Barstow)

*

»Dem Himmel sei Dank für das Schachspiel! Es läßt uns die weniger angenehmen Realitäten des Lebens vergessen.« [8349]

*

Merle Oberon (Marguerite Blakeney): »Das ist ganz unmöglich.«
Raymond Massey (Chauvelin): »Wenn das Leben des Bruders in Gefahr ist, ist einer klugen Frau alles möglich.« [8350]

*

Leslie Howard (Sir Percy Blakeney): »Ein Bursche, der nicht mal eine Krawatte binden kann, ist nicht geeignet, dem Scarlet Pimpernel die Schlinge um den Hals zu legen, oder?« [8351]

***

DIE SCHARLACHROTEN REITER
(Northwest Mounted Police)
USA 1940, Paramount (Regie Cecil B. DeMille, Buch Alan LeMay, Jessy Lasky jr., C. Gardner Sullivan)

*

Madeleine Carroll (April Logan): »Ich dachte, die Amerikaner sind bloß damit beschäftigt, Geld zu verdienen und sich gegenseitig totzuschießen und haben nichts übrig für nette Komplimente.«
Gary Cooper (Dusty Rivers): »Zwischendurch haben wir auch dafür Zeit.« [8352]

*

Cooper: »Ich habe schon viele Fehler gemacht, aber vorm Heiraten hat mich mein Geschick bisher bewahrt.« [8353]

***

SCHATTEN DER VERGANGENHEIT
(Dead Again)
USA 1991, Mirage, Paramount (Regie Kenneth Branagh, Buch Scott Frank)

*

Robin Williams (Dr. Cozy Carlisle): »Es gibt nur Raucher, oder es gibt Nichtraucher. Ein Mittelding gibt's nicht. Der Trick ist rauszufinden, was Sie sind, und das auch zu sein.« [8354]

*

Williams: »Man kommt nicht immer mit anderen Menschen zusammen. Dank dem Schicksal, der einzigen kosmischen Macht mit einem tragischen Sinn für Humor, bekommen die, die

---

> »Ich habe schon viele Fehler gemacht, aber vorm Heiraten hat mich mein Geschick bisher bewahrt.«
> Die scharlachroten Reiter

man in einem früheren Leben umgelegt hat, eine Chance, sich in diesem Leben an einem zu rächen. Das ist der Karma-Kreditplan: Kaufe jetzt, bezahle bis in alle Ewigkeit.« [8355]

Kenneth Branagh (Mike Church): »Ich soll sie umbringen?«
Williams: »Machen Sie's, bevor sie es tut!«
Branagh: »Ich dachte, Karma bedeutet, man lernt in einem Leben was für das nächste dazu.«
Williams: »Und das haben Sie eben in diesem Leben dazugelernt. In punkto Karma ist Selbstverteidigung echt cool.« [8356]

***

SCHATTEN EINES ZWEIFELS
(Shadow of Doubt)
USA 1998, Largo (Regie Randal Kleiser, Buch Myra Byanky, Raymond DeFelitta)

*

»Oh Mann, Bobby, einen Polizisten schlagen, so was ist gar nicht nett.«
Wade Dominguez (Bobby): »Lande ich dafür im Gefängnis?«
»Für den Schlag eben? Nein, Bobby, dafür landest du im Krankenhaus.« [8357]

***

SCHATTEN UND NEBEL
(Shadows and Fog)
USA 1991, Rollins-Joffe, Orion (Regie, Buch Woody Allen)

*

Camille Saviola (Vermieterin): »Seien Sie vorsichtig *(bei der Suche nach dem Mörder)*! Es wäre schrecklich, wenn man Sie in irgend 'ner Gasse mit durchgeschnittener Kehle finden würde.«
Woody Allen (Kleinman): »Ach, machen Sie sich deshalb keine Sorgen! Er ist hauptsächlich Würger.« [8358]

*

Mia Farrow (Irmy, Schwertschluckerin): »Ich war immer der Ansicht, daß sich ein Publikum danach beurteilen läßt, wie es auf einen guten Schwertschlucker reagiert.« [8359]

*

Donald Pleasence (Doctor): »Warum tun Sie das? ... Ach, was für eine törichte Frage an einen verwirrten Geist!« [8360]

Philip Bosco Mr. Paulsen): »Ich hatte schon immer den Verdacht, daß Sie sich mit Ihrer Inkompetenz hinter den Leistungen Ihrer Kollegen verstecken.« [8361]

*

John Malkovich (Clown): »Wir wissen nie, wenn wir etwas Schönes haben. Wir müssen es unbedingt zerstören.«
John Cusack (Student Jack): »Ich weiß genau, wie Sie sich fühlen. Das irdische Geheimnis, auch bekannt als die Frau.«
Malkovich: »Alles, was wir jemals vom Himmel wissen werden.«
Cusack: »Alles, was wir jemals über die Hölle wissen müssen.« [8362]

*

Farrow: »Nur mit *einem* Mann. Macht mich das zur Hure?«
Allen: »Na ja, nur nach dem, was im Lexikon steht.« [8363]

*

Julie Kavner (Alma): »Was sie dir auch vorwerfen, ich bin mir sicher, daß du schuldig bist.« [8364]

*

Kavner: »Je mehr ich darüber nachgedacht habe, desto mehr wollte ich dich tot sehen, zermalmt, in kleine Stücke geschnitten, zum Fraß für die Hunde.« [8365]

*

Allen »Ich hab noch nie in meinem ganzen Leben für (...) Sex bezahlt.«
Jodie Foster (Prostituierte): »Ach, das bildest du dir aber nur ein.« [8366]

*

Kenneth Mars (Zauberer): »Oh je je je, der graue Hut! Früher oder später setzen wir alle den grauen Hut des Kompromisses auf.« [8367]

> *»Ich hab noch nie in meinem ...*
> *Leben für (...) Sex bezahlt.«*
> »Ach, das bildest du
> dir aber nur ein.«
> Schatten und Nebel

DER SCHATZ DER SIERRA MADRE
(The Treasure of the Sierra Madre)
USA 1948, Warner (Regie, Buch John Huston, nach dem Roman von B. Traven)

*

Humphrey Bogart (Dobbs): »Warum nicht mal Gold suchen für 'n Jahr? Was riskierst du denn schon dabei? Hier wartest du nur auf 'n Wunder und bist in einem Land, wo das Gold nur so rumliegt und sich wundert, daß man's nicht ausgräbt.« [8368]

*

Walter Huston (Howard): »Das nächste Mal, wenn ihr 'n reichen Fund macht, ruft mich, bevor ihr Wasser verspritzt! Wasser ist kostbar. Manchmal noch kostbarer als Gold.« [8369]

*

Bogart: »Was hast du nur für schmutzige Gedanken!«
Huston: »Oh, nicht so sehr, nicht so sehr, Bubi. Ich sag nur, was für Gedanken dem Menschen im Kopf rumbohren, wenn er mal Gold gerochen hat.« [8370]

*

Huston: »Kinder, fangt bloß nicht an, an Weiber zu denken! Ist schlecht fürs Seelenheil.« [8371]

*

Bogart: »Der Kerl hier hat gerade unser Wasser gestohlen. Nächstes Mal setzt's 'n paar kleine Löcher, damit's wieder abfließt.« [8372]

*

Bogart: »Wie weit ist es von hier bis zur Eisenbahn?«
Tim Holt (Curtin): »Nicht so weit, wie 'ne Krähe fliegt.« [8373]

*

Holt: »Sag mal, meinst du das wirklich im Ernst?«
Bogart: »Freddy Dobbs sagt nur das, was er meint.« [8374]

»Kinder, fangt bloß nicht an,
an Weiber zu denken!
Ist schlecht fürs Seelenheil.«
Der Schatz der Sierra Madre

Bogart: »Ich wette die ganzen 105.000 Dollar, daß du vor mir schläfst.« [8375]

*

Bogart: »Wenn man Freddy Dobbs reinlegen will, darf man nicht schlafen.« [8376]

*

Bogart (zu sich): »Gewissen? So 'n Unsinn! Wenn man erst glaubt, man hat eins, ist es vorbei. Aber wenn ich drauf pfeife, was schadet es?« [8377]

*

Huston: »Warum lachst du nicht, Curtin? Das ist ein ganz großer Spaß vom lieben Gott oder vom Schicksal oder auch vom Teufel, wenn du willst. Aber wer sich das auch ausgedacht hat, er hat wenigstens Sinn für Humor. Das Gold ist wieder zum Berg zurückgekehrt, wo wir's fanden. ... Dieser Witz ist es wirklich wert, daß man zehn Monate dafür geschuftet hat.« [8378]

***

DER SCHATZ DES GEHENKTEN
(The Law and Jake Wade)
USA 1958, MGM (Regie John Sturges, Buch William Bowers, nach dem Roman von Marvin H. Albert)

*

Richard Widmark (Clint Hollister): »Wir sagten immer zu ihm: ›Wexler, geh hin und töte, wen du willst, wir leben in einem freien Land, aber wenn du es mit Haß im Herzen tust, dann stirbst du noch mal an einem verdorbenen Magen.« [8379]

*

Widmark: »Das Dumme ist nur, daß du mit etwas belastet bist, was ich nie auf dem Hals gehabt hätte: das Mädchen. Es zeigt sich eben, gleichgültig wie angenehm und nett es ist, sie bei sich zu haben, daß eine Frau leider einen Mann hemmt. Aber das tut ein kaputtes Bein auch.« [8380]

*

Robert Taylor (Jake Wade): »Du hast mir immer noch nicht gesagt, was mit ihr passiert, wenn ich dich hingebracht habe.«
Widmark: »Du fragst gar nicht, was mit ihr geschieht, wenn du mich nicht hinbringst, obwohl du doch weißt, wie wenig Geduld ich habe im Warten.« [8381]

Taylor: »Wir sind wahrscheinlich inzwischen schon von mehr Indianern umzingelt, als ihr jemals auf einem Haufen gesehen habt.«
DeForrest Kelley (Wexler): »Na und? Sollen wir uns deswegen den Kopf zerbrechen? Bevor es hell wird, sind wir von hier weg.«
Taylor: »Was hat das mit der Tageszeit zu tun?«
Eddie Firestone (Burke): »Indianer können nachts nicht angreifen, das weiß jedes Kind.«
Taylor: »Apachen können nachts nicht angreifen, aber das sind auch so ungefähr die einzigen. Das hier sind Comanchen.« [8382]

*

Taylor: »Wenn die Dinge so verlaufen wären, wie du geplant hattest, hättest du mir eine Waffe gegeben, oder hättest du mich einfach erschossen?«
Widmark: »Weißt du, das ist eine interessante Frage, Jake. Ich hätte dir eine Waffe gegeben, würde ich sagen.«
Taylor: »Also gut, hol sie dir!«
Widmark: »Ich hätte sie dir in die Hand gegeben.«
Taylor: »Ja, du magst mich ja auch viel mehr als ich dich.« [8383]

***

SCHEIDUNG AUF AMERIKANISCH
(The Gay Divorcee)
USA 1934, RKO (Regie Mark Sandrich, Buch George Marion jr., Dorothy Yost, Edward Kaufman, nach dem Musical ›The Gay Divorce‹ von Dwight Taylor, Songs Cole Porter)

*

Edward Everett Horton (Edward ›Pinky‹ Fitzgerald): »Du mußt wissen, ich habe immer so etwas wie eine innere Berufung gefühlt, mein Talent in Tanz auszudrücken. Was würdest du an meiner Stelle tun?«
Fred Astaire (Guy Holden): »Ich würde es anders ausdrücken.« [8384]

*

Ginger Rogers (Mimi Glossop): »Würden Sie Ihren Wagen wegfahren, oder brauchen Sie ihn nicht mehr? (...) Zwei so hübsche Wagen, und in ein paar Minuten werden es leider nur noch Schrotthaufen sein.« [8385]

*

Astaire: »Ein Narr, wer das Schicksal für Zufall hält.« [8386]

Alice Brady (Tante Hortense): »Aber du mußt etwas essen. Mit leerem Magen kann man sich nicht scheiden lassen.« [8387]

Astaire: »Wann werden Sie damit aufhören, vor mir wegzulaufen? Wenn zwei Menschen füreinander bestimmt sind so wie wir, hat es keinen Sinn, sich dagegen zu wehren.« [8388]

*

Brady: »Ich finde, daß man die Männer meistens nur an ihren Krawatten unterscheiden kann.« [8389]

*

Astaire: »Glauben Sie, ich laß Sie allein mit einem fremden Italiener? Vielleicht ist er ein Tenor.« [8390]

***

SCHIESS ZURÜCK, COWBOY
(From Hell to Texas)
USA 1958, Twentieth Century Fox (Regie Henry Hathaway, Buch Robert Buckner, Wendell Mayes, nach dem Roman ›The Hell-Bent Kid‹ von Charles O. Locke)

*

Chill Wills (Amos Bradley): »Nun, ich bin ihm immer aus dem Weg gegangen. Er ist rücksichtslos und geht über Leichen. Trotzdem hat er einen gewissen Gerechtigkeitssinn. Auf seine Art.« [8391]

*

Wills: »Wovor haben Sie mehr Angst, mein Junge, vorm Töten oder getötet zu werden?«
Don Murray (Ted Lohman): »Ich habe noch nie einen umgebracht, ich könnte es auch gar nicht.«
Wills: »Aber man hat ja leider nicht immer Zeit, lange darüber nachzudenken. Das ist in diesem Land nun mal so.« [8392]

*

Diane Varsi (Juanita Bradley): »Er hat Ihre Mutter verlassen, und Sie wollen ihm noch helfen?

> »Ein Narr, wer das Schicksal für Zufall hält.«
> Scheidung auf amerikanisch

Kein Wunder, daß Sie in Schwierigkeiten sind. Sie haben keinen Funken Verstand.« [8393]

*

Murray: »Shorty ist in sein Messer gefallen, Mr. Boyd, das schwöre ich bei Gott.«
R. G. Armstrong (Hunter Boyd): »Zu dumm, daß niemand dabei war außer Gott, und der sagt es mir nicht.« [8394]

*

Murray: »Ich kann nun mal nicht auf einen Menschen schießen wie auf eine Konservenbüchse.«
Jay C. Flippen (Jake Leffertfinger): »Sie haben ja wirklich sehr komische Ansichten. Leider werden Sie damit nicht weit kommen, da Ihr Gegner darauf kaum große Rücksicht nehmen wird.« [8395]

***

DAS SCHIESSEN
(The Shooting)
USA 1966, Santa Clara (Regie Monte Hellman, Buch Adrien Joyce)

*

Warren Oates (Willet Gashade): »Ich bin müde, Coley, und ich kann nicht ruhig schlafen, wenn ich keine Kanone habe.« [8396]

*

Will Hutchins (Coley): »Natürlich, wer eine Kanone hat, der kann ruhig schlafen. ... Verdammt noch mal! Ich bin genauso kaputt wie du.« [8397]

*

Hutchins: »Du magst sie wohl nicht, Will?«
Oates: »Sie hat mir noch keinen Grund gegeben, sie zu mögen.« [8398]

***

SCHIESSEN SIE AUF DEN PIANISTEN
(Tirez sur le pianiste)
F 1960, Pléiade (Regie François Truffaut, Buch François Truffaut, Marcel Moussy, nach dem Roman ›Down There‹ von David Goodis)

> »Sagen Sie mal, warum starren Sie dauernd auf meine Brust?«
> »Weil ich Medizinstudent bin.«
> Schießen Sie auf den Pianisten

»Sagen Sie mal, warum starren Sie dauernd auf meine Brust?«
»Weil ich Medizinstudent bin.« [8399]

*

Daniel Boulanger (Ernest): »Ach laß! Das brauchen wir nicht.«
Claude Mansard (Momo): »Ich wollte sie ihm bloß zeigen.«
Boulanger: »Er weiß, daß du eine hast.«
Mansard: »Vielleicht glaubt er es uns nicht.«
Boulanger: »Also gut, dann zeig sie ihm!« [8400]

*

Boulanger: »Schockiert Sie das?«
Marie Dubois (Léna): »Überhaupt nicht. Sie sind nicht das erste Ferkel, dem ich begegne.« [8401]

***

SCHINDLERS LISTE
(Schindler's List)
USA 1993, Amblin, Universal (Regie Steven Spielberg, Buch Steven Zaillian, nach dem Roman von Thomas Keneally)

*

Ben Kingsley (Itzhak Stern): »Damit ich Sie recht versteh: Die Investoren werden das Geld bereitstellen, ich werde die ganze Arbeit machen. Und was, bitteschön, werden *Sie* tun?«
Liam Neeson (Oskar Schindler): »Ich würde dafür sorgen, daß die Firma bekannt wird und daß das alles einen gewissen Stil hat. Da liegt meine Stärke, nicht in der Arbeit, nicht in der Arbeit. In der Präsentation.« [8402]

*

Neeson: »Mein Vater hat immer gerne gesagt, man braucht drei Dinge im Leben: einen guten Arzt, einen verständnisvollen Beichtvater und einen gewitzten Buchhalter.« [8403]

*

Neeson: »Wenn mir früher Geschäfte mißlungen sind, dann nicht deshalb, weil ich versagt hab, sondern weil etwas gefehlt hat. Und selbst wenn ich gewußt hätte, was es war, hätte ich dagegen überhaupt nichts unternehmen können, denn dieses Etwas kann man nicht erzwingen, und dabei bewirkt es den Riesenunterschied zwischen Erfolg und Mißerfolg.«
Caroline Goodall (Emilie Schindler): »Glück?«
Neeson: »Krieg!« [8404]

Ralph Fiennes (Amon Goeth): »Unterscharführer, (...) erschießen Sie sie!«
Elina Löwensohn (Diana Reiter, Bauingenieurin): »Herr Kommandant, ich bemühe mich doch nur, meine Arbeit gut zu machen.«
Fiennes: »Ja. Ich mich auch.« [8405]

*

Fiennes: »600 Jahre lang hat es ein jüdisches Krakau gegeben. Stellen Sie sich das mal vor! Ab heute abend werden diese 600 Jahre nur noch ein Gerücht sein. Die hat es nie gegeben. Heute ist ein historischer Tag.« [8406]

*

Neeson: »Wenn diese Fabrik hier eine Granate herstellt, die man auch abfeuern kann, wäre ich sehr unglücklich.« [8407]

***

DER SCHLÄFER *(Sleeper)*
USA 1973, Rollins-Joffe, United Artists (Regie Woody Allen, Buch Woody Allen, Marshall Brickman)

*

Mary Gregory (Dr. Melik): »Er bat um etwas, das nannte sich Weizenkeime, Vollwerthonig und Sanddornsaftextrakt.«
Bartlett Robinson (Dr. Orva): »Richtig, ja, das waren die Zaubersubstanzen, denen man früher lebensverlängernde Eigenschaften zuschrieb.«
Gregory: »Sie meinen, es gab keine gesättigten Fette? Keine Schweinshaxen? Keine Cremetorten und keine heiße Schokolade?«
Robinson: »Nein, das hielt man alles für ungesund, genau das Gegenteil von dem, was wir heute für richtig erkannt haben.« [8408]

*

Woody Allen (Miles Monroe): »Ich kann es einfach nicht fassen! Mein Arzt hat mir gesagt, in fünf Tagen wär ich wieder auf den Beinen. Dann hätte er sich ja um 199 Jahre verschätzt.« [8409]

*

Allen: »Ausgelöscht? Wieso? Was, was heißt ausgelöscht?«
Robinson: »Man wird Ihr Gehirn elektronisch simplifizieren.«
Allen: »Aber mein Gehirn ist mein zweitliebstes Organ.« [8410]

*

Robinson: »Hier, rauchen Sie die, und achten Sie darauf, daß Sie den Rauch tief in die Lunge einziehen!«
Allen: »Ich bin Nichtraucher.«
(Arzt): »Es ist Tabak, mit das Gesündeste für den Körper, was es gibt.« [8411]

*

Diane Keaton (Luna Schlosser): »Eigentlich hätte 'n bißchen Sex dazugehört, aber dafür waren wir zu wenig.« [8412]

*

Allen: »Ich hasse Dinge mit beweglichen Teilen, die nicht meine eigenen sind.« [8413]

*

Keaton: »Es ist eigentlich schwer vorstellbar, daß Sie seit 200 Jahren keinen Sex mehr hatten.«
Allen: »204, wenn Sie meine Ehe mitzählen.« [8414]

***

SCHLAFLOS IN SEATTLE *(Sleepless in Seattle)*
USA 1993, TriStar (Regie Nora Ephron, Buch Nora Ephron, David S. Ward, Jeff Arch, Story Jeff Arch)

Meg Ryan (Annie Reed): »Man trifft Millionen Entscheidungen, die zu überhaupt nichts führen. Und dann bestellt man plötzlich ein Vollkornsandwich, und es ändert dein Leben.« [8415]

*

Tom Hanks (Sam Baldwin): »Mit ihr war der Schnee immer ein bißchen weißer.« [8416]

*

Hanks: »Es waren eine Million winzig kleiner Dinge, und wenn man die alle zusammenzählt, bedeutet das, daß wir füreinander bestimmt waren. Und ich wußte es. Ich meine, ich wußte es in dem Moment, als ich sie das erstemal berührt habe. Es war, als würde ich nach Haus kommen, nur war es eben ein Zuhause, das ich vorher noch nicht kannte.« [8417]

*

Rob Reiner (Jay): »Die Dinge haben sich ein

»Mit ihr war der Schnee immer ein bißchen weißer.«
Schlaflos in Seattle

bißchen geändert. Zuerst müßt ihr befreundet sein, dann müßt ihr euch mögen, dann erst könnt ihr schmusen. Darüber können Jahre vergehen. Schließlich macht ihr einen Test, und dann lassen sie dich mit einem Kondom ran. Die gute Nachricht ist, daß ihr euch die Rechnung teilt.« [8418]

*

Hanks: »Haben Sie Kinder?«
Barbara Garrick (Victoria): »Nein.«
Hanks: »Wollen Sie meins?« [8419]

*

Ross Malinger (Jonah Baldwin): »Danke für das Essen! Die Kartoffeln haben Sie wirklich hervorragend gekocht.« [8420]

*

Rita Wilson (Suzy): »Also er kann nicht schreiben. Was soll's? Verbale Ausdrucksfähigkeit wird bei einem Mann immer überbewertet, und es ist eben unser jämmerliches Bedürfnis danach, das uns immer wieder in Schwierigkeiten bringt.« [8421]

*

Bill Pullman (Walter): »Ich glaube, eine Ehe ist wahrhaftig schwer genug, auch wenn man keine so geringen Erwartungen hat.« [8422]

***

SCHLAGERPIRATEN (*The Girl Can't Help It*)
USA 1956, Twentieth Century Fox (Regie Frank Tashlin, Buch Frank Tashlin, Herbert Baker, nach der Geschichte ›Do Re Mi‹ von Herbert Baker)

*

Edmond O'Brien (Murdock): »Ich seh mir zu Hause gern alte Filme an. Ich mag auch das Fernsehen, nur die Werbung nicht.« [8423]

*

O'Brien: »Ich geb dir sechs Wochen, um einen Star aus ihr zu machen.«
Tom Ewell (Tom Miller): »(...) So schnell schafft man das nicht. Rom ist auch nicht an einem Tag entstanden.«

»*Blödes Frauenzimmer!
Hat nichts als
Kochen im Kopf.*«
Schlagerpiraten

O'Brien: »Sie ist nicht Rom. Das, wovon wir sprechen, ist bereits fertig, wie man sieht.« [8424]

*

Jayne Mansfield (Jerri Jordan): »Wegen der schönen Erinnerungen bedeutet's ihm sehr viel.«
Ewell: »Das teure Vaterhaus in der alten Heimat, hä?«
Mansfield: »Oh nein, geboren wurde Mr. Murdock dort nicht, aber viele seiner besten Freunde wurden dort erschossen.« [8425]

*

Henry Jones (Mousey): »Du schießt immer noch wie 'n Berufskiller, Boss« [8426]

*

O'Brien: »Blödes Frauenzimmer! Hat nichts als Kochen im Kopf.« [8427]

*

Ewell: »Ich will nicht, daß er neue Teppiche kaufen muß, weil die alten von meinem Blut versaut wurden.« [8428]

*

O'Brien: »Jerri wird Sängerin, so wie ich es will. Ihre Stimme muß aus jeder Musicbox kommen, in die ich was reinstecke. Und ich hab sehr viel Kleingeld zum Reinstecken.« [8429]

*

O'Brien: »Ich traue weder ihr, noch trau ich ihm. Sie ist 'ne gute Köchin, und ich wette, daß zwischen denen was am Kochen ist.« [8430]

*

O'Brien: »Die haben gemerkt, daß sie abgehört wurden.«
Jones: »Das ist ausgeschlossen. Was glaubst du, warum ich Mousey genannt werde? Etwa weil ich so laut bin?« [8431]

***

SCHLAGZEILEN – JE HÄRTER, DESTO BESSER
(*The Paper*)
USA 1994, Imagine, Universal (Regie Ron Howard, Buch David Koepp, Stephen Koepp)

*

Marisa Tomei (Martha Hackett): »Ich würd's an deiner Stelle mal mit Batteriesäure *(statt Cola)* versuchen. Wie wär das?«
Michael Keaton (Henry Hackett): »Da ist kein Koffein drin.« [8432]

*

Keaton: »Geht's dir gut?«

Tomei: »Tolle Frage an jemanden, der 'ne Blasenuntersuchung vor sich hat, Schätzchen.« [8433]

*

Keaton: »Hast du die Schlagzeile des *Sentinel* gesehen? Ehrlich, das ist geradezu schamlos. ›Nepals Premier tritt nicht zurück‹ (...) Die kennen nur eins, ihre Auflage. Das ist Sensationsjournalismus von der übelsten Sorte.« [8434]

*

Tomei: »Henry, es gibt Tage, die entscheiden über ein ganzes Leben, und heute ist so ein Tag. Er kann gut oder böse enden. Wie auch immer, du hast es in der Hand. Sei so gut und vermassel es nicht!« [8435]

*

Keaton: »Tja, manchmal stehst du auf und merkst, das wird ein beschissener Tag heute. Und dann wird es auch einer, garantiert.« [8436]

*

Jack Kehoe (Phil): »Dieser ewige Zigarettenrauch! Ich hab schon Nikotin im Urin.«
Robert Duvall (Bernie White): »Dann halt dein Ding aus meinem Aschenbecher raus!« [8437]

*

Victor Truro (Arzt): »Nur keine Panik! Wenn wir jetzt am Ball bleiben und die Metastasen noch nicht das Skelett appliziert haben, sind die Heilungschancen für so einen Prostatakrebs nicht ganz schlecht.«
Duvall: »Am Ball bleiben? Wie?«
Truro: »Mit Bestrahlungen.«
Duvall: »Das ist phantastisch! Ich bin begeistert! Ich meine, wer träumt nicht davon, daß genau diese Partien seiner Anatomie durch radioaktive Strahlungen verseucht werden.« [8438]

*

Truro: »Am besten, wir fangen gleich an. Montag, ja?«
Duvall: »Um mir ein Loch in den Arsch schmoren zu lassen? Großartig! Wird sicher ein schönes Wochenende.« [8439]

*

Catherine O'Hara (Susan): »Also die ersten, sagen wir, sechs Wochen *(nach der Geburt)* sind überhaupt kein Problem. In den ersten sechs Wochen bist du völlig erschöpft. Ehrlich, da bist du so absorbiert von dieser idiotischen Belastung des Alltags, da bleibt für Depressionen keine Zeit. (...) Und danach, da hast du so viel Zeit, bis du die Wände hochgehst.« [8440]

*

Tomei: »Ich freu mich so drauf, wieder was zu lesen.«
O'Hara: »Mit 'nem Kind??« *(lacht)* [8441]

*

Glenn Close (Alicia Clark): »Im Vergleich zu meiner Finanzlage steht Rußland glänzend da.« [8442]

*

Duvall (liest vor): »Deadline. Zeitpunkt, zu dem eine Handlung oder ein Projekt abgeschlossen sein muß.« [8443]

*

Duvall: »Hast du eine Quelle bei den Cops?«
Keaton: »Eine was?«
Duvall: »Quelle. Weißt du noch? Du telefonierst, die packen aus, und das schreiben wir dann.« [8444]

*

Duvall: »Wenn du mich haßt, können wir es auch lassen.«
Jill Hennessy (Dean White, seine Tochter): »Ich kenne dich nicht genug, um dich zu hassen.« [8445]

*

Keaton: »Gratuliere! Jetzt haben Sie den Punkt erreicht, wo Sie sich nur noch *(selbst)* hassen können.« [8446]

***

DIE SCHLANGE IM REGENBOGEN
(The Serpent and the Rainbow)
USA 1987, Cohen-Ladd, Barish, Universal (Regie Wes Craven, Buch Richard Maxwell, A. R. Simoun, nach dem Buch von Wade Davis)

*

Cathy Tyson (Marielle): »So wie Professor Schoonbacher von Ihnen gesprochen hat, müßte man annehmen, daß Sie sogar übers Wasser

---

»Dieser ewige Zigarettenrauch!
Ich hab schon Nikotin im Urin.«
»Dann halt dein Ding aus
meinem Aschenbecher raus!«
Schlagzeilen – Je härter, desto besser

laufen können. Jetzt weiß ich auch, wieso. Scheiße schwimmt oben.« [8447]

*

Bill Pullman (Dennis Alan): »Ich nehme die nächste Maschine, das schwöre ich.«
Zakes Mokae (Dargent Peytraud): »Das reicht nicht, Dr. Alan. Es ist zu spät. Sie waren gewarnt.« [8448]

*

Pullman: »Vergessen Sie nicht, ich bin Amerikaner.«
Mokae: »Ich sehe hier keinen Botschafter. Sie?« [8449]

*

Pullman: »Da geht's um viel Geld, da springt auch was für Sie raus.«
Mokae: »Ich will kein Geld.«
Pullman: »So? Was wollen Sie dann?«
Mokae: »Ich will Sie schreien hören.« [8450]

***

SCHLAPPSCHUSS
(Slap Shot)
USA 1977, Universal (Regie George Roy Hill, Buch Nancy Dowd)

*

Paul Newman (Reggie Dunlop): »Die Burschen haben ja albernes Spielzeug mitgebracht.«
Strother Martin (Joe McGrath): »Mir ist lieber, sie spielen mit ihrem Spielzeug als mit sich selbst.«
Newman: »Sie sind zu blöd, um mit sich selbst zu spielen.« [8451]

*

Newman: »Sie ist toll! Warum soll sie sich darum kümmern, was andere von ihr denken? Sie will sich einfach bloß streiten.« [8452]

*

Kathryn Walker (Anita McCambridge): »Sie müssen verstehen, daß ich dabei nicht genug Profit machen könnte, sodaß sich ein Verkauf nicht auszahlen würde. Mein Buchhalter sagt mir, es wäre besser, das Team aufzulösen und steuerliche Verluste zu machen.«
Newman: »Sie meinen, Sie könnten verkaufen, aber Sie wollen nicht?«
Walker: »Nein, ich würde Sie vielleicht verkaufen, aber ich kann nicht.« [8453]

*

Newman (zu Walker): »Ihr Sohn sieht für mich wie 'n Mädchen aus. Sie sollten wieder heiraten, bevor er schwul wird.« [8454]

***

DAS SCHLOSS IM SCHATTEN
(Moonfleet)
USA 1955, MGM (Regie Fritz Lang, Buch Jan Lustig, Margaret Fitts, nach dem Roman von J. Meade Falkner)

*

Stewart Granger (Jeremy Fox): »Der Tag, Lord Ashwood, ist für geschäftliche Dinge da, der Abend für andere Dinge.« [8455]

*

»Sie betrügen, Ashwood.«
George Sanders (Lord Ashwood): »Selbst wenn ich betrügen würde, ist es doch keine Lebensart, es mir in meinem eigenen Haus vorzuwerfen.« [8456]

*

Granger: »Die Frauen! Sie haben immer ein Talent, aus ihren Passionen Vorteil zu ziehen, die Freuden des Augenblicks mit der Vorsorge für die Zukunft zu verbinden.« [8457]

*

Joan Greenwood (Lady Ashwood): »Kinder sind eine Plage. Ich kann mir gar nicht vorstellen, wie man sich sein Leben lang damit herumärgern kann.« [8458]

***

DER SCHMALE GRAT (The Thin Red Line)
USA 1998, Phoenix, Twentieth Century Fox (Regie, Buch Terence Malick, nach dem Roman von James Jones)

*

James Caviezel (Private Witt): »Egal, was Sie austeilen, das steck ich weg. Ich bin zweimal soviel Mann wie Sie.« [8459]

*

Sean Penn (Sergeant Edward Welsh): »In dieser Welt ist ein Mann allein gar nichts. Und es gibt keine andere Welt als diese.« [8460]

> »Ihr Sohn sieht für mich wie 'n Mädchen aus. Sie sollten wieder heiraten, bevor er schwul wird.«
> Schlappschuß

Nick Nolte (Lieutenant Colonel Gordon Tall): »Ich hab mein ganzes Leben auf das hier gewartet. Ich hab geschuftet wie ein Idiot, in unzählige Ärsche bin ich gekrochen, um diese Gelegenheit zu bekommen, und ich hab nicht vor, sie mir nehmen zu lassen.« [8461]

*

Caviezel: »Fühlen Sie sich auch manchmal einsam?«
Penn: »Nur wenn ich unter Menschen bin.« [8462]

*

Penn (voice-over): »Die wollen, daß man tot ist. Oder ihre Lügen glaubt. Da kann ein Mann nur eins tun. Sich etwas suchen, das ihm gehört und sich ein Refugium schaffen.« [8463]

***

SCHMUTZIGER LORBEER
(The Harder They Fall)
USA 1956, Columbia (Regie Mark Robson, Buch Philip Yordan, nach dem Roman von Budd Schulberg)

*

Humphrey Bogart (Eddie Willis): »'n Bums wie 'n Baby und ein Kinn aus Glas. Das ist 'ne gute Kombination.« [8464]

*

Jersey Joe Walcott (George): »Manche können betrügen, und manche lernen es nie.« [8465]

*

Bogart: »Sie können mir keine Angst einjagen, und bestechen können Sie mich auch nicht. Die zwei Möglichkeiten haben Sie nur. Dumme Sache, wie?« [8466]

***

SCHNAPPT SHORTY
(Get Shorty)
USA 1995, Jersey, MGM (Regie Barry Sonnenfeld, Buch Scott Frank, nach dem Roman von Elmore Leonard)

*

John Travolta (Chili Palmer): »Nun bleib mal ruhig. Ich werd schon nicht mehr reden als nötig.« [8467]

*

Big Daddy Wayne (Ray Barbonis Bodyguard): »Dieser Mann ist der Boss. Verstehst du, was ich sage, du mieser Drecksack? Er heißt Mr. Bones. Und du sprichst ihn von jetzt an mit ›Mr. Bones‹ an!«

Travolta: »Na, hör mal! Du findest also keinen besseren als ihn, oder?«
Wayne: »Heutzutage nicht. Nicht, wenn man kein Spanisch kann.« [8468]

*

Gene Hackman (Harry Zimm): »Vor allem haben Sie niemanden, der den Leuten sympathisch ist. *(in der Filmidee)* Sie (...) haben keinen Guten.«
Travolta: »Na, der Kredithai ist doch ein Guter.« [8469]

*

Hackman: »Die gehören nicht zu den Typen, die an so was mit Verständnis oder Zurückhaltung rangehen. Die brechen mir sofort die Beine.« [8470]

*

Hackman: »Ich hab mal einen Literaturagenten gefragt, was so an Geschriebenem am meisten einbringt. Er sagte: ›Lösegeldforderungen‹.« [8471]

*

John Gries (Ronnie Wingate): »Verzeihen Sie mal, Bruder: Aber wer sind Sie, zum Geier?«
Travolta: »Ich bin der, der Ihnen sagt, wo's langgeht.« [8472]

*

Delroy Lindo (Bo Catlett): »Rufen Sie uns an!«
Gries: »Bis Freitag, Mann, oder Sie sind so scheißtot wie Disco.« [8473]

*

Dennis Farina (Ray ›Bones‹ Barboni): »Ich möchte, daß wir Freunde werden. Ganz ehrlich. Und wir wissen ja alle, daß kein Freund den andern schlägt. Es sei denn, es muß sein. Also, was halten Sie davon? Wir fangen noch mal ganz von vorne an, und Sie sagen mir ganz genau, was für eine Scheiße hier läuft.« [8474]

*

Travolta: »Ich finde dich, Leo. Du hinterläßt 'ne Spur wie 'n scheiß Raupenschlepper.« [8475]

> »Fühlen Sie sich auch manchmal einsam?«
> »Nur wenn ich unter Menschen bin.«
> Der schmale Grat

Lindo: »Setzen wir beide uns doch hin und schreiben das Buch um, wo es nötig ist.«
Travolta: »Und so was können Sie auch?«
Lindo: »Das ist doch gar nicht so schwer. Dazu gehört nur eine Idee, und du schreibst das, was du sagen willst, aufs Papier. Dann holt man sich irgend jemand, der die Kommas und so 'n Scheiß reinsetzt, wenn man selbst nicht genau weiß, wo die hingehören, und vielleicht verbessert er auch bei schwierigen Wörtern die Rechtschreibung. Ich hab auch schon einige Drehbücher gelesen, und ich wußte, daß viel falsch geschrieben war, und es standen fast keine Kommas darin. Ich glaub, das ist gar nicht so wichtig. Also gut und dann zum Ende: Dann schreibt man ›Abblende‹ und fertig.«
Travolta: »Das ist alles?«
Lindo: »Das ist alles.«
Travolta: »Das ist das ganze Ding? ... Und wozu brauche ich dann Sie?« [8476]

*

Travolta: »Ich hab damit nichts mehr zu tun, nicht seit ich in Miami als Kredithai ausgestiegen bin.«
Danny DeVito (Martin Weir): »Was war los? Ist Ihnen der Druck zuviel geworden?«
Travolta: »Der Druck? Wenn einer Druck ausgeübt hat, dann nur ich.« [8477]

*

Travolta: »Sie sind für mich kein Mensch. Sie sind eine Notiz in meinem Buch, das ist alles, nur ein Kerl, der mir Geld schuldet.« [8478]

*

Travolta: »Ich mache Ihnen einen Vorschlag: Falls Sie's nach draußen schaffen, bevor ich mein Jackett ausziehe, wische ich den Boden nicht mit Ihnen auf.« [8479]

*

Farina: »Du mußt einer von diesen sogenannten Schnellziehertypen sein, weil du nämlich deine Knarre zu tief in den Gürtel gesteckt hast.«
Gries (seine letzten Worte): »Und was hast du? Was hast du da? 'ne Spaghetti-Beretta? 'ne scheiß Fiat-Kanone? Die immer im falschen Augenblick Ladehemmung hat?« [8480]

***

SCHNELLER ALS DER TOD
(The Quick and the Dead)
USA 1995, Indie, Japan Satellite (Regie Sam Raimi, Buch Simon Moore)

*

Mark Boone jr. (Scars): »Du bist schön.«
Sharon Stone (Ellen): »Du nicht.«
Boone jr.: »Ich brauch 'ne Frau.«
Stone: »Du brauchst ein Bad.« [8481]

*

Lance Henricksen (Ace Hanlon): »Ich bin der beste, den Sie je gesehen haben.«
Gene Hackman (John Herod): »Das behaupten alle. Wollen wir es herausfinden?« [8482]

*

»Den Mann müssen wir richtig tief begraben, der stinkt ja fürchterlich.« [8483]

***

DIE SCHÖNE HOCHZEIT *(Le Beau mariage)*
F 1981, Losange, Carosse (Regie, Buch Eric Rohmer)

*

Arielle Dombasle (Clarisse): »Ich brauche eine Assistentin, ich kann nicht alles alleine machen.«
Béatrice Romand (Sabine): »Ich arbeite nicht in untergeordneter Stellung.« [8484]

*

Romand: »Ja, ich bin impulsiv. Und da ich so bin, muß ich eben Prinzipien haben. Ich lege mich also fest, was die große Linie angeht, und in den Details folg ich dann meiner Phantasie.« [8485]

*

Romand: »Ich will nicht, daß man mich wegen meines Hinterns liebt.« [8486]

*

Dombasle: »Du bist die ungeduldigste Person, die ich je in meinem Leben kennengelernt habe.«
Romand: »Du bist es doch, die mich drängt.«
Dombasle: »Weil es deiner Natur entspricht.« [8487]

> »Du bist schön.«
> »Du nicht.«
> »Ich brauch 'ne Frau.«
> »Du brauchst ein Bad.«
> Schneller als der Tod

Romand: »Ob er es will oder nicht, er wird mein Ehemann.« *8488*

*

Romand: »Ich suche nicht einen Mann, der mich nimmt, sondern einen, der mich behält.« *8489*

***

DIE SCHÖNEN MORDE DES ERIC BINFORD
(Fade to Black)
USA 1980, Compass, Leisure Investment, Movie Ventures (Regie, Buch Vernon Zimmerman, Story Irving Yablans)

*

Mickey Rourke (Richie): »Du bist jung, die Nacht ist jung. Also laß uns 'n Rohr versenken!« *8490*

*

Dennis Christopher (Eric Binford, zu seiner Maschinenpistole): »Komm, Liebling, wir haben zu arbeiten.« *8491*

*

Morgan Paull (Gary Bially): »Warte, warte! Du machst 'n großen Fehler. Ich könnte 'ne Menge für dich tun.«
Christopher: »Aber nicht mehr lange, Mister.« *8492*

***

EIN SCHÖNES MÄDCHEN WIE ICH
(Une Belle fille comme moi)
F 1972, Carosse, Columbia (Regie François Truffaut, Buch Jean-Loup Dabadie, François Truffaut, nach dem Roman ›Such a Gorgeous Kid Like Me‹ von Henry Farrell)

*

Anne Kreis (Hélène): »Es ist nie Camille Bliss, die ein Opfer ihrer Umgebung wird. Es ist immer die Umgebung, die Camille Bliss zum Opfer fällt.« *8493*

*

André Dussolier (Stanislas Prévine, in Untersuchungshaft): »Ich habe Clovis nicht getötet. Sie sind die einzige, die das weiß. Vielleicht sind Sie es auch nicht, vielleicht war es ein Unfall. Ich bin dessen sogar sicher. Aber sagen Sie ihnen, daß es ein Unfall war! Sie haben ihnen nämlich gesagt, daß Sie nicht begriffen hätten, wie das passiert sei, Sie seien ohnmächtig gewesen. Dabei bin ich ohnmächtig geworden, Camille.«

Bernadette Lafont (Camille Bliss): »Sie oder ich, wie soll ich mich denn an alles erinnern? Hören Sie, Stanislas, wir wollen nicht mehr über diese Geschichte reden. Das tut Ihnen weh und mir auch. Außerdem kann ich denen nicht noch mal mit 'm Unfall kommen.« *8494*

***

DIE SCHÖNSTE DER STADT
(The Strawberry Blonde)
USA 1941, Warner (Regie Raoul Walsh, Buch Julius J. und Philip G. Epstein, nach dem Stück ›One Sunny Afternoon‹ von James Hagan)

*

George Reeves (Harold): »Sie hätten damit (über die Mauer geworfenes Hufeisen) jemanden treffen können.«
James Cagney (Biff Grimes): »Was wollen Sie damit sagen? Soll ich's noch mal versuchen?« *8495*

*

Cagney: »In acht Monaten hatte ich zwei Patienten. Und von einem hab ich noch kein Geld bekommen.« *8496*

*

Olivia de Havilland (Amy Lind): »Ich möchte mich für das Betragen meines Mannes entschuldigen.«
Cagney: »Du entschuldigst dich? Laß mich ihn erst k.o. schlagen, dann kannst du dich entschuldigen.« *8497*

*

Cagney: »Es ist mir egal, wer er ist. Ich ziehe sonntags keine Zähne. Ich habe zwar keine Patienten, aber ich habe Prinzipien.« *8498*

*

Cagney: »Auf welches deiner Ohren willst du eine verpaßt haben?« *8499*

*

Cagney: »Welchen Zahn soll ich dir ziehen?«
Alan Hale (Vater Grimes): »Das ist mir völlig

»*Du bist jung,
die Nacht ist jung.
Also laß uns 'n Rohr versenken!*«
Die schönen Morde des Eric Binford

egal, such ihn dir aus. Ich hab keinen Lieblingszahn.« [8500]

*

Cagney: »Luft! Man kann sie nicht mal sehen. Warum soll man sich darüber unterhalten?« [8501]

*

Cagney: »Dann glauben Sie also nicht an die Institution der Ehe?«
de Havilland: »Das ist 'ne altmodische alberne Einrichtung. Das fing an bei den Höhlenmenschen und wird von Blumenhändlern und Juwelieren gefördert.« [8502]

*

Cagney: »Haben Sie gesagt, Ihre Mutter war in der Frauenbewegung?«
de Havilland: »War sie nicht. Mein Vater hätte es nicht zugelassen. Aber sie hatte Sympathien.« [8503]

*

Rita Hayworth (Virginia Brush): »Warum bist du nicht wenigstens ab und zu mal nett zu mir?«
Jack Carson (Hugo Barnstead): »Ich hab's auch schon erwogen. Dann überleg ich mir, daß wir verheiratet sind. Also, was soll die Mühe?« [8504]

*

Carson: »Was soll denn das? Ich wollte Lachgas haben.«
Cagney: »Ich hab wirklich nichts mehr gegen dich, Hugo, aber ein Engel bin ich auch nicht, und 'n bißchen Rache muß sein.« [8505]

*

Carson: »Wann wirst du endlich aufhören, auf mir rumzuhacken?«
Hayworth: »Wenn du aufhörst zu atmen.« [8506]

*

Cagney: »Weißt du noch, was wir in der Sonntagsschule gelernt haben? ›Die Rache ist mein, spricht der Herr.‹«
George Tobias (Nicholas Pappalos): »Glaubst du, der Herr interessiert sich persönlich für Hugo?«
Cagney: »Ich weiß nicht, wer es Hugo besorgt, aber wer immer es ist, er tut damit ein gutes Werk und sicher besser, als ich es könnte.« [8507]

***

DIE SCHRECKLICHE WAHRHEIT
(The Awful Truth)
USA 1937, Columbia (Regie Leo McCarey, Buch Viña Delmar, nach dem Stück von Arthur Richman)

*

Cecil Cunningham (Tante Patsy): »Wie ich immer sage: Zu dritt geht's noch, aber ein Vierter stört.« [8508]

*

Cary Grant (Jerry Warriner): »Darüber reden wir unter vier Augen, falls Mr. LuBalle nicht vergessen hat, wo unsere Haustür ist.« [8509]

*

Alexander D'Arcy (Armand Duvalle): »Ich darf meinen tadellosen Ruf nicht aufs Spiel setzen. Ich war bisher noch nie in einen Skandal verwickelt.«
Grant: »Sie sind niemals erwischt worden?« [8510]

*

D'Arcy: »Was soll ich sagen? Ich finde keine Worte.«
Grant: »Nun ja, wenn Sie gehen würden, brauchten Sie keine Worte zu finden.« [8511]

*

Grant: »Wie kann man dir glauben? 'Der Wagen ist liegengeblieben.' Das haben die Menschen aufgehört zu glauben, bevor die Wagen aufhörten liegenzubleiben.« [8512]

*

Cunningham: »Ach, sieh dir bloß diesen Regen an!«
Irene Dunne (Lucy Warriner): »Wieso? Tut er noch was, außer fallen?« [8513]

*

Cunningham: »Ich möchte irgendwo hingehen, wo Leben ist. Und ich meine damit nicht pflanzliches Leben.« [8514]

***

DER SCHREI (Il Grido)
I/USA 1957, Alexander, Spa (Regie, Buch Michelangelo Antonioni)

Lynn Shaw (Andreina): »Ich hab ja schon die

»Wann wirst du endlich aufhören,
auf mir rumzuhacken?«
»Wenn du aufhörst zu atmen.«
Die Schönste der Stadt

komischsten Typen kennengelernt, aber einen, der so wenig Spaß am Leben hat wie du ...« [8515]

***

SCHREI DER GEHETZTEN
(Viva Villa!)
USA 1934, MGM (Regie Howard Hawks, Buch Ben Hecht, nach dem Buch von Edgcumb Pinchon, O. B. Stade)

*

Sam Godfrey (Ankläger): »Exzellenz, ich möchte den Gerichtsgang nicht aufhalten, aber wir sollten die Namen der Verbrecher vielleicht doch in das Protokoll eintragen.« (...)
Nigel De Brulier (Richter): »Es ist völlig unnötig, das Gerichtsverfahren mit unwichtigen Einzelheiten zu verschleppen. Ich werde jetzt das Urteil verkünden.« [8516]

*

Wallace Beery (Pancho Villa): »Sie können vom Krieg nicht so viel verstehen wie ich. Das macht Ihre Liebe zu den Menschen. Aber man kann eine Revolution nicht nur mit der Liebe gewinnen, man braucht auch Haß. Sie sind unsere gute Seite, ich muß unsere schlechte sein.« [8517]

*

Joseph Schildkraut (General Pascal): »Wenn ein Mann sich vor dem Sterben fürchtet, kann er tun, was er will. Es wird alles verständlich.« [8518]

***

SCHREI DES GEJAGTEN
(Cry of the Hunted)
USA 1953, MGM (Regie Joseph H. Lewis, Buch Jack Leonard, Story Jack Leonard, Marion Wolfe)

*

Barry Sullivan (Lieutenant Turner): »Also gut, Jerry, wenn Sie das *(Schlägerei)* wollen ... Aber hinterher werden wir es beide bereuen.« [8519]

*

Harry Shannon (Sheriff Brown): »Ich hab die Anweisung, Sie in allem zu unterstützen. Hoffentlich weiß der Mann, der das sagte, was er tut.« [8520]

*

Shannon: »Ich hab nicht nur Spaß an dem, was ich tue, ich weiß auch, was ich tue.« [8521]

*

Sullivan: »Ich hab einen Fehler gemacht. Du bist eine Frau, die einen Mann bis ans Ende der Welt verfolgt, um ihm das vorzuhalten.« [8522]

Sullivan: »Also gut, Jory, dann möchte ich Ihnen etwas klarmachen. Solange Sie am Leben sind, läßt sich alles in Ordnung bringen. Aber wir haben da einen Stuhl, in dem niemand sitzen will. Lassen Sie sich nicht wie ein verbranntes Stück Toastbrot zu Ihrer Frau zurückschicken!« [8523]

***

SCHRITTE IN DER NACHT *(He Walked By Night)*
USA 1949, Eagle-Lion (Regie Alfred Werker, ungenannt Anthony Mann, Buch John C. Higgins, Crane Wilbur, nach einer unveröffentlichten Geschichte von Crane Wilbur)

*

Scott Brady (Sergeant Marty Brennan): »Sie sagen, Ihr Name ist Ralph Henderson?«
Frank Cady (Verdächtiger): »Ja, und?«
Brady: »Tja, da ist etwas ganz Komisches, Ralph. In der Stadt läuft jemand rum, der Ihre Fingerabdrücke benutzt, nur heißt er Pete Hannon.« [8524]

***

SCHUSS IM DUNKELN *(Rough Shoot)*
UK 1952, Stross (Regie Robert Parrish, Buch Eric Ambler, nach dem Roman von Geoffrey Household)

*

Herbert Lom (Sandorski): »Ich denke nicht, daß ...«
Roland Culver (Randall): »Ich weiß, daß Sie nicht denken.« [8525]

***

SCHÜSSE IN NEU-MEXIKO
(Duel at Silver Creek)
USA 1952, Universal (Regie Don Siegel, Buch Gerald Drayson Adams, Joseph Hoffman)

*

Stephen McNally (Lightning): »Er wird schon wissen, warum er eine Abneigung gegen Sheriffs hat.«
James Anderson (Blake): »Sie leben nicht lange genug, um Freundschaft zu schließen.« [8526]

»Ich denke nicht, daß ...«
»Ich weiß, daß Sie
nicht denken.«
Schuß im Dunkeln

DER SCHWARZE FALKE
(The Searchers)
USA 1956, Whitney, Warner (Regie John Ford, Buch Frank S. Nugent, nach dem Roman von Alan LeMay)

*

Ward Bond (Captain Reverend Samuel Clayton): »Lars hat mir eben erzählt, man hat bei ihm eingebrochen und seine besten Kühe mitgenommen.«
John Qualen (Lars Jorgensen): »Ja, von jetzt an mäste ich Schweine, bei Gott, ich habe noch nie gehört, daß jemand Schweine gestohlen hat. Oder ihr etwa? ... Oder Bienen...« 8527

*

Bond: »Ah, da ist ja der verlorene Bruder. Wann bist du gekommen? Ich habe dich seit Kriegsende nicht gesehen. Wenn ich mich recht entsinne, warst du gar nicht dabei, als wir die Waffen streckten.«
John Wayne (Ethan Edwards): »Ich halte nicht viel vom Waffen strecken.« 8528

*

Bond: »Wirst du von der Polizei gesucht?« (...)
Wayne: »Stellst du die Frage als Captain oder als Priester, Sam?« 8529

*

Wayne: »Hast du einen Haftbefehl?«
Bond: »Auf dich passen viele Steckbriefe.« 8530

*

Wayne: »Man soll nicht mehrere Eide auf einmal schwören, das ist meine Meinung. Ich habe einen Eid auf die Regierung der Südstaaten geleistet ... und du auch, Captain.« 8531

*

Jeffrey Hunter (Martin Pawley): »Onkel Ethan! Diese Spur gefällt mir gar nicht, Onkel Ethan.«
Wayne: »Sage nicht Onkel zu mir! Ich bin nicht dein Onkel.«
Hunter: »Ja, Sir.«
Wayne: »Brauchst auch nicht Sir zu mir zu sagen, auch nicht Großpapa oder Methusalem. Ich nehme es noch mit einem Bürschchen wie dir auf.«
Hunter: »Wie soll ich dich dann nennen?«
Wayne: »Ich heiße Ethan. Und jetzt kannst du mir sagen, was dir an dieser Spur nicht gefällt.« 8532

*

Bond: »Wir empfehlen die Seelen von Aaron, Martha und Benjamin Edwards deiner Obhut. Des Menschen Leben ist kurz und voller Sorgen, es sprießt wie eine Blume, doch wenn der Winter kommt ...«
Wayne: »Nun sag schon Amen!«
Bond: »Ich bin noch nicht zu Ende.«
Wayne: »Ich habe keine Zeit mehr zu beten. Amen! Brad, Martin!«
Bond: »Amen.« 8533

*

Wayne: »Warum wollen wir nicht ganze Arbeit machen.« *(schießt totem Comanchen in die Augen)*
Bond: »Wozu soll das denn gut sein?«
Wayne: »Nach unserem Glauben zu nichts, aber nach dem Glauben dieser Comanchen geht er nicht in die ewigen Jagdgründe ein, wenn er keine Augen hat. Er muß ewig zwischen den Winden wandern.« 8534

*

Bond: »Ich denke, wir machen es auf meine Art. Das ist ein Befehl.«
Wayne: »Ja, Captain, aber wenn es danebengeht, war das dein letzter Befehl.« 8535

*

Bond: »Sie waren hier.«
Wayne: »Ja, sie *waren* hier, und jetzt sind sie dort drüben und warten auf uns. Haben Sie noch Befehle, Captain?«
Bond: »Ja, wir reiten weiter.« *(Indianergeräusche)*
Wayne: »So?«
Bond: »Du machst dich selbständig, Ethan?«
Wayne: »Der Tag wird kommen. [That'll be the day.]« 8536

*

Wayne: »Na, Pastor, sieht so aus, als ob sie dich eingekreist haben.«
Bond: »Keine Angst, ich werde mich schon wieder auskreisen.« 8537

> »Wirst du von der Polizei gesucht?« (...) »Stellst du die Frage als Captain oder als Priester, Sam?«
> Der schwarze Falke

Hank Worden (Mose Harper): »Für das, was du uns jetzt bescheren wirst *(Indianerangriff)*, danken wir dir, oh Herr.« [8538]

*

Harry Carey jr. (Brad Jorgensen): »Einmal müssen sie Rast machen. Wenn sie nur etwas Menschliches haben, müssen sie mal halten.«
Wayne: »Nein, ein Mensch reitet ein Pferd, bis es zusammenbricht, dann geht er zu Fuß weiter. Dann kommt ein Comanche vorbei, nimmt das Pferd, reitet noch zwanzig Meilen auf ihm, dann frißt er es auf.« [8539]

*

Wayne: »Ich habe Lucy in der Schlucht gefunden, habe sie in meinen Rock gewickelt und mit eigenen Händen begraben. Wollte euch nichts davon sagen.«
Carey jr.: »Was haben sie ... war ... war sie ...«
Wayne: »Was willst du? Soll ich dir eine Zeichnung machen? Deutlicher werden? Frag mich nie mehr! Solange du lebst, frag mich nie wieder!« [8540]

*

Hunter: »Warum gibst du es nicht zu? Wir haben unsere Schlacht verloren.«
Wayne: »Nein. Daß wir jetzt umkehren, will gar nichts heißen. Wir geben nicht auf.« [8541]

*

Wayne: »Der Indianer jagt einer Sache nach, bis er glaubt, daß er genug gejagt hat, dann hört er auf. Genauso macht er es auf der Flucht. Ich glaube, er wird es nie begreifen, daß es Menschen mit Ausdauer gibt.« [8542]

*

Olive Carey (Mrs. Jorgensen): »Es ist nun mal so, wir sind in Texas. Hier hängt jedes Menschenleben an einem Faden. So ist es dieses Jahr, und so wird es vielleicht noch in hundert Jahren sein. Aber ich glaube nicht, daß es immer so sein wird. Es wird eines Tages ein schönes friedliches Land sein. Vielleicht braucht es unsere Opfer, um sich selbst zu finden. Gute Nacht!«
Qualen: »Sie war nämlich früher Schullehrerin.« [8543]

*

Wayne: »Das haben wir fein gemacht.«
Hunter: »Was? Wir? Du hast mich ausgelegt wie einen Köder. Du hast ein großes Feuer gemacht. Es hätte nicht viel gefehlt, dann wäre ich getroffen worden. Und wenn du nicht getroffen hättest?«
Wayne: »Daran habe ich gar nicht gedacht.« [8544]

*

Hunter: »Glaubst du, daß der Falke uns töten will?«
Wayne: »Das muß er wohl, wir haben ihn seit fünf Jahren herausgefordert.«
Hunter: »Warum hat er uns dann nicht gleich erledigt?«
Wayne: »Gastfreundschaft, nehme ich an, Comanchengastfreundschaft.« [8545]

*

Wayne: »Guten Abend, Pastor! Oder sollte ich Captain sagen?«
Bond: »Ich bin hier für eine Trauung, Ethan, da ist Pastor angebrachter. Nachher unterhalten wir uns.« [8546]

*

Bond: »Na, Mrs. Jorgensen, das war eine schöne Hochzeitsfeier, wenn auch niemand geheiratet hat.« [8547]

*

Pat Wayne (Lieutenant Greenhill): »Die Truppen sind ungefähr zehn Meilen entfernt. Mein Befehl lautet, Sie zu suchen.«
Bond: »Sie haben mich gefunden. Gut gemacht, mein Sohn, sehr gut. Auf Wiedersehen.« [8548]

*

P. Wayne: »Kann ich nicht bleiben? Bitte!«
Bond: »Also gut, aber nehmen Sie sich vor mir in acht. Ich bin hier draußen die Gefahr und nicht diese albernen Wilden. Verstehen Sie?« [8549]

***

DIE SCHWARZE HAND DER MAFIA
(Inside the Mafia)
USA 1959, United Artists (Regie Edward L. Cahn, Buch Orville H. Hampton)

> »Na, Mrs. Jorgensen, das war eine schöne Hochzeitsfeier, wenn auch niemand geheiratet hat.«
> Der schwarze Falke

Ted de Corsia (Augie Martello): »Wenn die Burschen dich finden, füttern sie mit dir die Fische.« [8550]

***

DIE SCHWARZE ISABELL
(Captain Pirate)
USA 1952, Columbia (Regie Ralph Murphy, Buch Robert Libbott, Frank Burt, John Meredyth Lucas, nach dem Roman ›Captain Blood Returns‹ von Rafael Sabatini)

*

Louis Hayward (Captain Peter Blood): »Ihr habt Wasser und Lebensmittel für drei Tage. Rudert so schnell, wie Ihr mit Eurem Mund seid, dann seid Ihr lange vorher in Port Royal.«
John Sutton (Hilary Evans): »Ich werde Euch zu finden wissen. Ich werde jeden von euch finden.«
Hayward: »Findet lieber zuerst Port Royal.« [8551]

*

Sutton: »Nur wir zwei wissen die Wahrheit, aber Ihr werdet nichts mehr erzählen können.« [8552]

***

DIE SCHWARZE MASKE *(Black Bart)*
USA 1948, Universal (Regie George Sherman, Buch Luci Ward, Jack Natteford, William Bowers)

*

Jeffrey Lynn (Lance Hardeen): »Was wird aus den 3000 Dollar, die wir eingegraben haben?«
Dan Duryea (Black Bart): »Werden verteilt.«
Lynn: »Wie denn?«
Duryea: »Wer zuerst dort hinkommt, der nimmt sich einfach sein Drittel und damit gut.«
Lynn: »Du vertraust mir ja sehr, Charley.«
Duryea: »Das tue ich. Mein Gaul ist auch viel schneller als eure.« [8553]

*

Yvonne De Carlo (Lola Montez): »Haben Sie die Postkutsche deswegen überfallen, weil ich damit fuhr?«
Duryea: »Die 10.000 Dollar in der Expreßkiste waren auch nicht zu verachten. Verstehen Sie mich nicht falsch. Für mich sind Sie die bezauberndste Frau, die ich je im Leben gesehen habe, aber Geschäft ist Geschäft. Das ist das Übel an meinem Beruf, daß ich so wenig Zeit habe für mich selbst.« [8554]

*

»Denen *(den Banditen im umzingelten brennenden Haus)* wird bald zu heiß sein.«
»Willst du sie lebendig haben?«
»Das wäre zu riskant.« [8555]

***

SCHWARZE NARZISSE *(Black Narcissus)*
UK 1947, GFD, The Archers (Regie, Buch Michael Powell, Emeric Pressburger, nach dem Roman von Rumer Godden)

*

David Farrar (Mr. Dean): »Ich hab Ihnen gleich gesagt, es ist kein Platz für ein Nonnenkloster.« [8556]

*

May Hallett (Angu Ayah): »Verrückte soll man nicht aufhalten, die soll man laufen lassen.«
Deborah Kerr (Sister Clodagh): »Vielleicht bringt sie sich um.«
Hallett: »Wenn sie wirklich verrückt ist, schadet das ja nichts.« [8557]

***

DER SCHWARZE REITER
(Angel and the Badman)
USA 1947, Republic (Regie und Buch James Edward Grant)

*

John Wayne (Quirt Evans): »Und das ist Ihr Glaube? Niemand kann Sie verletzen, nur Sie selbst?«
Gail Russell (Penny Worth): »Wir Quäker glauben das.«
Wayne: »Angenommen, jemand schlägt Ihnen eine Latte über den Schädel, was dann?«
Russell: »Er verletzt mich physisch, in Wirklichkeit verletzt er sich selbst viel mehr durch seine böse Tat, denn er begeht ein Verbrechen an seiner Seele.«
Wayne: »Äh, gibt es viele Quäker?«
Russell: »Wenige.«

> *»Wenn die Burschen dich finden, füttern sie mit dir die Fische.«*
> Die schwarze Hand der Mafia

Wayne: »Kann ich mir denken.« [8558]

Russell: »Du darfst Laredo nichts Böses tun.«
Wayne: »Na schön, aber es fällt mir schwer. Dabei ist es nicht mal schlecht, denn immer, wenn sich die Tür öffnet oder wenn er jemand kommen hört, wird Laredo schwitzen vor Angst, weil er denkt, ich bin es. Er wird sein Leben lang keine Ruhe mehr haben. ... Bißchen Spaß muß dabei sein, wenn ich schon heilig werden muß.« [8559]

***

DER SCHWARZE SPIEGEL
(The Dark Mirror)
USA 1946, Universal (Regie Robert Siodmak, Buch Nunnally Johnson, nach einer unveröffentlichten Geschichte von Vladimir Pozner)

Rodney Bell (Fingerabdruckmann): »Es hat keinen Sinn. Nicht mal die Spur von einem Abdruck ist dran.«
Thomas Mitchell (Detective Stevenson): »Handschuhe?«
Bell: »Vermutlich.«
Mitchell: »Der Verkauf von Handschuhen an Mörder sollte verboten sein.« [8560]

***

DIE SCHWARZE WINDMÜHLE
(The Black Windmill)
UK 1974, Zanuck-Brown, Universal (Regie Don Siegel, Buch Leigh Vance, nach dem Roman ›Seven Days to a Killing‹ von Clive Egleton)

Hermione Baddeley (Hetty): »Müssen Sie nicht einen Durchsuchungsbefehl haben oder so was?«
Clive Revill (Alf Chestermann): »Das gibt's nur im Fernsehen, meine Gute.« [8561]

Denis Quilley (Bateson): »Was ich einfach nicht kapiere, ist, warum wir, ich meine, die Elite von Scotland Yard, immer die Drecksarbeit tun müssen für MI 6. Ich meine, wer sind die denn schon?«
Revill: »Das ist es ja eben, Bateson. Kein Mensch weiß, wer die sind.«
Quilley: »Sie wollen mich wohl verarschen, hä? Meinen Sie, daß die von keinem kontrolliert werden?«
Revill: »Wie wollen Sie die denn kontrollieren, wenn es keine ›die‹ gibt?« [8562]

Quilley: »Wie kann man einer von denen werden?«
Revill: »Wissen Sie, was das I in MI 6 bedeutet?«
Quilley: »Klar, weiß ich das: Intellegenz.«
Revill: »Muß ich noch mehr sagen?« [8563]

***

DIE SCHWARZE WITWE *(Black Widow)*
USA 1987, Americent, American Entertainment Partners, Twentieth Century Fox (Regie Bob Rafelson, Buch Ronald Bass)

Theresa Russell (Catharine, mit Revolver, zum heroinsüchtigen James Hong): »Sie können sterben oder glücklich sterben.« [8564]

***

SCHWARZER ENGEL *(Black Angel)*
USA 1946, Universal (Regie Roy William Neill, Buch Roy Chanslor, nach dem Roman von Cornell Woolrich)

Wallace Ford (Joe): »Wann lernt er endlich, daß er nicht so schnell trinken kann, wie die einschenken?« [8565]

Broderick Crawford (Captain Flood): »Es ist jemand ermordet worden, eine Frau namens Marlowe. (...) Das war das Geschäftliche, das Ihr Mann zu erledigen hatte.« [8566]

Crawford: »Warum haben Sie den nicht benutzt? Sind Sie empfindlich gegen laute Geräusche?« [8567]

June Vincent (Catherine): »Ich muß mit Ihnen sprechen.«
Dan Duryea (Martin Blair): »Warum? Weil ich eine Frau hatte, die es verdiente, umgebracht

---

> »Wann lernt er endlich, daß er nicht so schnell trinken kann, wie die einschenken?«
> Schwarzer Engel, 1946

zu werden und Sie einen Mann, der das erledigt hat?« [8568]

*

Vincent. »Ich glaube, ich habe alles falsch gemacht.«
Ford: »Ja, die meisten Frauen tun das.« [8569]

*

Freddie Steele (Lucky): »Wissen Sie, was er gemacht hat, Mr. Marko? Er hat aufgelegt.«
Peter Lorre (Marko): »Weißt du, was ich an deiner Stelle tun würde?«
Steele: »Nein.«
Lorre: »Ich würde auch auflegen.« [8570]

*

Crawford: »Sie mußten ja Detektiv spielen, nicht wahr? Gehe ich irgendwohin und spiele Klavier?« [8571]

***

SCHWARZER ENGEL *(Obsession)*
USA 1976, Yellow Bird, Columbia (Regie Brian de Palma, Buch Paul Schrader)

*

John Lithgow (Robert LaSalle): »Entschuldige! Ich weiß, es geht mich überhaupt nichts an. Aber ist das nicht alles zu überstürzt und zu hastig? Hast du dir diesen Schritt auch gut überlegt?«
Cliff Robertson (Michael Courtland): »Du hast recht. Es geht dich überhaupt nichts an.« [8572]

***

SCHWARZER SONNTAG *(Black Sunday)*
USA 1977, Paramount (Regie John Frankenheimer, Buch Ernest Lehman, Kenneth Ross, Ivan Moffat, nach dem Roman von Thomas Harris)

*

Robert Shaw (Major David Kabakov): »Ich weiß nicht warum. Ich glaube, ich werde Sie leben lassen.« [8573]

*

Bruce Dern (Michael Lander): »Das bedeutet, daß jedes einzelne Geschoß (beim Test für die Bombe fürs Footballstadion) in genau dem Bogen runtergekommen ist, wie es sollte. Du weißt, ich hatte mir Sorgen gemacht, daß ich sie zu dicht vor die Sprengladung gesetzt hätte und sie dadurch zerstört würden. Dann wäre alles umsonst gewesen. Nur die Wohlfahrt hätte sich um einige tausend Gehörlose kümmern müssen.« [8574]

***

SCHWARZES KOMMANDO *(Dark Command)*
USA 1940, Republic (Regie Raoul Walsh, Buch Grover Jones, Lionel Houser, nach dem Roman von W. R. Burnett)

*

Raymond Walburn (Richter Buckner): »Ich muß feststellen, daß es aufwärts geht mit unserer Stadt. Ich bezweifle, daß Dodge City vier Morde in einer Woche aufzuweisen hat.« [8575]

*

Claire Trevor (Mary McCloud): »Ich habe Ihnen geduldig zugehört und weiß jetzt genau Bescheid. Sie haben mir erklärt, was man mit dem Vieh machen muß, wenn es zuviel nassen Klee gefressen hat, warum Schwefel und Melasse nicht so gut sind, wie die Leute im allgemeinen annehmen und tausend Regeln, die ich wieder vergessen habe. Würden Sie jetzt zur Sache kommen und mir endlich sagen, was Sie wollen!«
John Wayne (Bob Seton): »Sie bitten, mich zu heiraten.«
Trevor: »Sie wollen was?«
Wayne: »Im Augenblick habe ich zwar keine feste Stellung, aber ich finde schon eine. Und dann lache ich ab und zu zu laut, das kann ich mir aber abgewöhnen.«
Trevor: »Dann gewöhnen Sie sich vor allem erst einmal ab, Ihnen völlig fremden Leuten Heiratsanträge zu machen!« [8576]

*

Trevor: »Er *(Wayne)* ist entweder ein sehr dummer Mensch oder so naiv, daß er ein Kindermädchen braucht.« [8577]

***

DAS SCHWEIGEN DER LÄMMER
(The Silence of the Lambs)
USA 1990, Strong Heart, Demme, Orion (Regie Jonathan Demme, Buch Ted Tally, nach dem Roman von Thomas Harris)

> »Ich glaube, ich habe
> alles falsch gemacht.«
> »Ja, die meisten Frauen tun das.«
> Schwarzer Engel, 1946

Scott Glenn (Jack Crawford): »Sind Sie leicht aus der Fassung zu bringen?« [8578]

*

Glenn: »Und erzählen Sie nichts Persönliches von sich, Starling! Glauben Sie mir, Sie wollen doch nicht Hannibal Lecter in Ihrem Hirn haben.« [8579]

*

Anthony Hopkins (Dr. Hannibal Lecter): »Gedächtnis ist das, was ich statt einer Aussicht habe.« [8580]

*

Hopkins: »Wieso zieht er denen wohl die Haut ab, Agentin Starling? Faszinieren Sie mich durch Ihren Scharfblick!«
Jodie Foster (Clarice Starling): »Das geilt ihn auf. Die meisten Serienmörder behalten eine Art Trophäe von ihren Opfern.«
Hopkins: »Tat ich nie.«
Foster: »Nein. Nein, Sie haben Ihre gegessen.« [8581]

*

Hopkins: »Denken Sie etwa, Sie könnten mich mit diesen plumpen Mitteln analysieren?« [8582]

*

Hopkins: »Wissen Sie, wie Sie mir vorkommen mit Ihrem hübschen Täschchen und Ihren billigen Schuhen? Wie ein richtiger Bauerntrampel, ein von oben bis unten gut abgeschrubbter, emsig bemühter Bauerntrampel mit ein bißchen Geschmack. Die gute Ernährung ist für Ihren Körperbau erfolgreich gewesen, aber Sie sind erst eine Generation vom schlimmsten weißen Abschaum entfernt. Nicht wahr, Agentin Starling?« [8583]

*

Hopkins: »Einer dieser Meinungsforscher wollte mich testen. Ich genoß seine Leber mit ein paar Favabohnen, dazu einem ausgezeichneten Chianti.« [8584]

*

Hopkins: »Das wollte ich nicht, daß Ihnen so etwas passiert. Taktlosigkeiten sind für mich verabscheuungswürdig.« [8585]

*

Leib Lensky (Mr. Lang): »Ich würde meinen Fahrer ja bitten, Ihnen zu helfen, aber er lehnt jede körperliche Betätigung ab.« [8586]

Hopkins: »Wenn ich Ihnen helfen soll, besteh ich auf einer Gegenleistung von Ihnen. Quid pro quo. Ich erzähle Ihnen etwas, Sie erzählen mir etwas.« [8587]

*

Hopkins: »Oh Clarice, Ihr Problem ist, daß Sie aus Ihrem Leben nicht mehr Spaß herausholen.« [8588]

*

»Achtet auf seine Hände! Wenn hier einer schießt, sind wir das.« [8589]

*

Hopkins: »Ich habe keine Pläne, Sie aufzusuchen, Clarice. Die Welt ist interessanter mit Ihnen darin.« [8590]

*

Hopkins: »Zu gern würde ich mit Ihnen noch plaudern, aber ich habe ein Festessen mit einem alten Freund. [I'm having an old friend for dinner.]« [8591]

***

DIE SCHWESTER DER BRAUT *(Holiday)*
USA 1938, Columbia (Regie George Cukor, Buch Donald Ogden Stewart, Sidney Buchman, nach dem Stück von Philip Barry)

*

Doris Nolan (Julia Seton): »Du meinst, Geld haben sei das gleiche wie Klavierspielen können?«
Cary Grant (Johnny Case): »Nun, es sind beides sehr angenehme Talente bei einem Mädchen.« [8592]

*

Grant: »Keine Sorge, wenn ich schon ein reiches Mädchen heiraten muß, werd ich einfach die Zähne zusammenbeißen und das beste draus machen.« [8593]

*

Grant: »Wir könnten mit diesem Geheimnis unser schlechtes Gewissen noch eine Weile auskosten.« [8594]

> *»Oh Clarice, Ihr Problem ist, daß Sie aus Ihrem Leben nicht mehr Spaß herausholen.«*
> Das Schweigen der Lämmer

Katharine Hepburn (Linda Seton): »Mit meinem Leben verglichen, amüsiert sich der letzte Mann in einem Arbeitstrupp aneinandergeketteter Sträflinge fürstlich.« [8595]

*

Grant: »Ich arbeite seit meinem zehnten Lebensjahr. Ich will wissen, wofür ich arbeite. Die Antwort kann nicht sein, um Rechnungen zu bezahlen oder mehr Geld aufzuhäufen.« [8596]

*

Grant: »Die Welt da draußen ist im Wandel begriffen. Es gibt eine Menge neuer, aufregender Ideen. Vielleicht sind einige richtig, andere verrückt, aber sie beeinflussen unser aller Leben. Und ich will wissen, wo ich stehe, wie ich in das Bild passe und was das Ganze für mich bedeutet. Das kann ich nicht hinter irgendeinem Schreibtisch in einem Büro herausfinden. Sobald ich also genug Geld zusammenhabe, werde ich für eine Weile aussteigen.« [8597]

*

Grant: »Ich will einen Teil meines Lebens für mich behalten. Doch die Sache hat einen Haken. Es muß der Teil sein, wo ich noch jung bin.« [8598]

*

Grant: »Immer, wenn ich mich in einer solchen Situation befinde, frage ich mich: ›Was würde General Motors tun?‹« [8599]

*

Lew Ayres (Ned Seton): »Bei jeder Feier, bei der ich teilnehme, trinke ich, soviel ich mag. Und soviel ich mag, heißt, soviel ich vertrage. Das ist mein Schutz gegen deine langweiligen Freunde.« [8600]

*

Grant: »Es ist wohl letzten Endes so, daß ich das Gefühl, innerlich frei zu sein, sogar noch mehr liebe als dich, Julia.« [8601]

> »Es ist wohl letzten Endes so, daß ich das Gefühl, innerlich frei zu sein, sogar noch mehr liebe als dich, Julia.«
> Die Schwester der Braut

DIE SCHWINDLER *(Il Bidone)*
I/F 1955, Titanus, S.G.C. (Regie Federico Fellini, Buch Federico Fellini, Ennio Flaiano, Tullio Pinelli, Story Federico Fellini)

*

Broderick Crawford (Augusto): »Hör auf meinen Rat, und such dir 'n andern Beruf. Noch ist es nicht zu spät dazu. Du wirst schon irgendwas finden.«
Richard Basehart (Picasso): »Was soll ich? Wieso? Du (...) sagst doch immer, ich wär sehr begabt dafür. Sieh mich an! Du hast mir doch selbst immer gesagt, ich habe ein Gesicht, mit dem kann ich betrügen, wen ich will. (...) Ein Gesicht wie 'n Engel.« [8602]

*

Crawford: »Kaum hast du 'n paar Groschen in der Hand, läufst du nach Hause und gibst sie deiner Frau, du Idiot. (...) Bei unserer Arbeit darf man keinen Anhang haben, da braucht man Bewegungsfreiheit. Man muß kommen und gehen können, wenn man Lust hat und es nicht nötig haben, irgend jemandem Rechenschaft zu geben.« [8603]

***

THE SCOUT
(Der Scout)
USA 1994, Ruddy-Morgan (Regie Michael Ritchie, Buch Andrew Bergman, Albert Brooks, Monica Johnson, nach dem *New Yorker* Artikel von Roger Angell)

*

Albert Brooks (Al Percolo, Baseballscout): »Wieso feuerst du mich nicht?«
Lane Smith (Ron Wilson): »Ich hab dran gedacht. Das gefiel mir besser.« [8604]

*

Brooks: »Wenn du mich schon verbannen willst, wieso dann nicht wenigstens an einen Ort, wo man Baseball spielt, hä? Wie wär's mit Alaska oder Kanada?«
Smith: »Wenn es nach mir ginge, würd ich dich in 'ne Leprakolonie schicken, aber das wär ungesetzlich. Deshalb Mexiko.« [8605]

*

Brooks: »Ich spreche von einem anderen Telefon, du mußt nicht mehr schreien.«
Smith: »Das hat nichts mit dem Telefon zu tun. Ich schrei dich einfach gern an.« [8606]

Brooks: »Das war ein Witz, hä?
George Steinbrenner: »Du bist der einzige, der lacht.« [8607]

*

Steinbrenner: »Wie findest du das? Sie denken, es sei mein Verdienst.«
Brett Rickaby (Assistent): »Ja, ich frage mich, wessen Idee es wirklich war.«
Steinbrenner: »Jetzt *ist* es meine, du Trottel.« [8608]

***

SCREAM – SCHREI
(Scream)
USA 1996, Woods, Dimension, Miramax (Regie Wes Craven, Buch Kevin Williamson)

f*

Drew Barrymore (Casey Becker): »Was willst du?«
Roger Jackson (Telefonstimme): »Ich will sehen, wie du von innen aussiehst.« [8609]

*

Jackson: »Sage niemals: ›Wer ist da?‹ Du siehst dir doch Horrorfilme an. Das ist der Todeswunsch. Da kannst du genausogut hier rauskommen, weil du ein seltsames Geräusch gehört hast, oder so was.« [8610]

*

Jamie Kennedy (Randy): »Oh, ist das nicht geschmacklos?«
Matthew Lillard (Stuart): »Was?«
Kennedy: »Stell dir vor, du bist der einzige Verdächtige in einem sinnlosen Blutbad. Würdest du dich dann in die Horrorecke *(in der Videothek)* stellen?« [8611]

*

Kennedy: »Daß er ein Killer ist, sieht man ihm an der Nasenspitze an.«
Lillard: »Oh, Wahnsinn! Wirklich? Und warum haben ihn die Bullen dann laufenlassen?«
Kennedy: »Die sehen offensichtlich zuwenig Filme. Das ist der klassische Horrorfilmstoff, *Prom Night*, wie gehabt, Mann.« [8612]

*

Neve Campbell (Sidney Prescott): »Das ist Leben, kein Film hier.«
Skeet Ulrich (Billy Loomis): »Oh doch, es ist alles ein Film, alles ein einziger gewaltiger Film. ... Nur das Genre können wir nicht auswählen.« [8613]

Kennedy: »Es gibt gewisse Regeln, die man unbedingt beachten muß, wenn man eine Chance haben will, in einem Horrorfilm zu überleben. Nummer eins: Enthalte dich jeder Form von Sex! *(...)* Auf jeden Fall: Sex gleich Tod. Klar? Nummer zwei: Nicht trinken und keine Drogen! Das alles fällt unter Sünde. Sünde ist die Erweiterung von Nummer eins. Und Nummer drei: Du darfst nie, niemals, unter keinen Umständen sagen: ›Ich komm gleich wieder.‹, denn du kommst nicht wieder.« [8614]

*

Campbell: »Ihr seid beide wahnsinnig.«
Lillard: »Wir bevorzugen den Begriff psychotisch.« [8615]

***

SCREAM 2
USA 1997, Dimension, Konrad, Craven-Maddalena, Miramax (Regie Wes Craven, Buch Kevin Williamson)

*

Omar Epps (Phil Stevens): »Das jagt das Adrenalin nach oben. Gruseln ist toll, das geht in den Bauch. Verstehst du?«
Jada Pinkett (Maureen Evans): »Nein. Ich sag dir, was ich davon halte, ja. Das ist ein saudummes weißes Filmchen über saudumme weiße Mädchen, denen die weiße Haut aufgeschlitzt wird, sonst nichts.« [8616]

*

Pinkett: »Und warum muß die nackt sein? Bringt das die Geschichte des Films irgendwie weiter, daß die nackt dasteht?« [8617]

*

Pinkett: »Gib mir Geld, ich hol uns Popcorn.«
Epps: »Du hast doch selber welches.«
Pinkett: »Ich hab *mein* Geld, ich will aber *dein* Geld.« [8618]

*

Courteney Cox (Gale Weathers, Reporterin, zum neuen Kameramann): »Lassen Sie Ihr Ge-

---

»Was willst du?«
»Ich will sehen, wie du von innen aussiehst.«
Scream – Schrei

wissen gefälligst zu Hause, Schätzchen! Es geht hier nicht drum, geliebt zu werden.« [8619]

*

Liev Schreiber (Cotton Weary): »Solange Sie mich nicht mit einem Messer in der Hand neben einer Leiche finden, fordere ich von Ihnen alle Rechte, die die Verfassung jedem unschuldigen Bürger dieses Landes gewährt.« [8620]

*

Laurie Metcalf (Debbie Salt): »Ich weiß genau, was ich tue. Mein Motiv ist nicht so modern wie das von Mickey, meines ist der gute altmodische Wunsch nach Rache.« [8621]

***

SEA OF LOVE – MELODIE DES TODES
(Sea of Love)
USA 1989, Universal (Regie Harold Becker, Buch Richard Price)

*

Al Pacino (Frank Keller): »Die Grundregel für mich lautet: Bei Streitigkeiten erst schnell zuhauen und dann schnell abhauen. Ich mag's nämlich nicht, wenn man mir wehtut.«
John Goodman (Sherman Touhey): »Dafür hat Gott den fetten Leuten Waffen gegeben. Die sind nicht so gut zu Fuß.« [8622]

*

Pacino: »Wollen Sie wissen, was für mich Poesie ist? Präzision im Leben, zu wissen, wann und wie man den richtigen Schritt macht, eine Meinung zu haben. So wie Sie an diesem Abend. Oh, das war Poesie, in Bewegung umgesetzt. Wunderbar! Perfekt!« [8623]

*

»Sie haben eine so schöne straffe Haut. Wissen Sie das?«
Goodman: »Oh ja, das kommt daher, daß ich so dick bin. Sie spannt sich wie 'n Luftballon.« [8624]

> »Du trinkst also nur Kaffee?«
> »Oh, ich bin gern
> ein Außenseiter.«
> Sea of Love – Melodie des Todes

Ellen Barkin (Ellen): »Du trinkst also nur Kaffee?«
Pacino: »Oh, ich bin gern ein Außenseiter.« [8625]

***

SECHS TAGE, SIEBEN NÄCHTE
(Six Days, Seven Nights)
USA 1998, Caravan, Birnbaum-Northern Light, Touchstone (Regie Ivan Reitman, Buch Michael Browning)

*

Anne Heche (Robin Monroe): »Das Flugzeug, wo (...) ist seine Mami?« [8626]

*

David Schwimmer (Frank Schwimmer): »Ist es wirklich nötig, daß wir diese Dinger (Schwimmwesten) tragen?«
Harrison Ford (Quinn Harris): »Nur wenn wir ins Wasser stürzen.« [8627]

*

Heche: »Das klingt so, als könnten Sie uns (Touristen) nicht leiden.«
Ford: »Oh nein. ›Beiße niemals die Hand, die dir Futter in den Mund tut!‹, oder (...) wie das heißt. Abgesehen davon liefern sie oft gute Lacher.« [8628]

*

Ford: »Das ist eine Insel, Baby. Was man nicht herbringt, das findet man hier auch nicht.« [8629]

*

Schwimmer: »Das gewöhn ich ihm ab, wenn du willst.«
Heche: »Ach, und wie?«
Schwimmer: »Ich geh nicht jeden Tag zum Krafttraining, um alte Knacker unter der Dusche zu sehen.« [8630]

*

Ford: »Meine Fresse! ›Zehn Wege, seine Glut zu entfachen‹! Ich sag Ihnen, wie eine Frau einen Mann rankriegt.«
Heche: »Ja? Wie?«
Ford: »Sie taucht nur auf, das genügt. Wir Männer sind einfach gestrickt.« [8631]

*

Ford: »Wie wollen Sie's hören? (...) Wollen Sie's mit Zuckerguß oder direkt zwischen die Augen?« [8632]

*

Heche: »Wären Sie ein besserer Pilot, würden wir nicht auf dieser verdammten Insel sitzen.«

Ford: »Ich bin der verdammt beste Pilot, dem Sie je begegnet sind.«
Heche: »Ha! Ich hab zwei Flüge mit Ihnen gemacht, und die Hälfte davon endet mit 'ner Bruchlandung.« [8633]

*

Heche: »Jetzt hab ich so viel Urlaub gehabt, wie ich aushalten kann.« [8634]

*

Ford: »Kann nicht wenigstens nur ein einziges verfluchtes Mal etwas gutgehen!« [8635]

*

Heche: »Sie waren, seit wir hergekommen sind, so (...) zuversichtlich. Sie wußten auf alles eine Antwort.«
Ford: »Weil ich der Captain bin. Das ist mein Job. Und ein Captain hat einfach nicht mit den Armen rumzufuchteln und laut zu brüllen: ›Scheiße, wir verrecken hier!‹« [8636]

*

Ford: »Ich dachte, Frauen mögen so was.«
Heche: »Was?«
Ford: »Männer, die keine Angst davor haben zu weinen und sich nicht scheuen, ihre feminine Seite zu zeigen.«
Heche: »Wenn sie von mordlustigen Piraten verfolgt werden, hätten sie lieber einen Macho.« [8637]

*

Schwimmer: »Oh Gott, (...) was hab ich getan! Und wie oft hab ich es getan?« [8638]

*

Ford: »Ich werd dir jetzt ein paar Dinge über Flugzeuge erklären. (...) Ich bin vielleicht nicht mehr lange bei Bewußtsein, und dann mußt du die Mühle allein landen.« [8639]

***

36 STUNDEN (36 Hours)
USA 1965, Perlberg-Seaton, Cherokee, MGM (Regie, Buch George Seaton, nach der Geschichte ›Beware of the Dog‹ von Roald Dahl)

*

James Garner (Major Jefferson Pike): »Können Sie denn nicht weinen?«
Eva Marie Saint (Anna Hedler): »Eines Tages erschöpft sich der Vorrat an Tränen.« [8640]

***

DER SEERÄUBER (The Black Swan)
USA 1942, Twentieth Century Fox (Regie Henry King, Buch Seton I. Miller, nach dem Roman von Rafael Sabatini)

*

Maureen O'Hara (Lady Margaret Denby): »Wer seid Ihr?«
Tyrone Power (James Waring): »Eine Seeratte, Abschaum aller Meere, der Seiner Majestät schmutzige Arbeit tut. Ich töte Spanier, um Platz zu schaffen für dicke Engländer und deren Töchter. Waring ist mein Name, aber wer mich liebt, nennt mich Jamie Boy.« [8641]

*

George Sanders (Captain Billy Leech): »Wenn hier irgend jemand anderer Meinung sein sollte als ich, dann werde ich ihm den Schädel einschlagen.« [8642]

*

Anthony Quinn (Wogan): »Komm, Jamie Boy! Er hat den König, aber wir den Wind hinter uns.« [8643]

*

Thomas Mitchell (Tom Blue): »Auf Jamie Boy! Sein Hals soll niemals länger werden.« [8644]

*

Power (zu O'Hara): »Eure Augen! Als ob man in eine Pistolenmündung schaut.« [8645]

*

Edward Ashley (Roger Ingraham): »Hat dich der Bursche belästigt?«
O'Hara: »Ja.«
Power: »Es naht der Retter.« [8646]

*

Power: »Wenn Ihr an diesem Mann Gefallen findet, kann ich mich nur wundern.«
O'Hara: »Widerlicher Mensch! Für was habt Ihr denn Verständnis, außer für Euch selbst? Ihr könnt nur schießen, töten und plündern und dabei Eure animalischen Instinkte befriedigen, ohne Rücksicht auf andere.«
Power: »Lady Margaret, Ihr werdet zwischen uns wählen müssen.« [8647]

»*Eure Augen!
Als ob man in eine
Pistolenmündung schaut.*«
Der Seeräuber

Laird Cregar (Captain Henry Morgan): »Bevor dieser Erlaß vom König da ist, hab ich Leechs Kopf. Und den servier ich auf einer goldenen Platte mit einem Apfel im Maul.« [8648]

*

Sanders: »Wir tun ihm vielleicht Unrecht. Wenn es so ist, will ich mich bei ihm entschuldigen, wenn aber nicht, dann werde ich ihm mehr antun, als ihm die Luft abzuschneiden.« [8649]

*

Cregar: »Lady Margaret, bitte verzeiht mir die dummen Streiche dieses Mannes, der früher einmal mein Freund war!« [8650]

*

Cregar: »Er hat dieses unschuldige Geschöpf aus seinem Elternhaus gestohlen und mit Gewalt auf sein Schiff gebracht. Das rüttelt an den Grundfesten unserer Zivilisation. Und dafür wird er sich vom Galgen herunter vor Lady Margaret und ihrer Verwandtschaft entschuldigen.« [8651]

***

DIE SEETEUFEL VON KARTAGENA
(The Spanish Main)
USA 1945, RKO (Regie Frank Borzage, Buch George Worthington Yates, Herman J. Mankiewicz, Story Aeneas McKenzie)

*

Walter Slezak (Vizekönig Don Alvarado): »Wie oft habe ich Euch schon gesagt, ein tropisches Klima erfordert ein tropisches Tempo?« [8652]

*

Maureen O'Hara (Francisca): »Euer Kopf wird mein Hochzeitsgeschenk.« [8653]

*

»Als Kenner des freien Seerechts versichere ich Euch, es gibt in unseren Artikeln kein direktes Heiratsverbot, nur eine Warnung.« [8654]

*

Slezak: »Es ist immer ein Fehler, auf einem Entschluß zu bestehen, den durchzuführen man nicht imstande ist.« [8655]

*

»Er ist ein Lügner. Wenn er ›Guten Morgen‹ sagt, weiß ich, daß es Zeit ist, ins Bett zu gehen.« [8656]

*

Slezak: »Ich hatte Euch 10.000 Goldstücke versprochen.«
John Emery (Mario Da Bilar): »50.000, wenn ich mich recht erinnere, Exzellenz.«
Slezak: »50 hatte ich wohl gesagt, aber 10.000 hatte ich im Sinn.« [8657]

***

DER SEEWOLF *(The Sea Wolf)*
USA 1941, Warner (Regie Michael Curtiz, Buch Robert Rossen, nach dem Roman von Jack London)

*

Edward G. Robinson (Wolf Larsen): »Hat zuviel gesoffen, diese Sau. Viel zu leicht krepiert. Du versoffener Hund hättest langsam verfaulen müssen, von Maden zerfressen, wie ein Stück Aas.«
Alexander Knox (Humphrey Van Weyden): »Der Mann ist tot!«
Robinson: »Mann? Hm! Das war ein Mann. Jetzt ist das nur noch ein schnapszerfressenes Stück Fleisch.« [8658]

*

Robinson: »Ich kenne von der Zeremonie nur die letzten Worte: ›Und so übergeben wir ihn jetzt der See.‹ ... Worauf wartet ihr noch? Schmeißt ihn rein!« [8659]

*

Knox: »Die Ehre war ihm mehr wert als das Leben.« [8660]

*

Robinson: »Nun zeigen Sie schon, was Sie gelernt haben an Bord! Jetzt waren Sie endlich auch so weit, nicht wahr? Ein tolles Gefühl, nicht? Töten oder leben lassen nach Wahl. Da lacht das Herz, nicht?« [8661]

***

SEID NETT ZU MR. SLOANE
(Entertaining Mr. Sloane)
UK 1969, Canterbury (Regie Douglas Hickox, Buch Clive Exton, nach dem Stück von Joe Orton)

*

Harry Andrews (Ed): »Ich mach meinen Urlaub

> »Die Ehre war ihm mehr wert als das Leben.«
> Der Seewolf

prinzipiell nur dort, wo die Weiber noch einen Ring in der Nase tragen.« [8662]

SEIDENSTRÜMPFE
(Silk Stockings)
USA 1957, MGM (Regie Rouben Mamoulian, Buch Leonard Gershe, Leonard Spigelgass, nach dem Stück von George S. Kaufman, Leween McGrath, Abe Burrows, nach dem Stück von Melchior Lengyel)

*

Belita (Vera): »Aber du hast mir doch fest versprochen, sobald du zum Kulturkommissar ernannt würdest, da würdest du mich als Primaballerina einsetzen und diese grauenvolle Kralinowska hinauswerfen.«
George Tobias (Kommissar Vassili Markovich): »Das braucht seine Zeit, Kralinowska ist sehr mächtig.«
Belita: »Was ist denn schon an ihr? Sie ist fett und häßlich und kann nicht tanzen.«
Tobias: »Ja, aber sie ist leider meine Frau.« [8663]

*

Tobias: »Haben Sie hier im Betrieb ein Exemplar von *Wer ist noch wer*?« [8664]

*

Fred Astaire (Steve Canfield): »Gehen Sie denn niemals aus sich heraus?«
Cyd Charisse (Ninotchka): »Raus? Wohin denn?« [8665]

*

Astaire: »Waren Sie noch nie so glücklich, daß Sie Lust hatten zu tanzen? Einfach so rundherum?«
Charisse: »Die Empfindung des Glücks ist die Belohnung für fleißige Sollerfüllung, Tanzen unrentabler Zeitvertreib.« [8666]

*

Astaire: »Daß ein großer Komponist wie Peter Boroff die Musik zu dem Film schreibt, das erhöht das Prestige. Weißt du überhaupt, was Prestige ist?«
Janis Paige (Peggy Dainton): »Natürlich, das ist ein Fremdwort für Pleite.« [8667]

SEIN COLT WAR SCHNELLER
(Buchanan Rides Alone)
USA 1958, Columbia (Regie Budd Boetticher, Buch Charles Lang nach dem Roman ›The Name's Buchanan‹ von Jonas Ward)

*

Barry Kelley (Lew Agry): »Bringt mir die beiden ins Gefängnis! Da wollen wir erst mal warten, bis sie wieder zu sich gekommen sind. Wenn ich jemanden aufhänge, soll er wenigstens auch was davon merken.« [8668]

*

Kelley: »Wenn Sie mich umlegen, kann Ihnen keiner mehr den Geldschrank öffnen.«
Randolph Scott (Buchanan): »Ach wissen Sie, Sheriff, ich glaube, daß es sich trotzdem lohnt.« [8669]

*

(nach dem großen Showdown)
Craig Stevens (Abe Cargo): »Stehen Sie nicht hier rum, Amos, holen Sie eine Schaufel!« [8670]

SEIN ENGEL MIT ZWEI PISTOLEN
(The Paleface)
USA 1948, Paramount (Regie Norman Z. McLeod, Buch Edmund Hartman, Frank Tashlin)

*

Bob Hope (›Painless‹ Peter Potter, Zahnarzt): »Machen Sie sich keine Sorgen! Wir ziehen so lange, bis wir den Richtigen haben.« [8671]

SEIN GRÖSSTES SPIEL
(Talent for the Game)
USA 1991, Paramount (Regie Robert M. Young, Buch David Himmelstein, Tom Donnelly, Larry Ferguson)

*

Edward James Olmos (Virgil Sweet): »Du mußt an dich glauben, Sammy. Der einzige Unterschied zwischen dir und einem Spieler aus der National League ist der, daß er glaubt, er gehört einfach dahin.« [8672]

*

Olmos: »Sobald du über irgendwas nachdenkst, fängst du an, davon zu reden, hä?« [8673]

> »Machen Sie sich keine Sorgen! Wir ziehen so lange, bis wir den Richtigen haben.«
> Sein Engel mit zwei Pistolen

SEIN LETZTES KOMMANDO
(They Died with Their Boots on)
USA 1941, Warner (Regie Raoul Walsh, Buch Wally Klein, Aeneas Mac Kenzie)

*

Stanley Ridges (Major Romulus Taipe): »Ich habe den Eindruck, daß Sie nicht sehr lange bei uns sein werden, Mr. Custer.« [8674]

*

Arthur Kennedy (Ned Sharp jr.): »Wohin soll das Regiment reiten?«
Errol Flynn (George Armstrong Custer): »In die Hölle, Sharp, oder in den Ruhm. Kommt drauf an, wie man es sieht.« [8675]

***

SEIN MÄDCHEN FÜR BESONDERE FÄLLE
(His Girl Friday)
USA 1940, Columbia (Regie Howard Hawks, Buch Charles Lederer, nach dem Stück ›The Front Page‹ von Ben Hecht, Charles MacArthur)

*

Rosalind Russell (Hildy Hohnson): »Warte hier! Es dauert keine zehn Minuten.«
Ralph Bellamy (Bruce Baldwin): »Schon zehn Minuten ohne dich sind für mich eine Ewigkeit.« [8676]

*

Russell: »Ich sehe, Walter, du bist wie eh und je.«
Cary Grant (Walter Burns): »Zum ersten Mal haue ich einen Gouverneur in die Pfanne. Was kann ich für dich tun?« [8677]

*

Grant: »Das hättest du lieber nicht tun sollen, Hildy.«
Russell: »Was?«
Grant: »Dich von mir scheiden lassen. Da verliert man ja jeden Glauben an sich selbst. Man kriegt ja fast das Gefühl, als wäre man überflüssig.«

> *»Oh, Walter, du bist einmalig, wenn auch auf eine abscheuliche Art und Weise.«*
> Sein Mädchen für besondere Fälle

Russell: »Aber hör mal! Dafür ist die Scheidung ja eigentlich erfunden.« [8678]

*

Russell: »Warum hast du gegen die Scheidung keinen Einspruch erhoben, sondern im Gegenteil alles mögliche getan, um mir jeden Rückweg zu verbauen?«
Grant: »Na ja, vielleicht wollte ich mich wirklich von dir trennen, aber du weißt ja, wie das ist. Das Wasser vermißt man erst, wenn der Brunnen ausgetrocknet ist.« [8679]

*

Grant: »Hör zu, Hildy! Es hat doch keinen Zweck, sich zu streiten. Ich mach dir einen Vorschlag: Du kommst wieder zur *Morning Post*, und wenn wir feststellen, daß wir nicht im Guten miteinander auskommen, heiraten wir eben wieder.« [8680]

*

Russell: »Oh, Walter, du bist einmalig, wenn auch auf eine abscheuliche Art und Weise.« [8681]

*

Grant: »Ach, und ob das gegangen wäre, wenn du damit zufrieden gewesen wärst, daß du Journalistin bist und ich der Boss. Aber nein, du mußtest mich heiraten und alles kaputtmachen.« [8682]

*

Grant: »Und ich behaupte immer noch, daß ich besoffen war, als ich dir den Heiratsantrag gemacht habe. Wenn du ein Gentleman gewesen wärst, hättest du gesagt: ›Schwamm drüber.‹« [8683]

*

Bellamy: »Ich glaube, ich bin in einem Geschäft (Versicherungen), das den Menschen wirklich hilft. Wir helfen zwar nicht allzuviel, solange sie noch leben, aber nachher, da sind wir da.« [8684]

*

Bellamy: »Er ist sehr charmant.«
Russell: »Kein Wunder, seine Großmutter war eine Schlange.« [8685]

*

Porter Hall (Murphy): »Das dürfte circa der zehnte Psychiater sein, den sie auf Williams hetzen. Wenn er noch nicht verrückt war, wird er es spätestens jetzt, nach dieser ewigen Verpsychoanalysiererei.« [8686]

(Polizist): »Halt die Luft an, Klugscheißer!«
Russell: »Viel Achtung vor der Presse haben die aber nicht.« [8687]

*

Helen Mack (Molly Malloy): »Was ist das?«
Frank Jenks (Wilson): »Die bauen für deinen Freund die letzten Halsschmerzen auf.« [8688]

*

Hall: »Könnt ihr den Kerl nicht um fünf hängen, statt erst um sieben?«
Ernest Truex (Roy B. Bensinger): »Sie kratzt es nicht, und wir schaffen noch die Lokalausgabe.«
Gene Lockhart (Sheriff Peter B. Hartwell): »Also, bei aller Liebe, wirklich. Ich kann doch keinen Mann im Schlaf aufhängen, bloß um der Presse einen Gefallen zu tun.«
Jenks: »Nein, aber ihr könnt die Hinrichtung zweimal verschieben, daß sie drei Tage vor der Wahl stattfindet.« [8689]

*

Russell: »Ich würde für dich nicht mal über den Brand von Rom schreiben, selbst wenn Nero das Interview gäbe.« [8690]

*

Grant: »Was heißt denn: ›Jetzt geh ich.‹? (...) Du kannst im Jahr 365 Mal heiraten. Aber wie oft hast du einen Mörder im Schrank? Höchstens einmal in deinem Leben.« [8691]

*

Grant: »Wir machen diese korrupten Affen so lächerlich, daß ihnen nicht einmal ihre eigenen Frauen ihre Stimme geben.« [8692]

*

Grant (am Telefon): »Schmeiß die ganze Titelseite weg! ... Jawohl, die ganze Titelseite fliegt raus! ... Was heißt hier ›Krieg in Europa‹?« [8693]

*

Grant: »Moment mal! Moment mal! Wann erwähnst du die *Post*? Wo bleibt das Lob unserer Zeitung?«
Russell: »Es kommt gleich, hier im zweiten Absatz.«
Grant: »Wer liest denn den zweiten Absatz? Seit Jahren predige ich dir, wie man einen Artikel schreibt. Und das ist das Ergebnis?« [8694]

*

Abner Biberman (Louis): »Wir sind direkt in den Streifenwagen reingerast. Verstehst du? Wir haben ihn völlig zermanscht. (...) Weißt du, was das bedeutet, wenn man in 'ne Ladung Bullen rast? Sie rollen raus wie die Orangen.« [8695]

*

Grant: »Der letzte, der so was ähnliches zu mir gesagt hat, war Archie Leed, aber später hat er sich aufgehängt. [Listen, the last man who said that to me was Archie Leach *(Cary Grants wirklicher Name),* just a week before he cut his throat.]« [8696]

***

SEIN NAME IST MAD DOG
(Mad Dog and Glory)
USA 1992, Universal (Regie John McNaughton, Buch Richard Price)

*

Robert De Niro (Wayne): »Das ist in fünfzehn Jahren das erste Mal, daß ich 'ne Waffe gezogen habe. Ich hab mir in die Hosen gepißt.«
David Caruso: »Weißt du wieso? Weil du ein sensibler, intelligenter Mensch bist.«
De Niro: »Hast du dir schon mal in die Hosen gemacht?«
Caruso: »Also, was mich angeht, ich wär da reinmarschiert und hätte den bekifften Scheißer kaltgemacht. So reagier ich nun mal. Wenn ich wirklich mal 'n klugen Gedanken hätte, würde der wahrscheinlich an Einsamkeit eingehen. So gleicht sich alles aus.« [8697]

*

Bill Murray (Frank): »Leg die Zeitung lieber weg, bevor du dich überanstrengst.« [8698]

*

Murray: »Ich kenn einige, und einige kennen mich. Wenn ich Geld verleihe, wissen die Leute, daß ich 'ne pünktliche Rückzahlung erwarte.« [8699]

*

Murray: »Unterschätzen Sie mich nicht! Wenn Sie es dennoch tun sollten, wird Ihr Leben ein einziges Erdbeben sein.« [8700]

»Halt die Luft an, Klugscheißer!«
»Viel Achtung vor der Presse haben die aber nicht.«
Sein Mädchen für besondere Fälle

Caruso: »Das Mädchen hier ist 'ne Nummer zu schnell für dich.« [8701]

*

De Niro: »Ich tu, was ich kann, für meine Mitmenschen, aber ich bin kein Kämpfer, kein Held. Tut mir leid.« [8702]

***

SEIN ODER NICHTSEIN *(To Be or Not to Be)*
USA 1942, Korda, Lubitsch (Regie Ernst Lubitsch, Buch Edwin Justus Mayer, Story Ernst Lubitsch, Melchior Lengyel)

*

Carole Lombard (Maria Tura): »Du kannst es nicht vertragen, wenn ich gut bin. Es wird ja langsam lächerlich, wie du alles überspielst. Wenn ich irgendeinen Witz anfange, stiehlst du die Pointe, wenn ich Diät esse, dann nimmst du ab, wenn ich mich erkälte, du hustest, und wenn wir jemals ein Kind bekommen sollten, dann bist du wahrscheinlich die Mutter.«
Jack Benny (Joseph Tura): »Wenn ich der Vater bin, bin ich zufrieden.« [8703]

*

Felix Bressart (Greenberg): »Die Rialto-Szene! Als Shakespeare die schrieb, muß er mich vor Augen gehabt haben.« [8704]

*

Lombard: »Du warst so gut wie noch nie. Ich würde dir sofort einen Kuß geben, aber ich habe Angst um mein Make-up.« [8705]

*

Lombard: »Aber Liebling, das hat doch nichts mit mir persönlich zu tun. Der Mann ist bestimmt ein Theaternarr, ein Kunstfanatiker, der Abend für Abend auf der Galerie sitzt ...«
Benny: »Sicher, einer von diesen armen Burschen, die kaum Eintritt zahlen können, aber er hat eine Gärtnerei geerbt, und nun müssen die Blumen weg.« [8706]

*

Benny: »Drei Abende nacheinander! Selbst Shakespeare würde es nicht aushalten, sich dreimal hintereinander den Hamlet anzusehen.«
Lombard: »Du vergißt, du spielst den Hamlet.«
Benny: »Oh, das stimmt allerdings.« [8707]

*

Benny: »Augenblick mal! Ich entscheide, mit wem meine Frau essen geht und wen sie umbringen soll.« [8708]

*

Sig Ruman/Benny (SS-Gruppenführer Ehrhardt): »Also, man nennt mich Konzentrationslager-Ehrhardt?« [8709]

*

Benny: »Falls es doch mißlingt: Ich vergebe dir die Affäre mit Sobinski. Komm ich aber zurück, ist das was anderes.« [8710]

*

Ruman: »Was der mit Shakespeare gemacht hat, das machen wir heute mit Polen.« [8711]

*

Benny: »Ich danke euch, meine Freunde, für alles, was ihr getan habt. ... Wenn es auch noch so wenig war.« [8712]

***

SEINE SEKRETÄRIN
(Wife vs. Secretary)
USA 1936, MGM (Regie Clarence Brown, Buch Norman Krasna, John Lee Mahin, Alice Duer Miller, nach der Geschichte von Faith Baldwin)

*

May Robson (Mimi Stanhope): »Sie gehört nicht zu den Frauen, die ich gern allein in einer Telefonzelle mit meinem Mann sehen würde.« [8713]

*

James Stewart (Dave): »Eins hab ich jetzt gelernt: Such nicht nach Problemen, wo gar keine sind! Wenn du nämlich keine findest, schaffst du nur welche.« [8714]

***

SEITE AN SEITE *(Stepmom)*
USA/BRD 1998, Finerman, 1492, Columbia (Regie Chris Columbus, Buch Gigi Levangie, Jessie Nelson, Steven Rogers, Karen Leigh Hopkins, Ron Bass, Story Gigi Levangie)

*

Darrell Larson (Duncan Samuels): »Warum fotografieren Sie das?«

> »Sie gehört nicht zu den Frauen, die ich gern allein in einer Telefonzelle mit meinem Mann sehen würde.«
> Seine Sekretärin

Julia Roberts (Isabel Kelly): »Weil ich genial bin und etwas sehe, was Sie nicht sehen.« [8715]

*

Susan Sarandon (Jackie Harrison): »Haben Sie sich ein Wortquantum gesetzt, das Sie jeden Tag erreichen müssen, oder darf ich ausreden?« [8716]

*

Sarandon: »Das Leben ist 'n Kuhhandel. Man darf endlich legal kiffen, aber erst muß man Krebs haben.« [8717]

*

Ed Harris (Luke Harrison): »Es hätte mich treffen sollen statt dich.«
Sarandon: »Da bin ich ganz deiner Meinung.« [8718]

***

SEITENSPRÜNGE
(Cousins)
USA 1989, Paramount (Regie Joel Schumacher, Buch Stephen Metcalfe, nach dem Film ›Cousin, Cousine‹ von Jean-Charles Tacchella)

*

»Ach, denk dir mal das Kleid und das Make-up weg. Was bleibt dann schon?«
Stephen E. Miller (Stan): »'ne tolle nackte Frau.« [8719]

*

Ted Danson (Larry, Hochzeitsrede): »Wir sind meinem Onkel Phil dankbar, der ein großer Mann im Schrottgeschäft geworden ist, wobei er es mit der persönlichen Sauberkeit nicht immer so genau nahm.« [8720]

*

Gina DeAngelis (Tante Sophia): »Aus der Nähe sieht sie nicht mehr so jung aus.« [8721]

*

William Petersen (Tom Hardy): »Glaubst du mir etwa nicht?«
Isabella Rossellini (Marcia Hardy): »Natürlich glaub ich dir. Du bist doch mein Mann.« [8722]

*

Sean Young (Tish): »Würdest du noch immer einen Drachen für mich töten wollen?«
Danson: »Einen Babydrachen vielleicht.« [8723]

*

Rossellini: »Ich weiß nicht recht, wie ich es sagen soll.«
Danson: »Versuch's mit Worten.« [8724]

Danson: »Es war wirklich nett, nicht mit dir gegessen zu haben.« [8725]

*

George Coe (Phil Kozinski): »Also für mich (...) ist Larry ein Versager auf allen Gebieten, außer im Leben.« [8726]

*

Lloyd Bridges (Vince): »Menschen, die im offenen Sarg liegen, sind nichts für mich. Die sehen alle so unbedeutend aus ohne ihre Seele.« [8727]

*

Danson: »Wenn ich jetzt im See ertrinken müßte, würde ich als glücklicher Mensch sterben.« [8728]

*

Petersen: »Wenn ich mich nicht wie ein Idiot benommen hätte, wäre das wohl kaum passiert.«
Rossellini: »Du warst so, wie du bist.« [8729]

***

DIE SELTSAME LIEBE DER MARTHA IVERS
(The Strange Love of Martha Ivers)
USA 1946, Paramount (Regie Lewis Milestone, Buch Robert Rossen, nach der unveröffentlichten Geschichte ›Love Lies Bleeding‹ von Jack Patrick)

*

Blake Edwards (Seemann): »Was ist passiert?«
Van Heflin (Sam Masterson): »Die Straße hat eine Kurve gemacht, ich nicht.« [8730]

*

Lizabeth Scott (Toni Marachek): »›Wo ist der Mann?‹, fragte er. ›Ich weiß es nicht. Ich habe ihn nie mehr gesehen. Vielleicht ist er auf den Mond geflogen.‹ ›Sie werden nicht wegfliegen‹, sagte der Richter.« [8731]

*

Scott: »Joe, bitte mach keinen Ärger!«
Heflin: »Es gibt keinen Grund, Ärger zu machen.«
(Joe): »Doch, den gibt es. Einem Klugscheißer

»Das Leben ist 'n Kuhhandel.
Man darf endlich legal kiffen,
aber erst muß man Krebs haben.«
Seite an Seite

muß eine Lehre erteilt werden, damit er nicht allzu übermütig wird.«
Heflin: »Willst du es hier, oder gehen wir raus?«
(Joe): »Ach, gehen wir raus. Da gibt es mehr Platz.« [8732]

*

Kirk Douglas (Walter O'Neil): »Weißt du, was ich vor mir sehe, Martha? Wenn ich an Sam denke, meine ich.«
Barbara Stanwyck (Martha Ivers): »Ich denke ja, und ich will, daß es ein Gedanke bleibt. Wenn nicht, werde ich es dir rechtzeitig sagen.« [8733]

*

Douglas: »*(zu Stanwyck)* Du bist wahnsinnig. Du hast den Verstand verloren. Und ich auch. *(zu Heflin):* Siehst du, Sam, wie gut wir zueinander passen? Zerstöre nicht unser glückliches Heim! Es wird dich treffen oder mich, und wenn du dich nicht schnell entscheidest, trifft es dich.« [8734]

*

Douglas: »Du hattest eine Chance, Sam. Es ist ein schmaler Grat zwischen Leben und Tod.« [8735]

*

Stanwyck: »Wir müßten immer Angst vor ihm haben. Wir hätten nie mehr Ruhe. Wär dumm, ihn gehen zu lassen, nach dem, was er jetzt alles weiß.« [8736]

***

DIE SELTSAMEN WEGE DES PATER BROWN
(Father Brown)
UK 1954, Facet, Columbia (Regie Robert Hamer, Buch Thelma Schnee, Robert Hamer, nach der Geschichte ›Blue Cross‹ von G. K. Chesterton)

*

Alec Guinness (Father Brown): »Eine schwarze Katze im Kohlenkeller während einer Sonnenfinsternis zu suchen, ist kinderleicht gegen meinen Auftrag.« [8737]

> *»Ertrage die Narren*
> *frohen Herzens!«*
> Die seltsamen Wege des Pater Brown

Guinness: »Ertrage die Narren frohen Herzens!« [8738]

*

(Kellner): »Bonjour, mon père. Was wünschen Sie?«
Guinness: »Eine Tasse Tee möchte ich.«
(Kellner): »Tee?«
Guinness: »Bitte!«
(Kellner): »Sind Sie müde, Vater?«
Guinness: »Ja, sehr.«
(Kellner): »Oh, dann ist Wein besser als Tee. Ich habe was ganz Besonderes für Sie, einen Burgunder. Einen Augenblick, bitte!« [8739]

***

EIN SELTSAMES PAAR
(The Odd Couple)
USA 1968, Paramount (Regie Gene Saks, Buch Neil Simon, nach seinem Stück)

*

Walter Matthau (Oscar Madison): »Ich hab hier braune Sandwichs und grüne Sandwichs. Welches möchtest du?«
Herb Edelman (Murray): »Was ist auf den grünen?«
Matthau: »Das ist entweder ganz junger Käse oder alte Wurst.« [8740]

*

David Sheiner (Roy): »Sein Kühlschrank ist schon seit 14 Tagen kaputt. Ich hab da Milch drin stehen sehen, da wuchsen schon die Pilze raus.«
Matthau: »Seit wann bist du denn so 'n Gesundheitsapostel?« [8741]

*

Matthau: »Sonst *(ohne Untersetzer)* gibt's kleine Ringe auf der Tischplatte.«
Jack Lemmon (Felix Unger): »Ja, sonst gibt's Ringe auf der Tischplatte.«
Matthau: »Wir wollen doch keine Ringe auf der Tischplatte haben.« [8742]

*

Matthau: »Murray, du hast doch 'n zweiten Colt. Kann ich den haben?« [8743]

*

Larry Haines (Speed): »Ist deine eigene Schuld. Du hast ihn ja davon abgehalten, sich umzubringen.« [8744]

*

Matthau: »Felix, würdest du jetzt bitte aufhören mit Saubermachen! Ich bin noch nicht fertig mit Dreck machen.« [8745]

*

Lemmon: »Das sind keine Spaghetti, das sind Linguini.«
Matthau (wirft den Teller an die Wand): »Und jetzt ist es Abfall.« [8746]

*

Matthau: »Himmel! Hört er denn nicht, was ich sage? Ich höre doch meine Stimme, warum hört er sie denn nicht?« [8747]

*

Matthau: »Wir wollen doch 'n bißchen auf die Zigarettenkippen achten, was! Das ist meine Wohnung und kein Schweinestall.« [8748]

***

SENSATION IN MORGAN'S CREEK
(The Miracle of Morgan's Creek)
USA 1944, Paramount (Regie, Buch Preston Sturges)

*

Brian Donlevy (McGinty): »Das ist die größte Sache für diesen Staat, seit wir ihn von den Indianern geklaut haben.« [8749]

*

Eddie Bracken (Norval Jones): »Außer beim Militär angenommen zu werden, wüßte ich nichts, was mir mehr Freude macht, als dich auszuführen.« [8750]

*

Bracken: »Vielleicht können wir ihm erzählen, wir wären in einen Unfall verwickelt gewesen oder so was.«
Betty Hutton (Trudy Kockenlocker): »Müssen wir denn nicht das Auto ein wenig demolieren?«
Bracken: »Es reicht, so wie es jetzt aussieht.« [8751]

*

Alan Bridge (Mr. Johnson): »Ich vertrete das Gesetz. Ich bin daran interessiert, Klage zu erheben, zu jeder Zeit, gegen alles, gegen jedermann. Aber es müssen reale Personen sein, mit einem Namen, mit einem Körper aus Fleisch und Blut. Ich klage nicht gegen Gespenster.« [8752]

*

Diana Lynn (Emmy Kockenlocker): »Wie ich die Dinge sehe, war es ein Mann, der unserer Freundin die Suppe eingebrockt hat. Soll ein Mann sie auch auslöffeln.« [8753]

*

Bridge: »Die Verantwortung, daß eine Ehe rechtmäßig vollzogen wird, liegt immer bei der Frau, denn ohne sie würde es die Ehe schon längst nicht mehr geben. Kein Mann würde freiwillig seine Gegenwart gefährden und seine Zukunft vergiften, indem er sich einen Haufen Bälger zulegt, die durchs Haus toben. Es ist die Sache der Frau, ihn einzufangen und ihn sofort, wenn nicht noch früher vor den Traualtar zu schleppen.« [8754]

*

Lynn: »Niemand glaubt zunächst an das Gute, es sei denn, er wird durch das Leben eines Besseren belehrt.« [8755]

*

Hutton: »Aber das wäre Bigamie.«
Lynn: »Wie kann es Bigamie sein ohne deinen richtigen Namen?« [8756]

*

Hutton: »Was wird Papa dazu sagen?«
Lynn: »Wahrscheinlich wird er nichts sagen. Er wird nur loslaufen und Norville voller Löcher schießen.« [8757]

*

Hutton: »Ihn heiraten? Wie kannst du so etwas sagen, Emmy!«
Lynn: »Warum sträubst du dich? Er ist dafür wie gemacht, wie der Ochse für das Fleisch und die Weintrauben für den Wein.« [8758]

*

Bracken: »Man kann nicht erwarten, daß sich ein Mädchen heutzutage für einen Zivilisten interessiert. Auch wenn das gegen seinen Willen ist. Wenn die Zivilisten auch Uniformen hätten, wär das vielleicht was anderes.« [8759]

*

Hutton: »Kannst du dir vorstellen, daß es Momente gibt, wo eine Frau nicht reden mag?«

»Felix, würdest du jetzt bitte
aufhören mit Saubermachen!
Ich bin noch nicht fertig
mit Dreck machen.«
Ein seltsames Paar

William Demarest (Officer Kockenlocker): »Eine Frau, die nicht reden möchte? Der einzige Moment, wo eine Frau nicht redet, ist, wenn sie im Grab liegt.« [8760]

*

Hutton: »Aber das ist Bigamie. Ich bin schon verheiratet, mit Ratzkiwatzki. Ich kann doch nicht einfach alle Männer heiraten.« [8761]

*

Bracken: »Das ist total sicher, hieb- und stichfest und fast legal.« [8762]

*

Bracken: »Es ist fast so einfach, wie von einem Baum zu fallen.« [8763]

*

Bracken: »Natürlich muß er einen Vornamen haben. Jeder hat einen Vornamen. Sogar Hunde haben einen Vornamen, auch wenn sie keinen Nachnamen haben.« [8764]

*

Demarest (zu Lynn): »Hör zu, Schlaumeier! Eines Tages wird man irgendwo dein Haarband und eine Axt entdecken. Mehr nicht.« [8765]

*

Demarest: »Das tut man nicht. Und wenn, läßt man sich nicht erwischen.« [8766]

*

Lynn: »Es ist vielleicht falsch, aber es ist sehr praktisch.« [8767]

***

DIE SENSATIONSREPORTERIN
(Absence of Malice)
USA 1981, Mirage, Columbia (Regie Sydney Pollack, Buch Kurt Luedtke)

*

Sally Field (Megan Carter): »Wieso will Rosen es öffentlich machen?«
Josef Sommer (McAdam): »Na, vielleicht versucht er, ein netter Kerl zu sein, vielleicht möchte er, daß wir ihm einen Gefallen schulden, vielleicht gefallen ihm deine Beine. Wenn wir immer nach dem Warum fragen, können wir nur monatlich erscheinen.« [8768]

*

Field: »Diese Story ist wahr.«
John Harkins (Davidek): »Madam, wenn Zeitungen immer nur die Wahrheit drucken würden, dann wären Anwälte vollkommen überflüssig, und ich wäre arbeitslos, was ich nicht bin.« [8769]

*

Harkins: »Ich bin nicht im geringsten an den Fakten interessiert. Ich befasse mich nur mit dem Gesetz.« [8770]

*

Harkins: »Hatten Sie schon ein Gespräch mit Mr. Gallagher?«
Field: »Wir rufen eigentlich selten die Mafia an und bitten um Kommentare.« [8771]

*

Harkins: »Ich will ausdrücken, Madam, daß es vor dem Gesetz irrelevant ist, ob Ihre Story wahr ist oder nicht. Wir wissen nicht, ob Ihre Story unwahr ist, also könnte man uns nicht des bösen Vorsatzes bezichtigen. Wir haben angemessen und vorsichtig gehandelt und somit nicht fahrlässig. Wir dürfen über Mr. Gallagher behaupten, was wir wollen, und er ist machtlos, uns Schaden zuzufügen. Der Demokratie ist Genüge getan.« [8772]

*

Field: »Er ist Investmentbanker.«
Paul Newman (Michael Gallagher): »War mein alter Herr auch.«
Field: »Das ist ein Scherz!«
Newman: »Nur nannte man das Kredithai. Es muß da irgendeinen Unterschied geben, denn mein alter Herr hat dafür gesessen.«
Field: »Meiner ist bisher nicht erwischt worden.« [8773]

*

Field: »Gallagher, ich bin 34 Jahre alt. Sie müssen mir nicht den Hof machen.«
Newman: »Ich bin aus der Steinzeit. Ich schätze solche Dinge.«
Field: »Gut, ich schicke Ihnen ein Dutzend Rosen.« [8774]

*

Sommer: »Ich weiß, wie man das druckt, was wahr ist. Und ich weiß, wie man Menschen

---

»Das ist total sicher, hieb- und stichfest und fast legal.«
Sensation in Morgan's Creek

nicht verletzt. Ich weiß nur nicht, wie man beides zur selben Zeit machen kann.« [8775]

*

Field: »Ich schreibe nur einen Brief an meinen Vater.« (...)
Newman: »Die meisten Menschen heutzutage telefonieren.«
Field: »Das ist nicht dasselbe. Es ist leicht zu telefonieren. Aber was hat man danach?« [8776]

*

Newman: »Du willst die Wahrheit wissen? Okay, dann frag mich ganz privat, dann werde ich alles sagen. Aber fragst du mich als Reporterin: Kein Kommentar.« [8777]

*

Wilford Brimley (Wells): »Sie haben ein Leck gehabt? Sie nennen das, was hier passiert ist, ein Leck? Mann, als es ein letztes Mal ein Leck wie dieses gegeben hat, hat Noah sich eine Arche gebaut.« [8778]

***

SERENADE ZU DRITT *(Design for Living)*
USA 1933, Paramount (Regie Ernst Lubitsch, Buch Ben Hecht, nach dem Stück von Noël Coward)

*

Fredric March (Tom Chambers): »Sag's nicht! Nicht zu einer Lady!« [8779]

*

March: »Überraschend, wie sich Menschen durch ein paar kräftige Beleidigungen in drei Stunden näherkommen können.« [8780]

*

Edward Everett Horton (Max Plunkett): »Unmoral macht vielleicht Spaß, aber nicht Spaß genug, um hundertprozentige Tugendhaftigkeit und drei warme Mahlzeiten am Tag zu ersetzen.« [8781]

*

March: »Benehmen wir uns wie zivilisierte Menschen, ja. Dein Verhalten in dem zur Diskussion stehenden Fall kommt dem einer ganz gewöhnlichen ordinären Ratte gleich.« [8782]

*

Gary Cooper (George Curtis): »Opfer bringen Künstler weiter.«
March: »Du sagst es. Die Qualen des Lebens sind die Quellen der Kunst.« [8783]

*

Miriam Hopkins (Gilda Farrell): »Es pflegt sonst nur Männern zu passieren, aber jetzt ist es mir, einer Frau, zugestoßen. Von Natur aus seid ihr Männer in die Lage versetzt, zwei, drei oder sogar vier Frauen auf einmal lieben zu können. Ihr habt für die Verhältnisse (...) ein Durchsiebsystem. Hängen bleibt für ihn die wirklich Wertvollste. Aber eine Frau besitzt dieses System nicht, nur ihren Instinkt. Um nicht unmoralisch zu erscheinen, darf sie immer nur auf einen tippen. Sie darf selbstverständlich hundert Hüte anprobieren, bevor sie sich für einen entscheidet, aber ...«
March: »Ich verstehe. Aber für welchen Chapeau entscheiden Sie sich, Madame?«
Hopkins: »Für beide.« [8784]

*

Hopkins: »Besprechen wir das Problem von allen denkbaren Seiten, mit klarem Kopf und kühlem Herzen, in der Atmosphäre einer Abrüstungskonferenz.« [8785]

*

Hopkins: »Wir müssen nur eins aus dem Spiel lassen, damit es klappt, und zwar Sex.« [8786]

*

Hopkins: »Ihr zwei habt nach meiner Meinung viel Talent, aber noch mehr Ego. Wenn ihr mal einen Tag arbeitet, dann wird der Rest des Monats darüber geredet.« [8787]

*

March: »Ich weiß glücklicherweise, daß du intellektuell noch in Strampelhöschen steckst. Es gibt nur eins, meine Liebe, was ich hasse: Dummheit, die sich hinter der Maske von Kritik versteckt.« [8788]

*

Hopkins: »Es ist wahr, wir drei haben ein Gentleman Agreement. Aber ich bin von Natur aus unseligerweise kein Gentleman.« [8789]

*

March: »Hat George noch die Angewohnheit, Sachen zu zertrümmern?«

> *»Es ist wahr, wir drei haben ein Gentleman Agreement. Aber ich bin von Natur aus unseligerweise kein Gentleman.«*
> Serenade zu dritt

Hopkins: »Wir müssen ihm die Wahrheit mitteilen, ohne Rücksicht auf das Schicksal des Mobiliars.« [8790]

*

March: »Das wäre eine Möglichkeit der Reaktion: Handelsvertreter kommt nach Haus, findet Freundin mit Untermieter und zerschmeißt Geschirr. Billige Burleske. Nun die zweite Möglichkeit: Intelligenter Künstler kehrt unerwartet zurück, trifft auf Freund und Freundin, man diskutiert die Pros und Contras der Situation in einem kühlen geschliffenen Dialog. Eine niveauvolle Komödie, für jedermann ein Hochgenuß.«
Cooper: »Und nun zur dritten Möglichkeit: Ich schlag dir die Zähne aus, reiß dir den Kopf ab und prügel Anstand in dich rein.«
March: »Dummes Melodrama, sehr langweilig.« [8791]

*

Horton: »Liebst du mich?«
Hopkins: »(...) Man sollte diese Frage niemals in der Hochzeitsnacht stellen. Es ist entweder zu spät oder zu früh.« [8792]

***

SERGEANT MADDEN
USA 1939, MGM (Regie Josef von Sternberg, Buch Wells Root, Story William A. Ulman jr.)

*

Robert Emmett O'Connor (Captain Crane): »Die Aufgabe eines Polizisten ist, den Verbrecher zu stellen, nicht, ihn ins Leichenschauhaus zu bringen.«
Alan Curtis (Dennis Madden): »Wenn so ein Bursche in den Knast wandert, kostet das den Staat Tausende von Dollar, eine Revolverkugel aber nur zwei Cent.« [8793]

*

Marc Lawrence ('Piggy' Ceders): »In diesem Pariser Modell wirst du wie ein Strauß schwarzer Rosen aussehen, Schätzchen.« [8794]

»Liebst du mich?«
»(...) Man sollte diese Frage niemals in der Hochzeitsnacht stellen. Es ist entweder zu spät oder zu früh.«
Serenade zu dritt

Ben Welden (Stemmy): »Na klar, wenn man so dumm ist wie er, lebt man nicht lange.« [8795]

*

Lawrence: »Warum hast du mir nicht gesagt, daß sich dieses Flittchen auf meine Kosten mit dem Kerl amüsiert? In meinem Wagen! (...)«
Welden: »Du hast mich als Leibwächter engagiert, damit dich niemand verletzt. Ja, und so eine Geschichte kann doch einen sensiblen Menschen ganz schön verletzen.« [8796]

*

Lawrence: »So ein Miststück! Die dämliche Kuh fällt auf das billige Gerede von einem Winkeladvokaten rein.« [8797]

*

Lawrence: »Wenn Sie eines Abends hier auf dem Dach ein großes Feuer sehen, rufen Sie bitte nicht die Feuerwehr! Dann wird eine Blondine verbrannt.« [8798]

***

SERGEANT YORK
USA 1941, Warner (Regie Howard Hawks, Buch Abem Finkel, Harry Chandlee, Howard Koch, John Huston, nach ›War Diary of Sergeant York‹, ›Sergeant York and His People‹ von Sam K. Cowan, ›Sergeant York – Last of the Long Hunters‹ von Tom Skeyhill)

*

Ward Bond (Ike Botkin): »Ain't nobody ever cut five centers *(von der Zielscheibe)* unless it were Daniel Boone. And you ain't wearing no coonskin hat.« [8799]

*

Gary Cooper (Alvin York): »The Lord sure does move in mysterious ways.« [8800]

***

SERIAL KILLER
USA 1997, Karnowski-Schmoeller, Imperial, Filmwerks (Regie Albert Pyun, Buch John Lowry Lamb, Robert McDonnell)

*

Charley Sheen (James MacGregor): »Keine Buffalo Wings, kein Grünzeug, keine Yuppie-Angeber, die nur mexikanisches Bier trinken. Das verlang ich von 'ner guten Kneipe.« [8801]

***

SERIAL MOM
USA 1994, Polar, Savoy (Regie, Buch John Waters)

*

Ricki Lake (Misty Sutphin): »Er hat Menschen

umgebracht, Mom.«
Kathleen Turner (Beverly Sutphin): »Wir haben alle mal 'n schlechten Tag.« [8802]

*

Matthew Lillard (Chip Sutphin): »Ich bin so glücklich, daß ich kacken könnte.« [8803]

*

Richard Pilcher (Herbie Hebden, Verteidiger): »Ja, sie hat diese furchtbaren Verbrechen begangen, aber das macht sie noch lange nicht zu einem schlechten Menschen.« [8804]

***

SERPICO
USA 1973, De Laurentiis, Paramount (Regie Sidney Lumet, Buch Waldo Salt, Norman Wexler, nach dem Buch von Peter Maas)

*

Cornelia Sharpe (Leslie): »Das ist keine Geldbörse, das ist 'ne Kanone.«
Al Pacino (Frank Serpico): »Ich muß ja schließlich essen. Nicht wahr?« [8805]

*

Pacino: »Ich denke, es ist an der Zeit, daß wir ein bißchen mehr Kontakt zur Straße herstellen. So wie es jetzt aussieht, sind wir völlig isoliert, Sir. Wir bewegen uns abseits dessen, was um uns herum passiert. Sehen Sie, da läuft 'n Geheimpolizist verkleidet durch die Straßen, mit schwarzen Schuhen und weißen Socken. So was tragen nur Polizisten, und jeder weiß das.« [8806]

*

John McQuade (Inspector Kellogg): »Es gibt zwei Möglichkeiten. Sie können mich zwingen, die Untersuchungskommission in den Fall einzuschalten. Das bringt Sie vor ein Geschworenengericht.«
Pacino: »Nein, das möchte ich nicht.«
McQuade: »Oh, das kann ich verstehen. So was spricht sich rum. Und bevor Sie sich's versehen, schwimmen Sie mit dem Gesicht nach unten im East River.«
Tony Roberts (Bob Blair): »Und die Alternative?«
McQuade: »Vergiß es!« [8807]

*

Jack Kehoe (Tom Keough): »Ich sagte ihnen, du wärst okay, ich würde dich vom 21. kennen. Und ich sagte, du würdest keinem wehtun. Stimmt doch, oder? Oder würdest du vielleicht einen Kumpel aufs Kreuz legen?«
Pacino: »Nun, es käme darauf an, was er tut.«
Kehoe: »Das ist 'ne falsche Antwort, Frankie.« [8808]

*

John Randolph (Chief Sidney Green): »Ach, scheiß was auf Freunde! Ich bringe Bullen vor Gericht und zwar seit dreißig Jahren. Mein Name steht als Obszönität an jeder Scheißhauswand in jedem Polizeirevier der Stadt.« [8809]

***

SET IT OFF
USA 1996, Peak, New Line (Regie F. Gary Gray, Buch Kate Lanier, Takashi Bufford, Story Takashi Bufford)

*

Dr. Der (Black Sam, Waffenhändler): »Ihr könnt's ja mit dem Modell versuchen.«
Queen Latifah (Cleo): »Mann, wir wollen keine Postkutsche überfallen. Ich brauch was, womit ich richtig Druck machen kann.« [8810]

*

Charles Walker (Captain Fredericks): »Sagen Sie mal, welchen Teil vom ›nein‹ verstehen Sie nicht, Strode? Das ›n‹ oder das ›ein‹?« [8811]

*

Blair Underwood (Keith): »Fühlst du dich jetzt frei?«
Jada Pinkett (Stony): »Im Moment schon, aber das ist nicht mein Leben. Ich borge mir aus deinem ein paar Augenblicke.« [8812]

***

SEX, LÜGEN UND VIDEO
(sex, lies and videotape)
USA 1989, Outlaw (Regie, Buch Steve Soderbergh)

*

Andie MacDowell (Ann Millaney): »Müll. Ich hab die ganze Woche an nichts anderes als an Müll gedacht. Ich kann einfach nicht aufhören, daran zu denken.« [8813]

> »Ich bin so glücklich,
> daß ich kacken könnte.«
> Serial Mom

Ron Vawter (Psychiater, off): »Wenn Sie darüber nachdenken, werden Sie sicher feststellen, daß das Objekt Ihrer Zwangsvorstellungen ausnahmslos etwas Negatives ist, das sie gar nicht kontrollieren können.«
MacDowell: »Ja. Aber was meinen Sie, wieviel Menschen gibt es wohl mit der Zwangsvorstellung, daß alles großartig und wunderbar ist?« [8814]

*

James Spader (Graham Dalton): »Betrüger sind die zweitniedrigste menschliche Lebensform auf diesem Planeten.«
MacDowell: »Und die niedrigste?«
Spader: »Anwälte.« [8815]

*

Laura San Giacomo (Cynthia Bishop): »Es gibt nichts, worüber wir reden könnten.«
Peter Gallagher (John Millaney): »Ja, du hast recht. Die Sache wird kompliziert.«
San Giacomo: »Nein, die Sache wird ganz einfach.« [8816]

*

MacDowell: »Mein Leben ist ein Haufen Scheiße. Einfach nur Scheiße. Nichts ist so, wie ich es gedacht hab.« [8817]

***

SEXBOMBE (Bombshell)
USA 1933, MGM (Regie Victor Fleming, Buch John Lee Mahin, Jules Furthman, nach dem Stück von Caroline Francke, Mack Crane)

*

Jean Harlow (Lola Burns): »Dein freier Tag tut deiner Wäsche wirklich nicht gut.« [8818]

*

Louise Beavers (Loretta): »Laß deinen Dampf woanders ab, Frau! Ich weiß, wo du deine Leichen vergraben hast.« [8819]

*

Lee Tracy (Space Hanlon): »Hör zu, Süße, ich weiß ja, ich bin nicht der Hauptgewinn bei der Tombola, aber wenigstens gestatte ich nicht 'ner Prozession von Weibern, mich an der Nase rumzuführen.«
Harlow: »Nur weil jemand vergessen hat, dir einen Ring durch die Nase zu ziehen.« [8820]

*

Harlow: »Einmal sollte ein Mädchen wohl seinen Kopf verlieren, nur um ihn dann für immer wiederzukriegen.« [8821]

*

Tracy: »Dieses Haus mit deiner Familie ist fast genausogut geeignet, ein Baby aufzuziehen, wie eine Alligatorfarm.« [8822]

*

Harlow: »Weißt du, sosehr ich es auch möchte, ich würde es nicht einmal glauben, wenn ich hören würde, daß dich ein Hai gefressen hat.« [8823]

*

Tracy: »Richtig kultiviert in diesem Laden. Ich fühl mich selbst schon wie 'n Gentleman.«
Harlow: »Genieße es, denn es wird nicht lange anhalten!« [8824]

***

SHAKESPEARE IN LOVE
USA 1998, Bedford Falls, Universal, Miramax (Regie John Madden, Buch Marc Norman, Tom Stoppard)

*

Tom Wilkinson (Hugh Fennyman): »Wie heißt das Stück?«
Geoffrey Rush (Philip Henslowe): »Romeo und Ethel, die Piratentochter.« [8825]

*

Rush: »Aber was bekommen Darsteller und Autor?«
Wilkinson: »Einen Anteil am Gewinn.«
Rush: »Den haben wir nie.«
Wilkinson: »Natürlich nicht.« [8826]

*

Rush: »Mr. Fennyman, darf ich eine Bemerkung über das Theatergeschäft machen? Unser natürlicher Zustand ist eine Abfolge von unüberwindbaren Hindernissen auf dem Weg zur Katastrophe.«
Wilkinson: »Und was sollen wir tun?«
Rush: »Gar nichts. Seltsamerweise geht es immer gut aus.« [8827]

> »Dein freier Tag tut deiner Wäsche wirklich nicht gut.«
> Sexbombe

Gwyneth Paltrow (Viola De Lesseps): »Du hast früher nie so gut von ihm gesprochen.«
Joseph Fiennes (Will Shakespeare): »Er war ja früher auch nicht tot.« [8828]

***

SHAMPOO
USA 1975, Persky-Bright, Vista, Columbia (Regie Hal Ashby, Buch Robert Towne, Warren Beatty)

*

Warren Beatty (George Roundy): »Ich weiß gar nicht, warum ich mich dafür *(den Seitensprung)* entschuldige. Die Bumserei macht mir eben einfach Spaß.« [8829]

***

SHANGHAI EXPRESS
USA 1932, Paramount (Regie Josef von Sternberg, Buch Jules Furthman, Story Harry Hervey)

*

Warner Oland (Henry Chang): »You're in China now, sir, where time and life have no value.« [8830]

*

Marlene Dietrich (Shanghai Lily): »I've changed my name.«
Clive Brook (Captain Donald Harvey): »Married?«
Dietrich: »No. It took more than one man to change my name to Shanghai Lily.« [8831]

*

Lawrence Grant (Reverend Carmichael): »One of them is yellow and the other one is white, but both their souls are rotten.« [8832]

*

Gustav von Seyffertitz (Eric Baum): »Verdammtes ausländisches Gesindel!«
Eugene Pallette (Sam Salt): »What did he say to you?«
Oland: »Something he'll probably have occasion to regret.« [8833]

*

Dietrich: »When I needed your faith you withheld it. And now, when I don't need it and don't deserve it, you give it to me.« [8834]

*

Oland: »Have you any wealthy or influential friends?«
Dietrich: »No. I have no friends at all.«
Oland: »Why are you going to Shanghai?«
Dietrich: »I want to buy a new hat.« [8835]

*

Dietrich: »Any man would have come to my defense. You can't hold that against him.«
Oland: »I'm not concerned with your ideas of justice. I live by my own code.« [8836]

*

Dietrich: »The Chinese government will have your head for it.«
Oland: »The Chinese government would have had my head long ago, if it hadn't been such a good head.« [8837]

*

Oland: »All the money in the world can not wipe out his insult to me.« [8838]

***

DER SHERIFF OHNE COLT
(The Boy from Oklahoma)
USA 1954, Warner (Regie Michael Curtiz, Buch Winston Miller, Frank Davis, Story Michael Ferrier)

*

Will Rogers, jr. (Tom Brewster): »Was meinen Sie denn, was er von mir will?«
Clem Bevans (Pop Prouty): »Wenn ich immer aussprechen würde, was ich denke, dann wäre ich nicht so alt geworden.« [8839]

***

SHERIFF WIDER WILLEN
(The Sheriff of Fractured Jaw)
UK 1958, Angel, Twentieth Century Fox (Regie Raoul Walsh, Buch Arthur Dales, Story Jacob Hay)

*

Eynon Evans (Mason): »Diese Befestigung ist eine Erfindung, an der wir noch arbeiten, Sir, für bessere Herren, die in einer finsteren Gegend herumspazieren wollen und dafür einen Revolver benötigen, der in einem Maßanzug keine Beule verursacht.« [8840]

*

Kenneth More (Jonathan Tibbs): »Ihrem Ton entnehme ich, daß wir in unserer Verständigung Schwierigkeiten haben.«

»Du hast früher nie so gut
von ihm gesprochen.«
»Er war ja früher auch nicht tot.«
Shakespeare in Love

Jayne Mansfield (Kate): »Ihre Schwierigkeiten mit mir haben noch nicht mal angefangen.« [8841]

*

More: »Ein Gläschen Rotwein, gut temperiert!« *Charles Farrell (Barmann):* »Mister, wir haben Whiskey, und wir haben Wasser, aber Wasser schenken wir nicht aus.« [8842]

*

Henry Hull (Masters): »Ich habe den Burschen immer wieder gesagt, sie sollen im Freien aufeinander schießen. In einem vollbesetzten Saloon ist so was zu gefährlich, dabei kann ein unschuldiger Zuschauer etwas abkriegen.« [8843]

*

More: »Haben Sie denn keine Gesetze hier?«
Hull: »Wir haben mehr Gesetze, als man befolgen kann. Es ist nur niemand da, der die Leute zwingen kann, den Gesetzen zu gehorchen.« [8844]

*

More: »Wenn das Zeug einem erst mal die Nervenenden weggebrannt hat, schmeckt es gar nicht so übel.« [8845]

*

Mansfield: »Jonathan Tibbs, ich habe einen Entschluß gefaßt. Ich werde Ihnen das Schießen beibringen. Es wird Ihnen nichts nützen, aber dann brauche ich mir bei Ihrer Beerdigung wenigstens keine Vorwürfe zu machen.« [8846]

***

SHE'S THE ONE
USA 1996, Good Machine, Marlboro Road Gang, South Fork, Twentieth Century Fox (Regie, Buch Edward Burns)

*

John Mahoney (Mr. Fitzpatrick): »Ich mach mir wirklich Sorgen um dich, Mickey. Ich finde, du solltest dich langsam mal auf was richtig konzentrieren. Vielleicht suchst du dir 'n Job.«
Edward Burns (Mickey Fitzpatrick): »Dad, ich hab 'n Job.«

> »Wenn das Zeug einem erst mal die Nervenenden weggebrannt hat, schmeckt es gar nicht so übel.«
> Sheriff wider Willen

Mahoney: »Das ist kein Job, das ist 'ne Ausrede für deine Angst vor der Wirklichkeit.« [8847]

*

Mahoney: »Hab ich das richtig verstanden? Du willst deine Freundin nicht mit deiner Frau betrügen?«
Mike McGlone (Francis Fitzpatrick): »Ja, so ähnlich.«
Mahoney: »Ach du lieber Himmel, Francis! Bin ich wirklich dein Vater? Das muß ich noch mal mit deiner Mutter klären.« [8848]

*

Burns: »Eins wird mir grad klar, Frannie, du hast die Blüte der Evolution noch nicht erreicht.« [8849]

*

McGlone: »Ich habe nicht die Absicht, sie zu ändern.«
Burns: »Ja, weil du sie nicht kennst.« [8850]

*

Mahoney: »Wißt ihr, so wie wir alle hier sitzen und in unser Bier heulen, während unsere Frauen da draußen ihr Leben genießen ... Ich hab darüber nachgedacht, also, ich möchte mich bei euch entschuldigen für die blöden Ratschläge, die ich euch gegeben hab.« [8851]

***

THE SHINING
UK 1980, Hawk, Peregrine, PCC, Warner (Regie Stanley Kubrick, Buch Stanley Kubrick, Diane Johnson, nach dem Roman von Stephen King)

*

Shelley Duvall (Wendy Torrance): »Ich bin ganz durcheinander. Ich will erst alles in Ruhe überlegen.«
Jack Nicholson (Jack Torrance): »Du hattest in deinem verschissenen Leben Zeit genug zu überlegen. Was willst du jetzt noch mit den paar Minuten anfangen?« [8852]

*

Nicholson: »Hieeeer ist Jackie.« [8853]

***

SHOCK TREATMENT
UK 1981, Adler-White, Twentieth Century Fox (Regie Jim Sharman, Buch Richard O'Brian, Jim Sharman)

*

»Er wird unter Umständen einen riesigen Karrieresprung machen.«

»Richtig, einen Sprung in die Dunkelheit.« [8854]

*

Patricia Quinn (Nation McKinley): »Wir wissen durchaus, was Sie empfinden. Verwirrung ist uns nicht unbekannt.« [8855]

Jessica Harper (Janet Majors): »Ich hab noch jede Menge vor. Aus mir wird ein Star. Ich werde Karriere machen. Ich werde einen erfolgreichen Weg in die Herzen der Menschen beschreiten, auch wenn ich jemanden dafür töten müßte.« [8856]

*

Harper: »Ich weiß gar nicht, warum ich meine Zeit hier mit Ihnen verschwende. Ich sollte bei meinem Publikum sein.« [8857]

*

Charles Gray (Richter Oliver Wright): »Die Sonne geht niemals unter für die, die in den Sonnenuntergang reiten.« [8858]

***

SHOPPING
UK 1993, Impact, Film Four, PolyGram, Kuzui, WMG (Regie, Buch Paul Anderson)

*

Jonathan Pryce (Conway): »Was hast du im Gefängnis gelernt?«
Jude Law (Billy): »Laß dich nicht erwischen!« [8859]

*

Sadie Frost (Jo): »Auf welcher Straßenseite fährst'n du?«
Law: »Auf beiden.« [8860]

*

Law: »Hören Sie, ich kenne meine Rechte. Ich sehe nämlich *L. A. Law*.« [8861]

***

SHOWDOWN IN L.A. *(Made in L.A.)*
USA 1989, WIN (Regie, Buch Michael Mann)

*

Alex McArthur (Patrick McLaren): »Das sind genug Schaltpläne, Computerdaten und Blaupausen, um die Bank zu bauen, von Ausräumen ganz zu schweigen.« [8862]

*

Scott Plank (Vincent Hammer): »Sieben Jahre in McNeill.«
McArthur: »Ja.«
Plank: »McNeill ist kein Erholungsheim.«
McArthur: »Willst du Kriminalpädagoge werden?« [8863]

*

McArthur: »Ich werd nie wieder in 'n Knast gehen.«
Plank: »Dann dreh keine Dinger mehr!«
McArthur: »Das ist mein Job. Ich tue das, was ich am besten kann, 'n Coup landen. Verstehst du? Du tust das, was du am besten kannst, du versuchst, Typen wie mich dran zu hindern. Schluß und aus!« [8864]

*

Plank: »Und es gibt nichts in deinem Leben, wovon du dich nicht innerhalb von zehn Sekunden trennen könntest?« [8865]

*

McArthur: »Also sollten wir beide wohl besser etwas ganz anderes machen.«
Plank: »Ich fürchte bloß, ich kann nichts anderes.«
McArthur: »Ich eben auch nicht.« [8866]

*

McArthur: »Es ist kein doppeltes Risiko, es hat sich inzwischen vervierfacht. Denn wenn was schiefgeht mit ihm, bekommen Sie's mit mir zu tun. Und das bedeutet doppelt soviel Ärger, wie Sie sich vorstellen können.« [8867]

*

Plank: »So, ich sag dir jetzt was über deine Rechte. Du hast das Recht zu schweigen. Verstanden? Du hast das Recht, ein für alle Mal keinen Ton von dir zu geben.« [8868]

*

Laura Harrington (Eady): »Da waren diese Bilder *(im Fernsehen)* ...«
McArthur: »Sachen laufen schief. Da gibt's schon mal Verletzte. Ich verkauf keine Swimmingpools.«
Harrington: »Da war ein Mann, der erschossen wurde.«
McArthur: »Michael hätte nicht mitmachen

> »Wir wissen durchaus, was Sie empfinden. Verwirrung ist uns nicht unbekannt.«
> Shock Treatment

müssen. Michael war freiwillig dort, er kannte das Risiko. Und wenn ihm das zu groß gewesen wär, dann hätte er Postbote werden können.«
Harrington: »Ich kann's einfach nicht glauben.«
McArthur: »Glaub es! Zieh dich an! Wir müssen los.«
Harrington: »Da war ein Mann, auf dem Bürgersteig, mit 'ner Einkaufstüte.«
McArthur: »Wenn's regnet, wird man naß. Wenn jemand im Wege steht, ist es sein Problem. Aber was reden wir hier überhaupt?« [8869]

***

SIE FUHREN BEI NACHT *(They Drive By Night)*
USA 1940, Warner (Regie Raoul Walsh, Buch Jerry Wald, Richard Macaulay, nach dem Roman ›The Long Haul‹ von A. I. Bezzerides)

*

George Raft (Joe Fabrini): »Rothaarige haben mir schon immer gefallen.«
Ann Sheridan (Cassie Hartley): »Sollten sie nicht. Rot heißt doch ›stop!‹«
Raft: »Ich bin farbenblind.« [8870]

***

SIE HEIRATET DEN CHEF
(She Married Her Boss)
USA 1935, Columbia (Regie Gregory La Cava, Buch Sidney Buchman, Story Thyra Samter Winslow)

*

Jean Dixon (Martha): »Du scheinst so glücklich, daß ich dir ungern den Ätherbausch von der Nase nehme.« [8871]

*

Dixon: »Kind, du fängst an, mir auf die Nerven zu gehen. Nimm 'n Zettel und schreib all die Fragen auf, die du hast! Wir beantworten sie dann mal schriftlich.« [8872]

***

SIE KÜSSTEN UND SIE SCHLUGEN IHN
(Les Quatre cent coups)

> »Weißt du, du mußt
> mit dem Leben ein bißchen
> mehr Geduld haben.«
> Sie leben

F 1959, Carrosse, SEDIF (Regie François Truffaut, Buch François Truffaut, Marcel Moussy)

*

Guy Decomble (Lehrer): »Wenn du dir die Ohren gewaschen hättest, würdest du verstehen, was dir dein Hintermann vorsagt.« [8873]

*

Pierre Repp (Englischlehrer): »Vielleicht bloß 'ne Drüsensache.« [8874]

*

»Meine Akte kann ich dir schon vorwärts und rückwärts herbeten. Ich gehöre zu der ehrenwerten Gattung ›frühreifer Psychopathen mit perversen Tendenzen‹.« [8875]

***

SIE LEBEN *(They Live)*
USA 1988, Alive, Carolco (Regie John Carpenter, Buch Frank Armitage, nach der Geschichte ›Eight O'Clock in the Morning‹ von Ray Nelson)

*

Roddy Piper (Nada): »Weißt du, du mußt mit dem Leben ein bißchen mehr Geduld haben.« [8876]

*

Piper: »Ich dachte, ich komm mal vorbei, kaue Kaugummi und tret 'n paar Leuten in den Arsch. Ich hab nur leider kein Kaugummi.« [8877]

***

**SIE LIEBT IHN –
SIE LIEBT IHN NICHT**
(Sliding Doors)
USA/UK 1997, Intermedia, Mirage, British Screen, Miramax, Paramount (Regie, Buch Peter Howitt)

*

Gwyneth Paltrow (Helen): »Okay, ich gehe. Ich gehe. Ich wär sowieso fast an dem ganzen Testosteron erstickt, das hier so rumfliegt. Besser ich verschwinde, bevor mir noch 'n Penis wächst.« [8878]

*

Paltrow: »Danke für Ihr Mitgefühl, schön, daß Sie gut gelaunt sind und so weiter, danke, daß Sie meinen Ohrring aufgehoben haben, aber jetzt will ich wirklich lieber lesen.« [8879]

*

Paltrow: »Ich bin nicht so betrunken, wie Sie vielleicht denken.«
Zara Turner (Anna): »'n Docht in den Mund, und sie brennt zwei Wochen lang.« [8880]

John Lynch (Gerry): »Gehörst du vielleicht zu einer bislang noch unentdeckten Art lebensmüder Vollidioten, lieber Gerry? Du hast gleich zweifach 'n Hau weg. Nummer eins: Das war knapp. Wirklich knapp. Mal laienhaft ausgedrückt: Sie hätte dich fast erwischt. Zweitens, und das ist noch viel besorgniserregender als Nummer eins, du redest wieder vor dem Spiegel mit dir selbst.« [8881]

*

Douglas McFerran (Russell): »Gerry, du bist eine moralfreie Zone.« [8882]

*

Jeanne Tripplehorn (Lydia): »Sie ist ganz hübsch anzusehen, wenn man Pferdegesichter mag.« [8883]

*

Lynch: »Aber du hast doch nie gesagt, daß du das willst.«
Tripplehorn: »Gerry, ich bin eine Frau. Wir sagen doch nicht, was wir wollen. Aber wir behalten uns das Recht vor, unangenehm zu werden, wenn wir's nicht kriegen. Das macht uns ja auch so faszinierend. Und auch verdammt gefährlich.« [8884]

*

Lynch: »Guck mal, was da los ist! Die haben so 'ne Art gemeinschaftlichen epileptischen Anfall.« [8885]

***

SIEBEN *(Se7en)*
USA 1995, New Line (Regie David Fincher, Buch Andrew Kevin Walker)

*

»Ein Verbrechen aus Leidenschaft.«
Morgan Freeman (Somerset): »Ja. Die ganze Leidenschaft sieht man jetzt an der Wand.« [8886]

*

Freeman: »Jeder Mensch, der 'ne gewisse Zeitspanne mit mir verbringt, findet mich unangenehm. Sie brauchen nur Ihren Mann zu fragen.«
Brad Pitt (Mills): »Es ist wahr. Er hat wirklich recht. Es ist wahr.« [8887]

*

Freeman: »Ich denke nicht, daß ich in einer Welt leben kann, wo Apathie uns alle umklammert, und die wird dann auch noch zur Tugend erklärt.«
Pitt: »Sie sind doch ebenso und keinen Deut besser.«
Freeman: »Ich habe nicht behauptet, anders oder besser zu sein. Ich bin's nicht. Doch ich kann's nachvollziehen. Ich bin so was wie 'n Sympathisant. Apathie kann eine Lösung sein. Ich meine, es ist leichter, sich in (...) Drogen zu verlieren, als den Schwierigkeiten des Lebens zu begegnen. Es ist leichter, das, was man haben will, zu stehlen, als zu verdienen. Es ist leichter, ein Kind zu schlagen, als es zu erziehen. Liebe ist anstrengend, sie kostet Mühe und Arbeit.« [8888]

***

DIE SIEBEN SAMURAI
(Shichinin no samurai)
JAP 1954, Toho (Regie Akira Kurosawa, Buch Shinobu Hashimoto, Hideo Oguni, Akira Kurosawa)

*

Takashi Shimura (Kambei): »Wir haben gesiegt, und trotzdem haben wir verloren.« [8889]

***

DIE 27. ETAGE *(Mirage)*
USA 1965, Universal (Regie Edward Dmytryk, Buch Peter Stone, nach dem Roman ›Fallen Angel‹ von Walter Ericson)

*

Jack Weston (Lester): »Jetzt, wo die Western schon alle psychologisch sind, kann man nur noch beim Freistilringen feststellen, wer der Bösewicht ist.« [8890]

***

DAS SIEBTE SIEGEL
(Det sjunde inseglet)
S 1957, Svensk Filmindustri (Regie, Buch Ingmar Bergman, nach seinem Stück ›Trämålning‹)

Max von Sydow (Antonius Block): »Warte einen Augenblick!«
Bengt Ekerot (der Tod): »Das sagen sie alle. Ich lasse nicht mit mir handeln.« [8891]

> »Ein Verbrechen aus Leidenschaft.«
> »Ja. Die ganze Leidenschaft sieht man jetzt an der Wand.«
> Sieben

Gunnar Björnstrand (Jöns): »Wie man sich auch dreht, der Arsch bleibt immer hinten.« [8892]

*

Björnstrand: »Es ist schlimm ohne Frau, aber mit einer hast du erst recht die Hölle auf Erden. Wenn man darüber nachdenkt, kommt man dahinter, daß es das Beste ist, wenn man sie totschlägt.« [8893]

*

Björnstrand: »Wenn etwas unvollkommen ist in dieser unvollkommenen Welt, dann ist die Liebe am vollkommensten in ihrer vollkommenen Unvollkommenheit.« [8894]

*

Åke Fridell (Plog): »Ich beneide dich direkt darum, daß du so eine geölte Schnauze hast und auch noch an den Quatsch glaubst, den du redest.«
Björnstrand: »Glauben? Wer hat gesagt, daß ich dran glaube? Aber ich kann nicht anders, ich muß allen gute Ratschläge geben. Ich bin ein studierter Mann.« [8895]

***

DER SIEGER *(The Quiet Man)*
USA 1952, Argosy, Republic (Regie John Ford, Buch Frank S. Nugent, nach einer Geschichte von Maurice Walsh)

*

Barry Fitzgerald (Michaeleen Flynn, zu Wayne): »Sag mal, womit haben sie euch in Amerika gefüttert, daß du so gewachsen bist?« [8896]

*

Fitzgerald: »Das ist eine resolute kleine Bestie. Oh, sie hat nicht umsonst einen roten Schopf, sag ich dir.« [8897]

*

Victor McLaglen (Red Will Danaher): »Dann wünsch ich Ihnen guten Tag, Mrs. Tillane, und allen andern auch, mit einer Ausnahme. *(zu Wayne:)* Sie werd ich mir in mein Buch schreiben.« [8898]

> »Wie man sich
> auch dreht, der Arsch
> bleibt immer hinten.«
> Das siebte Siegel

Fitzgerald: »Verhält sich so eine zärtliche Braut? So viel Manieren sollten Sie haben zu warten, bis er Ihr Gatte ist und zurückschlagen darf.« [8899]

*

Maureen O'Hara (Mary Kate Danaher): »Ich habe furchtbar viel Temperament. Ich will es Ihnen lieber gleich sagen, bevor Sie mal selber darauf kommen. Alle Danahers haben so viel Temperament.«
John Wayne (Sean Thornton): »In gewisser Beziehung halt ich das Temperament der Danahers für sehr reizvoll, Miss Danaher.« [8900]

*

Wayne: »Es wird zwischen uns niemals Türen und Riegel geben, Marianne *(Mary Kate)*. Die gibt es nur in deinem kleinlichen Herzen.« [8901]

*

Ward Bond (Father Peter Lonergan): »Pastor Playfair kommt gleich hier vorbei *(mit seinem Bischof)*. Ihr wißt, er ist ein liebenswerter Mensch. Wir wollen ihm zujubeln, als ob wir alle Protestanten wären.« [8902]

***

DIE SIEGER – AMERICAN FLYERS *(American Flyers)*
USA 1985, Wigan-Weinstein, Warner (Regie John Badham, Buch Steve Tesich)

*

Kevin Costner (Marcus): »Mom findet, das ist 'ne prima Idee.« (...)
David Grant (David): »Entweder du hast ihr was in den Tee getan, oder du bekommst den Friedensnobelpreis.« [8903]

*

John Amos (Dr. Conrad): »Du bist noch nicht tot. Also stirb oder tu was!« [8904]

***

SIERRA CHARIBA *(Major Dundee)*
USA 1965, Columbia (Regie Sam Peckinpah, Buch Harry Julian Fink, Oscar Saul, Sam Peckinpah, Story Harry Julian Fink)

*

(bei einer von Indianern getöteten Leiche)
Charlton Heston (Major Amos Dundee): »Hoffen wir, daß er schon vorher tot war.«
Mario Adorf (Sergeant Gomez): »Dann hätten sie sich bestimmt nicht die Mühe gemacht.«
Heston: »Schneiden Sie ihn los, Sergeant!«

James Coburn (Samuel Potts): »Brennan war Soldat, Amos, so was gehört dazu wie hübsche Mädchen und die Pension.« [8905]

*

Heston: »Wie groß ist wohl die Chance, die Kinder zurückzubekommen?«
Coburn: »Nicht größer als eins zu tausend, schätze ich, wenn Sie eine Division und ein Jahr Zeit zur Verfügung hätten. So ist die Chance gleich null.« [8906]

*

(Einstellungsgespräch)
Dub Taylor (Priam): »Benjamin Priam, Sir.«
Heston: »Ihr Beruf?«
Taylor: (murmelt unverständlich)
Heston: »Was haben Sie gesagt?«
Taylor: (murmelt unverständlich)
Heston: »Sprechen Sie etwas lauter!«
Taylor: (schreit) »Ich bin Pferdedieb.«
Heston: »Sind Sie ein guter Pferdedieb?«
Taylor: »Der beste, den es gibt.«
Heston: »Unterschreiben Sie mit Ihrem Namen, oder machen Sie ein Kreuz! Ich brauche Pferde und Maultiere. Das ist der Betrag, den Sie ausgeben dürfen, und das ist Ihr Geleitbrief. Brauchen Sie eine Eskorte?«
Taylor: »Nein, Sir.« [8907]

*

Heston: »Es gibt für euch nur drei Befehle. Hört ihr das Signal ›kommen‹, dann kommt, hört ihr das Signal ›Angriff‹, greift an, hört ihr das Signal ›Rückzug‹, folgt mir, und reitet wie der Teufel!« [8908]

*

Heston: »Was zum Teufel ist er?«
José Carlos Ruiz (Riago): »Ich bin zahmer Apache, wie Haustier, getaufter Indianer. Chariba ist Apache.« [8909]

*

Coburn: »Eine Empfehlung von Major Amos Dundee, Kavallerie der Vereinigten Staaten. Sie haben fünf Minuten Zeit, Waffen und Vorräte abzuliefern, dann wird angegriffen.«
Albert Carrier (Captain Jacques Tremaine): »Das wird er nicht wagen. Es wäre eine aggressive Handlung gegen eine befreundete Nation, ein unerhörter Bruch des internationalen Rechts.«

Coburn: »Der Major ist kein Jurist. Jetzt sind es nur noch vier Minuten.« [8910]

***

SILVERADO
USA 1985, Kasdan (Regie Lawrence Kasdan, Buch Lawrence Kasdan, Mark Kasdan)

*

Kevin Kline (Paden): »Komm, ich geb' einen aus.«
Scott Glenn (Emmett): »Du hast doch gar kein Geld.«
Kline: »Na, dann gibst du mir einen aus. Weißt du, so ein richtig stinkender Saloon ist mir der liebste Platz auf Erden.« [8911]

*

Kline: »Du hast meinen Hut auf. Hast du sonst noch was, was mir gehört?«
Autry Ward (Hutdieb): »Mister, ich habe keine Ahnung, wovon Sie reden.«
Kline: »Ich hoffe, deine Finger streicheln nicht meinen Colt mit Elfenbeingriff. Wenn du langsam aufstehst und mich sehen läßt, überlebst du vielleicht die Nacht.« [8912]

*

»Ist dir klar, wer Rinder tötet, der wird gehängt in diesem Bezirk? Wenn wir dich gleich jetzt erschießen, wäre das noch im Rahmen des Gesetzes.« [8913]

*

Danny Glover (Mal): »Mister, schon mal erlebt, was ein 44er Henry anrichtet, wenn jemand damit umgehen kann?« [8914]

*

Kline: »Ist das ein faires Gemisch?«
Linda Hunt (Stella): »Damit rette ich Leben. Pur würde das Zeug auf Stiefelleder Blasen schlagen.« [8915]

*

(vor dem Showdown)
Brian Dennehy (Cobb): »So eine Verschwen-

> »Du bist noch nicht tot.
> Also stirb oder tu was!«
> Die Sieger – American Flyers

dung. Es hätte für uns beide was abfallen können.«
Kline: »Ja, Pech gehabt. Mach's gut, Cobb.«
Dennehy: »Mach's gut, Paden.« *8916*

***

SIMON IN DER WÜSTE *(Simon del desierto)*
MEX 1965, Alatriste (Regie Luis Buñuel, Buch Luis Buñuel, Julio Alejandro)

*

Claudio Brook (Simon): »Ziehe hin in Frieden! Laß mich mit meinem Krieg allein!« *8917*

*

(Mönch): »Deine Selbstlosigkeit ist bewundernswert und für dein Seelenheil sicher von Bedeutung, doch ich befürchte, sie ist, genauso wie deine Buße, für die Menschheit wenig hilfreich.« *8918*

***

EIN SINGLE KOMMT SELTEN ALLEIN
(The Lonely Guy)
USA 1983, Universal (Regie Arthur Hiller, Buch Ed Weinberger, Stan Daniels, Neil Simon, nach dem Roman von Bruce Jay Friedman)

*

Charles Grodin (Warren): »Ich hasse es, Nickerchen zu machen. Ich mag es nicht, mehr als einmal am Tag aufzuwachen.« *8919*

*

Steve Martin (Larry): »Irgendwie ist es schon komisch, daß eine Kleinigkeit, wie das Schreiben eines Bestsellers, das Leben eines Mannes so verändern kann.« *8920*

***

SINGLES
USA 1992, Atkinson-Knickerbocker, Warner (Regie, Buch Cameron Crowe)

*

Bridget Fonda (Janet Livermore): »Ich glaube, die Zeit läuft davon, etwas wirklich Verrücktes zu tun. Irgendwann um die 25 nennt man das unreif.« *8921*

> »Man weiß nie, wie groß das Hirn von jemandem ist, solange man es nicht vom Teppich gewischt hat.«
> Eine Sippschaft zum Ermorden

SINN UND SINNLICHKEIT
(Sense and Sensibility)
UK 1995, Mirage, Columbia (Regie Ang Lee, Buch Emma Thompson, nach dem Roman von Jane Austen)

*

Kate Winslet Marianne Dashwood): »Dein Hals ist so schmutzig, daß man Kartoffeln darauf anbauen könnte.« *8922*

*

Gemma Jones (Mrs. Dashwood): »Wenn du nichts Angemessenes zu sagen hast, dann beschränkst du dich bitte auf Bemerkungen über das Wetter!« *8923*

*

Emma Thompson (Elinor Dashwood): »Marianne hält nichts davon, ihre Empfindungen zu verbergen. Bedauerlicherweise hat ihre romantische Verklärtheit die unselige Tendenz, sich über die Schicklichkeit hinwegzusetzen.« *8924*

*

Thompson: »Ich habe nichts zu erzählen.«
Winslet: »Ich auch nicht. Wir haben beide nichts zu erzählen, ich, weil ich nie etwas verberge und du, weil du dich nie jemandem mitteilst.« *8925*

***

SINOLA *(Joe Kidd)*
USA 1972, Malpaso, Universal (Regie John Sturges, Buch Elmore Leonard)

*

Stella Garcia (Helen Sanchez): »Du läßt deine Freunde für dich sterben?«
John Saxon (Luis Chama): »Nein, für sich selbst, für das, woran sie glauben.«
Garcia: »Sie glauben aber an dich.« *8926*

*

Saxon (zu Garcia): »Was du denkst, ist mir ganz egal. Es gibt Tage und Nächte, an denen nichts zu tun ist. Da freue ich mich, wenn du bei mir bist, aber nicht, um dich reden zu hören.« *8927*

***

EINE SIPPSCHAFT ZUM ERMORDEN
(Mad Dog Time)
USA 1996, Ring-A-Ding, LCC, Dreyfuss-James, Skylight, United Artists (Regie, Buch Larry Bishop)

*

Gabriel Byrne (Ben London): »Weißt du, ich beurteile das Leben eines Mannes nach der Art, wie er stirbt. Und dein Leben ist vermurkst, Red.« [8928]

*

Gregory Hines (Jules Flamingo): »Vic kommt raus, und Vic wird dich tot sehen wollen. (...) Es ist Showdownzeit.« [8929]

*

Byrne: »Unser Vic. Ein paranoider Schizophrener. Dabei dachte ich, er wäre einfach nur blöd.« [8930]

*

Byrne: »Wenn nicht eine von Vics Persönlichkeiten dich erwischt, dann sicher eine von den Everly-Schwestern.« [8931]

*

Hines: »Mach dir keine Sorgen um mich! Ich fall immer irgendwie auf die Füße.«
Kyle MacLachlan (Jake Parker): »Heute wirst du auf den Kaffeetisch fallen.« [8932]

*

Richard Dreyfuss (Vic): »Du stehst ab sofort auf der Gehaltsliste.« [8933]

*

Dreyfuss: »Ich will, daß du sehr nett zu Ben bist, aber wenn er Schwierigkeiten macht, erschieß ihn!« [8934]

*

Byrne: »He, Nick, ich bin Ben. Ich höre, du mußt dir nächstes Jahr keine Sorgen mehr um die Weihnachtseinkäufe machen.« [8935]

*

Byrne: »Sieh's doch mal von der positiven Seite! Ich meine, sterben müssen wir alle. Du mußt es so sehen: Du wirst vor uns durchs Ziel marschieren. Du belegst den ersten Platz auf dem Treppchen.« [8936]

*

Byrne: »Ich glaube, er ist tot. Aber bei ihm ist das irgendwie schwer zu sagen.« [8937]

*

Byrne: »He, Mick, was meinst du, ist besser auf lange Sicht, gerissen zu sein oder Eier zu haben?« [8938]

*

Byrne: »Man weiß nie, wie groß das Hirn von jemandem ist, solange man es nicht vom Teppich gewischt hat.« [8939]

*

Dreyfuss: »Ben, laß das! Du schießt nicht besser, als du singst.« [8940]

*

Dreyfuss: »Viele können mich jetzt nicht mehr umbringen wollen.« [8941]

***

DER SIZILIANER
(The Sicilian)
USA 1987, Gladden, Twentieth Century Fox (Regie Michael Cimino, Buch Steve Shagan, nach dem Roman von Mario Puzo)

*

John Turturro (Aspanu Pisciotta): »Stirbt er jetzt?«
Trevor Ray (Frisella): »Lange lebt er bestimmt nicht mehr, bei dem Loch und dem Blutverlust.«
Turturro: »Holt einen Arzt! Einen richtigen Arzt!«
Ray: »Selbst ein Friseur erkennt den Tod, wenn er ihn sieht.« [8942]

*

Barry Miller (Dr. Nattore): »Warum soll ich hier weggehen?«
Nicholas Kepros (Dekan): »Sie haben das Wort ›nein‹ zu Don Masino Croce gesagt. Das bedeutet, daß Sie nicht länger hier in Sizilien leben können.« [8943]

*

Christopher Lambert (Salvatore Giuliano): »Hat Euch schon mal eine Kugel getroffen?«
(Mönch): »Ich bin Franziskaner und kein Jesuit.« [8944]

*

Giulia Boschi (Giovanna Ferra): »Was hast du denn vor?«
Lambert: »Die Welt retten. Was denn sonst?« [8945]

*

Derrick Branche (Terranova): »Warum willst du das tun? Das hat noch nie jemand getan.«

> »He, Mick, was meinst du, ist besser auf lange Sicht, gerissen zu sein oder Eier zu haben?«
> Eine Sippschaft zum Ermorden

Lambert: »Weil es noch nie jemand getan hat.« [8946]

*

Boschi: Weißt du, du siehst nicht gerade wie jemand aus, der den Armen helfen möchte.«
Lambert: »Ich hab dir das Kleid gekauft, weil du arm bist. Ich hab diesen Anzug gekauft, weil ich arm bin.« [8947]

*

Richard Bauer (Professor Hector Adonis): »Ich weiß noch genau, wie er diese Schuhe gekauft hat. Er sagte: ›Die halten bis an mein Lebensende.‹«
Lambert: »Haben sie auch.« [8948]

*

Bauer: »Ich habe in meinem Leben viele harte Männer gekannt, aber die wirklich harten sind die, die mit dem, was sie getan haben, leben können.« [8949]

*

Ray McAnally (Minister Trezza): »Ich schicke Spezialeinheiten, Fallschirmspringer und Panzer runter. Wenn die dort aufgeräumt haben, gibt's keine Berge mehr auf Sizilien, geschweige denn Giuliano.« [8950]

*

Joss Ackland (Don Masino Croce): »Was geschieht jetzt?«
Bauer: »Hier geschieht nichts. Hier wird nie etwas geschehen.« [8951]

***

SKANDALBLATT
(Scandal Sheet)
USA 1952, Columbia (Regie Phil Karlson, Buch Ted Sherdeman, Eugene Ling, James Poe, nach dem Roman ›The Dark Page‹ von Samuel Fuller)

*

Henry Morgan (Biddle): »Das Mädchen muß mal hübsch gewesen sein. Zu dumm, daß der Kerl 'n Kopf getroffen hat. Da macht mir das Fotografieren keinen Spaß mehr.« [8952]

> »Warum willst du das tun?
> Das hat noch nie jemand getan.«
> »Weil es noch nie
> jemand getan hat.«
> Der Sizilianer

John Derek (Steve McCleary): »Wie geht's Ihnen, Prinzessin?«
Donna Reed (Julie Allison): »Ich muß an mich halten, um nicht vor Begeisterung aufzujuchzen.« [8953]

*

Broderick Crawford (Mark Chapman): »Ich hab sehr viele Fehler gemacht, als ich jung war, aber du warst mein größter Fehler. Du hingst mir mit deiner verlogenen Verliebtheit wie ein Klotz am Bein.« [8954]

***

SKIN DEEP
USA 1989, BECD, Morgan Creek
(Regie, Buch Blake Edwards)

*

John Ritter (Zach Hutton): »Ich weiß nicht, was ich sagen soll.«
Denise Crosbie (Angie): »Wie wär's denn mit: ›Lieber Gott, mach mich fromm!‹«
Ritter: »Komm schon, Angie, leg bitte die Kanone weg!«
Crosbie: »Ach, ist das alles? Zachary Hutton, Pulitzerpreisträger und das zu Recht, international gefeierter Autor, ist im Begriff, von einer eifersüchtigen Frau erschossen zu werden, und alles, was ihm dazu einfällt, ist: ›Komm schon, Angie, leg bitte die Kanone weg!‹« [8955]

*

Ritter: »Du könntest keiner Fliege was zuleide tun.«
Crosbie: »Ich könnte, wenn ich sie mit meiner Friseuse beim Vögeln erwischen würde.« [8956]

*

Crosbie: »Das ist wohl ein fairer Vorschlag, das nennt man Gütertrennung. Ich behalte die Kanone, du bekommst die Kugeln.« [8957]

*

Alyson Reed (Alex): »Und was machen Sie sonst so, wenn Sie nicht versuchen, meinen Mann umzubringen?« [8958]

*

Reed: »Wenn Sie ihn immer noch töten wollen, dann tun Sie mir den Gefallen und machen das draußen. Ich hab das Bett gestern frisch bezogen.« [8959]

*

Ritter: »Ich sehne mich nach einer wirklich ernsthaften, monogamen, gesunden Beziehung zwischen zwei Menschen. Und ich (...) war sicher, daß ich die mit Alex haben könnte. Aber die Wahrheit ist, Barney, ich ... in der tiefsten, dunkelsten Stelle meines elenden Gewissens, wo ich allein nur meinem Ich begegne, wo tatsächlich brutale Wahrheit herrscht, da schreit es: ›Ich will sie alle.‹« [8960]

*

Raye Hollit (Lonnie Jones): »Können Sie vielleicht *Three Times a Lady*?«
Ritter (am Klavier): »Tut mir leid, ich bin noch nicht betrunken genug.« [8961]

*

Hollit (off): »Was hältst du von Frauen, die Bodybuilding machen?«
Ritter: »Ich weiß nicht, ich hab noch nie 'ne Frau kennengelernt, die Bodies buildet.«
Hollit: »Dann sieh dir das mal an, Zach! Ich habe 5 Jahre daran gearbeitet, 52 Wochen im Jahr, 5 Tage in der Woche, 3 Stunden am Tag, um diesen Körper zu bilden. Und für eine Nacht, diese Nacht gehört das alles dir. Na, wie fühlst du dich?«
Ritter: »Wie die Frau von Arnold Schwarzenegger.« [8962]

*

Chelsea Field (Amy): »Ich liebe guten Heavy Metal.«
Ritter: »Wirklich? Das ist so, als würde man sagen: ›Ich liebe eine gute Wurzelbehandlung.‹« [8963]

*

Ritter: »Entweder Sie kommen häufiger vorbei, oder Sie bringen mir ein größeres Glas.« [8964]

*

Ritter: »Du wirst es nicht glauben, aber es gibt einen Gott. Und er schreibt tolle Komödien.« [8965]

***

SKLAVIN DES HERZENS
(Under Capricorn)
USA 1949, Transatlantic, Warner (Regie Alfred Hitchcock, Buch James Bridie, Hume Cronyn, nach dem Roman von Helen Simpson)

*

Ronald Adam (Mr. Riggs): »Erziehung ist etwas wert, aber sie ist manchmal ein Hindernis.« [8966]

SLEEPERS
USA 1996, Propaganda, Baltimore, PolyGram (Regie, Buch Barry Levinson, nach dem Buch von Lorenzo Carcaterra)

*

Vittorio Gassman (King Benny): »Pater Bobby wäre ein prima Killer geworden. Ein Riesenpech, daß er auf der anderen Seite steht.« [8967]

*

Frank Medrano (Fat Mancho): »Wenn du hart sein willst, mußt du immer hart sein. Wenn einer merkt, du bist schwach, frißt er dich auf wie 'n Salat.« [8968]

*

Robert De Niro (Father Bobby): »Ich hab auf dem Weg hierher in Attica Pause gemacht, um 'n alten Freund zu besuchen.«
Joe Perrino (der junge Shakes): »Haben Sie keine Freunde, die nicht einsitzen?« [8969]

*

Minnie Driver (Carol): »Snyder war in Bestform. Der ist gar nicht mal schlecht. Ihr habt so getan, als könnte er kaum gerade stehen.«
Medrano: »Oh, er ist ein Säufer, aber er ist nicht blöd.« [8970]

*

Brad Pitt (Michael): »He, nie mit Anwälten Mitleid haben!« [8971]

***

SLING BLADE
USA 1995, Shooting Gallery (Regie, Buch Billy Bob Thornton)

*

J. T. Walsh (Charles Bushman): »Nein, 'ne Scharfe *(Frau)* macht einfach zuviel Krach.« [8972]

*

Walsh: »Du mußt irgendwas explodieren lassen, um es wirklich zu begreifen. Ich meine, man muß die ganzen kleinen Teilchen untersuchen, während sie noch brennen.« [8973]

> »Und was machen Sie sonst so, wenn Sie nicht versuchen, meinen Mann umzubringen?«
> Skin Deep

Walsh: »Ich kann es nicht leiden, wenn die Leute ständig quatschen. Ich rede lieber selbst.« [8974]

***

SMALL SOLDIERS
USA 1998, Dream Works, Universal (Regie Joe Dante, Buch Gavin Scott, Adam Rifkin, Ted Elliott, Terry Rossio)

*

Denis Leary (Gil Mars): »Also, diese Jungs sind (Spielzeug-) Soldaten. Richtig? Und was brauchen Soldaten?«
David Cross (Irwin Wayfair): »Tarnanzüge?«
Jay Mohr (Larry Benson): »Helme vielleicht?«
Leary: »Miss Kegel?«
Alexandra Wilson (Miss Kegel): »Feinde, Sir.« [8975]

*

Cross: »Finden Sie das nicht ein bißchen gewalttätig?«
Leary: »Ganz genau. Also nennen Sie es nicht Gewalt, nennen Sie es Action! Die Kinder lieben Action.« [8976]

*

Leary: »Was haben wir für die Dinger verlangt?«
Cross: »79,95.«
Leary: »Folgendes: Hängen Sie hinten noch 'n paar Nullen dran, verstanden? Und setzen Sie sich mit der militärischen Abteilung in Verbindung! Ich kenn da 'n paar Rebellen in Südamerika, die dieses Spielzeug ziemlich unterhaltsam finden werden.« [8977]

***

SMOKE
USA 1995, NDF, Euro Space, Newman, Interal, Miramax (Regie Wayne Wang, Buch Paul Auster, nach seiner Geschichte ›Auggie Wren's Christmas Story‹)

*

Harvey Keitel (Auggie Wren): »Genieß dein Leben, solange es geht, Vin, der Staat wird's uns sowieso bald vermiesen.«

»Nein, 'ne Scharfe (Frau) macht einfach zuviel Krach.«
Sling Blade

Victor Argo (Vinnie): »Ja, bald stellen sie dich an die Wand und erschießen dich, wenn sie dich beim Rauchen erwischen.«
Keitel: »Ja, heute Tabak, morgen Sex. In drei, vier Jahren machst du dich vermutlich strafbar, wenn du einen Fremden anlächelst.« [8978]

*

Keitel: »Du hast mich schon mal verarscht, Schätzchen. Wieso sollte ich dir jetzt glauben?« [8979]

***

SNEAKERS – DIE LAUTLOSEN
(Sneakers)
USA 1992, Lasker-Parkes, Universal (Regie Phil Alden Robinson, Buch Phil Alden Robinson, Lawrence Lasker, Walter F. Parkes)

*

Jojo Marr (Cosmo im Collegealter): »Was haben wir gerade gemacht?«
Gary Hershberger (Bishop, am Computer): »Die republikanische Partei hat gerade ihre großzügige Spende an die Black Panther überwiesen.«
Marr: »Super!«
Hershberger: »Und ob!«
Marr: »Wer ist der nächste?«
Hershberger: »Mal sehen. Oh, das Privatkonto von Richard Nixon steht hier drin.«
Marr: »Klingt verlockend.«
Hershberger: »Dann müßten wir aber einen wahrhaft würdigen Empfänger für sein Geld finden. Wie wär's mit dem Amerikanischen Verband zur Legalisierung von Marijuana?«
Marr: »Prima! Wieviel soll er spenden?«
Hershberger: »Er ist ein großzügiger Mann. Ich würde sagen, alles was er hat. (...)«
Marr: »Marty, bist du ganz sicher, daß wir deswegen keinen Ärger bekommen?« [8980]

*

Ben Kingsley (Cosmo): »Die Welt wird nicht mehr von Waffen beherrscht, nicht mehr von Geld und Erdöl, sondern von kleinen Einsen und Nullen, von Bits und Daten. Nur von kleinen Elektronen.« [8981]

***

SO EINFACH IST DIE LIEBE NICHT
(The Bachelor and the Bobby-Soxer)
USA 1947, RKO (Regie Irving Reis, Buch Sidney Sheldon)

Shirley Temple (Susan Turner): »Man hupt nach mir.« [8982]

*

Ray Collins (Beemish): »Ich bin der Gerichtspsychiater.«
Cary Grant (Richard Nugent): »Kommen Sie in 'ner Stunde wieder, dann *bin* ich verrückt.« [8983]

SO GRÜN WAR MEIN TAL
(How Green Was My Valley)
USA 1941, Twentieth Century Fox (Regie John Ford, Buch Philip Dunne, nach dem Roman von Richard Llewellyn)

*

John Loder (Ianto): »Wenn Manieren verbieten, daß man die Wahrheit sagt, haben wir eben keine Manieren.« [8984]

*

Frederic Warlock (Dr. Richards): »Ihr habt lauter Gaulsnaturen in der Familie, Mr. Morgan. Der Bursche wäre längst tot und begraben, wenn's nach mir ging.« [8985]

*

Loder: »Ich hab gelernt, der Mensch wurde geschaffen nach dem Ebenbild Gottes, nicht eines Schafes.« [8986]

*

Roddy McDowall (Huw): »Aber sie hat doch gar nichts getan.«
Sara Allgood (Mrs. Morgan): »Nichts war schon immer zuviel für die Menschen, die schlecht denken wollen.« [8987]

*

Walter Pidgeon (Mr. Gruffyd): »Ich fürchte, wenn ich sie wiedersehe, dann find ich nicht mehr die Kraft, sie zu verlassen.« [8988]

SO WIE WIR WAREN
(The Way We Were)
USA 1973, Rastar, Columbia (Regie Sydney Pollack, Buch Arthur Laurents, nach seinem Roman)

*

Herb Edelman (Bill Verso): »Patriot ohne Bezahlung zu sein, das kriegt man schnell satt.« [8989]

*

Robert Redford (Hubbell Gardiner): »Der Kummer mit manchen Menschen ist, daß sie zu hart arbeiten.« [8990]

Barbra Streisand (Katie Morosky): »Darf ich dir eine persönliche Frage stellen? (...) Lächelst du eigentlich immer?« [8991]

*

Redford: »Bist du wirklich der Dinge so sicher, deren du so sicher bist?« [8992]

*

Streisand: »Deine Freunde geben mir das Gefühl, nur zum Drink eingeladen zu sein, während die andern zum Essen bleiben.« [8993]

*

Redford: »Warum versuchst du nicht, dich zu unterhalten?«
Streisand: »Das hab ich.«
Redford: »Das hast du nicht, du hast doziert.« [8994]

*

Redford: »Es gibt nicht eine Minute, in der man einfach mal das Leben genießt. Die Dinge sind zu ernst, um *so* ernst zu sein.« [8995]

*

Redford: »Glaubst du, daß wie durch Zauberei plötzlich alles im Lot ist, wenn ich wiederkomm? Was soll anders werden? Wir werden beide Unrecht haben und beide verlieren.«
Streisand: »Könnten wir nicht beide gewinnen?« [8996]

*

Redford: »Und ich sage dir, daß Menschen wichtiger sind als irgendeine politische Hexenjagd. Du und ich, das zählt, nicht irgendwelche Prinzipien.«
Streisand: »Hubbell, die Menschen sind ihre Prinzipien.« [8997]

*

Redford: »Du gibst niemals auf, was?«
Streisand: »Nur wenn ich dazu gezwungen werde.« [8998]

»*Es gibt nicht eine Minute, in der man einfach mal das Leben genießt. Die Dinge sind zu ernst, um so ernst zu sein.*«
So wie wir waren

SODOM UND GOMORRHA
(Sodoma e Gomorra)
I/F 1961, Titanus, Pathé (Regie Robert Aldrich, Buch Hugo Butler, Giorgio Prosperi)

*

»Dein Zorn ist maßlos, Ishmael.«
Giacomo Rossi Stuart (Ishmael): »Wie soll Zorn sonst sein?« ⁸⁹⁹⁹

***

SOLO FÜR ZWEI
(All of Me)
USA 1984, Old Time, Kings Road, Universal (Regie Carl Reiner, Buch Phil Alden Robinson, nach dem Roman ›Me Two‹ von Ed Davis)

*

Lily Tomlin (Edwina Atwater): »Was ist?«
Peggy Feury (Dr. Betty Ahrens): »Ganz einfach, Sie liegen im Sterben.«
Tomlin: »Ich war noch ein kleines Kind, da sagten mir Ärzte bereits, ich läge im Sterben.«
Feury: »Tja, dann hatten Sie ja jede Menge Zeit, das zu üben, was Sie jetzt tatsächlich tun.« ⁹⁰⁰⁰

*

Tomlin: »Mr. Cobb, das letzte, was ich hier gebrauchen kann, ist Ihre unwissende, negative Einstellung zu den Dingen.« ⁹⁰⁰¹

*

Steve Martin (Roger Cobb): »Ich hab Sie nicht gemocht, als Sie noch in Ihrem Körper waren, und ganz sicher mag ich Sie noch viel weniger in meinem.« ⁹⁰⁰²

*

Martin: »Ich bin nur ein bißchen nervös, das ist alles.«
Dana Elcar (Burton Schuyler, sein Chef): »Sie dürfen nicht nervös sein. Steht nur Ihre Karriere auf dem Spiel, das ist alles.« ⁹⁰⁰³

*

Martin: »Ich brauche bloß eine kleine Atempause, das ist alles.«
Tomlin (off): »Ja. Stecken Sie Ihre kleine Atempause wieder in die Hose, und gehen wir ihn suchen!« ⁹⁰⁰⁴

***

SOMMER *(Conte d'été)*
F 1996, Losange, Sept Cinéma, Menegoz, Canal+, Sofilmka (Regie, Buch Eric Rohmer)

*

Amanda Langlet (Margot): »Ich bin neugierig auf die Leute. Es gibt keinen, der ganz und gar uninteressant wäre.«
Melvil Poupaud (Gaspard): »Das mag vielleicht stimmen, wenn du sie einzeln siehst, aber nicht in der Gruppe. Ich hatte immer einen Horror vor Gruppen. Ich hab keine Lust, mich zu integrieren, und selbst wenn ich es wollte, würde ich es nicht schaffen.« ⁹⁰⁰⁵

***

EINEN SOMMER LANG
(Sommarlek)
S 1951, Svensk Filmindustri (Regie Ingmar Bergman, Buch Ingmar Bergman, Herbert Grevenius, Story Ingmar Bergman)

*

Maj-Britt Nilsson (Marie, voice-over): »Es waren Tage wie Perlen, runde, schimmernde Perlen, aufgereiht auf einen goldenen Faden. Selbst die Regentage waren für uns voller Licht und Sonne, voller Spiele und Liebe. Und die Nächte waren erfüllt von wachen Träumen. Wann schliefen wir? Wann wäre dazu Zeit geblieben?« ⁹⁰⁰⁶

***

EINE SOMMERNACHTSSEXKOMÖDIE
(A Midsummer Night's Sex Comedy)
USA 1982, Rollins-Joffe, Orion (Regie, Buch Woody Allen)

*

José Ferrer (Professor Leopold Sturges): »Außerhalb dieser Welt existiert keine Realität.«
(Student): »Aber das hieße, daß viele menschliche Bedürfnisse ungestillt blieben.«
Ferrer: »Tut mir leid, ich habe diesen Kosmos nicht geschaffen, ich mache ihn nur plausibel.« ⁹⁰⁰⁷

*

Ferrer: »Anstatt mit Vernichtungswaffen treibe ich mir meine aggressiven Impulse viel lieber mit dem repräsentativeren Schachspiel aus.« ⁹⁰⁰⁸

> »Ich hab Sie nicht gemocht, als Sie noch in Ihrem Körper waren, und ganz sicher mag ich Sie noch viel weniger in meinem.«
> Solo für Zwei

Tony Roberts (Dr. Maxwell Jordan): »Er ist ein eingebildeter Fatzke.«
Woody Allen (Andrew Hobbes): »Ich weiß, aber morgen um diese Zeit ist sie die Frau dieses eingebildeten Fatzken.« [9009]

*

Allen: »Maxwell Jordan ist in dich verliebt.«
Mia Farrow (Ariel Weynmouth): »Ach, dieser Casanova im weißen Kittel!«
Allen: »Nein, er ist ein fabelhafter Kerl und ein toller Arzt. Ehrlich! Hat noch keine Patientin verloren. Hat 'n paar geschwängert, aber noch keine verloren.« [9010]

*

Roberts: »Wissen Sie, wie ich die Ehe im Scherz nenne? Den Tod der Hoffnung. Natürlich nur im Scherz. Obwohl in jedem Scherz ein winziges Körnchen Wahrheit steckt.« [9011]

*

Roberts: »Ihr geistiger Hochmut schützt Sie keineswegs vor einem Schlag auf die Nase.«
Ferrer: »Nur zu, schlagen Sie mich! Das wollten Sie doch schon den ganzen Tag. Keine Angst, ich leiste keinen Widerstand. Mir ist klar, daß das für primitive Menschen oft der letzte Ausweg ist.« [9012]

*

Allen: »Ich bin nicht poetisch veranlagt, ich sterbe nicht aus Liebe. Ich arbeite in der Wall Street.« [9013]

*

Roberts: »Gib mir eine Chance! Ich hatte noch gar keine Möglichkeit, meinen ganz persönlichen Charme spielen zu lassen.« [9014]

*

Allen: »Das sind zwei verschiedene Dinge, (...) Sex löst Spannungen, Liebe ruft sie hervor.« [9015]

*

Ferrer: »Es gibt keine Geister. Außer natürlich bei Shakespeare. Und viele davon sind realer als manche Menschen, die ich kenne.« [9016]

***

SOMMERSBY
USA/F 1993, Regency, Canal+, Warner (Regie Jon Amiel, Buch Nicholas Meyer, Anthony Shaffer, nach dem Film ›Le Retour de Martin Guerre‹, F 1982, Regie Daniel Vigne, Buch Daniel Vigne, Jean-Claude Carrière)

Brett Kelley (Little Rob): »Muß ich denn mitfahren?«
Jodie Foster (Laurel Sommersby): »Nein, du kannst genauso gerne den Stall ausmisten, wenn du möchtest.« [9017]

***

EIN SONNTAG AUF DEM LANDE
(Un Dimanche à la campagne)
F 1984, Sara, A 2, Little Bear, Gaumont (Regie Bertrand Tavernier, Buch Bertrand Tavernier, Colo Tavernier, nach dem Roman ›Monsieur Ladmiral va bientôt mourir‹ von Pierre Bost)

*

(voice-over): »Diese Erklärung machte zwar den Sachverhalt nicht verständlicher, aber sie hatte zumindest den Vorzug, daß er nun nicht mehr weiter nachzudenken brauchte.« [9018]

*

Geneviève Mnich (Marie-Thérèse): »Schlecht wird ihr nachher sowieso, aber sie ißt wenigstens.« [9019]

*

(voice-over): »Für jeden Mann gibt es eine gewisse Zahl von verletzenden Wahrheiten, gegen die man sich nur auf eine, allerdings souveräne, Weise verteidigen kann: indem man sie ignoriert.« [9020]

***

SONNY BOYS *(The Sunshine Boys)*
USA 1995, RHI-TV (Regie John Erman, Buch Neil Simon, nach seinem Stück)

*

Peter Falk (Willie Clark): »Sie ist Agentin. Wenn ihr aus der Branche aussteigen wollt, sie kann's arrangieren.« [9021]

***

SOUL MAN
USA 1986, Balcor, New World (Regie Steve Miner, Buch Carol Black)

*

C. Thomas Howell (Mark Watson): »Gordon,

> »Das sind zwei verschiedene Dinge, (...) Sex löst Spannungen, Liebe ruft sie hervor.«
> Eine Sommernachtssexkomödie

bevor wir das tun *(den Brief von Harvard öffnen)*, will ich dir nur sagen, du bist mein bester Freund, und ich liebe dich. Und wenn du angenommen wirst und ich nicht, dann hoffe ich, du verrottest in der Hölle.«
Ayre Gross (Gordon Bloomfeld): »Ich empfinde dasselbe.« [9022]

*

Howell: »Sie sagten, sie hätten finanzielle Hilfe für Leute, deren Eltern arm sind, aber nicht für Leute, deren Eltern Arschlöcher sind.« [9023]

*

Gross: »Geh noch mal zu deinem Vater, Mark! Rede mit ihm! Versuch, ihn zu überzeugen! Bitte ihn!«
Howell: »Tut mir leid, Gordo, aber ich kann da nicht angekrochen kommen wie irgend so 'n erbärmliches Wrack und dem Mann die Füße küssen.«
Gross: »Wieso nicht?«
Howell: »Weil ich das gestern schon gemacht habe.« [9024]

*

Gross: »Ist schon irre, wie weit 'ne Braut geht, um mich zu kriegen. Sogar ich kann's manchmal kaum glauben.« [9025]

*

Howell: »Ich fahr dich.«
Rae Dawn Chong (Sarah Walker): »Nein, nein, es geht schon. Ich nehm den Bus.«
Howell: »Sarah, spiel nicht die Märtyrerin.«
Chong: »Ich spiel nicht die Märtyrerin. Ich hab nur gesehen, wie du fährst.« [9026]

***

SPARTACUS
USA 1960, Bryna, Universal (Regie Stanley Kubrick, Buch Dalton Trumbo, nach dem Roman von Howard Fast)

*

Laurence Olivier (Marcus Crassus): »Der schlimmste Nachteil für einen Patrizier ist, daß er sich zuweilen auch wie ein Patrizier benehmen muß.« [9027]

*

Peter Ustinov (Lentulus Batiatus): »Kämpfe? (...) Ich bin Zivilist. Und ich bin bestimmt mehr Zivilist als die meisten Zivilisten.« [9028]

***

SPÄTE SÜHNE *(Dead Reckoning)*
USA 1947, Columbia (Regie John Cromwell, Buch Oliver H. P. Garrett, Steve Fisher, nach einer unveröffentlichten Geschichte von Gerald Adams, Sidney Biddell)

*

William Prince (Johnny Drake): »Ihre Stimme war wundervoll, aber ihre Grammatik war miserabel.« [9029]

*

Humphrey Bogart (Rip Murdock, voice-over): »Vielleicht war sie gar nicht schlecht. Vielleicht gibt es auch einen Weihnachtsmann. Aber ich glaube nicht daran.« [9030]

*

Bogart: »Ich hab Ihnen noch nicht gesagt, daß ich allen Menschen mißtraue, vor allem Frauen.« [9031]

***

SPÄTHERBST *(Akibiyori)*
JAP 1960, Shochiku (Regie Yasujiro Ozu, Buch Kogo Noda, Yasujiro Ozu)

Nobuo Nakamura: »Sieh an, er findet immer wieder einen, der ihm die Leiter hält.« [9032]

***

THE SPECIALIST
USA 1994, Warner (Regie Luis Llosa, Buch Alexandra Seros, nach den Romanen von John Shirley)

*

James Woods (Ned Trent): »Weißt du, das scheint dir alles etwas über den Kopf zu wachsen. Vielleicht hast du deine Nützlichkeit überlebt.« [9033]

*

Eric Roberts (Tomas Leon): »Mein Vater denkt, daß es ohne dich nicht geht. Wenn er das mal nicht mehr denkt, gehörst du mir.« [9034]

***

SPECIES
USA 1995, Mancuso, MGM (Regie Roger Donaldson, Buch Dennis Feldman)

> »Ich hab Ihnen noch nicht gesagt, daß ich allen Menschen mißtraue, vor allem Frauen.«
> Späte Sühne

Ben Kingsley (Xavier Fitch): »Wir hatten uns für eine weibliche Eizelle entschieden, weil wir glaubten, sie besser kontrollieren zu können und daß sie fügsamer sei.«
Michael Madsen (Press): »Fügsam und kontrollierbar, hä? Ich glaube, ihr Jungs seht nicht viel von der Welt.« [9035]

*

Marg Hellenberger (Laura Baker): »Sie war halb Mensch, halb sonstwas. Mich würde interessieren, welche Hälfte das Raubtier gewesen ist.« [9036]

***

SPEED
USA 1994, Twentieth Century Fox (Regie Jan De Bont, Buch Graham Yost)

*

Carlos Carrasco (Ortiz): »Sie sind zwar nicht der Cleverste, aber dafür haben Sie 'n paar mächtig große, haarige Eier.« [9037]

*

Keanu Reeves (Jack Traven): »Ich muß dich warnen. Ich hab gehört, daß Beziehungen, die auf extremen Erfahrungen beruhen, nicht von Dauer sind.«
Sandra Bullock (Annie): »Na schön. Dann muß unsere Grundlage Sex sein.«
Reeves: »Wenn Sie es sagen, Ma'am.« [9038]

***

SPHERE
USA 1998, Baltimore, Constant C, Punch, Warner (Regie Barry Levinson, Buch Stephen Hauser, Paul Attanasio, nach dem Roman von Michael Crichton)

*

Samuel L. Jackson (Harry Adams): »Bist du religiös, Norman?«
Dustin Hoffman (Dr. Norman Goodman): »Atheist. Aber ich bin flexibel.« [9039]

***

SPIEL AUF ZEIT
(Snake Eyes)
USA 1998, DeBart, Paramount, Touchstone (Regie Brian De Palma, Buch David Koepp)

*

Nicolas Cage (Rick Santoro): »Kevin, wenn ich etwas gelernt habe, dann meinen Arsch zu retten. Ich seh doch diesen verdammten Scheiß jeden Tag. Das, was du in diesem Augenblick sagst und tust, wird den Rest deines Lebens beeinflussen. Geh später zur Beichte, aber mach dich jetzt nicht selbst fertig.« [9040]

*

Gary Sinise (Kevin Dunne): »Ich kann nicht lügen, Rick.«
Cage: »Das ist nicht gelogen. Du sagst denen bloß, was du richtig gemacht hast, und den Rest läßt du weg.« [9041]

*

Sinise: »Keine Operation verläuft genau so, wie sie geplant wird. Nur keine Panik! Wir müssen ruhig bleiben und die Lücken schließen.« [9042]

*

Sinise: »Das ist die Version für die Geschichtsbücher, und dabei wird es bleiben.« [9043]

*

Cage: »In etwa 12 bis 18 Monaten werd ich Sie dann mal anrufen.« [9044]

*

Cage: »Na, und wenn schon! Wenigstens war ich mal im Fernsehen.« [9045]

***

SPIEL MIR DAS LIED VOM TOD
(C'era una volta il west)
I 1968, Rafran, San Marco, Paramount (Regie Sergio Leone, Buch Sergio Donati, Sergio Leone)

*

Charles Bronson (Der Mann): »Wo ist Frank?«
Jack Elam: »Frank hatte keine Zeit.«
Bronson: »Habt ihr ein Pferd für mich?«
Elam: »Wenn ich mich hier so umsehe, dann sind nur drei da. Sollten wir denn tatsächlich eins vergessen haben?«
Bronson: »Ihr habt zwei zuviel.« [9046]

*

Claudia Cardinale (Jill McBain): »Warum halten wir hier an? Ich hab doch gesagt, ich hab's eilig.«
(Kutscher): »Halten die Dreckszüge etwa nicht?« [9047]

> »Sie sind zwar nicht der Cleverste, aber dafür haben Sie 'n paar mächtig große, haarige Eier.«
> Speed

Jason Robards (Cheyenne): »Kannst du nur auf dem Ding da spielen oder auch schießen?« [9048]

*

Bronson: »Ich hab schon mal drei solche Mäntel gesehen. Sie haben am Bahnhof auf jemanden gewartet. In den Mänteln waren drei Männer und in den Männern drei Kugeln.« [9049]

*

Bronson: »Und bis zwei zählen kannst du auch noch. Donnerwetter!«
Robards: »Sogar bis sechs, wenn es sein muß. Aber nur mit dieser Rechenmaschine hier (Colt).« [9050]

*

Robards: »Wer hier draußen falsch kombiniert, lebt nicht lange.«
Bronson: »Vergiß das nie!« [9051]

*

Robards: »Weißt du, was die Leute so über mich reden, das ist alles Blödsinn. Aber natürlich gibt es immer wieder Leute, die versuchen, mich fertigzumachen. Und dann werd ich böse. Das ist kein schöner Anblick. Besonders für 'ne Frau.« [9052]

*

Cardinale: »Mir macht das nichts aus, ich werd schon nicht daran krepieren. Denn wenn's vorbei ist, nehm ich mir 'n großen Eimer warmes Wasser, und alles ist, wie 's vorher war. Dreckige Erfahrungen im Leben können nicht schaden.« [9053]

*

Gabriele Ferzetti (Morton): »Ist dir wirklich nichts anderes eingefallen, als sie umzulegen? Ich sagte, du solltest sie einschüchtern.«
Henry Fonda (Frank): »Ich mach das eben auf meine Art.« [9054]

*

Fonda: »Jetzt verfaulst du langsam, jeden Tag ein Stückchen mehr. Ein Mann mit Charakter hätte sich längst 'ne Kugel in den Kopf geschossen.« [9055]

*

Ferzetti: »Wenn man damit (Geld) umgehen kann, ist das die stärkste Waffe, die's gibt. Sie beseitigt alle Probleme, die sich mir stellen, auch die größten.« [9056]

*

Fonda: »Vielleicht sind meine Waffen nicht so wirkungsvoll wie deine. Aber sie machen nette kleine Löcher, und ich finde, das hat auch was für sich.« [9057]

*

Robards: »Manchmal erinnerst du mich an meine Mutter. ... Sie war, weiß Gott, die größte Hure, die rumlief in Almado, aber sie war eine herrliche Frau. Und ob mein Vater eine Stunde mit ihr zusammen war oder einen Monat, er ist bestimmt ein glücklicher Mann gewesen.« [9058]

*

Fonda: »Soll ich einem Mann vertrauen, der sich 'n Gürtel umschnallt und außerdem Hosenträger trägt, einem Mann, der noch nicht mal seinen eigenen Hosen vertraut?« [9059]

*

Fonda: »Sorg dafür, daß er gesund bleibt! Und daß er bloß seinen Humor nicht verliert. Den braucht er nämlich noch.« [9060]

*

Fonda: »Ich könnte dich wie einen faulen Apfel zerquetschen.«
Ferzetti: »Ja. Aber das wirst du nicht tun. Das weißt du so gut wie ich. Du brauchst mich nämlich noch.«
Fonda: »Da würde ich an deiner Stelle nicht so sicher sein.« [9061]

*

Bronson: »Ich biete 5000.«
Keenan Wynn (Sheriff): »Hab ich richtig verstanden, 5000?«
Bronson: »Sie haben. Auf seinen Kopf waren doch 5000 ausgesetzt, oder vielleicht nicht?«
Robards: »Soviel ich weiß, hat Judas damals 4970 weniger kassiert.«
Bronson: »Es gab keine Dollar, damals.«
Robards: »Aber Hurensöhne wie dich, die gab's.« [9062]

»Sorg dafür, daß er gesund bleibt! Und daß er bloß seinen Humor nicht verliert. Den braucht er nämlich noch.«
Spiel mir das Lied vom Tod

Wynn: »Du darfst mit unserer hübschen neuen Eisenbahn fahren, allerdings nur bis nach Yuma, Cheyenne. Da haben sie ein neues Gefängnis gebaut, dicke Mauern, stabile Gitter, und so nach zehn Jahren fühlst du dich da bestimmt wohl. Da willst du gar nicht wieder weg.« [9063]

*

Fonda: »Du wirst mir jetzt endlich sagen, wer du bist.«
Bronson: »Manche Leute sterben vor Neugier.« [9064]

*

Fonda: »Na komm, spiel mir das Lied vom Tod!« [9065]

*

Robards: »Das versteht eine Frau nicht, Jill. Männer wie er können nicht anders, sie leben mit dem Tod. Und wenn er jetzt hier reinkommt, dann nimmt er seine Sachen vom Nagel, verschwindet und dreht sich nicht mal um.« [9066]

*

Bronson: »Tja, ich muß gehen. Das wird mal 'ne schöne Stadt, Sweetwater.«
Cardinale: »Sweetwater wartet auf dich.«
Bronson: »Irgendeiner wartet immer.« [9067]

***

SPIEL ZU DRITT
(Take Me Out to the Ball Game)
USA 1949, MGM (Regie Busby Berkeley, Buch Harry Tugend, George Wells)

*

Frank Sinatra (Dennis Ryan): »Und du glaubst, ich bin das Gesprächsthema?«
Jules Munshin (Nat Goldberg): »Ganz bestimmt. Sie lachen doch.« [9068]

***

SPIEL ZU ZWEIT
(Two for the Seesaw)
USA 1962, Seesaw, Mirisch, Argyle, Talbot, Seven Arts, United Artists (Regie Robert Wise, Buch Isobel Lennart, nach dem Stück von William Gibson)

*

Shirley MacLaine (Gittel Mosca): »Wenn Sie den Hut weglegen, merkt niemand, daß Sie auf der falschen Party sind.« [9069]

*

Robert Mitchum (Jerry Ryan): »Gestern war ich noch nicht reif dafür. Erst heute hab ich mich entschlossen, wieder mit den Menschen zu leben, vor, äh, zehn Minuten.« [9070]

*

Mitchum: »Sie rufen nur an, weil Sie nichts Besseres zu tun haben.«
MacLaine: »Ha! Ich könnte mich mit elf verschiedenen Sachen beschäftigen.«
Mitchum: »Ja, vielleicht mit elf verschiedenen, aber nicht mit besseren.« [9071]

*

MacLaine: »Ich komm zu spät.«
Mitchum: »Ja, allerdings. Das nächste Mal werd ich ein paar beißende Bemerkungen machen.« [9072]

*

MacLaine: »Was machen Sie denn in New York?«
Mitchum: »Bis jetzt bin ich spazierengegangen, bei Tag und bei Nacht. Das ist ein bißchen eintönig, aber gesund.«
MacLaine: »Und wann schlafen Sie?«
Mitchum: »Dazu hab ich keine Zeit.« [9073]

*

Mitchum: »Woher soll ich denn wissen, was ich denke, bevor ich höre, was ich sage?« [9074]

***

DIE SPIELREGEL
(La Règle du jeu)
F 1939, N.E.F. (Regie Jean Renoir, Buch Jean Renoir, Carl Koch, Camille François)

*

Paulette Dubost (Lisette): »Reine Freundschaft mit einem Mann? Man wird doch nicht den Mond suchen mitten am Tag.« [9075]

*

Léon Larive (Koch): »Madame Bruyère wird essen, was die andern essen. Ich habe nichts gegen Diät, aber ich mag keine Verrücktheiten.« [9076]

*

Mila Parely (Geneviève de Marrast): »Ich kämp-

> »Na komm,
> spiel mir das Lied vom Tod!«
> Spiel mir das Lied vom Tod

fe nicht mehr. Gegen Haß kann man kämpfen, aber gegen Langeweile ist nichts zu machen.« 9077

*

Marcel Dalio (Robert de la Chesnaye): »Möchtest du nicht auch manchmal, du wärst als Türke geboren? (...) Die Muselmanen sind die einzigen, die etwas Logik bewiesen haben in allem, was die Beziehungen zwischen Mann und Frau betrifft.« 9078

*

Dalio: »Ich möchte keinem Menschen Kummer machen. Vor allem nicht den Frauen.« 9079

*

Julien Carette (Marceau): »Ob ich eine Frau nun haben will oder verlassen will oder halten, ich bring sie auf alle Fälle erst mal zum Lachen. Denn eine Frau, die lacht, die ist entwaffnet. Man kann mit ihr machen, was man will.« 9080

*

Jean Renoir (Octave): »Das ist nur typisch für die heutige Welt. Heut leben sie alle miteinander von der Lüge, die Politiker wie die Apotheker, die Regierungen wie der Rundfunk und das Kino wie die Zeitungen. Wie kannst du da erwarten, daß wir normalen Menschen immer die Wahrheit sagen?« 9081

***

DAS SPINNENNEST
(The Spider Woman)
USA 1944, Universal (Regie Roy William Neill, Buch Bertram Millhauser, nach dem Roman ›The Sign of Four‹ von Arthur Conan Doyle)

*

Basil Rathbone (Sherlock Holmes): »So spitzfindig und grausam sind nur Frauen. Katzenartig, das trifft es genau.« 9082

*

Rathbone: »Sie haben es erfaßt. Die Art ist typisch weiblich: behutsam und unbarmherzig.« 9083

> »So spitzfindig und grausam sind nur Frauen. Katzenartig, das trifft es genau.«
> Das Spinnennest

Gale Sondergaard (Adrea Spedding): »Ich wäre untröstlich, wenn Sie sich erkälten und eines natürlichen Todes sterben würden.« 9084

*

Rathbone: »Sie sind eine überaus kluge Frau, Mrs. Spedding.«
Sondergaard: »Ich bin zufrieden, mein lieber Mr. Holmes.« 9085

*

Sondergaard: »Es würde mir keinen Spaß machen, für den Rest meines Lebens darauf achten zu müssen, wer hinter mir geht.«
Rathbone: »Also haben Sie beschlossen, es mit mir aufzunehmen.«
Sondergaard: »Selbstverständlich. Einer von uns muß Platz machen. Die Wahl fiel mir nicht allzuschwer.« 9086

***

DER SPION, DER MICH LIEBTE
(The Spy Who Loved Me)
UK 1977, Eon, United Artists (Regie Lewis Gilbert, Buch Christopher Wood, nach Charakteren von Ian Fleming und dem Roman von Christopher Wood)

*

»James, ich brauche dich.«
Roger Moore (James Bond): »England auch.« 9087

*

Olga Bisera (Felicca): »Sie sind etwas mißtrauisch, Mr. Bond.«
Moore: »Lieber etwas mißtrauisch als etwas tot.« 9088

*

Barbara Bach (Major Anna Amasova): »Sie sind gut informiert.«
Moore: »Informationen verlängern das Leben.« 9089

***

DER SPION IN SCHWARZ (The Spy in Black)
UK 1939, Harefield (Regie Michael Powell, Buch Emeric Pressburger, nach dem Roman von J. Storer Clouston)

*

Cyril Raymond (Reverend John Harris): »Also, wenn es Ihnen nichts ausmacht, werde ich mal nach ihr rufen.«
Sebastian Shaw (Lieutenant Ashington): »Ich habe eine starke Aversion gegen jedes Rufen. Genauer gesagt haben wir das alle.« 9090

Valerie Hobson (Lehrerin): »Es ist ein grauenhafter Abend für einen Besuch.«
Athole Stewart (Reverend Hector Matthews): »Gesellschaftliche Verpflichtungen haben den Vorrang vor den Naturgewalten.« [9091]

***

SPIONAGE IN FERNOST
(Blood on the Sun)
USA 1945, Cagney, United Artists (Regie Frank Lloyd, Buch Lester Cole, Story Garrett Ford, Frank Melford)

*

James Cagney (Nick Condon): »Sicher, vergib deinen Feinden! Aber zuerst rechne ab mit ihnen!« [9092]

***

SPLASH – JUNGFRAU AM HAKEN (Splash)
USA 1984, Touchstone (Regie Ron Howard, Buch Lowell Ganz, Babaloo Mandel, Bruce Jay Friedman, Story Bruce Jay Friedman, Brian Grazer)

*

John Candy (Freddie Bauer): »Weißt du, Trinken ist immer eine Frage algebraischer Proportionen. Wie betrunken du wirst, hängt immer davon ab, wieviel Alkohol du konsumierst in Relation zu deinem Körpergewicht. Verstehst du, was ich meine? Es liegt nicht an der Menge, die du trinkst, du bist nur einfach viel zu dünn.« [9093]

*

Candy: »Was glotzt ihr denn so? Habt ihr noch nie ''n Kerl gesehen, der mit 'm Fisch gebumst hat?« [9094]

*

Eugene Levy (Dr. Walter Kornbluth): »Ich bin im Grunde ein netter Kerl. Wenn ich Freunde hätte, könnten Sie sie fragen.« [9095]

***

SPRACHLOS (Speechless)
USA 1994, Forge, MGM (Regie Ron Underwood, Buch Robert King)

*

Michael Keaton (Kevin): »Sagen Sie mir Bescheid, wenn ich Sie verzaubert hab.« [9096]

*

Geena Davis (Julia): »Stell dir vor, du wärst ein Jahr verheiratet. (...) Und deine Frau kommt zu dir und sagt: (...) ›Ich hab 'n Mann auf 'ner Party kennengelernt und mit ihm geschlafen. Ich verspreche, daß es nie wieder passiert, und ich liebe nur dich.‹ Was würdest du tun?«
Keaton: »Also, ich würde mit ihr zu einem ganz romantischen Ort fahren, auf eine Bergspitze oder 'ne hübsche Brücke oder so was in der Art. Und da würde ich sie runterstoßen.«
Davis: »Du würdest ihr nicht verzeihen?«
Keaton: »Nein. Vielleicht nach der Beerdigung, aber nur vielleicht.« [9097]

*

Davis: »Du bist offenbar über irgend etwas aufgebracht. Ich schlage einen Ortswechsel vor.«
Keaton: »Und wohin? Zum Schießplatz?« [9098]

***

DIE SPUR DES FALKEN
(The Maltese Falcon)
USA 1941, Warner (Regie, Buch John Huston, nach dem Roman von Dashiell Hammett)

*

Humphrey Bogart (Sam Spade): »Du bist ein süßer kleiner Engel mit einem Spatzenhirn.« [9099]

*

Bogart: »Sie sind eine glänzende Schauspielerin. Mir wurde ganz schwach, als Sie zu schluchzen anfingen und sagten: ›Ich bin verzweifelt, Mr. Spade.‹« [9100]

*

Mary Astor (Brigid O'Shaughnessy): »Ich bin eine schlechte Lügnerin, ich weiß. Aber es war nicht alles gelogen, was ich gesagt habe.« [9101]

*

Bogart: »Wieviel Geld haben Sie noch?«
Astor: »Ich besitze ungefähr fünfhundert Dollar.«
Bogart: »Los, her damit! ... Das sind ja nur vierhundert.«
Astor: »Ja, aber ich brauche doch auch etwas zum Leben.«
Bogart: »Können Sie noch was auftreiben?«
Astor: »Nein.«

»Was glotzt ihr denn so? Habt ihr noch nie 'n Kerl gesehen, der mit 'm Fisch gebumst hat?«
Splash – Jungfrau am Haken

Bogart: »Sie haben doch sicher irgendwas zum Versetzen?«
Astor: »Meinen Pelz und etwas Schmuck.«
Bogart: »Rücken Sie den Hunderter raus!« [9102]

*

Astor: »Sie hat mir der Himmel geschickt.«
Bogart: »Jetzt übertreiben Sie wieder.« [9103]

*

Barton MacLane (Lieutenant Detective Dundy): »Und die Wunde an seinem Kopf? Wo kommt die denn her?«
Bogart: »Fragen Sie ihn doch! Vielleicht hat er sich beim Rasieren geschnitten.«
Peter Lorre (Joel Cairo): »Es war so, Inspektor: Als wir vorhin im Scherz um die Pistole rauften, bin ich über den Teppich gestolpert und hingefallen.« [9104]

*

Bogart: »Sie lügen ja schon wieder.«
Astor: »Ja, stimmt. Sie sollten mich doch allmählich kennen.« [9105]

*

Bogart: »Du schaltest etwas langsam. Bist du aus New York?« [9106]

*

Bogart: »Wo können wir ungestört miteinander sprechen?«
Lorre: »Darauf lege ich keinen Wert. Unsere letzte Unterredung war nicht so, daß ich darauf brenne, sie fortzusetzen. Verzeihen Sie, daß ich es Ihnen so unverblümt sage, aber es ist so.« [9107]

*

Lorre: »Bewunderungswürdig, wie Ihnen das so glatt von der Zunge geht.«
Bogart: »Soll ich vielleicht Ihretwegen stottern lernen?« [9108]

*

Sidney Greenstreet (Kasper Gutman): »Hat es Ihnen die Rede verschlagen?«
Bogart: »Ah, ich höre lieber zu.«

»*Bewunderungswürdig, wie Ihnen das so glatt von der Zunge geht.*«
»*Soll ich vielleicht Ihretwegen stottern lernen?*«
Die Spur des Falken

Greenstreet: »Sie gefallen mir immer besser. Leute, die zuhören können, schätze ich besonders. Wenn die dann wirklich mal den Mund aufmachen, treffen sie meistens ins Schwarze. Zum richtigen Zeitpunkt reden, das ist eine besondere Kunst, die läßt sich nur durch viel Übung lernen.« [9109]

*

Bogart: »Können Sie mir geistig folgen, lieber Freund, oder rede ich zu schnell für Sie?« [9110]

*

Elisha Cook jr. (Wilmer Cook): »Mach nur so weiter! Dann wird man dir das Blei bald aus den Rippen kratzen.« [9111]

*

Cook jr.: »Steh auf, du Schwein! Jetzt ist Schluß. Ich hab mir das lange genug mit angehört. Ich will mit dir abrechnen.«
Bogart: »Wir sind doch hier nicht im Wilden Westen. Können Sie Ihrem Sohn nicht endlich erklären, daß es schade wäre, mich abzuknallen, bevor Sie im Besitz des Falken sind.« [9112]

*

Greenstreet: »Wilmer, es tut mir furchtbar leid, dich zu verlieren. Ich hänge doch an dir, wie an meinem eigenen Sohn. Das weißt du doch. Aber verliert man einen Sohn, kann man ja wieder einen neuen bekommen. Einen Malteserfalken gibt es nur einmal. ... Ein junger Mensch hat für so was keinen Sinn.« [9113]

*

Astor: »Ich habe dich vom ersten Augenblick an geliebt.«
Bogart: »Wenn du Glück hast, kommst du nach zwanzig Jahren wieder aus dem Zuchthaus. Dann kannst du mir das ja alles noch mal erzählen, vorausgesetzt, sie knüpfen dich nicht auf an deinem zarten Hälschen. (...) Wenn sie dich aber aufhängen, werde ich stets deiner gedenken.« [9114]

*

Bogart: »Hier geht es gar nicht darum, wer wen liebt. (...) Du hast Miles umgelegt, und dafür mußt du zahlen. (...) Man hat meinen Partner erschossen. Da kann ich nicht einfach zur Tagesordnung übergehen. Es ist meine verdammte Pflicht, den Mörder zu finden. Ob mir Miles sympathisch war oder nicht, spielt in diesem Fall überhaupt keine Rolle. Das Aufklären obskurer Fälle gehört zu unserem Beruf. Und wenn einer von uns bei einem Auftrag umgelegt wird, wäre es eine schlechte Reklame, den Mörder laufen zu lassen, für mich und für meine Firma und für alle Privatdetektive.« [9115]

*

Bogart: »Das sind schließlich alles Argumente, die ich in die Waagschale werfen muß, wenn jemand so ausgekocht ist wie du. Und was hast du in die Waagschale zu werfen, um mich auch wirklich zu überzeugen? Doch nur die Möglichkeit, daß du mich vielleicht liebst oder daß ich dich vielleicht liebe.«
Astor: »Du mußt doch wissen, ob du mich liebst.«
Bogart: »Na ja, dann wird es mich eben ein paar schlaflose Nächte kosten, wenn ich dich der Polizei übergebe.« [9116]

*

Astor: »Würdest du mir helfen, wenn der Falke echt gewesen wäre und du das Geld bekommen hättest?«
Bogart: »Moment, ich glaube, du hältst mich für skrupelloser, als ich bin. Für einen Privatdetektiv macht es sich zwar bezahlt, wenn er in dem Ruf steht, bestechlich zu sein. Er bekommt mehr Aufträge, und er hat es leichter, mit dem Gegner fertigzuwerden. Hätte ich einen Batzen Geld für den Falken bekommen, wäre es vielleicht ein gewisser Pluspunkt für dich gewesen.« [9117]

*

MacLane: »Das (Falke) ist aber schwer. Was ist das?«
Bogart: »Das? Ein Stoff, aus dem man Träume macht.« [9118]

***

DIE SPUR EINES FREMDEN *(The Stranger)*
USA 1946, RKO (Regie Orson Welles, Buch Anthony Veiller und ungenannt John Huston, Orson Welles, nach einer Geschichte von Victor Trivas)

*

Orson Welles (Franz Kindler/Charles Rankin): »Sie waren verletzt, Mr. Wilson?«
Edward G. Robinson (Wilson): »Oh, nichts Ernsthaftes.«
Byron Keith (Dr. Lawrence): »Immerhin ernsthaft genug, daß er eine Beule wie eine Billardkugel am Kopf hatte.«

Robinson: »Sie hätten erst die Tür sehen sollen.« [9119]

*

Robinson: »Wir betrachten Ihre Ausführungen als die Meinung eines objektiven Historikers.«
Welles: »Eines Historikers? Ein Psychiater wäre dafür viel kompetenter. Der Deutsche sieht sich immer noch als unschuldiges Opfer von Haß und Neid der ganzen Welt, gegen den sich, wie er meint, minderwertige Nationen und Rassen verschworen haben. Der Deutsche kann keine Irrtümer und Fehler eingestehen und schon gar nicht falsches Verhalten. Wir ignorieren Äthiopien und Spanien, aber wir kennen durch unsere Verlustlisten den Preis des Wegsehens. Und auf der ganzen Welt haben freiheitsliebende Menschen erkannt, wann für wen die Stunde schlägt, nur der Deutsche nicht. Der folgt nach wie vor seinen Kriegsgöttern, marschiert zu Wagners Musik, und seine Augen sind immer noch auf Siegfrieds feuriges Schwert fixiert. Und in diesen unterirdischen Versammlungsorten, an die wir nicht glauben, erwacht seine Traumwelt zum Leben. Dort nimmt er in glänzender Rüstung seinen Platz unter den Bannern germanischer Ritter ein. Die ganze Menschheit wartet auf den Messias, aber für den Deutschen ist der Messias nicht der Friedensbringer. Für ihn ist das ein neuer Barbarossa, ein neuer Hitler.« [9120]

*

Robinson: »Und was wäre die Lösung?«
Welles: »Total ausrotten bis zu den Kindern, die schon wieder mit Waffen spielen.«
Loretta Young (Mary Longstreet): »Charles, ich kann mir nicht vorstellen, daß für dich Frieden Vernichtung des Feindes bedeutet.«
Welles: »Mit den Kathargern wurde auf diese Art Frieden geschlossen, und ich darf dich darauf hinweisen, daß wir mit ihnen seit 2000 Jahren kaum mehr Ärger haben.« [9121]

»*Das (Falke) ist aber schwer.
Was ist das?*«
»*Das? Ein Stoff, aus dem
man Träume macht.*«
Die Spur des Falken

Robinson: »Sagen Sie mir nicht, ich mische mich in Sachen, die mich nichts angehen! Das weiß ich selber, aber ich muß es. Das ist mein Beruf.« [9122]

*

Young: »Aber wenn du mich tötest, faß mich nicht mit deinen Händen an! Hier, nimm das!« *(gibt ihm Schürhaken)* [9123]

*

Welles: »Mary, du bist die, die sterben wird. Du solltest die Leiter hinunterfallen, und du wirst fallen.«
Young: »Das ist mir egal, weil ich dich mitnehmen werde.« [9124]

***

DIE SPUR FÜHRT ZUM HAFEN *(The Mob)*
USA 1951, Columbia (Regie Robert Parrish, Buch William Bowers, nach dem Roman ›Waterfront‹ von Ferguson Findley)

*

Jay Adler (Russell): »Wollen Sie 'n Zimmer?«
Broderick Crawford (Johnny Damico): »Nein, ich will nur Ihre Tapeten bewundern.«
Adler: »Drei Dollar pro Tag.«
Crawford: »Was ist da inbegriffen?«
Adler: »Licht und Wäsche.«
Crawford: »Haben Sie 'n Gästebuch?«
Adler: »Werden Sie nicht komisch!«
Crawford: »Hier, bringen Sie das Gepäck auf mein Zimmer!«
Adler: »Hier ist nicht das Palast Hotel.« [9125]

*

Crawford: »Bevor ich gehe, will ich meine Pistole wiederhaben.«
Neville Brand (Gunner): »Sicher. Wenn du gehst.« [9126]

*

Richard Kiley (Thomas Clancy): »Kann dir doch Wurscht sein, was die für 'n Namen haben. Sind eben Frauen, was verlangst du denn sonst noch?« [9127]

> »Kann dir doch Wurscht sein, was die für 'n Namen haben. Sind eben Frauen, was verlangst du denn sonst noch?«
> Die Spur führt zum Hafen

Ernest Borgnine (Joe Castro): »Ganz wie du willst. Dann wirst du hier erledigt.«
Crawford: »Das würde aber Lärm machen.«
Borgnine: »Glaubst du, daß sich hier jemand darum kümmert?«
Crawford: »1:0 für dich.« [9128]

***

DIE SPUR FÜHRT ZURÜCK
(The Two Jakes)
USA 1990, Paramount (Regie Jack Nicholson, Buch Robert Towne)

*

Jack Nicholson (Jake Gittes, voice-over): »Man könnte wahrscheinlich sagen, Ehebruch hat das aus mir gemacht, was ich heute bin. Ich kenne ziemlich viele Privatdetektive, die keine Scheidungsfälle übernehmen und zwar aus einem einfachen Grund: Die meisten verstehen nicht viel von Eheproblemen. Dafür braucht man Erfahrung und Fingerspitzengefühl. Na ja, wir alle machen Fehler, aber wenn man die Falsche heiratet, wird von einem erwartet, daß man sein Leben lang dafür zahlt. Es ist mir völlig egal, wessen Schuld es ist, die des Milchmanns, seine oder ihre. Doch wenn einer von ihnen zu mir kommt, bedeutet es, daß alle beide unglücklich sind, und es ist nun mal mein Job, Menschen von dem zu befreien, was sie unglücklich macht.« [9129]

*

Perry Lopez (Captain Lou Escobar): »Also, während dieser Untersuchung will ich keine Kompetenzschwierigkeiten haben, denn der Fall ist simpel: Ihn hat's erwischt, während er rumvögelte.« [9130]

*

Nicholson (voice-over): »Hätten wir richtig geschaltet, dann würde Marc Bodine es jetzt vielleicht immer noch mit Kitty Berman treiben, statt sich seinen Schwanz im Leichenschauhaus abzukühlen.« [9131]

*

Joe Mantell (Lawrence Walsh): »Wo bleibt da das Berufsethos?«
Nicholson: »Larry, er ist Anwalt.« [9132]

*

Nicholson (voice-over): »Um dieses Land ist gekämpft worden, seitdem die ersten spanischen Missionare den Indianern die Segnungen unserer Religion, des Alkohols und der Feuerwaffen brachten.« [9133]

*

Harvey Keitel (Jake Berman): »Wo waren wir stehengeblieben?«
Nicholson: »Ich hatte Sie eben gerade des Mordes beschuldigt, Mr. Berman.« [9134]

*

Nicholson: »Zieh dir dieses verfluchte Ding gefälligst selber aus!« [9135]

*

Nicholson (als ihm die Sache zu stürmisch wird): »Hör zu, Lillian! Weißt du, ich bemüh mich immer, ein Gentleman zu bleiben. Also los, erst mal auf die Knie! Auf die Knie! Jetzt hoch mit dem Arsch! Und beweg dich erst wieder, wenn ich's dir sage.« [9136]

***

STAATSANWÄLTE KÜSST MAN NICHT
(Legal Eagles)
USA 1986, Northern Light, Universal (Regie Ivan Reitman, Buch Jim Cash, Jack Epps jr., Story Ivan Reitman, Jack Epps jr.)

*

Robert Redford (Tom Logan): »Marchek. Wer hat die Verteidigung?«
Christine Baranski (Carol Freeman): »Laura J. Kelly. (...) Sie hat mal versucht, eine Dogge in den Zeugenstand zu rufen.«
Redford: »Unter Eid?« [9137]

*

Debra Winger (Laura Kelly, Plädoyer): »Mr. Marchek ist ein beliebtes Mitglied einer sehr großen und fest zusammengefügten Familie. Wir haben mehr als zwei Dutzend seiner Verwandten – Vettern, Tanten, Onkel, Schwager – als Zeugen aufgerufen. Jeder einzelne hat unter Eid ausgesagt, daß er das angebliche Diebesgut Mr. Marchek zum Geburtstag geschenkt hat. Nun, äh, vierzehn von ihnen hatten sich entschlossen, ihm eine Fernsehausstattung zu schenken. Ein unwahrscheinlicher Zufall? Unter normalen Umständen vielleicht. Aber wir haben alle Mr. Marcheks eigene beschworene Aussage gehört, daß er die Absicht hatte, sich eine Art Medienraum einzurichten, nicht unähnlich dem des Präsidenten der Vereinigten Staaten.« [9138]

Winger: »Dieser Blick in Ihren Augen am Ende ...«
Redford: »Was?«
Winger: »Purer blauer Stahl.«
Redford: »Was reden Sie da für 'n Quatsch?«
Winger: »So einen Blick würde ich auch gern beherrschen.«
Redford: »Man beherrscht doch keine Blicke, man muß einfach ... gucken.« [9139]

*

Redford: »Sie waren im Gerichtssaal?«
Winger: »Ja. Manche Leute gehen zum Baseball, und ich gehe zu Gerichtsverhandlungen.« [9140]

*

Steven Hill (DA Bower): »Verdammt noch mal, Logan, wenn wir dem Gemeinwohl dienen, dann behalten wir dabei die Hosen an.« [9141]

*

Redford: »Jeder Mensch hat das Recht auf seine eigene Meinung. Anwälte müssen ihre vor Gericht beweisen.« [9142]

*

Redford: »Ich glaube ihr.«
Winger: »Was?«
Redford: »Hm.«
Winger: »Wie begründen Sie das, nach allem, was sie bis jetzt getan hat?«
Redford: »Ich weiß nicht. Gefühl, Instinkt ...«
Winger: »Na, hoffen wir, es kommt von oberhalb der Gürtellinie.« [9143]

***

STADT DER HOFFNUNG
(City of Hope)
USA 1991, Esperanza, Mainline (Regie, Buch John Sayles)

*

Michael Mantell (Zimmer): »Wir haben keine Zeit zu verlieren und brauchen Resultate. Ich überlasse die Details Ihren brillanten Köpfen.« [9144]

---

*»Zieh dir dieses
verfluchte Ding
gefälligst selber aus!«*
Die Spur führt zurück

Joe Grifasi (Pauly): »Wenn du das nicht hinbekommst, fällt alles auf mich zurück.«
Tony Lo Bianco (Joe Rinaldi): »Ich habe die Miete schon illegal hoch angesetzt. Ich habe die Heizung im März drei Wochen abstellen lassen. Die Gebäude stinken von dem Müll, den ich nicht wegbringen lasse. Pauly, die Bewohner lassen sich nicht vertreiben. Sie wissen nicht, wohin sie gehen sollen.« [9145]

*

»Mensch, Joe, du wirst ja immer dünner.«
Lo Bianco: »Kein Wunder, meine neue Diät heißt Magengeschwür.« [9146]

*

Todd Graff (Zip): »Was für 'n Dusel! Wir haben endlich 'ne Schnalle in der Band, und dann ist sie lesbisch.«
Jace Alexander (Bobby): »Quatsch, ist sie nicht.«
Graff: »Ich wollte sie vögeln, und sie hat sich geweigert.«
Alexander: »Die Stadt ist voller Schnallen, bei denen du abblitzt.«
Graff: »Ja, Lesben, alles nur Lesben.« [9147]

***

STADT IM WÜRGEGRIFF *(The Captive City)*
USA 1952, Aspen, United Artists (Regie Robert Wise, Buch Karl Kamb, Alvin M. Josephy jr., nach einer unveröffentlichten Geschichte von Alvin M. Josephy jr.)

*

Joan Camden (Marge Austin): »Ich hab allmählich irgendwie den Eindruck, daß unsere Unterhaltung etwas einseitig wird.« [9148]

***

STADT IN ANGST *(Bad Day at Black Rock)*
USA 1954, MGM (Regie John Sturges, Buch Millard Kaufman, Story Howard Breslin)

(Schaffner): »Mein Gott! Hier möchte ich um nichts in der Welt begraben sein.«

> »Mensch, Joe, du wirst
> ja immer dünner.«
> »Kein Wunder, meine neue
> Diät heißt Magengeschwür.«
> Stadt der Hoffnung

Spencer Tracy (John J. Macreedy): »Ach, ich bleib nur einen Tag hier.«
(Schaffner): »In so einem Jammertal kommt einem das lebenlang vor.« [9149]

*

Walter Brennan (Doc Velie): »Er ist bestimmt kein Geschäftsmann, aber wenn, dann handelt er mit Dynamit.« [9150]

*

Robert Ryan (Reno Smith): »Warum reden Sie so viel, Doc? Und immer dann, wenn es kein Mensch hören will?« [9151]

*

Tracy: »Macht's Ihnen was aus, wenn Sie mich nicht so angucken?«
Brennan (Leichenbestatter): »Wie guck ich denn?«
Tracy: »So, als ob ich Ihr nächster Kunde bin.« [9152]

*

Brennan: »Es dauert nicht lange, bis sie Mais anbauen in einer Landschaft, die so trocken ist, daß man einem Mann erst Wasser geben muß, damit er spucken kann.« [9153]

*

Brennan: »Ich gebe mir Mühe, gesund zu leben. Ich trinke meine Milch und versuche, mich möglichst wenig um die Geschäfte meiner Mitmenschen zu kümmern.« [9154]

*

Walter Sande (Sam, Cafebesitzer): »Was wünschen Sie?«
Tracy: »Was gibt es denn?«
Sande: »Gulasch mit Bohnen.«
Tracy: »Und sonst noch?«
Sande: »Gulasch ohne Bohnen.« [9155]

*

Ryan: »Ihr seid zusammen losgefahren, und darum wirst du auch bei ihm bleiben, brennend in eine Schlucht gestürzt. Bedank dich bei Macreedy! Er meint, daß ich zu viele Zeugen habe.« [9156]

*

Tracy: »Mancher schafft es, mancher schafft es nicht. Es liegt immer an einem selbst.« [9157]

***

DIE STADT UNTER DEM MEER
(City Beneath the Sea)
USA 1953, Universal (Regie Budd Boetticher, Buch

Jack Harvey, Ramon Romero, nach der Geschichte ›Port Royal, the Ghost City Beneath the Sea‹ von Harry E. Rieseberg)

*

Anthony Quinn (Tony Bartlett): »Flitterwochen? Sag mal, hab ich wirklich vom Heiraten gesprochen? Für gewöhnlich bin ich vorsichtiger in meiner Ausdrucksweise.« [9158]

***

DER STADTNEUROTIKER
(Annie Hall)
USA 1977, Rollins-Joffe, United Artists (Regie Woody Allen, Buch Woody Allen, Marshall Brickman)

*

Woody Allen (Alvy Singer): »Zwei uralte Damen sitzen in einem Hotel mit Vollpension. Sagt die eine zur anderen: ›Wissen Sie, ich finde das Essen hier einfach katastrophal.‹ Sagt die andere: ›Ja, stimmt. Und diese winzigen Portionen.‹« [9159]

*

Jonathan Singer (Alvy mit 9): »Das Universum expandiert.« (...)
Joan Newman (Alvys Mutter): »Du bist hier in Brooklyn, und Brooklyn expandiert nicht.« [9160]

*

Allen: »Interessanterweise durfte ich nicht zum Militär. Ich wurde eingestuft als AGV.«
Dick Cavett: »AGV?«
Allen: »Ja. Im Kriegsfall als Geisel verwendungsfähig.« [9161]

*

Allen: »Ich will nicht in einer Stadt *(Los Angeles)* leben, deren einziger kultureller Vorteil es ist, daß man bei Rotlicht rechts abbiegen darf.« [9162]

*

Allen: »Lyndon Johnson ist ein Politiker. Du kennst die Ethik dieser Leute. Die liegt noch ein Grad unter der von (...) Kinderschändern.« [9163]

*

(Alvies zweite Frau): »Was ist so faszinierend an Menschen, die auf infantile Weise versuchen, einen Ball in einen Korb zu werfen?« [9164]

*

Allen: »Das ist doch grad das Faszinierende: Während diese kleinkarierten Eierköpfe das Problem der Entfremdung zerreden, rammeln wir hier in aller Seelenruhe.« [9165]

*

Allen: »Mußt du meine animalischen Bedürfnisse immer auf psychoanalytische Kategorien reduzieren?« [9166]

*

Allen: »Na, das *(Einparken)* hat ja geklappt. Bis zum Bürgersteig gehen wir zu Fuß.« [9167]

*

Allen: »Ich geb ihm *(Psychiater)* noch ein Jahr Zeit, und dann pilgere ich nach Lourdes.« [9168]

*

Allen: »Sensationell! Ich hatte noch nie so viel Vergnügen, ohne zu lachen.« [9169]

*

Allen: »Das Leben zerfällt in zwei Teile, in das Schreckliche und das Unglückliche.« [9170]

*

Allen: »Du bist so wunderbar polymorph pervers.« [9171]

*

Allen: »Wenn ich Gras oder Alkohol nehme, dann werd ich unerträglich wundervoll, dann wird mir selbst schlecht von mir.« [9172]

*

Allen: »Du mußt dich also künstlich entspannen, bevor du mit mir ins Bett gehst? (...) Ich kann dir ja auch 'ne Vollnarkose geben, dann merkst du überhaupt nichts mehr davon.« [9173]

*

Allen (voice-over): »Lange kann ich mein eingefrorenes Lächeln nicht mehr halten, sonst vereisen mir die Backen.« [9174]

*

Allen: »Das ist doch alles geistige Masturbation.«
Diane Keaton (Annie Hall): »Ach ja, das ist endlich ein Thema, wovon du etwas verstehst.« [9175]

»Sensationell! Ich hatte noch nie so viel Vergnügen, ohne zu lachen.«
Der Stadtneurotiker

Allen: »Sag nichts gegen Masturbation! Das ist Sex mit jemandem, den ich liebe.« [9176]

*

Keaton: »Dann erwähnte sie Penisneid. Ist das ein Begriff für dich?«
Allen: »Und ob das ein Begriff für mich ist. Ich bin ja einer der wenigen Männer, der darunter leidet.« [9177]

*

Shelley Duvall (Pam): »Sex mit dir ist wirklich ein kafkaeskes Erlebnis.« [9178]

*

Tony Roberts (Rob): »Die Mädchen hier, die sind wie aus 'm Playboy. Aber nicht an den falschen Stellen gefaltet, sondern aus Fleisch und Blut.« [9179]

*

Keaton: »Du bist absolut unfähig, dich am Leben zu erfreuen. Du bist wie New York, du bist abgekapselt, du (...) rotierst nur noch um dich selbst.« [9180]

*

Allen: »Na ja, jede Generation hat die Musik, die sie verdient.« [9181]

***

EIN STAHLHARTER MANN (Hard Times)
USA 1975, Columbia (Regie Walter Hill, Buch Walter Hill, Bryan Gindorff, Bruce Henstell, Story Bryan Gindorff, Bruce Henstell)

*

James Coburn (Speed): »Will niemand mehr wetten *(beim Privatboxkampf)*? Mann, da können wir ja gleich Eintrittskarten verkaufen.« [9182]

*

Michael McGuire (Gandil): »Mr. Chaney, es war mir eine Freude, Ihnen bei der Arbeit zuzusehen.« [9183]

*

Coburn: »Eins ist fast so gut wie spielen und gewinnen: spielen und verlieren.« [9184]

»Sag nichts gegen Masturbation!
Das ist Sex mit jemandem,
den ich liebe.«
Der Stadtneurotiker

STALAG 17
USA 1953, Paramount (Regie Billy Wilder, Buch Billy Wilder, Edwin Blum, nach dem Stück von Donald Bean, Edmund Trzinski)

*

William Holden (J. J. Sefton): »Ist das Einsteins Theorie, oder bist du ganz allein drauf gekommen?« [9185]

*

Robert Strauss (Stosh): »Er ist auch aus Boston, aber Sie kennen ihn wohl kaum. Es sei denn, er hat Sie mal ausgeraubt.« [9186]

*

Otto Preminger (Oberst von Scherbach): »Ich leide etwas unter Schlaflosigkeit.«
Don Taylor (Lieutenant Dunbar): »Versuchen Sie's doch mal mit 50 Veronal.« [9187]

*

Preminger: »Vorhänge würden diese Baracke sehr vorteilhaft verändern. Aber Sie werden keine bekommen.« [9188]

***

**STAND BY ME –
DAS GEHEIMNIS EINES SOMMERS**
(Stand by Me)
USA 1986, Act III, Columbia (Regie Rob Reiner, Buch Raynold Gideon, Bruce A. Evans, nach der Geschichte ›The Body‹ von Stephen King)

*

Kiefer Sutherland (Alec Merrill): »Ihr beiden habt zwei Möglichkeiten: Entweder verschwindet ihr ganz ruhig, und wir nehmen die Leiche mit, oder ihr bleibt, und wir polieren euch die Fresse. *Und* wir nehmen die Leiche mit.« [9189]

*

Sutherland: »Was hast du vor? Uns alle erschießen?«
Will Wheaton (Gordie Lachance): »Nein, King. Nur dich.« [9190]

*

Wheaton: »Ich seh dich dann.«
River Phoenix (Chris Chambers): »Nicht, wenn ich dich zuerst sehe.« [9191]

***

STANLEY & IRIS
USA 1989, Lantana, Star Partners II, MGM (Regie Martin Ritt, Buch Harriet Frank, jr., Irving Ravetch, nach dem Roman ›Union Street‹ von Pat Barker)

Martha Plimpton (Kelly King): »Ich hab keine Lust, mit jedem an diesem Tisch über meine Innereien zu diskutieren.« [9192]

***

STAR TREK II – DER ZORN DES KHAN
(Star Trek – The Wrath of Khan)
USA 1982, Paramount (Regie Nicholas Meyer, Buch Jack B. Sowards, Story Harve Bennett, Jack B. Sowards, nach der TV-Serie von Gene Roddenberry)

*

William Shatner (Admiral James T. Kirk): »Diese Kadetten von Ihnen, wie gut sind sie? Wie werden sie bei echten Schwierigkeiten reagieren?«
Leonard Nimoy (Mr. Spock): »So wie alle Lebewesen, jedes nach seinen Fähigkeiten.« [9193]

*

Nimoy: »Ich bin Vulkanier, ich habe kein Ego, das man kränken kann.« [9194]

*

Nimoy: »Es war ein Fehler, die Beförderung zu akzeptieren. Das Kommando über ein Raumschiff ist Ihre eigentliche Bestimmung, alles andere ist eine Verschwendung von Material.« [9195]

***

STAR TREK III – AUF DER SUCHE NACH MR. SPOCK
(Star Trek III – The Search for Spock)
USA 1984, Cinema Group Venture, Paramount (Regie Leonard Nimoy, Buch Harve Bennett, nach der TV-Serie von Gene Roddenberry)

*

Robin Curtis (Lieutenant Saavik): »Ich habe von diesen Dingen keine Ahnung.«
Christopher Lloyd (Kruge): »Dann hoffe ich, Schmerzen bereiten dir Vergnügen.« [9196]

*

William Shatner (Admiral James T. Kirk): »Tut mir leid um Ihre Crew, aber wie wir auf der Erde sagen: ›C'est la vie.‹« [9197]

*

Shatner: »Ich habe nur getan, was ich tun mußte.«
Mark Lenard (Botschafter Sarek): »Aber um welchen Preis! Ihr Schiff, Ihr Sohn ...«
Shatner: »Hätte ich es nicht versucht, wäre der Preis meine Seele gewesen.« [9198]

STAR TREK V – AM RANDE DES UNIVERSUMS
(Star Trek V – The Final Frontier)
USA 1989, Paramount (Regie William Shatner, Buch David Loughery, Story William Shatner, Harve Bennett, David Loughery, nach der TV-Serie von Gene Roddenberry)

*

Leonard Nimoy (Mr. Spock): »Vielleicht ist ›weil er da ist‹ doch kein ausreichender Grund, auf einem Berg herumzuklettern.« [9199]

*

Nimoy: »Wie Sie immer so gerne betonen, Doktor, bin ich zur Hälfte Mensch.«
DeForest Kelley (Dr. McCoy): »Wirklich? Das fällt gar nicht auf.«
Nimoy: »Danke!« [9200]

*

Nimoy: »Sogar der beste und erfahrenste Spezialist, der aufzutreiben war, hat sich die Zähne ausgebissen.«
William Shatner (Captain James T. Kirk): »Dieser Spezialist hatte nicht zufällig spitze Ohren und eine treffliche Begabung, seine Kameraden in Schwierigkeiten zu bringen?« [9201]

***

STAR TREK VI – DAS UNENTDECKTE LAND
(Star Trek VI – The Undiscovored Country)
USA 1991, Paramount (Regie Nicholas Meyer, Buch Nicholas Meyer, Denny Martin Flinn, Story Leonard Nimoy, Lawrence Konner, Mark Rosenthal, nach der TV-Serie von Gene Roddenberry)

*

William Shatner (Captain James T. Kirk): »Ich habe den Klingonen nie getraut und werde ihnen nie trauen.« [9202]

*

David Warner (Chancellor Gorkon): »Sie werden Shakespeare erst wirklich genießen, wenn Sie ihn im klingonischen Original lesen.« [9203]

*

Rosana DeSoto (Azetbur, Klingonin): »Men-

> »Sie werden Shakespeare erst wirklich genießen, wenn Sie ihn im klingonischen Original lesen.«
> Star Trek VI – Das unentdeckte Land

schenrechte! Schon allein das Wort ist rassistisch.« [9204]

*

Leonard Nimoy (Mr. Spock): »Wenn ich ein Mensch wäre, wäre meine Antwort mit großer Wahrscheinlichkeit: ›Fahr zur Hölle!‹« [9205]

STAR TREK – TREFFEN DER GENERATIONEN
(Star Trek – Generations)
USA 1994, Paramount (Regie David Carson, Buch Ronald D. Moore, Brannon Braga, Story Rick Berman Ronald D. Moore, Brannon Braga, nach der TV-Serie von Gene Roddenberry)

*

William Shatner (Kirk): »Ihre Belehrungen können Sie sich sparen. Ich habe schon die Galaxis gerettet, als Ihr Großvater noch in die Windeln machte.« [9206]

***

STAR WARS EPISODE I – DIE DUNKLE BEDROHUNG
(Star Wars Episode I – The Phantom Menace)
USA 1999, Lucas (Regie, Buch George Lucas)

*

Liam Neeson (Qui-Gon Jinn): »Es gibt immer einen noch größeren Fisch.« [9207]

*

Natalie Portman (Queen Amidala): »Ich werde nicht kooperieren.«
Silas Carson (Vizekönig): »Sachte, Hoheit! In Kürze wird Euch das Leiden Eures Volkes dazu verhelfen, unseren Standpunkt zu verstehen.« [9208]

*

Andrew Secombe (Watto): »Geistige Tricks funktionieren bei mir nicht. Nur Geld.« [9209]

*

Secombe: »Nun, ich hoffe, ihr habt niemanden, den ich kenne, dafür umgebracht.« [9210]

> »Menschenrechte!
> Schon allein das Wort
> ist rassistisch.«
> Star Trek VI – Das unentdeckte Land

STARDUST MEMORIES
USA 1980, Rollins-Joffe, United Artists (Regie, Buch Woody Allen)

*

Woody Allen (Sandy Bates): »Ohne diese Beruhigungsmittel gäb's diese Branche schon gar nicht mehr.« [9211]

*

Allen: »Meine Nerven sind nur noch kleine Stümmelchen.« [9212]

*

Allen: »Für Sie bin ich ein Atheist, aber für Gott bin ich seine loyale Opposition.« [9213]

*

Tony Roberts (Tony): »Eine Hommage? Nein, nicht direkt. Wir haben nur die Idee geklaut.« [9214]

*

Jessica Harper (Daisy): »Für einen, der so viel komische Filme gemacht hat, bist du ganz schön depressiv.« [9215]

***

STARKEY
(Divorcing Jack)
UK/F 1998, BBC, Winchester, Scala, IMA, Canal+ (Regie David Caffrey, Buch Colin Bateman, nach seinem Roman)

*

David Thewlis (Dan Starkey, voice-over): »Als ich acht Jahre alt war, bin ich mal mitten in der Nacht davon aufgewacht, daß mein Bruder auf meine Schreibmaschine gepinkelt hat. Das war der Augenblick, in dem mir klar wurde, daß Alkohol was Wunderbares sein mußte. Und im Zuge meines zunehmenden künstlerischen Interesses entdeckte ich, daß viele meiner Idole ein leidenschaftliches Verhältnis zu dem pflegten, was mein Dad ›die Kotze des Teufels‹ nannte, Brendan Behan, Dylan Thomas, George Best, Pete Townshend. Keinem von denen hat's geschadet. Mit Ausnahme der ersten beiden. Und die haben sich totgesoffen.« [9216]

*

Thewlis: »Wein? Ist das das, was die Studenten heute trinken?«
Laura Fraser (Margaret): »Wieso denkst du, daß ich studiere?«
Thewlis: »Na ja, der edle Schraubverschluß der Flasche möchte vielleicht darauf hindeuten,

daß du noch nicht voll im Erwerbsleben stehst.« [9217]

*

Thewlis: »Warum gucken Kunststudenten morgens nie aus dem Fenster?«
Fraser: »Damit sie am Nachmittag auch noch was zu tun haben.« [9218]

*

Jason Isaacs (›Cow Pat‹ Keegan): »Sag mir, wo die Kassette ist, und ich seh zu, was ich für dich tun kann, damit es bleifrei bleibt.« [9219]

*

Isaacs: »Ich weiß, daß Schmerz bei einem schwachen Gedächtnis Wunder wirkt.« [9220]

***

STARSHIP TROOPERS
USA 1997, Davison, TriStar, Touchstone (Regie Paul Verhoeven, Buch Ed Neumeier, nach dem Roman von Robert A. Heinlein)

*

Michael Ironside (Jean Rasczak): »Mit der Einstellung, daß Gewalt niemals etwas lösen kann, kommt man nicht weit.« [9221]

*

Clancy Brown (Sergeant Zim): »Schmerz ist Ansichtssache.« [9222]

*

Jake Busey (Ace Levy): »Wenn sie (die Frauen) dir dein Herz rausgerissen haben, wollen sie immer deine ›Freunde‹ sein.« [9223]

*

Dina Meyer (Dizzy Flores): »Hast du nach dem Tanzen schon irgendwas vor?« [9224]

***

STAVISKY
F 1974, Ariane, Cerita, Euro International (Regie Alain Resnais, Buch Jorge Semprun)

*

Jean-Paul Belmondo (Serge Alexandre Stavisky): »Sie wissen nichts von mir. Niemand weiß, wer ich bin, wozu ich fähig bin.« [9225]

*

Belmondo: »Was gibt es Grauenhafteres, als einen kleinmütigen Vater zu haben? Immerhin hatte er die Courage, sich eine Kugel durch den Kopf zu schießen.« [9226]

***

STECKBRIEF 7-73 *(He Ran All the Way)*
USA 1951, Roberts, United Artists (Regie John Berry, Buch Guy Endore, Hugo Butler, nach dem Roman von Sam Ross)

*

Gladys George (Mrs. Robey): »Wenn du ein Mann wärst, würdest du dich um Arbeit kümmern.«
John Garfield (Nick Robey): »Ach, und wenn du ein Mann wärst, würde ich dir eine runterhauen.«
George: »Der Kaffee steht auf dem Ofen. Und werde nicht frech! Verstehst du?«
Garfield: »Das mußt du doch gewöhnt sein.«
George: »Aber nur von dir, du Rumtreiber.«
Garfield: »Ach, hör auf, Mutter! Du bist bloß noch verkatert.« [9227]

*

Norman Lloyd (Al Molin): »Ich hab genug Glück für uns beide zusammen.« [9228]

*

Lloyd: »Du kannst schnell laufen, aber nicht schnell denken. Versuch es also gar nicht erst!« [9229]

*

Selena Royle (Mrs. Dobbs): »Er bringt dich um.«
Wallace Ford (Mr. Dobbs): »Vielleicht. Vielleicht bringe ich ihn um. Etwas geschieht jetzt.« [9230]

***

STEHPLATZ IM BETT *(Standing Room Only)*
USA 1944, Paramount (Regie Sidney Lanfield, Buch Darrell Ware, Karl Tunberg, Story Al Martin)

*

Sig Arno (Kellner): »Ich habe eine 4-Zimmer-Wohnung und elf Kinder.«
Fred MacMurray (Les Stevens): »Und *Sie* wollen nach Hause gehen?«
Arno: »Sagen wir mal so: Ich werde erwartet.« [9231]

*

Roland Young (Ira Cromwell): »Einen freien

> »Wenn sie (die Frauen) dir dein Herz rausgerissen haben, wollen sie immer deine ›Freunde‹ sein.«
> Starship Troopers

Tag? Sie haben doch erst gestern angefangen zu arbeiten, und da haben Sie auch nicht gearbeitet.« [9232]

*

Clarence Kolb (Glen Ritchie): »Das ist die beste Suppe, die ich gegessen habe, seit unser Koch Mechaniker geworden ist.« [9233]

***

STELLA DALLAS
USA 1937, Goldwyn, United Artists (Regie King Vidor, Buch Sarah Y. Mason, Victor Herman, nach dem Roman von Olive Higgins Prouty)

*

Barbara Stanwyck (Stella Dallas): »Das sind Geschäftsfreunde von meinem Mann.«
Alan Hale (Ed Munn): »Geschäftsfreunde? Ist er Leichenbestatter?« [9234]

***

DER STERN DES GESETZES (The Tin Star)
USA 1957, Perlberg-Seaton, Paramount (Regie Anthony Mann, Buch Dudley Nichols)

*

Henry Fonda (Morg Hickman): »Sie haben sich von ihm verwirren lassen, und das war leichtsinnig. Sie haben auf das geachtet, was er sagte und nicht auf das, was er tat.« [9235]

*

Fonda: »Mußten Sie denn Ihren Revolver ziehen?«
Anthony Perkins (Ben Owens): »Ja, sonst hätte er doch vor mir gezogen.«
Fonda: »Wenn Sie unbeirrt auf einen Mann zugehen, wird er unsicher und schießt nicht, denn auf drei Fuß Entfernung kann er auch getroffen werden, vielleicht sogar getötet, selbst, wenn er zuerst zieht. Aber wenn Sie ziehen, muß er doch versuchen, Sie zu erledigen.« [9236]

*

Fonda: »Geben Sie Ihren Blechstern schleunigst zurück, und danken Sie Gott, daß Sie noch leben!« [9237]

> »Das sind Geschäftsfreunde
> von meinem Mann.«
> »Geschäftsfreunde?
> Ist er Leichenbestatter?«
> Stella Dallas

Perkins: »Ich bin nur vorübergehend (als Sheriff) eingesetzt.«
Fonda: »Ich fürchte, da haben Sie nur allzu recht.« [9238]

*

Fonda: »Sie dürfen den Hammer nicht nur mit der Daumenkuppe spannen, sonst rutschen Sie im Ernstfall vielleicht ab. Sie müssen ihn mit dem ganzen Daumen zurückziehen, so, dann kommen sie schon mit schußbereitem Revolver hoch.« [9139]

*

Fonda: »Bei einer wirklichen Schießerei kommt es auf mehr an als beim Übungsschießen. Voraussetzungen sind kaltes Blut und Selbstvertrauen, und das fehlt Ihnen noch, deshalb war Bogardus Ihnen über.« [9240]

*

Fonda: »Zum Selbstvertrauen muß man einen klaren Kopf behalten, kein Risiko eingehen, wenn es nicht sein muß, immer warten und dann den Kampf mit einem Schuß beenden.«
Perkins: »Warten?«
Fonda: »Ja, diese Wartezeit, diese winzige Sekunde, gibt den Ausschlag, ob man seinen Mann trifft oder vorbeischießt.« [9241]

*

Perkins: »Ich will aber keinen umbringen.«
Fonda: »Dann legen Sie Ihren Revolver ab!« [9242]

*

Fonda: »Lassen Sie ihn die Hände hochnehmen, aber passen Sie genau auf, was er mit ihnen macht! Nimmt er sie hoch, haben Sie einen Gefangenen, greift er nach unten, ist er tot, oder Sie sind es.« [9243]

*

Fonda: »Ein anständiger Kerl will nicht töten, aber zwingt man Sie zu schießen, dann schießen Sie nur, um zu töten!« [9244]

*

Perkins: »Vielleicht könnte man ihn nur verwunden.«
Fonda: »Wenn Sie lebensmüde sind, können Sie das ja versuchen. Ich kenne Leute, die behaupten, daß sie nur den Revolver aus der Hand schießen würden. Alles Lüge. Das kann sich keiner leisten, ein Verwundeter kann immer noch gefährlich sein.« [9245]

Perkins: »Sie haben es doch getan.«
Fonda: »Hä?«
Perkins: »Bogardus den Revolver aus der Hand geschossen.«
Fonda: »Ich war ja nicht beteiligt, sondern Sie. Für mich war das kein Risiko.«
Perkins: »Und wenn Sie nicht getroffen hätten?«
Fonda: »Dann hätte er Sie erledigt und ich ihn.« [9246]

*

Fonda: »Ich habe nicht gesagt, daß Sie langsam sein sollen, im Gegenteil, Sie müssen mit den Muskeln blitzschnell sein, aber mit dem Verstand zögern. Einen kleinen Augenblick warten und einmal abdrücken, denn nur das zählt, der erste Schuß, der muß sitzen, und der Kampf ist aus.« [9247]

*

Fonda: »Ich merke auch, daß Sie Ihre Revolver zu tief tragen.«
Perkins: »So hat Sheriff Parker sie immer getragen.«
Fonda: »Parker ist tot.« [9248]

*

Fonda: »Das ist schon Ihr zweiter Whiskey.«
Perkins: »Ich kann was vertragen.«
Fonda: »Sicher, das gibt Selbstvertrauen, falsches Selbstvertrauen.«
Perkins: »Sie lachen mich ja aus, wenn ich Bier trinke.«
Fonda: »Lacht mich jemand aus? Tun Sie nur, was Sie für richtig halten!« [9249]

*

Fonda: »Sich nach Möglichkeit raushalten, aber wenn Sie sich einmischen, dann müssen Sie auch wissen, daß Sie der bessere Mann sind.« [9250]

*

Perkins: »Haben Sie schon mal gegen einen besseren Mann gekämpft?«
Fonda: »Wenn Sie lange genug leben, was nicht wahrscheinlich ist, könnten Sie der bessere Mann werden.« [9251]

*

Perkins: »Ich habe nur den einen Wunsch, den Sheriffstern zu behalten.«
Fonda: »Dazu gehört Menschenkenntnis. Prägen Sie sich in Ihrem Schädel ein: Der Revolver ist nur ein Werkzeug, mit dem lernt man umzugehen, wenn man den Kniff raushat. Mit Menschen ist schwerer umzugehen.« [9252]

***

STILL CRAZY
USA/UK 1998, Greenlight, Marmot Tandy, Columbia (Regie Brian Gibson, Buch Dick Clement, Ian La Frenais)

*

Billy Connolly (Hughie, voice-over): »Die Geschichte zeigt, daß Menschen erst dann weise handeln, wenn sie alle anderen Möglichkeiten ausgeschöpft haben.« [9253]

*

Connolly (voice-over): »Ich glaube, Gott hatte einfach die Schnauze voll von diesen ganzen 70er-Jahre-Exzessen. Darum hat er die Sex Pistols erfunden.« [9254]

***

STIRB LANGSAM
(Die Hard)
USA 1988, Gordon-Silver, Twentieth Century Fox (Regie John McTiernan, Buch Jeb Stuart, Steven E. de Souza, nach dem Roman ›Nothing Lasts Forever‹ von Roderick Thorp)

*

De'Voreaux White (Argyle): »Warum sind Sie nicht mitgekommen?«
Bruce Willis (John McClane): »Weil ich 'n Bulle aus New York bin. Ich bin sechs Monate damit im Rückstand, New York sauberzuhalten. Ich kann nicht einfach alles hinschmeißen und abhauen.« [9255]

*

James Shigeta (Takagi): »Pearl Harbour hat nicht funktioniert. Jetzt bombardieren wir sie mit Videorecordern. Wir sind flexibel.« [9256]

*

Andreas Wisniewski (Tony): »Also laß die Scherze und komm wieder zu den andern! Ich verspreche, dir passiert nichts.« *(...)*

> *»Ich will aber keinen umbringen.« »Dann legen Sie Ihren Revolver ab!«*
> Der Stern des Gesetzes

Willis: »Das kann *ich* dir nicht versprechen.« ⁹²⁵⁷

*

Willis (barfuß): »Neun Millionen Terroristen gibt es auf der Welt, und ich gerate an einen, der kleinere Füße hat als meine Schwester.« ⁹²⁵⁸

*

Lorenzo Caccialanza (Marco): »Wenn du wieder mal Gelegenheit hast, jemanden umzubringen, dann warte nicht so lange!«
Willis: »Du hast recht. *(erschießt ihn)* Danke für den guten Tip.« ⁹²⁵⁹

*

Willis: »Verflucht noch mal! Was mach ich bloß hier? Wie bin ich bloß in diese Scheiße geraten?« ⁹²⁶⁰

*

Willis: »Warum mußtest du den halben Kasten in die Luft jagen?«
Alan Rickman (Hans Gruber): »Wenn man 600 Dollar klaut, kann man einfach verschwinden. Aber bei 600 Millionen mußt du ihnen verkaufen, daß es dich erwischt hat.« ⁹²⁶¹

*

Rickman: »Immer noch den Cowboy spielen, McClane? Die Amerikaner sind doch alle gleich. Aber dieses Mal verschwindet John Wayne nicht mit Grace Kelly im Sonnenuntergang.«
Willis: »Das war Gary Cooper, du Arschloch.« ⁹²⁶²

***

STIRB LANGSAM 2 *(Die Hard 2)*
USA 1990, Gordon Silver, Twentieth Century Fox (Regie Renny Harlin, Buch Stephen E. de Souza, Doug Richardson, nach dem Roman ›58 Minutes‹ von Walter Wager)

*

Bruce Willis (John McClane): »Das scheint sich zu entwickeln.« ⁹²⁶³

> »Pearl Harbour hat nicht funktioniert. Jetzt bombardieren wir sie mit Videorecordern. Wir sind flexibel.«
> Stirb langsam

Franco Nero (General Ramon Esperanza, off): »Wieviele Leben hat eigentlich dieser Kerl?« ⁹²⁶⁴

***

STIRB LANGSAM – JETZT ERST RECHT
(Die Hard with a Vengeance)
USA 1995, Cinergi, Buena Vista (Regie John McTiernan, Buch Jonathan Hensleigh, nach Charakteren von Roderick Thorp)

*

Larry Bryggman (Arthur Cobb): »Wißt ihr, wo wir McClane finden?«
Graham Greene (Joe Lambert): »Jedenfalls wird er kaum auf irgend 'ner Kirchenbank sitzen.«
Bryggman: »Findet raus, unter welchen Stein er sich verkrochen hat.« ⁹²⁶⁵

*

Charles Dumas (Cross): »Wie es aussieht, hat er vor, Ihnen einen Zehenzettel ans Bein zu hängen, und er wird alles daransetzen, daß der Knoten sitzt.« ⁹²⁶⁶

*

Bruce Willis (John McClane): »Meinst du, wir sollen die Feuerwehr rufen?«
Samuel L. Jackson (Zeus Carver): »Scheiß drauf! Laß ihn grillen!« ⁹²⁶⁷

***

DER STOFF, AUS DEM DIE HELDEN SIND
(The Right Stuff)
USA 1983, Ladd, Warner (Regie, Buch Philip Kaufman, nach dem Buch von Tom Wolfe)

*

Robert Beer (Dwight D. Eisenhower): »Ich will Testpiloten!« *(als Astronauten, ...)*
»Mr. President, ich bin sicher, wir fahren besser mit einem anderen Menschentyp. Jedem anderen Menschentyp. Ich hab dabei an einen Menschen gedacht, den man formen kann. Es würde die Dinge nur komplizieren, wenn man einem Menschen die Rückkehr garantieren müßte.« ⁹²⁶⁸

***

STOLZ UND VORURTEIL
(Pride and Prejudice)
USA 1940, MGM (Regie Robert Z. Leonard, Buch Aldous Huxley, Jane Murfin, nach dem Roman von Jane Austen)

Maureen O'Sullivan (Jane Bennet): »Oh Himmel, was für ein Puddinggesicht!«
Marsha Hunt (Mary Bennet): »Wer weiß, vielleicht hat er 'n schönen Charakter.« [9269]

*

Frieda Inescort (Miss Caroline Bingley): »Dieses Landvolk zu unterhalten, ist Gottlob nicht so schwer, wie ich dachte. Jedwedes alberne, kindische Spiel scheint sie ungeheuer zu belustigen.« [9270]

*

Greer Garson (Elizabeth Bennet): »Nein, ich vergesse es nicht. Und ebensowenig vergesse ich, daß er zu den Menschen gehört, die einem Freundschaft anbieten und sie bei der ersten Bewährungsprobe wieder aufkündigen.« [9271]

*

Garson: »Ehrlichkeit ist eine weitaus überschätzte Tugend. Takt wäre hier angebrachter gewesen.« [9272]

***

STORMY MONDAY
UK 1987, Moving Picture, Film Four, Atlantic, British Screen, Palace (Regie, Buch Mike Figgis)

*

Tommy Lee Jones (Cosmo): »Bob hat Elliot abgelöst. Er war so dämlich, mit einer Journalistin ins Bett zu gehen. Also, jetzt ist Bob hier, und Bob schläft immer allein. Nicht wahr, Bob?« [9273]

*

James Cosmo (Tony): »Legen wir ihn um, oder sollen wir ihm nur wehtun?«
Mark Long (Patrick): »Nur wehtun, wir brauchen seine Unterschrift.« [9274]

*

Jones: »Willst du, daß der Junge demnächst Sopran singt?« [9275]

*

Jones: »Katie, kann ich dich irgendwohin mitnehmen?«
Melanie Griffith (Kate): »Sei froh, daß *ich* die Pistole nicht hatte, Cosmo!« [9276]

***

LA STRADA – DAS LIED DER STRASSE
(*La Strada*)
I 1954, Ponti-De Laurentiis (Regie Federico Fellini, Buch Federico Fellini, Ennio Flaiano, Tullio Pinelli, Story Federico Fellini, Tullio Pinelli)

Anthony Quinn (Zampano): »Ich wollte ihn nicht umbringen. Ich hab nur zweimal zugehauen.« [9277]

***

DAS STRAFGESETZBUCH (*The Criminal Code*)
USA 1931, Columbia (Regie Howard Hawks, Buch Fred Niblo, jr., Seton I. Miller, nach dem Stück von Martin Flavin)

*

Walter Huston (Mark Brady): »Auge um Auge. Das ist die Basis, das Fundament für unsere Strafgesetzgebung. Jemand hat dafür zu bezahlen.« [9278]

*

Otto Hoffman (Jim Fales): »Ich hau ab und zwar bald.«
Phillips Holmes (Robert Graham): »Nimm mich mit, Jesse!«
Hoffman: »(...) Ist eine riskante Sache, wie ein Glücksspiel. Neun von zehn kommen wieder rein.«
Boris Karloff (Galloway): »Ja, und von den neun kommen acht auf einer Bahre wieder rein.« [9279]

*

Constance Cummings (Mary Brady): »Wo ist er?«
Huston: »Er sitzt im Bunker, Mary.«
Cummings: »Wegen was?«
Huston: »Genaugenommen, weil er einen Mörder deckt, aber praktisch ist es der Versuch, sein Leben zu retten.«
Cummings: »Wie kann man es zu retten versuchen und gleichzeitig zerstören? Was hat das für einen Sinn?«
Huston: »Ja, die Frage hab ich mir auch schon gestellt.« [9280]

*

Huston: »Weißt du, was die in dem Fall mit mir machen? Ich werd's dir verraten. Die schießen mich ab, stehend, freihändig.« [9281]

> »Oh Himmel, was für ein Puddinggesicht!«
> »Wer weiß, vielleicht hat er 'n schönen Charakter.«
> Stolz und Vorurteil

Karloff: »Jetzt wird es Zeit. Ich muß die Rechnung begleichen.« [9282]

***

STRÄFLING 3312 – AUF DER FLUCHT
(They Made Me a Fugitive)
UK 1947, Warner (Regie Alberto Cavalcanti, Buch Noel Langley, nach dem Roman ›A Convict Has Escaped‹ von Jackson Budd)

Trevor Howard (Clem): »Ellen ist wirklich mächtig einfühlsam. Wenn Ellen nicht wäre, würden die Vögel nicht singen.« [9283]

Howard: »Das ist der nette Gentleman, von dem ich dir erzählt habe. Er winkt mir mit einem Job.«
Eve Ashley (Ellen): »Welcher Art denn?«
Griffith Jones (Narcy): »Na, man könnte es freies Unternehmertum nennen.« [9284]

Jones: »Ich mag es nicht, wenn man mich kritisiert. Ich bin mächtig sensibel, mußt du wissen, obwohl man das nicht vermutet.« [9285]

(zwei Gefangene, off): »Da ist der Neue.«
»Weshalb sitzt der?«
»Totschlag, hat 'n Greifer erledigt.«
»Von wegen Totschlag. Ist Insektenvernichtung.« [9286]

Howard: »Hör gut zu, Mata Hari! Ich rechne mit Narcy ab, wenn die Zeit gekommen ist. Sag ihm, das nächste Mal soll er einen herschicken, der das Rumschnüffeln ein bißchen besser draufhat als du.« [9287]

Jones: »Clem kommt genausoweit, wie ich einen toten Elefanten werfen kann, wenn man mir einen Arm am Rücken festbindet.« [9288]

> »Ich warte auf dich, Clem.«
> »Ich hab befürchtet,
> daß du so was sagst.«
> Sträfling 3312 – Auf der Flucht

Mary Marrall (Aggie): »Findet ihn, und wir werden ihn begraben.« [9289]

Ballard Berkeley (Inspector Rockliffe): »Am besten, Sie begleiten mich.«
Sally Gray (Sally): »Haben Sie 'n Haftbefehl?«
Berkeley: »Ich will Sie nicht verhaften. Ich versuche nur zu verhindern, daß Narcy Ihren hübschen Hals von Ohr zu Ohr aufschlitzt. Sie haben ihn ein kleines bißchen zu weit vorgestreckt.« [9290]

Jones: »Jim, wo ist unser Rumtreiber jetzt?«
Michael Brennan (Jim, hat Soapy gerade umgelegt und im Hafen entsorgt): »Er wollte unbedingt schwimmen.«
Jones: »War schon immer ein sportlicher Typ, der gute Soapy.« [9291]

Gray: »Ich warte auf dich, Clem.«
Howard: »Ich hab befürchtet, daß du so was sagst.« [9292]

***

THE STRAIGHT STORY – EINE WAHRE GESCHICHTE *(The Straight Story)*
USA/F/UK 1999, Sarde, Canal+, Film Four (Regie David Lynch, Buch John Roach, Mary Sweeney)

Richard Farnsworth (Alvin Straight): »Sie hat ein Gedächtnis wie 'ne Bärenfalle.« [9293]

»Irgendwas muß am Altwerden doch dran sein.«
Farnsworth: »Ich weiß nicht, was daran gut sein soll, wenn man zur selben Zeit lahm wird und blind. Aber zumindest weiß man in meinem Alter, was das Leben aufzutischen hat. Ich weiß, wie man die Spreu vom Weizen trennt und wie man alles, was unwichtig ist, von sich fern hält.« [9294]

Farnsworth: »Das Schlimmste am Altwerden ist die Erinnerung an die Jugend.« [9295]

***

STRANDGUT
(Forbidden)
USA 1953, Universal (Regie Rudolph Maté, Buch William Sackheim, Gil Doud, Story William Sackheim)

Lyle Bettger (Justin Keit): »Wo wohnen Sie übrigens?«
Tony Curtis (Eddie Darrow): »Irgend so 'n Witzbold hat es Palace getauft.« [9296]

*

Victor Sen Yung (Allan): »Versuchen Sie heute nachmittag um vier in der Rua Casadura Cadral zu sein! Die Schneiderei, die dort ist, gehört meinem guten Freund Tsoi Tat. Er stellt ebenso exzellente Hemden wie Papiere her. Es wird alles arrangiert sein.« [9297]

*

Curtis: »Das hab ich von Ihnen gelernt. Ein vornehmer Service täuscht über schlechten Schnaps hinweg.« [9298]

*

Curtis: »Also, eins muß man Barney Pendleton lassen. Der Spürhund, den er ausgesucht hat, hat Grips und Phantasie.«
Marvin Miller (Chalmer): »Machen Sie mir keinen Antrag, Darrow! Ich bin verheiratet.« [9299]

*

Curtis: »Aber einen Weg muß es doch geben.«
Sen Yung: »Dann bringen Sie ihn um, mein Freund! Stellen Sie sich danach aber gleich der Polizei! Zu Ihrem Schutz. Auf diese Weise können Sie Ihren Sieg noch genießen. Bis zur Hinrichtung.« [9300]

*

Bettger: »Was wollen Sie?«
Miller: »Ihre Witwe muß zurück in die Staaten. So war es eigentlich nicht vorgesehen, und ich bedauere, das tun zu müssen, aber Sie wissen ja, wie so was läuft.« [9301]

***

STRANGE DAYS
USA 1995, Lightstorm, Twentieth Century Fox (Regie Kathryn Bigelow, Buch James Cameron, Jay Cocks, Story Jay Cocks)

*

Ralph Fiennes (Lenny Nero): »Ich will nicht unhöflich sein, aber ich muß dich fragen: Bist du ein Bulle?« [9302]

*

Fiennes: »Das hier ist nicht einfach nur 'ne bessere Art von Video, das hier ist das Leben. Ein paar Ausschnitte aus dem Leben eines anderen Menschen, pur und ungeschnitten, es kommt direkt aus der Großhirnrinde. Ich meine, du tust es, du siehst es, du hörst es, du fühlst es.« [9303]

*

Fiennes: »Ich bin der Magic Man, der Weihnachtsmann des Unterbewußten. Du sagst es, du denkst es, du kannst es haben.« [9304]

*

Michael Wincott (Philo Gant): »Paranoia heißt nur, die Realität wirklicher zu sehen als andere.« [9305]

*

Fiennes: »Ziemlich verdrehte Logik, Max. Sogar für einen wie dich.« [9306]

*

Angela Bassett (Lornette ›Mace‹ Mason): »Du schwimmst einfach gelassen auf dem Rücken durch die große Kloschüssel des Lebens, aber irgendwie läßt dich das völlig kalt.« [9307]

*

Wincott: »Der einzige Moment, wo eine Nutte den Mund aufmachen sollte, ist, wenn sie einem einen bläst.« [9308]

*

Fiennes: »Sie haben ihn gegrillt.«
Bassett: »Ist er tot?«
Fiennes: »Nein, aber seine vorderen Hirnlappen sind wie zwei Spiegeleier. Sie haben einen Verstärker zwischengeschaltet, um das Signal zu potenzieren und damit sein Gehirn frittiert.« [9309]

*

Tom Sizemore (Max Peltier): »Die Frage ist doch nicht, ob du paranoid bist, Len. Die Frage ist: Bist du paranoid genug?« [9310]

*

Bassett: »Normalerweise verblassen Erinnerungen, Lenny. Es gibt einen Grund, weshalb wir so erschaffen wurden.« [9311]

*

Fiennes: »Sein Arsch ist so zu, wenn er furzt, hören das nur die Hunde.« [9312]

---

*»Sie hat ein Gedächtnis
wie 'ne Bärenfalle.«*
The Straight Story –
Eine wahre Geschichte

Bassett: »Du willst wirklich, daß ich einem Bullen traue?« [9313]

*

Sizemore (mit Knarre): »Zieh mal keine voreiligen Schlüsse über den Stand unserer Freundschaft! Okay, Lenny?« [9314]

***

STRASSE OHNE WIEDERKEHR
(Street of No Return)
F/Portugal 1989, Thunder, FR3, Investimage, SLAV2, Instituto Portugues de Cinema, Concorde (Regie Samuel Fuller, Buch Jacques Bral, Samuel Fuller, nach dem Roman von David Goodis)

*

Valentina Vargas (Celia): »Sie rühren also keinen Alkohol an?«
Keith Carradine (Michael): »Nein. Ist für Verlierer.« [9315]

*

Carradine: »Wahrscheinlich haben Sie ihr Gesicht als Scheuerlappen benutzt, damit sie's sagt.« [9316]

*

Marc de Jonge (Eddie): »Ich glaube, wir kriegen gleich Ärger.«
Carradine: »Schon möglich, Brieftaube.«
de Jonge: »Ich mag keine Szenen.«
Carradine: »Ich schon.«
de Jonge: »Oh, du bist einer von diesen perversen Kerlen, die aufgemischt werden wollen vor dem Mädchen, das dich hat abblitzen lassen. Okay, das kannst du haben.« [9317]

***

STRASSEN DER NACHT
(Hustle)
USA 1975, RoBurt, Churchill, Paramount (Regie Robert Aldrich, Buch Steve Shagan)

*

Burt Reynolds (Lieutenant Phil Gaines): »Ich frühstücke nicht gern mit Leuten, die schlecht gelaunt sind.« [9318]

»Sein Arsch ist so zu,
wenn er furzt, hören
das nur die Hunde.«
Strange Days

STRASSEN IN FLAMMEN
(Streets of Fire)
USA 1984, Hill-Gordon-Silver, Universal, RKO (Regie Walter Hill, Buch Walter Hill, Larry Gross)

*

Michael Paré (Tom Cody): »Das ist doch schwachsinnig, 'ne Kiste zu klauen, wenn du sie nicht voll ausfährst.« [9319]

*

Amy Madigan (McCoy): »Weißt du, überall, wo ich hingehe, gibt's schon 'n Arschloch.« [9320]

*

Madigan: »Wie hat's dir denn bei der Army gefallen?«
Paré: »Das Schießen fand ich gut, aber 'n Orden hab ich nicht gekriegt.« [9321]

*

Madigan: »Ich ziel nur mit dem Ding, wenn ich es auch benutze.« [9322]

*

Paré: »Ihr denkt immer, ihr könnt so 'n Typen wie mich anheuern, der euch die Drecksarbeit macht. Aber nicht jedesmal.« [9323]

*

Rick Moranis (Billy Fish): »Ich kauf und verkauf jeden Tag Leute, die wertvoller sind als du.« [9324]

*

Madigan: »Werden wir's jetzt tun, oder reden wir nur drüber?« [9325]

*

Madigan: »Traust du ihm, oder hast du nur keine andere Wahl?« [9326]

*

Willem Dafoe (Raven): »Hallo! Sieht so aus, als hätte ich endlich jemanden gefunden, der auch gern so hart zockt wie ich.« [9327]

*

Dafoe: »Jetzt erzähl mir doch mal deinen Namen!«
Paré: »Tom Cody. Hat mich sehr gefreut.«
Dafoe: »Ich hol sie mir wieder, und dich hol ich mir dann auch.«
Paré: »Klar kommst du, und ich warte auf dich.« [9328]

*

Deborah van Valkenburgh (Reva Cody): »Wenn du schon kämpfst, dann solltest du auch wissen, wofür du kämpfst.« [9329]

Richard Lawson (Ed Price): »Also, mein Plan *(die Sache friedlich zu lösen)* ist im Arsch. Jetzt will ich was von dir sehen. Los, zerquetsch ihn!« [9330]

*

Paré: »Sie kommt drüber weg. Sie weiß schon, daß ich unzuverlässig bin.« [9331]

***

STRICH DURCH DIE RECHNUNG
(The Gun Runners)
USA 1958, Seven Arts, United Artists (Regie Don Siegel, Buch Daniel Mainwaring, Paul Monash, nach dem Roman ›To Have and Have Not‹ von Ernest Hemingway)

*

Eddie Albert (Hanagan): »Was machen Sie eigentlich, wenn Sie Ihr Geld nicht gerade auf falsche Zahlen setzen?« [9332]

Audie Murphy (Sam Martin): »Gibt es eigentlich jemanden, den Sie nicht kaufen können?«
Albert: »Sagen wir, es ist schwierig bei denen, die schon begraben sind. Bei den übrigen kommt es bloß auf den Preis an.« [9333]

***

DER STROHMANN
(The Front)
USA 1976, Persky-Bright, Devon, Columbia (Regie Martin Ritt, Buch Walter Bernstein)

*

Woody Allen (Howard Prince): »Weißt du, ich sehe das so: Entweder ist man einer, der schreibt oder der redet.« [9334]

Allen: »Hast du was übrig für Sport?«
Andrea Marcovicci (Florence Bennett): »Na ja, ich schwimme gern.«
Allen: »Nein, Schwimmen ist ja kein Sport, Schwimmen ist das, was man tut, um nicht unterzugehen. Weißt du, für mich ist Sport das, was man mit einem Ball tut.« [9335]

Marcovicci: »Du bist richtig versessen auf Erfolg.«
Allen: »Auf was sollte ich sonst versessen sein? Auf eine Krankheit?« [9336]

***

DER STROM *(The River)*
USA 1951, Oriental, United Artists (Regie Jean Renoir, Buch Jean Renoir, Rumer Godden, nach dem Roman von Rumer Godden)

*

Patricia Walters (Harriet): »Wie schön er ist!«
Adrienne Corri (Valerie): »Männer können nicht schön sein.« [9337]

*

Thomas E. Breen (Captain John): »Ist das der Ort deiner Meditationen?«
Arthur Shields (Mr. John): »Meditieren ist eine schwere Arbeit. Ich bin zu faul für so etwas Schweres und begnüge mich mit dem, was mir zukommt.«
Breen: »Und was treibst du?«
Shields: »Ich nehme wahr.« [9338]

*

Breen: »Das scheint mir 'n bißchen paradox zu sein.«
Shields: »Das Paradoxe ist oft die Wahrheit.« [9339]

*

Corri: »Jetzt ist es aus. Es sollte niemals enden. Jetzt ist es zu Ende. Es war alles wie ein Traum. Und jetzt ist es Wirklichkeit geworden. ... Ich hab die Wirklichkeit nicht gewollt.« [9340]

*

Shields: »Man sollte es feiern, wenn ein Kind als Kind stirbt, wenn eins entkommen ist.« [9341]

***

DIE STUNDE DES SIEGERS
(Chariots of Fire)
UK 1981, Enigma, Allied Stars, Twentieth Century Fox (Regie Hugh Hudson, Buch Colin Welland)

*

Ben Cross (Harold Abrahams): »Ich laufe nicht, um geschlagen zu werden. Ich laufe, um zu siegen. Wenn ich nicht siegen kann, laufe ich nicht.«
Alice Krige (Sybil Gordon): »Wenn du nicht läufst, kannst du nicht siegen.« [9342]

> »Wie schön er ist!«
> »Männer können
> nicht schön sein.«
> Der Strom

STURM ÜBER TEXAS
(Terror in a Texas Town)
USA 1957, Seltzer, United Artists (Regie Joseph H. Lewis, Buch Ben L. Perry)

*

Sebastian Cabot (Ed McNeil): »Deine Witze sind genauso überholt wie dein Beruf, Johnny. Wir leben in einer anderen Zeit. Das Töten am laufenden Band ist in Texas nicht mehr modern.«
Ned Younge (Johnny Crale): »Solange es noch Männer wie dich gibt, haben auch Männer wie ich Arbeit.« [9343]

*

Cabot: »Ich habe hier eine Verzichterklärung, die brauchen Sie nur zu unterzeichnen. Als Gegenleistung zahle ich Ihnen 300 Dollar.«
Sterling Hayden (George Hansen): »Ich habe 300 Dollar und verzichte nicht auf die Farm.«
Cabot: »Haben Sie sie schon gesehen? Sie ist keine 200 Dollar wert.«
Hayden: »Nun, dann wäre es unanständig, die Summe anzunehmen. Warum wollen Sie mehr dafür zahlen, als das Land wert ist?« [9344]

*

Cabot: »Du wirst ihn heute abend in den Zug setzen. Wie du es schaffst, ist mir gleich. Wichtig ist nur, daß er lebt.«
Younge: »Du weißt sehr gut, ich leiste ungern halbe Arbeit, wenn ich ganze machen kann.« [9345]

***

STURMFAHRT NACH ALASKA
(The World in His Arms)
USA 1952, Universal (Regie Raoul Walsh, Buch Borden Chase, nach dem Roman von Rex Beach)

*

John McIntire (Deacon Greathouse): »Dreh dich um! Mit dem Gesicht zur Wand! Was dein Auge nicht sieht, tut dir nicht weh.« [9346]

> »Ich bin nicht der Mann,
> der mit sich spaßen läßt.«
> »Und ich spaße nicht
> mit Männern.«
> Sturmfahrt nach Alaska

Gregory Gaye (Paul Shushaldin): »Ich will meine 25.000, weiter nichts.«
Anthony Quinn (Portugee): »Wozu? Wir haben ein Geschäft abgeschlossen.«
Gaye: »Sie haben die Abmachungen nicht eingehalten.« (...)
Quinn: »Wenn ich ein Geschäft mache, ist es ein Geschäft.« [9347]

*

Gaye: »Ich bin nicht der Mann, der mit sich spaßen läßt.«
Quinn: »Und ich spaße nicht mit Männern.« [9348]

*

Quinn: »Seltsame Menschen, diese Russen. Erst geben sie einem Geld, dann wollen sie's wieder zurück.« [9349]

*

»Das ist aber ein Haufen Geld, Deacon. Nicht? Von wem will er denn das bekommen?«
McIntire: »Er tanzt gerade mit der Hälfte davon.« [9350]

*

McIntire: »Wenn wir uns wiedersehen, werden wir lächeln. Wenn nicht, war dieser Abschied wohlgetan.« [9351]

*

McIntire: »Er hat bestimmt im Augenblick kein Interesse an Alaska, solange er die Welt *(die Gräfin)* in seinen Armen hält.« [9352]

***

STURMHÖHE
(Hurlevent)
F 1985, Cècilia, Renn, Ministère de la Culture (Regie Jacques Rivette, Buch Pascal Bonitzer, Suzanne Schiffman, Jacques Rivette, nach dem Roman von Emily Brontë)

*

Olivier Cruveiller (Guillaume): »So, das wäre erledigt. Doch das nächste Mal sollten Sie Ihre eigenen Fäuste gebrauchen.« [9353]

*

Lucas Belvaux (Roch): »Ich denke daran, wie ich das Guillaume am besten heimzahle. Ich werde drauf warten, ganz egal, wie lange. Ich hoffe nur, er stirbt nicht vorher.«
Fabienne Babe (Catherine): »Hör auf! Ich will nicht, daß du so was sagst. Das liegt in Gottes Hand.«

Belvaux: »Gott hat bestimmt nicht so viel Spaß daran wie ich.« [9354]

*

Cruveiller: »Du wirst jetzt das Tranchiermesser schlucken, Hélène!«
Sandra Montaigu (Hélène): »Das wäre mir sehr unangenehm, ich habe eben erst den Fisch damit ausgenommen. Es wäre mir lieber, Sie schneiden mir die Kehle durch, wenn's Ihnen nichts ausmacht.« [9355]

***

STÜRMISCHE HÖHEN
(Wuthering Heights)
USA 1939, Goldwyn, United Artists (Buch William Wyler, Buch Charles MacArthur, Ben Hecht, nach dem Roman von Emily Brontë)

*

Laurence Olivier (Heathcliff): »Gäste sind etwas so Seltenes bei uns, daß wir nicht mehr wissen, wie wir sie zu behandeln haben.« [9356]

***

SUBWAY
F 1985, Loup TFS, TF1, Gaumont (Regie Luc Besson, Buch Luc Besson, Pierre Jolivet, Alain Le Henry, Marc Perrier, Sophie Schmit)

*

Isabelle Adjani (Helena): »Man lädt Sie irgendwohin ein, und Sie sprengen gleich den Safe in die Luft.«
Christopher Lambert (Fred): »Das sollten Sie nicht so eng sehen. Ich mag keine Safes. Das ist alles.« [9357]

*

Michel Galabru (Kommissar Gesberg, beim Verhör): »Ja, das ist ärgerlich, wirklich sehr ärgerlich. Und ich kenne mich, wenn ich mich ärgere. Dann reg ich mich immer so auf. Ich werde schon beim kleinsten Anlaß rasend. Na ja, und dann passiert es auch, daß ich sehr unangenehm werde, meine Macht mißbrauche, meine Gewalt. Ach, das ist abschreckend, diese Gewalttätigkeit, die in uns allen so schlummert. Diese Gewalttätigkeit, blind und so richtig zerstörerisch. Ja, ja, und zur Beruhigung gibt's für mich nur eins: Ich lasse meine Wut am ersten besten aus. Und so was ist gemein, ein schlechter Charakterzug. Zufällig am ersten besten. Das Leben ist hart. Das Leben ist hart.« [9358]

SUICIDE KINGS
USA 1997, Rice, Dinamo, Mediaworks, Live (Regie Peter O'Fallon, Buch Josh McKinney, Gina Goldman, Wayne Allan Rice, nach der Geschichte ›The Hostage‹ von Don Stanford)

*

Jay Mohr (Brett Campbell): »Sie sind ziemlich witzig für einen Kerl mit neun Fingern.« *(den 10. haben sie ihm kurz vorher abgeschnitten)* [9359]

*

Christopher Walken (Carlo Bartolucci / Charlie Barret): »Und wie will er die 20 Riesen zurückzahlen? (...) Da kann man allein von den Zinsen schon Nasenbluten kriegen.« [9360]

*

Cliff DeYoung (Marty): »Vergiß bitte nicht: Ich bin Anwalt, ich hab Freunde in der Hölle.« [9361]

***

SULLIVANS REISEN
(Sullivan's Travels)
USA 1941, Paramount (Regie, Buch Preston Sturges)

*

Joel McCrea (John L. Sullivan): »Was wissen die schon da in Pittsburgh!«
Robert Warwick (Mr. Lebrand): »Sie wissen, was ihnen gefällt.«
McCrea: »Wenn sie wüßten, was ihnen gefällt, würden sie nicht in Pittsburgh leben.« [9362]

*

McCrea: »Wenn wir aufs Publikum hören würden, wären wir noch im Postkutschenzeitalter. (...) Wir würden immer noch Slapstickjagden, Badeschönheiten und Tortenschlachten machen.«
Warwick: »Und ein Vermögen.« [9363]

*

McCrea: »Ich will einen außergewöhnlichen Film machen, einen Film, auf den ihr stolz sein könnt. Ich möchte etwas machen, das die Möglichkeiten des Films als soziologisches und

---

> »Vergiß bitte nicht:
> Ich bin Anwalt, ich hab
> Freunde in der Hölle.«
> Suicide Kings

künstlerisches Medium, das er ist, verwirklicht. Mit ein bißchen Sex drin. Etwas wie ...«
Porter Hall (Mr. Hadrian): »In der Art von Capra, ich weiß.« [9364]

*

Torben Meyer (der Doktor): »Warum liest er nicht ein Buch, wenn er etwas lernen will.« [9365]

*

McCrea: »Die Dinge stehen wohl schlecht, hm?«
Veronica Lake (das Mädchen): »Glaubst du, ich bin hier wegen des Lokalkolorits?« [9366]

*

Lake: »Weißt du, was das Schöne daran ist, wenn man einem Mann das Essen bezahlt? Man braucht nicht über seine Witze zu lachen.« [9367]

*

McCrea: »Du siehst einem Jungen so ähnlich wie Mae West.« [9368]

*

McCrea: »Ich werde erforschen, wie das ist, wenn man im Elend lebt. Ohne Freunde, ohne Kredit, ohne Scheckbuch, ohne Name, ganz allein.«
Lake: »Und ich gehe mit dir.«
McCrea: »Wie kann ich allein sein, wenn du bei mir bist.« [9369]

*

McCrea: »Wir sollten die Leute besser zum Lachen bringen. Wißt ihr, daß das alles ist, was manche Menschen haben? Es ist nicht viel, aber es ist besser als nichts, auf dieser Irrsinnsreise.« [9370]

***

SUMPF DES VERBRECHENS
(Scene of the Crime)
USA 1949, MGM (Regie Roy Rowland, Buch Charles Schnee, nach der Geschichte ›Smashing the Bookie Gang Marauders‹ von John Bartlow)

> »Lili, eine kesse Kleine aus dem Fol-de-Rol. Eine Figur wie Champagner und ein Herz wie ein Korken.«
> Sumpf des Verbrechens

Norman Lloyd (Sleeper): »Ich komme gerade aus dem Wallabe-Gefängnis und habe noch keine Zeit, was zu tun, wofür Sie mich drankriegen könnten. Ich hab gerade meine Schulden an die Gesellschaft bezahlt. Natürlich weiß ich, daß Sie wissen, daß ich was weiß.«
Van Johnson (Mike Conovan): »Ich weiß, du weißt, daß ich weiß, daß du was weißt.«
Lloyd: »Sicher. Also, wenn Sie mich drankriegen, dann rede ich, aber nicht vorher.« [9371]

*

Lloyd: »He, Mike, Kopf hoch! Ich bin ein miserabler Gauner, mache bald einen dummen Fehler, Sie kassieren mich, und ich muß reden.« [9372]

*

Tom Drake (C. C. Gordon): »Wissen Sie, ich habe viele von Ihren Artikeln gelesen.«
Donald Woods (Herkimer): »Ja?«
Drake: »Sie wären auch kein schlechter Bulle.«
Woods: »Danke.«
Drake: »Nur leider sind das Platte an Ihnen nicht die Füße.« [9373]

*

Johnson: »Nimm niemanden fest, wenn du allein bist, und versuch nicht, ein Held zu sein!«
Drake: »Wie könnte ich das verhindern?« [9374]

*

Robert Gist (Pontiac): »Mike, mein Geschäft besteht darin, Ehefrauen zu sagen, was ihre Männer treiben und umgekehrt. Aber die Filme im Kino ruinieren mich. (...) Jeder Blödmann glaubt, er dürfe einen Privatdetektiv verdreschen. Aber ich bin kein Humphrey Bogart. Der kriegt Senge und ist wieder zu allem bereit. Ich kriege Senge und bin reif für den Sarg. Oh, seht euch das Auge an!« [9375]

*

Gist: »Lili, eine kesse Kleine aus dem Fol-de-Rol. Eine Figur wie Champagner und ein Herz wie ein Korken.« [9376]

*

Johnson: »Ich verrate dir, wie das Auge wieder abschwillt. Du nimmst ein Rasiermesser, machst einen winzigen Schnitt bei der Schwellung ...«
Gist: »Oh, nein! Soll ich mein Auge wieder schön herrichten, damit der nächste draufhauen kann? Oh, nein!« [9377]

Gloria DeHaven (Lili): »Wissen Sie, Mike, Sie sind nett. In meinem ganzen Leben ist noch nie jemand mit mir in einen Film gegangen, um den Film anzusehen.« [9378]

*

John McIntire (Fred Piper): »Ein ganz schön eleganter Brieföffner. Mit dem wurde schon mal ein Bankbote geöffnet.« [9379]

*

Johnson: »Sie haben ihm die Arme gebrochen, die Beine und dann seinen Hals. ... Ein toter Singvogel. Gangsterhumor.« [9380]

*

Woods: »He, Mike, weißt du, wie du ein Vermögen verdienen kannst? Schließ Lebensversicherungen auf deine Informanten ab!« [9381]

*

Richard Benedict (Turk Kingby, off): »Er hat den Bullen mit einer kleinen 38er Smith&Wesson umgelegt, süß wie Zucker, Weich wie Seide. Ein Jammer, daß Lafe die Kanone wegschmeißen mußte! Die hat geschnurrt, sag ich euch, geschnurrt.« [9382]

*

Johnson: »Eine Überwachung in einem vielbesuchten Geschäftsgebäude, Turk ballert drauflos, und ein paar Steuerzahler spielen Kugelfang. Und bei unserm Budget können wir es uns nicht leisten, Steuerzahler zu verlieren.« [9383]

*

Johnson: »Das nächste Mal versuche ich zu überlegen, bevor ich auf Sie sauer werde.«
Leon Ames (Captain Forster): »Ich hoffe nicht, sonst nehmen Sie mir noch meinen Job weg.« [9384]

***

SUMPF UNTER DEN FÜSSEN
(Wind Across the Everglades)
USA 1958, Warner (Regie Nicholas Ray, Buch Budd Schulberg)

*

Burl Ives (Cottonmouth): »Er wird keines natürlichen Todes sterben. Das war schon immer das Schicksal der Weltverbesserer.« [9385]

*

Ives: »Endlich mal einer, der mir ehrlich seine Meinung sagt! Das ist wohltuend, aber nicht ungefährlich.« [9386]

*

Ives: »Für die Everglades sind die Zehn Gebote zu kompliziert. Wir kommen hier mit einem aus, und das gilt für alle: Schieß oder stirb, friß oder werde gefressen!« [9387]

***

THE SUNCHASER
USA 1996, Monarchy, Regency, Milchan, Vecchio-Appledown, Warner (Regie Michael Cimino, Buch Charles Leavitt)

*

John Seda (Brandon ›Blue‹ Monroe): »Hier sollte man nachts nicht rumlungern. Hier haben sogar die Großmütter 'ne Tätowierung.« [9388]

***

SUNSET – DÄMMERUNG IN HOLLYWOOD
(Sunset)
USA 1988, Cecchi Gori, TriStar (Regie, Buch Blake Edwards, Story Rod Amateau)

*

Bruce Willis (Tom Mix): »Ich hab ihm gedroht, ihn hinter meinem Pferd herzuschleifen, und da platzt du hier rein und drohst, ihn umzubringen. Ich hab's nicht gern, wenn man mich überdroht.« [9389]

***

SUPERMAN
UK 1978, Dovemead, International (Regie Richard Donner, Buch Mario Puzo, David Newman, Leslie Newman, Robert Benton, nach den Charakteren von Jerry Siegel, Joe Shuster)

*

Jeff East (der junge Clark Kent): »Ist es denn wirklich Angabe, wenn jemand die Dinge tut, die er kann und zu denen er fähig ist? (...) Gibt denn ein Vogel an, wenn er fliegt?« [9390]

*

Margot Kidder (Lois Lane): »Darf ich Ihnen ein Glas Wein anbieten?«
Christopher Reeve (Superman): »Nein, vielen Dank! Ich trinke nicht, wenn ich fliege.« [9391]

> *»Hier sollte man nachts nicht rumlungern. Hier haben sogar die Großmütter 'ne Tätowierung.«*
> The Sunchaser

Gene Hackman (Lex Luthor): »Werdet ihr nicht von einem Schauder des Entzückens ergriffen, wenn ihr mit mir im selben Raum seid?« [9392]

***

SUPERVIXENS
USA 1975, RM (Regie, Buch Russ Meyer)

*

Henry Rowlands (Martin Bormann): »Ich frag mich, ob das Vögeln das alles wert ist.« [9393]

***

SURVIVING DESIRE
USA 1989, Karamazov, WMG, American Playhouse (Regie, Buch Hal Hartley)

*

Martin Donovan (Jude): »I don't know.«
(Student): »But you're the teacher.«
Donovan: »I teach literature, I don't give advice.« [9394]

*

Matt Malloy (Henry): »You can't beat up students because they don't like Dostojewski.«
Donovan: »Perhaps.« [9395]

*

Donovan: »All my hard work, all my good intentions, all my studying have been nothing more than the building of a wall between me and life.« [9396]

*

Malloy: »That's your problem, you don't believe in anything.« *(...)*
Donovan: »Seems to me the people who believe in things were the problem.« [9397]

***

SUSAN ... VERZWEIFELT GESUCHT
(Desperately Seeking Susan)
USA 1985, Sanford-Pillsbury, Orion (Regie Susan Seidelman, Buch Leora Barish)

*

Rosanna Arquette (Roberta Glass): »Verzweifelt. Ich liebe dieses Wort. Es ist so romantisch.« [9398]

> »Verzweifelt.
> Ich liebe dieses Wort.
> Es ist so romantisch.«
> Susan ... verzweifelt gesucht

Laurie Metcalf (Leslie Glass): »Irgendwie ist jeder, den ich kenne, verzweifelt. Mal abgesehen von dir.«
Arquette: »Ich bin verzweifelt!« [9399]

*

Metcalf: »Der hat mir den ganzen Abend über Blicke zugeworfen. Wer ist er?« *(...)*
Arquette: »Larry Stillman. Dr. Stillman.«
Metcalf: »Schönheitschirurg?«
Arquette: »Er ist Garys Zahnarzt.«
Metcalf: »Na, wenigstens ist er kein Dr. phil. [9400]

*

Aidan Quinn (Dez): »Ich hab schon Partys gehabt, die waren schlimmer als das *(Wohnung nach Einbruch).*« [9401]

*

Steven Wright (Larry Stillman): »Großer Gott, ist die schön!«
Metcalf: »Schönheit welkt.« [9402]

***

SUSPECT – UNTER VERDACHT
(Suspect)
USA 1987, TriStar, Columbia (Regie Peter Yates, Buch Eric Roth)

*

Cher (Kathleen Riley): »Wir verwahren uns gegen Fragen dieser Art. Spielen Sie nicht mit dem Revolver, wenn Sie keine Munition haben!« [9403]

*

Cher: »Ich respektiere einige Dinge. Offensichtlich gibt es für Sie keine Grenzen.«
Dennis Quaid (Eddie Sanger): »Ich ändere die Grenzen dauernd.« [9404]

*

Cher: »Möglicherweise sind Sie doch kein so großes Arschloch, wie ich dachte.« [9405]

*

Philip Bosco (Paul Gray): »Ist keine so brillante Idee. Ist eine gute Art, sich Feinde zu machen. Und dies ist ein schlechter Ort, um Feinde zu haben.« [9406]

***

DIE SÜSSE HAUT
(La Peau douce)
F 1964, Carrosse, SEDIF (Regie François Truffaut, Buch François Truffaut, Jean-Louis Richard)

Nelly Bénédetti (Franca Lachenay): »Wir wollen versuchen, uns einen Monat lang nicht zu streiten, und dann entscheiden wir uns.«
Jean Desailly (Pierre Lachenay): »Dieser Versuch hat vor zwölf Jahren begonnen.« [9407]

*

Françoise Dorléac (Nicole Chomette): »Wenn mich einer verläßt, hör ich lieber, daß es wegen einer anderen Frau ist. Sonst müßte ich darüber nachdenken.« [9408]

*

Dorléac: »Wenn man noch nicht losgekommen ist, wie du, kann man keine Zukunftspläne machen.« [9409]

***

EIN SÜSSER FRATZ
(Funny Face)
USA 1957, Paramount (Regie Stanley Donen, Buch Leonard Gershe)

*

Kay Thompson (Maggie Prescott, Herausgeberin einer Modezeitschrift)): »Bedenkt das Heer der amerikanischen Frauen, das nackt und frierend dasteht und von mir erwartet, daß ich ihm sage, was es anziehen soll.« [9410]

*

Thompson: »Das hier ist nicht ansprechend. Wenn es mich aber nicht anspricht, dann wird es niemanden ansprechen.« [9411]

***

SVENGALI
USA 1931, Warner (Regie Archie Mayo, Buch J. Grubb Alexander, nach dem Roman ›Trilby‹ von George du Maurier)

*

John Barrymore (Svengali): »You shall see nothing, hear nothing, dream of nothing but Svengali, Svengali, Svengali!«
Marian Marsh (Trilby): »Svengali, Svengali, Svengali.« [9412]

*

Barrymore: ›Tell that rabble that Svengali cannot appear tonight.«
Luis Alberni (Gecko): »But they will kill me, maestro.«
Barrymore: »I will give you a military funeral.« [9413]

SWEET AND LOWDOWN
USA 1999, Doumanian, Magnolia, Sweetland (Regie, Buch Woody Allen)

*

Sean Penn (Emmet Ray): »He, fahren wir jetzt zur Müllkippe, 'n paar Ratten schießen?« [9414]

*

»Es sollte hier im Auto keine Knarre geben außer meiner Knarre.« [9415]

*

Penn: »Hat's dir gefallen? Ja, das wußte ich. Alle sagen, ich sei ein wundervoller Liebhaber.« [9416]

*

Penn: »Sie ist so gutherzig, 'n aufrichtiger lieber Mensch. Ist das schön! Ich respektier das, aber das bringt einem im Leben nichts ein.« [9417]

*

Penn: »Auf jeden Fall bin ich keiner von den Kerlen, die sich dauernd den Hals verrenken, wenn irgend 'n Weib vorbeistolziert. Ich hatte 'ne Menge wunderschöner Frauen. Und ich hab ihnen immer gezeigt, wo ihr Platz ist. ›Liebe sie und laß sie laufen!‹, das ist mein Motto, ›Liebe sie und schau nicht zurück!‹. Ich hab's nie bereut, nicht einmal hab ich es je bereut, ein wunderschönes Weib abserviert zu haben.« [9418]

***

SWITCH – DIE FRAU IM MANNE
(Switch)
USA 1991, Beco, Odyssey-Regency, HBO, Cinema Plus, LP, Columbia TriStar (Regie, Buch Blake Edwards)

*

Emma Walton (Tierschützerin): »Wissen Sie, wieviel arme Tiere man töten mußte, um diesen Mantel zu machen?«
JoBeth Williams (Margo Brofman): »Wissen Sie, wieviel reiche Tiere ich vögeln mußte, um den Mantel zu kriegen?« [9419]

>»He, fahren wir jetzt zur Müllkippe, 'n paar Ratten schießen?«
> Sweet and Lowdown

Ellen Barkin (Amanda Brooks): »Sparen Sie sich das Geld fürs Dinner und Ihrem Ego einen Gesichtsverlust, denn niemand in Himmel oder Hölle kann mich dazu bringen, mit Ihnen unter eine Decke zu kriechen.« [9420]

*

Barkin: »Nehmen Sie 'n anderes Aftershave! Sie riechen wie 'n Pferdesattel!« [9421]

*

Barkin: »Was weiß der schon! Er versteht doch von den Wünschen einer Frau noch weniger als Jack the Ripper.« [9422]

»Was weiß der schon! Er versteht doch von den Wünschen einer Frau noch weniger als Jack the Ripper.«
Switch – Die Frau im Manne

T

DER TAG, AN DEM DIE ERDE FEUER FING
(The Day the Earth Caught Fire)
UK 1962, Melina, Pax, British Lion, Universal (Regie Val Guest, Buch Wolf Mankowitz, Val Guest)

*

Leo McKern (Bill Maguire): »Über kurz oder lang ist jede zu ersetzen. London ist voll hübscher Mädchen.«
Edward Judd (Peter Stenning): »Und das Mittel heilt alles?«
McKern: »Und der Alkohol.« [9423]

*

Robin Hawdon (Ronnie): »Was soll das alles bedeuten? Ich hab 'ne Urlaubsreise gebucht. Soll ich die etwa rückgängig machen?«
Judd: »Mach deine Lebensversicherung rückgängig, und versauf das Geld!« [9424]

***

EIN TAG BEIM RENNEN *(A Day at the Races)*
USA 1937, MGM (Regie Sam Wood, Buch Robert Pirosh, George Seaton, George Oppenheimer, Story Robert Pirosh, George Seaton)

*

Groucho Marx (Dr. Hugo Z. Hackenbush): »Einen Moment, bis ich diesen Paralytiker beruhigt habe.« [9425]

*

Groucho (beim Pulsfühlen): »Entweder ist er tot, oder meine Uhr ist stehengeblieben.« [9426]

*

Groucho: »Das grauenhafteste Exemplar von lebendiggewordener Blödsinnigkeit, das ich je gesehen hab.« [9427]

*

Chico Marx (Tony): »Haben Sie zufällig 'ne Frau hier drin?«
Groucho: »Wenn nicht, hab ich dreißig Minuten wertvolle Zeit vergeudet.« [9428]

*

Esther Muir (Cokey Flo): »Halt mich noch fester! Noch fester! Noch fester!«
Groucho: »Wenn ich dich noch fester halte, dann komm ich hinten raus.« [9429]

*

Groucho: »Emily, ich darf dir ein kleines Geständnis machen. Es stimmt, ich bin ein Pferdedoktor. Aber wenn du mich heiratest, werde ich nie wieder ein anderes Pferd ansehen.« [9430]

***

DER TAG BRICHT AN
(Le Jour se lève)
F 1939, Sigma (Regie Marcel Carné, Buch Jacques Prévert, Jacques Viot)

*

Jean Gabin (François): »Bin ich Ihr Mülleimer? Sie (...) kommen hierher, erzählen mir einen trüben Schwank aus Ihrem Leben. Was geht mich denn das an?« [9431]

*

Jacqueline Laurent (Françoise): »Trotzdem ist mein Abend verpfuscht.«
Jules Berry (M. Valentin): »Kind, der Abend verpfuscht in deinem Alter! Da zählt doch ein Abend noch nicht.« [9432]

*

Berry: »Ich habe nichts gegen Scherze. Aber nur, wenn ich sie mache.« [9433]

*

Gabin: »Du benimmst dich hier lächerlich. Lächerlich und unhöflich. Mit solchen Leuten geht das bei mir schnell: ein Tritt in den Hintern.« [9434]

*

Berry: »Tja. So ist es. Ich bin nun mal äußerst intelligent. Das ist doch kein Fehler.« [9435]

> »Haben Sie zufällig
> 'ne Frau hier drin?«
> »Wenn nicht, hab ich dreißig
> Minuten wertvolle Zeit vergeudet.«
> Ein Tag beim Rennen

Gabin: »Möglich, daß du intelligent bist, aber du redest Blödsinn.« [9436]

*

Arletty (Clara): »Er ist schlecht wie verdorbene Früchte. Das weiß er auch. Sein Trost ist, andere zugrunde zu richten.« [9437]

***

TAG DER GESETZLOSEN *(Day of the Outlaw)*
USA 1959, Security, United Artists (Regie André De Toth, Buch Philip Yordan, nach dem Roman von Lee Wells)

*

Tina Louise (Helen Crane): »Du hast dich sehr verändert. Ich kenne dich überhaupt nicht wieder. Warum bist du so?«
Robert Ryan (Blaise Starrett): »Ich konnte schon immer so sein, wenn ich einen Menschen sehr hasse.« [9438]

*

Dabbs Greer (Doc Langer): »Ich verstehe nicht, wie er das durchgehalten hat, er muß eine Menge Blut verloren haben. Die Kugel steckt sehr tief drin.«
Ryan: »Besteht denn Aussicht?«
(Arzt): »Tja, wenn er ein Kalb wäre, dann würde ich es wissen. Aber so ...« [9439]

***

DER TAG DES FALKEN
(Ladyhawke)
USA 1985, Warner, Twentieth Century Fox (Regie Richard Donner, Buch Edward Khmara, Michael Thomas, Tom Mankiewicz, Story Edward Khmara)

*

Matthew Broderick (Phillipe Gaston): »Hör zu, lieber Gott! Ich werde in meinem ganzen Leben nie wieder klauen. Aber du mußt mich schon retten, sonst kann ich dir ja nie beweisen, daß ich es ernst gemeint hab.« [9440]

*

John Wood (Bischof): »Keinem einzigen Menschen gelingt die Flucht aus den Kerkern von Aquila, Marquet. Unser Volk akzeptiert das als historische Tatsache.« [9441]

*

Ken Hutchison (Captain Marquet): »Es wäre ein Wunder, wenn es ihm gelänge, durch die Abwässer zu entkommen.«
Wood: »Ja. Und ich glaube an Wunder, Marquet. Das muß ich in meinem Beruf.« [9442]

*

Wood: »Großen Stürmen geht immer nur eine kleine Brise voraus, Kapitän, und der kleinste Funke kann das Feuer der Rebellion entfachen.« [9443]

*

Hutchison: »Ich werde dafür sorgen, daß derjenige von euch, der Phillipe Gaston zu fassen kriegt, vom Bischof empfangen wird. Das gilt auch für die Leiche des Mannes, der ihn entwischen läßt.« [9444]

*

Broderick: »Ja ja, ich hab's versprochen, Herr: nie wieder. Aber du kennst mich doch schon lange. Du weißt doch, was für 'n schwacher Mensch ich bin.« [9445]

*

Rutger Hauer (Etienne de Navarre): »Wenn du versagst, verfolge ich dich bis ans Ende meiner Tage. Und ich werde dich finden, das schwöre ich dir.« [9446]

*

Broderick: »Ich will mal hoffen, Lieber Gott, daß du dir was dabei gedacht hast. Wenn ja, wirft das 'n gutes Licht auf dich.« [9447]

***

TAGE WIE DIESER *(One Fine Day)*
USA 1996, Via Rosa, Twentieth Century Fox (Regie Michael Hoffman, Buch Terrel Seltzer, Ellen Simon)

*

Michelle Pfeiffer (Melanie Parker): »Liza, sollte ich je wieder Interesse an einem Mann zeigen, sei so nett und erschieß mich bitte!« [9448]

*

Rachel York (Liza): »Tut mir leid, wenn du heute nicht mit mir rechnen kannst, aber du bist ja perfekt, du findest sicher 'ne Lösung.« [9449]

*

George Clooney (Jack Taylor): »Maggie, hör mal, wenn du erwachsen bist und unheimlich attraktiv und intelligent und vielleicht auch ei-

---

> »Liza, sollte ich je wieder Interesse an einem Mann zeigen, sei so nett und erschieß mich bitte!«
> Tage wie dieser

ne positive Ausstrahlung hast, die irgendwie verheißungsvoll ist und bei den Besten und Tapfersten Hoffnungen schürt, würdest du dann bitte nicht jedem erbärmlichen kleinen Würstchen, das dir über den Weg läuft, den Kopf abreißen, nur weil du es theoretisch könntest!« [9450]

***

TAGEBUCH EINER KAMMERZOFE
(Le Journal d'une femme de chambre)
F/I 1964, Spéva, Ciné-Alliance, Filmsonor, Dear (Regie Luis Buñuel, Buch Luis Buñuel, Jean-Claude Carrière, nach dem Roman von Octave Mirbeau)

*

Jeanne Moreau (Célestine): »An zuviel Abwechslung ist hier bestimmt noch niemand gestorben.« [9451]

*

Moreau: »Ich glaube nicht, daß ich es lange aushalte in diesem Laden.«
(Constance): »So was sagt man immer, und dann bleibt man doch.« [9452]

*

Jean Ozenne (M. Rabour): »Reizendes Kind! Gutwillig und gar nicht empfindlich.« [9453]

*

Gilberte Géniat (Rose): »Alles, was drüben Röcke anhat, wird von Madame rausgeekelt oder von Monsieur geschwängert.« [9454]

*

Moreau: »Warum lassen Sie das Tier so lange leiden? Warum töten Sie es nicht gleich?«
Georges Gèret (Joseph): »Wenn es nicht leidet, schmeckt es nicht, mir jedenfalls nicht. Und außerdem macht's mir Spaß.« [9455]

*

Ozenne: »Mein Verhalten erscheint Ihnen ein bißchen wunderlich, nicht wahr? Jedoch in Anbetracht meines Alters sollte man nicht jede Bagatelle auf die Goldwaage legen.« [9456]

*

Gèret: »Sie sind ein verdammt hübsches Weib. (...) Und Sie sind ein Weib, das gehorchen kann. Das ist immer gut.« [9457]

***

TAL DER RACHE
(Vengeance Valley)
USA 1951, MGM (Regie Richard Thorpe, Buch Irving Ravetch, Story Luke Short)

Burt Lancaster (Owen Daybright): »Also gut. Du hast mir zweimal gedroht. Das nächste Mal wird geschossen.« [9458]

*

Ted De Corsia (Herb Backett): »Was ist los? Sucht ihr was?«
Lancaster: »Vier Stiere.«
De Corsia: »Da im Wassertrog stecken sie nicht, sonst würde man wohl die Ohren sehen.« [9459]

***

DER TALENTIERTE MR. RIPLEY
(The Talented Mr. Ripley)
USA 1999, Mirage, Timnick, Miramax, Paramount (Regie, Buch Anthony Minghella, nach dem Roman von Patricia Highsmith)

*

Jude Law (Dickie Greenleaf): »Jeder Mensch sollte ein Talent haben. Welches hast du?« [9460]

*

Philip Baker Hall (Alvin MacCarron): »Ich brauche kein dummes Gequatsche. Ich will keins hören, und ich geb auch keins von mir.« [9461]

***

TALK RADIO
USA 1988, Cineplex Odeon, Ten-Four, Twentieth Century Fox (Regie Oliver Stone, Buch Eric Bogosian, Oliver Stone, nach dem Stück von Eric Bogosian, Ted Savinar, und dem Buch ›Talked to Death: The Life and Murder of Alan Berg‹, von Stephen Singular)

*

Eric Bogosian (Barry Champlain): »Falls du das Leben mit mir so schwierig findest, sei bloß froh, daß du nicht in meiner Haut steckst.« [9462]

*

Bogosian: »Willst du irgendwas? Kaffee? Tee? Insulin? Crack?« [9463]

*

Bogosian: »Bist du auf Droge? Oder ist das dein natürliches debiles Ich?« [9464]

»*Willst du irgendwas?*
Kaffee? Tee? Insulin? Crack?«
Talk Radio

Bogosian: »Ich bin zu alt für dich, Laura.«
Leslie Hope (Laura): »Ach!«
Bogosian: »Ich meine, du hast keine Ahnung von Vietnam, Easy Rider, den Beatles.«
Hope: »Fang noch mal von vorn an, Opa!«
Bogosian: »Das kann ich nicht. Es sitzt alles in mir drin. Und in dir nicht.« 9465

***

TANGO & CASH
USA 1989, Guber-Peters, Warner (Regie Andrei Konchalovsky, Buch Randy Feldman)

*

Kurt Russell (Gabe Cash): »Was sagst du dazu (zur wilden Verschwörungstheorie)?«
Sylvester Stallone (Ray Tango): »Daß du mit deinem Intelligenzquotienten auch unbewaffnet noch sehr gefährlich bist.« 9466

*

Russell: »Wir haben nur noch elf Minuten *(bis die Bombe explodiert).*«
Stallone: »Die Raiders haben in elf Minuten drei Touchdowns geschafft.«
Russell: »Ja, aber die haben auch drei Auszeiten genommen.« 9467

***

TANZ DER VAMPIRE
(Dance of the Vampires)
USA/UK 1967, Cadre, Filmways, MGM (Regie Roman Polanski, Buch Gérard Brach, Roman Polanski)

*

Jack MacGowran (Professor Abronsius): »Beachte ihn *(den Vampir)* gar nicht! Benimm dich ganz natürlich!« 9468

*

Ferdy Mayne (Graf von Krolock): »Die Zähne gewetzt und ihnen nach!« 9469

***

DIE TAPFEREN SCHOTTEN
(Bonnie Scotland)
USA 1935, Roach, MGM (Regie James W. Horne, Buch Frank Butler, Jeff Moffitt)

> »Beachte ihn (den Vampir)
> gar nicht! Benimm dich
> ganz natürlich!«
> Tanz der Vampire

Oliver Hardy: »Warum läufst du denn so o-beinig?«
Stan Laurel: »Das Pferd war nicht nach Maß gearbeitet.« 9470

***

TARANTULA
USA 1955, Universal (Regie Jack Arnold, Buch Robert M. Fresco, Martin Berkeley, Story Jack Arnold, Robert M. Fresco)

*

John Agar (Dr. Matt Hastings): »Es wäre das beste, den Kopf wachzuhalten und den Mund zuzulassen, bis wir etwas wissen.« 9471

*

Ross Elliott (Joe Burch): »Erst muß ich die Tarantel mal sehen, bevor ich daran glaube.«
Agar: »Sie werden sie sehen, Joe, und es wird Ihnen leid tun.« 9472

***

TARGET – ZIELSCHEIBE
(Target)
USA 1985, Zanuck-Brown, CBS (Regie Arthur Penn, Buch Howard Berk, Don Petersen, Story Leonard Stern)

*

Ilona Grübel (Carla): »Entspann dich, mein Liebster! Er wird den Schuß nicht einmal hören.« 9473

*

Matt Dillon (Chris Lloyd): »Ich hab nicht nachgedacht.«
Gene Hackman (Walter Lloyd): »Oh doch, das hast du schon. Aber mehr oder weniger mit deinem Schwanz.« 9474

***

DIE TAT DER THÉRÈSE D.
(Thérèse Desqueyroux)
F 1962, Pathé (Regie Georges Franju, Buch François Mauriac, Claude Mauriac, Georges Franju, nach dem Roman von François Mauriac)

*

Emmanuelle Riva (Thérèse): »Es wirkt schon beinahe lächerlich, deine Angst vor dem Tod. Hast du noch nie darüber nachgedacht, wie sinnlos im Grunde unser Leben ist? Nein? Führen Menschen wie wir nicht letzten Endes ein Leben, das dem Tode bereits sehr ähnlich ist?« 9475

TAUSEND MORGEN *(A Thousand Acres)*
USA 1997, Propaganda, Via Rosa, Prairie, Beacon, PolyGram (Regie Jocelyn Moorhouse, Buch Laura Jones, nach dem Roman von Jane Smiley)

*

Michelle Pfeiffer (Rose Cook Lewis): »Du kannst nicht erwarten, daß sich die Dinge ändern, nur weil du 13 Jahre lang nicht da warst.« [9476]

*

Pfeiffer: »Bring mich nicht dazu, mich selbst zu bemitleiden! Je wütender ich werde, desto besser fühle ich mich.« [9477]

***

TAXI DRIVER
USA 1976, Bill-Phillips, Columbia (Regie Martin Scorsese, Buch Paul Schrader)

*

Robert De Niro (Travis Bickle, voice-over): »Ein Tag ist wie der andere, endlos lang. Ich hatte das Gefühl, völlig isoliert zu leben, ohne Ziel, ohne echte Aufgabe, nur auf mich konzentriert. Ich wußte, was mir fehlte, war ein Mensch.« [9478]

*

De Niro: »Jemand sollte schnell diese Stadt hier ausmisten, weil es hier ein Haufen (...) Scheiße ist. Diese Stadt ist voller Dreck und Abschaum. Sie ist ein Alptraum geworden. Egal wer hier Präsident wird, er müßte hier gründlich aufräumen. Stellen Sie sich vor, ich kriege Kopfschmerzen, wenn ich spazierengehe und diesen Dreck riechen muß. Unglaublich! Diese Kopfschmerzen werden immer schlimmer. Ich hab auch 'ne Idee: Der Präsident sollte diese Stadt entweder abbrennen oder einfach in die größte Toilette runterspülen.« [9479]

*

De Niro (voice-over): »Ich hatte endlich begriffen, daß sie genauso war wie alle andern, genauso kalt und herzlos. Es gibt zu viele Frauen wie Betsy. Sie sollten eine Gewerkschaft gründen.« [9480]

*

De Niro: »Das ist mit Abstand das Dämlichste, was ich je gehört hab.«
Peter Boyle (Wizard): »Ich bin nicht Bertrand Russell, ich bin 'n Taxifahrer. Was weiß ich schon? Ich weiß immer noch nicht, was du überhaupt von mir wolltest.« [9481]

De Niro (voice-over): »Mein ganzes Leben war ich einsam. Überall. In Kneipen, im Auto, auf der Straße, in Geschäften, überall. Es gibt kein Entrinnen vor der Einsamkeit. Ich bin Gottes einsamster Mann.« [9482]

*

»Das hier ist der schnelle Andy. Er ist Reisender in Knallfröschen.« [9483]

*

De Niro (voice-over): »Ich muß wieder in Form kommen. Vom vielen Sitzen sind meine Muskeln schlaff geworden. Ich habe zu lange mit mir Schindluder getrieben. Ab heute heißt es, jeden Morgen fünfzig Klimmzüge, fünfzig Liegestütze und Schluß mit den ewigen Pillen, Schluß mit der falschen Ernährung, Schluß mit der Zerstörung meines Körpers. Ab heute beginnt die totale Mobilmachung. Jeder Muskel muß wieder hart werden.« [9484]

*

De Niro (vor dem Spiegel): »Redest du mit mir? Du laberst mich an? Du laberst mich an? Kann das sein, daß du mich meinst? Du redest mit mir? Ich bin der einzige, der hier ist. Mit wem kannst du Arsch in diesem Ton reden?« [9485]

*

De Niro (voice-over): »Ich habe erkannt, daß mein Leben auf einen Punkt fixiert ist. Das ist jetzt klar. Ich hatte nie die Wahl zwischen zwei Möglichkeiten.« [9486]

*

Harvey Keitel (Sport): »Irokese, verpiss dich zu deinem Stamm und lutsch am Büffelknochen, bevor mir der Kragen platzt!« [9487]

*

De Niro: »Lutsch mal dran! [Suck on this.]« *(erschießt Keitel)* [9488]

***

TAXI 539 ANTWORTET NICHT
(99 River Street)
USA 1953, World, United Artists (Regie Phil Karl-

> *»Irokese, verpiss dich zu deinem Stamm und lutsch am Büffelknochen, bevor mir der Kragen platzt!«*
> Taxi Driver

son, Buch Robert Smith, nach einer unveröffentlichten Geschichte von George Zuckerman)

*

Brad Dexter (Victor Rawlins): »Der Holländer mag Frauen.«
Jack Lambert (Mickey): »Du meinst, er mochte sie.«
Dexter: »Was?«
Lambert: »Er kriegt nicht mehr so gut Luft.« [9489]

*

John Payne (Ernie Driscoll): »Das hätte ich mir denken können. Jedesmal, wenn man sich mit einer Frau einläßt, kommt man unweigerlich in Schwierigkeiten.« [9490]

*

Jay Adler (Christopher): »Du bist ein rücksichtsloser Mensch, Rawlins.«
Dexter: »Ja.«
Adler: »Du weißt, ich mag keine rücksichtslosen Menschen.« [9491]

*

Payne: »Das ist nicht dein Kampf. Hörst du?«
Evelyn Keyes (Linda James): »Aber ich habe es zu meinem Kampf gemacht.«
Payne: »Hör zu! Du hast deinen Fehler gutgemacht. Wir sind quitt.«
Keyes: »Ernie, ich melde mich nicht oft freiwillig, aber wenn, dann bleibe ich dabei.«
Payne: »Mach mir bloß nichts vor! So sind Frauen doch nicht.« [9492]

*

John Day (Bud): »Was ist denn mit dir los? Gegen 'nen Ventilator gelaufen?« [9493]

***

TELEFON
USA 1977, MGM (Regie Don Siegel, Buch Peter Hyams, Stirling Silliphant, nach dem Roman von Walter Wager)

*

(Parole): »Des Waldes Dunkel zieht mich an.

»Was ist denn mit dir los?
Gegen 'nen Ventilator
gelaufen?«
Taxi 539 antwortet nicht

Doch muß zu meinem Wort ich stehn und Meilen gehn, bevor ich schlafen kann.« [9494]

*

Lee Remick (Barbara): »Woher weißt du, daß es FBI-Leute sind?«
Charles Bronson (Grigori Borsov): »Woher weiß ich, was ein Bär und was ein Schaf ist?« [9495]

*

Bronson: »Ich möchte gern nach Moskau zurückkehren und dich als lebend in Erinnerung behalten. Würdest du mir helfen, das zu erreichen?« [9496]

***

TELL YOUR CHILDREN
USA 1938, G&H (Regie Louis Gasnier, Buch Arthur Hoerl, Story Lawrence Meade)

*

(Titel): »The motion picture you are about to witness may startle you. It would not have been possible, otherwise, to sufficiently emphasize the frightfull toll of the new drug menace which is destroying the youth of America in alarmingly increasing numbers. **Marihuana** is that drug – a violent narcotic – an unspeakable scourge – The Real Public Enemy Number One!« [9497]

***

TEQUILA SUNRISE
USA 1988, Mount, Warner (Regie, Buch Robert Towne)

*

Kurt Russell (Nick Frescia): »Augenblick! Wer, zum Teufel, ist das?«
Ayre Gross (Andy Leonard): »Das 'n Freund.«
Russell: »Aber keiner von meinen. Ich hab Freunde genug.« [9498]

Russell: »Ich hab Fremde nicht so gern.« [9499]

*

Mel Gibson (Dale McKussic): »Tut mir leid, Nick, ich kann's mir nicht leisten, daß er verhaftet wird, so dumm er auch ist. Er ist mein Anwalt.« [9500]

*

Michelle Pfeiffer (Jo Ann Vallenari): »Sie mißtrauen jeder Frau, die noch nicht mit Ihnen geschlafen hat.« [9501]

*

Pfeiffer: »Was ist los, Nick? Sie brauchen wohl

Lippenpomade oder ein bißchen Gloss. Ihre Lippen bleiben nämlich an den Zähnen hängen. Oder soll das ein Lächeln gewesen sein?« [9502]

*

Russell: »Ich hab dich nicht gekannt. Ich hab nicht gewußt, wie gut ihr euch kennt, du und Mac. Ich hab nur gewußt, daß er irgendwas verbirgt. Jetzt stellt sich's raus, es sind seine Gefühle.« [9503]

*

Russell: »Für einen Gangster ist so was sonnenklar, aber für einen Cop ist so was verwirrend.« [9504]

*

Russell: »Nur an eins hab ich nicht gedacht, daß du anders bist als ich. Du bist ehrlich, freundlich, hast Prinzipien.« [9505]

*

Gibson: »Ach ja, richtig, Sie sprechen ja nicht über Ihre Gäste.«
Pfeiffer: »Schon gar nicht, wenn ich mit ihnen geschlafen hab. Wenn Sie mehr über Nick erfahren wollen, dann reden Sie mit ihm.« [9506]

*

Pfeiffer: »Tut mir leid, das wollte ich nicht. Ich wollte Sie nicht verletzen.«
Gibson: »Ach, kommen Sie! So weh hat das nicht getan. Sie anzusehen, das tut mehr weh.« [9507]

*

Raul Julia (Carlos/Escalante): »Aber mach dir keine Sorgen, Mac, ich bring sie nicht um, wenn du nicht zustimmst.«
Gibson: »Und wenn ich nicht zustimme?«
Julia: »Dann reden wir so lange, bis du's tust.« [9508]

*

Pfeiffer: »Mac, ich liebe dich.«
Gibson: »Würdest du bitte aufhören zu reden! Ich muß das Boot reparieren, bevor jemand getötet wird. ... Ich kann's dir auch anders sagen: Halt's Maul, oder du fängst dir eine.« [9509]

*

Julia: »Kein Mann sollte danach beurteilt werden, in welche Richtung sein Schwanz will. Das ist, als wollte man einen Kompaß dafür tadeln, daß er nach Norden zeigt.« [9510]

Gibson: »Nur weil du mein Freund bist, heißt das noch lange nicht, daß du umlegen kannst, wen du willst.« [9511]

***

THE TERMINATOR
USA 1984, Cinema '84, Pacific Western, Orion (Regie James Cameron, Buch James Cameron, Gale Anne Hurd)

*

(voice-over): »Die Maschinen erhoben sich aus der Asche des nuklearen Feuers. Ihr Krieg zur Vernichtung der Menschheit hatte jahrzehntelang gewütet. Aber die letzte Schlacht sollte nicht in der Zukunft geschlagen werden. Sie wird hier geschlagen. In unserer Gegenwart. Heute nacht.« [9512]

*

Dick Miller (Waffenhändler): »He, das können Sie hier nicht tun.«
Arnold Schwarzenegger (Terminator): »Ich kann.« [9513]

*

John E. Bristol (Mann an Telefonzelle): »He, Mann, guck mal im Telefonbuch unter ›Arschloch‹ nach! Da findest du sicher deine Nummer.« [9514]

*

Michael Biehn (Kyle Reese): »Kommen Sie mit mir, wenn Sie leben wollen.« [9515]

*

Earl Boen (Dr. Silberman): »Die meisten paranoiden Wahnvorstellungen sind verwirrend, aber diese hier ist brillant.« [9516]

*

Linda Hamilton (Sarah Connor): »Reese ist also verrückt, ja?«
Boen: »Fachlich ausgedrückt, würde ich sagen, er ist ... ein Irrer.« [9517]

***

TERMINATOR II: JUDGEMENT DAY
USA 1991, Pacific Western, Lightstorm, Carolco

> »He, Mann, guck mal im Telefonbuch unter ›Arschloch‹ nach! Da findest du sicher deine Nummer.«
> The Terminator

(Regie James Cameron, Buch James Cameron, William Wisher)

*

Arnold Schwarzenegger (Terminator, nackt zu einem Rocker in einer Rockerkneipe): »Ich will deine Kleider, deine Stiefel und dein Motorrad.« [9518]

*

Edward Furlong (John Connor): »Meine Güte! Du wolltest diesen Trottel killen.«
Schwarzenegger: »Natürlich. Ich bin ein Terminator.« [9519]

*

Furlong: »Du kannst nicht einfach rumlaufen und irgendwelche Leute umbringen.«
Schwarzenegger: »Warum?« [9520]

*

Schwarzenegger: »Wenn du leben willst, komm mit mir!« [9521]

*

Schwarzenegger: »Hasta la vista, Baby!« [9522]

***

TERROR DER GESETZLOSEN (Ride, Vaquero!)
USA 1953, MGM (Regie John Farrow, Buch Frank Fenton)

*

Robert Taylor (Rio): »Warum brennst du die Ranchos nieder?«
Anthony Quinn (José Esqueda): »Ach, dauernd mußt du fragen, Rio, keiner von den anderen. Ich bin José Esqueda, ihr Führer, der Schlauste und der Stärkste. Das verstehen sie und gehorchen. Aber du, immer nur Fragen. Deswegen habe ich schon manchen umgelegt.« [9523]

*

Taylor: »Endlich hast du mal einen gefunden, der so viel redet wie du.«
Quinn: »Zuviel.« [9524]

*

Taylor: »Ich sehe hier all diese Hügel und Ebenen, und sie sind mir nicht mehr als das, was sie sind. Sie sehen sie auch, aber Sie träumen von Zäunen und Ranchos und Städten. Es hat immer Leute mit solchen Träumen wie Sie gegeben und Männer, die dagegen angekämpft haben wie José Esqueda.« [9525]

*

Taylor: »Glauben sollte ein Mann nur an seinen Hund und dann an seinen Feind.« [9526]

*

Quinn: »Du brauchst ein bißchen Zeit, und ich laß dir ein bißchen Zeit, aber dann paß auf, dann komme ich wieder. Ich will dir ein bißchen Zeit lassen zum Verrücktspielen, und ich brauche Zeit zum Nachdenken.«
Taylor: »Nimm dir, soviel du brauchst!«
Quinn: »Ich wollte, ich könnte so großzügig sein wie du.« [9527]

*

Taylor: »Ihr Gatte, Señora, ist ein tapferer und starker Mann, aber gegen Esqueda mit dem Schießeisen ist er wie ein Kind mit einem leeren Spielzeugrevolver.« [9528]

*

Ava Gardner (Cordelia Cameron): »Und das belustigt Sie? Diese sinnlose gegenseitige Abknallerei der Männer macht Ihnen noch Spaß?«
Taylor: »Señora, ich habe die Welt doch nicht erfunden.« [9529]

*

Taylor: »Sie können denken, was Sie wollen.«
Ted de Corsia (Sheriff Parker): »Ich kann aber auch so ziemlich alles tun, was ich will, zum Beispiel, Sie in den Kasten stecken oder Ihnen das Schießeisen wegnehmen und Sie wieder laufenlassen. Und was wären Sie in dieser Stadt ohne Schießeisen?«
Taylor: »Nur ein Begräbnis, bei dem keiner mitgeht.« [9530]

*

de Corsia: »Ich gebe Ihnen zwölf Stunden Zeit, weil ich soviel Schlaf brauche, aber dann verschwinden Sie hier.« [9531]

*

Quinn: »Dann sind wir verschiedener Meinung.«
de Corsia: »Durchaus.«
Quinn: »Dann zwingen Sie mich, meine Behauptung zu beweisen.«
de Corsia: »Na, dann los!« [9532]

> *»Hasta la vista, Baby!«*
> Terminator II: Judgement Day

Quinn: »Ist das ein ehrliches Spiel?«
Philip Van Zandt (Croupier): »Bisher ja.«
Quinn: »Bis wie hoch geht es?«
Van Zandt: »Das hängt von Ihnen ab.«
Quinn: »13, schwarz. ... Brauchen wir die Kugel?«
Van Zandt: »War mein Fehler. 13, schwarz, ungerade.« [9533]

***

DAS TESTAMENT DES DR. MABUSE
D 1933 (Deutsche Erstaufführung 1951), Nero (Regie Fritz Lang, Buch Thea von Harbou)

*

Otto Wernicke (Kommissar Lohmann): »Kennen Sie das, Müller? Das ist aus der Walküre. Das sind die Mädchens, die die toten Kriminalkommissare mit Hojotoho vom Alex direkt in 'n Himmel verfrachten.« [9534]

*

»Sie haben Fressen. Ich sorge für Ihr Alibi. Wir bekommen pünktlich unser Geld. Also, was meckern Sie dauernd?« [9535]

*

»Ich finde, du fragst ein bißchen viel. Das hat der Chef nicht gern.« [9536]

***

DER TESTPILOT *(Test Pilot)*
USA 1938, MGM (Regie Victor Fleming, Buch Vincent Lawrence, Waldemar Young, Story Frank Wead)

*

Lionel Barrymore (Howard B. Drake): »Glaubst du tatsächlich so fest daran, daß du der einzige auf der Welt bist, der fliegen kann?«
Clark Gable (Jim Lane): »Nein, aber Sie glauben es.« [9537]

*

Gable: »Also, was machen wir jetzt? Ich hab 'ne Frau und zehn Dollar. Was braucht der Mensch mehr?« [9538]

*

Myrna Loy (Ann Barton): »Aber er brennt doch.«
Spencer Tracy (Gunner Morse): »Ach, Blödsinn! Feuer, das ist gar nichts. Es ist ganz gut, so 'n Feuerchen. Es wird verflucht kalt da oben.« [9539]

*

Gable: »Und eins noch: Er starb den Fliegertod. Das bedeutet sehr viel, das können Sie mir glauben. Irgendwann sterben wir alle, nicht? Für ihn war's richtig so. Er hat in der Luft sterben dürfen.« [9540]

*

Tracy: »Jetzt hör mal! Der Junge rennt mit zehn Riesen durch die Gegend und das auf 'ner Sauftour. Nimm ihm was davon weg!« [9541]

***

DER TEUFEL IST EINE FRAU
(The Devil Is a Woman)
USA 1935, Paramount (Regie Josef von Sternberg, Buch John Dos Passos, nach dem Roman ›La Femme et le pantin‹ von Pierre Louys)

*

Alison Skipworth (Señora Perez): »Die Sünde hat in diesem Haus noch niemals eine Nacht gewohnt.« [9542]

*

Skipworth: »Was brave junge Mädchen auf Abwege bringt, Euer Exzellenz, sind die Ratschläge der Frauen, nicht die Augen der Männer.« [9543]

*

Lionel Atwill (Don Pasqual): »Ich sagte mir, es gibt nur zwei Auswege: sie verlassen oder sie töten. Ich wählte einen dritten.« [9544]

***

DER TEUFEL MIT DER WEISSEN WESTE
(Le Doulos)
F/I 1963, Rome-Paris, Champion (Regie, Buch Jean-Pierre Melville, nach dem Roman von Pierre Lesou)

*

(Insert): »Du mußt dich entscheiden: siegen oder krepieren.« [9545]

*

Fabienne Dali (Fabienne): »Ich bin überrascht, dich wieder mal zu sehen, nach so vielen Jahren.«
Jean-Paul Belmondo (Silien): »Du hast doch immer gesagt: ›Laß mich in Ruh!‹«
Dali: »Ich wußte gar nicht, daß du so rücksichtsvoll bist.« [9546]

»Also, was machen wir jetzt?
Ich hab 'ne Frau und
zehn Dollar. Was braucht
der Mensch mehr?«
Der Testpilot

Dali: »Unterschätze Nuttheccio nicht!«
Belmondo: »Nuttheccio ist bloß noch eine Leiche auf Urlaub.« [9547]

*

Michel Piccoli (Nuttheccio): »Wen hast du eigentlich vorhin angerufen?«
Belmondo: »Den Hundefriedhof. Ich hab sie gebeten, ein hübsches Grab zu reservieren, für den Fall, daß du Dummheiten machst.« [9548]

*

Aimé de March (Jean): »Ich versteh nicht, wovon Sie reden.«
Jean Desailly (Kommissar Clain): »Dann komm mit! Wir erklären es dir gern.« [9549]

***

DES TEUFELS PILOT
(Chain Lightning)
USA 1950, Warner (Regie Stuart Heisler, Buch Liam O'Brian, Vincent Evans, Story J. Redmond Prior)

*

Roy Roberts (General Hewitt, im Kontrollturm): »Wie sieht's mit Ihrem Sprit aus?«
Humphrey Bogart (Matt Brennan): »Was für Sprit? Sie sprechen mit einem Segelflieger.« [9550]

***

DIE TEUFELSBRIGADE
(Distant Drums)
USA 1951, United States (Regie Raoul Walsh, Buch Niven Busch, Martin Rackin, nach dem Roman von Niven Busch)

*

Gary Cooper (Captain Quincy Wyatt): »Kannst du gehen, Monk?«
Arthur Hunnicutt (Monk): »Alt genug bin ich dazu.« [9551]

*

Hunnicutt: »Wir scheinen sie abgeschreckt zu haben.«
Cooper: »Es wird dunkel. Sie kämpfen immer noch nicht gerne nachts.« [9552]

»Wie sieht's mit Ihrem Sprit aus?«
»Was für Sprit? Sie sprechen mit einem Segelflieger.«
Des Teufels Pilot

Cooper: »Es wird bald Tag, dann werden sie über uns herfallen.«
Hunnicutt: »Ich habe mir ausgerechnet, hundert werden wir ungefähr mitnehmen.« [9553]

***

DER TEUFELSHAUPTMANN
(She Wore a Yellow Ribbon)
USA 1949, Argosy, RKO (Regie John Ford, Buch Frank S. Nugent, Laurence Stallings, nach der Geschichte ›War Party‹ von James Warner Bellah)

*

Victor McLaglen (Sergeant Quincannon): »Wir sind in den besten Jahren, und man wirft uns zum alten Eisen. Das ist Vergeudung von schwer verdienten Steuergeldern.«
John Wayne (Captain Nathan Brittles): »Die einzige Steuer, die du bezahlst, ist Branntweinsteuer.« [9554]

*

Wayne: »Nicht entschuldigen! Das ist ein Zeichen von Schwäche.« [9555]

*

Harry Carey jr. (Lieutenant Pennell): »Sie haben wohl Sehnsucht nach einem blauen Auge?«
(Sergeant): »Soll ich solange Ihr Pferd halten, Sir?« [9556]

*

Michael Dugan (Hochbauer): »Sie stehen unter Arrest, Quincannon.«
McLaglen. »Auf wessen Befehl?«
Dugan: »Auf Befehl von Hauptmann Brittles. Also kommen Sie friedlich mit!«
McLaglen: »Mein Junge, ich bin in meinem ganzen Leben noch niemals friedlich mitgekommen.« [9557]

***

TEUFELSKREIS *(Victim)*
UK 1961, Parkway, Allied Film Makers (Regie Basil Dearden, Buch Janet Green, John McCormick)

*

Peter McEnery (Jack Barrett): »Du siehst mich an, als ob du mich haßt.«
Norman Bird (Harold Doe): »Nicht gerade falsch geraten. Geh mir bloß aus den Augen!« [9558]

*

Dawn Beret (Sylvie): »Du wirst mir wohl nie verzeihen?«
Alan Howard (Frank): »Du kannst nicht dafür.

Du hast nicht genügend Verstand, um es zu verstehen.« [9559]

*

Derren Nesbitt (Sandy): »Tja, als ich wieder wegging, ist er noch in Ordnung gewesen. Bloß mit der Kehle hat er so komische Geräusche gemacht.« [9560]

***

TEUFELSKREIS ALPHA *(The Fury)*
USA 1978, Twentieth Century Fox (Regie Brian de Palma, Buch John Farris, nach seinem Roman)

*

(Hotelportier): »Ich bin zwar schon viel im Leben rumgekommen, aber von Ihrem Verein hab ich noch nie was gehört.«
(Agent): »Wir geben keinen Cent aus für Public Relations.« [9561]

***

DAS TEUFELSWEIB VON TEXAS
(The Ballad of Josie)
USA 1968, Universal (Regie Andrew V. McLaglen, Buch Harold Swanton)

*

David Hartman (Sheriff Fonse Pruitt): »Mir fällt langsam auf den Wecker, daß das Weibervolk Zünglein an der Waage ist.«
Guy Raymond (Doc): »Medizinisch gesehen, steht leider fest, Sheriff: Frauen sind Menschen.«
William Talman (Charlie Lord): »Und in Wyoming sind sie obendrein auch noch Wähler.« [9562]

*

Peter Graves (Jason Meredith): »Ich hab wirklich keine Vorurteile gegen Frauen. Höchstens ein paar.« [9563]

*

Graves: »Bei solchen trockenen Unterhaltungen hat es sich immer bewährt, wenn man erst mal 'ne feuchte Unterlage schafft.« [9564]

*

George Kennedy (Arch Ogden): »Sie sollten den Friedhof besichtigen. Da liegen ein Dutzend Leute, die denselben Standpunkt hatten wie Sie, jedenfalls solange sie lebten.« [9565]

*

Timothy Scott (Klugg, Schäfer): »Den Grips von Doggy (Hund), den möchte ich haben, weißt du.« [9566]

DAS TEUFLISCHE IMPERIUM *(Mobsters)*
USA 1991, Universal (Regie Michael Karbelnikoff, Buch Michael Mahern, Nicholas Kazan, Story Michael Mahern)

*

Anthony Quinn (Don Masseria): »Weißt du, ich hab schon viele kommen und gehen sehen, Jungs so wie dich. Diejenigen, die kommen, kommen zu mir. Diejenigen, die gehen, manchmal bin ich es, der sie verschwinden läßt.« [9567]

*

Lara Flynn Boyle (Mara Motes): »Hast du Feuer?«
Joe Viterelli (Joe Profaci): »Feuer? Für dich würde ich den ganzen Schuppen niederbrennen.« [9568]

*

Richard Grieco (Bugsy Siegel): »Disziplin? Ich hab noch nie Disziplin gehabt.«
Christian Slater (Charlie ›Lucky‹ Luciano): »Genau.«
Patrick Dempsey (Meyer Lansky): »Genau.«
Slater: »Es ist wie beim Baseball.«
Dempsey: »Baseball.«
Grieco: »Wieso Baseball?«
Slater: »Wie der Pitcher, er ist schnell, er ist wild, man hat Angst vor ihm. Das ist gut.«
Dempsey: »Aber: Das bringt überhaupt nichts, wenn du dich nicht unter Kontrolle hast.« [9569]

*

Quinn: »Ich mag dich. ... Bis zu einem gewissen Grad.« [9570]

*

Nicholas Sadler (›Mad Dog‹ Coll): »Das ist mein Motto: Es gibt nichts Schöneres als den Hinterkopf eines Mannes.« [9571]

*

Dempsey: »Freundschaften, Charlie, werden nie getestet. Wenn wir beide in diesem Geschäft bleiben, müssen wir einander trauen können.« [9572]

> *»Ich hab wirklich keine Vorurteile gegen Frauen. Höchstens ein paar.«*
> Das Teufelsweib von Texas

Frank Collison (Sonny Catania): »Rothstein steckt dahinter.«
Quinn: »Dann muß Rothstein weg.« ⁹⁵⁷³

*

F. Murray Abraham (Arnold Rothstein): »Wenn Krieg kommt, und er kommt, wird ihn der gewinnen, der seinen Feind dazu bringt, ihm zu trauen.« ⁹⁵⁷⁴

*

Michael Gambon (Don Faranzano): »Du willst wirklich Rache nach fünfzehn Jahren?«
Slater: »Ich war beschäftigt.« ⁹⁵⁷⁵

***

DIE TEUFLISCHEN
(Les Diaboliques)
F 1954, Filmsonor (Regie Henri-Georges Clouzot, Buch Henri-Georges Clouzot, G. Géronimi, nach dem Roman von Boileau, Narcejac)

*

Pierre Larquey (Drain): »Seit wann sind Sie augenkrank, verehrte Kollegin?«
Simone Signoret (Nicole Horner, mit Sonnenbrille): »Ich hab mich nur beim Aufstehen gestoßen.«
Larquey: »Ah, Sie sind wohl Frühaufsteherin. Als ich gegen vier meine letzte Runde machte und an Ihrem Zimmer vorbeikam, ging es dort sehr laut zu. ›Die tugendhafte Frau beginnt ihr Werk bei Morgengrauen.‹ So heißt es doch wohl.«
Signoret: »Sie sind zu lange bei den Jesuiten gewesen, Herr Kollege.«
Larquey: »Nicht jedem ist es vergönnt, gewisse Fingerzeige zu übersehen.« ⁹⁵⁷⁶

***

DER TEXANER
(The Outlaw Josie Wales)
USA 1976, Malpaso, Warner (Regie Clint Eastwood, Buch Phil Kaufman, Sonia Chernus, nach dem Roman ›Gone to Texas‹ von Forrest Carter)

> »Wer verdienen will, darf keine eigene Meinung haben.«
> Der Texaner

John Vernon (Fletcher): »Verdammt, Senator, Sie hatten mir versprochen, daß die Männer anständig behandelt werden.«
Frank Schofield (Senator Land): »Sie sind anständig behandelt worden. Sie sind anständig verpflegt worden und sind dann anständig erschossen worden. Diese Männer waren Gesetzlose, weiter nichts.« ⁹⁵⁷⁷

*

Sam Bottoms (Jamie): »Josie, wir müssen von hier weg.«
Clint Eastwood (Josie Wales): »Reite los, Junge!« (...)
Bottoms: »Du erwischst ja doch nicht alle.«
Eastwood: »Das ist wahr.«
Bottoms: »Warum versuchst du es dann?«
Eastwood: »Weil ich nichts Besseres zu tun habe.« ⁹⁵⁷⁸

*

Schofield: »Jagen Sie Josie Wales! Er darf auf keinen Fall entkommen.«
Vernon: »Den brauche ich nicht zu jagen. Ein Mann wie Wales stellt sich dem Kampf. Ich muß ihn töten, weil Ihre Tat mich dazu zwingt.« ⁹⁵⁷⁹

*

Schofield: »Von jetzt ab soll er nur noch laufen, und wohin er sich auch wendet, da wird die Hölle sein.«
Vernon: »Und dort wird er auf uns warten, Senator.« ⁹⁵⁸⁰

*

William O'Connell (Sim Carstairs): »In meinem Gewerbe, da muß man eben in der Lage sein, die *Schlachthymne der Republik* und den *Dixie* mit der gleichen Inbrunst zu singen. Es kommt immer darauf an, in wessen Gesellschaft man sich befindet.« ⁹⁵⁸¹

*

Woodrow Parfrey (Carpetbagger): »Wer verdienen will, darf keine eigene Meinung haben.« ⁹⁵⁸²

*

Eastwood: »Das Zeug (*Elixier*) wirkt anscheinend bei allem Wunder.«
Parfrey: »Es gibt nichts, wogegen es nicht hilft.«
Eastwood (spuckt ihm auf die weiße Jacke): »Hilft's auch gegen Kautabakflecken?« ⁹⁵⁸³

Bill McKinney (Terrill): »Texas ist voller Rebellen. Da unten ist für uns noch viel zu tun.«
Vernon: »Wir holen uns Josie Wales und dann ist Schluß.«
McKinney: »Die Sorge um das Recht hat niemals ein Ende.« [9584]

*

McKinney: »Selbstverständlich wird er versuchen, uns abzuknallen, aber das schafft er nicht. Bestenfalls erwischt er die zwei oder drei da vorn.« [9585]

*

Len Lesser (Abe): »Heben Sie vorsichtig die linke Hand, und machen Sie den Pistolengürtel auf! Aber so langsam, daß ich auf Ihrer Hand die Haare zählen kann!« [9586]

Lesser: »Siehst du, Lige, wenn man ihm die Zähne zieht, ist er harmlos wie ein junger Hund.« [9587]

*

Bottoms: »Ich wünschte, wir hätten Zeit, die beiden zu begraben.«
Eastwood: »Die soll der Teufel holen! Die Bussarde wollen auch fressen, nicht nur die Würmer.« [9588]

*

Chief Dan George (Lone Watie): »Ich hab damit gerechnet, daß du jemand bist, der sich von hinten mit der Waffe anschleicht.«
Eastwood: »Wie kommst du auf diese kuriose Idee? Es ist doch fast nicht möglich, sich an einen Indianer von hinten anzuschleichen.«
George: »Ich bin Indianer, das ist wahr. Aber hier im Reservat nennen sie uns einen zivilisierten Stamm. Sie nennen uns zivilisiert, weil man sehr leicht von hinten an uns herankommen kann. Der weiße Mann schleicht sich auf diese Weise schon seit Jahren an uns ran.« [9589]

*

George: »Ergeben hab ich mich auch nicht. Aber sie haben mein Pferd festgehalten und es gezwungen, sich zu ergeben.« [9590]

*

(Trapper): »Ich habe ihn. Ich habe Josie Wales. Yoke, 5000 Dollar sind eben hier reinspaziert, hier zu uns.« [9591]

*

Eastwood (zu vier Unionssoldaten) »Entweder zieht ihr die Pistolen, oder ihr pfeift den *Dixie*!« [9592]

*

Eastwood: »Ich hatte sie ganz gern, aber so ist es immer. (...) Wenn ich mal jemanden mag, ist er nicht mehr lange da.«
George: »Ich habe festgestellt, wenn du jemanden nicht magst, ist er auch nicht mehr lange da.« [9593]

*

McKinney: »Es ist nicht schwer, seiner Spur zu folgen. Wo er gewesen ist, läßt er Leichen zurück.« [9594]

*

Vernon: »Jeder von diesen Revolverhelden möchte die Belohnung haben, die auf Wales ausgesetzt ist. Dafür sind wir nicht so weit geritten. Ich möchte nicht hören, daß Wales tot ist, ich möchte den toten Wales sehen.« [9595]

*

Paula Trueman (Grandma Sarah): »Dieser Mr. Wales ist ein ganz kaltblütiger Killer. Er kommt aus Missouri. Dort wimmelt es nur so von Mördern, die unschuldige Männer, Frauen und Kinder umbringen.«
George: »Würden Sie lieber mit Comanchen durch diese Wildnis reiten?« [9596]

*

(im Lost Lady Saloon)
»Danke für die Einladung, Mister. Es ist schon lange her, daß hier mal jemand eine Runde ausgegeben hat.«
»Fast so lange ist es auch her, daß wir hier was zu trinken hatten.«
»Oder auch was anderes.«
»Ja, erst war in den Minen von Santa Rio kein Gramm Silber mehr zu finden, dann sind die Leute davongelaufen, Whiskey gab es nicht mehr, und schließlich war auch kein Bier mehr da. Na ja, was soll's. Auf jeden Fall tut es gut, mal wieder so einen Angeber zu treffen.« [9597]

> *»Ergeben hab ich mich auch nicht. Aber sie haben mein Pferd festgehalten und es gezwungen, sich zu ergeben.«*
> Der Texaner

John Chandler (Kopfgeldjäger): »Ich mußte zurückkommen.«
Eastwood: »Ich weiß.« [9598]

*

George: »Er weiß, daß er uns am besten helfen kann, wenn er auf dem Pferd sitzt. Er ist ein Guerillakämpfer. Er meint, daß er den Kampf zum Feind bringen muß. Er reitet runter ins Tal, um Ten Bears zu töten und so viele von seinen Männern, wie er nur kann.« [9599]

*

Eastwood: »Bist du Ten Bears?«
Will Sampson (Ten Bears): »Ich bin Ten Bears.«
Eastwood: »Ich bin Josie Wales.«
Sampson: »Ich habe von dir gehört. Du bist der Gesetzlose. Du wolltest mit den Blauröcken keinen Frieden schließen. Du sollst in Frieden gehen.«
Eastwood: »Das werde ich nicht. Ich weiß nicht, wo ich hin soll.«
Sampson: »Dann wirst du sterben.«
Eastwood: »Ich bin hier, um mit dir zu sterben ... oder zu leben. Sterben ist für Männer wie uns nicht schwer, leben ist schwerer, besonders, wenn alles, was du geliebt hast, geschändet und ermordet worden ist. Regierungen leben nicht miteinander, aber Menschen. Von Regierungen bekommt man kein offenes Wort, keinen fairen Kampf. Ich bin gekommen, um dir beides zu bieten, oder um das eine oder andere von dir zu bekommen. Ich bin gekommen, damit du mir mein Wort vom Tod glaubst und mir auch mein Wort vom Leben glaubst. Der Bär lebt hier, der Wolf, die Antilope, die Comanchen, und wir wollen es auch. Wir wollen nur das jagen, was wir zum Leben brauchen, wie es die Comanchen auch tun. In jedem Frühling zieht der Comanche nach Norden, dort kann er in Frieden ausruhen. Hier kann er von unserem Vieh schlachten und Dörrfleisch für die Reise zubereiten. Das Zeichen der Comanchen wird an unserem Haus sein. Das ist mein Wort vom Leben.«
Sampson: »Und dein Wort vom Tod?«
Eastwood: »Ist in meinen Pistolen und in euren Gewehren. Für eins von beiden bin ich hier.«
Sampson: »Das, von dem du sagst, wir werden es haben, das haben wir doch schon immer.«
Eastwood: »Das stimmt. Ich habe dir damit nichts versprechen wollen. Ich will dir das Leben geben, und du gibst mir das Leben. Wir Menschen müssen lernen, zusammenzuleben, ohne uns immer gleich umzubringen.«
Sampson: »Es ist traurig, daß Regierungen von Menschen mit doppelter Zunge geführt werden. Es ist Eisen in den Worten vom Tod, die du den Comanchen sagst, und es ist Eisen in deinen Worten vom Leben. Kein Vertrag kann dieses Eisen zurückhalten. Das muß von den Menschen kommen. Das Wort von Ten Bears enthält genau dasselbe Eisen von Leben und Tod. Es ist gut, daß wir, zwei Krieger, zu entscheiden haben über Leben und Tod. Es soll das Leben sein.« [9600]

*

Eastwood: »Manchmal wird ein Mann von Schwierigkeiten verfolgt. Ich fürchte, ich bin schon zu lange hiergewesen.« [9601]

*

Vernon: »Ich glaube, daß er *(Josie Wales)* noch lebt. Ich reite jetzt runter nach Mexiko und werde versuchen, ihn da zu finden.«
Eastwood: »Und dann?«
Vernon: »Ich werde ihm den ersten Zug lassen. Das bin ich ihm schuldig. Ich werde versuchen, ihm klarzumachen, daß der Krieg vorbei ist. Was sagen Sie dazu, Mr. Wilson?«
Eastwood: »Ich bin Ihrer Ansicht. Der Krieg hat uns alle einen Teil unseres Lebens gekostet.« [9602]

***

THE TEXAS CHAINSAW MASSACRE
USA 1974, Henkel-Hooper, Vortex (Regie Tobe Hooper, Buch Kim Henkel, Tobe Hooper)

*

Jim Siedow (Tankwart): »I just can't take no pleasure in killing. There's just some things you gotta do. Don't mean you have to like it.« [9603]

> »I just can't take no pleasure in killing. There's just some things you gotta do. Don't mean you have to like it.«
> The Texas Chainsaw Massacre

TEXASVILLE
USA 1990, Nelson, Cine-Source (Regie, Buch Peter Bogdanovich, nach dem Roman von Larry McMurtry)

*

Cybill Shepherd (Jacy Farrow d'Olonne): »Ich hoffe, du bleibst nicht so lang weg. Das hier scheint mir der ideale Ort für Depressionen.« [9604]

*

Shepherd: »Meinst du, die bläst ihm auch einen?«
Jeff Bridges (Duane Jackson): »Ist mir doch völlig egal, was die tut.«
Shepherd: »Mein Gott, du hast ja wirklich 'n langweiliges Verhältnis zum Fernsehen. Was bringt's dir überhaupt, wenn du dir nicht mal Gedanken machst über das Sexualleben der Paare in Quizsendungen?« [9605]

*

Annie Potts (Karla Jackson): »Du solltest mich an solchen Horrortagen nicht allein lassen. Ich komm nicht mal dazu, mich zu betrinken. Je schneller ich trinke, desto schneller passieren Sachen, die mich wieder nüchtern machen.« [9606]

*

Bridges: »Ich hab Angst, irgendwas Falsches zu sagen.«
Shepherd: » (...) Was ist denn so schlimm daran? Glaubst du, ich würde dich in die Wüste schicken, nur weil du einen Fehler in der Konversation gemacht hast?« [9607]

***

THEATER DER LIEBE (*L'Amour par terre*)
F 1984, La Cecilia, Ministère de la Culture (Regie Jacques Rivette, Buch Jacques Rivette, Pascal Bonitzer)

*

Jane Birkin (Emily): »Je mehr ich dich mag, um so weniger versteh ich dich.« [9608]

***

THELMA & LOUISE
USA 1991, Pathe, Main, MGM (Regie Ridley Scott, Buch Callie Khouri)

*

Timothy Carhart (Harlan): »Wir haben nur 'n bißchen Spaß gehabt.«
Susan Sarandon (Louise Sawyer): »Sieht aus, als hättest du 'ne perverse Vorstellung von Spaß. Dreh dich um! Vergiß es nie: Wenn eine Frau schreit und weint, dann hat sie keinen Spaß.« [9609]

*

Sarandon: »Wieso führst du dich so auf?«
Geena Davis (Thelma Dickinson): »Wie führ ich mich denn auf? Wie soll ich mich denn aufführen? Verzeih mir, daß ich nicht weiß, wie ich mich aufführen soll, wenn du jemanden umgepustet hast.« [9610]

*

Davis: »Hast du seinen Arsch gesehen? Darryl hat nicht so 'n niedlichen Hintern. Im Schatten seines Hinterns kannst du 'n Wagen parken.« [9611]

*

Sarandon: »Hör zu! Wenn du einen Kerl, der gerade auf eine Frau losgeht, erschießt, solltest du nicht unbedingt in Texas geschnappt werden.« [9612]

*

Michael Madsen (Jimmy): »Stell mir keine Fragen, dann erzähl ich dir keine Lügen.« [9613]

*

Brad Pitt (J. D.): »Na ja, ich hab immer geglaubt, daß ein gut ausgeführter Raubüberfall nicht unbedingt ein unangenehmes Erlebnis sein muß.« [9614]

*

Sarandon: »Verdammt, Jimmy, was hast du getan? Hast du 'ne Droge genommen, die dich nur noch das Richtige sagen läßt?« [9615]

*

Davis: »Endlich versteh ich, warum die soviel Wirbel darum machen. Also das hier ist ein vollkommen anderes Spiel.«
Sarandon: »Schätzchen, ich bin so froh für dich. Das ist großartig. Ist wirklich 'ne Riesenfreude. Endlich bist du mal anständig gevögelt worden.« [9616]

»*Verdammt, Jimmy, was hast du getan? Hast du 'ne Droge genommen, die dich nur noch das Richtige sagen läßt?*«
Thelma & Louise

Stephen Tobolowsky (Max): »Wenn sie anruft, seien Sie ganz freundlich, Sie wissen schon, so, als ob Sie glücklich wären, was von ihr zu hören, als ob sie Ihnen wirklich fehlen würde. Frauen lieben solchen Quatsch.« [9617]

*

Davis: »Bist du sicher, daß wir so fahren sollten, am hellichten Tag und so?«
Sarandon: »Nein, das sollten wir nicht. Aber ich möchte mich doch von dem Tatort unseres letzten schweren Verbrechens entfernen.« [9618]

*

Davis: »Gott! Diese Gesetze sind 'ne trickreiche Kiste, was?« [9619]

*

Jason Beghe (State Trooper): »Ich hab Frau und Kinder. Bitte!« (...)
Davis: »Na schön, da haben Sie Glück. Seien Sie immer nett zu ihnen, besonders zu Ihrer Frau! Mein Mann war nie nett zu mir. Sehen Sie, was aus mir geworden ist!« [9620]

*

Davis: »Ich weiß, das klingt verrückt, aber ich hab das Gefühl, ich hab Talent für so 'ne Show *(Holdups).*« [9621]

*

Tobolowsky: »Über eins bin ich mir noch nicht im klaren. Sind diese Mädchen wirklich so gerissen, oder haben sie einfach nur unglaubliches Glück?«
Harvey Keitel (Hal Slocombe): »Darum geht's nicht. Auch mit Köpfchen kommt man nicht immer weiter, und das Glück läßt einen irgendwann im Stich.« [9622]

*

Davis: »Louise, wollen wir immer noch nach Mexiko?«
Sarandon: »Ja.«
Davis: »Äh, fahren wir da nicht in die falsche Richtung?«
Sarandon: »Na ja, ich dachte mir, wenn man einen Bullen festsetzt, seinen Wagen kaputtschießt, seine Waffe klaut und ihn in einen Kofferraum sperrt, sollte man, so schnell es geht, aus diesem Staat verschwinden.« [9623]

*

Sarandon: »Entweder du sagst, daß es dir leid tut, oder es wird dir leid tun.« [9624]

*

Davis: »Ich denke, was jetzt noch kommt, wird ziemlich traurig.«
Sarandon: »Unerträglich, nehm ich an.«
Davis: »Sieh's mal so: Alles, was wir zu verlieren hatten, ist schon weg.«
Sarandon: »Wie schaffst du das immer, so positiv zu denken?« [9625]

*

Sarandon (im Wagen, vor dem Abgrund): »Wie gefällt dir unser Urlaub bis jetzt?« [9626]

***

THEO GEGEN DEN REST DER WELT
BRD 1980, Trio, Tura, WDR (Regie Peter F. Bringmann, Buch Matthias Seelig)

*

Udo Weinberger (Helmut, Fernfahrer): »Bist du mir nicht am Leverkusener Kreuz ringerauscht wie 'ne gesengte Sau, ja oder nein?«
Marius Müller-Westernhagen (Theo Gromberg): »Mein Gott, ich hab 832 km hinter mir. Kann ich mir nicht jeden merken, der mir in die Quere kommt.« [9627]

*

Weinberger: »Ich mußte so auf die Eisen, daß Siggi mit 'm Kopp gegen die Scheibe geknallt ist. Siggi, zeig ihm deine Beule!«
Müller-Westernhagen: »Was soll's, Siggi. Beule hin, Beule her, 'n Kopf wie deinen würde ich sowieso in der Hose tragen.« [9628]

*

Müller-Westernhagen: »Fräulein, ich muß mir Ihren Wagen *(Fiat 500)* leihen, man hat mir meinen LKW *(Volvo, ca. 30t)* geklaut.« [9629]

*

Müller-Westernhagen: »Da isser. So, festhalten! Wir greifen an.« [9630]

*

Müller-Westernhagen: »Ey, du Arschloch, bleib stehen! Sau, komm raus, du! Ey, du Schwapp, du, bleib stehn, du! Ich mach Panhas aus dir. Ich hol euch da raus, ihr Awaks. (...) Rechts

---

> »Entweder du sagst,
> daß es dir leid tut,
> oder es wird dir leid tun.«
> Thelma & Louise

ran, hab ich gesagt! Runter vom Gas! Komm da raus! Sonst puste ich dich von der Bahn.« [9631]

*

(auf dem Seitenstreifen, beim qualmenden Fiat) Müller-Westernhagen: »War den Versuch wert. Sagen Sie selbst!« [9632]

*

Claudia Demarmels (Ines Röggeli): »Tja, weg ischt weg. Durch Weinen kriegen Sie ihn auch nicht wieder.« [9633]

*

Demarmels: »Also, ich steig jetzt sofort aus.«
Müller-Westernhagen: »Enno, würdest du dem Fräulein Studentin bitte erklären, warum man bei 140 nicht aussteigen kann!« [9634]

*

Müller-Westernhagen: »Den einen hatte ich schon k.o. Da hat mir der andere deinen Feuerlöscher über die Rübe gehauen. (...) Was mußt du Idiot auch 'n Feuerlöscher in den Wagen einbauen.« [9635]

*

Carlheinz Heitmann (Kredithai): »Der Chef macht sich Sorgen um den Wechsel, der morgen fällig wird. Immerhin 10.000.«
Müller-Westernhagen: »Lachhaft! Soviel schmeiß ich jeden Tag in die Musikbox.« [9636]

*

Müller-Westernhagen: »Vorsicht, ja! Hauen Sie mir nicht immer auf die gleiche Stelle!« [9637]

*

Müller-Westernhagen: »Verdammt noch mal! Mein Volvo ist weg, ich hab 53 Stunden nicht geschlafen, mir tun sämtliche Knochen weh, und jetzt krieg ich auch noch Durchfall. Und Sie reden von Ihrem armen Verlobten. Finden Sie das in Ordnung?«
Demarmels: »Man kann nicht immer nur Glück haben.« [9638]

*

Demarmels: »Soll nicht ich lieber fahren?«
Müller-Westernhagen: »Nein.«
Demarmels: »Sie sind schon 53 Stunden auf den Beinen.«
Müller-Westernhagen: »54.«
Demarmels: »Noch nicht müde?«
Müller-Westernhagen: »Ich schlafe immer am Ende des Monats.« [9639]

Müller-Westernhagen: »Enno, das Schönste im Leben ist doch, daß es immer weitergeht.« [9640]

*

Guido Gagliardi (Enno Goldini): »Ich will nicht mehr. Basta! Chiuso! Finito! Deine... deine Sache ist bei mir endgültig bis hier.«
Müller-Westernhagen: »Ja, meinst du, mir nicht? Seit zehn Jahren hör ich von dir jeden Tag Vorwürfe, nichts als Vorwürfe. Kannst du nicht einmal sagen: ›Theo, das hast du toll hingekriegt.‹?« [9641]

*

Müller-Westernhagen: »Erzähl ihr mal, wie wir letztes Jahr mit unserm Motorrad in 'n Rhein-Herne-Kanal gefallen sind!«
Gagliardi: »Warum ich? Du hast doch diese dämliche Wette gemacht.«
Müller-Westernhagen: »Also, wenn dir jemand sagt: ›Du kriegst meinen Porsche Targa, wenn du mit deiner alten Horex schneller von Dortmund nach Essen fährst als ich.‹ Würdest du das nicht machen?«
Demarmels: »Nein. (...) Wer hat die Wette gewonnen?«
Gagliardi: »Unentschieden. Der Mann mit dem Porsche ist gegen einen Hochspannungsmast geknallt.« [9642]

*

Demarmels: »Du solltest ein bißchen schwimmen. Das Wasser ist ganz warm.«
Müller-Westernhagen: »Nein, danke. Ich bin nicht zum Vergnügen hier.« [9643]

*

Müller-Westernhagen: »Was is los, Enno, nennst du das Vollgas?« [9644]

*

Müller-Westernhagen: »Wenigstens sprechen sie hier (in der Schweiz) Deutsch. Jedenfalls so was ähnliches.« [9645]

»Enno, das Schönste
im Leben ist doch,
daß es immer weitergeht.«
Theo gegen den Rest der Welt

Müller-Westernhagen: »Was ist das denn für 'n lahmer Zock hier?«
»Wir spielen Bridge.« (...)
Müller-Westernhagen: »Soll ich Ihnen mal was Verschärftes zeigen?« ⁹⁶⁴⁶

*

Müller-Westernhagen: »Tja, meine Herrschaften, das ging ja leider wieder in die Hose, aber: neues Spiel, neues Glück.« ⁹⁶⁴⁷

*

»Die Polizei in Italien, die schaut offensichtlich tatenlos zu.«
Gagliardi: »Ja, die Bullen!«
»Hä? Wie meinen Sie?«
Gagliardi: »Ich meine, Bullen sind eben Bullen, hä, in Italien, in der Schweiz. Mein Freund sagt immer: ›Zu doof, ein Loch in den Schnee zu pissen.‹ ... Was hat er denn?«
»Mein Mann ist leitender Oberhauptkommissaire der Baseler Polizei.« ⁹⁶⁴⁸

*

Müller-Westernhagen: »Jetzt gucken Sie blöd aus der Wäsche, was? Sie ist eben in Physik (Physikum) durchgefallen. Na und? Sehen Sie mich an! Zweimal durch die Fahrprüfung gesaust und jetzt westfälischer Meister im LKW-Slalom. Das Leben meistert man ganz anders, als ihr euch das in euren Schweizer Käseköpfen vorstellen könnt. Große Löcher allein reichen eben nicht. Komm, Enno, Abflug!« ⁹⁶⁴⁹

*

Müller-Westernhagen: »Sie hat uns immer nur Pech gebracht, von Anfang an.«
Gagliardi: »Ja, aber auch Glück.«
Müller-Westernhagen: »Ich brauch kein Glück. Ich brauch meinen LKW und 10.000 Mark. Dann können alle antreten, die was von mir wollen. Alle.« ⁹⁶⁵⁰

*

Gagliardi: »Warum bist du nicht zur Sparkasse in Herne gegangen *(statt zu Universalkredit)*?«

> »Tja, meine Herrschaften, das ging ja leider wieder in die Hose, aber: neues Spiel, neues Glück.«
> Theo gegen den Rest der Welt

Müller-Westernhagen: »Weil das alles Halsabschneider sind.« ⁹⁶⁵¹

*

Heitmann: »Gut, ich bin kein Unmensch. Sagen wir, letzte Verlängerung um 72 Stunden. Präzise gesagt: Donnerstag um zwölf Uhr ist das Geld da. Die Bedingung: Die Zinsen erhöhen sich auf sieben Prozent.«
Müller-Westernhagen: »Ich weiß.«
Heitmann: »Am Tag.«
Müller-Westernhagen: »Logisch.«
Heitmann: »Wenn nach Ablauf von 72 Stunden ...«
Müller-Westernhagen: »Kommt der Arm dran. Stimmt's?«
Heitmann: »Beide.« ⁹⁶⁵²

*

Gagliardi: »Theo, Moment! Da fahren die Züge.«
Müller-Westernhagen: »Bis hier 'n Zug hält, bin ich schon Bürgermeister von Marseille.« ⁹⁶⁵³

*

Müller-Westernhagen (auf einem Milchwagen): »Da bin ich ja zu Fuß schneller.« ⁹⁶⁵⁴

*

Müller-Westernhagen: »Pardon, Monsieur, ici Marseille? (...) Milano? Was soll ich in Milano?« ⁹⁶⁵⁵

*

Eolo Capritti (Baffo): »Was du lachen da?«
Müller-Westernhagen: »Wie was lachen? Du hier Scheiße spielen.«
Capritti: »Egal.«
Müller-Westernhagen: »Du sprechen Deutsch?«
Capritti: »Hab in Deutschland gearbeitet. Bremerhaven.«
Gagliardi: »Schöne Stadt.«
Capritti: »Scheiße Stadt, scheiße Arbeit und immer scheiße Wetter.«
Müller-Westernhagen: »Scheiße kalt, was?« ⁹⁶⁵⁶

*

Müller-Westernhagen: »Vielleicht sollte ich dir meine Uhr geben. Is 'ne magische Uhr. Schon zwölfmal verzockt, aber sie kommt immer wieder zu mir zurück. Hier, bringt Glück. Vielleicht kauft Enno sie auch deshalb immer wieder zurück.« ⁹⁶⁵⁷

Capritti: »Du viel Glück, ragazzo. Baffo haben große Herz. Baffo denken: ›Auch Arscheloch musse leben.‹« [9658]

*

Müller-Westernhagen: »Weißt du, was das ist?«
Gagliardi: »Nein.«
Müller-Westernhagen: »'ne Karte für das Pokalspiel des Jahres: Westfalia Herne gegen Schalke 04. Sitzplatz, Tribüne Mitte, 35 Mark. In fünf Minuten ist Anstoß, und ich bin hier am Arsch der Welt.« [9659]

*

Müller-Westernhagen: »Laßt euch das eine Lehre sein, Leute! Es gibt nichts, was es nicht gibt. Man kann alles in den Griff kriegen.« [9660]

***

THEORY OF ACHIEVEMENT
USA 1991, Yo, Alive (Regie, Buch Hal Hartley)

*

William Sage (Will): »We'll get jobs.«
Elina Löwensohn: »Yes, we'll get jobs and be happy.«
Sage: »No, we'll get jobs and pay the rent. We'll get credit cards and be happy.« [9661]

***

THINGS CHANGE
USA 1988, Filmhaus, Columbia (Regie David Mamet, Buch David Mamet, Shel Silverstein)

*

Mike Nussbaum (Mr. Green): »Dies ist eine sizilianische Münze. Die Sizilianer sagen: ›Ein großer Mann (...) kennt den Wert einer kleinen Münze.‹ Meine Freundschaft ist eine kleine Münze, aber sie ist alles, was ich Ihnen anbieten kann.« [9662]

*

Don Ameche (Gino): »Es ist gut zu arbeiten, Jerry, aber es ist auch gut faulzulenzen.« [9663]

*

Sarah Eckhardt (Cherry): »Wir wollten euch fragen, ob ihr nicht auch hochkommt *(zur Berghütte)* und mit uns angeln geht. ... Echt angeln.«
Karen Kohlhaas (Grace). »Nach Fischen.« [9664]

***

DIE THOMAS CROWN AFFÄRE
(The Thomas Crown Affair)
USA 1999, Irish Dreamtime, MGM (Regie John McTiernan, Buch Leslie Dixon, Kurt Wimmer, nach dem Film, USA 1968, Regie Norman Jewison, Buch Alan R. Trustman)

*

Frankie Faison (Detective Paretti): »Solche Typen könnten (...) Freunde haben. Und die könnten das Leben eines Zeugen durchaus unangenehm gestalten.« [9665]

*

Rene Russo (Catherine Banning): »Er wird nicht verkaufen *(den Monet)*. (...) Das ist ein elegantes Verbrechen, von einer eleganten Person verübt. Hier geht es nicht um Geld.« [9666]

***

DAS TIER *(The Howling)*
USA 1980, Intern, Film Investors, Wescom, Barber, Avco Embassy (Regie Joe Dante, Buch John Sayles, Terence H. Winkless, nach dem Roman von Gary Brandner)

*

John Carradine (Erle Kenton): »Es war auch ein Fehler, Rinder zu reißen für unsere Ernährung. Kehren wir zu den alten Bräuchen zurück! (...) Menschen sind unsere Beute. Wir sollten uns von ihnen ernähren, wie wir es immer getan haben. Zum Teufel mit diesem Quatsch von den sublimierten Trieben!« [9667]

*

Carradine: »Die Bestie kann man nicht zähmen, Doktor. Das ist gegen die Natur.« [9668]

***

DER TIGER
(The Enforcer)
USA 1951, United States, Warner (Regie Bretaigne Windust, ungenannt Raoul Walsh, Buch Martin Rackin)

*

Humphrey Bogart (Martin Ferguson): »Wem habt ihr die Leichen übergeben?«
Jack Lambert (Zaca): »Dem Leichenbestatter.«
Roy Roberts (Captain Frank Nelson): »Welchem Leichenbestatter?«

»*Du viel Glück, ragazzo. Baffo haben große Herz. Baffo denken: ›Auch Arscheloch musse leben.‹*«
Theo gegen den Rest der Welt

Lambert: »Unserem Leichenbestatter. Er arbeitet nur für uns.« [9669]

*

Zero Mostel (Big Babe Lazich): »Ich habe nichts getan. Ich habe niemanden getötet. Ich habe nur die Leiche weggebracht.« [9670]

*

Everett Sloane (Albert Mendoza): »Berufsboxer haben mich schon fertiggemacht, aber du bist besser. Wie heißt du?« [9671]

*

Sloane: »Wenn du mich erst näher kennst, wirst du merken, daß ich ein Genie bin.« [9672]

*

Sloane: »Renn nicht, geh!«
Ted de Corsia (Joseph Rico): »Wir müssen von hier weg.«
Sloane: »Lauf, und jemand läuft dir nach. Gehe langsam!« [9673]

*

de Corsia (off, vom Tonband): »Jetzt bin ich der einzige Zeuge. Ich allein. Und wissen Sie warum? Weil ich schlau bin. Ich bin sogar schlauer als Mendoza, denn ich bin der einzige, der ihm einen Mord nachweisen kann.«
Roberts: »Und er ist tot.« [9674]

***

DER TIGER VON NEW YORK (Killer's Kiss)
USA 1955, Minotaur, United Artists (Regie, Buch Stanley Kubrick)

*

Frank Silvera (Vincent Rapallo): »Es gab mal eine Zeit, wo du alles von mir haben konntest. Aber nein, du warst ja zu gut für mich. Du kommst in mein Büro und gibst mir den Laufpaß. Darauf schick ich die Jungs, um deinem Liebhaber eine Abreibung zu verpassen, aber die erwischen den Falschen. Der schlägt mit dem Kopf zu fest auf das Pflaster auf. Also bin ich zum Schluß der Angeschmierte. Aber das erlebst du nicht, Baby.« [9675]

> »Immerhin hab ich dich zum Lachen gebracht. Du hast ja 'n Gesicht gemacht wie 'n leeres Fischnetz.«
> Tigerhai

TIGERHAI
(Tiger Shark)
USA 1932, First National, Warner (Regie Howard Hawks, Buch Wells Root, nach der Geschichte ›Tuna‹ von Houston Branch)

*

Vince Barnett (Fishbone): »Immerhin hab ich dich zum Lachen gebracht. Du hast ja 'n Gesicht gemacht wie 'n leeres Fischnetz.« [9676]

*

Edward G. Robinson (Mike Mascarenhas): »Ich hab ihn einmal da rausgefischt, nun werf ich ihn wieder rein.«
Zita Johann (Quita Silva): »Mike, auf die Art kannst du die Angelegenheit nicht regeln.«
Robinson: »Nein? Oh nein, ich regle die Sache auch nicht. Siehst du die Burschen *(Haie)* da draußen? Die regeln die Angelegenheit.« [9677]

***

TIN CUP
USA 1996, Foster, Monarchy, Regency, Warner (Regie Ron Shelton, Buch John Norville, Ron Shelton)

*

Kevin Costner (Roy ›Tin Cup‹ McAvoy): »Doc, bei dem Spiel *(Golf)* müssen Sie als erstes lernen, daß es nicht darum geht, einen kleinen weißen Ball in ein Loch zu schlagen. Es geht darum, innere Dämonen, Selbstzweifel, menschliche Schwächen und den ganzen Scheiß zu überwinden.« [9678]

*

Costner: »Nennen Sie mich Roy, Molly!«
Rene Russo (Dr. Molly Griswold): »Nennen Sie mich Dr. Griswold, Roy!« [9679]

*

Costner: »Ich würde es wieder tun, weil dieser Schlag ein entscheidender Moment war. Und wenn ein entscheidender Moment kommt, dann entscheidest du über den Moment, oder der Moment entscheidet über dich. Ich hab mich nicht vor der Herausforderung gedrückt, ich war ihr gewachsen.« [9680]

*

Cheech Marin (Romeo Posar): »Das war ein entscheidender Moment. Und die Entscheidung war Scheiße.« [9681]

*

Costner: »Wahre Größe stellt sich dem Risiko.«
Marin: »Vielleicht hast du recht, Boss. Aber

weißt du was? Manchmal reicht ein Par völlig aus für den Sieg.« [9682]

*

Russo: »Mr. McAvoy, ich kann zwar verstehen, daß Sie einen ziemlich gemütlichen, entspannten Lebensstil anstreben, aber ich muß mich an geregelte Zeiten halten.«
Costner: »Okay. Eine ehemalige Freundin von mir hat mal mein fließendes Zeitgefühl darauf zurückgeführt, daß ich im Zeichen der Fische geboren bin, als würde ich durch das Universum schwimmen.«
Russo: »Sie amüsieren mich, Roy, aber ich bin die einzige Frau, die nach dem Zweiten Weltkrieg in Amerika geboren ist, die Astrologie für Scheißdreck hält.« [9683]

*

Costner: »Ich muß irgendwie mein Leben ändern. (...) Ich muß auf 'ne Ebene kommen, wo die Frauen mich nicht mehr für 'ne Witzfigur halten.« [9684]

*

Costner: »Ich bin festgefahren, Mann. Ich sitze in der Patsche. Ich brauche Hilfe. Ich brauche Rat. Ich brauche Beratung. Ich brauche einen ... Psychiater.«
Marin: »Du kennst doch keinen.«
Costner: »Einen kenn ich.«
Marin: »Nein, nein, nein! Nicht die Doktor-Lady!«
Costner: »Wieso nicht?«
Marin: »Du kannst doch nicht Rat erbitten für die Frau, die du flachlegen willst, von der Frau, die du flachlegen willst.« [9685]

*

Russo: »Sie müssen sich einen Termin geben lassen, denn in einer halben Stunde habe ich einen Patienten.«
Costner: »Das reicht doch, 30 Minuten. So verkorkst bin ich nun auch wieder nicht.« [9686]

*

Costner: »Angenommen, es gibt einen Kerl, der steht am Ufer eines breiten, tiefen Flusses, und der Fluß steckt voller Gefahren, wissen Sie, Piranhas, Alligatoren, Strudel, Stromschnellen und so 'n Scheiß. Keiner wagt sich da rein, nicht mal mit 'm kleinen Zeh. Und auf der andern Seite des Flusses liegt eine Million, und auf dieser Seite liegt ein Ruderboot. Also, meine Frage ist die: Was treibt den Kerl, der auf der einen Seite steht, dazu rüberzuschwimmen?«
Russo: »Er ist ein Idiot.«
Costner: »Nein, hören Sie, er ist ein erstklassiger Schwimmer. Sein Problem ist eher: Wieso muß er sich jeder Herausforderung stellen?«
Russo: »Er ist ein infantiler Idiot.« [9687]

*

Russo: »Sie haben keine inneren Dämonen. Das einzige, was Sie haben, ist innerer Müll, innerer Schrott, Abfall, lockere Schrauben ein paar.« [9688]

*

Costner: »Verdammt! Ich wußte nicht, daß wir uns hier mit meinem Privatleben befassen.« [9689]

*

Russo: »Gelinde gesagt, finde ich ihn ganz schön attraktiv, wenn er so abscheulich arrogant ist.«
Marin: »Oh, gut! Das ist das Beste an ihm.« [9690]

*

Marin: »Es liegt bestimmt an der Frau.«
Costner: »Du hast doch gesagt, es wär 'n Virus.«
Marin: »Ja, 'ne Frau kann denselben Effekt haben.« [9691]

*

Russo: »Roy, so etwas wie halbplatonisch gibt es nicht.«
Costner: »Sollte es aber.« [9692]

*

Costner: »Jemand hat mal gesagt: ›Golf und Sex sind die einzigen Dinge, bei denen man sich amüsieren kann, ohne sie gut zu können.‹« [9693]

*

Linda Hart (Doreen): »Du gehörst hoffentlich nicht zu den Frauen, die Männer umkrempeln wollen. Ich glaube, Männer kann man nicht umkrempeln. Besonders ihn nicht.« [9694]

> »Verdammt! Ich wußte nicht, daß wir uns hier mit meinem Privatleben befassen.«
> Tin Cup

TIN MEN
USA 1987, Silver Screen Partners II, Touchstone (Regie, Buch Barry Levinson)

*

Danny DeVito (Ernest Tilley): »Picknick, das soll nett sein? (...) Was macht man da schon? Man nimmt das Essen aus 'm Kühlschrank raus und ißt es draußen in freier Natur. Also ich finde, es macht viel mehr Spaß, vorm Fernseher zu essen.« [9695]

*

Richard Dreyfuss (Bill ›B. B.‹ Babowsky): »Der zahlt's mit gleicher Münze zurück. Das Spiel gefällt mir nicht. Jetzt werd ich andere Saiten aufziehen.« [9696]

*

DeVito: »Für 'ne Schlägerei ist überall Platz.« [9697]

*

Barbara Hershey (Nora Tilley): »Alles, was ich in meinem Leben getan habe, war sorgfältig geplant und überlegt. Und was hat es mir gebracht?« [9698]

*

DeVito: »Das *(Steuern zahlen)* wär genau so 'ne Verschwendung wie mit 'ner Lebensversicherung. Du glaubst doch nicht, daß ich diesen Typen Geld hinblättere, damit sich jemand nach meinem Tod einen schönen Lenz macht.« [9699]

*

Jackie Gayle (Sam): »Es ist doch ganz egal, ob man nun auf der Ponderosa lebt oder hier in Baltimore. Männer reden nun mal über Sex. Langsam glaube ich, daß diese Serie nicht besonders realistisch ist.« [9700]

*

DeVito: »Wo steht denn in der Verfassung, daß es verboten ist, sich sein Geld zu ergaunern.« [9701]

»Wenn du dich nicht um Politik kümmerst, kümmert sich die Politik um dich.«
Tisch und Bett

TISCH UND BETT *(Domicile conjugal)*
F/I 1970 Carrosse, Valoria, Fida (Regie François Truffaut, Buch François Truffaut, Claude de Givray, Bernard Revon)

*

Jean-Pierre Léaud (Antoine Doinel): »Von mir aus könnte der Tag dreißig Stunden haben und zwar, weil ich mich nie langweile, niemals. Und noch etwas: Ich hab's furchtbar eilig, ich möchte bald alt werden, damit ich mit höchstens fünf Stunden Schlaf pro Nacht auskomme.« [9702]

*

(Prostituierte): »Wenn du dich nicht um Politik kümmerst, kümmert sich die Politik um dich.« [9703]

***

TITANIC
USA 1997, Lightstorm, Paramount, Twentieth Century Fox (Regie, Buch James Cameron)

*

Victor Garber (Thomas Andrews): »Von diesem Augenblick an ist es ganz egal, was wir tun. Die Titanic wird untergehen.«
Jonathan Hyde (Bruce Ismay): »Aber dieses Schiff kann nicht sinken.«
Garber: »Sie wurde aus Eisen gefertigt. Ich versichere Ihnen, sie kann. Und sie wird. Das ist eine mathematische Gewißheit.« [9704]

*

Bernard Hill (Captain Smith): »Ich vermute, Sie werden Ihre Schlagzeilen kriegen, Mr. Ismay.« [9705]

*

»Die *(Rettungswesten)* sind für Sie, Mr. Guggenheim.«
Michael Ensign (Benjamin Guggenheim): »Nein, vielen Dank. Wir sind angemessen gekleidet und bereit, wie Gentlemen unterzugehen. Aber wir hätten gerne einen Brandy.« [9706]

***

TO DIE FOR
USA 1995, Rank, Columbia (Regie Gus Van Sant, Buch Buck Henry, nach dem Roman von Joyce Maynard)

*

Nicole Kidman (Suzanne Stone): »Du bist ein Niemand in Amerika, bevor du nicht im Fernsehen warst. Durchs Fernsehen erfahren wir, wer wir wirklich sind. Denn was hat es schon für einen Sinn, etwas Bedeutendes zu tun, wenn niemand zusieht?« 9707

Kidman: »Das Wort ›Fehlschlag‹ gehört nun mal nicht zu meinem Vokabular.« 9708

***

TOBACCO ROAD
USA 1941, Twentieth Century Fox (Regie John Ford, Buch Nunnally Johnson, nach dem Roman von Erskine Caldwell und dem Stück von Jack Kirkland)

*

Charley Grapewin (Jeeter Lester): »Also, so eine Stimme wie die von Bessie findest du nirgends.«
Slim Summerville (Henry Peabody): »Ja, seit sie wieder da ist, war's noch keine Minute still.« 9709

*

Ward Bond (Lov Bensey): »Es hängt mir langsam zum Hals raus, wie sie mit mir umgeht.«
Elizabeth Patterson (Ada Lester): »Und du? Behandelst du sie anständig?«
Bond: »Was hat das denn damit zu tun? Ich hab sie immerhin geheiratet.« 9710

*

Grapewin: »Vielleicht hast du's irgendwie falsch angefangen.«
Bond: »Also, ich hab schon alles mögliche versucht: erst mit Fußtritten, dann mit 'm Eimer Wasser, und dann hab ich mit Steinen und Stöcken nach ihr geworfen. Aber sie jammert immer nur, daß es ihr weh tut. Das ist doch auch keine Unterhaltung.« 9711

*

Grapewin: »Er müßte jetzt so um die zwanzig sein, nicht wahr, Ada?«
Patterson: »Hm.«
Grapewin: »Ich würde mir nur wünschen, er hätte mehr im Kopf. Aber da ist wohl nichts mehr zu ändern. Er ist ausgewachsen.« 9712

*

Grapewin: »Weißt du, Ada, ich frage mich, wieviel Geld Bessie wirklich hat. Ja. ... Und ob sie, ob sie vielleicht bereit wäre, mir was zu leihen. So 100 Dollar ungefähr. Dann, äh, müßte ich nicht von hier weg. ... Und dann frage ich mich auch, wenn sie es mir nicht leiht, wie ich es ihr am besten wegnehmen könnte. Ja. ... Erinner mich morgen daran, daß ich noch mal darüber nachdenke!« 9713

*

Grapewin: »Ich könnte nie in der Stadt leben. Die Stadt mag mich nicht, und ich ... ich will nicht irgendwo in Stockwerken leben. Ich will den Boden spüren. Ich brauch die Erde unter mir.« 9714

***

TOD AUF DEM HIGHWAY (Road Kill)
CAN 1989, Shadow Shows (Regie Bruce McDonald, Buch Don McKellar)

*

Gerry Quigley (Roy Seth): »Wenn ein Rockstar Gott sehen will, dann sieht er, um Gottes willen, zu, daß er stoned wird. Was fällt ihm ein, mitten (...) auf Tournee die göttliche Inspiration zu suchen?« 9715

*

Quigley: »Nicht aufregen? Ich beruhige mich erst wieder, wenn ich diese Arschlöcher hier in der Stadt habe und sie mir in einer Blutlache zu Füßen liegen.« 9716

*

Bruce McDonald (Bruce Shack): »Damit mußt du dich auseinandersetzen. Das gehört zum Autofahren. Wenn du fahren willst, mußt du auch töten. Mach dich deswegen nicht verrückt. Es ist ja nur 'n kleines Tier.« 9717

*

Don McKellar (Russell): »Normalerweise müssen Leute in meiner Branche so große Entfernungen alleine bewältigen.«
Valerie Buhagiar (Ramona): »In welcher Branche arbeiten Sie denn?«
McKellar: »Ich bin ein Massenmörder.«
Buhagiar: »Ein was?«
McKellar: »Ein Massenmörder. Äh, das ist eine Person, die eine Serie von offensichtlich unmotivierten Morden begeht, aufgrund von persönlichen Zwängen. Traditionell ist das ein ty-

> »Nicht aufregen? Ich beruhige mich erst wieder, wenn ... diese Arschlöcher ... in der Stadt ... mir in einer Blutlache zu Füßen liegen.«
> Tod auf dem Highway

pisch amerikanisches Phänomen, aber das muß es nicht sein. Wie bei vielen Dingen tritt so eine Art Kolonialverhalten auf, das einen, wenn man es tun möchte, nach Kalifornien oder sonstwohin treibt. Aber ich werde das alles ändern.« [9718]

***

TOD EINES KILLERS *(The Killers)*
USA 1964, Revue, Universal (Regie Don Siegel, Buch Gene L. Coon, nach der Geschichte von Ernest Hemingway)

*

John Cassavetes (Johnny North): »Sind Sie immer so selbstsicher, Miss Farr?«
Angie Dickinson (Sheila Farr): »Es ist ja keiner da, der mich unsicher machen könnte.« [9719]

*

Claude Akins (Earl Sylvester): »Woran ist er gestorben? Sie sagten doch, daß er tot ist.«
Clu Gulager (Lee): »Johnny North ist an einer Frage erstickt, an einer zuviel.« [9720]

*

Gulager: »Du kennst Sie wohl alle, hä?«
Lee Marvin (Charlie): »Die kennt man niemals alle.« [9721]

*

Marvin: »Es ist nicht nur die Million. Vielleicht kriegen wir sie, vielleicht auch nicht. Aber ich möchte wissen, warum er nicht versucht hat, wegzurennen oder sich zu wehren. Warum läßt er sich lieber erschießen?« [9722]

*

Norman Fell (Mickey Farmer): »Sei vorsichtig, Johnny! Jack ist komisch mit Sachen, die ihm gehören.« [9723]

*

Dickinson: »Na schön, Sie haben bewiesen, daß Sie grob sein können. Und was wollen Sie?«
Marvin: »Das Geld.«
Dickinson: »Ich weiß gar nicht, wovon Sie sprechen.«

> »Ihre Geschichte ist ja sehr rührend, aber würden Sie mir bitte eine andere erzählen!«
> Tod eines Killers

Marvin: »Ach, immer dasselbe. Kein Mensch weiß, wovon wir sprechen.« [9724]

*

Marvin: »Ihre Geschichte ist ja sehr rührend, aber würden Sie mir bitte eine andere erzählen!« [9725]

*

Marvin: »Wirf Sie raus!«
Gulager: »Das ist 'ne ganz schöne Reise bis unten, Charlie.«
Marvin: »Vielleicht fällt ihr die Wahrheit ein, wenn sie unterwegs ist.« [9726]

*

Marvin: »Sehen Sie, der einzige Mensch, der vorm Tod keine Angst hat, ist einer, der schon tot ist. Sie haben ihn schon vor vier Jahren getötet. Sie brauchten uns gar nicht.« [9727]

*

Gulager: »Charlie, ich möchte fast sagen, Browning hat versucht, uns reinzulegen.«
Marvin: »Ja, es sieht so aus.«
Gulager: »Müssen wir dagegen nicht irgendwas tun, Charlie?« [9728]

***

TOD IM SPIEGEL *(Shattered)*
USA 1991, Davis, Capella (Regie, Buch Wolfgang Petersen, nach dem Roman ›The Plastic Nightmare‹ von Richard Neely)

*

Tom Berenger (Dan Merrick): »Sie sind also Privatdetektiv?«
Bob Hoskins (Gus Klein): »Ja, Ja, ich lauf mir schon seit dreißig Jahren die Hacken ab. Wenn man so lange Zeit durch Schlüssellöcher guckt, verliert man irgendwie das Vertrauen in die Menschheit.« [9729]

*

Hoskins: »Ich kann bei Mord kein Auge zudrücken.« [9730]

***

TOD IN HOLLYWOOD
(The Loved One)
USA 1965, Filmways, MGM (Regie Tony Richardson, Buch Terry Southern, Christopher Isherwood, nach dem Roman von Evelyn Waugh)

*

Anjanette Comer (Aimee Thanatogenos): »Ich halte dich nicht für einen ethisch wertvollen Menschen.« [9731]

Comer: »Ich mache mir nichts aus dem, was die meisten Menschen so Komfort nennen.« [9732]

*

Jonathan Winters (Wilbur Glenworthy): »Sie haben ein erstaunlich naives Gemüt, Miss Thanatogenos. Diese Unschuld der Seele verleiht jungen Menschen oft eine außerordentliche Anziehungskraft und Schönheit.« [9733]

***

TOD IN VENEDIG *(Morte a Venezia)*
I/F 1971, Alfa, PECF (Regie Luchino Visconti, Buch Luchino Visconti, Nicola Badalucco, nach der Geschichte von Thomas Mann)

*

Mark Burns (Alfried): »Dein großer Fehler ist, das Leben, die Realität als Einschränkung zu begreifen.« [9734]

*

Dirk Bogarde (Gustav von Aschenbach): »Erwarte doch nicht vom Leben, daß es dein Händchen führt und dein Ziel illuminiert!« [9735]

***

DER TOD KENNT KEINE WIEDERKEHR
(The Long Goodbye)
USA 1973, United Artists (Regie Robert Altman, Buch Leigh Brackett, nach dem Roman von Raymond Chandler)

*

Elliott Gould (Philip Marlowe): »Was soll ich nur mit dir machen, Harry? Du weißt doch genau, ich soll nicht merken, daß du mir folgst.« [9736]

*

Gould: »Harry, Harry, aus dir wird nie ein erstklassiger Gangster werden.« [9737]

***

DER TOD KOMMT AUF LEISEN SOHLEN
(Murder by Contract)
USA 1958, Orbit, Columbia (Regie Irving Lerner, Buch Ben Simcoe, Ben Maddow (ungenannt))

*

Michael Granger (Moon): »Wollen Sie nicht nachzählen?«
Vince Edwards (Claude): »Lohnt sich nicht, mich zu betrügen.« [9738]

*

Hershel Bernard (George): »Er tut nicht gerne einer Frau was zuleide.«

Edwards (Killer): »Es hat nichts mit Gefühlen zu tun, es ist eine Geldfrage. Wenn es eine Frau ist, verlange ich das Doppelte. Ich hab was gegen Frauen. Sie können nie stillstehen. Wenn sie sich bewegen, weiß man nicht genau, warum und wofür. Sie sind unzuverlässig. Unzuverlässige Leute sind schwer zu behandeln.« [9739]

*

Edwards: »Sieh dir das Geschäft an! Da wird mit Waffen gehandelt. Ein ganzer Laden voller Mord. Und weil ich mich vertraglich verpflichtet habe, einen Menschen zu beseitigen, werde ich als Verrückter oder Mörder bezeichnet. Komisch, nicht? Eine Ironie!« [9740]

*

Caprice Toriel (Billie Williams): »Woher soll ich wissen, daß Sie mir die Wahrheit sagen?«
(Mayflower): »Ich werde Ihnen meine Marke zeigen.«
Toriel: »So eine Marke kann man doch in jedem Kramladen kaufen.«
(Mayflower): »Das ist aber wirklich nicht nett von Ihnen. Ich habe drei Examen ablegen müssen, um mir das kaufen zu können.« [9741]

*

Edwards: »Das Weib stammt vom Affen ab, das steht für mich fest. Der Affe ist so ungefähr das neugierigste Tier auf der Welt. Wenn in seiner Nähe irgendwas los ist, muß er unbedingt wissen, was. Genauso ist es mit einer Frau.« [9742]

*

Phillip Pine (Marc): »Na, siehst du? Hab ich's nicht gesagt? Schießen hat schon was für sich.« [9743]

*

Pine: »Amüsier dich ein bißchen!«
Edwards: »Wo kann man sich schon amüsieren in dem Lausenest *(Los Angeles)*?« [9744]

*

Edwards: »Sei nicht so gefühlvoll! Es macht

> *»Dein großer Fehler ist,
> das Leben, die Realität als
> Einschränkung zu begreifen.«*
> Tod in Venedig

sich nicht bezahlt. Nimm's Leben, wie es ist, in Dollar und Cent!« [9745]

***

DER TOD UND DAS MÄDCHEN
(Death and the Maiden)
UK/USA/F 1994, Mount-Kramer, Channel Four, Flach, Canal+, TF1, Capitol (Regie Roman Polanski, Buch Rafael Yglesias, Ariel Dorfman, nach dem Stück von Ariel Dorfman)

*

Ben Kingsley (Roberto): »Es ist seltsam. Was soll's, sie ist eine Frau. Also was bin ich überrascht?« [9746]

***

TODESANGST BEI JEDER DÄMMERUNG
(Each Dawn I Die)
USA 1939, Warner (Regie William Keighley, Buch Norman Reilly Raine, Warren Duff, nach dem Roman von Jerome Odlum)

*

James Cagney (Frank Ross): »Warum?«
Ed Pawley (Dale): »Vielleicht gefällt mir nicht, wie er Klavier spielt. Vielleicht, weil ich keinen Eintopf mag. Willst du noch mehr Antworten?« [9747]

*

George Raft (›Hood‹ Stacey): »Ich glaube, er ist wie alle Klugscheißer. Er will bezahlt sein, damit er das Maul hält.« [9748]

*

Cagney: »Als ich eingeliefert wurde, glaubte ich an Gerechtigkeit, ich glaubte, ich würde bald entlassen werden. Dann fing ich an, in Wochen zu denken, in Monaten, und jetzt hasse ich die ganze Welt mit allen Menschen. Sie haben mich hier reingesteckt, begraben in einem schwarzen, dreckigen Loch, weil ich ein guter Bürger war, weil ich viel riskiert habe, um Verbrechen aufzuklären. Und jetzt bin ich ein Häftling, handle wie ein Häftling, rieche wie ein Häftling, ich denke und hasse wie ein Häftling. Aber ich komme hier raus, ich komme raus und wenn ich alle umlege.« [9749]

Raft: »Komisch, vor einer Stunde hatte ich 199 Jahre, und jetzt hab ich gar keine Zeit mehr.« [9750]

*

Raft: »Okay, Kanarienvogel, jetzt sing schön!« [9751]

*

Raft: »Hast du geglaubt, ich laß dich leben, damit du dein Geständnis widerrufen kannst?« [9752]

***

TODESFAUST
(Tennessee's Partner)
USA 1955, RKO (Regie Allan Dwan, Buch Allan Dwan, Milton Krims, D. D. Beauchamp, Graham Baker, Teddi Sherman, nach der Geschichte von Bret Harte)

*

Rhonda Fleming (Elizabeth ›Duchess‹ Farnham): »Ich werde euch als Zeugen brauchen.«
Angie Dickinson: »Aber ich habe nichts gesehen, ich habe geschlafen.«
Fleming: »Ich werde euch sagen, was ihr gesehen habt.« [9753]

*

Ronald Reagan (Cowpoke): »Meine Freunde nennen mich Cowboy.«
John Payne (Ben Grace): »Wenn ich Freunde hätte, würden sie mich Teddy nennen.« [9754]

*

Myron Healey (Reynolds): »Warum erschießt du ihn denn nicht selbst?«
Anthony Caruso (Turner): »Wozu? Ich habe ja Leute wie dich, die das für mich tun.« [9755]

*

Caruso: »Hier ist Geld, du bekommst die Hälfte von dem, was du gewinnst.«
Healey: »Und was bekomme ich, wenn ich gewinne und ihn niederschieße?«
Caruso: »75 Prozent.«
Healey: »Und wenn ich verliere?«
Caruso: »Einen Kranz mit Schleife.« [9756]

*

»Ich habe immer gehört, Männer lieben Wein, Weib und Gesang, vom Kartenspiel war nie die Rede.«

> »Ich glaube, er ist wie alle Klugscheißer. Er will bezahlt sein, damit er das Maul hält.«
> Todesangst bei jeder Dämmerung

»Beruhige dich! Irgendwie müssen sie das gewonnene Geld ja wieder ausgeben.« [9757]

***

DER TODESKUSS
(Kiss of Death)
USA 1947, Twentieth Century Fox (Regie Henry Hathaway, Buch Ben Hecht, Charles Lederer, nach einer unveröffentlichten Geschichte von Eleazar Lipsky)

*

Victor Mature (Nick Bianco): »Sie verschwenden Ihre Zeit. Es gibt Dinge, die Ihre Akten nicht berichten. Es steht nicht darin, was mir schon einmal ein Staatsanwaltsassistent angeboten hat, wenn ich rede. Ich nahm lieber die vier Jahre. Ich bin derselbe heute, der ich damals war. Nichts hat sich geändert. Gar nichts.« [9758]

*

Mature: »Es ist auf Ihrer Seite nicht sauberer als auf meiner.« [9759]

*

Richard Widmark (Tom Udo): »Weißt du, was ihn erwartet? Ein Stück Blei in den Bauch. Dann hat er Zeit, darüber nachzudenken, wie man andere verpfeift.« [9760]

***

TODESMELODIE *(Giù' la testa)*
I 1971, Rafran, San Marco, Miura (Regie Sergio Leone, Buch Sergio Donati, Sergio Leone, Luciano Vincenzoni)

*

James Coburn (Sean Mallory, Sprengstoffexperte): »Wenn du den Abzug drückst und mich triffst, dann falle ich um, und wenn ich falle, müssen sie hier alle Landkarten noch mal machen.« [9761]

***

DAS TODESSPIEL *(The Dead Pool)*
USA 1988, Malpaso, Warner (Regie Buddy Van Horn, Buch Stev Sharon, Story Stev Sharon, Durk Pearson, Sandy Shaw)

*

Michael Goodwin (Lieutenant Ackerman): »Wir wollen doch nicht, daß aus unserm neuen Helden ein Schweizer Käse wird, bevor er seine Belobigung gekriegt hat.« [9762]

*

Clint Eastwood (Inspector Harry Callahan): »Meinungen sind wie Arschlöcher, jeder Mann hat eins.« [9763]

*

Eastwood: »Du hast deinen Glückskeks vergessen.«
Kristopher Logan (Räuber): »Was?«
Eastwood: »Da steht: ›Dein Glück hat dich verlassen.‹« *(erschießt ihn)* [9764]

*

Eastwood: »Ich mag Leute nicht, die überall erzählen, sie werden mich umbringen. Und noch weniger mag ich Journalisten, die ihre Einschaltquote dadurch erhöhen wollen, daß es diesen Typen vielleicht sogar gelingt.« [9765]

*

Patricia Clarkson (Samantha Walker): »Was immer sie Ihnen bezahlen, Harry, es kann nicht genug sein.« [9766]

*

Anthony Charnota (Lou Janero): »Das ist das Schlimme an diesem Gefängnis, sie lassen wirklich jeden rein.« [9767]

***

DER TODESVERÄCHTER
(Whispering Smith)
USA 1948, Paramount (Regie Leslie Fenton, Buch Frank Butler, Karl Lamb, nach dem Roman von Frank H. Spearman)

*

Alan Ladd (Luke ›Whispering‹ Smith): »Sag mal, hast du 'n Pferd hier? Ich könnt 'n halbes verdrücken.«
Fay Holden (Emmy Dansing): »Das Abendessen ist sofort fertig.«
Ladd: »Je eher, desto besser. Ich hab nämlich heute abend noch 'ne Verabredung. Da geht's allerdings um ein Schwein.« [9768]

*

Ladd: »Ich verschwende Ihre Zeit nicht und wäre Ihnen dankbar, wenn Sie meine nicht ver-

---

> »Meinungen sind
> wie Arschlöcher,
> jeder Mann hat eins.«
> Das Todesspiel

schwenden. Sie haben Blake Barton, ich will ihn.« [9769]

*

Ladd: »Lassen Sie die Hände auf dem Tisch, oder ich puste Sie vom Stuhl.« [9770]

*

Robert Preston (Murray Sinclair): »Anstatt rumzulaufen wie ein lebender Vorwurf, könntest du doch einfach sagen, was du gegen mich hast.« [9771]

***

TODFEINDE *(Five Card Stud)*
USA 1968, Paramount (Regie Henry Hathaway, Buch Marguerite Roberts, nach dem Roman ›Glory Gulch‹ von Ray Gaulden)

*

»Wenn ich austeile, dann hätte ich dazu auch gerne alle 52 Karten.«
Roddy McDowall (Nick Evers): »Es gibt nur eins, was schlimmer ist als 'n Gauner. Das ist ein dämlicher Gauner.« [9772]

*

Jerry Gatlin (Fremder): »Ihr könnt das Geld behalten. Laßt mir mein Pferd, dann verschwinde ich.«
McDowall: »Du kriegst sogar noch 'n Strick dazu, und dein Pferd nimmt dir niemand weg.« [9773]

*

Ruth Springford (Mama Malone): »Es gibt nur eine Sorte Menschen, die ich nicht mag: Fremde.« [9774]

*

McDowall: »Sie glauben wohl, Sie wären das Gewissen dieser Stadt, Mr. Rudd.«
Robert Mitchum (Reverend Jonathan Rudd): »Na, sie könnte eins gebrauchen.«
McDowall: »Hat Sie jemand dazu eingesetzt?«
Mitchum: »Gott. Und mein Freund hier *(Colt)*. Ich nenne ihn Samuel. Das klingt biblischer.« [9775]

> Na dann schieß los!«
> »Zu mir solltest du das vielleicht nicht sagen.«
> Tödliche Fragen (Q & A)

Katherine Justice (Nora Evers): »Wer kann denn bloß etwas gegen Mace gehabt haben?«
McDowall: »Na, ungefähr jeder, der mal mit ihm zu tun hatte.« [9776]

*

McDowall: »Hört sich so an, als ob der Krieg aus ist, und ich brauchte nicht mal einzugreifen.«
Yaphet Kotto (Little George): »Jeder pokert auf seine Weise. Manche erhöhen, manche bluffen und manche passen.« [9777]

*

Dean Martin (Van Morgan): »Ich bin Ihnen sehr verpflichtet, Mr. Rudd. Kann ich irgendwas für Sie tun?«
Mitchum: »Oh ja, kommen Sie jeden Sonntag zum Gottesdienst, einen Monat lang.«
Martin: »Das ist 'n verdammt hoher Preis für mein bißchen Leben.« [9778]

***

TODFEINDSCHAFT
(Dallas)
USA 1950, Warner (Regie Stuart Heisler, Buch John Twist)

*

Steve Cochran (Bryant Marlow): »Und wie soll er das Geld bezahlen, das er uns schuldet, wenn wir ihm immer sein Vieh stehlen?«
Raymond Massey (Will Marlow): »Ich kaufe keine Hypotheken, damit sie bezahlt werden. Ich will, daß sie verfallen.« [9779]

*

Reed Hadley (Wild Bill Hickok): »Mein Herr, ich freue mich, Sie kennenzulernen, bevor es zu spät ist. Ich befürchte, Ihre Dienstzeit wird nicht von langer Dauer sein.« [9780]

*

Hadley: »Verbrecher? Merken Sie sich eins, Sie Anfänger, Sie sind nicht mehr in Boston. Hier haben wir Krieg geführt, mein Sohn. Sie werden auf hohen Posten Leute finden, die Lumpen sind, und Sie finden Männer, die vom Gesetz verfolgt werden und nichts anderes suchen als ihr gutes Recht. Die einen werden Verbrecher genannt, und die anderen sind Verbrecher. Lernen Sie erst mal, sie zu unterscheiden!« [9781]

***

TODFREUNDE *(Bad Influence)*
USA 1990, Sarlui, Diamant, Tisch, Producers Repre-

sentatives Organization, Epic (Regie Curtis Hanson, Buch David Koepp)

*

Christian Clemenson (Pismo Boll): »Es ist nur eine Frage der Zeit. Wer sich mit dem Teufel ins Bett legt, muß irgendwann mit ihm bumsen.« [9782]

***

TÖDLICHE FRAGEN *(Q & A)*
USA 1990, Regency, Odyssey (Regie, Buch Sidney Lumet, nach dem Roman von Judge Edwin Torres)

*

Luis Guzman (Luis Valentin): »Brennan? Der ist kein Rassist. Der haßt alle Menschen.« [9783]

*

Nick Nolte (Lieutenant Mike Brennan): »Ich wünschte, du wärst tot. Und wenn dein Vater noch am Leben wäre, würde er darauf anstoßen.« [9784]

*

Guzman: »Na dann schieß los!«
Nolte: »Zu mir solltest du das vielleicht nicht sagen.« [9785]

*

Lee Richardson (Leo Bloomenfeld): »Es ist ein dreckiger Job, und irgend jemand muß ihn machen.« [9786]

***

TÖDLICHE GEDANKEN *(Mortal Thoughts)*
USA 1991, New Visions, Polar, Rufglen, Columbia (Regie Alan Rudolph, Buch William Reilly, Claude Cerven)

*

Harvey Keitel (Detective John Woods): »Wir werden Sie jetzt nicht gleich hierbehalten. Ihre Kinder brauchen Sie mehr als ich eine Verhaftung.« [9787]

***

TÖDLICHE WEIHNACHTEN
(The Long Kiss Goodnight)
USA 1996, Forge, Tisch, New Line (Regie Renny Harlin, Buch Shane Black)

*

Samuel L. Jackson (Mitch Hennessy): »Ich bin Sergeant Madigan von der Sitte, und sollten Sie ausfallend werden, Sie Wichser, sorg ich dafür, daß Sie die nächsten zehn Jahre im Knast hocken und in den Arsch gefickt werden. Sollten Sie freikommen, weil die Festnahme zu gewalttätig verlief, dann such ich mir Typen, die Sie die nächsten zehn Jahre in den Arsch ficken werden. Wenn Sie also auf Arschficken stehen, dann legen Sie mal los!« [9788]

*

Geena Davis (Samantha Caine/Charly Baltimore): »Köche können so was.« [9789]

*

Davis: »Denken Sie auch, was ich denke?«
Jackson: »Glaube ich kaum. Ich denke daran, daß meine Eier wehtun.« [9790]

*

Brian Cox (Nathan): »Vielleicht gibt es Gründe, dich nicht zu töten. Aber das Nobelpreiskomitee wird dich sicher nicht vermissen.« [9791]

*

Craig Bierko (Timothy): »Da heute Weihnachten ist, überlasse ich Ihnen die Wahl: Messer oder Kanone?« [9792]

***

TÖDLICHER PAKT
(Unholy Partners)
USA 1941, MGM (Regie Mervyn Le Roy, Buch Earl Baldwin, Bartlett Cormack, Lesser Samuels)

*

Walter Kingsford (Peck, Herausgeber): »Der *Sentinel* steht für sauberen Journalismus. Den Dreck überlassen wir den Leuten, die Staubsauger herstellen.« [9793]

*

Charles Halton (Bill Kaper): »Sie denken wirklich an alles.«
Edward Arnold (Merrill Lambert): »Wenn ihr Anwälte ein bißchen denken würdet, müßte ich es nicht tun.« [9794]

*

Arnold: »Holt ihn um zwölf ab!«
Joseph Downing (Jerry): »Und liefern ihn ab?«
Arnold: »Ja, direkt in der Lagerhalle.«
Downing: »Und in einem Stück?« [9795]

> »Es ist nur eine Frage der Zeit. Wer sich mit dem Teufel ins Bett legt, muß irgendwann mit ihm bumsen.«
> Todfreunde

Edward G. Robinson (Bruce Corey): »Wieviel Zeit hab ich zu bezahlen?«
Arnold: »Ich gebe den Leuten immer Zeit für den Rest ihres Lebens.« [9796]

*

Arnold: »Können wir beide reden?«
Robinson: »Ja, gleich hier drin. ... Tommy, du unterhältst bitte die entzückende Dame.«
Arnold: »Unterhaltung kriegt sie heute noch genug. Wir sind unterwegs zu 'ner Party.«
Robinson: »Gut, dann setzt euch einfach hin, und starrt euch an!« [9797]

*

Arnold: »Ich halte Sie für einen ziemlich smarten Kerl, Corey. Spielen Sie nicht mit Dynamit!« [9798]

*

William T. Orr (Tommy Jarvis): »Ich bin nicht zum Zeitungsmann geschaffen. Ich kann nicht einstecken, und ich kann auch nicht austeilen.« [9799]

*

Robinson: »Junge, du willst hart sein, wenn's drauf ankommt. Aber Stahl kommt nur aus dem Hochofen.« [9800]

*

Arnold: »Ich habe viel Geduld. Nur Idioten können nicht warten.« [9801]

***

TÖDLICHER SOG
(Undertow)
USA 1949, Universal (Regie William Castle, Buch Arthur T. Horman, Lee Loeb, Story Arthur T. Horman)

*

Peggy Dow (Ann McKnight): »Ich hab überhaupt keine Ahnung, wie das Spiel *(Craps)* geht. Ist es schwer zu lernen?
Scott Brady (Tony Reagan): »Nein, nur teuer.« [9802]

»Wieviel Zeit hab
ich zu bezahlen?«
»Ich gebe den Leuten immer Zeit
für den Rest ihres Lebens.«
Tödlicher Pakt

TÖDLICHES GEHEIMNIS
(Mine Own Executioner)
UK 1947, Korda, London (Regie Anthony Kimmins, Buch Nigel Balchin)

»Sie sind Sachverständiger. Ich jedoch behaupte, daß den Laien mit dem gesunden Menschenverstand ganz klar ist, daß hier ein unverzeihlicher Irrtum vorliegt.«
John Laurie (Dr. James Garsten): »Dem einfachen Laien mit dem gesunden Menschenverstand ist immer alles ganz klar. Nachdem es vorbei ist.« [9803]

***

TÖDLICHES PFLASTER SUNSET STRIP
(The Strip)
USA 1951, MGM (Regie Leslie Kardos, Buch Allen Rivkin)

*

James Craig (Delwyn ›Sonny‹ Johnson, am Telefon): »Das ist aber übel. In seinem Auto fanden Sie ihn, hm? ... Okay, sag dem Blumenhändler, er soll ein schönes Gesteck schicken mit roten und weißen Rosen und aus roten Rosen in der Mitte eine Schrift ›Lebwohl Freund‹! ... Natürlich soll mein Name nicht auf der Karte stehen, du Dummkopf.« [9804]

***

TODSÜNDE *(Leave Her to Heaven)*
USA 1945, Twentieth Century Fox (Regie John M. Stahl, Buch Jo Swerling, nach dem Roman von Ames Williams)

*

Gene Tierney (Ellen Berent): »Oh, verzeihen Sie! Ich hab Sie angestarrt, nicht wahr? Es war wirklich nicht meine Absicht, aber Ihre Ähnlichkeit mit meinem Vater ist wirklich verblüffend. (...)«
Cornel Wilde (Richard Harland): »Vielleicht war meine Art, Sie zu betrachten, auch nicht eben höflich. Und es geschah nicht, weil Sie aussehen wie meine Mutter.« [9805]

***

TOKIO-STORY *(House of Bamboo)*
USA 1955, Twentieth Century Fox (Regie Samuel Fuller, Buch Harry Kleiner, Samuel Fuller)

*

Robert Stack (Eddie Kenner/Spanier): »Ich hole mir jede Woche 9000 Yen von Ihnen. Dafür beschütze ich Sie. Damit keiner mit Ihnen so umspringen kann wie ich jetzt.« [9806]

*

Robert Ryan (Sandy Dawson): »Die zweite Garnitur der Chicagoer Unterwelt will sich in Tokio breitmachen. Hier ist nicht das richtige Klima für Anfänger. Verkauft sich als Beschützer! Mit solchen Sachen hat mein Großvater Geld verdient, aber damit ist doch heute nichts mehr zu machen. Wo haben Sie die letzten zwanzig Jahre gesteckt, Eddie? Aus welchem Museum sind Sie entsprungen?« [9807]

*

Ryan: »Glaub mir, ein Verwundeter bricht irgendwann zusammen, wenn er lange genug von der Polizei verhört wird. Deshalb lassen wir nur Tote zurück.« [9808]

*

Ryan: »Armer Kerl! Er wußte nicht, was er tat. Aber eines wußte er genau: So was bezahlt man mit dem Leben.« [9809]

***

EIN TOLLER BURSCHE (Honky Tonk)
USA 1941, MGM (Regie Jack Conway, Buch Marguerite Roberts, John Sanford)

*

Lana Turner (Elizabeth Cotton): »Man warnt überall junge Mädchen vor Männern mit sauberen Händen in einem Lande, wo jeder ehrliche Mann arbeitet.« [9810]

*

Clark Gable (Candy Johnson): »Und wieviel müßte ich auftreiben, damit deine respektable Front nicht von Revolverkugeln durchlöchert wird?« [9811]

*

Marjorie Main (Mrs. Varner): »Sie sehen nicht gerade aus wie einer, der dem lieben Gott gegen den Teufel helfen möchte.« [9812]

*

Henry O'Neill (Daniel Wells): »Was ist mit Brazos?«
Gable: »In den hab ich 'n Loch gemacht. Den könnter an 'n Nagel hängen.« [9813]

***

TOMBSTONE
(My Darling Clementine)
USA 1946, Twentieth Century Fox (Regie John Ford, Buch Samuel G. Engel, Winston Miller, nach dem Roman ›Wyatt Earp, Frontier Marshal‹ von Stuart N. Lake)

*

Henty Fonda (Wyatt Earp): »Warum holen Sie als Sheriff den besoffenen Indianer nicht raus?«
Harry Woods (Luke): »Warum tun Sie es nicht, wenn ich fragen darf?«
Fonda: »Ich werde ja nicht dafür bezahlt.«
Woods: »Und mir bezahlt man dafür zuwenig.« [9814]

*

Fonda: »Was ist das nur für eine komische Stadt, wo Indianer Alkohol kriegen.« [9815]

*

Fonda: »Wenn man einen Mann wie Sie verfolgen müßte, brauchte man nur von Friedhof zu Friedhof zu gehen.«
Victor Mature (Doc Holliday): »In Tombstone ist auch einer und zwar der größte westlich der Rocky Mountains. Die meisten Sheriffs sind gut dabei gefahren, sobald sie sich im klaren darüber waren.« [9816]

*

Mature: »Ich hoffe, Sie denken nicht daran, unsere Stadt von *allen* Übeln zu befreien.« [9817]

*

Mature (im Saloon, Revolver in der Hand): »Wollen mal sehen, wessen Nase mir hier nicht gefällt.« [9818]

*

Mature: »Für dich ist es von jetzt an besser, wenn du dich wieder daran gewöhnst, dein Schießeisen zu tragen.« [9819]

***

TOMBSTONE
USA 1993, Entertainment, Cinergi (Regie George P. Cosmatos, Buch Kevin Jarre)

*

Jason Priestley (Billy Breckenridge): »Du triffst sowieso nichts, weil du zu besoffen bist. Ich

---

> »Sie sehen nicht gerade aus wie einer, der dem lieben Gott gegen den Teufel helfen möchte.«
> Ein toller Bursche

wette, daß du *(...)* wahrscheinlich alles doppelt siehst.«
Val Kilmer (Doc Holliday): »Dafür habe ich zwei Revolver, für jeden von euch einen.« [9820]

*

Sam Elliott (Virgil Earp): »Du willst mir drohen, du Schnapsbirne?« [9821]

*

Tomas Arana (Frank Stillwell): »Paß doch auf, wo du hintrittst, du Arschloch!«
Kurt Russell (Wyatt Earp): »Ganz ruhig, Kleiner, es tut mir leid.«
Arana: »Ich bin nicht ruhig, und ich bin auch nicht dein Kleiner, und daß es dir leid tut, dafür kann ich mir nichts kaufen. Ich finde, wir sollten das gleich hier regeln.« [9822]

*

Kilmer: »Ein Mann wie Ringo hat ein riesiges leeres Loch und zwar mitten in seinem Körper. Er muß immer weiter töten oder stehlen oder Schmerz zufügen, um es auszufüllen.«
Russell: »Worauf ist er aus?«
Kilmer: »Ganz einfach Rache.«
Russell: »Wofür?«
Kilmer: »Dafür, daß er geboren wurde.« [9823]

***

TOOTSIE

USA 1982, Delphi, Mirage, Punch, Columbia (Regie Sydney Pollack, Buch Larry Gelbart, Murray Schisgal, Story Don McGuire, Larry Gelbart)

*

Dustin Hoffman (Dorothy Michaels): »Ich bin ziemlich nervös.«
Jessica Lange (Julie Nichols): »Das brauchen Sie nicht. Sie sollten die Sache hier positiv betrachten. *(...)* Wie 'ne Beerdigung im Regen.« [9824]

***

TOPAS
(Topaz)
USA 1969, Universal (Regie Alfred Hitchcock, Buch Samuel Taylor, nach dem Roman von Leon Uris)

> »Du bist der einzige Hurensohn,
> Billy, den ich kenne,
> mit dem es sich lohnt,
> sich ernsthaft zu besaufen.«
> Das Tor zum Himmel

Frederick Stafford (André Devereaux): »Sie zählen zwei und zwei zusammen und kriegen acht raus.« [9825]

***

DAS TOR ZUM HIMMEL
(Heaven's Gate)
USA 1981, United Artists (Regie und Buch Michael Cimino)

*

Kris Kristofferson (Jim Averill): »Du bist der einzige Hurensohn, Billy, den ich kenne, mit dem es sich lohnt, sich ernsthaft zu besaufen.« [9826]

***

TOTAL ABGEDREHT *(Living in Oblivion)*
USA 1995, JDI, Lemon Sky (Regie, Buch Tom DiCillo)

*

Danielle Von Zerneck (Wanda): »Nett, daß du dich entschuldigt hast. Aber in dieser Stadt wirst du nie wieder arbeiten.« [9827]

***

DIE TOTALE ERINNERUNG – TOTAL RECALL *(Total Recall)*
USA 1990, Shusett, Carolco (Regie Paul Verhoeven, Buch Ronald Shusett, Dan O'Bannon, Gary Goldman, Story Ronald Shusett, Dan O'Bannon, Jon Povill, nach der Geschichte ›We Can Remember It for You Wholesale‹ von Philip K. Dick)

*

Sharon Stone (Lori Quaid): »Du würdest mir doch nicht wehtun, nicht wahr, Liebling? Liebling, sei doch vernünftig! Wir sind doch verheiratet.«
Arnold Schwarzenegger (Douglas Quaid, erschießt sie): »Betrachte das hier als Scheidung.« [9828]

***

DER TOTE LEBT
(Johnny Eager)
USA 1942, MGM (Regie Mervyn LeRoy, Buch John Lee Mahin, James Edward Grant, nach einer unveröffentlichten Geschichte von James Edward Grant)

*

Charles Dingle (A. Frazier Marco): »Die Würfel fallen nicht immer so, wie man sich das denkt.«
Robert Taylor (Johnny Eager): »Nur Trottel spielen mit Würfeln, die sie nicht kennen.« [9829]

Diana Lewis (Judy Sanford): »Er ist vor drei Jahren im Auto umgekommen.«
Robin Raymond (Matilda Fowler): »Oh, ist ja grauenhaft, immer diese Autounfälle.«
Lewis: »Was heißt Unfall, wenn zwei Burschen mit Maschinenpistolen losknallen.« [9830]

*

Patricia Dane (Garnet): »Manchmal weiß ich überhaupt nicht mehr, ob ich dir wirklich noch etwas bedeute, Johnny.«
Taylor: »Carla, kannst du dir vielleicht vorstellen, daß mir jetzt so allerhand im Kopf herumspukt? Glaubst du, ich hab um vier Uhr nachmittags auch noch Zeit zu diesem Seelengezupfe?« [9831]

*

Edward Arnold (John Benson Farrell): »Sie machen den Fehler, den alle Diebe machen. Sie bauen darauf, daß die ehrlichen Menschen stets ehrlich sind. Ich sage Ihnen, Eager, ich bin zu allem bereit, um Sie wieder hinter Gefängnismauern zu bringen.« [9832]

*

Arnold: »Sie wissen genau, daß ich aus Liebe zu meiner Tochter über die Sache schweige, aber Sie irren sich, wenn Sie meinen, ich würde deshalb Ihr Komplize werden. Ich werde noch heute als Staatsanwalt zurücktreten.«
Taylor: »Nein, das werden Sie nicht tun. Sie sagten mir neulich, um Ihrer Tochter willen könnten Sie zum Verbrecher werden. Jetzt haben Sie die beste Gelegenheit.« [9833]

*

Taylor: »Ich wollte dir keinen reinhauen, Edwin. Aber du sollst mich nicht andauernd reizen, nun merk dir das endlich!« [9834]

*

Van Heflin (Jeff Hartnett): »Das ist höhere Gewalt, Johnny, und das gönne ich dir von Herzen.«
Taylor: »Wird Zeit, daß du wieder anfängst zu trinken.« [9835]

***

TOTE SCHLAFEN BESSER *(The Big Sleep)*
UK 1978, Kastner-Bick, Winkast (Regie, Buch Michael Winner, nach dem Roman von Raymond Chandler)

*

Robert Mitchum (Philip Marlowe): »Ich war gut gelaunt, gut rasiert und vollkommen nüchtern, mit einem Wort: Ich war ein Privatdetektiv wie aus dem Bilderbuch.« [9836]

*

Mitchum: »Eddie ist so weich wie Pudding, und Canino ist nicht der Typ, der Pudding mag.« [9837]

*

Mitchum: »Fünf Morde, und nur einer geht auf mich. Das ist ja nun wirklich kein schlechter Schnitt.« [9838]

*

John Mills (Inspector Jim Carson): »Im wirklichen Leben kriegt der Held das Mädchen nie.« [9839]

***

TOTE SCHLAFEN FEST *(The Big Sleep)*
USA 1946, Warner (Regie Howard Hawks, Buch William Faulkner, Leigh Brackett, Jules Furthman, nach dem Roman von Raymond Chandler)

*

Martha Vickers (Carmen Sternwood): »Sie machen sich über mich lustig.«
Humphrey Bogart (Philip Marlowe): »Hm.« [9840]

*

Charles Waldron (General Sternwood): »Ein feiner Zustand, wenn man für seine früheren Laster einen Stellvertreter braucht! Sie sehen vor sich die traurigen Überreste eines sehr fröhlichen Lebens.« [9841]

*

Waldron: »Erzählen Sie mir was über sich, Mr. Marlowe!«
Bogart: »Da gibt es nicht viel zu erzählen. Ich bin jetzt 38, war auf dem College und spreche ohne Slang, wenn mein Beruf es erfordert.« [9842]

*

Waldron: »Sie haben ihn auch gekannt?«
Bogart: »Ja, aus der Zeit, als er noch Rum aus Mexiko geschmuggelt hat und ich auf der an-

---

*»Sie machen sich
über mich lustig.«
»Hm.«*
Tote schlafen fest

deren Seite stand und wir zwischen den Schüssen Drinks austauschen oder zwischen den Drinks Schüsse, wie Sie wollen.« [9843]

*

Bogart: »Sind sich die beiden irgendwie ähnlich?«
Waldron: »Nein, sie haben nur beide dasselbe korrupte Blut. Vivian ist verwöhnt, intelligent, raffiniert, sehr kalt. Carmen ist immer noch das kleine Kind, das den Fliegen die Flügel ausreißt. Ich nehme an, sie besitzen alle üblichen Laster und noch die dazu, die sie für sich selbst erfunden haben.« [9844]

*

Charles D. Brown (Morris, Butler): »Wollen Sie mich über meine Pflichten belehren, Sir?«
Bogart: »Nein, aber es macht mir Spaß zu erraten, welche Pflichten Sie haben.« [9845]

*

Lauren Bacall (Vivian Sternwood): »Sie sind Privatdetektiv? Ich wußte gar nicht, daß es welche gibt, außer in Kriminalromanen, schmutzige kleine Männer, die in Hotels herumschnüffeln. Sehr attraktiv sehen Sie auch nicht aus.«
Bogart: »Ich bin eben ein bißchen klein geraten. Das nächste Mal werde ich auf Stelzen kommen, eine weiße Krawatte tragen und einen Tennisschläger unterm Arm.« [9846]

*

Bacall: »Sie gehen also nach einem System vor?«
Bogart: »Ja, selbstverständlich gehe ich systematisch vor. Das wird alles ganz genau beschrieben, sogar mit Zeichnungen, in einem Lehrbuch ›Wie werde ich Detektiv‹. (...)«
Bacall: »Sie haben sicher auch ein Buch gelesen ›Wie wird man Komiker‹.« [9847]

*

Bacall: »Ihre Manieren gefallen mir nicht.«
Bogart: »Ich bin von Ihren Manieren auch nicht gerade entzückt. Ich hab nicht darum gebeten, Sie zu sprechen. Es ist mir egal, ob Ihnen meine Manieren gefallen oder nicht. Ich weiß, sie sind schlecht. Mir gefallen sie selber nicht, aber das ist schließlich meine Angelegenheit. [I grieve over them on long winter evenings.]« [9848]

*

Bacall: »Sie bilden sich wohl ein, Sie könnten Menschen behandeln wie dressierte Seehunde?«
Bogart: »Gewöhnlich hab ich damit auch Erfolg.« [9849]

*

Carole Douglas (Bibliothekarin): »Sie sehen nicht aus wie ein Mann, der sich für Erstausgaben interessiert.«
Bogart: »Ich sammle außerdem Blondinen in Flaschen.« [9850]

*

Bacall: »Sie gehen zu weit, Mr. Marlowe.«
Bogart: »So dürfen Sie eigentlich nicht mit einem Mann reden, der gerade aus Ihrem Schlafzimmer rausgeht.« [9851]

*

Bogart: »Was ist denn los?«
Regis Toomey (Bernie Ohls): »Muß denn immer was los sein?«
Bogart: »Ja, wir sind befreundet, aber wenn nachts um zwei ein Mann von der Mordkommission bei mir auftaucht, dann ....« [9852]

*

Bacall: »Sie sind schon auf? Ich habe gedacht, Sie würden im Bett arbeiten wie Marcel Proust.«
Bogart: »Wer ist denn das?«
Bacall: »Das ist ein französischer Schriftsteller.«
Bogart: »Kommen Sie in mein Boudoir!« [9853]

*

Bogart: »Komische Situation. Sie wollen rauskriegen, mit was Ihr Vater mich beauftragt hat, und ich will rauskriegen, warum Sie das wissen wollen.«
Bacall: »Eine ziemlich verzwickte Geschichte. Jedenfalls haben wir genügend Gesprächsstoff, falls wir uns wiedertreffen sollten.« [9854]

*

Joy Barlowe (Taxifahrerin): »Wenn Sie mich wieder brauchen sollten, rufen Sie diese Nummer an!«

»Sie gehen zu weit, Mr. Marlowe.«
»So dürfen Sie eigentlich nicht mit einem Mann reden, der gerade aus Ihrem Schlafzimmer rausgeht.«
Tote schlafen fest

Bogart: »Tag und Nacht?«
Barlowe: »Nachts ist es besser, tagsüber arbeite ich.« [9855]

*

John Ridgeley (Eddie Mars): »Ihre Geschichte gefällt mir nicht.«
Bogart: »Ach, das ist aber schade. Haben Sie eine bessere?« [9856]

*

Ridgeley: »Ist es Ihre Angelegenheit?«
Bogart: »Ich könnte sie zu meiner machen.«
Ridgeley: »Und ich die Ihre zur meinen.«
Bogart: »Es würde Ihnen nicht gefallen. Die Bezahlung ist zu schlecht.« [9857]

*

Bogart: »Es gibt viele Theorien: Jemand hat Geiger erschossen, oder jemand wurde von Geiger erschossen und lief weg. Vielleicht hat sich Geiger auch ein Huhn gekauft und hier in seinem Wohnzimmer geschlachtet. Auch nicht gut? Nein?« [9858]

*

Ridgeley: »Machen Sie die Tür auf!«
Bogart: »Machen Sie es doch selbst! Ich hab schon 'nen Klienten.« [9859]

*

Bogart: »Mann, Mann, Mann, Mann, ein Schießeisen in der Hand und nicht für fünf Cent Grips im Schädel. [My, my, my, such a lot of guns around town and so few brains.] [9860]

*

Bogart: »Sie sind schon der zweite, den ich treffe, der glaubt, wenn er eine Pistole in der Hand hat, würde ihm die Welt zu Füßen liegen.« [9861]

*

Sonia Darrin (Agnes): »Für den bist du nicht gerissen genug. Ich zieh immer solche Nieten. Ich möchte einmal einen Kerl kennenlernen, der wirklich clever ist und keine Flasche.«
Bogart: »Das ist aber hart, Schätzchen.«
Darrin: »Ach, ich hab auch die Nase allmählich voll.« [9862]

*

Bogart: »Langsam, Freundchen! Hände hoch! Merkwürdig, ich komme immer zu neuen Kanonen.« [9863]

*

Elisha Cook jr. (Harry Jones): »Ich muß sagen, die haben Sie ganz schön in die Mangel genommen. So gute Arbeit sieht man selten.« [9864]

*

Bob Steele (Canino): »Soll ich vielleicht bis drei zählen, wie die Gangster im Kino?« [9865]

*

Bogart: »Hör zu, Engelchen! Ich bin müde. Ich habe einen Mann erschossen und mußte zusehen, wie ein harmloser kleiner Kerl von einem gemeinen Verbrecher vergiftet wurde. Glaubst du, ich kann der Polizei erzählen, das sei nur passiert, weil Geiger deinen Vater erpreßt hat?« [9866]

*

Bacall: »Aber einen von der Familie vergißt du, mich.«
Bogart: »Wieso? Fehlt dir denn auch was?«
Bacall: »Nichts, was du nicht in Ordnung bringen kannst.« [9867]

***

DIE TOTENLISTE
(The List of Adrian Messenger)
USA 1963, Joel, Universal (Regie John Huston, Buch Anthony Veiller, nach dem Roman von Philip MacDonald)

*

Kirk Douglas (George Brougham): »Damit entschuldigen sie immer alle das Böse. Der Mann sei wahnsinnig, heißt es. Das ist absolut möglich, aber es ist nicht notwendig. Das Böse existiert auch allein. Das Böse ist.« [9868]

***

EIN TOTER LÜGT NICHT *(The Burglar)*
USA 1957, Columbia (Regie Paul Wendkos, Buch David Goodis, nach seinem Roman)

*

Dan Duryea (Nat Harbin): »Du kommst zurück. Wir werden drauf warten.«
Jayne Mansfield (Gladden): »Dann aber leg dir Lebensmittelvorräte zu! Denn du wirst lange warten.« [9869]

»Ihre Geschichte
gefällt mir nicht.«
»Ach, das ist aber schade.
Haben Sie eine bessere?«
Tote schlafen fest

LA TOURNEE – BÜHNE FREI FÜR DREI HALUNKEN
(Les Grands ducs)
F 1995, Lambard, MG, Rhône-Alpes, Zoulou (Regie Patrice Leconte, Buch Serge Drydman, Patrice Leconte)

*

Philippe Noiret (Victor Vialat): »Sag mal, kannst du deinen Text eigentlich schon?«
Jean Rochefort (Eddie Carpentier): »Na ja, ich bin der Doktor. Ein Doktor ist ein Doktor. Was soll ich da groß sagen? So was spielt man, wie's einem gerade kommt. (...) Texte, Victor, die sind für Lahmärsche.« [9870]

*

Olivier Pajot (Regisseur): »Das hatte die Ausstrahlung von kalten Nudeln.« [9871]

*

Pajot: »Ach, und Sie, Sie müßten mehr lächeln!«
Jean-Pierre Marielle (Georges Cox): »Warum?«
Pajot: »Was heißt hier: ›Warum?‹«
Marielle: »Ich lächle niemals, ohne zu wissen, warum.« [9872]

*

Marielle: »Es gibt zwei Sorten von Frauen, die verrückten und die verschlagenen.« [9873]

***

TOYS
USA 1992, Baltimore, Twentieth Century Fox (Regie Barry Levinson, Buch Valerie Curtin, Barry Levinson)

*

Michael Gambon (der General): »Ich sitze vor Bergen von Arbeit (...) und bin von Idioten umgeben.« [9874]

*

Robin Wright (Gwen): »Normalerweise trink ich so 'n Zeug nicht, mit Süßstoff. Ich bin für altmodische klebrige Limonade.« [9875]

> »*Es gibt zwei Sorten von Frauen, die verrückten und die verschlagenen.*«
> La Tournee – Bühne frei für drei Halunken

TRAINSPOTTING
UK, Figment, Gay, Channel Four (Regie Danny Boyle, Buch John Hodge, nach dem Roman von Irvine Welsh)

*

Ewan McGregor (Mark Renton): »Sag ja zum Leben! Sag ja zum Job! Sag ja zur Karriere! Sag ja zur Familie! Sag ja zu einem pervers großen Fernseher! Sag ja zu Waschmaschinen, Autos, CD-Playern und elektrischen Dosenöffnern! Sag ja zur Gesundheit, niedrigem Cholesterinspiegel und Zahnzusatzversicherung! Sag ja zur Bausparkasse! Sag ja zur ersten Eigentumswohnung! Sag ja zu den richtigen Freunden! Sag ja zur Freizeitkleidung mit passendem Koffer, ja zum dreiteiligen Anzug auf Ratenzahlung in Hunderten von Scheißstoffen! Sag ja zu Do-it-yourself und dazu, daß du am Sonntagmorgen nicht mehr weißt, wer du bist! Sag ja dazu, auf deiner Couch zu hocken und dir hirnlähmende Gameshows reinzuziehen und dich dabei mit scheiß Junkfraß vollzustopfen! Sag ja dazu, am Schluß vor dich hinzuverwesen, dich in einer elenden Bruchbude vollzupissen und den mißratenen Egoratten von Kindern, die du gezeugt hast, damit sie dich ersetzen, nur noch peinlich zu sein! Sag ja zur Zukunft! Sag ja zum Leben! Aber warum sollte ich das machen? Ich hab zum Jasagen nein gesagt. Ich hab zu was anderem ja gesagt. Und der Grund dafür? Es gibt keinen Grund dafür. Wer braucht Gründe, wenn er Heroin hat.« [9876]

*

Kevin McKidd (Tommy): »Seid ihr nicht stolz darauf, Schotten zu sein?«
McGregor: »Ich scheiß drauf, Schotte zu sein. Wir sind der letzte Dreck, der Abschaum der Menschheit, das erbärmlichste, elendeste, unterwürfigste, jämmerlichste Gesindel, das jemals ins Leben geschissen wurde. Manche Leute hassen die Engländer, ich nicht. Das sind ja nur Wichser. Wir dagegen haben uns von Wichsern kolonisieren lassen. Wir konnten uns noch nicht mal von 'ner anständigen Zivilisation erobern lassen. Beherrscht von degenerierten Arschlöchern. Das ist ein Scheißzustand, in dem wir leben, Tommy, und daran ändert auch die frische Luft in der ganzen gottverdammten Welt nichts.« [9877]

TRAUM MEINES LEBENS *(Summertime)*
USA 1955, London, Lopert, United Artists (Regie David Lean, Buch David Lean, H. E. Bates, nach dem Stück ›Time of the Cuckoo‹ von Arthur Laurents)

*

Katharine Hepburn (Jane Hudson): »Ich bin so viel lieber hier *(in der Pension)* als in einem großen Hotel, wo lauter Touristen sind. So wie ich.« [9878]

***

TRAUM OHNE ENDE *(Dead of Night)*
UK 1945, Ealing (Regie [Alberto] Cavalcanti, Charles Crichton, Robert Hamer, Basil Dearden, Buch John Baines, Angus Macphail, nach den Geschichten von H. G. Wells, E. F. Benson, John Baines, Angus Macphail)

*

Googie Withers (Joan): »Laß uns erst mal die Hochzeit hinter uns bringen, dann können wir mit der Scheidung anfangen.« [9879]

***

TRECK NACH UTAH
(Brigham Young – Frontiersman)
USA 1940, Twentieth Century Fox (Regie Henry Hathaway, Buch Lamar Trotti, nach dem Buch ›Children of God‹ von Vardis Fisher)

*

Dean Jagger (Brigham Young): »Angus, ich würde gerne erleben, daß du ein hohes Alter erreichst. (...) Vielleicht gelingt dir das, wenn du deinen Mund hältst.« [9880]

*

John Carradine (Porter Rockwell): »Du kannst es ja selbst ausrechnen. Nehmen wir mal an, jeder Mann hat zwanzig Frauen.«
Tyrone Power (Jonathan Kent): »Soviel Frauen haben wir gar nicht.«
Carradine: »Och, die kann man beschaffen, das ist das Wenigste. Nehmen wir an, jede Frau kriegt zehn Kinder, das macht zweihundert pro Mann. Und wenn jeder der zweihundert wieder zwanzig Frauen hätte, wären das 4000, und wenn jeder nur zehn Kinder kriegte, dann hätten wir 40.000 Enkelkinder. Das ist jetzt ein Mann. Wenn du von 5000 ausgehst, kommst du auf 200.000.000. Ganz schönes Dorf!«
Power: »Wenn dich das in einen Rausch versetzen sollte, sage ich jetzt schon Großvater zu dir.«

Carradine: »Ich trage mein Teil jedenfalls dazu bei.« [9881]

***

TRESPASS
USA 1992, Canton-Zemeckis-Gale, Universal (Regie Walter Hill, Buch Bob Gale, Robert Zemeckis)

*

Ice T (King James): »Weißt du, du mußt den ganzen Scheiß philosophisch sehen. Das Leben ist Wahnsinn. Solange du das weißt, ist alles okay. Aber sobald du glaubst, es hätte alles einen Sinn, bist du am Arsch, weil nämlich gar nichts irgend'nen Sinn hat.« [9882]

*

Ice T: »Ich werd verhandeln.«
Stoney Jackson (Wickey): »Wozu?«
Ice T: »Ich will mit denen reden.«
Ice Cube (Savon): »Ach, immer nur labern! Die werden abgefackelt!« [9883]

***

TRISTANA
E/I/F 1970, Epoca, Talia, Selenia, Corona (Regie Luis Buñuel, Buch Luis Buñuel, Julio Alejandro, nach dem Roman von Benito Galdós Perez)

*

Catherine Deneuve (Tristana): »Mit jedem Tag wird er älter und lächerlicher.« [9884]

***

TROMMELN DES TODES *(Apache Drums)*
USA 1950, Universal (Regie Hugo Fregonese, Buch Milton Carruth, nach der Geschichte ›Stand at Spanish Boot‹ von Harry Brown)

*

James Griffith (Lieutenant Glidden): »Ich habe mir abgewöhnt, die Apachen zu unterschätzen. Sie sind zu Fuß so schnell wie zu Pferd, finden überall Wasser und leben von Grassaft, Klapperschlangen und Eidechsen. Die können überall sein.« [9885]

»*Laß uns erst mal die Hochzeit hinter uns bringen, dann können wir mit der Scheidung anfangen.*«
Traum ohne Ende

Arthur Shields (Pfarrer Griffis): »Was ist schon ein Eid für einen Indianer:«
Griffith: »Sehr viel mehr als für die meisten Weißen.« ⁹⁸⁸⁶

***

TROUBLE IN MIND
USA 1985, Raincity, Island Alive, Glinwood, Embassy (Regie, Buch Alan Rudolph)

*

George Kirby (Lieutenant Gunther): »Du wirst doch nicht so blöd sein. Laß dich nicht mit dem Gesindel ein!«
Kris Kristofferson (John ›Hawk‹ Hawkins): »Wir haben alle was in uns, was in die Hölle gehört, Lieutenant.« ⁹⁸⁸⁷

*

Dirk Blocker (Rambo): »Es ist zwar kein Kostümzwang, aber trag was Kugelsicheres!« ⁹⁸⁸⁸

***

TRUE LIES
USA 1994, Lightstorm, Twentieth Century Fox (Regie, Buch James Cameron, nach dem Drehbuch von Claude Zidi, Simon Michael, Didier Kaminka)

*

Tom Arnold (Gib): »He, habt ihr Perlenschnüre statt Türen?«
Grant Heslov (Faisil): »Wir haben Diener.« ⁹⁸⁸⁹

*

Arnold: »Der Mistkerl schwingt sie zweimal im Kreis, und schon will sie Babys von ihm.« ⁹⁸⁹⁰

*

Arnold Schwarzenegger (Harry Tasker): »Helen hat eine Affaire.«
Arnold: »Willkommen im Club, Harry.« ⁹⁸⁹¹

*

Arnold: »Weiber! Du kannst nicht mit ihnen leben und darfst sie nicht töten.« ⁹⁸⁹²

*

Schwarzenegger: »Was soll ich sagen? Ich bin ein Spion.« ⁹⁸⁹³

> »Weiber! Du kannst nicht
> mit ihnen leben und
> darfst sie nicht töten.«
> True Lies

Schwarzenegger: »Warum helfen Sie eigentlich diesen völlig Verrückten?«
Tia Carrere (Juno): »Weil es außerordentlich gut betuchte Verrückte sind.« ⁹⁸⁹⁴

Schwarzenegger: »Schätzchen, beim nächsten Mal: ducken!« ⁹⁸⁹⁵

***

TRUE ROMANCE
USA 1993, Davis, Morgan Creek (Regie Tony Scott, Buch Quentin Tarantino)

*

Val Kilmer (Elvis, off): »Tja, kannst du damit leben?«
Christian Slater (Clarence Worley): »Was?«
Kilmer: »Ich sagte: ›Kannst du damit leben?‹«
Slater: »Leben? Womit?«
Kilmer: »Daß dieser Schweinehund rumläuft und dieselbe Luft atmet wie du und daß er immer wieder davonkommt. Verfolgt dich das nicht?«
Slater: »Ja.«
Kilmer: »Und willst du, daß der Spuk aufhört?«
Slater: »Oh ja.«
Kilmer: »Ich würde ihn umbringen, ihm ins Gesicht schießen, ihn umlegen wie einen Hund.«
Slater: »Das meinst du doch wohl nicht im Ernst?«
Kilmer: »Ich habe nur gesagt, was *ich* tun würde.« ⁹⁸⁹⁶

*

Kilmer: »Solange du nicht am Tatort mit dem rauchenden Colt in der Hand erwischt wirst, wirst du davonkommen.« ⁹⁸⁹⁷

*

Gary Oldman (Drexl Spivey): »Marty, weißt du, wen wir hier haben? Schweinebacke Charles Bronson.« ⁹⁸⁹⁸

*

Oldman: »Ich wette, du hast geglaubt, heute ist dein Tag, hä? Heute ist aber nicht dein Tag. Was?«
Paul Bates (Marty): »Nein, heute ist bestimmt nicht sein Tag.« ⁹⁸⁹⁹

*

Christopher Walken (Vincenzo Coccotti): »Ich bin der Antichrist. Ich bin hier, um Blutrache auszuüben. Sie können den Engeln im Himmel erzählen, daß Ihnen das personifizierte Böse in

Gestalt Ihres Mörders gegenübergesessen hat.« ⁹⁹⁰⁰

*

Walken: »Hoffentlich ist damit auch die Frage geklärt, die Sie sich schon selbst gestellt haben, ob ich es ernst meine.« ⁹⁹⁰¹

*

Walken: »Sie können sich jederzeit damit trösten, daß Sie keine andere Wahl hatten *(als auszupacken)*.« ⁹⁹⁰²

*

Walken: »Sehen Sie das? ... Das tut weh, nicht wahr, eins auf die Nase zu kriegen? Das macht einen fertig. Dieser Schmerz schießt einem durch den Kopf, und die Augen füllen sich mit Tränen. Das ist alles andere als komisch, aber das war noch das Netteste, was ich Ihnen zu bieten habe.« ⁹⁹⁰³

*

Dennis Hopper (Clifford Worley): »Ich glaube Ihnen kein Wort.«
Walken: »Das ist auch gar nicht wichtig, weil es für mich wesentlich wichtiger ist, daß ich Ihnen glauben kann.« ⁹⁹⁰⁴

*

Walken: »Ich werde sehr wütend, wenn ich eine Frage zweimal stellen muß.« ⁹⁹⁰⁵

*

Walken: »Ich sage Ihnen, Sizilianer sind großartige Lügner, die besten der Welt. Ich bin Sizilianer. Und mein Vater war der Schwergewichtsweltmeister der sizilianischen Lügner. Von ihm hab ich schon als kleiner Junge gelernt, Gesichter zu lesen. Es gibt siebzehn verschiedene Dinge, die ein Kerl tun kann, wenn er lügt, damit er sich nicht verrät. Die äußern sich in siebzehn Mienenspielen. Frauen haben sogar zwanzig, Kerle leider nur siebzehn.« ⁹⁹⁰⁶

*

Hopper: »Sie sind Sizilianer?«
Walken: »Ja, Sizilianer.«
Hopper: »Ich lese sehr viel, besonders solche Sachen über Geschichte. Ich finde dieses Zeug faszinierend. Und ich weiß etwas, was Sie wahrscheinlich nicht wissen. Sizilianer sind Ableger von Niggern.«
Walken: »... Wie bitte?«
Hopper: »Das ist 'ne Tatsache. Sehen Sie, Sizilianer haben schwarzes Blut, das durch ihre Herzen fließt. Und falls Sie's mir nicht glauben, können Sie's ja nachlesen. Ich sag's Ihnen. Vor hunderten von Jahren eroberten die Mauren Sizilien. Ja, und die Mauren waren Nigger.«
Walken: »Ja.«
Hopper: »Sehen Sie, damals sahen die (...) Sizilianer aus wie die Makkaroni aus Norditalien. Sie hatten alle blondes Haar und blaue Augen. Na ja, und dann (...) sind die Mauren da einmarschiert, und (...) die haben eben alles verändert. Die haben so viel rumgefickt mit den sizilianischen Weibern, ja, daß sich eure Erbanteile für immer verändert haben. Und dadurch wurde aus blondem Haar und blauen Augen immer mehr schwarzes Haar und dunkle Haut.« ⁹⁹⁰⁷

*

Walken: »Geht in die Wohnung des Sohns von diesem Komiker, und kommt mit etwas wieder, das mir sagt, wohin dieses Arschloch gefahren ist, damit ich mir die Schande aus dem Gesicht wischen kann!« ⁹⁹⁰⁸

*

Walken: »Ich werde diese beschissene Familie ausrotten.« ⁹⁹⁰⁹

*

James Gandolfini (Virgil): »Was ist denn los, meine Süße, hä? Kannst du nicht atmen? Gewöhn dich schon mal dran!« ⁹⁹¹⁰

***

TRUST
UK/USA 1990, Zenith, True Fiction, Film Four (Regie, Buch Hal Hartley)

*

John MacKay (Jim Slaughter): »Du hältst dich für was Besonderes, nicht wahr? (...) Du denkst, du würdest Wundertüten scheißen, stimmt's?« ⁹⁹¹¹

»Was ist denn los, meine Süße, hä? Kannst du nicht atmen? Gewöhn dich schon mal dran!«
True Romance

Martin Donovan (Matthew Slaughter): »Willst du trinken oder quatschen?« [9912]

*

Donovan: »Ich hatte 'n schlechten Tag. Ich mußte meine Prinzipien vergessen und 'nem Idioten recht geben. Und mit so etwas kann man nur fertig werden, wenn man fernsieht. Es betrifft das Selbstwertgefühl.« [9913]

*

Karen Sillas (Schwester Paine): »Du hast ihn verändert.«
Adrienn Shelly: »Das hab ich aber nicht gewollt.«
Sillas: »Nein, aber es ist trotzdem passiert. Die Menschen ändern einander immer. Sie werden nach und nach so, wie andere sie haben wollen.« [9914]

***

TUCKER *(Tucker: The Man and His Dream)*
USA 1988, Lucas, UIP (Regie Francis Ford Coppola, Buch Arnold Schulman, David Seidler)

*

»Er sieht komisch aus.«
Joan Allen (Vera Tucker, off): »Er ist nicht komisch, er ist aus New York.« [9915]

*

Martin Landau (Abe Karatz): »Wie halten Sie das aus? Sie leben ja am Ende der Welt. Wenn man hier um zwei Uhr morgens einen Kaffee will, ist man aufgeschmissen.«
Jeff Bridges (Preston Tucker): »Man geht in die Küche und macht sich einen.«
Landau: »Wer will schon um zwei Uhr morgens einen Kaffee? Man sitzt und liest die Zeitung oder redet mit der Bedienung. Hier siehst du dich um und siehst nichts als Landschaft.«
Bridges: »Nun, wir müssen mit der Landschaft leben. Und wie möchten Sie Ihren Kaffee?«
Landau: »In der Stadt.« [9916]

»Du hältst dich für was Besonderes, nicht wahr? (...) Du denkst, du würdest Wundertüten scheißen, stimmt's?«
Trust

Landau: »Vergessen Sie's! Sie haben keine Chance.«
Bridges: »Wie können Sie das sagen? Sie haben noch nicht mal meine Ideen gehört.«
Landau: »Einstein ist im Ideengeschäft. Er erfindet so hohe Zahlen, daß nur noch die Hunde sie hören. Aber was kostet es ihn? Ein Blatt Papier, ein paar Bleistifte. Um ein Auto zu bauen, braucht man Millionen.« [9917]

*

Bridges: »Suchst du Arbeit?«
Elias Koteas (Alex): »Ja.«
Bridges: »Du hast sie.«
Koteas: »In der Design-Abteilung?«
Bridges: »Junge, du bist die Design-Abteilung.« [9918]

*

Frederic Forrest (Eddie): »Egal, was er auch verdient, er schafft es, zweimal so viel auszugeben.« [9919]

*

Bridges: »Nichts, was du sagst, ergibt einen Sinn. Wie kommt es, daß ich trotzdem verstehe, was du meinst, hä?«
Landau: »Weil du die gleiche Sprache sprichst, nur noch schlimmer.« [9920]

*

Dean Goodman (Bennington): »Man kann nicht den Falstaff singen, wenn man noch Chorknabe ist, Mr. Tucker.« [9921]

*

Landau: »Hier, das ist meine Kündigung. Nimm Sie!«
Bridges: »Was soll das? Willst du dich drücken?«
Landau: »Kapitäne gehen mit ihrem Schiff unter, Geschäftsleute nicht.« [9922]

*

Bridges: »Die wissen nicht, daß sie gerade Tante Doras Büchse geöffnet haben.« [9923]

***

TWELVE MONKEYS
USA 1995, Atlas, Universal (Regie Terry Gilliam, Buch David Peoples, Janet Peoples, nach dem Film ›La Jetée‹ von Chris Marker)

*

Jon Sela (Jose): »He, am Ende wirst du noch begnadigt, Mann.«
Bruce Willis (James Cole): »Ja, deshalb kommt

auch nie 'n Freiwilliger wieder. Die werden alle begnadigt.« [9924]

*

Willis: »Der Film *(Vertigo)* wird natürlich nie anders, das kann er gar nicht. Aber jedesmal, wenn du ihn siehst, ist er ein bißchen anders, weil du anders bist. Du siehst eben andere Dinge.« [9925]

***

TWINS
USA 1988, Universal (Regie Ivan Reitman, Buch William Davies, William Osborne, Timothy Harris, Hershel Weingrod)

*

Nehemiah Persoff (Mitchell Traven): »Du hast nicht genug Verstand, um das zu begreifen, und ich habe nicht die Zeit, um dir das zu erklären. Die Show ist vorbei.« [9926]

***

DER TYP VOM ANDEREN STERN
(The Brother from Another Planet)
USA 1984, Train (Regie, Buch John Sayles)

*

Ren Woods (Bernice): »Was willst du heute abend essen?«
Steve James (Odell): »Du meinst, was ich will oder was ich von dem will, was du kochen kannst?« [9927]

*

(Basketballspieler): »Sieht aus wie 'n Arschloch, aber werfen kann er ganz gut.« [9928]

> *»Sieht aus wie 'n Arschloch,*
> *aber werfen kann*
> *er ganz gut.«*
> Der Typ vom anderen Stern

U

U-TURN
USA/F 1997, Illusion, Clyde Is Hungry, Canal+, Phoenix (Regie Oliver Stone, Buch John Ridley, nach seinem Roman)

*

Nick Nolte (Jake McKenna): »Ein Mann ohne Moral ist ein freier Mann.« [9929]

*

Sean Penn (Bobby Cooper): »Ich hab 'n paar Dinger gedreht, aber ich bin kein Mörder.«
Nolte: »Woher willst du das wissen, wenn du es noch nie versucht hast?« [9930]

*

Jon Voight (Blinder): »Deine Lügen sind uralt. Aber du bringst sie nicht schlecht.« [9931]

*

Voight: »Die Menschen sind nicht nur menschlich. Verstehst du? In ihnen drin lebt auch ein Tier.« [9932]

*

Jennifer Lopez (Grace McKenna): »Dafür könnte ich über Leichen gehen.«
Penn: »Bist du ja auch.« [9933]

***

ÜBER DEN DÄCHERN VON NIZZA
(To Catch a Thief)
USA 1955, Paramount (Regie Alfred Hitchcock, Buch John Michael Hayes, nach dem Roman von David Dodge)

> »Die Menschen sind nicht nur menschlich. Verstehst du? In ihnen drin lebt auch ein Tier.«
> U-Turn

Charles Vanel (Bertani): »Er ließ mich zu sich bitten und fragte mich über Verbrechen und Verbrecher aus. Mich, den absolut ehrenwerten Besitzer eines Restaurants.« [9934]

*

Jessie Royce Landis (Jessie Stevens): »Mir schmeckt nur Whiskey. Diesen ganzen Champagner können sie von mir aus in den englischen Kanal schütten.« [9935]

*

Brigitte Auber (Danielle Foussard): »Was hat sie mir voraus außer Geld, diese Amerikanerin? Und Geld verschaffst du dir doch selbst genug.«
Cary Grant: »Danielle, du bist noch ein Kind, und sie ist eine Frau.«
Auber: »Warum schaffst du dir ein altes Auto an, wenn du ein neues viel billiger haben kannst. Es läuft viel besser und hält auch länger.« [9936]

*

Grace Kelly (Francie Stevens): »Von weitem sah es aus, als sprächen Sie über französische Grammatik. [From where I sat it looked as though you were conjugating some irregular verbs.]« [9937]

*

Grant: »Sagen Sie irgend etwas Nettes zu ihr, Danielle!«
Auber: »Aus der Nähe betrachtet, sieht sie noch viel älter aus.«
Kelly: »Wenn man ein Kind ist, erscheint einem alles über zwanzig furchtbar alt.« [9938]

*

Auber: »Ich würde vorschlagen, die Diskussion in seichteres Wasser zu verlegen, damit man die Hände frei hat.« [9939]

*

Kelly: »Wollen Sie Keule oder Brust? [You want a leg or a breast?]« [9940]

*

Grant: »Sie wissen genausogut wie ich, daß das Collier eine Imitation ist.«
Kelly: »Aber ich bin keine.« [9941]

*

Kelly: »John, wird es gefährlich?«
Grant: »Nicht für Touristen.« [9942]

*

Landis: »Avez-vous Bourbon?« [9943]

Kelly: »Also hier oben bist du zu Hause. Oh, Mutter wird sich hier wohlfühlen.« [9944]

***

ÜBER DEN TODESSPASS
(The Far Country)
USA 1955, Universal (Regie Anthony Mann, Buch Borden Chase)

*

James Stewart (Jeff Webster): »Entschuldigen Sie, die Rinder sind mir durchgebrannt.«
John McIntire (Gannon): »Entschuldigen? Wissen Sie, was Sie gemacht haben? Sie haben eine Amtshandlung gestört. Wir mögen hier keine Rechtsbrecher, und wir scheuen keine Mühe, um das zu beweisen. Wir lassen einen neuen Galgen bauen mit dreizehn Stufen, wie sich das gehört. Jede Stufe kostet zwölf Dollar, und Sie stören mit Ihrer Rinderherde meine Amtshandlung. Sie schmeißen mir fast den neuen Galgen um, und das soll ich entschuldigen?« [9945]

*

Jay C. Flippen (Rube): »Was wird aus Jeff? Er ist so in Ordnung.«
McIntire: »Er ist nicht in Ordnung, er hat uns belästigt.« [9946]

*

Stuart Randall (Kapitän): »Er wird in Seattle wegen Mordes gesucht.«
McIntire: »Seattle kann warten. Wir werden ihn erst mal hier aburteilen, und wenn ich ihn aufgehängt habe, können Sie ihn nach Seattle mitnehmen.« [9947]

*

McIntire: »Nehmen Sie ihm den Revolver ab! ... Sie wollten doch nicht schießen?«
Stewart: »Nein, ich wollte ihm nur zeigen, wo er ist.«
McIntire: »Sie gefallen mir, aber ich werde Sie trotzdem aufhängen.« [9948]

*

Jack Elam (Newberry): »Er ist nicht gut auf Sie zu sprechen, Doktor. Er meint, Sie hätten die Hand von Ted retten können.«
Eugene Borden (Dr. Vallon): »Der Knochen war kaputt, seine Hand mußte amputiert werden.«
Elam: »Möglich, aber jetzt fehlt uns ein guter Klavierspieler.« [9949]

*

McIntire: »Wir verhandeln zunächst die Anklage aus Seattle wegen Mordes. (...) Wieviel?«
Stewart: »Zwei Mann.«
McIntire: »Weswegen?«
Stewart: »Ich hatte die Jungs als Treiber verpflichtet, und sie wollten umkehren.«
McIntire: »Und da haben Sie die beiden erschossen?«
Stewart: »Hm.«
McIntire: »Ich bin der Meinung, jeder Mensch hat das Recht umzukehren, wann er Lust hat. Deshalb zieht man noch lange nicht den Revolver und legt ihn kurzerhand um. Wenn jemand nicht mehr mitmachen will, hat er das Recht umzukehren.«
Stewart: »Das finde ich auch, die beiden wollten aber das Vieh mitnehmen.« *(Gelächter)*
McIntire: »Ruhe! Das spricht für Sie, aber trotzdem könnten Sie die beiden ja von hinten erschossen haben. ... Aber so was würden Sie nicht machen. *(gibt ihm Whiskeyglas)* Nehmen Sie, Sie sind frei.« [9950]

*

McIntire: » Jetzt zum zweiten Fall. (...) Wieviel ist das Vieh wert?«
Stewart: »Es kommt darauf an, wo man es verkauft.«
McIntire: »Es wird nicht verkauft, das Vieh ist beschlagnahmt, als Sühne für ordnungswidriges Verhalten, einen Angriff auf das Leben der Bevölkerung von Skagway und Verhinderung einer Amtshandlung. Trinken Sie noch einen! Die Sitzung ist geschlossen.« [9951]

*

Corinne Calvet (Renée Vallon): »Gefällt Ihnen San Francisco?«
Stewart: »Nein.«
Calvet: »Sehen Sie, das hat mir Ben schon erzählt. Er sagt, Sie würden es nirgends lange aushalten. Wissen Sie, was er noch gesagt hat? Sie mögen überhaupt keine Menschen.«

»*John, wird es gefährlich?*«
»*Nicht für Touristen.*«
Über den Dächern von Nizza

Stewart: »Ja, warum sollte ich auch?« [9952]

***

DIE ÜBLICHEN VERDÄCHTIGEN
(The Usual Suspects)
USA 1995, Spelling, Blue Parrott, Bad Hat Harry, Rosco, PolyGram (Regie Bryan Singer, Buch Christopher McQuarrie)

*

(Polizist): »Ich kann beweisen, daß du in der Nacht des Überfalls in Queens warst.«
Kevin Pollak (Todd Hockney): »Ist nicht wahr! Ich wohne in Queens. Ist dir das von alleine eingefallen, Einstein? Habt ihr jetzt 'n Haufen Schimpansen auf die Sache angesetzt?« [9953]

*

Benicio Del Toro (Fred Fenster): »Einmal im Knast, und sie lassen dich nie wieder in Ruhe. Ehrlich, die behandeln dich wie 'n Verbrecher. Ich (...) ende noch mal wie 'n Verbrecher.«
Pollak: »Du bist 'n Verbrecher.« [9954]

*

Gabriel Byrne (Dean Keaton): »Sein Name ist Verbal, Verbal Kint.« (...)
Kevin Spacey (Verbal Kint): »Eigentlich heiße ich Roger. Man sagt immer, ich rede zuviel.«
Pollak: »Ja, ich wollte auch gerade sagen: Halt die Klappe!« [9955]

*

Stephen Baldwin (Michael McManus): »Dean Keaton auf der Straße der Gerechten. Was ist aus dieser Welt nur geworden!« [9956]

*

Chazz Palminteri (Dave Kujan): »Ich will gar nicht drumherum reden. Ich hab mehr drauf als Sie, und ich werde erfahren, was ich wissen will. Und ich erfahre es von Ihnen, ob es Ihnen gefällt oder nicht.« [9957]

*

Peter Postlethwaite (Kobayashi): »Mr. Soze arbeitet selten lange mit denselben Menschen zusammen, und sie wissen niemals, für wen sie arbeiten. Wenn man nie jemanden ins Vertrauen zieht, kann man schwerlich verraten werden.« [9958]

*

Byrne: »Sagen Sie mir einen guten Grund, wieso ich Sie nicht auf der Stelle erschießen soll!« [9959]

***

Spacey: »Der größte Trick, den der Teufel je gebracht hat, war, die Welt glauben zu lassen, es gäbe ihn gar nicht.« [9960]

*

Spacey (teilweise voice-over): »Sie kommen also zu ihm eines Nachmittags, um sich sein Geschäft zu holen. Sie finden nur seine Frau und seine Kinder vor und beschließen, auf Soze zu warten. Er kommt nach Hause und findet seine Frau vergewaltigt und seine Kinder weinend. Die Ungarn wußten, daß Soze knallhart war, keiner, der mit sich spaßen läßt. Also zeigen sie ihm, wie ernst sie es meinen. *(schneiden einem Sohn die Kehle durch)* Sie sagen ihm, daß sie sein Territorium wollen, sein ganzes Geschäft. Soze wirft noch einen Blick auf die Gesichter seiner Familie, und dann zeigt er diesen willensstarken Männern, was wirklicher Wille bedeutet. *(erschießt seine Frau und drei Kinder)* Er sagt ihnen, lieber würde er seine Familie tot sehen, als danach auch nur noch einen Tag weiterzuleben. Den letzten Ungarn läßt er laufen. Er wartet, bis seine Frau und seine Kinder unter der Erde sind, und dann spürt er den Rest der Bande auf. Er tötet ihre Kinder, er tötet ihre Frauen, er tötet ihre Eltern und die Freunde ihrer Eltern. Er verbrennt die Häuser, in denen sie wohnen, die Geschäfte, in denen sie arbeiten, er tötet Menschen, die ihnen Geld schulden. Und einfach so ist er verschwunden, abgetaucht, kein Mensch hat ihn je wieder gesehen. Er wird zu einem Mythos, einer Gespenstergeschichte, die Verbrecher ihren kleinen Kindern erzählen: ›Wenn du deinen Daddy verpetzt, dann wird Keyzer Soze dich holen.‹ Aber kein Mensch glaubt wirklich an ihn.« [9961]

*

Spacey: »Keaton hat sehr oft gesagt: ›Ich glaube zwar nicht an Gott, aber ich fürchte mich vor ihm.‹ Ich persönlich glaube an Gott. Und

---

> »*Der größte Trick, den der Teufel je gebracht hat, war, die Welt glauben zu lassen, es gäbe ihn gar nicht.*«
> Die üblichen Verdächtigen

das einzige, wovor ich mich fürchte, ist Keyzer Soze.« ⁹⁹⁶²

***

UHRWERK ORANGE *(A Clockwork Orange)*
UK 1971, Polaris, Warner (Regie, Buch Stanley Kubrick, nach dem Roman von Anthony Burgess)

*

Malcolm McDowell (Alex, voice-over): »Das hier bin ich, Alex, und meine drei Droogs, Pete, Georgie und Dim. Wir hockten in der Korova Milchbar und überlegten, was wir mit diesem Abend anfangen sollten. In der Korova Milchbar konnte man Milch plus kriegen, Milch plus Vellocet oder Synthemesc oder Drencrom. Und das tranken wir. Das heizt einen an und ist genau richtig, wenn man Bock hat auf ein wenig Ultrabrutale.« ⁹⁹⁶³

*

McDowell (voice-over): »Beim verlassenen Spielkasino stießen wir plötzlich auf Billy Boy und seine vier Droogs. Sie wollten gerade mal wieder das alte Rein-Raus-Spiel an einer hysterischen, kreischenden jungen Diwotschka praktizieren.« ⁹⁹⁶⁴

*

McDowell (voice-over): »Für eine Weile hatten wir unseren Spaß mit anderen Autofahrern und ließen so richtig die Kuh fliegen. Dann ging's nach Westen, um einen von unseren alten Überraschungsbesuchen zu machen.« ⁹⁹⁶⁵

*

McDowell (voice-over): »Wir fühlten uns ein wenig schlaff und abgefuckt, denn schließlich, oh meine Brüder, war es doch ein Abend mit einem gewissen Energieverbrauch.« ⁹⁹⁶⁶

*

McDowell (voice-over): »Die Diwotschka quiekte und quatschte drauflos, als gäb's keine Bosheit auf dieser Welt.« ⁹⁹⁶⁷

*

McDowell (voice-over): »Sie sang, und, oh meine Brüder, für einen Augenblick war's, als sei ein großer bunter Vogel in die Milchbar gerauscht, und ich spürte, wie sich all meine Bodyhärchen aufrichteten, und ein Schauer kroch langsam an mir rauf und runter, als wär's eine Eidechse, denn ich wußte, was sie sang: ein Stück aus der gloriosen Neunten von Ludwig van.« ⁹⁹⁶⁸

Warren Clarke (Dim): »Warum machst du denn so was?«
McDowell: »Weil Er sich nicht zu benehmen weiß. Weil Er keine Manieren und keinen blassen Schimmer hat, wie man sich beträgt, oh mein Bruder.« ⁹⁹⁶⁹

*

McDowell: »Paß Er auf! Paß Er gut auf, oh Dim, falls am Leben zu bleiben Ihm gelegen ist!« ⁹⁹⁷⁰

*

McDowell (voice-over): »Es war ein wunderbarer Abend und was er noch brauchte, um wahrhaft großartig zu enden, war ein wenig vom alten Ludwig van.« ⁹⁹⁷¹

*

Philip Stone (Dad): »Ich möchte wissen, was macht er eigentlich, wenn er so abends arbeiten geht?« ⁹⁹⁷²

*

Aubrey Morris (Deltoid): »Hab ich mich klar ausgedrückt?«
McDowell: »Klar wie ein ungetrübter See, Sir, so klar wie ein Himmel ohne Wolken im Sommer.« ⁹⁹⁷³

*

McDowell: »Worauf darf ich das außerordentliche Vergnügen dieses überraschenden Besuches zurückführen?« ⁹⁹⁷⁴

*

McDowell: »Laßt uns doch die Dinge völlig klarstellen! Dieser Sarkasmus, so will ich's mal nennen, paßt mir überhaupt nicht, meine kleinen Brüder.« ⁹⁹⁷⁵

*

McDowell: »Nun denn, Dim, was für eine Bedeutung soll ich deinem dämlichen Gegrinse beimessen?« ⁹⁹⁷⁶

*

McDowell (voice-over): »Aber dann kam die Erleuchtung, und plötzlich begriff ich, daß das Denken nur was für Bekloppte ist und daß Leu-

---

»Hab ich mich klar ausgedrückt?«
»Klar wie ein ungetrübter See, Sir,
so klar wie ein Himmel
ohne Wolken im Sommer.«
Uhrwerk Orange

te mit Grips so was wie Inspirationen haben oder was Smokey ihnen so eingibt.« [9977]

*

McDowell: »Was war es denn, dessen ihr geplanet habt?« [9978]

*

McDowell: »Es ist völlig nutzlos, hier auf mir herumzuhacken. Ich werde bestimmt nichts mehr sagen, solange nicht mein Rechtsberater hier ist. Ich kenne das Gesetz, Bastard.« [9979]

*

(Inspector): »Wir müssen unserm Freund Alex zeigen, daß wir das Gesetz auch kennen, aber daß das noch nicht alles ist.« [9980]

*

(Tom, Polizist): »Wenn Sie ihm eine aufs Maul hauen wollen, machen Sie's ruhig, wir halten ihn schon fest. Er muß ja 'ne große Enttäuschung für Sie sein, Sir.« [9981]

*

McDowell (voice-over): »Nun beginnt der wirklich zu Herzen gehende und geradezu tragische Teil meiner Geschichte, oh meine Brüder und einzigen Freunde. Nachdem man sich in einer Gerichtsverhandlung in recht harten Worten über euren Freund und ergebenen Erzähler ausgelassen hatte, wurde er zu vierzehn Jahren verknackt.« [9982]

*

Anthony Sharp (Innenminister): »Die Regierung kann sich nicht länger mit veralteten strafrechtlichen Theorien beschäftigen. Bald werden wir unsere Gefängnisse für politische Fälle benötigen. Gewöhnliche Verbrecher, wie diese hier, muß man über eine Heilmethode loswerden. Der kriminelle Reflex muß abgetötet werden. Das ist alles.« [9983]

*

Sharp: »Ausgezeichnet! Er ist energisch, aggressiv, extrovertiert, jung, böse, frech. Gerade richtig.« [9984]

> »Ich sprang, oh meine Brüder, und fiel hart, aber es hat mich nicht ganz erwischt.«
> Uhrwerk Orange

McDowell (voice-over): »Und dann, stellt euch vor, fing auch schon unser lieber alter Freund, der rote, rote Vino *(Blut),* zu fließen an. Wie vom Faß, der gleiche auf der ganzen Welt, als würde er von einer einzigen Riesenfirma überall hingeliefert. Es war hinreißend.« [9985]

*

McDowell (voice-over): »Komisch, daß die Farben der wirklichen Welt erst wirklich echt aussehen, wenn man sie auf dem Screen sieht.« [9986]

*

McDowell (voice-over): »Und während ich mir das alles ansah, wurde mir klarer und klarer, daß ich mich weniger und weniger wohlfühlte.« [9987]

*

James Marcus (Georgie): »Wir haben ein bißchen umgesattelt, keine Maske, keine Tricks, ein Job für zwei, die ins Jobalter gekommen sind, bei der Polizei, kleiner Alex.« [9988]

*

McDowell (voice-over): »Plötzlich sah ich vor mir, was zu tun war und was ich schon längst hätte tun sollen. Und das war, endlich Schluß zu machen, ins Gras zu beißen, sich zu verpissen, wie eine Rakete aus dieser elenden Welt abzuziehen. Ein kurzer Schmerz vielleicht, ja, dann aber konnte ich schlafen, schlafen, schlafen für immer.« [9989]

*

McDowell (voice-over): »Ich sprang, oh meine Brüder, und fiel hart, aber es hat mich nicht ganz erwischt.« [9990]

*

McDowell: »Was macht euch glauben, willkommen zu sein?« [9991]

***

ULEE'S GOLD
USA 1997, Demme, Nunez-Gowan, Clinica Estetico, Orion (Regie, Buch Victor Nunez)

*

Peter Fonda (Ulysses ›Ulee‹ Jackson): »Wir kennen sie doch kaum, Penny. Man braucht länger als 'n paar Monate, um jemanden kennenzulernen.« [9992]

*

Tom Wood (Jimmy Jackson): »Sie behauptet, du schikanierst sie.«

Fonda: »Ich versuche nur, ihre Hormone zu bändigen.« [9993]

*

Steven Flynn (Eddie Flowers): »Nett, Sie wiederzusehen, Mr. Jackson. Ist lange her.«
Fonda: »Nicht lange genug.« [9994]

*

Fonda: »Miss Hope, ich merke gerade, daß ich von nichts genug Ahnung habe, um irgendwas zu sagen.« [9995]

*

Fonda: »Ich bin nur so durcheinander. Ich hab verlernt, wie man sich neuen Dingen gegenüber verhält, neuen Gefühlen, neuen Menschen.« [9996]

*

Patricia Richardson (Connie Hope): »Sie sind fast ein guter Mensch, Ulee. Sie bemühen sich nur zu sehr darum.« [9997]

*

Dewey Weber (Ferris Dooley): »Komm, wir prügeln's aus ihm raus. Dieser Wichtigtuer geht mir langsam auf die Eier.« [9998]

***

UM HAARESBREITE *(The Narrow Margin)*
USA 1952, RKO (Regie Richard Fleischer, Buch Earl Fenton, nach einer unveröffentlichten Geschichte von Martin Goldsmith, Jack Leonard)

*

Marie Windsor (Mrs. Neil): »Was haben wir schon zu erwarten? Ich mache meine Aussage und verbringe mein Leben künftig damit, den Kugeln auszuweichen.« [9999]

*

Charles McGraw (Walter Brown): »Sie werden mit jemandem verwechselt, und dieser jemand ist nicht beliebt.« [10000]

***

UM KOPF UND KRAGEN *(The Tall T)*
USA 1957, Scott-Brown, Columbia (Regie Budd Boetticher, Buch Burt Kennedy, Story Elmore Leonard)

*

John Hubbard (Willard Mims): »Glauben Sie, ich würde mich in Sicherheit bringen und meine Frau hier lassen?«
Richard Boone (Usher): »Ja, das glaube ich.« [10001]

*

Boone: »Sie wissen ja nicht, daß der Kerl Sie verkauft hat. Die Sache mit dem Lösegeld war seine Idee, nur um seine Haut zu retten. Er wollte Sie hier glatt sitzenlassen. Wie ich das gemerkt habe, hatte ich die Nase voll von dem Burschen. Und mit so einem Mann waren Sie nun verheiratet. Sie können mir leid tun.«
Randolph Scott (Pat Brennan): »Hören Sie, was er getan hat, war gemein, aber erst auf seinen Vorschlag eingehen und ihn dann abknallen, ist auch nicht besser.«
Boone: »Wenn Sie den Unterschied nicht merken, tun Sie mir leid.« [10002]

***

DAS UNBEKANNTE GESICHT *(Dark Passage)*
USA 1947, Warner (Regie, Buch Delmer Daves, nach dem Roman von David Goodis)

*

Humphrey Bogart (Vincent Parry): »Ich möchte mich nicht unterhalten.«
Tom D'Andrea (Taxifahrer): »Manche Fahrgäste wollen gern reden.«
Bogart: »Aber ich nicht.«
D'Andrea: »Sind Sie immer so?«
Bogart: »Ja, deshalb habe ich auch nicht viele Freunde.« [10003]

*

Bogart: »Ich hab sie nicht getötet. Was soll ich mein Leben lang in San Quentin, wenn ich sie nicht getötet habe?« [10004]

*

D'Andrea: »Erschrecken Sie nicht, wenn Sie die Seitengasse sehen! Er hält nichts von Laufkundschaft.« [10005]

*

Douglas Kennedy (Detective): »Mir ist langweilig. Haben Sie etwas gegen ein paar Fragen, Sir?« [10006]

*

Clifton Young (Baker): »Ich könnte Sie ausliefern, und schon ist sie in die Sache verwickelt. Sie würde sicher wegen Begünstigung eines

> »Komm, wir prügeln's aus ihm raus. Dieser Wichtigtuer geht mir langsam auf die Eier.«
> Ulee's Gold

entflohenen Häftlings verurteilt werden und wahrscheinlich auch wegen Beihilfe an Felsingers Ermordung. Sie würde zwanzig Jahre kriegen.«
Bogart: »So viel würde sie nie bekommen.«
Young: »Na schön, dann sind wir eben nachsichtig mit ihr. Sie bekäme nur zehn Jahre. Es würde ihr immer noch 60.000 wert sein, auf freiem Fuß zu bleiben. Mit den 140.000 Dollar, die ihr noch bleiben, erwirtschaftet sie sich doch im Handumdrehen wieder 60, und uns allen wäre gedient.« [10007]

*

Bogart: »Wer sind Sie?«
Young: »Ich war ein ziemlich kleiner Ganove, bis zu diesem Augenblick. Und jetzt bin ich ein großer Ganove, und es gefällt mir.« [10008]

*

Young: »Haben Sie denn in Quentin diese Dinge nicht gelernt?« [10009]

*

Bogart: »Wann fährt er ab?«
»Wenn der Mann an der Tür schreit: ›Alles einsteigen nach Arizona!‹«
Bogart: »Und wann wird das sein?«
»Wenn er Lust dazu hat.« [10010]

***

DIE UNBESTECHLICHEN
(All the President's Men)
USA 1976, Wildwood, Warner (Regie Alan J. Pakula, Buch William Goldman, nach dem Buch von Carl Bernstein, Bob Woodward)

Jack Warden (Harry Rosenfeld): »Mich interessiert nicht, was du glaubst, mich interessiert nur, was du weißt.« [10011]

*

Warden: »In meinem Büro hängt 'ne Karikatur an der Wand. Die Überschrift lautet: ›Hast du einen Mann erst bei den Eiern, werden Herz und Verstand folgen.‹« [10012]

> »Der Ton wird immer unfreundlicher.«
> »Du bist hier nicht als Mimose eingestellt.«
> Die Unbestechlichen, 1976

Robert Redford (Bob Woodward): »Die Story versickert, nur Stückwerk. Unmöglich, sich auch nur ein annäherndes Bild davon zu machen, wie das Puzzle am Ende aussieht.« [10013]

»Sie haben auf alles eine Antwort, nicht?«
Redford: »Hätten wir das, wären wir nicht hier.« [10014]

*

Jason Robards (Ben Bradlee): »Wir versuchen gerade, Haldeman, der zufällig der zweitmächtigste Man in diesem Lande ist, anzuklagen, vom Weißen Haus aus eine kriminelle Verschwörung geleitet zu haben. Da wäre es nett, wenn wir recht hätten.« [10015]

*

Redford: »Der Ton wird immer unfreundlicher.«
Dustin Hoffman (Carl Bernstein): »Du bist hier nicht als Mimose eingestellt.« [10016]

*

Martin Balsam (Howard Simons): »Sucht euch noch eine Quelle!«
Redford: »Was glaubst du, wieviele Quellen in diesem Scheißhaufen sprudeln?« [10017]

***

DIE UNBESTECHLICHEN
(The Untouchables)
USA 1987, Paramount (Regie Brian De Palma, Buch David Mamet)

*

Robert De Niro (Al Capone): »Ich wuchs in einem rauhen Stadtviertel auf. Dort galt der Grundsatz: ›Du kommst mit freundlichen Worten und einer Waffe weiter als nur mit freundlichen Worten‹.« [10018]

*

De Niro: »Es gibt Gewalt in Chicago. Das stimmt. Aber nicht bei mir und bei keinem, den ich beschäftige.« [10019]

*

Sean Connery (James Malone): »Sie wollen also 'ne Antwort auf die Frage: ›Wie kriege ich Capone?‹«
Kevin Costner (Elliot Ness): (nickt)
Connery: »Wollen Sie ihn wirklich kriegen? Wissen Sie, was das heißt? Was wären Sie bereit zu tun?«
Costner: »Alles, was das Gesetz erlaubt.«

Connery: »Und dann? Was wären Sie bereit, dann zu tun? Wenn Sie mit diesen Typen den Tanz eröffnen, Mr. Ness, müssen Sie auch bereit sein, ihn zu Ende zu tanzen.« [10020]

*

Connery: »Na schön. Der Herr haßt Feiglinge. ... Wissen Sie, was ein Blutschwur ist, Mr. Ness?«
Costner: »Ja.«
Connery: »Gut. Sie haben gerade einen geleistet.« [10021]

*

Connery: »Wieso, glauben Sie, hat Capone von Ihrer Razzia letzte Nacht gewußt?«
Costner: »Jemand von der Polizei hat's ihm gesagt.«
Connery: »Richtig. Willkommen in Chicago!« [10022]

*

Connery: »Mr. Ness, jeder weiß, wo der Schnaps ist. Das Problem ist nicht, ihn zu finden. Das Problem ist, keiner will sich mit Capone anlegen.« [10023]

*

Connery: »Wenn Sie jetzt durch diese Tür gehen, haben Sie gewaltigen Ärger am Hals. Dann gibt's kein Zurück mehr. Ist Ihnen das klar?« [10024]

*

Connery: »Ihr seid alle verhaftet.« [10025]

*

De Niro: »Was begeistert mich? Was erweckt meine Bewunderung? Was ist es, das mir Vergnügen bereitet? ... Baseball. ... Ein Mann. Ein Mann steht allein im Schlagfeld. Das ist der Augenblick für was? ... Für eine ganz persönliche Leistung, die man bringt. ... Da draußen steht er allein. Aber für wen spielt er? Für wen? Er spielt für seine Mannschaft, sein Team. ... Er schaut, er wirft, er läuft, er fängt. Ein Mann aus einem großen Team. ... Damit beschäftigt er sich den ganzen Tag, wie Babe Ruth, Ty Cobb und die andern. ... Wenn sein Team ihn nicht unterstützt, was ist er dann? ... Könnt ihr mir folgen? Ein Niemand. ... Ein sonniger Tag, die Ränge voller Fans. Was muß er sich dann sagen? ... ›Ich werde da draußen für mich allein kämpfen. Aber ich werde nicht gewinnen können, wenn nicht das Team gewinnt.‹« [10026]

Bill Drago (Frank Nitti): »Ist was Schönes, 'ne Familie.«
Costner: »Allerdings.«
Drago: »Ein Mann sollte dafür sorgen, daß seiner Familie nichts zustößt.« [10027]

*

Connery: »Ach, was soll's! An irgendwas stirbt man sowieso.« [10028]

*

De Niro: »Ich werde Ihnen jetzt was sagen: Wenn sich jemand anlegt mit mir, leg ich mich an mit ihm. Wenn jemand etwas von mir stiehlt, sag ich ihm: ›Du hast gestohlen‹, nicht: ›Du hast auf die Straße gespuckt‹ oder so was. Sie verstehen, was ich meine? Gut. Ich habe diesen Leuten keinen Schaden zugefügt, aber sie sind wütend auf mich. Und was tun sie? Sie erfinden irgendwas mit Einkommenssteuer, was völlig aus der Luft gegriffen ist. Sie belästigen mich. Behandeln sie mich wie einen Menschen? Nein. Sie schikanieren einen friedvollen Mann. Ich bete zu Gott, daß ich, falls ich je wütend sein sollte, mir doch etwas mehr Selbstachtung bewahre.« [10029]

*

Connery: »Das kann nur 'n Spaghettifresser sein. Kommt mit 'm Messer zu 'ner Schießerei.« [10030]

*

(Reporter): »Es heißt, die Prohibition soll aufgehoben werden. Was werden Sie dann tun?«
Costner: »Dann werde ich was trinken.« [10031]

***

DER UNBEUGSAME *(Cool Hand Luke)*
USA 1967, Jalem, Warner (Regie Stuart Rosenberg, Buch Donn Pearce, Frank R. Pierson, nach dem Roman von Donn Pearce)

*

Paul Newman (Luke Jackson): »Es geht eben nichts über ein bißchen Kaltblütigkeit.« [10032]

> »Das kann nur 'n Spaghettifresser sein. Kommt mit 'm Messer zu 'ner Schießerei.«
> Die Unbestechlichen, 1987

Newman: »Irgendwas in mir braucht mehr Spielraum.« [10033]

*

Burt Kennedy (Dragline): »Bringst du was, oder willst du pumpen?«
»Pumpen.«
Kennedy: »Dann mußt du dich an Luke wenden. Er ist der Mann mit dem weichen Herzen in unserer Partnerschaft.« [10034]

*

Newman (in verlassener Kirche): »Ich weiß, daß ich dich nicht um viel bitten darf, aber du mußt zugeben, die Karten waren in letzter Zeit schlecht für mich gemischt.« [10035]

*

Kennedy: »Notfalls müssen andere die Welt in Atem halten.« [10036]

***

DER UNBEUGSAME
(The Natural)
USA 1984, Delphi II, TriStar (Regie Barry Levinson, Buch Roger Towne, Phil Dusenberry, nach dem Roman von Bernard Malamud)

*

Barbara Hershey (Harriet Bird): »Ich bin sicher, Homer hätte auch über Baseball geschrieben, wenn er Sie da draußen heute gesehen hätte.« [10037]

*

Robert Redford (Roy Hobbs): »Ich werde irgendwann mal jeden Rekord brechen. Ich weiß, ich hab das Zeug dazu.«
Hershey: »Und was versuchen Sie, damit mal zu erreichen?«
Redford: »Dann werden die Leute auf der Straße zu mir rüberblicken und sagen: ›Das ist Roy Hobbs, der Beste, den es je gegeben hat.‹«
Hershey: »Ist das alles?«
Redford: »Was könnte es denn sonst noch geben?« [10038]

»*Ich bin ein Gott, ich bin nicht der Gott. Glaub ich jedenfalls nicht.*«
Und täglich grüßt das Murmeltier

Wilford Brimley (Pop Fisher, Trainer): »Ich hätte Farmer werden sollen.« [10039]

*

Darren McGavin (Gus Sands): »Falls es *(das Bestechungsgeld)* nicht genug sein sollte, dann sage Sie uns, was Sie möchten.«
Redford: »Baseball spielen.«
Robert Prosky (der Richter): »Ich dachte, ich könnte auf Ihre Ehre bauen, Hobbs.«
Redford: »Ja, mit Recht.« [10040]

***

UND TÄGLICH GRÜSST DAS MURMELTIER
(Groundhog Day)
USA 1993, Albert, Columbia (Regie Harold Ramis, Buch Danny Rubin, Harold Ramis, Story Danny Rubin)

*

Andie MacDowell (Rita Hanson): »Das ist nett. Die Menschen mögen so etwas.«
Bill Murray (Phil Connors): »Sie sind wirklich noch nicht lange dabei, was? Wissen Sie, Menschen mögen auch Blutwurst und so was. Menschen sind Schwachköpfe.« [10041]

*

Murray (Wetteransager): »Wollen Sie überhaupt übers Wetter reden, oder wollen Sie nur ein Schwätzchen machen?« [10042]

*

Murray: »Ich bin *ein* Gott, ich bin nicht *der* Gott. Glaub ich jedenfalls nicht.« [10043]

*

Murray: »Irgendwas ist anders.«
MacDowell: »Gut oder schlecht?«
Murray: »Alles, was anders ist, ist gut.« [10044]

***

UNDERCOVER BLUES
USA 1993, Lobell-Bergman-Hera, MGM (Regie Herbert Ross, Buch Ian Abrams)

*

Obba Babatunde (Lieutenant Sawyer): »Sie glauben wohl, Sie wären klüger als wir?«
Dennis Quaid (Jeff Blue): »Och, nicht viel.« [10045]

***

DER UNERBITTLICHE
(The Enforcer)
USA 1976, Malpaso, Warner (Regie James Fargo, Buch Sterling Silliphant, Dean Riesner, Story Gail Morgan Hickman, S. W. Schurr)

Bradford Dillman (Captain McKay): »Sie sind zur Personalabteilung versetzt.«
Clint Eastwood (Lieutenant Harry Callahan): »Persona... Das ist doch was für Arschlöcher.«
Dillman: »Ich bin in der Abteilung zehn Jahre lang gewesen.«
Eastwood: »Ja.« [10046]

*

Jan Stratton (Mrs. Grey): »Der Bürgermeister wünscht, daß diese Abteilung mit den Hauptströmungen der Denkweise des 20. Jahrhunderts in Übereinstimmung gebracht wird.« [10047]

*

Robert Hoy (Buchinski): »Wir stehen unter dem Schutz des Syndikats. Ihre Eier könnten in Tomatensoße enden, wenn Sie nicht vorsichtig sind.« [10048]

***

DIE UNERTRÄGLICHE LEICHTIGKEIT DES SEINS (The Unbearable Lightness of Being)
USA 1987, Zaentz (Regie Philip Kaufman, Buch Jean-Claude Carrière, Philip Kaufman, nach dem Roman von Milan Kundera)

*

Lena Olin (Sabina): »Ich mag dich sehr, Tomas. Du bist nämlich das absolute Gegenteil von Kitsch, und im Reich des Kitschs wärst du ein Monstrum.« [10049]

*

Olin: »Überall wird Musik zu unerträglichem Lärm. Und das hier, Plastikblumen. Sie geben ihnen sogar Wasser. Und sehen Sie da? Diese Gebäude, eine grauenhafte Verunstaltung der Welt. Und wenn wir zufällig noch irgendwo Schönheit begegnen, dann nur, weil sie von ihren Verfolgern übersehen wurde.« [10050]

*

Olin: »Es *(die Musik im Restaurant)* hört sich an wie Abwaschwasser.« [10051]

***

DIE UNGETREUE (Unfaithfully Yours)
USA 1948, Twentieth Century Fox (Regie, Buch Preston Sturges)

*

Rudy Vallee (August): »Flugzeuge sind ja nun mal so gebaut: Alle kommen wieder runter.« [10052]

*

Barbara Lawrence (Barbara): »Bei einigen Männern denkt man sofort an prickelnden Champagner, bei andern denkt man an Himbeersaft.« [10053]

*

Vallee: »Nichts ist zuviel für einen Vielbeschäftigten. Wenn du willst, daß etwas geschieht, dann bitte nur einen Vielbeschäftigten. Die andern haben keine Zeit.« [10054]

*

Rex Harrison (Sir Alfred de Carter): »Ich gebe dir mein heiliges Wort, August, daß, wenn ich mich nicht augenblicklich wahnsinnig beherrsche, ich mir denken könnte, daß ich dir diesen Kandelaber in deine dumme Visage werfen müßte, die du dich nicht entblödest, als Gesicht zu bezeichnen.« [10055]

*

Harrison: »Jetzt gehst du und wirst dich umziehen! Das wird ja heute abend ein wunderbares Konzert!«
Linda Darnell (Daphne de Carter): »Vielleicht geh ich besser ins Kino.«
Harrison: »Das würde deinem Niveau auch entsprechen.« [10056]

*

Darnell: »Selbst wenn man berücksichtigt, daß du Musiker und Engländer bist, findest du nicht, du treibst es heute abend ein bißchen zu weit?« [10057]

*

Darnell: »Oh, wirklich, Alfred! Du bist dümmer als ein Truthahn.« [10058]

*

Harrison: »Was wäre die ganze Welt ohne dich, meine Geliebte!« [10059]

***

DIE UNGLAUBLICHE ENTFÜHRUNG DER VERRÜCKTEN MRS. STONE (Ruthless People)
USA 1986, Silver Screen Partners II, Touchstone (Regie Jim Abrahams, David Zucker, Jerry Zucker, Buch Dale Launer)

»Wir stehen unter dem Schutz des Syndikats. Ihre Eier könnten in Tomatensoße enden, wenn Sie nicht vorsichtig sind.«
Der Unerbittliche

Danny De Vito (Sam Stone): »Mir tut nur eins leid, Carol. Leider ist der Plan im Grunde nicht gewalttätig genug.« 10060

*

Judge Reinhold (Ken Kessler): »Seien wir mal ehrlich: Sie ist nicht Mutter Theresa. Und Ghandi hätte sie wahrscheinlich erwürgt.« 10061

***

DIE UNGLAUBLICHE GESCHICHTE DER GLADYS GLOVER *(It Should Happen to You)*
USA 1953, Columbia (Regie George Cukor, Buch Garson Kanin)

*

Heywood Hale Brown (Mann im Park): »Fall ich Ihnen auf den Wecker?«
Judy Holliday (Gladys Glover): »Nein.«
Brown: »Okay, wieso fallen Sie mir dann auf den Wecker?« 10062

*

Holliday: »Hören Sie, Pete, ich bin über 21.«
Jack Lemmon (Pete Sheppard): »Ja, vom Hals abwärts.« 10063

***

UNHEIMLICHE BEGEGNUNG DER DRITTEN ART *(Close Encounters of the Third Kind)*
USA 1977, Columbia, EMI (Regie, Buch Steven Spielberg)

*

Shawn Bishop (Brad Neary): »Dad, mach meine Rechenaufgaben für mich!«
Richard Dreyfuss (Roy Neary): »Nein, ich mach deine Aufgaben nicht für dich. Mach deine Aufgaben gefälligst selber! Deswegen hab ich ein Examen gemacht, damit ich keine Aufgaben mehr machen muß.« 10064

*

Bishop: »Wer geht schon in so einen dummen Zeichentrickfilm, der auch noch jugendfrei ist!«
Dreyfuss: »Wie alt bist du?«
Bishop: »Acht.«

> *»Würden Sie mir eventuell Ihre Frau leihen?«*
> Ein unmoralisches Angebot

Dreyfuss: »Möchtest du neun sein?«
Bishop: »Ja.«
Dreyfuss: »Dann gehst du morgen abend mit in *Pinocchio*.« 10065

***

EIN UNMORALISCHES ANGEBOT *(Indecent Proposal)*
USA 1993, Paramount (Regie Adrian Lyne, Buch Amy Holden Jones, nach dem Roman von Jack Engelhard)

*

Robert Redford (John Gage): »Würden Sie mir eventuell Ihre Frau leihen?« 10066

***

DIE UNSCHULD *(L'Innocente)*
I/F 1976, Rizzoli, Leitienne, Imp. Ex., Francoriz (Regie Luchino Visconti, Buch Suso Cecchi D'Amico, Enrico Medioli, Luchino Visconti, nach dem Roman von Gabriele D'Annunzio)

*

Giancarlo Giannini (Tullio): »Es ist merkwürdig, was für eine Fähigkeit die Frauen haben, die Realität den Idealen einer romantischen schlechten Literatur anzupassen.« 10067

*

Jennifer O'Neill (Teresa Ruffa): »Wer weiß, warum ihr Männer den Wunsch habt, uns mit der einen Hand zu den Sternen heraufzuheben und mit der anderen herabzuziehen. Wieso laßt ihr uns hier auf dieser Erde nicht einfach an eurer Seite gehen? 10068

***

UNSER LEBEN MIT VATER *(Life with Father)*
USA 1947, Warner (Regie Michael Curtiz, Buch Donald Ogden Stewart, nach dem Stück von Howard Lindsay, Russell Crouse)

*

William Powell (Clarence Day): »Was tut dieses Ding hier drin?«
Irene Dunne (Vinnie Day): »Das ist unser neuer Gummibaum, Clare.«
Powell: »Der Platz für Gummibäume ist am Äquator.« 10069

*

Powell: »Tja, nach dem, was ich so über den Himmel gehört habe, scheint es dort recht unkaufmännisch zuzugehen. Sie könnten vermutlich einen guten Mann wie mich brauchen.« 10070

Powell: »Wenn es etwas gibt, was die Kirche in Ruhe lassen soll, dann ist es die Seele eines Mannes.« [10071]

*

Dunne: »Wenn du Kopfschmerzen hast, schreist und stöhnst und fluchst du genug.«
Powell: »Nun, das ist, um den Kopfschmerzen zu beweisen, daß ich stärker bin als sie.« [10072]

*

Dunne: »Ich weiß nicht, ob sie dich jemals in den Himmel lassen, aber ich weiß, daß sie es nicht tun, wenn du nicht getauft bist.«
Powell: »Sie können mich doch nicht aus technischen Gründen aus dem Himmel aussperren.« [10073]

*

Dunne: »Du mußt endlich deinen Frieden schließen mit Gott.«
Powell: »Bevor du ihn aufgehetzt hast, hatte ich keine Probleme mit Gott.« [10074]

***

DER UNSICHTBARE
(The Invisible Man)
USA 1933, Universal (Regie James Whale, Buch R. C. Sheriff, (Preston Sturges, ungenannt), nach dem Roman von H. G. Wells)

*

Claude Rains (Jack Griffin, der Unsichtbare): »Zuerst war es nur ein wissenschaftliches Experiment, um etwas zu tun, was vor mir noch kein Mensch zu tun gewagt hatte. Dann war dies nicht mehr der einzige Grund. Denn plötzlich kam mir durch die Drogen, die ich ständig genommen hatte, die Erleuchtung. Plötzlich wurde ich mir meiner ungeheuren Macht bewußt, der Macht zu herrschen, mir die Welt bedingungslos zu unterwerfen.« [10075]

*

Rains: »Wir beginnen zunächst mal mit einer Schreckensherrschaft. Wir lassen ein paar Leute über die Klinge springen, bedeutende Männer, aber auch unbedeutende, nur um zu zeigen, daß wir keinen Unterschied machen.« [10076]

***

DER UNSICHTBARE DRITTE
(North by Northwest)
USA 1959, MGM (Regie Alfred Hitchcock, Buch Ernest Lehman)

*

Cary Grant (Roger Thornhill): »Soll das ein Scherz sein?«
»Ja, ein Scherz. Wir werden im Auto darüber lachen.« [10077]

*

James Mason (Phillip Vandamm): »Verstehen Sie mich nicht falsch! Ich erwarte in Wirklichkeit nicht, daß Sie zu meinem Vorschlag ja sagen, aber das wenigste, was ich tun kann, ist, Ihnen die Möglichkeit zu bieten, diesen Abend zu überleben.« [10078]

*

Jessie Royce Landis (Clara Thornhill, im vollbesetzten Fahrstuhl): »Das kann doch nicht Ihr Ernst sein, meine Herren. Sie wollen wirklich meinen Sohn ermorden?« [10079]

*

Eva Marie Saint (Eve Kendall): »Sie sind Roger Thornhill aus New York, und auf jeder Titelseite in Amerika steht, daß Sie wegen Mordes gesucht werden. Seien Sie also nicht so bescheiden!«
Grant: »Das haben Sie gewußt?«
Saint: »Nur keine Aufregung! Ich werde kein Wort sagen.«
Grant: »Aus welchem Grund?«
Saint: »Ich sagte es Ihnen schon, Sie gefallen mir sehr.«
Grant: »Ist das der einzige Grund?«
Saint: »Nicht nur. Ich denke auch an die lange Nacht. (...) Und das Buch, das ich angefangen hab zu lesen, mag ich nicht so sehr.« [10080]

*

Grant: »Also da seid ihr alle zusammen. Das ist ein Bild, das nur Picasso so malen könnte.« [10081]

*

Mason: »Wollen Sie behaupten, Sie hätten Interesse für die Kunst?«
Grant: »Ja, für die Kunst weiterzuleben.« [10082]

*

Mason: »Es scheint mir, daß ihr Burschen et-

> *»Das kann doch nicht Ihr Ernst sein, meine Herren. Sie wollen wirklich meinen Sohn ermorden?«*
> Der Unsichtbare Dritte

was weniger Ausbildung von der FBI vertragen könntet und etwas mehr von einer Schauspielschule.«
Grant: »Es gibt für Sie wahrscheinlich nur eine Rolle, die ich gut spielen würde und zwar die eines Toten.«
Mason: »Das wird Ihre nächste Rolle sein, und Sie werden sie prächtig gestalten. Davon bin ich überzeugt.« [10083]

*

Grant: »Ich bin nicht zum Helden geboren. Mein Geschäft ist die Werbung. Ich habe einen anständigen Beruf, eine Sekretärin, eine Mutter, zwei geschiedene Frauen und noch ein paar Barmixer, die von mir abhängig sind. Und ich habe nicht die Absicht, sie vor den Kopf zu stoßen, indem ich mich so einfach töten lasse.« [10084]

*

Grant: »Ich mag diese Tricks nicht, die Sie anwenden, Professor.«
Leo G. Carroll (Professor): »Jeder Krieg ist die Hölle, Mr. Thornhill, selbst wenn es ein kalter ist.« [10085]

***

DIE UNSICHTBARE FRAU
(The Invisible Woman)
USA 1940, Universal (Regie A. Edward Sutherland, Buch Robert Lees, Fred Rinaldo, Gertrude Purcell, Story Curt Siodmak, Joe May)

*

Thurston Hall (Hudson): »Hat dich überhaupt schon mal etwas beunruhigt?«
John Howard (Richard Russell): »Nicht, daß ich wüßte. Und wenn's doch mal passierte, war's sowieso zu spät.« [10086]

***

UNTER FALSCHEM VERDACHT
(Quai des Orfèvres)
F 1947, Majestic (Regie Henri-Georges Clouzot, Buch Henri-Georges Clouzot, Jean Ferry, nach dem Roman ›Légitime Défense‹ von Stanislas-André Steeman)

*

(Wirt): »Warum meldest du dich nicht bei der Polizei? Die wird das interessieren.«
Pierre Larquey (Taxifahrer): »Sehe ich so aus, als ob ich jemanden verpfeife? Was geht mich die Polizei an? Die sollen ihre Arbeit doch selber tun.« [10087]

*

Bernard Blier (Maurice Martineau): »Sind Sie fertig? Kann ich jetzt gehen?«
Louis Jouvet (Inspektor Antoine): »Noch nicht ganz.«
Blier: »Jetzt beantworte ich schon seit zwei Stunden die idiotischsten Fragen.«
Jouvet: »Und ich stelle sie seit zehn Jahren und verliere auch nicht die Geduld.« [10088]

***

UNTER GEHEIMBEFEHL *(Panic in the Streets)*
USA 1950, Twentieth Century Fox (Regie Elia Kazan, Buch Richard Murphy, nach einer unveröffentlichten Geschichte von Edna und Edward Anhalt)

*

Zero Mostel (Fitch): »Blackie sieht nicht gern, wenn jemand mitten aus dem Spiel aussteigt.« [10089]

*

(im Leichenschauhaus)
Waldo Pitkin (Ben): »Mr. Lee, Kleber läßt mich den Mann nicht numerieren.« [10090]

*

Herrman Cottman (Scott): »Captain, wir ... meine Leute wollen wissen, warum sie sich alle impfen lassen sollen.«
Paul Douglas (Captain Warren): »Seit wann fragt ein Polizeibeamter denn nach den Gründen für eine Maßnahme? Weil es der Chef angeordnet hat. Deswegen.«
Cottman: »Das hab ich mir gedacht. Danke, Sir.« [10091]

*

Richard Widmark (Dr. Clinton Reed): »Meine Mutter hat oft gesagt, wenn man sich intensiv mit einem Menschen beschäftigt, findet man verwandte Seiten, aber ich ...«
Douglas: »Bitte grüßen Sie Ihre Mutter, und sagen Sie ihr, das sei der zweite Fehler, den sie gemacht hat!« [10092]

> »Wollen Sie behaupten, Sie hätten Interesse für die Kunst?«
> »Ja, für die Kunst weiterzuleben.«
> Der Unsichtbare Dritte

Jack Palance (Blackie): »Fitch, ich hoffe, du versuchst nicht, doch die Stadt zu verlassen. Ich wüßte nicht, wo du hinkönntest.« [10093]

***

UNTER PIRATENFLAGGE
(Captain Blood)
USA 1935, First National, Cosmopolitan, Warner (Regie Michael Curtiz, Buch Casey Robinson, nach dem Roman ›Captain Blood His Odyssey‹ von Rafael Sabatini)

*

Errol Flynn (Peter Blood): »Wäre Euer Verstand so groß wie Euer Maul, wärt Ihr ein bedeutender Mensch.« [10094]

*

Flynn: »Wie so oft ist das Leben nicht ohne Witz.« [10095]

***

UNTER SCHWARZER FLAGGE *(Captain Kidd)*
USA 1945, Bogeaus, United Artists (Regie Rowland V. Lee, Buch Norman Reilly Raine, Story Robert N. Lee)

*

Sheldon Leonard (Cypian Boyle, über gesunkenes Schiff): »Schade nur, viele anständige Seeleute drunter. Na, haben die Weiber was zu heulen.« [10096]

*

Randolph Scott (Adam Mercy / Adam Blayne, findet Schädel): »Wer mag das sein?«
John Carradine (Orange Povey): »Vielleicht ein Mann, der zuviel gefragt hat.« [10097]

***

UNTER VERDACHT *(The Suspect)*
USA 1944, Universal (Regie Robert Siodmak, Buch Bertram Millhauser, nach dem Roman ›This Way Out‹ von James Ronald)

*

Rosalind Ivan (Cora Marshall): »Was denkst du dir eigentlich?«
Charles Laughton (Philip Marshall): »Zum Glück weißt du's nicht, Cora. Du würdest erschrecken.« [10098]

*

Laughton: »Gehen Sie arbeiten, und verdienen Sie sich selbst Ihr Geld!«
Henry Daniell (Mr. Simmons): »Was? Mein lieber Marshall, überlassen wir doch den Arbeitern die Arbeit!« [10099]

UNTER WASSER STIRBT MAN NICHT
(The Drowning Pool)
USA 1975, Coleytown, Turman-Foster, Warner (Regie Stuart Rosenberg, Buch Tracy Keenan Wynn, Lorenzo Semple jr., Walter Hill, nach dem Roman von Ross MacDonald)

*

Tony Franciosa (Detective Broussard): »Was verdient ihr Privatdetektive zur Zeit?«
Paul Newman (Lew Harper): »150.«
Franciosa: »Pro Tag?«
Newman: »Plus Spesen.«
Franciosa: »Das ist 'n Haufen Geld.«
Newman: »Wenn man nur vier Tage im Jahr arbeitet, nicht.« [10100]

*

Linda Hayes (Gretchen): »Du bist 'n Bulle, nicht?«
Newman: »'n entfernter Verwandter, 'n Privatdetektiv.« [10101]

***

DIE UNTEREN ZEHNTAUSEND
(Pocketful of Miracles)
USA 1961, Franton, United Artists (Regie Frank Capra, Buch Hal Kanter, Harry Tugend, nach dem Film ›Lady for a Day‹, USA 1933, Regie Frank Capra, Buch Robert Riskin, nach der Geschichte ›Madame la Gimp‹ von Damon Runyon)

*

Peter Falk (Joy Boy): »Warum schreibst du nicht auf, was ich dir sage?«
Mickey Shaughnessy (Junior): »Wenn ich schreiben könnte, wär ich bei der Marine.« [10102]

*

Shaughnessy: »Warum lachst du nicht mit, wenn wir lachen?«
Falk: »Ich kann jetzt nicht lachen. Entweder ich denke, oder ich lache.« [10103]

> *»Schade nur, viele anständige Seeleute drunter. Na, haben die Weiber was zu heulen.«*
> Unter schwarzer Flagge

DER UNTERGANG DES AMERIKANISCHEN IMPERIUMS
(Le Déclin de l'empire américain)
CAN 1986, L'Office national du film du Canada (Regie, Buch Denys Arcand)

*

Dorothée Berryman (Louise): »Wir kommen wahrscheinlich ein bißchen später.«
Rémy Girard (Rémy): »Das ist nicht schlimm. Wir werden uns solange auf euch freuen.« 10104

*

Girard: »Vielleicht versteht er's, wenn du ihm 'ne Zeichnung machst, weil er doch zu dieser optisch fixierten Generation gehört.« 10105

***

DER UNVERDÄCHTIGE
(The Unsuspected)
USA 1947, Warner (Regie Michael Curtiz, Ranald MacDougall, nach dem Roman von Charlotte Armstrong)

*

Audrey Totter (Althea Keane): »Du trinkst zuviel, wie immer.«
Hurd Hatfield (Oliver Keane): »Wieviel ist zuviel, Liebste? Ich halte doch eine ausgezeichnete Balance. Schau! Ich zittere nicht. Mein Verstand hat seine Messerschärfe nicht verloren, und beim Sprechen nuschele ich nicht. Ich bin nicht vergeßlich, ich vergesse nicht mal Dinge, die ich gern vergessen würde. Nein, ich bin völlig klar. Deshalb, mein Schatz, bin ich weit davon entfernt, zuviel getrunken zu haben.« 10106

*

Claude Rains (Alexander Grandison): »Kommen Sie zu spät zur Party oder zu früh zum Frühstück?« 10107

*

Hatfield: »Mr. Howard, könnten Sie vielleicht etwas weniger attraktiv auf meine reizende Frau wirken!« 10108

> »Mr. Howard, könnten Sie vielleicht etwas weniger attraktiv auf meine reizende Frau wirken!«
> Der Unverdächtige

DIE UNVERGESSLICHE NACHT
(Remember the Night)
USA 1940, Paramount (Regie Mitchell Leisen, Buch Preston Sturges)

*

Barbara Stanwyck (Lee Leander): »Falls eines schönen Tages einer von euch Jungs eine dieser Szenen mal anders aufzieht, wird eines von uns Mädchen vor Überraschung tot umfallen.« 10109

*

Fred MacMurray (John Sargent): »Das führt alles zu einer sehr interessanten und tiefschürfenden Diskussion, die fortzusetzen ich im Moment keine Zeit habe.« 10110

*

Stanwyck: »Das klingt wie aus einem Theaterstück, nicht?«
MacMurray: »Wie aus einem durchgefallenen Stück.« 10111

*

Stanwyck: »Ihr Geschäft ist Ihr Geschäft. (...) ... Natürlich, manche Leute würden sich um diese Art Arbeit *(Staatsanwalt)* nicht eben reißen, aber jemand muß ja die Drecksarbeit machen. Nur ein Jammer, daß es jemand sein muß, der so nett ist wie Sie.« 10112

*

MacMurray: »Ich meine, vielleicht sind Sie Kleptomanin.«
Stanwyck: »Oh nein. Nein, die (...) haben das schon versucht. Sehen Sie, um Kleptomanin zu sein, dürfen Sie von dem Zeug hinterher nichts verkaufen, sonst verlieren Sie Ihren Amateurstatus.« 10113

*

MacMurray: »Haben Sie was in den Papierkorb geworfen?«
Stanwyck: »Lediglich ein Streichholz.«
MacMurray: »Ein brennendes Streichholz?«
Stanwyck: »Ach, ich denke, etwas feurig war es wohl noch.«
MacMurray: »Haben Sie es absichtlich reingeworfen?«
Stanwyck: »Na ja, auf den Spucknapf gezielt hab ich nicht.«
MacMurray: »Sie wissen wohl, daß man das Brandstiftung nennt?«

Stanwyck: »Nein! Ich dachte, das wäre, wenn man jemanden beißt.« [10114]

*

MacMurray: »Ist Ihnen klar, daß das Haus wahrscheinlich eine Meile hoch in Flammen steht?«
Stanwyck: »Das hoffe ich.« [10115]

*

MacMurray: »Wo bleibt denn die Moral des Falles?«
Stanwyck: »Was hat denn die Moral damit zu tun? ... Sie haben mich behandelt wie Ihre Schwester.« [10116]

*

MacMurray: »Es war interessant, Sie kennenzulernen, Mrs. ...«
Georgia Caine (Lees Mutter): »Der Name ist ohne Belang für Sie.«
MacMurray: »Das kann man wohl sagen.« [10117]

*

Beulah Bondi (Mrs. Sargent): »Er spielt wirklich ganz vorzüglich *(Klavier)* ... Wenn man die Größe seiner Hände berücksichtigt.« [10118]

*

Stanwyck: »Daß du wie ein Vierjähriger redest, weißt du hoffentlich.« [10119]

***

DIE UNZERTRENNLICHEN
(Dead Ringers)
CAN 1988, Mantle Clinic, Morgan Creek, Telefilm Canada, Robinson-Roth, Rank (Regie David Cronenberg, Buch David Cronenberg, Norman Snider, nach dem Buch ›Twins‹ von Bari Wood, Jack Geasland)

*

Jeremy Irons (Beverly Mantle): »Um etwas im Leben zu vollbringen, muß man das Leben vereinfachen.« [10120]

***

URLAUB FÜR DIE LIEBE
(The Clock)
USA 1945, MGM (Regie Vincente Minnelli, Buch Robert Nathan, Joseph Schrank, Story Paul und Pauline Gallico)

*

James Gleason (Al Henry): »Wenn man immer darüber nachdenkt, was passieren könnte, dann tut man nie irgendetwas.« [10121]

***

UTAMARO UND SEINE FÜNF FRAUEN
(Utamaro o meguro gonin no onna)
JAP 1947, Shochiku (Regie Kenji Mizoguchi, Buch Yoshikata Yoda)

*

Minosuke Bando (Kitagawa Utamaro): »Ich kann es nicht ändern, ich habe die Wahrheit geschrieben. Wenn man meine Meinung durch die Androhung des Schwertes ändern könnte, dann hätte ich sie von vorneherein nicht drucken lassen.« [10122]

*

Bando: »Dieser Sohn des Senkodo muß eine unglaublich geschickte Art besitzen, Frauen zu verwirren.« [10123]

*

Bando: »Bei O-Shin kann ich beruhigt sein.«
Kimiko Shirotae (O-Shin): »Weil ich eine treue Frau bin.«
Bando: »Nein, weil dich keiner mehr will.« [10124]

> »Wenn man immer darüber nachdenkt, was passieren könnte, dann tut man nie irgendetwas.«
> Urlaub für die Liebe

V

V. I. WARSHAWSKI – DETEKTIV IN SEIDENSTRÜMPFEN (*V. I. Warshawski*)
USA 1991, Hollywood, Silverscreen Partners IV, Chestnut Hill (Regie Jeff Kanew, Buch Edward Taylor, David Aaron Cohen, Nick Thiel, nach dem Roman ›Indemnity‹ von Sara Paretsky)

*

Kathleen Turner (Victoria I. Warshawski, zum Taxifahrer, der sie im Rückspiegel beim Umziehen beobachtet): »Dafür gibt's dann aber kein Trinkgeld mehr.« [10125]

*

Turner: »Das war selbst für deine Verhältnisse niederträchtig.«
Jay O. Sanders (Murray Ryerson): »Danke.« [10126]

*

Wayne Knight (Earl Smeissen): »Spiel bei mir nicht den Klugscheißer, Warkotzi! Das hier ist mein Laden, und hier machst du dein Maul erst auf, wenn ich ›buh‹ sage.« [10127]

*

Turner: »Der gehörte meinem Vater. Er hat ihn nie benutzt, auch nicht im Dienst. ›Wer sich auf seine Waffe verläßt, denkt zu langsam‹, hat er immer gesagt.« [10128]

*

Sanders: »Du hast immer gesagt, du gehörst nicht zu dieser Sorte Detektive.«

> »Das war selbst für deine Verhältnisse niederträchtig.«
> »Danke.«
> V. I. Warshawski – Detektiv in Seidenstrümpfen

Turner: »Hab ich das? Vielleicht weiß ich nicht mehr, was für 'ne Sorte Detektiv ich bin. Vielleicht gehöre ich auch nur zur Müllabfuhr und kehre kleine Dreckshaufen von der Straße. Dann brauch ich jetzt allerdings 'n härteren Besen.« [10129]

*

Angela Goethals (Kat Grafalk): »Du hast ihm doch gesagt, er soll's nicht tun.«
Turner: »Ja, so bringt man ihn am schnellsten dazu.«
Goethals: »Also im Grunde genommen muß man die Männer so behandeln, als ob sie Kinder wären?«
Turner: »Ähä, mit der Theorie läßt sich's am besten leben.« [10130]

*

Sanders: »Ich will nur nicht sterben, bevor die Cubs nicht den Pokal gewonnen haben.«
Charles Durning (Lieutenant Mallory): »Ryerson, Sie haben Glück, daß Sie noch am Leben sind. Verlangen Sie keine Unsterblichkeit!« [10131]

***

DER VAGABUND VON TEXAS
(*Along Came Jones*)
USA 1945, Cinema Artists Corporation, United Artists (Regie Stuart Heisler, Buch Nunnally Johnson, nach dem Roman von Alan LeMay)

*

William Demarest (George Fury): »Wie kommt das Dorf hierher? Hast du nicht gesagt, hier ist weit und breit keines?« (...)
Gary Cooper (Melody Jones): »Weißt du noch, daß wir vor 400 Meilen an der Gabelung nach rechts abgebogen sind?«
Demarest: »Hm.«
Cooper: »Wir hätten natürlich nach links abbiegen müssen.« [10132]

*

Demarest: »Wer ist denn das?«
Cooper: »Ich sehe sie heute zum ersten Mal.«
Demarest: »Damals in Cheyenne flog dir doch ein Stuhl an den Kopf, und du warst drei Tage bewußtlos. Es wäre doch immerhin möglich, daß du dich in dem Zustand verheiratet hast.«
Cooper: »So bewußtlos bin ich nie gewesen.« [10133]

Demarest: »Du mußt deinen Gegner immer ins rechte Auge treffen. Das lähmt sein Zielvermögen.« [10134]

***

VALDEZ *(Valdez Is Coming)*
USA 1971, Norlan-Steiner, United Artists (Regie Edwin Sherin, Buch Roland Kibbee, David Rayfiel, nach dem Roman von Elmore Leonard)

*

Hector Elizondo (mexikanischer Reiter): »Bist du ganz sicher? Wettest du um dein Leben?«
Burt Lancaster (Bob Valdez): »Nein, um deins.« [10135]

*

Jon Cypher (Frank Tanner): »Zerschlagt ihm die Pfoten, damit er sie das nächste Mal aus dem Spiel läßt!« [10136]

***

VELVET GOLDMINE
UK/USA 1998, Zenith, Killer, Single Cell, Newmarket, Goldwyn, Channel Four (Regie, Buch Todd Haynes, Story Todd Haynes, James Lyons)

*

Eddie Izzard (Jerry Divine): »Es spielt kaum eine Rolle, was ein Mann in seinem Leben tut. Was wirklich zählt, ist die Legende, die um ihn herum entsteht.« [10137]

*

Toni Collette (Mandy Slade): »Brian ist ein erwachsener Mann und voll in der Lage, selbst zu entscheiden, wen oder was er vögeln will.« [10138]

***

VERA CRUZ
USA 1954, Hecht-Lancaster, United Artists (Regie Robert Aldrich, Buch Roland Kibbee, James R. Webb, Story Borden Chase)

*

Gary Cooper (Ben Trane): »Er hat sich das Bein gebrochen.«
Burt Lancaster (Joe Erin): »Ein Gaul mit drei Beinen bringt hier auch noch sein Geld.«
Cooper: »Er wäre vor Schmerzen krepiert.«
Lancaster: »Gemütsmensch, hä?«
Cooper: »Nur bei Pferden.« [10139]

*

Lancaster: »Das nächste Mal sagen Sie es vorher, wenn Sie in meiner Gegenwart schießen!«
Cooper: »Wenn ich Zeit dazu habe, gern.« [10140]

George Macready (Kaiser Maximilian): »Sie hat sich urplötzlich in den Kopf gesetzt, nach Paris zu reisen, und die Laune einer schönen Frau ist mir Befehl.« [10141]

*

Macready: »Ich bin mir bewußt, daß man keine Taten erwarten kann, wenn man Almosen bietet. Sind 25.000 Dollar in Gold angemessen?«
Cooper: »Eine verlockende Summe, aber nur halb so verlockend wie die Dame, die Sie unserem Schutz anvertrauen wollen.«
Macready: »Würde sich das Doppelte auch auf Ihr Verantwortungsgefühl auswirken?«
Cooper: »Es würde es verdoppeln.«
Macready: »Also dann 50.000.« [10142]

*

Cesar Romero (Marquis de Labordere): »Wir haben einen Gefangenen.«
Cooper: »Und dafür drei Tote. Man kann bessere Geschäfte machen.« [10143]

*

Lancaster: »Ich traue ihm nicht. Er liebt die Menschen, und auf so einen ist nie Verlaß.« [10144]

*

Romero: »Und jetzt, Gräfin ...«
Denise Darcel (Gräfin Marie Duvarre): »... wird es dir eine Wonne sein, mich ins Gefängnis zu stecken, nicht wahr?«
Romero: »Aber keineswegs. Ich wünsche, daß man der Gräfin jede Bequemlichkeit angedeihen läßt für die restlichen Stunden, die ihr noch verbleiben.« [10145]

***

DER VERBANNTE *(The Exile)*
USA 1947, Universal (Regie Max Ophüls, Buch Douglas Fairbanks jr., nach dem Roman ›His Majesty, the King‹ von Cosmo Hamilton)

*

Douglas Fairbanks jr. (Charles Stuart): »Zu-

> »Brian ist ein erwachsener Mann und voll in der Lage, selbst zu entscheiden, wen oder was er vögeln will.«
> Velvet Goldmine

nächst wäre ich Ihnen sehr verbunden, wenn Sie Ihre Stimme etwas dämpfen würden. Sonst sähe ich mich gezwungen, eine Maßnahme zu ergreifen.« [10146]

*

Nigel Bruce (Sir Edward Hyde): »Er mag schon dazu neigen, hin und wieder mal ein oder zwei Herzen zu brechen.« [10147]

***

DAS VERBRECHEN DES HERRN LANGE
(Le Crime de Monsieur Lange)
F 1936, Obéron (Regie Jean Renoir, Buch Jacques Prévert, Jean Renoir, Story Jean Castanier, Jean Renoir)

*

Odette Talazac (Frau des Hausmeisters): »Jetzt führst du auch noch Selbstgespräche.«
Marcel Levesque (Hausmeister): »Ich spreche mit mir selbst, weil ich der Einzige bin, der mich schätzt.« [10148]

*

Jules Berry (Batala): »Was der braucht, sind kalte Umschläge auf seinen verwirrten Kopf.« [10149]

***

VERBRECHEN UND ANDERE KLEINIGKEITEN
(Crimes and Misdemeanors)
USA 1989, Orion (Regie, Buch Woody Allen)

*

Alan Alda (Lester): »Wenn es sich biegt, ist es komisch, wenn es bricht, ist es nicht komisch.« [10150]

*

Alda: »Also, ich hab dir das ja schon mal gesagt, wenn du richtig ausspielst, kannst du meinen Körper haben.«
Mia Farrow (Halley Reed): »Vermach ihn doch eher der Wissenschaft.« [10151]

*

Alda: »Ich schätze geistige Stimulation, weißt du.«

»Ich war zum letzten Mal in einer Frau, als ich die Freiheitsstatue besucht hab.«
Verbrechen und andere Kleinigkeiten

Farrow: »Warst du schon mal bei der Schocktherapie?« [10152]

*

Farrow: »Oh Mann, Sie können ihn (Alda) wirklich nicht leiden, nicht?«
Woody Allen (Cliff Stern): »Ich liebe ihn wie meinen Bruder. So wie Kain den Abel.« [10153]

*

Martin Landau (Judah Rosenthal): »Gott ist ein Luxus, den ich mir nicht leisten kann.« [10154]

*

Farrow: »Ich sag niemals nein zu Champagner oder Kaviar.«
Allen: »Okay, wunderbar. Ich hab natürlich keinen Kaviar, ich hab Haferschleim. Der ist besser fürs Herz.« [10155]

*

Allen: »Ich kenn diesen Kerl. Er wird seine Hände nicht mehr von Ihnen lassen können. Er wird Sie in sein Zimmer locken. Ja, und dann, dann wird er Ihnen Ihre Rechte vorlesen und Ihnen die Kleider vom Leib reißen.«
Farrow: »Nein, er ist daran interessiert, etwas von mir zu produzieren.«
Allen: »Ja, Ihr erstes Kind.« [10156]

*

Allen: »Du warst es doch, die aufgehört hat, mit mir zu schlafen, ja. Am 20. April ist das ein Jahr her. An den Tag erinner ich mich genau. Ist ja Hitlers Geburtstag.« [10157]

*

Allen: »Weißt du, im Showbusiness, da (...) frißt ein Hund den andern. Und nicht nur, daß der eine den andern frißt, es ist auch so, daß kein Hund den andern zurückruft. [It's worse than dog eat dog. It's dog doesn't return other dog's phone calls.]« [10158]

*

Allen: »Ich hab gar keine Erfahrung mit Selbstmord. Als ich aufgewachsen bin in Brooklyn, hat keiner Selbstmord begangen, wissen Sie, jeder war viel zu unglücklich.« [10159]

*

Allen: »Worüber regt sich der Kerl bloß so auf? Er tut ja so, als wär noch nie einer mit Mussolini verglichen worden.« [10160]

*

Allen: »Ich war zum letzten Mal in einer Frau, als ich die Freiheitsstatue besucht hab.« [10161]

VERBRECHERISCHE HERZEN
(Crimes of the Heart)
USA 1986, Fields-Sugarman, De Laurentiis (Regie Bruce Beresford, Buch Beth Henley, nach ihrem Stück)

*

Diane Keaton (Lenny Magrath): »Ich glaube, daß Babe krank ist. Ich meine, da, da oben krank.«
Jessica Lange (Meg Magrath): »Oh nicht, Lenny, sag so was nicht! Es gibt 'ne Menge vernünftige Gründe, jemanden zu erschießen, und ich bin sicher, daß Babe auch einen hatte.« [10162]

*

Tess Harper (Chick Boyle): »Du solltest nicht mehr rauchen, davon kriegst du Lungenkrebs. Jede dieser kleinen Zigaretten ist 'n Sargnagel.«
Lange: »Genau das mag ich daran. Jeder Zug bringt mich dem Tode näher.« [10163]

*

Lange: »Du mußt mit jemandem darüber reden, du mußt es ganz einfach.«
Sissy Spacek (Babe Magrath Botrelle): »Wieso denn?«
Lange: »Es gehört einfach zur menschlichen Natur. Man muß über sein Leben reden. Das ist 'ne ganz natürliche Notwendigkeit.« [10164]

***

DAS VERBRECHERISCHE LEBEN DES ARCHIBALDO DE LA CRUZ
(Ensayo de un crimen)
MEX 1955, Alianza, S.A. (Regie Luis Buñuel, Buch Luis Buñuel, Eduardo Ugarte Pages, nach dem Roman von Rodolfo Usigli)

*

Ernesto Alonso (Archibaldo de la Cruz): »In diesem Augenblick war ich fest davon überzeugt, daß ich sie umgebracht hatte, und dieses Gefühl erfüllte mich mit einer gewissen stolzen Freude.« [10165]

*

Alonso: »Sie haben doch vermutlich ein ganz gutes Verhältnis zu Gott, nicht wahr, Schwester?«
Chabela Durán (Schwester Trinidad): »Ja, ich bemühe mich darum.«
Alonso: »Dann ist das Sterben wahrscheinlich eine große Freude für Sie, weil Sie damit die ewige Glückseligkeit erlangen. Ja oder nein?«
Durán: »Ja, natürlich. Aber warum fragen Sie das?«
Alonso: »Weil ich Ihnen jetzt diese Glückseligkeit schenke.« [10166]

*

Antonio Bravo (Antiquitätenhändler): »Wir haben Erfahrung. Wir sehen einem Kunden gleich an, ob wir ihm trauen können oder nicht. Menschen, die ehrlich sind, denen kann man die Ehrlichkeit von der Stirn ablesen.« [10167]

***

VERDACHT *(Suspicion)*
USA 1941, RKO (Regie Alfred Hitchcock, Buch Samson Raphaelson, Joan Harrison, Alma Reville, nach dem Roman ›Before the Fact‹ von Francis Iles [=Anthony Berkeley])

*

Joan Fontaine (Lina McLaidlaw): »Sagst du allen Frauen immer so die Wahrheit?«
Cary Grant: »Ah, nein, nicht unbedingt.«
Fontaine: »Ja, warum bist du dann mir gegenüber so ehrlich? Bin ich so anders?«
Grant: »Nein, daran liegt es nicht. Ich spüre, daß ich bei dir auf ehrliche Art am schnellsten zum Ziel komme.« [10168]

***

VERDACHT AUF LIEBE
(The Unbelievable Truth)
USA 1989, Action (Regie, Buch Hal Hartley)

*

Christopher Cooke (Vic Hugo): »Kein Mann ist wie ein Priester. Priester sind nicht mal Priester, wenn's um Frauen geht.« [10169]

***

VERDAMMT IN ALLE EWIGKEIT
(From Here to Eternity)
USA 1957, Columbia (Regie Fred Zinnemann, Buch Daniel Taradash, nach dem Roman von James Jones)

> *»Kein Mann ist wie ein Priester. Priester sind nicht mal Priester, wenn's um Frauen geht.«*
> Verdacht auf Liebe

Burt Lancaster (Sergeant Milton Warden): »So, jetzt kennen Sie meinen Standpunkt, Prewitt.«
Montgomery Clift (Robert E. Lee Prewitt): »Ich habe auch einen: Jeder Mensch muß seinen eigenen Weg gehen.« [10170]

*

Lancaster: »Ich störe nicht gern jemand beim Trinken.« [10171]

*

Deborah Kerr (Karen Holmes): »Sie denken wohl immer an alles?«
Lancaster: »Nach Möglichkeit. In meiner Stellung muß man das.« [10172]

*

Kerr: »Eins gefällt mir an Ihnen, Sergeant: Sie haben Selbstbewußtsein. Andererseits finde ich das ziemlich störend.« [10173]

*

Kerr: »Ich habe nichts übrig für Romantik im Freien.« [10174]

*

Barbara Morrison (Mrs. Kipfer): »Betrunkene passen nun mal nicht in ein besseres Etablissement. Wir müssen immer an unsern guten Ruf denken.«
Clift: »Gnädige Frau, mein Ehrenwort: Ihr Ruf ist bei uns in besten Händen.« [10175]

*

Frank Sinatra (Angelo Maggio): »Nur meine Freunde dürfen mich ›Knirps‹ nennen.« [10176]

*

Donna Reed (Lorene): »Eine hübsche Geschichte, nicht? Man könnte ein Buch darüber schreiben.«
Clift: »Hat man schon, viele sogar.« [10177]

*

Reed: »Danke, ich trinke nichts. Ich halt es für 'n Zeichen von Schwäche.«
Sinatra: »Ja, da hast du recht.«
Reed: »Ich habe Schwäche nicht gern. Du?«

> »Es ist heiß, und es ist eine große Portion. Ich finde es gar nicht so übel, das heißt, bis auf den Geschmack.«
> Die Verdammten der Meere

Clift: »Ne, ich hasse Schwäche. Aber Durst genauso.« [10178]

*

Philip Ober (Captain Dana Holmes): »So ein Mann muß geschliffen werden, bis er spurt oder verreckt.« [10179]

*

Lancaster: »Wollt ihr wohl aufhören! Wenn jemand hier einen totschlägt, dann tu ich es.« [10180]

*

Ernest Borgnine (Sergeant ›Fatso‹ Judson): »Das ist 'ne Privatangelegenheit, Warden.«
Lancaster: »Nein, Judson, der Mann ist in meiner Kompanie. Glaubst du, ich will wegen euch einen Haufen Formulare ausfüllen?« [10181]

*

Lancaster: »Okay, Fatso, wenn du Keile haben willst, komm her!« [10182]

*

Lancaster: »Ich war in meinem Leben noch nie so unglücklich wie in den letzten Wochen.«
Kerr: »Genau wie ich.«
Lancaster: »Aber ich möchte keine Stunde missen.«
Kerr: »Genau wie ich.« [10183]

*

Reed: »Du glaubst, daß ich lüge, nicht wahr?«
Clift: »Wenn jemand sagt, er wär einsam, lügt er nie.« [10184]

***

DIE VERDAMMTEN DER MEERE *(Billy Budd)*
USA 1962, Allied Artists (Regie Peter Ustinov, Buch Peter Ustinov, DeWitt Bodeen, nach dem Roman ›Billy Budd, Foretopman‹ von Herman Melville)

Terence Stamp (Billy Budd): »Es ist heiß, und es ist eine große Portion. Ich finde es gar nicht so übel, das heißt, bis auf den Geschmack.« [10185]

*

Peter Ustinov (Captain Edward Fairfax Vere): »Sie sind so intelligent und scharfsinnig für den Rang, den Sie innehaben, Bootsmeister.«
Robert Ryan (Master-at-Arms Claggart): »Vielen Dank, Sir.«
Ustinov: »Das ist kein Kompliment, sondern die Feststellung einer traurigen Tatsache. Ja, es ist sehr bedauerlich, daß so eminente Fähigkeiten so niederen Zwecken dienen müssen.« [10186]

Ryan: »Ich bin so, wie ich bin. Und so, wie die Welt mich gemacht hat.« [10187]

Paul Rogers (Lieutenant Seymour): »Es geht hier nicht um Gerechtigkeit. Verstehen Sie nicht? Es geht um das Gesetz.« [10188]

***

DIE VERDAMMTEN DES KRIEGES
(Casualties of War)
USA 1989, Columbia (Regie Brian De Palma, Buch David Rabe, nach dem Buch von Daniel Lang)

*

(Sergeant): »Der Junge war schon verpackt und abgehakt, als man seinen Marschbefehl hierhin ausstellte. Die hätten ihn schon zu Hause erschießen sollen.« [10189]

***

DAS VERFLIXTE 7. JAHR *(The Seven Year Itch)*
USA 1955, Twentieth Century Fox (Regie Billy Wilder, Buch Billy Willder, George Axelrod, nach dem Stück von George Axelrod)

*

Marilyn Monroe (das Mädchen): »Ich finde, Sekt kann man nur in der Badewanne trinken oder im Abendkleid.« [10190]

Monroe: »Haben Sie Kinder?«
Tom Ewell (Richard Sherman): »Nein, keine Kinder. Das heißt, ein ganz winziges, kaum zu sehen, nicht der Rede wert.« [10191]

*

Monroe: »Ich würde bestimmt nicht mit einem Mann mitten in der Nacht auf dem Teppich sitzen und eine Flasche Sekt trinken, wenn er nicht verheiratet wäre.«
Ewell: »Das ist wirklich ein sehr interessanter Standpunkt.« [10192]

*

Ewell: »So etwas Peinliches ist mir in meinem ganzen Leben noch nicht passiert.«
Monroe: »Nein? Mir passiert so etwas dauernd.« [10193]

*

Ewell: »Sind Sie eigentlich sehr teuer, Dr. Brubaker?«
Oscar Homolka (Dr. Brubaker): »Sehr teuer.«
Ewell: »Sie machen doch sicher auch mal Ausnahmen?«
Homolka: »Niemals.«
Ewell: »Ich meine, wenn es ein Fall wäre, der Sie besonders interessieren würde?«
Homolka: »Bei 50 Dollar die Stunde interessiert mich jeder Fall.« [10194]

*

Ewell: »Ich bringe dieses Mädchen um, Doktor.«
Homolka: »Eine mögliche Lösung. Ich gebe jedoch zu bedenken, daß ein perfekter Mord zu den schwierigsten Verbrechen zählt. Solange Sie nicht zu einem simplen Vergewaltigungsakt imstande sind, muß ich Ihnen dringend abraten, etwas so Kompliziertes ausführen zu wollen, denn bevor man laufen kann, muß man gehen lernen.« [10195]

***

VERFLUCHTES AMSTERDAM *(Amsterdamned)*
NL 1988, First Floor, Vestron (Regie, Buch Dick Maas)

*

»Ich dachte, Polizeibeamte dürfen im Dienst nicht trinken.«
Huub Stapel (Eric Visser): »Ich war noch nie ein guter Beamter.« [10196]

*

Monique Van de Ven (Laura): »Holen Sie mich um sechs bei mir ab!«
Stapel: »Wo wohnen Sie?«
Van de Ven: »Sie sind doch bei der Kriminalpolizei.« [10197]

*

Stapel (im Krankenhaus, angeschossen): »Wie spät ist es?«
»Ein Uhr nachts.«
Stapel: »Tja, die Zeit vergeht, wenn man Spaß hat.« [10198]

***

DER VERFÜHRER LÄSST SCHÖN GRÜSSEN
(Alfie)
UK 1966, Sheldrake (Regie Lewis Gilbert, Buch Bill Naughton, nach seinem Stück)

»*Ich dachte, Polizeibeamte dürfen im Dienst nicht trinken.*«
»*Ich war noch nie ein guter Beamter.*«
Verfluchtes Amsterdam

Michael Caine (Alfie): »Du hast überhaupt kein Temperament mehr. Als ob ich mich um dich bemühen müßte, anstatt du dich um mich.« [10199]

***

VERFÜHRUNG DER SIRENEN *(Sirens)*
AUS/UK 1994, WMG, British Screen, Miramax (Regie, Buch John Duigan)

*

Elle MacPherson (Sheela): »Ach, hätte ich ihn bloß vor den Kneifbacken gewarnt!«
Tara Fitzgerald (Estella Campion): »Was ist das?«
MacPherson: »Kleine böse Spinnen mit spitzen Kiefern, hocken mit Vorliebe unter Klositzen.«
Fitzgerald: »Wie erkennt man, daß sie da sind?«
MacPherson: »Am Geschrei ihrer Opfer.« [10200]

***

VERGESSENE WELT: JURASSIC PARK
(The Lost World – Jurassic Park)
USA 1997, Inc, Amblin, Universal (Regie Steven Spielberg, Buch David Koepp, nach dem Roman von Michael Crichton)

*

Jeff Goldblum (Dr. Ian Malcolm): »Ich habe die Wahrheit gesagt.«
Arliss Howard (Peter Ludlow): »Ihre Version davon.«
Goldblum: »Bei der Wahrheit gibt es keine Versionen.« [10201]

*

Richard Attenborough (John Hammond): »Seien Sie ganz unbesorgt, ich mache nicht noch mal den gleichen Fehler.«
Goldblum: »Nein, aber dafür machen Sie (...) lauter neue.« [10202]

*

Goldblum: »Wenn Sie mit Ihrem Namen in die Geschichte eingehen wollen, okay. Aber schreiben Sie ihn nicht auf die Grabsteine anderer Menschen, John!« [10203]

> »Greenpeace? Was hat Sie denn zu denen hingezogen?«
> »Die Weiber. 80 % bei Greenpeace sind Frauen.«
> Vergessene Welt: Jurassic Park

Goldblum: »Greenpeace? Was hat Sie denn zu denen hingezogen?«
Vince Vaughn (Nick Van Owen): »Die Weiber. 80 % bei Greenpeace sind Frauen.« [10204]

*

Goldblum: »Oh, wie nobel!«
Vaughn: »Ja ja, nobel war ich letztes Jahr, dieses Jahr brauch ich 'n bißchen Kohle.« [10205]

*

Goldblum: »He, darf ich dir als Vater 'n guten Rat geben: Hör nicht auf mich!« [10206]

*

Goldblum: »›Uh! Ah!‹ Das sagt jeder am Anfang. Aber dann, dann rennen alle um ihr Leben und schreien Zeter und Mordio.« [10207]

*

Goldblum: »Jetzt faßt Sie's auch noch an. Sie darf es doch nicht anfassen. Seht euch das an! Das ist typisch Frau, sie (...) müssen alles in die Hand nehmen, sonst glauben sie's nicht.« [10208]

*

Richard Schiff (Eddie Carr): »Gewalt und Technik, das (...) paßt nicht gut zusammen.« [10209]

*

Schiff: »Wenn Sie meinen, daß Sie technisch begabt sind, können Sie ja mal versuchen, den Schalter auf ›on‹ zu stellen.« [10210]

*

Goldblum: »Ja, ich hab mich ans Alleinsein gewöhnt, aber das heißt doch nicht, daß ich so leben will.« [10211]

*

Julianne Moore (Dr. Sarah Harding): »Ich liebe dich, nur kann ich dich im Augenblick hier nicht gebrauchen.« [10212]

*

Peter Postlethwaite (Roland Tembo): »Das ist ihr Jagdrevier, die Fleischfresser jagen hier. Wollen Sie ein Basislager aufbauen oder ein Buffet?« [10213]

*

Peter Stormare (Dieter Stark): »Der hat gar keine Angst.«
Thomas F. Duffy (Dr. Robert Burke): »Hier auf der Insel hat ihn niemand gestört. Er hat keinen Grund, vor Menschen Angst zu haben.«
Stormare (versetzt ihm Elektroschock): »Jetzt hat er aber einen.« [10214]

Vaughn: »Sagen Sie, haben Sie 'n Problem?«
Stormare: »Du bist da, das reicht doch.« [10215]

*

Postlethwaite: »Irgendwo auf dieser Insel gibt es das größte Raubtier aller Zeiten, und das zweitgrößte Raubtier wird es erlegen.« [10216]

*

Goldblum: »Na, was soll's! Sie können nichts dafür. Es heißt, Talent überspringt eine Generation. Ihre Kinder werden ganz sicher Intelligenzbestien.« [10217]

*

Goldblum: »Die Dinosaurier hier wegzuschaffen, ist die dümmste Idee in der langen, traurigen Geschichte dummer Ideen. Und ich werde dabeisein, wenn Sie das begreifen.« [10218]

***

DIE VERGESSENEN (Los Olvidados)
MEX 1950, Ultramar (Regie Luis Buñuel, Buch Luis Buñuel, Luis Alcoriza, Max Aub, Pedro de Urdimalas)

*

Héctor Lopez Portillo (Richter): »Manchmal sollte man die Eltern bestrafen für das, was sie ihren Kindern antun. Ihr gebt ihnen weder Liebe noch Wärme und wenn dann nichts aus ihnen wird, wundert ihr euch.« [10219]

*

Portillo: »Lieben Sie Ihr Kind nicht? Sieht bald so aus.«
Stella Inda (Marta, Pedros Mutter): »Ihn lieben? Warum sollte ich das? Ich weiß ja nicht mal, wer sein Vater ist. Ich war damals ein kleines Mädchen, das sich nicht wehren konnte.« [10220]

*

Alfonso Mejia (Pedro): »Was weiß ich. Sollen sich die Polypen darüber den Kopf zerbrechen, die werden dafür bezahlt.« [10221]

***

VERGEWALTIGT HINTER GITTERN (Jackson County Jail)
USA 1976, New World, United Artists (Regie Michael Miller, Buch Donald Stewart)

*

Yvette Mimieux (Dinah Hunter): »Ich soll mich mein Leben lang jagen lassen?«
Tommy Lee Jones (Coley Blake): »Von wem? Wo hast du bisher gelebt? Auf dem Mars? In diesem Land läuft eine halbe Million Killer frei herum. Die Polizei hat gar nicht die Zeit, sich um die zu kümmern. Hau ab! Tauch unter! Und der Fall ist erledigt.« [10222]

*

Jones: »Ein Gauner zu sein, ist nichts besonderes. Jeder ist auf seine Art ein Gauner. Oder willst du etwa bestreiten, daß es auf der Welt von Gaunern nur so wimmelt? Jeder versucht doch, den anderen übers Ohr zu hauen. Wir leben in einer Welt von Gaunern.«
Mimieux: »Ich weiß, daß es auch ehrliche Menschen gibt.«
Jones: »Ja, die noch nicht erwischt worden sind.« [10223]

*

Mimieux: »Sie werden Sie erschießen.«
Jones: »Na und wenn schon. Man wird zum Sterben geboren.« [10224]

***

VERHANDLUNGSSACHE (The Negotiator)
USA/BRD 1998, Monarchy, Regency, Mandeville, Taurus, Warner (Regie F. Gary Gray, Buch James DeMonaco, Kevin Fox)

*

Samuel L. Jackson (Danny Roman): »Wenn Ihre Freunde Sie verraten, sind Fremde manchmal die einzigen, denen man trauen kann.« [10225]

*

Jackson: »Die denken jetzt, Sie hätten's getan, Niebaum. Aber ›die‹ gibt's doch gar nicht, nicht wahr? Also brauchen Sie sich auch keine Sorgen zu machen.« [10226]

***

VERHÄNGNIS (Damage)
UK/F 1992, Skreba, N.E.F., Canal+, Channel Four, European Co-Productions Fund (Regie Louis Malle, Buch David Hare, nach dem Roman von Josephine Hart)

*

Jeremy Irons (Stephen Fleming): »Ich kann nicht weiter sehen als bis zu dir.« [10227]

> *»Das ist ihr Jagdrevier,*
> *die Fleischfresser jagen hier.*
> *Wollen Sie ein Basislager*
> *aufbauen oder ein Buffet?«*
> Vergessene Welt: Jurassic Park

EINE VERHÄNGNISVOLLE AFFÄRE
(Fatal Attraction)
USA 1987, Paramount (Regie Adrian Lyne, Buch James Dearden)

*

Glenn Close (Alex Forrest): »Ist es denn so schlimm gewesen?«
Michael Douglas (Dan Gallagher): »Na ja, ich war wirklich froh, daß der Blick nicht mir gegolten hat.« [10228]

*

Douglas: »Meine Frau ist bei ihren Eltern auf dem Land zu Besuch übers Wochenende.«
Close: »Und Sie sitzen hier mit einem fremden Mädchen, Sie unartiger Junge.«
Douglas: »Ich glaube nicht, daß es ein Verbrechen ist, mit jemandem zu Abend zu essen.«
Close: »Noch nicht.« [10229]

*

Close: »Hast du's schon mal im Fahrstuhl gemacht?« [10230]

*

Close: »Was ist passiert? Ich bin wach geworden, und du warst nicht da. So was hasse ich.« [10231]

*

Close: »Wie lange bist du schon verheiratet?«
Douglas: »Neun Jahre.«
Close: »Hast du Kinder?«
Douglas: »Hm. Ich hab eine sechsjährige Tochter.«
Close: »Hört sich gut an.«
Douglas: »Ja, ich bin glücklich.«
Close: »Was machst du dann hier?« [10232]

*

Close: »Ich glaube nicht, daß mir das gefällt.«
Douglas: »Was meinst du?«
Close: »Wenn du jedesmal wegrennst, wenn wir miteinander geschlafen haben.« [10233]

*

Douglas: »Du kanntest die Regeln, Alex.«

> »Bitte rechtfertige dich nicht,
> das ist doch jämmerlich. Wenn
> du gesagt hättest: ›Verpiss dich!‹,
> hätte ich mehr Respekt vor dir.«
> Eine verhängnisvolle Affäre

Close: »Welche Regeln?« [10234]

*

Close: »Bitte rechtfertige dich nicht, das ist doch jämmerlich. Wenn du gesagt hättest: ›Verpiss dich!‹, hätte ich mehr Respekt vor dir.« [10235]

***

EINE VERHEIRATETE FRAU
(Une Femme mariée)
F 1964, Anouchka, Orsay (Regie, Buch Jean-Luc Godard)

*

Bernard Noel (Robert): »Weil alle Männer, die du kennst, sich schlecht benehmen, brauch ich mich nicht auch schlecht zu benehmen.« [10236]

***

VERHEXT (Jinxed!)
USA 1982, Jaffe, United Artists (Regie Don Siegel, Buch Bert Blessing, David Newman)

*

Rip Torn (Harold Benson): »Also gut, ich werd mal versuchen, mich für 'n Moment in dein verdrehtes Hirn reinzuversetzen.« [10237]

***

DIE VERKAUFTE BRAUT
D 1932, Reichsliga (Regie Max Ophüls, Buch Curt Alexander, Jaroslav Krapil, Max Ophüls, nach der komischen Oper von Friedrich Smetana)

*

Paul Kemp (Wenzel): »Kunst ist schön.«
Annemie Soerensen (Esmeralda): »Macht aber viel Arbeit.« [10238]

***

DIE VERLOBUNG DES MONSIEUR HIRE
(Monsieur Hire)
F 1989, Cinéa, Hachette, FR3 (Regie Patrice Leconte, Buch Patrice Leconte, Patrick Dewolf, nach dem Roman ›Les Fiançailles de Monsieur Hire‹ von Georges Simenon)

*

Michel Blanc (Monsieur Hire): »Sie haben recht, die Leute mögen mich nicht, aber umgekehrt, ich mag sie auch nicht.«
André Wilms (Inspektor): »(...) Was haben Sie ihnen getan, daß sie Sie dermaßen hassen?«
Blanc: »Gar nichts. Überhaupt nichts. Ich bin weder gesellig noch freundlich, und das beunruhigt sie.« [10239]

Blanc: »Ich mag das Schweigen, und ich rede nicht gern.« *10240*

*

Blanc: »Als einfacher Inspektor haben Sie's in Ihrem Alter sicher nicht leicht.« *10241*

*

Blanc (zu neugierigem Nachbarn): »Wollen Sie ein Foto von mir haben?« *10242*

***

VERLOCKENDE FALLE *(Entrapment)*
USA/BRD 1999, Fountainbridge, Taurus, Regency, Monarchy, Twentieth Century Fox (Regie Jon Amiel, Buch Ron Bass, William Broyles, Story Ron Bass, Michael Hertzberg)

*

Sean Connery (Robert ›Mac‹ MacDougal): »Ich stelle Ihnen einige Fragen. Wenn mir die Antworten nicht gefallen, fliegen Sie aus dem Fenster.« *10243*

*

Connery: »Wenn ich mich verspäte, dann weil ich tot bin.« *10244*

*

Catherine Zeta-Jones (Virginia ›Gin‹ Baker): »Ich bin nicht das, wofür Sie mich halten.«
Connery: »Das will ich auch hoffen, um Ihretwillen.« *10245*

*

Zeta-Jones: »Acht Milliarden Dollar.«
Connery: »Sie hatten eine Milliarde gesagt.«
Zeta-Jones: »Ich sagte, das wäre Ihr Anteil.«
Connery: »Was können Sie mit sieben Milliarden anfangen, was nicht auch mit vieren geht?« *10246*

*

Connery: »Es ist unmöglich. ... Aber machbar.« *10247*

***

DER VERLORENE
BRD 1951, Pressburger, National (Regie Peter Lorre, Buch Peter Lorre, Axel Eggebrecht, Benno Vigny)

*

Helmut Rudolph (Oberst Winkler): »Begreifen Sie doch endlich mal, daß Ihre antiquierten ethischen Bedürfnisse nicht mehr in diese Zeit passen!« *10248*

*

Eva-Ingeborg Scholz (Ursula Weber): »Was hat man schon vom Leben, wenn man jung ist!« *10249*

***

DAS VERLORENE WOCHENENDE *(The Lost Weekend)*
USA 1945, Paramount (Regie Billy Wilder, Buch Charles Brackett, Billy Wilder, nach dem Roman von Charles R. Jackson)

*

Phillip Terry (Wick Birnam): »Du kommst mir vor wie jemand, der vom Empire State Building springt und erwartet, daß er nur ein Stockwerk runterfällt.« *10250*

*

Ray Milland (Don Birnam): »Ich betrinke mich nicht ab und zu mal, sondern ich trinke.« *10251*

***

VERRAT IM FORT BRAVO *(Escape from Fort Bravo)*
USA 1954, MGM (Regie John Sturges, Buch Frank Fenton, Story Philip Rock, Michael Pate)

*

Carl Benton Reid (Colonel Owens): »Wenn ich Sie so im Dienst beobachte, bin ich froh, daß wir in derselben Armee sind.« *10252*

*

Eleanor Parker (Carla Forrester): »Die Frauen sehen immer zauberhaft aus, wenn sie heiraten, und die Männer sehen immer ängstlich aus.«
William Holden (Captain Roper): »Bei beiden legt es sich.« *10253*

*

Holden: »Wenn ich nicht zurückkomme ...«
William Newell (Symore): »Sie kommen zurück, Hauptmann, nur die Guten sterben jung.«
Holden: »Dann habe ich ja wohl noch eine Menge Zeit.«
Newell: »Ich würde sagen, ewig.« *10254*

> »Du kommst mir vor wie jemand, der vom Empire State Building springt und erwartet, daß er nur ein Stockwerk runterfällt.«
>
> Das verlorene Wochenende

VERRÜCKT NACH MARY
(There's Something about Mary)
USA 1998, Farrelly, Twentieth Century Fox (Regie Peter Farrelly, Bobby Farrelly, Buch Ed Decter, John J. Strauss, Peter Farrelly, Bobby Farrelly, Story Ed Decter, John J. Strauss)

*

Ben Stiller (Ted Stroehmann): »Ich konnte es nicht fassen, sie wußte, wie ich heiße. Einige meiner besten Freunde wußten nicht mal, wie ich heiße.« [10255]

*

Keith David (Marys Stiefvater): »Also was, zum Teufel, veranstaltest du hier? Hast du dir die Hosen vollgeschissen oder was?«
Stiller: »Schön wär's.« [10256]

***

DIE VERRÜCKTEN NACHBARN (Neighbors)
USA 1981, Zanuck-Brown, Columbia (Regie John G. Avildsen, Buch Larry Gelbart, nach dem Roman von Thomas Berger)

*

John Belushi (Earl Keese): »Was kann ich für Sie tun?«
Cathy Moriarty (Ramona): »Alles, was Sie gern möchten. Die Frage ist, was erwarten Sie als Gegenleistung?« [10257]

*

Belushi: »Sie erpressen mich, Ramona.«
Moriarty: »He, wozu hat man denn Nachbarn?« [10258]

*

Moriarty: »Er hat gesagt, aufwärts wäre ganz eindeutig nicht deine Richtung.« [10259]

***

VERSCHWÖRUNG IM NACHTEXPRESS
(The Tall Target)
USA 1951, MGM (Regie Anthony Mann, Buch George Worthington Yates, Art Cohn, Joseph Losey (ungenannt), Story George Worthington Yates, Geoffrey Holmes [=Daniel Mainwaring])

> »Sie brauchen keinen Arzt, nur eine lange schwarze Kiste.«
> Verschwörung im Nachtexpreß

Adolphe Menjou (Colonel Caleb Jeffers): »Schaffner, trinken Sie einen!«
Will Geer (Homer Crowley): »Nicht, wenn ich im Dienst bin.«
Menjou: »Aber was denn, das ist ein Stärkungsmittel. Hier ist ein bißchen Wasser.«
Geer: »Danke. Wir wollen doch die medizinische Wirkung nicht abschwächen.« [10260]

*

Dick Powell (John Kennedy): »Sie brauchen keinen Arzt, nur eine lange schwarze Kiste.« [10261]

***

DER VERSTEINERTE WALD
(The Petrified Forest)
USA 1936, Warner (Regie Archie L. Mayo, Buch Charles Kenyon, Delmer Daves, nach dem Stück von Robert Sherwood)

*

Genevieve Tobin (Edith Chisholm): »Bevor ich wußte, wie mir geschah, war ich mit diesem Eckpfeiler eines großen Bankhauses verheiratet. Und was hat er getan? Er nahm meine Seele, druckte sie auf eine Karteikarte und legte sie zu den Akten.« [10262]

*

Leslie Howard (Alan Squire): »Na, na, na, Gabrielle, machen Sie Boze keine Vorwürfe! Sie müssen bedenken, daß er ein Muskelprotz ist. Da spürt er die Qual der Erniedrigung doppelt schwer.« [10263]

***

VERSUCHUNG AUF 809
(Don't Bother to Knock)
USA 1952, Twentieth Century Fox (Regie Roy Baker, Buch Daniel Taradash, nach dem Roman von Charlotte Armstrong)

*

Richard Widmark (Jed Towers): »Haben Sie mit Ihrer Frau oft Streit und Auseinandersetzungen?«
Willis Bouchey (Barmann): »Manchmal muß sie auch schlafen.« [10264]

*

Widmark (zu Monroe): »Solche Mädchen wie Sie sah ich zuletzt, als ich 14 war.« [10265]

*

Marilyn Monroe (Nell Forbes): »Sie sind sehr nett.«
Widmark: »Danke!«

Monroe: »Ich werde heute nacht wahrscheinlich von Ihnen träumen.«
Widmark: »Seien Sie bitte nicht voreilig.« [10266]

Widmark: »Immer wieder bringen die Frauen Unordnung in mein Leben.« [10267]

***

VERTRAG MIT MEINEM KILLER
(I Hired a Contract Killer)
Finnland/Schweden 1990, Villealfa, Swedish Film Institute (Regie, Buch Aki Kaurismäki)

Michael O'Hagan (Boss der Killer): »Wieso tun Sie's *(Selbstmord)* nicht selbst und sparen sich das Geld?« [10268]

Nicky Tesco (Pete): »Wieso willst du sterben, Henry?«
Jean-Pierre Léaud (Henri Boulanger): »Aus persönlichen Gründen.« [10269]

***

DIE VERURTEILTEN
(The Shawshank Redemption)
USA 1994, Castle Rock (Regie, Buch Frank Darabont, nach der Geschichte ›Rita Hayworth and Shawshank Redemption‹ von Stephen King)

Rob Gunton (Direktor Norton): »Ich glaube an zwei Dinge, an Disziplin und an die Bibel. Wir werden euch beides lehren. Ihr vertraut in Gott, aber euer Arsch gehört mir. Willkommen in Shawshank!« [10270]

Morgan Freeman (Ellis Boyd ›Red‹ Redding): »Schach ist für mich 'n Rätsel. Ich hasse es.« [10271]

Tim Robbins (Andy Dufresne): »Ich glaube, man muß eine Entscheidung treffen, Red. Entweder man entscheidet sich zu leben, oder man entscheidet sich zu sterben.« [10272]

***

VERY BAD THINGS
USA 1998, Initial, Interscope, Ballpark, PolyGram (Regie, Buch Peter Berg)

Cameron Diaz (Laura Garrety): »Ich finde, daß du ein paar deiner Freunde gelegentlich mal einer kritischen Überprüfung unterziehen müßtest.« [10273]

Jon Favreau (Kyle Fisher): »Er redet nur nicht so viel.«
Diaz: »Warum? Ich meine, ist er geistig zurückgeblieben?« [10274]

Jeremy Piven (Michael Berkow): »Du heiratest, mein kleiner Freund, und ich will's nicht beschönigen, von jetzt an geht's bergab. Stell's dir wie 'ne Mordsdampfwalze vor, die jeden Knochen in deinem Körper zermalmt.« [10275]

Christian Slater (Robert Boyd): »Wenn wir die Nerven verlieren, ist niemandem geholfen. Versuchen wir mal, vernünftig zu überlegen.« [10276]

Slater: »Realistisch gesehen, wenn du die Tragik des Todes verdrängst, den Schrecken der Situation ignorierst, den ganzen Haufen ethisch-moralischer Scheiße nicht beachtest, der dir ins Hirn geschmiert worden ist, seit du denken kannst, was bleibt noch übrig? Was? Ein Problem *(Leiche)* von 105 Pfund. Nur 105 Pfund, die bewegt werden müssen von Punkt A nach Punkt B.« [10277]

Russell McKenzie (Security Guard): »Was ist eigentlich in Sie gefahren, hm?
Slater: »Drogen und Alkohol.« [10278]

Slater: »Wenn du das Telefon auch nur anrührst, begrab ich dich mit ihnen. Kapitulation steht nicht mehr zur Debatte.« [10279]

Slater: »Jetzt stellt sich raus, was ihr draufhabt, Freunde. Der Moment schonungsloser Selbsterkenntnis. Wie gut funktioniere ich, wenn es ernst wird, wenn's ans Eingemachte geht? Be-

---

»Was ist eigentlich in
Sie gefahren, hm?
»Drogen und Alkohol.«
Very Bad Things

wahre ich die Fassung, wenn sie meine Sandburg plattwalzen, wenn sie mein Lied nicht singen wollen und so weiter und so weiter und so weiter ...« ¹⁰²⁸⁰

*

Slater: »Ist euch klar, was ich meine?«
Piven: »Nicht so richtig, nein.«
Slater: »Das ist gar kein Problem. Auch wenn der Sinn euch verborgen bleibt, befolgt meine Anweisungen!« ¹⁰²⁸¹

*

Daniel Stern (Adam Berkow): »Ich bin nicht flexibel, was das angeht.« ¹⁰²⁸²

*

Slater: »Oh Mann, diese *(gerade umgebrachte)* Lois hat gekämpft wie 'n scheiß Comanche.« ¹⁰²⁸³

*

Diaz: »Ich habe darauf 27 Jahre gewartet. 27 Jahre habe ich mich nur darauf vorbereitet, endlich vor den Altar zu treten. Und das lasse ich mir nicht nehmen. Und ich lasse mich nicht blamieren. Und ich lasse mich nicht zurückweisen. Ich werde morgen heiraten und wenn die scheiß Hölle zufriert.« ¹⁰²⁸⁴

*

Diaz: »Okay, schaff ihn *(Slater, den sie gerade erschlagen hat)* ins Scheißhaus, und schieb deinen Arsch an den Altar!« ¹⁰²⁸⁵

*

Diaz: »Du und Moore, ihr vergrabt die scheiß Leichen woanders! Kapiert? Und euren Freund Boyd verscharrt ihr gleich mit! Und wenn du schon dabei bist, kannst du deinen dämlichen Moore auch gleich mit entsorgen.«
Favreau: »Du willst, daß ich Moore umbringe?«
Diaz: »Ich weiß, er ist der einzige Freund, der dir bleibt, ja, aber er ist ein unsicherer Kunde, und du mußt, verdammt noch mal, endlich lernen, im Stehen zu pinkeln wie ein erwachsener Mann.« ¹⁰²⁸⁶

> »Was ist falsch, was ist richtig?
> Eine Frau, die vorgibt,
> ein Mann zu sein, der sagt,
> er wär eine Frau.«
> Victor/Victoria

VICTOR/VICTORIA

UK 1982, Peerford, Artista, Edwards, Ladbroke (Regie, Buch Blake Edwards, nach dem Film Viktor und Viktoria, D 1933, Regie, Buch Reinhold Schünzel)

*

Peter Arne (M. Labisse): »Aber niemand ist *(bei der Schlägerei)* ernstlich verletzt worden.«
Geoffrey Beevers (Inspektor Bernheim): »Deshalb schließe ich Ihr Lokal auch nur für eine Woche.«
Arne: »Wissen Sie, wieviel ich verliere in einer Woche.«
Beevers: »Ein Viertel von dem, was Sie in einem Monat verlieren, falls es weiteren Ärger gibt.« ¹⁰²⁸⁷

*

Julie Andrews (Victoria Grant/ Count Victor Grazinski): »Das Bourguignon ist vielleicht ein kleines bißchen zäh.«
Graham Stark (Kellner): »So wie Sie essen, sind vielleicht Ihre Kiefer ein bißchen übermüdet.« ¹⁰²⁸⁸

*

Andrews: »Was ist falsch, was ist richtig? Eine Frau, die vorgibt, ein Mann zu sein, der sagt, er wär eine Frau.« ¹⁰²⁸⁹

*

James Garner (King Marchan): »Du und deine Ideen! ›Warum nehmen Sie sie nicht nach Paris mit, Boss?‹«
Alex Karras (Squash): »Ich dachte, es würde Ihnen helfen, sich zu erholen.«
Garner: »Ach, hilf mir nie wieder, mich zu erholen!« ¹⁰²⁹⁰

*

Andrews: »Ich weiß, daß es lächerlich klingt, aber ich glaube, ich werde vor Müdigkeit nicht schlafen können.«
Robert Preston (Carroll ›Toddy‹ Todd): »Ich bring dir einen Cognac.«
Andrews: »Meinst du, ich kann dann besser schlafen?«
Preston: »Nein, aber er wird dir das Wachsein amüsanter machen.« ¹⁰²⁹¹

*

Andrews: »Das müßtest du doch verstehen.«
Garner: »Um ganz ehrlich zu sein, im Moment fällt es mir ziemlich schwer, irgend etwas zu verstehen.« ¹⁰²⁹²

Andrews: »Ich glaub, daß es nicht das ist, was dich in Wirklichkeit beunruhigt.«
Garner: »Wenn du glaubst, es beunruhigt mich, daß mich alle für schwul halten könnten, hast du recht.« [10293]

*

Garner: »Ich bin kein Gangster.«
Andrews: »Och, nur ein Geschäftsmann mit einem Leibwächter.«
Garner: »Ein Geschäftsmann, der Geschäfte macht mit Gangstern und keinen Leibwächter hat, ist sehr bald aus 'm Geschäft raus.« [10294]

*

Garner: »Mir ist, als hätte ich die Nacht in einem Zementmischer verbracht.« [10295]

***

DIE VIELEN TODE DER LOUISE JAMISON
(Guilty Conscience)
USA 1985, Levinson-Link (Regie David Greene, Buch Richard Levinson, William Link)

*

Anthony Hopkins (Arthur Jamison): »Der Abzug an dem Revolver ist sehr empfindlich. Also falls du mich nicht erschießen willst, halt ihn ein bißchen beiseite.« [10296]

*

Hopkins: »Sie machen es mir schwer, bescheiden zu sein. Da ich unter Eid stehe, muß ich Ihnen recht geben.« [10297]

*

Hopkins: »Der klassische Fehler des Amateurs ist übertriebenes Selbstvertrauen.« [10298]

***

VIER FREUNDE (Four Friends)
USA 1981, Filmways, Cinema '77, Geria, Florin (Regie Arthur Penn, Buch Steve Tesich)

*

Reed Birney (Louie Carnahan): »Philosophie? Wenn Nationen anfangen, sich mit Philosophie zu befassen, ist das ein sicheres Zeichen ihres Niedergangs. Die Hunnen, die Goten, die Ostgoten, die Wandalen haben sich keine Sorgen gemacht um Philosophie. Feiglinge spielen mit Philosophie herum.« [10299]

*

Craig Wesson (Danilo Prozor): »Ich wünschte, ich hätte zwei Leben. Dann würde ich eins ohne dich verbringen.« [10300]

*

Wesson: »Ich habe dich noch kein einziges Mal lächeln sehen.«
Miklos Simon (Mr. Prozor): »Als du geboren wurdest, habe ich gelächelt. (...) Als du geboren wurdest, da habe ich meinen Hut abgenommen und damit auf den Tisch geschlagen. Und ich bin fast sicher, ich habe damals gelächelt.« [10301]

***

VIER HOCHZEITEN UND EIN TODESFALL
(Four Weddings and a Funeral)
UK 1994, Working Title, Channel Four, PolyGram (Regie Mike Newell, Buch Richard Curtis)

*

Kristin Scott Thomas (Fiona, zu Grant, Trauzeuge): »Dein Zuspätkommen hat eine gewisse Größe.« [10302]

*

Hugh Grant (Charles): »Wie geht's deiner hinreißenden Freundin?«
Simon Kunz (John): »Sie ist nicht mehr meine Freundin.«
Grant: »Ach, schade! Sei nicht zu betrübt! Wie man hört, hat sie immer noch mit dem alten Tobey Delisle rumgebumst, falls es mit dir nichts wird.«
Kunz: »Sie ist jetzt meine Frau.« [10303]

*

Timothy Walker (Angus, Bräutigam, über die Braut): »Achtet nicht auf sie, sie hat getrunken. Ich hoffe es wenigstens. Sonst hab ich echte Schwierigkeiten.« [10304]

*

Sophie Thompson (Lydia): »Alle haben gesagt, wenn du Brautjungfer wirst, dann wirst du Sex haben. Du wirst sie abwimmeln müssen. Aber es ist nicht mal eine Zunge in Sicht.« [10305]

*

David Haig (Bernard): »Tja, ich meine, wenn du Lust hast zu irgendwas, könnte ich ja ...«
Thompson: »Jetzt werd aber nicht albern, Ber-

»Mir ist, als hätte ich die Nacht in einem Zementmischer verbracht.«
Victor/Victoria

nard! So verzweifelt bin ich auch wieder nicht.« 10306

*

Andie MacDowell (Carrie): »Es war nett, Sie beinahe kennenzulernen.« 10307

*

Grant: »Du behauptest, die Ehe sei bloß eine Möglichkeit, eine peinliche Pause in der Konversation zu umgehen?« 10308

*

MacDowell: »Hast du einen amüsanten Abend?«
Grant: »Ja. Ja, er ist mindestens so schön wie das Begräbnis meines Vaters, was den reinen Unterhaltungswert angeht.« 10309

*

Grant: »Haben Sie die Hochzeitsliste von den Banks?«
Bernice Stegers (Verkäuferin): »Natürlich, Sir. Viele wunderschöne Sachen für um die 1000 £.«
Grant: »Was ist mit Sachen so um die 50 £? Gibt's das?«
Stegers: »Tja, dafür können Sie diesen Pygmäenkrieger da drüben bekommen.«
Grant: »Den? Ausgezeichnet!«
Stegers: »Wenn Sie jemanden finden, der die restlichen 3950 dazu beisteuert. Unsere Tragetaschen gibt es für 1 £ 50 das Stück. Kaufen Sie doch einfach 33 Stück davon.« 10310

*

MacDowell: »Es *(Heiraten)* ist wirklich leicht. Sag einfach ›ja‹, wenn dir irgendwer eine Frage stellt.« 10311

*

James Fleet (Tom): »Bis jetzt konnte ich sie hinhalten. Das ist der Vorteil, wenn man den Ruf hat, dumm zu sein. Die Leute sind weniger mißtrauisch.« 10312

> »*Es war nett,
> Sie beinahe kennenzulernen.*«
> Vier Hochzeiten und ein Todesfall

VIER IM ROTEN KREIS *(Le Cercle rouge)*
F/I 1970, Corona, Selenia (Regie, Buch Jean-Pierre Melville)

*

Jean-Pierre Janic (Paul): »Rico zu Hause zu überfallen! Schlechte Gewohnheiten angenommen im Knast.« 10313

*

André Bourvil (Kommissar Mattëi): »Da du mir nicht helfen willst, muß ich mir halt die Mühe machen, dir ein bißchen Angst einzujagen.« 10314

*

Bourvil: »Du bist in meiner Schuld, und davon profitiere ich. Selbst wenn es nicht mit deiner Mentalität vereinbar ist, wirst du mir helfen müssen. Andernfalls verspreche ich dir, daß du Schereien bekommen wirst. Es gibt keine Polizei ohne Zuträger. Das weißt du, mein Freund.« 10315

***

DIE VIER SÖHNE DER KATIE ELDER
(The Sons of Katie Elder)
USA 1965, Wallis, Paramount (Regie Henry Hathaway, Buch William H. Wright, Allan Weiss, Harry Essex, Story Talbot Jennings)

*

Paul Fix (Sheriff Billy Wilson): »Du bist noch genausoschnell wie früher, vielleicht sogar noch schneller. Wahrscheinlich bist du nicht aus der Übung gekommen.«
John Wayne (John Elder): »Hier bei euch gibt es wohl immer noch keine Zeitungen?« 10316

*

James Gregory (Hastings): »Falls irgendwas passiert, muß es natürlich wie Notwehr aussehen«
George Kennedy (Curley): »Ich hatte bis jetzt noch nicht viel von John Elder gehört, durch Sie weiß ich nun Bescheid, und ich denke nicht daran zu warten, bis er zuerst zieht.« 10317

*

Gregory: »Im Leben kriegt man nichts geschenkt, und wenn man eine ganze Stadt haben will, dann muß man was riskieren.« 10318

*

Wayne: »Das kann ich mir gar nicht vorstellen, daß einer aus unserer Familie aufs College geht.«

fMichael Anderson jr. (Bud Elder): »Ich wollte ja auch nicht hin, nicht ums Verrecken, aber es gab nur das oder das Kittchen.« [10319]

*

Wayne: »Seit ich hier in der Stadt bin, Billy, verlangt man von mir, daß ich weggehe, oder man hält mir ein Schießeisen vor die Nase.«
Fix: »Du kannst ja nicht erwarten, daß man Revolverhelden in Watte packt.« [10320]

*

Earl Holliman (Matt Elder): »Was soll das? Wieso haust du mir eine runter?«
Dean Martin (Tom Elder): »Du stehst da und siehst zu, wie er mich verprügelt.« [10321]

***

VIER VÖGEL AM GALGEN
(The Spikes Gang)
USA 1974, Mirish, Duo, Sanford, United Artists (Regie Richard Fleischer, Buch Irving Ravetch, Harriet Frank jr., nach dem Roman ›The Bank Robber‹ von Giles Tippette)

*

Ron Howard (Les): »Mann, den hat's aber erwischt!«
Charles Martin Smith (Tod): »Ich möchte wissen, was er getan hat.«
Howard: »Auf jeden Fall was, das irgend jemand nicht gefallen hat.« [10322]

*

Bart Conway (Bankangestellter): »Es ist immer noch Zeit, mein Sohn.«
Gary Grimes (Will): »Wofür?«
Conway: »Nachzudenken über das, was ihr tut, und wohin es führen kann.«
Grimes: »Wenn ich ein Feuer entfache, soll es auch brennen.« [10323]

*

Grimes: »Ich weiß gar nicht, warum der Köter so freundlich ist, wo ich vielleicht gerade seinen Bruder verputze.« [10324]

*

Smith: »Schmeckt gar nicht so übel, wenn man mit der Nase nicht so dicht rangeht.« [10325]

*

Lee Marvin (Harry Spikes): »Für euren Kopf gibt's Geld, egal, ob man euch warm oder kalt abliefert.« [10326]

*

Marvin: »So, und ich werde mich jetzt besaufen. Muß meinen Kopf wider mal durchspülen, damit mich die dummen Gedanken nicht auffressen.« [10327]

*

Marvin: »Ich hab gehört, die hast du von hinten umgelegt.«
Arthur Hunnicutt (Kid White): »Was soll man machen, wenn die sich nicht umdrehen?« [10328]

*

Marvin: »Du riechst nach Rheumasalbe und alter Pisse, Billy. Es wird Zeit, daß du dich mit deinem Arsch in einen Schaukelstuhl pflanzt und den Brei mümmelst, den man dir vorsetzt.« [10329]

*

Marvin: »Er hätte wissen müssen, wann Schluß ist. Wer dies Gewerbe betreibt, muß beizeiten aufhören können, sonst sorgen andere dafür, daß er aufhört.« [10330]

*

Marvin: »Wir wollen hoffen, daß die Erde, die ihn bedecken wird, immer grün bleibt.« [10331]

*

Marvin: »Ich würde an seiner Seite bleiben, wenn ich ihm damit helfen und mir nicht schaden würde. Aber so stehen die Dinge nun eben nicht. (...) Ich habe manchen toten Freund preisgeben müssen, ich habe manchen Sterbenden zurückgelassen, und ich hab gehört, wie sie meinen Namen riefen. Man kann nur die Ohren verschließen, die Augen zumachen und um sein Leben rennen. Wenn ihr etwas älter wärt und länger dabei, dann wüßtet ihr, daß man nur so überleben kann.« [10332]

*

Howard: »Jetzt weiß ich, wie Sie wirklich sind, Mr. Spikes.«
Marvin: »Ach, ich hab genausoviel Gefühl wie ihr, nur kommt's drauf an, ob man sich's leisten kann, und wir können's nicht.« [10333]

»So, ... ich werde mich ... besaufen. Muß meinen Kopf ... durchspülen, damit mich die dummen Gedanken nicht auffressen.«
Vier Vögel am Galgen

DIE VIERERBANDE *(La Bande des quatre)*
F/CH 1989, Grise, Limbo, La sept, Ministère de la Culture, Sofica (Regie Jacques Rivette, Buch Jacques Rivette, Pascal Bonitzer, Christine Laurent)

*

Laurence Cote (Claude): »Man trifft Verrückte auf Schritt und Tritt.« [10334]

***

DER VIERTE MANN *(Kansas City Confidential)*
USA 1952, Small, Associated Players and Producers (Regie Phil Karlson, Buch George Bruce, Harry Essex, Story Harold P. Greene, Rowland Brown)

*

»Wie denken Sie über den Fall?«
»Wenn Sie die weitere Vernehmung mir überlassen, liegt morgen früh sein Geständnis auf Ihrem Schreibtisch.« [10335]

***

VIERZEHN JAHRE SING-SING *(I Walk Alone)*
USA 1948, Paramount (Regie Byron Haskin, Buch Charles Schnee, nach dem Stück ›Beggars Are Coming to Town‹ von Theodore Reeves)

*

Kristine Miller (Mrs. Richardson): »Du tust mir weh.«
Kirk Douglas (Noll Turner): »Ich dachte, das magst du.« [10336]

*

Burt Lancaster (Frankie Madison): »Dave kümmert sich um die Bücher, du um die Diplomatie. Und was habe ich zu tun?« [10337]

*

Lizabeth Scott (Kitty Lawrence): »Du weißt doch, daß du Frankie damals versprochen hast, halbe-halbe mit ihm zu machen. Beabsichtigst du jetzt, dein Wort zu brechen?«
Douglas: »Ihr seid beide sehr sentimental, du und Frankie. Ich aber nicht.« [10338]

*

Marc Lawrence (Nick Palestro): »Für Geld verkaufst du deine eigene Mutter.«

> »Für Geld verkaufst du
> deine eigene Mutter.«
> »Natürlich, sie würde auch
> dasselbe mit mir tun.«
> Vierzehn Jahre Sing-Sing

Mickey Knox (Skinner): »Natürlich, sie würde auch dasselbe mit mir tun.« [10339]

*

Lancaster: »Nimm die Hand vom Telefon!«
Douglas: »Aber Frankie, *ich* hab den Revolver.« [10340]

***

1492: DIE EROBERUNG DES PARADIESES *(1492: Conquest of Paradise)*
USA 1992, Main, Legende, Cyrk, Odyssey (Regie Ridley Scott, Buch Roselyne Bosch)

*

Tcheky Karyo (Pinzón): »Ein Schweigegelübde? (...) Dann übernehme ich das Reden für uns beide, Ihr nickt nur. Einverstanden? So halte ich es auch mit meiner Frau.« [10341]

*

Gérard Depardieu (Christopher Columbus): »Ganz gleich, wie lange Ihr leben werdet, Sanchez, es gibt etwas, das sich niemals zwischen uns ändern wird: Ich habe es getan, Ihr nicht.« [10342]

***

DER VIERZEHNTE JULI *(Quatorze juillet)*
F 1933, Tobis (Regie, Buch René Clair)

*

Raymond Cordy (Raymond): »Ach, die Frauen! Da weiß man nie, wo man dran ist. Ich werd's wie Papa machen, ich bleib Junggeselle.« [10343]

***

VIERZIG GEWEHRE *(Forty Guns)*
USA 1957, Globe, Twentieth Century Fox (Regie, Buch Samuel Fuller)

*

Eve Brent (Louvenia Spanger, Büchsenmacherin): »Sie haben sehr hohe Backenknochen und tiefe Schultern.«
Gene Barry (Wes Bonnell): »Erschwert das Ihre Arbeit?« [10344]

*

Barry: »Vielleicht sollte ich doch seßhaft werden, aber diese Stadt sieht aus wie jede andere.«
Brent: »Ein Spanger-Gewehr sieht auch aus wie jedes andere, wenn man gute Arbeit nicht von schlechter unterscheiden kann.« [10345]

Brent: »Dann hat man ihn mit seinem eigenen Gewehr erschossen.«
Barry: »Scheint so. Und wer ist der beste Schütze hier in der Gegend?«
Brent: »Ich habe ihn nicht erschossen.«
Barry. »Tatsächlich? Und wer ist der zweitbeste Schütze?« [10346]

*

Barbara Stanwyck (Jessica Drummond): »Darin hat mich mal eine Klapperschlange gebissen, als ich fünfzehn war.«
Barry Sullivan (Griff Bonnell): »Ich wette, sie ist daran gestorben.«
Stanwyck: »Sie haben richtig gewettet. Sie halten nicht viel von mir, nicht wahr?« [10347]

*

Sullivan: »Vor zehn Jahren habe ich das letzte Mal einen Menschen getötet. Er war noch jung, aber ein Taugenichts wie dein Bruder. Er hatte das Leben noch vor sich. Ich hätte ihn zum Krüppel schießen können, aber ich tat es nicht. Seitdem verfolgt mich der Blick seiner toten Augen. Na ja, keiner kann gegen sein Gefühl an. Weißt du, warum mir das Schießen verhaßt ist? Weil ich immer treffe.« [10348]

*

Robert Dix (Chico Bonnell): »Du hast den Kopf verloren. Du hast ihn nicht wie ein Mann des Gesetzes erledigt, du hast dich hinreißen lassen. Das habe ich noch nie bei dir erlebt. Du mußt sie sehr geliebt haben, sonst hättest du Brocky *(ihren Bruder)* nicht so erschossen.« [10349]

*

Sullivan: »Ich würde sie gerne wiedersehen, aber sie will nichts mehr von mir wissen. Wenn sie dich getötet hätte, hätte ich ihr auch nicht vergeben. Und weißt du warum? Ich bin nicht groß genug. Um so etwas zu vergeben, dazu gehört wirkliche Größe.« [10350]

***

VIRIDIANA
E 1961, Uninci, Films 59 (Regie Luis Buñuel, Buch Luis Buñuel, Julio Alejandro)

*

Francisco Rabal (Jorge): »So ist das Leben. Zwei gehen auseinander, und zwei kommen zusammen. Was kann man machen, wenn sich's so ergibt?« [10351]

(Bettler): »Weinen Sie nicht gleich, Señorita! Wenn man einen Mann verloren hat, findet sich immer einer, der einen tröstet.« [10352]

***

VIVA MARIA
F/I 1965, Nouvelles Editions, Artistes Associés (Regie Louis Malle, Buch Louis Malle, Jean-Claude Carrière)

*

Brigitte Bardot (Maria Fitzgerald O'Malley): »Ich weiß zwar nicht, was Liebe ist, aber grundsätzlich interessiert sie mich.« [10353]

***

EIN VOGEL AUF DEM DRAHTSEIL
(Bird on a Wire)
USA 1990, Badham-Cohen, Interscope, Universal (Regie John Badham, Buch David Seltzer, Louis Venosta, Eric Lerner, Story Louis Venosta, Eric Lerner)

*

Bill Duke (Albert Diggs): »Wirklich ein herrlicher Tag! Aber wir haben eine kleine Wolke wegzublasen.« [10354]

*

Mel Gibson (Rick Jarmin): »Ich erinnere mich nicht an Sie.«
Stephen Tobolowsky (Joe Weyburn): »Na ja, Sie wissen ja, wir vom FBI sehen alle gleich aus.« [10355]

***

VOLLMONDNÄCHTE
(Les Nuits de la pleine lune)
F 1984, Losange, Ariane (Regie, Buch Eric Rohmer)

*

Fabrice Luchini (Octave): »Es gibt eine Erklärung. Aber sie wird dir nicht gefallen.« [10356]

*

Luchini: »Einer, der keinen Geschmack mehr an der Verführung hat, ist tot. Mehr als tot.« [10357]

*

Pascale Ogier (Louise): »Schließlich ist es doch

> »So ist das Leben. Zwei gehen auseinander, und zwei kommen zusammen. Was kann man machen, wenn sich's so ergibt?«
> Viridiana

kein Verbrechen, sich mit Freunden zu treffen. Ich hab meine Freunde und du hast deine.«
Tcheky Karyo (Rémi): »Schon, aber das sind Männer.«
Ogier: »Na und? Meine auch.« [10358]

*

Karyo: »Wenn du mich liebtest, wie ich dich, wären wir schon verheiratet.«
Ogier: »Und geschieden.« [10359]

*

Ogier: »Laß uns einen Vertrag abschließen: Sollte ich jemals einen Menschen kennenlernen, den ich mehr liebe als dich, der mich mehr anzieht, als du es tust, sage ich es dir, und wir gehen auseinander ohne große Geschichten.«
Karyo: »Ich weiß nicht, wo da der Vertrag ist. Das ist alles zu meinem Nachteil. Was bekomme ich als Gegenleistung?«
Ogier: »Die Gewißheit, daß ich dich mehr liebe als jeden anderen, weil ich trotz all meiner Bemühungen keinen Ersatz finden kann.« [10360]

*

Ogier: »Hast du kein Vertrauen in deinen Charme?« [10361]

*

Luchini: »Hier *(in Paris)* ist die Luft schlecht, aber ich kann atmen. Dort *(auf dem Land)* ist die Luft gut, aber ich ersticke.« [10362]

*

Luchini: »Ich habe einmal Unterricht in Orleans gegeben. Ich hätte dort ohne Schwierigkeiten ein Zimmer und so finden können. Aber ich leistete mir lieber eine Zugstunde jeden Abend und fuhr nach Paris zurück. Und um was zu tun? Tja, die meiste Zeit habe ich gelesen oder Radio gehört. Ich fuhr nach Paris zurück, nur um Radio zu hören. Aber ich wußte, daß die Straße da war, daß es die Kinos gab, die Restaurants und die Begegnungen mit außergewöhnlichen Frauen. Es gab Tausende von Möglichkeiten, die die Straße mir bot. Das alles gab es vor der Tür. Ich brauchte nur hinunterzugehen.« [10363]

*

Luchini: »Ich habe ein selektives Gedächtnis. Die Leute, die mich nicht interessieren, erkenne ich auch nicht wieder.« [10364]

***

DER VOLLTREFFER *(The Sure Thing)*
USA 1985, Monument, Embassy (Regie Rob Reiner, Buch Steven L. Bloom, Jonathan Roberts)

*

John Cusack (Walter ›Gib‹ Gibson, 19): »Ich kann mich einfach nicht mehr so motivieren wie früher. Meine Blütezeit ist wohl vorbei.« [10365]

*

Anthony Edwards (Lance): »Auf so eine Eliteuni hab ich keinen Bock. Das einzige, was du da siehst, sind häßliche intellektuelle Mädchen mit Pflastern auf ihren Knien vom Cellospielen.« [10366]

*

Daphne Zuniga (Alison Bradbury): »Ich wußte, ich hätte den Bus nehmen sollen.«
Cusack: »Wieso denn? Um dann neben irgend 'nem miesen Typen zu sitzen? ... 'nem miesen Typen, den du nicht mal kennst?« [10367]

*

Cusack: »Das werd ich dir nie vergessen.«
Zuniga: »Doch, das wirst du. Aber ich werd dich dran erinnern.« [10368]

***

VOLLTREFFER INS GLÜCK *(Lucky Jim)*
UK 1957, Charter, British Lion (Regie John Boulting, Buch Jeffrey Dell, Patrick Campbell, nach dem Roman von Kingsley Amis)

*

»Sie ist auf ihre Art recht hübsch. Schade nur, daß sie so ungraziös ist.« [10369]

***

VOM FLIEGEN UND ANDEREN TRÄUMEN *(The Theory of Flight)*
Südafrika/UK 1998, Distant Horizon, BBC (Regie Paul Greengrass, Buch Richard Hawkins)

*

Helena Bonham Carter (Jane Hatchard): »Warum hast du aufgehört?«
Kenneth Brannagh (Richard): »Ich weiß nicht. War wohl untalentiert.«

> »Wenn du mich liebtest, wie ich dich, wären wir schon verheiratet.«
> »Und geschieden.«
> Vollmondnächte

Bonham Carter: »Klar, aber Mangel an Talent hat noch nie einen von irgendwas abgehalten.« [10370]

***

VOM TEUFEL GERITTEN (Saddle the Wind)
USA 1957, MGM (Regie Robert Parrish, Buch Rod Serling, Story Thomas Thompson)

*

Robert Taylor (Steve Sinclair): »Ich mag keine zurechtgemachten Pistolen. Der Abzug ist so angeschliffen, daß man ihn wegniesen kann.« [10371]

*

Julie London (Joan Blake): »Also, bestehe ich die Prüfung?«
Taylor: »Sie werden nicht geprüft, Fräulein Blake.«
London: »Passen Sie auf! Ich gehöre zu der Art Mädchen, die wissen will, ob sie ihr Gepäck auspacken sollen.« [10372]

*

Charles McGraw (Larry Venables): »Vielleicht bringt ihr dem Jungen mal bei, seine Schußhand in Sicht zu behalten.« [10373]

*

Taylor: »Hier reden die Sinclairs. Ist dein Name Sinclair?« [10374]

*

Taylor: »Bei jeder Schießerei gibt es einen, der an die Bar geht und eine Runde spendiert und den anderen, dessen Name auf einem Grabstein eingraviert wird.« [10375]

*

London: »Nur damit wir uns richtig verstehen und Sie nicht vom Pferd fallen, während Sie nach den richtigen Worten suchen. Ich will Ihr Mitgefühl nicht. So was ist mir nicht zum ersten Mal in einer Bar passiert.« [10376]

***

VOM WINDE VERWEHT
(Gone with the Wind)
USA 1939, Selznick, MGM (Regie Victor Fleming, Buch Sidney Howard, nach dem Roman von Margaret Mitchell)

*

Thomas Mitchell (Gerald O'Hara): »Land ist das einzige, wofür es sich zu arbeiten lohnt, zu kämpfen und zu sterben. Denn nur das Land ist ewig, sonst nichts.« [10377]

*

Vivien Leigh (Scarlett O'Hara): »Er schaute so, als wollte er mich ausziehen mit seinen Blicken.« [10378]

*

Leslie Howard (Ashley Wilkes): »Das meiste Elend in der Welt kommt von den Kriegen, und wenn sie vorüber sind, weiß keiner mehr, warum sie geführt wurden.« [10379]

*

Clark Gable (Rhett Butler): »Ich glaub, ein Krieg ist schwer mit Worten zu gewinnen. (...) Ich spreche ganz offen aus, daß die Yankees besser gerüstet sind. Sie haben Fabriken, Werften und Gruben und eine Flotte, die uns sehr bald aushungern würde. Wir haben nur Baumwolle, Sklaven und Arroganz.« [10380]

*

Leigh: »Sie sind kein feiner Herr.«
Gable: »Und Sie keine feine Dame.«
Leigh: »Oh!«
Gable: »Das spricht durchaus nicht gegen Sie. Damen hatten niemals Reiz für mich.« [10381]

*

Leigh: »Noch einen Tanz, und mein guter Ruf ist für immer dahin.«
Gable: »Wenn Sie Mut haben, kommen Sie auch ohne guten Ruf aus.« [10382]

*

Gable: »Flirten Sie nicht mit mir! Ich bin kein Jüngling, der Sie bloß anschmachtet. Ich will mehr von Ihnen.« [10383]

*

Gable: »Es ist meine Pflicht gegenüber unseren Jungens an der Front, dafür zu sorgen, daß unsere Frauen hübsch bleiben.« [10384]

*

Gable: »Ich geb immer nur, wenn ich etwas dafür wiederkriege. Ich krieg immer Bezahlung.« [10385]

*

Leigh: »Mit Ihnen?«

> »Er schaute so,
> als wollte er mich ausziehen
> mit seinen Blicken.«
> Vom Winde verweht

Gable: »Ja, Madam, mit einem Mann, der Sie ganz genau kennt und der Sie dennoch bewundert. Zweifeln Sie noch daran, daß wir zusammengehören?« 10386

*

Gable: »Kann mir eine der Damen verraten, wo ich ein Pferd stehlen kann für einen guten Zweck?« 10387

*

Leigh: »Ich würde es dir nie verzeihen.«
Gable: »So viel verlange ich gar nicht. Ich verzeih mir oft selber nicht. Und wenn mich eine Kugel trifft, werde ich über meine eigene Dummheit lachen. Aber das weiß ich genau, daß ich dich liebe, Scarlett. Und wenn auch du und ich und ringsum die ganze Welt in Stücke gehen, ich liebe dich. Weil wir gleich sind, Außenseiter beide, selbstsüchtig, gerissen. Aber wir sehen den Dingen ins Auge und nennen sie beim richtigen Namen.« 10388

*

Leigh (zu sich): »Ist das nun ein Mord? Nur nicht darüber nachdenken! Verschieben wir's auf morgen!« 10389

*

Howard: »Es macht mir nichts aus, Holz zu hauen, aber ich leide darunter, daß das Leben seine Schönheit verloren hat.« 10390

*

Robert Elliott (Yankee Major): »Es ist schwer, streng mit einem Mann zu sein, der so heiter zu verlieren versteht.« 10391

*

Carroll Nye (Frank Kennedy): »Weiß der Himmel! Keine andere Frau wird so schnell böse wie sie.« 10392

*

Leigh: »Hast du vergessen, was arm sein bedeutet? Ich hab begriffen, daß Geld nun mal das Wichtigste in der Welt ist. Und ohne Geld will ich niemals wieder sein. Ich will so viel verdienen, daß sie nie unser Tara bekommen, und wie ich's verdiene, soll mir völlig gleich sein.« 10393

*

Leigh: »Keine Sorge um mich! Ich kann gut schießen. Es darf nur nicht zu weit sein.« 10394

*

Hattie McDaniel (Mammy): »Sie sagt, sie kommt gleich. Ich weiß nicht, warum sie kommt, aber sie kommt.« 10395

*

Gable: »Nichts heimlich tun, Scarlett! Die Sonne bringt es an den Tag, und der gute Ruf ist hin.« 10396

*

Gable: »Du würdest genau wieder so handeln, wenn's sein müßte. Du bist wie ein Dieb, der nicht bedauert, daß er gestohlen hat, sondern bloß darüber traurig ist, daß er brummen soll.« 10397

*

Leigh: »Heute wollen wir die Bücher vergessen. Immer, wenn ich einen neuen Hut trage, geraten sämtliche Zahlen in meinem Kopf durcheinander.« 10398

*

Leigh: »Schau nicht zurück, Ashley! Schau nicht zurück! Du gewöhnst es dir an und versinkst im Vergangenen.« 10399

*

Leigh: »Du hättest sie umbringen sollen.«
Gable: »Leute, die die Wahrheit sprechen, pflege ich nicht zu töten.« 10400

*

Gable: »Ja, ich bin betrunken. Ich habe die Absicht, mich im Laufe des Abends noch viel mehr zu betrinken.« 10401

*

Gable: »Die komische Figur dabei ist der lange Kümmerling Ashley Wilkes. Dieser Wilkes, der seiner Frau mit der Seele nicht treu bleiben und ihr körperlich nicht untreu werden kann.« 10402

*

Gable: »Wenn du ein Mann wärst, würde ich dir den Hals umdrehen.« 10403

*

Gable: »Du bist blaß. Ist das Rouge knapp geworden?« 10404

»Schau nicht zurück, Ashley!
Schau nicht zurück! Du gewöhnst
es dir an und versinkst
im Vergangenen.«
Vom Winde verweht

Howard: »Sie ist der einzige meiner Träume, der vor der Wirklichkeit bestanden hat.« [10405]

Gable: »Hier, nimm mein Taschentuch! In den entscheidenden Stunden deines Lebens warst du immer ohne Taschentuch.« [10406]

Leigh: »Rhett, wenn du fortgehst, was soll ich dann anfangen?«
Gable: »Offen gesagt, ist mir das gleichgültig. [Frankly, my dear, I don't give a damn.]« [10407]

Leigh (zu sich): »Nein, ich kann ihn nicht fortlassen, ich kann nicht. Ich muß einen Weg finden zu ihm. Ach, ich kann jetzt nicht darüber nachdenken. Ich werde wahnsinnig, wenn ich's tue. Verschieben wir's doch auf morgen! [After all, tomorrow is another day.]« [10408]

***

VON MANN ZU MANN
(Da uomo a uomo)
I 1967, Sancro (Regie Giulio Petroni, Buch Luciano Vincenzoni)

*

Lee Van Cleef (Ryan): »Ich habe die Angewohnheit, mich zu verteidigen, wenn ich angegriffen werde.«
(Sheriff): »Und Sie verteidigen sich besser, als man Sie überfällt. Sie haben diese beiden jedenfalls erschossen.« [10409]

*

Van Cleef: »Ich reite lieber allein weiter.«
John Phillip Law (Bill): »Dann ist es besser, Sie erschießen mich.«
Van Cleef: »Ist das notwendig?« [10410]

*

Anthony Dawson (Manina): »Mein Junge, Sie haben eine verdammt schnelle Hand und die nötige Frechheit dazu. Sie gefallen mir. Ich hätte eine ganz nette Aufgabe für Sie.« [10411]

*

Van Cleef: »An zwei wichtige Dinge mußt du denken: Gefahr droht immer von hinten, und zähl deine Schüsse! Vier Kugeln für einen Mann, wenn du so verschwenderisch bist, kommst du zu nichts.« [10412]

*

Van Cleef: »Bill, ich dachte gerade, es ist bitter, keinen Sohn zu haben, denn wenn ich einmal irgendwo mit einer Kugel im Rücken verrecke, wer soll mich rächen?« [10413]

(alter Mann): »Ich weiß nicht, wer Sie sind und wer Ihr Freund ist, aber ich glaube, Gott und die Heilige Jungfrau schicken Sie nach El Viento, um uns von unseren Peinigern zu befreien.«
Van Cleef: »Offen gestanden, weiß ich nicht, ob meine Beziehungen zu Gott gut genug sind, daß er gerade mich auserwählt. Ich bekam auch keine entsprechende Botschaft von ihm. Ich bin aus ganz persönlichen Motiven hier, aber möglicherweise sind Gottes Motive und die meinen die gleichen.« [10414]

***

VON STADT ZU STADT
(The Waggons Roll at Night)
USA 1941, Warner (Regie Ray Enright, Buch Fred Niblo jr., Barry Trivers, Story Frank Wallack)

*

Sig Ruman (Hoffman The Great): »Ein richtiger Mann kann trinken und trotzdem arbeiten.« [10415]

***

VOR VERSCHLOSSENEN TÜREN
(Knock on Any Door)
USA 1949, Columbia (Regie Nicholas Ray, Buch Daniel Taradash, John Monks jr., nach dem Roman von Willard Motley)

*

Jimmy Conlin (Kid Fingers): »So was gibt es, ist verheiratet und arbeitet. Schade um ihn. Der hätte es noch weit bringen können.« [10416]

***

VORHANG AUF
(The Band Wagon)
USA 1953, MGM (Regie Vincente Minnelli, Buch Betty Comden, Adolph Green)

*

Emory Parnell (Mann im Zug): »Ja, vor zwölf bis fünfzehn Jahren, da war er *(Astaire)* groß-

---

> »Ein richtiger Mann kann trinken und trotzdem arbeiten.«
> Von Stadt zu Stadt

artig, aber die Kritiker sagen, daß es mit ihm vorbei ist.« [10417]

*

Oscar Levant (Lester Marton): »Alles kann ich ertragen, nur keine Schmerzen.« [10418]

*

Jack Buchanan (Jeffrey Cordova): »Ich war immer ein Gegner dieser künstlichen Barriere zwischen der Revue und dem Drama. Nach meiner Meinung gibt's keinen Unterschied zwischen dem magischen Rhythmus von William Shakespeares unsterblichen Versen und dem magischen Rhythmus von Fred Astaires unsterblichen Füßen.« [10419]

*

Fred Astaire (Tony Hunter): »Junge Dame, ich möchte, daß Sie wissen, daß ich immer noch eine Nadel ohne Brille einfädeln kann und hin und wieder ein Tänzchen wage, wenn es mein Blutkreislauf erlaubt.« [10420]

*

Astaire: »Hast du jemals versucht, Ideale auf einen Keks zu schmieren?« [10421]

*

Levant: »Man könnte annehmen, daß wir uns streiten.«
Nanette Fabray (Lily Marton): »Wir streiten uns nicht, wir sind uns völlig einig: Wir hassen uns, Lester.« [10422]

*

Astaire: »Sie war schlecht. Sie war gefährlich. Ich konnte ihr nicht weiter trauen, als ich sie werfen könnte. Aber sie paßte zu mir.« [10423]

***

VORHOF ZUR HÖLLE
(State of Grace)
USA 1990, Cinehaus, Orion (Regie Phil Joanou, Buch Dennis McIntyre)

*

Ed Harris (Frankie Flannery): »Treib diesen DeMarco auf, und wenn Jackie recht hat, wenn er wirklich 'n Singvogel ist, dann stopf ihn in die Mülltonne!« [10424]

*

Gary Oldman (Jackie Flannery): »So behandeln wir Leute, die sich hier breitmachen und uns in die Quere kommen. Einfacher und klarer als 'n Telegramm, und es kostet weniger.« [10425]

*

Harris: »In zwei Tagen hab ich den Rest, oder du streichst deinen Namen aus dem Telefonbuch.« [10426]

*

Joe Viterelli (Borelli): »Am allerwichtigsten in unserm Geschäft sind gute Manieren. Und deswegen will ich das Problem nicht selber lösen, denn dann würden wir in euer Revier kommen. Also tu mir einen Gefallen und regle das!« [10427]

*

John C. Reilly (Stevie): »Ihr wollt mich doch nicht etwa anmachen wegen acht Riesen, die euch nicht mal gehören, Frank?«
Harris: »Ich mach niemanden an, ich leg ihn um.« [10428]

*

John Turturro (Nick): »Kann es Flannery gewesen sein?«
Sean Penn (Terry Noonan): »Er legt nicht seine eigenen Leute um ohne 'n richtigen Grund.«
Turturro: »Geld ist immer 'n richtiger Grund.« [10429]

*

Harris: »Immer sind diese Weiber schuld. Sie winden dir 'n Draht um den Schwanz, und du läufst wie 'n Hund hinterher.« [10430]

*

Viterelli: »Du machst dich lächerlich, Frankie. Oder willst du mich etwa beleidigen?«
Harris: »Nein.«
Viterelli: »Wenn man bei so einer wichtigen Angelegenheit dummes Zeug redet, ist das eine Beleidigung. Dieser blöde Penner ist dein Bruder, deswegen hab ich Verständnis für deinen hoffnungslosen Versuch, sein Leben zu retten. Wir beide wissen genau, was getan werden muß. Bei jedem Herzschlag ist dieser miese Waschlappen eine persönliche Beleidigung für mich. Er ist mir ein Dorn im Auge. Zieh ihn bitte raus!« [10431]

> »Immer sind diese Weiber schuld.
> Sie winden dir 'n Draht um
> den Schwanz, und du läufst
> wie 'n Hund hinterher.«
> Vorhof zur Hölle

VORWIEGEND HEITER
(It's Always Fair Weather)
USA 1955, MGM (Regie Gene Kelly, Stanley Donen, Buch Betty Comden, Adolph Green)

*

Michael Kidd (Angie Valentine): »Der Hackbraten hat vor dreißig Jahren das Kentucky Derby gewonnen.« [10432]

*

Cyd Charisse (Jackie Leighton): »Genügt das? Sind Sie zufrieden? Ihre lächerlichen Annäherungsversuche fallen mir auf die Nerven. Hoffentlich habe ich jetzt Ruhe. Das ist die einfachste Methode, meine ureigenste Erfindung: Nimm dem aufdringlichen Mann die Initiative ab, dann wird er sich verwirrt zurückziehen. Hoffentlich sind Sie jetzt verwirrt genug, weil ich noch ein wenig arbeiten möchte.« [10433]

*

Dan Dailey (Doug Hallerton): »Sie hat so 'nen seltsamen Ausdruck, wenn sie mit mir zusammen ist, so 'ne Mischung aus Abscheu, Langeweile und Mitleid.« [10434]

»Sie hat so 'nen seltsamen Ausdruck, wenn sie mit mir zusammen ist, so 'ne Mischung aus Abscheu, Langeweile und Mitleid.«
Vorwiegend heiter

W

WACHGEKÜSST *(Living Out Loud)*
USA 1998, Jersey, New Line (Regie, Buch Richard LaGravenese)

*

Danny DeVito (Pat, beim Poker): »Wenn mich die Götter gewinnen sehen wollen, muß ich gehorchen.« [10435]

***

DIE WACHT AM RHEIN *(Watch on the Rhine)*
USA 1943, Warner (Regie Herman Shumlin, Buch Dashiell Hammett, nach dem Stück von Lillian Hellman)

*

Donald Buka (Joshua Muller): »Du bist einer von den vielen Menschen auf der Welt, die so begeistert sind von dem, was sie sagen, daß es ihnen bei der zehnten Wiederholung so vorkommt, als wäre es neu.« [10436]

*

Lucille Watson (Fanny Farrelly): »Ein Schauspieler. Die Moden ändern sich, was die Sünden angeht. Zu meiner Zeit nahm man Engländer.« [10437]

*

Henry Daniell (Phili Von Ramme): »Wieviele doch herkommen! *(zum Dinner in die Botschaft)* ›Heil Hitler!‹ verletzt am Morgen ihre moralischen Grundsätze, aber am Abend haben sie sich wieder erholt.« [10438]

»Ich hab ein Gespür
fürs Geschäft und einen
Körper für die Sünde.«
Die Waffen der Frauen

George Couloris (Teck de Brancovis): »Ich vermeide es, Fragen zu stellen, wenn ich den Wert der Antworten nicht kenne.« [10439]

***

DIE WAFFEN DER FRAUEN
(Working Girl)
USA 1988, Twentieth Century Fox (Regie Mike Nichols, Buch Kevin Wade)

*

Olympia Dukakis (Personalchefin): »Sie kommen in dieser Welt nicht weiter, indem Sie Ihren Boss als Zuhälter bezeichnen.« [10440]

*

Melanie Griffith (Tess McGill): »Sie waren verdammt freundlich. Also ich hätte ihm wahrscheinlich ...«
Sigourney Weaver (Katharine Parker): »Brücken soll man nicht abbrechen: heute Juniorpimmel, morgen Seniorpartner.« [10441]

*

Harrison Ford (Jack Trainer): »Sie sind die erste Frau, die ich auf so 'ner blöden Party sehe, die sich auch wie 'ne Frau anzieht und nicht wie 'ne Frau, die denkt: ›Was würde ein Mann anziehen, wenn er eine Frau wäre?‹« [10442]

*

Griffith: »Ich hab ein Gespür fürs Geschäft und einen Körper für die Sünde.« [10443]

*

Alec Baldwin (Mick Dugan): »Tess, willst du mich heiraten?«
Griffith: »Vielleicht.«
Baldwin: »Ist das eine Antwort?«
Griffith: »Wenn du eine andere Antwort willst, dann frag eine andere.« [10444]

*

Baldwin: »Warum redest du immer davon, wie du behandelt wirst, hä? Wer ist gestorben und hat bestimmt, du bist jetzt Grace Kelly?« [10445]

*

Griffith: »Ich will nicht den Rest meines Lebens damit verbringen, mir den Arsch abzurackern und nichts zu erreichen, nur weil ich Regeln befolgt hab, die ich nicht aufgestellt habe.« [10446]

*

Weaver: »Tess, so ist das Geschäft. Lassen Sie uns das Kriegsbeil begraben, okay?«
Griffith: »Wissen Sie, wo Sie Ihr Kriegsbeil be-

graben können? Jetzt verschwinden Sie mit Ihrem verknöcherten Arsch!« [10447]

*

Philip Bosco (Oren Trask): »Sie sollten Ihren Willi nicht die geschäftlichen Entscheidungen für Sie treffen lassen.« [10448]

*

Bosco: »Miss Parker, wenn ich Sie wäre, würde ich in mein Büro gehen und einen langen letzten Blick auf alles werfen, weil ich in fünf Minuten dafür sorgen werde, daß Sie gefeuert werden.« [10449]

***

WAG THE DOG
USA 1997, Tribeca, Baltimore, Punch, New Line (Regie Barry Levinson, Buch Hilary Henkin, David Mamet, nach dem Roman ›American Hero‹ von Larry Beinhart)

*

(Titel):
»Warum wedelt ein Hund mit seinem Schwanz? Weil ein Hund schlauer ist als sein Schwanz. Wenn der Schwanz schlauer wäre, würde der Schwanz mit dem Hund wedeln.« [10450]

*

Anne Heche (Winnifred Ames): »Das ist er *(De Niro)*. Das ist Mr. Alleskleber.« [10451]

*

Robert De Niro (Conrad Brean): »Also gut, folgendes gilt für euch alle hier im Raum: Was ihr hier hört, was ihr hier sagt, was ihr hier tut, falls das durchsickert, seid *ihr* das Leck.« [10452]

*

De Niro: »Wer hat die Story?«
Heche: »Wollen Sie nicht wissen, ob sie wahr ist?«
De Niro: »Ist doch unwichtig, ob sie wahr ist. Es ist eine Story, sie kommt raus, sie werden sie bringen.« [10453]

*

Heche: »Das wird nicht halten. Das läßt sich nicht belegen.«
De Niro: »Das muß auch nicht sein. Wir müssen sie nur ablenken. Wir haben nicht mal zwei Wochen bis zur Wahl.« [10454]

*

Heche: »Wir können uns keinen Krieg leisten.«
De Niro: »Wir werden auch keinen Krieg führen. Wir werden nur einen vermeintlichen Krieg führen.«
Heche: »Aber wir können uns auch keinen vermeintlichen Krieg leisten.«
De Niro: »Was kann das schon kosten?« [10455]

*

De Niro: »Machen Sie sich deshalb keine Gedanken, es ist nichts Neues. Als Reagan Präsident war, wurden in Beirut 240 Marines getötet, 24 Stunden später landeten wir auf Grenada. Eine neue Story, eine neue Schlagzeile.« [10456]

*

De Niro: »Wer wird es herausfinden? Das amerikanische Volk? Wer wird es ihm erzählen?« [10457]

*

Heche: »Wollen Sie wirklich, daß wir einen Krieg führen?«
De Niro: »Darauf läuft's hinaus.«
Heche: »Gegen wen?«
De Niro: »Ich arbeite dran.« [10458]

*

Heche: »Albanien.«
De Niro: »Ja.«
Heche: »Wieso?«
De Niro: »Wieso nicht? Was wissen Sie über die?«
Heche: »Nichts.«
De Niro: »Das ist es eben. Albaner wirken zwielichtig, verschlagen. Kennen Sie einen Albaner? Was wissen Sie über Albaner? Wer traut Albanern?«
Heche: »Ja, aber was haben die uns jemals getan?«
De Niro: »Haben die denn mal was für uns getan?« [10459]

*

Dustin Hoffman (Stanley Motts): »Ich bin im Showbusiness, ja, warum kommen Sie zu mir?«
De Niro: »Na, ich werd Ihnen sagen, warum,

> *»Sie sollten Ihren Willi nicht die geschäftlichen Entscheidungen für Sie treffen lassen.«*
> Die Waffen der Frauen

Mr. Motts. ›54–40 oder kämpfen‹, was heißt das? (...) ›Erinnert euch an die Maine!‹ (...) ›Tippecanoe und Tyner dazu‹ (...) Das sind Kriegsslogans, Mr Motts. Wir kennen noch die Slogans, aber an die scheiß Kriege können wir uns kaum erinnern. Wissen Sie wieso? (...) Das ist Showbusiness. Deshalb sind wir hier.« [10460]

*

Heche (zu De Niro): »Sie könnten einem Hund einen Fleischlaster ausreden.« [10461]

*

De Niro: »Heute 'n guter Plan ist besser als morgen 'n perfekter Plan.« [10462]

*

Hoffman: »Das Allerwichtigste ist Vorausdenken. Vorausdenken, darum geht's beim Produzieren.«
De Niro: »So, als wäre man Klempner.«
Hoffman: »Ja, als wäre man Klempner. Mach deinen Job richtig, dann merkt auch keiner was. Nur wenn man's vermasselt, ist alles voller Scheiße.« [10463]

*

Hoffman: (Schuß fällt): »Oh Gott, er ist tot! Oh mein Gott! Du meine Güte! Oh, oh, Moment mal, er ist nicht tot. Er lebt! (Schuß) Streichen Sie das!« [10464]

*

Hoffman: »Wissen Sie, man kann die Welt nicht retten, man kann es nur versuchen.« [10465]

*

Hoffman: »Ich hab das ganze Ding von Null auf Hochglanz gebracht.« [10466]

***

DIE WAHL DER WAFFEN (Le Choi des armes)
F 1981, Sara, Parafrance, Radio Monte Carlo, Antenne 2 (Regie Alain Corneau, Buch Alain Corneau, Michel Grisola)

*

Yves Montand (Noël Durrieux, zu Polizisten): »Messieurs, ich höre Radio, ich weiß also, weshalb Sie hier sind. Ich habe Ihnen nichts mehr zu sagen und das bestimmt nicht erst seit heute. Also, Sie waren hier, um mit mir zu sprechen. Das haben Sie getan. Damit ist Ihr Auftrag erledigt. Guten Abend.« [10467]

*

Michel Galabru (Kommissar Bonnardot): »Daran trifft mich keine Schuld, und das wissen Sie sehr gut.«
Montand: »Ich weiß, Bonnardot, ich weiß. Aber niemand interessiert sich für Details.« [10468]

***

DAS WAHRE SEXUALLEBEN DER BELGIER
(La Vie sexuelle des Belges 1950-1978)
B 1994, Transatlantic (Regie, Buch Jan Bucquoy)

*

Noé Francq (Jan als Kind): »Tante Martha, wieso kriegt man im Leben nie das, was man will?«
Michelle Shor (Tante Martha): »Weil dieser Perverse da oben uns zappeln läßt.« [10469]

***

WÄHREND DU SCHLIEFST
(While You Were Sleeping)
USA 1995, Caravan, Hollywood (Regie Jon Turteltaub, Buch Daniel G. Sullivan, Frederic Lebow)

*

Michael Rispoli (Joe jr.): »Lucy, so läuft das nicht. Entweder er oder ich.«
Sandra Bullock (Lucy Moderatz): »Er.«
Rispoli: »Du mußt dich nicht sofort entscheiden.« [10470]

***

EIN WAHRES VERBRECHEN (True Crime)
USA 1999, Zanuck, Malpaso, Warner (Regie Clint Eastwood, Buch Larry Gross, Paul Brickman, Stephen Schiff, nach dem Roman von Andrew Klavan)

*

James Woods (Alan Mann): »Du hältst Everett für 'n Arschloch, oder?«
Denis Leary (Bob Findley): »Ich halte ihn nicht für ein Arschloch.«
Woods: »Dann irrst du dich, er ist 'n Arschloch. Vertrau mir, ich kenn ihn. Aber viele Leute, die gute Arbeit leisten, sind Arschlöcher.« [10471]

*

Woods: »Inhalte sind von uns selbst erfundene Ausreden, mit denen wir unsere Geschichten gut verkaufen.« [10472]

> »Tante Martha, wieso kriegt man im Leben nie das, was man will?«
> »Weil dieser Perverse da oben uns zappeln läßt.«
> Das wahre Sexualleben der Belgier

Woods: »Das Publikum will Artikel über Sexorgien und Blut. (...) Und diesen Mist verkaufen wir ihm so, daß es beim Lesen nicht von Schuldgefühlen geplagt wird.« [10473]

*

Christine Ebersole (Bridget Rossiter): »Oh, oh! Mehr und mehr Berufstätige klagen ihr Recht ein, nicht passiv rauchen zu müssen.«
Clint Eastwood (Steve ›Ev‹ Everett, steckt Zigarette an): »Und mehr und mehr Lumpen kümmern sich einen Scheiß drum.« [10474]

*

Tom McGowan (Tom Donaldson): »Die hat schon Feierabend. Aber *ich* hol dir 'n Kaffee, wenn du mir einen bläst.« [10475]

*

Woods: »›Untragbares Umfeld‹? Seit wann quatschst du wie 'n Feminist? [10476]

***

DIE WAISE VON LOWOOD
(Jane Eyre)
USA 1944, Twentieth Century Fox (Regie Robert Stevenson, Buch Aldous Huxley, Robert Stevenson, John Houseman, nach dem Roman von Charlotte Brontë)

*

Orson Welles (Edward Rochester): »Entschuldigen Sie meinen Befehlston. Ich bin gewohnt anzuordnen und kann nicht gleich Ihretwegen meine Gewohnheiten ändern.« [10477]

***

WALL STREET
USA 1987, American Entertainment Partners, Twentieth Century Fox (Regie Oliver Stone, Buch Stanley Weiser, Oliver Stone)

*

Charlie Sheen (Bud Fox): »Ich bin total pleite, Marvin. American Express hat schon Killer auf mich angesetzt.« [10478]

*

John C. McGinley (Marvin): »Das Gewissen hat man ihm bei der Geburt entfernt.« [10479]

*

C. Sheen: »Es ist heute nichts Ehrenvolles mehr, arm zu sein.« [10480]

*

Michael Douglas (Gordon Gecko): »Ich höre mir jeden Tag hundert Ideen an, eine wähle ich aus.« [10481]

*

Douglas: »Verluste kann ich nicht leiden, Sportsfreund, nichts verdirbt mir den Tag mehr als Verluste.« [10482]

*

Douglas: »Der wichtigste Gebrauchsgegenstand, den ich kenne, ist die Information.« [10483]

*

Douglas: »Die meisten dieser Harvard-Absolventen taugen einen Scheißdreck. Ich brauche Jungs, die arm, clever und hungrig sind. Und ohne Nerven.« [10484]

*

Douglas: »Man gewinnt etwas, verliert was, aber man kämpft weiter.« [10485]

*

Douglas: »Wenn du 'n Freund brauchst, kauf dir 'n Hund.« [10486]

*

Douglas: »Kraftproben finde ich langweilig, dabei gewinnt keiner.« [10487]

*

Terence Stamp (Sir Larry Wildman): »Du würdest für ein Geschäft nicht nur deine Mutter verkaufen, sondern sie noch als Nachnahme liefern.« [10488]

*

Douglas: »Ich mußte verkaufen, er hat recht. Der Schlüssel zum Erfolg liegt in der Liquidität. Wenn du nicht genug hast, kannst du auch niemandem ans Bein pinkeln.« [10489]

*

C. Sheen: »›Jede Kriegsführung basiert auf Täuschung‹, sagt Sun Tsu. ›Wenn dir der Feind überlegen ist, geh ihm aus dem Weg! Ist er zornig, reize ihn! Und wenn er ebenbürtig ist, kämpfe! Und falls nicht, teile mit ihm und fang von vorne an‹!« [10490]

*

James Spader (Roger Barnes): »Hast du immer noch was mit dieser scharfen Französin?«

»Die hat schon Feierabend. Aber ich hol dir 'n Kaffee, wenn du mir einen bläst.«
Ein wahres Verbrechen

C. Sheen: »Oh nein. Nein, sie hat die falsche Frage gestellt.«
Spader: »Welche Frage denn?«
C. Sheen: »›Woran denkst du?‹« [10491]

*

Douglas: »Wir sind beide klug genug, um bloß nicht an das älteste Märchen zu glauben: Liebe. Den Schwachsinn haben sich die Menschen ausgedacht, damit sie sich nicht aus dem Fenster stürzen.« [10492]

*

Douglas: »Der entscheidende Punkt ist doch, daß die Gier – leider gibt es dafür kein besseres Wort – gut ist. Die Gier ist richtig. Die Gier funktioniert. Die Gier klärt die Dinge, durchdringt sie und ist der Kern jeden fortschrittlichen Geistes. Gier in all ihren Formen, die Gier nach Leben, nach Geld, nach Liebe, Wissen hat die Entwicklung der Menschheit geprägt. Und die Gier – bedenken Sie diese Worte – wird nicht nur die Rettung sein für Teldar Paper, sondern eben auch für diese andere schlecht funktionierende Firma, die USA.« [10493]

*

Douglas: »Das Ganze ist ein Nullsummenspiel. was der eine gewinnt, muß der andere verlieren. Das Geld wird doch nicht neu geschaffen oder verloren, sondern es wechselt doch nur, vom einen Besitzer zum andern, wie durch ein Wunder.« [10494]

*

Douglas: »Ich erschaffe gar nichts, ich besitze. Aber nach unsern Regeln wird gespielt.« [10495]

*

Martin Sheen (Carl Fox): »Hör auf, dem schnellen Dollar nachzurennen, und mach was Vernünftiges mit deinem Leben! Schaffe etwas, statt davon zu leben, was andere kaufen und verkaufen!« [10496]

> »Ich erschaffe gar nichts, ich besitze. Aber nach unsern Regeln wird gespielt.«
> Wall Street

WAR GAMES
USA 1983, Sherwood, MGM/UA (Regie John Badham, Buch Lawrence Lasker, Walter F. Parkes)

*

»Das ist gegen die Vorschrift, Sir.«
(Captain Hanson): »Scheiß auf die Vorschrift. Ich will erst mit jemandem sprechen, bevor ich 20 Millionen Menschen *(mit Atomraketen)* umbringe.« [10497]

*

William Bogert (Mr. Lightman): »Das Zeug ist ja roh!«
Susan Davis (Mrs. Lightman): »Ich weiß. Ist das nicht wundervoll? So schön knusprig.«
Bogert: »Natürlich ist es knusprig, es ist ja roh.«
Davis: »Ist doch phantastisch, so schmeckst du die Vitamine A und D richtig.«
Bogert: »Können wir nicht Pillen nehmen und das Zeug kochen?« [10498]

***

WARLOCK
USA 1959, Twentieth Century Fox (Regie Edward Dmytryk, Buch Robert Alan Aurthur, nach dem Roman von Oakley Hall)

*

Wallace Ford (Judge Holloway): »Wie kann sich jemand aus eigener Machtvollkommenheit anmaßen, über Leben und Tod eines Menschen zu entscheiden? Wo bleibt da das Gesetz?«
Henry Fonda (Clay Blaisdell): »Na, ich denke, ich bin das Gesetz, Richter, mit Ihrem Einverständnis.« [10499]

*

Fonda: »Die 400 Dollar im Monat, die ich bei Ihnen verdiene, würden kaum für die Munition ausreichen, die ich beim Üben verknalle.« [10500]

*

Fonda: »Ich bin es gewohnt, daß man mich bald ablehnt. Das muß ich in Kauf nehmen, es gehört zum Beruf.« [10501]

*

Fonda: »Ich komme hierher als Retter in der Not, ich werde dafür bezahlt. Ich sorge für Ordnung und fasse die Unruhestifter hart an. Anfangs sind sie sehr froh, weil es ja schon ruhiger geworden ist. Aber dann tritt etwas Sonderbares ein. Sie glauben plötzlich, ich werde ihnen zu mächtig. Sie fangen an, mich zu fürchten, das heißt, weniger mich als meine Arbeit. Und wenn es soweit ist, dann haben wir lange genug in gutem Einvernehmen zusammengearbeitet, dann müssen wir uns trennen.« [10502]

*

Fonda: »Ich habe mein erstes Duell nie vergessen. Es war alles ganz klar und mußte sein. Und trotzdem war mir danach so übel, daß ich mich übergeben mußte. Es war wirklich ein klarer Fall, aber später war es nie mehr so klar und einfach.« [10503]

*

Fonda: »Wichtig ist eins, sich ganz streng an die Regeln zu halten. Das darf man nie vergessen. Nur wenn man während des Kampfes so sorgfältig wie möglich die Regeln beachtet, hat man hinterher die Sicherheit, sich so fair wie möglich verhalten zu haben.« [10504]

*

Fonda: »Aber es sind noch andere Dinge zu beachten, die liegen in einem. Man darf nicht zu schnell sein. Wenn man verfolgt wird und es weiß, vielleicht Angst hat, dann kann es sein, daß man ein wenig zu früh zieht, aus Angst, man könnte zu spät ziehen.« [10505]

*

Anthony Quinn (Tom Morgan, schwer betrunken): »Ich bin die böse Klapperschlange von Warlock und Umgegend. Ich bringe alles um, was sich bewegt. Stillsitzen, sonst schieße ich, und wer sich bewegt, muß kriechen. ... Wer ist lebensmüde? Ich habe den Tod in beiden Händen. Wer will ihn haben? ... Ich schieß alles tot, was sich bewegt. Ich hab 45 Menschen umgelegt, und heute abend mach ich das halbe Hundert voll. ...« [10506]

*

Fonda: »Ich lasse mir von keinem Menschen Vorschriften machen, ich komme und gehe wie ich will.«
Richard Widmark (Johnny Gannon): »Das gilt nicht mehr, Blaisdell. Ich komme morgen früh und verhafte Sie.«
Fonda: »Dann kommen Sie nicht ohne Ihren Colt!«
Widmark: »Wenn es nötig ist.«
Fonda: »Es ist nötig.« [10507]

Widmark: »Ich habe Blaisdell gesagt, er soll die Stadt bis morgen früh verlassen.«
Dorothy Malone (Lilly Dollar): »Ja, das hörte ich schon. Und richtet er sich danach?«
Widmark: »Nein.«
Malone: »Und was willst du jetzt? Dein ganzes Leben in einer Nacht?« [10508]

***

THE WARRIORS
USA 1979, Paramount (Regie Walter Hill, Buch David Shaber, Walter Hill, nach dem Roman von Sol Yurick)

*

Thomas G. Waites (Fox): »Du denkst irgendwie immer nur ans Knallen? Weißt du das?«
James Remar (Ajax): »Was is'n los mit dir? Wirst du schwul?« [10509]

*

Dennis Gregory (Masai): »Wer sind die Warriors? Es muß sie doch irgend jemand kennen. Ich will alle Warriors haben. Ich will jeden einzelnen von ihnen. Und wenn möglich, will ich sie lebend haben, wenn nicht, dann tot. Aber ich will sie haben.« [10510]

*

Michael Beck (Swan): »Okay, paßt auf! Wir wollen hier keine dicke Lippe riskieren. Und bloß nicht heiß werden! Vielleicht kommen wir irgendwie so raus.«
Remar: »Seit wann ist denn aus dir 'n verschissener Diplomat geworden.« [10511]

*

Tom McKitterick (Cowboy): »Ich schaff es nicht.«
Remar: »Bist du sicher?«
McKitterick: »Ja, ich bin sicher.«
Remar: »Okay, muß ich endlich nicht mehr vor diesen Nullen weglaufen.« [10512]

*

Remar: »Ich steck dir deinen Baseballschläger in 'n Arsch und mach 'n Eis am Stiel aus dir.« [10513]

»Du denkst irgendwie immer nur ans Knallen? Weißt du das?«
»Was is'n los mit dir?
Wirst du schwul?«
The Warriors

Remar: »Die weiß nicht, daß es im Park nicht sicher ist mitten in der Nacht.« [10514]

*

Beck: »Du warst nie besonders clever.«
Remar: »Okay, Kriegshäuptling, jetzt will ich dir mal was sagen. Ich bin so clever, wie ich's brauche.« [10515]

*

Beck: »Dafür haben wir die ganze Nacht gekämpft, um hierher zurückzukommen.« [10516]

***

WAS GIBT'S NEUES, PUSSY?
(What's New Pussycat?)
USA/F 1965, Famous Artists, Famartists, United Artists (Regie Clive Donner, Buch Woody Allen)

*

Peter Sellers (Dr. Fritz Fassbender): »Die Gruppenanalyse ist hochinteressant, die reinste Abnormitätenschau. Und wenn's langweilig wird, dann singen wir.« [10517]

***

WAS VOM TAGE ÜBRIGBLIEB
(The Remains of the Day)
UK/USA Merchant Ivory, Columbia (Regie James Ivory, Buch Ruth Prawer Jhabvala, nach dem Roman von Kazuo Ishiguro)

*

Anthony Hopkins (Stevens): »Wissen Sie, was ich gerade mache, Miss Kenton? Ich bewege meine Gedanken in eine andere Richtung, während Sie weiterschwatzen.« [10518]

***

WATERWORLD
USA 1995, Universal (Regie Kevin Reynolds, Buch Peter Rader, David Twohy)

*

Dennis Hopper (Deacon): »Ich hatte eine Vision. (...) Die Vision hat eine Größe, daß ich weinen mußte, als sie mich überkam.« [10519]

> »Ich habe zufällig gehört, was Sie gesagt haben. Ich höre Ihnen gerne zu. Sie (...) sehen alles so völlig falsch.«
> Weg aus dem Nichts

WEBSTER IST NICHT ZU FASSEN
(The Thief Who Came to Dinner)
USA 1973, Tandem, Warner (Regie Bud Yorkin, Buch Walter Hill, nach dem Roman von Terence L. Smith)

*

Gregory Sierra (Dynamite): »Wenn du mir weiter auf den Wecker fällst, pflanz ich dir Vergißmeinnicht auf beide Augen.« [10520]

*

Ryan O'Neal (Webster): »Ich könnte verhaftet werden.«
Jacqueline Bisset (Laura): »Dann würde ich auch verhaftet, Webster.«
O'Neal: »Ja, aber unglücklicherweise steckt man Männer und Frauen nicht in die gleiche Zelle.« [10521]

*

O'Neal: »Haben Sie Ihre Waffe bei sich? (...) Das wäre die einzige Möglichkeit, mich zu kriegen. Gefängnis paßt nicht zu meinem Lebensstil.« [10522]

***

WEG AUS DEM NICHTS *(Dust Be My Destiny)*
USA 1939, Warner (Regie Lewis Seiler, Buch Robert Rossen, nach dem Roman von Jerome Odlum)

*

George Irving (Richter): »Sind Sie schon mal verhaftet worden?«
John Garfield (Joe Bell): »Natürlich, oft.«
Irving: »Warum?«
Garfield: »Weil ich nicht schnell genug davongelaufen bin.« [10523]

*

Stanley Ridges (Charley): »Ich kann sehr nett sein und kann gemein sein. Ich zeige euch die zwei Seiten meines Wesens, und ihr könnt aussuchen.« [10524]

*

Charley Grapewin (Pop): »Ich habe zufällig gehört, was Sie gesagt haben. Ich höre Ihnen gerne zu. Sie (...) sehen alles so völlig falsch.« [10525]

*

Priscilla Lane (Mabel Alden): »Das war 'n reizender Kerl.«
Garfield: »Leute, die Berufe haben, bei denen man früh aufstehen muß, sind meist nett.« [10526]

*

Henry Armetta (Nick): »Ich mußte Ihnen einfach helfen. Es gibt im Leben Augenblicke, da fragt man erst sein Herz und dann erst das Gesetz.« [10527]

***

WEGE ZUM RUHM *(Paths of Glory)*
USA 1957, Harris-Kubrick, United Artists (Regie Stanley Kubrick, Buch Stanley Kubrick, Calder Willingham, Jim Thompson, nach dem Roman von Humphrey Cobb)

*

Adolph Menjou (General Broulard): »Du residierst ja hier wie ein (...) Fürst. Mein Kompliment, Paul.«
George Macready (General Mireau): »Für die Schreibtischarbeit brauch ich nun mal eine gewisse Atmosphäre.« [10528]

***

WEIBLICH, LEDIG, JUNG SUCHT ...
(Single White Female)
USA 1992, Columbia (Regie Barbet Schroeder, Buch Don Roos, nach dem Roman ›SWF Seeks Same‹ von John Lutz)

*

Jennifer Jason Leigh (Hedra Carlson): »Du bist zu nett, darum passiert dir so was. Männer sind Schweine, egal ob sie einen netten Eindruck machen.« [10529]

*

Bridget Fonda (Allison Jones): »Ich kann nur hoffen, du wirst nie mit *mir* böse sein.« [10530]

***

WEIHNACHTEN IM JULI *(Christmas in July)*
USA 1940, Paramount (Regie, Buch Preston Sturges)

*

Raymond Walburn (Dr. Maxford): »Abschließend also, meine Herren – und besonders gilt das für Mr. Bildocker –, lassen Sie mich sagen: Es begegneten mir schon viel, viel bessere Köpfe ... auf Krautstengeln.« [10531]

*

Dick Powell (Jimmy MacDonald): »Ich sage dir, es ist eine neue wissenschaftliche Theorie. Sie ist die Basis meines Slogans. Leute glauben, daß Kaffee sie wachhält, aber diese Leute sind Nervenbündel und können sowieso nicht schlafen, deshalb schieben sie's auf den Kaffee. Dagegen sage ich: ›Wenn Sie nachts nicht schlafen können, liegt das nicht am Kaffee, sondern am Bett.‹« [10532]

DIE WEISHEIT DER KROKODILE
(The Wisdom of Crocodiles)
UK 1998, Zenith, Goldwyn, Foundry, Entertainment (Regie Po Chih Leong, Buch Paul Hoffman)

*

Jude Law (Steven Grlscz): »Ein Neurologe hat mir einmal erzählt, daß wir nicht ein Gehirn haben, sondern drei: ein menschliches, unter dem ein zweites liegt, das eines Säugetiers, und darunter wiederum liegt das eines Reptils.« [10533]

*

Law: »Ich habe nichts Ungesetzliches zugegeben, aber ich habe Ihnen gleich zwei Schwächen gebeichtet. Sollten Sie vielleicht den Beruf wechseln?« [10534]

*

Law: »Das heißt, die Wahrheit, die reine Wahrheit und nichts als die Wahrheit ist nicht die Wahrheit.« [10535]

*

Law: »Es gibt Dinge, die man lieber nicht sagen soll. ›Danke‹ gehört nicht dazu.« [10536]

***

DER WEISSE HAI
(Jaws)
USA 1975, Zanuck-Brown, Universal (Regie Steven Spielberg, Buch Peter Benchley, Carl Gottlieb, Howard Sackler, nach dem Roman von Peter Benchley)

*

Richard Dreyfuss (Matt Hooper): »Das hier ist kein Bootsunfall. Das war keine Schiffsschraube. Schon gar nicht ein Korallenriff. Und es war auch nicht Jack the Ripper. Es war ein Hai.« [10537]

*

Lorraine Gary (Ellen Brody): »Mein Mann sagte mir, Sie machen in Haien.« [10538]

*

Roy Scheider (Police Chief Martin Brody): »Sie wollen aufs Wasser?«

> »Es gibt Dinge, die man lieber nicht sagen soll.
> ›Danke‹ gehört nicht dazu.«
> Die Weisheit der Krokodile

Dreyfuss: »Wenn wir einen Hai suchen, werden wir ihn kaum an Land finden.« 10539

*

Dreyfuss: »Mir leuchtet ebensowenig ein, daß ein Mann, der das Wasser haßt, auf einer Insel wohnt.«
Scheider: »Es ist nur dann eine Insel, wenn man es vom Wasser aus betrachtet.« 10540

*

Dreyfuss: »Wenn Sie die Strände am 4. Juli öffnen, dann ist es so, als würden Sie für ihn die Essensglocke läuten.« 10541

*

Scheider: »Und ich war mal wasserscheu. Jetzt weiß ich auch, warum.« 10542

***

WEISSE MARGERITEN
(Eléna et les hommes)
F/I 1956, Franco-London, Gibé, Electra (Regie, Buch Jean Renoir)

*

Mel Ferrer (Henri de Chevincourt): »Was die Erschließung von Erdölquellen anbelangt oder die Wahl unserer Präsidenten oder die Fabrikation von Bomben, da sind wir vielleicht ein kleines bißchen zurück. Aber, was die Lebenskunst betrifft, da können Sie den Franzosen ruhig vertrauen.« 10543

*

»Die Diktatur hat wenig Chancen in einem Land, in dem die Liebe so hoch im Kurs steht.« 10544

***

WEISSER JÄGER, SCHWARZES HERZ
(White Hunter, Black Heart)
USA 1990, Malpaso, Rastar, Warner (Regie Clint Eastwood, Buch Peter Viertel, James Bridges, Burt Kennedy, nach dem Roman von Peter Viertel)

*

Clint Eastwood (John Wilson): »Nichts ist auswegloser als der Versuch rauszubekommen,

> »Die Diktatur hat wenig Chancen in einem Land, in dem die Liebe so hoch im Kurs steht.«
> Weiße Margeriten

warum man hinter einer Frau her war, wenn man sie erst mal gehabt hat.« 10545

*

Jeff Fahey (Pete Verrill): »Du glaubst wirklich, das hilft mir weiter?«
Eastwood: »Weißt du, selbst wenn nicht, mußt du es doch tun. Es gibt im Leben Zeiten, da darf man sich nicht fragen, ob das, was man tut, das Richtige oder Falsche ist.« 10546

*

Eastwood: »Du wirst niemals ein guter Drehbuchautor. Und weißt du, wieso nicht? (...) Weil du dir von 85 Millionen Popcornfressern das Heft aus der Hand nehmen und dich bevormunden läßt. Um einen Film zu schreiben, mußt du vergessen, daß sich ihn je einer ansehen wird.« 10547

*

Eastwood: »Du irrst dich, Kleiner. Es ist kein Verbrechen, einen Elefanten zu töten. Es ist viel mehr als das: Es ist eine Sünde, einen Elefanten zu töten.« 10548

*

Eastwood: »Ich bin niemals jemand gewesen, der sich in die Angelegenheiten seiner Freunde einmischt.« 10549

***

DER WEITE HIMMEL (The Big Sky)
USA 1952, Winchester, RKO (Regie Howard Hawks, Buch Dudley Nichols, nach dem Roman von A. B. Guthrie jr.)

*

Kirk Douglas (Jim Deakins): »Ist dir schon aufgefallen, wie die Menschen in der Stadt gehen? Sie watscheln und schieben ihren Bauch vor sich her wie Enten. Schau dir die Weiber an! Haben sich in der Mitte zusammengeschnürt, sehen aus wie ein Sack mit Beinen.« 10550

*

Dewey Martin (Boone Caudill): »Er ist fast so gut wie ich.«
Douglas: »Was heißt hier fast? Ich brauche kein Gewehr mit Reserveschuß.« *(Martin hat ein doppelläufiges Gewehr.)* 10551

*

Arthur Hunnicutt (Zeb Calloway): »Die Krankheit des weißen Mannes ist das einzige, was sie wirklich fürchten.«
Martin: »Was ist das?«

Hunnicutt: »Die Habgier. Wenn der Weiße etwas Schönes sieht, dann will er es besitzen, und je mehr er bekommt, desto mehr will er haben. Es ist wie ein unheilbares Fieber. Die Weißen raffen und raffen bis ihnen alles gehört, und wenn sie es haben, werden sie sich's gegenseitig wieder abjagen. Ich verstehe, warum die Indianer nicht viel übrig haben für uns Weiße.« [10552]

*

Hunnicutt: »Weiß Gott, ich würde lieber im Schwarzfußgebiet leben als irgendwo anders auf der Welt. Obwohl ich mich damals oft vor ihnen verstecken mußte, nicht einmal Feuer anzünden konnte und glaubte, meine letzte Stunde ist gekommen, lebte ich doch unbeschwert und frei wie ein Bär in einem guten Revier.« [10553]

*

Hunnicutt: »Das ist nicht bon. Kannst du mir nicht zuhören, statt dir im Gesicht rumzukratzen? Furchtbar ist das. Ihr Franzosen müßt immer rumlaufen wie die Lackaffen, als gäbe es nichts Wichtigeres zu tun.« [10554]

*

Hunnicutt: »Paß gut auf! Wenn du was bemerkst, schießt du. Gib dir keine Mühe mit Zielen, du triffst sowieso nicht. Hauptsache, es knallt.« [10555]

*

Martin: »Bist du verletzt?«
Douglas: »Nur ein kleiner Kratzer am Finger.«
Martin: »Tut's weh?«
Douglas: »Nein, er ist völlig taub.« [10556]

*

Hunnicutt: »Ich soll dir sagen, daß ihr beide jetzt quitt seid. Sie hat dich bis jetzt noch nicht umgebracht, und du hast ihr das Leben heute gerettet.« [10557]

*

Hunnicutt (voice-over): »Ist das nicht merkwürdig? Da begegnen sie einem Mädchen, und von der Freundschaft bleibt nichts übrig. Da hatte nun der eine das zurückgelassen, wofür der andere seinen rechten Arm gegeben hätte. Ich fragte mich, wie die beiden das ins Reine bringen würden.« [10558]

WEITES LAND
(The Big Country)
USA 1958, Anthony, Worldwide, United Artists (Regie William Wyler, Buch James R. Webb, Sy Bartlett, Robert Wilder, nach dem Roman ›Ambush at Blanco Canyon‹ von Donald Hamilton)

*

Chuck Connors (Buck Hannassey): »Miss Terrill, wollen Sie mich nicht Ihrem Zukünftigen vorstellen?«
Carroll Baker (Patricia Terrill): »Nicht einmal meinem Hund würde ich Sie vorstellen.« [10559]

*

Connors: »Möchten Sie etwa so einen Mann haben, mit Schlips und Kragen und einem verrückten Hut, zu feige, einen Revolver zu tragen?« [10560]

*

Gregory Peck (James McKay): »Ich dachte, ich wäre früh aufgestanden, bis ich auf den Hof kam.«
Baker: »Ja ja, auf unserer Ranch werden die Hähne von den Leuten geweckt.« [10561]

*

Charles Bickford (Major Henry Terrill): »Wenn ich etwas mehr bewundere als einen treuen Freund, dann ist es ein erklärter Feind.« [10562]

*

Peck: »Reiten wir oder gehen wir zu Fuß?«
Jean Simmons (Julie Maragon): »Mr. McKay, eine Ranch, die man zu Fuß besichtigen kann, lohnt sich nicht anzusehen.« [10563]

*

Charlton Heston (Steve Leech): »Hör mal zu! Du kommst besser weg, wenn du tust, was man dir sagt und keine langen Fragen stellst.« [10564]

*

Connors: »Bist du verrückt, Vater? Ich nehme doch nicht so ein einschüssiges Spielzeug (Duellpistole).« [10565]

> »Ich soll dir sagen, daß ihr beide
> ... quitt seid. Sie hat dich bis jetzt
> ... nicht umgebracht, und du hast
> ihr das Leben heute gerettet.«
> Der weite Himmel

DIE WELT IST NICHT GENUG
(The World Is Not Enough)
UK/USA 1999, Eon, Danjaq, United Artists (Regie Michael Apted, Buch Neal Purvis, Robert Wade, Bruce Feirstein, Story Neal Purvis, Robert Wade)

*

Pierce Brosnan (James Bond): »Was wäre das für eine Welt, in der wir einem Schweizer Bankier nicht mehr trauen?« [10566]

*

Sophie Marceau (Elektra): »Ich hätte dir die Welt schenken können.«
Brosnan: »Die Welt ist nicht genug.« [10567]

***

WEM DIE STUNDE SCHLÄGT
(For Whom the Bell Tolls)
USA 1943, Paramount (Regie Sam Wood, Buch Dudley Nichols, nach dem Roman von Ernest Hemingway)

*

Ingrid Bergman (Maria): »Ich würde dich gern küssen, aber ich kann nicht küssen. Unsere Nasen stören doch.« [10568]

*

Akim Tamiroff (Pablo): »Du verstehst mich nicht, Pilar. (...)«
Katina Paxinou (Pilar): »Niemand versteht dich, weder Gott, noch deine Mutter, weder ich, noch du selbst.« [10569]

***

WEM GEHÖRT DIE STADT
(Bullets or Ballots)
USA 1936, Warner (Regie William Keighley, Buch Seton I. Miller, Story Martin Mooney, Seton I. Miller)

*

Barton MacLane (Al Kruger): »Irgendwann wirst du begreifen, daß es mit der Gangsterballerei aus ist seit der Prohibition. Wir verkaufen keinen Schnaps mehr. Das ist Big Business. Ich habe dich aus der Gosse geholt, und du wagst es, eine 200-Millionen-Goldmine zu ruinieren, um deinen persönlichen Haß zu befriedigen?« [10570]

*

Joan Blondell (Lee Morgan): »Vergessen Sie doch nicht, was Sie immer gesagt haben! Die Leute klopfen einem doch nur auf den Rücken, um rauszufinden, wie sie einem das Kreuz brechen können.« [10571]

*

Edward G. Robinson (Johnny Blake): »Darf ich fragen, warum?«
Norman Willis (Vinci): »Mir gefällt nicht, wie deine Fresse gebaut ist.«
Robinson: »Ich gebe dir die Chance, Sie zu ändern. Morgen früh bin ich bei dir.« [10572]

*

Robinson: »Ich kann es nicht leiden, wenn man mich anfaßt.« [10573]

*

Robinson: »Es ist doch immer wieder dasselbe. Wenn Ganoven in der Klemme sitzen, fangen sie an, sich gegenseitig abzumurksen.« [10574]

***

DIE WENDELTREPPE *(The Spiral Staircase)*
USA 1945, Selznick, RKO (Regie Robert Siodmak, Buch Mel Dinelli, nach dem Roman ›Some Must Watch‹ von Ethel Lina White)

*

Ethel Barrymore (Mrs. Warren): »Er sagte zwar immer, ich wäre nicht so schön wie seine erste Frau, aber dafür könnte ich besser schießen.« [10575]

***

WENIG CHANCEN FÜR MORGEN
(Odds Against Tomorrow)
USA 1959, Harbel, United Artists (Regie Robert Wise, Buch John O. Killens, Nelson Gidding, nach dem Roman von William P. McGivern)

*

Ed Begley (Dave Burke): »Du schuldest ihm 6000, stimmt's?«
Harry Belafonte (Johnny Ingram): »Siebeneinhalb.«
Begley: »Letzte Woche sind es sechs gewesen.«
Belafonte: »Tja, die Pferde rennen weiter, und ich verliere weiter.« [10576]

*

Begley: »Das Ganze könnte man eigentlich mit einer Kinderpistole erledigen.« [10577]

> »Ich hätte dir die Welt schenken können.«
> »Die Welt ist nicht genug.«
> Die Welt ist nicht genug

WENN DER POSTMANN ZWEIMAL KLINGELT
(The Postman Always Rings Twice)
USA 1981, Northstar, Lorimar (Regie Bob Rafelson, Buch David Mamet, nach dem Roman von James M. Cain)

*

William Taylor (Sackett): »Sie werden bald wieder vor Gericht stehen, mein Freund. Ich kenn Typen wie Sie. Ich werd Sie wiedersehen. Spuck nur irgendwohin, und ich werde dich dafür hängen lassen.« 10578

***

WENN DIE KETTEN BRECHEN
(Captain Lightfoot)
USA 1955, Universal (Regie Douglas Sirk, Buch W. R. Burnett, Oscar Brodney, nach dem Roman von W. R. Burnett)

*

Robert Bernal (Clagett): »Kann ich unbesorgt sprechen?«
Jeff Morrow (John Doherty): »So unbesorgt, wie ein Spitzel es eben erwarten kann.« 10579

***

WENN DIE NACHT ANBRICHT *(Nightfall)*
USA 1957, Copa, Columbia (Regie Jacques Tourneur, Buch Stirling Silliphant, nach dem Roman von David Goodis)

*

Aldo Ray (James Vanning): »Ist hier frei?«
Gene Roth (Barmann): »Sie ist allein, falls Sie das meinen.« 10580

*

Brian Keith (John): »Hör zu, Red! Diese Nacht ist seine Nacht. Kann eine kurze, kann eine lange werden. Aber er wird so lange atmen, bis wir es aus ihm raushaben. Verstanden?«
Rudy Bond (Red): »Oh, John, du hast ein weiches Herz.« 10581

*

Ray: »Ich weiß nicht, wo es ist.«
Keith: »Dein letztes Wort?«
Bond: »Wenn du mich fragst, ist das sein letztes Wort.« 10582

***

WENN ES NACHT WIRD IN PARIS
(Touchez pas au grisbi)
F/I 1953, del Duca, Antares (Regie Jacques Becker, Buch Jacques Becker, Maurice Griffe, nach dem Roman von Albert Simonin)

*

Jean Gabin (Max): »Strengt es sehr an, wenn man das (Brüste) alleine tragen muß? Ich kann noch ein bißchen helfen.« 10583

*

Dery (Riton): »Max, wegen Josy, was soll ich da machen?«
Gabin: »Dazu kann ich nichts sagen. Mir ist bisher noch keine davongelaufen.« 10584

*

Lino Ventura (Angelo): »Ich hoffe, daß die Herren keine Waffen bei sich haben.«
Gabin: »War ja nicht verabredet.«
Ventura: »Hm. Wir haben auch keine.« 10585

***

WER KLOPFT DENN DA AN MEINE TÜR?
(Who's That Knocking at My Door?)
USA 1969, Trimod, Brenner (Regie, Buch Martin Scorsese)

*

Lennard Kuras (Joey): »Du willst wissen, warum wir ihn Gaga nennen? Na, weil er blöd ist, natürlich.« 10586

*

Zina Berthune (das Mädchen): »Wissen Sie, ich geb nicht unbedingt gern zu, daß ich Western gut finde.«
Harvey Keitel (J. R.): »Nein? Und warum nicht? Ich glaube, alle sollten Western mögen. Keiner hat mehr Probleme, wenn er Western mag.« 10587

*

Kuras: »Drei, vier Stunden lang kletter ich auf einen Berg. Wozu? Nur um hier oben zu sein. Was gibt's denn hier Tolles, hä? Ich versteh das nicht.« 10588

***

WEST SIDE STORY
USA 1961, Mirisch, Seven Arts, Beta, United Artists (Regie Robert Wise, Jerome Robbins, Buch Ernest Lehman, nach dem Musical von Arthur Laurents, Leonard Bernstein, Stephen Sondheim)

> *»Strengt es sehr an, wenn man das (Brüste) alleine tragen muß? Ich kann noch ein bißchen helfen.«*
> Wenn es Nacht wird in Paris

Russ Tamblyn (Riff): »In unserm Revier ist nicht viel los. Aber wo sollen wir denn sonst hin, hä?« [10589]

*

Tamblyn: »Und wenn die sagen ›Messer‹, dann sage ich auch ›Messer‹. Und wenn die sagen ›Colts‹, dann sage ich auch ›Colts‹.« [10590]

*

Tamblyn: »Sein Ruf ist größer als die ganze West Side.« [10591]

*

Rita Moreno (Anita): »Wir beißen nicht. Erst wenn wir dich besser kennen.« [10592]

*

George Chakiris (Bernardo): »Wenn ich mit dir fertig bin, wirst du aussehen wie ein Fisch ohne Schuppen.« [10593]

*

Simon Oakland (Lieutenant Schrank): »Was meinen Sie dazu?«
Ned Glass (Doc): »Ich hab keine Meinung, ich bin der Dorftrottel.« [10594]

*

Oakland: »Ah ja, natürlich, dies ist ein freies Land, und ich hab nicht das Recht dazu. Aber ich hab 'ne Polizeimarke. Und was habt ihr?« [10595]

*

Moreno: »Sie fühlt sich nicht wohl.«
Oakland: »Wer fühlt sich schon wohl?« [10596]

*

Natalie Wood (Maria): »Wie schießt man damit, Chino? Drückt man auf den kleinen Hebel? Wieviel Kugeln sind noch übrig, Chino? Genug für euch? Und für euch? Genug für euch alle? Ihr alle habt ihn ermordet. Und meinen Bruder. Und Riff. Nicht mit Kugeln und Revolvern, mit eurem Haß. Aber jetzt kann ich auch töten, weil ich hassen gelernt habe. Wieviele von euch kann ich töten, Chino? Wieviele, so daß noch eine Kugel für mich übrigbleibt?« [10597]

> »Was meinen Sie dazu?«
> »Ich hab keine Meinung,
> ich bin der Dorftrottel.«
> West Side Story

WESTERN UNION
USA 1941, Twentieth Century Fox (Regie Fritz Lang, Buch Robert Carson nach dem Roman von Zane Grey)

*

Slim Summerville (Herman): »Wenn ich wieder in St. Joe bin, hätte ich gern noch mein Haar, anstatt zu erzählen, wo ich es verloren habe.« [10598]

*

Robert Young (Richard Blake): »Freut mich, daß wir uns kennengelernt haben. Sind Sie nicht die Schwester unseres Chefs?«
Virginia Gilmore (Sue Creighton): »Ja, woher wissen Sie?«
Young: »Woher ich das weiß? Sie haben den gleichen strengen Blick. Macht das die gute Luft hier im Westen?«
Gilmore: »Nein, der Umgang mit Leuten vom Osten.« [10599]

*

Victor Kilian (Charley): »Schade um ihn, war ein feiner Kerl.«
John Carradine (Doc Murdoch): »Noch ist er nicht tot.«
Kilian: »Aber ich wette zwanzig Dollar, daß er es morgen früh ist.«
Carradine: »Ich halte die Wette.« (...)
Young: »Wie geht's ihm?«
(Carradine gibt Kilian zwanzig Dollar)
Kilian: »Nächstes Mal mehr Glück, Doktor.« [10600]

***

DER WESTERNER *(The Westerner)*
USA 1940, Goldwyn (Regie William Wyler, Buch Jo Swerling, Niven Busch, Story Stuart N. Lake)

*

Walter Brennan (Judge Roy Bean): »Shad Wilkins, du bist des schwersten Verbrechens für schuldig befunden worden, das westlich des Pecos begangen werden kann. Du hast einen Stier erschossen. Hast du noch irgendwas zu sagen, bevor der Urteilsspruch des Gerichts vollstreckt wird?«
Trevor Bardette (Shad Wilkins): »Ich habe euch gesagt, die haben zuerst auf mich geschossen. Ich habe den Stier nicht absichtlich abgeknallt. Den Mann wollte ich treffen.«
Brennan: »Dein Pech, daß du ihn nicht getroffen hast. Das ist ja das Elend mit euch ver-

dammten Feldratten, nicht mal schießen könnt ihr.« [10601]

*

Brennan: »Mr. Hardin, es ist meine Pflicht, Sie darauf hinzuweisen, daß Pferdediebstahl bei uns als Kapitalverbrechen gilt, auf das die Todesstrafe steht. Aber Sie können sich darauf verlassen, vor diesem Gericht kann auch ein Pferdedieb mit einer fairen Verhandlung rechnen, bevor er aufgehängt wird.« [10602]

*

Gary Cooper (Cole Hardin, Angeklagter, während die Geschworenen beraten): »Trinken Sie einen mit, Euer Ehren?«
Brennan: »Na klar, warum nicht? ... Verschütten Sie nichts von dem Zeug! Das brennt Löcher in die Bar.« [10603]

*

Paul Hurst (Chickenfoot): »84 Dollar und 6 Cents.«
Brennan: »80 Dollar Geldstrafe für ungebührliches Benehmen und 4 Dollar und 6 Cents für verbotenes Tragen von Waffen. Und jetzt besorgt mal einen Strick, und hängt ihn auf!«
Hurst: »Wozu noch aufhängen? Er ist doch schon tot.«
Brennan: »Hängen wir Pferdediebe auf oder nicht? Er wird aufgehängt.« [10604]

*

Brennan: »Du traust mir wohl nicht, Cole?«
Cooper: »Als Kind hatte ich mal eine zahme Klapperschlange. Ich hatte sie wirklich gern, aber ich habe ihr nie den Rücken zugekehrt.« [10605]

***

WESTFRONT 1918
D 1930, Nero (Regie G. W. Pabst, Buch Ladislaus Vajda, Peter Martin Lampel, nach dem Roman ›Vier von der Infanterie‹ von Ernst Johannsen)

*

»Reiß dich zusammen, Mensch! Wir sind doch Helden.« [10606]

*

»Ende?!« [10607]

***

WESTLICH ST. LOUIS
(Wagonmaster)
USA 1950, Argosy, RKO (Regie John Ford, Buch Frank S. Nugent, Story John Ford)

Harry Carey jr. (Sandy Owens): »Meine Güte, all diese Frauen und Kinder!«
Ben Johnson (Travis Blue): »Ja und besonders die Rothaarige, nicht?« [10608]

*

Ward Bond (Elder Wiggs): »Keiner kann wissen, ob uns der Herr nicht absichtlich diese Leute über den Weg geführt hat. Wie ich es sehe, tut der Herr niemals etwas ohne Grund. Die Leute in diese Lage zu bringen, war für ihn sicher nicht so einfach. Wenn ich der Herr wäre, dann würde ich mir verbitten, daß man meine Pläne durchkreuzt.«
Russell Simpson (Adam Perkins): »Na ja, wenn man es so betrachtet.« [10609]

*

(Small talk mit Mormonen ist nicht einfach.)
Carey jr.: »Meine Herren, ich glaube, heute wird es heißer als in der H...«
(Tex): »Paß auf, was du sagst!«
Carey jr.: »Habe ich geflucht?«
(Tex): »Du wolltest sagen ›in der Hölle‹.«
Carey jr.: »Ich wollte sagen ›Hades‹, außerdem ist ›Hölle‹ kein Fluch, das ist Geographie, der Name von einer Gegend, genauso wie du sagst ›Abilene‹ oder ›Salt Lake City‹.«
(Tex): »Mach ja keine dreckigen Bemerkungen über Salt Lake City!« [10610]

***

WESTWÄRTS ZIEHT DER WIND
(Paint Your Wagon)
USA 1969, Lerner, Paramount (Regie Joshua Logan, Buch Paddy Chayefsky, nach dem Musical von Alan Jay Lerner und Frederick Loewe)

Lee Marvin (Ben Rumson): »Ich habe in fremden Claims geschürft, ja, und ich habe Whiskey an die Indianer verschachert, und ich habe auch einen Mann umgelegt, der mit der Kanone auf mich losgeht. Es gibt keins von den Zehn Geboten, das ich nicht gebrochen hätte.

»Reiß dich zusammen, Mensch!
Wir sind doch Helden.«
Westfront 1918

Ich hatte nicht viel übrig für Mutter und Vater, geschweige denn, daß ich sie geehrt habe. Und ich habe meines Nächsten Weib begehrt, wenn er ein Weib hatte und wenn es begehrenswert war, und ich spiele gern Karten und betrüge dabei. Aber eins werde ich niemals tun, ich haue nie meinen Partner übers Ohr.« [10611]

*

Marvin: »Wenn ich stockbesoffen bin, irgendwo im Dreck liege, dann erwarte ich, daß du mich aufliest. Ich habe keine Lust, besoffen im Dreck zu sterben. Wenn ich irgendwem hundert Dollar schulde, erwarte ich, daß du für mich geradestehst. Wenn ich einen Moralischen kriege, was durchaus vorkommen kann, erwarte ich, daß du mein Kumpel bist und daß du mich tröstest.« [10612]

*

Marvin: »Wenn sie gleich zu vier Mann hoch über mich herfallen, könntest du mir ein bißchen zur Hand gehen, aber unter vier werde ich allein damit fertig. Weißt du, ich kämpfe nicht fair.« [10613]

*

Clint Eastwood (Pardner): »Ich schlage mich gar nicht, wenn es nicht unbedingt sein muß. Die Gäule gehen so leicht mit mir durch, und wenn ich erst loslege, kann ich nicht aufhören.«
Marvin: »Na fein, Junge, vergiß aber bloß nicht, daß ich auf deiner Seite stehe!« [10614]

*

William O'Connell (Horace Tabor): »In der Zeitung steht, Kalifornien wird bald in die Union aufgenommen. Das ist auch bitter nötig, dann kehrt Gesetz und Ordnung ein. Eine erfreuliche Nachricht.«
Marvin: »Aber nicht für mich. Es war für mich von jeher oberstes Gesetz, wenn der Staat sich breitmacht, zu verschwinden und eine neue Wildnis zu suchen.« [10615]

> »Was ist? Möchtest du was trinken, oder spielen wir lieber das Spiel, bei dem die Kinder aus dem Kino geschickt werden?«
> What's Up, Tiger Lily?

Tom Ligon (Horton Fenty): »Verzeihung, Sir, könnten Sie mir wohl zehn Dollar leihen?«
Eastwood: »Willst du nicht lieber nach Hause und ins Bett gehen?«
Ligon: »Ich wollte es eigentlich umgekehrt machen, Sir.« [10616]

***

WHAT'S UP, TIGER LILY?
USA/JAP 1966, Toho, Benedict, AIP (Japanischer Film: Regie Senkichi Taniguchi, Buch Kazuo Yamada, amerikanische Fassung: Buch Woody Allen, Frank Buxton, Louise Lasser, Mickey Rose, Bryna Wilson, Julie Bennett)

*

Tatsuya Mihashi (Phil Moscowitz): »Was ist? Möchtest du was trinken, oder spielen wir lieber das Spiel, bei dem die Kinder aus dem Kino geschickt werden?« [10617]

***

WHITE ZOMBIE
USA 1932, Halperin, United Artists (Regie Victor Halperin, Buch Garnett Weston)

*

Robert Frazer (Charles Beaumont): »There must be a way.«
Bela Lugosi ('Murder' Legendre): »There is a way, but the cost, the cost is heavy.« [10618]

*

Frazer: »You devil, what are you trying to do to me?«
Lugosi: »I have other plans for Mademoiselle and I'm afraid you might not agree.« [10619]

***

WHY ME? – WARUM GERADE ICH?
(Why Me?)
USA 1989, Sarlui-Diamant, Carolina (Regie Gene Quintano, Buch Donald E. Westlake, Leonard Maas jr., nach dem Roman von Donald E. Westlake)

*

J. T. Walsh (Francis Mahoney, Polizeichef, bei Pressekonferenz): »Also, das war's, entschuldigen Sie mich. Ich hab 'n Kittchen zu füllen.« [10620]

*

René Assa (Bob, der Türke): »Zwingen Sie mich bitte nicht, etwas zu tun, das ich lieber nicht tue, es sei denn, jemand zwingt mich dazu, weil er sich strikt geweigert hat, etwas zu tun, das jemand ihn gebeten hat zu tun.« [10621]

WICHITA
USA 1955, Mirish, United Artists (Regie Jacques Tourneur, Buch Daniel B. Ullman)

*

Joel McCrea (Wyatt Earp): »Ich möchte so bald wie möglich in Wichita sein. Ich beabsichtige, dort ein Geschäft aufzumachen. Was, weiß ich noch nicht. Ich hoffe, Sie werden meine Kunden.«
Walter Sande (Wallace): »Wenn Sie eine Kneipe aufmachen, können Sie auf uns zählen.« 10622

*

Carl Benton Reid (Bürgermeister): »Wir wollen nicht um die Sache herumreden. Wir vier Männer bilden gewissermaßen den Stadtrat und haben den Eindruck, daß Sie ein bißchen zu scharf vorgehen.«
McCrea: »Ach so, ich nehme an, es bezieht sich auf das allgemeine Waffenverbot.«
Reid: »Wie können Sie nur so etwas Verrücktes anordnen?«
Walter Coy (McCoy): »Vielleicht erleben wir noch mal den Tag, an dem die Männer ihre Waffen einfach zu Hause lassen, aber so weit ist es vorläufig noch nicht.« 10623

***

WIE ANGELT MAN SICH EINEN MILLIONÄR
(How to Marry a Millionaire)
USA 1953, Twentieth Century Fox (Regie Jean Negulesco, Buch Nunnally Johnson, nach dem Stück von Zoe Akins, Dale Eunson, Katherine Albert)

*

Lauren Bacall (Schatze Page): »Etwas plötzlich, diese Abreise.«
Percy Helton (Benton): »Ja, ein bißchen plötzlich. Aber man weiß ja, wie häßlich Steuerbehörden werden können, wenn man mal ein Jahr lang nicht zahlt.« 10624

*

Bacall: »Rufen Sie uns nächste Woche um fünf Uhr an!« 10625

*

Bacall: »Männer, die nicht einmal eine Krawatte tragen, kommen für uns von vornherein überhaupt nicht in Betracht.« 10626

*

Bacall: »Die meisten Frauen wählen ein Nachthemd mit mehr Verstand aus als ihren Ehemann.« 10627

*

Betty Grable (Loco): »Ich hab mich schon immer danach gesehnt, wenigstens einmal in meinem Leben einen Millionär zu heiraten.« 10628

*

Marilyn Monroe (Pola): »Weißt du, wen ich heiraten möchte?«
Grable: »Wen?«
Monroe: »Rockefeller.«
Grable: »Vater oder Sohn?«
Monroe: »Ist mir egal.« 10629

*

Monroe: »Ich glaube, es liegt nicht an uns. Ich glaube, es liegt an den Männern von heute. Sie sind Frauen gegenüber vorsichtig geworden, besonders die sechsstelligen.« 10630

*

Grable: »Findest du ihn nicht ein bißchen alt?
Bacall: »Tu nicht dümmer, als du bist! Ein dickes Bankkonto wirkt sehr verjüngend.« 10631

*

Bacall: »Kannst du die Brille nicht wenigstens so lange aufbehalten, bis du ungefähr weißt, wie dein Kavalier aussieht?« 10632

*

Bacall: »Wir wollen lieber reingehen, bevor sie wieder zu sich kommen.« 10633

*

William Powell (J. D. Hanley): »Seien Sie offen zu mir! Sind die Möbel wirklich alle in der Reinigung, wie Sie sagten, oder verhält sich die Sache vielleicht etwas anders?« 10634

*

Bacall: »Wovon lebt der Bursche?«
Monroe: »Von Öl, Chicky, er hat ganze Fässer davon.« 10635

*

Grable: »Nehmen Sie sich mal ein Beispiel an

> »Die meisten Frauen wählen ein Nachthemd mit mehr Verstand aus als ihren Ehemann.«
> Wie angelt man sich einen Millionär

den armen Leuten! Bei denen werden die Kinder nicht so schnell enterbt.« [10636]

*

Fred Clark (Waldo Brewster): »Macht es Ihnen was aus, eine Weile nicht zu sprechen?« [10637]

*

Clark: »Ich habe leider nicht die allergeringste Lust, Ihre Bildung zu vervollständigen.« [10638]

*

Clark: »Sie sehen, man meistert eben durch Anwendung von Intelligenz die schwierigsten Situationen.« [10639]

*

Bacall: »Das klingt ja schon sehr gefaßt.«
Powell: »Nein. Nein, das ist nur einer der wenigen Vorteile meines Alters. Man empfindet Enttäuschungen als etwas ganz Normales.« [10640]

*

Cameron Mitchell (Tom Brookman): »Meine Herren, trinken wir auf unsere Frauen!« [10641]

***

WIE EIN PANTHER IN DER NACHT
(Badge 373)
USA 1973, Paramount (Regie Howard W. Koch, Buch Pete Hamill, nach den Berichten von Eddie Egan)

*

»Ich bin sauber, Eddie. Ich schwör's, ich bin astrein.«
Robert Duvall (Detective Eddie Ryan): »Da ist mein Arsch sauberer. Du warst schon voll Stoff, als du zur Kommunion gegangen bist.« [10642]

*

Duvall: »Was glauben Sie, wieviel Autos kann man in diesem Stall unterbringen?«
Mark Tendler (Rausschmeißer): »Wie meinen Sie das?«
Duvall: »Ich meine, wenn Sie mich noch einmal anrühren, dann mach ich aus diesem Bordell hier eine freundliche Garage.« [10643]

> »*Du siehst aus,
> als ob dir jemand übers
> Gesicht gelaufen wäre.*«
> Wie ein Panther in der Nacht

Joel Veiga (Manuel): »Ich bin sauber, Eddie.«
Duvall: »Natürlich, es hat niemals eine Seele so sauber wie deine gegeben.« [10644]

*

Eddie Egan (Lieutenant Scanlon): »Du siehst aus, als ob dir jemand übers Gesicht gelaufen wäre.« [10645]

*

Duvall: »Er war ein guter Beamter. Er hätte nicht mal 'n Whisky angenommen.«
Henry Darrow (Sweet William): »Größere Summen Bargeld verursachen Veränderungen im menschlichen Charakter. Drei Tage nach seinem Dienstbeginn in Bronx stand Gigi bereits fest in meinen Diensten. Ich pflege das als eine zeitgemäße Form der Vermögensverteilung zu betrachten, ein reines Managementproblem.« [10646]

*

Darrow: »Es ist nicht leicht, Sie zum Schweigen zu bringen.«
Duvall: »Es sei denn, Sie bringen mich um.«
Darrow: »Ich glaube, das wird sich arrangieren lassen.« [10647]

*

Duvall: »Diese jungen Wichser. Keine Kondition.« [10648]

*

Duvall: »So, Freunde, die Party ist zu Ende. Keine Bewegung!« [10649]

*

Egan: »Tore schließen! Alles festnehmen, was sich auf dem Gelände bewegt!« [10650]

***

WIE EIN WILDER STIER
(Raging Bull)
USA 1980, Chartoff-Winkler, United Artists (Regie Martin Scorsese, Buch Paul Schrader, Mardik Martin, nach der Autobiographie von Jake La Motta, mit Joseph Carter, Peter Savage)

*

Frank Vincent (Salvy): »Ich kann nicht mit ihm reden.«
Joe Pesci (Joey): »Wieso kannst du nicht mit ihm reden?«
Vincent: »Weil er mich nicht mag.«
Pesci: »Keiner mag dich. Bist du nicht daran gewöhnt?« [10651]

Robert De Niro (Jake La Motta): »Tu mir 'n Gefallen!«
Pesci: »Und was?«
De Niro: »Ich will, daß du mir eine verpaßt.«
Pesci: »Was?«
De Niro: »Du sollst mir ins Gesicht schlagen.« 10652

*

De Niro: »Wir wissen doch beide am besten, daß eine Frau zum richtigen Zeitpunkt, in der richtigen Umgebung und in der richtigen Stimmung zu allem bereit ist.« 10653

*

De Niro: »Er ist nett, 'n reizender Junge, 'n richtig hübsches Kerlchen. Das bringt mich in Verlegenheit, weil ich nicht weiß, soll ich mit ihm bumsen oder boxen.« 10654

*

Nicholas Colosanto (Tommy Como, nach dem Kampf): »Jetzt sieht er nicht mehr hübsch aus.« 10655

*

De Niro: »Du bist 'n cleverer Hund. Auf alles hast du 'ne Antwort, nur nicht auf das, was ich dich frage.« 10656

***

WIEDERSEHEN IN HOWARDS END
(Howard's End)
UK 1991, Merchant Ivory, Mayfair (Regie James Ivory, Buch Ruth Prawer Jhabvala, nach dem Roman von E. M. Forster)

*

Emma Thompson (Margaret Schlegel): »Die Grundstückspreise sind enorm gestiegen, sie möchten Wickham Place abreißen und Mietwohnungen bauen wie Ihre.«
Vanessa Redgrave (Ruth Wilcox): »Aber das ist ja schrecklich!«
Thompson: »Hausbesitzer *sind* schrecklich.« 10657

*

Anthony Hopkins (Henry Wilcox): Seien Sie den Armen gegenüber nicht sentimental! (...) Die Armen sind arm. Sie tun einem leid, aber so ist das nun mal.« 10658

***

DIE WIEGE DER SONNE (Rising Sun)
USA 1993, Walrus, Twentieth Century Fox (Regie Philip Kaufman, Buch Philip Kaufman, Michael Crichton, Michael Backes, nach dem Roman von Michael Crichton)

*

Wesley Snipes (Web Smith): »Ihre Nasenlöcher sehen aus wie der Rand eines Margaritaglases.« 10659

*

(Polizist): »He, Graham, Sushi gefällig?«
Harvey Keitel (Tom Graham): »Ne, wenn mir nach Quecksilber ist, freß ich 'n Thermometer.« 10660

*

Sean Connery (John Connor): »In Japan gehen Verbrecher davon aus, daß man sie erwischt. 90 % davon werden auch verurteilt. Hier liegt die Erfolgsquote eher bei 17½ %. Die halten uns für blöd. Und für korrupt. Und das stimmt auch sehr oft.« 10661

*

Keitel: »Was heißt schon Reaktionär? Ist das vielleicht 'n Schimpfwort wie Rassist, oder was weiß ich? Ständig ist von Rasse die Rede. Was ist aus Gut und Böse oder ›Er war's‹ geworden? Einer hat's getan, und man fängt ihn.« 10662

*

Connery: »Wenn man lange genug am Fluß sitzt, sieht man eines Tages die Leiche seines Feindes vorbeischwimmen.« 10663

***

WILD AT HEART
USA 1990, Propaganda, PolyGram, Palace (Regie, Buch David Lynch, nach dem Roman von Barry Gifford)

*

Nicolas Cage (Sailor Ripley): »Das ist eine Schlangenlederjacke. Sie ist ein Symbol meiner Individualität und meines Glaubens an die persönliche Freiheit.« 10664

*

Diane Ladd (Marietta Fortune): »Ich hab noch

> *»He, Graham, Sushi gefällig?«*
> *»Ne, wenn mir nach Quecksilber ist, freß ich 'n Thermometer.«*
> Die Wiege der Sonne

mal drüber nachgedacht ...« *(über den Mordauftrag)*
J. E. Freeman (Marcello Santos): »Merk dir eins: Es gibt kein Zurück mehr. Verstanden? Und ich brenne vor Mordlust.« [10665]

Freeman: »Gentlemen, dürfte ich Sie wohl in aller Form um einen kleinen Gefallen bitten? Verpißt euch!« [10666]

***

THE WILD BUNCH – SIE KANNTEN KEIN GESETZ
(The Wild Bunch)
USA 1969, Feldman, Warner Seven Arts (Regie Sam Peckinpah, Buch Walon Green, Sam Peckinpah, Story Walon Green, Roy N. Sickner)

William Holden (Pike Bishop): »Wer sich bewegt, den legt ihr um! [If they move kill 'em!]« [10667]

Bo Hopkins (Crazy Lee): »Ihr würdet auch nicht gern den Arsch zukneifen, wenn ihr noch so jung wärt wie ich.« [10668]

Albert Dekker (Harrigan): »Wenn aber einer von euch mich im Stich läßt, zahl ich dem eine Prämie von 1000 Dollar, der diesen Verräter niederknallt.« [10669]

Robert Ryan (Deke Thornton): »Sie haben mein Wort.«
Dekker: »Wir werden sehen, was es wert ist.« [10670]

Dekker: »Ich will sie alle haben, den Kopf nach unten über den Sattel gelegt.« [10671]

Holden: »Wir müssen weiter denken, als unsere Revolver schießen. Diese Zeiten sind bald vorbei.« [10672]

> »Ihr würdet auch nicht gern den Arsch zukneifen, wenn ihr noch so jung wärt wie ich.«
> The Wild Bunch – Sie kannten kein Gesetz

Holden: »Er war als Killer sehr gefürchtet, in der Gegend von Langtry.«
Ernest Borgnine (Dutch Engstrom): »Jetzt bringt er die Leute nur noch mit saumäßigem Kaffee um.« [10673]

Ben Johnson (Tector Gorch): »Bevor er uns alle fertigmacht, leg ich ihn lieber um.« [10674]

Holden: »Wir sind erledigt, wenn wir uns streiten. Wir sind alle erledigt.« [10675]

Edmond O'Brien (Sykes): »Wir träumen alle davon, wieder Kind zu sein. Auch die Schlimmsten von uns. Die Schlimmsten vielleicht sogar am meisten.« [10676]

Ryan: »Denkt ihr, daß Pike und der alte Sykes uns nicht beobachten? Die wissen Bescheid, und die wissen auch, wen ich bei mir habe: einen Haufen dreckiger, fauler, elender Tagediebe und dabei nicht mal sechzig Schuß Munition. Die da drüben sind wenigstens Kerle. Ich wünschte fast, daß ich bei denen wäre.« [10677]

O'Brien: »Meine Jungs und ich, wir haben einiges vor. Machst du mit, ja? Es ist nicht mehr so, wie es mal war, aber es reicht noch.« [10678]

***

WILD GALS OF THE NAKED WEST
USA 1961, PAD-RAM (Regie, Buch Russ Meyer)

(voice-over): »Er ritt vom Westen her in die Stadt. Normalerweise war das der Weg, auf dem die Fremden uns verließen, der Friedhofsweg.« [10679]

(voice-over): »Ich behaupte nicht, daß das Schlechte gut ist, aber ein Mensch muß auch das Böse in sich zulassen und spüren, etwas, woran sich das Gute reiben kann.« [10680]

***

WILD THING
USA 1998, Mandalay (Regie John McNaughton, Buch Stephen Peters)

Daphne Rubin-Vega (Detective Gloria Perez): »Sie könnten mir sagen, wo Sie gestern abend waren.«

Matt Dillon (Sam Lombardo): »Ich nehme an, das könnte ich. Aber ich glaube nicht, daß ich das muß.« [10681]

***

DER WILDE *(The Wild One)*
USA 1954, Columbia (Regie Laslo Benedek, Buch John Paxton, nach der Geschichte ›The Cyclists' Raid‹ von Frank Rooney)

*

(Frau in Bar): »He, Johnny, what are you rebelling against?«
Marlon Brando (Johnny): »What've you got?« [10682]

*

Brando: »Ich mach kein Geschäft mit 'm Polizisten. [I don't make no deal with no cop]« [10683]

*

Yvonne Doughty (Britches): »Bitte, Johnny, ich weiß, daß ich dir nichts bedeute, aber sag wenigstens einmal, sag nur ein einziges Mal, daß es schön gewesen ist!«
Brando: »Soll ich dir vielleicht auch noch Blumen schicken?« [10684]

***

WILDE JAHRE IN PARIS *(The Moderns)*
USA 1988, Alive, Nelson (Regie Alan Rudolph, Buch Jon Bradshaw)

*

Wallace Shawn (Oiseau): »Was sind denn das bloß für Leute hier? Ich hab den Eindruck, hier kommt jeden Tag 'ne neue Ladung Heimatloser an. Meinen Sie, wir sollten das Café wechseln?«
Keith Carradine (Nick Hart): »Man wechselt eher seine Einstellung als sein Café, Oisive.« [10685]

*

Shawn: »Sie sollten mitkommen.«
Carradine: »Nach Hollywood? Ach, kommen Sie, Oisive! Filme anzuschauen, ist amüsanter, als sie zu machen.« [10686]

*

Carradine: »In Paris kann man ruhig pleite sein. In Amerika gilt so was als unmoralisch.« [10687]

*

Shawn: »Niemand gibt gern Klatsch weiter. Aber was soll man sonst damit machen?« [10688]

*

Shawn: »Ich finde, es ist schon eine Leistung, einen humorlosen Mann zum Lachen zu bringen.« [10689]

*

Geneviève Bujold (Libby Valentin): »Das oberste Gebot für künstlerisches Überleben ist, vorhandenes Talent (...) in Bargeld zu verwandeln.« [10690]

*

Kevin J. O'Connor (Ernest Hemingway): »Es gibt nur zwei Dinge, die einen Mann wirklich umbringen können: Selbstmord und Gonorrhöe.« [10691]

*

Shawn: »Geht hier vielleicht irgend etwas vor, von dem ich nichts weiß?« [10692]

*

Geraldine Chaplin (Nathalie de Ville): »Ich glaube, ich kann ein paar Schmeicheleien brauchen zur Zeit.« [10693]

*

Carradine: »Ich gebe nichts auf Kritiker. Würden sie mich mögen, wäre ich auf dem falschen Weg.« [10694]

*

O'Connor: »Tagsüber ist es relativ einfach, nicht sentimental zu sein, aber nachts ...« [10695]

***

WILDE KREATUREN
(Fierce Creatures)
USA/UK 1997, Fish, Jersey, Universal (Regie Robert Young, Fred Schepisi, Buch John Cleese, Iain Johnstone, nach einer Idee (fierce animal theory) von Terry Jones, Michael Palin)

*

John Cleese (Rollo Lee): »Irgendwelche vernünftigen Fragen?« [10696]

*

Cleese: »Also, wir haben da folgendes großes Problem: Wie senken wir die Kosten und locken mehr Besucher an? Nun, aufgrund meiner Erfahrung bei *Octopus Television* sage ich

---

> »Das oberste Gebot für künstlerisches Überleben ist, vorhandenes Talent (...) in Bargeld zu verwandeln.«
> Wilde Jahre in Paris

Ihnen genau, was weltweit die meisten Zuschauer bringt: Gewalt.« ^10697

*

Cleese: »Aus diesem Grunde brauchen wir in diesem Zoo nur Tiere, die potentiell gewalttätig sind, wilde Tiere. Der Rest muß leider weg. Nicht gewalttätig? Weg!« ^10698

*

Kevin Kline (Vince McCain): »Verdammt! Wie kriegt der drei Weiber? ... Und was macht er mit der dritten? ... Mistkerl!« ^10699

*

Kline: »Das ist brillant. So was ist noch niemals gemacht worden.«
Jamie Lee Curtis (Willa Weston): »Dann überleg dir mal, wieso!« ^10700

*

Curtis: »Ich mag dich wirklich, aber ich hab mich halt gefragt, ob *eine* Frau jemals genug sein kann für einen Mann wie dich.«
Cleese: »... Ach, was soll's, versuchen wir's einfach.« ^10701

***

DIE WILDEN ENGEL
(The Wild Angels)
USA 1966, AIP (Regie Roger Corman, Buch Charles Griffith)

*

»Elektrische Anlasser sind was für Tucken oder für Bullen.« ^10702

*

Frank Maxwell (Priester): »Mein Sohn ...«
Peter Fonda (Blues): »Ich bin nicht dein Sohn, du Arsch.« ^10703

***

DIE WILDEN ZWANZIGER
(The Roaring Twenties)
USA 1939, Warner (Regie Raoul Walsh, Buch Jerry Wald, Richard Macaulay, Robert Rossen, Story Mark Hellinger)

> »Elektrische Anlasser sind was für Tucken oder für Bullen.«
> Die wilden Engel

Humphrey Bogart (George Hally): »Keine feine Art, einen Granattrichter aufzusuchen.«
James Cagney (Eddie Bartlett): »Soll ich vielleicht anklopfen oder was?« ^10704

*

Bogart: »Es gibt 10.000 Granattrichter hier in der Umgebung. Müßt ihr alle in den einen hier reingesprungen kommen?« ^10705

*

Cagney: »Eines Tages wird dich dein Revolver noch mal auf den elektrischen Stuhl bringen.«
Bogart: »Ja, und du wirst dann auf meinem Schoß sitzen, mein Lieber.« ^10706

*

Bogart: »Du hast mit offenen Augen und offenen Ohren unsere Geschäfte miterlebt, hast viel gelernt und weißt viel. Wenn das an die Öffentlichkeit dringt, liegst du mit offenen Augen ohne Kränze im Straßengraben. Verschwinde! Hol dir künftig deine Mandanten aus den Ambulanzwagen!« ^10707

*

Bogart: »Du hast wohl in einem Buch über Napoleon geblättert?«
Cagney: »Was paßt dir denn nicht?«
Bogart: »Zuerst hast du mich gefragt, später hast du mir Anweisungen gegeben, jetzt ignorierst du mich.« ^10708

*

Cagney: »George, in dieser neuen Welt ist für dich und für mich kein Platz.«
Bogart: »Für dich vielleicht nicht. Ich gehöre zu denen, die es immer und überall schaffen.« ^10709

*

Cagney: »Du willst dich richtig um mich kümmern, was?«
Bogart: »Ja. Du sagst, du paßt nicht in diese neue Welt, also werde ich dich schnell aus ihr rausbefördern.« ^10710

*

(Polizist): »Was war er *(Cagney)* von Beruf?«
Gladys George (Panama Smith): »Er ist mal wer gewesen.« ^10711

***

DER WILDESTE UNTER TAUSEND *(Hud)*
USA 1963, Paramount (Regie Martin Ritt, Buch Irving Ravetch, Harriet Frank jr., nach dem Roman ›Horseman, Pass By‹ von Larry McMurtry)

Paul Newman (Hud Bannon): »Gott sei Dank läßt sich jedes Verbot umgehen oder ein bißchen abwandeln. Am besten das Letztere: Einmal legt man das Gesetz so aus und einmal so, wie's gerade hinhaut.« [10712]

*

Brandon de Wilde (Lon Bannon): »Was ist eigentlich mit euch?«
Newman: »Das erzähl ich dir *vielleicht* mal, wenn ich voll bin.« [10713]

*

Newman: »Nenn mir doch mal ehrliche Leute! Wenn du unter den Sündern einen finden willst, der ehrlich ist, dann kannst du gleich bis Adam zurückgehen. Ich bin dafür, daß wir unser Brot in die Suppe stippen, solange sie noch heiß ist.« [10714]

*

Melvyn Douglas (Homer Bannon): »Du bist ein Mensch ohne Prinzipien, Hud.«
Newman: »(...) Na, aber das macht fast gar nichts. Dafür hast du ja für uns beide genug.« [10715]

*

Patricia Neal (Alma Brown): »Ich war sechs Jahre mit Ed verheiratet. Das einzige, wozu er taugte, war, mich auf dem Rücken zu kratzen, wo ich nicht dran konnte.« [10716]

*

Newman: »Hast auch deine Ideale, hä?«
de Wilde: »Ja. Ist das verkehrt?«
Newman: »Keine Ahnung, ich kenn so was nicht.« [10717]

*

de Wilde: »Es ging schnell.«
Douglas: »Das Töten dauert nie lange. Nicht so lange wie das Großziehen.« [10718]

*

Newman: »Die Welt ist so verkommen, daß jeder Mensch in den Dreck hineingerät, ob er will oder nicht.« [10719]

***

WILLKOMMEN IN LOS ANGELES
(Welcome to L.A.)
USA 1976, Lion's Gate, Altman, United Artists (Regie, Buch Alan Rudolph, nach der Suite ›City of the One Night Stands‹ von Richard Baskin)

*

Geraldine Chaplin (Kareen Hood): »Männer haben an allem mehr Spaß. Vielleicht verstehen sie mehr, worum es geht.« [10720]

*

Chaplin: »Alkohol wirkt bei mir nicht.«
Keith Carradine (Carroll Barber): »Bei mir auch nicht. Ich werd nur betrunken.« [10721]

***

WINCHELL
USA 1998, Fried, HBO (Regie Paul Mazursky, Buch Scott Abbott, nach dem Buch ›Walter Winchell: His Life and Times‹ von Herman Klurfeld)

*

Stanley Tucci (Walter Winchell): »Gavreau, du hast einen messerscharfen Verstand. Schneide damit nur nicht ins eigene Fleisch!« [10722]

***

WINCHESTER '73
USA 1950, Universal (Regie Anthony Mann, Buch Robert L. Richards, Borden Chase, Story Stuart N. Lake)

*

James Stewart (Lin McAdam): »Sie glauben doch wohl nicht im Ernst, daß wir uns von unseren Waffen trennen?«
Will Geer (Wyatt Earp): »Wir erlauben es niemand, hier in der Stadt eine Waffe zu tragen. Seht ihr das nicht?«
Stewart: »Wir?«
Geer: »Wir, das bin ich in diesem Fall. (...) Ich bin der Sheriff, Wyatt Earp.«
Stewart: »Ja, dann.« [10723]

*

Millard Mitchell (High Spade): »Das fiel mir gleich auf. Ihr seht hier alle so unangezogen aus.« [10724]

*

Guy Wilkerson (Virgil Earp): »Wenn das so weitergeht, dann hast du vor lauter Waffen heute abend in deinem eigenen Büro nicht mal Platz zum Spucken. Die Waffen von halb Kansas hängen jetzt hier schon an der Wand.« [10725]

> »Alkohol wirkt bei mir nicht.«
> »Bei mir auch nicht.
> Ich werd nur betrunken.«
> Willkommen in Los Angeles

Geer: »Seht es euch alle nur genau an, prüft es auf Herz und Nieren. Ihr werdet nicht den kleinsten Fehler entdecken. Von zehn- oder vielleicht zwanzigtausend Gewehren, die die Büchsenmacher in Winchester herstellen, werden einige immer mit besonderer Sorgfalt bearbeitet. Das ist so eins, eine Sonderanfertigung. Es ist natürlich unverkäuflich. Ich gäbe gern einen Jahresverdienst für diese Büchse, aber es geht eben nicht. Sie ist für den Handel zu schade. Die Winchesterleute haben für solche Gewehre einen besonderen Namen. Sie nennen es ›Eins von tausend‹, und das ist ein guter Name. Präsident Grant hat eins, Buffalo Bill hat eins, und heute wird irgendeiner von euch eins gewinnen. Ich würde dafür meine rech..., nein, ich gäbe lieber meine linke Hand dafür. Wenn ihr Leute euch besser vertragen würdet, könnte ich meine rechte geben.« [10726]

*

James Millican (Wheeler): »Ich fühle mich hier noch nackter als bei meinem letzten Bad.«
Steve Brodie (Wesley): »Das weißt du noch?«
Millican: »Du bist sehr witzig. Ich brauche ein Schießeisen.« [10727]

*

John Alexander (Jack Riker): »Mein Geld ist schwerer verdient als Ihrs.«
John McIntire (Joe Lamont): »Versuchen Sie's doch mal auf meine Weise. Oder ist das für Sie zu gefährlich?« [10728]

*

Alexander: »Es gibt eben Dinge, die selbst ich den Indianern nicht verkaufen würde.« [10729]

*

Stephen McNally (Dutch Henry Brown): »Immer dasselbe mit diesen alten Gewehren: Der Schuß reißt den Mann nicht um.« [10730]

*

Jay C. Flippen (Sgt. Wilkes): »Sie greifen bestimmt gleich an.«

> »Ich ruf sie erst an. Ich gebe reichen Frauen mindestens zehn Minuten, um sich präsentabel zu machen.«
> Der Windhund und die Lady

Stewart: »In der Nacht?«
Flippen: »Wann denn sonst?« [10731]

*

Mitchell: »Diese Kavalleristen scheinen noch nicht viel Erfahrung zu haben. Was hältst du von unsern Chancen?«
Stewart: »Was für Chancen?« [10732]

*

Flippen: »Sie sind ein Kerl nach meinem Geschmack. Wenn Sie in Gettysburg dabeigewesen wären, da wäre manches anders gegangen.«
Stewart: »Ich will Ihnen was verraten, ich war dabei in Gettysburg und High Spade auch.«
Mitchell: »Allerdings auf der Gegenseite.« [10733]

***

DER WINDHUND UND DIE LADY (*The Hucksters*)
USA 1947, MGM (Regie Jack Conway, Buch Luther Davis, nach dem Roman von Frederic Wakeman)

*

Adolphe Menjou (Mr. Kimberly): »Vielleicht sind Sie doch mehr auf eine Stellung aus, als Sie vorgeben, Vic.«
Clark Gable (Victor Albee Norman): »Na gut, sprechen wir ganz offen: Ich würde die Stellung eventuell annehmen, wenn Sie mich mit aller Gewalt dazu zwingen würden.« [10734]

*

Gable: »Frauen scheinen einem Mann, der Pfeife raucht, immer zu vertrauen. Und wenn ich einen Hund hätte, würde ich versuchen, etwas hündischer zu riechen.« [10735]

*

Gable: »Ich ruf sie erst an. Ich gebe reichen Frauen mindestens zehn Minuten, um sich präsentabel zu machen.« [10736]

*

Gable: »5000 Dollar werden für einen guten Zweck Ihrer Wahl gezahlt. (...)«
Deborah Kerr (Kay Dorrance): »Nun, Mr. Norman, ich hoffe, Sie sind nicht schockiert. Der gute Zweck meiner Wahl bin ich selbst.« [10737]

*

Gable: »Sie beide machen mich fertig. Ich hab vor der Invasion in der Normandie Truppen gesehen, die hatten nicht halb so viel Angst wie Sie.« [10738]

*

Gable: »Wissen Sie, was Sie sind, Kay? Sie sind ein ehrlicher Mensch. Sie sagen, was Sie denken. Ich hab nicht viel Erfahrung mit ehrlichen Menschen. Ich bin nicht sicher, daß ich sie mag. Woher weiß man, was sie als nächstes tun. (...) Einem ehrlichen Menschen kann man nicht trauen.« 10739

*

Gable: »Ich will nichts von dir, ich will nur dich.« 10740

*

Gable: »Als kleines Mädchen warst du sicher ganz schön hart.«
Ava Gardner (Jean Ogilvie): »Für den falschen Mann bin ich es noch.« 10741

*

Gable (wirft sein letztes Geld weg): »Jetzt fangen wir mit der runden Summe von gar nichts von vorne an. Ich find's einfach netter so.« 10742

***

WIR SIND KEINE ENGEL
(We're No Angels)
USA 1955, Paramount (Regie Michael Curtiz, Buch Ranald MacDougall, nach dem Stück ›La Cuisine des anges‹ von Albert Husson)

*

»Sind sie sehr gefährlich?«
»Ja, sie wollten einen Wärter erschlagen.«
Humphrey Bogart (Joseph): »Wollten? Ist er denn nicht tot? Ich glaube, ich werde allmählich alt.«
Aldo Ray (Albert): »Das macht der Gefängnisfraß. Du kommst schon bald wieder zu Kräften.« 10743

*

John Smith (Arnaud): »Sind Sie so eine Art Beamter?«
Bogart: »Ich bin so eine Art Sträfling.«
Smith: »Dann sind Sie drei also Sträflinge, Gauner.«
Bogart: »Ich bin ein Gauner, die beiden sind Mörder.« 10744

*

Ray: »Ich habe mal gelesen, wenn eine Dame ohnmächtig ist, muß man ihr die Kleider ...«
Bogart: »Solche Bücher haben dich ins Gefängnis gebracht.« 10745

*

Ray: »Ich brauchte Geld, aber mein Onkel wollte mir nichts geben.«

Gloria Talbott (Isabelle Ducotel): »Nur weil Sie Geld von ihm wollten, sind Sie hier im Gefängnis?«
Ray: »Ich hab ihn wohl zu direkt gefragt. Bei der Verhandlung wurde festgestellt, daß ich ihn vierzehnmal über den Schädel gehauen hab.«
Talbott: »Wie konnten Sie das tun!«
Ray: »Mit einem Briefbeschwerer.« 10746

*

Joan Bennett (Amelie Ducotel): »Oh, was für ein wunderbarer Truthahn! Wo haben Sie den her?«
Bogart: »Er ist mir gegen meinen Willen nachgelaufen.« 10747

*

Bennett: »Wie kommt ein Mann wie Sie hierher?«
Bogart: »Ganz einfach. Ich hatte eine Luftfabrik. Wir haben Luft in Flaschen an Leute verkauft, denen der Arzt Luftveränderung verschrieben hat. Wir hatten drei Sorten: Seeluft, Gebirgsluft und gewöhnliche Luft zum Atmen. Wir hatten sehr wenig Unkosten.« 10748

*

Bennett: »Sie hatten Mut.«
Bogart: »Man braucht keinen Mut, um ins Gefängnis zu kommen, nur etwas Nachlässigkeit und Pech.« 10749

*

Bennett: »Sie wußten, was Sie wollten.«
Bogart: »Leider war immer das, was ich wollte, verboten.« 10750

*

Bogart: »Ich hole noch den Wein zum Essen.«
Leo G. Carroll (Felix Ducotel): »Ein Richbourg wäre schön.«
Bogart: »Doch nicht zum Truthahn! Château Yqueme, 88er.«
Carroll: »Château Yqueme? Die Verhältnisse im Gefängnis müssen besser sein, als ich dachte.« 10751

---

*»Ich will nichts von dir,
ich will nur dich.«*
Der Windhund und die Lady

Basil Rathbone (André Trochard): »Was verlangen Sie für die Fahrt bis zum Laden von Felix Ducotel?«
George Dee (Kutscher): »Heute am Weihnachtsabend macht das acht Francs, Monsieur.«
Rathbone: »Ich gebe Ihnen drei.«
Dee: »Von drei Francs wird ja nicht mal mein Pferd satt, Monsieur.«
Rathbone: »Der Appetit Ihres Pferdes interessiert mich nicht. Fahren Sie los!« [10752]

*

Bogart: »Mir ist das egal, wie nett sie sind. Ich bringe sie um. Wir sind auf der Flucht und sind hergekommen, um sie zu berauben, und das werden wir auch tun. Wir müssen sie erschlagen und ihnen zur Sicherheit noch die Gurgel durchschneiden. Aber erst spülen wir das Geschirr.« [10753]

*

Peter Ustinov (Jules): »Er ist der Michelangelo von Französisch-Guyana.« (...)
Bogart: »Sie kennen morgen früh Ihre Bücher gar nicht mehr wieder. Sehen Sie, im Geschäft und auch sonst überall unterscheidet man den Schein und die Wirklichkeit.«
Carroll: »Aber ich bin ein ehrlicher Mann.«
Bogart: »Selbstverständlich, das ist die Wirklichkeit. Sie sind ein ehrlicher Mann. Aber was haben Sie davon, wenn Sie nach Ihren Büchern als Gauner dastehen? Ich bringe lediglich Ihre Bücher in Einklang mit Ihrem Charakter. Eine Eintragung hier, ein paar Pünktchen da, eine kleine Radierung, und schon haben Sie im Handumdrehen im Dezember 33.824 Francs eingenommen ... und zwölf Centimes.« [10754]

*

Ray: »Haben Sie Parfum?«
Talbott: »Ja.«
Ray: »Schütten Sie sich's über!« [10755]

> »Sie gehört zu der Sorte von Frauen, die ganze Zivilisationen zugrunderichten.«
> Wirbelwind der Liebe

Ustinov: »Sag ihm, es wäre eine tödlich giftige Schlange da drin im Kasten! Sag's ihm! ... ... Hast du's gesagt, Joseph?«
Bogart: »Er weiß es bereits.« [10756]

***

WIRBELWIND DER LIEBE
(Ball of Fire)
USA 1941, Goldwyn, RKO (Regie Howard Hawks, Buch Billy Wilder, Charles Brackett, nach der Geschichte ›From A to Z‹ von Billy Wilder, Thomas Monroe)

*

Barbara Stanwyck (Sugarpuss O'Shea): »Also, wie fangen wir an, Professor? Das ist das erste Mal, daß sich jemand an mein Gehirn ranmacht.« [10757]

*

Kathleen Howard (Miss Bragg): »Sie gehört zu der Sorte von Frauen, die ganze Zivilisationen zugrunderichten.« [10758]

*

Gary Cooper (Bertram Potts): »Glauben Sie mir! Ich werde die Mitarbeit Ihres scharfen Verstandes vermissen. Unglücklicherweise ist er untrennbar mit einem äußerst beunruhigendem Körper verbunden.« [10759]

*

Howard: »Wenn ich die Kaffeesahne für diese Frau wäre, würde ich gerinnen.« [10760]

*

Dana Andrews (Joe Lilac): »Wir sind nicht zum Vergnügen hier, sondern um zu heiraten.« [10761]

*

Dan Duryea (Duke Pastrami): »Los, alles rüber und aufstellen! So wie für ein Photo!« [10762]

*

Duryea: »Es gab ein paar kleine Probleme mit Sugarpuss' Stimmbändern. Sie wollte nicht ›ja‹ sagen.« [10763]

*

Duryea: »Irgendwas muß schiefgegangen sein, Boss.« [10764]

***

WISE GUYS
USA 1986, MGM/UA (Regie Brian De Palma, Buch George Gallo)

*

Julie Bovasso (Lil Dickstein): »Jetzt ziehst du sofort dieses schmutzige Hemd aus! Keiner meiner Söhne verläßt dieses Haus in einem schmutzigen Hemd. Wenn du schon deinen schmutzigen Geschäften nachgehen mußt, dann wenigstens in einem sauberen Hemd.« 10765

*

Matthew Kaye (Harry Valentini jr.): »Chef, bekomm ich ein 10-Gang-Rad? Billy Joe von gegenüber hat auch eins bekommen.«
Danny DeVito (Harry Valentini): »Sein Vater kann sich's auch leisten. Er ist schließlich einer der gemeinsten Straßenräuber.« 10766

*

Dan Hedaya (Anthony Castelo): »Du weißt doch, daß ich dich nie vergesse, Harry. Es gibt immer genug zu tun für euch. ... Hier.«
DeVito: »Das ist der Abholschein von der Reinigung.«
Hedaya: »Glaubst du, ich vertraue diesen Galgenvögeln meine Kleidung an?« 10767

*

DeVito: »Ich hab dich reingeritten? Warum hörst du immer auf mich, hä? Das ist nämlich dein Problem. Du weißt, daß es nicht gut für dich ist, und trotzdem hörst du immer auf mich. Warum schützt du uns nicht vor mir?« 10768

***

WISSEN IST MACHT
(A Chump at Oxford)
USA 1940, Roach, United Artists (Regie Alfred Goulding, Buch Charles Rogers, Felix Adler, Harry Langdon)

*

Stan Laurel: »Hier, die Flasche ist auch alle.«
Oliver Hardy: »So, und was macht man in einem solchen Fall?«
Laurel: »... ... ... Man holt 'ne neue.«
Hardy: »Ausgezeichnet! Von allein drauf gekommen?« 10769

*

Hardy: »Verzeihen Sie, daß ich so offen spreche, aber es sieht ganz so aus, als ob Sie spinnen.« 10770

***

WITCHFINDER GENERAL
UK 1968, Tigon, AIP (Regie Michael Reeves, Buch Michael Reeves, Tom Baker, nach dem Roman ›Witchfinder‹ von Ronald Bassett)

Ian Ogilvy (Richard Marshall): »What would a lawyer want in Brandeston?«
Vincent Price (Matthew Hopkins): »A man who may not be what he seems to be.« 10771

*

Price: »I'm Matthew Hopkins, witchfinder.« 10772

*

Price: »Has he confessed yet?« 10773

*

Price: »Stearne, go on with your task!« 10774

*

Robert Russell (John Stearne): »If you got an accusation to make, I'll get your confession for you.« 10775

*

Russell: »We were pardners.«
(Soldat): »In what business?«
Russell: »Extermination.« 10776

*

Price: »Strange, isn't it, how much enigmatic the Lord invested in the female.« 10777

*

Patrick Wymark (Oliver Cromwell): »There is little I find so satisfying as good food after a wellearned victory.« 10778

***

WOLF – DAS TIER IM MANNE *(Wolf)*
USA 1994, Columbia (Regie Mike Nichols, Buch Jim Harrison, Wesley Strick)

*

Jack Nicholson (Will Randall): »Du bist ein so begabter Arschkriecher, daß es mir den Atem verschlägt.« 10779

*

Nicholson: »Ich fühle mich so ... großartig. Ich bin eigentlich nicht der Typ, der rumläuft und sich großartig fühlt.« 10780

*

Nicholson: »Warum willst du denn teilnehmen an diesem Alptraum?«

> »Verzeihen Sie, daß ich so offen spreche, aber es sieht ganz so aus, als ob Sie spinnen.«
> Wissen ist Macht

Michelle Pfeiffer (Laura Alden): »Du meinst, an Stelle der Freude und Wärme meines normalen Lebens?« [10781]

*

Nicholson: »Ich habe noch nie jemanden so geliebt. Ich hab noch nie eine Frau angesehen und gedacht, wenn die Zivilisation scheitert, wenn die Welt untergeht, werde ich doch verstehen, was Gott gemeint hat, wenn ich mit ihr zusammen bin.« [10782]

***

DER WOLF HETZT DIE MEUTE
(Tightrope)
USA 1984, Malpaso, Warner (Regie, Buch Richard Tuggle)

*

Dan Hedaya (Detective Molinari): »Glaubst du, daß dabei *(Vollmond)* die Verrückten rauskommen?«
Clint Eastwood (Wes Block): »Die sind immer draußen.« [10783]

*

Bill Holiday (Police Chief): »Er hat gesagt, wenn er nicht bald Resultate sieht, dann kriege ich Scheiße aufs Dach. Und Scheiße rinnt bergab, Wes.« [10784]

***

DER WOLFSJUNGE
(L'Enfant sauvage)
F 1970, Carrosse, Artistes Associés (Regie François Truffaut, Buch François Truffaut, Jean Gruault, nach ›Mémoire et rapport sur Victor de l'Aveyron‹ von Jean Itard)

*

François Truffaut (Dr. Jean Itard, voice-over): »Wie sehr bedauerte ich in diesem Augenblick, wie in vielen anderen schon, mir diese Aufgabe gestellt zu haben. Wieviel Zeit hatte ich geopfert!« [10785]

> »Er hat gesagt, wenn er nicht bald Resultate sieht, dann kriege ich Scheiße aufs Dach. Und Scheiße rinnt bergab, Wes.«
> Der Wolf hetzt die Meute

DER WOLFSMENSCH *(The Wolf Man)*
USA 1941, Universal (Regie George Waggner, Buch Curt Siodmak)

*

Claude Rains (Sir John Talbot): »Alle Astronomen sind Amateure. Wenn es um den Himmel geht, gibt es nur einen Beruf.« [10786]

*

(verschiedene):
»Sogar ein Mann mit reinstem Gemüt,
der Gebete sagt jede Nacht,
kann zum Wolf werden, wenn die Wolfsblume blüht
unter des Mondes goldener Pracht.« [10787]

*

Rains: »Ihr Polizisten habt's immer so eilig, als ob die Toten nicht die Ewigkeit für sich hätten.« [10788]

*

Rains: »Für manche Menschen ist das Leben eine einfache Sache. Sie entscheiden: Das ist richtig, das ist falsch. Das ist gut, das ist böse. Im Bösen kann nichts gut sein, im Richtigen nichts falsch, alles schwarz und weiß. (...) Es gibt aber auch Leute, für die sind richtig, falsch, gut und böse keine eindeutigen Begriffe. Wir versuchen, die Dinge von allen Seiten zu sehen, und je mehr wir sehen, desto unsicherer werden wir.« [10789]

*

Patric Knowles (Frank Andrews): »Nun, während die Herren hier wissenschaftliche Fragen erörtern, geh ich schon mal los und stelle Fallen auf.«
Ralph Bellamy (Captain Paul Montford): »Ja, und ich helfe Ihnen dabei. Vielleicht werden wir außer einem kranken Gehirn nichts finden, aber auch das kann interessant sein.« [10790]

*

Maria Ouspenskaya (Maõleva): »Der Weg, den du gingst, war voller Dornen, obwohl du frei von Schuld gewesen bist. Aber wie der Regen auf die Erde fallen muß und der Fluß im Meer endet, so fließen die Tränen bis an ihr vorbestimmtes Ende. Finde Frieden für einen Augenblick, mein Sohn.« [10791]

*

Evelyn Ankers (Gwen Conliffe): »Ich muß ihn finden.«

Ouspenskaya: »Kommen Sie mit mir, sonst findet er Sie!« [10792]

***

WOLKEN SIND ÜBERALL *(The Moon Is Blue)*
USA 1953, Preminger, United Artists (Regie Otto Preminger, Buch F. Hugh Herbert, nach seinem Stück)

*

Maggie McNamara (Patty O'Neill): »Von der Seite habe ich die Sache noch nie betrachtet.«
William Holden (Donald Gresham): »Na fein, dann haben Sie ja jetzt etwas zum Nachdenken.« [10793]

***

WOMIT HAB ICH DAS VERDIENT?
(¿Que he hecho yo para merecer esto?)
E 1984, Tesauro (Regie, Buch Pedro Almodóvar)

*

Chus Lampreave (Großmutter): »Und was hast du heute alles so vor?«
Juan Martinez (Toni): »Ich geh in die Schule.«
Lampreave: »Schon wieder? Was du immer mit der Schule hast! Du bist doch schon ein wandelndes Lexikon.« [10794]

***

WOODY, DER UNGLÜCKSRABE
(Take the Money and Run)
USA 1969, Heywood-Hillary, Palomar (Regie Woody Allen, Buch Woody Allen, Mickey Rose)

*

Woody Allen (Virgil Starkwell, voice-over): »... und er mich dann fragte, ob ich glaube, daß Sex schmutzig sei, worauf ich sagte: ›Das ist er schon, wenn man's richtig treibt.‹« [10795]

*

(Bank Kassierer): »Ach so, jetzt verstehe ich, das ist 'n Überfall.«
Allen: »Ja, genau.«
(Bank Kassierer): »Würden Sie bitte Ihre Waffe zeigen!« [10796]

*

Allen: »Niemand wird zu einem Bankraub beige tragen.« [10797]

*

Jackson Beck (Erzähler): »Virgil beklagt sich und wird daraufhin schwer gefoltert, indem er mit einem Versicherungsagenten zusammen in den sogenannten Brutkasten gesteckt wird.« [10798]

Janet Margolin (Louise): »Er hat es nie geschafft, zu den zehn meistgesuchten Männern zu gehören. Es (...) ist eine sehr ungerechte Auswahl. Beziehung ist alles.« [10799]

Allen: »Ich finde, daß Verbrechen sich unbedingt auszahlt. Ich finde, es ist ein guter Job, kurze Geschäftszeit, ich bin mein eigener Boss, und Sie reisen sehr viel, und Sie kommen mit sehr viel interessanten Menschen zusammen. Und ich könnte nur allen zu dieser Arbeit raten.« [10800]

***

DIE WÜSTENSÖHNE
(Sons of the Desert)
USA 1933, Roach, MGM (Regie William A. Seiter, Buch Frank Craven)

*

Oliver Hardy: »Hast du es etwa nötig, deine Frau um Erlaubnis zu fragen?«
Stan Laurel: »Ja selbstverständlich, sonst weiß ich überhaupt nicht, was ich darf und was nicht.« [10801]

*

Hardy: »Jeder verheiratete Mann sollte der absolute Herrscher sein in seiner Ehe, wie in einem Königreich.« [10802]

*

Hardy: »Warum hast du einen Veterinär bestellt?«
Laurel: »Ich dachte, die Religion wäre nicht so wichtig.« [10803]

*

Hardy: »Um einen Oliver Hardy zu fangen, da müssen sie schon sehr früh aufstehen.« [10804]

*

Laurel: »Ich bin dir zu außerordentlichem Dank verpflichtet.«
Hardy: »Wofür?«
Laurel: »Für die minutiöse Sorgfalt, mit welcher du deine definitiv formulierten Imagina-

---

> »... und er mich dann fragte, ob ... Sex schmutzig sei, worauf ich sagte: ›Das ist er schon, wenn man's richtig treibt.‹«
> Woody, der Unglücksrabe

tionen exekutiert und uns aus diesem desasterhaften Dilemma eliminiert hast.« [10805]

***

WYATT EARP
USA 1994, Kasdan, Tig, Warner (Regie Lawrence Kasdan, Buch Dan Gordon, Lawrence Kasdan)

*

Monte Stuart (Dutch Wiley): »Was passiert so in diesem Höllenloch, Red? Gibt es ein paar neue barmherzige Schwestern nach meinen Maßstäben?«
Heath Kizzier (Red): »Ich habe eine neue, die genau das Richtige für dich wäre, Dutch. Sie kann zwei Minuten dranbleiben und bevorzugt klitzekleine Schwengel.« [10806]

*

Martin Kove (Ed Ross): »Wyatt Earp!«
Kevin Costner (Wyatt Earp): »Das ist mein Name.«
Kove: »Für mich oder irgend jemanden sonst ist der keinen Scheißdreck wert. Nach heute abend wird sich das nicht verbessern.« [10807]

*

Matt O'Toole (Gyp Clemens): »Es gibt kein Gesetz in Dodge City, nicht für die Clemens-Bande.« [10808]

*

Costner: »Wir haben ein paar neue Gesetze, seit ihr Burschen hier wart. Sag's ihm, Morgan!«
Linden Ashby (Morgan Earp): »Alle Besucher haben ihre Waffen bei Ankunft unverzüglich abzugeben!« (...)
Michael Madsen (Virgil Earp): »Keine Feuerwaffen innerhalb der Stadtgrenzen, ausgenommen der 4. Juli und der erste Weihnachtsfeiertag!«
(Deputy): »Kein Einreiten in die Geschäfte, Saloons, Tanzsäle oder Glücksspielhallen! Keine Trunkenheit in der Öffentlichkeit!«
O'Toole: »Mannen, was soll das bedeuten, Trunkenheit in der Öffentlichkeit?«

> »Für bestimmte Leute wird diese Welt niemals geeignet sein.«
> Wyatt Earp

Jake Walker (Mannen Clemens): »Das bedeutet, daß wir genug gesprochen haben.« [10809]

*

Costner: »Sobald sie irgend etwas tun, das nicht mit unseren Gesetzen übereinstimmt, behalten wir uns das Recht vor, Sie zu erschießen.« [10810]

*

Dennis Quaid (Doc Holliday): »Dave Rooderbow ist ein hohlköpfiger Schurke, dessen bloße Existenz ich mißbillige. Ich habe bei einigen Gelegenheiten erwogen, sie selbst zu beenden, aber die Selbstbeherrschung hat die Oberhand über mich gewonnen.« [10811]

*

Mare Winningham (Mattie Blaylock): »Wyatt, das Essen steht auf dem Tisch.«
Costner: »Gut, Mattie, so wissen wir, wo wir es finden, wenn wir hier fertig sind.« [10812]

*

(Richter): »Das reicht, der nächste, der stört, bekommt 25 Dollar Strafe wegen Mißachtung des Gerichts.«
Lewis Smith (Curly Bill Brocius): »25 Dollar macht nicht einmal die Hälfte der Mißachtung aus, die ich für dieses Gericht hege.« [10813]

*

Ashby: »Ich denke, wir sollten sie einfach alle umbringen.«
Quaid: »Weißt du, Morg, Wyatt ist mein Freund, aber ich glaube, dich beginne ich zu lieben.« [10814]

*

Quaid: »Für bestimmte Leute wird diese Welt niemals geeignet sein.« [10815]

*

Ashby: »Doc, er ist unbewaffnet und betrunken.«
Quaid: »Kein Gesetz verbietet es, Betrunkene zu töten.« [10816]

*

Winningham: »Rede mit mir, du kaltschnäuziger Unmensch!«
Costner: »Draußen sind ein paar Leute, die ich töten muß, Mattie, heute habe ich für so etwas keine Zeit.« [10817]

***

WYOMING EXPRESS
(Cheyenne)
USA 1947, Warner (Regie Raoul Walsh, Buch Alan

LeMay, Thames Williamson, nach einer Geschichte von Paul I. Wellman)

*

Janis Paige (Emily Carson): »Sind Sie etwa ein Spieler?«
Dennis Morgan (James Wylie): »Alle Männer sind Spieler, Emily, darum setzen sie auch immer wieder auf die Frauen.« [10818]

> »Sind Sie etwa ein Spieler?«
> *»Alle Männer sind Spieler, Emily, darum setzen sie auch immer wieder auf die Frauen.«*
> Wyoming Express

XYZ

YAKUZA *(The Yakuza)*
USA 1975, Warner (Regie Sydney Pollack, Buch Paul Schrader, Robert Towne, Story Leonard Schrader)

*

Herb Edelman (Oliver Wheat): »Ich hatte vor zwei Jahren 'n Infarkt, und da hat mir der Arzt geraten, mit dem Schach aufzuhören. Es würde mich zu sehr aufregen.«
Richard Jordan (Dusty): »Das Schachspielen meint er?«
Edelman: »Wenn man es ernst nimmt, ist es sehr aufregend. Jetzt spiele ich die Spiele anderer Leute. Da gibt's keine Schwierigkeiten.« [10819]

*

James Shigeta (Goro): »Als mein Bruder Sie als ›einmaligen Fremden‹ bezeichnete, nahm ich an, daß Sie trotz Ihrer westlichen Mentalität ein Mensch sind, der mit unseren Wertmaßstäben übereinstimmt, daß ein Mann seine Schulden bezahlt, seinen Verpflichtungen nachkommt und daß ihn diese Haltung erst zu einem Mann macht.« [10820]

*

Shigeta: »Sie mögen Ken nicht?«
Robert Mitchum (Harry Kilmer): »Tut das jemand? Er macht es einem nicht einfach, ihm Sympathie entgegenzubringen.«
Shigeta: »Ja, das stimmt. Er ist manchmal unausstehlich. Ehrenmänner haben das öfter an sich.« [10821]

*

Mitchum: »Welche Möglichkeit hat er, die Sache aus der Welt zu schaffen?«
Shigeta: »Er kann zu Tono gehen und ihn um Verzeihung bitten.«
Mitchum: »Dann wäre er Tono gegenüber verpflichtet.«
Shigeta: »Ja.«
Mitchum: »Was noch?«
Shigeta; »Er kann warten, bis Tono ihn tötet.«
Mitchum: »Tja.«
Shigeta: »Oder er kann Tono töten.« [10822]

*

Shigeta: »Ken hatte Ihnen gegenüber eine gewisse Verpflichtung. Die hat er erfüllt. Sie kennen auch die Konsequenzen seiner Handlung. Welche Verpflichtung Sie jetzt Ken gegenüber auch haben, Mr. Kilmer, wenn Sie sie nicht fühlen, haben Sie sie nicht.« [10823]

*

Christina Kokubo (Hanako): »Wenn ein Yakuza etwas Unrechtes oder Falsches tut oder sein Wort gegenüber dem Ojabon, dem Vorgesetzten, bricht, dann ist dieses Vergehen so schwer, daß er eigentlich mit dem Tod bestraft werden müßte. Er kann dann nur seinen kleinen Finger als Beweis seiner Reue anbieten, weil das als symbolische Buße gilt.« [10824]

*

Jordan: »Wenn ein Amerikaner durchdreht, macht er's Fenster auf und schießt auf 'n paar fremde Leute. Wenn ein Japaner durchdreht, macht er's Fenster zu und begeht Selbstmord. Alles ist umgekehrt.« [10825]

*

Mitchum: »Ich gehe mit Ihnen.«
Ken Takakura (Tanaka Ken): »Was Sie auch tun, Sie können mich nicht vor dem Tono-Clan schützen und auch sich selbst nicht. Ich danke Ihnen, Kilmer-san, aber es ist eine zwecklose Geste.«
Mitchum: »Es ist vielleicht zwecklos, aber es ist keine Geste. Ich muß es tun, weil ich schuldig bin. Ich kann nicht anders.« [10826]

***

> »Welche Möglichkeit hat er, die Sache aus der Welt zu schaffen?«
> »Er kann um Verzeihung bitten.«
> »... warten, bis Tono ihn tötet.«
> »Oder ... Tono töten.« (Yakuza)

YANKEE DOODLE DANDY
USA 1942, Warner (Regie Michael Curtiz, Buch Ro-

bert Buckner, Edmund Joseph, Story Robert Buckner)

*

James Cagney (George M. Cohan): »Ladies and Gentlemen, my mother thanks you, my father thanks you, my sister thanks you, and I thank you.« [10827]

*

Cagney: »I'm an ordinary guy who knows what ordinary guys want to see.« [10828]

***

ZABRISKIE POINT
USA 1970, Ponti, Trianon, MGM (Regie Michelangelo Antonioni, Buch Michelangelo Antonioni, Fred Gardner, Sam Shepard, Tonino Guerra, Clark Peploe, Story Michelangelo Antonioni)

*

(Waffenhändler): »Noch was zum Gesetz: Ihr dürft euer Heim verteidigen. Wenn ihr also jemand im Hof erschießt, schleppt ihn hinterher ins Haus.« [10829]

***

ZÄHL BIS DREI UND BETE
(3:10 to Yuma)
USA 1956, Columbia (Regie Delmer Daves, Buch Halsted Welles, Story Elmore Leonard)

*

Glenn Ford (Ben Wade): »Dann nehmen Sie ihn nach Bisby mit und lassen ihn von dort aus zurückbringen. Wo man gelebt hat, soll man sich auch begraben lassen.« [10830]

*

Ford: »Sie könnten ruhig ein bißchen dicker sein.«
Felicia Farr (Emmy): »Ich bin häßlich geworden.«
Ford: »Unsinn, wenn man auch schlank ist, deswegen ist man noch lange nicht häßlich.« [10831]

*

Ford: »Für blaue Augen habe ich schon immer geschwärmt, und Sie haben blaue Augen.«
Farr: »Braune.«
Ford: »Das ist egal, für mich sind sie blau.« [10832]

*

George Mitchell (Barmann): »Es geht Ihnen nicht allein so, meine ist mir auch durchgebrannt. Warum machen das die Weiber eigentlich?«
Richard Jaeckel (Charley Prince): »Das weiß ich auch nicht. Ich habe meine nur selten verprügelt, vielleicht lag es daran.« [10833]

***

DAS ZAUBERHAFTE LAND *(The Wizard of Oz)*
USA 1939, MGM (Regie Victor Fleming, Buch Noel Langley, Florence Ryerson, Edgar Allan Woolf, nach dem Roman ›The Wonderful Wizard of Oz‹ von L. Frank Baum)

*

Judy Garland (Dorothy): »Toto, es scheint mir, als ob wir nicht mehr in Kansas wären.« [10834]

*

Margaret Hamilton (The Wicked Witch of the West): »Hüte dich, kreuze nie meinen Weg! Wenn du es wagst, dann gehörst du mir, mein kleines Schätzchen, und dein Hund auch.« [10835]

*

Ray Bolger (Die Vogelscheuche): »Glaubst du, daß der Zauberer mir Verstand gibt, wenn ich mitkomme?«
Garland: »Ich weiß nicht. Aber auch wenn er es nicht tut, bist du nicht schlimmer dran als jetzt.« [10836]

*

Bolger: »Ich fürcht' mich vor gar nichts. Nur vor einem Streichholz. (...) Aber ich würde einer ganzen Schachtel voll trotzen für ein bißchen Verstand.« [10837]

*

Hamilton: »So ist's recht. Tut ihnen noch nichts zuleide! Wir lassen ihnen Zeit, sich ihr Schicksal auszumalen.« [10838]

*

Garland: »Was für ein böser Mensch!«
Frank Morgan (The Wizard of Oz): »Oh nein, mein Kind, ich bin ein sehr guter Mensch, ich bin nur ein ziemlich schlechter Zauberer.« [10839]

***

ZAUBERHAFTE SCHWESTERN
(Practical Magic)
USA 1998, Di Novi, Fortis, Village Roadshow, War-

»Was für ein böser Mensch!«
»Oh nein, mein Kind, ich bin ein sehr guter Mensch, ich bin nur ein ziemlich schlechter Zauberer.«

Das zauberhafte Land

ner (Regie Griffin Dunne, Buch Robin Swicord, Akiva Goldsman, Adam Brooks, nach dem Roman von Alice Hoffman)

*

Stockard Channing (Tante Frances): »Wann begreifst du denn endlich, daß es nicht unbedingt eine Tugend ist, normal zu sein. Im Grunde ist es nur ein Mangel an Mut.« [10840]

*

Sandra Bullock (Sally Owens): »Was würdest du tun, Gillie?«
Nicole Kidman (Gillian Owens): »Für den Richtigen? Was würde ich da nicht tun?« [10841]

***

10 DINGE, DIE ICH AN DIR HASSE
(10 Things I Hate about You)
USA 1999, Mad Chance-Jaret, Touchstone (Regie Gil Junger, Buch Karen McCullah Lutz, Kirsten Smith)

Allison Janney (Mrs. Perky): »Du wirst bald feststellen, daß Padua nicht anders ist als andere Schulen. ... Überall dieselben kleinen Wichser mit Scheiße im Hirn.« [10842]

*

Joseph Gordon-Levitt (Cameron James): »Cowboys?«
David Krumholtz (Michael Eckman): »Ja. Aber der engste Kontakt, den sie je zu 'ner Kuh hatten, war bei McDonald's.« [10843]

*

Larisa Oleynik (Bianca Stratford): »Ich erklär dir gern den Unterschied zwischen Mögen und Lieben: Also, ich mag meine Sneakers, aber ich liebe meinen Prada-Rucksack.«
Gabrielle Union (Chastity): »Aber ich liebe meine Sneakers.«
Oleynik: »Ja, aber nur, weil du keinen Prada-Rucksack hast.« [10844]

*

Julia Stiles (Katarina ›Kat‹ Stratford): »Romantisch? Hemingway? Er war ein mieser Alkoholiker und Frauenfeind, der sein Leben damit verschwendet hat, bei Picasso rumzuhängen und das zu vögeln, was der übriggelassen hat.« [10845]

*

Stiles: »In dieser Gesellschaft kann man es zu Ruhm bringen, vorausgesetzt, man ist ein Arschloch und ein Mann.« [10846]

*

Krumholtz: »Sie ist das, was wir für den Rest unseres Lebens nicht bekommen. Leg sie ab unter ›Wichsvorlage‹ und such dir was anderes!« [10847]

*

Union: »Okay, man kann überwältigt sein, und man kann unterwältigt sein. Aber kann man auch bloß wältigt sein?«
Oleynik: »Also, ich glaube, in Europa schon.« [10848]

*

Benjamin Laurance: »Möglicherweise *(würde er mit Kat ausgehen)*, wenn wir die letzten Menschen auf der Erde wären. Und wenn es keine Schafe gäbe.« [10849]

*

Krumholtz: »Was wir brauchen, ist ein Sponsor.«
Gordon-Levitt: »Ein was?«
Krumholtz: »Jemanden, der Geld hat, aber dämlich ist.« [10850]

*

Stiles: »Ich bin nicht frustriert, ich bin genervt.« [10851]

*

Stiles: »Was ist? Heute Tag des Arschlochs?« [10852]

*

Heath Ledger (Patrick Verona): »Was ist denn los mit der Tussie *(hinter der alle her sind)*? Hat sie Nippel mit Biergeschmack?« [10853]

*

Oleynik: »Wie ist das möglich, daß ich nichts davon weiß?«
Stiles: »Ich hab ihn gewarnt, wenn er sich verquatscht, würde ich allen Cheerleadern erzählen, wie winzig sein Schwanz ist.« [10854]

»Was ist?
Heute Tag des Arschlochs?«
10 Dinge, die ich an dir hasse

DIE ZEHN GEBOTE *(The Ten Commandmends)*
USA 1956, Paramount (Regie Cecil B. DeMille, Buch Aeneas MacKenzie, Jesse L. Lasky jr., Jack Gariss, Fredric M. Frank, nach ›Prince of Egypt‹ von Dorothy Clarke Wilson, ›Pillars of Fire‹ von Reverend J. H. Ingraham, ›On Eagle's Wings‹ von Reverend A. E. Southon)

*

Cedrick Hardwicke (Sethi): »Ich gebe meinen Vätern Rechenschaft und nicht meinen Söhnen.« 10855

*

Yul Brynner (Rameses): »Barka, der Baumeister, hat mir gesagt, daß man sich auf dich verlassen könnte.«
Edward G. Robinson (Dathan): »Ich bin dankbar für diese Gnade.«
Brynner: »Daß du deine eigene Mutter verkaufst, wenn es sein müßte.«
Robinson: »Wer bin ich, daß ich den Oberbaumeister Lügen strafen dürfte.« 10856

*

Brynner: »Du vergißt, Prinzessin, daß du die Gemahlin des zukünftigen Pharao wirst und daß du dann mir gehörst, genauso wie meine Hunde, meine Rosse und meine Falken, nur daß ich dich mehr lieben und dir weniger trauen werde.« 10857

*

Anne Baxter (Nefretiri): »Bring es *(das Schwert)* zurück zu mir, mit seinem Blut bedeckt!«
Brynner: »Das will ich tun, um es mit deinem Blut zu vermischen.« 10858

*

Brynner: »Sein Gott *ist* Gott.« 10859

***

DIE ZEIT DER BUNTEN VÖGEL
(Where the Heart Is)
USA 1990, Touchstone (Regie John Boorman, Buch Telsche Boorman, John Boorman)

*

Dabney Coleman (Stewart McBain): »Können Sie sich vorstellen, daß der Junge von der Uni geflogen ist? Und nicht von einem Baum?« 10860

*

Crispin Glover (Lionel): »Das schmerzt mich sehr und hilft mir überhaupt nicht weiter.« 10861

*

Joanna Cassidy (Jean McBain): »Wie gefällt's dir? Stewart hat es *(das Kleid)* für mich entworfen. Ist es richtig für das Weiße Haus?«
Coleman: »Es ist weiß, dann wird's richtig sein.« 10862

*

Dylan Walsh (Tom): »Die Börse ist total zusammengekracht. Ich bin erledigt. Ich würde mir die Pulsadern aufschneiden, wenn ich Geld für eine Rasierklinge hätte. Und dann willst du Geld von mir?« 10863

***

ZEIT DER LIEBE, ZEIT DES ABSCHIEDS
(Dodsworth)
USA 1936, Goldwyn, United Artists (Regie William Wyler, Buch Sidney Howard, nach dem Roman von Sinclair Lewis und dem Stück von Sidney Howard)

*

Ruth Chatterton (Fran Dodsworth): »Er hat alle altmodischen Tugenden außer der Eifersucht.« 10864

*

Chatterton: »Du mußt mir jetzt mein Vergnügen lassen, denn du scheinst es förmlich eilig zu haben, alt zu werden, und dazu bin ich noch nicht bereit.« 10865

*

Paul Lukas (Arnold Iselin): »Darf ich Sie erinnern, Dodsworth, daß Shakespeares *Othello* schlecht für den Helden ausgeht.« 10866

*

Mary Astor (Edith Cortwright): »Wie geht's Mrs. Dodsworth? (...)«
Walter Huston (Sam Dodsworth): »Ihr geht's gut. Ich hab sie auf dieser Reise nicht mit.«
Astor: »Reist sie nicht gern?«
Huston: »Tut das denn jemand?« 10867

*

Astor: »Oh, Sie sind beschäftigt. Das tut mir leid.«
Huston: »Oh, nein, nein, nein. Ich habe weiter nichts zu tun, als ruinierte Tempel anzuse-

---

> »Können Sie sich vorstellen,
> daß der Junge von der Uni
> geflogen ist? Und nicht
> von einem Baum?«
> Die Zeit der bunten Vögel

hen. Die können warten. Sie haben ja bis jetzt gewartet.« *10868*

***

DIE ZEIT DER UNSCHULD
(The Age of Innocence)
USA 1993, Cappa-DeFina, Columbia (Regie Martin Scorsese, Buch Jay Cocks, Martin Scorsese, nach dem Roman von Edith Wharton)

*

Joanne Woodward (Erzählerin, voice-over): »Es war allgemein in New York bekannt, auch wenn es niemand zugab, daß es Amerikaner noch schneller von Vergnügungen wegzog, als es sie zu ihnen hinzog.« *10869*

*

Sian Phillips (Mrs. Archer): »Arme Ellen! Wir dürfen nie vergessen, welche überspannte Erziehung sie genossen hat.« *10870*

*

Daniel Day-Lewis (Newland Archer): »Sagen Sie mal ehrlich, sind Sie wirklich so gern allein?«
Michelle Pfeiffer (Ellen Olenska): »Solange meine Freunde dafür sorgen, daß ich nicht einsam bin.« *10871*

*

Day-Lewis: »Unsere Gesetze billigen zwar eine Scheidung, aber unsere Gesellschaft in keiner Weise.« *10872*

*

Robert Sean Leonard (Ted Archer): »Niemand war bereit, ihm den kleinen Finger zu reichen?«
Day-Lewis: »Vielleicht, weil er schon zu viele Hände genommen hatte.« *10873*

*

Woodward (voice-over): »Es kam ihm vor, als habe sich eine eiserne Klammer von seinem Herzen gelöst, nun, da er wußte, daß jemand alles geahnt und doch Mitleid mit ihm gehabt hatte.« *10874*

»Niemand war bereit, ihm den kleinen Finger zu reichen?«
»Vielleicht, weil er schon zu viele Hände genommen hatte.«
Die Zeit der Unschuld

Day-Lewis: »Sag ihr nur, daß ich altmodisch sei, das wird sie verstehen.« *10875*

***

DIE ZEIT DER WÖLFE
(The Company of Wolves)
UK 1984, Palace, ITC (Regie Neil Jordan, Buch Angela Carter, Neil Jordan, nach den Geschichten ›The Company of Wolves‹, ›Wolf Alice‹ von Angela Carter)

*

Angela Lansbury (Granny): »Hinter einem Wolf kann sich mehr verbergen, als man glaubt. Es kommt vor, daß er in den unterschiedlichsten Verkleidungen erscheint.« *10876*

*

Lansbury: »Der Wolf, der deine Schwester aufgefressen hat, ist äußerlich behaart gewesen. Nach ihrem Tod kam sie sofort in den Himmel. Die schlimmste Art von Wölfen ist nämlich innerlich behaart. Wenn so einer dich beißt, dann schleppt er dich in die Hölle.« *10877*

***

ZEIT DER ZÄRTLICHKEIT
(Terms of Endearment)
USA 1983, Paramount (Regie, Buch James L. Brooks, nach dem Roman von Larry McMurtry)

*

Shirley MacLaine (Aurora Greenway): »Er ist absoluter Durchschnitt. Er hat keinerlei Phantasie. Schon heute interessiert er sich nur für einen sicheren Job als Lehrer.« *10878*

*

Jeff Daniels (Flap Horton): »Können wir jetzt losfahren?«
Debra Winger (Emma Horton): »Ja, aber ganz langsam. Ja?« *10879*

*

Jack Nicholson (Garrett Breedlove): »Ich weiß, wie Ihnen zumute ist. Ich hab Countdowns erlebt, wo mir Zweifel gekommen sind. Aber da dachte ich mir: ›Du hast ja gesagt, und jetzt steckst du drin. Du bist in der Hand von etwas, was (...) mächtiger und stärker ist als du.‹ Also, warum lehnen Sie sich nicht einfach zurück und genießen das Ganze?« *10880*

*

Winger: »Können wir uns später unterhalten? Jetzt muß ich dafür sorgen, daß die Jungs aus

dem Haus kommen. Da telefoniert sich's schlecht.«
MacLaine: »Sei nicht so rücksichtslos! Ich bin jetzt gerade in der Stimmung, mit dir zu reden.« [10881]

*

Winger: »Ich weiß nicht, warum ich dir überhaupt noch was erzähle. Ich mag dich immer weniger.«
MacLaine: »Weißt du, warum, Emma? Weil ich der einzige Mensch bin, der dir die Wahrheit sagt.« [10882]

*

MacLaine: »Wie soll's in deinem Leben jemals aufwärts gehen, wenn du immer wieder von diesem Mann Kinder kriegst?« [10883]

*

MacLaine: »Nein, kommt nicht in Frage! Das ist deine eiserne Reserve. Die wird nicht einfach so für die Miete verpulvert.« [10884]

*

Nicholson: »Ich glaube, wir müssen uns volllaufen lassen, hm?«
MacLaine: »Ich betrinke mich nicht, und auf Begleiter, die das tun, kann ich verzichten.«
Nicholson: »Eingefädelt haben Sie das hier, doch in diesem Punkt müssen Sie sich ganz auf mich verlassen, nur in diesem einen. Sie brauchen eine ganze Menge, das kann ich Ihnen sagen.«
MacLaine: »Um das Eis zu brechen?«
Nicholson: »Nein, damit Sie endlich Ihr dämliches Getue lassen [to kill the bug that you have up your ass].« [10885]

*

Nicholson: »Aurora?«
MacLaine: »Ja?«
Nicholson: »Kann es sein, daß Sie Komödie spielen?«
MacLaine: »Wir sollten nicht gerade jetzt versuchen, das rauszukriegen.« [10886]

*

MacLaine: »Ungezogene Jungs bekommen manchmal keinen Nachtisch.« [10887]

*

Nicholson: »Ich weiß nicht, was das ist mit dir, aber irgendwie weckst du den Teufel in mir.« [10888]

Nicholson: »Ich hab gerad meine Runden gedreht. Zum Glück für uns war ich erst bei der achten.« [10889]

*

MacLaine: »Du hast keine Ahnung, wie sehr ich dir fehlen werde.« [10890]

***

DIE ZEIT NACH MITTERNACHT
(After Hours)
USA 1985, Double Play, Geffen (Regie Martin Scorsese, Buch Joseph Minion)

*

Griffin Dunne (Paul Hackett, beim Kauf eines Briefbeschwerers): »Während wir hier rumsitzen und blöde quatschen, fliegen in meinem Zimmer wichtige Papiere durch die Gegend, weil ich nichts habe, um sie damit zu beschweren.« [10891]

*

Dunne: »Du hast nicht zufällig 'n stark wirkendes Aphrodisiakum oder so was?«
John Heard (Tom, Barmann): »Sie will wohl nicht so richtig, hä?«
Dunne: »Es ist nicht für sie, es ist für mich.« [10892]

*

Clarence Felder (Türsteher): »Gut, ich nehm dein Geld. Nur um dir das Gefühl zu geben, daß du alles versucht hast.« [10893]

***

ZELLE R 17 *(Brute Force)*
USA 1947, Universal (Regie Jules Dassin, Buch Richard Brooks, nach einer unveröffentlichten Geschichte von Robert Patterson)

*

»Ich hatte gestern mit meinem Anwalt 'ne Unterredung.«
»Kommt der extra von New York her, um dich zu beraten?«
»Nein, das gerade nicht. Sie haben ihn hier eingekastelt.« [10894]

»Wie soll's in deinem Leben jemals aufwärts gehen, wenn du immer wieder von diesem Mann Kinder kriegst?«
Zeit der Zärtlichkeit

John Hoyt (Spencer): »Ich glaube, ich hab euch nie was von Flossie erzählt. Für mich ist sie der Inbegriff aller Frauen. Dabei hab ich sie kaum gekannt. Ich verkehrte damals viel in Eddies Nachtclub drüben in Miami. Ich hatte einem vertrauensseligen Herrn Aktien einer Radium-Mine verkauft und wollte mein Glück nun im Spiel versuchen. Ich hatte Flossie an diesem Nachmittag erst kennengelernt, aber wir waren schon gute Freunde. Die Würfel meinten es gut mit mir, und ich war auf dem besten Wege, mir ein Vermögen zu machen. Ich gewann und gewann. Plötzlich hörte ich vertraute Geräusche. Die Polizei machte unserem schönen Abend ein Ende, und es sah aus, als ob keiner entkommen würde. Die Razzia ließ mich kalt, nur der Revolver, den ich bei mir hatte, machte mir Sorgen. Flossie wollte ihn in ihrer Tasche verbergen. Sie war nicht nur schön, sie war auch sehr klug. Dann führte sie mich zu einem versteckten Hinterausgang. Allem Anschein nach kannte sie sich hier sehr gut aus. Merkwürdigerweise stand auch mein Wagen da, und so fuhren wir los mit meinem Gewinn und mit meinem geretteten Revolver. Als ich so mit dieser Frau neben mir dahinfuhr, kam ich mir wie ein richtiger Glückspilz vor. Sie sah gut aus und was die Hauptsache war, sie war intelligent. Sie konnte mir mehr nutzen als ein Spiel mit sechs Assen. Aber leider wußte sie auch mit einem Revolver umzugehen. Mein Revolver. Vorher hatte ich nur vermutet, daß sie begabt ist, jetzt wußte ich es genau. Ich hab nicht viel geredet, denn ich fand zum ersten Mal in meinem Leben keine Worte. Sie verlangte das gewonnene Geld, und ich gab es ihr, denn ich kann einer Dame nichts verweigern, besonders, wenn sie bewaffnet ist. Tja, und so stieg ich auch ohne jeden Widerspruch aus meinem Wagen aus, und sie fuhr los. Ich habe nie wieder etwas von meinem Wagen, meinem Geld oder Flossie gesehen.« [10895]

*

Burt Lancaster (Joe Collins): »Wir haben schon viel zuviel geredet, und es sind tausend Ohren in diesem Loch, die alle zu einem Kopf gehören.« [10896]

***

ZERO EFFECT
USA 1997, Manifest, Castle Rock (Regie, Buch Jake Kasdan)

*

Ben Stiller (Steve Arlo): »Er läßt keine Honorarverhandlung zu. Der Preis steht vorher fest. Unter gewissen Umständen arbeitet er manchmal auch umsonst. Dazwischen gibt es nichts.« [10897]

*

Bill Pullman (Daryl Zero, voice-over): »Wie ich immer sage, basiert meine Arbeit, streng genommen, auf zwei Grundprinzipien: Objektivität und Observierung oder die beiden Obs, wie ich das nenne.« [10898]

*

Pullman (voice-over): »Man kann die Bedeutung gründlicher Recherchen gar nicht hoch genug einschätzen. Jeder Mensch hinterläßt in seinem Leben Spuren. Wenn man in der Lage ist, diese Spuren zu lesen, kann man den Weg vom Totenschein bis zu dem fröhlichen Abend zurückverfolgen, an dem der Mensch gezeugt wurde. Aber diese Ermittlungen sind eine Kunst, keine Wissenschaft, denn jeder, der weiß, was er tut, kann die Spuren finden, die Wos, die Was und die Wers. Die Kunst fängt beim Warum an, bei der Fähigkeit, zwischen den Spuren zu lesen, so wie man etwas zwischen den Zeilen liest. Jedem Ereignis liegen Ursache und Wirkung zugrunde, jedem Verbrechen ein ursächliches Motiv und jedem Motiv eine Leidenschaft. Die Kunst der Recherche besteht in der Fähigkeit, aus den Details die Leidenschaft herauszulesen.« [10899]

*

Pullman (über gestrandete Wale): »Zu blöd zum Schwimmen? Dämliche Viecher!« [10900]

*

Pullman (voice-over): »Wenn man etwas ganz Bestimmtes sucht, stehen die Chancen, es zu

---

> »Zu blöd zum Schwimmen? Dämliche Viecher!«
> Zero Effect

finden, ziemlich schlecht, denn es gibt unzählige Dinge auf dieser Welt, unter denen man eins herausfinden muß. Wenn man dagegen nach allem möglichen sucht, stehen die Chancen, es zu finden, ziemlich gut, denn unter all den vielen Dingen auf der Welt findet man sicher das eine oder das andere.« [10901]

*

Pullman (voice-over): »Leidenschaft ist der Feind der Präzision. Den Begriff ›Verbrechen aus Leidenschaft‹ kann man getrost vergessen, denn alle Verbrechen haben mit Leidenschaft zu tun. Es ist die Leidenschaft für irgend etwas, die einen Täter antreibt und träge Moralvorstellungen ins Wanken bringt.« [10902]

*

Pullman (voice-over): »Wenn man sich lange genug mit der Chemie der Verzweiflung beschäftigt hat, kann man sie förmlich riechen. Ein Verzweiflungselement ist explosiv, mehr als ein Verzweiflungselement ist tödlich.« [10903]

***

DER ZERRISSENE VORHANG *(Torn Curtain)*
USA 1966, Universal (Regie Alfred Hitchcock, Buch Brian Moore)

*

Ludwig Donath (Professor Lindt): »Lassen Sie uns doch mal ein paar intelligente Worte reden!« [10904]

***

ZEUGE DER ANKLAGE *(The Talk of the Town)*
USA 1942, Columbia (Regie George Stevens, Buch Irwin Shaw, Sidney Buchman, Story Sidney Harmon)

*

Ronald Colman (Michael Lightcap): »Ich diktiere 150 Worte, die Minute.«
Jean Arthur (Nora Shelley): »Na ja, manche Menschen denken eben langsamer als andere.« [10905]

*

Cary Grant (Leopold Dilg): »Das Gesetz ist nur eine Waffe, die man auf jemanden richtet. Und ob es einem gerecht oder ungerecht erscheint, hängt ganz davon ab, auf welcher Seite man steht.« [10906]

*

Grant: »Menschen wickeln Fakten umeinander wie Brezeln. (...) Bloße Fakten sind wie eine Nuß ohne Kern.« [10907]

Colman: »Ich verstehe Ihren Standpunkt, rein theoretisch. Und ich muß sagen, daß ich ihn respektiere.«
Grant: »Ich wünschte, das könnte ich von Ihrem auch sagen.« [10908]

*

Colman: »Sie spielen wirklich gut. Wo haben Sie das gelernt?«
Grant: »Von meinem Vater. Er gehörte zu den Menschen, die Arbeit ablehnen. Die störte ihn nur beim Schach und beim Debattieren.« [10909]

***

ZEUGE EINER VERSCHWÖRUNG
(The Parallax View)
USA 1974, Gus, Harbor, Doubleday, Paramount (Regie Alan J. Pakula, Buch David Giler, Lorenzo Semple jr., nach dem Roman von Loren Singer)

*

Doria Cook (Gale): »Wissen Sie, was man von Martinis sagt? Es heißt, daß ein Martini so ist wie die Brust einer Frau. Einer ist nicht genug, und drei sind zuviel.« [10910]

*

Kelly Thorsden (Sheriff L. D. Rickonen): »Er ist so dumm, daß er glatt verhungern würde, wenn Sie einen Teller nur zehn Zentimeter vom gewohnten Platz wegschieben.« [10911]

***

ZEUGIN DER ANKLAGE
(Witness for the Prosecution)
USA 1958, Theme, Small, United Artists (Regie Billy Wilder, Buch Billy Wilder, Harry Kurnitz, nach dem Stück von Agatha Christie)

*

Molly Roden (Miss McHugh): »Sir Wilfrid, wenn Sie gestatten. Ich würde gerne ein Gedicht aufsagen. Wir haben es zur Feier Ihrer Rückkehr gemacht.«
Charles Laughton (Sir Wilfrid Roberts): »Ich bin tief gerührt, Miss McHugh, aber sagen Sie es

---

> »Menschen wickeln Fakten umeinander wie Brezeln. (...) Bloße Fakten sind wie eine Nuß ohne Kern.«
> Zeuge der Anklage

nach Büroschluß auf, in Ihrer Freizeit! Jetzt wird gearbeitet! ... Was haben Sie denn?«
Roden: »Gar nichts. Ich freue mich nur, daß Sie ganz der alte geblieben sind.« [10912]

*

Laughton: »Junger Mann, Sie mögen eine Witwe mittleren Alters ermordet haben oder nicht, jedenfalls haben Sie einem älteren Anwalt das Leben gerettet.« *(Feuer gegeben)* [10913]

*

Tyrone Power (Leonard Vole): »Aber wieso kann man mich verhaften? Ich habe doch nichts getan. Ich denke, wir sind in England. Kann man denn hier für etwas bestraft werden, was man nicht getan hat?«
Laughton: »Wir sind bemüht, es nicht zur Regel werden zu lassen.« [10914]

*

Laughton: »Guter Mann, der Brogan-Moore. Beste Schule. Meine Schule.« [10915]

*

Power: »Komisch, heute morgen ging es mir noch gut, und jetzt (...) habe ich drei Anwälte. Wir wollen doch Sir Wilfrid lieber gleich sagen, daß ich kein reicher Mann bin. Die Honorare für drei Anwälte sind bei mir nicht drin.«
Laughton: »Dann nehmen wir 'nen vierten, der sie von Ihnen einklagt.« [10916]

*

Power: »Schrecklich, sich vorzustellen, daß Sie jetzt in diesem Zimmer liegt, ermordet.«
Laughton: »Ich versichere Ihnen, man hat sie inzwischen weggeschafft. Sie dort liegenzulassen, wäre gefühllos, ungesetzlich und unhygienisch.« [10917]

*

John Williams (Brogan-Moore): »Schön, daß die Ärzte Sie wieder rausgelassen haben.«
Laughton: »Ich bin nicht freigesprochen worden, ich hab nur Bewährungsfrist.« [10918]

> »Finden Sie in meiner
> Gedankenkette einen Fehler?«
> »Nein, nein, sie ist sehr logisch,
> ... soweit sie reicht.«
> Zeugin der Anklage

Laughton: »Finden Sie in meiner Gedankenkette einen Fehler?«
Williams: »Nein, nein, sie ist sehr logisch, ... soweit sie reicht.« [10919]

*

Marlene Dietrich (Christine Vole): »Ich falle nie in Ohnmacht, weil ich nicht weiß, ob ich graziös genug fallen würde. Ich nehme auch kein Riechsalz. Es macht verquollene Augen.« [10920]

*

Dietrich: »Hoffentlich setzt sich das Gericht nur aus Frauen zusammen. Auf ihren Schultern würden sie ihn aus dem Gerichtssaal tragen.«
Williams: »Ein einfacher Freispruch genügt uns.« [10921]

*

Laughton: »Mylord, darf ich meinen verehrten Kollegen daran erinnern, daß seine Zeugin nach eigenem Eingeständnis schon so viele Eide gebrochen hat, daß ich mich wundere, daß ihr die Bibel nicht aus der Hand gesprungen ist, als sie vereidigt wurde.« [10922]

*

Williams: »Vor einer Stunde stand er noch mit einem Fuß unterm Galgen und mit dem anderen auf 'ner Bananenschale. Sie können wirklich sehr stolz sein, Sir Wilfrid. Oder nicht?«
Laughton: »Noch nicht. Vom Galgen haben wir ihn weg. Aber irgendwo liegt noch die Bananenschale. Es kann immer noch einer drauf ausrutschen.« [10923]

***

ZEUGIN DES MORDES *(Witness to Murder)*
USA 1954, Erskine, United Artists (Regie Roy Rowland, Buch Chester Erskine)

George Sanders (Albert Richter): »Ich werde dieses Schreiben vernichten, als wenn nichts geschehen wäre. Im Wiederholungsfall würden Sie mich jedoch zwingen, drastische Maßnahmen zu ergreifen.« [10924]

***

ZEUGIN GESUCHT *(Phantom Lady)*
USA 1944, Universal (Regie Robert Siodmak, Buch Bernard C. Schoenfeld, nach dem Roman von William Irish (= Cornell Woolrich))

Franchot Tone (Jack Marlow): »Wenn man sich manchmal seine Hände betrachtet: Sie können

Melodien aus einem Stück Holz hervorzaubern, sie formen aus einem Klumpen Lehm Götterbilder, sie können einem Menschen das Leben wiedergeben. Ja, zwei Hände können wahre Wunder vollbringen. Und dieselben zwei Hände können soviel Böses tun: zerstören, quälen und sogar töten. Ich möchte ungern einem Menschen was zuleide tun mit meinen Händen.« [10925]

*

Tone: »Ich mag Scott, wir sind Freunde. Aber was ist sein Leben im Vergleich zu meinem?« [10926]

***

ZIMMER MIT AUSSICHT
(A Room with a View)
UK 1985, Merchant Ivory, Goldcrest (Regie James Ivory, Buch Ruth Prawer Jhabvala, nach dem Roman von E. M. Forster)

*

Denholm Elliott (Mr. Emerson): »Frauen haben gern eine schöne Aussicht, Männer nicht.« [10927]

*

Judi Dench (Miss Eleanor Lavish): »Warten Sie einen Moment! Lassen wir diesen Mann erst weitergehen, sonst bin ich gezwungen, mit ihm zu sprechen.« [10928]

*

Dench: »Oh, diese Briten im Ausland! Es ist sehr ungezogen von mir, aber ich würde schon in Dover ein Examen verlangen und all die Touristen zurückschicken, die es nicht bestehen.« [10929]

*

Patrick Godfrey (Mr. Eager): »Rufen wir uns doch einmal die Tatsachen über diese Kirche von Santa Croce in Erinnerung, daß der Glaube sie erbaut hat, in der frommen Inbrunst des Mittelalters.«
Elliott: »Mit Hilfe des Glaubens, von wegen! Das bedeutet nur, daß die Handwerker nicht anständig bezahlt wurden.« [10930]

*

Elliott: »Wenn ihn wenigstens jemand vom Grübeln abhielte, vom Grübeln über die Dinge des Universums. Ich kann mit diesem Weltschmerz nichts anfangen. Sie?«
Helena Bonham Carter (Lucy Honeychurch): »Nein, keineswegs, ganz und gar nicht, Mr. Emerson.«
Elliott: »(...) Dann bringen Sie meinem Jungen bei zu erkennen, daß an der Seite des immerwährenden Warum ein Ja steht. Und noch ein Ja. Und noch ein Ja.« [10931]

*

Dench: »Ich habe da eine Theorie: Daß es irgend etwas gibt in der italienischen Landschaft, das auch noch das dumpfste Gemüt empfänglich macht für Romantik.« [10932]

*

Maggie Smith (Charlotte Bartlett): »Ich weiß, er wird reden.«
Bonham Carter: »Das wird er nicht, er redet doch nie. Man kann von Glück sagen, wenn man ein Ja oder Nein von ihm bekommt.« [10933]

*

Simon Callow (Reverend Arthur Beebe): »Ich komme eigentlich nur zum Tee. Meinen Sie, ich bekomme welchen?«
Daniel Day-Lewis (Cecil Vyse): »Wenn man hier etwas bekommt, dann zu essen.« [10934]

***

ZU KLUG FÜR DIE LIEBE
(Without Love)
USA 1945, MGM (Regie Harold S. Bucquet, Buch Donald Ogden Stewart)

*

Spencer Tracy (Pat Jamieson): »Sehen Sie dieses Buch? Es ist logisch. Es ist klar. Es ist ehrlich. Es erzählt einem nicht heute dies und morgen jenes. Es haut einen nicht übers Ohr. Es ist wunderschön. Ich würde es allen Frauen vorziehen, glauben Sie mir, mein Freund.« [10935]

*

Patricia Morison (Edwina Collins): »Wie kannst du's, um Himmels willen, amüsant finden, dich in einen völlig betrunkenen Zustand zu versetzen? Mir ist das unbegreiflich.« [10936]

> »Frauen haben gern
> eine schöne Aussicht,
> Männer nicht.«
> Zimmer mit Aussicht

Tracy: »Sie unangenehme kleine Giftnudel!« 10937

*

Morison: »Was glauben Sie eigentlich, wer Sie sind?«
Tracy: »Ich weiß genau, wer ich bin. Ich bin mir nur nicht klar darüber, was für eine Erziehung so etwas wie Sie hervorgebracht haben kann.« 10938

*

Morison: »In meinem Leben hat noch niemand so mit mir geredet.«
Tracy: »Dann war's höchste Zeit.« 10939

***
ZU SCHÖN FÜR DICH
(Trop belle pour toi)
F 1989, Valse, DD, Orly, SEDIF, TF1 (Regie, Buch Bertrand Blier)

*

Gérard Depardieu (Bernard Barthélémy): »Vielleicht ist sie zu schön für ihn.«
Josiane Balasko (Colette): »Und wieso zu schön?«
Depardieu: »Ich wollte sagen, zu erhaben. Viel zu ideal. Wovon soll man träumen, wenn man mit einem solchen Wesen lebt? Wovon? Was bleibt einem da noch zu hoffen? Nichts. Nur der Tod.« 10940

***
ZUM TEUFEL MIT DEN KOHLEN
(Brewster's Millions)
USA 1985, Universal (Regie Walter Hill, Buch Hershel Weingrod, Timothy Harris, nach dem Roman von George Barr McCutcheon)

*

Richard Pryor (Mortimer Brewster): »Bestimmt 'n Talentsucher für die Oberliga.«
John Candy (Spike Nolan): »Monty, hier ist Hackensack, New Jersey. In diesem Nest werden keine Talente gesucht. Hier fährt die Eisenbahn übers Spielfeld.« 10941

> »Sie unangenehme
> kleine Giftnudel!«
> Zu klug für die Liebe

Pat Hingle (Edward Roundfield): »Sind Sie sicher, daß Sie das wollen, Mr. Brewster?«
Pryor: »Nein, Sir, ich bin nicht sicher, aber es wird mir Spaß machen, das herauszufinden.« 10942

***
ZUM VERBRECHER VERURTEILT
(They Made Me a Criminal)
USA 1939, Warner (Regie Busby Berkeley, Buch Sig Herzig, nach dem Stück ›Sucker‹ von Bertram Millhauser, Beulah Marie Dix)

*

Ann Sheridan (Goldie): »So darfst du nicht mit meinen Freunden reden.«
John Garfield (Johnny Bradfield): »Freunde! Kein Mensch hat Freunde.« 10943

***
ZUR LAGE DER NATION
(State of the Union)
USA 1948, MGM (Regie Frank Capra, Buch Anthony Veiller, Myles Connolly, nach dem Stück von Howard Lindsay, Russell Crouse)

*

Van Johnson (Spike McManus): »Ach, über jeden Kandidaten wurde geklatscht, außer über Herbert Hoover. Über Hoover hat man nicht geklatscht, weil's niemand geglaubt hätte.« 10944

*

Adolphe Menjou (Jim Conover): »Kay, nur damit ich im Dunkeln nicht stolpere: Wo liegen Ihre Interessen dabei?«
Angela Lansbury (Kay Thorndyke): »Ich will gar nichts.«
Menjou: »Menschen, die nichts wollen, beunruhigen mich. Da stimmt der Preis nicht.« 10945

*

Menjou: »Glauben Sie mir, Mrs. Matthews, Ihr Gatte ist ein großer Mann.«
Katharine Hepburn (Mary Matthews): »Darüber müssen wir nicht diskutieren. Ich weiß, daß er das ist, und Sie wissen es ebenfalls. Übel wird mir erst, wenn auch er weiß, daß er ein großer Mann ist. Glauben Sie nicht, daß es möglich sein müßte, Grant zum Präsidenten zu machen und es vor ihm geheimzuhalten?« 10946

*

Margaret Hamilton (Norah): »Ich merk mir's schon: 1276. 76, das ist das Jahr der Revolu-

tion, und zwölf steht für die Zwölf Gebote.«
¹⁰⁹⁴⁷

*

Hepburn: »Sie wollen doch auch, daß Grant ein guter Präsident wird, nicht?«
Menjou: »Mary, ein guter Präsident ist der, der gewählt wird.« ¹⁰⁹⁴⁸

***

ZURÜCK IN DIE ZUKUNFT *(Back to the Future)*
USA 1985, Amblin, Universal (Regie Robert Zemeckis, Buch Bob Gale)

*

Michael J. Fox (Marty McFly): »Fährt der auch mit normalem bleifreien Benzin?«
Christopher Lloyd (Dr. Emmett Brown): »Dummerweise nicht. Er braucht schon etwas mit etwas mehr Kick: Plutonium.« ¹⁰⁹⁴⁹

*

Lloyd: »Dann sag mir, Junge aus der Zukunft, wer ist im Jahre 1985 Präsident der Vereinigten Staaten?«
Fox: »Ronald Reagan.«
Lloyd: »Ronald Reagan? Der Schauspieler? Und wer ist Vizepräsident? Jerry Lewis?« ¹⁰⁹⁵⁰

*

Lloyd: »Straßen? Wo wir hinfahren, brauchen wir keine Straßen.« ¹⁰⁹⁵¹

***

ZUSAMMEN IN PARIS
(Paris When It Sizzles)
USA 1964, Paramount (Regie Richard Quine, Buch George Axelrod, Story Julien Duvivier, Henri Jeanson)

*

Audrey Hepburn (Gabrielle Simpson): »Dieses unmoralische Leben kann furchtbar langweilig sein, wenn man weder raucht noch trinkt. Man muß es aber versuchen, um sich weiterzuentwickeln.« ¹⁰⁹⁵²

*

William Holden (Richard Benson): »Wenn Sie versuchen würden, die Oberlippe ein bißchen zu heben, könnten Sie dadurch vielleicht die Andeutung eines Lächelns hervorrufen.« ¹⁰⁹⁵³

***

DER ZWANG ZUM BÖSEN *(Compulsion)*
USA 1959, Zanuck, Twentieth Century Fox (Regie Richard Fleischer, Buch Richard Murphy, nach dem Stück von Meyer Levin)

Orson Welles (Jonathan Wilk): »Machen Sie sich wirklich Sorgen über Leute, die sich Bettlaken mit Löchern über den Kopf ziehen, wenn sie ihrer unmaßgeblichen Meinung Ausdruck verleihen?« ¹⁰⁹⁵⁴

*

(Reporter): »Aber Mr. Wilk, wenn Sie die Stimmung in der Öffentlichkeit bedenken, dann wissen Sie doch, daß es ein hoffnungsloser Fall ist.«
Welles: »Ja, das wird jeden Tag ausführlich in der Presse breitgetreten. Aber zum Glück wird die Entscheidung von einem Richter gefällt und nicht von Redakteuren.« ¹⁰⁹⁵⁵

***

ZWANZIGTAUSEND JAHRE IN SING SING
(Twenty Thousand Years in Sing Sing)
USA 1932, First National, Warner (Regie Michael Curtiz, Buch Wilson Mizner, Brown Holmes, nach dem Buch von Lewis E. Lawes)

*

Spencer Tracy (Tommy Connors): »Guten Tag, Sing Sing! Blöder Name, klingt wie 'ne japanische Kneipe.« ¹⁰⁹⁵⁶

*

Tracy: »Sehen Sie? Es geht auch anders. Das hab ich den Komikern doch gesagt, bevor ich anfing zuzuschlagen.« ¹⁰⁹⁵⁷

*

Arthur Byron (Paul Long, Gefängnisdirektor): »Ich hörte, daß Ihnen diese Uniform nicht gefiel.«
Tracy: »Sie gefällt mir auch jetzt noch nicht.«
Byron: »Dann mögen Sie wohl auch unser Essen nicht und die Freizeitregelung? Und Ihre Zelle gefällt Ihnen bestimmt auch nicht besonders.« ¹⁰⁹⁵⁸

*

Byron: »Haben Sie je gearbeitet?«
Tracy: »Was meinen Sie damit?«

> »Straßen?
> Wo wir hinfahren,
> brauchen wir keine Straßen.«
> Zurück in die Zukunft

Byron: »Ob Sie sich je mit ehrlicher Arbeit ernährt haben?«
Tracy: »Für wenig Geld, meinen Sie und dafür an den Händen lauter Schwielen, hä? Das ist nur was für Idioten.« [10959]

*

Tracy: »Sobald sich mir eine Chance bietet, von hier zu verduften, dann werde ich es tun, auch wenn ich dabei einen umlegen muß. Ich würde bei Ihnen genausowenig zögern wie bei jedem andern.«
Byron: »Das verstehe ich vollkommen. Ich glaube, an Ihrer Stelle würde ich genauso denken und vermutlich auch so handeln.« [10960]

*

Byron: »Machen Sie sich keine falsche Hoffnung! Die Chance, von hier zu entfliehen, ist eins zu einer Million.«
Tracy: »Dann ist sie für mich genau richtig. Ein Kerl wie ich findet sich auch nur einmal unter einer Million.« [10961]

*

Byron: »Sie sollten sich den Unsinn aus dem Kopf schlagen. Es wäre besser, wenn Sie statt dessen zu begreifen versuchen, daß man auf dieser Welt einfach nicht leben kann, ohne Beziehungen zu seiner Umwelt zu haben, ohne sich einzufügen in die Gesellschaft.«
Tracy: »Sparen Sie sich das für eine Sonntagspredigt und zwar für die *nach* meiner Flucht!« [10962]

*

Tracy: »Komm bloß nicht noch mal so aufgedonnert und offenherzig hierher!«
Bette Davis (Fay Wilson): »Aber, Tommy ...«
Tracy: »Man zeigt einem, der am Verdursten ist, keine Bierreklame.« [10963]

*

Tracy: »Na, nun hab ich mich von unten hochgearbeitet, bis in die Todeszelle.« [10964]

»Blumenfenster!«
»Was soll dieses törichte Wort?«
»Du läßt mich ja nicht wie
ein Gentleman fluchen.«
Zwei Engel ohne Flügel

ZWEI DRECKIGE HALUNKEN
(There Was a Crooked Man)
USA 1970, Warner-Seven Arts (Regie Joseph L. Mankiewicz, Buch David Newman, Robert Benton)

*

Kirk Douglas (Paris Pitman jr.): »Wer einmal reich war, schafft es auch ein zweites Mal. Betrachten Sie es *(den Raubüberfall)* als eine Art Ansporn für die Zukunft!« [10965]

***

ZWEI ENGEL OHNE FLÜGEL
(Topper)
USA 1937, Roach, MGM (Regie Norman Z. Mc Leod, Buch Jack Jevne, Eric Hatch, Eddie Moran, nach dem Roman von Thorne Smith)

*

Constance Bennett (Marion Kerby): »Warum bist du so böse auf ihn?«
Cary Grant (George Kerby): »Weil er mich zu Tode langweilt. Er ist ein nettes, erfolgreiches Schaf.«
Bennett: »Oh, sag das nicht! In Topper stecken vielleicht sehr interessante Möglichkeiten. Wer weiß?«
Grant: »In Schafen auch. Man kann Suppe, Koteletts und Irish Stew aus ihnen machen.« [10966]

*

Roland Young (Mr. Cosmo Topper): »Blumenfenster!«
Billie Burke (Mrs. Clara Topper): »Was soll dieses törichte Wort?«
Young: »Du läßt mich ja nicht wie ein Gentleman fluchen.« [10967]

*

Burke: »Ich habe sie zwar nie gesehen, aber nach dem, was ich von ihr gehört habe, hatte sie nie etwas anderes im Kopf, als ihr hübsches Gesicht anzumalen und mit allem, was sie hatte, auf und ab zu wippen.« [10968]

*

Alan Mowbray (Wilkins): »Mit Ihrer gütigen Erlaubnis, Sir, ich muß Sie bitten, sich etwas gewählter auszudrücken in Gegenwart von Mrs. Topper, widrigenfalls ich Ihnen in die Fresse schlage.« [10969]

*

Eugene Pallette (Casey): »Kannst du nicht aufpassen, wo ich hingehe?« [10970]

ZWEI GLORREICHE HALUNKEN
(Il buono, il brutto, il cattivo)
I 1966, PEA (Regie Sergio Leone, Buch Sergio Leone, Luciano Vincenzoni, Age & Scarpelli, Story Luciani Vincenzoni, Sergio Leone)

*

»Was bezahlt er Ihnen, wenn Sie mich umlegen?«
Lee Van Cleef (Sentenza): »Fünfhundert Dollar kriege ich von ihm.« *(...)*
»Hier. Tausend Dollar. Für Sie.«
Van Cleef: »Tausend Dollar? Und die Hälfte davon sogar in Gold. Ist ja 'ne ganz schöne Summe. Aber ich arbeite nach einem festen Prinzip, wenn mich einer bezahlt, dann führe ich den Auftrag auch aus.« [10971]

*

Livio Lorenzon (Baker): »Das ist für dich, die fünfhundert Dollar, die ich dir versprochen habe.«
Van Cleef: »Ach, das hätte ich ja fast vergessen. Vorher gab er mir noch tausend Dollar und den Auftrag, dich umzulegen. Du kennst ja mein Prinzip, wenn ich für einen Auftrag bezahlt werde, dann führe ich ihn auch aus, und von dem Prinzip gehe ich auch bei dir nicht ab.« [10972]

*

»He, du, weißt du, daß du jemandem verdammt ähnlich siehst, auf dessen Kopf 2000 Dollar Belohnung ausgesetzt sind?«
Clint Eastwood (Joe): »Ja. Aber du siehst nicht aus wie jemand, der 2000 Dollar kassiert« [10973]

*

(Richter): »Er wird in vierzehn Provinzen dieses Staates steckbrieflich gesucht. Verurteilt wurde er wegen Mordes, räuberischen Überfalls auf Zivilpersonen, auf Banken und Postanstalten, wegen Diebstahls von Kircheneigentum, Brandstiftung in einem Staatsgefängnis, falscher eidlicher Aussage, Bigamie, böswilligen Verlassens der Ehefrau, Aufforderung zur Prostitution, Raub mit anschließender Erpressung, Hehlerei, Falschmünzerei, Falschspiel mit gezinkten Karten und präparierten Würfeln, wegen schwerer Körperverletzung, begangen an Privatpersonen, Justizangestellten und Beamten des Kreises, der Provinz und des Staates. Aufgrund der mir übertragenen Vollmachten verurteile ich den hier anwesenden Tuco Benedicto Pacifico Juan Maria Ramirez ...«
Eastwood (im Hintergrund, zu sich selbst): »... auch Schwein genannt ...«
(Richter): »... zum Tode durch Erhängen.« [10974]

*

Eli Wallach (Tuco): »Es gibt zwei Kategorien von Menschen, die einen, die den Strick um den Hals haben und die anderen, die ihn abschneiden. *(Eastwood kassiert Kopfgeld für Wallach und schießt ihn dann vom Galgen)* Es könnte doch sein, daß ich mal dabei draufgehe, also ist mein Risiko größer. Darum bin ich beim nächsten Mal nicht mit der Hälfte zufrieden.«
Eastwood: »Selbstverständlich ist dein Risiko größer, aber ich schieße, und wenn du mit der Hälfte nicht zufrieden bist – Zigarre? –, dann könnte es sein, daß ich beim nächsten Mal nicht treffe.« [10975]

*

Eastwood (setzt Wallach in der Wüste aus): »Soviel ich weiß, ist der nächste Ort siebzig Meilen entfernt. Wenn du unterwegs nicht zuviel vor dich hin fluchst, kannst du es vielleicht schaffen. Auf Wiedersehen!« [10976]

*

Wallach: »Du bildest dir ein, daß du besser bist als ich, aber wer in unserem lieben Vaterland nicht verhungern will, der muß entweder Priester oder Bandit sein. Du hast deinen Weg gewählt und ich den meinen. Mein Weg ist der härtere.« [10977]

*

Wallach: »He, wach auf, Blonder! Da kommen Soldaten. Wach auf!«
Eastwood: »Blaue oder graue?« *(...)*
Wallach: »Graue wie wir, also Südstaatler. Wir werden Sie grüßen und weiterfahren. Hurra! Es lebe die Konföderation! Es lebe der Süden!

»*Soviel ich weiß, ist der nächste Ort siebzig Meilen entfernt. Wenn du ... nicht ... vor dich hin fluchst, kannst du es vielleicht schaffen!*«
Zwei glorreiche Halunken

Zum Teufel mit den Nordstaaten! Es lebe General ... Wie heißt der Kerl?«
Eastwood: »Lee.«
Wallach: »General Lee! Gott ist mit uns. Er haßt die Yankees wie wir. Hurra!«
Eastwood: »Gott ist nicht mit uns. Er haßt Idioten wie dich.« *(Die Soldaten klopfen sich den Staub von ihren blauen Uniformen.)* [10978]

*

Eastwood: »Könnte es sei, daß die Musik für mich spielt?«
Van Cleef: »Würdest du dann reden?«
Eastwood: »Ich kann es mir nicht vorstellen.«
Van Cleef: »Ich glaube es auch nicht. Nicht, weil du härter als Tuco bist, weil du schlauer bist und weißt, daß Reden dich nicht retten würde.« [10979]

*

Al Mulock (Einarmiger): »Na, Tuco, seit damals ist viel Zeit vergangen. Immer wenn ich meine rechte Hand gebrauchen wollte, habe ich an dich gedacht. Jetzt habe ich dich endlich so erwischt, daß ich mit dir abrechnen kann. Es hat lange gedauert, bis ich soweit war, daß ich links schießen konnte.«
Wallach (erschießt ihn): »Wer schießen will, der soll schießen und nicht quatschen.« [10980]

*

Eastwood: »Siehst du, auf dieser Welt gibt es zwei Kategorien von Menschen. Die einen haben einen geladenen Revolver, und die anderen buddeln.« [10981]

***

ZWEI HINREISSEND VERDORBENE SCHURKEN
(Dirty Rotten Scoundrels)
USA 1988, Rank, Orion (Regie Frank Oz, Buch Dale Launer, Stanley Shapiro, Paul Henning)

*

Steve Martin (Freddy Benson): »Erzähl den Frauen, was sie hören wollen, und du kriegst, was du willst.« [10982]

> »Erzähl den Frauen,
> was sie hören wollen,
> und du kriegst, was du willst.«
> Zwei hinreißend verdorbene Schurken

Anton Rodgers (Inspector André): »Sie brauchen doch solche Amateure nicht ernst zu nehmen. Der konnte Ihnen doch sicher nicht mal das Wasser reichen.«
Michael Caine (Lawrence Jamieson): »Man kann nie vorsichtig genug sein, mein lieber André. Ein Wilddieb, der Kaninchen schießt, könnte das Großwild vertreiben.« [10983]

*

Rodgers: »Hören Sie sich das an: ›Ein cleverer, junger amerikanischer Hochstapler mit Spitznamen ›Die Hyäne‹ hat bereits Westeuropa abgegrast.‹«
Caine: »So clever kann er gar nicht sein, wenn er schon in der Zeitung steht.« [10984]

*

Martin: »Sie hat mich mit 'ner andern Frau erwischt. He, Mann, Sie sind doch Franzose. Sie verstehen das doch.«
Rodgers: »Mit einer andern Frau etwas zu haben, ist französisch, dabei erwischt zu werden, ist amerikanisch.« [10985]

*

Caine: »Freddy, es fällt mir nicht im Traum ein, dir deinen Anteil zu geben, solange ich nicht sicher bin, daß du ihn gezielt investierst in Schönheit und Kultur.«
Martin: »Die Kultur läuft mir schon aus dem Arsch.« [10986]

*

Ian McDiarmid (Arthur): »Willkommen in der Hölle!« [10987]

*

Caine: »Hast du denn niemals ein Gefühl, das oberhalb der Gürtellinie liegt?« [10988]

***

ZWEI MÄDCHEN AUS WALES UND DIE LIEBE ZUM KONTINENT
(Deux Anglaises et le continent)
F 1971, Carrosse, Cinetel (Regie François Truffaut, Buch François Truffaut, Jean Gruault, nach dem Roman von Henri-Pierre Roché)

*

Stacey Tendeter (Muriel Brown): »Sie müssen Kritik an mir üben. Meine Freunde schulden mir Kritik und keine Komplimente.« [10989]

*

Tendeter: »Warum berühren Sie mich?«
Jean-Pierre Léaud (Claude Roc): »Weil Sie et-

was Irdisches sind, und ich glaube, das gefällt mir.« [10990]

*

Tendeter: »Wenn man jemanden liebt, dann liebt man ihn, wie er ist und hat nicht den Wunsch, ihn zu beeinflussen, denn wenn einem das gelänge, dann wäre er nicht mehr derselbe.« [10991]

*

Léaud: »Was hab ich noch? Ich sehe heute alt aus.« [10992]

***

ZWEI RECHNEN AB
(Gunfight at the O.K. Corral)
USA 1957, Wallis, Paramount (Regie John Sturges, Buch Leon Uris, nach dem Zeitschriftenartikel ›The Killer‹ von George Scullin)

*

Burt Lancaster (Wyatt Earp): »Ich brauche eine Information.«
Kirk Douglas (Doc Holliday): »Der Name dieses Spiels ist Solitaire.«
Lancaster: »Wollen wir nicht ein Geschäft miteinander machen?«
Douglas: »Guten Abend, Mr. Earp!« [10993]

*

Douglas: »Wie ich höre, ist ein Gentleman hierhergekommen, der mich sprechen will. Dieser Gentleman hätte lieber seinem Bruder beibringen sollen, daß man nicht falsch spielt. Wenn Sie ihn zufällig sehen, diesen, diesen ... Gentleman, sagen Sie ihm, daß ich beim Friedhof auf ihn warte! Er kann von dort aus nur in eine Richtung wieder abreisen, nach unten.« [10994]

*

Lancaster: »Sie müssen hier raus.«
Douglas: »Seit wann ist es Ihre Aufgabe, Spielern aus der Klemme zu helfen?«
Lancaster: »Ich meine es nicht persönlich, ich kann nur Lynchen nicht leiden.« [10995]

*

Lancaster: »Kelley, ich muß das Spiel da abbrechen lassen.«
Nelson Leigh (Mayor Kelley): »Das kannst du nicht machen, es gibt kein Verbot für Frauen zu spielen.«
Lancaster: »Nein, aber immer, wenn eine Frau sich an den Spieltisch setzt, gibt es Ärger. Das weißt du auch.« [10996]

Douglas: »Ich kann ganz gut mit dem Revolver umgehen. Es ist nur mein Pech, daß niemand mehr von denen vorhanden ist, die es mir bestätigen könnten.« [10997]

*

Lancaster: »Heben Sie die rechte Hand hoch! Und dann schwören Sie bei Gott, daß Sie niemals... Das ist wirklich zu lächerlich. Sie sind als mein Gehilfe eingesetzt. Ich hole die Pferde.«
Douglas: »Nun warten Sie doch mal! Bekomme ich denn keinen Blechstern?«
Lancaster: »Das könnte Ihnen so passen.« [10998]

*

Douglas: »Das einzige, wovor ich eine Heidenangst habe, ist im Bett zu sterben. Ich möchte nicht Stück für Stück krepieren. Irgendwann wird irgendeiner mich abknallen, und dann ist es wenigstens schnell vorbei.« [10999]

*

Lancaster: »Zigarre?«
Joan Camden (Betty Earp): »Zigarre. Das ist das Zeichen für Frauen und Kinder, das Zimmer zu verlassen.« [11000]

*

Lancaster: »Du glaubst wohl, du wärst ein Mordskerl? Ich habe noch nie einen Revolverhelden gesehen, der seinen fünfunddreißigsten Geburtstag gefeiert hat. Es gibt eine Regel für euresgleichen: Jeder von euch gerät mal an einen, der besser schießt, und je mehr ihr herumknallt, desto eher trefft ihr auf diesen Mann.« [11001]

***

ZWEI RITTEN ZUSAMMEN
(Two Rode Together)
USA 1961, Ford, Shpetner, Columbia (Regie John Ford, Buch Frank S. Nugent, nach dem Roman ›Comanche Captives‹ von Will Cook)

*

Annelle Hayes (Belle Aragon): »Ihr könnt ha-

> »Zigarre. Das ist das Zeichen für Frauen und Kinder, das Zimmer zu verlassen.«
> Zwei rechnen ab

ben, was ihr wollt, aber draußen auf der Veranda.«
James Stewart (Guthrie McCabe): »Ich muß sagen, das ist ein ziemlich umfassendes Angebot, läßt nicht viel zu wünschen übrig.« [11002]

*

Hayes: »Also, was möchten Sie haben?«
Stewart: »So wie ich den kenne, am liebsten ein Bad.«
Richard Widmark (Lieutenant Jim Gary): »Ich finde deine albernen Witze gar nicht komisch.« [11003]

*

Hayes: »Wie wär's mit einem Bier?«
Widmark: »Madame lesen Gedanken.«
Hayes: »Bei den meisten Männern ist das keineswegs schwierig ... und keineswegs interessant.« [11004]

*

Widmark: »Wenn Stone Calf uns oder wir ihn erschlagen, kann ein neuer Comanchen-Krieg ausbrechen.«
Stewart: »Das kann schon sein, und das gehört sich auch so. Wenn ich umgebracht werde, dann verlange ich sogar, daß man mich rächt.« [11005]

***

ZWEI STAHLHARTE PROFIS
(Lethal Weapon)
USA 1987, Donner-Silver, Warner (Regie Richard Donner, Buch Shane Black)

*

Mel Gibson (Martin Riggs): »100.000? Oh Mann, tut mir leid, das kann ich mir nicht leisten, nicht bei meinem Gehalt. Aber ich mach euch 'n besseren Vorschlag. Okay? Sagen wir, ich krieg das ganze Zeug hier von euch umsonst, und ihr Pfeifen wandert dafür in den Knast. Was haltet ihr davon. Ich könnte euch jetzt eure Rechte vorlesen, aber die habt ihr sicher schon oft genug gehört.« [11006]

»*Gott liebt mich nicht mehr. Das wird's wohl sein.*«
»*Lieben Sie ihn auch nicht mehr! Bei mir hilft das.*«
Zwei stahlharte Profis

Gibson: »Also, das ist 'ne echte Marke, ich bin 'n echter Bulle, und das ist 'ne echte Kanone.« [11007]

*

»Weißt du, Roger, du paßt nicht mehr in die 80er Jahre. Die harten Typen sind nicht mehr gefragt. Jetzt ist sensibel Mode.« [11008]

Danny Glover (Roger Murtaugh): »Oh, ich bin zu alt für so eine Scheiße.« [11009]

*

Glover: »Gott liebt mich nicht mehr. Das wird's wohl sein.«
Gibson: »Lieben Sie ihn auch nicht mehr! Bei mir hilft das.« [11010]

*

Gibson (mit Selbstmörder auf dem Dach): »Willst du wirklich runterspringen? Willst du wirklich? Na schön, ich hab nichts dagegen. Vorwärts, springen wir! (...) Willst du noch mal springen? Los, gehen wir noch mal rauf!« [11011]

*

Glover: »Zum Teufel, was sollte dieser Scheiß?«
Gibson: »Das war ein kontrollierter Sprung. Ich sollte ihn runterholen, und er ist unten.« [11012]

*

Glover: »Du willst nicht frühzeitig in Rente. Du spielst nicht den Verrückten, du bist wirklich verrückt.« [11013]

*

Mary Ellen Trainor (Psychologin): »Ich weiß auch nicht, er *(Gibson)* ist irgendwie verletzt. Irgendwas quält ihn. Irgendwas frißt diesen Jungen noch auf. Er ist kurz vorm Durchdrehen. Ich glaube, er hat so was wie Todessehnsucht.«
Glover: »Na großartig! Sie meinen also, ich sollte mir Sorgen machen?«
Trainor: »Ja, Sie sollten sich Sorgen machen. Wenn er durchdreht, sollten Sie nicht in seiner Nähe sein.« [11014]

*

Glover: »Hast du gesehen, wie das geht? Bum, und er lebt noch. Jetzt können wir ihn verhören. Und wieso können wir das? Weil ich ihm ins Bein geschossen habe. Verstehst du? Ich bin mit ihm nicht irgendwo runtergesprungen oder habe ihn durchlöchert.«

Gibson: »Das ist unfair, der Springer hat überlebt.« [11015]

*

Glover: »Hast du schon mal jemanden getroffen, den du nicht getötet hast?«
Gibson: »Dich habe ich noch nicht getötet.« [11016]

*

Glover: »Du bleibst nicht am Leben. Du nicht.« [11017]

***

ZWEI VON EINER SORTE
(Two of a Kind)
USA 1951, Columbia (Regie Henry Levin, Buch Lawrence Kimble, James Grunn, Story James Edward Grant)

*

Edmond O'Brien (Lefty Farrell): »Und was ist, wenn es schiefgeht?«
Lizabeth Scott (Brandy Kirby): »Dann wandern Sie natürlich ins Gefängnis.«
O'Brien: »Natürlich. Und wenn es gutgeht?«
Scott: »Dann werden Sie reich.«
O'Brien: »Und Sie?«
Scott: »Ich werde noch reicher.« [11018]

***

EINE ZWEITE CHANCE
(Hope Floats)
USA 1998, Obst, Fortis, Twentieth Century Fox (Regie Forest Whitaker, Buch Steven Rogers)

*

Sandra Bullock (Birdee Pruitt): »Du hast Bill nie gemocht.«
Gena Rowlands (Ramona Calvert): »Oh, mir gefallen alle Kreaturen Gottes. Nur einige gefallen mir ausgestopft besser, und er gehört dazu.« [11019]

*

Norman Bennett (Mr. Davis): »Gelegentlich müssen wir Fotos entwickeln, die fragwürdiger Natur sind.«
Bullock: »Nacktfotos?«
Bennett: »Wir verlieren niemals ein Wort darüber, und sie werden übergeben, als hätten wir nichts gesehen.«
Bullock: »Ich verstehe, Mr. Davis.«
Bennett: »Aber vorher machen wir Abzüge und legen sie in die zweite Schublade unter dem Tresen.« [11020]

DIE ZWEITE WAHL – EINE ROMANZE
(Murphy's Romance)
USA 1985, Riff-Fogwood, Delphi V, Columbia (Regie Martin Ritt, Buch Harriet Frank jr., Irving Ravetch, nach der Novelle von Max Schott)

*

Sally Field (Emma Moriarty): »Sieht aus, als säßen Sie nicht sehr oft vorm Fernseher.« [11021]

*

Field: »Ich hoffe, du bist unterwegs nach irgendwohin.« [11022]

***

ZWIELICHT *(Primal Fear)*
USA 1996, Rysher, Paramount (Regie Gregory Hoblit, Buch Steve Shagan, Ann Biderman, nach dem Roman von William Diehl)

*

Richard Gere (Martin Vail, off): »Wenn Ihnen Ihre Mutter sagt, daß sie Sie liebt, holen Sie ein zweites Gutachten ein!« [11023]

*

Gere: »Wenn Sie Gerechtigkeit wollen, gehen Sie in ein Bordell, wenn Sie beschissen werden wollen, gehen Sie vor Gericht!« [11024]

*

Reg Rogers (Jack Connerman, off): »Nehmen wir an, Sie haben einen Mandanten, von dem Sie wissen, daß er schuldig ist.«
Gere (off): »Nein, fangen Sie bloß nicht so an! Unser Rechtssystem interessiert das nicht und mich auch nicht. Jeder Angeklagte, egal, wer er ist, egal, was er getan hat, hat das Recht auf die beste Verteidigung, die ihm sein Anwalt bieten kann. Punkt.« [11025]

*

Rogers: »Wie halten Sie's dann mit der Wahrheit?«
Gere: »Wahrheit? Was meinen Sie damit?«
Rogers: »Ich weiß nicht, wieviele Meinungen man dazu haben kann.«

> *»Wenn Sie Gerechtigkeit wollen, gehen Sie in ein Bordell, wenn Sie beschissen werden wollen, gehen Sie vor Gericht!«*
> Zwielicht

Gere: »Sie glauben, es gibt nur eine? (...) Natürlich haben Sie recht, es gibt nur eine. (...) Meine Version ist folgende: Es gibt nur die, die ich in den Köpfen der zwölf Geschworenen erschaffe. Na, wenn Sie's anders nennen wollen, die (...) Illusion der Wahrheit.« [11026]

*

Laura Linney (Janet Venable): »Danke für die Einladung! Aber Eine-Nacht-Affären sind nicht mein Ding.«
Gere: »Wir haben uns monatelang getroffen.«
Linney: »Es war eine Affäre für eine Nacht, Marty. Sie dauerte nur sechs Monate.« [11027]

*

(Staatsanwalt): »Sie sind schlimmer als die miesen Gangster, die Sie vertreten.« [11028]

*

Steven Bauer (Pinero): »Was wollen die machen? Mich umbringen?«
Gere: »Versucht haben sie's schon.«
Bauer: »Wie wollen die einen Mann umbringen, der nie schläft?« [11029]

*

Rogers: »Warum haben Sie bei der Staatsanwaltschaft aufgehört?«
Gere: »Sackgassenjob. Da wird man entweder leitender Staatsanwalt oder am Ende Richter. Warum Schiedsrichter werden, wenn man selber spielen kann?« [11030]

*

Gere: »Ich bin Ihr Anwalt, und das bedeutet, ich bin Ihre Mutter, Ihr Vater, Ihr bester Freund und Ihr Priester.« [11031]

*

Gere: »Ich glaube an die Idee, daß Menschen unschuldig sind, bis Ihre Schuld bewiesen ist. Ich glaube an diese Idee, weil ich mir angewöhnt habe, an das elementar Gute im Menschen zu glauben. Außerdem glaube ich, daß nicht alle Verbrechen von schlechten Menschen begangen werden. Und ich versuche zu verstehen, daß sehr gute Menschen manchmal sehr böse Dinge tun.« [11032]

***

ZWISCHEN MADRID UND PARIS
(The Sun Also Rises)
USA 1957, Twentieth Century Fox (Regie Henry King, Buch Peter Viertel, nach dem Roman von Ernest Hemingway)

*

Gregory Ratoff (Graf Mippipopolous): »Je m'amuse magnifiquement.« [11033]

*

Ava Gardner (Lady Brett Ashley): »Deshalb braucht er sich nicht so zu benehmen.«
Tyrone Power (Jake Barnes): »Jeder benimmt sich schlecht, wenn man ihm die Gelegenheit dazu gibt.« [11034]

*

Eddie Albert (Bill Gorton): »Man sollte es nicht für möglich halten! Wie ein verrückter Alptraum! Kaum zu glauben!«
Power: »Ich halte alles für möglich, Alpträume inbegriffen.« [11035]

***

DIE ZWÖLF GESCHWORENEN
(Twelve Angry Men)
USA 1957, Orion-Nova, United Artists (Regie Sidney Lumet, Buch Reginald Rose, nach seinem Stück)

*

Ed Begley (Geschworener Nr.10): »Wenn ein Anwalt eine Frage nicht stellt, dann nur, weil er die Antwort schon kennt und sie seinem Mandanten schadet.«
Henry Fonda (Nr.8): »Aber ebenso wäre es doch möglich, daß ein Rechtsanwalt ein bißchen beschränkt ist.« [11036]

*

Lee J. Cobb (Nr.3): »Geheim? Das gibt es hier nicht. Geschworene haben keine Geheimnisse. Ich kann mir schon denken, wer es war. Ich muß schon sagen, Sie gefallen mir. Sie sitzen hier und stimmen ›schuldig‹, wie wir alle. Da kommt einer von der Heilsarmee und reißt Ihnen das Herz aus dem Leib mit dem Märchen, daß der arme Junge seinen Vater umbringen mußte, und schon fallen Sie um. Das ist wohl das übelste, charakterloseste ... Gründet doch einen Verein zum Schutz halbstarker Mörder!« [11037]

> »Ich bin Ihr Anwalt, und das bedeutet, ich bin Ihre Mutter, Ihr Vater, Ihr bester Freund und Ihr Priester.«
> Zwielicht

Edward Binns (Nr.6): »Wenn Sie sich das noch einmal erlauben sollten, mein Lieber, dann muß ich Sie flachlegen.« [11038]

*

Begley: »Das ist doch ein ungebildeter Prolet. Der spricht nicht mal grammatisch richtig.«
George Voskovec (Nr.11): »Verzeihung! Das heißt grammatikalisch.« [11039]

*

Robert Webber (Nr.12): »Es ist nicht gut, sein Messer in anderen Leuten steckenzulassen.« [11040]

*

Begley: »Ach, sie sind genau wie die meisten hier. Sie denken zuviel. Dabei ist noch nie was rausgekommen.« [11041]

***

ZWÖLF MONATE BEWÄHRUNGSFRIST
(Invisible Stripes)
USA 1939, Warner (Regie Lloyd Bacon, Buch Warren Duff, Story Jonathan Finn, nach dem Roman von Lewis E. Lawes)

*

Humphrey Bogart (Chuck Martin): »Du denkst, daß dir keiner die Zuchthausklamotten ansieht? Aus diesem Zeug kommst du nie wieder raus. Du hast es immer an, auch wenn du glaubst, keiner sieht es.« [11042]

*

Bogart: »Es kommt nur darauf an, daß du schlauer bist als die anderen. Jeden Tag müssen sie bezahlen, den ich in diesem elenden Knast verbracht habe.« [11043]

*

George Raft (Cliff Paylor): »Hallo, Chuck. Was gewonnen?«
Bogart: »Nein, mein Pferd muß gestern nacht durchgefeiert haben.« [11044]

*

Marc Lawrence (Lefty): »In meinen Augen bist du einer von denen, die sofort anfangen, nach ihrer Mutter zu schreien, wenn ein Bulle ihnen mal seine Marke unter die Nase hält.« [11045]

***

ZWÖLF UHR MITTAGS
(High Noon)
USA 1952, Kramer (Regie Fred Zinnemann, Buch Carl Foreman, nach der Geschichte ›The Tin Star‹ von John W. Cunningham)

*

Grace Kelly (Amy Kane): »Du weißt, daß es Schwierigkeiten gibt.«
Gary Cooper (Will Kane): »Dann ist es besser, sie hier zu haben.« [11046]

*

Kelly: »Du verlangst von mir, eine Stunde zu warten, bis sich herausstellt, ob ich deine Frau oder deine Witwe bin?« [11047]

*

Cooper: »Ich nehme deine Hilfe gern an, aber nicht für den Preis. Sie muß schon freiwillig sein.« [11048]

*

Katy Jurado (Helen Ramirez): »Du bist ein ganz hübscher Junge, du hast breite gute Schultern. Aber er ist ein Mann. Um ein Mann zu sein, braucht man etwas mehr als breite Schultern, Harvey. Und bis dahin hast du noch einen weiten Weg vor dir. Soll ich dir noch was sagen? Ich glaub kaum, daß du es jemals schaffst.« [11049]

*

Lon Chaney jr. (Martin Howe): »Bevor die Leute etwas unternehmen, brauchen sie erst mal viel Zeit, um darüber zu reden. Vielleicht, weil es sie im Innersten überhaupt nicht berührt. Es berührt sie einfach nicht.« [11050]

*

Kelly: »Ich kann Sie verstehen.«
Jurado: »Wirklich? Das ist gut. Ich kann Sie nicht verstehen.« [11051]

> »Du verlangst von mir, eine Stunde zu warten, bis sich herausstellt, ob ich deine Frau oder deine Witwe bin?«
> Zwölf Uhr mittags

Originaltitel und Alternativtitel

A bout de Souffle: Außer Atem
Absence of Malice: Die Sensationsreporterin
Absolute Power
Accatone: Accatone – Wer nie sein Brot mit Tränen aß
The Accidental Tourist: Die Reisen des Mr. Leary
The Accused: Frau in Notwehr
The Accused: Angeklagt
Ace in the Hole: Reporter des Satans
Across the Pacific: Abenteuer in Panama
Act of Violence: Akt der Gewalt
Adam's Rib: Ehekrieg
Addicted to Love: In Sachen Liebe
The Adventures of Don Juan: Die Liebesabenteuer des Don Juan
The Adventures of Robin Hood: Robin Hood – König der Vagabunden
Affair in Trinidad: Affäre in Trinidad
An Affair to Remember: Die große Liebe meines Lebens
The African Queen
After Hours: Die Zeit nach Mitternacht
After Office Hours: Ein Paar wie Katz und Hund
After the Thin Man: Nach dem dünnen Mann
Against All Flags: Gegen alle Flaggen
Against All Odds: Gegen jede Chance
The Age of Innocence: Die Zeit der Unschuld
Aguirre, der Zorn Gottes
L'Aigle à deux têtes: Der Doppeladler
Air Force One
Akibiyori: Spätherbst
Al Capone
The Alamo: Alamo
Albino Alligator
Alexander Newski
Alfie: Der Verführer läßt schön grüßen
Alice
Alice Doesn't Live Here Anymore: Alice lebt hier nicht mehr
Alice's Restaurant
Alien
Alien Resurrection: Alien – Die Rückkehr
Alien 3
Aliens: Aliens – Die Rückkehr
All About Eve: Alles über Eva
All of Me: Solo für Zwei
All Quiet on the Western Front: Im Westen nichts Neues
All That Jazz: Hinter dem Rampenlicht
All That Money Can Buy
All the King's Men: Der Mann, der herrschen wollte
All the Marbles: Kesse Bienen auf der Matte
All the President's Men: Die Unbestechlichen
All Through the Night: Agenten der Nacht
Alligator: Der Horror-Alligator
Along Came Jones: Der Vagabund von Texas
Along the Great Divide: Den Hals in der Schlinge
Alphaville , Une étrange aventure de Lemmy Caution: Lemmy Caution gegen Alpha 60
Amadeus
The Amazing Dr. Clitterhouse: Das Doppelleben des Dr. Clitterhouse
American Beauty
American Flyers: Die Sieger – American Flyers
American Gigolo: Ein Mann für gewisse Stunden
American Graffiti
American History X
An American in Paris: Ein Amerikaner in Paris
An American Werewolf in Paris
Der amerikanische Freund
Amos & Andrew
L'Amour, l'après-midi: Liebe am Nachmittag
L'Amour par terre: Theater der Liebe
Amsterdamned: Verfluchtes Amsterdam
Analyze This: Reine Nervensache
Anatomie
Anatomy of a Murder: Anatomie eines Mordes
And Then There Were None: Das letzte Wochenende
Angel: Engel
Angel and the Badman: Der schwarze Reiter
Angel Face: Engelsgesicht
Angel Heart
Angel's Dance: Ein hoffnungsvoller Nachwuchskiller
Angels With Dirty Faces: Chicago
Angie
Anna and the King: Anna und der König
Anne of the Indies: Die Piratenkönigin
Annie Hall: Der Stadtneurotiker
Another Fine Mess
Another Woman: Eine andere Frau
Any Which Way You Can: Mit Vollgas nach San Fernando
Apache: Massai – Der große Apache
Apache Drums: Trommeln des Todes
The Apartment: Das Appartement
Apocalypse Now
Apollo 13
L'Appât: Der Lockvogel
Arabesque: Arabeske
L'Argent: Das Geld
Arizona: Die gebrochene Lanze
Armageddon: Armageddon – Das jüngste Gericht
L'Armée des ombres: Armee im Schatten
Around the World in 80 Days: In 80 Tagen um die Welt
Arsenic and Old Lace: Arsen und Spitzenhäubchen
Arthur: Arthur – Kein Kind von Traurigkeit
As Good As It Gets: Besser geht's nicht
Ascenseur pour l'echafaut: Fahrstuhl zum Schafott
The Asphalt Jungle: Asphalt Dschungel
Assault on Precinct 13: Assault – Anschlag bei Nacht
At Close Range: Auf kurze Distanz
At the Circus: Die Marx Brothers im Zirkus
Atame!: Fessle mich!
Atlantic City: Atlantic City, U.S.A.
Attack!: Ardennen 1944
Au revoir les enfants: Auf Wiedersehen, Kinder
Aufforderung zum Tanz
Avalon
Avanti!: Avanti, Avanti!
The Awful Truth: Die schreckliche Wahrheit
An Awfully Big Adventure: Eine sachliche Romanze
The Babe
Baby Doll
Baby It's You
The Bachelor and the Bobby-Soxer: So einfach ist die Liebe nicht
Bachelor in Paradise: Junggeselle im Paradies
Bachelor Mother: Die Findelmutter
Back to the Future: Zurück in die Zukunft
Backlash: Das Geheimnis der fünf Gräber
Bad Boys Never Die
Bad Company: In schlechter Gesellschaft
Bad Day
Bad Day at Black Rock: Stadt in Angst
Bad Girls
Bad Influence: Todfreunde
Bad Lieutenant
Badge 373: Wie ein Panther in der Nacht
The Badlanders: Geraubtes Gold
Badlands: Badlands – Zerschossene Träume
Badman's Territory: Land der Banditen
Ball of Fire: Wirbelwind der Liebe
The Ballad of Cable Hogue: Abgerechnet wird zum Schluß
The Ballad of Josie: Das Teufelsweib von Texas
Bananas
The Band Wagon: Vorhang auf
La Bande des quatre: Die Viererbande
Bang the Drum Slowly: Das letzte Spiel
The Bank Dick
Barbary Coast: San Francisco im Goldfieber
The Barefoot Contessa: Die barfüßige Gräfin
Barefoot in the Park: Barfuß im Park
Barfly
Barocco: Mord um Macht
Barton Fink
Basic Instinct
Batman
Batman & Robin
Batman Forever
Batman Returns: Batmans Rückkehr
Battle Beyond the Stars: Sador – Herrscher im Weltraum
The Beach
The Beast from 20,000 Fathoms: Panik in New York
The Beast with Five Fingers: Die Bestie mit den fünf Fingern
The Beat Generation: Die Haltlosen
Le Beau mariage: Die schöne Hochzeit
Beautiful Girls
Beetle Juice
The Beguiled: Betrogen
Beim Sterben ist jeder der Erste: Flußfahrt
Being John Malkovich
Belle de jour: Belle de Jour – Schöne des Tages
Une Belle fille comme moi: Ein schönes Mädchen wie ich
Ben-Hur
Beneath the Valley of the Ultravixens: Im tiefen Tal der Superhexen

Bend of the River: Meuterei am Schlangenfluß
Best Seller: Bestseller
The Best Years of Our Lives: Die besten Jahre unseres Lebens
A Better Tomorrow: City Wolf
A Better Tomorrow II: City Wolf II
Beverly Hills Cop
Il Bidone: Die Schwindler
Big Brown Eyes
The Big Carnival: Reporter des Satans
The Big Chill: Der große Frust
The Big Combo: Geheimring 99
The Big Country: Weites Land
The Big Easy: Der große Leichtsinn
The Big Heat: Heißes Eisen
The Big House: Der große Gangster
The Big Knife: Hollywood Story
The Big Lebowski
Big Night: Big Night – Nacht der Genüsse
The Big Red One
The Big Shot: Der große Gangster
The Big Sky: Der weite Himmel
The Big Sleep: Tote schlafen fest
The Big Sleep: Tote schlafen besser
The Big Steal: Die rote Schlinge
The Big Store: Die Marx Brothers im Kaufhaus
Big Trouble in Little China
Billy Bathgate
Billy Budd: Die Verdammten der Meere
Billy the Kid: Der letzte Bandit
Billy Two Hats: Begrabt die Wölfe in der Schlucht
The Bingo Long Travelling All-Stars and Motor Kings: Bingo Long
Bird
Bird on a Wire: Ein Vogel auf dem Drahtseil
Birdman of Alcatraz: Der Gefangene von Alcatraz
The Bishop's Wife: Jede Frau braucht einen Engel
Bitter Moon
Bitter Victory: Bitter war der Sieg
Black and White
Black Angel: Schwarzer Engel
Black Bart: Die schwarze Maske
The Black Cat
The Black Hand: Blutrache in New York
Black Legion: Geheimbund ›Schwarze Legion‹
Black Moon Rising: Black Moon
Black Narcissus: Schwarze Narzisse
Black Rain
Black Snake
Black Sunday: Schwarzer Sonntag
The Black Swan: Der Seeräuber
Black Widow: Die schwarze Witwe
The Black Windmill: Die schwarze Windmühle
Blackboard Jungle: Die Saat der Gewalt
Blade
Blade Runner
Blast of Silence: Explosion des Schweigens
Der blaue Engel
Blind Date: Blind Date – Verabredung mit einer Unbekannten
Blithe Spirit: Geisterkomödie
Block-Heads: Die Klotzköpfe
Blonde Ice: Blondes Eis
Blood and Wine
Blood In Blood Out
Blood on the Moon: Gunman
Blood on the Sun: Spionage in Fernost

Blood Simple
Bloody Mama
Blown Away: Explosiv – Blown Away
Blue Collar: Kampf am Fließband
The Blue Dahlia: Die blaue Dahlie
The Blue Gardenia: Gardenia – Eine Frau will vergessen
Blue in the Face
Blue Steel
Blue Velvet
Bluebeard's Eighth Wife: Blaubarts achte Frau
The Blues Brothers
Bob le flambeur: Drei Uhr nachts
Bodies, Rest & Motion
Body and Soul: Jagd nach Millionen
Body Heat: Heißblütig-Kaltblütig
The Body Snatcher: Der Leichendieb
Boiling Point
Bombshell: Sexbombe
The Bonfire of the Vanities: Fegefeuer der Eitelkeiten
Bonnie & Clyde
The Bonnie Parker Story: Die Höllenkatze
Bonnie Scotland: Die tapferen Schotten
Boogie Nights
Boom Town: Der Draufgänger
Boomerang: Bumerang
Born to Dance
Born to Win
Born Yesterday: Die ist nicht von gestern
Borsalino
Bound: Bound – Gefesselt
The Bounty: Die Bounty
Boxcar Bertha: Boxcar Bertha – Die Faust des Rebellen
The Boxer
The Boy from Oklahoma: Der Sheriff ohne Colt
Boy Meets Girl
The Boy with Green Hair: Der Junge mit den grünen Haaren
Boys on the Side: Kaffee, Milch und Zucker
The Brass Legend: Duell im Sattel
Brassed Off: Brassed Off – Mit Pauken und Trompeten
The Bravados: Bravados
The Brave
Braveheart
Brazil
Breakfast at Tiffany's: Frühstück bei Tiffany
The Breakfast Club
Breakfast of Champions: Breakfast of Champions – Frühstück für Helden
The Breaking Point: Menschenschmuggel
Breezy: Begegnung am Vormittag
Brewster's Millions: Hilfe, ich bin Millionär
Brewster's Millions: Zum Teufel mit den Kohlen
The Bride Came C.O.D.: Die Braut kam per Nachnahme
Bride of Frankenstein: Frankensteins Braut
Bride of the Monster
The Bridge on the River Kwai: Die Brücke am Kwai
The Bridges of Madison County: Die Brücken am Fluß
Brief Encounter: Begegnung
Brigham Young – Frontiersman: Treck nach Utah
Bring Me the Head of Alfredo Garcia: Bring mir den Kopf von Alfredo Garcia

Bringing Up Baby: Leoparden küßt man nicht
Britannia Hospital
Broadcast News: Nachrichtenfieber
Broadway Danny Rose
Broken Arrow: Der gebrochene Pfeil
Broken Arrow
Broken Lance: Die gebrochene Lanze
Bronco Billy
A Bronx Tale: In den Straßen der Bronx
A Brooklyn State of Mind: In den Straßen von Brooklyn
The Brother from Another Planet: Der Typ vom anderen Stern
The Brothers Rico: Hyänen der Straße
Brown's Requiem
Brute Force: Zelle R 17
El Bruto: El Bruto, der Starke
Buchanan Rides Alone: Sein Colt war schneller
Buccaneer's Girl: Die Piratenbraut
Buddy Buddy
The Buddy Holly Story
Bugsy
Buffalo Bill: Buffalo Bill, der weiße Indianer
Buffalo Bill and the Indians: Buffalo Bill und die Indianer
Bull Durham: Annies Männer
Bullets or Ballots: Wem gehört die Stadt?
Bullets Over Broadway
Bullitt
Il Buono, il brutto, il cattivo: Zwei glorreiche Halunken
The Burglar: Ein Toter lügt nicht
Burglar: Die diebische Elster
The Burning Question: Tell Your Children
Bus Stop
Butch & Sundance: The Early Years: Butch & Sundance – Die frühen Jahre
Butch Cassidy and the Sundance Kid: Butch Cassidy und Sundance Kid
The Butcher's Wife: Der Mann ihrer Träume
Cabaret
Cactus Flower: Die Kaktusblüte
Cadaveri eccellenti: Die Macht und ihr Preis
Cadillac Man
Cain and Mabel: Kain und Mabel
The Caine Mutiny: Die Caine war ihr Schicksal
Calamity Jane and Sam Bass: Rebellen der Steppe
Canyon Passage: Feuer am Horizont
Cape Fear: Ein Köder für die Bestie
Cape Fear: Kap der Angst
Capone
Le Caporal épinglé: Der Korporal in der Schlinge
Captain Blood: Unter Piratenflagge
Captain Horatio Hornblower R.N.: Des Königs Admiral
Captain Kidd: Unter schwarzer Flagge
Captain Lightfoot: Wenn die Ketten brechen
Captain Pirate: Die schwarze Isabell
The Captive City: Stadt im Würgegriff
Career Girls: Karriere Girls
Carlito's Way
Carnal Knowledge: Carnal Knowledge – Die Kunst zu lieben
Carnival of Souls
La Carrozza d'oro: Die goldene Karosse
Casablanca
A Case of Murder: Ein Fall für den Mörder

Casino
Casque d'or: Goldhelm
Casualties of War: Die Verdammten des Krieges
Cat Ballou: Cat Ballou – Hängen sollst du in Wyoming
Cat Chaser: Short Run/Hexenkessel Miami
Cat Chaser: Hexenkessel Miami
Cat People: Katzenmenschen
Catch-22
Catlow: Catlow – Leben ums Verrecken
Caught: Gefangen
Cause for Alarm: Grund zur Aufregung
Ceiling Zero: Flughöhe: Null
Cela s'appelle l'aurore: Morgenröte
Celebrity
C'era una volta il west: Spiel mir das Lied vom Tod
Le Cercle rouge: Vier im roten Kreis
C'est arrivé près de chez vous: Mann beißt Hund
Cet obscur objet du désir: Dieses obskure Objekt der Begierde
Chain Lightning: Des Teufels Pilot
Chain Reaction: Außer Kontrolle
La Chambre verte: Das grüne Zimmer
Charade
Chariots of Fire: Die Stunde des Siegers
The Charge at Feather River: Der brennende Pfeil
The Charge of the Light Brigade : Die Attacke der leichten Brigade
Charley Varrick: Der große Coup
Charlotte et son Jules: Monolog für zwei
Le Charme discret de la bourgeoisie: Der diskrete Charme der Bourgeoisie
Chasing Amy
Chato's Land
Cherie Bitter: So wie wir waren
Cheyenne: Wyoming Express
Cheyenne Autumn: Cheyenne
China Girl: Krieg in Chinatown
China Moon
China Seas: Abenteuer im Gelben Meer
Chinatown
Chinatown Mafia: Im Jahr des Drachen
Chisum
Le Choi des armes: Die Wahl der Waffen
Choose Me: Choose Me – Sag ja
Christine
Christmas in July: Weihnachten im Juli
A Chump at Oxford: Wissen ist Macht
Cible émouvante: Der Killer und das Mädchen
The Cider House Rules: Gottes Werk und Teufels Beitrag
Cimarron
The Cimarron Kid: Flucht vor dem Tode
The Cincinnati Kid: Cincinnati Kid und der Pokerkönig
Le Cinqième élément: Das fünfte Element
Cisco Pike
Citizen Kane
City Beneath the Sea: Die Stadt unter dem Meer
City for Conquest: Im Taumel der Weltstadt
City Hall
City Heat: Der Bulle und der Schnüffler
City of Hope: Stadt der Hoffnung
City of Industry
City Slickers
The City That Never Sleeps: Chicago 12 Uhr Mitternacht

Clay Pigeons
Clear and Present Danger: Das Kartell
Clerks
The Clock: Urlaub für die Liebe
Clockers
Clockwise: Clockwise – In letzter Sekunde
A Clockwork Orange: Uhrwerk Orange
Close Encounters of the Third Kind: Unheimliche Begegnung der dritten Art
Cloudburst: Der letzte Einsatz
Cluny Brown: Cluny Brown auf Freiersfüßen
Coal Miner's Daughter: Nashville Lady
Cobb: Homerun
Code of Silence: Cusack der Schweigsame
Cold Around the Heart: The Hunt
Cold Comfort Farm
La Collectionneuse: Die Sammlerin
The Color of Money: Die Farbe des Geldes
Color of Night
The Color Purple: Die Farbe Lila
Comanche Station: Einer gibt nicht auf
Comanche Territory: Im Lande der Comanchen
The Comancheros: Die Comancheros
The Comedy of Terrors: Ruhe Sanft GmbH
The Commandments: Alles Unheil kommt von oben
The Commitments
Common Law Cabin
The Company of Wolves: Die Zeit der Wölfe
Compulsion: Der Zwang zum Bösen
Con Air
Conan the Barbarian: Conan der Barbar
Confidential Report: Herr Satan persönlich
The Conqueror: Der Eroberer
Consenting Adults: Gewagtes Spiel
Conspiracy Theory: Fletchers Visionen
The Conspirators: Der Ring der Verschworenen
Conte d'été: Sommer
Convoy
Coogan's Bluff: Coogans großer Bluff
The Cook, the Thief, His Wife and Her Lover: Der Koch, der Dieb, seine Frau und ihr Liebhaber
Cookie
Cool Hand Luke: Der Unbeugsame
Cop: Der Cop
Copland
Copycat: Copykill
Le Corbeau: Der Rabe
Le Corps de mon ennemi: Der Körper meines Feindes
The Corsican Brothers: Blutrache
The Cotton Club
Counsellor at Law: Der Anwalt von Manhattan
Count the Hours: Die Nacht vor dem Galgen
A Countess from Hong Kong: Die Gräfin von Hongkong
County Hospital
Coup de torchon: Der Saustall
Cousine Bette
Cousins: Seitensprünge
Cowboy
The Cowboy and the Lady: Mein Mann der Cowboy
The Cowboys: Die Cowboys
Crackers
Le Crime de Monsieur Lange: Das Verbrechen des Herrn Lange

Crime of Passion: Das war Mord, Mr. Doyle
Crimes and Misdemeanors: Verbrechen und andere Kleinigkeiten
Crimes of Passion: China Blue bei Tag und Nacht
Crimes of the Heart: Verbrecherische Herzen
The Criminal Code: Das Strafgesetzbuch
The Crimson Pirate: Der rote Korsar
Criss Cross: Gewagtes Alibi
Crocodile Dundee: Ein Krokodil zum Küssen
Crossroads
Crossfire: Im Kreuzfeuer
The Crow: Die Krähe
Cruising
Cry of the Hunted: Schrei des Gejagten
Cry Terror: In brutalen Händen
Cry-Baby
The Crying Game
Cutter and Bone: Bis zum bitteren Ende
CutThroat Island: CutThroat Island – Die Piratenbraut
D.O.A.
D.O.A.: D.O.A. – Bei Ankunft Mord
Da uomo a uomo: Von Mann zu Mann
Dallas: Todfeindschaft
Damage: Verhängnis
Dance of the Vampires: Tanz der Vampire
Dangerous Liaisons: Gefährliche Liebschaften
Dark Command: Schwarzes Kommando
The Dark Mirror: Der schwarze Spiegel
Dark Passage: Das unbekannte Gesicht
Dave
David Copperfield
Dawn at Socorro: Duell in Socorro
A Day at the Races: Ein Tag beim Rennen
Day of the Dead
Day of the Outlaw: Tag der Gesetzlosen
The Day the Earth Caught Fire: Der Tag, an dem die Erde Feuer fing
The Dead
Dead Again: Schatten der Vergangenheit
Dead End: Sackgasse
Dead Man
Dead Men Don't Wear Plaid
Dead of Night: Traum ohne Ende
Dead Poets Society: Der Club der toten Dichter
The Dead Pool: Das Todesspiel
Dead Reckoning: Späte Sühne
Dead Ringers: Die Unzertrennlichen
The Deadly Companions: Gefährten des Todes
Deadly Is the Female: Gefährliche Leidenschaft
Death and the Maiden: Der Tod und das Mädchen
Decision at Sundown: Fahrkarte ins Jenseits
Le Déclin de l'empire américain: Der Untergang des amerikanischen Imperiums
Deconstructing Harry: Harry außer sich
Deep Cover: Jenseits der weißen Linie
Deep Impact
The Deer Hunter: Die durch die Hölle gehen
Le Déjeuner sur l'herbe: Das Frühstück im Grünen
Delicatessen
Deliverance: Beim Sterben ist jeder der Erste
Le Dernier métro: Die letzte Metro
Le Dernier milliardaire: Der letzte Milliardär
Design for Living: Serenade zu dritt
Design for Scandal: Rache ist süß

Desire: Perlen zum Glück
Desk Set: Eine Frau, die alles weiß
Desperado
The Desperadoes: Aufruhr der Gesetzlosen
The Desperate Hours: An einem Tag wie jeder andere
Desperate Measures
Desperately Seeking Susan: Susan ... verzweifelt gesucht
Destry Rides Again: Der große Bluff
Détective
Detective Story: Polizeirevier 21
Detour
Deux Anglaises et le continent: Zwei Mädchen aus Wales und die Liebe zum Kontinent
The Devil and Miss Jones: Mary und der Millionär
The Devil Is a Woman: Der Teufel ist eine Frau
The Devil's Advocate: Im Auftrag des Teufels
The Devil's Brother: Frau Diavolo
The Devil's Doorway: Fluch des Blutes
Les Diaboliques: Die Teuflischen
Diamonds Are Forever: Diamantenfieber
Dick Tracy
Dick und Doof als Studenten: Wissen ist Macht
Die Hard: Stirb langsam
Die Hard 2: Stirb langsam 2
Die Hard with a Vengeance: Stirb langsam – jetzt erst recht
Diggstown: Ihr größter Coup
Un Dimanche à la campagne: Ein Sonntag auf dem Lande
Diner
Dinner at Eight: Dinner um acht
The Dirty Dozen: Das dreckige Dutzend
Dirty Harry
Dirty Rotten Scoundrels: Zwei hinreißend verdorbene Schurken
A Dispatch from Reuters: Ein Mann mit Phantasie
Distant Drums: Die Teufelsbrigade
A Distant Trumpet: Die blaue Eskadron
Diva
Divorcing Jack: Starkey
Django
Dr. Ehrlich's Magic Bullet: Paul Ehrlich – Ein Leben für die Forschung
Dr. Jekyll and Mr. Hyde: Dr. Jekyll und Mr. Hyde
Dr. Jekyll and Mr. Hyde: Arzt und Dämon
Dr. No: James Bond 007 jagt Dr. No
Docteur Popaul: Der Halunke
Dr. Strangelove or: How I Learned to Stop Worrying and Love the Bomb: Dr. Seltsam oder Wie ich lernte die Bombe zu lieben
The Doctor Takes a Wife: Hochzeit wider Willen
Dr. Zhivago: Dr. Schiwago
Dodge City: Herr des wilden Westens
Dodsworth: Zeit der Liebe, Zeit des Abschieds
Dog Day Afternoon: Hundstage
Dog Soldiers: Dreckige Hunde
Domicile conjugal: Tisch und Bett
The Don Is Dead: Der Don ist tot
Don Juan DeMarco
Donnie Brasco
Donovan's Reef: Die Hafenkneipe von Tahiti
Don't Bother to Knock: Versuchung auf 809
Donzoko: Nachtasyl

Double Indemnity: Frau ohne Gewissen
A Double Life: Ein Doppelleben
Double Tap: Cypher
Le Doulos: Der Teufel mit der weißen Weste
Down by Law
Downtown
DragonHeart
The Draughtman's Contract: Der Kontrakt des Zeichners
Die Drei von der Tankstelle
Drop Dead, Darling: Arrivederci, Baby!
The Drowning Pool: Unter Wasser stirbt man nicht
Drugstore Cowboy
Duck Soup: Die Marx Brothers im Krieg
Duel at Silver Creek: Schüsse in Neu-Mexiko
The Duellists: Die Duellisten
Dune: Dune – Der Wüstenplanet
Dust Be My Destiny: Weg aus dem Nichts
Dust Devil
E.T.
Each Dawn I Die: Todesangst bei jeder Dämmerung
East of Sumatra: Gefangene des Dschungels
Easy Living: Mein Leben in Luxus
Easy Rider
Échappement libre: Der Boss hat sich was ausgedacht
Ed Wood
Edge of the City: Ein Mann besiegt die Angst
Edison the Man: Der große Edison
The Eiger Sanction: Im Auftrag des Drachen
Eight Men Out: Acht Mann und ein Skandal
8mm
8 Million Ways to Die: 8 Millionen Wege zu sterben
El Dorado
The Element of Crime
Eléna et les hommes: Weiße Margeriten
The Elephant Man: Der Elefantenmensch
Elizabeth
Elles n'oublient jamais: Angelas Rache
Emma
The Emperor Waltz: Kaiserwalzer
The Empire Strikes Back: Das Imperium schlägt zurück
End of Days
Das Ende: Assault – Anschlag bei Nacht
L'Enfant sauvage: Der Wolfsjunge
Les Enfants du paradis: Die Kinder des Olymp
The Enforcer: Der Tiger
The Enforcer: Der Unerbittliche
The English Patient: Der englische Patient
The Englishman Who Went Up a Hill, But Came Down a Mountain: Der Engländer, der auf einen Hügel stieg und von einem Berg herunterkam
Ensayo de un crimen: Das verbrecherische Leben des Archibaldo de la Cruz
Entertaining Mr. Sloane: Seid nett zu Mr. Sloane
Entrapment: Verlockende Falle
Entre Tinieblas: Das Kloster zum heiligen Wahnsinn
Eraser
Erin Brockovich
Escape from Alcatraz: Die Flucht von Alcatraz
Escape from Fort Bravo: Verrat im Fort Bravo
Escape From L.A.
Escape from New York: Die Klapperschlange

Every Day's a Holiday
Everyone Says I Love You: Alle sagen: I Love You
Everything You Always Wanted to Know About Sex, But Were Afraid to Ask: Alles, was Sie schon immer über Sex wissen wollten
Excalibur
Exclusive: Exklusiv
Executive Suite: Die Intriganten
The Exile: Der Verbannte
The Exorcist: Der Exorzist
Experiment in Terror: Der letzte Zug
The Experts: Die Experten
Extreme Prejudice: Ausgelöscht
Eyes Wide Shut
Eyewitness: Der Augenzeuge
F for Fake: F wie Fälschung
The Fabulous Baker Boys: Die fabelhaften Baker Boys
A Face in the Crowd: Ein Gesicht in der Menge
Face/Off : Im Körper des Feindes
Fade to Black: Die schönen Morde des Eric Binford
Fahrenheit 451
Faithful: Der Hochzeitstag
Fallen: Dämon
Fallen Angel: Mord in der Hochzeitsnacht
Falling Down
Family Business
A Family Thing: Brüder wider Willen
The Family Way: Honigmond 67
Fandango
Fanny by Gaslight: Gaslicht und Schatten
Le Fantôme de la liberté: Das Gespenst der Freiheit
The Far Country: Über den Todespaß
Farewell, My Lovely: Fahr zur Hölle, Liebling
Fargo
Fashions of 1934
Faster Pussycat! Kill! Kill!: Die Satansweiber von Tittfield
The Fastest Gun Alive: Die erste Kugel trifft
Fat City
Fatal Attraction: Eine verhängnisvolle Affäre
Father Brown: Die seltsamen Wege des Pater Brown
Faustrecht der Prärie: Tombstone
The Favour, the Watch and the Very Big Fish / Rue Saint-Sulpice: Der Gefallen, die Uhr und ein sehr großer Fisch
Fear City: Manhattan, zwei Uhr nachts
Fear in the Night: Angst in der Nacht
Fear Strikes Out: Die Nacht kennt keine Schatten
Fedora
Fellini Satyricon: Fellinis Satyricon
Fellinis Gauner: Die Schwindler
Female Perversions
Une Femme douce: Die Sanfte
Une Femme est une femme: Eine Frau ist eine Frau
Une Femme mariée: Eine verheiratete Frau
Ferris Bueller's Day Off: Ferris macht blau
Fever Pitch: Ballfieber
A Few Good Men: Eine Frage der Ehre
Field of Dreams: Feld der Träume
Fierce Creatures: Wilde Kreaturen
La fièvre monte à El Pao: Das Fieber steigt in El Pao

Fight Club
The Firm: Die Firma
First Blood: Rambo
First Knight: Der erste Ritter
The First Wives Club: Der Club der Teufelinnen
A Fish Called Wanda: Ein Fisch namens Wanda
The Fisher King: König der Fischer
Five Card Stud: Todfeinde
Five Corners: Pinguine in der Bronx
Five Easy Pieces
Five Fingers: Der Fall Cicero
Five Graves to Cairo: Fünf Gräber bis Kairo
Fixed Bayonets!: Der letzte Angriff
Flash Gordon
Flashback
Flatliners
Flaxy Martin: Blondes Gift
Flesh and Bone
Un Flic: Der Chef
Flirting with Disaster
Flußpiraten am Missouri: Der weite Himmel
The Fly: Die Fliege
The Flying Deuces: Dick und Doof in der Fremdenlegion
The Fog: The Fog – Nebel des Grauens
Fog Over Frisco: Nebel über Frisco
Follow the Fleet: Marine gegen Liebeskummer
Footlight Parade: Parade im Rampenlicht
For Pete's Sake: Bei mir liegst du richtig
For Whom the Bell Tolls: Wem die Stunde schlägt
For Your Eyes Only: In tödlicher Mission
Forbidden: Strandgut
Forbidden Planet: Alarm im Weltall
Forces of Nature: Auf die stürmische Art
A Foreign Affair
Foreign Correspondent: Der Auslandskorrespondent
Foreign Intrigue: Die fünfte Kolonne
The Forest Rangers: Lodernde Flammen
Forget Paris
Forrest Gump
Fort Apache: Bis zum letzten Mann
The Fortune Cookie: Der Glückspilz
Fortunes of Captain Blood: Liebe unter schwarzen Segeln
Forty Guns: Vierzig Gewehre
48 Hours: Nur 48 Stunden
42nd Street: Ein neuer Stern am Broadway
The Fountainhead: Ein Mann wie Sprengstoff
Four Faces West: Flucht nach Nevada
Four Friends: Vier Freunde
Four Weddings and a Funeral: Vier Hochzeiten und ein Todesfall
1492: Conquest of Paradise: 1492: Die Eroberung des Paradieses
Framed: Abgekartetes Spiel
Frances
Frankenstein
Frankie & Johnny
Frantic
Freejack
French Cancan
The French Connection: Brennpunkt Brooklyn
French Connection II
French Kiss
The French Lieutenant's Woman: Die Geliebte des französischen Leutnants
Frenzy

The Freshman: Freshman
Friday the 13th: Freitag der 13.
Fried Green Tomatoes at the Whistle Stop Café: Grüne Tomaten
The Friends of Eddie Coyle: Die Freunde von Eddie Coyle
From Dusk Till Dawn
From Hell to Texas: Schieß zurück, Cowboy
From Here to Eternity: Verdammt in alle Ewigkeit
From Russia with Love: Liebesgrüße aus Moskau
The Front: Der Strohmann
The Front Page: Extrablatt
Frontier Gal: Die Herberge zum roten Pferd
The Fugitive: Auf der Flucht
Full Metal Jacket
The Full Monty: Ganz oder gar nicht
The Funeral: Das Begräbnis
Funny Face: Ein süßer Fratz
Für ihn verkauf ich mich: Das Fieber steigt in El Pao
Fury: Blinde Wut
The Fury: Teufelskreis Alpha
Fuzz: Auf leisen Sohlen kommt der Tod
F/X: F/X – Tödliche Tricks
G.I. Jane: Die Akte Jane
G-Men: Der FBI-Agent
Gallipoli
The Game
Gandhi
The Garden of Allah: Der Garten Allahs
Garden of Evil: Garten des Bösen
Gas Food Lodging
Gaslight: Gaslicht
Il Gattopardo: Der Leopard
The Gauntlet: Der Mann, der niemals aufgibt
The Gay Divorcee: Scheidung auf amerikanisch
Gefangen in Jackson County: Vergewaltigt hinter Gittern
Gefreiter Schlitzohr: Der Korporal in der Schlinge
Die gefürchteten Zwei: Mercenario – Der Gefürchtete
Das Geheimnis der Indianerin: Der weite Himmel
The General Died at Dawn: Der General starb im Morgengrauen
Gentleman Jim: Gentleman Jim – Der freche Kavalier
Gentlemen Prefer Blondes: Blondinen bevorzugt
Geronimo
Gesetzlose Brut: Gefährliches Blut
Get Shorty: Schnappt Shorty
Ghost: Ghost – Nachrichten von Sam
The Ghost and Mrs. Muir: Ein Gespenst auf Freiersfüßen
The Ghost and the Darkness: Der Geist und die Dunkelheit
Ghost Dog – The Way of the Samurai
The Ghost Goes West: Ein Gespenst geht nach Amerika
Ghostbusters
Ghosts from the Past: Das Attentat
Giant: Giganten
Gideon of Scotland Yard: Chefinspektor Gideon
Gilda
The Girl Can't Help It: Schlagerpiraten
Girl 6

Girls in Prison: Kampf der Hyänen
Girl's Night
Giù' la testa: Todesmelodie
Giulietta degli spiriti: Julia und die Geister
Gladiator
The Glass Key: Der gläserne Schlüssel
Glengarry Glen Ross
The Glenn Miller Story
Gloria
Go West: Die Marx Brothers im Wilden Westen
The Godfather: Der Pate
The Godfather Part II: Der Pate II
The Godfather Part III: Der Pate – Teil III
The Gods Must Be Crazy: Die Götter müssen verrückt sein
Goin' South: Der Galgenstrick
Going Bye-Bye
Gold Diggers of 1933: Die Goldgräber von 1933
Gold of the Seven Saints: Das Gold der sieben Berge
The Golden Hawk: Lady Rotkopf
GoldenEye
Goldfinger
Gone with the Wind: Vom Winde verweht
The Good Earth: Die gute Erde
Good Morning, Vietnam
Goodbye, Mr. Chips: Auf Wiedersehen, Mr. Chips
GoodFellas: GoodFellas – Drei Jahrzehnte in der Mafia
Gorillas in the Mist: Gorillas im Nebel
The Graduate: Die Reifeprüfung
Grand Canyon
Grand Hotel: Menschen im Hotel
La Grande bouffe: Das große Fressen
La Grande Illusion: Die große Illusion
Il Grande silenzio: Leichen pflastern seinen Weg
Les Grands ducs: La Tournee – Bühne frei für drei Halunken
The Grapes of Wrath: Früchte des Zorns
The Great Caruso: Der große Caruso
The Great Dictator: Der große Diktator
Great Expectations: Geheimnisvolle Erbschaft
Great Expectations: Große Erwartungen
The Great Gatsby
The Great Gatsby: Der große Gatsby
The Great McGinty: Der große McGinty
Greedy
Green Card
Green for Danger: Achtung grün!
Green Hell: Die grüne Hölle
Gremlins
Il Grido: Der Schrei
The Grifters
Grosse Point Blank: Ein Mann ein Mord
Die Großen von Texas: In den Wind geschrieben
Groundhog Day: Und täglich grüßt das Murmeltier
Gruppo di famiglia in un interno: Gewalt und Leidenschaft
Guilty Bystander: Hotel der Verlorenen
Guilty Conscience: Die vielen Tode der Louise Jamison
Gumshoe
Gun Crazy: Gefährliche Leidenschaft
Gun Fury: Mit der Waffe in der Hand
The Gun Runners: Strich durch die Rechnung
Gun Shy: Ein Herz und eine Kanone

Gunfight at the O.K. Corral: Zwei rechnen ab
The Gunfighter: Scharfschütze Jimmy Ringo
Gunfighters of Abilene: Abrechnung in Abilene
Gung Ho
Gunga Din: Aufstand in Sidi Hakim
Gunman's Walk: Duell im Morgengrauen
Gycklarnas afton: Abend der Gaukler
Hail the Conquering Hero
La Haine: Haß
Halloween III: Season of the Witch: Halloween III
Hammett
The Hand That Rocks the Cradle : Die Hand an der Wiege
Hands Across the Table: Liebe im Handumdrehen
Eine Handvoll Dreck: Die Hölle ist in mir
Hang 'Em High: Hängt ihn höher
The Hangman: Der Henker
Hannah and Her Sisters: Hannah und ihre Schwestern
The Happy Time: Mein Sohn entdeckt die Liebe
Hard Target: Harte Ziele
Hard Times: Ein stahlharter Mann
The Hard Way: Auf die harte Tour
The Harder They Fall: Schmutziger Lorbeer
Harley Davidson & the Marlboro Man
Harold and Maude
Harper: Ein Fall für Harper
Harvey: Mein Freund Harvey
Has Anybody Seen My Gal?: Hat jemand meine Braut gesehen?
Hatari!
The Haunted Palace: Die Folterkammer des Hexenjägers
Havana
He Ran All the Way: Steckbrief 7-73
He Walked by Night: Schritte in der Nacht
Head Above Water: Kopf über Wasser
Heartbreak Ridge
Heartbreakers: Die Herzensbrecher
Heat
Heathers: Lethal Attraction
Heaven Can Wait: Ein himmlischer Sünder
Heavenly Creatures
Heaven's Gate: Das Tor zum Himmel
Eine heißkalte Frau: Heißblütig – Kaltblütig
Hell and High Water: Inferno
Heller in Pink Tights: Die Dame und der Killer
Hellraiser: Hellraiser – Das Tor zur Hölle
Helsinki–Napoli – All Night Long
Henry: Portrait of a Serial Killer: Henry
Hidden Agenda: Geheimprotokoll
High Anxiety: Höhenkoller
High Fidelity
High Noon: Zwölf Uhr mittags
High Plains Drifter: Ein Fremder ohne Namen
High Pressure: Ein ausgefuchster Gauner
High Sierra: Entscheidung in der Sierra
High Spirits
The High Wall: Anklage: Mord
Highlander
Highway 61
The Hi-Lo Country
His Girl Friday: Sein Mädchen für besondere Fälle
His Kind of Woman: Ein Satansweib
Hoffa: Jimmy Hoffa
Hold Back the Dawn: Erwachen in der Dämmerung
Holiday: Die Schwester der Braut
Höllenfahrt nach Santa Fe: Ringo
Hollow Triumph
Holy Man: Der Guru
Hombre: Man nannte ihn Hombre
Home Alone: Kevin – Allein zu Haus
Home for the Holidays: Familienfeste und andere Schwierigkeiten
Home Movies: Home Movies – Wie du mir, so ich dir
Homicide
L'Homme qui amait les femmes: Der Mann, der die Frauen liebte
Honeymoon in Vegas
The Honeymoon Killers: Honeymoon Killers
Honky Tonk: Ein toller Bursche
Honkytonk Man
Hook
Hope and Glory
Hope Floats: Eine zweite Chance
Horizons West: Fluch der Verlorenen
The Horn Blows at Midnight: Der Engel mit der Trompete
The Horse Soldiers: Der letzte Befehl
The Horse Whisperer: Der Pferdeflüsterer
Hot Stuff: Heiße Ware
The Hotel New Hampshire: Das Hotel New Hampshire
The Hound of the Baskervilles: Der Hund von Baskerville
Hour of the Gun: Die fünf Geächteten
House by the River: Das Haus am Fluß
House Calls: Hausbesuche
House of Bamboo: Tokio-Story
House of Games: Haus der Spiele
House of Strangers: Blutsfeindschaft
Houseboat: Hausboot
How Green Was My Valley: So grün war mein Tal
How the West Was Won: Das war der Wilde Westen
How to Make an American Quilt: Ein amerikanischer Quilt
How to Marry a Millionaire: Wie angelt man sich einen Millionär
Howard's End: Wiedersehen in Howards End
The Howling: Das Tier
The Hucksters: Der Windhund und die Lady
Hud: Der Wildeste unter Tausend
The Hudsucker Proxy: Hudsucker
Human Desire: Lebensgier
The Hunchback of Notre Dame: Der Glöckner von Notre Dame
Huozhe: Leben!
Hurlevent: Sturmhöhe
The Hurricane
Hustle: Straßen der Nacht
The Hustler: Haie der Großstadt
I Am a Fugitive From a Chain Gang: Jagd auf James A.
I Died a Thousand Times: Gegen alle Gewalten
I Hired a Contract Killer: Vertrag mit meinem Killer
I Love Trouble: I Love Trouble – Nichts als Ärger
I Love You to Death: Ich liebe dich zu Tode
I Married a Witch: Meine Frau, die Hexe
I.Q.
I Shot Jesse James: Ich erschoß Jesse James
I, the Jury: Ich, der Richter
I Walk Alone: Vierzehn Jahre Sing Sing
I Walked with a Zombie: Ich folgte einem Zombie
I Want to Go Home
I Was a Male War Bride: Ich war eine männliche Kriegsbraut
Identificazione di una donna: Identifikation einer Frau
Im Lauf der Zeit
I'm No Angel
The Immortals: Gunpower
The Importance of Being Ernest
In and Out
In Colorado ist der Teufel los: Colorado City
In die Falle gelockt: Der Westerner
In the Line of Fire: In the Line of Fire – Die zweite Chance
In the Mouth of Madness: Die Mächte des Wahnsinns
In the Soup: In the Soup – Alles Kino
Indecent Proposal: Ein unmoralisches Angebot
Independence Day
Indiana Jones and the Last Crusade: Indiana Jones und der letzte Kreuzzug
Indiana Jones and the Temple of Doom: Indiana Jones und der Tempel des Todes
Das indische Grabmal
Indiscreet: Indiskret
Innerspace: Die Reise ins Ich
Innocent Blood: Bloody Marie
L'Innocente: Die Unschuld
Inside the Mafia: Die schwarze Hand der Mafia
The Insider
Internal Affairs: Internal Affairs – Trau keinem Cop
Interview with the Vampire : Interview mit einem Vampir
Into the Night: Kopfüber in die Nacht
Invasion of the Body Snatchers: Die Dämonischen
The Invisible Man: Der Unsichtbare
Invisible Stripes: Zwölf Monate Bewährungsfrist
The Invisible Woman: Die unsichtbare Frau
Irma La Douce: Das Mädchen Irma La Douce
It Happened One Night: Es geschah in einer Nacht
It Happens Every Thursday: Jede Woche neu
It Should Happen to You: Die unglaubliche Geschichte der Gladys Glover
It's a Gift
It's a Wonderful Life: Ist das Leben nicht schön
It's a Wonderful World: Drunter und drüber
It's Always Fair Weather: Vorwiegend heiter
It's Not Just You, Murray!
Ivanhoe: Ivanhoe – Der schwarze Ritter
Iwan Grosny: Iwan der Schreckliche
The Jack Bull: Reiter auf verbrannter Erde
The Jackal: Der Schakal
Jackie Brown
Jackson County Jail: Vergewaltigt hinter Gittern
Jade
Jailhouse Rock: Rhythmus hinter Gittern
Jamaica Inn: Riffpiraten
Jamón, Jamón: Lust auf Fleisch
Jane Eyre: Die Waise von Lowood

Jaws: Der weiße Hai
The Jazz Singer
Jennifer Eight: Jennifer 8
Jeremiah Johnson
Jerry Maguire: Jerry Maguire – Spiel des Lebens
Jesse James: Jesse James – Mann ohne Gesetz
Jet Pilot: Düsenjäger
Jewel Robbery: Ein Dieb mit Klasse
Jezebel
Jimmy Hollywood
Jimmy the Gent: Ein feiner Herr
Jinxed!: Verhext
Joe Kidd: Sinola
Johnny Cool: Die Rache des Johnny Cool
Johnny Eager: Der Tote lebt
Johnny Got His Gun: Johnny zieht in den Krieg
Johnny Guitar
Johnny Handsome
Johnny Stool Pidgeon: Kokain
Joshua Then and Now: Eine Liebe in Montreal
Le Jour se lève: Der Tag bricht an
Le Journal d'une femme de chambre: Tagebuch einer Kammerzofe
La Joven: Das junge Mädchen
Jubal: Mann ohne Furcht
Judge Dredd
Le Juge et l'assassin: Der Richter und der Mörder
Jules et Jim: Jules und Jim
Jumpin' Jack Flash
The Jungle Book: Das Dschungelbuch
Jungle Fever
Junior Bonner
Jurassic Park
Just Cause: Im Sumpf des Verbrechens
Kagemusha: Kagemusha – Der Schatten des Kriegers
Kalifornia
Kansas City
Kansas City Confidential: Der vierte Mann
Key Largo: Gangster in Key Largo
Kid Galahad: Mit harten Fäusten
Kid Glove Killer
Kids
Kill Me Again
The Killer Elite: Die Killer-Elite
The Killer Is Loose: Blutige Hände
The Killers: Rächer in der Unterwelt
The Killers: Tod eines Killers
Killer's Kiss: Der Tiger von New York
The Killing: Die Rechnung ging nicht auf
The Killing Fields: Killing Fields – Schreiendes Land
Kind Hearts and Coronets: Adel verpflichtet
King Creole: Mein Leben ist der Rhythmus
A King in New York: Ein König in New York
King Kong: King Kong und die weiße Frau
The King of Comedy
King of Kings: König der Könige
King of New York
Kingdom of the Spiders: Mörderspinnen
Kismet
Kiss Me Deadly: Rattennest
Kiss Me, Stupid: Küß mich, Dummkopf
Kiss of Death: Der Todeskuß
Kiss of Death
Kiss the Blood Off My Hands: Bis zur letzten Stunde
Kiss Tomorrow Goodbye: Den Morgen wirst du nicht erleben
Klute
Knock on Any Door: Vor verschlossenen Türen
The Krays: Die Krays
Kundun
L.A. Confidential
L.A. Story
Lachende Erben
The Lady Eve: Die Falschspielerin
Lady for a Day: Lady für einen Tag
The Lady from Shanghai: Die Lady von Shanghai
Lady in the Lake: Die Dame im See
Lady Killer: Der Frauenheld
The Lady Vanishes: Eine Dame verschwindet
Ladybird Ladybird
Ladyhawke: Der Tag des Falken
The Ladykillers: Ladykillers
Land of the Pharaos: Land der Pharaonen
Lansky: Meyer Lansky – Amerikanisches Roulette
Last Action Hero
The Last Boy Scout
The Last Days of Frankie the Fly: Frankie the Fly
The Last Detail: Das letzte Kommando
The Last Frontier: Draußen wartet der Tod
The Last Hunt: Die letzte Jagd
The Last Hurrah: Das letzte Hurra
Last Man Standing
The Last of the Fast Guns: Kampf um Leben und Tod
The Last of the Mohicans: Der letzte Mohikaner
The Last Outlaw
The Last Picture Show: Die letzte Vorstellung
The Last Seduction: Die letzte Verführung
The Last Sunset: El Perdido
Last Train from Gunhill: Der letzte Zug von Gunhill
The Last Tycoon: Der letzte Tycoon
The Last Wagon: Der letzte Wagen
The Late Show: Die Katze kennt den Mörder
The Laughing Policeman: Massenmord in San Francisco
Laura
The Laurel and Hardy Murder Case
The Law and Jake Wade: Der Schatz des Gehenkten
The Lawless Breed: Gefährliches Blut
Lawman
Lawrence of Arabia: Lawrence von Arabien
A League of Their Own: Eine Klasse für sich
Leave Her to Heaven: Todsünde
Leaving Las Vegas
Legal Eagles: Staatsanwälte küßt man nicht
Léolo
Leon: Leon – Der Profi
Léon Morin, prêtre: Eva und der Priester
Lethal Weapon: Zwei stahlharte Profis
Lethal Weapon 2: Brennpunkt L.A.
Lethal Weapon 3: Brennpunkt L.A. – Die Profis sind zurück
Lethal Weapon 4: Lethal Weapon 4 – Zwei Profis räumen auf
The Letter: Das Geheimnis von Malampur
Letter from an Unknown Woman: Brief einer Unbekannten
A Letter to Brezhnev: Brief an Breschniew
Lewis & Clark & George
La Ley del deseo: Das Gesetz der Begierde
Liar: Scharfe Täuschung
Licence to Kill: Lizenz zum Töten
Lieber Sekt als Stacheldraht: Der Korporal in der Schlinge
The Life and Death of Colonel Blimp: Leben und Sterben des Colonel Blimp
The Life and Times of Judge Roy Bean: Das war Roy Bean
A Life Less Ordinary: Lebe lieber ungewöhnlich
Life with Father: Unser Leben mit Vater
Light Sleeper
Limelight: Rampenlicht
The Limey
The List of Adrian Messenger: Die Totenliste
Little Big Man
Little Caesar: Der kleine Caesar
The Little Foxes: Die kleinen Füchse
The Little Girl Who Lives Down the Lane: Das Mädchen am Ende der Straße
Little Miss Marker: Ein reizender Fratz
Little Voice
Little Women: Betty und ihre Schwestern
Live and Let Die: Leben und sterben lassen
The Living Daylights: Der Hauch des Todes
Living in Oblivion: Total abgedreht
Living Out Loud: Wachgeküßt
Local Hero
Le Locataire: Der Mieter
Lock, Stock and Two Smoking Barrels: Bube, Dame, König, Gras
Lola Montès: Lola Montez
The Loneliness of the Long Distance Runner: Die Einsamkeit des Langstreckenläufers
The Lonely Guy: Ein Single kommt selten allein
The Lonely Man: Der Einsame
The Long Good Friday: Rififi am Karfreitag
The Long Goodbye: Der lange Abschied
The Long Gray Line: Mit Leib und Seele
The Long Kiss Goodnight: Tödliche Weihnachten
The Long Riders: Long Riders
Lorna: Lorna – Zuviel für einen Mann
Lost Highway
Lost Horizon
The Lost Weekend: Das verlorene Wochenende
The Lost World – Jurassic Park: Vergessene Welt: Jurassic Park
Love and Death: Die letzte Nacht des Boris Gruschenko
Love at Large: Die Liebe eines Detektivs
Love in the Afternoon: Ariane – Liebe am Nachmittag
Love Story
The Loved One: Tod in Hollywood
Lucky Jim: Volltreffer ins Glück
Ludwig: Ludwig II.
Lulu on the Bridge
Lune de fiel: Bitter Moon
M
McCabe and Mrs. Miller: McCabe und Mrs. Miller
Machorka-Muff
McKenna's Gold
Mad Dog and Glory: Sein Name ist Mad Dog
Mad Dog Time: Eine Sippschaft zum Ermorden
Mad Max 2: Mad Max 2 – Der Vollstrecker

Madame Curie
Madame de ...
Made in L.A.: Showdon in L.A.
Made in U.S.A.
Madeleine
Madigan: Nur noch 72 Stunden
The Madness of King George: King George – Ein Königreich für mehr Verstand
The Magnificent Ambersons: Der Glanz des Hauses Amberson
The Magnificent Seven: Die glorreichen Sieben
Le Magnifique
Magnum Force: Calahan
Major Dundee: Sierra Chariba
Major League: Die Indianer von Cleveland
Major League II: Die Indianer von Cleveland II
Making Mr. Right: Ein Mann à la carte
Malcolm X
The Maltese Falcon: Die Spur des Falken
A Man for All Seasons: Ein Mann zu jeder Jahreszeit
The Man from Colorado: Der Richter von Colorado
The Man from Del Rio: Der Mann von Del Rio
The Man from Laramie: Der Mann aus Laramie
The Man from the Alamo: Der Mann vom Alamo
Man in the Saddle: Mann im Sattel
The Man in the White Suit: Der Mann im weißen Anzug
Man of a Thousand Faces: Der Mann mit den tausend Gesichtern
Man of the West: Der Mann aus dem Westen
The Man Who Changed His Mind: Der Mann, der sein Gehirn austauschte
The Man Who Fell to Earth: Der Mann, der vom Himmel fiel
The Man Who Knew Too Much: Der Mann, der zuviel wußte
The Man who Shot Liberty Valance: Der Mann, der Liberty Valance erschoß
Man with a Gun
The Man with the Golden Gun: Der Mann mit dem goldenen Colt
Man with the Gun: Der Einzelgänger
The Man with Two Brains: Der Mann mit den zwei Gehirnen
Man Without a Star: Mit stahlharter Faust
The Manchurian Candidate: Botschafter der Angst
Manhattan
Manhattan Murder Mystery
Manhunter: Roter Drache
Manpower: Gefährliche Freundschaft
Man's Favorite Sport?: Ein Goldfisch an der Leine
Many Rivers to Cross: Ein Mann liebt gefährlich
Marathon Man: Der Marathon Mann
Le Mari de la coiffeuse: Der Mann der Friseuse
El Mariachi
La Mariée était en noir: Die Braut trug schwarz
The Mark of Zorro: Im Zeichen des Zorro
Marked Woman: Mord im Nachtclub

Marlowe: Der Dritte im Hinterhalt
Marnie
Married to the Mob: Die Mafiosibraut
The Marrying Man: Die blonde Versuchung
Martha – Meet Frank, Daniel and Laurence: Martha trifft Frank, Daniel und Laurence
Martin
Marty
M*A*S*H
The Mask of Dimitrios: Die Maske des Dimitrios
The Mask of Fu Manchu: Die Maske des Fu-Manchu
The Masque of the Red Death: Satanas – Das Schloß der blutigen Bestie
Mata Hari
The Matchmaker: Die Heiratsvermittlerin
The Matchmaker: Heirat nicht ausgeschlossen
Matewan
The Matrix: Matrix
A Matter of Life and Death: Irrtum im Jenseits
Mauvais sang: Die Nacht ist jung
Maverick
Meet Joe Black: Rendezvous mit Joe Black
Meet John Doe: Hier ist John Doe
Mein Wille ist Gesetz: Jeremy Rodack – Mein Wille ist Gesetz
Memoirs of an Invisible Man: Jagd auf einen Unsichtbaren
The Men: Die Männer
Men at Work
Men in Black
Men of Respect: Mann mit Ehre
Menace II Society
Il Mercenario: Mercenario – Der Gefürchtete
Die merkwürdige Zähmung der Gangsterbraut Sugarpuss: Wirbelwind der Liebe
Mermaids: Meerjungfrauen küssen besser
The Merry Widow: Die lustige Witwe
Message in a Bottle
Miami Blues
Micki & Maude
Midnight: Enthüllung um Mitternacht
Midnight Cowboy: Asphalt Cowboy
Midnight in the Garden of Good and Evil: Mitternacht im Garten von Gut und Böse
Midnight Run: Midnight Run – Fünf Tage bis Mitternacht
A Midsummer Night's Sex Comedy: Eine Sommernachts Sexkomödie
Mighty Aphrodite: Geliebte Aphrodite
The Milky Way: Kalte Milch und heiße Fäuste
Miller's Crossing
Milou en mai: Eine Komödie im Mai
Mine Own Executioner: Tödliches Geheimnis
The Miracle of Morgan's Creek: Sensation in Morgan's Creek
Mirage: Die 27. Etage
The Mirror Has Two Faces: Liebe hat zwei Gesichter
The Misfits: Misfits – Nicht gesellschaftsfähig
Mishima: A Life in Four Chapters: Mishima
Mississippi
Mississippi Burning
The Missouri Breaks: Duell am Missouri
Mission: Impossible II
Mr. and Mrs. Smith: Mr. und Mrs. Smith
Mr. Arkadin: Herr Satan persönlich
Mr. Blandings Builds His Dream House: Nur meiner Frau zuliebe

Mr. Deeds Goes to Town: Mr. Deeds geht in die Stadt
Mr. Destiny
Mister Roberts: Keine Zeit für Heldentum
Mr. Skeffington: Das Leben der Mrs. Skeffington
Mr. Smith Goes to Washington: Mr. Smith geht nach Washington
Mrs. Brown: Ihre Majestät Mrs. Brown
Mrs. Parker and the Vicious Circle: Mrs. Parker und ihr lasterhafter Kreis
Mo' Better Blues
The Mob: Die Spur führt zum Hafen
Mobsters: Das teuflische Imperium
Moby Dick
Modern Romance: Modern Romance – Muß denn Liebe Alptraum sein?
The Moderns: Wilde Jahre in Paris
Mona Lisa
The Money Trap: Die Goldfalle
Monkey Business: Die Marx Brothers auf See
Monkey Business: Liebling, ich werde jünger
Monsieur Hire: Die Verlobung des Monsieur Hire
Monsieur Verdoux
Monte Carlo
Monte Walsh
The Moon Is Blue: Wolken sind überall
Moonfleet: Das Schloß im Schatten
Moonraker: Moonraker – Streng geheim
Moonrise: Erbe des Henkers
Moonstruck: Mondsüchtig
Mord: Der Auslandskorrespondent
Mordsache ›Dünner Mann‹: Der dünne Mann
Morocco: Marokko
La Mort en direct: Death Watch – Der gekaufte Tod
Mortal Thoughts: Tödliche Gedanken
Morte a Venezia: Tod in Venedig
Mortelle randonnee: Das Auge
Moscow on the Hudson: Moskau in New York
The Mosquito Coast
The Most Dangerous Game
Most Wanted: America's Most Wanted
Motorcycle Gang
The Mouse That Roared: Die Maus, die brüllte
Movie Movie
Mulholland Falls: Nach eigenen Regeln
The Mummy: Die Mumie
Münchhausen
Murder at 1600: Mord im Weißen Haus
Murder by Contract: Der Tod kommt auf leise Sohlen
Murder My Sweet: Mord, mein Liebling
Muriel, ou le temps d'un retour: Muriel, oder Die Zeit der Wiederkehr
Murphy's Law: Murphys Gesetz
Murphy's Romance: Die zweite Wahl – Eine Romanze
Mutiny on the Bounty: Meuterei auf der Bounty
My Best Friend's Wedding: Die Hochzeit meines besten Freundes
My Blue Heaven
My Darling Clementine: Tombstone
My Fair Lady
My Favorite Blonde: Geliebte Spionin
My Little Chickadee
My Man Godfrey: Mein Mann Godfrey

My Name Is Joe
Mystery of the Wax Museum: Das Geheimnis des Wachsfigurenkabinetts
Nacht in der Prärie: Gunman
Naked: Nackt
Naked Alibi: Nacktes Alibi
The Naked City: Die nackte Stadt
Naked City – A Killer Christmas: Ein Fest für einen Killer
The Naked Gun 2½: The Smell of Fear: Die nackte Kanone 2½
The Naked Kiss: Der nackte Kuß
Naked Lunch
The Naked Spur: Nackte Gewalt
The Naked Street: Nackte Straßen
Der Name der Rose
The Narrow Margin: Um Haaresbreite
The Natural: Der Unbeugsame
Natural Born Killers
The Negotiator: Verhandlungssache
Neighbors: Die verrückten Nachbarn
Nelly & Monsieur Arnaud
The Net: Das Netz
Network
Nevada Smith
The Nevadan: Der Nevada-Mann
Never Say Never Again: Sag niemals nie
The New Centurions: Polizeirevier Los Angeles Ost
A New Leaf: Keiner killt so schlecht wie ich
New York, New York
Niagara
Nicht versöhnt oder Es hilft nur Gewalt, wo Gewalt herrscht
Nick of Time: Gegen die Zeit
Nickelodeon
Night and the City
A Night at the Opera: Die Marx Brothers in der Oper
Night Falls on Manhattan: Nacht über Manhattan
Night Has a Thousand Eyes: Die Nacht hat tausend Augen
A Night in Casablanca
Night of the Demon
The Night of the Hunter: Die Nacht des Jägers
Night of the Living Dead
Night Visions
The Night We Never Met: Die Nacht mit meinem Traummann
Nightbreed: Cabal – Die Brut der Nacht
Nightfall: Wenn die Nacht anbricht
A Nightmare on Elm Street: Nightmare – Mörderische Träume
Nikita
9½ Weeks: 9½ Wochen
Ninetynine River Street: Taxi 539 antwortet nicht
Ninotchka
The Ninth Gate: Die neun Pforten
No Highway: Die Reise ins Ungewisse
No Mercy: Gnadenlos
No Name on the Bullet: Auf der Kugel stand kein Name
Nobody Lives Forever: Eine Lady für den Gangster
Nobody's Fool
Noose for a Gunman: Morgen sollst du sterben
Norma Rae: Norma Rae – Eine Frau steht ihren Mann

Normal Life
North
North by Northwest: Der unsichtbare Dritte
Northwest Frontier: Brennendes Indien
Northwest Mounted Police: Die scharlachroten Reiter
Northwest Passage: Nordwest-Passage
Nostalghia
Nothing Sacred: Denen ist nichts heilig
Nothing to Lose: Nix zu verlieren
Notorious: Berüchtigt
La Notte di San Lorenzo: Die Nacht von San Lorenzo
Le Notti di Cabiria: Die Nächte der Cabiria
Notting Hill
Now, Voyager: Reise aus der Vergangenheit
La Nuit Américaine: Die amerikanische Nacht
Les Nuits de la pleine lune: Vollmondnächte
Nuovo Cinema Paradiso: Cinema Paradiso
O. Henry's Full House: Fünf Perlen
Obsession: Schwarzer Engel
Octopussy
The Odd Couple: Ein seltsames Paar
Odd Man Out: Ausgestoßen
Odds Against Tomorrow: Wenig Chancen für morgen
An Officer and Gentleman: Ein Offizier und Gentleman
The Oklahoma Kid: Oklahoma Kid
The Old Fashioned Way
Old Gringo
Oliver Twist
Los Olvidados: Die Vergessenen
On Her Majesties Secret Service: Im Geheimdienst Ihrer Majestät
On the Waterfront: Die Faust im Nacken
Once More with Feeling: Noch einmal mit Gefühl
Once Upon a Time in America: Es war einmal in Amerika
Once Were Warriors: Die letzte Kriegerin
One-Eyed Jacks: Der Besessene
One Fine Day: Tage wie dieser
One Flew Over the Cuckoo's Nest: Einer flog über das Kuckucksnest
One from the Heart: Einer mit Herz
One Tough Cop
One, Two, Three: Eins, zwei, drei
The Onion Field: Mord am Zwiebelfeld
Only Angels Have Wings: SOS – Feuer an Bord
Only Two Can Play: Lieben kann man nur zu zweit
Order of Death: Copkiller
Ordinary People: Eine ganz normale Familie
Orphée
Ossessione: Ossessione – Von Liebe besessen
The Osterman Weekend: Das Osterman Weekend
Other Men's Women: Die Frau meines Freundes
Other People's Money: Das Geld anderer Leute
Otto e mezzo: 8½
Out of Africa: Jenseits von Afrika
Out of Sight
Out of the Past: Goldenes Gift
The Outfit: Revolte in der Unterwelt
Outland
The Outlaw

The Outlaw Josie Wales: Der Texaner
Outrageous Fortune: Nichts als Ärger mit dem Typ
Outside Ozona
The Owl and the Pussycat: Die Eule und das Kätzchen
The Ox-Bow Incident: Ritt zum Ox-Bow
Padre Padrone
Paint Your Wagon: Westwärts zieht der Wind
Pale Rider: Pale Rider – Der namenlose Reiter
The Paleface: Sein Engel mit zwei Pistolen
The Palm Beach Story: Atemlos nach Florida
Pandora and the Flying Dutchman: Pandora und der fliegende Holländer
Panic in the Streets: Unter Geheimbefehl
Panik am roten Fluß: Red River
The Paper: Schlagzeilen – Je härter, desto besser
Paper Moon
Papillon
The Paradine Case: Der Fall Paradin
Paradise for Three: Drei Männer im Paradies
The Parallax View: Zeuge einer Verschwörung
The Parasite Murders: Parasiten-Mörder
Le Parfum d'Yvonne: Das Parfüm von Yvonne
Paris When It Sizzles: Zusammen in Paris
Party Girl: Das Mädchen aus der Unterwelt
Pas très catholique: Die Detektivin
Passion
La Passion Béatrice: Die Passion der Beatrice
Passion Fish
Pat and Mike: Pat und Mike
Pat Garrett and Billy the Kid: Pat Garrett jagt Billy the Kid
Paths of Glory: Wege zum Ruhm
Patty Hearst: Patty
Pauline à la plage: Pauline am Strand
Payback: Payback – Zahltag
The Peacemaker: Projekt: Peacemaker
La Peau douce: Die süße Haut
Pee-Wee's Big Adventure: Pee-Wees großes Abenteuer
Peggy Sue Got Married: Peggy Sue hat geheiratet
The Pelican Brief: Die Akte
The People Against O'Hara: Der Mordprozeß O'Hara
The People Vs. Larry Flynt: Larry Flynt – Die nackte Wahrheit
Pépé le Moko: Im Dunkel von Algier
Per qualche dollaro in più: Für ein paar Dollar mehr
Per un pugno di dollari: Für eine Handvoll Dollar
A Perfect Murder: Ein perfekter Mord
A Perfect World
Péril en la demeure: Gefahr im Verzug
Permanent Vacation
Peter Gunn
Peter Ibbetson
Peter's Friends
La Petite voleuse: Die kleine Diebin
The Petrified Forest: Der versteinerte Wald
Phantom Lady: Zeugin gesucht
Phantom of the Paradise: Phantom im Paradies
Philadelphia
The Philadelphia Story: Die Nacht vor der Hochzeit
The Piano: Das Piano
Pickup on South Street: Lange Finger, harte Fäuste/Polizei greift ein

Picnic at Hanging Rock: Picknick am Valentinstag
The Picture of Dorian Gray: Das Bildnis des Dorian Gray
Picture Perfect: Der gebuchte Mann
The Picture Snatcher: Der Mann mit der Kamera
Pink Cadillac
The Pink Panther: Der rosarote Panther
Piraten – Eine flammende Affäre: Ari & Sam
Una Pistola per Ringo: Eine Pistole für Ringo
The Plainsman: Held der Prärie
Plan 9 From Outer Space
Platoon
Play It Again, Sam: Mach's noch einmal, Sam!
Play Misty For Me: Sadistico
The Player
Plaza Suite: Hotelgeflüster
Pleasantville
The Plot Against Harry: Das Komplott gegen Harry
Pocketful of Miracles: Die unteren Zehntausend
Point Blank
Point Break: Gefährliche Brandung
Polar
Police: Der Bulle von Paris
Portrait in Black: Das Geheimnis der Dame in Schwarz
Portrait of Jennie: Jennie – Das Portrait einer Liebe
Posse: Männer des Gesetzes
Posse: Posse – Die Rache des Jessie Lee
Possessed: Hemmungslose Liebe
Postcards from the Edge: Grüße aus Hollywood
The Postman: Postman
The Postman Always Rings Twice: Die Rechnung ohne den Wirt
The Postman Always Rings Twice: Wenn der Postmann zweimal klingelt
Practical Magic: Zauberhafte Schwestern
Predator
Premature Burial: Lebendig begraben
Prêt-à-Porter
Pretty Baby
Pretty Woman
Pride and Prejudice: Stolz und Vorurteil
The Pride of the Yankees
Primal Fear: Zwielicht
Primary Colors: Mit aller Macht
Prime Cut: Die Professionals
The Prince and the Showgirl: Der Prinz und die Tänzerin
Prince of the City
The Prince of Tides: Herr der Gezeiten
Princess Comes Across: Eine Prinzessin für Amerika
The Prisoner of Shark Island: Der Gefangene der Haifischinsel
The Prisoner of Zenda: Der Gefangene von Zenda
The Private Life of Sherlock Holmes: Das Privatleben des Sherlock Holmes
Prizzi's Honor: Die Ehre der Prizzis
The Producers: Frühling für Hitler
The Professionals: Die gefürchteten Vier
Psycho
Public Enemy: Der öffentliche Feind
The Public Eye: Der Reporter
Pulp Fiction

Pump Up the Volume: Hart auf Sendung
The Purple Rose of Cairo
Pursued
Pyrates: Ari & Sam/Piraten – Eine flammende Affäre
Q & A: Tödliche Fragen
Quai des orfèvres: Unter falschem Verdacht
Quatorze Juillet: Der vierzehnte Juli
Les quatre cent coups: Sie küßten und sie schlugen ihn
¿Que he hecho yo para merecer esto?: Womit hab ich das verdient?
Queen Christina: Königin Christina
The Quick and the Dead: Schneller als der Tod
Quicksand – No Escape: Am Abgrund
Quicksilver
The Quiet Man: Der Sieger
Quiz Show
Rache ist süß: Hering auf der Hose
Radio Days
Raging Bull: Wie ein wilder Stier
Ragtime
Raiders of the Lost Arc: Jäger des verlorenen Schatzes
Raiders of the Seven Seas: König der Piraten
Railroaded: Der parfümierte Killer
The Rainmaker: Der Regenmacher
Rain Man
Raising Arizona: Arizona Junior
Rancho Notorious: Engel der Gejagten
Random Hearts: Begegnung des Schicksals
Ransom: Kopfgeld
The Rare Breed: Rancho River
Rashomon
The Raven: Der Rabe
The Raven: Der Rabe – Duell der Zauberer
Raw Deal: Flucht ohne Auswegs
Raw Deal: Der City-Hai
The Real Blonde: Echt blond
The Real McCoy: Karen McCoy – Die Katze
Reap the Wild Wind: Piraten im Karibischen Meer
Rear Window: Das Fenster zum Hof
Rebecca
Rebel Without a Cause: ... denn sie wissen nicht, was sie tun
The Red Badge of Courage: Die rote Tapferkeitsmedaille
Red Dust: Dschungel im Sturm
Red Headed Woman: Feuerkopf
Red Heat
Red River
Red Rock West
The Red Shoes: Die roten Schuhe
Reefer Madness: Tell Tell Your Children
The Ref: No Panic – Gute Geiseln sind selten
La Règle du jeu: Die Spielregel
The Reivers: Der Gauner
The Relic: Das Relikt
The Remains of the Day: Was vom Tage übrigblieb
Remember My Name: Du wirst noch an mich denken
Remember the Night: Die unvergeßliche Nacht
Les Rendez-vous de Paris: Rendezvous in Paris
The Replacement Killers
Repulsion: Ekel
Reservoir Dogs: Reservoir Dogs – Wilde Hunde

The Return of Frank James: Rache für Jesse James
Return of the Jedi: Die Rückkehr der Jedi-Ritter
Revenge: Eine gefährliche Affäre – Revenge
Revenge of the Creature: Die Rache des Ungeheuers
The Revenger's Comedies: Rache ist süß/Hering auf der Hose
Reversal of Fortune: Die Affäre der Sunny von B.
Ride in the Whirlwind: Ritt im Wirbelwind
Ride Lonesome: Auf eigene Faust
Ride the High Country: Sacramento
Ride, Vaquero!: Verwegene Gegner/Terror der Gesetzlosen
Ridicule
Riff-Raff
The Right Stuff: Der Stoff, aus dem die Helden sind
Rio Bravo
Rio Grande
Rio Lobo
The Rise and Fall of Legs Diamond: J. D. der Killer
Rising Sun: Die Wiege der Sonne
Riso amaro: Bitterer Reis
The River: Der Strom
River of No Return: Fluß ohne Wiederkehr
A River Runs Through It: Aus der Mitte entspringt ein Fluß
Road Kill: Tod auf dem Highway
The Roaring Twenties: Die wilden Zwanziger
Rob Roy
Robin Hood: Prince of Thieves: Robin Hood – König der Diebe
Robin & Marian
Robinson Crusoe
RoboCop
The Rock
Rocky
Rogue Cop: Heißes Pflaster
Rollerball
Roman Holiday: Ein Herz und eine Krone
Romancing the Stone: Auf der Jagd nach dem grünen Diamanten
Romeo Is Bleeding
Romy and Michele's High School Reunion: Romy und Michele
Ronin
The Rookie: Rookie – Der Anfänger
A Room with a View: Zimmer mit Aussicht
Rooster Cogburn: Mit Dynamit und frommen Sprüchen
Rope: Cocktail für eine Leiche
Roseanna's Grave: Rosannas letzter Wille
Rosemary's Baby
Rote Sonne
Rough Cut: Der Löwe zeigt die Krallen
Rough Night in Jericho: Als Jim Dolan kam
Rough Shoot: Schuß im Dunkeln
Roxanne
Run for Cover: Im Schatten des Galgen
The Runaround: Die Ausreißerin
Runaway Bride: Die Braut, die sich nicht traut
Running on Empty: Flucht ins Ungewisse
Ruthless: Ohne Erbarmen
Ruthless People: Die unglaubliche Entführung der verrückten Mrs. Stone
Ryan's Daughter: Ryans Tochter
S.F.W.: S.F.W. – So Fucking What

Sabotage
Saboteur: Saboteure
Sabrina
Sabrina
Saddle the Wind: Vom Teufel geritten
The Saga of Anatahan
Saint Jack
The St. Valentine's Day Massacre: Chikago-Massaker
Le Salaire de la peur: Lohn der Angst
Salò o le 120 giornate di Sodoma: Die 120 Tage von Sodom
Sammy and Rosie Get Laid: Sammy und Rosie tun es
Le Samourai: Der eiskalte Engel
San Antonio: Ein Mann der Tat
Saratoga
Satan Met a Lady: Der Satan und die Lady
The Scalphunters: Mit eisernen Fäusten
Scandal Sheet: Skandalblatt
Scanners
Scarface: Scarface – Das Narbengesicht
Scarface
The Scarlet Pimpernel: Das scharlachrote Siegel
Scarlet Street
Scene of the Crime: Sumpf des Verbrechens
Scent of a Woman: Der Duft der Frauen
Schindler's List: Schindlers Liste
Das Schreckenshaus des Dr. Rasanoff: Augen ohne Gesicht
Schwarze Geschichten: Der grauenvolle Mr. X
Die schwarze Natter: Das unbekannte Gesicht
La Scoumoune: Der Mann aus Marseille
The Scout: Der Scout
Scream: Scream – Schrei
Scream 2
The Sea Hawk: Herr der sieben Meere
The Sea of Grass: Endlos ist die Prärie
Sea of Love: Sea of Love – Melodie des Todes
The Sea Wolf: Der Seewolf
The Searchers: Der schwarze Falke
Second Chance: Mörder ohne Maske
Secret Agent: Der Geheimagent
Secret Beyond the Door: Geheimnis hinter der Tür
The Secret Life of Walter Mitty: Das Doppelleben des Walter Mitty
The Secret Ways: Geheime Wege
Seems Like Old Times: Fast wie in alten Zeiten
Sense and Sensibility: Sinn und Sinnlichkeit
Sergeant Madden
Sergeant York
Serial Killer
Serial Mom
The Serpent and the Rainbow: Die Schlange im Regenbogen
Serpico
Set It Off
The Set-Up: Ring frei für Stoker Thompson
Se7en: Sieben
The Seven Year Itch: Das verflixte siebte Jahr
sex, lies and videotape: Sex, Lügen und Video
Shadow of a Doubt: Im Schatten des Zweifels
Shadow of Doubt: Schatten eines Zweifels
Shadows and Fog: Schatten und Nebel
Shakedown: Ohne Skrupel
Shakespeare in Love
Shampoo
Shane: Mein großer Freund Shane

Shanghai Express
The Shanghai Gesture: Im Banne von Shanghai
Shark!: Hai
Shattered: Tod im Spiegel
The Shawshank Redemption: Die Verurteilten
She Married Her Boss: Sie heiratet den Chef
She Wore a Yellow Ribbon: Der Teufelshauptmann
The Sheepman: Colorado City
The Sheriff of Fractured Jaw: Sheriff wider Willen
She's the One
Shichinin no samurai: Die sieben Samurai
The Shining
Shivers: Parasiten Mörder
A Shock to the System: Mord mit System
Shock Treatment
Shoot First: Schuß im Dunkeln
The Shooting: Das Schießen
The Shootist: Der letzte Scharfschütze
The Shop Around the Corner: Rendezvous nach Ladenschluß
Shopping
Short Run: Hexenkessel Miami
The Sicilian: Der Sizilianer
The Silence of the Lambs: Das Schweigen der Lämmer
Silk Stockings: Seidenstrümpfe
Silver River: Der Herr der Silberminen
Silverado
Simon del desierto: Simon in der Wüste
Singin' in the Rain: Du sollst mein Glücksstern sein
Single White Female: Weiblich, ledig, jung sucht ...
Singles
La Sirène du Mississippi: Das Geheimnis der falschen Braut
Sirens: Verführung der Sirenen
Six Days, Seven Nights: Sechs Tage, sieben Nächte
Det sjunde inseglet: Das siebte Siegel
Skin Deep
The Skin Game: Bis auf die Haut
Slap Shot: Schlappschuß
Slaves of New York: Großstadtsklaven
Sleeper: Der Schläfer
Sleepers
Sleepless in Seattle: Schlaflos in Seattle
Sliding Doors: Sie liebt ihn – sie liebt ihn nicht
Sling Blade
The Slugger's Wife: Die Frau des Profis
The Small Back Room: Experten aus dem Hinterzimmer
Small Soldiers
Smithereens: New York City Girl
Smoke
Snake Eyes: Spiel auf Zeit
Sneakers: Sneakers – Die Lautlosen
Sodoma e Gomorra: Sodom und Gomorrha
Soleil Rouge: Rivalen unter roter Sonne
Some Like It Hot: Manche mögen's heiß
Somebody to Love: Liebe bis zum Tod
Somebody Up There Likes Me: Die Hölle ist in mir
Something to Talk About: The Power of Love
Something Wild: Gefährliche Freundin
Sommarlek: Einen Sommer lang
Sommarnattens leende: Das Lächeln einer Sommernacht

Sommersby
Son of Frankenstein: Frankensteins Sohn
Song of the Thin Man: Das Lied vom dünnen Mann
The Sons of Katie Elder: Die vier Söhne der Katie Elder
Sons of the Desert: Die Wüstensöhne
Le Souffle au cœur: Herzflimmern
Soul Man
South of St. Louis: Konterbande
Southern Comfort: Die letzten Amerikaner
The Southerner: Der Mann aus dem Süden
Soylent Green: Jahr 2022 ... Die überleben wollen
The Spanish Main: Die Seeteufel von Kartagena
Spartacus
The Specialist
Species
Speechless: Sprachlos
Speed
Spellbound: Ich kämpfe um dich
Sphere
The Spider Woman: Das Spinnennest
The Spikes Gang: Vier Vögel am Galgen
The Spiral Staircase: Die Wendeltreppe
Splash: Splash – Jungfrau am Haken
The Spoilers: Die Freibeuterin
Springfield Rifle: Gegenspionage
The Spy in Black: Der Spion in schwarz
The Spy Who Loved Me: Der Spion, der mich liebte
Stagecoach: Ringo
Stakeout: Die Nacht hat viele Augen
Stalag 17
Stand by Me: Stand by Me – Das Geheimnis eines Sommers
Stand-In: Mr. Dodd geht nach Hollywood
Standing Room Only: Stehplatz im Bett
Stanley & Iris
Star in the Dust: Noch heute sollst du hängen
Star Trek – The Wrath of Khan: Star Trek II – Der Zorn des Khan
Star Trek III – The Search for Spock: Star Trek III – Auf der Suche nach Mr. Spock
Star Trek V – The Final Frontier: Star Trek V – Am Rande des Universums
Star Trek VI – The Undiscovered Country: Star Trek VI – Das unentdeckte Land
Star Trek – Generations: Star Trek – Treffen der Generationen
Star Wars: Krieg der Sterne
Star Wars Episode I – The Phantom Menace: Star Wars Episode I – Die dunkle Bedrohung
Stardust Memories
Starship Troopers
State of Grace: Vorhof zur Hölle
State of the Union: Zur Lage der Nation
Stavisky
Steal Big, Steal Little: Different Minds – Feindliche Brüder
Steel Magnolias: Magnolien aus Stahl
Stella Dallas
Stepmom: Seite an Seite
Still Crazy
The Sting: Der Clou
Stolen Hearts: Gestohlene Herzen
Stormy Monday
La Strada: La Strada – Das Lied der Straße

The Straight Story: The Straight Story – Eine wahre Geschichte
Strange Days
The Strange Door: Hinter den Mauern des Grauens
The Strange Love of Martha Ivers: Die seltsame Liebe der Martha Ivers
The Stranger: Die Spur eines Fremden
Stranger on the Run: Ein Fremder auf der Flucht
Strangers on a Train: Der Fremde im Zug
The Strawberry Blonde: Die Schönste der Stadt
Street of No Return: Straße ohne Wiederkehr
Streets of Fire: Straßen in Flammen
The Strip: Tödliches Pflaster Sunset Strip
Subway
Sudden Fear: Eiskalte Rache
Sudden Impact: Dirty Harry kommt zurück
Südlich von St. Louis: Konterbande
Suicide Kings
Sullivan's Travels: Sullivans Reisen
Summertime: Traum meines Lebens
The Sun Also Rises: Zwischen Madrid und Paris
The Sunchaser
Die Sünderin von Paris: Goldhelm
Sunset: Sunset – Dämmerung in Hollywood
Sunset Boulevard: Boulevard der Dämmerung
The Sunshine Boys: Sonny Boys
Superman
Supervixens
Support Your Local Gunfighter: Latigo
Support Your Local Sheriff: Auch ein Sheriff braucht mal Hilfe
The Sure Thing: Der Volltreffer
Surprise Package: Ein Geschenk für den Boss
Surviving Desire
The Suspect: Unter Verdacht
Suspect: Suspect – Unter Verdacht
Suspicion: Verdacht
Svengali
Swashbuckler: Der scharlachrote Pirat
Sweet and Lowdown
Sweet Smell of Success: Dein Schicksal in meiner Hand
Switch: Switch – Die Frau im Manne
Take a Letter, Darling: Liebling zum Diktat
Take Me Out to the Ball Game: Spiel zu dritt
Take the Money and Run: Woody der Unglücksrabe
Talent for the Game: Sein größtes Spiel
The Talented Mr. Ripley: Der talentierte Mr. Ripley
Tales of Terror: Der grauenvolle Mr. X
The Talk of the Town: Zeuge der Anklage
Talk Radio
The Tall Guy: Das lange Elend
The Tall Men: Drei Rivalen
The Tall T: Um Kopf und Kragen
The Tall Target: Verschwörung im Nachtexpreß
Tango & Cash
Tarantula
Target: Target – Zielscheibe
Targets: Bewegliche Ziele
A Taste of Honey: Bittere Honig
The Tattered Dress: Kreuzverhör
Taxi Driver
Tchao Pantin: Am Rande der Nacht
Telefon

Tell Them Willie Boy Is Here: Blutige Spur
Tell Your Children
The Ten Commandments: Die zehn Gebote
10 Things I Hate about You: 10 Dinge, die ich an dir hasse
Tennessee's Partner: Todesfaust
Tequila Sunrise
The Terminator
Terminator II: Judgement Day
Terms of Endearment: Zeit der Zärtlichkeit
La Terra trema: Die Erde bebt
Terror in a Texas Town: Sturm über Texas
Test Pilot: Der Testpilot
Das Testament des Dr. Mabuse
The Texas Chainsaw Massacre
Texasville
That Lady in Hermine: Die Frau im Hermelin
That Old Feeling: Noch einmal mit Gefühl
Thelma & Louise
Them!: Formicula
Theo gegen den Rest der Welt
Theory of Achievement
The Theory of Flight: Vom Fliegen und anderen Träumen
There Was a Crooked Man: Zwei dreckige Halunken
There's Something about Mary: Verrückt nach Mary
Thérèse Desqueyroux: Die Tat der Thérèse D.
They Came from Within: Parasiten-Mörder
They Died with Their Boots on: Sein letztes Kommando
They Drive By Night: Sie fuhren bei Nacht
They Live: Sie leben
They Live By Night: Im Schatten der Nacht
They Made Me a Criminal: Zum Verbrecher verurteilt
They Made Me a Fugitive: Sträfling 3312 – Auf der Flucht
They Met in Bombay: Fluchtweg unbekannt
Thief: Der Einzelgänger
The Thief of Bagdad: Der Dieb von Bagdad
The Thief Who Came to Dinner: Webster ist nicht zu fassen
Thieves Like Us: Diebe wie wir
The Thin Man: Der dünne Mann
The Thin Man Goes Home: Der dünne Mann kehrt heim
The Thin Red Line: Der schmale Grat
The Thing: Das Ding aus einer anderen Welt
Things Change
Things to Do in Denver When You're Dead: Das Leben nach dem Tod in Denver
The Third Man: Der dritte Mann
The 13th Warrior: Der 13. Krieger
The 39 Steps: Die 39 Stufen
36 Hours: 36 Stunden
This Gun For Hire: Die Narbenhand
This Island Earth: Metaluna IV antwortet nicht
This World, Then the Fireworks: Ohne Gewissen
The Thomas Crown Affair: Die Thomas Crown Affäre
A Thousand Acres: Tausend Morgen
Three Days of the Condor: Die drei Tage des Condor
Three Godfathers: Helden aus der Hölle
The Three Musketeers: Die drei Musketiere
3:10 to Yuma: Zähl bis drei und bete

Three Violent People: Rivalen ohne Gnade
Three Women: Drei Frauen
Threesome: Einsam – Zweisam – Dreisam
A Thunder of Drums: Massaker im Morgengrauen
Thunderball: Feuerball
Thunderbolt and Lightfoot: Den letzten beißen die Hunde
Tiger Shark: Tigerhai
Tightrope: Der Wolf hetzt die Meute
A Time to Kill: Die Jury
Tin Cup
Tin Men
The Tin Star: Der Stern des Gesetzes
Tirez sur le pianiste: Schießen Sie auf den Pianisten
Titanic
To Be or Not to Be: Sein oder Nichtsein
To Catch a Thief: Über den Dächern von Nizza
To Die For
To Have and Have Not: Haben und Nichthaben
To Live and Die in L. A.: Leben und sterben in L.A.
Tobacco Road
Tokyo monogatari: Die Reise nach Tokio
Tombstone
Tomorrow Never Dies: Der Morgen stirbt nie
Tootsie
Topaz: Topas
Topper: Zwei Engel ohne Flügel
Topper Returns: Die merkwürdigen Abenteuer des Mr. Topper
Torn Curtain: Der zerrissene Vorhang
Total Recall: Die totale Erinnerung – Total Recall
Touch of Evil: Im Zeichen des Bösen
Touchez pas au grisbi: Wenn es Nacht wird in Paris
Tough Guys: Archie und Harry – Sie können es nicht lassen
Tough Guys Don't Dance: Harte Männer tanzen nicht
Toys
Trading Places: Die Glücksritter
Trainspotting
The Treasure of the Sierra Madre: Der Schatz der Sierra Madre
37°2 le matin: Betty Blue
Trespass
Trial by Jury: Die Geschworene
Tribute to a Bad Man: Jeremy Rodack – Mein Wille ist Gesetz/Mein Wille ist Gesetz
Tristana
Trois couleurs: Blanc: Drei Farben: Weiß
Trois couleurs: Rouge: Drei Farben: Rot
Trop belle pour toi: Zu schön für dich
Trouble in Mind
Trouble in Paradise: Ärger im Paradies
The Trouble with Harry: Immer Ärger mit Harry
True Believer: Das dreckige Spiel
True Crime: Ein wahres Verbrechen
True Grit: Der Marshal
True Lies
True Romance
Trust
The Truth about Cats and Dogs: Lügen haben lange Beine

Truth or Consequences, NM: Ort der Wahrheit
Tsubaki Sanjuro: Sanjuro
Tucker: The Man and His Dream: Tucker
Twelve Angry Men: Die zwölf Geschworenen
Twelve Monkeys
Twelve O'Clock High: Der Kommandeur
Twentieth Century: Napoleon vom Broadway
Twenty Thousand Years in Sing Sing: Zwanzigtausend Jahre in Sing Sing
Twilight: Im Zwielicht
Twins
Two for the Seesaw: Spiel zu zweit
The Two Jakes: Die Spur führt zurück
Two Lane Blacktop: Asphaltrennen
Two Mules for Sister Sara: Ein Fressen für die Geier
Two of a Kind: Zwei von einer Sorte
Two Rode Together: Zwei ritten zusammen
Two-Faced Woman: Die Frau mit den zwei Gesichtern
Two-Way Stretch: Die grüne Minna
U.S. Marshals: Auf der Jagd
U-Turn
Ulee's Gold
L'Ultimo tango a Parigi: Der letzte Tango von Paris
Ulzana's Raid: Keine Gnade für Ulzana
The Unbearable Lightness of Being: Die unerträgliche Leichtigkeit des Seins
The Unbelievable Truth: Verdacht auf Liebe
Under Capricorn: Sklavin des Herzens
Under the Gun: Die Mündung vor Augen
Undercover Blues
Undertow: Tödlicher Sog
Unfaithfully Yours: Die Ungetreue
The Unforgiven: Denen man nicht vergibt
Unforgiven: Erbarmungslos
Unholy Partners: Tödlicher Pakt
Union Pacific: Die Frau gehört mir
The Unsuspected: Der Unverdächtige
The Untouchables: Die Unbestechlichen
Up Close & Personal: Aus nächster Nähe
The Usual Suspects: Die üblichen Verdächtigen
Utamaro o meguro gonin no onna: Utamaro und seine fünf Frauen
V. I. Warshawski: V. I. Warshawski – Detektiv in Seidenstrümpfen
Vaghe stelle dell'orsa: Sandra
Valdez Is Coming: Valdez
Velvet Goldmine
Vengeance Valley: Tal der Rache
Vera Cruz
Vérités et mensonges: F wie Fälschung
Die verkaufte Braut
Der Verlorene
Very Bad Things
Viaggio in Italia: Liebe ist stärker
Vice Raid: Razzia auf Callgirls
Victim: Teufelskreis
Victor/Victoria
Victoria the Great: Königin Victoria
La Vie de bohème: Das Leben der Bohème
La Vie privée: Privatleben
La Vie sexuelle des Belges 1950-1978: Das wahre Sexualleben der Belgier
A View to a Kill: Im Angesicht des Todes

Viridiana
Les Visiteurs du soir: Die Nacht mit dem Teufel
Viva Maria
Viva Villa!: Schrei der Gehetzten
Vivement Dimanche: Auf Liebe und Tod
Le Voleur: Der Dieb von Paris
Wag the Dog
Waga koi wa moenu: Die Flammen meiner Liebe
Wagonmaster: Westlich St.Louis
The Wagons Roll at Night: Von Stadt zu Stadt
A Walk in the Sun: Landung in Salerno
Walk on the Wild Side: Auf glühendem Pflaster
The Walking Dead: Die Rache des Toten
Wall Street
War Games
The War Lord: Die Normannen kommen
The War of the Roses: Der Rosenkrieg
War Paint: Im Tal des Verderbens
The War Wagon: Die Gewaltigen
Warlock
The Warriors
Watch on the Rhine: Die Wacht am Rhein
Waterworld
The Way We Were: So wie wir waren
The Web: Das Netz
A Wedding: Eine Hochzeit
Weißes Gift: Berüchtigt
Welcome to L.A.: Willkommen in Los Angeles
Wenn Frauen hassen: Johnny Guitar
Wer ist Scarlet Pimpernel?: Das scharlachrote Siegel
We're No Angels: Wir sind keine Engel
West Side Story
Westbound: Messer an der Kehle
Western Union
The Westerner
Westfront 1918
Westward the Women: Karawane der Frauen
What's New Pussycat?: Was gibt's Neues, Pussy?
What's Up, Tiger Lily?
When Harry Met Sally: Harry und Sally
Where the Heart Is: Die Zeit der bunten Vögel
While You Were Sleeping: Während du schliefst
Whispering Smith: Der Todesverächter
White Heat: Maschinenpistolen
White Hunter, Black Heart: Weißer Jäger, schwarzes Herz
White Palace: Frühstück bei ihr
White Zombie
Who Framed Roger Rabbit: Falsches Spiel mit Roger Rabbit
The Whole Nine Yards: Keine halben Sachen
Who's That Knocking at My Door?: Wer klopft denn da an meine Tür?
Why Me?: Why Me? – Warum gerade ich?
Wichita
Wife Vs. Secretary: Seine Sekretärin
The Wild Angels: Die wilden Engel
Wild at Heart
The Wild Bunch: The Wild Bunch – Sie kannten kein Gesetz
Wild Gals of the Naked West
The Wild One: Der Wilde

Wild Rovers: Missouri
Wild Thing
Winchell
Winchester '73
Wind Across the Everglades: Sumpf unter den Füßen
The Wisdom of Crocodiles: Die Weisheit der Krokodile
Wise Guys
Witch Hunt: Magic Murder
The Witches of Eastwick: Die Hexen von Eastwick
Witchfinder General
Without Love: Zu klug für die Liebe
Witness for the Prosecution: Zeugin der Anklage
Witness to Murder: Zeugin des Mordes
The Wizard of Oz: Das zauberhafte Land
Wolf: Wolf – Das Tier im Manne
Wolf Lake: Amok Jagd
The Wolf Man: Der Wolfsmensch
The Woman in the Window: Gefährliche Begegnung
The Woman of the Year: Die Frau, von der man spricht
The Woman on the Beach: Die Frau am Strand
The Women: Die Frauen
Wonder Bar: Eine Nacht in Paris
The Wonderful Country: Heiße Grenze
Working Girl: Die Waffen der Frauen
The World According to Garp: Garp und wie er die Welt sah
The World in His Arms: Sturmfahrt nach Alaska
The World Is Not Enough: Die Welt ist nicht genug
The World of Henry Orient: Henrys Liebesleben
Written on the Wind: In den Wind geschrieben
The Wrong Man: Der falsche Mann
Wuthering Heights: Stürmische Höhen
Wyatt Earp
The Yakuza: Yakuza
Yankee Doodle Dandy
The Year of Living Dangerously: Ein Jahr in der Hölle
Year of the Dragon: Im Jahr des Drachen
Yellow Sky: Herrin der toten Stadt
Les Yeux sans visage: Augen ohne Gesicht
Yinghung bunsik: City Wolf
Yoidore tenshi: Engel der Verlorenen
You Belong to Me: Du gehörst zu mir
You Can't Take It With You: Lebenskünstler
You Only Live Once: Gehetzt
You Only Live Twice: Man lebt nur zweimal
Young Cassidy: Cassidy der Rebell
Young Mr. Lincoln: Der junge Mr. Lincoln
The Young One: Das junge Mädchen
Young Sherlock Holmes: Das Geheimnis des verborgenen Tempels
You've Got Mail: E-M@il für dich
Zabriskie Point
Zero Effect
Zorba the Greek: Alexis Sorbas
Zum Teufel mit dem goldenen Löffel: Eine Liebe in Montreal
Zwei Banditen: Butch Cassidy und Sundance Kid

Darsteller

Lee Aaker 3203
Caroline Aaron 4011, 4012, 4013, 4015, 6576
John Abbott 7001
Walter Abel 2520, 5535
Kareem Abdul-Jabbar 2927
F. Murray Abraham 240, 3451, 8328, 9574
Victoria Abril 4895, 4897, 4898
Joss Ackland 1247, 8951
Rodolfo Acosta 2860
Jay Acovone 232
Eddie Acuff 2471
Jean Adair 454, 457
Ronald Adam 8966
Juan Adames 3616
Casey Adams 7038, 7039, 7040
Douglas Adams 1784
Edie Adams 374
Joey Lauren Adams 1488
Julia Adams 3349
Mason Adams 3232
Stanley Adams 7018
Mark Addy 3266, 3268, 3269
Wesley Addy 6985
Isabelle Adjani 632, 9357
Jay Adler 9125, 9491
Luther Adler 1142, 1143, 1146, 6763, 6764
Mario Adorf 5970
Ben Affleck 589, 591, 1486, 1488
John Agar 3957, 7674, 7675, 7676, 9471, 9472
Danny Aiello 2534, 4680, 4681, 4682, 4683, 4684, 5602, 5607, 5612, 6651, 7348, 7690
Holly Aird 722, 729
Maria Aitken 2826
Claude Akins 1050, 2303, 2304, 2305, 2311, 2346, 9720
Luis Alberni 6397, 9413
Hans Albers 1048, 6794, 6795, 6796, 6798, 6799, 6800, 6801, 6802
Eddie Albert 413, 9332, 9333, 11035
Alan Alda 201, 10150, 10151, 10152
Robert Alda 897
Norman Alden 3728
Jace Alexander 6329, 9147
Jane Alexander 1338
John Alexander 5533, 10728, 10729
Waleed B. Ali 4188
Elizabeth Allan 1840
William Alland 1584
Corey Allen 1878
Fred Allen 3200, 3201
Joan Allen 9915
Karen Allen 4815, 4816, 4817, 4821
Woody Allen 230, 730, 1271, 1272, 3446, 3447, 3449, 3450, 3453, 3455, 3457, 3979, 3980, 3981, 3982, 3984, 3986, 4005, 4006, 4007, 4008, 4009, 4010, 4011, 4012, 4014, 4015, 4016, 4017, 4018, 4019, 4020, 4022, 5690, 5692, 5693, 5694, 5910, 5912, 5914, 5915, 5916, 5917, 6018, 6019, 6020, 6021, 6023, 6024, 6025, 6027, 6028, 6030, 6031, 6032, 6033, 6034, 8358, 8363, 8366, 8409, 8410, 8411, 8413, 8414, 9009, 9010, 9013, 9015, 9159, 9161, 9162, 9163, 9165, 9166, 9167, 9168, 9169, 9170, 9171, 9172, 9173, 9174, 9175, 9176, 9177, 9181, 9211, 9212,
9213, 9334, 9335, 9336, 10153, 10155, 10156, 10157, 10158, 10159, 10160, 10161, 10795, 10796, 10797, 10800
Kirstie Alley 4018, 4019
Sara Allgood 8987
Ernesto Alonso 10165, 10166
Angel Alvarez 1994
Don Ameche 2441, 2442, 2443, 2444, 2445, 2446, 2447, 2448, 2458, 2459, 3641, 3642, 3643, 3648, 4309, 4310, 9643
Judith Ames 34
Leon Ames 1801, 9384
John Amos 8904
John Amplas 6257
Richard Anconina 237
Glenn Anders 5412
Merry Anders 3004
Eddie ›Rochester‹ Anderson 4301, 6457, 6458
James Anderson 3956, 8526
Jeff Anderson 1619
John Anderson 8226
Judith Anderson 5495, 5750, 7641, 7728
Kevin Anderson 6874
Michael Anderson jr 10319
Warner Anderson 7521
Dana Andrews 2770, 2771, 2772, 5481, 5484, 5485, 5493, 5494, 5496, 6704, 6505, 7057, 10761
Edward Andrews 5316
Harry Andrews 8662
Julie Andrews 7863, 10288, 10289, 10291, 10292, 10293, 10294
Carol Androsky 5831, 5833
Maya Angelou 288
Muriel Angelus 3876
Jean-Hugues Anglade 906
Jennifer Aniston 3293, 3294, 3295, 3296, 3299
Evelyn Ankers 10792
Morris Ankrum 6316
Ann-Margret 1555, 1556
Susan Anspach 5911
Pete Antico 6785
Omero Antonutti 7267
Gabrielle Anwar 5541, 5542, 5549
Tomas Arana 9822
Bernard Archard 3417, 3418
Anne Archer 5770
Jimmy Archer 2611
John Archer 2626
Fanny Ardant 600, 8215
Eve Arden 6272, 6277
Robert Arden 4218, 4221, 4222
Victor Argo 1178, 3543, 5168, 8978
David Argue 3239
Ariane 4554
Alan Arkin 1464, 1951, 1952, 5793, 6107, 6108
Robert Arkins 1672, 1673, 1674, 1675
Arletty 5126, 5132, 5134, 5135, 5141, 5142, 5143, 5144, 5153, 6862, 6863, 6869, 9437
Pedro Armendariz 985, 1304, 1305, 4133, 4134
Henry Armetta 10527
Herd Armstrong 824
R. G. Armstrong 579, 581, 583, 8394
Robert Armstrong 2586, 2587, 5157, 5159
Peter Arne 10287
James Arness 2859, 2938, 2939, 6131, 6734, 6738
Sig Arno 9231
Edward Arnold 199, 200, 1516, 6393, 6394, 6395, 6396, 6561, 7682, 9794, 9795, 9796, 9797, 9798, 9801, 9832, 9833
Madison Arnold 2056
Tom Arnold 9889, 9890, 9891, 9892
Jean Aron 1157
David Arquette 705, 706
Rosanna Arquette 2268, 5057, 9398, 9399, 9400
Jean Arthur 2916, 2917, 4156, 5583, 6385, 6387, 6559, 8174, 8175, 8176, 8177, 8178, 8180, 8181, 8182, 8183, 8184, 8193, 8196, 10905
Linden Ashby 10809, 10814, 10816
Eve Ashley 9284
Edward Ashley 8646
John Ashton 6491
Luke Askew 6262, 6264
Edward Asner 2380
René Assa 10621
Armand Assante 1072, 3490, 3491, 3492, 3493, 4483, 4484, 4487, 4894
Fred Astaire 6232, 6234, 6235, 6237, 8384, 8386, 8388, 8390, 8665, 8666, 8667, 10420, 10421, 10423
Mary Astor 8, 9, 11, 12, 13, 14, 15, 532, 533, 534, 535, 537, 2182, 2458, 9101, 9102, 9103, 9105, 9114, 9116, 9117, 10867, 10868
Eileen Atkins 1648
Tom Atkins 3955
Richard Attenborough 4962, 4969, 10202
Barry Atwater 6159, 7222
Edith Atwater 6243
Lionel Atwill 2659
Brigitte Auber 9936, 9938, 9939
Rene Auberjonois 6296, 6298
Mischa Auer 3793, 4221, 5584, 6413
Erick Avari 6789
Val Avery 5758
Dan Aykroyd 1126, 1127, 1129, 3643, 6111
Arthur Aylesworth 3827
Lew Ayres 8600
Hank Azaria 6110
Obba Babatunde 10045
Fabienne Babe 9354
Lauren Bacall 2634, 3263, 3915, 3917, 3918, 3919, 3920, 3921, 3926, 3927, 3929, 4685, 5699, 5783, 5784, 9846, 9847, 9848, 9849, 9851, 9853, 9854, 9867, 10624, 10625, 10626, 10627, 10631, 10632, 10633, 10635, 10640
Barbara Bach 9089
Jim Backus 6136, 6137, 7299, 8295
Irving Bacon 4268, 7677
Kevin Bacon 426, 428, 429, 430, 431, 432, 433, 434, 435, 437, 3295, 3296, 7642
Lloyd Bacon 2076
Hermione Baddeley 8561
Alan Badel 396, 397, 400

Vernel Bagneris 2082
Fay Bainter 4876, 4887
Richard Bakalyan 4469
Carroll Baker 699, 3552, 10559, 10561
Joe Don Baker 3702, 3812, 3817, 4070, 4071, 4959, 6754, 6755, 7914, 7916, 7917, 7920
Kenny Baker 6272
Belinda Balaski 3784
Josiane Balasko 10940
Richard Balducci 666
Alec Baldwin 171, 544, 545, 546, 1064, 1068, 1070, 1072, 1075, 1076, 3600, 3601, 6482, 10444, 10445
Stephen Baldwin 2344, 7153, 9956
Walter Baldwin 2515
Christian Bale 909
Mireille Balin 4542
Lucille Ball 6238
Jean François Balmer 7505, 7506, 7508, 7509, 7512
Antoine Balpêtré 7661
Martin Balsam 3170, 5244, 5245, 5830, 5831, 5832, 10017
Alexander Baluev 7600
Anne Bancroft 129, 133, 135, 285, 2665, 7810
George Bancroft 1510, 1513, 7971, 7972
Antonio Banderas 1880, 2162
Minosuke Bando 10122, 10123, 10124
Leslie Banks 2574, 5957, 6784, 7937, 7938
Chantal Banlier 5209
Ian Bannen 4404
Victor Bannerjee 992
Christine Baranski 1763, 9137
Paul Barber 7955
George Barbier 7590
Thomas Barbour 470
Javier Bardem 5895
Trevor Bardette 3325, 10601
Brigitte Bardot
Beege Barkette 3157
Ellen Barkin 709, 710, 3862, 4925, 8625, 9420, 9421, 9422
Joy Barlowe 9855
Ivor Barnard 3414
Walter Barnes 3063, 3064
Vince Barnett 327, 9676
Allen Baron 2577, 2578
Robert Barrat 3395
Jean-Louis Barrault 5130, 5133, 5134, 5136, 5139
Gene Barry 6913, 6914, 10344, 10345, 10346
Raymond J. Barry 1712
Drew Barrymore 202, 4975, 8609
Ethel Barrymore 10575
John Barrymore 367, 368, 2452, 2453, 2457, 6446, 6922, 6923, 6924, 6925, 6926, 6927, 6928, 6929, 6930, 6931, 6932, 6933, 6934, 6937, 6941, 6942, 6944, 6945, 6949, 6950, 6951, 6952, 6959, 6960, 6961, 6962, 6963, 6964, 6965, 6966, 6967, 6968, 6969, 6970, 6971, 9412, 9413
Lionel Barrymore 1969, 3264, 4768, 5582, 6321, 6323, 6325, 9537
Richard Barthelmess 8187
Eva Bartok 8128, 8130
Gary Basaraba 3656
Richard Basehart 1492, 5648, 5650, 8602
Kim Basinger 763, 764, 1055, 1069, 1070, 5016, 5345, 5361, 5372, 5373, 7012
Elya Baskin 6772

Angela Bassett 9307, 9309, 9311, 9313
Alan Bates 158, 159, 161, 167
Florence Bates 6101, 6579
Kathy Bates 3887, 3888
Michael Bates 3093
Paul Bates 9899
Randall Batinkoff 870
Lloyd Battista 1541
Patrick Bauchau 1544, 8256, 8257, 8258, 8259, 8261, 8263, 8264, 8265
Richard Bauer 8948, 8949, 8951
Steven Bauer 8326, 8331, 8334, 11029
Anne Baxter 211, 224, 1547, 3270, 3579, 10858
Warner Baxter 7005, 7008
Sean Bean 3704, 8071, 8073
Stymie Beard 4890
Emmanuelle Béart 6982
Ned Beatty 1836
Robert Beatty 5281, 5282
Warren Beatty 1150, 1321, 1323, 1324, 1326, 1327, 1897, 1899, 1900, 8829
Hugh Beaumont 7288
Louise Beavers 8819
Jackson Beck 10798
Julian Beck 1731
Michael Beck 10511, 10515, 10516
Kate Beckinsale 1647
George Becwar 1257
Robert Beer 9268
Noah Beery jr. 2624, 2882, 7770, 7785, 7786, 7789
Wallace Beery 7, 1970, 3851, 3852, 3854, 8518
Geoffrey Beevers 10287
Jason Beghe 131, 9620
Ed Begley 3977, 10576, 10577, 11036, 11039, 11041
Ed Begley jr. 7852
Harry Belafonte 5010, 10576
Belita 8663
Rodney Bell 8560
Tobin Bell 2803, 2804
Diana Bellamy 1057
Ned Bellamy 1679, 4335
Ralph Bellamy 3370, 3378, 3641, 3642, 5787, 5788, 5789, 6147, 8676, 8684, 8685, 10790
Joe Bellan 1983
Harry Bellaver 4471, 4998
Cal Bellini 5839
Maria Bello 7392, 7393, 7398
Jean-Paul Belmondo 663, 664, 665, 666, 667, 668, 669, 671, 672, 673, 1158, 1932, 1933, 1934, 1937, 1938, 1942, 2554, 3021, 3399, 3400, 3964, 3966, 3967, 5301, 5302, 5303, 5304, 5305, 5969, 5970, 6047, 6048, 6662, 6663, 6664, 6665, 9225, 9226, 9546, 9547, 9548
James Belushi 4330, 4331, 4332, 4333, 4337, 6549, 6550, 7745, 7746, 7750, 7751
John Belushi 1126, 1128, 10257, 10258
Lucas Belvaux 9354
Robert Benchley 5814
William Bendix 3591, 3593, 3594, 3596, 3597, 6999
Nelly Bénédetti 9407
Richard Benedict 9382
Annette Bening 249, 254, 255, 1323, 1324, 1325, 3787, 3788, 3789
Paul Benjamin 2874, 2875
Chuck Bennett 716

Constance Bennett 10966
Joan Bennett 3000, 3406, 4360, 4362, 4365, 8337, 10747, 10748, 10749, 10750
Norman Bennett 11020
Jack Benny 8703, 8706, 8707, 8708, 8709, 8710, 8712
Wes Bentley 251
Julie Benz 877
Daniel Benzalin 6703
Marcel Berbert 3896
Tom Berenger 1353, 1354, 3843, 4741, 4744, 4745, 5770, 5771, 9729
Dawn Beret 9559
Peter Berg 5719, 5722, 5723, 5726, 5729, 5735, 5736
Candice Bergen 1410
Helmut Berger 5886
Senta Berger 3396
Herbert Berghof 2630
Ingrid Bergman 845, 846, 847, 848, 852, 1427, 1436, 1438, 4750, 4754, 4756, 4988, 4989, 4990, 10568
Ballard Berkeley 9290
Xander Berkeley 2949
Steven Berkoff 913, 5311
Charles Berling 7929, 7930, 7932, 7933, 7934, 7935, 7936
Susan Berman 7026, 7027, 7029, 7030, 7031, 7032, 7033
Robert Bernal 10579
Emma Bernard 7158
Jason Bernard 976
Hershel Bernardi 9739
Joe Berry 1320
Jules Berry 6870, 6871, 6872, 6873, 9432, 9433, 9435, 10149
Dorothée Berryman 10104
Zina Berthune 10587
Roland Bertin 1987
Edna Best 3508
James Best 592
Lyle Bettger 9296, 9301
Billy Bevan 6674
Clem Bevans 2504, 8839
Didier Bezace 5210
Abner Biberman 628, 8695
Charles Bickford 2863, 2999, 3000, 3001, 10562
Michael Biehn 9515
Craig Bierko 9792
Raoul Billerey 5209
Edward Binns 11038
Thora Birch 241, 247
Norman Bird 9558
Jane Birkin 9608
Reed Birney 10299
George Birt 5691
Olga Bisera 9088
Shawn Bishop 10064, 1065
Jacqueline Bisset 5970, 10521
Gunnar Björnstrand 2, 8892, 8893, 8894, 8895
Karen Black 1154
Lucas Black 543
Maurice Black 5197
Don Blackman 2709
Honor Blackman 3725
Vas Blackwood 1310
Gérard Blain 4053, 4060
Linda Blair 2570, 2571
Pamela Blake 6975

Robert Blake 1132, 5874
Colin Blakely 7595
Susan Blakely 1399
Michel Blanc 10239, 10240, 10241, 19342
Cate Blanchett 2397
Clara Blandick 4192
Edward Blatchford 5689
Brenda Blethyn 5846, 5847, 5849, 5850
Bernard Blier 10088
Roger Blin 7660
Dirk Blocker 9888
Sebastian Blomberg 296
Joan Blondell 3005, 3734, 3735, 6455, 6460, 7284, 10571
Claire Bloom 7712
John Bloom 1450
Verna Bloom 3067, 3068, 3070
Eric Blore 2662
Robert Blossom 2876
Monte Blue 5283
Rudolf Blümner 5901
Lloyd Bochner 7499, 7501
Earl Boen 9516, 9517
Dirk Bogarde 9735
Humphrey Bogart 8, 9, 10, 11, 14, 16, 17, 18, 20, 100, 101, 102, 103, 105, 106, 108, 109, 110, 111, 112, 113, 292, 293, 294, 736, 737, 738, 739, 741, 742, 745, 1390, 1391, 1413, 1414, 1415, 1417, 1418, 1419, 1420, 1423, 1424, 1428, 1429, 1430, 1431, 1435, 1438, 1439, 1441, 2463, 2465, 2467, 2468, 2469, 2470, 2472, 3257, 3259, 3260, 3263, 3264, 3918, 3919, 3920, 3921, 3922, 3923, 3925, 3927, 3930, 3931, 6555, 6701, 8204, 8205, 8208, 8209, 8210, 8211, 8222, 8223, 8368, 8370, 8372, 8373, 8374, 8375, 8376, 8377, 8464, 8466, 9030, 9031, 9099, 9100, 9102, 9103, 9104, 9105, 9106, 9107, 9108, 9109, 9110, 9114, 9115, 9116, 9117, 9118, 9550, 9669, 9840, 9841, 9842, 9843, 9844, 9845, 9846, 9847, 9848, 9849, 9850, 9851, 9852, 9853, 9854, 9855, 9856, 9857, 9858, 9859, 9860, 9861, 9862, 9863, 9866, 9867, 10003, 10004, 10007, 10008, 10010, 10704, 10705, 10706, 10707, 10708, 10709, 10710, 10743, 10744, 10745, 10747, 10748, 10749, 10750, 10751, 10753, 10754, 10756, 11042, 11043, 11044
Peter Bogdanovich 915, 918
William Bogert 10498
Eric Bogosian 9462, 9463, 9464, 9465
Marquard Bohm 8135, 8136, 8137
Richard Bohringer 3302
Curt Bois 5801
Mary Boland 4409, 4410, 4411, 4417, 4418, 4419, 4432
Bill Bolender 5539
Ray Bolgar 10836, 10837
Tiffany Bolling 6733
Fortunio Bonanova 3193
Rudy Bond 10581, 10582
Samantha Bond 3697
Ward Bond 2770, 2771, 3473, 3475, 4900, 4917, 6762, 7973, 7974, 8527, 8528, 8529, 8530, 8533, 8534, 8535, 8536, 8537, 8546, 8547, 8548, 8549, 8799, 8902, 9710, 9711, 10609
Beulah Bondi 10118
Lisa Bonet 4279

Helena Bonham Carter 2795, 3448, 4193, 10370, 10931, 10933
Mark Boone jr. 8481
Richard Boone 5999, 6318, 7132, 10001, 10002
Shirley Booth 4112
Powers Boothe 646, 651
Eugene Borden 9949
Ernest Borgnine 2102, 4919, 4920, 4924, 5176, 6258, 6259, 9128, 10181, 10673
Giulia Boschi 8945, 8947
Philip Bosco 4021, 7102, 7103, 8361, 9406, 10448, 10449
Barry Bostwick 6786
Wade Boteler 2472
Sam Bottoms 1277, 9578, 9588
Timothy Bottoms 5739
Willis Bouchey 552, 578, 580, 582, 584, 10284
Daniel Boulanger 673, 8400, 8401
Carole Bouquet 1947
Michel Bouquet 1217, 1218
André Bourvil 10314, 10315
Joy Boushel 2857
Dennis Boutsikaris 4976
Julie Bovasso 10765
David Bowie 6103, 6104
Lee Bowman 4684, 5180
Bruce Boxleitner 689, 691, 692
Stephen Boyd 836, 837, 839, 844, 1220
Charles Boyer 735, 1640, 1641, 1643, 1644, 5922, 5924, 5925, 5928, 5929, 5930
Lara Flynn Boyle 7793, 7794, 7795, 7796, 7798, 7800, 7803, 8090, 9568
Peter Boyle 3121, 3122, 3123, 3968, 3969, 7254, 7744, 7749, 8346, 9481
Lanny Boyles 8234
Marcel Bozzuffi 1241, 1242, 5918
Eddie Bracken 8750, 8751, 8759, 8762, 8763, 8764
Doug Bradley 1379, 4165, 4166
Leslie Bradley 8122
Mark Bradley 5871
Alice Brady 6415, 6416, 8387, 8389
Scott Brady 4905, 4907, 4908, 4909, 4910, 4911, 4921, 4922, 8524, 9802
Sonia Braga 8094
Kenneth Branagh 7448, 8356
Lillo Brancato 4673, 4675
Derrick Branche 8946
Neville Brand 2345, 2348, 4671, 6156, 9126
Klaus Maria Brandauer 4846, 4856, 8244
Marlon Brando 387, 388, 856, 857, 858, 859, 2042, 2043, 2051, 2704, 2707, 2710, 2711, 2713, 2714, 3098, 3101, 3102, 3103, 3105, 3106, 3107, 3108, 3110, 3764, 3765, 5716, 5717, 6216, 6217, 7316, 7325, 7326, 10682, 10683, 10684
Carlo Brandt 7926, 7927, 7934
Pierre Brasseur 633, 5129, 5145, 5146
Antonio Bravo 10167
Rossano Brazzi 6035
Thomas E. Breen 9338, 9339
Michael Brennan 9291
Walter Brennan 561, 562, 3916, 3924, 3957, 4163, 4264, 4265, 4266, 4267, 4268, 4269, 4270, 7133, 7134, 7753, 7756, 7758, 7767, 7771, 7772, 7774, 7776, 7779, 7780, 7781, 7787, 7993, 7994, 7996, 8271, 9150, 9152, 9153, 9154, 10601, 10602, 10603, 10604, 10605

Eve Brent 10344, 10345, 10346
Evelyn Brent 643
George Brent 4875, 4878, 4883, 4885, 4886, 4888
Felix Bressart 4839, 7876, 7877, 7882, 8704
Jean-Claude Brialy 1213, 1214, 3021
David Brian 2214, 2215, 3388, 3389
Alan Bridge 8752, 8754
Beau Bridges 2589, 2590, 2594, 2595, 2596, 2597, 8345
Jeff Bridges 68, 69, 70, 71, 920, 923, 924, 925, 927, 930, 932, 934, 935, 2580, 2589, 2592, 2598, 2600, 2601, 4694, 4699, 5264, 5265, 5266, 5738, 5760, 5761, 5774, 5775, 5776, 5777, 9605, 9607, 9916, 9917, 9918, 9920, 9922, 9923
Lloyd Bridges 2580, 2772, 8727
Harlan Briggs 3131, 3132
Richard Bright 2533
Wilford Brimley 2807, 4434, 8778, 10039
Paul Brinazar 3382
John E. Bristol 9514
Jim Broadbent 1227
Peter Brocco 4151
Gary Brockette 5741
James Broderick 4455
Matthew Broderick 2666, 2757, 2758, 2759, 2762, 2763, 3097, 3102, 3104, 3105, 3106, 3107, 3108, 4690, 4691, 4692, 6572, 9440, 9445, 9447
Don Brodie 6368
Steve Brodie 1234, 3669, 6758, 6765, 10727
J. Edward Bromberg 4420, 4421, 4422, 4423, 4617
Charles Bronson 1491, 1494, 2109, 3620, 6155, 6809, 7310, 7311, 7312, 8016, 9046, 9049, 9050, 9051, 9062, 9064, 9067, 9495, 9496
Carroll Brook 6857
Claudio Brook 8917
Clive Brook 8831
Hillary Brooke 6449
Walter Brooke 7806
Albert Brooks 6648, 6835, 6836, 6838, 6840, 6842, 6844, 6846, 8604, 8605, 8606, 8607
Dean R. Brooks 2291, 2293, 2300
Geraldine Brooks 4172, 4173
Hazel Brooks 4810
Leslie Brooks 1077
Mel Brooks 4339
Randi Brooks 1711
Randy Brooks 68
Ray Brooks 5294
Edward Brophy 2249, 5668
Pierce Brosnan 3696, 3699, 3704, 3705, 3706, 5785, 6752, 6753, 6755, 6756, 10566, 10567
Andre Rosey Brown 2922
Barry Brown 4694, 4698
Charles D. Brown 7287, 9845
Clancy Brown 4283, 4289, 4297, 4298, 9222
Heywood Hale Brown 10062
Jim Brown 2104
Joe E. Brown 6017
John Brown 3054
Morgan Brown 2430
Phil Brown 7684
Robert Brown 4518
Irene Browne 8142
Roscoe Lee Browne 1563, 1757, 1759

Nigel Bruce 10147
Argentina Brunetti 3708
Dora Bryan 998, 999, 1000, 1001
Nana Bryant 4302
Paul Bryar 1355
Larry Bryggman 9265
Yul Brynner 598, 1465, 3483, 3485, 3486, 3487, 3488, 3489, 3620, 3623, 3626, 3629, 3630, 7104, 7108, 7110, 7112, 7114, 7116, 7117, 10856, 10857, 10858, 10859
Edgar Buchanan 23, 1652, 1653, 1669, 1670, 1671, 4834
Jack Buchanan 10419
Horst Buchholz 2336, 2337, 2338, 2339, 2340, 2341, 3621
Hugh Buckler 5875
Peter Bucossi 7048
Jack Buetel 7257
Valerie Buhagiar 9718
Traugott Buhre 300
Genevieve Bujold 1543, 10690
Donald Buka 10436
Sandra Bullock 590, 3515, 3516, 3519, 4971, 9038, 10470, 10841, 11019, 11020
Joseph Buloff 4345
Eddie Bunker 7898
Avis Bunnage 5310
Helen Burgess 4153, 4155
Jim Burk 1829, 1831, 1835
Billie Burke 6458, 6459, 10967, 10968
Michelle Burke 4747
Robert Burke 2254, 2258
Walter Burke 552, 3058, 3059
Leo Burmester 38
Tom Dean Burn 5771
Edward Burns 8847, 8849, 8850
Jere Burns 3778
Mark Burns 9734
Raymond Burr 1827, 2211, 2866, 2867, 8298
Saffron Burrows 4110
Ellen Burstyn 174, 175, 176, 177, 178
Peter Burton 4827
Richard Burton 997
Robert Burton 4138
Tony Burton 505, 507, 508, 510, 511, 512
Gerald Busby 4317
Steve Buscemi 931, 1682, 1879, 1880, 2694, 2696, 4715, 4716, 4719, 5558, 7896, 7897, 7898, 7899, 7900, 7901, 7903, 7908
Gary Busey 1318, 1319, 1320, 6002
Jake Busey 9223
Gerard Butler 4516
Yancy Butler 4045
Charles Butterworth 2557
Red Buttons 4051, 4052, 4058, 4062, 4064, 4065
Spring Byington 542
Gabriel Byrne 2407, 2409, 2410, 2411, 2558, 3493, 6501, 6502, 6503, 6505, 6506, 6507, 6515, 6516, 6517, 8928, 8930, 8931, 8935, 8936, 8937, 8938, 8939, 9955, 9959
Michael Byrne 4731
Arthur Byron 3360, 10958, 10959, 10960, 10961, 10962
Nicholas Byron 1960, 1965
James Caan 2356, 2359, 2360, 2382, 2384, 2385, 2475, 4395, 5113, 5116, 5118, 5119, 7328, 7329, 8059
Bruce Cabot 1059, 1669, 1670, 3531
Sebastian Cabot 9343, 9344, 9345

Lorenzo Caccialanza 9259
Maria Grazia Cacinotta 4677
Frank Cady 8524
Nicolas Cage 62, 66, 442, 444, 446, 1681, 1682, 1683, 4393, 4394, 4396, 4556, 4557, 5523, 5524, 6658, 6659, 6660, 6661, 7408, 7792, 7793, 7795, 7796, 7797, 7798, 7800, 7802, 8050, 8052, 9040, 9041, 9044, 9045, 10664
James Cagney 1202, 1204, 1208, 1209, 1505, 1506, 1507, 1508, 1509, 1512, 1513, 1515, 2322, 2323, 2325, 2326, 2328, 2329, 2330, 2331, 2332, 2333, 2335, 2336, 2338, 2340, 2587, 2725, 2726, 2727, 2728, 2729, 2730, 2732, 2734, 2892, 2893, 3041, 4583, 4584, 4585, 4594, 4861, 5068, 6136, 6147, 6282, 6283, 6284, 6286, 6287, 6288, 6289, 6758, 6759, 6760, 6761, 6764, 6765, 6766, 6767, 7180, 7182, 7184, 7186, 7187, 7188, 7189, 7191, 7207, 7695, 8495, 8496, 8497, 8498, 8499, 8500, 8501, 8502, 8503, 8505, 8507, 9092, 9747, 9749, 10704, 10706, 10708, 10709, 10710, 10827, 10828
Georgia Caine 10117
Michael Caine 1092, 1093, 1096, 1097, 10199, 10983, 10984, 10986, 10988
Clara Calamai 7234, 7236
Paul Calderon 1622, 5169
Louis Calhern 492, 495, 496, 849, 8197
Rory Calhoun 2212, 2900
R. D. Call 5457
Michael Callan 1462
Joseph Calleia 3568, 3569, 3592, 4610, 4611, 6826
Simon Callow 10934
Cab Calloway 1125
Phyllis Calvert 3286, 3287, 4750, 4751
Corinne Calvet 9952
José ›Pepe‹ Calvo 3226
Joan Camden 9148, 11000
Rod Cameron 656, 657, 658, 660, 662, 4190, 4191
Glen Campbell 6244, 6246, 6247, 6248, 6249, 6252
Neve Campbell 8613, 8615
William Campbell 6627, 6628, 6631
John Candy 9093, 9094, 10941
Peter Capaldi 5857, 4858
Francis Capra 4674
Alaina Capri 1677
Eolo Capritti 9656, 9658
Cate Capshaw 4733, 4734
Lori Cardille 1845
Claudia Cardinale 8104, 8277, 9047, 9053, 9067
Bruno Carette 5260
Julien Carette 9080
Harry Carey 7790, 7791
Harry Carey jr. 6746, 8539, 8540, 9556, 10608, 10610
MacDonald Carey 3776, 4560, 4561, 5812, 6884
Olive Carey 8543
Phil Carey 6585, 6586, 6588, 6589, 6590
Timothy Carey 7305, 7911
Timothy Carhart 9609
George Carlin 7044, 7045
Lynn Carlin 8237, 8238
Margit Carlquist 5394
Richard Carlson 5220

David Carlyle 4980, 4984
Robert Carlyle 3268, 7944
Roger C. Carmel 808, 809
Julie Carmen 3615
Art Carney 5028, 5029, 5030, 5031, 5032, 6788
Morris Carnovsky 3326
Martine Carole 5865, 5866
Leslie Caron 277, 278, 279
David Carradine 5867
John Carradine 1503, 3133, 3134, 3135, 3136, 3142, 3145, 5713, 7964, 7966, 9667, 9668, 9881, 10097, 10600
Keith Carradine 1543, 2216, 5868, 7547, 9315, 9316, 9317, 10685, 10686, 10687, 10694, 10721
Robert Carradine 941, 942
Carlos Carrasco 9037
Barbara Carrera 4487, 8243
Tia Carrere 9894
Albert Carrier 8910
Helena Carroll 1847
John Carroll 2625, 8186, 8192
Leo G. Carroll 3055, 4495, 10085, 10751, 19754
Madeleine Carroll 3461, 3462, 8352
Charles Carson 5280
Jack Carson 1212, 3470, 3471, 5317, 5318, 8504, 8505, 8506
Silas Carson 9208
Janis Carter 24, 25, 26
T. K. Carter 2698
Anthony Caruso 9755, 9756
David Caruso 4456, 4457, 4461, 5168, 5172, 8697, 8701
Mary Carver 902
Dana Carvey 411
Maria Casarès 5136, 5140
John Cassavetes 8106, 9719
Jean-Pierre Cassel 5307
Seymour Cassel 4716, 4718, 4719
Vincent Cassel 4048
Joanna Cassidy 10862
Ted Cassidy 1357, 1359
Jean-Pierre Castaldi 4167
Richard Castellano 7331, 7332, 7333, 7334
Giorgio Cataldi 4453
Georgina Cates 8221
Walter Catlett 4981, 4983
Kim Cattrall 945, 2724
Paul Cavanagh 5405
Hobart Cavanaugh 4979
Michael Cavanaugh 6095
Dick Cavett 9161
James Caviezel 8459, 8462
John Cazale 1909, 4454, 7339, 7351
Mary Cecil 3040
George Chakiris 10593
Kathleen Chalfant 7463
Feodor Chaliapin jr. 6917
Jo Champa 2048
Michael Paul Chan 792
Jeff Chandler 3292, 3362, 3363, 5315, 5316
John Chandler 9598
Kyle Chandler 4330
Lane Chandler 7752
Lon Chaney jr. 5270, 5653, 11050
Stockard Channing 4644, 4650, 10840
Charles Chaplin 3819, 3820, 3821, 3822, 5274, 6666, 6668, 6669, 6670, 6671, 6672,

6673, 7712
Geraldine Chaplin 10693, 10720, 10721
Sydney Chaplin 3763
Cyd Charisse 5932, 5935, 8665, 8666, 10433
Anthony Charnota 9767
Barrie Chase 5246
Chevy Chase 4802
Ruth Chatterton 10864, 10865
Tina Chen 2149
Cher 4246, 4247, 4248, 4249, 4250, 4328, 6363, 6366, 6367, 6652, 6653, 6656, 6658, 9403, 9404, 9405
Nikolai Cherkassov 153, 155, 157, 4776, 4777
Leslie Cheung 1608
Maurice Chevalier 439, 440, 5896, 5897, 5898
Roy Chiao 4733
Lois Chiles 3857, 6686, 6687, 6688
Joey Chin 5166
Nick Chinlund 1680
Juan Chiorian 2766
Riad Cholmié 608
Rae Dawn Chong 9026
Michael Chow 3971
Chow Yun-Fat 329, 330, 1607
Paul Christian [=Hubschmid] 7275, 7277
Julie Christie 2001, 2616, 2617, 2618, 2619, 5903
Dennis Christopher 8491, 8492
Ken Christy 7895
Berton Churchill 7968, 7969
Eduardo Ciannelli 6690, 6691, 6692, 6693, 6700, 6702, 6736, 6737
Diane Cilento 5993, 5998
Charles Cioffi 2025, 5239, 5240, 7437, 7440
Augusta Ciolli 6260
Franco Citti 50, 53, 54
Ina Claire 7081
Tom Clancy 5115
Cliff Clark 5086
Ernest Clark 398
Fred Clark 10637, 10638, 10639
Matt Clark 4399
Susan Clark 1692, 1693, 7176
Mae Clarke 7188
Margi Clarke 4167
Warren Clarke 9969
Patricia Clarkson 9766
John Cleese 1624, 2817, 2818, 2821, 2825, 2827, 2829, 19696, 10697, 10698, 10701
Christian Clemenson 9782
David Clennon 2083, 5821
Robert Clermont 7662
Corinne Clery 6684, 6685
George Cleveland 660
Montgomery Clift 7763, 7769, 7773, 7775, 7786, 7788, 10170, 10175, 10177, 10178, 10184
Colin Clive 2965, 2966, 2967, 2968, 2969, 2972
George Clooney 778, 784, 786, 788, 3124, 3125, 3126, 3127, 3128, 3130, 3131, 3132, 7245, 7246, 7249, 7250, 7251, 7252, 7601, 9450
Glenn Close 93, 3332, 3333, 3335, 3336, 3337, 3339, 3340, 3341, 3343, 3344, 3345, 3348, 3846, 8442, 10228, 10229, 10230, 10231, 10232, 10233, 10234, 10235
Lee J. Cobb 1691, 1694, 1695, 1696, 1697, 1698, 1699, 1700, 1702, 2712, 5936, 5937, 5938, 5940, 5941, 6041, 6042, 11037

Randall ;Tex‹ Cobb 447, 448
Charles Coburn 2647, 2648, 2656, 2657, 2658, 4049, 4050, 6280, 6281
James Coburn 1477, 1481, 1484, 3621, 7295, 8905, 8906, 8910, 9182, 9184, 9761
Fred Coby 6282
Steve Cochran 3353, 3354, 3356, 3357, 3962, 3963, 9779
Rory Cochrane 1003, 1004, 1006
Alexander Cohen 7639
Claudette Colbert 521, 523, 524, 531536, 538, 1036, 1037, 1039, 1040, 2181, 2439, 2440, 2441, 2442, 2443, 2444, 2445, 2446, 2447, 2448, 2449, 2450, 2451, 2452, 2454, 2457, 2458, 2460, 2523, 2524, 2527, 2529
Tim Colceri 3184, 3185
Dabney Coleman 10860, 10862
Jimmy Coleman 7942
Margaret Colin 4726
Toni Collette 10138
William Collier, sr. 4985
G. Pat Collins 6285
Joan Collins 5428
Johnnie Collins 807
Ray Collins 1580, 1581, 3583, 6178, 8983
Frank Collison 9573
Ronald Colman 2070, 3368, 5171, 10905, 10908, 10909
Nicholas Colosanto 10655
Robbie Coltrane 3703
Coluche 236, 237, 238, 239
Jack Colvin 1834
Anjanette Comer 9731, 9732
Dorothy Comingore 1578
O'Neal Compton 704
Jimmy Conlin 4834, 10416
Sean Connery 1895, 1896, 2085, 2086, 2089, 2093, 2517, 2518, 2519, 2666, 2667, 2668, 2669, 2670, 2671, 2672, 2674, 2675, 2676, 2677, 2773, 2774, 2775, 2776, 3715, 3716, 3721, 3723, 3724, 3725, 4284, 4286, 4287, 4288, 4289, 4730, 4731, 4824, 4825, 4829, 5808, 5986, 5990, 6139, 6918, 6919, 7253, 7254, 7255, 7256, 8041, 8042, 8043, 8052, 8053, 8241, 8242, 8243, 8244, 10020, 10021, 10022, 10023, 10024, 10025, 10027, 10028, 10030, 10243, 10244, 10245, 10246, 10247, 10661, 10663
Billy Connolly 4516, 4517, 9253, 9254
Walter Connolly 1870, 1871, 6921, 6924, 6929, 6932, 6935, 6939, 6944, 6945, 6946, 6947, 6948, 6953
Chuck Connors 10559, 10560, 10565
Eddie Conrad 919
William Conrad 4810, 7683
Hans Conried 8200
Michel Constantin 6048
Eddie Constantine 5594, 5595, 5596, 5597, 5598, 5599, 5600, 7948, 7958
Michael Constantine 3289
Richard Conte 1144, 3420, 3422, 3423, 3424, 4471, 5431, 6803, 6804, 6806, 7336
Bart Conway 10323
Tom Conway 4489, 4490, 4491, 5037
Jackie Coogan 3962, 3963
Richard Coogan 7723
Donald Cook 7185
Doria Cook 10910

Elisha Cook jr. 1080, 9111, 9112, 9864
Christopher Cooke 10169
Ben Cooper 4917, 5479
Chris Cooper 6327
Gary Cooper 1031, 1035, 1037, 1040, 1042, 1043, 3279, 3280, 3281, 3389, 3464, 3466, 3467, 3468, 3469, 4153, 4156, 4157, 4158, 4159, 4268, 4273, 6042, 6167, 6168, 6180, 6181, 6184, 6185, 6399, 6400, 6401, 6545, 6547, 7427, 7429, 7430, 7431, 7432, 7571, 7572, 7573, 8352, 8353, 8783, 8791, 8800, 9551, 9552, 9553, 10132, 10133, 10139, 10140, 10142, 10143, 10603, 10605, 10759, 11046, 11048
Gladys Cooper 7831
Melville Cooper 2655
Robert Coote 2132, 3505
Bert Copello 2923
Ellen Corby 5480
Raymond Cordy 10343
Jeff Corey 1366, 5854, 8233
Wendell Corey 2752, 2754, 3020, 4370, 4371, 4372
Annie Corley 1295, 1300
Robert Cornthwaite 1956, 1959, 1962, 1963, 1964, 1965
Adrienne Corri 9337, 9340
Nick Corri 3880, 7063
Silvana Corsini 49
Salvatore Corsitto 7315
Bud Cort 4000
Ricardo Cortez 6854
Jesse Corti 3304
James Cosmo 9274
Don Costello 1044, 1045, 1046
Kevin Costner 334, 339, 343, 346, 349, 350, 353, 354, 355, 359, 362, 363, 2678, 2736, 2740, 7410, 7411, 7415, 7416, 7419, 7535, 8023, 8024, 8030, 8031, 8903, 9678, 9679, 9680, 9682, 9683, 9684, 9685, 9686, 9687, 9689, 9691, 9692, 9693, 10020, 10021, 10022, 10027, 10031, 10807, 10809, 10810, 10812, 10817
Laurence Cote 10334
Joseph Cotten 1575, 1576, 1577, 1583, 2170, 2171, 2173, 2176, 2391, 3578, 3581, 3582, 3712, 4589, 4590, 4838
Herrman Cottman 10091
George Coulouris 1566, 1567, 1568, 5399, 5400, 10439
Hazel Court 5577, 5578
Tom Courtenay 2350, 2351, 2352
Jerome Courtland 6045
Jerome Cowan 2473, 3428, 5533, 6177
Noël Coward 3484
Alan Cox 3403
Brian Cox 674, 1186, 3417, 8149, 8150, 8151, 9791
Courteney Cox 8619
Ronny Cox 8048, 8049
Walter Coy 2514
Peter Coyote 994, 995, 996, 4233, 4235, 4237, 4238, 4239, 4240, 4242
Cylk Cozart 2853
James Craig 189, 191, 195, 196, 198, 9804
Michael Craig 8276
Jeanne Crain 6629
Paul Crauchet 1500
Matt Craven 1118
Broderick Crawford 656, 659, 1911, 1913,

2514, 2516, 6067, 6068, 6069, 6075, 8566, 8567, 8571, 8602, 8603, 8954, 9125, 9126, 9128
Joan Crawford 2373, 4171, 4175, 4899, 4900, 4901, 4902, 4903, 4906, 4907, 4909, 4910, 4911, 4912, 4913, 4914, 4923
Laird Cregar 4308, 6972, 6973, 8648, 8650, 8651
Henri Crémieux 7213, 7214
Richard Crenna 1465, 4125, 4796, 7705, 7706, 7707, 7708, 7709, 7711
Laura Hope Crews 2417
Bernard Cribbins 3885
Donald Crisp 542, 2074
Linda Cristal 5006, 5007
Criswell 7485, 7486, 7493
James Cromwell 686, 687, 5344, 5345, 5347, 5348, 5349, 5350, 5353, 5354, 5362, 5363, 5364, 5365
David Cronenberg 1376, 1377
Hume Cronyn 7742, 7743
Denise Crosbie 8955, 8956, 8957
Hacry Crosby 3049, 3050
Ben Cross 9342
David Cross 8975, 8976, 8977
Rupert Crosse 3290
Scatman Crothers 1277
Lindsay Crouse 4075, 4076, 4077
Russell Crowe 3574, 5343, 5345, 5351, 5352, 5356, 5357, 5366, 5371
Ed Crowley 7170
Tom Cruise 2583, 2584, 2680, 2683, 2686, 2690, 2800, 2801, 2805, 2806, 2809, 2810, 2950, 2952, 2953, 4762, 4763, 4764, 4765, 4862, 4863, 4865, 4869, 6528, 7697, 7698
Olivier Cruveiller 9353, 9355
Billy Crystal 1593, 1594, 1595, 1601, 1603, 1604, 2923, 2924, 2925, 2926, 2927, 2928, 2929, 2933, 4023, 4025, 4026, 4027, 4028, 4032, 4033, 4034, 4036, 4037, 7812, 7815, 7816, 6817, 6818, 7819, 7822, 7823, 7824, 7829, 7830
Macaulay Culkin 5083, 5085
Robert Culp 128
Roland Culver 4986, 4987, 8525
Constance Cummings 3431, 3432, 9280
Peggy Cummins 3328, 3329, 3330
Cecil Cunningham 8508, 8513, 8514
Alain Cuny 6862, 6865, 6866, 6867
Finlay Currie 3412, 3416
Michael Currie 1985
Alan Curtis 2466, 8793
Jamie Lee Curtis 1118, 1119, 2813, 2816, 2819, 2820, 2822, 2823, 2824, 2825, 3652, 3653, 3654, 10700, 10701
Robin Curtis 9196
Tony Curtis 452, 1863, 6006, 6009, 6010, 6011, 9296, 9298, 9299, 9300
Cyril Cusack 2615, 2621, 2622
Joan Cusack 1198, 4670, 6815
John Cusack 829, 831, 1340, 1342, 1345, 1587, 1588, 1683, 4277, 4278, 6112, 6113, 6114, 7017, 7862, 8362, 10365, 10367, 10368
Peter Cushing 4451, 4452, 5324
Victor Cutler 896
Richard H. Cutting 5002, 5003
Jon Cypher 10167
Charles Cyphers 4636, 4737, 4738
Henry Czerny 5021, 5022, 5025, 5026, 5027
Howard Da Silva 1044, 1047, 4573, 4574, 4578, 4579
Willem Dafoe 5821, 5822, 5823, 6534, 6535, 6536, 6537, 6538, 7494, 9327, 9328
Eva Dahlbeck 5389, 5390, 5391, 5393
Dan Dailey 10434
Fabienne Dali 9546, 9547
Marcel Dalio 3861, 6418, 9078, 9079
John Dall 1645, 3327, 3328
Béatrice Dalle 905
Joe Dallesandro 1737
Timothy Dalton 4069, 5852, 5853, 5855
Matt Damon 7805
Tom D'Andrea 10003, 10005
Patricia Dane 9831
Beverly D'Angelo 4281
Henry Daniell 5590, 5591, 5592, 10099, 10438
Anthony Daniels 4653, 4654, 8164
Jeff Daniels 3312, 3313, 3314, 6119, 6122, 6126, 6127, 7638, 7640, 10879
Royal Dano 4920, 6469
Ted Danson 4122, 4127, 4129, 6689, 8720, 8723, 8724, 8725, 8728
Ray Danton 4778, 4779, 4780, 4782, 4783, 4786, 4787
Tony Danza 4678
Kim Darby 6242, 6243, 6246, 6255
Denise Darcel 10145
Alexander D'Arcy 8510, 8511
Linda Darnell 4621, 6704, 10056, 10057, 10058
James Darren 2203, 4470
Danielle Darrieux 5923, 5926, 5927
Sonia Darrin 9862
Henry Darrow 10646, 10647
Jane Darwell 115, 195, 196, 3140, 3146, 3148, 3149, 4999
Stacey Dash 4461, 4465, 4466
Jean Dasté 3893, 3897, 6060
Kristin Dattilo 438
Claude Dauphin 3738
Harry Davenport 653, 1205, 1206, 1207, 3019, 3609
Nigel Davenport 6196, 6208
Robert Davi 5851, 5855
Keith David 10257
Lolita Davidovich 4381, 4382, 4383
Jaye Davidson 1771, 1772, 1773, 1774
Stephen Davies 7959
Bette Davis 203, 205, 208, 212, 213, 216, 217, 218, 221, 222, 223, 1202, 1203, 1205, 1207, 1208, 2728, 2729, 2731, 2732, 2733, 2734, 3407, 4876, 4879, 4880, 4881, 4882, 4883, 4884, 4889, 5211, 5217, 5223, 5225, 5226, 5227, 5228, 5534, 6618, 6692, 6694, 6695, 6696, 6698, 6701, 6981, 7832, 8289, 10963
Geena Davis 322, 323, 799, 2855, 2856, 5181, 5185, 5189, 7846, 7849, 9097, 9098, 9610, 9611, 9616, 9618, 9619, 9620, 9621, 9623, 9625, 9789, 9790
George Davis 7071
Harry Davis 3632
Jim Davis 4700, 6675, 6745, 6746
Judy Davis 43, 44, 45, 1095, 4003, 4004
Lindy Davis 3288
Mac Davis 4334
Nathan Davis 1776
Ossi Davis 4957, 6609, 6610
Philip Davis 1176
Susan Davis 10498
Bruce Davison 5043, 5045, 5046, 5047, 5048, 5050, 5051
Anthony Dawson 4828, 10411
John Day 6157, 6158, 9493
Laraine Day 655
Daniel Day-Lewis 1180, 5684, 5685, 5686, 5689, 10871, 10872, 10873, 10875, 10934
Joaquim De Almeida 1881
Nigel De Brulier 8516
Yvonne De Carlo 3523, 3524, 7729, 8554
Ted de Corsia 3065, 3066, 4909, 6797, 6969, 6970, 6971, 8287, 8288, 8289, 10544
Richard De Domenico 4674
Olivia de Havilland 8038, 8497, 8502, 8503
Marc de Jonge 9317
Frank De Kova 4785, 4786
Aimé de March 9549
Maria de Medeiros 7617
Rebecca De Mornay 3976
Robert De Niro 311, 313, 315, 316, 317, 318, 1106, 1155, 1442, 1443, 1444, 1446, 1447, 1449, 1450, 1451, 1454, 1455, 1719, 1907, 1908, 1910, 2530, 2531, 2532, 2536, 2537, 2540, 4542, 3834, 4094, 4095, 4097, 4098, 4793, 4795, 5011, 5012, 5160, 5161, 5162, 6485, 6487, 6490, 7035, 7036, 7048, 7050, 7051, 7354, 7811, 7813, 7816, 7817, 7818, 7820, 7821, 7822, 7823, 7824, 7825, 7826, 7827, 7829, 8070, 8071, 8072, 8073, 8075, 8076, 8078, 8697, 8702, 8969, 9478, 9479, 9480, 9481, 9482, 9484, 9485, 9486, 9488, 10018, 10019, 10026, 10029, 10452, 10453, 10454, 10455, 10456, 10457, 10458, 10459, 10460, 10462, 10463, 10652, 10653, 10654, 10656
Anne De Salvo 460
Ruth De Sosa 404
Valentin De Vargas 4056
José-Luis de Villalonga 4939, 4940
Brandon De Wilde 6379, 6380, 6383, 6385, 6392, 10713, 10717, 10718
Cliff De Young 2846
Maria Déa 6865, 6866, 6870, 6871, 6873
James Dean 1875, 1876, 1878
Gina DeAngelis 8721
Max Dearly 5681
Sylvie Debois 7285
Jean Debucourt 2068
Guy Decomble 8873
George Dee 10752
Ruby Dee 5039, 5040, 5041
Gloria DeHaven 9378
John Dehner 5480
Albert Dekker 7685, 10669, 10670, 10671
Benicio Del Toro 816, 818, 820, 5856, 9954
Jean-Jacques Delbo 6770
Michael Delmatoff 4528
Alain Delon 1156, 1158, 1500, 2369
Albert Delpy 7934
Dom DeLuise 4137
William Demarest 114, 2655, 3875, 3876, 3947, 3948, 3949, 3951, 8760, 8765, 8766, 10132, 10133, 10134
Claudia Demarmels 9633, 9634, 9638, 9639, 9642, 9643
Patrick Dempsey 9569, 9572
Judi Dench 3698, 3699, 3700, 4515, 6748, 6749, 10928, 10929, 10932
Catherine Deneuve 834, 3399, 9884

Michael Denison 4662, 4663
Brian Dennehy 899, 3233, 7700, 7702, 7705, 7708, 7709, 7711, 8916
Elizabeth Dennehy 3241
Charles Denner 2627, 6052, 6053, 6055, 6056, 6057, 6058, 6059
Reginald Denny 7165, 7166, 7167
Graham Denton 3364
Jamie Denton 7128
Gérard Depardieu 1339, 5678, 5679, 10342, 10940
Guillaume Depardieu 5098, 5100
Johnny Depp 1848, 1849, 1850, 1851, 2038, 2039, 2040, 2041, 2044, 2045, 2046, 2048, 2049, 2050, 2051, 2055, 2268, 2269, 3383
Dr. Der 8810
John Derek 4583, 4584, 8953
Bruce Dern 549, 558, 561, 1520, 1756, 1759, 3531, 4510, 4511. 6219, 6222, 6224, 6319, 8574
Laura Dern 1123, 4960, 4965, 7409, 7413, 7417, 7418
Cleavant Derricks 6773, 6774, 6775
Dery 10584
Jean Desailly 9407, 9549
Jim Desmond 55
Rosana DeSoto 9204
Ivan Desny 5959
Nada Despotovich 7028
William Devane 6230, 7394, 7395
Danny DeVito 577, 774, 775, 3434, 3435, 3436, 3437, 3438, 3439, 3440, 3441, 3442, 3443, 3444, 3445, 7804, 8107, 8109, 8112, 8113, 8114, 8116, 8477, 9695, 9697, 9699, 9701, 10435, 10766, 10767, 10768
Francis DeWolff 4775
Brad Dexter 495, 7721, 7724, 9489, 9491
Cliff DeYoung 9361
Tony Di Benedetto 7577
Cameron Diaz 4319, 4320, 5292, 10273, 10274, 10284, 10285, 10286
Leonardo DiCaprio 793, 794, 795, 996
Kim Dickens 7222, 7223
Angie Dickinson 7500, 7502, 7976, 7987, 7990, 7992, 7995, 9719, 9724, 9753
Marlene Dietrich 2419, 2421, 2422, 2918, 2919, 2921, 3045, 3048, 3276, 3317, 3318, 3321, 3791, 3795, 3799, 4603, 4604, 4609, 4613, 4614, 7424, 7425, 7427, 7429, 7430, 8831, 8834, 8835, 8836, 8837, 10920, 10921
Dudley Digges 6474
Bradford Dillman 1984, 10046
Matt Dillon 147, 149, 150, 2179, 9474, 10681
Ayub Khan Dim 8266
Alan Dinehart 2729, 2731
Charles Dingle 5214, 5215, 5216, 5218, 5221, 5222
Ray Dittrich 5161
Robert Dix 5570, 10349
Jean Dixon 6407, 6408, 8871, 8872
MacIntyre Dixon 636
Peter Dobson 1063, 1067
Arielle Dombasle 8484, 8487
Joe Dominguez 7759
Wade Dominguez 8357
Robert Donat 3514
Ludwig Donath 10904
Mario Donatone 8102
Brian Donlevy 1751, 2769, 3010, 3014, 3422, 3423, 3584, 3585, 3586, 3587, 3595, 3794, 3799, 3800, 3868, 3871, 3874, 3877, 3878, 4872, 5654, 8749
Bernard Pierre Donnadieu 7291, 7292
Donal Donnelly 7360, 7364, 7371
Ruth Donnelly 5790
Vincent D'Onofrio 2270, 6433
King Donovan 1818, 2194
Martin Donovan 9394, 9395, 9396, 9397, 9912, 9913
Alison Doody 4728
Paul Dooley 2833
Matt Doran 6341
Stephen Dorff 1018, 1095, 8172
Françoise Dorléac 9408, 9409
Charles Dorsett 260
John Doucette 6242
Van Doude 1219
Yvonne Doughty 10684
Carole Douglas 9850
Don Douglas 6706, 6714
Kirk Douglas 403, 404, 405, 2388, 2389, 2390, 2391, 2392, 2393, 3532, 3533, 3534, 3535, 3670, 3671, 3678, 3680, 3681, 3693, 3779, 3956, 5753, 5757, 5758, 6221, 6623, 6624, 6625, 6626, 6628, 6631, 7519, 7520, 7521, 7523, 7524, 7525, 7887, 7888, 7889, 7890, 7891, 7892, 7895, 8733, 8734, 8735, 9868, 10336, 10338, 10340, 10550, 10551, 10556, 10965, 10993, 10994, 10995, 10997, 10998, 10999
Melvyn Douglas 2415, 2416, 3023, 3024, 3026, 7069, 7074, 7075, 7078, 7079, 7167, 7168, 10715, 10718
Michael Douglas 574, 575, 576, 753, 758, 1015, 2639, 2640, 2642, 3241, 3244, 3245, 3430, 7420, 7421, 7422, 7423, 8108, 8111, 8115, 8117, 8118, 8119, 8120, 10228, 10229, 10232, 10233, 10234, 10481, 10482, 10483, 10484, 10485, 10486, 10487, 10489, 10492, 10493, 10494, 10495
Paul Douglas 10091, 10092
Robert Douglas 6169, 6170, 6171, 6177, 6183, 6187
Marie-Laure Dougnac 2571
Peggy Dow 9802
Lesley-Anne Down 5877
Robert Downey, jr. 573, 2116, 2117
Joseph Downing 9795
Kenneth Downy 7211
Bill Drago 10027
Charles Drake 583, 6372
Tom Drake 9373, 9374
Marie Dressler 1966, 1967, 1968, 1969, 1971, 1972
Richard Dreyfuss 258, 6481, 6849, 8933, 8934, 8940, 8941, 9696, 10064, 10065, 10537, 10539, 10540, 10541
Minnie Driver 940, 6115, 8970
Joanne Dru 6071, 7787, 7788
Don Dubbins 4860
Roland Dubillard 7507, 7511
Marie Dubois 8401
Paulette Dubost 8200
Roger Duchesne 2158
Robert Dudley 520, 527
Carl Duering 394, 395
Howard Duff 4317, 5255, 5256, 7204
Thomas F. Duffy 10214
Larry Dugan 856
Michael Dugan 9557
Andrew Duggan 6462
Yvette Duguay 6734
Olympia Dukakis 3297, 5972, 5980, 6656, 6657, 10470
Bill Duke 6116, 7396, 7401, 10354
Charles Dumas 9266
Douglas Dumbrille 6267, 7592
Margaret Dumont 6266, 6268
Dennis Dun 945, 946, 948, 950
Faye Dunaway 148, 1150, 1151, 1529, 2051, 2151, 2152, 2153, 6988, 6989, 6990
Michael Clarke Duncan 5063
Jennifer Dundas 1636
Kevin Dunn 1838, 3298, 6539
Michael Dunn 7174, 7178
Ralph Dunn 6564
Griffin Dunne 10891, 10892
Harvey Dunne 1253, 1258
Irene Dunne 8513, 10069, 10072, 10073, 10074
Kirsten Dunst 908
Chabela Durán 10166
Charles Durning 411, 1708, 1709, 4258, 10131
Dan Duryea 3307, 5253, 5256, 5257, 8337, 8553, 8554, 8568, 9869, 10762, 10763, 10764
Marj Dusay 804
André Dussolier 8494
Richard Dust 2303, 2304, 2308, 2309, 2310
Charles S. Dutton 186
Robert Duvall 386, 1858, 2641, 3479, 3480, 3481, 3482, 5117, 6253, 6295, 6985, 6986, 6992, 6993, 7319, 7320, 7321, 7322, 7323, 7324, 7358, 7359, 7910, 7911, 7912, 7913, 7915, 7916, 7917, 7918, 7919, 7920, 8437, 8438, 8439, 8443, 8444, 8445, 19642, 10643, 10644, 10646, 10447, 10648, 10649
Shelley Duvall 8152, 8852, 9178
George Dzundza 756, 757, 3657, 6117, 6121, 6123, 6125
John Eames 4086
Jeff East 9390
Marilyn Eastman 7059
Alison Eastwood 6638, 6640
Clint Eastwood 39, 40, 41, 42, 46, 904, 1277, 1296, 1297, 1298, 1299, 1301, 1302, 1334, 1338, 1395, 1396, 1397, 1398, 1689, 1690, 1692, 1693, 1694, 1697, 1699, 1973, 1974, 1975, 1976, 1977, 1978, 1979, 1980, 1981, 1982, 1983, 1985, 2482, 2483, 2484, 2485, 2496, 2497, 2498, 2499, 2500, 2501, 2502, 2503, 2872, 2873, 2876, 2877, 2878, 2879, 3061, 3062, 3063, 3064, 3065, 3066, 3067, 3068, 3069, 3111, 3112, 3113, 3114, 3116, 3117, 3219, 3220, 3221, 3223, 3224, 3226, 3229, 3230, 4083, 4084, 4085, 4090, 4091, 4093, 4399, 4400, 4401, 4519, 4520, 4521, 4701, 4702, 4703, 4704, 4705, 4707, 4711, 4712, 4713, 4714, 5760, 6086, 6087, 6088, 6089, 6090, 6094, 7269, 7270, 7271, 7272, 7409, 7412, 7414, 7418, 7465, 7466, 7467, 7469, 7472, 7473, 8080, 8081, 8083, 8084, 8085, 8087, 8088, 8091, 8095, 8097, 8098, 8099, 8229, 8230, 8231, 9578, 9583, 9588, 9589, 9592, 9593, 9598, 9600, 9601, 9602, 9763, 9764, 9765, 10046, 10471, 10474, 10545, 10546, 10547, 10548, 10549,

10614, 10616, 10784, 10973, 10974, 10975, 10976, 10978, 10979, 10981
Christine Ebersole 10474
Buddy Ebsen 412
Aaron Eckhart 2507
Sarah Eckhardt 9664
Herb Edelman 8740, 8989, 10819
Richard Edson 2761
Anthony Edwards 2084, 10366
Blake Edwards 8730
Cliff Edwards 8287
Mary Ann Edwards 3548
Tony Edwards 2572
Vince Edwards 9738, 9739, 9740, 9742, 9744, 9745
Eddie Egan 10645, 10650
Jill Eikenberry 479
Bengt Ekerot 8891
Jack Elam 555, 563, 5476, 5477, 5478, 8003, 8004, 8005, 8007, 9046, 9949
Dana Elcar 9003
Jeannie Elias 1051
Hector Elizondo 7557, 10135
Stephen Elliot 475
Denholm Elliott 3648, 3649, 3650, 8249, 10927, 10930, 10931
Robert Elliott 10391
Ross Elliott 7275, 9472
Sam Elliott 4303, 9821
Edward Ellis 1059, 4804
June Ellis 3090
James Ellison 4154, 4494
Michael Elphick 2395, 2396
Faye Emerson 4431
Hope Emerson 1145
John Emery 1139, 8657
Roy Engel 1783, 4861
Michael Ensign 9706
George Epperson 484
Omar Epps 8616, 8618
Leif Erickson 7131
R. Lee Ermey 3181, 3182, 3183, 6531, 6532, 6532
Stuart Erwin 1200, 7266
Jill Esmond 982
Giancarlo Esposito 4635, 5169
Emilio Estevez 1229, 3043
Dillon Evans 461, 462
Edith Evans 4660, 4661, 4664
Eynon Evans 8840
Gene Evans 562, 5647, 5648, 5649
Rex Evans 4531
Rupert Everett 4323
Dwight Ewell 1487, 1489
Tom Ewell 8424, 8425, 8428, 10191, 10192, 10193, 10194, 10195
Françoise Fabian 1941
Nanette Fabray 10422
Saturnin Fabre 4534, 4535, 4537, 4540, 4541
Manolo Fabregas 3116
Jeff Fahey 10546
Christopher Fairbank 3204
Douglas Fairbanks jr. 629, 3019, 3367, 3368, 3369, 3883, 5191, 5203, 5204, 10146
June Fairchild 5761
Frankie Faison 3043, 9665
Eduardo Fajardo 1989, 1990, 1991
Deborah Falconer 434, 435
Peter Falk 1703, 5070, 5071, 5072, 5073, 5077, 5078, 9021, 10102, 10103

Julius Falkenstein 5395, 5396
Siobhan Fallon 6438
Stephanie Faracy 1054
Nadia Fares 319, 320, 321
Jude Farese 1334
Dennis Farina 6150, 6488, 6489, 6492, 8474, 8480
Gary Farmer 1848, 1849
Richard Farnsworth 5299, 7282, 9293, 9294, 9295
Felicia Farr 5340, 5341, 5746, 10831, 10832
David Farrar 2573, 8556
Charles Farrell 8842
Glenda Farrell 3405
Mia Farrow 170, 3856, 3857, 7689, 8359, 8363, 9010, 10151, 10152, 10153, 10155, 10156
Jon Favreau 10274, 10286
W. G. Fay 652
Alice Faye 6705
Frances Faye 7546, 7548
Frank Faylen 7021, 7025
Louise Fazenda 6855
Odet Fehr 6793
Fritz Feld 5624
Clarence Felder 10893
Maria Félix 3072
John Fell 2273
Norman Fell 9723
Leslie Fenton 7183, 7187
Colm Feore 6879
Frank Ferguson 4905
Alberto Fernández 2765
Emilio Fernandez 1266
Andrea Ferréol 5679
José Ferrer 1394, 9007, 9008, 9012, 9016
Mel Ferrer 2419, 2422, 10543
Benoît Ferreux 4244
Miguel Angel Ferriz 2781
Gabriele Ferzetti 4544, 9054, 9056, 9061
Edwige Feuillère 2067
Peggy Feury 9000
William Fichtner 151, 4095, 4099
John Fiedler 4189
Chelsea Field 2254, 2255, 5454, 8963
Mary Field 3666, 3667
Sally Field 5971, 5976, 7137, 7138, 8768, 8769, 8771, 8773, 8774, 8776, 11021, 11022
Edward Fielding 7572
Stanley Fields 5193, 5194, 5196, 6476
W. C. Fields 731, 732, 733, 1841, 1842, 1843, 4771, 6529, 6821, 6822, 7208, 7209
Joseph Fiennes 8828
Ralph Fiennes 2436, 7648, 7650, 8405, 8406, 9302, 9303, 9304, 9306, 9309, 9312
Jean-André Fieschi 5598
Clyde Fillmore 4529, 4530
Jon Finch 3092
Peter Finch 6984, 6987
John Fink 779
Frank Finlay 3904
Albert Finney 1231, 2506, 2509, 2510, 3903, 3904, 6497, 6499, 6500, 6501, 6502
Linda Fiorentino 5720, 5721, 5722, 5723, 5724, 5725, 5726, 5727, 5728, 5729, 5733, 5734, 5735
Eddie Firestone 8382
Colin Firth 723, 725, 726, 728, 2437
Bruce M. Fischer 2873

Laurence Fishburne 707, 710, 711, 713, 4841, 4845, 5163, 5164, 5165, 5167, 6333, 6334, 6335, 6336, 6337, 6338, 6339, 6344, 7745
Carrie Fisher 4655, 4657, 4658, 5324, 5328, 5329
Frances Fisher 2476, 2477, 2494, 7380, 7470
Barry Fitzgerald 5748, 5749, 6911, 8896, 8897, 8899
Geraldine Fitzgerald 474, 5401
Tara Fitzgerald 1188, 1189, 10200
Leo Fitzpatrick 5088
Tom Fitzsimmons 8345
Paul Fix 7019, 7132, 10316, 10320
Lanny Flaherty 6510
Pat Flaherty 6555
James Fleet 10312
Rhonda Fleming 3683, 3684, 3685, 3686, 3687, 9753
Jason Flemyng 1311
Dexter Fletcher 1307
Louise Fletcher 2297, 6829
Jimmy Flint 5314
J. C. Flippen 4574, 6625, 6627, 7477, 8395, 9946, 10731, 10733
Darlanne Fluegel 8235
Errol Flynn 541, 3470, 3471, 3473, 4206, 4207, 4210, 4212, 4213, 4215, 4216, 5804, 5805, 5806, 5807, 6098, 8034, 8035, 8036, 8039, 8040, 8675, 10094, 10095
Steven Flynn 9994
Larry Flynt 5438
Nina Foch 276
Bridget Fonda 1587, 4792, 8921, 10530
Henry Fonda 986, 987, 988, 989, 1824, 1825, 2185, 2652, 2653, 2654, 2659, 3058, 3059, 3060, 3138, 3143, 3147, 3426, 3428, 4877, 4879, 4946, 4947, 4949, 4950, 4951, 5067, 7173, 7176, 7677, 7680, 7681, 8009, 8011, 8012, 9054, 9055, 9057, 9059, 9060, 9061, 9064, 9065, 9235, 9236, 9237, 9238, 9239, 9240, 9241, 9242, 9243, 9244, 9245, 9246, 9247, 9248, 9249, 9250, 9251, 9252, 9814, 9815, 9816, 10499, 10500, 10501, 10502, 10503, 10504, 10505, 10507, 11036
Jane Fonda 596, 1462, 5233, 5234, 5235, 5236, 5237, 5238, 7210
Peter Fonda 2263, 9992, 9993, 9994, 9995, 9996, 10703
Joan Fontaine 4986, 7725, 7727, 10168
Ralph Foody 1130
Mary Forbes 960
Michelle Forbes 4992, 4993
Ralph Forbes 6956, 6957
Corkey Ford 406
Glenn Ford 21, 22, 24, 97, 98, 99, 1547, 1651, 1652, 1654, 1655, 1656, 1657, 1658, 1659, 1660, 1661, 1662, 1664, 1665, 1747, 1748, 1750, 1752, 3554, 3555, 3556, 3557, 3558, 3559, 3563, 3565, 3566, 3567, 3707, 3710, 3711, 3713, 3714, 4142, 4143, 4144, 4146, 5580, 6156, 10830, 10831, 10832
Harrison Ford 382, 570, 810, 811, 1023, 1024, 1029, 1030, 2362, 2364, 2365, 2997, 2998, 4658, 4728, 4729, 4732, 4733, 4734, 4812, 4814, 4815, 4819, 4820, 4821, 5019, 5023, 5024, 5025, 5026, 5323, 5326, 5329, 5330, 5331, 6776, 6777, 6778, 6779, 6780, 6781, 6782, 8217, 8218, 8627, 8628, 8629, 8631, 8632, 8633, 8635, 8636, 8637, 8639, 10442
Paul Ford 4114, 4115

Wallace Ford 4113, 4116, 4117, 4118, 6378, 8565, 8569, 9230, 10499
Richard Foronjy 6488
Frederic Forrest 2023, 2029, 2033, 2037, 2313, 2315, 2316, 2317, 2318, 2319, 2320, 2321, 9919
Antoinette Forsyth 351
John Forsythe 4652, 4835
William Forsythe 446, 449, 2535
Robert Forster 2023, 2026, 2027, 2032, 2035, 2036, 4408, 4791, 7260
Robert Fortier 2124
Brigitte Fossey 6061, 6062
Barry Foster 3094
Jodie Foster 309, 310, 329, 5931, 6354, 6355, 6360, 8366, 8581, 9017
Brenda Fowler 3319
Harry Fowler 5503
Douglas Fowley 2188
Edward Fox 8241
John J. Fox 504
Michael J. Fox 588, 10949, 10950
Jamie Foxx 5888
C. V. France 983
Victor Francen 6099, 6100, 6304, 6305
Basilio Franchina 3617
Tony Franciosa 10100
Anne Francis 144
Kay Francis 417, 419, 423, 1914, 1917
Robert Francis 1392
Tom Francis 3975
Guy Frangin 8278
Noé Francq 10469
Paul Frankeur 5141, 5142
David Frankham 3775
Aretha Franklin 1128
Eduard Franz 4054
Brendan Fraser 6790
Laura Fraser 9217, 9218
William Frawley 1210, 1211, 3472, 6757
Robert Frazer 10618, 10619
Vicki Frederick 5077
J. E. Freeman 1727, 1729, 6504, 6513, 6514, 10665, 10666
Mona Freeman 2431
Morgan Freeman 674, 675, 2481, 2482, 8021, 8022, 8023, 8024, 8026, 8027, 8030, 8033, 8886, 8887, 8888, 10271
Paul Freeman 4813, 4818
Paul Frees 1519
Victor French 6539, 8003
Pierre Fresnay 3860, 7663
Bernard Fresson 3074, 3075, 3076, 3078, 3083, 6493
Åke Fridell 8895
Philip Friend 7477, 7478
Willy Fritsch 2161
Donald R. ›Donnie‹ Fritts 1687
Gert Fröbe 3719, 3720, 3721, 3722, 3723
Sadie Frost 8860
Stephen Fry 7447
Dwight Frye 2981
Athol Fugard 3246
Lance Fuller 5000
Samuel Fuller 281, 282, 4169, 4170
Edward Furlong 264, 9519, 9520
John Furlong 1676, 1678
George Furth 1361
Anthony Fusco 4282
Hugh Futcher 2377

Jean Gabin 3073, 3861, 4535, 4536, 4537, 4538, 4539, 4541, 4542, 9431, 9434, 9436, 10583, 10584, 10585
Clark Gable 3, 4, 5, 6, 2146, 2147, 2148, 2521, 2522, 2524, 2525, 2526, 2528, 2529, 2883, 2884, 2885, 2886, 4982, 4984, 4985, 6477, 6478, 6479, 6520, 6521, 6522, 6523, 6524, 7264, 7266, 8287, 9537, 9538, 9540, 9811, 9813, 10380, 10381, 10382, 10383, 10384, 10385, 10386, 10387, 10388, 10396, 10397, 10400, 10401, 10402, 10403, 10404, 10406, 10407
Gabriel Gabrio 4535, 4541
Kevin Gage 4099
Guido Gagliardi 610, 615, 617, 620, 9641, 9642, 9648, 9650, 9651, 9653, 9656, 9659
Max Gail 4139, 4241, 4242
Michel Galabru 7923, 9358, 10468
Tony Galento 2704
Peter Gallagher 254, 8816
Vincent Gallo 815, 7221, 7228, 7229, 7230
Michael Gambon 5241, 9575, 9874
James Gammon 4738
James Gandolfini 9910
Victor Garber 9704
Greta Garbo 3023, 3024, 3025, 3028, 5275, 5276, 5277, 5279, 6322, 6444, 7070, 7071, 7072, 7073, 7074, 7075, 7076, 7077, 7078, 7079, 7080
Andy Garcia 70, 1884, 1952, 5537, 5540, 5541, 5543, 5544, 5545, 5549, 5553, 5555, 5560, 5561, 6881, 7363, 7369, 7375
Nicole Garcia 3301
Stella Garcia 8926
Vincent Gardenia 5714, 6653, 6654, 6655
Reginald Gardiner 2428, 4325
Ava Gardner 742, 743, 745, 746, 1836, 7374, 9529, 10741
John Garfield 4808, 4809, 4811, 5398, 5401, 6447, 6449, 7740, 7741, 9227, 10523, 10526, 10943
Edward Gargan 2891, 6416
Judy Garland 10834, 10836, 10839
Lee Garlington 2739
James Garner 548, 549, 550, 552, 553, 554, 555, 556, 557, 558, 560, 563, 564, 565, 2163, 2164, 2165, 2166, 3189, 3191, 4627, 4628, 4629, 4637, 4638, 4646, 4647, 4648, 5475, 5476, 5477, 6359, 6362, 8640, 10290, 10292, 10293, 10294, 10295
Janeane Garofalo 4103, 4104, 4106, 4107, 5887, 5889, 5890
Teri Garr 2314, 2316, 2317, 2318
André Garret 2159
Barbara Garrick 8419
Victor Garrivier 8303
Greer Garson 6039271, 9272
Harold Gary 1240
Lorraine Gary 10538
Vittorio Gassman 8967
Leila Gastil 7434
Larry Gates 1817, 1819, 1820, 4049
Nancy Gates 2209, 2302,2306, 2307
Jerry Gatlin 9773
Gregory Gaye 9347, 9348
Rebecca Gayheart 7090
Jackie Gayle 9700
Mitzi Gaynor 3486, 3488
Wendy Gazelle 8266, 8269
Ben Gazzara 304, 1400, 1401, 8249, 8250, 8251, 8253, 8254
Michael V. Gazzo 1704, 1706, 7343
Will Geer 4859, 10260, 10723, 10726
Giuliano Gemma 7482, 7483, 7484
Ruth Gemmell 724, 728
Steve Geng 6482
Gilberte Géniat 9454
Leo Genn 74, 6647
Christopher George 2381, 2382, 2383, 2387
Chief Dan George 5828, 5837, 5842, 5844, 5845, 9589, 9590, 9593, 9596
Gladys George 9227, 10711
Olga Georges-Picot 5692
Marita Geraghty 2039
Charles Gérard 5301
Steven Geray 3199, 3563, 7960
Richard Gere 1194, 1195, 1199, 1731, 3657, 4761, 7193, 7194, 7195, 7549, 7550, 7551, 7552, 7553, 7554, 7555, 7556, 7560, 7561, 7562, 7563, 7565, 7566, 7568, 7570, 8342, 11023, 11024, 11025, 11026, 11027, 11029, 11030, 11031, 11032
Georges Gèret 9455, 9457
Gina Gershon 1003, 1004, 1005, 1006, 1007, 1169, 1171, 1172, 1174, 1175
Jamie Gertz 7642
Balthazar Getty 5872
John Getz 2856, 6428
Marilyn Ghigliotti 1618
Giancarlo Giannini 10067
Althea Gibson 5658, 5659
Mel Gibson 1176, 1222, 1223, 1244, 1245, 1248, 1249, 1250, 2852, 4822, 5295, 5296, 5644, 5645, 5919, 6351, 6352, 6353, 6355, 6357, 6358, 6359, 6360, 6361, 7385, 7386, 7387, 7391, 7393, 7397, 7399, 7400, 7401, 7402, 7403, 7404, 9500, 9506, 9507, 9508, 9509, 9511, 10355, 11006, 11007, 11010, 11011, 11012, 11015, 11016
Pamela Gidley 8172
John Gielgud 466, 467, 468, 469, 473, 480, 3254
Stefan Gierasch 3066
Roland Gift 8270
Helen Gilbert 5001
John Gilbert 5278
Jack Gilford 1464
Claude Gillingwater 3361
Lowell Gilmore 957, 964
Virginia Gilmore 10599
Domiziana Giordano 7144
Philippe Girard 5110
Rémy Girard 10104, 10105
Etienne Girardot 3609, 6953
Hippolyte Girardot 7286
Bernard Giraudeau 7928
Lucas Girdoux 4533
Massimo Girotti 7234, 7236
Robert Gist 9375, 9376, 9377
Ned Glass 1480, 1481, 10594
Seamon Glass 827
James Gleason 3946, 4263, 4271, 4272, 4274, 7130, 10121
Brendan Gleeson 1223
Scott Glenn 36, 43, 45, 2767, 8578, 8579, 8911
Crispin Glover 10861
Danny Glover 1249, 1250, 3766, 6556, 8914, 11009, 11010, 11012, 11013, 11014, 11015, 11016, 11017
John Glover 782

Friedrich Gnass 5899
Paulette Goddard 7474
Patrick Godfrey 10930
Sam Godfrey 8516
Angela Goethals 10130
Lloyd Goff 4807, 4808, 4811
Whoopi Goldberg 545, 1944, 1945, 3536, 3537, 3538, 3539, 4942, 4972, 4973, 4974, 4976
Jeff Goldblum 2857, 3840, 3841, 3842, 3911, 3912, 4842, 4963, 4964, 4965, 4966, 4967, 4968, 4969, 5297, 5298, 5299, 5300, 5432, 5434, 5435, 10201, 10202, 10203, 10204, 10205, 10206, 10207, 10208, 10211, 10217, 10218
Jenette Goldstein 183
Tony Goldwyn 128
Valeria Golino 7699
Thomas Gomez 3258, 7480
Pedro Gonzalez Gonzalez 1661
Caroline Goodall 8404
Cuba Gooding jr. 866, 881, 4868
Dean Goodman 9921
Hazelle Goodman 4008
Henry Goodman 7150
John Goodman 443, 689, 690, 691, 694, 695, 921, 922, 923, 924, 926, 927, 928, 931, 932, 933, 936, 8622, 8624
Michael Goodwin 9762
Leo Gorcey 8224
C. Henry Gordon 6324, 6553
Colin Gordon 8105
Keith Gordon 1545
Leo Gordon 2903, 2904, 6585, 6741
Roy Gordon 6167, 7289
Ruth Gordon 4001, 4002, 6635, 7381
Joseph Gordon-Levitt 10843, 10850
Marius Goring 8147
Cliff Gorman 3542, 4313
Félim Gormley 1674
Peggy Gormley 5891
Louis Gossett jr. 4512, 4513, 4514, 7192, 7197
Walter Gotell 4518
Stan Gottlieb 2550
Elliott Gould 6293, 6295, 6299, 9736, 9737
Harold Gould 1285, 1626
Ian Govett 3239
Betty Grable 10628, 10629, 10631, 10636
Todd Graff 9147
Fred Graham 490
Gerrit Graham 4374, 4375
Gloria Grahame 2375, 3960, 4139, 4143, 4144, 4145, 4146, 4147, 4149, 4558
Farley Granger 3051, 3053, 3054, 4576, 4579
Michael Granger 9738
Stewart Granger 8455, 8457
David Grant 8903
Cary Grant 453, 454, 455, 845, 846, 847, 848, 849, 853, 1470, 1472, 1473, 1475, 1476, 1477, 1478, 1479, 1482, 1483, 1485, 3865, 4079, 4500, 4502, 4570, 4752, 4755, 4756, 4757, 4833, 5619, 5620, 5622, 5623, 5625, 5626, 5627, 5628, 5629, 5631, 5632, 5633, 5634, 5635, 5637, 5638, 5809, 5810, 6889, 6891, 6892, 8173, 8174, 8178, 8179, 8180, 8181, 8184, 8185, 8187, 8188, 8189, 8192, 8194, 8195, 8509, 8510, 8511, 8512, 8592, 8593, 8594, 8596, 8597, 8598, 8599, 8601, 8677, 8678, 8679, 8680, 8682, 8683, 8691, 8692, 8693, 8694, 8696, 8983, 9936, 9938,
9941, 9942, 10077, 10080, 10081, 10082, 10083, 10084, 10085, 10168, 10906, 10907, 10908, 10909, 10966
Hugh Grant 992, 7145, 7146, 7149, 7150, 7151, 7152, 7153, 7156, 7158, 7159, 10303, 10308, 10309, 10310
Kathryn Grant 2203
Lawrence Grant 1048, 8832
Lee Grant 4448, 4449
Jean-Pierre Granval 3179
Charley Grapewin 3914, 9709, 9711, 9712, 9713, 9714, 10525
Peter Graves 3363, 9563, 9564
Charles Gray 8858
Colleen Gray 7739, 7754, 7755
Marc Gray 6331
Pamela Gray 4524
Sally Gray 9290
Spaulding Gray 5123, 5124
Jessica Grayson 5212
Seth Green 7688
Graham Greene 9265
Peter Greene 1780, 1782
Sidney Greenstreet 19, 6303, 6307, 9109, 9113
Joan Greenwood 87, 8458
Dabbs Greer 9439
Jane Greer 3673, 3674, 3675, 3676, 3682, 3688, 3689, 3690, 3694
Dennis Gregory 10510
James Gregory 10317, 10318
Mary Gregory 8408
Michael Gregory 912
Virginia Grey 6909
Richard Grieco 9569
Helmut Griem 1384, 5585
Pam Grier 4791
John Gries 8472, 8473, 8480
Jonathan Gries 5091
Joe Grifasi 9145
Andy Griffith 3497, 3498, 3499
Hugh Griffith 843
James Griffith 9885, 9886
Melanie Griffith 1466, 3311, 7096, 7097, 7098, 7099, 9276, 10441, 10443, 10444, 10446, 10447
Gary Grimes 10323, 10324
George Grizzard 2701
Charles Grodin 2700, 6486, 8919
Åke Grönberg 1
Ayre Gross 9022, 9024, 9025, 9498
Ilona Grübel 9473
Greg Grunberg 3293, 3294
Gustaf Gründgens 5900
Ilka Gruning 1434
Harry Guardino 5269, 6637, 7169, 7175, 7178
Christopher Guest 5869
Georges Guetary 280
Paul Guilfoyle 122, 6875
Fernando Guillén 3496
Tim Guinee 286, 287
Alec Guinness 1286, 1287, 1294, 2003, 2004, 5319, 5320, 5321, 5322, 5325, 5327, 5417, 5509, 5510, 5514, 5521, 8154, 8737, 8738
Julien Guiomar 1933, 1935, 1936, 1937, 1938, 1939
Clu Gulager 5300, 9720, 9721, 9726, 9728
Moses Gunn 2200
Bob Gunton 1705, 6630, 10270
Arlo Guthrie 180, 181
Steve Guttenberg 1955, 4281
Luis Guzman 586, 1404, 9783, 9785
Edmund Gwenn 979, 980, 981, 982, 2938, 2940, 4652
Fred Gwynne 1736, 1737
Gyatso Lukhang 5538
Peter Hackes 6837
Joan Hackett 565
Gene Hackman 47, 1239, 2476, 2491, 2492, 2493, 2495, 2500, 2501, 2502, 2800, 2807, 2808, 3074, 3075, 3076, 3077, 3083, 4624, 4625, 4639, 4640, 6532, 6533, 6534, 6536, 6537, 6538, 6539, 8469, 8470, 8471, 8482, 9392, 9474
Reed Hadley 9780, 9781
Jean Hagen 2189, 2190, 2198
Clarie Hague 5336
David Haig 10306
Larry Haines 8744
Alan Hale 3884, 4209, 4211, 4212, 4213, 4216, 5806, 8034, 8500, 9234
Jonathan Hale 8286
Richard Hale 5419
Ben Hall 3143
Brian Hall 7956
Irma P. Hall 6639
Jerry Hall 759
Philip Baker Hall 1152, 4760, 9461
Porter Hall 3464, 7888, 7889, 7891, 8686, 8689, 9364
Thurston Hall 2075, 10086
Charles Hallahan 7268
May Hallett 8557
John Halliday 6893, 7424, 7425, 7426, 7430, 7431
John Halloran 5420
Johnny Hallyday 1886
Billy Halop 1511
Charles Halton 9794
Mark Hamill 4656, 5331, 8155, 8160, 8161
Bernie Hamilton 3060
George Hamilton 7364
John Hamilton 1514, 2706
Linda Hamilton 9517
Margaret Hamilton 10835, 10838, 10947
Murray Hamilton 3944
Harry Hamlin 6787
Hally Hammond 7482
Walter Hampden 8208
John Hancock 5080
Irene Handl 3885
James Handy 1944
Tom Hanks 389, 392, 393, 2399, 2400, 2401, 2402, 2721, 2722, 2941, 2942, 2943, 2944, 2945, 5183, 5185, 5186, 5187, 5188, 5189, 7457, 8416, 8417, 8419
Mark Hanna 6630
Daryl Hannah 8152, 8153
Glen Hansard 1672, 1673
Myrna Hansen 5932
Marcia Gay Harden 6507, 6508, 6509, 6511
Anne Harding 7446
Cedric Hardwicke 3607, 3610, 3611, 10855
Oliver Hardy 366, 1905, 2947, 3659, 3660, 5230, 5497, 9470, 10769, 10770, 10801, 10802, 10803, 10804, 10805
Lumsden Hare 7590
Dorian Harewood 3186
Wiley Harker 5551
John Harkins 8769, 8770, 8771, 8772
Jean Harlow 1972, 2777, 2778, 2779, 2780,

7189, 7190, 8818, 8820, 8821, 8823, 8824
John Harmon 6883
Kathryn Harold 1610, 1614
Ralph Harolde 4564, 6145, 6148
Jessica Harper 8856, 8857, 9215
Robert Harper 2535
Tess Harper 10163
James Harrell 1303
Woody Harrelson 4304, 4305, 4306, 4307, 5436, 5437, 5438, 5439, 5440, 6979
Laura Harrington 8869
Barbara Harris 4447
Ed Harris 40, 41, 42, 390, 391, 1526, 1527, 2810, 8051, 8718, 10424, 10426, 10428, 10430, 10431
Richard Harris 2486, 2487, 2488, 2490, 2491, 3572, 8044
Teresa Harris 4492
Rex Harrison 3431, 3506, 3507, 3509, 3510, 3511, 6820, 10055, 10056, 10059
Linda Hart 9694
Roxanne Hart 4282, 4290, 4292, 4293, 4299
David Hartman 9562
Phil Hartman 1052
Don Harvey 57
Laurence Harvey 596, 1162
Teri Hatcher 6750
Hurd Hatfield 959, 10106, 10108
Raymond Hatton 3748, 3928
Rutger Hauer 1026, 1027, 1028, 7241, 9446
Wings Hauser 4042
Robin Hawdon 9424
Jack Hawkins 840, 841, 842, 1289, 1290, 1501, 1502, 5425, 5426, 5428, 5429, 5430
Goldie Hawn 1630, 1634, 2698, 2699, 4991
Nigel Hawthorne 5155
Sessue Hayakawa 1287, 1288
Harry Hayden 7683
Sterling Hayden 491, 1826, 2008, 2010, 4904, 4905, 4908, 4909, 4912, 4914, 4915, 4918, 4919, 4921, 4922, 6915, 7732, 7736, 7738, 7739, 9344
Richard Haydn 1642
Helen Haye 979
Salma Hayek 706
Annelle Hayes 11002, 11003, 11004
Brian Hayes 7950
Isaac Hayes 5177
Linda Hayes 10101
David Hayman 4405, 8338, 8339
Dick Haynes 557
Dennis Haysbert 4739, 4740
James Hayter 8133
Jim Hayward 6624
Louis Hayward 4073, 7199, 8551
Susan Hayward 1144, 5861
Rita Hayworth 96, 3560, 3561, 3562, 3564, 3565, 3566, 3709, 5407, 5411, 8504, 8506
Myron Healey 9755, 9756
John Heard 984, 3958, 3959, 3960, 3961, 10892
Anne Heche 8626, 8628, 8630, 8631, 8633, 8634, 8636, 8637, 10451, 10453, 10454, 10455, 10458, 10459, 10461
Eileen Heckart 1631, 4343, 4344
Dan Hedaya 1101, 1102, 1105, 10767, 10783
David Hedison 5853
Tippi Hedren 6240
Van Heflin 124, 2130, 2131, 2134, 2135, 2136, 2142, 2204, 2206, 2207, 4171, 4172, 4173,
4174, 4175, 4176, 4177, 6379, 6381, 6382, 8730, 8732, 9835
Carlheinz Heitmann 9636, 9652
Marg Hellenberger 9036
Robert Helpmann 8146
Percy Helton 7963, 10624
Gloria Hendry 5572
Marilu Henner 3968, 3969, 5376
Jill Hennessy 266, 8445
Pat Henning 2706
Paul Henreid 1426, 1432, 4358, 4361, 4362, 4363, 4364, 7961
Lance Henriksen 184, 185, 4046, 4840, 4926
Natasha Henstridge 5058, 5064
Gregg Henry 7388, 7390, 7399, 7400
Tom Henry 4359
Audrey Hepburn 1470, 1471, 1472, 1473, 1474, 1475, 1476, 1480, 1482, 1483, 1485, 3163, 3165, 3166, 3167, 3168, 3169, 3171, 3172, 3173, 3174, 3176, 3177, 3178, 4229, 4230, 4231, 4232, 6817, 6818, 6819, 8201, 8206, 8207, 8210, 8211, 8213, 10952
Katharine Hepburn 101, 104, 106, 107, 109, 110, 111, 2271, 2272, 2274, 2413, 2414, 3007, 3037, 5619, 5620, 5621, 5623, 5624, 5625, 5626, 5630, 5632, 5633, 5634, 5635, 5637, 6598, 6599, 6600, 6603, 6887, 6890, 6893, 7298, 7299, 7308, 7313, 7314, 8595, 9878, 10946, 10948
Holmes Herbert 1996
Hugh Herbert 6855
Juano Hernandez 6449, 7717
Marcel Herrand 5126, 5127, 5128, 5145, 5148, 5150, 5151, 5152, 5154, 6868, 6869
Gary Hershberger 8980
Barbara Hershey 1177, 2642, 3978, 9698, 10037, 10038
Whit Hertford 4961
Irene Hervey 9904
Grant Heslov 9889
Charlton Heston 838, 4600, 4608, 4823, 8905, 8906, 8907, 8908, 8909, 10564
Christopher Hewett 3158
Barton Heyman 1767
William Hickey 2285, 2287, 2288, 6813
Barbara Hicks 1224
Catherine Hicks 7407
Russell Hicks 5213, 7678, 7680, 7681
Wilfrid Hide-White 2170
Anthony Higgins 5291
Arthur Hill 5114
Bernard Hill 9705
Steven Hill 967, 968, 2805, 9141
Marcel Hillaire 8203
Anne Hiller 2394
Wendy Hiller 6206
John Hillerman 15335738
Harriet Hilliard 6236
Candace Hilligoss 1412
Ty Hillman 7451
Gregory Hines 8929, 8932
Pat Hingle 3790, 7137, 10942
Judd Hirsch 3265
Jane Hitchcock 7047
Iben Hjejle 4280
Judith Hoag 1386
Halliwell Hobbes 5403
Peter Hobbs 6141, 6142
Valerie Hobson 85, 9091
John Hodiak 6740
Bern Hoffman 7912, 7913
Dustin Hoffman 486, 969, 970, 971, 2667, 2671, 5829, 5831, 5832, 5833, 5834, 5837, 5838, 5839, 5840, 5841, 5845, 7281, 7283, 7806, 7807, 7808, 7809, 9039, 9824, 10016, 10460, 10463, 10464, 10465, 10466
Otto Hoffman 9279
Philip Seymour Hoffman 7102
Jack Hogan 4347, 4350, 4351, 4352, 4356
Paul Hogan 5333, 5334, 5335, 5336
Arthur Hohl 2730
Harry Holcomb 1162
Fay Holden 9768
William Holden 803, 804, 805, 809, 1163, 1164, 1165, 1167, 1286, 1290, 1291, 1292, 1293, 2717, 2718, 5657, 5659, 6540, 6541, 6542, 6543, 6987, 6990, 6991, 7924, 7925, 8204, 8206, 8207, 8212, 9185, 10253, 10254, 10667, 10672, 10673, 10675, 10793, 10953
Bill Holiday 10784
Edna M. Holland 3522
Eric Holland 1134
Judy Holliday 1911, 1912, 2274, 10062, 10063
Polly Holliday 3784
Earl Holliman 143, 5755, 5756, 10321
Raye Hollit 8961, 8962
Celeste Holm 214, 220, 221, 224
Claus Holm 4748
Ian Holm 182, 938, 5156, 5530
Phillips Holmes 9279
Taylor Holmes 1089, 1090
Tim Holt 3576, 3577, 3579, 8373, 8374
Skip Homeier 2303, 2309
Oscar Homolka 10194, 10195
James Hong 5332
Bob Hope 3460, 3461, 3462, 4954, 4955, 4956, 8671
Leslie Hope 9465
Anthony Hopkins 6528, 7872, 7873, 8580, 8581, 8582, 8583, 8584, 8585, 8587, 8588, 8590, 8591, 10296, 10297, 10298, 10518, 10658
Bo Hopkins 26268
Harold Hopkins 3238
Miriam Hopkins 415, 416, 424, 1998, 8273, 8784, 8785, 8786, 8787, 8789, 8790, 8792
Dennis Hopper 281, 282, 1124, 1148, 1149, 2834, 2835, 2836, 2837, 2838, 2840, 2841, 2843, 2844, 2845, 2846, 2847, 2848, 2849, 2993, 2994, 2995, 5966, 5968, 7799, 7801, 7802, 9904, 9907, 10519
Hedda Hopper 2455
Paul Hörbiger 2167
Lucy Hornak 8242
Victoria Horne 6370
Brigitte Horney 6797
Anna Maria Horsford 1760
Edward Everett Horton 418, 422, 1033, 1034, 1035, 5897, 8384, 8781, 8792
Charles Horvath 3362
Bob Hoskins 1744, 1745, 2644, 2645, 4403, 6365, 6649, 7945, 7946, 7949, 7950, 7951, 7952, 7953, 7954, 7956, 7957, 7958, 7959, 9729, 9730
Djimon Hounsou 3575
John Houseman 8058, 8060
Alan Howard 9559
Arliss Howard 10201

Gertrude Howard 4568
John Howard 3883, 10086
Kathleen Howard 10758, 10760
Kevin Major Howard 1980
Leslie Howard 6552, 6554, 8351, 10263, 10379, 10390, 10405
Ron Howard 10322, 10333
Shemp Howard 732
Trevor Howard 800, 801, 2169, 2174, 4665, 5882, 8170, 9283, 9284, 9287, 9292
C. Thomas Howell 9022, 9023, 9024, 9026
Robert Hoy 10048
Arthur Hoyt 7657
John Hoyt 3421, 10895
John Hubbard 10001
Georges Hubert 3210
David Huddleston 925, 4695, 4696, 4697
Ernie Hudson 3545
Rock Hudson 2393, 3349, 3350, 3351, 3549, 3551, 3553, 3726, 3727, 3730, 3731, 3732, 3733, 4685, 4689, 6586, 6587, 6588
David Huffman 289
Frank John Hughes 4336, 4337
Tony Hughes 4861
Tresa Hughes 2047
Henry Hull 2353, 2462, 4872, 4874, 7678, 7679, 8843, 8844
Josephine Hull 454, 455, 456, 6369, 6371, 6377
George Humbert 414
Arthur Hunnicutt 2386, 8138, 8140, 9551, 9552, 9553, 10328, 10552, 10553, 10554, 10555, 10557, 10558
Gayle Hunnicutt 2163
Bonnie Hunt 4866, 4870, 4871
Helen Hunt 869, 873, 883, 887, 889, 895
Linda Hunt 8915
Marsha Hunt 5987, 6418, 9269
Bill Hunter 3240
Holly Hunter 1725, 1726, 1728, 1730, 2665, 5526, 6833, 6837, 6839, 6841, 6845, 6846, 7458, 7459
Ian Hunter 5651, 5652, 8039
Jeffrey Hunter 8532, 8541, 8544, 8545
Kim Hunter 4767
Tab Hunter 1833, 2207
Isabelle Huppert 8304, 8308
Paul Hurst 10604
John Hurt 6194, 6202, 7237, 7243, 8019, 8020
Mary Beth Hurt 3275
William Hurt 634, 635, 3490, 3844, 3845, 4120, 4121, 4122, 4124, 4126, 6834, 6839, 6840, 6841, 6845, 7837, 7838, 7842, 7844, 7845, 7846, 7849, 7850, 7851, 7853, 7854, 7855, 7856, 7857, 7858, 7859, 7860, 7861
Anjelica Huston 1847, 2278, 2279, 2280, 2281, 2288
John Huston 1534, 1535, 1536, 1539
Walter Huston 190, 192, 193, 194, 197, 199, 5748, 7257, 7258, 7259, 8368, 8369, 8370, 8383, 9278, 9280, 9281, 10867, 10868
Will Hutchins 8397, 8398
Ken Hutchison 9442, 9444
Betty Hutton 8751, 8756, 8757, 8758, 8760, 8761
Timothy Hutton 3084
Jonathan Hyde 9704
Martha Hyer 4079
Ray Hyke 7776
Warren Hymer 3427

Ice Cube 9883
Ice T 9882, 9883
Rhys Ifans 7147, 7148, 7149, 7154
Roger Imhof 4160
Stella Inda 10220
John Indrisano 6716
Frieda Inescort 9270
Rex Ingram 1924, 1925, 1927, 1929
John Ireland 2603, 2614, 2866, 2867, 2868, 4488, 6064, 6065, 6072, 6073, 6074, 7289, 7764, 7766, 7769, 7775, 7783, 7791
Takako Irie 8282, 8284
Jeremy Irons 94, 10120, 10227
Michael Ironside 650, 9221
Amy Irving 6463
George Irving 10523
Jason Isaacs 450, 9219, 9220
Seth Isler 1057
Rosalind Ivan 10098
Daniel Ivernel 1158, 1159
Burl Ives 9385, 9386, 9387
Eddie Izzard 10137
Freda Jackson 3413
John M. Jackson 2948
Glenda Jackson 4078
Philip Jackson 5848
Roger Jackson 8609, 8610
Samuel L. Jackson 291, 4788, 4789, 4790, 4793, 4794, 4795, 7605, 7606, 7607, 7622, 7623, 7628, 7633, 7635, 7637, 9039, 9267, 9788, 9790, 10225, 10226
Selmer Jackson 3139, 6404
Stoney Jackson 9883
Thomas Jackson 2250, 5207
Victoria Jackson 2674, 4496
Irène Jacob 602, 2122
Lou Jacobi 4479, 5950, 5951, 5952, 5953, 5954
Scott Jacobi 5931
Richard Jaeckel 2108, 5042, 5049, 10833
Sam Jaffe 488, 493, 494, 6803, 6804, 6805
Dean Jagger 5259, 9880
Brion James 1025, 3204, 5759
Clifton James 5573
Geraldine James 5433, 5434
Steve James 9927
Joyce Jameson 3772, 8166
Topsy Jane 2352
Jean-Pierre Janic 10313
Oleg Jankovsky 7143
Allison Janney 939, 10842
Famke Janssen 1469
Peter Jason 4087
Ricky Jay 4074, 6751
Gregory Jbara 4668
Keiron Jecchinis 3187
Allen Jenkins 3791, 6699, 8225
Ken Jenkins 5461
Richard Jenkins 37, 38
Frank Jenks 8688, 8689
Matt Jennings 6486
Roy Jenson 1530, 7910
Adele Jergens 5001
Roger Jett 7029
Hollis Jewell 3139
Isabell Jewell 2887, 5422
Zita Johann 9677
David Johansen 3042
Scarlett Johansson 7451
Mervyn Johns 6643

Ben Johnson 857, 10608, 10674
Celia Johnson 802
Chubby Johnson 6467
Don Johnson 3991, 3992, 3994
Melodie Johnson 1689
Noel Johnson 3090
Rita Johnson 3832
Van Johnson 1394, 9371, 9374, 9377, 9380, 9383, 9384, 10944
William Johnson 1786
J. J. Johnston 4390
John Dennis Johnston 7470, 7471
Al Jolson 4832, 6853, 6854
Ben Jones 6575
Carolyn Jones 5752
Eddie Jones 3785, 3786
Gemma Jones 8923
Gordon Jones 2077
Griffith Jones 9284, 9285, 9288, 9291
Henry Jones 547, 8426, 8431
James Earl Jones 2740, 2741
Jeffrey Jones 2760
Jocelyn Jones 3067
L. Q. Jones 1452, 8226
Robert Earl Jones 1625
Tommy Lee Jones 566, 567, 568, 569, 570, 571, 572, 1014, 4376, 4377, 4378, 4379, 4380, 4384, 4385, 4386, 4387, 6429, 6430, 6431, 6432, 6434, 6435, 6436, 6437, 6438, 6440, 9273, 9275, 9276, 10222, 10223, 10224
Vinnie Jones 1312
Richard Jordan 5498, 6597, 7531, 7533, 10819, 10825
Victor Jory 6157, 6158
Allyn Joslyn 2504, 8186
Darwin Joston 504, 505, 509, 511, 513, 514, 516, 517
Louis Jourdan 1262, 1263, 1264, 1265
Louis Jouvet 10088
Nicholas Joy 125, 126
Ashley Judd 7139, 7140
Edward Judd 9423, 9424
Raul Julia 8086, 8091, 8096, 9508, 9510
Katy Jurado 1305, 6161, 6163, 11049, 11051
Peter Jurasik 7438, 7439
John Justin 1928, 1931
James Robertson Justice 5427, 5430
Katherine Justice 9776
Wolfgang Kahler 5879, 5880
Jean-Pierre Kalfon 600
Big Daddy Kane 7532
Eddie Kane 6853
John Kapelos 4761
Alan Kaplan 1954
Shashi Kapoor 8267
Anna Karina 5596, 5955, 5956
Boris Karloff 917, 918, 1009, 2978, 2979, 2982, 2984, 2985, 5588, 5590, 6096, 6097, 6310, 6311, 6312, 6313, 6314, 7668, 7669, 7670, 9279, 9282
Roscoe Karns 2523, 3036, 4978, 6922, 6928, 6930, 6935, 6936, 6938, 6939, 6940, 6943, 6946, 6947, 7029, 6951, 6952
Alex Karras 10290
Tcheky Karyo 3705, 4693, 10341, 10358, 10359, 10360
Lawrence Kasdan 874
Kurt Kasznar 6420
Kurt Katch 6300, 6301, 7960

William Katt 1353, 1354
Caroline Kava 4548
Julie Kavner 2936, 2937, 7687, 7688, 7691, 8364, 8365
Matthew Kaye 10766
Elia Kazan 4595
Lainie Kazan 2312
James Keach 5870
Stacy Keach 2702
Diane Keaton 1636, 5691, 5693, 5917, 6023, 6024, 6026, 6029, 6032, 6033, 7317, 7337, 7361, 7362, 8412, 8414, 9175, 9176, 9177, 9180, 10162
Michael Keaton 766, 767, 771, 1882, 1883, 1884, 1885, 3905, 3906, 8432, 8433, 8434, 8436, 8444, 8446, 9096, 9097, 9098
Steven Keats 3120
Ruby Keeler 7007
Tom Keene 7489, 7492
Catherine Keener 830, 831, 832, 2266, 7248
Jack Kehoe 8437, 8808
Harvey Keitel 177, 717, 1332, 1592, 1716, 1717, 1720, 4496, 5292, 5293, 5891, 5892, 5893, 7461, 7624, 7625, 7626, 7627, 7629, 7630, 7631, 7632, 7899, 7900, 7902, 7909, 8978, 8979, 9134, 9487, 9622, 9787, 10587, 10660, 10662
Brian Keith 3352, 3354, 3355, 3357, 7014, 7015, 7016, 7017, 7046, 10581, 10582
Byron Keith 9119
Ian Keith 2137, 5279
Cecil Kellaway 4838, 6374, 6423, 6425, 6426, 7276
Hiram Keller 2742
Marthe Keller 2717, 2718
Sally Kellerman 6296
Barry Kelley 8668, 8669
Brett Kelley 9017
DeForest Kelley 326, 8382, 9200
Daniel Hugh Kelly 708, 712
Gene Kelly 271, 272, 275, 277, 2129, 2130, 2134, 2139, 2140, 2187, 2190, 2191
Grace Kelly 2749, 2750, 9937, 9938, 9940, 9941, 9942, 9945, 11046, 11047, 11051
Paul Kelly 325, 326, 6100
Fred Kelsey 3463
Pert Kelton 4980
Victoria Kemble-Cooper 1839
Gary Kemp 5312, 5313, 5314
Paul Kemp 10238
Charles Kemper 4227, 7024
Kay Kendall 7113, 7114, 7115, 7117, 7118
Henry Kendrick 445
Arthur Kennedy 1503, 2466, 4596, 5502, 5515, 6044, 6468, 6470, 8675
Burt Kennedy 2234. 2236, 10034, 10036
Douglas Kennedy 1078, 1079, 4357, 4593, 5284, 5289, 5744, 10006
George Kennedy 1478, 1479, 2101, 5762, 5763, 9565, 10317
Jamie Kennedy 8611, 8612, 8614
Maria Doyle Kennedy 4105
Tom Kennedy 6261
Nicholas Kepros 8943
Deborah Kerr 3864, 3865, 3866, 8557, 10172, 10173, 10174, 10183, 10737
Donald Kerr 7519
Frederick Kerr 2971
Evelyn Keyes 9492
Guy Kibbee 2426, 2427, 5404, 6556, 7006

Michael Kidd 10432
Margot Kidder 9391
Nicole Kidman 776, 777, 2583, 2584, 9707, 9708, 10841
Richard Kiley 7516, 8197, 9127
Victor Kilian 8009, 8191, 10600
Val Kilmer 3429, 5016, 5090, 9820, 9823, 9896, 9897
Richard Kind 4457, 4458
Tom Kindle 4407
Alan King 1453
Dave King 7952
Joseph King 3595
Morgana King 7355
Walter Kingsford 9793
Ben Kingsley 1322, 3247, 3248, 3249, 3250, 3251, 3252, 3255, 8402, 8981, 9035, 9746
Greg Kinnear 865, 878, 894
Roy Kinnear 3972
Leonid Kinskey 419
Klaus Kinski 116, 118, 119, 120, 121
Nastassia Kinski 5039, 5041
Bruno Kirby 1603, 2061, 2066, 4033, 7354
George Kirby 9887
Ajgie Kirkland 934
Michael Kitchen 4849
Joseph Kitzmiller 2774
Heath Kizzier 10806
Robert Klein 2548
Elmer L. Kline 3970
Kevin Kline 1837, 2811, 2812, 2813, 2814, 2815, 2816, 2821, 2822, 2827, 2828, 2829, 3087, 3525, 3841, 3843, 4496, 8911, 8912, 8915, 8916, 10699, 10700
Jack Klugman 4672
Hildegard Knef 2719
Esmond Knight 8148
Fuzzy Knight 6399
Wayne Knight 755, 10127
Patric Knowles 8035, 10790
Alexander Knox 8658, 8660
Mickey Knox 10339
Michiyo Kogure 2423
Fred Kohler 4159, 6530
Karen Kohlhaas 9664
Christina Kokubo 10824
Clarence Kolb 9233
Henry Kolker 1915, 1916
Madame Konstantin 851, 854, 855
Elias Koteas 9918
Yaphet Kotto 4996, 5571, 9777
Hubert Kounde 4048
Martin Kove 10807
Linda Kozlowski 5333
Jeroen Krabbé 3656, 4072
Michaël Kraft 7871
Anne Kreis 8493
Kurt Kreuger 1520
Alice Krige 9342
Kris Kristofferson 179, 1562, 1688, 7295, 7296, 9826, 9887
Alma Kruger 8200
Hardy Krüger 4056, 4059, 4066, 4067
Otto Kruger 6717, 6718, 6719
David Krumholtz 10843, 10847, 10850
Jack Kruschen 369
Lisa Kudrow 8067, 8068, 8069
Mickey Kuhn 7757, 7760, 7762
Henry Kulky 1236
Simon Kunz 10303

Lennard Kuras 10586
Swoosie Kurtz 3331
Nancy Kwan 452
Kwan Shan 1608, 1609
Kola Kwarian 7733, 7734, 7735
Machiko Kyo 7716
Robert La Sardo 1781
Pierre Labry 6864
Jerry Lacy 5913
Alan Ladd 1047, 3476, 3585, 3586, 3588, 3589, 3590, 3598, 3777, 6380, 6381, 6383, 6384, 6386, 6390, 6391, 6392, 6972, 6973, 6976, 9768, 9769, 9770
Diane Ladd 1532, 10665
Bernadette Lafont 8494
Ricki Lake 8802
Veronica Lake 3587, 3588, 3589, 6423, 6424, 6425, 6426, 6427, 6976, 9366, 9367, 9369
Hedy Lamarr 2097
Jean LaMarre 5984
Christopher Lambert 4285, 4288, 4291, 4292, 4293, 4294, 4295, 4299, 8944, 8945, 8946, 8947, 8948, 9357
Jack Lambert 6469, 7220, 9489, 9669
Steven Lambert 1715
Chus Lampreave 10794
Burt Lancaster 403, 405, 407, 410, 411, 539, 540, 1331, 1860, 1861, 1872, 1873, 3371, 3373, 3374, 3375, 3377, 3521, 3522, 3523, 3526, 3527, 3528, 3529, 3530, 5044, 5045, 5046, 5047, 5048, 5049, 5050, 5051, 5499, 5500, 5614, 5616, 5617, 6316, 6609, 6610, 6613, 6615, 7241, 7242, 7684, 8121, 8122, 8124, 8125, 8127, 8130, 8132, 9458, 9459, 10135, 10139, 10140, 10144, 10170, 10171, 10172, 10180, 10181, 10182, 10183, 10337, 10340, 10896, 10993, 10995, 10996, 10998, 11000, 11001
Stuart Lancaster 4598, 8299
Sir Lancelot 4493
Bernard Lancret 7662
Martin Landau 2267, 9916, 9917, 9920, 9922, 10154
Harry Landers 4425, 4426
Scott Landers 4412
Jessie Royce Landis 9935, 9943, 10079
Laurene Landon 5071, 5074, 5075, 5076, 5078, 5079
Charles Lane 7532
Diane Lane 6703
Lola Lane 6697
Nathan Lane 2988, 2989
Priscilla Lane 453, 10526
Ben Lang 5262
Hope Lange 5023
Jessica Lange 1741, 1742, 1743, 1746, 2954, 2955, 2958, 2961, 2962, 2963, 2964, 9824, 10162, 10163, 10164
Frank Langella 709, 1779, 1838, 7009
Heather Langenkamp 7064, 7065
Amanda Langlet 7384, 9005
Daniel Langlet 8302
Angela Lansbury 10876, 10877, 10945
Anthony LaPaglia 228
John Larch 1131, 4687
Léon Larive 9076
Pierre Larquey 7663, 7664, 9576, 10087
Catherine Larson 3888
Darrell Larson 8715
Harry Laskawy 5545

Queen Latifah 8810
Andy Lauer 4228
John Laughlin 1525
Charles Laughton 2638, 3198, 3613, 3614, 4315, 4316, 6471, 6472, 6473, 6475, 7937, 7938, 7940, 7941, 10098, 10099, 10912, 10913, 10914, 10915, 10916, 10917, 10918, 10919, 10922, 10923
S. John Launer 6139
Benjamin Laurance 10849
Stan Laurel 1738, 1906, 2946, 2947, 5230, 5231, 5497, 9470, 10769, 10770, 10801, 10803, 10805
Ashley Laurence 4165
Jacqueline Laurent 9432
Hugh Laurie 1739
John Laurie 9803
Piper Laurie 2214, 3937
Ed Lauter 3080, 3495
Denis Lavant 1187
John Phillip Law 10410
Jude Law 8859, 8860, 8861, 9460, 10533, 10534, 10535, 10536
Barbara Lawrence 10053
Marc Lawrence 488, 489, 493, 4137, 8012, 8794, 8796, 8797, 8798, 10339, 11045
Martin Lawrence 7086, 7091
Kate Drain Lawson 7023
Richard Lawson 9330
Wilfrid Lawson 3285
George Lazenby 4543, 4544
Rick Le Parmentier 8059
Paul Le Person 1938, 1940
Tracy Lea 1260
Cloris Leachman 1363, 5739
Richard Leaf 3206
Damien Leake 1734, 1735
Jack Leal 7263
Denis Leary 3515, 3516, 3517, 3518, 3519, 4104, 4109, 4111, 7092, 7093, 8975, 8976, 8977, 10471
Jean-Pierre Léaud 9702, 10269, 10990, 10992
Daniel Lecourtois 3965
Heath Ledger 10853
Bernard Lee 2168, 3716, 4825, 4826
Brandon Lee 5308, 5309
Bruce Lee 2165
Christopher Lee 6133
Sheryl Lee 4335
Fritz Leiber 6670, 6671, 6672
Ron Leibman 6876, 6877, 6878, 6879, 6880, 6881
Janet Leigh 124, 2901, 4601, 4602, 6906, 7602
Jennifer Jason Leigh 6568, 6569, 6570, 6571, 6572, 6574, 10529
Nelson Leigh 10996
Vivien Leigh 10378, 10381, 10382, 10386, 10388, 10389, 10393, 10394, 10398, 10399, 10400, 10407, 10408
Paul LeMat 261
Jack Lemmon 371, 372, 373, 375, 677, 679, 680, 681, 682, 683, 684, 1313, 1314, 1315, 1316, 1317, 1747, 1751, 2581, 5945, 5946, 5947, 5950, 5952, 6006, 6007, 6008, 6009, 6017, 6742, 8746, 10063
Mark Lenard 9198
Kay Lenz 803, 805, 806, 807
Murray Leonard 6282, 10096
Robert Sean Leonard 1638, 10873
Sheldon Leonard 4769

Mario Leonardi 1561
Téa Leoni 2858
Diki Lerner 5944
Michael Lerner 59, 290, 748, 749, 752
Len Lesser 9586, 9587
Adrian Lester 6580, 6581, 6584
Bruce Lester 3408
Henri Letondal 5809
Al Lettieri 2031, 7327
Oscar Levant 273, 274, 3200, 3202, 3203, 10418, 10422
Sam Levene 1347, 4413, 4415, 6825
Marcel Levesque 10148
Rachel Levin 3161
Charles Levison 6920, 6921
Eugene Levy 9095
David Lewis 370
Diana Lewis 9830
Geoffrey Lewis 1278, 3071, 4483, 4485, 5763, 7472
Harry Lewis 3256, 3258
Jerry Lewis 5160
Juliette Lewis 3129, 4992, 4993
Edward Lexy 5661, 5662, 5663
Thierry Lhermitte 320
Donald Li 945
Tom Ligon 10616
Matthew Lillard 8611, 8612, 8615, 8803
Judy Lim 8252
Delroy Lindo 1620, 1621, 3762, 8473, 8476
Vincent Lindon 907
Margaret Lindsay 4884, 4889
Stuart Lindsell 3286
Theo Lingen 5899
Laura Linney 46, 11027
Ray Liotta 1718, 1721, 2737, 3313, 3747, 3748, 3749, 3750,, 3751, 3752, 3753, 3754, 3755, 3756, 3757
Renee Lippin 7693
John Litel 6700
John Lithgow 3274, 8572
Roger Livesey 4767, 5567
Desmond Llewellyn 3701
Suzetta Llewellyn 8268
Christopher Lloyd 3236, 5550, 9196, 10949, 10950, 10951
Eric Lloyd 4006
John Bedford Lloyd 4043
Norman Lloyd 9228, 9229, 9371, 9372
Rollo Lloyd 8272
Tony Lo Bianco 1240, 4397, 9145, 9146
Sondra Locke 1278, 1279, 1282, 1283, 6085, 6088, 6090, 6091, 6092, 6093, 6094, 6634
Gene Lockhart 3829, 8689
Margaret Lockwood 1810, 1812, 1813, 1814
John Loder 6096, 6097, 8198, 8199, 8984, 8986
Arthur Loft 3592
Kristopher Logan 9764
Robert Loggia 714, 1064, 1065, 1066, 1073, 5872, 6001, 6003, 8325, 8326, 8327, 8328, 8333
Donal Logue 1197
Herbert Lom 8525
Carole Lombard 1866, 1867, 1868, 1869, 5786, 5789, 5790, 5791, 5792, 6395, 6408, 6417, 6562, 6563, 6565, 6920, 6927, 6931, 6934, 6954, 6955, 6956, 6957, 6958, 6959, 6960, 6961, 6962, 6964, 6965, 6971, 7591, 8703, 8705, 8706, 8707

Karina Lombard 5460
Michael Lombard 5334, 5335
Julie London 10372, 10376
John Lone 4549, 4552
Mark Long 9274
Shelley Long 7043, 7045
Nancy Loomis 506, 2901
Anna Loos 297, 298, 299
Fernando Lopez 2991
Gerry Lopez 1686
Jennifer Lopez 7246, 7250, 7251, 7252, 9933
Perry Lopez 9130
Sophia Loren 399, 402, 3765, 7545
Livio Lorenzon 10972
Marion Lorne 3057
Peter Lorre 458, 1413, 1414, 1415, 3391, 3772, 3774, 6302, 6304, 6305, 6306, 7666, 7670, 7671, 7961, 8168, 8169, 8570, 9104, 9107, 9108
Hanns Lothar 2323, 2324, 2330
John Louie 3783
Tina Louise 4178, 4180, 4184, 9438
Gérard Loussine 7508
Courtney Love 5436
Frank Lovejoy 1232, 1233
Jon Lovitz 5182
Edmund Lowe 2555
Rob Lowe 4435, 4436
Carey Lowell 5854, 5856
Elina Löwensohn 8405, 9661
Robert Lowery 4781
Morton Lowry 965
Myrna Loy 2247, 2248, 5817, 9539
Fabrice Luchini 10356, 10357, 10362, 10363, 10364
William Lucking 5824
Bela Lugosi 1008, 1010, 1251, 1252, 1254, 1255, 1256, 1257, 1259, 2987, 7657, 7658, 7659, 10618, 10619
Paul Lukas 10866
Wolfgang Lukschy 3227
John Lund 2914, 2917, 2918, 2920
Ida Lupino 2464, 2467, 2471
John Lurie 2078
Alfred Lutter 174, 176, 178
John Lynch 8881, 8884, 8885
Kelly Lynch 4464, 4465, 4466, 4467, 4468
Ken Lynch 4348
Carol Lynley 2388, 2389, 2390
Diana Lynn 8753, 8755, 8756, 8757, 8758, 8767
Jeffrey Lynn 8553
Cliff Lyons 3933
Ray McAnally 8950
Alex McArthur 8862, 8863, 8864, 8866, 8867, 8869
Donald MacBride 2461
Mercedes McCambridge 1548, 3548, 4900, 4901, 4903, 4916, 4917, 6066
Frank McCarthy 6138, 6139
Kevin McCarthy 1819, 1949, 7833
Ralph Macchio 1766
Milton McCollin 1017
Matthew McConaughey 4971, 4975
Myron McCormick 3938
Emer McCourt 7944
Alec McCowen 3093, 3095, 3096
Darius McCrary 6535
Joel McCrea 521, 522, 525, 526, 654, 655, 1330, 3008, 3012, 3015, 3017, 3018, 5283,

5284, 5285, 5286, 5287, 6783, 8222, 8223, 8227, 9362, 9363, 9364, 9366, 9368, 9369, 9370, 10622, 10623
Hattie McDaniel 10395
Ian McDiarmid 8157, 8158, 8159, 8161, 8162, 8163, 8165, 10987
Bruce McDonald 9717
Donald MacDonald 2208
Francis McDonald 3008, 6241
Jeanette MacDonald 6674
Kelly MacDonald 1739, 1743, 1746
Mary McDonnell 6326, 7293, 7294
Frances McDormand 2695
Roddy McDowall 8967, 9772, 9773, 9775, 9776, 9777
Andie MacDowell 3781, 8813, 8814, 8815, 8817, 10041, 10044, 10307, 10309
Malcolm McDowell 9963, 9964, 9965, 9966, 9967, 9968, 9969, 9970, 9971, 9973, 9974, 9975, 9976, 9977, 9978, 9979, 9982, 9986, 9987, 9989, 9990, 9991
Natascha McElhone 8070, 8074, 8077
Peter McEnery 9558
Douglas McFerran 8882
Darren McGavin 10040
Vonetta McGee 5587
Bruce McGill 5444, 5446, 5447
Everett McGill 4088, 4092
Kelly McGillis 694, 695, 2362, 2363, 2364, 4261
John C. McGinley 7085, 7087, 7088, 7218, 10479
Niall MacGinnis 7056
John McGiver 440, 3174, 3175
Mike McGlone 8848, 8850
Patrick McGoohan 2869, 2870, 2871, 2872, 2880
Don McGovern 3236
Elizabeth McGovern 2537, 2538, 6730
Tom McGowan 10475
Jack MacGowran 9468
Ali MacGraw 1688, 5876
Charles McGraw 4131, 7683, 10000, 10373
Ewan McGregor 1188, 1189, 5527, 5528, 5848, 9876, 9877
Michael McGuire 9183
Frank McHugh 640, 641, 3405
Tim McInnerny 7151, 7155, 7157
John McIntire 487, 3350, 3351, 6315, 6317, 6591, 6592, 6594, 6807, 9346, 9350, 9351, 9352, 9379, 9945, 9946, 9947, 9948, 9950, 9951, 10728
Helen Mack 4995, 8688
June Mack 4597
John MacKay 9911
Don McKellar 9718
Ian McKellen 1646, 1648
Russell McKenzie 10278
Leo McKern 2491, 6036, 6043, 6669
Kevin McKidd 9877
Bill McKinney 1277, 1279, 6090, 6632, 6633, 9584, 9585, 9594
Mona MacKinnon 7488
Tom McKitterick 10512
Kyle MacLachlan 1121, 1122, 1123, 2242, 2244, 2245, 8932
Victor McLaglen 629, 985, 8898, 9554, 9557
Shirley MacLaine 372, 375, 376, 377, 378, 379, 1653, 1657, 1658, 1662, 1664, 3111, 3115, 3900, 4651, 5945, 5948, 5949, 5974, 5975,
5978, 9069, 9071, 9072, 9073, 10878, 10881, 10882, 10883, 10884, 10885, 10886, 10887, 10890
Barton MacLane 34, 2468, 2585, 7673, 9104, 9118, 10570
Kerry MacLane 4927
Lenny McLean 1309
Aline MacMahon 3734, 3735, 3736, 3737
Horace McMahon 7521, 7522
Kenneth McMillan 7694
Fred MacMurray 371, 1388, 1389, 1392, 1393, 2566, 2568, 3029, 3030, 3031, 3032, 3033, 3034, 3035, 5791, 5792, 5816, 9231, 10110, 10111, 10113, 10114, 10115, 10116, 10117
Stephen McNally 8526, 10370
Maggie McNamara 10793
Dorothy McNulty 6827
Barry Macollum 2706
Elle MacPherson 5778, 5779, 10200
John McQuade 8807
Steve McQueen 1346, 1550, 1552, 1553, 1557, 3624, 3626, 3628, 4959, 7014, 7017, 7020, 7283
George Macready 3555, 3556, 3558, 3559, 3560, 3561, 3562, 10141, 10142, 10528
Gerard McSorley 1180, 1181, 1182, 1183, 1186
Paul McVey 6388
Robert McWade 7006
William H. Macy 544, 4389, 4392, 7498
Amy Madigan 2736, 2738, 2739, 9320, 9321, 9322, 9325, 9326
Guy Madison 1235
Madonna 1898, 1899, 1900, 1901, 1902
Michael Madsen 2061, 2064, 2995, 2996, 5089, 5091, 5092, 6000, 6002, 6004, 6005, 7896, 7904, 7905, 7906, 9035, 9613, 10809
Roma Maffia 3384
Patrick Magee 8292, 8293
Philippe Magnan 7931, 7932
Ann Magnuson 6036, 6038
Tobey Maguire 7498
John Mahon 5346
Jock Mahoney 5002, 5003, 5004, 5005, 5006, 5007, 5008, 5009
John Mahoney 4706, 4714, 6650, 8847, 8848, 8851
Marjorie Main 9812
Marne Maitland 6132
Mako 1686, 5120, 5121
Alexander Malachowsky 621, 622, 623
Christophe Malavoy 3301
Christopher Malcolm 4296
Karl Malden 700, 858, 860, 1550, 2711, 3365
Ross Malinger 8420
John Malkovich 833, 1679, 1680, 1683, 3333, 3334, 3336, 3337, 3338, 3339, 3340, 3341, 3342, 3347, 3348, 4707, 4708, 4709, 4710, 4711, 4713, 5122, 6037, 8362
Miles Malleson 76, 77
Matt Malloy 9395, 9397
Dorothy Malone 4688, 10508
Nick Mancuso 4234, 4235
Renos Mandis 7067
Roberta Manfredi 4169
Silvana Mangano 3528
Mano Maniam 328
Claude Mansard 8400
Jayne Mansfield 8425, 8841, 8846, 9869
Héléna Manson 7660
Joe Mantegna 172, 173, 1326, 1467, 1468, 2934, 4074, 4075, 4076, 4077, 4391, 4392, 7365, 7366, 7368
Joe Mantell 1528, 1540, 9132
Michael Mantell 9144
Jefferson Mappin 2489
Charles Maquignon 265
Adele Mara 6884
Jean Marais 2069, 7213, 7214, 7217
Sophie Marceau 10567
Fredric March 1867, 1868, 1997, 1998, 1999, 2000, 6427, 8779, 8780, 8782, 8783, 8784, 8788, 8790, 8791, 8791
Georges Marchal 6769
Guy Marchand 8302
Andrea Marcovicci 9335, 9336
James Marcus 9988
Elio Marcuzzo 7235
Janet Margolin 10799
Mark Margolis 35
Jean-Pierre Marielle 1160, 8305, 8306, 8307, 9872, 9873
Cheech Marin 1879, 3132, 9681, 9682, 9685, 9690, 9691
Paul Marion 3916, 3922, 3923
John Marley 7319
Hugh Marlowe 213, 216, 217
Peter Marquardt 6231
Eddie Marr 3531, 3593, 3594
Jojo Marr 8980
Mary Marrall 9289
John Marriott 5254
Kenneth Mars 3153, 3155, 8367
Claudia Marsani 3526
Jean Marsh 9412
Marian Marsh 9504
E. G. Marshall 38, 48
Herbert Marshall 414, 415, 416, 420, 421, 423, 425, 2416, 2854, 5225, 5226
Paula Marshall 7119, 7127, 7129
Tully Marshall 6551
Vera Marshe 6667
K. C. Martel 2259
Frank Marth 7171
Chris-Pin Martin 7971
Dean Martin 231, 5339, 5342, 7977, 7983, 7989, 7996, 9778, 10321
Dewey Martin 10551, 10552, 10556
George Martin 7647
Steve Martin 1852, 1853, 1855, 3768, 3769, 5374, 5376, 5377, 5378, 5379, 5380, 5381, 5382, 5383, 5384, 5385, 5386, 5387, 5388, 6138, 6139, 6142, 6143, 6144, 6814, 6815, 6816, 8153, 8920, 9002, 9003, 9004, 10982, 10985, 10986
Strother Martin 5660, 6605, 6606, 8451
Wally Martin 7285
Margo Martindale 4631, 4633, 4634, 4643
Elsa Martinelli 4055, 4058, 4061, 4063
A. Martinez 1758
Juan Martinez 10794
Reinol Martinez 6231
Johnny Martino 1402
Lee Marvin 1387, 1463, 2100, 2105, 2106, 2107, 3370, 3371, 3372, 3376, 3378, 3932, 4139, 4147, 4148, 6076, 6081, 6590, 6675, 6676, 6677, 6678, 6679, 6680, 6682, 6683, 7502, 7599, 9721, 9722, 9724, 9725, 9726, 9727, 9728, 10326, 10327, 10328, 10329,

10330, 10331, 10332, 10333, 10611, 10612, 10613, 10614, 10615
Chico Marx 6273, 9428
Groucho Marx 6262, 6263, 6264, 6265, 6266, 6268, 6269, 6270, 6271, 6275, 6276, 6278, 6279, 7052, 7053, 7054, 7055, 9425, 9426, 9427, 9428, 9429, 9430
Giulietta Masina 4939, 4941
Elliot Mason 3513
James Mason 2628, 2631, 2632, 10078, 10082, 10083
Marsha Mason 3386, 4090
Anna Massey 3094, 3366, 6169, 6170, 6171, 6172, 6173, 6174, 6176, 6182, 6186, 7474, 8350, 9779
Raymond Massey 459
Ben Masters 6038
Mary Stuart Masterson 3891
Mary Elizabeth Mastrantonio 2679, 2684, 2691, 3525
Marcello Mastroianni 73, 3837
Richard Masur 2111, 2935
Orestes Matacena 4509
Jerry Mathers 4651
Samantha Mathis 4040
George Mathews 1807, 5743, 7312
John Matshikiza 2257
Walter Matthau 1313, 1314, 1315, 1316, 1317, 2582, 3501, 3502, 3503, 3631, 3632, 3633, 3634, 3636, 3805, 3806, 3807, 3808, 3809, 3810, 3811, 3818, 4078, 4437, 4438, 4440, 4441, 4442, 4444, 4445, 4446, 4447, 4448, 4479, 4480, 4481, 5069, 7863, 7864, 7865, 7866, 7867, 7868, 8740, 8741, 8742, 8743, 8745, 8746, 8747, 8748
Victor Mature 2098, 4526, 4527, 4532, 9758, 9759, 9816, 9817, 9818, 9819
Maria Mauban 5799
Tami Mauriello 2703, 2704
Edwin Maxwell 7879, 7880, 8322
Frank Maxwell 2905, 10703
John Maxwell 497
Ferdy Mayne 9469
Mike Mazurki 6709
Paul Mazursky 4327
Me Me Lai 2395
Colm Meaney 2435
Kay Medford 4424, 4427, 4428, 4429, 4430
Patricia Medina 4219
Frank Medrano 8968, 8970
Anthony Medwetz 6480
Donald Meek 4951
Ralph Meeker 2107, 7717, 7718, 7719, 7720
Eva Maria Meineke 1857
Alfonso Mejia 10221
Jean-Pierre Melville 670
Arthur Mendoza 4844
Victor Manuel Mendoza 1748, 1753, 1754
Adolphe Menjou 10260, 10528, 10734, 10945, 10946, 10948
Vivien Merchant 3095
Anne Meredith 2025
Una Merkel 1153, 7004, 8288
Gary Merrill 210, 211, 212, 219
Laurie Metcalf 8621, 9399, 9400, 9402
Mayo Methot 368, 6694
Eleanor Methven 1183
Jim Metzler 5351
Paul Meurisse 451, 3180
Jason Mewes 1490

Dina Meyer 2094, 9224
Emile Meyer 6388, 6389, 6390
Hans Meyer 6858
Torben Meyer 9325
Gertrude Michael 4567
Robert Middleton 2348, 3663
Bette Midler 1632, 1633, 1635, 7043, 7044, 7120, 7121, 7122, 7124
Toshiro Mifune 7714, 8016, 8279, 8280, 8281, 8283, 8285
Tatsuya Mihashi 10617
Bernard Miles 6106
Sarah Miles 4405
Penelope Milford 5641
Tomas Milian 4259, 4503, 4504
Victor Millan 4605
Ray Milland 4326, 5574, 5575, 5576, 5578, 5579, 10251
Barry Miller 8943
Dick Miller 9513
Kristine Miller 10336
Larry Miller 7562, 7563
Marvin Miller 9299, 9301
Penelope Ann Miller 3099, 3438, 3440, 3441, 3443, 3444, 7262
Stephen E. Miller 8719
Warren Miller 7456
James Millican 7925, 10727
Joseph Millikin 3381
Donna Mills 8231
John Mills 3415, 4398, 9839
Juliet Mills 677, 685
Mort Mills 4613, 4614
Sandra Milo 73
John Omirah Miluwi 3758
Yvette Mimieux 10222, 10223, 10224
William Mims 29
Esther Minciotti 6260
Sal Mineo 1877
Liza Minnelli 472, 1380, 1381, 1382, 1383, 7034, 7035, 7036, 7037
Alexis Minotis 5426
Helen Mirren 6780, 7945, 7946
Cameron Mitchell 2144, 8008, 10641
George Mitchell 10833
Millard Mitchell 2194, 2198, 2909, 2910, 2911, 2912, 2913, 2915, 6903, 6904, 6905, 10724, 10732, 10733
Thomas Mitchell 1328, 1329, 3608, 7966, 7967, 7969, 7970, 7971, 8183, 8190, 8560, 8644, 10377
John Mitchum 1977
Robert Mitchum 2354, 2355, 2379, 2429, 2430, 2432, 2433, 2434, 2603, 2604, 2605, 2606, 2608, 2609, 2610, 2612, 2613, 2896, 2897, 2898, 2899, 3118, 3119, 3210, 3211, 3213, 3214, 3215, 3670, 3671, 3672, 3673, 3674, 3675, 3676, 3677, 3679, 3680, 3681, 3682, 3683, 3684, 3687, 3688, 3689, 3690, 3691, 3692, 3694, 3695, 3907, 3908, 4131, 4132, 4135, 4136, 5242, 5243, 5247, 5248, 5249, 5250, 6847, 6848, 8134, 8296, 9070, 9071, 9072, 9073, 9074, 9775, 9778, 9836, 9837, 9838, 10821, 10822, 10826
Geneviève Mnich 9019
Robert Modica 6153
Matthew Modine 1778, 3185, 3188, 4435, 5961
Gaston Modot 5131
Donald Moffat 5020

Jay Mohr 3300, 8975, 9359
Zia Mohyeddin 5507
Zakes Mokae 2256, 8448, 8449, 8450
Alfred Molina 1851, 4812
Walter Molnar 3928
Marilyn Monroe 207, 209, 1084, 1085, 1086, 1087, 1088, 1089, 1090, 2898, 2899, 2900, 6010, 6011, 6519, 6520, 6521, 6522, 6524, 6525, 7579, 7580, 7583, 10190, 10191, 10192, 10193, 10266, 10629, 10630, 10635
Sandra Montaigu 9355
Ricardo Montalban 3710, 3711
Yves Montand 5864, 10467, 10468
Elizabeth Montgomery 7662
Robert Montgomery 1794, 1796, 1797, 1798, 1799, 1800, 1801, 1802, 1803, 1804, 1805, 6562, 6564, 6566
Philip Moon 920
Demi Moore 131, 132, 134, 2952, 4020, 6117, 6118, 6120
Dudley Moore 460, 461, 462, 463, 464, 465, 468, 469, 470, 471, 475, 476, 477, 478, 479, 480, 481, 6483, 6484
Duke Moore 7487
Gar Moore 5255
Julianne Moore 929, 3973, 3974, 3975, 10212
Kieron Moore 401
Norma Moore 6860
Patience Moore 169
Pauline Moore 4946, 4947
Roger Moore 3661, 4720, 4721, 4722, 5571, 6134, 6684, 6685, 6686, 6687, 6688, 7179, 9087, 9088, 9089
Agnes Moorehead 1822
Jack Moran 1676
Rick Moranis 6811, 6812, 9324
Kenneth More 1237, 1238, 8841, 8842, 8844, 8845
Jeanne Moreau 1216, 1217, 1218, 1219, 4935, 7068, 9451, 9452, 9455
Andre Morell 4452
Belita Moreno 6109
Rita Moreno 10592, 10596
Dennis Morgan 10818
Frank Morgan 2126, 2127, 7874, 7875, 10839
Harry (=Henry) Morgan 550, 551, 553, 559, 560, 5479, 5702, 5704, 5705, 8009, 8010, 8952
Cathy Moriarty 10257, 10258, 10259
Michael Moriarty 2110, 7268
P. H. Moriarty 7951
Alberto Morin 3117
Patricia Morison 10936, 10938, 10939
Karen Morley 6309, 6313, 8317, 8319
Aubrey Morris 9973
Chester Morris 2780, 3852, 3853, 3854, 4161, 4162
Barbara Morrison 10175
Shelley Morrison 808
Temuera Morrison 5676, 5677
Jeff Morrow 6465, 10579
Rob Morrow 7649, 7651, 7652, 7655
Viggo Mortensen 132, 1148, 7421, 7422
Clive Morton 76, 77
Carrie-Anne Moss 6332, 6343
Josh Mostel 7686, 7693
Zero Mostel 3151, 3152, 3156, 3157, 9670
Bradley Mott 7839
Alan Mowbray 10969

Esther Muir 9429
Chris Mulkey 7701, 7703
Peter Mullan 6824
Marianne Mullerleile 7293
Armin Müller-Stahl 676
Marius Müller-Westernhagen 604, 605, 606, 607, 609, 610, 611, 612, 613, 614, 615, 616, 617, 618, 619, 621, 624, 9627, 9628, 9629, 9630, 9631, 9632, 9634, 9635, 9636, 9637, 9638, 9639, 9640, 9641, 9642, 9643, 9644, 9645, 9646, 9647, 9649, 9650, 9651, 9652, 9653, 9654, 9655, 9656, 9657, 9659, 9660
Richard Mulligan 5835, 5841, 5843, 6484
Al Mulock 10980
Dermot Mulroney 715, 1727, 5473
Tony Munato 7578
Paul Muni 3913, 4803, 4805, 4806, 8311, 8312, 8313, 8314, 8315, 8317, 8319, 8320, 8321
Jules Munshin 9068
Ona Munson 4531
Audie Murphy 584, 585, 1874, 9333
Eddie Murphy 911, 912, 3644, 3646, 3647, 3649, 36557161, 7162, 7163, 7164
Michael Murphy 6030
Sally Murphy 2217
Bill Murray 3544, 8698, 8699, 8700, 10041, 10042, 10043, 10044
Christopher Murray 4592
Don Murray 1348, 1349, 1351, 1352, 8392, 8394, 8395
Ken Murray 6082
Kate Murtagh 2607, 2610
Tony Musante 6452
Odette Myrtil 528
J. Carroll Naish 898, 1137, 1140
Miguel Najera 3386
Nobuo Nakamura 7836
Alan Napier 5577
Tom Nardini 1463
Arthur Nascarella 3570
Mary Nash 6885, 6886, 6887, 6888, 6894
Henri Nassiet 6771
Vivian Nathan 5232
Mildred Natwick 3346
Billie Neal 2078, 2079, 2080
Patricia Neal 3499, 3501, 6175, 6176, 6179, 6447, 6448, 10716
Tom Neal 1889, 1890, 1891, 1892, 1894
Bernard Nedell 626
Liam Neeson 8017, 8018, 8402, 8403, 8404, 8407, 9207
William Neff 4501
Del Negro 117
Sam Neill 4193, 4797, 4800, 4801, 4960, 4966, 4970, 7460
Kate Nelligan 571, 2990
Charlie Nelson 5106, 5111
Craig T. Nelson 7238, 7239, 7240, 7244
Judd Nelson 1228, 1229, 1230
Lori Nelson 7676
Willie Nelson 2357
Novella Nelson 1735
Ricky Nelson 7974, 7988, 7991
Henry Nemo 5262, 5263
Franco Nero 1988, 1992, 1993, 1994, 1995, 6450, 6451, 6452, 9264
Cathleen Nesbitt 3287, 3863, 3864
Derren Nesbitt 9560
Bebe Neuwirth 3782

William Newell 10254
Barry Newman 5825, 5826
Joan Newman 9160
Paul Newman 1333, 1356, 1357, 1358, 1359, 1360, 1361, 1362, 1363, 1364, 1365, 1367, 1368, 1369, 1370, 1371, 1372, 1373, 1374, 1375, 1828, 1830, 1831, 1832, 1833, 1834, 2634, 2635, 2636, 2637, 2679, 2681, 2683, 2685, 2686, 2687, 2688, 2689, 2692, 2693, 3935, 3938, 3942, 3943, 3945, 3946, 4346, 4450, 4623, 4625, 4626, 4630, 4631, 4632, 4634, 4635, 4636, 4637, 4638, 4640, 4641, 4642, 4643, 4648, 4649, 4650, 5993, 5994, 5995, 5996, 5997, 5998, 5999, 6461, 7094, 7095, 7096, 7097, 7099, 7100, 7101, 8451, 8452, 8453, 8454, 8773, 8774, 8776, 8777, 10032, 10033, 10035, 10100, 10101, 10712, 10713, 10714, 10715, 10717, 10719
Robert Newton 990, 991
Jack Nicholson 759, 760, 761, 762, 763, 765, 766, 767, 768, 769, 861, 862, 863, 864, 865, 867, 868, 869, 871, 872, 873, 874, 875, 876, 877, 878, 879, 880, 881, 882, 883, 884, 885, 886, 887, 888, 890, 891, 892, 893, 894, 1092, 1094, 1097, 1098, 1410, 1411, 1528, 1529, 1530, 1532, 1533, 1535, 1537, 1538, 2201, 2202, 2261, 2262, 2264, 2276, 2277, 2278, 2282, 2284, 2286, 2290, 2291, 2292, 2293, 2294, 2295, 2296, 2298, 2299, 2300, 2301, 2830, 2951, 3234, 3235, 3237, 4248, 4249, 4250, 4251, 4252, 4253, 4254, 4891, 4893, 5672, 5673, 5674, 5718, 8008, 8852, 8853, 9129, 9131, 9132, 9133, 9134, 9135, 9136, 10779, 10780, 10781, 10782, 10880, 10885, 10886, 10888, 10889
Alex Nicol 2213, 6043
Leslie Nielsen 146, 1659, 1663, 6907, 6908
Ken Niles 3686
Maj-Britt Nilsson 9006
Leonard Nimoy 9193, 9194, 9195, 9199, 9200, 9201, 9205
Niu Ben 5531
David Niven 1036, 1039, 2798, 2799, 4665, 4666, 4667, 5877, 5878, 8104
Kip Niven 8347
Bernard Noel 10236
Philippe Noiret 1559, 1560, 1561, 7923, 8303, 8304, 8305, 8306, 9870
Doris Nolan 8592
Jeanette Nolan 6080, 6419, 6421
Lloyd Nolan 2555, 2569, 5670, 5671
Nick Nolte 645, 648, 650, 2113, 4194, 4195, 4196, 4197, 4198, 4200, 4201, 4202, 4203, 4472, 4473, 4474, 4475, 4476, 6828, 6830, 6831, 6832, 8461, 9784, 9785, 9929, 9930
Buckley Norris 429
Chuck Norris 1776, 1777
Alan North 4296
Sheree North 7914
Jeremy Northam 2404, 7003
Edgar Norton 1997
Edward Norton 2784, 2785, 2788, 2794, 2795, 2797
Jim Norton 3419
Chris Noth 4464
Kim Novak 5341
Ramon Novarro 1808, 6322
Jay Novello 2883
Jarmila Novotna 3801, 3802, 3803

Danny Nucci 7127
Bill Nunn 5557, 5730, 5731
Mike Nussbaum 1949, 9662
Carroll Nye 10392
Simon Oakland 1495, 1497, 10594, 10595, 10596
Warren Oates 500, 501, 1267, 1269, 8226, 8396, 8398
Philip Ober 10179
Uschi Obermeier 8136
Merle Oberon 6401, 6402, 8350
Frederick O'Brady 3211, 3212, 3214, 3215
Hugh O'Brian 2208, 2209, 2210, 2211, 2881, 2882, 3291, 5700
Austin O'Brien 5443
Edmond O'Brien 743, 1783, 1785, 3612, 6290, 6995, 6996, 6997, 6998, 7002, 8423, 8424, 8427, 8429, 8430, 8431, 10676, 10678, 11018
Pat O'Brien 1507, 1508, 1509, 1514, 2889, 2890, 2891, 4953, 6012, 6016
Erin O'Brien-Moore 3393
Arthur O'Connell 304, 1350, 1352
William O'Connell 9581, 10615
Carroll O'Connor 7504
Derrick O'Connor 1246, 1247
Donald O'Connor 2192, 2196, 2199
Kevin J. O'Connor 6792, 10691, 10695
Robert Emmett [=Robert] O'Connor 6146, 7180, 7181, 8793
Simon O'Connor 4102
Cathie O'Donnell 4577
Chris O'Donnell 778, 784, 2221, 2223, 2224, 2228, 2229, 2230, 2231
Rosie O'Donnell 5184
Steven O'Donnell 6256
Philip O'Flynn 1456, 1459
Ken Ogata 6527
Pascale Ogier 10358, 10359, 10360, 10361
Ian Ogilvy 10771
Gail O'Grady 7123, 7125, 7126, 7128
Michael O'Hagan 2412, 10268
Brian O'Halloran 1617, 1618
Jack O'Halloran 2612
Catherine O'Hara 798, 8440, 8441
David O'Hara 4106, 4108
Maureen O'Hara 1330, 3379, 7713, 7997, 7998, 8641, 8646, 8647, 8653, 8900
Dan O'Herlihy 8045
Dennis O'Keefe 2865, 4301
Warner Oland 8830, 8833, 8835, 8836, 8837, 8838
Gary Oldman 3205, 3207, 3208, 5611, 8061, 8064, 8065, 9898, 9899, 10425
William O'Leary 356
Larisa Oleynik 10844, 10848, 10854
Lena Olin 7011, 8065, 8066, 10049, 10050, 10051
Edna May Oliver 1844
Laurence Olivier 6228, 6229, 6230, 7581, 7582, 7583, 7584, 7585, 7588, 7726, 7727, 9027, 9356
Edward James Olmos 8672, 8673
Christopher Olsen 6105
Moroni Olsen 3587, 6166
Nancy Olsen 1164
Rex O'Malley 2449, 2456
Ryan O'Neal 4041, 4042, 4328, 4329, 6540, 6541, 6543, 7279, 7280, 10521, 10522
Tatum O'Neal 7280

Henry O'Neill 2076, 9813
Jennifer O'Neill 8001, 10068
D. N. Orlov 154, 156
Julia Ormond 8214, 8216, 8218, 8219, 8220
Ed O'Ross 7747, 7748
William T. Orr 9799
Chick Ortega 1864
Cliff Osmond 3637
Maureen O'Sullivan 9269
Hideji Otaki 4977
Matt O'Toole 10808
Peter O'Toole 5503, 5505, 5506, 5507, 5508, 5509, 5511, 5512, 5515, 5519, 5522
Rafaela Ottiano 6453, 6454
Maria Ouspenskaya 7383, 10791, 10792
Lynne Overman 3009, 3016, 3017, 3824, 3830, 3831, 7475
Reginald Owen 1644
Rena Owen 5675, 5677
Frank Oz 4656
Jean Ozenne 9453, 9456
Al Pacino 1403, 1406, 1408, 1409, 1586, 1588, 1589, 1590, 1591, 1898, 1903, 1904, 2052, 2053, 2054, 2055, 2056, 2057, 2058, 2059, 2060, 2062, 2063, 2218, 2219, 2220, 2221, 2222, 2223, 2224, 2225, 2226, 2227, 2228, 2229, 2230, 2231, 2232, 2233, 2234, 2235, 2237, 2238, 2239, 2240, 2241, 2992, 3599, 3601, 3602, 3603, 3604, 3605, 4097, 4098, 4100, 4454, 4455, 4522, 4525, 4759, 7317, 7318, 7330, 7331, 7332, 7334, 7337, 7338, 7339, 7343, 7344, 7346, 7347, 7349, 7351, 7356, 7357, 7358, 7359, 7360, 7362, 7367, 7369, 7370, 7371, 7373, 7374, 7376, 7377, 7378, 8323, 8324, 8329, 8330, 8331, 8332, 8333, 8335, 8336, 8622, 8623, 8625, 8805, 8806, 8807, 8808
Gale Page 2071
Genevieve Page 630, 631
Geraldine Page 904
Debra Paget 2906, 3775
Janis Paige 4955, 8667, 10818
Satchel Paige 4135
Olivier Pajot 9871, 9872
Jack Palance 412, 1496, 1498, 1602, 1604, 2347, 2349, 2373, 2374, 2375, 2376, 3377, 3381, 4366, 4367, 4370, 4371, 4373, 6391, 6678, 6681, 6732, 10093
Eugene Pallette 1201, 2664, 6404, 6414, 6415, 8833, 10970
Geoffrey Palmer 4517, 6748, 6749
Gregg Palmer 5696
Chazz Palminteri 1341, 1342, 4329, 4676, 6829, 6831, 7814, 7828, 9957
Gwyneth Paltrow 3835, 8828, 8878, 8879, 8880
Franklin Pangborn 1033, 6405
Joe Pantoliano 1168, 6340
Lionel Pape 1048
Michael Paré 9319, 9321, 9323, 9328, 9331
Mila Parely 9077
Woodrow Parfrey 3814, 3815, 9582, 9583
Anne Parillaud 1113, 1114, 1115, 7067
MacDonald Parke 6350
Cecil Parker 4753, 5415
Chris Parker 7433, 7434, 7435, 7436
Eleanor Parker 6130, 10253
Fess Parker 4179
Jean Parker 1905
Mary Louise Parker 3767, 3891, 4972

Norman Parker 7576
Sarah Jessica Parker 5387
John Parlow 99
Emory Parnell 5424, 10417
John Parrish 2864
Dolly Parton 5972, 5976, 5977, 5979
John Pasetti 3665
Patachou 5096
Michael Pate 6462, 6463
Max Patkin 336
Jason Patric 3477
Gail Patrick 6409, 6410, 6411, 6412, 6413
Elizabeth Patterson 1045, 3950, 9710, 9712
Will Patton 1727, 4717, 7534, 7536
Alexandra Paul 1546
Morgan Paull 31808492
Edward Pawley 1510, 9747
William Pawley 4805
Katina Paxinou 10569
Bill Paxton 183
David Paymer 7261, 7389, 7645, 7656
Bruce Martyn Payne 438
John Payne 5270, 5271, 5272, 5273, 9490, 9492, 9754
Julia Payne 4943
Barbara Payton 6759, 6760, 6766, 6768
Daniel Peacock 8030
Trevor Peacock 8102
Guy Pearce 5344, 5346, 5347, 5353, 5355, 5358, 5359, 5361, 5366, 5370, 5371, 5372
John Pearce 821, 822, 823
Neil Pearson 727
Sierra Pecheur 1280, 1281, 1282
Gregory Peck 394, 399, 402, 822, 823, 4223, 4224, 4227, 4230, 4231, 5013, 5250, 5251, 5258, 5259, 5282, 6644, 6645, 6647, 7210, 8344, 10561, 10563
Amanda Peet 5053, 5054
Clifford Pellow 3941
Nat Pendleton 5402
Steve Pendleton 7997
Chris Penn 7897, 7898
Sean Penn 1407, 3242, 8460, 8462, 8463, 9414, 9416, 9417, 9418, 9930, 9933, 10429
George Peppard 1824, 1825, 3165, 3167, 3169, 3177, 8139
Gerard Pereira 6494
Marcel Pérès 5129
François Périer 2370, 2371, 2372, 6900, 7215, 7216, 7217
Anthony Perkins 1522, 1523, 6861, 7603, 9236, 9238, 9241, 9242, 9245, 9246, 9248, 9249, 9251, 9252
Elizabeth Perkins 5771, 5772
Osgood Perkins 8313, 8316, 8318
Ron Perlman 188
Gigi Perreau 4050
Mireille Perrier 1187
Joe Perrino 8969
François Perrot 5305
Felton Perry 1396
Luke Perry 7139
Matthew Perry 5052, 5053, 5055, 5056, 5057, 5058, 5064, 5065, 5066
Lisa Jane Persky 1733, 7406
Nehemiah Persoff 136, 137, 6014, 6015, 6016, 9926
Joe Pesci 1443, 1445, 1448, 1449, 3752, 4895, 4896, 4897, 7886, 10651, 10652
Bernadette Peters 3881, 7466, 7468

Jean Peters 7083, 7479, 7515, 7517
William Petersen 5568, 8151, 8722, 8729
Arthur Peterson 916
Frank Pettingell 3284
Lori Petty 5180, 5181
Michel Peyrelon 6045
Michelle Pfeiffer 637, 638, 770, 771, 772, 773, 774, 2590, 2592, 2593, 2595, 2596, 2599, 2602, 2989, 2992, 5297, 5964, 8327, 8329, 9448, 9476, 9477, 9501, 9502, 9506, 9507, 9509, 10781, 10871
Lee Phelps 7184
Gérard Philippe 2782
Mackenzie Phillips 259
Paul Phillips 6729
Robert Phillips 3189
Sian Phillips 10870
William Phipps 2391
Joaquin Phoenix 62, 63, 64, 66, 3572, 3573
River Phoenix 2862, 4499, 6776, 9191
Michel Piccoli 834, 835, 3837, 6858, 9548
Slim Pickens 29, 1660, 2006, 2020
Walter Pidgeon 145, 919, 4766, 5920, 5921, 8988
Maggie Pierce 3770, 3771
Alexandra Pigg 1260
Joseph Pilato 1846
Richard Pilcher 8804
Silvia Pinal 3934
Bronson Pinchot 1632
Phillip Pine 9743, 9744
Jada Pinkett 8616, 8617, 8618, 8812
Dominique Pinon 188
Roddy Piper 8876, 8877
Nino Pipitone jr. 4310
Marie-France Pisier 5303
Waldo Pitkin 10090
Noam Pitlik 3678
Brad Pitt 2786, 2787, 2789, 2790, 2791, 2792, 2793, 2796, 4994, 8887, 8888, 8971, 9614
Jeremy Piven 10275, 10281
Mary Kay Place 3846, 3847, 3848, 3849
Scott Plank 8863, 8864, 8865, 8866, 8868
Tony Plasna 8086
Edward C. Platt 1875, 3401
Oliver Platt 2850
Donald Pleasence 5174, 5989, 5990, 5991, 5992, 8360
Martha Plimpton 9192
Roger Plowden 2629
Joan Plowright 4497, 4498
Don Plumley 7694
Amanda Plummer 3044, 7634, 7637
Christopher Plummer 4760
Henri Poirier 4243
Sidney Poitier 6051, 8340, 8342
Roman Polanski 1531
Jon Polito 3109
Sol Polito 6495, 6496, 6497, 6498, 6499, 6504, 6505, 6512
Haydée Politoff 8262
Kevin Pollak 5060, 7725, 9953, 9954, 9955
Robert Pollock 5675
Daniel Pommereulle 8255, 8260
Nicholas Ponzini 5261
Jorge Porcel 1405
Héctor Lopez Portillo 10219, 10220
Nathalie Portman 5603, 5604, 5610, 5611, 9208
Richard Portnow 750, 751

Peter Postlethwaite 1192, 9958, 10213, 10216
Lee Postrel 3986, 3987, 3988
Annie Potts 1525, 9606
C. C. H. Pounder 3898
Melvil Poupaud 9005
Phyllis Povah 7297
Dick Powell 6707, 6708, 6710, 6711, 6712, 6713, 6716, 6718, 6720, 6721, 6722, 6723, 6724, 6725, 6726, 6727, 6728, 6729, 10261, 10532
Eleanor Powell 1153
William Powell 642, 644, 1916, 1917, 1918, 1919, 2246, 2247, 2248, 2249, 2250, 2251, 2697, 5818, 5819, 5820, 6403, 6405, 6406, 6407, 6408, 6826, 10069, 10070, 10071, 10072, 10073, 10074, 10634, 10640
Tyrone Power 4615, 4616, 4618, 4619, 4620, 4621, 4622, 6622, 8641, 8645, 8646, 8647, 9881, 10914, 10916, 10917, 11034, 11035
Stanley Prager 3327
Hugo Pratt 6856, 6859
Judson Pratt 4342, 4783, 5658
Otto Preminger 9187, 9188
Paula Prentiss 3726, 3729, 3730, 3732
Micheline Presle 4482
Elvis Presley 7921
J. A. Preston 4123, 4128
Kelly Preston 4864
Robert Preston 1823, 2099, 3011, 3012, 3013, 3014, 3907, 3909, 5661, 5662, 5663, 5664, 5666, 6974, 9771, 10291
Marie Prevost 5786
Dennis Price 78, 79, 80, 81, 82, 83, 84, 86, 87, 88, 89, 90
Vincent Price 2133, 2137, 2138, 2141, 2143, 2902, 2903, 2904, 2906, 2907, 3770, 3771, 3773, 5494, 6998, 7000, 7001, 7665, 7667, 8166, 8291, 8292, 8293, 8294, 10771, 10772, 10773, 10774, 10777
Martin Priest 5261, 5263
Jason Priestley 9820
William Prince 6095, 9029
Jürgen Prochnow 2243, 7883
Robert Prosky 2359, 2361, 4892, 10040
Dorothy Provine 4349, 4350, 4353, 4354, 4355, 4356
David Prowse 4659
Jonathan Pryce 1224, 1225, 1226, 6756, 8077, 8859
Richard Pryor 4996, 4997, 4998, 10941, 10942
Bill Pullman 4724, 4725, 5732, 5737, 7847, 7850, 7852, 8422, 8448, 8449, 8450, 10898, 10899, 10900, 10901, 10902, 10903
Lilo Pulver 2328, 2329
Bernard Punsly 8224
Noel Purcell 8126
Richard Purcell 2894
Bruno Putzulu 5860
Denver Pyle 6081
Dennis Quaid 1786, 1787, 1788, 1789, 1791, 1792, 1793, 2086, 2087, 2088, 2090, 2091, 2092, 2093, 2095, 3862, 3901, 7540, 9404, 10045, 10811, 10814, 10815, 10816
Randy Quaid 4727
John Qualen 1426, 3137, 3138, 3139, 8327, 8543
Hugh Quarshie 4294, 4295
Anthony Quayle 229

Gerry Quigley 9715, 9716
Denis Quilley 8562, 8563
Aidan Quinn 6850, 6851, 9401
Anthony Quinn 158, 159, 160, 161, 162, 163, 164, 165, 166, 167, 168, 1807, 2024, 2027, 2028, 2030, 3303, 3305, 3379, 4594, 5516, 5517, 5756, 6159, 6160, 6161, 6162, 6163, 6164, 6912, 8643, 9158, 9277, 9347, 9348, 9349, 9523, 9524, 9527, 9532, 9533, 9567, 9570, 9573, 10506
J. C. Quinn 687
Patricia Quinn 8855
Francisco Rabal 2764, 2765, 10351
Basil Radford 1809, 1811
Jerzy Radziwilowicz 7290
George Raft 3316, 3320, 3321, 3323, 6007, 6008, 6012, 6013, 6015, 8870, 9748, 9750, 9751, 9752, 11044
Tracy Rainer 5184
Ella Raines 658, , 661, 662, 3952, 6996
Claude Rains 850, 851, 1416, 1417, 1419, 1420, 1421, 1422, 1423, 1425, 1432, 1433, 1437, 1440, 5506, 5518, 6560, 8038, 10075, 10076, 10107, 10786, 10788, 10789
Sheryl Lee Ralph 5965, 5966
Harold Ramis 3546, 3547
Stuart Randall 9947
Steven Randazzo 3448
Theresa Randle 3570
Jane Randolph 7287
John Randolph 8809
Michael Rapaport 797, 3458, 5172
Larry Rapp 2530, 2531, 2532
David Rasche 7125, 7126
Basil Rathbone 1840, 2986, 4616, 4622, 8037, 8040, 8167, 9082, 9083, 9085, 9086, 10752
Gregory Ratoff 7104, 7105, 7106, 7107, 7108, 7109, 7111, 7112, 7113, 7116, 11033
Davin Ratray 5081, 5082
Aldo Ray 7304, 7309, 10580, 10582, 10743, 10745, 10746, 10755
Andrew Ray 5878
Trevor Ray 8942
Cyril Raymond 9090
Gene Raymond 6567
Guy Raymond 9562
Paula Raymond 7277
Robin Raymond 9830
Stephen Rea 323, 324, 1770, 1771, 1772, 1773, 1774, 1780
Ronald Reagan 9754
Rex Reason 6464, 6465
James Rebhorn 3243, 4724, 4726
Robert Redford 637, 638, 639, 1133, 1134, 1135, 1355, 1362, 1364, 1365, 1367, 1368, 1370, 1371, 1372, 1373, 1374, 1375, 1627, 2152, 2153, 2154, 2155, 2156, 4080, 4081, 4082, 4847, 4848, 4851, 4853, 4855, 4856, 4857, 4858, 4859, 7449, 7452, 8990, 8992, 8994, 8995, 8996, 8997, 8998, 9137, 9139, 9140, 9142, 9143, 10013, 10014, 10016, 10017, 10038, 10040, 10066
Corin Redgrave 6203, 6204
Michael Redgrave 1461, 1812, 1813, 2351, 4660, 4661
Vanessa Redgrave 10657
Alyson Reed 8958, 8959
Donna Reed 6589, 8953, 10177, 10178, 10184
Lou Reed 1117

Philip Reed 5315
Robert Reed 8234
Christopher Reeve 9391
George Reeves 3271, 8495
Keanu Reeves 4523, 6331, 6333, 6343, 9038
Frank Reicher 5157
Carl Benton Reid 5004, 5214, 5217, 5219, 5221, 10252, 10623
John C. Reilly 10428
Rob Reiner 1344, 1629, 1630, 8418
Estelle Reiner 4035
Judge Reinhold 914, 10061
Paul Reiser 1071, 1074, 1953
James Remar 1732, 1733, 7061, 7062, 10509, 10512, 10513, 10514, 10515
Lee Remick 9495
Bert Remsen 1943
George Renavent 4875
Michael Rennie 2629
Jean Reno 5603, 5604, 5605, 5606, 5608, 5609, 5610, 8078, 8079, 8100, 8101, 8103
Jean Renoir 9081
Pierre Renoir 5147
Pierre Repp 8874
Tommy Rettig 2896, 2897
Clive Revill 678, 681, 683, 684, 8561, 8562, 8563
Fernando Rey 1241, 1242, 1946, 1947, 1948, 1986, 3079, 3080, 3081, 3082
Walter Reyer 4748, 4749
Burt Reynolds 826, 827, 828, 1336, 1337, 5880, 7047, 9318
Craig Reynolds 2892
Debbie Reynolds 2193, 2195, 2197
Ving Rhames 7608, 7618, 7619, 7620, 7621
John Rhys-Davies 4072, 4820
Serge Riaboukine 5107
Daniel Rice 56
Florence Rice 2125, 6274
Allan Rich 2956, 2957, 7645
Claude Rich 1214, 1215
Addison Richards 2586
Ann Richards 5418
Jeff Richards 6740
Lee Richardson 2289, 6994, 9786
Natasha Richardson 3358, 7379, 7380
Patricia Richardson 9997
Brett Rickaby 8608
Charles Richman 7265
Alan Rickman 8025, 8028, 8029, 8032, 9261, 9262
John Ridgeley 9856, 9857, 9859
Stanley Ridges 8674, 10524
Peter Riegert 3959, 5857, 5858, 5859
Ron Rifkin 5367, 5368, 5369
Joe Rigano 7811
Robin Riker 4408
Larry Riley 1762
Molly Ringwald 1230
Brad Rinn 7026
Michael Rispoli 10470
Martin Ritt 3002, 3003
John Ritter 8955, 8956, 8960, 8961, 8962, 8963, 8964, 8965
Thelma Ritter 204, 2745, 2746, 2748, 2751, 2755, 2756, 6518, 6519, 7513, 7517, 7518
Emmanuelle Riva 2553, 9475
Geoffrey Rivas 1099
René Rivera 5823
Jorge Rivero 8001, 8002

Jason Robards 28, 31, 3190, 3191, 4927, 9048, 9050, 9051, 9052, 9058, 9062, 9066, 10015
Tim Robbins 338, 340, 341, 342, 345, 347, 350, 352, 353, 354, 355, 357, 358, 4478, 7083, 7084, 7089, 7091, 7495, 7496, 10272
Richard Rober 6128
Conrad Roberts 6778, 6779
Eric Roberts 3910, 9034
Julia Roberts 1196, 1197, 1198, 2506, 2508, 2509, 2511, 2853, 4318, 4320, 4321, 4322, 4323, 4324, 4472, 4473, 4474, 4475, 7152, 7160, 7539, 7541, 7542, 7549, 7550, 7551, 7554, 7555, 7556, 7558, 7559, 7560, 7564, 7566, 7567, 7569, 8715
Pernell Roberts 593, 594
Roy Roberts 2212, 9550, 9669, 9674
Tony Roberts 8807, 9009, 9011, 9012, 9014, 9214
Cliff Robertson 2157, 8572
Jenny Robertson 332, 333, 356
Hayward Robillard 2265
Andy Robinson 3806, 3807, 3809, 3810, 3811
Bartlett Robinson 8408, 8410, 8411
Dewey Robinson 3871
Edward G. Robinson 1145, 1549, 1551, 1554, 1558, 2071, 2072, 2075, 3257, 3258, 3259, 3261, 3262, 3306, 3308, 3315, 3318, 3319, 3322, 3324, 4823, 5190, 5191, 5192, 5193, 5195, 5198, 5199, 5200, 5201, 5202, 5203, 5204, 5205, 5206, 5208, 6154, 6616, 6617, 6618, 6619, 6620, 6621, 6852, 7381, 7382, 7383, 8273, 8274, 8275, 8658, 8659, 8661, 9119, 9120, 9121, 9122, 9677, 9796, 9797, 9800, 10572, 10573, 10574, 10856
Jackie Robinson 4991
Flora Robson 1458, 4205
May Robson 5636, 8713
Wayne Robson 3520
Enzo Robutti 7375
Alex Rocco 7340
Eugene Roche 2633
Jean Rochefort 5093, 5094, 5095, 5098, 5099, 5100, 5101, 5104, 5108, 5109, 5112, 6063, 7926, 7927, 7933, 9870
Crissy Rock 5414
Charles Rocket 1950
Molly Roden 10912
Anton Rodgers 10983, 10984, 10985
John Rodney 3256, 7731
Ginger Rogers 2799, 3734, 5810, 6233, 6234, 6235, 6236, 8385
Mimi Rogers 3905, 5780, 5781, 5782, 5783, 5784
Paul Rogers 10188
Reg Rogers 11025, 11026, 11030
Will Rogers jr. 8839
Gilbert Roland 8015
Howard E. Rollins 7696
Ruth Roman 997
Béatrice Romand 8484, 8485, 8486, 8487, 8488, 8489
Richard Romanus 6809
Cesar Romero 10143, 10145
Michael Rooker 58, 1284, 1285, 4185, 4186, 4187, 4188
Mickey Rooney 3162, 3163
Hayden Rorke 276
Jamie Rose 4234, 4236, 4237
Chelcie Ross 4740
Katharine Ross 1132, 1360, 1369, 1372, 7810

Ted Ross 973
Willie Ross 7942, 7943
Isabella Rossellini 8722, 8724, 8729
Gene Roth 10580
Tim Roth 202, 7604, 7634, 7635, 7636, 7907, 8343
Jean Rougeul 72
Mickey Rourke 311, 312, 313, 314, 317, 3989, 3990, 3993, 3995, 3996, 3997, 3999, 4126, 4546, 4547, 4548, 4550, 4551, 4553, 4554, 5473, 5474, 7012, 8490
Michael Rowe 3403
Gena Rowlands 306, 307, 308, 3615, 3616, 11019
Henry Rowlands 9393
Selena Royle 9230
Jan Rubes 2365
Ira Rubin 4772
Saul Rubinek 2493, 4477
Daphne Rubin-Vega 10681
Alan Ruck 2761
Helmut Rudolph 10248
John Rudolph 2276, 2282
Mercedes Ruehl 5264, 5266, 5442, 5962
Charlie Ruggles 5636
José Carlos Ruiz 8909
Sig Ruman 3606, 3635, 6279, 8194, 8709, 8711, 10415
Al Ruscio 6537
Geoffrey Rush 8825, 8826, 8827
Joseph Ruskin 2277, 4784
Shimen Ruskin 3150
Gail Russell 8558, 8559
Jane Russell 1082, 1083, 1091, 2144, 2145, 2147, 8296, 8297
John Russell 7985, 7986
Kurt Russell 944, 945, 946, 953, 954, 2543, 5175, 5176, 5178, 5179, 9466, 9467, 9498, 9499, 9503, 9504, 9505, 9822, 9823
Robert Russell 10775, 10776
Rosalind Russell 5811, 5813, 5815, 8676, 8677, 8678, 8679, 8681, 8685, 8687, 8690, 8694
Theresa Russell 8564
J. Duke Russo 2037
Gianni Russo 7335
James Russo 911, 2065, 7010
Rene Russo 4701, 4704, 4744, 4745, 5644, 9666, 9679, 9683, 9685, 9686, 9687, 9688, 9690, 9692
John P. Ryan 1170
Meg Ryan 1789, 1790, 1791, 2400, 2402, 2851, 3084, 3085, 3086, 3088, 3089, 4023, 4024, 4026, 4029, 4030, 4031, 4032, 4034, 4038, 4690, 4691
Mitchell Ryan 6112
Robert Ryan 127, 2145, 2147, 2148, 2860, 3359, 3373, 5498, 5501, 6904, 7918, 7962, 8415, 9151, 9156, 9438, 9439, 9807, 9808, 9809, 10186, 10187, 10670, 10677
Winona Ryder 284, 285, 288, 5640, 5642, 6363, 6364
Richard Ryen 1424
Kyle Sabihy 7815
Sabu 1922, 1926, 1927, 1931
Nicholas Sadler 9571
William Sadler 702, 703
William Sage 9661
Eva Marie Saint 2707, 2708, 8640, 10080
Howard St. John 2327, 2342, 2343, 3380

S. Z. Sakall 1422, 1434, 6102
Diane Salinger 7405
Albert Salmi 1220
Louis Salou 5137, 5138, 5149, 5150, 5153
Edmonte Salvato jr. 7212
Will Sampson 9600
Laura San Giacomo 8816
Walter Sande 5754, 9155, 10622
George Sanders 206, 215, 225, 226, 227, 955, 956, 958, 959, 961, 962, 963, 966, 3884, 4773, 4774, 5794, 5797, 5798, 8456, 8642, 8649, 10924
Harry Sanders 4233
Jay O. Sanders 4104, 4109, 10126, 10129, 10131
Sherman Sanders 5423
William Sanderson 5468, 6977
Debra Sandlund 7444, 7445
Julian Sands 5967, 5968
Erskine Sanford 1570, 1571, 3580
Ralph Sanford 2895
Theresa San-Nicholas 3999
Pierre Santini 7510, 7512
Reni Santoni 1976, 1977
Joe Santos 5449
Susan Sarandon 331, 333, 337, 339, 340, 344, 345, 357, 358, 360, 361, 364, 365, 540, 3159, 3160, 4630, 8716, 8717, 8718, 9609, 9610, 9612, 9615, 9616, 9618, 9623, 9624, 9625, 9626
Mimi Sarkisian 2296
Gailard Sartain 3890
Sara Sassin 7030
Tura Satana 8300
Ann Savage 1892, 1893
Telly Savalas 4545, 6611, 6612, 6614
Camille Saviola 8358
Joe Sawyer 2726
John Saxon 7066, 8926, 8927
Greta Scacchi 7496
Paul Scaglione 4555
John G. Scanlon 1521
Renato Scarpa 8100, 8101
Vincent Schiavelli 6752, 6753
Roy Scheider 4311, 4312, 4314, 6226, 6227, 8062, 10539, 10540, 10542
Maximilian Schell 3100
Richard Schiff 10209, 10210
Joseph Schildkraut 7878, 8518
Jonathan Schmock 2763
Maria Schneider 5715, 5717
Rob Schneider 4929, 4931
Romy Schneider 1856, 5881, 5883, 5884
Frank Schofield 9577, 9579, 9580
Eva-Ingeborg Scholz 10249
Reiner Schöne 4520
Liev Schreiber 8620
Arnold Schwarzenegger 779, 780, 783, 787, 790, 791, 1610, 1685, 2405, 2406, 2411, 2412, 5441, 5443, 7544, 7744, 7748, 7749, 9513, 9518, 9519, 9520, 9521, 9522, 9828, 9891, 9893, 9894, 9895
David Schwimmer 8627, 8630, 8638
Annabella Sciorra 92, 587, 817, 6874, 8063
Paul Scofield 6188, 6191, 6192, 6193, 6194, 6195, 6199, 6200, 6201, 6202, 6203, 6204, 6205, 6207, 6209, 6210, 6211, 6212, 6213, 6214, 6215, 7648, 7654
Martin Scorsese 7644, 7652, 7653
Campbell Scott 6569

George C. Scott 2007, 2011, 2012, 2013, 2014, 2015, 2016, 2017, 2019, 3936, 3939, 3940, 3944, 6786, 6788, 7526, 7527, 7528
Lizabeth Scott 8731, 8732, 10338, 11018
Martha Scott 292
Randolph Scott 592, 593, 595, 2302, 2306, 2307, 2311, 2623, 2624, 2626, 3047, 3048, 5420, 5424, 5682, 5683, 8228, 8669, 10002, 10097
Timothy Scott 9566
Zachary Scott 1081, 4410, 4411, 4412, 4413, 4414, 4416, 4417, 4418, 4422, 4424, 4429, 4431, 4944, 4945, 5284, 5288, 5289, 5290, 6039, 6040, 6307, 6308, 7198, 7199
Alexander Scourby 4140, 4141
Jean Seberg 665, 669, 670, 671, 673, 1161
Andrew Secombe 9209, 9210
John Seda 9388
Rolfe Sedan 1031, 1032
Kyra Sedgwick 426, 427, 431, 436, 7537, 7538, 7539, 7540
George Segal 1154, 1155, 2546, 2548, 2550, 2551, 2552, 5774, 5775, 5776, 5777
Paolo Seganti 5356
Emmanuelle Seigner 993, 1887, 2998
John Seitz 7464
John Sela 9924
Elizabeth Sellars 747, 5664, 5665, 5958
Tom Selleck 4669
Peter Sellers 2009, 2011, 2012, 2014, 2017, 2018, 2021, 2022, 5416, 5802, 5803, 6347, 6348, 6349, 6350, 8105, 10517
Morton Selten 1930
Victor Sen Yung 3409, 9297, 9300
Joe Seneca 1765, 1766
Pepe Serna 8080
Julieta Serrano 5229
Michel Serrault 631, 6983
Henri Serre 4932, 4935
Jean Servais 2783
Roshan Seth 3253, 4735
Dan Seymour 4142
Tony Shalhoub 937, 939, 5529
Frank Shannon 7679
Harry Shannon 4689, 8520, 8521
Molly Shannon 7812
Omar Sharif 2002, 2005, 5508, 5511, 5513, 5520, 5907, 5908, 5909
Ray Sharkey 2112
Anthony Sharp 9983, 9984
Lesley Sharp 6902
Cornelia Sharpe 8805
Karen Sharpe 2355
William Shatner 9193, 9197, 9198, 9201, 9202, 9206
Mickey Shaughnessy 1655, 7922, 10102, 10103
Helen Shaver 2682
John C. Shaw 910
Lynn Shaw 8815
Robert Shaw 1627, 1628, 6197, 6198, 6199, 8348, 8573
Sebastian Shaw 9090
Wallace Shawn 4433, 10685, 10686, 10688, 10689, 10692
Tamara Shayne 7082
Moira Shearer 8143, 8144, 8147
Norma Shearer 3039
John Sheehan 6739
Charlie Sheen 833, 4741, 4747, 8082, 8084, 8089, 8090, 8093, 8095, 8801, 10478, 10480, 10490, 10491
Martin Sheen 380, 381, 383, 384, 385, 3247, 7231, 7232, 7233, 10496
Craig Sheffer 5293
David Sheiner 8741
Adrienn Shelly 9914
Sam Shepard 2954, 2959, 2960, 2963
Cybill Shepherd 5740, 5741, 5742, 9604, 9605, 9607
Ann Sheridan 3392, 3393, 4206, 4207, 4208, 4500, 8870, 10943
Barry Del Sherman 252
Arthur Shields 9338, 9339, 9341, 9886
Brooke Shields 7547
James Shigeta 9256, 10820, 10821, 10822, 10823
Takashi Shimura 2425, 8889
Talia Shire 7335, 8056
Anne Shirley 6724, 6725
Kimiko Shirotae 10124
Michelle Shor 10469
Elisabeth Shue 5523, 5524, 5525
George Sidney 640, 641
Sylvia Sidney 799, 1062, 8198, 8199
Jim Siedow 9603
Gregory Sierra 4843, 10520
Simone Signoret 9576
James B. Sikking 7253, 7503, 7504
Mario Siletti 1141
Karen Sillas 2743, 9914
Henry Silva 1775, 3542
Trinidad Silva 1762
Ron Silver 91, 92, 95, 1120
Frank Silvera 5996, 5997, 9675
Robert Silverman 6916, 8309
Daniela Silvero 4503, 4505
Phil Silvers 114
Alistair Sim 75
Gerald Sim 3090, 3091, 8171
Jean Simmons 2431, 10563
Miklos Simon 10301
Robert F. Simon 2206, 4152
Simone Simon 5034, 5038
Russell Simpson 3141, 3142, 3149, 10609
Warwick Sims 6144
Frank Sinatra 9068, 10176, 10178
Gary Sinise 9041, 9042, 9043
Jonathan Singer 9160
Olivier Sitruk 5860
Tom Sizemore 7870, 9310, 9314
Tom Skerrit 5973, 6291, 6294, 6297, 8085
Pat Skipper 4798, 4799
Alison Skipworth 7589, 8290, 9542, 9543
Ione Skye 3282, 3283
Christian Slater 1275, 4039, 4040, 5640, 5642, 5643, 9569, 9575, 9896, 10276, 10277, 10278, 10279, 10280, 10281, 10283
Leo Slezak 6799, 6800
Victor Slezak 1295
Walter Slezak 8652, 8655, 8657
Everett Sloane 1569, 1573, 1574, 4366, 4367, 5409, 5410, 6218, 9671, 9672, 9673
Alexis Smith 407, 409, 5285
Bubba Smith 1011, 1012
Charles ›Lew‹ Smith 449
Charles Martin Smith 10322, 10325
John Smith 10744
Juney Smith 3742
Kent Smith 5033, 5035, 6183
Kurtwood Smith 2121, 8047, 8049
Lane Smith 8604, 8605, 8606
Lewis Smith 10813
Lois Smith 284
Maggie Smith 1460, 10933
Oliver Smith 4164
Will Smith 4723, 6435, 6439, 6440
William Smith 1684
William Smithers 413
Leonid Snegoff 6394
Steve Snehmayne 5836
Wesley Snipes 1019, 1020, 4741, 10659
Dean Snyder 4089
Ron Soble 6250, 6251
Annemie Soerensen 10238
Vladimir Sokoloff 3622
Andrés Soler 1304
Elke Sommer 3713
Josef Sommer 2366, 2367, 8768, 8775
Gale Sondergaard 9084, 9085, 9086
Agnès Soral 239
Jean Sorel 8376
Mira Sorvino 3452, 3453, 3454, 3456, 5894, 7884, 7885, 8067, 8068, 8069
Paul Sorvino 269, 1768, 4486
Hugh Southern 7135
Sissy Spacek 718, 719, 720, 721, 6978, 10164
Kevin Spacey 242, 243, 244, 245, 246, 250, 252, 253, 255, 256, 257, 5355, 5358, 5360, 6641, 7093, 9955, 9960, 9961, 9962
Odoardo Spadaro 3664
James Spader 3160, 8815, 10491
Vincent Spano 701, 4677, 4678, 4679, 4682
Douglas Spencer 1957, 1958, 1961, 1964, 6466
John Spencer 2930, 2931, 2932, 4462, 4463
Brent Spiner 4725
G. D. Spradlin 2269, 3385, 7342
Ruth Springford 9974
Ronald Squire 7835
Robert Stack 9806
James Stacy 6223
Frederick Stafford 9825
Frank Stallone 734
Sylvester Stallone 1402, 4928, 4930, 4931, 7700, 7704, 7710, 8054, 8055, 8056, 8057, 9466, 9467
Terence Stamp 5017, 10185, 10488
Lionel Stander 2575, 2576, 2579, 6546
Harry Dean Stanton 1545, 1857
Paul Stanton 6165
Barbara Stanwyck 1826, 2184, 2185, 2186, 2647, 2650, 2651, 2652, 2654, 2660, 2661, 2663, 3011, 3013, 3015, 3018, 3030, 3032, 3034, 4262, 4275, 4276, 8733, 8736, 9234, 10109, 10111, 10112, 10113, 10114, 10115, 10116, 10119, 10347, 10757
Huub Stapel 10196, 10197, 10198
Maureen Stapleton 4437, 4438, 4439, 4440, 4443
Don Stark 5545
Graham Stark 10288
Bert Starkey 8311
Beau Starr 3494
Jason Statham 1306
Lynda Steadman 5018
Bob Steele 9865
Freddie Steele 8570
Karen Steele 595, 2625
Mary Steenburgen 3234

Bernice Stegers 10310
Rod Steiger 137, 138, 2001, 2002, 2408, 2715, 4368, 4369, 6149
George Steinbrenner 8607, 8608
Robert Stephens 7596, 7597, 7598
James Stephenson 3408, 3410, 3411
Hermine Sterler 7288
Jan Sterling 7893, 7894
Daniel Stern 2022, 2023, 2025, 4618, 10564
Frances Sternhagen 7255, 7256
Craig Stevens 8670
Fisher Stevens 1067, 1068
Onslow Stevens 1235, 2769
Stella Stevens 33
Warren Stevens 740, 744
Houseley Stevenson 7730
Roy Steward 5572
Athole Stewart 9091
Elaine Stewart 4779, 4780
James Stewart 301, 302, 1503, 1504, 2180, 2181, 2744, 2746, 2747, 2750, 2753, 3292, 3606, 3792, 3797, 5581, 5583, 5695, 6043, 6044, 6080, 6083, 6084, 6368, 6373, 6375, 6376, 6467, 6468, 6470, 6557, 6558, 6895, 6896, 6897, 6905, 6906, 7834, 7876, 8714, 9945, 9948, 9950, 9951, 9952, 10723, 10731, 10732, 10733, 11002, 11003, 11005
Patrick Stewart 2242, 2852
Paul Stewart 6398, 7718, 7719
David Ogden Stiers 7856
Julia Stiles 10845, 10846, 10851, 10852, 10854
Ben Stiller 10255, 10256, 10897
Sara Stimson 7867
Colin Stinton 4391
Dean Stockwell 123
Guy Stockwell 7141
Austin Stoker 503, 510, 512, 518
Eric Stoltz 909, 1147, 7610
George E. Stone 5205, 7004
Harold J. Stone 2643, 4340
Lewis Stone 3850, 3855, 4160, 4163, 6309, 6443, 6445
Philip Stone 9972
Sharon Stone 753, 754, 755, 758, 8481, 9378
Paolo Stoppa 5615
Peter Stormare 65, 67, 2694, 2696, 10214, 10215
Ludwig Stossel 1434
Ken Stott 1184
Madeleine Stowe 6849
Lee Strasberg 7345, 7346, 7349, 7350, 7352, 7353
David Strathairn 2802, 5183, 5359, 6328
Jan Stratton 10047
Peter Strauss 7438, 7439, 7440, 7441, 7442, 7443, 7444, 7445
Robert Strauss 9186
Meryl Streep 1296, 1298, 1302, 3899, 3900, 3902, 4846, 4847, 4849, 4850, 4851, 4852, 4853, 4854, 4855, 4859
Russell Streiner 7058
Barbra Streisand 824, 825, 2544, 2545, 2547, 2549, 2552, 4198, 4199, 5780, 5781, 5785, 8991, 8993, 8994, 8996, 8997, 8998
Amzie Strickland 7566
Ray Stricklyn 5745
Woody Strode 3373, 7529
Mark Strong 723, 725

Michael Strong 7501
Claude Stroud 3164
Don Stroud 1106, 1107
Shepperd Strudwick 6070
Giacomo Rossi Stuart 8999
Mary Stuart 5804, 7805
Monte Stuart 10806
Big John Studd 3993, 3998
Wes Studi 3477, 3478, 5687, 5688
Margaret Sullavan 7881, 7882
Barry Sullivan 23, 27, 3882, 8519, 8522, 8523, 10347, 10348, 10350
Slim Summerville 9709, 10598
Carl Sundstrom 5873
Donald Sutherland 232, 233, 234, 235, 1761, 1762, 1763, 1764, 6291, 6293, 6294, 6298
Kiefer Sutherland 2833, 2838, 2839, 2842, 2843, 2993, 2994, 7218, 7219, 7220, 7224, 7227, 9189, 9190
John Sutton 8551, 8552
Mena Suvari 248
Janet Suzman 5291
Gloria Swanson 1166
Patrick Swayze 3309, 3310, 3536
D. B. Sweeney 56
Clive Swift 2562
Tilda Swinton 2743
Ken Swofford 1677
Meera Syal 8268
Keith Szarabajka 7410, 7411
Ben Taggart 6261
Saïd Taghmaoui 4047
Ken Takakura 10826
Odette Talazac 10148
Gloria Talbott 10746, 10755
William Talman 1518, 9562
Tetsuro Tamba 5986, 5988
Russ Tamblyn 5670, 10589, 10590, 10591
Rusty Tamblyn 3326
Akim Tamiroff 1136, 1138, 1139, 3017, 3192, 3465, 3868, 3869, 3870, 3872, 3873, 3874, 3877, 3878, 3879, 4218, 4222, 4601, 10569
Jessica Tandy 3889, 3892
Bill Tannen 6744
Quentin Tarantino 3126, 3129, 5769, 7896
Don Taylor 9187
Dub Taylor 8907
James Taylor 502
Jeannine Taylor 3049
Robert Taylor 2861, 4150, 4152, 4178, 4179, 4180, 4181, 4182, 4183, 4184, 4773, 5014, 5015, 5651, 5653, 5654, 5671, 5933, 5934, 5936, 5940, 5941, 6130, 8381, 8382, 8383, 9523, 9524, 9525, 9526, 9527, 9528, 9529, 9530, 9829, 9831, 9833, 9834, 9835, 10371, 10372, 10374, 10375
Rod Taylor 1457, 1458, 1459
Ron Taylor 3645, 3646
William Taylor 10578
Marisa Tejada 5229
Shirley Temple 8982
Stacey Tendeter 10989, 10990, 10991
Mark Tendler 10643
Victoria Tennant 5375, 5379
Tenzin Thuthob Tsarong 5337
Nigel Terry 2565
Phillip Terry 10250
Nicky Tesco 10269
Desmond Tester 8199
Michael Tezcan 5312

Torin Thatcher 96, 8123, 8124, 8129, 8131, 8132
Phyllis Thaxter 127
Charlize Theron 4523
Ernest Thesiger 2972, 2973, 2974, 2975, 2976, 2977, 2980, 2983
David Thewlis 2094, 6901, 6902, 9216, 9217, 9218
Jack Thibeau 2878
Henry Thomas 2259
Kristin Scott Thomas 811, 812, 813, 814, 2436, 2438, 7449, 7450, 7452, 10302
Richard Thomas 8236
Angel Thompkins 7599
Derek Thompson 7947, 7957
Emma Thompson 8924, 8925, 10657
Kay Thompson 9410, 9411
Sophie Thompson 10305, 10306
Susanna Thompson 546
Anna Thomson 2494
Sybil Thorndike 7586, 7587
Kelly Thorsden 10911
Billy Bob Thornton 6577, 6578, 6580, 6581
Russell Thorson 3977
Uma Thurman 781, 785, 788, 789, 790, 791, 3345, 5887, 5890, 7613, 7614, 7615, 7616
Michael Thys 3761
Ti Lung 1607
Rachel Ticotin 2641
Gene Tierney 3504, 3505, 3509, 5488, 5489, 5490, 5491, 5492, 5495, 9805
Lawrence Tierney 4044, 7205, 7206, 7908, 7909
Maura Tierney 6575, 6578
Pamela Tiffin 2332, 2334, 2339, 2637
Kevin Tighe 6326, 6329
Zeffie Tilbury 7428, 7430
Jennifer Tilly 1173, 1175
Kenneth Tobey 1956, 1957, 1960, 1963, 7278
George Tobias 5397, 7963, 8507, 8663, 8664
Genevieve Tobin 10262
Stephen Tobolowsky 9617, 9622, 10355
Ann Todd 5958, 5960
Ugo Tognazzi 3836, 3838, 3839
Mickey Tohill 1185
Thomas M. Tolan 5161
Sid Tomack 4364
Marisa Tomei 8432, 8433, 8435, 8441
Lily Tomlin 9000, 9001, 9004
Stephen Tompkinson 1190, 1191
Franchot Tone 6477, 10925, 10926
Regis Toomey 9852
Caprice Torie 9741
John Tormey 3540, 3541, 3543
Rip Torn 648, 649, 1335, 1337, 1551, 1557, 6439, 10237
David Torrence 5275
Audrey Totter 1794, 1795, 1796, 1797, 1800, 1803, 10106
Constance Towers 5656
Tom Towles 4185
Ian Tracey 6003
Lee Tracy 8820, 8822, 8824
Spencer Tracy 482, 483, 1060, 1061, 1062, 2096, 2271, 2272, 2275, 3007, 3823, 3824, 3825, 3826, 3827, 3828, 3829, 3833, 5667, 5668, 5669, 6735, 6737, 6738, 6739, 7133, 7135, 7136, 7300, 7301, 7302, 7303, 7304, 7305, 7306, 7307, 7308, 7309, 7312, 7314, 9149, 9152, 9155, 9157, 9539, 9541,

10935, 10936, 10937, 10938, 10939, 10956, 10957, 10958, 10959, 10960, 10961, 10962, 10963, 10964
William Tracy 7879, 7880
Mary Ellen Trainor 11015
Henry Travers 3826, 4214, 4770
June Travis 2888, 2893
Nancy Travis 3780
John Travolta 1274, 1275, 1276, 2572, 6582, 6583, 7605, 7606, 7609, 7611, 7612, 7614, 7616, 7626, 7628, 7630, 7633, 8467, 8468, 8469, 8472, 8475, 8476, 8477, 8478, 8479
Robert Trebor 6036, 6037
Dorothy Tree 496
Annika Tretow 1
Claire Trevor 2073, 3261, 3262, 6624, 6625, 6715, 6727, 7965, 8576, 8577
Paul Trinka 8300
Jean-Louis Trintignant 599, 601, 2122
Marie Trintignant 5102, 5103, 5104, 5105, 5112
Jeanne Tripplehorn 2808, 8883, 8884
Jan Triska 7238, 7240
François Truffaut 283, 3894, 3895, 10785
Paula Trueman 9596
Ernest Truex 8689
Victor Truro 8438, 8439
Tom Tryon 8013, 8014
Olga Tschechowa 2160
William Tubbs 3664
Stanley Tucci 5528, 10722
Forrest Tucker 1542, 7022
Joe Tucker 5018
Larry Tucker 2577, 2578
Michael Tucker 1954
Tom Tully 1802, 3812
Kathleen Turner 575, 576, 1521, 1522, 1523, 1524, 2283, 2290, 4119, 4120, 4124, 6140, 7840, 7841, 7842, 7843, 8108, 8110, 8111, 8118, 8120, 8802, 10125, 10126, 10128, 10129, 10130
Lana Turner 2137, 3397, 7741, 9810
Tyrin Turner 6441, 6442
Zara Turner 8880
John Turturro 1623, 4958, 5569, 6151, 6152, 6517, 7646, 8942, 10429
Rita Tushingham 998, 999
Dorothy Tutin 4662
Judy Tyler 7921
Tom Tyler 5423
George Tyne 5431
Cathy Tyson 8447
Bob Uecker 4743, 4746
Kichijiro Ueda 7715
Tracey Ullman 1343, 4497, 4498
Skeet Ulrich 8613
Blair Underwood 8812
Deborah Kara Unger 3244
Gabrielle Union 10844, 10848
Vanna Urbino 4932
Minerva Urecal 4587
Peter Ustinov 5865, 5866, 9028, 10186, 19754, 10756
Jamie Uys 3759
Kari Väänänen 4168
David Vadim 134
Roger Vadim 5298
Paul Valentine 1142, 3668
Thomas Valentine 5570
Rudy Vallee 528, 529, 530, 531, 1052, 10054

Alida Valli 2168, 2172, 2173, 2175
Raf Vallone 7020
Lewis Van Bergen 7869
Lee Van Cleef 1220, 2345, 3218, 3219, 3222, 5175, 5178, 5179, 10409, 10410, 10412, 10413, 10414, 10971, 10972, 10979
Jean-Claude Van Damme 4045
Monique Van de Ven 10197
Peter Van Eyck 3192, 5863
Mario Van Peebles 7530, 7533
Edward Van Sloan 2970
Deborah van Valkenburgh 9329
Philip Van Zandt 9533
Charles Vanel 5862, 9934
Jacob Vargas 4305
Valentina Vargas 9315
Diane Varsi 8393
Dorothy Vaughan 3392, 3394
Peter Vaughan 3459
Robert Vaughn 1013, 1346, 1326, 1329, 8236, 8240
Vince Vaughn 1616, 10204, 10205, 10215
Ron Vawter 8814
Conrad Veidt 1423, 1424, 1432, 1433, 1920, 1921
Joel Veiga 10644
Harry J. Vejar 8310
Diane Venora 974, 977, 3231, 4101
Jesse Ventura 7543
Lino Ventura 5918, 10585
Lisette Verea 7073, 7054, 7055
Bernard Verley 349, 350, 7449
Anne Vernon 7204
John Vernon 1973, 1974, 3813, 3814, 3815, 3816, 7499, 7500, 9577, 9579, 9580, 9584, 9595, 9602
Richard Vernon 3717
Ricky Vetrino 4679, 4681
Martha Vickers 9840
Steve Vignari 5963
Abe Vigoda 7328, 7341
Herb Vigran 6668, 6669
Herve Villechaize 6135
James Villiers 2377, 5252
Pruitt Taylor Vince 4459, 4460, 7094, 7101
Frank Vincent 1448, 10651
June Vincent 8568, 8569
Russ Vincent 1077
Helen Vinson 4806
Joe Viterelli 1340, 7830, 9568, 10427, 10431
Emmett Vogan 6974
Mitch Vogel 3288
Rüdiger Vogler 295, 4562
John Voight 268, 270, 484, 485, 4096, 9931, 9932
Andy Voils 686
Ralph Volkie 6285
Gian Maria Volonté 3216, 3217, 3221, 3225, 3228
Gregor von Rezzori 7594
Gustav von Seyffertitz 8833
Erich von Stroheim 3194, 3195
Max von Sydow 2149, 2150, 2154, 2155, 2832, 3978, 3983, 8891
Danielle Von Zerneck 9827
George Voskovec 11039
Jeannette Votel 1261
Peter Vuckovich 4742
Tito Vuolo 7000, 7738
Murvyn Vye 7513, 7514

Steven Waddington 5686
Russell Wade 5589
Robert Wagner 2635
Ralph Waite 1493, 1497, 1498
Thomas G. Waites 10509
Tom Waits 2081, 2082
Akiko Wakabayashi 5987
Anton Walbrook 5565, 5566, 8141, 8142, 8143, 8144, 8145, 8146, 8148
Raymond Walburn 3953, 3954, 6547, 8575, 10531
Gregory Walcott 4521, 7492
Jersey Joe Walcott 8465
Harold Waldridge 642
Charles Waldron 9841, 9842, 9843, 9844
Christopher Walken 597, 817, 819, 820, 1907, 1910, 3383, 3385, 5165, 5169, 5170, 5458, 5459, 5469, 5470, 5546, 5552, 5553, 5554, 5555, 5561, 5562, 9360, 9900, 9901, 9902, 9903, 9904, 9905, 9906, 9907, 9908, 9909
Charles Walker 8811
Clint Walker 3662
Jake Walker 10809
Kathryn Walker 8453
Lou Walker 6535
Polly Walker 8103
Ray Walker 897
Robert Walker 3052, 3056
Timothy Walker 10304
Virginia Walker 5618, 5638, 5639
Morgan Wallace 6446
Eli Wallach 403, 405, 409, 410, 696, 697, 698, 3618, 3619, 3623, 3625, 3627, 3628, 6526, 6787, 7372, 10975, 10977, 10978, 10980
Dylan Walsh 10863
M. Emmet Walsh 150, 1021, 1022, 1023, 1102, 1103, 1104
J. T. Walsh 3739, 3741, 5724, 5725, 7799, 7801, 8972, 8973, 8974, 10620
Robert Walsh 1769
Ray Walston 3397, 3398
Jessica Walter 8229, 8232
Tracey Walter 1600, 1605
Julie Walters 3571
Patricia Walters 9337
Thorley Walters 3886
Karl-Heinz Walther 613, 614
Emma Walton 9419
Sam Wanamaker 1611, 1612, 1613
Autry Ward 8912
Fred Ward 2878
Rachel Ward 1852, 1854
Richard Ward 825
Jack Warden 1345, 5536, 5537, 5538, 5548, 5556, 5564, 10011, 10012
Frederic Warlock 8985
David Warner 30, 31, 32, 9203
H. B. Warner 6548
Allan Warnick 1537
Fred Warren 3427
Lesley Ann Warren 1713
Harold Warrender 7273
Robert Warwick 2128, 4204, 5807, 6422, 9362, 9363
Denzel Washington 1816, 5981, 5982, 5983, 5984, 5985, 7455, 7456
Sam Waterston 3858, 3859, 5125
Douglass Watson 5043
Lucille Watson 2252, 10437
Minor Watson 3474

Muse Watson 7542
William Watson 1493
Al Waxman 2768
Damon Wayans 5450, 5451
Keenen Ivory Wayans 266, 267, 268
Big Daddy Wayne 8468
David Wayne 3197
John Wayne 140, 986, 988, 1541, 1542, 1666, 1668, 1670, 1755, 1756, 1758, 2253, 2379, 2381, 2384, 2387, 2512, 2513, 3046, 3532, 3534, 4053, 4054, 4055, 4056, 4057, 4060, 4061, 4062, 4064, 4066, 4067, 4068, 5655, 5695, 5696, 5697, 5698, 5701, 5703, 5705, 5706, 5707, 5708, 5709, 5710, 5711, 5712, 5713, 6077, 6078, 6079, 6083, 6244, 6245, 6247, 6248, 6249, 6250, 6251, 6252, 6254, 6255, 6593, 6595, 6596, 6598, 6599, 6600, 6601, 6602, 6604, 6605, 6606, 6607, 6608, 7476, 7752, 7754, 7756, 7757, 7759, 7760, 7761, 7762, 7763, 7764, 7765, 7766, 7768, 7773, 7774, 7777, 7779, 7780, 7781, 7782, 7783, 7784, 7972, 7975, 7976, 7977, 7978, 7979, 7980, 7981, 7982, 7983, 7984, 7988, 7989, 7990, 7991, 7992, 7994, 7995, 7999, 8002, 8003, 8005, 8006, 8007, 8528, 8529, 8530, 8531, 8532, 8533, 8534, 8535, 8536, 8537, 8539, 8540, 8541, 8542, 8544, 8545, 8546, 8558, 8559, 8576, 8900, 8901, 9554, 9555, 10316, 10319, 10320
Naunton Wayne 1809
Pat Wayne 8548, 8549
Fritz Weaver 6225
Sigourney Weaver 187, 634, 635, 1722, 1723, 1724, 1728, 3758, 10441, 10447
Hugo Weaving 6342, 6345
Clifton Webb 5481, 5482, 5483, 5484, 5485, 5486, 5487, 5488, 5489, 5490, 5491, 5492
Lucy Webb 7263
Robert Webber 1267, 1268, 2103, 11040
André Weber 1948
Dewey Weber 9998
Jake Weber 7872
Virginia Weidler 6886, 6888, 6894
Udo Weinberger 9627, 9628
Rachel Weisz 674, 6789, 6791
Joseph N. Welch 303, 305
Tuesday Weld 1552, 2360
Ben Welden (=Weldon) 6693, 6702, 8795, 8796
Orson Welles 1564, 1565, 1566, 1567, 1568, 1570, 1571, 1572, 1578, 1579, 1580, 1581, 1582, 2176, 2177, 2178, 2588, 4220, 4600, 4603, 4604, 4606, 4607, 4608, 4609, 4610, 4611, 4612, 5406, 5407, 5408, 5409, 5410, 5411, 5412, 5413, 6188, 6189, 6190, 6192, 9119, 9120, 9121, 9124, 10477, 10954, 10955
Peter Weller 8046
Sheilah Wells 1129
Kenneth Welsh 3109
Howard Wendell 98
François Werner 4245
Oskar Werner 2615, 2616, 2618, 2619, 2620, 4933, 4934, 4938
Otto Wernicke 96809534
Craig Wesson 10300, 10301
Judi West 3639, 3640
Mae West 2526, 4563, 4564, 4565, 4566, 4567, 4568, 4569, 4570, 4571, 4572, 6823
James Westerfield 2705, 2716

David Weston 8294
Debora Weston 1378
Jack Weston 1555, 4988, 4990, 4991, 8890
Patricia Wettig 1598
Marius Weyers 3759, 3760, 3761
Frank Whaley 1273, 7607
Joanne Whalley-Kilmer 3491, 3492, 5090
Will Wheaton 9190, 9191
Joseph Whipp 7066
Brandlyn Whitaker 4195
Forest Whitaker 974, 975, 977, 2084, 3742
David White 1862
De'Voreaux White 9255
Jesse White 4427, 4782
Ron White 2489
Sammy White 7301, 7302, 7303
O. Z. Whitehead 3140, 5660
Billie Whitelaw 3903
Bradley Whitford 2236, 7417
Stuart Whitman 1667, 1668, 1669
James Whitmore 490, 2098
Peter Whitney 6160
Margaret Whitton 4736
Richard Widmark 139, 141, 142, 3277, 3278, 3279, 3281, 3291, 3396, 3401, 4225, 4226, 4758, 5744, 5745, 5746, 5747, 7171, 7172, 7174, 7175, 7177, 7515, 8379, 8380, 8381, 8383, 9760, 10092, 10264, 10265, 10266, 10267, 10507, 10508, 11003, 11004, 11005
Olaf Wieghorst 2384
Diane Wiest 3985, 7687
Naima Wifstrand 5390, 5392
Cornel Wilde 3421, 3425, 9805
Gene Wilder 3151, 3152, 3154, 3156
Kathleen Wilhoite 6810
Robert J. Wilke 4686
Guy Wilkerson 10725
Tom Wilkinson 3267, 8825, 8826, 8827
Warren William 8290
Adam Williams 2348, 4140
Barbara Williams 7441, 7442
Billy Dee Williams 973, 8156
Cindy Williams 263
Cynda Williams 6642
Emlyn Williams 7939
Guinn ›Big Boy‹ Williams 139, 625, 626, 3428, 4209, 4210, 4215, 4217
JeBeth Williams 9419
John Williams 8202, 10918, 10919, 10921, 10923
Johnny Williams 4393, 4395
Lori Williams 8301
Olivia Williams 7535
Paul Williams 7453, 7454
Robin Williams 1385, 1386, 1637, 1638, 1639, 3273, 3275, 3740, 3743, 3744, 3745, 3746, 4402, 5267, 5268, 6772, 8354, 8355, 8356
Treat Williams 2533, 5547, 5550, 5559, 5563, 7574, 7575, 7576
Mykelty Williamson 2943, 7219, 7221, 7226
Nicol Williamson 2559, 2560, 2561, 2563, 2564, 2565, 8042
Noble Willingham 3741
Bruce Willis 1052, 1053, 1054, 1056, 1649, 1650, 2720, 2723, 3206, 3209, 5055, 5056, 5059, 5061, 5062, 5065, 5066, 5445, 5446, 5447, 5448, 5450, 5451, 5452, 5453, 54545455, 5456, 5457, 5458, 5459, 5460, 5462, 5463, 5464, 5465, 5466, 5467, 5468,

5470, 5471, 5472, 7142, 7608, 7609, 7617, 7618, 8341, 9255, 9257, 9258, 9259, 9260, 9261, 9262, 9263, 9267, 9389, 9924, 9925
Norman Willis 10572
Chill Wills 3550, 3551, 8391, 8392
André Wilms 5532, 10239
Ann Wilner 1258
Alexandra Wilson 8975
Dennis Wilson 498
Dooley Wilson 1430
Rita Wilson 1194, 8421
Scott Wilson 1615
Teddy Wilson 1100
Trey Wilson 332, 348, 445
Michael Wincott 9305, 9308
Mary Windsor 1517, 7732, 7737, 9999
Debra Winger 2925, 2926, 2933, 7193, 7194, 7195, 7196, 9138, 9139, 9140, 9143, 10879, 10881, 10882
Margo Winkler 7049
Charles Winninger 1869, 3792, 3796, 3798
Mare Winningham 10812, 10817
Marc Winocourt 4243
Marissa Jaret Winokur 253
Kate Winslet 8922, 8925
Jonathan Winters 9733
Shelley Winters 1108, 1109, 1110, 1111, 1112, 2070, 5252, 5254, 6611, 6612
Joseph Wiseman 4828, 4830, 4831
Andreas Wisniewski 9257
Googie Withers 9879
Grant Withers 3022
Reese Witherspoon 4641, 4645, 7497
Norman Woland 5960
Ian Wolfe 3801, 3804, 4580, 4581, 4582
Frank Wolff 5586
Donald Wolfit 5504
Louis Wolheim 4599
Ralf Wolter 1385
Carter Wong 949
Victor Wong 943, 947, 950, 951, 952
G. Wood 4000
John Wood 8214, 8216, 8220, 9441, 9442, 9443
Natalie Wood 10597
Tom Wood 569, 9993
Alfre Woodard 3767
Ben Woods 1510
Donald Woods 9373, 9381
Edward Woods 7184
Harry Woods 9814
James Woods 587, 899, 900, 901, 903, 1708, 1710, 1711, 1713, 1714, 1715, 2114, 2115, 2116, 2117, 2118, 2119, 2120, 2121, 2536, 2539, 2540, 2541, 3387, 4506, 4507, 4508, 4512, 4513, 4514, 6689, 9033, 10471, 10472, 10473, 10476
Ren Woods 9927
Jimmy Woodward 1707
Joanne Woodward 10869, 10874
Morgan Woodward 8235
Jaimz Woolvett 2478, 2479, 2480
Hank Worden 7770, 7778, 7789, 8538
John Wray 4804
Amy Wright 7848
Robin Wright 9875
Samuel E. Wright 978
Steven Wright 9402
Teresa Wright 896, 4587, 4588, 4589, 4591, 5212

Will Wright 4575
Robert Wuhl 335, 4381, 4383, 4385, 4388
Patrick Wymark 10778
Keenan Wynn 9062, 9063
Amanda Wyss 7063
Salvator Xuereb 5764, 5765, 5766
Reisaburo Yamamoto 2424
Bruce Yarnell 5944
Vladimir Yordanoff 5097, 5106, 5107
Dick York 1749
Michael York 1382, 1385
Rachel York 9449
Susannah York 6196, 6210
Aden Young 1740

Burt Young 5116, 5119
Carleton Young 6084, 8298
Clifton Young 10007, 10008, 10009
Gig Young 1267, 3006
Loretta Young 4833, 4835, 4836, 4837, 9121, 9123, 9124
Otis Young 5673
Robert Young 2125, 3390, 4558, 4559, 7134, 7136, 10599
Roland Young 1844, 3026, 3027, 6456, 6460, 6898, 9232, 10967
Sean Young 8723
Ned Younge 9343, 9345
Harris Yulin 5020, 5021

Steve Zahn 2398, 7247
Zbigniew Zamachowski 2123
Billy Zane 5294, 7200, 7201, 7202, 7203
Rene Zellweger 4867, 4869
Mahmoud Zemmouri 238
Catherine Zeta-Jones 10245, 10246
Wolfgang Zilzer 1047
Ephrem Zimbalist jr. 1142
Kim Zimmer 4124
Laurie Zimmer 508, 509, 513, 514, 515
Hanns Zischler 4562
Louis Zorich 2032, 2033
Daphne Zuniga 10367, 10368

Regisseure & Autoren

Anthony Abbott 1347
George Abbott 4599
Scott Abbott 10722
Jim Abrahams 6907, 10060
Ian Abrams 10045
J. J. Abrams 450
Marcel Achard 5922
Frank R. Adams 6399
Gerald Adams 9029
Gerald Drayson Adams 8134, 8526
Samuel Hopkins Adams 2521
Ewart Adamson 7673
H. B. Addis 4944
Allen Adler 143
Felix Adler 5230, 10769
Warren Adler 810, 8107
Age & Scarpelli 1760, 10971
James Agee 6847
Danny Ahearn 6145
Zoe Akins 10624
Ryunosuke Akutagawa 7714
László Aladár 414
Katherine Albert 10624
Marvin H. Albert 231, 2023, 8379
Luis Alcoriza 1304, 2781, 10219
Louisa May Alcott 908
Robert Aldrich 412, 2100, 2388, 4366, 5042, 5070, 6315, 7717, 8999, 9318, 10139
Julio Alejandro 8917, 9884, 10351
Curt Alexander 10238
J. Grubb Alexander 9412
Scott Alexander 2267, 5436
Danielle Alexandra 129
Nelson Algren 596
Mario Alicata 7234
Joan Alison 1413
William Alland 3349, 7674
Jay Presson Allen 1380, 6139, 7574
Jim Allen 3417
Woody Allen 169, 201, 229, 306, 730, 1271, 1340, 1466, 3446, 3978, 4003, 5690, 5910, 6018, 6032, 7638, 7686, 8358, 8408, 9007, 9159, 9211, 9414, 10150, 10517, 10617, 10795
Pedro Almodóvar 2764, 3496, 5229, 10794
Giorgio Alorio 6450
Eric Alter 2572
Robert Altman 1331, 1943, 2124, 4317, 5010, 5902, 6291, 7495, 7545, 9736
Corrado Alvaro 1002
Howard Amacker 578
Rod Amateau 9389
Eric Ambler 6300, 8525
Kim Ambler 4374
Mario Amendola 5586
Jon Amiel 1722, 9017, 10243
Kingsley Amis 5802, 10369
Franco Amurri 2833
Allison Anders 3282
Edward Anderson 1943, 4573
Jane Anderson 284
Ken Anderson 2183
Kent Anderson 6785
Lindsay Anderson 1270
Maxwell Anderson 2643, 3256, 4599, 7872

Michael Anderson 4665
Paul Anderson 8859
Paul Thomas Anderson 1152
Del Andrews 4599
Mark Andrews 861
Robert Andrews 7673, 7924
Claude Anet 439
Ang Lee 8922
Roger Angell 8604
Edna Anhalt 10089
Edward Anhalt 3189, 4859, 10089
Jean-Jacques Annaud 6917
Joseph Anthony 4112
André-Paul Antoine 3072
Michelangelo Antonioni 4503, 8515, 10829
Michael Apted 3758, 6977, 10566
Franco Arcalli 2530, 5715
Denys Arcand 10104
Jeff Arch 8415
Robert Ardrey 2128, 4130
Alice Arlen 1703
Frank Armitage 8876
George Armitage 6107, 6482
Arnold B. Armstrong 2865
Charlotte Armstrong 10106, 10264
Gillian Armstrong 908
Mike Armstrong 3515
Georges Arnaud 8576
Elliott Arnold 3292
Jack Arnold 578, 4954, 5315, 6346, 7674, 9471
Jes Arnold 2208
David Arnott 5441
Hal Ashby 68, 3002, 4000, 5672, 8829
William Asher 7672
Audrey Ashley 2865
Eliot Asinof 55
Peter Askin 7026
Anthony Asquith 3285, 4660
Leopold Atlas 2865
Paul Attanasio 2052, 7643, 9039
Richard Attenborough 3246
Gladys Atwater 6913
Max Aub 10219
Daniel François Auber 2946
Jacques Audiard 630
Michel Audiard 630, 5301
John H. Auer 1516
Jean Aurel 599
Jean Aurenche 7923, 8302
Robert Alan Aurthur 4311, 6051, 10499
Jane Austen 2404, 8922, 9269
Paul Auster 1117, 5891, 8978
Renzo Avanzo 3664
Roger Avary 7604
John G. Avildsen 8054, 10257
Jon Avnet 637, 3887
George Axelrod 1162, 1348, 3162, 10190, 10952
Alan Ayckbourn 4193
Dan Aykroyd 1125, 3544
Marcel Aymé 3358
Rafael Azcona 3836
Jimmy Santiago Baca 1099
Danilo Bach 911

Michael Backes 10659
Lloyd Bacon 4978, 6145, 6690, 6853, 7004, 7207, 7284, 11042
Nicola Badalucco 9734
John Badham 586, 972, 3383, 6849, 7862, 8903, 10354, 10497
John Bailey 1526
Beryl Bainbridge 8221
John Baines 9879
Stuart Baird 571
Graham Baker 2863, 3426, 6551, 9753
Herbert Baker 6398, 8423
Roy Baker 10264
Tom Baker 10771
Nigel Balchin 2573, 9803
David Baldacci 35
John L. Balderston 2972, 3366, 5682, 6096
Earl Baldwin 6853, 9793
Faith Baldwin 8713
Alan Ball 241
Peter Baloff 232
Jack Baran 3862
Steve Barancik 5719
Rowland Barber 4340
Richard Bare 1078
Frank Barhydt 5010
Pierre Barillet 4988
Leora Barish 9398
Clive Barker 1376, 4164
Pat Barker 9192
Allen Baron 2575
Bruno Barreto 7212
Philip Barry 6885, 8592
Montagu Barstow 8349
Sy Bartlett 5258, 10559
John Bartlow 9371
Hal Barwood 972
Ben Barzman 4953
Richard Baskin 10720
Ronald Bass 4318, 7697, 8564, 8715, 10243
Ronald Bassett 10771
Janet Scott Batchler 776
Lee Batchler 776
Colin Bateman 9216
H. E. Bates 9878
Joe Batteer 2580
Patrick Bauchau 8255
L. Frank Baum 10834
Thomas Baum 7061
Vicky Baum 6443
Michael Bay 450, 8050
Rex Beach 3045, 9346
Wayne Beach 6703
C. E. W. Bean 3238
Donald Bean 9185
Henry Bean 4761, 4841
Betsy Beaton 4953
Ann Beattie 3958
Warren Beatty 1897, 8829
D. D. Beauchamp 6156, 6623, 9753
William Beaudine 7208
Simon Beaufoy 3266
Charles Beaumont 2902, 5574, 8291
Béatrice Beck 2553
George Beck 5811

Harold Becker 1586, 6689, 8622
Jacques Becker 3738, 10583
Jean Becker 1160
Michael Frost Beckner 1778
Francis Beeding 4495
Marc Behm 630, 1470
S. N. Behrman 6399
Sidney H. Behrman 3023
Jean-Jacques Beineix 905, 1987
Larry Beinhart 10450
Charles S. Belden 3404
Arnold Belgard 5230
James Warner Bellah 985, 6076, 6318, 7997, 9554
Peter Bellwood 4282
Edmund Beloin 3932
Rémy Belvaux 6050
Peter Benchley 10537
Robert Benchley 653
Barbara Benedek 3840, 8214
Laslo Benedek 10682
Stephen Vincent Benet 189
Richard Benjamin 1334, 2083, 6363
Alan Bennett 5155
Bill Bennett 3515
Charles Bennett 653, 3390, 6105, 7013, 7056, 7474, 8198
Harve Bennett 9193, 9196, 9199
Julie Bennett 10617
Murray Bennett 1413
E. F. Benson 9879
Sally Benson 4587
Robert Benton 967, 1150, 4623, 4694, 5028, 7094, 9390, 10965
Leonardo Benvenuti 2530
Leonardo Bercovici 990, 4833
John Berendt 6638
Bruce Beresford 10162
Peter Berg 10273
Ludwig Berger 1920
Thomas Berger 5828, 10257
Andrew Bergman 3097, 4393, 8604
Ingmar Bergman 1, 5389, 8891, 9006
Martin Bergman 7447
Eric Bergren 2394, 2954
Howard Berk 9473
Anthony Berkeley 10168
Busby Berkeley 9068, 10943
Martin Berkeley 7674, 9471
Ted Berkman 6860
Rick Berman 9206
Sam Berman 8349
Chris Bernard 1260
Jack Bernard 1077
Peter Berneis 4838
Curtis Bernhardt 327, 4171
Kevin Bernhardt 3910
Armyan Bernstein 2312
Carl Bernstein 10011
Leonard Bernstein 10589
Walter Bernstein 1806, 3707, 7863, 9334
Claude Berri 236
John M. Berry 904, 9227
Bernardo Bertolucci 5715
Luc Besson 3204, 5602, 7067, 9357
A. I. Bezzerides 7717, 8870
Sidney Biddell 9029
Ann Biderman 1722, 11023
Kathryn Bigelow 1118, 3309, 9302
Tony Bill 7463

Claude Binyon 2184, 5811
Leo Birinski 6320
Andrew Birkin 6917
Lajos Biro 1920, 3513, 8349
Larry Bishop 8928
Carol Black 9022
Shane Black 1244, 1248, 5441, 5444, 5644, 9788, 11006
Jeanne Blake 1949
Eric Blakeney 4228
Michael Blankfort 3292, 4860
William Peter Blatty 2570
Raphael Blau 6860
Bert Blessing 10237
Lee Blessing 1949
Bertrand Blier 10940
Karen Blixen 4846
Robert Bloch 7602
Irving Block 143
Lawrence Block 68, 1944
Libbie Block 3359
Harold Jack Bloom 5425, 6903
Jeffrey Bloom 8345
Stephen L. Bloom 10365
Edwin Blum 3905, 9185
John G. Blystone 5230
Jeffrey Boam 1244, 1248, 4728, 7833
DeWitt Bodeen 5033, 10185
Sergei Bodrov 5769
David Boehm 3734, 7657
Sydney Boehm 231, 327, 2144, 4138, 4150, 6732
Budd Boetticher 592, 1131, 2302, 2623, 2859, 2881, 3111, 3362, 4778, 6156, 6462, 8668, 9158, 10001
Paul Bogart 2163
Peter Bogdanovich 915, 2766, 5738, 7046, 7279, 8249, 9604
Charles Bogle 4771, 7208
Eric Bogosian 9462
Pierre Louis Boileau 633, 9576
Bridget Boland 3284
Richard Boleslawski 3276, 4160
Heinrich Böll 5904, 7041
Craig Bolotin 1015
Robert Bolt 1176, 2001, 5502, 6188, 8170
Adriano Bolzoni 6450
Anna Bonacci 5339
Pascal Bonitzer 9353, 9608, 10334
André Bonzel 6050
John Boorman 826, 2558, 4404, 7499, 10860
Telsche Boorman 10860
Charles G. Booth 3464
James Borelli 4255
Michael Bortman 674
Aida Bortnik 7210
Frank Borzage 2504, 7424, 8652
Roselyne Bosch 10341
Pierre Bost 7923, 9018
Daniel Boulanger 1160
Pierre Boulle 1286
John Boulting 10369
Roy Boulting 4398
William Bowers 547, 1651, 6995, 8344, 8379, 8553, 9125
Danny Boyle 793, 5526, 9877
Charles Brabin 6309
Gérard Brach 992, 2377, 2997, 4503, 6493, 6917, 9468
Charles Brackett 1031, 1163, 2439, 2520, 2908, 3192, 4986, 7038, 7069, 10250, 10757
Leigh Brackett 2379, 3661, 4051, 4653, 7973, 7999, 9736, 9840
Malcolm Bradbury 1646
Ray Bradbury 2615, 5269, 6643, 7275
Jon Bradshaw 10685
Brannon Braga 6528, 9206
Jacques Bral 7505, 9315
Kenneth Branagh 7447, 8354
Vitaliano Brancati 5794
John Brancato 3241, 7003
Houston Branch 9676
Christianna Brand 74
Max Brand 625, 3791
Gary Brandner 9667
Marlon Brando 856
William Brashler 972
Irving Brecher 6271, 6272
Andy Breckman 4478
Richard Breen 2908, 3196, 7038
Robert Breen 6913
Alexandre Breffort 5942
Catherine Breillat 1339
Marie Brenner 4759
Howard Breslin 9149
Robert Bresson 3433, 8278
Martin Brest 911, 2217, 6485, 7872
Simon Brett 6730
Marshall Brickman 6018, 6032, 8408, 9159
Paul Brickman 11471
James Bridges 10545
James Bridie 8966
John Bright 7180
John Briley 3246
David Brin 7534
Peter F. Bringmann 604, 9627
Jeremy Brock 4515
Oscar Brodney 4560, 6368, 7130, 10579
Charlotte Brontë 10477
Emily Brontë 9353, 9356
Adam Brooks 3084, 10840
Albert Brooks 6648, 8604
James L. Brooks 861, 6833, 10879
Mel Brooks 3150, 4338
Norman Brooks 412
Richard Brooks 3256, 3370, 4558, 5670, 8197, 10894
John Brophy 5646
Clarence Brown 2883, 3823, 8713
David Brown 7279
Harry Brown 2379, 5431, 6130, 6757, 9885
Riwia Brown 5675
Rowland Brown 1505, 10335
Sam O. Brown 1334
Will C. Brown 6041
Howard Browne 1399, 1519
Michael Browning 8626
John Brownjohn 992, 7009
William Broyles 389, 10243
George Bruce 1136, 10335
J. Campbell Bruce 2869
Pascal Bruckner 992
Katherine Brush 2777
Peter Bryan 4451
Bill Bryden 5867
John Buchan 7013
Sidney Buchman 6556, 8592, 8871, 10905
Art Buchwald 3483
Pearl S. Buck 3913

Martin Buckley 4593
Robert Buckner 4209, 7207, 8391, 10827
Harold S. Bucquet 10935
Jean Bucquoy 10469
Jackson Budd 9283
Takashi Bufford 8810
Charles Bukowski 734
Robert Bunker 4859
Luis Buñuel 834, 1304, 1946, 1986, 2781, 3512, 4944, 6769, 8045, 8917, 9451, 9884, 10165, 10219, 10351
Berthold Bürger 6794
Anthony Burgess 9963
W. R. Burnett 487, 2461, 3380, 3476, 4223, 5190, 5397, 6098, 6972, 8323, 8575, 10579
Allan Burns 1353
Edward Burns 8847
Francis Burns 5877
Mark R. Burns 5961
Robert E. Burns 4803
Tim Burns 265
Walter Noble Burns 5651
Norman Burnside 7381
William S. Burroughs 6916
Abe Burrows 4988, 8663
Frank Burt 5801, 6043, 8551
Tim Burton 759, 770, 799, 2267, 7405
Niven Busch 7641, 7740, 9551, 10601
Lazlo Bus-Fekete 4308
David Butler 8591, 6098
Frank Butler 3460, 4995, 7589, 9470, 9768
Gerald Butler 990
Hugo Butler 3823, 4944, 8999, 9227
Michael Butler 1775, 6085, 7268
Frank Buxton 10617
Edward Buzzell 2125, 5817, 6271, 6272
Myra Byanky 8357
Floyd Byars 6036
Lord Byron 2038
Michael Cacoyannis 158
Alberto Caella 7872
Arthur Caesar 7479
David Caffrey 9216
Edward L. Cahn 34, 4999, 6741, 7721, 8550
Alan Caillou 6733
James M. Cain 3029, 7234, 7740, 10578
Jeffrey Caine 3696
Erskine Caldwell 9709
Noël Calef 2627
Dayton Callie 2993
James Cameron 183, , 9302, 9512, 9518, 9704, 9889
Lorne Cameron 2517
J. W. Campbell jr. 1956
Martin Campbell 3696
Patrick Campbell 10369
R. Wright Campbell 6136, 8291
Nardi Reeder Campin 6622
Jane Campion 7458
Cuca Canals 5895
Kelly Candaele 5180
Mark Canfield 3041
Victor Canning 3934
Danny Cannon 4928
Leon Capetanos 6772
Truman Capote 3162
Frank Capra 453, 2521, 4262, 4768, 5014, 5402, 5581, 5875, 6545, 6556, 10102, 10944
Vittorio Caprioli 5969

James (Jim) Carabatsos 3656, 4083
Léos Carax 1187, 6856
Lorenzo Carcaterra 8967
Jack Cardiff 1456
J. S. Cardone 7260
John ›Bud‹ Cardos 6733
Clancy Carlile 4399
Roy Carlson 1526
Marcel Carné 5126, 6862, 9431
Marc Caro 1864
Glenn Gordon Caron 3293
John Carpenter 503, 943, 1011, 1545, 2543, 2901, 4797, 5173, 5906, 8876
Richard Carr 6159
Jean-Claude Carrière 834, 1156, 1932, 1946, 1986, 3512, 5260, 9017, 9451, 10049, 10353
Sidney Carroll 3935
Milton Carruth 9885
David Carson 9206
Robert Carson 8, 625, 10598
Angela Carter 10876
Forrest Carter 9577
Joseph Carter 10651
Jim Cartwright 5846
Dorothy Caruso 3801
Steve Carver 1399
Jim Cash 1897, 9137
Vera Caspary 3270, 4954, 5481, 6393
John Cassavetes 3615
Jean Castanier 10148
Henri Castillou 2781
Nick Castle 2543, 5173
William Castle 5252, 9802
Victor A. Catena 3223
Michael Caton-Jones 8017, 8338
Peter Cattaneo 3266
Jean Cau 1156
Alberto Cavalcanti 9283, 9879
André Cayatte 5773
Jean Cayrol 6808
Suso Cecchi D'Amico 1760, 3526, 5613, 8276, 10067
Claude Cerven 9787
Claude Chabrol 3964
Whitman Chambers 1077
Harry Chandlee 8799
Raymond Chandler 1044, 1794, 2163, 2603, 3029, 3051, 6706, 9736, 9836, 9840
Roy Chanslor 1462, 4899, 8565
Charles Chaplin 3763, 3819, 5274, 6666, 7712
Matthew Chapman 1649, 3525
Henri Charriere 7281
Borden Chase 3401, 6467, 6623, 7752, 7924, 9346, 9945, 10139, 10723
Mary C. Chase 6368
Louis Chavance 7660
Paddy Chayevsky 6258, 6984
Michael S. Chernuchin 2474
Sonia Chernus 9577
Hal E. Chester 7056
G. K. Chesterton 8737
Lincoln Child 7869
Agatha Christie 5748, 10912
Michael Christopher 2720
Michael Cimino 1395, 1907, 4546, 5770, 8942, 9388, 9826
René Clair 3513, 5681, 5748, 6422, 10343
Tom Clancy 5019
Alan R. Clark 327

Larry Clark 5088
Ron Clark 4338
Van Tilburg Clark 8009
Frank Clarke 1260
T. E. B. Clarke 1501
James Clavell 2854
Jack Clayton 3856
John Cleese 2811, 10696
Dick Clement 1672, 9253
Larry Clemmons 2183
Graeme Clifford 2954
John Clifford 1412
Edward C. Cline 731, 6821
Harry Clork 4995
J. Storer Clouston 9090
Henri-Georges Clouzot 5862, 7660, 9576, 10087
Geneviève Cluny 3021
Humphrey Cobb 10528
Randy Sue Coburn 6568
Andrew Cockburn 7600
Leslie Cockburn 7600
Jay Cocks 9302, 10869
Jean Cocteau 2067, 7213
Ethan Coen 442, 748, 920, 1101, 2694, 4450, 6495
Franklin Coen 6464
Joel Coen 442, 748, 920, 1101, 2694, 4450, 6495
Lenore Coffee 2373
David Aaron Cohen 10125
Larry Cohen 899, 4483
Rob Cohen 2085
Al Cohn 4832
Art Cohn 7962, 10260
Harley Cokliss 1011
Gene Colan 1018
John Coldrosen 1318
Lester Cole 327, 9092
Lewis Colick 543
Richard A. Colla 601
Michael Colleary 4556
Robert Collector 4797
John Collier 7141
Harry Collins 2697
Richard Collins 3476
Wilson Collison 2182
John Colton 4526
Chris Columbus 3402, 3783, 5081, 8715
Betty Comden 2187, 10417, 10432
Jacques Companéez 3738
David Compton 1856
Richard Condon 1162, 2276
Richard Connell 4262, 4995, 6783
Marc Connelly 6422
Myles Connolly 10944
Joseph Conrad 380, 2216, 8198
Pat Conroy 4194
John Considine 4317
Jack Conway 2096, 2777, 8286, 9810, 10734
Douglas S. Cook 8050
Will Cook 11002
Martha Coolidge 322
Gene L. Coon 578, 9719
Courtney Ryley Cooper 4153
James Fenimore Cooper 5682, 5684
Merian C Cooper 5157
Willis Cooper 2986
Alec Coppel 7834
Francis Ford Coppola 380, 1731, 2312, 3856,

7315, 7342, 7360, 7406, 7804, 9915
James J. Corbett 3470
Bruno Corbucci 5586
Sergio Corbucci 1988, 5586, 6450
David L. Corley 4330
Bartlett Cormack 1058, 9793
Roger Corman 1106, 1519, 2902, 3770, 5574, 7665, 8291, 10702
Alain Corneau 10467
John Cornell 5333
Clet Coroner 1160
John William Corrington 1177
Joyce H. Corrington 1177
Will Corry 498
George P. Cosmatos 9820
Kevin Costner 7534
Sam K. Cowan 8799
Noël Coward 800, 3431, 8779
Mack Crane 8818
Stephen Crane 8138
Frank Craven 10801
Wes Craven 7061, 7063, 8447, 8609, 8616
John Crawford 28
John Creasey 1501
James Ashmore Creelman 5157, 6783
Charles Crichton 2811, 9879
Michael Crichton 2162, 4960, 9039, 10201, 10659
John Cromwell 3366, 9029
David Cronenberg 2855, 6916, 7285, 8309, 10120
Hume Cronyn 8966
Alan Crosland 4832
Alison Cross 1092
Russell Crouse 10069, 10944
Cameron Crowe 4862, 8921
Christopher Crowe 5684
Homer Croy 4488
Jim Cruickshank 403, 6549
Billy Crystal 2922
Alfonso Cuarón 3834
George Cukor 1806, 1839, 1911, 1966, 2070, 2271, 3023, 3038, 6817, 6885, 7297, 8592, 10062
Thomas Cullinan 904
Jack Cunningham 4771, 6529, 7208
John W. Cunningham 11046
Lowell Cunningham 6429
Sean S. Cunningham 3049
Eve Curie 5920
Valerie Curtin 9874
Richard Curtis 5432, 7145, 10302
Michael Curtiz 541, 1413, 1505, 1666, 2725, 3404, 4178, 4204, 4209, 6398, 6447, 6616, 7673, 8034, 8658, 8839, 10069, 10094, 10106, 19743, 10827, 10956
Dick Cusack 7862
John Cusack 4277, 6107
Jean-Loup Dabadie 8493
John Dahl 5089, 5719, 7792
Rick Dahl 7792
Roald Dahl 5986, 8640
Arthur Dales 8840
Robert Daley 4546, 6875, 7574
Nat Dallinger 7204
Herbert Dalmas 5804
Rosalinde Damamme 3301
Uri Dan 6480
Stan Daniels 8919
Patty Dann 6363

Gabriele D'Annunzio 10067
Joe Dante 3783, 7833, 8975, 9667
Sylvie Danton 1339
Frank Darabont 10270
Georges Darien 1932
Roger d'Ashelbe 4533
Jules Dassin 6910, 7048, 10894
B. G. DaSylva 1153
Mel Davenport 2575
Delmer Daves 1747, 3292, 3476, 3863, 5743, 6155, 10003, 10262, 10830
Valentine Davies 3606, 4954
William Davies 5016, 9926
Andrew Davis 566, 674, 1775, 1949, 7420
Ed Davis 9000
Frank Davis 2999, 3388, 8839
Luther Davis 1140, 10734
Owen Davis 3776
Owen Davis, sr. 4875
Wade Davis 8447
Gordon Dawson 1266
Robert Day 3885
Honoré de Balzac 1739
Piero de Bernadi 2530
Jan De Bont 9037
Philippe de Broca 5969
Ennio de Concini 1716
Frederick de Cordova 7477
Claude de Givray 5209, 9702
Charles de Grandcourt 5280
Georges de la Fouchardiere 8337
Choderlos de Laclos 3331
Michael De Luca 4928, 5906
Rudy De Luca 4338
Robert De Niro 4673
Brian De Palma 1403, 2720, 4374, 7453, 8323, 8572, 9040, 9561, 10018, 10189, 10765
Marquis de Sade 4453
Giuseppe De Santis 1002, 7234
Steven E. de Souza 4928, 7161, 9255, 9263
André De Toth 3388, 6128, 8344, 9438
Pedro de Urdimalas 10219
Louise de Vilmorin 5922
Christopher de Vore 2394, 2954
Gary M. De Vore 1610
Basil Dearden 9558, 9879
James Dearden 10228
Ed Decter 10255
Raymond DeFelitta 8537
Daniel Defoe 8045
Paul Dehn 8045
Roy Del Ruth 1153, 3041, 6453
Delacorta 1987
Shelagh Delaney 998
Walter DeLeon 3008, 7589
Jeffrey Dell 10369
Viña Delmar 5786, 8508
Dom DeLuise 4137
Cecil B. DeMille 3008, 4153, 7474, 8352, 10855
Richard Deming 452
Jonathan Demme 3311, 5961, 7455, 8578
Ted Demme 797, 7092
James DeMonaco 10225
Peter Densham 8021
D. P. Depp 1221
Johnny Depp 1221
Jacques Deray 1156
Alan Dershowitz 91
Michel Deville 3301

D. V. DeVincentis 4277, 6107
Danny DeVito 4891, 8107
Dean Devlin 4723
Gerald Devries 8016
Karen DeWolf 6883
Patrick Dewolf 10239
Peter Dexter 6828
Tomasi di Lampedusa 5613
I. A. L. Diamond 369, 439, 677, 1313, 2322, 2581, 2717, 3631, 4988, 5339, 5809, 5942, 6006, 7595
Tom DiCillo 2266, 9827
Philip K. Dick 1021, 9828
R. A. Dick 3504
Charles Dickens 1839, 3412, 3834, 7211
James Dickey 826
Thorold Dickinson 3284
Joan Didion 637
William Diehl 11023
William Dieterle 189, 1914, 2697, 3020, 3607, 4838, 5171, 6154, 6981, 7381, 8289
Bo Dietl 7212
John Dighton 76, 4229, 6129
Philippe Dijan 905
Lauri Dillon 3074
Robert Dillon 3074, 7599
Mel Dinelli 3882, 4073, 10575
Isak Dinesen 4846
Gerald DiPege 6359
Beulah Marie Dix 10943
Campbell Dixon 3390
Leslie Dixon 7043, 7119, 9665
Edward Dmytryk 596, 1387, 3291, 4558, 6706, 8890, 10499
Lem Dobbs 586, 5824
David Dobkin 1615
E. L. Doctorow 967, 7694
David Dodge 9934
Roger Donaldson 1176, 1385, 9035
Sergio Donati 1610, 9046, 9761
Stanley Donen 394, 1470, 2187, 3483, 4750, 6786, 7104, 9410, 10432
Walter Doniger 3956
Tom Donnelly 7642, 8672
Clive Donner 10517, 11006
Richard Donner 1244, 1248, 2852, 5644, 6351, 9390, 9440
Charles Dorat 2781
Ariel Dorfman 9746
John Dos Passos 9542
F. M. Dostojewski 8278
Gil Doud 9296
Joseph Dougherty 5965
Richard Dougherty 7169
Gordon Douglas 1232, 2938, 3661, 5801, 6453, 6757, 7021
Kirk Douglas 6219
Nancy Dowd 8451
Sir Arthur Conan Doyle 3403, 4451, 7595, 9082
Laird Doyle 2725, 4978
Roddy Doyle 1672
Ginette Doynel 3664
William A. Drake 6443
Jay Dratler 292, 5481
Hal Dresner 4519
Serge Drydman 9870
Daphne Du Maurier 7725, 7937
George du Maurier 7446, 9412
Alan Duff 5675

Warren Duff 1505, 2697, 7207, 9747, 11042
John Duigan 10200
Bill Duke 4841
Alexandre Dumas, père 1136, 2128
Patrick Sheane Duncan 3383
Griffin Dunne 4690, 10840
John Gregory Dunne 637
Philip Dunne 3504, 5682, 5684, 7479, 8984
Phil Dusenberry 637
Julien Duvivier 4533, 10952
Allan Dwan 4301, 9753
Anne Dyer 8233
George Dyer 6981
Kenneth Earl 1200
Clint Eastwood 35, 803, 974, 1277, 1295, 1980, 2476, 3061, 4083, 4399, 4519, 6085, 6638, 7268, 7409, 8080, 8229, 9577, 10471, 10545
Umberto Eco 6917
Dana Edelman 4374
Blake Edwards 1051, 1334, 3162, 5751, 6483, 6539, 7437, 8104, 8955, 9389, 9419, 10287
Eddie Egan 10642
Axel Eggebrecht 10248
Jack Egleson 6730
Clive Egleton 8561
Dennis Eisenberg 6480
Sergej M. Eisenstein 152, 4776
Jo Eisinger 1826, 7048
E. A. Ellington 3554
Ted Elliott 8975
Charles Ellis 7721
James Ellroy 1284, 1707, 5343
Roland Emmerich 4723
Guy Endore 9227
Samuel G. Engel 9814
Jack Engelhard 10066
Ken Englund 2077, 4325
Ray Enright 3045, 5283, 10415
Delia Ephron 2398
Henry Ephron 3004
Nora Ephron 1703, 2398, 4023, 6811, 8415
Phoebe Ephron 3004
Tom Epperson 1303
Jack Epps jr. 1897, 9137
Julius J. Epstein 453, 1200, 1413, 4078, 5533, 8495
Philip G. Epstein 453, 1200, 1413, 5533, 8495
Carl Erickson 2697, 3404
Walter Ericson 8890
Geir Eriksen 5292
John Erman 9021
Chester Erskine 2429, 10924
John Eskow 7465
Harry Essex 2345, 10316, 10335
Howard Estabrook 1839
Emilio Estevez 6428
Joe Eszterhas 753, 4796
Don Ettlinger 4409
Dale Eunson 10624
Bruce A. Evans 1778, 9189
David Evans 722
Max Evans 4303
Nicholas Evans 7449
Vincent Evans 9550
Clive Exton 8662
Carlos Ezquerra 4928
Maurice Fabre 1160
Roberto Faenza 1717
Peter Faiman 5333

Douglas Fairbanks jr. 10146
J. Meade Falkner 8455
Hampton Fancher 1021
John Fante 596
Francis (Edwards) Faragoh 2965, 5190
James Fargo 10046
Karl Farkas 6853
Henry Farrell 8493
Bobby Farrelly 10255
Peter Farrelly 10255
John Farris 9561
John Farrow 6852, 8295, 9523
Howard Fast 9027
William Faulkner 3288, 3915, 5425, 9840
Jules Feiffer 4482
Bruce Feirstein 3696, 6747, 10566
Dennis Feldman 9035
Randy Feldman 9466
Federico Fellini 72, 2742, 4939, 6900, 8602, 9277
Andrew J. Fenady 1541
Pablo F. Fenjves 2633
Earl Fenton 6418, 9999
Frank Fenton 2895, 3277, 8295, 9523, 10252
Leslie Fenton 9768
Edna Ferber 1547, 1966, 3548
Larry Ferguson 186, 4282, 8672
Michel Fermaud 6052
Abel Ferrara 717, 815, 4255, 5163, 5332, 6035
Marco Ferreri 3836
Michael Ferrier 8839
Franco Ferrini 2530
Michael Ferris 3241, 7003
Jean Ferry 6769, 10087
Michael Fessier 4190
Michel Fessler 7926
Pasquale Festa Campanile 5613
Herbert Fields 5786
Joseph Fields 1082, 7052, 7673
W. C. Fields 731, 4771, 6821, 7208
Jacques Fieschi 1339, 6982
Mike Figgis 4761, 5523, 9273
Peter Filardi 2850
Charles Finch 714
Scot Finch 1465
Terence Finch 1224
Yolande Finch 714
David Fincher 186, 3241, 8886
Ferguson Findley 9125
Julian Fink 1973, 8905
Rita M. Fink 1973
Abem Finkel 3392, 4875, 6690, 8799
Jonathan Finn 11042
Jack Finney 1817
Laurie Finstad-Knizhnik 6000
Richard Fire 4185
Carrie Fisher 3898
Clay Fisher 2144
Naomi Fisher 2862
Steve Fisher 1516, 1794, 5817, 6156, 6741, 9029
Terence Fisher 4451
Vardis Fisher 4859, 9880
Jeffrey (Alan) Fiskin 984, 1760, 3303
Margaret Fitts 8455
F. Scott Fitzgerald 3777, 3856, 5718
George Fitzmaurice 6320
Fannie Flagg 3887
Ennio Flaiano 72, 4939, 6900, 8602, 9277
Martin Flavin 9278

Gary Fleder 5536
Gregory Fleeman 3231
Hugh Fleetwood 1716
Richard Fleischer 2023, 4823, 6418, 7526, 9999, 10322, 10954
A. S. Fleischman 3352
Andrew Fleming 2344
Ian Fleming 1865, 2773, 3715, 4543, 4824, 5570, 5808, 5986, 6132, 6684, 6747, 8241, 9087
Richard Fleming 2182
Victor Fleming 482, 3913, 8818, 9537, 10377, 10834
Hal Flimberg 6266
Martin Flinn 9202
Robert Florey 897, 2965
Vernon L. Fluharty 2623
John Flynn 899, 7910
Thomas T. Flynn 6043
László Fodor 1914
James Fogle 2179
James Foley 597, 3599
Peter Fonda 2261
Lloyd Fonvielle 6789
Bradbury Foote 327, 3823
John Taintor Foote 4615
Bryan Forbes 5802
Murray Forbes 4358
Garrett Ford 2965, 9092
John Ford 985, 1456, 1501, 1503, 1822, 3133, 3360, 3932, 4946, 5067, 5655, 5667, 6076, 6622, 7964, 7997, 8527, 8896, 8984, 9554, 9709, 9814, 10608, 11002
Carl Foreman 5907, 6216, 11046
C. S. Forester 100, 5281
Milos Forman 240, 2291, 5436, 7694
E. M. Forster 10657, 10927
Bill Forsyth 5857
Frederick Forsyth 8338
Christian Forte 147
Bob Fosse 1380, 4311
Diane Fossey 3758
Jodie Foster 2665
Lewis R. Foster 6556
Norman Foster 990
Gene Fowler 5651
John Fowles 3459
Kevin Fox 10225
William A. Fraker 6675
Michael France 3696
Massimo Franciosa 5613
Paul Franck 2160
Caroline Francke 8818
Camille François 9075
Georges Franju 633, 9475
Christopher Frank 319
Fredric M. Frank 10855
Harriet Frank jr. 1755, 3288, 4206, 4583, 5993, 7137, 9192, 10322, 10712, 11021
Laurie Frank 6036
Melvin Frank 3460, 7165
Pat Frank 3726
Scott Frank 7245, 8354, 8467
John Frankenheimer 1162, 3074, 3364, 8070, 8573
Howard Franklin 6917, 7886
Sidney Franklin 3913
David H. Franzoni 3572, 4942
George MacDonald Fraser 7179
Michael Frayn 1624

Steve Frazee 3661, 6130
Stephen Frears 3331, 3785, 3903, 4277, 4303, 8266
Jason Freeland 1284
Everett Freeman 2077
Leonard Freeman 3661, 3977
Hugo Fregonese 9885
Fred Freiberger 3277, 4593, 7275
Jeff Freilich 6799
Robert M. Fresco 9471
Richard Friedenberg 636
William Friedkin 1239, 1767, 2570, 4796, 5568
Louis Friedlander 7657
Bruce Jay Friedman 8919, 9093
Josh Friedman 674
Ken Friedman 714, 1385, 4925
Ketti Frings 3020
Mel Frohman 5070
E. Max Frye 290, 3311
Daniel Fuchs 3521, 4358
Carlos Fuentes 7210
Ludwig Fulda 3023
Samuel Fuller 941, 3934, 4488, 4758, 5646, 6909, 7513, 8952, 9315, 9806, 10344
Maude Fulton 3022
Antoine Fuqua 7883
Jules Furthman 3, 2253, 3915, 4526, 6241, 6471, 7257, 7973, 8173, 8818, 8830, 9840
John Fusco 686, 1765
Thomas E. Gaddis 3364
Frank Galati 7837
Bob Gale 9882, 10949
Paul Gallico 7571, 10121
Pauline Gallico 10121
George Gallo 6485, 10765
John Galsworthy 979
Kenneth Gamet 1077, 6128
Bill Gammage 3238
Lowell Ganz 1593, 3922, 3778, 3905, 5180, 9093
Fred Gardner 10829
Leonard Gardner 2702
Louis Garfinkle 1907
Jack Gariss 10855
Alex Garland 793
Tay Garnett 3, 3882, 6551, 7740
Oliver H. P. Garrett 9029
Crosbie Garston 3
Pierre Gascar 633
Louis Gasnier 9497
Ray Gaulden 9772
Michael V. Gazzo 6398
Jack Geasland 10120
Paul Gégauff 3964
Franz Geiger 5865
Larry Gelbart 6786, 9824, 10257
Bruce Geller 6528
Erwin Gelsey 1914, 3734
George W. George 7021
Peter George 2006
Terry George 1179
Maurice Geraghty 7729
Chris Gerolmo 6531
G. Géronimi 9576
Vance Gerry 2183
Leonard Gershe 8663, 9410
Nicolas Gessner 5931
Robert Getchell 174
Duncan Gibbins 2633

Stella Gibbons 1646
Brian Gibson 9253
Channing Gibson 5644
Mel Gibson 1222
William Gibson 9069
Nelson Gidding 10576
Raynold Gideon 1778, 9189
Gwen Bagni Gielgud 5743
Barry Gifford 5872, 10664
Edwin Gilbert 114
Lewis Gilbert 5986, 6684, 9087, 10199
Berne Giler 6462
David Giler 183, 186, 5759, 10910
Frank Gill jr. 3362
Berne Giller 96
Terry Gilliam 1224, 5264, 9924
Sidney Gilliat 74, 1809, 5802, 6096, 7937
Dan Gilroy 3623
Frank D. Gilroy 2514
Bryan Gindorff 9182
José Giovanni 6045
George Gipe 1852, 6138
Robert Gittler 1318
Giuliani 6882
Kubec Glasmon 7180
Benjamin Glazer 6320
Mitch Glazer 3834
John Glen 4069, 4518, 4720, 5851, 7179
Arne Glimcher 4592
Alain Godard 6917
Jean-Luc Godard 663, 1886, 3021, 5593, 5955, 6662, 7290, 10236
Rumer Godden 8556, 9337
John Godey 4925
Ivan Goff 3196, 3397, 5281, 6136, 6282
Heywood Gold 3490
Zachary Gold 5283
Willis Goldbeck 6076
Mel Goldberg 3977
Ray Golden 6266
Marilyn Goldin 7946731
Samuel R. Golding 7477
Bo Goldman 1586, 2217, 2291, 7872
Gary Goldman 943, 9828
Gina Goldman 9359
James Goldman 8041
William Goldman 35, 1353, 1355, 2634, 3429, 4797, 6225, 6351, 10011
Akiva Goldsman 776, 778, 4971, 10840
Martin Goldsmith 1889, 7204, 9999
Olivia Goldsmith 1629
James Goldstone 8345
David Goodis 8399, 9315, 9869, 10003, 10580
David Zelag Goodman 2603, 6675
Frances Goodrich 2246, 4768, 6825
Richard N. Goodwin 7643
Alex Gordon 394, 1251
Bernard Gordon 3349
Dan Gordon 10806
Gordon Gordon 5751
James B. Gordon 6741
Leon Gordon 2883
Michael Gordon 3397, 6995
Mildred Gordon 5751
Robert Gordon 4690
Ruth Gordon 2070, 2271, 7297
Steve Gordon 460
Joe Gores 3968
Maxim Gorki 6899
James Gorman 1778

Carl Gottlieb 10537
Alfred Gough 1780, 5644
Didier Goulard 1160
Chester Gould 1897
Alfred Goulding 10769
Edmund Goulding 6443
David S. Goyer 1018
James Grady 2149
Todd Graff 322
Winston Graham 6139
Brian Grant 3910
James Edward Grant 139, 919, 1651, 1666, 2096, 3932, 5475, 5743, 8013, 8558, 9829, 11018
Susannah Grant 2506
F. Gary Gray 8810, 10225
Mike Gray 1775
William Gray 1011
Brian Grazer 9093
Rocky Graziano 4340
Jean-Pierre Gredy 4988
Adolph Green 10417, 10433
Alfred E, Green 2187, 2863
Clarence Green 1783, 1786
Cliff Green 7462
F. L. Green 652
Janet Green 9558
Walon Green 2474, 4303, 10667
Peter Greenaway 5241, 5291
Henry Greenberg 136
Stanley R. Greenberg 4823
David Greene 10296
Graham Greene 2167, 6972
Harold P. Greene 10335
Howard J. Greene 4803
Steven Greene 2572
Paul Greengrass 10370
Herbert Grevenius 9006
Harry Grey 2530
Rudolph Grey 2267
Zane Grey 10598
Grimes Grice 904
Maurice Griffe 10583
Charles Griffith 10702
J. J. Griffith 1465
James Griffith 5871
John Grisham 128, 2800, 4971, 7804
Michel Grisola 10467
Winston Groom 2941
Jeff Gross 992
Ken Gross 7212
Larry Gross 3477, 7161, 7200, 9319, 10471
Jean Gruault 3893, 4932, 10785, 10989
Davis Grubb 6847
Frank Gruber 3401, 6300
Jean-Claude Grumberg 5678
James Grunn 11018
John Guare 539
Claude Guerney 74
Tonino Guerra 4503, 5918, 6882, 10829
Judith Guest 3265
Val Guest 9423
Fred Guiol 628, 3548
Bull Gulick 6467
James Gunn 96
A. B. Guthrie jr. 6379, 10550
Arlo Guthrie 180
Charles Haas 2504, 3962, 7130
Albert Hackett 2246, 4768, 6825
Taylor Hackford 1099, 3387, 4522, 7192

Dennis Hackin 1277
James Hagan 8495
William Wister Haines 3392
Scott Hale 5695
Alex Haley 5981
Alexander Hall 2566, 4325
James Norman Hall 6471
Oakley Hall 10499
Peg Haller 7139
Lasse Hallström 3762, 7537
Victor Halperin 10618
Robert Hamer 76, 8737, 9879
Pete Hamill 10642
Cosmo Hamilton 10146
Donald Hamilton 10559
Guy Hamilton 1895, 3715, 5570, 6132
Patrick Hamilton 1645, 3284
Nick Hamm 6256
Sam Hamm 759, 770
Dashiell Hammett 2246, 3584, 6825, 8289, 9099, 10436
Christopher Hampton 3331
Orville H. Hampton 34, 8550
John Hancock 5714
John Lee Hancock 6638, 7409
Bert Hanlon 919
Brian Hannant 5919
Curtis Hanson 3973, 5343, 9782
Robert Harders 4374
Ric Hardman 2203, 7713
René Hardy 997
David Hare 10227
Renny Harlin 1778, 9263, 9788
Robert Harling 1629, 5971
David P. Harmon 5002
Sidney Harmon 10905
Damian Harris 707
Frank Harris 1747
James B. Harris 1148, 1707
Mark Harris 5714
Thomas Harris 8149, 8573, 8578
Timothy Harris 3641, 9926, 10941
Harry Harrison 4823
Jim Harrison 3303, 10779
Joan Harrison 653, 7725, 7937, 8200, 10168
William Harrison 8058
Jim V. Hart 4402
Josephine Hart 10227
Moss Hart 5581
Bret Harte 9753
Hal Hartley 9394, 9661, 9911, 10169
Don Hartman 3460, 7589
Edmund Hartman 8671
Phil Hartman 7405
Herk Harvey 1412
Jack Harvey 9158
William Fryer Harvey 897
Johanna Harwood 4824
H. M. Harwood 5275
Gustav Hasford 3181
Shinobu Hashimoto 3618, 7714, 8889
Byron Haskin 10336
Lawrence Hatard 3045
Eric Hatch 6403, 10966
Henry Hathaway 1822, 3196, 3277, 6242, 7014, 7038, 7446, 8391, 9758, 9772, 9880, 10316
Laurence Hauben 2291
Stephen Hauser 9239
Anthony Havelock-Allan 800, 3412

Richard Hawkins 10370
Ward Hawkins 1131
Barbara Hawks 7973
Howard Hawks 1082, 1956, 2379, 2887, 3196, 3726, 3915, 4051, 4500, 5425, 5618, 5809, 6920, 7257, 7752, 7973, 7999, 8173, 8271, 8310, 8323, 8517, 8676, 8799, 9278, 9676, 9840, 10550, 10757
Cameron Hawley 4766
Ian Hay 3390, 7013, 8198
Jacob Hay 8840
Ernest Haycox 2769, 3008, 6128, 7964
Alfred Hayes 5580
Harold T. P. Hayes 3758
John Michael Hayes 2744, 4112, 4651, 6105, 7014, 9934
Joseph Hayes 292
Terry Hayes 5919, 7385
Stanley Haynes 5957, 7211
Todd Haynes 10137
Lillie Hayward 3041, 3907, 7673
Jean Hazlewood 3396
Matt Healy 1615
Patricia Campbell Hearst 7379
Len Heath 3885
Percy Heath 1996
Ben Hecht 628, 845, 1866, 2180, 2581, 4495, 5809, 6920, 8271, 8310, 8323, 8516, 8676, 8779, 9356, 9758
Roger Hedden 1147
Richard T. Heffron 4483
Thomas Heggen 5067
Jo Heims 803, 8229
Robert A. Heinlein 9221
Stuart Heisler 3380, 3584, 9550, 9779, 10132
Brian Helgeland 2852, 5343, 7385, 7534
Joseph Heller 1464
Lukas Heller 2100, 6675
Mark Hellinger 10704
Lillian Hellman 5211, 8222, 10436
Monte Hellman 498, 8008, 8396
Sam Hellman 656, 2426, 7677
Ernest Hemingway 3915, 6447, 7683, 9332, 9719, 10568, 11033
David Hempstead 4758
Kim Henkel 9603
Hilary Henkin 8061, 10450
Beth Henley 10162
Paul Henning 10982
Buck Henry 1464, 2544, 7806, 9707
David Lee Henry 68
O. Henry 3196
Will Henry 5907
Jonathan Hensleigh 450, 9265
Bruce Henstell 9182
Heinz Herald 7381
A. P. Herbert 4073
F. Hugh Herbert 2697, 10793
Frank Herbert 2242
Julie Herbert 2743
Geza Herczeg 6853
Stephen Herek 3911
Trude Herka 5395
Leo Herlihy 484
Mark Herman 1188, 5846
Victor Herman 9234
Venable Herndon 180
Michael Herr 3181, 7805
Michael Hertzberg 10243
Harry Hervey 8830

Sig Herzig 4301, 10943
Werner Herzog 116
Robert Hichens 2638, 3276
Gail Morgan Hickman 6809, 10046
Douglas Hickox 8662
Greg Hicks 5444
Colin Higgins 4000
George W. Higgins 3118
John C. Higgins 2865, 5086, 7287, 8524
Patricia Highsmith 281, 3051, 9460
Debra Hill 2543, 2901
George Hill 3850
George Roy Hill 1355, 1625, 3272, 4189, 8451
Walter Hill 183, 186, 645, 1765, 3477, 4925, 5455, 5759, 5867, 7161, 7744, 9182, 9319, 9882, 10100, 10509, 10520, 10941
Arthur Hiller 686, 4437, 5876, 7043, 8919
James Hilton 603, 653, 5875
David Himmelstein 8672
Albert S. Hirschberg 6860
Michael Hirst 2397
Alfred Hitchcock 653, 845, 979, 1645, 1809, 2638, 2643, 2744, 3051, 3090, 3390, 4495, 4587, 4651, 6105, 6139, 6562, 7013, 7602, 7725, 7937, 8198, 8200, 8966, 9825, 9934, 10077, 10168, 10904
William Hjortsberg 311
Doane R. Hoag 6883
Gregory Hoblit 1816, 11023
John Hodge 793, 5526, 9876
Michael Hodges 2832
David Hodgin 6703
Eric Hodgins 7165
Arthur Hoerl 9497
Monckton Hoffe 2647
Samuel Hoffenstein 1640, 1996, 5481, 7424
Alice Hoffman 10840
Charles Hoffman 3270
Joseph Hoffman 3379, 7477, 8526
Michael Hoffman 9448
Paul Hoffman 10533
Samuel Hoffman 4049
David Glenn Hogan 266
Michael Hogan 2999, 5801
P. J. Hogan 4318
Paul Hogan 5333
Frank Hohimer 2356
Marty Holland 6704
Brown Holmes 4803, 8289, 10956
Geoffrey Holmes 3387, 3666, 8134, 10260
Richard Hooker 6291
Tobe Hooper 9603
Anthony Hope 3366
Edward Hope 6622
John Hopkins 2773
Karen Leigh Hopkins 8715
Robert Hopkins 5113, 8286
Stephen Hopkins 2580, 3429
Dennis Hopper 2261
Jerry Hopper 6913
Avery Hopwood 3734
Paul Horgan 1049
Arthur T. Horman 656, 9802
Nick Hornby 722, 4277
James W. Horne 9470
Harry Horner 6159
Roy Horniman 76
David Hoselton 2517
Richard Hough 1176
Geoffrey Household 8525

John Houseman 10477
Lionel Houser 7682, 8575
Robert E. Howard 1684
Ron Howard 389, 3905, 5295, 8432, 9093
Sidney Howard 10377, 10864
William K. Howard 7589
Peter Howitt 8878
Hugh Hudson 9342
Clair Huffaker 1666, 3531
Roy Huggins 566, 571, 6351, 6585
Hughes Brothers 6441
Bronwen Hughes 589
Eric Hughes 3387
Howard Hughes 7357
John Hughes 1228, 2757, 5081
Ken Hughes 452
Russell S. Hughes 2098, 6155
Terry Hughes 6117
Victor Hugo 3607
Danièle Huillet 5904, 7041
Cyril Hume 143, 3776, 5295
Peter Hunt 4543
Evan Hunter 601, 8197
Ian McLellan Hunter 4229
Gale Anne Hurd 9512
William Hurlbut 2972
Nick Hurran 3571
Albert Husson 10743
John Huston 8, 100, 487, 1828, 1847, 1872, 2071, 2276, 2461, 2702, 3256, 4875, 6518, 6643, 7381, 8138, 8368, 8799, 9099, 9119, 9868
Tony Huston 1847
Aldous Huxley 9269, 10477
Willard Huyck 258, 4732
Peter Hyams 2405, 7253, 7869, 9294
Nicholas Hytner 5155
Jeremy Iacone 1099, 7212
Masato Ide 4977
Alexander Ignon 5295
Francis Iles 10168
W. Peter Iliff 3309
William Inge 1348
J. H. Ingraham 10855
William Irish 1213, 3399, 10925
John Irvin 1592, 1610
John Irving 3272, 3762, 4433
Patricia Irving 4942
Eirik Isdahl 5292
Christopher Isherwood 1380, 9731
Kazuo Ishiguro 10518
Jean Itard 10785
James Ivory 3880, 10518, 10657, 10927
Charles R. Jackson 10250
Felix Jackson 2798, 3791
Joseph Jackson 640
Mick Jackson 5374
Peter Jackson 4102
Alexander Jacobs 3074, 7499
Michel Jacoby 541
Rick Jaffa 7869
Henry James 3893
M. R. James 7056
Rian James 2566, 7004
Annabel Jankel 1786
Tama Janowitz 3880
Karen Janszen 4103
Lino Januzzi 5918
Jim Jarmusch 1848, 2078, 3540, 7233
Kevin Jarre 6789, 9820

Henry Jeanson 10952
Mahatma Kane Jeeves 731
Jim Jennewein 4747
Dean Jennings 1321
Talbot Jennings 3823, 3913, 6471, 7133, 10316
William Dale Jennings 1755
Bill Jesse 7942
Richard Jessup 1549
Jean-Pierre Jeunet 187, 1864
Jack Jevne 10966
Norman Jewison 1549, 3434, 6650, 8058, 9665
Ruth Prawer Jhabvala 10518, 10657, 10927
Felix Joachimson 5395
Phil Joanou 10424
Mark Joffe 4103
Roland Joffé 5122
Ernst Johannsen 10606
Diane Johnson 8852
Malcolm Johnson 2703
Monica Johnson 6648, 8604
Nora Johnson 4189
Nunnally Johnson 2100, 3133, 3196, 3306, 3360, 4189, 4872, 8560, 9709, 10132, 10624
Patrick Read Johnson 2085
Becky Johnston 7838
Iain Johnstone 10696
Will B. Johnstone 6261
Pierre Jolivet 9357
Amy Holden Jones 7869, 10066
Grover Jones 4153, 4995, 8575
James Jones 8459, 10170
Laura Jones 9476
Raymond F. Jones 6464
Terry Jones 10696
Spike Jonze 829
Henry Jordan 5252
Neil Jordan 1770, 4281, 4762, 6649, 10876
Edmund Joseph 10827
Alvin M. Josephy, jr. 9148
Adrien Joyce 2830, 8396
James Joyce 1847
Martin Julien 6591
Gil Junger 10842
John Kafka 2883
Gordon Kahn 7198
Terry Kahn 1949
Bert Kalmar 6268
Karl Kamb 9148
Mark Kamen 1248
Didier Kaminka 9889
Aben Kandel 640, 4594
Bob Kane 759, 770, 776, 778
Michael Kane 4137, 5759
Jeff Kanew 403, 10125
Garson Kanin 1911, 2070, 2271, 2798, 7297, 10062
Michael Kanin 3036
Hal Kanter 4954, 10102
MacKinlay Kantor 896, 3325
Jonathan Kaplan 309, 714
Louise J. Kaplan 2743
Mitchell Kapner 5052
Shekhar Kapur 2397
Larry Karaszewski 2267, 5436
Michael Karbelnikoff 9567
Leslie Kardos 9804
Phil Karlson 2203, 3396, 4469, 8952, 9489,

10335
Jake Kasdan 10897
Lawrence Kasdan 3084, 3766, 4119, 4496, 4653, 4812, 7837, 8154, 8911, 10806
Mark Kasdan 8911
Meg Kasdan 3766, 3840
Mathieu Kassovitz 4047
Leonard Kastle 4397
Erich Kästner 2125, 6794
Leo Katcher 5932
Gloria Katz 258, 4732
Jonathan Katz 4074
Jordan Katz 3490
John Katzenbach 4592
Charlie Kaufman 829
Edward Kaufman 3812, 8384
George S. Kaufman 1966, 5581, 6278, 8663
Millard Kaufman 3325, 7141, 9149
Philip Kaufman 4728, 4812, 9268, 9577, 10049, 10659
Aki Kaurismäki 441, 5532, 10268
Mika Kaurismäki 4167
Tony Kaye 264
Elia Kazan 696, 1347, 2413, 2703, 3497, 5718, 10089
Nicholas Kazan 91, 597, 1816, 2954, 7379, 9567
Nikos Kazantzakis 158
James Keach 5867
Stacy Keach 5867
Barrie Keefe 7945
William Keighley 1200, 2585, 8034, 9747, 10570
Carlos Keith 5588
Clarence Budington Kelland 6545, 6551
Sheldon Keller 6786
Virginia Kellogg 6282
Gene Kelly 2187, 10432
Patrick Smith Kelly 7420
Thomas Keneally 8402
Burt Kennedy 289, 547, 592, 2302, 3531, 3707, 5475, 10001, 10545
William Kennedy 1731
Robert E. Kent 5405
Charles Kenyon 10262
Eric Keown 3513
James V. Kern 2426
Sarah Kernochan 7012
Geoffrey Kerr 3513
Gerald Kersh 7048
Irvin Kershner 4653, 8241
Ken Kesey 7148
Joseph Kessel 451, 834
Joseph Kesselring 453
Callie Khouri 7537, 9609
Roland Kibbee 7052, 8121, 10135, 10139
Krzysztof Kieslowski 2122, 2123
Ryuzo Kikushima 3223, 5455, 8279
John O. Killens 10576
Lawrence Kimble 11018
Anthony Kimmins 9803
Henry King 1220, 3196, 4872, 5258, 8344, 8641
Rick King 3309
Robert King 1778, 9096
Rufus King 3406
Sherwood King 5406
Stephen King 1545, 8852, 9189, 10270, 11033
Zalman King 7012
John Kingsbridge 3934

Sidney Kingsley 7519, 8222
W. P. Kinsella 2735
Rudyard Kipling 628, 2183
Jack Kirkland 3664, 9709
Tim Kissell 4715
David Klass 1882
Andrew Klavan 6730, 10471
Joe Klein 6575
Wally Klein 8674
Harry Kleiner 645, 1346, 6704, 7744, 9806
Randal Kleiser 8806
Steve Kloves 2589, 2851
P. F. Kluge 4454
Jeffrey Kluger 389
Herman Klurfeld 10722
Edward Knoblock 5171
Patricia Knop 7012
Christopher Knopf 6219
Frederick Knott 7420
C. J. Koch 4822
Carl Koch 9075
Howard W. Koch 1262, 3407, 4204, 8799, 10642
Laird Koenig 5931, 8016
David Koepp 1403, 4960, 8432, 9040, 9782, 10201
Stephen Koepp 8432
Andrei Konchalovsky 9466
Lawrence Konner 9202
Arthur Kopit 1331
Ron Koslow 5297
Henry Koster 3196, 4833, 6368, 7834
John Kostmayer 4496
Ted Kotcheff 821, 5793, 7700
Jim Kouf 6849
Frank Kowalski 1266
Michael Kozoll 586, 7700
Cecile Kramer 1328
Jaroslav Krapil 10238
Norman Krasna 1058, 2798, 4750, 5786, 6280, 6562, 8713
Peter Krikes 328
Milton Krims 6154, 9753
Jeremy Joe Kronsberg 6632
Stanley Kubrick 2006, 2583, 3181, 7732, 8852, 9027, 9675, 9963, 10528
Irene Kuhn 6309
Sid Kuller 6266
Milan Kundera 10049
Hanif Kureishi 8266
Harry Kurnitz 2252, 3483, 4051, 5425, 5804, 7104, 10912
Akira Kurosawa 2423, 3223, 3618, 4977, 5455, 6899, 7714, 8279, 8889
Robert Kurtzman 3124
Peter B. Kyne 4160
Arthur La Bern 3090
Gregory La Cava 6403, 8871
Ian La Frenais 1672, 9253
Jake La Motta 10651
Richard LaGravenese 1295, 5264, 5773, 7092, 7449, 10435
Stuart N. Lake 9814, 10601, 10723
Harold Lamb 4153
John Lowery Lamb 8801
Karl Lamb 9768
Derek Lambert 5877
Gavin Lambert 997
Charles Lamont 656, 4190
Louis L'Amour 1465, 1806, 3362

Peter Martin Lampel 10607
Eli Landau 6480
John Landis 265, 1113, 1125, 3641, 5297
Joseph Landon 4778, 7672
Sidney Lanfield 3460, 9231
Charles Lang 2623, 8668
Daniel Lang 10189
David Lang 1078
Fritz Lang 1058, 2418 , 3270, 3306, 3406, 3426, 4073, 4138, 4748, 5580, 5899, 7677, 8337, 8455, 9534, 10598
Walter Lang 3004
Harry Langdon 1905, 5230, 10769
George Langelaan 2854, 2855
Noel Langley 4773, 9283, 10834
Kate Lanier 8810
Louis Lantz 2895
Ring Lardner, jr. 1549, 3036, 6291
Pierre Laroche 6862
Lawrence Lasker 8980, 10497
Jesse L. Lasky, jr. 3008, 3390, 4758, 7474, 8352, 10855
Louise Lasser 10617
Nikolaus Laszlo 2398, 7874
Jonathan Latimer 3020, 3584, 6453, 6852
Charles Laughton 6847
Frank Launder 1809
Dale Launer 1051, 10060, 10982
S. K. Lauren 7198
Christine Laurent 10334
Arthur Laurents 1645, 3359, 8989, 9878, 10589
Jean-Claude Lauzon 5601
Arnold Laven 231
Paul Laverty 6824
Lewis E. Lawes 10956, 11042
Marc Lawrence 589
T. E. Lawrence 5502
Vincent Lawrence 2413, 5786, 6674, 7446, 9537
Harry Lawton 1132
J. F. Lawton 674, 7549
Beirne Lay jr. 5258
Alain Le Henry 9357
Tom Lea 4130
David Lean 800, 1286, 2001, 3412, 3431, 5502, 5957, 7211, 8170, 9878
Dennis Leary 3515
Charles Leavitt 9388
Frederic Lebow 10470
Auguste Lebreton 2158
Jean-Paul Leca 7505
Patrice Leconte 6063, 7286, 7926, 9870, 10339
Gavino Ledda 7267
Mimi Leder 1858, 7600
Charles Lederer 1082, 1956, 4500, 5809, 8676, 9758
Robert N. Lee 6981, 10096
Rowland V. Lee 2986, 10096
Spike Lee 1620, 3570, 4957, 5981, 6742
Robert Lees 10086
Michael Leeson 4478, 8107
J. Lee-Thompson 1237, 5242, 5907, 6809
Guy Lefranc 5307
Franz Lehar 5896
Ernest Lehman 1860, 4340, 4766, 8201, 8214, 8573, 10077, 10589
Gladys Lehman 7872
Michael Lehmann 5640, 5887

Jerry Leichtling 7406
Mike Leigh 5018, 6901
Rowland Leigh 541
Warren Leight 6874
Lee Leighton 7130
Mitchell Leisen 2439, 2520, 5786, 5811, 6393, 10109
David Leland 6649
Alan LeMay 1872, 6098, 7474, 8352, 8527, 10132, 10818
Stephen Lemay 4374
Ann Lembeck 3515
Jonathan Lemkin 4522, 5644
Melchior Lengyel 2415, 3192, 7069, 8663, 8703
Isobel Lennart 9069
Elmore Leonard 4255, 4788, 5993, 7245, 8467, 8926, 10001, 10135, 10830
Jack Leonard 8295, 8519, 9999
Robert Z. Leonard 7264, 9269
Sergio Leone 2530, 3216, 3223, 9046, 9761, 10971
Anna Leonowens 328
Alan Jay Lerner 271, 6817, 10611
Eric Lerner 10354
Irving Lerner 9738
Joseph Lerner 4409
Mervyn LeRoy 640, 3734, 5067, 5190, 5920, 9829
Aleen Leslie 4325
Pierre Lesou 9545
Richard Lester 1353, 8041
Gigi Levangie 8715
Jeremy Leven 2038
Julien Levi 7505
Sonya Levien 3607, 3801, 6399
Henry Levin 2345, 7924, 11018
Ira Levin 8106
Meyer Levin 10954
Albert Shelby LeVino 6462
Margaret P. Levino 5275
Barry Levinson 676, 1321, 1953, 3403, 3739, 4338, 4895, 7697, 8967, 9039, 9695, 9874, 10037, 10450
Richard Levinson 10296
Alfred Lewis Levitt 4953, 7204
Jefery Levy 8172
Melvin Levy 7729
Stephen Levy 4992
Albert Lewin 955, 7273
Ben Lewin 3358
Andy Lewis 5232
Dave Lewis 5232
Joseph H. Lewis 3329, 3420, 8519, 9343
Sinclair Lewis 10864
Tom Lewis 3882
Warren Lewis 1015, 2162
Elliott Lewitt 597
Val Lewton 5588
Robert Libbott 8551
Robert Liebmann 1048
Howard Lindsay 10069, 10944
Joan Lindsay 7462
Graham Linehan 4103
Dee Linford 6653
William Link 10296
Ken Lipper 1586
W. P. Lipscomb 3276
Eleazar Lipsky 5172, 6734, 9758
Dwight Little 6703

Anatole Litvak 2071, 4594
Ezra Litwik 6117
Carlo Lizzani 1002
Richard Llewellyn 8984
Luis Llosa 9033
Frank Lloyd 6471, 9092
Ken Loach 3417, 5414, 6824, 7942
Charles O. Locke 8391
Stephen Lodge 6733
Joseph Loeb III 1944
Lee Loeb 9802
Frederick Loewe 6817, 10611
John Logan 3572
Joshua Logan 1348, 5067, 10611
Michael Logan 6006
Jack London 8658
Kenneth Lonergan 7811
Stephen Longstreet 4206
Anita Loos 1082, 2777, 2883, 3038, 8286
Robert Lord 3392, 7284
Peter Lorre 10248
Joseph Losey 4953, 10260
Milton Lott 5670
David Loughery 2833, 9199
Eugène Lourié 7275
Pierre Louys 1946, 9542
Jim Lovell 389
Charles Lowenthal 4374
Lu Wie 5531
Ernst Lubitsch 414, 1031, 1640, 2398, 2415, 3019, 4308, 5896, 6674, 7069, 7874, 8703, 8779
George Lucas 258, 4653, 4728, 4732, 4812, 5319, 8154, 9207
John Meredyth Lucas 8551
Clare Boothe Luce 3038
Werner Jörg Lüddecke 4748
Robert Ludlum 7237
William Ludwig 3801
Kurt Luedtke 810, 4846, 8768
Sidney Lumet 2666, 2862, 4454, 6875, 6984, 7574, 8805, 9783, 11036
Bigas Luna 5895
Zoe Lund 717
Diane Lussier 4834
Jan Lustig 8455
John Lutz 10529
Karen McCullah Lutz 10842
David Lynch 1121, 2242, 2394, 5872, 9293, 10664
Barré Lyndon 2071, 6852
Adrian Lyne 7012, 10066, 10228
Jonathan Lynn 3778, 5052
Loretta Lynn 6977
James Lyons 10137
Dick Maas 10196
Leonard Maas jr. 10620
Peter Maas 8805
Des McAnuff 1739
Charles MacArthur 628, 2581, 6920, 8271, 8676, 9356
James MacArthur 3045
Richard Macaulay 8, 3315, 8870, 10704
Ed McBain 601
Jim McBride 3862
C. W. McCall 1688
Rod McCall 5764
B. H. McCampbell 7973
Leo McCarey 3863, 4995, 6268, 6399, 8508
Giulio Macchi 3664

Kevin McClory 8241
Horace McCoy 3470, 6757
Paul McCudden 1221
Johnston McCulley 4615
George Barr McCutcheon 4301, 10941
Bruce McDonald 4300, 9715
Gregory McDonald 1221
John D. MacDonald 5242
Philip MacDonald 5588, 9868
Ross MacDonald 2634, 10100
Gordon McDonnell 4587
Robert McDonnell 8801
Ranald MacDougall 4171, 6447, 10106, 10743
Roger MacDougall 6129
Michael McDowell 798
J. P. McEvoy 4771
Josann McGibbon 1194
Cecil McGivern 3412
William P. McGivern 4138, 4150, 10576
Jack McGowan 1153
Douglas McGrath 1340, 2404
Leween McGrath 8663
Thomas McGuane 2201
James Kevin McGuinness 3, 6278, 7997
Don McGuire 9824
Jane S. McIlvaine 4834
Dennis McIntyre 10424
Brian McKay 5902
Steven McKay 4506
Don McKellar 4300, 9715
Alexander Mackendrick 1860, 5415, 6129
David McKenna 264
Aeneas MacKenzie 1328, 3379, 4773, 5281, 7945, 10855
John Mackenzie 7945
Josh McKinney 9359
Andrew V. McLaglen 1541, 7713, 9562
Alistair MacLean 3396
Norman MacLean 636
Norman Z. McLeod 2077, 4771, 6261, 8671, 10966
Joan McLoad 2368
Larry McMurtry 5738, 9604, 10712, 10878
Terrence McNally 2988
John McNaughton 4185, 6480, 7139, 8697, 10681
Steve McNeil 3726
Elizabeth McNeill 7012
John McPartland 7672
Angus MacPhail 2643, 4495, 9879
Jeanie MacPherson 2946
Christopher McQuarrie 9953
Laurie McQuillan 6785
John McTiernan 2162, 5441, 7543, 9255, 9265, 9665
John Madden 4515, 8825
Ben Maddow 21, 487, 1872, 7924, 9738
David Madsen 1722
José Maesso 1988
Alan Magee 4300
Jeff Maguire 4701
Marty Maher 6622
Michael Mahern 9567
John Lee Mahin 482, 2096, 2182, 5655, 8310, 8323, 8713, 8818, 9829
Richard Maibaum 1895, 2773, 3715, 3776, 4069, 4518, 4543, 4720, 4824, 5295, 5808, 5851, 6132, 7179
Norman Mailer 4041
Daniel Mainwaring 1817, 3666, 9332, 10260

Bernard Malamud 10037
Terrence Malick 718, 8459
Louis Malle 539, 602, 1760, 1920, 1932, 2627, 4243, 5260, 7546, 7593, 10227, 10353
Miles Malleson 5280
Thomas Malory 2558
Albert Maltz 904, 3111, 6910, 6972
David Mamet 3599, 4074, 4389, 4891, 6480, 8070, 9662, 10018, 10450, 10578
Rouben Mamoulian 1996, 4615, 5275, 8663
Jean-Patrick Manchette 7505
Alan Mandel 3234, 4078
Babaloo Mandel 1593, 2922, 3778, 3905, 5180, 9093
Robert Mandel 3231
Luis Mandoki 3159, 6461
James Mangold 1718
Bill Manhoff 2544
Herman J. Mankiewicz 1564, 1966, 2180, 7264, 7571, 8652
Joseph L. Mankiewicz 203, 736, 1142, 2628, 3504, 10965
Tom Mankiewicz 1895, 5570, 6107, 6132, 9440
Wolf Mankowitz 9423
Anthony Mann 1547, 2098, 2861, 2865, 3606, 6041, 6043, 6467, 6903, 7287, 9235, 9945, 10260, 10723
Arthur Mann 4991
Delbert Mann 6258
Heinrich Mann 1048
Michael Mann 2356, 4094, 4759, 5684, 8149, 8524, 8862
Stanley Mann 6346
Thomas Mann 9734
Albert Mannheimer 1911
Felicien Marceau 5301
Joseph Moncure March 7962
William Marchant 3004
Larry Marcus 3882
Theresa Marie 5292
Frances Marion 1966, 3850, 3883
George Marion jr. 8384
Chris Marker 9924
Peter Markle 2993
Mitch Markowitz 3739
Leo Marks 5661
Ben Markson 3041, 3734, 6145
Andrew W. Marlowe 122, 2405
Malia Scotch Marmo 4402
Richard Marquand 8154
J. J. Marric 1501
Garry Marshall 1194, 2988, 7549
George Marshall 1044, 1651, 1822, 3791, 5861
Penny Marshall 4942, 5180
Tonie Marshall 1888
D. M. Marshman jr. 1163, 6732
Al Martin 9231
Don Martin 2208, 7204
Francis Martin 6529, 7589
Mardik Martin 4772, 7034, 10651
Steve Martin 1852, 5374, 6138, 8152
Troy Kennedy Martin 7744
Pierre Marton 394
Michiro Maruyama 8245
Eric Maschwitz 603
Sarah Y. Mason 9234
Whit Masterson 4600
Rudolph Maté 1783, 6732, 8013, 9296

Berkely Mather 4824
Richard Matheson 3770, 3962, 7665, 8166
Melissa Mathison 2259, 5337
Norman Matson 6422
Peter Matthiessen 4944
W. Somerset Maugham 3390, 3407
Nat Mauldin 2083
Claude Mauriac 9475
François Mauriac 9475
Richard Maxwell 8447
Elaine May 5069, 6575
Joe May 7477, 10086
Edwin Justus Mayer 2439, 2883, 7424, 8703
Paul Mayersberg 6103
Wendell Mayes 301, 8391
Joyce Maynard 9707
Archie L. Mayo 3392, 7052, 9412, 10262
L. C. Mayzisch 2628
Paul Mazursky 4327, 6772, 10722
Lawrence Meade 9497
Peter Medak 5310, 8061
Harold Medford 1131
Enrico Medioli 2530, 3526, 5613, 5881, 8276, 10067
John Meehan 5171
Steve Meerson 328
Robert T. Megginson 3231
Frank Melford 9092
Kay Mellor 3571
Lewis Meltzer 3956, 3962, 4469, 4560
Herman Melville 6643, 10185
J. W. Melville 4942
Jean-Pierre Melville 451, 1499, 2158, 2368, 2553, 9545, 10313
Sam Mendes 241
Prosper Mérimée 3664
Stephen Metcalfe 8719
Tim Metcalfe 4992
Nicholas Meyer 9017, 9193, 9202
R. Albion Meyer 5871
Russ Meyer 1017, 1676, 4597, 5871, 8299, 9393, 10679
Henry Meyers 3791
Nancy Meyers 4472
Menno Meyjes 4728
Simon Michael 9889
Roger Michell 7145
Anne-Marie Miéville 1886
Lewis Milestone 3464, 4599, 5431, 8730
John Milius 380, 645, 1395, 1684, 1828, 3477, 4859, 5020, 6785
Miles Millar 1780, 5644
Stuart Millar 6591
Oscar Millard 2429, 2512, 6732, 7834
Alice Duer Miller 8713
Arthur Miller 6518
Claude Miller 630, 5209
David Miller 2373, 5651
George Miller 4246, 5919
Herman Miller 1689
Michael Miller 10222
Seton I. Miller 2585, 4204, 6616, 6690, 8034, 8310, 8323, 8641, 9278, 10570
Victor Miller 3049
Wade Miller 4409
Winston Miller 8839, 9814
Bertram Millhauser 6995, 9082, 10098, 10943
Charles Bruce Millholland 6920
Peter Milne 7284, 7673
David Scott Milton 1154

Michael Miner 8046
Steve Miner 9022
Anthony Minghella 2436, 9460
Joseph Minion 10891
Vincente Minnelli 271, 10121, 10417
Octave Mirbeau 9451
David Mirkin 8067
Brad Mirman 7218
Yukio Mishima 6527
Julian Mitchell 394
Margaret Mitchell 10377
Wilson Mizner 10956
Kenji Mizoguchi 2831, 10122
Patrick Modiano 7286
Ivan Moffat 3548, 8573
Jeff Moffitt 9470
John C. Moffitt 2566
Edouard Molinaro 1313
Ferenc Molnár 2322
Paul Monash 3118, 9332
Christopher Monger 2435
Ivor David Monger 2435
Mario Monicelli 1760
John Monks jr. 6734, 10416
Thomas Monroe 10757
Ashley Montagu 2394
Hubert Monteilhet 3964
Doreen Montgomery 3285
Robert Montgomery 1794
Martin Mooney 10570
Brian Moore 10904
Daniel Moore 5682
Robin Moore 1239
Ronald D. Moore 6528, 9206
Simon Moore 8481
Jocelyn Moorhouse 284, 9476
Christopher Morahan 1624
Eddie Moran 10966
John E. (=Jack) Moran 1676, 8299
Peter Morgan 6256
Lou Morheim 7275
David Morrell 7700
Edmund Morris 596
Barry Morrow 7697
Rocky Morton 1786
Alvin Moscow 7379
Willard Motley 10416
Mouezy-Eon 8337
Marcel Moussy 8399, 8873
Malcolm Mowbray 4193
Allan Moyle 4039
Dr. Samuel A. Mudd 3360
Russell Mulcahy 4282, 5016
Don Mullally 3404
Robert Mulligan 6860
Rona Munro 5414
Jimmy T. Murakami 8233
Jane Murfin 3038, 9269
Henri Murger 5532
Geoff Murphy 3042, 5473
Michael Murphy 3291
Ralph Murphy 8551
Richard Murphy 1347, 10089, 10954
Tab Murphy 3758
Warren B. Murphy 1244, 4519
Fenton Murray 3726
M. M. Musselman 1200
Carlo Musso 1002
Floyd Mutrux 1099, 6828
Jean Nachbaur 319

Desmond Nakano 1116
Thomas Narcejac 633, 9576
Alanna Nash 637
Robert Nathan 4833, 4838, 10121
E. M. Nathanson 2100
Jack Natteford 3362, 5418, 8553
Bill Naughton 4398, 10199
Edmund Naughton 5902
Ray Nazarro 2725
Ronald Neame 800, 3412
Richard Neely 9729
Jean Negulesco 3196, 5397, 6300, 7960, 10624
Charles Neider 856
Roy William Neill 8565, 9082
Jessie Nelson 8715
Ray Nelson 8876
Len Neubauer 1017
Kurt Neumann 2854
Edward Neumeier 8046, 9221
Mike Newell 2052, 8221, 10302
David Newhouse 7499
Rafe Newhouse 7499
Christopher Newman 1224
David Newman 1150, 4694, 9390, 10237, 10965
Joseph Newman 6318, 6464
Leslie Newman 9390
Walter Newman 1462, 3618, 7887
Sloan Nibley 3388
Fred Niblo jr. 9278, 10415
Allan Nicholls 4317
Dudley Nichols 1806, 4178, 5618, 5748, 7964, 8337, 9235, 10550, 10568
Mike Nichols 1410, 1464, 3898, 6575, 7806, 10440, 10779
Jack Nicholson 3234, 8008, 9129
William Nicholson 3572
Roger Nimier 2627
Leonard Nimoy 9196, 9202
Tommy Nix 702
Kogo Noda 7836, 9032
Charles Nordhoff 6471
Marc Norman 1778, 8825
Stephen Norrington 1018
Gloria Norris 4374
B. W. L. Norton 1687
Bill L. Norton 1563
William Norton 6609
John Norville 9678
Louis Nowra 4103
Phillip Noyce 5019
Elliott Nugent 3776
Frank S. Nugent 985, 2144, 2203, 2429, 3932, 5067, 5667, 8527, 8896, 9554, 10608, 11002
Victor Nunez 9992
Christian Nyby 1956
Ron Nyswaner 7026, 7455
Dan O'Bannon 182, 183, 186, 187, 9828
James O'Barr 5308
Michael Oblowitz 7200
Liam O'Brian 9550
Richard O'Brian 8854
John O'Brien 5523
Edward G. O'Callaghan 6464
Sean O'Casey 1456
Edwin O'Connor 5667
John O'Dea 5270
Clifford Odets 1860, 3464, 4366

Jerome Odlum 9747, 10523
Steve Oedekerk 7083
Peter O'Fallon 9359
Dennis O'Flaherty 3968
Hideo Oguni 3618, 6899, 8279, 8889
Colo Tavernier O'Hagan 5860, 7291, 9018
Joel Oliansky 974
Laurence Olivier 7579
Dana Olsen 4797
Michael Ondaatje 2436
Max Ophüls 1262, 3359, 5395, 5865, 5922, 10146, 10238
George Oppenheimer 2125, 3023, 5804, 9425
Baroness Emmuska Orczy 8249
Czenzi Ormonde 3051
Alan Ormsby 5039
Frank O'Rourke 1220, 3370
James Orr 403, 6549
Mary Orr 203
Joe Orton 8662
Paul Osborn 4838, 5920
Ron Osborn 7872
Hubert Osborne 6232
William Osborne 5016, 9926
Gerd Oswald 1826, 2208
Whitney Otto 284
Frank Oz 4668, 7836, 10982
Yasujiro Ozu 7836, 9032
G. W. Pabst 10606
Ernest Pagano 4190
Alain Page 236
Eduardo Ugarte Pages 10165
Alan J. Pakula 128, 3525, 5232, 10011, 10910
Chuck Palahniuk 2784
Michael Palin 10696
Rospo Pallenberg 2558
Chazz Palminteri 4327, 4673
Norman Panama 3460, 7165
Vanna Paoli 1559
Edward E. Paramore jr. 4160, 7207
Sara Paretsky 10125
Alan Parker 311, 1672, 6531
Dorothy Parker 8200
Tom S. Parker 4747
Walter F. Parkes 8980, 10497
Suzan-Lori Parks 3570
Sara Parriott 1194
Robert Parrish 4130, 8525, 9125, 10371
James Parrott 366, 1738, 5231, 5497
Marion Parsonnet 3554
Ernest Pascal 2769
Pierre Paolo Pasolini 49, 4453, 6900
Ivan Passer 984, 1154
Boris Pasternak 2001
Jonathan Pate 8343
Josh Pate 8343
Michael Pate 10252
Jack Patrick 21, 8730
Vincent Patrick 2666
Robert Patterson 10894
Don Michael Paul 3989
Peter Pavlenko 152
John Paxton 4558, 6706, 10682
L. du Garde Peach 6096
Charles B. Pearce 1980
Donn Pearce 10032
Richard Pearce 1303, 3656
Durk Pearson 9762
Richard Peck 3282
Sam Peckinpah 28, 1266, 1687, 1817, 3352,
  4959, 5113, 7237, 7295, 8226, 8905, 10667
Arthur Penn 180, 1150, 2201, 5828, 9473, 10299
Edmund Penney 28
David Peoples 1021, 9924
David Webb Peoples 2476
Janet Peoples 9924
Clark Peploe 10829
S. J. Perelman 4665, 6261
Benito Galdós Perez 9884
Paul Perez 5682
Arturo Pérez-Reverte 7009
Frank Ray Perilli 1949, 4407
Ivo Perillo 1002
Arnold Perl 5981
Jacques Perret 5307
Marc Perrier 9357
Nat Perrin 5817, 6268
Ben L. Perry 4470, 9343
George Sessions Perry 6039
S. J. Peters 640
Stephen Peters 10681
Don Petersen 9473
Wolfgang Petersen 122, 4701, 9729
Gerald Petievich 1148, 5568
Denne Bart Petitclerc 8016
Daniel Petrie jr. 911, 3862
Vittoriano Petrilli 5586
Giulio Petroni 10409
Petronius Arbiter 2742
Joseph Pevney 4315, 4834, 6136, 7204
Chuck Pfarrer 4045, 8338
Jules Pfeiffer 1410
Anna Hamilton Phelan 3758
Bill Phillips 1545
Nicholas Phipps 5957
Maurice Pialat 1339
Irving Pichel 6783
James A. Piersall 6860
Frank R. Pierson 1462, 4454, 10032
Krzysztof Piesiewicz 2122, 2123
Antonio Pietrangeli 7234
Robert L. Pike 1346
Nicholas Pileggi 1442, 1586, 3747
Edgcumb Pinchon 8516
Tullio Pinelli 72, 4939, 6900, 8602, 9277
Steve Pink 4277, 6107
Harold Pinter 3459, 5718
Robert Pirosh 6422, 9425
Joseph D. Pistone 2052
Polly Platt 7546
Po Chih Leong 10533
Edgar Allan Poe 1008, 2902, 3770, 5574, 7657, 7665, 8291
James Poe 412, 4366, 5752, 8952
Benoît Poelvoorde 6050
Charles Edward Pogue 1786, 2085, 2855
John Pogue 571
Roman Polanski 992, 1528, 2377, 2997, 6493, 7009, 8106, 9468, 9746
Haydée Politoff 8255
Sydney Pollack 810, 2149, 2800, 4080, 4846, 4859, 6609, 8214, 8768, 8989, 9824, 10819
Abraham Polonsky 1132, 4807, 7169
Daniel Pommereulle 8255
Darryl Ponicsan 5672
Roy Pool 450
Cole Porter 8384
Eleanor H. Porter 4049
Rafael Portillo 3934
Charles Portis 6242, 6591
Ted Post 1395, 3977
H. C. Potter 6399, 7165
John Povill 9828
Dick Powell 2512
Michael Powell 1920, 2573, 4767, 5565, 8141, 8556, 9090
Vladimir Pozner 7960, 8560
Leonard Praskins 8013
Otto Preminger 301, 2429, 2895, 3019, 5481, 10793
Robert Presnell 4262
Emeric Pressburger 2573, 4526, 4767, 5565, 8141, 8556, 9090, 10248
Steven Pressfield 3042
Michael Pressman 232
Douglas Preston 7869
Jacques Prévert 5126, 6862, 9431, 10148
Jeffrey Price 2644
Richard Price 1620, 2680, 5172, 5295, 7048, 8622, 8697
Stanley Price 394
J. Redmond Prior 9550
Chip Prober 7833
Pat Proft 6907
Frederic Prokosch 7960
Giorgio Prosperi 8999
Olive Higgins Prouty 7831, 9234
Alex Proyas 5308
Gianni Puccini 1002, 7234
Luis Puenzo 7210
Gertrude Purcell 3791, 10086
Neal Purvis 10566
Tony Puryear 2474
Mario Puzo 1731, 7315, 7342, 7360, 8942, 9390
Daniel Pyne 586
Albert Pyun 8801
Max Quigley 3293
Richard Quine 10952
Gene Quintano 10620
David Rabe 2800
Martin Rackin 5655, 9551, 9669
Chris Radant 2665
Peter Rader 10519
Hugh C. Rae 6000
Bob Rafelson 1092, 2830, 8564, 10578
John Raffo 7869
Sam Raimi 4450, 8481
Norman Reilly Raine 8034, 9747, 10096
Frank Rainone 4677
Paul H. Rameau 5920
Harold Ramis 3544, 7811, 10041
Al Ramus 3234
Ayn Rand 6165
Frederic Raphael 2583
John Nathaniel Raphael 7446
Samson Raphaelson 414, 2398, 2415, 3019, 4308, 4832, 5896, 7874, 10168
Jean-Paul Rappeneau 7593
Irving Rapper 7831
Judith Rascoe 2110, 4080
Steve Rash 1318
Gregory Ratoff 1136
Terence Rattigan 7579
Earl Mac Rauch 7034
Irving Ravetch 1755, 3288, 4583, 5993, 7137, 9192, 9458, 10322, 10712, 11021
A. R. Rawlinson 3284
Billy Ray 1649

Nicholas Ray 997, 1875, 4573, 4583, 4899, 5269, 5932, 9385, 10415
David Rayfiel 1856, 2149, 2800, 4080, 8214, 10135
Alex Raymond 2832
Eric Red 1118, 5473
Quinn K. Redeker 1907
Robert Redford 636, 3265, 7449, 7643
Jean Redon 633
Carol Reed 652, 2167
Tom Reed 3045
Jerry Rees 1063
John Reese 3805
Michael Reeves 10771
Theodore Reeves 10336
William Reilly 6149, 9787
Carl Reiner 1852, 6138, 7119, 9000
Rob Reiner 543, 2948, 4023, 7142, 9189, 10365
Al Reinert 389
J. R. Reinert 389
Elizabeth (Betty) Reinhardt 1640, 5481
Irving Reis 8982
Walter Reisch 7038, 7069
Charles Reisner 6266
Karel Reisz 2110, 3459
Wolfgang Reitherman 2183
Richard Reitlinger 4167
Ben L. Reitman 1177
Ivan Reitman 1837, 3544, 8626, 9137, 9926
Erich Maria Remarque 4599
Jeff Reno 7872
Jean Renoir 2999, 3072, 3179, 3664, 3860, 5307, 6039, 9075, 9337, 10148, 10544
Alain Resnais 4482, 6808, 9225
Patricia Resnick 4317
Paul Reubens 7405
Alma Reville 979, 2638, 4587, 8198, 10168
Bernard Revon 9702
Fred Rexer 645
Jonathan Reynolds 6438
Kevin Reynolds 2678, 8021, 10519
Sheldon Reynolds 3210
Eugene Manlove Rhodes 2863
Anne Rice 4762
Elmer Rice 367
John Rice 2580
Wayne Allan Rice 9359
Jean-Louis Richard 283, 1213, 2615, 9407
Dick Richards 2603
Robert L. Richards 124, 5252, 10723
Sylvia Richards 3406, 4171
Doug Richardson 9263
Sy Richardson 7529
Tony Richardson 998, 2350, 4433, 9731
Mordecai Richler 5793
Martin Richlin 824
Maurice Richlin 8104
Arthur Richman 8508
Conrad Richter 2413
W. D. Richter 943, 2665, 7046
Tom Rickman 6319, 6977
John Ridley 4456, 9929
Philip Ridley 5310
Harry E. Rieseberg 9158
Dean Riesner 1689, 1973, 3058, 3805, 8229, 10046
Adam Rifkin 8975
Lynn Riggs 3276, 4153
Howard Rigsby 2388

Fred Rinaldo 10086
Clements Ripley 1328, 4875
Robert Riskin 2252, 2521, 4262, 5402, 5581, 5875, 6545, 10102
Guy Ritchie 1306
Jack Ritchie 5069
Michael Ritchie 4506, 7599, 8604
Martin Ritt 5993, 6051, 7137, 9192, 9334, 10712, 11021
Jacques Rivette 9353, 9608, 10334
Allen Rivkin 3020, 5086, 6145, 9804
Hal Roach 2946
Janet Roach 2276
M. Jay Roach 2580
John Roach 9293
Harold Robbins 6398, 7014
Jerome Robbins 10589
Matthew Robbins 972
Ben Roberts 3196, 3397, 5281, 6136, 6282
Jean-Marc Roberts 319
Jonathan Roberts 10365
June Roberts 6363
Kathleen B. Roberts 6585
Kenneth Roberts 7133
Marguerite Roberts 2413, 6242, 9772, 9810
Richard E. Roberts 2098
Stanley Roberts 1387, 5817
William S. Roberts 3618, 6219, 8016, 8226
Amy Robinson 701
Bruce Robinson 4840, 5122
Casey Robinson 7831, 10094
Phil Alden Robinson 2735, 8980, 9000
Richard Robinson 6733
Emmanuel Roblès 6769
Mark Robson 8464
Henri Rochard 4500
Henri-Pierre Roché 4932, 10989
Philip Rock 10252
Alexandre Rockwell 4715, 5769
Gene Roddenberry 9193, 9196, 9199, 9202, 9206
Howard Rodman 1689, 3805
Robert Rodriguez 702, 1879, 3124, 6231
Nicholas Roeg 6103
Michael Roemer 5261
Charles Rogers 1905, 2946, 3659, 4301, 5230, 10769
Gregory Rogers 2585
Steven Rogers 8715, 11019
Louis Lucien Rogger 7589
Eric Rohmer 5767, 7384, 7871, 8255, 8484, 9005, 10356
Sax Rohmer 6309
Sam Rolfe 6903
Phillip Ansel Roll 8045
Lawrence Roman 6913, 8016
George A. Romero 1845, 6257, 7058
Ramon Romero 9158
James Ronald 10098
Brunello Rondi 72, 2742, 4939
Frank Rooney 10682
Don Roos 4972, 10529
Lynn Root 4995
Wells Root 3366, 8793, 9676
Bradford Ropes 7004
Al Rose 7546
Eduard E. Rose 3366
Jack Rose 4079
Mickey Rose 730, 10617, 10795
Reginald Rose 3058, 6041, 11036

Ruth Rose 5157
William Rose 5415
Jeb Rosebrook 4959
Scott Rosenberg 797, 1679, 4277, 5536
Stuart Rosenberg 6319, 10032, 10100
Mark Rosenthal 9202
Francesco Rosi 5918
George Rosie 4515
Mark Rosner 8050
Gary Ross 7497
Herbert Ross 2544, 4972, 5971, 6811, 10045
Kenneth Ross 8338, 8573
Leonard Q. Ross 114
Sam Ross 9227
Roberto Rossellini 5794
Robert Rossen 3935, 4807, 5431, 6064, 6690, 8658, 8730, 10523, 10704
Franco Rossetti 1988
Terry Rossio 8975
Edmond Rostand 8152
Robert Rostand 5113
Leo Rosten 114, 7960
Bobby Roth 4233
Eric Roth 2941, 4759, 7449, 7534, 9403
Russell Rouse 1783, 1786, 2514
Roy Rowland 4150, 6130, 9371, 10096, 10924
Joseph Ruben 2114
Bruce Joel Rubin 1858, 3536
Danny Rubin 8172, 10041
Harry Ruby 6268
Albert S. Ruddy 714
Rita Rudner 7447
Paul Rudnick 4668
Alan Rudolph 1231, 1331, 1544, 2200, 5770, 6568, 9787, 9887, 19685, 10720
Wesley Ruggles 2184, 4563
Damon Runyon 5402, 7863, 10102
Peter Ruric 1008
Richard Rush 1649
Harry Ruskin 2125, 7740
Lou Rusoff 4999
Charles Russell 2474
David O. Russell 2858
Ken Russell 1521
Kurt Russell 2543
Ray Russell 5574
John A, Russo 7058
Richard Russo 4623, 7094
Richard Rutowski 6979
Stefan Ruzowitzky 295
Anthony James Ryan 1017
Mark Rydell 1755, 3288
Florence Ryerson 10834
Morrie Ryskind 6278, 6403
Rafael Sabatini 5801, 8551, 8641, 10094
Eugène Saccomare 1156
Jerry Sackheim 4315
William Sackheim 7700, 9296
Howard Sackler 8249, 10537
Michael Sadleir 3285
H. F. Saint 4797
Nicholas St. John 815, 5163, 5332, 6035
Cécil Saint-Laurent 5865
Gene Saks 735, 4988, 8740
Sidney Salkow 2566, 5270, 5405
Waldo Salt 484, 8805
Eric Saltzgaber 1780
Pierre Salvadori 5093
Elie Samaha 3910
Lesser Samuels 7887, 9793

Barry Sandler 1521
Mari Sandoz 1503
Jay Sandrich 2698
Mark Sandrich 6232, 8384
John Sanford 9810
Ken Sanzel 7883
Louis Sapin 2781
Alvin Sargent 3159, 3265, 3434, 7280
Arline Sarner 7406
Herbert Ravenel Sass 7479
Oscar Saul 96, 8905
Claude Sautet 633, 1156, 1160, 6982
Peter Savage 10651
Glenn Savan 3159
Ted Savinar 9462
Alfred Savoir 1031
John Sayles 55, 701, 4407, 6326, 7293, 8233, 9144, 9667, 9927
Joel Sayre 628
Dario Scardopane 7529
Jack Schaefer 4860, 6379, 6675
Franklin J. Schaffner 7141, 7281
Rudolf Schanzer 3019
Dore Schary 3823
Fred Schepisi 4478, 8152, 10696
Robin Schiff 8067
Stephen Schiff 10471
Michael Schiffer 7600
Suzanne Schiffman 283, 599, 5678, 6052, 9353
Alfred Schiller 1905
Murray Schisgal 9824
John Schlesinger 484, 1646, 6225
Arne L. Schmidt 674
Sophie Schmit 9357
Charles Schnee 3020, 4573, 5014, 7752, 9371, 10336
Thelma Schnee 8737
Bob Schneider 7139
Arthur Schnitzler 2583
A. Schock 3223
Ernest B. Schoedsack 5157, 6783
Bernard C. Schoenfeld 10925
Max Schott 11021
David J. Schow 5308
Chieko Schrader 6527
Leonard Schrader 4996, 6527, 10819
Paul Schrader 1586, 4996, 5039, 5821, 5965, 6116, 6527, 6776, 7379, 8572, 9478, 10651, 10819
Joseph Schrank 10121
Barbet Schroeder 91, 734, 1882, 5172, 10529
Budd Schulberg 2703, 3497, 8464, 9385
Arnold Schulman 1547, 9915
Max Schulman 4078
Tom Schulman 1637, 3911
Franz (Frank) Schulz 2160, 2439
Joel Schumacher 62, 776, 778, 2639, 2850, 4971, 8719
Reinhold Schünzel 10287
S. W. Schurr 10046
Marjorie Schwartz 6117
Leonardo Sciascia 5918
Martin Scorsese 174, 1177, 1442, 2679, 3747, 4772, 5011, 5160, 5337, 7034, 9478, 10586, 10651, 10869, 10891
Allan Scott 6232
Campbell Scott 937
Gavin Scott 8975
Ridley Scott 129, 182, 1015, 1021, 2216, 3572, 9609, 10341

Tony Scott 3303, 5444, 9896
Sir Walter Scott 4773
Eugène Scribe 2946
George Scullin 10993
Peter S. Seaman 2644
Rick Seaman 674
Francis Searle 5661
George Seaton 4325, 8640, 9425
Matthias Seelig 604, 9627
Manuel Seff 4160, 7284
Erich Segal 5876
Harry Segall 5809
Susan Seidelman 1703, 6036, 7026, 9398
David Seidler 9915
Lewis Seiler 10523
William A. Seiter 10801
George B. Seitz 5682
Steve Sekely 4358
Lesley Selander 4593
William Sellers 8344
David Seltzer 10354
Terrel Seltzer 9448
David O. Selznick 2638
Lorenzo Semple jr. 2149, 2832, 7281, 8241, 10100, 10910
Jorge Semprun 9225
Dominic Sena 4992
Rod Serling 10371
Alexandra Seros 9033
James Seymour 3734, 7004, 7284
David Shaber 10509
Ken Shadie 5333
Anthony Shaffer 3090, 9017
Rosalind Keating Shaffer 3041
Peter Shaffer 240
Steve Shagan 8942, 9318, 11023
William Shakespeare 6149
John Herman Shane 3234
Maxwell Shane 325, 6912
John Patrick Shanley 6650, 7463
Stanley Shapiro 824, 10982
Jim Sharman 8854
Stev Sharon 9762
Alan Sharp 821, 4255, 5042, 7237, 8017
Margery Sharp 1640
William Shatner 9199
Melville Shavelson 4079
David Shaw 2908
George Bernard Shaw 6817
Irwin Shaw 10905
Sandy Shaw 9762
Robert Sheckley 3042
Arthur Sheekman 6261, 6268
Sidney Sheldon 8982
Mary Wollstonecraft Shelley 2965, 2972, 2986
Ron Shelton 331, 4376, 9678
Sam Shepard 10829
Ted Sherdemann 2938
Jim Sheridan 1179
R. C. Sheriff 603, 652, 7834, 10075
Edwin Sherin 10135
George Sherman 2212, 3379, 4560, 5002, 7729, 8553
Stanford Sherman 6632
Teddi Sherman 2863, 9753
Vincent Sherman 96, 114, 5533, 5804
Edna Sherry 2373
David Sherwin 1270
Robert E. Sherwood 896, 3513, 4833, 7725, 8349, 10262

Kaneto Shindo 2831
John Shirley 5308, 9033
Luke Short 3907, 4178, 9458
Stanley Shpetner 4347
Dennis Shryack 1775, 6085, 7268
Barbara Shulgasser 7545
Harold Shumate 5861, 7477
Herman Shumlin 10436
Ronald Shusett 182, 183, 186, 187, 3042, 9828
Joe Shuster 9390
Nevil Shute 7834
Charles Shyer 3234, 4078, 4472
Roy N. Sickner 10667
George Sidney 2128
Lynn Siefert 1739
Don Siegel 904, 1689, 1817, 1973, 2869, 3058, 3111, 3805, 5695, 5877, 6883, 7169, 8134, 8526, 8561, 9332, 9494, 9719, 10237
Jerry Siegel 9390
Stirling Silliphant 2163, 5113, 7526, 9494, 10046, 10580
Alan Sillitoe 2350
Amanda Silver 3973, 7869
Joan Micklin Silver 3958
Sid Silvers 1153
Elliot Silverstein 1462
Shel Silverstein 9662
Ben Simcoe 9738
Georges Simenon 4469, 10239
Richard Alan Simmons 4593
Ellen Simon 9448
Neil Simon 735, 1063, 2698, 3002, 4437, 8740, 8919, 9021
Albert Simonin 10583
A. R. Simoun 8447
Henry Simoun 7169
Helen Simpson 8198, 8966
Harold Sinclair 5655
Bryan Singer 9953
Loren Singer 10910
Stephen Singular 9462
Curt Siodmak 897, 4489, 10086, 10787
Robert Siodmak 3521, 7683, 8121, 8560, 10098, 10575, 10925
Douglas Sirk 4049, 4685, 10579
Maj Sjöwall 6319
Warren Skaaren 759, 799
Tom Skeyhill 8799
Paul Slansky 3239
George F. Slavin 7021
Barney Slater 8013
Tess Slesinger 3914
Friedrich Smetana 10238
Jack Smight 2634
Jane Smiley 9476
Earl E. Smith 1980
Ebbe Roe Smith 2639
Kevin Smith 1486, 1617
Kirsten Smith 10842
Mel Smith 5432
Neville Smith 3903
Robert Smith 2345, 2373, 9489
Steven Smith 5867
Terence L. Smith 10520
Thorne Smith 6422, 10966
Jeffrey M. Sneller 6733
Norman Snider 10120
Carol Sobieski 3887
Steven Soderbergh 2506, 5824, 7245, 8813
Ken Solarz 1592

Ed Solomon 6429
Stephen Sommers 6789
Stephen Sondheim 10589
Barry Sonnenfeld 6429, 8467
Aaron Sorkin 2948
Arleen Sorkin 3293
Terry Southern 1549, 2006, 2261, 9731
A. E. Southon 10855
Charles Spaak 3860
Kevin Spacey 147
Nicholas Sparks 6461
Frank H. Spearman 9768
Ralph Spence 1905
Scott Spiegel 8080
Steven Spielberg 2259, 4402, 4728, 4732, 4812, 4960, 8402, 10064, 10201, 10537
Leonard Spigelgass 114, 3020, 4500, 8663
Mickey Spillane 4483, 7717
Sergio Spina 6450
Morgan Sportès 5860
Roger Spottiswoode 6747, 7161
O. B. Stade 8516
John M. Stahl 9805
Laurence Stallings 7133, 7264, 9554
Sylvester Stallone 7700, 8054
Don Stanford 9359
Richard Stanley 2254
Richard Stark 5955, 7385, 7499, 7910
Stanislas-André Steeman 10087
Joseph Stefano 7602
John Steinbeck 3133
Michael Steinberg 1147
Robert A. Stemmle 7424
Leonard Stern 9473
Noah Stern 426
Philip Van Doren Stern 4768
Stewart Stern 1875
Tom Sterne 265
Jerry Sterner 3434
George Stevens 628, 3036, 3548, 6379, 10905
Leslie Stevens 7141
Louis Stevens 2859, 2881
Robert Stevenson 6096, 10477
Robert Louis Stevenson 482, 1996, 4315, 5588
Donald Stewart 5019, 10222
Donald Ogden Stewart 1966, 3366, 6885, 8592, 10069, 10935
Douglas Day Stewart 7192
R. J. Stewart 4747
Joseph C. Stinson 1334, 1980
Dayton Stoddart 7198
Andrew Stone 2401, 4671
David Stone 2377
George W. Stone 4312
N. B. Stone jr. 2353, 8226
Oliver Stone 69, 1684, 4546, 6979, 7494, 8323, 9462, 9929, 10478
Peter Stone 1470, 4592, 8890
Robert Stone 2110
Tom Stoppard 967, 1224, 8825
John Trevor Story 4651
Thelma Strabel 5861
Jean-Marie Straub 5904, 7041
John J. Strauss 10255
Theodore Strauss 2504
James H. Street 1866
Barbra Streisand 4194, 5773
Susan Streitfeld 2743
Wesley Strick 2114, 5011, 10779
Frederick Stroppel 4677

Barry Strugatz 5961
Aimée Stuart 3285
Jeb Stuart 566, 4592, 9255
Al Stump 4376
John Sturges 3189, 3401, 3618, 5752, 6734, 8379, 8926, 9149, 10252, 10993
Preston Sturges 519, 2647, 3867, 3947, 6393, 8749, 9362, 10052, 10075, 10109, 10531
C. Gardner Sullivan 3008, 8352
Daniel G. Sullivan 10470
A. Edward Sutherland 1905, 2555, 6529, 10086
Kiefer Sutherland 7218
Harold Swanton 9562
Glendon Swarthout 5695
Miles Hood Swarthout 5695
Mary Sweeney 9293
Jo Swerling 2555, 7571, 9805, 10601
Robin Swicord 908, 10840
Hans Székely 7424
Jean-Charles Tacchella 8719
Ted Tally 3159, 8578
Lee Tamahori 5675, 6858
Senkichi Taniguchi 10617
Daniel Taplitz 228
Daniel Taradash 2418, 10170, 10264, 10416
Quentin Tarantino 3124, 4788, 6979, 7604, 7896, 9896
Booth Tarkington 3576, 6529
Andrej Tarkowskij 7143
Susan Tarr 1739
Frank Tashlin 7052, 8423, 8671
Norman Taurog 7682
Colo Tavernier 5860, 7291, 9018
Bertrand Tavernier 1856, 5860, 7291, 7923, 8302, 9018
Paolo Taviani 6882, 7267
Vittorio Taviani 6882, 7267
Vincent Tavier 6050
Dwight Taylor 2252, 6232, 7513, 8384
Edward Taylor 10125
Samuel Taylor 677, 6418, 8201, 8214, 9825
Lewis Teague 4407
André Téchiné 6731
Andy Tennant 328
Steve Tesich 634, 3272, 8903, 10299
Ducio Tessari 3223, 7482
Ted Tetzlaff 6803
Walter Tevis 2679, 6103
Joan Tewkesbury 1943
Paul Theroux 6776, 8249
Nick Thiel 2572, 10125
Wilhelm Thiele 2160
Robert Thoeren 6006
Robert Thom 1106
Dave Thomas 2572
Diane Thomas 574
Jim Thomas 7543
John Thomas 7543
Michael Thomas 9440
Ross Thomas 707, 1099, 3968
William C. Thomas 4583
Rudolf Thome 8135
Bertha Thompson 1177
Christopher Thompson 4942
Emma Thompson 8922
Jim Thompson 3785, 7200, 7732, 8302, 10528
Thomas Thompson 10371
Newton Thornburg 984
Billy Bob Thornton 1303, 8972

Raymond W. Thorp 4859
Roderick Thorp 9255, 9265
Richard Thorpe 1140, 2252, 3801, 4773, 7921, 9458
James Thurber 2077
Ernest Tidyman 1239, 3061
Giles Tippette 10322
James Toback 1321
Peter Tolan 7811
Michael Tolkin 1858, 4841, 7495
Leo Tolstoi 3433
Roland Topor 6493
Tom Topor 310
Giuseppe Tornatore 1559
Edwin Torres 1403, 9783
Dan Totheroh 189
Jacques Tourneur 2769, 3387, 3666, 4489, 5033, 7056, 7479, 8166, 10580, 10622
Gene Towne 3426, 6551
Robert Towne 1528, 2800, 5672, 6528, 8829, 9129, 9498, 10819
Roger Towne 10037
Leo Townsend 1140
Don Tracy 3521
Armitage Trail 8310, 8323
B. Traven 8368
Robert Traver 301
Trevanian 4519
Sir Frederick Treves 2394
Walter S. Trevis 3935
Victor Trivas 9119
Barry Trivers 10415
Joseph Tropiano 937
Guy Trosper 856, 2861, 3364, 6130, 7921
Lamar Trotti 3196, 4223, 4946, 8009, 9880
June Truesdell 3020
François Truffaut 283, 599, 663, 1213, 2615, 3399, 3893, 4932, 5209, 5678, 6052, 8399, 8493, 8873, 9407, 9702, 10785, 10989
Christopher Trumbo 2766
Dalton Trumbo 2184, 2388, 4927, 7281, 9027
Alan R. Trustman 1346, 9665
Edmund Trzinski 9185
Tsui Hark 1608
Stanley Tucci 937
Theresa Tucker-Davies 1949
Harry Tugend 9068, 10102
Richard Tuggle 2869, 10783
Karl Tunberg 836, 9231
William Tunberg 3277, 4593
Jon Turteltaub 10470
Saul Turteltaub 8100
Frank Tuttle 6972
John Twist 1049, 9779
David Twohy 129, 566, 10519
Anne Tyler 7837
Thomas Tyron 2717
Keinosuke Uegusa 2423
Jim Uhls 2784
Daniel B. Ullman 6803, 10622
William A. Ulman jr. 8793
Yves Ulmann 6982
Edgar G. Ulmer 1008, 1889, 7198
Ron Underwood 1593, 9096
John Updike 4246
Enrique Urbizu 7009
Leon Uris 9825
Rodolfo Usigli 10165
Peter Ustinov 10185
Jamie Uys 3759

Ernest Vajda 5896, 6674
Ladislaus Vajda 10606
W. S. Van Dyke 2180, 2246, 6825
Dale Van Every 7264
Jean Van Hamme 1987
Buddy Van Horn 6632, 7465, 9762
Mario Van Peebles 7529
Gus Van Sant 2179, 9707
Virginia Van Upp 96
Leigh Vance 8561
Michael Varhol 7405
Gerald Vaughan-Hughes 2216
Francis Veber 1313, 5969
George Vecsey 6977
Anthony Veiller 7683, 9119, 9868, 10944
David Veloz 6979
Louis Venosta 10354
Giovanni Verga 2505
Paul Verhoeven 753, 8046, 9221, 9828
Jules Verne 4665
Henri Verneuil 5301
Eric Vicaut 7926
Charles Vidor 625, 3554, 6309
King Vidor 6165, 6623, 7133, 9234
Peter Viertel 8200, 10545, 11033
Salka Viertel 3023, 5275
Daniel Vigne 9017
Benno Vigny 6241, 10248
Nick Villiers 1092
Luciano Vincenzoni 1610, 3216, 6450, 9761, 10409
Jacques Viot 9431
Luchino Visconti 2505, 3526, 5613, 5881, 7234, 8276, 9734, 10067
Piero Vivarelli 1988
John D. Voelker 301
Karl Vollmöller 1048
Josef von Baky 6794
Thea von Harbou 4748, 5899, 9534
Heinrich von Kleist 7862
Josef von Sternberg 1048, 2253, 4526, 6241, 8245, 8793, 8830, 9542
Lars von Trier 2395
Kurt Vonnegut jr. 1231
Niels Vörsel 2395
Andy Wachowski 1168, 6331
Larry Wachowski 1168, 6331
Kevin Wade 7872, 10440
Robert Wade 10566
Annette Wademant 5865, 5922
Walter Wager 9263, 9494
George Waggner 10786
John Wagner 4928
Per Wahlöö 6319
Frederic Wakeman 10734
Jerry Wald 3315, 8870, 10704
Malvin Wald 136, 6910
Andrew Kevin Walker 62, 8886
Gerald Walker 1767
Gertrude Walker 7287
Earl W. Wallace 2362
Edgar Wallace 5157
Francis Wallace 6616
Inez Wallace 4489
Irving Wallace 6585
Lew Wallace 836
Pamela Wallace 2362
Randall Wallace 1222
Richard Wallace 21
Tommy Lee Wallace 3955

Frank Wallack 10415
Anthony Waller 265
James Waller 1295
J. H. Wallis 3306
Hugh Walpole 1839
Joseph Wambaugh 6689, 7526
Sam Wanamaker 1465
Wayne Wang 1117, 8978
Frances Walsh 4102
Kay Walsh 3412
Maurice Walsh 8896
Raoul Walsh 919, 1049, 2144, 2426, 2461, 3315, 3349, 3470, 3956, 4206, 5281, 6098, 6282, 6585, 7641, 8495, 8575, 8674, 8840, 8870, 9346, 9551, 9669, 10704, 10818
David S. Ward 1625, 4736, 4747, 8415
Luci Ward 5418, 8553
Jonas Ward 8668
Vincent Ward 186
Darrell Ware 9231
Charles Marquis Warren 3388
John Warren 3885
Robert Penn Warren 6054
Deric Washburn 645, 1907
Remi Waterhouse 7926
Daniel Waters 770, 5640
John Waters 1769, 8802
John Watson 8021
Evelyn Waugh 9731
Keenen Ivory Wayans 266
John Wayne 139
Frank Wead 2887, 9537
Charles Webb 7806
James R. Webb 1232, 1503, 1822, 5242, 5283, 6315, 10139, 10559
Mike Webb 4556
Jerome Weidman 1142
Paul Weiland 8100
Rita Weiman 4171
Ed Weinberger 8919
Hershel Weingrod 3641, 9926, 10941
David Z. Weinstein 943
Peter Weir 1637, 2362, 3238, 3781, 4822, 6776, 7462
David Weisberg 8050
Stanley Weiser 10478
Matthew Weisman 1944
Allan Weiss 10316
Marie Weiss 7092
Richard Weisz 8070
Ernst Welisch 3019
Colin Welland 9342
Michael Weller 7694
Halsted Welles 10830
Orson Welles 1564, 2588, 3576, 4218, 4600, 5406, 9119
Andrew Wellman 8172
Paul I. Wellman 1666, 6155, 6315, 10818
William A. Wellman 1328, 1866, 3022, 4223, 5014, 7180, 8009
Audrey Wells 5887
George Wells 5932, 9068
H. G. Wells 9879, 10075
Lee Wells 9438
Irvine Welsh 9876
Wim Wenders 281, 3968, 4562
Paul Wendkos 9869
Alfred Werker 8524
Claudine West 603, 3913
Mae West 2555, 4563, 6821

Simon West 1679
Donald E. Westlake 3785, 4137, 7385, 7499, 7910, 1620
Kevin Westley 1224
Garnett Weston 7208, 10618
Norman Wexler 1610, 8805
John Wexley 1505, 2071, 4594
James Whale 2965, 2972, 3883, 10075
Edith Wharton 10869
Joss Whedon 187
Paul Wheeler 8345
Ralph Wheelwright 6136
Tim Whelan 1920, 5418
Forest Whitaker 11019
Rod Whitaker 4519
Ethel Lina White 1809, 10575
Lionel White 3707, 7732
John Whiting 1456
William Whitney 4347
Jack Whittingham 8241
Leonard Wibberley 6346
Gregory Widen 4282
Crane Wilbur 8524
Fred M. Wilcox 143
Herbert Wilcox 5280
Hagar Wilde 4500, 5618
Oscar Wilde 955, 4660
Billy Wilder 369, 439, 677, 1031, 1163, 1313, 2322, 2439, 2520, 2581, 2717, 2908, 3029, 3192, 3631, 4986, 5339, 5942, 6006, 7069, 7595, 7887, 8201, 8214, 9185, 10190, 10250, 10559, 10757, 10912
Robert Wilder 4685
Thornton Wilder 4112, 4587
Wolfgang Wilhelm 6154
Ames Williams 9805
Charles Williams 599
Tennessee Williams 696
Tyger Williams 6441
Valentine Williams 6154
David Williamson 3238, 4822
Kevin Williamson 8609, 8616
Thames Williamson 10818
John Williard 6309
Calder Willingham 856, 1943, 5828, 7806, 10528
Bryna Wilson 10617
Carey Wilson 6471
Dorothy Clarke Wilson 10855
Gerald Wilson 1491, 5498
Hugh Wilson 1629, 1944
Jim Wilson 5292
Kim Wilson 5180
Larry Wilson 798
Michael G. Wilson 2628, 4069, 4518, 4720, 5502, 5851, 7179
Mitchell Wilson 2999
Richard Wilson 136, 2353
Frank J. Wilstach 4153
Kurt Wimmer 9665
Arthur Wimperis 8249
Simon Wincer 3989
Frank Winch 1328
Bretaigne Windust 9669
Avra Wing 322
Irwin Winkler 7003, 7048
Terence H. Winkless 9667
Michael Winner 1491, 5498, 9836
Thyra Samter Winslow 8871
Aubrey Wisberg 2426

Leonard Wise 4506
Robert Wise 3907, 4340, 4766, 4860, 5588, 7962, 9069, 9148, 10576, 10589
William Wisher 2162, 4928, 9518
H. C. Witwer 4978
Burton Wohl 7999
Gary K. Wolf 2644
Marion Wolfe 8519
Tom Wolfe 2720, 9268
Marv Wolfman 1018
P. J. Wolfson 6145
Michael Wolk 1113
Dave Wollert 232
John Woo 1273, 1606, 1608, 4045, 4556, 6528
Bari Wood 10120
Charles Wood 8221
Christopher Wood 6684, 9087
Edward D. Wood jr. 1251, 7485
Sam Wood 603, 6278, 6280, 7571, 9425, 10568
Richard Woodley 2052
Bob Woodward 10011
Edgar Allan Woolf 6309, 10834
Cornell Woolrich 325, 1213, 2744, 3399, 6852, 8565, 10925
Richard Wormser 8134
Herman Wouk 1387
Ardel Wray 4489
Ralph Wright 2183

William H. Wright 10316
Rudy Wurlitzer 498, 7295
Robert Wyler 7519
William Wyler 292, 367, 836, 896, 3407, 4229, 4875, 5211, 7519, 8222, 9356, 10559, 10601, 10864
David Wyles 6000
D. B. Wyndham-Lewis 6105
Tracy Keenan Wynn 10100
Malcolm X 5981
Irving Yablans 8490
Greg Yaitanes 1780
Boaz Yakin 8080
Kazuo Yamada 10617
Shugoro Yamamoto 8279
George Worthington Yates 2938, 8652, 10260
Peter Yates 634, 824, 1346, 3118, 9403
Frank Yerby 5405
Rafael Yglesias 9746
Yoshikata Yoda 2831, 10122
Philip Yordan 1142, 1220, 2098, 3291, 3420, 4899, 5269, 6043, 7519, 8464, 9438
Bud Yorkin 10520
Daniel Yost 2179
Dorothy Yost 8384
Graham Yost 1273, 9037
Collier Young 124
Harold Young 8349

Robert M. Young 8672, 10696
Terence Young 2773, 4824, 5808, 8016
Waldemar Young 4153, 7424, 7446, 9537
Yu Hua 5531
Sol Yurick 10509
Steven Zaillian 5019, 8402
Bernardino Zapponi 2742
J. D. Zeik 8070
Leon Zeltser 1003
Yuri Zeltser 1003
Robert Zemeckis 574, 2644, 2941, 9882, 10949
Christian Zertz 4167
Zhang Yimou 5531
Claude Zidi 9889
Howard Zieff 4078
Max Zielmann 8135
Paul D. Zimmerman 5160
Vernon Zimmerman 8490
Fred Zinnemann 124, 5086, 6188, 6216, 10170, 11046
Emile Zola 5580
David Zucker 6907, 10060
Jerry Zucker 2517, 3536, 6907, 10060
George Zuckerman 2208, 2212, 4685, 5315, 6803, 9489
Carl Zuckmayer 1048
Stefan Zweig 1262

DIE JUNGE ROMY SCHNEIDER

Die Reifezeit eines Stars in einem wunderbaren Bildband mit zahlreichen bislang unveröffentlichten Fotos aus lange verschollenen Sammlungen und Archiven.

Die meisten Fotos des großformatigen Bildbandes sind bisher noch nie veröffentlicht worden. Die einmaligen Aufnahmen wurden in lange verschollenen Sammlungen gefunden und stammen von Filmproduktionen, engen Freunden von Romy Schneider und aus der berühmten »Billy-Kocian-Kollektion«. Ein besonderes Highlight des Buches bilden inszenierte »Homestories« und Privataufnahmen vom Leben in Mariengrund. Romy macht Führerscheinprüfung, feiert Weihnachten, tollt mit Horst Buchholz im Schnee und trifft zum ersten Mal auf Alain Delon: an all dem nimmt der Leser teil.

DIE JUNGE ROMY
Reifezeit eines Stars.
Herausgegeben von Michael Petzel
Mit vielen bislang nicht veröffentlichten
farbigen Fotografien von Romy Schneider
352 Seiten im Großformat 24 x 30 cm,
gebunden mit Schutzumschlag,
großteils farbig, etwa 1000 Abbildungen
ISBN 3-89602-414-0
Ca. 49,90 EUR

DIE AKTE JAMES BOND

Die Billy-Kocian-Fotocollection der klassischen James-Bond-Filme
mit Sean Connery und Roger Moore in einem umfangreichen Bildtextband

Die schönsten James-Bond-Filme in einem umfangreichen Bildtextband. Billy Kocians Archiv ist eine Schatzkammer der Bond-Geschichte. Es enthält nie gesehene Fotos, die der Autor auf seinen zahlreichen Set-Besuchen aufnahm und unbekanntes Hintergrundmaterial über die Dreharbeiten.

Seine Informationen stammen aus erster Hand und sind – in zahlreichen Gesprächen mit Sean Connery, Roger Moore und vielen anderen Machern der James-Bond-Filme – persönlich recherchiert worden.
007 – wie ihn wirklich noch keiner kennt! Ein absolutes Highlight.

DIE AKTE JAMES BOND
Die Billy-Kocian-Fotocollection der klassischen
James-Bond-Filme mit Sean Connery und Roger Moore.
Mit vielen bislang unveröffentlichten Fotografien
von den Dreharbeiten der James-Bond-Filme
Herausgegeben von Michael Petzel & Manfred Hobsch
ca. 400 Seiten, etwa 500 Abbildungen
ISBN 3-89602-415-9
Preis: ca. 29,90 EUR

DAS GROSSE PERSONENLEXIKON DES FILMS

Die Schauspieler, Regisseure, Kameraleute, Produzenten, Komponisten, Drehbuchautoren, Filmarchitekten, Ausstatter, Kostümbildner, Cutter, Tontechniker, Maskenbildner und Special Effects Designer des 20. Jahrhunderts in einem achtbändigen Standardwerk von Dr. Kay Weniger.

8 Bände, 6000 Biografien, über 5600 Seiten
gebunden im Schuber, mit Lesebändchen

Kay Weniger
DAS GROSSE PERSONENLEXIKON DES FILMS
Die Schauspieler, Regisseure, Kameraleute, Produzenten, Komponisten,
Drehbuchautoren, Filmarchitekten, Ausstatter, Kostümbildner, Cutter, Tontechniker,
Maskenbildner und Special Effects Designer des 20. Jahrhunderts.
6000 Biografien / 8 Bände / 5600 Seiten / Gebunden im Schuber
ISBN 3-89602-340-3
Preis: 260 EUR

KAY WENIGER

Das große Personenlexikon des Films

Die Schauspieler, Regisseure, Kameraleute, Produzenten, Komponisten, Drehbuchautoren, Filmarchitekten, Kostümbildner, Ausstatter, Cutter, Tontechniker, Maskenbildner und Special Effects Designer des 20. Jahrhunderts

ERSTER BAND
A – C
ERIK AAES – JACK CARSON

Schwarzkopf & Schwarzkopf
Verlag

MACH'S NOCH EINMAL

Das große Buch der Remakes –
über 1300 Filme in einem Band

Die Filmgeschichte ist auch eine Geschichte der Remakes.
Die Neuverfilmung eines schon einmal erfolgreichen Stoffes ist international gang und gäbe. Oft sind es Klassiker oder Kassenerfolge, denen erneut Filmleben eingehaucht wird. Dieses Lexikon tritt den Beweis an, dass ebenso Filme, die beim ersten Mal ein Flop waren, für neue Bearbeitungen taugen. Besonders Hollywood steht im Zeichen der Re_makes: Sean Penn inszenierte mit dem Film »Das Versprechen« (2000) eine weitere Verfilmung des berühmten Thrillers »Es geschah am hellichten Tag« (1958) mit Heinz Rühmann. Tim Burton lieferte mit »Planet der Affen« (2000) ein Update der berühmten Verfilmung aus dem Jahr 1968. Von »Montecristo« bis »Spider-Man«, von »Gosford Park« bis »Time Machine« und von »Ocean's Eleven« bis »Vanilla Sky« reicht die Spanne der Remakes 2002.
Im Lexikon sind Remakes aller Genres und aller Epochen verzeichnet, ausgehend jeweils von der letzten Bearbeitung des Stoffes. Als erstes deutsches Nachschlagewerk seiner Art dokumentiert es umfangreich und ausführlich mehr als 1.300 Wiederverfilmungen, die in Deutschland im Kino und im Fernsehen aufgeführt wurden.

Manfred Hobsch
MACH'S NOCH EINMAL
Das große Buch der Remakes – über 1300 Filme in einem Band:
Von »Anna Karenina« bis William Shakespeares »Romeo & Julia«,
von »Body Snatchers« bis »Die Schöne und das Biest« und von
»Bram Stoker's Dracula« bis »Mary Shelley's Frankenstein«
17 x 24 cm, fadengeheftete Klappenbroschur
über 1000 Abbildungen
ISBN 3-89602-393-4
29,90 EUR

FÜR EIN PAAR LEICHEN MEHR

Der berühmte italienische Western erstmals in einem großen Bildtextband –
von Für eine Handvoll Dollar bis Spiel mir das Lied vom Tod

Ulrich P. Bruckner
FÜR EIN PAAR LEICHEN MEHR
Der Italo-Western von seinen Anfängen bis heute.
Mit Arizona Bill – Für eine Handvoll Dollar – Django – Töte, Amigo –
Spiel mir das Lied vom Tod – Verdammt zu leben, verdammt zu sterben –
Keoma – Vier Fäuste für ein Halleluja – Mein Name ist
Nobody und über 400 weiteren Filmen.
528 Seiten, etwa 1000 Abbildungen
Großformat 24 x 22 cm, gebunden mit Schutzumschlag,
ISBN 3-89602-416-7, ca. 34,90 EUR

DER AUTOR

Peter Kordt, Jahrgang 1956, lebt in Gelsenkirchen. Hat nach abgebrochenem Germanistik- und Geschichtsstudium in allen möglichen Berufen gearbeitet, von der Druckerei bis unter Tage. Seit zehn Jahren ist er als Feinblechner tätig. Er sammelt seit 25 Jahren Filmbücher- und Zeitschriften und seit 20 Jahren Filme.

IMPRESSUM

Peter Kordt
ICH SEH DIR IN DIE AUGEN, KLEINES.
Das große Buch der Filmzitate
Die besten Zitate aus 2000 Filmen

ISBN 3-89602-512-0

© bei Lexikon Imprint Verlag – Ein Imprint der Schwarzkopf & Schwarzkopf Verlag GmbH, Berlin 2002. Dieses Werk ist urheberrechtlich geschützt. Jede Verwendung, die über den Rahmen des Zitatrechtes bei vollständiger Quellenangabe hinausgeht, ist honorarpflichtig und bedarf der schriftlichen Genehmigung des Verlages. Die Aufnahme in Datenbanken wie jegliche elektronische oder mechanische Verwertung ist untersagt.

Titelbild:
Mit freundlicher Genehmigung:
Sammlung Filmmuseum Berlin / Deutsche Kinemathek

Herstellung und Satz:
Schwarzkopf & Schwarzkopf Verlag, Berlin / Herstellungsmitarbeit: Jens Gloßmann

Wir senden gern den kostenlosen Katalog.
Lexikon Imprint Verlag Abt. Service, Kastanienallee 32, 10435 Berlin.
Service-Telefon: 030 – 44 33 63 00 / Service-Fax: 030 – 44 33 63 044

Ausführliche Informationen zum Verlagsprogramm finden Sie im Internet.
www.schwarzkopf-schwarzkopf.de – www.lexxxikon.de
info@schwarzkopf-schwarzkopf.de